JN411683

제24판 (2026년판)

세법강의

이창희

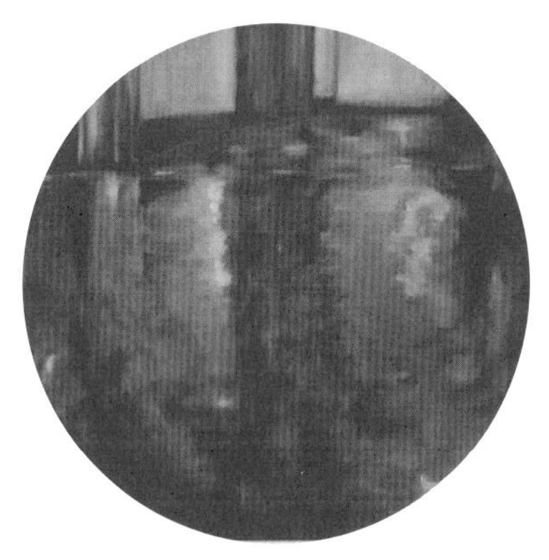

박영사

이 책의 전자책은 교보문고, YES24, 알라딘 등에서 구입하실 수 있습니다.

제24판 머리말

개정법령과 새 판례를 담아 2026년판을 낸다. 학교를 떠나 실무로 돌아왔지만, 후학들에게 짐 지우기 싫어서 이번에도 혼자 고치고 말았다. 어차피 언젠가는 내려놓아야 할 일인데. 앞으로 세상을 이끌어갈 젊은이들에게 생각의 지평을 넓힐 수 있는 화두를 던져보겠다는 것만도 과욕인데 실무가들에게 필요한 정보도 담겠다는 무리까지 저질렀으니…

우리 판례를 직접 찾아보려는 독자는 검색엔진이 정답이다. 국세청이나 상업 데이터베이스에 나오는 판결이 대법원의 종합법률정보보다 더 많다. 다른 나라 판례도 이제는 쉽게 검색할 수 있기에 종래의 판례집 인용방식을 버리고 우리 판례처럼 선고날짜와 판결번호로 인용했다. 미국이나 영국판결은 당사자 이름으로 검색하는 편이 가장 편하니 그대로 두었다. 정보기술의 발전 덕택으로 독일판결은 영어로, 일본판결은 우리말로 바꾸면 일반독자도 그런대로 읽어낼 수가 있으니 세상살이가 더 쉬워진 것인지 더 어려워진 것인지.

이 책은 어렵다. 괜히 말이 꼬여 어려운 것은 다 없앴지만 애초 내용 자체가 워낙 어렵고 담고 있는 정보에 파묻혀 길을 잃기 십상이다. 이 책과 차례가 거의 나란하면서 중요한 주제에 집중하고 있는 '판례세법'을 동시에 공부해 나가면 이정표를 안 잃을 것이다. 이 책을 강의교재로 쓰거나 혼자 공부하다가 제5편, 특히 제15장과 제16장에서 벽에 부딪혀 그만두었다는 이야기를 가끔 듣는다. 이 책 각 장의 차례는 이른바 내적체계로 법체계를 가장 밑바탕에서부터 하나하나 쌓아올리는 논리의 흐름을 따른 것이지만, 처음 공부하는 사람이라면 제5편에서는 우선 제13장만 읽고 제6편을 읽은 뒤에 제5편의 나머지를 읽는 편이 아마 나으리라. 그러면 제14장은 어렵지 않게 읽을 수 있을 것이다. 제15장과 제16장은 그래도 어렵다. 법체계가 완전히 정비된 것도 아니고 세법, 회사법, 회계학이 뒤엉킨 복잡한 논점들을 다루기 때문이다. 장차 한결 쉽게 써볼 생각도 있지만 힘이 닿을까나. 읽다가 잘 모르겠으면 그냥 제7편으로 가면 된다. 이 두 장을 몰라도 다른 부분을 읽는 데 지장이 없다. 주된 관심이 실무적 해답인 독자는 제2편의 내용도 일단 뛰어넘고 다른 편을 읽으면서 그때그때 필요한 부분만 찾아 읽으면 된다. "읽는다"고 적었지만, 수학책을 "읽는" 것이 무의미하다면 이 책도 그저 읽는 것은 무의미하다. 聖賢이 말씀하셨듯, 읽기만 하고 생각하지 아니하면 속는다. 學而不思則罔이요 思而不學則殆라. 참으로 옳은 말씀이다. 생각만 하고 배우지 않을까 염려하신 것이야 당연하지만 우리같이 범상한 사람을 두고 하신 염려가 아니다. 끝없이 읽고 끝없이 배우되 끝없이 따져야 한다. 이 책을 펼 때마다 정신을 바짝 차려야 하는 것은 나 스스로도 마찬가지이다. 초판 이래 이 책의 개정을 도와준 고마운 분들은 다음과 같다.

강성모 교수(법학박사, 변호사), 강태욱 판사, 견종철 판사, 곽태훈 변호사, 구해동 변호사(법학박사), 권철 교수(법학박사), 김규림 연구관(헌법재판소), 김범준 교수(법학박사, 변호사), 김석환 교수(법학박사), 김성준 변호사, 김원목 판사, 김진형 회계사, 박남준 판사, 박동인 검사, 박미양 석사, 박성규 판사(법학박사), 박세훈 변호사, 박진호 변호사, 박훈 교수(법학박사), 방진영 변호사, 서기영 실장, 심경 변호사, 안희재 변호사(법학박사), 양승종 변호사(법학박사), 양인준 교수(법학박사), 양한희 변호사, 왕해진 판사, 이동근 변호사, 이상우 변호사, 이상조 상무, 이승재 변호사, 이의영 판사(법학박사), 이재호 교수(법학박사·공인회계사), 이준봉 교수(법학박사·경영학박사·변호사), 이준엽 변호사, 이창 변호사, 이희정 변호사, 임상엽 겸임교수(법학박사, 세무사), 정광진 변호사, 정재은 변호사, 정주백 교수, 조영식 변호사, 최종원 판사, 하태흥 변호사, 현병희 변호사, 황인경 변호사.

2026. 1.

이 창 희

머 리 말

이 책은 내가 2000년 가을학기 서울대학교 법과대학 학부 수업시간에 세법을 처음 배우는 학생들을 대상으로 실제로 강의한 내용을 글로 옮겨서 2001년 현재의 현행법에 맞추어 손본 것이다. 강의내용은 총론, 소득세, 법인세, 부가가치세로 이루어져 있다.

기존의 표준적 교과서와 달리 이 책은, 법조문을 하나하나 해설하는 것이 아니라 세법의 근본적 쟁점을 깊게 분석하는 내용으로 짜여 있다. 세법을 처음 배우는 학생들을 대상으로 하는 강의가 이런 모습에 이른 데에는 몇 가지 이유가 있다. 우선 세법은 그 분량이 너무 많아서 한 학기 강의로는 세법 전체에 걸친 조문별 해석은 애초에 불가능하다. 미국에서는 거의 모든 법대생이 졸업학점 70-80학점 가운데 적어도 8학점의 세법강의를 듣지만, 고시제도의 지배를 받는 우리나라에서는 세법에 관심이 있는 학생이더라도 3학점짜리 강의 하나를 들을 뿐이고, 그나마도 강의를 열지 않는 학교도 많다.

그러나 한결 더 중요한 이유로, 이 강의의 내용은 내 나름대로 깊은 반성의 결과를 담고 있다. 내가 일곱 해 전부터 세법을 가르치기에 이른 것은, 햇수로 스무 해 전 여러 가지 個人史를 거쳐 세법실무가 내 직업이 된 데에서 비롯한다. 실무의 중요성을 아는 사람으로서 나는, 처음에는 학생들이 법조문의 내용을 이해하고 기억하게 하는 데에 강의의 목표를 두고 되도록 넓은 범위를 가르치려고 애썼다. 그러나 해를 거듭할수록, 이런 식의 강의는 학생들의 생각을 마비시키고 결국은 아예 가르치지 않느니만도 못하지 않은가라는 회의가 생겼다. 현실세계는 구체적인 문제를 풀 능력을 요구한다. 그러나 꼭 考試제도 때문만은 아니겠지만, 우리 현실의 대학강의는 문제를 풀 능력을 키워주기보다는 현행법의 내용과 그에 대한 해석론으로 지금까지 나와 있는 판례와 이른바 通說, 多數說을 요약해서 기억시키는 데 그치고 만다. 이 과정에서 "이것은 정말로 왜 그런가?"를 따지는 과학적 태도는 사라지고, 법학이란 敎義(Dogma)의 체계, 솔직히 말하자면 논리인 척 위장한 呪文의 체계가 되고 만다. 이렇게 자라난 組織神學者 내지 呪術師들이 법률가로서 책임 있는 자리에 올라, 자기가 배운 교의를 잣대로 세상을 다스리는 것이 우리 현실이다.

이런 반성의 결과로 나의 강의는 몇 가지 크고 중요한 문제를 잡아, 문제를 밑바닥까지 분석하고 결론을 찾아 나가는 논리구조를 보여 주는 꼴을 갖추게 되었다. 한편, 한 학기 강의라는 제약 때문에 표준적 교과서에서 다루는 내용 가운데에서 적지 않은 분량은 아예 강의내용에서 빠지게 되었다. 어떤 문제를 다룰 것인가는 세법을 처음 배우는 학생들이 필요로 하고 나아가서 지식인으로서 고민해야 할 문제가 무엇일까를 생각하면서 강의내용을 정하게 되었다. 그 결과가 이 책이다.

모름지기 법이란 정치, 경제, 사회, 문화, 과학기술에 걸친 온갖 社會制度를 글로 다듬어 명확히 한 것이다. 법률문제에 대해 답을 내린다는 것은 사실은 이런 온갖 사회문제에 답을 내리는 것이다. 특히 세법문제에 대한 과학적 접근은, 헌법, 민법, 상법, 행정법 등 다른 법분야만이 아니라 정치, 경제, 경영, 회계 따위의 인접분야를 다루지 않고서는 전혀 불가능하다. 이리하여 이 강의는 감히 이런 기초분야에 관한 분석까지 아우르고 있다. 사실은 이 강의는 세법이라는 창을 통해 바라본 세상의 얼개로, 말하자면 일종의 巨大談論인 셈이다. 내가 법의 모든 문제나 사회과학의 모든 이치를 깨우쳤다고 주장할 생각은 전혀 없다. 다른 분야의 전문가가 본다면 틀린 분석이 아마 있을 것이고, 어쩌면 세법의 조문조차 제대로 읽지 못한 곳이 있을지도 모른다. 그럼에도 불구하고 주제넘는 강의내용을 그대로 적어서 세상에 내어놓는다는 무모한 일을 저지르게 되었음은, 중요한 것은 결과가 아니라 생각하는 방법인 까닭이다. 내 책 "법인세와 회계"의 머리말에서도 적었듯, 우리 사회는 아직 지적유산이 너무나 얇아 온갖 迷信이 춤추고 있다. 특히 법률문제에서는 法迷信을 깨고, 법률가와 법률가들이, 법률가와 사회과학자들이 서로 토론할 수 있는 과학적 접근방법이 필요하다. 科學이란 결과의 옳고 그름이 아니다. 과학이란 옳고 그름을 따질 수 있는 주장이다. 인류의 진보는 알기 어려운 문제에 부딪혔을 때 이를 어떤 神秘로 돌리지 않고 왜 그런 일이 생기는가 합리적으로 설명해 보려는 과학적 사고의 덕택이다. 바로 이 때문에, 오늘날에는 어린이도 비웃을 온갖 이상한 주장을 펼쳤던 탈레스가 지금에도 여전히 과학의 아버지로 추앙받는 것이다.

오로지 지적인 호기심 하나로 이 강의를 마다않은 80여 명 학생들에게 감사드린다. 강의내용을 그대로 글로 옮기는 일은 여러 사람의 도움 덕택에 비로소 가능한 일이었다. 우선 강의내용 전체를 녹음하여 글로 옮기고, 어법에 어긋나는 막말을 소화하여 글로 고치는 힘드는 작업을 기꺼이 맡아 준 이창 조교에게 감사드린다. 법조문과 판례를 살펴 주석을 붙이는 작업은, 이제 세법 공부를 시작한 지 여러 해에 이른 박사과정의 박훈 조교와 여러 해 동안 공인회계사로 일하다가 박사과정을 밟고 있는 이재호 조교가 맡아 주었다. 고마울 뿐이다. 세 조교의 노고에도 불구하고 거친 말투가 남아 있는 부분이 적지 않지만, 애초에 글을 쓴 것이 아니고 말을 받아 적은 것인만큼 어쩔 수 없는 일이었다. 세 사람은 모두 서울대법학21연구단 소속 조교로서 일을 도와주었다. 연구단에 감사드린다. 제2편의 교정을 도와준 동경대 박사과정의 권철 석사에게도 감사드린다. 아울러, 이 자리를 빌어 어릴 적, 대학시절, 또 아내에 자식 셋을 거느린 뒤늦은 유학시절에 온갖 은혜를 베풀어 주신 선생님들, 그 밖에도 여태껏 도움을 주신 모든 분들에게 감사드린다. 내 일찍이 제대로 학교를 다니지 못할 만큼 가난한 집안에 태어났음에도 오늘날 책상물림으로 살아간다는 사치를 누리게 되었음은, 오로지 그 분들의 은혜 덕이다. 마지막으로 "법인세와 회계"에 이어 다시금 출판의 용기를 내어준 박영사 여러분에게도 감사드린다.

2001. 5.

일본 東京大 法學部 연구실에서

이 창 희

차 례

제 1 편 서 론

제 1 장 세금과 세법

제 2 장 우리 세법의 헌법적 · 정치철학적 기초

제 3 장 세법의 해석과 적용

제 2 편 조세법률관계

제 4 장 조세채권의 성립 · 확정 · 소멸

제 5 장 조세채권의 효력

제 3 편 소득과세, 소비과세, 재산과세의 이론적 기초

제 7 장 소득세·법인세의 연혁과 소득개념의 형성사

제 8 장 소득세, 소비세, 재산과세

제 9 장 과세권의 내재적 한계와 과세단위의 설정

제 4 편 소 득 세 법

제10장 현행 소득세법의 얼개

제11장 소득의 구분별 주요 논점

제12장 양 도 소 득

제5편 법인세와 주주과세

제13장 현행 법인세법의 얼개

제14장 기업과 출자자 사이의 거래

제15장 합병 기타 기업결합

제16장 회사의 분할

제 6 편 기업소득의 과세

제18장 소득의 기간개념과 세무회계

제19장 영업 손익

제20장 금융거래의 손익

제21장 고 정 자 산

제22장 익금불산입과 손금불산입

제7편 부가가치세법

제23장 현행법의 얼개와 부가가치세의 기본 구조

제24장 면세, 영세율, 국제거래

제 8 편 재 산 과 세

제25장 상속세와 증여세

제27장 취 득 세

제 1 편

서 론

제1장 세금과 세법

제1절 세법을 왜 배우지?

세법에 관하여 배울 것 가운데 가장 중요한 것은 세법이 중요하다는 것이다. 우리나라의 대학이 늘상 세법을 가벼이 여기므로 학생들이 세법이 중요한줄 잘 모른다. 특히 법대생을 들자면 세법을 전혀 안 배운 채 학교를 졸업하고 나서 변호사가 되거나 기업내부의 법률가로 일한다. 세금 문제를 전혀 생각도 않은 채 용감하게 온갖 계약서를 쓰기도 하고. 그러다보면 나중에 난데없는 세금을 엄청나게 무는 경우가 숱하다. 세법에 대하여 아무것도 모르더라도, 세법이 중요하다는 사실 하나만 안다면 이런 낭패는 피할 수 있을 것이다. 최소한 "세금 문제가 있을 수도 있는데, 저는 잘 모릅니다." 이 말 한 마디쯤은 하기 마련. 그러면 고객 스스로가 세금 문제를 아는 사람을 다시 찾아갈 것이니까. 이번 학기 강의에서 배운 것을 다 잊어버리더라도 세금이 정말 중요하구나, 이것 하나는 기억하라. 살다보면 참말로 덕 볼 날이 있으리라.

실제 실무에서도 세법은 매우 중요하다. 우리나라 대법원의 조세사건 수는 민사, 형사 다음이고 나머지 법은 다 합쳐도 사건 수가 세법보다 적다. 헌법재판소의 사건 수에서도 조세사건은 20% 가깝다. 돈의 금액으로 가중평균하면 세법의 중요성은 훨씬 더 높아질 것. 우리나라의 통계는 모르겠지만, 미국의 법률회사에서는 수입의 30% 가량이 세금사건이라고도 한다. 30%를 버는 분야가 얼마나 있겠는가? 대학교육에서도 마찬가지이다. 미국의 좋은 법대라면 개설과목의 수로 세법 관련 과목이 으뜸인 것이 보통이다.[1)]

1) 물론, 우리 식으로 치면 민법에 해당하는 과목이 여럿 있고 이를 다 합하면 세법보다 훨씬 중요하지만, 미국에서는 이를 모두 묶어 민법이라는 단일 분야라고 말하기 어렵다. 계약법, 불법행위법 따위는 그 전체가 모든 법률가에게 필요한 법학통론 격이므로 여러 전공의 교수들이 돌아가면서 가르친다. 말을 뒤집어서 계약이나 불법행위 따위를 가르치는 교수를 모두 민법교수라 부른다면 미국 법대의 교수 가운데 아마 2/3는 민법교수인 셈.

현실을 접어놓고 법체계만 따지더라도 세법의 중요성을 쉽게 가닥잡을 수 있다. 우선 공법(公法) 쪽에서 보면, 법을 배운다는 것은 국가에 관하여 배우는 것이다. 국가는 세금으로 돌아간다. 세금이 있어야 국가가 있다. 세법이 공법의 알속이라는 말이다. 헌법교과서나 행정법교과서를 새삼 넘겨보라. 인용하고 있는 판례의 다수가, 특히 중요한 판결은 대다수가 세금사건임을 이내 알 수 있을 터. 사법(私法) 쪽에서 보더라도 여러분이 당사자로서 무언가 법률행위를 하거나 법률가로서 조언한다고 생각해 보라. 반드시 세금문제가 따라붙게 마련이고, 계약을 어떤 식으로 맺을 것인가를 정하는 결정적 요소가 세금 문제인 수가 잦다. 세법을 모르면서 제대로 된 법률가가 될 길이 애초 없다. 요컨대, 공법 · 사법 어느 면에서 보더라도 세법은 가장 중요한 법 가운데 하나이다. 세법만큼 "사람의 삶의 온갖 영역에 영향을 미치는 법은 없다."[2)]

제 2 절 강의진행과 공부방법

이 강의는 세법의 전체 그림, 곧 전체 법체계 속에서 세제가 어떤 자리를 차지하는가, 세제는 어떻게 짜야 하는가, 이런 큰 그림을 법률가의 눈으로 보여줌을 과녁으로 삼는다. 책의 대부분은 현행법의 해석론이지만, 이 강의의 근본 목표는 현행법을 뛰어 넘는 분석의 틀을 보여 줌에 있다. 세법을 소재로 삼아 정의란 무엇인가, 공평이란 무엇인가, 효율이란 무엇인가, 법과 사회제도 전체에 걸쳐 이런 큰 주제를 생각해 보자는 것이다. 실무와 무관한 강의라는 말은 아니다. 실제로 이 강의는 조세특례나 지방세, 관세의 귀퉁이 문제가 아니라면 여태껏 나온 대법원과 헌법재판소의 판례를 빠짐없이 모두 얽어서 마련한 통일적 체계이다. 이 해석론의 체계와 현행법에 대한 입법론적 비판을 이끌어가는 지도이념이 효율과 공평이라는 말이다. 강의는 다음과 같은 차례로 이끌어 간다.

우선 제 1 편은 서론. 세법의 지도이념이 무엇이고, 세법을 만드는 입법재량에 대해 어떤 헌법적 제약이 있는가, 세법의 해석과 적용에는 어떤 지도원리가 있는가를 다룬다. 제 2 편은 실정법상 온갖 세목(稅目)에 공통되는 총론으로, 조세채권채무의 성립요건과 소멸요건은 어떻게 정하고 조세채권이 사권(私權)에 견주어 볼 때 어떤 유다른 효력을 주는가를 국세기본법을 중심으로 살핀다. 제 3 편은 소득세제, 소비세제, 재산세제 전체에 걸친 조세실체법의 총론. 세금이란 무엇을 과세물건으로 삼아 어떻게 매겨야 하는가라는 이론과, 현행법상 소득세 · 법인세 · 부가가치세 · 재산제세는 어떻게 생겨난 것이며

2) 미국대법원 판결 Dobson v. Commissioner., 320 U.S. 489(1943)에 나오는 말이다.

서로 어떻게 얽혀 있는가를 분석한다. 제 4 편은 소득세, 제 5 편은 법인세와 주주과세, 제 6 편은 세무회계, 제 7 편은 부가가치세, 제 8 편은 재산과세를 다룬다.

세법은 어렵다. 절대적 수준이 어렵다. 수많은 조문이 얽혀 있어 어디에서 어디로 이어지는지 갈피를 잡기 어렵고, 어느 한 조문을 읽어도 말이 쉬운 곳이 없고, 판례는 셀 수 없이 많으니… 어떻게 하면 세법문제를 잘 풀 수 있을까? 흔히들 tax lawyer니 조세전문 변호사니 그런 이야기를 하지만, 엄밀히 말하자면 조세전문 변호사라는 것은 따로 없다. 애초에 세법만 잘 안다는 것이 있을 수 없다. 훌륭한 tax lawyer가 된다는 것은 훌륭한 법률가가 된다는 말. 이것은 미국이든, 독일이든, 일본이든 내가 아는 세법교수 거의 모두가 첫 시간에 하는 말이다.

훌륭한 법률가가 되자면 우선 민사법(民事法)을 탄탄히 이해해야 한다. 세법은 대개 민사법상 일정한 법률행위가 있음을 전제로 삼고, 법률행위나 그에 따른 민사법상 법률효과를 다시 세법상의 법률요건으로 삼아 거기에 세법상의 법률효과를 주는 식으로 짜여 있다. 따라서 과세대상이 되는 민사법상의 법률요건과 법률효과를 이해해야 세법을 읽을 수 있다. 또 납세의무 내지 조세채무의 발생, 변경, 소멸 및 조세채권의 효력은 민사법을 머리에 두고 그와 견주면서 생각해야 깨칠 수 있다. 사실은 민사법이 중요한 까닭은 민사법 지식 자체보다도 민사법을 통한 훈련 때문. 어언 2천년의 역사를 거쳐 가장 안정적 법률체계를 구축하고 있는 만큼, 법률가를 훈련하기에 가장 좋은 법이 민사법이다. 그래서 민사법을 강조하는 것이다.

세법을 깨치자면 민사법에 더하여 헌법·행정법·형법·국제법 따위 공법(公法) 문제를 분석할 수 있는 능력이 필요하다. 우리 헌법재판소 판례 가운데 상당수가 세법 사건임은 이미 헌법시간에 배웠을 터. 헌법은 이 강의에서도 뼈대를 이룬다. 세법에 어떤 내용을 담을 것인가는 헌법의 테두리 안에 있다. 세법과 행정법의 깊은 관계는 말할 나위도 없다. 독일의 대법원은 행정대법원과 조세대법원(재정법원, Bundesfinanzhof)이 따로 있어서 세법은 다른 행정법에서 분리된 자기완결적 체계.[3] 우리나라는 다르다. 행정처분을 다투는 행정부 단계의 전심절차에서는 세금사건이 일반 행정사건과 나뉘어 있지만 법원소송의 단계에 이르면 행정사건의 한 갈래이다. 그러나 불행히도 독일의 영향을 받다보니 우리 행정법학자들 가운데 세법을 공부하는 이가 별로 없고, 그나마 있는 논의도 실체법에 관한 이야기는 드물다. 한편, 미국에서는 세법은 행정법은 물론 다른 어떤 법과도 견주기 어려울 만큼 중요한 과목이다. 국제법도 필요하다. 다른 나라 사람이나 다른 나라 기업에 대한 과세, 또는 다른 나라에 진출한 우리나라 기

3) Tipke/Lang, *Steuerrecht*(제24판, 2021), 제1장 28문단. 이하 "Tipke/Lang"은 달리 적지 않은 한 이 책 제24판을 말한다.

업에 대한 과세 따위의 국제적인 문제에 관해서는 국내법뿐만 아니라 조약도 여럿 있으니까. 형법도 알아야 한다. 법은 조세포탈을 범죄로 처벌한다.

실무를 넘어서서 지식인으로서 또 경세가(經世家)로서 세법을 깨치려는 사람에게는 경제학·재정학적인 눈썰미가 필요하다. 이 강의에서도 적지 않게 경제적 분석을 하게 된다. 경제적 정책적 분석 없이는 세법에 어떤 내용을 담을 것인가를 따질 길이 없다. 한결 더 중요한 것은 역사. 모름지기 사회과학이란 역사과학일 뿐이고, 법학은 언제나 법제도의 역사에서 시작하게 마련이다. 세상의 모든 사회제도란 역사의 산물일 뿐이다. 회계학도 알아야 한다. 장부를 적고 세금신고서를 작성하고, 이런 세법실무는 회계실무와 떼어 낼 수 없는 한 덩어리.

이런 온갖 분야를 다 알아야 한다니, 여기쯤에서 겁먹고 물러나야 하려나. 그럴 필요는 없다. 이 강의는 학생들이 경제학, 회계학, 역사학 따위에 통달하고 있음을 전제로 하지는 않는다. 세법이란 법학의 테두리를 넘어서 다른 학문까지 아우르는 종합적 분석을 필요로 한다는 말일 뿐이다. 문제는 지식이 아니라 생각. 다른 학문의 지식 가운데 이 강의에 필요한 내용은 이 강의 안에서 해결할 것이다. 가령 세법을 깨우치기 위하여 회계사가 될 만큼 넉넉한 회계학 지식은 필요 없다. 세법을 공부하다가 잘 모르는 것에 부딪힐 때, 그것이 전문적인 사전 지식이 모자라는 탓인 경우는 실상 드물다. 그냥 생각이 짧을 뿐이다. 법학의 다른 분야와 세법의 연관도, 다른 분야의 사전 지식을 기계적 전제로 하면서 그 위에 세법을 그냥 쌓아올리지는 않는다. 오히려 이 강의 과정에서 다른 분야의 기초를 정말 그런가, 왜 그런가, 다시 짚어볼 기회를 얻게 될 것이다. 법학의 "지식"으로 필요한 것이 있다면, 널리 쓰이는 법률용어를 이 강의에서 일일이 다시 정의하거나 설명할 수는 없다는 정도일 뿐.

중요한 것은 미리 알고 있는 지식이 아니라 문제를 깨닫고 답을 깨우치려는 노력이다. 남이 써놓은 것은 문제를 풀어가면서 필요한 대로 찾아보는 자료일 따름. 수험법학이 지배하는 우리나라에서는 법대생은 물론 이미 법률가가 된 사람들조차도 무언가 잘 모르겠으면, 이를 스스로 깨우치려 애쓰는 대신 남이 써놓은 것을 그냥 외우려 하는 경우가 많다. 적어도 이 강의에서는 그런 태도는 버리자. 법해석 문제에 부딪힌 법률가에게는 법전과 판례 말고 나머지는 모두 참고자료일 뿐이다. 모든 법해석은 법조문에서 시작해서 법조문으로 돌아와야 한다. 나아가 입법론을 생각할 때에는 법조문조차도 그저 참고자료. 모든 문제는 밑바닥에서부터 따져 나올 일. 그저 귀에 익었다고 해서, 익숙하다고 해서, 그것이 옳다고 여기면 안 된다. "자신과 남을 속이는 가장 흔한 방식이 익숙한 것을 아는 것이라 전제하고 그냥 받아들이는 것이다."[4] 장차 여

4) Hegel's Phenomenology of the Spirit(Miller 역, 1976), Preface 31문단.

러분이 법률가, 행정가, 정치가로서 실제 문제에 부딪힌다면, 이 강의에서 내가 가르친 것도 그냥 옳다고는 여기지 말라. Ne te quaesiveris extra![5] 인류문명의 발전은 다른 이들의 생각이 정녕 옳은가, 틀렸다면 왜 틀렸는가, 이 물음을 누군가가 끊임없이 물어 온 덕택이다.

제3절 세금이란 무엇인가?

세금이란 무엇인가? '~세'라는 명목으로 내어야 하는 돈의 공통적 징표는? 세금이란 대개 '국가가 국민(헌법재판소에 따르자면 국민 또는 주민[6])에 대하여 반대급부 없이 강제적으로 걷는 돈' 정도로 정의한다. 짚어보자. 우선 우리나라에서 돈을 번 외국인에 대하여는 세금을 못 걷는가? 아니지 꼭 우리 국민이나 주민만이 우리나라에 세금을 내지는 않지. 세금을 물려도 될 만한 처지에 있다면 주민이 아닌 외국인에게도 세금을 물릴 수 있다. 그렇지만, 가령 '우리나라를 여행하는 미국인은 가진 것 모두를 세금으로 내놓아야 한다'는 내용을 법으로 삼을 수 있을까? 실제 가능한가는 접어놓고, "에이, 그러면 안 되지"라고 생각하리라. "그 사람이 우리나라에서 돈을 많이 벌어간다든가, 그런 사정이 있어야 하지 않겠어? 세금에는 반대급부가 없다고는 하지만, 무언가 정당화할 만한 사정, 그 사람에게 우리나라 세금을 물릴 만한 사정이 있어야겠지?" 무슨 말인가? 세금이란 무언가 담세력(擔稅力)이 뒷받침해야 한다는 말. 그런데 담세력이라는 규범적 징표가 자리잡은 것은 실상 근대사회에 들어서서부터이다. 천오백 년쯤 시대를 거슬러 올라가면 지나가는 이방인 나그네의 길을 막고 통행세라는 명목으로 돈을 터는 일도 흔했으니까. "의롭지 않다면 국가란 무엇인가? 큰 도적일 뿐. 도적이란 무엇인가, 작은 국가 아닌가?"[7] 그런 옛날까지 아우르는 세금의 정의를 대라면 '국가권력이 반대급부 없이 빼앗아 가는 돈' 정도로 그 뜻을 정할 수 있다.[8]

그러나 이런 느슨한 정의조차 사실은 충분하지는 않다. 가령 4,500원짜리 담배 한 갑을 산다면, 이 중에서 담뱃값이 얼마이고 세금이 얼마일까? 아마 세금이 한 2,500원쯤이려나. 여기서 세금 2,500원은[9] 강제로 가져가는 돈인가? 안 사면 그만인데. 그렇

5) 너의 바깥에서 찾지 말라. 1세기부터 있던 말이지만 Ralph Emerson의 수필 Self-Reliance(1841) 덕에 유명해졌다.

6) 헌법재판소 1989. 7. 21. 89헌마38 결정; 1990. 9. 3. 89헌가95 결정.

7) Augustine of Hippo, The City of God, Bk 4, ch. 4.

8) 이런 의미에서 세금이란 무엇인가를 결정적 특징과 보완적 특징으로 나누어 말하는 사람도 있다. Kruse, *Lehrbuch des Steuerrechts*(1991), Bd. I, 제2장, 특히 42쪽.

9) 현행법상 담배에 붙는 세금은 부가가치세, 개별소비세, 담배소비세, 지방교육세. 제3장 제1절 1.

지만 달리 보면, 나는 세금을 내고 싶지 않으니 2,000원에 담배를 팔라고 하면 아무도 안 판다. 이런 의미에서는 강제적이라고 할 수도 있다. 이렇듯 강제력이라는 말의 뜻도 반드시 뚜렷하지는 않다. 아무튼 담뱃값으로 내는 돈 가운데 '~세'라고 하는 것을 세금이라고 일단 불러보자. 그러면 여기에서 당장 새로운 문제가 생긴다. 담뱃값 4,500원에는 '~부담금'이라는 것도 1,000원쯤 들어가 있다. 이 부담금을 내지 않고서는 담배를 못 사지. 소비자의 입장에서는 아무 차이가 없다. 그러면 왜 굳이 '~세'라는 이름 대신 부담금이라고 하지? 담배에 붙는 건강증진부담금은 기획재정부가 국가의 일반세입으로 관리하지 않고 보건복지부가 따로 관리한다. 한 걸음 더 나아가면 예전에 담배를 행정부(전매청)에서 팔던 시절에는, 요새 돈으로 쳐서 담뱃값을 4,500원, 원가를 1,000원이라고 말하고 차익 3,500원을 專賣益金이라고 불렀다. 전매익금은 모두 국고로 들어간다. 전매익금 3,500원은 지금의 세금 2,500원 및 부담금 1,000원과 아무 차이가 없다.

결국 세금(稅金)이 무엇인가는 얼핏 생각하는 것만큼 뚜렷하지가 않다. 그러나 고민할 이유가 없다. 이 문제는 도대체 왜 따지는 것일까? 민법을 처음 배우면 민법이란 무엇인가를 배운다. 행정법을 처음 배우면 행정이란 무엇인가, 행정법이란 무엇인가를 배운다. 왜 배울까? 무슨 실익? 세금이란 무엇인가를 논하는 실익은? 이런 논의는 저자가 자기 교재에서 이것까지 다루겠다, 또는 교수가 이 강의에서 어디까지 가르치겠다는 의미가 있을 뿐이다. 내가 지금 세금이란 무엇인가를 말하는 이유도 강의범위를 정하려는 것뿐이다. 독일의 조세기본법을 끌어다가 세금의 정의가 어떻고 하는 이야기들은 그저 심심풀이이든가 엉뚱한 현학.[10] 이 강의는 우리나라의 법률이 '~세'라고 이름붙인 것만 다룬다. 가령 건강보험료나 국민연금보험료는, 경제학자들은 목적세라고 부르지만[11] 법학에서는 사회보장법이 따로 있고 세법에서는 안 다룬다. 다른 한편 가산세는 본질은 행정제재이지만 이 강의에서 다룬다. 이 강의에서 세금이란 실정법이 '~세'라고 정한 형식적(形式的) 정의(定義)를 따른다는 말.

헌법문제로 조세와 그렇지 않은 것 사이에 위헌심사 기준이 다르지 않을까? 우선 헌법에서 말하는 조세란 국회가 '~세'라고 이름붙인 形式的 기준을 말하는가, 아니면

---

10) 독일 Abgabenordnung(이하 "조세기본법") 제3조 제1항 조세의 정의는 실무에서는 별 의의가 없다. 독일헌법의 해석에서 연방과 지방정부의 과세권의 범위를 정하려면 조세의 개념을 정해야 하는 바, 독일헌법재판소는 헌법의 조세개념은 라이히 조세기본법의 조세개념을 그대로 받아들인 것이라고 풀이하고 있다. 독일헌법재판소 1954. 6. 16. 1 PBvV 2/52결정. 설명은 Tipke/Lang, 제2장 9문단, 10문단.

11) 가령 이준구·조명환, 재정학(제6판, 2021), 10장 3. 건강보험은 보험료로 얼마를 냈는가 무관하게 누구나 보험급여가 같으므로 목적세와 성질이 같다. 국민연금보험료도 돌려받을 보험금을 넘는 재분배 부분은 마찬가지. 앞으로 십몇년 뒤 연금재정이 말라붙는다면 그동안 젊은이들이 낸 돈은 보험료인가? 제11장 제2절 II, 제3절 I.

구체적으로 무슨 뜻이든 실질적(實質的) 기준으로 따져서 조세라고 볼만한 돈을 말하는가? 우리 헌법재판소는 "어떤 공과금이 조세인지 아니면 부담금인지는 단순히 법률에서 그것을 무엇으로 성격 규정하고 있느냐를 기준으로 할 것이 아니라, 그 실질적인 내용을 결정적인 기준으로 삼아야 한다"고.[12] "비록 그 명칭이 '부담금'이고, 국세기본법에서 나열하고 있는 '국세'의 종류에도 빠져 있다고 하더라도, '국가가 재정수요를 충족시키기 위하여 반대급부 없이 법률에 규정된 요건에 해당하는 모든 자에 대하여 일반적 기준에 의하여 부과하는 금전급부'라는 조세로서의 특징을 지니고 있다는 점에서 實質的인 조세로 보아야 할 것"에는 세법의 기본원리 및 이론이 유추적용된다."[13] 각종 부담금, 납부금, 분담금, 출연금 따위가 형식적 의미의 조세는 아니지만 실질적으로 조세일 수도 있다, 또는 그런 돈에 조세에 준하는 위헌심사 기준을 적용해야 할 수도 있다는[14] 말. 구체적으로는 실질적 조세에 해당한다면서 위헌으로 본 것도[15] 있고 합헌으로 본 것도 있다.[16] 해당하지 않는다면서 위헌으로 본 것도 있고[17] 합헌으로 본 것도 있고.[18] 실질적 조세인지 아예 묻지 않은 채 위헌심사에 들어가기도 한다.[19] 목적세의 경우 세금이라면서도 담세력이 아니라 납세의무자가 받는 이익이 얼마나 되는가를 묻기도 한다.[20] 결국은 실질이 조세에 해당한다고 보든 아니라고 보든 위헌여부

---

12) 헌법재판소 2004. 7. 15. 2002헌바42 결정.

13) 헌법재판소 2001. 4. 26. 99헌바39 결정(개발부담금).

14) 헌법재판소 1998. 6. 25. 95헌바35등(개발부담금); 1999. 1. 28. 97헌가8(운송사업자 분담금); 2001. 4. 26. 99헌바39 결정(개발부담금); 2008. 7. 31. 2006헌바2(개발부담금); 2008. 11. 27. 2007헌마860 결정(영화관 입장 부과금); 2009. 12. 29. 2008헌바171(개발부담금).

15) 헌법재판소 2003. 12. 18. 2002헌가2(문예진흥기금: 재산권, 포괄위임금지) 가운데 4인 의견. 재산권 침해라는 논거는 결국 i) 나쁜 짓이 아닌데 돈 낼 의무를 진다, ii) 조성된 기금을 돈 내는 사람들을 위해 쓰지 않고 국가의 일반적 과제에 쓴다.

16) 헌법재판소 2001. 4. 26. 99헌바39 결정(개발부담금: 부과요건의 명확성); 2016. 6. 30. 2013헌바191 등 결정(개발부담금 우선징수권: 재산권, 평등); 2020. 5. 27. 2018헌바465 결정(개발부담금: 재산권, 평등). 대법원 2017. 10. 12. 선고 2015두60105 판결(폐기물처리시설부담금: 명확성). National Federation of Independence Business v. Sebelius, 132 S. Ct 2566(June 28, 2012)(의료보험료).

17) 헌법재판소 1999. 4. 29. 94헌바37 결정(택지초과소유부담금: 재산권). 재정수입의 목적이 없으므로 조세가 아니라 하나 적지 않은 돈을 실제로 걷은 마당에 재정수입의 목적이 없다는 말은 모순이다. 헌법재판소 2019. 12. 27. 2017헌가21 결정(회원제골프장 입장금 부가금). 위헌이라는 논거는 i) 특정 행위를 하는 사람만 낸다, ii) 조성된 기금이 일반세입에 들어가지 않는다, 이 두 가지. 주석 15)의 이유와 양립하기 어렵다.

18) 헌법재판소 2007. 4. 26. 2005헌바51 결정(국민건강보험료: 조세법률주의 위반); 2008. 11. 27. 2007헌마860 결정(영화관 입장 부가금: 위헌정족수에 모자라지만 다수의견이 위헌); 2020. 8. 28. 2018헌바425(한강수계 물이용 부담금: 포괄위임금지, 평등, 재산권); 2022. 6. 30. 2019헌바440 결정(환경개선부담금). 대법원 2008. 10. 23. 선고 2008다47732 판결(산재보험료).

19) 헌법재판소 2002. 5. 30. 99헌바41 결정(개발부담금); 2004. 9. 23. 2002헌바76 결정(하수도법상 원인자부담금); 2018. 12. 27. 2017헌바215 결정(교통시설부담금).

20) 헌법재판소 2020. 3. 26. 2017헌바387 결정(지역자원시설세). 헌법재판소 2021. 4. 29. 2017헌가25 결

는 해당법령의 구체적 내용을 헌법이라는 잣대로 재어서 정한다. 이름이 무엇이든 형식적 법치주의와 실질적 법치주의라는 잣대를 대는 것은 똑같다. 오히려 形式的 기준으로 '~세'라는 이름이 붙으면 대체로 광범위한 입법재량을 인정한다. "오늘날 세원(稅源)이 극히 다양하고 납세의무자인 국민의 담세능력에도 차이가 있을 뿐만 아니라 조세도 국가재원의 확보라는 고전적 목적 이외에 다양한 정책적 목적으로 부과"된다는 이유로 국회에 인정하는 "광범위한 형성권"은[21] 형식적 의미의 조세에 대해서만 쓰고 있는 듯하다. 가령 회원제 골프장 중과세가 합헌이라는 결정은[22] 조세라는 것을 당연 전제하면서 막을 만한 사치행위니까 중과세도 합헌이라고 한다. 형식적 의미의 조세라는 점 말고는 달리 조세라는 이유가 결정문에 안 나오니 결국 국가의 일반세입에 들어가는 형식적 의미의 조세라는 이유로 헌법상 조세라고 본 셈. 결국 이름이 무엇이든 위헌 여부는 헌법과 관련 법률의 조문을 놓고 따질 일이다. 일반론으로 세금인가 아닌가를 따질 만한 실익은 없다.

세금의 의미를 실질적으로 정해야 하는 경우가 있기는 있다. 다른 나라 세금을 우리나라에서 납부할 세금에서 깎아주는 제도가 있다. '외국납부세액공제제도'라는 것인데 이때 외국정부에 납부한 돈이 세금인가 아닌가를 따져야 한다. 우리 법제에서 '세금이란 무엇이다'를 따지는 실익은 아마 그 정도. 이 경우에도 선험적 정의가 필요하지는 않다. 우리나라 법의 '~세'와 견주어 얼마나 비슷한가를 따질 뿐이다.

세금의 종류로 직접세(直接稅)와 간접세(間接稅)를 구별하여, 납세의무자와 담세자(세금을 실제 부담하는 사람)가 같으면 직접세, 다르면 간접세라고 흔히 말한다. 소득세, 법인세, 상속세 따위는 직접세이고, 부가가치세, 개별소비세, 주세 따위는 간접세라나. 가령 납세의무자가 제 돈으로 내는 소득세와 달리, 부가가치세는 남에게서 받아서 낸다는 것. 예전 독일문헌에 나오던 구별로[23] 이제는 안 통한다. 경제학을 조금이라도 이해한다면 이런 구별은 이상하다. 세금이 누구의 부담으로 돌아가는가는 법으로 정할 길이 없다. 시장에서 수요와 공급의 관계에 따라 정해지니까.[24] 세금부담의 전부나 일부만큼 월급을 더 받을 수 있는가, 물건값을 더 받을 수 있는가, 이 두 가지 문

정에서 제청법원(1심)은 전기요금을 목적세라고 보면서 법률이 아닌 약관으로 요금을 정하는 것을 위헌이라고 보았으나 헌법재판소는 세금이 아니므로 합헌이라고 판시.

21) 헌법재판소 2020. 3. 26. 2017헌바387 결정.

22) 헌법재판소 2020. 3. 26. 2016헌가17 결정.

23) 가령 부가가치세는 납세의무자(국가와 법률관계를 맺는 자)에게서 담세자(소비자)에게로 전가된다고 한다. Tipke/Lang(제19판, 2008), 제7장 20문단. ↔ 헌법재판소 2000. 3. 30. 98헌바7등 결정. 제23장 제2절 V, 제5절 I.2.

24) Joseph E. Stiglitz, Economics of the Public Sector(3rd ed. 2000), 356쪽, 467쪽. 이준구·조명환, 재정학(제6판, 2021), 제14장.

제에 차이가 있을 리 없다. 제8장 제3절 III.5., 제11장 제2절 II.2., 제23장 제2절 V. 소득세는 직접세, 부가가치세는 간접세, 이런 구별을 유지하면서 일응 법적 기준을 세운다면, 법이 물건이나 노무의 거래가격을 세제외가격으로 정하고 세금은 따로 받아서 납부하는 형식을 따른다면 간접세이고 아니라면 직접세 그 정도려나.[25] 그러나 기실 이 구별도 현행법과 꼭 맞지는 않는다. 가령 근로소득 원천징수세와 부가가치세를 견주어보라. 국가에 세금을 내는 사람(원천징수의무자나 거래징수의무자)은 그 돈을 남(원천납세의무자나 공급받는 자)에게서 걷어서 낸다는 구조가 똑같으니까.[26] 실정법의 용례로는 납세자라는 개념을 따로 만들어서 소득세 원천징수의무자는 납세의무자는 아니지만 납세자라고 부르면서[27] 부가가치세에서는 물건을 공급하는 자를 납세자가 아니라 납세의무자라고 부를 뿐이다. 아무튼 적어도 우리나라 법의 해석론으로는 직접세와 간접세는 구별할 필요가 없다.[28] 물론 입법론이나 정책의 차원에서는, 납세의무자의 주관적 사정을 헤아릴 수 있는 세금(대표격으로 소득세)과 없는 세금(대표격으로 부가가치세)의 구별은 중요하다. 조세부담의 공평성이라는 관점에서 중요하다.[29] 또 헌법에 직접세, 간접세라는 말을 쓰는 나라도 있고 국제조약에서 직접세, 간접세 따위의 개념을 쓰기도 한다.[30] 이런 경우 구별기준은 문제의 헌법이나 조약에서 따져야 한다.[31]

사라진 지 오래인 옛날 독일식 개념으로 세금을 수득세, 소비세, 재산세, 유통세로 구별하면서 현행법상 어떤 세금이 어디에 속하는가를 따지는 일본문헌도 있다. 우리 판례에 이런 말이 나오기도. 가령 당초의 계약조건대로 대금을 사후감액하더라도 일단 낸 취득세는 돌려줄 수 없다는 이유가 취득세는 유통세라나.[32] 담세력의 잣대로 소득(所得), 소비(消費), 재산(財産)을 생각할 수 있고, 그에 더해 현행법이 취득 등 일정한 거래(去來)는 그 자체를 과세하는 것은 맞다. 제8장. 그러나 이득보다 해악이 더

25) Tipke/Lang, 제24판(2021), 7.20문단.
26) Atkinson & Stiglitz, Lectures on Public Economics(1980), 14-1절.
27) 국세기본법 제2조 제9호, 제10호.
28) 요사이 일본문헌을 따라서 실정법의 과세물건이 담세력을 직접 나타내면 직접세, 간접적으로 나타내면 간접세라는 주장이 있지만 자명한 동어반복일 뿐더러 소비세는 논외로 한 생각이다.
29) 제7장 첫머리와 제2절, 제23장 제2절 V.
30) 특히 WTO 협정은 수출물품에 대한 보조금을 금지하지만 수출 이전 단계 간접세의 환급은 허용한다. GATT(1947) 제16조, Uruguay Round 협정문(1994), 509쪽.
31) 구체적 사례는 Alan Schenk and Oliver Oldman, *Value Added Tax*(2001), 16-18쪽.
32) 대법원 2018. 9. 13. 선고 2015두57345 판결 등.↔대법원 2018. 3. 22. 선고 2014두43110 판결; 2018. 6. 15. 선고 2015두36003 판결(증권거래세). 유통세라는 말은 독일행정청의 업무분장 개념일 뿐. 제27장 제4절. 가령 부가가치세는 소비세가 아니라 유통세. 독일 조세대법원 2015. 7. 14. 선고 XI B 41/15 판결 등.

큰 개념의 형이상학. 법에 없는 이런 구별 그 자체가 법률효과를 낳을 수야 없다.

제 4 절 조세국가(租稅國家)의 형성

세금은 국가의 존재기반. 그런데 국가의 재정수요를 세금으로 충당하기 시작한 것은 역사적으로 오랜 일이 아니다. 역사적 배경이 우리나라와 다르지만 서양의 역사에서 짚어 보자. 자존심 상하지만 우리가 가지고 있는 근대적 사회제도는 대체로 서양에서 들여왔으니.

유럽의 중세봉건제로 돌아가 본다면, 토지에는 여러 사람의 권리가 겹쳐 있었다. 땅을 놓고, "이 땅은 내 것"이라는 절대적이고 배타적인 소유권이라는 것이 없었다. 농민이 가꾸어 거둬들인 농작물을 놓고 영주가 일정한 양을 가져갈 권리가 있었고, 그 위에 다른 귀족 또는 왕이 다시 얼마를 가져갈 권리가 있었다. 한 토지에 중첩적인 권리가 존재했던 것이다. 영주가 가져가는 것은 세금인가? 왕이 가져가는 것은 세금인가? 이는 우선 국가란 무엇인가라는 말장난의 문제가 되지만, 손쉽게 왕의 집안 살림을 국가라고 보자. 왕은 농작물의 일부 내지 돈을 자기의 권리로서 가져가는 것인가,[33] 세금으로 빼앗는 것인가? 물론 권리라는 개념 역시 세금 못지않게 역사적 개념일 뿐이기는 하다. 어쨌든 봉건군주가 가져가는 몫을 세금, 적어도 오늘날의 말뜻에서 세금이라고 보기는 어렵다. 국가라는 개념을 한결 넓혀서 가령 왕과 귀족들이라고 보아도 마찬가지. 모두들 자기의 권리로서 생산물을 가져가는 것이다. 이런 뜻에서 근대 이전의 국가는 가산(家產; Patrimonium). 왕 내지 그 집안의 재산.[34]

세상이 바뀌어 오늘날의 국가는 국민에 대하여 어떤 권리를 전제하지 않고 세금을 거두어 간다. 걷을 만한 빌미가 있으면 세금을 거두어 간다. 국가는 내가 소유한 재산에 대해 아무런 직접적 권리도 없이 내게서 세금을 받아 간다. 근대국가는 재정수요를 조세로 마련한다. 세금이 없으면 국가란 없다. "국가의 세수가 국가이다."[35] 나라살림을 세금으로 꾸리는 근대국가, 독일식 용어로 租稅國家(Steuerstaat)란 어떻게 생겨났는가? 이는 결국 근대 봉건사회가 어떻게 자본주의 사회, 근대 시민사회로 바뀌었는가를 묻는 것. 이렇게 어려운 문제는 역사학자나 사회과학자에게 맡기고, 그저 Schumpeter

---

33) 중세의 토지제도에 대해서는 민법 교과서를 참조하라. 간결한 영미문헌으로는 Cheshire, *The Modern Law of Real Property*(1949), 9-27쪽.

34) estate라는 말은 지금은 상속재산이라는 뜻이지만 원래는 가령 Sieyes의 팜플렛의 제3"신분"도 estate이고, 영어의 state나 프랑스어의 etat도 모두 estate와 같은 어원이다. 모두 물려받는 것이다.

35) Edmund Burke, Reflections on the French Revolution(1790), McMaster Univ. PDF로 188쪽.

의 이야기나[36] 들어보자.

앞서 보았듯 중세 봉건사회에서는 왕은 지대(地代)를 받았다. 그러나 예외적으로 영주가 따로 돈을 내는 수도. 어떤 때에? 나라에 지배계급 공통의 이익이 달려 있는 사건, 이를테면 전쟁 따위가 생기면 이를 위하여 지대 이외에 자의반 타의반 왕에게 돈을 냈다. 영어와 프랑스어로 aide 독일어로 Bede를 낸 것. 왕이 따로 걷는 돈을 세금이라 부른다면, 세금의 징표에 자발적 지원금이라는 성격이 있었다는 말. 흔히 듣는 말로 과세동의권이 입법권에 앞섰다고 하지만, 의회의 동의를 받아서 왕이 국민을 과세한 것이 아니다. 봉건영주들끼리[37] 합의해서 각자 분담한 것.

그러다 중세말기에 들면서 장원제가 무너지고 중앙집권적인 근대 國民國家가 나타난다. 근대 국민국가라는 것은 왜 생겨났을까? 각 동네마다 봉건 영주들이 있어 많은 장원으로 나뉘어 있던 유럽사회가 중세 말에 어떻게 근대 국민국가라는 큰 덩어리로 뭉치게 되었을까? 이 변화의 고갱이는 기술의 진보. 생산력이 올라가면서 잉여생산물의 교환이 이루어지기 시작한다. 교환이란, 지역의 통합이 이루어질수록 그 효율성이 높아진다. 이리하여 지역을 묶으려는 힘이 생긴다. 서로 말이 통하는 이상 한 얼안으로 묶는 편이 낫다. 이렇게 묶인 것이 소위 근대 국민국가. 오늘날 이른바 세계화와 본질이 같다. 교역이 활발해질수록, 부분 부분을 더 큰 단위로 묶어 나갈수록, 사회 전체적으로 더 능률적이 되고 더 잘 살 수 있으니까. 인간이라면 누구나 잘 살고 싶은 욕구를 가지고 있는 이상 이것은 필연적으로 벌어지는 일이다. 아무튼 근대 국민국가로 넘어오면서 지역과 지역이 묶이게 되고, 여러 지역의 지배자 가운데서 강한 자가 왕이 되었다. 가장 강한 자가 왕이 되는 과정은 바로 전쟁. 전쟁을 벌이자면 군대가 필요했으며, 군대를 꾸리자면 돈이 필요했다. 따라서 봉건귀족들은 땅을 팔았다. 땅을 산 사람들은 누구? 기술의 진보에 따라서 새로 생겨난 계급, 바로 근대 부르주아지들. 영주는 땅을 다 팔아치워 버렸으므로, 이제는 지대를 받을 권리가 없다. 물론 영주 가운데 승자가 결국 王이 되었지만 그 과정에서 제 땅을 다 팔아 버렸기에, 이제는 더 이상 지대를 걷을 권리가 없었다. 그렇지만 이제 국가에는 전에 없었던 새로운 힘이 생겼다. 물리적 폭력의 독점. 중앙상비군(中央常備軍), 곧 강제력을 행사하여 세금을

36) Joseph A. Schumpeter, The Crisis of the Tax State (1918년 강연의 Stolper & Musgrave 번역문으로 International Economic Papers 1954년 4호에 실렸던 것이 인터넷에 나온다); Musgrave, Schumpeter's Crisis of the Tax State, 2 Journal of Evolutionary Economics(1992), 89, 특히 91-93쪽, 99쪽.

37) 프랑스에서는 명목적이나마 제3신분도 참여한 3부회(Etats Generaux). 직역하면 모든 신분(Etats) 총회의 결의로. 이름이 이렇다 보니 Etat(영어로 치면 Estate)라는 말이 의회라는 뜻으로 쓰이기도 했다. 가령 Bodin의 국가론(Les Six Livre de la Republique, 1576)에서는 문맥에 따라 두 뜻이 다 쓰인다. 영역으로 Jean Bodin, Six Books of the Commonwealth (M. J. Tooley 역, 1967).

걷을 수 있는 실력을 얻었다.[38] 이리하여 지대가 세금으로[39] 바뀐다. 이것이 바로 근대 조세국가 형성의 본질이다.

한편 이처럼 실력을 바탕으로 세금을 거두기 시작한 첫머리에는 어떤 식으로 거두었으려나? 재미있는 예로, 한때 영국에서는 집집마다 창문이 몇 개 있는가에 따라 세금(feuage)을 매겼다. 얼토당토 않은 이야기 같지만, 그 당시에는 나름 이유가 있었다. 영국은 춥다. 창문이 여럿이면 땔감이 넉넉한 부잣집이기 마련. 그러면 사람들의 반응은 어땠을까? 창문을 메우기 시작했다. 뒤이어 폐병이 번지고. 세금은 사람들의 행동거지에 영향을 미친다. 강의의 중요주제 가운데 하나. 앞으로 차차 깨달으리라.

제 5 절　세금과 근대 법치주의(法治主義)

오늘날에는 조세국가라는 특징에 더해,[40] 세금은 법률에 따라 매겨야 한다는 새로운 원칙이 자리잡았다. 이것이 바로 근대 法治主義 내지 法治國家이다. 뒤에서 보겠지만, 세금을 법률에 따라 매긴다는 부분을 법치주의에서 따로 추려 조세법률주의라고 말한다. 그러나 자칫 오해하기 쉬운 개념이므로 잠시 접어놓고 우선은 법치주의라는 말부터 따지자.

法治主義의 역사는 세금 문제에서 시작한다. 역사를 보면 과세동의권이 입법권에 앞서니까. 법치주의의 시발점이라는 Magna Carta를 생각해 보자. 마그나 카르타가 왜 생겼더라? 바로 세금 때문. 마그나 카르타의 본문 63꼭지 가운데 첫 꼭지는 종교. 둘째 꼭지가 세금. 왕이 귀족에게 일정 금액 이상을 징수하여서는 안 된다는 내용. 이것만 보더라도 세금문제가 얼마나 중요한 것인지를 잘 알 수 있다. 삶과 죽음, 그 다음 문제가 세금. 그러나 실상 마그나 카르타는 일반 백성의 삶과는 별 관련이 없다. 왕과 귀족의 싸움에서 귀족들이 자신들의 기득권을[41] 지키자고 싸운 결과일 뿐. 참고로 한 구절. "누구도 여자의 고발로는 체포·구금당하지 않는다. 남편을 죽였다는 고소가 아닌 한." 1628년의 권리청원이나 1689년의 권리장전도 비슷하다.

38) 잔다르크의 덕택으로 100년 전쟁에서 승기를 잡은 프랑스왕 샤를르 7세는 1439년 3부회의 동의 없이 과세할 권한을 받아낸다. 1484년 이후 프랑스혁명까지는 3부회가 기본적으로 없었다. 16세기 말에서 17세기 초 잠시 열렸을 뿐.

39) 귀족은 안 내고 농민만 내니 귀족들이 중앙집권으로 지대를 걷어서 나누어 가지는 것이라고 보기도 한다. Perry Anderson, Lineages of the Absolutist State(1974), 제2장.

40) 한때 독일에서는 조세국가를 헌법적 개념으로 이해해 보려는 생각들이 있었지만 거의 물거품이 되었다. 아래 제6절. 김성수, 세법(2003), 68-74쪽.

41) Edmund Burke, 앞의 책, 앞의 PDF로 15쪽.

왕이 국회, 곧 귀족대표자들의 동의 없이 제멋대로 돈을 빼앗아 가서는 안 된다는 것이다. "목숨을 뺏고 마누라를 뺏고 뭘 뺏더라도 돈은 안 돼. 마키아밸리가 곤룡포 입은 자들에게 가르쳐 주었듯, 폭삭 망하는 지름길."[42]

한 걸음 나아가 일반 국민들의 동의가 있어야 세금을 매길 수 있는 체제가 온 세상으로 번진 것은 1776년 美國의 獨立에서 비롯한다. 미국의 독립은 보스턴 차 사건에서 비롯한다. 바로 이 사건의 직접적인 원인 또한 세금문제. 영국에서 세금을 걷으려 하자 미국의 시민들이 못 내겠다고 대들면서 반란을 일으킨 것이었다. "대표 없이 과세 없다"는 구호를 걸고. 여기에서 새로운 사회체제가 생겨난다. 왕을 두지 않고 선거로 대통령을 뽑은 것이다. 이리하여 입법부만이 아니라 행정부도 적어도 수반은 국민다수의 뜻으로 뽑는 사회체제가 생겨났다. 법률로 국가의 과세권을 제약하고 나아가 국가가 무엇을 할 것인가는 국민다수의 의사로 결정하는 체제가, 세법을 포함하여 법률은 국민 내지는 그 대표들 다수의 의사로 정하는 체제가 생겨난 것이다.

근대시민혁명은 프랑스로 번져 나갔다. 1789년의 프랑스 革命이 일어난 것은 왕이 三部會(Etats Generaux)를 소집하면서였다. 금어 부스럼이 된 삼부회를 왜? 역시 세금 때문이었다. 근대세계의 주도권을 장악할 생각으로 미국 독립전쟁을 편들다가 국가파산에 이른 루이 16세는 1786년에 삼부회를 모았다. 돈을 내게 하려고 모은 만큼 돈 있는 계급인 교회귀족, 세속귀족, 신흥 부르주아지 셋을 모았다. 그러나 신흥 부르주아지는[43] 돈을 내기는커녕 아예 등을 돌린다. 이리하여 세금을 걷거나 달리 법을 만들려면 귀족 아닌 평민의 동의를 받아야 한다는 체제가 미국에 이어 유럽에 생겨났다. 여기에서 평민은 모든 사람을 뜻하지는 않는다. 실제로 투표권을 가지고 국가의 운영에 참여하는 것은 세금을 내는 사람들이었다. 돈을 내지 못하는 노동자계층은 적어도 정치적으로는 아직 같은 사람이 아니었다. "혁명을 중간에서 막는 것은 누구인가? 중산계급. 이미 만족에 도달한 이익이니까."[44] 메테르니히의 말로 "중간층은 왕과 신민 사이에서 왕홀을 부러뜨리고 민중의 아우성을 횡령한다."[45]

독일의 근대화는 나폴레옹 전쟁에서 비롯한다. 1848년에 프랑스 2월 혁명의 영향을 받아 프랑크푸르트 국민회의가 열렸지만 실패로 돌아가고 임금님께서 흠정헌법을 국민들에게 "하사"하신다나. 이 정치체제가 바로 프로이센이라는 나라. 근본적으로 왕, 귀족, 부르주아지, 이들 사이의 정치적 타협이다. 이 시대는 노동자계급의 힘이 자라던

---

42) Byron, Don Juan, Canto Ten, 79.

43) 제3신분의 대표자 610명 가운데 법률가가 500명 남짓 있었다고. Eric Hobsbawm, *The Age of Revolution*(1962), 60쪽.

44) 빅토르 위고, 레 미제라블(정기수 옮김, 2012), 제4부 2.

45) Metternich, Secret Memorandum to Tsar Alexander I(1820).

시절이었다. 1848년, 바로 이 해에 공산당선언이 나왔다. 이제 노동자계급은 사람은 모두 같은 사람이다, 법이란 돈 가진 쪽이 아니라 머릿수가 많은 쪽의 생각을 따라야 한다, 이른바 보통선거라는 이 생각을 밀고 나오기 시작했다. 이 새로운 적 앞에서 귀족과 부르주아지는 우리끼리의 싸움은 이 정도로 접자고 타협하면서, 서로의 관계를 적당히 얼버무린 봉합적 정치체제를 마련한다. 이것이 바로 Otto Mayer가 말하는 이른바 근대 法治主義의 3대원칙이다. 그 내용인즉슨, 첫째 상원 하원으로 귀족과 부르주아지의 대의기관을 두어 이 대의기관이 정하는 것이 곧 법이다. 괜한 어려운 말로 법률의 법규창조력. 지금 생각으로는 의회가 정하는 법률이 법이라는 것이야 너무나 당연하지 싶겠지만, 애초 법률이 법이 된다는 생각 자체가 근대 시민혁명의 산물이다. 둘째는 왕도 여전히 정치적인 힘을 가지며 법을 만들 수 있다는 것, 곧 법률유보이다. 그런데 법률과 왕이 내리는 명령이 모두 법이라면 둘 사이의 관계가 문제. 이리하여 생긴 세 번째 원칙이 법률이 명령보다 높다는 법률우위. 이거 어디서 들었더라? 19세기 프로이센 정치체제의 산물이 우리나라에까지 흘러들어와 우리 법학의 그 숱한 "주의"와 "원칙" 가운데 한 자리를 차지한 것.

이처럼 영국·미국·프랑스·독일에서 근대 정치체제가 조금씩 차이를 가지면서 각각 생겨나 그 핵심으로 보통선거제가 뿌리박는다.[46] 그 뒤 지구는 큰 비극을 맞아 두 차례의 세계대전을 겪는다. 역사의 필연이었는지 확신하기는 어렵지만 정말로 다행히, 파시즘과 자유주의의 싸움은 자유주의 진영의 승리로 돌아가고 2차 대전은 끝났다. 전쟁이 끝나자 독일 사람들은 왜 우리가 파시즘을 못 막았나 스스로를 돌아보게 된다. 독일 법학자들은 그동안의 법치주의가, 국회가 만든 것이기만 하면 모두 법률이라고 한 형식적(形式的) 법치주의에 머무른 것이 잘못이었다고 보고, 이제는 법률이 헌법에 합치하여야만 정당한 법률이라고 할 수 있다는 생각에 이르렀다나. 이를 위하여 법관은 "법률과 법"에 따라 재판하여야 한다는 말[47]을 헌법에 넣고 위헌(違憲)법률심사, 곧 국회가 만든 법률이 헌법에 맞는지 안 맞는지를 법관이 판단할 수 있다는 미국식 제도를[48] 수입하고, 거기에 실질적(實質的) 법치주의라는 이름을 붙인다.[49]

46) 세금납부를 선거권의 자격으로 삼으면 위헌. Harper v. Virginia Board of Elections, 383 U.S. 663 (1966).

47) 현행 독일헌법 제20조 Ⅲ. "법률과 법"이라고 할 때 "법"이라는 말은 Recht를 번역한 것이다. 이 말에는 정의(正義)라는 뜻, 권리라는 뜻도 들어있다. 영어의 right, 프랑스어의 droit나 마찬가지.

48) 미국의 위헌법률심사는 애초 헌법에 아무런 근거도 없이 법원이 만들었다. Marbury v. Madison, 5 U.S. 137(1803). 영국에는 위헌법률심사가 없다.

49) 헌법에 글귀만 있었더라면 법관들이 히틀러에게 맞섰을까? 우리 헌법재판소는 천도(遷都)를 막았고 계엄령은 국민이 막았다. 헌법재판의 정당성은 여전히 논란 중이다. 가령 Levey, Judicial Review, *History and Democracy: An Introduction in Judicial Review and the Supreme Court*(L.

아무튼, 이리하여 종래의 형식적 법치주의에 더하여 실질적 법치주의라는 개념이 생겨났고 우리나라에도 수입되었다. 사실은 형식적 법치주의, 실질적 법치주의라는 말은 나쁜 번역이다. 마치 실질적 법치주의가 "기계적 형식적인 법집행을 주된 임무로 하는 형식적 법치주의"를 극복했다는 느낌을 주기 때문이다. 그런 것은 전혀 아니고, 이 두 가지는 "입법형식의 법치주의"와 "법 내용의 법치주의"라는 말. 이 두 가지를 묶어서 오늘날 흔히 쓰는 말이 法治主義. 그렇지만 여태 이 말을 일단 쓰기는 했지만, 영국이나 미국의 역사에서 생긴 말은 "법이 다스린다"거나 "법의 지배"라는 뜻인 rule of law이고 독일의 역사에서 생긴 말은 法治國家라고 옮기는 Rechtsstaat이다. 법치주의라는 말은 일본인들이 1930년대에 만들어낸 조어로, 구태여 "주의"라고 부른 의도가 법률유보를 강조하려는 것이었다네.[50] 아무튼 이 강의에서도 일단 법치주의라는 말을 쓰기는 하지만, 일본인들이 만들어낸 온갖 다른 "주의"나 마찬가지로 마치 선험적 개념인양 추상화해버린 것에 속지 말라. 역사를 담은 개념일 뿐이다.

제 6 절 조세국가에서 빚쟁이 국가로

20세기 중엽부터 노동자계급이 정치적 다수가 되자 국가는 엄청난 사회복지 지출 압력에 부딪힌다.[51] 돈을 그냥 찍어서 댈 수 없는 것이야 당연. 인플레이션은 최악의 세금이다. 결국 국가는 돈을 꾸어서 쓰고 있다. 원리금 상환 부담은 후손들에게 지우고 일단 우리는 쓰고 보자. 건강보험급여도 늘리고 국민연금의 소득대체율도 올리고, 아예 돈을 그냥 나눠주기도 하고 그러지 뭐. 그래야 표를 얻지.[52] 인구가 줄곧 느는 동안이야 그나마 꾸려나갈 수 있었다. 앞으로는 어찌 되려나?

W. Levey ed., 1967)는 헌법재판이 우리 인간들로 하여금 스스로 문제를 풀 생각을 포기하게 하고 난데없는 신비적 권위에 의존하게 한다고 비판한다. 어떤 사회제도를 택할 것인가는 온 국민의 이성적 토론으로 답을 과학적으로 이끌어내야 한다. 헌법재판이라는 제도는 최종 판단권을 몇몇 법률가에게 맡겨서 국민전체의 판단능력을 마비시키는 결과. 재판관들은 하늘의 뜻, 요새 말로는 '헌법의 근본이념'을 독점한 채 '사물의 본성'을 본다는 현인(賢人)으로 국민전체에 대하여 침묵을 명할 수 있는 '신비로운(!)' 존재가 된다. 결과는 무엇인가? 특정한 사회적 배경에서 자라난 몇몇의 가치관이 헌법의 이름으로 신비화된다는 것. Waldron, The Core of the Case Against Judicial Review, 115 *Yale Law Journal* 118(2006).

50) 조홍식, 행정의 고유권한, 서울대학교 법학 59권 4호(2018), 1쪽, 특히 11쪽.

51) 사회복지에 드는 돈은 부가가치세로 마련했다. 복지국가란 그저 후견국가 아닌가? Junko Kato, Regressive Taxation and the Welfare State (2003).

52) Plato, Republic, Bk 8; Alexis de Tocqueville, Democracy in America, Part One, VIII.

제 2 장 우리 세법의 헌법적·정치철학적 기초

여태껏 국가를 세금으로 꾸려 가는 조세국가라는 것이 어떻게 생겨났고, 또 조세는 법률(法律) 곧 국민의 동의에 따라서만 매길 수 있는 사회체제가 어떻게 생겨났는가를 살펴보았다. 조세국가란 중세봉건주의 사회가 근대 자본주의 사회로 넘어오는 큰 흐름의 한 축이고, 조세법률주의란 근대 법치주의의 알맹이이다. 그런데 여태껏 살펴본 이 역사는 서양의 역사일 뿐이다. 우리 역사는 뭐지? 우리나라는 스스로 근대 자본주의의 길에 못 들어섰다. 시민계급이 자라지 못한 채 일본의 식민지가 되었다. 이 결과 서양의 근대 정치체제, 법률체제가 일본을 거쳐 일단 겉모습이 우리나라에 들어왔다. 이렇게 수입된 정치체제를 거쳐, 이제는 참말로 국민의 뜻에 따라 만든 헌법을 갖추고 있다. 법률은 국민이 선출한 대표자로 이루어진 국회에서 만들고, 행정부의 수반인 대통령도 국민이 선출한다. 권력분립 제도도 갖추었다. 법률의 해석은 법관이 맡고 있고, 법관은 선거가 아니라 교육과 시험으로 뽑는다.

우리나라의 헌법은 세금을 어떤 식으로 걷을 것을 요구하고 세법이 어떤 내용을 갖출 것을 요구하는가? 속 빈 논의가 아니라 실제로 매우 중요한 문제이다. 1987년 헌법이 생긴 이래 우리 헌법재판소는 여러 차례에 걸쳐 많은 세법규정에 대해 헌법에 어긋난다는 결정을 내렸으니까. 국회, 행정부, 납세의무자 모두 이제는 헌법문제를 따지지 않을 수 없다. 이하의 논의는 세법을 만드는 틀로서 헌법이 무엇을 요구하는가, 법치주의란 무엇인가를 따지는 데에서 시작한다. 그 뒤에는 세법이 담아야 마땅한 내용을 정하는 지도이념을 찾고, 특히 효율과 공평의 의미를 분석한다. 이어서 세법을 포함한 모든 법률의 테두리인 우리 헌법에서 세법의 입법재량은 어디까지인가를 따진다. 우리나라에 법치주의라는 것이 어떻게 생겨났는가, 우리 세법의 헌법적 기초의 실마리를 여기에서부터 풀어 보자.

제1절 우리나라 法治主義의 성립과 조세법률주의

우리나라의 전근대(前近代)사회에도 각종 세금에 대한 법령이 있었다. 조선시대에도 특히 형벌은 법으로 다스렸고, 농민으로부터 쌀(조, 租)을 얼마나 걷을지도 경국대전이나 속대전에 나온다.[1] 지방의 관리는 물론 조종성헌(祖宗成憲)이라고 하여 왕도 예로부터 내려오는 법을 제 마음대로 무시하지는 못했다. 그런 뜻에서 조선이 법치주의 사회였다고 말하기도 한다.[2] 물론, 법치주의라는 말을 무슨 뜻으로 쓰는가에 달려있을 뿐이다. 종이에 법규범이 적혀 있었고 실제로도 법적안정성이 있었다는 말과 제1장에서 말한 법치주의라는 말은 전혀 다른 뜻이다. 조선에서 백성의 뜻이 법이 된 것은 아니다. 국민 다수가 원하는 바가 그 사회를 구속하는 규범이 된다는[3] 뜻의 법치주의, 헌법학의 용례로 입헌민주제는 없었다.

그 뒤 우리나라는 일본에 합병되어 우리 뜻이 아니라 일본사람들이 제 뜻대로, 일왕(天皇)의 칙령(勅令)과 조선총독의 제령(制令)으로 우리를 다스렸다. 일본은 메이지유신(維新) 같은 근대화 과정에서 서구의 법률제도를 들여왔고, 일본헌법에도 새로 세금을 매기거나 세율을 올리려면 법률로 정해야 한다는 말을 두었다.[4] 그 말 그대로가 우리 구한말 1894년 홍범(弘範)[5]14조의 제6조에도 들어왔다. 이미 일본이 우리나라를 다스릴 힘을 장악했으니. 마침내 1910년 "한국 황제"의 "통치권" 내지 권력이 "일본天皇"에게 넘어갔다.

3.1운동으로 비록 임시정부였지만 군주제가 아닌 민국(民國)의 이념이 우리나라에 자리잡았고[6] 1948년, 우리도 대한민국임시정부의 법통에 따라 헌법(憲法)을 만들었다.[7] 1948년 헌법은 모든 국민은 납세의무를 지고[8] 조세의 종목과 세율은 법률로 정한다는[9] 내용을 두었다. 이런 내용을 통틀어 조세법률주의라고 부르는 것이 보통이다.

---

1) 經國大典, 續大典 호전(戶典) 수세(收稅). 稅란 우리말로 낛.

2) 정긍식, 조선의 법치주의 탐구(2018).

3) 祖宗成憲과 부딪히는 생각임은 바로 알 수 있다.

4) 일본 옛 헌법 제62조 제1항.

5) 실상 constitution, constitutional law, Verfassung, Verfassungsrecht는 우리 말에서는 弘範이 맞는 번역이다. 원래 우리 말에서는 헌(憲)이나 법(法)이나 모두 형벌에 관한 규범이라는 뜻이 강하다. 서양말을 역산해서 憲을 constitution이나 Verfassung이라 여기는 일각의 용례는 터무니 없다.

6) 民國이라는 정치체제와 보통선거라는 이념은 민국원년(1919) 4. 11. 대한민국임시헌장에서 비롯.

7) 적어도 우리 법규범에서는(실상은 일본법에서도) 우리나라가 사라진 적이 없다. 우리 국민은 그냥 대한국민이나 한국사람으로 남아있었다. 헌법 전문이 보여주듯 우리 대한국민이 헌법을 만들었고 그 역은 아니다.

8) 1948년 헌법 제29조.

홍범14조 이래 우리나라의 역대 헌법은 납세의무는 법률에 정해야 한다는 내용을 담고 있었고, 더 나아가 국가권력의 발동형태 전부에 관하여 법학 교과서들은 독일이나 일본과 비슷한 내용을 담은 법치주의를 말하고 있었다. 그러나 우리나라의 현실은 전혀 달랐다. 법률이 어떤 내용을 명령에 위임할 때에는 법률에 구체적 범위를 정하여 위임하라는 것이 헌법이지만, 실제는 포괄적(包括的) 위임이 늘 있었다. 왜 이런 현상이 생겼을까? 1987년 헌법이 생기기 전의 우리나라에서는 권력의 기반이 총칼. 국민이 아니고.[10] 국민의 다수가 무엇을 생각하는가가 아니라 집권세력이 무엇을 생각하는가가 법이 되던 나라였다. 물론, 세법이나 그 밖에 다른 법의 내용을 집권군부가 직접 작성하지는 못했다. 그러면 법안을 실제 만든 사람들은 누구? 행정부 공무원들이었다. 그렇다면 형식적 법치주의에 맞아야 함은 마찬가지 아닐까? 구태여 그럴 이유가 없지. 관료들은, 집권군부나 자신들이 원하는 내용을 법률이나 명령 아무 곳에나 넣을 수 있었다. 그렇다면 어디로 가지? 귀찮게 법률에 넣을 이유가 없지. 좋게 말하면 시간과 비용을 절약하는 길로 가게 마련. 이리하여 애초에 법에 명확히 규정하려면 할 수 있었을 입법사항들이 명령 같은 하위규범에 들어가게 되었다.[11]

우리나라에 法治主義가, 국민다수의 뜻이 법이 되는 정치체제가 제대로 자리잡기 시작한 것은 1987년 헌법이다. 우리나라 법치주의의 역사는 서양과는 사뭇 다르다. 서양의 근대 법치주의는 돈 문제, 세금문제를 고갱이로 하고 있다. 법치주의의 역사라 일컫는 마그나카르타·권리장전·미국독립·프랑스대혁명 따위는 모두 세금문제에서 비롯했다. 국민의 동의 없이는 세금을 매길 수 없다는 생각을 조세법률주의라 따로 이름짓든 말든, 법치주의 전체가 세금문제를 중심으로 성립되었던 것이다. 서양 근대헌법의 성립사에서 세금문제를 뺀다면 법치주의란 따로 없다. 그러나 1987년 우리나라의 민주화는 세금과는 별 상관이 없다. 1987년 민주화운동의 축은 크게 두 가지. 하나는 대통령은 제 수하가 아니라 국민이 뽑는다는 대통령 직선제이고, 다른 하나는 모든 국회의원에 대한 보통선거, 곧 대통령이 국회의원의 일정수를 제 멋대로 뽑는 것은 그르다는 생각이었다. 1987년의 6월 민주화운동은 일반시민들, 특히 화이트칼라 노동자들이 이끌었다. 군부는 더 이상 구체제를 지켜낼 수 없었고, 드디어 우리나라는 국민의 뜻을 모아 법을 만드는 법치주의 국가가 되었다.

1987년 헌법은 법관(法官)자격이 있는 자로 憲法裁判所를 구성하여, 법률이 헌법에 맞는지를 심사하게 했다.[12] 이후 우리 헌법재판소는 여러 차례에 걸쳐 많은 세법규

9) 1948년 헌법 제90조.

10) 유신헌법이 생기기 전의 체제는 겉보기에 법치주의였을 뿐이다. 이 책 제8판 17-18쪽.

11) 심지어는 멀쩡히 법률에 있던 것을 명령으로 옮기기도 했다. 가령 법인세법상 손익의 귀속시기.

12) "부자, 귀족, 제후가 정부에서 쫓겨나면 그 자리를 법률가가 채운다." Alexis de Tocqueville,

정에 대해 위헌, 한정위헌, 한정합헌 또는 헌법불합치결정을 내려왔다.[13] 상징적인 사건 몇 가지만 들어보자. 1989년에 명의신탁을 증여로 의제하는 상속세법[14] 규정에 대해 한정합헌결정,[15] 1990년에 국세우선권을 담보물권 설정일보다 소급하는 국세기본법의 규정에 대해 위헌결정,[16] 1994년에 토지초과이득세법에 대해 헌법불합치 결정.[17] 2004. 11. 18. 현재까지의 통계로는 세법과 관련하여 단순위헌 127건, 헌법불합치 21건, 한정위헌 14건, 한정합헌 13건을 선고했고, 법률에 대한 헌법심판 가운데 약 17% 정도가 조세사건이었다. 위헌 시비가 걸린 사건들은 대체로 1990년대 초에 나왔던 토지공개념에 관한 법률이거나, 조세회피를 막으려고 만들었던 법규정으로 민사법의 체계와 잘 안 어울리는 느낌을 주는 것들이다. 21세기에 들어와서는 헌법재판소의 결정이 훨씬 신중한 모습을 보이고 있다.

세법의 위헌 여부를 다룬 결정문의 가장 두드러진 특색으로, 헌법재판소는 거의 예외 없이 위헌 여부를 "租稅法律主義"라는 잣대로 재면서 이 개념은 과세요건법정(法定)주의와 과세요건명확주의를 핵으로 한다고 한다.

> 조세법률주의의 이념은 과세요건을 법률로 규정하여 국민의 재산권을 보장하고, 과세요건을 명확하게 규정하여 국민생활의 법적 안정성과 예측가능성을 보장하기 위한 것이며, 그 핵심적 내용은 과세요건법정주의와 과세요건명확주의이다.[18]

> 과세요건법정주의는 납세의무를 성립시키는 납세의무자, 과세물건, 과세기간, 세율 등의 모든 과세요건과 부과·징수 절차는 모두 국민의 대표기관인 국회제정법률로 규정하는 것을 말한다.[19]

Democracy in America, Part One, XVI. 제1장 주석 43).

13) 위헌결정이 나온 법률은 그 날부터 효력을 잃는다. 헌법재판소법 제47조 제2항. 다만 위헌이 된 법률 또는 법조항이 재판의 전제가 된다면 위헌의 효과는 위헌 결정 이후에 제소된 다른 사건에도 미친다. 대법원 1993. 1. 15. 선고 92다12377 판결 등. 확정판결의 기판력이나 이미 확정력이 생긴 행정처분의 효력에는 영향이 없다. 대법원 1993. 4. 27. 선고 92누9777 판결; 1994. 10. 28. 선고 92누9463 판결. 그러나 헌법재판소 1993. 5. 13. 92헌가10 등 참조. 헌법재판소는 합헌결정과 위헌결정에 더하여 여러 가지 변형결정을 내리기도 한다. "한정합헌"이란 법조문을 글귀보다 좁게 한정해석해야만 합헌이라는 것이고, "한정위헌"이란 법률의 글귀를 특정한 뜻으로 한정해석한다면 법률이 위헌이 된다는 것이다. "헌법불합치"란 법률이 헌법에 어긋나지만 당장 무효라 선언하지 않고 결정문에서 정하는 때까지 법률을 고치라는 것이다.

14) 1996. 12. 30. 법률 제5193호로 전부개정시 '상속세법'에서 '상속세및증여세법'으로 이름이 바뀌었다.

15) 헌법재판소 1989. 7. 21. 89헌마38 결정.

16) 헌법재판소 1990. 9. 3. 89헌가95 결정.

17) 헌법재판소 1994. 7. 29. 92헌바49 결정.

18) 헌법재판소 1995. 7. 21. 92헌바27등 결정. 그 밖에 1992. 2. 25. 90헌가69 결정; 2000. 6. 29. 98헌바35 결정 등.

과세요건명확주의는 과세요건에 관한 법률규정의 내용이 지나치게 추상적이거나 불명확하면 이에 대한 과세관청의 자의적인 해석과 집행을 초래할 염려가 있으므로 그 규정내용이 명확하고 일의적이어야 한다는 것이므로, 과세요건을 정한 조세법률규정의 내용이 지나치게 추상적이고 불명확하여 과세관청의 자의적 해석이 가능하고 그 집행이 자유재량에 맡겨지도록 되어 있다면 그 규정은 과세요건명확주의에 어긋나는 것이어서 헌법상 조세법률주의 원칙에 위배된다.[20]

조세행정에 있어서의 법치주의의 적용은 조세징수로부터 국민의 재산권을 보호하고 법적 생활의 안전을 도모하려는 데 그 목적이 있는 것으로서, 과세요건법정주의와 과세요건명확주의를 그 핵심적 내용으로 하는 것이지만 오늘날의 법치주의는 국민의 권리의무에 관한 사항은 법률로써 정해야 한다는 형식적 법치주의에 그치는 것이 아니라 그 법률의 목적과 내용 또한 기본권보장의 헌법이념에 부합되어야 한다는 실질적 법치주의를 의미하며, 헌법 제38조, 제59조가 선언하는 조세법률주의도 이러한 실질적 법치주의를 뜻하는 것이므로 비록 과세요건이 법률로 명확히 정해진 것일지라도 그것만으로는 충분한 것이 아니고 조세법의 목적이나 내용이 기본권보장의 헌법이념과 이를 뒷받침하는 헌법상의 제 원칙에 합치되지 아니하면 아니된다.[21]

우선 "실질적 조세법률주의"라는 말은 전혀 헌법적·역사적 근거가 없는 개념이다. 아래 제3절. 헌법재판소의 초기 판례가 허투루 막 지어낸[22] 이 말이 금과옥조처럼 한동안 쭉 나오다가 정면폐기 없이 슬그머니 사라졌다.[23] 2019년 이후 판례는, 그 내용이 과잉금지원칙과 같은 것이라고 밝히면서 이 개념을 사실상 해체했다.[24]

형식적 법치주의와 실질적 법치주의, 형식적 조세법률주의와 실질적 조세법률주의, 이 용례 자체가 보여주듯 租稅法律主義란 法治主義의 한 속성인가, 또는 독자적 개념인가? 예전 법학 교과서는 "조세법률주의의 원칙은 영미법에서 발달한 개념"이라고 말하지만[25] 오해. 실상 영미법에는 애초에 조세법률주의라는 말이 없다. 미국에서는 과세요건은 반드시 법률로 명확하게 정해야 한다는 생각 자체가 없고, 독일법에도 조

19) 헌법재판소 1999. 3. 25. 98헌가11등 결정.

20) 헌법재판소 1992. 12. 24. 90헌바21 결정; 1994. 8. 31. 91헌가1등 결정.

21) 헌법재판소 1992. 2. 25. 90헌가69 결정; 1994. 6. 30. 93헌바9 결정; 1995. 11. 30. 91헌바1등 결정.

22) 이 책 초판(2001), 제2장 제3절.

23) 헌법재판소 2016. 6. 30. 2014헌바468 결정에 다시 나온 적이 있지만 아마 실수였던 듯. 그 뒤에는 모두 청구인은 실질적 조세법률주의를 주장하나 이 점은 다른 헌법조문에서 이미 다루었으므로 별도로 판단하지 않는다고 했다.

24) 헌법재판소 2019. 11. 28. 2017헌바260 결정; 2020. 5. 27. 2018헌바465 결정; 2020. 8. 28. 2017헌바474 결정.

25) 김철수, 헌법학개론(15신정신판, 2003), 1092쪽.

세법률주의라는 말은 없다. 그저 법치국가의 이념이 있을 뿐이다.

조세법률주의라는 말 그 자체는 기실 日本 사람들이 만들어낸 것이다. 처음에 썼던 뜻으로는 영미법의 역사에서 "대표 없이 과세 없다"라는[26] 역사적 개념의 번역어 내지 "새로 조세를 매기거나 세율을 변경함은 법률로써 정한다"고 하는 메이지(明治) 헌법의 명문규정을 일컫는 말이었다.[27] 조세법률주의란 영미법에서 발달한 원칙이라는 말이 그 뜻. 일본의 현행헌법은 세율 외에 다른 구성요건까지 포함하여 "새로 조세를 매기거나 현행의 조세를 변경함에는 법률 또는 법률이 정한 조건에 따를 것을 필요로 한다"라고 정하고 있다.[28] 그러다가 토쿄대의 金子宏 교수가 조세법률주의라는 개념을 법해석학 개념으로 바꾸면서 거기에 넓은 의미를 담아서 조세법률주의란 과세요건법정주의, 과세요건명확주의, 합법성의 원칙('법대로' 원칙), 엄격해석, 절차보장, 소급과세 금지 등의 결합 내지 그런 주의나 원칙을 끌어내는 근거가 되는 통일적 개념이라는 주장을 내었다.[29] 대표 없이 과세 없다는 말이나 헌법의 명문규정 그 자체에는 없는 내용을 조세법률주의라는 말 속에 담은 것이다.[30] 이 일본말이 다시 우리 법학에 그대로 수입되어, 조세법률주의, 과세요건법정주의, 과세요건명확주의 따위의 추상화, 신비화된 개념이[31] 우리 헌법해석에 자리잡고 말았으니.

독일법에는 조세법률주의라는 말이 따로 없다. 법치국가(法治國家, Rechtsstaat)의 이념이 있을 뿐. 법치국가라는 생각을 세금문제에 적용할 때 세법과 세정은 이래야 된다 저래야 된다고 말하는 것뿐. 억지로 뜯어 맞추자면, 일본인들이 쓰는 租稅法律主義라는 개념은 대체로 형식적 法治主義라는 말과 부합한다. 형식적 법치주의를 세금문제에 적

---

26) No taxation without representation이라는 말 자체는 미국 독립전쟁의 구호이다. 제1장 제5절.

27) 일본 明治憲法 제62조 제1항. 내가 찾아본 문헌 가운데 조세법률주의라는 말이 나오는 가장 오래된 문헌은 1966년의 清宮四郎, 憲法 I(재판, 昭和 41), 211쪽. 이 책 초판은 1957년이다. 田中二郎, 租稅法에서는 1968년판에서 1990년판까지 다 그저 서양사 개념이다. 최초의 판결은 広島地裁 1966(昭和 41). 10. 31. 판결(行集 17권 10호 132쪽)인 듯.

28) 日本國憲法 제84조.

29) 金子宏, 租稅法(1976), 71쪽, 111쪽.

30) 과세요건법정주의, 과세요건명확주의, 이런 이름은 모두 동경대 金子宏 교수의 작명이다. 당자의 자랑스러운 회고로 Kaneko, The Principle of Statute-Based Taxation in Japan, in International and Comparative Taxation(2002), 53쪽, 특히 54쪽. 조세법률주의라는 말을 억지로 영역한 위 글의 제목을 주목하라. 조세법률주의가 no taxation without representation과 다른 개념이 된 것. 이 영역은 金子 학파라 할 일본 세법학의 대표주자들이 공동집필한 租稅法律主義の總合的檢討(中里實・藤谷武事 공편, 2021)의 표지에도 그대로 나온다. 법원 판결로는 1955년의 일본 最高裁判所 1955(昭和 30). 3. 23. 판결(民集 9권 3호 326쪽)에 과세요건법정주의라는 말이 나온다. 한편 1999년의 하급심 판결은 과세요건 및 조세의 부과징수에 관한 절차를 법률로 정해야 한다는 내용을 "조세법정주의 특히 과세요건법정주의"라고 부르고 있다. 大阪地裁 1999(平成 11). 2. 26. 平7(ワ)9498. 平8(ワ)3576 판결(訟月 47권 5호 977쪽).

31) 제1장 주석 49.

용한 결과 가운데 가장 중요한 것이 독일말로 과세의 법률적합성(Gesetzmässigkeit der Besteuerung), 곧 세금은 법에 따라 걷어야 한다는 것이다.[32] 법치국가란 법적안정성이 있는 나라를 말한다. 세금문제에서 법적안정성을 확보하려면, 과세요건을 법으로 정해야 하고,[33] 명확히 정해야 하며, 소급과세나 앞뒤 다른 행동으로 국민의 신뢰를 깨면 안 되고, 독립적 사법부가 법에 따라 재판하는 권리보호제도가 있어야 한다는 것이다.[34] 입법의 지도이념으로서야 당연하다. 그렇지만 실제 독일에는, 법령에 구체적 근거가 없는 내용을 행정규칙이나 판례로 정하고 있는 것이 숱하게 많다.[35] 독일의 헌법재판 실무를 보자면, 과세요건명확주의에 따르자면 "수많은 세법규정이 위헌이어야만 한다… 그러나 너무 불명확하다는 이유로 헌법재판소가 세법규정을 실제로 위헌이라고 한 적은 단 한 번도 없다."[36] "헌법재판소는 모든 희망을 좌절시켰다."[37] 일본도 마찬가지. "현실의 조세입법에서는 일반적 · 백지적 위임에 해당한다고 생각되는 문헌이 채용되어 있는 예가 적지 않다."[38] 일본 법의 위임형식은 우리 법과 거의 차이가 없지만, "일반적 · 추상적 위임이라고 인정한 재판례는 거의 없다."[39] 세금사건 판결 자체가 워낙 적은 나라이니 딱히 판례가 어떻다고 말하는 것 자체가 애초 무리.

조세법률주의라는 말 자체를 문제 삼자는 것은 아니다. 우리 헌법에 조세에 관한 조문이 따로 있으니 이것을 조세법률주의라고 부르는 것이야 그럴 수 있다. 문제는 지금까지 과세요건법정주의, 과세요건명확주의, 소급입법의 금지, 이런 명제들을 기계적으로 끌어낼 수 있는 통일적 원칙으로서 일본인들이 말하는 그런 식의 조세법률주의

32) 조세법률주의라는 말이 "과세의 법률적합성"이라는 독일말의 번역이라면서도 "조세법률주의 = 형식적 조세법률주의 + 실질적 조세법률주의"라는 헌법재판소의 定式을 옹호하는 견해가 있다. 김성수, 세법(2003), 61쪽, 63쪽, 65쪽, 106쪽, 112쪽. 이런 견해를 따른다면 조세법률주의는 형식적 조세법률주의의 한 요소라는 모순에 빠진다.

33) 실상 독일기본법에는 명문규정이 없고 헌법해석론이다. Tipke/Lang, *Steuerrecht*, 제24판(2021), 제3장 232문단. 이하 달리 적지 않은 한 Tipke/Lang이란 이 책 제24판.

34) Tipke/Lang, 제3장 93문단. 본문 내용의 한 구절 한 구절에 주의와 원칙이라는 이름을 일본인들이 붙인 것이다.

35) 대표적인 예로 인적회사나 조합기업의 과세에 관한 엄청나게 복잡한 법은 거의 전적으로 판례에 의하여 생겨났다. 독일 소득세법 15조 1항 2호 그 자체는 100단어 정도뿐이고, 실체법은 주석서의 깨알같은 글자로 100쪽을 넘는 분량에 걸쳐 정리된 판례로 이루어져 있다. Ludwig Schmidt, *Einkommensteuergesetz*(19판, 2000), 15조 주석 161-787문단.

36) 다만 2007년 공무원의 과세자료제출의무에 관한 조세기본법 규정이 불명확하다면서 위헌 결정이 나온 것이 있다. 독일헌법재판소 2007. 6. 13. 1 BvR 1550/03 결정. 본문의 인용은 이 결정이 나오기 전에 구판 Tipke/Lang(제17판, 2002), 제4장 168문단에 나왔던 말이다.

37) 그 뒤 소득세법의 결손금 통산규정이 위헌이라는 하급심 판결을 뒤집은 독일헌법재판소 2010. 10. 12. 결정 2 BvL 59/06에 관한 탄식이다. Tipke/Lang(제24판), 제3장, 247문단.

38) 佐藤英明, 租稅法律による命令への委任の司法統制のあり方, 租稅法律主義の總合的檢討(中里實 · 藤谷武事 공편, 2021), 11쪽.

39) 谷口勢津夫, 稅法基本講義(제7판, 2021), 29쪽. 中里實 · 藤谷武事 공편, 앞의 책, 14쪽에서 재인용.

가 우리 헌법에 존재하는가를 따져보자는 것이다. 이런 뜻으로도 조세법률주의라는 개념이 우리 헌법에 설 자리가 없다고 잘라 말하지는 않겠다. 그저 역사로 따지면 일본인들이 만든 개념이고, 또한 내 개인이 공부한 범위 안에서는 아예 토론할 필요가 없는 당위로 조세법률주의를 찾지는 못했다는 말이다. 하나의 작업가설로서 조세법률주의라는 용어가 "세법영역의 法治主義"라는 뜻일 뿐이라고 생각한다면,[40] 차라리 이 용어를 아예 쓰지 않고 Tipke/Lang처럼 직접 헌법규정과 헌법이념으로, 법치주의(이것도 일본개념이기는 하지만 서양글자를 그대로 쓰기 싫으니 일단 법치주의라는 말을 그냥 쓰자)로 돌아가는 편이 논의의 왜곡을 막는 아르키메데스 점. 조세법률주의라는 독자적 용어를 쓰는 과정에서 그 자체가 더 이상 근거를 따질 이유가 없는 천리(天理)처럼 작용하기 시작하니까. 가령 독일과 달리 우리나라에서는 과세요건법정주의와 과세요건명확주의에 어긋난다면서 세법을 위헌(違憲)이라 본 결정이 한때 쏟아져 나왔다. 군부독재 세력이 제 뜻에다 법률이라는 이름을 붙인 것도 많았고 그 시절의 입법관행이 그 뒤에도 꽤 오래 남아있었던 탓도 있지만, 조세법률주의라는 독자적 용어의 영향도 무시하기 어렵다. 세금 문제에 관한 우리 헌법상의 원칙이나 제약을 다 정리하고, 그 결과를 조세법률주의라 부를 수야 있다. 아무튼 적어도 현 단계의 분석에서는 일단 믿을 만한 머릿돌인 법치주의를 더위잡는 것이 맞다. 법치주의란 무엇을 요구하는가? 형식적 법치주의와 실질적 법치주의의 차례로 짚어 보자.

제2절 형식적 법치주의

과세요건법정주의 또는 법대로 원칙이란 과세요건을 모두 법률에 정해 두어야 한다는 생각이다. 자유와 권리를 침해하는 국가작용은 법률로 정해 두라는 법치주의는 과세에서도 당연.[41] 과세요건명확주의란 세금을 정하는 법률의 내용은 명확해야 한다는 말이다. "과세요건에 관한 법률규정의 내용이 지나치게 추상적이거나 불명확하면

40) 이중교, 조세법개론(2023), 55쪽. 한편 이준봉, 조세법총론, 1편 2장 1절 Ⅲ, Ⅳ나 임승순, 조세법 1부 1편 4장 2절 1.은 조세법률주의에는 법치주의를 넘어서는 고유내용이 있다고 하나 그저 동어반복. 고유내용이 있는가가 논점이다. 법치주의 역시 헌법에 명문규정이 없다는 말은 맞지만, 법치주의라는 개념은 제1장 제5절에 적은 역사적 개념을 한 마디로 줄인 말이지 법률가들이 만들어낼 수 있는 추상적 헌법원리가 아니다. 일본문헌은 의회의 과세동의권이 입법권에 앞섰다는 역사와 Jean Bodin까지 되돌아가는 사상사를 들지만, 그 맥락에서 의회란 귀족을 말할 뿐이다. 앞 제1장. 본문이 말하는 뜻으로 조세법률주의라는 것이 우리 헌법에 있다면 왜 있는지를 우리 역사에서(혹시라도 일본헌법이 우리 헌법이라고 믿는다면 일본의 역사에서라도) 밝혀야 한다.

41) 헌법재판소 1996. 6. 26. 93헌바2 결정(침해행정이니 더 엄격한 제한). Tipke/Lang, 제3장 232문단.

이에 대한 과세관청의 자의적인 해석과 집행을 초래할 염려가 있으므로, 그 규정내용이 명확하고 일의적(一義的)이어야 한다."[42] 실로 1987년 이후 2000년대 초기까지 헌법재판소에서는 세법이 조세법률주의에 어긋나는 형식으로 입법되었다는 이유로 여러 차례 위헌이나 헌법불합치 결정을 내렸다.[43] 그러다가, 한편으로 입법형식이 정비되고 다른 한편으로는 그 무렵의 비판을[44] 거쳐 헌법재판소의 판단이 신중해지면서 이제는 포괄위임이라거나 과세요건이 불명확하다면서 위헌선언하는 경우가 아주, 아주 드물다.[45]

Ⅰ. 과세요건 법정주의와 위임입법

여기에서 法定, 법으로 정한다는 말은 Legalität의 일본식 번역이다. 죄형법정주의나 마찬가지로 Legalität라는 말에는 법으로 정한다는 뜻과 법에 정한 그대로(Gesetzmässigkeit) 한다는 두 가지 뜻이 다 있다. 후자의 의미까지 담자면 법대로 원칙이 더 나은 번역이려나. 법률적합성이나 합법성의 원칙이라는 번역도 있다.[46] 우리 헌법에서는 "조세의 종목과 세율은 법률로 정한다."[47] 헌법에 이런 말이 아예 없는 독일에서도 마찬가지. 법률의 규정도 없이 세금이라는 명목으로 남의 재산을 뺏지야 못하는 것이야 당연한 헌법해석.[48] 그렇지만 실제로 모든 과세요건을 모조리 다 법률로 정할 수 있으려나? 안 될텐데. 구태여 세법 아니래도 국회가 만든 법률에 법규범 모두를 다 담기는 불가능하다. 그래서 헌법은 법률 아래에 대통령령 · 부령 등의 형식으로 위임명령과 집행명령을 허용하고 있다. 대부분의 세법은 법률 밑에 대통령령, 다시 그 밑에 총리령이나 부령을 두는 형식으로 입법되고 있다. 헌법에 따라 이런 명령들은 법률의 연장으로 법이다.[49] 특히 세법은, 끊임없이 바뀌는 복잡한 경제현상을 대상으로

42) 헌법재판소 1994. 8. 31. 91헌가1 결정.

43) 헌법재판소 1994. 7. 29. 92헌바49등 결정; 1995. 2. 23. 93헌바24등 결정; 1998. 4. 30. 95헌바55 결정; 1998. 4. 30. 96헌바78 결정; 1999. 3. 25. 98헌가11등 결정; 1999. 12. 23. 99헌가2 결정; 2000. 1. 27. 96헌바95 등 결정; 2001. 6. 28. 99헌바54 결정 등.

44) 이창희, 세법의 헌법적 기초에 관한 시론, 조세법연구 Ⅵ(2000) 79-121쪽. 지금 읽고 있는 제2장의 원본이다.

45) 요사이 결정 가운데 형식적 법치주의 위반을 이유로 위헌선언하는 경우는 예전에 이미 위헌결정이 나온 사건의 후속사건 정도이다.

46) 대법원 1997. 3. 20. 선고 95누18383 판결; 2009. 4. 23. 선고 2006두14865 판결; 2007. 6. 28. 선고 2005두2087 판결. 같은 용례로 오윤, 세법의 이해, 3장 3절 2항.

47) 헌법 제59조.

48) Tipke/Lang, 제3장, 232문단.

49) 법률이 위임의 범위를 특정하고 있는 이상, 명령이 위임의 한계를 벗어났다 하여 법률 자체가 위헌이 되는 것은 아니다. 헌법재판소 2001. 9. 27. 2001헌바11 결정(비업무용부동산의 범위).

삼는 까닭에 세계 어느 나라를 보더라도 법률의 몇 배에서 몇십 배에 이르는 분량의 명령이 나와 있다.

한때 성행했던, 형식적 법치주의에 관한 우리 헌법재판소의 위헌결정은 대부분 위임입법에 관련한 것이다. 과세요건 법정주의에 어긋나는 법률과 명령은 포괄위임(包括委任)으로서 무효라는 것. 그런 사례 가운데 하나로 헌법재판소의 95헌바55 결정을 보자. 옛 상속세법의 증여의제(擬制) 관련.

> 구상속세법 제34조의 4는 "현저히 저렴한 대가로서 대통령령이 정하는 이익"을 받는 경우를 그 과세대상으로 삼고 있는데, 이익을 받는다는 개념은 매우 넓은 개념이고 이 사건 법률조항은 이에 관하여 아무런 구체적인 기준도 제시하지 않고 있으므로 이 사건 법률조항이 과세대상으로 삼고 있는 "대통령령이 정하는 이익"이란 과연 어떠한 이익을 받은 경우가 이에 해당하는지, 이 사건 법률 조항만으로써는 도저히 예측할 수 없어 조세법률주의에 위반되고 위임입법의 한계를 일탈한 것이다.

이 사건의 쟁점은 이른바 실권주(失權株)를 인수하여 얻은 이익이다. 옛 상속세법은 "현저히 저렴한 대가로서 대통령령이 정하는 이익"에 대해서 증여세를 매기고 있었고, 이를 받아 시행령은 실권주를 인수하여 얻은 이익을 과세대상으로 삼고 있었다.[50] 신주가 발행되는 경우 기존주주가 신주청약을 안 하는 수도 있고 청약만 하고 주금납입을 안 하는 수도 있다. 이처럼 실권주가 생기면 이를 어떻게 처리할지 으레 이사회가 정한다.[51]

실권주를 인수하여 얻은 이익에 증여세를 매긴다는 법령은, 실권주의 배정이라는 과정을 통하여 회사에 대한 지배권을 다른 사람에게 넘기면서 생겨났다. 특히 재벌들이 재산을 2세나 3세에게 넘기는 것이 사회문제로 떠올랐다. 종래의 증여세법으로는 재벌 2세나 3세가 얻는 이익에 증여세를 매길 수 없었다. 이런 식의 재산 이전은 증여가 아니기 때문. 왜 아니지? "증여"라는 말을 민사법의 일반용례에 맞추어 읽는다면 증여는 "계약"이고[52] 이 사건에서는 그런 증여계약이 없으니까. 곧, 기존 주주에서 새 주주에게로 부(富)가 넘어가지만 기존 주주와 새 주주는 아무런 법률관계를 맺고 있지 않다. 기존 주주는 신주 발행절차에서 아무것도 하지 않고 가만히 있어서 실권되었을 뿐이다. 기존 주주에게는 신주인수권이 있을 뿐 신주를 인수해야 할 의무란 없다.

---

50) 옛 상속세법 제34조의4(1981. 12. 31. 법률 제3474호로 개정되고, 1990. 12. 31. 법률 제4283호로 개정되기 전의 것) 및 같은 법 시행령 제41조의3. 제25장 제3절 Ⅲ.

51) 상법 제416조.

52) 민법 제554조. 대법원 2010. 5. 27. 선고 2010다5878 판결 등.

요컨대 증여는 아니다. 그래서 생긴 후속입법이 "대통령령이 정하는 경제적 이익"을 증여로 擬制하여 증여세를 매기겠다는 규정. 그러나 헌법재판소는 이에 대하여 과세요건은 법으로 명확히 정하여야 하는데도 법으로 정하지 않았고, 명령에 위임하면서 법률에 아무런 구체적인 기준을 안 두었으니 조세법률주의에 위반된다면서 위헌결정을 내렸다.

다른 한편, 위임입법(委任立法)을 폭 넓게 허용한 예도 적지 않다. 대법원 판결과 헌법재판소 결정에 각 다음과 같은 것이 있다.

> 법률규정 자체에 위임의 구체적 범위를 명확하게 규정하고 있지 아니하여 외형상으로는 일반적 · 포괄적으로 위임한 것처럼 보이더라도 그 법률의 전반적인 체계와 취지 · 목적 · 당해 조항의 규정형식과 내용 및 관련법규를 살펴 이에 대한 해석을 통하여 그 내재적인 위임의 한계나 범위를 객관적으로 분명히 확정할 수 있는 것이라면 일반적 · 포괄적 위임에 해당하는 것으로 볼 수 없다.[53)]

> 우리 헌법 제75조에서 위임입법의 필요성이 있음을 인정하여 "대통령은 법률에서 구체적으로 범위를 정하여 위임받은 사항에 관하여 대통령령을 발할 수 있다"라고 규정…하고 있다. 여기서 '구체적으로 범위를 정하여'라 함은 …누구라도 당해 법률 그 자체로부터 대통령령 등에 규정될 내용의 대강을 예측할 수 있음을 의미한다고 할 것이고, 그 예측가능성의 유무는 당해 특정조항 하나만을 가지고 판단할 것이 아니라 관련 법조항 전체를 유기적 · 체계적으로 종합판단하여야 하며, 각 대상법률의 성질에 따라 구체적 · 개별적으로 검토하여야 할 것이다.[54)]

과세요건의 범위를 애매하게 정한 법률을 위헌이라고 한 판례와 합헌이라 한 판례를[55)] 모두 묶어 일관된 기준을 찾기는 어렵다. 일반적으로는 중요하고 본질적 내용은 법률에 정해야 한다지만('본질성'설)[56)] 세법에서는 구체적 개별적으로 한정한다면

---

53) 대법원 1997. 2. 28. 선고 96누16377 판결(양도소득세). 같은 뜻으로 헌법재판소 1995. 11. 30. 94헌바40등 결정; 2002. 6. 27. 2001헌바44 결정.

54) 헌법재판소 1996. 3. 28. 94헌바42 결정; 1996. 6. 26. 93헌바2 결정; 2003. 12. 18. 2002헌바16 결정; 2012. 7. 26. 2011헌바357 결정 등.

55) 헌법재판소 1995. 11. 30. 94헌바40등 결정; 1995. 11. 30. 91헌바1등 결정(대통령령이 정하는 기준시가); 1997. 10. 30. 96헌바92등 결정; 2011. 2. 24. 2009헌바289(대통령령에 따라 계산한 재산세액 상당액) 결정; 2016. 9. 29. 2014헌바111 결정(주류세: 수입신고를 하는 때의 가격은 대통령령으로 정한다) 등.

56) 헌법재판소 1999. 5. 27. 98헌바70 결정; 2002. 12. 18. 2001헌바52등 결정; 2009. 12. 29. 2008헌바48 결정; 대법원 2000. 3. 16. 선고 98두11731 판결; 2015. 8. 20. 선고 2012두23808 판결. 행정기본법 제8조. Tipke/Lang, 제5장 8문단.

중요하거나 본질적인 것도 명령에 위임할 수 있다고.[57] 그런데 위임이 구체적 개별적인지는 어떻게 판단해야 하려나. 사람마다 생각이 다를 수밖에 없는 주관적·개인적 판단 아닌가? 가령 "대통령령으로 정하는… 비업무용토지"를 중과세하는 규정은 합헌이지만[58] "대통령령으로 정하는 고급주택"이나 "대통령령으로 정하는 고급오락장"을 중과세하는 규정은 위헌이라는데?[59] 조세법률주의라는 말이 부르는 기계적 사고가 오히려 법적불안정성을 낳고 있는 셈이다. 이리하여 우리 헌법재판소의 결정도 2000년대 초반부터는 위헌선언이나 변형결정을 자제하고 있다. 법률에 아무 기준이 없는 채 그저 "대통령령이 정하는 자산"이라고만 정한 문구가 包括委任인가에 관한 다음 결정을 보자.

> 이 사건 법률조항은… 현물출자 과세특례가 되는… "자산"은 이를 특정하지 아니한 채 "대통령령이 정하는 자산"이라고만 규정하고 있어서 자산의 개념 자체가 추상적이고 불분명하여 어떠한 종류의 자산을 의미하는 것인지를 구체적으로 예측하기가 쉽지 않다. 그러나 현물출자를 통한 기업의 구조조정을 세제상으로 지원하기 위하여 일정한 요건을 갖춘 현물출자에 대하여는 현물출자에 따른 자산양도차익 상당액을 손금에 산입하여 과세를 이연받을 수 있는 특례를 제공하고자 한 이 사건 법률조항의 입법취지와 이 사건 법률조항과 관련되는 …조를 종합하여 판단하건대, 대통령령에 규정될 자산으로는 기존 법인이 사업에 직접 사용하던 사업용 자산으로서 현물출자의 대상이 될 수 있는 토지, 건축물 등의 유형고정자산이나 특허권 등의 무형고정자산이 해당된다고 할 것이므로 이 사건 법률조항이 예정하고 있는 내재적인 위임의 범위를 객관적으로 확정할 수 있고… 이 사건 법률조항은 헌법상의 조세법률주의와 포괄위임입법금지 원칙에 위배되지 아니한다.[60]

여기에서 문제의 본질을 다시 짚어 보자. 형식적 법치주의의 논거가 뭐지? *法的安定性*. 법적안정성이 뭐지? 사람들이 어떤 행동을 할 때 그 행동에 어떤 법률효과가 뒤따르는지 예측할 수 있어야 한다는 말. 문제는 다음 두 가지의 비교 : ① 사람들의 행동 당시 이미 알려져 있었던 규범은 모두 유효한 체제, ② 사람들의 행동 당시 이미

---

57) 헌법재판소 2002. 1. 31. 2001헌바13 결정; 2015. 2. 26. 2012헌바355 결정.

58) 대법원 2000. 5. 12. 선고 2000두1300 판결; 헌법재판소 2000. 2. 24. 98헌바94등 결정. 유사사건으로 헌법재판소 2006. 2. 23. 2004헌바79 결정; 2006. 3. 30. 2006헌바6 결정.

59) 헌법재판소 1998. 7. 16. 96헌바52등 결정; 2003. 4. 24. 2002헌가6(위헌)↔대법원 2001. 9. 28. 선고 2000두10465 판결.

60) 헌법재판소 2005. 4. 28. 2003헌가23 결정. 그 밖에 2006. 2. 23. 2004헌바32등 결정; 2006. 2. 23. 2004헌바71등 결정; 2006. 2. 23. 2004헌바79 결정; 2006. 7. 27. 2006헌바18등 결정; 2012. 4. 24. 2010헌바405 결정; 2024. 1. 25. 2020헌바484 결정; 2024. 5. 30. 2022헌바238등 결정.

알려져 있었던 규범 가운데 일부는 법관의 주관적 판단에 따라 소급하여 무효가 되는 체제. 이 두 가지 가운데 어느 쪽이 법적안정성을 낳지? 어떤 내용이 법률에 적혀 있지 않고 명령에 적혀 있어서 법적안정성을 해친다는 말은, 역사적으로 보자면 아마 책의 제작비용이 너무 비싸서 일반 국민들이 볼 수 있는 법전에는 법률만 실려 있던 때에나 옳았으리라. 행정부의 온갖 내부규정까지 쉽게 찾아볼 수 있는 오늘날에는 안 맞는다. 다른 한편 오랜 세월동안 안정적 법제로 자리잡은 개념들은 응당 법률에 넣어야야 맞다. 안 그러면 명령 내용의 유무효에 대해 법관이 어떤 판단을 내릴지 미리 내다볼 수 없는 까닭이다.

> "조세법률주의를 지나치게 철저하게 시행한다면 복잡다양하고도 끊임없이 변천하는 경제상황에 대처하여 적확하게 과세대상을 포착하고 적정하게 과세표준을 산출하기 어려워 담세력에 응한 공평과세의 목적을 달성할 수 없게 된다. 따라서 조세법률주의를 견지하면서도 조세평등주의와의 조화를 위하여 경제현실에 응하여 공정한 과세를 할 수 있게 하고 탈법적인 조세회피행위에 대처하기 위해서는, 납세의무의 중요한 사항 내지 본질적인 내용에 관련된 것이라 하더라도 그 중 경제현실의 변화나 전문적 기술의 발달 등에 즉응하여야 하는 세부적인 사항에 관하여는 국회제정의 형식적 법률보다 더 탄력성이 있는 행정입법에 이를 위임할 필요가 있다."[61]

Ⅱ. 과세요건 명확(明確)주의

1. 과세요건명확주의 내지 조세법률규정의 불명확성을 문제삼은 판례를 보자.[62] 가령 "고급오락장"을 중과세하는 옛 지방세법 조문이 위헌이라는 아래 이유를 주목하라.

> '오락'의 개념 자체가 지나치게 추상적이고 불분명하여, 어느 형태와 어느 내용의 오락장을 의미하는 것인지를 예측하기가 쉽지 않고, 고급오락장에 관한 사회통념이 형성되어 있다고도 할 수 없으므로…어느 정도 규모의, 어느 정도의 호화설비를 갖춘 오락장이 과연 고급오락장에 해당하는지 구체적으로 예측하기가 어렵다. 고급오락장 개념을 구체적으로 설명하고 있는 지방세법의 다른 규정이나 기타 관련 법률규정도 존재

---

61) 헌법재판소 2002. 1. 31. 2001헌바13 결정; 2015. 2. 26. 2012헌바355 결정; 2016. 9. 29. 2014헌바114 결정.

62) 헌법재판소 1999. 3. 25. 98헌가11 등 결정; 2001. 6. 28. 99헌바54 결정; 2019. 4. 11. 2016헌바66 결정 등.

> 하지 아니하므로 '고급오락장' 개념의 불명확성은 법체계적인 해석을 통해서도 제거될 수 없다. (…) 그렇다면 "고급오락장"의 개념이 지나치게 추상적이고 불명확하여 과세관청의 자의적인 해석과 집행을 초래할 염려가 있다고 할 것이므로 …"고급오락장용 건축물" 부분은 과세요건명확주의…에 위배된다.[63]

그러나 과세요건을 明確히 하라는 당위를 현실세계에서 글자 그대로 관철하기는 어렵다. 이리하여 헌법재판소는 다음과 같이 판시하고 있기도 하다.

> 과세요건명확주의는 과세요건과 절차 및 그 법률효과를 규정한 법률규정은 명확하여야 한다는 것이나, 법률은 일반성·추상성을 가지는 것으로서 법률규정에는 항상 법관의 법 보충작용으로서의 해석의 여지가 있으므로 조세법규가 당해 조세법의 일반이론이나 그 체계 및 입법취지 등에 비추어 그 의미가 분명해질 수 있다면 명확성을 결여했다고 하여 위헌이라고 할 수는 없다.[64]

> 모든 법규범 문언을 순수하게 기술적 개념만으로 구성하는 것은 입법기술적으로 불가능하므로(헌재 2018. 5. 31. 2016헌바250 참조), 설혹 법 문언에 어느 정도의 모호함이 내포되어 있다 하더라도 법 문언이 법관의 보충적인 가치판단을 통해서 그 의미내용을 확인할 수 있고, 그런 보충적 해석이 해석자의 개인적인 취향에 따라 좌우될 가능성이 없다면 명확성의 원칙에 반한다고 할 수 없다(헌재 2011. 3. 31. 2008헌바141 등; 헌재 2019. 12. 27. 2018헌바161 참조).[65]

> 특히 조세부담을 정함에 있어 과세요건에 대하여는 극히 전문기술적인 판단을 필요로 하는 경우가 많으므로, 그런 경우의 위임입법에 있어서는 기본적인 조세요건과 과세기준이 법률에 의하여 정하여지고 그 세부적인 내용의 입법을 하위법규에 위임한 경우 모두를 헌법상 조세법률주의에 위반된다고 말할 수는 없을 것이다.[66]

그렇다면 문제는 법원의 판결에 달려 있네. 얼핏 보아 법률규정의 의미와 내용이 아리송하더라도, 법원의 판결이 이를 특정하고 있거나 할 수 있다면 예측가능성이 생기니까 위헌이 아니겠네. 이 말은, 과세요건이 불명확하다는 꼬투리로 법률을 위헌선

---

63) 헌법재판소 1999. 3. 25. 98헌가11 등 결정.↔대법원 2001. 9. 28. 선고 2000두10465 판결(대통령령이 정하는 고급주택).

64) 헌법재판소 1995. 2. 23. 93헌바48 결정; 1995. 7. 21. 92헌바40 결정; 2011. 10. 25. 2011헌바9 결정; 2016. 7. 28. 2014헌바423 결정.

65) 헌법재판소 2022. 3. 31. 2019헌바107 결정.

66) 헌법재판소 2002. 6. 27. 2000헌바88 결정; 2006. 7. 27. 2006헌바18 결정.

언하기가 매우 어렵다는 말이 된다. 왜? 우선 법률의 의미내용을 특정한 판결이 있거나 헌법재판소가 특정할 수 있다면 불명확성은 이미 없어졌다.[67] 다른 한편 판결이 아직 없을 때 법률 의미내용을 특정하는 판결이 불가능하다는 판단이 헌법재판소의 권한에 속하는가는 의문이 생긴다.[68] 이제는 우리 헌법재판소도 신중한 입장. 가령 '고급사진기'에 관한 다음 결정에서 '사진기'라는 말을 '오락장'이라는 말로 바꾸어 읽어보라.

> 사진기의 종류에 따라 어느 정도 가격에 차이는 있더라도 일반적으로 고급사진기란 일반인이 일상적으로 사용하는 사진기의 가격을 넘는 높은 가격의 사진기라는 사회통념이 형성되어 있다고 볼 수 있다. 앞서 본 바와 같이 고급사진기를, 학설 및 판례는 일반인이 일상적으로 사용하는 용품의 범위를 벗어난 것으로서 특별소비세법의 위임에 따라 대통령령으로 정한 기준가격 이상의 사진기라는 의미로 해석하고 있으며, 실무상으로도 그와 같이 적용하고 있다. 그렇다면, 이 사건 조문의 '고급사진기'란, 사회통념상 …특별소비세법의 위임에 따라 대통령령으로 정한 기준가격 이상의 사진기라는 의미로 분명하게 해석되므로 과세관청의 자의적인 해석과 집행을 초래할 염려가 있을 정도로 지나치게 추상적이고 불명확한 규정이라고 볼 수 없고, 따라서 헌법상의 조세법률주의가 요구하는 과세요건 명확주의의 원칙에 위반되지 않는다.[69]

Ⅲ. 법정주의와 명확주의의 갈등

과세요건은 불확정 개념이 없도록 명확하게 모두 법률로 정하라는 말은 결국 법이 어때야 한다는 말일까? 상속세 및 증여세법 제39조를 읽어보라. 읽으려고 애써보라. 아래 제25장 제3절 Ⅳ.2. 너무 복잡하고 어려워서 도대체 알 수 없는 이 글귀가 과세요건 法定주의와 과세요건 明確주의의 최종 산물 가운데 대표격이다. 제25장 제3절 Ⅱ.1.[70]

67) 헌법재판소 2003. 1. 30. 2002헌가53 결정; 2012. 3. 29. 2010헌바100 결정; 2024. 4. 25. 2020헌바364 결정.

68) 대법원 2008. 10. 23. 선고 2006다66272 판결. 헌법재판소 2004. 10. 28. 99헌바91 결정; 2012. 12. 27. 2011헌바117 결정. 바로 이 점에서 한정합헌이나 한정위헌의 효력을 둘러싸고 대법원과 헌법재판소 사이에 견해의 대립이 있다. 제3장 제2절 Ⅲ.

69) 헌법재판소 2003. 10. 30. 2002헌바81 결정. 그 밖에도 헌법재판소 2003. 6. 26. 2002헌바101 결정; 2003. 7. 24. 2000헌바28 결정; 2006. 2. 23. 2004헌바100 결정; 2013. 7. 25. 2012헌바92 결정 등 참조. 21세기의 유일한 헌법불합치로 헌법재판소 2003. 7. 24. 2000헌바28 결정. 제12장 제4절 4.

70) 이 현상을 일반화한 서술로 Surrey, Complexity and the Internal Revenue Code, 34 Law and Contemporary Problems 673(1969), 특히 698쪽; Institute of Fiscal Studies, Tax By Design: The Mirrlees Review (2011), 2.2.2.(1)절. 한국조세연구원의 2015년 번역본 제목은 '조세설계'. 이하 이 책은 2011 Mirrlees Review라고 인용. Institute of Fiscal Studies, Dimensions of Tax Design (Fullerton, Licestor & Smith ed., 2010): Mirrlees Review(2010)은 이하 2010 Mirrlees Review라

明確한가?

Ⅳ. 다른 나라는?

독일이나 일본 사정은 이미 보았다. 美國에서는 법률의 구체적 해석적용은 법원이 하는 것이라 생각하므로 법률이 불명확하니 무효라는 생각은 애초 없다. 심지어 우리 형법에 나오는 범죄는 거의 다 common law crime으로 법률 없이 판례로 다스린다. 이처럼 법해석은 법원의 전권이지만 오랫동안 판례는 이른바 Chevron deference로, 이미 행정부의 명령이나 행정해석이 있다면 이를 되도록 존중하는 예양을 보였다. 어차피 법해석 문제이므로 법률에 개별적·구체적인 위임이 있는가를 구태여 물을 필요도 없이.[71] 다만, 국회가 만든 법률을 어길 수는 없을 뿐. 우리 식 표현으로는, 전통적으로 미국에는 *法律*의 우위(優位)가 있을 뿐 *法律*의 유보(留保)는 없었다.[72] 법의 구체적 위임을 받지 않은 명령도, 미국 대법원의 표현을 빌면 "불합리하고 법률과 어긋남이 분명하지 않은 이상 그대로 유효하다."[73] "국회가 당면 쟁점에 대해 아무것도 정하지 않았을 때에는" 법률의 포괄위임 규정에[74] 터잡은 명령이 "법률이 남겨 놓은 틈을 메우며 법원은 그 자신의 생각으로 행정기관의 합리적 해석을 대체할 수 없다."[75](법원의 이런 예양은 법률과 비슷한 입법예고와 청문절차를 거친 명령에 한했다.[76]) 미국은 건국 때부터 대통령(행정부를 대표하는)을 국민이 선출하는 방식이었고, 행정부나 국회가 모두 국민의 통제 아래 있으므로 행정부를 특별히 옭아매어야 할 이유가 없었으리라. 국회가 만든 법률을 어기지 않는 한,[77] 행정부의 명령을 법 내지 올바른 법해

고 인용.

71) Chevron, USA, Inc. v. Natural Resources Defense Council, 467 US 837(1984).

72) 이 때문에 행정입법을 정지시키는 법률을 국회가 만들기도 한다. 이것을 속칭 congressional veto라 부른다. 공화당 대통령이 임명한 사람들이 2/3를 차지한 이후에는 대법원 판결의 경향이 대통령의 권한을 축소하다가 결국 2024년의 Loper Bright Enterprises v. Raimondo 판결로 Chevron을 뒤집었다. 법이란 언제나 법원의 해석으로 뜻을 확정하는 것이니 명령이나 행정해석을 그 자체로 존중할 이유가 없다는 것.

73) CIR v. South Tex. Lumber Co., 333 US 496(1948). 미국세법은 법률에 여러 가지 구체적 위임규정을 두는 데 더해 "재무부장관은 법률의 집행에 필요한 모든 규칙과 규정을 정할 수 있다"라는 포괄위임 규정을 두고 있다. Internal Revenue Code(이하 "미국세법") 제7805조(a).

74) 미국세법 제7805조(a).

75) Peoples Fed. Sav. & Loan Ass'n of Sydney v. CIR, 948 F2d 289(6th Cir. 1991).

76) US v. Meade Corp., 533 US 218(2001). 이 판결과 Chevron 판결의 관계는 Vermuele, Mead in the Trenches, 71 George Washington Univ. Law Review 347(2003).

77) 미국재무부와 국세청은 대통령이 임명하는 법률가들의 내부통제를 받고 각종 외부절차에서 법무부장관의 통제를 받는다. 미국세법 7801조.

석이라고 받아들여도 미국의 민주주의가 별 탈 없이 돌아갈 수 있었다. 법이 알아서 판단한다는 프랑스에서도 헌법에 입법사항으로 열거해 놓은 것이 아니라면 모두 명령으로 정할 수 있다.[78)]

형식적 법치주의, 세법으로 더 좁히면 일본식 용어로 과세요건법정주의, 과세요건명확주의, 위임명령의 한계 따위는 이미 말한 바와 같이 19세기 프로이센의 정치체제에서 나왔다. 제1장 제5절. 프로이센이 그런 체제를 가진 이유는 3월 혁명이 실패하면서 근대 부르주아지들이 정권을 완전히 못 잡고, 왕을 정점으로 하는 종래의 봉건귀족과 부르주아지가 양립해서 타협정치를 할 수밖에 없었던 까닭이다. 왕과 귀족이 여전히 권력의 일부를 나눠 가지고 있는 후진성을 안은 채 근대사회로 들어가게 된 것이다. 부르주아지와 귀족 사이의 갈등 속에서 이들을 하나의 국가 속에 묶어 넣는 통합수단이 바로 Otto Mayer와 같은 독일 공법학자들이 만들어낸 법치국가라는 헌법체제였다. 왕을 정점으로 하는 행정부가 만드는 명령은 법에서 위임을 받았든가 아니면 법을 집행하기 위하여 필요한 범위 안에서만 가능하다는 이론을 만들었던 것. 법률에 구체적 근거가 없는 왕령이 가능하다면 그런 왕령은 어느 방향으로 튈지를 예측할 수 없다는 현실에서, 바꾸어 말하면 국회는 국민이 지배하지만 행정부는 독자적 세력이라는 현실에서 형식적 법치주의가 법적안정성과 논리적 동치가 된 것이다.

오해 말라. 독일식 개념이 다 틀렸고 미국의 헌법 해석이 바로 오늘날 우리나라의 헌법 해석이 되어야 한다는 말은 아니다. 우리나라는 미국이 아니다. 크게는 역사가 다르고 작게는 헌법의 글귀가 다르다. 법률제도 전체의 헌법적 틀로 또는 훨씬 좁은 범위로 세법의 헌법적 틀로 법률유보가 필요 없다는 말도 아니다. "조세의 종목과 세율은 법률로 정한다"라는 말이 우리 헌법에 적혀 있는 이상 우리나라에서는 법률에 근거가 없는 세금이란 있을 수 없고 과세요건을 법률로 정해야 한다.[79)] 여기에서 밝히고 싶은 바는 그저 우리나라가 19세기의 프로이센이 아님을 분명히 하자, 신비라는 위선을 벗고 과학을 말하자는 것, 그뿐. Loper 판결 이후로는 미국에서도 법률유보가 필요하게 되리라. 다만 법률이 불명확하니 무효라는 생각이 없고 언제나 법원이 법보충 작용으로 뜻을 확정한다는 점에서 우리 식의 과세요건명확주의는 없다.[80)]

---

78) 프랑스 헌법 제37조. 제34조에 대해서는 황남석, 프랑스세법상의 조세법률주의, 조세법연구 25-3 (2019), 243쪽; 장윤영, 레옹 뒤기의 공법이론에 관한 연구(2021), 115쪽.

79) 제3장 제1절 참조.

80) 지켜볼 일이지만 Chevron 예양에서 벗어나는 경우란, 자명한 불합리는 아니더라도 불합리한 명령은 제치겠다는 정도이리라.

V. 형식적 법치주의 ≠ 천리(天理)

지금까지의 분석에서 드러난 것은, ① 형식적 법치주의는 언제 어디에서나 보편타당한 원리는 아니다, ② 형식적 법치주의가 필요하다면 그 논거를 법적안정성에서 구할 수는 없다, 이 두 가지이다. 오늘날 우리나라에서 형식적 법치주의가 필요한 이유가 무엇인가는 이제부터 논의를 시작해야 마땅한 과학적 토론의 주제이다. 법률과 명령은 차이가 있다. 무슨 차이? 법률이란 국회에서 만드는 것이고, 명령은 행정부에서 만드는 것이다. 이 입법과정의 차이가 무슨 영향을 미치려나. 오늘날의 민주사회에 와서 대의제의 의미란, 입법과정을 투명하게 드러내어 어떤 국회의원이 누구의 이익에 어떤 식으로 봉사하는가를 온 국민이 알 수 있고, 이 정보가 다시 선거(選擧)과정으로 되돌아가는 제도라는 점에 있다. 우리의 정치현실, 헌법현실은 아직 이런 모델을 갖추지 못했다. 또 입법과정의 차이가 형식적 법치주의의 필요성에 어떤 영향을 미치는가는 이 글의 테두리를 넘는 사회과학적 실증적 분석을 필요로 한다. 오늘날 우리나라의 현실에서 어떤 결론이 옳은가를 지레짐작으로 함부로 말할 수야 없지만, 프랑스에서도 점차 행정입법에 대한 의회의 통제를 넓히려는 움직임이 일고 있다고 한다. 여기에서 말하고자 하는 것은 그저, 입법과정의 차이점이 어떤 의의를 지니는가에 대한 과학적 토론 없이 형식적 법치주의를 天理로 삼음은 개념법학, 솔직히는 '법학'이라는 이름을 참칭(僭稱)하는 미신일 뿐이라는 점이다.

아마도 20세기 말의 헌법재판관들은 조세법률주의라는 개념을 天理라기보다는 죄형법정주의(罪刑法定主義)에 맞먹는 기본권보장의 차원에서 생각한 듯하다.[81] 그러나 세금문제는 형사문제와 다르다. 어떤 사람이 사형을 벗어난다고 하여 다른 사람이 그 자리를 채우기 위해 대신 죽어야 하는 법은 없다. 세금은, "한 사람이 세금을 덜 내면 다른 사람들이 다같이 더 낼 수밖에 없다."[82] "법의 지배란 비슷한 것을 비슷하게 다루는 것이다."[83] 형식적 법치주의를 무시하고 행정편의대로 법을 만드는 잘못된 관행을 뜯어고치자는 것이라면 헌법불합치결정으로 충분하다.

결론짓자면, 과세요건을 모두 구체적으로 법률로 정하여야 하고 구체적 위임 없는 명령은 무효라는 식의 생각이 당연한 천리는 아니다. 법률에 구체적 위임규정이 없더라도 위임명령이나 집행명령의 내용이 법률을 바로 해석한 것이라면 법원이 이를 채

81) 그 당시의 사고방식을 극명히 보여주는 글로 이회창, 조세법률주의 — 그 권리보장적 기능과 관련하여, 조세사건에 관한 제 문제(법원행정처 재판자료 60집), 7쪽 이하. 실상 죄형법정주의라는 말도 일본 사람들의 작명이다. 서양말로는 '법률 없이는 범죄 없다'는 격언뿐.

82) Tipke/Lang, 제19장 3문단.

83) John Rawls, *A Theory of Justice*(1971), 38(Rule of Law).

택해야 한다.[84] 역으로, 위임명령이나 집행명령이 당연히 법원을 구속하는 것은 아니다. 불명확한 법률의 의미내용을 특정하는 것이 법원의 전권인 이상, 법원이 판단할 때 법률의 의미내용에 어긋나는 명령은 법원을 구속할 수 없다.[85] 헌법에 맞다거나 합리적인 내용을 담고 있더라도 법률에 어긋나는 명령에는 구속력이 없다. 법률에 어긋나지는 않지만 법률의 글귀에서 끌어낼 수 없는 명령은 어떡해야 하는가? 법정주의나 명확주의 위반인가? 이것이 결국 Chevron deference의 근거와 한계.

> 어느 시행령의 규정이 모법에 저촉되는지의 여부가 명백하지 아니하는 경우에는 모법과 시행령의 다른 규정들과 그 입법 취지, 연혁 등을 종합적으로 살펴 모법에 합치된다는 해석도 가능한 경우라면 그 규정을 모법위반으로 무효라고 선언하여서는 안 된다. 이러한 법리는, 국가의 법체계는 그 자체 통일체를 이루고 있는 것이므로 상·하규범 사이의 충돌은 최대한 배제되어야 한다는 원칙과 더불어, 민주법치국가에서의 규범은 일반적으로 상위규범에 합치할 것이라는 추정원칙에 근거하고 있을 뿐만 아니라, 실제적으로도 하위규범이 상위규범에 저촉되어 무효라고 선언되는 경우에는 그로 인한 법적 혼란과 법적 불안정은 물론, 그에 대체되는 새로운 규범이 제정될 때까지의 법적 공백과 법적 방황은 상당히 심각할 것이므로 이러한 폐해를 회피하기 위해서도 필요하다.[86]

제 3 절 실질적(實質的) 법치주의

조세법률주의라는 개념법학의 차꼬에서 풀려난다면, 헌법이 세법의 입법에 어떤 제약을 가하는가라는 문제는 법치주의 문제로 돌아간다. 實質的 법치주의란 무엇인가? 법 내용상의 법치주의. 법의 내용이 헌법에 맞아야 한다는 것. 세법 역시 헌법에 맞아야 함은 물론이다.

우리 헌법재판소의 예전 결정에는 "實質的 조세법률주의"라는 족보 없는 개념이 나온다. 전혀 역사적 근거가 없는 개념이다. 조세법률주의라는 말을 세법영역의 법치주의라는 뜻으로 쓴다면, 실질적 조세법률주의라는 말을 만들어내어[87] 세법영역의 실질

84) 대법원 2001. 8. 24. 선고 2000두2716 판결; 2019. 5. 16. 선고 2017두45698 판결.

85) 대법원 2008. 7. 10. 선고 2007두26650 판결.

86) 대법원 2001. 8. 24. 선고 2000두2716 판결; 2016. 12. 29. 선고 2013추579 판결(조례); 2019. 5. 16. 선고 2017두45698 판결. Chevron 판결과 Loper 판결은 앞 IV.

87) 예전 결정례는 실질적 조세법률주의라는 개념의 논거로 "조세법률주의는 실질적 적법절차가 지배하는 법치주의"라고 말하고 있다. 헌법재판소 1995. 7. 21. 92헌바27등 결정. "실질적 적법절차"라는 미국헌법의 개념을 거쳐 미국헌법과 전혀 다른 내용을 조세법률주의에 담은 것.

적 법치주의라는 말 정도의 뜻으로 읽을 수야 있겠지만 원래 없는 개념을 함부로 막 만들면 득보다 실이 크다. 법학이란 토론이 가능하도록 개념을 분명히 하려고 서로 노력하는 것일 뿐이니.

세법은 어떤 내용을 담아야 하려나. 적극적으로 세법이 담아야 하는 내용은 무엇인가라는 문제와 세법이 담을 수 없는 내용은 무엇인가라는 헌법상 제약문제, 이 두 가지로 나누어 생각해볼까나.

Ⅰ. 稅法의 입법상 지도이념

입법재량의 범위 안에서 법의 내용은 어떤 이념을 담아야 할까? 이는 국가란 무엇을 해야 하는가, 국가의 존재이유는 무엇인가의 문제가 된다. 답이 분명하지 않나. 오랜 헌법 개념으로는 인간의 존엄성, 그 뒤에 들어온 개념으로는 행복추구권, 이런 개념이 답 아닌가? 그러나 적어도 아직은 이런 개념들은 사람마다 제가 담고 싶은 내용을 담는 이데올로기일 뿐이고 과학적·생산적 논의의 틀이 되지 못하고 있다. 세법을 만드는 것은 결국 세금을 누구한테 어떻게 받을까, 이 문제이다. "우리 국민의 행복," 이런 개념에서 세법의 내용에 대한 지도이념을 찾기는 어렵다.[88]

지난 수백 년 동안 사회과학자들은 세법이 어떤 내용을 담아야 하는가에 대한 원칙들을 정리하려 애써 왔다. 세법의 근본 목표가 세수(稅收)의 확보에 있음은 물론이다. 이는 너무나 당연한 전제이고, 결국 문제는 세수를 어떤 식으로 걷을 것인가의 문제이다. 예로부터 Smith니[89] Wagner니[90] 조세원칙 논의가 있었다. 오늘날에 와서는 세법, 사실은 세법만이 아니라 국가의 작용을 지도하는 이념은 크게 효율(效率)과 공평(公平), 두 가지로 정리하고 있다. 그에 더하여 경제성장과 안정 같은 세법의 경제조정 역할도 있을 수 있다. 이런 개념들은 기본적으로 사회과학, 특히 경제학의 연구과제이므로, 여기에서는 앞으로의 논의에 필요한 범위 안에서 교과서 수준의 경제학이론만을 짧게 줄여 적고, 이 틀이 법적 개념으로 어떻게 이어지는가를 살펴보기로 한다. 경제학이나 입법론에 관심이 없는 사람은 바로 아래 4로 건너뛰면 되고.

---

88) 주관적 효용 대 객관적 가치에 대해서는 제8장 제1절 Ⅳ. 1., 제3절 Ⅱ. 1., 제11장 제2절 Ⅱ. 헌법재판소 1991. 6. 3. 89헌마204 결정 등이 일반적 행동의 자유를 행복추구권에서 끌어내는 것은 유신시대에는 일반적 행동의 자유도 없었다는 고백이라고 선해해야 하려나.

89) Adam Smith, *The Wealth of Nations*, Book V, Ch. Ⅱ.

90) Adolf Wagner, *Finanzwissenschaft*(1910), 5. Buch.

1. 효율과 조세중립성

우선 效率이란 무슨 뜻? 세수(稅收)를 걷기 위한 희생이 적어야 한다는 말. 되도록 징세비용이 적게 들어야 한다든가, 세법을 알기 쉽게 단순하게 만들어야 한다든가, 법을 함부로 막 바꾸거나 소급입법을 통해 법적안정성을 해친다든가, 이런 것이 모두 경제의 효율에 영향을 미침은 쉽게 알 수 있다. 그렇지만 이런 비용들은 오히려 사소한 비용이고, 세금을 걷는 데 드는 한결 더 중요한 사회적 비용으로 눈에 보이지 않는 손실이 있다. 무슨 말인가? 모름지기 세금이란 사람들의 의사결정에 영향을 미치게 마련이다. 제 돈을 빼앗기고 싶은 사람은 없고, 사람들은 세금을 덜 내는 쪽으로 행동거지를 정하게 마련이다. 세금은 경제활동을 쪼그라뜨리고, 이 위축은 대개 국가가 걷는 稅收보다 더 커진다. 이런 의미에서 세금은, 그 돈이 재정지출을 통해 경제에 다시 흘러들어 가는 것을 감안하더라도 경제를 가난하게 한다. 여기에서 효율이라는 요구가 나타난다. 곧 세금이 미치는 경제적 부작용을 최소화하여야 한다는 것, 사람들의 의사결정에 미치는 영향을 최소화하여야 한다는 것이다.

눈에 보이지 않는 손실을 줄인다는 뜻의 효율에 관한 보기 하나. 국민경제에 빵 제조업과 떡 제조업이라는 두 가지 산업이 있다고 하자. 만일 빵 제조업만 과세한다면 두 부문 사이의 자본배분은 어디에서 균형을 이룰까? 자본 한 단위를 빵 생산에 투자하는 것과 떡 생산에 투자하는 것, 이 두 가지 사이에서 자본 한 단위당 수익률이 같게 되는 지점에서 균형이 생기게 마련. 예를 들어, 세금이 없는 세상에서 자본 한 단위를 더 투자했을 때 빵장사나 떡장사 어느 쪽에서든 수익률이 10%로 같아지는 점에서 경제가 균형에 있다고 하자. 이제 세제를 들여와, 빵에 대하여만 수익률의 50%를 과세한다면 당장은 수익률이 어떻게 바뀌지? 빵 장사의 세후(稅後)수익률은 5%로 줄고 떡장사는 10% 그대로. 그러면 무슨 일이 생기려나. 자본이 떡의 생산으로 옮겨가게 마련. 자본 한 단위를 옮기면 수익률 5%를 더 얻으니까. 이처럼 시장 불균형을 이용해서 공돈을 얻는 것을 差益거래(arbitrage)라 부른다. 재정(裁定)거래라는 말도 쓴다. 차익거래가 생기면 장기적으로는 수익률이 어떻게 되려나. 자본이 점점 떡의 생산으로 옮겨가면, 수확체감의 법칙에 의하여 떡의 수익률은 점점 떨어지고 빵의 수익률은 점점 올라가겠지. 빵공장이 점점 줄어들고 떡공장은 점점 많아져서 빵장사는 점점 수익이 늘고 떡은 점점 장사가 안 되게 마련. 자본의 이동이 언제까지 계속될까? 두 가지의 세후수익률이 같아지는 지점에서 균형이 될 것. 시장 전체를 알 수 없으니 어느 점인지는 모르겠지만 가령 빵과 떡의 수익률이 각 7%가 되는 지점에서 일치하여 경제가 균형을 이룬다고 생각해 보자. 이 새 균형을 세전(稅前)수익률로 환산해볼까.

빵 장사는 연 14%, 떡장사는 연 7%. 빵은 14% − 7% = 7%. 떡은 7% − 0% = 7% 그대로. 경제 전체로 볼 때 이 결과는 최선인가? 아니네. 사회 전체의 입장에서 본다면 연 14%를 생산할 수 있는 자본이 연 7%만 생산하고 있잖아. 잠재적 7%가 그냥 사라졌네. 조세중립성이 없는 까닭에 경제가 한결 가난해졌다는 말이다. 이러한 손실이 사중(死重)손실, 영어로 deadweight loss. 비중립적 세제 때문에 사회적 낭비가 생겼다는 말. 양쪽에 똑같이 세금을 매기면 어떻게 되지? 만일 5%에서 경제가 균형을 이루었다고 한다면, 세전수익률은 똑같이 10%. 자본이 한 단위 이동한다고 해서 사회 전체의 입장에서 생산물이 늘거나 줄어들 여지가 없다. 수익률이 어차피 같으니까.

이처럼 deadweight loss를 피해야 한다는 것, 조세가 의사결정을 왜곡하지 않아야 한다는 것, 더 쉽게 말하면 여러 가지 기회를 똑같이 과세하는 것을 조세중립성(中立性)이라고 한다. 효율의 제일 핵심적인 요소는 조세중립성이라고 할 수 있다. 다시 말해서 조세중립성이나 중립적 조세라고 함은 세금이 경제 주체의 의사결정을 왜곡하지 않는다는 뜻이다.[91] 물론 '조세중립성 ≡ 효율'은 아니다. 뒤에 보겠지만, 중립적 세제라야 효율적이라는 생각은 국가가 개입하기 전에는 시장이 효율적임을 전제로 하고 있는 까닭이다.

2. 보이지 않는 손

중립적 세제, 곧 소비자나 생산자의 선택을 왜곡시키지 않는 세제가 가장 바람직하다는 말은 국가가 사람들을 가만히 내버려 두었을 때 사람들이 그 사회에서 있을 수 있는 가장 좋은 상태를 스스로 만들어 낸다는 전제를 깔고 있다. 이것은 19세기에나 있었던 야경국가관 아닌가? 그렇게 쉽게 단정할 수 있는 문제가 아니다. 이것은 자유주의(自由主義)나 신자유주의의 정당성과 한계의 문제로, 지금도 여전히 정치철학이나 국가론의 핵심문제.

국가가 사람들을 자유로이 내버려 두면 세상이 저절로 가장 행복한 상태로 간다는 것이 도대체 무슨 말일까? 모름지기 사회라는 것은 어떤 재화나 용역을 어떤 식으로 생산하여 소비할까를 정하는 방식이다. 결국 인생이란 먹고 쓸 것을 만들며 살다가 떠나가는 것이다. 쓸 수 있는 생산요소로 무언가를 만들어 내고, 다시 그것을 소비해 없애는 과정이다. 이 과정을 각 개인이 따로따로 하지 않고 집단적으로 해나가는 것이 사회체제이며 경제체제이다. 생산요소에는 무엇이 있을까? 생산이란 근본적으로 사람

---

91) David Bradford, Untangling the Income Tax(1986), 9장; 이준구 · 조명환, 재정학(제6판, 2021), 13.5절. 한편 근래의 용례로는 중립성이라는 말을 세율이 같다는 뜻으로 쓰는 수가 많다. 가령 Harvey S. Rosen & Ted Guyer, Public Finance(제10판, 2014), 16장.

에게 주어진 여건인 자연(自然)을 사람의 힘으로, 곧 노동(勞動)으로 어떤 다른 모습으로 바꾸는 것이다. 이 과정에서 노동과 자연에 더해 사람들이 이미 만들어 놓은 노동의 결과를 생산과정에서 써먹을 수 있다. 이처럼 노동의 결과를 다 소비하지 않고 여투어 둔 것을 기업활동에서 다시 쓸 수 있는 형태로 모아 놓은 것, 가령 공장건물이나 기계장치 이런 것들을 자본(資本)이라고 부른다. 경제전체로 보면 자본이란 저축이 쌓인 돈이고, 다시 이 자본이 기업활동에 흘러 들어가서 자산(資産) 곧 실물자본이 된다. 資産=資本 또는 총(總)자산=총자본이라는 관계가 생긴다. 인간에 앞서는 토지 등 자연은 자본(실물자본)이 아니지만, 토지를 사유화한 법제에서는 자본을 들여 소유권을 확보해야 자산이 생긴다.

경제체제의 효율성이란 어떤 재화나 용역을 어떤 식으로 생산해서 나누어 소비하는가에 관한 여러 가지 대안을 놓고 견주어, 그 가운데 어느 방식이 낫고 어느 방식이 못한가를 따지는 것이다. 여기에서 일단, 어떤 사회가 주어진 생산요소를 가지고서 더 많은 것을 생산해 낼수록, 또 사람들이 소비에서 얻는 만족이 높아질수록 한결 효율적 사회라고 말할 수 있다. 물론, 效率을 높이는 것이, 한결 부자가 되거나 소비에서 얻는 만족을 한결 높이는 것이 인류를 더 행복(幸福)하게 하는가에 대하여는 각자 생각이 다를 수 있다. 모래를 콘크리트 벽으로 바꾸고, 철광석을 자동차로 바꾸어 소비수준을 올리는 것이 정녕 인류를 행복하게 하는가? 일찍이 지혜 있는 자들이 말해 왔듯[92] 모두 부질없는, 헛되고 헛된 짓 아닌가? "예술과 학문이 완전해질수록 우리 혼은 타락한다."[93] 거기까지는 아니더라도 "기술이 진보할수록 기술자는 망가진다."[94] 그러나 "아침에는 사냥하고 오후에 낚시질하고 저녁에는 문예비평 글을 쓰는" 이런 이상향은 아직 없다. 적어도 아직은 사냥꾼이든 어부든 비평가든 뭔가 하나가 되어, 돈을 더 벌기 위해 그 일에만 매달린다. 그러니 일단은 그냥 손쉽게, 이왕이면 부자가 될수록, 소비에서 얻는 만족이 커갈수록, 그만큼 더 좋은 세상이 된다고 가정하고 시작하자.[95] 현실 세계에서는 대부분의 사람이 더 많이 벌고 더 많이 쓰는 것을 삶의 주목표로 삼고 살아가니. "돈이 노동과 인간존재의 본질이 된 것이다. 이 본질이 사람을 지배하고 사람은 돈을 섬긴다."[96]

---

92) 전도서 4장 4-8절.

93) Jean-Jacques Rousseau, Discourse on Arts and Sciences (1750), First Part.

94) Alexis de Tocqueville, Democracy in America, Part Two, Book II, XX.

95) 영어의 good(s)라는 말 안에는 선하다, 좋다, 재물(재화), 이런 뜻이 다 들어있다. 우리말에서는 서로 다른 개념이고 Aristotle, Nichomachian Ethics, 1096a 1-4문단은 재물은 그 자체로 목적이 아니니 선하거나 좋은 것이 아니라네.

96) Karl Marx, German Ideology (3d ed. 1976), V.1. (Feuerbach); 이사야 2장 8절; Aristotle, Nichomachian Ethics, 1095b1 15문. 是胥易技係 勞形怵心者也.(이런 자들은 쉬이 기술에 얽매이어

경제적 효율의 기준으로 경제학자들은 'Pareto 최적(最適)'이라는 개념을 내세운다. 무슨 뜻? 어느 누구에겐가 손해를 끼치지 않고서는 다른 누구도 더 이상 행복해질 수 없는 상태에 있다는 말. 어떤 변화에서 누군가가 손해를 본다면, 다른 모든 사람이 한결 행복해지더라도, 사회 전체로서는 반드시 더 좋아졌다고 말할 수는 없다. 사람과 사람을 비교하여 누구의 행복이 더 중요한가를 정할 수 없는 이상, 파레토 효율의 개념은, 아무도 손해를 안 입는다는 전제 위에서 누군가가 더 행복해질 여지가 있는가를 묻는 것이다. 그러니 세상이 한결 좋아졌구나라고 일단 누구나 받아들일 수 있는 잣대로 삼을 수 있으려나. 물론, 파레토 효율도 정말 모든 사람이 받아들이지는 않을 것이다. "사촌이 땅을 사면 배가 아프다."[97] 남의 어려움을 보면서 "고소하다." 독일말로 Schadenfreude라는 말도 있으니까. 거기까지는 아니래도 사회적 약자의 처지가 안 나아진다면 강자의 행복이 아무리 늘더라도, 정말로 세상이 한결 나아진 거 아니잖아, 이런 잣대를 둘 수도 있다. Rawls의 정의론이 든 잣대가 얼추 그렇다.[98] 그러나 일단 지금까지의 경제이론은 파레토 효율의 개념을 전제로 삼고 있고 세금에 관한 경제이론도 다 그렇다. 앞 절에서 말한 효율의 개념 역시 파레토 효율이다.

경제이론이 말하는 바는 경쟁(競爭)시장이 스스로 Pareto 효율을 찾아간다는[99] 것. Adam Smith가 말하는 "보이지 않는 손"이라는 말이 바로 그 뜻이다. 가만히 내버려두기만 하면, 국가의 간섭이 없으면, 보이지 않는 손이 알아서 다 해준다는 것. 공식적 증명은 경제학 책을 찾아보면 되고, 여기에서는 뒤에 나올 헌법 문제를 이해하기에 필요한 최소한의 설명으로, 수요공급의 균형이 가지는 후생경제학적 의미만 살펴보자.

[그림 1]은 누구나 다 아는 수요·공급곡선. 시장경제에서는 두 가지가 만나는 점에서 생산량과 가격이 결정된다는 말이다. 공급(供給)곡선(S)은 한계(限界)생산비 곡선이다. 기업은, 물건 하나를 더 만들어 내는 데 드는 비용과 그 물건을 팔고 받을 가격을 견주어, 비용이 가격과 같아질 때까지 생산하게 마련. 그러니까 개별기업의 공급곡선은 그 기업의 한계생산비로, 물건 하나를 더 만들어 내는 데 돈이 얼마나 더 들어

몸 고생, 마음 걱정). 장자(외편, 12편 天地).

97) 최후통첩(ultimatum) 실험이라는 것이 있다. 2인1조 중 갑에게 가령 100만원을 거저 주고 그 가운데 얼마를 을에게 주겠다고 통고하게 한다. 가령 10만원을 주겠다는 갑의 통고를 을이 받아들이면 갑은 90만원 을은 10만원을 받아서 (90, 10), 을이 싫다면 둘 다 한 푼도 못 받아서 (0, 0). 실험결과는? 거의 모든 조에서 (90, 10)이 아니라 (0, 0)이 을의 선택.

98) 바꾸어 말하면 갑의 형편이 을보다 나은 이상 정의로운 사회체제란 을의 형편을 가장 좋게 하는 체제라는 말이다. John Rawls, *A Theory of Justice*(1971), 3절.

99) Hayek의 용례로 spontaneous social order. F. A. Hayek, The Principle of Liberal Social Order (1967), 81-82쪽. 인터넷에도 나온다.

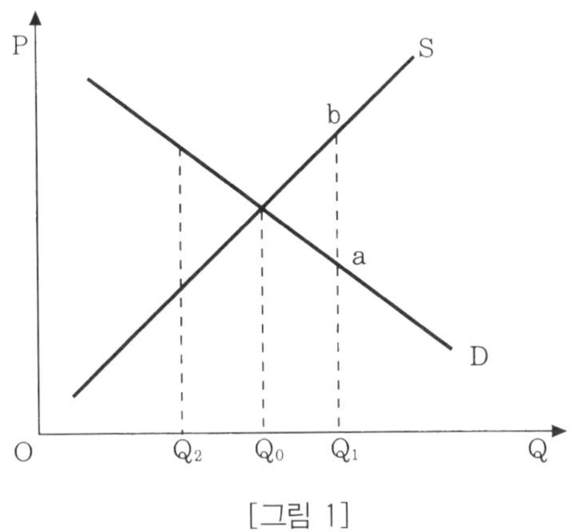

[그림 1]

가는가의 한계비용의 개념을 그대로 반영한다. 사회 전체의 공급량은 개별기업의 공급량을 합한 것이므로, 사회 전체의 입장에서 본 공급곡선은 한계선상에 있는 기업의 생산비를 뜻한다. 한편, 수요(需要)곡선은 그 자체가 바로 한계효용곡선은 아니지만, 한계효용과 1 : 1 대응관계에 있고, 그런 뜻에서 한계효용을 나타낸다고 말하면 확 틀리지는 않는다. 수요곡선이라는 것은 개개의 물건을 사는 사람들의 만족도를 반영하는 것이다. 어떤 사람이 어떤 물건을 사면서 나는 그 가격이라도 그 물건을 사겠다는 것은 그 가격 이상의 만족을 얻기 때문이다.

수요와 공급이 주어져 있다면, 생산량은 두 가지가 일치되는 점에서 정해진다. 어느 물건을 생산해 내는 데 들어가는 한계비용(공급곡선)과 소비자가 그 물건에서 얻고 있는 만족도(수요곡선)가 일치하는 점에서 생산량이 결정된다. 바로 이 결과는 파레토 효율을 이룬다. 왜? 그림에서 물건을 균형(均衡)생산량(Q_0)을 넘는 Q_1만큼 생산한다고 하자. 이 점에서는 사회가 그 물건에서 얻는 만족도(Q_1a)보다도 그 물건을 생산하기 위한 비용(희생 ; Q_1b)이 더 크다. 따라서 생산량을 줄여야 사회의 후생이 올라간다. 물건을 균형생산량에 못 미치는 Q_2만큼 생산한다면, 물건의 생산에 들어가는 비용보다 그 물건에서 얻는 만족도가 더 크다. 곧 생산량을 늘려야 사회적 후생이 올라간다. 결국, 사회적 후생이 극대화되는 점은 어디? 물건의 생산에 드는 희생과 그 물건에서 얻는 만족도가 같아지는 점, 바로 균형생산량인 Q_0. 결국 결론은 무엇인가? 국가가 간섭하지 않고 가만히 내버려 두면 시장이 스스로 가장 좋은 결과를 이룬다는 것, 누군가가 구태여 나서지 않아도 보이지 않는 손이 세상을 이끈다는 것이다.

보이지 않는 손의 논리를 법과 끌어들이면, 법과 국가의 역할은 무엇일까? 국가란 그저 사람들이 스스로 자유롭게 재화와 용역을 교환할 수 있는 시장질서(市場秩序)만

만들어 주면 된다. 정리하자면 두 가지 정도 역할이려나. 첫째, 사람들이 계약을 했을 때 그 계약이 이행될 수 있도록 보장하고, 둘째, 누구든 제 마음대로 남의 것을 빼앗지 못하게 막아주면 된다. 법으로 말하자면 어떤 법이 필요하다는 말이지? 아, 한편으로 사유재산제도와 계약법 다른 한편으로 불법행위법과 형법이로구나. 그에 더해 이들 법의 실효성을 보장하자면 재판제도, 곧 소송법과 법원, 강제집행, 감옥 따위가 있어야 하고,[100] 그런 제도를 꾸려나가자면 세법을 두어서 세금을 걷어야 하겠구나. 이 논리에서는 다른 역할은 필요가 없으니, 이를테면 행정법 따위는 필요 없군.

3. 교정적 세금과 Coase 정리: 효율은 조세중립성보다 큰 개념이다

정녕 그런가? 국가의 적극적 역할이 여전히 필요하지 않으려나. 우선 Pigou의 틀을[101] 빌어 이른바 외부효과(外部效果, externality)가 있는 경우를 따져보자. "보이지 않는 손"의 이념에서는 [그림 2]의 Q_1에서 사회 전체의 행복이 극대화된다. 그러나 외부효과가 있다면 결론이 달라진다. 가령 이 물건의 생산과정에서 公害가 발생한다고 하자. 공장주인은 그 공해로 인하여 사회가 지불하게 되는 비용을 고려하지 않는다. 그는 자기가 지급해야 하는 비용, 그림으로 말하자면 S곡선을 따라서 생산량을 결정해 나가고, 따라서 Q_1만큼을 생산하게 된다.

그러나 사회(社會) 전체의 입장에서 본다면, 이 물건의 생산량은 최적인가? 아니지, 너무 많지. 이 물건의 생산에 들어가는 사회적 희생은, 공장주인이 생각하는 S곡선

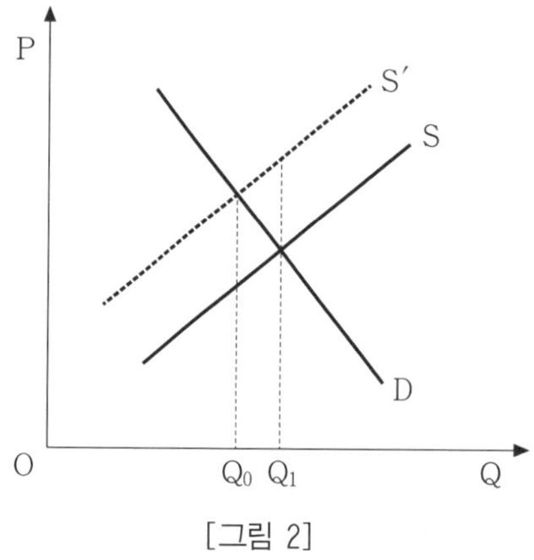

[그림 2]

100) 한결 더 밑바탕인 가족제도를 여기에 더하면 Rawls가 말하는 well-orderd society. John Rawls, Justice as Fairness (2001), 4절. 사법제도를 국가가 아니라 시민사회의 일부로 보는 것은 영미문헌의 오랜 전통이고 Hegel도 그렇다. Hegel, Outlines of the Philosophy of Right, Part III(2).

101) A. C. Pigou, *The Economics of Welfare*(1920).

만이 아니라 거기에 다른 사람이 입는 공해 피해를 더한 S′. 그러니 Q_1이라는 생산량은 사익의 극대화일 뿐 사회 전체로는 희생이 만족보다 크다. 아무도 남의 생각을 안 하는 극단까지 밀어붙인다면 바로 Hobbes의 말로 "싸우누나 모두가, 맞싸우는 모두랑."[102] 사회적 후생을 극대화하려면 얼마를 생산해야지? Q_0네. 그 점이라야 이 물건의 생산에서 사회구성원들이 얻는 만족과 물건의 생산에 들어가는 사회의 희생이 같구먼. 생산량을 Q_0로 맞추려면? 국가가 어떻게 이 역할을 할 수 있으려나.

첫째는 직접통제. 이 물건의 생산량이 Q_0를 넘지 않게, 법으로 말하자면 국가가 공익의 대변자로서 행정법을 만들어 규제(規制)행정을 할 수 있다. 반대로 어떤 기업의 경제활동이 남에게 유리한 영향을 미친다면, 그런 활동이 사회적 최적 수준에 이르도록 국가는 조성(助成)행정을 펼쳐야 한다.[103]

둘째 방법은 남을 해치는 외부효과만큼 국가가 세금을 매기자는 생각이다. 세금이라… 얼마나? 그림에서 (S′−S)만큼의 세금을 매긴다면 공장주인의 생산원가가 그만큼 올라가게 되어, 외부효과가 내부화하게 된다. 이처럼 외부효과를 바로잡자는 세금을 Pigou稅라고 한다. 좋은 외부효과가 있다면 보조금이 필요하게 된다.

직접규제든 Pigou세든, 정말로 국가가 시장을 바로잡아야 하나? 다시 반론을 편 사람이 Coase. 외부효과라는 문제도, 국가의 개입 없이 시장이 스스로 풀어 낼 수 있다는 논지.[104] 우선, 국가가 이웃 주민의 공해피해를 공장주인이 배상해 줄 의무를 불법행위법(不法行爲法)에 정해 둔다면 어떤 결과가 생길까? 이웃 주민들은 자신의 피해에 대한 보상을 요구할 것이고 공장주인의 생산량 결정은 이 비용을 고려하기 마련. 그러면 생산량을 줄일 수밖에. 앞의 [그림 2]로 돌아가면, 이웃 주민에 대한 손해배상을 고려한다면, 공장주인의 생산비 곡선은? S가 아니라 S′. 따라서 생산량은 Q_0. 이 점에서는 사회구성원이 이 제품에서 얻는 만족(수요곡선)이 그 제품의 생산에 들어가는 희생(S′곡선)과 같아지고, 사회 전체의 입장에서 볼 때 경제적 효율을 달성. 결국 국가가 나서서 무엇을 해야 할 아무런 이유가 없네.

나아가서, 불법행위법이 공장주에게 공해에 관한 손해배상책임을 아예 안 지운다고 정하더라도, 불공평하다는 생각이 딱 들지만 경제적 효율은 그대로 이루어진다. 어

102) bellum omnium contra omnes. Thomas Hobbes, Leviathan, Part One, Ch. XIII. 이사야 3장 5절.

103) 좋은 외부효과가 있으므로 세제가 연구개발을 지원할 필요가 있다는 경제학문헌들이 있다. Institute of Fiscal Studies, Tax By Design: The Mirrlees Review(2011). 한국조세연구원의 2015년 번역본 제목은 '조세설계'. 이하 이 책은 2011 Mirrlees Review라고 인용. Institute of Fiscal Studies, Dimensions of Tax Design(Fullerton, Licestor & Smith ed., 2010): Mirrlees Review(2010)은 이하 2010 Mirrlees Review라고 인용. 2010 Mirrlees Review 13.5.2.절; 2011 Mirrlees Review, 2.2.2.(1)절.

104) Coase, "*the Problem of Social Cost*," 3 Journal of Law & Economics 1(1960).

떻게? [그림 2]에서 지금 이 물건의 생산이 Q_1에서 이루어지고 있다고 하자. 외부효과, 곧 주위 사람들이 입고 있는 피해액은 S′와 S의 차이만큼이다. 법이 공장주에게 아무런 손해배상책임을 지우지 않는다면 어떤 결과가 벌어질까? 이웃 주민들은 어떻게 할까? 그냥 피해를 감수하느니 공장주에게 돈을 주어서라도 생산량을 좀 줄이는 편이 더 낫지 않을까? 이웃들이 공장주에게 지급할 수 있는 금액, Coase의 표현을 빌자면 뇌물의 최대한은 S′와 S의 차이이다. 이웃들이 (S′−S)라는 돈을 낸다면, 공장주는 어디까지 생산량을 줄이려 하겠는가? 답은 Q_0. 생산량이 Q_0와 Q_1의 사이인 동안은 주인이 얻는 한계이익, 곧 물건의 가격(수요곡선 D)과 생산원가(공급곡선 S)의 차이는 (S′−S)보다 작다. 곧 공장주가 얻을 이득(D−S)이 이웃 주민이 입을 피해(S′−S)보다 작으므로 둘 사이에 생산량을 줄이자는 합의가 이루어지게 마련이다. 한편, 생산량이 Q_0보다 적은 점에서는 공장주가 얻는 한계이익(D−S)은 주위 사람들이 낼 뇌물의 최대값(S′−S)보다 크다. 그렇다면 (S′−S)를 받고서는 생산량을 더 낮출 리가 없다. 결국, 주위 사람들이 (S′−S)라는 돈을 공장주에게 주고 공장주는 생산량을 Q_0로 낮추는 합의가 생기게 된다. 이 Q_0라는 점의 의미는 무엇? 앞 문단에서 본 Q_0 바로 그 점. Q사회 전체의 입장에서 보았을 때 그 물건에서 사람들이 얻는 만족(Q_0D)이 그 물건의 생산에 들어가는 희생(Q_0S′)과 같은 점에서 생산량이 결정된다는 말이다. 법이 공장주에게 아무런 손해배상책임을 지우지 않더라도, 공평은 접어놓고 경제의 효율만 본다면 최종 결과에 아무런 차이가 없구먼. 구태여 국가가 개입할 필요 없이 가만히 내버려 두면 되는 거네.105)

두 가지 경우를 묶으면 공장주인에게 피해보상의무가 있는지 아니면 공해를 배출할 권리(權利)가 있는지가 불분명하면 효율이 깨어진다. 공장주인에게 공해를 배출할 權利를 주든 이웃 주민에게 공해에서 자유로울 權利를 주든, 누가 권리자인지만 법에 분명히 정하면 효율은 이루어진다. 국가가 구태여 끼어들지 않아도 사회구성원들이 스스로 경제의 효율을 이룬다. 이것이 이른바 Coase 정리. 국가가 구태여 뭔가를 해야 할 필요가 없다. 법은 그저 공장주인에게 피해보상의무가 있는지 없는지 어느 한 쪽을 분명히 정하기만 하면 된다. 이같이 보면 국가란 여전히 계약법과 불법행위법, 형법, 소송법, 세법(재분배기능이 없는 세법) 정도만 가지고 있으면 충분하다.106)

---

105) 나아가 Coase는 외부효과만큼 세금을 매기는 것이 반드시 효율적이지 않음을 논증한다. 가령 i) 공해피해, ii) 공장주인이 공해방지시설을 설치하는데 드는 비용, iii) 이웃주민이 공해피해를 피하는데 드는 비용, 이 셋 사이에 i〉ii〉iii의 관계가 있다고 하자. 경제전체를 본다면 이웃주민이 피해방지시설을 설치하는 것이 효율적이다. 그러나, 외부효과만큼 공장주인이 무조건 세금을 더 물어야 한다면, 이웃주민은 가만히 있을 것이다. 공장주인이 세금을 피하기 위해 스스로 공해방지시설을 설치할 테니까.

그러나 실제 세상은 위 문단과 다르다. 어떤 점에서? 거래비용(去來費用) 때문이다. 앞서 인용한 글에서 Coase의 본뜻은 이른바 Coase 정리를 내세우려는 것은 아니었고, 거래비용이 미치는 영향을 살펴야 한다는 것이다.[107] 앞의 예에서는 공장주인과 주위 사람이 외부효과를 적절히 해결하기 위한 소송이나 협상을 하게 될 것인데, 그러자면 비용이 든다. 피해를 입는 가구가 근처의 한두 집이라면 앞 문단의 Coase 정리가 적용될 수 있다. 그러나 항공기가 내뿜는 공해를 생각해보라. 수백만 명의 사람이 모여서 소송을 하기도 어렵거니와 협상은 한결 더 어렵다. 피해자 각자의 입장에서는 어떻게 할 길이 없다. 당장 인류공멸(人類共滅)의 위기에 이른 기후변화를 보라. 이익은 내가 보고 손해는 남과 나누니, 결국 온 세상에 이산화탄소와 미세먼지가 넘치누나. 한 하늘 아래 함께 사노라니 벌어지는 비극, Tragedy of the Commons.[108] 선진 자본주의 기업이나 국가들이 멀리 떨어진 다른 나라 나아가서는 아직 태어나지도 않았던 후손에게 피해를 입히면서 몇백년 동안 공해를 배출해온 것이다. 지금 살아있는 우리 세대, 특히 저개발국의 입장에서 보자면 선진국들이 몇백년 동안 자국기업에 공해를 배출할 권리를 보장해온 셈이다. 결국 외부효과를 막자면 직접규제나 Pigou세가, 기후변화 같은 온 세상의 비극에 대해서는 세계정부나 국제조약이, 좁게 한 나라라면 행정법이 필요하다.

직접규제보다는 Pigou세 쪽이 효율적이다. 전자에서는 생산량 등 기업의 온갖 활동을 정부가 일일이 규제해야 하기 때문이다.[109] 그렇지만 Pigou세에도 기업별 외부효과가 얼마인지 일일이 다 알아야 한다는 난점이 있다. 같은 효과를 얻으면서 좀 더 효율적으로 해보자는 생각이 배출권(排出權)거래제. 정보가 완전한 유효경쟁 시장이라면 배출권의 판매든 Pigou세든 국가는 같은 금액을 걷는다. 외부효과를 없애는데 비용이 얼마나 드는지 모른다면 Pigou세율이든 배출권판매가격이든 효율을 이룬다는 보장이 없다. 극단적으로는 외부효과가 생기는 경제활동을 아예 금지해버리는 편이 차라리 더

106) Epstein, Posession as the Root of Title, 13 Georgia Law Review(1979), 1221쪽.

107) R. H. Coase, *The Firm, the Market, and the Law*(1988). Coase는 정부의 개입 그 자체에 대해서는 비관적 견해를 드러낸다. 시장이 스스로 효율적 결과를 이루지 못하는 이유는 거래비용 때문이다. 국가가 그보다 싼 사회적 비용으로 문제를 해결할 수 있다는 보장은 없다. 관료란 결국 업계의 포로가 된다는 문헌의 첫 걸음으로 Stigler, The Theory of Economic Regulation, 2 Bell Journal of Economics and Management Science 1 (1971), 3쪽.

108) 공유(지)의 비극이라 흔히 옮기지만, 구태여 법개념을 정확히 쓰자면 총유(總有)의 비극.

109) John Cullis & Philip Jones, *Public Finance and Public Choice*(1998), 37-42쪽; 2010 Mirrlees Review 제5장. 한결 일반적 논의로 Calabresi & Melamed, Poperty Rules, Liability Rules, and Inalienability, 85 Harvard Law Review 1089(1972). 재분배수단으로서도 직접규제보다는 세금이 낫다. Kaplow & Shavel, Why the Legal System is Less Efficient than the Income Tax in Redistributing Income, 23 Journal of Legal Studies 667(1994).

싼 수도 생긴다. 아무튼 뭔가를 해야 하니 가령 이산화탄소 문제라면 어떤 나라든 직접규제, 탄소세, 배출권거래제, 이 셋 가운데 하나 이상을 장님 코끼리 잡듯 쓰고 있다. 우리나라에서는 휘발유, 경유 및 대체연료에는 탄소세를 매기는 셈이고,[110] 그 밖에는 탄소배출권 거래제를 택했다.[111] 미세먼지는 배출허용 기준을 직접 정하기도 하고 배출부과금도 물린다.

시장실패가 생기는 다른 경우는 없을까? 시장에서 스스로는 생산하지 않는 것은 없을까? 가령 국방, 즉 군대가 나라를 지킨다는 것의 이득은 온 국민이 누린다. 이처럼 어떤 재화나 용역의 성질상 어떤 사람의 소비와 다른 사람의 소비가 양립가능하고(non-rivalry), 또 돈 안 내는 사람을 제치기 어려운(non-exclusivity) 경우가 있다. 정도 문제이기는 하나, 등대, 공원, 도로, 국방 따위를 생각해 볼 수도 있다. 이런 것을 公共財라 부른다. 공공재는 구태여 돈 내고 사려는 사람이 없게 마련이니 생산 자체가 아예 안 일어난다. 누구나 남이 돈 내고 사기를 기다려서 그 혜택을 공짜로 누리려 할 테니. 따라서 사회 전체로 본다면 있어야 마땅한 재화나 용역을 아무도 생산하지 않게 되고, 결국 국가가 이를 생산하여야 한다. 물론 공공재란 그 덕을 보는 사람들의 범위 문제이므로 그 범위가 특정될 수 있다면 사인(私人)이 이를 생산할 수도 있다. 가령 항구 부근의 등대라면, 사인이 국가가 대는 돈으로 등대를 세우거나 국가의 허가를 받아서 제 돈으로 등대를 세우고 항구에 출입하는 배에서 허가받은 대로 요금을 걷을 수도 있다.[112] 그러나 이 경우에도 등대를 지으라고 하거나 지을 허가를 한다는 결정적 역할은 국가가 맡는다. 어느 쪽이든 국가의 역할이 살아남고, 행정법이 되살아난다. 물론 자유주의자의 관점에서는 국가와 행정의 역할은 공공재의 생산에 그쳐야 하고, 그 밖의 영역에 함부로 국가가 끼어드는 것을[113] 경계하게 마련이다. 또 공공재의 영역에서도 국가가 제 역할을 과연 제대로 해내는가, 제대로 해낼 수 있는 정치과정이 애초 가능하기나 한가, 이런 회의가 생기게 된다. 이른바 정부(政府)의 실패(失敗).[114]

110) 교통・에너지・환경세법. 휘발유나 경유에서 나오는 이산화탄소는 유류사용량에 거의 정비례한다.

111) 배출권은 한국거래소 파생상품시장에서 거래한다. 배출권거래제의 단점으로는 가격이 계속 변동하고 기존 기업이 배출권을 안 팔면 신규기업의 진입이 아예 막힌다.

112) 영국 역사의 실례로 Coase, The Lighthouse in Economics, 17 Journal of Law and Economics 357 (1974). 인터넷에도 나온다.

113) 헌법재판소 2021. 4. 29. 2017헌가25 결정은 전기에 공공재 성격이 있다고 한다. 이 용례는 수도, 전기, 의료, 교육, 전화, 통신 따위는, 이른바 universal access로 모든 국민이 기본권으로 당연히 누려야 하는 가치재(merit goods)라는 규범적 개념이다. 같은 용례의 보기로 Cass R. Sunstein, The Cost of Rghts(1999), 21쪽. 경제학 용례로 사(私)적 재화의 공(公)적 공급이라고 부르기도 하지만 외부효과나 정보비대칭 등 때문에 公과 私의 중간 성격이다. 우편, 보통교육 등은 사기업을 막은 채 국가 혼자 공급하는 나라도 있고 사기업을 허용하면서 국가의 무상공급을 병행하는 나라도 있다. 건강보험은 선진국 대부분에서 국가가 맡지만 미국은 혼선.

끝으로, 독과점(獨寡占) 시장에서도 시장의 실패가 생긴다. 독점시장에서는 애초에 공급곡선이 정의되지 않는다. 무슨 말? 경쟁시장의 개별기업은 가격이 얼마라면 그에 맞추어 각자의 생산량을 정하고, 사회 전체의 생산량은 그 합이다. 독점기업은 어떻게 할까? 독점기업은 시장의 수요곡선 전체를 염두에 두고서 스스로 가격과 생산량을 설정할 수 있다. 결과적으로 생산량은 사회구성원이 얻는 만족이 생산비보다 더 높은 점에서 결정된다. 사회 전체의 입장에서 본다면, 물건을 더 생산해야 마땅함에도 생산은 그보다 적은 수량에서 이루어진다. 따라서 시장의 실패가 생기고 국가가 할 일이 생긴다. 한편, 완전독점이란 사실 그렇게 흔하지는 않다. 시장에 몇 개의 기업이 있어서 각자가 상당한 정도로 시장지배력을 가지고 있는 과점시장에서는 시장은 효율을 달성할 수도 있고 달성하지 못할 수도 있다. 한마디로 줄이자면, 여러 기업이 서로 가격경쟁(競爭)을 벌인다면 과점은 경쟁시장과 같은 결과를 낳는다. 따라서 국가는 여러 기업 상호간에 담합을 막고 경쟁을 제약하는 행위를 금하게 된다. 법으로 치자면 어떤 법이 필요하다는 말? 독점규제법 내지 공정거래법. 물론, 이런 법들로써 정부가 제 역할을 제대로 하는가, 애초 정부를 믿을 수 있는가에 회의가 있음은 마찬가지이다.

이상의 이야기를 세금문제로 좁힌다면, "조세는 중립적이어야 한다"는 명제는 사회가 스스로 파레토 최적에 도달한다는 가정 하에서만 성립될 수 있다. 어떤 사회가 파레토 최적에 도달하지 못하는 경우, 가령 거래비용이 너무 높아서 Coase가 말하는 식의 조정이 안 된다면 반드시 중립적인 세제가 좋다고 단정할 수 없다. 결국 효율(效率)이라는 말은 조세중립성(中立性)보다는 큰 개념이다. 시장이 파레토 최적에 도달한다는 전제가 성립되지 않는다면 비중립적 조세제도가 더 효율적일 수도 있다는 말. 나아가 중립적 세제는 기실 만들 길이 없다. 무엇을 어떻게 하든지 각자 낼 세액이 미리 정해져 있는 이른바 정액세(lump sum tax)가 아닌 이상 중립은 없다. 무엇을 하는가에 따라 세금 낼 금액이 바뀐다면 세금은 사람의 행동거지에 영향을 주게 마련이고, 각자 행동거지가 얼마나 바뀌는가는 사람마다 다르다.

그렇다면 세금을 어떻게 걷어야 효율적일까. 이런 연구가 이른바 최적과세(最適課稅, optimal taxation)론이다. 아주 단순화한 보기로 최고급양주와 쌀이라는 두 가지 소비재가 있다. 이제 이 두 가지의 구매 내지 소비에 세금을 물린다고 하자. 두 가지 세제를 생각할 수 있다: 1) 양주와 쌀 중 어느 한 쪽에 더 무겁게, 2) 두 가지 모두에 똑같이. 좀 더 단순화하자면 1) 양주에만 세금을 물린다, 2) 두 가지 모두 같은 세금을 물린다, 이 두 대안을 생각할 수 있다. 1)은 조세중립성을 깨는 비효율적인 세제이

114) 정치과정이 실패할 수밖에 없다는 것이 Arrow의 불가능성 정리. Reagan 대통령의 표현을 빌자면, "정부가 답이 아니다. 정부가 바로 문제이다."

고 2)는 조세중립성을 지키는 효율적 세제 아닐까? 아니다. 효율은 둘 사이의 조세중립성보다 훨씬 큰 개념이다. 最適과세론이라는 것은 어떤 세제가 경제 전체적으로 부작용을 가장 적게 할 것인지를 묻는 이론이다. 어떻게 해야 할까? 공평은 접어놓고 오로지 효율만을 잣대로 삼아 따진다면 양주와 쌀, 어느 쪽에서 걷어야 할까? 어느 쪽 세금이 사람들의 행동에 더 큰 영향을 미칠까? 세금이 없는 세상에서 두 가지를 각 10,000단위씩 소비한다고 하자. 이에 각각 세금이 붙어서 각 재화의 값이 두 배로 뛰었다면, 양주의 소비가 더 크게 영향을 받을까, 아니면 쌀의 소비가 더 크게 영향을 받을까? 틀림없이 전자. 굶을 수야 없으니. 그렇게 본다면, 쌀에 세금을 매겨야 한다는 결론! 경제가 받는 영향이 쌀 쪽이 적은 까닭이다. 소비재 사이의 선택만 놓고 최적과세론을 따지면 생필품에 가까운 재화일수록 높게 과세하자는(이 예에서는 Ramsey tax) 매우 놀랄 만한 결과를 낳는다.

앞 문단의 분석에는 한 가지 결정적 전제가 숨어있다. 쓸 돈이 이미 있다는 전제. 그런데 돈이란 벌어야 쓸 수 있다. 세금은 그저 쌀과 양주의 선택만이 아니라 돈을 벌까 말까에도 영향을 미칠 수 있다. 돈을 어디에 쓸까라는 의사결정은 경제적 의사결정 가운데 한 부분에 지나지 않는다. "먹고 산다"는, 경제적 효율이라는, 어떻게 보자면 천박한 잣대 하나로 표현하자면 인생이란 결국 1) 돈을 벌까 아니면 쉬거나 놀까, 2) 버는 돈이나 이미 벌어놓은 돈을 어디에 쓸까, 3) 아직 안 쓰고 모아놓은 돈은 어떻게 불릴까, 이 세 가지를 고민하다 가는 것이다. 세제는 이 세 단계에 다 영향을 미치게 마련이고, 양주와 쌀 사이에 차별이 없다는 것은 의사결정 2)의 일부일 뿐이다. 양주만에든, 양주와 쌀 둘 다에든, 아무튼 세금을 물리면 세 가지 의사결정 모두에 영향을 미친다. 두 가지를 각 얼마씩 소비할까 뿐만 아니라, 세금 내는 것을 보충하기 위해 일을 더할지 아니면 세금까지 내어야 하니 일을 덜하고 말지, 이런 의사결정에 다 영향을 미친다. 그런데 현행 세제는 일하고 버는 소득에는 세금을 물리지만 노는 데는 안 물린다. 놀까, 일할까에 미칠 영향까지 생각하면 쌀과 양주 사이의 중립성만으로는 파레토 최적이 안 된다. 무엇이 최적인가 묻자면 훨씬 큰 여러 가지를 다 따져야 한다는 말. 차차 본다. 제8장 제3절 I, 제23장 제2절 I.

4. 공평(公平)

부강한 나라를 이루자면 어떡해야지, 이것을 묻는 것이 효율이다. "어찌해야 내 나라에 이로우리이까?" 그러자 성현은 말한다. "왕께서는 하필 이(利)를 말하십니까? 오직 인의(仁義)가 있을 뿐인데."115) 세금의 부담은 公平해야 한다. 그런데 공평하다

115) 王何必曰利? 亦有仁義而已矣. 맹자(孟子), 양혜왕(梁惠王)(上).

는 것은 무엇인가? 한 해에 3,000억원을 버는 나재벌씨와 3,000만원을 버는 가난남씨는 각 얼마씩 세금을 내어야 공평하려나. 나씨나 가씨나 똑같은 사람이니까 세금도 똑같은 금액을 내어야 한다고 누군가 주장한다면 틀렸다고 논리적으로 증명할 수 있을까?[116] 없다. 세금을 소득의 일정한 비율로 내도록 해서 나재벌이 10,000배 내어야 공평하다는 말도 틀렸다 말할 수 없다. 한 걸음 더 나아가 누진세라야 공평하다는 주장도 나란하다. 어느 것도 틀렸다고 논리로 증명할 수 없다. 심지어는 나씨가 혼자 다 내어야 공평하다는 말도 할 수 있다. 이것이 Rawls의 주장이다. 재능에 따른 차이조차도 타고나는 것이니 불공평하다. 앞으로 무슨 일이 벌어질지 전혀 알 수 없는 무지의 장막(veil of ignorance)이 눈을 가리고 있는 원초(原初)의 상태에서 사람들은 어떻게 생각하려나. 혹 내가 가장 못난이 아닐까? 이 불안 때문에 결국 가장 못난이의 처지를 극대화(maxmin)하는 사회제도를 공평하다 받아들이리라는 것. 일응 그럴 법하다. 엄마가 준 떡을 두 형제가 나누는데 맏이가 자르면 둘째가 먼저 집게 한다. 어떻게 자를까? 2등분하겠지? 그러나 10,000:1이라는 결과가 이미 벌어진 마당에 나재벌씨가 혹 겉으로는 몰라도 속마음까지 이 생각을 받아들일 가능성은? 혹 속으로는 켕기더라도 겉으로는 "내 생각은 달라." 거의 누구나 이렇게 말하리라. 결국 공평이란 적어도 겉으로는 그저 서로 생각이 다른 가치판단으로 남는다. 분배구조가 계속 악화하는 현실에서 Rawls의 말은 그저 양심적 지식인끼리 해보는 심심풀이 말장난.

각자 제 가치판단을 들고 나오면 이야기에 끝이 안 나니 실제 역사에서 공평 개념 몇 가지를 보자. 우선 누구나 같은 세금을 내는 제도를 생각할 수 있다. 근대사회에 들어오기 전에는 기본적으로 그랬다. 세금의 대종은 관세·물품세 따위였고, 이런 세제에서는 누구나 같은 세금을 낸다. 지금도 부가가치세 같은 물품세는 누가 물건을 사든지 같은 세금을 낸다.

근대에 들어서자 응익(應益)과세 내지 수익자부담(benefit principle) 주장이 나왔다. 누구든 자기가 국가로부터 받는 이득만큼 세금을 내야 한다는 생각. 독일의 표현으로 등가원칙(Äquivalenzprinzip)이라고 한다. 뒤집으면 국가에 기여하는 만큼 이득도 받아야 한다는 생각. 이 이론은 봉건귀족에 대한 신흥 부르주아지의 도전에서 나왔다. 신흥 부르주아지들은 "국가가 해준 것이 다 무엇인가? 봉건귀족들의 재산을 지켜주는 것뿐이잖아? 토지제도를 유지하여 그들이 돈을 받아갈 수 있도록 해주었으니, 국가에 대한 세금은 그들이 내어야 마땅하지"라고 주장하면서 그 논거로서 세금은 각자 받는 혜택에 비례하여 내어야 한다는 이론을[117] 제시한 것이다.

116) 제7장 제3절 1.에 나오는 미국판결 Pollock v. Farmer's Loan & Trust Co를 보라. 도덕판단에도 옳고 그름이 있다는 Habermas류의 주장은 접어놓자.

수익자부담은 얼른 보기에 일리가 있지만 이미 통렬한 비판이 있다. 모여서 사회를 이루는 것은 그저 돈 벌자는 것인가? 훌륭한 점을 서로 본받아서 좋은 삶을 살자는 것 아닌가?[118] "오직 仁義가 있을 뿐인데."[119] 이 수준의 고민은 접어놓더라도 수익자부담은 오늘날에는 잘 안 맞는다. 가령 수도요금은 각자 자기가 쓰는만큼, 공공요금 방식으로 내어야 마땅하다고 생각할 수 있지만, 이는 각자 물을 얼마나 쓰는지를 알 수 있음을 전제로 한다. 그런데 수돗물과 달리 세금은 근본적으로 공공재를 생산하기 위한 것. 공공재라는 것은 그 속성상 국민 중 누가 얼마나 혜택을 받는지를 알 수가 없다. 그렇다면 수도요금과 같은 공공요금이[120] 차지할 자리는 아주 좁게 되고 수익자부담 원칙은 오늘날의 현실과는 안 맞는다.[121] 물론 공공재라 하여 수익자부담이라는 생각이 무의미하다는 말은 아니다. 앞서 말했듯 공공재라는 것은 정도의 문제일 뿐이다. 온 나라의 문제도 있고 한 마을의 문제도 있다. 강둑을 쌓고 지키는 것은 강마을 사람들의 문제일 뿐. 거기에 드는 돈을 산골마을 사람들에게 물린다면, 아마 산골마을 사람들의 다수는 억울해하리라. 공공재를 생산하는 공동체의 단위를 어떻게 정해야 하는가라는 문제가 생긴다는 말, 국가와 지방자치단체 사이의 권한이나 업무의 배분이라는 문제가 생긴다는 말이다.

오늘날에 와서는 응능과세(應能課稅), 곧 세금은 사람들의 능력, 곧 담세력(faculty, ability to pay)에 따라 내어야 공평하다는 생각이 널리 퍼져 있다.[122] 어떤 사람이 얼

117) 너희가 내어야 마땅한바, 자선이 아니라 그래야 옳기 때문이다. … 희한한 나라 아닌가, 국가로부터 가장 큰 덕을 보는 자들이 가장 조금 내다니? Emmanuel-Joseph Sieyes, What is the Third Estate?(1789), 4.4.문단.

118) Aristotle, Politics, 1280a. 한결 과격한 주장으로, 행복이 의(義)는 아니다. 이익을 잘 꾀하게 하는 것이 훌륭하게 하는 것은 아니다. Kant, 도덕형이상학, 서론. 살인마가 내 친구를 찾아 내 집 문턱에 섰다. 거짓말과 참말, 무엇이 옳은가? 칸트의 답을 찾아 보라. Immanuel Kant, On a Supposed Right to Tell Lies from Benevolent Motives(1797).

119) Rawls의 결론조차 義가 아니라 利에서 끌어냈다. 묵자, 經(上)이나 兼愛(下)에도 나오는 이런 생각을 비판한 것이 맹자의 何必曰利.

120) user charge, Gebühr. Tipke/Lang, 제2장 20문단. 통상 사용료라고 옮기지만 헌법재판소 2021. 4. 29. 2017헌가25 결정은 물가안정에관한법률을 원용하면서 공공요금이라는 용어를 쓰고 있다. 지방세법상의 지역자원시설세(지방세법 제141조) 따위는 분담금(Beitrag)이나 공공요금에 가깝다. 현행법상 목적세의 설계와 운영의 문제점에 대해서는 우지훈, 양인준, 세법체계 관점에서 목적세의 허용범위 및 정비방안에 관한 소고, 조세와 법 19호(2017), 105쪽.

121) 지방자치단체의 재원조달은 일차적으로 조세이고 부과금은 예외적이어야 한다. 헌법재판소 2021. 3. 25. 2018헌바348 결정. 독일 헌법재판소 1998. 3. 10. 1 BvR 178/97 결정은 최고요금이 실제원가를 넘지 않는 한 공공요금에도 누진율을 적용할 수 있다고. 수도나 전기 따위도 규범적 개념으로 공공재라는 생각이다. 한편 효율만 따지자면 생필품에 가까울수록 한계원가보다 높게 가격(Ramsey price)을 매겨야 한다.

122) 이 생각의 역사는 Richard Musgrave, *Theory of Public Finance*(1959) 91쪽 이하를 보라. 재정학의 아버지라 할 만한 인물.

마나 혜택을 받는지를 묻지 말고, 세금을 더 낼 만한 능력이 있으면 그만큼 더 내고 능력이 없으면 그만큼 덜 내어야 옳다고 한다. 이것이 1789년의 프랑스 혁명선언이 “공공의 무력을 유지하고 행정비용에 드는 공통의 부담은 모든 시민이 각자 능력에 따라 공평하게 부담해야 한다”라고 선언하고[123] 이백 몇십 년의 역사를 거쳐 오늘날 대다수의 사회가 받아들이고 있는 공평의 개념이다.[124] 담세력(擔稅力)이란 무엇을 뜻하는가? 무엇을 징표로 담세력의 정도를 정할까? 누가 돈 얼마를 부담할 것인가가 문제이므로, 담세력의 기준은 돈 문제와 관련이 있어야 할 터. 1919년의 바이마르 헌법을 빌자면 “모든 국민은 차별 없이 각자 가진 것에 맞추어 공공부담을 나누어 져야 한다.”[125] 성별, 종교, 사회적 신분처럼 타고난 것에 맞출 수는 없다. 아래 II.3. 돈 문제와 직·간접적으로 연결될 수 있는 기준은 누가 돈을 얼마나 버는가, 또 돈을 얼마나 쓰는가, 또는 모아둔 재산이 얼마나 있는가 등이 될 수 있을 것이다. 한 걸음 나아가 사람들이 즐기는 여가도 담세력에 반영하자든가, 효용이라는 주관적 잣대로 담세력을 재자든가, 이런 생각도 있지만 비현실적이다.[126] 사회적 효용함수에 효율과 공평을 다 담아서 극대화점을 찾자는 최적과세론도 실천적 결론을 끌어내기에는 비현실적이다. 현실에서는 소득, 소비, 재산 따위의 객관적 가치로 담세력을 재고 있고 그렇게 해야 공평하다는 것이 온 세상 사람들이 대체로 받아들이고 있는 공평의 개념이라고 할 수 있다.

5. 경제조정과 조세지출

효율과 공평에 더해 세법이 맡을 수 있거나 맡아야 하는 역할을 하나쯤 더 든다면, 경제조정, 독일말로는 Lenkungswirkung(유도작용)이다. Malthus나 Marx가 설파했듯 자본주의 경제는 본질적으로 불안정하다. 돈을 더 벌자면 투자를 늘려야 한다. 그런데 투자를 늘리면 소비할 돈이 준다. 경제전망이 좋아서 투자가 스스로 생산을 견인하는 동안은 문제가 없지만, 사람들이 불안해지면? 생산량은 늘었는데 사는 이가 없네, 어떡하지? 그에 대한 Keynes의 답이 국가의 재정을 거시경제의 정책수단으로 쓰자는 것. 불경기 때에는 세입을 줄이면서 세출을 늘리면 경기 활성화에 도움 되고, 경기가 과열된 때에는 반대되는 정책을 택할 수 있다.[127] 이런 의미에서 세제는 경제의

123) 프랑스인권선언 제13조.

124) 한편 Nozick류의 libertarianism은 응익과세를 주장한다. Robert Nozick, Anarchy, State and Utopia (1974), 110-118쪽.

125) 바이마르 헌법 제134조.

126) 제8장 제1절 Ⅳ. 1, 제3절 Ⅱ. 1, 제11장 제2절 Ⅱ.

127) 불황이나 경기과열을 거시적 시장실패라고 부르기도 한다. 세제를 경기조절 수단으로 써본 결과는 시원찮다고. 이준구·조명환, 재정학(제6판, 2021), 21.4. Milton Friedman, Capitalism and Freedom (1962)는 불황을 자본주의의 내재적 불안정성 때문이 아니고 중앙은행이라는 권력의 실패로 본다.

성장(成長)과 안정(安定)이라는 목표를 위한 정책수단이 된다.

나아가 세제를 국가가 시장에 직접 간섭하는 산업정책(產業政策)의 수단으로 쓰는 것을 흔히 볼 수 있다. 어떤 경제활동이나 산업에 대해 세부담을 높이면 그런 활동이나 산업은 억제되고, 세부담을 낮추면 촉진되게 마련이다. 부동산투기를 막는 수단으로 세제를 쓰는 것은 주지의 사실이다. 나아가 가령 어떤 사업에서 생기는 수입의 100%를 과세소득으로 삼아 세금을 그렇게 매긴다면, 이는 그 사업을 금지하는 것과 똑같다.

반면, 예를 들어 문화산업의 세부담을 낮춰주는 것은 세금을 덜 매기는 형식으로 보조금을 주는 셈. 우리나라에서는 근대화 과정 내내 세법에 산업정책적 목표를 담은 조세특례를 둔 경우가 매우 많다. 이같이 조세특례 안에 숨어 있는 재정지출을 조세지출(tax expenditure)이라고 한다.[128] 특정산업에 대한 직접적 보조금은 눈에 두드러지지만 세제지원은 눈에 덜 띄니 정경유착과 불평등으로 흐르기 쉽다.[129] 이리하여 조세지출은 모두 공개해서 예산안에 첨부해서 국회에 제출한다.[130]

그러나 경제학 문헌에는 세제가 맡아야 할 역할로 산업정책적 기능을 들고 있는 것이 드물다. 왜 그럴까? 이미 보았듯이, 시장에 대한 국가의 간섭은 원칙적으로 없어야 한다고 생각하는 까닭. 국가는 그저 경제 전체의 면에서 경기를 띄울 것인가 가라앉힐 것인가 정도나 결정할 일이라는 생각. 경제학의 주류는 국가가 특히 어떤 산업을 발전시켜야 한다는 생각을 내친다.[131] 더 근본적 문제로 경제개입을 세제의 정상적 목표로 생각한다면, 온갖 이해집단(利害集團)의 이익이 세법에 반영되게 마련이고, 조세정책은 정치로 바뀌고 만다. 그러나 현실적으로는, 국가의 산업정책으로, 또는 정치적 이해관계 때문에 세법이 시장에 개입하는 일은 흔하다. 신자유주의의 원조인 미국이라 하더라도 예외가 아니다. 반도체, 틱톡, 트럼프 관세를 보라. 현실의 법은 정책보다는 정치를 반영함이 오히려 보통. 우리 법의 조세특례는 제9장 제3절.

조세특례 그 자체가 언제나 불공평(不公平)한 것은 아니다. 특정한 사람이 특혜를 누리는 것이 아니고 특정한 행동을 하는 사람이라면 누구나 특혜를 받을 수 있다면 세부담의 차이라는 결과만 놓고 불공평하다고 말할 수는 없다. 기회가 균등한 이상 불

128) OECD, Tax Expenditure(1996). Tipke/Lang, 제19장 5문단. 이 개념을 처음 제시한 것은 Harvard Law School의 Stanley Surrey 교수이다. 특히 Pathway to Tax Reform(1973).

129) 헌법재판소 1996. 6. 26. 93헌바2 결정. Zelinsky, *Are Tax Benefits Constitutionally Equivalent to Direct Expenditures?* 112 Harv. L. Rev. 379(1998).

130) 조세특례제한법 제142조의2, 국가재정법 제34조. 지방세특례제한법 제5조에 따른 통제는 사실상 무의미하다. 제3장 제1절 4.

131) 산업정책을 옹호하는 글로 Juhasz, Lane & Rodrick, The New Economics of Industrial Policy (NBER Working Paper 31538, 2023). 제5절에 우리나라가 나온다.

공평은 없다. 조세중립성과 효율을 해칠 뿐. 앞 1.

그러나 누진세(累進稅) 체제에서는 조세특례가 불공평한 결과를 낳기도 한다. 예를 들어 모든 소득을 누진세율로 과세하다가 특정한 채권의 이자소득만 비과세하는 제도를 새로 들여온다고 하자. 비과세가 생기기 전 세전수익률이 10%인 점에서 자본시장이 균형상태였다가 비과세채권이 생기면 어떤 일이 벌어질까? 다른 자산의 수익률은 (10%－세금)이지만 비과세채권은 10%가 되니, 다른 자산을 팔고 비과세채권을 사면 공돈을 벌 수 있다. 이런 차익거래는 언제까지 일어날까? 세후수익률이 같아질 때까지. 이제 자본의 세후수익률이 연 7%인 점에서 경제 전체가 수요와 공급이 일치해서 새 균형을 찾는다고 하자. 이 점에서 비과세채권의 이자율은 세전이자율＝세후이자율＝연 7%가 될 것이다. 수익률이 10%에서 7%로 떨어진 것. 이 차이 3%를 주로 경영학 쪽에서 쓰는 용어로 암묵세(implicit tax)라고 부른다. 법적으로는 비과세이지만 3%만큼 수익률이 떨어졌다. 눈에 안 보이는 암묵적인 세금부담 3%가 생겼다는 말.

이제 이 채권을 산 사람의 일부는 소득세율 40% 구간에 있는 부자이고 일부는 소득세율 30% 구간에 있는, 형편이 그만 못한 사람이라고 하자. 후자의 입장에서는 이 채권을 사서 세후금액으로 이자 7원을 받는 것(세금 3원을 절세하는 것)은 세전금액으로 이자 10원을 받아서 그 가운데 3원을 세금으로 내는 것과 마찬가지이다. 한편 소득세율 40% 구간에 있는 부자의 입장에서는, 세후 이자 7원을 받는 편(암묵적 세금 3원을 내는 편)이 세전금액으로 이자 10원을 받는 것보다 유리하다. 비과세조치가 없다면 세전금액으로 10원을 받아서 그 가운데 4원을 세금으로 내어야 했을 테니까.[132)]

어, 그런데 앞 보기를 연장해보자. 누진율만 아니면 기회가 똑같으니 공평하다는 말이 과연 맞나? 참말로 불공평이 없나? 애초 이자소득이 한 푼도 없는 채 30%로 세금을 내는 근로소득자라면 어떻게 생각할까? 그가 내는 세금이 40%라면? 50%라면? 세부담이 높아질수록 경제조정을 노리는 세금은 불공평하다는 인식을 낳고 준법의식을 해친다. 복지국가로 갈수록 세금은 보편적이고 일률적이어야 한다. 실제 세상은 반대로 가지만.

6. 세금의 전가(轉嫁)와 귀착(歸着)

효율, 공평, 경제조정 이런 개념으로 실제 세법을 분석하자면 그 전제로 세금의 轉嫁(shifting), 歸着(incidence)이라는 개념을 이해해야 한다. 가령 앞 3.의 최적과세론의 최고급양주와 쌀이라는 보기에서 쌀에 세금을 매겨야 효율적이라는 결론은 세금

---

132) Bittker, McMahon & Zelenak, *Federal Income Taxation of Individuals*(looseleaf), 10.01[1]절. 세제가 부자들로 하여금 비과세 채권을 사게 만드는 tax clientele을 형성한다는 말이다.

때문에 두 재화의 값이 뛰면 시장균형에 어떤 영향이 있을까를 따져서 나왔다. 그런데 가령 법에 정하기를 이런 세금의 납세의무를 매도인이 아니라 매수인에게 지운다면 이야기가 달라지지 않을까? 물건값이 그대로이니 시장균형이 종전 그대로 아닐까? 틀린 이야기임은 어린아이라도 알 수 있다. 매수인의 입장에서 본다면 물건 사는데 드는 돈이야 똑같다. 매도인에게 지급하는 물건값과 국가에 내는 세금(경제학 용어로 tax wedge), 두 가지 형태로 나뉘었을 뿐. 매도인을 납세의무자로 삼는다면 물건값이 세포함가격으로 표시되고 매수인을 납세의무자로 삼는다면 세제외가격으로 표시된다는 그저 그 차이뿐이다.

실제로 세금부담이 누구에게 돌아가는가는 어느 쪽을 납세의무자라고 법이 정하고 있는가와는 전혀 무관하다. 트럼프 관세의 납세의무자는 미국의 수입업자이지만 우리도 다 염려한다. 법률상 납세의무자가 수입업자이더라도[133] 우리 수출업자는 파는 값을 깎을 수밖에 없다. 극단적으로는 관세금액 그대로를 깎아주어야 팔 수도 있다. 역으로 미국 수입업자가 사는 물량이 그대로라고 가정하면 세금부담만큼 수출가격이 오른다. 미국 수입업자는 다시 재판매가격을 올려서 세금부담을 소비자에게 轉嫁하고 세금부담은 소비자에게 歸着하는 일이 벌어진다. 값이 실제 얼마나 오르는가는 수요공급이 가격인상에 얼마나 민감하게 반응하는가, 경제학용어로 수요공급의 가격탄력성(彈力性, elasticity)에 달려 있다. 생각하기 쉽게 무대를 우리나라로 옮겨 쌀가게를 생각해 보자. 세금을 매기기 전 1kg당 1,000원이던 쌀값이, 쌀장수에게 1kg당 500원의 종량세를 물렸더니 1,300원으로 올랐다고 하자. 전가귀착은? 쌀장수가 300원을 소비자에게 전가해서 세금부담 500원 가운데 300원이 소비자에게, 200원이 쌀장수에게 귀착한 것이다. 어, 맞나? 소비자가 지급하는 쌀값 1,300원 가운데 500원이 세금이니까 세금은 전부 소비자가 부담하는 것 아닌가? 만일 이 말이 참이라면 동시에 이 말도 참이어야 한다: 생산자가 받는 쌀값 1,300원 가운데 500원이 세금이니까 세금은 전부 쌀장수에게 귀착한다. 전가귀착이란 애초 그런 뜻이 아니다. 세금이 없는 세상과 세금이 있는 세상을 견주는 개념이다. 실상은 길게 보면 이 세금 500원의 부담이 쌀장수와 소비자 둘한테만 귀착할 리 없다. 쌀장수는 그 앞 단계의 농부에게서 쌀을 사들이는 값을 깎을 것이고 다시 농부는 종자 값 따위를 깎으려 할 것이다. 세금부담은 이처럼 경제 전체를 놓고 따질 문제가 된다.

양도소득세처럼 매도인이 납세의무자인 세금과 취득세처럼 매수인이 납세의무자인 세금의 경제적 효과에 차이가 있을까? 납세의무자의 주관적 사정과 무관하게 가령 세금의 금액이 얼마라고 특정되어 있다면 아무 차이가 없다. 그저 매매대금을 표시하

133) 이것을 법률적 귀착이라 부르는 수가 있지만 귀착이라는 말 자체가 애초 마뜩잖다.

는 방식이 달라서 착시(錯視)를 일으킬 뿐이다. 양도소득세에서는 매수인이 내는 돈은 매매대금뿐이므로 매매가격은 양도소득세를 반영한 세포함(稅包含)가격으로 표시된다. 취득세에서는 가격이 세제외가격이므로 낮게 보이지만 매수인은 세금을 따로 내므로 稅包含가격은 두 가지의 합이다. 종합부동산세도 취득세나 마찬가지 tax wedge. 매수인의 입장에서 본다면 집 사는 데 드는 돈(稅包含가격)은 매도인에게 매매대금으로 지급할 돈과 국가에 납부할 세금(정확히는 그 현재가치) 두 가지의 합이다. 취득세, 종합부동산세, 다른 무엇이든 세금으로 가격을 떨어뜨린다는 생각은 착시일 뿐. 세포함가격으로는 물건값이 오른다. 세금은 부담을 늘린다.

Ⅱ. 입법(立法)에 대한 헌법상의 제약

지금까지 세법이 어떤 내용을 담아야 하는가라는 문제에 관해 경제학자들이 내놓은 지도이념으로서 효율·공평·경제조정 세 가지를 살펴보았다. 이제 법 문제로 들어가 헌법과 세법의 관계를 보자. 다른 법률이나 마찬가지로 세법 역시 그 목적이나 내용이 기본권 보장의 헌법이념과 이를 뒷받침하는 헌법의 여러 원칙에 맞아야 한다.[134] 우리 헌법은 세법의 입법재량에 어떤 제약을 가하고 있는가?

1. 재산권 보장

헌법은 財産權을 보장하고 있다. 국가가 국민의 재산을 강제로 빼앗으려면, 공공필요가 있어야만 하고 그것도 정당한 보상(補償)을 지급하여야 한다.[135] 각 국민에게 그가 내는 세금만큼 보상을 하라고? 그렇다면 세금이라는 것이 어떻게 있을 수 있지? 재산권이든 무엇이든 기본권 보장은 국가가 이미 있다는 것을 전제하고, 국가란 이미 세금이 있다는 것을 전제로 한다.[136] 그렇다면 재산권 보장과 세금이라는 헌법상 의무의 모순은 어떻게 풀 것인가? 이리하여 헌법 이론은, 세금은 애초에 재산권의 침해가 아니라는 논리를 힘겹게 짜내고 있다. 이것이 종래의 학설과 판례이다. "조세의 부과·징수는 국민의 납세의무에 기초하는 것으로 재산권의 침해가 되지 않는다."[137] '헌법 … 은 재산권의 내용과 한계는 법률로 정한다고 규정하고 있고, … 모든 국민은

134) 헌법재판소 1992. 2. 25. 90헌가69등 결정 등.
135) 헌법 제23조 제3항.
136) Tipke/Lang, 제4장 60문단.
137) 헌법재판소 1997. 12. 24. 96헌가19등 결정. 독일 헌법재판소 1954. 7. 20. 1 BvR 459/52 결정. Tipke/Lang, 3장 232문단. 정종섭, 헌법학원론(2006), 532쪽. Cass R. Sunstein, The Cost of Rights (1999), Ch. 3(No Property Without Taxation).

법률이 정하는 바에 의하여 납세의 의무를 진다고 규정하고 있는바, 이 사건 법률조항은 위와 같은 헌법상 국민의 납세의무에 기초하여 … 과세대상을 규정하고 있을 뿐이므로 납세의무자의 재산권을 침해하는 것이라고 할 수 없다.'[138] 세금을 낼 의무는 헌법상 의무로 재산권의 내재적(內在的) 한계라는 것. 또 헌법재판소는 손금산입 등 세금을 줄이는 법조항은 재산권 보장 등 구체적 기본권의 심사대상이 아니라고 한다.[139]

다른 한편, 헌법재판소는 "헌법은 … 국민의 재산권(財產權) 보장에 관한 원칙을 선언함으로써 조세법률관계에 있어서도 국가가 과세권 행사라는 이름 아래 법률의 근거와 합리적 이유 없이 국민의 재산권을 함부로 침해할 수 없도록" 정하고 있고[140] 조세법이 과잉금지의 원칙에 어긋나 국민의 재산권을 과도하게 침해하고 있는 것일 때에는 헌법 제38조에 의한 국민의 납세의무에 불구하고 헌법상 허용되지 아니한다고 판시하기도 했다.[141] 이런 논거 위에 "가공의 미실현이득에 대해 개발부담금을 부과하여 원본을 잠식하는 것은 재산권의 침해"라고 말한다.[142] 토지초과이득세도 원본에 대한 과세가 되어버릴 불합리가 발생할 수 있으므로 재산권 보장에 어긋난다고.[143] 종합부동산세에 1세대1주택 특례가 없으면 위헌이다.[144] 또 이혼으로 인한 재산분할에 증여세를 매기면 재산권 보장에 어긋난다고 한다.[145] 국세채권의 우선권이 담보물권의 설정시기 이전으로 소급할 수 있다면 이는 위헌이라 한다.[146] 독일의 헌법재판소의 제2부도[147] 1995년 이른바 "재산보존 과세"로[148] i) 세금은 재산의 원본을 침해할 수 없다, ii) 재산에 관한 세금은 다른 여러 가지 세금과 합하여 소득의 50%를 넘을 수 없다는 등 헌법상 제약이 있다고 판시했다. 그러나 그 뒤 독일 헌법재판소는 이 이론을 사실상 내다버렸다.[149]

우리 헌법재판소는 세율 60%도 합헌이라고.[150] 재산권에 관한 딜레마는 결국 다

---

138) 헌법재판소 2003. 4. 24. 2002헌바9 결정.

139) 헌법재판소 2006. 2. 23. 2004헌바80 결정; 2007. 3. 29. 2005헌바53등 결정.

140) 헌법재판소 1992. 12. 24. 90헌바21 결정(신고누락 상속재산 평가); 1997. 12. 24. 96헌가19등 결정(상속 전에 미리 증여한 재산 평가).

141) 헌법재판소 2003. 7. 24. 2000헌바28 결정; 2003. 12. 18. 2002헌바16 결정. 엄격한 비례심사인지 합리성 심사인지는 판례가 갈린다. 가산세는 조세라기보다 제재수단이므로 엄격한 심사를 받는다.

142) 헌법재판소 1998. 6. 25. 95헌바35등 결정.

143) 헌법재판소 1990. 9. 3. 89헌가95등 결정 등.

144) 헌법재판소 2008. 11. 13. 2006헌바112 결정.

145) 헌법재판소 1997. 10. 30. 96헌바14 결정.

146) 헌법재판소 1990. 3. 29. 92헌바49등 결정 등.

147) 배경에 대한 설명은 김성수, 세법(2003), 94-101쪽.

148) Prinzip eigentumsshönender Besteuerung. 독일헌법재판소 1995. 6. 22. 2 BvL 37/91 결정. Tipke/Lang, 제3장 191문단, 195문단.

149) 독일헌법재판소 2006. 1. 18. 2 BvR 2194/99 결정.

음과 같이 절충하고 있다.

> 조세의 부과 · 징수는 국민의 납세의무에 기초하는 것으로서 재산권의 침해가 되지 않으나, 그에 관한 법률조항이 조세법률주의에 위반되고 이로 인한 자의적인 과세처분권의 행사에 의하여 납세의무자의 사유재산에 관한 이용 · 수익 · 처분권이 중대한 제약을 받게 되는 경우에는 예외적으로 재산권의 침해가 될 수 있다.[151]

원본(元本, res)을 침해하는 세금은 재산권의 본질에 대한 침해로 위헌이라는 논리를 받아들이면, 재산세 · 상속세 · 증여세 · 취득세 같은 세금은 그 자체로 모두 위헌이 된다. 이런 세금은 부 그 자체에 대한 세금이니까. 원본의 보존이라는 생각은 결국 자손대대로 부를 세습할 수 있게 해야 마땅하다는, 자본은 신성하다는 말일 뿐.[152] 우리 헌법재판소도 재산의 "보유사실 그 자체에 담세력을 인정하여 과세하는" 경우에는 "그 부과로 인하여 원본인 부동산가액의 일부가 잠식되는 경우가 있다 하더라도 그런 사유만으로 곧바로 위헌이라 할 수는 없다"고 한다.[153] 더 나아가 오늘날의 화폐경제에서는 元本의 침해 없이 소득(所得)만 과세하는 세금이란 있을 수 없다. 어떤 재산이든, 재산의 가치란 그 재산이 장차 낳을 수익 내지 현금흐름의 현재가치.[154] 장래의 수익에 대한 조세가 늘면 재산의 현재가치가 그만큼 떨어진다. 예를 들어 자본의 수익률이 연 10%라고 가정하면 내년의 돈 110원은 올해의 돈 100원과 같다. 올해 돈 100원을 투자하면 내년에 110원이 되니, 내년에 가서 소득 10원을 과세하는 것은 올해에 원본 100원 가운데 9.09원을 과세하는 것과 같다. $10/1.1 = 9.09$이니까. 가령 세율이 40%라면 $100 + (10 - 4) = [100 - (10/1.1) \times 0.4] \times 1.1 = 106$. 다른 보기로 앞으로 해마다 세전 금액으로 연 1억원의 임대료를 올릴 수 있는 토지의 가격이 10억원이라고 하자.

---

150) 헌법재판소 2015. 7. 30. 2013헌바207 결정; 대법원 2012. 10. 25. 선고 2010두17281 판결.

151) 헌법재판소 2009. 2. 26. 2006헌바65 결정.

152) "10만 파운드를 당좌예금(또는 금)에 묻어 둔 사람에게 담세력이 없다고 하는 말은 정녕 불합리하다." Nicholas Kaldor, An Expenditure Tax(1965), 32쪽, 33쪽. 오십년 뒤 똑같은 말을 하면서 Thomas Piketty, Capital in the 21st Century(2014), 제15장은 100억 유로를 들고 있다. 아래 제8장 제3절 III.3.

153) "종합부동산세의 정책 목적, 1인 또는 1세대당 평균세액, 세액 단계별 납세자 및 납세액의 분포, 부동산 가격 대비 조세부담률 등을 종합할 때, 재산권의 본질적 내용인 사적 유용성과 원칙적인 처분권한을 여전히 부동산 소유자에게 남겨 놓는 한도 내에서 재산권을 제한하는 것인지, 또는 매년 종합부동산세를 부과하여 비교적 짧은 기간 내에 사실상 부동산가액 전부를 조세 명목으로 징수하게 됨으로써 그 재산권을 사실상 무상으로 몰수하는 효과를 가져오는지 여부 등에 따라 헌법상 재산권 보장의 원칙에 위배되는지 여부가 결정되어질 것이다." 헌법재판소 2008. 11. 13. 2006헌바112 등 결정.

154) 상세는 제8장 제1절 Ⅱ. 1.

이 토지에 대해 40% 소득세가 새로 생기고 이 세제가 영원히 가리라고 사람들이 생각한다면 토지의 가격이 얼마로 바뀔까? 다른 조건은 모두 그대로라고 전제하면 6억원으로 떨어지게 마련.[155] 결국 재산권 보장은 기본권이라는 자격으로 특정한 세금을 막지는 못한다.[156] 특정재산을 재산권과 동일시한다면 세금이란 언제나 재산권의 본질에 대한 침해이고, 그렇다면 국가가 있을 수 없는 까닭이다. 재산권을 침해하면서 재산권의 본질을 침해하지 않는 세금이란 없다.

재산권이 세법과 무관하다는 말? 아니다. 재산권 문제는 세금문제의 핵심. 여기에서 말하고자 하는 바는 그저, 너무 높은 세율이나 원본침해는 재산권 본질을 침해하니 위헌이라는 식의 생각은 그르다는 말이다. 바른 물음은 무엇? 세제가 시장경제나 사유재산(私有財產)제도라는 사회제도의 본질을 침해하는가를 묻는 것.[157] 독일 헌법재판소가 재산(Vermögen)과 재산권(Eigentum)을 구별하는[158] 것도 결국 이 뜻이다. 그러나 이 문제를 따지기에 앞서 우선 세법과 기본권 사이의 관계를 마저 생각해 보자.

2. 자 유 권

사람은 누구나 각자 제 하고 싶은 대로 하면서 살 권리가 있다. 돈을 벌지 말지, 번다면 무엇을 해서 벌지, 번 돈으로 뭘 할지, 제 마음대로 정할 수 있다. 입법부라 하여 이 自由를 마음대로 침해할 수는 없다.

독일 헌법재판소는 같은 종류의 재화나 행위 가운데 특정한 것만을 골라 소비세를 매기더라도 합헌이라나.[159] 예를 들어 낚시에는 세금을 매기지 않고 사냥에만 매기더라도 합헌이라고.[160] 그러나 自由를 옭맨다는 시각에서 문제를 따져 보자. 가령 카바레 영업을 하는 사람은 소득의 100%를 세금으로 내게 하면 그런 영업을 할 수 있을까? 그런 세금은 영업을 금지한다는 말이다. 꼭 100%가 아니라고 하더라도 다른 종류의 영업에 비하여 세금을 더 내라고 한다면 금지나 제약이라는 의미는 마찬가

---

155) 종합부동산세는 이 점을 분명히 인식하면서 입법했다. 국회 재정경제위원회, 종합부동산세법안 검토보고서, 6쪽. 실상 매수인이 부담할 세포함가격은 적어도 10억원 그대로이다. 기존 소유자에서 국가로 4억원(tax wedge)이 옮겨갈 뿐이다. 가령 세포함가격이 12억원으로 오른다면 매수인은 단장 매도인에게 8억원을 내고 국가에 당장의 돈으로 쳐서 4억원어치의 돈을 해마다 나누어 낸다. 시장의 매매가격이 세제외가격이므로 마치 가격이 2억원 떨어진 듯한 착시가 생길 뿐이다. 양도소득세처럼 매도인이 내는 세금이라면 매매가격이 세포함가격이므로 가격이 오른다. 어느 쪽이나 경제적 효과는 똑같다.

156) Lisa Murphy & Thomas Nagel, The Myth of Ownership(2001), 175쪽.

157) 헌법재판소 1989. 12. 22. 88헌가13 결정.

158) 독일 헌법재판소 1998. 5. 5. 선고 1 BvR 1131/94 결정.

159) 독일헌법재판소 1983. 12. 6. 2 BvR 1275/79 결정.

160) 독일헌법재판소 1989. 8. 10. 2 BvR 1532/88 결정.

지.[161] 세금이 어느 기본권을 제약하고 있는 것인가? 자유권을 제약하고 있는 것. 내 돈을 어디에 투자할지 이것도 내 자유라는 뜻에서는 재산권도 자유권에 속한다. "세금을 낼 의무를 지는 것은 오로지 내용과 형식에서 헌법에 맞고 따라서 헌법질서에 속하는 법규범에 따라서만 진다"는 것은 기본권으로 "自由權"의 일부이다.[162] "계약의 自由 내지 경제상의 自由는… 과세 작용과 관련하여서도 적지 않은 제약을 받지 않을 수 없다."[163]

그러나 조세중립성(中立性)이 보장되는 한, 자유권에 대한 침해는 없다고 할 수도 있다. 가령 카바레를 하든 다른 장사를 하든, 부동산을 사든 주식을 사든, 언제나 번 소득의 30%를 세금으로 내도록 한다면, 국가가 어느 것을 할 자유에 간섭하는 것은 아니니까. 한편 비중립적인 세제, 곧 특정한 업종이나 행동을 한결 무겁게 과세하는 것은 자유를 제약한다.[164] 조세특혜도 마찬가지이다. 헌법에서 요구하는 기본권 제한의 요건에 따라 국가 안전보장, 질서유지 또는 공공복리의 이름으로 정당화될 수 있어야 한다.[165] 가령 "수도권…내에서 본점의 사업용 부동산을 취득할 경우 취득세를 중과세하는 조항… 으로 달성하려는 공익은 수도권으로의 인구 유입이나 산업의 집중으로 인하여 수도권에 발생되는 사회문제의 해소와 국토의 균형 있는 발전인 반면에, 법인은 과밀억제권역으로 건물의 신축 또는 증축하여 본점을 이전함에 있어서 취득세의 중과세로 인하여 법인의 거주 · 이전의 자유와 영업의 자유를 일부 제약받는 것에 불과하므로, 이러한 공익(公益)이 사익(私益)에 비하여 중대하다."[166]

사실은 실질적 법치주의 가운데 가장 중요한 것이 자유권.[167] 예를 들어, 이혼한 자의 재산분할에 대해 증여세를 매길 수 있는가라는 논점은 기실 좁은 뜻으로 재산권

161) 세법상 차별을 금하는 ECJ 판결은 자유(자본이동의 자유, 노동력이동의 자유, 기업입지 선정의 자유)에 터잡고 있다.

162) 독일헌법재판소 1958. 12. 3. 1 BvR 488/57 결정.

163) 헌법재판소 2015. 12. 23. 2013헌바117 결정. '토지의 임대'와 '토지 소유자 스스로 이를 이용하는 것' 사이의 차별과세가 '개인과 기업의 경제상의 자유'에 어긋난다. 헌법재판소 1994. 7. 29. 92헌바49등 결정.

164) 헌법재판소 1996. 3. 28. 94헌바42 결정(대도시 등록세 중과세); 1999. 2. 25. 96헌바64 결정(회원제 골프장); 2000. 2. 24. 98헌바94 결정(비업무용 토지).

165) 헌법 제37조 제2항. 대법원 2012. 10. 25. 선고 2010두17281 판결. 독일헌법재판소도 조세특혜는 공공복리에 맞아야 한다고 한다. 독일헌법재판소 1995. 6. 22. 2 BvL 37/91 결정; 2006. 11. 7. 1 BvL 10/02 결정; 2014. 12. 17. 1 BvL 21/12 결정. Tipke/Lang, 제3장 132문단, 제19장 75문단.

166) 헌법재판소 2014. 7. 24. 2012헌바408 결정. 재판관 2인의 반대의견은 위헌. 제21장 제1절 III. 한편 Rawls는 이 비교형량을 국민과 국민 사이에서 서로 충돌하는 기본권 사이의 순위 문제로, 가령 생명은 재산보다 귀하다는 식으로 생각한다. John Rawls, Justice as Fairness(2001), 13.5절. 헌법학에서는 국민과 국가 사이의 법률관계로 생각하므로 기본권의 순위라는 개념이 없다.

167) 근래에는 독일세법학도 이 점을 깨닫기 시작했다. Tipke/Lang, 제3장 183문단.

문제라기보다는[168] 自由의 문제이다. 부부를 통틀어 본다면 이혼을 하든 않든 재산(財産)은 그냥 있는 것이므로 담세력에는 아무 차이가 없다. 이혼을 하지 않고 살다가 죽으면 세금이 없고 이혼하면 세금이 있는 세제는, 혼인을 그냥 유지할 것인가 이혼할 것인가라는 선택의 自由에 국가가 간섭하는 것이고, 그런 의미에서는 이혼에 대한 증여세는 세금이라기보다는 이혼에 대한 벌금이다. 혼인으로 세대당 주택수가 늘어나는 경우 중과세하는 것도 자유 침해.[169]

자유의 문제는 경제적 효율(效率)과 같은 문제이다. 실상 Adam Smith의 보이지 않는 손은 논거가 자유.[170] 유효경쟁시장을 전제로 한다면, 가장 효율적 세상을 이루는 길은 국가가 각 개인을 자유로이 내버려 두고 간섭하지 않는 것이다. 시장의 실패가 있는 곳에서는 비중립적 세제, 곧 자유에 대한 국가의 간섭이 효율을 이룰 수도 있고, 따라서 公益에 맞을 수도 있다.[171] 물론 공익을 목표로 한다고 하여 당연한 합헌은 아니다. 우리 현실과 맞지도 않고 우리 정치사나 헌법사에 아무 뿌리도 없는 '사회국가'의 이념을[172] 수입해 와서 비중립적 세제를 함부로 정당화할 수야 없다. 헌법 이론은 자유가 침해되는 정도와 공익 사이에 比例의 原則이 지켜지는가를 묻는다.

자유의 문제가 효율의 문제임을 깨닫는 순간, 비례의 원칙은 법관의 주관에 따르는 자의적 판단을 벗어나 객관적 잣대가 되기 시작한다. 법관은 시장에 간섭하는 비중립적 세법이[173] 과연 경제의 효율을 개선하고 있는가를 물어야[174] 하는 것. 온갖 이권이 법 속에 숨어드는 지겹고 지겨운 우리 정치판은 과연 국민의 힘인가, 짐인가? "근본적으로 공공복리란 경제조정 규범이 국민경제에 좋은 효과를 가져올 때에만 긍정할 수 있다."[175] 그렇지만 여기에는 다시 한 가지 문제가 얽힌다. 경제의 효율이란 실증경제학적 방법으로 재어 보아야 하는 사실판단이니까. 과연 법관에게 이 능력이 있는가? 차라리 사법자제(司法自制)가 맞지 않을까? 답은 법관의 가리사니와 사법제

---

168) 헌법재판소 1997. 10. 30. 96헌바14 결정. 제10장 제2절 I. 2, 제12장 제2절 4.

169) 대법원 2002. 5. 14. 선고 2000다62476 판결; 2014. 9. 4. 선고 2009두10840 판결. 헌법재판소 2008. 11. 13. 2006헌바12등 결정; 2011. 11. 24. 2009헌바146 결정(일정기간이 지나도 처분 안하면 중과세해도 합헌); 2023. 2. 23. 2020헌바542 결정.

170) Adam Smith, The Wealth of Nations, IV 9.

171) 헌법재판소 1994. 7. 29. 92헌바49등 결정; 2003. 12. 18. 2002헌바16 결정.

172) 우리 헌법학자들 가운데에는 헌법 제34조 제2항을 근거로 우리나라가 사회국가라고 말하는 사람이 많다. 허영, 한국헌법론(2003), 150쪽 등. 이 주장을 받아들이더라도, 헌법 제34조 제2항은 세출에 관한 조항일 뿐이다. 김성수, 세법(2003), 68쪽.

173) 독일문헌이 대개 그렇듯 이 문제를 평등의 문제로 오해하는 수가 많지만, 엄밀히는 자유의 문제일 뿐이다. II. 3(2).

174) 가령 헌법재판소 2022. 6. 30. 2019헌바440 결정(휘발유차 v. 경유차).

175) Tipke/Lang, 제19장 2문단.

도에 달려 있다. 헌법재판소가 선언하듯 정책판단 역시 위헌심사 대상인 것은 맞다. 다만 심사강도를 낮추는 것도 하릴없으니[176] 결과적으로 입법재량이 넓어지는 꼴.[177]

> 오늘날에 있어서 조세는 국가의 재정수요를 충족시킨다고 하는 본래의 기능 외에도 소득의 재분배, 자원의 적정배분, 경기의 조정 등 여러 가지 기능을 가지고 있으므로, 국민의 조세부담을 정함에 있어서 재정 · 경제 · 사회정책 등 국정전반에 걸친 종합적인 정책판단을 필요로 하는바, 어느 범위까지 사법상 법률행위의 내용 및 효력에 간섭할 것인지, 그런 간섭의 수단과 정도를 어떻게 정할 것인지 등에 대해서는 입법자가 당시 경제정책 등 여러 가지 상황을 고려하여 결정하는 것이 바람직하다는 점에서 비례심사의 강도는 다소 완화될 필요가 있다.[178]

세수목적 없이, 오로지 또는 주로 자유를 제약하는 수단으로 세법을 쓸 수 있는가? 독일에서는 행동의 규제를 주목표로 세수를 부차적 목표로 하는 세법은 합헌이지만, 세수목적이 아예 없고 어떤 행동을 없애버릴 의도인 압살적 조세(Erdrosselungssteuer)는 위헌이라 한다.[179] 그러나 독일헌법의 역사에서 나오는[180] 독일특유의 해석론일 뿐, 우리나라 헌법해석론으로 그냥 끌어들일 수 있는 것이 아니다. 압살적 조세란 독일 사람들이 말하듯이 세금이라기보다는 형벌이든가 행정벌인 셈이다. 그렇다 하여 압살적 조세가 무조건 위헌인가? 이 문제는 "조세"라는 이름을 떼버리고 국가가 그렇게 걷어가는 돈이 행정벌인지 부담금인지 아니면 다른 무엇인지 그 성격을 명확히 한 뒤, 국가가 그런 돈을 빼앗아갈 수 있는 헌법상의 요건이 만족되는가라는 관점에서 판단할 일. 이름을 잘못 붙였다는 이유만으로 무조건 위헌일 수는 없다. 어떤 행동을 금지하는 것

176) 실상 헌법재판소 결정의 대다수는 심사강도를 낮추는 것이 아니라 아예 심사를 피한 채 그냥 입법재량이라고 한다. 수단의 적절성 부분이 특히 그렇다. 국회가 언제나 논리적 과학적 분석을 한다고 전제한다면 사법권은 존재근거가 사라진다. 아래 3절 II. 가령 프랑스 혁명 초기에는 법해석권도 국회에 속했다. 1790. 8. 16-24 법원조직령 Title II, 제12조. 의회주권이 능사가 아니라는 사회적 합의가 생기면서 사법권 독립이 생긴 것. Von Mehren, The Civil Law System(1977), 제4장.

177) 미국에서는 2024년의 Loper 판결로 명령에 대한 존중은 일단 철폐. 제2절 IV.

178) 헌법재판소 1999. 11. 25. 98헌마55 결정(금융실명제); 2001. 12. 20. 2000헌바54 결정; 2015. 12. 23. 2013헌바117 결정; 2023. 6. 29. 2019헌바433 결정(가짜석유 제조판매는 그 자체로 조세포탈). 일본最高裁判所 1960(昭和60). 3. 27. 선고 昭和55(行ツ)15 판결(근로소득 개산공제 합헌).

179) 독일헌법재판소 1992. 9. 25. 2 BvL 5, 8, 14/91 결정. 독일헌법에서 조세란 2차대전 전의 라이히 조세기본법의 조세개념을 전제로 하고, 그 법률에서는 세수목적이 있어야 조세이다. 현행 조세기본법 제3조에서는 세수목적이 부차적이라도 있으면 조세. 미국대법원도 한때는 압살적 조세를 위헌이라고 보다가 합헌으로 돌았다. 상세는 미국의 헌법교과서, 가령 Erwin Chemerinsky, *Constitutional Law*(1997), 202쪽 이하. 압살에 성공한 대표적 보기가 1937년에 입법한 미국세법 1246조로 2004년에 폐기.

180) 독일헌법재판소 1954. 6. 16. 1 PBvV 2/52 결정, BVerGE 3, 407, 특히 435쪽 등. 제1장 주석 10).

자체가 합헌이라면, 금지의 수단 가운데 하나로 그런 행동에 벌금—비록 제목은 세금이지만—을 매기는 것이 당연위헌일 수야 없다. 우리 헌법재판소나 대법원도 이런 입장.

> 증여세회피의 목적을 가진 명의신탁에 대하여 증여세를 부과하는 것은 증여세의 회피를 방지하고자 하는 증여의제조항의 목적을 달성하는 데 적합한 수단이고, 명의신탁을 이용한 조세회피 행위를 방지하는 데 있어서 적합한 다른 대체수단으로는 명의신탁을 아예 금지하면서 그 사법적 효력을 부인하고 위반자에 대하여 형사처벌을 가하는 방법과 증여세 회피목적이 있는 명의신탁에 대하여 증여세 대신 과징금을 부과하는 방법이 있으나, 증여세를 회피하는 명의신탁의 제재방법으로 증여세를 부과하는 것이 다른 대체수단보다 납세의무자에게 더 많은 피해를 준다고 볼 수 없으므로 최소침해의 원칙에 어긋나지 않음과 동시에, 명의신탁을 이용한 증여세 회피행위에 대하여 증여세 부과를 통하여 명의수탁자가 입는 불이익은 그 책임을 고려할 때 크게 부당하지 않은 데 반하여, 명의신탁에 대한 증여세 부과가 명의신탁이 증여세를 회피하는 수단으로 이용되는 것을 방지하는 데 기여함으로써 조세정의와 조세공평이라는 공익을 실현하는 것은 다대하여 법익비례의 원칙에도 위배되지 않으므로, 심판대상 조항들은 비례의 원칙에 위배되지 않는다.[181]

> 소득세법상 1세대 3주택 이상에 해당하는 자에게 … 장기보유특별공제를 배제 … 실질소득이 없는 경우에도 양도소득세를 부담할 수 있다는 사정만으로는 침해의 최소성 원칙을 벗어났다고 볼 수 없다. … 1세대 3주택 이상에 해당하는 자의 주택 소유를 억제하여 주택 가격의 안정과 주거생활의 안정을 도모하기 위하여 사실상 1세대 3주택 이상의 주택 소유를 억제할 수 있는 … 고율의 단일세율이라는 이유만으로 침해의 최소성원칙을 벗어났다고 볼 수 없다.[182]

> 세금계산서의 전부 또는 일부가 사실과 다르게 기재된 경우에 매입세액을 공제하지 않도록 규정하고 있는 것은 부가가치세 운영의 기초가 되는 세금계산서의 정확성과 진실성을 확보하기 위해 일종의 제재장치를 마련한 것으로서 세금계산서가 부가가치세제를 유지하는 핵심적 역할을 하고 있는 점 등에 비추어 보면 지나치게 가혹하여 헌법상 과잉금지의 원칙 등에 어긋나는 것이라고는 볼 수 없다.[183]

---

181) 헌법재판소 2005. 6. 30. 2004헌바40등 결정. 그 밖에 1998. 4. 30. 96헌바87등 결정. 상세는 제25장 제3절 Ⅶ 참조.

182) 헌법재판소 2010. 10. 28. 2009헌바67 결정.

183) 대법원 2003. 12. 11. 선고 2002두4761 판결; 2004. 11. 18. 선고 2002두5771 판결; 헌법재판소 2002. 8. 29. 2000헌바50 결정; 2011. 3. 31. 2009헌바319 결정; 2013. 5. 30. 2012헌바195 결정; 2015. 11. 26. 2014헌바267 결정도 같은 뜻.

다른 예로, 어떤 행위를 법으로 금지하고 경찰력으로 단속하는 것을 합헌이라 전제한다면, 같은 행위에서 생기는 소득의 100% 또는 그 이상을 과세표준으로 삼고 국세청을 통해 단속하는 것[184] 역시 합헌일 수밖에 없다.[185] 세금(稅金)의 형식을 빌든, 벌금(罰金)의 형식을 빌든, 아니면 행정법상의 직접적 금지(禁止)라는 수단을 빌든, 어느 수단이든 자유를 제한할 만한 공익이 있는가, 제한의 정도가 비례의 원칙을 지키고 있는가가 논점일 뿐이다.[186] 담세력에서 멀어질수록 심사강도가 강화되는 것은 당연하다.[187] 앞서 본 이혼에 대한 증여세도 같은 차원에서 위헌 여부를 따져야 옳다. 이혼할 자유를 국가가 억눌러야 할 공익적 필요가 없다면, 담세력과 무관하게 이혼에 대해 세금을 물리는 것은 그 자체로 위헌이 된다.

어떠한 경우에도 국가가 사람을 죽여서는 안 된다고 믿는 사람에게서 세금을 걷어서 그 일부가 국방비에 섞여들어가는 것은 양심(良心)의 자유를 해치는 위헌인가? 세무조사를 하겠다고 국세청 직원이 내 가게에 들어오는 것은 사생활(私生活)의 자유를 침해하는 위헌인가? 국가란 이미 세금을 전제하고 있다는 것이 답이다.

3. 평등과 공평

1) 평등, 공평, 정의

모든 국민은 법 앞에 平等하다. 이를 받아 우리 헌법재판소는 조세평등주의라는 말을 쓰고 있다.[188] 이에 대하여는 온갖 어려운 문제가 생긴다. 도대체 세금문제에서 평등이란 무엇을 뜻하지? 재벌과 가난한 자는 똑같은 금액의 세금을 내어야 평등한가? 똑같이 소득의 10%를 내어야 평등한가?[189] 아니면 재벌은 소득의 30%를 내고 가난한 자는 소득의 10%를 내어야 평등한가? 답이 안 나오네. 평등이라는 것이 똑같은 대우를 의미한다면 누구나 똑같은 세금을 내야 평등하다는 말이 오히려 그럴듯하게 들리기까지. 여

---

184) 금융실명거래 및 비밀보장에 관한 법률 제5조와 지방세법 제103조의13. 2007. 7. 19. 법률 제8521호로 폐지되기 전의 옛 부당이득세법 제3조. 미국세법 857조(b)(6). 미국 자금세탁방지 법제의 핵심인 Anti-Mondy Laundering Act of 1920이나 Bank SecrecyAct of 1970은 재무부 · 국세청 담당.

185) 관련사건으로 United States v. Doremus, 249 U.S. 93(1919).

186) 헌법재판소 2008. 11. 13. 2006헌바112 결정; 2009. 7. 30. 2007헌바15 결정; 2010. 2. 25. 2008헌바79 결정; 2011. 11. 24. 2009헌바146 결정; 2012. 2. 23. 2011헌가8 결정; 2012. 5. 31. 2009헌바190 결정; 2014. 7. 24. 2012헌바370 결정.

187) 독일 헌법재판소 2006. 11. 7. 1 BvL 10/02. 그러나 오염물질 배출 중과세 기준을 배출량이 아니라 사업소의 연면적으로 정해도 합헌이라고. 헌법재판소 2024. 3. 28. 2020헌바480 결정.

188) 헌법재판소 2001. 12. 20. 2000헌바54 결정 등.

189) 가령 1916년 Yale Law Journal에 실린 어느 주장을 보자. 누진세는 "평등의 원칙에 어긋난다. 평등원칙은 모든 과세소득이 금액 기준으로 같은 취급을 받음을 요구하는 까닭이다." Hacket, "*The Constitutionality of the Graduated Income Tax Law,*" 25 Yale Law Journal 427(1916). 그러나 이 무렵 미국대법원은 이미 누진세가 합헌이라 판시하고 있었다. 제7장 제3절, 제25장 제1절 Ⅰ.

기에서 헌법재판소는 公平이라는 개념을 들여온다:

> 국가는 조세입법을 함에 있어 조세의 부담이 공평하게 국민들에게 배분되도록 법을 제정하여야 할 뿐 아니라, 조세법의 해석 적용에 있어서도 모든 국민을 평등하게 취급하여야 할 의무를 진다.[190]

> 조세평등주의가 요구하는 담세능력에 따른 과세의 원칙(또는 응능부담의 원칙)은 한편으로 동일한 소득은 원칙적으로 동일하게 과세될 것을 요청하며(이른바 '수평적 조세정의') 다른 한편으로 소득이 다른 사람들간의 공평한 조세부담의 배분을 요청한다(이른바 '수직적 조세정의').[191]

평등(Gleichheit)을 공평(公平) 내지 정의(正義, Gerechtigkeit)와 같거나 그보다 더 큰 개념으로 슬쩍 넓힌 것. 독일에서도 마찬가지로, 공평의 근거를 평등원칙에서 끌어낸다.[192] 그러면서 공평과세란 담세력에 따른 과세라고.[193] 그러나 엄밀히 따진다면, 적어도 우리말로 평등이라는 말에 "서로 다른 것은 적절히 다르게"라는 뜻을 담기는 어렵다. 담세력이 같은 사람은 같은 세금을 내어야 평등하다는 말은 가능하지만, 부자는 가난한 사람보다 세금을 더 내어야 평등하다는 말은 적어도 우리말은 아니다.[194] 한편 공평이라는 말은, 담세력이 같은 사람은 같은 세금을 내어야 공평하다라고 쓸 수도 있고 부자는 가난한 사람보다 세금을 더 내어야 공평하다라고 쓸 수도 있다. 결국 공평이나 정의는 평등보다 더 큰 개념이고 평등에서 공평을 이끌어 내는 것은 논리로만 따지면 그르다. 그렇지만 '비록 헌법에 명문의 규정은 없지만 공평 내지 정의라는 개념이 헌법에 담긴 내재적 이념'이라고 하더라도 이를 틀렸다 말하기는 어렵다. 국가가 정당화되는 근거가 바로 正義의 이념이니.[195] 우리 헌법재판소의 결정례 가운데

190) 헌법재판소 1989. 7. 21. 89헌마38 결정 등.

191) 헌법재판소 1999. 11. 25. 98헌마55 결정. 실질과세 원칙은 조세평등주의의 한 내용으로서 조세평등주의 위배 여부를 검토하면 충분하다. 헌법재판소 2015. 9. 24. 2012헌가5 등 결정.

192) Tipke/Lang, 제3장 110문단. 평등이란 자의적 차별의 금지라고 말하고, 다시 이 말은 같은 것은 같게 다루고 다른 것은 고유한 성질에 따라서 다르게 다루어야 평등하다는 것이다. 독일헌법재판소 1953. 12. 17. 1 BvR 147/52 결정; 1990. 5. 29. 1 BvL 20/84 결정(수직적 공평); 2002. 3. 6. 2 BvL 17/99(수평적 공평). Tipke/Lang, 제3장 116문단; 제17판, 제9장 741문단.

193) 독일헌법재판소 1957. 1. 17. 1 BvL 4/54 결정. 바이마르 헌법과 달리 독일의 현행헌법(기본법)에는 담세력에 관한 언급이 없는 까닭이다. Tipke/Lang, 제17판, 제4장 71문단, 81문단 이하. 이제는 평등이 주된 근거라면서도 과잉금지 등 몇 가지 논거로 담세력을 아예 헌법원리로 끌어올리고 있다. Tipke/Lang, 제24판, 제3장 13문단.

194) "모든 동물은 평등하다. 그러나 어떤 동물은 다른 동물보다 더욱 평등하다"라는 조지 오웰의 말을 기억할 것이다.

195) Hegel, Outlines of the Philosophy of Right, III(3).

"합형평성의 원칙"이라는 말을 쓰면서, 이 개념의 논거를 헌법전문과 기타 여러 규정에서 끌어내는 것도[196] 비슷한 생각.

정의와 공평은 같은 개념인가? 수평적 수직적 조세정의라는 용어는 두 가지를 같다고 본 것. 한편 국가 내지 법질서 전체의 이념이 정의라는 식의 한결 일반적 용례에서는 정의란 공평보다 상위개념이고, 자유와 재산권보장 역시 정의의 하부개념이다.[197]

2) 평등 또는 수평적(水平的) 공평(公平)

세금문제로 국한하자면, 평등이라는 말 그 자체가 뜻할 수 있는 최대한은 담세력(擔稅力)과 무관한 어떤 이유로 세금에 차등을 두어서는 안 된다라는 말 정도. 담세력을 기준으로 세금이 평등해야 한다는 이 요구가 사회과학자들이 쓰는 말로는 水平的 公平, 우리 헌법재판소 결정의 표현으로는 수평적 정의. 예를 들어, 남자라 하여 여자보다 세금을 더 내어야 한다든가, 기독교도는 불교도보다 세금을 더 내어야 한다는 것은 평등에 어긋난다. 생김새나 키는 소득과 상관관계가 있지만 키가 더 크다고 세금을 더 물릴 수야 없다.[198] 타고나는 것이니까. 성별,[199] 종교, 또한 이제는 없어진 반상(班常)이나 적서(嫡庶)라는 사회적 신분처럼 타고나는 것에 대한 세금차별은 절대금지. 헌법재판소 판례로는 엄격한 비례심사 대상이겠지만 애초 이런 식의 차별은 생각할 수도 없고.[200] 그 밖에 양성평등이나 미혼자 기혼자의 평등처럼 헌법이 특별히 평등을 요구하고 있다면 반드시 절대적 금지는 아니더라도 엄격한 비례성 심사대상으로[201] 차별할 만한 중대한 이유가 있어야 하고 차별내용이 차별이유에 비례해야 한

---

196) 헌법재판소 1990. 9. 3. 89헌가95 결정; 1991. 11. 25. 91헌가6 결정. 논거의 일부로 정의나 공평을 언급한 판결로 대법원 2001. 1. 19. 선고 97다21604 판결; 2011. 1. 20. 선고 2009두13474 판결.

197) 이런 용례로 Tipke/Lang, 제3장 95문단, 96문단; Michel Sandel, Justice: What's the Right Thing to Do?(2009).

198) 실증분석에 따르면 키는 분명 소득과 상관관계가 있다. 그러나 키에 따른 차등과세를 찬성할 사람은 드물리라. Mankiw & Weinzeirl, The Optimal Taxation of Heights, 2 American Economic Journal 155(2010); Banks and Diamond, The Base for Direct Taxation(2010 Mirrlees Review 6장), 6.6절; 2011 Mirrlees Review, 3.4절.

199) 동성혼이 합법인 이상 세금차별은 불가. 독일 헌법재판소 2010. 7. 21. 1 BvR 611/07 결정; 2012. 7. 18. 1 BvL 16/11 결정.

200) 헌법 제11조. 만일 그런 법이 있다면 합리성이 있다는 것을 넘어서 적절한지, 필요한지, 지나치지 않는지를 엄격히 따져서 모두 통과해야 합헌. 이준봉, 1편 2장 2절 I.2.나. 미국법상 성차별로 법률이 위헌이 된 예로는 *Moritz v. CIR*, 469 F2d 166(10th Cir. 1972). 소득세법 제129조 제1항 제5호의2는 제11장 제6절.

201) 헌법재판소 2002. 8. 29. 2001헌바82 결정. 제10장 제2절 I.2. 관련 기본권에 중대한 제한이 생기는 경우도 같지만 세법사건에서는 아직 헌법재판소 결정례가 없다.

다.[202] 그 밖의 차별은? 담세력이 같은데 어떤 다른 사정 때문에 차등을 둔다면 불평등. 담세력이 같다면 다른 모든 사정은 무시하고 모두 같은 세금을 내어야 평등하다. 이런 뜻에서 평등은 수평적 공평과 같은 개념이 되고,[203] 세법이 평등원칙에 어긋나는가는 위헌심사의 대상이 된다.

가령 소득의 금액은 같지만 소득의 종류나 유형이 다른 자에게 세금을 달리 물린다면 무조건 위헌일까? 천만에. 이런 차별을 정당화할 만한 사유, 합리적(合理的) 이유가 있다면 합헌이다. 애초 쟁점인 세법 조항 외에 세법체계 전체에서 달리 과세하거나 법체계 전체에서 달리 대우하는 부분이 중요하다면, 애초 서로 다른 처지이므로 특정 세법 조항만 놓고 평등 여부를 물을 수 없다.[204] 소득금액이 같더라도, 사업소득과 이자소득처럼 소득의 종류에 따른 차별이나 부양가족이 있는가 없는가에 따른 차별 따위는 합리적 이유가 있다면 합헌이다.[205] 담세력의 차이를 반영하지 못하는 과세라도 국가의 행정능력을 생각하면 어쩔 수 없이 합헌이 되는 수도 있다.[206] 세부담의 차이만 낳으면서 의도한 경제조정 효과는 나타나지 않는 비효율적 조세특례(중과세나 감경)가 있다면, 그런 특례는 비례의 원칙에 어긋나고 위헌.[207]

기실 평등권 침해의 위헌여부는 두 가지로 나누어 살펴야 한다. 우선 이미 벌어진 이미 존재하는 사실(재산이나 소득)을 달리 과세하는 세법은 불공평하고 불평등하다. 애초에 기회가 균등하지 않다. 세수를 걷는다는 것이 공익임에는 틀림없지만, 그것만으로는 불평등한 세제를 정당화할 수 없다. 이런 세제가 합헌이자면 엄격한 비례(比例)심사로 기득권 침해보다 더 큰 공익이 있어야 한다. 아래 4.

다른 한편, 장차 생길 재산이나 소득을 달리 과세하는 제도는 어떨까? 불공평한가?

---

202) 헌법재판소 2008. 11. 13. 2006헌바112등 결정.

203) Joseph E. Stiglitz, *Economics of the Public Sector*(3rd ed., 2000), 468쪽. 한편 가령 소득이 1000만원이면 세율 100%로 세금이 100만원, 1000만1원이라면 세율 20%로 세금이 200만원이어도 합헌이라는 놀라운 결정으로 헌법재판소 2017. 9. 28. 2016헌바143 결정(단순누진세율). 제4장 제2절 III.

204) 헌법재판소 2001. 12. 20. 2001헌바25 결정(상속세, 거주자 대 비거주자); 2011. 10. 25. 2010헌바21 결정(개인 대 법인); 2020. 3. 26. 2017헌바363등 결정(아파트 대 주거용 오피스텔); 2024. 2. 28. 2021헌바64 결정(유치원 대 학교).

205) 헌법재판소 1996. 8. 29. 95헌바41 결정(개인 대 법인: 양도소득세 감면 종합한도); 2001. 12. 20. 2000헌바54 결정(이자소득 대 다른 소득: 필요경비); 2002. 8. 29. 2001헌가24 결정(배기량에 따른 세금 차이); 2007. 3. 29. 2005헌바53등 결정(조직변경 대 파산: 유가증권평가감). 대법원 2020. 6. 18. 선고 2016두43411 판결(개인 대 법인: 주식 할증평가). 독일에서는 인적집단 사이의 차별은 비례성 심사. Tipke/Lang, 제3장 124문단.

206) 헌법재판소 1999. 12. 23. 99헌가2 결정(실제 취득가액이 기준시가보다 낮은 경우의 취득세).

207) 조세감면의 우대조치는 "특히 정책목표 달성이 필요한 경우에 그 면제혜택을 받는 자의 요건을 엄격히 하여 극히 한정된 범위 내에서 예외적으로 허용되어야 한다." 헌법재판소 1996. 6. 26. 93헌바2 결정. 독일 헌법재판소 2014. 12. 17. 1 BvL 21/12(가업상속공제 위헌).↔대법원 2016. 12. 29. 선고 2010두3138 판결.

아니지, 불공평하지는 않다. 기회(機會)가 같다면 불공평은 없다. 어떤 자산이나 자산소득이 지는 세부담이 다른 자산보다 무거운 줄 이미 알면서 일부러 그 자산에 투자한 사람이 나중에 가서 불공평하다고 말하기는 궁색하다.[208] 세율이 더 낮은 거래나 행동을 할 수 있는 기회를 균등히 보장받았으니까.[209] 달리 말하면, 거래를 하기 전에 세부담의 차이를 고려하게 마련이니 세금 때문에 손해 볼 일은 없다. 앞 II. 1.의 빵과 떡으로 돌아가서 빵장사에게만 세금을 매긴 결과 세후수익률이 7%인 점에서 경제가 균형을 찾았던 보기로 돌아가보자. 비중립적 세제가 이미 있는 상황에서 이를 알면서 빵장사를 시작한 사람이, 내 소득에만 50%의 세금을 물리고 떡장사에게는 안 물리니 불공평하다는 말을 한다면 적어도 떡장수는 절대 받아들이지 않으리라. 그런 줄 알면서도 떡이 아니라 빵을 선택한 것은 빵장수 자신이니까.

헌법재판소는 떡장수와 빵장수도 일단 불평등하다고 본다. 독일식 어법이려나. 엄밀히는 틀린 말이다. 어느 쪽이든 내가 고를 수 있는 것이고 빵과 떡이 平等해야 한다는 말은 성립하지 않으니까. 빵과 떡은 사람이 아니다. 평등이란 사람과 사람을 견주는 말일 뿐. 그렇지만 빵과 떡 사이의 차별은 어느 쪽을 고를까라는 自由, 직업선택의 자유나 일반적인 행동의 자유를 침해한다. 경제학 개념으로는 效率을 해친다.[210] 빵만 과세한다면 사람들의 활동이나 투자가 왜곡되니까. 따라서 자유를 제약할 만한, 비효율적 세제를 가질 만한 공익이 있는가,[211] 제약의 정도가 공익에 비례하는가를 심사해야 한다. 그냥 현재 판례처럼 평등문제로 따져도 별 탈은 없다. 불평등으로 보든 자유에 대한 제약으로 보든 대체로는 합리적 이유가 있으면 또 있어야 합헌이니까.[212] 한편 근로소득과 자산소득 사이의 차별은 자유의 침해가 아니라 평등의 침해로 보는 것이 맞다.[213] 애초 자산이 없는 사람이라면 놀면서 자산소득만 벌 기회가 없었기 때문.

관련 문제로 한 가지 오해를 바로잡자. 예전의 헌법재판소 결정 가운데에는 2중과세(二重課稅) 금지의 원칙이라는 말이 나오는 것이 있었다.[214] 그런 원칙은 없다.[215] 가

---

208) Aristotle, Nichomachean Ethics, Book V, 1136b.

209) 이런 생각의 보기로 Ronald Dworkin, Law's Empire(1986), 297쪽.

210) Daniel Shaviro, "Moralist versus "Scientist": Stanley Surrey and the Public Intellectual Practice of Tax Policy, 86 Law and Contemporary Problems 235 (2023). "조세평등은 강하면 강할수록 효율이라는 경제적 요구와 들어맞는다." Tipke/Lang, 제7장 7문단. "조세중립성이라는 이념은… 담세력에 따른 평등과세라는 오늘날의 법적 이해와 딱 들어맞는다." Tipke/Lang, 제3장 42문단, 71문단.

211) 독일헌법재판소 1995. 6. 22. 2 BvL 37/91 결정, BVerfGE 93, 121, 특히 148쪽.

212) 그러나 헌법재판소 2024. 8. 29. 2021헌바34 결정(골프 대 승마)은 합리성 심사도 없이 그냥 입법재량이라고.

213) 이를 당연전제한 것으로 일본 最高裁判所 1960(昭和60). 3. 27. 선고 昭和55(行ツ)15 판결(근로소득개산공제 합헌).

214) 가령 헌법재판소 1994. 7. 29. 92헌바49등 결정; 2006. 6. 29. 2004헌바76등 결정.

령 골프장 그린피에는 부가가치세, 개별소비세, 지방교육세, 농어촌특별세가 다 붙으니 4중과세이다. 예전에는 국민체육진흥기금도 덧붙었다. 4중이나 5중이니 그 자체로 위헌인가? 아니다.[216] 앞 문단의 예로 돌아가 빵에는 두 가지 세금이 붙고 둘을 합한 세부담이 30%이고 떡에는 한 가지 세금만 붙지만 세부담이 30%라고 하자. 그렇다면 적어도 둘 사이의 관계에서는 아무 문제될 것이 없다. 문제는 세금의 개수가 아니고 세부담이다. 골프장의 예로 돌아가면 경쟁관계에 있는 다른 활동과 골프의 세부담을 견줄 일이고, 위헌인가는 자유, 효율, 헌법재판소의 용례로 평등의 침해가 헌법에 맞는가를 따질 일이다.

3) 수직적 공평 또는 실질적 평등

담세력이 다르면 세금이 얼마나 달라야 하는가? 사회과학자들은 이것을 垂直的 공평이라고 부른다. 법학자들이 써온 말로는 實質的 평등이고 헌법재판소의 용례로는 수직적 정의이다. 어느 정도의 차이가 있어야 공평한가, 또는 실질적으로 평등한가? 우선, 근본적으로 담세력이라는 말을 기회가 얼마나 있었는가라는 사전적 기준으로 생각해서, 결과야 어떻든 기회가 같았으면 같은 세금을, 기회가 달랐으면 다른 세금을 물어야 공평하려나.[217] 그러나 과연 기회가 평등했는가 그 자체에 언제나 시비가 있게 마련이므로[218] 기회가 얼마나 있었는가라는 사전적(事前的, ex-ante) 기준에 세금을 맞추기는 어렵다. 나아가 설혹 기회가 평등했다고 하더라도 돈을 적게 번 사람보다는 많이 번 사람이 많은 세금을 내어야 한다는 사후적(事後的, ex-post) 기준이, 아마도 오늘날 다수가 받아들이고 있는 공평개념이라고[219] 말할 수 있을 것이다.

우리 헌법재판소는 토지초과이득세 사건에서 50%의 비례세(比例稅)는 많이 번 사람과 조금 번 사람 사이의 실질적 평등을 해친다고 한다.[220] 독일의 학자들은 인두세(人頭稅)는 위헌이라고 한다.[221] 그러나 담세력이 서로 다른 사람들을 놓고, 세금 차이가 얼마나 있어야 하는가라는 물음은 사람마다 생각이 다를 수밖에 없는 주관적

215) 헌법재판소 2009. 3. 26. 2006헌바102 결정; 2023. 3. 23. 2019헌바482 결정. Shaviro, The Two Faces of the Single Tax Principle, 41 Brroklyn Journal of International Law 1293(2016), 특히 1294쪽.

216) 헌법재판소 2024. 8. 29. 2021헌바34 결정(개별소비세).

217) 대표적 논자로 Robert Nozick, Anarchy, State and Utopia(1974).

218) 제25장 제1절 Ⅰ.

219) 제8장 제3절 Ⅱ.1. 용례문제이지만 공평이라는 말을 이런 뜻으로 쓰면 기회가 같았던 이상 같은 세금을 물어야 한다는 생각은 공평보다 한결 상위개념으로 그래야 "fair"하다는 생각이다. 영어의 어감으로 fairness란 equity의 상위개념이지만 우리말로는 구별이 어렵다.

220) 헌법재판소 1994. 7. 29. 92헌바49등 결정 등.

221) Tipke/Lang, 제19판, 제4장 86문단.

가치의 문제이다. 부의 재분배(再分配)라는 생각이나 누진세라는 생각이 누구나 받아들이는 보편의 가치는 아니다.[222] 가령 한 해에 10억원을 버는 사람과 100억원을 버는 사람이 각각 세금을 3억원 내고 30억원 낸다고 생각해 보자. 이 상황에서 우리 주위를 돌아 보라. 많이 버는 사람은 자신이 세금을 많이 낸다는 사실만을 놓고서 스스로를 애국자라 여기지 않는가? 이는 比例稅조차도 부자에게 불공평하다는 생각을 전제로 해야 가능한 생각이다.[223] 다른 한 극단에서는, 세금을 낸 뒤 모든 사람의 부가 균등해지도록 세금을 물리자는 생각도 있게 마련이다.[224] 이는 모두 價値판단의 문제이고 근본적으로 민주주의 내지 다수결 원칙에 따라 정할 수밖에 없다. 가치판단에는 우열이 없고 적어도 이 점에서는 인간은 모두 평등하다는 것이 오늘날의 정치이념, 헌법이념이다. 이탈리아처럼 헌법 스스로가 누진세를 택할 수도 있지만,[225] 헌법에 아무런 규정이 없고 달리 풀이할 다른 논거가 없다면,[226] 수직적 공평이나 부의 재분배는 국민 다수의 판단, 곧 입법재량(立法裁量)으로[227] 사법적 심사의 대상이 아니다. 일단

222) 담세력이나 응능과세가 꼭 누진세는 아니다. 독일헌법재판소 2006. 1. 18. 2 BvR 2194/99 결정; 2006. 1. 18. 2 BvR 2194/99 결정. Tipke/Lang, 제3장 42문단은 부의 재분배를 세법의 기본목표가 아니라고 말하고, 제8장 8문단은 담세력에 따른 과세라는 원칙이 반드시 소득에 대한 누진과세를 요구하지는 않는다고 한다. 제3장 212문단에서는 평등만 본다면 비례세라고. 비례세가 프랑스 인권선언 제13조에 안 어긋난다는 것으로 프랑스 행정대법원 1990. 12. 28. 선고 90-285 DC 판결, 특히 37-41문단. 앞 I.4. Robert Nozick, Ananarchy, State and Utopia(1974), ch. 7. sec. 1은 소득세 그 자체가 강제노역이며 불의라고 한다.

223) 가령 소득이 늘더라도 한계효용이 줄어들지 않고 일정하다는(곧 처음 버는 돈 1원이나 이미 100만원을 버는 가운데 다시 버는 1원이나 같은 기쁨을 준다는) 가정 하에, 누구나 같은 희생을 하는 것이 공평하다고 생각해보자. 그렇다면 인두세라야 공평하다는 결론이 나온다. 한계효용이 체감하더라도 체감정도가 급하지 않다면 여기에서 크게 달라질 바 없는 역진적 세금이라야 공평하다는 말을 할 수 있게 된다. Blum & Kalven, "*The Uneasy Case for Progressive Income Taxation,*" 19 Univ. of Chicago Law Review 417(1952). 이 글은 뒤에 같은 제목의 단행본으로 출판되었다. 같은 책, 42쪽.

224) 돈의 한계효용이 모든 사람에게 똑같이 체감한다고 가정하고 소득 100원인 사람과 소득 90원인 사람, 둘에게서 세금 10원을 걷는다고 하자. 사회전체의 입장에서 희생(효용감소액)을 최소화하는 것이 공평하다면 세금 10원은 모두 소득 100원인 사람에게서 걷어야 한다라는 결론이 나온다. 같은 책, 49-52쪽. 한결 근본적으로는 사회나 시장이라는 것이 이미 국가에 의해서(곧 세금으로 조달한 돈으로) 형성된 것인 마당에, 사회나 시장의 결과물인 담세력은 무의미하다는 것이다. 아래 4).

225) 이탈리아 헌법 제53조. 누진율의 역사는 제8장 제2절 Ⅰ.

226) 독일헌법재판소 1958. 6. 24. 2 BvF 1/57 결정은 누진율이라야 평등원칙에 맞는다고 하나, Tipke/Lang은 평등이 아니라 사회국가 원리의 산물로 보아야 한다고 한다. Tipke/Lang, 제4장 197문단, 제9장 741문단.

227) Brian Barry, Justice as Impartiality(1995), 4장 15절. 헌법이 누진세를 요구하지는 않는다. 헌법재판소 1999. 11. 25. 98헌마55 결정. 누진세율에서 구간변동에 따른 세부담 급증은 입법재량이다. 헌법재판소 2017. 9. 28. 2016헌바143 등 결정. 조세채권의 금액에 따른 소멸시효기간 차등은 합헌. 헌법재판소 2023. 6. 29. 2019헌가27 결정. 독일헌법재판소는 한때 누진세라야 합헌이라고 했으나 지금은 비례세는 합헌 역진세는 위헌이라고. 1958. 6. 24. 2 BvF 1/57 결정; 2006. 1. 18. 18. 2 BvR 2194/99 결정; 2006. 10. 12. 1 BvL 12/07 결정; 2014. 1. 15. 1 BvR 1656/09 결정; 2019. 7. 18. 1

재분배에 정당한 입법목적을 인정한다면 민사법적 수단이나 직접규제보다는 세금이 원칙적으로 더 나은 정책수단이다.[228)]

4) 공평에 관한 좀 어려운 이야기 두 가지

좀 철학적인 이야기니 관심이 안 가면 아래 5)로 뛰어 넘을 것. 첫째, 수평적(水平的) 공평이란 과연 세제를 평가하는 잣대가 되는가? 우선 '같은 것을 같게'라는 말 뜻부터 다시 보자. 가령 노동녀는 1억원을 번다. 1억1원을 버는 사람의 세금은 노의 세금 이상이어야 한다. 9,999만9,999원을 버는 사람의 세금은 노의 세금 이하이어야 한다. 그렇다면 사업남의 소득이 1억원이라면 사의 세금은 노의 세금과 같아야 한다. 무슨 말? 담세력이 같으면 같은 세금을 매긴다는 말은 수직적 공평의 부분집합일 뿐이다. 똑같은 것을 똑같이 다룬다는 개념은 당연한 동어반복일 뿐이고 실상 별 도움이 안 된다.[229)] 세상에 똑같은 것은 없으니까. 수평적 공평을 엄밀히 따지자면 두 사람의 능력, 선호, 기회, 사회적 효용함수(다른 사람에게 미치는 영향)까지 다 같은 사람들의 세금을 견주어야 한다.[230)] 이 정도로 똑같은 사람이라면 바로 그이 자신일 수밖에 없다. 선호 한 가지만 보더라도 선호가 완전히 같은 사람이 세상에 둘 있을 리 없으니. 이런 식의 수평적 공평이란 실제 잣대로는 무의미하다. 그러면 앞 2)에서는 도대체 무엇을 따진 것인가? 다시 보라. 사람이 한 행동이나 투자대상이 서로 다르다는 전제를 이미 세우고 나서, 소득금액이 같으면 세금이 같아야 하는가를 따지고 또한 소득금액이 같더라도 세금에 차별을 둘 수 있는 입법재량은 어디까지인가를 따지고 있다.

법이란 이미 세금이 있는 세상을 전제한다. 그저 그 안에서 세전소득이 같으면 세금이 같아야 한다는 명제, 그 이상은 불가능하다. 수평적 공평이든 2)에서 실제 쓴 잣대로든 헌법상의 평등이라는 법개념은 결국 서로 다른 것을 놓고 어디까지 같다고 볼

BvR 807/12 결정.

228) Kaplow & Shavell, Why the Legal System is Less Efficient than the Income Tax in Redistributing Income, 23 Journal of Legal Studies 667(1994). 반론으로 Sanchirico, Taxes versus Legal Rules as Instruments for Equity, 29 Journal of Legal Studies 797(2000). 재반론으로 Kaplow & Shavell, Should Legal Rules Favor the Poor? 29 Journal of Legal Studies 821(2000).

229) 실상 이 생각은 오래 전 Musgrave의 교과서에 나온다. Richard A. Musgrave, The Theory of Public Finance (1959), 160쪽. 그 뒤 이 생각은 Kaplow가 넘겨받고 Musgrave 자신은 생각을 바꾸었다. Louis Kaplow, A Fundamental Objection to Tax Equity Norms, 48 National Tax Journal (1995), 497쪽. McDaniel and Repetti, Horizontal and Vertical Equity: The Musgrave/Kaplow Exchange, 1 Florida Tax Review (1993), 607쪽.

230) 이만우・주병기, 재정학(2015), 461쪽. 가령 키는 신언서판(身言書判) 덕으로 소득과 상관관계가 높다. 엄밀한 수직적 공평은 키 차이를 고려해야 한다. Mankiw & Weinzierl, The Optimal Taxation of Height, 2 American Economic Journal 199(2010).

것인가라는 문제가 된다. 담세력 아닌 다른 것을 기준으로 한 차별에 관한 엄격심사와 합리성 심사는 이미 본 바와 같지만, 진짜 문제는 담세력이 같다고 치부해버린 바로 그 차이에 있다. 세금이 없는 세상에서 똑같이 1,000만원을 벌지만, 한 사람은 일하기를 즐기는 개미 또는 죽도록 일할 수밖에 없는 불쌍한 가장이고 또 한 사람은 일하기를 안 즐기는 유능한 베짱이라고 하자. 이제 30%로 소득세를 물린다. 개미는 예전 그대로 또는 더 많이 일을 하고 베짱이는 일을 반으로 줄인다면 비례세이더라도 결과적으로 개미가 베짱이보다 세금을 더 내게 된다. 공평한가? 사실관계를 바꾸어 세금 없는 세상에서 개미는 800만원 베짱이는 2,000만원을 벌고 있었다. 세금을 물리니, 개미는 세후소득을 나름 유지하려고 일을 더해서 이제 세전으로 1,000만원을 벌고 베짱이는 일을 반으로 줄여서 세전으로 1,000만원을 번다면? 똑같이 세금 300만원을 내게 된다. 공평한가? 공평이나 평등이라는 말 그 자체에서는 답이 나오지 않는다. 제9장 제1절 I.1. 결국 수평적 공평이란 동어반복의 수사일 뿐이다. 다른 것을 추상화해서 같다고 치부해 버리는 것을 전제하고 있을 뿐.

둘째, 엄밀히는 수직적(垂直的) 공평도 아무런 규범적 잣대가 아니라는 생각. 앞 3)의 수직적 공평이란 세금을 매기기 전에 시장에서 세전소득이 정해졌다고 전제하고, 그 세전소득에 세금을 어떻게 물려야 하는가 묻는 것이다. 그런데 시장이란 국가의 법질서이고[231] 국가는 이미 세금을 전제한다. 국가가 있어야 재산이 있다.[232] Burke의 말로 "국가의 세수가 국가이다." 그렇다면 수직적 공평이란 순환논법에 빠진 개념일 뿐이다. 애초 구조적으로 불공평한 국가체제를 만들어놓은 이상 세금을 어떻게 매겨도 공평이라는 개념이 설 자리가 없다.[233] 모든 재산이 베짱이의 것인 귀족사회를 전제한

---

231) 앞 제3절 I.2. [M]an is by nature a political animal, and a man that is by nature and not merely by fortune citiless is either low in the scale of humanity or above it... [T]he state is also prior by nature to the individual; for if each individual when separate is not self-sufficient, he must be related to the whole state as other parts are to their whole, while a man who is incapable of entering into partnership, or who is so self-sufficing that he has no need to do so, is no part of a state, so that he must be either a lower animal or a god. Aristotle, Politics, 1253문단, 1253문단.

232) "Property and Law are born together and die together. Before the laws there was no property; take away the laws, all property ceases." Jeremy Bentham, The Theory of Legislation(프랑스어판에서 거꾸로 영역한 책으로 인터넷에 나온다), 113쪽. 역으로 K. Marx, Communist Manifesto에서 사유재산제가 없으면 국가가 소멸한다고 말은 행정의 소멸이라는 뜻이 아니고 계급국가의 소멸을 말한다.

233) John Rawls, A Theory of Justice(1971), 43절. Kennedy, Form and Substance in Private Law Adjudication, 89 Harvard Law Review 1685(1976), 특히 1748쪽. 헌법의 재산권 보장은 세금에 대한 방어가 안 된다. Cass R. Sunstein, The Cost of Rghts(1999), 제3장. Liam Murphy & Thomas Nagel, The Myth of Ownership(2001), 175쪽.

다면, 개미를 비과세하고 베짱이만 세금을 내더라도 그런 국가가 공평하다고 말할 여지가 애초 없다.

5) 시장경제와 사유재산제

우리 헌법에서는 수직적 공평에 관한 입법재량에는 양끝의 한계가 있고, 법률이 이 한계를 넘는가는 사법적 심사의 대상이다. 무슨 한계? 헌법 어느 조에서? 우선, 어떤 세금이 또는 모두 묶어 보았을 때 세제 전체가 소득격차를 오히려 벌린다면 이는 위헌이다. 헌법은 국가에 대해 "적정(適正)한 소득의 분배(分配)"를 유지할 의무를 지우고 있는 까닭에,[234] 세후의 소득격차가 세전의 소득격차보다 더 커질 수는 없다.[235] 둘째, 반대쪽의 한계로 입법부는 시장(市場)경제와 사유재산(私有財産)제도를 뭉갤 정도의 누진적 세제를 입법할 수 없다. 누진율이 올라갈수록 세제가 경제에 미치는 부작용이 점점 커지게 마련이고 결국은 시장경제와 사유재산제도가 망가지게 된다. 우리 헌법 제119조 제1항은 개인과 기업이 경제상의 자유와 창의를 존중한다고 정하고 있고, 사유재산제를 보장하고 있다. 이 한계를 넘는 누진세는 위헌이 된다.

市場경제와 私有財産제도를 말살하는 세제란 무슨 뜻인가? 이는 국민경제 전체를 놓고 공공(公共)부문이 어느 정도의 크기를 차지해야 하는가라는 문제, 곧 경제체제의 문제이다. 경제의 대부분을 공공부문이 차지하여, 무엇을 해서 돈을 벌든 국가가 그 돈을 모두 걷어가는 사회, 그것은 바로 사회주의 사회. 모든 소득의 80%를 국가가 걷어가는 것은 헌법상 가능한가? 70%는? 50%는? 40%는? 우리 헌법에서 공공부문이 어느 정도의 크기를 차지할 수 있는가의 문제에 대해서 뚜렷한 선을 그을 길이 없다. 우리 헌법이 "사회적 시장경제"를 택했다는[236] 수입[輸入]법학을 따르더라도, 여기에서 "사회적"이라는 말은 사회주의까지 포함한다는 말은 아니다. 세제가 "개인과 기업의 경제상의 자유와 창의"를 억눌러 뭉갤 정도가 된다면, 헌법에 어긋난다. 세금부담이 어느 정도에 이르면 자유와 창의가 압살되고, 사람들이 차라리 놀고먹으려 할까는

234) 헌법 제119조 제2항.

235) 한 걸음 나아가 헌법이 누진율을 요구하는가는 과연 사회적 시장경제가 우리 헌법체제인가에 달려있다. 헌법재판소 1995. 7. 21. 94헌마125; 1996. 8. 29. 94헌마113↔1993. 7. 29. 92헌바20, 1997. 6. 26. 93헌바49 등(자본주의 시장경제 질서). 독일의 학자들은 사회국가의 원리에서 누진율을 끌어낸다. Tipke/Lang, 제3장 212문단, 제8장 740문단.

236) 경제가 성장할수록 공공부문의 비중은 늘어나는 추세를 보인다(Wagner의 법칙). 여러 가지 설명이 있지만, 경제가 성장할수록 불평등이 심해져 공공재에서 덕을 보려는 사람이 점점 늘기 때문이라는 것이 유력한 설명이다. 한편 헌법으로 국가기구의 비대화를 막아야 한다는 주장으로 Brennan and Buchanan, Toward a Tax Constitution for Leviathan, 8 Journal of Public Economics 255 (1977).

실증적 분석이 필요한 문제가 된다. 그러나 논의의 실익이 없다. 현행 헌법을 그냥 둔 채 시장을 통째로 압살하는 세제가 생길 가능성은 없으니.

이미 보았지만, 어떤 경제활동이나 경제의 어떤 부문만을 골라 압살적 세금을 매긴다 하여 시장경제나 사유재산제에 대한 침해가 있다고 말할 수는 없다. 시장경제나 사유재산제가 침해되었는가라는 물음은 경제체제가 무엇인가라는 물음. 국가가 자의적 조세체계를 가질 수 있다는 말은 아니다. 국가의 경제간섭은 그를 통하여 한결 나은 세상을 만들 수 있다는 전제에서만 정당화할 수 있다. 비중립적 세법은 그를 통하여 경제의 효율이 개선되어야 설 자리가 있다. 아니면 위헌이다.[237] 판단의 전문성 때문에 사법심사의 기준이 완화되어 있을 뿐.

4. 소급(遡及)입법에 따른 과세

국세기본법 제18조 (세법 해석의 기준 및 소급과세의 금지)

① (생 략)

② 국세를 납부할 의무(세법에 징수의무자가 따로 규정되어 있는 국세의 경우에는 이를 징수하여 납부할 의무. 이하 같다)가 성립한 소득, 수익, 재산, 행위 또는 거래에 대하여는 그 성립 후의 새로운 세법에 따라 소급하여 과세하지 아니한다.

무슨 말인가? '새로운 세법'이, 이미 '성립한 소득' 등에 대하여도 과세를 한다고 규정한다면? 국세기본법 제18조 제2항, 지방세기본법 제20조 제2항, 또는 관세법 제5조 제2항과 어긋난다, 그래서? 그저 그뿐. 위 법 제18조 제2항과 새로운 세법 사이에 충돌이 생길 뿐이다. 나아가 '새로운' 법률규정에 '국세기본법 제18조 제2항에 불구하고'라는 글귀가 있으면 아무런 충돌도 없다. 그럼 뭐지? 결국 법 제18조 제2항은 입법원칙 선언일 뿐이다. 실익은? 명령이나 조례는 이 법조항에 어긋나면 위법하다.[238] 아무튼 진짜 문제는 헌법으로 돌아간다.

우선 遡及입법이라는 말의 뜻. 불소급원칙은 이미 완성된 사실을 과세요건으로 삼는 법을 새로 만들 수 없다는 말이다. 법을 만든 뒤에 생기는 사실을 과세요건으로 삼는 것은 물론 소급이 아니다. 입법시점 전후로 계속 진행 중인 사실을 과세요건으로 삼는 것도 소급은 아니고,[239] 가령 부동산이나 주식에 관한 세제가 바뀌어 이미 보유

---

237) 헌법재판소 1996. 6. 26. 93헌바2 결정.

238) 대법원 2011. 9. 2. 선고 2008두17363 판결은 소급과세 조례는 국세기본법 제18조 제2항에 어긋나 무효라고 하나, 애초 납세의무 성립시의 법률이 적용되는 것이므로 구태여 제18조를 들먹일 이유가 없다. 2020. 10. 7. 개정한 종부세법시행령은 2020. 7. 11로 소급발효했지만 과세기준일이 6. 1.

239) 대법원 1994. 2. 25. 선고 93누20726 판결; 2012. 10. 25. 선고 2010두17281 판결 등.

중인 부동산이나 주식에 관한 조세부담이 늘더라도 당연한 위헌은 아니다.[240] 이런 맥락에서 판례는 진정(眞正)소급과 부진정(不眞正)소급을 구별한다. 보기를 들어 01년 12. 31.에 소득세법이 바뀌어 세율이 오른다고 하자. 그런데 소득세는 해마다 1년치 소득을 모아서 과세하므로 납세의무가 12. 31.에 성립한다고 법률에[241] 정하고 있다. 보통은 이런 경우 명문규정을 두어 시행일을 02년 1. 1.로 정한다. 01년 12. 31. 개정법의 시행일을 02년이 아니라 01년 1. 1.로 정하면 합헌인가? 합헌이라는 것이 판례.[242] 왜? 01년분 소득세 납세의무의 성립은 12월 31일 밤 12시이고, 세율의 변경은 그 납세의무 성립보다 먼저, 그러니까 01년분 납세의무를 성립시키는 1년어치 사건의 진행 중에 이루어졌으므로 진정한 소급과세가 아니고 합헌이라는 것.[243] 이런 것을 不眞正[244]소급과세라 부른다. 세율변경이라면 독일의 헌법재판소도 똑같은 분석을 통해 합헌이라고.[245] 한편 과세기간이 종료하지 않은 한 그 기간에 적용할 법을 고치는 것이 다 부진정소급이라는 말은 아니다. 가령 "중소기업에 해당하지 아니하는 법인이 법인세를 환급받은 경우" 본세와 이자상당액을 추징한다는 법을 2008년 12월 26일에 만들었다면 이미 2008년 6월 19일에 환급받은 법인에 대해 이 법을 적용하는 것은 진정소급입법이다.[246] 다시 정리하자면 새로 만든 법의 요건사실이 법이 생긴 시점 전에 이미 완성한 사실이라면 진정소급. 계속 진행 중이었던 사실이라면 부진정소급.

진정, 부진정이라는 구별은 오래 전 독일 헌법재판소가 만들어낸 개념이다.[247] 뒤

---

240) 헌법재판소 2002. 2. 28. 99헌바4 결정(차입금 과다법인의 지급이자 손금불산입); 2003. 4. 24. 2002헌바9 결정(상장법인 주식 양도차익); 2017. 7. 27. 2016헌바275 결정(주식양도소득과세이연); 2019. 8. 29. 2017헌바403 결정(세율인상).

241) 국세기본법 제21조 제2항 제1호.

242) 대법원 1984. 5. 15. 선고 83누580 판결 등.

243) 법의 해석적용에 같은 논리를 적용하면, 시행일을 따로 정하지 않은 경우 납세의무의 내용은 성립일 현재의 법률에 따르게 된다. 제4장 제2절 IV.3.

244) 법 안 배운 사람을 위한 사족으로 '부진정'(不眞正, unecht)이란 '유사'나 '사이비' 정도의 법률용어.

245) Tipke/Lang, 제3장 262문단.

246) 헌법재판소 2014. 7. 24. 2012헌바105 결정. 정당한 신뢰인가 아닌가에 입법예고는 영향을 주지 않으므로 입법예고일로 소급할 수도 없다. 헌법재판소 2018. 11. 29. 2017헌바517등 결정. 현행법상 진정소급입법의 본보기로 조세특례제한법 제97조의3은 법을 2020. 12. 29. 개정하면서 2020. 7. 11(입법예고일보다도 더 앞인 행정부의 대책발표일)부터 일어난 사실을 양도소득세 감면배제의 구성요건으로 삼고 있다. 양도소득세는 현행법에서 역년말에 성립하는 기간과세이기는 하지만, 예정신고납부 의무가 보여주듯 성질이 사건별 과세에 가까워서 납세의무가 언제 성립하는가는 논점에 맞추어 판단해야 한다. 가령 대법원 2020. 4. 29. 선고 2019다298451 판결(채권자취소권, 양도소득세 납세의무 성립=양도일이 속하는 월말). 실상 이 판결의 쟁점에서는 양도라는 사건 그 자체로 양도소득세 납세의무가 발생한다고 풀이해야 맞다. 과세기간 중 납세의무자에게 불리하게 개정된 양도소득세를 기간 전체에 적용한 것이 진정소급이라는 것으로 일본 最高裁判所 2011(平成23) 9. 22. 平成21(行ツ)73 판결.

247) Tipke/Lang, 제3장 260-272문단.

에 보듯 이제 거의 허물어지기는 했지만 아무튼 구별 자체는 아직도 남아있다. 우리 헌법재판소도 진정, 부진정이라는 말을 쓰기는 하지만 마땅치 않다고 지적.

> 과세연도 도중에 법이 개정된 경우, 세법상 과세요건의 완성이 과세연도 경과 후에 이루어지며, 그 법의 시간적 적용시점이 과세연도 경과 후이기 때문에 진정소급효는 아니라고 한다면, 이는 과세요건의 완성을 과세연도 종료 후로 하는 것 자체는 세무회계 내지 조세 행정상의 편의성 때문이므로, 사실상 법 기술적 차원의 구분에 불과하다.[248]

眞正遡及, 가령 02년 1월 1일에 소득세율을 인상하면서 01년분 소득세에도 적용한다면 당연 위헌인가?[249] 조세법률주의를 죄형법정주의와 비슷한 개념으로 이해한다면 소급적 형벌과 마찬가지로 소급입법에 따른 과세도 당연위헌이라고 볼 여지가 있다.[250] 그러나 이미 보았듯이, 과세와 형벌은 헌법상 다르다. 어떤 차이? 특히 소급입법에 관해서는 헌법이 직접 소급입법에 의한 형벌을 금하고 있다. 이 헌법조항은 형벌에 적용될 뿐이고[251] 세금문제에는 적용되지 않는다.[252] 헌법 제13조 제2항의 재산권 소급박탈 금지는? 우리 헌법재판소는 소급과세와 관련하여 이 조항을 들기도.[253] 그러나 역사적으로 보자면 이 조항은 4.19, 5.16 당시의 부정축재처리법과 연관된 조항으로[254] 조세와는 무관하다.[255] 과세가 재산권 침해라는 전제 아래 헌법 제13조 제2항을 소급과세입법을 금지하는 근거로 삼는 것이 옳은가는 헌법학자들에게 맡겨두자.

우리 대법원은 진정소급입법에 의한 과세가 원칙적으로 위헌이라는 논거로 신뢰(信賴)보호와 법적안정성(安定性)을 들고 있고 헌법재판소도 같다.[256] 일본이나 독일

---

248) 헌법재판소 1995. 10. 26. 94헌바12 결정.

249) 납세의무자에게 유리한 소급이 허용된다는 선례로 대법원 1983. 4. 26. 선고 81누423 판결(조세공평범위 안에서 소급). 한편 1996. 1. 26. 선고 93누17911 판결은 법률의 일부가 위헌무효인 경우 나머지 부분이 그대로 유효하다는 뜻.

250) 그러나 일본에서도 소급입법 금지의 근거를 조세법률주의에서 찾을 수는 없다는 주장으로 渕圭吾, 租稅法律主義と遡及立法, 租稅法律主義の總合的檢討(中里實・藤谷武事 공편, 2021), 61쪽.

251) 일본 헌법의 비슷한 글귀에 대한 판결로 최고재판소 1949(소화 24). 5. 18. 판결(민집 3권 6호 199쪽).

252) 독일헌법재판소 1957. 7. 24. 1 BvL 23/52 결정. Tipke/Lang, 제3장 260문단. 이준봉, 1편 2장 3절 III. 미국헌법 제1조(9)(3)에도 소급처벌금지 규정이 있지만 소급과세와는 무관하다.

253) 헌법재판소 1995. 3. 23. 93헌바13 결정; 2002. 2. 28. 99헌바82 결정; 2003. 6. 26. 2000헌바82 결정; 2014. 7. 24. 2012헌바105 결정; 2016. 7. 28. 2014헌바372 결정. 대법원 1983. 4. 26. 선고 81누423 판결. 소급과세 금지의 근거로 국세기본법 조항을 들고 있는 부분은 당연 틀렸다. 국세기본법은 헌법이 아니다. 한편 헌법재판소 2004. 7. 15. 2002헌바63 결정; 2004. 7. 15. 2002헌바63 결정은, 헌법 제13조 제2항과 소급과세는 무관하다고 보는 듯하다. Tipke/Lang, 제1장 54문단.

254) 김철수, 헌법학개론(제15전정신판), 600쪽. 부정축재처리법은 친일파의 재산을 박탈하는 소급입법이었다.

255) 이준봉, 1편 2장 3절 III; 이동식, 일반조세법, 4편 3장 IV.

판례도 마찬가지.[257] 소급입법은, 납세의무자가 어떤 행동을 할 당시 내다볼 수 없었던 세부담을 지워 신뢰를 깨뜨리고[258] 법적안정성을 깨뜨리는 까닭이다.[259] 그러니 진정소급은 무조건 위헌? 아니지, 기대가 기득권은 아니지.[260] "납세의무자로서는 구 법질서에 의거한 신뢰를 바탕으로 적극적으로 새로운 법률관계를 형성했든지 하는 특별한 사정이 없는 한 원칙적으로 현재의 세법이 변함없이 유지되리라고 기대하거나 신뢰할 수는 없다."[261] 소급입법의 가부는 헌법에 달려 있을 뿐. 소급입법으로 세금을 매길 수 있는가는 기본권 제한의 일반이론으로 돌아가고, 이익형량에 따라서 예외적으로 가능할 수도 있다. 납세의무자가 소급효(遡及效)를 예상했어야 하거나, 침해의 정도가 미미하거나, 공익이 압도적으로 중요한 경우 등에서는 소급입법으로 세금을 매길 수 있다.[262] 납세의무자의 신뢰를 보호할 가치가 없거나, 조세공평의 원칙을 실현하기 위하여 불가피하거나, 공공복리를 위하여 절실한 필요가 있다면 소급입법에 따른 과세가 합헌일 수도 있다.[263] "국민이 소급입법을 예상할 수 있었거나 법적 상태가 불확실하고 혼란스러워 보호할 만한 신뢰이익이 적은 경우와 소급입법에 의한 당사자의 손실이 없거나 아주 경미한 경우 그리고 신뢰보호의 요청에 우선하는 심히 중대한 공익상의 사유가 소급입법을 정당화하는 경우 등에는 예외적으로 진정소급입법[도] 허용"된다.[264]

不眞正遡及이라면 무조건 합헌? 그것도 아니다. 애초 헌법에는 진정소급, 부진정소급이라는 개념이 없다. 헌법재판소가 말하듯 실로 법기술적 차원의 구별일 뿐.[265] 소급과세가 억제되어야 하는 이유가 신뢰보호 내지 법적안정성의 보호에 있다면, 납세

---

256) 대법원 1993. 5. 11. 선고 92누14984 판결; 헌법재판소 2003. 6. 26. 2000헌바82 결정. 조삼모개로 법을 바꾸는 것은 소급과세보다 더 나쁘다. Federalist Paper No. 44에 나오는 Madison의 말.

257) 일본 최고재판소 2011(平成 23). 9. 22. 平成21(行ツ)73 판결. Tipke/Lang, 제3장 260문단 이하.

258) 입법예고는 신뢰보호 대상이 아니다. 헌법재판소 2018. 11. 29. 2017헌바517등 결정.

259) 세법입법에서 신뢰보호 자체를 부인하는 견해로 Graetz, Legal Transitions: The Case of Retroactivity in Income Tax Revision, 126 U. Pa. L. Rev. 47 (1997).

260) 대법원 2013. 9. 12. 선고 2012두12662 판결; 2023. 12. 7. 선고 2020두42668 판결 등 다수. 독일헌법재판소 1964. 7. 7. 2 BvL 22/63 결정, 2 BvL 23/63 결정. *US v. Darusmont*, 449 US 292(1981).

261) 헌법재판소 2016. 2. 25. 2015헌바185 등 결정.

262) 독일 헌법재판소 1957. 7. 24. 1 BvL 23/52 결정; 2013. 12. 17. 1 BvL 5/08 결정. Tipke/Lang, 제3장 269문단 이하.

263) 대법원 1983. 4. 26. 선고 81누423 판결; 2004. 3. 26. 선고 2001두10790 판결.

264) 헌법재판소 1999. 7. 22. 97헌바76등 결정; 대법원 2006. 9. 8. 선고 2005두50 판결. 진정소급이 가능하다는 말은 헌법 제13조 제2항이 소급과세 금지의 논거가 아님을 전제로 한다. 한편 진정소급이 위헌이라는 이유를 헌법 제13조 제2항에서 찾는 요사이 일부 판례에서는 이 구별은 헌법상의 구별이 되고 진정소급은 무조건 위헌.

265) Tipke/Lang, 제3장 264문단. Graetz, Retroactivity Revisited, 98 Harvard Law Review 1820(1981), 특히 1822쪽.

의무자의 행위에 따르는 법률효과는 그 행위 당시 이미 나와 있는 법률로 정해야 마땅하다.[266] 이미 집을 팔았는데 그 뒤 연말 전에 양도소득세율이 오른다고 해서 매매계약을 물릴 길은 없다. 어떤 법률이 법적안정성을 해쳐서 위헌인가라는 헌법문제에 대한 답을, 납세의무가 성립하는 시기가 과세연도 종료시라는 하위법률의 기술적인 규정에서 찾는다면 이는 뒤집힌 논리일 뿐이다. 나아가 소급입법이 아닌 개정도, 기존의 기대에 영향을 미치지 않고 장래에 대해서만 효력이 생기는 변화란 애초 없다. 어떤 재산이든, 재산의 가치란 그 재산이 장차 낳을 수익 내지 현금흐름의 현재가치와 같은 것이기 때문이다. 앞 II. 2. 소득세나 재산세가 늘면 재산의 가치가 그만큼 떨어진다. 세법을 바꾸되 현재 상태에는 영향이 없고 장래에만 효력을 미치게 할 길이 없다.[267]

결국 眞正소급이나 不眞正소급이나 위헌여부의 판단기준은 애초 같다. 진정소급이 합헌일 수도 있고,[268] 부진정소급이 위헌일[269] 수도 있다. "양도소득세에 관한 입법이 시행 이후의 자산양도에만 적용되는 이상 취득가액에 관하여 시행 전 취득 당시 예상하지 못했던 방법으로 계산할 것을 규정했"더라도 위헌이 아니라는 판례도[270] 있지만, 특정한 법령을 위반하여 취득한 재산에 대해 양도소득세를 중과하는 개정세법은 시행일 전에 이미 취득한 재산에는 적용할 수 없다는 판례도[271] 있으니. 소급효를 허용할 것인가의 문제는 기본권 제한의 일반이론으로 돌아가서 소급입법을 통한 기득권이나 정당한 기대의 침해와 소급입법을 통해 얻고자 하는 공익, 이 두 가지를 비례의 원칙으로 저울질하는 것. 이익형량에서 어느 쪽이 더 중요한가라는 가치판단.[272] 법을 바꿀 때에는 경과규정으로 진정소급만이 아니라 부진정소급도 피하는 것이 상례. 결국 문제는 소급입법을 할 만큼 급박한 공익이 있는가 다수당이 정치적 이익을 노린 것인가라는 판단으로 돌아간다.

美國법원은 상대적으로 소급과세를 넓게 허용한다. 우선 같은 과세기간 안의 소급입법, 우리 용어로 부진정소급은 1916년 이래 예외 없이 합헌이라 판시.[273] 진정소급

266) Tipke/Lang, 같은 문단.
267) Graetz, Legal Transitions: The Case of Retroactivity in Income Tax Revision, 126 U. Pa. L. Rev. 47 (1997), 특히 54-60쪽.
268) 진정소급이라는 말은 안 썼지만 헌법재판소 2024. 8. 29. 2021헌바131 결정.
269) 헌법재판소 1995. 10. 26. 94헌바12 결정; 독일헌법재판소 1986. 5. 14. 2 BvL 2/83 결정; 2010. 7. 7. 2 BvL 14/02 결정 등.
270) 대법원 1993. 5. 14. 선고 93누5895 판결; 2001. 5. 29. 선고 98두13713 판결.
271) 대법원 1993. 5. 11. 선고 92누14984 판결. 대법원 1993. 5. 11. 선고 92누14984 판결.
272) U.S. v. Carlton, 129 L.Ed. 22 (1994).
273) United States v. Darusmont, 449 US 292 (1981) 등. 또 법률의 제정 이후 18개월 안에 나온 재무부규칙의 효력은 법률제정시로 소급하고, 그 뒤에 나온 규칙은 장래에 대해서만 효력이 있다. 미국세법 7805조(b).

은 대체로 위헌이지만[274] 공익이 극단적으로 중요하다면 심지어 15년을 되돌아가는 소급과세를 합헌이라고 한 판결까지도 있다.[275] 한편 애초 진정소급, 부진정소급이라는 말을 만들어 낸 獨逸헌법재판소는 이제는 그 구별을 사실상 버리고 납세의무자의 신뢰를 보호할 만한 가치가 있는가라는 한 가지 잣대를 쓴다. 그 결과 2010년 이후에는 부진정소급에도 위헌 결정을 거듭 내고 있다. 한 가지 예만 들자면 1998년 이래 독일법은 비(非)사업재산인 부동산 양도소득은 2년만 보유하면 비과세했다. 그러다가 오랜 논란 끝에 1999. 3. 31. 10년 미만은 다 과세하는 것으로 법을 개정하면서 부칙으로 개정법을 1999. 1. 1. 이후 최초로 양도하는 분부터 적용하기로 했다. 제12장 제1절 1. 그런데 어떤 사람이 1990년에 산 부동산을 1999. 4. 2.에 팔자 개정법에 따라 양도소득세가 나왔다. 헌법재판소는 비례의 원칙 위반으로 위헌 판시. 1998. 12. 31.까지 2년이 안 지났다면 과세할 수 있지만 어언 2년이 지났으면 비과세대상이라는 정당한 신뢰가 생겼다는 것.[276] 말장난이지만 비과세요건을 완성시키는 사실(2년 경과)이 이미 1992년에 일어났는데, 1999년 개정법을 거기에 적용하니까 진정소급이라고 말했더라도 종래의 용례에 아무 모순이 없다. 결국 진정 부진정의 구별이 애초 없다는 것을 자인한 셈.[277]

5. 헌법적 가치의 충돌

경제에 관한 조항 아닌 헌법상의 다른 조항이 세법 입법의 제약조건이 될 수도 있다. 가령 Tipke/Lang은 인간의 존엄성 내지 인격권(人格權) 개념에 터잡아 소득이 일정 수준 이하라면 세금을 내지 않아야 옳다는 면세점 제도를 정당화하고[278] 인격권 및 사생활(私生活)의 보호 조항에서 조세정보의 비밀보호를 끌어낸다.[279]

여러 나라에서 특히 문제된 것 가운데 하나가 혼인제도와 세법의 관계에 관한

274) Untermeyer v. Anderson, 276 US 440(1928) 등.

275) New England Baptist Hosp. v. United States, 807 F2d 280(1st Cir. 1986); Wilgard Realty Co. v. CIR, 127 F2d 514(2d Cir.), cert. denied, 317 U.S. 655(1942). 영국 정부에 의한 진정소급을 인정한 EU의 사례로 App. No. 8531/79, 23 European Commission on Human Rights 203(1981), 특히 211쪽.

276) 독일헌법재판소 2010. 7. 7. 2 BvL 14/02등 결정. 그 밖에 2010. 7. 7. 2 BvL 1/03 결정(비과세소득); 2010. 7. 7. 2BvR 748/05 결정(주식양도소득); 2012. 10. 10. 1 BvL 6/07 결정(배당소득); 2019. 1. 15. 2 BvL 1/09(과세공백). 같은 논리로 대법원 1993. 5. 11. 선고 92누14984 판결(중과세 법령 시행 전 이미 있었던 사실). 부진정소급 주장을 제친 뒤 비교형량한 사례로 일본 最高裁判所 2011(평성23). 9. 22. 선고 平成21(行ツ)73 판결(국승).

277) 법시행 전에 이미 있었던 사실을 중과세의 요건으로 삼는 법률은 직접 헌법소원 대상이라는 생각으로 이준봉, 1편 2장 3절 III.

278) Tipke/Lang, 제3장 160문단.

279) Tipke/Lang, 제3장 185문단, 186문단. 다만 절대적 보호를 말하는 것은 아니고 비례의 원칙이 적용되어야 한다고.

marriage penalty. 결혼에 대한 벌금이라니? 결혼을 하면 한 가정의 세금부담이 결혼 이전에 부부가 각자 내던 세금의 합보다 더 크다는 말이다. 곧, 결혼으로 인하여 조세부담이 더 커진다는 말. 이 문제를 둘러싸고 1957년 독일 헌법재판소는 marriage penalty가 있는 세법은 위헌이라고 한 바 있다.[280] 헌법이 혼인을 보호하는데 오히려 훼방이라니 웬 말, 이 이유. 우리나라에서도 헌법재판소는 자산소득은 부부를 합하여 세금을 매긴다는 옛 소득세법의 규정을[281] 위헌선언.[282] 이유가? 혼인한 부부와 "혼인하지 않은 부부"를 차별하는 것은 "소득세법 체계상 사물의 본성에 어긋난다"나.[283] 그러나 똑같은 문제에 대해 미국 법원은 합헌이라고 판시했다.[284] 자세한 내용은 소득세법에서 보겠지만[285] ㉮ 누진세, ㉯ 소득이 같은 부부(또는 가족) 사이의 평등, ㉰ 혼인이나 이혼에 대한 세제의 중립성, 이 세 가지 목표를 한꺼번에 이룰 길은 없다. 그렇다면 이 세 가지 서로 다른 가치 사이에서 어느 것을 우선할 것인가는 국회의 판단이 법관의 판단에 우선해야 한다는 것이 미국 법원이 보인 겸손이다.

혼인제도 말고도 헌법적 가치가 서로 충돌하는 예는 앞으로 계속 볼 것이다. 가장 대표적으로 과세소득의 범위를 어디까지로 잡을 것인가라는 문제에서는 공평이라는 가치와 자유라는 가치가 정면충돌한다. 뒤에 소득세 부분에 가서 보기로 한다.

6. 법인(法人)

지금까지 살펴본 헌법의 제약은 자연인을 전제로 한 말이다. 法人에게도 같은 논의가 적용되는가? 가령 자연인과 법인이 소득에 대해 서로 다른 세율로 세금을 부담한다면 위헌이 아닐까? 법인은 본디 헌법이 말하는 기본권의 주체일 수가 없다. 원래 헌법에는 법인이란 없다. 우리 헌법 어디에도 법인이라는 말이 안 나오니. 헌법을 만드는 과정에 법인의 참여란, 역사적으로도 없고 사회계약이라는 이념적 당위로도 있을 수 없다. 법인이란 헌법에 의하여 생겨난 입법기관이 법률(法律)로 창조해낸 것일 따름이다. 법인에게 세금을 어떻게 매길 것인가는 어떤 세제가 효율적이고 공평한 세제인가라는 앞의 논의로 돌아가면 된다. 가령 법인세율과 소득세율은 같아야 할 이유가 없다. 법인이 내는 세금은 주주든 채권자든 또는 소비자든 결국은 누군가 자연인이 부담하는 것이고, 법인세제는 이를 염두에 두고 만들면 된다.[286] 자연인과 법인을 달리

280) 독일헌법재판소 1957. 1. 17. 1 BvL 4/54 결정.
281) 2002. 12. 18. 삭제 전 옛 소득세법 제61조 제1항.
282) 헌법재판소 2002. 8. 29. 2001헌바82 결정.
283) 제10장 제2절 Ⅰ. 2. 그 밖에 몇 가지 이유를 들고 있다.
284) Druker v. Commissioner(2nd Cir. 1982), 697 F2d 46, cert. denied 461 US 957(1982).
285) 제10장 제2절 Ⅰ. 1.

대우할 만한 사정이 있으면 달리 대우하고 그런 사정이 없으면 같게 대우하면 된다.[287] 법인과 법인 아닌 단체, 영리법인과 비영리법인도 마찬가지이다.

Ⅲ. 요 약

조세법률주의라는 것이 따로 없다는 가설을 전제로 헌법이 입법재량에 어떤 한계를 지우고 있는가를 간추리면 다음과 같다.

① 제도보장으로서 사유재산제도는 입법 한계가 되지만 기본권으로서 재산권보장은 과세권의 행사에 대한 방어수단이 되지 않는다.

② 비중립적 과세는 자유권에 대한 침해가 되므로, 헌법상 자유권 침해의 요건을 갖추지 못한 비중립적 과세는 위헌이다. 한편, 자유권 침해의 요건을 만족한다면, 이른바 압살적 조세라 하여 당연위헌은 아니다.

③ 자유권을 침해하는 세제가 위헌인지를 검토하는 기준으로서 비례의 원칙은 그런 세제를 통해 경제의 효율이 개선되는가와 같은 문제로 사법심사 대상이다.

④ 평등권은 세금문제에서는 수평적 공평의 뜻을 띠고, 평등권의 침해가 위헌인가는 자유권의 침해가 위헌인가와 같은 문제, 곧 효율의 문제가 된다.

⑤ 세법을 통해 어느 정도의 수직적 공평을 이루어야 하는가는 입법재량이다. 국가는 소득 재분배를 할 의무가 있지만 국가의 경제개입이 사유재산제도와 시장경제를 말살할 정도에 이르면 위헌이다.

⑥ 소급입법을 통한 과세가 위헌인가는 소급입법을 통해 얻는 공익과 기득권 침해를 비교하여 결정해야 한다. 진정 부진정의 구별은 없다.

⑦ 혼인제도 내지 혼인의 중립성을 해하는 세제가 위헌인가는 원칙적으로 헌법재판권의 범위 밖이다.

세상에는 다수결(多數決)로 정할 문제가 있고 단 한 사람이더라도 슬기로운 이가 정할 문제가 있다. 오늘날의 우리 헌법 체제에서 법관(法官)은 어려운 문제를 풀어야

286) 상세는 제13장 제2절.

287) 가령 개인의 양도소득세와 법인의 토지 등 양도소득세는 서로 다르다. 헌법재판소 2011. 10. 25. 2010헌바21 결정. 세금계산서 미교부 가산세의 차이는 평등을 어기지 않는다. 대법원 2008. 7. 10. 선고 2006두9337 판결. 사실관계 조작 가능성이나 체납액 징수가능성의 차이를 감안해서 입법할 수도 있다. 대법원 2020. 6. 18. 선고 2016두43411 판결(주식 할증평가); 2022. 5. 26. 2019헌바7 결정(부동산 매매업자의 예정신고납부의무). 법인에게 평등권이 있다고 전제한 최초 판결로 Santa Clara v. Southern Pacific Railroad, 118 US 394 (1886, 기초자치단체가 부과한 재산세).

할 슬기로운 사람의[288] 역할을 맡고 있다. 바로 이 때문에 헌법재판소의 재판관을 포함하여 법관은 선출이 아니라 교육과 시험으로 뽑는다. 정책적 판단도 당연히 법관의 권한이다. 실력만 된다면. 한편 서로 맞서는 가치 사이에 어느 것을 우선할 것인가는 법관이 정할 일이 아니다. 존귀하신 상전 앞에 엎드린 것이 아니고 똑똑한 사람에게 일을 맡긴 것 뿐이다. 가치판단은 국민 다수의 의사로, 곧 헌법이나 법률로 정할 문제이다.[289] 하염없이 만장일치만 기다릴 수야 없지 않은가. "도덕규범은 우리 이성의 결론이 아니다."[290] 도덕적 가치판단에는 사람 사이에 우열이 있을 수 없다. 적어도 이 점에서는 인간은 다 평등(平等)하다.

288) 미국에서는 상원의원도 이 느낌이 크다. 가령 탄핵심판은 상원이 맡는다. 우리나라의 국회는 그저 국민의 대표.

289) Alexander Tocqueville, Democracy in America (1835), 특히 Part One XIV-XVIII.

290) David Hume, Moral Philosophy, Bk III, Pt. I, 6문단.

제 3 장 세법의 해석과 적용

여태까지는 '세법을 어떻게 만들 것인가'라는 틀을 따져 보았다. 이제부터는, '현실적으로 만들어놓은 실정법을 어떻게 解釋하고 適用할 것인가', 이 문제를 살펴보자.

법의 해석 · 적용이란 단순화한다면 형식논리학의 3단논법으로 추상화할 수 있다.

$$p \rightarrow q \cdots ①$$
$$a \in p \cdots ②$$
$$\therefore a \rightarrow q \cdots ③$$

법이란 ① p라는 법률요건이 있으면 q라는 법률효과가 생김을 정하는 것. ② a라는 사실이 있고 그 사실이 p라는 요건에 해당한다면,[1] ③ a라는 사실에 대하여 q라는 법률효과를 주는 것. 이것이 바로 법을 해석 · 적용하는 과정이다. 어떤 법률요건을 해석하고 어떤 사실을 확정하여 그 사실이 그 법률요건을 만족시킨다면 법에 정한 대로 법률효과가 생긴다.[2] 이하에서는 먼저 세법이란 어떤 꼴로 존재하는가라는 法의 원천(源泉)을 보고, 그 다음에는 세법은 어떻게 해석하는가, 이어서 요건사실은 어떻게 확정하는가를 살펴본다. 법의 해석을 통해 법의 의미내용이 드러나고, 요건사실을 확정하면 그에 따른 법률효과가 생긴다.

국세기본법에는 '국세부과의 원칙'이라는 절에 실질과세, 신의성실, 근거과세, 조세감면의 사후관리라는 네 조를 두고, '세법적용의 원칙'이라는 절에 세법해석의 기준과 소급과세의 금지, 세무공무원의 재량의 한계, 기업회계의 존중이라는 세 조를 두고 있지만 편의상의 조문체계일 뿐이다. 국세부과의 원칙과 세법적용의 원칙이라는 2분법은

1) 현학적 용어로 p가 a를 포섭(Subsumption)한다면.
2) 대법원 2013. 3. 28. 선고 2012재두299 판결은 재판이란 본문의 3단계에서 누구의 주장이 맞는가를 판단하는 것이라고 한다. 변론주의, 당사자주의를 전제로 한 말이다.

이론이나 법실무에서 필요하지도 않고 가능하지도 않다.

제1절 세금문제에 관한 법원(法源)

1. 법률(法律)과 명령(命令)

모든 국민은 法律이 정하는 바에 의해서 납세의무를 지며, 조세의 종목(種目)과 세율(稅率)은 법률로 정해야 한다.[3] 그렇다면 국회가 가령 "법인세법"이라는 법률을 만들면서 그 내용을 다음과 같이 정하면 어떨까?

"1조. 국가는 법인세를 부과할 수 있다.
2조. 법인세의 세율은 30%로 한다.
3조. 나머지 필요한 사항은 모두 대통령령으로 정한다."

이런 법은 헌법에 어긋나는가? 조세의 種目과 稅率을 법률로 정하라는 요구를 만족하고 있고 그렇다면 응당 합헌 아닐까? 에이, 아니지. 그런데 뭐가 틀렸지? 여기에서 대뜸 과세요건법정주의를 들이댈 수는 없다. 우리 헌법에 앞서서 과세요건법정주의라는 것이 선험적(先驗的)으로 있는 것은 아니다. 우리 헌법의 어디에서 과세요건법정주의가 나오는가, 바로 그것이 논점이다. 그렇다면 도대체 뭐가 틀렸지? 문제 그 자체로 돌아가 다시 생각해 보자. "법인세"라는 말이 그 스스로 의미를 지니는가? 우리 사회의 한 제도로서 법인세란 법인세법이라는 法律이 있으니까 비로소 존재하는 것이다. 법인세법이 있으니까 법인세가 있다. 그 역은 아니다. 법률에 앞서서 세금이 선험적으로 존재하지는 않는다. 그렇다면 "국가는 법인세를 부과할 수 있다"는 말은 아무런 의미가 없는 말일 뿐이다. 결국 조세의 종목과 세율을 법률로 정하라는 말은 무슨 명목으로 돈 얼마를 어떻게 내라는 것인지, 조세채무를 특정하기에 필요한 모든 요건, 이른바 과세요건(課稅要件)을 모두 法律로 정하라는 말이 된다.[4]

우리 현행법은 대개 과세물건 내지 과세대상 행위의 종류를 나누어 각 종류마다 세목을 달리 정하고 있다. 중앙정부의 세입이 되는 國稅는 소득세법, 법인세법, 부가가치세법처럼 세목(稅目)마다 단행법이 각각 있고 국세 모두에 적용되는 법률로 국세기본법, 국세징수법, 조세특례제한법 등이 있다. 국세기본법은 세법 전체에 걸친 실체법

3) 헌법 제38조, 제59조. 법률을 만들고 공포하는 절차에 관해서는 헌법 제49조, 제52조, 제53조.
4) 헌법재판소 1995. 11. 30. 91헌바1 등 결정.

적인 총론규정과 부과처분 등 행정절차에 관한 규정, 그리고 세금에 관한 행정심판과 행정소송에 대해 정하고 있다. 국세징수법은 조세채권의 징수절차를. 조세특례제한법은 소득세법, 법인세법 등 단행세법에 관한 특례를 정하고 있다. 지방자치단체의 세입이 되는 地方稅는 지방세법 하나에 여러 개의 세목을 묶어 두면서 국세기본법에 맞먹는 내용은 따로 지방세기본법에 정해 두고 있다. 국세징수법의 규정은 다른 공법상 채권에도 대개 준용한다. 형식상은 별개의 세목이지만 다른 세목의 세액에 일정비율로 덧붙는 부가세도 있다. 가령 교육세가 그렇다. 종래 부가세였던 지방소득세는 독립적 세목이 되었다.[5] 지방소비세는 부가가치세에 덧붙는 꼴은 아니고 부가가치세법에 따른 세수를 국세와 지방소비세로 나눈다. 지방교육세도 일부는 다른 지방세에 덧붙는 부가세이다. 조세특례제한법에 있던 지방세 특례는 거의 다 지방세특례제한법으로 옮겼다. 관세(關稅)는 중앙정부의 세입이지만 별도의 법체계를 갖추고 있다. 세입(歲入)은 국세가 지방세의 몇 배이지만 상당량을 지방에 넘겨주어 세출(歲出)은 지방정부가 중앙정부의 배도 넘는다. 실질적 의미는 수도권에서 걷는 세금을 지방에 나누어주는 것. 돈을 넘겨주는 형식으로는 지방교부세와 국고보조금이 있다.[6] 전자는 그냥 넘겨주는 것이고 후자는 특정 사업에 쓰라는 조건을 달아서 넘겨주는 것이다. 각 세목과 과세물건의 큰 틀은 아래.

〈국 세〉

1. 소득세(개인소득)
2. 법인세(법인소득)
3. 상속・증여세(피상속인의 유산・수증으로 취득한 재산)
4. 자산재평가세(자산의 재평가차액)
5. 부가가치세(부가가치)
6. 개별소비세(과세물품, 과세장소 입장 및 유흥음식행위)
7. 주세(제조반출 또는 보세구역으로부터 반출된 주류)
8. 교통・에너지・환경세(휘발유, 경유 및 이와 유사한 대체유류)[7]

---

5) 국세의 과세표준에 세율을 곱하므로 세액단계의 조세특례를 배제하는 결과. 대법원 2023. 11. 30. 선고 2020두50393 판결.

6) 지방교부세법. 보조금관리에 관한 법률.

7) 이 세목과 교육세, 농어촌특별세, 지역자원시설세, 지방교육세는 목적세・한시세(限時稅)로 시작했다가 결국 영구세로 전환. 경유에 붙는 세금으로 운송업체에서 걷는 것은 실상 거의 전액을 운송업체에 되돌려준다. 화물자동차운수사업법 제43조 제2항. 농업・임업 등에 쓰는 석유류에는 부가가치세, 개별소비세, 교통・에너지・환경세, 교육세, 주행세 등을 모조리 면세한다. 조세특례제한법 제106조의2.

9. 인지세(과세문서의 작성)
10. 증권거래세(증권의 매매)
11. 종합부동산세(부동산의 소유)
12. 교육세(금융보험업의 수입금액 더하기 6, 7, 8에 덧붙는 부가세)
13. 농어촌특별세(다른 세금에 덧붙는 부가세)

〈지방세〉

1. 취득세(재산의 취득)
2. 등록면허세(일정한 등기·등록이나 면허의 취득)
3. 레저세(승자·승마투표권의 발매)
4. 담배소비세(제조장으로부터 반출된 또는 보세구역으로부터 취득된 제조담배)
5. 지방소비세(국세인 부가가치세의 일정비율을 지방세로 세원 이양)
6. 주민세(개인분 = 정액. 재산분 = 사업소 면적)
7. 지방소득세(종합소득세, 양도소득세, 법인세에 덧붙는 부가세)
8. 재산세(부동산·건설기계·선박 및 항공기 등 재산의 소유)
9. 자동차세(자동차의 소유; 교통·에너지·환경세에 덧붙는 주행세)
10. 지역자원시설세(특정 자원의 이용 및 특정 공공시설로 인한 이익의 향수)
11. 지방교육세(취득세, 재산세, 담배소비세 등에 덧붙는 부가세)

〈관세〉

1. 관세

실제로 모든 과세요건을 다 법률로 정하는 것은 불가능하다. 그러므로 헌법은 법률 아래에 위임명령(委任命令)과 집행명령(執行命令)을 허용하고 있다. 이런 명령들은 대통령령, 총리령, 부령의 형식으로 입법되고 있다. 예를 들어 소득세법이라는 법률 밑에 소득세법시행령이라는 대통령령(大統領令)이 있고, 다시 그 밑에 소득세법시행규칙이라는 부령(部令)이 있다. 헌법에 따라 이런 법령들은 법률의 연장이 된다. 따라서 법률과 더불어 법관이 재판을 하는 기준이 되고, 이런 의미에서 법원(法源)이 된다.

執行命令, 곧 법률의 구체적 위임을 받지 않은 내용을 정한 명령은 법관을 구속하지는 않는다. 법률의 해석은 오로지 法院의 전권이므로[8] 법원이 볼 때 집행명령(해석규정)의 내용이 법률의 뜻과 어긋난다면 法院은 이런 명령에 구속받지 않는다.[9] 이런

8) 대법원 2001. 4. 27. 선고 95재다14 판결.

9) 헌법 제101조. 대법원 1995. 10. 17. 선고 94누14148 판결; 2012. 11. 22. 선고 2010두17564 판결(주

뜻에서 헌법은 법원에 명령규칙심사권을 주고 있다.[10] 역으로 집행명령의 내용이 법을 제대로 해석한 것이라면, 법률의 위임이 없더라도 유효하고[11] 당연 소급.[12] "시행령의 규정이 모법에 저촉되는지의 여부가 명백하지 아니하는 경우에는 모법과 시행령의 다른 규정들과 그 입법 취지, 연혁 등을 종합적으로 살펴 모법에 합치된다는 해석도 가능한 경우라면 그 규정을 모법위반으로 무효라고 선언하여서는 안 된다."[13] 명령이나 규칙이 기본권을 직접 해친다면서 헌법재판소가 헌법소원을 심판하는 경우도 있다.[14]

다른 분야나 마찬가지로 세법에서도 과세요건에 관한 내용을 법률이 직접 정하지 않고 委任命令에 넘기는 수가 많다. 이런 위임은 개별적 구체적이어야 한다. 법률의 구체적 위임을 받은 명령이 모법에 어긋나거나 위임의 범위를 넘는 내용을 정했다 하여 법률의 위임규정이 위헌은 아니지만[15] 그런 명령의 내용은 법원을 못 구속한다.[16] 역으로 하위 명령의 내용이 헌법에 맞는다 하여 법률의 포괄위임(包括委任) 규정이 합헌이 되지는 않으므로[17] 명령은 법원을 구속 못한다. 그러나 가령 "대통령령으로 정

식발행액면초과액≠인수가액과 시가의 차액). 대법원 1979. 8. 14. 선고 79누158 판결은 법률을 잘못 풀이한 명령도 납세의무자에게 더 유리하면 그대로 유효하다고 한다. 신뢰보호에 대해서는 아래 제5절 I. 위임명령을 무효선언하지 하지 않은 채 효력을 배제한 사례로 대법원 2019. 8. 30. 선고 2016두62726 판결(대통령령이 정한 세금계산서 필요적 기재사항이 틀렸어도 매입세액 공제 허용).

10) 헌법 제107조 제2항. 명령이 무효인 경우 과세처분의 효력에 대해서는 대법원 1969. 12. 18. 선고 68다2431 판결; 72. 1. 31. 선고 71다2516 판결; 84. 8. 21. 선고 84다카354 판결; 93. 7. 13. 선고 91다42166 판결.

11) 대법원 1993. 5. 25. 선고 92누18320 판결(저가양도차액=기부금); 2003. 5. 27. 선고 2001두5903 판결(순자산증가액 ⊅ 매입시 양 당사자가 알고 있는 시세차액); 2005. 1. 28. 선고 2002도6931 판결; 2016. 12. 1. 선고 2014두8650 판결; 2020. 4. 29. 선고 2019도3795 판결; 2020. 6. 18. 선고 2016두43411 판결(법률의 구체적 위임 없는 명령의 시가 규정); 2020. 10. 15. 선고 2017두47403 판결.

12) 대법원 1997. 6. 13. 선고 95누15476 판결; 2008. 2. 1. 선고 2004두1834 판결. 비과세관행은 아래 제5절 I. 판례의 소급효는 대법원 2012. 2. 23. 선고 2007도9143 판결; 2012. 4. 12. 선고 2011두31673 판결.

13) 대법원 2001. 8. 24. 선고 2000두2716 판결.

14) 제6장 제8절. 김규림, 신고납세방식 조세에 관한 법령과 헌법재판소법 제68조 제1항 헌법소원, 조세법연구 26-3(2020), 63쪽.

15) 헌법재판소 2001. 9. 27. 2001헌바11 결정.

16) 대법원 2009. 10. 22. 선고 2007두3480 판결(취득세: 면적과 가액이 초과 ⊅ 면적이 초과); 2015. 6. 23. 선고 2012두2986 판결. 가령 "이익을 얻은 경우"라는 법률의 글귀를 풀이한 집행명령의 내용이 법률에 어긋나서 무효라는 판결이 이미 있는데 명령의 내용을 그대로 둔 채 법률을 바꾸어 "대통령령이 정하는 이익을 얻은 경우"라고 고친 경우 종래의 집행명령이 위임명령으로 바뀌었지만 그래도 여전히 명령은 무효이다. 대법원 2009. 3. 19. 선고 2006두19693 판결(주주가 얻은 이익≠법인의 이익); 2017. 4. 20. 선고 2015두45700 판결(법인에게 증여한 뒤에도 순자산이 음인 경우); 2022. 3. 11. 선고 2019두56319 판결(2014년 개정법에 따른 과세처분≠당연무효)↔2022. 9. 29. 2022두44712 판결(심불). 신뢰보호는 아래 제5절 I. 위임범위 안이라는 사례로 대법원 2013. 5. 23. 선고 2013두1829 판결(일정기간 이상 사용해야 사용); 2014. 3. 3. 선고 2013두17206 판결(일정비율 이상 주식을 보유해야 가업).

하는… 비업무용 토지"를 중과세하는 규정은 합헌이지만[18] "대통령령으로 정하는 고급주택"이나 "대통령령으로 정하는 고급오락장"을 중과세하는 규정은 위헌이라는[19] 식의 기계적 조세법률주의는 오히려 법적 불안정성을 낳는다. "법의 지배란 비슷한 것을 비슷하게 다루는 것이다."[20] 따라서 包括委任인가라는 판단은 "당해 특정조항 하나만을 가지고 판단할 것은 아니고 법률의 입법취지 등을 고려하여 관련 법 조항 전체를 유기적·체계적으로 종합하여 판단"해서 예측가능성이 있는가를 따지는 것이다.[21] 하위법령이 모법의 "문언적 의미의 한계를 벗어났는지 여부나, 하위 법령의 내용이 모법 자체로부터 그 위임된 내용의 대강을 예측할 수 있는 범위 내에 속한 것인지 여부, 수권 규정에서 사용하고 있는 용어의 의미를 넘어 그 범위를 확장하거나 축소하여서 위임 내용을 구체화하는 단계를 벗어나 새로운 입법을 한 것으로 평가할 수 있는지 여부 등을 구체적으로 따져 보아야 한다."[22] 가령 "세무사…공인회계사…변호사"로서 "대통령령이 정하는 조정반에 속한 자"라는 모법의 위임 아래에서 세무법인과 회계법인은 조정반에 포함하면서 법무법인은 제외하는 대통령령은 무효이다.[23] "법규명령의 내용이…법률의 위임 범위 내에 있다고 인정되거나 법률이 예정하고 있는 바를 구체적으로 명확하게 한 것으로 인정되면 그 법규명령은 무효로 되지 아니한다."[24] 법률의 위임은 있으나 명령이 안 나온 경우에도 법률해석으로 그 내용을 특정할 수 있다면 구태여 명령이 필요하지는 않다.[25] 모법이 포괄위임처럼 보이더라도 명령의 내용이 모법 해석상 당연한 사리라면 애초 위임이 필요 없다. 결국 위임명령이든 집행명령이든 다 법원의 법률해석으로 돌아간다. 그저 예양의 정도에 차이가 있을 뿐.

2. 행정규칙(행정명령)≠법원(法源)

세법전을 보면 각 단행법의 시행령, 시행규칙 뒤에 또는 사이사이에 "…법 기본통

---

17) 헌법재판소 1995. 11. 30. 94헌바14 결정.

18) 대법원 1997. 12. 9. 선고 96누8824 판결; 헌법재판소 2000. 2. 24. 98헌바94 등 결정.

19) 헌법재판소 1998. 7. 16. 96헌바52 결정.

20) John Rawls, *A Theory of Justice*(1971), 38(The Rule of Law).

21) 대법원 2013. 5. 23. 선고 2013두1829 판결(비과세요건); 2014. 3. 13. 선고 2013두17206 판결(상속세에서 가업상속공제 요건).

22) 대법원 2012. 12. 20. 선고 2011두30878 판결; 2015. 8. 20. 선고 2012두23808 판결; 2021. 9. 9. 선고 2019두53464 판결.

23) 대법원 2021. 9. 9. 선고 2019두53464 판결.

24) 대법원 2005. 1. 28. 선고 2002도6931 판결; 2020. 4. 29. 선고 2019도3795 판결; 2020. 6. 18. 선고 2016두43411 판결; 2021. 7. 29. 선고 2020두39655 판결.

25) 대법원 2008. 11. 27. 선고 2006두19570 판결. 대법원 2021. 9. 9. 선고 2019두35695 판결은 증여액의 계산에 관해 위임명령이 필요하다고 하나 제25장 제3절 IV, 제22장 제3절 VII.1.

칙"이 편집되어 있다. 집행기준이라는 것도 있다. 국세청이나 기획재정부의 법령해석(이른바 예규나 통첩)을 모아서 조문별로 정리한 것. 통칙이나 훈령 따위의 규범, 곧 대통령령, 총리령, 부령 외에 행정기관이 정한 행정규칙은 法源이 아니다.[26] 행정규칙은 헌법에 따른 대통령령이나 부령이 아니므로,[27] 법률의 연장이 될 수 없는 까닭. 法源이 아니라면 이런 행정규칙들은 무시해도 좋다는 말인가? 천만에. 행정청 단계에서는 법령이나 행정규칙이나 사실 별 차이가 없고, 가령 기본통칙과 다른 내용을 납세의무자가 아무리 주장해도 행정청에서는 안 받아준다. 공무원은 당연 상관의 직무명령에 따른다.[28] 그러면 행정규칙이 法源이 아니라는 말은 도대체 무슨 뜻? 법관은 행정규칙에 얽매이지 않는다는 말. 법률의 해석은 최종적으로는 사법부의 권한이므로 사법부는 소송당사자 가운데 한 쪽의 생각일 뿐인 행정규칙에 얽매이지 않는다. 그러기 위해서는 소송의 당사자인 국민이 행정규칙에 얽매이지 않는다는 논리적 전제가 서야 한다. 이런 뜻에서 행정규칙은 法源이 아니라는 것이다. 예외적으로, 법령이 다시 행정규칙에 위임한 것을 대법원과 헌법재판소가 法源으로 인정한 적이 있다.[29] 행정법학자들은 이를 지지하는 듯하나, 대통령령, 총리령, 부령만을 위임명령으로 인정하고 있는 우리 헌법의 글귀에서는[30] 이를 받아들이기 어렵다. 물론 실제 재판에서는 행정규칙에 들어있는 내용을 법원이 그대로 인정하는 경우가 잦지만 이는 법의 해석으로 그 내용이 옳다 여긴 때문이지 행정규칙이 그렇게 정했기 때문은 아니다.[31] 이 점은 명령도 마찬가지이다.[32] 다만, 예양의 차원에서 명령에 대한 존중도

---

26) 대법원 1992. 12. 22. 선고 92누7580 판결; 2001. 11. 27. 선고 99다22311 판결; 2007. 2. 8. 선고 2005두5611 판결; 2012. 6. 28. 선고 2011두30205 판결.

27) 본문과 달리, 법규명령이라는 말과 행정규칙(행정명령)이라는 말을 견주어 쓰면서 법원을 구속하는 것이 전자, 구속하지 않는 것이 후자라는 뜻으로 쓰는 용례(대법원 판례)도 있다. 이런 뜻으로 쓴다면 행정규칙이 법원이 아니라는 말은 동어반복일 뿐이다. Tipke/Lang, *Steuerrecht*(제24판, 2021), 5장 28문단. 이하 달리 적지 않은 한 Tipke/Lang이란 이 책 제24판.

28) 국가공무원법 제57조.

29) 대법원 1990. 2. 9. 선고 89누3731 판결은, 국세청의 행정규칙(재산제세조사사무처리규정)은 "소득세법시행령의 위임에 따라 그 규정의 내용을 보충하는 기능을 가지면서 그와 결합하여 대외적인 구속력이 있는 법규명령으로서의 효력을 가지는 것"이라고 판시. 다른 행정법 분야에서도 마찬가지로 행정규칙을 법규로 인정한 판례들이 이어지고 있다. 대법원 1987. 9. 29. 선고 86누484 판결; 1993. 11. 23. 선고 93도662 판결; 1996. 12. 23. 선고 95누18567 판결 등. 헌법재판소도 같은 입장: "법령의 직접적인 위임에 따라 수임행정기관이 그 법령을 시행하는 데 필요한 구체적 사항을 정한 것이면, … 행정규칙이더라도, 그것이 상위법령의 위임한계를 벗어나지 아니하는 한, 상위법령과 결합하여 대외적인 구속력을 갖는 법규명령으로서 기능하게 된다고 보아야 한다." 헌법재판소 1990. 9. 3. 90헌마13 결정; 1992. 6. 26. 91헌마25 결정; 2002. 10. 31. 2002헌라2 결정; 2006. 12. 28. 2005헌바59 결정; 2014. 7. 24. 2013헌바183 결정; 2016. 2. 25. 2015헌바191 결정 등.

30) 헌법 제75조, 제95조.

31) US v. Meade Corp., 533 US 218(2001).

32) 대법원 1995. 10. 17. 선고 94누14148 판결; 2008. 2. 1. 선고 2004두1834 판결. 그러나 1997. 11. 28.

가 행정규칙보다는 한결 높게 마련.[33]

3. 지방자치단체의 조례(條例)와 규칙(規則)

행정규칙과 달리 지방자치단체가 제정한 자치에 관한 규정은 법령의 범위 안에서 법관을 구속한다. 헌법에 그렇게 정하고 있다.[34] 지방세기본법은 지방자치단체가 조례를 정하고 지방자치단체의 장이 條例의 위임을 받거나 시행에 필요한 規則을 정함을 허용하고 있다.[35] 역사적으로 원래 지방자치단체가 주권의 단위였던 연방국가에서는 원래 고장마다 지방정부에 과세주권(과세고권, Steuerhoheit)이 있고, 연방헌법을 만들면서 지방정부와 중앙정부(국가) 사이에 권한과 세원을 배분한다.[36] 그러나 우리나라에서는[37] 지방세조례주의란 없다. 지방자치단체의 과세권은 국가(國家)가 법률(法律)로, 國法으로 부여하는 것이다.[38] 條例와 規則은 법령의 범위 안에 있어야 하고, 지방자치단체가 과세권을 새로이 창출할 수는 없다. 헌법의 차원에서는 지방세란 없다. 경제력의 수도권 집중이 워낙 심하다보니 지방자치・지방분권과 국토의 균형발전이 정면충돌하고 국가가 나설 수밖에 없다. 앞 1. 서울 안에서도 시와 구 사이에 똑같은 문제가 생긴다. 제26장 제1절 II. 정치권 일각에서 부르짖는 "연방정부 수준의 지방자치"란 문제 제기가 아예 틀렸다. 바른 문제는? 경제력의 수도권 집중을, 수도권

선고 97누12952 판결. Chevron 판결과 Loper 판결은 제2장 제2절 IV.

33) 대법원 2001. 8. 24. 선고 2000두2716 판결; 2015. 12. 14. 선고 2014두44502 판결.

34) 헌법 제117조. 대법원 2011. 9. 2. 선고 2008두17363 판결(법률의 위임을 받은 조례와 소급과세); 2022. 4. 14. 선고 2020추5169 판결(조례에 의한 감면=합헌).

35) 지방세기본법 제5조. 대법원 1989. 9. 29. 선고 88누11957 판결. 가령 서울에는 "서울특별시 시세감면조례"가 있고 구(區)조례로 감면하기도.

36) 미국헌법 제1조 제2항, 제8항. 권력분립의 일환이다. Federalist Paper No. 51. 독일헌법(기본법) 제105조-108조. 연방국가는 아니지만 일본에서는 지방자치단체에 재정자주권이 있고 지방세는 헌법 제84조의 "법률이 정한 조건"에 따르는 법정외(法定外) 조세로서 조례로 정할 수 있다는 하급심 판결이 있고 교과서들은 조례가 정하지 않은 것을 법률이 보완한다고 적고 있다. 그러나 실제 실무는 법에 정하지 않은 부분을 조례로 정하는 것으로 보인다. 渉谷雅弘, 租税法規による他の法令への準據, 租稅法律主義の總合的検討(中里實・藤谷武事 공편, 2021), 39쪽, 특히 55-58쪽. 우리나라보다 지방자치가 일견 강한 부분은 明治 헌법의 역사 때문이려나. 법에서도 명치헌법 한 해 전에 지자체가 먼저 생겼다.

37) 훈민정음은 "나랏말쓰미 듕귁(中國)에 달아"로 시작한다. 단일한 국가라는 우리나라의 정체성이 이미 있었다는 말이다.

38) 제26장 제1절 II, 제27장 제6절. 과세면제 등에 중앙정부의 허가를 받도록 한 2010년 이전의 옛 지방세법 규정은 합헌. 헌법재판소 1998. 4. 30. 96헌바62 결정. 기초지방자치단체의 세입이었던 세목을 광역지방자치단체의 세입으로 바꾸는 법률은 합헌이다. 헌법재판소 2010. 10. 28. 2007헌라4 결정(서울시 재산세 공동과세). 다른 지자체와 달리 나홀로 감면을 안 하는 조례는 위헌. 대법원 2016. 12. 29. 선고 2010두3138 판결. 지방세특례제한법 제5조는 지방세지출에 대한 통제를 지방자치단체에 맡기고 있으나 다른 조세지출과 똑같이 국회가 맡아야 한다.

안에서도 다시 강남집중을 어떻게 해결할 것인가.

4. 조약(條約)

세금문제에 관하여 우리나라는 현재 미국, 중국, 일본 따위 100여 나라와 이른바 이중과세방지협정이라는 양자조약을 맺고 있다. 이중과세방지 양자조약의 일부에 영향을 주는 'BEPS 방지 다자조약'도[39] 있다. WTO 협정이[40] 세법에 영향을 주는 수도 있고, 또 WTO 협정의 일부로 관세평가협약이라는[41] 다자조약이 있다. G20와 OECD를 중심으로 범세계적 법인세 최저한을 도입하자는 다자조약도 협상 중이다. 조세조약은 국가와 국가 사이의 약속이지만, 국가와 납세의무자 사이에도 직접적 효력을 가진다. 헌법에 의하여 체결·공포된 조약은 국내법(國內法)과 같은 효력을 가진다고 헌법이 정하고 있는 까닭이고,[42] 다시 이는 입법사항을 건드리는 조약은 법률이나 마찬가지로 국회가 채택하는 까닭이다.[43] 세금에 관한 한 국회에서 동의하지 않은 협정은 국민이나 법관을 구속하지 않는다. WTO 협정은 국내법으로 구체화할 것을 전제하고 있으므로 그 자체는 국내법적 효력이 없다는 것이 판례.[44] 이중과세방지협정도 나라에 따라서는 조약이 정한 내용을 다시 국내법으로 받아들이는 법률(조약집행법)이 있어야만 비로소 일반국민에 대한 효력이 생기는 나라도 있다.

5. 행정관습법?

세금에 관한 한 행정관습법이란 없다.[45] 이 개념을 인정한다면 실정법에 어긋나는 행정관습법이 생길 때마다 일일이 법률을 개정해야 한다는 말이 되니까.

---

39) 김정홍, BEPS 이행 다자협약의 현황과 전망, 조세학술논집 34집 1호(2018), 91쪽.

40) 1994. 12. 16. 비준동의, 1994. 12. 30. 수락서 기탁.

41) Agreement on Implementation of Article VII of The General Agreement on Tariffs And Trade 1994.

42) 위성국가나 패전국은 조약이 헌법 위에 있게 마련. 미일안보조약이 위헌이라는 시비에 일본 최고재판소는 그냥 답을 피하고 있다. 最高裁判所 1999(昭和34). 12. 16. 선고 昭和34(あ)710 판결. 1959년 내각 법제국장관이 국회에서 밝힌 정부견해로는 같은 조약이나 항복문서가 헌법보다 상위. 소홍범, 일본 국내법상 국제법의 지위(유혁수 등 편, 일본법강의, 2021), 446쪽.

43) 헌법 제6조 제1항, 제60조 제1항, 제2항(주권의 제약, 국민부담). Tipke/Lang, 제5장 제26문단과 독일 헌법 제59조 제2항. 조세조약 아닌 다른 조약이 과세권에 미치는 영향에 관해서는 Frans Vanistendael, Legal Framework for Taxation, in Tax Law Design and Drafting(Victor Thuronyi ed., 1996), 15쪽 이하.

44) 비자기집행적 조약이라고. 대법원 2009. 1. 30. 선고 2008두17936 판결.

45) Tipke/Lang, *Steuerrecht*(제24판, 2021), 제5장 22문단. 이하 달리 적지 않았으면 Tipke/Lang이란 제24판. 신뢰보호나 비과세관행은 아래 제5절.

6. 차용개념: 아래 제2절 2. 참조

제2절 세법의 해석

1. 법해석(法解釋)이란?

법이란 일정한 법률요건에 해당하면 일정한 법률효과를 주는 꼴을 취하여, "p이면 q이다"라는 꼴로 짜여 있다. 이를 놓고 "p가 아니면 q가 아니다"라고 해석할 수 있겠는가? 물론 안 된다. p가 아니면 q일 수도 있고 q가 아닐 수도 있다. "p이면 q이다"라는 말은 글자 그대로 p라는 요건에 대해서는 q라는 법률효과가 주어진다는 뜻일 뿐이다. p가 아닌 어떤 것에 대하여 법령에 아무런 규정이 없다면 이른바 법의 흠결(欠缺)이나 사춤이 생긴다. 법에 사춤이 있다면 재판을 거부해야 하려나? 그렇게는 못 한다. 국민이 재판을 구하는 이상 법이 없어도 "양심에 따라" 독립하여 심판해야 한다.[46] 그렇다면 p가 아닌 것에 대해 어떤 법률효과를 주어야 하려나. q라는 법률효과를 줄 수도 있고, 다른 법률효과를 줄 수도 있다. 이것이 바로 解釋의 문제이다. 법관 개인의 멋대로 하라는 말은 아니다. 틈의 어느 부분에 q라는 법률효과를 주고, 어느 부분에 q가 아닌 법률효과를 줄 것인가는 법해석 방법으로 돌아간다.[47]

법해석 방법론으로, 반대해석, 확장해석, 축소해석, 유추해석 등의 용어를 들었을 것이다. 그런데 실상, 이런 것들은 법해석 방법론이 아니다. 예를 들어 볼까나.

서울대입구 전철역의 개찰구 앞에 "애완견은 데리고 탈 수 없습니다"라는 팻말이 있었다. 2000년 무렵 실제 있었다. 승객 하나가 고양이를 데리고 있을 때, 이 표지판은 어떻게 풀이해야 할까?[48] 고양이는 표지판의 글귀에서 반입금지 대상으로 밝힌 애완견은 아니다. 그러니 글귀만으로는 답이 안 나온다. 고갱이(umbra, Kern)가 아닌 가장자리(penumbra, Hof)에 속한다. 그러나 애완견을 태울 수 없다고 왜 적어두었나 생각해 보면, 다른 승객이 싫어할테니 태우지 말라는 뜻이었겠지. 그렇다면 이 표지는 강아지나 그 밖에 귀찮은 애완동물은 태울 수 없다는 뜻으로 넓게, 확대해서 읽어야겠구면. 이처럼 '애완견'이라는 개념을 '애완견 또는 그에 못지않게 귀찮게 할 수 있는 동

46) 헌법 제103조.

47) 본문은 법의 해석과 법보충 내지 유추적용을 엄밀히 구별하지 않고 있다. 유추해석이라는 우리 말 용례를 좇은 것이다. 실상 유추라는 말은 일본말이고 옛 우리말은 비부(比附), 빗대서 끌어붙인다. 조약의 해석에 대해서는 이창희, 국제조세법(2020), 제2장 제2절.

48) H. L. A. Hart, The Concept of Law(1961) 106-129쪽.

물'이라고 넓혀 풀이하는 것을 확대해석이라고 일컫는다.[49]

그러나 다시 생각해 보자. 고양이를 태울 수 없다는 결론은 확대해석에서 나왔는가? 아니지. 고양이를 태울 수 없다는 결론은 애완견을 태울 수 없는 이유가 무엇인가를 따져서 거기에서 나왔다. 이미 내린 결론을 사후에 정당화하면서 확대해석했다고 말했을 뿐이다. 결국 반대해석, 축소해석, 확대해석 따위는 법해석 방법론이랄 것도 못된다. "결과의 결과일 뿐." 내 말이 아니라 라드부르흐의 말이다.[50] 확대나 축소란 해석의 결과를 일컫는 말일 뿐이다.[51]

결국 해석이라는 것이 필요한 한 법의 해석에는 재량의 여지가 생기게 마련이다. 어, 법해석이란 해석자의 주관을 배제하고 법을 기계적으로 적용하는 것 아닌가? 현실을 애써 눈감는 이런 개념법학적[52] 사고는 오히려, 법관이 제 법감정이나 가치판단, 극단적으로는 개인적 이해관계에 따라 판단을 내리면서 이런 판단과정을 숨기는 결과를 낳을 뿐이다. 그렇다면 이 사실을 정면으로 받아들이고 법관으로 하여금 각자 제멋대로 자유로이 판단하도록[53] 내버려 둘 것인가? 그럴 수야. 법적안정성을 통째로 깰 수야 없다.[54] 바로 이런 자의를 막기 위해 법해석 방법론이 필요하다.[55]

법의 해석이란 Tipke의 표현을 빌면 '법이 왜 존재하는가' 하는 존재이유에서[56] 출발할 수밖에.[57] 그렇다면 모든 법해석은 目的論的 解釋이라고 할 수 있다. 목적론적 해석이란, 법의 글귀가 지닌 뜻을 법의 존재목적에서부터 찾아감을 말한다. 예링의 말로 "목적이야말로 법 전체의 창조자." 앞의 예로 돌아가자면 "애완견은 태울 수 없다"라는 규정의 적용(포섭) 범위는 이런 법이 왜 필요한가에서부터 시작하는 것이다. 한 마디로 법해석이란 언어(문리, 文理)가 가진 의미의[58] 한계[59] 내에서 법의 目的

49) 엄밀히는 강아지에 빗대어(유추해서) 고양이도 못 태운다는 것이겠지만, 판결이 이 말을 피한 채 결과만 제시한다면 확대해석이라는 겉모습을 띠게 된다.

50) 라드브루흐, 법학원론(정희철 역, 1987), 196쪽.

51) Tipke/Lang, *Steuerrecht*(제17판, 2002), 제5장 64문단. Hans Kelsen, Pure Theory of Law(Max Knight 옮김, 1970), 352-353쪽. 에른스트 A. 크라머, 법학방법론(최준규 옮김, 2022), 63쪽.

52) 간단한 소개로는 Von Mehren, *Book review*, 63 Harvard Law Review 370-371(1949); 이상돈, 법이론(1996), 35-37쪽. 영미법의 formalism에 관하여는 Richard A. Posner, The Problems of Jurisprudence(1990), 9-23쪽.

53) 이런 생각이 이른바 자유법 운동이다.

54) Tipke/Lang, 제17판, 제5장 48문단.

55) Tipke/Lang, 제17판, 제5장 41문단.

56) Savigny의 용례로 법률의 근거(Grund der Gesetz). F. K. Savigny, System of the Modern Roman Law (Halloway 옮김, 1867), 33절. 인터넷에도 나온다.

57) Tipke/Lang, 제17판, 제5장 50문단. 근본적으로는 Ronald Dworkin, Law's Empire(1986).

58) 입법 당시의 말뜻인가 지금 쓰는 뜻인가라는 문제가 생긴다. Savigny는 말뜻은 문법, 논리, 입법사, 체계라는 4가지 요소로 찾는다고 한다.

59) (A-B)라는 글귀가 (B-A)를 잘못 적은 것임이 논리적으로 분명하다면 후자로 고쳐 읽어야 한다.

을[60] 파악하는 것이다. "글귀로 말씀을 해치지 않고 말씀으로 취지를 해치지 않고 말뜻이 취지를 맞아들이게 해야, 그래야 얻을 수 있다."[61] 낱말뜻, 문장구조, 연혁 따위는 모두 목적을 찾는 도구일 뿐.[62]

2. 차용(借用)개념

세법이 'p이면 q이다'라고 정하고 있고 여기에서 p가 다른 법영역의 법률개념으로 표현되어 있을 때 이를 일컫는 말이 借用개념.[63] 우선 차용개념과는 구별되는 문제로 민사법상 일정한 법률효과가 생겼을 것이 세법상의 법률요건인데 민사법관계의 준거법이 외국법이라면 민사법상 법률효과가 생겼는지는 그 외국법에 따라 판단해야 한다.[64]

借用개념이란 다른 영역의 법개념에서 빌어왔다는 뜻이다. 민사법에서 빌려온 개념이 당연히 제일 많다 보니 차용개념 문제는 전통적으로 세법과 민사법(民事法)의 관계로 논의해왔고, 독일에서는 세법에 나오는 민사법용어는 민사법과 같은 뜻이라고 생각하는 사람이 많았다. 결과적으로 세법상의 법률효과를 민사법의 부속물이나 결과물 정도로 생각하는 셈이다. 과세요건을 이루는 민사법 개념에 해당하는가는 납세의무자가 무어라고 불렀는가가 아니라 법률행위의 성질이나 해석문제이다.[65] 민사법이든 다른 법역영이든 세법을 만들면서 다른 영역의 법개념을 빌어다 쓰고 있다면 일단은 그에 맞추어 풀이함이 원칙이다.[66]

대법원 2022. 12. 29. 선고 2019두19 판결.

60) 법의 목적을 국회의 주관적 입법의도에서 찾을 것인가 또는 법 자체의 객관적 목적에서 찾을 것인가라는 논란이 있다. 이는 다시 민주주의와 현인(賢人)정치 사이의 대립으로 돌아간다. 법초안을 쓴 국회의원, 행정공무원, 교수 등 개인의 속생각은 입법의도가 아니다. Commissioner v. Glenshaw Glass Co., 348 US 426. 가령 "모든 국민은 법률이 정하는 바에 따라 납세의무를 진다"는 우리 헌법 글귀의 해석을 明治헌법의 그 글귀를 기초한 이토오 히로부미의 속생각에서 찾을 수야 없다. 입법의도란 현행 국회의 생각이 아니라 입법당시의 의도이므로 법원이 판단할 일이지 국회의 명시적 묵시적 동의가 필요하지 않다. Arkansas Best Corp. v. Commissioner, 485 U.S. 212 (1988); O'Gilvie v. United States, 519 U.S. 79 (1996). 독일의 이론 및 판례는 Tipke/Lang, 제5장 55문단 이하.

61) 不以文害辭, 不以辭害志。以意逆志, 是爲得之. 孟子(맹자), 萬章(만장). 여기에서 逆은 맞아들이다(迎)라는 뜻. 임동석, 사서원문언해(2004), 522쪽.

62) Tipke/Lang, 제17판, 제5장 51문단.

63) 반드시 세법에 특유한 문제는 아니다. 가령 대법원 2009. 4. 23. 선고 2006다81035 판결(임대주택법상 임차인).

64) 대법원 2015. 11. 17. 선고 2015두49337 판결(부부간 증여 존부); 2024. 9. 12. 선고 2021두51881 판결(정관에 의한 주식양도제한 가부).

65) 가령 분양대금을 시설관리료라고 불렀더라도 여전히 분양대금이고 세법상 법률효과는 그에 따른다. 대법원 1993. 7. 27. 선고 90누10384 판결.

66) "주택 외의 건축물"(오피스텔)은 주거용으로 쓰더라도 주택이 아니다(조특법상 국민주택). 대법원

〈대법원 2013. 3. 14. 선고 2011두24842 판결〉

구 지방세법 제22조 제2호에서 말하는 '주주'나 '소유'의 개념에 대하여 구 지방세법이 별도의 정의 규정을 두고 있지 않은 이상 민사법과 동일하게 해석하는 것이 법적 안정성이나 조세법률주의가 요구하는 엄격해석의 원칙에 부합하는 점, 주식은 취득세의 과세대상물건이 아닐 뿐만 아니라, 구 지방세법 제22조 제2호는 출자자의 제2차 납세의무에 관하여 규정하면서 그 이하의 조항에서 말하는 과점주주의 개념을 일률적으로 정의하고 있어서 위 규정에서 말하는 '주주'가 되는 시기나 주식의 '소유' 여부를 결정할 때도 취득세에서의 취득시기에 관한 규정이 그대로 적용된다고 보기는 어려운 점 등을 종합하면, 이들 규정에서 말하는 '주주'나 '과점주주'가 되는 시기는 특별한 사정이 없는 한 사법상 주식 취득의 효력이 발생한 날을 의미한다.[67)]

〈대법원 2017. 9. 7. 선고 2016두35083 판결〉

협의이혼에서 이혼의 의사는 법률상의 부부관계를 해소하려는 의사를 말하므로, 일시적으로나마 법률상의 부부관계를 해소하려는 당사자 간의 합의하에 협의이혼신고가 된 이상, 그 협의이혼에 다른 목적이 있다고 하더라도 양자 간에 이혼의 의사가 없다고는 말할 수 없고, 그 협의이혼은 무효로 되지 아니한다(대법원 1993. 6. 11. 선고 93므171 판결 참조). …

원심판결 이유에 의하면, 원고와 소외인은 1997. 9. 25. 혼인신고를 마친 법률상 부부였으나 2008. 1. 11. 협의이혼신고를 한 사실, 원고는 2003. 5. 21. 이 사건 아파트를 취득했다가 2008. 9. 8. … 협의취득을 원인으로 양도한 사실, 원고와 소외인은 2009. 1. 2. 다시 혼인신고를 마친 사실, 이에 대하여 피고는 원고와 소외인이 이혼한 후에도 사실상 혼인관계를 유지하고 있고 소외인이 서울 관악구 … 외 7채의 아파트를 소유하고 있으므로 이 사건 아파트의 양도는 '1세대 3주택 이상에 해당하는 주택의 양도'로서 60%의 중과세율이 적용되어야 한다는 이유로 이 사건 처분을 한 사실 등을 알 수 있다.

이러한 사실관계를 앞서 본 규정과 법리에 따라 살펴보면, 원심이 들고 있는 바와 같이 원고가 양도소득세를 회피할 목적으로 이혼했다거나 이혼 후에도 소외인과 사실상 혼인관계를 유지했다는 사정만으로 그 이혼을 무효로 볼 수 없고, 따라서 원고는 이 사건 아파트의 양도 당시 이미 이혼한 소외인과는 분리되어 따로 1세대를 구성하므로 이 사건 아파트는 비과세 대상인 1세대 1주택에 해당한다.[68)]

2021. 1. 14. 선고 2020두40914 판결. "가구"란 법문언대로 읽어야 하고 생계를 같이하는 경우로 축소해석할 일은 아니다. 대법원 2015. 1. 15. 선고 2014두42377 판결. 주식회사 아닌 단체의 출자자는 '주주'가 아니다. 대법원 2022. 5. 25. 선고 2019두60226 판결(영어조합법인).

67) 주식대차거래에서 주식소유자는 차주라는 판결로 대법원 2010. 4. 29. 선고 2007두11092 판결. 제12장 제1절, 제2절 7.

〈대법원 2023. 11. 30. 선고 2019두58445 판결〉

법인세법 제15조 제1항(이하 '이 사건 조항'이라 한다)은 법인의 순자산을 증가시키는 거래라고 하더라도 "자본 또는 출자의 납입"은 익금에서 제외된다고 정하고 있다. 이 사건 조항의 입법 취지 및 문언의 내용, "자본 또는 출자의 납입"의 의미에 대하여 법인세법이 별도의 정의 규정을 두고 있지 않은 이상 특별한 사정이 없는 한 상법상 의미와 동일하게 해석하는 것이 법적안정성이나 조세법률주의가 요구하는 엄격해석의 원칙에 부합하는 점 등을 종합하면, 이 사건 조항의 "자본 또는 출자의 납입"은 상법상회사 설립 또는 설립 후 신주 발행 시 이루어지는 납입행위(상법 제295조 제1항, 제303조, 제305조 제1항, 제421조 제1항 등)만을 가리킨다고 보아야 한다…앞서 본 사실관계를 위 법리에 비추어 보면, 설령 참가인이 장래 원고에게 이 사건 각 토지를 현물출자하겠다는 취지에서 이 사건 계약을 체결하였고, 이 사건 수령금이 이 사건 각 토지의 일부인 제1토지 등의 매각대금에서 유래한 것이라고 하더라도, 원고가 상법상회사 설립 또는 설립 후 신주 발행 시 이루어지는 현물출자의 이행으로 이 사건 수령금을 지급받지 않은 이상, 이를 익금에서 제외되는 "자본 또는 출자의 납입"에 해당한다고 볼 수 없다.

한편 목적론적 관점에서 본다면 똑같은 말이라도 맥락에 따라 뜻을 달리 새겨야 마땅한 수도 생기게 마련이다. 세법과 민사법의 목적이 다른 이상, 민사법에서 빌어온 개념이라 하여 꼭 민사법과 똑같은 뜻으로 해석할 수야 없다. 독일 헌법재판소도 그렇게 판시하고 있다.[69] 미국에서는 세법이 쓰고 있는 용어의 해석은 세법 자체의 해석문제.[70] 다만 특별한 사정이 없는 한 민사법(州法)상의 의미를 따르게 마련이니[71] 실제는 독일이나 별 차이가 없다. 일본에서는 민사법우위론이 전통적 다수설이고 판례이지만[72] 다른 판결도 있다.[73] 같은 말도 맥락에 따라 뜻이 다른 것이야 다른 분야까지 갈 것도 없이 세법 안에서도 그렇다. 가령 "부정(不正)행위"라는 말은 가산세와 부과제척기간에서 서로 뜻이 다르다.[74] 하물며 빌어온 개념이야. 우리 판례에서도 실례가

68) 같은 뜻으로 대법원 2017. 9. 12. 선고 2016두58901 판결(이혼시 재산분할≠증여). 제25장 제3절 I. 이 판결을 뒤집은 입법으로 소득세법 제88조 제6호. 사실혼의 해소를 재산분할로 본 판결로 대법원 2016. 8. 30. 선고 2016두36864 판결.

69) 독일 헌법재판소 1991. 12. 27. 2 BVR 72/90 결정. Tipke/Lang, 제24판, 제1장 31-38문단.

70) Burnet v. Hammel, 287 US 103, 110 (1932).

71) Bittker, McMahon & Zelenak, 1.2절 참조.

72) 金子宏, 제9판, 118쪽. 일본 最高裁判所 1960(昭和 35). 10. 7. 昭和35(オ)54 판결(이익배당의 개념) 등. 이 판결이 꼭 통일설이 아니라는 일본문헌도 있다.

73) 最高裁判所 1974(昭和 49). 4. 9. 판결(稅資 75호 82쪽); 1988(昭和 63). 7. 19. 판결(판례시보 1290호 56쪽).

74) 대법원 2021. 2. 18. 선고 2017두38959 판결. 제4장 제5절 II.3, 제5장 제2절 1, 제6절 IV.

제법 있다.[75] 가령 1998. 12. 28. 개정 전의 옛 상속세법에서 판례는 '상속인'이라는 말이 상속을 포기한 자를 포함하는가를 법조항에 따라 달리 새기고 있다. 상속세 납세의무자의 범위를 상속인으로 정하는 조문이나 국세기본법상 납세의무 승계 조문에서는 상속포기자가 상속인의 범위에 들어가지 않고 죽기 전에 증여한 재산을 합하여 상속세액을 계산하는 조문에서는 상속포기자가 상속인의 범위에 들어간다고.[76]

세법에 나오는 용어 가운데에는 기업회계(企業會計)의 용어를 그대로 들여다 쓴 것들이 있다. 가령 소득세법 제19조나 법인세법 제23조를 보면 '유형자산', '무형자산'이라는 말이 나온다. 이 말은 그냥 유형이나 무형인 자산이라는 뜻이 아니고, 사용기간이 1년 넘는 자산이라는 뜻이다. 재고자산은 유형이 아니다? 채권은 무형이 아니다? 어법에 안 맞는 이런 용례는 국제회계기준을 잘못 번역하면서[77] 벌어진 혼선. 이런 괜한 혼선은 입법의도에 맞추어 읽어야 한다. 그 밖에도 제작물공급계약을 예약매출이라고 부른다든가 점유개정을 미인도청구판매라고 부른다든가 기업회계의 용례가 법과 전혀 다른 수가 있고 특히 국제회계기준에 와서는 더 심해졌다. 제18장 제5절 III. 극단적으로 추정(rebuttable presumption)을 '반증가능한 간주'라고 옮기기까지.[78]

세법이 바깥에서 개념을 빌어오거나 자족적 규정을 두는 대신 세법 바깥의 어떤 체계에 기대는 대상은 기업회계뿐만은 아니다. 가령 부가가치세법이나 소득세법은 사업의 업종을 구분하면서 통계청이 고시한 한국표준산업분류에 기댄다. 부가가치세법에서는 과세 면세가 갈리고 소득세법에서는 업종별 표준소득률 제도 때문에 세부담이 업종마다 달라진다. 결과적으로 통계청 고시가 세법의 법원(法源)처럼 작용하지만 위헌은 아니다. 물론 이런 외적체계가 기계적으로 세법상 법률효과를 낳지는 않는다. 기업회계의 역할이나 마찬가지로 법해석 작업으로 돌아갈 뿐이다.[79]

3. 유추(類推), 확대(擴大)해석, 축소(縮小)해석

민사법에서 빌어 온 개념을 민사법과 달리 풀이할 수 있는가라는 문제는 기실 세

75) 대법원 1993. 8. 24. 선고 92누15994 판결; 1995. 5. 12. 선고 94다28901 판결; 2007. 6. 15. 선고 2005두13148 판결(상속재산의 범위); 2013. 11. 28. 선고 2013두13945 판결; 2023. 6. 1. 2019두31921 판결(개발사업) 등; 2023. 12. 28. 선고 2020두49997 판결(건축물취득일).

76) 대법원 1993. 9. 28. 선고 93누8092 판결; 1998. 6. 23. 선고 97누5022 판결; 2006. 6. 29. 선고 2004두3335 판결; 2013. 5. 23. 선고 2013두1041 판결.

77) Property, Plant and Equipment의 '직역'이라면서 유형자산이라고 옮겼다. 국제회계기준 독일어판에서는 예전 용어 그대로 유형고정자산(Sachanlagevermögen).

78) 기업회계기준서 1109호.

79) 대법원 2013. 2. 28. 선고 2010두29192 판결.

법해석에서 목적론적 유추나 확대·축소가 가능한가라는 문제의 부분집합이다. 앞서 '상속인'이라는 말의 뜻을 우리 대법원이 입법목적에 맞추어 달리 풀이한 사례를 보았듯. 비과세 요건의 축소해석도 똑같은 문제.

전통적 견해로는 세법에서는 목적론적 유추나[80] 확대해석은 안 된다고. 영국의 1920년대 판결을 보면, "세법에서는 분명히 적혀 있는 것만 보면 된다. 의도란 설 자리가 없다. 세금에는 이래야 공평하다는 것이 없다. 세금에는 방향성이 없다. 없는 글자를 있는 양 읽어 내거나 숨은 뜻을 찾을 수는 없다. 그저 적힌 글귀만 공정히 보면 된다"고도.[81] 오늘날에도 일본학자의 상당수는[82] 그렇게 생각한다. 독일에도 그런 사람들이 있고. 말하자면 세법의 유일한 목표는 세수이고, 따라서 세법에는 해석의 전거가 될 목적이라는 것이 없다고 한다.[83] 세금을 걷는 데에는 "사건 자체에서는 규제의 기준이 나오지 않는다."[84] 왜냐하면, "조세채권은 입법자의 눈에 적당하다고 비친 사건에 상당히 자의적으로 연결되는" 까닭이라고.[85] 애초에 그 속에서 합리성을 발견할 수 있는 것이 아니라고. 어떤 것도 체계적인 해석의 기준이 될 수 없다는 것이다. 유일하게 관철시켜야 할 가치란 법에 명시된 그대로 해서 법적안정성을 확보하는 것이다. 좋은 조세체계, 나쁜 조세체계가 따로 있을 수 없다. 규범적으로 혹시 있을 수 있을지 모르나, 적어도 실정법에서는 없다, 이런 생각.

우리 대법원도 예전에는 '조세법률주의'를 근거로 삼아 유추해석이나 확대해석은 허용될 수 없고[86] 과세요건은 물론 비과세요건이나 감면, 면세 요건을 막론하고 법의 글귀 그대로 '법대로' 嚴格하게 해석 적용하여야 한다고 말해 왔다.[87] 극단적 예를 들면 물건을 사면서 수취한 증빙이 법에 맞지 않는 경우 가산세를 물린다는 법규정이 있을 때, 아예 증빙을 받지 않은 경우는 가산세를 물릴 수 없다는 판결까지 있고.[88]

그러나 현실세계에서는 세법에서 목적론적 類推나 擴大해석을 허용할 수 없다는

80) Tipke/Lang은, 법령에 있는 글귀가 지닌 뜻의 한계를 넘는 법의 흠결 부분은 이미 법해석의 영역이 아니고 법의 유추적용. 해석방법론의 문제가 아니고 헌법문제로서 세법에서도 유추적용이 가능하다고. Tipke/Lang, 제17판, 제4장 184문단 이하, 제5장 71문단 이하.

81) Cape Brancy Syndicate v. IRC [1921] 1 KB 64, 특히 71쪽, 12 TC 358, 특히 366쪽.

82) 金子宏, 租稅法(第9版, 2003), 118쪽.

83) 예를 들어, Kruse, *Lehrbuch des Steuerrechts* Bd. I(1991), 45-49쪽.

84) 같은 책, 46쪽.

85) 같은 쪽.

86) 대법원 1983. 12. 27. 선고 83누213 판결 등.

87) 이른바 '합법성의 원칙'(Legalitätsprinzip). 대법원 1994. 2. 22. 선고 92누18603 판결; 2024. 11. 28. 선고 2021두63044 판결 등. 입법오기는 바로 잡아 읽어야 한다. 대법원 2022. 12. 29. 선고 2019두19 판결.

88) 대법원 2007. 6. 28. 선고 2005두13537 판결.

입장을 실제로 일관할 길이 없다. 이리하여 美國에서는 20세기 첫 무렵부터 세법이라 하여 해석론이 일반법과 다를 이유가 없다는 판례가 굳어진다.[89] *White v. United States*를[90] 읽어 보라. 英國에서는 상당한 혼선이 있다. 전통적 견해로 Duke of Westminster는[91] 엄격해석만 가능하다고 했지만, 1981년의 *Ramsay* 판결[92] 이후에는, 특히 *Furniss v. Dawson*은[93] 목적론적 해석의 길을 열고 있다.[94] 그 뒤 *Craven v. White* 판결이[95] 다시 고삐를 걸기는 했지만, *McGuckian* 판결[96] 등은 이 관계를 다시 정리하여 목적론적 해석 그 자체는 당연한 것으로 받아들이고 있다. 결정적으로 2005년의 Barclay Mercantile 판결과[97] 2016년의 UBS AG 판결은[98] 다른 법이나 마찬가지로 세법에서도 목적론적 해석을 해야 한다고. 獨逸도 영국과 비슷한 마당에 와 있다. 전통적인 해석방법을 따라 유추적용은 안 된다고 우기는 사람들도 오로지 엄격해석만 가능하다고는 않는다.[99] 1982년 당대 최고의 세법학자였던 Tipke가 세법에서도 목적론적 유추적용이 당연하다는 발제를 내놓고 역시 당대 최고의 헌법학자겸 세법학자였던 Vogel이 가담한[100] 이래 이 입장이 점점 늘어서 이제는 지배적 견해가 되

89) Boris I. Bittker, Martin J. McMahon & Lawrence A. Zelenak, *Federal Income Taxation of Individuals*(looseleaf)(이하 Bittker, McMahon & Zelenak), 1.03[1]절. 엄격해석은 납세의무자에게 혜택을 주는 조항에나 적용되는 것이 현실이다. 법원의 법해석 방법론과 Chevron deference는 애초부터 충돌가능성을 안고 있었다.

90) 305 US 281(1938). 비과세 요건을 축소해석한 대표적 판결로 United States v. Wells Fargo Bank., 485 US 351(1988)(상속세⊄세금).

91) 필요경비 공제의 글귀에 해당하는 이상 실제 성격이 가사경비(하인에게 준 급여)이더라도 공제할 수 있다. IRC v. Duke of Westminster, [1936] AC 1, 19 TC 490. 더 오랜 판결로 Partington v. AG, [1869] LR 4 HL 100.

92) Ramsay v. IRC, [1981] 1 All ER 865, [1981] STC 1974. 일련의 금융거래를 통해 채권양도차익(당시 영국법의 제한적 소득개념에서는 비과세대상)과 주식처분손실을 창출한 사건이다. 법원은 관련거래를 묶어서 아무 실질이 없다고 보았다.

93) [1984] STC 153. 기업구조조정 제도의 맹점을 이용하여 자회사를 세워 주식양도차익을 자회사로 이전함으로써 세금을 피한 사건이다. 법원은 모회사가 직접 양도한 것이나 마찬가지로 과세했다.

94) John Tiley, *Butterworths UK Tax Guide*, 제1장 1:30문단.

95) [1988] 3 All ER 495, [1988] STC 476, HL. 결과적으로는 *Furniss v. Dawson* 사건과 사실관계가 같아지지만, 자회사가 주식을 반드시 다시 팔도록 예정되어 있었다고 보기 어려운 사정이 있었다는 차이점이 있고 이 점에서 판결결과에 차이가 생겼다.

96) IRC v. McGuckian, [1997] STC 908. 배당금을 받을 권리를 양도하고 받은 소득을 배당소득으로 과세하는 것을 인정한 사건이다.

97) Barclays Mercantile Business Finance Ltd v. HM Inspector of Taxes [2004] UKHL 51 (25 November 2004: 금융리스 가공손익의 부인). 제21장 제2절 II, 제3절 II.

98) UBS AG v Commissioners, [2016] UKSC 13. 제11장 제2절 V.2.

99) Heinrich W. Kruse, Lehrbuch des Steuerrechts, 22쪽, 61쪽.

100) 본격적 문헌은 Vogel, Grundzüge des Finanzrechts des Grundgesetzes (Handbuch des Staatsrects der Bundesrepublik Deutchland, 제2판 제4권 87절, 1999)이지만 Vogel의 견해는 그 전부터 알려져 있었다.

었다.[101] 헌법의 가치판단이 세법의 지도이념인 이상 국회가 미처 법을 못 만든 곳에서는 법관이 국회를 도와 빈 사춤을 채워야 한다는 것.[102] 독일 헌법재판소도 이 입장에 동조.[103] 한편 日本에서는 세법은 엄격해야 한다는 입장이 아직 유력하지만 그 실제 내용이 바뀌고 있다.[104] 판례도 많이 바뀌었다.[105]

확대해석이나 유추적용을 피할 길이 없다는 사정은 우리나라에서도 마찬가지이다. 가령 부가가치세법은 법전에 적혀 있지 않은 온갖 내용이 우리 법의 일부라고 전제하지 않고서는 앞뒤를 맞추어 해석할 길이 없다. 기업회계 용어를 그대로 들여온 것도 입법목적에 맞추어 확장, 축소, 유추할 수밖에 없는 것이 있다. 우리 대법원의 판결에서도 종래 아무 말 없이 실제로 유추적용이나 확대·축소해석을 한 판결이 아주 많다. 구체적 타당성 때문이거나 세법 체계의 앞뒤를 맞추기 위함이다. 납세자에게 유리한 것은 셀 수도 없으니 불리한 것만 몇 개 살펴보자.

① 대표이사가 횡령한 돈은 "근로의 제공으로 인하여 받은 소득"이다.[106]

② 비영리내국법인에 대한 "법인세"는 수익사업에서 생긴 소득에 대해서만 부과하고[107] 부동산 양도차익에 대한 특별부가세는 "법인세"로서 납부한다.[108] 이 글귀에서 비영리내국법인도 특별부가세는 수익사업 여부에 관계 없이 내어야

101) Tipke/Lang, 제24장(이하 2021년판), 제5장 78문단.

102) Tipke/Lang, 제3장 237문단; 제17판, 제4장 53문단, 64문단, 187문단, 188문단, 제5장 49문단, 53문단, 71-76문단. 이동식, 조세회피방지를 위한 별도입법의 필요성, 공법연구 제28집 제4호 제2권(2000), 427쪽 이하. 유추의 역사는 Schenke, Rechtsfindung in Steuerrecht(2007), 216쪽 이하. 인적회사나 조합세제처럼 거의 전적으로 판례에 의존하는 부분도 있다.

103) 독일헌법재판소 2007. 2. 14. II R 66/05 결정; 2012. 2. 16. 1 BVR 127/10 결정; 2016. 10. 31. 1BvR 871/13 결정. 세법분야에서 법원의 법형성을 인정했지만 첫째와 셋째는 납세의무자 승소이고 가운데는 조세우대조치 관련이라 독일 헌재의 입장을 딱 잘라 말하기는 어렵다. Tipke/Lang, 제5장 78문단도 헌재가 전통적 해석과 "거리를 두고 있다"고만 표현. 이와 달리 Robet F. van Brederode & Richard Krever 편, Legal Interpretation of Tax Law(2017), 213쪽 Herber & Stenberg의 독일법 부분은 세법해석이 다른 법과 다를 바가 없다고 단언.

104) 金子宏, 제9판, 118쪽. 그러나 가령 金子宏, 固定資産税の納税義務者として所有者の意義, 租税法と民法(金子宏 등 편, 2018), 600쪽을 보면 민사법체계와 맞기는 하지만 우리 식 엄격해석을 훌쩍 넘는 해석을 하면서 이를 정통적 문리해석이라고 부른다. 아래 주석.

105) 최고재판소 1997(平成 9). 11. 11. 선고 平成6(行ツ)151 판결(경주용자동차∈보통승용차); 2005(平成 17). 12. 19. 선고 平成15(行ヒ)215 판결(외국납부세액공제를 조세회피라면서 부인); 2006(平成 18). 1. 24. 선고 平成12(行ヒ)133 판결(임대인의 감가상각 부인); 2006. 1. 24. 판결(판례시보 1923호 20쪽 판결, 법률관계 없어도 거래에 해당); 2010(平成 22). 4. 13. 판결; 平成21(行ヒ)110 판결; 2012. 1. 13. 판결(민집 66권 1호 1쪽); 2014(平成 26). 9. 25. 平成25(行ヒ)35 판결(미등기건축주∈등기 등록된 소유자, 앞 주석 金子 평석의 대상판결).

106) 대법원 1999. 9. 17. 선고 97누9666 판결. 제11장 제2절 Ⅰ. 2.

107) 그 당시 적용되던 옛 법인세법 제1조.

108) 옛 법인세법 제59조의2.

한다.[109)]

③ 내국법인의 소득의 원천이 국내인가 국외인가에 관한 규정이 법에 없으니 외국법인의 국내원천소득에 관한 규정을 준용한다.[110)]

④ 조세범처벌법의 해석은 일반적인 세법보다 한결 엄격해야 하겠지만, 조세범처벌법에 나오는 "법인의 대표자"라는 글귀는[111)] "그 명칭 여하를 불구하고 당해 법인을 실질적으로 경영하면서 사실상 대표하고 있는 자"를 포함한다.[112)]

⑤ 상속 전에 이미 한 상속인 명의의 등기는 "상속인 명의의 등기"가 아니다.[113)]

⑥ '사업용 고정자산'이란 사업용 고정자산 중 양도소득세 과세대상인 것만을 뜻한다.[114)]

⑦ '법령에 의한 사용금지'라는 말은 행정작용에 의한 사용금지를 포함한다.[115)]

⑧ 경매로 취득하는 것은 유상취득이 아니다.[116)]

⑨ 사모투자전문회사나 투자목적회사는 공정거래법상 지주회사라 하더라도 조세특례제한법상 지주회사가 아니다.[117)]

⑩ 외환매매손익은 통화선도 평가손익을 포함한다.[118)]

⑪ 주식의 포괄적 교환에 따른 증여가액은 합병에 관한 규정을 준용한다.[119)]

이리하여 2008년 이후에는 다음과 같은 판결이 거듭 나오고 있다.

조세법률주의의 원칙상 조세법규의 해석은 특별한 사정이 없는 한 법문대로 해석하여야 하고 합리적 이유 없이 확장해석하거나 유추해석하는 것은 허용되지 않지만, 법규 상호간의 해석을 통하여 그 의미를 명백히 할 필요가 있는 경우에는 조세법률주의가 지향하는 법적안정성 및 예측가능성을 해치지 않는 범위 내에서 입법 취지 및 목적 등을 고려한 합목적적 해석을 하는 것은 불가피하다.[120)]

109) 대법원 1982. 10. 26. 선고 80누455 판결; 1983. 11. 8. 선고 82누355 판결; 1991. 10. 22. 선고 91누2977 판결.
110) 대법원 1987. 5. 12. 선고 85누1000 판결 등.
111) 조세범처벌법 제18조.
112) 대법원 1997. 6. 13. 선고 96도1703 판결.
113) 대법원 2004. 9. 24. 선고 2002두12137 판결.
114) 대법원 2005. 1. 28. 선고 2003두7088 판결.
115) 대법원 1996. 6. 11. 선고 95누7918 판결; 2007. 1. 25. 선고 2005두5598 판결; 2013. 10. 3. 선고 2011두14425 판결.
116) 대법원 2008. 2. 15. 선고 2007두4438 판결.
117) 대법원 2014. 1. 29. 선고 2011두17295 판결.
118) 대법원 2021. 9. 9. 선고 2017두62488 판결.
119) 대법원 2022. 12. 29. 선고 2019두19 판결.

한편 헌법재판소의 입장은, 적어도 원칙은 전통적 견해에 가깝다.

〈헌법재판소 2012. 5. 31. 2009헌바123 결정〉121)

이 사건 부칙조항은 … 이 사건 전문개정법이 시행된 1994. 1. 1.자로 실효되었다 …그런데 대법원은 2006두19419 판결 및 2006두17550 판결에서…이 사건 부칙조항이 실효된 것으로 본다면, 이미 상장을 전제로 자산재평가를 실시한 법인에 대한 사후관리가 불가능하게 되는 법률의 공백상태가 발생하고, 상장기한 내에 상장을 하지 아니하거나 자산재평가를 취소한 법인을 그렇지 않은 법인에 비하여 합리적 이유 없이 우대하는 결과에 이르므로 공평에 반한다"는 이유로 이 사건 부칙조항이 이 사건 전부개정법의 시행에도 불구하고 실효되지 않았다고 볼 '특별한 사정'이 있다고 해석한 후 이를 전제로 이 사건 부칙조항을 당해 사건에 적용했다 … 형벌조항이나 조세법의 해석에 있어서는 헌법상의 죄형법정주의, 조세법률주의의 원칙상 엄격하게 법문을 해석하여야 하고 합리적인 이유 없이 확장해석하거나 유추해석할 수는 없는바, '유효한' 법률조항의 불명확한 의미를 논리적 · 체계적 해석을 통해 합리적으로 보충하는 데에서 더 나아가, 해석을 통하여 전혀 새로운 법률상의 근거를 만들어 내거나, 기존에는 존재했으나 실효되어 더 이상 존재한다고 볼 수 없는 법률조항을 여전히 '유효한' 것으로 해석한다면, 이는 법률해석의 한계를 벗어나 '법률의 부존재'로 말미암아 형벌의 부과나 과세의 근거가 될 수 없는 것을 법률해석을 통하여 창설해 내는 일종의 '입법행위'로서 헌법상의 권력분립원칙, 죄형법정주의, 조세법률주의의 원칙에 반한다. …이 사건 부칙조항이 실효되었다고 본다면, 이미 상장을 전제로 자산재평가를 실시한 법인에 대한 사후관리가 불가능하게 되는 법률의 공백상태가 발생하고, 종래 자산재평가를 실시하지 아니한 채 원가주의에 입각하여 성실하게 법인세 등을 신고 · 납부한 법인이나 상장기간을 준수한 법인들과 비교하여 볼 때 청구인들을 비롯한 위 해당 법인들이 부당한 이익을 얻게 되어 과세형평에 어긋나는 결과에 이를 수도 있다. 그러나, 과세요건법정주의 및 과세요건명확주의를 포함하는 조세법률주의가 지배하는 조세법의 영역에서는 경과규정의 미비라는 명백한 입법의 공백을 방지하고 형평성의 왜곡을 시정하는 것은 원칙적으로

120) 대법원 2008. 1. 17. 선고 2007두11139 판결; 2008. 2. 15. 선고 2007두4438 판결; 2008. 4. 24. 선고 2006두187 판결; 2009. 9. 10. 선고 2009두5343 판결; 2017. 10. 12. 선고 2016다212722 판결(인지세법상 이동전화≠전기통신사업법상 이동전화). 이런 변화의 전조가 되었던 판결로 대법원 2003. 10. 23. 선고 2002두4440 판결. 유추적용을 정면으로 인정한 판결도 있다. 대법원 2006. 9. 22. 2004두12117 판결(위탁매매규정을 용역에 적용); 2011. 9. 8. 선고 2009두16268 판결. 전체 법질서라는 한결 더 넓은 개념에 기대는 것으로 대법원 1999. 8. 19. 선고 98두1857 판결. 민사판결로는 대법원 2013. 12. 18. 선고 2012다89399 판결(통상임금); 2018. 5. 17. 선고 2016다35833 판결(형사성공보수).

121) 동종사건인 헌법재판소 2012. 7. 26. 2009헌바3 등 병합 결정에 따라 납세의무자는 재심을 청구했으나 대법원에서 기각. 대법원 2013. 3. 28. 선고 2012재두299 판결.

입법자의 권한이고 책임이지 법문의 한계 안에서 법률을 해석·적용하는 법원이나 과세관청의 몫은 아니다.

내친 김에 이 결정에 관계되는 헌법 문제와 소송법 문제를 생각해보자. 이 결정은 이미 1995년에서 1997년 사이에 벌어졌던 소동의[122] 속편으로 헌법재판소가 대법원의 판결을 취소할 수 있는가, 한다면 그 결과는 무엇인가라는 문제를 낳고 있다. 헌법재판소 2009헌바123 결정에 나오듯 납세의무자는 이미 실효한 옛 조세감면규제법 부칙에 터잡은 세금이 위헌이라 주장했지만 대법원은 합헌이라고 판결. 뒤이은 헌법소원심판에서 2009헌바123 결정은 한정위헌 결정. 그에 따라 납세의무자는 재심을 청구했지만 법원은 한정위헌결정의 기속력을 부인하면서 기각. 이에 납세의무자는 다시 헌법재판소에 과세처분(원행정처분), 재심대상판결, 재심기각판결, 재심상고기각판결 등의 취소를 구하는 헌법소원심판을 제기했다. 헌법재판소는 9년에 가까운 심리 뒤 2022년에, 위 한정위헌 결정의 기속력을 부인한 법원의 재판(재심기각판결 및 재심상고기각판결)이 재판청구권을 침해한다고 보아 이를 모두 취소했다. 다만 위 한정위헌 결정 이전에 이미 확정된 법원의 판결 및 법원의 재판을 거쳐 확정된 과세처분(원행정처분)은 모두 헌법소원의 대상이 되지 않는다고 판시했다.[123] 결국 실제로 돈을 돌려받지 못한 납세의무자들은 법원에 또다시 재심을 청구했고, 현재 소송이 계속 중이다. 헌법재판소가 반대의견을 따라서 원행정처분을 직접 취소했다면 어떻게 될까? 국세청이 헌법재판소 결정을 존중해서 돈을 내어준다면 그걸로 끝이겠지만, 대법원의 입장을 따라서 안 내어준다면? 납세의무자는 부당이득 반환의 소를 낼 수 있겠지만 결국 법원은 다시 이를 기각할 것이다.

법해석방법론으로 돌아와서 세법으로 논의를 좁히면 헌재 2009헌바123 결정이 엄격해석의[124] 논거로 기대는 '조세법률주의'라는 용어 또는 개념이 선험적으로 따로 존재하는가는 매우 의심스러운 일임은 이미 보았다. 역사에서는 법치주의가 있을 뿐. 침익(侵益)행정이라면 무조건 그 근거법은 국가에게 불리하게 해석되어야 한다는 원칙이 법치주의에 있는가? 없다. 혹시 19세기 프로이센에 그런 원칙이 있었는지는 잘 모르겠지만, 적어도 오늘날의 민주사회에서는 그런 것은 없다. 형법에서도 피고인에게

122) 헌법재판소 1995. 11. 30. 94헌바40 결정(실지거래가액 기준 양도소득세 과세 한정합헌) → 대법원 1996. 4. 9. 선고 95누11405 판결(한정합헌결정의 구속력 부인) → 헌법재판소 1997. 12. 24. 96헌마172 등(대법원 판결 취소). 이 책 제20판 제12장 제3절 III.2.

123) 헌법재판소 2022. 7. 21. 2013헌마242 결정; 2022. 7. 21. 2013헌마496 결정; 2022. 7. 21. 2013헌마497 결정. 이 결정들에는 헌법재판소가 원행정처분도 직접 함께 취소해야 한다는 재판관 2인의 반대의견이 있다. 제6장 제8절.

124) 그 밖에 헌법재판소 2013. 11. 28. 2012헌바22 결정; 2015. 12. 23. 2013헌바11 결정.

불리한 확대해석을 허용하고,[125] 또 우리 헌법의 글귀를 보면 과세권에 대한 제약은 형벌권에 대한 제약보다는 적다.[126] 우리 정치사, 우리 헌법사에서는 조세법률주의라는 것을 불문(不文)의 헌법원리로 받아들인 적도 없고,[127] 서양의 역사에서는 세금문제가 법치주의 도입의 핵심적인 쟁점이었지만 우리나라의 1987년 민주화운동이나 현행헌법의 제정은 세금문제와는 아무런 상관이 없이 이루어졌다.

엄격해석만 가능하다면 실상 조세회피행위라는 개념 자체가 존재할 수 없다. 엄격해석의 범위를 벗어나면 과세 자체가 애초 위법하기 때문이다.[128] 그러나 뒤에 보듯 우리 헌법재판소는 조세회피행위를 부인할 수 있다는 결정을 숱하게 내어놓았다. 합목적적 확대·축소 해석이나 유추적용은 피할 수 없는 현실. 헌법재판소도 이 현실을 눈감을 수야 없다.

> 심판대상조항 중 '매각'의 의미를 살펴본다. 현물출자는 회사의 설립이나 신주 발행 시에 금전 이외의 재산을 출자한 대가로서 주식이나 지분을 배정받는 것을 말하는데, 유상처분인 점에서 매도, 교환 등과 다를 것이 없다. 또한 현물출자의 대가로 배정받은 주식이나 지분도 언제든지 처분이 가능하다. 한편, 상속세 및 증여세법(이하 '상증세법'이라 한다)상의 '증여'는 그 행위 또는 거래의 명칭·형식·목적 등과 관계없이 직접 또는 간접적인 방법으로 타인에게 무상으로 유형·무형의 재산 또는 이익을 이전(移轉)하거나 타인의 재산가치를 증가시키는 것(상증세법 제2조 제6호), 즉 무상에 의한 모든 이전행위를 의미하고, 구 지방세특례제한법 제94조에 규정된 '증여'는 같은 조세법률인 '상증세법상의 증여'에서 사용하는 의미와 동일한 의미로 새기는 것이 타당하다. 그렇다면 심판대상조항에서 '증여'와 병렬적으로 규정되어 있는 '매각'은, 무상에 의

---

125) 예를 들어 '업무'라는 말은 오락 목적의 자동차운전을 포함한다. 대법원 1970. 8. 18. 선고 70도820 판결. 강제추행죄에서 폭행이란 강간죄의 폭행과 달리 힘의 대소강약을 불문한다. 대법원 2002. 4. 26. 선고 2001도2417 판결. 위험한 물건을 '휴대'한다는 말은 소지뿐만 아니라 널리 이용한다는 뜻도 포함한다. 대법원 1997. 5. 30. 선고 97도597 판결. 대표이사라는 말은 실질적 경영자를 포함한다. 대법원 2021. 5. 7. 선고 2020두40846 판결(병역법).

126) 대법원 2014. 5. 16. 선고 2011두19168 판결. (지방세법상 '사기 기타 부정한 행위'는 형사처벌의 구성요건이므로 형사처벌 법규에 준하여 엄격 해석하여야 한다.)

127) 헌법 제12조와 제38조의 글귀 차이나 그 밖에 우리 헌법과 세법해석에 관해서는 이창희, 조세법연구방법론, 법학 46권 2호(2005. 6), 11-16쪽. 같은 생각으로 오윤, 세법원론, 1편 3장 3절 2항. 이준봉, 1편 2장 1절 VI.6. 이동식, 6편 4장. 법 흠결의 해결은 입법부가 할 일이라는 생각에 대한 일반적 비판은 Cass R. Sunstein, After the Rights Revolution(1990), 제4장, 특히 119쪽. 권력분립에 어긋나지 않는다는 독일 결정으로 독일 헌법재판소 1973. 2. 14. 1 BvR 112/65; 34 BVerfGE 269, 71 BVerfGE 354.

128) 中里實, 租税法における事實認定と租税回避否認(金子宏 편, 租税法の基本問題, 2007), 121쪽, 특히 140-142쪽. 이 입장에서는 실질과세 명문규정에서 말하는 실질을, 민사법상 유효한 법률행위나 법률효과 그 자체라고 한다(이른바 법적실질설). 아래 제4절.

한 모든 이전행위의 대구적(對句的)인 의미, 즉 유상의 모든 이전행위를 의미하는 것으로서, 현물출자까지 포함된다.[129)]

합목적적 해석이 필요한 것은 법이란 자의적 규정의 뭉텅이가 아니라, 옳은가 그른가를 논리로 따져야 할 대상인 까닭이다. 문제는 목적론적 해석의 가부가 아니라 방법론(方法論)을 바로 세우는 것이다. 구체적 결론에 이른 전제를 숨겨버린 채 때로는 아무 말 없이 유추나 확대해석을 하고(가령 법령에 의한 사용금지는 행정작용에 의한 사용금지를 포함한다), 때로는 느닷없이 유추나 확대해석의 금지를 내세운다면(가령 받은 증빙이 불비하면 가산세를 매긴다는 조항을 아예 증빙을 안 받은 경우에 적용할 수 없다면),[130)] 이런 모습이야말로 자의(恣意). 바른 임무는 실정법의 개념을 넓게 또는 좁게 해석할 때에는 왜 그래야 옳은가에 대한 방법론을 세우는 것이다.[131)] 그래야만 통일적(統一的) 법질서(法秩序)를 세울 수 있고[132)] 법적안정성(安定性)이 확보된다. 가령 민법을 해석하면서, 엄격해석이라야 법적안정성을 확보할 수 있다는 말이 통할 수 없는 것과 마찬가지이다. 판례를 통하여 객관적 안정적 체계를 쌓을 수 있는 이상 그런 규범이 법전에 적혀 있으나 판례집에 적혀 있으나 법적안정성에는 차이가 없다. 물론 목적론적 해석을 부인하는 사람들이 말하듯 현실의 세법은 통일적 법질서라기보다는 오히려 역사적 우연일 뿐이고 정치적 역학관계의 반영일 뿐이라는 것이 틀린 말은 아니다. 앞으로 그런 사례를 숱하게 볼 것이다. 실정법은 법질서나 정의의 질서라기보다는 무질서라고 하는 편이 진실에 가까우려나. 그러나 오히려 바로 그 때문에 법률가는 세법의 헌법적 기초를 말하고[133)] 목적론적 체계적 해석을 통한 법질서를 추구할 수밖에 없다.

4. 해석전거: 효율, 공평, 정합성

목적론적 체계적 해석의 전거로서 稅法의 目的이란 무엇인가? 세법의 목적으로 가장 기본적이고 중요한 것이야 세수(稅收)확보. 이 세수를 효율적이고 공평하게 걷는 것이 세법의 목표이다. 그 밖에도 세수에 더하여 경제조정을 목표로 한 세금이 있을

---

129) 헌법재판소 2018. 1. 25. 2015헌바277 결정; 2020. 3. 26. 2017헌바527 결정.

130) 대법원 2007. 6. 28. 선고 2005두13537 판결; 2018. 12. 13. 선고 2015두40941 판결(설립 중인 회사의 최대출자자 ≠ 최대주주).

131) 좋은 보기로 대법원 2012. 10. 11. 선고 2011두6899 판결; 2012. 10. 11. 선고 2010두20164 등(병합) 판결. 윤지현, 과점주주의 존재를 요건으로 하는 두 가지의 제2차 납세의무자에 관한 대법원 판결의 해석방법론 비판, 조세법연구 27-1(2021), 147쪽.

132) Tipke/Lang, 제1장 44-48문단.

133) Tipke/Lang, 제1장 4문단, 18문단, 제3장 1문단.

수 있고, 세수를 목표로 하지 않은 채 경제의 규제만 노리는 세금, 정확히 말하자면 세금이라는 이름을 빈 규제법령도 있을 수 있다.[134]

그러면 먼저 稅收의 확보가 세법의 해석기준이 될 수 있을까? 안 되지. 왜? 단순한 예로 채권법의 목적이란? 돈을 받을 수 있게 하는 것(급부가 실현되도록 하는 것). 그렇다고 해서 일방적으로 채권자에게 유리하게 또는 채무자에게 유리하게 해석해야 한다는 기준이 생기는가? 아니다. 이른바 국고주의든 납세자주의든 세수 그 자체는 해석의 기준이 아니다.

효율(效率)의 고갱이는 조세中立性.[135] 시장이 완전경쟁상태에 있다고 전제한다면 조세중립성을 유지하는 것이 사회전체의 부(富)를 ―행복은 아니더라도― 극대화한다. 경제조정이라는 목적이 법에 따로 없는 한 세법은 조세중립성을 실현할 수 있는 방향으로 해석하여야 할 것이다. 조세중립성에 버금가는 효율의 요소는 법적안정성. 행정청이나 법원이 법을 어떻게 해석할지를 내다볼 수 없다면 그만큼 경제의 효율을 해친다.

효율과 쌍을 이루는 세법의 목표는 公平. 공평, 좀 더 크게는 정의란 법의 존재근거 그 자체이고, 법해석도 공평해야 한다. Tipke는 목적론적 해석의 논거를 공평에서 찾기도 한다. 오늘날의 정치이념, 헌법이념으로서 공평과세란 담세력에 따른 과세를 뜻한다. 그러나 공평이라는 잣대를 함부로 휘둘러서는 안 된다. 수평적 공평은 조세중립성 내지 효율의 문제와 거의 겹치므로 객관적 분석대상이고 수직적 공평이란 애초 사람마다 생각이 다를 수밖에 없는, 근본적으로는 다수의 의사로 정할 주관적 가치판단이니. 법관이 공평이라는 이름으로 자신의 생각을 함부로 강요해서는 안 된다. 세법이나 과세요건을 규율하는 규제법령에 일정한 가치판단이 들어있다면 법관은 이것을 따라야 한다.[136] 다른 쟁점에 관한 판결과 모순을 일으켜서 통일적(統一的) 법질서(法秩序)를 깨뜨려도 안 된다. 공평을 구실로 법해석이 갈팡질팡해도 안 된다. 설사 비중립적 세제라 하더라도 법이 안정적이라면 원래는 불공평이란 없다.[137] 법의 불안정성

---

134) 제2장 제3절 Ⅰ. Tipke/Lang은 세법의 목표로 공평(Gerechtigkeit라는 말은 정의라는 뜻이기도 하다)과 법적안정성을 들고 있다. 이 강의의 용례로는 법적안정성은 효율의 한 면일 뿐이다. 이 강의에서 말하는 효율의 한 측면으로 세제가 경제에 미치는 부작용을 줄여야 한다는 것을 Tipke/Lang은 경제적 합리성이라고 부르면서, 경제적 합리성이 없는 세제는 불공평한 것이 보통이다라는 식으로 이론을 짜서 공평의 개념에 집어넣고 있다. Tipke/Lang, 제3장 3문단, 10문단.

135) 효율은 헌법원리이므로 법해석의 잣대가 된다는 견해로 윤진수, 법의 해석과 적용에서 경제적 효율의 고려는 가능한가, 서울대학교 법학 50권 1호(2009), 50쪽. 반대론으로 남형두, 법학의 학문적 정체성에 관한 시론, 서울대학교 법학 62권 3호(2021), 45쪽, 특히 58-64쪽.

136) 독일법학의 용어를 든다면 세법은 "통일적 법질서" 전체의 일부가 되어야 한다. 그러나 법질서 안에 여러 가지 가치판단이 부딪히는 경우에는 어느 것을 우선할 것인가라는 문제가 생긴다. Tipke/Lang, 제1장 44-48문단.

137) 다만 자유의 침해라는 문제를 남길 뿐이다. 제2장 제3절 Ⅱ. 독일의 용례는 수직적공평(재분배)과

이야말로 불공평을 낳는다. 내는 사람은 나만 내니 억울하고, 안 내는 사람은 세금이란 모자라는 것들이나 내지, 이렇게 여기게 하는 도덕적 해이를 낳는다.[138] 공평개념의 외연은 어디까지인가? 이것이 실질과세. 아래 제4절.

마지막으로 경제조정. 완전한 또는 유효한 경쟁이 있는 시장이라면 중립적인 세제가 좋은 세제이지만 경쟁상태가 아니라면 非中立的인 세제라야 효율적일 수도 있다. 경제조정을 꾀하는 세법규정이라면 법의 목적(目的)에 맞추어 해석해야 마땅하다. 나아가, 설사 시장이 완전경쟁이나 유효경쟁의 조건을 만족시키고 있다고 하더라도, 국가가 어떤 산업정책적 이유에서 경제에 개입하는 법제를 두는 수가 있다. 우리 실정법에서 부동산투기를 막는 수단으로 양도소득세나 기타 세제를 쓰는 경우가 대표적인 보기. 이런 외부적 목적을[139] 위한 도구로 세법을 쓰는 경우에 입법취지와 어긋나는 해석을 한다면 법체계가 어지러워진다. 이러한 경우에는 입법목적이 무엇인가를 고려한 해석이 불가피하다. 다른 한편, 세법은 그 자체의 내적 정합성을 추구하는 것일 뿐 꼭 다른 법이 꾀하는 목적을 적극 추구할 이유는 없다. 가령 위법한 소득을 얻는 데 들어간 비용이라는 이유로 비용공제를 당연히 부인하지는 않는다.[140]

법이란 정의를, 무엇이 옳은가를 정하는 것이다. 옳다는 말은 맞다는 말보다 상위개념이다. 효율에 관한 판단은 원래 정답 오답이 있는 것이니 다수결의 영역이 아니고 법관의 고유영역인 논리 판단이다. 법률이 불명확하다는 생각이 있을 수 없다. 법률의 위임이 있든 없든 명령의 내용은 가능한 법해석의 하나로, 정답인지 오답인지 따지면 된다. 공평(公平)에 관한 판단은 도덕적 가치(價値)판단이니 원래 그 자체로는 맞고 틀리고가 없지만, 헌법이나 법률에 이미 담겨있는 도덕적 가치판단에 어긋나는가 아닌가는 논리 판단이다. 신분을, 하늘 같으신 임금님이나 귀하신 나으리를 거부하는 이상 법관이 자신의 도덕감정으로 국민다수의 價値판단을 제칠 수는 없고, 헌법이나 법률에 담긴 가치판단을 따라야 한다. 헌법이나 법률의 가치판단에서 답이 안 나오고 통일적 법질서 전체에서도 답이 안 나오는 여백이라면 맞고 틀리고가 없으니 법관은 자신의 도덕감정을 따라서 옳다고 믿는대로[141] 판단할 수밖에 없다. 우리 사법체제에서는 법관이 재판을 거절할 수는 없고 여론조사로 재판할 수야 없으니까. 그 판단을 차후 받

경제조정(Lenkung)을 묶어서 사회적 목적이라 부른다. Tipke/Lang, 제4장 21문단.

138) Tipke/Lang, 제3장 2문단.

139) 헌법에 어긋나지 않는, Alexy의 용례로 '현행 법질서에서 객관적으로 요청되는 목적'이라야 함은 당연. 로베르토 알렉시, 법적논증이론(변종필 외 옮김, 2007), 338쪽.

140) 비용지출 자체가 위법하거나 사회질서에 어긋날 경우 이를 부인할 뿐. 대법원 2015. 2. 26. 선고 2014도16164 판결. 제11장 제1절 II. 2. O'Gilvie v. United States, 519 U.S. 79, 특히 88-89쪽.

141) 이 단계의 추상수준이라면 자신의 도덕감정을 헌법이나 전체적 법질서에 들어있는 가치판단이라 여기게 마련이지만.

아들일지 다시 뒤집을지는 입법 문제로 돌아간다.

5. 기업회계(企業會計)

마지막으로, 법령의 틈과 관련한 한 가지 묘한 특칙.

> 국세기본법 제20조 (기업회계의 존중) 세무공무원이 국세의 과세표준을 조사·결정할 때에는 해당 납세의무자가 계속하여 적용하고 있는 기업회계의 기준 또는 관행으로서 일반적으로 공정·타당하다고 인정되는 것은 존중하여야 한다. 다만, 세법에 특별한 규정이 있는 것은 그러하지 아니하다.

지방세기본법은 제22조. 세법에 따로 정한 바가 없다면 企業會計를 존중하라는 말인데… 형식적 법치주의와 정면충돌이네. 과세요건은 형식적 의미의 법률로 정해야 하고, 대통령령이나 부령에 위임하는 경우에는 위임입법의 형식을 따르라는 것이 헌법인데, 위의 법규정은 대통령령이나 부령도 아니고 기업회계의 기준이나 관행에 불과한 것에[142] 법규범의 효력을 준 듯 읽힌다. 입법정책으로 옳은가 그른가는 일단 접어두자. 헌법에 맞도록 풀이하자면 '존중'이라는 말의 뜻은? 기업회계기준 등이 법관을 구속할 수는 없다. 그저, 그 내용을 세법문제에 그대로 받아들여도 옳은 경우 법관이 이를 받아들일 수는 있다는 말일 뿐.[143] 법에 나오는 기업회계 용어에 대해서는 제18장 제5절 III.

제 3 절 요건사실의 확정과 추계과세

요건사실은 어떻게 확정할 것인가? 증명책임을 따지기 전에 조문 하나.

> 국세기본법 제16조 (근거과세) ① 납세의무자가 세법에 따라 장부를 갖추어 기록하고 있는 경우에는 해당 국세 과세표준의 조사와 결정은 그 장부와 이와 관계되는 증거자료에 의하여야 한다.

지방세기본법은 제19조. '근거과세'라는 말을 무슨 헌법 원리처럼 쓴 경우도 보이나,[144] 사실의 확정은 제 멋대로가 아니라 믿을 만한 근거에 터잡아야 한다는 당연한 말

---

142) 행정규칙의 형식을 띤 법규명령이라는 견해로 한만수, 조세법강의, 1편 3장 5절 Ⅰ. 3(5). 그러나 제1절 2.

143) 대법원 1992. 10. 23. 선고 92누2936등 판결; 1995. 7. 14. 선고 94누3469 판결.

이다.[145] 법은 사업자에게 등록의무를 지워서[146] 세금계산서 · 현금영수증 · 계산서 등 증빙을 갖추어[147] 장부 등을 비치 기장하게 하고 있다.[148] 과세행정청은 납세의무자나 관계자에게 필요에 따라 질문하고 관계서류, 장부, 기타 물건을 조사할 수 있다.[149] 국가기관, 지방자치단체, 금융기관 등에게 법에 정한 범위 안에서 법에 정한 절차에 따라 과세자료를 달라고 할 수 있다.[150]

I. 증명책임(證明責任)의 분배(分配)

세법에서는 사실을 확정하는 방법이 다른 법과 혹시 다를까? 그럴 리야. 사실을 어떻게 확정할 것인가는 證明責任分配의 일반이론에 따르면 된다. 사실이 의심스러운 때에는 납세자에게 유리한 방향으로 사실을 확정하여야 한다는(in dubio contra fiscum), 이른바 납세자주의를 주장하는 이들도 있다. 이를 전제하고 있는 듯한 내용의 판결이 간혹 보이기도.[151] 그러나 in dubio contra fiscum이라는 말은 원래 족보가 없다. 세무공무원의 국고주의적 행태, '잘 모르겠으면 세금을 걷고 본다'(in dubio pro fisco)는 행태를 뒤집은 신조어일 뿐.[152] 국고주의가 법의 해석이나 집행의 원리일 수 없음은 물론이다. 그러나 국고주의에 대한 거부와 납세자주의가 논리적 동치는 아니다. 유달리 세법에서만 사실확정과 증명책임의 이론이 달라질 이유가 없다.[153]

사실은 어떻게 확정하는가? 적극적으로 요건사실(要件事實)의 존재를 주장하는 쪽에서 이를 증명해야 하고,[154] 반대사실(권리장애규정의 요건사실)을 주장하는 쪽에

144) 헌법재판소 1996. 12. 26. 94헌가10 결정.

145) 수사과정에서 작성된 자료는, 진실성을 다시 확인함 없이 과세근거로 삼을 수 없다. 대법원 1991. 12. 10. 선고 91누4997 판결 등. 형사판결에서 조세포탈 사실을 인정했다면, 이는 특별한 사정이 없는 한 유력한 과세자료가 된다. 대법원 1990. 5. 22. 선고 89누4994 판결 등.

146) 소득세법 제87조 제3항, 법인세법 제111조, 부가가치세법 제8조 등.

147) 헌법재판소 2015. 7. 30. 2013헌바56 결정; 2021. 6. 24. 2020헌바255 결정. 소득세법 제160조와 제163조, 법인세법 제121조, 부가가치세법 제32조.

148) 소득세법 제160조; 법인세법 제112조; 부가가치세법 제71조; 조세범처벌법 제8조 등. 세금계산서 교부의무 위반은 가산세와 과태료로 다스리고 형벌도 있다. 헌법재판소 2021. 6. 24. 2020헌바255 결정; 2021. 2. 25. 2019헌바506 결정. 특정범죄가중처벌 등에 관한 법률 제8조의2 제2항.

149) 소득세법 제170조; 법인세법 제122조 등.

150) 과세자료의 제출 및 관리에 관한 법률; 소득세법 제160조의5, 제174조 등.

151) 대법원 1976. 2. 10. 선고 74누44 판결; 2000. 2. 25. 선고 98두1826 판결 등.

152) Tipke/Lang, 제17판, 제5장 64문단. 19판 이후로는 아예 이 말 자체가 안 나온다.

153) 입증책임에 관한 상세는 소순무 · 윤지현 · 김규림 · 김세현 · 박현주 · 윤성현, 조세소송(2024), 3-479 문단 이하. 이하 이 책은 '소순무 · 윤지현 외, 조세소송'으로 줄인다.

154) 이혼시 양도소득세의 과세대상인 위자료와 과세대상이 아닌 재산분할 부분의 구별에 대한 증명책임은 과세관청에. 대법원 2002. 6. 14. 선고 2001두4573 판결.

서는 그를 증명해야 한다.[155] 납세의무가 있음을 증명하려면 과세의 요건사실이 있음을 국가가 증명해야 한다. 어, 소득세, 법인세, 부가가치세, 상속세나 증여세 따위에서는 과세요건 사실이 있는지 없는지를 국가로서는 알 길이 없는데? 이런 경우에는 요건사실이 있음을 신고할 의무를 납세의무자에게 지우는 법. 이 신고가 허위라면 가산세나 형벌 등의 제재가 따르지만, 납세의무자가 제출한 신고서는 일단은 진실한 것으로 추정하고[156] 사실이 신고내용과 다름을 국가가 증명해야 한다. 가령, 수입금액의 누락사실은 행정청이 증명해야.[157] 그러나 신고를 했다고는 하지만 요건사실을 증명할 자료는 납세의무자의 지배영역(支配領域)에 속하는데 국가가 의심할 바 없는 분명한 증명을 할 길이 있으려나? 없다. 아예 신고조차 않았다면 더더욱 없고. 따라서 증명책임의 정도를 완화시켜서 국가는 요건사실의 존재를 합리적으로 추정할 수 있는 간접사실만[158] 증명하면 일응 증명책임을 다한 것이 되고,[159] 조세채무를 벗어나려면 납세의무자가 반대사실을 증명해야 한다.[160] 앞의 보기에서 정부가 수입금액의 누락을 일단 증명했다면, 신고에 빠진 비용이 따로 있음은 납세의무자가 증명해야.[161] 행

155) 대법원 1985. 5. 14. 선고 84누786 판결; 1992. 6. 9. 선고 91누11933 판결(납부고지서의 하자); 2000. 7. 7. 선고 98두16095 판결(비과세대상); 2010. 5. 13. 선고 2009두3460 판결(과세처분 무효사유의 주장입증은 원고책임); 2023. 6. 29. 선고 2023두34637 판결(중과세 제외사유).

156) 국세기본법 제81조의3. 대법원 2015. 6. 23. 선고 2012두7776 판결; 2021. 9. 16. 선고 2017두68813 판결.

157) 대법원 1986. 12. 9. 선고 85누881 판결. 행정청이나 수사기관의 강요로 자유로운 의사에 반하여 작성한 자료(이른바 상태성이 없는 자료)에 터잡은 과세처분은 무효이다. 대법원 1985. 11. 12. 선고 84누250 판결; 1986. 10. 28. 선고 86누442 판결.

158) 납세의무자의 금융기관 계좌에 입금된 금액이 매출이나 수입에 해당한다는 것은 경험칙에 비추어 이를 추정할 수 있는 사실이나 인정할 만한 간접적인 사실을 밝히는 방법으로도 증명할 수 있고 이는 차명계좌도 마찬가지이다. 대법원 2017. 6. 29. 선고 2016두1035 판결. 부부간 예금의 이동은 경험칙에 비추어 볼 때 증여를 추정할 수 있는 간접사실이 아니다. 대법원 2015. 9. 10. 선고 2015두41937 판결.

159) 대법원 2015. 6. 23. 선고 2012두7776 판결; 2014. 5. 29. 선고 2014두2027 판결; 2014. 8. 20. 선고 2012두23341 판결(손금이 가공이라는 일응의 입증); 2015. 2. 12. 선고 2013두24495 판결(비정상거래); 2015. 2. 12. 선고 2013두24495 판결(비정상거래); 1967. 5. 23. 선고 67누22 판결 등. 실지조사는 그것이 실제의 수입을 포착하는 방법으로서 객관적이라고 할 수 있는 한 특별한 방법상의 제한이 없다 할 것이므로, 납세의무자의 금융기관계좌에 입금된 금액을 조사하는 방법으로 납세의무자의 총수입액을 결정한 것은 객관성이 있는 적법한 실지조사방법에 속한다. 대법원 2004. 4. 27. 선고 2003두14284 판결. 납세의무자의 확인서에 관해서는 대법원 1998. 7. 10. 선고 96누14227 판결; 2000. 12. 22. 선고 98두1581 판결; 2002. 12. 6. 선고 2001두2650 판결; 2003. 6. 24. 선고 2001두7770 판결. 법에서 아예 과세요건 사실의 성립을 추정하는 경우로 상속세및증여세법 제15조 제1항 제1호, 44조, 45조 등. 일응의 입증을 받아들이지 않은 사례로 대법원 2008. 5. 15. 선고 2007두8058 판결.

160) 대법원 1998. 3. 24. 선고 97누9895 판결; 1984. 7. 24. 선고 84누124 판결 등. 행정처분의 당연무효를 주장하려면 무효사유를 입증해야 한다. 대법원 1992. 3. 10. 선고 91누6030 판결; 헌법재판소 2012. 3. 29. 2010헌바342 결정.

정청이 사실을 확인할 수 있도록 법은 세무공무원에게 질문검사권을 주어 납세의무자나 관계인에게 필요한 질문을 하고 관계서류, 장부 기타 필요한 물건을 검사할 수 있게 정하고 있다.[162]

Ⅱ. 추계과세

과세요건사실이 있어 조세채무가 있음은 분명하지만 납세의무자의 장부나 증빙 등 세액을 정확히 확정할 자료가 없다면 이용할 수 있는 자료로 과세표준을 짐작하여 세액을 정할 수 있다. 이것이 추계과세(推計課稅).

예를 들어 소득세법은 장부와 증빙서류가 없거나 중요부분이[163] 미비하거나 허위이거나 기장내용이 사업의 실제에 비추어 허위임이 명백한 때에 추계과세를 허용한다.[164] 다른 법에도 비슷한 규정이 있다.[165] 납세의무자로부터 자료제시를 받아 실지조사를 하더라도[166] 과세표준과 세액을 정할 수 없음이 명백하다면 실지조사 없이 바로 추계조사 결정을 할 수도 있다.[167] 추계방법은, 법령에 정한 바가 있기는 하지만 근본적으로는 무엇이 합리적인가라는 기법의 문제.[168] 실지조사와 섞을 수는 없다.[169] 부가가치세법이나 소득세법 목적으로 매출액 내지 수입금액을 추계하는 때에는 원재료 구매량 등 얻을 수 있는 내부자료와 비슷한 상황에 있는 다른 사업자의 사정 등에 터잡

161) 대법원 1992. 3. 27. 선고 91누12912 판결; 1998. 4. 10. 선고 98두328 판결; 2008. 1. 31. 선고 2006두9535 판결; 2010. 10. 14. 선고 2008두7687 판결. 다만 필요경비가 발생한다는 것이 경험칙상 분명하면 정부가 일응의 경비를 떨어주어야 하고 그보다 더 많은 필요경비가 있다는 것은 납세의무자가 증명해야 한다. 대법원 1992. 7. 28. 선고 91누10909 판결; 1999. 1. 15. 선고 97누15463 판결. Tipke/Lang, 22장 191문단. 형사절차에 대해서는 대법원 1994. 6. 28. 선고 94도759 판결 등. 상세는 안대희, 조세형사법, 4편 4장 3절.

162) 소득세법 제170조, 법인세법 제122조 등.

163) 대법원 1995. 7. 25. 선고 95누2708 판결.

164) 소득세법 제80조 제3항 단서, 같은 법 시행령 제143조 제1항. 헌법재판소 2019. 11. 28. 2017헌바340 결정. 대법원 1983. 11. 22. 선고 83누444 판결; 1985. 11. 26. 선고 83누400 판결; 1986. 6. 24. 선고 84누584 판결; 1986. 9. 9. 선고 86누24 판결; 1988. 9. 13. 선고 85누988 판결; 1995. 12. 8. 선고 95누2777 판결; 1999. 1. 15. 선고 97누20304 판결. 종합소득세의 경우 추계과세를 받는 사람이 거의 절반이다. 추계조사는 납세의무자의 권리는 아니다. 대법원 1995. 7. 25. 선고 95누2708 판결.

165) 부가가치세법 제57조 제2항 단서.

166) 대법원 1980. 3. 11. 선고 79누408 판결.

167) 대법원 2005. 7. 8. 선고 2004두8293 판결; 1995. 1. 12. 선고 94누10337 판결.

168) 상세는 임승순, 조세법, Ⅱ부 1편 5장 3절 2. 다. 참조. 추계방법에 흠이 있더라도 합리적 추계액의 범위 안에 있다면 과세처분은 적법하다. 대법원 2001. 12. 24. 선고 99두9193 판결; 2005. 1. 15. 선고 2004두4949 판결. 형사절차에서도 포탈세액을 추계할 수 있다. 대법원 1985. 7. 23. 선고 85도1003 판결; 1997. 5. 9. 선고 95도2653 판결; 2005. 5. 12. 선고 2004도7141 판결.

169) 대법원 2001. 12. 24. 선고 99두9193 판결; 2007. 7. 26. 선고 2005두14561 판결.

아 추계한다.[170] 수입금액을 추계했더라도, 납세의무자의 장부와 증빙으로 비용과 소득을 계산할 수 있으면 소득은 장부에 터잡아 결정해야 한다.[171] 부가가치세 목적상의 매입액도 분명한 증빙이 있는 것만 인정한다.[172] 납세의무자의 장부로 비용을 추계할 수 없다면, 주요항목별로 개별비용을 추계하거나 납세의무자의 과거기록이나 다른 사업자의 통계 등 적당한 방법으로 전반적 소득률을 추계하여 소득을 결정한다.[173] 실무적으로는 오랫동안 업종별, 사업규모별로 수입금액에 대한 소득금액의 비율이 얼마나 되는가를 조사하여 그 결과를 소득표준율 또는 표준소득률 등의 이름으로 발표하여 이를 추계과세의 자료로 삼아왔다.[174] 그 결과 사업자에 대한 세부담이 너무 가볍다는 비판이 있었고, 이제는 주요비용은 실제자료가 없으면 인정하지 않는다.[175] 수입금액을 실제조사했더라도 장부에 의하여 소득금액을 구할 수 없다면 비용과 소득을 추계할 수 있다.[176]

추계의 과정이 합리적이고 그 결과가 진실한 과세표준과 들어맞을 개연성이 있음은 과세관청이 證明하여야 한다.[177] 일응 그럴듯하다는 정도를 과세관청이 증명한다면(가령 소득표준율에 의한 추계라면[178]), 추계가 부당하다는 구체적 위법사유를 댈 반증(反證)책임은 납세의무자에게 넘어간다.[179] 과세처분의 취소소송 중에라도 실제 자료에 의한 세액결정이 가능하다면 실제자료에 의하여야 한다.[180]

170) 대법원 2010. 10. 14. 선고 2008두7687 판결.

171) 대법원 1994. 7. 29. 선고 94누5175 판결; 1993. 9. 24. 선고 93누6232 판결; 1998. 12. 11. 선고 96누17813 판결; 2007. 7. 26. 선고 2005두14561 판결. 소득세법시행령 제144조 제3항.

172) 부가가치세법 시행령 제104조 제2항.

173) 소득세법시행령 제143조.

174) 대법원 1997. 9. 9. 선고 96누12054 판결; 1997. 10. 24. 선고 97누10192 판결. 소득표준율의 구체적 제정을 행정부에 위임한 것을 포괄위임이라고 볼 수는 없다. 대법원 1997. 9. 9. 선고 96누12054 판결.

175) 소득세법시행령 제143조 제3항, 제145조 등.

176) 대법원 1998. 7. 10. 선고 97누13894 판결. 통상적 경비는 행정청이 부존재를 입증해야. 대법원 1990. 2. 13. 선고 89누2851 판결. 납세의무자가 비용을 입증하지 못한다면 정부가 적절한 비용을 추계하여야 한다. Cohan v. CIR, 39 F2d 540 (2d Cor. 1930). Bittker, McMahon & Zelenak, 11.09절. 일부 확인되는 필요경비가 있더라도 추계소득에서 다시 공제하지 않는다. 대법원 2005. 1. 13. 선고 2003두14116 판결.

177) 대법원 1984. 4. 10. 선고 81누48 판결; 1987. 2. 4. 선고 86누578 판결; 1988. 3. 8. 선고 87누588 판결; 2010. 10. 14. 선고 2008두7687 판결.

178) 대법원 1997. 9. 9. 선고 96누12054 판결.

179) 대법원 1967. 5. 23. 선고 67누22 판결; 1997. 10. 24. 선고 97누10192 판결; 1998. 5. 12. 선고 96누5346 판결. US v. Didio, 37 AFTR2d 76-941, 76-944(ED Pa, 1976).

180) 대법원 1986. 12. 9. 선고 86누516 판결; 2012. 7. 26. 선고 2012두7196 판결(실액 초과부분만 취소); 2015. 7. 9. 선고 2015두1076 판결. 이에 대한 예외로 종전에는 양도소득세에서 법에 정한 신고기한까지 실제거래가액을 행정청에 신고하지 않았다면 뒤에 소송단계에서 실제거래가액을 주장할 수 없었다. 대법원 1997. 7. 22. 선고 96누6578 판결. 제12장 제3절 I. 법률로 아예 기준시가를 원칙으로 삼고 있었던 까닭이다. 헌법재판소 1995. 11. 30. 91헌바1등 결정.

제4절 실질과세(實質課稅)

세법상의 법률요건은, 이를 확정하기 쉽게 하기 위해서 대개 민사법상의 법률요건 또는 법률효과를 세법상의 법률요건으로 삼게 된다. 법에서 '부자가 되면 세금을 낸다'고 정할 수야 없다. 너무나 애매하고 추상적이니까. 법률요건을 구체적으로 특정하다 보니까 세법의 글귀는 "(민사법상의) 어떤 법률행위, 법률효과 또는 그에 따른 이행이 생기면 거기에 대하여 이러이러한 세법상의 법률효과를 준다"는 식으로 쓰게 된다. 대부분 그렇다. 본디 세법이 요건사실로 삼고자 하는 것은 담세력이 있다는 실질이지만 이 요건사실이 다시 민사법상의 법률요건, 법률효과, 또는 이행행위로 표시되어 있는 것이다. 이런 경우 실질과 형식 사이의 틈새에서 몇 가지 문제가 생긴다.

Ⅰ. 차용개념

민사법이나 다른 법영역에서 빌어온 개념을 세법의 목적에 맞추어 원래의 뜻과 달리 해석할 수 있는가라는 차용개념 문제를 실질과세의 한 갈래로 이해하기도 한다. 제2절 2.

Ⅱ. 조세회피행위의 재구성(再構成): 법형식과 경제적 실질

1. 가장행위와 조세회피행위

사람들이 서로 짜고서 법률행위가 있는 듯 꾸며낸 가장행위, 민법에서 쓰는 말로 통정허위인 의사표시는 무효이다. 그리할 뜻이 애초 없는만큼 세법에서도 법률효과가 안 생긴다. 가령 1세대2주택을 피하기 위하여 통정허위(通情虛僞)의 매매계약으로 부동산을 남의 명의로 돌려놓더라도 애초 매매할 의사가 없는 이상 세법에서도 양도소득세 과세대상이 아니다.[181] (아래 제5절에서 다룰 신의칙은 일단 무시하자.) 이런 가장행위는 거의 언제나 조세포탈이나 탈세(tax evasion, Hinterziehung)로서 조세범으로 처벌받는다.[182] 한편 가장행위 그 자체는 무효이지만 다른 행위라고 평가해서 법률효과가 생기는 수가 있다. 가령 부동산 매매계약을 해제하면서 그 방편으로, 매매계약의

181) 부동산 명의신탁에는 과징금이 나오지만 세법상의 효과는 아니다. 제25장 제3절 VII.

182) 관세법에서는 조세회피 명의대여 그 자체에 형벌을 매긴다. 관세법 제275조의3.

취소나 무효를 이유로 말소등기를 구하는 소에서 매수인이 자백이나 청구인락을 하는 것. 통정허위의 속임수이지만 합의해제라는 실체관계에 부합하니 등기가 매도인에게 돌아가는 것은 유효하다. 따라서 세법상으로도 매매계약의 무효나 취소가 아니라 합의해제로서 세법상 법률효과가 생긴다.[183] 제4장 제2절 IV.2.

한결 어려운 문제는 실질과세(實質課稅). 조세회피행위(tax avoidance, Umgehung)를 부인하고 법형식과 다른 경제적 실질을 기준으로 과세할 수 있는가이다. 조세회피(回避)행위란 어떤 사람이, 세법이 법률요건으로 삼고 있는 민사법상의 어떤 행위를 하지 않고 다른 어떤 우회적인 행위를 통하여 동일한 결과를 얻음을 뜻한다. 탈세목적으로 사실을 숨기거나 꾸며내는 것은 아니고 있는 그대로 보여주지만 법을 만들 때 미처 생각하지 못한 허를 찔러서, 돌려치기로 세금을 줄이겠다는 것이다. 어떻게?

예를 들어보자. 땅을 팔면 양도소득세가 나온다. 그런데 양도인이 세금을 내지 않기 위하여, 집을 지을 사람에게 100년짜리 지상권을 설정해 준다면, 설정대가는 그 땅의 매매가격이나 진배없을 것이다.[184] 이런 지상권설정을 '양도'라고 볼 수 있으려나? 토지를 양도하면 양도소득세를 물리겠다는 취지는 토지를 양도하여 버는 돈에 세금을 물리겠다는 의미이다. 위의 토지소유자가 토지를 양도한 적은 없다. 그러나 양도인은 실질적으로 매매나 마찬가지 소득을 얻었다. 법이 예정한 양도는 다르지만 경제적 효과는 같다. 이 사안에서 지상권설정을 토지의 양도와 같다고 볼 것인가, 바로 이런 식의 문제가 생긴다.

조세회피행위의 한결 전형적 예는 여러 단계의 행위과정을 통해 원래 법이 예정한 행위와 같은 결과를 달성하는 이른바 다단계행위(step transactions)이다. 가령 갑이 병에게 토지를 바로 파는 경우보다 가운데 을을 끼워서 갑이 을에게, 다시 을이 병에게 토지를 파는 쪽이 세금이 더 싸고, 이리하여 후자의 거래가 생겼다고 하자. 이 경우 갑에서 을, 을에서 병이라는 두 단계 거래를 갑에서 병이라는 하나의 거래로 재구성할 수 있을까? 조세회피행위가 있을 때 납세의무자가 실제 행한 행위를 묶거나 재결합하여 법이 예정한 행위로 재구성하여 과세할 수 있을까?[185]

---

183) 대법원 1998. 4. 24. 선고 98두2164 판결. 제25장 제3절 I.3.

184) 30년짜리 지상권의 가격이 매매가격의 60%라면 너무 높다는 판결로 대법원 2003. 10. 16. 선고 2001두5682 판결. 일반적으로는 할인율 등 구체적 사실관계에 달려 있다. 돈의 시간가치는 제8장 제1절 II.

185) 미국세법 7701조(l). 부과처분을 받은 명의자가 실질이 따로 있다고 주장하려면 과세요건 사실의 충족에 상당한 의문이 들 정도로 주장·입증하여야 한다. 대법원 2019. 6. 27. 선고 2016두841 판결; 2019. 10. 17. 선고 2015두55844 판결. 미국법에서는 명의자인 납세의무자는 법형식과 다른 실질을 주장할 수 없는 것이 원칙. National Alfalfa, 417 US 134(1974) 등. 조세조약에도 실질과세를 적용한다. 대법원 2012. 4. 26. 선고 2010두11948 판결; 2013. 7. 11. 선고 2010두20966 판결; 2017. 7. 11.

소송법 목적으로는 조세회피행위의 부인은 사실(事實)문제가 아니라 법률(法律) 문제이다.[186] 앞의 예로 돌아가면 문제는, 지상권 설정에 양도와 같은 법률효과를 줄 것인가, 양도에 관한 법조를 유추적용할 것인가라고 물을 수도 있다. 이와 달리 "양도"라는 개념을 민법에 따라 해석하여야 할 것인가 또는 이를 확대해석해서 민법상 양도뿐만 아니라 장기의 지상권설정도 포함시킬 것인가라고 물을 수도 있다. 어느 쪽으로 보든 소송법에서는 사실문제가 아니라 법률문제이다. 이리하여 교과서에서는 이 문제를 법률행위의 해석, 특히 목적론적 관점에서 차용개념을 민사법과 달리 해석할 수 있는가의 문제로 다루기도 한다.[187]

2. 법적 실질설과 경제적 실질설

조세회피행위를 부인할 수 있는가라는 문제를 실질과세의 뜻에 관한 법적(法的) 실질설과 경제적(經濟的) 실질설의 대립으로 설명하는 문헌이 있다. 실질과세라는 말 자체는 실정법상의 개념으로 받아들이지만, 이 말이 법적 실질의 발견만이 아니라 경제적 실질에 따른 과세까지 포함하는가라는 문제로 생각하는 것이다. 그러나 經濟的 실질에 따른 과세를 인정할 것인가라는 문제는, 이 문제 자체를 놓고 과학적으로 따질 일. 실질과세라는 말이 무슨 뜻인가라는 교부회의의 교리토론, 개념법학의 말장난에서 답을 구하려 해서야.

3. 입법례와 비교법

경제적 實質에 따른 재구성(再構成)을 인정해야 하려나? 애초 법을 만들 때 이런 실질과세나 경제적 관찰방법을 반영하면 충분하지 않나? 가령 일본의 소득세법은 위 보기 같은 지상권의 설정을 양도로 보도록 정하고 있다.[188] 우리 법에서도 경제적 실질을 입법단계에 반영한 조문은 많다. 가령 재산의 대부분이 부동산인 회사의 주식을 양도하는 것은 부동산의 양도처럼 과세한다든가,[189] 어떤 회사의 주식을 50% 초과로 취득하는 사람은 그 회사가 소유한 재산을 주식소유비율만큼 직접 취득하는 것이나 마찬가지로 보아 취득세(속칭 '간주취득세')를 물린다든가.[190] 다단계행위에 관해서도,

---

선고 2015두55134 판결; 2017. 12. 28. 선고 2017두59253 판결; 2018. 12. 27. 선고 2016두42883 판결. 기실 경제적 관찰방법은 세법에만 특유한 문제는 아니다. 예를 들어 무역, 외국환, 공정거래 따위에는 모두 이런 문제가 생긴다.

186) 사실문제는 사실심에서만 다투고 상고심(대법원)에서는 다투지 못한다. 민사소송법 제423조, 행정소송법 제8조 제2항.

187) Tipke/Lang, 제5장 165문단.

188) 일본 所得稅法 제33조.

189) 소득세법 제94조 제1항 제4호.

가령 양도소득에 대한 소득세를 부당히 감소시키기 위하여 특수관계인에게 재산을 증여한 후 그 자산을 증여받은 자가 그 증여일부터 5년 이내에 다시 이를 타인에게 양도한 경우에는 증여자가 그 자산을 직접 양도한 것으로 본다.[191] 그러나 이런 예가 보여주듯, 법률적 형식과 경제적 실질의 차이를 이용하는 조세회피행위를 빠짐없이 미리 내다볼 길이 없다. 따라서 법의 해석적용 단계에서 실질과세 문제를 피할 길이 없다.

다른 나라는 어떠려나. 법적용 단계에서 실질과세에 관한 태도는 나라마다 다르다. 우선 세법의 해석방법이 다른 법과 다를 바 없다는 입장을 따른다면, 조세회피행위는 유추를 통하여 과세함이 당연. 이리하여 美國에서는 아무런 명문의 규정이 없을 때부터 시작해서 조세회피행위는 당연히 부인할 수 있다고 생각한다.[192] 어디까지 사법상의 형식을 중시하고 어디에서부터 경제적 실질에 따라 과세할 것인가의 경계선은 흐릿하고 구체적 사실관계마다 다르다. 크게는 사업 목적 없이 세금만 줄이려는 행위를 무시한다는 것과,[193] 다단계행위를 묶어서 평가한다는 두 가지 기준이 있을 뿐.[194] 英國법원은 종래에는 1936년의 *Duke of Westminster* 판결[195] 이래 세법은 엄격하게 해석해야 한다는 입장을 따랐지만, 1982년의 *Ramsay* 판결[196]을 거쳐 *Craven v. White* 판결[197] 이후에는 적어도 다단계행위는 법이 예정한 행위로 재구성할 수 있다는 입장.[198] 2013년에는 조세회피행위 부인에 관한 일반규정을 입법했다.[199] 한편 日本에서는 세법은 엄격히 해석해야 한다는 입장이 아직 많고 실질과세 내지 조세회피행위의 부인은 구체적으로 행위를 정하여 부인할 수 있는 법적 근거가 없으면 불가능하다고 보고 있다.[200] 심지어 조세회피라는 개념 자체가 애초 불필요하다는 주장도 있다.[201]

---

190) 지방세법 제7조 제5항. 제27장 제2절 III. 공평과세 및 실질과세의 구현이다. 헌재 2018. 12. 27. 2017헌바402 결정. 대법원 2015. 1. 15. 선고 2011두28714 판결. 실질적 지배력이 생겨야 과세한다. 대법원 2016. 3. 10. 선고 2011두26046 판결; 2018. 1. 4. 선고 2018두44753 판결; 2018. 11. 9. 선고 2018두49376 판결; 2019. 3. 28. 선고 2015두3591 판결; 2021. 5. 7. 선고 2020두49324 판결. 과점주주군 내부의 주식변동은 과세대상이 아니다. 대법원 2007. 8. 23. 선고 2007두10927 판결; 2013. 7. 25. 선고 2012두12495 판결; 2021. 5. 7. 선고 2020두49324 판결.

191) 소득세법 제101조 제2항. 제12장 제4절.

192) 2010년 신설된 미국세법 제7701조(o)는 종래의 판례이론을 명문화했지만 오히려 해악이 더 크다는 비판이 있다. Grewal, Economic Substance (Reuven Avi-Yonah ed., Research Handbook on Corporate Taxation 제23장, 2023).

193) Gregory v. Helvering, 293 US 465(1935). 이창희, 미국법인세법, 제7장 제1절 II. Knetch 판결은 제20장 제1절 IV.

194) Bittker, McMahon & Zelenak, 1.3절 참조.

195) [1936] AC 1, 1919 TC 490, 520

196) [1982] AC 300, [1981] S.T.C. 174, 54 TC 101

197) [1988] S.T.C. 507a.

198) 상세는 John Tiley, *Butterworths UK Tax Guide*, 제1장 참조.

199) Finance Act of 2013, 206조-215조.

그러나 판례가 반드시 그런 것도 아니고[202] 일본이라는 나라의 특수성 때문에 애초 판례라 부를만큼 판결이 누적되어 있지도 않다. 獨逸의 조세기본법에는 이른바 경제적 관찰방법의 한 갈래로 조세회피행위의 부인을 일반적으로 인정하는 조문이 있다.[203] 특히 2008년부터는 법이 예정하지 않은 조세경감은 조세회피로 추정한다. 엄격해석만 가능하다는 1990년대 중반까지의 세법해석론에서는 경제적 실질이 같다면 예외적으로 과세할 수 있다는 창설적 조문. 세법의 해석방법이 다른 법률과 다를 바 없다는 현재의 지배적 견해에서는 이 조문은 구태여 필요 없다고 보고, 의의를 찾자면 오히려 과세 한계를 설정하는 조문으로서 유추나 확대해석은 경제적 실질이 같은 범위 안에서만 가능하다는 뜻으로 읽는다.[204] 어떻게 보든 결과에는 별 차이가 없다.

4. 가장행위(假裝行爲) 이론과 실질과세

국세기본법 제14조 (실질과세) ① (생략)

② 세법 중 과세표준의 계산에 관한 규정은 소득, 수익, 재산, 행위 또는 거래의 명칭이나 형식과 관계없이 그 실질 내용에 따라 적용한다.

③ 제3자를 통한 간접적인 방법이나 둘 이상의 행위 또는 거래를 거치는 방법으로 이 법 또는 세법의 혜택을 부당하게 받기 위한 것으로 인정되는 경우에는 그 경제적 실질 내용에 따라 당사자가 직접 거래를 한 것으로 보거나 연속된 하나의 행위 또는 거래를 한 것으로 보아 이 법 또는 세법을 적용한다.[205]

제3항은 2007년 말 개정법으로 새로 들어왔다. 일본법에도 실질과세에 대한 조문은 있다. 그러나 우리 국세기본법의 제14조 제1항과 같은 조문만이 있고,[206] 제2항이나 제3항에 해당하는 조문은 없다. 제3항이 생기기 전 우리 법에서는 제2항의 의미를 둘

200) 金子宏, 租税法(제9판), 128쪽.

201) 中里實, 租税法における事實認定と租税回避否認(金子宏 편, 租税法の基本問題, 2007), 121쪽, 특히 140-142쪽.

202) 最高裁判所 2005(平成 17). 12. 19. 平成15(行ヒ)215 판결과 2006(평성 18). 2. 23. 판결(日本判例時報 1926호 57쪽)은 순소득이 세전으로는 (-)이고 세후로는 (+)인 거래라면 권리남용이라고 보고 과세했다(외국납부세액 공제 부인). 일본 법인세법 제132조의2는 구체적 요건을 정하지 않은 채 "조직재편성을 통해 법인세 부담을 부당하게 감소시킨" 경우 부인할 수 있다고 정하고 있다. 最高裁判所 2016(平成 28). 2. 29. 선고 平成27(行ヒ)75 판결(속칭 야후/IDFC 판결)은 이 조항에 터잡아 납세의무자의 계산을 부인했다. 한편 제132조 사건에서 계열회사 자금 차입에 사업목적이 있다고 본 것으로 最高裁判所 2022(令和 2). 4. 21. 선고 令和2(行ヒ)303 판결(유니버설 뮤직).

203) 독일 조세기본법 제39조(위탁자, 담보제공자, 자주점유자는 실질귀속자), 제42조.

204) Tipke/Lang, 제5장 165문단. 이준봉, 1편 2장 1절 VI.6.나.(1).

205) 비슷한 법조항으로 국제조세조정에관한법률 제3조 제3항.

206) 일본 所得税法 제12조 및 法人税法 제11조.

러싸고 두 가지 견해가 맞서고 있었다. 우선 이 법조항은 추상적인 선언일 뿐이며 아무런 규범적인 의미를 담고 있지 않다, 결과적으로 우리 법이 일본법과 같다는 견해(법적 실질설)가 있었다. 이와 달리 이태로 선생은 제2항이 실질과세(물론 경제적 실질설에 따른 실질과세)를 정하고 있는 조문이라고 보았다.[207] 나아가 법 제14조가 없다고 할지라도 실질과세는 법에 내재(內在)된 원칙이라는[208] 것이 선생의 주장. 종전의 판례는 오락가락. 먼저 오래된 판례로서 법 제14조 제2항이 생기기 이전에 이미 실질과세의 원칙이라는 표현을 쓰면서 법에 있는 요건을 그대로 만족시키지 않았음에도 불구하고 법에 있는 효과를 인정한 사례가 있다.[209] 그 뒤 오랫동안 판례는 법에 구체적인 근거 규정이 없으면 실질과세의 원칙을 들어 거래를 재구성할 수 없다는 태도를 보였지만[210] 90년대 말부터는 다시 재구성을 허용하는 판례가 보이기 시작했고,[211] 이런 경향이 입법으로 이어진 것이 앞의 제3항.

제3항이 생기기 전의 사건으로 조세회피(回避)라는 결과를 그냥 참은 대법원 판결 하나. 갑과 을이 각 A, B라는 토지를 소유하고 있었다. 이들은 이 토지를 법인인 병에게 양도하면서, 토지를 바로 병에게 팔지 않고 갑과 을이 자신의 토지를 서로 교환(交換)한 후 갑과 을이 각 B, A토지를 병에게 양도했다. 왜 이런 2단계 거래를? 그 편이 갑, 을이 바로 병과 거래하는 것보다도 세금이 적었던 까닭이다. 그 당시에는 개인이 토지를 법인에 양도하면 실제거래가액으로 세금을 매기지만, 개인이 개인에게 양도하면 기준시가로 세금을 매겼다. 따라서 갑과 을이 병에게 토지를 바로 양도하는 경우보다 갑과 을이 토지를 교환한 뒤 양도하면 세금이 줄었다. 교환으로 생긴 토지는 취득가액을 시가로 계산하므로 법인에게 양도하는 단계에는 과세할 양도차익이 없었고. 이러자 국세청은 교환을 부인하고 갑과 을이 바로 A, B 토지를 병에게 양도한 것으로 보아 과세했다. 그러나 대법원은 과세처분을 내쳤다.

207) 이태로, 조세법강의(신정2판, 1998), 24쪽. 엄격해석론과는 곤혹스러운 관계가 된다.

208) 대법원 2012. 10. 25. 선고 2010두25466 판결(조약에 내재); 2016. 8. 30. 선고 2015두52098 판결(실질과세는 관세법에 내재); 2017. 5. 31. 선고 2014두13706 판결(지방세법에 준용); 2019. 6. 27. 선고 2016두841 판결(주목적기준이 있는 조약에도 내재). 실질과세를 조세부담의 공평이라는 헌법윤리의 한 부분으로 본 결정으로 헌법재판소 1989. 7. 21. 89헌마38 결정. 입론은 조금 다르지만 헌법상의 원칙이라는 생각으로 이준봉, 조세법총론, 1편 2장 1절 Ⅶ. 5. 그러나 실질과세가 헌법원칙은 아니라는 것이 헌법재판소의 현재 입장. 헌법재판소 2015. 9. 24. 2012헌가5 등 결정. BEPS 방지다자조약으로 이른바 principal purpose test는 양자조약에 편입되었다.

209) 대법원 1967. 2. 7. 선고 65누91 판결.

210) 대법원 1989. 7. 25. 선고 87누55 판결; 1991. 5. 14. 선고 90누3027 판결; 1996. 5. 10. 선고 95누5301 판결 등.

211) 대법원 1997. 6. 13. 선고 95누15476 판결; 2003. 6. 13. 선고 2001두9394 판결 등; 2012. 10. 25. 선고 2010두25466 판결(조약).

"이와 같은 토지교환 행위는 가장행위에 해당한다라는 등 특별한 사정이 없는 한 유효하다고 보아야 할 것이므로 이를 부인하기 위하여는 법률상의 구체적인 근거가 필요하다…."[212)]

기실 위 사안에서 갑, 을 두 사람이라는 점, 교환이라는 점은 중요하지 않다. 갑이 제 토지를 병에게 매각하면서 그 가운데 을을 끼워 넣는 것과, 을이 제 토지를 병에게 매각하면서 그 가운데 갑을 끼워 넣는 것, 이 두 가지의 우연적 결합일 뿐이다. 그렇다면 갑과 병 사이에 을을 끼워서 세금을 줄이는 것도 그대로 인정되어야 앞뒤가 맞다. 실제로 그런 판결도 있다.[213)]

그러나 법원이 언제나 거래형식을 그대로 존중하지는 않았다. 가령 갑과 병 사이의 매매의 가운데에 을을 끼워 넣은 사안에서 을을 무시하고 갑이 바로 병에게 판 것과 같이 세금을 매겨야 한다는 판례도 있다.[214)] 다른 예를 들어보자. 어떤 사람(임차인)이 회사(임대인)로부터 부동산을 임차하면서 임차보증금 11억원을 임대인에게 지급하는 데 더하여 2억5천만원을 임대인의 주주에게 대여한 사건이 있었다. 법원은 임차인이 주주에게 직접 돈을 대여했다는 거래형식을 무시하고, 1) 임차인이 임대인에게 13억5천만원을 지급한 뒤 2) 임대인이 주주에게 2억5천만원을 대여한 것이라고 재구성했다.[215)] (그 결과 임대인은 2억5천만원 부분에 대한 이자수익을 누락한 것이 되고 주주는 같은 이자부분을 배당받은 것으로 보게 된다. 제22장 제3절)

'갑→을→병'이라는 거래형식을 그대로 존중해야 한다는 판결과 이런 거래를 '갑→병'이라는 직거래로 본다는 판결이 어떻게 양립? 판례는 이 모순을 어떻게 풀까? 후자의 경우 판례는, 과세해야 한다는 결론을 조세회피 행위의 부인 문제가 아니라 법적 실질의 발견 내지 사실인정의 문제로 다루었다. 갑과 을 사이의 매매는 가장행위(假裝行爲)이고, 세 사람이 합치한 의사가 갑이 병에게 땅을 바로 양도하는 것이었다고 사실을 확정하는 것. 假裝行爲이지만 실체관계에 부합하므로 병은 소유권을 취득한다.[216)] 이리하여 가장행위가 아닌 한 사법상의 거래형식이 세법상으로도 그대로 인정

212) 대법원 1991. 5. 14. 선고 90누3027 판결.

213) 대법원 1991. 3. 27. 선고 90누7371 판결; 1991. 8. 13. 선고 91누2120 판결; 2005. 1. 27. 선고 2004두2332 판결(우회대출) 등.

214) 대법원 1991. 8. 9. 선고 91누1882 판결; 1991. 12. 13. 선고 91누7170 판결; 1992. 5. 22. 선고 91누12103 판결 등.

215) 대법원 1995. 2. 10. 선고 94누1913 판결. 이 사건에서는 가장행위라 볼 만한 이유 가운데 하나로, 위와 같은 계약을 서면으로 맺기 전에 있었던 구두약정에서는 임대보증금을 13억5천만원으로 정했다는 점은 있다. 그 밖에 외관과 다른 법적 실질을 인정한 판결로 대법원 1982. 11. 23. 선고 80누466 판결; 1985. 4. 23. 선고 84누622 판결; 1987. 2. 10. 선고 86누231 판결; 1997. 5. 7. 선고 96누2330 판결; 1989. 5. 9. 선고 88누5228 판결; 1997. 6. 13. 선고 95누15476 판결(스왑이 아니라 대출) 등.

된다는 논리는 살아남는다.

그러나 정녕 두 판결에 모순이 없는가? "텅 빈 곳에는 모순도 없다."217) 가장행위라는 개념의 내용을 텅 비워 버렸으니 모순이 없어 보일 뿐. 정확히는 모순의 층위가 옮겨갔을 뿐이다. 거의 같은 사실관계에서 어떤 행위는 가장행위이고 어떤 행위는 가장행위가 아니라는 모순으로. 곧 대법원은 가장행위, 또는 법적 실질(實質)의 발견이라는 이름으로 거래를 재구성(再構成)하고 조세회피행위를 부인했다는 말이다. 대법원 판결의 가장행위 이론은 언제나 형식과 실질이라는 용어를 쓰고 있기도 하다. 어차피 쟁점이 민사법상의 법률효과가 아니고 세법상의 법률효과인 이상, 논거를 假裝行爲라 부르든 實質과세라 부르든 사법상의 겉모습과 달리 과세한다는 결과는 똑같다. 갑이 을에게 매도했다는 겉모습에 불구하고 실질은 병에게 매도한 것으로 본다는 결과는 똑같고, 다만 이것을 법적 실질(민사법상으로 갑에서 병에게 이전)이라 부르는가 경제적 실질(민사법과 달리 세법상으로만 갑에서 병으로 이전)이라 부르는가에 차이가 있을 뿐. 헌법재판소도 조세회피 행위를 부인하고 경제적 실질에 따라 과세하는 것이 입법재량이라는 결정을 백 개도 넘게 내어놓았다.

새로 생긴 제3항은 이 문제를 입법으로 해결하여, 앞의 예에서 을을 무시하고 갑이 바로 병에게 토지를 판 것으로 재구성할 수 있다고 정하고 있다. 법의 글귀에서 "경제적(經濟的) 실질내용에 따라"라는 말은 사족(蛇足)일 뿐이고 "당사자가 직접 거래를 한 것으로 보거나 연속된 하나의 행위 또는 거래를 한 것으로 보"는 것 외에 달리 법률효과를 낳지는 않는다. 구태여 이 말을 넣은 것은 이른바 법적 실질설이라는 말장난으로 법의 글귀를 무력화하는 것을 막자는 생각. 제3항에 해당하는 내용이 지방세기본법에는 없지만 국세와 지방세 사이에 실질과세가 다를 수야 없다.

제3항에 따른 再構成은 제3자를 통한 간접적인 방법이나 다단계행위가 "이 법 또는 세법의 혜택을 부당하게 받기 위한 것으로 인정"되어야 가능하다. 부당(不當)하게 세법의 혜택을 받는다는 말은 무슨 뜻인가? 미국에서는 다단계행위에 사업상 목적이나 사업행위가 없고, 오로지 세금을 줄일 목적으로 그리한 것이라면 거래형식을 부인하고 세법상 법률효과를 재구성할 수 있다.218) 실은 사업상 목적과 사업행위가 없다면 구태여 다단계행위가 아니더라도 미국법에서는 재구성 대상이 될 수 있고219) 한 걸음

216) 독일 조세기본법 제41조 제2항 같은 명문규정이 없어도 당연하다. 한편 실제 가장행위를 보여주는 사례로 대법원 2015. 9. 10. 선고 2010두1385 판결.

217) G. W. Hegel, Outlines of the Philosophy of Rights(T. M. Knox. 옮김), 135 문단 Addition 부분. Kant의 정언명법(Kategoritishce Imperative, 定言命法, 定言命令)에 대한 비판이다.

218) Minnesota Tea Co. v. Helvering, 302 US 609 (1938), 특히 613쪽. 우리 법에서도 마찬가지로 생각해야 한다는 견해로 한만수, 앞의 책, 3장 3절 Ⅳ. 4.

나아가 언제라도 실질우위라는 한결 추상적 논거로 재구성 대상이 될 가능성도 있다.[220] 그렇지만 다단계행위는, 이런 한결 추상적인 이론에 기대지 않고 그 자체로 부인하는 수도 있다. 가령 한 행위의 효력이 다른 행위가 일어날 것을 조건으로 삼고 있다면 이런 행위는 애초 묶어서 하나의 행위로 평가할 수 있다고도.[221] 이런 내용을 참고할 수는 있지만 결국은 어떤 다단계행위가 "세법의 혜택을 不當하게 받기 위한" 것으로 재구성 대상인가라는 물음에 분명한 답을 내릴 길은 없다. 결국 제14조 제3항에 따른 부인 가부란 법에 내재한, 또는 국세기본법 제14조 제2항에 정한 實質課稅원칙에 따른 再構成이 어디까지 가능한가라는 문제로 돌아오고 마누나. 제14조 제3항에 해당하는 내용이 지방세에 없다는 점을 생각하면, 제3항이 제2항의 부분집합인 것은 당연하다.

Ⅲ. 대법원 2008두8499('로담코') 판결

이 논점에 관한 최종적 해답은 아니겠지만 큰 획을 긋는 대법원 판결이 2012년에 나왔다. 과세물건의 귀속에 관한 사건으로 실질귀속자(實質歸屬者)를 과세한다는 명문 규정의 해석적용 문제.

> 국세기본법 제14조 (실질과세) ① 과세의 대상이 되는 소득, 수익, 재산,[222] 행위 또는 거래의 귀속이 명의일 뿐이고 사실상 귀속되는 자가 따로 있을 때에는 사실상 귀속되는 자를 납세의무자로 하여 세법을 적용한다.[223]

> 국세기본법 제51조 (국세환급금의 충당과 환급) ⑪ 과세의 대상이 되는 소득, 수익, 재산, 행위 또는 거래의 귀속이 명의일 뿐이고 사실상 귀속되는 자(이하 이 항에서 "실질귀속자"라 한다)가 따로 있어 명의대여자에 대한 과세를 취소하고 실질귀속자를 납세의무자로 하여 과세하는 경우 명의대여자 대신 실질귀속자가 납부한 것으로 확인

219) Helvering v. Gregory, 69 F2d 809 (2d Cor. 1934), 특히 810쪽. 대법원 판결로는 Gregory v. Helvering 293 US 465 (1935). 이창희, 미국법인세법, 제7장 제1절 II.

220) United States v. Phellis, 257 US 156 (1921), 특히 168쪽 등.

221) American Bantam Car Co. v. CIR, 11 TC 397 (1948), aff'd per curiam, 177 F2d 513 (3d Cir. 1949), cert. denied, 339 US 920 (1950); Manhattan Bldg. Co. v. CIR, 27 TC 1032 (1957), 특히 1042쪽.

222) 대법원 2008. 5. 29. 선고 2006두13831 판결.

223) 조세조약에도 적용한다. 대법원 2012. 4. 26. 선고 2010두11948 판결. 지방세에도 준용한다. 대법원 2016. 3. 10. 선고 2011두26046 판결(과점주주여부 판단). 명의자에게는 다른 제재가 따를 수 있다. 가령 조세범처벌법 제10조 제3항 제1호. 예금명의자가 예금주라는 금융실명거래 및 비밀보장에 관한 법률은 민사법상 법률관계에 적용하는 것일 뿐이고 세법상 실질귀속자는 다를 수 있다. 부산고등법원 2014. 4. 25. 선고 2012누3200 판결.

된 금액은 실질귀속자의 기납부세액으로 먼저 공제하고 남은 금액이 있는 경우에는 실질귀속자에게 환급한다.

가령 면허나 허가의 명의자와 실제 소득을 얻은 實質歸屬者가 따로 있다면 실제로 소득을 얻은 실질귀속자가 세금을 내어야 한다.[224][225] 그러나 대리인이 대리권의 범위 안에서 한 행위의 효과는 설사 대리인이 횡령했더라도 본인에게 귀속한다.[226] 명의신탁에서도 납세의무는 신탁자에게 있다는 것이 판례의 대세.[227] 명의대여자가 일단 세금을 내었더라도 실질귀속자가 여전히 납세의무를 지므로 명의대여자에게 구상권은 없다.[228] 명의대여자가 과오납금의 환급을 구할 수 있는 것은 당연하지만[229] 이미 벌어진 신고납세나 부과처분이 당연무효는 아니다. 실질귀속자가 실제 부담한 것이 확인된다면 그 부분 환급청구권은 현행법 제51조에서는 실질귀속자에게 넘어간다.

법적 권리를 가진 명의자가 소득이나 재산을 사실상 제3자에게 歸屬시켰다는 것만으로는 그런 제3자가 무조건 실질귀속자가 되지는 않는다.[230]

이 사건 사채(社債)는 원고 명의로 발행되기는 했으나, 그 실질적 발행인은 원고의 모기업인 소외 영풍산업 주식회사(이하 '영풍산업'이라 한다)로서 원고는 그 명의를 대여한 것에 불과하므로 원고가 이 사건 사채 납입금 50억원을 특수관계에 있는 영풍산업에 대여했음을 전제로 … 인정이자 상당액을 익금산입한 피고의 조치는 위법하다

224) 대법원 1983. 7. 12. 선고 82누199 판결; 1987. 5. 12. 선고 86누602 판결; 1987. 11. 10. 선고 87누362 판결; 1989. 9. 29. 선고 89도1356 판결. 관세법 사건으로 대법원 2003. 4. 11. 선고 2002두8442 판결.

225) 과세관청이 사업명의자를 실사업자로 보아 과세를 한 이상 거래 등의 귀속 명의와 실질이 다르다는 점은 과세처분을 받은 사업명의자가 주장·증명할 필요가 생기는데, 이 경우에 증명의 필요는 법관으로 하여금 과세요건이 충족되었다는 데 대하여 상당한 의문을 가지게 하는 정도면 족하다. 그 결과 거래 등의 실질이 명의자에게 귀속되었는지 여부가 불분명하게 되고 법관이 확신을 가질 수 없게 되었다면 그로 인한 불이익은 궁극적인 증명책임을 부담하는 과세관청에 돌아간다. 대법원 2014. 5. 16. 선고 2011두9935 판결(명의자와 실질귀속자 사이의 독립채산 약정); 2017. 10. 26. 선고 2015두53084 판결; 2018. 6. 28. 선고 2018두35025 판결; 2019. 10. 17. 선고 2015두55844 판결(원고패소).

226) 대법원 2022. 1. 14. 선고 2017두41108 판결(사업소득) ↔ 2015. 9. 10. 선고 2010두1385 판결.

227) 대법원 1984. 12. 11. 선고 84누505 판결; 2004. 5. 14. 선고 2003두3468 판결; 2022. 9. 15. 선고 2018두37755 판결 등. 제12장 제2절.

228) 대법원 1997. 11. 28. 선고 97누13627 판결; 2020. 9. 3. 선고 2018다283773 판결(재산세); 2020. 11. 26. 선고 2019다298222 판결(종합부동산세, 임대소득 종합소득세, 부가가치세).

229) 대법원 2015. 8. 27. 선고 2013다212639 판결.

230) 제10장 제1절 5. 법인설립이 불법인 업종이라면 법인을 세워 귀속시켰더라도 출자자 개인이 귀속자. 대법원 2003. 9. 5. 선고 2001두7855 판결. 신탁재산인 부동산에 대해 신탁법상 신탁등기를 하지 않았다면 수탁자가 사실상의 소유자. 대법원 2014. 11. 27. 선고 2012두26852 판결.

는 주장에 대하여 … 주식회사의 사채 모집에는 이사회의 결의를 요하고(상법 제469조), 채권(債券)의 발행이 전제되어 있고(같은 법 제478조), 사채권자집회는 사채를 발행한 회사가 소집하도록 되어 있는(같은 법 제491조) 등 사채의 발행에는 단순한 금전채무 부담의 의사표시 외에도 일정한 절차적 요건이 요구되고, 사채발행회사는 금전채무의 채무자 이상의 일정한 회사법상 지위를 차지하게 되며, 사채는 채권의 형태로 거래계에 유통될 것이 예정되어 있으므로, 원고의 주장과 같이 이 사건에서 사채발행으로 인한 자금의 실제 사용자가 영풍산업이고 영풍산업이 사채발행 과정의 전면에 나서서 사채발행을 실질적으로 주도했다고 하더라도 이 경우의 원고와 영풍산업의 관계를 명의신탁이나 내적조합의 경우의 법률관계와 유사하게 파악하여 영풍산업을 실질적인 사채발행회사 또는 사채의 채무자의 지위에 있다고 보기는 어렵다 할 것이고, 실질과세 원칙을 규정하고 있는 국세기본법 제14조, 구 법인세법 제3조 제2항의 각 규정에 의한 조세법의 적용에 있어서도 원고에 의하여 이루어진 사채발행행위의 사법상의 효과를 무시하고 영풍산업을 이 사건 사채의 실질적 채무자로 볼 수는 없다.[231]

명의자 아닌 제3자에게 과세물건을 귀속시키는 경우 종래 판례는 가장행위(假裝行爲) 이론을 동원하고 있었다.

원고는 역외(域外)회사를 통한 외화차입으로 외국인 투자가들의 자금을 유치했다는 대외 홍보효과와 펀드운용 수익을 얻을 목적으로 1997. 6. 19. 말레이시아 라부안에 자본금 미화 1센트의 … PCGL … 를 역외펀드회사로 설립한 사실, PCGL은 고정시설이나 고용직원이 전혀 없고 일반적인 영업활동을 수행한 적도 없으며 그 실질적인 운용·관리의 주체는 원고인 사실, 한편 PCGL은 1997. 7. 15. 만기는 2000. 7. 17., 이자는 변동이자율(Libor Telerate Page 3750)로 지급하는 조건으로 변동금리부채권증서(이하 '이 사건 채권증서'라 한다)를 발행하여 홍콩 소재 외국법인인 … '체이스 맨하탄' … 로부터 미화 5,000만 달러를 차입한 다음 위 차입금으로 원고의 외국인전용수익증권을 취득한 사실, … 원고는 체이스 맨하탄으로부터 직접 금전을 차입할 경우에 발생하게 될 조세부담이나 구 증권투자신탁업법 … 상의 고유재산과 신탁재산에 관한 엄격한 제한규정, 상법상 사채의 총액 제한규정 및 구 외국환관리법 … 상 제한규정 등을 회피하기 위하여 조세피난처에 이른바 페이퍼 컴퍼니(paper company)인 PCGL을 설립한 것인 점, 또한 체이스 맨하탄으로서도 원고가 PCGL의 이 사건 채권증서상 채무와 스왑거래계약상 신한은행에 대한 채무를 지급보증하지 아니하고, 신한은행이 PCGL의 위 채권증서상 채무를 보증하지 아니했다면, 자본금 미화 1센트의 PCGL에게

231) 대법원 2000. 9. 29. 선고 97누18462 판결. 그 밖에도 대법원 2005. 1. 27. 선고 2004두2332 판결.

미화 5,000만 달러라는 거액을 대여해 주지 않았을 것인 점, 따라서 체이스 맨하탄이나 신한은행은 모두 PCGL이 아닌 원고를 이 사건 모든 법률행위의 당사자로 인정하고 있었다고 봄이 상당한 점 등을 종합하면, PCGL과 체이스 맨하탄 사이의 금전차입계약은 가장행위에 해당하고, 실질적으로는 원고가 PCGL을 통하여 체이스 맨하탄으로부터 위 금원을 차입한 주채무자라 할 것이[다][232]

겉모양으로는 민사법상 일정한 법률요건을 만족하는 사실이 있는 듯하지만 실제로는 그런 법률사실이 없는 경우, 가령 매매를 증여로 등기한 경우 매매에 따르는 세법상 효과가 생기는 것이야 당연하다.[233] 서로 짜고서 법률행위의 겉모양을 실제와 달리 만들어 내는 이른바 假裝行爲 내지 통정허위(通情虛僞)의 의사표시는[234] 세법상으로도 무시한다. 진실한 행위 내지 법적 실질을 발견해서 그에 맞게 과세해야 한다.[235] 문제는, 두 번째 판결에서 PCGL과 체이스 맨하탄 사이의 금전차입계약은 과연 가장행위인가? 판결문에서 보듯 원고가 체이스 맨하탄에서 직접 차입하는 것은 신탁법, 상법, 외국환관리법상 불가능하고 PCGL을 끼워 넣을 수밖에 없었다. 그렇다면 정녕 이것이 假裝行爲인가?

〈대법원 2012. 1. 19. 선고 2008두8499 판결: 일명 '로담코' 판결[236]〉

… 원심이 인정한 사실에 의하면 이 사건 자회사들이 … 칠봉산업의 주식 등을 취득하여 보유하고 있는 법적 형식만으로 볼 때는 원고는 … 나 칠봉산업의 주식 등을 전혀 보유하고 있지 않은 반면, … 이 사건 자회사들이 취득한 칠봉산업의 지분은 각 50%로서 그 지분보유 비율이 51% 이상인 경우에 적용되는 과점주주의 요건에도 해당

---

232) 대법원 2009. 3. 12. 선고 2006두7904 판결.

233) 대법원 1983. 7. 12. 선고 83누333 판결(본인 의사가 아닌 회사대표자 등기는 무시); 1998. 2. 13. 선고 96누14401 판결(등기원인을 증여라고 적은 재산분할).

234) 민법 제108조. 미국법의 sham transaction은 대개 본문에서 말하는 가장행위보다는 범위가 넓다. 사법상 유효한 행위이더라도 사업상 목적 없이 세금을 줄이는 목적만 지닌 행위는 세법상으로는 무시한다. Gregory v. Helvering, 293 US 465(1935). 이창희, 미국법인세법, 제7장 제1절 II. 이런 행위도 sham이라고 부르는 경우가 많다. 가령 제20장 제1절 IV의 Knetch v. US, 364 US 361(1960). 미국의 용례에 맞추어 sham transaction을 세법상 가장행위라고 부르면서 민사법상 가장행위를 따로 추려낼 것 없이 실질과세 원칙을 통일적으로 적용하면 된다는 생각으로 이준봉, 1편 2장 1절 V.5. 한편 임승순, 조세법, 1편 5장 3절 3.라.는 사법상의 효력은 부인할 수 없지만 세법상 부인하는 행위라는 뜻으로 '세법상 가장행위'라는 말을 쓰고 있다. 그러나 개념을 그 정도로까지 조작하면서 가장행위라는 말에 매달릴 이유는 찾기 어렵다. 대법원 2025. 3. 27. 선고 2023두37896 판결. 바른 문제는 통정허위행위가 아니더라도 세법상 부인할 수 있는 요건을 정하는 것이다. 조문의 글귀로는 형식을 부인하는 것.

235) 명문 확인규정의 보기로 독일 조세기본법 제41조 제2항.

236) 비슷한 미국 판결로 Commissioner. v. Bollinger, 485 US 340(1988)이 있으나 극히 예외적인 판결이다.

하지 않기 때문에 원고 및 이 사건 자회사들 모두 구 지방세법 제105조 제6항이 규정한 이른바 간주취득세의 형식적 적용요건을 피해 가고 있다. … 이 사건 자회사들은 위와 같이 … 칠봉산업의 주식 등을 보유하다가 그 중 일부를 처분하는 방식으로 재산을 보유·관리하고 있을 뿐 그 외 별다른 사업실적이 없고, 회사로서의 인적 조직이나 물적 시설을 갖추고 있는 것도 없어서 독자적으로 의사를 결정하거나 사업목적을 수행할 능력이 없는 것으로 보인다. 그 결과 이 사건 주식 등의 취득자금은 모두 원고가 제공한 것이고 그 취득과 보유 및 처분도 전부 원고가 관장했으며 … 그 모든 거래행위와 이 사건 자회사들의 사원총회 등도 실질적으로는 모두 원고의 의사결정에 따라 원고가 선임한 대리인에 의하여 이루어진 것으로 보인다. 이러한 점 등으로 미루어 보면, 이 사건 주식 등을 원고가 직접 취득하지 않고 이 사건 자회사들 명의로 분산하여 취득하면서 이 사건 주식 등의 취득 자체로는 과점주주의 요건에 미달하도록 구성한 것은 오로지 구 지방세법 제105조 제6항에 의한 취득세 납세의무를 회피하기 위한 것이라고 보기에 충분하다. … 원고가 이 사건 자회사들에 대한 완전한 지배권을 통하여 … 이 사건 주식 등을 실질적으로 지배·관리하고 있으므로 원고가 그 실질적 귀속자로서 이 사건 주식 등의 취득에 관하여 구 지방세법 제105조 제6항에 의한 취득세 납세의무를 부담한다고 볼 여지가 상당하다. …

1. 대법관 전수안, 대법관 이상훈의 반대의견

… 원고가 이 사건 주식 등을 직접 취득하지 아니하고 이 사건 자회사들이 이를 분산하여 취득한 동기가 구 지방세법 제105조 제6항의 부동산 등 간주취득세 납세의무를 회피하고자 하는 데 있었음이 의심되거나 나아가 인정된다고 하더라도 그와 같은 거래가 사법(私法)상 효과를 인정받을 수 없는 假裝行爲 등에 해당한다고 평가할 수 없는 한 원고와 이 사건 자회사들이 선택한 법적 형식을 부인하는 것은 옳지 않다.

… 그리고 이러한 다수의견의 견해는 2007. 12. 31. 신설된 국세기본법 제14조 제3항, 즉 '제3자를 통한 간접적인 방법이나 2 이상의 행위 또는 거래를 거치는 방법으로 이 법 또는 세법의 혜택을 부당하게 받기 위한 것으로 인정되는 경우에는 그 경제적 실질내용에 따라 당사자가 직접 거래한 것으로 보거나 연속된 하나의 행위 또는 거래를 한 것으로 보아 이 법 또는 세법을 적용한다'라는 규정을 이 사건에 적용한 것과 같은 결과 …

2. 대법관 박병대의 다수의견에 대한 보충의견

… 정작 실질과세의 원칙을 적용할 필요가 있는 영역은 그와 같은 민법상 가장행위의 정도에는 이르지 못하지만 외관과 실질이 괴리되어 있고 그 실질을 외면하는 것이 심히 부당하다고 볼 수 있는 경우이다. 실제로 대법원판례에는 그 외관이 민법상 가장행위에 해당한다고 보기 어려운 경우에도 實質과세의 원칙을 적용하여 과세요건사

실을 그 외관과 다르게 파악하여 인정한 사례가 많고, 이 경우에는 명시적으로 가장행위에 해당한다는 것을 전제하고 있지는 않다(대법원 2002. 4. 9. 선고 99도2165 판결, 대법원 2010. 10. 28. 선고 2008두19628 판결, 대법원 2010. 11. 25. 선고 2009두19564 판결 등). … 이 사건 주식 등의 취득이 민법상 假裝行爲에 해당한다고는 할 수 없다고 하더라도 그것만으로 실질과세의 원칙에 의하여 원고에게 납세의무를 인정하는 것이 종전 판례 법리에 어긋난다고 할 것은 아니라고 하겠다. … 국세기본법 제14조 제3항은 … 기존의 실질과세원칙이 적용되는 국면을 좀더 구체화하려 한 것일 뿐 전혀 새로운 과세근거를 창설한 것이라고 볼 것만도 아니다. 그런 점에서 국세기본법 제14조 제3항이 신설되기 전에 이루어진 이 사건 주식 등 거래에 대해서는 실질귀속자에게 납세의무를 인정하는 것이 곤란하다는 비판을 수긍할 수는 없다.

로담코 판결의 고갱이는, 종래 假裝行爲의 부인이라고 이름을 잘못 붙이기는 했지만 아무튼 예전부터 판례가 조세회피 행위를 부인하면서 경제적 實質에 따른 과세를 해왔다는 앞 II의 지적을[237] 솔직히 인정한 것이다. 제3항이 생기기 전부터 이미 그랬다는 것. 로담코 판결 이후 대법원은 명목회사를 이용한 조세회피를 부인하는 경우에는 가장행위를 논거로 삼지는 않았다.[238] 명목회사 아닌 다른 사안에서는 민사법상 가장행위로 보기 어려운 행위를 가장행위라고 부르면서 부인한 판결도 있지만[239] 대세는 가장행위론을 버리고 실질과세 원칙을 적용했다.[240] 2017년 판결은 이 어정쩡한 상태를 정리하고 가장행위 부인론을 내치는 것으로 일단락지었다.

〈대법원 2017. 2. 15. 선고 2015두46963 판결: 교차증여 부인〉

당사자가 거친 여러 단계의 거래 등 법적 형식이나 법률관계를 재구성하여 … 과세대상에 해당한다고 하려면, 납세의무자가 선택한 거래의 법적 형식이나 과정이 처음

237) 이 책 2004년판, 84쪽.

238) 특히 국제투자 관련 판결로는 대법원 2015. 11. 26. 선고 2014두335 판결; 2018. 12. 13. 선고 2018두128 판결. 다만 대법원 2014. 7. 10. 선고 2012두16466 판결; 2016. 2. 18. 선고 2015두53374 판결; 2022. 3. 31. 선고 2017두31347 판결. 한편 2016. 7. 14. 선고 2015두2451 판결; 2019. 12. 14. 선고 2016두30132 판결에서는 조세회피 목적이 없다면서 거래형식을 그대로 인정했다.

239) 대법원 2013. 12. 26. 선고 2013두15583 판결; 2014. 4. 10. 선고 2013두20127 판결; 2015. 3. 26. 선고 2013두9267 판결. 국세청 승소판결이기는 하지만 가장행위론을 전제한 것으로 대법원 2015. 7. 9. 선고 2015두40699 판결.

240) 대법원 2012. 8. 30. 선고 2012두7202 판결(매수인이 매매계약을 해지하여 등기가 원소유자로부터 제2매수인에게 바로 넘어가게 하면서 제2매수인으로부터 손해배상 명목으로 웃돈을 받은 것을 전매로 과세); 2013. 2. 14. 선고 2012두22119 판결; 2013. 7. 11. 선고 2013두6732 판결; 2015. 7. 23. 선고 2013두21373 판결(양도인의 모회사가 실질귀속자); 2019. 1. 31. 선고 2014두41411 판결(영업의 무상양도 + 합병 = 주식 무상발행).

부터 조세 회피의 목적을 이루기 위한 수단에 불과하여 재산 이전의 실질이 (법에 정한 과세대상)과 동일하게 평가될 수 있어야 하고, 이는 당사자가 그와 같은 거래 형식을 취한 목적, 제3자를 개입시키거나 단계별 거래 과정을 거친 경위, 그와 같은 거래 방식을 취한 데에 조세부담의 경감 외에 사업상의 필요 등 다른 합리적 이유가 있는지 여부, 각각의 거래 또는 행위 사이의 시간적 간격, 그런 거래 형식을 취한 데 따른 손실 및 위험부담의 가능성 등 관련 사정을 종합하여 판단하여야 한다 … 증여세를 줄이기 위한 목적으로 일정 주식을 상대방의 직계후손에게 상호 … 교차증여했다 … 원심이 … 이 사건 교차증여를 가장행위로 보아 거래를 재구성할 수 있다고 한 부분은 부적절하지만, 이 사건 교차증여에 대하여 … 직계후손에 대한 직접증여로 보고 과세한 이 사건 처분이 적법하다고 판단한 결론은 정당하다.

〈대법원 2022. 8. 25. 선고 2017두41313 판결〉

피고는 이 사건 분할과 합병…거래를 실질에 따라 재구성할 수 있음을 전제로 이 사건 부동산의 장부가액을 분할 전 (소멸법인)의 장부가액…으로 보고…법인세…를 경정・고지했다.…(소멸법인)의 주주인 소외인과 그 자녀들이 이 사건 부동산의 양도에 따라 (소멸법인)이 부담할 법인세를 줄이는 방안을 찾던 중 (소멸법인)과 사업 목적도 다른 원고를 인수하여 이 사건 분할과 합병을 했고, 이로써 법인세를 대폭 줄였다…이 사건 분할과 합병에 법인세 회피의 목적 외 사업상의 필요 등 다른 합리적인 이유가 있다고 보기 어렵고, 여기에 이 사건 부동산의 양도와 이 사건 분할과 합병의 시간적 간격 등 제반 사정까지 더하면 구 국세기본법 제14조 제3항을 적용하여 위 각 거래를 그 實質에 따라 재구성할 수 있다…이 사건 분할과 합병이 조세回避행위에 해당하므로 원고에 대하여 한 이 사건 처분은 적법하다.[241]

이런 이론으로 부인범위가 어디까지 갈지는 애초 정답이 없다. 가령 세전기대이익이 (-)이고 세후이익이 (+)인 거래라면 그 자체로 사업목적이 없는 부인대상이라든가 이런 선례를 참조할 수 있지만, 미국판결에 자주 나오는 솔직한 고백은? 조세회피라는 개념을 "딱 정의할 수는 없지만 그런지 아닌지는 보면 안다."[242] 제14조 제3항이 둘 이상의 거래를 하나로 합할 수 있다고 정하고 있으니 이를 반대해석해서 한 개의 거래를 둘로 나눌 수는 없다는 주장도 있으나, 판례와[243] 안 맞는 독자적 주장. 제3항은

241) 제15장 제4절 III. 제16장 제3절 I. 이 사건의 배경인 입법오류는 이 책 제8판(2008), 618쪽. 평석으로 윤지현, 2022년 국세기본법과 소득과세 관련 대법원 판결들 개관, 세무와 회계연구 12-2(2022), 59쪽.

242) Winn-Dixie Stores, Inc. v. CIR, 113 TC 254 (1999), aff'd 254 F3d 1313 (11th Cir. 2001). 이 표현은 원래는 외설물에 관한 판결인 Jacubellis v. Ohio, 378 U.S. 184 (1964) 197쪽에 나온다. 지금은 거의 조세판결에서 인용한다.

243) 대법원 2017. 9. 12. 선고 2016두58901 판결(재산분할의 일부는 증여); 2025. 8. 14. 선고 2022두

제2항 안에 이미 들어있었던 것이고, 나아가 구태여 명문규정이 없어도 실질과세는 법에 내재(內在)한다.[244] 경제적 실질설이 일단 자리 잡으면서 지금까지의 판례의 대세는 당사자가 취한 명의, 명칭, 형식을 부인하고 실질에 따라 과세할 수 있는 요건으로 조세회피 목적이 있는가, 조세회피 목적 외에 다른 합리적인[245] 사업목적이나[246] 사업활동(실적)이 있는가를 묻고 있다.[247] 그러나 "여러 단계의 거래를 거친 후의 결과에는 손실 등의 위험 부담에 대한 보상뿐 아니라 외부적인 요인이나 행위 등이 개입되어 있을 수 있으므로, 그 여러 단계의 거래를 거친 후의 결과만을 가지고 그 실질이 하나의 행위 또는 거래라고 쉽게 단정하여 과세대상으로 삼아서는 아니 된다."[248] 세금이 줄었더라도 미리 내다볼 수 없는 우발적 사정 탓이라면 조세회피 목적이 아니다.[249]

민사법상 通情虛僞표시나 假裝行爲라면 법적 실질을 발견해서 그에 따라 과세한다는 종래의 이론은 경제적 실질설에서도 그대로 살아남는가? 당사자가 택한 외관이나 형식에 따른 처분행위나 물권변동이 이미 있었고 그것이 당사자의 의사에 맞다면 물권변동은 그대로 유효하다.[250] 그러니 그에 맞추어 과세하는 것이 법적 실질.[251] 이 법적 실질이 공법의 규제를 받아 무효가 되는 경우는 제4장 제2절 IV.2. 외관이 당사자의 진정한 의사에 안 맞는 가장행위라면, 가령 재산을 이전하는 가장행위가 있더라도 재산세 납세의무자는 진정한 소유자.[252] 양도소득세, 부가가치세, 취득세 따위 거래세라면 당사자가 외관을 그대로 유지하고 있다면 어떻게 할 것인가라는 문제가 생긴

67630 판결(제14조 제3항 해당내용이 없는 지방세).

244) 앞 II.4. 대법원 2003. 4. 11. 선고 2002두8442 판결(관세); 2012. 10. 25. 선고 2010두11948 판결(조약); 2016. 3. 10. 선고 2011두26046 판결(지방세). Knetch 판결은 제20장 제1절 IV.

245) 대법원 2023. 11. 30. 선고 2023두40823 판결(심불, 규제법령); 2025. 3. 27. 선고 2022두67630 판결(위법하거나 반사회적 목적∉ 합리적 사업).

246) 대법원 2017. 12. 22. 선고 2017두57516 판결(채무의 출자전환, 자회사≠모회사); 2018. 7. 24. 선고 2015두46239 판결(전환사채, 현물출자∉전환); 2023. 11. 30. 선고 2020두37857 판결(무상주 감자대가∉사업양도대가).

247) 특정거래와 관련 헤지거래를 묶어서 하나의 거래로 볼 수 있는가를 판단하면서(소극) 조세회피 목적 외에 비합리적인 형식이나 외관이 있는가를 살피는 판결로 대법원 2017. 3. 22. 선고 2016두51511 판결. 제 돈인 이상 나중에 정산해서 제3자에게 내줄 의무가 있더라도 이자소득은 예금주에게 귀속한다. 대법원 2022. 3. 17. 선고 2017두69908 판결. 독일 조세기본법 제42조는 2017년 개정으로 이상하다는 말을 부적절로 바꾸었다. BEPS 방지 다자조약은 조세회피 목적이 없거나 조세조약의 취지에 맞는다면 조약을 적용한다고 한다.

248) 대법원 2017. 1. 25. 선고 2015두3270 판결; 2017. 12. 22. 선고 2017두57516 판결(완전자회사↛당연 투시); 2019. 1. 31. 선고 2018두57452 판결(양도소득세); 2019. 4. 11. 선고 2016두59546 판결(증여세, 신주인수권); 2019. 4. 11. 선고 2017두57899 판결(증여세, 신주인수권) 등.

249) 대법원 2019. 4. 11. 선고 2016두59546 판결.

250) 대법원 2014. 3. 13. 선고 2013두24532 판결(등기유용).

251) 대법원 1998. 12. 22. 선고 98두15177 판결(명의신탁 해지에 증여세). 앞 II.1.

252) 대법원 2025. 8. 14. 선고 2022두67630 판결.

다. 역시 제4장 제2절 IV.2. 한편 미국판례처럼 법적 실질 경제적 실질을 구별하지 않고 민사법상 가장행위에 실질과세 원칙을 그대로 적용할 수도 있다.[253]

신탁법(信託法)상의 신탁은 입법과 판례가 요동치다가 명의자(수탁자) 과세 쪽으로 대세가 기울었다. 예전 판례는 가령 "신탁재산의 공급에 따른 부가가치세의 납세의무자는 그 처분 등으로 인한 이익과 비용이 최종적으로 귀속되는 신탁계약의 위탁자 또는 수익자"라고 보았다.[254] 그러다가 2017년 판례는 가령 부가가치세라면 그 "특성을 고려할 때…신탁재산 처분에 따른 공급의 주체 및 납세의무자를 수탁자로 보아야 신탁과 관련한 부가가치세법상 거래당사자를 쉽게 인식할 수 있고, 과세의 계기나 공급가액의 산정 등에서도 혼란을 방지할 수 있다"고.[255] 수탁자가 납세의무자라는 말은 위탁자가 국세기본법 제14조 제1항의 사실상 귀속자가 아니라는 말. 그렇지만 이 말은 부가가치세에서 그렇다는 말일 뿐이다. 세목이 다르면 세목마다 각각 그 특성이나 성질을 따질 문제. 현행법은 일정한 신탁재산을 별개의 납세의무자로 삼아 수탁자에게 납세관리책임을 지우는 등 양도소득세, 법인세, 부가가치세, 취득세, 재산세 등에서 담보제공이나 신탁에 관한 명문규정을 두고 있기도 하다. 가령 재산세나 종합부동산세라면 '사실상 소유한 자'가 납세의무자라고 법에서 정하고 있고 이 말은 국세기본법 제14조 제1항의 사실상 귀속자 내지 실질귀속자와 같은 말이다.[256] 그러니 이 말만으로는 위탁자가 납세의무자라는 결론이 안 나온다. 앞서 보았듯 위탁자가 반드시 실질귀속자는 아니니까. 한편 명문규정으로, 신탁등기가 된 재산이라면 위탁자가 재산세 납세의무자.[257] 이 명문규정 바깥이라면, 오히려 수탁자가 법률상 사실상 소유자로서 재산세 납세의무를 진다.[258] 취득세도 성질상 수탁자가 납세의무자이지만[259] 신탁등기로 재

253) 이준봉, 1편 2장 1절 V.5.는 공법적 규제에 따른 유무효까지 다 생각하면 가장행위 역시 실질과세에 포섭해야 위법행위도 과세한다는 이론과 앞뒤가 맞으니 가장행위에도 실질과세를 그대로 적용해야 한다고. 실질과세라는 말을 이 책의 용례(외관이나 형식과 실질의 차이)보다 넓은 뜻으로 쓰는 데에서 생긴 차이로, 실제로 실익이 있는 차이인지 미리 다 따지기는 어렵다. 가령 이준봉, 2편 6장 1절 III. 일단은 종래의 가장행위론도 유지하는 것이 아마 안전할 듯.

254) 대법원 2003. 4. 22. 선고 2000다57733 판결; 2008. 12. 4. 선고 2006두8372 판결 등. 제23장 제4절 III.6.

255) 대법원 2017. 5. 18. 선고 2012두22485 판결.

256) 대법원 2006. 3. 23. 선고 2005두15045 판결. 제26장 제3절.

257) 종부세 누진세율 때문이다. 지방세법 제107조 제1항, 제2항 제5호. 대법원 2005. 7. 28. 선고 2004두8767 판결. 연혁은 곽상민, 부동산신탁의 납세의무자에 관한 소고, 조세법연구 27-2(2021), 187쪽, 특히 214-216쪽.

258) 가령 부동산을 수탁자에게 신탁한 것이지만 등기형식이 신탁등기가 아니라면 수탁자가 재산세 납세의무자. 대법원 2014. 11. 27. 선고 2012두26852 판결(주택조합 명의인 재산. 다만 종부세는 위탁자별로 계산). 2020년 말 개정법은 위탁자가 납세의무자라고 정하면서도 주택조합이라면 여전히 조합이 재산세 납세의무자라고 정하고 있다.

259) 대법원 2018. 2. 8. 선고 2017두67810 판결. 제27장 제2절 IV.

산을 신탁받는 수탁자는 비과세한다는 명문규정이 있다.[260] 위탁자의 지위 내지 권리 의무를 이전받는 사람에게 취득세를 매긴다는 명문규정도 있지만 다시 달린 꼬리로 "실질적인 소유권 변동"이 없다면 취득세를 안 매긴다고.[261] 양도소득세에서는 위탁자 지배형 신탁으로 소유권을 넘기는 것은 과세하지 않는다는 명문규정이 있지만, 그 바깥에서는 어려운 문제들이 생긴다. 제8장 제3절 III, 제12장 제2절.

Ⅳ. 실질과세와 구체적 부인 규정

조세회피행위의 부인이란 법적안정성과 구체적 타당성 내지 공평 사이의 대립이라는 한결 큰 문제의[262] 부분집합. 실질과세의 원칙이란 결국은 유추(類推)적용일 따름이다. 다만 다른 조문에 빗대더라도 나름 한계를 세워 보겠다는, 그런 노력이 들어 있는 생각이다.[263] 일반론으로는, 법적안정성이 실질과세를 부인하는 전면적 논거는 못 된다. 가령 민법에서 법적안정성을 논거로 엄격해석만이 허용된다는 주장은 없는 것이나 마찬가지. 엄격해석이란 무언가 더 적극적 논거가 있어야 설 자리가 있다. 조세법률주의라는 것만으로는 넉넉한 논거가 못 됨은 이미 보았으니. 이 문제를 과학적으로 다시 정의하자면 아마도 행정청과 법원에 재량을 얼마나 줄 수 있는가의 문제. 크게 보자면 우리나라의 민주주의가 어느 정도 성숙했는가에 대한 역사적 평가를 필요로 하고 적게 보자면 행정공무원이나 법관의 자의와 부패를 막을 제도적 장치가 얼마나 갖추어졌는가를[264] 따져볼 문제. 사회과학적 분석의 문제. 과학적 분석의 결과 행정청과 법원에 넓은 재량을 줌이 옳다면, 미국식으로 명문의 규정 없이도 조세회피행위를 부인하든, 독일식으로 일반적 조세회피행위 부인 규정을 두든 대수로운 차이가 아니다. 실상 대법원 2008두8499 판결의 보충의견이 말하고 있듯 우리 국세기본법의 제14조 제2항이 이미 독일의 조세기본법 제42조와 같은 뜻을 담고 있다고 풀이하는 것도 언제나 가능했다.[265] 결국 진짜 문제는? 조문 글귀가 아니라 기본 입장을 분명히 세우는 것.[266]

260) 지방세법 제9조 제3항.

261) 위 판례를 내치려는 입법이다. 지방세법 제7조 제15항.

262) 대법원 2009. 4. 23. 선고 2006다81035 판결.

263) 이창희, 조세법연구방법론, 법학 46권 2호(2005), 16-18쪽.

264) 국가별 부패인식도는 www.transparency.org.

265) 대법원 2012. 4. 26. 선고 2010두11948 판결; 2012. 10. 25. 선고 2010두25466 판결; 2016. 3. 10. 선고 2011두26046 판결. 국제조세조정에 관한 법률 제3조도 마찬가지.

266) 법적안정성을 중시하는 견해로 Isenbergh, Musing on Form and Substance in Taxation, 49 Univ. Chicago Law Review 859(1982), 특히 863-884쪽. 구체적 타당성을 중시하는 견해로 Chirelstein,

로담코 판결 이전에도 특정한 조세회피행위를 구체적으로 법에 명시하여 부인의 대상으로 삼을 수 있다는 것은 당연했다. 예를 들어 로담코 판결의 전제가 된 간주(看做)취득세, 곧 어떤 회사의 주식을 50% 넘게 취득하면 자회사 소유 부동산을 주식소유비율만큼 직접 취득하는 것으로 보아 과세하는 것은 실질과세를 구현한 구체적 부인규정이라 볼 수 있다.[267] 한결 더 중요한 보기로 법인세법에는 부당행위(不當行爲)계산(計算)의 부인이라는 규정이 있고, 당사자의 거래형식이 그에 해당하는 경우에는 이 규정을 구체적 근거로 삼아 당사자의 거래형식을 부인할 수 있다.[268]

> 법인세법 제52조 (부당행위계산의 부인) ① 납세지 관할세무서장 또는 관할지방국세청장은 내국법인의 행위 또는 소득금액의 계산이 … 특수관계인 … 과의 거래로 인하여 그 법인의 소득에 대한 조세의 부담을 부당하게 감소시킨 것으로 인정되는 경우에는 그 법인의 행위 또는 소득금액의 계산(이하 "부당행위계산"이라 한다)에 관계없이 그 법인의 각 사업연도의 소득금액을 계산한다.
>
> ② 제1항을 적용할 때에는 건전한 사회통념 및 상거래 관행과 특수관계인이 아닌 자 간의 정상적인 거래에서 적용되거나 적용될 것으로 판단되는 가격(요율·이자율·임대료 및 교환 비율과 그 밖에 이에 준하는 것을 포함하며, 이하 이 조에서 "시가"라 한다)을 기준으로 한다.

이제는 경제적 실질설이 자리잡았으니 不當行爲計算의 부인 같은 구체적 부인규정은 필요없지 않나? 꼭 그렇지는 않다. 부인할 수 있는 요건이 다르다. 실질과세는 조세회피 목적이 있는가를 중요한 판단기준으로 삼지만 위 법조에는 조세회피 목적에 관한 언급이 아예 없다. 조세부담을 부당하게 감소시킨다는 말은 결과를 묻는 것일 뿐이고 조세회피 의도가 없었더라도 객관적 요건을 만족한다면 부인대상이 된다.[269] 부당행위를 벗어났다면 실질과세에 따른 부인도 자동적으로 벗어나는가? 일단 요건이 서로 다르니 당연히 벗어난다고 말하기는 어렵다. 로담코 판결로 돌아가면 납세의무자는 분명 간주취득세 명문규정의 적용범위를 벗어났지만 법원은 다시 일반적 실질과세로 세금을 물렸다.[270]

Learned Hand's Contribution to the Law of Tax Avoidance, 79 Yale Law Journal 440(1968). 조세회피행위는 부인해야 법적안정성이 올라간다는 생각으로 Surrey, Complexity and the Internal Rebenue Code, 14 Law and Contemporary Problems 673(1969).

267) 헌법재판소 2018. 12. 27. 2017헌바402 결정; 대법원 2015. 1. 15. 선고 2011두28714 판결. 제4절 II.3.

268) 그러나 부당행위계산부인 조항도 법률효과를 따로 정하지 않고 있으므로 결국은 실질과세나 거래재구성 문제로 돌아오고 만다. 제22장 제3절.

269) 대법원 1979. 2. 27. 선고 78누457 판결 이래 굳은 판례이다.

V. 실질이 따로 있다고 납세의무자가 주장하면?

미국법에서는 납세의무자는 자기가 만들어놓은 법적외관을 부인하고 실질이 따로 있다고 주장하지 못하는 것이 원칙이다.[271] 우리나라에서는 국세기본법 제14조의 글귀가 국가와 납세의무자를 구별하고 있지 않으므로 납세의무자도 실질이 따로 있다고 주장할 수 있지만[272] 신의칙(信義則) 위반이 될 여지는 있다.[273] 독일법도 같다.[274] 아래 제5절 I. 외관에 따라 세금을 부과받은 납세의무자는 실질귀속자에게서 구상받을 수 있는가? 없다. 실질귀속자가 또는 실질귀속자도 납세의무를 지니까.[275]

제5절 '법대로' 원칙의 타협

법률의 해석문제와 요건사실의 확정문제를 이상에서 살펴보았지만, 아직 한 가지 문제가 남아 있다. 법으로만 따진다면 a라는 사실이 p에 해당하므로 q라는 법률효과를 주어야 하지만, 그렇게 하기 어려운 경우가 생길 수 있다. 법대로(Legalität), 법의 글귀 그대로 하는 것만으로 안 되고 그 밖에 생각할 것들이 더 있는 수가 있다. 이와 같이 법령의 글귀를 넘는 규범으로, 행정법 교과서에서는 신의성실의 원칙이나 신뢰보호, 평등원칙, 비례의 원칙 따위를 "조리," "조리법," "행정법의 일반원리"라고 한다.[276]

---

270) 부가가치세에 관한 유럽법 판결의 대세는 종래의 조세회피(avoidance)와 탈세(evasion)라는 2분법(절세를 더하면 3분법)의 가운데에 악의의 조세회피(abuse)라는 범주를 새로 만들면서, 단순한 조세회피의 부인은 구체적 부인규정이 필요하지만 악의적 조세회피라면 필요 없다고. 유럽법원 2006. 2. 21. 선고 C-255/02 판결.

271) National Alflfa, 417 US 134 (1974) 등.

272) 대법원 2014. 5. 16. 선고 2011두9935 판결(명의자와 독립채산약정을 맺은 자). 이중교, 제5장 제1절 1.

273) 대법원 2009. 4. 23. 선고 2006두14865 판결.

274) Tipke/Lang, 제5장 101문단.

275) 대법원 2020. 9. 3. 선고 2018다283773 판결(재산세); 2020. 11. 26. 선고 2019다298222 등(종부세, 임대소득 종합소득세, 부가가치세).

276) 법대로 원칙을 제약하는 헌법의 내재 원칙이라는 생각으로 대법원 1983. 4. 12. 선고 80누203 판결(소급과세 금지).

Ⅰ. 신의성실의 원칙과 신뢰보호

1. 신의칙이란?

세법이란 법대로, 법령의 글귀대로 집행해야 한다. 흔히 쓰는 말로 법치행정, 행정의 법률적합성, 합법성의 원칙, 우리 말로 부르자면 법대로 원칙. 공무원이 제 마음대로 세금을 더 걷어서도 안 되고 깎아주어도 안 된다.[277] 제 돈이 아니니까.

그렇지만 실제 그렇게 한다면 막상 마뜩잖은 결과가, 당사자에게 너무 가혹한 결과가 나온다면 어떻게 해야 할까나. 가령 어떤 사람이 물건을 100만원에 팔기로 했다. 이행기가 되어 매수인이 99만 9천원을 마련해 왔는데, 매도인이 물건을 주지 못하겠다고 하면서, 매수인에게 채무불이행책임을 물어 손해배상을 청구한다면 이는 용납될 수 없다고 배웠을 것이다. 기실 법대로만 한다면 채무불이행 책임이 성립할 수 있다. 분명 100만원과 99만 9천원은 다르니까. 그러나 이런 식의 법적용을 허용할 수 없다. 그것이 信義誠實의 원칙, 어림잡아 영미법의 equity. 법대로라면 이렇지만, 법을 접어놓고 저렇게 해야 신의성실에 맞다는 것.[278] 세법에도 신의성실이라는 말이 나온다.

> 국세기본법 제15조 (신의·성실) 납세자가 그 의무를 이행할 때에는 신의에 따라 성실하게 하여야 한다. 세무공무원이 직무를 수행할 때에도 또한 같다.

지방세기본법 제18조, 관세법 제6조. 사람이란 모름지기 성실해야 한다는 설교? 그럴 리야. 법률효과, 반드시 법대로가 아닐 수도 있다는 효과가 따르는 소문이다. 신의성실의 원칙과 밀접한 연관이 있는 다른 개념이 신뢰보호(信賴保護). 법치국가는 국민의 신뢰를 보호해야 한다는 것,[279] 법대로 한다면 이러이러한 효과가 생기게 되지만 "합법성을 희생해서라도 구체적 신뢰를 보호할 필요성"이[280] 있다면 그런 법적 효과를 줄 수 없다는 원칙이다.[281] 결국 신의성실의 원칙과 비슷한 기능을 한다. 이 두 원

277) 제4장 제5절 I. 납세의무에는 부관을 못 붙인다. 대법원 1989. 2. 14. 선고 88누1653 판결. 독일에서는 형평을 이유삼아 진실과 다른 사실확정이나 징수면제의 가능성을 열어두고 있다. 독일 조세기본법 제163조, 제227조. 우리나라에서도 신의칙이 아니라 국세기본법 제18조에 터잡아 과세처분을 취소한 사례가 있지만 선례로서의 가치는 의문이다. 대법원 2016. 12. 29. 선고 2010두3138 판결(다른 지방자치단체와 달리 조세감면이 없는 조례). 제18조 주장을 내친 것으로 대법원 2022. 11. 17. 선고 2017두45742 판결.

278) 이준봉, 1편 2장 1절 VI.4. 용례문제로 이준봉 교수는 공법상의 신뢰보호나 신뢰의 원칙을 신의칙이라 부르면서 민사법상 신의성실 원칙과 구별한다.

279) 헌법재판소 1995. 6. 29. 94헌바39 결정; 2024. 7. 18. 2023헌바379등 결정외 다수.

280) 대법원 2009. 4. 23. 선고 2006두14865 판결.

칙이 똑같은 것은 아니다.[282] 신뢰보호의 원칙은 국가가 국민의 신뢰를 보호해야 한다는 것으로 국민이 국가에 대해 주장할 수 있는 것이지만, 신의성실의 원칙은 납세자나 국가 모두에게 적용된다.[283] 또한, 신뢰보호원칙은 입법단계에서도 적용된다. 가령, 소급과세입법을 하면 안 된다는 논거가 신뢰보호. 제2장 제3절 Ⅱ.4. 반면 신의성실의 원칙은 법의 해석적용 단계에서만 작동한다.[284]

신뢰보호의 원칙을 법해석 단계와 국가의 행동을 규제하는 단계에 적용해서 생기는 결과는 어림잡아 두 가지. 행정법 시간에 이미 배운 확약과 실효. 이런 이론들의 근거가 결국은 법치국가원리이니, 세법에서도 이 두 가지 원칙이 동일하게 적용된다고 말할 수 있다.[285] 그리하여 최종적인 결과는 신의성실원칙이나 실효, 확약, 신뢰보호원칙이나 별 차이가 없다. 영미법의 용례로 '금반언의 원칙(estoppel)'도 마찬가지.[286] 실제 판례는 이런 말을 뒤섞어 쓴다.

2. 비과세(非課稅) 관행

일반적 신뢰보호에 더하여 국가의 행동을 규제하는 조문이 하나 더 있다.

> 국세기본법 제18조 (세법해석의 기준 및 소급과세의 금지) ③ 세법의 해석이나 국세행정의 관행이 일반적으로 납세자에게 받아들여진 후에는 그 해석이나 관행에 의한 행위 또는 계산은 정당한 것으로 보며, 새로운 해석이나 관행에 의하여 소급하여 과세되지 아니한다.

지방세기본법은 제20조 제2항, 관세법은 제5조 제2항. 과세누락을 추징 못 한다는 뜻은 아니다.[287] 과세처분에 오류 또는 탈루가 있는 경우 법령상의 장애사유가 없는 한 행정청은 종전의 처분을 시정하기 위한 경정처분을 거듭할 수 있다. 이러한 경정처분은

281) Tipke/Lang, 제4장 54문단.

282) Tipke/Lang, 제21장 13문단.

283) 납세자에 대한 신의칙 적용은 극히 제한적으로만 인정하여야 한다. 대법원 1997. 3. 20. 선고 95누18383 판결. 납세자에게 신의칙을 적용한 미국판결로 Beltzer v. US, 495 F2d 211(8th Cir. 1974) 등.

284) Tipke/Lang, 제21장 13문단.

285) 독일세법상 확약은 독일 조세기본법 제204조에서 제217조. 박종수, 독일 조세법상 사전분쟁 해결절차, 조세연구 5집(2005), 200쪽, 특히 215쪽 이하.

286) 이창희 · 김석환, 납세자의 금반언과 부과제척기간, 조세법연구 26-3(2020), 21쪽.

287) 대법원 1989. 2. 14. 선고 88누3 판결(공한지를 4년 동안 일반세율로 과세); 2000. 2. 11. 선고 98두2119 판결(7년 동안 부가가치세 면세사업자임을 전제로 세무신고 안내); 2002. 9. 4. 선고 2001두9370 판결; 2003. 5. 30. 선고 2001두4795 판결; 2009. 10. 20. 선고 2007두774 판결(종전소유자와 달리 과세).

이중과세가 아니고 형평과세나 신의성실의 원칙에 어긋나지 않는다.[288] 제18조 제3항은 꼭 특정 납세의무자에 대한 언행은[289] 아니더라도, 국가가 국민 전체에 대한 일반적인 비과세의 언행을 해놓고서 이를 소급하여 뒤집어서 과세할 수는 없다는 것이다.[290] 대통령령이나 부령이 납세자에게 유리한 방향으로 법을 그릇 풀이했다면 비과세 관행에 해당한다.[291] 그 밖에는 언행이 있었는가, 이것이 일반적으로 납세자에게 받아들여졌는가는[292] 매우 주관적인 사안별 판단이 된다. 예전에는 묵시적 의사표시로도 비과세언동이 성립한다는 판결이 있었지만[293] 그 뒤에는 국세청장의 예규나 조세심판원의 결정은 일반적으로 받아들여진 비과세관행이라는 판결도 있고[294] 아니라는 판결도 있다.[295] 대법원 판결이 납세자에게 불리하게 변경된 경우 비과세관행은 인정하지 않고 가산세만 면제한 판결도 여럿.[296] 소급이 아닌 장래에 향한 과세처분은 흠이 없다.[297]

---

288) 대법원 1992. 7. 28. 선고 91누10732 판결.

289) 대법원 2019. 1. 17. 선고 2018두42559 판결(외무부 산하단체에 관하여 내무부장관이 외무부장관에게 보낸 공문은 공적 언동).

290) 미국법은, 법률 제정후 18개월 안에 나온 재무부 규칙은 법률제정시로 소급하여 효력이 있다. 그 뒤에 나온 규칙은 장래에 대해서만 효력이 있다. 미국세법 7805조(b). 그러나 집행명령(해석규칙)은 법의 해석일 뿐이므로 뒤에 나온 것이더라도 법제정 당시부터 적용함이 당연하고, 판결이나 마찬가지로 애초 소급이 아니라고 한다. Anderson, Clayton & Co. v. US, 562 F2d 972, 985. n. 30 (5th Cir. 1977), cert. denied, 436 US 944(1978).

291) 대법원 2008. 2. 1. 선고 2004두1834 판결. 위 제1절 1.

292) 신뢰한 결과 납세의무자가 행위나 계산을 한 것이 있어야 한다는 판결로 대법원 1995. 7. 28. 선고 94누3629 판결.

293) 대법원 1989. 12. 22. 선고 88누7255 판결; 2001. 4. 24. 선고 2000두5203 판결 등은 묵시적 의사표시로도 비과세관행이 성립한다고 한다. 그러나 묵시적 표시가 있다고 하기 위하여는 단순한 과세누락과는 달리 과세관청이 상당기간의 불과세 상태에 대하여 과세하지 않겠다는 의사표시를 한 것으로 볼 수 있는 사정이 있어야 한다. 대법원 2000. 1. 21. 선고 97누11065 판결; 2001. 4. 24. 선고 2000두5203 판결; 2003. 5. 30. 선고 2001두4795 판결; 2009. 12. 24. 선고 2008두15350 판결; 2017. 5. 17. 선고 2014두14976 판결 등. 한편, "간추린 개정세법" 따위의 책자나 입법과정에 관여한 공무원이 쓴 잡지 기사 따위는 공적 언동이 아니다. 대법원 2002. 10. 25. 선고 2001두1253 판결. 기본특칙도 아니다. 대법원 2013. 11. 14. 선고 2013두11796 판결.

294) 대법원 2001. 6. 29. 선고 99두12229 판결; 2009. 12. 24. 선고 2008두15350 판결; 2010. 4. 15. 선고 2007두19294 판결.

295) 대법원 2000. 9. 29. 선고 97누4661 판결. 통칙이나 예규와 다른 과세를 긍정한 판결로 대법원 2002. 6. 14. 선고 2000두4095 판결; 2013. 12. 26. 선고 2011두5940 판결. 그 밖에 대법원 2018. 4. 12. 선고 2017두65524 판결(온실가스 감축실적 매매의 부가가치세 과세여부에 대한 에너지관리공단의 공문). 미국에서는 납세의무자의 신청에 따라 예규를 내는가는 행정청의 재량이고, 가상적 사례 등 일정한 범위의 질문에는 아예 예규를 안 낸다. Rev. Proc. 2002-3, 2001-1 IRB 117.

296) 대법원 2012. 2. 23. 선고 2007도9143 판결; 2012. 4. 12. 선고 2011두31673 판결(토지거래허가). 원칙적으로 평등이나 신뢰보호에 안 어긋난다. 이동진, 판례변경의 소급효, 민사판례연구 36-1(2014), 1083쪽, 특히 1145쪽, 1149쪽. 독일 조세기본법 제176조 제1항 제3호에서는 납세자에게 불리한 판례변경이 생기면 종래 판례는 비과세관행.

297) 대법원 1992. 12. 22. 선고 92누7580 판결.

3. 신의칙의 적용례

그렇다면, 일반적 신의칙이든 비과세관행이든 도대체 어떤 경우에 법대로 하면 너무 가혹한가?

> "일반적으로 조세법률관계에 있어서 과세관청의 행위에 대하여 신의성실의 원칙을 적용하기 위해서는, 과세관청이 납세자에게 신뢰의 대상이 되는 공적인 견해표명을 하여야 하고, 과세관청의 견해표명이 정당하다고 신뢰한 데 대하여 납세자에게 귀책사유가 없어야 하며, 납세자가 그 견해표명을 신뢰하여 무엇인가 행위를 하여야 하고, 과세관청이 위 견해표명에 반하는 처분을 함으로써 납세자의 이익이 침해되는 결과가 초래되어야 하는바(대법원 2009. 10. 29. 선고 2007두7741 판결 등 참조), 과세관청의 의사표시가 일반론적인 견해표명에 불과한 경우에는 위 원칙의 적용이 부정된다(대법원 2001. 4. 24. 선고 2000두5203 판결 등 참조)."[298]

이 판결에 따르더라도 신의칙에 터잡아 법을 제칠 수 있는 요건은 공익(公益)과 사익(私益)의 비교형량일 뿐[299] 뚜렷한 답이 없다. 결국은 사안마다 서로 다른 결과. 실제로 판례를 읽어보면, 일관된 기준을 찾기 어렵다. 몇 가지 판례를 국가의 행동, 납세자의 행동 차례로 보자.

1) 국가의 신의칙 위반여부

〈대법원 2001. 6. 29. 선고 99두12229 판결〉

> 이 사건 연체료는 공사용역과 대가관계에 있는 금전이라고 볼 수 없어 부가가치세의 과세표준에 포함되지 않으므로 원고의 부가가치세 매입세액 공제대상이 되지 못하지만, 피고 등 과세관청은 종래부터 연체료에 대하여도 부가가치세를 부과하고 이를 매입세액에 포함시켜 매출세액에서 공제하여 왔고 이 사건 처분 당시의 부가가치세법 기본통칙이나 국세청의 질의회신에도 연체이자 또는 연체료 상당액은 과세표준에 포함되고 공급시기는 그 지급이 확정된 때라고 되어 있는 점, … 원고는 1990년 2기, 1991년 1기, 1992년 1기 부가가치세를 신고함에 있어 소외 회사에게 연체료를 지급하고 발급받은 세금계산서를 피고에게 제출하여 그 부가가치세액을 매입세액으로 공제받고 매출세액 초과부분을 환급받아 온 점 등 제반 사정에 비추어 볼 때, 피고는 납세자인 원고에 대하여 연체료도 부가가치세 과세표준에 포함된다는 공적인 견해를 표명했고, 원고가 이와 같은 피고의 견해표명을 신뢰한 데 대하여 원고에게 어떠한 귀책사유도 없

298) 대법원 2010. 4. 29. 선고 2007두19447, 19454(병합) 판결.

299) 대법원 1998. 11. 13. 선고 98두7343 판결; 헌법재판소 2001. 4. 26. 99헌바55 결정.

어 보이며, 또한 원고는 피고의 견해표명을 신뢰하고 소외 회사에게 부가가치세액을 가산하여 연체료를 지급했 … 으며, 피고가 종전의 견해표명에 반하여 이 사건 연체료의 부가가치세액을 매입세액으로 공제하지 않으면 원고로서는 … 부가가치세를 납부하여야 하는 불이익을 받게 되므로, 결국 이 사건 연체료의 부가가치세액을 매입세액으로 공제하지 아니하고 이루어진 이 사건 처분은 신의성실의 원칙 또는 금반언의 원칙에 반하여 위법하다.

법의 글귀로는 세무서의 과세처분이 옳다고 인정하고서도 대법원은 원고의 주장을 받아들여 과세처분을 취소했다.[300] 국가가 자신의 언동(言動)에 반하는 행위를 했으니 신의칙 위반이라는 것.[301]

〈대법원 1996. 10. 11. 선고 96누8758 판결〉

을이라는 사람이 수 층의 건물을 건축하여 각 층별로 나누어서 분양했다. 국가는 을의 행위가 "사업"의 정도에 이른다고 보아 부가가치세를 매겼다.

> 부가가치세법 제3조 (납세의무자) ① 다음 각 호의 어느 하나에 해당하는 자…는 이 법에 따라 부가가치세를 납부할 의무가 있다.
>
> 1. 사업자

부가가치세는 거래 자체에 매기는 것이므로 소득세와는 별개이다. 자기의 건물을 팔아 번 소득이 있는 사람은 그런 소득이 사업소득이라면 종합소득세(사업소득세)를, 사업이 아니라면 양도소득세를 내어야 한다. 그런데 부가가치세를 매기기 전에 세무서는 이미 양도소득세를 부과한 적이 있었다. 판결문만으로는 잘 모르겠지만, 아마 그 양도소득세가 더 많은 금액이 되었기 때문이었으리라. 사실 양도소득세가 사업소득세보다도 높은 수가 많다. 토지투기를 막자는 정책. 아무튼, 전에는 사업자가 아니라고 보아서 양도소득세를 내라더니 이제 와서 사업자니까 부가가치세를 내라고? 앞뒤가 안 맞는다고 주장하며 부가가치세 부과처분을 다투었지만 납세의무자 패소.

300) 신의칙에 어긋나는 과세처분은 취소대상이다. 대법원 1991. 1. 29. 선고 90누7449 판결; 2008. 6. 12. 선고 2008두1115 판결 등. 비과세관행에 어긋나는 처분은 무효라는 주장으로 이준봉, 1편 2장 1절 VI. 4.

301) 반대되는 판결로 대법원 2002. 4. 12. 선고 2000두5944 판결; 2009. 4. 23. 선고 2007두3107 판결은 잘못된 설명을 따른 경우 가산세까지 물리고 있다.

2) 납세자의 신의칙 위반 여부

〈대법원 1990. 7. 24. 선고 89누8224 판결〉

적어도 공간판결 가운데에서는 납세의무자가 신의성실을 어겼다면서 과세처분을[302] 유지한 첫 판결. 원고 정 아무개(우리나라를 IMF 관리체제로 몰고 간 도화선이 되었던 어느 재벌 부실기업주의 아들이다)가 아버지로부터 증여형식으로 농지(農地)를 이전 받았던 사건으로 원고패소.

> 무릇 농지에 대하여는 자경 또는 자영의 의사가 없는 한 농지에 대한 소유권을 취득할 수 없고, 자경 또는 자영의 의사없이 소유권이전등기만을 경유하는 경우에 그 소유권이전등기는 원인무효라 할 것(당원 1968. 5. 26. 선고 68다490 판결 참조)…이지만(당원 1985. 7. 23. 선고 85누313 판결 참조), 이 사건에서와 같이 원고 스스로 적극적으로 농가이거나 자경의사가 있는 것처럼 하여 소재지관서의 증명을 받아 그 명의로 소유권이전등기를 마치고 이 사건 토지들에 관한 소유자로 행사하면서 이제 와서 한편으로 증여세 등의 부과를 면하기 위하여 농가도 아니고 자경의사도 없었음을 들어 농지개혁법에 저촉되기 때문에 그 등기가 무효라고 주장함은 전에 스스로 한 행위와 모순되는 행위를 하는 것으로 자기에게 유리한 법지위를 악용하려 함에 지나지 아니하므로 이는 신의성실의 원칙이나 금반언의 원칙에 위배되는 행위로서 법률상 용납될 수 없다.

〈대법원 1997. 3. 20. 선고 95누18383 판결〉

국토이용관리법에 따라 허가대상지역내의 토지의 매매는 허가를 받아야 하고 허가를 받지 못하면 매매는 무효가 된다. 원고는 국토이용관리법상의 규제대상인 토지를 을에게서 매수했는데 매매허가를 받을 수 없게 되자, 매매의 형식을 버리고 증여의 형식으로 등기를 이전받았다(동 법은 토지의 매매를 규제하는 것이므로 증여에 대하여는 적용되지 아니한다). 이에 대하여 세무서가 증여세를 부과했다. 이에 대하여 원고는 이 거래는 실제는 증여가 아니고 매매이므로 증여세부과의 대상이 되지 않는다고 주장했다. 원고승소.

> 실질과세의 원칙 하에서는 행위의 외형이 아니라 실질을 따져서 과세함이 원칙인 바, 등기원인이 매매라 하여도 실질이 증여이면 증여로 과세하여야 할 것이고 반대의 경우도 마찬가지라 할 수 있다. 거래당사자가 법령상의 제한 등의 이유로 실질에 따라 등기를 하지 아니하고 실질과 달리 등기를 한 후 소송에서 그 실질이 등기부 상의 등기원인과 다른 것이라고 주장한다 하여 이를 모순되는 행태라고 하기는 어렵다. 또 앞

302) 공매처분에 대해서는 대법원 1973. 6. 5. 선고 69다1228 판결.

서 본 바와 같이 과세관청은 실지조사권을 가지고 있을 뿐 아니라 이 사건과 같은 경우 그 실질을 조사하여 과세하여야 할 의무가 있고 그 과세처분의 적법성에 대한 입증책임도 부담하고 있는데 적절한 실지조사권 행사를 하지 아니한 과세관청에 대하여 납세의무자 스스로 등기원인을 달리하여 등기했음을 사전에 알리지 않고 부과처분이 있은 후 뒤늦게 다툰다는 것만으로 심한 배신행위를 했다고 할 수도 없을 것이다. 뿐만 아니라 과세관청이 등기부상의 등기원인만을 보고 이를 그대로 신뢰했다 하더라도 이를 보호받을 가치가 있는 신뢰라고 할 수도 없다.

그런데 실제로는 증여가 아니고 매매라고 본다면, 양도소득세를 부과할 수 있어야 하지 않을까? 종래의 판례는, 무효(無效)인 매매거래는 양도소득세의 부과대상이 아니라고 하고 있었다.[303] 이 사안에서 매매는 거래허가를 받지 않아 無效가 되는 것이고, 소유권은 여전히 전 소유자인 을에게 남아 있으므로, 결과적으로 양도소득세도 부과할 수 없게 되었다.

소유권이 여전히 본래의 증여자인 을에게 남아 있다는 것만 보면 판결의 결론은 옳아 보인다. 그러나 당사자 사이에서는 물건은 을에게서 갑으로 넘어갔고 을은 토지의 대금을 다 받았다. 그렇게 해 놓고서 거래의 무효를 주장하며 땅을 도로 찾겠다고 나설 만큼 막가는 사람은 아마 실제로는 흔치 않을 것, 더구나 땅이 제3자에게로 전전(轉轉) 양도된 경우는 더욱 그럴 것. 결국 이 사건에서는 아래의 소수의견이 보여 주듯 국가는 증여세, 양도소득세 어느 쪽도 과세할 수 없게 되었다.

국토이용관리법상 토지거래허가제도를 잠탈한 이 사건과 같은 경우에 대법원이 원상회복 여부에 관계 없이 신의칙 등의 적용을 불허하여야 한다는 다수의견을 취한다면, 증여와 같이 대가 없는 이전은 국토이용관리법의 규제대상이 아니므로, 투기거래를 목적으로 하는 토지거래자들은 토지를 매매하고도 일단 증여를 원인으로 소유권이전등기를 한 후, 양수인에게 증여세가 부과되면 실질적으로 매매이지 증여가 아님을 주장하여 그 취소를 받은 다음, 양도인에게 양도소득세가 부과되면 그 매매가 무효임을 주장하여 그 취소를 받을 수 있는[304] 한편(대법원 1993. 1. 15. 선고 92누8361 판결 참조), 매매 당사자끼리는 서로 조세포탈의 이익이 되고 외형상 아무런 하자가 없는 위 양수인 명의의 소유권이전등기를 실질적으로 유효한 것으로 취급하여 그대로 유지시키더라도 달리 제3자가 이를 말소할 수 있는 수단이 없으므로, 결국 매매 당사자는 그 소기

303) 그 뒤 대법원 2011. 7. 21. 선고 2010두23644 판결은 매매가 무효이더라도 양도소득세를 부과할 수 있다고 한다. 제12장 제2절 8.

304) 이 부분은 그 뒤 대법원 2011. 7. 21. 선고 2010두23644 판결로 일정요건 하에서 과세가능한 것으로 바뀌었다. 제12장 제2절 8.

의 목적을 이루게 됨으로써 국토이용관리법상의 토지거래허가제도를 잠탈할 수 있게 될 뿐만 아니라, 투기거래가 아니어서 토지거래허가를 적법히 받는 경우(양도인은 최소한 양도소득세를 부담하여야 한다)보다 경제적인 면에서 오히려 유리하게 되는 불합리한 결과를 초래하게 된다.

3) 네 가지 사안을 견주면 국가나 납세의무자의 언동에 모순이 있었음은 마찬가지. 그런데도 어떤 때는 이렇게, 어떤 때는 저렇게 결론이 나오누나. 그 밖에도 서로 어긋난다 싶은 판결은 숱하다.[305] 신의성실의 원칙은 결국 법관의 주관적 느낌이고 대개는 선례로서 가치가 없다.

4. 신의칙의 새로운 지평?

법원이 납세의무자에게 신의성실 책임을 묻는 경우는 예전에는 매우 드물었으나[306] 최근에는 바뀌는 느낌도.

(판례) 조세법률주의에 의하여 합법성의 원칙이 강하게 작용하는 조세실체법과 관련한 신의성실의 원칙의 적용은 합법성을 희생해서라도 구체적 신뢰를 보호할 필요성이 있다고 인정되는 경우에 한하여 비로소 적용된다고 할 것이고, 특히 납세의무자가 과세관청에 대하여 자기의 과거의 언동에 반하는 행위를 했을 경우에는 세법상 조세감면 등 혜택의 박탈, 각종 가산세에 의한 제재, 세법상의 벌칙 등 불이익처분을 받게 될 것이며, 과세관청은 납세자에 대한 우월적 지위에서 실지조사권 등을 가지고 있고, 과세처분의 적법성에 대한 입증책임은 원칙적으로 과세관청에 있다는 점 등을 고려한다면, 납세의무자에 대한 신의성실의 원칙의 적용은 극히 제한적으로 인정하여야 하고 이를 확대해석하여서는 안 된다.[307]

(판례) [다수의견] 연속되는 일련의 거래에서 어느 한 단계의 악의적 사업자가 당초부터 부가가치세를 포탈하려고 마음먹고, 오로지 부가가치세를 포탈하는 방법에 의해서만 이익이 창출되고 이를 포탈하지 않으면 오히려 손해만 보는 비정상적인 거래(부정거래)를 시도하여 그가 징수한 부가가치세를 납부하지 않는 경우, 그 후에 이어지는 거래단계에 수출업자와 같이 영세율 적용으로 매출세액의 부담 없이 매입세액을

305) 상세는 소순무, 분식회계와 납세자의 신의칙, 특별법연구 8권(2006), 696-700쪽. 다른 나라 판결은 김석환 · 이창희, 납세자의 금반언과 부과제척기간, 조세법연구 26-3(2020), 21쪽.

306) 대법원 2006. 1. 26. 선고 2005두6300 판결(회계사기 과정에서 과다신고 후 경정청구. 제18장 제5절 VII.3.); 2009. 4. 23. 선고 2006두14865 판결(주소 허위기재자가 관할위반 주장).

307) 대법원 1997. 3. 20. 선고 95누18383 판결; 2004. 5. 14. 선고 2003두3468 판결; 2006. 1. 26. 선고 2005두6300 판결.

공제·환급받을 수 있는 사업자가 있다면 국가는 부득이 다른 조세수입을 재원으로 삼아 그 환급 등을 실시할 수밖에 없는바, 이러한 결과는 소극적인 조세수입의 공백을 넘어 적극적인 국고의 유출에 해당되는 것이어서 부가가치세 제도 자체의 훼손을 넘어 그 부담이 일반 국민에게 전가됨으로써 전반적인 조세체계에까지 심각한 폐해가 미치게 된다. 수출업자가 그 전단계에 부정거래가 있었음을 알면서도 아랑곳없이 그 기회를 틈타 자신의 이익을 도모하고자 거래에 나섰고, 또한 그의 거래 이익도 결국 앞서의 부정거래로부터 연유하는 것이며 나아가 그의 거래 참여가 부정거래의 판로를 확보해 줌으로써 궁극적으로 부정거래를 가능하게 한 결정적인 요인이 되었다면, 이는 그 전제가 되는 매입세액 공제·환급제도를 악용하여 부당한 이득을 추구하는 행위이므로, 그런 수출업자에게까지 다른 조세수입을 재원으로 삼아 매입세액을 공제·환급해 주는 것은 부정거래로부터 연유하는 이익을 국고에 의하여 보장해 주는 격이 됨은 물론 위에서 본 바와 같은 전반적인 조세체계에 미치는 심각한 폐해를 막을 수도 없다. 따라서 이러한 경우의 수출업자가 매입세액의 공제·환급을 구하는 것은 보편적인 정의관과 윤리관에 비추어 도저히 용납될 수 없으므로, 이는 구 국세기본법(2010. 1. 1. 법률 제9911호로 개정되기 전의 것) 제15조에서 정한 신의성실의 원칙에 반하는 것으로서 허용될 수 없다. 이러한 법리는 공평의 관점과 결과의 중대성 및 보편적 정의감에 비추어 수출업체가 중대한 과실로 인하여 그와 같은 부정행위가 있었음을 알지 못한 경우에도 마찬가지로 적용된다.[308]

Ⅱ. 평 등

입법이 平等원칙을 따르고 있는 이상 법을 글자 그대로, 법대로 집행하면 평등원칙에 어긋날 일은 생기지 않는다.[309] 문제는 불법(不法)의 평등. 가령 사업소득자는 세무조사를 받지 않음을 기화로 소득을 줄여서 신고하는 수가 많다. 개인사업자에 대한 세무조사 비율은 극히 낮다.[310] 그렇다면 적법한 세무조사를 거쳐 세금을 물게 된 사람이 불평등하다, "왜 나만 못살게 구는가," 이렇게 문제를 제기할 수 있으려나? 불법의 영역에서도 평등해야 한다는 주장은 안 맞다.[311] 법치(法治)행정을 이루자면 어

308) 대법원 2011. 1. 20. 선고 2009두13474 전원합의체 판결. 밑줄은 판결문에는 없다. 그 밖의 판례로 대법원 2009. 4. 23. 선고 2006두14865 판결. 신의칙 위반이지만 부정행위는 아니다. 대법원 2013. 1. 16. 선고 2012두19997 판결. 형사판결로 대법원 2007. 10. 11. 선고 2007도5577 판결; 2011. 4. 28. 선고 2011도527 판결.

309) 제2장 제3절 II. 3. 탈세방지책이 없다든가 달리 구조적으로 불평등이 생길 수밖에 없다면 위헌. 독일 헌법재판소 2015. 6. 23. 1 BvL 13/11 결정; 2018. 4. 10. 1 BvL 11/14 결정.

310) 이창희·김석환, 납세자의 금반언과 부과제척기간, 조세법연구 26-3(2020), 21쪽.

311) 헌법재판소 2006. 6. 29. 2005헌바39 결정; 2016. 7. 28. 2014헌바272, 2016헌바29(병합) 결정(세무조

디에선가는 법대로 시작해야 할 테니. 독일이나 미국에서도 불법의 평등은 주장할 수 없다고.[312] 법집행에 불만이 있는 사람이 왜 다른 사람에게는 법대로 집행하지 않는가를 따져 물을 수야 있겠지만, 자신에 대한 법집행은 못 막는다. 법 자체가 불평등하다면 헌법문제로 이를 다툴 수 있음은 물론이지만.

Ⅲ. 재량행위와 비례의 원칙

세금은 법대로 간다. 집행을 할지 말지 행정청에 그런 재량은 없다. 뭔가 잘못해서 신의칙에 걸리지 않는 한 법대로 간다. 화해도 안 된다. 제5절 I, 제6장 제6절 II. 2.

일반 행정법에서는 법령이 불확정(不確定)개념을 쓰고 있는 경우, 아주 예외적이기는 하나 행정청이 법원보다 더 전문적 판단을 할 수 있는 경우라 법원이 행정청의 재량이나 주관적 판단을 그대로 받아들여야 마땅한 경우가 있을 수 있다. 그러나 일반행정법에서도 행정청에 이같이 재량이나 판단 여지를 인정하는 일은 드물고,[313] 조세실체법의 영역에서는 더더욱 생각하기 어렵다. 불확정개념은 원칙적으로 쓰지 말라는 것이 형식적 법치주의인 까닭. 예외적으로는 조세실체법에도 불확정개념이 있기는 하다. 가령 앞서 본 부당행위 계산의 부인 규정을 다시 보면, 내국법인의 "행위 또는 소득계산이… 특수관계인과의 거래로 인하여 그 법인의 소득에 대한 조세의 부담을 부당하게 감소시킨 것으로 인정되는 경우에는" 세무서장은 그 법인의 행위 또는 소득계산에 관계 없이 소득금액을 계산할 수 있다.[314] 이런 불확정개념이 집행명령까지 거치고서도 남아있다면, 그 뜻을 특정하는 것은 법해석작업이고 당연히 사법적 통제의 대상이다. 부당한가, 정당한 사유가[315] 있는가 따위의 판단은, 사안의 성질상 법원의 고유한 판단사항이고 그에 어긋나는 행정처분은 위법하다.

세법에서도 절차법(節次法)의 영역, 특히 국세징수법에서는 불확정개념이 많이 나온다. 예를 들면 "정당한 사유," "포탈하고자 하는 행위가 있다고 인정되는 때," "심한 손실," "현저한 손실," "앞의 각호에 준하는 사유," "필요가 인정되는 때," "국세징수에

사 받은 자만 입는 불이익): 2025. 7. 22. 2025헌마835 결정. 한편 일본에서는 불평등하지만 무효는 아니라는 하급심 판결을 상고기각한 최고재판소 1973(昭和48). 7. 17. 미공간 판결이 있다고 한다.

312) Tipke/Lang, 제3장 112문단, 282문단. IBM Corp. v. US, 343 F2d 914, 919(Ct. Cl. 1965), cert. denied, 382 US 1028 (1966); Bookwalter v. Breckoein, 357 F2d 78(8th Cir. 1966).

313) 2024년의 Loper 판결은 해석명령(집행명령)이나 행정해석도 원칙적으로 배제하고 법해석은 법원의 전권. 제2장 제2절 IV.

314) 법인세법 제52조 제1항.

315) 실체법에서 부득이한 사유, 정당한 사유 따위의 불확정 개념을 쓰는 대표적인 예가 비업무용부동산에 관한 규제이다. 법인세법 제27조 제1호, 같은 법 시행령 제49조, 같은 법 시행규칙 제26조. 그 밖에도 지방세특례제한법 제78조 참조.

지장이 있다고 인정하는 때," 이런 불확정개념이 나온다. 그에 관한 행정청의 판단은 당연히 사법심사의 대상이다. 채권의 강제집행이라는 절차법적 규정에 관한 한 전문적, 기술적, 정책적 판단을 할 수 있는 최고의 전문가가 누구? 법원.

절차에서는 법이 정면으로 행정청에 재량권(裁量權)을 주기도. 가령 관허사업을 하는 자가 소득세·법인세·부가가치세를 여러 번 체납했고 체납액이 일정금액 이상이라면 세무서장은 "주무관서에 사업의 정지 또는 허가 등의 취소를 요구할 수" 있다(주무관서는 정당한 사유가 없는 한 이에 응하여야 한다).[316] 이런 재량은 세무공무원이 마음대로 하면 된다는 뜻은 아니다. 세무공무원은 "과세의 형평과 해당 세법의 목적에 비추어 일반적으로 적당하다고 인정되는 한계를 엄수하여야 한다."[317] 재량권의 남용(목적에 맞지 않는 식으로 재량을 행사하는 것)이나 일탈(재량권의 한계를 벗어나는 것)은 위법하고 당연히 사법심사의 대상이다. 가령 앞의 예에서 체납횟수 및 체납액이라는 요건을 만족했더라도, 세무서장의 취소요구는 다시 비례의 원칙 또는 과잉금지라는 제한을 받는다. 행정청의 행위는 목적에 맞는 꼭 필요한 행위이어야 하고 목적과 견주어 지나친 피해를 입혀서는 안 된다는 말이다. 다른 예로 국세징수법은 납세자가 재해를 입었다든가 달리 법에 정한 사정이 있다면 "납부고지를 유예…할 수 있다"고 정하고 있다.[318] 징수유예를 안 해주었기에 납세자가 입을 수 있는 피해와 세수 사이에 비례의 원칙이 적용됨은 마찬가지. 행정청이 징수유예 같은 재량행위를 하지 않는 경우 납세의무자는 적극적으로 재량권을 하자(瑕疵) 없이 행사하는 처분을 구할 수 있는 권리(무하자재량 행사 청구권)를 가진다는 것이 독일의 학설과 판례이다.[319]

316) 국세징수법 제112조, 지방세징수법 제7조. 납세의무자가 취소의 적법성을 다투는 경우, 사업의 허가를 취소한 주무관서는 세무서장의 취소요구가 있었음만 입증하면 되고, 취소가 위법하다는 점은 납세의무자가 주장하고 입증하여야 한다. 대법원 1992. 10. 13. 선고 92누8701 판결.

317) 국세기본법 제19조. 연부연납허가는 기속재량이다. 대법원 2004. 10. 28. 선고 2003두4973 판결.

318) 국세징수법 제14조.

319) Tipke/Lang, 제5장 153문단.

조세법률관계

여태껏은 세법을 만드는 지도이념이 무엇인가, 헌법상의 제약은 무엇인가, 이미 만들어 놓은 세법은 어떤 식으로 해석하고 적용하여야 하는가를 살펴보았다. 논의는 이제 세법이 구체적으로 어떤 내용을 담아야 하는가로 넘어간다. 개개의 세법을 따지기에 앞서 먼저 세법 전체에 걸친 通論이라 할 내용으로, 조세채권채무의 관계가 성립·확정·소멸하는 요건을 어떻게 정할 것인가, 조세채권에는 어떤 효력을 줄 것인가, 이 두 가지 문제에서 시작해 보자.

제 4 장　조세채권의 성립·확정·소멸

제 1 절　조세법률관계

1. 조세법률관계란?

납세의무자와 국가 사이에 어떤 권리의무가 있는가를 일컫는 말이 조세법률관계(租稅法律關係). 그 핵심이 납세의무(納稅義務), 뒤집으면 국가의 조세채권임이야 물론이지만, 그 밖에 여러 가지 부수적이고 절차적인 권리의무도 있다. 가령 소득세의 납세의무자는 신고서를 제출할 의무를,[1] 사업자는 국가에 등록할 의무와[2] 돈의 흐름에 관한 정보를 국가에 제공할 의무를 진다.[3] 회사는 주주의 변동에 관한 정보를 알려줄 의무를 진다.[4] 국가는 과세정보의 비밀을 지킬 의무를 진다.[5]

2. 권력관계 v. 채권채무관계

조세법률관계는 왜 생기는가? 조세법률관계의 본질이 권력(權力)관계인가 채권

1) 소득세법 제70조 등. 헌법재판소 2014. 5. 29. 2012헌바28 결정.

2) 소득세법 제168조 제1항; 법인세법 제111조 제1항; 부가가치세법 제8조 제1항.

3) 소득세법 제163조 제5항; 법인세법 제121조 제5항; 부가가치세법 제64조 제1항; 국제조세조정에 관한 법률 제53조. 협력의무 이행여부는 납세의무의 존부와는 다른 문제이다. 대법원 2016. 12. 1. 선고 2014두8650 판결(지급명세서 제출); 2023. 3. 30. 선고 2019두55972 판결(주무관청 확인서 제출); 2023. 11. 2. 선고 2023두44061 판결(상속재산 분할신고). 제재로는 가산세, 과태료, 형벌 등이 따른다. 국가가 이미 파악하고 있는 정보라면 정보제공의무 불이행에 가산세를 매길 수 없다. 대법원 2006. 10. 13. 선고 2003두12820 판결; 2006. 10. 26. 선고 2003두15256 판결. 제5장 제2절 1.

4) 법인세법 제119조 제1항. 헌법재판소 2007. 1. 17. 2006헌바3 결정.

5) 대법원 2020. 5. 14. 선고 2017두49652 판결(개별 과세정보 공개청구 불인정). 과세정보 제공범위는 점점 넓어져서 지금은 징세, 사법절차, 통계, 공공기관의 급부·지원, 국정조사, 그 밖에 특별 규정이 있는 경우 제공할 수 있다. 국세기본법 제81조의13. 지방세기본법 제86조, 제87조. 임차인의 열람권은 제5장 제4절 I. 미국세법 6103조. 스웨덴 등은 개별 과세정보도 공개. 개인과 달리 회사에 관한 정보는 공개해야 맞다는 주장으로 Blank, Reconsidering Corporate Tax Policy, 11 NYU Journal of Law and Business 31 (2014).

채무(債權債務)관계인가라는 말싸움이 독일에서 생겨나 일본을 거쳐 우리나라에까지 들어와 있다. 전자는 Otto Mayer 이래의 오랜 생각으로 조세법률관계를 국민이 국가의 과세권에 복종하는 관계로 보고, 조세채무는 국가의 부과처분이라는 행정행위의 효력으로 짜자고 한다. 후자의 채권채무관계설은 1919년의 독일 조세통칙법(AO, Abgabenordnung)을 계기로 Albert Hensel 등이 틀을 짰지만 근본적으로는 그 법의 초안을 만든 Enno Becker 덕택에 생겨났다.[6] 私人 사이의 채권채무관계와 마찬가지로 조세법률관계도 국가와 납세의무자 사이의 채권법관계라고 독일 조세기본법은 아예 명문으로 못 박고 있다.[7] 우리 현행법의 글귀에서는 실체법상 요건을 만족하여 납세의무가 있는 이상 국가의 행정행위를 기다리지 않고 세금을 낼 의무가 납세의무자에게 생긴다. 예외가 없다. 그런 뜻에서는 조세법률관계 역시 債權債務관계임은[8] 다툼의 여지가 없다. 아래 제2절 IV.

權力관계설이 딱 틀렸다는 말은 아니다. 두 견해는 서로 차원이 다르고 엄밀히는 맞서는 관계가 아니다. 독일처럼 채권채무관계라고 법률에 못 박더라도 헌법의 차원에서 본다면 조세란 국가를 비로소 창설하는 공의무(公義務)이다. 이미 있는 국가가 가지고 있는 채권이 아니다. 세금 없이는 국가란 없으니. 조세는 고권(高權)으로서 국가권력 그 자체, 세법은 대표적 공법.[9] 다른 한편, 법률해석론의 차원으로 내려오면 우리 현행법에서 조세채권채무란 행정청의 우월적 명령의 반사적 효과로 생기는 것이 아니다. 행정행위로 조세채무가 성립하는 것은 없고, 확정되는 것도 오히려 드문 예외일 뿐. 우리 헌법에서는 법률에 근거가 없는 이상 행정청의 명령으로 조세채무가 생기지는 않고, 행정청의 명령이 없더라도 법률이 정한 요건사실을 만족하면 조세채무가 생긴다. 조세법률관계가 권력관계인가 또는 채권채무관계인가라는 식의 논의는 올바른 물음이 아니다. 실제 역사에서 채권채무관계론이 지녔던 의미는 독일의 세법학자들이 공법학자들의 모임에서 집단탈퇴하고, 사법학자들과 더 가까운 관계를 맺었다는 정도.

바른 물음은 현행법의 해석상 혹은 입법론상 '국가에 어느 정도의 우월적 지위를 인정할 것인가'를 묻는 것. 법치주의 헌법 아래에서는 이는 정책적 문제로, 우월적 지위를 인정하면 어떻게 되고 인정하지 않으면 어떻게 되는가를 사안에 따라 하나하나 따져서 정할 문제이다. 권력관계인가 채권채무관계인가라는 빈 말장난으로 답을 구할

---

6) Tipke/Lang, *Steuerrecht*, 제24판(2021), 제1장 29문단, 63문단. 이하 Tipke/Lang이란 달리 적지 않은 한 제24판.

7) 독일 조세기본법 제2부의 제목이 조세채권법이고 그중 제2장이 조세채권관계라는 제목 아래 조세채권의 발생, 변경, 소멸 등을 정하고 있다.

8) 헌법재판소 2013. 11. 28. 2012헌바22 결정(채권자취소권).

9) 제1장 제1절, 제2절, 제4절, 제2장 제3절 Ⅱ.1., Ⅱ.3.4).

일은 아니다. 법의 해석적용 차원에서 보자면 민사법규정은 그 성질상 적용될 수 없는 경우가 아니라면 행정법관계에도 적용될 수 있다는 것이 행정법학의 통설.

3. 국세환급금

조세법률관계는 납세의무자가 국가에 대해서 채권을 가지는 관계일 수도. 우선 실체법상 낼 의무가 없는 세금을 잘못 낸 오납액(誤納額)이나 정당한 세액보다 돈을 더 낸 초과납부액(과납액, 過納額)은 부당이득으로 돌려받는 것이 당연. 그렇지만 공법관계라는 성질이 반환청구권을 제약한다. 조세채권은 확정판결 없이도 자력집행력이 있으므로, 일단 낸 세금은 감액경정청구나 취소쟁송 등 법에 정한 절차를 거쳐서 과오납금으로 확정되어야 부당이득(不當利得)반환청구권을 행사할 수 있다.[10] 부과처분이나 신고납세가 당연무효라는 주장을 행정청이 스스로 받아들이거나 법원이 확정판결로 받아들이는 경우에도 부당이득으로 반환받는다.[11] 아래 제6장 제7절. 한편 실체법 자체가, 납세의무자가 국가에서 돈을 환급받는 짜임새라서 "세법에 따라 환급(還給)받을" 세액이 생기기도 한다.[12] 새로 낼 금액보다 미리 내었거나 달리 공제받을 금액이 더 큰 경우가 본보기. 가령 법인이나 소득세 종합과세대상자가 그동안 원천징수당한 세액이 결정세액보다 더 크거나[13] 부가가치세에서 매입세액이 매출세액보다 크다면[14] 환급세액을 달라고 신고할 수 있다. 소득세나 법인세에서 올해 결손금을 과거로 소급해서 과거에 낸 세금을 돌려받겠다고 신청하여 환급세액이 생기기도 한다.[15] 과오납금이나 환급세액이 생긴 때에는 세무서장은 이를 國稅還給金으로 결정하고[16] 환급가산금(이자)을 붙여 지급한다.[17] 납기에 이른 다른 조세채권에

---

10) 종래 판례는 원천징수를 너무 많이 해서 납부한 원천징수의무자는 부당이득으로 반환받되 징수처분을 다투면서 실체법상 하자도 다툴 수 있다고 보았으나 대법원 2025. 9. 4. 선고 2025다211104 판결은 징수처분에 대한 항고쟁송에서 실체법상 하자도 반드시 다투어야 한다고. 제5장 제6절 I.3., I.4.

11) 대법원 1989. 6. 15. 선고 86누6436 판결의 용례는 항고쟁송으로 부과처분이나 신고납세가 취소된 상태를 과납금, 부과처분이나 신고가 당연무효인 상태를 오납금이라고 부른다.

12) 국세기본법 제51조 제1항, 지방세기본법 제60조 제1항. 미국세법 6401조(b). 대법원 2000. 10. 27. 선고 2000다25590 판결.

13) 법인세법 제71조 제4항, 소득세법 제85조 제4항.

14) 부가가치세법 제37조 제2항 단서. 제23장 제5절.

15) 소득세법 제85조의2, 법인세법 제72조. 제18장 제1절 III.2. 대법원 2000. 10. 27. 선고 2000다25590 판결(신청 있어야 환급).

16) 국세기본법 제51조 제1항, 지방세기본법 제60조, 관세법 제46조. 제6장 제7절 III. 충당에 대해서는 제5절 I. 소득세나 법인세 환급금이 생기면 연동되는 지방소득세도 환급한다. 지방세법 제103조의59 제3항.

17) 국세기본법 제52조, 지방세기본법 제62조, 관세법 제48조, 독일 조세기본법 제236조, 미국세법 6611조. 헌법재판소 2023. 8. 31. 2019헌가20 결정(지방소득세). 환급가산금은 부당이득의 반환범위에 관한 민법규정에 대한 특칙으로 이행청구(환급신청) 이후에는 지연손해금과 환급가산금 중 하나를

충당할 수도 있다.18) 국세환급금 결정은 내부절차일 뿐 행정처분이 아니다.19) 국세환급금과 그 가산금의 청구권은 민사채권의 성질을 가지므로20) 양도할 수 있고,21) 이를 행사할 수 있는 때로부터 10년이22) 아니라 5년의 소멸시효에 걸린다.23)

4. 기간, 기한, 신고, 송달

조세채권채무관계나 기타의 부수적 조세법률관계에서는 기간(期間)이나 기한(期限) 개념이 필요한 경우가 많다. 가령, 윗 어른이 돌아가시면 그날 당장 상속세를 내라고는 못한다. 현행법은 "상속개시일이 속하는 달의 말일부터 6개월" 이내에 과세표준을 신고(申告, tax return, Steuererklärung)하고 세금을 자진납부하라고 한다.24) 예를 들어 상속개시일이 어느 해 5월 20일이라면 신고 및 납부기한은? 5월 31일부터 6개월 되는 날인 11월 30일.25) 11월 30일이 토요일이나 일요일이라면 기한은? 월요일인 12월

고를 수 있다. 대법원 2002. 1. 11. 선고 2001다60767 판결; 2009. 9. 10. 선고 2009다11808 판결; 2018. 7. 19. 선고 2017다242409 판결. 부당이득성립일(과오납금은 납부일, 환급세액은 환급기한)부터 이자를 기산한다. 국세환급금 이자는 시중은행의 이자율에 터잡고 있다. 지연이자 성격의 미납부가산세(제5장 제2절 1)와 균형을 맞춘 것이다. 납세의무자에게 밀린 세금이 있다면 그 세금에 충당하고 남은 잔액만을 지급한다. 국세기본법 제51조 제2항. 지방세기본법 제60조 제2항. 물납재산 반환 시에는 가산금이 안 붙는다. 국세기본법 제51조의2 제1항. 헌법재판소 2022. 1. 27. 2020헌바239 결정; 대법원 2000. 11. 28. 선고 98다63278 판결. 물납재산을 돈으로 환급할 때에는 수납가액(=과세가액)으로 평가. 대법원 2010. 8. 26. 선고 2010다25018 판결.

18) 제5절 I.

19) 대법원 1989. 6. 15. 선고 88누6436 판결. 환급부작위 위법확인의 소도 안 된다. 대법원 1989. 7. 11. 선고 87누415 판결. 따라서 환급거부결정에 대한 행정소송을 낼 것 없이 바로 민사소송을 내야 한다. 과다신고한 세액의 환급은 제6장 제4절 II. 그렇지만 행정심판으로 취소를 구할 수는 있다. 제6장 제2절 II.

20) 제6장 제7절. 부가가치세 환급금 청구는 당사자소송이라는 판결로 대법원 2013. 3. 21. 선고 2011다95564 판결. 민사사건이라고 보는 경우에도 비채변제 등 성질상 적용할 수 없는 민법 규정들이 있다. 대법원 1995. 2. 28. 선고 94다31419 판결.

21) 양도인이 납부할 조세채무가 있는 경우에는 충당 이후의 잔액을 양도받고(선충당권), 양도절차에는 특칙이 있다. 국세기본법 제53조, 지방세기본법 제63조, 관세법 제46조 제2항, 독일 조세기본법 제46조 제2항. 국세우선권과 균형을 맞추자면 세무서의 선충당권도 합헌이다. 국세기본법 제51조 제3항, 제53조 제2항의 입법 후에는 대법원 2008. 7. 24. 선고 2008다19843 판결은 안 통한다. 헌법재판소 2016. 6. 30. 2013헌바191 결정; 2017. 7. 27. 2015헌바286 결정; 대법원 2009. 3. 26. 선고 2008다31768 판결. 바로 충당하지 않으면 양수인은 환급금 전액을 받을 권리가 있다. 대법원 2003. 9. 26. 선고 2002다31834 판결; 2019. 6. 13. 선고 2016다239888 판결. 양도인의 법적지위(예를 들어 경정청구권)가 이전되는 것은 아니다. 대법원 2014. 12. 11. 선고 2012두27183 판결.

22) 민법 제162조 제1항, 제165조.

23) 국세기본법 제54조. 과세처분에 대한 취소나 무효확인의 소는 국세환급금 반환청구권 소멸시효의 중단사유가 된다. 대법원 1992. 3. 31. 선고 91다32053 전원합의체 판결. 제6장 제7절 III.

24) 상속세및증여세법 제67조 제1항.

25) 국세기본법 제4조, 지방세기본법 제23조, 관세법 제8조 제2항; 민법 제157조, 159조.

1일 또는 2일.[26] 신고서 기타 서류를 받는 공무원은 접수증을 교부한다.[27] 신고나 청구의 효력은 언제부터 생길까? 우편신고의 경우에는 우체국 도장이 찍힌 날, 전자신고의 경우에는 전송된 날.[28] 한편, 국가가 送達하는 것이라면? 도달주의 방식으로 송달받을 자에게 도달해야 효력이 생긴다.[29] 다만 전자송달의 경우에는 송달받을 자가 지정한 전자우편주소에 입력된 때(국세정보통신망에 저장하는 경우에는 저장된 때)에 도달했다고 본다.[30]

제 2 절 조세채권채무의 구성요건

조세법률관계의 핵심은 조세채권과 조세채무(또는 납세의무)이다. 어떤 경우에 누구에게 어떤 납세의무를 지울 것인가라는 문제. 국가가 누구로부터 세금이라는 명목의 돈을 언제, 어떤 식으로 걷을 수 있는가, 이 채권채무의 내용은 법률로 정해야 한다. 조세법률관계를 특정하려면 어떤 요소가 필요할까? 국가가 누군가에게 조세채무를 지우려면 어떤 요소들을 정하여야 할까?

---

26) 국세기본법 제5조 제1항, 지방세기본법 제24조 제1항, 관세법 제8조 제3항.

27) 국세기본법 제85조의4.

28) 국세기본법 제5조의2 제1항, 제2항. 국세정보통신망에 장애가 있는 때에는 복구가 되어 신고나 납부가 가능해지는 날의 다음 날이 기한이 된다. 국세기본법 제5조 제3항.

29) 대법원 1995. 8. 22. 선고 95누3909 판결. 송달방법에는 교부송달, 우편송달, 전자송달, 공시송달의 4가지가 있다. 국세기본법 제10조, 지방세기본법 제30조, 관세법 제11조. 교부송달과 우편송달에서는, 송달받을 자의 주소, 거소, 영업소 또는 사무소에서 그에게 직접 송달이 안 되는 경우 사용인 기타 종업원이나 동거인으로서 사리를 판별할 수 있는 자에게 송달(보충송달)할 수 있다. 송달받을 권한의 묵시적 위임은 대법원 2000. 7. 4. 선고 2000두1164 판결(경비원). 송달을 받을 자나 보충송달을 받을 자가 서류의 수령을 거부할 때에는 송달할 장소에 서류를 둘 수 있다(유치송달). 국세기본법 제10조 제4항, 지방세기본법 제30조 제3항, 관세법 제11조. 납부고지서의 송달을 받아야 할 자가 그 수령을 회피하기 위하여 일부러 송달을 받을 장소를 비워 두어 세무공무원이 송달이나 보충송달을 받을 자를 만나지 못하여 부득이 사업장에 납부고지서를 두고 왔다고 하더라도 이로써 신의성실의 원칙을 들어 그 납부고지서가 송달되었다고 볼 수는 없다. 대법원 2004. 4. 9. 선고 2003두13908 판결. 전자송달은 송달받을 자가 신청하는 경우에 한한다. 국세기본법 제10조 제8항. 공시송달이란 납세의무자가 주소, 거소, 영업소, 사무소 그 어디를 가더라도 송달할 장소에서 장기간 이탈하여 과세권 행사에 장애가 있는 경우에 한한다. 대법원 2000. 10. 6. 선고 98두18916 판결; 2014. 11. 27. 선고 2014두9745 판결; 2015. 10. 29. 선고 2015두43599 판결. 공시송달을 할 필요성은 과세관청이 입증하여야 한다. 대법원 1996. 6. 28. 선고 96누3562 판결. 게시판이나 관보 등에 요지를 공고하고 그로부터 14일(국세기본법 제11조)이 지나면 송달의 효력이 생긴다. 송달이 위법하여 효력이 발생하지 않는다면 과세처분은 무효이다. 대법원 1995. 8. 22. 선고 95누3909 판결. 납부고지서와 독촉장에 적힌 납부기한이나 지정납부일이 지난 뒤에 공시송달의 효력이 발생했더라도 공시송달은 무효가 아니다. 대법원 2004. 7. 22. 선고 2003두11117 판결.

30) 국세기본법 제12조 제1항, 지방세기본법 제32조. 헌법재판소 2017. 10. 26. 2016헌가19 결정.

납세자(納稅者) 즉, 누가 돈을 낼 것인가를 정하고, 과세대상 내지 과세물건(課稅物件)을 정해야겠지. 과세물건에는 어떤 것이 있을 수 있을까? 오늘날의 헌법이념은 누가 돈을 '낼 만한 처지'에 있는가를 묻는다. 이를테면 소득·재산·소비 따위에 담세력을 인정하여 이를 과세물건으로 삼는다. 담세력의 기준이 되는 과세물건은 어떤 금액, 즉 숫자로 표시할 수 있어야 한다. 세금은 결국 돈 얼마를 내는 것이니까. 곧, 소득이나 재산, 소비가 얼마라는 것을 금액으로 포착하여야 한다. 이와 같이 포착된 숫자를 일컫기를 과세표준(課稅標準).[31] 얻고자 하는 최종결과는 낼 돈머리 곧 세액. 과세표준을 세액으로 연결하는 것이 세율(稅率).

다시 정리하면, 조세채무의 내용을 특정하기 위하여서는 정해야 할 요소는? 납세의무자·과세물건·과세표준·세율. 이 4가지를 과세요건(課稅要件) 또는 조세채무의 구성요건이라고 할 수 있다.[32] 이런 구성요건이 만족되면 조세채무가 얼마라는 세액이 특정된다. 그러나 조세채무의 구성요건이 위 4가지라는 것은 담세력을 찾으려다보니 그렇게 한다는 것이지, 하늘의 가르침이나 헌법에서 끌어낼 수 있는 것은 아니다. 예를 들어, '모든 국민은 해마다 50,000원의 세금을 내야 한다'는 법률을 본다면, 거기에는 납세의무자와 세액 두 가지뿐. 조세채무의 구성요건이 대체로 납세의무자·과세물건·과세표준·세율로 구성되는 까닭은 이런 인두세(人頭稅)는 현실적 조세저항에 부딪혀 실제로 입법하기 어려운 까닭이다. 영국의 대처 정부도 인두세를 들여오고 무너지고 말았다.[33] 그러나 실제로 우리 현행법에도 있다. '주민세 개인분.'[34] 인두세는 그저 한 가지 예이다. 과세요건이 무엇인가는 각 세법에서 정하기 나름. 그렇다면 과세요건을 어떤 내용으로 정해야 하려나.

Ⅰ. 납세의무자

1. 납세의무자의 단위≠민사법상 인격

누구를 납세의무자로 삼아야 할까? 사람을 떠올리는 것이야 당연. '사람' 하면 으

31) 독일말로는 Steuerbemessungsgrundlage이지만 법령에서 Besteuerungsgrundlage라는 말을 쓰기도 한다.

32) 특정 납세의무자에 대한 과세물건의 귀속(Zurechnung)을 넣어서 5가지 요소를 말하기도 한다. Tipke/Lang, 제6장 42문단. 그러나 납세의무자란 과세물건의 계산단위라는 뜻이므로 귀속이라는 요소가 따로 있다고 말하기는 어렵다. 제9장 제2절, 제10장 제2절 Ⅱ, 제13장 제2절.

33) Smith, Lessons From The British Poll Tax Disaster, 44 National Tax Journal No. 4, Part 2 (December, 1991), 421.

34) 지방세법 제74조 제1호.

레 자연인(自然人)과 법인(法人)이 기계적으로 떠오르리라. 그러나 기실 법인이라는 것은 사람이 아님에도 불구하고 사람처럼 대우한다는 뜻일 뿐이다. 사람이 아니지만 어떤 필요성에 의하여 권리의무의 주체로 삼은 것일 뿐. 그렇다면 민사법에서 말하는 법인이 당연히 세법에서 권리의무의 단위가 되어야 할 이유는 없다.[35] 바른 문제는 필요성, 곧 세금이라는 공법관계에서 법인이라는 개념이 필요한가이다. 차차 보겠지만 필요하다. 사람의 덩어리 또는 재산의 덩어리가 있고, 이를 단위로 삼아 세금을 걷는 것이 여러 모로 편리하다는 등의 합리적인 이유가 있는 이상 여기에 법인격을 부여할 필요가 있음은 직관적으로 알 수 있다. 따라서 법인도 납세의무자로 삼게 된다. '가족(家族)'은? 사람 사는 사회의 일반적 생활단위, 소비단위는 가족이다. 납세의무의 단위를 가족으로 삼는다면? 그것도 꼭 안 될 이유는 없겠네. 특히 소비생활을 본다면, 가령 올해 소득에서 아버지 식비는 3백만원이 들고, 어머니 식비는 200만원이 들고, 내 식비는 5백만원이 들고……, 이런 식의 구별은 이상하니까. 우리 실정법에서 가족을 납세의무자로 정한 경우는 없지만, 가족이라는 단위를 고려할 필요는 조세실체법의 내용에서 여러 군데 실제로 반영된다.

요컨대, 권리의무의 단위(單位)를 어떻게 설정할 것인가는 그 법의 목적에 맞추어 정해야. 그렇게 본다면 조세채권관계라는 공법상 법률관계에서 무언가를 권리의무의 단위로 삼아야 할 필요성이 민사법관계의 단위와 언제나 일치하지는 않는다. 서로 필요가 다른만큼 집합적 권리의무의 단위가 달라진다. 현행법을 보자.

국세기본법 제13조 (법인으로 보는 단체 등) ① 법인 … 이 아닌 사단, 재단, 그 밖의 단체(이하 "법인 아닌 단체"라 한다) 중 다음 각 호의 어느 하나에 해당하는 것으로서 수익을 구성원에게 분배하지 아니하는 것은 법인으로 보아 이 법과 세법을 적용한다.

1. 주무관청의 허가 또는 인가를 받아 설립되거나 법령에 따라 주무관청에 등록한 사단, 재단, 그 밖의 단체로서 등기되지 아니한 것

2. 공익을 목적으로 출연된 기본재산이 있는 재단으로서 등기되지 아니한 것

② 제1항에 따라 법인으로 보는 사단, 재단, 그 밖의 단체 외의 법인 아닌 단체 중 다음 각 호의 요건을 모두 갖춘 것으로서 대표자나 관리인이 관할 세무서장에게 신청하여 승인을 받은 것도 법인으로 보아 이 법과 세법을 적용한다. 이 경우 해당 사단, 재단, 그 밖의 단체의 계속성과 동질성이 유지되는 것으로 본다.

1. 사단, 재단, 그 밖의 단체의 조직과 운영에 관한 규정을 가지고 대표자나 관리인을 선임하고 있을 것

35) Tipke/Lang, 제6장 34문단.

2. 사단, 재단, 그 밖의 단체 자신의 계산과 명의로 수익과 재산을 독립적으로 소유 · 관리할 것

3. 사단, 재단, 그 밖의 단체의 수익을 구성원에게 분배하지 아니할 것

(이하 생략)

민사법(民事法)상 법인이 아니더라도 일정한 요건을 만족한다면 세법에서는 법인(法人)으로 보겠다는 것이다.[36] 법의 목적이 다르니 권리의무의 주체로 삼을 대상이 달라진 것. 민사법상 법인이라면 세법에서도 반드시 법인으로 보아야 하는가라는 문제도 생긴다.[37] 세법에서 법인격의 개념을 어떻게 설정할 것인가는 나중에 따지기로 하고 우선은 자연인이나 법인뿐만 아니라 법인 아닌 단체가 납세의무를 지는 수도 있다고만[38] 짚어두자.

부가가치세법…은 영리목적의 유무에 불구하고 사업상 독립적으로 재화 또는 용역을 공급하는 사람을 사업자라 하여 부가가치세 납세의무자로 규정하고 있는데…위 조합은 상가를 건축하여 임대업을 할 목적으로 원고들을 비롯한 조합원 21명으로 구성되어 총회와 대표자를 두고 있는 단체로서…조합 명의로 상당수의 점포들을 타에 임대하여 임대보증금을 수령하는 등…사업자에…해당한다.[39]

2. 납세의무자의 파악과 관리

법은 행정청이 납세의무자를 파악할 수 있게 하기 위해 사업자에게 등록의무를 지우고 있다.[40] 실제로는 그보다 한걸 앞선 단계로 행정청이 사람들의 신원을 파악하

36) 그래도 합헌이라는 미국 판결로 Burk-Waggoner Oil Ass'n v. Hopkins, 269 US 110(1925), 특히 114쪽. 제9장 제2절 Ⅱ, 제10장 제2절, 제13장 제2절. 자연인이나 법인 어느 쪽에도 해당하지 아니하는 단체의 경우 '개인'과 '법인' 중 어디에 포섭될 것인지에 관하여 의문이 있을 수 있으나, 이는 관련 세법 및 이 사건 법률조항의 입법 취지 등을 고려한 법관의 해석(법보충작용)에 의하여 판단될 수 있는 문제. 헌법재판소 2008. 7. 31. 2007헌바21 결정.

37) 미국에서는 S corporation이라 하여 소규모 폐쇄회사를 법인으로 보지 않는 경우가 있다. 미국세법 1361조 이하. 제13장 제3절 Ⅳ. 세법의 해석적용 단계에서도, Learned Hand 판사의 표현을 빌면 "법인이란 통상적 의미에서 사업활동을 하는 조직이라야 법인이고, 조세회피는 그런 뜻의 사업활동이 아니다." National Investors Corp. v. Hoey, 144 F2d 466(2d Cir. 1944), 특히 467쪽. 일반론으로 Moline Properties Inc. v. CIR, 319 US 436(1943), 특히 438-439쪽.

38) 법인세법 제5조 제2항, 부가가치세법 제3조 제1항, 제2조. 대법원 1999. 4. 13. 선고 97누6100 판결(조합); 2010. 12. 23. 선고 2008두19864 판결(비법인 사단).

39) 대법원 1999. 4. 13. 선고 97누6100 판결. 유럽법원 2000. 1. 27. 선고 C-23/98 판결; 2014. 9. 17. 선고 C-713 판결.

40) 부가가치세법 제8조, 소득세법 제168조 등. 실체법상 요건을 만족하는 이상 등록하지 않았더라도 사업자이다. 대법원 2016. 6. 10. 선고 2016두33049 판결.

고 각 납세의무자의 경제활동에 관한 정보를 파악하고 관리하는 것이 무엇보다 중요하다.[41] 이 밑바탕이 없이는 법을 아무리 잘 만들어 봤자 빈 헛말. 성금이 안 선다.[42] 우리나라는 일본 강점기의 민적(民籍)에서[43] 시작한 주민등록제도가 있어서 세무행정에서 이를 그대로 받아 쓸 수 있다는[44] 이로운 여건에서 출발했지만, 금융실명제(金融實名制)와 부동산실명제는 여러 가지 정치적 이유로 1993년 김영삼 정부에 와서야 들어왔다.[45] 탈세제보자에게는 보상금을 주기도.[46]

3. 행위능력(行爲能力)

납세의무자는 과세표준의 신고 등 여러 가지 공법(公法)행위를 해야 한다.[47] 그러니 자기가 무엇을 하는지를 깨달을 수 있는 行爲能力이 필요한 것이야 당연. 그렇지만 현행법에는 행위능력에 관한 규정이 없다. 예를 들어 부동산을 소유하고 있는 자는 부동산에서 생기는 소득을 신고납부할 의무를 진다. 미성년자도 마찬가지. 그러나 미성년자가 어떻게 소득을 계산하고 신고할 수 있는가에 대해서는 법에 안 나온다. 행위능력에 관한 민법규정을 준용할 수밖에.[48][49]

4. 특수관계인(特殊關係人)

앞서 본 법인세법상 부당행위계산의 부인처럼 납세의무자 자신에 관한 사실만이

---

41) 국세기본법 제84조의2(포상금의 지급), 법인세법 제119조(주식등변동상황명세서), 법인세법 제121조(매입처별 계산서합계표), 국제조세조정에 관한 법률 제11조(국제거래 자료), 제34조(해외금융계좌) 등. 헌법재판소 2025. 10. 23. 2022헌비5 결정(전환사채 관련 자료).

42) 가령 부동산등기특별조치법에 따른 과징금은 집행실적이 거의 없다. 조금 지난 통계이지만 기획재정부, 부동산 소유 및 거래 투명화제도(2014), 표 1-15.

43) 1909년 순사들과 일본헌병이 민적조사를 맡았다. 이영호, 한국근대 지세제도와 농민운동(2001), 558-560쪽.

44) 소득세법 제166조, 제167조 등.

45) 제25장 제3절 VII. 이 책 2004년판, 412-414쪽.

46) 국세기본법 제84조의2 제1항.

47) 무권대리인의 신고는 무효. 대법원 2014. 11. 27. 선고 2014두10967 판결.

48) 독일법에서는 미성년자 대신 법정대리인에게 의무를 지우고 있다. Abgabenordnung(이하 "독일 조세기본법") 제34조. Tipke/Lang, 제21장 157문단. 미국재무부 규칙 1.6012-1(a)(4), 1.6012-3(b). 재산을 관리한 아버지에게 자식의 조세포탈에 대한 책임을 물은 사건으로 서울고등법원 2003. 8. 29. 선고 2002노551 판결.

49) 한편 행위능력이 아니라 실질과세에 관한 판결이기는 하지만 "재산의 귀속명의자는 이를 지배·관리할 능력이 없고, 명의자에 대한 지배권 등을 통하여 실질적으로 이를 지배·관리하는 자가 따로 있으며, 그와 같은 명의와 실질의 괴리가 조세를 회피할 목적에서 비롯된 경우에는, 그 재산에 관한 소득은 재산을 실질적으로 지배·관리하는 자에게 귀속된 것으로 보아 그를 납세의무자로 삼아야 할 것"이라는 판결이 있다. 대법원 2014. 7. 10. 선고 2012두16466 판결.

아니라 친족 등 特殊關係人의 사정이 납세의무에 영향을 주는 수도 있다. 국세기본법은 특수관계의 정의규정을 두고 있고,[50] 다른 법에서 달리 정하고 있지 않은 한 특수관계의 범위는 그에 따르게 된다. 특수관계인이란 특수관계의 두 당사자를 말한다.[51]

Ⅱ. 관할(管轄)과 납세지(納稅地)

국세는 기획재정부의 외청인 국세청 및 그 산하의 지방국세청과 세무서가 걷고, 지방세는 지방자치단체가 걷는다. 행정청은 각자 제 管轄구역 안에 속하는 사람을 관리하고 세금을 걷는다. 관할이 아닌 세무서의 과세처분은[52] 위법하나 당연무효는 아니다.[53] 누가 어느 행정청의 관할에 속하는지를 정하는 기준이 納稅地, 실무용어로 세적(稅籍). 납세지는 당해 세금의 성질에 따라 정한다. 가령 소득세, 법인세나 종합부동산세의 납세지는 각 납세의무자의 주소지[54] 때에 따라서는 사업장 소재지이다.[55] 부가가치세의 납세지는 사업장 소재지,[56] 상속세의 납세지는 피상속인의 주소지이다.[57] 지방세 가운데 등록면허세나 취득세는 부동산 소재지나 등록대상인 재산의 등록지,[58] 재산세는 재산의 소재지이다.[59] 납세의무자가 제출할 국세 과세표준신고서는 납세지 관할 세무서장에게 제출하여야 한다.[60] 그러나 세무서에서 납세의 고지, 독촉 등 행정처분을 송달하는 서류는 반드시 납세지에 송달(送達)하는 것은 아니고, 주소, 거소, 영업소 또는 사무소에 송달한다.[61] 독일에서는 소득세, 법인세, 부가가치세는 국세이지만, 그에 대

50) '특수관계'란 ① 친족관계 ② 임원·사용인 등 경제적 연관관계 ③ 주주·출자자 등 경영지배관계를 말한다. 국세기본법 제2조 제20호.

51) 같은 법조.

52) 관할이 있는지는 처분 당시로 판단. 대법원 2025. 5. 15. 선고 2024두65911 판결.

53) 소득세법 제70조, 제76조, 제80조; 법인세법 제60조, 제64조, 제66조 등. 대법원 1982. 9. 14. 선고 80누127 판결; 2003. 1. 10. 선고 2002다61897 판결; 2004. 11. 26. 선고 2003두2403 판결; 2015. 1. 29. 선고 2013두4118 판결 등.

54) 소득세법 제6조, 법인세법 제9조, 종합부동산세법 제4조 등. 법인은 납세지의 변경을 15일 이내에 신고하여야 한다. 법인세법 제11조.

55) 소득세법 제9조.

56) 부가가치세법 제6조, 제18조 등.

57) 상속세및증여세법 제6조.

58) 지방세법 제25조, 제8조. 대법원 2017. 11. 9. 선고 2016두40139 판결(지방자치단체 사이의 세수분쟁: 자동차 등록지 v. 사용본거지).

59) 지방세법 제108조.

60) 다만 전자신고를 하는 경우에는 지방국세청장이나 국세청장에게 제출할 수 있고, 관할 세무서장이 아닌 다른 세무서장에게 신고하여도 신고의 효력에는 영향이 없다. 국세기본법 제43조.

61) 국세기본법 제8조 제1항. 송달은 반드시 명의인에게 직접 해야 하는 것은 아니고 가령 실제 거주지나 주민등록지가 아닌 종전주소지에 대한 송달이나 아파트 관리직원에 대한 송달을 인정한 판결도 있다. 대법원 1992. 9. 1. 선고 92누7443 판결; 1998. 5. 15. 선고 98두3679 판결 등.

한 행정사무는 지방자치단체에 맡기고 있다.[62] 역으로 지방정부의 재원에 쓰이는 돈이더라도 편의에 따라서는 중앙정부가 걷어서 지방자치단체에 넘겨주는 방식을 생각할 수도 있다. 그 예가 종합부동산세와 지방소비세.[63] 한편 우리 지방소득세는 과세표준이 소득세 · 법인세와 같지만 따로 신고하고 세금도 따로 내어야 한다.[64]

Ⅲ. 과세물건과 세율

세금을 담세력(擔稅力)에 따라 물린다면 課稅物件 또는 과세대상으로 무엇을 생각할 수 있을까? 소득 · 소비 · 재산 정도. 번 소득 가운데 소비를 뺀 나머지는 재산축적으로 이어지므로, 이 세 가지는 사실은 서로 연결된 개념이고, 이런 뜻에서 어느 하나만을 잡아 거기에 세금을 물리자는 생각도 할 수 있다. 그러나 뒤의 제3편에서 보듯, 이 세 가지 가운데 어느 것이 절대적으로 낫다고 말하기 어렵다. 각각 서로 다른 가치판단을 등에 업고 있으니까. 이리하여 역사의 산물인 현실세계의 세제는 이들 모두에게 세금을 물리는 것이 보통.[65] 우리 현행법도 그렇다. 所得에 관한 세법에는? 자연인에 대한 소득세법과 법인에 대한 법인세법. 消費를 과세물건으로 삼는 법의 대표는? 부가가치세법.[66] 財產에 대하여는 우선 누군가가 일정한 재산을 가지고 있다는 사실 그 자체에 대하여 매기는 세금이? 재산세나 종합부동산세.[67] 또 재산의 변동을 계기로 삼아 세금을 매기는 것이? 상속세 · 증여세. 세수로 따지면, 소득세, 법인세, 소비세(부가가치세 · 개별소비세 · 교통세 · 주세), 이 세 가지가 세수의 대부분. 세법이란 결국 이런 과세물건별로 납세의무의 요건이 무엇인가를 법으로 정하는 것이다. 이 강의에서도, 제3편에서 과세물건에 대한 이론적 검토를 한 뒤 그에 터잡아 제4편 이하에서 조세채무의 요건에 관한 여러 실정법의 규정을 이해하고 비판적으로 평가하게 된다. 한편 애초부터 세수보다는 경제조정을 목적으로 하는 세금(내지는 세금의 형식을 빈 행

62) 독일헌법(기본법) 제108조 제3항.

63) 제8장 제3절 Ⅲ. 3., 제23장 제5절, 제26장 제1절 Ⅱ.

64) 세액이 아니라 과세표준에 지방소득세율을 적용하므로 소득세 · 법인세의 세액공제나 세액감면은 일단 자동 배제된다. 지방세법 제95조, 제103조의7. 사업장이 둘 이상이면 지방소득세를 종업원 수 및 사업장 연면적 기준으로 안분해서 각각 신고납부. 지방세법 제89조 제2항.

65) Tipke/Lang, 제3장 52문단 이하에서는 이런 복수세제(Vielsteuersystem)를 통해 세제를 최적화할 수 있으므로 복수세제가 단일세제보다 낫다고 말한다. 더 일찍이는 1861년 Gladstone의 국회연설에도 나온다. 과학적 주장은 아니다. Atkinson & Stiglitz, Lecures on Public Economics(1980), 14-1절. 다만 세무행정에서는 복수세제가 나을 수 있다. 가령 지하경제에서 소득을 얻은 자가 소득세를 빼먹을 수는 있지만 소비단계에 가서 부가가치세를 내게 된다.

66) 소득세 · 법인세 대 소비세의 비중은 1980년대 중반 1:1이었고 2020년대 중반 5:2 정도.

67) 지방세법 제106조 및 제113조, 종합부동산세법 제7조, 제12조, 제16조.

정벌금)이라면 과세물건은 담세력이 아니라 규제하고자 하는 행위가 된다. 예를 들어, 우리 현행법에서는 세금이 아닌 부담금이기는 하지만 오염물질의 배출에 대해 부담금을 매기는 제도가 있다.[68]

조세채무의 금액은 과세물건을 일정한 수량(課稅標準)으로 표시한 뒤, 과세표준에 세율을 적용하여 계산한다. 稅率은 어떻게 정해야 하려나. 이미 앞에서[69] 인두세, 역진세, 비례세, 누진세 등의 선택에 대한 헌법문제는 본 바 있고, 입법재량의 범위 안에서 어떤 세율을 택할 것인가에 관한 한결 자세한 이야기는 뒤로[70] 미룬다. 여기에서는 다만 법정세율, 명목세율, 실효세율, 평균세율, 한계세율 등의 용어만 짚고 넘어가자. 전형적 누진세로 소득 1천만원까지는 세금이 10%이고, 1천만원을 넘는 금액에 대해서는 20%라 하자. 소득이 2천만원인 사람이 내는 세금은 {1천만원 × 10% + (2천만원 - 1천만원) × 20%} = 3백만원이 된다.[71] 납세의무자가 소득에 대해 실제 부담하는 세금의 비율은, 10%나 20%의 법정세율이 아니라 3백만원/2천만원 = 15%가 된다. 이 15%가 평균세율. 여기에서 납세의무자의 소득이 원래는 2천5백만원이지만 조세특별조치를 통해 소득을 5백만원 줄였다고 할 때, 3백만원/2천5백만원 = 12%라는 비율을 일컬어 실효세율. 경제학문헌에서는 법에서 말하는 소득이 아니라 경제학적 의미로 계산한 소득을 기준으로 계산한 세부담률을 실효세율이라 부르기도 한다. 이런 차이를 무시한다면 소득구간별 법정세율은 한계세율이 된다. 앞의 예에서 소득이 1천만원을 넘는 사람은 소득 금액이 100원 늘 때마다 20원의 세금이 늘어나니까. 명목세율이 비례세이더라도 평균세율이 누진세일 수도 있다. 가령 소득이 1천만원일 때까지는 세금이 없고, 그 위로는 세율이 10%라 한다면, 평균세율은 0%에서 10%의 누진율. 예를 들어, 소득이 1천5백만원인 사람은 50만원의 세금을 내게 되어 평균세율이 3.3%가 되나, 소득이 2천만원인 사람은 100만원의 세금을 내게 되어 평균세율이 5%가 된다.

68) 환경개선비용부담법에 따른 환경개선부담금.

69) 제2장 제3절 Ⅱ.

70) 제8장 제2절.

71) 이런 세율구조를 초과누진세율이라 부르기도 한다. 가령 소득이 1천만원까지는 10%, 1,000만원 넘으면 20%(가령 1,000만 1원이면 세금이 200만원), 이런 식의 '단순 누진세율'도 합헌이라는 놀라운 결정으로 헌법재판소 2017. 9. 28. 2016헌바143 결정.

Ⅳ. 조세채무(租稅債務)의 성립

1. 조세채무 = 법정(法定)채무

조세를 납부할 의무는 법이 정하는 과세요건이 충족되면 성립한다.[72] 조세채무는 법정채무라는 말. 일반 사인간의 채무는 대체로 법률행위(法律行爲)에 의하여 발생하고 그 내용도 법률행위에 따르지만, 조세채무는 법률의 규정(規定)에 따라 생기는 法定채무(obligatio ex lege)이다. 물론 사인간의 법률관계에서도 법률의 규정에 의하여 권리의무관계가 생기는 경우가 있다. 예를 들면? 사무관리, 부당이득, 불법행위 따위.[73] 권리의무가 법률행위에 따라 생기는 것과 법률의 규정에 따라 생기는 것 사이에는 어떤 차이가 있는가? 법률행위에 의한 권리의무의 발생이란 대개는 당사자들이 서로 합의하여 무엇인가를 하겠다는 의욕 내지 의사를 가지고 이를 표시(意思表示)하면 법률이 '너희 뜻대로 될지어다'라고 인정하여 그대로 권리의무를 성립시킨다. 단독행위도 법률이 인정하는 범위 안에서 당사자가 표시한 의욕대로 권리의무가 생긴다. 법률의 규정에 의한 권리의무는 뭐가 다른가? 당사자의 의사와는 무관하게 법에 이미 정해 놓은 그대로 권리의무가 발생하는 것. 어떤 사람이 교통사고를 내어 남에게 언걸을 입혔다고 하자. 이 사람은 자신의 의사와 무관하게 손해배상채무를, 불법행위에 관한 법에 따라 돈을 줄 의무를 진다. 주고 싶지 않더라도.

조세채권채무관계는 法律의 規定에 의한 채권채무관계이다.[74] 행정행위의 효과로 생기는 것이 아니고.[75] 법률의 글귀에서 "가령 소득세를 부과한다"라는 말을 쓰고 있다 하더라도 이 말은 반드시 행정청이 부과처분을 한다는 뜻은 아니고 대개는 소득세의 납세의무가 있다는 말이다.[76] 어떤 사람이 국가에 돈을 내고 싶든 말든 "조세채무는 법률이 정하는 과세요건이 충족되는 때에는 그 조세채무의 성립을 위한 과세관청이나 납세의무자의 특별한 행위가 필요 없이 당연히 자동적으로 성립"한다.[77] 그의 의

---

72) 국세기본법 제21조 제1항, 독일 조세기본법 제38조.

73) 민법 제734조, 제741조, 제750조.

74) 대법원 1983. 6. 14. 83누43 판결. 말장난이지만 납세보증인의 채무를 조세채무라 부른다면, 이는 법률행위에 따라 생기는 조세채무가 된다. 제5장 제1절 2.

75) Tipke/Lang, 제6장 21문단.

76) 대법원 2003. 6. 13. 선고 2001두3945 판결: [현행법으로 상속세및증여세법 제4조의2 제3항의] "증여세를 부과하지 아니하는 요건으로서의 '소득세가 부과되는 경우'라 함은 과세관청이 증여세 부과이전에 소득세를 부과결정하는 경우만을 가리키는 것이 아니라, 증여시기가 속하는 과세기간에 대한 소득세를 납세의무자 스스로 신고·납부하는 경우도 포함된다고 봄이 상당하고…이 또한 위 규정에 따른 '소득세가 부과되는 경우'에 포함된다."

77) 헌법재판소 1992. 12. 24. 90헌바21 결정; 대법원 1985. 1. 22. 선고 83누279 판결; 2014. 12. 24. 선

사는 아랑곳 않고, 과세의 요건사실이 생긴 것이 그의 책임이든 아니든.[78] 심지어 과세 요건 사실이 충족되었다는 납세의무자의 인식조차 필요 없고,[79] 행정청이 돈을 걷고 싶든 말든 그와도 아무 상관이 없고 법에 달리 정하지 않은 이상 행정청의 재량이 들어갈 여지란 없다.[80] 구체적인 조세채권의 금액이 얼마인가는 아직 모르더라도 그 금액을 특정시키는 조세채권의 성립 그 자체는 요건사실이 완성되는 순간 성립.[81] 부과처분으로 걷는 세금이더라도 취소소송의 소송물은 법이 정한 객관적 조세채무의 존부 확인이다. 제6장 제5절 VII. 이 점에서 조세채권은, 행정청의 부과처분에 의해서 비로소 금전채권이 생기는 과징금 등과 전혀 다르다. 강행법규나 사회질서 위반은 아래 2.

2. 법률행위의 무효 · 취소 · 해제

이리하여 조세채무란 "일단 성립한 조세채무는 원칙적으로 변경할 수 없는 것"이며 조세채무 성립 후의 사정변경은 원칙적으로 조세채권관계에 소급하여 영향을 미치지 않는다.[82] 과세요건을 만족한 이상 조세채무는 이미 생긴 것이고, 한번 벌어진 사실은 취소할 길이 없으니.[83]

과세요건이 사법(私法)상의 법률행위로 이루어진 경우에는[84] 이 법률행위의 취소(取消)나 해제(解除)가 세법상의 효과에 어떤 영향을 주게 해야 할까? 우선 법령에 명문 규정을 둘 수 있다.[85] 가령 증여세의 신고기한에 못 미쳐서 증여를 합의(合意)해

고 2014두40661 판결(조세감면). Albert Hensel, *Steuerrecht*(2. Aufl., 1927), 42쪽; 독일 조세기본법 제38조 참조. 다만 재량행위로 생기는 권리의무라면 행정행위의 효과. 제3장 제5절 III. Tipke/Lang, 제6장 11문단. 조세채무의 성립과 조세채무의 확정이라는 법령상 개념을 각 조세채무의 추상적 성립(또는 부과권의 성립)과 조세채무의 구체적 성립(또는 징수권의 성립)이라고 부르는 행정법 교과서식 용례도 있다. 이동식, 8편. 그러나 아래 제5절 II.1.

78) 헌법재판소 2018. 6. 28. 2016헌바347 등(병합) 결정.

79) 헌법재판소 2015. 12. 23. 2013헌바117 결정; 대법원 1985. 1. 22. 선고 83누279 판결. 조세채무의 소멸도 같다. 대법원 2004. 11. 25. 선고 2003두13342 판결↔2012. 2. 9. 선고 2009두23938 판결(고급오락장).

80) 물론 법령이 행정청의 행위에 법률효과를 주고 있다면 그런 행위가 있어야 비로소 법률효과가 생긴다. Tipke/Lang, 제6장 11문단. 가산세는 법대로 부과하므로 행정행위의 효과는 아니다. 다만 일단은 정당한 사유의 존부를 행정청이 판단한다는 점은 행정행위의 정의 문제로 돌아간다.

81) 대법원 2023. 7. 13. 선고 2020두52375 판결(조세채무 성립액＝신고할 세액).

82) 헌법재판소 1999. 5. 27. 97헌바66 결정; 대법원 2018. 6. 5. 선고 2018두34428 판결; 2022. 4. 14. 선고 2017두53767 판결(관세품목분류).

83) Tipke/Lang, 제6장 24문단. 대법원 2003. 5. 16. 선고 2001두9264 판결(부가가치세); 2005. 1. 27. 선고 2004두2332 판결(법인세); 2015. 8. 19. 선고 2015두1588 판결(법인세법상 익금귀속시기 및 부가가치세법상 공급시기). 후발적 경정청구는 제6장 제3절 IV.

84) 제3장 제4절 I.

85) 대통령령에 있는 보기로는 매출누락이나 가공경비 등 부당히 유출된 금액을 수정신고기한 전에 법인이 회수하고 수정신고한다면 유출자체가 없었던 것으로 본다. 법인세법시행령 제106조 제4항. 경

제한다면 증여세의 납세의무가 없어진다.[86] 법에 명문규정이 없다면 어떻게 해야 옳으려나. 가령 증여의 합의해제에 관한 조문이 생기기 전의 옛 상속세법에서 합의해제가 증여세의 납세의무를 소멸시키는가를 보면 판례가 엇갈린다.[87] 현행법에서도 양도를 합의해제하는 경우 양도소득세 납세의무는 사라진다고. 제12장 제2절 V. 합의해제해도 취득세 납세의무는 그냥 남는다고.[88] 법인세는 대출거래를 소급해제하더라도 매길 수 있다고.[89] 부가가치세에서는 부과처분 전에 합의해제하고 원상회복까지 한다면 세금을 못 매기고, 법정해제라면 부과처분 후에 해제하더라도 못 매긴다고 한다.[90]

명문규정이 없다면 合意解除와 法定解除를 나누어 따져야 맞다. 민사법상 소급효란 조세채권이 언제 성립하는가와 무관하다.[91] 조세채무 성립 후의 합의해제는 실질이 합의해제인 것을 포함해서 새로운 법률행위로 보아야 옳다.[92] 합의해제의 소급효란 원상회복의무를 지우기 위한 논리적 전제일 뿐이다. 합의해제하는 순간 저절로 원상회복이 되는 요술은 없다. 원상회복이 안 되니 소급효가 있다고 정해서 의무를 지우는 것.

정처분이 있을 것을 알고 회수한다면 소득처분 대상이다. 대법원 2011. 11. 10. 선고 2009두9307 판결. 제6장 제3절 V. 잔금지급 전이고 취득세 신고기한 안에 매매계약을 법정해제한다면 취득세 납세의무가 없어진다. 지방세법시행령 제20조 제2항. 제27장 제3절 III. 3.

86) 상속세및증여세법 제4조 제4항. 신고기한 경과 후의 취소를 합의해제로 본 판결로 대법원 1998. 4. 28. 선고 96누15442 판결; 2005. 7. 29. 선고 2003두13465 판결. 제25장 제3절 I. 3.

87) 대법원 1987. 11. 10. 선고 87누607 판결은 합의해제는 증여세채권을 소멸시키지 않는다고 했지만, 그 뒤 1989. 7. 25. 선고 87누561 판결; 1992. 6. 9. 선고 91누10404 판결 등은 증여세채권을 소멸시킨다고 풀이했다. 신고기한 전의 합의해제라야 증여세채권을 소멸시킨다는 현행법은 이 판례를 내치기 위해 생겼고, 헌법재판소는 이를 합헌이라고 판단했다. 헌법재판소 1999. 5. 27. 97헌바66 결정; 대법원 1997. 7. 11. 선고 97누1884 판결.

88) 유통세라는 논거를 대지만 제1장 제3절, 제27장 제4절. 대법원 1988. 10. 11. 선고 87누377 판결(취득세); 1990. 7. 13. 선고 90누1991 판결(양도소득세); 1991. 5. 14. 선고 90누7906 판결; 2013. 11. 28. 선고 2011두27551 판결(취득세); 2018. 6. 15. 선고 2015두36003 판결 v. 2018. 9. 13. 선고 2015두57345 판결(대금감액시 증권거래세·양도세 v. 취득세). 해제가 아니라 재매매라고 본 사건으로 대법원 2015. 8. 27. 선고 2013두12652 판결. 소유권을 돌려받는 원소유자에게는 취득세를 안 물린다. 대법원 1993. 9. 14. 선고 93누11319 판결. 합의해제로 납세의무가 애초 성립하지 않는 경우로 대법원 2015. 1. 15. 선고 2011두28714 판결.

89) 대법원 2005. 1. 27. 선고 2004두2332 판결.

90) 대법원 1998. 3. 10. 선고 96누13941 판결; 2002. 9. 27. 선고 2001두5989 판결.

91) 대법원 97. 5. 7. 96누525 판결(양도소득세, 취득시기=시효완성 시기); 2004. 11. 25. 선고 2003두13342 판결(취득세, 납세의무 성립시기=시효완성 시기).

92) 합의해제는 새로운 계약으로서 법정해제권·약정해제권에 기한 해제와는 본질적으로 다르다. 따라서 일단 성립한 조세채무는 원칙적으로 변경되지 않는다. 헌법재판소 2002. 1. 31. 2000헌바35; 2015. 12. 23. 2013헌바117 결정. 대법원 2003. 5. 16. 선고 2001두9264 판결(해지); 2005. 1. 27. 선고 2004두2332 판결; 2012. 8. 30. 선고 2012두7202 판결; 2012. 12. 26. 선고 2011두9287 판결; 2015. 8. 27. 선고 2013두12652 판결; 2016. 2. 18. 선고 2013두7384 판결. 같은 뜻으로 임승순, II부 1편 7장 1절 4.라., 한만수, 1편 4장 2절 II.4. 한편 이준봉, 3편 2장 2절 III.3.(나)는 예외적으로 양도소득세는 합의해제로 소급소멸한다고 하나 합의해제를 재매매로 보는 이상 이중과세는 없다.

법정해제, 미리 해제권을 보유했던 경우 또는 무효(無效)나 取消의 경우에도[93] 원상회복이 이루어지지 않는다면 이미 성립한 조세채권에는 영향이 없지만[94] 원상회복이 이루어졌다면 조세채권이 소급해서 소멸한다고[95] 보는 편이 후발적 경정청구에 관한 판례와[96] 앞뒤가 맞다.

민법 문제로 세금이 얼마나 나오는가에 관한 착오(錯誤)는 법률행위의 취소사유인가? "납부하여야 할 양도소득세 등의 세액이" 양도인(원고)과 양수인(피고)이 생각한 금액을 넘는 "부담은 없을 것이라는 착오를 일으키지 않았더라면 피고와 이 사건 매매계약을 체결하지 않았거나 아니면 적어도 동일한 내용으로 계약을 체결하지는 않았을 것임이 명백하고, 나아가 원고가 그와 같이 착오를 일으키게 된 계기를 제공한 원인이 피고측에 있을 뿐만 아니라 피고도 원고가 납부하여야 할 세액에 관하여 원고와 동일한 착오에 빠져 있었다는 사정을 고려하면 원고의 위와 같은 착오는 이 사건 매매계약의 내용의 중요부분에 관한 것에 해당한다고 할 것이고 따라서 원고로서는 다른 특별한 사정이 없는 한 위 착오를 이유로 위 매매계약을 취소할 수 있다."[97] 취소권을 행사하고 원상회복까지 마친다면 조세채권은 소급해서 소멸한다. 취소권이 없는 경우라면 취소의 형식을 띠었더라도 합의해제일 뿐이다.

세금에 관한 쌍방착오가 있는 계약을 이미 이행했다면 부당이득 반환 문제가 생긴다. 가령 매도인이 (200 + 부가가치세 20)을 주고 산 원재료를 임가공해서 매수인에게 (300 + 부가가치세 30)에 판다는 약정에 따라 물건을 공급하고 330원을 받은 뒤 실상은 이 공급이 면세라는 것을 뒤늦게 알았다면 매도인은 매수인에게 얼마를 돌려주어야 하는가? 과세대상이었다면 생겼을 매도인의 마진은 (300 - 200) = 100 또는 [330 - 220 - 부가가치세 납부세액(30 - 20) = 100이다. 제24장 제1절 I. 면세에서 생기는 이익 10이 모두 매수인에게 돌아가서 매도인의 마진이 100 그대로였을 것이라면 공급가액은 220 + 100 = 320이 되었을 것이다. 면세의 이익이 모두 매도인에게 돌아가 매

93) 대금 감액에 관해 대법원 2013. 12. 26. 선고 2011두1245 판결, 2013. 12. 26. 선고 2011두18120 판결은 '사업상 정당한 사유'라는 자의적 기준을 들고 있다.

94) 대법원 2012. 2. 23. 선고 2007도9143 판결(양도소득세); 2020. 6. 25. 선고 2017두58991 판결(종합소득세; 대여계약). 후발적 경정청구는 제6장 제3절 Ⅳ.

95) 대법원 2013. 5. 9. 선고 2012두28001 판결; 2015. 7. 16. 선고 2014두5514 판결; 2017. 9. 7. 선고 2017두41740 판결; 2017. 9. 21. 선고 2017두44251 판결; 2018. 6. 15. 선고 2015두36003 판결. 한편 취득세는 성질상 취득당시 유효한 이상 소급하지 않는다는 것이 굳은 판례이다. 대법원 2018. 9. 13. 선고 2018두38345 판결 등. 증권거래세는 대법원 2022. 3. 31. 선고 2017두31347 판결. 해제로 인한 소유권 회복은 취득이 아니다. 대법원 2020. 1. 30. 선고 2018두32927 판결(이전등기형식).

96) 대법원 2013. 2. 26. 선고 2011두1245 판결 등. 제6장 제3절 Ⅳ.

97) 대법원 1994. 6. 10. 선고 93다24810 판결. 거기에서 인용한 판결로 대법원 1978. 7. 11. 선고 78다719 판결; 1990. 7. 10. 선고 90다카7460 판결; 1991. 8. 27. 선고 91다11308 판결 등.

도인의 공급가액이 330 그대로라면 매도인의 마진은 330 - 220 = 110이 되었을 것이다. 반환할 부당이득의 금액이 영(0)에서 10 사이의 얼마인가, 곧 착오가 없었더라면 매매가격을 320에서 330 사이의 얼마로 합의했을 것인가는 계약의 보충적 해석으로 법원이 정한다.[98] 역으로 과세거래를 쌍방 모두 면세로 착오하면서 매매대금 320을 주고받았다면 어떻게 되는가? 매매대금을 [320 + 매도인이 납부할 부가가치세(=매출세액 - 매입세액)]로 정하고 매도인의 마진을 100으로 고정하는 특약이 있었다면 매도인은 매매대금으로 10을 더 청구할 권리가 있다.[99]

3. 조세채무의 단위(單位)와 성립(成立)시기

채권채무의 성립에는 당연히 단위가 있다. 조세채무의 單位는 법에서 1개의 채권이라고 정한 대로이다. 근거법이 다르면 당연히 서로 다른 채무이다.[100] 조세범처벌법에서도 조세채무 각 1개마다 죄가 1개씩 성립한다. 법조문에서 객관적으로 정한 것이니 권리보호의 필요성 같은 주관적 판단의 여지는 없다. 소득세법, 법인세법, 부가가치세법은 각각 역년, 사업연도, 또는 반년이라는 과세기간(期間)을 시간적 단위로 삼아 과세기간별로 조세채무의 금액을 각 1개로 계산하도록 정하고 있다.[101] 소득세법이 정한 단위는 매 역년(曆年, calendar year)의 종합소득세,[102] 퇴직소득세, 양도소득세이고, 법인세법이 정한 단위는 각 사업연도의 법인세와 토지등 양도소득에 대한 법인세이며, 부가가치세법이 정한 단위는 각 과세기간의 부가가치세이다. 상속세, 증여세, 취득세 등은 상속, 증여, 취득 따위의 사건(事件)별 단위로 조세채무가 1개씩 생긴다.[103]

---

98) 계약당사자 쌍방이 계약의 전제나 기초가 되는 사항에 관하여 같은 내용으로 착오가 있고 이로 인하여 그에 관한 구체적 약정을 하지 아니했다면, 당사자가 그런 착오가 없을 때에 약정했을 것으로 보이는 내용으로 당사자의 의사를 보충하여 계약을 해석할 수 있다. 여기서 보충되는 당사자의 의사는 당사자의 실제 의사 또는 주관적 의사가 아니라 계약의 목적, 거래관행, 적용법규, 신의칙 등에 비추어 객관적으로 추인되는 정당한 이익조정 의사를 말한다(대법원 2006. 11. 23. 선고 2005다13288 판결 등 참조). 대법원 2023. 8. 18. 선고 2019다200126 판결. 본문의 보기로 치면 매도인(피고)이 면세에서 생기는 이익 10을 다 원고(매수인)에게 반환했지만 원고가 부가가치세 30과의 차액 20을 추가로 청구한 사건이다. 피고의 반소가 없었으니 원고의 청구를 전부기각했어야 맞다.

99) 대법원 2023. 6. 29. 선고 2020다266966 판결. 이 사건에서는 매도인의 부가가치세 납세의무는 아직 남아있는데 매매대금이 단기 소멸시효에 걸린다는 문제가 생겼다. 대법원은 계약의 보충적 해석으로 부가가치세 부분의 대금채권은 원고가 국가에 세금을 납부할 때 생긴다고 보았다.

100) 대법원 2020. 11. 12. 선고 2017두36908 판결(원천징수 소득세 v. 원천징수 법인세).

101) 소득세법 제76조와 제111조, 법인세법 제64조, 부가가치세법 제49조. 대법원 1987. 12. 22. 선고 87도84 판결; 2007. 8. 23. 선고 2006도5041 판결; 2008. 7. 24. 선고 2007도4310 판결; 2019. 5. 16. 선고 2018두34848 판결; 2020. 5. 28. 선고 2018도16864 판결.

102) 근로소득, 이자소득, 사업소득 따위의 구분은 종합소득세 채무를 낳는 구성요건 개념일 뿐이다. 대법원 2002. 7. 23. 선고 2000두6237 판결. 제10장 제1절 1.

103) 상속세 및 증여세법 제67조, 제68조 및 제70조. 지방세기본법 제34조 제1항. 대법원 1999. 9. 3. 선

재산세와 종합부동산세는 해마다 과세기준일의 현황에 따른 조세채무가 1개씩 생긴다.[104] 소득세나 법인세 원천징수세 납세의무는 법에 정한 소득의 지급이라는 사건마다 근로소득 원천징수세, 이자소득 원천징수세, 배당소득 원천징수세처럼 조세채무가 1개씩 생긴다.[105] 가산세채무는 신고의무 납부의무 등 법이 정한 의무 하나 하나가 단위이다.[106] 관세는 수입신고서가 아니라 개개 물품이 단위이다.[107]

조세채무는 요건사실을 만족하는 순간 成立한다.[108] 구체적 시기는 조세채무마다 다른 것이 당연. 크게 보자면 期間과세, 事件별 과세, 특정 시점의 현황(現況)에 대한 과세로 나눌 수 있다.

> 국세기본법 제21조 (납세의무의 성립시기)
>
> ② 제1항에 따른 국세를 납부할 의무의 성립시기는 다음 각 호의 구분에 따른다.
>
> 1. 소득세 · 법인세: 과세기간이 끝나는 때…
> 2. 상속세: 상속이 개시되는 때
> 3. 증여세: 증여에 의하여 재산을 취득하는 때
> 4. 부가가치세: 과세기간이 끝나는 때…
> 10. 종합부동산세: 과세기준일
> 11. 가산세: …
>
> ③ 다음 각 호의 국세를 납부할 의무의 성립시기는 제2항에도 불구하고 다음 각 호의 구분에 따른다.
>
> 1. 원천징수하는 소득세 · 법인세: 소득금액 또는 수입금액을 지급하는 때…
> 3. 중간예납하는 소득세 · 법인세. 또는 예정신고기간 … 에 대한 부가가치세: 중간예납기간 또는 예정신고기간 … 이 끝나는 때

지방세기본법은 제34조. 어, 債權의 성립시기(時期)라? 우리 민법 채권편에는 '채권의 成立時期'에 관한 조문이 없는데… 그런데 왜 없지? 物權은 민법 제186조, 제187

고 97누2245 판결(토지승계취득 v. 지목변경); 2002. 5. 31. 선고 2000두4408 판결(저가양도≠무상양도); 2004. 12. 10. 선고 2003두9800 판결(1차증여 v. 재차증여). 한편 2012. 5. 24. 선고 2010두7277 판결은 실제증여와 명의신탁이 같은 단위라고.

104) 지방세법 제101조, 종합부동산세법 제3조, 제16조.

105) 대법원 2013. 7. 11. 선고 2011두7311 판결. 판례는 원천징수라는 말을 빼고 그냥 근로소득세, 이자소득세, 배당소득세, 이런 식으로 부른다. 소득세법 제127조 제1항, 법인세법 제73조와 제98조. 조세범처벌법에서는 근로소득자 전부를 합친 포괄일죄가 원천징수시기별로 각 성립한다. 대법원 2011. 3. 24. 선고 2010도13345 판결.

106) 대법원 2018. 12. 13. 선고 2018두128 판결(납부고지서).

107) 대법원 2022. 4. 14. 선고 2017두53767 판결.

108) 헌법재판소 1992. 12. 24. 90헌바21 결정(상속세액은 상속당시의 재산가액 기준).

조 및 제188조에 물권변동의 시기를 정하고 있는데. 무슨 차이지? 간단한 예로 채무초과인 어떤 채무자에게 대여금 채권자 여럿이 달려들어 대여금 반환청구를 하는 경우, 채권자들 중 누가 먼저 돈을 빌려 주었는지가 중요한가? 아니다. 나중에 채권자가 된 자도 다른 채권자와 동일하게 자기의 권리를 주장할 수 있다. 채권자는 평등이 원칙이니까. 그러니 일반론으로 채권의 성립시기라는 것을 논할 실익이 없지. 그러면 세법은 도대체 왜 납세의무의 成立時期를 정하고 있을까? 근본적으로는, 임의납부든 강제징수든 돈을 걷자면 일단 그 전에 채권이 成立은 되어 있어야 한다는 개념적 차원이다. 가령 연중에 소득세 중간예납을 보자. 아직 과세기간 중인데 일부라도 납부의무가 생긴다는 것은 모순이라고 생각해서 중간예납기간이 끝나는 시점에 예납금액만큼 소득세 납세의무가 미리 생긴다고 정하고 있는 것이다.[109] 과세기간 중에 미리 세금을 내는 예정신고나 수시부과도 마찬가지.[110] 둘째, 법이 조세채권의 성립시기에 무언가 효력을 따로 주고 있는 것은 없을까? '성립'이라는 말이 나오는 조문을 찾아보아야겠구먼. 두 개 있다.[111]

> 국세기본법 제39조 (출자자의 제2차 납세의무) 법인…의 재산으로 그 법인에 부과되거나 그 법인이 납부할 국세 …에 충당하여도 부족한 경우에는 그 국세의 납세의무 성립일 현재 다음 각 호의 어느 하나에 해당하는 자는 그 부족한 금액에 대하여 제2차 납세의무를 진다. …
>
> 1. 무한책임사원…
>
> 2. 주주 또는 …사원 1명과 그의 특수관계인…의 소유주식 합계 또는 출자액 합계가 해당 법인의 발행주식 총수 또는 출자총액의 100분의 50을 초과하면서 그에 관한 권리를 실질적으로 행사하는 자들(이하 "과점주주"라 한다)

법인이 세금을 못 낸다면 무한책임사원이나 50%를 초과하는 지분을 가진 과점주주 등에게 법인에 대한 세금을 물릴 수 있다는 뜻인데, 법인의 '납세의무의 성립일' 현재 과점주주 등이 그와 같은 지위에 있어야 한다. 과점주주 등의 납세의무는 언제 성

---

109) 양도소득세 역시 현행법에서는 같은 해에 양도한 것을 모아서 과세하는 기간과세이기는 하지만 성질상 상속세나 증여세 같은 사건별 과세에 가깝다. 소득세법 제104조 제5항. 제12장 제1절, 제4절. 이리하여 대법원 2020. 4. 29. 선고 2019다298451 판결(채권자취소권)은 양도소득세 납세의무는 양도로 인하여 양도차익이 발생한 토지의 양도일이 속하는 달의 말일이라고 한다. 채무자의 무자력 여부 판단에서 양도소득세 채무를 고려해야 한다는 판시는 맞지만 그 쟁점에 국한해서 읽어야 하는 판결이고, 실상 그 쟁점에서라면 양도라는 사건 그 자체로 양도소득세 납세의무가 발생하는 사건별 과세라고 보아야 맞다. 대법원 2022. 9. 29. 선고 2022도5826 판결(체납처분)은 그냥 틀렸다.

110) 국세기본법 제21조 제3항 제2호, 제4호. 수시부과 요건은 대법원 1986. 7. 22. 선고 85누297 판결.

111) 국세징수법 제31조 제2항은 제5장 제3절 I.

립하는가? 위 법조에 정한 요건사실이 생기는 때.[112] 여기에서 다시 제21조로 돌아가 보자. 제2항 각호 세금의 성립시기는 언제인가? 성립시기라고 적어놓은 것은 모두 세금의 종류별로 각각 요건사실이 생기는 때를 친절하게 적어준 것일 뿐이다. 요건사실이 생겨야, 또 생기면 그 시점에, 채권채무가 생기는 것이야 너무나 당연. 가령 무신고 가산세 채무는 신고기한이 지나는 순간 생긴다. 한편 납부지연 가산세 채무의 성립시기는 상당한 혼선이 있다. 현행법은 납부지연 가산세는 언제 내는가에 따라 세액이 달라진다는 점에 주목하면서 계산 단위(정액 또는 하루나 한 달이라는 기간별 이자계산)별로 채무의 성립시기를 정하고 있다. 제5장 제2절 1. 국세기본법 제21조 제2항 제11호 단서는 제5장 제5절 II.2.

> 국세기본법 제18조 (세법 해석의 기준 및 소급과세의 금지) ② 국세를 납부할 의무(세법에 징수의무자가 따로 규정되어 있는 국세의 경우에는 이를 징수하여 납부할 의무. 이하 같다)가 성립한 소득, 수익, 재산, 행위 또는 거래에 대해서는 그 성립 후의 새로운 세법에 따라 소급하여 과세하지 아니한다.

법의 해석적용 차원에서 이 조문의 의미는 법에서 시간적 적용범위를 따로 정하지 않았다면 조세채무의 내용은 成立 당시의 법에 따라 정해진다는 것.[113] 진정소급을 원칙적으로 위헌이라 본다면[114] 당연한 말이 된다. 또 판례는 회생절차 개시 전에 성립한 조세채권은 회생채권이 되고 다른 조세채권은 공익채권이 된다고 풀이하고 있다.[115] 소멸시효(消滅時效)는 어떨까? 채권이 성립한 때부터 시효가 진행하지 않나? 현행법은 시기(始期)를 따로 정해서 법정신고 납부기한의 다음 날로 정하고 있다. 제5절 II.3., IV.

제 3 절 조세채무의 확정

결국 조세채무의 성립이라는 개념은 뒤따르는 조세채무의 확정이라는 개념의 논

112) 제5장 제5절 II. 2.

113) 대법원 2005. 4. 15. 선고 2003두13083 판결; 2013. 2. 28. 선고 2012두23365 판결(원천징수세 채권); 2023. 11. 9. 선고 2020두51181 판결(증여세).

114) 제2장 제3절 II. 4.

115) 옛 회사정리법 제102조. 현행법으로는 채무자 회생 및 파산에 관한 법률 제118조. 대법원 1973. 9. 25. 선고 73다241 판결. 이와 달리 확정시기를 기준으로 삼은 판결로 대법원 2002. 9. 4. 선고 2001두7268 판결. 한편 원천징수세나 부가가치세는 납부기한이 기준. 같은 법률 제179조 제9호. 대법원 2012. 3. 22. 선고 2010두27523 판결.

리적 전제라는 뜻뿐이다. 확정이 있으려면 그 전에 일단 성립해야라는 말. 그렇다면 확정(確定)이란?

> 국세기본법 제22조 (납세의무의 확정) ① 국세는 이 법 및 세법에서 정하는 절차에 따라 그 세액이 확정된다.
>
> ② 다음 각 호의 국세는 납세의무자가 과세표준과 세액을 정부에 신고했을 때에 확정된다. 다만, 납세의무자가 과세표준과 세액의 신고를 하지 아니하거나 신고한 과세표준과 세액이 세법이 정하는 바에 맞지 아니한 경우에는 정부가 과세표준과 세액을 결정하거나 경정하는 때에 그 결정 또는 경정에 따라 확정된다.
>
> 1. 소득세
> 2. 법인세
> 3. 부가가치세…
> 9. 종합부동산세…
>
> ③ 제2항 각 호 외의 국세는 해당 국세의 과세표준과 세액을 정부가 결정하는 때에 확정된다.
>
> ④ 다음 각 호의 국세는 제1항부터 제3항까지의 규정에도 불구하고 납세의무가 성립하는 때에 특별한 절차없이 그 세액이 확정된다.
>
> 1. 인지세
> 2. 원천징수하는 소득세 또는 법인세[116]
> 3. 납세조합이 징수하는 소득세
> 4. 중간예납하는 법인세(세법에 따라 정부가 조사 · 결정하는 경우는 제외한다)
> 5. …납부지연가산세…(지정납부기한 후의 가산세로 한정한다)

Ⅰ. 확정(確定)의 의미

1. 민사채권에는 확정이라는 개념이 없지만 국세기본법은 조세채무의 성립과 이행 사이에 *確定*(Festsetzung)이라는 개념을 두고 있다. 지방세기본법은 제35조. 조세채권은 법원의 확정판결이 없더라도 그 금액이 산정(assess)되어 내용이 특정되면 행정청이 납기 이후 자력집행할 수 있다.[117] 이처럼 이행 내지 강제징수의 단계에 들어간다는 것은 납세의무자, 행정청, 제3자 모두에게 중요. 그래서 조세채무의 내용이 특정된다는 사실 내지 그렇게 특정하는 행위를 일컬어 *確定*이라는 개념을 두고 있다.[118] 이

116) 제5장 제6절 I.

117) 제5장 제1절.

118) 대법원 2011. 12. 8. 선고 2010두3428 판결.

런 의미에서는 조세채권의 확정이라는 말은 결과적으로 확정판결의 확정이라는 말과 뜻이 통한다. 다만 민사채권과 달리 조세채권에서는 강제집행할 수 있는(곧 국세기본법이 말하는 뜻에서 확정된) 권리라 하여 반드시 실체적으로 정당한 권리는 아니다. 행정청의 처분(증액경정이나 감액경정)이나 납세의무자의 행위(증액수정신고)에 의해 증액 또는 감액할 수 있고[119] 권리의 존부나 금액에 관한 다툼이 생기면 결국은 법원 판결로만 확정할 수 있다.

2. 국세기본법 제22조의 글귀는 "세액"의 확정만 말하지만 이행이나 강제집행이 가능하려면 세액의 특정만이 아니라, 누구에게 언제까지 납부하라는 것을 포함해서 채무의 구체적 내용을 다 확정해야 한다. 개별 조세채무마다 내용이 다르니 각각 개별적 '세법이 정하는 절차에' 따라 확정한다.[120] 조세범처벌법상 기수시기도 납부기한에 따른다.[121]

법인세법·부가가치세법 같은 개별법을 보면 신고납부의 기한(法定납부기한)이 있고, 대개 주소지 등 납세지를 기준으로 관할세무서장에게 세금을 내도록 정하여져 있다. 그러나 실제로 돈을 내는 것은 세무서가 아니라 은행에 낸다.[122] 천재지변 등이 있으면 납부기한을 미룰 수 있다.[123] 역으로 법정납부기한 전에라도, 나아가 과세기간의 종료 전이라도 조세포탈의 우려가 있다면 세금을 수시부과할 수 있다는 규정이 각 개별세법에 있다.[124]

국가의 납부고지로 내는 세금은 세법에 따로 정함이 없다면 고지일로부터 30일 이내로 납부기한(지정납부기한)을 정할 수 있다.[125] 법정납부기한이 있는 세금을 안 낸 경우라도 바로 강제징수(종래 용어로 '체납처분')하지는 않고 指定납부기한을 다시 정해서(30일 이내) 납부고지하고 그래도 안 내면 다시 독촉하는 과정이 중간에 있다.

---

119) 독일법에서는 부과처분은 조세채무를 확정한다. 독일 조세기본법 제155조. 또한 독일법에서는 쟁송절차를 거치지 않은 부과처분도 상당한 정도로 행정청을 구속하는 자박력(自縛力)을 가진다. 독일 조세기본법 제172조, 제173조. Tipke/Lang, 제21장 83-85문단, 405문단 이하. 이 점에서는 조세채권의 확정이라는 말에, 바꿀 수 없다는 확정력의 뜻도 어느 정도 생긴다. 그러나 납기가 정해져 있는 세금의 신고납세는 "사후조사를 유보한 확정"의 효력을 가지므로 납세의무자는 언제라도 취소나 변경을 구할 수 있다. 독일 조세기본법 제168조, 제150조 I, 제164조 II.

120) 사기 기타 부정한 행위로 조세를 포탈하는 경우 납부기한의 경과로 기수시기를 정한다. 조세범처벌법 제3조 제5항. 대법원 2002. 7. 23. 선고 2000도746 판결(죄수); 2025. 7. 16. 선고 2025도6115 판결(공소시효 기산점). 상세는 안대희, 조세형사법, 3편 5장 2절 IV.

121) 조세범처벌법 제3조 제5항.

122) 예를 들어, 법인세법시행령 제101조.

123) 국세기본법 제6조.

124) 예를 들어 소득세법 제82조, 법인세법 제69조, 부가가치세법 제57조의2. 미국에서는 수시부과에는 국세청 법률고문의 승인 등 납세자 보호 절차가 따른다. 미국세법 7429조.

125) 국세징수법 제6조 제1항, 제2조 제1항 제호.

납기까지 기다렸다가는 납세의무자가 세금을 내지 않거나 내지 못할 가능성에 대비해서, 예를 들어 납세의무자가 어음교환소에서 거래정지처분을 받는 등 일정한 경우에는 납기 전에라도 국가가 세금을 걷을 수 있다.[126] 납부고지서(독촉장도 마찬가지)가 도달한 날에 이미 납부기한이 지났거나 도달한 날부터 14일 이내에 납부기한이 되는 경우에는 고지서가 도달한 날부터 14일이 지난 날을 납부기한으로 한다.[127] 어음교환 정지 등의 사유로 납기전 징수를 하는 경우라면 고지서에 적은 기한이 납부기한이지만 고지서가 도달한 날에 이미 납부기한이 지났다면 고지서가 도달한 날이 납부기한.[128] 납부기한이 공휴일인 때에는 그 다음 날이 납부기한.[129]

(보기) 납세자가 납부기한이 2xx1년 5월 31일(수)인 상속세 납부고지서를 같은 해 5월 28일(일)에 우편으로 송달을 받았다. 상속세의 납부기한은?

(풀이) 일반적인 경우에는 5월 28일(일)로부터 14일 뒤인 날은 그 다음 일요일인 6월 11일이지만, 일요일이므로 하루가 연장되어 6월 12일(월)이 납부기한이 된다. 납기 전 징수라면 5월 31일(수)이 납부기한.

3. 한편, 납세의무의 확정을 실체법적 개념으로 제3자의 권리에 어떤 효력이 있는가를 정하는 기준시점으로 삼을 수도 있다. 세액이 특정되면 납세의무자와 새로운 법률관계를 맺으려는 자는 납세의무자의 조세채무를 염두에 두고 관계를 맺을 것이고, 법은 이 점에 눈을 돌려 조세채권과 제3자의 채권 사이의 우열(優劣)을 정하고 있다. 아래 III.

4. 증액경정처분이나 증액수정신고가 있는 경우 제22조의 확정은 가분적(可分的)으로 이루어진다. 애초 제22조의 의미가, 세액이 특정되는 부분은 징차 납기에 강제집행할 수 있다는 말이니. 증액경정이 있더라도 이미 한 강제징수의 효력에는 아무 영향이 없고[130] 소송물 이론의 흡수설과는 무관하다. 제6장 제5절.

Ⅱ. 조세채무의 확정방식

과세표준과 세액은 누가 어떻게 확정하게 할까. 크게 두 가지를 생각할 수 있다.

---

126) 국세징수법 제9조. 미국세법 6331조.

127) 국세징수법 제17조.

128) 같은 법조.

129) 국세기본법 제5조 제1항. 토요일과 근로자의 날은 공휴일은 아니지만 각종 기한의 계산에서는 공휴일처럼 본다. 같은 조항.

130) 국세기본법 제22조의3을 근거로 드는 것은 틀렸다. 애초 제22조에서 당연하다.

납세의무자가 세액을 스스로 산정(assessment, Berechnung)해서 신고(tax return, Steueranmeldung)하는 신고납세(self-assessment, Selbstveranlagung)와 정부가 산정해서 세금을 내라고 고지하는 부과과세(government-assessment, Veranlagung). 조세채무의 성질상 성립과 동시에 세액이 확정되는 것도 있다.

첫째, 납세의무자가 일정한 기간 무슨 일을 했는가에 따라 세액을 정하는 세금이라면, 누가 세액을 특정하는 것이 가장 손쉬울까? 납세의무자 자신. 예를 들어, 소득세, 법인세, 부가가치세, 취득세 따위에서는[131] 조세채무의 과세표준과 세액을 가장 잘 계산할 수 있는 사람은 사실관계를 아는 납세의무자이지 국가가 아니다. 따라서 법은 납세의무자가 스스로 과세표준과 세액을 계산하여[132] 조세채무 얼마가 성립했는지를[133] 법정기한까지[134] 신고(申告)하고 세금 낼 것을 요구. 과세표준과 세액은 申告 시점에 확정.[135] 별 실익은 없는 이야기이지만 신고행위는 법에 따를 때 내가 낼 세금이 얼마라는 내 생각(관념)을 행정청에 알리는(통지하는) 행위이므로 준법률행위(관념의 통지)에 해당한다.

신고가 없으면 국가가 과세표준과 세액을 결정(決定)하여 세액을 부과하는 시점에 조세채무(본세, 무신고가산세 및 그때까지의 납부지연가산세)가 확정되고,[136] 신고내용에 잘못이 있다면[137] 이를 경정(更正)하여 세액을 부과(신고한 환급세액을 줄이는 경정을 포함한다)하는 시점에 확정된다.[138] 이같이 결정이나 증액경정하여 부과하

131) 그 밖에도 개별소비세, 주세, 증권거래세, 관세 등.

132) 자기확정이라는 말은 쓸 수 있지만 자기부과라는 말은 자체 모순이다. 다음 문단.

133) 대법원 2023. 7. 13. 선고 2020두52375 판결(조세채무 성립액 = 신고할 세액).

134) 대법원 2025. 5. 15. 선고 2022다268016 판결은 납세의무 성립 후 신고기간 개시 전의 신고는 무효라고 하나 개시일은 행정편의를 위한 것일 뿐이다. 가령 법인세법 제69조 제2항(수시부과).

135) 부가가치세의 예정신고(제23장 제1절)에도 확정의 효력이 있다. 대법원 2011. 12. 8. 선고 2010두3428 판결. 예정신고분 부가가치세 채권과 민사채권의 우열은 예정신고일과 담보설정일을 비교한다는 명문의 규정이 있다. 국세기본법 제35조 제1항 제3호. 실체법에서도 납세의무의 성립시기, 무신고나 과소신고에 대한 경정, 강제징수, 가산세 면에서 예정신고나 확정신고가 모두 마찬가지이므로, 둘 사이에 차이를 둘 이유가 없다. 한편 양도소득세 예정신고는 신고를 안 해도 가산세가 붙을 뿐 강제징수대상은 아니다. 제12장 제4절 3. 따라서 양도소득세 예정신고 세액은 신고시점에 성립·확정되지만 확정신고로 감액할 수 있는 잠정적 확정. 대법원 2008. 5. 29. 선고 2006두1609 판결(확정신고로 감액한 예정신고세액에 대한 부과처분은 무효); 2011. 9. 29. 선고 2009두22850 판결(미납세액 강제징수); 대법원 2020. 6. 11. 선고 2017두40235 판결(예정신고를 하지 않았거나 과소신고한 경우 양도소득세 부과제척기간 기산일은 확정신고기한 다음 날); 2021. 12. 30. 선고 2017두73297 판결. 한편 예정신고만 하고 세액을 납부하지 않은 경우 조세채권이 신고일 이후에 등기한 담보물권에 우선하는 것은 당연하다. 국세기본법 제35조 제1항 제3호 (가).

136) 소득세법 제80조 제1항; 법인세법 제66조 제1항; 부가가치세법 제57조 제1항 등. 대법원 2014. 12. 24. 선고 2014두40791 판결. 결정 그 자체는 행정처분이 아니다. 대법원 2002. 11. 26. 선고 2001두2652 판결. 독일 조세기본법 제167조.

137) 부정한 무신고나 허위신고라면 신고기한에 조세포탈죄가 성립한다. 조세범처벌법 제3조 제5항.

는 세금은 개별세법에 정한대로 납세의무자에게 통지(납부고지)하여야 하고[139] 납부고지서(納付告知書, Steuerbescheid)가[140] 도달하여야[141] 부과처분의 효력이 생긴다.[142] 따라서 납부고지가[143] 없거나[144] 법에 정한 형식적 요건(과세연도, 세목, 세액 및 그 산출근거, 납부기한, 납부장소)을[145] 갖추지 못했다면[146][147] 행정청의 세액결정 내용

138) 소득세법 제80조 제2항; 법인세법 제66조 제2항; 부가가치세법 제57조 제1항 등. 대법원 2003. 1. 24. 선고 2002다63732 판결. 세무조사에 대해서는 제5장 제6절 Ⅱ.

139) 예를 들어 법인세법 제70조와 같은 법 시행령 제109조; 소득세법 제83조와 같은 법 시행령 제149조.

140) 지정납부기한 이후의 지연이자성격 가산세는 납부고지서가 필요 없다. 대법원 2000. 9. 22. 선고 2000두2013 판결. 현행법도 결국 같다. 제5장 제2절 1.

141) 송달이 법에 어긋나 송달의 효력이 생기지 않는다면 과세처분은 무효이다. 대법원 1979. 8. 31. 선고 79누168 판결; 1995. 8. 22. 선고 95누3909 판결; 2004. 4. 9. 선고 2003두13908 판결. 법인에 대한 송달은 대표자에게 함이 원칙이지만 사무원이나 고용인으로서 사물을 변식할 지능이 있는 자에게 할 수도 있다. 대법원 1992. 2. 11. 선고 91누5877 판결.

142) 국세기본법 제12조, 지방세기본법 제32조. 대법원 1995. 2. 28. 선고 94누5052 판결; 2020. 2. 27. 선고 2016두60898 판결(기한후신고 시인결정). 감액경정은 납세고지가 아니다. 대법원 2003. 4. 11. 선고 2001다9137 판결; 2014. 2. 21. 선고 2013두22871 판결. 제6장 제5절 IV.5.

143) 대법원 2012. 10. 18. 선고 2010두12347 판결은 국세징수법상의 납부고지는 이미 부과된 세금을 징수하는 단계의 절차라고 하나, 이 제도는 부과권과 징수권을 나누지 않고 징수권이라는 말을 조세채권이라는 뜻으로 쓰던 시절에 생긴 것이다. 가령 부가가치세법에 납부고지라는 제도가 없는 것은 이 때문이다.

144) 고지는 꼭 납부고지서라는 법정서류(국세징수법시행규칙 제3조)로 행할 필요는 없다. 중요한 것은 법에 정하고 있는 내용을 다 채우고 있는가이다. 대법원 1997. 8. 22. 선고 96누5285 판결; 1997. 9. 12. 선고 97누2917 판결; 2001. 3. 27. 선고 99두8039 판결(과세예고통지); 2005. 1. 13. 선고 2003두14116 판결(감액 경정 통지); 2007. 7. 10. 선고 2006누4976 판결; 2014. 8. 20. 선고 2012두23341 판결(소득금액 변동 통지); 2017. 10. 12. 선고 2014두3044 등 판결(결정결의서). 감액경정처분의 경우 특별한 사정이 없는 한 납부고지서뿐만 아니라 감액결정의 뜻을 객관적으로 알 수 있는 방법에 의하여 이를 납세의무자에게 통지하면 그 효력이 발생하므로 종합소득세의 감액경정처분에 따른 환급금을 다른 체납국세에 충당한 후 국세환급금 충당통지서를 납세자에게 송부한 경우 위 송부로 감액경정처분의 효력이 발생한다. 대법원 2003. 4. 11. 선고 2001다9137 판결.

145) 국세징수법 제6조 제1항. 대법원 2020. 10. 29. 선고 2017두51174 판결(부기사항). 기실 이런 정보만 가지고는 세액산출의 실질적 근거나 법령 등 과세처분의 내용을 알 수 없고, 실제로는 경정결의서라는 처분청의 내부자료를 받아서 구체적 내용을 파악한다. 그렇지만 판례는 납부고지서에는 이런 구체적 내용을 적을 필요가 없다고 한다. 대법원 1991. 7. 12. 선고 90누8527 판결(법인세); 1997. 6. 27. 선고 96누5810 판결(양도소득세); 2004. 1. 27. 선고 2001두11014 판결; 2005. 1. 13. 선고 2003두14116 판결; 2011. 9. 29. 선고 2009두22850 판결. 그러나 대법원 2006. 6. 2. 선고 2006두644 판결(지방세).

146) 대법원 1982. 3. 23. 선고 81누139 판결; 1991. 4. 9. 선고 90누7401 판결; 2012. 10. 18. 선고 2010두12347 판결(가산세); 2015. 9. 24. 선고 2015두38931 판결; 2021. 4. 29. 선고 2020두52689 판결 등. 그러나 잘못 적은 것임이 명백한 사소한 흠은 효력에 영향이 없다. 대법원 2019. 7. 4. 선고 2017다38645 판결. 과세예고통지 등의 서면에 납부고지서에 적을 내용이 들어간다면 납부고지서의 하자는 치유된다. 대법원 1998. 6. 26. 선고 96누12634 판결; 2001. 3. 27. 선고 99두8039 판결; 2012. 10. 18. 선고 2010두12347 판결; 2014. 8. 20. 선고 2012두23341 판결(소득금액 변동통지 하자의 치유). 불복신청 전에 정정통지를 하는 경우에도 하자가 치유된다. 대법원 1995. 2. 14. 선고 94누14216 판결. 불복신청 직후까지 치유를 허용한 사례로 대법원 1993. 7. 27. 선고 92누17761 판결. 그 밖에 대

을 납세의무자가 우연히 알게 되더라도 부과처분에 따르는 효력은 안 생긴다.[148] (한편 제3자에 대한 관계에서 확정의 효력이 생기는 것은 납부고지서의 도달 시점이 아니라 발송시점이다.[149] 조세채무의 존부와 금액은 어차피 세무서에 와서 확인해야 하는 까닭이다.) 납세의무자가 신고만 하고 세금을 내지 않은 경우에 내보내는 납부고지서는[150] 본세 징수절차의 성격이지만[151] 납부지연 가산세 부분은 같은 납부고지서에 들어 있더라도 별개의 부과처분이다.

둘째, 납세의무자 자신보다 국가가 세액을 더 잘 계산할 수 있는 세금이 있다. 예를 들자면? 재산세, 종합부동산세. 일정한 법정가액에 세율을 곱해 세액을 계산하니 납세의무자가 세액을 계산하는 것보다는 국가가 세액을 계산하는 것이 훨씬 쉽다. 법정가액은 국가가 정하니까.[152] 이처럼 국가가 과세표준과 세액을 결정(決定)하여 납세의무자에게 納付告知書를 보내는 제도를 부과(賦課)과세라 부른다. 원래 신고납세하기에 알맞은 세금이더라도 국민의 납세의식 등 여러 가지 여건상 자진신고를 거의 기대할 수 없는 상황이라 부과과세제도를 택하는 수도 있다.[153] 부과과세 세목이라면

법원 1994. 3. 25. 선고 93누19542 판결; 1995. 2. 14. 선고 94누14216 판결; 1995. 7. 11. 선고 94누9696 판결; 2001. 6. 15. 선고 99두11882 판결 참조.

147) 납부고지의 흠 탓에 부과처분이 취소된다면 그 뒤 흠을 고쳐 새로 부과할 수 있다. 제5절 Ⅲ, 제6장 제3절 Ⅱ 참조. 따라서 재판실무에서는 행정청이 당초처분을 취소하고 재처분을 한 뒤 원고가 소를 변경(행정소송법 제22조)하여 실체적 위법을 다투는 경우가 많다. 납부고지에 오기가 있더라도 나머지 부분에 비추어 알 수 있다면 흠이 없다. 대법원 2019. 7. 4. 선고 2017두38645 판결.

148) 대법원 1984. 2. 14. 선고 83누602 판결; 1991. 9. 10. 선고 91다16952 판결; 1997. 5. 23. 선고 96누5094 판결; 2004. 4. 9. 선고 2003두13908 판결; 2013. 9. 26. 선고 2011두12917 판결(소득금액변동통지).

149) 국세기본법 제35조 제2항 제2호. 헌법재판소 1997. 4. 24. 93헌마83 결정; 2012. 8. 23. 2011헌바97 결정 등. 아래 Ⅲ.1.

150) 국세징수법 제10조. 입법론으로는 바로 독촉하더라도 무리가 없다.

151) 납부고지가 부과처분과 징수처분의 성질을 겸병한다는 설명은 정확하지 않다. 신고만 하고 세금을 내지 않은 경우의 납부고지는 징수처분이고 신고의 하자는 不승계. 다만 가산세 부분에서만 부과처분. 대법원 2003. 10. 23. 선고 2002두5115 판결(취득세); 2004. 9. 3. 선고 2003두8180 판결(양도소득세); 대법원 2014. 2. 13. 선고 2013두19066 판결; 2014. 4. 24. 선고 2013두27128 판결. 부과과세 방식의 납부고지서는 부과처분의 성질을 띠지만 납부고지 없이 바로 독촉장을 못 보낸다는 점에서 징수절차라는 성격도 띤다.

152) 헌법재판소 2014. 5. 29. 2012헌바432 결정. 종합부동산세는 당초 신고납세방식을 취했으나, 이는 정당화하기 어렵다. 이 책 제5판(2006), 124쪽 주석 113. 2008년부터는 원칙적으로 부과과세방식으로 바꾸면서, 예외적으로 납세의무자에게 신고납부를 선택할 수 있도록 했다. 종합부동산세법 제16조 제1항, 제3항.

153) 납세자의 성실도가 아주 낮던 시절의 옛 소득세법은, 다시 몇십 년 전에는 옛 법인세법도 부과과세였다. 2007. 7. 19. 법률 제8521호에 의해 폐지되기 전의 옛 부당이득세(전시 기타 비상사태 동안 물건을 통제가격보다 비싸게 팔아 얻는 이득에 대한 세금으로 그런 이득액의 100%를 세금으로 걷는다)도 부과과세였다. 독일의 소득세는 아직도 부과과세. 독일 소득세법 제25조.

납부고지는 부과처분.[154] 다만 행정청이 결정한 세액을 1차분 2차분 등으로 나누어 고지한다면 1차분 납부고지는 전체에 대한 부과처분 겸 1차분 징수처분이고 2차분 이하는 징수처분이다. 부과처분은 행정법학의 용어로 세금을 내라고 하명(下命)하는 겉모습을 띠지만 법률적 성질은 이미 성립한 조세채무의 내용을 확인하는 준법률행위(準法律行爲)의 성질을 띤다.[155] 왜? 부과과세방식이든 무엇이든 조세채무란 실체법상의 과세요건이 충족되면 당연히 지게 되는 법정채무인 까닭. 제2절 IV.

셋째, 신고납세와 부과과세의 가운데쯤 되는 꼴로 납세의무자가 申告는 하지만, 과세표준과 세액은 그 뒤 정부가 決定하는 꼴의 변형된 부과과세가 있다. 어떤 때 이런 제도를 둘까? 납세의무자 자신에 관한 정보는 납세의무자가 가장 잘 알지만, 납세의무자들이 세법을 잘 알리라 기대하기는 어려운 경우. 특히, 자연인을 납세의무자로 삼는 세금이라면 모든 국민이 세법을 잘 알아 제 세금을 계산하도록 기대하기가 어려울 수도…. 이런 경우 대책이? 납세의무자로 하여금 일단 과세물건의 현황을 신고하게 하고, 국가가 이를 받아 법에 따라 과세표준과 세액을 決定할 수 있다.[156] 옛 소득세법이 그랬었고,[157] 상속세 · 증여세 신고는 지금도.[158] 이런 경우에는 납세의무자의 신고는 과세표준과 세액을 결정하는 행정처분을 돕는 사실행위.[159] 법은 이런 의미의 신고에서도 납세의무자가 일단 스스로 계산한 세액을 신고할 때 같이 납부하도록 정하고 있다.[160]

넷째, 몇 가지 세금은 납세의무의 성립과 동시에 특별한 절차 없이 세액이 그대로 자동(自動)확정된다.[161] 예를 들어, 원천징수하는 소득세와 법인세는 소득금액 또는

154) 부과처분 하자(瑕疵)의 不승계는 제5장 제1절 1.

155) 대법원 1992. 3. 31. 선고 91다32053(전원합의체) 판결; 1994. 5. 24. 선고 92누9265 판결; 2022. 11. 17. 선고 2019두51512 판결; 2023. 6. 29. 선고 2020두46073 판결. Tipke/Lang, 제21장 56문단, 114문단. 田中二郎, 租稅法(제3판, 1990)등 일본의 행정법학자들도 확인행위라고 하지만 우리 행정법학 문헌에는 하명이라는 주장도 있고 이동식, 일반조세법, 8편 3장 V도 구체적 조세채무를 성립시키는 형성권의 성격이라고 한다. 그러나 행정청의 의사와 무관하게 요건사실 그대로 세액을 정해서 반드시 세금을 매겨야 하므로 형성권은 아니다. 아래 제5절 II.

156) 세액의 통지가 없는 한, 신고서를 접수받아 확인수리하는 것만으로는 부과처분이 존재한다고 볼 수 없다. 대법원 1998. 2. 27. 선고 97누18479 판결.

157) 독일의 소득세는 지금도 그렇다. 독일 소득세법 제25조.

158) 상속세및증여세법 제67조, 제68조 및 제76조.

159) 대법원 1991. 1. 25. 선고 87다카2569 판결; 1991. 9. 10. 선고 91다16952 판결(자진신고 납부한 상속세도 부과처분 없으면 부당이득). 신고시인 통지도 부과처분. 대법원 2014. 10. 27. 선고 2013두6633 판결; 2020. 2. 27. 선고 2016두60898 판결.

160) 상속세및증여세법 제70조. 지방세법 제20조(취득세). 대법원 2020. 10. 15. 선고 2017두47403 판결('등기'는 등기신청이라는 뜻). 조세포탈죄의 기수시기는 정부의 조사결정에 따른 납부기한이다. 조세범처벌법 제3조 제5항. 대법원 1981. 12. 8. 선고 80도2824 판결; 2000. 5. 26. 선고 2000도1056 판결. 다만 아예 신고가 없다면 신고납부기한이 기수시기이다. 독일어로는 이런 뜻의 신고납세와 본문 첫째의 신고납세를 합하여 Steueranmeldung이라 부른다.

161) 국세기본법 제22조 제4항; 지방세기본법 제35조 제2항.

수입금액만 알면 세액이 나오므로 확정행위가 따로 필요없어서, 지급하는 때에 성립하고, 그와 동시에 확정된다.[162] 중간예납하는 법인세는 중간예납기간이 끝나는 때에 성립되고 확정된다.[163] 인지세는 과세문서를 작성하는 때에 성립하면서 확정된다.[164] 종래의 중가산금에 해당하는 가산세는 확정절차가 따로 없고 법대로 자동확정된다.[165] 자동확정된 조세채무를 이행하지 않으면 징수처분으로 진행하게 된다.

신고가 잘못되었음을 납세의무자가 뒤늦게 알게 되는 경우에는 경정청구나 수정신고를 하게 된다. 更正請求란? 애초의 신고세액이 너무 많은 경우에 잘못 낸 세금을 돌려달라고 청구(아직 납부하지 않았다면 신고세액을 줄인다고 통지)하는 것.[166] 경정청구는 글자 그대로 청구일 뿐이다. 줄여달라고 청구한 금액만큼 확정세액이 바로 줄어드는 것은 아니고 행정청이 경정청구에 응하여 감액경정을 해야 비로소 확정세액이 줄어든다. 제6장 제3절 II. 修正申告란? 애초 덜 신고한 세액을 추가로 신고하는 것.[167] 추가로 낼 세액을 특정하는 부분만큼은 확정의 효력이 바로 생긴다.[168] 수정신고시 가산세 감면은 제48조 제2항. 제6장 제3절 V. 부과처분이 잘못되었음을 주장하는 납세의무자는 무슨 절차를? 항고쟁송을 통해 부과처분을 취소받거나 무효확인 받아야 한다.[169] 다만, 예외적으로 신고세액이 너무 많았다고 항고쟁송에서 주장할 수 있는 경우도 있다.[170] 제6장 제3절 II.3. 신고나 부과처분이 당연무효라면 제6장 제7절. 아예 신고서를 안 낸 경우 期限後신고로 가산세의 일부를 감면받을 수도 있다. 기한후신고는 확정 효력이 없이 그에 터잡아 행정청이 세액을 결정하도록 돕는 행위.[171] 제6장

---

162) 국세기본법 제21조 제3항 제1호, 제22조 제4항 제2호; 지방세기본법 제35조 제2항 제1호. 소득금액변동통지에 의한 확정은 제18장 제5절 VII. 나아가 최초의 원천징수세 고지처분에는 부과처분 성격도 있다는 대법원 2025. 9. 4. 선고 2025다211104 판결의 논리로는 확정시점은 고지처분 통지일이 될 것. 윤지현, 원천징수의무가 이행되지 않은 경우 과세관청이 취할 수 있는 조치의 시간적 한계, 조세와 법 10-2(2017), 271쪽, 특히 286쪽. 제5장 제6절 I.3., I.4.

163) 국세기본법 제21조 제3항 제3호, 제22조 제4항 제4호.

164) 국세기본법 제22조 제4항 제1호, 제21조 제1항 제6호, 제35조 제2항 제3호.

165) 국세기본법 제22조 제4항 제5호. 대법원 2000. 9. 22. 선고 2000두2013 판결. 제5장 제2절 1.

166) 국세기본법 제45조의2, 제6장 제3절.

167) 국세기본법 제45조. 조세포탈죄는 신고기한에 이미 성립했으므로 그대로 남는다. 대법원 1977. 3. 22. 선고 76도3961 판결; 1988. 11. 8. 선고 87도1059 판결. 형을 감경받을 가능성은 있다. 조세범처벌법 제3조 제3항.

168) 국세기본법 제22조의2 제1항. 수정신고가 당초신고를 흡수하지는 않는다. 대법원 2014. 2. 13. 선고 2013두19066 판결(증액신고 부분의 납부고지는 징수처분). 이준봉, 3편 2장 2절 II.2.

169) 국세기본법 제55조.

170) 제6장 제3절 II.3.

171) 국세기본법 제45조의3 제3항. 대법원 2012. 8. 30. 선고 2010다88415 판결(조세채권과 저당권의 순위); 2014. 10. 27. 선고 2013두6633 판결(신고시인통지=확정); 2020. 2. 27. 선고 2016두60898 판결(신고시인결정 통지). 비판으로 임승순, 1부 3편 2장 3절 1.

제3절 V. 기한후신고를 다시 경정청구하거나 수정신고하는 경우, 아직 세액을 결정하지 않았다면 두 가지를 다 고려해서 세액을 결정(경정청구를 했더라도 결정)하고 기한후신고 이후 이미 세액을 결정했다면 경정청구나 수정신고에 따라서 세액을 경정한다.[172] 결정세액이나 경정세액에 확정의 효력이 생김은 당연.

제2차 납세의무자나 양도담보권자에게서 세금을 걷기 위해 세액을 고지하는 경우에는, 본래의 납세의무자가 아니라는 생각에서 용어를 달리 하다가 이제는 납부(納付)고지라는 용어로 통일했다.[173] 고지서가 송달되어야 부과의 효력이 생기고[174] 조세채권과 제3자의 권리 사이의 우열은 고지서 발송일 기준으로[175] 어차피 똑같으니.

Ⅲ. 조세채권의 확정이 제3자에게 미치는 영향

실체법 개념으로 특정 납세의무자에 대한 조세채권과 제3자의 권리 사이의 우열을 정하는 기준은 나라마다 다르지만 우리 법은 납세의무의 확정을 기준으로 삼고 있다. 제5장 제4절.

1. 조세채권 v. 민사채권

국세기본법 제35조 (국세의 우선) ① 국세 및 강제징수비는 다른 공과금이나 그 밖의 채권에 우선하여 징수한다. 다만, 다음 각 호의 어느 하나에 해당하는 공과금이나 그 밖의 채권에 대해서는 그러하지 아니하다.

1-2. (생략)

3. 제2항에 따른 법정기일 전에 다음 각 목의 어느 하나에 해당하는 권리가 설정된 재산을 매각하여 그 매각금액에서 국세를 징수하는 경우 그 권리에 의하여 담보된 채권…

가. 전세권, 질권 또는 저당권

② 이 조에서 "법정기일"이란 다음 각 호의 어느 하나에 해당하는 기일을 말한다.

1. 과세표준과 세액의 신고에 따라 납세의무가 확정되는 국세[중간예납하는 법인세와 예정신고납부하는 부가가치세 및 소득세(「소득세법」 제105조에 따라 신고하는 경우로 한정한다)를 포함한다]의 경우 신고한 해당 세액: 그 신고일

172) 같은 법조항.

173) 국세징수법 제7조.

174) 국세기본법 제12조. 대법원 1985. 2. 8. 선고 84누132 판결; 1985. 2. 8. 선고 84누132 판결; 1995. 9. 15. 선고 95누6632 판결. 주된 납세의무와는 별도로, 제2차 납세의무 성립일부터 부과제척기간에 걸린다. 대법원 2008. 10. 23. 선고 2006두11750 판결; 2012. 5. 9. 선고 2010두13234 판결. 아래 제5절 Ⅱ.

175) 국세기본법 제35조 제2항 제4호, 제5호.

2. 과세표준과 세액을 정부가 결정·경정 또는 수시부과 결정을 하는 경우 고지한 해당 세액(…지정납부기한 후의 납부지연가산세 …를 포함한다): 그 납부고지서의 발송일…

위 조문은 누구와 누구의 관계를 다루고 있는가? 조세채무자에 대한 채권이 있는 제3자와 조세채권자인 국가 사이의 이해관계. 제3자가 특정한 사람(조세채무자)과 채권관계를 맺기 전에 그 사람에게 이미 確定된 조세채무가 있는지 살펴보라는 말이다. 일반채권자가 돈을 꿔주기 전에 돈 꾸려는 사람이 이미 저당권을 설정해 주고 돈 꾼 것이 있는가 살펴보아야 하는 것과 마찬가지. 국가와 담보물권자 사이에 누구의 권리가 우선하는가는 어떻게 정해야 하려나. 현행법은 조세채권이 확정된 날(法定기일)과 담보물권(物權) 설정일을 견주어 어느 쪽이 먼저인가에 따라 정한다. 국가가 받아갈 세액이 특정되면, 새로운 이해관계를 맺을 자는 이를 머릿속에 넣고 처신할 테니까. 바로 이 때문에 법은 조세채권 특정과 담보물권 설정의 선후를 따져 어느 쪽이 우선하는가를 정하고 있는 것이다.

"정부의 결정에 의하여 납세의무가 확정되는 양도소득세·상속세·증여세 등 이른바 부과납세방식의 국세에서는, 과세기간이 종료하는 때 또는 그 밖에 각 해당 세법이 정하는 과세요건이 충족되는 때에 납세의무가 성립하고 정부가 과세표준과 세액을 결정함으로써 그 납세의무가 구체적으로 확정되며, 그 납부를 고지함으로써 확정의 효력이 발생하게 되어 있다. 따라서 이 경우 그 조세채권과 피담보채권과의 우선순위를 "납세고지서의 발송일"을 기준으로 하도록 규정한 법률조항은, 담보권자가 그 시점에서 얼마든지 상대방(담보권설정자)의 조세채무의 존부와 범위를 확인할 수 있어서, 담보권자의 예측가능성을 해하지 아니하며, 또 과세관청의 자의가 개재될 소지를 허용하지 아니하는 것이므로 합리적인 기준이라 할 수 있고 달리 그 기준시기의 설정이 불합리하다고 볼 사유가 없으므로 입법재량의 범위를 벗어난 것이라고 할 수 없다."[176]

그런데 돈을 꾸려는 사람에게 밀린 조세채무가 있는가를 꿔 주려는 사람이 '얼마든지' 알 수 있는가? 조세채권이란 저당권과 달라 등기라는 공시가 없는데…. 그래도 알 수야 있다. 어떻게? 우선 당사자에게 세금납부의 증명서를 떼 오라고 요구해서 받아보면, 미납세액이 있는지, 있다면 얼마인지가 나온다.[177] 그러나 그래도 알 수 없는

176) 헌법재판소 1997. 4. 24. 93헌마83 결정; 대법원 2005. 11. 24. 선고 2005두9088 판결. 현행법에서는 양도소득세도 신고납세 방식이다.

177) 국세징수법 제108조; 지방세징수법 제6조. 그러나 대법원 2006. 5. 26. 선고 2003다18401 판결(납세증명서와 신뢰보호).

부분이 남는다. 신고나 부과처분은 있었지만 아직 납기에 이르지 않은 세금은 아직은 미납세액이 아니다. 그것까지 알려면 직접 세무서에 가서 보는 수밖에 없다. 남의 세무정보를 보여주지는 않으니 꾸려는 사람과 같이 가야 하지만. 아무튼 우선순위를 정하는 기준을 납부고지서의 발송일(發送日)로 정해도 된다는 말은 이 뜻이다.

우선권이 있는 다른 사권과 조세채권의 선후도 저당권이나 마찬가지. 제35조를 찾아보라. 임차인, 가등기담보권자, 임금채권자 등도 세금의 신고일이나 납부고지서 발송일 전에 보호요건을 갖추었다면 조세채권자에 우선한다.

2. 조세채권 v. 양수인

국가의 채권과 조세채무자로부터 물건을 사들이는 매수인(買受人)의 권리 사이에도 같은 문제가 생긴다. 어떤 물건을 사는데 매도인에게 밀린 세금이 있다면, 매수인의 권리와 국가의 조세채권이 부딪힐 수 있다. 다시 저당권에 견주어 보자. 원소요가 부동산을 가지고 있다가 신구매에게 판다. 그런데 신이 소유권이전등기를 받기 전에 원이 이미 은행에 저당권을 설정해 준 것이 있다면, 신은 채무자는 아니지만 저당권의 부담을 사실상 안게 마련. 원이 채무를 변제하지 않으면 은행은 신이 매수한 부동산을 경매해서 돈을 받을 수 있다. 왜 이런 결과가 정당화될까? 신을 희생시키는 것 아닌가? 신이 부동산을 매수할 당시 그 부동산에 이미 저당권이 설정되어 있다는 사실을 알았거나 알 수 있었지만, 그래도 그냥 매수했기 때문이다.

저당권에 대한 이런 이치를 조세채권관계로 연장해 보자. 신이 원으로부터 물건을 샀는데, 원에게 밀린 세금이 있다면 신이 사들인 물건을 팔아서 세수를 확보할 권리를 국가에 주어야 마땅하려나. 어렵겠네. 왜? 저당권이야 물권(物權)이니 피담보채권과 특정 물건이 1:1로 연결됨이 원칙이다. 저당권이 설정된 부동산은 그 내용이 등기로 공시되므로, 사려는 사람은 '그 부동산 위에' 저당권이 있는지, 피담보채권이 얼마인지를 알 수 있다. 그러나 세금은 사람에 대한 채권(債權)이다. 원이 어떤 세금 얼마를 안 내었다는 사실을 신이 알더라도 이를 반영하여 양도 · 양수의 조건을 정하기가 어렵다. 원에게 다른 재산이 얼마나 있는지를 신으로서야 알 길이 없으니. 그럼 이렇게 해볼까나. 어떤 재산을 양수하는 자에게 언제나 양도인의 조세채무를 몽땅 뒤집어씌운다면? 에이, 그리 할 수야. 그런 법제라면 남의 물건을 사자면 언제나 양도인의 재산 상태 전체를 다 뒤지고 나서야 거래를 할 것이고, 물건의 매매가 거의 마비되고 말 판. 그래서 현행법에서는 국가가 조세채권을 양수인에게 주장하지 못하게 정해둔 것이다. 그렇지만, 우선권이 있는 채권인데 추급권(追及權)이 없다면, 국가가 양수인한테 행사할 수 있는 권리가 전혀 없다면, 우선권의 실효성이 반감된다. 국가에 대하여 세금을 신고한 뒤 이를 납부하지 않고 재산을 팔아버리면 국가의 입장에서는 책임재산을 확보할 길이 없다.

이렇게 볼 때 어느 쪽에서나 곤란한 문제가 발생하게 되는데, 현행법은 아주 제한된 범위에서 국가의 追及權을 인정한다. 두 가지.

> 국세기본법 제41조 (사업양수인의 제2차 납세의무) ① 사업이 양도·양수된 경우에 양도일 이전에 양도인의 납세의무가 확정된 그 사업에 관한 국세…를 양도인의 재산으로 충당하여도 부족할 때에는 … 사업의 양수인은 그 부족한 금액에 대하여 양수한 재산의 가액을 한도로 제2차 납세의무를 진다.

> 국세기본법 제42조 (양도담보권자의 물적납세의무) ① 납세자가 국세…를 체납한 경우에 그 납세자에게 양도담보재산이 있을 때에는 그 납세자의 다른 재산에 대하여 강제징수를 집행하여도 징수할 금액에 미치지 못하는 경우에만 국세징수법에서 정하는 바에 따라 그 양도담보재산으로써 납세자의 국세…를 징수할 수 있다. 다만, 그 국세의 법정기일 전에 담보의 목적이 된 양도담보재산에 대해서는 그러하지 아니하다.

남의 事業을 통째로 다 인수하는 경우는 중요한 사건이므로, 이럴 때에는 인수하기 전에 양도인이 세금을 다 내고 있는지 충분히 뒤져 보라는 것이다. 둘째로 讓渡擔保는 양도라는 겉껍질을 지니고 있기는 하지만, 실질은 담보권의 설정이므로 조세채권의 확정과 양도담보의 설정을 견주어 빠른 쪽에 우선권을 주는 것이다. 2019년 이후의 대통령령은 사업양수도에 관련한 국가의 추급권 내지 양수인의 제2차 납세의무의 범위를 확 좁히고 있다. 제5장 제5절 II.4.

3. 자동확정되는 조세채권

원천징수하는 소득세나 법인세의 경우 자동확정 시점(=지급시점) 현재까지는 원천징수의무자가 체납한 원천징수세액이 얼마인지 제3자가 알 길이 없다.[178] 제3자는 원천징수세액의 납기(納期)에 이르러야 비로소 국가의 채권금액을 알 수 있으므로, 제3자의 권리와 우열을 따질 때라면 원천징수세의 법정기일은 적어도 입법론에서는 제35조 제2항 제3호와 달리 납기나 자진납부 중 빠른 쪽으로 잡아야 옳다. 인지세도 마찬가지이다. 중간예납하는 법인세는 이를 따로 따지지 않고 연말이 지나고 신고일을 한해치 법인세 전체의 법정기일로 보고 담보물권과 우열을 따진다.[179]

---

178) 국세기본법 제35조 제2항 제3호. 제6장 제6절 I.4.

179) 국세기본법 제35조 제2항 제1호. 중간예납에는 따로 "신고"라는 개념이 없다.

Ⅳ. 납세의무의 확정과 부당이득(不當利得)

대법원 판결에는 납세의무가 확정되었다면서 不當利得이 성립하지 않는다(따라서 돌려주지 않아도 된다)고 판시한 것들이 있다. 대표격으로 국세기본법과 똑같은 글귀인 옛 지방세법상 취득세와 등록세에 관한 판결:

> "…취득세 · 등록세는 신고납부방식의 조세로서 이러한 유형의 조세에 있어서는 원칙적으로 납세의무자가 스스로 과세표준과 세액을 정하여 신고하는 행위에 의하여 조세채무가 구체적으로 확정되고, 그 납부행위는 신고에 의하여 확정된 구체적 조세채무의 이행으로 하는 것이며, 국가나 지방자치단체는 그와 같이 확정된 조세채권에 기하여 납부된 세액을 보유하는 것이므로, 납세의무자의 신고행위가 중대하고 명백한 하자로 인하여 당연무효(當然無效)로 되지 아니하는 한 그것이 당연히 不當利得에 해당한다고 할 수는 없다…"[180]

예전에는 경정청구 제도가 미비하고 그 기간이 국세환급금의 소멸시효보다 짧았다. 그 결과는? 납세의무자의 실수 과다신고를 빌미로 국가가 생돈을 그냥 차지할 수 있다는 말. 이리하여 대법원은 이른바 중대명백설의 논리를 굽혀서 옛 지방세법상 신고납세의 경우에는 하자가 명백(明白)하지 않더라도 중요(重要)하다면 무효가 된다는 판결을(이른바 명백성 보충요건설) 내기도 했다.[181]

아무튼 위 판결에서 돌려받지 못한다는 결론 자체는 맞다. 그러나 이유가 틀렸다. 이 결론은 부과처분이나 신고행위의 절차적 효력(항고쟁송이나 경정청구의 배타성)에서 나오는 것이다. 부당이득이 성립했지만 반환청구권의 행사에 절차적 제약이 있는 것. 제1절 3, 제6장 제3절 Ⅱ. 당장 돌려받지 못하는 이유가 국세기본법 제22조의 '확정'이라는 말 때문은 아니다. 확정되지 않았으면 不當利得이라고 한다면 어떤 결과가 생기는가? 일단 신고납세는 하지만 세액의 확정은 뒤에 국가의 결정으로 이루어지는

180) 대법원 1995. 2. 28. 선고 94다31419 판결. 대법원 2002. 11. 22. 선고 2002다46102 판결은 신고납세방식의 양도소득세에 관하여 거의 똑같은 글귀를 쓰며 같은 취지로 판단하고 있다. 그 밖에 대법원 1996. 4. 12. 선고 94다34005 판결(부가가치세). 경정청구를 통한 구제의 길은 남아있다. 뒤에 본다.

181) "취득세 신고행위는 납세의무자와 과세관청 사이에 이루어지는 것으로서 취득세 신고행위의 존재를 신뢰하는 제3자의 보호가 특별히 문제되지 않아 그 신고행위를 당연무효로 보더라도 법적 안정성이 크게 저해되지 않는 반면, 과세요건 등에 관한 중대한 하자가 있고 그 법적 구제수단이 국세에 비하여 상대적으로 미비함에도 위법한 결과를 시정하지 않고 납세의무자에게 그 신고행위로 인한 불이익을 감수시키는 것이 과세행정의 안정과 그 원활한 운영의 요청을 참작하더라도 납세의무자의 권익구제 등의 측면에서 현저하게 부당하다고 볼 만한 특별한 사정이 있는 때에는 예외적으로 이와 같은 하자 있는 신고행위가 당연무효라고 함이 타당하다." 대법원 2009. 2. 12. 선고 2008두11716 판결↔대법원 2009. 4. 23. 선고 2006다81257 판결; 2009. 8. 20. 선고 2008다78262 판결.

세금, 가령 상속세나 증여세는 *確定* 전에는 언제나 부당이득이 된다.[182] 따라서 납세의무자는 한편으로는 법률의 규정에 따라 세금을 납부할 의무를 지면서, 다른 한편으로는 이 돈을 부당이득으로 되돌려 받을 권리가 있다는 모순이 생긴다. 또 다른 모순으로, '확정'된 세금은 부당이득이 아니라면, 원천징수가 잘못되더라도 국가는 받은 세금을 돌려주지 말아야 한다는 모순이 생긴다. 양도소득세 예정신고에서도 어려운 문제가 생긴다. 납세의무자가 양도소득세 예정신고를 안 하거나 잘못 했다면 국가는 세액을 결정·경정해서 부과한다.[183] 그러나 강제징수는 확정신고 기한이 지나야만 가능하다.[184] 예정신고 세액이나 부과받은 세액이 너무 많다면 확정신고로 바로잡을 수 있다.[185] 이 경우 예정신고나 부과처분의 '확정' 효력은 소멸한다.

2020년 이후 현행법에서는 제22조의 확정 개념과 부당이득을 연결하는 판례는 더 이상 유지할 수가 없다. 기한후신고를 잘못한 자도 경정청구로만 돈을 돌려받을 수 있다고 법에 정했기 때문이다.[186] 기한후(期限後)신고에는 제22조의 확정력이 없으므로[187] 종래의 판례에 따르자면 부당이득이 성립한다. 경정청구 대상이 된 이제는 바로 부당이득을 구할 수가 없으므로, 결국 제22조의 확정이 아니니 부당이득이 성립한다는 판례는 설 자리가 없어졌다. 그러나 기실 별 실익은 없는 논의. 이제는 경정청구 기한이 5년 이상으로 늘어나서 국세환급금 청구권의 소멸시효보다 오히려 길어져서 부당이득이 아니라고 하더라도 납세의무자가 억울한 피해를 볼 일은 없다. 따라서 확정된 조세채권은 경정청구나 항고쟁송으로(양도소득세 예정신고는 확정신고로) 다투게 하는 것이 옳고, 신고나 부과처분의 무효 여부는 다시 중대명백설로 돌아가는 것이 정답.[188] 무효사유와 취소사유는 제6장 제6절 Ⅱ.2.

제4절 조세채무의 승계

조세채무의 소멸에 앞서 조세채무의 *承繼* 문제를 잠깐 살펴보자. 원칙적으로 내 조세채무를 남에게 넘기는 일은 있을 수 없다.[189] 다만, 법률의 규정에 의하여 넘어가

182) 대법원 1991. 1. 25. 선고 87다카2569 판결; 1991. 9. 10. 선고 91다16952 판결.
183) 소득세법 제114조 제1항.
184) 대법원 2020. 6. 11. 선고 2017두40235 판결. 소득세법 제116조; 국세기본법 제21조. 제12장 제4절 3.
185) 대법원 2021. 12. 30. 선고 2017두73297 판결.
186) 국세기본법 제45조의2.
187) 국세기본법 제45조의3 제3항. 위 II.
188) 대법원 2018. 7. 19. 선고 2017다242409 판결. 제6장 제4절 II.5. 다만 납세의무자가 바로 부당이득의 반환을 구했으나 심리 결과 취소사유만 있고 그 사이에 경정청구 기한이 지났을 수는 있다.

는 수가 있다.

> 국세기본법 제23조 (법인의 합병으로 인한 납세의무의 승계) 법인이 합병한 경우 합병 후 존속하는 법인 또는 합병으로 설립된 법인은 합병으로 소멸된 법인에 부과되거나 그 법인이 납부할 국세…를 납부할 의무를 진다.

> 국세기본법 제24조 (상속으로 인한 납세의무의 승계) ① 상속이 개시된 때에 그 상속인 … 또는 … 상속재산관리인은 피상속인에게 부과되거나 그 피상속인이 납부할[190] 국세…를 상속으로 받은 재산의 한도에서[191] 납부할 의무를[192] 진다.
>
> ③ 제1항의 경우에 상속인이 2명 이상일 때에는 각 상속인은 피상속인에게 부과되거나 그 피상속인이 납부할 국세…를 민법…에 따른 상속분…에 따라 나누어 계산한 국세…를 상속으로 받은 재산의 한도에서 연대하여 납부할 의무를 진다…

지방세기본법은 제41조, 제42조. 법인의 合倂으로 납세의무가 승계되는 것이야 당연하지 않나? 판례는 합병이 되면 공법상의 권리의무도 승계된다고 한다.[193] 민법총칙 교과서에서부터 배웠듯 합병이 있으면 권리의무의 포괄적인 승계가 생기니까 법 제23조는 무의미하네? 전혀 아니다. 하늘이 이 '법리'를 가르쳐 주지 않은 이상, 어딘가 법에서 그런 효과를 주고 있는 까닭에 포괄승계라는 효과가 생길 뿐. 현행법상의 법적 근거는? 상법.[194] 그런데 국가와 국민의 공법적인 법률관계에 상법이 당연히 적용되는가? 그렇지야 않겠지. 그래서 따로 규정을 둔 것.[195]

相續으로 인한 권리의무의 포괄적인 이전을 정한 법은? 민법.[196] 오늘날의 공법이론은 성질상 적용할 수 있는 민법규정은 공법관계에도 적용된다고 하시만, 법의 빈틈

---

189) 대법원 2017. 8. 29. 선고 2016다224961 판결↔대법원 2020. 9. 3. 선고 2017두49157 판결. 대법원 2024. 12. 26. 선고 2022두49984 판결에서 '공급자 지위'를 이전한다는 말은 매도인 지위의 이전 내지 계약인수라는 뜻이다.

190) 이미 납부한 것은 조세채무가 소멸했으므로 승계 문제가 애초 안 생긴다. 대법원 2011. 3. 24. 선고 2008두10904 판결.

191) '한도에서'란 금액한도일 뿐이고 상속재산에 추급한다는 뜻은 아니다. 대법원 1982. 8. 24. 선고 81누162 판결; 2022. 6. 30. 선고 2018다268576 판결(채권자취소 대상인 채권). 제1항의 재산은 상증법 제8조의 보험금을 포함하고 보험금을 받는 이상 상속포기자도 납세의무를 승계한다. 대법원 2006. 6. 29. 선고 2004두3335 판결; 2013. 5. 23. 선고 2013두1041 판결을 뒤집은 것. 한도는 피상속인에게서 승계받은 조세채무는 안 빼고 계산. 대법원 2022. 6. 30. 선고 2018다268576 판결.

192) 책임만이 아니라 조세채무 자체가 승계된다. 대법원 1991. 4. 23. 선고 90누7395 판결.

193) 대법원 1980. 3. 25. 선고 77누265 판결; 1994. 10. 25. 선고 93누21231 판결 등.

194) 상법 제235조. 합병분할 규정을 민법에도 들여오자는 법개정안이 나와 있다.

195) 조세채무 외에 이월결손금 등 법률사실의 승계에 대해서는 대법원 2013. 12. 26. 선고 2011두5940 판결. 제15장 제6절.

196) 민법 제1005조.

을 메우려는 이론일 뿐이다. 민법 역시 원래의 적용범위는 민사관계일 뿐이므로, 조세채무에 관해 따로 규정이 있는 것.[197]

사업양수인과 양도담보권자, 또 뒤에 보듯이 가등기담보권자는 물적(物的)납세의무를 질 수 있고, 결과적으로 양도인 내지 담보설정자의 조세채무를 사실상 물려받을 수 있다. 민사법의 물상보증인과 마찬가지.

법에 명문규정이 있어야만 공법(公法)관계가 승계된다는 말은 아니다. 법해석 문제로 돌아갈 뿐.

〈대법원 2017. 7. 18. 선고 2016두41781 판결〉

…소유주식 합계가 해당 법인의 발행주식 총수의 100분의 50을 초과하면서 그에 관한 권리를 실질적으로 행사하는 과점주주는 제2차 납세의무를 진다…제2차 납세의무의 성립요건인 해당 법인의 과점주주 여부는 해당 법인의 납세의무 성립일을 기준으로 판단한다.

한편 구 상법(…) 제530조의10은 "분할…로 인하여 설립되는 회사…는 분할하는 회사의 권리와 의무를 분할계획서 또는 분할합병계약서가 정하는 바에 따라서 승계한다."라고 규정하고 있고, 채무자 회생 및 파산에 관한 법률(이하 '채무자회생법'이라 한다) 제272조 제1항은 회생계획에 의하여 주식회사인 채무자가 분할될…것을 정한 때에는 회생계획에 의하여 분할…할 수 있다고 하면서 제4항은 그 경우에 구 상법 제530조의10의 적용을 배제하고 있지 않으므로, 회생회사의 분할로 인하여 설립되는 신설회사는 회생계획이 정하는 바에 따라서 회생회사의 권리와 의무를 승계한다.

이와 같이 회생계획에 의하여 설립되는 신설회사가 승계하는 회생회사의 권리와 의무에는 성질상 이전이 허용되지 않는 것을 제외하고는 사법상 관계와 공법상 관계 모두가 포함된다고 보아야 한다. 또한 채무자회생법 제280조는 '회생계획에서 신설회사가 회생회사의 조세채무를 승계할 것을 정한 때에는 신설회사는 그 조세를 납부할 책임을 지며, 회생회사의 조세채무는 소멸한다'고 규정하여, 상법에 따른 회사분할과 달리 조세채무에 관하여 회생계획에서 그 승계 여부를 정할 수 있음을 명시하고 있다. 한편 회생회사의 조세채무가 아직 성립하지 않은 경우라도 과세요건사실의 일부가 발생하는 등 가까운 장래에 성립할 가능성이 있다면 회생계획에서는 그 지위나 법률효과에 관하여도 승계 여부를 정할 수 있다고 해석하는 것이 회생제도의 목적과 취지에 부합한다. 따라서 회생회사가 주된 납세의무자인 법인의 납세의무 성립일을 기준으로 해당 법인의 과점주주에 해당하는 경우, 제2차 납세의무 성립의 기초가 되는 주된 납세의무 성립 당시의 과점주주로서의 지위는 회생계획이 정하는 바에 따라서 신설회사에

197) 이월결손금은 승계되지 않는다. 제10장 제2절 Ⅱ.

승계될 수 있다.

포괄적 사업양수도 계약을 한 경우 양도인의 조세채무를 양수인에게 물릴 수 있다는 판결이 있으나[198] 사인(私人) 사이의 계약으로 양도인의 조세채무가 사라질 수야 없다. 양수인이 조세채무를 중첩적(重疊的)으로 인수했다는 뜻으로 읽어야 한다.

납세보증은 제5장 제5절 II.5. 조세환급금 채권의 양도는 앞 제1절 3.

제 5 절 조세채무의 소멸

I. 조세채무의 소멸(消滅)원인

조세채무의 消滅원인으로서 가장 일반적인 것은? 그야 당연히 '납부'. 그 밖에 조세채무가 소멸하는 원인에는 어떤 것이 있으려나. 변제 · 대물변제 · 경개 · 상계 · 면제 · 공탁 따위 민사채무의 소멸원인과 견주어 보면, 공법관계라는 특질상 적용될 수 있는 것과 적용될 수 없는 것이 있겠구먼. 과세요건을 이루는 법률행위의 취소나 해제가 미치는 영향에 대해서는 제2절 IV.

'변제'에 해당하는 것이 납부(納付)로 가장 일반적인 조세채무의 소멸원인이다.

'대물변제'는 공법관계에서 일반적으로 인정하기는 어렵다. 물건의 객관적인 시가를 정한다는 것이 쉽지 않고, 부정의 소지도. 다만 예외적으로 '物納'이 있다.[199]

상속세및증여세법 제73조 (물납) ① 납세지 관할 세무서장은 다음 각 호의 요건을 모두 갖춘 경우에는 … 납세의무자의 신청을 받아 물납을 허가할 수 있다.[200] 다만, 물납을 신청한 재산의 관리 · 처분이 적당하지 아니하다고 인정되는 경우에는 물납허가를 하지 아니할 수 있다.

1. 상속재산 … 중 부동산과 유가증권 … 의 가액이 해당 상속재산가액의 2분의 1을 초과할 것
2. 상속세 납부세액이 2천만원을 초과할 것
3. 상속세 납부세액이 상속재산가액 중 … 금융재산의 가액…을 초과할 것…

---

198) 대법원 2020. 9. 3. 선고 2017두49157 판결(분양계약 해제에 따른 부가가치세 매입세액 추징).
199) 재산세도 세액이 일정금액을 넘는다면 부동산에 한하여 물납을 허가할 수 있다. 지방세법 제117조.
200) 물납재산의 가액평가는 대법원 2014. 1. 16. 선고 2013두17305 판결; 2009. 11. 26. 선고 2007두4018 판결. 문화재 물납은 상속세및증여세법 제73조의2.

물납허가는 당연히 해주려나. 아니다.[201] 비상장법인의 주식은 다른 대안이 없어야 물납할 수 있다.[202] 비상장법인의 소수주식이란 배당을 안 하면 아무 가치가 없는 까닭이다.

'경개'는? 세금을 아직 못 내겠으니 나중에 내겠다고? 안 되겠지. '상계'는? 납세의무자가 국가에 대하여 채권을 가지고 있다면 조세채무랑 엇셈으로 비겨 없애면 되겠네··· 곤란하다. 행정청이 서로 다른 이상 실제 일처리가 어렵다. 국가가 조세채권을 가지고 납세의무자의 국세환급금 채권과[203] 상계하는 것은 가능할 것이다. 이처럼 국가가 상계하는 것을 충당이라고 한다.[204] 국가가 받을 세금이 있고 내주어야 할 국세환급금도[205] 있는 경우 국세기본법 제51조에 따라 충당할 수 있다.[206] 납세의무자가 스스로 상계할 수는 없지만 충당을 신청할 수는 있다. 이미 생긴 환급금을 아직 납기 전인 조세채무에 충당해달라고 신청할 수도 있다. '면제'는 당연 불가.[207] 공법상 채무는 법대로 집행해야 한다. 나랏돈이므로 공무원에게 처분권이 없다. 화해가 안 되는 것도 마찬가지 이유.[208] 제멋대로 가말게 한다면 세무공무원의 자의와 부패로 이어지게 마련. 조세채무의 '공탁'이란 애초 생각할 여지가 없다. 채권자가 국가.

이리하여 조세채무의 소멸원인을 법으로 정해놓은 것이:

---

201) 대법원 2004. 2. 27. 선고 2003두2564 판결; 헌법재판소 2007. 5. 31. 2006헌바49 결정.

202) 상속세및증여세법 제73조 제1항 제1호.

203) 제1절 3., 제6장 제7절 Ⅲ.

204) 충당은 행정처분이 아니다. 대법원 1994. 12. 2. 선고 92누14250 판결; 2005. 6. 10. 선고 2005다15482 판결; 2019. 6. 13. 선고 2016다239888 판결. 충당의 소급효는 국세기본법 제51조. 위 제1절 3. 일본법에서는 행정처분이다. 최고재판소 1993(平成 5). 10. 8. 선고 平成4(行ツ)183 판결. 독일법에서는 상계이므로 행정처분이 아니고, 민법규정이 적용된다. 독일 조세기본법 제226조 제1항. Tipke/Lang, 제21장 322문단 이하. 미국세법 6402조에서는 국가의 다른 채권에 충당할 수도 있다.

205) 우선권 있는 국세환급금 채권을 양도한 경우 양도인의 조세채무와 양수인의 조세채무가 모두 상계대상이다. 국세기본법 제53조 제2항. 헌법재판소 2016. 6. 30. 2013헌바161 결정; 대법원 2003. 9. 26. 선고 2002다31834 판결.

206) 이런 직권충당은 양쪽 모두 변제기일(조세채권은 납기, 환급금은 발생일)에 이른 때로 소급해서 상계효과가 생긴다. 국세기본법 제51조 제3항. 옛 법은 대법원 2008. 7. 24. 선고 2008두19843 판결 등. 무효나 취소로 조세채권이 없다면 충당도 무효. 대법원 1994. 12. 2. 선고 92누14250 판결; 2025. 4. 24. 선고 2024다295582 판결과 2024두295876 판결(2004년분 원천징수당한 세액을 2012년분 조세채무에 직권충당한 뒤 2012년분 조세채무를 직권취소→2004년분 원천징수당한 세액에 대한 환급청구권이 남아있으므로 청구권자는 원천징수의무자).

207) 일정한 증여세는, 수증자가 수증 당시 납부할 능력이 없다면 면제하고 그 대신 증여자에게 물린다. 제25장 제3절 I.1. 대법원 2016. 7. 14. 선고 2014두43516 판결. 아주 어려운 사람에 대한 면제는 조세특례제한법 제99조의5, 제99조의15. 우리 법에는 형평면제(독일 조세기본법 제227조) 제도는 없다.

208) 제6장 제6절 II.2. Tipke/Lang, 제3장 238-240문단. 법에 정한 방법으로 사실을 확정할 수는 있다.

국세기본법 제26조 (납부의무의 소멸) 국세… 를 납부할 의무는 다음 각 호의 어느 하나에 해당하는 때에 소멸한다.

1. 납부 · 충당되거나 부과가 취소된 때
2. 제26조의2에 따라 국세를 부과할 수 있는 기간에 국세가 부과되지 아니하고 그 기간이 끝난 때
3. 제27조에 따라 국세징수권의 소멸시효가 완성된 때

국세기본법 제26조의2 (국세의 부과제척기간) ① 국세를 부과할 수 있는 기간(이하 "부과제척기간"이라 한다)은 국세를 부과할 수 있는 날부터 5년으로 한다…

국세기본법 제27조 (국세징수권의 소멸시효) ① 국세의 징수를 목적으로 하는 국가의 권리(이하 이 조에서 '국세징수권'이라 한다)는 이를 행사할 수 있는 때부터 다음 각 호의 구분에 따른 기간 동안 행사하지 아니하면 소멸시효가 완성된다…

Ⅱ. 부과제척기간

1. 부과권 제척기간과 징수권 소멸시효

지방세기본법은 제37조, 제38조, 제39조. 관세법은 제21조. 위 조문에서 얼핏 눈에 낯선 것이? "국세를 부과할 수 있는 기간 내에 국세가 부과되지 아니하고 그 기간이 끝난 때"에는 조세채무가 소멸한다는 국세부과의 除斥期間. 일반적으로 채권채무의 소멸원인에 제척기간이라는 개념이 없는데… 뭐지? 부과제척기간이라는 제도는 역사적 이유 탓에 생긴 조문이다. 현행법 해석론을 결론부터 정리하자면 다음.

조세채권은 부과권(賦課權)과 징수권(徵收權)의 두 단계로 나눈다. 이미 보았듯, 조세채권의 성립시기와 확정시기 사이에는 시차가 있다. 예를 들어 소득세처럼 일정한 과세기간별로 매기는 세금이라면 과세기간이 끝날 때 조세채무가 성립하지만, 그 뒤에 확정행위가 뒤따른다. 곧 납세의무자가 '내가 내어야 할 세금이 얼마'라고 확정하여 국가에 신고하거나 국가가 납세의무자에 대하여 '당신은 세금을 얼마 내라'라고 과세표준과 세액을 확정하는 행위가 뒤따르게 된다. 여기에서 납세의무가 성립은 되었으되 아직 확정은 되지 않은 단계의 조세채권을 '부과권'이라 부르고, 과세표준과 세액이 확정된 조세채권을 '징수권'이라 부른다. 되풀이하자면 조세채권은 과세기간이 종료하거나 그 밖에 달리 과세의 요건사실이 있는 때에 성립하고, 그로부터 일정기간 안에 신고 등의 절차를 밟아 확정된다. 따라서 성립은 되었으나 확정은 안 된 단계에서 국가

는 납세의무자에게 당신이 낼 세액이 얼마라고 알릴 수 있는 賦課權을 가지고, 확정된 이후에는 그렇게 알린 세액을 내라고 고지할 수 있는 징수권을 가진다. 요건사실의 충족으로 추상적으로 성립한 조세채권에서 국세기본법 제22조의 확정절차를 거쳐 징수권이라는 구체적 조세채권이 생겨난다.209) 徵收權은 돈을 얼마 내라는 특정된 채권이므로 소멸시효(消滅時效)에 걸린다. 부과권은 징수권을 만들어 낼 수 있는 일방적 권리(법률용어로 이런 권리를 형성권이라 부른다)로서210) 제척기간에 걸린다.

2. 제척기간의 입법연혁

위 설명에서 어, 뭔가 석연치 않은 점이… 어떤 사람이 길을 가다가 버스에 치어서 다쳤다면 그에게는 불법행위로 인한 손해배상청구권이라는 채권(債權)이 생긴다. 그런데 이 사람이 가해자에게 얼마를 청구할 수 있는지 그 금액을 당장 알 수야 없다. 손해액은 치료를 받아봐야 계산가능한 법. 그렇다면 피해자가 채권의 금액을 계산하여 청구할 수 있는 권리가 형성권(形成權)으로서 제척기간에 걸리다가 일단 청구하면 그 때부터 소멸시효에 걸리나? 아니지, 차에 치이는 순간에 불법행위로 인한 채권이 발생하고 그 채권이 消滅時效에 걸릴 뿐. 그렇다면 왜 유달리 조세채권은 단계에 따라 부과권과 징수권으로 나누고 제척기간과 소멸시효를 각각 두고 있을까? 여기에는 역사적 이유.

기실 1984년 이전의 옛 법에는 국세부과의 제척기간이라는 조문이 없었고, 현행법 제27조, 곧 "국세의 징수를 목적으로 하는 권리는 이를 행사할 수 있는 때로부터 5년간 행사하지 아니하면 소멸시효가 완성한다"는 조문만 있었다. 조세債權은 지금의 용례로 부과권 징수권의 구별 없이 이 消滅時效에 걸렸다.211) 그러다가 대법원 1980. 9. 30. 선고 80누323 판결이 나왔다.212) 간단히 줄이면 법 제27조는 '국세의 징수를 목적으로 하는 권리'에 대한 규정으로서 징수권에만 적용할 수 있고 부과권에는 적용할 수 없다는 것. 따라서 부과권은 시효소멸하지 않고 시간이 흘렀다고 해서 사라진다는 다른 규정도 없으니 영원히 남는다는 말이다.

채권이 영원히 남는다는 것은 일단 법적 상식에 어긋난다. 도대체 왜 이런 판례

---

209) 대법원 2022. 11. 17. 선고 2019두61113 판결.

210) 판례가 딱 꼬집어 부과권이 형성권이라고 말한 적은 없는 듯. 이동식, 8편 3장 V는 형성권이라고 하나, 재량의 여지가 없이 과세요건을 만족하면 반드시 부과하거나 신고해야 하므로 형성권은 아니다. 부과로 징수권이 생겨도 제척기간 동안은 부과권이 여전히 남아있기도 하다. 대법원 2006. 8. 24. 선고 2004두3625 판결. 아래 4.

211) 대법원 1977. 4. 26. 선고 75누37 판결 등.

212) 전사(前史)로서 대법원 1973. 10. 23. 선고 72누207 판결.

가? 배경이 되는 사안은 양도소득세, 곧 집이나 땅을 팔아서 생긴 양도차익에 매기는 세금이었다.[213] 양도소득세의 납기는 등기(登記)나 잔금청산, 두 가지 가운데 빠른 날로부터 기산하여 법정기간 안에 세금을 내게 되어 있다.[214] 국가의 입장에서 보면, 등기이전이 되었든 안 되었든 간에 양도인이 매매대금을 다 받았으면 세금을 걷어야 할 것이므로, 돈을 다 받으면 등기를 넘기기 전이라도 세금을 받도록 법에 정하고 있다. 그래서 그 때로부터 얼마 안에 세금을 내게 되어 있고, 따라서 소멸시효는 그런 납부기한으로부터 진행한다. 이런 제도 하에서 양도인이 양도소득세를 내지 않는 방법이? 돈만 받고 등기를 늦추면 된다. 등기를 미루다가 5년 후에 이전登記를 하면 국가의 조세채권은 시효소멸(時效消滅)하고 만다. 등기가 없다면 국가로서는, 사인(私人)간에 매매가 있었는지 여부를 알 도리가 없지만, 법률상의 장애가 아니라 사실상의 장애일 뿐이므로 時效는 진행하기 시작한다.[215] 사안이 바로 이와 같은 것이었다. 양도소득세 사건에서 등기는 다만 한 예이다. 가령, 상속세도 상속개시 시점, 곧 피상속인의 사망시로부터 일정 기간이 지나면 납기가 되고 그 때로부터 소멸시효가 진행한다. 이를 악용하여 사망신고를 안 하고 버티다가, 소멸시효가 완성된 뒤 사망신고와 상속등기를 함으로써 세금을 빼먹는 사람들이 있었다.

이런 상황에서, 조세채권이 時效로 消滅했고 따라서 세금을 못 내겠다는 원고의 주장을 당연히 받아들일 것인가? 좀 망설이리라.[216] 이런 배경 하에 대법원은 '조세의 부과권은 시효소멸의 대상이 아니다'고 판단한 것이다. 이 판결의 법수입(輸入)학적 배경으로 일본법의 변경도 있었다. 애초 1959년의 일본 국세징수법에는 국세징수권의 소멸시효에 관한 규정만 있었다. 그 뒤 1962년에 국세통칙법을 만들면서 "국세의 경정 또는 부과결정"은 법에 정한 기한 안에 해야 한다는 제척기간 규정을 새로 얹었다.[217] 그와 달리 우리법에는 부과권에 대한 명문규정은 아예 없고 징수권에 대한 소멸시효

213) 소득세법 제94조.

214) 소득세법 제105조. 대법원 2018. 11. 9. 선고 2015두41630 판결. 제12장 제2절 11.

215) 대법원 1992. 9. 14. 선고 92누8194 판결.

216) 국가의 금전채권에 관한 예산회계법상 소멸시효는 이미 부과된 과태료(금전채권)에만 적용되고 과태료 처벌권(부과권)에는 시간적 제약이 없다. 대법원 2000. 8. 24.자 2000마1350 결정. 세금은 요건사실이 있으면 그 금액 그대로 금전채권이 생기지만, 과태료나 과징금은 행정청이 부과해야 비로소 금전채무가 생기므로 처벌권(부과권)은 아직 금전채무가 아니기 때문. 권리에 따라서는 제척기간이나 소멸시효를 두는 것이 오히려 위헌일 수도 있다. 헌법재판소 2001. 7. 19. 99헌바9 결정(상속회복청구권); 2018. 8. 30. 2014헌바148 결정(국가배상). 미국법에서는 신고가 없다면 조세채권의 소멸시효가 진행하지 않는다. 미국세법 6501조. 아래 III. 독일에서도 그런 수가 있다. 독일 조세기본법 제170조 제3항, 제6항, 제7항. 이 난점은 후발적제척기간에 일부 반영.

217) 일본 국세통칙법 제70조. 1977년 이후 독일의 현행법도 제척기간과 소멸시효를 따로 두고 있지만, 제척기간의 정지가 있는 등 우리 법과는 아주 달라서 나란히 견주기는 어렵다.

만 있으니 부과권은 영구무한히 간다고 결론을 낸 것.[218] 그러나 아무리 납세의무자를 비난할 여지가 있더라도 조세채권이 영구무한히 간다는 것은 곤란하다는 생각이 들게 마련,[219] 판례에 대하여 상당한 비판이 있었다.[220] 그리하여 국세부과의 제척기간(除斥期間)이라는 조문을 법에 새로 들여온 것이 현행법으로 쳐서 국세기본법 제26조의2. 한편, 이 조문이 생기고 난 다음에 대법원은, 구법 사건에 관해 판례를 변경하여 제척기간이 생기기 이전의 옛 법에서는 소멸시효에 관한 규정을 부과권과 징수권 모두에 적용해야 한다고 판시했다.[221] 결국 부과권 징수권의 구별 없이 '징수할 권리=조세채권'으로[222] 소멸시효에 걸린다는 판례를 쭉 유지했더라면 부과권의 제척기간 규정이 국세기본법에 아예 들어오지 않았을 터. 아무튼 이런 뒤틀린 역사 속에서 생겨난 법 제26조의2는 뒤에서 보듯이 여러 가지 해석상 어려움을 낳지만 다른 규정과 모순되지 않게 새기는 도리밖에 없다.

3. 除斥期間과 기산일(起算日)

앞에서 본 판례처럼 등기를 미룸으로써 양도소득세를 빼먹으려는 납세의무자에 대하여는 국가의 입장에서 어떤 대책이 있을까? 우선 부동산에 관해서는 장기미등기에 대한 과징금과 이행강제금이 생겼다.[223] 조세채권에 대해서는 부과권의 제척기간을 늘렸고 그 뒤 계속 늘어나는 추세.[224] 이월결손금이나 이월세액공제에 대한 특례는 제13장 제1절 1절 II.3, 제18장 제1절 III.2.

---

218) 다 지난 일이지만 어디가 틀렸는가? 부과권의 제척기간이 우리법에 없었던 것이 아니고 부과권이라는 개념 자체가 없었던 것.

219) 헌법재판소 2002. 12. 18. 2002헌바27 결정. 일반행정법에서도 행정제재처분에 제척기간을 두자는 주장이 힘을 얻은 결과 실제 입법으로 행정기본법 제23조. 질서행위규제법 제19조(과태료), 독점규제 및 공정거래에 관한 법률 제49조 제4항(과징금).

220) 이태로, 판례체계 조세법(1981), 61-65쪽.

221) 대법원 1984. 12. 26. 선고 84누572 전원합의체 판결은 "조세채권의 소멸시효를 규정하고 있는 국세기본법 제27조 제1항 소정의 국세의 징수를 목적으로 하는 권리라 함은 궁극적으로 국세징수의 실현만족을 얻는 일련의 권리를 말하는 것이므로, 여기에는 추상적으로 성립된 조세채권을 구체적으로 확정하는 국가의 기능인 부과권과 그 이행을 강제적으로 추구하는 권능인 징수권을 모두 포함하고 있다 할 것이므로 다른 특별한 규정이 없는 한 위 양자가 다같이 소멸시효의 대상이 된다"고 판시했다.

222) 이 옛 용례가 현행법에 아직 남아있는 것도 있다. 가령 지방세법 제18조. 김석환, 담배소비세의 납세의무 성립시기에 관한 고찰, 서울법학 28권 1호(2022), 385쪽, 특히 412-413쪽.

223) 부동산실권리자명의 등기에 관한 법률 제10조. 헌법재판소 2009. 9. 24. 2007헌바102 결정(옛 부동산등기특별조치법).

224) 국세기본법 제26조의2. 위헌이 아니다. 대법원 2002. 3. 29. 선고 2001두9431 판결; 헌법재판소 2012. 12. 27. 2001헌바132 결정(제척기간이 남아 있는 상태에서 제척기간 연장).

원칙: 5년[225)]

신고기간 안에 신고를 않은 경우[226)]: 7년(역외거래라면 10년)

사기나 그 밖의 부정행위에[227)] 의한 포탈[228)]: 10년[229)](역외거래라면 15년).

부정행위 가산세: 10년[230)]

상속세, 증여세, 상속 · 증여로 인한 취득세[231)]: 원칙적으로 10년. 상속세나 증여세는 사기, 무신고, 허위 · 누락신고라면[232)] 15년, 일정한 부정행위가 있으면 상속이나 증여

---

225) 대법원 2009. 12. 24. 선고 2007두16974 판결(가산세); 2010. 1. 28. 선고 2007두20959 판결(일부누락 신고도 신고); 2013. 7. 11. 선고 2013두5555 판결(연말정산 누락분 근로소득); 2014. 12. 24. 선고 2014두40791 판결(가산세); 2019. 8. 30. 선고 2016두62726 판결(가산세); 2021. 4. 29. 선고 2020두54630 판결(연말정산누락분 근로소득); 2025. 2. 27. 선고 2024구57562 판결(가산세).

226) 대법원 1999. 9. 17. 선고 97누9666 판결; 2002. 2. 8. 선고 2001도241 판결; 2007. 10. 25. 선고 2007두1415 판결; 2013. 7. 11. 선고 2013두5555 판결. 예정신고를 했다든가 달리 신고의무가 없다면 무신고가 아니다. 대법원 2021. 11. 25. 선고 2020두51518 판결(양도소득세, 제12장 제4절 3); 소득처분의 경우 법인이나 소득귀속자에게 신고의무가 있는지에 관한 판결로 대법원 2010. 9. 30. 선고 2008두12160 판결; 2012. 5. 9. 선고 2010두13234 판결; 2014. 4. 10. 선고 2013두22109 판결. 미국법에서는 3년이 원칙이지만 무신고나 사기의 경우에는 부과제척기간이 없다. 미국세법 6501조(a),(c). 독일에서도 무신고라면 제척기간이 시작하지 않는다. 독일 조세기본법 제170조.

227) 대법원 2011. 9. 29. 선고 2009두15104 판결; 2013. 10. 11. 선고 2013두10519 판결(허위계약서와 중간생략등기); 2013. 12. 12. 선고 2013두7667 판결(회계부정); 2014. 2. 27. 선고 2013두19516 판결 및 2015. 2. 26. 선고 2014두42001 판결(허위세금계산서에 따른 매입세액공제는 매도인의 면탈에 대한 인식이 있어야 부정행위); 2015. 9. 10. 선고 2010두1385 판결(대리인의 사기); 2015. 9. 15. 선고 2014두2522 판결; 2017. 4. 13. 선고 2015두44158 판결(허위기장이나 허위계약서); 2017. 4. 13. 선고 2015두44158 판결; 2018. 3. 29. 선고 2017두69991 판결(명의수탁자명의의 신고); 2019. 9. 9. 선고 2019두31730 판결(사실과 다른 세금계산서); 2020. 8. 20. 선고 2019다301623 판결(명의위장이 누진세율 회피, 수입의 분산, 감면특례의 적용, 세금 납부를 하지 아니할 무자력자의 명의사용 등과 같이 조세회피의 목적에서 비롯되고 나아가 여기에 허위 매매계약서의 작성과 대금의 허위지급, 허위의 양도소득세 신고, 허위의 등기 · 등록, 허위의 회계장부 작성 · 비치 등과 같은 적극적인 행위까지 부가된다면 사기 기타 부정한 행위); 2020. 12. 10. 선고 2019두58896 판결(조세포탈 아닌 명의신탁에서 수타자명의 신고); 2021. 2. 18. 선고 2017두38959 전원합의체 판결(대리인의 부정행위라면 본세만 추징); 2021. 7. 8. 선고 2017두69977 판결(명의신탁을 매매로 신고); 2021. 12. 23. 선고 2021두33371 판결(부가가치세, 공급자의 부정행위를 인식해야 공급받는 자의 부정행위). 이용우, 국세기본법 제26조의2 제1항 제1호에 따른 국세부과제척기간에 관한 연구, 조세법연구 20-2(2014), 59쪽.

228) 대법원 2006. 2. 9. 선고 2005두1688 판결; 2009. 12. 24. 선고 2007두16974 판결; 2015. 2. 26. 선고 2014두42001 판결; 2025. 7. 20. 선고 2024두57562 판결(영세율공급액 과소신고∉포탈).

229) 법인세가 10년에 해당하면 관련된 소득처분에 따른 소득세도 10년에 걸린다. 국세기본법 제26조의2 제2항 제2호 제2문. 부정행위를 찾는데는 시간이 걸리고 원천납세의무가 사라지면 원천징수의무도 사라지기 때문이다. 헌법재판소 2020. 5. 27. 2018헌바420 결정; 2021. 2. 5. 2020헌바490 결정. 제5장 제6절 I.4. 제18장 제5절 VII.4. 대법원 2010. 4. 29. 선고 2007두11382 판결 등을 뒤집은 것이다.

230) 대법원 2025. 3. 13. 선고 2024두54935 판결.

231) 증여의제도 포함. 대법원 2003. 10. 10. 선고 2002두2826 판결. 부담부증여에 따른 양도소득세 부분(양도가액=부담액)은 증여세와 같다.

232) 상속개시 전에 재산을 상속인 명의로 옮겨놓고 신고하지 않은 경우도 허위 · 누락신고에 해당한다. 대법원 2004. 9. 24. 선고 2002두12137 판결.

가 있음을 안 날로부터 1년.[233]

부동산 명의신탁자의 취득세나 과점주주의 간주취득세: 명의수탁자 명의로 취득했으면 10년.[234]

가산세의 부과제척기간은, 계산서 발급의무 관련 가산세는 10년이라는 규정이 따로 있고[235] 본세와 연동되는 무신고, 과소신고, 납부불성실 가산세라면 본세에 맞추어 5년, 7년 또는 10년.[236] 종래의 판례는 부정(不正)행위라는 말을 부과제척기간, 가산세, 조세범처벌법에서 모두 같은 뜻으로 풀이하다가[237] 이를 나누어 가산세는 못 매기더라도 본세에 대한 부과권은 아직 남아 있다는 판결이 2021년에 나왔다.[238] 역외거래에 관한 제척기간은 국내거래보다 길다. 부과권 제척기간은 모두 "국세를 부과할 수 있는 날"부터 起算한다. 요건사실이 있어서 조세채무가 생겼더라도 납세의무자의 신고가 없어서 국가가 이를 알 길이 없었다면 "국세를 부과할 수 있는" 상태에 이른 것인가라는 의문이 생기지만 위 입법연혁에서 보았듯 기본적으로는 그렇다는 것이 법령과 판례. 다만 아래 III.

국세를 부과할 수 있는 날이란 실제로 돈을 낼 의무가 있는 날, 곧 신고납부기한의[239] 다음 날이다.[240] 신고에 따라 부과하는 세금도 같다. 무신고가산세나 납부지연가산세도 신고납부기한이 지나야 부과할 수 있는 것이야 당연하다.[241] 사후관리에 따른 추징도 해당 납부기한.[242] 어느 경우든 납부기한이 지나기 전에는 세금을 강제로 걷지 못함은 마찬가지니까.[243] 납부기한이 따로 정해져 있지 않다면? 납세의무의 성립

233) 국세기본법 제26조의2 제5항; 지방세기본법 제38조 제1항 제2호 단서.

234) 지방세기본법 제38조 제1항 제2호 단서.

235) 국세기본법 제26조의2 제1항 제3호.

236) 대법원 2025. 3. 13. 선고 2024두54935 판결; 2025. 5. 29. 선고 2023두41314 판결. 제5장 제2절 1.

237) 이 개념은 형벌로 연결되므로 형사처벌 법규에 준하여 엄격 해석하여야 한다. 대법원 2013. 11. 28. 선고 2013두12362 판결; 2013. 12. 12. 선고 2013두7667 판결; 2014. 5. 16. 선고 2011두29168 판결; 2017. 4. 13. 선고 2015두44158 판결.

238) 대법원 2021. 2. 18. 선고 2017두38959 전원합의체 판결(상당한 주의와 관리감독을 했지만 막지 못한 종업원의 부정행위). 가산세는 제5장 제2절. 조세범처벌은 제5장 제6절 IV. 미국 대법원 판결로 Helvering v. Mitchell, 303 US 391 (1938).

239) 유동적 무효인 양도계약에 따르는 양도소득세는 제12장 제2절 5. 대법원 2003. 7. 8. 선고 2001두9776 판결; 2010. 6. 24. 선고 2010두4094 판결(추징요건에 따른 납기); 2011. 7. 28. 2009두19984 판결(수정세금계산서를 교부받아 증가하는 부가가치세액에 대해서는 교부일이 속하는 과세기간분 신고기한).

240) 국세기본법시행령 제12조의3 제1항 제1호. 미국이나 독일에서는 무신고라면 제척기간이 시작하지 않는다. 미국세법 6501조(a),(c); 독일 조세기본법 제170조.

241) 대법원 2014. 12. 24. 선고 2014두47071 판결.

242) 대법원 2022. 11. 17. 선고 2019두51512 판결; 2025. 12. 4. 선고 2025두34254 판결.

일.[244] 이월결손금 공제에 관한 특칙은[245] 제18장 제1절. 중간예납할 세금은 따로 제척기간이 진행하는 것이 아니라 과세기간 전체 세금의 일부. 같이 묶어서 확정신고기한의 다음 날부터 기간이 진행한다.[246] 예정신고할 세금은 부가가치세와 양도소득세가 다르다.[247]

국세를 '부과'한다는 말의 뜻과 관련해서 원천징수세 채권은 제척기간에 걸리는가 아니면 자동확정채권이므로[248] 소멸시효에만 걸리는가? 판례는 원천납세의무가 제척기간에 걸려 소멸하는 것이고 원천징수의무는 그 반사적 효과로 소멸한다고 한다.[249] 2025년에는 제척기간에 걸린다고 보는 쪽인 대법원 판결이 나왔다.[250]

4. 제척기간의 효과

법조문을 보면 제척기간이 시효기간보다 더 긴 수가 많다. 부과처분에 따라 특정된 조세채권이 법정기간이 지나 시효소멸했는데 다시 보니 아직 除斥기간이 남아있다면? 다시 부과(賦課)처분할 수 있다.[251] 제척기간이 지난 다음에 한 과세처분은 당연무효이고,[252] 제척기간 만료 여부는 법원의 직권조사 사항이다.[253] 제척기간내에 과세처분을 한 뒤 증액경정처분을 제척기간이 지난 뒤 한다면 증액경정처분은 무효.[254] 제척기간이란 본래 그 안에 다툼을 법원에 제기하여야 하는 출소(出訴)기간이므로,[255]

243) 대법원 1990. 11. 9. 선고 90누5320 판결.

244) 대법원 1999. 4. 9. 선고 98두11250 판결. 따라서 제2차 납세의무자에 대한 제척기간은 제2차 납세의무의 성립일부터 기산한다. 2008. 10. 23. 선고 2006두11750 판결; 2012. 5. 9. 선고 2010두13234 판결.

245) 국세기본법 제26조의2 제3항.

246) 대법원 2020. 6. 11. 선고 2017두40235 판결(양도소득세 예정신고).

247) 대법원 2011. 12. 8. 선고 2010두3428 판결; 2020. 6. 11. 선고 2017두40235 판결. 제3절 II.

248) 제3절 II.

249) 대법원 2010. 1. 28. 선고 2007두20959 판결; 2014. 4. 10. 선고 2013두22109 판결. 대통령령에는 원천징수세 채권이 제척기간에 걸린다고 전제한 규정이 있지만 대법원 1996. 3. 12. 선고 95누4056 판결; 2020. 11. 12. 선고 2017두36908 판결. 제18장 제5절 VII. 4.

250) 대법원 2025. 9. 4. 선고 2025다11104 판결.

251) 대법원 2006. 8. 24. 선고 2004두3625 판결. 부과권은 형성권이 아니라는 말이다.

252) 대법원 1999. 6. 22. 선고 99두3140 판결; 2004. 6. 10. 선고 2003두1752 판결; 2018. 12. 13. 선고 2018두128 판결; 2021. 12. 30. 선고 2017두75415 판결. 과세처분 취소소송의 진행 중에 처분사유를 변경한 경우 예를 들어 소득의 종류를 이자소득에서 사업소득으로 구분한 경우 제척기간이 지났는지는 당초의 처분일을 기준으로 따진다. 대법원 2002. 3. 12. 선고 2000두2181 판결. 이미 제척기간이 지났는데 제척기간을 늘리는 법률은 당연 위헌. 헌법재판소 2012. 12. 27. 2001헌바32 결정. 독일에서는 제척기간이 지난 뒤의 부과처분도 당연무효는 아니므로 부과처분의 취소를 구하는 쟁송절차를 밟아야 한다. Tipke/Lang, 제21장 296문단.

253) 대법원 1989. 12. 12. 선고 89누2035 판결; 2009. 9. 24. 선고 2007두7505 판결; 2015. 7. 9. 선고 2013두16795 판결.

254) 대법원 2004. 6. 10. 선고 2003두1752 판결. 예전 판결로는 1995. 5. 23. 선고 94누15189 판결. 제6장 제5절 IV. 민사사건에서 일부청구의 소멸시효 중단범위와 같은 결과가 된다.

조세채권에 관한 다툼이 법원이나 행정청에 걸려 있는 동안에는 시간이 흘렀다 하여 부과권이 소멸하지는 않는다.[256]

대법원 판결 가운데에는 "제척기간이 만료되면 과세권자로서는 새로운 결정이나 증액경정결정은 물론 감액경정결정 등 어떠한 처분도 할 수 없음이 원칙"이라는 것이 있었지만[257] 후속판례로 사실상 폐기된[258] 뒤 아예 법률로 폐기.[259] 애초 법령의 글귀로나 이론으로나 그런 '원칙'은 없다. 글귀로 보자면 제척기간은 조세賦課의 제척기간으로 조세 '납부의무의 소멸'에 관한 개념일 뿐.[260] 행정법의 일반이론으로 돌아가자면 제소기간 등을 지나쳐 불가쟁력이 생긴 행정행위도 직권취소할 수 있다. 국세부과의 제척기간은 납세의무자의 환급금채권과는 무관하다. 감액경정청구에 따른 후발적 제척기간 규정은 당연한 사리의 확인.[261]

Ⅲ. 쟁송결과에 따른 제척기간 계산의 특례

1. 결정이나 판결에 뒤따르는 후발적 특례기간

법에 정한 일정한 사유가 있으면 원래의 제척기간을 무시하고 그런 사유가 생긴 뒤 일정기간을 새로운 제척기간으로 삼는다.[262] 본디 제척기간에는 중단이나 정지라는 개념이 없고 기간이 일단 지나면 끝이지만, 현행법의 제척기간이 소멸시효의 변종이다 보니 실질적으로 소멸시효의 중단이나 정지 같은 기능을 하는 셈이다.[263] 입법론으로

---

255) 형성권 제척기간의 뜻을 둘러싼 민법학의 논란은 여기에서는 부적절하다.

256) 대법원 2000. 3. 28. 선고 98두16682 판결; 2002. 2. 12. 선고 2000두2181 판결.

257) 대법원 1994. 8. 26. 선고 94다3667 판결; 2002. 9. 24. 선고 2000두6657 판결; 2004. 6. 10. 선고 2003두1752 판결. "다만 납세자가 항고소송 등 불복절차를 통하여 당초의 과세처분을 다투고 있는 경우에… 그 불복절차의 계속 중" 직권으로 감액경정하거나 취소하는 것은 가능하다고 한다. 지지 견해로 이준봉, 1편 5장 2절 Ⅱ.

258) 대법원 2002. 9. 24. 선고 2000두6657 판결. 제척기간 만료 뒤에도 후발적 경정청구를 두루 인정. 이 책 제4판(2004), 131쪽. 대법원 2006. 1. 26. 선고 2005두7006 판결; 2014. 1. 29. 선고 2013두18810 판결. 이 절 Ⅲ, 제6장 제3절 Ⅳ. 한편 종래의 해석론으로 돌아간 듯한 방론으로 2020. 8. 20. 선고 2017두30757 판결.

259) 국세기본법 제26조의2 제6항 제3호.

260) 국세기본법 제26조, 지방세기본법 제37조. 독일 조세기본법 제169조의 제척기간은 애초 글귀가 다르다. 제척기간이 지나면 부과만이 아니라 그 취소나 변경도 불가능하다는 명문규정이 있다. 독일 조세기본법의 제척기간이나 소멸시효는 조세법률관계(국가의 권리와 납세자의 권리) 전체에 적용되므로 우리 법과는 애초 개념이 다르다.

261) 국세기본법 제26조 제6항 제3호의 2개월 시한은 제6장 제3절 Ⅰ.

262) 국세기본법 제26조의2 제6항, 지방세기본법 제38조 제2항, 관세법 제21조.

263) 독일 조세기본법 제171조, 제230조, 제231조는 정면으로 부과제척기간의 정지를 인정한다.

는 후발적 경정청구와 균형을 맞추어야 한다.

> 국세기본법 제26조의2 (국세의 부과제척기간) ⑥ 제1항부터 제5항까지의 규정에도 불구하고 지방국세청장 또는 세무서장은 다음 각 호의 기간이 지나기 전까지 경정이나 그 밖에 필요한 처분을 할 수 있다.
>
> 1. … 이의신청, 심사청구, 심판청구, 감사원법에 따른 심사청구 또는 행정소송법에 따른 소송에 대한 결정이나 판결이 확정된 경우: … 확정된 날부터 1년
>
> 1의2. 제1호의 결정이나 판결이 확정됨에 따라 그 결정 또는 판결의 대상이 된 과세표준 또는 세액과 연동된 다른 세목(같은 과세기간으로 한정한다)이나 연동된 다른 과세기간(같은 세목으로 한정한다)의 과세표준 또는 세액의 조정이 필요한 경우: 제1호의 결정 또는 판결이 확정된 날부터 1년
>
> 1의3(생략: 아래 III.3.)
>
> 2. (생략)
>
> 3. 제45조의2 제1항 및 제2항 … 에 따른 경정청구 … 가 있는 경우: 경정청구일… 부터 2개월
>
> 4. (생략)
>
> 5. 최초의 신고 · 결정 또는 경정에서 과세표준 및 세액의 계산 근거가 된 거래 또는 행위 등이 그 거래 · 행위 등과 관련된 소송에 대한 판결(판결과 같은 효력을 가지는 화해나 그 밖의 행위를 포함한다…)에 의하여 다른 것으로 확정된 경우: 판결이 확정된 날부터 1년[264]

이 법조의 원래 글귀로 제1호만 있던 당시에는 여기에서 처분을 한다는 것은 원래는 무언가 납세의무자에게 불리한 처분, 곧 부과(賦課)처분을 한다는 뜻이었다. 그래야 "제1항(곧 부과할 수 없다는 규정)에도 불구하고… 처분을 할 수 있다"는 말의 뜻이 통한다.[265] 제6항이 왜 있는가를 설명한 대법원 판결 가운데에는 이 제6항 읽기를, "같은 조 제1항 소정의 과세제척기간이 일단 만료되면 과세권자는 새로운 결정이나 증액경정결정은 물론 감액경정결정 등 어떠한 처분도 할 수 없게 되는 결과 과세처분에 대한 행정심판청구 또는 행정소송 등의 쟁송절차가 장기간 지연되어 그 판결 등이 제척기간이 지난 후에 행하여지는 경우 판결 등에 따른 처분조차도 할 수 없게 되는 불합리한 사례가 발생하는 것을 방지하기 위하여 마련"했다는 것도 있다.[266] 그

264) 제6장 제3절 Ⅳ.

265) 대법원 1996. 5. 10. 선고 93누4885 판결. 판결과 무관한 결정이나 증액경정을 새로 못 하는 것은 당연. 대법원 1994. 8. 26. 선고 94다3667 판결; 1996. 9. 24. 선고 96누68 판결; 2005. 2. 25. 2004두11459 판결 등.

러나 틀렸다. 쟁송이 걸려있는 동안은 제척기간이 지난다는 일이 애초 없을뿐더러[267] 부과처분을 취소하는 행정재결이나 판결이 나온다면 거기에는 형성력이 있으므로[268] 처분청이 원래의 부과처분을 취소하는 행정처분을 따로 하지도 않는다.[269] 그저 부당이득한 돈을 내어줄 뿐이다.[270] 그러나 제3호가 신설된 뒤에는 '필요한 처분'이라는 말은 감액경정(減額更正)처분도 포함하는 뜻으로 읽을 수밖에 없다. 경정청구란 감액경정처분을 구하는 것이니까.

2. 특례기간의 적용례

결정이나 판결에 따라 증액 또는 감액 "경정이나 그 밖에 필요한 처분"은 어떤 경우에 하게 되려나.

1) 세무서가 처음에 내보낸 납부고지서(納付告知書)가 형식적인 잘못을 저지른 경우가 있다. 대법원은 납부고지서가 세액산출근거를 적는 등 형식적 요건을[271] 철저히 지켜야 한다고 하고,[272] 형식적 하자가 있는 경우는 처분의 내용에 하자가 없다고 할지라도 처분은 위법을 면치 못하고 무효나 취소사유가 된다고 한다.[273] 바로 이런 경우, 곧 납부고지서의 형식 문제 때문에 법원이 부과처분을 취소하는 경우 행정청으로서는 어떻게 할까? 판결 이후에 형식적인 하자를 바로잡아 다시 처분하면 된다.[274]

---

266) 대법원 2002. 9. 24. 선고 2000두6657 판결; 2004. 6. 10. 선고 2003두1752 판결; 헌법재판소 2002. 12. 18. 2002헌바27 결정.

267) 앞 4. 독일 조세기본법 제171조 제3a항.

268) 행정재결의 형성력에 관해서는 대법원 1982. 7. 27. 선고 82누91 판결. 부과처분을 취소하지 않은 채 감액경정의 기준만 제시한 재결이 나온다면 후속 경정처분이 재결의 일부. 제6장 제2절 Ⅳ. 확정판결의 형성력에 관해서는 대법원 1991. 10. 11. 선고 90누5443 판결 참조. 제6장 제6절 Ⅱ.3.

269) 국세환급에 관한 법규정은 과세관청의 내부적 사무처리절차일 뿐이다. 대법원 1989. 6. 15. 선고 88누6436 판결.

270) 제6장 제7절 Ⅲ. 후발적 경정청구와 관련한 대법원 2006. 1. 26. 선고 2005두7006 판결; 2011. 11. 24. 선고 2009두20274 판결; 2014. 1. 29. 선고 2013두18810 판결은 제척기간을 본문처럼 이해함을 전제로 한다.

271) 예를 들어, 법인세법 제70조, 같은 법 시행령 제109조.

272) 제3절 Ⅱ, 제6장 제6절 Ⅱ.2. 납부고지서의 기재사항은 "헌법과 국세기본법이 규정하는 조세법률주의의 대원칙에 따라 처분청으로 하여금 자의를 배제하고 신중하고도 합리적인 처분을 행하게 함으로써 조세행정의 공정성을 기함과 동시에 납세의무자에게 부과처분의 내용을 상세히 알려서 불복 여부의 결정 및 그 불복신청에 편의를 주려는 취지에서 나온 것으로 엄격히 해석·적용되어야 할 강행규정"이다. 대법원 2001. 6. 12. 선고 2000두7957 판결. 고지서의 내용을 구두로 알려주었다거나 납세의무자가 과세처분의 내용을 미리 알았더라도 하자는 치유되지 않는다. 대법원 1991. 3. 27. 선고 90누3409 판결; 1997. 5. 23. 선고 96누5094 판결. 그러나 납부고지서의 필요적 기재사항이 적혀 있는 과세예고통지서나 과세안내서를 보냈다면 하자가 치유된다. 대법원 1995. 7. 11. 선고 94누9696 판결; 2001. 3. 27. 선고 99두8039 판결.

273) 대법원 1991. 4. 9. 선고 90누7401 판결 등. 앞의 제3절 Ⅱ.

274) 대법원 1987. 2. 10. 선고 86누91 판결; 1992. 5. 26. 선고 91누5242 판결 등; 헌법재판소 2002. 12.

판결의 취지에 따르는 처분이므로, 납부고지의 형식적 하자를 보완하여 다시 고지할 수 있다.[275)]

2) 어떤 과세처분 가운데 일부(一部)에 흠이 있다는 이유로 당해 처분을 전부(全部)취소하는 재결이나 판결이 혹간 생긴다.[276)] 가령, 행정처분 가운데 일부가 잘못되었는데, 그 부분이 세액에 미치는 영향이 정확히 얼마인지를 재결청이나 법원이 계산하기 어려운 수가 생긴다. 이와 같은 맥락의 전부취소 재결이나 판결이[277)] 나온다면, 그 취지에 따라 세액을 줄인 새로운 부과처분이 필요하게 된다. 논란의 소지가 있지만[278)] 대법원은, 취소판결이 적시한 위법사유를 바로잡아 재처분하는 경우에도 특례기간 안에는 재처분을 인정한다.[279)] 취소재결이나 취소판결이 나왔을 때 제26조의2의 통상의 제척기간이 이미 지났다면, 취소된 처분의 요건사실과 무관한 사실을 새로 찾아서 제6항의 특례에 기대어 과세할 수는 없다.

3) 특정한 조세채권의 부존재가 확정된 뒤 관련 있는 다른 조세채권을 후발적 기간 안에 부과할 수 있는가? 조세채권의 동일성은 제2절 IV.3.

i) 소득세나 법인세 같은 기간과세에서 귀속연도(歸屬年度)에 대한 다툼이 있을 수 있다. 예를 들어, 어떤 수입금액이 2006년도의 과세소득이 아니고, 2007년도의 과세소득이라고 주장하며 다툴 수도 있다. 행정쟁송이나 재판 결과 2006년 세금이 아니고 2007년 세금이라면 2006년도의 세액은 취소가 된다. 이 경우 2007년분 세액은? 그만큼 늘어나야 맞다. 그런데 다투고 있는 사이에 2007년분 세액에 대한 제척기간이 지났다면? 가령, 소송의 결과가 2013년에 나왔다면 2007년분 세액에 대한 제척기간은 어언 지나가게 된다. 종래 판례는 2006년분 소득세와 2007년분 소득세는 서로 다른 채권이므로 후자를 못 매긴다고 했으나 법률로 뒤집었다.[280)] 같은 세목이라야 하는 것은 당

---

18. 2002헌바17 결정, 제6장 제6절 Ⅱ.3.

275) 대법원 1996. 5. 10. 선고 93누4885 판결; 2010. 6. 24. 선고 2007두16493 판결. 이준봉, 2편 5장 2절 II는 이 경우에도 통상의 제척기간에 걸린다고 하나 제척기간은 본래 출소기간이고 소송중에는 소멸시효도 출소로 이미 중단되었다.

276) 대법원 1995. 4. 28. 선고 94누13527 판결 등. 제6장 제5절 Ⅶ.

277) 가령 대법원 2019. 2. 14. 선고 2016두34110 판결.

278) 이준봉, 2편 5장 2절 II.

279) 제6장 제6절 II.3. 대법원 1989. 11. 14. 선고 89누1520 판결; 2002. 7. 23. 선고 2000두6237 판결(임대소득→이자소득); 2005. 2. 25. 선고 2004두11459 판결(판결확정 후 증액경정에는 특례 부적용); 2020. 8. 20. 선고 2017두30757 판결.

280) 국세기본법 제26조의2 제6항 제1호의2와 제4호. 이자성격 가산세와 환급가산금은 서로 이자율을 맞추어 준다. 국세기본법 제47조의4 제6항, 제51조 제10항. 종래의 대법원 2004. 1. 27. 선고 2002두11011 판결이나 2012. 10. 11. 선고 2012두6636 판결은 이 책 제5판(2006), 136쪽과 결론이 달랐지만 그런 판례에 따르자면, 귀속연도가 애매한 경우 국세청은 애초 이중부과할 수밖에 없게 된다. 상세는 제18장 제1절 Ⅲ.3. 미국세법 1311조, 1312조 참조. Boris I. Bittker, Martin J. McMahon &

연. 다른 보기로 어떤 비용을 2007년에 공제받고 2013년에 와서 바른 귀속시기가 2013년이라는 이유로 다시 공제받는다면 이미 제척기간이 지난 2007년분 세액을 새삼 매길 수 있다.

ii) 과세물건의 인적(人的)귀속(歸屬)이 잘못되었다는 재결이나 판결도 제척기간을 늘리는가? 명의대여의 예를 들어 '그런 소득이 있는 것은 맞지만 그것이 명의자가 낼 세금이 아니고 다른 실질귀속자가 낼 세금'이라는 판결이 나왔다고 하자. 종래의 판례는 이 경우 국세기본법 제26조의2 제6항에 터잡아 실질귀속자에게 새로 부과할 수 없다고 한다. 당해 과세처분의 효력이 미치는 자가 아닌 제3자에 대한 조세채권이니 동일성이 없다는 것.[281] 그렇다면 귀속자가 불분명한 경우 국세청더러 어떻게 하라는 말? 양쪽에 모두 세금을 매겨야 한다는 이상한 결과가 생긴다. 이를 막기 위하여 현행법은 후발적 제척기간을 정하여 명의대여자 등이 실질귀속자가 아니라는 이유로 세금을 벗어난다면 국내원천소득의 실질귀속자 등 사실상의 귀속자에게 매길 수 있다고 정했다.[282]

iii) 그 밖의 이유로 조세채권의 동일성(同一性)이(제2절 IV.3.) 달라지는 경우, 가령 종합소득세 부과처분이 취소된 뒤 양도소득세를 부과할 수 있는가? 안 된다는 것이 판례이지만[283] 법을 고쳐 제1호의2에서 연동된 "세목"을 같은 과세기간 분으로 부과할 수 있다고 정했다.

4) 관련 문제로 새로이 부과처분을 하는 것은 아니지만 심사결정이나 심판결정 뒤에 원처분청이 재조사(再調査)결정을 하는 경우가 있다. 특히 현행 실무에서 조세심판원의 심판결정 가운데에는 취소할 세액을 얼마로 적지 아니하고, 특정 논점만 나타낸 채 결정서를 내는 경우가 많다. 가령 "과세표준에서 이자소득 ×××를 차감한 금액

Lawrence A. Zelenak, *Federal Income Taxation of Individuals* (looseleaf), 49.09절.

281) 제4장 제2절 IV.3. 대법원 1992. 9. 25. 선고 92누794 판결; 1996. 9. 24. 선고 96누68 판결; 2004. 6. 10. 선고 2003두1752 판결; 2005. 3. 24. 선고 2003두9473 판결; 2006. 2. 9. 선고 2005두1688 판결; 2010. 6. 24. 선고 2007두16493 판결; 2014. 9. 4. 선고 2014두3068 판결(외국단체 v. 출자자); 2015. 9. 10. 선고 2013다205433 판결(주된 납세의무자와 제2차 납세의무자); 2020. 8. 20. 선고 2017두30757 판결(양도주체가 단체인가 출자자인가). 미국에서는, 특수관계인이라면 부과할 수 있다. 미국 재무부 규칙 1.1313(c)-1. 대법원 2006. 2. 9. 선고 2005두1688 판결은 상속세 총액은 일정하나 상속인별 분담액에 변동이 있는 경우에도 제척기간이 지난 이상 증액경정은 불가능하다고 하나, 그렇게 된다면 상속지분이 불확실한 경우 중복과세하라는 말밖에 안 된다. 후발적 제척기간의 기능이 소멸시효의 중단·정지나 마찬가지라는 점을 생각하면 연대납세의무자 중 하나에 대한 후발적 사유는 모든 납세의무자에게 미친다고 풀이해야 옳다.

282) 국세기본법 제26조의2 제6항과 2022년 신설 제7항 제2호. 이 책 2020년판 4장 5절 III.2.↔대법원 2020. 8. 20. 선고 2017두30757 판결(법인재산의 양도 v. 주식의 양도). 독일 조세기본법 제174조 제2항과 제5항에서는 소송과정 중 드러난 실질귀속자만 과세. 양도소득세와 증여세는 과세물건이 다르므로 귀속자 문제가 아니다. 대법원 2005. 3. 24. 선고 2003두9473 판결.

283) 대법원 2020. 11. 12. 선고 2017두36908 판결(원천징수 소득세 v. 원천징수 법인세).

을 과세표준으로 하여 과세표준과 세액을 경정한다"든가, 양도소득을 실지거래가액과 기준시가 가운데 어느 것으로 계산해야 하는가가 문제된 사안에서 "실지거래가액에 따라 과세표준과 세액을 경정한다"라는 식의 결정서를 내는 경우가 많다. 이 경우 결정서에 따라 처분청이 재조사결정을 하게 된다. 예전에는 이 재조사결정의 성격을 둘러싼 논란이 있었지만, 이제는 심사결정이나 심판결정의 일부로 본다.[284]

3. 납세의무 발생의 사후파악

납세의무가 생겼다는 것을 행정청이 파악할 길이 없었는데도 제척기간이 지나가 버린다는 문제에 대한 대책도 후발적 제척기간에 들어있다. 상속과 횡령 · 배임.[285]

국세기본법 제26조의2 (국세의 부과제척기간)[286] ⑤ 납세자가 부정행위로 상속세 · 증여세(제7호의 경우에는 해당 명의신탁과 관련한 국세를 포함한다)를 포탈하는 경우로서 다음 각 호의 어느 하나에 해당하는 경우 과세관청은 제4항에도 불구하고 해당 재산의 상속 또는 증여가 있음을 안 날부터 1년 이내에 상속세 및 증여세를 부과할 수 있다…

1. 제3자의 명의로 되어 있는 피상속인 또는 증여자의 재산을 상속인이나 수증자가 취득한 경우

2. 계약에 따라 피상속인이 취득할 재산이 계약이행기간에 상속이 개시됨으로써 등기 · 등록 또는 명의개서가 이루어지지 아니하고 상속인이 취득한 경우 (이하 생략)

⑥ 제1항부터 제5항까지의 규정에도 불구하고 지방국세청장 또는 세무서장은 다음 각 호의 기간이 지나기 전까지 경정이나 그 밖에 필요한 처분을 할 수 있다.

1의3. 형사소송법에 따른 판결이 확정되어 소득세법 제21조 제1항 제23호 또는 제24호의 소득이 발생한 것으로 확인된 경우: 판결이 확정된 날부터 1년.

Ⅳ. 조세채권의 소멸시효

국세기본법 제27조 (국세징수권의 소멸시효) ① 국세의 징수를 목적으로 하는 국가의 권리(이하 이 조에서 '국세징수권'이라 한다)는 이를 행사할 수 있는 때부터 다음 각 호의 구분에 따른 기간 동안 행사하지 아니하면 소멸시효가 완성된다. …

1. 5억원 이상의 국세: 10년

---

284) 제6장 제2절 IV. 대법원 2014. 7. 24. 선고 2011두14227 판결.

285) 몰수 · 추징되는 경우 경정청구가 가능하다. 대법원 2015. 7. 16. 선고 2014두5514 판결. 제6장 제3절 IV. 몰수추징할 재산을 검찰이 찾지 못하는 경우 국세청더러 찾아보라는 뜻이려나.

286) 제척기간의 도과방지라는 입법취지와 공평과세의 이념에 비추어 이 조항은 위헌이 아니다. 대법원 2002. 3. 29. 선고 2001두9431 판결.

2. 제1호 외의 국세: 5년

② (생 략)

③ 제1항에 따른 국세징수권을 행사할 수 있는 때는 다음 각 호의 날을 말한다.

1. 과세표준과 세액의 신고에 의하여 납세의무가 확정되는 국세의 경우 신고한 세액에 대해서는 그 법정 신고납부기한의 다음 날

2. 과세표준과 세액을 정부가 결정, 경정 또는 수시부과결정하는 경우 납부고지한 세액에 대해서는 그 고지에 따른 납부기한의 다음 날

④ 제3항에도 불구하고 다음 각 호의 날은 제1항에 따른 국세징수권을 행사할 수 있는 때로 본다.

1. 원천징수의무자 또는 납세조합으로부터 징수하는 국세의 경우 납부고지한 원천징수세액 또는 납세조합징수세액에 대해서는 그 고지에 따른 납부기한의 다음 날

2. 인지세의 경우 납부고지한 인지세액에 대해서는 그 고지에 따른 납부기한의 다음 날

3. 제3항 제1호의 법정 신고납부기한이 연장되는 경우 그 연장된 기한의 다음 날

지방세기본법은 제39조. 국세징수권을 행사할 수 있는 때란? 제3항과 제4항에 하나하나 적고 있지만 한 마디로 납부기한의 다음 날이다.[287] 법률의 규정에 따라 성립하는 채권이기는 하지만 법정이나 지정 납부기한을 준 이상 그 전에는 행사할 수 없으니까. 종래 판례의 논리로는 가령 제4항 제1호의 원천징수세도 법정납부기한 다음날이 기산일(起算日)이고, 글귀에 불구하고 제4항은 소멸시효 중단 규정이다. 제4장 제2절 IV.3. 한편 2025년 대법원 판결로[288] 원천징수세의 첫 고지처분에는 부과처분의 성격이 있다는 것이 있고 이 논리에서는 제21조 제3항에 따라 성립한 원천징수세 채권은 제22조 제4항의 글귀에 불구하고 아직 징수권이 아니므로 부과제척기간에 걸린다. 기산일부터 5년이나 10년이 지나면 징수권(徵收權)은 시효로 인하여 소멸한다.[289] 소멸시효 완성 이후에 이루어진 징수처분은 당연무효.[290] 공법관계에서는 시효의 이익을 포기하는 것도 불가능하고[291] 납세의무자의 원용도 필요 없다.[292] 그러나 법에 정

287) 대법원 1983. 5. 10. 선고 82누167 판결; 1983. 7. 26. 선고 83누187 판결; 1992. 9. 14. 선고 92누8194 판결; 1992. 10. 13. 선고 91누10978 판결; 2020. 11. 12. 선고 2017두36908 판결.

288) 대법원 2025. 9. 4. 선고 2025다11104 판결.

289) 기간차이는 합헌. 헌법재판소 2023. 6. 29. 2019헌가27 결정. 미국세법 6502조에서는 10년.

290) 대법원 1985. 5. 14. 선고 83누655 판결; 1988. 3. 22. 선고 87누1018 판결. 시효소멸한 조세채권을 자동채권으로 삼는 충당의 가부에 대해서는 이중교, 국세급금 채권의 선충당권에 관한 연구, 조세법연구 19-1(2013), 115쪽.

291) 대법원 1988. 1. 19. 선고 87다카70 판결.

292) 대법원 1985. 5. 14. 선고 83누655 판결.

한 중단사유가 있으면 시효의 진행이 중단(中斷)되고[293] 그런 사유가 없어진 때로부터 시효가 새로 진행한다. 정지사유가 있는 경우에는 그동안만 시효의 진행이 멈춘다. 세목의 착오가 있는 채 세금을 부과한 경우 정당한 조세채무의 소멸시효는 납부기한 다음 날부터 진행한다.[294] 징수권이 시효소멸한 뒤에도 부과제척기간이 남았다면 새로운 부과처분이 여전히 가능하다.[295]

국세기본법 제28조 (소멸시효의 중단과 정지) ① 제27조에 따른 소멸시효는 다음 각 호의 사유로[296] 중단된다.

1. 납부고지
2. 독촉[297]
3. 교부청구
4. 압류…

② 제1항에 따라 중단된 소멸시효는 다음 각 호의 기간이 지난 때부터 새로 진행한다.

1. 고지한 납부기간
2. 독촉에 의한 납부기간
3. 교부청구 중의 기간
4. 압류해제까지의[298] 기간

③ 제27조에 따른 소멸시효는 다음 각 호의 어느 하나에 해당하는 기간에는 진행되지 아니한다.[299]

1. 세법에 따른 분납기간
2. 세법에 따른 납부고지의 유예, 지정납부기한. 독촉장에서 정하는 기한의 연장, 징수 유예기간
3. 세법에 따른 압류 · 매각의 유예기간
4. 세법에 따른 연부연납기간
5. 세무공무원이 국세징수법 제25조에 따른 사해행위 취소소송이나 민법 제404

---

293) 시효중단의 효력은 청구(고지)금액에만 미친다. 대법원 1985. 2. 13. 선고 84누649 판결; 1987. 3. 10. 선고 86누313 판결.

294) 대법원 2020. 11. 12. 선고 2017두36908 판결(실질귀속자의 착오: 원천징수 소득세 v. 원천징수 법인세).

295) 대법원 2006. 8. 24. 선고 2004두3625 판결.

296) 뒤에 취소하더라도 중단효는 그대로. 대법원 1986. 7. 8. 선고 85누686 판결. 애초 위법했다면 중단효도 소급소멸. 민법 제175조.

297) 최초의 독촉에 한한다. 대법원 1999. 7. 13. 선고 97누119 판결; 2006. 11. 9. 선고 2004두7467 판결.

298) 압류의 실효는 해제와 같다. 대법원 2017. 4. 28. 선고 2016다239840 판결(피압류채권의 소멸).

299) 과세전 적부심사의 심리기간은 정지기간이 아니다. 대법원 2016. 12. 1. 선고 2014두8650 판결.

조에 따른 채권자대위 소송을 제기하여 그 소송이 진행 중인 기간

6. 체납자가 국외에 6개월 이상 계속 체류하는 경우 해당 국외 체류 기간

④ 제3항에 따른 사해행위 취소소송 또는 채권자대위 소송의 제기로 인한 시효정지의 효력은 소송이 각하·기각 또는 취하된 경우에는 효력이 없다.

지방세기본법은 제40조. 時效中斷의 첫번째 사유는 納付告知.[300] 뭔가 이상하네… 조세징수권이란 확정된 조세채권. 그러니 납부고지를 해야 부과권이 징수권으로 바뀐다. 납부고지가 있어야 비로소 징수권이 생기는 법인데 같은 납부고지가 소멸시효의 중단사유라니? 이것도 역사의 산물. 제척기간 제도가 생기기 전에는 부과권을 포함하여 조세채권이 시효소멸하므로, 과세기간이 종료하면 그 때부터 시효가 진행하다가 국가에서 '세금 내라'고 고지하면 시효가 중단된다. 그 당시에는 딱 맞는 조문이었다. 이제는 이 조문의 의의는 납세의무자가 신고에 의해서 채무가 확정되는 세금, 이를테면 법인세를 신고는 했지만 세금을 안 낸 경우로 줄어들었다. 신고로 확정된 세액에 대한 징수권이 국가에 생기므로 소멸시효가 진행하기 시작한다. 그 상황에서 국가가 납부고지를 하면 시효중단. 효과는 같지만 원천징수세처럼 성립과 동시에 자동확정되는 조세채권 납부고지의 시효중단 효과에 대해서는 앞 제27조 제4항에 따로 규정이 있지만, 이미 보았듯 이 조항을 납세의무의 확정으로 읽는 2025년 대법원 판결이 있다.

그 다음 독촉·교부청구·압류가 소멸시효의 중단사유로 나온다. 모두 국세징수법에 따른 개념이다.[301]

국세기본법의 시효중단 사유를 민법에 나오는 '청구, 압류·가압류·가처분, 승인'과[302] 견주어 보면 뭔가 빠진 것이 있다. 납부고지는 청구라 치고,[303] 압류는 국세기본법에도 있고.[304] 어, 假押留는 왜 국세기본법에 안 나오지? 가압류란 아직 집행권원이 없어서 채무자의 재산을 압류 못 하는 경우 일단 채무자의 재산을 붙잡아 놓는, 책임재산의 보전처분이다.[305] 채무자가 자기 재산을 다 빼돌릴 가능성은 조세채권에서도

300) 과세예고통지는 중단사유가 아니다. 대법원 2016. 12. 1. 선고 2014두8650 판결.

301) 제5장 제1절. 실제 압류를 못 해도 착수 자체로 시효중단. 대법원 2001. 8. 21. 선고 2000다12419 판결; 2024. 5. 30. 선고 2021다301688 판결. 체납자에게 독촉 사실을 알릴 의무는 없다. 대법원 2010. 5. 27. 선고 2009다69951 판결.

302) 민법 제168조.

303) 소멸시효 중단을 위한 조세채권 존재 확인의 소도 가능하다. 2020. 3. 2. 선고 2017두41771 판결. 대법원 1993. 12. 21. 선고 92다47681 판결과 합하면 응소로도 시효중단 가능. 이중교, 제6장 제5절 3.

304) 제3자 재산에 대한 압류는 체납자에게 통지해야 시효를 중단시킨다. 국세기본법 제27조 제2항, 민법 제176조. 체납자의 채권에 대한 압류를 체납자에게 통지하지 않아도 시효중단. 대법원 2024. 5. 30. 선고 2021다301688 판결.

305) 민사집행법 제276조.

마찬가지이므로 가압류가 필요할 것이고, 국세에서도 가압류를 소멸시효의 중단사유로 정해 두어야 할 터인데, 어찌 된 일일까?

> 국세징수법 제31조 (압류의 요건 등) ② 관할 세무서장은 납세자[306]에게 제9조 제1항 각 호의 어느 하나에 해당하는 사유가 있어 국세가 확정된 후 그 국세를 징수할 수 없다고 인정할 때에는 국세로 확정되리라고 추정되는 금액의[307] 한도에서 납세자의 재산을 압류할 수 있다.

확정이 안 된 국세를 가지고도 납세의무자의 재산을 압류할 수 있다는 점에서 국세기본법에서 말하는 압류라는 개념은 보전압류를 포함하므로 따로 가압류라는 개념이 없다.

假處分[308]은? 가처분이란 '분쟁의 목적이 되는 물건을 우선 붙잡아 두는 것'이다. 그런데 국가는 납세의무자와 어떤 특정 재산의 귀속을 다투고 있는 것이 아니고 돈을 받느냐 못 받느냐를 다투고 있을 뿐이므로 가처분을 할 이유가 없다.

'承認'은? 조문에 없으나, 국세기본법 제27조 제2항을 보면, "소멸시효에 관하여는 이 법 또는 세법에 특별한 규정이 있는 것을 제외하고는 민법에 의한다"고 했으므로 승인도 시효중단사유가 된다. 승인이라고 볼 만한 경우라면, 충당신청이나 상계주장, 물납신청, 수정신고 정도일 것. 징수유예는 이제는 정지사유에 명문으로 들어갔다.

V. 부과처분의 직권취소

부과처분의 취소로 징수권은 소멸한다. 취소처분을 다시 취소할 수는 없지만 부과제척기간이 남아 있다면 다시 부과할 수 있다.[309] 신고의 취소란 없다. 하자가 있더라도 납세의무자가 취소할 수는 없고 경정청구할 수 있을 뿐이다. 제6장 제3절.

제 6 절 조세환급금

조세환급금 채권에 관한 법률관계는 제1절 3, 제5절 I, 제6장 제7절.

---

306) 제2차 납세의무자로 지정하기 전이라도 재산을 압류할 수 있다. 대법원 1989. 2. 28. 선고 87다카684 판결.
307) 대법원 1995. 6. 13. 선고 95누2562 판결.
308) 민사집행법 제300조.
309) 대법원 1979. 5. 8. 선고 77누61 판결; 1995. 3. 10. 선고 94누7027 판결.

제 5 장 조세채권의 효력

일반적으로 채권의 효력에는 무엇이 있는가? 채권에 대하여 법이 어떤 효력을 주어야 채권이라는 권리가 제 기능을 할 수 있을까? 소구력, 강제집행력, 손해배상, 책임재산의 보전 등의 효력이 있어야 채권이라는 것에 비로소 의미가 있다. 채권총론 시간에 배운 이런 기본적 효력이야 조세채권도 마찬가지. 한 걸음 나아가 법은 조세채권에 사권(私權)보다 강한 효력을 주고 있다. 조세채권은 국가재정의 터전이니 보통의 민사채권보다 세게 보호하자는 생각으로 일반 민사채권에는 없는 추가적인 채권확보 수단들을 여러 가지 두고 있다.[1] 가장 중요한 두 가지는 우선변제권과[2] 납부책임의 인적확장.[3] 그에 못지않게 중요한 채권확보 수단은 일정한 경우 조세범으로 삼아 형벌을 가하는 것이다. 그 밖에도 체납자의 명단을 공표한다든가, 체납자의 출국을 막는다든가, 여러 가지 사실상의 제재가 있다.

제 1 절 自力執行

조세채권은 자력집행할 수 있다. 법은 사권(私權)의 자력구제를 금하지만, 조세채권은 채권자가 국가이므로 꼭 금지할 이유가 없다. 법질서 전체의 앞뒤를 맞추어서 국가의 조세채권도, 특히 제3자에게 영향이 있다면 일반법원에 가서 사인(私人)의 채권과 똑같은 절차를 밟도록 하는 법제도 생각할 수 있다. 그러나 오늘날 대부분의 국가가 그렇듯 우리 법에서도 부과처분이나 신고납세로 세액이 일단 특정(확정)된 조세채권은 확정판결 없이도 직접 강제징수할 수 있다.[4] 그러다 보니 동일한 재산에 대하여

1) 헌법재판소 2001. 7. 19. 2000헌바68 결정.
2) 국세기본법 제35조, 지방세기본법 제71조.
3) 국세기본법 제38조 이하, 지방세기본법 제41조 이하.

법원이 취하는 강제집행절차와 세무서가 취하는 강제징수절차가 한꺼번에 진행되는 경우에는[5] 복잡한 법률문제가 생기기도 한다.[6] 법원의 강제집행절차가 이미 진행 중이면 세무서가 따로 절차를 밟지 않고 교부청구로 끼어드는 것이 보통.

1. 강제징수: 압류, 매각, 청산

조세채무자가 납부고지서에 적힌 납부기한까지[7] 세금을 안 내고 버틴다면 세무서는 독촉을[8] 하고,[9] 그래도 안 내면 직접 강제집행을 한다. 세법에서는 예전에는 체납처분, 이제는 강제징수라 부른다. 채무자가 강제집행을 받는다는 등의 사정으로 인한 납기전 징수라면 독촉절차는 필요없다.[10]

강제징수 처분의 절차는 압류, 매각, 청산, 그러니까 민사집행법 용어로는 압류, 현금화, 배당의 3 부분으로 이루어진다. 다만, 이런 강제집행 절차를 법원을 안 거친 채 세무서가 한다는 점이 민사법과 다르고, 여기에서 여러 가지 특칙이 생긴다.[11] 押留란 채무자에게서 재산의[12] 처분권을 빼앗는[13] 것이고, 납기 전 징수의 사유가 있다면 국

---

4) 신고한 세액도 강제징수할 수 있으므로 행정행위의 공정력과는 더 넓은 범위로 공법행위의 효력이다. 법원의 확정판결 없이 조세채권을 강제집행해도 합헌이라는 미국판결로 Bull v. US, 295 US 247 (1935), 특히 259-260쪽.

5) 먼저 경락받는 자가 소유권을 얻는다. 대법원 1961. 2. 9. 선고 60다124 판결. 가압류한 재산에도 강제징수를 진행할 수 있다. 국세징수법 제26조. 대법원 2009. 12. 24. 선고 2008다10884 판결.

6) 가령 대법원 1997. 4. 22. 선고 95다41611 판결; 1999. 5. 14. 선고 99다3686 판결; 서울지방법원 1998. 7. 24. 선고 98가합34831 판결 등. 가처분권자가 본안소송에서 승소판결을 받아 확정되면 피보전권리의 범위 안에서 강제징수의 효력을 부인할 수 있다. 국세징수법 제28조는 절차규정이고 효력에 관한 규정이 아니다. 대법원 1986. 12. 9. 선고 86누482 판결; 1993. 2. 19.자 92마903 결정. 한편 당사자적격을 부인한 사례로 대법원 1985. 5. 14. 선고 83누700 판결(저당권자); 1989. 10. 10. 선고 89누2080 판결(가등기담보권자); 1990. 6. 26. 선고 89누4918 판결(양수인).

7) 납부고지에 관해서는 제4장 제3절 Ⅱ.

8) 20일 이내로 납부기한을 정해준다. 국세징수법 제10조 제2항. 지방세는 지방세징수법 제33조 제1항.

9) 독촉장 없이 한 강제징수는 취소사유이다. 대법원 1984. 9. 25. 선고 84누107 판결; 1987. 9. 22. 선고 87누383 판결 등. 무효라는 판결도 있다.

10) 국세징수법 제31조 제1항, 제9조. 납기 전 징수사유가 있더라도 같다. 대법원 2019. 7. 25. 선고 2019다206933 판결. 이미 결손처분한 경우라면 법에 정한 취소절차를 먼저 밟아야 한다. 대법원 2019. 8. 9. 선고 2018다272407 판결; 2024. 5. 30. 선고 2021다301688 판결.

11) 예를 들어 부동산의 유치권자는 민사집행법상 경매의 매수인에게 대항할 수 없지만 국세징수법상 경락인에게는 대항할 수 있다. 대법원 2014. 3. 20. 선고 2009다60336 판결. 배분계산서 수정의 차이는 대법원 2018. 6. 15. 선고 2018두33784 판결. 매각결정 취소시 공매보증금은 조세채권에 우선 충당. 헌법재판소 2022. 5. 26. 2019헌바423 결정.

12) 명의신탁, 미등기양도, 취득시효 완성의 경우 체납자 명의 재산은 압류할 수 있다. 대법원 1984. 1. 24. 선고 83누527 판결; 1984. 4. 24. 선고 83누506 판결; 1991. 2. 26. 선고 90누5375 판결 등. 타인의 재산에 대한 압류는 무효이므로 2020. 12. 29. 개정 국세징수법 제28조를 반대해석할 일은 아니다. 대법원 1986. 7. 8. 선고 86누61 판결; 1990. 4. 10. 선고 89다카25936 판결(압류통지 전에 전부된 채권); 1993. 4. 27. 선고 92누12117 판결; 1996. 10. 15. 선고 96다17424 판결; 2006. 4. 13. 선고

세채권의 확정에 앞선 보전압류도 가능하다.[14] 필요 이상의 초과압류는 위법하나[15] 당연무효는 아니다.[16] 압류한 재산은 입찰, 경매, 또 엄격한 법정요건 하에서는 수의(隨意)계약으로 매각(賣却)해서[17] 현금화할 수도. 부동산 압류의 효력은 소유권이 넘어가기 이전에 법정기일이 도래한 조세채권에도 미친다.[18] 채권압류 시에는 채권자(체납자)를 대위하므로[19] 세무서가 직접 추심한다.[20] 매각은 국세채권이 확정된 뒤에만 가능하다.[21] 청산(淸算) 내지 배당이란 돈을 채권자 기타 이해관계자에게[22] 나누어주는 것이다. 실제로 매각이나 청산 절차를 세무서가 직접 하지는 않는다. 한국자산관리

2005두15151 판결(체납자의 원고적격); 2012. 4. 13. 선고 2010두4612 판결(토지신탁회사); 2012. 6. 28. 선고 2011두16865 판결; 2018. 10. 12. 2017다221501 판결(민사, 양도담보). 신탁자가 납세의무자인 경우 수탁자명의 재산에 대한 강제집행은 대법원 1987. 5. 12. 선고 86다545 판결; 1996. 10. 15. 선고 96다17424 판결(신탁재산 자체에 대한 조세채권이 신탁등기 전 발생한 경우); 2012. 7. 12. 선고 2010다67593 판결과 2017. 8. 29. 선고 2016다224961 판결(수탁자명의재산에 대한 신탁자 재산세의 강제징수 불허). 한편 당사자적격을 부인한 사례로 대법원 1985. 5. 14. 선고 83누700 판결(저당권자); 1989. 10. 10. 선고 89누2080 판결(가등기담보권자); 1990. 6. 26. 선고 89누4918 판결(양수인). 조합원 가운데 하나의 체납을 꼬투리로 조합전체의 재산을 압류하는 것은 당연무효이다. 대법원 2001. 2. 23. 선고 2000다68924 판결. 채무자가 파산선고를 받은 뒤에는 압류할 수 없다. 대법원 2003. 3. 28. 선고 2001두9486 판결. 채무자 회생 및 파산에 관한 법률 제349조 제2항.

13) 압류 뒤 제3취득자가 소유권이전 등기를 마친 경우 뒤따르는 경락으로 이전등기가 말소되더라도 매각에 따르는 양도소득세 납세의무는 제3취득자가 진다. 대법원 1992. 2. 11. 선고 91누5228 판결. 나아가 강제징수 압류 후에도 유치권은 성립. 대법원 2014. 3. 20. 선고 2009다60336 판결.

14) 국세징수법 제31조 제2항. 대법원 2018. 11. 15. 선고 2017두54579 판결. 다만 3달 안에 확정해야 한다. 같은 법조 제4항.

15) 국세징수법 제32조. 독일 조세기본법 제28조, 제1항, 제2항.

16) 대법원 1986. 11. 11. 선고 86누479 판결.

17) 국세징수법 제67조. 다만, 압류한 재산이 상장증권이라면 세무서장이 직접 장내거래로 팔 수 있다. 국세징수법 제66조 제2항. 체납자에게 통지하지 않은 공매처분은 위법. 대법원 2008. 11. 20. 선고 2007두18154 판결. 매수인은 등기시가 아니라 매수대금을 납부한 때에 소유권을 취득한다. 국세징수법 제91조, 민사집행법 제135조. 대법원 1985. 12. 24. 선고 85누308 판결; 2006. 5. 12. 선고 2004두14717 판결. 매각결정 이후에도 매수대금 납부 전에는 매수인의 동의를 얻어 체납액 등을 완납하고 매각결정을 취소받을 수 있다. 국세징수법 제86조 제1호. 미국세법 6337조에서는 매수대금 납부 후에도 180일까지는 매각대금 및 이자를 물고 재산을 되찾을 수 있다.

18) 국세징수법 제46조, 지방세징수법 제57조. 대법원 1989. 5. 9. 88다카17174 판결; 2016. 11. 24. 선고 2014두4085 판결.

19) 국세징수법 제52조 제2항. 제3절 Ⅲ의 채권자대위권과는 다른 것. 제3채무자의 상계범위는 대법원 1987. 7. 7. 선고 86다카2762 판결(변제시점 기준). 보전압류도 압류. 대법원 1994. 6. 24. 선고 94다2886 판결.

20) 중복압류시 변제공탁은 대법원 2015. 7. 9. 선고 2013다60982 판결; 2015. 8. 27. 선고 2013다203833 판결.

21) 국세징수법 제66조 제3항.

22) 국세징수법 제96조는 배분받을 자격 있는 채권자를 정하고 있으나, 그저 예시. 조세채권은 강제징수 재산 매각대금의 완납으로 재산이 매수인에게 이전되기 전까지 성립·확정되어야 배분받을 자격이 있다. 대법원 2016. 11. 24. 선고 2014두4085 판결; 2002. 3. 26. 선고 2000두7971 판결(가압류채권자). 미국세법 6342조(b). 경매와 달리, 공매절차에서 배제된 우선변제권자는 후순위자에 대해 부당이득 반환을 구할 수 있다. 대법원 2003. 1. 24. 선고 2002다64254 판결.

공사에 맡겼다.[23] 민사채권자가 이미 시작한 민사집행절차에 조세채권자가 끼어들어 참가압류나 교부청구를 할 수도 있다.[24] 민사채권자가 제3자로부터 추심한 채권은 법대로 배분할 수 있도록 공탁해야 한다.[25]

부과처분이 무효(無效)라면 강제징수 등 징수처분도 무효.[26] 취소사유가 있을 뿐이라면? 부과처분 불복기한이 도과한 이상 강제징수에는 흠이 없다.[27] 세금을 냈다면 압류는 당연무효? 그렇지는 않고 압류를 해제해야 비로소 압류의 효력이 없어진다.[28] 강제징수끼리는 선행처분의 위법이 후행처분에 승계(承繼)되어 압류가 무효라면 매각도 무효.[29]

2. 납부고지 유예, 납기연장, 강제징수 유예

때로는 행정청이 세금의 납기를 늦추어 주거나 강제징수를 늦추어 주기도. 1) 납부고지 유예: 납세의무자가 재난이나 도난으로 재산에 심한 손실을 받거나 달리 어떤 이유로 사업이 망할 판에 이르렀거나 기타 법에 정한 개인적 사정이 있다면 납부고지를 유예(분할하여 납부고지하는 것 포함)할 수 있다.[30] 2) 기한을 연장한 납부고지: 납부고지를 하기는 하지만 납부기한을 연장(분할납부 포함)해서 고지할 수도 있다.[31] 3) 압류·매각의 유예: 압류나 매각을 늦추어 사업운영을 가능하게 하는 쪽이 징수가

23) 국세징수법 제103조, 제94조.

24) 국세징수법 제62조, 민사집행법 제84조의 배당요구와 같은 효력이 있다. 대법원 1994. 3. 22. 선고 93다19276 판결. 경매개시결정 기입등기 전에 압류등기를 하거나 경락기일까지 교부청구해야 한다. 대법원 1996. 12. 20. 선고 95다28304 판결; 2001. 5. 8. 선고 2000다21154 판결; 2001. 11. 27. 선고 99다22311 판결.

25) 대법원 2015. 7. 9. 선고 2013다60982 판결.

26) 대법원 1987. 9. 22. 선고 87누383 판결; 1991. 6. 28. 선고 89다카28133 판결; 1993. 7. 27. 선고 92누15499 판결.; 2001. 6. 1. 선고 99다1260 판결; 2011. 9. 8. 선고 2009두20380 판결; 2014. 11. 27. 선고 2014두10967 판결.

27) 대법원 1961. 10. 26. 선고 4292행상73 판결; 1989. 7. 11. 선고 88누12110 판결; 2001. 11. 27. 선고 98두9530 판결(연대납세의무자에 대한 징수처분); 2006. 9. 8. 선고 2005두14394 판결; 2006. 9. 22. 선고 2006두8815 판결; 2012. 1. 26. 선고 2009두14439 판결(소득금액 변동통지와 징수처분). 그러나 근거법 위헌결정 이후의 강제징수는 당연무효이다. 대법원 2012. 2. 16. 선고 2010두10907 판결의 다수의견. 그 밖에 대법원 2002. 7. 12. 선고 2002두3317 판결; 2002. 11. 22. 선고 2002다46102 판결. 다른 경향으로 대법원 2013. 3. 14. 선고 2012두6964 판결(재판받을 권리).

28) 대법원 1982. 7. 13. 선고 81누360 판결; 1989. 5. 9. 선고 88다카17174 판결; 1989. 12. 12. 선고 89누4024 판결; 1993. 4. 27. 선고 92누15055 판결; 1996. 12. 20. 선고 95누15193 판결.

29) 대법원 1991. 6. 28. 선고 89다카28133 판결. 흠의 치유를 인정한 사례로 대법원 2006. 5. 12. 선고 2004두14717 판결. 그러나 공매를 통한 소유권이전등기의 말소를 구하는 소송에서 납부고지서의 송달이 없었다거나 부적법하다는 주장사실에 대한 입증책임은 납세자에게 있다. 대법원 2001. 6. 1. 선고 99다1260 판결.

30) 국세징수법 제14조 제1항.

31) 국세징수법 제13조 제1항.

능성이 높은 경우.[32] 4) 그 밖에 개별세법에서 연부연납이나[33] 분할납부[34] 등을 정하고 있는 경우도 있다. 위 어느 경우든 납세자는 인적담보(납세보증)나 물적담보(저당권, 질권 등)의 제공을 요구받는 것이 보통이다. 담보의 제공은 계약에 의한 것이지만, 공법상 계약이므로 법에 정한 요건과 절차를 따르지 않으면 무효.[35]

강제집행 절차를 반드시 멈추어야 하는 경우도 있다. 납세의무자가 국세기본법에 따른 불복절차(이의신청, 심사청구, 심판청구) 또는 행정소송을 하고 있는 동안은 압류한 재산을 公賣할 수 없다.[36] 공매 말고 다른 절차는 집행부정지가 원칙이지만 납세의무자에게 중대한 손해가 생기는 것을 예방할 필요성이 긴급하다고 생각해서 집행정지를 명한 판결이 있고 현행법은 집행정지 가능성을 명문으로 열어두었다.[37]

제2절 가 산 세

1. 가산세=행정제재

加算稅는 법의 부과요건에 해당하면 본세와 따로 부과한다.[38] 가산세는 부과요건이[39] 본세와 다르므로 본세를 감면하는 경우에도 가산세는 감면되지 않는다.[40] 또 독립된 불복대상이 되므로 가산세의 당부만을 따로 다툴 수도. 헌법재판소는 가산세의 법률적 성격과 입법재량에 관해 다음과 같이 판시하고 있다.

32) 국세징수법 제105조. 직권에 의한 유예도 합법. 대법원 2020. 9. 3. 선고 2020두36687 판결(납세보증의 요건).

33) 상속세및증여세법 제71조.

34) 소득세법 제77조, 법인세법 제64조 등.

35) 대법원 1976. 3. 23. 선고 76다284 판결; 1981. 10. 27. 선고 81다692 판결. 가령 담보가 될 수 있는 재산의 종류가 몇 가지로 법정되어 있고, 동산은 보험에 든 등록된 선박, 항공기 및 건설기계만이 담보재산이 될 수 있다. 국세징수법 제18조. 담보제공자와 납세자의 관계는 대법원 2009. 2. 26. 선고 2005다32418 판결(변제자대위). 납세담보와 압류의 관계는 대법원 2015. 4. 23. 선고 2013다204959 판결.

36) 다만 썩거나 상하거나 減量되어 재산의 가치가 줄어들 우려가 있다면 공매가 가능하다. 국세징수법 제66조 제4항. 미국세법 6863조(b)(3).

37) 대법원 2001. 10. 10. 선고 2001무29 결정(과징금); 2003. 4. 25. 선고 2003무2 결정(과징금). 국세기본법 제57조 제1항. 기속재량에 대해서는 제3장 제5절 III.

38) 대법원 2004. 10. 15. 선고 2003두7064 판결; 2012. 10. 18. 선고 2010두12347 판결.

39) 이자 성격인 것도 있고 행정질서벌의 성격인 것도 있다. 형법총칙을 적용하지 않는다. 헌법재판소 2005. 2. 24. 2004헌바26 결정.

40) 조세특례제한법 제3조 제2항; 국세기본법 제47조 제2항 단서. 대법원 2007. 3. 15. 선고 2005두12725 판결(본세의 산출세액이 없는 경우).

가산세는 납세의무자에게 부여된 협력의무위반에 대한 책임을 묻는 행정적 제재를 조세의 형태로 구성한 것으로 형식에 있어서만 조세일 뿐이고 본질에 있어서는 본세의 징수를 확보하기 위한 수단인바, 가산세의 부담은 세법상의 의무위반의 내용과 정도에 따라 달리 결정되어야 합리성을 갖는 것이다.[41)]

법인세할 주민세의 과세표준과 세액을 신고할 의무와 법인세할 주민세의 세액을 납부할 의무라는 … 두 가지 의무 중 하나만을 불이행한 사람과 두 가지 의무 모두를 불이행한 사람을 구별하지 아니하고 똑같이 취급하고 있는 것은 헌법상 평등의 원칙에 어긋난다.[42)]

등록세의 납부가 없으면 등기 또는 등록이 이루어지지 않는 것이 원칙이므로 등록세의 경우는 신고와 납부를 분리하여 고려할 필요성이 그다지 크지 않다… 등록세 등의 신고의무와 납부의무의 불이행을 하나로 묶어 일회적으로 취급했다 하여도… 합리적인 이유 없는 차별이라고 볼 수는 없다.[43)]

부동산을 공급하는 경우에는 법인에게 계산서 교부, 합계표 제출 의무를 부과하지 아니하더라도 각 과세관청은 부동산등기법이나 부동산등기특별조치법에 의하여 등기소나 검인관청으로부터 거래자료를 송부받아 그 거래 내용을 파악하고 관리할 수 있는 방도를 법적으로 확보하고 있다. 그러함에도 불구하고, 납세자들로 하여금 부가적으로 위와 같은 의무를 부담하게 하고, 이를 이행하지 아니하는 경우 공급가액의 1%에 이르는 가산세를 부과하는 것은 법익침해의 최소성원칙에 어긋난다.[44)]

위와 같은 이론에 따라 묶을 수 있는 가산세는 한데 모아 국세기본법에서 정하고 그럴 수 없는 것은 세목별 법률에 따로 정하고 있다. 국세기본법의 가산세는 제재(制裁)와 이자(利子)로 나누어 물리고 있다.[45)] 가산세의 종류에 따라서는 본세 납세의무와 무관하게 별도의 협력의무 위반에 대한 제재로서 부과되는 가산세도[46)] 있으나, 무

41) 헌법재판소 2003. 9. 25. 2003헌바16 결정. 그 밖에 대법원 1977. 6. 7. 선고 74누212 판결. 행정제재와 형벌은 헌법이 금하는 이중처벌이 아니다. 대법원 1989. 6. 13. 선고 88도1983 판결(과태료); 1996. 4. 12. 선고 96도158 판결(과태료); 헌법재판소 2003. 7. 24. 2001헌가25 결정(과징금).

42) 헌법재판소 2005. 10. 27. 2004헌가22 결정.

43) 헌법재판소 2005. 12. 22. 2004헌가31 결정; 대법원 2006. 4. 27. 선고 2003두7620 판결.

44) 헌법재판소 2006. 6. 29. 2002헌바80 결정; 대법원 2006. 10. 13. 선고 2003두12820 판결; 2006. 10. 26. 선고 2003두15256 판결.

45) 국세기본법 제47조의2에서 제47조의5, 지방세기본법 제55조, 제56조. 법인이나 복식부기의무자에 대해서는 특칙이 있다.

46) 과태료나 형벌이 나오기도 한다. 국세기본법 제88조, 국제조세조정에 관한 법률 제87조. 형벌은 아

신고·과소신고·납부지연 가산세 등은 본세의 세액이 유효하게 확정되어 있다고 전제하고 매기는 것이므로 본세의 납세의무가 없다면 가산세를 따로 부과할 수 없다.[47]

1) 무신고[48] 가산세: 산출세액의[49] 20/100
2) 과소신고(초과환급신고)가산세: 과소신고[50](초과환급신고)세액의 10/100[51] 곱하기 과세표준을 기준으로 한 과소신고비율
3) 부정행위인 무신고나[52] 과소신고·초과환급신고:[53] 40/100. 역외거래 부정행위라면 60/100. 부정행위는 제4장 제5절 II.3.
4) 납부지연가산세: 금융기관 연체대출이자율 등을 고려한 이자상당액.[54] 다만 법정납부기한까지 세금을 안 내어 납세고지서를 보내는 경우 고지일부터 지정납부기한 사이의 기간(30일 이하)은 따로 떼내어 기간이자 계산을 안 하고 본세의 3%로 일괄계산[55]

래 제6절 IV.

47) 대법원 2018. 11. 29. 선고 2015두56120, 2016두53180 판결; 2019. 2. 14. 선고 2015두52616 판결; 2025. 3. 13. 선고 2024두54935 판결; 2025. 8. 14. 선고 2025두33285 판결(절차의 하자).

48) 신고의무가 없다면 매길 수 없다. 대법원 2021. 3. 11. 선고 2020두52329 판결. 명의수탁자 명의의 신고가 명의신탁자의 신고는 아니다. 대법원 1997. 10. 10. 선고 96누6387 판결. 소득의 종류나 증여자의 신원이 틀렸더라도 무신고는 아니다. 대법원 2019. 5. 16. 선고 2018두34848 판결(사무장 병원 고용의사가 사업소득 신고); 2019. 7. 11. 선고 2017두68417 판결(실소유자가 아니라 명의수탁자를 증여자로 신고). 부정행위 무신고는 무신고의 부분집합. 대법원 2016. 7. 4. 선고 2016두35335 판결.

49) 본세 산출세액을 비과세·면제하면서 무신고가산세를 산출세액 기준으로 매겨도 합헌. 헌법재판소 2024. 3. 28. 2020헌바466 결정; 대법원 2007. 3. 15. 선고 2005두12725 판결.

50) 대법원 2004. 10. 15. 선고 2003두7064 판결(과소신고 여부의 판단단위); 2015. 1. 29. 선고 2012두7110 판결.

51) 헌법재판소 2005. 2. 24. 2004헌바26 결정 등 참조.

52) 단순한 무신고는 부정한 행위가 아니다. 대법원 2016. 2. 18. 선고 2015두1243 판결. 명의신탁을 하면서 주식매매라는 자금거래 외관을 만들어내도 부정행위가 아니라고. 대법원 2021. 7. 8. 선고 2017두69977 판결.

53) 부당과소신고란 조세포탈 목적의 신고이다. 대법원 2013. 11. 28. 선고 2013두12362 판결; 2013. 12. 12. 선고 2013두7667 판결(조세포탈 목적인 명의신탁). 부정신고가 아닌 것으로 대법원 2007. 4. 26. 선고 2005두10545 판결(법령의 착오); 2015. 1. 15. 선고 2014두11618 판결(중과실); 2017. 4. 13. 선고 2015두44158 판결(명의수탁자 명의의 신고); 2018. 12. 13. 선고 2018두36004 판결(명의수탁자에 대한 증여세 중가산세는 위법); 2019. 9. 9. 선고 2019두31730 판결(자료상의 상대방이 자신의 과소신고는 인식했지만 자료상의 탈세에 대한 인식이 없는 경우); 2020. 12. 10. 선고 2019두58896 판결(조세포탈 목적 없는 명의신탁).

54) 같은 이자성격이라고 하더라도 납세고지서 발송일까지 붙는 일할계산 가산세는 부과과세이고 지정납부기한 이후에 붙는 월할계산 가산세는 자동확정. 국세기본법 제21조 제1항 제11호, 제22조 제4항, 제47조의4 제1항. 아래 제4절 III. 인지세는 신고절차가 없으므로 행정벌 성격의 가산세가 납부지연가산세에 포함되어 가산세율이 미납세액의 300%이다. 국세기본법 제47조의4 제9항.

55) 국세기본법 제47조의4 제1항. 종래의 미납부가산세는 일률적으로 미납세액의 일정비율로 정하더라도 합헌이라고. 헌법재판소 2013. 8. 29. 2011헌가27 결정.

5) 원천징수 등 납부지연가산세: 4)와 같지만 합계 한도가 10%.

납부지연가산세에 대해서는 혼선이 있다. 2017년 이전에는 법정납부기한까지 미납한 세금을 납부고지하면서 납부고지일까지 붙이는 이자상당액은 가산세의 일종이었지만 납부고지일부터 지정납부기한까지의 기간(30일 이하)에 이자계산 대신 일률적으로 붙이는 가산금(본세의 3%)이나 지정납부기한 이후 다달이 이자상당액을 계산해서 붙이는 중가산금은 당연히 붙는 것이므로 따로 부과처분이 필요하지 않다고 보았다. 그러다가 2018년부터 가산금과 중가산금을 모두 납부지연가산세에 포섭했다. 2017년 이전의 판례는 납부지연가산세는 법정납부기한이 지나가는 시점에 성립한다고 하나[56] 납부지연가산세라는 말이 납세고지서 발송일까지의 이자상당액이라는 뜻이던 시절의 판례. 2025년말 개정법은 납부지연가산세를 다시 3분했다. i) 종래의 납부지연가산세 채무는 이자상당액을 일할계산하면서 하루 하루 성립, ii) 3% 가산금 부분은 지정납부기한이 지가가는 시점에 성립, iii) 종래의 중가산금 부분은 지정납부기한 뒤 한 달이 지날때마다 한 달치 이자상당액을 계산하면서 한 달을 단위로 성립.[57] 다시 중가산금 부분은 성립과 동시에 자동확정되므로[58] 결국 따로 부과처분은 필요하지 않다. 성립시기 그 자체가 문제되는 경우란 출자자의 제2차 납세의무 정도. 제4장 제2절 IV.3, 제5장 제5절 II.2.

2. 가산세의 감면과 부과한도

과실로 인한 가산세 가운데 행정제재(制裁)의 성격을 지닌 것은 일정상한에 걸린다.[59] 벌금이나 과태료를 매기자면 고의과실이 있어야 하나[60] 가산세는 다르다. 그렇지만 법은 당사자에게 법령위반의 책임을 돌리기 어려운 경우 가산세 감면(減免) 규정을 두고 있다. 나아가서 종래의 판례를 명문의 규정으로 받아들여[61] 천재지변 등 의무불이행에 정당(正當)한 사유(事由)가 있으면 가산세를 부과하지 않는다.[62] 다른 한

---

56) 대법원 2014. 12. 24. 선고 2014두40791 판결.

57) 국세기본법 제21조 제2항 제11호.

58) 국세기본법 제2조 제5항 제5호.

59) 국세기본법 제49조. 이자상당액이 본세를 넘어도 당연한 과잉제재는 아니다. 헌법재판소 2022. 7. 21. 2019헌바410 결정; 2022. 11. 14. 2019헌바167 등 결정.

60) 형법 제13조와 제14조, 질서위반행위규제법 제7조.

61) 대법원 1976. 9. 14. 선고 75누255 판결; 1977. 6. 7. 선고 74누212 판결; 1980. 3. 25. 선고 79누165 판결; 2003. 12. 11. 선고 2002두4761 판결; 2014. 12. 24. 선고 2010두6700 판결(제재처분) 등. 명문 규정의 예로 미국세법 6664조. 전문가의견에 관해서는 대법원 2002. 8. 23. 선고 2002두66 판결, 미국재무부 규칙 1.6664-4조.

62) 국세기본법 제48조 제1항.

편 의무를 불이행한 데 대하여 무(無)과실이었다는 이유만으로 가산세를 면할 수는 없다.[63] 무과실과 정당한 사유가 있는 경우를 어떻게 구별할까? 판례는 법령을 몰랐다는 것은 정당한 사유가 아니라고 한다.[64] 종업원의 매출액횡령을 모르고 한 과소(매출누락)신고에는 정당한 사유가 있다고.[65] 그 밖에도 판례는 숱하게 많지만[66] 전체를 꿰는 뚜렷한 기준이 없으니 사안별로 판례를 찾아볼 수밖에. 납세자가 법정신고기한 후 일정기간 안에 증액수정신고, 기한후신고 등을 하는 경우에는 무신고나 과소신고 가산세의 일부를 감면한다.[67]

제 3 절 책임재산의 보전

조세채권 역시 채무자에게 재산이 있어야 받을 수 있다. 세금을 안 내려고 재산을 빼돌리려 한다면 어떻게 해야 할까? 이미 빼돌렸다면? 납세의무자가 책임재산을 안 만들려고 제 권리를 행사하지 않은 채 가만히 있다면?

Ⅰ. 보전(保全)압류

채무자가 자기재산을 빼돌리는 것을 막자면 미리 재산을 묶어두는 보전처분이 필요한 것이야 민사채권이나 조세채권이나 마찬가지. 이리하여 국세징수법 제31조 제2항의 '압류'는 保全압류를 포함한다. 제4장 제5절 Ⅳ. 조세채권 확정 전에도[68] 일정한 사

63) 대법원 1985. 11. 26. 선고 85누660 판결; 헌법재판소 2005. 2. 24. 2004헌바26 결정 등.

64) 대법원 1991. 11. 26. 선고 91누5341 판결; 1999. 12. 28. 선고 98두3532 판결; 2004. 2. 26. 선고 2002두10643 판결; 2004. 6. 24. 선고 2002두10780 판결. 판례변경은 제3장 주석 296. 법원의 판결이 갈린 것은 정당한 사유이다. 대법원 2008. 12. 11. 선고 2006두17840 판결; 2017. 7. 11. 선고 2017두36885 판결(선례 없고 학설은 대립); 2025. 6. 12. 선고 2024두66181 판결(전체 v. 부분면세). 그러나 세무공무원의 잘못된 법해석을 믿었더라도 정당한 사유가 아니다. 대법원 1997. 8. 22. 선고 96누15404 판결; 2015. 10. 29. 선고 2013두14559 판결. 일부 국세심판례나 대법원 판결과 다른 국세심판례를 믿은 것은 정당한 사유가 아니다. 대법원 1999. 8. 20. 선고 99두3515 판결; 2021. 1. 28. 선고 2020두44725 판결. 공인회계사를 믿었다고 해서 면책되지는 않는다. 대법원 2009. 6. 11. 선고 2007두10211 판결.

65) 대법원 2022. 1. 14. 선고 2017두41108 판결.

66) 판례 정리는 소순무 · 윤지현 외, 조세소송, 1-207문단 이하; 임승순, Ⅰ부 2편 6장 2절; 이준봉, 2편 6장 3절 Ⅱ 참조.

67) 국세기본법 제48조 제2항. 가산세감면 거부가 기한후신고를 그대로 인정하는 부과처분은 아니다. 대법원 2020. 2. 27. 선고 2016두60898 판결.

68) 이준봉, 1편 3장 1절은 조세채권이 성립은 해야 피보전채권으로 삼을 수 있다고 하나 아래 사해행위취소권과 균형을 맞추어야 옳다. 보전처분을 인정하더라도 조세우선권은 사후확정액 부분에만 미

유가 있다면 납세의무자의 재산을 미리 압류할 수 있다.

Ⅱ. 채권자취소권

채무자가 이미 재산을 빼돌린 경우, 이를 되찾아 올 수 있도록 하는 수단이? 債權者取消權. 일반 민사의 경우와 마찬가지로 국가도 조세채권자로서 조세채권의 실효성 확보를 위해 채권자취소권을 행사할 수 있어야겠지?

> 국세징수법 제25조 (사해행위의 취소 및 원상회복) 관할 세무서장은 강제징수를 할 때 납세자가 국세의 징수를 피하기 위하여 한 재산의 처분이나 그 밖에 재산권을 목적으로 한 법률행위(신탁법 제8조에 따른 사해신탁을 포함한다)에 대하여 신탁법 제8조 및 민법 제406조·제407조 및 신탁법 제8조를 준용하여 사해행위의 취소 및 원상회복을 법원에 청구할 수 있다.

> 국세기본법 제35조 (국세의 우선) ⑥ 세무서장은 납세자가 제3자와 짜고 거짓으로 재산에 다음 각 호의 어느 하나에 해당하는 계약을 하고 그 등기 또는 등록을… 함으로써 그 재산의 매각금액으로 국세를 징수하기가 곤란하다고 인정할 때에는 그 행위의 취소를 법원에 청구할 수 있다…
>
> 1. … 전세권·질권 또는 저당권의 설정계약…
> 2. … 임대차계약
> 3. … 가등기 설정계약
> 4. … 양도담보 설정계약

지방세법은 제39조. 어, 국세징수법 제25조가 있는데 국세기본법 제35조 제6항은 왜? 이것도 채권자취소권에 관한 규정인데… 무효인 행위라도 취소대상이 된다.[69] 외관을 갖추고 있는 이상은 취소할 실익이 있으니까. 그런데 제35조 제6항은 왜 난데없이 국세우선권 조문에 들어가 있을까? 법전에 적힌 규정이 제정된 시기를 볼까나. 국세징수법의 사해행위 취소는 국세징수법이 1974년에 제정되던 때부터 있다가 2002. 12. 26.에 민법상의 채권자취소권에 가깝게 법을 고친 것이다. 국세기본법 제35조 제6항의 내용은 1990. 12. 31.에 신설되었다. 1990년에 무슨 일이 있었고, 그것이 이 조문이

친다. 국세기본법 제35조 제2항 제6호. 압류의 효력은 압류 당시 이미 발생한 체납세액에만 미친다. 대법원 2023. 10. 12. 선고 2018다294162 판결.

69) 대법원 1961. 11. 9. 선고 4293民上263 이래 굳은 판례.

신설된 동기가 되었을 것이라고 짐작할 수 있다. 이 문제는 국세우선권에 가서 보기로 한다.

민법(民法)의 채권자취소권에서는[70] 채무자의 '무자력(無資力)'이 요건이지만 세법에서는 '강제징수를 할 때 납세자가 국세의 징수를 피하기 위하여'라는 요건을 정하고 있다.[71] 사해행위취소권은 본질이 채권자취소권이므로 세법에 정하지 않은 내용에 대해서는 민사법의 이론이 적용된다.[72] 따라서 소는 수익자(채무자의 사해행위의 상대방 당사자)나 악의(惡意)의[73] 전득자를 피고로 하여,[74] 취소원인을[75] 안 날로부터[76] 1년, 사해행위가 있은 날로부터 5년 이내에 내어야 한다.[77] 사해행위가 취소되면 원칙적으로는 목적물 자체를 반환받고, 그것이 불가능하거나 현저히 곤란한 경우에는 예외적으로 가액을 배상받는다(민사법의 통설 · 판례[78]).

조세채권의 성립(成立)시기가 아직 이르기 전에 사해행위가 있는 경우 이를 취소할 수 있을까?[79]

〈헌법재판소 2013. 11. 28. 2012헌바22〉

…민법상 채권자취소권과 심판대상조항이 정하는 사해행위취소권의 관계에 대하여, 대법원은 국세징수법…가 규정하는 사해행위의 취소의 소도 민법 제406조가 정하는 사해행위취소의 소의 일종이라고 보고 있고(대법원 2003. 12. 12. 선고 2003다30616 판결 참조), 피보전채권의 성립시기와 사해행위의 관계에 대하여 대법원은 "채권자취소권에 의하여 보호될 수 있는 채권은 원칙적으로 사해행위라고 볼 수 있는 행위가 행하여지기 전에 발생된 것임을 요하지만, 그 사해행위 당시에 이미 채권 성립의 기초가 되는 법률관계가 발생되어 있고, 가까운 장래에 그 법률관계에 기하여 채권이 성립되리라는 점에 대한 고도의 개연성이 있으며, 실제로 가까운 장래에 그 개연성이 현실화

70) 민법 제406조.

71) 실제는 별 차이가 없다는 생각으로, 임승순, Ⅰ부 3편 3장 6절 2.↔이창, 세법상 사해행위취소권에 대한 소고, 조세법연구 XⅢ-2, 35쪽.

72) 대법원 1991. 11. 8. 선고 91다14079 판결. 세법의 특칙으로 가령 소멸시효 중단의 효력은 국세기본법 제28조 제3항.

73) "알면서"라는 뜻의 법률용어이다. "선의(善意)"라는 말은 "모른 채"라는 뜻이다.

74) 사해행위취소의 소를 민사소송으로 다루는 이상 원고는 대한민국.

75) 대법원 2003. 7. 11. 선고 2003다19435 판결; 2003. 12. 12. 선고 2003다30616 판결(사해의사).

76) 대법원 2017. 6. 15. 선고 2016다200347 판결(징수공무원이 안 날).

77) 민법 제406조 제2항. 대법원 1991. 11. 8. 선고 91다14079 판결; 2018. 9. 13. 선고 2018다215756 판결; 2022. 5. 26. 선고 2021다288020 판결. 소제기로 국세징수권의 소멸시효가 중단된다. 단, 소가 각하 · 기각 · 취하된다면 시효중단이 없다. 국세기본법 제28조 제4항.

78) 대법원 1998. 5. 15. 선고 97다58316 판결 등 참조.

79) 이 책 2013년판, 제5장 제3절 II.

되어 채권이 성립된 경우에는, 그 채권도 채권자취소권의 피보전채권이 될 수 있다. 왜냐하면 위와 같은 경우에도 채권자를 위하여 책임재산을 보전할 필요가 있고, 채무자에게 채권자를 해한다는 점에 대한 인식이 있었다고 볼 수 있기 때문이다."고 판시하여 오면서(대법원 1995. 11. 28. 선고 95다27905 판결; 대법원 2002. 11. 8. 선고 2002다42957 판결 등 다수), 위 법리를 조세법률관계에도 그대로 적용하여 왔다(대법원 2001. 3. 23. 선고 2000다37821 판결; 대법원 2004. 7. 9. 선고 2004다12004 판결 등)…

…소득세, 법인세 및 부가가치세는 과세기간이 종료한 때에 납세의무가 성립하는 이른바 '기간과세' 세목인바, 이러한 경우 사해행위 이전에 조세채권이 성립하여야 함을 강조하게 되면 해당 과세기간 중에 납세의무자가 미리 납세의무를 면탈할 의도로 자산을 매각 내지 증여하는 행위에 대해 사해행위 취소청구를 할 수 없게 되는 매우 불합리한 결과가 발생한다. 특히 조세채권의 경우… 과세기간이 종료하면 당연히 법에 의해 그것이 성립할 것을 쉽게 예상할 수 있다는 점에서 일반 민사채권과는 다른 특수성이 있음이 고려되어야 한다.

…세법은 조세채권의 성립시기가 이르기 전에 이루어진 사해행위라 할지라도 사해행위취소의 대상이 될 수 있음을 다른 곳에서 이미 명백히 밝히고 있다. 즉, 구 국세기본법 제35조 제4항은 "세무서장은 납세자가 제3자와 짜고 거짓으로 재산에 다음 각 호의 어느 하나에 해당하는 계약을 하고 그 등기 또는 등록을 함으로써 그 재산의 매각금액으로 국세…을 징수하기가 곤란하다고 인정할 때에는 그 행위의 취소를 법원에 청구할 수 있다. 이 경우 납세자가 국세의 법정기일 전 1년 내에 대통령령으로 정하는 친족이나 그 밖의 특수관계인과 전세권·질권 또는 저당권 설정계약, 가등기 설정계약 또는 양도담보 설정계약을 한 경우에는 짜고 한 거짓 계약으로 추정한다."라고 규정하고 그 각 호에서 '저당권 설정계약' 등을 정하고 있다. 그런데 '국세의 법정기일'에는 이른바 신고납세방식을 따르고 있는 세목(법인세, 소득세, 부가가치세 등)의 '과세표준 및 세액 신고일'이 포함되는바(국세기본법 제35조 제1항 제3호 가목 참조), 이는 당해 조세채권의 성립시점 이전에 이루어진 사해행위도 얼마든지 취소의 대상이 될 수 있음을 그 전제로 한 규정이다.

…국가의 조세채권 역시 민법상 금전채권과 본질적으로 다르지 않다는 점 등에 비추어 보면, 조세채권 행사의 주체가 일반 국민이 아니라 국가라는 이유만으로 채권자취소제도에 관한 민사 법리의 적용을 부인할 수는 없다.

체납자가 재산을 빼돌리는 행위는 채권자취소권의 대상일 뿐만 아니라 형벌로 다스리는 범죄.

조세범처벌법 제7조 (체납처분 면탈) ① 납세의무자 또는 납세의무자의 재산을 점유하는 자가 체납처분의 집행을 면탈하거나 면탈하게 할 목적으로 그 재산을 은닉·탈루하거나 거짓 계약을 했을 때에는 3년 이하의 징역 또는 3천만원 이하의 벌금에 처한다.[80)]…

Ⅲ. 채권자대위권

민법은 債權者代位權이라는 제도를 두어 채권자는 제 채권을 보전하기에 필요한 범위 안에서 채무자의 권리를 행사할 수 있도록 정하고 있다.[81)] 세법에는 이에 관한 아무런 규정이 없다.[82)] 그렇다면 민법에 근거하여 채권자대위권을 행사할 수 있을까? 당연하다.[83)] 현행법에는 이를 전제한 규정도 있다.[84)] 반대방향으로 납세의무자에 대한 민사채권자가 납세의무자에 대위하여 납세의무자의 공법상 권리, 가령 경정청구권을 행사할 수 있을까? 없다.[85)]

제 4 절 국세우선권(國稅優先權)

국가재정의 기초라는 점에서 법이 조세채권에 준 특별한 효력[86)] 가운데 법률가에게 가장 중요한 것은 優先權이다. 이하의 논의는 관세나 지방세에도 적용되지만 글귀가 국세기본법과 다른 부분도 있으니 꼼꼼 따져야 한다. 미국처럼 우선권의 범위가 넓은 나라도 있지만 독일, 호주처럼 우선권이 없는 나라도 있다.

국세기본법 제35조 (국세의 우선) ① 국세[87)] 및 강제징수비는 다른 공과금이나 그 밖의 채권에 우선하여 징수한다. 다만, 다음 각 호의 어느 하나에 해당하는 공과금이나

80) 헌법재판소 2023. 8. 31. 2020헌바498 결정. 지방세기본법은 제103조. 상세는 안대희, 조세형사법, 2편 2장 4절. 체납처분이란 강제징수의 옛 말.

81) 민법 제404조.

82) 국세징수법 제52조 제2항에서 세무서장이 채권의 압류를 통지한 때에는 체납자인 채권자를 대위한다는 말은 추심권이 생긴다는 뜻. 스스로 채권을 압류하면 되니 채권자대위권은 행사할 이유가 없다.

83) 대법원 1991. 11. 8. 선고 91다14079 판결; 2019. 4. 11. 선고 2017다269862 판결.

84) 국세기본법 제28조 제3항 제5호.

85) 대법원 2014. 12. 11. 선고 2012두27183 판결.

86) 헌법재판소 2001. 7. 19. 2000헌바68 결정; 대법원 1983. 11. 22. 선고 83다카1105 판결. 국세징수의 예에 의하거나 국세징수법을 준용해서 징수하는 다른 공과금에 우선권이 생기지는 않는다. 대법원 1990. 3. 9. 선고 89다카17898 판결.

87) 연부연납에 따르는 이자세에도 국세우선권이 있다. 대법원 2001. 11. 27. 선고 99다22311 판결.

그 밖의 채권에 대해서는 그러하지 아니하다.

1호, 2호 (생략)

3. 제2항에 따른 법정기일 전에 다음 각 목의 어느 하나에 해당하는 권리가 설정된 재산이 국세의 강제징수 또는 경매 절차 등을 통해 매각…되어 그 매각금액에서 국세를 징수하는 경우 그 권리에 의하여 담보된 채권 또는 임대차보증금반환채권…

가. 전세권, 질권 또는 저당권

나. 「주택임대차보호법」… 또는 「상가건물 임대차보호법」…에 따라 대항요건과 확정일자를 갖춘 임차권

다. 납세의무자를 등기의무자로 하[는]…가등기 담보권

3의2. 제3호 각 목의 어느 하나에 해당하는 권리(이하 이 호에서 '전세권등'이라 한다)가 설정된 재산이 양도…된 후…그 매각금액에서 국세를 징수하는 경우…직전 보유자가 전세권등의 설정 당시 체납하고 있었던 국세…의 범위 내에서는 국세…를 우선 징수한다.

4. …임대차에 관한 보증금 중 일정 금액으로서 「주택임대차보호법」… 또는 「상가건물 임대차보호법…에 따라 임차인이 우선하여 변제받을 수 있는 금액에 관한 채권

5. … 「근로기준법」… 또는 「근로자퇴직급여 보장법」…따라 국세에 우선하여 변제되는 임금, 퇴직금, 재해보상금, 그 밖에 근로관계로 인한 채권

② 이 조에서 "법정기일"이란 다음 각 호의 어느 하나에 해당하는 기일을 말한다.

1. 과세표준과 세액의 신고에 따라 납세의무가 확정되는 국세[중간예납하는 법인세와 예정신고납부하는 부가가치세 및 소득세(「소득세법」 제105조에 따라 신고하는 경우로 한정한다)를 포함한다]의 경우 신고한 해당 세액: 그 신고일

2. 과세표준과 세액을 정부가 결정·경정 또는 수시부과 결정을 하는 경우 고지한 해당 세액[88](…지정납부기한 후의 납부지연가산세…를 포함한다): 그 납부고지서의 발송일…

國稅優先權의 적용범위는? 제1항 본문에 따른 우선징수는 언제? 조세채권이나 공과금의 체납처분이나 강제징수,[89] 강제집행, 경매 또는 파산절차에 의한 매각이나[90] 환가, 그 밖에 강제집행 절차에 따라 납세의무자가 제3자에 대해 가지고 있는 채권을 압류하여 추심액을 분배하는 것도 해당한다.[91] 그러나 채무자의 회생계획을 짜면서 채

88) 이 조에 따른 선후는 신고세액, 고지세액 하나 하나를 단위로 따지므로 증액경정에서도 흡수여부 문제는 애초 안 생긴다. 제6장 제5절 V.

89) 국세기본법 제35조 제1항 제1호.

90) 같은 법조항 제2호. 자연인이라면 파산으로 소멸하지 않으므로 파산재단이 못 갚은 조세채권에 여전히 책임이 있다. 임금채권 등도 마찬가지. 채무자 회생 및 파산에 관한 법률 제566조 단서 제1호. 헌법재판소 2022. 9. 29. 2019헌마874 등 결정.

권의 순위를 어떻게 정하는가는 오로지 도산법의 규정에 따르게 된다.[92] 지방세기본법은 제71조.

우선변제권이 있다 하더라도, 민사 강제집행에서 조세채권자가 실제로 우선변제를 받으려면 배당요구 종기까지 交付請求를 해야 한다.[93] 교부청구를 하지 않았다면 사실상 우선변제를 받은 후순위채권자에게 대한 부당이득의 반환도 구할 수 없고.[94]

조세우선권은 납세의무자의 재산 모두에 미치므로, 그중 일부에서 국가가 우선변제받는다면 각 재산별 후순위 담보물권자에게는 공동저당에 관한 민법 규정을 준용.[95]

I. 국세우선권의 헌법상 한계

국세기본법 제35조의 이런 내용은 1990. 12. 31.에 개정된 것이다. 이미 살펴보았듯이 날짜는 사해담보취소권이 엉뚱하게 제35조에 들어온 날짜이다. 그 배경이 헌법재판소 1990. 9. 3. 89헌가95 결정. 옛 법은 다음과 같이 정하고 있었다.

옛 국세기본법[96] 제35조 (국세의 우선) ① 국세…는 다른 공과금 기타의 채권에 우

---

91) 파산선고 전에 압류를 마친 조세채권의 압류당시 체납액은 담보권자의 변제권 행사시 우선변제를 받는다. 대법원 2003. 8. 22. 선고 2003다3768 판결; 2023. 10. 12. 선고 2018다294162 판결. 미리 압류를 하지 않았다면 파산법에 따르게 되므로 국세기본법과는 순위가 달라질 수도 있다. 채무자회생법 제475조, 제476조. 파산재단이 재단채권에 못 미치는 경우는 제477조. 조세채권에 터잡은 압류등기 당시 이미 체납자에 대해 상계적상의 채권을 가지고 있는 자는 그 채권을 자동채권으로 삼아 체납자의 채권과 상계할 수 있으므로 결과적으로 국세에 우선한다. 제3자에게 양도한 조세환급금채권을 그 뒤에 생긴 조세채권에 선충당하는 근거를 조세우선권에서 찾는 판례로 헌법재판소 2017. 7. 27. 2015헌바286 결정.

92) 이준봉, 3편 4장 3절 Ⅵ. 2; 임승순, I부 3편 4장 4절 2; 최성근, 조세채권의 정리채권 성립시기 및 신고기한, 조세법연구 X-1 (2004), 131쪽. 원천징수한 소득세와 거래징수한 부가가치세로 법정납부기한에 이르지 않은 것은 공익채권이다. 소득처분에 따른 원천징수채권에 대해서는 대법원 2013. 2. 28. 선고 2012두23365 판결. 채무자 회생 및 파산에 관한 법률 제179조 제1항 제9호. 그런 조세채권으로 법정납부기한이 지났으나 회생채권으로 신고하지 않은 것은 실권된다. 대법원 1993. 3. 25. 선고 93누14417 판결; 2002. 9. 24. 선고 2001두7268 판결; 2007. 9. 6. 선고 2005다43883 판결; 2012. 3. 22. 선고 2010두27523 판결. 조세채권자가 회생절차에 관해 몰랐고 관리인은 조세채권의 존재를 쉽사리 알 수 있었다면 실권 안 된다. 대법원 2024. 6. 13. 선고 2023두63079 판결.

93) 민사집행법 제88조, 제84조(세무서장에 대한 최고). 대법원 2001. 11. 27. 선고 99다22311 판결; 2012. 5. 10. 선고 2011다44160 판결. 임금채권 등 사권도 같다. 대법원 2015. 8. 19. 선고 2015다204762 판결. 경매개시결정 기입등기 전의 압류등기에는 그 때까지의 체납액에 대한 교부청구의 효력이 있다. 대법원 2001. 5. 8. 선고 2000다21154 판결; 2012. 5. 10. 선고 2011다44160 판결.

94) 대법원 1996. 12. 20. 선고 95다28304 판결(임금채권).

95) 대법원 2001. 11. 27. 선고 99다22311 판결; 2006. 5. 26. 선고 2003다18401 판결; 2015. 4. 23. 선고 2011다47534 판결.

96) 1990. 12. 31. 법률 제4277호로 개정되기 전의 국세기본법.

선하여 징수한다. 다만, 다음… 채권에 대하여는 그러하지 아니하다.

1.-2. (생 략)

3. 국세의 납부기한으로부터 1년 전에 전세권 · 질권 또는 저당권의 설정을 등기 또는 등록한 사실이 대통령령이 정하는 바에 의하여 증명되는 재산의 매각에 있어서 그 매각금액 중에서 국세…(그 재산에 의하여 부과된 국세…를 제외한다)를 징수하는 경우의 그 전세권 · 질권 또는 저당권에 의하여 담보된 채권

가령 저당권이 국세의 납부기한 전에 이미 설정되었더라도 그것이 1년 이내라면 국세채권이 피담보채권에 우선한다는 것. 따라서 피담보채권이 우선변제를 받으려면 적어도 납부기한보다 한 해 전에 설정등기(등록)했어야만 했다. 어, 미리 알 수 없는 사정으로 담보권자의 우선변제 지위가 흔들릴텐데?

헌법재판소 결정의 배경이 된 사안은 다음과 같다. 서울신탁은행은 1987. 8. 8. 어떤 사람(채무자)의 부동산에 대하여 근(根)저당권을[97] 설정받고, 1억 7천 6백만원을 대출했다. 그 때까지 채무자는 아무런 체납세액이 없는 깨끗한 상태였다. 그런데 그 뒤에 채무자에 대한 일반채권자가 위 부동산에 대하여 경매신청을 하자, 이에 은행도 근저당권에 터잡아 경매신청을 했다. 동일한 재산에 두 개의 경매가 경합하게 되어서 두 번째의 경매신청에는 '배당요구'와 같은 효력이 생긴다. 1988. 8. 25. 위 부동산이 1억 3천 1백만원에 매각되어 은행은 곧 배당금을 수령할 것으로 기대했으나, 갑자기 국가가 채권자로 나타났다. 채무자가 1988. 1. 30.을 납부기한으로 하는 양도소득세 및 방위세를 안 내었다면서, 국가(광화문세무서)가 이 조세채권을 받기 위한 배당금 교부청구를[98] 한 것이다. 국세 납부기한으로부터 1년 전이 되는 시점은 1987. 1. 30.이 되고, 은행이 저당권을 설정받은 날은 1987. 8. 8.이므로, 이 두 시점을 비교하면 국세채권이 우선하게 된다. 이리하여 경락대금 전액을 국가가 우선 배당받게 되고 은행은 전혀 못 받았다. 이에 은행은 배당이의의 소를[99] 제기했고, 법원은 이 재판의 전제로 국세기본법 제35조 제1항 제3호의 위헌심판을 제청한 것이다.

헌법재판소는 옛 국세기본법의 국세우선권 규정을 위헌이라고 판단했다. 그 이유는 두 가지. 첫째, 본 규정은 재산권(담보물권)의 본질적 내용을 침해[100]했다. 둘째, 본 규정은 재산권제한의 비례의 원칙 즉 목적의 정당성, 수단의 적절성, 침해의 최소

97) "근"이라는 말은 담보받는 채권액이 특정금액이 아니고 미리 정한 최고한도액까지 담보권이 미친다는 말이다. 민법 제357조 등.

98) 국세징수법 제59조.

99) 현행법으로 민사집행법 제154조.

100) 헌법 제37조 제2항 후단.

성, 법익의 균형성에[101] 어긋난다.

> "먼저 성립하고 공시를 갖춘 담보물권이 후에 발생하고 공시를 전혀 갖추고 있지 않은 조세채권에 의하여 그 우선순위가 추월당하도록 되어 있고, 담보물권의 근본요소가 담보부동산으로부터 우선변제를 확보하는 담보기능에 있다고 할 때, 담보물권에서 담보기능이 배제되어 피담보채권을 확보할 수 없다면 그 점에서 이미 담보물권이라고 할 수도 없는 것이므로, 담보물권이 합리적인 사유 없이 담보기능을 수행하지 못하여 담보채권의 실현에 전혀 기여하지 못하고 있다면 담보물권은 물론, 나아가 사유재산제도의 본질적 내용의 침해가 있는 것이라고 보지 않을 수 없다."

> "본 규정이 담보물권의 본질적 내용의 침해가 없는 것이라고 할지라도 과잉금지의 원칙의 준수가 요구된다. 본 규정은 국가재정의 기초를 확보한다는 점에서 우선징수를 허용하는 것은 목적의 정당성이 인정된다. 다만 첫째, 공시의 원칙은 공법관계에서도 그대로 원용되어야 할 것이므로 비공시 조세채권이 공시된 담보물권에 우선하도록 하는 것은 방법의 적정성의 원칙에 반하는 것은 물론, 법익의 균형성 또는 피해의 최소성에도 반하고, 둘째, 담보권설정자로서는 장래 1년 내의 조세채무 발생여부 또는 조세체납여부가 예측불가능이거나 현저히 예측곤란할 것이므로 불확정 조세채권이 확정 담보물권에 우선할 수 있도록 한 것은 사법상의 담보물권제도에 대하여 가지는 법적 신뢰성을 근저에서 허물어뜨리는 것이 되는 것이고, 셋째, 과세사유가 당해 담보부동산에서 초래하는 것이 아닐 때는 과세권자의 자의에 따라 담보물권자의 이해관계가 좌우될 수 있다. 넷째, 과세관청이 조세채권의 소급우선권까지 보유하는 것은 과세징수상의 편의만을 도모할 뿐, 선량한 국민에 대하여 합리적 이유 없이 희생을 강요하는 것으로 방법의 적정성 내지 피해의 최소성에 반한다고 할 것이다."

헌법재판소의 결정은 옳은가? 첫째 이유, 곧 '담보물권의 본질적(本質的) 내용을 침해한다'는 말 자체는 맞다. 정녕 담보물권을 헛것으로 만든다. 그러나 이런 이유로 조세채권의 소급이 불허된다면 혹시, 담보물권이라는 제도가 통째로 다 위헌이 되지 않을까? '안저당'이 채무자에게 돈을 빌려주어 채권을 취득한 후, 은행도 채무자에게 담보물권을 설정받고 돈을 빌려주었다고 하자. 은행은 비록 안보다 나중에 채권을 취득했지만, 담보물권 덕택에 안보다 먼저 돈을 받아간다. 그렇다면 담보물권이라는 제도는 안의 채권이라는 재산권의 本質을 침해한다고 할 수 있다. 채권이란 '돈을 돌려받을 권리'인데, 이 본질이 침해되지 않는가?

---

101) 헌법 제37조 제2항 전단.

무슨 소리. 법을 공부하는 사람이라면, 이쯤에서 모름지기 반론이 나와야. 위 보기에서 안은 애초 먼저 담보물권을 설정받을 기회가 있었는데도 그렇게 안 했다. 자기보다 우선하는 담보물권자가 나중에 생길 수 있음을 알았으니 구태여 안을 보호할 이유가 없잖아.[102] 그에 비해 조세채권의 경우에는 뒤에 생기는데도 조세채권이 절대적으로 우선하고, 담보물권자로서는 애초 국가보다 우선하는 권리를 취득할 길이 없다. 그러니 억울한 피해를 볼테고, 그러니 담보물권자를 보호해야 하는 거지. 맞다. 정녕 맞다. 그러나 이 토론에서 무엇이 드러났는가? "재산권의 본질에 반한다"는 식의 이야기는 위헌이라는 논증이 못 된다는 것. 바른 문제는 법적안정성(法的安定性)이다. 조세채권의 소급적 우선권 때문에 법적안정성이 깨어짐은 틀림없다. 그러나 이것은 국가에 어느 정도의 우월적인 지위를 인정할 것인가의 문제, 곧 법적안정성과 국가재정의 확보라는 두 가지 가치 사이에 어느 것을 우선시킬 것인가라는 가치판단의 문제이다. 그렇다면 이 문제는 둘째 논점 곧 비례의 원칙의 일부일 따름.

두 번째 이유 '비례의 원칙'도 마찬가지. 이미 형성된 법적 지위를 깨뜨리는 제도는 물론 바람직하지 않다. 거래를 하려는 사람은 언제나 불확실한 위험, 곧 자신의 권리보다 뒤늦게 생겨나는 남의 권리가 자신의 기득권을 제칠 수 있다는 위험에 대비하여야 하므로 사회전체의 거래비용이 는다. 비(非)효율적인 제도임은 틀림이 없다. 그러나 그 非효율적인 제도라고 하더라도 국회로서는 이것이 필요하다고 판단한 것인데 반해서, 헌법재판소는 아니라고 판단한 것이다. 문제는 왜 아닌지, 담보물권자의 기대이익에 대한 보호가 국가재정의 확보보다 왜 더 중요한가라는 논증이다. 제2장 제3절 III. 현인다운 논증은 마다하고 답만 내린 것.

아무튼, '납부기한과 담보권설정일의 선후(先後)를 따져서 담보설정이 납부기한보다도 미리 이루어졌다면 담보권을 우선해 주어야 한다'는 제약이 헌법해석으로 생겼다. 이에 따라 생긴 현행법: '신고일(申告日)' 또는 '납부고지서의 발송일(發送日)'과 '담보권설정일(設定日)' 사이를 비교하여 빠른 쪽이 우선한다. 그렇지만 한가지 문제가 남아 있네. 담보를 잡고 돈을 꿔주려는 자는 채무자에게 미납세액이 있는지 어떻게 알 수 있지? 납세(납부)고지서의 "發送日 … 시점에서 얼마든지 … 조세채무의 존부와 범위를 확인"할[103] 수 있나? 미납세액은 등기부에 안 나온다. 채권자가 돈을 빌려주기 전에 채무자의 미납세액이 있는지를 알고 싶으면 어떻게 하여야 할까? 세무서에 가서 물어보아야 할 것이나 당사자가 아닌 이상 세무서에서는 안 가르쳐 준다. 따라서 채

102) 일반채권자이더라도 일단 압류를 한 뒤에는 그 뒤에 담보물권을 설정한 자보다 덜 보호할 이유는 없다. 압류의 처분금지효에 따라 압류채권자에 우선권을 줄 수도 있겠지만, 판례는 이른바 상대효설에 따라 압류채권자와 그 뒤의 담보물권자에게 같은 순위를 주고 있다. 그러나 아래 III 참조.

103) 헌법재판소 1997. 4. 24. 93헌마83 결정. 제4장 제3절 III.

권자는 채무자에 대하여 납세완납증명서를 떼어 오라고 요구하는 수밖에 없다.[104] 그래도 불안한 것이 아직 납기에 이르지 않은 조세채무는 증명서에 안 나온다. 그럼 어떡하지? 채권자는 세무서의 기록을, 그것도 채무자를 통하여 확인한다는 번거로운 행위를 해야 비로소 납세의무자의 미납세액을 알 수 있다.[105] 제4장 제3절 III.

Ⅱ. 국세우선권과 허위담보취소권

현행법상 허위담보 설정행위의 취소권이 엉뚱하게 국세우선권 조문에 끼어 든 이유를 이제 알 수 있다. 이미 본 바와 같이 국세의 우선순위를 결정하는 기준으로 예전에는 담보물권설정일과 '납부기한으로부터 1년 전의 시점'을 비교했는데, 지금은 담보물권설정일과 '납부기한(≒신고일 등)'을 견주게 되었다. 현행법에서는 납세의무자가 세금을 면탈하려고 사해담보를 설정할 가능성이 높아지게 된다. 어느 과세기간에 대한 조세채무는 대개 과세기간이 끝나고 어느 정도 날짜가 지나야 납부기한에 이른다. 납세의무자는 사업이 잘 되고 있는지 아닌지를 납부기한 전에 당연히 알지만 국가는 알 도리가 없다. 이리하여 사업이 어려운 때에는 국세에 우선하는 담보물권을 미리 설정시켜 두는 방식으로 재산을 빼돌리는 일이 벌어지기 십상. 그 대책으로 허위담보취소권을[106] 신설했던 것이다.

납세의무자가 위와 같은 허위의 담보권을 설정하는 경우에는 국가는 취소권을 행사할 수 있게 된다. 담보설정이 아닌 양도의 경우나, 사해담보이기는 하지만 통정허위가 아닌 경우에는 국세징수법 제25조(사해행위의 취소 및 원상회복)가 적용된다. 조세채권의 성립시기가 이르기 전의 사해행위도 취소대상임은 제3절 II.

Ⅲ. 조세채권과 담보물권의 우선순위: 법정기일 v. 설정일

2022년말 개정 국세기본법은 조세채권과 담보물권의[107] 우선순위의 적용범위를

104) 국세징수법 제108조 참조.

105) 더구나 대법원 2006. 5. 26. 선고 2003다18401 판결은 채권자는 납세증명서의 내용이 진정하다고 신뢰해서는 안 된다고 한다. 헌법재판소 2001. 7. 19. 2000헌바68 결정은 국세우선권에 관한 현행법이 합헌이라고는 했지만 담보권자의 예측가능성을 제고하는 제도적 장치를 촉구하고 있다. 주택이나 상가를 임차하려는 자는 임대인의 동의를 얻어, 이미 계약을 맺은 자는 단독으로 임대인의 미납국세를 열람할 수 있다. 국세징수법 제109조. 그 밖에 헌법재판소 2016. 6. 30. 2013헌바191 결정(개발부담금)의 반대의견 참조.

106) 국세기본법 제35조 제6항.

107) 유치권의 사실상 우선권은 제5장 제1절 1. 대법원 2014. 3. 20. 선고 2009다60336 판결.

"재산이 국세의 강제징수 또는 경매절차를 통하여 매각"되는 경우라고[108] 적고 있지만 이 말은 파산법에 따른 재산매각이나 민사집행법에 따른 환가절차를 포함하는 넓은 뜻으로 넓혀 읽어야 한다. 그렇게 하지 않으면 제1항 본문에 따른 조세우선권이, 파산절차에서는 담보물권보다 절대적으로 우선하게 되고 압류채권의 배분에서는[109] 권리질권에 절대우선할 가능성이 생겨서 위헌이 된다. 앞 I. 담보물권보다 선순위든 후순위든 재산의 매각대금의 배분을 받을 수 있는 조세채권이란 매각대금 완납 전에 성립확정된 것에 한하고[110] 배당요구 종기까지 교부청구를 해야 한다.[111]

조세채권과 담보물권의 순위는 조세채권의 확정 부분과 국세우선권에 관한 헌법재판에서 이미 보았듯 담보물권이 공시(公示)된 날과 조세채권이 불완전하게나마 公示된 날(법정기일)의 선후(先後)에 따른다. "법정기일 전에 … 설정된" 담보물권은 국세에 우선한다.[112] "과세표준과 세액의 신고에[113] 따라 납세의무가 확정되는 국세[중간예납하는 법인세와 예정신고납부하는 부가가치세 및 소득세(소득세법 제105조에 따라 신고 납부하는 경우로 한정한다)를 포함한다]의 경우 신고한 해당 세액에 대해서는 그 申告日"과[114] 전세권·질권 또는 저당권의 설정일을 견주어 빠른 쪽이 우선한다. "과세표준과 세액을 정부가 결정·경정 또는 수시부과 결정을 하는 경우 고지한 해당 세액에 대해서는 그 납부고지서의 發送日"과[115] 담보권 설정일을 견주어 우선순위를 정한다. 신고납세방식이라 하더라도 과소신고후 증액경정에 따라 추가로 부과하는 세액은 납부고지서 발송일과 담보권 설정일의 선후를 기준으로 우선순위를 판단한다.[116] 확정에 앞서서 미리 보전압류(保全押留)를 한 국세채권은 압류 뒤에 등기한

108) 국세기본법 제35조 제1항 제3호.

109) 파산선고 전에 압류를 마친 조세채권은 담보권자의 변제권 행사시 우선변제를 받는다. 대법원 2003. 8. 22. 선고 2003다3768 판결.

110) 대법원 1992. 12. 11. 선고 92누35431 판결(납부기한 전 징수); 2016. 1. 24. 선고 2014두4085 판결; 2016. 1. 25. 선고 2014두5316 판결.

111) 대법원 2001. 11. 27. 선고 99다22311 판결; 2012. 5. 10. 선고 2011다44160 판결.

112) 국세기본법 제35조 제1항 제3호.

113) 신고기간 전의 신고에는 확정효력이 없다고. 대법원 2025. 5. 15. 선고 2022다268016 판결. 그러나 제4장 제3절 II.

114) 국세기본법 제35조 제2항 제1호. 헌법재판소 1995. 7. 21. 93헌바46 결정. 제4장 제3절 III. 기한후신고에는 확정의 효력이 없고 결정으로 확정. 대법원 2012. 8. 30. 선고 2010다88415 판결.

115) 국세기본법 제35조 제2항 제2호. 발송일 이후에는 이미 고지세액을 확인할 수 있기 때문에 장래의 예측가능성이 있다. 헌법재판소 1997. 4. 24. 93헌마83 결정; 2009. 9. 24. 2007헌바61 결정; 2012. 8. 23. 2011헌바97 결정. 제4장 제3절 III.

116) 대법원 2003. 1. 24. 선고 2002다63732 판결; 2018. 6. 28. 선고 2017다236978 판결. 기한후신고에 따른 결정도 마찬가지. 대법원 2012. 8. 30. 선고 2010다88415 판결. 소송물 이론의 흡수설과는 무관하다. 대법원 2018. 6. 28. 선고 2017다236978 판결. 제6장 제5절. 국세기본법 제47조 제2항은 국세우선권과는 무관하다. 대법원 2004. 11. 12. 선고 2003두6115 판결.

담보물권보다 우선한다.[117] 물적납세의무를 지는 양도담보권자나 수탁자로부터 징수하는 조세채권은 물적납세의무자에 대한 납부고지서 발송일과 담보물권 설정일을 견주어 우선순위를 판단.[118] 앞서 헌법재판소의 결정례를 공부하면서 보았듯, 신고나 납부고지서 발송으로 조세채권이 특정되기는 하지만 공시방법이 불충분하여 제3자가 알기 어렵다고[119] 비판할 여지가 남아 있다.

조세채권의 법정기일과 담보물권 설정일 사이의 선후비교는 담보물권 설정일 현재의 조세채무자(=소유자)에 대한 조세채권의 법정기일과 담보물권 설정일을 비교하는 것이다. 애초 담보물권자가 예측가능해야 조세채권에 우선권을 줄 여지가 있다. 2022년말 개정법은 이를 확인해서 "제3호의2에 해당하는 재산의 매각"을 제3호에 따른 비교대상에서 빼고 있다. 새 소유자가 재산을 양수하는데 더해서 구소유자의 채무(담보채무)를 계약인수하더라도 새 소유자에 대한 조세채권과 담보물권의 관계에 제3호를 적용하지는 않는다.[120] 제3호의2 본문은 이 당연한 사리의 확인이다. 재산양도 이후에는 양도인에 대한 조세를 그 재산(=양수인의 재산)이나 그 매각대금에서 걷을 수가 없다. 앞 제1절 1. 양수인에 대한 조세채권과 담보물권의 관계는 제3호로 이미 해결되지만 제3호의2 본문에다 다시 한 번 적은 것뿐이다. 단서에 대해서는 아래 V.3.

가산세(加算稅)의 법정기일은? 가산세를 포함하는 납부고지서의 발송일이라는 것이 종래의 판례. 가산세는 "본세의 명목으로 부과징수된다고 하더라도 본세와는 본질적으로 성질이 다르므로… 가산세 채권과 저당권 등에 의하여 담보된 채권과의 우열을 가릴 때에는 가산세 자체의 법정기일을 기준으로 하여야" 하는데,[121] 가산세의 법정기일에 관하여는 법에 따로 정한 바가 없고 "세무공무원이 납세(납부)고지서를 당해 납세의무자에게 교부하여… 징수"하는 가산세인 이상 납세고지서의 발송일이 법정기일이라고.[122] 2020년부터는 종래의 중가산금이 납부지연가산세로 바뀌었고, 본세의 납부고지서에 따른 지정납부기한 후에 생긴 것이지만 자동확정되면서 납부고지서 발송일이 법정기일인 것은 종래와 같다.[123]

(보기) 사업연도가 1. 1.에서 12. 31.까지인 갑 주식회사는 20x1. 3. 20.에 20x0년도 귀속 법인세의 과세표준과 세액을 신고하면서 납부할 세액으로 1억원을 신고했으나

117) 국세기본법 제35조 제2항 제6호.
118) 국세기본법 제35조 제2항 제7호, 제8호. 아래 IV.
119) 대법원 2006. 5. 26. 선고 2003다18401 판결.
120) 대법원 2005. 3. 10. 선고 2004다51153 판결.
121) 대법원 2001. 4. 24. 선고 2001다10076 판결.
122) 같은 판결. 가산세는 별도의 부과처분을 필요로 한다. 제2절.
123) 국세기본법 제35조 제2항 제2호.

자금사정이 악화되어 법정신고기한(20x1. 3. 31.)까지 자진납부를 못 했다. 이에 관할 세무서장은 20x1. 7. 9. 법인세 미납액 1억원과 20x1. 7. 25.까지의 납부지연 가산세 520만원[=(1억원×22/100,000×100일)+(1억원×3%)]을 20x1. 7. 25.까지 납부하라는 내용의 납부고지서를 갑 주식회사에 발송했으며, 갑 주식회사는 20x1. 7. 11. 위 납부고지서를 수령했다. 국세와 담보물권의 우열을 따지는 판단기준이 되는 '법정기일'은 언제인가?

(풀이) 법인세 1억원에 대해서는 20x1. 3. 20.이다. 납부지연 가산세는 520만원 부분뿐만 아니라 7. 25.까지 돈을 안 내서 뒤에 다달이 덧붙는 것도 20x1. 7. 9.이다.

Ⅳ. 국세우선권과 양도담보

국세기본법 제42조 (양도담보권자의 물적납세의무) ① 납세자가 국세…를 체납한 경우에 그 납세자에게 양도담보재산이 있을 때에는 그 납세자의 다른 재산에 대하여 강제징수를 집행하여도 징수할 금액에 미치지 못하는 경우에만 국세징수법에서 정하는 바에 따라 그 양도담보재산으로써 납세자의 국세…를 징수할 수 있다. 다만, 그 국세의 법정기일 전에 담보의 목적이 된 양도담보재산에 대해서는 그러하지 아니하다.

③ 제1항 및 제2항에서 "양도담보재산"이란 당사자 간의 계약에 의하여 납세자가 그 재산을 양도했을 때에 실질적으로 양도인에 대한 채권담보의 목적이 된 재산을 말한다.

1. 법정기일 v. 양도담보설정일

讓渡擔保라는 말을 양도의 형식을 통하여 실질적으로 담보를 제공한다는 넓은 뜻으로 정의하고 있다. 채권자가 채무자에게 돈을 꿔 주고 채무자는 채권의 담보를 위해 재산을 채권자에게 양도한다는 꼴(좁은 뜻의 양도담보)이든 따로 돈을 꿔 주는 것 없이 채권자가 채무자의 재산을 사들였다가 뒤에 약정한 가격으로 그 재산을 채무자에게 되팔기로 하는 꼴(매도담보. 실질적으로는 처음의 매매대금을 꿔 주고 재산을 담보로 잡는 셈이다)이든 모두 양도담보에 해당한다. 양도담보권을 저당권에 견주어 생각한다면, 양도담보권자의 권리와 국세채권의 우열은 양도담보권의 설정일과 앞 III의 법정기일(신고일이나 결정일)을 견주어 어느 쪽이 앞서는가를 보면 된다.[124] "그 국세의 법정기일 전에 담보의 목적이 된 양도담보"에는 국세가 밀린다. 법정기일이 더 빠르면

124) 대법원 1995. 9. 15. 선고 95다21983 판결(이 판결에서 법정기일이 국세의 법정기한이라는 부분은 옛 법); 1997. 7. 25. 선고 97다19656 판결.

국세가 이기므로 양도담보권자에게 납부고지서를 보내고, 그로써 양도담보권자의 물적 납세의무가 확정된다.[125)]

국세징수법 제7조 (제2차납세의무자 등에 대한 납부고지) ① 관할 세무서장은 다음 각 호의 어느 하나에 해당하는 자…로부터 징수하는 경우…납부고지서…발급하여야 한[다]…

3. …물적납세의무를 부담하는 자

2. 양도담보권자에 대한 담보부 채권자와 조세채권의 우열

국세기본법 제35조 (국세의 우선) ② 이 조에서 "법정기일"이란 다음 각 호의 어느 하나에 해당하는 기일을 말한다.

5. 제42조에 따른 양도담보재산에서 징수하는 국세: 「국세징수법」 제7조에 따른 납부고지서의 발송일

어, 이건 뭐지? 양도담보재산에서 징수하는 국세의 법정기일이 납부고지서 발송일? 납세의무자가 못 낸 세금을 양도담보권자더러 대신 내라는 납부고지서는 언제 발송하지? 납세의무자가 체납을 해야 비로소 납부고지서를 보낸다.[126)] 한결 근본적으로 양도담보권자의 납부의무란 讓渡擔保라는 사실이 있어야 생길 수 있다. 그렇다면 납부고지서는 그 성질상 언제나 양도담보권이 설정된 뒤에야 나온다. 그렇다면 양도담보권의 설정일은 언제나 법정기일(= 납부통지서 발송일)보다 앞설 수밖에 없고, 따라서 양도담보권은 언제나 국가의 조세채권에 대하여 우선한다?

조문을 이상하게 만들기는 했으나 그런 뜻이 아니다. 양도담보권자와 국가 사이의 우열을 따지는 법정기일은 앞에서 본 그대로. 납세의무자가 제 재산에 양도담보권을 설정해 준 경우 양도담보권 설정 전에 확정(신고나 납부고지서 발송)된 조세채권은 제42조 제1항 단서에서 당연히 양도담보권에 우선한다.

제35조 제2항 제5호에서 법정기일이 납부통지서 발송일이라는 말은 양도담보권자(양수인)가 양도담보재산을 다시 다른 사람(제3의 담보권자)에게 담보제공한 상황에서 국가와 제3의 담보권자 사이의 이해관계를 조정하는 조문이다. 예를 들어 채무자인 '채납자'가 제 재산을 '양수담'에게 담보의 목적으로 양도하여, 양이 채의 재산에 대한 양도담보권자가 되었으나 그전에 이미 채에 대한 조세채권이 확정된 것이 있었다고

125) 국세징수법 제7조 제1항, 국세기본법 제22조 제1항, 제2항.

126) 국세기본법 제42조 제1항.

하자. 국가가 채의 재산에서 조세채권의 만족을 얻을 수 없다면 그 대신 "물적납세의무를 부담하는 자"인 양의 의무는 납부고지서를 받는 날에 확정되고 자진 납부하지 않는 한 국가는 양도담보재산"에서" 또는 양도담보재산"으로써" 세금을 징수하기 위해 경매에 넘기게 된다. 그런데 양이 이 납부고지서를 받기 전에 또는 후에 '신저당'에게 저당권을 설정해 준다면 어떻게 될까? 국가와 신 사이에서 우열문제가 생기고, 그를 가리자면 저당권 설정일과 양이 지는 물적납세의무의 법정기일이 필요하다. 이것이 제5호.[127] 양으로부터 "제42조에 따른 양도담보재산에서 징수하는 국세"의 법정기일은 "국세징수법 제7조에 따른 납부고지서"를 "물적 납세의무를 부담하는" 양에게 발송하는 날이다. 신이 양에게 돈을 꿔 주기 전에 그 날 현재까지 양이 물적납세의무자로서 채 대신 내라고 통지받은 세금이 있는지를 신더러 살펴보라는 말.

제2차 납세의무자의[128] 재산에서 국세를 징수하는 경우 납부고지서 발송일과 담보물권의 설정일을 비교하여 순위를 정하는 것도[129] 마찬가지. 제2차 납세의무자에 대한 담보권을 가지고 있는 채권자와 국가 사이의 우선순위에 관한 규정이다.[130]

3. 납부고지 v. 담보권의 실행

양도담보권자에 대한 납부통지가 있기 전에 이미 담보권이 실행되어 정산절차를 거쳐 양도담보권자가 소유권을 취득한 경우에는,[131] 물적납세의무도 없어진다.[132] 왜? '납세자에게 讓渡擔保재산이 있는 때'에[133] 해당하지 않으니까. 일단 납부고지가 있은 뒤에는 피담보채권이 채무불이행 기타 변제 이외의 이유에 의하여 소멸된 경우(양도담보재산의 환매, 재매매의 예약 기타 이와 유사한 계약을 체결한 경우에 기한의 경과 기타 그 계약의 이행 이외의 이유로 계약의 효력이 상실된 때를 포함한다)에도 양도담보재산으로서 존속하는 것으로 본다.[134]

---

127) 민법 문헌에는 양도담보권자가 물적납세의무를 진다는 국세기본법 제42조 제1항을, 양도담보권의 본질을 신탁적 양도가 아니라 담보권설정이라고 본다는 주장의 논거로 삼는 것이 있다. 양도인(채무자)에 대한 조세채권을 양도담보재산에 행사할 수 있다는 것은 양도담보된 재산이 여전히 채무자의 소유임을 전제로 하고 있다는 말이다. 그러나 다시 같은 법 제35조 제2항 제5호는 국가와 신 사이의 이해관계를 조절하는 규정을 두고 있다. 이는 양이 신에게 담보권을 설정해 준 것이 유효하다는 전제를 깔고 있다. 양이 신에게 담보권을 설정해 주는 행위가 양도담보권자의 권한 없는 처분행위로서 무효라면 양과 신의 이해관계를 조절하는 규정은 있을 필요가 없다.

128) 아래 제5절 Ⅱ.

129) 국세기본법 제35조 제2항 제4호.

130) 사실관계가 불분명하기는 하나 대법원 1990. 12. 26. 선고 89다카24872 판결(제2차 납세의무자에게 보낸 납부통지서상 납기를 비교대상으로 삼고 있는 듯하나, 옛 법).

131) 가등기담보등에관한법률(이하 '가담법') 제4조 제2항.

132) 대법원 1990. 4. 24. 선고 89누2615 판결.

133) 국세기본법 제42조 제1항.

Ⅴ. 국세우선권과 가등기담보권자·買受人의 권리

1. 법정기일 v. 가등기일

국세기본법 제35조 (국세의 우선) ① 국세[135] 및 강제징수비는 다른 공과금이나 그 밖의 채권에 우선하여 징수한다. 다만, 다음…채권에 대해서는 그러하지 아니하다.

3. 제2항에 따른 법정기일 전에 다음 각 목의 어느 하나에 해당하는 권리가 설정된 재산을 매각하여 그 매각금액에서 국세를 징수하는 경우 그 권리에 의하여 담보된 채권…

다. 납세의무자를 등기의무자로 하고 채무불이행을 정지조건으로 하는 대물변제(代物辨濟)의 예약에 따라 채권 담보의 목적으로 가등기(가등록을 포함한다. 이하 같다)를 마친 가등기 담보권

④ 법정기일 후에 제1항 제3호 다목의 가등기를 마친…재산을 매각하여 그 매각금액에서 국세를 징수하는 경우 그 재산을 압류한 날 이후에 그 가등기에 따른 본등기가 이루어지더라도 그 국세는 그 가등기에 의해 담보된 채권보다 우선한다.

가등기담보권자와 국가 사이에서는 법정기일과 가등기(假登記)의 날짜를 견주어 우선순위를 정한다. 가담법은 가등기담보권을 저당권으로 보고 있으므로 가등기담보권은 저당권에 준하여 따지면 되고,[136] 조세채권과 가등기권리자의 관계도 마찬가지로 풀어나가면 된다. 제4항에서 가등기담보권보다 우선하는 국세란 가등기일 전에 이미 법정기일에 이른 것만 뜻한다고 풀이해야 한다.

2. 순위보전 v. 담보가등기

어느 부동산 소유자(조세채무자)에 관련하여, i) 조세채권의 확정(법정기일), ii) 가등기, iii) 조세채권에 터잡은 압류등기가 차례로 있다고 하자. 가등기권리자와 조세채권자의 선후는 어떻게 될까? 우선 ii)의 가등기가 順位保全의 가등기라고 하자. 장차 가등기에 터잡아 소유권이전등기가 iv)로 행해지면, iii)의 운명은? 가등기 이후에 이루어진 등기는 모두 직권말소하므로[137] 조세채권에 터잡은 압류등기 역시 직권말소한다. 조세채권의 확정시기가 가등기보다 앞섰더라도 직권말소.[138] 따라서 국가로서는 압류

134) 국세기본법 제42조 제2항. 2020년말 개정전 국세징수법 제13조 제2항.
135) 연부연납 이자세에도 국세우선권이 있다. 대법원 2001. 11. 27. 선고 99다22311 판결.
136) 가담법 제12조 제1항.
137) 대법원 1975. 12. 27. 74마100 결정 등.
138) 대법원 1996. 12. 20. 선고 95누15193 판결. 가처분도 마찬가지이다(대법원 1993. 2. 19. 92마903 결정).

재산을 매각할 길이 막힌다.[139] 한편 擔保假登記라면 iii), iv)의 운명은? 가등기 전에 확정된 조세채권은 설사 압류는 나중에 이루어지더라도 가등기권리자에 우선한다. 국가는 강제징수를 실시하고 그 과정에서 가등기권리자는 조세채권보다 후순위인 저당권자의 지위에서 배당을 받게 된다.

와, 순위보전 가등기인가, 담보가등기인가에 따라 결과가! 문제는 가등기의 성질이 무엇인가는 등기부상 기재원인에 의해 좌우되는 것이 아니고 실질에 따른다는 점이다.[140] 결국, 가등기가 있다면 조세채권이 우선할지 가등기담보권이 우선할지는 언제나 소송을 해 보아야 안다.

가등기권리자가 본등기(本登記)까지 마친 다음에는 국가는 무엇을 할 수 있을까? 가등기의 목적에 따라 결과가 달라짐은 주어진 조건. 일반적인 매매라면? 등기명의가 이미 넘어간 이상 국가(조세채권자)는 그 재산에 대해 아무런 행동을 취할 길이 없다. 등기명의의 이전이 담보목적이라면? 양도담보가 된다. 무슨 말? 등기가 이전되었더라도 아직 정산절차가 끝나지 않은 이상 부동산은 여전히 채무자의 소유이므로,[141] 채무자는 빚을 갚고 부동산의 명의를 되찾아 올 수 있다. 따라서, 채무자와 채권자의 관계는 讓渡擔保가 되고,[142] 채권자는 가등기 전에 확정된 조세채권에 대하여 물적(物的) 납세의무를 지게 된다.[143] 그렇지만, 물적납세의무자로서 납부통지를 받기 전에 이미 정산절차가 마무리되었다면 물적납세의무도 사라진다.[144]

(보기[145]**)** 원고는 소외 망 박창수 소유의 이 사건 부동산에 대하여 1979. 10. 11. 대여금채권 담보의 목적으로 원고 명의의 소유권이전등기청구권보전의 가등기를 경료했다가 1988. 5. 3. 위 가등기에 기한 본등기를 경료한 자로서, 피고로부터 위 망인이 소외 주식회사 삼철의 제2차 납세의무자로서 지정되어 체납한 부가가치세…에 대하여 1988. 5. 19. 그 물적납세의무자로 지정되어 위 체납국세에 대한 납부고지서를 받았으나, 위 납부고지를 받기 전인 1984. 5. 17. 이미 그 담보권을 실행하여 귀속정산의 방법으로 위 담보물건의 가액을 정당하게 평가하여 그 소유권을 취득하고 그 대금채무와 피담보채무 및 임대보증금지급채무를 상계하는 방법으로 그 정산절차를 완료했다는 것이다. 그렇다면 원고가 물적납세의무자로서 납부고지를 받을 당시 이 사건 부동

139) 소유자가 가등기권리자로부터 받을 매매대금 채권을 특정할 수 있다면 이를 압류할 수는 있다.
140) 대법원 1998. 10. 7. 98마1333 결정; 2023. 11. 30. 선고 2023다263346 판결.
141) 가담법 제4조 제2항. 대법원 2002. 6. 11. 선고 99다41657 판결; 2017. 5. 17. 선고 2017다202296 판결.
142) 대법원 1984. 12. 26. 선고 83누661 판결. 제12장 제2절 2.
143) 국세기본법 제42조; 가담법 제13조.
144) 대법원 1990. 4. 24. 선고 89누2615 판결.
145) 위 89누2615 판결의 사안이다.

산은 이미 정산절차가 종료되어 국세기본법 제42조 소정의 양도담보재산이 아님이 명백하므로 원고에게 물적납세의무가 없다.

가등기가 있을 때마다 일일이 재판을 해 보아야 조세채권과 가등기권리자의 우열을 정할 수 있다니, 법에 문제가 있구먼. 둘 사이의 구별을 없애고 순위보전의 목적이라 하더라도 가등기가 조세채권의 확정 시기보다 늦는 경우에는 조세채권이 우선하도록 정해 볼까나. 그렇게 쉬운 문제가 아니다. 국세우선권과 순위보전의 가등기를 위와 같이 정리하자는 말은 국세우선권에 우선변제적 효력만이 아니라 추급효까지 주자는 말. 그러면 거래의 안전을 오히려 더 해친다. 본디 우선변제력은 대세권(對世權) 내지 추급효(追及效)를 전제로 한다. 우선변제권이 있다 하더라도 이를 오로지 채무자에 대해서만 주장할 수 있다면, 채무자가 자신의 재산을 남에게 넘기는 경우 우선변제권은 아무 쓸모가 없어지니까.

3. 조세채권의 제한적 추급효(追及效)

아니, 조세채권에 우선변제권을 주면서 왜 追及效는 안 주지? 왜 저당권과 달리 정했지? 결정적 차이가 있다. 저당권 같은 담보물권은 물권이므로 그 물건 자체의 권리관계에서 공시가 되지만, 국세우선권은 물건 자체의 권리관계에서 공시가 안 된다. 조세채권이란 물건에 대한 권리가 아니고 사람에 대한 권리인데 여기에 법이 특별히 우선권을 주고 있는 것. 공시되지 않는 국세우선권에 대세적 추급효까지 인정하면, 당장 물건값 전부를 현찰로 다 주고 산 매수인도 언제나 매도인의 조세채무를 뒤집어쓸 가능성을 지게 마련. 곧 이떤 매도인으로부터 물건을 사려는 매수인은 당해 물건에 대한 권리관계만이 아니라 매도인의 세금문제까지 다 조사해 보아야 할 것이다. 거래안전에 심각한 타격이 생긴다.[146)]

다시 정리. 매매는 추급효 없는 우선권을 깨뜨리지만, 다른 한편 추급효 있는 우선권은 매매를 불안하게 한다. 결국 어느 것이 더 큰 해악이려나.

법은 원칙적으로 국세우선권의 보호보다는 매매거래의 안전을 중시하지만 예외적으로는 追及效도 인정. 언제? 양도(讓渡)담보와[147)] 사업讓渡,[148)] 이 두 가지.[149)] 제4

146) 이제는 등기부가 전산화되었으므로, 인적 편성과 물적 편성 그 자체는 의미가 없고, 정보를 찾는 데 들어가는 비용도 문제가 안 된다. 진짜 문제는 누가 어떤 재산을 소유하고 있는지라는, 사람에 관한 정보를 사생활로 보호할 것인가 공공 정보로 공개할 것인가의 문제이다. 부동산 정보라면 종합부동산세나 양도소득세 때문에 어차피 사람을 기준으로 정부가 다 파악하고 있다.

147) 국세기본법 제42조.

148) 국세기본법 제41조. 윤지현, 부가가치세법이 정하는 수탁자의 물적납세의무에 관한 연구, 세무와 회계연구 22호(2020), 253쪽.

장 제3절 Ⅲ. 양도담보는 양도라는 형식에 불구하고 저당권과 똑같이 보자는 것이고, 사업양도는 어차피 양도인의 사업재산 전부를 파악하는 마당이니까 양수인이 별 추가적 부담 없이 양도인의 사업관련 미납세액을 파악할 수 있는 까닭이다.150) 각 해당조문에 '제2차 납세의무', '물적납세의무'라고 용어는 다르지만 본질이 같다. 우선변제력에 더하여 추급효도 인정한 예외. 다만 2019년 말 개정 대통령령은 사업양도의 추급효를 대폭 축소. 아래 제5절 Ⅱ.4.

이 두 가지를 제외하면 讓渡는 조세우선권(優先權)을 깨뜨린다. 예를 들어, 어떤 조세채무자(양도인)의 재산 위에 담보물권이 설정되어 있고 조세채권은 담보물권보다 우선한다고 하자. 조세채무자가 이 물건을 양도한다면? 미리 압류를 해놓지 않은 이상 국가는 그 물건이나 양수인에 대해 아무런 권리를 주장할 수 없다.151) 가령 이미 체납한 부가가치세가 있는 구소유라는 사람이 부동산에 저당권을 설정해주고 돈을 꾼 뒤 그 부동산을 신양수에게 판다면, 부가가치세 채권의 優先權은 그냥 사라진다. 매매 당시 신양수에게 이미 밀린 세금(가령 종합소득세)이 있었다 하더라도 저당권은 이 종합소득세 채권에도 우선한다. 양도 전에는 조세채권(부가가치세)이 저당권보다 우선했다는 것은 하릴없이. 다만, 법정요건을 만족한다면 이런 양도행위가 사해행위로서 취소대상이 될 수는 있다.152)

한편 입법론으로는 조세채권을 기왕 후순위였던 담보물권자에게서 받을 수 있도록 정하자는 생각이 예전부터 있었다. 물건의 양도로 담보물권자가 국세우선권의 부담을 벗어나게 되면 양도가 없었을 때보다 더 많은 금액을 배당받게 되니, 그 차액을 한도로 국가가 환수하자는 생각이다.153) 이런 생각으로 2022년말 개정 국세기본법 제35조 제1항 제3호의2 단서는 "담보물권이 설정된 재산의 직전 보유자가 설정 당시 체납하고 있었던 국세 등…의 범위 내에서는 국세를 우선하여 징수"한다고 정하고 있다.

재산의 직전 보유자에 대한 조세채권을 양수인에게서 징수한다는 追及은 아니다. 양수인의 재산이 된 이상 양도인에 대한 조세채권을 양수인의 재산에 강제집행할 수

149) 국세환급금 채권을 수동채권으로 하여 다른 조세채권(자동채권)에 충당하는 경우, 자동채권의 효력이 수동채권의 양수인에게 미치는 것을 추급권이라고 부르고 있는 글로 이중교, 국세환급금 채권의 선충당권에 관한 연구, 조세법연구 19-1(2013), 101쪽. 같은 글은 압류채권자의 권리가 압류 이후의 부동산 양수인에게 미치는 것도 추급효라고 부르고 있다.

150) 헌법재판소 1997. 11. 27. 95헌바38 결정.

151) 헌법재판소 1990. 9. 3. 89헌가95 결정; 대법원 1991. 9. 24. 선고 89다카8385 판결; 1994. 3. 22. 선고 93다49581 판결; 1998. 8. 21. 선고 98다24396 판결. 납세자 아닌 제3자의 재산을 대상으로 한 체납압류처분은 무효이다. 대법원 1996. 10. 15. 선고 96다17424 판결; 2005. 3. 10. 선고 2004다51153 판결. 제5장 제1절 1.

152) 국세징수법 제26조.

153) 일본 國稅徵收法 제22조 제1항.

는 없다. 양수인에 대한 조세채권(신양수의 종합소득세)이, 재산을 넘겨받기 전 이미 설정되어 있었던 담보물권이나 대항력을 갖춘 임차권에 이길 수는 없다. 제3호의2 본문은 이 당연한 사리를 확인하는 내용으로, "그 매각금액에서 국세를 징수"한다는 글귀에서 국세란 양수인(讓受人)에게서 받을 조세채권이라는 뜻이다. 양도 전에 이미 "해당 재산에 설정된 전세권 등에 의하여 담보된 채권 또는 임대차보증금반환채권"은 난데없이 나타난 讓受人의 조세채무에 당연히 이긴다.

법이 바뀐 부분은 제3호의2 단서. 여기서 "국세를 우선하여 징수한다"는 말의 국세 역시 양수인에 대한 조세채권인 것은 당연하다. 앞의 예로 돌아가면 신양수가 구소유로부터 재산을 사들인 뒤, 국가나 제3자에게 빚을 못 갚아서 그 재산이 매각된다고 하자. 단서의 뜻은, 이 경우 신양수에게서 받을 종합소득세 채권의 순위가 올라간다는 말이다. 구소유가 체납하고 있었던 부가가치세가 저당권보다 선순위(先順位)였으니 그 범위 안에서 종합소득세가 저당권보다 先順位로 올라간다는 말이다. 구소유라는 "직전 보유자가 전세권 설정 당시 체납하고 있었던" 부가가치세의 범위 내에서 신양수에 대한 종합소득세를 "우선하여 징수한다." 구소유에게 돈을 꿔 줄 당시 저당권자는 저당권 "설정 당시 체납하고 있었던" 부가가치세에 밀린다는 것을 이미 알았으니, 말하자면 부가가치세보다 후순위 저당권을 잡고 돈을 꿔준 셈이다. 그러니 이 부가가치세 채권의 금액범위 안에서는 신양수로부터 받을 종합소득세 채권을 저당권에 우선시키겠다는 것이다. 설정 당시에는 체납이 있었더라도 재산양도 시점에는 체납액이 없었다면 담보권이 양수인의 조세채무보다 우선한다고 보아야 한다. 똑같은 상황은 아니지만 선순위담보권이 없어지는 경우 다음 순위가 승진한다는 우리 민법의 일반원칙에 빗대어 생각하면, 양도인에 대한 조세채권이 없어진 순간 담보권자의 순위는 이미 올라간 것이다. 양수인으로부터 받을 세금이 종합부동산세라면 아래 VII.

Ⅵ. 국세우선권과 임차보증금 · 임금채권

국세기본법 제35조 (국세의 우선) ① 국세 및 강제징수비는 다른 공과금이나 그 밖의 채권에 우선하여 징수한다. 다만, 다음 각 호의 어느…채권에 대해서는 그러하지 아니하다.

3. 제2항에 따른 법정기일 전에 다음 각 목의 어느 하나에 해당하는 권리가 설정된 재산을 매각하여 그 매각금액에서 국세를 징수하는 경우 그 권리에 의하여 담보된 채권 또는 임대차보증금반환채권.

나. 「주택임대차보호법」 제3조의2 제2항 또는 「상가건물 임대차보호법」 제5조

제2항에 따라 대항요건과 확정일자를 갖춘 임차권

4. 「주택임대차보호법」 제8조 또는 「상가건물 임대차보호법」 제14조가 적용되는 임대차관계에 있는 주택 또는 건물을 매각할 때 그 매각금액 중에서 국세를 징수하는 경우 임대차에 관한 보증금 중 일정 금액으로서 「주택임대차보호법」 제8조 또는 「상가건물 임대차보호법」 제14조에 따라 임차인이 우선하여 변제받을 수 있는 금액에 관한 채권

5. 사용자의 재산을 매각하거나 추심(推尋)할 때 그 매각금액 또는 추심금액 중에서 국세를 징수하는 경우에 「근로기준법」 제38조 또는 「근로자퇴직급여 보장법」 제12조에 따라 국세에 우선하여 변제되는 임금, 퇴직금, 재해보상금, 그 밖에 근로관계로 인한 채권

주택임대차보호법 제8조 (보증금 중 일정액의 보호) ① 임차인은 보증금 중 일정액을 다른 담보물권자보다 우선하여 변제받을 권리가 있다…

상가건물임대차보호법 제14조 (보증금 중 일정액의 보호) ① 임차인은 보증금 중 일정액을 다른 담보물권자보다 우선하여 변제받을 권리가 있다…

근로기준법 제38조 (임금채권 우선변제) ① 임금・재해보상금 그 밖에 근로관계로 인한 채권은 사용자의 총재산에 대하여 질권・저당권…에 따라 담보된 채권 외에는 조세・공과금 및 다른 채권에 우선하여 변제되어야 한다. 다만, 질권・저당권…에 우선하는 조세・공과금에 대하여는 그러하지 아니하다.

② 제1항에도 불구하고 다음 각 호의 어느 하나에 해당하는 채권은 사용자의 총재산에 대하여 질권・저당권 또는 「동산・채권 등의 담보에 관한 법률」에 따른 담보권에 따라 담보된 채권, 조세・공과금 및 다른 채권에 우선하여 변제되어야 한다.

1. 최종 3개월분의 임금
2. 재해보상금

근로자퇴직급여보장법 제12조 (퇴직급여등의 우선변제) ① 사용자에게 지급의무가 있는 … 퇴직급여등 … 는 사용자의 총재산에 대하여 질권 또는 저당권에 의하여 담보된 채권을 제외하고는 조세・공과금 및 다른 채권에 우선하여 변제되어야 한다. 다만, 질권 또는 저당권에 우선하는 조세・공과금에 대하여는 그러하지 아니하다.

② 제1항에도 불구하고 최종 3년간의 퇴직급여등은 사용자의 총재산에 대하여 질권 또는 저당권에 의하여 담보된 채권, 조세・공과금 및 다른 채권에 우선하여 변제되어야 한다.

③ 퇴직급여 중 퇴직금 … 은 계속근로기간 1년에 대하여 30일분의 평균임금으로

계산한 금액으로 한다. (이하 생략)

1. 주택임대차보호법과 상가건물임대차보호법상 確定日字 있는 保證金(소액임차보증금이 아닌 일반 보증금)과 국세의 순위는? 대항요건 및 확정일자를 갖춘 날과 법정기일의 선후에 따른다.

2. 주택임대차보호법 제8조와 상가건물임대차보호법 제14조의 소액임차보증금(〉선순위담보물권〉국세), 그리고 근로기준법 제38조 제2항과 근로자퇴직급여보장법 제12조 제2항의 최종 3개월분 임금 및 최종 3년분 퇴직금 등은 국세에 우선한다.

3. 근로기준법 제38조 제1항과 근로자퇴직급여보장법 제12조 제1항에 해당하는 나머지 임금채권과 국세채권의 우열은 문제의 국세채권이 저당권에 우선하는가에 달려있다. 국세기본법 조문과 근로기준법 및 근로자퇴직급여보장법 조문을 같이 읽어보면, 저당권에 우선하는 국세채권은 일반 임금채권보다 우선한다.[154] 저당권에 밀리는 국세채권은? 일반 임금채권에도 밀린다.[155] 결국 임금채권은 저당권과 같이 묶는다는 말.

(보기) 압류주택의 경매가액이 1억5,000만원인 상황에서 배당절차에 참가한 각 채권자의 채권액은 다음과 같다. 각자 배당받을 수 있는 금액은 얼마인가?

-법인세 체납액: 7천만원 (증액경정 납부고지서 발송일 ×××2. 3. 31.)

-소액임차보증금: 1,200만원

-임금채권: 6천만원(최종 3개월분은 아니다)

-저당권부채권: 3,000만원 (설정등기일 ×××2. 5. 1.)

(풀이)			
1)	소액임차보증금	1,200만원	
2)	법인세	7,000만원	
3)	저당권담보부채권	3,000만원	
4)	임금채권	3,800만원	계 1억5천만원

(보기) 앞 보기에서 법인세를 증액경정하는 납부고지서의 발송일이 ×××2. 7. 1.이라면 각자 배당받을 수 있는 금액은 얼마인가?

(풀이)		
1)	소액임차보증금	1,200만원
2)	저당권담보부채권	3,000만원

154) 근로기준법 제38조 제1항 단서.

155) 국세기본법 제35조 제1항 제5호.

3) 임금채권 6,000만원
4) 법인세 4,800만원 계 1억5천만원

Ⅶ. 특정 재산에 부과되는 당해세

국세기본법 제35조 (국세의 우선) ③ 제1항 제3호에도 불구하고 해당 재산에 대하여 부과된 상속세, 증여세 및 종합부동산세는 같은 호에 따른 채권 또는 임대차보증금반환채권보다 우선하며, 제1항 제3호의2에도 불구하고 해당 재산에 대하여 부과된 종합부동산세는 같은 호에 따른 채권 또는 임대차보증금반환채권에 우선한다.

⑦ 제3항에도 불구하고 주택임대차보호법…에 따라 대항요건과 확정일자를 갖춘…또는 전세권에 의하여 담보된…임대차보증금반환채권…은…그 확정일자 또는 설정일보다 법정기일이 늦은…(당해)세의 우선 징수 순서에 대신하여 변제될 수 있다. 이 경우 대신 변제되는 금액은 우선 징수할 수 있었던…(당해)세의 징수액에 한정하며, 임대차보증금반환채권보다 우선 변제되는 저당권 등의 변제액과 제3항에 따라 (당해)세를 우선 징수하는 경우에 배분받을 수 있었던 임대차보증금반환채권…의 변제에는 영향을 미치지 아니한다.

관세법 제3조 (관세징수의 우선) ① 관세를 납부하여야 하는 물품에 대하여는 다른 조세, 그 밖의 공과금 및 채권에 우선하여 그 관세를 징수한다.

2019년 말 개정법은 상속세, 증여세, 종합부동산세 및 재산세 등 '해당 재산에 대하여 부과된 세금'(當該稅라는 속칭은 옛 법의 '당해 재산에'라는 말에서 왔다)이 우선하는 범위를 늘렸다. 예전에는 당해세가 담보물권에만 우선했지만[156] 2018년말 개정 이후 제35조의 글귀에서는 대항력 있는 임대차보증금에도 우선한다. 최종 3개월분 임금채권과 최종 3년분 퇴직금채권 등에는 밀린다. 특히 2022년말 개정된 제3항은 당해세가 "[제3]호에 따른…임대차보증금 반환 채권," 곧 제3호 나)에 나오는 "대항요건과 확정일자를 갖춘 임차권"에 이긴다고 할 뿐이다. 소액임차보증금과 최종 3개월분 임금채권 등은 제1항 제4호와 제5호에 따라서 국세에 우선하므로 당해세에도 우선한다. 당해세가 대항력 있는 임대차보증금에 이긴다고는 하나 뒤에 보듯 제7항에 다시 특칙이 있다.

관세는 미리 내어야 수입통관이 가능하므로 우선순위 문제가 아예 안 생기는 것이 보통이다. 관세를 안 낸 수입물품을 관세청이 경매한다면 관세가 최우선. 통관 이

156) 당해세의 우선을 정한 2018. 12. 31. 개정 전 옛 국세기본법 제35조 제1항 제3호는 담보물권과의 관계를 따지고 있을 뿐인 까닭이다.

후 수입물품의 과세가격이 조정되는 경우로 납세의무자가 이미 그 물품을 처분한 뒤라면 관세의 우선순위는 국세와 같다.[157)]

당해세를 담보물권이나 다른 사권에 우선시키는 이유는 무엇이려나. 아직 특정되지 않은 세금이더라도 앞으로 나올 세금이 최대한 얼마 정도일지를 미리 내다볼 수 있으니 담보물권을 취득할 때 미리 거래조건에 반영할 수 있으니까. 그렇다면 나중에 생긴 조세채권을 담보물권보다 우선시키더라도 거래(去來)의 안전(安全)에 결정적 장애는 아니다.[158)] 가령 근저당권을 설정하기 전에 이미 증여등기가 있었다면 증여세에[159)] 당해세라는 우선변제권이 있다.

그렇지만 이런 생각으로 정당화(正當化)할 수 있는 당해세의 범위 곧 "그 재산에 대하여 부과된" 세금의 범위는 어디까지일까? 기본적으로는 "담보물권을 취득할 사람이 장래 그 재산에 대하여 부과될 것을 상당한 정도로 예측(豫測)할 수 있는 것"이라야 우선권을 줄 여지가 있다.[160)] 이런 생각에서 대법원은 토지초과이득세를 당해세에 포함하고 있던 구 국세기본법시행령 제18조 제1항을 무효라 결정했고[161)] 이제 국세에서는 상속세, 증여세와 종합부동산세만이 당해세로 남아 있다.[162)] 지방세의 경우, 당해세 규정은 1996. 1. 1.부터 시행되었으나,[163)] 취득세와 옛 등록세가 2000. 1. 1.부터 제외되면서 사실상 그 범위가 대폭 축소되었고, 이제는 재산세, 자동차세(자동차 소유에 대한 부분만 해당), 지역자원시설세(특정 부동산에 대한 부분만 해당)[164)] 및 지방교육세(재산세분, 자동차세분)가 남아 있다.[165)] 담보물권 설정이나 임차권이 대항력을 갖춘 뒤에 재산양도가 있는 경우 2022년 개정법은 양수인이 낼 종합부동산세를 담보물권보다 앞세우고[166)] 세수는 임차인에게 넘겨준다.[167)]

종합부동산세와 토지분 재산세는 여러 물건을 합산과세하므로 담보물권의 대상이 된 물건 부분의 세액만이 우선권을 가진다.[168)] 상속세와 증여세에 대해서도 누진세율

157) 관세법 제3조 제2항.

158) 헌법재판소 1999. 5. 27. 97헌바8등(병합) 결정; 2001. 2. 22. 99헌바44 결정은 당해세의 우선은 합헌이고, 우선권 있는 당해세의 범위는 법원이 정할 일이라고 판시했다.

159) 대법원 2001. 1. 30. 선고 2000다47972 판결.

160) 대법원 2002. 6. 14. 선고 2000다49534 판결. 부가가치세는 비과세. 제23장 제4절 III.

161) 대법원 1999. 3. 18. 선고 96다23184 전원합의체 판결.

162) 국세기본법 제35조 제3항. 부가가치세에 대해서는 대법원 1984. 3. 27. 선고 82다카500 판결.

163) 지방세법의 당해세 규정은 1991년에 없어졌다가 1995. 12. 6. 법률 제4995호로 제31조 제2항 제3호로 다시 들어왔고, 같은 법 시행령 제14조의4는 1996. 12. 31.에 신설되어 1997. 1. 1.부터 시행되었다가 2011년부터 지방세기본법으로 들어왔다.

164) 대법원 2002. 2. 8. 선고 2001다74018 판결(옛 소방공동시설세).

165) 지방세기본법 제99조 제5항.

166) 국세기본법 제35조 제3항.

167) 국세기본법 제35조 제7항.

을 생각한다면 당해 재산만 보아서는 미래의 세액을 예측할 수 없다는 비판이 있다. 해석론으로도 판례는 상속세와 증여세가 당해세로서 우선변제받는 범위를 매우 좁게 풀이하여 공부상 상속이나 증여사실이 드러나지 않는 경우에는 상속세나 증여세의 우선권을 인정하지 않는다.169) 예를 들어, 특정 재산의 증여가 아니라 재산의 취득자금을 증여받은 것으로 추정하여 부과하는 증여세는 당해세가 아니고,170) 채권자가 저당권을 설정받은 뒤 채무자가 이 재산을 증여한다면 수증자가 낼 증여세는 저당권자에 밀리고171) 저당권을 설정하고 나서 채무자가 죽는다면 상속인에 대한 상속세 채권은 저당권자에 밀린다.172) 저가양도를 증여로 의제하는 까닭에 내는 증여세도 당해세가 아니다.173) 그러나 부동산을 사들이면서 수증자 앞으로 직접 소유권이전등기를 한 경우의 증여세는174) 당해세로서 우선권이 있다.

종합부동산세(綜合不動產稅)는 2022년말 개정 제3항 후단에서 순위가 한결 더 높다. 이미 담보권이나 대항력 있는 임차권이 설정된 재산이 양도되는 경우 설정 당시 아직 체납 상태가 아니었더라도 양수인(讓受人)에게서 걷을 종합부동산세가 피담보채권이나 임대차보증금반환채권에 우선한다. 제1항 제3호의2가 양수인에게서 걷을 조세채권과 담보물권·임차권의 관계에 관한 조문이므로, "제1항 제3호의2에도 불구하고 해당 재산에 대하여 부과된 종합부동산세"라는 말은 양수인에게서 걷을 종합부동산세라는 말이다. 종합부동산세란 소유자가 어떻게 바뀌든 늘 나오는 것이니 讓受人이 낼 세금도 담보권 등에 우선시킬 수 있다는 생각. 양도인이 낼 종합부동산세와 담보권 등의 관계는 제1항 제3호의 규율을 받으므로 제3항 전단으로 돌아가서 다른 당해세나 마찬가지로 종합부동산세가 우선한다.

2022년말 개정법에서 당해세의 순위가 이렇게 복잡해진 것은 기실 제7항을 목표로 두고 거기에 두드려 맞춘 것이다. 제7항은 대항력 있는 임차권이나 전세권에 의하여 담보된 임대차보증금(保證金)반환채권은, "그 확정일자 또는 설정일보다 법정기일이 늦은…[당해]세의 우선징수 순서에 대신(代身)하여 변제될 수 있다"고 정하고 있

168) 대법원 2001. 2. 23. 선고 2000다58088 판결(옛 종합토지세). 종합부동산세도 마찬가지이다. 제26장 제1절. 세액을 내다볼 수 없다는 비판으로 노미리, 당해세의 문제, 조세법연구 29집 1호(2023), 79쪽, 특히 105쪽.

169) 대법원 2003. 1. 10. 선고 2001다44376 판결.

170) 대법원 1996. 3. 12. 선고 95다47831 판결.

171) 대법원 1991. 10. 8. 선고 88다카105 판결. 증여 후 저당권설정이라면 당해세. 대법원 2001. 1. 30. 선고 2000다47972 판결.

172) 대법원 1995. 4. 7. 선고 94다11835 판결.

173) 대법원 2002. 6. 14. 선고 2000다49534 판결.

174) 대법원 1999. 8. 20. 선고 99다6135 판결. 이 판결의 사실관계에서는 등기부만 보더라도 저당권자가 내다볼 수 있었을 것이다.

다. 뒤늦게 나타난 당해세보다 임대차보증금반환 채권을 우선한다는 말이다. "변제될 수 있다"라지만 재량이라는 뜻은 아니고 임대차보증금 변제가 우선한다는 뜻으로 읽어야 한다. 결과적으로 날짜가 빠른 임대차보증금채권을 당해세보다 강하게 보호하지만, 여러 채권 사이의 복잡한 우선순위 자체는 흩트리지 않고 그냥 둔 채 당해세와 임대차보증금 사이의 관계로 정리하고 있다. 임대차보증금반환채권이 변제된다는 말은 무슨 뜻인가? 국가는 당해세를 이미 징수한 것이고 그 돈으로 임대인의 채무를 임대인에 대위(代位)하여 임차인에게 변제하는 것이다. 따라서 대위변제자로서 임대차보증금 채권을 임대인에게 행사하게 된다. 국가의 대위변제를 거절할 임차인이야 없겠지만 법률관계를 간명히 하자면 변제할 정당한 이익이 있는 제3자로 보아야 할 것이고, 변제자 대위에 따르는 후속 법률관계는 민법으로 돌아간다.

당해세의 범위 안이기는 하지만 제7항은 결과적으로 임대차보증금 채권을 담보권보다 앞세우는 결과를 낳는다. 담보권자는 어차피 당해세보다 후순위이니 법적안정성이 깨어진다고 주장하기는 어렵지만 대여금 채권과 임대차보증금 채권 사이에 차등을 두는 것이 과연 합헌인가, 이런 시비는 여전히 남는다. 소액보증금은 최우선보호를 받는다고 치고, 그 다음부터는 임차인이나 돈을 꿔준 채권자나 다 똑같은 채권자 아닌가, 이런 시비가 생길 것이다. 한결 근본적으로는 사권(私權)과 조세채권의 관계라는 근본문제를 그때그때의 정치경제 상황에 따라 끊임없이 흔드는 개입은 정당화하기 어렵다. 문재인 정부의 부동산 3법에 발맞추어 종합부동산세의 우선권을 임대차보증금 채권위로 끌어올리려 한 지 겨우 3년 뒤, 부동산경기가 하락하고 임차인 보호문제가 생기자 이번에는 보증금채권을 사실상 우선시킨다? 제2장 제3절 Ⅱ.2, Ⅱ.3.

Ⅷ. 조세채권 상호간의 우열

국세기본법 제36조 (압류에 의한 우선) ① 국세 강제징수에 따라 납세자의 재산을 압류한 경우에 다른 국세… 또는 지방세의 교부청구[175)](「국세징수법」 제61조 또는 「지방세징수법」 제67조에 따라 참가압류를 한 경우를 포함한다. 이하 이 조에서 같다)가 있으면 압류와 관계되는[176)] 국세…는 교부청구된 다른 국세… 또는 지방세보다 우선하여 징수한다.

② 지방세 강제징수에 의하여 납세자의 재산을 압류한 경우에 국세…의 교부청구가 있으면 교부청구된 국세…는 압류에 관계되는 지방세의 다음 순위로 징수한다.

175) 체납국세라면 독촉 불필요. 대법원 2019. 7. 25. 선고 2019다206933 판결.
176) 대법원 2007. 12. 14. 선고 2005다11848 판결(관계되는=효력이 미치는).

지방세기본법 제73조 (압류에 의한 우선) ① 지방자치단체의 징수금의 강제징수에 의하여 납세자의 재산을 압류한 후 다른 지방자치단체의 징수금 또는 국세의 교부청구가 있으면 압류에 관계되는 지방자치단체의 징수금은 교부청구한 다른 지방자치단체의 징수금 또는 국세에 우선하여 징수한다.

국세든 지방세든 다른 공과금이든 강제징수에 들어가는 비용을 우선 조달한 뒤[177] 조세채권 상호간의 선후관계는? 법정기일이 아니라 누가 먼저 강제징수를 하는가에 달려 있다.[178]

제36조의 효력은 사권(私權)에는 안 미친다.[179] 가령 어떤 부동산에 관하여 (i) 저당권 설정, (ii) 저당권 설정보다 법정기일이 뒤인 조세채권에 터잡은 압류, (iii) 저당권 설정보다 법정기일이 앞선 다른 조세채권에 터잡은 압류, 이 세 가지가 차례로 이루어졌다고 하자. 제35조에서는 (iii) 〉 (i) 〉 (ii). 제36조에서는 (ii) 〉 (iii). 그렇다 하여 (ii) 〉 (i)이 되지는 않는다. (iii)의 조세채권으로 저당권에 우선하는 금액의 전부나 일부가 (ii)의 조세채권에 충당될 뿐.[180]

압류가 오로지 행정청 사이의 세수에 영향을 미칠 뿐이라는 말은 아니다. 압류에는 국세징수법상의 효력이 따른다. 일단 압류당한 재산은 제3자에게 팔아넘길 수 없는 등 국세징수법에 따른 효력이 제3자에게 미친다. 이런 효력은 재산 소유권이 이전되기 전에 법정기일이 도래한 국세의 체납액에도 미친다.[181]

제 5 절 납부책임의 인적확장

조세채권은 사권과 달리 원래의 채무자 아닌 다른 사람에게 효력을 미치기도 한다. 국가재정의 보호를 위해 특별한 효력을 주고 있는 것. 대표적인 것이 연대납세의무와 제2차 납세의무이다.

---

177) 국세기본법 제35조와 지방세기본법 제72조.

178) 대법원 2005. 11. 24. 선고 2005두9088 판결. 압류선착주의는 민사소송법상 강제집행절차에서 조세를 징수하는 경우에도 적용. 대법원 2003. 7. 11. 선고 2001다83777 판결.

179) 압류선착주의는 담보물권이나 납세담보권과의 관계에서는 적용하지 않는다. 대법원 2015. 4. 23. 선고 2011다47534 판결; 2015. 4. 23. 선고 2013다204959 판결.

180) 가압류 뒤에 국세채권에 우선하는 저당권이 설정된 경우에도 법정기일이 가압류 전이라면, 가압류채권=저당권 〉 국세채권 〉 가압류채권이라는 순환이 생긴다. 이리하여 옛 국세징수법 제81조의 규정에 불구하고 가압류채권자는 강제징수절차에서 배당을 받을 수 있다. 대법원 2002. 3. 26. 선고 2000두7971 판결. 확인규정으로 국세징수법 제96조 제1항 제5호.

181) 국세징수법 제46조 제2항. 압류의 상대적 효력은 제1절 1. 특히 주 13).

I. 연대납세의무

국세기본법 제25조 (연대납세의무) ① 공유물,[182] 공동사업 또는 그 공동사업에 속하는 재산과 관계되는 국세…는 공유자 또는 공동사업자가 연대하여 납부할 의무를 진다.

② 법인이 분할되거나 분할합병… 존속하는 경우…

③ 법인이 분할 또는 분할합병한 후 소멸하는 경우…

제2항과 제3항은 제16장 제5절 V. 지방세기본법은 제44조 제1항. 여기에서는 제1항만 보자. '連帶하여'라는 말은? 민사법에 따라[183] 연대납세의무자 각자가 세액 전체를 납부할 의무가 있고[184] 연대납세의무자 가운데 한 사람의 이행으로 다른 채무자도 그 의무를 면하게 된다는 뜻.[185] 민법의 연대채무에서는 이행청구에 절대적 효력(연대채무자 가운데 어느 한 사람에게 한 행위는 다른 모든 사람에게 효력이 있다는 말이다)이 있다.[186] 그러나, 연대납세의무는 당사자의 의사와 무관하게 법률의 규정에 따라 생기는 것이므로 납세의 고지와 독촉에 관한 서류는 연대납세의무자 모두에게 송달하도록 법에 정하고 있다.[187] 따라서, 연대납세의무자 가운데 어느 하나에게 부과처분 통지의 성격을 가지는 납부고지를 하지 않았다면 그의 연대납세의무는 구체적으로 확정되지 않고,[188] 어느 연대납세의무자에 대한 과세처분에 대하여 다른 연대납세의무자는 과세처분의 취소를 구할 원고적격을 지니지 않는다.[189] 한편 소멸시효는 민법 제421조를 명문 준용하므로 절대적 효력.

공유물이나 共同事業에 대한 연대납세의무에는 중요한 예외가 있다.

---

182) 대법원 2025. 3. 24. 선고 2024스866 등 결정(재산세, 공동상속재산). 합유물도 응당 공유물. 총유는 국세기본법 제13조, 지방세기본법 제153조.

183) 대법원 2017. 7. 18. 선고 2015두50290 판결. 국세기본법 제25조의2 참조.

184) 그래도 합헌이다. 대법원 1999. 7. 13. 선고 99두2222 판결; 헌법재판소 2007. 5. 31. 2006헌마1169 결정(인지세); 2009. 12. 29. 2008헌바139 결정(취득세).

185) 민법 제413조. 구상권은 대법원 2018. 7. 12. 선고 2018다228097 판결(명의신탁); 2024. 10. 8. 선고 2021다255464 판결(이자기산일=납부일); 2025. 3. 24. 선고 2024스866 등 결정(공동상속재산).

186) 민법 제416조.

187) 국세기본법 제8조 제2항. 대법원 1985. 10. 22. 선고 85누81 판결. 공동상속인도 이제는 같다. 상속세 및 증여세법 제77조 제2항.

188) 대법원 1998. 9. 4. 선고 96다31697 판결; 1990. 4. 24. 선고 89누4277 판결.

189) 대법원 1983. 8. 23. 선고 82누506 판결; 1988. 5. 10. 선고 88누11 판결. 공동상속인의 원고적격을 인정한 대법원 2001. 11. 27. 선고 98두9530 판결은 현행 상속세 및 증여세법 제77조 제2항과 안 맞는다. 옛 법에 따른 복잡한 판례의 분석은 윤지현, 공동상속인들이 부담하는 상속세 연대납세의무의 절차법적 쟁점 검토, 조세법연구 26-3(2020), 593쪽.

소득세법 제2조의2 (납세의무의 범위) ① 제43조에 따라 공동사업에 관한 소득금액을 계산하는 경우에는 해당 공동사업자별로 납세의무를 진다…

⑤ 공동으로 소유한 자산에 대한 양도소득금액을 계산하는 경우에는 해당 자산을 공동으로 소유하는 각 거주자가 납세의무를 진다.

"공동사업자별로" 또는 "각 거주자가" 납세의무를 지니까 소득세는 분할채무가 된다.[190] 가족기업의 구성원도 현행법에서는 각자과세가 원칙이다. 제2조의2 제1항 단서에서는 제43조 제3항이 적용된다면 연대납세의무가 생긴다고 정하고 있지만 거짓을 꾸며내는 아주 예외적인 경우가 아니라면 애초 제43조 제3항이 적용되지 않는다. 제10장 제2절 I.3. 결국 '연대채무를 진다'는 국세기본법의 규정을 적용할 경우는 드물다. 소득세법의 적용을 받지 않는, 법인과 법인의 공동사업 정도려나. 다음으로 공동사업재산에서 생기는 소득에 관해서는, 소득세는 소득세법 제2조의2에 따라서 각자 분할채무를 지게 되고 소득세가 아닌 다른 세금은 국세기본법이나 지방세기본법에 따라서 연대납세의무를 진다.[191] 공동소유자산이라면 양도소득세는 분할채무이고 다른 세금은 연대납세의무.

법인이 채무자회생및파산에관한법률 제215조에 따라 신회사를 설립하는 경우 기존의 법인에 대하여 부과되거나 납세의무가 성립한 국세…는 신회사가 연대하여 납부할 책임을 진다.[192] '연대'라고 하나 기존의 법인이 사라지는 경우라면 납세의무의 승계라고 볼 수밖에 없다.

국세기본법 제25조 말고도 연대납세의무를 정한 규정들이 있다. 소득세법 제2조의2 제1항 단서의 규정은 이미 보았다. 상속세는 상속인 또는 수유자 각자가 받았거나 받을 재산을 한도로 연대하여 납부할 의무를 진다.[193] 증여세에서는 1) 수증자의 주소 또는 거소가 분명하지 아니한 경우로서 조세채권의 확보가 곤란한 경우 또는 2) 수증자에게 증여세를 납부할 능력이 없고 체납으로 인하여 강제징수를 하여도 조세채권의 확보가 곤란한 경우, 증여자에게도 연대납세의무가 있다.[194]

---

190) 대법원 2023. 10. 12. 선고 2022다282500 등 판결.

191) 대법원 1995. 4. 11. 선고 94누13152 판결; 2023. 10. 12. 선고 2022다282500(본소), 2022다282517(반소) 판결. 제10장 제2절 Ⅲ.2. 헌법재판소 2006. 7. 27. 2004헌바70 결정(부가가치세).

192) 국세기본법 제25조 제4항, 지방세기본법 제44조 제4항.

193) 상속세및증여세법 제3조의2 제3항. 제25장 제2절 I. 피상속인의 조세채무를 공동승계받는 경우 연대납세의무는 제4장 제4절.

194) 상속세및증여세법 제4조의2 제6항. 제25장 제3절 I.1. 옛 법에서 '증여의제' 대상이었던 변칙증여에서는 연대납세의무가 없는 것이 보통이지만, 입법론으로는 토지무상사용이나 저가·고가 양도 따위에서 연대납세의무를 배제할 이유가 없다.

공동상속인이나 수유자(受遺者)의 연대납세의무는 상속재산 전체에 관한 세액과 각자의 부담부분을 산출하여 연대납세의무자 전원에게 각각[195] 부과고지한다.[196] 각 상속인의 납부의무는 자기가 받거나 받을 재산을 한도로 한다는 점도 고지하여야 한다.[197] 증여세의 경우에는 연대하여 납부할 의무라고는 하나 사실 위 제1호와 제2호를 보면 뜻이 다르다. 수증자에게서 조세채권을 확보하기 곤란한 경우라야 증여자에게도 세금을 낼 의무가 있다는 보충성이 있다.[198]

합명회사·합자회사 같은 인적회사 사원의 책임은? 각자가 전액에 납부책임을 진다.[199] 아래 Ⅱ.5.

연대채무의 내부관계(內部關係)에는 민법을 준용.

국세기본법 제25조의2 (연대납세의무에 관한 민법의 준용) 이 법 또는 세법에 따라 국세…를 연대하여 납부할 의무에 관하여는 민법 제413조부터 제416조까지, 제419조, 제421조, 제423조 및 제425조부터 제427조까지의 규정을 준용한다.

〈대법원 2018. 7. 12. 선고 2018다228097 판결〉

가. 자신의 출재로 조세채무를 공동면책시킨 연대납세의무자는 다른 연대납세의무자에게 그 부담부분에 대하여 구상권을 행사할 수 있다(국세기본법 제25조의2, 민법 제425조). 증여세는 원래 수증자에 대한 조세채권의 확보가 곤란한 경우에 비로소 증여자에게 연대납세의무가 인정되나… 주식에 관한 명의수탁자가[200] 증여세를 납부한 경우 위 국세기본법 규정에 따라 명의신탁자를 상대로 구상권을 행사할 수 있다… 국세기본법상 연대납세의무자의 구상권에 관하여 민법의 여러 규정이 준용되나 부담부분의

195) 같은 법 제77조. 대법원 2004. 10. 28. 선고 2003두4973 판결. 자기 부담부분에 대한 부과고지임과 동시에 다른 사람 부담부분에 대한 징수고지이다. 대법원 1993. 12. 21. 선고 93누10316 판결; 1996. 9. 24. 선고 96누68 판결; 1997. 3. 25. 선고 96누4749 판결; 2001. 2. 9. 선고 2000두291 판결; 2001. 11. 27. 선고 98두9530 판결(원고적격); 2002. 7. 12. 선고 2001두3570 판결; 2004. 10. 28. 선고 2003두4973 판결; 2005. 10. 7. 선고 2003두14604 판결. 제6장 제6절 I.1. 제25장 제2절 III.

196) 상속세및증여세법 제67조, 제76조, 제77조. 제25장 제2절. 대법원 1989. 11. 28. 선고 89누4529 판결; 1993. 12. 21. 선고 93누10316 판결; 1997. 3. 25. 선고 96누4749 판결; 1997. 6. 13. 선고 96누7441 판결; 2014. 10. 15. 선고 2012두22706 판결. 증액경정인지도 각 개인의 부담부분을 기준으로 판단. 대법원 2005. 10. 7. 선고 2003두14604 판결.

197) 대법원 2016. 1. 28. 선고 2014두3471 판결.

198) 대법원 1992. 2. 25. 선고 91누12813 판결; 2017. 7. 18. 선고 2015두50290 판결.

199) 상법 제212조의 회사의 채무가 공법상 채무를 포함한다는 풀이로 한국사법행정학회, 주석상법 Ⅱ(제5판, 2014), 254쪽. 인적회사의 본질은 조합이므로 사원들에게 국세기본법 제25조가 적용된다고 풀이해도 같은 결과를 얻는다.

200) 현행법에서는 명의신탁자가 납세의무를 진다. 상속세및증여세법 제4조의2 제2항. 제25장 제3절 VII. 따라서 구상 문제가 거의 생기지 않으리라.

균등추정에 관한 민법 제424조는 준용 대상에서 제외되어 있다. 이에 따라 연대납세의무자들 사이의 내부적인 부담부분은 균등한 것으로 추정되지 않고, 별도 약정이 없는 한 해당 납세의무 성립의 기초가 되는 법률관계와 당사자들 사이의 실질적인 이익의 귀속 등을 고려하여 정해진다… 일반적으로 조세회피 등을 비롯하여 명의신탁으로 인한 이익은 명의신탁자에게 귀속되고, 명의신탁재산에서 발생한 배당금 등 경제적 이익 등도 명의신탁자가 누린다… 명의신탁 받은 주식과 관련해서 부담한 증여세 전액에 대하여…구상할 수 있다.

Ⅱ. 제2차 납세의무

법은 조세채무자에게 강제징수를 집행하여도 징수할 금액에 부족한 경우에는 그와 일정한 관계에 있는 자에게 그 부족액을 납부할 의무를 지우고 있다. 일반적인 법률용어로는 남의 채무에 책임(責任)을 지는 것이지만,[201] 국세기본법은 이를 '제2차 납세의무'라 부르고 있다.[202] 지방세기본법은 제45조에서 제48조. 지방세법 제75조 제2항(사업소세). 제2차 납세의무의 성립일은 그를 정한 각 조별로 요건사실이 충족된 날이고 제2차 납세의무의 내용은 그 날 현재의 법에 따른다.[203] 제2차 납세의무에 대한 부과제척기간의 기산일은 제2차 납세의무 성립일이다.[204] 누구에게 제2차 납세의무를 지울 것인가는 입법정책의 문제. 우리 국세기본법에서는 다음 몇 가지. 다른 법률에서 정한 예로 제13장 제2절 VI, 제23장 제4절 III.6.

1. 청산인 등의 제2차 납세의무

국세기본법 제38조 (청산인 등의 제2차 납세의무) ① 법인이 해산하여 청산하는 경우에 그 법인에 부과되거나 그 법인이 납부할 국세…를 납부하지 아니하고 해산에 의한 잔여재산을 분배하거나 인도했을 때에 그 법인에 대하여 강제징수를 하여도 징수할 금액에 미치지 못하는 경우에는 청산인 또는 잔여재산을 분배받거나 인도받은 자는[205] 그 부족한 금액에 대하여 제2차 납세의무를 진다.

② 제1항에 따른 제2차 납세의무의 한도는 다음 각 호의 구분에 따른다.

1. 청산인: 분배하거나 인도한 재산의 가액

---

201) 독일 조세기본법 제69조 이하 참조.

202) 국세기본법 제2조 제11호.

203) 대법원 2005. 4. 15. 선고 2003두13083 판결.

204) 대법원 2005. 4. 15. 선고 2003두13083 판결; 2008. 10. 23. 선고 2006두11750 판결; 2012. 5. 9. 선고 2010두13234 판결 등. 제4장 제2절 Ⅳ. 3 및 제5절 Ⅱ.

205) 사실상의 해산청산을 인정하지 않은 사례로 대법원 2015. 11. 27. 선고 2014두40272 판결.

2. 잔여재산을 분배받거나 인도받은 자: 각자가 받은 재산의 가액

상법 第537조 (제외된 채권자에 대한 변제) ① 청산에서 제외된 채권자는 분배되지 아니한 잔여재산에 대하여서만 변제를 청구할 수 있다.

② 일부의 주주에 대하여 재산의 분배를 한 경우에는 그와 동일한 비율로 다른 주주에게 분배할 재산은 전항의 잔여재산에서 공제한다.

일반 상사(商事)채권의 경우, 채무가 완전히 변제되지 않은 상태로 청산절차가 끝났다면 어떻게 되는가? 결국 누군가가 더 받아간 셈이므로 정산이 되어야 할 것이나, 그렇다고 하여 청산절차를 다시 밟도록 한다면, 절차가 한없이 늘어지게 된다. 이리하여 상법은 회사의 청산·해산 절차에서 채권자가 제 권리를 행사할 수 있는 기회를 준 뒤, 일단 청산이 끝나면 더 이상 권리를 행사할 수 없다는 특칙을 두고 있다. 그러나 조세채권은 위와 달리 청산절차 뒤에도 받아갈 수 있을 뿐만 아니라 청산인에 대한 책임도 물을 수 있다. 원천징수세도 마찬가지.[206]

신탁재산을 별도법인처럼 법인세 납세의무자로 삼아서 수탁자가 법인세를 내기로 선택했지만 신탁재산이 법인세를 내기에도 모자라는 경우에는 수익자가 분배받은 재산가액 및 이익을 한도로 부족금액에 대한 제2차 납세의무를 진다.[207]

2. 출자자의 제2차 납세의무[208]

국세기본법 제39조 (출자자의 제2차 납세의무) ① 법인(… 상장 … 법인은 제외 …)의 재산으로 그 법인에게 부과되거나 그 법인이 납부할 국세…에 충당하여도 부족한 경우에는 그 국세의 납세의무의 성립일 현재 다음 각 호의 어느 하나에 해당하는 자는 그 부족한 금액에 대하여 제2차 납세의무를 진다. 다만, 제2호에 따른 과점주주…의 경우에는 그 부족한 금액을 그 법인의 발행주식 총수(의결권이 없는 주식은 제외한다. 이하 이 조에서 같다) 또는 출자총액으로 나눈 금액에 해당 과점주주…이 실질적으로 권리를 행사하는 주식 수(의결권이 없는 주식은 제외한다) 또는 출자액을 곱하여 산출한 금액을 한도로 한다.[209]

1. 무한책임사원 …

2. 주주[210] 또는 … 사원 1명과 그의 특수관계인 … 로서 그들의 소유주식 합계 또는

206) 소득세법 제157조 제1항, 법인세법 제73조, 제73조의2.

207) 법인세법 제75조의11 제2항. 제13장 제2절 VI. 2.

208) 상세는 정태학, 원천징수납부의무에 대하여 제2차 납세의무를 부담하는 과점주주, 특별법연구 8권(2006), 601쪽.

209) 헌법재판소 1998. 5. 28. 97헌가13 결정.

출자액 합계가[211] 해당 법인의 발행주식 총수 또는 출자총액의 100분의 50을 초과하면서 그에 관한 권리를 실질적으로 행사하는[212] 자들[213](이하 "과점주주"라 한다)[214]

3. …과점조합원…[215]

지방세기본법은 제46조. 제1항 각 호의 어느 하나에 해당하는 자는 조세채무에 관한 한 상법상 유한책임을 넘어 개인적 책임을 진다.[216] 제1호의 무한책임사원은 민사채권에도 무한책임을 지는만큼 조세채권에서도 당연.[217] 제2호의 유한책임사원이란 제1호의 무한책임사원이 아닌 사원이라는 뜻이므로 유한회사나 유한책임회사의 사원도 포함한다. 2020년말 개정법은 당연한 해석론의 확인. 무한책임사원의 무한책임과는 달리[218] 과점주주가 지는 책임에는 일정한 한도가. 위 제1항에 보듯, 법인이 못 낸 세금 가운데 주식소유비율로 따진 과점주주 몫만큼 한도가 있다. 2015년부터 상장법인의 주주도 지던 제2차 납세의무는 법인의 조세채무가 2021. 1. 1. 이후 성립하는 것부터 다시 사라졌다.[219] 제2차 납세의무의 성립일(成立日)은 법인의 납세의무의 성립일? 그렇

210) 주주 또는 소유 여부는 민사법 개념이다. 대법원 2013. 3. 14. 선고 2011두24842 판결; 2022. 5. 26. 선고 2019두60226 판결(영어조합법인). 관련 민사판결로 대법원 2020. 6. 11. 선고 2017다278385, 278392(병합) 판결.

211) 주주명부 등에 따를 때 과점주주인 자가 제2차 납세의무를 벗으려면 형식상의 주주임을 주장·입증하여야 한다. 대법원 1991. 7. 23. 선고 91누1721 판결; 1994. 8. 12. 선고 94누6222 판결; 1995. 12. 22. 선고 95누13203 판결; 2004. 7. 9. 선고 2003두1615 판결.

212) 간접출자에도 지배적 영향력 필요. 대법원 2024. 7. 25. 선고 2022두63386 판결. 주주 자신이 부도가 났다고 해서 주주권을 실질적으로 잃는 것은 아니다. 대법원 2003. 7. 8. 선고 2001두5354 판결; 2012. 12. 26. 선고 2011두9287 판결. 회생절차 중이라면 주주권을 실질적으로 잃은 것. 대법원 1989. 7. 25. 선고 88누10961 판결; 1994. 5. 24. 선고 92누11138 판결; 2025. 9. 25. 선고 2025두33121 판결. 구체적 경영관여 없어도 과점주주. 1994. 8. 12. 선고 94누6222 판결; 1995. 3. 24. 선고 94누13077 판결. 워크아웃은 대법원 2018. 10. 4. 선고 2018두44753 판결. 사실상의 지배 여부는 과점주주 개개인을 기준으로 판단한다. 대법원 1998. 12. 8. 선고 98두12062 판결. 주주권을 위임했더라도 여전히 권리를 행사하는 자. 대법원 2012. 10. 25. 선고 2012두18240 판결(심리불속행).

213) 헌법재판소 2010. 10. 28. 2008헌바42 결정.

214) 갑과 을 사이, 또 을과 병 사이에 특수관계가 있고 갑, 을, 병을 합하여 51%(현행법에서는 50%)를 넘는다면 갑과 병 사이에 특수관계가 없더라도 과점주주가 된다. 대법원 1980. 10. 14. 선고 79누447 판결. 특수관계인의 범위를 정한 옛 국세기본법시행령 제20조에서 성차별 부분은 위헌.

215) 대법원 2022. 5. 26. 선고 2019두60226 판결(조합법인)을 뒤집은 것.

216) 헌법재판소 2009. 12. 29. 2008헌바139 결정; 2010. 10. 28. 2008헌바49 결정; 2021. 8. 31. 2020헌바181 결정. 실질귀속자가 누구인가는 다른 문제. 제3장 제4절 III. 벤처기업 예외는 조세특례제한법 제15조.

217) 대법원 2022. 5. 26. 선고 2019두60226 판결은 조합의 납세의무에 대한 제2차납세의무를 조합원에게 지울 수 없다고. 기실 조합원 자신의 납세의무인데 이 사건 경과는 모르겠다.

218) 무한책임사원에게 일률적으로 제2차 납세의무를 매기는 것은 합헌이다. 헌법재판소 1999. 3. 25. 98헌바2 결정.

219) 가령 사업연도가 역년인 법인세라면 2021년분부터. 2020. 12. 22. 법률 제17650호 부칙 제2조. 헌법

지 않고 법인의 재산으로 그 법인이 납부할 조세채무에 충당해도 부족하다는 제2차 납세의무 자체의 요건사실이 생긴 날이다.[220] 그런 사실이 벌어지면 법인의 납세의무가 성립한 날 현재의 과점주주에게 제2차 납세의무가 생긴다.[221] 가령 01. 12. 31. 현재의 과점주주인 구주주씨가 02. 1. 1. 주식을 다 팔았고 신주주씨가 새로 과점주주가 된 뒤 법인이 01년분 법인세를 안 낸다면 제2차 납세의무는 누가 지는가? 신이 아니라 구. 한편 법인이 미납한 납부지연가산세(종래의 가산금이나 중가산금을 포함)는 법정납부기한(02. 3. 31.)이[222] 지나는 때가 성립일이라는 특칙이 따로 있으므로[223] 신이 제2차 납세의무를 진다. 과점주주의 과점주주는 제2차 납세의무를 지지 않는다.[224]

3. 법인의 제2차 납세의무

국세기본법 제40조 (법인의 제2차 납세의무) ① 국세(둘 이상의 국세의 경우에는 납부기한이 뒤에 오는 국세)의 납부기간 만료일 현재 법인의 무한책임사원 또는 과점주주(이하 "출자자"라 한다)의 재산(그 법인의 발행주식 또는 출자지분은 제외한다)으로 그 출자자가 납부할 국세…에 충당하여도 부족한 경우에는 그 법인은 다음 각 호의 어느 하나에 해당하는 경우에만 그 부족한 금액에 대하여 제2차 납세의무를 진다.

1. 정부가 출자자의 소유주식 또는 출자지분을 재공매하거나 수의계약으로 매각하려 하여도 매수희망자가 없는 경우

2. …외국법인…출자자의 소유주식…이 외국에 있는 재산에 해당하여…강제징수가 제한되는 경우

3. 법률 또는 그 법인의 정관에 의하여 출자자의 소유주식 또는 출자지분의 양도가 제한된 경우[225]…

재판소 1997. 6. 26. 93헌바49 등 결정; 2020. 5. 27. 2018헌바465 결정은 상장법인과 비상장법인의 차별이 합헌이라고 한다. 차이를 둘 수야 있겠지만 꼭 두어야 할 이유가 없다.

220) 대법원 2005. 4. 15. 선고 2003두13083 판결. 제4장 제2절 IV.

221) 대법원 2017. 7. 8. 선고 2016두41781 판결(회생계획에 따라 제2차 납세의무 승계). 제4장 제4절.

222) 제13장 제1절 I.

223) 국세기본법 제21조 제1항 제11호. 제5장 제2절.

224) 대법원 2019. 5. 16. 선고 2018두36110 판결; 2022. 5. 26. 선고 2019두60226 판결. "보충적 납세의무를 확장"하면 안 되는 엄격해석이라고 하지만 기실 법의 글귀 그대로 읽으면 제2차 납세의무가 생긴다. 대법원 1992. 5. 11. 선고 92누10210 판결(사업양수법인의 과점주주). 윤지현, 과점주주의 존재를 요건으로 하는 두 가지의 제2차납세의무자에 관한 대법원 판결의 해석방법론 비판, 조세법연구 27-1(2021), 147쪽. 그러나 과점주주의 과점주주가 자신이 제2차 납세의무를 지리라 내다보기 어렵다는 점에서 결론은 수긍할 수 있다.

225) 가령 주금납입 후 주권발행 전의 주식. 상법 제335조. 대법원 1995. 9. 26. 선고 95누8591 판결. 한편 압류제한이 양도제한은 아니다. 대법원 2020. 9. 24. 선고 2016두38112 판결(외국에 있는 주식). 외국법인 주식이라면 회사법상 양도제한 존부는 외국법에 따라 판단. 대법원 2024. 9. 12. 선고 2021두51881 판결.

② 제1항에 따른 법인의 제2차 납세의무는 다음 계산식에 따라 계산한 금액을 한도로 한다.

$$한도액 = (A - B) \times \frac{C}{D}$$

A: 법인의 자산총액
B: 법인의 부채총액
C: 출자자의 소유주식 금액 또는 출자액
D: 발행주식 총액 또는 출자총액

주주(株主)가 못 낸 세금을 법인(法人)더러 내라는 말. 한도는? 제2항에서 보는 바와 같이 순자산(A-B) 가운데 그 주주의 몫(C/D). 원래는 체납자인 주주의 주식을 경매하면 충분하겠지만, 법률상 또는 사실상 그렇게 할 수 없는 경우 회사더러 주주 몫의 세금을 내라고 하는 것이다. 따라서 한도는 주식의 가치, 곧 회사의 순자산 가운데 그 주주의 주식소유 비율만큼이 된다.

4. 사업양수인의 제2차 납세의무

국세기본법 제41조 (사업양수인의 제2차 납세의무) ① 사업이 양도·양수된 경우에 양도일 이전에 양도인의 납세의무가 확정된 그 사업에 관한 국세 및 강제징수비를 양도인의 재산으로 충당하여도 부족할 때에는 대통령령으로 정하는 사업의 양수인은 그 부족한 금액에 대하여 양수한 재산의 가액을 한도로 제2차 납세의무를 진다.

사업양수도 전에 이미 세액이 특정된 조세채권에는[226] 제한적 추급권을 인정하여 양수인에게 제2차 납세의무를 지운다.[227] 사업양도란, 양도인의 미납세액을 양수인이 응당 파악할 정도로 인적·물적 권리와 의무를 포괄적으로 물려받아 사업의 동일성이 있다고 할 정도의 법률상 지위를 말한다. 반드시 모든 권리의무를 다 물려받지 않아도 제2차 납세의무가 생길 수 있다.[228] 상호속용과는[229] 무관하다. 여러 사업장 가운데

226) 대법원 1982. 2. 9. 선고 81누149 판결; 1989. 12. 26. 선고 89누6723 판결; 2011. 12. 8. 선고 2010두3428 판결(예정신고한 부가가치세). 당해 사업양도에 따라 발생하는 양도소득세 따위에는 제2차 납세의무가 생기지 않는다. 독일 조세기본법 제75조에서 사업양수인의 책임은 양수도 전에 성립하고 1년 안에 확정된 조세채권.

227) 제4장 제3절 Ⅲ; 제5장 제4절 Ⅴ.

228) 대법원 1986. 11. 11. 선고 85누893 판결(사업면허); 1987. 2. 24. 선고 86누605 판결; 1989. 12. 12. 선고 89누6327 판결; 2009. 1. 30. 선고 2006두1166 판결(지방세). 사업상 채무를 일부만 인수했더라도 공장건물 등 물적설비를 양수하고 종업원도 승계받았다면 사업양도. 대법원 1990. 8. 28. 선고 90누1892 판결.

229) 상법 제42조.

일부 사업장의 사업을 포괄(包括)양도한 경우에도 양수한 사업장에 관한 제2차 납세의무를 진다.[230] 여러 사업부문 가운데 일부부문을 포괄양도한 경우에도 마찬가지. 따라서, 체납세액은 사업장 내지 사업부문별로 구분계산하여야 한다. 양수방법이 일부는 매매 일부는 경매라 하더라도 전체적으로 보아 사회통념상 양도인과 동일시되는 정도의 포괄적 승계라 볼 수 있다면 제2차 납세의무를 진다.[231] 제2차 납세의무는 부족한 금액에 대하여 양수한 재산의 가액(=원칙적으로 사업의 양수대가)을 한도로 진다.[232] 2019년 개정 대통령령은 제2차 납세의무를 지는 '양수인'의 범위를 법률보다 훨씬 좁게 줄여서 양수도의 당사자가 특수관계인이거나 양수목적이 양도인의 조세채무의 회피인 경우라야 제2차 납세의무를 진다고 정하고 있다.[233] 양수인을 사해행위 취소소송에서 재산 수익자나 전득자처럼 생각하는 것이다.

(보기) 사업자 갑은 제조업과 부동산임대업을 영위하던 중 ×××1. 10. 1. 제조업 부문의 자산 3억6천만원과 부채 1억원 기타 영업을 현금 2억6천만원을 받고 을에게 포괄적으로 양도했다. 그 뒤 관할세무서장은 갑의 체납세액으로 1) ×××1. 1기(1. 1. - 6. 30.)분 부가가치세 체납액 3억원(제조업 부문 2억원, 부동산임대업 부문 1억원), 2) xxx1. 10. 1.의 사업양도에 따라 발생한 양도소득세 1억원, 3) ×××1. 2기분의 7. 1.에서 9. 30.의 기간에 대한 부가가치세 예정신고 체납액 2억원(제조업 부문 1억원, 부동산임대업 부문 1억원)이 있음을 결정했다. 사업양수인인 을이 제2차 납세의무자로서 납부해야 할 금액은 얼마?

(풀이) 포괄양도된 사업의 미납세액으로 양도일 현재 확정된 금액은 ×××1 제1기분 부가가치세 체납액 가운데 제조업 부분 2억원이다. 예정신고분 부가가치세 미납세액은 신고기일이 10. 25.이므로 사업양도일 현재까지는 확정된 세액이 아니다.[234] 양수한 재산의 가액은 2억6천만원인가, 3억6천만원인가. 전자. 양수인이 양도인에게 줄 돈이 얼마인가 정할 때 조세채무를 염두에 두라는 것이니까.[235] 종래의 판례에서는 을은

230) 대법원 1998. 3. 13. 선고 97누17469 판결.

231) 대법원 2002. 6. 14. 선고 2000두4095 판결(경매로 받은 자산 외의 사업용 자산을 종전 사업자와 맺은 별도의 매매계약으로 양수한 사례). 양도인의 미납세액을 양수인이 파악할 만한 위치에 있다는 점은 계약을 통한 인수든 경매를 통한 인수든 마찬가지인 까닭이다. 종래의 과세실무는 강제경매와 임의경매를 나누어 후자에만 제2차 납세의무를 인정했지만 애초 논리가 서지 않는 구별이다.

232) 헌법재판소 1997. 11. 27. 95헌바38 결정. 여러 차례 나누어 취득하여 결과적으로 포괄양수받은 경우는 대법원 2009. 1. 30. 선고 2006두1166 판결; 2009. 12. 10. 선고 2009두11058 판결.

233) 신뢰보호는 제3장 제5절 I.

234) 부가가치세 예정신고(제23장 제1절)에는 확정의 효력이 없다는 생각은 그르다. 대법원 2011. 12. 8. 선고 2010두3428 판결. 제4장 제3절 Ⅱ.

235) 대법원 2009. 1. 30. 선고 2006두1166 판결.

2억원에 대한 제2차 납세의무를 지고 나머지 6천만원을 갑에게 지급하면 된다. 조세채무를 미처 계산에 넣지 않은 것은 을의 잘못이라는 것이다. 2019년 개정 시행령에서는 결론이 달라진다. 갑이 받은 돈 2억6천만원이 책임재산으로 남아있는 이상 조세회피가 생기지 않으므로 을은 제2차 납세의무를 지지 않는다. 현금화한 처분대금을 갑이 다른 곳으로 빼돌리려 한다는 사정을 을이 알았던 경우 제2차 납세의무를 진다. 사실관계를 바꾸어 갑이 저가양도로 가령 1억원만 받았다면 1억6천만원 부분에는 조세회피가 생기고, 을이 이 사실을 알았거나 갑과 특수관계가 있다면 제2차 납세의무를 진다.

5. 제2차 납세의무의 성질

제2차 납세의무의 성립일은 실체법적 요건을 만족한 날이고, 부과제척기간은 그 날부터 기산한다.[236] 가령 출자자의 제2차 납세의무의 성립일은 주된 납세의무의 성립일이 아니고 제2차 납세의무 그 자체의 요건인 법인의 재산으로 그 법인이 납부할 세금에 충당해도 부족하다는 사실이 성립한 날.[237] 실제로 제2차 납세의무를 지는 금액은 '부족한 금액'.

제2차 납세의무는 "조세채무자에게 강제징수를 집행하여도 징수할 금액에 부족한 경우"에 생긴다는 보충성(補充性)을 띤다.[238] 판례는 현실적으로 강제징수를 집행하지 않았더라도 객관적으로 보아 징수부족액이 생길 것을 알 수 있다면 제2차 납세의무가 생긴다고 한다.[239] 세무서장이 제2차 납세의무자에게서 세금을 걷으려 한다면 그에게 납부고지서를 보내게 된다.[240] 주된 납세의무자에 대한 부과처분 전에 제2차 납세의무자에 대한 납부고지서를 먼저 보내는 것은 위법하나[241] 그 뒤에라도 주된 납세의무자에게 부과하면 흠이 치유된다. 제2차 납세의무자가 여럿인 경우에는 각자가 전액에 대하여 납부책임을 지고, 제 몫만 내겠다고 분별의 이익을 주장할 수는 없

---

236) 대법원 1982. 8. 24. 선고 81누80 판결; 2008. 10. 23. 선고 2006두11750 판결; 2012. 5. 9. 선고 2010두13234 판결.

237) 대법원 2005. 4. 15. 선고 2003두13083 판결.

238) 보충성이란 주된 납세의무자와의 관계이고, 제2차 납세의무자 사이 가령 청산인과 출자자 사이에는 선후관계가 없다. 대법원 2007. 5. 30. 선고 2007두3657 판결.

239) 대법원 1989. 7. 11. 선고 87누415 판결; 1996. 2. 23. 선고 95누14756 판결. 그러나 2005. 4. 15. 선고 2003두13083 판결.

240) 국세징수법 제17조. 제2차 납세의무자에 대한 납부고지는 성립요건이 아니고 절차일 뿐이다. 대법원 1982. 8. 24. 선고 81누80 판결. 확정의 효력이 있다. 대법원 1985. 2. 8. 선고 84누132 판결; 1995. 9. 15. 선고 95누6632 판결.

241) 대법원 1998. 10. 27. 선고 98두4535 판결; 2010. 5. 9. 선고 2010두13234 판결. 주된 납세의무자에게 부과처분한 이상 제2차 납세의무자에 대한 과세예고통지는 불필요. 대법원 2025. 9. 24. 선고 2024두47074 판결.

다.[242] 제2차 납세의무자는 본래의 납세의무자에 대한 과세처분의 흠을 다툴 수도 있고,[243] 본래의 납세의무자에 대한 부과처분에 흠이 있다는 꼬투리로 자기 자신에 대한 납부고지의 효력을 다툴 수도 있다.[244] 제2차 납세의무자 지정처분 자체는 항고소송의 대상이 되는 행정처분이 아니라는 것이 판례.[245] 제2차 납세의무자에 대한 담보채권자와 국세채권의 우선순위는 담보권설정일과 제2차 납세의무자에 대한 납부고지서 발송일의 선후.[246]

한편 보충성하면 으레 생각나는 것이 보증채무. 아마 이 때문인지, 판례는 제2차 납세의무에는 부종성(附從性)도 있다고.[247] 아예 제2차 납세의무의 본질이 보증채무라고 적고 있는 글도 있다. 그러나 보증채무란 보증인과 채권자 사이의 보증계약에서 생긴다. 공법관계에서도 법이 공법상의 계약으로 허용하고 있다면 보증계약이 가능하고[248] 법은 조세채무자를 위한 보증계약, 곧 납세보증을 허용한다.[249] 납세보증에도 부종성이 있는지는 법에 정해둔 것이 없지만[250] 납세보증은 민법상의 보증과 똑같이 계약이므로 부종성이 있다고 풀이해야 옳다. 이에 비해 제2차 납세의무는 법이 강제로 부여하는 법정채무이므로 법에 규정도 없이 당연히 부종성이 생기지는 않지만[251] 부종성

242) 대법원 1996. 12. 6. 선고 95누14770 판결.

243) 국세기본법 제55조 제2항. 대법원 2009. 1. 15. 선고 2006두14926 판결(당사자가 다르므로 기판력이 안 미친다); 2022. 3. 31. 선고 2021두57827 판결.

244) 대법원 1979. 11. 13. 선고 79누270 판결; 2009. 1. 15. 선고 2006두14926 판결; 2014. 1. 23. 선고 2013두19011 판결. 국세기본법 제55조 제2항이 생긴 뒤에도 마찬가지. 본래의 납세의무자에 대한 부과처분이 있음을 제2차 납세의무자가 바로 안다는 보장이 없는 까닭. 임승순, 2장 2절 3도 같은 주장.

245) 대법원 1995. 9. 15. 선고 95누6632 판결. 제6장 제6절 I.

246) 국세기본법 제35조 제2항 제4호. 대법원 1990. 12. 26. 선고 89다카24872 판결. 논리적 구조는 제4절 IV.2의 양도담보와 같다.

247) 제2차 납세의무는 그 발생, 소멸에 있어 주된 납세의무에 부종하는 것이므로 주된 납세의무자에 대한 시효의 중단은 제2차 납세의무자에 대하여도 그 효력이 있다. 대법원 1985. 11. 12. 선고 85누488 판결; 2009. 1. 15. 선고 2006두14926 판결↔2012. 1. 27. 선고 2011두22099 판결(주된 납세의무자에 대한 부과처분 취소).

248) 국세징수법 제15조; 상속세및증여세법 제71조 등.

249) 대법원 1976. 3. 23. 선고 76다284 판결; 1981. 10. 27. 선고 81다692 판결; 1990. 12. 26. 선고 90누5399 판결; 2005. 8. 25. 선고 2004다58277 판결; 2020. 9. 3. 선고 2020두36687 판결.

250) 국세기본법 제2조 제12호.

251) 제2차 납세의무의 제척기간은 주된 납세의무와 별도로 제2차납세의무성립일부터 5년. 대법원 2008. 12. 23. 선고 2006두11750 판결; 2012. 5. 9. 선고 2010두13234 판결. 주된 납세의무가 시효소멸할 경우 제2차 납세의무도 소멸하는지에 대해서는 견해가 갈리고 있다. 이준봉, 2편 2장 1절 IV.1.; 윤병각, 조세법상 경정청구(2015), 1장 11절 7. 라. 독일에서는 주된 조세채무자와 책임채무자(제2차 납세의무자)의 관계를 연대채무로 본다. Tipke/Lang, *Steuerrecht*(제24판, 2021) 제6장 65문단. 따라서, 주채무의 시효소멸은 제2차 납세의무의 소멸로 이어지지 않지만, 다시 명문의 규정을 두어 시효소멸 이후에는 제2차 납세의무자 지정통지를 금지하고 있다. 독일 조세기본법 제191조 제5항. Tipke/

을 인정한다고 해서 특히 엉뚱한 결과가 생기지는 않는다. 판례가 왔다 갔다 하지만 않으면 된다.

제2차 납세의무에 관하여는 중요한 입법상 미비가 있다. 연대납세의무는 민법을 준용하므로, 자신의 出財로 빚을 갚은 채무자의 구상권(求償權) 같은 내부관계 문제는 민법에 따르면 된다. 제2차 납세의무자와 원래의 납세의무자의 관계는? 법에 아무 말이 없다. 구상권이 없다면 부당한 결과. 가령 회사가 주주의 세금을 대신 내는 경우 회사에 구상권이 없다면 주주 일반의 손해로 체납자가 이득을. 따라서, 판례는 구상권이 있다고 당연히 전제하기도.[252] 이때 구상권의 근거를 어디에서 찾는가에 따라 여러 가지 어려운 문제가 생긴다.[253] 구상권을 행사했지만 실제 돈을 받을 수 없는 경우에도 민사법상 문제가 생긴다. 예를 들어, 회사가 낸 세금을 주주가 갚지 않는다면 이는 실질적으로는 주주에게 돈을 돌려준 감자(減資)라 보아야겠지만, 회사법의 형식주의와 충돌.

Ⅲ. 물적납세의무

양도담보권자의 물적납세의무는 제4장 제3절 I. 3 및 제5장 제4절 Ⅳ. 참조. "물적"납세의무란 주된 납세의무자가 세금을 못 내는 경우 당해 재산으로만 납세의무를 지니까 물상보증인과 비슷한 위치에 있기에[254] 붙인 이름이다.

부동산을 신탁(信託)한 경우 재산세나 종합부동산세의 주된 납세의무자는 위탁자이고, 수탁자가 물적납세의무를 진다.[255] 도산격리의 예외인 셈. 부가가치세는, 위탁자가 신탁재산과 관련된 재화 또는 용역을 제 명의로 공급하거나 위탁자가 신탁재산을 실질적으로 지배·통제하여 주된 납세의무자가 되는 경우라면 수탁자가 물적 납세의무를 진다.[256] 명의수탁자의 증여세 물적납세의무는 제25장 제3절 VII.1. 물적납세의무자로부터 세금을 걷는 경우 조세채권과 물적납세의무자에 대한 담보채권의 선후는 납부고지서발송일과 담보권설정일의 선후에 따른다.[257]

Lang, 제6장 82문단.

252) 대법원 1987. 9. 8. 선고 85누821 판결; 2005. 8. 19. 선고 2003다36904 판결.

253) 상세는 이창희, 제2차납세의무자의 대납세액에 대한 구상권의 범위 및 세법상 인정이자의 계산, 조세법연구 Ⅱ(1996), 222쪽.

254) 양도담보권자는 체납국세를 납부할 정당한 이익이 있다. 대법원 1981. 7. 28. 선고 80다1579 판결.

255) 지방세법 제119조의2: 종합부동산세법 제7조의2와 제12조의2. 제26장 제3절.

256) 부가가치세법 제3조의2 제2항. 제23장 제4절 III.6. 윤지현, 부가가치세법이 정하는 수탁자의 물적납세의무에 관한 연구, 세무와 회계연구 22호(2020), 241쪽.

257) 국세기본법 제35조 제2항 제5호, 제7호, 제8호. 개별세법에도 해당 규정이 있다. 논리적 구조는 제4절 IV.2.

제6절 조세채권의 징수를 위한 기타의 제도

Ⅰ. 원천징수(源泉徵收)

1. 원천징수의 의의

원천징수(tax withholding; Quellenabzug)란 원래의 납세의무자(원천납세의무자, 원천징수대상자)와 일정한 연관을 맺고 있는 자(원천징수의무자)더러 원천납세의무자가 낼 세금을 대신 걷어서 원천납세의무자의 계산으로 국가에 납부하라는 제도이다. 源泉徵收라는 용어는 소득세법과 법인세법에서 쓰고 있는 말이고[258] 지방세법은 특별징수라는 말을 쓰고 있다.[259] 원천징수의 전형: 직장인(원천납세의무자)의 월급에서 세금을 미리 공제하여 그 돈(원천징수세)을 회사(원천징수의무자)가 국가에 납부.[260] 세금을 내야 할 자는 소득을 얻은 직장인이지만, 국가는 그들한테서 세금을 받지 않고 회사에 원천징수의무를 씌운 뒤 회사에서 돈을 걷는다. 왜 이런 제도를? 어느 회사에 종업원이 만 명이라면 국가가 만 명을 일일이 쫓아가서 세금을 걷기란 매우 번거로운 일이므로 회사를 상대로 삼아 손쉽게 세금을 징수하겠다는 생각. 다른 예로, 우리나라에서 소득을 받아가는 자가 비거주자나 외국법인이라면 나중에 이들에게서 세금을 받기는 난망. 그러니 소득을 지급하는 자에게 원천징수의무를 지운다. 법은 원천징수 명세에 관한 정보를 국가에 제공할 의무를 원천징수의무자에게 지우고 있기도(지급명세서 제출의무).[261]

원천징수세액은 세액의 선납인 경우도 있고 최종적 세부담인 경우도 있다. 원천징수대상인 소득을 다른 소득과 합하여 누진세율로 신고납부한다면 전자, 따로 신고납세의무가 없는 경우에는 후자.[262] 전자를 부르기를 예납적(豫納的) 원천징수, 후자는 완납적(完納的) 원천징수. (다른 용례로 '완납적 원천징수'라는 말을 연말정산 의무도 없다는 뜻으로 쓰기도 하나 여기에서는 법률관계의 존부에 초점을 두어 납세의무는 있지만 신고납부의무가 없는 자를[263] 완납적 원천납세의무자라고 부르기로 하자.) 이런

258) 제11장 제6절, 제13장 제1절 VI. 용례문제로 법인세법 제73조 제8항은 소득을 지급받은 법인이 받은 돈 가운데 일정부분을 바로 낼 의무를 지는 경우에도 원천징수, 원천징수세라고 부른다.

259) 지방세법 제31조 등. 국민연금법 제90조는 원천공제납부.

260) 소득세법 제127조 제1항 및 제128조. 제11장 제6절.

261) 소득세법 제164조 등.

262) 종합과세와 분리과세에 관하여는 제10장 제3절 I.

263) 소득세법 제2조의2 제4항. 연말정산 의무도 없다는 뜻으로 쓰는 글로 이준봉, 3편 3장 2절 III; 이중교, 9장 1절 2.

종래의 이론과 달리, 원천징수가 누락되었다면 신고납부의무가 없는 사람(종래의 완납적 원천납세의무자)에게도 세금을 부과할 수 있다는 판결이 2001년 이후 나왔고 그 뒤 법에도 들어갔다.[264] 이리하여 원천징수의 법률관계는 근본적으로 흔들리고 있고 완납적 원천징수라는 개념은 아예 없어지는 것이 아닌가(국가와 원천납세의무자 사이에 법률관계가 있다면 이는 쌍방관계일 수밖에 없다)라는 의문이 생기게 되었다. 다른 한편 최근의 개정법령이 너무 많은 세금을 원천징수당한 원천납세의무자도 신고납부나 경정청구로 세금을 돌려받을 수 있고, 또 더 낼 것이 있다면 원천납세의무자도 증액수정신고를 할 수 있다고 정하고 있다.[265] 2016년에는 비거주자에 대한 완납적 원천징수라는 개념을 되살리는 판결이 다시 나왔다.[266] 완납적 원천징수라는 개념의 잔존 여부는 분리과세 이자소득과 비거주자에 대한 원천징수 등 몇 가지에서만 문제된다.[267]

(보기) 원납세 씨는 돈 1억원을 은행에 정기예금(이자율 연 10%)했다가 만기가 되어 원천징수세액 140만원을 제외한 860만원을 받았다. 은행은 원천징수세액 140만원을 관할세무서에 납부했다. 원씨에게 다른 소득이 없다면 원씨의 세부담률은 얼마인가?

(풀이) 원씨는 더 이상 세금을 더 내거나 돌려받을 일이 없고, 원씨의 최종적 세부담률은 원천징수세 140만원(14%)이 된다.

(보기) 위 보기를 고쳐 원씨에게 이미 다른 곳에서 받은 이자소득이 1,000만원 넘게 있고 다른 소득도 있어서 원씨에게는 35% 누진세가 적용된다고 하자.[268] 이 경우 원씨가 더 내어야 할 세금은 얼마인가?

(풀이) 원씨는 정기예금 이자 1,000만원을 종합소득에 포함하여 세금을 신고납부하여야 하므로, 이자 1,000만원에 대해 원씨가 질 세부담은 350만원이 된다. 그렇지만 이미 원천징수당한 세액이 140만원이므로 원씨가 소득세 신고를 통하여 추가납부할 세액은 210만원이다. 결국 최종적 세부담률은 35%.

---

264) 대법원 2001. 12. 27. 선고 2000두10649 판결; 2006. 7. 13. 선고 2004두4604 판결; 소득세법 제80조 제2항 제2호. 前史에 해당하는 판결로 대법원 1984. 2. 28. 선고 82누424 판결.

265) 국세기본법 제45조의2 제5항, 제45조 제1항, 소득세법 제73조 제1항과 제14조 제4항.

266) 대법원 2016. 1. 28. 선고 2015두52050 판결. 이 판결은 2013. 4. 11. 선고 2011두3159 판결과 모순인 틀린 판결이다. 이창희, 국제조세법, 제3장 제2절 III.9.

267) 미국법에서는 기본적으로 원천징수는 모두 예납이다. 다만 예납금액과 최종세액이 같다면 원천납세의무자의 신고납부의무가 면제된다. 미국세법 1462조, 6012조, 미국재무부 규칙 1.6012-1(b)(2)(i), (c)(2)(i).

268) 제11장 제4절 III.

아무 대가도 안 주면서 남의 세금을 걷어내라니, 이런 제도는 그 자체로 위헌 아닐까? 판례는 합헌이라고.[269] 효율의 관점에서는, 구태여 Coase의 이야기를 들먹일 필요도 없이 사회 전체로 보아 비용이 가장 덜 드는 방향으로, 곧 소득의 원천이나 중심에서 원천징수하도록 제도를 짜야 함은 물론이다.[270] 법인이 개인에게 돈을 지급하는 경우라면 이자든 배당이든 근로소득이든 원천징수를 하는 편이 효율적이다. 지급받는 자가 법인이더라도 금융기관에서 이자를 지급받는 경우라면 금융기관에 원천징수의무를 지우는 편이 효율적이다.[271] 한편, 사인(私人)더러 세법을 다 알아서 원천징수 여부와 징수할 세액을 제대로 파악하라고[272] 책임을 지우는 것은 아무래도 무리. 원천징수의무를 지움으로써 사회적 비용이 오히려 커진다면 비례의 원칙에[273] 어긋난다. 가령 사업자나 고용주가 아닌 개인에게 원천징수의무를 지우는 규정은 위헌시비가 있을 수 있다.[274] 일반기업이 금융기관에 지급하는 이자에 대해 원천징수의무를 지운다면 마찬가지 비효율이 생긴다. 일반적인 기업 사이의 흐름이라면 어느 쪽에서 세금을 걷든 차이가 없으므로, 원천징수제도를 꼭 두어야 할 이유가 없다.

원천징수의무는 "지급"하는 자라는 지위, 곧 돈의 흐름을 지배관리하는 지위를[275] 전제한다. 가령 금융기관은 대리지급하는 소득에 원천징수의무를 진다.[276] 주채무자

---

269) 헌법재판소 2009. 2. 26. 2006헌바65 결정; 2009. 7. 30. 2008헌바1 결정; 대법원 2008. 12. 11. 선고 2006두3964 판결. 전사로는 대법원 1989. 1. 17. 선고 87누551, 552 판결. 일본 最高裁判所 1962(昭和37). 2. 28. 昭和31(あ)1071 판결. 원천징수의무자는 징수와 납부 사이의 시차만큼 이자를 벌기도 한다. 이 이익이 납세비용보다 크다는 실증연구의 소개로 Shaw, Selmrod & Whiting, Administration and Compliance(2010 Mirrlees Review 제12장), 12.4.3.절. Institute of Fiscal Studies, Tax By Design: The Mirrlees Review(2011). 한국조세연구원의 2015년 번역본 제목은 '조세설계'. 이하 이 책은 2011 Mirrlees Review라고 인용. Institute of Fiscal Studies, Dimensions of Tax Design (Fullerton, Licestor & Smith ed., 2010): Mirrlees Review(2010)은 이하 2010 Mirrlees Review라고 인용.

270) 제2장 제3절 I.3. 제7장 제1절 2.

271) 원천징수제도의 성격은 법인세와 견주어도 분명해진다. 뒤에 보겠지만 법인세는 주주들의 집합적 소득에 대한 세금을 법인에서 걷는 것이다. 법인세가 합헌이라면 근로소득세 원천징수의무도 합헌이라야 앞뒤가 맞다. 제9장 제2절 II, 제13장 제3절.

272) 원천징수의무자는 불확실한 세액을 공탁하면 채무불이행 책임을 벗는다. 대법원 2022. 3. 31. 선고 2018다286390 판결(출급권의 존부).

273) 헌법 제37조 제2항. 제2장 제3절 II.

274) 예를 들어 2006. 12. 30. 개정 전 소득세법 제156조 제1항 제3의2. 다만 원천납세의무자가 비거주자라는 점에서 보면 위헌이라 단정하기는 어렵다.

275) 원천징수에 관한 사전약정이 가능했다면 원천징수할 수 있었다. 대법원 2019. 7. 4. 선고 2017두38645 판결.

276) 대법원 2014. 7. 24. 선고 2010두21952 판결(대리지급자인 변호사에 대한 묵시적 위임). 윤지현, 소득지급의 대리 또는 위임과 원천징수의무, 조세법연구 18-3(2012), 130쪽, 특히 142-166쪽. 원천징수의무를 명시적 묵시적으로 위임받은 대리지급자는 본인의 이름으로 징수·납부한다. 대법원 2018. 2. 8. 선고 2017두48550 판결; 2018. 4. 24. 선고 2017두48543 판결은 어음발행자의 계산으로 어음금

대신 보증채무자가 채권자에게 원리금을 지급하는 경우 원천징수의무는 보증채무자가 진다.[277] 경매시 경락대금을 배당하는 경우에는 법원의 출납공무원이 원천징수의무를 이행하고 있다.[278] 임직원의 횡령액에 대한 법인의 원천징수의무 시비도[279] 이 맥락에서 보아야 한다.

소득을 받아가는 자는 외부적 형식이고 실질적 귀속자가 따로 있다면 지급자의 원천징수의무는 후자를 기준으로 판단하여야 한다.[280] 다만 실질귀속자가 따로 있는지를 원천징수의무자가 판단할 처지가 아니었다면 불이행책임을 물을 수 없다.[281]

2. 원천징수의무자와 원천납세의무자의 관계

원천징수에서는, 국가와 원천징수의무자의 관계, 국가와 원천납세의무자의 관계, 원천징수의무자와 원천납세의무자의 관계라는 3면에 걸친 법률관계가 생기고 서로 앞뒤를 맞추기가 어렵다. 우선 원천납세의무자(채권자)와 원천징수의무자(채무자) 사이에서 돈을 주고받는 관계는 기본적으로 계약 기타 민사법(民事法) 관계.[282] 원천징수의무자는 원천징수라는 공법상의 의무를 지고 있으므로 원천징수세액을 뺀 차액을 지급함으로써 원천납세의무자에 대한 자신의 채무를 다 이행한 것이 된다.[283] 이렇게 본다면, 원천징수세액이 지나쳤다면 원천납세의무자는 아직 채권의 일부를 변제받지 못

할인액(이자소득)을 지급하는 금융기관은 어음발행자를 대리하는 것이 아니고 원천징수의무를 지자면 원천징수의무에 대한 명시적 묵시적 위임이 필요하다고 한다. 따로 위임하지 않은 이상 원천징수의무는 본인에게 남고, 대행지급자는 세제외 금액만 지급해야 한다.

277) 대법원 2009. 3. 12. 선고 2006두7904 판결. 대위변제자의 원천징수의무는 2014. 12. 11. 선고 2011두8246 판결.

278) 법원보관금취급규칙 제19조. 피고로부터 돈을 받아 원고에게 송금한 소송대리인에게 원천징수의무가 없다는 판결로 대법원 2014. 7. 24. 선고 2010두21952 판결.

279) 헌법재판소 2009. 2. 26. 2006헌바65 결정; 2009. 7. 30. 2008헌바1 결정(합헌); 대법원 1995. 10. 12. 선고 95누9365 판결; 1999. 12. 24. 선고 98두7350 판결; 2016. 4. 23. 선고 2016두40573 판결(사외유출액의 회수). 제18장 제5절 Ⅶ. 3, 4. 이철송, 법인대표자에 대한 상여처분제도의 타당성, 조세법연구 Ⅸ-1(2003), 31쪽.

280) 대법원 2012. 10. 25. 선고 2010두25466 판결; 2017. 12. 18. 선고 2017두59253 판결. 이 경우 실질귀속자는 원천징수대상자이므로 국세기본법 제45조의2에 따른 경정청구권도 있다. 대법원 2022. 2. 10. 선고 2019두50946 판결.

281) 대법원 2013. 4. 11. 선고 2011두3159 판결. 대법원 2016. 1. 28. 선고 2015두52050 판결은 이 판결과 모순인 틀린 판결이다.

282) 대법원 1979. 6. 12. 선고 79다437 판결. 원천징수의무자를 이른바 공무수탁사인(公務受託私人)으로 보는 견해가 있지만, 판례는 원천징수는 공권력의 행사인 행정처분이 아니라고 한다. 대법원 1990. 3. 23. 선고 89누4789 판결; 1994. 9. 9. 선고 93누22234 판결; 헌법재판소 1999. 11. 25. 98헌마55 결정. 독일의 통설도 행정처분이 아니라고 한다. Tipke/Lang, 제21장 53문단.

283) 소득세법 제127조, 제128조 등. 대법원 1988. 10. 24. 선고 86다카2872 판결; 1992. 5. 26. 선고 91다38075 판결. 미국세법 1461조, 3403조.

한 상태에 있다.[284] 세액을 모자라게 원천징수했다면 원천납세의무자가 돈을 너무 많이 받아간 것이므로, 원천징수의무자는 모자라는 세액을 돌려받을 청구권이 있다.[285] 이것이 종래의 이론이다. 그러나 완납적 원천징수라는 개념 자체를 대폭 축소해버린 지금의 판례체계에서는 아래에 보듯 혼선이 생긴다.

예납적 원천징수에서는 국가가 원천납세의무자와 직접 법률관계를 맺으므로, 원천납세의무자는 신고납세나 부과과세 과정에서 원천징수된 세액을 고려하여 조세채무의 단위(예를 들어 2xx1년분 소득세)별로[286] 세액을 정산하게 된다. 나아가 신고납세의무나 부과권이 없는 경우 곧 종래의 완납적(完納的) 원천징수에서도, 모자라는 원천징수에 관련하여 원천납세의무자 스스로의 신고납세로[287] 나아가 일부 판례에 따르자면 국가의 부과과세로 세금을 정산할 수 있다. 원천징수세액이 부족했다면 국가는 원천납세의무자에게서 직접 세금을 걷는다.[288] 이런 정산 뒤에는 원천징수의무자와 원천납세의무자 사이의 법률관계도 단절된다.[289] 국가와 원천징수의무자 사이의 법률관계 역시 단절되고[290] 원천징수의무자는 납부지연가산세 같은 고유 채무만 진다.[291] 이 판례이론을 연장하면 원천징수로 납부한 세액이 과다했던 경우 원천납세의무자는 국가에서 직접 세금을 돌려받을 수 있다고 보아야 앞뒤가 맞다. 그러나 판례는 원천징수세액이 과다했던 경우에는 종래의 이론을 그대로 간직해서 국가에 대한 환급청구권은 원천징수의무자에게 있다고 하므로,[292] 결국 국가—원천징수의무자—원천납세의무자라는 사슬이 생긴다. 원천징수를 하지 않은 채 원천징수의무자가 제 돈으로 세액상당액을 잘못 납부했다면 원천징수의무자에게 환급청구권이 있고 이미 국가와 정산을 마친 원천납세의무자에 대한 구상권은 없다.

284) 이 책 2024년판 247쪽; 대법원 2024. 10. 8. 선고 2024다254820 판결; 일본 最高裁判所 1970(昭和45). 12. 24. 선고 昭和43(オ)258 판결↔대법원 2003. 3. 14. 선고 2002다68294 판결.

285) 대법원 2008. 9. 18. 선고 2006다49789 판결(대표자 인정상여); 2019. 7. 4. 선고 2017두38645 판결(계약금을 몰취당한 매수인). 원천징수의무자에게 부과된 가산세를 구상받지는 못하고 민사법정이자만 받을 수 있다. 대법원 1979. 6. 12. 선고 79다437 판결.

286) 제4장 제2절 Ⅳ.3. 제6장 제5절 Ⅰ.

287) 예를 들어 소득세법 제70조 제1항, 2022년말 개정 전 제118조의15 제5항.

288) 대법원 2001. 12. 27. 선고 2000두10649 판결; 2006. 7. 13. 선고 2004두4604 판결. 소득세법 제80조 제2항.

289) 소득세법 제155조. 대법원 1974. 11. 12. 선고 74다224 판결; 1989. 3. 14. 선고 85누451 판결; 1991. 12. 10. 선고 91누4997 판결.

290) 대법원 1977. 4. 26. 선고 76다2236 판결. 국가가 그 뒤 원천징수의무자를 과세한다면 이는 둘 사이의 항고쟁송으로 해결해야 한다.

291) 대법원 1989. 3. 14. 선고 85누451 판결.

292) 대법원 2002. 11. 8. 선고 2001두8780 판결; 2003. 3. 14. 선고 2002다68294 판결; 2009. 12. 24. 선고 2007다25377 판결; 2016. 7. 14. 선고 2014두45246 판결; 2025. 4. 24. 선고 2024도295852 판결.

3. 원천납세의무자와 국가의 관계

종합과세 내지 예납적(豫納的) 원천징수의 경우, 원천납세의무자의 입장에서는 원천징수당한 세금은 기납부세액이 되므로 이를 공제받는다.[293] 설사 원천징수의무자가 징수한 세액을 실제 납부하지 않았더라도 공제받는다.[294] 원천징수당한 세액이 산출세액보다 크다면 이를 환급받는다.[295] 어떤 이유에서든 원천징수가 이루어지지 않은 경우에는 원천납세의무자는 신고납부시(또는 국가의 부과과세시) 이를 기납부세액으로 공제할 수 없고, 따라서 납부할 세액이 그만큼 늘게 된다.[296] 원천징수한 금액이 정당한 세액보다 많다면 원천납세의무자는 징수당한 금액 전부를 공제받을 수 있는가? 실제 징수당한 금액이라야 공제받을 수 있다는 논리와 앞뒤를 맞추자면 실제 징수당한 금액은 정당한 세액이 아니더라도 공제받을 수 있다고 해야 모순이 없다.[297]

분리과세 등 애초에 원천납세의무자에게 신고납세의무가 없는 완납적(完納的) 원천징수라면[298] 국가는 원천납세의무자로부터 세금을 걷을 수 없고 징수의무자에게서만 걷을 수 있다는 종래의 이론을[299] 흔드는 판례와 입법은 이미 보았다. 세금을 너무 조금 원천징수당한 원천납세의무자는 스스로 신고납부로 세금을 더 낼 수 있다.[300] 또 국세기본법은[301] 근로소득만 있는 원천납세의무자등에게도 위법한 원천징수세액에 대한 경정청구를[302] 허용하고 있다.[303] 그러나 이 경우 위법한 원천징수세액에 대한 환급청구권은 원천징수의무자에게 있다는 것이 판례. 이를 전제로 하면 행정법관계는 원

293) 원천징수 전에 미리 공제받지는 못한다. 대법원 1988. 10. 24. 선고 86다카2872 판결. 뒤의 부과처분이 원천징수당한 세액을 흡수하지는 않는다는 대법원 2007. 9. 7. 선고 2005두5666 판결은 사실상 폐기된 듯하다. 대법원 2016. 7. 14. 선고 2014두45246 판결.

294) 대법원 1984. 4. 10. 선고 83누540 판결 등. Slodov v. US, 436 US 238(1978), 특히 243쪽. 그러나 국민연금갹출료에 관한 반대취지 판결로 서울고등법원 1993. 12. 9. 선고 93구18329 판결.

295) 소득세법 제85조 제4항.

296) 대법원 1981. 9. 22. 선고 79누347 판결; 1981. 10. 24. 선고 79누434 판결; 2001. 12. 27. 선고 2000두10649 판결. 반대가 있지만 판례가 옳다. 아래 4항 및 제4장 제3절 Ⅰ을 보라.

297) 같은 결론으로 임승순, Ⅱ부 1편 6장 5절 2. 반대 견해로 이준봉, 3편 3장 2절 Ⅲ. 3. 그러나 아래 4를 보라. 또한 대법원 2014. 10. 27. 선고 2013다36347 판결은 원천징수의무자와 원천납세의무자의 관계에 관한 것이다.

298) 가령 소득세법 제73조 제1항 제9호.

299) 대법원 2016. 1. 28. 선고 2015두52050 판결; 2002. 11. 8. 선고 2001두8780 판결(환급청구권자는 원천징수의무자).

300) 예를 들어 소득세법 제70조 제1항, 제76조.

301) 국세기본법 제45조의2 제5항.

302) 지급명세서나 원천징수영수증에 소득수령자로 기재된 자는 실질귀속 여부에 관계없이 경정청구권이 있다. 대법원 2017. 7. 11. 선고 2015두55134 판결 등.

303) 입법론적 비판으로 강남규·김성준, 앞의 글, 163쪽.

천납세의무자와 국가 사이에 있지만 부당이득의 반환이라는 채권은 원천징수의무자에게 있고 다시 원천납세의무자는 원천징수의무자에게 아직 덜 받은 원인채권의 이행을 구하게 된다.

4. 원천징수의무자와 국가의 관계

원천징수의무자는 국가에 대하여 제 자신의 공법(公法)상 의무로서 세액을 원천징수하여 납부할 의무를 진다.[304] 원천징수세 채무는 소득을 지급할 때 성립하면서 동시에 확정된다.[305] 세액을 원천징수하지 않았더라도 여전히 세액 상당액(더하기 가산세)을 납부할 채무를 진다.[306] 가산세 한도는 제5장 제2절 1. 원천징수의무자에 대한 국가의 징수처분은 행정처분이고 그에 대한 항고쟁송에서 원천징수의무의 존부나 범위라는 실체법 쟁점도 다툴 수 있다는 것이 종래의 판례.[307] 한 걸음 나아가 첫 고지처분을 다툴 때 실체법 쟁점도 반드시 다투어야 한다는 판결이 2025년 나오기도.[308] 소득금액변동통지 처분에 뒤따르는 징수처분에서는 징수처분 그 자체의 절차적 하자만 다툴 수 있다.[309] 원천징수의무자에 대한 징수권은, 원천납세의무자에 대한 조세채권이 있을 것을 전제하므로 원천납세의무가 소멸하면 반사적 효과로 소멸한다.[310]

---

304) 소득세법 제127조, 제128조. 소득을 지급할 의무를 지는 자와 실제 지급하는 자가 다른 경우 원천징수의무자는 후자이다. 대법원 2009. 3. 12. 선고 2006두7904 판결; 2014. 12. 11. 선고 2011두8246 판결. 앞 I.1. 소득금액을 지급하는 과정에서 성실하게 조사하여 확보한 자료 등을 통해서도 실질적인 귀속자가 따로 있다는 사실을 알 수 없었던 정당한 사유가 있다면 실질적 귀속자를 기준으로 원천징수의무를 지지는 않는다. 대법원 2016. 11. 9. 선고 2013두23317 판결.

305) 국세기본법 제22조 제4항. 제4장 제3절. 국가와 원천징수의무자 사이의 관계에서만 그렇다고 보아야 하고 제3자의 권리와 우선순위를 정할 때 적용할 수 있는 글귀는 아니다. 제4장 제3절 II.

306) 대법원 1988. 1. 19. 선고 87누102 판결 등 다수. 입법흠결이라는 주장이 있으나 원천징수세라는 제도 자체가 원래 원천징수의무자에게서 본세를 징수하는 것이다. 다른 나라도 다 그렇다. Chang Hee Lee & Ji-Hyun Yoon, Withholding Tax in the Era of BEPS, CIVs, and the Digital Economy, 103 Cahiers de droit fiscal internationale 223(2018), 특히 233쪽. 그에 더하여 원천징수의무자가 "정당한 사유 없이 그 세금을 징수하지 아니했을 때"에는 1천만원 이하의 벌금에 처하고, "정당한 사유 없이 징수한 세금을 납부하지 아니했을 때"에는 2년 이하의 징역 또는 2천만원 이하의 벌금에 처한다. 조세범처벌법 제13조. 처벌범위가 지나치게 넓어지는 것을 막으려면, 원천징수 대상인지가 불분명한 경우는 "정당한 사유"가 있다고 풀이하여야 마땅하다.

307) 대법원 1974. 10. 8. 선고 74다1254 판결; 일본 最高裁判所 1970(昭和 45). 12. 24. 선고 昭和43(オ)258 판결. 대법원 1988. 1. 19. 선고 87누102 판결은 원천징수세 부과처분이라는 표현을 쓰지만 종래 판결의 논리구조에서는 표현의 실수일 뿐이다. 그냥 원천징수세 처분이라고 적은 판결도 있다. 원천징수의무자에 대한 징수처분을 원천납세의무자가 다툴 수는 없다. 대법원 1994. 9. 9. 선고 93누22234 판결.

308) 대법원 2025. 9. 4. 선고 2025다11104 판결. 제4장 제5절 I.4., 제5절 IV.

309) 대법원 2012. 1. 26. 선고 2009두14439 판결. 소득금액변동통지는 실질적으로 원천징수세 부과처분의 역할을 한다. 제6장 제6절 I.1, 제18장 제5절 Ⅶ.4.

310) 대법원 1977. 4. 26. 선고 76다2236 판결(원천납세의무의 이행); 1988. 1. 19. 선고 87누102 판결(소득구분과 원천징수의무); 1989. 3. 14. 선고 85누451 판결(부과제척기간 도과); 1992. 5. 26. 선고

판례이론과 현행법을 맞추자면 너무 많이 원천징수하여 납부했다면 원천징수의무자가 경정청구(更正請求)로 돈을 돌려받을 수 있다. 종래의 판례에서는 바로 부당이득(不當利得)의 반환을 구하는 것이 맞다.[311] 그러나 이제는 경정청구 기간이 부당이득 반환청구권의 소멸시효 이상이고 후발적 경정청구도 가능하니 원천징수의무자에 대한 세액고지를 세액을 확정하는 부과처분으로 이해하고 항고쟁송이나 경정청구에 배타성을 인정하는 편이 아마 정답.[312] 실제 환급받는 대신 각 단행세법상의 간이환급(새로 납부할 원천징수세액과 상계) 절차를 따르는 것은 여전히 가능하다. 원천징수가 지나친 경우 원천납세의무자는 아직 채권 전부를 변제받지 못한 것이므로 원천징수의무자에게 대하여 채무불이행 책임을 물을 수 있다. 원천징수의무자의 원천징수납부세액이 법에 정한 금액보다 모자란다면 국가는 원천징수의무자에게서 모자라는 원천징수세액과 가산세를 징수할 수 있다. 이 경우 원천징수의무자는 국가에 내었거나 낼 세액을 원천납세의무자에게서 구상받거나 부당이득으로 반환을 구할 수 있다.

원천납세의무자와 국가 사이에 자발적 신고납부, 경정청구, 또는 부과과세를 통하여 세액을 정산한 뒤에는 위 문단의 판례이론에 문제가 생기는 것은 이미 본 바와 같다. 국가가 돈을 돌려주어야 하는 경우, "국가－원천징수의무자－원천납세의무자"라는 사슬로 돈을 돌려주어야 한다는 것이 판례이론. 그렇다면 국가가 돈을 더 받는 것도 같은 사슬로 받아야 앞뒤가 맞지만, 이 사슬은 국가가 원천납세의무자에게서 직접 돈을 받을 수 있다는 현행법 및 다른 판례와 정면충돌한다. 국가가 원천납세의무자로부터 이미 세금을 다 걷었으면서 다시 법보다 모자라는 원천징수세액을 원천징수의무자로부터 징수할 수 있다면 어떤 결과가 생기는가? 국가는 징수한 원천징수세액을 원천징수의무자에게 부당이득으로 환급하고 원천징수의무자는 다시 원천납세의무자에게 부당이득으로 환급해야 한다. 이 결과는 국가가 원천납세의무자에게서 돈을 직접 받을 수 있다는 현행법 및 다른 판례와 정면충돌한다. 국가와 원천납세의무자 사이의 직접 정산 뒤에는 원천징수의무자에 대한 국가의 본세징수권은 없어진다고 보아야 옳다.

91다38075 판결(원천납세의무 불성립); 1992. 9. 22. 선고 91다40931 판결(부과제척기간 도과); 2014. 4. 10. 선고 2013두22109 판결(원천납세의무 제척기간의 만료); 2014. 10. 27. 선고 2013두36347 판결(원천납세의무 이행). 앞 2항의 판례이론이 종래의 완납적 원천징수 개념과 다르기 때문이다. 제18장 제5절 Ⅶ.4.

311) 대법원 2002. 11. 8. 선고 2001두8780 판결; 2016. 7. 14. 선고 2014두45246 판결; 2025. 4. 24. 선고 2024두295872 판결. 헌법재판소 2009. 5. 28. 2006헌바104 결정. 이준봉, 3편 2장 2절 III, 이중교, 9장 3절 2.

312) 이렇게 볼 수 있는 판결로 대법원 2025. 9. 24. 선고 2025다21104 판결. 이준봉, 3편 3장 2절 III은 부당이득반환청구권과 경정청구권을 다 인정하자고 한다. 둘 사이의 관계는 제6장 제4절 II.4.

Ⅱ. 세무조사권

사권(私權)과는 달리 조세채권에서는 채권채무를 성립시키는 요건사실이 만족되었는지는 일차적으로는 채무자만이 알고 채권자인 국가는 채무자의 신고에 의존하게 됨이 보통이다. 여기에서 납세의무자가 국가를 속일 가능성이 높아진다. 이리하여 세무공무원은 稅務調査權을 행사하여 납세의무자나 관계인에게 필요한 질문을 하고, 장부, 서류, 또는 그 밖의 물건을 검사・조사하거나 제출하라고 명할 수 있다.[313] 현행법에서는 정기선정(정기적 성실도 분석상 혐의가 있는 것, 4과세기간에 한번 조사받는 것, 통계적 무작위추출로 조사대상이 되는 것)에 대해서는 납세의무자가 불평을 못 하게 되어 있다.[314] 그 밖의 수시조사는 무언가 캐묻고 뒤질 만한 법정 사유가 있어야 조사대상.[315] 조사결정은 20일 전 통지가 원칙.[316] 조사결정은 행정처분이다.[317] 정당한 사유 없이 질문・검사를 거부하면 과태료를 물릴 수 있다.[318] 검사를 통하여 법원에서 수색영장을 받아서 행하는 범칙조사라면 강제적인 압수나 수색도 가능하다.[319]

세무조사(질문・검사나 범칙조사)에서 가장 중요한 문제는 국가채권의 보호와 납세의무자의 人權 사이의 균형. 법은 납세자의 성실성을 추정하고 있다.[320] 세무조사도 적법절차를 따르면서[321] 필요한 최소범위에 그쳐야 하고 과세 아닌 다른 목적으로 조사권을 남용해서는 안 된다.[322] 세무조사의 기간과 범위에도 제약이 있고,[323] 법은 세

313) 국세기본법 제2조 제21호, 제81조의6 제2항, 제4항. 지방세기본법 제2조 제36호, 제82조. 개별법의 질문조사∈세무조사. 대법원 2014. 6. 26. 선고 2012두911 판결.

314) 국세기본법 제81조의6 제2항, 지방세기본법 제82조 제1항.

315) 국세기본법 제81조의6 제3항, 제4항(부과과세), 지방세기본법 제82조 제2항. 부과과세 세목은 개별법에 따른 질문검사권이 세무조사의 요건. 대법원 2024. 3. 12. 선고 2021두32088 판결. 아예 신고를 안 하는 경우를 생각한 것. 독일법에서는 사업자나 원천징수의무자는 언제라도 조사 가능. 독일 조세기본법 제193조. Tipke/Lang, 제21장 227문단.

316) 재조사는 7일. 국세기본법 제81조의7 제1항, 지방세기본법 제83조 제1항, 관세법 제114조 제1항. 예외를 인정한 사례로 대법원 2019. 1. 31. 선고 2018두53849 판결(증거인멸 우려).

317) 대법원 2011. 3. 10. 선고 2009두23617, 23624 판결↔2006. 5. 25. 선고 2003두11988 판결(예방적 부작위청구 불허). 세무조사가 끝난 뒤에도 소의 이익이 있다. 차후의 중복조사가 원칙적으로 안 되기 때문이다. 대법원 2015. 2. 26. 선고 2014두12062 판결. 그러나 과세처분으로 나아가지 않았다면 소의 이익이 없다. 대법원 2021. 10. 28. 선고 2021두44920 판결.

318) 국세기본법 제88조. 일본의 합헌판결로 最高裁判所 1972(昭和 47). 12. 22. 판결.

319) 현행범이거나 도주나 증거인멸의 우려가 있다면 사후영장도 가능하나 구속 등 사람에 대한 처분은 할 수 없다. 조세범처벌절차법 제9조 제1항. 영장 없이 일반 세무조사로 수집한 증거는 형사절차에서는 증거능력이 없다는 생각으로 이준봉, 1편 2장 1절 VI.7.다(5). 세무조사와는 별론으로 세무공무원은 재산의 압류에 필요하다면 영장 없이도 수색할 수 있다. 국세징수법 제35조, 지방세징수법 제35조.

320) 신고를 했다면 납부를 못했더라도 성실성을 추정한다. 국세기본법 제81조의3, 지방세기본법 제78조.

321) 헌법재판소 1992. 12. 24. 92헌가8 결정.

무조사의 남용을 막기 위해 납세의무자에게 비밀을 보호받을 권리, 변호사, 회계사, 세무사 같은 전문가의 도움을 받을 권리, 필요한 정보를 제공받을 권리, 세무조사의 결과를 통지받을 권리, 그 밖에도 여러 가지 절차적 권리를 주고 있다.[324] 특히 주목: 같은 단위라면[325] 영업의 자유를 침해할 정도로 조사한[326] 이상은 법령에 정한 사유가[327] 없다면 특별한 사정[328] 없이는 다시 중복(重複) 재(再)조사할 수 없다.[329] 세목이 달라도 통합조사가 원칙.[330] 납세자보호위원회라는 제도도 있다.[331] 납세자가 세무조사 기간연장이나 범위확대에 이의를 제기하면 이 위원회의 심의를 거쳐야 한다. 위법부당한 조사(행위)의 중지를 요청하는 때에도 같다.[332] 세무조사를 할 때에는 이런 내용을 담은 납세자권리헌장이라는 문서를 납세자에게 교부하면서 설명하여야 한다.[333]

---

322) 국세기본법 제81조의4 제1항, 지방세기본법 제80조, 관세법 제111조. 세무조사권의 남용에 터잡은 과세처분은 위법하다. 대법원 2016. 12. 15. 선고 2016두47659 판결. 미국법에서는 대통령이나 장관 기타 공무원이 특정인에 대한 세무조사를 요청하는 것을 범죄로 삼아 5년 이하의 징역에 처한다. 미국세법 7217조.

323) 국세기본법 제81조의8, 지방세기본법 제84조. 국세기본법 제81조의9. 대법원 2023. 11. 9. 선고 2020두51181 판결(범위확대 서면통지); 2025. 4. 24. 선고 2022두45647 판결(추완조사).

324) 국세기본법 제7장의2, 지방세기본법 제6장. 비밀보호는 국민의 알 권리보다 중요. 서울고등법원 1995. 8. 24. 94구39262 판결(언론사 세무조사 결과).

325) 제4장 제2절 IV. 3. 대법원 2006. 5. 25. 선고 2004두11718 판결(종합소득세 v. 부가가치세).

326) 대법원 2017. 12. 13. 선고 2015두3805 판결과 2018. 6. 19. 선고 2016두1240 판결(주식이동상황 조사와 증여세 조사의 관계). 국세청 내부감사 과정에서 납세자 등을 질문조사한 것도 세무조사. 대법원 2015. 5. 28. 선고 2014두43257 판결. 영업의 자유나 사생활의 자유를 침해할 정도에 이르면 세무조사 대신 딴 이름(가령 현지확인, 서면조사)을 써도 여전히 세무조사. 대법원 2017. 3. 16. 선고 2014두8360 판결; 2020. 2. 13. 선고 2015두745 판결; 2022. 2. 24. 선고 2021두56152 판결(심불); 2025. 4. 24. 선고 2022두45647 판결.

327) 명백한 조세탈루 자료가 있는 경우(대법원 2010. 12. 23. 선고 2008두10461 판결; 2011. 1. 27. 선고 2010두6083 판결; 2011. 5. 26. 선고 2008두1146 판결; 2012. 11. 15. 선고 2010두8263 판결; 2012. 11. 29. 선고 2010두19294 판결; 2018. 2. 28. 선고 2017두52331 판결; 2021. 8. 12. 선고 2021두37618 판결), 거래상대방에 대한 조사가 필요한 경우(대법원 2017. 12. 13. 선고 2015두3805 판결), 2 이상의 사업연도와 관련하여 잘못이 있는 경우(대법원 2017. 4. 27. 선고 2014두6562 판결; 2020. 4. 9. 선고 2017두50492 판결), 다른 기관에서 받은 과세자료의 처리(대법원 2015. 5. 28. 선고 2014두43257 판결) 등. 국세기본법 제81조의4 제2항. 그 밖에 대법원 2009. 4. 9. 선고 2009두2085 판결; 2012. 11. 29. 선고 2010두19294 판결; 2015. 5. 28. 선고 2014두43257 판결; 2021. 4. 8. 선고 2020두58199 판결, 미국세법 7605조.

328) 부분조사 후 재조사는 국세기본법 제81조의4 제2항 제6호와 제81조의11; 대법원 2015. 3. 26. 선고 2012두14224 판결; 2015. 9. 10. 선고 2013두6206 판결; 2017. 12. 13. 선고 2016두55421 판결.

329) 심사청구나 심판청구에서 재조사결정이 나온 경우 재조사는 결정의 주문에 기재된 범위에 한한다. 국세기본법 제81조의4 제2항 제4호. 독일 조세기본법 제173조 제2항에서는 재조사 자체는 안 막지만, 증액경정은 납세자에게 고의·중과실이 있어야 허용.

330) 국세기본법 제81조의11, 지방세기본법 제84조의3.

331) 국세기본법 제81조의18.

332) 국세기본법 제81조의19 제1항, 지방세기본법 제80조.

333) 국세기본법 제81조의2, 지방세기본법 제76조. 이를 어긴 세무조사는 무효라는 주장으로 이준봉, 1편

세무조사 요건이나 절차의 하자(瑕疵)가 후속 과세처분에 미치는 영향은 아직 판례를 쌓고 있는 중이지만 대세는 중요한 하자라면 과세처분 취소대상이라는[334] 쪽이다. 보기: 법에서 정한 사유가 없는데도 세무조사 대상으로 선정,[335] 중복조사,[336] 조사권 남용,[337] 결과통지 기한 위반.[338] 취소대상 아닌 보기: 납세자권리헌장 미교부, 세무조사기간 연장절차 위반.[339] 그러나 과세처분으로 나아가지 않았다면 세무조사결정을 다툴 소의 이익이 없다.[340]

결정이나 경정할 과세표준과 세액산출 근거 등 세무조사의 결과는 서면으로 통지해야 하고,[341] 이에 대해서는 세금을 부과받기에 앞서 미리 과세전적부심사를 구할 수 있다.[342] 과세예고통지 없는 과세처분은 달리 절차적 정당성이 없다면 취소대상이다.[343] 과세전적부심사에 대해서는 다음 장에서 다시 본다.

Ⅲ. 우회적 강제

국세징수법 제112조 (사업에 관한 허가등의 제한) ① 관할 세무서장은 납세자가 허가·인가·면허 및 등록 등(이하 이 조에서 "허가등"이라 한다)을 받은 사업과 관련된 소득세, 법인세 및 부가가치세를 체납한 경우 해당 사업의 주무관청에 그 납세자에 대

2장 1절 Ⅵ. 7. 이 문서는 사업자등록 때에도 교부하여야 한다. 미국세법 7521조(b).

334) 대법원 2014. 6. 26. 선고 2012두911 판결; 2016. 4. 15. 선고 2015두52326 판결; 2016. 12. 15. 선고 2016두47659 판결. 김범준·구해동, 과세예고통지를 거치지 않은 조세부과처분의 위법성, 서울법학 33-1(2025), 218쪽. 위법성이 승계된다는 주장으로 이중교, 법원판결을 통하여 살펴본 세무조사의 절차적 통제, 조세법연구 23-2(2017), 109쪽.

335) 대법원 2014. 6. 26. 선고 2012두911 판결.

336) 대법원 2006. 6. 2. 선고 2004두12070 판결; 2011. 1. 27. 선고 2010두6083 판결(위법성 승계); 2017. 12. 13. 선고 2016두55421 판결; 2020. 2. 13. 선고 2015두745 판결(중복조사자료 없이 과세가능해도 위법)↔이중교, 1편 12장 2절 3.

337) 대법원 2016. 12. 15. 선고 2016두47659 판결(부정한 청탁에 따른 세무조사).

338) 대법원 2025. 4. 30. 선고 2024두66839 판결. 김범준, 국세·지방세·관세 조사의 결과통지 규정과 절차적 위법, 조세학술논집 41-3(2025), 173쪽.

339) 대법원 2009. 4. 23. 선고 2009두2580 판결; 2025. 4. 24. 선고 2022두45647 판결.

340) 대법원 2021. 10. 28. 선고 2021두44920 판결.

341) 국세기본법 제81조의12, 지방세기본법 제85조. 대법원 2023. 11. 9. 선고 2020두51181 판결(통지시한). 독일 조세기본법 제202조.

342) 국세기본법 제81조의15, 지방세기본법 제88조. 소득금액변동통지는 적부심 대상 아니지만 일단 세무조사결과통지나 과세예고통지를 했다면 적부심 기회를 주어야 한다. 대법원 2016. 12. 27. 선고 2016두49228 판결; 2020. 10. 29. 선고 2017두51174 판결; 2021. 4. 29. 선고 2020두52689 판결. 소득금액변동통지는 제6장 제6절 I. 제18장 제5절 VII. 4.

343) 대법원 2016. 4. 15. 선고 2015두52326 판결; 2024. 3. 12. 선고 2021두32088 판결; 2025. 6. 12. 선고 2025두31960 판결; 2025. 8. 28. 선고 2024두63830 판결; 2025. 12. 4. 선고 2025두34254 판결.

하여 허가등의 갱신과 그 허가등의 근거 법률에 따른 신규 허가등을 하지 아니할 것을 요구할 수 있다….

② 관할 세무서장은 허가등을 받아 사업을 경영하는 자가 해당 사업과 관련된 소득세, 법인세 및 부가가치세를 3회 이상 체납하고 그 체납된 금액의 합계액이 500만원 이상인 경우 해당 주무관청에 사업의 정지 또는 허가등의 취소를 요구할 수 있다….

국세징수법 제107조 (납세증명서의 제출) ① 납세자는 다음 각 호의 어느 하나에 해당하는 경우…납세증명서를 제출하여야 한다.

1. 국가, 지방자치단체…정부 관리기관으로부터 대금을 지급 받을 경우
2. …국내거소신고를 한 외국인이…체류관련허가를…신청하는 경우
3. 내국인이…해외이주신고를 하는 경우

지방세징수법은 제5조, 제7조. 고액·상습 체납자는 명단을 공개할 수도,[344] 감치의 가능성도![345] 불성실한 기부금 수령단체나 해외금융계좌 신고의무위반자도 명단 공개 가능.[346] 관허사업제한, 납세증명서 요구, 명단공개, 출국금지,[347] 이런 제도는 비례의 원칙에 따른 심사대상이다.[348]

Ⅳ. 조세범에 대한 형벌

마지막으로, 세금을 받기 위한 가장 강력한 제도로서는 조세범처벌법이 있다.[349] 지방세와 관세는 형벌규정이 따로 있다.[350] 포탈세액이 일정 금액을 넘으면 가중처벌한다.[351] 세금을 안 냈다고 모두 형벌을 과하는 것은 아니다.

조세범처벌법 제3조 (조세 포탈 등) ① 사기나 그 밖의 부정한 행위로써 조세를 포탈하거나 조세의 환급·공제를 받은 자는 2년 이하의 징역 또는 포탈세액, 환급·공제받은 세액…의 2배 이하에 상당하는 벌금에 처한다. 다만, 다음 각 호의 어느 하나에

344) 국세징수법 제114조(2020년말 개정전까지는 국세기본법 제85조의5), 지방세징수법 제11조.

345) 국세징수법 제115조, 지방세징수법 제11조의4.

346) 국세기본법 제85조의5.

347) 국세징수법 제113조, 지방세징수법 제8조. 대법원 2013. 12. 26. 선고 2012두18363 판결. 헌법재판소 2004. 10. 28. 2003헌가18 결정(추징금).

348) 대법원 2023. 5. 18. 선고 2020다295298 판결(납세완납증명서제출요구=합헌).

349) 입법례는 임재혁, 조세범의 성립요건의 비교법적 고찰, 조세법연구 29-1(2023), 453쪽.

350) 지방세기본법 제101조 이하; 관세법 제268조의2 이하.

351) 특정범죄가중처벌등에 관한 법률 제8조. 헌법재판소 1998. 5. 28. 97헌바68 결정; 2015. 7. 30. 2015헌바175 결정. 지방세 관련 하급심 판결로 서울고등법원 1996. 2. 26. 선고 95누3082 판결.

해당하는 경우에는 3년 이하의 징역 또는 포탈세액등의 3배 이하에 상당하는 벌금에 처한다. (각 호 생략)

②-⑤ (생 략)

⑥ 제1항에서 "사기나 그 밖의 부정한 행위"란 다음 각 호의 어느 하나에 해당하는 행위로서 조세의 부과와 징수를 불가능하게 하거나 현저히 곤란하게 하는 적극적 행위를 말한다.

1. 이중장부의 작성 등 장부의 거짓 기장
2. 거짓 증빙 또는 거짓 문서의 작성 및 수취
3. 장부와 기록의 파기
4. 재산의 은닉, 소득·수익·행위·거래의 조작 또는 은폐
5. 고의적으로 장부를 작성하지 아니하거나 비치하지 아니하는 행위[352] 또는 계산서, 세금계산서 또는 계산서합계표, 세금계산서합계표의 조작
6. 조세특례제한법…에 따른 전사적 기업자원관리설비의 조작 또는 전자세금계산서의 조작
7. 그 밖에 위계에 의한 행위 또는 부정한 행위

개별세법에서 납세의무가 없다면 조세포탈(逋脫)은 애초 생길 여지가 없다.[353] 남의 조세포탈을 도운 공범이나 간접정범이 될 수는 있다.[354] 절세나 조세회피는 조세포탈이 아니다.[355] 위법소득의 반환, 몰수, 추징 이후 후발적 경정청구로 조세채무가 없어지더라도 이미 생겼던 조세포탈 사실이 소급해서 없어지지는 않는다.[356] 무엇이 "사기나 그 밖의 부정(不正)한 행위"인지는[357] 판례를 찾는 수밖에 없다. 우리나라에서는 이를 엄격하게 해석하므로[358] 조세범처벌법에 따라 처벌받는 경우가 그리 흔하지는

352) 대법원 1983. 5. 10. 선고 83도693 판결을 뒤집은 것.

353) 대법원 1982. 3. 23. 선고 81도1450 판결(취소판결 확정 ↛ 조세범); 1985. 10. 22. 선고 83도2933 판결(과세관청이 부과처분 취소); 1989. 9. 29. 선고 89도1356 판결(단순한 명의대여자 ↛ 조세범); 2005. 6. 10. 선고 2003도5631 판결(증여 무효); 2020. 12. 30. 선고 2018도14753 판결(과세관청이 부과처분 취소). 공모공동정범이 될 수는 있다. 대법원 2008. 7. 24. 선고 2007도4310 판결. 체납처분 면탈은 헌법재판소 2023. 8. 31. 2020헌바498 결정.

354) 대법원 1998. 5. 8. 선고 97도2429 판결; 2003. 6. 27. 선고 2002도6088 판결.

355) 제2장 제3절 Ⅰ.5, 제3장 제4절 Ⅱ. 역외탈세라는 말을 쓰면서 조세회피를 포함하는 뜻으로 쓰는 용어의 혼선이 있지만 역외라고 하더라도 조세회피만으로는 탈세 내지 조세포탈이 아니다. 무신고나 허위신고라는 것만으로는 사기 기타 부정행위가 아니다. 대법원 2013. 12. 12. 선고 2013두7667 판결; 2020. 8. 20. 선고 2019다301623 판결.

356) 대법원 2017. 4. 7. 선고 2016도19704 판결. 제6장 제3절 Ⅳ. 부과처분 취소는 재심사유. 대법원 2015. 10. 29. 선고 2013도14716 판결.

357) 제4장 제5절 Ⅱ. 3, 제5장 제2절 1. 사기로 공무원을 속였더라도 형법상 사기죄가 되지는 않는다. 대법원 2008. 11. 27. 선고 2008도7303 판결; 2019. 12. 24. 선고 2019도2003 판결.

않다. 판례는 허위신고도 그 자체로는 사기가 아니라고 본다.[359] 사기나 그 밖의 부정한 행위가 되려면 고의를[360] 가지고 뭔가 더 적극적으로 과세물건을 감추는 행위가 있어야 한다는 것이다.[361] 구성요건에 조세포탈이라는 말뿐이라면 무신고나 거짓 신고가 만으로 조세포탈이 될 수도.[362] 기수(旣遂)시기는 신고납세라면 법정 신고납부기한,[363] 부과과세라면 납부고지서에 적힌 납부기한이지만 조세포탈 목적의 무신고라면 법정납부기한.[364] 그 밖의 범칙행위로 무면허 주류의 제조 및 판매, 원천징수불이행·불납부, 세금계산서 발급의무 위반, 강제징수 면탈, 납세증명표지의 불법사용, 장부의 소각·파기, 해외금융계좌 신고의무 불이행, 명령사항 위반 등이 있다.[365]

> 조세범처벌법 제21조 (고발) 이 법에 따른 범칙행위에 대해서는 국세청장, 지방국세청장 또는 세무서장의 고발이 없으면 검사는 공소를 제기할 수 없다.

친고죄(親告罪) 규정이다. 세무서의 통고처분이[366] 있으면 납세의무자가 거의 그대로 세금과 벌금상당액의 범칙금을 내게 마련이어서 고발을 통해 형사절차로 넘어가는 경우는 예전에는 오히려 드물었으나 2020년대에 들어서서 점점 느는 느낌. 특가법에 따른 가중처벌(징역과 벌금을 병과)[367] 대상이라면 고발 없이도 공소를 제기할 수 있다.[368]

범죄행위에 대한 처벌과 범죄수익에 대한 조세포탈죄의 처벌은 헌법이 금하는 2중처벌이 아니고 행정제재와 형벌도 2중처벌이 아니다.[369]

---

358) 대법원 2018. 11. 9. 선고 2014도9026 판결.
359) 대법원 1988. 12. 27. 선고 86도998 판결. 사기의 범위를 넓힌 판결로 대법원 2007. 2. 15. 선고 2005도9546 전원합의체 판결.
360) 목적범은 아니다. 대법원 2006. 6. 29. 선고 2004도817 판결.
361) 판례는 소순무·윤지현 외, 조세소송, 6-34문단 이하; 오윤, 세법원론, 1편 6장 1절; 이준봉, 5편 2장 Ⅱ. 1. 참조. 신고대리인은 대법원 2019. 11. 14. 선고 2019도9269 판결.
362) 대법원 2017. 12. 5. 선고 2013도7649 판결(가짜석유); 헌법재판소 2023. 6. 29. 2019헌바433 결정(가짜석유).
363) 신고납부기한 이전의 재산은닉도 조세포탈. 대법원 2007. 2. 15. 선고 2005도9546 판결(부가가치세 금지금 사건, 5인은 반대).
364) 조세범처벌법 제3조 제5항. 기수시기를 이렇게 정하다보니 자수감경이 필요해진다. 독일 조세기본법 제371조 제1항.
365) 상세는 안대희, 조세형사법 참조.
366) 통고처분은 행정심판이나 행정소송 대상이 아니다. 불복은 바로 형사소송으로 넘어간다. 국세기본법 제55조 제5항, 조세범처벌절차법 제17조 제2항. 대법원 1980. 10. 14. 선고 80누380 판결; 헌법재판소 1998. 5. 28. 96헌바4 결정.
367) 특정범죄가중처벌에 관한 법률 제6조, 제8조.
368) 특정범죄가중처벌에 관한 법률 제16조.
369) 헌법재판소 2017. 7. 27. 2012헌바323 결정; 대법원 1989. 6. 13. 선고 88도1983 판결.

형사사건과 행정·민사 사건은 증명책임의 정도가 다르므로 형사 무죄(無罪)판결은 유죄라는 증명이 없다는 뜻일 뿐이고 미납세액이 없다는 증명은 아니다. 종래에는 무죄판결 그 자체로는 후발적 경정청구의 사유가 못 되었지만[370] 현행법은 제6장 제3절 Ⅳ.

370) 대법원 2020. 1. 9. 선고 2018두61888 판결.

제 6 장 세금에 관한 다툼의 해결

조세채무의 존부나 금액에 관하여 납세의무자와 행정청 사이에 다툼이 있는 경우, 행정부 단계에서 해결할 수도 있고 소송으로 나아가서 법원의 판결로 해결할 수도 있다. 행정부 단계의 분쟁해결 절차에는 사전적 절차인 과세전적부심사와 일단 과세처분을 한 뒤에 이를 다투는 사후적 심판절차 두 가지가 있다. 다시 사후적 심판절차에는 국세청에 대한 심사청구, 국무총리실 조세심판원에 대한 심판청구, 감사원에 대한 심사청구, 세 가지가 있다. 법원 단계의 행정소송은 주로 항고소송이지만 무효확인소송이나 당사자소송도 있다. 민사소송이 생기는 수도 있다. 부과처분을 다투는 행정쟁송이 아니고 납세의무자가 애초 신고를 잘못해서 세금을 너무 많이 낸 경우라면 행정청에 대해서 감액경정을 청구하는 절차를 일단 거쳐야 하고 행정청이 이를 거부하면 다시 행정쟁송 절차로 나아가야 한다.

제 1 절 과세전 적부심사

법은 행정청이 세금을 매기기에 앞서서 그 내용을 납세의무자에게 미리 알려주어 다툴 수 있는 절차를 보장하고[1] 있다. 납세의무자가 자진신고납세한 세금 외에 돈을 더 내게 되는 것은 대개는 세무조사의 결과이다. 세무조사를 하는 경우 행정청은 그 결과를 서면으로 통지하여야 한다.[2] 세액이 일정금액을 넘으면 납부고지서를 보내기 전에 반드시 과세예고통지를 해야.[3] 세무조사 결과로 또는 그 밖에 법대로 과세예고

1) 대법원 2012. 10. 18. 선고 2010두12347 판결; 2016. 4. 15. 선고 2015두52326 판결; 2020. 4. 9. 선고 2018두57490 판결.

2) 국세기본법 제81조의12, 지방세기본법 제85조, 관세법 제118조 제1항. 실무용어로 "결정 전 통지"라 부른다.

통지를[4] 받은 자는 그로부터 30일 안에 과세전적부심사(課稅前適否審査)를 미리 구할 수 있다.[5] 적부심을 청구하면 그에 대한 결정이 있을 때까지는 과세표준 및 세액의 결정이나 경정을 유보하여야 함이 원칙.[6] 과세예고통지 후 적부심 청구나 그에 대한 결정이 있기 전에 한 과세처분은 무효.[7] 이 적부심은 행정청의 세무공무원만이 아니라 바깥사람들도 포함하는 위원회의 심사를 거친다.[8] 실제로도 적부심에서 납세의무자의 편을 드는 수도 잦고. 적부심은 실제 업무를 하는 관할 세무서장이나 지방국세청장에게 청구하는 것이지만 국세청장의 유권해석을 변경하여야 하거나 새로운 해석이 필요한 경우 등 특별한 사정이 있다면 국세청장에게 청구할 수 있다.[9] 납부기한전 징수사유나 수시부과 사유가 있는 경우,[10] 조세범처벌법 위반으로 고발 또는 통고 처분하는 경우, 세무조사 결과를 통지하는 날부터 부과제척기간의 만료일까지의 기간이 3월 이하인 경우에는 적부심을 청구할 수 없다.[11] 적부심 결정은 내부절차. 따로 쟁송대상이 아니고 기속력도 없으므로 부과처분을 다투어야 한다.[12]

제 2 절 행정심판

I. 개 요

세금을 내라는 부과처분을 받은 납세의무자나 이해관계인은 행정청에 대하여 그

---

3) 국세기본법 제81조의15 제1항, 지방세기본법 제88조 제1항 제5호. 소득금액변동통지에는 과세예고통지가 불필요. 대법원 2021. 4. 29. 선고 2020두52689 판결. 제6장 제6절 I, 제18장 제5절 VII.

4) 과세예고통지가 없었다면 과세처분은 위법. 대법원 2016. 4. 15. 선고 2015두52326 판결.

5) 국세기본법 제81조의15 제2항; 지방세기본법 제88조 제2항. 미국에서는 과세예고통지서 내지 과세전적부심 안내서를 속칭 30 day letter라 부른다. 30일의 시간을 주니까.

6) 국세기본법 제81조의15 제4항. 과세처분을 허용할 기한전 징수사유가 있다는 사례로 대법원 2012. 10. 11. 선고 2010두19713 판결; 2023. 11. 2. 선고 2021두46742 판결. 없다는 사례로 2023. 11. 9. 선고 2020두51181 판결; 2023. 12. 7. 선고 2022두45968 판결. 소득처분∉과세처분. 2021. 4. 29. 선고 2020두52689 판결.

7) 대법원 2016. 12. 27. 선고 2016두49228 판결; 2020. 4. 9. 선고 2018두57490 판결; 2020. 10. 29. 선고 2017두51174 판결(익금누락에 대한 법인세 v. 귀속자의 소득세); 2023. 11. 2. 선고 2021두37748 판결.

8) 국세기본법 제81조의15 제4항, 제66조의2, 지방세기본법 제88조 제2항, 제147조.

9) 국세기본법 제81조의15 제2항.

10) 대법원 2012. 10. 11. 선고 2010두19713 판결.

11) 같은 법조 제3항 제3호. 대법원 2016. 4. 15. 선고 2015두52326 판결; 2020. 4. 9. 선고 2018두57490 판결. 적부심은 법 제26조의2 제6항의 특례기간 사유가 아니다.

12) 대법원 2009. 1. 30. 선고 2006두14049(심불) 등.

처분이 법에 맞는지 부당하지 않은지를 새로 꼲아 달라고 신청할 수 있다. 일단 행정처분이 내려진 사항이라면 그에 대한 다툼은 법원으로 가게 할 일이지 왜 행정청 단계에서 구제를 신청할 수 있게 할까? 역사적으로는 나라에 따라서는 법원에 행정부의 행위를 재판할 권한이 없고 행정청 단계의 불복만이 가능했던 법제가 있기도 했지만, 이런 나라에서도 우리나라로 치자면 감사원 같은 행정청의 자기통제 기관이 점점 법원의 성격을 얻어 마침내는 행정법원으로 탈바꿈했다. 제4절 II. 1. 이리하여 오늘날 적어도 OECD 회원국에서는 모두 법원(민사법원이나 행정법원)이 행정부의 행위를 재판한다.[13] 그렇다면 이제는 행정부에 의한 심판이란 필요 없는 것 아닌가? 오늘날 행정심판이라는 제도는 왜 있지?

행정소송이 가능함에도 불구하고 행정심판제도가 있는 이유는? 우선, 행정청이 제 실수나 잘못을 인정하고 문제를 바로잡는 자기통제의 길을 열어둔다는 것. 행정심판이 행정청의 권리는 아니다. 소송이 가능하더라도 처분청에 가서 따지는 것을 구태여 막을 이유야 없는 것뿐이다. 한결 더 중요한 이유는 법원을 돕자는 것. 행정에 관한 분쟁 모두를 법원으로 보낸다면 법원의 일이 너무 늘리라는 염려.[14] 특히 세금문제를 전문으로 다루는 법원이 따로 없고 세법에 전문지식이 없는 법관이 세금문제에 대한 판결을 내려야 한다면, 엄청난 시간과 노력이 들게 마련이다. 세금 다툼의 대다수는 행정심판 단계에서 끝장을 보고 소송까지 가는 경우는 비교적 드물다.[15]

처분청의 자기통제에 주안점을 두는 전심절차는 이를 필요적 절차로 삼을 수 없고, 법원을 돕겠다는 생각인 필요적(必要的) 전심절차는 실질적으로 법원의 임무의 일부를 떠맡을 수 있도록 사법(司法)절차를 준용해야 한다.[16] 지방세에 관한 필요적 전심절차가 위헌이라 판시한 헌법재판소 결정:

> 헌법 제107조 제3항은 "재판의 전심절차로서 행정심판을 할 수 있다. 행정심판의 절차는 법률로 정하되, 사법절차가 준용되어야 한다"고 규정하고 있다. 이 헌법조항은 행정심판절차의 구체적 형성을 입법자에게 맡기고 있지만, 행정심판은 어디까지나 재

---

13) OECD, *Taxpayer's Rights and Obligations*(1990), 92쪽.

14) 대법원 1996. 7. 30. 95누6328 판결; 2001. 11. 13. 2000두536 판결; 헌법재판소 2002. 10. 31. 2001헌바40 결정.

15) 물론 법치주의가 제대로 자리잡지 않은 나라라면, 납세의무자는 행정부의 보복이 두려워 소송을 삼가게 마련이다. 1987년 헌법이 생기기 전 우리나라가 그랬다.

16) 헌법 제107조 제3항. 국세청이 불복할 수 없는 심판이 사법절차를 준용한 것인지는 의심스럽다. 국세청이 불복할 수 없다는 말은 결과적으로 국세청의 자기통제라는 말이다. 박정훈, 행정법 개혁의 과제(2023), 565쪽. 전심절차가 최종심이 된다면 위헌이라는 생각으로 전원열, 민사소송법강의(제4판, 2024), 3-1-2.

판의 전심절차로서만 기능하여야 한다는 점과 행정심판절차에 사법절차가 준용되어야 한다는 점은 헌법이 직접 요구하고 있으므로 여기에 입법적 형성의 한계가 있다. 따라서 입법자가 행정심판을 전심절차가 아니라 종심절차로 규정함으로써 정식재판의 기회를 배제하거나, 어떤 행정심판을 필요적 전심절차로 규정하면서도 그 절차에 사법절차가 준용되지 않는다면 이는 헌법 제107조 제3항, 나아가 재판청구권을 보장하고 있는 헌법 제27조에도 위반된다 할 것이다. 반면 어떤 행정심판절차에 사법절차가 준용되지 않는다 하더라도 임의적 전치제도로 규정함에 그치고 있다면 위 헌법조항에 위반된다 할 수 없다. 그런 행정심판을 거치지 아니하고 곧바로 행정소송을 제기할 수 있는 선택권이 보장되어 있기 때문이다.[17]

사법(司法)절차란 무슨 뜻인가? 司法權은 법원(法院)에 속한다. 사법절차란 법관에 의한 재판을 받는다는 말이다. 법원을 돕겠다는 것이 필요적 전심의 존재근거이고, 사법절차를 준용한다는 말은 법관에 준하는 자의 독립적 판단을 받는다는 말이다. 독일, 프랑스, 일본은 임의적 전심만 있다. 영국은 행정심판이 필요적 전심이지만 처분청이 불복할 수 있다. 미국에서는 과세전적부심사제도를 거쳐[18] 일단 납부고지서가[19] 나오면 그에 대한 다툼은 바로 조세법원으로 넘어간다.[20] 조세법원은 세금문제만 다루는 전문적 법원인 까닭이다. 납세의무자는 조세법원이 아닌 일반 민사법원에 소송을 낼 수도 있지만, 이때에는 세금을 일단 내고 국세청 단계에서 우리나라로 치면 경정청구에 해당하는 절차를 밟은 뒤라야 소송을 받아 준다.[21]

우리나라에서는 국세기본법이나 세법에 의한 처분으로서 위법 또는 부당한 처분을 받거나 필요한 처분을 받지 못함으로써 권리 또는 이익의 침해를 당한 자는 국세청장에게[22] 심사청구(審査請求)를 내거나 국무총리실 조세심판원장에게 심판청구(審判請求)를 낼 수 있다.[23] 지방세는 국세청 소관이 아니니 심판청구를 해야 한다.[24] 심

17) 헌법재판소 2001. 6. 28. 2000헌바30 결정. 따라서 지방세는 이의신청이나 심사청구를 거치지 않고 바로 취소소송을 제기할 수 있었다. 대법원 2003. 8. 22. 선고 2001두3525 판결. 2019년말 개정 지방세기본법 제98조 제3항은 다시 필요적 전치라고 정하고 있다.

18) Internal Revenue Code(이하 "미국세법") 7522조(b). 과세전적부심사는 과세예고통지서(속칭 30 day letter)를 받고 30일 안에 내어야.

19) 속칭 90 day letter. 90일 안에 불복해야 한다. 납부고지서의 법률효과에 관하여는 Boris I. Bittker, Martin J. McMahon & Lawrence A. Zelenak, *Federal Income Taxation of Individuals*(looseleaf), 47.01[6]절.

20) 미국세법 6213조(a). 조세법원의 판결이 확정될 때까지 과세처분의 집행은 정지된다.

21) 미국세법 7422조(a). 경정청구는 아래 제3절.

22) 대법원 1985. 5. 28. 선고 83누435 판결(처분청 경유는 불요).

23) 국세기본법 제55조, 관세법 제119조. 과세처분은 법대로 하는 기속행위이므로 '부당한 처분'이란 생각하기 어렵다. 절차법의 영역에서 행정청의 재량행사는 제3장 제5절 Ⅲ. 대법원 2016. 4. 15. 선고

사나 심판청구를 안 거친 채 바로 출소하여 부당이득의 반환을 구할 수는 없다. 항고쟁송의 배타성 때문. 제3절 Ⅱ.1, 제4절 Ⅱ.3. 심사나 심판청구를 낸다 하여 당해 처분의 효력이 정지되지는 않지만[25] 청구가 진행 중인 동안은 압류재산의 공매는 정지되고[26] 심사나 심판청구는 행정소송의 전제가 된다.[27] 일반론으로는 행정처분에 대해 불복하는 경우 행정심판법에 따라야 하지만 세금에 관한 심사청구와 심판청구에는 국세기본법만 적용하고 행정심판법의 규정은 일부만 준용한다.[28] 심사청구나 심판청구에 앞서서 당해 처분청에 이의신청(異議申請)을 할 수도 있다.[29] 심사청구와 심판청구를 중복해 낼 수는 없다.[30] 예전에는 심판청구가 심사청구의 상급심이었지만 현행법에서는 납세의무자가 어느 하나를 골라잡으면 된다. 심판청구는 조세심판관회의에서[31] 결정하고[32] 심사청구는 국세청장이 결정하지만, 후자도 국세심사위원회의 의결을 따라야 하므로[33] 현실적으로는 심리절차에도 별 차이가 없다. 길게 보자면 아마 둘 가운데 하나만 살아남을 것이다. 나아가 심사청구나 심판청구라는 제도 자체가 필요한지 법원조직을 확충해서 바로 법원으로 보낼지를 다시 생각해 보아야 한다.

Ⅱ. 심판대상

심사청구나 심판청구를 할 수 있는 자는? 처분 때문에 또는 처분을 못 받아서 권리나 이익을 침해받은 자.[34] 행정처분에 의하여 권리 또는 이익의 침해를 받게 될 제2차 납세의무자 등 법령에 정한 제3자도 심사나 심판을 청구할 수 있다.[35] 심사청구나 심판청구는 불복대상인 처분이 있은 것을 안 날[36](처분의 통지를 받았을 때에

2015두52326 판결(과세전 적부심).

24) 지방세기본법 제89조.

25) 국세기본법 제57조.

26) 국세징수법 제66조 제4항, 지방세징수법 제71조 제4항. 제5장 제1절. 그 밖의 집행정지 사유는 국세기본법 제57조 제1항 단서.

27) 국세기본법 제56조 제2항. 소송 중에도 공매는 정지.

28) 제3자와 행정청의 심판참가 등. 국세기본법 제56조 제1항, 지방세기본법 제98조.

29) 국세기본법 제55조 제3항, 지방세기본법 제90조, 제91조, 관세법 제119조.

30) 국세기본법 제55조 제9항.

31) 사법절차의 준용이란 전제 하에서 심판관의 자격 문제는 이효원, 대한민국 헌법강의, 6장 2절 3.(3), (4).

32) 국세기본법 제78조 제1항.

33) 국세기본법 제64조 제1항. 국세심사위원은 과세적부심사위원을 겸한다.

34) 국세기본법 제55조 제1항.

35) 같은 법조 제2항.

36) 대법원 1998. 3. 13. 선고 97누8236 판결; 1999. 2. 12. 선고 98두16828 판결.

는 그 받은 날)로부터 90일 이내에 제기하여야 한다.[37](이의신청도 같고).[38] 재결기관의 재조사결정에 따라 처분청이 후속처분을 하는 경우에는 후속처분에 대한 통지를 받은 날로부터 90일 이내에 제기하여야 한다.[39] 이 기간이 지난 뒤에는 심사청구나 심판청구를 낼 수 없으므로 항고소송도 낼 수 없게 되어[40] 행정처분의 효력을 다툴 수 없게 됨이 원칙이다. 항고소송의 배타성(排他性)으로 인하여 행정처분에 불가쟁력(不可爭力), 형식적 확정력(確定力) 내지 형식적 존속력(存續力)이[41] 생기는 것. 그러나 예외가 있다. 과세처분 뒤에 증액경정처분이 뒤따른다면 뒤의 처분에 대해 불복하면서 앞 처분의 흠을 다툴 수 있다는 것이 판례.[42] 제3절 II.3, 제5절 IV, V.

심사나 심판의 대상이 되는 '처분'(處分)의 범위는? 항고소송의 대상으로 삼을 수 있는 것을 심사나 심판 대상으로 삼을 수 있는 것이야 당연. 나아가 그보다 더 넓게 해석하는 것이 쟁송실무이고 또 그게 맞다.[43] 가령 국세환급금 결정이나 거부결정은 법원에서는 소를 안 받아주지만[44] 심사나 심판에서는 받아준다. 소득처분에 따른 소득금액변동통지도[45] 2006년 판례변경[46] 전에는 그랬고. 왜 이런 차이가? 심사나 심판은 결정주체가 분쟁당사자의 하나인 행정부니까. 아래 VII. 국민이 행정청의 자기통제를 요청하는 것이 행정심판의 본질인 이상, 위법하거나 부당한 행위라면 무엇이든 시정해 달라고 요구할 수 있어야 앞뒤가 맞는다. 법원에서라면 아직 법률문제로 무르익지 않

37) 국세기본법 제61조 제1항, 제68조 제1항. 대법원 2001. 11. 13. 선고 2000두536(행정심판법 배제). 옛 국세기본법 제45조의2에서는 90일 기간이 지났더라도 경정청구기간 안에는 경정청구가 가능했지만 현행법에서는 불가능하다. 이 책 제8판 제6장 IV. 3.

38) 국세기본법 제66조 제6항.

39) 대법원 2014. 7. 24. 선고 2011두14227 판결.

40) 헌법재판소 2018. 8. 30. 2017헌바258 결정(특허법상 30일 기간도 합헌). 국세기본법 제56조 제2항.

41) 절차로 인한 확정력 정도의 뜻이다. "그 처분으로 인하여 법률상 이익을 침해받은 자가 당해 처분이나 재결의 효력을 더 이상 다툴 수 없다는 의미일 뿐, 더 나아가 판결에 있어서와 같은 기판력이 인정되는 것은 아니어서 그 처분의 기초가 된 사실관계나 법률적 판단이 확정되고 당사자들이나 법원이 이에 기속되어 모순되는 주장이나 판단을 할 수 없게 되는 것은 아니다." 대법원 2004. 7. 8. 선고 2002두11288 판결; 1994. 1. 25. 선고 93누8542 판결.↔1997. 9. 26. 선고 96누7649 판결 참조.

42) 대법원 1984. 12. 11. 선고 84누225 판결 등.

43) 행정소송법 제4조. 아래 제6절 I.1. 신고납세의 경우 신고수리행위를 확정행위(조세의 부과처분)로 보고 쟁송대상으로 삼아야 한다는 견해가 있다. 김성수, 조세법(2003), 188쪽. 입법론으로는 가능한 생각이지만, 경정청구 제도를 두고 있는 현행법의 해석론으로는 그르다. 아래 주석 92).

44) 제4장 제1절 3.

45) 제18장 제5절 VII.4 참조.

46) 대법원 2006. 4. 20. 선고 2002두1878 판결. 이에 따라 납세의무자의 권리구제가 확 줄어들게 되었다. 종래에는 강제징수당한 세액을 부당이득으로 반환받을 수 있었지만(제4장 제3절 IV) 이제는 소득금액변동통지 처분을 받은 날로부터 90일 이내에 불복절차를 밟아야 한다. 제18장 제5절 VII. 3, 4. 이 기간이 지나면 그 흠을 징수처분 단계에 가서 다투지 못한다는 것이 판례. 다만 조세심판원 단계에서는 그냥 받아준다.

았다고 보는 단계이더라도 행정부 단계의 구제를 아예 막을 이유야 못 되니까. 다른 한편 일반 행정법 이론에서는 행정심판에 관한 일반론으로 법원의 심사범위보다는 재결청의 심사범위가 오히려 더 좁아야 마땅하다는 생각도 있다. 처분청의 업무독자성을 보장하려면 재결청(결국은 국무총리 산하의 행정심판위원회)의 개입범위를 축소하는 편이 낫다는 생각. 그러나 국세심사청구에서 처분청인 세무서장(또는 지방국세청장)과 재결청인 국세청장 사이의 관계에서는 처분청의 업무독자성이라는 것이 있을 여지가 없다. 국무총리실 조세심판원의 권한도, 심사청구와 심판청구를 납세의무자가 마음대로 고를 수 있는 이상, 가능한 한 맞추어야 한다.

국세기본법상의 불복대상이 되지 않는 처분[47]: 1) 이의신청, 심사청구, 심판청구의 결과로 나온 재결처분은 행정불복의 대상이 되지 않고, 다음 단계의 불복절차에서 원처분(과세처분)의 취소를 구해야 한다. 2) 과태료처분이나 조세범처벌절차법에 따른 통고처분은 이를 따르지 않으면 각 비송사건이나 형사절차로 넘어가므로 행정심판의 대상이 아니다.[48] 3) 감사원 심사청구를[49] 내면 중복하여 국세기본법상의 불복은 못한다.

Ⅲ. 심판절차

소송이나 마찬가지로 행정청 단계의 불복이 있어도 당해 처분은 집행부정지가 원칙이지만 납세의무자에게 중대한 손해가 생긴다면 정지할 수도 있다.[50] 불복절차가 진행 중이라면 강제징수 중인 재산을 매각할 수는 없다.[51]

불복절차는 본질적으로는 행정청의 조사(調査)의 연장.[52] 국세청이 불복할 수 없다는 말은 법적으로는 국세청 자신이 상대방 당사자인 납세의무자의 주장을 따지는 것이라는 말. 아무리 사법절차를 준용하더라도 애초에 소송과는 본질이 다르다. 이 까닭에 세무대리인도 반드시 변호사일 필요가 없고 세무사나 세무사등록을 마친 공인회계사를 대리인으로 선임할 수도 있으며,[53] 청구금액이 소액인 경우에는 청구인의

47) 국세기본법 제55조 제5항.

48) 헌법재판소 2024. 4. 25. 2022헌마251 결정.

49) 아래 Ⅴ 참조.

50) 국세기본법 제57조; 행정소송법 제23조 제1항. 제5장 제1절. 미국에서는 소가 조세법원에 걸려 있는 동안은 집행하지 못한다. 미국세법 6213조(a).

51) 재산의 성질이 급히 팔아야 하는 것은 예외. 국세징수법 제66조 제4항 단서.

52) 국세기본법 제76조(조세심판관의 질문검사권). Tipke/Lang, *Steuerrecht*, 제24판(2021), 제22장 9문단, 33문단. 이하 달리 적지 않은 한 'Tipke/Lang'이란 제24판.

53) 국세기본법 제59조 제1항, 제59조의2(국선대리인).

배우자나 그 밖의 일정한 친족을 대리인으로 선임할 수도 있다.[54] 심리는 비공개로 진행하고, 심사기관인 국세청(장)은 처분청이라는 고유권한으로서 질문검사권을 행사할 수 있다.[55] 법은 명문의 규정을 두어 조세심판관에게도 질문검사권을 주고 있다.[56] 따라서, 이론적으로는 조세채무의 있고 없음이나 금액에 영향을 줄 수 있는 사항을 모두 조사하여 납세의무자에게 오히려 불리한 새로운 처분을 할 수도 있다고 보아야 논리의 앞뒤가 맞는다.

그러나 법은 이 결과를 제한하는 명문의 규정을 두고 있다. 우선 조사절차가 지나치게 길어지는 것을 막기 위해 90일이라는 결정기간을 두고 있고, 청구인이 이 기간까지 결정을 못 받으면 행정소송을 낼 수 있다.[57] 나아가, 심사나 심판청구를 맡은 국세청장이나 조세심판원은 심판대상이 된 처분 이외에는 결정하지 못하고(不告不理), 또 납세의무자에게 불이익이 되는 결정은 하지 못한다(不利益變更금지).[58] 그러나 이 불이익변경금지 원칙이라는 것은 실제로는 별 실익이 없다. 심사나 심판 단계에서 여태 몰랐던 과세요건사실을 행정청이 새로 알게 된다면 그에 터잡아 새로운 과세처분을 할 수 있는 까닭이다.[59] 그렇다면 불이익변경(reformation in peius)금지라는 제도는 득보다는 실이 더 크다. 심판 과정에서 새로 나온 사실에 터잡아 뒤에 행정청이 다시 과세처분을 하는 번거로움을 겪느니 심판단계에서 한꺼번에 해결하는 쪽이 더 낫다. 법원의 재판과는 본질이 다르다.[60] 불이익변경금지의 취지를 살리자면 새로운 사실에 터잡은 재처분도 금지해야 하겠지만, 그렇게 한다면 탈루소득이 있는 자는 누구나 심사청구나 심판청구를 통해 세금을 벗어나려 할 것이고 심사나 심판은 탈세의 수단이 되고 말 것이다. 그렇게 보면 불이익변경 재결에 따른 과세처분이[61] 당연무효라는 대법원 판결은[62] 글쎄… 재조사결정 후속처분과 불이익변경의 관계는 다음 IV.

---

54) 국세기본법 제59조 제2항.

55) 독일 조세기본법 제365조. Tipke/Lang, 제22장 10문단, 33문단.

56) 국세기본법 제76조.

57) 이의신청은 30일. 국세기본법 제65조 제2항, 제67조 제7항, 제81조, 제56조 제3항 단서; 지방세기본법 제91조 제2항.

58) 국세기본법 제79조와 제65조의3. 대법원 2004. 12. 9. 선고 2003두278 판결(불이익변경은 무효); 2007. 11. 16. 선고 2005두10675 판결; 2016. 9. 28. 선고 2016두39382 판결(재조사결정 후속처분). 행정심판법 제47조도 같다.

59) 대법원 1992. 7. 14. 선고 92누893 판결; 2007. 11. 16. 선고 2005두10675 판결. 다만 위법한 중복조사로 안 사실에 따른 과세처분은 할 수 없다. 대법원 2006. 6. 2. 선고 2004두12070 판결. 재조사하라는 심사나 심판 결정에 따른 재조사는 국세기본법 제81조의4 제2항을 적용받는다.

60) 제5절 VI, 제6절 II.2. 독일에서도 불이익변경이 가능하다. 독일 조세기본법 제367조 제2항. 불고불리도 없다. Tipke/Lang, 제22장 10문단, 47문단. 미국에서도 같다. Ferguson v. CIR, 47 TC 11(1966) 등.

61) 대법원 2010. 6. 25. 선고 2007두12514 판결.

62) 대법원 2004. 12. 9. 선고 2003두278 판결; 2016. 9. 28. 선고 2016두39382 판결(재조사결정에 따른

Ⅳ. 재결과 효력

심사에서는 국세심사위원회는 심의기구이며 결정은 국세청장이 내리지만 심판결정은 조세심판관회의가 결정주체이다.[63] 꿇아본 결과 나오는 결정에는 각하, 기각, 인용 세 가지. 불변기한이 지난 뒤에 낸 청구나 보정기간을 어긴 청구는 却下.[64] 심사청구의 내용에 이유가 없다면 棄却.[65] 심사청구가 이유 있다고 認容하는 때에는 심사대상이 된 처분을 취소나 경정(일부취소)하고, 또 필요한 처분을 받지 못하여 불복한 경우라면 필요한 처분을 명한다.[66] 인용결정의 일종으로 재조사 후 필요한 처분을 하라고 명할 수도 있다.

심사청구에서 원처분을 취소한다면 이는 국세청 자신이 원처분을 취소하는 것이 되고, 그에 따라 납세의무자는 이미 낸 세액(과오납금)을 국세환급금으로 돌려받는다. 심판청구의 경우에도 심판결정은 관계행정청에 대한 기속력(羈束力)과[67] 형성력이 있으므로[68] 국세청 스스로 취소하는 것과 같다. 납세의무자는 과오납금을 국세환급금으로 돌려받는다. 가산금(이자)도 받고.

심판결정이 원처분의 일부를 취소하면서, 돌려줄 세액이 얼마인가를 계산하지 않은 채 예를 들어 "양도시기를 201×. ×. ×.로 정하여 과세표준과 세액을 경정한다"라는 식으로 세액의 계산을 처분청에 미루는 수가 있다.[69] 이런 경우에는 처분청이 경정결의서로 돌려줄 세액을 계산한 뒤에야 납세의무자가 돈을 돌려받을 수 있고, 이런 감액경정처분이 있어야 비로소 원처분이 취소·변경된다.[70] 認容결정의 일종으로 처분청으로 하여금 사실관계 확인 등 추가조사를 하고 필요한 처분을 하도록 명하는 재

불이익변경). 그러나 약식명령에 대한 피고인의 이의로 시작된 정식재판에서도 벌금 증액 등 불이익변경이 가능하다.

63) 국세기본법 제64조 제1항, 제78조. 조세심판원장이 필요하다고 인정하는 때에는 합동회의를 거쳐 다시 결정하므로 실제로는 심사와 심판 사이에 큰 차이가 없다. 심사에서도 국세청장이 위원회의 심의결과를 뒤집은 적이 없다고 한다.

64) 국세기본법 제65조 제1항 제1호, 제81조.

65) 같은 법조항 제2호.

66) 같은 법조항 제3호, 제81조.

67) 국세기본법 제80조 제1항. 대법원 2017. 5. 11. 선고 2015두37549 판결.

68) 대법원 1982. 7. 27. 선고 82누91 판결; 1996. 7. 30. 선고 95누6328 판결; 1997. 5. 30. 선고 96누14678 판결. 따라서 어떤 이유로 원처분청이 돈을 안 돌려주면 부당이득반환의 소를 내어야 한다. 아래 제7절 Ⅲ.

69) 이런 형식의 법원 판결은 위법. 대법원 2006. 9. 28. 선고 2006두8334 판결.

70) 위 82누91 판결. 따라서 재조사 후 처분에 불만이 있으면, 후속처분을 기준으로 불변기한 안에 행정소송을 내어야 한다. 국세기본법 제56조 제4항 제1호. 대법원 2010. 6. 25. 선고 2007두12514 판결; 2014. 7. 24. 선고 2011두14227 판결; 2024. 10. 31. 선고 2022두65160 판결.

조사 결정을 내린다면,[71] 처분청은 60일 이내에 취소 등 필요한 처분을 해야 한다.[72] 재조사결정의 주문이나 그 전제가 된 사실인정에 어긋나는 처분을 그대로 유지하는 것은 위법하다.[73] '필요한 처분'이 꼭 감액경정은 아니다. 재조사결정의 주문(主文)을 따른다면 세액이 오히려 늘어날 경우, 불이익변경 금지 탓에 증액경정은 불가능하지만 당초처분을 유지해야 한다.[74] 재조사결정의 전제가 된 주장이 거짓이라는 것이 드러나면 당초처분을 유지할 수 있다.[75]

심사나 심판과정에서 드러난 사실관계에 변함이 없는 한 행정청은 심사결정이나 심판결정과 모순되는 새로운 처분을 할 수 없다(再處分禁止).[76] 기속력(羈束力) 탓이다. 재결청 자신(국세청장이나 조세심판원장)도, 오기(誤記)나 계산착오 등 명백한 잘못을 바로잡을 수 있을 뿐[77] 결정서를 다시 고칠 수 없다(불가변력 또는 실질적 확정력[78]). 재결과정에서 불복사유가 옳다고 인정하여 직권 취소한 경우에도 특별한 사유 없이 이를 번복할 수 없고.[79] 그러나 결정서의 요건사실이 행정청을 기속하는 것은 심사나 심판 당시에 제출된 증거에 아무 변함이 없다는 전제 아래에서만 기속한다고 보아야 마땅하다. 행정심판 당시 또는 그 뒤 새로 드러난 사실에 터잡은 과세처분이 가능한 이상[80] 애초 심사나 심판결정 당시 사실인정의 기초로 삼은 증거가 위조나 변조

71) 국세기본법 제65조 제1항 제3호 단서. 재조사는 결정서 주문에 기재된 범위 안에서만 가능하다. 국세기본법 제81조의4 제2항 제4호. 제5장 제6절 Ⅱ. 취소나 감액경정의 기준이 나오는 이상 재조사결정이다. 대법원 2016. 9. 28. 선고 2016두39382 판결; 2017. 12. 13. 선고 2015두3805 판결.

72) 국세기본법 제65조 제5항. 사법절차에서 이런 식의 판결은 불가능하다.

73) 국세기본법 제65조 제6항, 제80조. 대법원 2017. 5. 11. 선고 2015두37549 판결. 어긋나지 않는다는 사례로 대법원 2022. 4. 14. 선고 2017두53767 판결.

74) 대법원 2016. 9. 28. 선고 2016두39382 판결; 2024. 7. 25. 선고 2022두60745 판결; 2024. 10. 31. 선고 2022두65160 판결; 2025. 7. 3. 선고 2022두33637 판결. 제소기간은 유지통지받은 때로부터 기산.

75) 국세기본법 제65조 제6항.

76) 뒤에 대법원 판결이 바뀌었더라도 재처분은 위법하다. 대법원 2016. 10. 27. 선고 2016두42999 판결(이 판결에서 소송계속 중 처분사유 추가변경이 안 된다는 부분은 틀렸다. 재처분이 아니다. 아래 제6절 II). 상급행정청이나 감사원의 시정요구에 의한 것이라고 하더라도 재처분은 위법하다. 대법원 1978. 1. 31. 선고 77누266 판결; 1986. 5. 27. 선고 86누127 판결; 2019. 1. 31. 선고 2017두75873 판결(위법한 재결에도 기속력) 등. 재결편취 이후의 재처분은 대법원 2017. 3. 9. 선고 2016두56970 판결. 이의신청은 대법원 2010. 9. 30. 선고 2009두1020 판결; 2017. 3. 9. 선고 2016두56790 판결.

77) 국세기본법 제65조의2, 제81조. 독일 조세기본법 제129조.

78) 쟁점의 실질(내용)이나 실체에 관한 확정력 정도의 뜻이다. 확정판결 전에는 납세의무자에 대해서는 실질적 확정력이 안 생긴다.

79) 대법원 1978. 1. 31. 선고 77누266 판결; 2010. 6. 24. 선고 2007두18161 판결; 2010. 9. 30. 선고 2009두1020 판결; 2014. 7. 24. 선고 2011두14227 판결; 2017. 3. 9. 선고 2016두56790 판결.

80) 대법원 1992. 7. 14. 선고 92누893 판결. 애초 상여로 소득처분하여 과세한 처분이 취소된 뒤 그 소득이 실제로 귀속되었음을 밝혀 다시 과세하는 것은 재결의 기속력에 반하지 않는다. 대법원 2001. 9. 14. 선고 99두3324 판결. 국세기본법 제81조의4에 어긋나는 중복조사에 따른 과세처분은 위법하다. 대법원 2006. 6. 2. 선고 2004두12070 판결.

된 것이라면 진정한 사실에 터잡은 새로운 과세처분이 가능하다.[81] 나아가 국세기본법 제81조의4 제2항의 범위 안이라면 그에 따른 과세처분은 적법하다. 후속처분과 합법적 재조사에 따른 새 과세처분의 우연적 결합일 뿐이기 때문이다. 관련사실과 특례제척기간은 제4장 제5절 III.

심사결정이나 심판결정에 불만이 있는 납세의무자는 행정소송(訴訟)을 할 수 있다.[82] 재조사결정의 후속처분에 대해서는 바로 행정소송을 할 수도 있고 일단 심사나 심판결정을 구할 수도 있다.[83] 심사나 심판결정에 대해서 원처분청이나 다른 행정청이 불복할 수는 없다. 납세의무자가 내는 행정소송은 결정통지를 받은 날로부터 90일 이내에 원처분청을 피고로 제기하여야 하고[84] 이 기간이 지나면 형식적 확정력이 생겨 원처분의 효력을 다툴 수 없게 된다.[85] 그러나 뒤에 보듯 여러 가지 예외가 있다.

V. 감사원 심사청구

헌법은 감사원에 행정기관 및 공무원의 직무에 관한 감찰을 맡기고 있고,[86] 감사원법은 행정처분의 이해관계자가 행정청 감찰을 구할 수 있다는 뜻에서 감사원에 심사청구를 할 수 있도록 정하고 있다.[87] 따라서, 국세청의 처분에 불만이 있는 이해관계자라면 감사원에 심사를 청구할 수 있다. 국세청 심사청구나 심판청구와 중복해서 낼 수는 없지만[88] 국세에 관한 감사원 심사청구는 처분이 있은 것을 안 날(처분의 통지를 받은 때에는 그 날)부터 90일 이내에 내어야 한다.[89] 감사원은 심사청구의 형식적 요건이 맞지 않다면 이를 각하하고, 청구에 이유가 없다면 기각. 청구에 이유가 있다면, 감사원이 처분을 직접 취소하지는 않지만 관계기관의 장에게 바로잡거나 기타 필요한 조치를 요구하고,[90] 처분청은 그에 따른 조치를 취하여야 한다.[91] 감사원 심사

81) 대법원 1983. 7. 26. 선고 82누63 판결.

82) 행정청 단계의 재청구는 불가능하다. 국세기본법 제56조 제1항; 행정심판법 제51조.

83) 국세기본법 제55조 제5항 단서, 제56조 제2항 단서, 제4항.

84) 국세기본법 제56조 제3항.

85) 불가쟁력이 생긴 세액에 대한 취소의 소는 부적법 각하. 대법원 2020. 4. 9. 선고 2018두57490 판결. 처분의 전제사실을 뒤에 다른 쟁송에서도 못 다툰다는 말은 아니다. 실질적 확정력과 다르다. 대법원 2004. 7. 8. 선고 2002두11288 판결; 2014. 4. 24. 선고 2013두27128 판결(본세와 납부불성실 가산세). 행정청의 직권취소는 가능하다. 아래 제3절 VII.

86) 헌법 제97조. 아래 제4절 II. 1.

87) 감사원법 제43조 제1항. 감사원에 대한 심사청구는 처분청을 거쳐야 함이 원칙이다. 같은 조 제2항.

88) 만일 중복해서 내면 국세청 심사청구나 심판청구를 각하한다. 국세기본법 제55조 제1항 제2호.

89) 감사원법 제44조.

90) 감사원법 제46조 제1항, 제2항.

91) 감사원법 제47조.

청구의 결과에 불복하는 자는 심사결정을 통지받은 날로부터 90일 이내에 원처분청을 피고로 하여 행정소송을 할 수 있다.[92] 결국 납세의무자가 국세청 심사청구, 심판청구, 감사원 심사청구 가운데 어느 것을 고르더라도 기능에 별 차이가 없다.

제 3 절 경정청구

지금까지 살펴본 심사나 심판청구는 행정처분에 대한 쟁송절차이므로, 부과처분이 없는 신고납세의 경우에는 적용되지 않는다.[93] 이 때문에 여러 가지 어려운 문제가 있다가, 신고납부한 세금이 너무 많은 경우의 구제수단으로 更正請求라는 제도가 생겼다. 특히 예전 지방세법이 경정청구를 국세기본법보다 훨씬 제약하고 있어서 법해석으로 균형을 맞추려는 판례가 여럿 나왔다. 이런 판례의 영향은, 지방세가 국세와 균형을 맞추고 있는 현행법 해석론에서는 최소화하는 것이 옳다. 그 뒤 후발적 경정청구라는 제도가 생겼고, 역사는 복잡하지만 아무튼 과다신고뿐만 아니라 부과처분으로 낸 세금에 대해서도 가능하다. 후발적 사유가 있어야 가능하지만 판례는 그런 사유의 범위를 아주 넓게 읽는다.

Ⅰ. 경정 등의 청구

국세기본법 제45조의2 (경정 등의 청구) ① 과세표준신고서를 법정신고기한까지 제출한 자[94] 및 제45조의3 제1항에 따른 기한후과세표준신고서를 제출한 자는 다음 각 호의 어느 하나에 해당할 때에는 최초신고 및 수정신고한 국세의 과세표준 및 세액의 결정 또는 경정을 법정신고기한이 지난 후 5년 이내에 관할 세무서장에게 청구할 수 있다. 다만, 결정 또는 경정으로 인하여 증가된 과세표준 및 세액에 대하여는 해당 처분이 있음을 안 날(처분의 통지를 받은 때에는 그 받은 날)부터 3개월 이내(법정신고

92) 감사원법 제46조의2; 국세기본법 제56조 제5항.

93) 신고납세에서는 확인적 부과처분의 개념은 인정할 수 없다. 대법원 1989. 9. 12. 선고 88누12066 판결; 1990. 3. 27. 선고 88누4591 판결; 1990. 4. 27. 선고 87누226 판결; 1998. 2. 27. 선고 97누18479 판결; 2001. 6. 1. 선고 99다1260 판결.

94) 2003. 12. 30. 개정 이후는 원천징수절차만으로 납세의무가 종결되는 자도 경정청구를 할 수 있다. 제5장 제6절 Ⅰ.3. 국세기본법 제45조의2 제5항. 종합부동산세는 신고 없이 부과받은 사람도 제1항을 준용. 제6항이 생기기 전에도 종합부동산세 합산배제신고서를 낸 자는 과세표준신고서를 낸 자나 마찬가지로 경정청구를 할 수 있다. 대법원 2018. 6. 15. 선고 2017두73068 판결. 환급가산금에 대해서는 같은 법 제52조. 신고는 제대로 하면서 착오로 세금만 더 낸 것은 부당이득금으로 당연히 반환받는다. 같은 법 제51조 제1항 후단의 개정규정은 확인규정.

기한이 지난 후 5년 이내에 한한다)에 경정을 청구할 수 있다.

1. 과세표준신고서 또는 기한후과세표준신고서에 기재된 과세표준 및 세액(각 세법에 따라 결정 또는 경정이 있는 경우에는 해당 결정 또는 경정 후의 과세표준 및 세액을 말한다)이 세법에 따라 신고하여야 할 과세표준 및 세액을 초과할 때

2. 과세표준신고서 또는 기한후과세표준신고서에 기재된…환급세액(각 세법에 따라 결정 또는 경정이 있는 경우에는 해당 결정 또는 경정 후의…환급세액을 말한다)이 세법에 따라 신고하여야 할 결손금액 또는 환급세액에 미치지 못할 때

제2호 생략 부분의 결손금에 대해서는 제13장 제1절 II.3, 제18장 제1절 III.2. 지방세기본법은 제50조. 상속세 특례는 제25장 제2절 VI. 경정청구는 원칙적으로는 기한내든 기한후 신고든 신고서(申告書)를 낸 자만 구할 수 있고 법정신고기한[95] 경과 후 5년[96] 이내에만 할 수 있다.[97] 2022년말 개정 제6항에 따른 종합부동산세의 예외는 아래 III. 신고한 세액이 세법에 의하여 신고할 세액을 초과하게 된 이유에는 특별한 제약이 없다.[98] 세법의 위헌결정도 경정청구 사유가 된다.[99] 분식회계 과다신고도 된다.[100] 후발적 사유도.[101] 법률행위의 무효, 취소, 해제는 제4장 제2절 IV.2. 그러나 과거에 세액감면신청서(감면요건인 신청서)를 낸다든가 회계장부에 특정사항을 반영한다든가[102] 하는 등의 별도 절차를 밟았더라면 과거에 낸 세금을 줄일 수 있었다고 하여 경정을 청구할 수는 없다.[103] 신고 당시에 그런 절차를 밟지 않은 이상 申告한 세액이 세법에 의하여 申告할 세액인 까닭이다. 신고납세방식만이 아니라 법이 신고를 요구

95) 부가가치세 예정신고 경정청구도 확정신고기한부터 기산. 대법원 1997. 3. 28. 선고 96다42222 판결. 소득금액변동통지에 따른 추가신고라면 그런 추가신고기한. 대법원 2011. 11. 24. 선고 2009두20274 등 판결; 2016. 7. 14. 선고 2014두45246 판결. 다른 한편 대법원 2014. 4. 10. 선고 2013두22109 판결. 제18장 제5절 Ⅶ.4. 이중교, 9장 2절 4.

96) 옛 법의 1년이나 3년 기간이 "국세부과의 제척기간에 비해 짧"다는 것만으로는 재판청구권을 침해하지 아니한다. 헌법재판소 2014. 12. 16. 2003헌바78 결정; 2016. 10. 27. 2015헌바195 결정.

97) 예정신고와 확정신고의 관계에 관한 명문규정(부가가치세법 제49조, 소득세법 제110조 제4항 단서 등)이 없는 경우, 예정신고보다 세액을 낮춘 확정신고는 경정의 청구로 보아야 한다. 비슷한 생각으로 윤병각, 조세법상 경정청구, 1장 9절 6; 윤지현, 양도소득세 예정신고와 납세의무의 확정, 법학 56권 4호(2015), 131쪽.

98) 대법원 1987. 5. 26. 선고 84누535 판결; 2018. 6. 15. 선고 2015두36003 판결. 옛 국세기본법상 감액수정신고의 요건을 좁게 해석했지만, 현행법의 글귀는 훨씬 넓다. 제18장 제5절 VII.

99) 헌법재판소 2006. 7. 27. 2006헌바18, 54(병합) 결정.

100) 대법원 2016. 1. 26. 선고 2005두6300 판결. 제18장 제1절 III.3., 제5절 VII.3.

101) 대법원 2018. 6. 15. 선고 2015두36003 판결(양도대금 사후감액).

102) 실무용어로 '결산조정'이라 부른다. 제18장 제5절 Ⅶ.

103) 대법원 2003. 12. 11. 선고 2002두7227 판결. 신고조정 사항은 경정청구 가능. 대법원 2009. 7. 9. 선고 2007두1781 판결. 제19장 제4절 I.

하는 세목이라면 상속세 같은 부과과세방식의 세금에도 이 법조가 적용된다. 조문의 글귀에서 신고보다 낮은 세액으로 결정(決定)해달라고 청구할 수도 있다.[104] 법인세나 소득세 같은 기간(期間)과세에는 경정청구제도를 배제하고 과거의 오류를 전기오류수정손익으로 당기에 반영하여야 한다는 주장이 있으나 그르다. 과거에 과소신고가 되었더라도 어언 제척기간이 지났는데 전기오류수정익이라는 이름으로 국가가 과세하게 할 수야 없으니. 그렇다면 과대신고가 된 경우에도 감액경정은 오직 경정청구를 통해서만 가능하다. 당기에 반영할 수 있다고 법에 예외를 정하고 있다면 물론 법대로 간다.[105] 제18장 제1절 Ⅲ. 3, 제5절 Ⅶ. 3.

결정 또는 경정의 청구를 받은 세무서장은 결정이나 경정을 한다면 그 내용을, 하지 않는다면 그 이유를 청구한 사람에게 2개월 이내에 통지해야 한다.[106] 세액을 줄여주기를 거부(拒否)하거나 이 시한까지 가부(可否)통지가 없다면 이는 拒否처분으로서 국세기본법상 불복과[107] 항고소송(거부처분 취소소송)의 대상이 된다.[108] 감액경정(減額更正)이 있으면 이미 납부한 세액은 과오납금이 되고, 행정청은 이를 즉시 국세환급금으로 결정하여[109] 30일 이내에[110] 이자(국세환급 가산금)를 붙여[111] 납세자에게 지급하여야 한다. 원고가 체납한 세액이 있다면 국세환급금을 그런 세액에 충당할 수 있고, 원고의 동의가 있다면 원고가 지고 있는 다른 국세채무에 충당할 수도 있다.[112] 국세청이 경정청구를 검토하는 중에[113] 또는 감액경정을 해준 뒤에 오히려 증

---

104) 대법원 2014. 6. 26. 선고 2012두12822 판결. 임승순, 3편 2장 2절 2. 나; 소순무·윤지현 외, 3-65문단. 이런 '결정의 청구'에는 5년이라는 기간제한이 없다는 주장으로 윤병각, 4장 2절 2. 가. 그러나 아래 Ⅱ.2 및 제4장 제3절 Ⅳ를 보라.

105) 대법원 2014. 3. 13. 선고 2012두10611 판결.

106) 국세기본법 제45조의2, 제26조의2 제6항 제3호, 지방세기본법 제50조 제3항.

107) 따라서 불변기한에 걸린다. 국세기본법 제55조.

108) 국세기본법 제45조의2 제3항 단서, 지방세기본법 제50조 제4항. 행정소송법 제2조 제1항 제1호, 제30조 제2항. 대법원 1989. 1. 31. 선고 85누883 판결(감액수정신고); 1995. 1. 12. 선고 94누8471 판결; 1997. 10. 10. 선고 97다26432 판결; 1988. 11. 8. 선고 87누479 판결; 2000. 5. 12. 선고 97누14415 판결; 2008. 7. 9. 선고 2007두1781 판결(결손금증액 거부). 당초 신고세액을 넘는 증액경정처분이 뒤따르더라도 이미 취소의 소를 제기한 거부처분은 증액경정처분에 흡수·소멸되지 않지만 증액경정처분에 대하여도 취소소송을 제기했다면 감액경정청구 거부처분의 취소를 구하는 소는 소의 이익이 없다. 대법원 2005. 10. 14. 선고 2004두8972 판결. 제6장 제5절 IV. 기한이 지난 부적법 경정청구를 무시하는 것은 거부처분이 아니다. 대법원 1987. 9. 8. 선고 85누565 판결; 2015. 3. 12. 선고 2014두44830 판결; 2017. 8. 23. 선고 2017두38812 판결(취소의 소 각하).

109) 국세기본법 제51조 제1항.

110) 국세기본법 제51조 제6항.

111) 국세기본법 제52조. 2020년까지 시행된 옛 대통령령은 이자 기산일이 경정청구 다음 날이라고 하나 경정청구 거부의 성질상 부과처분과 달리 다룰 이유가 없다. 과오납 순간 부당이득이 생긴다. 경정청구의 배타성 때문에 반환을 못 구할 뿐.

112) 국세기본법 제51조 제2항.

액경정(增額更正)사유가 있는 것을 알게 된다면 증액경정이 가능한가? 청구에 따라 경정을 한 것일 뿐 재결이 아니므로 실질적 확정력이 없고 제척기간이 지나기 전에는 증액경정은 언제나 가능하다.[114] 다만 후발적 경정청구 이후 2개월[115] 동안은 증액경정이 가능하다고 법에 정하고 있으므로 이 기간이 지나면 증액경정은 불가능하나 감액경정은 언제나 직권으로 할 수 있다.

Ⅱ. 경정청구의 배타성(排他性)

1. 신고납세와 부당이득

이제는 경정청구 기간이 5년이지만 예전에는 그 기간이 매우 짧아서[116] 경정청구 기간이 지났다면 과다신고한 세액을 돌려받을(아직 안 냈으면 안 낼) 수 있는 길에 관한 논의가 있었다. 요는 행정처분으로 낸 세금이 아니니 국세환급금의 5년 소멸시효가 안 지난 이상 민사소송으로 돌려받을 수 있지 않은가라는 논의였다. 이제는 경정청구 기한이 5년으로 늘어서 무의미한 논의가 되었지만, 그 과정에서 생겨난 결론으로 잘못 신고납부한 세금은 오로지 경정청구로만 돌려받을 수 있다는 명제, 곧 이른바 '경정청구의 排他性'이 지금도 그대로이므로 예전 판례를 들여다 볼 수밖에 없다.

논점은 잘못 신고납부한 세금을 돌려받는 방법이다. 법은 "잘못 납부하거나 초과하여 납부한 금액"은 "즉시 국세환급금으로 결정"하라고 정하고 있다.[117] 안 내도 될 돈을 낸 것이니 부당이득(不當利得)으로 반환을 구하면 되지 않나?[118] 그러나 여기에서 과오납부한 금액의 뜻을 판례는 다음과 같이 풀이한다.

> "오납액이라 함은 납부 또는 징수의 기초가 된 신고(신고납세의 경우) 또는 부과처분(부과과세의 경우)이 부존재하거나 당연무효임에도 불구하고 납부 또는 징수된 세액을 말하고, 초과납부한 세액은 신고 또는 부과처분이 당연무효는 아니나 그 후 취소

113) 경정청구 사유의 조사는 부분조사. 국세기본법 제81조의11 제3항. 제5장 제6절 II.

114) 대법원 2015. 12. 23. 선고 2013두22475 판결. 역으로 거부처분을 받았더라도 소명이 모자랐다 싶으면 다시 경정청구할 수 있다.

115) 국세기본법 제26조의2 제6항 제3호. 결정(심사청구·심판청구의 경우) 또는 판결(행정소송의 경우)이 있거나 상호합의 종결일로부터는 1년. 같은 법조항 제1호 및 제2호.

116) 헌법재판소 2004. 12. 16. 2003헌바78 결정(1년도 합헌).

117) 국세기본법 제51조 제1항, 지방세기본법 제60조 제1항.

118) 국세환급금에 관한 국세기본법 규정은 부당이득에 관한 민법규정의 특칙으로 경합관계이다. 제4장 제1절 3. 대법원 2009. 9. 10. 선고 2009다11808 판결; 2018. 7. 19. 선고 2017다242409 판결. 그 밖에 대법원 2018. 7. 9. 선고 2017다24209 판결.

또는 경정됨으로써 그 전부 또는 일부가 감소된 세액을 말[한다]"[119)]

무슨 말? 부과처분이야 행정법 상식에 비추어 일단 그렇다 치고 신고납세에서는 어떻게 된다는 말?

> "신고납세방식의… 조세에 있어서는 원칙적으로 납세의무자가 스스로 과세표준과 세액을 정하여 신고하는 행위에 의하여 납세의무가 구체적으로 확정되고(과세관청은 납세의무자로부터 신고가 없는 경우에 한하여 비로소 부과처분에 의하여 이를 확정하는 것이다) 그 납부행위는 신고에 의하여 확정된 구체적 납세의무의 이행으로 하는 것이며 국가나 지방자치단체는 그와 같이 확정된 조세채권에 기하여 납부된 세액을 보유하는 것이므로, 납세의무자의 신고행위의 하자가 중대하고 명백하여 당연무효로 되지 아니하는 한 그것이 바로 부당이득에 해당한다고 할 수 없[다]"[120)]

부과처분이든 신고든 당연무효가 아니라면 우선 그 처분이나 신고의 효력을 제쳐야 비로소 부당이득의 반환을 구할 수 있다는 말이다. 그렇다면 신고가 당연무효인가를 판단하는 기준은? 重大明白說. 판례는 신고행위의 하자가 중대하고 명백하다면 당연무효라고 한다. 신고행위의 하자가 중대하고 명백하여 당연무효에 해당하는지는 어떻게 판단하지? "신고행위의 근거가 되는 법규의 목적, 의미, 기능 및 하자있는 신고행위에 대한 법적 구제수단 등을 목적론적으로 고찰함과 동시에 신고행위에 이르게 된 구체적 사정을 개별적으로 파악하여 합리적으로 판단하여야."[121)] 결국 경정청구의 기간이 지난 뒤에는, 신고 자체가 무효가 아닌 한 잘못 낸 세금을 부당이득으로 돌려받을 수 없다. 왜 반환을 못 구하는가? 논거로 조세채권의 '확정'을 드는 것이 옳지 않음은 이미 제4장 제3절에서 본 바와 같다. 그렇다면, 반환받을 수 없다는 논거는 신고(申告)행위 자체의 성질에서 찾을 수밖에 없고, 이 문제는 신고행위에 부과처분의 공정력(公定力)이나 마찬가지로 형식적 확정력(確定力)을 줄 수 있는가의 문제가 된다.

위법한 부과과세로 낸 세금은 부당이득이기는 하나 직권 또는 쟁송취소에 의하여 부과처분(賦課處分)을 배제하지 아니하는 한 부당이득 반환을 구할 수 없다.[122)] 부과처분에 公定力이 있으므로. 그런데 행정행위에 공정력 내지 형식적 確定力이 있다는

---

119) 대법원 1997. 10. 10. 선고 97다26432 판결 등.

120) 대법원 1995. 2. 28. 선고 94다31419 판결; 2017. 11. 14. 선고 2014두47099 판결 등.

121) 대법원 1995. 2. 28. 선고 94다31419 판결. 한편 옛 지방세법상의 자진신고에 대해서는 중대명백설의 논리를 굽혀 신고의 하자가 명백하지 않더라도 중대하기만 하다면 당연무효. 대법원 2009. 2. 12. 선고 2008두11716 판결. 아래 2항 및 제4장 제3절 Ⅳ 참조.

122) 대법원 1991. 7. 9. 선고 91다13342 판결; 1994. 11. 11. 선고 94다28000 판결 등.

근거는? 법치주의 세상인데 법에 근거도 없이 국가에 우월적 지위를 당연히 인정할 수야 없는데. 법에는 그저 다만 행정행위의 효력을 다투려는 자는 일정한 기간 안에 법에 정해진 절차를 밟아야 한다는 여러 가지 제한을 두고 있을 따름. 그렇다면 공정력 내지 형식적 확정력이라는 개념은 어디에서 나오지? 법이 왜 항고쟁송(抗告爭訟)에 排他性을 주고 있는가를 물으면서, 그 답으로 행정법관계의 효력을 조속히 안정시켜야 한다는 생각에 이른 것이다.[123] 정리하자면 실체법상 납세의무 없는 돈을 잘못 낸 것은 원래 부당이득(不當利得)이지만 구제절차가 법에 따로 있으니 그 절차를 밟지 않은 채 부당이득의 반환을 구할 수 없다. 항고쟁송이라는 절차가 부당이득의 반환을 막는다는 말. 2021년 새로 생긴 행정기본법 제15조(행정행위의 효력)는 "처분은 권한이 있는 기관이 취소 또는 철회하거나 기간의 경과 등으로 소멸되기 전까지는 유효한 것으로 통용된다. 다만, 무효인 처분은 처음부터 그 효력이 발생하지 아니한다"고 정하고 있다. 종래의 해석론을 확인한 입법.

2. 과다신고와 경정청구 · 결정청구의 배타성

그렇게 본다면, 이 논리는 신고에도 똑같이 적용할 수밖에 없다. 납세의무자가 세액 얼마를 신고한 뒤 제 마음대로 신고를 없는 셈 치고 부당이득의 반환을 구할 수 있다면 조세법률관계가 매우 불안정해지니까. 납세의무자가 일방적으로 신고를 취소하고[124] 부당이득의 반환을 구할 수 있게 하는 것도 마찬가지 문제를 낳고.[125] 그렇다면 신고납세에 대하여도 형식적 확정력을 주어야 할 필요성은 부과과세나 마찬가지. 법률의 근거를 따지자면, 행정처분으로부터 일정한 불변기간 안에 이를 다투어야 한다는 조문이나 신고로부터 일정한 불변기간 안에 경정을 청구해야 한다는 조문이나 논리적 구조가 마찬가지. 그렇다면, 법정기간이 지난 뒤에는 그 효력을 다툴 수 없음은 부과처분이나 신고납세나 마찬가지라 볼 수밖에 없다. 신고의 하자가 징수처분에 승계되지도 않는다.[126] 결국 抗告爭訟의 排他性, 곧 잘못된 행정처분은 항고쟁송을 통해서만 다툴 수 있다는 것에 견줄 만한 개념으로 경정청구(更正請求)의 排他性('원칙적 배타성'이라는 말을 쓰기도 한다), 곧 잘못된 신고(申告)는 경정청구를 통해서만 다툴

123) 대법원 2004. 7. 8. 선고 2002두11288 판결; 2008. 7. 24. 선고 2006두20808 판결; 2019. 10. 17. 선고 2018두104 판결.

124) 신고는 세금을 내고 싶다는 의사표시가 아니므로 엄밀히는 취소대상이 아니다. 여기에서 취소란 낼 세액이 얼마인지 내가 잘못 알았다고 알린다는 정도의 뜻이다. 제4장 제3절 I. 1과 II.

125) 신고의 취소를 부인하는 이유로 그저 신고가 사인의 공법행위임을 드는 것은 옳지 않다. 취소할 수 없는 이유가 무엇인지 물어야 옳다.

126) 대법원 2004. 9. 3. 선고 2003두8180 판결.

수 있다는[127] 생각에 이르는 것. 경정청구기간이 지났거나 달리 경정청구절차를 따르지 않은 채 부당이득의 반환을 구할 수는 없다는 것.[128] 다만 신고행위가 당연무효라면[129] 경정청구 없이 바로 부당이득의 반환을 구할 수 있다. 이 논리를 이어가면 현행법상 상속세나 증여세처럼 신고납세가 아니고 신고 후 결정(決定)이라는 방식을 따르는 세금이라면 결정이 없는 이상 과다신고납부액을 부당이득으로 반환받을 수 있다는 판례는[130] 그르다. 결정청구라는 절차에 배타성이 있으니까. 신고가 당연무효라 주장하면서 경정청구를 구하는 것도 물론 가능.

기한후(期限後)신고는 그 자체에 세액확정이라는 효력이 따르지 않는다. 그러나 2019년말 개정법은 기한후신고를 잘못한 것도 경정청구의 대상으로 삼았고, 결국 경정청구를 통해서만 돌려받을 수 있다. 일단 행정청을 거쳐야 한다는 말이다.

양도소득세 예정(豫定)신고나 부가가치세 예정신고는 잘못 납부한 세액을 바로잡는 절차가 따로 있다. 경정청구가 가능하다는 주장이 있으나 따로 확정(確定)신고로 바로잡게 하고 있다.[131] 확정신고를 안 하고 부당이득의 반환을 구할 수는 없다.

---

127) 말장난이지만 신고에도 공정력이나 그에 준하는 효력이 있다는. 대법원 1987. 9. 8. 선고 85두565 판결; 2024. 10. 31. 선고 2022두65160 판결(경정청구를 안 거친 결손금 증액청구는 각하). '경정청구의 배타성'이라는 말에 사로잡혀, 행정처분의 흠도 항고쟁송이 아니라 경정청구를 통해서 다투어야 한다는 주장이 있지만 그르다. 대법원 2002. 9. 27. 선고 2001두5989 판결; 2013. 4. 18. 선고 2010두11733 판결. 경정청구의 배타성이란 납세의무자가 임의로 신고의 효력을 제칠 수 없다는 말일 뿐이다. 공정력이 있어야 배타성이 생겨나는 것은 아니다. 논리구조가, 권리구제절차(항고쟁송, 경정청구)→배타성→공정력이나 그에 준하는 효력→부당이득반환청구권 행사에 대한 장애. 권리구제절차가 없으면 부당이득.

128) 대법원 1995. 1. 12. 선고 94누8471 판결; 1997. 10. 10. 선고 97다26432 판결. 서기석, 감액수정신고에 따른 환급세액의 환급청구, 대법원판례해설 25호(법원행정처 1996. 11.), 224쪽. 경정청구제도가 생기기 전에는 수정신고 조문에 명문의 규정은 없었지만 감액수정신고가 실무상 인정되었다. 판례는 수정신고기한 경과 후에는 조리상의 감액경정청구를 인정할 수 없다고 했다. 대법원 1987. 9. 8. 선고 85누565 판결; 2005. 2. 25. 선고 2004두12469 판결; 2006. 5. 11. 선고 2004두7993 판결. 직권경정은 가능하다. 아래 Ⅶ.

129) 종래 지방세법에서는 감액수정신고(경정청구에 대응하는 제도)의 기한이 60일로 매우 짧았다. 이리하여 대법원 2009. 2. 12. 선고 2008두11716 판결은 중대명백설을 굽혀서 흠이 중대하기만 하다면 신고는 당연무효라고 한다. 김석환, 조세부과처분의 무효 판단기준으로서 명백성보충요건설, 홍익법학 16권(2015), 967쪽. (아예 감액수정신고도 없던 더 옛날 관련으로 대법원 1988. 12. 10. 선고 88누3406 판결; 1995. 2. 28. 선고 94다31419 판결). 이제는 지방세에 관해서도 국세기본법과 거의 비슷한 내용의 수정신고 및 경정 등의 청구제도를 두고 있다. 지방세기본법 제50조 및 제51조. 경정청구기간이 부당이득반환청구권의 소멸시효기간보다 길므로 중대명백설로 돌아가야 옳다. 제4장 제3절 Ⅳ.

130) 대법원 1991. 1. 25. 선고 87다카2569 판결; 1991. 1. 25. 선고 91다16952 판결. 부당이득이 아니라는 논거로 구제절차의 배타성이 아니라 확정이라는 개념을 잘못 들다 보니 생긴 혼선이다. 제4장 제3절 I. Ⅳ.

131) 소득세법 제110조, 제111조. 부가가치세법 제49조. 경정청구가 부당이득 반환청구를 배제하는 것과 마찬가지. 이중교 9장 2절 2도 결과적으로는 같은 결론.

3. 증액경정처분→항고쟁송

예외적으로 경정청구기간이 도과한 뒤에도 항고쟁송으로써 신고내용이 틀렸다고 주장할 수 있는 경우가 있다. 增額更正處分이 뒤따르는 경우. "과세관청이 내국법인의 각 사업연도의 과세표준과 세액에 대한 신고내용에 오류·탈루 등이 있다고 인정하여 이를 경정처분하는 경우 그 증액경정처분은 납세자의 신고에 의하여 확정된 과세표준과 세액에다가 증액되는 부분을 포함하여 전체로서 다시 결정하는 것이므로 증액경정처분이 되면 신고확정의 효력은 소멸되어 납세자는 增額更正處分만을 쟁송의 대상으로 삼을 수 있는 것이며 이 경우 당사자는 申告에 의하여 確定되었던 과세표준과 세액에 대하여도 그 위법을 함께 다툴 수 있다."[132] 왜 이런 판례가? 불복기간이 도과한 과세처분과의 균형 때문이다. 아래 소송물 이론에서 다시 보겠지만 판례는 과세처분 뒤에 증액경정처분이 있게 되면 증액경정처분이 당초의 처분을 흡수하여 증액경정처분만이 남게 되고 따라서 증액경정처분을 다투면서 당초처분의 하자를 주장할 수 있다고 한다(이른바 '흡수설').[133] 같은 吸收관계가 신고행위와 증액경정처분 사이에도 있다고 보는 것이다. 물론 증액경정처분에 대한 항고쟁송은 90일 불복기간 안에 내어야 하고, 이미 형식적 확정력이 생긴 세액은 못 받는다. 제4절 IV.

Ⅲ. 부과처분에 대한 경정청구

일반론으로는 경정청구는 너무 많은 세액을 신고납부한 경우의 구제수단이고 부과처분의 흠은 짧은 불복기한 안에 항고쟁송 절차로 다투어야 한다.[134] 그러나 법은 부과처분의 흠을 경정청구로도 다툴 수 있게 정하고 있다.[135] 다만 부과처분으로 증가된 과세표준과 세액은 90일 안에 안 다투면 절차적 확정력이 생긴다.[136] 이에 대한 예

132) 대법원 1987. 3. 10. 선고 86누911 판결; 1991. 7. 26. 선고 90누8244 판결(증액경정처분을 했다가 추가고지세액을 취소한 경우); 2013. 4. 18. 선고 2010두11733 판결; 2013. 5. 9. 선고 2010두14449 판결.

133) 대법원 1999. 5. 28. 선고 97누16329 판결 등.

134) "경정청구 제도가 있다 하여 처분 자체에 대한 쟁송의 제기를 방해하는 것은 아니다." 대법원 2002. 9. 27. 선고 2001두5989 판결.

135) 대법원 2024. 6. 27. 선고 2021두39997 판결.

136) 대법원 2009. 10. 29. 선고 2007두10792 판결; 2024. 6. 27. 선고 2021두39997 판결. 국세기본법 제45조의2 제1항 단서 두 번째 괄호 부분. 법의 글귀로 보면 불복기간은 같지만 절차는 항고쟁송과 경정청구 중 하나를 고를 수 있다. 국세기본법 제22조의2(현 제22조의3)가 생긴 뒤의 사건에서도 마찬가지. 대법원 2013. 4. 18. 선고 2010두11733 전원합의체 판결; 2014. 6. 26. 선고 2012두12822 판결; 2015. 2. 26. 선고 2014두44076 판결.

외로 종합부동산세는 2022년말 개정된 제6항에 따라 5년 기간 안에는 다툴 수 있다. 제6항은 제1항을 준용하지만 이 경우 제1항 단서는 적용하지 않고 90일 기간을 벗어난다고 풀이해야 입법취지에 맞다. 종래에도 종합부동산세액의 부과를 받은 자는 "결정(決定)을 받은" 자로서 제1항 본문에 따라 경정청구를 할 수 있었으므로, 구태여 제6항을 입법한 취지는 90일이 아니라 신고한 자와 마찬가지 경정청구 기간을 준다는 뜻이다.

Ⅳ. 후발적 경정청구

경정청구기간에 대한 특례가 後發的 경정청구. 경정청구기간을 무조건 5년으로 한다면, 납세의무자에게 아무런 구제수단이 없는 경우가 생길 수 있고, 이리하여 법은 일정한 후발적 사유가 있으면 그 때로부터 일정한 기간 안에 경정청구를 낼 수 있게 허락하고 있다.[137] 후발적 경정청구는 과세표준 및 세액의 결정을 받은 자에게도 허용되므로, 과세처분을 받을 당시에는 흠이 없는 처분이었더라도 후발적 사유가 생기면 경정을 청구할 수 있다.[138] 이 점에서는 불가쟁력에 대한 특례의 성격도 갖는다.[139] 법률행위의 무효·취소·해제에 관해서는 제4장 제2절 Ⅳ. 2. 과세처분 당시에 이미 후발적 사유가 생겼다면 과세처분이 위법함은 당연.[140] 한편 제1항의 통상적 경정청구 기간 중이더라도 제2항의 후발적 경정청구도 가능하다.[141] 기실 이 경우는 경정청구가 제1항에 따른 것인지, 제2항에 따른 것인지 굳이 구별할 이유도 별로 없다.[142] 후발적 경정청구는 "부과권의 제척기간이 경과한 후라도 할 수 있다."[143] 제4장 제5절 Ⅱ.4. 입법론으로는 국

137) 대법원 2011. 7. 28. 선고 2009두22379 판결; 2017. 8. 23. 선고 2017두38812 판결(기산일≠안 날).

138) 경정청구와는 별도로 과세처분 자체를 불변기한 안에 다툴 수 있는 가능성도 있다. "매매계약의 해제 전에 …부과처분이 이루어졌다 하더라도 해제의 소급효로 인하여 매매계약의 효력이 소급하여 상실되는 이상… 부과처분은 위법하다 할 것이며, 납세자가 과세표준 신고를 하지 아니하여 과세관청이 부과처분을 한 경우 그 후에 발생한 계약의 해제 등 후발적 사유를 원인으로 한 경정청구 제도가 있다 하여 그 처분 자체에 대한 쟁송의 제기를 방해하는 것은 아니므로 경정청구와 별도로 위… 과세처분을 다툴 수 있다." 대법원 2002. 9. 27. 선고 2001두5989 판결. 제4장 제2절 Ⅳ 참조.

139) 윤지현, "과세처분과 납세의무 신고의 위법, 그리고 후발적 경정청구의 사유 간 관계," 사법 제60호(2022), 179쪽 이하("후발적 경정청구 제도의 핵심은 이른바 '불가쟁력'을 깨뜨릴 수 있는 납세자의 절차적 권리라는 데에 있다").

140) 대법원 2013. 2. 26. 선고 2011두1245 판결; 2013. 12. 26. 선고 2011두18120 판결. 과세처분에 대한 쟁송 중에 후발적 경정청구 사유가 생겼다면 경정청구 없이 처분의 위법을 우길 수 있다. 대법원 2002. 9. 27. 선고 2001두5989 판결; 2015. 2. 26. 선고 2014두44076 판결. 이 점이 행정소송법 체계 전반에서 갖는 이론적 의미는, 윤지현, 같은 글, 129쪽 특히 167쪽. 그 밖에 이준봉, 3편 2장 2절 Ⅲ. 3. 나.

141) 대법원 2017. 9. 7. 선고 2017두41740 판결. 이중교, 9장 2절 5.

142) 윤지현, 같은 글, 180쪽.

세기본법 제26조의2의 특례제척기간과 균형을 맞추어야 한다.

국세기본법 제45조의2 (경정 등의 청구) ② 과세표준신고서를 법정신고기한까지 제출한 자 또는 국세의[144] 과세표준 및 세액의 결정을 받은 자는 다음 각 호의 어느 하나에 해당하는 사유가 발생했을 때에는 제1항에서 규정하는 기간에도 불구하고 그 사유가 발생한 것을 안 날부터[145] 3개월[146] 이내에 결정 또는 경정을 청구할 수 있다.

1. 최초의 신고·결정 또는 경정에서 과세표준 및 세액의 계산 근거가 된 거래 또는 행위 등이 그에 관한…심사청구, 심판청구…에 대한 결정이나 소송에 대한 판결(판결과 같은 효력을 가지는 화해나 그 밖의 행위를 포함한다)에 의하여 다른 것으로 확정되었을 때

2. 소득이나 그 밖의 과세물건의 귀속을 제3자에게로 변경시키는 결정 또는 경정이 있을 때[147]

3. 조세조약에 따른 상호합의가 최초의 신고·결정 또는 경정의 내용과 다르게 이루어졌을 때[148]

4. 결정 또는 경정으로 인하여 그 결정 또는 경정의 대상이 된 과세표준 및 세액과 연동된 다른 세목(같은 과세기간으로 한정한다)이나 연동된 다른 과세기간(같은 세목으로 한정한다)의 과세표준 또는 세액이 세법에 따라 신고하여야 할 과세표준 및 세액을 초과할 때[149]

5. 제1호부터 제4호까지와 유사한 사유로서 대통령령으로 정하는 사유가 해당 국세의 법정신고기한이 지난 후에 발생했을 때

지방세기본법은 제50조 제2항. 상속세및증여세법에 특칙이 있지만 위 법조를 배제하는 것은 아니다.[150] 제1호에서 "그에 관한…심판청구…에 따른 결정이나 소송에 대

143) 대법원 2006. 1. 26. 선고 2005두7006 판결.

144) 주류수입에 따르는 주세라면 관세법 제4조 제1항 및 제38조의3.

145) 대법원 2017. 8. 23. 선고 2017두38812 판결.

146) 상속세및증여세법에는 별도의 조문이 있어서 후발적 경정청구의 기간이 6개월로 더 길다. 상속세및증여세법 제79조. 납세의무자는 어느 쪽을 주장해도 좋다. 대법원 2007. 11. 29. 선고 2005두10743 판결. 그러나 증여받은 현금의 반환은 경정청구 사유가 못 된다. 대법원 2016. 2. 18. 선고 2013두7384 판결.

147) 납세의무자는 비용을 누락하고 거래상대방은 수입금액을 누락했다가 국세청이 후자의 소득을 증액경정하는 것은 소득 귀속자의 변경이 아니다. 대법원 2013. 11. 28. 선고 2013두13730 판결.

148) 이창희·김정홍·윤지현, 국제조세법(제4판, 2025), 제2장 제3절 II.

149) 대법원 2013. 7. 11. 선고 2011두16971 판결(연동 x). 현행법에서는 국세기본법 제26조의2 제6항 제1호의2와 균형을 맞추어 풀이하여야 옳다. 제18장 제1절 III.3. 독일 조세기본법 제174조 제1항, 제3항에서는 관련된 해 세금의 증액경정이 불가능하다면 감액경정을 안 해준다.

150) 대법원 2007. 11. 29. 선고 2005두10743 판결.

한 판결"이라는 말은 세금에 관한 항고쟁송이라는 뜻은 아니다. 이 글귀는 2022년말 개정 전의 "그에 관한 소송에 대한 판결"이라는 글귀에다가 행정심판을 더 얹은 것이니, "그에 관한 결정"이나 "그에 관한 판결"이라는 뜻이다. 여기에서 "그에 관한 판결"이라는 말의 기본형은 애초 과세표준 및 세액의 계산 근거가 된 "거래 또는 행위"가 사실이 아니고 실제는 이렇다고 "다른 것으로 확정"하는 민사(民事)판결을 말한다.[151] 이런 뜻에서 종래 판례는 형사(刑事)판결은 경정청구 사유가 아니라고 보았다.[152] 형사판결은 일정한 사실관계를 전제할 뿐이지 민사상 사실관계 그 자체를 확정하지는 않기 때문이다. 그러나 행정심판이 법에 명문으로 들어가게 된 이후에는 여기에서 판결이란 적어도 행정소송(行政訴訟)을 포함할 수밖에 없다. 행정쟁송이란 일정한 사실관계를 전제할 뿐이지 사실관계를 확정하는 것은 아니니, 행정심판 부분을 무의미하지 않게 하려면 "결정이나 판결에 의하여 다른 것으로 확정"된다는 말은 결정이나 판결의 전제가 된 사실관계가 당초와 달라진 것도 포함할 수밖에 없다. 그렇다면 같은 논리로 개정법에서는 刑事판결 역시 경정청구 사유가 된다고 풀이해야 맞다.[153]

위 제5호에서 '제1호 내지 제4호까지와 유사한 사유'란? 법해석의 변경이 후발적 경정청구의 사유가 아니니 위헌결정도 당연 아니다.[154] 일반론으로는 달리 구제수단이[155] 없는 경우 후발적 경정청구가 가능하다고 넓게 풀이해야 하지만[156] 아직 판례를 쌓고 있는 중.[157] 특히 마지막 두 판결에 주의.

---

151) 대법원 2003. 12. 12. 선고 2003다40286 판결(사해행위 취소); 2006. 1. 26. 선고 2005두7706 판결(양도계약 무효); 2008. 7. 24. 선고 2006두10023 판결(조세판결⊄경정청구사유); 2010. 12. 9. 선고 2008두10133 판결(상속개시 당시 미확정이었던 보증채무로 실제 부담할 금액이 뒤에 확정되는 때); 2013. 5. 9. 선고 2012두28001 판결(제3자의 경정청구 불허); 2014. 11. 27. 선고 2014두39272 판결(취득가액 사후감액과 취득세); 2017. 9. 7. 선고 2017두41740 판결(양도가액의 사후확정). 공시송달에 의한 담합판결이라면 제1호에 해당하지 않는다. 대법원 2011. 7. 28. 선고 2009두22379 판결. 의제자백, 조정, 화해 등에 대해서는 대법원 2006. 6. 9. 선고 2006두3360 판결; 2018. 3. 15. 선고 2017두7219 판결(심리불속행). 윤지현, 채권자취소권과 후발적 경정청구, 조세법연구 22권 2호(2016), 61쪽.

152) 대법원 2009. 1. 30. 선고 2008두21171 판결(증여세); 2020. 1. 9. 선고 2018두61888 판결(관세); 2020. 6. 25. 선고 2017두58991 판결.

153) 국세기본법 제26조의 제6항 제5호와 균형이 안 맞는다. 형사판결에 따른 세관장의 수입세금계산서 발급의무는 부가가치세법 제35조 제4항.

154) 대법원 2014. 11. 27. 선고 2012두28254 판결; 2017. 8. 23. 선고 2017두38812 판결. 위헌결정에 대해서는 대법원 2002. 11. 22. 선고 2002다46102 판결; 박성규, 세법에 대한 위헌결정이 내려진 경우 경정청구를 통한 납세자의 권리구제, 재판자료 115집(2008), 221쪽.

155) 가령 소득세법이나 법인세법상 대손금, 부가가치세법상 감액수정신고와 대손세액공제. 제19장 제4절 I. 제23장 제5절 III.3., V.

156) 상세한 해석론으로 윤병각, 4장 2절과 3절. 취득세는 제4장 제2절 IV.2, 제27장 제3절 III.3, IV.3, 제4절.

157) 소순무·윤지현 외, 3-90문단 이하. 대법원 2003. 6. 27. 선고 2001두10639 판결(옛 지방세법상 감액

〈대법원 2014. 1. 29. 선고 2013두18810 판결〉[158]

후발적 경정청구제도의 취지, 권리확정주의의 의의와 기능 및 한계 등에 비추어 보면, 소득의 원인이 되는 권리가 확정적으로 발생하여 과세요건이 충족됨으로써 일단 납세의무가 성립했다 하더라도 그 후 일정한 후발적 사유의 발생으로 말미암아 소득이 실현되지 아니하는 것으로 확정됨으로써 당초 성립했던 납세의무가 그 전제를 잃게 되었다면, 사업소득에서의 대손금과 같이 소득세법이나 관련 법령에서 특정한 후발적 사유의 발생으로 말미암아 실현되지 아니한 소득금액을 그 후발적 사유가 발생한 사업연도의 소득금액에 대한 차감사유로 별도로 규정하고 있다는 등의 특별한 사정이 없는 한 납세자는 국세기본법 제45조의2 제2항 등이 규정한 후발적 경정청구를 하여 그 납세의무의 부담에서 벗어날 수 있다고 보아야 한다. 따라서 납세의무의 성립 후 소득의 원인이 된 채권이 채무자의 도산 등으로 인하여 회수불능이 되어 장래 그 소득이 실현될 가능성이 전혀 없게 된 것이 객관적으로 명백하게 되었다면, 이는 국세기본법 시행령 제25조의2 제2호에 준하는 사유로서 특별한 사정이 없는 한 국세기본법 시행령 제25조의2 제4호가 규정한 후발적 경정청구사유에 해당한다고 봄이 타당하다.

〈대법원 2014. 3. 13. 선고 2012두10611 판결[159]〉

법인세에서도 구 국세기본법 시행령(2010. 2. 18. 대통령령 제22038호로 개정되기 전의 것) 제25조의2 제2호에서 정한 '해제권의 행사나 부득이한 사유로 인한 계약의 해제'는 원칙적으로 후발적 경정청구사유가 된다. 다만 법인세법이나 관련 규정에서 일정한 계약의 해제에 대하여 그로 말미암아 실현되지 아니한 소득금액을 해제일이 속하

수정신고). 그 밖에도 대법원 2010. 12. 9. 선고 2008두10133 판결(주채무자의 변제불능); 2011. 7. 21. 선고 2010두23644 판결(무효인 계약에 따른 원상회복); 2013. 12. 26. 선고 2011두1245 판결(사후의 대금감액); 2014. 1. 29. 선고 2013두18810 판결(배당결의 후 못 받은 배당금); 2014. 3. 13. 선고 2012두10611 판결(분양계약 해지); 2018. 5. 15. 선고 2018두30471 판결(임금채권 회수불능); 2018. 9. 13. 선고 2015두57345 판결(정당한 사유 있는 사후적 대금감액); 2019. 1. 31. 선고 2017다216028 판결(선의 점유자의 소유권 상실); 2020. 1. 30. 선고 2016두59188 판결(해제권 행사); 2020. 11. 26. 선고 2014두46485 판결(채권자취소); 2022. 3. 31. 선고 2017두31347 판결(증권거래세, 법인세법상 실질귀속자 변경); 2024. 6. 17. 2021두35346 판결. 제4장 제2절 IV.2. 헌법재판소의 반대(2/3 미만 과반수)의견은 "현행 국세기본법상의 경정청구제도가 시행되기 전에 과세표준신고서를 제출한 자 또는 과세표준 및 세액의 결정을 받은 자라도 일정한 후발적 사유가 발생하여 기존의 신고·납부나 세액결정을 그대로 유지하여서는 현저히 조세정의에 반하는 것으로 인정될 때에는 상당한 기간 내에 결정 또는 경정을 청구할 수 있는 조리상의 권리를 가진다"고 적시한 바 있다. 헌법재판소 2000. 2. 24. 97헌마13·245(병합) 결정. 이와 다른 판결로 대법원 2006. 5. 12. 선고 2003두7651 판결; 2010. 2. 25. 선고 2007두18284 판결.

158) 대법원 2002. 9. 24. 선고 2000두6657 판결 등(제4장 제5절 Ⅲ)은 사실상 폐기된 셈이다. 과세처분 전에 이미 경정청구 사유가 생긴 경우는 제4장 제2절 Ⅳ. 2, 제18장 제2절 Ⅱ. 3.

159) 그 밖에 대법원 2017. 9. 21. 선고 2016두60201 판결; 2020. 1. 30. 선고 2016두59188 판결. 제4장 제2절 IV.2.

는 사업연도의 소득금액에 대한 차감사유 등으로 별도로 규정하고 있거나 경상적·반복적으로 발생하는 상품판매계약 등의 해제에 대하여 납세의무자가 기업회계의 기준이나 관행에 따라 해제일이 속한 사업연도의 소득금액을 차감하는 방식으로 법인세를 신고하여 왔다는 등의 특별한 사정이 있는 경우에는 그런 계약의 해제는 당초 성립했던 납세의무에 영향을 미칠 수 없으므로 후발적 경정청구사유가 될 수 없다.

〈대법원 2015. 7. 16. 선고 2014두5514 판결〉

형법상 뇌물, 알선수재, 배임수재 등의 … 위법소득의 지배·관리라는 과세요건이 충족됨으로써 일단 납세의무가 성립했다고 하더라도 그 후 몰수나 추징과 같은 위법소득에 내재되어 있던 경제적 이익의 상실가능성이 현실화되는 후발적 사유가 발생하여 소득이 실현되지 아니하는 것으로 확정됨으로써 당초 성립했던 납세의무가 전제를 잃게 되었다면, 특별한 사정이 없는 한 납세자는 국세기본법 제45조의2 제2항 등이 규정한 후발적 경정청구를 하여 납세의무의 부담에서 벗어날 수 있다. 그리고 이러한 후발적 경정청구사유가 존재함에도 과세관청이 당초에 위법소득에 관한 납세의무가 성립했던 적이 있음을 이유로 과세처분을 했다면 이러한 과세처분은 위법하므로 납세자는 항고소송을 통해 취소를 구할 수 있다.[160]

〈대법원 2025. 11. 23. 선고 2025두34152 판결〉

횡령금 상당액이 사외에 유출되었다고 보아 소득처분을 하여 그 귀속자에게 소득세 납세의무가 성립한 이상, 사후에 그 귀속자가 형사재판에 이르러 해당 횡령금 상당액을 피해법인에 지급했다고 하더라도, 이는 특별한 사정이 없는 한…후발적 경정청구사유에 해당하지 않는다(대법원 2024. 6. 17. 선고 2021두35346 판결). 횡령금의 경우에는…원칙적으로 피해자환부 또는 교부…등도 귀속자나 피해법인 등 당사자의 의사에 크게 좌우…경제적 이익의 상실가능성이 내재되어 있다고 볼 수 없다.

〈대법원 2016. 9. 23. 선고 2016두40573 판결[161]〉

법인이 소정의 기한 내에 자발적인 노력에 의하여 그 금액을 회수한 경우에는 그 금액이 사외유출되지 아니한 것으로 보아 원칙에 따른 소득처분을 하지 아니하도록 함으로써 법인에게 자발적인 자기시정의 기회를 주고 있다. 그리고 법인이 사외유출된 금액을 회수하더라도 그것이 법인의 자발적인 노력에 의한 것이 아닌 경우에는 다시

---

160) 그러나 이미 기수가 된 조세포탈죄에는 영향이 없다. 대법원 2017. 4. 7. 선고 2016도19704 판결. 횡령범의 자진반납은 경정청구 사유가 아니다. 대법원 2024. 6. 17. 선고 2021두35346 판결.

161) 대법원 1984. 10. 23. 선고 83누124 판결; 2001. 9. 14. 선고 99두3324 판결; 법인세법시행령 제106조 제4항.

원칙으로 돌아가 소득처분을 하도록 한 것이…소득세법을 위반하여 소득의 귀속이 없음에도 과세하는 것이라고 볼 수 없다.

V. 증액수정신고와 기한후신고

과세표준신고서를 법정신고기한 안에 제출했지만 과세표준과 세액을 과소신고했던 사람이나 환급세액을 과대신고했던 사람은 관할세무서장이 당해 국세의 과세표준과 세액을 결정 또는 경정하여 통지를 하기 전이라면 스스로 세금을 增額해서 내겠다는 修正申告書를 제출할 수 있다.[162] 그러겠다는 사람이 있을까? 왜? 법정신고기한 경과 후 2년 이내에 제출된 수정신고에 대하여는 과소신고가산세와 초과환급신고가산세를 일부 감면.[163] 조세범처벌법에 따른 형을 감경받을 가능성도 있고.[164] 실무에서는 세무조사의 결과를 수정신고의 형식으로 마무리하는 수가 잦다. 세금을 증액경정하는 부과처분 대신 서로 받아들일 만한 선에서 납세의무자에게 수정신고를 권유하는 것. 기한 내 신고와 마찬가지로 수정신고에도 형식적 확정력이 생긴다. 경정청구도 가능.[165]

법정신고기한 안에 신고서를 제출하지 아니한 자를 위한 '期限後申告'라는 제도도 있다.[166] 시간이 흐름에 따라 가산세가 계속 늘어남을 고려하여 기한 후에라도 신고할 기회를 주는 편이 좋겠다는 생각. 법정신고기한 경과 후 1월 이내에 기한후신고를 하면 무신고가산세의 일부(50%에 상당하는 금액)를 감면.[167] 조세범처벌법에 따른 형벌의 감경 가능성도.[168] 기한후신고에는 세액을 확정하는 효력은 없고, 이 신고를 받아서 행정청이 세액을 "결정"한다.[169]

기한후신고를 한 사람도 경정청구나 수정신고를 할 수 있다.[170] 법은 이런 청구나 신고를 받은 세무서장이 세액을 '결정 또는 경정'하라고 적고 있다.[171] 기한후신고를

162) 국세기본법 제45조. 법은 통상의 부과제척기간 안이라는 시간적 제약을 두고 있지만 별 의미가 없다. 부과제척기간이 지났으면 증액경정이 불가능하다는 당연한 말일 뿐. 제4장 제3절 II.

163) 수정신고가 늦어질수록 가산세 감면 비율은 줄어든다. 경정이 있을 것을 미리 알고 제출한 경우에는 가산세 감면이 없다. 국세기본법 제48조 제2항 제1호.

164) 조세범처벌법 제3조 제3항.

165) 국세기본법 제45조의2 제1항.

166) 국세기본법 제45조의3. 제4장 제3절 II.

167) 국세기본법 제48조 제2항 제2호 가.

168) 조세범처벌법 제3조 제3항.

169) 국세기본법 제45조의3 제3항. 대법원 2012. 8. 30. 선고 2010다88415 판결. 제4장 제3절. 따라서 자진납부금액 외에 별도로 고지할 세액이 없다는 신고시인 결정의 통지도 행정처분이다. 대법원 1984. 3. 27. 선고 82누383 판결; 2014. 10. 27. 선고 2013두6633 판결.

170) 국세기본법 제45조 제1항, 제45조의2 제1항.

171) 국세기본법 제45조의3 제3항, 제45조의2 제3항. 결정이나 경정의 통지는 제4장 제3절 II.

받은 행정청이 아직 세액을 결정하기 전에 낸 경정청구나 수정신고라면 이를 끊어서 세액을 결정하는 것이고, 기한후신고를 받고 세액을 결정한 뒤에 낸 경정청구나 수정신고라면 세액을 경정하는 것이다. 각 결정 또는 경정처분만큼 세액확정의 효력이 따른다.

Ⅵ. 완납적 원천징수와 경정청구

2003년 말과 2019년 말 두 차례에 걸친 개정법은 완납적 원천징수가 잘못된 경우 원천납세의무자나 원천징수의무자가 경정청구로 세금을 환급받을 수 있는 길을 열었다.[172] 외국법인이나 비거주자가 원천납세의무자로서 경정청구하는 것은 원칙적으로 안 되고 원천징수의무자가 경정청구할 수 없는 경우에만 가능하다.[173]

Ⅶ. 직권경정

항고쟁송이나 경정청구기간이 지났다고 해서 반드시 끝은 아니다. 어언 불가쟁력이 생겨 법률상 권리는 없지만 직권경정이 가능할런지도.[174] 문을 두드리라. 어쩌면…

제4절 세금소송의 틀

행정부 단계의 구제절차와 법원단계의 소송 사이의 본질적 차이는, 소송에 이르면 행정부는 분쟁의 당사자일 뿐이고 따라서 납세의무자와 대립되는 당사자로서 법원의 판결에 복종하게 된다는 것이다. 우리 헌법은 사법권(司法權)을 법원에 주고 있는 까닭에[175] 행정부 역시 법원의 판결에 따르게 된다.

---

172) 제5장 제6절 Ⅰ. 3.

173) 국세기본법 제45조의2 제5항 제2문 괄호 부분. 비과세국채이자와 외국인통합계좌의 예외는 소득세법 제119조의3, 제156조의9; 법인세법 제93조의3, 제98조의8.

174) 헌법재판소 2004. 12. 16. 2003헌바78 결정; 대법원 1986. 2. 25. 선고 85누664 판결. 행정기본법 제18조, 제37조. 소순무·윤지현 외, 조세소송, 2-6문단, 2-17문단 이하. 이자는 못 받는다. 국세기본법 제52조 제3항. 지방세기본법 제58조, 소득세법 제80조 제4항, 부가가치세법 제57조 제3항 등의 직권경정 조항은 법적 불복절차의 근거는 아니다. 헌법재판소 1997. 7. 16. 93헌마239 결정.

175) 헌법 제101조.

Ⅰ. 원고 = 납세의무자

세금소송에서는 당사자의 하나가 행정부인 만큼 私人 사이의 채무관계에 관한 다툼과 여러 모로 차이가 생긴다. 사인 사이에 금전채권을 둘러 싼 다툼이 있고 법원에서 이 다툼을 해결한다면 어떤 내용의 소송이 벌어질까? 스스로에게 자력집행권이 없는 이상 돈을 받으려는 사람이 상대방을 피고로 삼아 '피고는 원고에게 돈 얼마를 지급하라'라는 이행판결(履行判決)을 구하게 될 것이다. 돈 줄 이유가 없다고 생각하는 사람은 이행의 소에 피고로 참가하여 왜 돈을 주지 않아도 되는가를 설명함이 보통이지만, 때로는 스스로 먼저 나서서 갚을 빚이 없음을 밝히는 판결(채무不存在확인판결)을 구할 수도 있다.

세금 문제에서는 조세채권자인 국가에 자력집행력(自力執行力)이 있다 보니 납세의무자가 피고가 되는 법은 원칙적으로 없다. 납세의무자가 세금을 못 내겠다는 소송을 내더라도 국가는 조세채권을 일단 강제집행할 수 있고(집행부정지 원칙[176]), 또 강제집행을 하기 전이더라도 이를 두려워하는 납세의무자로서는 일단 세금을 내게 마련이다. 그래서 세금 사건에 관한 다툼은 대개 납세의무자가 일단 세금을 낸 뒤 이 돈을 다시 되돌려받자는 꼴이 된다. 혹시 아직 세금을 내지 않은 상태이더라도 납세의무자가 원고가 됨은 마찬가지이다. 왜? 행정청은 법원의 판결 없이도 강제집행을 할 수 있으므로 소를 제기할 이유가 없고, 납세의무자가 먼저 나서서 세금을 내지 않아도 좋다는 판결을 구하기 마련이다. 국가가 소를 낼 거의 유일한 가능성이라면 국가가 시효중단의 수단으로 소를 낼 가능성 정도.[177]

Ⅱ. 행정소송 v. 민사소송

국가의 자력집행력이 세금소송의 씨줄이라면 행정부와 법원의 역사적 관계는 날줄.

1. 사법국가와 행정국가

고지받은 세금을 아직 안 낸 납세의무자가 이 돈을 안 내어도 좋다는 판결을 법원에 구한다고 하자. 나라에 따라서는 또 시대에 따라서는 법원에 행정부에 대한 재판권이 없기도 하고, 민사법원과 행정법원이 따로 있어서 민사법원에는 행정부에 대한

---

176) 제5장 제1절 참조.

177) 대법원 2020. 3. 2. 선고 2017두41771 판결. 제4장 제5절 IV. 김석환, 조세채권 시효중단 사유로서 재판상 청구, 홍익법학 20-4호(2019), 301쪽. 납세의무자에 대한 민사집행절차에서 제3채권자를 상대로 하는 배당이의의 소 등에 대해서는 제5장 제1절.

재판권이 없기도 하다. 영국에서는 일찍부터 사인(私人)과 국가 사이의 다툼도 私人 사이의 다툼이나 마찬가지로 모두 같은 법원이 재판했다.[178] 이런 나라를 사법(司法) 국가라고 부른다. 이와 달리 프랑스의 법원에는 민사사건 재판권만이 있었고, 행정부와 국민 사이의 다툼은 행정부의 자기통제에 맡겨져 있었다.[179] 이런 나라 곧 이른바 행정(行政)국가에서는 행정부의 자기통제를 맡는 기관, 우리 현행법에 견주자면 감사원과 비슷한 기관들이 행정각부의 잘못을 바로잡는다는 차원에서 국민과 행정청 사이의 다툼을 심판했다. 그 뒤 이런 심판절차는 점점 법원의 재판절차를 닮아가게 되었고 심판관 자리도 판사로 채우거나 그렇지 않더라도 일반 행정공무원과 달리 사법적 판단을 전문으로 하는 별도의 전문관료로 채워 나가게 되었다. 이리하여 프랑스에서는 대략 1837년 무렵부터는 이런 행정심판기관이 실질적으로는 법원으로 탈바꿈한다. 독일도 비슷한 과정을 밟았지만 근대 사회체제의 발달이 영국이나 프랑스보다 훨씬 뒤쳐진 까닭에 2차대전이 지나서야 비로소 행정부에 대한 법원의 통제가 자리잡는다.[180] 행정사건을 관할하는 기관이 실질적으로 법원으로 바뀌었다고는 하더라도 위와 같은 역사적 이유 때문에 프랑스나 독일에서는 행정사건을 맡는 법원(행정법원)은 민사사건을 맡는 법원과 별개의 조직이다. 프랑스에서는 Conseil d'Etat가 행정대법원으로서 민사대법원인 cour de cassation과 나란히 있고, 독일에서는 헌법재판소 아래에 행정사건을 맡는 법원들과 민사사건을 맡는 법원들이 나란히 따로 있다.

2. 법원의 기능분화

司法國家, 가령 미국에서는 납세의무자가 세금을 돌려 달라는 청구를 법원에[181] 원래 민사소송으로 내게 되어 있었다.[182] 뒤에 보듯 지금은 조세법원이라는 것이 있지만 1929년 이전에는 민사법원에 내는 민사소송만 가능했고[183] 법원은 법에 따라 세금을 낼 것이 있는가를 심사하여 돈을 돌려줄지를 결정한다.[184] 행정행위가 취소되지 않은 채 유효하게 그대로 남아 있으니 돈을 못 돌려준다는 식의 생각은 없다(다만 현행

---

178) Dr. Bon Ham's Case(1610); Commins v. Masam(1643); James Bagg's Case(1615). 일반론으로 박정훈, 행정소송의 구조과 기능(2006), 107-109쪽; Alfred C. Aman Jr., and William T. Mayton, *Administrative Law*(1993), 345-350쪽 참조.

179) Von Mehren, *Civil Law System*(1977), 108-117쪽.

180) 박정훈, 앞의 책, 109-111쪽.

181) 연방지방법원 또는 Court of Federal Claims.

182) 미국세법 7422조.

183) David Laro, "*The Evolution of the Tax Court as an Independent Tribunal,*" 1995 Univ. Illinois. Law Review 17(1995), 특히 22쪽.

184) 조세채무 부존재확인의 소나 부과금지 가처분은 법이 명문으로 금지하고 있다. 미국세법 7421조(a). 28 USC 2201조. 따라서 이미 낸 세금의 환급을 구하는 소만이 가능하다. 미국세법 7422조(a).

법은 민사소송이라 하더라도 제소 전에 잘못 낸 세금을 돌려달라는 경정청구를 행정청에 제기했을 것을 제소요건으로 삼고 있다[185]). 그러나 오늘날에는 미국에서도 조세법원(우리 법에 견주자면 행정법원이지만 세금사건만 다루는 행정법원)이 따로 있고 세금소송의 1심은 대부분[186] 조세법원에 제기된다. 사법국가인 미국에 조세법원이 따로 있다는 것은 어떻게 된 일일까? 미국의 조세법원은, Board of Tax Appeal이라 하여 행정부 내부의 심판기구 말하자면 우리나라의 조세심판원 같은 기관을 1924년에 만들고 그 뒤 1969년에 이르러 이 기관을 법원으로 바꾼 것이다.[187] 역사를 무시하고 현재만을 본다면 행정법원이 있다는 점은 행정국가나 마찬가지 결과가 된 것이다. 비록 행정부에 속한다고는 하나 행정심판기구가 처분청과 다른 독립적 기구로 운영되는 이상 심판기준은 행정재량이 아니라 법이 될 수밖에 없고, 그렇다면 심판의 적임자는 법관이니까.

3. 법원의 업무분장과 행정행위의 공정력(公定力)

민사법원에 행정부에 대한 재판권이 없는 行政國家나 또는 독일처럼 오늘날에 와서는 사법국가가 되었다고 하나 행정사건 전담 법원이 민사법원과 따로 있는 나라에서는, 납세의무자가 세금을 내지 않아도 좋다는 소나 이미 낸 세금을 돌려달라는 소를 낸다면 민사법원으로서는 이 사건을 심리할 수가 없게 된다. 세금을 내라는 행정청의 요구가 법에 맞는가를 먼저 판단해야 하는 까닭이다. 당해 처분을 한 행정청이나 달리 취소권이 있는 기관, 또는 행정법원이 행정행위를 취소하기 전에는, 재판권이 없는 민사법원으로서는 행정행위가 법에 어긋난다고 말할 길이 없다. 이것이 이른바 행정행위의 公定力(존속력, Bestandskraft)이다. 따라서 납세의무자로서는 먼저 과세처분을 취소 받아야 한다. 행정처분의 취소를 구하기 위해서는 일정한 기간 안에 전심절차를 거치라든가, 일정기간 안에 소를 제기해야 한다든가, 그 밖에 법이 정한 절차를 따라야 한다.[188]

우리나라 헌법은 사법권을 모두 법원에 주어서, 행정부와 국민 사이의 다툼도 일반 민사사건이나 마찬가지로 법원에 재판권이 있다. 헌법으로 따지자면 우리나라는 분명히 司法國家이다.[189] 그러나 일본의 식민지였다는 역사 때문에 법률단계에

185) 미국세법 7422조(a), 6532조. 제2절 I.

186) 95% 이상이다. David Laro, 앞의 글, 18쪽. 조세법원에서는 세금을 내지 않은 채 부과처분의 취소를 구할 수 있다.

187) 1942년에는 이름을 Tax Court로 바꾸었지만 1969년까지는 행정심판기구라는 성격을 그대로 띠고 있었다. 판단이야 응당 법률가가 맡았지만.

188) 대법원 1994. 11. 11. 선고 94다28000 판결.

서는 우리 법원의 조직이나 소송절차는 독일법 내지 행정재판소가 있던 당시에 생겨난 일본법을 베껴왔고, 이리하여 行政國家에나 맞는 법이 지금까지 내려오게 되었다. 우선 우리 재판제도는 오랫동안 민사사건과 행정사건을 나누어, 행정사건에는 고등법원과 대법원의 2심제를 가지고 있었다. 현행법은 행정사건에도 3심제를 적용하기는 하지만 행정법원을 따로 두어 행정사건을 전담시키고 있다(다만 아직 행정법원이 없는 곳에서는 지방법원에 행정사건 전담부를 따로 두고 있다). 물론 오늘날 미국의 예에서 보듯 사법국가라 하더라도 판사의 전문화를 통한 법원 내부의 분업이라는 관점에서 행정법원이 있을 수는 있다. 그러나 우리나라의 소송법 이론은 행정소송의 의의를 이런 기능적 관점에서 찾지 않고 독일이나 일본의 公正力이론을 그대로 받아들였다.

조세채권의 자력집행력(自力執行力)과 행정행위의 公定力이라는 두 축 속에서 우리나라의 세금소송은 원칙적으로 행정(行政)소송이 된다. 우선 행정청이 고지한 세금을 아직 안 낸 채 민사소송으로 다투는 경우란 생각하기 어렵다. 둘째, 납세의무자가 세금을 일단 낸 뒤 되돌려 받기를 바라는 경우에도 우선은 세금을 부과하는 처분의 취소를 구할 수밖에 없다. 부과처분 취소 뒤에는 부당이득의 반환을 구할 수 있지만 실제 그런 소는 드물다. 행정행위가 취소된다면 행정청은 응당 그에 따른 시정조치를 하게 마련이니까.[190] 따라서, 세금 사건에 관한 사법절차는 거의 언제나 행정소송으로 마무리된다.

4. 신고납세라도 행정소송

20세기 말에 이르러서는 申告納稅라는 새로운 제도가 들어오면서 다시 짚어 볼 점이 생겼다. 납세의무자가 세금을 내는데 막상 행정행위가 없다는 것. 그렇다면 잘못 낸 세금을 돌려받으려는 납세의무자는 민사소송을 해야 하는가? 公正力을 행정처분에 고유한 선험적 속성으로 이해한다면 신고납세를 잘못한 돈은 민사(民事)사건으로 돌려받아야 한다는 결론에 이른다. 다른 한편 법에 정한 것보다 더 내었는지 아닌지는 세법을 잘 아는 법관이 판단해야 할테니 행정법원에 맡기는 쪽이 좋겠다고 볼 수도 있다. 우리 판례의 선택은? 후자. 신고납세액이 너무 많은 경우 법에 정한 更正請求(옛 법에서는 감액수정신고)[191]를 통하지 않고서는 환급을 구할 수 없고(경정청구의 원칙적 배타성)[192] 다시 경정청구를 거부하거나 법정 응답기간을 그냥 지나치는 것은

189) 전원열, 민사소송법(제4판, 2024), 1-3-3, 3-1-3.
190) 행정소송법 제30조.
191) 국세기본법 제45조의2.
192) 대법원 1987. 9. 8. 선고 85누565 판결(감액수정신고).

모두 거부처분(拒否處分)으로서 행정쟁송의 대상이 된다.[193] 결과적으로 신고납세에도 행정처분의 공정력에 맞먹는 효력이 있고, 항고쟁송의 배타적 효력 자리에 경정청구의 배타적 효력을 대입하면서 행정사건으로 삼는다는 말.

5. 민사소송

다만 예외적으로 세금사건이 民事訴訟이 되기도. 어떤 경우? 행정행위나 신고납세에 큰 흠이 있어서 민사법원이 이를 무효(無效)로 판단한다면 바로 부당이득의 반환을 명하더라도 논리에 모순이 없다. 이리하여 판례는 행정처분의 당연무효를 전제로 이미 낸 세금을 돌려달라는 청구를 민사사건으로 보고 있다.[194] 신고납세가 당연무효인 경우에도 마찬가지.[195] 한편, 신고납세의 당연무효를 전제로 조세채무의 부존재확인을 구하는 소나 부가가치세 환급세액 청구는 행정소송(당사자소송)으로 보고 있다.[196] 항고소송과 민사소송의 경계는 어디려나?

〈대법원 2018. 7. 19. 선고 2017다242409 전원합의체 판결〉

과세처분이 당연무효라고 하기 위하여는 그 처분에 위법사유가 있다는 것만으로는 부족하고 그 하자가 법규의 중요한 부분을 위반한 중대(重大)한 것으로서 객관적으로 명백(明白)한 것이어야 하며… 법령의 규정을 적용할 수 없다는 법리가 명백히 밝혀져서 해석에 다툼의 여지가 없음에도 과세관청이 그 법령의 규정을 적용하여 과세처분을 했다면 그 하자는 중대하고도 명백하다고 할 것이나… 해석에 다툼의 여지가 있는 때에는 과세관청이 이를 잘못 해석하여 과세처분을 했더라도 이는 과세요건사실을 오인한 것에 불과하여 그 하자가 명백하다고 할 수 없다… 대법원이 2015…판결 등에서…해석에 관한 법리를 정립했으나, 대법원판결 선고 이전에는… 해석에 다툼의 여지가 있었던 것… 따라서 이 사건 각 부과처분 중 2009년 내지 2014년 귀속분에 관하여는… 하자가 명백하다고 할 수 없다.

5. 대법관 김신, 대법관 권순일, 대법관 김재형, 대법관 박정화의 반대의견

…조세법률관계는 일반 행정법관계와 달리 채권채무관계로서의 실체를 지니고 있다. 그리하여 과세처분은 그 존재를 신뢰하는 제3자의 보호가 특별히 문제 되지 않고, 따라서 그 위법성의 重大함을 이유로 당연무효라고 하더라도 법적 안정성이 저해되지

193) 대법원 1988. 11. 8. 선고 87누479 판결; 헌법재판소 2004. 12. 16. 2003헌바78 결정.

194) 대법원 1989. 6. 15. 선고 88누6436 전원합의체 판결; 1995. 4. 28. 선고 94다55019 판결. 제6절 II.2., 제7절 I.

195) 대법원 1994. 5. 13. 선고 93다54767 판결; 1995. 2. 28. 선고 94다31419 판결.

196) 대법원 2003. 10. 23. 선고 2002두5115 판결; 2012. 2. 23. 선고 2011두22723 판결; 2013. 3. 21. 선고 2011다95564 판결. 아래 제7절.

않는다… 과세관청… 해석론이 잘못되었다는 법리가 뒤늦게나마 분명하게 밝혀져 과세처분에 정당성이 없다는 사정이 확인되었으면… 국가가 그런 구제수단을… 제한한 채 납부된 세액의 반환을 거부하고 그 이익을 스스로 향유한다면, 국민의 권리와 재산을 지킨다는 본연의 존립 목적에 반하는 것이다… 이는 과세관청이 제척기간 내에 언제든지 조세를 다시 부과할 수 있고, 여기에 행정상 제재인 가산세도 동반될 수 있다는 점과 비교하여 보더라도 더욱 그러하다… 적어도 대법원판결로 과세법리가 잘못되었음이 확실하게 확인된 경우에는 그 하자를 무효사유로 보아야 한다.…

6. 다수의견에 대한 대법관 이기택, 대법관 조재연의 보충의견

…조세채무는 법률이 정하는 과세요건이 충족되는 때에 당연히 자동적으로 성립하지만, 그 이행을 청구하기 위해서는 객관적·추상적으로 성립한 조세채무의 내용을 구체적으로 확정하는… 개별적·구체적으로 공법적인 조세법률관계를 형성하게 되므로… 조세소송 역시 행정소송법의 적용을 받게…된다… 행정심판을 필수적으로 거치게 하고 행정소송의 제소기간까지 그와 연계하여 정하고 있는 근본 취지는, 조세행정의 특수성, 전문성 등에 비추어 궁극적으로는 법원의 재판에 의한 구제절차를 보장하면서도 전심절차로 행정기관에 의한 행정심판의 절차를 거치도록 함으로써 행정청으로 하여금 과세처분 등이 적법한 것인지 여부를 심리하여 스스로 재고·시정할 수 있는 기회를 부여함과 아울러 소송비용과 시간 등을 절감시켜 국민에게 편의를 주려는 데에 있다(대법원 1989. 11. 10. 선고 88누7996 판결 등 참조)… 조세법률관계에 관한 쟁송은 되도록 이러한 조세법상 구제절차라는 틀 내에서 일원적으로 해결하는 것이 조세행정에 관한 법적 안정성을 강화할 수 있다. 행정처분의 일종인 과세처분 등에 대하여 앞서 본 바와 같은 제한이 적용되지 않는 별도의 불복방법을 널리 허용할 경우, 국가재정의 기초로서 공익성과 공공성 등의 성격을 갖는 조세행정 자체가 매우 불안정하게 되어 심각하게 동요될 가능성이 있다… 무효사유를 제한적으로 보는 기조를 유지하더라도 구체적 사안에서 납세의무를 부담시키는 것이 매우 부당한 경우에는 납세자를 구제할 수 있는 보완책이 없는 것은 아니다… 경정청구제도가 도입되어 납세자의 신고가 있는 경우 일정한 기간 내에 과세표준과 세액을 경정할 수 있게 되었고, 그 경정청구기간 역시 계속 연장되어 현재는 부과제척기간이나 부당이득반환청구권의 시효기간에 상응한 5년에 이르는 등 납세자는 경정청구권이라는 조세법상 구제수단도 가지고 있다… 무효사유를 이와 같이 넓게 확장할 경우, 납세자의 행정청에 대한 불복절차와 행정소송절차가 유명무실화되면서, 조세법률관계에 관한 다툼은 행정심판 및 행정소송을 아예 거칠 필요가 없는 민사법 영역의 분쟁으로 변모할 가능성이 높다. 이렇게 되면 행정심판전치주의, 제소기한, 경정청구제도를 통한 구제제도의 도입 등 조세법률관계의 고유한 특성을 감안하여 마련된 행정심판, 행정소송의 절차 및 한계 등에 관한 현행 조세법 규정들은 그 의미가 현저히 퇴색하게 된다. 나아가 납세자는 과세처분 등을 매

개로 형성된 법률관계의 효력을 부당이득반환청구권의 시효기간 이내에는 얼마든지 복멸시킬 수 있게 되어 조세행정 전반이 불안정하게 될 뿐만 아니라, 이를 허용할 경우 항고소송을 중심으로 형성되어온 조세행정의 현실에 미치는 충격의 정도를 가늠하기 어렵다…

7. 반대의견에 대한 대법관 김신, 대법관 권순일의 보충의견

…다수의견이 제시하는 하자의 명백성은 그 정확한 의미를 알기 어렵다. 앞서 보았듯 판례는 법규의 목적, 의미, 기능 등을 목적론적으로 고찰함과 동시에 구체적 사안 자체의 특수성에 관하여도 합리적으로 고찰하여 하자의 무효사유 해당 여부, 또는 명백성 여부를 판단하도록 하고 있는데, 이는 명백성 여부의 판단이 언제나 하나의 결론만이 있는 단순하고 분명한 것이 아니라는 점을 자인하는 것이다…

현행법 해석론으로는 다수의견이 맞다. 경정청구 기간이 국세환급금(부당이득 반환청구권)의 소멸시효와 같으니까. 부과처분에 대한 불복기한이 90일로 짧기는 하지만 항고쟁송이라는 현행법의 틀을 아예 무시하기는 마뜩잖다. 다른 한편 반대의견에도 나왔듯 과세처분에 관한 다툼은 근본적으로는 부당이득(不當利得) 이론을 밑바탕에 깔고 있다.[197] 그저 기존의 항고쟁송 제도가 반환청구권행사에 대한 장애로 작용하고 있을 뿐.[198] 과세처분은 그저 돈 문제. 처분을 받은 납세의무자 말고 다른 사람이 그 위에 법률관계를 쌓는 것이 아니다. 그러니 행정처분의 유무효를 빨리 확정시켜서 많은 사람의 이해관계가 흔들리지 않게 해야 한다는 행정법의 일반적인 이론과는 사정이 다르다. 제3절 II.1. 나아가 조세법률관계에서는 과세처분에 대한 불복기한이 지나더라도 어차피 법률관계가 안정되지 않는다. 부과제척기간이 지나지 않은 한 국가는 언제나 새로 세금을 매길 수 있다. 제4장 제5절 II. 절차적 제한이 어느 한 당사자에게만 유리하게 작용한다는 것은 그르다.[199] 후발적 경정청구의 사유를 넓혀 읽는 것만으로 이 문제를 다 풀지는 못한다. 부과처분이나 신고의 하자가 일견명백(一見明白)하지 않은데도 그렇다고 우기는 판결이 많은 것도 이런 속사정. 실상 이 문제는 위법한 과세처분 일반에 관한 문제이다.

197) 대법원 1992. 3. 31. 선고 91다32053 전원합의체 판결(부과처분 취소청구로 부당이득반환청구권의 시효중단). 일본 最高裁判所 1974(昭和49). 3. 8. 昭和43(オ)314 판결(구제수단 입법불비→민사소송). 제6장 제7절 Ⅲ.

198) 처분의 개념을 늘리면 항고쟁송의 배타성 때문에 오히려 권리구제를 막는 수가 생긴다. 가령 대법원 2006. 4. 20. 선고 2002두1878 판결(소득금액변동통지). 제18장 제5절 VII.4.

199) 행정기본법 제18조, 제37조.

제 5 절 조세소송의 소송물

소송은 무언가에 대한 다툼이다. 도대체 무엇을 놓고 다투는 것인가? 법원은 무엇을 판단하는 것인가? 이 같은 다툼, 청구, 판단대상 내지 쟁점(Streitgegenstand)을 일컫는 말이 訴訟物.

I. 총액주의(總額主義) v. 쟁점주의(爭點主義)

소송물의 단위 내지 심판의 범위는 실체법과 절차법을 다 따져서 기술적으로 정해 나갈 문제이다. 가령, 민사소송 같으면 특정사실관계에 터잡을 때 원고에게 매매를 원인으로 하는 등기이전청구권이 있는가를 다툼의 단위로 삼을 수도 있고, 논점을 이보다 넓혀서 이유야 무엇이든(매매이든 시효취득이든) 등기이전청구권이 있는가를 다툼의 단위(單位)로 삼을 수도 있다.[200] 다툼의 단위를 어떻게 정할 것인가에 따라서 심판의 범위 및 판결의 효력이 미치는 범위가 달라지고, 당사자들이 소송과정에서 어디까지 주장할 수 있는가가 달라지게 마련이다. 소송물을 넓게 정의한다면 장점은? 분쟁을 한 번에 해결한다. 단점은? 어느 한 사건에서 법원이 판단하여야 하는 범위가 늘어나 갈피를 찾기 어렵다. 또 어느 당사자에게 진정한 권리가 있다 하더라도 공격방어를 제대로 하지 못하면 그대로 희생되는 결과가 생긴다. 소송물을 좁게 정의한다면? 재판이 손쉬워지고 당사자가 억울한 피해를 볼 가능성이 줄어들지만[201] 같은 사건을 놓고 이 논점 저 논점을 자꾸 끄집어 내어 소송이 거듭되는 결과가 생긴다. 이런 문제점을 놓고 민사소송법 학자들과 실무가들이 소송물에 관한 이론적 논의를 계속하고 있다.

세금소송에서는 소송물을 어떻게 정의할 것인가? 실체법(實體法)상 단위(單位)가 서로 다른 채권이라면 당연히 다른 소송물이다. 제4장 제2절. 가령 국가가 납세의무자더러 내라는 돈이 소득세, 상속세 식으로 세목(稅目)이 아예 달라서 각각 돈을 걷는다면 아예 서로 다른 채권이다.[202] 사실관계의 동일성 따위를 주장할 여지가 없

200) 이 사례에서는 실체법설(구소송물이론)과 소송법설(신소송물이론) 가운데 2원설(2분지설)은 전자의 입장이 되고, 소송법설 가운데 1원설(1분지설)은 후자의 입장이 된다.

201) 물론 구소송물이론에 따른다면 당사자가 제 권리가 실체법상의 권리 어디에 해당하는가를 올바로 주장하지 못하면 패소하게 되고, 뒤에 다시 소송을 내어야 하는 낭패를 볼 수 있다.

202) 대법원 2014. 9. 4. 선고 2014두3068 판결(단체에 대한 법인세 v. 출자자에 대한 소득세); 2020. 11. 12. 선고 2017두36908 판결(실질귀속자가 누구인가의 착오: 원천징수 소득세 v. 원천징수 법인세).

다. 같은 세목이더라도 소득세나 법인세 따위의 과세기간이 다르다면? 법이 각 과세기간별로 조세채무의 금액을 따로 정하고 있는 이상 시간적 단위(單位)가 다른 별개의 채권.[203] 또 소득세에서는 법이 종합소득, 퇴직소득, 양도소득을 서로 나누고 과세표준과 세액을 각각 따로 신고납부하게 하고 있으므로,[204] 종합소득세과세처분과 양도소득세과세처분은 별개의 채권이다.[205] 배당소득의 지급자에게서 걷을 법인세 원천징수세와 배당소득세 원천징수세는 법이 다르니 서로 다른 채권이다.[206] 증여세에서는 증여자가 다르면 세액이 달라질 수 있으므로 별개의 소송물이다.[207] 가산세와 본세도 별개의 소송물.[208] 원천징수세에서는 특정한 소득을 지급한다는 사실이 조세채권의 단위이고 원천납세의무자가 달라지더라도 같은 단위 안에 있다.[209]

문제는 소송물을 실체법상 조세채권의 단위보다 더 잘게 나눌 것인가이다. 가령 납세의무자가 상속세 과세표준에 들어가지 않아야 할 재산이 잘못 들어갔다면서 소송을 시작했고, 재판 중에 납세자의 주장은 맞지만 그와는 별도로 상속세 과세표준 계산에서 누락된 다른 재산이 있음이 드러났다고 하자. 이 사안에서 소송물을 정하는 방법으로 가능한 두 가지 대안은? i) 소송물 = 애초에 납세자가 문제 삼았던 쟁점, 곧 그 재산이 과세표준에 들어가야 하는가라는 좁은 문제, ii) 소송물 = 납세의무자가 내어야 할 상속세의 총액이 얼마인가라는 문제. 독일어의 Individualisierung(개별화)과 Saldierung(누계)의 일본식 번역으로 i)을 爭點主義, ii)를 總額主義라 부른다. 이 보기에서는 쟁점주의를 따른다면 법원이 낼 판결은? 납세자 승소. 그 뒤 행정청은 그 판결

203) 대법원 1987. 12. 22. 선고 87도84 판결; 2013. 7. 11. 선고 2011두7311 판결(원천징수세); 2020. 5. 28. 선고 2018도16864 판결. 귀속자나 과세기간이 달라지는 경우 제척기간의 특례는 제4장 제5절 III.

204) 소득세법 제70조(종합소득), 제71조(퇴직소득) 및 제110조(양도소득). 대법원 2019. 5. 16. 선고 2018두34848 판결.

205) 대법원 1987. 11. 10. 선고 86누491 판결; 2001. 4. 24. 선고 99두5412 판결. 대법원 2002. 11. 13. 선고 2001두1543 판결(옛 법인세법상 특별부가세와 각 사업연도의 법인세). 그러나 대법원 1987. 7. 10. 선고 87누12778 판결; 1999. 7. 21. 선고 97누17674 판결은 종전처분에 따른 세액을 기납부세액으로 공제하고 차액만 부과하는 것을 인정한다.

206) 대법원 2013. 7. 11. 선고 2011두7311 판결; 2014. 9. 4. 선고 2014두4018 판결; 2023. 11. 12. 선고 2017두36908 판결. 일단 어느 한 쪽으로 들어간 뒤 지급받는 자가 누구인가는 조세채권의 금액 문제일 뿐이다.

207) 10년 합산과세 여부나 공제금액이 달라진다. 대법원 1999. 9. 3. 선고 97누2245 판결; 2004. 12. 10. 선고 2003두9800 판결; 2006. 4. 27. 선고 2005두17058 판결.↔대법원 1997. 2. 11. 선고 96누3272 판결; 2011. 1. 27. 선고 2009두1617 판결; 2012. 5. 24. 선고 2010두7277 판결(증여의제와 증여는 같은 소송물의 범위 안).

208) 대법원 2001. 10. 26. 선고 2000두7520 판결; 2004. 10. 15. 선고 2003두7064 판결; 2005. 9. 30. 선고 2004두2356 판결. 제5장 제2절 참조.

209) 대법원 2013. 7. 11. 선고 2011두7311 판결.

과 누락재산을 모두 고려한 새로운 과세처분을 하여야 한다. 판례는? 세금사건에서는 소송물의 단위를 나타내는 판례의 용례 자체가 일반행정법과 다르다. 처분사유의 동일성이라는 용어가 아니라 처분의 동일성.[210] "과세처분의 위법여부를 판단함에 있어서의 기준이 되는 실제의 과세표준 또는 정당한 세액은 그 누락된 상속재산을 포함한 모든 상속재산을 토대로 산출하여야 할 것이다."[211] 법인세에 관한 판례 가운데에는 소송의 목적물은 "과세관청이 결정한 소득금액의 존부"라고 하면서, 행정청이 익금의 금액을 과대하게 결정했음이 재판과정에서 드러나기는 했지만 손금의 금액이 납세의무자가 신고한 것보다 적음이 재판과정에서 드러났다면서 과세처분을 유지한 판결이 있다.[212] 역으로 납세의무자의 입장에서는 과세처분을 받은 사업연도의 법인세에 영향을 주는 사실인 이상 행정청이 과세처분의 근거로 삼은 것과 무관한 어떤 사실도 다 주장할 수 있다.[213] 결국 우리 판례는 세액을, 조세채무로 특정금액을 낼 의무가 있는가라는 채무의 존부확인을[214] 세금소송의 소송물로 삼자는 총액주의의 입장.[215]

Ⅱ. 총액주의≠한판주의

總額主義의 논리를 끝까지 밀어붙인다면 세금분쟁이 일단 소송의 단계에 이른 이상 實體法상 조세채무의 單位별로 세액이, 채권채무의 금액이 얼마인가를 한판에 확정해야 한다는 생각에 이르게 된다. 총액주의는 실체법상의 조세채무를 단위로 세액을 소

210) 과세처분 취소소송 중에 처분사유의 추가변경이 가능한가에 관련해서, 처분의 동일성의 범위 안에서는 기존 처분사유와 기본적 사실관계가 동일한가를 물을 필요가 없다고 명시적으로 못박은 판결로 대법원 2012. 5. 24. 선고 2010두7277 판결. 일반 행정법에서도 처분사유가 처분의 동일성을 판정하는 요소가 되는가에 대해서는 생각이 갈린다. 일본 학설에 대한 간단한 소개는 김태우, 취소소송에 있어서 처분사유의 추가·변경, 인권과 정의 95년 6월호, 47쪽, 특히 50쪽.

211) 대법원 1999. 9. 3. 선고 98두4993 판결. 판례는 총액주의를 항고소송의 소송물은 '처분의 위법성 일반'이라는 데에서부터 끌어낸다. 대법원 1989. 4. 11. 선고 87누647 판결. 수사(修辭)일 뿐이다. 논점은 '처분'의 개념이다. 아래 III.

212) 대법원 1992. 9. 22. 선고 91누13205 판결(처분사유였던 저가양도는 아니지만 고가매입이라는 사실이 드러났으므로 과세처분을 유지). 그 밖에 대법원 1982. 5. 11. 선고 81누296 판결(양도소득세); 1992. 7. 8. 선고 91누10695 판결(정당한 세액 범위 안인 계산착오); 2004. 8. 16. 선고 2002두9261 판결; 2012. 6. 28. 선고 2010두13425 판결(경정거부처분 취소); 2014. 5. 16. 선고 2013두21076 판결(이월결손금 부존재 v. 익금의 존재) 등.

213) 대법원 2012. 3. 29. 선고 2011두4855 판결; 2012. 6. 28. 선고 2010두13425 판결; 2024. 6. 27. 선고 2021두39997 판결.

214) 본세의 부존재가 확인되는 이상 행정벌 성격의 가산세도 본세의 금액에 연동된 것은 당연히 사라진다. 조세포탈죄도 마찬가지. 제5장 제2절 1, 제6절 IV.

215) 대법원 1992. 3. 31. 선고 91다32053 전원합의체 판결; 2004. 8. 16. 선고 2002두9261 판결(경정거부처분 취소의 소); 2023. 6. 29. 선고 2020두46073 판결. 독일도 같다. Tipke/Lang, 제22장 162문단. 병존설이 우월하다는 주장으로 임승순, 4편 3장 6절 2.다.

송물로 삼자라는 생각이며 소송과정에서 조세채무의 진정한 금액을 확정하자는 생각이다. 가령, 납세의무자가 과세처분의 위법을 주장하면서 소송을 제기했지만, 소송과정에서 새로운 사실이 드러나거나 법원이 처분청과 법을 달리 해석한 결과 실체법상의 세액은 애초 처분청이 부과한 세액보다 오히려 더 큰 금액임이 밝혀졌다고 하자. 소송의 목적이 실체법상 세액을 확정하는 것이라고 생각한다면, 법원은 납세의무자에게 오히려 더 많은 세액의 납부를 명할 수 있어야 앞뒤가 맞는다. 실제로 미국의 조세법원에서는 이런 한판주의를 따르고 있다. 일단 조세법원에서 소송을 맡은 다음에는 국세청은 세금을 매길 수 없게 되고[216] 소송과정에서 세액을 증액해야 할 경우에도 조세법원의 판결로 증액한다.[217] 예를 들어, 세금 1,200달러가 너무 많다고 다투었던 납세의무자에게 대해 소송과정에서 드러난 새로운 사실에 터잡아 300,000달러가 넘는 세액을 추징하는 판결이 선고된 사건이 있듯.[218] 따라서, 조세법원의 확정판결은 소송의 쟁점만이 아니라 조세채무의 금액 전체, 가령 소득세 같으면 그 해의 소득세 채무가 전부 얼마인가에 대한 기판력과 기속력을 가지게 된다[219](판결의 효력은 뒤에 다시 본다). 미국의 조세법원이 이런 권한을 지니는 것은 애초 행정심판기구였던 것이 법원으로 바뀌었다고 하는 역사 덕택.

미국과 달리 우리나라에서는 총액주의가 한판주의에까지 이를 수는 없다. 우리나라에서도 한판주의 주장은 있다. 가령 "하나의 과세처분은 하나의 과세단위에 상응하는 것으로서 그 외연은 정당한 세액 전체에 미친다고 보아야 하므로 과세처분에 의한 인정세액을 넘는 부분은 현실적으로 심판대상이 아니더라도 과세관청은 이를 변론종결시까지 정당한 세액범위로 확장할 수 있는 것이므로, 그와 같은 잠재적(潛在的) 심판대상에 대하여도 기판력이 미친다"는[220] 식의 주장. 심판하지도 않은 내용에 대하여 기판력이 미칠 수 있다는 논거는? 소송이 걸려 있는 중이라 하더라도 과세관청은 새로운 부과처분을 통하여 변론종결시까지 조세채무의 금액을 정당한 세액범위로 확장할 수 있다는 것.[221] 이 주장을 받아들인다면 최종결과는 미국의 조세법원과 같아진다. 유일한 차이점은 법원 자신이 부과처분을 내리는 것이 아니고 법원이 확정한 진정한 세액에 따라 변론종결 전에 행정청이 부과처분을 한다는 점뿐. 그러나 우리나라의 과세실무 및 법원실무에서 총액주의라고 부르는 것은 이런 한판

---

216) 미국세법 6212조(c). 감액경정이나 환급도 못한다. 6512조.

217) 미국세법 6214조(a).

218) Ferguson v. CIR, 47 TC 11(1966).

219) CIR v. Sunnen, 333 US 591(1948); Blackmon & Assoc. v. United States, 409 F. Supp. 1264 (N.D. Tex. 1976).

220) 고종주, 조세소송의 소송물과 심판의 범위: 위법성 이원론에 의한 신소송물이론의 구성과 적용, 특별법연구 5권(1997), 184쪽, 특히 215쪽.

221) 같은 글, 215쪽.

주의는 아니다. 왜? 소송물 개념은 첫째로는 행정처분 개념과 한결 나아가서는 재판제도 자체의 속성 내지 변론주의와 갈등 관계에 있다. 차례로 보자.

Ⅲ. 소송물(訴訟物)의 단위와 행정처분(行政處分)의 단위

세금소송, 특히 항고소송에서는 訴訟物이라는 개념과 행정처분이라는 개념이 서로 물고 들어간다. 세금에 관한 항고소송은 과세처분의 취소나 무효확인을 구하는 소송이므로, 항고소송은 속성상 行政處分을 단위로 삼아서 납세의무자와 국가 사이의 다툼을 풀어나갈 수밖에 없다. 그렇다면 "처분의 단위=소송물의 단위."222) 소송물이라는 개념이 바로 다툼의 단위, 재판의 단위인 까닭이다. 한편 총액주의에서는 "소송물의 단위=조세채무의 단위." 따라서 "처분의 단위=소송물의 단위=조세채무의 단위." 그런데 "처분의 단위 = 조세채무의 단위." 바로 여기에 문제가 생긴다. 실체법상 조세채무의 단위는 종합소득세, 법인세, 부가가치세 같은 기간과세의 경우에는 쟁점이 된 과세기간의 세액이고, 원천징수세나 상속세 증여세 같은 사건별 과세의 경우에는 그 사건에 따른 세액. 제4장 제2절 Ⅳ.3. 그러나 이런 실체법상 조세채무 한 단위에 대해 과세처분이 한 개만 일어난다는 보장이? 없다. 우선 여러 사업연도의 법인세를 한꺼번에 부과하는 것처럼 한 개의 행정처분 안에 실체법상 조세채무 여럿이 들어가는 경우가 있다. 이 경우는 각 사업연도분 세액마다 행정처분이 하나씩 있고, 이 처분들이 우연히 동시에 일어나는 것으로 생각하면 끝.

문제는 특정 실체법에서는 한 단위인 조세채무를 여러 개의 행정처분으로 나누어 부과하는 경우이다. 가령 처음에 과세처분이 있고 그 뒤 세액을 늘리는 증액경정(增額更正)처분이 있는 경우에는 행정처분이라는 단위가 실체법상 조세채무라는 단위보다 작아질 수밖에 없다. 신고납세방식에서 자진신고한 세액과 증액경정처분 사이에서도 마찬가지 문제로, 실체법상의 진정한 세액은 신고납세로 확정된 부분과 행정처분으로 증액경정된 부분의 합이 된다. 또 행정처분이 하나뿐이더라도 부과된 세액이 소송과정에서 드러난 실체법상의 진정한 세액보다 적다면 행정처분을 단위로 하는 판단은 진정한 세액이 얼마인가라는 판단에 못 미칠 수밖에 없다. 이 모순을 풀려면 둘 중 하나. 행정처분이라는 개념을 잡아늘여서 소송물이라는 개념에 맞추든가, 아니면 소송물이라는 개념을 줄여서 행정처분이라는 개념에 맞추든가.

222) 대법원 1984. 5. 29. 선고 83누31 판결; 1986. 3. 25. 선고 84누216 판결.

Ⅳ. 총액주의 → 흡수설

이리하여 총액주의를 일관하려는 생각은 불가피하게 가령 '하나의 과세처분은 하나의 과세단위에 상응하는 것'이라는 식으로 과세처분의 개념을 조작하게 된다. 판례 역시 근본적으로는 訴訟物의 동일성이 處分의 동일성과 같은 것으로 보고,[223] 처분의 개념을 소송물에 끌어 맞추고 있다. 그러자면 세액을 기준으로 볼 때 가장 큰 처분이 다른 처분들을 흡수한다는 논리를 짤 수밖에 없고, 실제 판례가 그렇다.

가) 우선 당초처분 뒤에 減額경정처분이 뒤따르는 경우에는 감액 후에도 남아 있는 부분만큼 당초의 처분이 그냥 살아 있는 것으로 본다.[224] 따라서 전심절차를 거쳤는가도 당초 처분을 기준으로 판단.[225]

나) 增額경정처분은 당초처분을 흡수한다.[226] 증액경정처분의 법적 성질을 당초처분은 그대로 있고 거기에 추가세액을 얹는 두 가지 처분(이른바 "병존설")이 아니라 당초의 세액을 포함한 세액 전체를 부과하는 처분으로 이해하는 것. 예를 들어 어느 해 3. 1.에 상속세 3억원을 부과하고[227] 뒤이어 같은 해 10. 1.에 상속세를 증액경정하여 2억원을 추가로 고지했다면,[228] 10. 1.에 상속세 5억원을 부과한 것으로 보고 이를 소송대상으로 삼아야 한다.[229] 당초 3. 1.의 3억원 부과처분은 법률적으로는 없어지고,[230] 따라서 전심절차를 거쳤는가도 10. 1.의 부과처분을 기준으로 판단하여야 한

223) 박정훈, 취소소송의 소송물에 관한 연구, 법조 526호(2000), 93쪽, 특히 104쪽.

224) 대법원 1988. 5. 26. 선고 98두3211 판결; 1991. 9. 13. 선고 91누391 판결; 1997. 10. 24. 선고 96누10768 판결; 2000. 9. 22. 선고 2000두2013 판결; 2013. 10. 31. 선고 2010두4599 판결; 2014. 3. 13. 선고 2012두7370 판결. 일본 문헌을 따라 이 관계를 역흡수라고 부르기도 하나 틀린 설명. 원처분이 나중의 처분을 역흡수하는 것이 아니라 원처분의 일부가 잔존하는 것. 원처분을 취소하고 새로 과세처분하는 것도 그 실질은 감액경정처분. 대법원 1987. 4. 14. 선고 85누740 판결.

225) 대법원 1998. 5. 26. 선고 98두3211 판결. 소득처분금액이 감소되는 경우에는 당해 법인은 소득금액변동통지의 취소를 구할 이익이 없다. 대법원 2012. 4. 13. 선고 2009두5510 판결.

226) 세금 아닌 부과금 공과금 따위에서도 당연. 꼭 돈 문제만은 아니다. 가령 선행 직위해제 처분은 후행 파면처분에 흡수. 대법원 1985. 3. 26. 선고 84누677 판결.

227) 3억원 부분에 관한 조세우선권의 확정기일이 3. 1.이라는 사실은 그대로 살아남는다. 대법원 2018. 6. 28. 선고 2017다236978 판결. 제5장 제4절 III. 시효중단, 징수유예, 강제징수 등 부수적 처분의 효력도 안 없어진다. 부과처분이 그에 앞선 원천징수세액을 흡수하지는 않는다는 대법원 2007. 9. 7. 선고 2005두5666 판결은 사실상 폐기된 듯. 대법원 2016. 7. 14. 선고 2014두45246 판결.

228) 증액경정인지는 각 상속인별 부담부분을 기준으로 판단. 대법원 2005. 10. 7. 선고 2003두14604 판결.

229) 대법원 1992. 8. 14. 선고 91누13229 판결; 1999. 5. 28. 선고 97누16329 판결; 2005. 10. 14. 2004두8972 판결(당초처분 + 경정청구거부 + 증액경정). 윤지현, 경정거부처분 취소소송의 소송물: 대법원 2005. 10. 14. 선고 2004두8972 판결, 조세법연구 16-3(2010), 366쪽.

230) 3. 1.자 3억원 부과처분의 취소청구는 각하. 대법원 2000. 9. 8. 선고 98두16149 판결; 2001. 12. 27. 선고 2000두10083 판결.

다.[231] 그 결과 가령 3. 1.의 처분에 대해 심사청구나 심판청구를 하지 않은 채 불변기한이 지났더라도 10. 1.의 처분에 대한 심사청구나 심판청구를 거쳐서 5억원 전체에 대한 항고소송을 제기하여, 3억원 부분에 고유한 흠을 주장할 수 있다.[232] 다른 한편 제척기간이 지났다든가 달리 증액경정처분이 무효라면 애초 흡수관계가 생길 수 없다.[233] 납세의무자로서는 그와 같은 증액경정처분이 있었다는 이유만으로 당초 처분에 의하여 이미 확정되었던 부분에 대하여 다시 위법 여부를 다툴 수는 없다.[234]

다) 당초 처분 뒤에 增額경정이 있었다가 그 뒤 減額경정이[235] 있다면 어떻게 되는가? 앞의 논리를 합하면 증액경정처분(정확히는 그중 감액경정 이후에도 남은 부분)이 소송대상.[236]

라) 신고납세 후의 증액경정처분은 당초의 신고를 흡수하지만 당초申告 자체에 따른 효력인 통상적 경정청구는 여전히 가능하다.[237] 수정신고가 당초의 신고를 흡수하지는 않는다.[238] 신고납세 후 감액경정처분이 있는 경우는 잔존부분만큼 당초의 신고가 그냥 남아있는 것이다.[239] 경정거부처분이 있는 경우 당초 신고가 그냥 남아있는 것이야 당연.[240]

마) 원천납세의무자는 원천징수당한 세액에 대한 경정을 청구하고 경정거부처분의 취소를 구할 수 있다.[241]

---

231) 다만 증액경정처분의 위법사유가 당초처분과 같다면 당초처분에 대한 전심절차를 거친 이상 증액경정처분에 대한 전심절차를 밟을 필요는 없다. 대법원 1982. 2. 9. 선고 80누522 판결; 1992. 8. 14. 선고 91누13229 판결; 2000. 9. 22. 선고 98두18510 판결 등. 절차에 하자가 있는 과세처분과 이를 바로잡은 새로운 과세처분에서도 마찬가지이다. 대법원 2006. 7. 13. 선고 2004두4604 판결; 2010. 6. 24. 선고 2007두16493 판결. 제6절 I. 2.

232) 대법원 1984. 12. 11. 선고 84누225 판결; 1991. 7. 26. 선고 90누8244 판결; 1991. 10. 8. 선고 91누1547 판결; 1992. 8. 14. 선고 91누13229 판결.

233) 대법원 1999. 5. 28. 선고 97누16329 판결; 2004. 6. 10. 선고 2003두1752 판결↔1995. 9. 23. 선고 94누15189 판결. 제4장 제5절 II.4.

234) 대법원 2004. 2. 13. 선고 2002두9971 판결.

235) 증액경정처분의 취소도 감액경정으로 본다. 대법원 1991. 7. 26. 선고 90누8244 판결.

236) 대법원 1982. 2. 9. 선고 80누522 판결; 1996. 7. 30. 선고 95누6328 판결; 1996. 11. 15. 선고 95누8904 판결 등. 처분 날짜는 증액경정처분으로 특정하고 처분금액은 잔존 부분으로 적는 것이 실무. 예를 들어 i) 300 부과 ii) 100 증액경정 iii) 150 감액경정이라면, "ii)의 날짜에 한 250 부과처분"이라고 적는다.

237) 대법원 2013. 4. 18. 선고 2010두11733 전원합의체 판결; 2014. 6. 26. 선고 2012두12822 판결. 신고부분의 흠만 아니라 증액경정처분의 흠도 다툴 수 있다. 대법원 2024. 6. 27. 선고 2021두39997 판결.

238) 국세기본법 제22조의3 제2항. 제4장 제3절 II. 이준봉, 3편 2장 2절 II.2.

239) 대법원 2012. 4. 13. 선고 2009두5510 판결.

240) 대법원 2008. 12. 24. 선고 2006두13497 판결.

241) 대법원 2016. 7. 14. 선고 2014두45246 판결. 대법원 2007. 9. 7. 선고 2005두5666 판결은 사실상 폐기된 듯하다.

바) 증액경정처분이 있으면 원처분에 수반한 가산세 부과나 옛 가산금 징수처분도 소멸한다는 판결은[242] 애초 틀렸다. 가산세부과는 별도 처분이다. 가산금은 실체법상의 채권을 원처분 부분과 증액부분으로 나누어 받으면서 거기에 물리는 이자이다. 압류는 국세징수법 제47조에서 따로 규정.

Ⅴ. 국세기본법 제22조의3

제22조의3 (경정 등의 효력) ① 세법에 따라 당초 확정된 세액을 증가시키는 경정(更正)은 당초 확정된 세액에 관한 이 법 또는 세법에서 규정하는 권리·의무관계에 영향을 미치지 아니한다.

② 세법에 따라 당초 확정된 세액을 감소시키는 경정은 그 경정으로 감소되는 세액 외의 세액에 관한 이 법 또는 세법에서 규정하는 권리·의무관계에 영향을 미치지 아니한다.

2002. 12. 18. 그 당시 번호 제22조의2로 신설한 조문(현행법 제22조의3)은 종전의 판례를 일부 수정하고 있다. 우선 감액(減額)경정에 관한 제2항은 원처분 잔존분이 소송물이라는 종래의 판례이론을 확인하고 있다. 문제는 증액(增額)경정이다. 제1항의 글귀는 증액경정처분이 있더라도 이미 확정된 원처분은 그대로 살아남고 증액경정처분은 증액부분에 관한 별도의 부과처분이라는 병존설(竝存說)을 입법한 것처럼 읽을 여지가 있다. 실제 입법자료를 보면 그런 생각이 나오고 병존설을 입법했다고 적은 글들도 있었다.[243] 그러나 소송물 이론을 통째 다시 짜는 작업도 없이 무턱대고 병존설로 넘어갈 수야 없었고,[244] 결국 대법원은 다음과 같이 판시하고 있다.

원고는… 1998년도, 1999년도 및 2001년도 귀속 법인세에 관한 이 사건 2002. 10. 2.자 증액경정처분에 불복하여 국세심판원에 심판청구를 했고, 2003. 2. 21. 이에 대한 국세심판원의 심판결정이 나자, 다시 그 결정에 대한 불복 여부를 고려하던 중, 아직

242) 대법원 1999. 5. 11. 선고 97누13139 판결은, 원처분이 증액경정처분에 흡수되어 없어지므로 당초처분에서 정한 납부기한을 기준으로 발생한 옛 국세징수법상의 가산금의 징수처분도 효력이 소멸한다고 한다. 그르다.

243) 한편 국회, 국세기본법 중 개정법률안(2002. 5. 14. 정부안) 심사보고서(2002. 11), 7쪽; 재정경제부, 2002개정세법 주요내용(2003. 2), 25쪽은 병존설에서는 가산세의 부과처분은 그 기초가 된 원처분 뒤에 증액경정처분이 있더라도 그대로 존속하게 된다고 한다. 맞는 말이지만 실상 그 전의 틀린 대법원 판례를 전제한다. 가산세 부과처분은 별개의 처분이므로 애초 흡수관계가 아니다.

244) 이 책 전정판(2003), 187쪽.

그 불복 기간이 만료되지 아니한 2003. 5. 1. 위 2002. 10. 2.자 증액경정처분에 의하여 증액된 세액을 다시 증액하는 내용의 이 사건 증액재경정처분이 이루어지자, 이에 대한 전심절차를 따로 거치지 아니한 채 바로 이 사건 소송을 제기했다는 것인바, 그렇다면 2003. 5. 1.자 증액재경정처분은 2002. 10. 2.자 증액경정처분이 확정되기 전에 이루어진 것이므로 2002. 10. 2.자 증액경정처분은 2003. 5. 1.자 증액재경정처분에 흡수되어 소멸되었다 할 것이어서, 위 각 처분이 서로 별개의 처분이라고 할 수 없다.[245]

2002. 12. 18. 법률 제6782호로 개정된 국세기본법에서 신설된 제22조의2는 '경정 등의 효력'이라는 제목으로 그 제1항에서 "세법의 규정에 의하여 당초 확정된 세액을 증가시키는 경정은 당초 확정된 세액에 관한 이 법 또는 세법에서 규정하는 권리·의무관계에 영향을 미치지 아니한다"고 규정하고 있는바, 증액경정처분은 당초 신고하거나 결정된 세액을 그대로 둔 채 탈루된 부분만을 추가하는 것이 아니라 증액되는 부분을 포함시켜 전체로서 하나의 세액을 다시 결정하는 것인 점(대법원 1992. 5. 26. 선고 91누9596 판결, 대법원 2005. 6. 10. 선고 2003두12721 판결 등 참조), 부과처분취소소송 또는 경정거부처분취소소송의 소송물은 과세관청이 결정하거나 과세표준신고서에 기재된 세액의 객관적 존부로서 청구취지만으로 그 동일성이 특정되므로 개개의 위법사유는 자기의 청구가 정당하다고 주장하는 공격방어방법에 불과한 점(대법원 1992. 2. 25. 선고 91누6108 판결, 대법원 1997. 5. 16. 선고 96누8796 판결, 대법원 2004. 8. 16. 선고 2002두9261 판결 등 참조)과 국세기본법 제22조의2 제1항의 주된 입법 취지는 증액경정처분이 있더라도 불복기간(期間)의 경과 등으로 확정(確定)된 당초 신고 또는 결정에서의 세액만큼은 그 불복을 제한하려는 데 있는 점 등을 종합하여 볼 때, 국세기본법 제22조의2의 시행 이후에도 증액경정처분이 있는 경우 당초 신고나 결정은 증액경정처분에 흡수됨으로써 독립된 존재가치를 잃게 된다고 보아야 할 것이므로, 원칙적으로는 당초 신고나 결정에 대한 불복기간의 경과 여부 등에 관계없이 증액경정처분만이 항고소송의 심판대상이 되고, 납세의무자는 그 항고소송에서 당초(當初) 신고나 결정에 대한 위법사유도 함께 주장할 수 있다고 해석함이 타당하다.[246]

증액경정처분이 있는 경우 당초 신고나 결정은 증액경정처분에 흡수(吸收)됨으로써 독립한 존재가치를 잃게 되어 원칙적으로는 증액경정처분만이 항고소송의 심판대상이 되고 납세자는 그 항고소송에서 當初 신고나 결정에 대한 위법사유도 함께 주장할 수 있으나, 불복期間이나 경정청구期間의 도과로 더 이상 다툴 수 없게 된 세액에 관하여는 그 취소를 구할 수 없[다].[247]

---

245) 대법원 2006. 4. 14. 선고 2005두10170 판결.

246) 대법원 2009. 5. 14. 선고 2006두17390 판결; 2011. 4. 14. 선고 2008두22280 판결; 2013. 4. 18. 선고 2010두11733 전원합의체 판결.

247) 대법원 2012. 3. 29. 선고 2011두4855 판결. 그 밖에 대법원 2009. 5. 14. 선고 2006두17390 판결; 2011. 6. 30. 선고 2010두20843 판결.

이 판결들은 흡수설을 따른 것이다. 개정법은 명문규정의 범위 안에서 병존설의 법률효과를 얻기 위한 창설적 규정이나 이질적 요소라는 말. 원처분이나 애초의 신고 이후 불복기간이 도과한 세액은 흡수관계에 불구하고 그대로 절차적 확정력이 생긴다. 제22조의3에서 "당초 확정된 세액"이라는 말은 "불복기간의 경과 등으로 확정된" 또는 "불복기간이나 경정청구기간의 경과로 더 이상 다툴 수 없게 된[248] 당초 신고나 결정에서의 세액"이라는 것.[249] 증액경정이 "당초 확정된 세액에 관한… 권리의무관계에 영향을 미치지 아니한다"는 글귀를 병존설로 풀이할 수 없는 이유는? 총액(總額)주의를 택하는 이상 소송물은 하나일 수밖에 없고 따라서 吸收관계는 필연이니까. 당초 신고나 결정에서의 세액이 그대로 확정된다는 것은 흡수관계와 어긋나지만, 이처럼 논리가 휘는 곳이 남는다는 점은 개정법을 竝存說로 읽더라도 마찬가지이다. 병존설하에서는 가령 증액경정처분이 있는 경우에는 세액전체를 심리범위로 하되 정당한 세액이 원처분에 의하여 확정된 세액보다 적은 경우에는 경정처분 부분만을 취소할 수 있다는 식으로 총액주의의 논리를 굽힐 수밖에 없다. 또 다른 대안으로 흡수와 병존을 나란히 양립시킨 이른바 역흡수병존설이라는 것은 구체적 문제를 때로는 흡수로 때로는 병존으로 설명하자는 뒤노는 생각일 뿐.

흡수설을 따르는 이상 개정법의 입법자료가 제기한 문제점 가운데, 증액경정처분을 다투면서 원처분의 흠도 다툴 수 있다는 종래의 판례는 그대로 간직해야 논리가 맞다.[250] 권리구제라는 면에서 보아도 그렇다. 조세채무의 금액이 얼마인가라는 다툼을 국가 스스로가 다시 시작해놓고, 법적안정성에 기대어 납세의무자의 손을 묶는 것은 앞뒤가 안 맞는다.[251] 불복기간 도과로 절차적 확정력이 생긴 세액의 취소를 구하는 소는 각하한다.[252] 역으로 당초신고에 따른 통상적 경정청구 기한 안이라면 증액경정

---

248) 쟁송절차와 무관한 감액경정이 있다면 확정된 세액이란 감액경정한 세액. 대법원 2011. 4. 24. 선고 2010두9808 판결.

249) 대법원 2012. 3. 29. 선고 2011두4855 판결. 그 밖에 대법원 2009. 5. 14. 선고 2008두17314 판결; 2014. 6. 26. 선고 2012두12822 판결; 2020. 4. 9. 선고 2018두57490 판결; 2024. 6. 27. 선고 2021두39997 판결. 국세기본법 제22조의3의 "확정"이 제22조의 확정이라는 문헌이 있으나 제22조의 확정은 모든 증액경정처분에서 언제나 생기므로 "규정의 문언 및 규정의 입법취지"와 다른 독자적 주장이다. 대법원 2011. 6. 30. 선고 2010두20843 판결; 2012. 3. 29. 선고 2011두4855 판결. 처분이나 소송물의 흡수여부는 국세우선권이나 강제징수와는 애초 무관하다. 대법원 2018. 6. 28. 선고 2017다236978 판결. 제5장 제4절 III. 이중교, 7장 1절 2.

250) 대법원 2009. 5. 14. 선고 2006두17390 판결; 2013. 4. 18. 선고 2010두11733 전원합의체 판결.

251) 제4절 5. 납세자의 감액수정신고(우리 현행법으로는 경정청구)나 국가의 부과권이나 다같이 3년의 시효에 걸린다. 미국세법 6501조, 6511조. 그러나 우리 헌법재판소는 경정청구기간이 부과제척기간보다 짧다 하여 평등권이나 재판청구권을 침해하지 않는다고 한다. 헌법재판소 2004. 12. 16. 2003헌바78 결정. 평등권 침해야 당연 없지만, '적정한 세액'이 아니라 진정한 세액의 확정이라는 면에서는 경정청구나 부과결정이나 마찬가지이다.

처분이 있더라도 경정청구는 가능하다.[253] 당초신고가 유효했다는 사실 자체는 이미 굳었기 때문이다. 가산세 부과처분은 원처분과 다른 별개의 처분이므로 그 자체에 대한 불복기간이 도과했는가를 따로 판단.

Ⅵ. 총액주의와 재판제도의 충돌

여태까지는 처분의 개념을 조작한다는 힘든 고개를 넘기는 했지만, 어쨌든 형식논리로 볼 때 총액주의 그 자체는 논리의 일관성을 잃지 않고 있다. 그러나 분쟁을 한판에 해결하자는 이런 이념형은 이제 재판제도의 속성이라는 넘을 수 없는 고개를 맞게 된다. 근본적으로 총액주의는, 법원은 스스로 사실을 조사하는 기관이 아니고 당사자가 주장·증명하는 사실에 터잡아 판단한다는 사법제도의 본질과 잘 어울리지 않는다. 분쟁을 한판에 해결하자는 말은 실체법상의 조세채무를 단위로 세액을 소송물로 삼아 소송과정에서 조세채무의 진정한 금액을 확정하자는 생각이다. 그러나 우리 헌법체제에서는, 법원은 실체법상 조세채무의 진정한 금액이 얼마인지를 확정하기에 적당한 입장에 있지 않다. 법원은 행정청이 아니고, 법원이 나서서 납세자에 대한 세무조사를 벌여서 과세처분보다 원고에게 더 불리한 결과(reformatio in peius)를 낼 길이 없다.[254] 행정소송법 제26조는 "법원은 필요하다고 인정할 때에는 직권으로 증거조사를 할 수 있고 당사자가 주장하지 아니한 사실에 대하여도 판단할 수 있다"라고 정하고 있지만, 이것이 직권탐지(職權探知)주의는 아니다. 사법기관이라는 속성 탓에 법원은 기록에 드러난 사항에 관하여서만 이를 직권으로 심리 조사하고 이를 기초로 판단할 수 있을 뿐,[255] 당사자가 전혀 주장(主張)하지 아니한 사항을 법원이 무제한으로 조사(調査)할 수야 없다.[256] 근본적으로 법원은 각 당사자가 제출한 증거자료를 가지고 사실을 확정할 뿐.

진정한 세액을 확인하여 분쟁을 한판에 해결하는 길은 행정청이 나서서 세무조사를 벌이는 길뿐이다. 일단 소송이 걸린 이상은 법원의 협력 내지는 감독하에 행정청과 납세의무자가 한판에 끝장을 내어야 한다는 말. 입법론으로는 이런 한판주의가 각 쟁점을 별개의 소송물로 삼아 하나하나 마무리하자는 생각보다 훅 나을런지도. 가령, 앞서

---

252) 대법원 2012. 3. 29. 선고 2011두4855 판결; 2013. 7. 11. 선고 2011두16971 판결.

253) 대법원 2012. 3. 29. 선고 2011두4855 판결; 2014. 6. 26. 선고 2012두12822 판결. 증액경정처분의 위법사유도 주장할 수 있지만 한도가 신고한 세액. 대법원 2024. 6. 27. 선고 2021두39997 판결.

254) 독일에서는 직권탐지주의를 택하면서 불이익변경을 금지. Tipke/Lang, 22장 162문단, 180문단.

255) 대법원 1989. 8. 8. 선고 88누3604 판결 등. 예를 들어, 시효중단의 사유가 기록에 드러나 있다면 피고의 명시적 항변이 없더라도 직권으로 심리판단할 사항이라고 한다. 대법원 1987. 1. 20. 선고 86누346 판결.

256) 대법원 1986. 6. 24. 선고 85누321 판결; 2020. 6. 25. 선고 2017두72935 판결.

본 행정심판 단계에서 불이익변경금지라는 현행법제가 별로 좋은 제도가 아닌 것처럼 소송단계에서도 한판에 끝장을 보는 편이 낫다는 주장이 설 수도 있다. 그러나 한판주의와 쟁점주의 각각의 장단점을 놓고 득실을 따지는 과학적 분석을 하지도 않은 채, "총액주의 = 한판주의"라는 선험적 동어반복적 개념체계에서 결론을 끌어낼 수는 없다. 실체법상 조세채무의 단위가 소송물이라는 말은 잠재적 심판대상에 대하여도 기판력이 미치는 논거가 되지 못한다. 역으로 개개의 쟁점이 소송물이라는 말은 반드시 실제로 심판한 범위에만 기판력을 주어야 하는 논거가 되지 못한다. 앞의 두 문장은 어느 쪽도 동어반복일 뿐이다. 무엇을 소송물로 삼을 것인가 바로 그것이 논점인 까닭이다. 소송물이란 심리범위와 판결의 효력범위를 간명하게 하기 위한 도구개념일 뿐이고,[257] 기판력의 범위를 소송물에서 끌어내는 것은 그저 동어반복.

이념형으로서 총액주의와 쟁점주의 사이의 선택은 근본적으로 민사소송법에서 소송물이론과 같은 문제. 숱한 논란에도 불구하고 민사소송 실무에서는 소송물을 실체법설(구소송물이론)에 따라 정하거나, 또는 소송법설 가운데에서 2원론에 따라 정함으로써 소송물을 되도록 좁게 정의하고 있다. 민사소송에서 소송물을 좁게 정의하는 이유가 무엇인가, 민사소송과 조세소송 사이에서 소송물을 달리 정할 필요가 있는가, 이런 논점들을 깊이 따지는 것이 무엇을 조세소송의 소송물로 삼을 것인가에 대한 답을 구하는 바른 길. 정답은 이 책의 범위 밖이다. 애초 법원이 정할 일.

Ⅶ. 현행법상 소송물 = 진정한 세액의 범위 안인가?

아무튼 우리나라의 재판실무 및 과세실무에서는 소송이 걸렸다고 하여 분쟁을 한판에 종결시킨다는 생각은 없고, 이 점에서 총액주의 실무는 한판주의의 논리를 굽히게 된다. 현실의 소송에서 심리대상으로 되는 것은 당해 처분의 추상적인 위법성 일반이 아니라 개개의 원고나 피고가 소송과정에서 내세운 구체적 위법사유이다.[258] 가령 소득세법상 이자소득과 사업소득은 모두 종합소득에 합산하여 종합소득세를 계산하므로, 행정청이 사업소득을 이자소득으로 잘못 구분하여 세금을 너무 많이 걷었다면(이자소득에는 필요경비가 인정되지 않는다) 법원은 소득구분을 바로잡아 정당한 종합

257) 그 밖에도 소송계속의 범위 및 제소기간, 소의 종류변경으로 인한 소변경, 처분사유의 추가변경 따위에도 차이가 생긴다. 박정훈, 앞의 글, 95쪽, 110-116쪽.

258) 김태우, 앞의 글, 51-52쪽. 행정처분의 적법성에 관하여는 행정청이 이를 주장·증명하여야 할 것이나 직권조사사항을 제외하고는 그 취소를 구하는 자가 위법사유에 해당하는 구체적 사실을 먼저 주장하여야 한다. 대법원 2001. 10. 23. 선고 99두3423 판결. 쟁점주의라는 말은 아니다. 앞 I, 아래 제6절 II.1.

소득세액을 넘는 부분만을 취소하여야 한다. 그러나 사업소득으로 구분하는 경우의 세액을 산출하기 위해서는 필요경비 등 소득금액과 세액의 산출에 필요한 사실을 따로 확정하여야 하는바, 그에 필요한 증거가 소송과정에서 이미 드러나 있는 것은 극히 예외적인 일이 될 것이고 법원이 스스로 사실을 조사·결정할 수는 없다. 가령 "이자소득과 사업소득이 소득세법상 합산과세되는 종합소득이라 하여도…납세의무자의 소득이 이자소득이라고 하여 과세된 경우에, 그것이 이자소득이 아니라 과세표준이 다른 사업소득이라 하여 당해 과세처분이 위법한 것으로 판단된 경우에는 당해 처분 전부를 취소해야 하는 것이지 재판대상이 아닌 다른 소득에 관하여 그 조사결정권도 없는 법원이 나서서 세액을 결정하여 그 초과부분을 취소할 수 없다."[259]

이리하여 실체법상 납세의무가 있음에도 불구하고 특정 쟁점만을 따져 과세처분을 취소할 수 있고, 그런 의미에서 실체법상 조세채무의 단위별로 소송물을 정한다는 총액주의 원칙에 대한 예외가 생기게 된다. 따라서 확정판결의 기속력은 판결의 주문(主文) 및 그 전제로 된 요건사실에만 미치고, 행정청은 판결의 취지에 따라서 새로운 과세처분을 할 수 있다. 예를 들어, 행정청이 상속재산을 잘못 평가하여 진정한 세액을 넘는 상속세를 부과한 사건에서 법원이 초과세액만이 아니라 부과한 세액 전체의 취소를 명했다면? 행정청은 진정한 세액을 계산하여 세금을 새로 매길 수 있다.[260] 다른 예로 "과세대상 소득이 부동산임대소득이 아니라 이자소득이라는 이유로 종합소득세 등 부과처분이 확정판결에 의하여 전부 취소된 경우, 과세관청이 그 소득을 이자소득으로 보고 종전처분의 부과세액을 한도로 하여 다시 종합소득세 등 부과 처분을 한 것"은? "확정판결의 기속력 내지 기판력에 반하지 아니한다."[261] 판결확정 이후에 새로 드러난 사실에 터잡아 새로운 과세처분을 하는 것은? 당연하다.[262] 다만 중복조사

259) 대법원 1989. 11. 14. 선고 89누1520 판결(이 판결은 수입금액의 누락사실이 일단 확인된 이상 비용이 있음은 납세의무자가 입증하여야 하고 비용을 추계할 수는 없다는 대법원 1998. 4. 10. 선고 98두328 판결과 모순되지만, 본문의 결론에는 영향이 없다); 1995. 4. 28. 선고 94누13527 판결과 1997. 11. 14. 선고 96누8307 판결(소득세법상 구분이 달라져 세액계산 불능); 2004. 10. 15. 선고 2003두7064 판결(가산세); 2018. 3. 30. 선고 2018두42153 판결(재산세 감면부분 확인불능); 2020. 6. 25. 선고 2017두72935 판결(고정사업장 귀속소득과 본점소득의 구분); 2020. 8. 20. 선고 2017두44084 판결(소득금액 변동 통지할 소득금액); 2024. 5. 30. 선고 2021두58059 판결(취득세 비과세부분 확인 불능).

260) 대법원 1992. 9. 25. 선고 92누794 판결. 미국에서는 조세법원이 스스로 세금을 부과하므로, 이런 일이 있을 수 없다. 스스로 세액을 계산하지 않은 채 조세법원의 판결을 파기환송하는 상급심의 판결은 세액 전체의 취소로 보지 않으므로, 일단은 세금을 내어주지 않은 채 그대로 있다가 새로운 부과처분에 따라 세금을 환급하거나 추징한다. Estate of Smith v. CIR, 115 TC 342(2000).

261) 대법원 2002. 7. 23. 선고 2000두6237 판결.

262) 미국에서도 민사법원의 확정판결에는 당해 사건의 쟁점에만 기판력과 기속력이 생기고, 조세법원의 판결과 달리 사업연도의 세액 총액을 확정하는 효과가 없다. Hemmings v. CIR, 104 TC 221

를 금지하는 현행법에서는 새 사실이 드러나는 수가 드물 터. 제5장 제6절 II.

결국 우리 판례가 말하는 소송물은 무엇인가? "행정처분이 眞正한 稅額의 범위 안에 있는가"라는 조세채무의 존부확인이며263) 진정한 세액 자체는 심리대상이 아니다.264) 여기에서 말하는 진정한 세액이란 법원에 제출된 자료로 판단할 수 있는 쟁점만을 따져서265) 그에 따라 판단한 세액이다. 부과세액(신고세액 경정청구 거부처분 취소의 소라면 신고세액)이 진정한 세액을 벗어나는 경우 행정처분은 취소하여야 한다. 취소는 일부취소일 수도 있고 전부취소일 수도 있다. 진정한 세액의 구체적 금액을 확인할 수 있으면 그를 벗어나는 부분만을 일부취소하고, 구체적 금액을 확인할 수 없으면 전부취소해야 한다.266) 국세기본법 제22조의3에 따라 이미 형식적 확정력이 생긴 세액은 취소하지 못한다.

제 6 절 항고소송

I. 항고소송을 내기 위한 형식적 요건

세금에 관한 행정소송의 유형은 대부분이 무엇? 과세처분 취소소송. 그 밖에 과세처분의 무효나 부존재를 확인하려는 소송, 또 행정청의 부작위가 위법임을 확인하려는 소송도 있을 수 있다. 과세처분의 흠이 무효의 정도에 이르는지 아니면 단순한 취소사유인지는267) 법원의 판결이 나와야 비로소 알 수 있는 것이므로 납세의무자로서는 무효사유가 있다고 주장하면서도 일단은 취소의 소를 제기할 수도 있다. 이런 항고소송에 더하여 행정법학자들 사이에서는 과세처분이 당연무효임을 전제로 하는 세금환급소송을 행정소송(당사자소송)으로 보아야 한다는 주장이 대세이지만, 판례는 이를 민사소송으로 보고 있음은 이미 본 바와 같고.

과세처분의 취소나 무효확인, 또는 부존재확인을 구하는 소는 그를 구할 법률상

(1995).

263) 대법원 1992. 3. 31. 선고 91다32053 전원합의체 판결; 1997. 3. 28. 선고 96누15022 판결; 1997. 5. 16. 선고 96누8796 판결; 1999. 9. 17. 선고 97누9666 판결; 2023. 6. 29. 선고 2020두46073 판결. 제4장 제2절 IV.

264) 대법원 1980. 10. 14. 선고 78누345 판결.

265) 쟁점주의라는 말은 아니다. 법원이 판단하지 않은 쟁점에 터잡은 재처분은 가능하다. 쟁점주의란 과세처분 당시의 처분이유로서 납세의무자가 다투는 것만을 쟁점으로 삼자는 말. 앞 I.

266) 대법원 2006. 9. 28. 선고 2006두8334 판결; 2015. 7. 9. 선고 2015두1076 판결; 2024. 12. 12. 선고 2024두49469 판결.

267) 아래 II. 2. 제4장 제3절 IV.

이익이 있는 자라야 낼 수 있고[268] 원칙적으로 과세처분을 한 행정청을 피고로 삼아야 한다.[269] 취소의 소는 심사청구나 심판청구를 거쳐서 결정을 받은 날(심사나 심판 청구를 낸 날로부터 90일 안에 통지를 받지 못한 경우에는 그런 기간 만료일)로부터 90일이라는 불변기한 안에만 제기할 수 있음이 원칙이다.[270] 이런 형식적 소송요건을 갖추지 못한 경우에는 소를 받아주지 않는다는 뜻인 각하(却下)판결을 내리게 된다.[271]

1. 원고적격과 訴의 이익

우선 취소소송(取消訴訟)은 처분 등의 취소를 구할 법률상의 이익이 있는 자가 소를 제기할 수 있다.[272] 여기에서 '處分 등'이라 함은 행정처분(행정청이 행하는 구체적 사실에 관한 법집행으로서 공권력의 행사 또는 그 거부와 그 밖에 이에 준하는 행정작용) 및 행정심판에 대한 재결을 말하지만,[273] 재결(심사결정이나 심판결정)에 대한 취소소송은 재결 자체에 고유한 위법이 있어야만 가능하므로 세금소송에서는 생각하기 어렵다.[274] 행정청의 거동이 취소대상으로 삼을 만한 처분의 단계에 이르렀는가(처분성), 다른 사람을 제치고 원고가 나설 만큼 법률상 구체적 보호이익이 있는가(원고적격), 원고가 구하는 판결을 받는다면 그것이 원고에게 이익이 되는가(좁은 뜻의 소의 이익), 이런 문제들에 대해서는 분명한 답이 없으므로 사안별로 판례를 찾는 수뿐. 앞서 보았듯 행정부에서는 행정심판을 받아 준 사건에 대해 법원이 소송을 받아주지 않는 경우가 많다. 법원은 구체화된 법률분쟁으로 이른바 '법적 보호이익'이 있어야 재판하니까.[275] 보기를 들자면, 처분청 내부의 익금가산이나 과세표준 결정,[276] 제2

---

268) 행정소송법 제12조, 제35조. 집행부정지 원칙과 공매제한은 제5장 제1절 2, 제6장 제2절 III. 과징금 집행정지 사례로 대법원 2001. 10. 10. 2001무29 결정; 2003. 4. 25. 2003무2 결정.

269) 같은 법 제13조, 제38조. 구청장으로부터 부과처분을 받은 뒤 시장을 피고로 소를 제기한 경우에는 소를 각하할 것이 아니라 법원이 석명권을 행사하여 피고를 경정하게 하여야 한다. 대법원 2004. 7. 8. 선고 2002두7852 판결. 지방소득세는 대법원 2023. 8. 18. 선고 2023두40588 판결.

270) 국세기본법 제56조 제3항, 제65조 제2항, 제81조. 지방세기본법 제98조.

271) 민사소송법 제219조; 행정소송법 제8조. 직권조사사항이다. 대법원 1983. 12. 27. 선고 82누484 판결; 1995. 2. 3. 선고 94누910 판결.

272) 행정소송법 제12조, 제19조.

273) 행정소송법 제2조 제1항 제1호. 대법원 2011. 3. 10. 선고 2009두23617 판결.

274) 행정소송법 제19조. 대법원 2004. 7. 8. 선고 2002두7852 판결(피고지정의 석명권). 고유한 위법의 사례로 대법원 2025. 3. 13. 선고 2023두46777 판결(각하재결). 고유한 위법이 있더라도 부과처분 취소의 소 패소원고에게는 소의 이익이 없다. 대법원 2025. 3. 27. 선고 2014두61018 판결(원상회복 불능).

275) 권리보다는 넓지만 사실상의 이익이나 제도의 적법성 보장까지지는 안 간다. 대법원 1992. 12. 8. 선고 91누13700 판결; 1993. 1. 15. 선고 92누12407 판결; 1996. 3. 22. 선고 96누433 판결; 2004. 4. 22. 선고 2013두9015 전원합의체 판결; 2007. 10. 11. 선고 2007두1316 판결; 헌법재판소 2009. 4. 30. 2006헌바66 결정 등. 소순무 · 윤지현 외, 3-183문단 이하.

차 납세의무자 지정통지,[277] 공매통지는[278] 행정처분이 아니다. 통고처분은 형사절차. 제5장 제6절 IV. 일반적 추상적인 법령의 제정이나 개정은 행정처분이 아니고[279] 헌법소원심판의 가능성은 제8절. 그러나 개별공시지가의 결정,[280] 소득금액변동통지(원천징수의무자에 대한 통지),[281] 세무조사결정 통지, 결손금 감액경정통지는[282] 처분이다.[283] 처분이더라도 남에 대한 처분을 내가 다투지는 못한다. 가령 원천징수의무자에 대한 처분을 원천납세의무자가 다툴 수 없고[284] 어느 연대납세의무자에 대한 처분을 다른 연대납세의무자가 다툴 수 없다.[285] 압류처분은 제5장 제1절 1.

---

276) 대법원 1985. 7. 23. 선고 85누335 판결; 1986. 1. 21. 선고 82누236 판결; 1989. 10. 27. 선고 88누9077 판결(세액결정); 2012. 1. 27. 선고 2011두29793 판결. 2011년부터는 법인세법상 결손금 감액경정은 행정처분. 대법원 2020. 7. 9. 선고 2017두63788 판결. 제18장 제1절 III.2.

277) 대법원 1983. 5. 10. 선고 83누95 판결; 1995. 9. 15. 선고 95누6632 판결. 제5장 제5절 Ⅱ.

278) 대법원 2011. 3. 24. 선고 2010두25527 판결.

279) 일본산 공기압 전송용 밸브에 대한 덤핑방지관세 부과에 관한 규칙(기획재정부령). 대법원 2022. 12. 1. 선고 2019두48905 판결.

280) 대법원 1993. 1. 15. 선고 92누12407 판결. 공시지가 결정의 위법이 과세처분에 승계되는가에 대해 판례는 개별공시지가와 표준지를 달리 본다. 대법원 1994. 1. 25. 선고 93누8542 판결; 1998. 2. 27. 선고 96누13792 판결; 2022. 5. 13. 선고 2018두50147 판결 등은 과세처분을 다투면서 개별공시지가 결정의 위법을 주장할 수 있다고 한다. 표준지 공시지가에 관한 대법원 1995. 11. 10. 선고 93누16468 판결; 1997. 9. 26. 선고 96누7649 판결; 1998. 3. 24. 선고 96누6851 판결; 2022. 5. 13. 선고 2018두50147 판결 등은 위법한 공시지가 결정처분이더라도 불가쟁력이 생긴 이상 과세처분의 위법사유가 되지 않는다고 한다. 다툴 기회가 따로 없었던 사안은 대법원 2008. 8. 21. 선고 2007두13845 판결.

281) 후속 징수처분에 고유한 흠이 없다면 소득지급자는 징수처분을 다툴 수 없다. 대법원 2012. 1. 26. 선고 2009두14439 판결. 소득귀속자는 뒤따르는 부과처분이나 경정거부처분을 항고쟁송으로 다투어야 한다. 대법원 2014. 7. 24. 신고 2011두14227 판결. 원천징수세 고지처분은 내법원 2025. 9. 4. 선고 2025다211104 판결, 제5장 제6절 I.3. 제18장 제5절 VII. 소득금액변동통지는 소득지급자에 대한 원천징수세 부과처분과 비슷하지만 과세예고 통지는 필요 없다고. 대법원 2021. 4. 29. 선고 2020두52689 판결.

282) 당장 낼 세금은 없지만 장차 이월결손금으로 공제받을 금액이 준다. 제18장 제1절 III.2. 대법원 2024. 12. 12. 선고 2021두34688 판결은 통지가 없었다면 처분이 없었다는 뜻으로 읽어야 한다.

283) 대법원 2006. 4. 20. 선고 2002두1878 판결; 2011. 3. 10. 선고 2009두23617 판결; 2012. 1. 26. 선고 2009두14439 판결. 제2절 Ⅱ. 제18장 제5절 Ⅶ. 소득처분의 경우 귀속자는 직접 항고소송을 낼 수 있으므로 법인에 대한 소득금액변동통지를 다툴 법률상 이익이 없다. 대법원 2013. 4. 26. 선고 2012두27954 판결. 그 역도 같다. 대법원 2013. 9. 26. 선고 2010두24579 판결.

284) 대법원 1984. 2. 14. 선고 82누177 판결; 1994. 9. 9. 선고 93누22234 판결.

285) 대법원 1983. 8. 23. 선고 82누506 판결(공동사업자, 부가가치세); 1988. 5. 10. 선고 88누11 판결(공동사업자, 부가가치세); 1990. 4. 24. 선고 89누4277 판결(증여의제). 공동상속인은 다른 공동상속인에 대한 과세처분을 다툴 수 있다는 대법원 2001. 11. 27. 선고 98두9530 판결은 상증세법 제77조 제3항 개정 전의 사안이다. 제2차 납세의무자나 납세보증인은 원채무자에 대한 부과처분을 다툴 수 있다. 국세기본법 제55조 제2항. 대법원 2009. 1. 15. 선고 2006두14926 판결; 2022. 2. 31. 선고 2017두57827 판결(처분받은 자를 잘못 적은 경우 석명 필요). 임승순, I부 4편 3장 4절 3은 이런 차이를 정당화할 만한 이유가 없다고 지적하고 있다.

과세처분의 무효(無效)나 부존재(不存在)확인의 소송은 처분 등의 유무나 존부의 확인을 구할 법률상 이익이 있는 자가 소를 제기할 수 있다.[286] 판례는 종래 일단 세금을 내고 난 뒤에는 무효확인,[287] 부존재확인,[288] 또 취소(무효확인을 구하는 뜻의 취소)[289] 가운데 어느 것도 소의 이익이 없다고 했으나 2008년에 뒤집었다.[290] 부작위(不作爲)위법확인의 소는 처분의 신청을 했지만 행정청이 법률상 의무를 어기고 처분을 하지 아니하는 경우 그런 부작위의 위법을 확인할 법률상 이익이 있는 자가 제기할 수 있다.[291] 과오납금에 대해 환급결정을 하지 않는 것은 행정처분이 아니고[292] 또 부작위위법의 확인도 구할 수 없다.[293] 그러나 납세의무자가 감액경정청구를 신청했을 때 이를 거부하는 행위는 거부처분(拒否處分)으로 보아 경정거부처분의 취소를 구할 수 있다.[294] 납세의무자의 신고행위에 대해 부과처분과 맞먹는 효력을 인정해야 하는 이상, 경정청구(=신고의 수정)를 거부하는 것은 부과처분이나 마찬가지라고 풀이해야 하는 까닭이다. 제3절 II.

2. 필요적 전심(前審)절차와 그 예외

행정처분 취소소송은 국세청 심사청구, 조세심판원 심판청구 또는 감사원 심사청구를 내고 거쳐야[295] 소를 제기할 수 있다.[296] 前審절차는 제소요건은 아니고 사실심 변론종결시까지 추완하기만 하면 된다.[297] 취소의 소는 결정통지(재결에 따른 후속처

---

286) 행정소송법 제35조.

287) 대법원 1976. 2. 10. 선고 74누159 판결; 1989. 4. 25. 선고 88누5112 판결 등. 재산을 압류·공매당한 경우에도 부당이득의 반환과 부동산이전등기의 말소를 구하여야 마땅하므로 무효확인은 소의 이익이 없다. 대법원 1988. 3. 8. 선고 87누133 판결; 1998. 9. 22. 선고 98두4375 판결; 2006. 5. 12. 선고 2004두14717 판결.

288) 대법원 1982. 3. 23. 선고 80누476 판결.

289) 대법원 1995. 6. 29. 선고 94누15271 판결. 그러나 이 경우에는 행정법원이 소를 각하한 뒤에 민사법원이 민사소송에서 하자가 취소사유일 뿐이라고 엇갈리는 판결을 내려 납세자가 희생될 가능성이 생긴다. 임승순, I부 4편 3장 4절 4(2).

290) 부당이득 반환의 소도 가능하다. 대법원 2008. 3. 20. 선고 2007두6342 전원합의체 판결(부담금 부과처분).

291) 행정소송법 제2조 제1항 제2호, 제36조.

292) 대법원 1989. 6. 15. 선고 88누6436 전원합의체 판결. 제4장 제1절. 따라서 아래 제7절에서 보듯 민사소송으로 잘못 낸 세금의 환급을 구하여야 한다.

293) 대법원 1989. 7. 11. 선고 87누415 판결.

294) 대법원 1988. 11. 8. 선고 87누479 판결(옛 법의 감액수정신고); 2012. 6. 28. 선고 2010두13425 판결.

295) 제2절 I. 형식이 취소의 소라면 전심 거쳐야. 대법원 1987. 6. 9. 선고 87누219 판결(무효선언 취지의 취소청구). 각하받았더라도 거친 것. 대법원 1986. 9. 9. 선고 85누528 판결.

296) 국세기본법 제56조 제2항, 제3항, 제4항, 관세법 제120조 제2항. 독일 조세법원법(Finanzgerichtsordnung) 제44조. 전심경유 여부는 직권조사사항이다. 대법원 1984. 4. 24. 선고 83누257 판결; 1991. 6. 25. 선고 90누8091 판결.

분의 경우에는 후속처분의 결정통지[298])를 받은 날로부터 90일이라는 제소기간 이내에 제기하여야 한다.[299] 국세기본법은 '행정소송'에 대해서 전심절차와 제소기간을 정하고 있지만,[300] 판례는 일찍부터 무효확인이나 부존재확인의 소는 전심절차를 거치지 않고 또 제소기간 이후라도 제기할 수 있다고.[301] 다만, 내용상 행정처분의 무효를 주장하더라도 형식이 취소의 소(무효확인을 구하는 의미의 취소소송)라면 전심절차를 거쳐 제소기간 안에 내어야 한다.[302] 국세기본법에 따른 불복절차의 경우와 마찬가지로 행정소송이 진행 중인 경우에도 압류한 재산의 공매는 정지.[303]

행정소송법은 처분의 집행으로 생길 중대한 손해를 예방하여야 할 긴급한 필요가 있다든가 그 밖에 법에 정한 사유가 있다면 전심절차에 대한 재결을 받지 않은 상태에서 취소소송을 낼 수 있다고 정하고 있고,[304] 나아가 동종사건에 관하여 이미 행정심판의 기각결정이 있다든가 달리 법에 정한 사유가 있다면 아예 전심절차를 밟지 않은 채 취소소송을 낼 수 있다고 정하고 있다.[305] 국세기본법은 이런 특례를 배제하고 있으나,[306] 필요적 전심이란 행정청의 권리가 아니다. 법원을 돕자는 것이니 법원이 필요없다고 제치면 그만.

> 조세소송에 있어서는 국세기본법 규정에 의하여 행정소송법 제18조 제2항, 제3항 및 제20조의 규정이 적용되지 아니하나, 다만 2개 이상의 같은 목적의 행정처분이 단계적, 발전적 과정에서 이루어진 것으로서 서로 내용상 관련이 있다든지, 세무소송 계속중에 그 대상인 과세처분을 과세관청이 변경했는데 위법사유가 공통된다든지, 동일한 행정처분에 의하여 수인이 동일한 의무를 부담하게 되는 경우에 선행처분에 대하

297) 사실심 변론종결시까지, 재결이 나오든가 전심절차 청구 후 90일이 지났으면 된다. 대법원 1987. 4. 28. 선고 86누29 판결; 헌법재판소 2016. 12. 29. 2015헌바229 결정. 독일 조세대법원(Bundesfinanzhof) 1985. 5. 17. 선고 III R 213/82 판결.

298) 후속처분에 대한 심판청구를 다시 거친다면 심판결정 통지. 국세기본법 제56조 제4항↔예전 판례로 대법원 2014. 7. 24. 선고 2011두14227 판결; 2015. 1. 29. 선고 2014두12031 판결.

299) 국세기본법 제56조 제3항. 헌법재판소 2018. 8. 30. 2017헌바258 결정은 특허법의 30일 제한도 합헌이라고.

300) 국세기본법 제56조 제2항, 제3항.

301) 행정소송법은 취소소송에서만 전심절차를 두고 있다. 같은 법 제18조, 제20조, 제38조.

302) 대법원 1976. 2. 24. 선고 75누128 판결; 1985. 2. 13. 선고 84누423 판결; 1990. 8. 28. 선고 90누1892 판결; 1993. 3. 12. 선고 92누11039 판결.

303) 국세징수법 제66조 제4항. 제5장 제1절.

304) 행정소송법 제18조 제2항.

305) 행정소송법 제18조 제3항.

306) 국세기본법 제56조 제2항; 행정소송법 제18조 제1항 단서. 대법원 1989. 11. 10. 선고 88누7996 판결. 주류판매업 취소처분에 대한 소도 전심절차를 거쳐야 한다. 헌법재판소 2016. 12. 29. 2015헌바229 결정.

여, 또는 그 납세의무자들 중 1인이 적법한 전심절차를 거친 때와 같이, 국세청장과 국세심판소[현재는 조세심판원]로 하여금 기본적 사실관계와 법률문제에 대하여 다시 판단할 수 있는 기회를 부여했을뿐더러 납세의무자로 하여금 굳이 또 전심절차를 거치게 하는 것이 가혹하다고 보이는 등 정당한 사유가 있는 때에는 납세의무자가 전심절차를 거치지 아니하고도 과세처분의 취소를 청구하는 행정소송을 제기할 수 있다고 보아야 한다.[307]

예를 들면, 행정심판에서 과세전조사내용 통지나[308] 소득금액변동통지에[309] 대한 행정심판을 거쳤다면 그 뒤에 따르는 부과처분에 대해서 전심절차를 또 밟지 않아도 바로 소를 제기할 수 있다. 취소소송이 걸려있는 동안 세무서가 과세처분을 취소하고 귀속연도를 바꾸어 다시 과세처분한 경우에도 전심절차가 필요없고,[310] 공동상속의 경우 상속인 가운데 세법상 대표권 있는 자 한 사람이 전심절차를 밟았다면 나머지 상속인은 바로 소송을 낼 수 있다.[311] 원천징수의무자가 같은 계약관계에서 두 해에 걸쳐 이자를 지급하면서 원천징수를 하지 않아 원천징수의무 위반에 따른 가산세를 부과받은 경우 첫해 부분에 관한 전심절차를 거쳤다면 이듬해 부분에 관해서는 따로 전심절차를 밟을 필요가 없다.[312] 그러나 가산세에 대한 전심절차만으로 본세에 대한 소송을 바로 할 수는 없고,[313] 같은 사실관계에 터잡은 처분이더라도 세목이나 납세의무자가 다르다면 아예 조세채권의 동일성이 다른 것이니 전심절차는 각각 거쳐야 한다.[314]

과세처분이 여러 차례로 나뉘어 있는 경우, 가령 처음에 부과처분이 있은 뒤 세액을 늘리는 增額경정처분이 있다면 전심절차는 각각 거쳐야 하는가? 이미 보았듯 판례는 총액주의의 입장에 서서 형식적 확정력이 아직 안 생긴 이상 증액경정처분에 대해

307) 대법원 2000. 9. 26. 선고 99두1557 판결. 그 밖에 대법원 1992. 8. 14. 선고 91누13229 판결 등.

308) 대법원 1991. 4. 23. 선고 90누9155 판결. 제5장 제6절 Ⅱ, 제6장 제1절.

309) 대법원 1993. 1. 19. 선고 92누8293 전원합의체 판결.

310) 대법원 1997. 4. 8. 선고 96누2200 판결. 제4장 제5절 Ⅲ, 제18장 제1절 Ⅲ.3.

311) 1990. 1. 23. 89누923 판결; 1993. 5. 27. 선고 93누3387 판결. 수증자는 각각 전심절차를 밟아야. 대법원 1989. 11. 10. 선고 88누7996 판결.

312) 대법원 1991. 7. 26. 선고 91누117 판결. 가산세 부과처분은 본세와 다른 처분이지만 세액에 연동된 것은 본세 부과처분 취소로 사라지니 구태여 전심을 안 거쳐도 된다. 제5장 제2절 1. 조세포탈죄도 사라진다.

313) 대법원 1982. 12. 14. 선고 82누315 판결; 2014. 9. 25. 선고 2014두37379 판결.

314) 제4장 제2절 Ⅳ.3. 대법원 1984. 12. 26. 선고 82누195 판결; 1990. 4. 13. 선고 89누1414 판결; 1992. 9. 8. 선고 92누4383 판결(증여자의 연대납세의무); 2001. 6. 12. 선고 99두8930 판결; 2006. 12. 7. 선고 2005두4106 판결; 2007. 5. 10. 선고 2004두2837 판결(매출누락에 따른 부가가치세와 종합소득세); 2009. 5. 28. 선고 2007두25817 판결; 2014. 9. 25. 선고 2014두37375 판결(귀속연도가 다른 법인세); 2014. 12. 11. 선고 2012두20618 판결(제2차 납세의무) 등. ↔ 1990. 1. 23. 선고 89누923 판결(공동상속인); 1993. 1. 19. 선고 92누8293 판결.

서만 전심절차를 요구하고 있고, 當初 처분에 대해서는 전심절차를 밟지 않았더라도 당초처분에 고유한 위법을 항고소송에서 주장할 수 있다고 한다. 또 당초처분에 대해 전심절차를 밟은 경우 증액경정처분의 위법사유가 당초처분과 같다면 증액경정처분에 대해서는 전심절차를 밟지 않고 바로 소를 제기할 수 있다고 한다.[315] 부과처분이 있은 뒤 감액경정처분이 뒤따르는 경우에는 처음의 부과처분에 대해 전심절차를 거쳐야 한다.[316]

Ⅱ. 심리와 판결

1. 변론: 처분의 동일성

행정소송법은 "법원은 필요하다고 인정할 때에는 직권으로 증거조사를 할 수 있고 당사자가 주장하지 아니한 사실에 대해서도 판단할 수 있다"라고 정하고 있지만,[317] 그럼에도 불구하고 행정소송도 변론주의(辯論主義)에서 크게 벗어날 수는 없다는 것이 판례.[318] 따라서, 각 당사자의 주장·증명책임은 민사소송과 마찬가지임이 원칙. 과세요건 사실이 있음을 행정청이 일응 입증한 이상 과세처분이 왜 위법한가는 원고가 주장하고 증명해야 한다. 제3장 제3절. 무효확인을 구하거나 무효를 전제로 부당이득의 반환을 구하는 경우라면 원고가 무효사유를 증명해야 한다.[319] 자백법칙은 조세소송에도 적용된다.[320]

---

315) 대법원 1982. 2. 9. 선고 80누522 판결; 1984. 9. 25. 84누288 판결; 1988. 2. 9. 선고 86누617 판결; 1990. 4. 10. 선고 90누219 판결; 1991. 10. 8. 선고 91누1547 판결; 1992. 8. 14. 선고 91누13229 판결(부가가치세법상 자가공급에 해당하는 선박의 추가로 인한 증액경정); 1997. 4. 8. 선고 96누2200 판결; 2012. 11. 29. 선고 2010두7796 판결. 위법사유가 같다면 구태여 증액경정에 대한 심판을 거칠 필요도 없고, 소장의 청구취지를 변경하여 증액경정처분의 취소를 구하면 된다. 대법원 1984. 9. 25. 선고 84누288 판결; 2013. 2. 14. 선고 2011두25005 판결.

316) 대법원 2012. 3. 29. 선고 2011두4855 판결.

317) 행정소송법 제26조. 대법원 2006. 9. 28. 선고 2006두8334 판결.

318) 대법원 1994. 10. 11. 선고 94누4820 판결; 2011. 1. 13. 선고 2010두21310 판결. 제5절 VI. "직권주의가 가미되어 있다고 하더라도 여전히 변론주의를 기본구조로 하는 이상 행정처분의 위법을 들어 그 취소를 청구함에 있어서는 직권조사사항을 제외하고는 그 취소를 구하는 자가 위법사유에 해당하는 구체적 사실을 먼저 주장하여야 하고, 법원의 석명권 행사는 당사자의 주장에 모순된 점이 있거나 불완전·불명료한 점이 있을 때에 이를 지적하여 정정·보충할 수 있는 기회를 주고, 계쟁사실에 대한 증거의 제출을 촉구하는 것을 그 내용으로 하는 것이며, 당사자가 주장하지도 아니한 법률효과에 관한 요건사실이나 독립된 공격방어방법을 시사하여 그 제출을 권유함과 같은 행위를 하는 것은 변론주의의 원칙에 위배되는 것으로 석명권 행사의 한계를 일탈하는 것." 대법원 2001. 10. 23. 선고 99두3423 판결.

319) 대법원 1984. 2. 28. 선고 82누154 판결; 2021. 4. 29. 선고 2020다287661 판결.

세금에 관한 행정소송은 행정처분이 실체법상 조세채무의 진정한 세액의 범위 안에 있는가를 다투는 것이므로(총액주의), 각 당사자는 같은 조세채무의 진정한 세액에 영향을 미치는 사실이라면 어떤 사실이라도 주장할 수 있다. 가령 소득세나 법인세 같으면 쟁점인 과세기간분 세액에 영향을 주는 사실이라면 애초 행정청이 과세처분(경정거부처분 포함[321]))의 사유로 들었던 사실과 전혀 무관한 사실을 주장하더라도 처분의 동일성(同一性)에 영향이 없다.[322] 납세자나 행정청 어느 쪽에서도 사실심의 변론을 마칠 때까지 언제나 공격방어방법으로 새로운 사실을 주장할 수 있다. 일반론으로 새로운 사실의 주장은 '청구의 기초가 바뀌지 아니하는 한도에서'만,[323] 바꾸어 말하자면 과세처분의 동일성이 유지되는 한에서만 가능하지만,[324] 과세처분의 同一性의 범위는 소송물의 범위, 실체법에서 조세채무의 단위를 정한 그대로이다. 제5절 III, 제4장 제2절 IV.3. 앞서 보았듯 우리 현행법에서는 과세처분과 소송물이 구조적으로 같은 외연을 가질 수밖에 없고, 소송물은 총액주의로 정의하고 있는 까닭이다.

따라서 조세채무의 단위(單位)가 같은 한, 예를 들어 같은 사업연도의 법인세액에 영향을 주는 것이라면 어떠한 사실을 주장하더라도,[325] 가령 올해 저가로 팔았다

320) 대법원 1994. 8. 26. 선고 94누2411 판결(필요경비 금액); 1991. 1. 29. 선고 90누5054 판결(관세, 필요경비); 1992. 8. 14. 선고 91누13229 판결(공급가액).

321) 대법원 2004. 8. 16. 선고 2002두9261 판결.

322) 현행법제 하에서는 판례의 입장이 논리필연이라는 생각으로 김의석, 민사소송법적 관점에서 본 조세소송 계속 중 과세처분사유의 변경과 판결 후 과세처분, 조세법연구 20-2(2014), 123쪽.↔서울고등법원 2016. 8. 24. 선고 2016누32208 판결(심리불속행 대법원 2016. 12. 15. 선고 2016두50495 판결); 윤지현, 조세소송의 심리 범위와 판결 효력의 범위에 관한 연구, 서울대학교 법학박사 논문(2012), 363-371쪽.

323) 우리 판례의 입장인 구소송물이론 내지 신소송물이론의 이원설에 따름을 전제로 한다. 신소송물이론 가운데 일원론에서는 사실관계는 소송물의 확정과 무관하므로 사실관계의 변경은 애초에 청구의 변경이 아니고 공격방어 방법이 될 뿐이다.

324) 대법원 1992. 9. 22. 선고 91누13205 판결.

325) 일반 행정소송에서는 추가변경할 수 있는 처분사유가 처분시에 객관적으로 존재했던 것에 국한되는가를 둘러싼 논의가 있으나, 추계과세 사유의 존부 정도에나 통할 뿐 세금사건에서는 애초에 적절한 논의가 아니다. 과세처분의 요건사실 자체가 처분 당시의 사실이 아니라 쟁점이 된 과세기간 말까지 벌어진 사실 또는 법이 정한 특정시점 현재의 사실이기 때문. 부과처분은 조세채무를 성립시키는 것이 아니고 이미 조세채무가 성립했다는 사실을 확인하는 행위이다. 헌법재판소 1992. 12. 24. 90헌바21 결정; 대법원 1988. 6. 7. 선고 87누1079 판결(사실심 변론종결시까지 제출); 2002. 9. 24. 선고 2000두6657 판결(소송계속중 신고내용오류 시정); 2004. 8. 16. 선고 2002두9261 판결(감액경정청구 당시 주장하지 않았던 사실); 2012. 8. 30. 선고 2010두26841 판결(소급공시된 땅값); 2019. 2. 14. 선고 2015두52616 판결(관세). 다만 판례변경이나 소급입법은 조세채무 성립 뒤에 생긴 것도 당연히 주장 가능. 이동진, 판례변경의 소급효, 민사판례연구 36호(2014), 1084쪽. 원처분 뒤에 생긴 후발적 경정청구 사유도 주장할 수 있다는 것이 판례. 제3절 IV. 소순무·윤지현 외, 3-466문단↔대법원 2017. 4. 7. 선고 2016도19704 판결(후발적 경정청구로 인한 경정처분이 있어도 이미 성립한 조세포탈죄에는 영향이 없다).

는 주장을 버리고 판 값은 시가이지만 여러 해 전 애초 산 값이 비쌌다는 다른 주장을 새로 내더라도[326] 과세처분의 동일성을 해치지 않는다. 건물의 용도가 상가라면서 양도소득세를 매겼다가 뒤에 1세대1주택이 아니라는 주장을 내세워도 동일성에 변경이 없다.[327] 법인세법에 따른 소득처분을 사유로 종합소득세를 부과한 뒤 소송과정에서 소득의 실제귀속을 주장해도 동일성에 변경이 없다.[328] 양도의 상대방이 누구인가도 양도소득세의 동일성에 변경이 없다.[329] 이자소득으로 과세한 뒤 소송이 걸려 있는 중에 소득의 종류를 부동산소득이나 사업소득으로 변경하고 정당한 세액을 증명하는 것도 허용된다.[330] 종합소득세라는 단위 안에 있으니까. 소송당사자는 사실심 변론종결시까지 과세표준의 존부 내지 범위에 관한 모든 자료를 제출하고 그 때까지 제출된 자료에 의하여 과세처분의 적법 여부를 심판하여 줄 것을 주장할 수 있다.[331] 다만 실체법 자체에서 이에 대한 제약을 두는 수가 있다. 예를 들어 종전에는 양도소득세의 실지거래가액은 애초 확정신고기한까지 신고하지 않았다면 뒤에 소송단계에 가서 주장할 수 없었다.[332] 실체법상 조세채무의 단위가 다른 경우라면, 예를 들어 양도소득과 사업소득 사이 또는 법인세 원천징수세나 배당소득세 원천징수세 사이에는 처분의 추가변경이 안 된다.[333]

〈대법원 2023. 6. 29. 선고 2020두46073 판결〉

1) 민사소송법이 준용되는 행정소송에서 증명책임은 원칙적으로 민사소송의 일반원칙에 따라 당사자 간에 분배되고, 항고소송은 그 특성에 따라 해당 처분의 적법성을 주장하는 피고에게 적법사유에 대한 증명책임이 있으나(대법원 2017. 6. 19. 선고 2013두17435 판결 등 참조), 예외적으로 앞서 본 바와 같이 행정처분의 낭연 무효를 주장

326) 대법원 2001. 8. 24. 선고 2000두4873 판결.

327) 대법원 2002. 10. 11. 선고 2001두1994 판결.

328) 대법원 1999. 9. 17. 선고 97누9666 판결; 2023. 6. 29. 선고 2020두46073 판결.

329) 대법원 1995. 5. 24. 선고 92누9265 판결. 원천징수세도 같다. 대법원 2013. 7. 11. 선고 2011두7311 판결. 증여자에 관해서는 판례가 엇갈리지만 같은 단위 안에서 세액 문제일 뿐. 대법원 1997. 2. 11. 선고 96누3272 판결; 2006. 4. 27. 선고 2005두17058 판결; 2011. 1. 27. 선고 2009두1617 판결. 대법원 2012. 5. 24. 선고 2010두7277 판결은 현행법과는 안 맞는다. 제25장 제3절 VII.

330) 대법원 2000. 3. 28. 선고 98두16682 판결; 2002. 3. 12. 선고 2000두2181 판결. 이 경우 부과제척기간이 지났는가는 원처분 당시를 기준으로 따진다.

331) 대법원 1987. 9. 8. 선고 87누429 판결; 2002. 9. 24. 선고 2000두6657 판결; 2004. 5. 14. 선고 2003두12615 판결; 2009. 5. 14. 선고 2006두17390 판결; 2022. 2. 10. 선고 2019두50946 판결(경정청구 거부처분 취소) 등. 그러나 민사소송법 제149조(실기한 공격방어 방법)는 대법원 2003. 4. 25. 선고 2003두988 판결(한정적극).

332) 대법원 2000. 4. 11. 선고 99두7227 판결 등.

333) 대법원 2001. 4. 24. 선고 99두5412 판결; 2014. 9. 4. 선고 2014두3068 판결. 제10장 제1절.

하여 무효 확인을 구하는 행정소송에서는 원고에게 행정처분이 무효인 사유를 주장·증명할 책임이 있고, 이는 무효 확인을 구하는 뜻에서 행정처분의 취소를 구하는 소송에 있어서도 마찬가지이다(대법원 1976. 1. 13. 선고 75누175 판결 등 참조). 한편 행정처분의 무효 확인을 구하는 소에는 특단의 사정이 없는 한 취소를 구하는 취지도 포함되어 있다고 보아야 하므로, 해당 행정처분의 취소를 구할 수 있는 경우라면 무효사유가 증명되지 아니한 때에 법원으로서는 취소사유에 해당하는 위법이 있는지 여부까지 심리하여야 한다(대법원 1987. 4. 28. 선고 86누887 판결, 대법원 2005. 12. 23. 선고 2005두3554 판결 등 참조). 나아가 과세처분에 대한 취소소송과 무효확인소송은 모두 소송물이 객관적인 조세채무의 존부확인으로 동일하다(대법원 1992. 3. 31. 선고 91다32053 전원합의체 판결 참조). 결국 과세처분의 위법을 다투는 조세행정소송의 형식이 취소소송인지 아니면 무효확인소송인지에 따라 증명책임이 달리 분배되는 것이라기보다는 위법사유로 취소사유와 무효사유 중 무엇을 주장하는지 또는 무효사유의 주장에 취소사유를 주장하는 취지가 포함되어 있는지 여부에 따라 증명책임이 분배된다.

2) 과세처분의 무효확인소송에서 소송물은 객관적인 조세채무의 존부확인이므로, 과세관청은 소송 중이라도 사실심 변론종결 시까지 해당 처분에서 인정한 과세표준 또는 세액의 정당성을 뒷받침하기 위하여 처분의 동일성이 유지되는 범위 내에서 처분사유를 교환·변경할 수 있다. 특히 … 과세단위가 단일한 종합소득세의 세목 아래에서 같은 금액의 소득이 현실적으로 귀속되었음을 이유로 들어 과세근거 규정을 달리 주장하는 것은 처분의 동일성이 유지되는 범위 내의 처분사유의 교환·변경에 해당하므로 허용된다(대법원 1999. 12. 24. 선고 98두7350 판결 등 참조). 그런데 과세처분의 적법성에 대한 증명책임은 과세관청에 있는바, 위와 같이 교환·변경된 사유를 근거로 하는 처분의 적법성 또는 그런 처분사유의 전제가 되는 사실관계에 관한 증명책임 역시 과세관청에게 있고, 특히 무효확인소송에서 원고가 당초의 처분사유에 대하여 무효사유를 증명한 경우에는 과세관청이 그처럼 교환·변경된 처분사유를 근거로 하는 처분의 적법성에 대한 증명책임을 부담한다.

드물게는 소(訴)의 변경(變更)도 일어난다. 소송과정에서 또는 새로운 세무조사과정에서 과세처분에 절차적 흠이 드러나든가, 세액은 맞지만 과세시기가 틀렸다든가, 이런 것을 알게 되었다고 하자. 소송 중에 처분의 하자를 새로 치유하기는 힘드니[334] 처분청은 새로운 처분을 하게 마련. 애초 과세처분을 할 때 몰랐던 새로운 사실이 드러나 실체법상 진정한 세액이 애초 부과한 세액보다 더 크다는 사실이 드러나 새로운

334) 대법원 1997. 12. 26. 선고 97누9390등 판결↔독일 조세기본법 제126조 제2항(사실심 변론종결시까지). Tipke/Lang, 21장 96문단.

처분을 하는 경우도 생각할 수 있다. 미국의 조세법원과 달리 우리 법원에는 부과처분 권한이 없고 행정청이 새로 과세처분을 하게 된다. 이런 경우 원처분을 취소받더라도 원고에게 아무 소용이 없으므로 소를 변경해서 새 처분을 다투게 할 필요가 생긴다. 행정소송법의 글귀에 따른다면 소송이 사실심에 걸려 있는 중에 새로운 과세처분이 나온다면 원고의 청구에 의하여 결정으로써 청구의 취지 또는 원인의 변경을 허가할 수 있다.[335] 증액경정 부분만큼 변경하는 경우라면 전심절차는 필요 없다.[336] 따라서, 법원은 새로운 처분을 같은 사건에서 심판하는 것이 적절한가를 따져서 청구변경을 허가할지 말지를 정하면 된다는 결론에 이른다. 그러나 증액경정처분이 선행처분을 흡수한다는 이론을 유지하자면 소송이 걸려 있는 중에라도 증액경정이 있다면 선행처분은 없어지는 것이고 따라서, 소를 변경하지 않은 채 선행처분에 대한 취소를 구하는 것은 각하대상이 된다.[337] 이리하여 판례는 처분변경 허가는 필요 없고 청구의 기초에 변경이 없다고 보아 청구취지를 확장하면서 처분사유만 고치면 된다고.[338]

2. 판 결

끓아본 결과 원고의 청구에 이유가 없고 오히려 덜 낸 세금이 있더라도 불이익변경(reformatio peius)은 안 되고 청구만 기각(棄却)한다. 이유가 있으면 취소의 소라면 과세처분을 取消하고 무효나 부존재확인의 소라면 과세처분의 무효나 부존재를 確認한다. 과세처분은 흠의 정도에 따라서 무효(無效)일 수도 있고 취소(取消)대상일 수도 있다. 판례는 이른바 重大明白說(일견明白說)을 따라 흠이 중대하고 명백해야 무효라고.[339] 위헌인 법률이나 무효인 명령에 터잡은 처분은 헌법재판소 결정이나 대법원 판결이

335) 신청은 처분의 변경이 있음을 안 날로부터 60일 이내에 하여야 한다. 행정소송법 제22조.

336) 같은 조 제3항. 대법원 1984. 9. 25. 선고 84누288 판결.

337) 대법원 2001. 12. 27. 선고 2000두10083 판결. 절차에 흠이 있어서 부과처분을 취소하고 새로 부과하는 경우 청구를 변경하여 소를 유지할 수는 없지만 실질이 감액경정처분에 해당한다면 전심절차 없이 항고소송으로 다툴 수 있다. 대법원 1984. 12. 23. 선고 84누406 판결; 1987. 4. 14. 선고 85누740 판결.

338) 대법원 1982. 2. 9. 선고 80누522 판결; 1984. 9. 25. 선고 84누288 판결. 제소 전에 이미 증액경정처분이 있었는데도 당초의 부과처분 취소를 구한 경우에도 마찬가지. 대법원 2013. 2. 14. 선고 2011두25005 판결.

339) 대법원 1992. 4. 28. 선고 91누6863 판결; 1995. 1. 24. 선고 94다47797 판결; 2002. 11. 8. 선고 2001두3181 판결; 2004. 6. 10. 선고 2002두12618 판결(제척기간 지났다면 무효); 2009. 4. 23. 선고 2006다81257 판결; 2014. 5. 16. 선고 2011두27094 전원합의체 판결; 2018. 7. 19. 선고 2017다242409 전원합의체 판결; 2019. 4. 28. 선고 2018다287287 판결; 2024. 3. 12. 선고 2021다224408 판결. 헌법재판소 2014. 1. 28. 2012헌바251 결정; 2024. 1. 9. 2023헌바447 결정(위헌결정은 취소사유) 등. 그러나 헌법재판소 1994. 6. 30. 92헌바23 결정 참조. 학자나 실무가들의 개인적 견해로는 흠이 얼마나 중요한가를 구별기준으로 삼아야 한다는 사람이 많다. 대법원 2009. 2. 12. 선고 2008두11716 판결; 2018. 7. 19. 선고 2017다242409 판결의 4인 반대의견. 제4절 II.5. 제4장 제3절 Ⅳ.

나오기 전에는 당연무효는 아니다.[340]

그러나 특정한 구체적 처분이 무효인지 취소대상인지는 사안별로 판례를 읽어볼 수밖에 없다.[341] 일부취소[342] 사유가 있지만 법원에 드러난 자료만으로 진정한 세액을 계산할 수 없는 경우에는 전부취소한다. 제5절 VII.

과세처분의 흠이 취소대상일 뿐인 사건에서 전심절차를 밟지 않은 채 무효확인을 구했다면 소를 각하(却下)한다. 전심절차를 제대로 밟았다면 과세처분의 무효확인을 구했더라도, 취소판결을 내린다.[343] 이미 불가쟁력이 생긴 처분에 대한 취소의 소는 각하.[344] 소송상 화해(和解)가 가능한가는 다툼이 있지만[345] 법원의 조정권고에 따라 처분청이 당초처분을 감액경정하고 원고인 납세자도 소를 취하(取下)하는 수가 있다.[346]

납부고지서 기재사항에 흠이 있다든가,[347] 추계과세할 수 있는 요건이 만족되지 않았다든가,[348] 중복조사라든가,[349] 이런 절차의 하자가 있기는 하나 실체법상 조세채무가 있다면 과세처분을 유지할 것인가 취소할 것인가? 취소해야 한다는 것이 판례.[350]

3. 판결의 효력

과세처분을 취소하거나 과세처분의 무효나 부존재를 확인하는 확정(確定)판결은 법원이 직접 행정처분을 취소하는 형성력(形成力)을 가지고[351] 그 사건에 관하여 당사자인 행정청과 그 밖의 관계 행정청을 기속한다.[352] 따라서, 이미 납부한 세액은 과

340) 대법원 2018. 10. 25. 선고 2015두38856 판결; 2022. 3. 11. 선고 2019두56319 판결↔헌법재판소 1994. 6. 30. 92헌바23 결정.

341) 제4절 II.5., 제4장 제3절 Ⅳ. 판례요약은 임승순, I부 4편 3장 7절; 소순무·윤지현 외, 3-533문단 이하.

342) 대법원 2015. 7. 9. 선고 2015두1076 판결.

343) 대법원 1986. 9. 23. 선고 85누838 판결. 그러나 석명권을 행사하여 청구취지를 취소의 소로 변경해야 한다는 견해로 임승순, I부 4편 3장 5절 1. 다).

344) 대법원 2020. 4. 9. 선고 2018두57490 판결. 제6장 제2절 IV.

345) Tipke/Lang, 제3장 241문단. 소송상 화해를 인정하는 예로 미국세법 7121조.

346) 취하하지 않은 소를 각하한 사례로 서울행정법원 2001. 9. 21. 선고 2001구12931 판결.

347) 제4장 제3절 Ⅱ. 제4장 제5절 Ⅲ.

348) 제3장 제3절.

349) 제5장 제6절 Ⅱ.

350) 대법원 1983. 4. 26. 선고 83누55 판결; 1983. 7. 26. 선고 82누420 판결; 1985. 12. 24. 선고 84누242 판결.

351) 대법원 1991. 10. 11. 선고 90누5443 판결. 따라서 취소하는 세액을 특정하여야 한다. 대법원 2006. 9. 28. 선고 2006두8334 판결. 취소판결의 성격이 조세채무 부존재확인이므로 여기에서 형성력이란 유효를 무효로 바꾸는 것이 아니고 적법하다는 추정을 깨는 것. 대법원 1982. 3. 23. 선고 81도1450 판결; 2018. 11. 29. 선고 2015두56120 판결.

352) 행정소송법 제30조 제1항, 제38조 제2항.

오납금이 되고, 행정청은 이를 즉시 국세환급금으로 결정하여[353] 30일 이내에[354] 납부일부터 환급일까지 계산한 이자를 붙여[355] 납세자에게 지급하여야 한다. 경정청구거부처분을 취소하는 판결이 확정되면 국세청의 감액경정으로[356] 과오납금이 생긴다. 원고가 체납한 세액이 있다면 국세환급금을 그런 세액에 충당할 수 있고, 원고의 동의가 있다면 원고가 지고 있는 다른 국세채무에 충당할 수도 있다.[357]

나아가서 판결이 확정된 이상 같은 사실관계 하에서 같은 당사자에 대해 확정판결에 어긋나는 새로운 행정처분을 할 수 없다(羈束力).[358] 기속력에 어긋나는 처분은 당연무효.[359] 기속력의 객관적 범위는 소송물의 범위보다는 좁다. 판결의 주문 및 그 전제로 된 요건사실에만 미치고, 결론과 직접 관계가 없는 방론이나 간접적 사실에는 미치지 않는다.[360] 총액주의의 이념형에서는 실체법상 같은 단위인 이상 세액에 영향을 주는 모든 사실이 같은 소송물 안에서의 공격방어방법이고 따라서 소송과정에서 주장하지 아니한 사실에 터잡아 새로운 과세처분을 못 하게 하자고 생각할 수 있다.[361] 그러나 현실과 무관한 그냥 이념형일 뿐. 미국의 조세법원과 달리 법원이 진정한 세액을 계산하여 부과처분을 내릴 수 없는 우리나라에서는 총액주의는 이념형에서 벗어나고, 소송과정에서 법원에 드러난 사실을 기초로 계산한 세액이 반드시 실체법상의 진정한 세액이라는 보장이 전혀 없는 까닭이다. 그러니 법원이 이미 판단한 쟁점 밖에서는 재처분이 가능하다. 곧 위법사유를 보완한 재처분이나,[362] 법원에 드러나지 않았던 사실이나 소변경을 허가하지 않은 다른 사실에 터잡은 재처분(再處分)이 가능하다.[363]

353) 국세기본법 제51조 제1항. 대법원 2012. 8. 30. 선고 2012다21546 판결.

354) 같은 조 제6항.

355) 국세기본법 제52조.

356) 대법원 1998. 1. 7. 선고 97두22 판결. 간접강제는 행정소송법 제34조 제1항.

357) 국세기본법 제51조 제2항. 제4장 제1절 3.

358) 대법원 1982. 5. 11. 선고 80누104 판결; 1997. 2. 4. 선고 96두70 판결 등. 원고패소 판결에는 기속력이 없고 기판력만 있으므로 직권취소는 가능하다(행정소송법 제30조, 제8조 제2항. 행정기본법 제18조). 박정훈, 행정소송의 구조와 기능(2006), 제10장 IV.3(4). Tipke/Lang, 제21장 382문단.

359) 대법원 1990. 12. 11. 선고 90누3560 판결. 대법원 1989. 2. 28. 선고 88누6177 판결과 2019. 1. 17. 선고 2016두513 판결은 정면으로 틀린 판결에도 기속력을 인정. 재심대상도 아니다.

360) 가령 무상양도가 아니니 증여세 부과처분을 취소한다는 판결이 나온 뒤 저가양도라는 이유로 증여세를 부과하는 것은 기속력에 안 어긋난다. 대법원 2002. 5. 31. 선고 2000두4408 판결.

361) 대법원 1980. 6. 10. 선고 79누152 판결; 1992. 2. 25. 선고 91누6108 판결은 이런 입장에 가깝다.

362) "토지의 양도가 특수관계인 사이의 저가양도임은 별론으로 하고 무상양도는 아니라는 이유로 증여세부과처분이 확정판결에 의하여 전부 취소된 후 과세관청이 위 토지의 양도가 특수관계인 사이의 저가양도에 해당한다는 이유로 다시 증여세부과처분을 한 경우, 그 처분은 확정판결에 적시된 종전 처분의 위법사유를 보완하여 행한 새로운 과세처분으로서 상호 처분의 동일성이 인정되지 아니하므로 확정판결의 기속력 내지 기판력에 반하지 아니한다." 대법원 2002. 5. 31. 선고 2000두4408 판결. 민사판결로 대법원 1992. 11. 24. 선고 91다28283 판결.

363) 앞 제5절. 대법원 1992. 9. 25. 선고 92누794 판결; 2002. 7. 23. 선고 2000두6237 판결; 2004. 12. 9.

제5절 VI. 그런 재처분이 있는 경우 이미 기판력이 생긴 세액은 다시 다툴 수 없다.[364] 절차적 위법을 이유로 과세처분을 취소했다면 새로 절차를 밟아 과세하더라도 기속력에 어긋나지 않는다.[365] 재처분 기간의 제한에 대해서는 제4장 제5절 Ⅲ.

확정판결의 기초가 되었던 사실은 이미 판단한 것이라는 뜻으로 기판력(旣判力)이 생기므로,[366] 과세처분을 유지하는 판결이 확정된 뒤에는 납세의무자도 새로운 소로써 그에 어긋나는 사실을 주장할 수 없다.[367] 재판의 기초가 되지 않았던 사실에 터잡아 납세의무자가 뒤에 새로 소송을 내어 세액의 감액을 청구한다면 그에 대해서는 기판력과 기속력이 미치지 않는다. 재판의 기초가 되지 않았던 사실에 터잡은 새로운 과세처분을 허용하는 이상, 납세의무자도 세액의 감액을 구할 수 있어야 한다. 확정판결을 받은 뒤 애초의 신고가 잘못되어 너무 많은 세액을 내었음을 뒤늦게 알게 된 납세의무자는 경정청구를 할 수 있다고 풀이해야 하고, 경정거부처분에 대한 항고소송에는 판결의 기판력이 미치지 않는다고 풀이해야 한다. 다만 경정청구의 기간에 제한이 있으므로 실제로 이런 소송을 보기는 쉽지 않을 터.

선고 2003두4034 판결 등. 같은 생각으로 윤병각, 1장 6절 5. 정당한 세액을 심리하지 않은 채 과세처분을 취소할 경우 판시취지에 따라 다시 부과할 수 있다. 대법원 1992. 9. 5. 선고 92두794 판결; 1995. 4. 28. 선고 94누13527 판결.

364) 대법원 2002. 8. 27. 선고 2001두5453 판결; 2004. 12. 9. 선고 2003두4034 판결. 결과적으로 이 부분에 관한 한 이미 기판력이 생긴 처분과 새로운 처분이 병존하게 된다.

365) 대법원 1986. 11. 11. 선고 85누231 판결; 1992. 5. 26. 선고 91누5242 판결 등. 그렇게 본다면, 원고가 실체법상의 하자를 주장하는 경우 절차의 하자를 들어 과세처분을 취소하는 것은 옳지 않다(소송물이분설). 불필요한 과세처분의 반복을 낳는 까닭이다. 이자 성격의 환급가산금이 붙는다는 점에서 취소할 필요가 있다는 주장이 있지만 신고납세 세목인 이상 미납부가산세(지연이자)와 상계해야 한다. 이자율 차이를 조정하는 특칙으로 국세기본법 제47조의4 제6항, 제51조 제10항. 대법원 1988. 2. 9. 선고 83누404 판결은 소송이 걸린 뒤에는 절차의 하자를 치유할 수 없다고 하나, 불필요한 과세처분의 반복을 낳을 뿐임은 마찬가지이다. 이 판결의 번복을 전제한 판결로 대법원 2006. 7. 13. 선고 2004두4604 판결. 미국법에서는 실체법상 세금을 낼 의무가 있다면 부과처분의 절차적 하자만을 주장하는 소는 각하한다. Connor v. US, 513 US 892(1994). 프랑스도 비슷하다고, 박정훈, 앞의 책, 제11장 II.4(2).

366) 기판력은 제2차 납세의무자에게 미치지 않는다. 대법원 2009. 1. 15. 선고 2006두14926 판결. 형사판결과의 관계는 대법원 1982. 3. 23. 선고 81도1450 판결; 2019. 9. 26. 선고 2017도11812 판결(취소판결 확정=재심사유). 안대희, 조세형사법, 3편 3장 2절 Ⅶ.

367) 취소청구를 기각하는 판결의 기판력은 무효확인, 부당이득(과오납금) 반환, 경정거부처분의 취소의 소에도 미친다. 대법원 1996. 6. 25. 선고 95누1880 판결; 1998. 7. 24. 선고 98다10584 판결; 2020. 6. 25. 선고 2017두58991 판결(확정판결과 다른 형사판결에 터잡은 경정청구). 그 역은 성립하지 않는다.

제7절 민사소송과 당사자소송

Ⅰ. 민사소송의 유형

판례는 과세처분의 부존재(不存在)나 무효(無效)를 전제로, 이미 낸 세금을 과오납금으로 환급하라는 소송을 민사소송(부당이득반환)으로 보고 있고,[368] 이를 받아 법은 사건을 맡은 민사법원이 행정처분의 존부(存否)나 유무효(有無效)라는 선결문제를 판단할 수 있다고 정하고 있다(다만 판단절차에 있어서는 행정소송에 관한 규정이 많이 준용된다).[369] 신고납세에서 신고가 무효라는 전제 하에서 부당이득의 반환을 구하는 것도 마찬가지.[370] 또 원천징수의무자가 잘못 원천징수하여 납부한 세액도 부당이득이 된다.[371] 국세기본법상 환급가산금 규정은 부당이득의 반환범위에 관한 민법규정에 대한 특칙(경합적 청구권)이다.[372]

Ⅱ. 민사소송 v. 당사자(當事者)소송

과세처분의 무효를 주장하면서 세금의 환급을 구하는 소를 민사소송으로 보자는 생각에는 한 가지 현실적 어려움이 있다. 과세처분의 흠이 애초부터 무효라 볼 정도로 큰가 아닌가(무효사유인가 취소사유인가)는 막상 재판을 해보기 전에는 미리 알 수 없다. 제6절 II.2. 법원마다 판결이 엇갈릴 가능성을 줄이자면? 행정행위가 무효임을 전제로 잘못 낸 세금을 돌려달라는 소송 역시 행정법원에 맡기면 되겠구먼. 그러자면? 그런 소송을 행정소송법상의 當事者소송으로[373] 보면 되겠네. 제4절 II.5, 제6절

368) 대법원 1969. 12. 9. 선고 69다1700 판결; 1995. 4. 28. 선고 94다55019 판결. 토지관할에 대해서는 민사소송법 제2조, 제6조, 제8조. 무효사유와 취소사유의 구별은 제4장 제3절 IV, 제6장 제4절 II.5., 제6절 II.2.

369) 행정소송법 제11조.

370) 대법원 1995. 2. 28. 선고 94다31419 판결; 1997. 12. 12. 선고 97다20373 판결(신고납부를 하지 않으면 본세와 가산세를 물리겠다는 행정청의 압력으로 면세대상을 과세대상으로 신고납부하고 바로 부당이득의 반환을 구한 경우 신고는 당연무효). 대법원 1991. 1. 25. 선고 87다카2569 판결 등은 신고납부 후 부과과세하는 세목(상속세나 증여세)에서 부과처분이 없는 경우 부당이득이라고 하나 2019년 말 개정된 국세기본법 제45조의2에서는 더 이상 맞지 않는다. 제4장 제3절 Ⅳ.

371) 대법원 2002. 11. 8. 선고 2001두8780 판결; 2010. 2. 25. 선고 2007두18284 판결. 원천납세의무자가 원천징수의무자에게 잘못된 원천징수세액을 구하는 것은 부당이득이 아니라 원인채권의 청구. 대법원 2024. 10. 8. 선고 2024다254820 판결. 제4장 제3절 Ⅳ; 제5장 제6절 I.

372) 대법원 2009. 9. 10. 선고 2009다11808 판결; 2018. 7. 19. 선고 2017다242409 판결. 이자기산일은 부당이득 성립일(과오납금은 납부일, 환급세액은 환급기한).

I. 이 문제는 행정행위의 무효를 확인하는 소송과도 연관된다. 무효확인의 소와 취소의 소는 행정행위의 흠의 정도에 차이가 있을 뿐 법적 성질이 다를 바 없고,[374] 따라서 무효확인의 소는 행정법원이 맡는 쪽이 자연스럽다. 무효확인의 소를 행정법원에 맡기는 이상 세금환급 소송 역시 행정법원에 맡기는 쪽이 한결 자연스럽게 된다. 똑같은 판단을 요구하는 까닭.[375] 이런 생각에서 판례도 신고방식의 조세에서, 신고가 무효이고 세금을 아직 내지 않은 경우의 채무부존재 확인소송은 당사자소송이라고 한다.[376] 2013년에는 부가가치세 환급세액 청구도 당사자소송이라는 판결이 나왔다.[377] 조세채권 존재확인도 당사자소송.[378]

기실 세금환급소송이 당사자소송인가 민사소송인가는 바른 논점이 아니다. 민사소송이든 당사자소송이든 민법은 세법에 규정이 없는 경우에만 보충적으로 적용된다.[379] 바른 논점은 세금환급소송을 어느 법원에 맡길 것인가의 문제일 뿐이고, 이는 법원의 내부적 업무분장 문제일 따름.[380] 그렇게 보자면 환급소송을 당사자소송이라고 보든 민사소송이라고 보든 행정법원에 재판권을 주고 민사법원에 소가 제기된 경우에는 행정법원으로 이송하도록 법에 정하면 된다.[381] 나아가서 행정처분이 당연무효가 아닌 사안이라면, 전심절차 등 행정소송법상의 제소요건을 갖춘 이상(실제로 그런 일은 드물겠지만) 소를 변경하여 행정처분취소의 소로 바꿀 수 있게 함이 옳다.

---

373) 행정소송법 제3조 제2호, 제39조-제44조.

374) 취소의 소는 형성의 소이니 무효확인의 소와 본질이 다르지 않나? 실체법적 공정력 개념을 부정하는 이상 취소의 소도 무효확인일 뿐이다.

375) 대법원 2008. 3. 20. 선고 2007두6342 판결. 제6절 I.1. 부과처분취소소송과 부당이득반환소송을 병합하는 경우 전자 계속 법원으로 이송한다. 행정소송법 제10조.

376) 대법원 2000. 9. 8. 선고 99두2765 판결; 2003. 10. 23. 선고 2002두5115 판결. 공법상채무 부존재확인소송을 민사소송으로 변경한 사례로 대법원 2023. 6. 29. 선고 2022두44262 판결.

377) 대법원 2013. 3. 21. 선고 2011다95564 판결; 2019. 6. 13. 선고 2016다239888 판결. 신고한 환급세액을 세무서가 감액경정한 경우라면 항고쟁송을 해야 함은 물론이다.

378) 대법원 2020. 3. 2. 선고 2017두41771 판결. 제4장 제5절 IV.

379) 비채변제에 관한 민법규정은 적용하지 않는다. 대법원 1995. 12. 18. 선고 94다31349 판결. 국세기본법상 환급가산금은 부당이득의 반환범위에 관한 특칙이다. 대법원 2009. 9. 10. 선고 2009다11808 판결. 제4장 제1절 3.

380) 평등권이나 재판청구권 침해가 아니다. 헌법재판소 2009. 5. 28. 2006헌바104 결정(신고납세자의 경정청구와 원천징수의무자의 부당이득반환청구).

381) 항고소송을 민사소송으로 잘못 낸 경우 법원은 소 변경을 하도록 석명권을 행사해야 한다. 대법원 2020. 1. 16. 선고 2019다264700 판결 등. 당사자소송에서 민사소송으로 소변경이 가능하다. 대법원 2023. 6. 29. 선고 2022두44262 판결. 지방자치단체 위임사무 관련 부가가치세 구상청구 사건을 행정부에 이부한 사례로 대법원 2019. 1. 17. 선고 2016두60287 판결.

Ⅲ. 국세환급금(國稅還給金) 청구소송

실제 사례는 드물지만 법원이나 재결기관이 행정처분을 취소하거나 무효라 선언했음에도 불구하고 행정청이 과오납세액을 國稅還給金으로 결정하지 않거나 달리 세금을 돌려주지 않는 경우가 생긴다면 납세의무자는 민사소송으로 세금의 환급을 구할 수 있다.[382] 국세환급금에 관한 국세기본법의 규정은 이미 납세의무자의 환급청구권이 확정된 국세환급금 및 가산금에 대하여 내부적(內部的) 사무처리절차로서 과세관청의 환급절차를 규정한 것에 지나지 아니하고 그 규정에 의한 국세환급금 결정에 의하여 비로소 환급청구권이 확정되는 것은 아니므로, 항고소송의 대상이 아니고[383] 바로 민사소송(民事訴訟)을 해야 한다. 충당대상이 아닌 것을 행정청에서 잘못 충당하여 돈을 안 주는 경우도 마찬가지.[384] 물론 민사소송과는 별개로 행정청에 대해 심사청구나 심판청구를 내면 받아준다. 항고소송의 대상인 행정처분이 아닌 행위도 심사나 심판청구의 대상은 되는 까닭이다. 제2절 II. 그 밖에도 개별세법에 따라 환급하여야 할 세액이 있는 경우, 가령 한 해 동안의 결정세액이 미리 낸 원천징수세액이나 중간예납세액보다 적은 경우나 부가가치세 매입세액이 매출세액보다 큰 경우에도 국세환급금청구권이 생기고, 어떤 이유로든 행정청이 환급을 해 주지 않는다면 민사소송이나 당사자소송의 대상이 됨은 마찬가지이다.[385]

국세환급금과 환급가산금에 관한 권리는 이를 행사할 수 있는 때로부터 5년간 행사하지 아니하면 소멸시효(消滅時效)가 완성한다.[386] 기산일인 '권리를 행사할 수 있는 때'라 함은? 환급세액이라면 환급기한, 과오납금이라면 감액경정일 또는 판결로 과세처분 취소가 확정된 날이다. 과세처분의 무효나 부존재를 확인하거나 전제한 판결이 나온 경우에는 소멸시효의 기산일이 판결확정일이 아니라 애초에 세금을 낸 날이지만,[387] 무효나 부존재를 구하거나 전제한 소를 제기하는 시점에서 소멸시효의 진

382) 간접강제는 행정소송법 제34조 제1항. 지방세가 부가세였던 당시의 판결로, 소득세 부과처분을 취소받는다면 지방소득세는 당연한 환급대상이다. 대법원 2016. 12. 29. 선고 2014두205 판결. 피고는 국세라면 국가, 지방세라면 지방자치단체이고 누구에게 신고납세했는가는 묻지 않는다. 대법원 1989. 2. 14. 선고 87다카3177 판결.

383) 대법원 1989. 6. 15. 선고 88누6436 판결 등. 부작위 위법확인의 소도 안 된다. 대법원 1989. 7. 11. 선고 87누415 판결.

384) 대법원 1994. 12. 2. 선고 92누14250 판결; 2004. 3. 25. 선고 2003다64435 판결; 2005. 6. 10. 선고 2005다15482 판결. 그러나 2017. 10. 12. 선고 2014두3044 판결.

385) 대법원 2004. 3. 25. 선고 2003다64435 판결(민사소송). 대법원 2013. 3. 21. 선고 2011다95564 판결(부가가치세 환급세액 당사자소송).

386) 국세기본법 제54조 제1항.

387) 대법원 1987. 7. 7. 선고 87다카54 판결; 1996. 11. 12. 선고 96다29878 판결; 2005. 1. 27. 선고 2004

행이 중단되므로,[388] 결국은 판결이 확정된 날부터 새로이 시효가 진행한다.[389]

Ⅳ. 국세환급금의 충당

제4장 제1절 3, 제5절 I.

Ⅴ. 국가배상소송

과세처분이 잘못이라는 국가배상 사건도 민사소송이라는 것이 판례.[390] 행정처분이 아직 유효하게 남아있더라도 민사법원이 국가에 배상책임이 있는지를 판단할 수 있다.[391] 국가배상책임은 공무원의 직무상 위법행위에 고의·과실이[392] 있었음을 증명해야 하므로 묻기가 쉽지 않지만 아주 드물게나마 원고승소 판결도 나온다.[393] 고의·중과실이 있었다면 공무원 개인의 책임도 물을 수 있다.[394]

제 8 절 헌법소송

위헌인 법률에[395] 터잡은 부과처분이나 경정거부처분으로 기본권을 침해당했다고 주장하는 납세의무자는 소송 진행중에 위헌법률심판을 헌법재판소에 제청해 줄 것을 법원에 신청할 수 있다. 법원이 이를 받아들여 위헌법률심판을 제청하는 경우에는 헌

다50143 판결(증액경정).

388) 국세기본법 제54조 제2항 제2문. 행정처분의 취소나 무효확인을 구하는 소가 부당이득의 반환청구 그 자체는 아니지만 판례는 반환청구권의 소멸시효를 중단한다고 한다. 대법원 1992. 3. 31. 선고 91다32053 전원합의체 판결; 대법원 2004. 4. 27. 선고 2003두10763 판결은, 표현에 오해의 소지가 있지만, 애초 취소소송이 각하되었던 사안으로 기존 판례와 어긋나지 않고 결론도 옳다. 조세채권의 동일성이 없으면 시효중단은 없다. 대법원 1994. 12. 9. 선고 93다27604 판결(법인세 v. 주주의 종합소득세).

389) 국세기본법 제54조 제2항; 민법 제178조 제2항.

390) 대법원 1972. 10. 10. 선고 69다701 판결; 1991. 1. 25. 선고 87다카2569 판결 등. 민사소송이므로 항고쟁송 불변기한에도 안 걸린다. 이중교, 13장 1절 5. 행정법학자들은 반대한다.

391) 전형적 국가배상소송은 항고쟁송의 불변기한이 지났기 때문에 생긴다. 가령 대법원 1972. 4. 28. 선고 72다337 판결; 1979. 4. 10. 선고 79다262 판결; 1991. 1. 25. 선고 87다카2569 판결 등. 소순무·윤지현 외, 4편 3장.

392) 법해석의 차이는 과실이 아니다. 대법원 1997. 7. 11. 선고 97다7608 판결.

393) 가령 대법원 1979. 4. 10. 선고 79다262 판결(다른 관공서 공문을 거듭 무시하고 과세); 1991. 1. 25. 선고 87다카2569 판결(부실감정인 줄 알면서 과세).

394) 대법원 1996. 2. 15. 선고 95다38677 판결.

395) 제2장.

법재판소에서 심판을 시작한다.[396] 납세의무자의 위헌제청신청을 법원이 기각한다면 납세의무자가 헌법소원심판을 바로 헌법재판소에 청구할 수 있다.[397] 심판결과로는 합헌, 위헌 또는 법에 명시적 근거가 없는 이른바 변형결정으로[398] 헌법불합치, 한정합헌, 한정위헌 결정이 나올 수 있다. 헌법재판소법은 "위헌으로 결정된 법률 또는 법률의 조항은 그 결정이 있는 날로부터 효력을 상실한다"고 정하고 있지만[399] 그에 불구하고 위헌심판을 구하는 바로 그 사건 위헌결정 당시 이미 위헌여부가 걸려 있는 사건이거나 당해 위헌법률이 재판의 전제가 된 채 법원에 걸려있는 사건(병행사건) 그 밖에도 소급효를 인정할 만한 사유가 있는 사건이라면 위헌결정에 소급효가 있다.[400] 소급효가 미치지 아니하는 다른 과세처분은 당연무효는 아니라는 것이 주류적 판례.[401] 과세처분은 더 이상 못 다투더라도 후속 강제징수를 따로 다투어 볼 여지는 있다.[402]

법원을 안 거친 채 바로 조세부과처분이라는 공권력 행사가 기본권을 침해했다면서 헌법소원을[403] 내면 각하당한다. 다른 법률에 구제절차가 있는 경우에는 그 절차를 모두 거친 뒤라야 헌법소원을 낼 수 있는데, 과세처분에 대해서는 법원의 재판이라는 구제절차가 열려 있고 재판은 헌법소원의 대상이 아니기 때문이다.[404] 행정처분이 아닌 공권력 행사로 기본권을 침해 받는다면, 항고소송이 불가능한 경우 헌법소원이 가능할 수도 있다.[405] 명령규칙이 기본권을 직접 침해하는[406] 경우란 세법에서는 인정하지 않고 헌법소원을 각하하는 것이 실무.[407]

---

396) 헌법재판소법 제41조. '헌가' 사건.

397) 같은 법 제68조 제2항. '헌바' 사건.

398) 제2장 제1절. 대법원은 한정합헌이나 한정위헌 결정의 기속력을 부인한다. 대법원 1996. 4. 9. 선고 95누11405 판결; 2013. 3. 28. 선고 2012재두299 판결.

399) 같은 법 제47조 제2항.

400) 헌법재판소 1993. 5. 13. 92헌가10 결정; 대법원 1991. 6. 11. 선고 90다5450 판결; 1992. 2. 14. 선고 91누14672 판결; 1993. 1. 15. 선고 92다12377 판결; 1994. 10. 25. 선고 93다12377 판결. 두 기관의 입장 차이에 대해서는 소순무·윤지현 외, 5편 2장 5절.

401) 헌법재판소 2022. 7. 21. 2013헌마242 결정 등. 제3장 제2절.

402) 대법원 2002. 7. 12. 선고 2002두3317 판결; 2002. 8. 23. 선고 2001두2959 판결; 2002. 11. 22. 선고 2002다46102 판결.

403) '헌마' 사건.

404) 다만 특정한 법률규정이 위헌이라는 헌법재판소의 결정을 받아들이지 않는 법원판결을 헌법재판소가 취소할 수 있다는 것으로 헌법재판소 1997. 12. 24. 96헌마172, 173 결정; 2012. 7. 26. 2009헌바35 결정. 상세는 제3장 제2절 3, 제12장 제3절 Ⅲ. 2.

405) 헌법재판소 2003. 3. 3. 2019헌마1399 결정(행정지도).

406) 헌법재판소 1990. 10. 15. 89헌마178 결정; 1996. 8. 29. 94헌마113 결정; 1997. 6. 26. 94헌마52 결정.

407) 헌법재판소 2009. 4. 30. 2006헌마1261 결정; 2011. 12. 29. 2011헌마149 결정; 2020. 9. 24. 2017헌마498 결정. 이에 대한 비판으로 김규림, 신고납세방식 조세에 관한 법령과 헌법재판소법 제68조 제1항 헌법소원, 조세법연구 26-3(2020), 63쪽. 헌마 사건으로 제소가 적법하다고 본 헌법재판소 1999. 11. 25. 98헌마55 결정은 소득금액변동통지를 처분으로 보는 현행법에서는 안 맞는다.

소득과세, 소비과세, 재산과세의 이론적 기초

오늘날의 정치체제, 헌법체제에서는 국가의 살림살이에 드는 돈을 각 개인이 얼마나 부담해야 하는가를 각자의 담세력에 따라 정하는 것이 공평하다고 생각한다. 담세력을 재는 잣대로 널리 받아들일 수 있는 것은 소득 · 소비 · 재산 정도이다. 우리 현행법의 소득과세는 개인을 납세의무자로 삼는 소득세법과 법인을 납세의무자로 삼는 법인세법의 두 가지로 이루어져 있으므로, 이 강의에서도 제4편에서 소득세를, 제5편에서 법인세를 다룬다. 제6편에서는 소득세법과 법인세법에 공통된 주제로서 세무회계 내지 기업소득의 계산을 다룬다. 이어서 제7편에서는 소비세제 내지 부가가치세를, 세8편에서는 재산과세를 다룬다. 개별적 세제를 분석하기 위한 전제로 우선 이 제3편은 소득세란 무엇이고 소비세란 무엇인가, 소득세, 소비세, 재산과세는 서로 어떻게 얽혀 있는가, 이런 기본이론을 따진다.

제 7 장 소득세·법인세의 연혁과 소득개념의 형성사

소득세제는 크게 보아 1) Haig-Simons의 소득개념, 곧 어디에서 무엇을 해서 벌었든 富가 늘어난 만큼 세금을 내어야 한다는 식의 소득개념을 과세물건으로 하는, 2) 직접세제로, 3) 누진율을 따른다, 이 세 가지 요소로 이루어져 있다.[1]

오늘날 소득에 대한 세금은 여러 나라에서 매우 중요한 비중을 차지하고 있고, 소득세에 대하여는 대체로 좋은 세제라는 느낌이 있다. 이를 반영해 주듯이, 언론에서 '간접세의 비중이 너무 높다'라는 주장이 늘 나온다. 소득을 과세물건으로 삼아 거기에 누진율을 적용하는 것이 정의롭다는 생각이다.

그러나 소득세가 세상에 처음 생길 때에는, 소득세라는 것이 지금처럼 세제의 한가운데를 차지하리라고는 아무도 생각하지 않았다. 소득이라는 개념이 온 사회로 퍼져 국가의 살림살이에 드는 돈을 국민 사이에 나누어 부담시키는 기준이 되리라는 생각은 전혀 없었다. 제1절에서 보듯이, 18세기 말 영국에서 소득세가 처음 내어났을 때 영국사회는, 전쟁비용을 마련한다는 긴급상황에서 어쩔 수 없이 입법하기는 하지만 소득세를 괴물로 여겼다.[2] 제2절에서 보듯이 독일도 마찬가지. 왜? 소득세란 국가가 개인의 삶을 뒤져서 누가 얼마를 버는지를 알아내어야만 한다는 새로운 압제라고 생각한 까닭. 그러나 오늘날 소득세는 현실적으로 세제의 한가운데를 차지하고 있을 뿐더러 당위로서도 바람직한 세제로 여겨지고 있다. 무엇이 이 변화를 이루었는가? 민주주의(民主主義)의 성장.[3] 근대사, 특히 제3절의 미국 역사가 이를 잘 보여 준다. 19세기 초 이래 약 100년 가까운 세월 동안, 누가 얼마나 더 부자가 되었는가를 따져 그에 따라 세금을 매겨야 공평하다는 생각이 사회 구성원의 다수에게 퍼져 나가고, 한편 같은

1) 주관심이 실무인 독자는 위 세 가지를 그냥 외운 뒤 제10장으로 건너뛰고 그 뒤를 읽다가 필요한 부분만 찾아 읽을 수도 있다. 한편 경세(經世)나 학문을 하려는 사람이라면 7, 8, 9장이야말로 핵심.

2) 34 Hansard's Parl. Deb.(3rd ser), col. 22(1798).

3) F. Shehab, Progressive Taxation(1953).

세월동안 핏줄이나 힘이 아니라 사람들의 머릿수가 법의 존재근거로 자리잡게 되었다. 소득세야말로 공평한 제도라는 생각이, 소득세는 자유를 억압하는 나쁜 제도라는 비판을 밀어내기에 이른 것이다. 이 역사는 소득세가 관세나 소비세 따위의 간접세를 밀어내고, 소득의 개념이 이른바 소득원천설, 제한적 소득개념 내지 분류과세제도로부터 순자산증가설, 포괄적 소득개념 내지 종합과세제도로 바뀌어 온 역사이기도 하다. 잘사는 사람은 세금을 더 내어야 마땅하다는 생각이 법제 속에 뿌리내리는 역사. 이런 의미에서 소득세의 역사는 좋게 말하여 민주주의, 나쁘게 말하면 인민주의(人民主義)의 발자취이다.

소득개념은 오로지 소득세제만의 산물은 아니다. 오늘날 소득이라는 개념이 이같이 온 세상에 퍼진 것은, 사회구성원 모두를 대상으로 하여 '어떤 사람이 번 돈이 얼마인가' 또는 '어떤 사람이 얼마나 더 부자가 되었는가'를 잴 사회적 필요가 생긴 까닭이다. 이 필요는 두 가지였다. 하나는 소득세라는 새로운 세제, 다른 하나는 제4절에서 보듯이 회사라는 새로운 산업조직의 등장. 이런 제도에서는 일정 기간별로 소득, 곧 사람이나 기업을 단위로 삼아 그 富가 얼마나 늘었는가를 계산할 필요가 생겼다. 이렇게 태어난 소득개념은, 제5절에서 살펴보는 복식부기라는 틀과 합쳐지면서 소득의 계산 내지 손익의 귀속시기에 관한 일정한 회계관행을 형성했다. 한 마디로, 소득개념이 소득세를 만든 것이 아니라 소득세제를 비롯한 근대적 사회제도가 소득이라는 개념을 만들어 낸 것이다.

제 1 절 영국의 소득세

1. 나폴레옹 전쟁과 Pitt의 소득세

소득세제는 영국이 나폴레옹 전쟁이라는 급박한 상황에서 전쟁 비용을 대기 위한 새로운 세원(稅源)으로 소득에 세금을 매긴 데에서 비롯한다.[4] 전쟁이 터지기 전 영국의 재정수입은 무엇이었으려나. 소득세가 없는데. 수입물품에 붙는 관세, 특정 물품의 매매에 붙는 물품세(excise tax) 및 토지세가 대종이었다.[5] 관세와 물품세는 마차 · 설탕 · 맥주 · 비단 · 양초 등 사치품에 부과되었고, 생필품은 대체로 면세되었다.[6] 1793년 나폴레옹 전쟁이 터지자 그 때까지의 세제로는 전쟁에 드는 돈을 댈 길이 없

4) Stephen Dowell, *A History or Taxation and Taxes in England*, Ⅱ권(1966), 209쪽, 534쪽.
5) Edwin R.A. Seligman, *The Income Tax*(1914), 57-60쪽. Google Books에 있다.
6) 세수 통계는 Dowell, 앞의 책, 206-207쪽 참조.

었고, 1797년 영국정부의 재정은 거의 파탄에 이르렀다.[7] 이에 1799년 당시 영국 수상이었던 William Pitt(小 Pitt)가 들여온 비상수단이 소득세(duties on income).[8]

각자 버는 돈의 일부를 세금으로 내라고? 1799년 소득세는[9] 엄청난 비판과 조세저항을 맞는다. 비판은 주로 이 새로운 세제에서는 '영국에 사는 사람 모두가 각자 제 살림살이를 드러내어야 한다'는 데에 집중되었다.[10] 여태까지는 각 개인이 어디에서 무슨 일을 하여 얼마의 돈을 버는가는 국가가 상관할 바 아닌 사생활(私生活)의 얼안이었으나, 이제는 납세의무자가 소득을 제대로 신고했는가를 국가가 알아야 하고 그러자면 국가가 납세의무자의 생활내용을 조사하여 올곧게 신고했는지를 알아내어야 한다. 이런 제도라면 정직한 이는 손해를 보고, 거짓말 잘하며 소득을 잘 감출 수 있는 이가 덕을 보게 마련이다. 따라서, 국가는 모든 국민을 일단 거짓말쟁이로 여기고 신고가 정직한지를 알아보기 위해 납세자의 사생활을 자세히 조사할 수밖에 없다. 사람을 뭘로 보고, 바로 이 점에서 이 새로운 세제는 치욕적·야만적 압제로 여겨졌다.[11]

소득세가 정말로 나쁜 제도라는 점에 대해 생각을 달리하는 이는 적어도 국회의원 가운데에는 없었지만, 어쨌든 전쟁은 치러야 하고 다른 대안이 없었으므로 소득세는 1799년에 입법되었다. 이 소득세는 누진율을 갖추고 있었으나, 누진세(累進稅)를 부의 재분배 기능으로 이해한 것은 아니다. Pitt 자신이 말했듯이 부의 재분배란 국가가 할 일이 아니었고,[12] 누진율은 사회질서를 흔들고 재산권을 흔드는 문명사회의 파괴자로 여겨졌다.[13] 그러나 어쨌든 전쟁은 치러야 한다는 필요 덕에 누진세도 받아들여졌다. 이런 '악마 같은'[14] 소득세는 1802년 영국과 프랑스가 휴전조약을 맺자마자[15] 열하루만에 바로 폐지되었다.[16]

---

7) Dowell, 앞의 책, 208-217쪽.

8) An Act to Repeal the Duties imposed by an Act, made in the last Session of Parliament, for granting an Aid and Contribution for the Prosecution of the War; and to make more effectual Provision for the like Purpose, by granting certain Duties upon Income, in lieu of said Duties of Jan. 9, 1799, 39 Geo. 3, ch. 13(1799).

9) 상세는 Piroska Soos, *The Origins of Taxation at Source in England*(1997), 147-152쪽. 황남석, 우리 법인세법의 성립과정(2017), 23-30쪽.

10) Grossfeld and Bryce, "*A Brief History of the Origins of the Income Tax,*" 2 Amer. J. of Tax Policy 211(1983), 특히 215-217쪽.

11) 34 Hansard's Parl. Deb.(3rd ser.)(1798), 특히 84번째 줄.

12) 34 Hansard's Parl. Deb.(3rd ser.)(1798), 특히 108째 줄.

13) Henry C. Simons, *Personal Income Taxation*(1938), 60쪽.

14) 36 Hansard's Parl. Deb.(3rd ser.)(1802), 특히 462번째 줄.

15) Treaty of Amiens, 1802. 3. 25.

16) An Act for Repealing the Duties on Income, 42 Geo. 3, ch. 42(1802).

2. Addington 소득세: 분류과세와 원천징수

그러나 연이어 1803년 영국과 프랑스는 다시 전쟁을 벌였다. 영국은 다시 전비를 마련해야 했고, 당시 수상이던 Addington은 종래의 제도를 손보아 소득세제를 다시 들여왔다.[17] 1799년의 소득세법에 대한 가장 큰 저항이 각자 제 소득을 모두 신고하라는 데에 있었기에[18] Addington의 세제는 사람을 기준으로 각 납세자가 한 해 동안 번 돈이 얼마인가를 묻는 대신, 소득을 전형적 源泉별로 분류한 뒤 원천마다 따로 과세했다. 소득의 원천은 네 가지로 분류: 땅, 금융자산, 사업소득 등 노동의 산물, 국가 및 공공기관의 직무 등.[19] 그 가운데 땅에 관계되는 소득은 다시 소유자와 임차인으로 나누어 과세했기에 1803년 세제는 소득의 종류를 Schedule A에서 E까지 다섯 가지 별표로 나누었다. 소득은 별표별로 분류해서 각각 분리과세하고,[20] 합산하지 않았다.[21] 자산의 양도차익이나 수증(受贈) 등 어쩌다 한번씩 생기는 이득은 별표에 안 들어갔고 별표에 없는 소득은 과세대상이 아니었다.[22]

Addington 세제의 두 번째 특징은 각 원천에서 소득을 지급하는 자로 하여금 애초에 소득을 지급할 때 세금 몫을 국가에 바로 납부하게 하는 원천(源泉)과세 내지는 源泉징수제도를[23] 들여와 세수를 원천에서 걷었다는 점.[24] 이 제도는 연금・이자・임대료・공무원 급여 등 돈의 흐름이 상대적으로 고정적인 소득에 적용되었다.[25] 원천에서 세금을 걷는 방식은 '부정을 낳는 가장 큰 원인의 하나인 사생활의 노출'을[26] 막을 수 있었다. 이 제도 하에서 국가는 소득을 지급하는 주요 원천(은행・기업 등)을 관리함으로써 세수의 상당부분을 걷을 수 있었다. 또 원천에서 생긴 소득자료가 언젠가는

---

17) An Act for granting his Majesty until the first Day of May next after the Ratification of a Definitive Treaty of Peace, a Contribution on the Profits arising from Property, Posessions, Trades and Offices of Aug. 1, 1803, 43 Geo. 3, ch. 122(1803).

18) Dowell, 앞의 책, 230쪽.

19) *An Exposition of the Act for a Contribution on Property, Professions, Trades and Offices*, First Part, p. 5, reprinted in Seligman, 앞의 책, 90-93쪽.

20) 분류과세를 뜻하는 'Schedular Taxation'이라는 말은 바로 여기에서 나왔다.

21) 다만, 인적 공제 등의 이유로 환급을 청구하려는 납세의무자는 소득을 합산할 수 있었다. Soos, 앞의 책, 154쪽.

22) Grossfeld and Bryce, 앞의 글, 220쪽.

23) 그 당시 영국법에는 경제적 효과는 비슷하나 법률적으로는 다른 두 가지 제도가 있었다. 상세는 Soos, 앞의 책, 11-16쪽, 157-180쪽 참조.

24) Soos, 앞의 책, 36쪽에 따르면 원천에서 세금을 걷는 제도는 17세기의 토지세에도 있었고 가장 오래된 것은 1512년이라고 한다.

25) Seligman, 앞의 책, 90쪽.

26) Seligman, 앞의 책, 90-93쪽에 있는 앞의 Exposition.

납세의무자별로 집계될 것에 대비하여 각 납세의무자도 정직하게 신고할 필요를 느끼게 되었다. 따라서 신고의 정직성을 둘러싼 마찰이 줄어들었다. 한편 원천에서 소득자료가 생기지 않는 소득, 곧 자산의 양도차익이나 受贈같이 어쩌다가 한번씩 생기는 소득은 아예 과세하지 않게 되었다. 이런 소득은 납세자의 사생활을 뒤지지 않고서는 알아낼 길이 없으니까.

이런 구조를 띤 까닭에 Addington의 소득세는 인세(人稅)보다는 물세(物稅)에 가까운 세제였다. 돈의 흐름에 세금이 붙지만, 그 돈을 버는 이가 누구인가는 중요하지 않았던 것이다. 영국정부 스스로 이를 소득세(duties on income)라 부르지 않고 "재산 및 생산적 노동에 대한 세금"(taxes on property and productive industry)이라고 불렀던 것이 이 까닭이다. 이같이 이름까지 바꾸어 낸 까닭이 Pitt의 1799년 소득세와 차별성을 드러내자는 것이었음은 물론.[27] Pitt의 소득세에 비할 때, Addington의 소득세는 굉장한 성공작이었고, 곧 세율까지 낮출 만큼 세수를 넉넉히 걷을 수 있었다.[28]

3. 영구세로 전환

전쟁이 끝난 얼마 뒤 1816년에 소득세법은 폐지되었다.[29] 소득세가 각 개인의 담세력에 잘 맞는 세제라는 주장은 일부 소수 급진세력의 과격한 주장으로[30] 그대로 묵살되었다. 그러나 그 뒤 소득세는 다시 부활했다. 언제, 왜? 도시화에 따른 1842년의 재정위기. 당시 수상이었던 Peel은 Addington의 소득세를 한시세(限時稅)로 부활시켰다.[31] 산업화 도시화 탓에[32] 이 한시세가 그 뒤 거듭거듭 연장되다가 마침내 1874년 Disraelli 시대에 이르러 소득세를 폐지하려는 움직임은 거의 잦아든다.[33] 소득세가 어언 몇십 년이나 있어 온 까닭에 영구세로의 전환은 그다지 큰 충격은 아니었다.[34] 누진율에 대해서는 시비가 계속되었으나 대략 1894년 이후에는 누진율도 세제의 일부라는 생각이 점차 자리잡기 시작했고, 1909년 이후에는 도전이 거의 사그라진다.[35]

1842년의 소득세법은 과세대상소득 가운데 하나로 '장사나 전문직업에서 생기는

27) Seligman, 앞의 책, 92쪽.
28) Grossfeld and Bryce, 앞의 글, 220쪽.
29) Grossfeld and Bryce, 앞의 글, 221쪽.
30) 예를 들어 이름을 밝히지 않은 채 Three Most Important Objects Proposed라는 문서가 나돌기도 했다. Seligman, 앞의 책, 108쪽.
31) Dowell, 앞의 책, 322-326쪽.
32) capitalism이라는 말이 영어사전에 처음 실린 것이 1854년 Oxford 사전.
33) Seligman, 앞의 책, 173-175쪽.
34) Seligman, 앞의 책, 185쪽.
35) Seligman, 앞의 책, 181쪽.

이윤과 이득의 금액 전부'[36]를 과세하도록 정하고 있었다. 그러나 이 법은 각 사업연도에 귀속될 소득을 어떻게 정하는지에 대해서는 전혀 정해둔 바가 없었다. 1842년 소득세법의 입법 당시 이 법은 잠깐 있다가 없어질 한시법으로 여겨졌음을 생각한다면, 소득을 시간적으로 나누어 각 사업연도에 귀속시킨다는 문제가 무시된 것은 별로 놀라울 바는 못 된다.

제 2 절 독일의 소득세

1. 신분세가 소득세제에 미친 영향

Addington의 소득세는 영국에서 유럽으로 퍼져 나갔다. Addington 세제의 특성 가운데 분류과세와 원천징수는 독일도 그대로 받아들였지만, 신고납세제도는 그대로 실시되지 않고 여러 가지로 변형되게 된다.

독일의 소득세는 1808년 동(東)프로이센과 리투아니아가 Addington 소득세를 수입해 온 데에서 비롯한다.[37] 얼마 뒤 나폴레옹 군대가 독일의 일부를 점령하고 군비(軍費)를 안다미씌우자, 프로이센은 비상수단으로 소득세를 온 나라에 매겼으니 이것이 1811년 법과[38] 1812년의 개정법.[39] 이 소득세는 나폴레옹이 망한 1814년 바로 폐지되었다.[40] Pitt의 소득세에 가까웠던 이 세제는 거짓말과 감추기에 능한 사람이 덕보는 제도라는 똑같은 비난을 받았다.[41] 이 경험은 그 뒤 1820년의 프로이센 *身分稅*[42] 제도에 반영된다. 신분세? 각 국민에게 재산 기타 파악된 자료에 따라 사회신분을 부여한 뒤 신분별로 정해진 세금을 부과하는 제도. 조세채무는 실제 소득금액과 무관했으므로 신고납세나 세무조사는 필요 없었고, 납세의무자는 금액이 얼마든 국가가

36) 원문은 full amount of the profits or gains from a trade or vocation.

37) *Reglement des Kriegsschuldenwesen der Provinz Ostpreußen und Lithanien und der Stadt Königsberg insbesondere betreffend, Februar 23, 1808, Gesetz Sammlung für die Königlichen Preußischen Staaten*(1806-1810), 193쪽.

38) *Edikt über die Erhebung der Beitrage zur Verpflegung der Französischen Truppen in den Oder-Festungen und auf den Märschen, mittels einer Klassensteuer,* Dez. 6, 1811, 같은 책(1811년 분), 361쪽.

39) *Edikt wegen der Erhebung einer Vermögen- und Einkommensteuer,* Mai 24, 1812, 같은 책(1812년 분), 49쪽.

40) *Edikt wegen der Erhebung einer Vermögen- und Einkommensteuer,* Mai 24, 1812, 같은 책(1814년 분), 83쪽.

41) Grossfeld and Bryce, 앞의 글, 229쪽.

42) Klassensteuer. '계급세'라는 번역으로 황남석, 우리 법인세법의 성립과정 연구(2017), 41쪽.

매기는 세금을 그대로 내면 되었다. 크게 본다면 신분세는 "사람의 부는 대체로 잘 사는 신분에 비례한다"는 점에서 소득세와 비슷한 효과를 얻으면서 "납세의무자의 재산상태를 속속들이 뒤져내어야 한다"는 단점을 피하려는 제도였다.[43)]

제대로 된 소득세가 생겨난 것은 1851년. 1842년에 부활된 영국의 소득세가 큰 말썽 없이 굴러가자 독일도 이에 힘입어 소득세를 들여왔다.[44)] 1851년의 프로이센 所得稅는 하층민에 대해서는 종래의 신분세를 그대로 간직하면서 상층신분에만 분류과세로 소득세를 적용하는 2원적 제도였다.[45)] 왜 이런 제도를? 신분세를 고안한 사람들의 기대와 달리 세금을 덜 내기 위해 스스로 신분을 낮추는 사람이 속출. 신분에서 돈으로, 이제 세상은 "신분에서 계약으로," 신분의 세상에서 돈의 세상으로 넘어가고 있었다. 이런 일을 당하자 국가는 일정 수준을 넘는 부자에 대해서는 신분이 아니라 소득을 기준으로 세금을 매기는 소득세를 들여오게 되었다.[46)] 그러나 1851년의 소득세는 상층신분이라 하더라도 납세의무자가 신고하는 것이 아니라 국가가 세금을 알아서 매기는 부과과세(賦課課稅)라는 점에서[47)] 영국의 소득세와 큰 차이를 보였고, 신분세의 잔재가 강하게 남았다. 각 납세의무자가 낼 세금이 얼마인지를 산정할 책임은 국가에 있었지만, 그럼에도 불구하고 납세의무자를 귀찮게 조사하지 않으면서 세금을 매기게 되어 있었다.[48)] 금액이 얼마든 국가가 부과한 세금을 납세의무자가 그대로 내면, 조세채무는 그로써 종결되었다.[49)] 국가가 납세의무자의 실제 소득을 조사하는 것은 소득에 비해 부과된 세금이 너무 많다고 납세의무자가 다투는 경우에만, 그것도 마지막 수단으로만 허용되었다.[50)] 이런 인정과세방식에서는 근로소득 아닌 다른 소득의 파악률은 실제 소득의 1/3도 못 되었다나.[51)]

프로이센이 1866년 오스트리아와 싸워 이기고 1871년 독일 제2제국을 세운 뒤 1891년 독일은 새로운 근대적 소득세를 입법했다.[52)] 1891년의 소득세(所得稅)는 분류

---

43) Klassifikations-Merkamale und Allgemeine Bestimmungen nach denen bei Veranlagung der Klassen-Steuerpflichtigen dem Sek. 3 der Gesetzes von 30 Mai d. J. gemaßes zu verfahren ist. Grossfeld and Bryce, 앞의 글 230쪽에서 재인용.

44) *Gesetz, betreffend die Einführung einer Klassen-und klassifizierten Einkommensteuer*, Mai 1, 1851, *Gesetz-Sammlung für die Königlichen Preußischen Staaten*(1851), 193쪽(이하 "1851년 법").

45) 1851년 법 제2조.

46) Grossfeld and Bryce, 앞의 글, 231쪽.

47) 1851년 법 제23조.

48) 1851년 법 제23조.

49) 더 연구할 과제이기는 하나 조세채무의 성립원인을 요건사실의 발생이나 존재가 아니라 행정행위로 보는 독일 행정법식 발상은 여기에서 태어난 듯하다.

50) Grossfeld and Bryce, 앞의 글, 233쪽.

51) Grossfeld and Bryce, 앞의 글, 234쪽.

52) Einkommensteuergesetz, Juni 24, 1891, Gesetz Sammlung für die Königlichen Preußischen

과세와 신고납세라는 특성을 모두 갖추고 있었다. 소득의 원천은 네 가지로 분류했고, 납세의무자는 이 네 가지 분류표에 나와 있는 소득을 신고납세할 의무를 지고 있었다.[53] 영국과 마찬가지로 원천에서 소득자료가 생기지 않는 소득은 과세소득의 범위에서 빠졌다. 그 뒤 1차 대전 후 1920년 독일 온 나라에서 소득세법이 실시되었다.[54] 1920년 소득세법은 원천징수제도를 추가함으로써[55] Addington의 소득세를 거의 통째로 수입한 셈.

2. 소득원천설과 순자산증가설

1891년의 소득세법이 위와 같은 제한적 소득개념을 채택하기까지는 제법 논란이 있었다.[56] 대략 1870년에서 1900년 사이에 독일의 세법학자들은 소득세가 나아갈 방향에 대해 열띤 말다툼.

다수의 학자들은 Addington류의 기존세제를 정당화하는 이론인 이른바 소득원천설(所得源泉說, Quellentheorie)을 주장했다. 소득이란 '원물의 손상 없이 일정기간 동안 쓸 수 있는 재화의 합계'라는 Hermann의 소득개념(소비자금설)에서 출발한다는[57] 이런 견해는, 늘 반복되는 수입이라야 소득이라든가(반복성설),[58] '고정된 원천에서 순소득으로 규칙적·반복적으로 생기는 재화의 합'이라야 소득이라는(원천설)[59] 식의 주장을 펼쳤다. 이런 주장은 그 당시 실정법이 과세대상으로 삼고 있었던 소득의 범위에서 공통적 요소를 추려 내어 이를 소득의 개념으로 삼은 것들이다.[60] 개인의 소득이란 국민소득 가운데 각자에게 귀속되는 부분이라는 견해도 이전지출이나 이미 존재하는 재산의 가격변화에서 생기는 차손익 등을 개인의 소득에 반영하지 않는 점에서 결론은 소득원천설과 같다.[61]

소득원천설에 반대하고 순자산증가설(純資產增加說, Reinvermögenszugangs-

Staaten(1891), 175쪽.

53) Grossfeld and Bryce, 앞의 글, 236쪽.

54) Reichseinkommensteuergesetz, März 29, 1920, Reichgesetzblatt 1920, 1.

55) Kapitalertragsteuergesetz, März 29, 1920, Reichgesetzblatt 1920, 1. HALBJ., No. 57.

56) 일반론으로 Henry Simons, *Personal Income Taxation*(1938), 44-48쪽.

57) 사실은 Hermann의 소득개념은 각 개인의 과세소득에 관한 것이 아니고 국민소득에 관한 것이다. Hermann, *Staatswissensschaftliche Untersuchungen*(1870), 특히 제9장, 583쪽; Simons, 앞의 책, 48쪽, 63-64쪽.

58) Gustav Cohen, *Grundlegung der Nationalökonomie*(1885); Adolph Wagner, *Grundlegung der Politischen Ökonomie*(3rd ed., 1892).

59) B. Fuisting, *Die Preussischen Einkommen Steuern*, Grundzüge der Steuerlehre(4. Bd., 1902).

60) Simons, 앞의 책, 67쪽.

61) Simons, 앞의 책, 44-48쪽.

theorie) 내지 포괄적 소득개념을 주장하고 나선 사람이 Schanz.[62] "우리의 관심사는 한 사람이 일정기간 동안 독립적 경제력을 얼마나 늘렸는지, 제 재산을 해하거나 남에게 빚지지 않으면서 이 기간 동안 처분할 수 있었던 금액이 얼마나 되는지이다."[63] "소득이란 제3자가 준 것을 포함하여 일정기간 동안의 순자산증가를 뜻한다."[64] "순수입, 제3자가 준 급부, 수증(受贈), 상속, 수유(受遺), 복권당첨, 보험금, 모든 시세차익 등은 다 소득에 포함하고, 지급이자나 재산손실은 공제해야 한다."[65] 그러나 Schanz의 노력은 헛수고였고, 1891년의 프로이센 소득세법은 소득원천설 내지 제한적 소득개념을 채택했다. 19세기 말 독일의 소득세의 사명은 세수의 확보였던 것이다.[66] 그 뒤 1차대전 후 나라를 다시 일으키는 와중에 과세소득의 범위는 훨씬 넓어지게 되고 누진율도 급격해지게 된다.[67] 소득원천설의 소득 개념 자체가 없어진 것은 아니지만.

제 3 절 미국 소득세와 그 이후

미국의 소득세도 처음 생길 때에는 영국이나 독일과 마찬가지로 남북전쟁이라는 비상상황을 헤쳐나가기 위한 한시적 제도로 태어났다가 바로 없어졌다. 그러나 그 뒤 20세기 첫 무렵에 이르러 부자든 가난한 사람이든 똑같이 과세하는 관세나 물품세는 불공평하고, 부자라면 세금을 더 내는 소득세라야 공평하다는 인민주의적 공평의 이념이 퍼지면서 미국의 소득세는 다시 태어났다.

1. 인민주의적 공평 → 소득세

미국 소득세제의 계기는 南北戰爭의 비상재정수요.[68] 1861년 남북전쟁이 터지자 그 이듬해 북군측 정부가 3%의 소득세를 부과한 것이 미국 소득세의 첫걸음이다. 이 세제는 철도회사에서[69] 받는 배당과 이자, 금융기관이나 보험회사에서 받는 이자 및

62) Georg v. Schanz, *Der Einkommenbegriff und die Einkommensteuergesetz*, Finanz Archiv 13-1 (1896).
63) Simons, 앞의 책, 5쪽에서 재인용.
64) Simons, 앞의 책, 23쪽에서 재인용.
65) Simons, 앞의 책, 24쪽에서 재인용.
66) Tipke/Lang, *Steuerrecht*(제24판, 2021), 제8장 5문단. 이하 달리 적지 않은 한 Tipke/Lang이란 제24판.
67) Einkommensteuergesetz v. 29. 3. 1920, RGBl. 1920.
68) Seligman, 앞의 책, 431쪽. 김석환, 미국 소득세제의 기원에 대한 소고, 조세법연구 15-2(2009), 198쪽.
69) 미국 개척 당시 철도회사는 미국 경제의 핵심이었다.

공무원보수 중 일정액을 넘는 금액을 3%-5%의 세율로 과세하는 제도로, 세금은 모두 원천에서 징수했다.[70] 뒤이어 1864년에는 누진율을 10%로, 원천징수세율을 5%로 올렸다.[71] 이 소득세는 전쟁이 끝난 뒤 얼마 있다가 1871년에 폐지되었다.

소득세가 되살아난 것은 1894년.[72] 1894년 소득세는 인민주의(人民主義)적 공평(公平) 이념에서 태어났다.[73] 미국 남서부의 농촌에 뿌리를 둔 민주당이 관세를 줄이고 그 대신 소득세를 걷자는 주장을 하고 나섰던 것이다. 관세는 '수입물품을 쓰는 사람 모두에게 세부담을 지우는 세금', '사람의 부(富)가 아니라 필요에 물리는 세금'이며, 이제는 '사람이 무엇을 필요로 하는가가 아니라 무엇을 소유하는가에 세금'을 물려야 할 시대가 왔다는 것.[74] 관세 중심인 당시의 세제란 정치권과 관료가 국민다수의 희생 위에 동북부 상공업자들의 이익을 보호하는 음모라는 주장이 공감을 얻어 미국정부는 1894년에 관세를 낮추고 소득세를 매기기에 이르렀다. 이 소득세는 부자라면 세금을 더 내야 마땅하다는 식의 인민주의에 터 잡은 것이었던 만큼[75] 일정금액을 넘는 '이득, 이윤 및 소득'을 모두 과세했고,[76] 부동산의 양도차익, 증여나 상속받은 재산 따위를 모두 과세했다.[77] 과세대상이 되는 사람의 범위가 좁은 만큼 원천징수의 범위도 매우 제한되었다.[78]

그러나 1894년 소득세는 이듬해인 1895년 미국대법원의 위헌(違憲)판결로 사라지게 되었다. 미국대법원은 *Pollock v. Farmer's Loan & Trust Co.* 판결에서[79] 1894년 소득세는 직접세이므로 연방정부의 과세권 밖이라는 판결을 내렸다.[80] 판시이유는 미국헌법에 특유한 연방제 문제였지만,[81] 실제 쟁점은 소득세제의 본질에 관한 다툼이었다. 같은 판결의 보충의견: 1894년의 소득세제는 '부에 따라 세금의 차등을

---

70) Act of July 1, 1862, sec. 89, 12 Stat. 432, 특히 473쪽.

71) Act of June 30, 1864, sec. 116, 120, 122, 123, 13 Stat. 223, 특히 281-285쪽.

72) Act of August 27, 1894, 28 Stat. 509.

73) Seligman, 앞의 책, 493-508쪽.

74) 미국 하원 Ways and Means Committee(재무위원회) 위원장 McMillin의 연설. Seligman, 앞의 책, 497쪽에서 재인용.

75) 소득세제에 반대하는 사람들은 이를 공산주의라고 비난했다. Wells, "*The Communism of a Discriminating Income Tax,*" 130 North Amer. Rev. 236(1880).

76) Act of Aug. 27, 1894, sec. 27, 28 Stat. 509(1894), 특히 553쪽. 세율은 2%의 비례세율이지만, 면세구간이 있으므로 평균세율은 누진율이 된다. 제8장 제2절 참조.

77) Seligman, 앞의 책, 508-509쪽.

78) 1894년 소득세법 제33조.

79) 157 US 429(1895).

80) 당시 미국헌법에 따르면 각 주의 직접세부담은 인구에 비례하도록 되어 있었다. 1909. 7. 2. 개정 전 미국헌법 제I(9)(4)조 및 제I(2)(3)조.

81) 상세는 Seligman, 앞의 책, 531-589쪽.

두는' '계급입법'이고, 이는 종교에 따라 세금의 차등을 두는 것이나 마찬가지라고.[82] 국민대중은 Pollock 판결을 국가재정의 *Dred Scott* 판결로[83] 여겼다.[84] 이른바 Lochner 시대의 보수반동적 판결 가운데에서도 최악의 판결이라는 것이 국민정서.[85] 흑인은 국민이 아니다, 노동시간 상한은 위헌이다, 부자가 세금 더 내면 위헌이다.[86] 법원의 입장이 바뀌리라고는 기대할 수 없었고, 남은 길은 헌법을 바꾸는 수밖에.[87]

다시 십 몇년이 지난 1909년에 역시 민주당의 주도 속에 법인에 대한 소득세가 '법인특권세',[88] 곧 법인이라는 법률형식을 이용하는 특권에 대한 대가라는 이름으로 입법되었다. 이 법 역시 위헌여부가 문제되었지만, 법원은 *Flint v. Stone Tracy Co.* 판결[89]에서 법인세는 직접세가 아니므로[90] 연방정부의 과세권에 속한다고 판시했다. 같은 해에 개인소득세를 매기기 위한 헌법개정안이 발의되고, 1913년까지는 36개의 주의 찬성으로 제16차 헌법(憲法)개정을 하면서[91] 1913년 소득세법이 태어났다.[92] 이 소득세는 1%-6%의 누진세(累進稅)로 '모든 순소득'을 과세했다. 미국의 소득세가 태어난 배경이 부자가 세금을 더 내어야 한다는 인민주의적 사고 내지 공평의 이념이었음을 생각한다면, 모든 소득을 누진율로 과세하도록 한 것은 너무나 당연. 원천이 무엇이든 어떤 사람의 부가 증가한다면, 그 사람의 담세력이 그만큼 늘어남에는 의문의 여지가 없으니.

2. 순자산증가설(純資産增加說)이 자리잡기까지

그러나 종합과세의 운명은 아직은 불안했다. 제16차 개정헌법이나 1913년 소득세법은 '모든 소득'이라는 말이 반드시 순자산증가설을 뜻한다고 밝힌 바 없었던 까닭이

---

82) 157 US 429, 특히 596쪽.

83) Dred Scott v. Stanford, 60 US 393(1856). 여치헌, 인디언 자치공화국(2017), 120-126쪽.

84) Seligman, 앞의 책, 589쪽.

85) 법원이 보수반동적 판결을 쏟아낸 1890-1920년 무렵을 Lochner 시대라고 부른다. Lochner v. New York, 198 U.S. 45 (1905) 판결은 최장노동시간을 주 60시간으로 정한 주노동법을 위헌 선언.

86) 법학방법론 문제로 법관은 법을 기계적으로 적용할 뿐이라는 생각(formalism)이 Pollock 판결에 미친 영향에 대해서는 Morton J. Horwits, The Transformation of American Law 1870-1960(1992), 특히 20-24쪽. 제3장 제2절 1.

87) Seligman, 앞의 책, 589쪽.

88) Corporate Excise Tax. Act of Aug. 5, 1909, sec. 38, 36 Stat. 11.

89) 220 US 107(1911).

90) 영미에서는 법인세는 직접세가 아니라고 생각함이 보통이다. 물론, 직접세, 간접세라는 말을 어떤 뜻으로 쓰는가에 달려 있다.

91) 개정헌법은 소득세는 주별 인구에 관계 없이 걷을 수 있도록 정했다. 1909년 7월 2일 제16차 개정헌법.

92) Tariff Act of 1913, Sec. II, 38 Stat. 114(1913), 특히 166쪽.

다. 이리하여 소득의 개념은 다시 법원에 맡겨지게 되어 법원은 소득세의 본질을 고민하는 긴 항해를 시작했고, 공평이 지배적 이념이 되기까지는 다시 몇 십 해 세월이 흐른다. 소득세의 본질에 관한 갈등이 드러난 초기의 사건 가운데 하나가 바로 저 유명한 1920년의 *Eisner v. Macomber* 판결.[93] 쟁점: 주식배당(株式配當)이 과세소득의 범위에 들어가는가? 법원은 아니라고 판시. 왜? i) '소득'이란 자본이나 노동이 받는 보수, ii) 자본소득은 원본에서 분리 또는 실현되어야 소득의 개념에 들어갈 수 있다, iii) 그런데 헌법은 소득에 대한 과세를 허용했을 뿐. 따라서 iv) 주식배당을 과세하는 법률은 위헌이라고 판시. 주식배당의 과세가 옳은가는 일단 접어놓고,[94] 판시이유로 소득의 개념을 위와 같이 정의하면서 이를 '헌법' 개념으로 정리한 것은 종합과세의 발목을 잡은 것.

Macomber 판결이 나오자 주식양도차익에도 세금을 못 내겠다는 사람들이 나타났다. 배당가능이익의 자본전입도 소득이 아니라면, 배당가능이익을 가만 두어 주식의 가치가 올라서 생긴 양도차익도 소득이 아니지, 이런 주장이다. 가치가 얼마가 되었든 주식 그 자체야 원물(res) 그대로 있는 것, 이 주장. Macomber 판결의 논리가 양도차익 비과세까지 간다면 또다시 헌법개정이 뒤따르리라는 경고 속에서[95] 1921년 판결은 주식양도차익이 과세대상 소득이라고 판시.[96] Lochner 시대가 저물기 시작한 것이다. 그 뒤 여러 판결을 거쳐, 1931년의 *U.S. v. Kirby Lumber* 판결은[97] 회사채의 조기(早期)상환에서 생기는 차익도 순자산증가액으로 소득이 된다고 판시했다.

종합과세(綜合課稅) 내지 純資産增加說이 발판을 굳히기까지는 1938년에 출판된 Henry C. Simons의 *Personal Income Taxation*의 힘이 크다. 그 전에도 1921년에 R. M. Haig가 순자산증가설이 옳다는 주장을 펼친 바 있다.[98] Simons는 소득의 정의문제를 불특정다수의 납세의무자 사이에서 조세부담을 어떻게 나누어야 공평(公平)한가라는 질문에서부터 풀어내기 시작한다.[99] 소득(적어도 과세소득)이라는 말이 각 개인의 담세력(擔稅力)을 측정하기 위한 도구 내지 계산결과라는 목적론적 관점에서 본다면,[100] 이는 개인이라는 인적 차원에서 정의해야 하고,[101] 일찍이 독일에서 Schanz가

93) 252 US 189(1920). 이 판결에 대해서는 제8장 제1절 I, 제14장 제3절 Ⅲ. 이창희, 미국법인세법, 제3장 제5절 I.

94) 제14장 제3절 Ⅲ 참조.

95) Note, Is Appreciation in Value of Property Income, 34 Harvard Law Review 536 (1921), 특히 538쪽.

96) Merchant's Loan & Trust Co. v. Smietanka, 255 U.S. 509 (1921).

97) 284 US 1(1931).

98) Haig, *The Concept of Income in the Federal Income Taxation*(R. M. Haig ed., 1921), 1쪽.

99) Simons, 앞의 책, 1-3쪽. 인터넷에 pdf가 나온다.

내세운 순자산의 증가가 과세소득을 정하는 바른 지도 이념이라는 것.[102] 일정한 원천에서 정기적으로 받는 수입이라야 소득이라는 견해는 무엇이 소득이고 무엇이 아닌지에 대해 애매한 테두리를 긋는다.[103] 바른 질문은 무엇이 소득인가가 아니고 소득은 어떻게 측정하는가이다.[104] 각 납세자를 놓고 그에게 물릴 수 있는 세금이 얼마인가, 그의 소득이 얼마인가를 물어야 한다면, 납세자의 인적 · 주관적 상황을 떠나 원천이 무엇인가, 자금의 흐름이 반복적인가, 이런 것을 따져서 소득의 개념을 정하는 것은 그르다.[105]

1940년대 이후 미국의 판결에서는 純資産增加說이 확실히 굳어졌다. 1940년의 *Helvering v. Brunn* 판결은[106] 임대토지 위에 임차인이 지은 기부채납 건물의 가치가 임대계약 만료 후 임대인의 소득이 되는가라는 논점과 관련하여 투자 원물(이 사건에서는 토지)에서[107] 분리되지 않은 이득이라도 소득이 된다고 판시했다. 1955년의 *CIR v. Glennshaw Glass Co.* 판결은[108] 실손해를 넘는 손해배상을 받은 경우,[109] 그 차액이 소득인가라는 논점을 판단하면서 *Eisner v. Macomber* 판결의 제한적 소득개념을 사실상 내치고[110] 순자산증가설의 입장을 따랐다.[111]

---

100) Simons, 앞의 책, 79-80쪽, 203쪽.

101) Simons, 앞의 책, 77쪽.

102) Simons, 앞의 책, 60-61쪽.

103) Simons, 앞의 책, 62-77쪽.

104) Simons, 앞의 책, 78쪽.

105) Simons, 앞의 책, 79쪽.

106) 309 US 461(1940).

107) 미국법에서는 건물은 토지의 일부로 본다. 납세의무자의 주장은 기부채납 건물은 토지가치의 증가일 뿐이라는 것이다. Brunn 판결로 Macomber는 죽었다는 평석으로 Surrey, The Supreme Court and the Federal Income Tax: Some Implications of the Recent Decisions, 35 Illinois Law Review, 778 (1941), 특히 783쪽. 그러나 그 뒤 미국세법 1019조는 이 판결을 뒤집는 내용을 입법하여 소득에서 빼고 있다.

108) 348 US 426(1955).

109) 미국법에는 이른바 punitive damage 제도가 있어서 이런 일이 생긴다.

110) Macomber 판결은 자본소득에 관한 것이므로 사안이 다르다고 구별. 348 US 426 가운데 430-431쪽. 이 판결은 punitive damage의 과세여부를 넘어 비과세로 명시되지 않은 한 경제적 이득은 모두 소득이 된다는 뜻으로 넓혀져 읽히게 되었다. Bittker, McMahon & Zelenak, *Federal Income Taxation of Individuals*, 3.5[1]절.

111) 1960-70년대 최고의 세법학자였던 Harvard Law School의 Surrey 교수는 소득의 이념형에서 벗어나는 tax expenditure를 세출처럼 통제해야 한다고 주장했다. 특히 Stanley Surrey, Pathway to Tax Reform(1973). 그 뒤 우리나라, 미국 등 많은 나라가 그리하고 있다. 제2장 제3절 I.5. Surrey의 이념형은 실정법의 내적체계에서 끌어낸 것이고 Haig-Simons의 소득 정의 그대로는 아니다. Musgrave, 98 Harvard Law Review 335 (1984); Avi-Yonah & Fishbien, Stanley Surrey, the Code and the Regime, 25 Florida Tax Review 119 (2021). Musgrave와 Yale Law School의 Bittker 교수 등 사이의 포괄적 소득세 논쟁은 제9장 제1절 서론 부분.

3. 프 랑 스

프랑스에서는 국가가 각 개인의 재산과 소득에 관한 정보를 관리해서 누진율로 세금을 매기자는 것은 부도덕을 법으로 삼자는 생각이라는 비판을 이겨내지 못했다.[112] 소득세는 1차대전이 터진 1914년에 가서야 겨우 입법해서 1916년분 소득부터 과세하기 시작했다. 1917년법은 소득을 근로소득, 사업소득 등 6가지로 구분해서 각각 따로 과세. 종합과세는 1948년부터 시작했지만 순자산증가설은 아니고 소득구분별로 세금이 달랐다.

4. 일 본

일본은 1887년에 왕령(칙령, 勅令)으로 소득세법을 들여왔다. 내용은 근본적으로는 1851년 당시의 프로이센 소득세법과 비슷한 내용으로 과세대상인 소득을 종합과세하지만 과세소득의 범위나 금액은 소득구분별로 정했다. 법인은 1899년부터 따로 과세하기 시작했다.[113]

5. 우리나라

구한말까지 우리나라에는 소득세제가 없었다. 법인세는 1916년 일본 법인세법을 의용해서 매기다가 1920년부터 총독령(제령, 制令)을 따로 만들었다. 이름은 조선소득세령이지만 법인만 과세. 그 뒤 1934년 만주사변의 전비조달을 위해 개인도 과세하기 시작하면서 소득세를 1종, 2종, 3종으로 정했다. 1종 소득세는 법인이 순소득 기준으로 내는 세금으로 지금으로 치면 각 사업연도의 소득과 청산소득에 매겼다. 2종 소득세는 개인·법인 구별 없이 금융소득을 분리과세. 3종 소득세는 지금의 개인소득세에 해당하는 것으로 이런저런 소득을 과세했다. 해방 이후에도 제헌헌법에 따라 조선소득세령이 잠정 통용되다가 1949년에 소득세법과[114] 법인세법을[115] 따로 만들었고 이것이 지금까지 이어지고 있다. 소득세법은 개인과세로 일반소득세와 특별소득세로 나누었다. 일반소득세란 개인소득세로서 제한적 소득개념에 터잡았다. 지금 용어로 부동산임대소득, 비제도권 금융소득, 사업소득, 근로소득, 기타소득으로 나누어 소득금액과 세액을 계산하되 이런 소득을 종합한 금액이 기준 이상인 부분은 누진세율을 적용했다. 특별

112) André & Guilot, 1914-2014: One Hundred Years of Income Tax in France(2014: IPP Policy Brief No. 12).

113) 우리 말 문헌으로는 황남석, 우리 법인세법의 성립과정 연구(2017), 129쪽 이하.

114) 1949. 7. 15. 법률 제33호.

115) 1949. 7. 11. 법률 제62호.

소득세는, 청산하는 법인에서 받는 청산배당, 퇴직소득 등에 대한 분리누진세와 제도권 금융소득(비거주자라면 모든 금융소득) 분리비례세, 이 두 가지로 나누어 과세했다. 법인세는 순자산증가설로 각 사업연도의 소득과 청산소득에 물렸다.

제 4 절 회사제도와 회계정보의 공시

1. 자본집적의 필요성 → 주식회사

영국에서 소득세가 부활된 시점은 주식회사(株式會社)라는 제도가 되살아나 상기업의 일반적 꼴로 제도화된 시점과 거의 일치한다. 회사의 본질은 불특정다수의 사람에게서 조금씩 돈을 모아 큰 사업을 벌임에 있다. 이런 뜻의 회사는 17세기 첫 무렵의 동인도회사 등 식민지경영 사업에서부터 시작되었다. 이렇게 태어난 회사라는 제도는 그 뒤 매우 위험한 해외사업에 뛰어드는 투기의 수단 또는 사업을 하겠다고 많은 사람에게서 돈을 모은 뒤 이를 빼돌리는 사기의 수단으로 전락한 경우가 여러 차례. 그 가운데 대표적인 사건으로, Isaac Newton마저 당했던 South Sea Company 사건이 터진 뒤 1720년 영국에서는 Bubble Act로 주식회사 제도를 불법화했다. 주식회사라는 제도는 그 뒤 1844년에 가서야 주식회사법을[116] 통해 되살아났다. 19세기 중엽에 회사제도가 되살아날 수밖에 없었던 까닭은? 기술의 발달, 산업혁명, 工場制機械工業. 공장제기계공업은 어느 개인이 투자할 수 있는 돈을 훨씬 넘는 대규모의 투자를 필요로 했고, 따라서 많은 사람의 돈을 모아 기업을 차릴 수 있게 하는 제도로 회사라는 개념이 필요했다.[117]

회사제도는 기업활동에 들어가는 자금을 댄 투자자를 주주(株主)와 채권자(債權者), 두 가지로 구분한다. 채권자는 일정한 투자수익을 미리 보장받고, 주주는 채권자의 몫을 제외한 순자산을 가져간다. 회사의 재산과 영업은 주주 또는 주주가 뽑는 경영자가 관리한다. 이런 체제에서는 주주나 경영자는 자신들이 회사의 재산을 관리함을 기화로 채권자의 이익을 해칠 가능성이 생긴다. 그런 가능성 가운데 전형적 문제가 '위법(違法)배당'이다.[118] 주주가 배당가능이익, 곧 회사소유 순자산의 증가액 가운데

116) The Joint Stock Companies Act of 1844, 7 & 8 Vic. c. 110. 이 말의 정확한 의미는 이창희, 미국법인세법(2018), 제1장 제2절 III.

117) Joel Bakan, The Corporation: The Pathological Pursuit of Profit and Power(2005), 14쪽.

118) 그 밖에도 위험한 사업에 투자하거나, 새로운 채무를 끌어들이는 등 여러 가지 방법으로 주주 내지 경영자가 채권자의 이익을 침해할 가능성이 생긴다. 일반론으로 Smith and Warner, *"On Financial Contracting — An Analysis of Bond Covenants,"* 7 Journal of Financial Economics(1979), 117쪽.

채권자의 몫을 뺀 나머지보다 더 많은 금액을 배당으로 가져간다면, 채권자는 손해를 보게 된다. 배당가능이익이 있는가, 있다면 얼마인가라는 문제는 회사의 순자산이 얼마나 늘었는가, 바꾸어 말하면 회사의 소득이 얼마인가라는 계산을 필요로 한다.

2. 회계정보의 공시(公示)

회사제도는 또한 회사의 재무상태 및 손익에 대한 재무정보를 불특정다수의 투자자에게 公示할 것을 요구하게 되었다. 英國의 1844년 주식회사법은 회사로 하여금 완전하고 공정한("full and fair") 대차대조표를 작성하여 감사(監事)의 감사(監査)를 받은 뒤 이를 주주들이 볼 수 있게 제공하고, 등기소에 비치할 것을 요구했다.[119] 이런 재무공시가 생긴 까닭은 일찍이 South Sea Company처럼 주식회사라는 제도를 악용해 불특정투자자들에게서 돈을 사기쳐 모으는 사건이 또 터지지 않도록 막자는 것. 그 뒤 1856년의 주식회사법이[120] 강제 공시(公示)를 폐지하고 이를 시장에 맡겼다가 1908년의 회사법이[121] 강제 공시를 다시 들여와서,[122] 오늘날까지. 한편 獨逸상법이 회계공시에 관한 규정을 둔 것은 1794년 프로이센의 Allgemeines Landrecht가 장부가 없고 대차대조표의 작성을 게을리하여 파산에 이른 자를 과실파산자로 처벌한 데서 비롯한다고 한다.[123] 그 뒤 독일의 통일 과정에서 있었던 몇 차례의 입법초안을 거쳐 1861년의 독일 일반상법전은[124] 대차대조표에 관한 규정 등 장부 및 부기에 관한 개별적 규정을 두었다.[125] 현행 독일 상법은[126] 제238조에서 제342(a)조에 걸쳐 자산·부채의 인식 여부 및 평가와 손익의 계산에 관해 자세한 규정을 두고 있다. 美國은 각 주별로 회사법을 따로 두고 있어서 회계정보 공시에 대한 통일적 법제도가 없다가 1929년의 대공황을 맞았다. 이를 수습하는 과정에서 1933년의 증권법과 1934년의 증권거래소법이 생겼고, 이런 증권법제의 한 갈래로 공시의무가 부과되었다. 불특정다수인을 대상으로 증권을 새로 모집하려는 회사는 재무정보를 공시하여야 하고, 이미 공개회사가 된 회사는 정기적으로 또 주요사건이 있을 때마다 수시로 재무정보를

간단한 소개로는 윤영신, "주주와 사채권자의 이익충돌과 사채권자 보호," 상사법연구 제20호(1998), 313쪽.

119) The Joint Stock Companies Act of 1844, 7 & 8 Vic. c. 110, 제36조, 제37조, 제39조, 제43조.

120) The Joint Stock Companies Act of 1856, 19 & 20 Vic. c. 47.

121) The Companies Act of 1908, 8 Edw. Ⅶ c. 69.

122) The Companies Act of 1908, 8 Edw. Ⅶ c. 69, 제26(3)조.

123) K. Barth, *Die Entwicklung des deutchen Bilanzrechts*, Bd. Ⅱ 1, 245쪽.

124) Allgemeines Deutsches Handelsgesetzbuch(이하 "독일 일반상법전").

125) K. Barth, 앞의 책, 68쪽.

126) Handelsgesetzbuch vom 10. Mai 1897(RGB1 219/BGB1 Ⅲ 4100-1) mit den späteren Änderungen (이하 "독일 상법").

공시하게 되었다.

제 5 절 복식부기

소득세와 회사라는 두 가지 근대적 법제도는 소득이라는 개념을 온 사회에 걸쳐 쓰이는 개념으로 끌어올려 개인, 기업 또는 회사를 단위로 한 소득의 계산을 필요로 하게 되었다. 특히 기업 내지 회사의 경우에는 소득이 얼마인가라는 계산은 복식부기라는 틀과 결합되게 되었다. 예를 들어 우리 법인세법은 "납세의무 있는 법인은 장부를 갖추어 두고 복식부기 방식으로 장부를 기장"하도록 정하고 있다.[127] 우리 상법은 "상인은 영업상의 재산 및 손익의 상황을 명확히 하기 위하여 회계장부 및 대차대조표를 작성"하고,[128] 주식회사는 대차대조표, 손익계산서 … 등을 작성하라고.[129]

1. 복식부기의 과정과 재무상태표

복식부기는 수많은 거래를 통하여 일어나는 자산 · 부채의 변동상황과 그 원인을 체계적으로 기록하기 위해 고안된 정보처리 시스템으로 약 1250년에서 1350년 사이에 이탈리아에서 쓰이기 시작했다.[130]

1) 자산 = 부채 + 자기자본

복식부기는 "資產 = 負債 + 自己資本," 다른 용례로는 "자산 = 타인자본 + 자기자본"이라는 등식(等式)에서[131] 시작한다. 이 등식 오른쪽(회계 용이로 이를 '대변'이라 부른다)의 "부채(liability) + 자기자본(equity)" 또는 "타인자본(Fremdkapital) + 자

127) 법인세법 제112조; 소득세법 제160조.

128) 상법 제29조.

129) 상법 제447조.

130) R. de Rover, *"The Development of Accounting Prior to Luch Pacioli According to the Account-books of Medieval Merchants,"* in *Studies in the History of Accounting*(A. C. Littleton and Yamey ed., 1956), 172쪽. 흔히들 복식부기의 창시자라 일컬어지는 15세기 이탈리아의 수학자 Luca Pacioli의 책 「Summa de Arithematica, Geometrica, Proportioni et Proportionalita」는 종래의 기장방법을 정리한 것이다. Pacioli 및 그의 책이 미친 영향에 대해서는 A. C. Littleton and Yamey, 같은 책, 175쪽 이하의 R. Emmett Taylor, *Luca Pacioli* 참조. 서양식 複式簿記는 19세기 말에서 20세기 초 일본을 거쳐서 우리나라에 들어왔다. 믿거나 말거나, 고려시대의 우리나라 부기(사개치부법)가 서양에 전해진 것이라는 주장도 있다.

131) 방정식이 아니다. 용어는 무엇이든 중요한 점은 이것이 용어의 정의 그 자체로 (자산)=[부채 + (자산 - 부채)] = (부채 + 자기자본), 곧 자기자본이라는 말은 순자산 = (자산 - 부채)라는 것. 본문을 읽어나가면 점점 뚜렷해질 것이다.

기자본(Eigenkapital)"은 경제적 자원(고전파 정치경제학의 용어로 자본)이 어디에서 어떻게 조달되었는가 하는 원천을[132] 나타낸다. 왼쪽(회계 용어로 이를 '차변'이라 부른다)은 그렇게 조달된 자원이 현재 어떤 상태로 남아있는가라는 현황 내지 운용을[133] 곧 자산을 나타낸다.[134] 이하에서는 원칙적으로 "자산(assets) = 부채(liability) + 자기자본(equity)" 또는 "타인자본 + 자기자본"이라는 용례를 쓴다. 우리나라의 기업회계 실무에서는 오랫동안 자기자본이라는 말 대신 "자산 = 부채 + 자본"이라는 용례를 써왔다. 이 용례를 버리고 독일식 용례로 equity를 자기자본으로 옮기는 것은, 기업회계기준서가 equity라는 말의 번역으로 자본과 지분(持分)을 섞어 써서 그 자체 혼란스럽고[135] 나아가 우리 상법이나 세법이 말하는 자본과 헷갈리기 때문이다.[136] 그렇게 하는 편이 이 책의 경제분석 부분에서도 자본이라는 말의 뜻에 혼선이 적다.[137]

"자산 = 부채 + 자기자본" 또는 "총자산 = 총자본 = 타인자본 + 자기자본"이라는 등식으로 돌아와서 우선 손쉽게 자산과 부채라는 말이 재산과 채무라는 뜻이라고 생각해 본다면,[138] 어느 회사가 일정한 금액의 자산을 소유하고 있다는 사실은 그 금액만큼 회사의 주주 내지 출자자가 돈을 투자했거나 또는 그 회사가 채권자에게서 돈을 꾸었음을 뜻할 수밖에 없다. 예를 들어, 서울컴퓨터(주)라는 회사가 어느 해 1월 1일 자본금 1억원의 인수 납입으로 설립되고 그 다음 날인 1월 2일 은행에서 1억원을 꾸었다면, 이 회사에는 현금이라는 모습을 띤 2억원의 자산이 있다. 이 돈의 원천을 생각해 본다면 1억원은 주주가 투자한 '자기자본'이고, 1억원은 은행이 꾸어 준 '부채' 또는

132) 미국식의 용례로는 source, 영국식 용례로는 charge.

133) 미국식의 용례로는 use, 영국식 용례로는 discharge.

134) "운용 = 원천"이라는 시각에서는 "자산 = 자본," 또는 "총자산 = 총자본"이 된다.

135) 기업회계기준서 1102호, 1103호, 1107호, 1110호. 회계기준은 제18장 제5절. 국제회계기준 독일어판은 자기자본으로, 일본어판은 지분(持分)으로 옮기고 있다. Equity를 持分으로 옮긴 것은 애초 오역이다. 순액(純額)이나 나머지 정도의 뜻이다. 가령 소유한 집의 시가에서 저당차입금을 뺀 나머지를 equity라고 부른다.

136) 수십년 동안 상법은 자본 내지 그 금액인 자본금을 기명주식의 액면총계, 무기명주식을 발행한 회사라면 정관으로 달리 정한 금액으로서 배당가능이익 계산시 순자산에서 빠지는 금액이라는 뜻으로 썼다. 세법이 말하는 자본이라는 말은 원칙적으로 이 옛 용례이다. 현행 상법은 종래의 자본이라는 말의 대부분을 구태여 자본금으로 뜯어고쳤다. 종래 기업회계실무의 자본(순자산)과 혼선을 저어했기 때문이다.

137) 자산이라는 말 대신 실물자본(소유권 등 토지의 사용권한을 얻는 데 든 자본 포함)이나 자본재(資本財)라는 말을 쓴다면 "자본 = 자본" 또는 "자본재 = 자본"이다. 자산에 덧붙이는 것을 자본적 지출(capital expenditure)이라고 부르거나 capitalization이라고 부르는 것도 이런 용례이다. 한국은행의 기업경영분석도 "총자산(유동자산 + 고정자산) = 총자본(타인자본 + 자기자본)"으로 각종 지표에서 총자산과 총자본을 섞어서 쓴다.

138) 기업회계용어로 자산이나 부채라는 말은 재산이나 채무라는 법률용어와 좀 다르다. 기업회계가 담고 있는 규범적 기준이 법과 다른 까닭. 제18장 제5절 Ⅲ.

은행이 투자한 '타인자본'이다. "자산 = 부채 + 자기자본"이라는 말은 항등식일 수밖에.

"자산 = 부채 + 자기자본"이라는 등식을 고쳐 쓰면 "자산 - 부채 = 자기자본." 곧 복식부기에서 '자기자본'이라는 말은 주인 내지 주주의 몫, 다시 말하면 기업이 가지고 있는 자산에서 부채를 뺀 나머지 순자산(純資產)을 뜻한다. 이 자기자본이란 상법에서 말하는 '자본', 곧 주식이나 지분의 액면금액의 총계와는 전혀 다른 뜻이다. 가령 앞의 예에서 주주가 1억원을 투자하면서 발행받은 주식의 액면은 7천만원 뿐일 수도 있다. 상법상 "자본"이라는 말의 뜻을 살리기 위해 7천만원을 자본의 금액 또는 자본금이라 적는다면, 액면초과액 3천만원은 자본금은 아니지만 여전히 주주의 몫임은 틀림이 없다.

"자산 = 부채 + 자기자본"이라는 식은 항등식(恒等式)이므로 어떤 자산이나 부채의 변동은 다른 자산, 부채 또는 자본의 변동을 일으킬 수밖에 없다. 서울컴퓨터(주)의 예로 돌아가면, 처음에 주주들이 1억원을 납입하는 거래는 회사의 입장에서 본다면 아무것도 없던 상태에서 현금 1억원이라는 자산이 생기고 같은 금액의 자기자본이 생긴다. 은행에서 1억원을 꾸는 거래는? 현금 1억원이라는 자산이 생기면서 차입금 1억원이라는 부채가 생기는 것. 복식부기란 바로 이와 같이 개개의 거래별로 서로 관련된 자산 · 부채의 증감 변동을 동시에 기록한 뒤, 각 자산 · 부채의 증감 변동을 자산 · 부채의 항목(과목)별로 역사적으로 집계하여 기말 현재의 자산 · 부채의 현황을 알아내는 방법을 말한다. 복식(複式, double-entry)부기라는 이름은 어떤 거래에서 생기는 자산 · 부채 · 자기자본의 증감을 위 예의 현금과 차입금처럼 해당되는 두 곳에 적는다는 데에서 나온 이름이다.

2) 분　　개

또 다른 예로, 은행에서 꾼 돈 가운데 5천만원을 갚으면, 이는 현금 5천만원의 감소와 은행 빚 5천만원의 감소, 두 가지로 나타내게 된다. 각 자산 · 부채의 변동을 기록함에 있어서 이 같은 감소액이 나오면, 이를 음수(陰數)로 적어서 숫자를 줄여 주는 대신에 모든 계정을 차변 · 대변의 두 칸으로 나누어 증가를 한 쪽에 모아 적고 감소를 반대쪽에 모아 적는다. "자산(차변) = 부채 + 자기자본(대변)"이라는 등식에 맞추어 이를 정리하면, 자산은 차변에 증가액을, 대변에 감소액을 적고, 부채와 자기자본은 차변에 감소액을 대변에 증가액을 적는다.[139] 예를 들어, 현금의 증가는 현금 계정의

139) "부채 + 자기자본 = 자산"이라는 방식으로, 자기자본과 부채를 왼쪽에, 자산을 오른 쪽에 적더라도 아무 차이가 없다. 종이의 아래위로 또는 빨간 종이 파란 종이에 나누어 적어도 아무 차이가 없다. 다만, 역사적 우연을 거쳐 왼쪽 · 오른쪽으로 나누어 적고, 거기에 차변 · 대변이라는 이름을 붙였을 뿐. 1856년의 영국 회사법에 첨부된 대차대조표 양식은 자산을 오른쪽에, 자기자본과 부채를 왼쪽

차변에 감소는 현금 계정의 대변에 적는데, 차변금액이 대변보다 크다면 이는 현금의 순증가가 있음을 뜻한다. 차입금의 증가는 차입금 계정의 대변에, 감소는 차입금 계정의 차변에 적는다. 차변금액이 대변보다 크다면 이는 차입금의 순감소가 있음을 뜻한다.

복식부기의 실제 과정은 分介에서 시작한다. '분개'란 어떤 행위나 사건의 경제적 의미를 둘 이상의 자산·부채·자기자본이 어떻게 변하는가로 파악하는 것이다. 나누어 적기라는 뜻에서 分介라고 말한다. 분개란 거래의 경제적 의미를 "자산 = 부채 + 자기자본"이라는 등식에 맞추어 거래를 ① 차변요소로 자산의 증가, 부채의 감소, 자기자본의 감소, ② 대변 요소로 자산의 감소, 부채의 증가, 자기자본의 증가로 나타낸 것이다. 앞의 예로 돌아가면, 1월 1일 주주들이 현금 1억원을 납입하여 회사를 세우면서 주식 액면 1억원어치를 받는 거래와 1월 2일 은행에서 1억원을 꾸는 거래는 각 다음과 같이 적는다.

(1.1.) 현금 1억원(자산의 증가)　　　자본금　1억원(자기자본의 증가)
(1.2.) 현금 1억원(자산의 증가)　　　은행차입금　1억원(부채의 증가)

거꾸로 어떤 분개의 내용이 다음과 같다고 하자.

(1.3.) 은행차입금　5천만원　　　현금　5천만원

현금이라는 자산은 대변(감소)에 5천만원 적혀 있고, 차입금이라는 부채는 차변(감소)에 5천만원 적혀 있으므로, 위 분개는 1월 3일에 현금 5천만원으로 차입금 5천만원을 갚았다는 뜻이다.[140] 분개란 반드시 필요한 과정은 아니지만, 분개를 모아놓은 기록만 보면 무슨 일이 있었는지를 한눈에 볼 수 있으므로 매우 쓸모 있는 개념이다. 분개를 쭉 모아놓는 기록(분개장)을 영어로는 '일기'(journal)라고 부른다. 글자 그대로 장사에 관한 일기.

경제적 행위나 사건이 개개의 자산·부채에 어떤 증감을 일으키는가를 각 계정(計定)에 적는 것을 전기(轉記)라고 한다. 일단 분개를 한 뒤 그 결과를 각 자산·부채計定에 옮겨 적는다는 말이다. 위 문단 (1.1.)의 거래는 현금계정의 차변에 1억원이 늘고(자산의 증가), 그와 동시에 자본금계정의 대변이 1억원 느는 것으로(자기자본의 증가) 적는다. (1.2.)의 거래는 현금계정의 차변에 1억원이 늘고(자산의 증가) 차입금계정의

에 적도록 하고 있다. The Joint Stock Companies Act(1856), Table B.

140) 제18장에서 기업회계의 개념과 기준을 소개하기 전까지는 우선 계정과목이나 회계처리방법은 반드시 기업회계의 표준 용례를 따르고 있지 않고, 회계학을 배우지 않은 독자가 쉽게 이해할 수 있는 방식으로 표시한다. 어차피 이 책에 나오는 분개는 기업회계가 아니라 세법에 대한 설명.

대변에 1억원이 느는 것으로(부채의 증가) 적는다. (1.3.)의 거래는 차입금계정의 차변에 5천만원을 적고(부채의 감소) 현금계정의 대변에 5천만원을(자산의 감소) 적는다.

현 금

(1.1.) 1억원	
(1.2.) 1억원	
	(1.3.) 5천만원

은행차입금

	(1.2.) 1억원
(1.3.) 5천만원	

자 본 금

	(1.1.) 1억원

3) 재무상태표(대차대조표)

각 계정은 자산 · 부채 · 자기자본의 증감 내역과 현황을 보여준다. 예를 들어, 현금계정의 차변에는 (1.1.) 1억원, (1.2.) 1억원이 적혀 있고, 대변에는 (1.3.)에 5천만원이 적혀 있으므로, (1.3.) 밤 현재에는 현금이 1억 5천만원이 있음을 알 수 있다. 이와 같이 특정 시점 현재 각 계정의 잔액이 얼마인가를 모두 모으면, 그 시점 현재 자산 · 부채의 현황이 어떠한가를 알 수 있다. 특정한 어느 시점 현재 자산 · 부채 · 자기자본의 잔고를 모아 "자산 = 부채 + 자기자본"이라는 등식에 맞추어 표시한 것이 재무상태표(balance sheet, Bilanz). 상법의 용례는 아직 대차대조표이지만 국제회계기준에서는 이름을 바꾸었다. (1.3.) 밤 현재 재무상태표는 다음.

재무상태표

(××××. 1. 3. 현재)

자 산		부채와 자기자본	
현 금	1억 5천만원	은행차입금	5천만원
		자 본 금	1억원

2. 거래의 8요소와 손익계산서

1) 수익과 비용

얼핏 보아 자산 · 부채 · 자기자본의 증감변동이라는 위 틀에 맞추어 넣기 어려워 보이는 거래가 있다. 예를 들어, 1월 4일에 종업원임금 1천만원을 지급했다면 대변에는 자산(현금)의 감소 1천만원이 있지만, 동시에 차변에 뭘 적지? 자산의 증가, 부채의 감소, 자기자본의 감소, 아무것도 없는데? 그러나 곰곰 생각해 보라. 현금 1천만원이 나가고 그에 맞서 자산의 증가나 부채의 감소가 없다면, 이는 소유자(법인의 경우에는 주주)의 몫이 그만큼 줄어들었다는 말이다. 아, 자기자본의 감소를 차변에 적어야겠네. 그런데 사업과정에서 생기는 순자산의 감소이고 주주가 돈을 가져가는 경우랑은 다르니 따로 구별할 필요가 있구먼. 이런 자기자본 감소를 비용(費用, expense, Aufwendung)이라고 부른다. 비용발생액은 자기자본의 감소이므로 차변에 적게 된다. 종업원임금 1천만원을 지급하는 예로 돌아가면, 차변에는 종업원 임금 1,000만원을 비용의 발생으로 적고, 대변에는 현금 1,000만원을 자산의 감소로 적게 된다.

(1. 4.) 인건비 1,000만원 현금 1,000만원

다른 한편, 예를 들어 1월 5일에 현금 1,000만원을 주고 산 컴퓨터(재고자산)를 1월 6일에 3,000만원에 팔았다고 하자. 1월 5일의 분개는 다음과 같다.

(1. 5.) 재고자산 1,000만원 현금 1,000만원

1월 6일의 거래는 어떻게 분개할까? 차변에 현금 3,000만원을 자산의 증가로 적고 대변에는 자산 1,000만원을 자산의 감소로 적으면 대변에 2,000만원이 모자라게 된다. 이 차액 2,000만원은 처분이익이 생겨 자기자본이 그만큼 늘어났음을 뜻하는바, 이와 같이 사업과정에서 생긴 자기자본(순자산)의 증가를 일컬어 수익(收益, revenue, Ertrag)이라 부른다. 따라서 이 거래는 차변에 현금 3,000만원(자산의 증가)을 적고, 대변에 재고자산의 감소 1,000만원(자산의 감소)과 매출이익(수익의 발생) 2,000만원을 적는다.

(1. 6.) 현금 3,000만원 재고자산 1,000만원
매출이익 2,000만원[141)]

결국, 비용이나 수익이라는 말은 사업활동과정에서 소유주 내지 주주의 순자산이 감소하거나 증가한 내역 내지 이유를 각 차변·대변에 적는 것이다.

2) 거래의 8요소

위와 같이 수익과 비용이라는 개념을 들여오면, 모든 경제적 거래는 그 효과를 다

141) 실제 실무는 매출액과 매출원가를 따로 적어서 (차) 매출원가 1,000만원 (대) 매출 3,000만원이라 적는다. 결과는 마찬가지. 뒤에 세무회계 부분에서 다시 본다.

음과 같은 차변요소 4가지 가운데 하나와 대변요소 4가지 가운데 하나로 표시하여 두 가지를 동시에(複式으로) 적어 나가는(簿記하는) 방식으로 기록할 수 있다. 이를 '거래의 8요소'라 한다.

차 변	대 변
자산의 증가	자산의 감소
부채의 감소	부채의 증가
자기자본의 감소	자기자본의 증가
비용의 발생	수익의 발생

위 구조에 따라 일정 기간의 거래를 차변·대변에 쭉 적은 뒤 이를 묶어 보면, 차변에 적은 금액의 합계와 대변에 적은 금액의 합계는 당연히 같아진다. 분개 하나하나의 차변·대변이 같은 까닭이다. 따라서 거래 전체를 묶어서 "자산증가액 + 부채감소액 + 자기자본감소액 + 비용 = 자산감소액 + 부채증가액 + 자기자기자본증가액 + 수익"의 등식이 성립한다. 그 기간 중에 주주나 출자자가 자기자본을 납입하거나 되찾아 간 것이 없다면, "자산증가액 + 부채감소액 + 비용 = 자산감소액 + 부채증가액 + 수익"이라는 등식이 성립한다. 이는 다시 "(자산증가액 - 자산감소액) - (부채증가액 - 부채감소액) = 수익 - 비용"으로 고쳐 쓸 수 있다.

3) 손익계산서와 재무상태표

이 식의 왼쪽 변은 순자산(=자산 - 부채) 내지 부(富)의 증가액을, 바꾸어 말하면 그동안의 所得을 나타낸다. 법인세법이 쓰는 말로 각 사업연도의 소득, 회계용어로는 당기(當期)순이익(純利益). 바꾸어 말하자면, 사업기간이 처음 시작할 당시의 재무상태표상의 자산 부채에 그 기간 동안의 순자산의 증감을 더하면 기말 현재의 자산부채가 나타난다. 이 기말 현재의 순자산과 기초의 순자산의 차액이 바로 소득 내지 당기순이익이다. 한편 "순자산의 증감액 = 수익 - 비용"이라는 식의 오른쪽 변은 당기순이익 내지 소득(所得)이 어떤 내역이나 이유로 생겨났는가를 보여 준다. 이와 같이 일정 기간 동안의 수익과 비용을 모아 순자산이 증감한 이유를 밝혀주는 표가 손익계산서(income statement, Gewinn-und-Verlust Rechnung).

앞의 예에서 1월 6일 밤 현재의 재무상태표와 손익계산서를 만들어보자. 1월 6일 현재의 자산과 부채는 현금이 1억 6천만원, 은행차입금이 5천만원이므로 순자산은 1억 1천만원이다. 지급한 인건비 1천만원이나 매출이익 2천만원은 그런 비용과 수익이 지급되었다는 역사적 사실을 나타낼 뿐 기말 현재의 자산이나 부채는 아니다. 이 기말 현재의 순자산 1억 1천만원과 기초에 투자한 본전인 자본금 1억원을 비교하면 당기순이익 내지 소득 1천만원이 생겼음을 알 수 있다. 한편 이 1천만원이라는 소득은 매출이익 2천만원과 인건비 1천만원의 차액이다.

재무상태표 (××××. 1. 6. 현재)

현금	1억 6천만원	은행차입금	5천만원
		자본금	1억원
		당기순이익	1천만원
합계	1억 6천만원	합계	1억 6천만원

손익계산서(1. 1.에서 1. 6.까지)

매출이익	2천만원
인건비	(1천만원)
당기순이익	1천만원

결국 복식부기는 재무상태표를 통해 순자산의 증가액을 알 수 있게 하면서 그와 동시에 손익계산서를 통해 순자산이 증가한 이유(수익) 및 감소한 이유(비용)를 알 수 있게 한다. 순자산의 증감은 재무상태표와 손익계산서 두 곳에 자동적으로 나타난다. 복식부기는 일정기간 동안의 자산 · 부채 · 자기자본의 증감을 기록하므로 부기의 결과를 모으면 기말 현재의 자산 · 부채 · 자기자본의 금액이 얼마인지가 나오고, 기말의 순자산과 기초의 순자산의 차액이 얼마인지를 알 수 있다. 그와 동시에 복식부기에 따른 수익 · 비용의 누계를 내면, 순자산의 증감액이 얼마인지를 알 수 있다. 재무상태표는 앞의 방식을 따라 순자산의 현황과 증감을 보여 주게 되고, 손익계산서는 뒤의 방식을 따라 순자산의 증감 내역 내지 원인을 보여 주게 된다.

복식부기란 "자산 = 부채 + 자기자본"라는 항등식 체계이므로, 재무상태표에서 계산하는 순자산의 증감액과 손익계산서상 수익 · 비용의 차액은 당연히 들어맞게 된다. 이 과정은 말하자면 "9 + 1 = 7 + 3"이라는 항등식을 "9 - 7 = 3 - 1 = 2"라는 항등식으로 다시 정리하는 것이다. 보기를 들자면, 기초순자산이 1억원이고 기말순자산이 1억 2천만원이라면 올해의 소득(所得)은 2천만원이다. 기초순자산이 1억원이고 소득이 3천만원이라면 기말순자산은 1억 3천만원이 된다. 기초순자산이 1억원이고 기말순자산이 9천만원이라면 소득은 (-)1천만원, 곧 올해 결손금(缺損金)이 1천만원.

3. 계정(計定) = 회계정보의 단위

자산 · 부채 · 자기자본의 증감을 적는 단위, 가령 현금이나 차입금과 같은 기록 단위를 '계정과목'(account)이라 부른다. 자산 · 부채 · 자기자본의 변동내역은 어느 단위까지 자세히 적어야 하는가? 바꾸어 말하면 재무상태표 및 손익계산서에 나오는 각 計定은 어떻게 정하는가? 돈 1억원을 주고 땅을 샀다면, 이는 일단 변동내용을 적을 만한 가치가 있는 중요한 사항이라 생각할 수 있다. 돈 1천만원을 은행에 예금하는 행위는 어떨까? 이 사건은 현금이라는 자산이 1천만원 줄어들고(대변) 은행예금이라는 자산이 1천만원 늘어나는 것(차변)으로 기록하여야 하는가, 아니면 이를 무시하고 돈 1천만원이 그대로 있는 것으로 보아야 하는가? 이는 적는 사람의 마음이다. 현금과 은행예금을 따로 파악하여 관리할 필요가 있다면 이를 나누어 적게 마련이고, 그럴 필요가 없다면 두 가지를 현금 · 예금 정도로 묶어서 하나로 적고 그 안에서 바뀌는 것은 무시할 수 있다. 수익 · 비용도 마찬가지이다. 수도요금과 전기요금을 따로 관리할 필요가 있다면 각각 별도의 항목으로 삼으면 되고, 구태여 따로 관리할 필요가 없다면 하나의 항목으로 묶으면 된다. 앞의 예로 원가 1천만원어치 컴퓨터를 현금 3천만원에 파는 거래는 매출이익의 내역을 더 자세히 밝혀 물품의 판매가(매출액)와 원가(매출원가)를 모두 보여주고 싶으면, 다음과 같이 적을 수 있다.[142]

(차변)	현금	3천만원	(대변)	재고자산	1천만원
	매출원가	1천만원		매출	3천만원

위 예에서는 어느 쪽으로 적든 재무상태표에 나타나는 자산 · 부채는 똑같을 수밖에 없다. 손익계산서는 전자에서는 매출이익 2천만원이라는 결과만 수익으로 나타나지만, 후자에서는 매출액 3천만원이 수익으로 나타나고, 매출원가 1천만원이 비용으로 나타난다. 최종적으로 1천만원의 순소득이 생김에는 아무 차이가 없고, 후자가 더 자세한 정보를 알려줄 뿐. 계정을 얼마나 자세히 만들고 거기에 무슨 이름(계정과목)을 붙이는지는 근본적으로는 각자 제 사업에 맞추어서 알아서 정하면 된다. 물론 회계정보란 사회 전체에 걸쳐 쓰이므로 각 기업이 회계정보를 제멋대로 작성한다면, 이용자들이 혼란을 겪게 된다. 따라서 온 사회에 걸친 공통적 회계관행이나 규범이 생기게 마련이다(뒤에 본다).

142) 실제로는 물건을 팔 때마다 위와 같은 분개를 하는 대신 연말에 한해치를 모아서 매출원가를 한꺼번에 계산한다. 뒤에 세무회계 부분에서 다시 본다.

4. 예 제

복식부기란 단순한 항등식일 뿐이지만, 처음 배우는 사람은 반드시 분개에서 재무제표까지 문제를 손으로 풀어보아야 한다. 한 개의 사건을 동시에 두 가지로 분해해서 생각한다는 것이 실제는 잘 안 된다. 눈으로 보기만 해서는 절대 익힐 수가 없다. 많은 법률가들이 중고등학생도 한두 달이면 다 배우는 이 간단한 구조를 끝내 깨치지 못하는 이유는 처음 배울 때 손으로 풀지 않고 눈으로만 이해하려 하는 까닭. 연필을 잡고 다음 예제를 풀어보자. 풀이에는 T계정을 생략했지만 꼭 만들어 볼 것.

(보기 1) 서울 컴퓨터(주)의 첫 사업연도 사업 내역은 다음과 같다. 재무상태표와 손익계산서를 작성하여 소득금액을 구하라.

- 1.1. 김부친 씨 및 김아들 씨 두 사람이 각 1억원씩을 출자하여 자본금 2억원으로 서울 컴퓨터(주)를 설립하다.
- 2.1. 은행에서 금5,000만원을 차입하다.
- 3.1. 컴퓨터 10대를 각 금500만원 합계 금5,000만원에 현금 매입하다.
- 4.1. 동국전자(주)에서 펜티엄 컴퓨터 2대를 매입하고 대금으로 만기 1년인 약속어음 액면 1,000만원짜리를 발행해 주다.
- 5.1. 종업원에게 올해 분 급료 금1,000만원을 현금 지급하다.
- 9.1. 컴퓨터 10대를 각 금700만원 합계 금7,000만원에 팔고 현금을 받다.
- 12.31. 점포용 토지 및 건물을 각 금5,000만원 합계 금1억원에 매입하다.

(분개 : 단위 1백만원)

1.1.	현금	200	자본금	200
2.1.	현금	50	은행차입금	50
3.1.	재고자산	50	현금	50
4.1.	재고자산	10	매입채무	10
5.1.	인건비	10	현금	10
9.1.	현금	70	재고자산	50
	매출원가	50	매출	70
12.31.	토지 및 건물	100	현금	100

재무상태표(단위: 1백만원) 12. 31. 현재			
현금	160	은행차입금	50
토지 및 건물	100	매입채무	10
재고자산	10	자본금	200
		당기순이익	10
합계	270	합계	270

손익계산서(단위: 1백만원) 1. 1. - 12. 31.	
매출액	70
매출원가	(50)
인건비	(10)
당기순이익	10

(보기 2) 서울(주)는 ×××0. 1. 1. 수제품 스포츠카 제조를 목적으로 자본금 2억원을 현금으로 출자하여 설립되었다. 이 회사의 ×××0. 12. 31. 현재의 재무상태표와 손익계산서를 작성하여 ×××0년의 당기순이익을 구하라.

1.1. 현금 2억원을 출자하여 회사를 설립하다.
1.1. 공장 토지와 건물을 합쳐서 5천만원 주고 사다.
1.1. 기계장치 4천만원어치를 사다.
2.1. 원재료 4천만원어치를 사다.
7.1. 사장 집무실을 1년 반 계약으로 임차하고, 차임 3천만원은 제2차년 12. 31.에 지급하기로 하다.
12.31. 작업반 연봉 4천만원을 지급하다.
12.31. 사장 연봉 2천만원을 지급하다
12.31. 완성된 자동차 1대를 팔고 2억원을 받다. 이 자동차를 만드는 데에는 원재료 3천만원어치가 들었다.
12.31. 공장건물의 제1차년분 감가상각은 2천만원이다. 공장 토지건물의 시가는 1억 2천만원이다.
12.31. 기계장치의 제1차년분 감가상각은 8백만원이다.

(분개)

1.1.	현금	2억원	자본금	2억원
1.1.	토지건물	5천만원	현금	5천만원
1.1.	기계장치	4천만원	현금	4천만원
2.1.	원재료	4천만원	현금	4천만원
7.1.	(편의상 12.31.에 회계처리하기로 함)			
12.31.	임차료	1천만원	미지급임차료	1천만원

	차변		대변	
12.31.	노무비	4천만원	현금	4천만원
12.31.	사장급여	2천만원	현금	2천만원
12.31.	현금	2억원	매출	2억원
	원재료비	3천만원	원재료	3천만원
12.31.	감가상각	2천만원	토지건물	2천만원
12.31.	감가상각	8백만원	기계장치	8백만원

재무상태표(단위: 1,000원)
×××0. 12. 31. 현재

자산		부채·자본	
현금	210,000	부채	10,000
토지, 건물	50,000	자본금	200,000
건물감가상각	(20,000)		
기계	40,000		
기계감가상각	(8,000)	당기순이익	72,000
원재료	10,000		
합계	282,000	합계	282,000

손익계산서(단위: 1,000원)
×××0. 1. 1. - 12. 31.

비용		수익	
건물감가상각	20,000	매출액	200,000
기계감가상각	8,000		
사장급여	20,000		
노무비	40,000		
임차료	10,000		
원재료비	30,000		
합계	128,000		(128,000)
		당기순이익	72,000

5. 복식부기의 소득개념과 경제학의 이윤

눈썰미가 있는 사람은 위 예제를 풀어보는 과정에서 아마 한 가지 중요한 점을 깨달았으리라. (보기 1)의 김부친 씨와 김아들 씨는 정말로 1천만원을 번 것인가? 가령 은행의 금리가 연 10%라 할 때, 이 두 사람이 돈 1억원을 은행에 맡겼더라면 이자 2천만원을 받았을 것이다. 이 기회비용(機會費用)을 생각한다면 두 사람은 실제는 1천만원 손해를 본 셈이다. 그러나 복식부기는 이 기회비용을 반영하지 않은 채 그저 기초의 순자산과 기말의 순자산을 단순비교하여 그 차액인 1천만원을 당기순이익이나 소득으로 계산한다. 복식부기가 기회비용을 감안하지 않는다는 점은 노무에서도 마찬가지이다. 개인기업의 기업주나 인적회사의 노무출자자가 다른 곳에서 받을 수 있었던 급여를 비용으로 공제하지 않는 까닭이다. 다시 (보기 1)의 예에서 김부친 씨와 김아들 씨가 다른 곳에서 월급을 받았더라면 연 3천만원을 벌 수 있었을 것이라면, 이 두 사람은 실제는 서울컴퓨터(주) 사업을 벌임으로써 4천만원 손해를 본 셈이다. 이자 2천만원과 월급 3천만원을 받을 수 있었던 기회를 놓치고 사업소득 1천만원을 벌고 말았기 때문이다.

경제학에서는 이 기회비용까지 고려한 결과를 이윤(利潤, profit, 또는 economic profit)이라 부른다.[143] (보기 1)에서 출자자 두 사람의 利潤은 (-)4천만원이다. 이자소득 2,000, 노무(근로)소득 3,000, 이윤 (-)4,000, 합계 1,000의 소득을 사업소득이라는 형식으로 번 것이다. 가령 이 두 사람이 서울컴퓨터 사업에서 얻은 소득이 7천만원이라면, 기회비용을 초과하는 이윤은 2천만원이 된다. 한편 저잣거리의 용례로는 사업소득이나 회사의 소득을 이윤이라고 부르는 수가 흔하다. 아마 profit라는 말을 그런 뜻으로 쓰는 영국세법에서 비롯한 용례일 것이다. 혼동을 피하기 위해 이하에서는 이윤이라는 말을 아예 피하고 경제학적 이윤이나 초과이윤이라는 말을 쓰기로 하자.

143) 기업실무에서는 EVA(economic value added)라는 말을 쓴다.

제 8 장 소득세, 소비세, 재산과세[1]

앞에서 보았듯이 근대세제의 역사는 부자일수록 세금을 더 내어야 마땅하다는 인민주의적(人民主義的) 사고가 민주주의의 성장과 더불어 세상을 다스리는 이념이 되어온 과정이다. 이 역사적 배경에서 이 장에서 보듯 모든 사람에게 그의 부가 얼마나 늘었는가를 따져서 누진율로 세금을 매긴다는 세 가지 특징을 갖춘 소득세제가 오늘날 현실적으로 가장 중요한 세제이자 이념적 지향점이 되었다.[2] 그러나 이런 특징은 이념형으로서만 드러나고 그대로 현실의 법제가 되지는 못한다. 이 장에서 보듯, 인민주의적 재분배 요구는 온 세상을 가난하게 만들기 쉬운 까닭이며, 세계화 시대에 와서는 더욱 그렇다. 나아가서 제9장에서 보듯, 인민주의적 이념형에 터잡은 소득세제는 온갖 세무행정의 어려움을 낳고, 더 근본적으로는 공평 이외의 다른 정치철학적 가치와 충돌한다.

제8장은 오늘날 세제의 밑바탕을 이루는 소득세 · 소비세 · 직접세 · 간접세 이런 개념들이 무슨 뜻이고 서로 어떻게 얽혀 있는지를 밝힌다. 특히 중요한 점만 정리하자면, 1) 미실현이득이나 소유재산의 사용가치는 당연히 소득이다. 2) 소득은 서로 다른 시점의 자산가치를 그냥 나란히 비교하는 개념이므로, 경제학적 의미의 이윤이나 순현재가치의 증가가 없더라도 자본의 기회비용이 소득이 된다. 3) 소득세와 사회보장제도는 모두 인민주의적 공평에서 나온 것으로 본질이 같다. 4) 소득세나 소비세는 모두 직접세일 수도 있고 간접세일 수도 있다. 이런 특질을 밝힌 다음의 과제는 소득세와 소비세, 이 두 가지 가운데 어느 것이 나은 세제인가를 따지는 것이 된다. 정리하자면, 1) 소득세는 일/놀이, 소비/저축, 위험/수익률, 이 세 가지 사이의 선택에서 모두 비중

1) 李昌熙, 租稅政策の分析枠組み, ジュリスト 1220號 119쪽, 1221號, 145쪽.

2) Tipke/Lang, *Steuerrecht*(제24판, 2021), 제8장 1문단. 이하 달리 적지 않은 한 Tipke/Lang이란 제24판. 독일식 용어로는 모든 사람을 납세의무자로 삼는다는 것을 소득세의 보편성 원칙이라 하고, 어디에서 벌었든 모든 소득을 과세한다는 것을 소득세의 종합성 원칙이라 부른다.

립적이고, 소비세는 일/놀이의 선택에는 비중립적이지만, 소비/저축의 선택과 위험/수익률의 선택에서는 중립적이다. 2) 그러나 그렇다 하여 소비세가 소득세보다 더 효율적이라 말할 수는 없다. 3) 수평적 공평은 소득세와 소비세를 비교하는 잣대가 될 수 없다. 4) 수직적 공평을 인민주의적 재분배 요구라는 뜻으로 쓴다면 소득세 그것도 직접소득세만이 수직적 공평에 맞는다. 5) 일부에서 주장하는 직접소비세 내지 지출세는 간접소비세와 사회배당금을 결합한 세제보다 비효율적 세제이다.

그렇다면, 소득을 과세물건으로 삼아 거기에 누진율을 적용하는 직접세라는 특질을 가진 현행 소득세제는 이념적 당위성을 갖추게 된다. 그러나 이 당위성은 치명적 약점을 안고 있다. 인민주의적 공평 내지 부의 재분배라는 목표는, 1) 극단적 재분배 요구는 저축과 투자에 대한 과세가 되고 이는 모두 골고루 못 사는 사회로 이끌어가고, 2) 거기까지 가기도 전에 부의 재분배 요구는 자본의 대외유출을 가져와 노동자의 삶을 오히려 가난하게 만든다는 내재적 제약을 안고 있다.

정도의 차이는 있지만 상속세나 증여세도 같은 제약을 안고 있다. 보유세는 거의 모든 나라에서 지방정부의 세원으로 지방공공재와 얽혀 있지만 우리나라에서는 부의 재분배 요구가 두드러지면서 종합부동산세 시비에 끝이 안 보인다.

제1절 이념형으로서 소득세와 소비세의 개념

우선 "소득"이라는 말의 뜻부터. 순자산증가설 내지 Haig-Simons의 소득개념, 또는 Schanz-Haig-Simons의 소득개념을 다시 정리하자면 "소득 = 소비 + 순자산증가." 누구든, 소득을 벌어서 쓰고 남은 만큼 부(순자산)가 늘어나게 마련이다. 소득세란 돈을 얼마나 벌었는가, 곧 부는 얼마나 늘었고 그 사이에 써버린 돈은 얼마나 되는가, 달리 말하면 소비 전 단계에서 부의 증가가 얼마나 있었는가, 이를 따져 세금을 매기자는 생각이다. 이 생각을 받아들이고 논리의 앞뒤를 맞춘다면 소득을 과세한다는 말은 무슨 뜻이 되는가? 말이란 순환논법일 뿐이라는 Derrida류 패배주의자들을 물리치고 말과 글의 뜻을 분명히 정하면서 논리에 논리를 이어서 각단을 지어보자.

Ⅰ. 미실현(未實現)이득(利得): 소득과 소비의 관계

사람이 얼마나 부자가 되었는가는 어떤 기준으로 따져야 하는가? 예를 들어 올해 12. 1.에 1,000만원에 사들인 물건을 2,000만원에 팔기로 하는 계약을 12. 30.에 맺으면서, 물건은 다음 해 1. 31.에 인도하고 대금은 3. 31.에 받기로 했다면 1,000만원이라는 매출이익은 언제 인식하여야 하는가? 올해의 소득인가, 내년의 소득인가? 다른 예로 올해 6. 30.에 1억원을 주고 산 부동산의 시가가 올해 말 현재 1억 5천만원이라면, 시세차익 5,000만원이라는 미실현(unrealized)이득을 올해의 소득으로 볼 수 있는가?

1. 실현주의

근대 소득세제는 이 물음에 대한 답으로 발생(發生, accrual)주의 내지 그 하위 개념으로 실현(實現, realization)주의를 택하게 된다. 실현주의의 뼈대 자체는 영국과 독일의 소득세제로 돌아가지만,[3] 실현주의에 결정적 중요성을 부여한 것은 이미 본 1920년의 *Eisner v. Macomber* 판결.[4] 주식배당이 주주의 소득이 되는가라는 쟁점을 판단하면서 미국대법원은, 소득을 "자본에서 나오거나 노동에서 나오거나, 아니면 두 가지의 결합에서 나오는 이득"으로 정의하고, 주식배당은 "자본에서 떨어져 분리(分離)"되는 것이 아니므로 소득이 아니라고 판시했다.[5] 주식배당으로 주주가 회사의 소득의 일부를 받았거나 실현했다고 볼 수는 없고,[6] 투자원본의 가치가 늘어나서 부가 늘었을 뿐이니 주식배당에 대한 과세는 헌법이 허용하는 "소득"에 대한 과세를 벗어난다고.[7]

이 *Eisner v. Macomber* 판결 이래 "실현된 소득이라야 소득"이라는 식의 생각이 세상에 널리 퍼져 있다. 우리 헌법재판소에서도 이런 주장이 토지초과이득세와 관련하여 나오기도 했다. 土地超過利得稅란? 1989년 말 이른바 토지공개념 입법의 하나로 생겼다가 이제는 없어진 세금. "유휴토지 및 비업무용토지와 같이 주로 지가의 상승을 기대하여 보유하고 있는 토지의 지가가, 각종 개발사업이나 사회경제적 요인으로 성상지가를 초과하여 상승한 경우 그 소유자가 얻는 초과지가상승이익의 일정분을 보유단계에서" 과세하는 세금.[8] 이 법이 미실현이득을 과세한다는 부분에 관해 헌법재판소는 다음과 같이 판시.[9]

---

3) 이창희, 법인세와 회계(2000), 85-101쪽.

4) 252 US 189(1920). 제7장 제3절 참조.

5) 252 US 189(1920), 207쪽.

6) 252 US 189(1920), 214쪽.

7) 252 US 189(1920), 214-215쪽.

8) 1989. 12. 30. 법률 제4177호 토지초과이득세법 제1조 및 같은 법안에 대한 재무부장관의 제안이유, 제13대 국회상임위원회회의록 (6) (재무), 통권 제301호, 국회사무처, 제147회, 재무 4차, 36-38쪽.

9) 헌법재판소 1994. 7. 29. 92헌바49, 52 결정. 이 결정은 미실현이득의 과세 그 자체는 합헌이라고 했으나, 토지초과이득세법은 이를 합헌으로 하기 위한 다른 요건들을 만족하지 못한다는 이유로 헌법불합치 결정을 내려 제도의 정비가 필요하다고 판시했다. 그 밖에 헌법재판소 2007. 3. 29. 2005헌바53등(병합) 결정.

"이득이 실현되었건 실현되지 않았건 납세자에게 소득의 증대에 따른 담세력의 증대가 있었다는 점에서는 실현이득이나 미실현이득 양자가 본질적으로 차이가 없고, 그와 같이 증대된 소득의 실현 여부 즉, 증대된 소득을 토지자본과 분리하여 현금화할 것인지의 여부는 당해 납세자가 전체 자산구성을 어떻게 하여 둘 것인가를 선택하는 자산보유형태의 문제일 뿐 소득창출의 문제는 아니[다]··· 따라서 과세대상인 자본이득의 범위를 실현된 소득에 국한할 것인가 혹은 미실현이득을 포함시킬 것인가의 여부는, 과세목적, 과세소득의 특성, 과세기술상의 문제 등을 고려하여 판단할 입법정책의 문제일 뿐, 헌법상의 조세개념에 저촉되거나 그와 양립할 수 없는 모순이 있는 것으로는 보여지지 아니한다. 다만, 미실현이득에 대한 과세제도가 이론상으로는 조세의 기본원리에 배치되는 것이 아니라고 하더라도, ···미실현이득에 대한 과세제도는 이상의 제반 문제점이 합리적으로 해결되는 것을 전제로 하는 극히 제한적·예외적인 제도라 보지 아니할 수 없[다]."

2. 실현주의, 소득세, 소비세의 관계

미실현이득의 과세가 입법재량의 범위 안에 있다는 헌법재판소의 결론은 옳지만, 적어도 개념의 차원에서는 이를 "극히 제한적·예외적 제도"로 보는 것은[10] 틀렸다. 바른 답: 미실현이득 역시 담세력이 있고 과세하여야 마땅하지만, 다만 이를 실제 과세하자면 여러 가지 실무적 어려움이 있다.[11] 일찍이 Simons가 말했듯 실현주의는 所得의 개념과 어긋난다. 소득이 실현되지 않았다는 말이 소득이 없다는 뜻은 아니지. 미실현이득이 있다는 말은 소득 곧 경제적 부의 증가는 이미 있는 것이고 다만 그 소득이 "실현"되지 않았을 뿐. 소득세제의 출발점인 Haig-Simons 정의(定義)에 따른 소득개념은 경제적 이득이 생기는 대로 이를 바로바로 과세할 것을 요구한다.[12] 가령 어떤 주식을 100원을 주고 샀는데, 이 주식이 500원으로 값이 올랐다고 하자. 물건을 아직 팔지 않았더라도 그만큼 더 부자가 된 것임은 틀림이 없다. "자산가치의 변동을 무시하는 것은 담세력과 안 맞는다."[13]

반론 몇 가지. 우선 상식적 반론: 주식의 시가가 올랐다 하더라도 주가는 다시 떨어질 수 있는 것이고, 그렇게 본다면 실현되지 않은 경제적 이득이란 그저 허깨비 아니야? 둘째, 현실적 문제: 이 사람이 물건을 팔지 않은 상황에서 400원에 대하여 세금

---

10) 토지초과이득세법은 본문의 헌법불합치결정 등 여러 곡절을 겪은 끝에 1998. 12. 28. 법률 제5586호로 폐지되었다.

11) Helvering v. Horst, 31 US 112, 116(1940). 정치철학적 문제는 제9장 제1절 II 참조.

12) Simons, *Personal Income Taxation*(1938), 50쪽, 61-62쪽, 80-88쪽, 206쪽. 헌법재판소가 지적했듯이, 실현 개념에 현실적 쓸모가 있음은 물론이다. 제7장 제3절.

13) Tipke/Lang, *Steuerrecht*, 제3장 67문단, 제8장 51문단.

을 매긴다면 두 가지 문제가 있을 수 있다. 하나는 소득금액의 계측이나 측정. 팔아보지 않고서야 값이 500원인지 아닌지 알 수가 없지. 400원이라는 소득이 생겼는지는 팔아 봐야 알 수 있는 것. 다른 하나는 유동성(流動性)의 문제로, 세금을 낼 현금이 없는 사람이라면 세금을 내기 위해 물건을 팔아야.[14)]

여기에서 평가의 객관성과 유동성이라는 두 가지 현실적 문제는 잠깐 접어두고 우선 개념의 차원에서만 생각해 보자. 문제의 물건이 상장주식이라 하고 납세의무자에게 현금이 넉넉히 있다고 하자. 이런 전제라면 주식값이 오른 400원을 과세해야 할까? 여전히 반대하는 사람이 있으리라. 왜? 당장은 이 물건(주식)의 값이 올랐다고 할지라도 언제든지 다시 떨어질 수도 있는데, 이 상태에서 무슨 소득이 있지? 위의 예에서 400원이라는 이익은 종이에 있는 이익이지, 실제로 확보된 이익은 아니지. 그러나 다시 생각해 보자. 값이 도로 떨어질 수 있기 때문에 소득이 아니라고 한다면, 내가 그 물건을 팔아서 돈을 받으면 어떻게 되지? 여전히 소득이 아니라는 말. 왜냐하면 팔아서 생긴 돈으로 다른 물건을 산다면, 그 물건도 값이 떨어질 수 있으니까. 다른 주식, 땅, 집 등 무엇을 사든 그 물건의 가격이 다시 떨어질 수 있음은 마찬가지. 그렇다면, 가격이 확정되지 않았고 변동된다는 사실만으로 소득이 아니라고 한다면 물건을 팔아서 이득이 확정된 경우에도 여전히 소득이 아니라는 말. 개념을 정하기 나름이지만 이것까지 받아들이기는 어려울 것이다. 팔아서 돈까지 받았는데 소득이 없다? 이것은 소득이라는 말의 정의로 받아들이기가 어렵다. 결국 아직 실현되지 않았기 때문에 소득이 아니라는 말은 한갓 신화. 당면 논점 = 미실현이득을 소득으로 보고 과세할 수 있는가? 값이 도로 떨어질 수 있기 때문에 소득이 아니라는 말은 실현되지 않았기 때문에 소득이 아니라는 말일 뿐. 결국 논점을 논점으로 답한 꼴일 뿐. 다시 말해 미실현된 이득이 소득이 아닌 이유는 미실현되었기 때문이라는 것이다. 가격이 다시 내릴 수 있음을 비과세의 논거로 삼는다면, 실현된 이득도 역시 과세할 수 없다고 말해야 앞뒤가 맞다. 결국 양도(=현금화) 또는 세법학의 용어로 실현이란 소득개념의 구성요소가 아니다.[15)]

실현이 소득개념의 구성요소가 아니라는 말은 현금화(現金化)를 중시하는 시각 자체를 어리석다 헐뜯는 것은 아니다. 현금화를 중시하는 논리를 일관하여, 처음의 주식의 가격이 오른 금액 가운데 다른 자산을 사는데 들어간 것은 빼고 나머지 현금화한 것만을 소득에 포함하자라는 생각이 있을 수 있다. 가령 500원으로 오른 주식을 팔

14) Eisner v. Macomber, 252 U.S. 189, 특히 213쪽.

15) Simons, 앞의 책, 203-204쪽. 정확한 상장이익을 산정할 수 있는 … 기준시점 이후에 주식을 처분하여 상장이익을 조기에 현실화하는지 아니면 계속 보유하는지는 … 고려할 사항이 아니다. 헌법재판소 2015. 9. 24. 2012헌가5 등 결정.

아서 300원은 다른 주식을 사는 데에 쓰고, 나머지 200원을 다른 곳에 쓴다면 이 200원만 소득으로 보아야 한다는 말에는 논리적으로 모순이 없다. 실제로 소득이라는 개념이 지금 쓰이는 뜻으로 자리잡기에 앞서서 Irving Fisher는 소득이라는 말을 바로 그렇게 정의하고 있다.[16] 그러나 가격이 올라서 생긴 이득 가운데 다른 자산을 사는 데 들어간 것을 뺀 나머지란 무엇인가? 지금 말로는 소득이 아니라 바로 소비(消費). 앞의 예의 200원은 이미 所得이 아니라 消費이다. 위의 예에서 300원 부분은 투자에 해당한다. 나머지 200원에 대하여 소득으로 삼자는 말은 결국 소비를 과세하자는 말. 자산을 사는 데 든 돈(=투자)을 뺀 나머지는 소비해서 없어진 돈일 수밖에 없는 까닭이다. Simons도 Fisher의 주장이 틀렸다고 말하지는 않는다. Fisher가 주장하는 세제는 나름대로 일관된 체계를 갖추게 되지만, Simons가 말하듯이 이런 세제는 소득세는 아니다.[17] 그것은 바로 소득세를 폐지하고 소비세로 가자는 주장이 된다.[18][19] 실현된 소득이라야 소득이라는 주장은 소득세와 양립할 수 없다. 실현은 소비세의 속성이다.

Ⅱ. 소득개념의 경제학적 의미

앞 I을 읽고 미실현이득도 소득이라는 것을 개념으로서 받아들였다고 생각할지 모르지만, 이 말을 정말로 납득하기란 어렵다. 예를 들어 보자. 01년 12. 31. 현재에 어떤 법인에게 앞으로 2년 동안 해마다 연말에 각 110원, 121원을 받을 수 있는 유가증권(2년이 지나면 더 이상 받을 것이 없으므로 흔히 볼 수 있는 꼴은 아니나, 편의상 債券이라 부르자)이 난데없이 생겼다고 하자. 이 법인의 소득은 얼마인가? 에이, 자명하잖아. 올해에는 아직 돈 한 푼 생기지 않으므로 소득이 없고 앞으로 2년 동안 소득이 생겨서, 세 해 동안의 소득이 (0, 110, 121)원. 그러나 그런 세금은 소득과세가 아니다! 황당해 보이는 이 말을 이해하려면 경제학의 기초개념으로서 현재가치라는 말을 이해하고 이 말과 소득이라는 말이 어떤 연관이 있는가를 깨달아야 한다.

16) Irving Fisher, *The Nature of Capital and Income*(1906); *Theory of Interest*(1930). 화폐수량설(MV=PQ)로 유명한 사람.

17) Simons, 앞의 책, 89쪽.

18) 일반론으로 Musgrave, "*In Defense of an Income Concept*," 81 Harvard Law Review 44(1967), 특히 49쪽.

19) 소득세와 소비세 중 어느 것이 우월한 세제인가 하는 논쟁은 아직도 진행중이지만, 직접소비세가 전면적으로 입법된 예는 아직 없다. 아래 제3절.

1. 돈의 시간가치

1) 현금 흐름과 현재가치(現在價値)

돈의 現在價値(줄여서 현가)란, 미래의 현금 흐름이 당장의 돈으로 쳐서 얼마에 해당하는가를 말한다. 예를 들어 예금자라는 사람이 100원을 은행에 예금하고 1년 뒤에 이자 10%를 붙인 원리금 110원을 받기로 했다고 하자. 이 예금행위는 이 사람이 당장의 돈 100원과 1년 뒤의 돈 110원을 맞바꾸는 거래이다.(생각을 단순하게 하기 위해 1년 동안은 이 돈을 찾을 길이 전혀 없다고 하자.) 이 사람은, 1년 뒤의 돈 110원은 당장의 돈 100원 이상의 가치가 있다고 생각하기에 이런 계약을 맺게 된다. 곧, 이 사람한테는 1년 뒤의 돈 110원의 현재가치는 100원 이상이라는 말이다. 이제, 은행에 맞먹는 신용을 가진 최무자가 예에게 와서 내년에 110원을 갚을 터이니 돈을 꿔 달라고 부탁한다면, 예는 얼마까지 내어 주려 할까? 예로서는 은행에 돈을 맡기고 1년 뒤 원리금이 110원이 되게 하려면 당장 얼마의 원금을 맡겨야 하는가를 생각할 것. X(1+0.1) = 110, 그러니 X = 110/(1+0.1) = 100. 바꾸어 말하면 자본의 기회비용(機會費用)이 연 10%라면, 1년 뒤의 돈 110원의 현재가치는 110/(1+0.1) = 100원. 1년 뒤의 돈 100원의 현재가치는 100/(1+0.1) = 90.9원이고, 2년 뒤의 돈 100원의 현재가치는 $100/(1+0.1)^2 = 82.64$원이 된다. 더 일반화하여 자본의 기회비용이 연간 r이라고 한다면, n년 뒤의 돈 1원의 현재가치는 $1/(1+r)^n$. n기간 뒤의 돈 1원은 당장의 돈으로 쳐서 $1/(1+r)^n$과 같다는 말이다.

2) 투자위험과 할인율(割引率)

돈의 현재가치를 정하는 割引率(위 식에서 'r')이란, 자본의 機會費用 곧 돈을 다른 곳에 투자했을 경우 얻을 수 있는 수익률을 말한다. 앞의 예가 최에게서 받기로 한 내년의 돈 110원의 현재가치가 100원이 되었던 계산은, 할인율이 연 10%임을 전제로 한다. 이 10%라는 할인율은 어디에서 나오는가? 최가 지급하겠다는 돈 110원의 현재가치가 100원이 되었던 이유는? 예가 돈 100원을 최에게 꿔 주는 대신 은행에 예금한다면 한 해 뒤에 110원을 받을 수 있다는 것. 아, 다른 투자기회에서 얻을 수 있는 수익률이 얼마인가가 최에게서 받을 돈의 현재가치를 결정하는구나. 이 비교는 최의 신용이 은행과 같다는 전제가 깔려 있다. 최의 신용도가 은행만 못하다면, 예로서는 한 해 뒤에 110원을 주겠다는 최의 약속을 은행의 약속보다 못하다 여길 수밖에 없다. 최가 약속대로 돈을 줄 확률이 80%이고 한 푼도 주지 못할 확률이 20%라면, 예가 받을 돈의 기대값의 현재가치는 110/(1+0.1) × 80% + 0/(1 + 0.1) × 20% = 80원. 예가 받을 돈의 기대값이 현재가치로 100원, 미래가치로 110원이 되려면, 최가 약속해야 하는 원리금은 137.5원이 되어야 한다. 그래야 (137.5 × 80% + 0 × 20%)/1.1 = 110/1.1 = 100원.

그렇다면, 최가 한 해 뒤 137.5원을 지급하겠다고 약속하면서 100원을 꿔 달라고 하면 예가 이 돈을 꿔 줄까? 성격 나름이겠구먼. 최의 제안대로 돈을 꿔 주는 경우, 예는 부릇되면(확률 80%) 한 해 뒤 137.5원을 받고 그릇되면(확률 20%) 영(0)원을 받게 된다. 기대값은 110원이지만 위와 같은 투자위험을 안고 있는 이런 투자안이, 은행 예금 곧 한 해 뒤 100%의 확률로 110원을 받는 투자안보다 나을까? 위험 그 자체를 즐기는 사람이라면, 그렇다고 여길 수도 있다. 그렇지만 웬만한 사람은 위험을 피하여 은행 예금 쪽을 택하게 마련. 다음 세 가지 투자안을 견주어 보자. 가) 확률 100%인 110원의 현금흐름, 나) 확률 80%로 137.5원을 받고 확률 20%로 영(0)원을 받아 기대값 110원인 현금흐름, 다) 확률 50%로 220원을 받고 확률 50%로 영(0)원을 받아 기대값 110원인 현금흐름. 위 가), 나), 다)의 순으로 투자위험(投資危險)이 늘어나는 경우, 웬만한 사람은 가)가 가장 좋다고 생각하고, 그 다음이 나), 그 다음이 다)라고 생각하게 된다. 이와 같은 위험회피형 투자자는, 나)와 같은 위험이 있는 투자안이라면 현금흐름의 기대값이 더 올라가서 예를 들어 120원이 되어야, 비로소 가)와 마찬가지의 값어치가 있다고 여기게 된다. 危險이 점점 올라감에 따라 수익률(收益率)을 얼마나 더 바라는가(risk/return trade-off)는 사람마다 다르게 마련이고, 투자자의 성격이 위험에 얼마나 예민한가에 달려 있다. 아무튼, 위험을 고려하더라도, 예가 최에게 돈을 꿔 주려 하는 경우 최가 갚겠다는 돈의 현재가치가 얼마나 되는가는 자본의 기회비용에 달려 있다는 사실은 그대로. 최에게 돈을 꿔 주는 경우 원리금을 전액 회수할 확률이 80%, 한 푼도 건지지 못할 확률이 0%라면, 최가 약속하는 돈의 현재가치가 얼마가 되는가는 같은 위험을 가진 다른 투자안에서 기대할 수 있는 수익률이 얼마인가에 달려 있는 까닭.

2. 소득의 경제학적 개념

자, 이제 소득의 개념으로 돌아와 02. 12. 31.부터 2년 동안 각 110원, 121원의 현금흐름이 생기는 채권, 올해인 01년까지 치자면 3년 동안 (0, 110, 121)의 현금흐름이 생기는 채권이 01. 12. 31.에 생긴 앞의 예로 돌아가자. 이 예에서 해마다의 소득은 얼마인가? 이미 말했듯, 해마다 (0, 110, 121)을 과세하는 세제는 소득과세가 아니다.

(0, 110, 121)원으로 과세하는 것이 소득과세가 아니라니? 이것이 무슨 말인가를 따지려면, 우선 우리 머릿속에서 소득이라는 말을 어떤 뜻으로 받아들이고 있는가를 확실히 짚어 두어야 헛갈림을 피할 수 있다. 예를 들어 오늘 현재 100원의 돈이 있는

사람이 이 돈을 한 해 동안 은행에 맡겨 두어 이자 10원을 포함한 110원을 받았다고 하자. 이 사람의 소득은 얼마인가? 10원. 이제 이 사람이 이 돈을 다른 어디에 투자했더라도 10원의 투자수익을 받을 수 있었다고 하자. 그렇다하여 이 사람의 소득이 10원이라는 결과에 차이가 생기는가? 아니지. 소득이라는 말이 오늘날 널리 쓰이는 뜻으로 생각한다면, 이 사람의 소득은 여전히 10원. 경제학의 용어로 생각하면, 은행예금이라는 투자활동을 통해 이 사람에게 이윤(초과이윤)이 생기지 않는다. 예금행위가 재산의 순현재가치(純現在價値, net present value)를 늘리지는 않는다. 어디에 투자하더라도 10원을 벌 수 있는 이상 예금 당시 원리금의 순현재가치는 100원으로, 투자원금(元金) 그대로이다.[20] 그렇다면 10원이라는 소득은 무엇과 무엇을 비교한 것인가? 이는 예금을 찾을 때의 원리금 110원에서 애초의 예금액 100원을 뺀 것으로, 서로 다른 시점 현재 돈의 가치를 그냥 나란히 견주는 개념. 작년의 돈 100원과 올해의 돈 110원을, 돈의 시간가치를 무시한 채 그냥 견주어서 후자가 10원 더 크니 이 납세의무자에게 10원의 소득이 있다고 말하는 것이다.[21] 제7장 제5절 5. 작년의 돈 100원과 올해의 돈 110원은 같은 것임에도 불구하고, 소득은 10원. 무슨 말? 자본소득에 관한 한, 소득개념의 고갱이는 자본의 기회비용(機會費用) 내지 정상(正常)수익률이라는 말. 투자수익의 실제결과가 기회비용과 달라질 수는 있지만, 하여튼 소득이란 돈의 시간가치를 무시한 채 그냥 이 사람이 얼마나 더 부자가 되었는가를 묻는 것이다. 한 가지 덧붙이자면, 소득의 이와 같은 정의는 인플레이션이 없는 세상을 전제로 한다. 인플레이션이 있다면 돈으로 따져서 순자산의 증가가 있다 하더라도 실제 구매력은 오히려 줄어드는 상황이 생기게 된다. 따라서 기초의 순재산가액에 인플레이션율을 조정한 금액을 기말의 순재산가액과 비교해야 한다.[22] 현실적으로는 이런 세제는 번거롭고[23] 특별히 심각한 나라가 아니라면 인플레이션은 무시하는 것이 보통이다.[24]

이제 앞의 예로 돌아가, 세 해 동안 (0, 110, 121)이라는 현금흐름을 낳는 채권을 얻은 사람의 올해 소득이 얼마인가를 생각해 보자. 문제의 채권과 같은 危險을 가진 다른 투자안에서 기대할 수 있는 收益率이 연 10%라면, 이 채권의 가치는 110/1.1 +

20) 이리하여 논자 가운데에는 이자에 대한 과세는 Haig-Simons의 소득개념과 어긋난다고 말하는 사람도 있다. Jeff Strnad, "*Taxation of Income from Capital,*" 37 Stanford Law Review 1023(1985). 소득이라는 말을 무슨 뜻으로 쓰는가에 달려 있지만, 이 주장이 오늘날 널리 받아들이고 있는 소득개념과 다름은 본문에서 뚜렷이 알 수 있을 것이다. 소득개념의 형성사에 관해서는 제7장 참조.

21) Zelenak, Tax Policy and Personal Identity over Time, 62 Lax Law Review 303 (2009).

22) 미국재무부 보고서 *Tax Reform for Fairness, Simplicity and Economic Growth*(1984), 178-200쪽.

23) Simons, 앞의 책, 55-56쪽, 155-157쪽. 대법원 1992. 11. 10. 선고 91누12714 판결. 독일헌법재판소 1978. 12. 19. 1 BvR 335/76 등 결정도 명목소득에 대한 과세를 조세기법이나 가치평가의 문제로 정당화.

24) 우리나라의 양도소득세제는 한때 인플레이션을 고려하기도 했다.

$121/1.1^2$ =200원이 되고, 금융시장이 효율적이라면 이 사람은 이 채권을 200원에 팔 수 있다(미실현이득을 이처럼 정확히 잴 수 있는 효율적 금융시장이 실제 있는가의 문제는 여기에서는 덮어 두자. 지금 우리는 개념을 따지고 있는 중이다). 그렇게 본다면 이 납세의무자는 작년 말에는 0원의 순자산을 가지고 있다가 올해에는 200원의 순자산이 있는 것이므로, 200원의 소득이 있다고[25)] 말해야 앞뒤가 맞다.

여기에서 한 가지 의문. 국가가 올해 200원을 과세하나 앞으로 2년 동안 각 110원 121원을 과세하나 어차피 마찬가지 아닐까? 아니지. 소득(所得)과세란 당장 200원을 과세한 뒤 그 원본의 투자수익에 대해 앞으로 3년 동안 또 세금을 걷는 제도이니까. 이 납세의무자의 所得이 해마다 얼마인가, 곧 그의 부가 얼마나 느는가를 해마다 따져보면? 01년 소득은 위와 같이 200원. 02년 말에 이 납세의무자는 110원의 돈을 받는다. 한편, 02년 12. 31. 현재로 그 뒤 1년 뒤인 03. 12. 31.에 121원을 받을 채권의 가치는 110원(=121/1.1)이 되어, 02. 12. 31 현재 채권의 가치(남아있는 현금흐름의 가치)가 90원(=200-110)만큼 하락 내지 상각(傷却). 정리하면 02년 동안 현금 110원이 늘고 채권 가치의 상각액이 90원이므로, 소득은 20원(=110-90). 03년에는 현금이 121원 생기고 채권값이 110원 떨어지므로 所得은 11원(=121-110).[26)]

소득세란 이 납세의무자의 소득을 3년 동안 각 200원, 20원, 11원으로 보는 제도이다. 분개로 적자면 (01)년 (차) 채권 200 (대) 소득 200. (02)년 (차) 채권 20 (대) 소득 20, (차) 현금 110 (대) 채권 110. (03)년 (차)채권 11 (대) 소득 11, (차) 현금 121 (대) 채권 121. (200, 20, 11)원이라는 3년 동안의 소득을 액면 그대로 합하면 231원이지만, 돈의 시간가치를 생각하면 이런 세제의 세금부담은 실현(實現)주의 세제, 곧 명목금액 231원을 (0, 110, 121)원으로 보는 경우보다 무겁다.

Ⅲ. 소 비 세

1) 현금(現金)주의 과세=소비세

(0, 110, 121)이라는 현금흐름을 낳는 자산에서 생기는 소득을 (200, 20, 11)원으로 계산해야 맞다니… 그런가, 논리는 알겠는데 무언가 맘에 걸리네, 이런 생각을 떨치기 어려우리라. 올해를 본다면 도대체 現金이 한 푼도 생긴 바 없는데 소득이 200원이라니?

25) 개인이 무상이전 받는다면 소득세가 아니라 증여세. 제25장 제1절 II.

26) 제2차년에 받은 현금 110원에 제3차년분 이자를 계산하지 않는 것은 애초 현금흐름이 (0, 110, 121)이라고, 곧 들어오는 현금을 다 소비한다고 가정했기 때문이다. 이자를 계산한다는 말은 현금흐름 가정 자체를 (0, 110, 132)로 바꾸어야 한다는 말이다. 다시 정리하면 이자율 10%에서 시장이 균형에 있다고 가정하므로 02년 소득은 200×10%=20, 03년 소득은 (220-110)×10%=11.

소득이라는 말이 어차피, 그 속에 어떤 내용을 담을 것인지를 정해야 하는 도구 개념이라면, (0, 110, 121)원이라는 내용이 담기도록 소득개념을 정하면 되는 것 아닌가? 옳은 말이다. 그러나 소득이라는 말을 그런 뜻으로 정한다면 이는 무엇을 뜻하는가? 자산의 가치가 오른 것은 소득이 아니고, 그와 같이 오른 가치가 현금화할 때 비로소 소득이 된다는 말. 현금이 들어와야 소득이 생긴다는 생각은, 소비할 돈이 내 손에 쓸 돈이 들어와야 비로소 소득이 있다는 생각.[27] 소득을 이렇게 정의하고 논리의 앞뒤를 맞춘다면, 그런 세제는 이미 소득세가 아니라 消費稅로 넘어가게 된다. 앞 I.2. 결국 실현 개념은 소비세의 속성이 소득세 속에 묻혀 들어와 두 세제를 어정쩡하게 타협시키고 있는 것이다. 부가 얼마나 늘었는가를 담세력의 잣대로 삼는 이상 실현 개념은 설 자리가 없다.

2) 소비세 = 자본소득 비(非)과세

현금흐름 과세는 소비세이다. 납세의무자기 번 돈도 이를 재투자하는 부분(현금유출)은 경비로 떨어내므로 세금 낼 것이 없고 재투자하지 않는 부분, 곧 소비하는 부분에만 세금을 물리게 된다. 이런 소비세 내지 현금흐름 과세, 앞의 예에서 해마다 (0, 110, 121)원을 과세하는 제도는 자본소득(=투자수익=자산소득)을 과세하지 않는다. 무슨 말인가? 다시 예금자씨의 보기로 돌아가 예가 어느 해에 100원을 투자하여 그 다음 해에 110원을 번다고 하자. 이제 현금의 흐름을 그대로 소득으로 삼고 세율이 50%인 세제를 들여온다면 첫해에는 소득이 (-)100원으로 50원을 환급(다른 소득에 낼 세금에서 공제)받고 이듬해에는 소득 110원에 대해 세금 55원을 낸다. 그런데 기실 이런 세제는 투자수익에 세금을 안 매기는 것이다. 무슨 말, (55 - 50) = 5원이라는 차액이 있는데? 그러나 이런 생각은 착시. 첫해 납세의무자의 순투자액과 이듬해 순수입은 얼마인가? 투자액(현금지출) 100원을 경비로 떨어 세금 50원을 덜 내게 되므로 순투자액은 50원. 이듬해에는 110원을 받지만 세금 55원을 내므로 순수입이 55원. 세후(稅後) 투자수익률(收益率)은? 50원을 투자하고 한 해 뒤 55원을 벌게 되므로, 稅後수익률은 10%. 이 수익률은 세전(稅前)수익률 10% 그대로이다. 무슨 말? 납세의무자에게 세부담이 없다는 말. 얼핏 생각하면, 국가가 50원을 내 준 뒤 55원을 받아가므로 5원의 순세금이 있다고 생각하기 쉽다. 그러나 국가가 50원을 애초 다른 곳에 투자했더라도 55원이 되었을 것이므로, 5원은 세금이 아니라 10% 투자수익. 결국 국가는 납세의무자와 50 : 50으로 동업을 하여 투자수익을 걷어 갈 따름. 100원을 투자하고 2년 뒤 121원을 받는 것도 똑같다. 2년 뒤 국가가 받는 돈 60.5원은 첫 해에 국가가 깎아준

27) 들어오는 돈을 다시 저축하지 않는다는 가정은 바로 다 쓴다, 또는 시차가 적어서 무의미하다고 가정하고 있는 것이다.

세금의 2년간 원리금, 곧 $50 \times 1.1^2 = 60.5$일 뿐이다.

경제학적 이윤 내지 초과이윤이 있다면 어떻게 될까? 정상수익률을 넘는 초과이윤에는 세금을 물리게 된다. 현금흐름에 맞추어 투자액을 경비로 떨게 해주어서, 국가가 세금 50을 깎아주고(세후금액을 국가와 납세의무자가 각 50원씩 투자하고) 이듬해 투자수익이 120원 생겼다고 하자. 국가가 세금 명목으로 받아가는 돈은 60원이다. 정상수익률로 따질 때 국가의 투자액 50원에 생길 원리금은 55원이니, 차액 5원은 실제 세금이다. 정상수익률 10%를 넘는 초과이윤 10원(=120-110)의 50%를 세금으로 걷는 것이다.

소비세는 현금흐름을 과세하는 것이고, 다시 이것은 노동력이 받는 보수와 경제학적 의미의 利潤(초과이윤, 곧 자본의 기회비용을 넘는 투자수익)만을 과세하는 제도와 같다.[28] 소비세란 노무소득과 초과이윤에만 세금을 물리고 자본의 기회비용, 곧 정상수익률 부분의 투자수익을 과세하지 않는다는 말이다. 왜? '소득 = 소비 + 저축'이고 저축이란 금융자산에 대한 투자이다. 금융자산의 가치는 투자수익 흐름의 현재가치이므로, 투자수익에 대한 비과세는 소득에서 저축(투자원본)을 뺀 소비에만 세금을 매기는 것과 같다. 사후적으로 초과이윤이 생긴다면 현금흐름형 소비세는 이를 과세하지만 일단 소득세를 매긴 뒤 투자수익을 비과세하는 세제에서는 모든 투자수익을 다 비과세하므로 차이가 생긴다.

일찍이 Kaldor 등이 주장한 지출세,[29] 그 뒤 Harvard Law School의 William Andrews 교수가 주장한 cash flow income tax,[30] 90년대 후반부터 미국의 신문에 오르내리는 용어로 flat tax나[31] USA tax는[32] 모두 현금흐름형 소비세로 가자는 주장이다.

---

28) Atkinson & Stiglitz, *Lectures on Public Economics*(1980), 69-72쪽. Tipke/Lang, 제3장 78문단.

29) 소비세나 지출세는 20세기 초부터 Fisher나 Kaldor 등 경제학자들이 주장한 바 있다. 앞서 인용한 Fisher의 글 외에 Nicholas Kaldor, *An Expenditure Tax*(1955) 참조. 더 옛날로는 Hobbes나 Mill까지 거슬러 올라간다. Thomas Hobbes, *Leviathan Ch. xxx*; John Stuart Mill, *Principles of Political Economy*(1848), V권, I장, 4절 813문단 이하.

30) 지출세 이론이 현실적 대안으로 주목을 받게 된 것은 Harvard 법대의 William D. Andrews 교수와 Alvin C. Warren, Jr. 교수 등의 논쟁 덕택이다. Andrews, *"A Consumption-Type or Cash Flow Personal Income Tax,"* 87 Harv. L. Rev. 1113(1974); Warren, *"Fairness and Consumption-Type or Cash Flow Personal Income Tax,"* 88 Harv. L. Rev. 931(1975). 한편 영국에서는 J. E. Meade의 보고서가 소비세를 제안했다. Institute of Fiscal Studies, *The Structure and Reform of Direct Taxation*(1978). 캐나다에서는 Carter Commission의 보고서가 같은 입장을 보였다. *Report of the Royal Commission on Taxation*(Ottawa 1966).

31) Robert E. Hall and Alvin Rabushka, *Low Tax, Simple Tax, Flat Tax*(1983); 같은 저자의 짧은 글로 Flat Tax 1995 (인터넷에 나온다). Flat tax라는 말을 그냥 단일세율(비례세율)이라는 뜻으로도 쓰는 문헌도 있으니 가려서 읽을 것.

32) 간단한 소개는 Alan Schenk & Oliver Oldman, *Value Added Tax*(2001), 제15장 참조.

이와 같이 현금주의를 관철하는 세제는 나름대로 일관된 체계를 짤 수 있지만, 소득세는 아니다. 자세한 내용은 뒤에 소득세와 소비세의 낫고 못함을 따질 때 보기로 하고.

Ⅳ. 노무에 대한 보수

1. 자산(資產)소득 v. 노무(勞務)소득

소득의 개념에 관한 여태까지의 논의는 기실 資產소득(capital income)을[33] 전제로 따져본 것이다. 다시 돌아가서 읽어보라. 勞務소득은 고생한 품삯이라는 점에서 자산소득과 결정적 차이가 있다. 가만히 앉아서 이자소득 100만원을 버는 사람과 죽도록 품을 팔아서 겨우 100만원을 버는 사람은 분명 입장이 다르다. 그러나 Haig-Simons의 소득개념은 일의 괴로움이나 행복 같은 마음의 주관적 상태를 무시하고 순자산의 증가가 얼마인가라는 객관적 현실만을 쳐다보면서 두 가지를 같게 과세한다.[34] 소득개념은 애초에 근대경제학의 용어로 효용(效用)이 아니라 객관적 가치(價値)에 터잡고 있다. 왜? 행복, 불행, 효용, 이런 개념들은 사람마다 다를 수밖에 없고, 이런 주관적 개념을 세제의 기초로 삼아 가령 누구나 제 행복에 비례해서 세금을 내도록 한다면 누구나 거짓말을 하게 마련이니. 극단적으로 설사 사람의 행복도를 알 수 있다 하더라도 이를 세제의 기초로 삼을 수야 없다. 두 사람이 똑같이 한 달에 100만원을 번다고 할 때, 흥부가 놀부보다 더 행복해 한다, 그저 그 이유로 흥부에게 더 많은 세금을 물려서야. 결국 효용이라는 개념은 서로 다른 사람 사이에 어떻게 세부담을 정해야 공평한가라는 기준이 못 된다.

2. 현금(現金)주의

효용개념을 몰아내고 노무소득도 순자산증가로 정의하면 그로서 충분하려나. 따지기 쉽게 학년이 역년(曆年) 그대로라 치고 보기를 들자. 로스쿨에 입학했지만 적성에 안 맞았던 '예능남'은, 그래도 입학은 했으니 졸업만 하기로 하고 3학년 말인 01. 12. 31.에 앞으로 4,000시간 걸리는 영화 조감독 일을 맡았다. 시간당 2만원, 총액 8천만원인 보수는 일을 다 마치고 나서 받기로 약정했다. 예능남은 02년 동안 2,000시간을 일했다. 02년에 절반 일을 했으니 소득으로 4,000만원을 과세하여야 할까? 아니면 02년

---

33) capital income, property income, 자본소득, 자산소득이라는 말을 일상언어에서는 같은 뜻으로 섞어 쓴다. '자산 = 자본 = 자기자본 + 타인자본'이기 때문. 제2장 제3절 Ⅰ.2, 제7장 제5절 1.1).

34) Joseph Stiglitz, *Economics of the Public Sector*(3rd ed., 2000), 479쪽. 공평의 문제에 관하여는 제9장 제1절 Ⅰ, 제10장 제4절 Ⅰ 참조.

에는 소득이 없고 03년에 가서 소득 8천만원이 있다고 할까? 일단 Haig-Simons의 소득개념으로 따지면 "아마도" 전자가 답. 02년에 4,000만원어치 일을 했으니 그만큼 소득이 발생했다고 치는 것이 일단 맞는 듯 보인다. 다른 한편 로스쿨 3학년인 '나열심'은 01. 12. 31. 취업계약과 동시에 signing bonus 1억원을 민값으로 받았다. 2년 안에 그만두면 물어낸다는 조건이 붙은 돈으로. 이 1억원은 나열심의 01년 소득인가? 예능남과 균형을 맞추면 아니라는 결론. 아직 일을 전혀 안 했으니까. 실제로 이런 생각이 기업회계에서는 오랜 관행이고 우리 소득세법도 예전에는 마찬가지.

이 일응의 결론을 조금 더 밀어붙여 보자. 역시 3학년 '채권남'은 학년말인 01. 12. 31. 취업하면서 02. 12. 31.에 1억1,000만원 03. 12. 31.에 1억2,100만원을 받기로 했다. 01, 02, 03년의 소득은 각 얼마인가? 당연히 (0, 110, 121)백만원이겠지? 어, 그런데 이 숫자를 어디에선가 보았는데? 앞서 소득의 경제학적 개념에서 본 채권의 보기. Haig-Simons의 소득정의에서는 채권남의 소득은 (200, 20, 11)이다. 채권남의 소득을 (0, 110, 121)로 정의하는 것은 실현주의 개념이고 소득세가 아니라 소비세. 그렇다면 이미 효용개념을 내몰았으니 세제의 통일성을 위해서 (200, 20, 11)로 정해야 하나⋯ 바로 거부감이 들 것이다. 왜?

시야를 한결 늘려보자. 로스쿨에 입학하기 전에는 일평생 한 해 3,000만원밖에 벌 수 없는, 집안에 아무 배경이 없는 가난한 젊은이가 있다. 공부를 잘해서 로스쿨에 들어왔고 졸업하고 변호사가 되면 앞으로 몇십 년 동안 많은 돈을 벌 수 있다. 이처럼 더 벌 수 있는 돈의 현재가치가 40억원이라고 쳐보자. 이 젊은이가 입학한 해(또는 변호사시험에 붙은 해)에 순자산증가액 40억원이 있다고 보고 세금을 매길 것인가? 그 뒤 앞으로 몇십 년 동안은 해마다 버는 돈을 과세하면서 미래 현금흐름의 현재가치 하락액을 순자산감소액으로 상각할 것인가? 그런 현금흐름을 사고팔거나 그를 담보로 돈을 꿀 수 있는 완전한 금융시장(또는 노예시장)은 없다. '하는 채무'는 강제해봐야 소용이 없으니 법에서도 직접강제를 안 한다. 그러니 인적자본 이론은 그저 재미로 해보는 이야기일 뿐.[35] 변호사 자격 취득이 100% 보장되었던 예전 사법연수원생의 대출한도도 그저 초임변호사 1년치 소득 정도였으려나? 결국 Haig-Simons의 소득 정의나 포괄적 소득개념이 모든 소득을 똑같이 과세하지는 못한다. 노무소득은 (0, 110, 121)로 과세하고 자산소득은 (200, 20, 11)로 과세한다. 불로소득을 더 무겁게 과세해야지, 얼핏 보면 그저 소박한 이 생각은 자산소득을 순자산증가로 과세하더라도 노무

35) Kaplow, Human Capital under an Ideal Income Tax, 80 Virginia Law Review 1477 (1994). 한편 본문의 용례와 달리 인적자본이라는 말을 교육비 등 일신전속적으로 투자된 돈이라는 뜻으로 쓰기도 한다. 재능과 성실도에 차이가 없다면 같은 뜻이 된다.

소득은 현금주의 소비세로 과세할 수밖에 없고 그래야 맞다는 생각을 머릿 속 한결 깊은 곳에서 하고 있기 때문이다. "어린 百뵉姓셩이 니르고져 홇배 이셔도 ᄆᆞᄎᆞᆷ내 제 ᄠᅳ들 시러 펴디 몯ᄒᆞᇙ 노미 하니라." 그저 그뿐.

인적자본 이론을 떨치고 다시 보기로 돌아가자. 예능남의 소득은 3년간 각 얼마라고 정해야 할까? 02년 노무를 제공했으니 과세할 수 있다는 생각은 한갓 동어반복이다. 노무의 제공이 왜 소득개념의 구성요소가 되는가라는 물음이 바로 튀어나오게 되고, 바로 이것이 논점이니까. 바른 질문은 예능남에게 02년 4,000만원의 소득이 있다고 보면서 세금을 매기는 것이 공평한가 묻는 것. 공평이란 사람마다 다른 주관적 개념이지만, 웬만한 사람은 02년에 세금을 물린다면 억울하다고 생각하리라. 절반어치 일을 했으니 과세해야 한다는 생각을 내칠 수밖에 없다. 01년 signing bonus를 받은 나열심의 01년 소득은? 예능남과 앞뒤를 맞춘다면 1억원이라고 정할 수밖에 없다. 노무제공이 없다거나 2년 계약이 남아있으니 과세 못 한다거나, 이런 논리는[36] 설 자리가 없다. 소득이란 무엇인가, 어떤 기준으로 계산해야 하는가, 바로 이 질문 자체가 논점. 결국 논점은 무엇이 공평(公平)한가라는 문제.

나열심의 예와 같이 용역대가를 미리 받은 민값(회계용어로 "선수수익")이 중요한 경우, 미국 국세청은 발생주의가 납세의무자의 소득을 제대로 계산하지 못한다고 보고 현금 받는 때 과세했고 법원도 마찬가지로 판시했다.[37] 이를 현금(現金)주의(cash basis)라 한다. 우리 소득세법도 오랫동안 과세시기를 인적용역의 제공을 완료한 날로 정하고 있다가, 이제는 용역대가를 지급받기로 한 날과 용역의 제공을 완료한 날 중 빠른 날을 과세시기로 삼게 되었다.[38] 물론 현금주의라 하여 꼭 현금을 받아야만 소득이 생기는 것은 아니다. 아직 현금을 받지 않았더라도 '現金이나 마찬가지인 재산'을[39] 받으면 소득에 반영한다.[40] 현금을 받을 수 있는 상황에서 납세의무자가 일부러 이를 늦게 받을 때에도 현금을 받은 것이나 마찬가지로 칠 필요도 생긴다.[41]

결국 소득이 얼마인가를 재는 회계방법이나 규범을 어떻게 짤 것인가는, 어떻게

---

36) 가령 대법원 1980. 4. 22. 선고 79누296 판결.

37) 예를 들면, American Auto Association v. United States, 367 US 687(1961); Schulde v. Commissioner., 372 US 128(1963). 우리 판례로 대법원 1987. 8. 18. 선고 87누46 판결 등.

38) 이 책 초판(2001), 제7장 제1절 III. 2003년 개정 소득세법시행령 제48조 제8호.

39) cash equivalent. 현금등가물이라는 번역이 있지만 마뜩잖다.

40) Cowden v. Commissioner, 289 F.2d 20(5th Cir. 1961). 이 개념의 외연에 대해서는 Hyland v. Commissioner., 175 F.2d 422(2nd Cir. 1949). Boris I. Bittker, Martin J. McMahon & Lawrence A. Zelenak, *Federal Income Taxation of Individuals*(looseleaf), 39.02[2]절.

41) 대법원 2005. 4. 15. 선고 2003두4089 판결. Hamilton Nat'l Bank of Chattanooga v. CIR, 29 BTA 63, 특히 67쪽(1933); 미국재무부 규칙 1.446-1(c)(1)(i), 1.451-2(a). Bittker, McMahon & Zelenak, 39.02[3]절.

해야 公平한가라는 문제. 구체적으로 현금주의와 발생주의 가운데 어느 쪽으로 소득을 계산할 것인가는, 두 해 이상에 걸친 소득 창출 과정에서 자산 내지는 자본재(資本財)가 얼마나 중요한가에 달려 있다. 현금이 유일한 또는 절대적으로 중요한 사업재산이 아닌 이상, 얼마나 더 부자가 되었는가라는 물음에 답하려면 자산 부채를 모두 고려한 순자산이 얼마나 늘었는지를 따져야 한다.

3. 기간비용과 손익왜곡

제 품을 파는 것이 아니라 사람을 사서 노무를 제공하고 돈을 버는 사업에서 생기는 소득은 어떤 기준으로 계산해야 소득개념에 맞을까? 실현주의, 곧 수익을 실현시점에 인식하면서 그와 동시에 수익에 대응하는 비용을 인식하는 전통적 규범은 소득이란 물건의 가치가 올라서 생기는 것이라는 생각을 전제로 생겨났다. 그런데 물건이 아닌 품을 파는 경우에는 실현시기에 가서 넘기는 물건이 없다. 여기에서 자연스레 비용은 발생 즉시 떨고 수익은 용역제공이 끝나야 소득으로 잡게 되었다. 현행법을 보면, 법인세법은 변호사업·공인회계사업·부동산중개업 등 인적용역의 제공대가로 받는 보수의 과세시기를 명시적으로 정하고 있지 않다. 한편, 비용의 손금산입시기를 보면, 임원이나 사용인에게 지급하는 보수는 어떤 자산의 취득에 직접 추적할 수 없고 따라서 기간비용으로 손금산입한다. 제18장 제3절 III.

연관된 손익에 시차(時差)를 두어, 비용은 바로 경비로 떨고 수익은 나중에야 소득으로 잡는다면, 실질적으로는 세부담이 없어진다. 예를 들어 어떤 법무법인이 올해에 인건비(人件費) 100원을 들여 인적용역을 제공하고, 내년에 보수 110원을 받는다고 하자. 이 법무법인이 투자한 돈 100원의 수익률이 연 10%라는 말이다. (110 - 100)/100 = 10%. 현행법에서는 올해에 인건비 100원을 경비로 내년에 보수 110원을 수익으로 잡는다. 세율이 50%라면, 납세의무자는 올해에는 50원의 세금을 덜 내고 내년에는 55원의 세금을 내게 된다. 이를 고려하면, 첫해 납세의무자가 투자하는 실제 금액은 50원(= 100 - 50)이고, 이듬해 납세의무자가 받는 돈은 55원(= 110 - 55). 결국 납세의무자는 올해에 55원을 투자하여 내년에 55원을 받게 되고, 따라서 납세의무자의 투자수익률은 10%(= 5/55). 이 10%는 세금을 고려하기 전의 투자수익률 10%와 똑같다. 이는 곧 납세의무자가 아무런 세부담을 지지 않음을 뜻한다. 국가가 "세금"으로 받아가는 돈 55원은 기실 국가의 투자액 50원에 대한 연 10%의 투자원리금. 애초에 100원을 투자할 당시, 납세의무자는 50원을 투자했을 뿐이고 50원은 세금을 깎아 주는 형식으로 국가가 투자한 것이다. 앞 III.2)

V. 내재적(內在的) 소득: 재산의 사용가치

예를 들어 어떤 사람이 집을 소유하고 있으면서 제 집에 산다고 하면, 집세에 상당하는 금액만큼 소득이 있다고 보아 세금을 매길 것인가? 제 집에 사는 것뿐이고 임대료 받은 것이 없는데 웬 세금? 그러나 생각해 보면 집세 상당액만큼 경제적 이득을 누림은 분명하다. 소유주택을 다른 사람에게 월세주고 자기는 다른 집에 월세 산다면, 소유주택에서 받는 월세는 임대소득으로 과세하지만 자기가 내는 월세는 필요경비로 못 떤다.[42] 제 집에 사는 사람에게는 그 집의 사용가치 내지 집세 상당액의 소득이 있다는 말. 전셋집도 마찬가지. 전셋집을 월세주고 다른 집에 월세 산다고 생각해보라. 더 근본적으로는, 어떤 재산이 적어도 한 해 이상 소비재로 사용되고 있다는 말은 그 재산가치의 투자수익에 상당하는 경제적 가치가 매년 소비되고 있다는 말이다. 그렇다면 그만큼 內在的 소득이 있음은 당연. 이처럼 밖으로 드러나지 않는 소득을 imputed income이라고 부른다.[43] 귀속소득이나 귀결소득이라 번역하기도. 가사(家事)노동의 가치도 마찬가지.

제 2 절 소득세 · 소비세 · 직접세 · 간접세의 관계

I. 누진율과 직접세

1. 재분배와 누진율

근대 소득세제가 인민주의적 공평에 터잡아 자라난 결과 소득세제는 누진세(累進稅)라는 특징을 갖추게 되었다. 소득세가 처음 생길 때에는 소득세 그 자체가 기득권층의 저항을 받았을 뿐더러 누진율은 한결 더 큰 저항을 받았다. 나폴레옹 전쟁 당시 영국에 소득세를 들여온 장본인인 Pitt는 전쟁을 치르자니 어쩔 수 없이 한시적으로 소득세와 누진율을 들여오기는 했지만, 그 스스로 부의 재분배란 국가가 할 일이 아니라고 말했다.[44] 소득세가 1842년에 부활하고 1872년쯤부터는 삶의 일부로 받아들여졌지만, 누진율에 대한 도전은 1909년이 지나서야 사그라든다.[45] 미국에서도 누진세가

---

42) Tipke/Lang, 제7장 32문단 이하, 제8장 520문단.

43) 내재적 소득을 실제 과세하기는 어렵다. 아래 제9장 제1절 II, 제11장 제1절 V와 제2절 V, 제12장 제3절 I.

44) 34 Hansard's Parl. Deb.(3rd. Ser.)(1798), 특히 108번째 줄.

45) Edwin R. A. Seligman, *Income Taxation*(1914), 181쪽.

일상적 법제로 받아들여진 것은 20세기에 들어와서. 미국세법의[46] 누진율은 상속인과 피상속인의 관계가 법정 촌수를 넘는 먼 친척이라면 높은 상속세율을 적용한 데에서 비롯한다. 이에 대해 미국 대법원이 합헌이라 판시.[47] 그 뒤 상속세법은 상속재산의 금액에 따른 누진율을 택했고 대법원은 역시 합헌이라고.[48] 다시 그 뒤 1913년의 소득세법이 누진율을 들여오자, 누진율이란 다수가 소수를 착취하는 수단이라면서 위헌심판을 구한 사람이 있었다. 이에 대해 대법원은 누진 여부는 다수의 의사에 따라야 한다면서 합헌이라 판시했다.[49] 그 뒤 1차대전 중에 급격한 누진율이 법에 들어왔다.[50]

오늘날에 와서는 거의 모든 나라가 소득세에 累進稅를 택했고, 1980년대에는 최고세율이 70% 정도에 이르기도 했다. 그러나 1986년 Reagan 정부가 누진율을 낮추기 시작한 이래[51] 세율의 누진도가 뚝 떨어져서 이제는 최고세율이 50%를 넘는 나라도 드물다. 우리 소득세법의 최고세율은 몇십 년 동안 약 40% 언저리를 맴돌고 있다.[52]

2. 면 세 점

한편 소득이 일정한 수준에 못 미치는 사람들한테는 세금을 안 물린다. 소득세의 기본이념이 더 낼 만한 처지에 있는 사람이 더 내라는 것이라면, 일정한 수준에 못 미치는 사람에게서 세금을 걷는 것은 불공평하다는 말이 되니까.[53] 독일식의 표현으로는 쓸까 말까 제 마음대로 정할 수 있는 돈(가처분 소득, disponible Einkommen)이라야 소득인 것이고, 피할 수 없는 지출은 빼고 세금을 매겨야 한다.[54] 이리하여 소득세제

46) 일반론으로 Blum and Kalven, *"The Uneasy Case for Progressive Taxation,"* 19 U. Chicago Law Rev. 417(1952) 참조.

47) Magoun v. Illinois Trust, 170 US 283(1898). 독일법은 지금도 촌수에 따라 세율이 다르다. 독일 상속세법 제15조, 제19조.

48) Knowlton v. Moore, 178 US 41(1900).

49) Brushaber v. Union Pacific, 240 US 1(1916).

50) 최고세율이 1916년 15%, 1917년 67%, 1918년 77%. Rawls의 말로 목숨〉자유〉돈.

51) Tax Reform Act of 1986.

52) 소득세법 제55조. 지방소득세가 덧붙는다. 지방세법 제86조. 예외적으로 부동산투기를 억제하기 위한 목적의 양도소득세에는 훨씬 높은 세율이 있다. 세금을 통한 규제는 제2장 제3절 Ⅱ. 2.

53) "소득에 대한 과세는 원칙적으로 최저생계비를 초과하는 소득에 대해서만 가능하다." 헌법재판소 1999. 11. 25. 98헌마55 결정; 독일 헌법재판소 1992. 9. 25. 2 BvL 5/91등 결정. 그러나 면세점 아래에 있는 사람도 부가가치세 따위의 간접세는 문다. 그렇게 보면 행정부나 국회에서 면세점을 자꾸 올리는 것이 능사는 아니다. 근본적으로는 간접세 부담을 줄이고 면세점을 되도록 낮추어야 한다. 되도록 많은 국민이 자기 이름으로 세금을 부담한다는 것은 국가의 정치적 통합에 중요한 의미를 지니고, 또 직접세를 내는 사람이 많아야 세제의 미시적 경제조정 기능이 가능하다. 면세점 아래의 납세의무자 사이에서는 공평과세라는 개념도 애초 설 자리가 없다.

54) 이를 일컬어 "사생활의 순소득원칙"이라 부른다. Tipke/Lang, 제8장 42문단. 같은 책 제3장 72문단은 면세점이라는 생각의 시작이 Adolf Wagner라고 하지만 Adam Smith의 국부론에 이미 나온다.

는 소득이 일정한 금액에 이르기까지는 세율을 0%로 정하든가 일정한 금액까지 각종 공제를 두는 꼴로 면세점(免稅點)을 설정한다. 우리 법에서는 기본공제[55] 같은 몇 가지의 종합소득공제나 근로소득공제[56] 따위의 여러 가지 공제라는 형식으로, 면세점을 정하고 그 밑으로는 세금을 물리지 않는다. 모든 납세의무자에게 같은 면세구간을 둔다면, 법정세율 내지 한계세율을 비례세율로 하더라도 평균세율은 누진율이 된다. 소득이 늘수록 전체소득 가운데 과세소득이 차지하는 비율이 점점 늘기 때문.[57]

3. 음(-)의 소득세

나아가서, 정말 가난한 사람한테는 세금을 물리기는커녕 오히려 국가가 도와주어야 마땅하다는 생각으로 이어진다.[58] 우리 헌법의 글귀로 "모든 국민은 인간다운 생활을 할 권리를 가진다."[59] 국가는 "사회보장·사회복지의 증진에 노력할 의무"를 지고,[60] "신체장애자 및 질병·노령 기타의 사유로 생활능력이 없는 국민은 법률이 정하는 바에 의하여 국가의 보호를 받는다."[61] 결국 소득세나 사회보장(社會保障)제도는 모두 인민주의적 공평이라는 이념에서 나온 것으로 한 나무의 두 가지; 사회보장을 받아야 할 필요란 음(-)의 담세력.[62] 이리하여 사회보장제도와 소득세제를 아예 하나로 묶자는 생각이[63] 이른바 '陰(-)의 소득세.'[64]

음의 소득세의 가장 단순한 모형은, 비례세(比例稅)로 세금을 걷되 모든 사람에게 똑같이 최저생계비(最低生計費) 상당액의 보조금(이를 'social dividend'라 한다)을 주

55) 소득세법 제50조.

56) 소득세법 제47조. 이론상은 근로소득공제는 면세점과는 무관하고 필요경비의 개산(槪算)이지만 현실적으로는 면세점의 일부가 된다. 제11장 제2절 Ⅳ 참조

57) 미국 세법은 1986년 이후 얼마 동안 중간구간의 한계세율이 체감하는 구조를 띠고 있기도 했다. 평균세율을 같도록 맞추자는 생각에서였다. 가령 면세점이 1천만원이라 하자. 소득 2천만원인 사람에 대한 세율이 30%라면 세금은 (2,000 - 1,000) × 0.3 = 300만원이 되고 평균세율은 300/2,000 = 15%이다. 소득이 3천만원인 사람도 평균세율이 15%, 세액이 450만원이 되게 하려면, 한계세율이 22.5%로 낮아져야 한다. 세액이 (3,000 - 1,000) × 22.5% = 450만원인 까닭이다.

58) 궁핍이란 음(-)의 담세력이다. Tipke/Lang, 제1장 41문단.

59) 헌법 제34조 제1항.

60) 헌법 제34조 제2항.

61) 헌법 제34조 제5항. 우리나라는 다른 선진국에 견주어 사회보장 지출은 훨씬 낮고 농어촌지원예산은 몇 배 높다.

62) Tipke/Lang, 제1장 39문단, 45문단.

63) Institute of Fiscal Studies, Tax By Design: The Mirrlees Review(2011). 한국조세연구원의 2015년 번역본 제목은 '조세설계'. 이하 이 책은 2011 Mirrlees Review라고 인용. Institute of Fiscal Studies, Dimensions of Tax Design(Fullerton, Licestor & Smith ed., 2010): Mirrlees Review(2010)은 이하 2010 Mirrlees Review라고 인용. 2011 Mirrlees Review 5장.

64) negative income tax. 아직도 일부에서 쓰는 '부(負)의 소득세'는 일본 말이다. 우리 말의 음수(陰數)가 일본 말로 부수(負數).

자는 것이다.[65] 예를 들어 최저생계비가 600만원이고, 세율이 30%라 하자. 소득이 영(0)원인 사람은 600만원의 순보조금을 받는다. 소득이 2,000만원인 사람은 세율 30%를 곱한 세금 600만원과 보조금이 서로 지워지므로 낼 돈도 받을 돈도 없다. 소득이 3,000만원인 사람은 순세금이 300만원(= 3,000만원 × 30% - 600만원), 소득이 4,000만원인 사람은 순세금이 600만원(= 4,000만원 × 30% - 600만원). 소득을 기준으로 평균세율을 따진다면, 소득이 2,000만원, 3,000만원, 4,000만원으로 늘어감에 따라 세율이 0%(= 0/2,000), 10%(= 300/3,000), 15%(= 600/4,000)의 꼴로 늘어 결과는 최고세율을 30%로 하는 누진세가 된다. 기존의 사회보장제도와 음의 소득세 사이의 실제 차이는? 두 가지 정도. 우선, 사회보장을 맡고 있는 행정청보다는 세무행정청이 국민의 삶에 관해 훨씬 많은 정보를 관리하고 있으므로 일을 더 잘할 수 있다는 생각. 사회보장 제도는 종류도 많고 관할행정청도 각각이라 가난한 이들이 제대로 찾아 받지 못하는 수가 많다. 둘째는, 기존의 사회보장 제도와[66] 달리 세금환급을 받는 사람들 속에 섞여서 도움 받는다면 창피스러울 일이 없어지리라는 생각이다. 실제로 음(-)의 소득세를 전면적으로 입법한 나라는 없고, 미국에서 기존 세제와 사회보장제의 틀을 건드리지 않은 채 극빈층에게 주는 돈의 일부를 환급가능한 세액공제라는 형식으로 운영해왔다.

우리나라는 2008년에 근로장려세제를, 다시 2014년에 자녀장려세제를 들여왔다. 수혜대상은 극빈층에 집중되어 있지만 금액이 얼마 안 되어서 나라의 예산 전체에서 차지하는 비중은 미미하다. 근로장려세제의 특징으로 아주 가난한 사람이라면 근로소득이 늘수록 보조금(근로장려금)이 오히려 늘어난다. 놀고먹으려 하는 사람이 생길까 염려한 때문. 일정 기준을 넘으면 소득이 늘수록 장려금이 줄어들게 되므로 중간구간에서는 근로장려금 금액이 특정액으로 고정되어 있다.[67] 미국이나 영국은 극빈층 가운데에서도 다시 선별해서 집중지원하고, 스웨덴은 보편적 복지 쪽이다.

---

65) 물론 이른바 기본소득을 최저생계비보다 높은 수준으로 설계할 수도 있다. 기본소득의 수준을 올릴수록 세율은 올라간다. 가령 기본소득을 중위소득의 1/4이나 1/3로 책정하자면 세율은 각 1/4이나 1/3. 기본소득 = (세율) × (본인의 소득 - 중위소득)에서 본인의 소득을 영(0)으로 놓으면 알 수 있다.

66) 국민기초생활보장법에 따라 약 150만명이 최저생계비 부족액을 보전받는다. 1인당 최저생계비가 가령 25만원이라면, 소득이 24만원인 사람은 1만원을, 소득이 1만원인 사람은 24만원을 보전받는다. 이런 제도는 사람을 게으르게 만들 위험이 있는 까닭에, 법은 특례를 두어 전자의 소득 24만원이 근로소득이나 사업소득이라면 그 일부를 공제하여 자기가 번 소득을 가령 20만원이라는 식으로 계산하여 보전액을 올려준다. 국민기초생활보장법시행령 제5조의2.

67) 조세특례제한법 제100조의5. 미국세법 제32조의 earned income credit. 이런 제도에서는 아예 일할 능력이 없는 사람에 대한 별도의 사회부조가 필요하다.

Ⅱ. 소득세 · 소비세 · 직접세 · 간접세의 상호관계

현행 소득(所得)세제는 직접세(直接稅)의 모습을 띠고 있다. 직접세란 국가가 온 국민을 다 관리해야 하는 매우 값비싼 세제이지만, 누진세의 필연적 산물이다. 누진세는 납세의무자 한 사람 한 사람을 놓고 그의 부가 얼마나 늘었는지를 따질 것을 요구한다. 곧 국가가 납세의무자 한 사람 한 사람과 직접 법률관계를 맺고 세금을 걷는 직접세 제도를 전제로 한다. 누진율이 아니라면 소득세가 반드시 직접세이어야 할 필요가 없다. 소득세는 直接稅일 수도 있고 간접세(間接稅)일 수도 있다. 소비세(消費稅) 역시 直接稅일 수도 間接稅일 수도. 소득세가 직접세의 구조를 띠는 까닭은 누진세의 필요.

1. 개인소득 합계 = 국민소득(國民所得)

간접소득세라니? 직접소비세라니? 으레 소득세는 직접세이고 소비세는 간접세라 생각하지만, 틀린 생각. 꼭 그래야 할 이유가 없다. 우선 直接消費稅가 가능함은 쉽게 알 수 있다. 사람이 무엇을 얼마나 소비하는지를 각 개인 단위에서 파악하여 각 개인에게 세금을 매긴다면 직접소비세가 된다. 이런 세제는 세무행정이 불가능하고 자유를 극단적으로 침해한다. 그러다 보니 직접소비세를 주장하는 사람들은 대개 소비지출을 합하는 쪽보다는 소득에 저축이나 투자의 증감을 반영하는 간접적 방법으로 과세물건을 재자고.[68] 어떤 방법이든 각 개인의 소비를 파악하여 과세하면 직접소비세가 된다.

얼핏 생각하기 어려운 것은 間接所得稅. 생각해 볼까나. 각 개인의 소득을 모두 모으면 國民所得이 된다. 증여 같은 이전지출을 개인의 소득계산에 어떻게 반영할 것인가, 가격의 상대적 변동에 따른 부의 재분배를 개인의 소득계산에 어떻게 반영할 것인가, 이런 차이가 있기는 하지만 큰 틀에서는 개인소득의 합이 국민소득.[69] 국민소득이란 한 사회가 생산한 재화나 용역의 가치이고, 각 개인이 그 가운데 얼마를 차지했는가가 개인의 소득. 국민소득을 재화나 용역의 생산 쪽에서 파악한 것이 생산국민소득이고 각 개인이 얼마씩을 차지하는가를 기준으로 파악한 것이 분배국민소득이다. 두 가지는 정의(定義)상 당연히 같다. 그렇다면, 각 국민의 소득을 파악하여 각 국민에게서 세금을 걷는 대신 생산(生産) 쪽에서 소득을 파악하여 기업에게서 세금을 걷는 간

---

68) 한 예로 James M. Bickley, *"Flat Tax: An Overview of the Hall-Rabushka Proposal,"* 72 Tax Notes 97(1996).

69) Alvin C. Warren Jr., *"Would a Consmuption Tax be Fairer than an Income Tax?"* 89 Yale L. J. 1081(1980) 가운데 1085쪽.

접세로 소득세를 만들 수 있다는 말이 된다.

아주 간단한 국민경제 모델로 間接所得稅의 가능성을 생각해 보자. 어떤 농장이 있다. 이 농장은 하늘에서 떨어진 씨앗을 가지고 노동력을 투입해서 밀을 생산해 낸다. 농장은 이 밀을 밀가루 공장에 100원에 판다. 밀가루 공장은 그 밀로 밀가루를 만들어 200원에 빵공장에 판다. 빵공장은 그 밀가루로 빵을 만들어서 소비자에게 300원에 판다. 이 경제에서 GNP는 얼마? 300원. 각 기업이 100원, 200원, 300원을 생산했지만, 중간생산물을 공제한 부가가치(附加價値)만 따지자면 각 100원, 100원, 100원을 생산했고, 최종생산물의 가치가 300원이다. 이제 이 모델에 기계공장을 넣어 보자. 기계공장에서는 땅이 베풀어준 철광석에 오직 인간의 노동력만을 투입하여 기계 2대를 만든다. 기계공장은 이 기계를 밀가루 공장과 빵공장에 각 50원에 판다. 이 경제가 한 해 동안 생산해 낸 총생산물은? 앞의 300원에 기계 100원을 더한 400원어치이고, 이는 소비재 300원과 자본재 100원으로 이루어진다. 밀가루 공장과 빵공장이 한 해 동안 기계를 각각 10원만큼 닳아 없앴다면 國民所得(순소득)은 380원.

$$
\begin{aligned}
\text{국민소득}(Y) &= C(\text{소비}) + I(\text{순투자}) \\
&= 300 + 80
\end{aligned}
$$

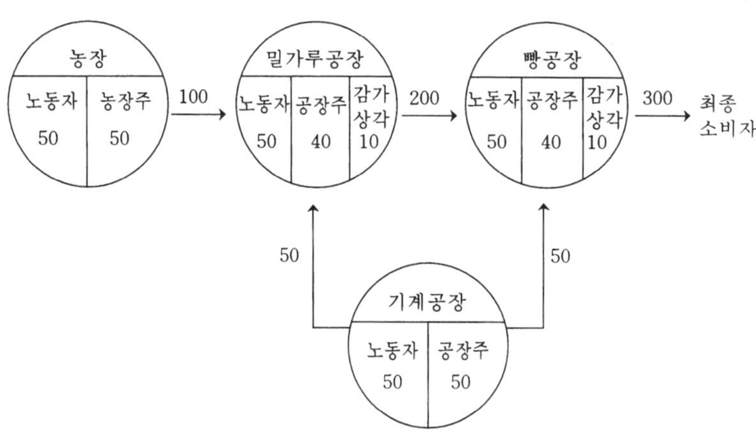

이 國民所得 380원은, 농장에서 일하는 사람들이 100원, 밀가루공장에서 일하는 사람들이 90원, 빵공장에서 일하는 사람들이 90원, 기계공장에서 일하는 사람들이 100원으로 나누어 가지게 된다. 각 공장에 각각 노동자가 50명씩 있고 노동자 한 사람의 한 해 급여가 1원씩이라 한다면, 각 기업의 주인에게 남는 사업소득은 농장주인 50원, 기계공장주인 50원, 밀가루공장주인 40원, 빵공장주인 40원. 이 경제의 분배(分配)국

민소득은 노동자 200명에게 귀속되는 200원과, 공장주인 4명에게 귀속되는 180원, 합계 380원이다. 한편, 국민소득은 380원이지만 소비는 300원뿐이라는 말은 사람들이 80원을 저축했다는 말이고, 이 80원은 밀가루공장의 순투자액 40원과 빵공장의 순투자액 40원의 합과 같다. 국민경제에 순투자액이 있다는 말은 생산물 가운데 소비하지 않은 것이 있다는 말이고, 이런 의미에서 사후적으로는 "저축 = 투자"라는 등식이 성립한다.

直接所得稅란 위 경제에 속하는 사람들의 소득을 한 사람씩 계산하여, 노동자 200명과 공장주인 4명의 각자에게서 세금을 걷는 제도이다. 세율을 10% 단일세율이라 한다면, 국가가 걷는 세금은 200 × @1 × 10% + 2 × @50 × 10% + 2 × @40 × 10% = 38원.

2. 부가가치세 = 간접소비세

같은 세금을 간접세(間接稅)의 꼴로 걷을 수 있을까? 직접세·간접세라는 말은 엄밀한 법률개념이 아니므로, 어떤 뜻으로 쓰는가에 따라 혼란이 있을 수 있다. 사람들이 보통 간접세라 부르는 세금의 대표격이 附加價値稅이므로, 부가가치세와 같은 꼴로 소득세를 걷을 수 있을지를 생각해 보자. 부가가치세란 농장이 밀가루 공장에 밀을 팔면서 100원만 받는 것이 아니라 세율 10%를 곱한 세금 10원을 덧붙여 받아서(법률용어로는 이를 "거래징수"라고 부른다),[70] 이 10원을 세금으로 국가에 내라는 것이다. 기계공장은 밀가루공장과 빵공장에서 각 5원씩을 거래징수하여 국가에 10원을 낸다. 이처럼 자기가 판 물건값에 덧붙여 받아서 국가에 납부하는 세액을 賣出稅額이라고 한다. 밀가루공장이 거래징수하여 납부할 매출세액은 200 × 10% = 20원이다. 그런데 밀가루공장은

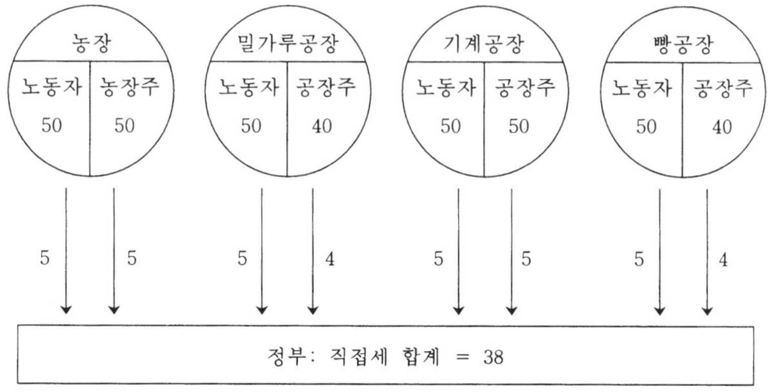

70) 부가가치세법 제31조. 사실은 더 받는 것이 아니지만 우선은 본문처럼 생각하자. 제23장 제2절 V, 제5절 I.

앞서 농부에게 세금 몫으로 준 10원과 기계공장에 세금 몫으로 준 5원이 있으므로 이를 買入稅額으로 빼 준다. 매입세액이란 농부가 밀가루공장에서 거래징수한 매출세액 10원이나 기계공장이 거래징수한 매출세액 5원을 밀가루공장의 입장에서 이름지은 것이다. 부가가치세란 매출세액에서 매입세액을 공제하고 차액을 내라는 것이다. 빵공장의 매출세액은 30원, 매입세액은 25원(＝20(밀가루)＋5(기계))이므로 빵공장이 납부할 세액은 5원이다. 정리하면, 국가는 어디에서 세금을 얼마씩 걷는가? 농장에서 10원, 밀가루 공장에서 5원, 빵공장에서 5원, 기계공장에서 10원이 되고 그 합계는 30원이다. 이 30원이라는 세수는 300원, 곧 국민총소비의 10%가 된다.

부가가치세는 결국 이 경제에서 일어나는 소비를 과세물건으로 삼는 소비세(消費稅)이다. 각 개인의 소비가 얼마인가를 하나하나 따져서 204명에게 세금을 물리는 대신 국민경제의 순환과정 속에 있는 각 기업, 우리의 예에서는 농장, 밀가루공장, 빵공장, 기계공장에서 세금을 걷는 방식이다. 개개의 기업이 내는 세금, 곧 (매출세액 - 매입세액)은 (매출액 - 매입액) × 세율의 꼴로 표시할 수도 있다. 빵공장더러, 거래징수한 매출세액 30원에서 거래징수당한 매입세액 25원(＝20 ＋5)을 뺀 차액 5원을 세금으로 내라는 말이나, 매출액 300원에서 매입액 250원(＝200＋50)을 뺀 차액의 1/10을 세금으로 내라는 말이나,[71] 아무 차이가 없다. 결국 부가가치세란 각 기업의 부가가치(매출액 - 매입액)를 과세물건으로 삼는 세금이다. 각 기업의 매입액은 생산과정에서 소모되어 없어지는 중간생산물과 없어지지 않고 남는 투자의 두 가지로 이루어져 있다. 각

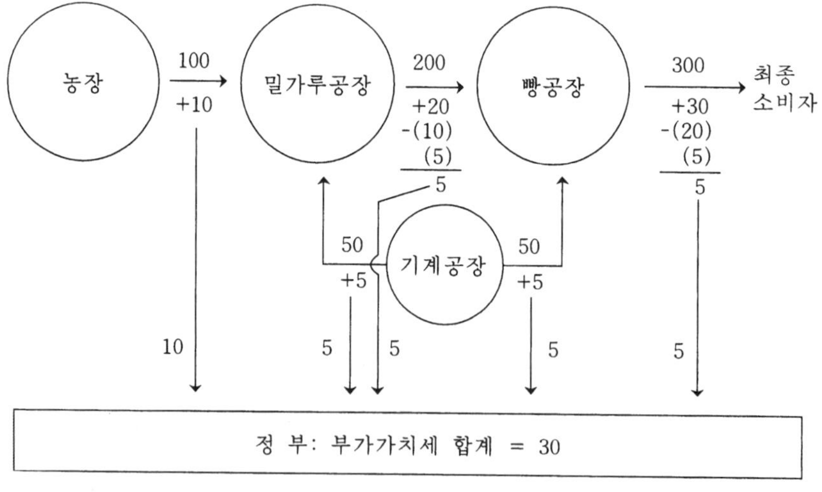

71) 나아가 매출액 330에서 매입액 220을 뺀 차액 110에 1/11의 세율로 세금을 내라는 말이나.

기업은 매출액(제 생산물의 가치)에서 중간생산물과 투자를 공제한 차액의 10%를 세금으로 내지만, 국민경제 전체에 걸쳐 이를 모으면 투입된 중간생산물은 최종생산물에서 씻겨나가 없어지고, 결국 최종생산물 380(=소비재 300+생산재 100 - 감가상각 20)에서 투자 80(=빵 가루공장의 순투자 40+밀가루공장의 순투자 40)을 뺀 차액 300만이 과세물건으로 남는다. 이 차액이란 바로 총소비! 제1절 III에서 각 개인 수준에서 본 소비세=현금흐름 과세라는 등가관계를 각 개인이 소득을 버는 원천인 기업단계에서 생각해보는 것뿐이니 당연히 똑같다. 설명방식을 바꾸어 위 그림에서 같은 숫자를 서로 지워보자. 곧 그림 읽기를 국가는 농장에서 받는 10을 밀가루공장에 돌려주고 밀가루공장에서 받은 20을 빵공장에 돌려주고 기계공장에서 받는 5와 5를 각 밀가루공장과 빵공장에 돌려주는 것이라고 읽어서 서로 지우면 남는 숫자는? 빵공장이 납부하는 세금 30, 곧 최종소비 300에 붙는 세금뿐이다. 부가가치세란 소비세라는 말. 다만 세금을 각 기업의 부가가치에 따라 각 기업에서 나누어 받는 다단계(多段階)소비세라는 특징을 가지게 된다. 국가는 각 개인의 소비를 따져 온 국민에게서 세금을 걷는 수고를 덜고, 각 기업에서 부가가치에 따라 세금을 걷음으로써 결과적으로 소비를 과세한다.

3. 간접소득세

어, 이상하네. 경제학 배울 때 부가가치(附加價値)의 합계는 국민소득(國民所得)이었는데? 맞다. 그러나 현행 부가가치세에서 말하는 부가가치는 애초 뜻이 다른 말이다. 부가가치세에서 말하는 부가가치란, 각 기업단계의 부가가치를 모두 모으면 합계가 국민총소비가 되도록 정의되어 있는 기술적 개념이다. 국민소늑 계산에서 말하는 부가가치와는 다른 뜻이다. 그렇지만 중간생산물을 공제하는 계산기법에서는 마찬가지이고, 이런 뜻에서 부가가치세라는 이름이 생겨난 것이다. 어, 그러면 부가가치의 합계가 국민소득이 되는 세제를 짤 수도 있을텐데? 부가가치라는 말을 國民所得 계산에서 쓰는 뜻으로 쓰면서 각 기업의 附加價値에 세금을 물리면, 과세물건의 총합계는 國民所得이 되지 않나? 그렇다. 앞 보기에서 밀가루공장과 빵공장이 각 50원씩 기계를 사들였지만, 기실 기계가 닳아 없어진 부분은 각 10원씩이다. 국민소득 회계의 뜻으로 각 기업의 부가가치를 계산해 본다면, 농장은 100원, 기계공장은 100원, 밀가루공장은 90원, 빵공장은 90원이고 이들의 합계액은 380원이다. 여기에 맞춘다면, 밀가루공장과 빵공장이 납부할 세금을 계산할 때 기계구입가격 100원 전체를 빼 줄 것이 아니라 감가상각(減價償却) 10원만 빼면 된다. 밀가루공장의 매출세액은 20원, 매입세액은 밀부분 10원과 기계 감가상각 부분 1원이므로, 납부할 세금은 9원. 빵공장의 매출세액은

30원, 매입세액은 밀가루 부분 20원과 기계 감가상각 부분 1원이므로, 납부할 세금은 9원. 이렇게 한다면, 국가는 농장에서 10원, 기계공장에서 10원, 밀가루공장에서 9원, 빵공장에서 9원을 걷는다. 이들 세금의 합계액은 38원.

이 38원은 380원의 10%, 곧 국민소득에 세율 10%를 곱한 금액이다. 과세물건이 소득이라는 점을 제외하고, 세제의 형태와 운용 면에서 이 세제와 부가가치세 사이에 차이가 있는가? 없다, 아무 차이가 없다. 뭐지? 간접소득세(間接所得稅)가 가능함을 지금 막 증명한 것! 어느 기업에서 창출하는 부가가치를 기업단계에서 모아서 과세하나, 이 부가가치가 각 생산요소 제공자에게 어떻게 나뉘나를 따져 각 생산요소 소유자를 과세하나 결과는 같다. 농장 노동자의 소득 50원과 농장주인의 소득 50원을 각각 과세하나, 농장을 납세의무자로 삼아 100원을 한꺼번에 과세하나 마찬가지. 2명 × @50 + 2명 × @40 + 200명 × @1 = 380원 = 1회사 × 100원 + 1회사 × 90원 + 1회사 × 90원 + 1회사 × 100원.

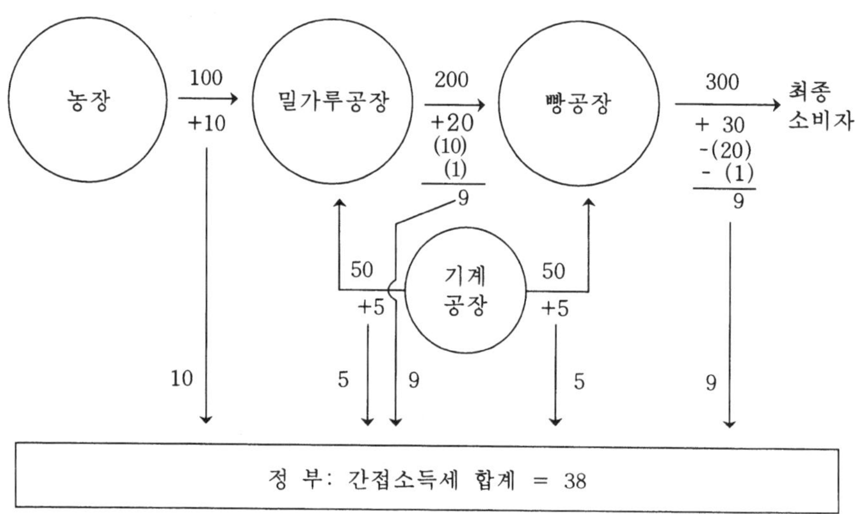

Ⅲ. 직접(直接)소득세의 존재근거는 수직적(垂直的) 공평(公平)

그렇다면, 왜 간접소득세를 쓰지 않고 直接소득세를 쓰지? 각 기업에서 세금을 걷는 효율적 세제를 버리고 왜 온 국민 한 사람 한 사람에게서 세금을 걷는 값비싼 세제를 가지고 있지? 垂直的 公平 때문. 간접세의 꼴로는 누진율 기타 납세의무자의 주관적 사정을 고려할 수 있는 세제가 불가능하다. 앞의 예로 돌아가, 빵공장이 빵을 팔면서 빵을 사러 온 사람의 소득이 얼마인지를 확인하여, 부자라면 빵 한 개에 세금을 십만원 거래징수하고 가난하다면 세금을 10원 거래징수하는 제도가 가능한가? 불가능하다. 부자든 가난한 이든 빵을 살 때 거래징수할 세금은 절대액이 같을 수밖에. 바로 이 때문에 오늘날의 소득세는 직접세의 꼴을 따른다. 직접세라야 각 개인의 주관적 사정을 따져 수직적 공평을 이룰 수 있으니까. 국가가 온 국민을 납세의무자로 삼아 온 국민을 관리하는 값비싼 제도를 가지고 있는 이유는 누진율(累進率)을 통한 소득재분배(再分配)가 국가가 마땅히 해야 할 일이라는 생각 때문이다. 형편이 나은 사람이 세금을 더 내어야 한다는 생각을 전제로 삼는다면, 각 개인별로 그 사람의 소득을 모두 모아서 누진율을 적용할 수밖에 없다. 간접세에서는 누진세가 있을 수 없다. 결국 현행 소득세를 직접세로 물리는 까닭은 그 밑바탕이 인민주의적 공평의 이념이기 때문.

누진율은 불가능하더라도 간접세에서 물품의 종류에 따라 세율(稅率)에 차등을 두어 가령 쌀은 5%, 콜라는 10%, 맥주는 20%, 양주는 30% 식의 세제를 만들 수는 있다. 독일의 학자들 가운데에는 이런 세제를 지지하는 사람이 많지만, 반드시 담세력에 비례하지는 않고 또 세무행정을 복잡하게 한다. 세상의 모든 물품에 세율을 따로 매길 수도 없고, 일정한 종류별로 묶다보면 자의와 부정이 생기게 마련.

제 3 절 소득세제와 소비세제의 평가

여태 보았듯 오늘날의 소득세제는 근대 사회체제의 성립사 속에서 인민주의적 공평의 이념에 터잡아 태어나면서 1) 소득을 과세물건으로 하는 2) 누진율을 가진 3) 직접세라는 특징을 가진다. 이 세제는 과연 좋은 제도인가? 더 좋은 대안은 없을까? 소득 대신 소비만을 과세한다면 어떨까? 재산과세는 어떨까? 효율과 공평이라는 잣대로 하나씩 따져 볼까나.

I. 소득세 v. 소비세의 효율성

앞서 보았듯 효율이란 세제가 사람들의 의사결정을 왜곡하지 않는다는 개념이다. "먹고 산다"는, 어찌 보면 천박한 잣대 하나로 표현한다면, 인생이란 결국 세 가지 의사결정을 내리다가 가는 것이다. 1) 돈을 벌까 아니면 쉬거나 놀까, 2) 버는 돈이나 이미 벌어놓은 돈을 쓸까 말까, 3) 아직 안 쓰고 여투어 둔 돈은 어떻게 불릴까, 이 세 가지이다. 세제는 이 3단계의 의사결정에 영향을 미칠 수 있다. 효율, 곧 이 의사결정에 세제가 어떤 영향을 주는가를 기준으로 삼는다면, 소득세와 소비세 가운데 어느 쪽이 나을까? 어느 편이 낫다고 잘라 말할 수 없다는 것이 경제학자들의 말이다. 왜?[72]

1. 일과 놀이의 선택

소득세(所得稅)는 사람이 일할까 놀까의 선택에 비중립적(非中立的)이다. 하루가 24시간임은 누구든 마찬가지. 이 시간 가운데 일부는 돈 버는 데 쓰고 일부는 놀거나 쉬는 데 쓴다. 그런데 소득세란 돈 버는 데에만 세금을 매기고 노는 데에는 세금을 안 매긴다. 소득세란 주 50시간씩 일하면서 한달에 5백만원을 받는 사람에게 주 40시간씩 일하면서 한달에 4백만원을 받는 사람보다 더 많은 세금을 매기는 세제. 이리하여 소득세는 일과 놀이 사이의 선택에서 非中立的이다. 소득세 탓에 실제로 노동공급이 주는가는 별개의 문제이다. 시간당 임금이 줄어들면 일을 덜할 사람도(경제학 용어로 "대체효과") 있겠지만, 줄어든 소득을 만회하기 위해 오히려 더 많이 일하는 사람도("소득효과") 생기게 마련. 실제로 소득세가 노동공급을 줄이는가를 경제학자들이 알아본 바로는 대체효과가 소득효과보다 더 큰 듯싶다지만,[73] 실증적 문제는 접어놓고 여기에서는 소득세가 일할까 놀까라는 선택에 비중립적임을 아는 것으로 족하다.

소비세(消費稅) 역시 노는 데에 세금을 안 매기는 것은 마찬가지. 소비세란 소비에 세금을 매기는 세제이므로, 일하지 않고 논다 하여 세금을 매기지는 않는다. 소비할 돈은 일을 해야 번다. 따라서 소비세나 소득세나 일과 놀이의 선택에서 비중립적임은 마찬가지이다.

2. 저축과 소비의 선택

所得稅는 저축과 소비 사이의 선택에 非中立的이다. 어떤 이가 올해 돈 1,000원을 벌고 자본의 수익률(이자율)이 연 10%, 소득세율이 30%라 하자. 이 사람이 돈을 버는 대로 다 써버린다면 올해와 이듬해의 세금은 각 (300, 0). 이 사람이 첫해 소득 1,000원을 전혀 쓰지 않고 모두 여툰다면 해마다 낼 소득세는 얼마? 첫해 소득은 1,000원이지만, 이듬해부터는 이자가 생겨 이듬해의 소득은 100원이 되고 세금도 첫해에 300원, 이듬해에 30원이 된다. 결과는 (300, 0)과 (300, 30). 소득세는 사람이 번 돈을 써버릴까 저축할까라는 의사결정에서 비중립적.

消費稅는 저축과 소비의 선택에서 中立的이다.[74] 돈을 버는 대로 다 써버린다면

---

72) 이 절에서 재정학 교과서 수준의 논의를 풀어쓴 내용에는 따로 주석을 달지 않았다.

73) 임금인상은 이미 일하는 남자의 노동시간을 늘리지는 않지만 취업할까 말까에는 영향이 있다. 한편 아이가 있는 여자의 노동시간은 임률에 민감하다고. Meghir and Phillips, Taxes and Labor Supply(2010 Mirrlees Review 3장). 아직은 가족제도에서 주로 남자가 가장 노릇을 한다는 뜻이리라.

74) 본문은 저축한 돈은 살아생전 다 쓰고 죽는다는 전제하에 있다. 후손에게 물려주는 돈을 과세하지

이 사람이 첫해에 낼 세금은 300원이다. 한편 첫해에 돈을 전혀 쓰지 않고 모조리 다 저축한다면 첫해에는 세금이 없다. 이듬해에 가서 원리금 1,100원을 쓴다고 하면, 그 때에 가서 세금 330원을 더 내게 된다. 그런데 여기에서 이자율이 연 10%라 가정했으므로 이듬해에 더 내는 세금 330원은, 이 사람이 돈 1,000원을 첫해에 다 써버리는 경우의 세금 300원과 가치가 같다. 결국 저축 여부는 세부담에 차이를 안 낳는다.

消費稅가 소비/저축의 선택에서 중립적인 까닭은? 저축에서 생기는 투자수익을 과세하지 않으니까. 소비세란 소비, 곧 소득에서 투자를 뺀 차액을 과세하는 세제이고, 이는 다시 소득세를 매기되 투자수익(=자산소득)을 과세하지 않는 세제와 같다. 국가가 걷는 세금과 납세의무자에게 남는 세후 재산을 비교하면 어느 쪽이든 아무 차이가 없는 까닭이다. 앞 문단의 예로 돌아가 납세의무자의 소득은 해마다 1,000원인데 첫해에는 영(0)원을 소비하고 1,000원을 저축하며, 이듬해에는 이듬해의 소득 1,000원에 더하여 첫해 저축액의 원리금 1,100원을 모두 소비한다고 하자. 이제 투자수익률이 10%, 세율이 30%라 하고, 가) 소비세제, 나) 일단 소득을 전액 과세하지만 투자수익을 비과세하는 세제를 비교해 보자. 가), 나) 어느 쪽이든 이듬해에 벌고 소비한 돈 1,000원이 과세됨에는 아무 차이가 없다. 차이는 첫해에 저축하는 부분이다. 가)에서는 이 1,000원을 첫해에 과세하지 않고 이듬해에 가서 소비하는 원리금 1,100원을 과세한다. 나)에서는 첫해에 1,000원을 과세하고 이듬해에 가서 투자수익은 소득에 넣지 않는다. 이 차이 부분에 관한 국가의 세수를 다시 정리하면 가)에서는 첫해에 0원, 이듬해에 330원이고, 나)에서는 첫해에 300원, 이듬해에 0원이다. 그런데 자본의 수익률이 연 10%이므로, 경제적 가치로 따지자면 국가가 얻는 세수의 가치는 가), 나) 어느 쪽이든 마찬가지이다. 첫해 300원을 받으나, 이듬해 330원을 받으나 마찬가지이다. 결국, 소비세란 자산소득을 비(非)과세하는 제도이다. 그러나 이 말은 납세의무자가 얻는 투자수익이 자본의 기회비용과 같음을 전제로 한다. 실제 투자수익이 자본의 기회비용(機會費用)과 다르다면, 소비세는 노동의 대가와 초과이윤 두 가지를 과세하는 제도가 된다.[75]

所得稅가 비중립적 ≠ 소득세가 반드시 저축을 해친다. 저축을 하는 이유는 사람마다 다르게 마련이니까. 소득세로 인해 수익률이 낮아진 만큼 저축을 덜 하겠다는 사람도 있을 수 있지만(대체효과), 세후 기준으로 일정한 금액을 반드시 모으려는 사람이라면 세전금액으로 저축액을 오히려 늘릴 수도 있다(소득효과).[76] 저축이 느는가 주는

않는 점에서 소비세는 저축을 장려하지만 이 문제는 다시 상속세로 이어진다.

75) Stiglitz, Economics of the Public Sector(2000), 502쪽.

76) life cycle 모델은 큰 부자한테는 애초 안 맞는다는 지적으로 Caroll, Why Do the Riches Save So Much?(1998). 인터넷에 나온다. 미래의 소비가 아니라 부가 느는 것 자체가 좋아서 저축한다면 최적소득세율은 매우 높아진다.

가는 실증적으로 재어 보아야 할 일.[77] 각 개인의 노후생활이나 후세를 위해 국가가 저축을 장려해야 마땅하다는 식의 후견적 주장도 있을 수 있지만,[78] 저축이 느는 것이 좋은가 나쁜가는 거시경제 문제로 따져볼 일이다. 이런 문제는 경제학자들에게 맡겨 놓고, 일단 원론만 따지자면 소득세의 비중립성이 경제의 효율을 해친다고 말할 수 있다.

3. 투자 포트폴리오의 선택

소득(所得) 가운데 소비(消費)하지 않고 여투는 금액은 어딘가에 투자하게 마련이다. 손쉽게 말하자면 위험이 없지만 수익률(收益率)이 낮은 투자안에 돈을 넣을 수도 있고 수익률은 높지만 투자위험(危險)이 높은 투자안에 돈을 넣을 수도 있다. 은행예금은 비교적 안전한 투자. 한결 높은 수익률을 바란다면 주식투자. 주식은 값이 오르기도 하고 내리기도 하고. 주식을 산다면 은행예금에 비해 투자위험이 생긴다. 이런 관계를 일컬어 risk/return trade-off : 위험도가 높아질수록 사람들은 더 높은 수익률을 바란다는 말. 뒤집어 말하면, 수익률이 올라간다면 투자위험이 올라가는 것도 감수한다는 말.

예를 들어 세금이 없는 세상에서 어떤 사람이 가진 돈 100원을, 가) 수익률이 연 2%이고 원리금의 회수가 절대 확실한 국채와 나) 수익률이 10% ± 14%로 기대값이 10%인 주식(곧, 24%가 될 확률과 -4%가 될 확률이 같은 주식)에 50원 : 50원씩 투자한다고 하자. 이 투자자가 이 포트폴리오에서 기대하는 수익률은? 통계학을 몰라도 알 수 있다. 13%에서 -1%까지, 곧 6% ± 7%. 잘 되면 13원(= 50원 × 2% + 50원 × 24%)이고, 안 되면 -1원(= 50원 × 2% - 50원 × 4%)이 되는 까닭이다.

이제 세율을 50%라 하고 소비세와 소득세가 투자의사결정에 어떤 영향을 미치는가를 생각해 볼까나. 우선 消費稅는? 투자자의 의사결정에 아무 영향이 없다. 소비세는 투자수익에 대해서 세금을 매기지 않으므로, 가), 나) 어느 쪽이든 세금에 영향을 받지 않는다.

50% 所得稅라면? 세후수익률이 절반이 되므로 가)의 수익률이 연 1%로, 나)의 수익률이 연 5% ± 7%로, 50 : 50의 포트폴리오 수익률은 3% ± 3.5%가 된다. 이 결과를 소득세가 없을 때의 수익률 6% ± 7%와 견주면 수익률과 위험이? 모두 낮아졌네. 그렇다면 이 투자자는 어떻게 반응하려나? 높은 수익률을 찾아 한결 높은 위험을 살 가능성이 생긴다. 곧 국채에 투자하는 비중을 줄이고 주식에 투자하는 비중을 늘인다

77) 이자율이 저축에 미치는 효과의 실증분석은 Atkinson & Stiglitz, *Lectures on Pubic economics* (1980), 92-93쪽; 이준구 · 조명환, 재정학(제6판, 2021), 20.4.

78) 예를 들어 Joseph Bankman, "*Tax Policy and Retirement Income,*" 55 Univ. of Chicago Law Review 790(1988).

면, 수익률은 한결 높아지지만 그 대가로 위험도도 한결 높은 포트폴리오를 짤 수 있다. 예를 들어 이제 가진 돈 100원 모두를 주식에 투자한다면 수익률은 5%±7%가 된다. 그러나 이 투자자의 포트폴리오가 어디로 갈지 정확히 알 길은 없다. 5%±7%라는 수익률을 세금이 없는 세상에서 그가 택했던 6%±7%와 비교한다면, 위험도는 비슷해 보이지만 수익률은 한결 낮은 까닭이다. 투자자금 가운데 주식에 넣는 비중을 늘릴지, 늘린다면 얼마나 늘릴지는 투자자가 위험을 즐기는 정도가 어떤가에 달려 있다. 실증경제학에서 어떤 결과가 나오는지는 접어놓고, 여기에서는 소득세가 위험과 수익률의 선택에 영향을 미치고 아마 위험을 증가시키는 쪽으로 영향을 미칠 듯하다는 결론으로 족하다.

한 가지 재미있는 경우로, 危險 없는 투자안의 收益率이 0%라면 투자자는 위험한 투자의 비중을 늘림으로써 세후의 위험과 수익률을 세전과 똑같이 맞출 수 있다. 앞의 예에서라면 세금 없는 세상에서 돈을 50:50으로 나누어 투자하는 사람의 수익률은 5%±7%이다. 50% 소득세에서 같은 포트폴리오를 유지한다면 수익률은 2.5%±3.5%가 된다. 이제 이 사람이 한결 높은 수익률을 찾아서 주식의 비중을 늘린다고 하자. 어디까지 늘릴까? 돈 전부를 주식에 넣을 때까지이다. 돈 전부를 주식에 넣는다면 수익률이 5%±7%가 되는 까닭이다. 그런데 선진국에서는 위험이 전혀 없는 투자안의 수익률(실질수익률)은 사실 매우 낮아서 영(0)에 가깝다.[79] 이를 전제로 한다면 자본소득 가운데 위험프리미엄 부분이 소득세부담을 벗어나서 소득세나 소비세나 마찬가지가 된다.[80] 앞 III.2. 물론 이 모델에는 몇 가지 가정이 있다. 손실을 보는 경우 이를 떨어 낼 다른 소득이 있고(또는 최소한도 이월결손금의 공제에는 제한이 없고), 세율이 비례세율이어야 한다. 누진세에서는 투자에 성공한다면 국가의 몫(세금)을 높은 세율로 받아가지만, 실패할 때 국가 몫의 손실(세금환급액 내지 감소액)은 낮은 세율로 계산하는 까닭이다.

---

79) Bankman & Griffith, *"Is the Debate between an Income Tax and Consumption Tax a Debate about Risk?"* 47 Tax Law Review 377(1992), 특히 387쪽. 이제는 우리나라에서도 무위험이자율(실질이자율)이 0%에 가깝다. 무위험이자율 내지 수익률이란 결국 현재의 소비와 미래의 소비 사이의 대체율이다. 그렇게 본다면, 이 대체율이 매우 낮은 것은 당연하다. 가진 돈을 당장 소비하고 싶은 욕심을 억제하는 슬픔(?)도 있겠지만, 돈이 모이는구나라는 기쁨도 생기는 까닭이다. 개인에 따라서, 문화에 따라서, 또 자본축적의 정도에 따라서는 아마도 무위험수익률(실질수익률)이 (-)인 경우도 있을 수 있을 것이다. 물론 당장 먹고 살 것이 모자라는 후진국이라면 소비를 미래로 미루는 것은 목숨을 거는 일이 될 것이므로 이 대체율이 높을 것이다. 이자란 천리(天理)에 어긋난다는 오랜 생각으로 Aristotle, Politics, Bk. 1 Ch. 3, 출애굽기 22장 25절, 신명기 23장 19절.

80) 같은 글, 397쪽. Warren, *"How Much Capital Income Taxed under an Income Tax Is Exempt Under a Cash Flow Tax,"* 52 Tax Law Review(1996), 1 특히 7-12쪽.

4. 소득세 v. 소비세 v. 최적과세론

이상을 정리하면 소득세는 일/놀이, 소비/저축, 위험/수익률 이 세 가지 선택에서 모두 비중립적. 소비세는 일/놀이의 선택에는 비(非)중립적이지만 소비/저축의 선택과 위험/수익률의 선택에서는 중립적.

그렇다면 소비세가 소득세보다 더 효율적인 세제라는 말? 아니다. 아니라고, 왜? 문제를 다시 정리해 보자면, 사람이 자기가 쓸 수 있는 시간을 가) 소비할 돈을 버는 시간, 나) 위험이 없는 투자안에 투자할 돈을 버는 시간, 다) 위험한 투자안에 투자할 돈을 버는 시간, 라) 여가 시간, 이 네 가지로 나누는 것이다. 소득세는 가), 나), 다)에 세금을 매기고 라)에는 세금을 매기지 않는다. 소비세는 가)에 세금을 매기고 나), 다), 라)에는 세금을 매기지 않는다. 그렇게 본다면 네 가지 가운데 셋에서는 중립적이지만 하나는 비중립적이라는 점에서는 소득세나 소비세나 마찬가지.[81] 네 가지 모두에서 중립적이지 않은 이상 Pareto 最適은 이미 깨어진 것이다. Pareto 최적의 여러 조건 가운데 둘 이상이 깨어졌을 경우, 어느 하나의 개선이 반드시 전체의 개선을 이루지는 못한다. 경제학 용어로 차선의 원리(次善의 原理, second-best principle). 세상이란 워낙 많은 것이 서로 얽혀 있어서, 어느 하나를 개선하다 보면 이와 연관된 다른 것들에 문제가 생겨 전체는 오히려 나빠질 수도 있다는 말.

결국 소득세와 소비세 가운데 어느 것이 더 좋은 세제인가라는 질문은 이론만으로 따질 수 없다.[82] 바른 질문은 현행세제를 다른 세제로 바꾸는 경우 경제의 효율(效率)이 좋아지는가라는 물음이다. 이는 나라마다 답이 달라질 수 있는, 실증경제학자들이 재어보아야 할 문제이다.[83]

그런데, 한 가지 의문이 드네. 소득세 v. 소비세의 선택이라는 질문 자체가 애초

---

81) 여가와 소비 사이의 교차탄력성에 따라 소득세제와 소비세제의 우열이 뒤바뀌는 이론모형으로 Sandmo, The Effects of Taxation on Saving and Risk Taking(A. J. Auerbach et als., ed., Handbook of Public Economics I권, 1985), 265쪽.

82) Bankman & Weisbach, The Superiority of an Ideal Consumption Tax over an Ideal Income Tax, 58 Stanford Law Review 1413 (2006)은 소비세가 절대적으로 더 효율적이라 주장한다. Atkinson & Stiglitz의 1976년 논문에 터잡아, 노무소득에 대한 최적과세가 이루어진다고 전제하면 현재의 소비와 장래의 소비 사이의 선택을 왜곡하지 말아야 한다는 주장이다. 그러나 Atkinson & Stiglitz가 보여주는 특수 경우를 무리하게 일반화한 것으로 보인다. Atkinson & Stiglitz, Lectures on Public Economics(1980) 14-4절; Stiglitz, In Praise of Frank Ramsey's Contribution to the Theory of Taxation, 125 Economic Journal 235 (2015).

83) 가령 미국의 경우 현행법의 소득세제를 없애고 가령 단일세율의 부가가치세를 택한다면 국민소득이 0.973% 늘어나리라는 연구가 있다. Fullerton and Rogers, *Lifetime Effects of Fundamental Tax Reform*(H. J. Aaron and W. G. Gale D. ed., *Economic Effects of Fundamental Tax Reform*, 1996), 336쪽. 못 믿겠다는 비판으로 같은 책, 347쪽 이하 Laurence J. Kotlikoff의 논평.

맞나? 둘의 차이가 자본소득의 과세여부라면, 선택을 묻는 것이 바른 질문인가? 애초 왜 노무와 똑같이 과세할까 아예 비과세할까, 이것을 물어야 할 이유가 있나? 자본소득이나 자본에 세금을 영(0)이 되든 얼마가 되든, 얼마나 물려야 가장 효율적인지 물어야 맞다. 경제학의 대세는 소득세 대 소비세의 양자택일은 애초 문제가 틀린 것이라고 보는 쪽.[84] 애초 근로나 자산이 다 동질적이라는 생각도 버리고 하나하나 따져야 맞지만. 그냥 큰 틀로 근로(勤勞)소득과 자산(資産)소득은 같게 과세해야 할까 달리 과세해야 할까? 직관적으로 떠오르는 생각은 불로소득인 자산소득을 더 무겁게 과세해야 공평하다는 쪽. 그러나 효율만 따져보자. 어느 쪽이 사람들의 행동을 덜 왜곡할까? 근로소득을 과세하는 쪽이다. 일을 할까 말까(노동의 공급)와 저축을 할까 말까(자본의 공급) 중 어느 쪽이 세금에 더 민감할까? 경제학 용어로 더 탄력적일까? 아마도 후자. 실증적 연구를 보면 자본시장에서는 세금이 늘면 저축이 뚜렷이 줄지만, 노동시장의 불쌍한 가장들은 세금이 늘수록 일하는 시간이 오히려 더 는다네…[85] 폐쇄경제를 전제로 한 탄력성 이야기보다 더 중요한 요인은 국제적인 자본유치 경쟁. 제8장 제3절 III. 효율과 공평을 다 염두에 두고 최적과세를 따지더라도 자본소득에 대한 세율이 영(0)이라는 일반적 결론은 안 나온다.

Ⅱ. 소득세 v. 소비세의 공평성(公平性)

효율만 놓고 따진다면 소득세와 소비세는 적어도 이론으로는 서로 낫고 못함을 가릴 수 없다. 公平의 면에서는 어떨까? Haig-Simons 소득개념은 현금흐름과는 다르다. 앞에서 본 예로 돌아가, 해마다 (0, 110, 121)원의 현금흐름을 낳는 채권이 난데없이 생겨났다고 할 경우, 소득은 (200, 20, 11)원. 이 채권의 가치를 객관적으로 평가할 수 있고, 유동성 문제도 없다면 소득이 위와 같음은 틀림없다. 그러나 스스로의 생각을 돌이켜보면 어딘가 마음 한 구석에서는 (0, 110, 121)원의 현금흐름을 낳는 채권에서 생기는 소득은 (200, 21, 11)원이 아니라 (0, 110, 121)원이라 말해야 하지 않는가라는 생각을 떨치기가 어렵다. 왜 그럴까? 소득세와 소비세의 선택은 가치판단의 문제이기 때문이다. 쓸 돈이 들어와야 소득이라는 생각은 소비야말로 과세물건이 되기에 적당한 잣대라는 생각이다. 어떤 사람이 많이 벌기는 하지만 모조리 은행에 넣고 근검절약한다면, 못 버는 사람보다 많은 세금을 물리는 것이 공평한가? 한 사람이 사회적 부

84) 대표적으로 Banks & Diamond, The Base for Direct Taxation(2010 Mirrlees Review 제8장), 6.2.-6.4.절, 6.10.1.절.

85) 이만우 · 주병기, 재정학(제4판, 2015), 555쪽, 559쪽.

의 창출에 얼마나 이바지하는가에 따라 세금을 매길 일이 아니라 소비해 없애는 부가 얼마인가에 따라 세금을 매겨야 공평하지 않은가?[86] 구태여 Hobbes나[87] Rawls의[88] 입을 빌지 않더라도, 소비야말로 담세력의 공평한 잣대라는 생각은 알게 모르게 사람들의 머릿속에 남아 있다. 소득을 과세물건으로 삼는 현행법 속에 그와 모순되는 실현이라는 개념이 자리잡은 것은 소득과 소비가 각각 나름대로 서로 다른 공평의 이념을 등에 업고 있는 까닭이다.[89]

1. 수평적(水平的) 公平 또는 평등: 소득세≤소비세

1) 소비세라야 공평?

소비세를 주장하는 논거 가운데 소득세는 저축(貯蓄)하는 사람을 소비(消費)하는 사람보다 무겁게 과세하므로 不公平하다거나 불평등(不平等)하다는 주장이 있다.[90] 소득세는 예금이자 등 자산소득에 대해 세금을 물리므로, 번 돈을 다 쓰지 않고 저축하는 사람은 바로 바로 다 써 버리는 사람보다 무거운 세금을 물게 됨은 이미 본 바와 같다. 이것은 불공평하다는 것. 사람의 담세력이 얼마인가는 어느 한 해가 아니라 평생을 놓고 따질 일이므로, 평생을 놓고 볼 때 소득이 같다면 같은 세금을 내어야 공평하다고.[91] 특히 누진율을 고려하면 해마다 들쭉날쭉하는 소득보다는 사람의 평생에 걸쳐 어느 정도 균등화되게 마련인 소비를 기준으로 세금을 매겨야 공평하다고.[92] 또 이자 내지 자산소득이란 당장 쓰고 싶은 욕심을 억제하는 괴로움(disutility)에 대한 대가이니 이를 과세하면 불공평하다라는 식의 주장도 있고,[93] 이에 대한 반론으로 소득세

---

86) William D. Andrews, *"A Consumption-Type or Cash Flow Personal Income Tax,"* 87 Harvard Law Review 1113(1974), 특히 1165-1177쪽.

87) "What reason is there, that he which laboureth much, and sparing the fruits of his labour, consumeth little, should be more charged, than he that living idely, getteh little and spendeth all he gets." Thomas Hobbes, *Leviathan Ch. xxx.* 기실 Hobbes의 문제제기가 반드시 옳지는 않다. 소비세에서는 열심히 일하고 적게 쓰는 사람과 놀면서 적게 쓰는 사람이 같은 세금을 낸다는 말은 옳지만, 열심히 일하고 많이 쓰는 사람이 놀면서 적게 쓰는 사람보다 세금을 더 냄은 소득세나 소비세나 마찬가지인 까닭이다.

88) John Rawls, A Theory of Justice (1971), Ch. V, 43절, 특히 278쪽.

89) 독일식의 표현으로는 각각 나름대로 사회적 조세정의를 업고 있으므로, 둘 사이의 선택은 입법재량이다. Tipke/Lang, 제3장 60문단.

90) 예를 들어 John S. Mill, *Principles of Political Economy*, Bk. V, ch. 11, sec. 4; Irving Fisher, *The Nature of Capital and Income*(1906), 249-253쪽; Malcolm Gillis et al., *"Indirect Consumption Taxes,"* 51 Tax Law Review 725(1996), 727쪽.

91) *What Should be Taxed*(Joseph Pechman ed., 1980), 75쪽 이하; David Bradford, *The Case for a Personal Consumption Tax*, 106-109쪽.

92) Bradford, 같은 글, 106-108쪽. 이런 뜻에서 소비가 항상소득(恒常所得)에 가깝다고 한다.

93) Irving Fisher, *The Theory of Interest* 61-98(1930); 미국재무부, *Blue Prints for Basic Tax*

를 주장하는 사람 가운데에는, 부(富)의 증가 그 자체가 사람에게 만족을 주므로 소득세야말로 공평하다고 주장한 사람도 있다.[94] 그러나 효용이라는 개념이 세제에 설 자리가 별로 없음은 이미 본 바와 같다. 앞서 보았듯 노동에도 괴로움이 따르지만 세제는 이것을 무시함과 마찬가지이다.[95] 이런 식의 논의는 평행선을 달릴 따름.

소비세라야 공평하다는 주장을 결정적으로 깬 것은 Harvard 법대의 Warren 교수. 고갱이만 말하자면, 세금이 공평한가는 결과를 놓고 따지는 사후적(事後的, ex-post) 개념이라는 것.[96] 가령 기대값과 위험이 같은 투자안에서 한 사람은 운이 좋아 부자가 되었고 한 사람은 망했다면, 전자가 후자보다 더 많은 세금을 내어야 공평하다. 이 말은 공평이란 사후적 개념임을 뜻한다. 어, 그런가? 기회가 같았다면 오히려 같은 세금을 내어야 공평하지 않나? 틀렸다. 타고난 머리가 좋든 나쁘든, 타고난 몸이 튼튼하든 목숨만 겨우 붙어 있든, 일자리 기회나 투자기회가 같았다면 결과가 어쨌든 세금이 같아야 공평한가? 애초 기회가 같은가? 각자 타고난 것이나 물려받은 것을 다 따지는 사전적(ex-ante) 공평 개념은 불가능하다.[97]

事後的 공평을 따진다면 소득세는 저축하는 사람을 더 무겁게 과세하는 불공평한 세제이고, 소비세야말로 두 사람을 같게 과세한다는 식의 비교는 무의미하다. 첫해에 1,000원을 벌어서 그 해에 1,000원을 다 쓴 사람과, 첫해에는 전혀 쓰지 않고 그 다음 해에 원리금 1,100원을 다 쓰는 사람을 사후적으로 비교해 보자면, 두 사람이 같은 세금을 내어야 공평하다고 잘라 말할 수 없게 된다.[98] 소비를 미리 했다고 해서 담세력이 더 크다고 단정할 수는 없다.[99] 조삼모사(朝三暮四)의 원숭이를 놓고 우리는 지혜롭다고 말하기는커녕 어리석다고 비웃지 않는가? 나아가서 소비세란 노무의 대가만 과세하고 투자수익은 비과세하는 세제이므로, 투자에 성공해서 부자가 된 사람과 망한 사람(사전적 기대값과 위험 면에서 이 두 사람은 같은 처지에 있다)의 차이를 무시한다. 이 결과가 소득세보다 공평하다고 단정하기는 더욱 어렵다.[100]

Reform 136(1977).

94) Henry Simons, Personal Income Taxation(1938), 97쪽 이래 흔한 생각이다. 가령 Richard Goode, *The Superiority of Income Tax*(Joseph Pechman ed., *What Should be Taxed Income or Expenditure*, 1980) 가운데 49쪽.

95) Warren, "*Would a Consumption Tax be Fairer Than an Income Tax?*" 89 Yale L. J. 1081(1980) 가운데 1096-1097쪽. 이에 대비되는 생각으로 Hicks, *Value and Capital*(1939), 특히 제14장.

96) Warren, 같은 글, 1098쪽.

97) 실상 이 개념은 공평을 고려한 개인별 lump-sum tax가 된다. 제2장 제3절 I. 4.

98) 같은 글, 1100쪽. 불확실성을 고려하더라도 결과는 마찬가지이다. Warren, 앞의 글, 1102-1104쪽.

99) 이미 보았듯 선진국에서는 무위험실질이자율 곧 현재의 소비와 미래의 소비 사이의 대체율은 영(0)에 가깝다.

100) 같은 글, 1102-1105쪽.

2) 수평적 공평(公平)으로는 비교 불능

결국 두 사람의 세부담이 같아야 한다는 말은 앞서 본 효율(效率)의 문제이지 公平의 문제가 아니다. 무엇이 과세대상인지를 납세의무자 내지 투자자들이 이미 알고 있는 이상, 소비와 저축의 선택은 각자의 선호. 투자수익에 대해 소득세가 나옴을 이미 알고 있으면서 스스로 소비보다 저축을 택한 사람이 "이것은 불공평하다"라고 말할 수야. 소득세와 소비세의 우열을 수평적 공평이라는 잣대로 잴 수 있는지 조금 더 따져보자. 수평적 공평이란 같은 처지에 있는 사람은 같게 다루어야 한다는 말이다. 소득은 서로 다르나 소비가 같은 두 사람을 견주어 보자. 소비가 같다는 점에서는 두 사람은 같다. 여기까지는 두 사람이 같은 세금을 내어야 한다는 말이 성립한다. 그렇지만 소득이 서로 다름을 염두에 둔다면, 두 사람은 같은 처지에 있는가? 이미 아니다. 세금이 같아야 한다는 결론을 이끌어 낼 수가 없다. 세금이 같다는 결론을 끌어내기 위해서는 소비가 같으면 세금이 같아야 한다는 명제를 미리 전제해야 한다. 역으로 소득이 같지만 소비가 서로 다른 두 사람을 견주면? 이 둘이 같은 처지에 있다는 말은 어디까지? 소득이 같다는 부분까지. 거기까지는 세금이 같아야 한다고 말할 수 있다. 이제 이들의 소비행동이 서로 다르다는 점을 염두에 둔다면, 이제 두 사람은 더 이상 같은 처지가 아니다. 둘이 같은 세금을 내어야 공평하다는 말은 소득이 같으면 세금이 같아야 한다는 말을 전제해야 한다. 어느 쪽이든 공평의 논리는 소비세라야 공평하다, 또는 소득세라야 공평하다는 결론을 미리 전제하고 있다.[101] 결국 소득세가 공평한가 소비세가 공평한가는 가치판단(價値判斷) 문제로 그냥 남는다.

2. 수직적(垂直的) 公平

垂直的 公平. 이 역시 애매한 말. 우선, 이 말을 과세물건의 금액이 큰 사람과 작은 사람 사이에 세금에 어떤 차등이 있어야 하는가라는 기술적인 뜻으로 쓴다면, 수직적 공평은 소득세와 소비세를 견주는 아무런 잣대가 못 된다. 수직적 공평이라는 개념은 같은 소득이든 소비든 과세물건을 이미 정해놓고 그 크기에 따른 세금의 차이를 따지는 개념이 되는 까닭이다.

한편, 수직적 공평이라는 말은 근대소득세의 역사에 뿌리박고 있는 인민주의적 공평, 곧 부(富)의 재분배(再分配)를 통한 결과적 평등을 지향하기도 한다.[102] 부의 재

101) Alvin. C. Warren, Jr., "*Fairness and a Consumption-Type Cash Flow Personal Income Tax,*" 88 Harv. L. Rev. 931(1975), 특히 935쪽; John K. McNulty, "*Flat Tax, Consumption Tax, Consumption-Type Income Tax Proposals in the United States,*" 88 Calf. L. Rev. 2095(2000), 특히 2152-2153쪽.

102) 공평이나 담세력에 따른 과세라는 말을 이런 뜻으로 쓰는 예로는 S. W. Leisner, *Von der*

분배는 사람마다 생각이 다른 주관적 가치판단이고 정답이 없다. 그저 사회 구성원 전체의 생각과 힘이 헌법과 법률 체제로 얽혀 어떤 결론이 나올 따름. 어쨌든 부의 재분배를 정책목표로 삼는다면 소득세, 그것도 직접소득세가 필요하게 된다. 왜?

1) 간접소비세 = 역진세

우선 間接消費稅는 소득을 기준으로 본다면 역진세. 각 개인의 부가가치세 부담은 각 개인의 소비에 비례하지만, 소득(所得) 수준이 올라갈수록 消費가 차지하는 비율은 낮아진다. 따라서 소득을 기준으로 본다면 부가가치세는 역진적.

2) 직접소비세 ↛ 부의 재분배

直接消費稅에서는 소비금액이 커갈수록 세율을 올릴 수 있지만, 소비수준이 일정 금액을 넘어서는 부분에 대한 누진율은 실질적으로는 의미가 없다. 돈이 많다 하여 하루 밥을 열 끼 먹을 수야 없고 사람의 소비에는 물리적 제한이 있는 까닭이다. 아주 손쉽게 한 해 생활비로 5억원 이상 쓸 수가 없다면, 消費가 5억원을 넘으면 세율(稅率)이 40%, 10억원을 넘으면 稅率이 50%라는 식의 누진율은 의미가 없다. 나아가 본질적으로 소비세는 인민주의적 재분배 요구를 달성할 수 없다. 소비세란 소비를 과세하는 것이지만, 부의 재분배란 소비하지 않고 남은 부분을 재분배하자는 요구.[103]

3) 누진적 간접소비세

실상 여러 미국학자가 주장하는 직접소비세라는 것은 별로 설 자리가 없다. 결과적으로 누진율(累進率)을 적용하는 間接消費稅를 만들 수 있으니까. 무슨 말? 국가가 부가가치세를 들여오면서 모든 사람에게 똑같이 연 100만원을 지급한다면 소비액에 따라 세율이 어떻게 바뀌는가? 부가가치세율이 10%라면 한 해에 5백만원을 소비하는 사람은 세금 50만원을 내지만 국가가 주는 보조금(補助金)이 1백만원이므로, 순보조금 50만원을 받는다. 연 1,000만원을 소비하는 사람은 세금을 1백만원 내지만 국가가 주는 돈 1백만원이 있으므로 세금이 없다. 2,000만원을 소비하는 사람은 세금을 2백만원

Leistung zur Leistungsfähigkeit, StuW 1983, 97. 한편 2011 Mirrlees Review (Tax Design), 제2장 2.1.1.절은 재분배 정도를 따지는 잣대로는 소득세/소득 비율과 지출(소비)세/지출 비율 두 가지를 다 따지는 편이 낫다고 한다.

103) Thomas Piketty, Capital in the Twenty-First Century(2014), 제15장. Tipke/Lang, 제3장 58문단의 표현으로는 재분배가 목표라면 애초 버는 시점에 과세해야. 미국의 통계로는 현행 소득세제를 직접소비세로 전환한다면 소득이 가장 높은 1%, 또 2%-5%의 세부담은 확 줄고 다른 모든 사람들, 특히 중산층의 세부담이 올라간다고 한다. U.S. Dept. of Treas. Office of Tax Analysis, *A Preliminary Analysis of a Flat-Rate Consumption Tax*(1996).

내지만, 국가가 주는 돈 1백만원을 빼면 순세금은 1백만원. 3,000만원을 소비하는 사람의 순세금은 2백만원. 소비가 늘수록 소비에 대비한 세금의 비율이 높아가는군.[104] 소득세 소비세의 차이는 있지만 앞에서 본 음(-)의 소득세랑 똑같은 구조구먼. 그러나 간접소비세를 사회배당금과 결합하여 누진율을 이루더라도 본질적으로 부의 재분배와는 거리가 멀다. 이런 식의 누진율은 사실은 비례세를 기본으로 놓고 낮은 구간에서 비례세까지 가는 중간 단계의 누진율을 뜻할 뿐.

4) 누진적 간접소득세 v. 직접소득세

간접(間接)소득세는 어떨까? 이미 보았듯이 간접소득세에서 기업이 재화나 용역을 팔면서 부자와 가난한 사람 사이에 세금을 달리 매길 길은 없고 간접소득세는 비례세가 된다. 그러나 주의 깊은 독자는 앞서 본 음의 소득세와 간접소득세를 결합할 수 있음을 이미 깨달았을 터. 간접소득세 하에서 모든 납세의무자에게 정액보조금(social dividend)을 주면 결과적으로 누진세가 되는 까닭이다. 그렇지만, 간접소득세로 누진율을 이룰 수 있다 하여 직접(直接)소득세와 똑같아지지는 않는다. 직접소득세의 기초인 소득개념은 국민소득 가운데 개인이 차지하는 몫이 얼마인가를 묻는 것이 아니라 각 개개인을 놓고 소득이란 어떻게 정의해야 공평한가를 묻는 것. 여기에서 여러 가지 차이가 생긴다. 가장 중요한 것 하나만 들자면 이미 존재하는 재산의 상대(相對) 가격의 변동이다.[105] 국민소득이란 일정기간 동안 국민경제가 생산해 낸 생산물이 얼마인가를 묻는 개념이다. 개인의 소득을 각 개인이 국민소득 가운데 얼마를 차지하는가를 따져서 정의한다면, 이미 세상에 존재하는 물건의 가격이 변동하여 어떤 사람은 상대적으로 부자가 되고 어떤 사람은 상대적으로 가난해질 때 이 차이를 과세소득에 반영할 길이 없다. 예를 들어 땅값이 오른다면 땅임자들은 상대적으로 부자가 되고 땅 없는 사람들은 상대적으로 가난해진다. 직접소득세는 이 차이를 과세소득의 개념에 반영할 수 있지만, 간접소득세에서는 이 차이를 반영할 길이 없다. 결국 부의 재분배를 정책 목표로 삼는다면 직접소득세로 갈 수밖에.

---

104) 미국에서는 Chicago 법대의 Isenbergh 교수가 이런 세제를 주장했다. Joseph Isenbergh, "*The End of Income Taxation*," 45 Tax L. Rev. 283(1990). 한편, 정액보조금을 주는 대신 일정 금액 이하를 일괄 면세하더라도 누진율은 생기지만 순보조금이 생기는 경우는 없어지게 된다. Flat tax라는 이름으로 소비세를 주장하는 사람은 이런 꼴의 누진을 지지한다. 미국 하원의원 Armey가 제출한 법안으로 H.R. 4585, 103d Cong; H.R. 2060, 104th Cong. H.R. 1040, 105the Cong; H.R. 1040, 106th Cong. 따위.

105) Alvin C. Warren Jr., "Would a Consumption Tax be Fairer Than an Income Tax?" 89 Yale L. J., 1081(1980), 특히 1086-1090쪽.

Ⅲ. 부의 재분배: 소득세 v. 재산과세

1. 소득세를 통한 재분배의 한계

직접소득세는 인민주의적 공평 내지는 부의 재분배의 이념을 달성할 수 있도록 짜 놓은 세제이다. 이리하여 소득세의 최고(最高)세율은 한때 70% 정도에 이르렀지만, 1980년대 후반부터는 뚝 떨어져 40%를 넘는 나라를 찾기 어렵다. 왜 그럴까? 세율은 높지만 과세물건의 범위가 좁고 여러 가지 조세특례를 둔 기존세제보다는 세율을 낮추고 과세물건의 범위를 넓히는 쪽이 한결 나은 세제라는 생각 덕택.

1) 근로의욕 감퇴

높은 세율에는 여러 가지 문제. 우선 세율이 높아갈수록 일과 놀이의 선택이 왜곡된다. 소득세란 일하는 데에는 세금을 물리지만 노는 데에는 세금이 없는 세제이므로 근로의욕을 떨어뜨리고, 세율이 높을수록 비효율이 커진다.[106] 능력에 따라 일하고 필요에 따라 나누자는 사회주의의 실험이 이미 실패로 돌아간 것은 누구나 아는 바. 똑같이 골고루 못사는 사회를 꿈꾸지 않는다면 누진세를 통한 부의 재분배에는 일정한 한계가 생기게 마련.

2) 자산소득과세와 자본유치경쟁

부의 재분배를 따질 때 근로의욕 감퇴는 기실 문제의 핵심이 아니다. 소득이 일정 범위를 넘어가면 세율의 문제는 노동공급의 문제라기보다는 자산소득에 내한 과세문제가 된다. 사회 전체로 큰 틀만 보자면 사람이 제 손으로 일해서 버는 돈은 한도가 있게 마련이고 이 한도를 넘는 소득은 자산소득. 부의 재분배 요구의 전형이라 할 "불로소득(不勞所得)"을 과세하자는 생각을[107] 과학적 용어로 바꾸면, 근로소득은 가볍게 자산소득은 무겁게 과세하자는 말이 된다. 이 생각은 앞서 본 소득세를 없애고 소비세로 가자는 주장과 정확히 반대되는 생각이다.

자산소득에 대해서는 근로의욕의 감퇴라는 문제가 없으므로, 폐쇄(閉鎖)경제라면

106) 이준구·조명환, 재정학(제6판, 2021), 10.3.

107) 고전적 주장으로는 Seligman, *Progressive Taxation in Theory and Practice* 291-292(2d rev. ed., 1908). 독일에서는 이를 Fundustheorie라 부른다. 독일헌법재판소의 판결에도 이런 생각이 드러난 곳이 있다. BVerfGE 43, 1, 특히 7쪽. Tipke/Lang, 제3장 62문단, 66문단. 불로소득을 무겁게 과세하자는 생각을 받아들이더라도 자산소득의 금액에 따른 누진율의 논거는 못 된다는 주장으로는 Blum and Kalven, *The Uneasy Case for Progressive Taxation*, 65-68쪽.

자산소득에 대한 세금은 lump-sum tax에 가까워진다.[108] 폐쇄경제라면 자본이 갈 곳이 없으므로, 자산소득에 대한 세율을 얼마로 올리든 자산소유자로서는 이를 그대로 받아들일 수밖에 없다. 할 수 있는 일이라면 기껏해야 소비를 더 늘려 자산소득 내지 원본을 갉아먹는 정도려나. 그러나 오늘날의 우리는 이미 세계화된 세상에 살고 있다. 자본은 세계 어디든 세후수익률(투자위험을 고려한 수익률)이 가장 높은 곳을 찾아서 움직이는 세상에. 이 상황에서 가령 어느 한 나라가 세율을 높인다면? 자본의 유출이 생기고 일자리가 없어진다. 이 나라가 소규모 개방(開放)경제라면 국가가 자산소득에서 얻는 추가 세수보다 근로소득의 감소가 커지고, 나라 전체로 본다면 손해를 보게 된다.[109] 극단적으로는 자산소득을 아예 과세하지 않는 편이 나라 전체로서는 가장 이익이다.[110] 이리하여 자산소득에 대한 누진율은 일정한 한도를 벗어날 수가 없다.[111] 나아가 세계화가 진전됨에 따라 세계각국은 모두 자본유치를 위한 조세경쟁에 들어가서 자산소득에 대한 세금을 앞 다투어 낮추고 있는 것이 현실.

3) 2원적 소득세: 조세경쟁의 결과

1990년대 초부터는 이른바 이원적 소득세제(dual income tax)라 하여 아예 순자산증가설을 포기하고 금융소득을 낮은 세율로 분리과세하는 나라가 늘고 있다.[112]

2. 상속세 · 증여세

1) 출발점의 평등

능력에 따라 일하고 필요에 따라 나누자는 생각이 헛된 꿈일 뿐이고 또 "불로소득"을 무겁게 과세할 길도 없음을 어쩔 수 없는 현실로 받아들이더라도, 누구나 출발점은 같아야 마땅하지 않나? 결과의 평등을 배척하는 사람에게도 상속세 증여세는 엄청난 호소력을 가진다. 사실 소득세 그 자체는 논리적으로 당연히 정당화되는 필연적 세제는 아니다. 국가가 소득의 재분배를 추구해야 하는가에 대한 생각은 사람마다 다

---

108) Fullerton & Metcalf, Tax Incidence (Auerbach and Feldstein 편, Handbook of Public Economics 제26장, 2002), 특히 1808쪽.

109) Gersovitz, *The Effects of Domestic Taxes on Foreign Private Investment*(D. Newbury and N. Stern ed., *The Theory of Taxation for Developing Countries*, 1987), 617쪽.

110) 상세는, 이창희, 재벌문제와 세법, 상사법연구 15집 1호(1996), 53쪽, 특히 76쪽 이하.

111) 개방경제에서 부의 재분배가 전혀 불가능하지는 않다. 그러나 이를 위해서는 자본과 인간의 국제적 이동에 관하여 여러 가지 제도가 필요하게 된다. 이창희, 위의 글, 82-87쪽에서 독자들이 황당하다고 여길 것이라고 지적했던 이런 제도 거의 다가 그 뒤 이십몇년 사이에 우리 법에 생겼다.

112) 노무소득에서도 거주이전이 손쉬운 연예인들이 거주지국을 바꾸는 문제가 생기지만 고용창출효과가 낮다는 점에서 자본과 차이가 있다.

르게 마련이고, 소득의 재분배란 누구나 당연히 받아들이는 이념은 아니다. 극단적으로 말해, 결과의 완전평등을[113] 추구하는 소득세제가 있다면, 세상에는 아마 이를 배척할 사람이 더 많으리라. 그렇지만 누구나 각자 일하는 대로 능력과 노력에 따라 보상받아야 마땅하다고 생각하는 사람도, 심지어는 약육강식을 믿는 사람이더라도 인생의 출발점은 같아야 마땅하다고 생각하는[114] 사람은 많다. 당장은 가난하지만 자신감에 찬 젊은이 가운데에는, 열심히 일하는 사람은 남보다 잘 살아야 마땅하다고 믿지만, 다만 부모 덕으로 유리한 출발점에서 시작하는 사람이 있다는 사실에 분개할 수 있다. 또 부의 재분배가 필요하다는 생각도 곰곰이 따져보면, 꼭 결과적 평등보다는 누구나 출발점이 같아야 한다는 생각인 수가 많다. 패기에 넘치는 젊은이라면, 제 손으로 돈을 벌어 남보다 잘 사는 것은 보장되어야 마땅하고 다만 누구든 출발점은 같아야 한다고 생각하는 사람이 많을 터. 이런 점에서 상속세나 증여세는 엄청난 감정적 호소력을 가진다. 자유(自由)와 경쟁(競爭)이야말로 세상을 가장 행복한 상태로 이끌어간다는 자유주의의 이념은, 누구나 출발점이 같아야 함을 요구하지 않는가? 재산(財産)이나 신분(身分)이나 똑같이 그저 물려받는 것(estate)[115] 아닌가?

역사적으로 본다면 상속세와 증여세는 소득세와 마찬가지로 세금은 각자 자기의 형편에 맞추어 내야 한다, 부자라면 세금을 더 내어야 한다는 인민주의(人民主義)적 공평의 이념에 터잡고 있고, 실제 역사에서도 소득세와 맞물려 있다. 미국의 상속세 증여세의 前史는 1789년까지 소급하지만, 실제로 의미 있는 세제로 나타난 것은 1861년에 일어난 남북전쟁 때. 상속세는 전비(戰費)를 급히 마련하기 위한 세원으로 소득세와 같은 법률로[116] 함께 생겨났다. 뒤이어 1864년에는 소득세의 세율과 상속세의 세율을 다같이 약간 올렸다.[117] 전쟁이 끝나자 1870년에는 소득세를 폐지했고 1871년에는 상속세를 폐지했다. 상속세에 대해서는 위헌시비가 있었으나 연방대법원의 1874년 판결은 1864년 법에 따른 상속세를 합헌이라 판단하고 있다.[118] 이처럼 상속세 역시 전비를 마련한다는 비상상황에서 태어났지만, 그 뒤 1894년에 이르러 소득세제와 더불어 인민주의적 공평에 터잡아 다시 태어난다.[119] 뒤이은 1895년에 소득세는 연방대법원의

113) Karl Marx, Critique of the Gotha Program (1875).

114) 상속세율을 100%로 하더라도 Nozick류의 libertarianism과 모순이 아니라는 주장으로 Bird-Polan, Death, Taxes and Property: Nozick, Libertarianism and the Estate Tax, 66 Maine L. Rev. 1 (2013), 특히 VI. 상속인에게 상속재산에 대한 entitlement가 있는지 Nozick 자신은 침묵하고 있다.

115) estate라는 말의 뜻은 제1장 제4절.

116) Act of July 1, 1862, 12 Stat. 432. 그 가운데 473쪽 이하가 소득세이고 485쪽 이하가 상속세이다. 미국 소득세제의 역사에 대해서는 제7장 제3절 참조.

117) Act of June 30, 1864, 13 Stat. 223.

118) Scholey v. Rew, 90 U.S. 331(1874).

위헌(違憲)판결로 사라졌지만 상속세는 살아남았고 연방대법원은 1900년 *Knowlton v. Moore* 판결에서[120] 상속세를 합헌이라 판시한다: 상속을 받을 권리는 기본권이 아니고, 상속제도는 국가가 이를 특별히 인정하기 때문에 비로소 있다는 것.[121] 이런 과정을 밟아 1935년 Franklin D. Roosevelt 대통령은 상속세법을 개정하면서 이렇게 선언하고 있다. "우리나라를 세운 선조들이 정치적 힘의 세습을 거부했듯 오늘 우리는 경제적 힘의 세습을 거부한다."[122]

우리나라도 1950년부터 상속세와[123] 증여세[124] 제도를 가지고 있다. 헌법재판소는 그 뜻을 이렇게 밝히고 있다: "상속세 제도는 국가의 재정수입의 확보라는 일차적인 목적 이외에도… 사회적 시장경제질서의 헌법이념에 따라 재산상속을 통한 부의 영원한 세습과 집중을 완화하여 국민의 경제적 균등을 도모하려는 데 그 목적이 있다."[125]

이처럼 출발점의 평등만 쳐다본다면 상속이라는 제도를 아예 폐지하자, 바꾸어 말하자면 상속세의 세율을 100%로 정해야 한다는 주장에 이를 수 있다. 실제로 실정법에서도 상속을 받을 권리가 기본권인가에 대해서는 나라마다 생각이 다르다. 앞서 보았듯 미국의 연방대법원은 상속을 받을 권리는 기본권(基本權)이 아니고 상속제도는 국가가 이를 특별히 인정하기 때문에 있는 것이라고 판시한 바 있다. 한편 독일에서는 아예 헌법에 "소유권과 상속권은 보장된다. 그 내용과 한계는 법률로 정한다"고 명문으로 정하고 있다.[126] 우리 헌법에는 상속권을 보장하는 규정이? 없다. 이리하여 상속권을 아예 폐지하자는 주장도 설 자리가 생긴다. 결국 상속세나 증여세에는 소득세보다는 훨씬 탄탄한 존재근거가 있다.[127]

2) 평등(平等) v. 자유(自由)

그러나 상속세나 증여세를 100%의 세율로 매길 수는 없다. 우리 헌법재판소는 상

---

119) Act of August 27, 1894, 28 Stat. 509.

120) 178 U.S. 41(1900).

121) 상속 내지 상속세를 어떻게 짤까는 입법재량이라 판시했다. Magoun v. Illinois Trust, 170 US 283(1898), 특히 300쪽.

122) Roosevelt의 연설문 초록은 McDaniel, *Federal Wealth Transfer Taxation*(1999), 6쪽에 있다.

123) 1950. 3. 22. 법률 제114호.

124) 1950. 4. 28. 법률 제123호. 1952. 11. 30. 법률 제261호로 상속세법에 통합되었다.

125) 헌법재판소 1997. 12. 24. 96헌가19, 96헌바72(병합) 결정.

126) 독일 기본법 제14조 제1항. 상속세나 증여세를 둘까는 입법재량이지만 상속이 무의미해질 정도의 과세는 위헌. 독일 헌법재판소 1995. 6. 22. 2 BvR 552/91 결정.

127) Blum and Kalven, 앞의 책, 86쪽. Nozick은 자식이 부모의 재산에 entitlement가 있는지에 침묵을 지킨다. 헌법재판소 2002. 8. 29. 2001헌가24는 상속권을 인간의 존엄과 가치에서 끌어낸다. 상속받을 재산이 없는 이는 이 말을 어떻게 받아들이려나.

속세로 인하여 "납세의무자의 사유재산에 관한 이용, 수익, 처분권이 중대한 제한을 받게 되는 경우에는 그것도 재산권의 침해가 될 수 있는 것이다"라고 판시.[128] 글귀가 독일헌법과 다른 우리 헌법에서 이 말이 당연한지는 의문이지만, 상속이라는 제도를 아예 폐지할 수는 없다는 결론은 헌법해석론으로 맞다. 왜? 상속세나 증여세를 100%로 매기자는 말은 모든 사람에게서 재산에 관한 처분의 自由를 모조리 빼앗아야 한다는 말로 이어지니까. 모든 상속재산을 국가가 환수해야 한다면, 죽기 전에 미리 증여(贈與)하는 재산도 모두 국가가 환수하지 않을 수 없다. 그렇게 하지 않으면 상속세란 아무 의미가 없으니. 그런데 증여재산을 모두 국가가 환수한다는 말은 무슨 말? 누구도 제 재산을 제 마음대로 처분(處分)할 수 없다는 말. 사람은 누구나 자유로이 살 수 있어야 한다는 생각을 사회의 근본이념으로 삼는 이상, 상속이나 증여의 자유를 통째로 부정할 수야 없다. 이 점에 주목한다면, 자유주의(自由主義)는 스스로 모순. 자유주의의 철학적 기초는 自由와 경쟁(競爭)이야말로 세상을 가장 좋은 세상으로 이끌어가는 길이라는 생각이다. 그런데 바로 여기에서 누구나 똑같은 출발점에서 시작해야 한다는 전제와 누구나 제 마음대로 사는 것이 모두 행복해지는 길이라는 전제가 모순되는 것이다. 어쨌든, 시장경제에 터잡은 오늘날의 사회에서는 상속세·증여세를 100%의 세율로 매길 수는 없게 된다.

3. 재산 보유세

1) 소득세의 보완

재산에 대한 과세는, 현실의 소득세가 집을 비롯한 재산이 낳는 내재적(內在的) 재산소득을 과세하지 않고 있다는[129] 점에서 소득세의 보완기능을 맡고 있다. 자기가 살고 있는 집이나 자가용 자동차 등 값나가는 재산에 대한 보유세는 이런 재산이 낳는 내재적 소득을 분리과세하고 있는 셈이다. 가령 100억원짜리 집이 낳는 내재적 소득이 연 3억원이라면 보유세 연 1억원은 소득에 대한 33.3% 분리과세에 해당한다. 이런 의미의 보유세는 실상 별도의 세금이 아니고 소득세의 보완일 따름.[130]

2) 재산 = 담세력?

나아가서 Haig-Simons의 소득정의대로 내재적 재산소득을 다른 소득과 마찬가지로 과세하거나, 임대용 부동산처럼 재산소득을 과세한다 하더라도, 소득세와는 별개로

128) 헌법재판소 1997. 12. 24. 96헌가19, 96헌바72(병합) 결정.
129) 제11장 제1절 V.
130) 독일헌법재판소 1995. 6. 22. 2 BvL 37/91 결정. Piketty, 앞의 책, 제15장.

재산세가 독자적 존재근거를 가진다고 생각하는 사람이 있을 수도 있다. Haig-Simons의 소득정의는 공평(公平)이라는 개념을 담기에 충분한 개념이 아니니까. 보기로 재산 60억원을 물려받으면서 상속세나 증여세 20억원을 내고 세후금액으로 재산 40억원을 받은 사람이 있다고 하자. 그 뒤 20년 동안 이 사람(갑)은 이 재산에서 한 해에 2억원씩을 소비하면서 놀고 먹는다고 하자.(생각을 편하게 하기 위해 투자수익도 없다고 하자.) 한편 을은 아무런 재산도 물려받지 않은 사람으로 땀흘려 일한 품삯으로 해마다 5천만원을 벌고 쓴다고 하자.

두 사람의 담세력은 같은가? 다른가? Haig-Simons의 소득개념에 따라 순자산의 증가를 담세력의 잣대로 삼는다면 갑의 소득은? 갑에게는 소득이 없고 갑에게 세금을 물려서는 안 되누나. 그러나 이것이 정녕 公平한가? 놀고먹는 갑은, 적어도 을과 같은 세금을 내어야 마땅하지 않나? 이 물음은 소득의 개념 자체로 돌아간다. Haig-Simons의 소득개념이란 결국 공평을 재어보려는 여러 가지 대안 가운데 하나일 뿐, 그에 대립하는 다른 소득개념도 있다. 특히 영국의 Meade 위원회 보고서는 두 가지 가능한 소득의 개념을 제시한 바 있다. 그 가운데 정의 A가 Haig-Simons의 소득개념, 곧 원금을 간직한 채 소비할 수 있었던 최대금액이다. 정의 B는 항상(恒常)소득(permanent income) 개념으로, 올해를 포함하여 해마다 똑같은 금액을 소비한다고 할 때 올해에 최대한 소비할 수 있는 금액이 소득이라는 것이다.131) 앞의 보기 같으면 갑의 소득은 정의 A에 따르면 영(0)원이지만 정의 B에 따르면 2억원이라는 것.132) 재산 덕택에 놀고먹는 갑이 극빈자 대우를 받을 수 있다는 점에서 본다면 정의 A를 공평의 잣대로 삼기에는 개념상 받아들이기 어려운 점이 있다.133) 그러나 정의 B에는 치명적 약점: 미래를 알 수 없는 이상 정의 B는 실제 적용할 길이 없지.

결국 현실의 소득세제는 Haig-Simons의 소득개념을 택하여 갑의 소득을 영(0)원이라고 정할 수밖에 없지만, 재산 덕택에 놀고먹는 갑이 세금을 내지 않는(심지어는 재산이 줄어 소득이 (-)라는 이유로 국가의 보조를 받을 수도 있는) 것은 공평한가? 물론 이는 가치판단 문제. 재산(財產) 그 자체에 세금을 물려 부를 재분배하자는 생각도 있을 수 있다.134) 다른 한편 재산을 얻는 과정에서 소득세나 상속세·증여세를 낸 이상 더 이상 세

131) The Institute for Fiscal Studies, *The Structure and Reform of Direct Taxation*(1978, 속칭 Meade Committee 보고서), 31쪽.

132) 역으로 가령 시장이자율의 변동에 의해 채권의 가격이 오른 것은 정의 A에서는 소득이지만 정의 B에서는 소득이 아니다. 다른 예로 어떤 이유로 특정한 물건만 값이 올랐다면 정의 A에서는 가치상승액 전액이 소득이지만 정의 B에서는 이 가치상승액의 장차원리금을 앞으로 해마다 똑같이 나누어 쓴다고 할 때 한해치가 소득이 된다. 같은 책, 32쪽.

133) 반드시 정의 자체의 약점은 아니지만 Haig-Simons의 소득개념과 누진율 하에서는 소득의 변동이 큰 사람이 안정적인 사람보다 높은 세부담을 진다.

금을 물려서는 안 된다는 생각을[135] 할 수도. 아예 소득에도 세금을 물리지 않는 소비세만이 공평하다는 생각을 할 수도. 개방경제 체제에서는 다른 나라보다 높은 세금을 물리면 자본의 유출이 일어난다는 점도 생각하여야 하고. 아무튼 대부분의 나라는 재산을 과세하고 있다. 그 안에 실제로는 소득세의 일부인 부분과 재산 그 자체에 대한 세금 부분을 섞은 채.

3) 부동산(不動産) 과세 = 지방정부의 세원?

전통적 이론인 Tiebout 모델에 따르자면 不動産 보유세는 지방세. 왜? 지방(地方) 공공재(公共財), 가령 공원이나 소방서의 혜택은 가까이에 사는 사람이 누리는 것이고, 따라서 땅값이나 집값이 그만큼 오르게 마련. 학교교육은 엄밀히는 공공재는 아니지만 정부가 무상교육을 제공하는 이상 그 혜택도 집값에 반영되게 마련. 그렇게 본다면 특정한 지역에 사는 사람들만이 누리는 지방공공재의 조달비용은 그 지역에 있는 부동산소유자가 부담해야 마땅하고,[136] 이런 생각에서 부동산 보유세를 지방세로 삼는 것이다.[137] 부동산에 관한 세금과 지방공공재는 넓게 본다면 대가(對價)관계.[138] 지방공공재에 견주어 세부담이 무거우면 주민수가 줄고 세부담이 가벼우면 주민수가 늘게 된다. 주민들은 각자 선호도에 따라 살 곳을 정하게 마련이고, 일정 조건 하에서는 이런 '발로 하는 투표'로 파레토 효율이 이루어진다.[139] 이런 전통적 지방세에서는 서로 다른 지역에 사는 주민들의 세부담이 재산가치에 비추어 공평한가는 적절한 문제가 아니다.[140] 각자 누리는 지방공공재의 질과 양이 서로 다른 것뿐이니. 그러나 21세기에 들어서 우리나라의 지방세제는 확 다른 모습을 보인다.

〈헌법재판소 2010. 10. 28. 2007헌라4 결정〉

이 사건 법률조항들은 구(區)세인 재산세 중 특별시의 관할구역 안에 있는 구의 재산세를 '특별시 및 구세'로 하여 서울특별시와 자치구가 공동과세할 수 있도록 하고, 특별시분 재산세와 구(區)분 재산세는 각각 산출된 재산세액의 100분의 50을 그 세액

134) 제2장 제3절 II.1.
135) 이른바 재산보존 과세 원칙에 관해서는 제2장 제3절 Ⅱ.1. 참조.
136) 이 생각의 선구로 Henry George, Progress and Poverty(1879).
137) Richard M. Bird, Intergovernmental Fiscal Relations: Universal Principles, Local Applications (2000). 인터넷에 나온다.
138) 제2장 제3절 Ⅰ. 4.
139) C. Tiebout, A Pure Theory of Local Expenditure, 64 Journal of Political Economy 416-426(1956). 발로 하는 투표라는 말 자체는 Lenin의 말로, 짜르의 군대가 혁명군에 가담하는 것을 일컫던 말. Eric Hobsbawm, The Age of Extremes (1994), 457쪽.
140) 평등권 위반이 아니다. 대법원 1996. 1. 26. 선고 95누13050 판결.

으로…하도록 규정하고 있다…또한, 특별시분 재산세는 전액을…자치구에 균등배분하도록…규정하고 있다(지방세법 제6조의3)…. 헌법 제117조 제1항에 의하여 보장된 지방자치단체의 자치재정권은 앞서 본 바와 같이 법률이 규정된 범위 내에서 보장된 것이므로, 지방자치단체에 자치재정권이 있다는 사실만으로 특정한 조세 등 수입원을 보장받을 권한이 생기는 것은 아니고 법률의 규정에 의해서 비로소 그런 권한이 생기는 것이다… 재산세를 반드시 기초자치단체에 귀속시켜야 할 헌법적 근거나 논리적 당위성이 있다고 할 수 없으므로 이와 같이 종래 기초자치단체에게 귀속되던 조세를 기초자치단체와 광역자치단체에게 공동으로 귀속시키도록 변경하는 것도 입법자의 권한에 속하는 것이다…청구인들의 2007년도 기준재정수요 충족도는 중구 120.8%, 서초구 124.2%, 강남구 197.9% 등 100%를 훨씬 상회하고 있어, 이 사건 법률조항들로 인하여 재산세 수입이 감소하더라도 100%를 상회하는 기준재정수요 충족도를 유지할 수 있는 것으로 보인다… 이 사건 법률조항들을 제정한 행위는 헌법상 보장된 청구인들의 지방자치권의 본질적인 내용을 침해했다고 할 수 없다.

4) 종합부동산세: 수직적(垂直的) 공평(公平) → 국세

부동산 보유세를 지방공공재의 대가로 구성하자는 전통적 이론과는 거리를 더욱 벌리는 것이 2005년에 입법된 종합부동산세. 부동산보유세에 垂直的 公平의 이념을 들여와 각 납세의무자가 소유한 주택과 토지를 모아 종합(綜合)한 가치에 누진율(累進率)을 적용하려는 제도이다. 소재지를 묻지 않고 모든 주택과 토지를 모아 세부담을 지우려 한다면 이 세금은 당연히 국가가 운영하는 국세(國稅)로 할 수밖에.[141] 그러나 종래 재산보유세가 지방세였다는 역사적 사정 때문에 종합부동산세에는 국가와 지방자치단체가 함께 관여한다. 현행법에서는, 우선 각 지방자치단체가 관할구역 안에 있는 주택과 토지에 재산세(財産稅)를 물린 뒤, 국가가 온 나라에 걸쳐 각 납세의무자가 소유한 주택과 토지를 각각 합하여 누진율로 綜合不動産稅를 과세한다.[142] 제26장. 정책적으로 저율이나 고율로 분리과세하는 토지라면 재산세율에 반영하면 되니 종합부동산세는 따로 안 매긴다.[143] 기납부 재산세는 종합부동산세에서 공제한다.[144] 주택에 대한 세부담은 주택수가 많을수록 누진율이 높고 법인이 소유한 주택은 중과세한다.[145] 국가가 걷은 세액은 중앙정부의 살림에 쓰는 것은 아니라 각 지방자치단체에

141) 부동산 보유세를 국세로 할 것인지 지방세로 할 것인지는 입법정책. 헌법재판소 2008. 11. 13. 2006 헌바112 결정.

142) 종합부동산세법 제7조, 제12조.

143) 종합부동산세법 제7조, 제11조, 제12조. 수탁자의 물적납세의무는 제7조의2, 제12조의2.

144) 종합부동산세법 제3조, 제10조, 제15조, 제16조. 재산세 가운데 일부만 공제한다는 대법원 2023. 8. 31. 선고 2019두39796 판결은 틀렸다. 제26장 제9절.

나누어준다.146) 부동산이 낳는 내재적 소득이 연 4%라 생각하여 거기에 소득세율을 곱한 부분은 실상 소득세라 생각한다면, 종합부동산세 가운데 세율이 약 1.2% 정도를 넘는 부분은 재산 그 자체에 대한 과세인 셈.147)

종합부동산세에 관해 몇 가지 생각할 점. 우선 임차보증금이나 저당권부 채무 등 빚은 안 빼 주고 부동산의 가액만 합하는 것은 공평한가? 현행법에서는 임차보증금이나 저당 등 채무(債務)가 있는 사람이라면 실제 형편에 견준 세부담이 매우 높을 수도 있다. 나아가 부 그 자체를 과세물건으로 삼아 부 자체에 수직적 공평이라는 잣대를 재자면, 다른 재산은 무시하고 부동산(不動産)에만 세금을 물리는 것은 옳은가? 부자라면 세금을 더 내어야 마땅하다는 생각을 전제로 삼는다면 왜 부동산에만 세금을? 부에 대한 수직적 공평이 잣대라면 종합부동산세가 아니라 저마다의 천량에, 재산은 다 합하고 빚은 뺀 순재산(純財産)에 세금을 물리는 부유세(富裕稅)라야 맞다.148)

4. 거 래 세

일정한 재산, 주로 不動産을 취득하는 사람에 대해서는, 그 재산의 취득이나 공부상 등기·등록에 세금을 물린다. 제27장. 판례는 취득세(取得稅)를 재화의 이전·유통이라는 사실 또는 행위 그 자체에 담세력을 인정하고 매기는 세금이라고.149) 그러나 마약처럼 재화의 유통 자체를 규제할 이유가 없다면 유통에 대한 과세는 비효율적이고 불공평.150) 현행법상 취득세의 존재근거는 자본 그 자체에 대한 과세이다. 가령 취득세율이 10%라면 10억원짜리 집을 사자면 가진 돈 11억원 가운데 1억원을 잘라내어 국가에 바쳐야 살 수 있다.151) 10억원짜리 재산을 살 만큼 부자라는 사실에 담세력을 인정해서 그를 계기로 세금 1억원을 물리는 것. 신탁, 합병, 1세대 1주택의 상속 등 이른바 형식적 취득에는 취득세를 물리지 않거나 경감하는 명문규정이 있다.152) 세율은

145) 종합부동산세법 제9조.

146) 지방교부세법 제4조 제1항. 배분은 지방자치단체별 재정여건, 사회복지, 지역교육, 부동산 보유세 규모를 고려해서 정한다.

147) 헌법재판소 2008. 11. 13. 2006헌바112등 결정.

148) 부유세 제도의 대강은 Rudnik & Gordon, Taxation of Wealth(Victor Thuronyi ed., Tax Law Design & Drafting, 2000), 302쪽 이하. Finland 부유세의 실패에 관해서는 Kari Tikka, Tax Reform in the Nordic Countries(1993), 특히 105쪽.

149) 대법원 1996. 2. 9. 선고 95누12750 판결; 2004. 11. 25. 선고 2003두13342 판결; 2017. 6. 8. 선고 2015두49696 판결 등.

150) Tipke/Lang, 제18장 123문단. 독일 헌법재판소 1999. 1. 8. 1 BvL 14/98 결정. 2011 Mirrlees Review, 6.1.2절, 16.3절.

151) 취득세 따위 거래세나 유통세를 영어로 excise, 독일어로 Akzisen이라 부른다. 흔히들 소비세라고 옮기지만 그보다는 넓은 뜻이다. 어원(語源)으로는 잘라낸다는 뜻이다. incise, circumcise, laicise.

152) 지방세법 제9조, 제15조. 지방세특례제한법 제57조의2.

재산의 종류에 따라 재산가액의 4% 등 다양하다.[153] 사치성 재산이거나 수도권 지역에 있는 재산이나 법인이 취득하는 주택이라면 세율이 몇 배로 늘어나는 부분에서는[154] 조세라기보다는 경제조정 수단.[155] 주식(株式)에 물리는 거래세는 부동산보다는 정당화 근거가 높다. 개별투자자의 동결효과가 실물자산으로 바로 이어지지 않고 Tobin세 등 속도조절 수단이 될 수도 있다.[156]

관세(customs duty, Zoll)는[157] 전근대 사회에서 재정수입을 확보하는 가장 편리한 수단으로 널리 쓰였다. 關稅는 거래세의 모든 문제를 그대로 안고 있고, 2차대전 이후 무역자유화와 세계화의 진전에 따라서 점점 사라지는 길에 들어섰다. 그도 그럴 것이 관세를 정당화할 수 있는 경우란 당장은 외국기업보다 경쟁력이 낮지만 장기적으로는 경쟁에 이길 수 있는 이른바 유치산업의 보호 정도뿐이니까. 그러다가 21세기 들어서 세계화 과정에서 오히려 곤궁한 처지로 몰린 노동계급이 반세계화를 부르짖고 거기에 영합한 트럼프 정권 이후로 미국은 다시 보호무역을 꾀하고 있다. 몇십 년의 반동일지 다시 세계사의 흐름을 뒤바꿀 큰 흐름인지는 아직 모르겠고.

5. 부동산 문제와 세금

세금이라는 성격을 넘는 행정규제의 수단으로서 물리는 종합부동산세, 양도소득세, 재산세, 취득세 따위가 합헌(合憲)인가에 대해서는 줄곧 시비가 있다. 입법목적이야 정당하겠지만[158] 헌법재판소는 그런 세금이 부동산투기를 억제하고 부동산가격을 안정시키기에 적절한 수단인지를 따져보지도 않고 그냥 긍정한다. 본격적 논의는 경제학의 영역이지만 몇 가지만 짚어 볼까나. 첫째, 이른바 핀셋증세나 지나친 미세조정 시도는 애초 법을 이해하기 어렵게 만들어서 헛수고가 되기 쉽다. 둘째, 양도소득세는 거래가격 자체를 올린다. 셋째, 취득세나 보유세는 거래가격(去來價格)을 떨어뜨리지만 실상 착시일 뿐. 매수인이 장차 낼 세금부담을 생각하면 실제로 집을 마련하는 데 들어가는 돈 곧 세포함(稅包含)가격은 당연히 오른다. 세금의 경제적 효과는 양도소득세처럼 매도인에게 물리는 세금이든, 보유세로 매수인에게 물리는 세금이든 똑같다. 애초 경제원론에서 수요공급 곡선을 배울 때 세금을 공급곡선 위에 그리든 수요곡선

153) 지방세법 제11조, 제12조.

154) 지방세법 제13조, 제13조의2.

155) 합헌성 심사에 관하여는 제2장 제3절 I. 5, II. 2.

156) 비판으로 2011 Mirrlees Review, 6.1.2절.

157) Customs duty라는 말의 어원은 tax는 아니지만 영국 왕이 관습적으로 걷었다는 것. Zoll은 영어의 toll과 어원이 같다.

158) 헌법재판소 2017. 8. 31. 2015헌바339 결정.

아래에 그리든 아무 차이가 없다고 배운 생각을 해보라. 양도소득세 10억원과 취득세(또는 장차 낼 종합부동산세의 현재가치) 10억원, 이 둘 사이의 경제적 효과에는 아무 차이가 없다. 그저 착시가 낳는 정치적 눈속임일 뿐. 제2장 제3절 III.6, 제11장 제2절 II.2. 세금. 과세대상 부동산에서 빠져나온 돈이 다른 不動産에 들어가는 만큼 후자의 가격이 오르는 것도 당연.

2021년 정치권 일각이 주장하고 나온 국토(國土)보유세는 부자일수록 세금을 더 내라는 수직적 공평이 아니라 경제적 효율(效率)을 빌미삼고 있다. 토지는 공급이 거의 고정되어 있으니 세금을 올려도 공급량이 그대로라는 것. 가령 토지평당 200만원을 보유세로 물린다면 토지지분 20평, 시가 20억원인 40평짜리 헌 아파트 소유자에게는 4,000만원을 물리고, 바로 옆 토지지분 10평, 시가 40억원인 40평짜리 새 아파트 소유자에게는 2,000만원을 물린다, 이런 식이라면 당연위헌이다. 수직적 공평에도 안 맞고, 새 집 짓기가 싫어서 헌 집을 고집하는 사람도 없다. 토지를 이용하고 처분할 자유(自由)를 국가가 도시정비법 등으로 규제하면서, 토지의 非效率的 이용에 대한 책임을 소유자에게 물을 수야 없다. 제26장 제2절 IV.

제9장 과세권의 내재적 한계와 과세단위의 설정

지금까지의 논의를 종합하면, 직접소비세는 설 자리가 없다. 간접소비세와 사회배당금을 결합하면 싼 비용으로 같은 효과를 얻을 수 있으니까. 세제의 이념형으로 남는 것은 직접소득세와 간접소비세 두 가지. 둘 사이의 선택은 행정효율과 부의 재분배 사이의 선택으로 사회전체에 걸친 집단적 가치판단의 문제.[1] 역사적 현실로 현행 세제는 어느 한 쪽만을 고르지 않고 직접소득세와 간접소비세 두 가지를 모두 가지고 있다.[2] 간접소득세는 이 두 가지 이념형 사이에 어중간한 위치를 차지한다. 간접소득세와 사회배당금을 결합하면 어느 정도의 누진율을 이룰 수는 있지만, 이는 근본적으로 비례세를 전제로 한 채 비례세율로 다가가는 정도의 누진율이고 또 간접소득세에서는 이전지출이나 재산가치의 상대적 변화를 과세소득의 개념에 반영할 수 없다.

결국 직접소득세의 논거는 공평의 이념. 그러나 제1절에서 보듯이, 세제를 통해 공평의 이념을 끝까지 관철하려는 생각은 여러 가지 내재적 한계에 부딪혀 일정한 범위를 벗어날 수가 없다. 이리하여 제2절에서 보듯이, 실정법의 소득세는 이념형의 소득세와 달라질 수밖에 없다. 제1절과 제2절의 논의는 사실은 소득세만이 아니라 증여세 따위의 모든 직접세에 생기는 문제이다.

---

1) Warren, "*Would a Consumption Tax be Fairer than an Income Tax?*" 89 Yale L. J. 1081(1980), 특히 1091-1092쪽.

2) 또 뒤에 보듯 직접소득세 안에도 실현주의 같은 소비세의 요소가 섞여 있다. 현실은 논리라기보다는 역사의 축적.

제1절 과세권의 내재적 한계

우선 Haig-Simons의 소득개념이나 순자산증가설을 그대로 실제 적용하기는 행정상 불가능하다.[3] 앞서 보았듯 Haig-Simons의 소득개념에 따르자면 소득(所得)은 실현여부를 묻지 않고 과세해야. 그러나 실제로 그렇게 과세하자면 자산 부채의 시가를 모두 확인해야 하는 세무행정의 어려움에 부딪힌다. 재산의 사용가치나 가사노동의 가치도 이론상은 내재적 소득(imputed income)으로 과세해야 공평하지만 실제로 그런 세제를 만들기는 거의 불가능하다. 이 때문에 실정법의 소득개념은 일정한 한계 안에 머무르게 되어, 순자산의 증가라 하더라도 시장(市場) 내지 公의 얼안에서 파악할 수 있는 것만을 과세하는 독일식 용어로 "市場所得"에서 시작한다.[4]

한 걸음 나아가 순자산증가설의 후퇴는 단순한 집행의 어려움을 넘는 한결 깊은 문제이다. 세무행정(行政)에서 한 걸음 더 나아가 근본적으로 Haig-Simons의 소득 정의는 개념 그 자체도 한계가 있다. 사람의 활동 가운데 어디서부터가 소득을 낳는가, 재산의 변동 가운데 어디서부터가 소득을 낳는가, 아래에 보듯 이런 문제를 판단하기가 불가능하든가 받아들이기 어려운 결과가 숱하게 생긴다.[5] 이런 어려움이 생기는 것은 Haig-Simons의 소득개념의 밑바탕인 공평이 세상을 다스리는 유일한 이념이 아닌 까닭. 공평은 혼인의 자유, 사생활의 자유, 직업선택의 자유, 더 나아가 자기가 하고 싶은 일을 하면서 살아갈 일반적 自由와 충돌한다.

---

3) Tipke/Lang, *Steuerrecht*(제24판, 2021), 제7장 30문단. 이하 달리 적지 않은 한 Tipke/Lang이란 제24판.

4) 이제는 Tipke/Lang, 제7장 31문단도 시장소득 개념이 너무 좁다고 한다.

5) 이리하여 일찍이 예일대 법대의 Bittker 교수는 애초에 포괄적 소득개념이라는 것이 법에 설 자리가 있는가라는 문제를 던졌다. Boris Bittker, A *"Comprehensive Tax Base" as a Goal of Income Tax reform*, 80 Harv. L. Rev. 925(1967). 재정학자 Musgrave 등이 이에 대한 반론을 제기하여 저 유명한 포괄적 소득과세 논쟁이 벌어졌다. Richard Musgrave, *In Defense of an Income Concept*, 81 Harvard Law Review 44(1967) 등. 합의점을 구태여 찾자면 포괄적 소득개념, 한결 넓게는 경제학의 개념이란 현실적 세제개혁의 목표는 아닐지라도 하나의 이념형이라는 의미는 있다는 것. Bittker, *"Comprehensive Income Taxation: A Response,"* 81 Harv. L. Rev. 1032(1968). Stanley Surrey의 이념형도 실정법에서 끌어낸 것이다. 제7장 제3절 2 주석 111).

Ⅰ. 일과 놀이의 경계

1. 담세력 = 순자산증가?

공평과세의 이념은 어떤 사람의 부(富)가 는다면 그 원천이 무엇이든 이를 모두 과세하는 순자산증가설을 요구한다. 예를 들어 어떤 회사의 종업원이 저녁 시간이나 주말에 텃밭을 일구어 월 20만원어치의 채소를 생산한다고 하자. 이 20만원은 이 사람의 소득에 포함해야 하는가? 순자산증가설을 따르면 소득이고 소득원천설을 따르면 소득이 아니라는 식의 답은 답이 아니지. 소득의 개념을 어떻게 정해야 하는가가 바로 논점이니까. 소득이라는 말은 선험적 개념이 아니라 목적론적(目的論的) 개념 내지는 어떤 목표를 담고 있는 조작적(operational) 개념이다. 제7장 제1절에서 제4절. "income"이라는 말이 들어온다는 뜻의 동사에서 소득이라는 뜻의 명사로 널리 받아들여진 것은 18세기.[6] 소득이라는 말에는 어떤 뜻을 담아야 하는가? Simons가 말했듯이, 이 질문에 대한 답은 다음 질문에서 시작해야 한다: 20만원을 이 사람의 소득으로 과세하는 것이 公平한가? 공평이란 매우 주관적인 개념. 사람에 따라서는 가욋일의 결과까지 과세하는 것은 가혹하다고 생각할 수도. 그러나 만일 이런 생각을 받아들인다면, 남보다 직장일을 더 많이 하고 돈을 더 받는 경우 그런 돈도 과세하지 않아야 한다는 결과까지 받아들여야… 이 결과를 거부한다면, 텃밭에서 일군 채소의 가치에도 담세력을 인정할 수밖에. 다음 두 사람을 견주어 볼까나: 1) 회사에서 주 10시간 야근으로 60시간을 일하고 한달에 월급 120만원을 받으면서 그중 20만원을 채소 사먹는 데 들이는 사람, 2) 회사에서 주 50시간만 일하고 한달에 월급 100만원을 받으면서 주 10시간 텃밭을 일구어 채소 20만원어치를 생산하는 사람. 이 두 사람의 담세력이 같음을 부인하기는 어렵다.

이제는 다음 두 사람: 2) 회사에서 주 50시간을 일하고 한 달에 월급 100만원을 받으면서 주 10시간 텃밭을 일구는 사람, 3) 회사에서 주 50시간을 일하고 한 달에 월급 100만원을 받으면서 주 10시간 집에서 아이를 돌보는 사람. 아이를 주 10시간 유아원에 보내는데 한 달에 돈 20만원이 든다고 가정하면, 위 두 사람의 담세력은 같은가? 아마도 같다고 생각하는 것이 보통일 것. 이번에는 다음 두 사람: 3) 회사에서 주 50시간을 일하고 한 달에 월급 100만원을 받으면서 주 10시간 아이를 돌보는 사람, 4) 회사에서 주 50시간을 일하여 한 달에 월급 100만원을 받으면서 주 10시간 아이들과 소풍 다니는 사람. 이 두 사람의 담세력도 다르다고 말하기 어렵네… 끝으로, 다음 두

6) 예를 들어 1702년판 *John Kersey's A New English Dictionary*에는 income이라는 말이 없다.

사람: 4) 회사에서 주 50시간을 일하여 한 달에 100만원을 받으면서 주 10시간 아이들과 소풍 다니는 사람, 5) 회사에서 주 50시간을 일하여 한 달에 100만원을 받으면서 주 10시간 골프를 치러 다니는 사람. 이 두 사람의 담세력도 다르다고 말하기 어렵네.

위 두 문단을 모아 보면, 어, 매우 당혹스러운 결과에 다다른다. 곧 1)의 주 60시간씩 일하고 한 달에 120만원을 버는 사람과 5)의 주 50시간씩 일하고 한 달에 100만원을 버는 사람에게 같은 세금을 물려야 한다고? 야근 안 하고 골프를 쳤는데 세금을 내라고?

2. 담세력 = 능력(能力)?

에이 무슨, 웬만한 사람은 이 결과는 불 보듯 틀렸다고 생각하게 마련이다. 그와는 전혀 반대로 이 결과가 너무나 당연하다고 우길 사람이 더러 있을 수도: 두 번째 사람은 한 달에 10시간이라는 여가시간을 더 즐기니 억울할 게 없잖아?[7] 그러나 이런 생각을 받아들인다면, 문제는 훨씬 더 어려워지기 시작한다. 위 두 사람이 같은 세금을 내어야 公平하다는 생각은 무슨 말? 두 사람이 실제로 번 소득이 아니라 벌려면 벌 수 있었을 소득을 기준으로 세금을 정하자는 말. 두 번째 사람은 100만원밖에 벌지 못했지만 이 사람이 벌 수 있었던 돈이 120만원이니 소득을 120만원으로 보자는 것. 이 생각이 옳다면 세금이란 어디에 매기자는 말인가? 국가가 각 개인에게 물릴 세금은 각 개인의 能力에 비례해야 한다는 말. 노는 시간도 일하는 시간과 마찬가지의 소득을 낳는 것으로 보고 과세해야 한다는 말.

더 나아가서, 한 달에 1,000만원을 벌었거나 벌 수 있는 변호사가 변호사업을 그만두고 농부가 되어 한 달에 100만원을 번다면, 이 농부의 과세소득은 한 달에 1,000만원으로 보아야 한다는 말이 된다. 곧 이 농부는 한 달에 1,000만원의 돈을 벌면서 자신의 취미생활에 돈을 900만원씩 쓰고 있는 셈으로 보아야 한다는 말, 바꾸어 말하면 한 달에 5시간을 일하여 100만원을 벌면서 45시간을 취미생활인 농사에 바치고 있는 것이나 마찬가지로 보아야 한다는 말이 된다. 한 걸음 더 나아가면, 서울법대의 수석입학생이 법률가의 길을 가는 대신 출가한다면 이 스님의 과세소득은 한 달에 1,000만원으로 보아야 한다는 말이 된다. 다른 보기로 다른 조건은 다 같고 키만 180과 160으로 서로 다른 두 사람이 같은 소득을 벌고 있다. 능력에 맞추어 세금을 매긴다면 세금을 같이 물려야 하는가 달리 물려야 하는가? 제2장 제3절 I.4. 능력에 따른 과세란

7) 이런 주장의 예로 G. S. Becker, *A Theory of the Allocation of Time, 75 Economic Journal* 493 (1965). 여가시간을 직접 과세하는 대신 여가용품을 과세하자는 생각으로 Corlett & Hague, Complementality and the Excess Burden of Taxation, 21 Review of Economic Studies 21(1953).

어디까지 가야 하는가?

3. 사적 자유

어떤 승려나 농부에게 그가 서울법대의 수석입학생이었다는 꼬투리로 변호사와 같은 세금을 물려야 한다는 결론을 받아들이는가? 한 사람이라도 있으려나. 왜 못 받아들이지? 사람이 다 오로지 돈을 위해 사는가? 그렇게 살아야 하는가? 승려의 삶을 살든 변호사가 되든, 이는 각 개인의 自由. 승려나 농부나 사회운동가에 대해서, 그에게 변호사의 자격이 있다는 이유 또는 그가 그저 똑똑하다는 이유로 개업중인 변호사와 같은 세금을 물린다면, 이는 각 개인에게서 자기가 원하는 식으로 살 자유를 빼앗는 것이다. 결국, 공평의 이념을, 각 개인의 주관적 사정을 따져서 담세력을 정하자는 생각을 결코 타협할 수 없는 지고(至高)의 가치로 삼는다면, 자유는 희생될 수밖에 없다. 국가는 개인의 사생활에 대한 정보를 가져야 하고 더 나아가 개인이 무엇을 할지에까지 간섭하게 되는 까닭이다. 사람이 놀고 즐기는 것에 담세력을 인정하자라는 말은 能力을 과세물건으로 삼아 lump-sum tax를 매기자는 말이고, 다시 이 말은 각 개인이 자기의 삶을 제 뜻대로 살 자유를 없애야 한다는 말이다. 그런 세상에서는 개인이란 하나의 인적자원일 뿐이고, 국가는 사회 전체의 부를 극대화하기 위해 개인을 적재적소에 효율적으로 배치할 임무를 띠게 된다.[8] 적어도 지금까지의 인류사에 있어서 우리 인간들은 이런 세상을 거부해 왔다. 인류는 내가 내 삶의 주인이 아니라 국가가 내 삶의 주인이 되는 세상을 거부해 왔고, 공(公)에서 벗어난 사(私)의 영역이 인정되어야 한다고 믿어 왔다.[9]

사적(私的) 영역이 인정되어야 하고 그 안에서는 부(富)가 늘었더라도 이를 과세할 수 없다면 문제는 다시 뒤집어지기 시작한다. 우선 한 달에 50시간을 일하고 10시간 골프를 치면서 100만원을 버는 사람이 한 달에 60시간을 일하고 120만원을 버는 사람보다 세금을 덜 내어야 함이 자명하다고 생각해 보자. 그런데 여기에서 어떤 사람이 여유시간 10시간 동안 골프를 치는 것, 아이들과 소풍 다니는 것, 또는 텃밭에서 일하는 것 사이에 무슨 차이가 있는가? 무엇을 하든 내 自由 아닌가? 가욋시간에 텃

8) 이런 주장의 고전적 예로 "소득세제는 게으름 … 을 공공부담의 면제사유로 삼는다. … 개인은 각자의 능력만큼 국가에 봉사해야 한다." Francis A. Walker, The Basis of Taxation, 3 Political Science Quarterly(1888), 14쪽. 이런 생각을 내친 판결로 독일헌법재판소 1995. 6. 22. 선고 BVerGE 93, 121 판결, 특히 135쪽. Tipke/Lang, *Steuerrecht*, 제3장 63문단. 노는 시간에 세금을 물리자는 생각과는 정반대로 Nozick은, 소득세 그 자체가 노동의 결과물에 대한 entitlement를 침해하는 일종의 강제노역 제도로서 정의에 어긋난다고 주장한다. Robert Nozick, Ananrchy, State, and Utopia(1974), Ch. 7, Sec. 1.

9) Richard Posner, *The Problems of Jurisprudence*(1990), 374-379쪽.

밭을 일군다고 해서 국가에 돈을 바치라니, 도대체 국가가 왜 내 자유에 간섭하는가?

4. 과세소득의 범위 = 자유와 공평의 경계

결국 과세소득의 범위라는 문제는 공평(公平)의 얼안과 자유(自由)의 얼안 사이에서 살피를 어떻게 그을 것인가의 문제. 바로 이것이 소득원천설 내지 제한적 소득개념과 순자산증가설 내지 포괄적 소득개념 사이의 대립의 본질이다. 19세기 말 독일의 제한적 소득개념이 제기한 문제 그 자체는 정당하다.[10] 그러나 제한적 소득개념은 문제의 본질을 제대로 드러내지 못한 채 계속적·반복적 이득이라야 소득이라는 식으로 소득의 개념을 정하고, 이를 선험적(先驗的) 공리(公理, Dogma)로 삼아버리는 개념법학 내지 선입견(先入見)의 수준으로 타락. 그랬으니 그 뒤 공평과세의 이념 내지는 순자산증가설의 공격 앞에 맥없이 허물어져 내릴 수밖에. 어디에서 공돈이 1,000만원 생겼다면 그만큼 부자가 되었음이야 틀림없다. 이런 이득에 대해, 그것은 계속적·반복적 소득이 아니므로 세금을 물릴 수 없다는, 이 동어반복에는 설득력이 없다. 제한적 소득개념은 순자산증가설에 밀려날 수밖에 없었던 것. 그러나 역사를 다시 돌이켜 보면, 소득원천설이 19세기에서 20세기 첫무렵 실정법에 자리잡았던 이유는? 국가가 각 개인의 사생활을 침범하지 않으면서 세금을 걷어야 한다는 현실적 필요성. 납세자 본인이 아니고는 알기 어려운 이득을 과세하려면, 납세자를 일단 거짓말쟁이로 여기고 납세자의 신고가 정직한지를 국가가 조사해야 한다는 점은 18세기와 지금이 다른가? 아무 차이가 없다. 그렇게 본다면 제한적 소득개념이 제기했던 문제는 죽었는가? 지금도 여전히 살아있다. 여전히 정당하다. 제한적 소득개념의 존재 논거는 계속적·반복적 소득이라야 소득이다라는 도그마가 아니라 국가에서 자유로운 개인의 사생활이 보장되어야 한다는 요구.

Ⅱ. 사업 재산과 사생활(私生活) 재산

1. 사적재산 양도차익을 과세?

자유나 사생활의 보호 문제는 일해서 얻는 소득만이 아니라 재산(財產)소득에 관하여도 생긴다. 예를 들어 어떤 사람이 그가 살고 있던 집을 애초에 치른 값보다 비싸게 판다면 그런 양도차익에 대해 세금을 물릴까나? 부가 그만큼 늘었다는 점에서 본다면 이를 과세해야 공평하다. 이런 이득에 대해, 그것이 계속적·반복적으로 생기는

10) 제7장 제1절, 제2절.

이득이 아니니 과세 못 한다는 말은 설득력이 없다. 소득원천설이 허물어졌음은 너무나 당연. 그러나 다시 생각해 보면, 정녕 이런 양도차익을 모두 과세해야 하는가? 부의 증가가 있다는 점에서는 양도한 재산의 종류가 무엇이든 과세여부에 차이가 있을 수 없다. 그러니 자동차, 가구, 보석, 무슨 재산이든 양도차익은 다 과세할까나. 공평만 따진다면 차등을 둘 아무런 이유가 없다. 그러나 문제는 개인의 삶 가운데 어디까지를 국가가 들여다볼 수 있게 할 것인가? 양도차익을 과세하려면 국가는 누가 무슨 재산을 가지고 있는지 모두 알 수 있어야 하고, 그렇다면 개인의 사적(私的) 財産이라는 것이 존재할 여지가 없다. 이것은 각 개인이 무엇을 얼마에 사들이고 얼마에 파는지에 대한 완전한 정보를 국가가 장악함을 뜻한다. 국가에 그런 권한을 주어야 하는가? 문제의 본질은 그런 사회체제를 받아들일 수 있는가.

경제적 이득이 있다 하더라도 국가가 관여할 수 없는 私의 영역이 있어야 한다는 소득원천설(所得源泉說)의 문제제기는 여전히 정당하다. 인류는 적어도 지금까지는 각 개인의 삶에 관한 모든 정보를 국가가 장악하는 체제를 끔찍한 세상이라 여겨 왔고, 지금까지의 헌법 내지 정치체제에서는 모든 경제적 이득을 과세한다는 것은 있을 수 없다. 이제 거꾸로 올라가 보자. 내가 살던 집은 과연 과세해야 하는가? 제12장 제1절 1.

2. 내재적(內在的) 소득

재산의 사용가치같이 눈에 보이지 않는 內在的 소득에 대해서도 비슷한 문제가 생긴다. 이미 보았듯, 공평의 개념만으로 따지자면 소유(所有)주택의 집세 상당액이나 더 일반적으로 재산의 사용가치는 재산소유자의 소득으로 과세해야 마땅하다. 제8장 제1절 V. 그러나 이런 소득을 과세하려 한다면 누가 무슨 재산을 소유하고 있는지를 국가가 모두 알아야 한다. 가사(家事)노동의 가치에[11] 대한 과세도 마찬가지. 개인의 사생활이라는 것을 통째로 부인하는 사회가 아닌 이상, 이런 과세제도는 있을 수 없다. 여기에 소득개념의 내재적 한계가.

3. 미실현이득

未實現利得의 과세 문제도 마찬가지. 미실현이득을 과세하려면 국가는 누가 어떤 재산을 소유하고 있고 그 가치가 어떻게 변동하는지에 대한 정보(情報)를 알아야 한다. 사업재산만이 아니고 사적 재산에 이르기까지 미실현이득을 과세하려 한다면 사생활의 비밀은? 남을 여지가 없어진다.

---

11) 통계청은 무급가사노동이 국민총생산의 1/4쯤이라고 본다.

4. 재산과세

소득과세만이 아니라 재산 자체에 대한 과세에서도 똑같은 문제가 생긴다. 가령 부모가 자식의 과외비를 댄다면 증여세(贈與稅)를 매길까나? 돈이 없어 자식에게 과외를 시키지 못하는 부모의 입장에서 보면? 응, 과세해야지, 그래야 公平하지. 문제는 이런 생각을 논리적으로 일관한다면, 가령 부모가 자식에게 공부를 가르치는 것에도 세금을 물려야 한다. 자식에게 과외비 상당액을 증여하는 것과 경제적 효과는 마찬가지니까. 그러나 부모가 자식에게 공부를 가르치는가를 국세청이 조사해서 세금을 물린다는 것은 행정적으로 불가능하다. 나아가 행정적으로 가능하다 하더라도 이 결론을 받아들이는가? 그런 사람은 없으리라. 왜 못 받아들이지? 자유와 사생활에 대한 극단적 침해인 까닭. 결국 공평의 이념은 自由와 충돌한다. 공평을 무엇과도 타협할 수 없는 지고(至高)의 가치로 삼는다면 자유의 영역, 국가의 간섭을 받지 않는 사(私)의 영역은 남을 여지가 없다. 이리하여 자유는 세법의 테두리를 긋고, 현실의 세제는 자유와 공평 사이의 타협.

Ⅲ. 개인소득세의 과세단위

공평과 자유의 충돌로 널리 알려진 문제로 이른바 과세단위의 문제, 곧 소득과 세금은 개인 단위로 매겨야 하는가 아니면 부부나 가족을 단위로 매겨야 하는가라는 문제가 있다. 뒤에 다시 보겠지만, 누진세 하에서 소득이 같은 부부(가족)에게 같은 세금을 매기려 한다면 세제가 혼인(婚姻)을 장려하거나 억제하는 효과를 낳을 수밖에 없는 까닭이다. 뒤에 소득세 부분에서 보기로 한다.

Ⅳ. 공평과 담세력

Haig-Simons의 소득개념이 공평에 터잡은 것이지만, 공평의 개념을 완전히 담을 수 있는 그릇은 못 된다. 실정법으로 과세소득의 개념을 정할 때에는 세부담이 소득에 따라야 한다는 생각 말고도 다른 가치판단이 세법에 담긴다. 정의(正義)나 공평(公平)은 매우 넓은 개념이니까. 예를 들어 범죄행위를 저질러 벌금을 내면 과세소득의 금액을 그만큼 줄여 줄까나. 어쨌든 담세력이 줄었으니 세금도 줄여 주어야 하는 건가? 나쁜 짓을 했는데 세금을 줄여 주면 국가가 불의를 저지르는 건가? 어느 쪽을 택하더라도 세제에 모순이 일 것은 없고, 선택은 입법재량이다. 우리 현행 법인세법: “손비는 이 [법인세]법 및 다른 법률에 달리 정하고 있는 것을 제외하고는 그 법인의 사업과 관련하여 발생하거나 지출된 손실 또는 비용으로서 일반적으로 용인되는 통상적인 것이거나 수익과 직접 관련된 것"이라야 손금산입할 수 있다.12)

V. 소비세가 답은 아니다

소득세와 자유가 충돌한다는 문제에 대한 답으로서 소비세를 주장하는 사람들이 있다. 특히 미국에서.13) 그러나 엉뚱한 주장일 따름. 이 문제는 소득 대 소비의 대립 문제가 아니라 직접세 대 간접세의 대립 문제이니까. 증여세의 예에서 보았듯 자유와 충돌하는 것은 인민주의적 공평의 이념이고, 현행세제 가운데 직접세(直接稅)라는 요소이다. 앞서 본 간접(間接)소득세는 間接소비세(부가가치세)와 마찬가지로 자유와 충돌하는 것을 피할 수 있다. 소비세라 하더라도 직접소비세는 자유와 충돌하고, 생산과정만이 아니라 소비행동도 국가의 관여를 받는다는 점에서는 오히려 더 큰 충돌을 가져올 터.14) 심지어 부가가치세에서도 사업자에 관한 한 일과 놀이의 경계, 사업재산과 사생활 자산의 구별, 재산 사용가치의 과세 여부 이런 문제가 똑같이 생긴다.15) 감가상각이 아니라 투자액 전액을 뺀다는 점 말고는 부가가치세는 소득세와 같은 구조를 지니고, 따라서 과세권의 내재적 한계라는 문제는 부가가치세에서도 생겨나게 마련.

VI. 과세권(과세소득이나 과세대상 소비)의 객관적 범위

1. 공평 v. 자유 : 순자산증가설 v. 제한적 소득 개념

公平의 이념은 自由와 충돌한다.16) 공평의 이념을 유일한 가치로 삼는다면 자유가 설 곳은? 없다. 앞서 본 세무행정의 문제도 한결 깊이 파고 들면 자유와 공평의 대립. 미실현이득을 과세하자든가, 내재적 소득을 과세하자든가, 어디에서 생긴 소득이든 부의 증가는 모두 과세하자든가, 이런 생각은 국가가 개인의 삶 전체를 들여다 볼 수 있

12) 법인세법 제19조 제2항; 소득세법 제27조 제1항. 제11장 제1절 II, 제22장 제1절 X.

13) C. Fried, *Right and Wrong*(1978), 147-150쪽. 일반론으로는 Friedrich A. von Hayek, *The Constitution of Liberty*나 *Milton Friedman & James M. Buchanan, The Limits of Liberty* 따위를 참고하라. Tipke/Lang, 제3장 59문단도 소비세가 자유를 덜 억압한다고 하나 본문에 보듯 틀린 말이다.

14) Warren, 89 Yale Law Journal, 1081(1980), 특히 1120-1121쪽. Tipke/Lang, 제3장 74문단.

15) 제24장 제3절 III.

16) 상세는 이창희, 자유와 공평의 타협으로서의 소득개념, 법학 40권 2호(1999).

음을 전제로 한다. 정보처리기술이 놀라운 발달을 거듭한다면 이것이 가능할지도. 그렇더라도 더 어려운 문제가 남는다. 과연 그렇게 해야 하나? 소득세가 세상에 처음 생길 때의 역사를 돌이켜보면, 소득세는 엄청난 압제라는 비판을 받았다. 이 비판의 본질은? 여태껏 국가에 노출되지 않아도 되었던 사생활의 영역이 이제 공(公)의 영역에 들어선다는 것. 적어도 지금까지의 정치체제, 헌법체제에서는 인간의 삶 전체가 공의 영역에 속하지는 않는다. 남에게 드러내지 않고 제 마음대로 할 수 있는 사(私)의 영역이 각 개인에게 보장되어야 한다면, 인간의 삶 가운데 상당부분은 세법에서 자유로운 사생활의 영역으로 남아야 하고 순자산의 증가가 있다 하더라도 과세를 포기할 수밖에.

이리하여 자유는 소득(所得)개념의 테두리를 긋고, 현실의 세제에서 Haig-Simons의 소득개념을 그대로 받아들이기는 불가능해진다. 실정법상의 소득이란 공평과 자유라는 대립된 가치 사이의 타협일 수밖에 없다. 이 답은 사람마다 다르고 나라마다 다를 수밖에 없다. Haig-Simons의 소득정의, 순자산증가설 내지 포괄적 소득개념은 위 두 가지 가운데 오로지 공평만을 쳐다보면서 소득개념을 정하고자 한다. 헌법적 가치는 접어둔 채 순자산증가설을 입법한 세법의 조문만 본다면, 국가에게 개인의 모든 사생활을 들여다보면서 간섭할 권한이 있는 것으로 읽히게 된다. 이런 결과는 오늘날의 헌법체제와 안 맞고, 결국 포괄적 소득개념은 법적 불안정성을 낳는다. 한편, 소득원천설로 대표되는 제한적 소득개념이 소득세의 역사에 등장했음은 자유의 영역을 지키기 위함이었다. 그러나 소득원천설은 개념법학적 도그마로 타락했고, 자유의 문제를 제대로 제기하지 못한 채 잘못된 이론으로 몰락해 왔다. 그러나 순자산증가설 하에서도 여가(餘暇) 내지 놀이에 대해서는 세금을 물릴 수가 없고, 또 경제적 이득 가운데에도 세금을 물릴 수 없는 부분이 남을 수밖에 없다. 나라마다 과세소득의 범위가 다르기는 하나, 근본적으로는 순자산증가 가운데 공(公) 내지는 시장(市場)의 영역에 속하는 부분만이 과세된다는 점에서는 별 차이가 없다. 독일식의 표현으로는 실정법의 소득개념은 순자산증가설의 귀퉁이를 잘라 다듬은 시장소득(市場所得)이[17] 되는 것이다. 순자산증가설의 이 같은 후퇴는 담세력이 없기 때문이 아니라 적어도 지금까지의 헌법 내지 사회체제에서는 공평이 자유를 전적으로 지배하지는 못하는 까닭.[18] 공사(公私)의

17) 납세의무자가 "버는"(erzielen) 돈, 곧 "일반적 경제활동에 참가"하여 얻는 돈이라야 과세소득이므로, 상속이나 증여받은 재산, 미실현이득, 내재적 소득 따위는 과세대상이 아니다. Tipke/Lang, 제8장 50문단, 52문단. 위와 같은 소득개념은 법률의 조문에서는 사업소득에만 해당하지만 학설과 판례는 이를 모든 소득에 해당하는 것으로 풀이하고 있다. 같은 책, 제8장 123문단. 또 미실현이득은 시장거래에 따른 것이 아니므로 소득이 아니게 된다. Tipke/Lang, 제9장 404문단 이하.

18) 종래 독일의 이론은 시장소득의 개념을 또다시 도그마화해 버리면서, 개인과 법인의 구별 없이 미

구분은? 각 개인의 삶에 대한 정보를 국가가 어디까지 가지게 할 것인가의 문제. 이 문제는 결국 헌법 내지 사회체제의 문제. 소득의 개념 문제는 결국은 이런 헌법 문제의 한 부분이다.

공평과 자유라는 대립구조는 부가가치세(附加價値稅)에서도 마찬가지이다. 소비세라는 이념에서 본다면 어디에서 벌었든 소비한 것은 모두 과세해야 공평하다고 볼 수 있지만, 사생활의 모든 영역을 국가에 노출시키지 않는 이상 그런 식의 과세는 불가능하다. 다만 부가가치세는 사업자만을 과세대상으로 삼는다는 점에서 애초부터 온 사회에 공평의 이념을 관철할 생각은 안 한다. 또 가령 미실현이득도 과세해야 공평하다는 생각은, 세금은 누가 얼마나 부자가 되었는가에 맞추어 내야 한다는 소득세 특유의 공평이념이고, 간접소비세에서는 이 문제가 안 생긴다. 이런 차이점을 분명히 깨닫는다면 소득세에서 자유와 공평이 어떻게 대립하는가를 이해하는 이상 간접소비세를 따로 따질 필요가 없다.

2. 실정법 = 타협

독일법은 제한적 소득개념 내지 소득원천설(所得源泉說)에서 출발하여 그 겉껍질을 그냥 그대로 입은 채 분류과세 제도를 간직하여,[19] 소득구분 규정을 두어 과세대상 소득의 종류를 늘어놓으면서 법에 나와 있지 않은 소득은 과세 않는다.[20] 법은 소득을 다음 일곱 가지 원천으로 구분: (1) 농업 · 임업[21] (2) 사업[22] (3) 인적 용역[23] (4) 근로[24] (5) 투자[25] (6) 임대료 및 사용료[26] (7) 기타 법정 원천.[27] 그러나 과세소득의 개념을 계속 넓혀 와 내용으로는 차츰 순자산증가설 쪽으로 다가오고 있다.[28] 주식이나 자기가 살던 집의 양도차익도 이제는 원칙적으로 과세. 영국법은 소득의 개념을 일반적으로 정하고 있지 않고, 소득구분 표(Schedule)에 나와 있는 소득이라야 소득이

실현이득은 과세하지 않고 미실현손실은 바로 떨어야 담세력을 바로 잰다고 주장했다. Tipke/Lang, 제17판 제9장 52문단, 404문단 이하. 이제는 시장소득 개념은 너무 좁다고. Tipke/Lang(제24판), 제7장 31문단.

19) Einkommensteuergesetz(이하 "독일 소득세법") 제2(1)조.

20) 독일 소득세법 제2(1)조. Georg Crezelius, *Steuerrecht* II 25(2. Aufl., 1994).

21) 독일 소득세법 제13조 및 제14(a)조.

22) 독일 소득세법 제15조 및 제17조.

23) 독일 소득세법 제18조.

24) 독일 소득세법 제19조 및 제19(a)조.

25) 독일 소득세법 제20조. 우리말로 치자면 금융소득 정도의 뜻이다.

26) 독일 소득세법 제21조 및 제21(a)조.

27) 독일 소득세법 제22조 및 제23조.

28) 이창희, 미국법인세법, 제1장. 독일법상 최근의 과세범위의 확대에 관해서는 제12장 제1절.

다라는 식의 분류과세를 오랫동안 그대로 간직했다.[29] A(토지임대소득),[30][31] D(사업소득 및 자산소득),[32] E(근로소득),[33] F(배당소득),[34] 이런 구분이 최근까지 있었다. 2007년 이후로는 근로소득, 연금소득, 사회보장소득, 사업소득, 재산소득, 이자소득, 배당소득, 기타소득으로 구분한다.[35] 상금이나 현상광고, 당첨금, 어쩌다 생긴 돈 등은 소득구분의 어디에도 해당하지 않아, 지금도 과세소득의 범위에 안 들어간다. 자산양도차익의 과세범위는 이제는 아주 넓어서, 자기가 살던 집이나 주식의 양도차익도 원칙적으로 과세한다.

우리 법도 마찬가지 입장. 소득세법은 소득구분(所得區分) 규정을 두어 소득의 종류를 늘어놓으면서[36] 법에 나와 있지 않은 소득은 과세 않는다.[37] 과세대상 소득의 범위는 계속적·반복적 소득개념보다는 훨씬 넓혀져서 기타소득,[38] 양도소득[39] 등을 과세하지만, 각각 법에 정해진 것이라야 소득. 소득구분의 어디에도 해당하지 않는 경제적 이득은? 과세소득이 아니다.[40] 법에 양도소득 과세대상으로 적혀있는 자산이 아니라면 비(非)사업자산의 양도차익은 양도소득이 아니다. 기타소득이라는 말은 기타의 소득이라는 말이 아니고 법에 기타소득으로 적혀 있는 소득이라는 뜻. 이 구조 하에서는 경제적 이득 가운데에서도 과세되지 않는 것이 제법 있다. 예를 들어 여태까지 우리 소득세법에서는 상장법인 소액주주의 주식 양도차익은 원칙적으로 과세하지 않았다.[41] 소득세법과 달리 법인세법의 소득 개념은 순자산증가설의 소득 개념이다.[42] 법인의 소득이란 그 자체가 이미 사업, 시장 내지 공(公)의 영역에 들어와 있으니까.

미국법은 순자산증가설(純資産增加說)의 시조답게 "총수입금액이란 원천에 관계

29) Income and Corporation Taxes Act(이하 "영국 소득세법") 1988년 법, 제1조. 소득구분표는 1952년 이후에는 별표가 아니라 세법 본문에 들어 있다.
30) 영국 소득세법 제15조.
31) B소득은 없어졌고 C소득은 1996-97년 이후로는 D소득의 일부로 재구분되었다. 영국 소득세법 제16조 및 제17조.
32) 영국 소득세법 제18조.
33) 영국 소득세법 제19조.
34) 영국 소득세법 제19조.
35) Income Tax Act 2007년법 제3조, 제23조.
36) 소득세법 제4조, 제16조 내지 제23조, 제94조. 구분과세가 합헌이라는 판결로 대법원 1999. 9. 21. 선고 97누17674 판결; 헌법재판소 1998. 12. 24. 97헌바33등(병합) 결정; 2001. 12. 20. 2000헌바54 결정.
37) 소득세법 제3조.
38) 소득세법 제21조.
39) 소득세법 제94조.
40) 대법원 1988. 12. 13. 선고 86누331 판결. 제10장 제1절 3.
41) 소득세법 제94조 제1항 제3호 (가)목 및 (나)목. 제12장 제1절.
42) 법인세법 제14조, 제15조 제1항, 제19조 제1항. 제13장 제1절 Ⅱ.

없이 모든 소득을 뜻하며 다음 각 호를 포함하나 그에 국한되지는 않는다"라고 정하여[43] 소득의 원천이 무엇이든 "모든 소득"을 과세한다. 그러나 이 겉껍질에 불구하고 미국법도 사실상 과세되지 않는 영역을 간직하고 있다.[44] 개인의 양도소득은 경상소득보다 한결 가볍게 과세하기도.[45] 일본법은 소득원천설에 따른 소득의 구분을 간직하고 있다가, 2차 대전 이후 순자산증가설을 덧씌워서 순자산증가설이지만 소득을 구분하여 달리 과세하는 구조를 가지고 있다. 달리 구분되지 않는 소득은 모두 잡소득으로 과세.[46] 사생활용 동산의 양도차익은 과세하지 않는다.[47] 소득개념이 이처럼 모일 수밖에 없는 것은 근본적으로는 이런 나라들이 가지고 있는 헌법적 가치에 큰 차이가 없는 까닭.

제 2 절 과세단위의 설정

Ⅰ. 납세의무자의 단위와 과세물건의 설정

지금까지 보았듯이, 모든 사람에게 Haig-Simons의 소득개념에 따라 누진율로 세금을 매기자는 이념형 직접소득세를 현실에서 그대로 관철하기는 불가능하다. 소규모 개방경제에서는 누진율을 통한 소득재분배도 불가능하다. 누진율을 전면 포기하거나 거기까지는 아니더라도 위와 같은 이념형의 누진적 직접소득세를 관철할 수 없는 부분이 일단 생기면, 그 범위 안에서는 납세의무자(納稅義務者)라는 개념과 과세물건(課稅物件)이라는 개념은 오로지 조세체계 전체에서만 정의할 수 있고 개별 납세의부자의 단위에서는 아무 뜻이 없는 개념이 될 수 있다.

무슨 말? 앞의 예로 돌아가[48] 농장이 밀가루공장에 밀을 100원에 팔고, 밀가루공장은 이 밀로 밀가루를 만들어 200원에 빵공장에 팔고, 빵공장은 이 밀가루로 빵을 만들어 최종소비자에게 300원에 팔고, 기계공장은 밀가루공장과 빵공장에 기계를 각 50

43) Internal Revenue Code(이하 "미국세법") 제61조.

44) 이창희, 앞의 글, 309-310쪽. Boris I. Bittker, Martin J. McMahon & Lawrence A. Zelenak, *Federal Income Taxation of Individuals*, 3.03[2]절, 34.02[3]절.

45) 1986년에 양도소득(capital gain)에 대한 우대를 폐지했다가 1991년부터 개인의 양도소득은 다시 우대. 재고자산의 매매 등 사업활동에서 생기는 소득은 경상소득(ordinary income)이고, capital asset(투자자산이나 사생활 재산)의 양도에서 생기는 소득은 capital gain이다. 미국세법 1221조.

46) 일본 所得稅法 제35조 제1항.

47) 일본 所得稅法 제9조 제1항(9).

48) 제8장 제2절 Ⅱ의 첫 그림 참조.

원어치 합계 100원에 팔고, 밀가루공장과 빵공장의 기계감가상각이 각 10원씩인 국민경제로 돌아가 보자. 이 경제의 국민소득은? 380원. 이 국민소득은 누가 얼마씩 생산?, 밀가루공장, 빵공장, 기계공장이 각각 부가가치 100원, 90원, 90원, 100원, 합계 380원을 생산했다. 이 부가가치 380원을 나누어 가진 것은 누가 얼마씩? 노동자 200명이 차지하는 200원과 공장주인 4명이 차지하는 사업소득 180원.

직접소득세의 納稅義務者의 수는? 사람 204명. 과세소득의 총계는? 380원. 간접소득세 납세의무자의 수는? 공장 4곳. 과세소득의 총계는? 380원. 비례세율을 전제로 한다면 둘 사이에 차가 있으려나? 없다. 어느 기업에서 창출하는 부가가치를 기업단계에서 모아서 과세하나, 이 부가가치가 각 생산요소 제공자에게 어떻게 나뉘나를 따져 각 생산요소 제공자를 과세하나 결과가 똑같네. 밀가루공장을 납세의무자로 삼아 90원(= 매출액 200원 - 원재료 100원 - 기계감가상각 10원)을 과세하나, 각 개인을 납세의무자로 삼아 밀가루공장 노동자의 소득 50원과 공장주인의 소득 40원을 각각 과세하나 마찬가지. 이를 다시 변형한다면 노동자가 받아가는 임금을 노동자의 소득으로 따로 과세하는 이상, 농장 소득의 계산에서는 같은 임금을 경비로 떨어주어도 된다는 말이다.

무슨 말이지? 숲을 보자. 납세의무자라는 개념은 세금을 걷기 위한 주관적 단위라는 기술적(技術的) 성격을 가질 뿐이다. 공장주인을 과세단위로 삼아 노동자의 임금을 필요경비로 떨면서 각 노동자를 과세하나,[49] 또는 공장이라는 기업 그 자체를 과세단위로 삼아 노동자의 몫과 주인의 몫을 묶어 과세하나, 모두 마찬가지라는 말.

납세의무자나 과세단위를 어떻게 설정하는가에 따라 개별(個別) 납세의무자의 입장에서 본 과세물건(課稅物件)은 그 자체로는 뜻이 없는 기능적 개념이 될 수도 있다. 앞에서 본 부가가치세의 예로 다시 돌아가 보자.[50] 각 기업이 납부할 세액은 (매출세액 - 매입세액) = (생산물 - 원재료 - 투자) × 세율. 그렇게 본다면 각 기업의 과세물건은 (생산물 - 원재료 - 투자)이다. 각 기업의 과세물건을 다 합하면 무엇? 원재료는 중간생산물로 상계되어 모두 없어져 합계는 국민경제 전체의 (최종생산물 - 투자) = 국민경제 전체의 입장에서 본 소비. Y - I = C. 그러나 개별기업의 입장에서 보자면 (생산물 - 원재료 - 투자)란 무어라 정의할 수 없는 기능적 개념일 뿐이다.[51] 소득

49) 미국에서 말하는 flat tax, 그 가운데에서 Hall-Rabushka 제안이 바로 이것이다. 기업단계에서는 인건비를 빼고 개인단계에서 소득으로 과세하는 것은 개인소득에 기초공제액을 두어 완만한 누진율을 꾀하는 까닭이다. 인건비 가운데 사회보장 기여금 따위의 부가급여는 기업단계에서 빼 주지 않는 꼴로 기업단계에서 과세한다. R. E Hall & A. Rabushka, The Flat Tax(1985).

50) 제8장 제2절 Ⅱ의 세 번째 그림 참조.

51) Meade Committee 보고서(제8장 주석 116)에서는 실물(real) 거래만으로 과세물건을 정한다는 점

세에서도 마찬가지. 다시 첫번째 그림으로 돌아가 가령 밀가루공장 주인의 사업을 납세의무자로 삼고, 어떤 적당한 말미로(예를 들어 임원이라는 말미로) 다른 노동자와 구별되는 노동자 20명을 추려내어 공장주인과 이 20명을 납세의무자로 삼는 세제를 만들어 보자. 이런 세제에서는 노동자 20명에게 합계 20원을, 공장주인에게 70원(=90원 - 20원)을 과세하게 된다. 결과는 소득세이지만 공장주인의 개별적 입장에서 본다면 이 과세물건은 아무런 의미가 없는 개념이다. 다만 국민경제 전체의 입장에서 본 최종결과를 소득세로 만들기 위한 기능적 도구 개념일 뿐.

그렇게 본다면, 직접(直接)소득세라 하더라도, Haig-Simons의 소득정의를 모든 사람에게 적용하지 않는다면, 과세소득의 개념이 반드시 개별 납세의무자의 입장에서 본 소득의 개념과 같을 필요가? 없다.[52] 실정법상의 소득이 개별 납세의무자의 입장에서 본 Haig-Simons 소득과 일치해야 한다는 생각은 그 납세의무자 외의 다른 모든 사람이 납세의무자가 되어 있음을 전제로 한다. 어느 기업에서 인건비(人件費)를 필요경비로 떨 수 있다는 말은, 이 인건비가 받아 가는 사람들의 소득이 됨을 전제로 한다. 역으로 어느 기업에서 나가는 돈이 이를 받아 가는 사람의 소득을 이루지 않는다면, 이를 그 기업의 필요경비로 떨지 않아야 옳다. 앞의 예에서 공장노동자 50명의 임금이 공장주인의 인건비가 된다는 말은 이 임금이 각 노동자의 소득이 됨을 전제로 한다. 부가가치가 생긴 이상 노동자에게 세금을 걷지 않는다면 기업에게서 세금을 걷어야 한다. 그래야만 소득세가 된다. 결국, 세제 전체를 떠나서는 법이 정한 과세물건이 소득개념과 맞니 틀리니 하는 말은 아무 의미가 없다. 예를 들어 우리 현행법상 기업업무추진비, 예전 용어로 접대비(接待費)를 놓고, 손금산입 한도가 비현실적으로 낮아서 소득 없는 곳에 세금을 물린다는 말을 흔히 들을 수 있지만, 그릇된 말.[53] 기업업무추진비는 아예 필요경비에 넣지 않아야 마땅하다. 국민경제 전체를 놓고 본다면, 기업업무추진비란 기업의 돈을 개인이 직접 소비하는 것이고 따라서 접대의 가액은 각 개인의 소득에 포함되어야 마땅하다. 그러나 현실적으로 기업업무추진비를 각 개인에게 과세할 수 없다면? 그 대신 이를 기업의 필요경비에 넣지 않아야 한다. 그래야 소득세가 된다. 물론 이 말은 비례세율을 전제로 한 말이다. 기업과 개인 사이에 실효세율이 다르다면, 어느 경비를 개인에게 과세하면서 기업의 경비로 떠는 것과 이를 개인에게 과세하지 않으면서 기업의 경비로 떨지 못하게 하는 것 사이에는 차이가 생긴다.

간접(間接)소비세도 마찬가지이다. 부가가치세법은 노동자(勞動者)에게 부가가치

에서 이를 R base라고 부른다. 같은 보고서 제12장. R base는 결국 임금과 이윤을 과세한다. 이 책 제8장 제1절 Ⅲ.

52) 헌법재판소 2011. 10. 25. 2010헌바21 결정.

53) 상세는 제22장 제1절 Ⅵ.

세 납부의무를 지우지 않는다. 노동자가 부가가치를 생산하지 않는다는 말인가? 전혀 그런 말이 아니다. 현행법은 매출액과 매입액(투자포함)의 차액에 대해 세금을 물리고 인건비는 매출액에서 빼 주지 않는다(현행법 체계에 맞추어 말한다면, 노동자에게 노동력의 가치에 대한 매출세액 거래징수 의무를 지우지 않고, 기업의 입장에서는 매입세액 공제를 허용하지 않는다). 그러나 법이 반드시 이 구조를 따라야 할 필요는 없다. 노동자에게 거래징수 및 납부 의무를 지우고 기업에게 매입세액 공제를 허용하더라도 아무 차이가 없다. 다만 세금을 노동자에게서 걷을까 기업에서 걷을까, 그저 그 차이. 부가가치세법은 노동자분 세금을 기업에서 걷고 있는 것이다. 어차피 비례세율인 이상, 최종 결과는 같게 마련이고, 그렇다면 구태여 수많은 노동자를 일일이 관리하는 값비싸고 번거로운 제도를 가질 아무런 이유가 없는 까닭.

어? 한 가지 의문. 어느 납세의무자(위 예에서 노동자)에게 과세해야 할 소득을 다른 납세의무자(위 예에서 기업)에게 과세한다면 불공평하잖아? 그릇된 생각이다. 세금의 부담은 법률상 납세의무자에게 귀착(歸着)하는가? 법은 가령 근로소득 500만원을 지급하면 근로소득 원천징수세를 공제해서 납부하고 회사는 종업원분 주민세를 따로 납부하라고 정하고 있다.[54] 그러니 소득세는 종업원 부담, 주민세는 회사 부담으로 돌아간다? 전혀 아니다. 경제적 부담이 어떻게 전가되어 누구에게 귀착하는가는 법률상 납세의무자와 무관하다. 그저 그 시장에서 수요(需要)와 공급(供給)의 관계가 어떤가에 달려 있을 뿐. 노동자에게서 세금을 걷으나 같은 세금을 기업에서 걷으나, 최종 세부담은 수요·공급의 관계에 달려 있다. 기업에서 세금을 걷더라도 노동에 대한 수요가 거의 고정되어 있는 반면 임금이 더 떨어지더라도 일자리를 구할 노동자의 수는 많다면, 기업은 임금을 낮추는 꼴로 세금부담을 전가할 것이고 이 세금은 노동자에게 귀착한다. 거꾸로, 노동의 공급은 거의 고정되어 있지만 돈을 더 주고라도 노동력을 쓸 기업이 많다면, 노동자에게 세금을 걷더라도 이 세금만큼 임금이 오르게 된다. 법률이 누구에게 세금을 물리는가와 세금이 실제 어떻게 전가되고 누구에게 귀착되는가는 전혀 다른 문제이다. 제2장 제3절 I. 6.

결국 납세의무자 내지 과세단위를 어떻게 설정(設定)할 것인가는 무엇이 가장 좋을까라는 생각을 가지고 과학적으로 따져야 할 문제가 된다. 현행 부가가치세가 노동자들에게 귀속되는 부가가치에 대한 세금을 기업에서 걷고 있는 까닭은? 어차피 비례세(比例稅)인 이상 노동자들에게서 세금을 걷을 필요가 없으니까. 현행 소득세제가 직접세를 취하고 있는 까닭은? 각 개인별로 누가 얼마의 부를 누리고 있는가라는 주관적 사정을 따져 그에 따라 세금을 물려야 공평하다고 생각하니까.

---

54) 제10장 제3절 I.4), 종업원분 주민세는 지방세법 제84조의2.

Ⅱ. 단체의 납세의무

납세의무자의 단위와 과세물건의 정의가 세제 전체를 놓고 따져야 하는 기능적 도구 개념임을 이해한다면, 이제 법인세(法人稅)의 본질이 보이기 시작한다. 현행 소득세제는 소득세와 법인세, 두 가지로 이루어져 있다. 근본적으로는 현행 소득세법은 개인(個人)을 납세의무자로 삼고 있고,[55] 법인세법은 법인(法人)을[56] 납세의무자로 삼고 있다.

어차피 모든 개인을 납세의무자로 삼는다면 그로 충분하지 않은가? 법인을 납세의무자로 삼고 있음은 어인 일? 법인이 납세의무자가 된 역사적 연유는 법인을 자연인과 마찬가지로 사람으로 여기는 생각과, 그에 더하여 "나 같이 가난한 사람"이 아니라 돈 많은 큰 회사들을 과세해야 공평하다고 여기는 비합리적 사고 탓이다. 법인세를 정당화하는 논거로 법인실재설(法人實在說)을 드는 것을 흔히 볼 수 있지만, 전혀 엉뚱한 생각이다. 법인실재설을 법인세의 논거로 삼는다면, 법인은 주주와 별개의 인간이고 따라서 법인의 소득은 주주에게 주었거나 줄 돈을 빼고 계산해야 한다는 말이 된다. 그렇다면 법인의 소득은 언제나 영(0)원. 근본적으로, 세법을 어떻게 만들까, 나아가서 사회제도를 어떻게 만들어야 하는가는 어떻게 하면 한결 나은 세상을 만들 수 있을까라는 문제이다. "문제는 세금이 사람들의 행복에 어떤 영향을 주는가이다."[57] 이것은 삶의 문제, 幸福의 문제이다. 법인은 실재하므로 법인의 행복도 고려하여야 한다는 주장을 펼 사람이야 차마 없으리니.

과학적으로 따지면, 法人이란 앞서 본 국민경제의 모델에 나온 농장, 밀가루공장, 빵공장, 기계공장 같은 기업에 인격(人格)이라는 두껍을 씌운 것이다. 법인 내시 회사란 노동자, 주주, 채권자 따위의 수많은 개인들이 제공한 생산요소가 결합하여 부가가치를 만들어내는 기업조직을 자연인처럼 권리의무의 단위(單位)로 삼고 있는 것이다. 역사를 돌이켜보면 19세기에 원천과세라는 제도가 왜 생겼는가? 수많은 사람이 소득을 얻는 원천에서 일단 세금을 걷는 것이 효율적 징세방법이었으니까. 법인세도 마찬가지. 법인 = 소득의 원천. 앞 문단의 예로 돌아가면, 국민소득 380원은 농장, 밀가루공장, 빵공장, 기계공장이라는 네 회사에서 생산한 것이고 이를 노동자와 주주들이 나누어 가진다. 징세의 효율이라는 점에서 본다면, 법인 내지 기업에서 세금을 걷는 편이 모든 국민에게서 세금을 걷는 것보다 훨씬 효율적 체제이다. 그렇게 본다면, "법인

55) 소득세법 제3조 제1항.

56) 법인세법 제2조 제1항.

57) *Report of the Royal Commission on Taxation*(캐나다의 속칭 Carter 보고서, 1966), 1권 7쪽.

세" 납세의무의 주관적 범위는 어디에서 세금을 걷는 편이 효율적인가에 따라 정할 기능적 도구 개념일 뿐이고, 이 범위가 반드시 법인이어야 할 이유가? 없다.

법인세의 과세물건(課稅物件) 역시 기능적 도구 개념. 앞의 예에서 밀가루공장을 운영하는 법인이 창출하는 부가가치는 90원(= 매출액 200원 - 원재료 100원 - 기계감가상각 10원)이고, 이 부가가치는 노동자의 소득 50원과 주주의 소득 40원으로 나뉜다. 여기에서 세금을 걷는 방법으로 몇 가지 가능성을 생각해볼까나. 한 끄트머리에서는 각 개인을 납세의무자로 삼아 노동자의 소득 50원과 주주의 소득 40원을 각각 과세할 수도 있고, 다른 끄트머리에서는 법인에 90원의 소득이 있는 것으로 보아 법인에 90원을 과세하고 노동자나 주주를 전혀 과세하지 않을 수도. 가운데 꼴도 있을 수 있다. 예를 들어 우리 실정법은 법인의 소득을 40원으로 정하고, 노동자의 소득은 각각 따로 과세한다.[58] 또 다른 꼴도 있을 수 있다. 예를 들어 임원 급여가 20원이고 일반 직원의 급여가 30원이라고 하자. 이 경우 부가가치 90원에서 일반직원 급여 30원을 뺀 60원을 법인의 소득으로 보아 법인세를 매기고 일반직원 30명에게 개인소득으로 30원을 과세할 수도 있고, 또는 부가가치 90원에서 임원급여 20원을 뺀 70원을 법인의 소득으로 보아 법인세를 매기고 임원 20명에게 개인소득으로 20원을 과세할 수도 있다. 어느 쪽이나 결과는 같다. 다만 누구에게서 얼마를 걷는가가 다를 따름.

무슨 말? 법인의 소득 내지 법인세의 課稅物件은 세제 전체에서만 정의할 수 있고, 개별 납세의무자의 입장에서는 아무 뜻이 없는 기능적 도구 개념이라는 말. 납세의무자라는 말을 세법상의 人格이라 부른다면, 법인의 소득을 0원으로 보자는 말은? 세법에는 법인이란 없다는 말. 법인의 소득을 90원으로 보자는 말은? 법인이란 주주와 노동자로 이루어진 사단이라는 말. 상법학자들이 말하는 정의, 곧 법인이란 주주로 이루어진 사단이라는 말은? 법인의 소득을 40원으로 보자는 말. 법인의 소득을 70원으로 보자는 말은? 법인이란 주주와 일반 직원의 사단이라는 말. 법인의 소득을 60원으로 보자는 말은? 법인이란 주주와 임원으로 이루어진 사단이라는 말. 다시 채권자를 끼워 넣는다면, 각 채권자에게서 세금을 걷을까 말까에 따라 채권자가 법인의 사원이 될 수도 있고 아닐 수도 있다.[59] 이 이야기는 세법의 입장에 맞추어 법인의 개념을 조작해 본 말장난이지만, 일반론으로 돌아가더라도 법인이라는 개념은 민법이든, 상법이든, 법

58) 기실 정확한 말은 아니다. 법인이 근로소득세를 원천징수하고 납부함을 생각하면 우리 법은 법인에게 90원 전부를 과세하는 셈이다.

59) 기업단계에서 인건비는 빼고 지급이자는 빼지 말자는 포괄적 사업소득세(comprehensive business income tax) 논의도 있다. Department of the Treasury, Integration of Individual and Corporate Tax Systems(1992), 39-58쪽. CBIT에서는 법인과 개인사업자의 구별은 없어지고, 주주와 채권자의 소득은 개인단계에서는 비과세하고 노동자의 소득은 개인단계에서 과세한다.

이 법인격을 부여하는 이유가 무엇인가를 떠나서는 정의할 수가 없다. 법인은 법의 창조물. 법에 앞서서 법인이라는 것이 미리 있을 수야 없지.

문제를 한결 복잡하게 하는 것은 누진율(累進率)에 한계가 있다고는 하나 현행법은 여전히 누진율을 쓰고 있다는 점이다. 비록 정도는 완만하지만 개인소득세는 여전히 누진율을 따르고 있는 것이 보통이고 우리 소득세법도 마찬가지.[60] 이렇게 되면 부가가치 가운데 일부를 법인의 소득계산에서 빼 주면서 개인에게 과세하는 것과 개인에게는 과세하지 않으면서 법인의 소득계산에서도 빼 주지 않는 것, 이 두 가지 사이에 차이가 생긴다. 두 가지가 같다는 앞 문단의 분석은 기본적으로 비례세를 전제로 하고 있는 것이다. 누진율을 전제로 한다면, 결국은 모든 개인을 납세의무자로 삼아야 한다.

그렇다면 법인세란 필요 없지 않은가? 어차피 모든 개인에게서 세금을 걷는다면 구태여 법인에게서 세금을 걷어 제도만 번잡하게 할 이유가 없지 않은가? 그렇지는 않다. 국가의 입장에서 본다면, 법인이라는 길목에서 일단 세수를 확보하는 것이 절대적으로 중요하니까. 법인에서 세금을 걷지 않는다면 국가는 모든 개인에게서 일일이 세금을 받아야 하는 어려운 처지에 빠지게 된다. 법인세를 일단 걷되 각 개인에게 누진세를 적용하자면, 법인이란 그저 한갓 너울일 뿐이고 법인의 소득을 각 개인에게 귀속시키면서 법인세 역시 각 개인이 낼 세금을 원천징수(源泉徵收)한 것으로 보는 세제를 짜야 한다. 여기에서 문제는 한결 더 복잡해진다. 법인을 한갓 너울로 보자는 생각이 현실적으로 불가능한 까닭이다. 현행법처럼 주주의 집합적 소득을 법인의 소득으로 또는 법인을 주주의 집합으로 정의한다는 전제 하에 수많은 투자자의 돈을 모아 사업을 벌리고 있는 큰 상장법인을 생각해 보라. 주주의 수가 엄청나고 노 주식이란 돌고 도는 것임을 생각한다면, 이 회사가 낳는 부가가치 가운데 각 주주에게 귀속되는 부분을 추려내어 종합과세하기란 불가능하다. 이리하여 일단은 법인을 주주와 다른 별개의 인격 내지 납세의무자로 삼을 필요가 생긴다. 법인을 일단 별개의 납세의무자로 삼는다면, 법인의 소득과 주주의 소득을 각각 정의해야 하고, 둘 사이의 관계를 어떻게 조정할 것인가의 문제가 생겨난다.[61]

일단 법인세가 독자적 제도로 존재하게 된다면, 법인소득(法人所得)의 개념은 이를 어떻게 정해야 좋을까라는 기술적 개념이 된다. 이미 보았듯이, 모든 개인을 Haig-Simons의 소득정의에 따라 과세하지 않는 이상 과세소득의 개념은 개별 납세의무자가 아니라 세제(稅制) 전체에서만 뜻을 가지는 개념이 되고, 누구에게서 어떻게

60) 소득세법 제55조.

61) 제13장 제2절 II.

세금을 걷는 것이 경제 전체로 보아 가장 효율적인가라는 개념으로 바뀌게 된다. 소득의 개념은 개별 납세의무자의 관점이 아니라 세제 전체를 놓고 무엇이 효율적인가, 무엇이 공평한가를 물어야 하니까. 어떤 납세의무자 하나만을 놓고 보면 소득 없는 곳에 세금을 매긴다든가, 소득이 있는데도 세금을 매기지 않는 잘못된 제도처럼 보이더라도 세제 전체를 놓고 보면 그렇게 해야 효율과 공평을 이룰 수 있는 경우가 생기고, 역으로 어느 한 납세의무자만을 놓고 보면 효율과 공평을 이루는 듯 보이는 제도가 세제 전체를 놓고 보면 잘못된 세제인 경우가 생기게 된다.

Ⅲ. 개인 v. 가족

직접소득세로 임금이나 이자를 기업단계에서는 빼고 자연인 단계에서 누진과세하더라도 한 꺼풀 더 과세단위 문제에 부딪힌다. 임금이나 이자를 각 개인별로 과세할 것인가 또는 가족을 단위로 모아서 과세할 것인가. 제10장 제2절.

Ⅳ. 과세물건의 시간적 단위

누가 얼마나 부자가 되었는가라는 소득의 이념은 서로 비교할 수 있는 두 가지의 시점을 요구한다. 이리하여 소득세제는 기간과세(期間課稅)가 되고, 어느 기간 동안의 소득이 얼마인가를 묻는 꼴로 기간개념은 소득개념의 필수적 일부가 된다. 바꾸어 말하자면 어떤 소득은 어느 기간에 속하는가의 문제가 생긴다. 특히 문제가 되는 것이 미실현이득(未實現利得)은 어느 기간에 귀속시켜야 하는가이다. 예를 들어 올해 6. 30.에 1억원을 주고 산 부동산의 시가가 올해 말 현재 1억 5천만원이라면, 시세차익 5,000만원은 올해의 소득인가, 내년의 소득인가?

Haig-Simons의 소득개념에 따르자면 위 예의 소득은 어느 해에 속하는가? 올해의 소득이다. 소득세라는 것이 왜 있는가를 생각해 본다면 Simons가 말했듯이, "실현"은 소득개념의 구성요소일 수가 없다.[62] 실현 개념이 가지는 현실적 유용성은 부인할 수 없지만,[63] 적어도 실체법 차원에서는 실현된 소득이라야 소득인 것은 아니며 소득세란 경제적 이득이 생기는 대로 이를 바로바로 과세할 것을 요구한다.[64] 이에 대한 상식적

62) Simons, *Personal Income Taxation*(1938), 80쪽.

63) 실현 개념이 가지는 실무적 유용성은 별론으로 한다. Simons, 앞의 책, 82쪽. 미실현이득의 과세는 자산가치의 객관적 평가가 가능하고 금융시장이 발달하여 세금납부를 위한 유동성 문제가 없다는 두 가지를 전제로 한다. 이 전제가 깨어지는 경우의 과세방안에 대하여는 제18장 제4절 Ⅶ.

64) 제8장 제1절 I. Simons, 앞의 책, 80-88쪽.

반론으로, 가격이란 어차피 오르내리는 것인만큼, 팔아서 실제로 현금화하지 않은 이상 경제적 이득이란 한갓 허깨비라는 주장을 흔히 볼 수 있다. 그러나 가격이 등락한다는 사정은 값이 오른 주식을 팔고 그 대금을 다른 자산에 투자한 경우에도 마찬가지이다. 결국 양도, 세법학의 용어로 실현이란 소득개념의 구성요소가 아니다.[65] 이 말은 현금화를 중시하는 시각 자체를 어리석다고 말하는 것은 아니다. 현금화를 중시하는 견해는 이를 논리적으로 관철하면 궁극적으로 소득이란 소비 단계에 가서야 인식할 수 있고, 세금은 소비단계에 가서 물리자는 주장[66]이 된다. 이런 세제는 나름대로 일관된 체계를 갖추게 되지만, Simons가 말하듯이 이것은 이미 소득세가 아니고[67] 소비세이다.[68] 실현된 소득이라야 소득이라는 주장은 소득세와 양립할 수 없다.

그럼에도 불구하고 근대 소득세제는 실현주의(實現主義)를 택하게 된다. 왜 그랬을까? 실정법이 실현주의를 택하게 된 까닭은? 쉽게 말하자면 세무행정 때문이고 깊게 말하자면 자유와 공평의 대립 때문. 미실현이득을 과세하려면 국가는 사람이 어떤 재산을 소유하고 있고 그 가치가 어떻게 변동하는지에 대한 정보를 알아야 한다. 사업재산이 아니고 사적 재산에 이르기까지 미실현이득을 과세하려 한다면, 사생활의 비밀이란 남을 여지가 없다. 바로 이 때문에 실현주의는 소득세의 본질에 어긋남에도 불구하고 여태껏 살아 남았다. 실현주의의 역사는 영국과 독일의 소득세제로 돌아간다. 결론만 말하자면, 한편으로는 납세의무자의 조세저항을 최소화해야 한다는 Addington 세제의 속성상 미실현이득의 과세가 불가능했다는 것이다.[69] 다른 한편에서는 근대 회사법의 채권자 보호라는 이념이 실현주의를 요구했다. 배당가능이익을 되도록 줄여야 금융자본의 이익을 보호하니까.[70]

그러나 실현주의와 소득세의 모순은 구체적으로 여러 가지 문제를 일으킨다. 실현주의 세제란 所得稅와 消費稅의 속성을 어정쩡히 타협한 것이다. 논리의 앞뒤를 맞추지 않고 이같이 타협한 결과, 현실세제 속에서 실현주의는 온갖 문제점을 낳는다. 첫째, 확정소득과 불확정소득이라는 구별 자체가, 투자의 형태별로 실효세율이 달라지는 결과를 낳아 자원의 분배를 왜곡한다. 둘째, 미확정소득을 낳는 자산 사이의 선택에 있어서도 실현주의는 동결효과를 낳아 투자를 왜곡한다. 셋째, 실현주의는 세금을 낼지 말지, 낸다면 언제 낼지를 납세의무자가 제 마음대로 정할 수 있게 한다. 넷째, 실

65) Simons, 앞의 책, 203-204쪽.
66) Fisher, *Capital and Income*(1912); *Theory of Interest*(1930).
67) Simons, 앞의 책, 89쪽.
68) 일반론으로 Musgrave, *In Defense of an Income Concept*, 81 Harvard Law Review 44, 특히 49쪽.
69) 이창희, 법인세와 회계(2000), 85-93쪽.
70) 같은 책, 93-97쪽. 독일의 금융자본주의에 관한 고전적 연구로 Rudolf Hilferding, Finanzkapital(1910).

현주의는 납세의무자들로 하여금 세금을 줄이기 위한 불필요한 거래를 하게 하여 사회적 낭비를 낳는다. 이런 문제점에 대해서는 뒤에 세무회계 부분에서 다시 보기로 한다.[71] 소득세와 소비세 둘 가운데 어느 하나를 선택하여 논리의 앞뒤를 맞추지 않는다면 이런 문제점은 풀 길이 없다.[72]

제3절 조세특례

조세특례란 이를 누릴 기회가 누구나 균등하지 않은 이상 불공평하고 자유나 효율을 해친다. 그러나 정경유착이든 나름 정책적 이유이든 특례 없는 나라가 없다. 우리 법에도 있다. 제2장 제3절 I.5. 어떤 식으로 설계하는 거지?

1. 조세특례의 종류

세법에는 경기부양, 특정산업의 장려, 중소기업 지원[73] 따위의 특별한 정책적 목적을 위한 租稅特例도 들어 있다.

우선, 특정한 종류의 소득에 대한 비과세(非課稅)나 어떤 금액만큼 소득을 줄이는 소득공제(所得控除)는 소득계산 단계에서의 조세특례의 수단으로 쓰이고 있다. 조세특례제한법은 예를 들어 일정한 활동에서 생긴 소득에 대해서는 몇 해 동안 일정비율의 소득공제를 허용하거나,[74] 중소기업창업투자회사의 주식양도차익 가운데 법정요건을 갖춘 것은 비과세를 해 준다.[75] 비과세가 되거나 소득공제가 되는 금액은 법인세에서 영영 해방된다.

같은 소득계산 단계이지만, 준비금(準備金) 제도와 특별상각 제도는 손익의 귀속시기를 이용한 조세특례이다. 이는 장차 언젠가는 공제할 특정 손비를 미리 앞당겨 공제하는 제도로, 납세의무자는 시차에 따른 이자상당액만큼 이익을 얻을 수 있게 된다. 예를 들어 연구·인력개발에 필요한 비용에 충당하기 위한 연구·인력개발준비금은[76] 법에 정한 범위 안에서 손금에 산입할 수 있다.[77] 당장은 연구 및 인력개발 비용이 안

---

71) 제18장 제4절.

72) 소득세를 선택하는 경우의 보완안에 관하여는 이창희, 앞의 책, 342-349쪽.

73) 조세특례제한법 제2장 제1절. 비판은 제13장 제1절 VII.

74) 조세특례제한법 제16조, 제55조의2.

75) 조세특례제한법 제13조 제1항.

76) 법인세법 제61조. 대법원 2009. 7. 9. 선고 2007두1781 판결; 2013. 11. 28. 선고 2013두15996 판결.

77) 2019. 12. 31 삭제 전 옛 조세특례제한법 제9조.

들더라도 법정 한도 안에서 일정금액을 미리 손금산입할 수 있으므로, 당장 세금을 덜 내게 되고, 이는 결국 정부로부터 이자 없이 돈을 꾸는 셈이 된다.[78] 특별상각(特別償却)이란, 예를 들어 앞으로 4년간 해마다 25원씩 감가상각비로 손금산입할 것을 4년 동안 50원, 30원, 15원, 5원 하는 식으로 미리 앞당겨 손금산입하는 제도이다.[79] 따라서 준비금의 손금산입과 마찬가지로 당장 낼 세금이 줄어들고, 그만큼 이자효과가 생기게 된다.

세액 단계에서 우대조치를 주는 제도적 수단으로는 이미 본 세액공제(稅額控除)와 세액감면(稅額減免)이 있다.[80] 예를 들어, 납세의무자가 법정 요건에 맞는 설비에 투자(설비를 취득)한 경우에는 당해 투자금액(취득가액)의 일정비율을 당해 연도의 법인세에서 공제할 수 있다.[81] 세액공제는 일정 금액을 법인세에서 바로 공제하므로 소득공제와 달리 납세의무자가 어느 세율구간에 들어가든 줄어드는 세액이 같다. 세액공제가 납부할 세액보다 더 큰 경우에는 공제받지 못한 세액이 장래로 이월되는 경우도 있고 소멸하는 경우도 있다.[82] 특정한 투자나 지출에 관하여 세액공제를 받는다면 실제 투자액이나 지출액은 세액공제액을 뺀 잔액이다. 따라서 미국법에서는 세액공제액을 자산의 취득원가나 지출액에서 빼도록 정하고 있지만,[83] 우리 법에는 그런 규정이 없다. 세액감면은 특정소득에 대한 법인세 또는 특정사업에서 생기는 소득에 대한 법인세를 전부 면제하거나 일부 감면하는 조항이다. 예를 들어 일정한 업종을 영위하는 중소기업에 대하여는 해당 사업의 소득에 대해 법인세의 일정비율이 감면된다.[84] 감면대상인 소득도 일단 과세소득에 포함해서 누진세율을 적용한 뒤 감면소득분 세액을 감면하는 것. 비과세보다는 세금부담이 는다.

세액감면 제도는 성질상 구분계산(區分計算)을 요한다.[85] 특정 사업[86]이나 특정 활동에서 생기는 소득이 비과세가 된다면, 그 사업이나 활동에서 생긴 소득이 얼마인지를 다른 사업에서 생기는 소득과 구분할 수 있어야 하는 까닭이다. 소득공제도 특정 사업에서 생기는 "소득"을 공제한다거나 또는 그런 소득의 일정비율을 한도로 하는

---

78) 대법원 2017. 3. 9. 선고 2016두59249 판결.
79) 특별상각에 대하여는 뒤에서 살펴보겠지만 기업회계를 왜곡한다는 문제점 때문에 현행법에서는 안 쓰고 있다.
80) 신청이 감면요건인지는 대법원 1995. 12. 22. 선고 95누10860 판결↔1997. 10. 24. 선고 97누10628 판결. 지방소득세는 소득세 법인세의 과세표준에 세율을 곱하므로 세액공제나 감면은 일단 배제.
81) 이를 투자세액공제라고 한다. 조세특례제한법 제24조, 제26조 등.
82) 조세특례제한법 제144조 제1항.
83) 미국세법 50조(c). 이월시한을 지나 공제할 수 없게 되는 세액공제액은 손금산입한다. 미국세법 196조.
84) 조세특례제한법 제7조.
85) 조세특례제한법 제143조 제1항.
86) 이자소득은 당해 사업에서 생긴 소득이 아니다. 대법원 2004. 12. 23. 선고 2004두4154 판결.

경우[87]에는 구분계산을 요하게 된다. 특정"소득에 대하여는 법인세를 면제한다고 규정"한 경우 "면제소득은 손금을 공제한 금액으로 보아야" 하고 공통손금은 면세사업과 과세사업에 안분계산하여야 한다.[88]

2. 조세특례 중복의 배제와 최저한세(最低限稅)

조세특례제한법에 의한 감면은 100% 감면이 아닌 경우가 많다. 우선 감면액의 20%를 거의 언제나 농어촌특별세로 내니까[89] 실제는 80% 감면이다. 또 조세특례제한법은 같은 법에 의한 준비금, 특별감가상각, 소득공제, 비과세, 세액공제 및 세액감면이 모여 지나친 특혜가 되는 것[90]을 막기 위해, 여러 지원조치가 동시에 적용될 수 있는 경우에는 어느 하나만 선택할 수 있도록 하고 있다.[91] 나아가서 이런 특혜 전의 소득이 양(+)인 이상 적어도 얼마라도 세금을 내도록 最低限稅 제도를 두고 있다.[92] 글로벌최저한세는 제17장 제3절 Ⅱ.6.

---

87) 예를 들어 2001. 12. 31. 삭제 전 옛 조세특례제한법 제101조.

88) 대법원 2002. 9. 24. 선고 2000두6657 판결.

89) 농어촌특별세법 제5조.

90) 실효세율이 (-)가 될 수도 있다. 극단적 예를 들어 (1) 투자액의 100%를 세액공제받은 고정자산을 감가상각할 수 있거나, (2) 투자액의 50%를 세액공제하고 이듬해 투자액 전액을 원가로 손금산입할 수 있거나, (3) 투자액을 전액 즉시상각하면서 일부라도 세액공제를 받을 수 있다면, 실효세율이 (-)가 된다.

91) 조세특례제한법 제127조.

92) 조세특례제한법 제132조.

소 득 세 법

여태까지의 논의에서는 왜 이념형으로서의 소득세나 소비세가 그대로 현실의 세제가 되지 못하고, 현실의 세제와 이념형 사이에 차이가 생기는가를 살펴보았다. 이런 논의를 바탕으로 지금부터는 소득세법, 법인세법, 부가가치세법, 상속세및증여세법의 차례로 우리 현행법을 분석한다. 소득세법을 다루는 제4편에서는 우선 제10장에서 현행 소득세법의 각 조문이 어떻게 연결되어 있는가라는 뼈대를 살펴보고, 그에 이어 제11장과 제12장은 소득의 종류별로 중요한 논점들을 살펴본다. 국제조세에 관한 분석은 소득세와 법인세를 묶어 제17장에서 다룬다.

제10장 현행 소득세법의 얼개

제1절 납세의무와 소득구분

현행 소득세법에서 '납세의무자는 국가에 대하여 돈 얼마를 언제까지 내라'는 조문이 어디 있을까? 세금이든 무엇이든 법치주의 국가는 원칙적으로 법률(法律)에 의하지 않고서 국민의 재산을 빼앗을 수 없다.[1] 국가가 국민으로부터 돈을 받기 위해서는 누구더러 언제까지 얼마를 어디에 내라는 구체적 규정을 법률에 두어야 한다. 굳이 세법이 아니더라도 국민에게 공법상의 금전채무(金錢債務)를 지우고 있는 법률을 읽기 위한 첫 실마리는 구체적 金錢債務를 지우는 조문(條文)을 찾는 것이다. 그 조문을 찾고 나면 거기에서 출발하여 실타래 풀 듯 관계조문을 읽어 나가면 큰 어려움 없이 그 법의 내용을 알 수 있다. 소득세법에는 이러한 규정이 어디에 있을까?

1. 종합소득과 퇴직소득

> 소득세법 제76조 (확정신고납부) ① 거주자는 해당 과세기간의 과세표준에 대한 종합소득 산출세액 또는 퇴직소득 산출세액에서 감면세액과 세액공제액을 공제한 금액을 제70조 … 에 따른 과세표준확정신고기한까지 … 납세지 관할 세무서, 한국은행 또는 체신관서에 납부하여야 한다.

위 조항은, 거주자는 얼마의 세액을 언제까지 어디에 내라고 金錢債務를 구체적으로 정하고 있다.[2] 그 내용을 보면 거주자, 과세표준, 종합소득산출세액, 감면세액, 세액공제액 따위의 잘 모르는 말들로 차 있네. 하나씩 살펴볼까나.

---

1) 헌법 제59조. 이 책 제1장.

2) 지방소득세에 대해서는 지방세법 제95조 제1항. 조세특례에 관해서는 제9장 제3절. 미국세법의 해당조항으로는 6151조, 6072조(a), 6013조, 1조(a), 6012조, 1조(c) 등.

1) 기간별 납부기한 : 위 조문은 돈을 '…신고기한까지' 납부하라고 하고 있다. 제70조·제71조 및 제74조의 규정을 찾아보면 이 기한은 원칙적으로 해마다 5월 31일까지이다. 소득세는 역년(曆年)을 과세기간으로 삼고[3] 해마다 세액을 산정(국세기본법 제22조의 확정)하여 이듬해 5월 31일까지 내는 기간과세라는 것. 제4장 제3절 II.

2) 돈 낼 의무를 지는 자는 거주자(居住者)이다.[4] 거주자라는 말의 정의는 법 제1조의2 제1항 제1호를 보면 '국내에 주소를 두거나 183일 이상 거소를 둔 개인'이다. 따라서 소득세법 제76조의 적용대상은 개인이다.[5] 법이 모든 개인을 납세의무자로 삼는 직접세 구조를 띠고 있음은, 각 개인별로 인적·주관적 사정을 고려하여 누진율을 적용하고 부양가족이 있으면 세금을 줄여 주는 등 소득재분배를 꾀하고 있는 까닭이다. 제8장 제2절.

3) '종합소득산출세액'이라는 말은 법 제55조에 나온다.

> 소득세법 제55조 (세율)[6] ① 거주자의 종합소득에 대한 소득세는 해당 연도의 종합소득과세표준에 다음의 세율을 적용하여 계산한 금액(이하 "종합소득산출세액"이라 한다)을 그 세액으로 한다.

〈종합소득과세표준〉	〈세율〉
1,400만원 이하	과세표준의 6퍼센트
1,400만원 초과 5,000만원 이하	84만원+(1,400만원을 초과하는 금액의 15퍼센트)
5,000만원 초과 …	…
10억원 초과	3억8,406만원+(10억원을 초과하는 금액의 45퍼센트)

종합소득산출세액이란 '종합소득과세표준'에 세율을 곱한 금액이다. 종합소득산출세액과는 별도로 지방소득세도 따로 신고하고 따로 내어야 한다.[7] 건강보험료 등도 덧붙는다.[8] 실제로 납부할 소득세액은 종합소득산출세액에서 감면세액과 세액공제액

---

3) 소득세법 제5조. 미국세법 441조.

4) 비거주자의 납세의무는 뒤에 가서 제17장 국제조세에서 다룬다.

5) 예외적으로, 법인 아닌 사단·재단 기타 단체 가운데 국세기본법 제13조 제4항의 규정에 의하여 법인으로 보는 단체 외의 사단·재단 기타 단체는 소득세법상 '거주자'로 간주된다. 소득세법 제2조 제3항. 제4장 제2절 I. 아래 제2절 III.

6) 세율의 기본이론에 관해서는 제2장 제3절 II.3, 제4장 제2절 III, 제8장 제2절 I과 III. 누진세와 income averaging은 제18장 제1절 III.2.

7) 지방세법 제86조 제1항, 제92조, 제95조, 제103조의7. 세율은 최고 4.5%에 이르는 누진세율이다. 세액공제나 세액감면 부분만큼 소득세와 차이가 생긴다.

8) 직장가입자의 종합소득이 일정기준을 넘으면 7% 넘는 건강보험료가 나온다. 근로소득 부분은 고용주와 종업원이 각 반씩 부담한다. 제11장 제2절 II.2. 지역가입자는 소득에 대한 보험료율은 한결

을 뺀 금액이다. 이 말들은 각각 법 제13조와 법 제56조 이하. 종합소득과세표준이란 무슨 말일까?

> 소득세법 제14조 (과세표준의 계산) ① 거주자의 종합소득 및 퇴직소득에 대한 과세표준은 각각 구분하여 계산한다.
>
> ② 종합소득에 대한 과세표준(이하 "종합소득과세표준"이라 한다)은 …조에 따라 계산한 이자소득금액, 배당소득금액·사업소득금액, 근로소득금액, 연금소득금액 및 기타소득금액의 합계액(이하 "종합소득금액"이라 한다)에서 …조에 따른 공제(이하 "종합소득공제"라 한다)를 적용한 금액으로 한다.

4) 관련 조문을 찾아보면 퇴직소득산출세액의 뜻도 알 수 있다. 지방소득세도 덧붙는다.[9]

여기까지 일단 정리해 본다면, 소득세법은 종합소득세(綜合所得稅)와 퇴직소득세(退職所得稅)라는 두 가지 세금을 내라고 정하면서, 종합소득세라는 단위의 내부적 구성요소를 이자소득, 배당소득, 사업소득, 근로소득, 연금소득, 기타소득으로 나누고 있다.[10] 소득세는 해마다 세금을 내는 기간과세이므로 이런 각 소득은 "해당 과세기간에 발생한 다음 각 호의 소득"으로 정의하고 있다. 과세기간은 1월 1일부터 12월 31일까지 1년.[11] 곧 역년(曆年)이 과세(소득계산)의 시간적 단위라는 말이다.[12] 결국 소득세법이 정하고 있는 조세채무는 xxxx년분 종합소득세, xxxx년분 퇴직소득세, 이런 식으로 단위가 특정된다. 한편 원천징수세, 판례의 용례로는 근로소득세, 이자소득세, 배당소득세, 이런 세금은 지급하는 소득별로 각 1개의 조세채무. 제4장 제2절 IV. 3.

2. 양도소득

위에서 본 내용이 다는 아니고. 지금까지 말한 조문은 모두 소득세법 제2장(거주자의 종합소득 및 퇴직소득에 대한 납세의무)에 들어 있는 조문들. 다른 장에는? 제3장은 거주자의 讓渡所得에 대한 납세의무, 제4장은 비(非)거주자의 납세의무를 따로

낮지만 따로 재산에 보험료를 내어야 한다. 국민건강보험법 제69조, 제70조, 제71조, 제73조.

9) 지방세법 제86조 제1항.

10) 대법원 2002. 7. 23. 선고 2000두6237 판결.

11) 소득세법 제5조 제1항. 다만, 거주자가 사망한 경우에는 1월 1일부터 사망한 날까지, 거주자가 출국하여 비거주자가 되는 경우에는 1월 1일부터 출국한 날까지를 과세기간으로 한다. 같은 법조 제2항 및 제3항.

12) 소득의 기간개념에 대해서는 제6편.

정하고 있으므로, 거기에도 각각 납세의무를 지우는 조문이 있다. 비거주자는 잠깐 접어 두고,[13] 거주자의 양도소득세 납세의무에 대하여 살펴보자.

> 소득세법 제111조 (확정신고납부) ① 거주자는 해당 과세기간의 과세표준에 대한 양도소득 산출세액에서 감면세액과 세액공제액을 공제한 금액을 … 확정신고기한까지 … 납세지 관할 세무서…에 납부하여야 한다.
>
> ② 제1항에 따른 납부를 확정신고납부라 한다.

위 조문의 제1항에서 해당 과세기간의 과세표준에 대한 양도소득 산출세액은 법 제104조 제1항이 정하고 있다. 양도소득세의 세율은 우리 현대사의 부동산투기 문제를 반영하여 조문을 따로 두고 있다. 양도소득세에도 지방소득세가 덧붙는다.

> 소득세법 제104조 (양도소득세의 세율) ① 거주자의 양도소득세는 해당 과세기간의 양도소득과세표준에 다음 각 호의 세율을 적용하여 계산한 금액(이하 "양도소득 산출세액"이라 한다)을 그 세액으로 한다. 이 경우 하나의 자산이 다음 각 호에 따른 세율 중 둘 이상의 세율에 해당할 때에는 해당 세율을 적용하여 계산한 양도소득 산출세액 중 큰 것을 그 세액으로 한다. …

> 소득세법 제92조 (양도소득과세표준의 계산) ① 거주자의 양도소득에 대한 과세표준(이하 "양도소득과세표준"이라 한다)은 종합소득 및 퇴직소득에 대한 과세표준과 구분하여 계산한다.
>
> ② 양도소득과세표준은 …에 따라 계산한 양도소득금액에서 … 양도소득 기본공제를 한 금액으로 한다.

3. 금융투자소득

문재인 정부 때 생긴 법률로, 2025년부터는 주식이나 채권의 양도차익을 중심으로 금융투자소득이라는 구분을 새로 두어서 20%, 25%의 2단계 누진세율로 종합소득세보다 저율과세 하기로 했다가 윤석열 정부에서 폐지. 이자소득과 배당소득은 여전히 종합소득으로 과세하자는 생각이었으므로 유럽 여러 나라의 2원적 소득세와는 다른 생각.

4. 과세소득의 범위

결국, 소득세법은 소득을 크게는 종합소득, 퇴직소득, 양도소득의 셋으로 나누어

13) 뒤에 가서 제17장 '국제조세'에서 다룬다.

별개의 단위로 따로 과세하고 있다.[14] 이 구분은 소득 종류의 구분일 뿐만 아니라, 과세소득의 객관적(客觀的) 범위를 정하는 것이기도. 법은 "이 법에서 규정하는 모든 소득에 대하여 과세"한다고 정하면서[15] 소득을 위 세 가지로 구분하고 있으니까.

> 소득세법 제4조 (소득의 구분) ① 거주자의 소득은 다음 각 호와 같이 구분한다.
> 1. 종합소득
> 이 법에 따라 과세되는 모든 소득에서 제2호 및 제3호에 따른 소득을 제외한 소득으로서 다음 각 목의 소득을 합산한 것
> 가. 이자소득
> 나. 배당소득
> 다. 사업소득
> 라. 근로소득
> 마. 연금소득
> 바. 기타소득
> 2. 퇴직소득
> 3. 양도소득

1) 소득구분 = 소득원천설

법 제3조와 제4조는 결국 무슨 말? 순자산증가설이나 포괄적 소득개념이 아니라 所得源泉說이나 제한적 소득개념으로 분류과세[16] 제도를 택하고 있다는 말.[17] 여기에서 소득원천설이란 비록 납세의무자에게 경제적 부의 증가가 있다고 하더라도, 현행법에 소득으로 열거되어 있지 않은 것은 과세소득이 아니라는 뜻의 해석론이다. 소득세법이 말하는 소득이란 법이 과세대상으로 늘어놓은 것의 집합이라는 결과적 개념이라는 말. 제9장 제1절. 예를 들어 소수주주가 상장법인의 주식을 증권시장에서 양도하여 얻은 차익은 과세소득이 아니다. 위에서 본 소득의 범위를 정하는 조문 가운데 어느 것도 이러한 상장법인주식의 양도차익을 포함하지 않고 있기 때문.[18] 또, 현행법은 소득을 모두 합산하지 않고 세 가지 구분별로 따로 계산하여 거기에 세율도 따로 적용

14) 예전에는 산림소득도 있었지만 2007년부터 폐지했다.
15) 소득세법 제3조.
16) 분류과세(schedular taxation)라는 말은 Addington의 세제가 소득을 별표(schedule)별로 나누어 과세한 데에서 생겼다. 제7장 제1절. 종합소득과 따로 과세하는 소득을 분류과세 소득이라고 말하기도 하나 바른 어법은 아니다.
17) 헌법재판소 2017. 7. 27. 2016헌바290 결정. 소득원천설과 순자산증가설의 역사는 제7장.
18) 상장주식 양도차익도 장외거래나 대주주라면 과세대상이다. 소득세법 제94조 제1항 제3호 (가)목. 제12장 제1절.

한다.[19] 위와 같이 소득이 구분되어 있기는 하나, 비교법적 관점에서 보면 현행법의 과세소득의 범위는 아주 넓은 편이고, 그런 뜻에서라면 현행법의 입법론적 입장이 순자산증가설(純資産增加說)에 가깝다고 말할 수도.[20] 특히 이자소득, 배당소득, 연금소득은 구체적으로 열거된 사항과 유사한 소득이라면 과세한다는 이른바 유형별(類型別) 포괄주의(包括主義)를 따르고 있으니.[21] 그래도 순자산증가설과 확연히 다른 점 한 가지. 재산을 상속·증여받거나 채무를 면제받는 무상으로 얻은 이익은 우리 소득세법상 과세소득이 아니다. (다만, 사업과 관련이 있는 것은 사업소득에 들어간다.[22]) 수증받은 이득에 세금을 안 물린다는 말인가? 물린다. 상속세와 증여세라는 세금이 따로 있다. 상속세·증여세를 따로 두는 것은 다른 나라도 대개 마찬가지.[23]

아무튼 실정법 해석의 차원에서는, 부가 늘어야 세금을 물리지만 부가 늘었더라도 언제나 물리지는 않는다. 소득이라고 법에 안 적혀 있으면 과세 안 한다.[24] 부가 늘어야 세금을 물린다는 것은 역사적으로 생긴 소득 개념이다. 제7장. 실상 부의 증가란 담세력을 재기에 반드시 적절한 잣대가 아닐 수도 있다. 주 40시간 일하고 100만원을 버는 사람과 주 10시간만 일하면서 100만원을 버는 사람에게 같은 세금을 물린다고 하자. 공평한가? 경제의 효율을 해치지 않는가? 그러나 노는 시간이나 궁극적으로는 타고난 키, 생김새, 능력, 이런 차이를 꼬투리삼아 세금을 달리 물릴 수야 없다. 사람이 자유로이 살아가는 사(私)의 영역을 국가가 통째로 부인하지 않는 한. 제9장 제1절. 나아가 소득이 아니라 소비를 과세해야 공평하다는 주장도 있다. 제8장 제3절. 그러나

19) 소득세법 제55조, 제104조. 아래 제3절 I.

20) 또 사업소득의 소득개념은 사업과 연관이 있는 범위 안에서는 순자산증가설이라고 말할 수도 있다. 제18장 제1절 II 참조. 독일에서는 사업소득 따위의 소득개념(Gewinn)을 이자소득처럼 순수한 소득원천설의 소득개념(Überschuss)과 구별하고 있다. 독일소득세법 제2조 제2항. Tipke/Lang, *Steuerrecht*(이하 "Tipke/Lang"), 제24판(2021), 제8장 181문단 이하. 달리 적지 않은 한 이하에서 Tipke/Lang이란 제24판.

21) 소득세법 제16조 제1항 제12호, 제17조 제1항 제9호, 제20조의3 제1항 제7호. 유형별포괄주의 입법의 합헌성에 관하여는 박종수, 세법상 유형화·포괄화의 정당성과 한계, 조세법연구, 10-2(2004), 128쪽.

22) 대법원 2013. 5. 24. 선고 2012두29172 판결. 제11장 제1절 I.3. 실무에서 사례금(기타소득)과 증여의 구별은 어렵다.

23) 상속세, 증여세가 아예 없는 나라도 있다. 제8장 제3절 III, 제25장 제1절 I. 미국법에서는 증여는 소득이 아닌데 더하여 증여세를 안 매기는 바닥 금액이 평생누계로 천만불도 넘어서, 그 범위 안의 증여에는 소득세와 증여세 어느 쪽도 세부담이 없다. 따라서 과세대상인가라는 질문은 "소득인가"를 묻는 꼴이 된다. 우리 법에서는 소득세법은 제한적 소득개념을 따르고 있음에 비해 증여세는 포괄주의를 따르므로 바닥 금액 몇억을 넘는다면 우선 소득세법상 과세대상인가를 묻고 아니라면 증여인가를 다시 물어야 한다.

24) 몇 조 몇 호의 소득인가는 원칙적으로 국세청이 증명해야. 대법원 2025. 8. 28. 선고 2024두63830 판결.

현행법은 소득과세와 소비과세를 병행하고, 소득세법은 부의 증가 가운데 일정한 부분만을 과세대상 소득으로 정하고 있다.

2) 위법(違法)소득

법에 정한 요건을 갖춘다면 위법해도 과세한다.[25)]

> 범죄행위로 인한 위법소득이라 하더라도 경제적 측면에서 보아 현실로 지배・관리하면서 이를 향수하고 있어 담세력이 있는 것으로 판단되면 과세소득에 해당한다.[26)]

> 매매 등 계약이…위법 내지 탈법적인 것이어서 무효임에도 불구하고…매매대금 등을 수수하고 그대로 보유하고 있는 경우에는…양도소득세 과세대상이 된다.[27)]

가령 지배주주가 소유한 토지를 회사가 정상시가보다 높은 금액에 사들여서 그 차액이 지배주주에게 귀속된 경우 배당소득으로 과세한다. 회사법상 절차를 어겼거나 배당가능이익이 없더라도 주주가 받아간 돈은 배당소득으로 과세한다.[28)] 현행법에는 뇌물이나 위법한 사행행위로 얻은 소득을 과세한다는 명문규정도.[29)] 위법소득을 실제 반환하거나 몰수・추징받는 경우에는 후발적(後發的) 경정청구가 가능할 수도 있다.[30)] 위법소득을 얻는 데 들어간 필요경비의 공제 가부는 제11장 제1절 II.2.

3) 비과세소득

일단 과세소득의 범위에는 들어가지만 명문의 非課稅소득에 해당하기도.[31)] 특히 근로소득과 퇴직소득 가운데에는 비과세가 많다. 가령 실비변상 성격의 급여나 야근수

25) 독일 조세기본법 제40조.

26) 대법원 1983. 10. 25. 선고 81누136 판결(횡령액 상여처분∈근로소득); 1985. 5. 28. 선고 83누123 판결(이사와 회사의 거래에서 생긴 이자소득); 1985. 7. 23. 선고 85누323 판결(이자제한법 위반); 1991. 11. 26. 선고 91누6559 판결(불법私金融); 1993. 12. 24. 선고 98두7350 판결; 1995. 10. 12. 선고 95누9365 판결; 2001. 9. 14. 선고 99두3324 판결 등. 그러나 대법원 1989. 1. 31. 선고 87누760 판결 참조. 위법소득을 반환할 의무나 몰수에 대해서는 대법원 2015. 7. 16. 선고 2014두5514 판결; 2016. 9. 23. 선고 2016두40573 판결(주금가장납입금인출금). James v. United States, 366 U.S. 213 (1961). 제3장 제4절 II.1. 제6장 제3절 Ⅳ, 제11장 제1절 I.1, 제18장 제2절 Ⅱ, Ⅲ 참조.

27) 대법원 2011. 7. 21. 선고 2010두23644 판결. 제12장 제2절 8.

28) 대법원 2004. 7. 9. 선고 2003두1059, 1066 판결; 2017. 4. 27. 선고 2014두6562 판결; 2018. 12. 13. 선고 2018두128 판결.

29) 소득세법 제21조 제1항 제23호(뇌물), 제24호(알선수재, 배임수재). 소득세법 제21조 제1항 제3호.

30) 제4장 제2절 IV.2. 제6장 제3절.

31) 소득세법 제12조.

당 등은 비과세.[32] 양도소득에서도 1세대 1주택 등 비과세소득이 있다.[33] 조세특례제한법에서도 여러 가지 꼴로 감면이 있다. 앞에서 본 법인세의 감면과 대개는 비슷. 제9장 제3절.

5. 소득의 이전(移轉)과 귀속

소득을 계산하는 주관적 단위는 사람이므로 각 납세의무자는 자신에게 귀속하는 소득에 납세의무를 진다. 원천징수 분리과세로 종결되는 완납적 원천징수에서도 그 소득이 어느 원천납세의무자에게 귀속하는가가 여전히 중요하다. 세율이 달라질 수도 있고 원천납세의무자에게 동종소득이 얼마나 있는가에 따라서 종합과세로 넘어갈 수도 있다. 소득세란 사람을 단위로 하는 세금이므로 명의수탁자 등 남의 명의로 신고한 것은 귀속자로서는 무신고.[34]

1) 소득을 이전하면 누구의 소득?

사업녀라는 사람이 10억원의 돈을 가지고 사업을 해서 어느 해에 2억원을 벌었다고 하자. 그런데 사업자금 10억원 가운데 상당부분은 나절반이 댄 돈으로, 애초 사가 버는 돈을 반반씩 나눠 가지기로 약정해 두었다. 사의 소득은 얼마? 1억원. 나의 몫 1억원은 애초부터 나의 투자소득이고 사의 소득에는 안 들어간다. 사실관계를 약간 바꾸어 사가 일단 2억원을 벌고 나에게 1억원을 지급함은 그대로지만, 나에게 돈 1억원을 주는 까닭이 증여(贈與)라면[35] 사의 소득은 얼마? 2억원. 1억원을 강제로 받아갈 권리가 나에게 있더라도[36] 일단은 2억원이 사에게 귀속. 나가 1억원에 증여세를 내더라도 사의 소득은 2억원(사가 1억원을 기부금으로 공제할 수 있는가는 그 다음 단계의 문제).[37] 이 사업소득의 전액이 자신의 책임과 위험으로 사업을 벌인 사에게 귀속해야 맞다.[38] 절반을 증여한다는 약정을 사가 2억원을 벌기 전에 미리 해 둔 것이라 하더라도 이 결론에 차이가 생길 이유가 없다. “보수가 실제 일한 사람에게 단 1초도 귀속되지 않도록 사전에 구조와 약정을 아무리 잘 짜 두

---

32) 소득세법 제12조 제3호 (자), (더).

33) 소득세법 제89조.

34) 대법원 1997. 10. 10. 선고 96누6387 판결. 제5장 제2절 1.

35) 제3장 제4절. 증여세는 제25장. 미국법에서는 이런 행위를 '소득의 이전'(assignment of income)이라 부른다. 미국세법 102조. 일반론으로 Boris I. Bittker, Martin J. McMahon & Lawrence A. Zelenak, *Federal Income Taxation of Individuals* (looseleaf), 제34장 참조.

36) 민법 제554조, 555조. 서면증여라면 증여자에게 해제권이 없다.

37) 법정요건을 만족하는 기부금은 일정한 한도 안에서 공제받을 수 있다. 소득세법 제34조 제1항.

38) Tipke/Lang, 제8장 152문단, 154문단.

었더라도 일한 사람에게 세금을 매길 수 있음은… 의심할 바 없다."[39]

2) 소득이전 v. 재산양도

다시 사실관계를 바꾸어 사업남이 소득의 절반을 나누어주어야 하는 까닭이, 나절반이 사의 아내이고 사와 결혼조건으로 소득의 절반을 받는다는 부부재산(夫婦財產)계약을 맺어둔 까닭이라면? 앞 1)의 투자수익과 증여, 그 가운데 어느 쪽에 가까운가? 미국법원은 후자라면서 2억원 전체가 사의 소득이라고 판시.[40] 이와 달리, 여태껏 부부로 살다가 이혼(離婚)하면서 나에게 해마다 1억원(이런 것을 alimony라 한다)을 주기로 약정했다면, 누구의 소득인가?[41] 우리 법에서는 여전히 사의 소득. 돈을 받는 이유가 무엇이든 나절반이 일단 1억원을 받은 뒤에는, 그 1억원을 원금으로 하여 생기는 새로운 투자수익은 나의 소득이지만,[42] 사에게 그 1억원을 통제할 수 있는 권한이 여전히 있다면 투자수익 역시 사의 소득이 되는 수도 있다.[43]

3) 소득구분

가령 어떤 사람(양도인)이 자신의 임금채권을 대금업자에게 팔았고 대금업자가 고용주로부터 돈을 받는다면 이 돈은 임금채권인가 대여금 회수인가? 무권리자가 받은 임대소득에 대한 진정한 권리자가 무권리자로부터 부당이득을 반환받는 경우 진정한 권리자에게 귀속하는 소득은 임대소득인가 부당이득금인가?

---

39) 정확한 쟁점은 부부공동재산(community property) 문제가 얽혀 있다. Lucas v. Earl, 281 US 111 (1930). 그러나 이 경우에도 기부받는 자가 자선단체라면 가령, 연예인이 자선공연을 하면서 공연수입을 전액 자선단체에 기부하는 경우 공연수입을 연예인의 소득이라고 선뜻 결론 내리기에는 개운치 않은 마음이 들 것이다. 기부금은 제22장 제1절 V. Giannini v. CIR, 192 F2d 638(9th Cir. 1942) 등 미국의 사례에 관하여는 Bittker, McMahon & Zelenak, 34.02[4]절.

40) 같은 판결: Commissioner. v. Wemyss, 324 US 303 (1945). 다른 한편, 재산의 절반을 나누어주는 이유가 약정이 아니라 법률이 부부공동재산제를 택한 까닭이라면 각 배우자의 과세소득은 법률상 자기 지분이 된다. Poe v. Seaborn, 282 US 101 (1930).

41) 미국세법 61조, 71조, 215조. Gould v. Gould, 245 US 151(1917). Kochansky v. CIR, 92 F3d 957(9th Cir. 1996). 오금석, 이혼시 발생하는 과세문제의 처리에 관한 한·미 조세법 규정의 비교검토, 조세법연구 Ⅷ-1(2002), 118쪽, 특히 126쪽 이하.

42) 가령 저작권을 자식에게 양도한 뒤에 받는 인세는 자식의 소득이다. Lewis v. Rothensies, 61 F. Supp. 862(ED Pa. 1944), aff'd per curiam, 150 F2d 959(3d Cir. 1945). 사채에 따르는 利券만을 양도하면, 이자소득은 양도자의 소득이다. Helvering v. Horst, 311 US 112(1940). 그러나 life estate(일정 재산에서 생기는 소득을 계속해서 받을 수 있는 권리)에서 생기는 소득은 설정자가 아니라 수익자의 소득이다. Blair v. CIR, 300 US 5(1937).

43) 대법원 1993. 8. 24. 선고 93누2643 판결. Tipke/Lang, 8장 156문단. Corliss v. Bowers, 281 US 376 (1930).

〈대법원 1988. 10. 24. 선고 86다카2872 판결〉

채권양도는 채권을 그 동일성을 유지한 채로 이전하는 것이므로 소득세법상 기타 소득에 해당하는 변상금채권이 양도된 뒤에도 변상금채권의 성질에는 변함이 없고 따라서 위 변상금의 지급자는 채권양수인에게 위 변상금을 지급할 때에 이로부터 소득세 등 원천세액을 징수하여 국가에 납부할 의무가 있는 반면 수급자인 채권양수인은 그 원천징수를 수인할 의무가 있다.

〈대법원 2023. 10. 12. 선고 2022다282500 판결〉

비록 피고는 이 사건 상가가 피고의 단독소유임을 전제로 2016. 7. 10.부터 2018. 12. 31.까지 수령한 임료 전액에 관한 종합소득세 등을 신고·납부했으나, 여전히 원고는 이 사건 상가의 임대소득 중 원고에게 귀속되는 소득금액에 대한 종합소득세 등을 납부할 의무를 부담한다. 따라서 특별한 사정이 없는 한 피고가 원고에게 반환하여야 할 부당이득액을 계산하면서 이 사건 상가의 임대소득과 관련하여 피고가 납부한 종합소득세 등을 공제할 수 없다.

제 2 절 과세(소득계산)의 인적 단위

소득의 귀속이 문제되는 사건은 으레 가족 사이의 소득이전(income shifting). 왜? 누진율이 있는 이상, 소득이 적은 자에게 소득이전이 가능하다면 가족을 합하여 본다면 세부담이 줄어드니까. 일단 자기에게 귀속된 소득이라면, 고용 기타 계약관계의 형식으로 부모나 자식에게 보수를 지급해서 소득의 분산을 꾀하기도 하고.[44] 이런 문제는 기실 소득계산의 인적단위 문제. 현행법상 소득세의 과세단위는 원칙적으로 개인(個人)이다. 소득세라는 제도 자체가 납세의무자 한 사람 한 사람을 놓고 부가 얼마나 늘었는가를 따져서 세금을 매겨야 공평하다는 생각인 까닭. 그러나 현행법이 이 원칙을 언제나 그대로 따르고 있지는 않다. 앞서 보았듯 현행법은 각 개인 단위의 모든 소득을 합하여 과세하지 않고 소득을 종류별로 구분과세한다. 이 점에서는 현행법은 각 개인을 다시 여러 개의 과세단위로 나누고 있다고 말할 수도 있다. 과세단위에 관해서는 그 밖에도 여러 가지 어려운 문제가 있다.

44) 대법원 2004. 3. 26. 선고 2003두14741 판결. 미국판결로 Hundley v. CIR, 48 TC 339(1967). 이런 문제는 가장행위 여부나 부당행위 계산 부인의 문제가 된다. 제3장 제4절.

I. 개인 v. 가족(부부)

개인을 소득계산의 인적 단위로 삼음은 당연한 일일까? 부부 내지 가족을 기본단위로 삼아야 옳지 않으려나.[45] 왜? 사람이 실제 삶을 꾸려나가는 단위는 개인이 아니라 가족인 까닭. 소득이란 소비 더하기 부(富)의 증가이다. 누구든, 소득을 벌어서 쓰고 남은 만큼은 富가 늘어나게 마련이다. 소득세란, 돈을 얼마나 벌었는가, 곧 부는 얼마나 늘었고 그 사이에 써버린 돈은 얼마나 되는가, 이를 따져 세금을 매겨야 한다는 생각이다. 근대 자본주의는 개인을 권리의무의 단위로 삼는 법률제도를 필요로 한다. 소득(所得)을 벌거나 저축을 하는 주체는 개인이고, 재산은 어느 한 개인에게 속한다. 그런데 소비(消費)의 단위는 개인인가, 가족인가? 생산과 달리 소비활동의 단위는 개인이 아니라 가족. 중세 봉건제가 무너지고 근대 자본주의 사회가 생겨남에 따라 대가족제도가 소가족 제도로 바뀌었지만,[46] 적어도 아직까지는 거의 모든 사람들은 가시버시 배필로 자식을 낳고 살아간다. 생산력이 더욱 발전하여 언젠가는 공장제 기계공업이 생산조직의 한 귀퉁이로 밀려난다면, 아이는 국가가 키워주고 사람들이 각각 따로 살면서 필요에 따라 이 사람 저 사람 만나는 사회가 혹시 오려나. 그러나 적어도 아직까지 우리가 사는 세상에서는 사람들은 가족을 이루어 가족 단위로 살아간다.

1. 불가능성 정리

그런 관점에서는 소득이 같은 가족(家族)이라면 같은 세금을 내어야 공평하지 않을까? 예를 들어 남자가 한 해 1,000만원을 벌고 여자가 한 해 4,000만원을 버는 집이나, 남자가 한 해 2,500만원을 벌고 여자도 한 해 2,500만원을 버는 집이나 같은 세금을 내야 하지 않을까? "함께 사는 부부는 수입과 지출의 공동체를 이루는 것이며, 한쪽의 소득과 부담의 절반은 언제나 다른 한쪽에 속하는데."[47] 함께 사는 자식이 버는 돈도 마찬가지겠지? 이런 생각을 따른다면, 소득의 계산단위 내지 과세단위는? 개인이 아니라 가족 또는 부부라야.

45) 가족을 단위로 삼자는 주장으로 캐나다의 Report of the Royal Commission on Taxation (Carter 보고서, 1966), 제3권 144-145쪽.

46) Bodin의 국가론(1576)은 국가를 가족들의 집합을 제대로 다스리는 체제라고 정의한다. 여기에서 가족이란 가장(호주) 밑에 딸린 사람들을 말한다. Jean Bodin, Six Books of the Commonwealth (M.J. Tooley 옮김), Bk. I, Ch. 1. 나라國 집家라는 말도 생각해보라.

47) 독일헌법재판소 1982. 11. 3. 1 BvR. 620/78 등 결정.

1) 가치 사이의 모순

그런데 여기에 어려운 문제. 다음 세 가지를 한꺼번에 이루지 못한다.[48)]

① 누진세.

② 가구(사람들의 생활단위를 의미한다)와 가구 사이의 평등.

③ 혼인한 자와 하지 않은 자 사이의 평등.

미국 세법학의 용어로 불가능성 정리(impossibility theorem)라 부른다. 왜 불가능? 소득이 각 4,000만원인 여자와 1,000만원인 남자가 혼인하여 부부를 합한 소득은 5,000만원인 부부가 있다고 하자. 누진세를 전제로 하고 이 두 사람이 혼인으로 인한 불이익을 입지 않게 하려면 납세의무자의 단위는? 결혼에 불구하고 각 개인을 납세의무자로 삼아야. 부부를 합산한다면 세율이 올라가니까. 이 부부가 내는 세금은 남녀의 소득이 각 2,500만원씩이고 합계가 5,000만원인 부부보다 많을 수밖에 없다. 누진율 때문. 결국 누진율과 혼인의 자유를 동시에 이루려면 합산소득이 같은 부부라 하더라도 세금을 달리할 수밖에.

다른 한편, 부부를 합한 소득이 같은 이상 같은 세금을 물려야 한다면 어떻게 될까? 앞의 예에서 소득이 (2,500 + 2,500)인 부부와 (4,000 + 1,000)인 부부가 같은 세금을 내자면 둘의 소득을 더하여 거기에 세율을 곱하거나, 또는 둘의 소득을 더한 뒤 다시 둘로 쪼개거나, 어쨌든 둘의 소득을 일단은 합산해야 한다. 둘의 소득을 일단 합산하는 이상 (4,000 + 1,000)인 부부가 내는 세금은 결혼 전에 내던 세금의 합과 다를 수밖에 없다. 누진세인 이상, 5,000에 세율을 적용한다면 세금이 늘게 마련이고 합한 소득을 각 2,500으로 쪼개어 세율을 적용한다면 세금이 줄게 마련이다. 그렇다면 혼인의 자유와[49)] 부부간의 공평을 동시에 이루는 것은 불가능한가? 가능하지만 결정적 전제가 하나 필요하다. 누진율을 포기해야 한다는 것. 비례세라면 소득이 (4,000 + 1,000)인 쌍과 (2,500 + 2,500)인 두 쌍이 서로 같은 세금을 낼 것이고, 각 쌍이 내는 세금은 결혼 여부에 관계없이 같아진다. 결국 누진율 하에서는, 혼인하지 않은 쌍과 혼인한 쌍 사이에 같은 세금을 매기면서 가시버시를 합하여 본 소득이 같은 부부에게는 같은 세금을 매기는 것은 불가능하다. 세 가지의 동시달성은 불가능하고, 어느 하나 또는 그 이상을 버릴 수밖에 없다.

48) Bittker, *"Federal Income Taxation and the Family,"* 27 Stanford Law Review(1975) 1389, 특히 1399-1416쪽. 선행연구로 Oldman & Temple, Comparative Analysis of the Taxation of Marrried Persons, 12 Stanford Law Review(1960), 585.

49) 자유를 효율로 바꿔 표현하면 부부 가운데 덜 버는 쪽(현재로는 으레 여자)의 취업을 해친다. 아래 주석 58). 제2장 제3절 II.2.

누진세(累進稅)는 지금까지 소득세의 역사에서 생겨난 이념이고 오늘날 국민의 다수가 받아들이고 있는 이념이다. 부부 또는 가족 단위로 같은 세금을 내어야 한다는 생각도 그럴 법. 사람들이 혼인(婚姻)을 하든 말든 이혼을 하든 말든 국가가 간섭해서는 안 된다는 주장도 그럴 법. 그렇다면? 세 가지 가운데 어느 하나 또는 그 이상을 희생할 수밖에.

2) 입 법 례

어느 것을 간직하고 어느 것을 버릴 것인가? 가치판단 문제이니 나라마다 답이 다를 수밖에 없겠네… 그러나 누진세 제도를 없애버리기는 어렵다. 소득세를, 국가가 납세의무자 한 사람 한 사람을 관리하는 직접세라는 비싼 제도로 운용하는 이유가 바로 누진율이니.[50] 그렇다면 혼인에 관한 차별금지나 가족에 관한 공평과세 가운데 어느 하나를 희생하게 된다. 어느 쪽을 버려야 하려나.[51] 독일법은 한때 결혼을 하면 두 사람을 합산과세하여 세부담이 혼인 전보다 느는 이른바 marriage penalty를 가지고 있었는데, 독일 헌법재판소는 이를 위헌(違憲)이라 판시.[52] 그러나 같은 사안에 관해 미국 법원은 합헌(合憲)이라 판시.[53] 국민다수의 의사를 대변하는 국회의 가치판단을 법원이 못 뒤집는다는 것이다.

현행 미국법은 납세의무자를 미혼자, 부부 등 여러 가지 범주로 나누어 별개의 세율을 적용하는 복잡한 구조. 자녀의 자산소득은 부모의 세율로 과세하므로,[54] 결국 자산소득은 합산과세하는 셈이다. 최종결과만 보자면, 혼인의 중립성과 가족 간의 공평, 두 가지를 모두 부분적으로 깨면서 나름대로 균형을 찾아보려 하고 있는 셈.[55] 1957년 이후의 독일 세법은 결혼한 부부에게 선택권을 주어, 가) 부부가 소득을 합산하지 않고 결혼에 관계없이 개인을 과세단위로 하여 세금을 계산, 나) 부부의 소득을 합한 뒤 이를 둘로 쪼개어 각자의 세금을 계산, 이 두 가지 가운데 한 방식을 고르라고 한다.[56] 후자처럼 소득을 쪼갤 수 있다면, 결혼으로 세금을 오히려 줄일 수 있게 된다.

50) 누진율을 버린다면 사회적 비용이 훨씬 싼 간접소득세 제도를 택할 수 있다. 제8장 제2절.

51) 실증적 분석에서는 비중립적인 세제가 혼인을 실제로 막는 효과는 크지 않다고 한다. Institute of Fiscal Studies, Tax By Design: The Mirrlees Review(2011). 한국조세연구원의 2015년 번역본 제목은 '조세설계'. 이하 이 책은 2011 Mirrlees Review라고 인용. Institute of Fiscal Studies, Dimensions of Tax Design(Fullerton, Licestor & Smith ed., 2010): Mirrlees Review(2010)은 이하 2010 Mirrlees Review라고 인용. 2011 Mirrlees Review, 3.3절.

52) 독일헌법재판소 1957. 1. 17. 1 BvL 4/54 결정.

53) Druker v. Commissioner., 697 F.2d 46(2nd Cir. 1982), cert. denied 461 US 957. 유럽인권협약 위반이 아니라는 유럽인권법원 1986. 11. 11. 선고 11089/84 판결(Lindsay v. U.K.).

54) 미국세법 1조(g).

55) 숫자례로는 오금석, 앞의 글, 171쪽.

이런 세제는 혼인을 장려하는 셈이다. 프랑스 세제는 혼인을 넘어 출산을 장려. 소득을 부부에게만 쪼개는 것이 아니라 아이들도 머릿수에 넣어 쪼개므로, 아이가 많으면 세금이 줄어든다. 영국은 세금만 보자면 혼인의 중립성을 우위에 놓지만 사회보장혜택이 달라진다고 한다. 일본의 옛 소득세법은, 뒤이어 보는 우리 옛 소득세법과 마찬가지로 자산소득만 추려서 부부에게 합산과세하고 있었다. 일본의 최고재판소는 이를 합헌(合憲)이라 판시.[57] 현행법은 개인단위로 과세한다.

2. 우리나라의 세제와 헌법재판소 결정

우리 세법은 부부별산(夫婦別產). 결혼한 부부라도 여전히 개개인을 과세단위로 삼는다. 한 해에 1,000만원을 버는 남자와 한 해에 4,000만원을 버는 여자가 결혼하면 세금은? 그대로이다. 여전히 똑같은 세금을 낸다. 한편, 이 부부가 내는 세금은 남자가 2,500만원 여자가 2,500만원을 버는 부부보다 많다. 누진율 때문에.

헌법재판소 2002. 8. 29. 2001헌바82 결정 전에는 우리 법에도 가족 구성원 각각을 과세단위로 삼는다는 원칙에 대한 예외가 있었다. 자산소득(이자소득・배당소득・옛 부동산임대소득)은 주된 소득자에게 합산(合算)과세한다는 것.[58] 한층 더 옛날에는 자녀들의 자산소득(資產所得)도 합산과세(合算課稅)하다가 그 뒤 합산과세 대상을 부부로 줄였던 것인데, 헌법재판소는 바로 이 규정을 위헌이라 선언했다.[59]

資產所得合算課稅가 "혼인한 부부에게 더 높은 조세를 부과하여 혼인한 부부를 〈혼인하지 않은 부부〉나 독신자에 비해서 불리하게 차별취급"하고 있음은 분명하다. 이 차별취급에 "중대한 합리적 근거"가 없으니 위헌이라고.[60] 이유는 다섯 가지.

1) 부부간의 소득분산으로 인한 조세회피 방지는 증여세로 다룰 일이다.

---

56) 독일 소득세법 제26조, 제26조a, 제26조b, 제32조a 제5항. Tipke/Lang, 제8장 846문단 이하.

57) 일본 최고재판소 55. 11. 20. 선고 소화 53(행ツ) 55호.

58) 옛 소득세법 제61조. 판례는 이 법조의 뜻을 생활실태라는 면에서 가족간의 공평과세로 보고 있다. 대법원 1995. 6. 9. 선고 94누7157 판결. 근로소득은 개인을 단위로 과세하고 자산소득은 가족을 단위로 과세하자는 주장의 이론적 기초는 영국의 Meade 보고서이다. 여성의 사회진출과 공평을 절충한 입장. Institute of Fiscal Studies, *The Structure and Reform of Direct Taxation*(1978), 395쪽. 실정법의 입법례는 Sommerhalder, The Taxation of Families & Individuals in Europe, in Tax Units and the Tax Rate Schedule(John Head et als. ed., 1996), 163쪽, 특히 166-179쪽.

59) 같은 논리를 연장한 후속사건으로 헌법재판소 2008. 11. 13. 2006헌바112 결정(종합부동산세). "보유세는 재산보유 사실 자체에 과세하는 것으로서 재산운용으로 인한 수익이 없을 경우 소득으로 납부할 수밖에 없어, 소득에 대하여는 합산과세하지 못하면서 재산의 보유에 대하여만 세대별로 합산과세할 수 있다고 볼 수는 없는 것이다." 그 뒤 축소경향은 헌법재판소 2012. 12. 27. 2011헌바132 결정. 현행 종합부동산세는 이혼을 하면 세금부담이 준다.

60) 그러나 독일기본법 제6조 제1항과 달리 우리 헌법 제36조 제1항에는 '특별한 보호'라는 말이 없고, 양성평등을 말하고 있을 뿐.

2) 공동생활의 절약가능성에는 담세력이 없다.

3) 혼인한 부부가 더 많은 재분배를 강요받아서는 안 된다.

4) 조세부과를 혼인관계에 결부시키는 것은 사물의 본성에[61] 어긋난다.

5) 자산소득은 중간소득계층에게도 광범위하게 발생한다.

그러나 본디 부부간 자산소득합산과세는 인위적 소득분산이나 공동생활의 절약가능성에 주안점을 둔 것이 아니고 반드시 재분배를 노리는 제도도 아니다. 합산과세는 4,000만원 버는 아내와 1,000만원 버는 남편으로 이루어진 부부나 2,500만원 버는 아내와 2,500만원 버는 남편으로 이루어진 부부나 서로 같은 세금을 내어야 평등하다는 생각에 터잡은 제도. 이 사건의 바른 논점은? 앞에서 본 세 가지 가치(價値) 사이의 선택. 이 논점에 대한 답이 나라마다 다를 수 있음은 물론이다. 헌법으로 답을 정할 수도 있다. 헌법에 답이 없다면? 법률로, 곧 다수결로 답을 정할 수밖에.[62] 미국이나 일본의 사법부는 자기네 헌법에 이 질문에 대한 답이 없다고 생각하고, 법률로 정하면 그것이 바로 답이라고 판시한 것이다. 독일의 헌법재판소는 혼인에 대한 차별금지가 독일헌법상 더 중요한 가치라고 판시했다. 우리 헌법재판소의 결정의 근본적 문제는 논점이 무엇인지 미처 모르는 채 결론을 내어버렸다는 것.[63] 위헌결정을 받은 옛 소득세법이 모든 소득을 부부합산하지 않고 자산소득만을 합산하는 것은 이 평등이라는 가치와 혼인의 자유[64] 사이의 충돌이라는 문제에 대한 타협이다. 가치의 충돌을 놓고 근본적으로는 혼인의 자유를 수평적 공평보다 앞세우되, 다만 자산소득의 과세에서는 평등을 혼인의 자유보다 앞세우겠다는 절충안을 입법했던 것이다.

경제생활의 관점에서 볼 때 夫婦 내지 家族을 한 단위로 삼아야 한다는 생각은 세법의 곳곳에 드러난다. 이 생각은 소득세법상의 각종 인적공제나 1세대 1주택 비과세에 드러나듯 입법부의 생각일 뿐만 아니라, 우리 헌법재판소가 스스로 요구한 것이기도. 옛 상속세법은 한때 이혼에 따르는 재산분할에[65] 관하여 일정금액을 넘는 부분

61) 제1장 제5절 주석 49.

62) 제2장 제3절 II. 3, II. 5. 같은 생각으로 오윤, 세법원론, 2편 3장 1절.

63) 우리 헌법이 다른 나라 헌법보다 혼인과 가족을 강하게 보호한다는 전제 하에 헌재결정의 취지를, 우리 헌법은 혼인중립성이 아니라 혼인의 촉진·유지를 요구하는 것으로 읽는 이도 있다. 그러나 앞의 96헌바14 결정(제25장 제2절 II.)은 상속재산을 받는 자보다 이혼으로 재산을 분할받는 자를 우대하는 제도를 앞장서서 요구한 바 있다. 제12장 제2절 3. 그 밖에 2001헌바82 결정에 관한 비판은 이 책, 2004년판 329-334쪽; 헌법재판소 2023. 6. 29. 2022헌바112 반대의견. 혼인 특별보호론에 대한 일반적 비판은 김하열, 혼인 비혼간의 차등에 대한 위헌심사기준, 헌법재판연구 9권 1호(2022), 163쪽.

64) 혼인으로 인하여 일시적으로 1세대 3주택이 되더라도 중과세할 수 없다는 판결로 대법원 2014. 9. 4. 선고 2009두10840 판결.

65) 민법 제839조의2, 제843조.

을 증여세 과세대상으로 삼고 있었다.[66] 헌법재판소는 이를 위헌이라 선언하면서, "이혼시의 재산분할 제도는 본질적으로 혼인 중 쌍방의 협력으로 형성된 공동재산의 청산"이며 "자신의 실질적 공유(共有)재산을 청산받는" 것이라고 판시.[67] "우리의 경험칙상 혼인 중 형성되는 재산의 상당부분은 부부 쌍방의 협력에 의하여 이루어지는 것이 틀림없음에도 소유명의는 어느 일방에 귀속되어 있는 경우" 재산분할은 이 실질적 공유재산을 청산함에 그 본질이 있다는 것이다.[68]

이처럼 실질적 共有재산의 범위 안에 들어가는 재산이라면 그런 재산에서 생기는 소득은 夫婦를 단위로 계산하여야 함은 긴말할 이유가 없다.[69] 예를 든다면 재산 및 소득의 명의로 볼 때 남 : 여 비율이 9 : 1인 부부이든 5 : 5인 부부이든 이 명의 자체는 남녀 각각의 재산과 소득이 얼마인지를 정하는 것이 아니다. 실질적 공유재산의 범위가 같다면, 두 부부는 같은 세금을 내어야 마땅하다. 실질적 공유 범위는 어디까지 미치는가? 판례는, 부부 중 하나가 상속받은 재산이거나 이미 처분한 상속재산을 기초로 형성된 부동산이더라도 이를 취득하고 유지함에 있어 상대방의 가사노동 등이 직·간접으로 기여한 것이라면 재산분할의 대상이 된다고 한다.[70] 한쪽의 특유(特有)재산일지라도 "다른 일방이 적극적으로 그 특유재산의 유지에 협력하여 그 감소를 방지했거나 그 증식에 협력했다고 인정되는 경우에는 분할의 대상이 될 수" 있다.[71] 한결 구체적으로는 "재산분할의 대상이 된 夫 소유의 부동산 중 대지가 夫의 父 소유의 주택을 매각한 대금을 기초로 구입한 것이라고 하더라도, 이러한 사정만으로는 그 대지가 '부부 쌍방의 협력으로 이룩한 재산'임을 인정함에 아무런 장애가 될 수 없고, 가사 그것을 夫의 특유재산으로 본다고 하더라도 결혼 이후 夫가 이를 취득하고 유지함에 있어서 妻가 적극적이고 헌신적인 가사노동과 가사비용의 조달로 직접, 간접으로 기여하여 특유재산의 감소를 방지한 이상 재산분할의 대상이 된다."[72] 돈은 오로지 한쪽에서 벌고 다른 쪽에서는 전혀 벌지 않았더라도, 집안살림을 힘껏 몸바쳐 산 이상은

66) 1994. 12. 22. 법률 제4805호로 개정되기 전의 옛 상속세법 제29조의2 제1항.

67) 헌법재판소 1997. 10. 30. 96헌바14 결정. 대법원 1993. 5. 11. 93스6 결정. 실질이 증여라면 과세. 대법원 2017. 9. 12. 선고 2016두58901 판결.

68) 같은 결정. 제2장 제3절 Ⅱ.

69) 미국대법원은 부부공동재산(community property, 우리 법으로 치자면 총유 내지 합유) 제도를 갖춘 州에 속하는 부부는 소득을 합한 뒤 이를 둘로 나누어야 한다고 보았다. Poe v. Seaborn, 282 US 101(1930). 준거법인 외국법에서 community property에 속하는 재산은 애초 부부간 증여가 있을 수 없다. 대법원 2015. 11. 17. 선고 2015두49337 판결. 제25장 제3절 I. 1.

70) 대법원 1998. 4. 10. 선고 96므1434 판결.

71) 대법원 1998. 2. 13. 선고 97므1486 판결.

72) 대법원 1994. 12. 13. 선고 94므598 판결; 2002. 8. 28. 2002스36 결정; 2011. 12. 8. 선고 2010다66644 판결(특별수익에서 제외).

재산 및 소득에 대한 지분권이 있다는 말. 근로소득이나 사업소득으로 형성한 재산도 실질적 공유재산이라는 말.[73] 특유재산으로 남는 부분은, 아마 결혼 전부터 어느 한쪽이 소유했던 재산으로 결혼 후 다른 한 쪽은 돈도 안 벌고 집안 살림도 내팽개치는 아주 드문 상황에서나 생길 것이다. 결국 자산소득의 부부합산을 위헌이라 선언한 결정은 부부재산의 성격에 관한 헌법재판소 스스로의 결정과 어긋난다("사물의 본성에 어긋난다"는 선지식(善知識)의 말씀을 선해하자면 이 뜻이셨으려나). 한결 더 깊이는 혼인 이후 공동재산이 새로 생긴다는 말은 혼인 이후 번 근로소득이나 사업소득은 혼자가 아니라 둘이 같이 번 것이라는 말이다. 제 몫의 소득을 모은 것이 제 재산이다.

3. 가족기업

법은 가족기업의 공동사업(共同事業)소득을[74] 합산과세하다가, 부부간 자산소득 합산과세 제도가 위헌이 된 뒤에는 각자 과세를 원칙으로 삼고 있다.[75] 꾸며낸 것이거나 실질이 없는 공동기업이라면 합산하고 각 가족원은 합산된 소득 부분의 세액을 한도로 연대책임.[76]

Ⅱ. 상속재산

어느 해 중간에 사람(피상속인, 被相續人)이 죽는다면 그해 분 세금은 어떡해야지? 1월 1일부터 죽기까지 被相續人의 소득을 계산하여 세금을 물린다.[77] 죽은 사람이 세금을 낼 수는 없으니 이 세금에 대한 조세채무는 상속인(유증을 받은 자 포함)이 진다.[78] 과세기간이 지났지만 신고기한이 아직 안 왔거나 다른 이유로 피상속인이 신고납부를 안 하고 죽은 경우에도 피상속인의 조세채무는 상속인이 납부한다.[79] 상속인의 존부가 분명하지 않은 때에는 이해관계자, 검사,[80] 또는 세무서장의[81] 청구에 의하여 법원이 선임한 상속재산관리인이 납부의무를 진다.[82] 피상속인의 소득을 상속인이

73) 이 논리를 일관하면 근로소득이나 사업소득도 부부 양쪽에 귀속한다는 말이다.

74) 옛 소득세법 제43조. 이 법도 위헌결정을 받았다. 헌법재판소 2006. 4. 27. 2004헌가19 결정.

75) 소득세법 제43조.

76) 소득세법 제2조의2 제1항 단서. 대법원 1998. 10. 27. 선고 97누7233 판결. 제5장 제5절 I. 공동사업자보다 연대책임의 범위가 좁을 이유가 있는지는 의문이다. 법인형태 가족기업에서 실질과세를 부인한 영국판결로 Jones v. Garnett, [2007] UKHL 35.

77) 소득세법 제5조 제2항. 조세범처벌법에 따른 벌금은 형벌이므로 못 매긴다. 형사소송법 제328조.

78) 소득세법 제2조의2 제2항; 국세기본법 제24조 제1항. 조세채무의 승계는 제4장 제4절.

79) 소득세법 제74조 제2항, 제3항.

80) 민법 제1053조.

81) 국세기본법 제24조 제4항.

나 상속재산관리인의 소득에 합산과세하는 것은 아니고[83] 다만 세금의 납부라는 일종의 관리의무를 지는 것이다. 따라서 신고납부시기도 상속개시일로부터 일정기간으로 따로 정해져 있고,[84] 납부의무도 상속인의 상속재산을 한도로 한다.[85] 상속인이 여럿이라면 각자의 상속재산을 한도로 연대납세의무를 진다.[86]

상속개시 후 상속재산의 분할까지의 기간 동안 상속재산(相續財産)에서 생기는 소득은 누구에게 과세해야 할까? 미국법에서는 相續財産(estate)을 상속인과 다른 별개의 과세단위로 삼아 소득세를 매기되[87] 상속인이 인출한 소득은 상속재산의 소득에서는 빼고 상속인의 소득에 합산하여 과세한다.[88] 우리 법에서는 상속재산에서 생기는 소득은 각 相續人의 소득이라고 풀이해야 한다. 상속인이 여럿인 경우 분할 전 상속재산의 법적 성격에는 공유라는 주장과 합유라는 주장이 나뉘어 있다. 어느 쪽으로 보든 상속재산에서 생기는 소득 가운데, 유언이나 법에 따른 상속인 각자의 몫을 따져서 각 상속인의 소득에 포함한다.[89] 각 상속인은 제 상속지분을 포기할 수도 있고[90] 또 유언이나 법에 따른 상속지분과 달리 상속재산을 분할할 수도 있다.[91] 신고납부기한까지 포기나 협의분할이 끝나지 않았다면 국가로서는 일단 정해져 있는 상속지분에 따라 각 상속인의 소득을 계산하여 세금을 물릴 수밖에 없다. 뒤에 각 상속인이 실제 상속재산을 취득하는 비율이 달라진다면 세금정산은 상속인 사이의 내부문제.

Ⅲ. 단 체

1. 비영리단체

자연인이 아닌 단체가 소득세법상 납세의무를 질 수도. 법인이나 국세기본법상 법인으로 보는 단체에는 법인세를 물린다.[92] 다른 단체는? 대표자나 관리자가 있는 非營

82) 국세기본법 제24조 제1항.
83) 소득세법 제44조. 피상속인의 결손금도 승계되지 않는다. 박종수, 납세의무의 승계와 소득세법상의 결손금, 조세법연구 XII-1(2006), 134쪽.
84) 소득세법 제74조.
85) 국세기본법 제24조 제1항.
86) 국세기본법 제24조 제2항. 제5장 제5절 I.
87) 미국세법 641조(a).
88) 미국세법 651조(a), 661조(a).
89) 국세기본법 제25조 제1항; 소득세법 제2조의2 제1항. 제5장 제5절 I 참조.
90) 민법 제1019조.
91) 이 경우 증여세는 과세하지 않는다. 대법원 1985. 10. 8. 선고 85누70 판결.
92) 국세기본법 제13조 제1항. 제13장 제2절 V. 본문에서 단체라는 말은 사단만이 아니라 재단이나 그

利團體, 곧 법인 아닌 단체로 이익의 분배방법이나 분배비율이 정하여져 있지 않은 단체(종중의 재단,[93] 소비자협동조합, 교회,[94] 절[95] 따위)는 마치 단체를 자연인처럼 보아 소득세법을 적용한다.[96] (다만 단체 자신의 신청과 관할 세무서장의 승인이 있다면 법인세법상 납세의무를 진다.[97]) 이런 비영리단체는 비영리라는 성질상 사업소득은 생기기 어렵지만 이자소득, 배당소득, 기타소득 따위가 생긴다면 원천징수대상이 되고,[98] 이런 소득의 금액이 크다면[99] 신고납세의무도 생긴다.[100]

2. 공동사업장

법인이거나 달리 법인세를 내는 단체(법인으로 보는 단체)나 앞 1항에 해당하여 단체단위로 소득세를 내는 비영리단체를 제외한 다른 단체는 세법이 그런 단체를 과세단위로 인정하지 않는 것. 단체구성원 각각에 대하여 그가 자연인이면 소득세법이, 법인이면[101]이 법인세법이 적용된다.[102] 이익분배를 확인할 수 없는 부분은 다시 앞 1항에 해당하므로 단체 자체가 소득세 납세의무를 진다.[103] 공동사업을 하는 영리단체라면? 납세의무 자체는 각 구성원에게 지우지만 그런 사업을 경영하는 장소를 "共同事業場"이라 부르면서,[104] 공동사업장을 하나의 사업자로 관리한다.[105] 공동사업장에서 생기는 소득은 사업장을 단위로 계산해야 손쉽다. 공동사업장의 소득금액을 소득구분별로 계산한 뒤[106] 이 소득금액을 손익분배비율에 의하여 각 개인에게 분배되었거나 분배될 소득금액에 따라 나누어 각 개인의 소득구분별 소득금액을 계산하고[107] 각 개인이

밖의 단체를 포함하는 넓은 뜻이다. 민법학의 용례에서는 재단을 단체에 포함시키지 않는 것이 보통이다.

93) 대법원 1981. 2. 24. 선고 80누376 판결; 1981. 6. 9. 선고 80누545 판결; 1983. 5. 10. 선고 82누167 판결; 1984. 5. 22. 선고 83누497 판결 등.

94) 대법원 1999. 9. 7. 선고 97누17261 판결.

95) 대법원 2002. 2. 8. 선고 2000두1652 판결. 옛 조세감면규제법이 법인의 특별부가세 가운데 일정한 것을 면제해 주었기에 생긴 분쟁이다.

96) 소득세법 제2조 제3항, 같은 법 시행규칙 제2조; 국세기본법 제13조 제4항.

97) 국세기본법 제13조 제2항. 대법원 2017. 2. 15. 선고 2016두57014 판결(종중). 제13장 제2절 V.

98) 소득세법 제127조.

99) 소득세법 제14조 제3항 제4호, 제6호. 제11장 제4절 Ⅲ.

100) 소득세법 제70조, 제73조, 제76조. 제10장 제4절.

101) 법인도 조합계약의 당사자가 될 수 있다. 대법원 1991. 5. 15.자 91마186 결정.

102) 소득세법 제2조 제1항 및 제3항, 제2조의2 제1항; 법인세법 제2조 제1항.

103) 소득세법 제2조 제4항.

104) 소득세법 제87조 제1항.

105) 소득세법 제87조 제3항. 상세는 제14장 제1절 Ⅱ, 제2절, 제3절 Ⅰ 참조.

106) 소득세법 제43조 제1항, 제87조 제1항.

107) 소득세법 제43조 제2항.

납세의무를 진다.[108]

3. 조합 v. 익명조합

문제는 소득세법이 말하는 공동사업의 뜻이다. 우선 비용분담 관계만으로는 공동사업이 아니다. 분배할 공동 소득이 없으니까. 한편 민법상의 조합(組合)이 공동사업에 해당함은 분명하다. 민법상의 조합은 조합원들이 공동으로 사업을 경영하면서 손익을 함께 하는 계약인 까닭이니까.[109] 이른바 내적(內的)조합, 곧 당사자의 일방(숨은 조합원)이 상대방을 위하여 출자를 하고 일정한 이익을 받아가지만 숨은 조합원은 경영에는 관여하지 않는다면 공동사업인가? 내적조합의 한 형태로, 우리나라에서는 드물지만 일본에는 제법 흔한 꼴이 상법상의 匿名組合.[110] 익명조합원은 출자재산 외에는 위험은 안 지면서[111] 영업에서 이익이 생길 때에만 이익을 분배받는다. 상법에서는 익명조합은 공동사업이 아니고 영업자의 단독사업이지만[112] 현행 소득세법은 내적조합도 공동사업으로 보되 출자(出資)공동사업자라는 개념을 두어서 숨은 조합원이 받을 몫을 사업소득이 아니라 배당소득으로 정하고 있다.[113] 경영에 관여하지 않는 합자조합원의 몫도 같다. 왜? 사업소득의 분배라고 본다면 영업자 내지 내적조합 단계에서 회계상 가공손실을 내어[114] 숨은 조합원이 가공손실 가운데 제 몫을 비용으로 떨어내는 tax shelter를 만들 수 있기 때문이다.[115] 독일에서도, 전형적 익명조합이라면 익명조합원을 공동사업자로 보지 않고 그가 받는 소득을 투자소득(우리말로 치자면 금융소

---

108) 소득세법 제2조의2 제1항. 대법원 1990. 9. 28. 선고 89누7306 판결; 2001. 2. 23. 선고 2000다68924 판결(조합원의 조세채무에 터잡은 조합재산 압류는 무효). 따라서 국세기본법상의 연대납세의무는 없어진다. 대법원 1995. 4. 11. 선고 94누13152 판결. 제5장 제5절 I.

109) 민법 제703조 제1항.

110) 상법 제78조.

111) 익명조합은 조합이 아니므로 익명조합원과 제3자 사이에는 아무런 권리의무가 없다. 상법 제80조. 다만 익명조합원이 자기의 성명이나 상호를 쓰게 한 때에는 제3자에게 연대책임을 진다. 상법 제81조.

112) 상법 제79조, 제80조.

113) 소득세법 제17조 제1항 제8호. 독일 소득세법 제20조 제4항. 제14장 제1절 Ⅱ.1, Ⅱ.4, 제2절, 제3절 Ⅰ. 원천징수세율은 25%이다. 소득세법 제129조 제1항 제2호. 소득금액 가운데 제 몫이므로 과세시기는 과세기간 종료일이지만, 배당소득이라는 성질상 익명조합의 소득이 결손이라면 배당소득은 영(0)이라 보아야 한다. 익명조합원이 노무도 제공한다면 그 부분은 종업원 지위를 겸하므로 근로소득이고 공동사업장의 필요경비. 상법 제86조, 제272조, 제278조. 대법원 1995. 11. 10. 선고 94누8884 판결은 옛 소득세법에서 내적조합을 공동사업이라 하나 본문에서 보듯 그르다.

114) 실현주의 회계에서는 경제적 손익이 없음에도 회계상으로는 손익을 만들어 낼 수 있다. 상세는 제18장 제4절 Ⅴ, 제21장 제2절 Ⅱ, Ⅲ 참조.

115) 익명조합을 이용한 일본식 tax shelter는 이창희, 미국법상 파트너십 세제의 정책적 시사점, 이십일세기 한국상사법학의 과제와 전망(심당 송상현 선생 화갑기념논문집, 2002), 825쪽. 지금은 어느 정도 제동이 걸렸다. 일본 最高裁判所 2015(平成 27). 6. 12. 平成24(行ヒ)408 판결.

득)으로 본다. 합자회사에 관하여도 독일법은 이를 공동사업으로 본다는 명문의 규정을 두고 있지만, 유한책임사원은 손실할당을 못 받고 또한 공동사업권에 제약이 있고 이익에 참가하지 않는 유한책임사원은 공동사업자로 안 본다.[116)]

4. 인적회사

인적회사는 법인이지만, 동업기업과세특례를 선택하는 경우에는 법인세는 안 내고 각 사원이 바로 법인세나 소득세를 낸다. 조합, 합자조합, 익명조합도 소득세법 규정 대신 동업기업과세특례를 선택할 수 있다. 제14장 제1절.

Ⅳ. 신탁: 단체 v. 투시과세

신탁재산에서 생기는 소득의 귀속에 대해서는 여러 가지 어려운 문제가 생긴다. 가령 제일세라는 부자가 50억원을 예금해서 해마다 이자 1억원을 받는다면 종합소득세를 내어야 한다. 종합소득세 누진율을 피할 용한 꾀가 없으려나? 종합부동산세도 같은 문제. 신탁을 하면 어떨까? 제일세(위탁자)가 다른 사람(수탁자, 가령 은행)에게 재산의 소유권을 넘기되 수탁자는 그 재산을 위탁자가 위탁한 내용대로 관리해서 이자 등 투자수익을 벌어서 이를 아들 제이세(수익자)에게 지급한다면? 신탁이란 본디 영미법에서 주로 발달한 제도라서 우리 민법에는 신탁이라는 전형계약이 없고, 신탁법(信託法)이라는 법률을 따로 두고 있다. 신탁재산의 사법상 소유권은 수탁자에게 넘어간다. 수탁자는 신탁계약에 따라 재산을 관리할 계약상 의무를 지지만 재산 자체는 일단 수탁자의 재산이 된다. 사법(私法)상의 소유권은 수탁자에게 있다고 하더라도 신탁재산에서 생기는 소득을 실제 누리거나 누릴 자는 수익자 내지는 위탁자이다.

위탁자가 여전히 지배하는 경우가 아닌 한 미국법은 신탁재산을 수탁자, 위탁자, 수익자와 다른 별개의 납세의무자로 삼아 신탁재산에서 생기는 소득에 대하여는 따로 소득세(우리 법으로 말하자면 법인세인 셈)를 매긴다.[117)] 신탁재산이 낳는 소득 가운데에서 수익자에게 지급할 금액(단, 배당가능이익을 상한으로 한다)은 빼고 남은 차액에 대해서만 세금을 매긴다.[118)] 물론 수익자는 받은 돈에 대해 세금을 낸다.[119)] 결국

116) 독일 소득세법 제15조a, 제20조 제1항 4호.

117) 미국세법 641조(a). 미국세법상 납세의무자에는 개인, 법인, 상속재단, 신탁 네 가지가 있다. 각 범주는 민사법개념을 그냥 따르는 것이 아니고 가령 영리신탁은 세법에서는 법인이나 파트너십으로 구분한다. 제13장 제2절 VI. 이창희, 미국법인세법, 제1장 제2절 Ⅰ.1.

118) 미국세법 651조(a), 661조(a).

119) 미국세법 652조(a), 662조(a).

신탁을 단체로 보는 셈이다. 이와 달리 우리 법에서는 신탁이란 계약일 뿐이므로 투시 과세가 원칙이지만 복잡한 예외를 피할 길이 없다.

소득세법 제2조의3 (신탁재산 귀속 소득에 대한 납세의무의 범위) ① 신탁재산에 귀속되는 소득은 그 신탁의 이익을 받을 수익자(수익자가 사망하는 경우에는 그 상속인)에게 귀속되는 것으로 본다.

② 제1항에도 불구하고 위탁자가 신탁재산을 실질적으로 통제하는 등 대통령령으로 정하는 요건을 충족하는 신탁의 경우에는 그 신탁재산에 귀속되는 소득은 위탁자에게 귀속되는 것으로 본다.

소득세법 제4조 (소득의 구분) ② … 소득을 구분할 때 다음 각 호의 신탁을 제외한 신탁 …의 이익은…수탁자에게 이전되거나[120] 그 밖에 처분된 재산권에서 발생하는 소득의 내용별로 구분한다.

1. …법인세를 납부하는 신탁
2. …투자신탁(집합투자기구로 한정…)
3. …집합투자겸영보험
4. …제17조 제1항 제5호의3에 따른 수익증권이 발행된 신탁

1) 토지나 건물 같은 특정한 물건의 실물(實物)신탁은 자익신탁이라면 투시해서 위탁자 본인에게 과세하면 된다. 유언대용신탁도 위탁자가 살아있는 동안은 자익신탁이다. 공짜로 제3자에게 무기한 수익권을 준다면 수익자에게 원물에 대한 증여세를 매기고, 신탁의 이익은 수익자의 소득. 제1절 5. 제25장 제3절 III.1. 원본을 받을 권리는 위탁자에게 남기고 무상수익자는 투자수익만 받는다면 투자수익도 위탁자의 소득.[121] 증여세와 소득세는 2중과세라는 주장이 있지만 성질상 둘 다 과세해야 앞뒤가 맞다. 현금 50억원을 제이세에게 그냥 주는 것과 같으니까. 제8장 제1절 II. 과세시기, 소득구분 모두 투시. 불특정다수의 제3자에게 실물신탁의 수익권을 파는 조각투자(법 제4조 제2항 제4호)는 제11장 제4절 I.4, I.5. 담보신탁으로 토지를 신탁하고 수탁자(채권자)의 돈으로 집을 지어 분양하는 꼴이라면 분양대금 수입과 이자비용은 위탁자에게 귀속한다. 토지를 신탁회사에 신탁하면서 채권자는 선순위수익자가 되는 꼴은?[122] 마찬가지. 일부를 수익자에 일부를 위탁자에게 귀속시킨다는 규정이 없으니 분양대금 전액

120) 부동산이라면 등기이전. 대법원 2019. 10. 31. 선고 2017두32142 판결(재산세).

121) 소득세법 제2조의3 제2항.

122) 대법원 2024. 6. 27. 선고 2021다261704 판결.

을 위탁자에게 귀속시켜야 하고, 그렇다면 이자비용도 위탁자에게[123] 귀속시킬 수밖에 없다. 결국 어떤 꼴이든 담보신탁은 담보권의 설정일 뿐이다.[124]

2) 법인과세(法人課稅)를 선택했거나 적용받은 신탁은 투시대상이 아니다. 제13장 제2절 VI.

3) 불특정 다수의 투자자로부터 돈을 신탁받아 여러 가지 금융상품에 투자하는 투자신탁(신탁형 집합투자기구)이나 투자신탁으로 보는 집합투자겸영보험이라면[125] 투자수익을 위탁자나 수익자에게 바로 과세하는 것은 사실상 불가능. 우리 법에서도 集合投資機構라면 바로 수익자 투시과세를 안 하고(사모투자기구는 투시) 투자신탁을 투과해서 나오는 돈을 수익자가 받을 때 배당소득으로 과세한다. 이는 집합투자기구가 소득을 해마다 투과시켜 투자자에게 분배하므로 과세이연 여지가 없다는 것을 전제한다. "소득세법 제17조 제1항 제5호의3에 따른 수익증권이 발행된 신탁"의 수익자란 이른바 조각투자자를 말한다. 투시 안 하고 배당소득으로 과세. 제11장 제4절 I.5. 제13장 제2절 VI.

4) 신탁재산의 운용방법을 위탁자가 지정하는 특정(特定)금전신탁은[126] 어떻게 과세해야 하려나? 미국법에서는 일찍이 1920년대부터 법률과 판례를 통하여 위탁자가 지배하거나 다른 지배자가 있는 신탁(grantor trust)이라면, 신탁재산의 소득을 위탁자(지배자)에게 과세해 왔다.[127] 우리나라도 2020년말 개정법으로 위탁자가 실질적으로 통제하면서 투자수익만 특수관계인에게 넘기는 신탁이라면 위탁자에게 투시과세한다.[128] 앞의 보기로 돌아간다면 소득이전 이론에서 보았듯 제일세가 소득을 번 뒤 제이세에게 넘기는 것이므로 제이세도 따로 증여세를 내야 한다.[129] 제1절 I. 원본을 받을 권리까지 다 제이세에게 넘긴다면 신탁재산 자체가 제이세에게 넘어간 것으로 보

---

123) 대법원 2016. 8. 18. 선고 2016다219494 판결. 이 사건에서는 이자를 지급하는 수탁자가 대리인으로서 원천징수의무를 지지 않는다고 보았지만 신탁계약의 내용 문제.

124) 민사법상 지위는 우선수익자와 담보물권자가 다르다. 대법원 2024. 6. 27. 선고 2021다261704 판결.

125) 자본시장과 금융투자업에 관한 법률 제251조 제1항. 신탁업법에 따른 불특정금전신탁은 간접투자자산운용업법의 시행에 따라 2004. 7. 1. 이후 금지되었다.

126) 특정금전신탁을 불특정금전신탁과 마찬가지로 취급한다는 대법원 1999. 8. 24. 선고 92누20298 판결은 현행법과는 맞지 않는다. 자본시장법상 금전신탁이라면 모두 특정금전신탁이고 집합투자기구가 아니므로 위탁자지배형이다.

127) Helvering v. Clifford, 309 U.S. 331(1940); Malinkrodt v. Numan, 146 F. 2d(8th Cir., 1945). 현행법에서는 잔여재산청구권, 수익통제권, 운영권, 해지권 또는 수익향유권이 있으면 grantor trust가 된다. 미국세법 673조. 상세는 Bittker, McMahon & Zelenak, 제38장.

128) 소득세법 제2조의3 제2항. 재산세나 종합부동산세는 위탁자가 1차적 납세의무자. 지방세법 제107조 제1항 제5호, 종합부동산세법 제12조 제2항. 제26장 제3절.

129) 한때는 증여세만 물면서 금융소득 종합과세를 피하는 기법으로 private banking에서 알게 모르게 성행한 듯.

면서 증여세를 매기고 그 후의 소득은 제이세에게 과세해야 맞지만 현행법에서는 꼭 그렇게 되지는 않는다. 제25장 제3절 III.1.

5) 공익(公益)신탁을 세우려면 수탁자가 정부의 허가를 받아야 한다.[130] 비과세.[131] 제13장 제2절 VI.

6) 부가가치세는 제23장 제3절 III.6. 증여세는 제25장 제3절 III.1.

7) 양도소득세, 재산세와 종부세, 취득세는 각 제12장 제2절 6, 제26장 제3절, 제27장 제2절 IV.

제 3 절 所得區分의 의의

소득세법은 크게 소득을 3가지로 나누어 종합소득세, 퇴직소득세, 양도소득세, 이 3가지 세금을 두고 있다. 종합소득세라는 단위 안에서는 다시 내부적 구분으로[132] 이자소득, 배당소득, 사업소득, 근로소득, 연금소득, 기타소득을 구분하고 있다.

Ⅰ. 소득구분의 실익

소득세법은 왜 소득을 구분하고 있을까? 소득구분의 어디에도 안 들어간다면 과세대상이 아니다. 제1절 4. 나아가 어느 구분에 속하는가도 중요하다.

1) 각 소득별로 소득금액(所得金額)의 뜻이나 계산이 다르다.

이자소득이나 배당소득에서 소득금액은 총수입금액 그 자체.[133] 사업소득에서는 총수입금액에서 필요경비를 뺀 금액.[134] 근로소득에서 소득금액이란 총급여액에서 근로소득공제를 뺀 금액이다.[135] 연금소득의 소득금액은 또 다르고,[136] 기타소득은 총수입금액에서 필요경비를 뺀 금액이지만[137] 특히 필요경비라는 말은 소득구분별로 뜻이

130) 공익신탁법 제3조. 신탁법 제66조. 법무부 공익신탁 공시시스템. 소득세법시행령 제80조 제1항 제3호는 신탁설정 당시 출연액을 일반기부금으로 공제받을 수 있다고 정하고 있다. 이런 공제는 신탁법상 공익신탁이 되는 것을 전제로 한다고 제한적으로 보아야 한다.

131) 소득세법 제12조 제1호.

132) 대법원 2019. 5. 16. 선고 2018두34848 판결.

133) 소득세법 제16조 제2항, 제17조 제3항.

134) 소득세법 제19조 제2항.

135) 소득세법 제20조 제2항.

136) 소득세법 제20조의3 제3항.

137) 소득세법 제21조 제3항.

나 계산이 다르다.[138] 퇴직소득의 과세표준은 퇴직소득금액에서 퇴직소득공제를 한 금액이고,[139] 퇴직소득금액이란 법에 정한 퇴직소득의 합계액이다.[140]

2) 종합소득에 들어가는 소득이더라도 종합소득과세표준에 넣지 않고 분리과세(分離課稅)하는 수가 있다.

> 소득세법 제14조 (과세표준의 계산) ③ 다음 각 호에 따른 소득의 금액은 종합소득과세표준을 계산할 때 합산하지 아니한다.
>
> 1. 조세특례제한법 또는 이 법 제12조에 따라 과세되지 아니하는 소득
> 2. …일용근로자…의 근로소득
> 3. (생략)
> 4. 법인으로 보는 단체 외의 단체 중 수익을 구성원에게 배분하지 아니하는 단체로서 단체명을 표기하여 금융거래를 하는 단체가 … 금융회사등 … 으로부터 받는 이자소득 및 배당소득[141]
> 5. 조세특례제한법에 따라 분리과세되는 소득
> 6. 제3호부터 제5호까지의 규정 외의 이자소득과 배당소득(제17조 제1항 제8호에 따른 배당소득은 제외한다)으로서 그 소득의 합계액이 2천만원(이하 "이자소득등의 종합과세기준금액"이라 한다) 이하 …
> 7. (생략)
> 8. 다음 각 목에 해당하는 기타소득(이하 "분리과세기타소득"이라 한다)
>
> 가. …기타소득금액이 300만원 이하 … 소득. 다만, 해당 소득이 있는 거주자가 종합소득 과세표준을 계산할 때 그 소득을 합산하려는 경우 그 소득은 분리과세기타소득에서 제외한다)…
>
> ⑤ 제3항 제3호부터 제6호까지의 규정에 해당되는 소득 중 이자소득은 "분리과세이자소득"이라 하고, 배당소득은 "분리과세배당소득"이라 한다.

3) 소득의 구분별로 稅率이 다르다. 양도소득세는 세율을 법 제104조에서 정하고 있고, 종합소득세는 법 제55조에서 세율을 정하고 있다. 퇴직소득은 법 제55조를 보면 종합소득과 같은 세율을 적용하지만 세율의 적용방법이 다르다. 종합소득은 일단 모두

---

138) 필요경비라는 말은, 사업소득에서는 장부에 터잡아 계산한 실제로 들어간 경비를 뜻하지만 다른 소득에서는 법정금액이다. 이런 뜻에서는 Gewinneinkunft(순자산증가설의 소득개념)와 Überschusseinkunft(소득원천설의 현금주의 소득개념)를 구별하는 독일법의 이원론이 우리 법에서도 유지되고 있는 셈이다. Tipke/Lang, 제8장 181문단 이하.

139) 소득세법 제14조 제6항.

140) 소득세법 제22조 제3항.

141) 제13장 제2절 V 참조.

같은 세율을 적용하지만 여기에도 다시 예외가 있다. 첫째, 사업소득에는 다시 최저한세(最低限稅)라는 특칙이 있다. 조세특례제한법은 사업소득에 대한 여러 가지 특례를 두면서, 지나친 특혜를 막기 위해 중복적용을 금지하고,142) 나아가 특례가 없는 경우의 정상적 소득 가운데 일정비율을 반드시 세금으로 내도록 최저한세를 두고 있다.143) 조세특례와 최저한세는 비슷한 내용이 법인세에도 있으므로 그때 가서 보기로 한다.144) 둘째, 근로소득은 종합소득세율을 적용하여 세액을 산출한 뒤 근로소득세액공제라는 이름으로 세액을 다시 줄여준다. 결국 근로소득에 대한 세율은 다른 종합소득보다 낮은 셈. 근로소득세액공제의 상한이 워낙 낮아서145) 실제 영향은 미미하다. 다른 소득에도 때로는 세액공제가 있기도. 부동산매매업자의 주택매매차익에 대해서는 종합소득세율과 양도소득세율 가운데 높은 쪽을 적용한다.146)

4) 源泉徵收에도 차이가 난다.147)

> 소득세법 제127조 (원천징수의무) ① 국내에서 거주자나 비거주자에게 다음 각 호의 어느 하나에 해당하는 소득을 지급하는 자(제3호의 소득을 지급하는 자의 경우에는 사업자 등 대통령령으로 정하는 자로 한정한다)는 이 절의 규정에 따라 그 거주자나 비거주자에 대한 소득세를 원천징수하여야 한다.
>
> 1. 이자소득
> 2. 배당소득
> 3. 대통령령으로 정하는 사업소득…
> 4. 근로소득…
> 5. 연금소득
> 6. 기타소득…
> 7. 퇴직소득…
> 8. 대통령령으로 정하는 봉사료…
>
> 소득세법 제128조 (원천징수세액의 납부) ① 원천징수의무자는 원천징수한 소득세를 그 징수일이 속하는 달…의 다음 달 10일까지 … 납부하여야 한다. (이하 생략)

142) 조세특례제한법 제127조. 제9장 제3절.
143) 조세특례제한법 제132조 제2항. 제9장 제3절.
144) 제13장 제1절 III. 소득세법의 최저한세는 규정형식이 법인세와 약간 다르다. 조세특례제한법 제132조 제2항. 사업소득은 종합소득의 일부일 뿐이고 사업소득에 대한 과세표준이라는 것이 따로 없는 까닭이다.
145) 소득세법 제59조 제1항.
146) 소득세법 제64조. 제11장 제1절 VI.
147) 원천징수의 법률관계는 제5장 제6절 I.

분리과세(分離課稅)되는 소득은 원천징수세 말고는 따로 세금 낼 것이 없다. 따라서 그런 소득을 받아가는 사람이 얼마나 부자일까를 어림잡아 세율의 높낮이를 정하게 된다. 가령 일용근로자에 대한 소득세 원천징수세율은 6%.[148] 분리과세 이자소득에 대한 원천징수세율은 원칙이 14%이지만[149] 여러 가지 예외가 있고 예를 들어 금융기관에서 받는 비실명 금융소득에 대한 원천징수세율은 90%.[150]

5) 옛 부동산임대소득은 2010년부터 사업소득의 한 유형으로 편입되었다.[151] 예전에는 사업소득과 달리 부동산임대소득은 자산소득 합산과세대상이었지만[152] 앞서 본 위헌판결에 따라 부부간 합산과세는 없어졌다. 아직 남아 있는 차이는 缺損金 공제. 결손금이란 사업소득에서 총수입금액보다 필요경비가 더 커서 밑진 차액을 말한다.[153] 근로소득, 이자소득 등 다른 종류의 소득은 성질상 밑질 수가 없다. 사업소득에서 생기는 결손금은 다른 종류의 종합소득에서 공제받을 수 있다.[154] 그렇게 하고서도 남는 결손금은 15년 동안 장래로 이월하여 공제받을 수 있다.[155] 다만, 부동산임대업에서 생기는 결손금은 다른 사업소득에서 깔 수 없고 15년간 장래로 이월시켜 다음 과세기간 이후에 발생하는 부동산임대업의 소득금액에서만 공제한다.[156] 양도소득의 결손금은 양도소득끼리만 통산하고 통산 후에도 남는 것은 이월하지 않고 소멸한다.[157] 부동산임대업의 결손금이나 양도소득의 결손금 공제를 제한하는 것은 뒤에 세무회계 편에서 볼 수 있듯 회계제도의 맹점을 이용한 가공손실을 만들어 내기 쉬운 까닭이다. 사실은 부동산임대업뿐만이 아니라 다른 사업에서도 가공손실을 만들 수 있음은 마찬가지.[158]

---

148) 소득세법 제129조 제1항 제4호 단서. 또 일정금액까지는 근로소득공제라는 형식으로 비과세한다. 소득세법 제47조 제2항.

149) 소득세법 제129조 제1항 제1호. 지방세도 덧붙는다.

150) 소득세법 제129조 제2항 제2호 단서, 제155조의7 제1항, 금융실명거래및비밀보장에관한법률 제5조. 지방세도 덧붙는다.

151) 소득세법 제19조 제1항 제12호.

152) 2002. 12. 18. 삭제 전 옛 소득세법 제61조.

153) 소득세법 제19조 제2항, 제45조 제1항, 제2항. 대법원 2005. 9. 28. 선고 2003두3451 판결. 미국법도 투자소득의 결손금은 인정하지 않는다. 미국세법 172조(d)(4).

154) 소득세법 제45조 제1항. 독일식 용어로는 결손금 통산(Verlustausgleich)이라 부른다. 여러 종류의 소득 가운데 어느 것부터 공제하는지는 법에 순서가 정해져 있다. 가령 사업소득의 결손금이 1천만원이고, 근로소득이 4백만원, 연금소득이 3백만원, 기타소득이 2백만원, 이자소득이 2백만원, 배당소득이 1백만원이라면 종합소득에 남는 것은 이자소득 1백만원과 배당소득 1백만원이다. 금융소득 종합과세시 원천징수세율로 과세되는 부분은 결손금 통산대상이 아니다. 같은 법조 제5항.

155) 소득세법 제45조 제3항. 제18장 제1절 Ⅲ.2. 일정규모 이하의 중소기업에서는 결손금을 과거연도로 이월하여 세액을 환급받을 수 있다. 소득세법 제85조의2. 독일식 용어로는 결손금공제(Verlustabzug)라 부른다. 이월결손금을 공제해 주지 않아도 합헌이라는 미국판결로 Burnet v. Stanford Brooks Co., 282 US 359 (1931), 특히 365쪽.

156) 소득세법 제45조 제2항 및 제3항, 같은 법 시행령 제101조 제2항.

157) 소득세법 제102조. 양도소득도 다시 몇 가지로 구분해서 각각 그 안에서만 통산한다.

[표 1]

<table>
<tr><th colspan="2">소득구분</th><th>필요경비</th><th>세율</th><th>세액공제</th><th>원천징수</th><th>종합소득 합산</th></tr>
<tr><td rowspan="6">종합소득</td><td>이자소득</td><td>×</td><td rowspan="6">종합소득세율. 분리과세대상은 원천징수세율</td><td></td><td>○
(제127조)/
세율은 25%, 기본세율, 14%(제129조)</td><td>일부 제외
(제14조③ 분리과세 이자소득)</td></tr>
<tr><td>배당소득</td><td>×</td><td>배당세액공제
(제56조)</td><td>○
(25%/14%)</td><td>일부 제외
(분리과세 배당소득)</td></tr>
<tr><td>사업소득</td><td>○</td><td>기장세액공제
(제56조의2)/재해손실세액공제
(제58조)</td><td>대통령령이 정하는 경우(3%)</td><td>일부 제외
(분리과세 주택임대소득)</td></tr>
<tr><td>근로소득</td><td>근로소득공제</td><td>근로소득세액공제(제59조)</td><td>기본세율/일용근로자(6%)</td><td>일용근로자의 급여는 분리과세</td></tr>
<tr><td>연금소득</td><td>연금소득공제</td><td></td><td>○
(기본세율/5%)</td><td>연 일정액 이하는 분리과세</td></tr>
<tr><td>기타소득</td><td>○
(경우에 따라)</td><td></td><td>○
(30%/15%/5%)</td><td>연 일정액 이하는 분리과세</td></tr>
<tr><td colspan="2">퇴직소득</td><td>퇴직소득공제</td><td>제55조 제2항의 특칙</td><td></td><td>기본세율</td><td></td></tr>
<tr><td colspan="2">양도소득</td><td>취득가액공제</td><td>양도소득세율</td><td></td><td>×</td><td>별도합산</td></tr>
</table>

6) 소득구분의 실익 가운데 중요한 것은 위 [표 1].

7) 이자·배당소득과 근로·사업소득의 세부담은 어떻게 맞추어야 옳을까? Haig-Simons의 소득정의는 부의 증가원인을 묻지 않는다. 무엇을 해서 벌었든 번 금액이 같으면 같게 과세해야 공평하다는 것. 그런데 과연 그런가? 자산소득은 불로소득이니 더 높게 과세해야 안 맞나? 그래야 공평하잖아? 다른 한편 효율만 따진다면 어떤 결론이 나올까? 소비세론자들은 이자소득이나 배당소득을 과세 안 하는 것이 더 효율적이라고 주장한다. 제8장 제1절 III. 그러나 경제학의 대세인 최적과세론에서는 또 다르

158) Tipke/Lang, 제8장 60문단 이하. 결손금의 통산이나 공제에 대한 제한을 비판하는 문헌이 있으나 가공손실을 악용하는 조세회피를 막자는 것이다. 제14장 제2절, 제21장 제2절 Ⅲ 참조. Tax shelter 때문에 미국법은 일부 분류과세 제도를 들여오기까지 했다. Bittker, McMahon & Zelenak, 19.01 [3]절 참조.

다. 어느 쪽에 세금을 얼마나 매겨야 사람들의 행동을 덜 왜곡할까? 근로소득을 더 높게 과세하는 쪽이다. 제8장 제3절 I.4. 폐쇄경제를 전제로 한 탄력성 이야기보다 더 중요한 요인은 국제적인 자본유치 경쟁. 제8장 제3절 III. 아무튼 우리 현행법은 이자소득이나 배당소득 역시 과세하고 있고 필요경비 공제가 없어서 세부담도 사업소득이나 근로소득보다 무겁다.

Ⅱ. 소득구분의 법적 성격

현행법의 해석상 어떤 소득이 일단 어느 소득으로 분류되면, 또 다른 소득으로 중복계산하지는 않는다. 이에 관한 판결을 하나 보자. 쟁점인 옛 법조문에 해당하는 현행법은 다음과 같다.

> 법인세법 제28조 (지급이자의 손금불산입) ① 다음 각 호의 차입금의 이자는 내국법인의 각 사업연도의 소득금액을 계산할 때 손금에 산입하지 아니한다.
>
> 1. …채권자가 불분명한 사채의 이자

회사가 돈을 빌려서 이에 대한 이자를 지급했는데 채권자가 누군지 모른다면 그 지급이자를 회사의 필요경비로 빼 주지 않는다는 말. 그렇다면 그 이자를 받아가는 사람에 대한 과세는 어떻게 해야 하려나. 이자소득으로 그 사람의 종합소득에 합산하여 세금을 매겨야 할 터인데, 누군지 알 수가 없으니…

> 법인세법 제67조 (소득처분) …법인세 과세표준의 신고・결정 또는 경정이 있는 때 익금에 산입하거나 손금에 산입하지 아니한 금액은 그 귀속자 등에게 상여(賞與)・배당・기타사외유출(其他社外流出)・사내유보(社內留保) 등 대통령령으로 정하는 바에 따라 처분한다.

여기서, '익금에 산입한다'는 말은 법인의 소득금액을 늘려잡는다는 뜻으로 경비로 치지 않는다는 뜻도 포함한다. 제18장 제5절 VII. 그런데 귀속자가 누군지 모르니 과세를 포기하는 것이려나. 돈이 유출된 것은 분명하지만 누가 가져간 것인지를 알 수 없다면 대표자가 가져간 것으로 보아서 대표자에 대한 상여로 처분한다.[159] 소득세법은 이를 전제로 다시 다음과 같이 정하고 있다.

> 소득세법 제20조 (근로소득) 근로소득은 해당 과세기간에 발생한 다음 각 호의 소

159) 헌법재판소 1995. 11. 30. 93헌바32 결정.

득으로 한다.

1.-2. (생략)

3. 법인세법에 따라 상여로 처분된 금액…

법인세법에 따라 賞與로 處分된 금액은 근로소득으로 본다는 것. 이제 판례의 사안을 보자. 채권자가 누군지 알 수 없는 상황에서 이자를 지급했는바, 이 이자는 위에서 살펴본 바와 같이 대표자에 대한 상여로서 소득세법상의 규정에 따라 근로소득이 된다. 그런데, 소득세법 제127조는 여러 가지 소득을 열거하고 이에 대하여 원천징수하여야 한다고 정하고 있다. 그렇다면, 사안의 경우에는 이자(利子)소득에 해당하는 동시에 근로(勤勞)소득에 해당하는 것이 아닌지 문제가 되었다. 세무서는 동시에 두 가지 소득에 다 해당한다고 주장하면서 원천징수세를 이중으로 강제징수했다. 이에 원고는 똑같은 소득에 대하여 세금을 두 번이나 물리는 것은 부당하다고 주장했다. 대법원의 판단은 다음과 같다.

> "(법령의) 취지를 종합해 보면, 법인이 사채이자를 지급한 경우, 그것이 … 대표자에 대한 상여로 처분된 이상 그 금액은 법인의 대표자에게 귀속된 것으로 보아야 하고 불분명한 채권자에게 귀속된 것으로 볼 수 없으므로 법인은 그에 대한 …근로소득세를 원천징수하여 납부하여야 할 의무만이 있을 뿐, 이와 별도로 채권자에 대한 이자소득에 대한 세금은 이를 원천징수하거나 납부하여야 할 의무가 없다고 함이 상당하다."[160]

동시에 두 가지 소득에 해당하지는 않는다는 말. 시작은 이자소득이었지만 법에서 이를 근로소득으로 본다고 정해 놓았으니 근로소득으로 보기만 하면 충분하다는 것. 결국 이 판례의 취지는 소득이란 원래 어느 한 가지로 구분되는 것이지, 여러 군데에 동시에 해당할 수 없다는 말이다.[161]

소득세와 증여세(贈與稅) 사이에도 같은 문제가 생긴다. 법은 소득과세를 증여세보다 우선시킨다고 정하고 있다.[162] 그러나 귀속자에 대한 소득처분에 의하여 비로소 생긴 소득세 납세의무와 귀속자의 증여세 납세의무가 경합하는 경우, 증여세 납세의무만 생긴다는 것이 판례.[163]

160) 대법원 1988. 1. 19. 선고 87누102 판결. 그 밖에 2005. 8. 19. 선고 2003두14505 판결.

161) 양도소득 과세대상 자산으로 두 군데 이상에 해당하면 세율이 높은 쪽으로 과세. 대법원 2014. 10. 30. 선고 2012두15371 판결.

162) 상속세 및 증여세법 제4조의2 제3항.

163) 귀속자에 대한 소득처분을 기타 사외유출로 한다는 말이다. 대법원 2014. 5. 16. 선고 2013두17633

종합소득세라는 단위 안에서는 소득구분이 틀렸더라도, 가령 근로소득을 사업소득으로 잘못 신고해도 종합소득세 무신고는 아니다.[164] 제4장 제2절 IV. 3., 제10장 제1절 1.

제 4 절 종합소득공제, 세액공제, 신고납부

Ⅰ. 종합소득공제와 세액공제

종합소득세의 과세표준은 이자, 배당, 사업, 근로, 연금 및 기타소득의 소득금액의 합계에서 綜合所得控除를 뺀 금액. 과세표준에 세율을 곱하면, 돈머릿수로 종합소득산출세액이 나온다. 종합소득공제에는 인적공제(기본공제, 추가공제)와 연금보험료공제, 주택담보 노후연금 이자비용공제, 특별소득공제 등이 있다. 특별소득공제는 건강보험료, 고용보험료 등을 공제하는 것이다.[165] 특별소득공제는 근로소득자에게만 적용되므로 법에서 종합소득공제라고 부르기는 하지만 성질이 다르다. 제11장 제2절 IV. 퇴직소득공제는 제11장 제2절 VI. 금융투자소득기본공제는 제11장 제4절 IV.

이런 공제를 왜 두지? "소득 = 소비 + 저축"이라는 Haig-Simons의 소득정의에 어긋나는데? 그러나 한 단계 더 올라가 생각하면 소득이라는 개념은 본질적으로 한결 형편이 나은 사람이 세금을 더 내어야 한다는 공평의 이념에서 나온 것. 생활수준이 면세점 이하인 사람에게는 세금을 매기지 않아야 오히려 논리의 앞뒤가 맞다.[166] 독일식 용어로는 Haig-Simons 소득에서 최저생계비를 뺀 금액에만 세금을 물리자는 생각을 일컫기를 사생활의 순소득 원칙.

> 소득세법 제50조 (기본공제) ① 종합소득이 있는 거주자(자연인만 해당한다)에 대해서는 다음 각 호의 어느 하나에 해당하는 사람의 수에 1명당 연 …원을 곱하여 계산한 금액을 그 거주자의 해당 과세기간의 종합소득금액에서 공제한다.
>
> 1. 해당 거주자
> 2. 거주자의 배우자로서[167]… 해당 과세기간의 소득금액의 합계액이 …만원 이

판결: 2014. 11. 27. 선고 2012두25248 판결. 반대주장이 있으나 판례가 옳다. 제5절 2. 주석 207). 제18장 제5절 Ⅶ. 4. 제25장 제3절 주석 220).

164) 대법원 2019. 5. 16. 선고 2018두34848 판결.

165) 소득세법 제52조 제1항.

166) 제8장 제2절 I. 독일 헌법재판소 1992. 9. 25. 2 BvL 5/91 결정. Tipke/Lang, 제9장 42문단, 70문단 이하.

하인 사람…

3. 거주자(그 배우자를 포함한다. 이하 이 호에서 같다)와 생계를 같이 하는 다음 각 목의 어느 하나에 해당하는 부양가족(제51조 제1항 제2호의 장애인에 해당되는 경우에는 나이의 제한을 받지 아니한다)으로서 해당 과세기간의 소득금액 합계액이 … 이하인 사람

가. 거주자의 직계존속…으로서 60세 이상인 사람

나. 거주자의 직계비속…과 …동거 입양자(이하 "입양자"라 한다)로서 20세 이하인 사람. (하략)

다. 거주자의 형제자매로서 20세 이하 또는 60세 이상인 사람 (이하 생략)

基本控除로 위와 같이 가족 한 사람에[168] 얼마라는 꼴로 일정금액을 빼 준다.[169] 또 부양가족 가운데 노인, 장애인, 유아 등이 있으면 추가공제로 얼마씩을 더 빼 주고, 납세의무자인 "해당 거주자가 배우자가 없는 여성으로서 … 부양가족이 있는 세대주이거나 배우자가 있는 여성인 경우"에 일정 금액을 빼 준다.

소득세법 제51조 (추가공제) ① 제50조에 따른 기본공제대상이 되는 사람(이하 "기본공제대상자"라 한다)이 다음 각 호의 어느 하나에 해당하는 경우에는 거주자의 해당 과세기간 종합소득금액에서 기본공제 외에 각 호별로 정해진 금액을 추가로 공제한다. (단서 생략)

1. 70세 이상인 사람(이하 "경로우대자"라 한다)의 경우 1명당 연 100만원

2. 대통령령으로 정하는 장애인…인 경우 1명당 연 200만원

3. 해당 거주자(…)가 배우자가 없는 여성으로서…부양가족이 있는 세대주이거나 배우자가 있는 여성인 경우 연 50만원 (이하 생략)

所得控除는 부자에게 한결 더 많은 혜택을 준다는 비판이 있다. 소득 1억원으로

---

167) 법률혼이라는 미국대법원 판결로 U.S. v. Windsor, 570 US 744 (2013).

168) 부양가족 공제의 근거는 혼인과 가족생활의 보호. 독일 헌법재판소 1990. 5. 29. 1 BvL 20/84 결정.

169) 공제금액이 최저생계비에 훨씬 못 미치면 위헌이라는 독일판결로 독일 헌법재판소 1990. 5. 29. 1 BvL 20/84 결정; 2008. 2. 13. 2 BvL 1/06 결정(의료보험료 공제). 최저생계비보다 많이 버는 사람에게 세금을 물려서 국가에 의존하게 하는 것은 인간의 존엄성을 해친다. 독일 헌법재판소 1975. 12.17. 1 BvR 63/68 결정. 간접세는 어쩔 수 없다. 독일 헌법재판소 1999. 8. 23. 1BvR 2164/98 결정. 민법상 부양의무의 이행인 이상 세법에서도 공제해주어야 한다는 주장으로 이동식, 일반조세법 2편 3장 V; Tipke/Lang, 제1장 46문단. 우리나라에서는 근로소득공제도 현실적으로 면세점 기능을 하고 있다. 제11장 제2절 Ⅳ 참조. 그러나 부양가족이 많은 사람의 세부담이 상대적으로 높다는 비판은 피하기 어렵다.

세율이 40%인 사람이나 소득 2천만원으로 세율이 10%인 사람이나 다같이 5백만원을 공제한다면, 세금이 얼마씩 줄지? 전자는 200만원이 줄고 후자는 50만원이 줄어 상후하박. 소득공제보다는 두 사람 모두에게, 125만원, 곧 5백만원의 25%씩을 세액에서 공제하는 세액공제(稅額控除)가 한결 공평하다는 생각이 드는 것이다. 이런 비판을 받아들여 현행법은 종전의 종합소득공제 중 일부를 세액공제로 바꾸었다.

우선 '특별세액공제'라 하여 보험료,[170] 의료비,[171] 교육비,[172] 기부금 지출액의 일정률에 해당하는 금액을 종합소득 산출세액에서 공제한다.[173] 기부금의 경우 공익성의 정도에 따라 공제율에 차등이 있다. 국가나 사립학교에 대한 특례기부금(종래의 법정기부금) 따위는 세액공제율이 더 높고, 그 밖에 종교단체에 대한 기부금 등 법령이 정한 일반기부금(종래의 지정기부금)은 세액공제율이 그보다 낮다.[174] 특례나 일반기부금이 아닌 비공익성 기부금은, 아무리 불쌍한 사람에게 준 것이라도 세액공제를 못 받는다. 기부금 세액공제는 모든 소득자가 적용받을 수 있으나,[175] 의료비, 교육비 세액공제는 근로소득자만 받는다.[176] 이러한 특별세액공제는 모두 신청을 요건으로 한다. 신청이 없으면 '표준세액공제'라 하여 일정액을 종합소득산출세액에서 공제한다.[177] 그

170) 보험료를 공제하는 이상 보험금은 과세해야 논리의 앞뒤가 맞는다. 생명보험은 보험금을 상속재산에 포함하여 상속세를 부과한다. 상속세및증여세법 제8조. 재산손해의 경우에는 손실을 공제하지 못하므로 보험금을 과세하는 것과 같은 결과가 생긴다. 보험에 들지 않은 사업자는 재해손실 세액공제를 받는다. 소득세법 제58조. 미국법은 보험료 공제 없이 보험금을 비과세. 미국세법 101조(a)(1), 262조, 265조(a)(1), 104조(a)(3). 의료보험료는 의료비로 공제한다. 미국세법 213조.

171) 국민건강보험이나 상해보험이 부보하는 범위 안에서는 의료비는 애초부터 지급이 없는 것으로 보아 공제대상이 아니라 풀이해야 할 것이다. 이미 보험료를 공제한 까닭이다.

172) 2013-2014년 최상위 10%의 교육비는 연 1,160만원 정도이고 그중 660만원 정도가 초중등 교육비이다. 최하위 10%의 교육비는 연 15만원이다.

173) 소득세법 제59조의4.

174) 소득세법 제59조의4 제4항. 제22장 제1절 V. 해당 과세기간에 공제를 받지 못한 기부금 한도초과액은 10년간 이월하여 공제받을 수 있다. 소득세법 제34조 제3항과 제61조 제2항.

175) 기부금을 사업소득의 필요경비로 산입한 경우에는 그 금액은 기부금 세액공제 대상에서 제외한다. 소득세법 제59조의4 제4항. 사업과 관련이 없어야 기부금이므로 이런 경우는 생각하기 어렵다.

176) 순자산증가설을 따르고 있는 미국법에서는 사업상 필요경비를 공제하여 adjusted gross income ('AGI')을 구한 뒤 AGI에서 필요경비는 아니지만 딱히 개인적 소비도 아닌 지출(itemized deduction)로, 세금, 재해나 대손 따위 재산손실, 기부금, 의료비, 이사비용, 지급이자, 교육비 등을 공제한다. Itemized deduction 대신 개산공제를 받을 수도 있다. 미국세법 63조(a), (b). 의료비나 기부금 등은 itemized deduction으로 소득 단계에서 빼고 양육비 등은 세액단계에서 일정액을 세액공제한다. 교육비는 경우에 따라 다르다. Itemized deduction의 제약에 대해서는 미국세법 67조, 68조 참조. 우리 법은 근로소득자에 대해서만 이런 지출 가운데 일부를 대상으로 세액공제를 해준다. 사업소득 따위에서는 종래 실소득의 파악률이 낮아서 법과 현실이 따로 돌아간 까닭이다. 제11장 제2절 Ⅳ. 그러나 이제는 사업소득의 파악률이 높아져서 공제의 차등을 없애야 세부담률이 비슷해진다는 실증연구가 있다. 성명재, 근로소득세와 사업소득세 실효세율추정과 과세형평화 효과의 분석(한국조세재정연구원, 소득세제의 문제점과 개선방안, 2018), 107쪽 이하. 근로소득세액공제도 마찬가지.

밖에도 '자녀세액공제'라 하여 자녀 1인당 몇십 만원(자녀수가 많을수록 금액이 올라간다)씩을 종합소득산출세액에서 공제해준다.[178] 근로소득세액공제는 근로소득에 대한 세율을 낮추고 있는 셈이다.

Ⅱ. 과세기간과 신고납부

이미 보았듯 종합소득세와 퇴직소득세는 역년을 과세기간으로 신고납부하면 되고, 그 기한은 이듬해 5월 31일.[179] 납부(納付)할 세액(稅額)은 앞서 본 종합소득산출세액에서 세액공제액과[180] 감면세액을[181] 깎고, 거기에서 다시 원천징수세액이나 중간예납세액 등 미리 낸 세액을 뺀 금액이다. 과세표준이 결손이 되거나 달리 세액이 없더라도 종합소득세 신고는 해야 한다.[182] 양도소득에 대한 세금도 이듬해 5월 31일까지 납부해야 한다. 제12장 제4절. 중간예납(中間豫納)이란 지난해 실적이나 올해 추계액으로 반년치 세액을 미리 내는 제도이다.[183] 부동산매매업자는 부동산 매매일로부터 얼마 안에 예정신고와 자진납부를 해야 하고.[184]

(보기) 서울에 살고 있는 자연인 조합소는 올해 근로소득 2,000만원, 사업소득 3,000만원, 토지양도소득 1,500만원, 1세대 1주택으로 비과세되는 양도소득 4,000만원을 벌었다. 조가 일하는 회사에서 근로소득세를 원천징수한 금액은 150만원이고 중간예납세액은 300만원이다. 조가 납부해야 할 올해분 세금은 얼마인가? 단, 종합소득공제는 300만원이라고 가정하며, 양도소득공제는 무시한다. 세율은 종합소득이나 양도소득 모두 과세표준의 20%라고 가정한다.

(풀이) 조합소의 근로소득과 사업소득은 종합소득으로 합산과세하고 양도소득은 따로 과세한다. 종합소득과세표준은 2,000 + 3,000 = 5,000만원에서 종합소득공제 300만원을 뺀 4,700만원이고, 산출세액은 940만원. 조는 내년 5. 31.까지 기납부세액 450만원

177) 소득세법 제59조의4 제9항.

178) 소득세법 제59조의2.

179) 납세의무자가 죽으면 1월 1일에서 죽는 날까지를 과세기간으로 소득세를 계산한다. 소득세법 제5조 제2항. 소득세법 제2조의2 제2항의 글귀는 상속인이 본래의 납세의무자라는 뜻으로 읽을 수도 있으나, 그렇게 읽을 일은 아니고 피상속인의 납세의무가 일단 성립한 뒤 상속인에게 승계된다고 읽어야 한다. 그래야 국세기본법 제24조의 상속받은 재산이 납세의무의 한도라는 규정이 적용된다.

180) 소득세법 제56조 이하.

181) 조세특례제한법 제6조, 제7조, 제63조 등.

182) 소득세법 제70조 제1항.

183) 소득세법 제65조. 미국세법 6654조(d)(2).

184) 소득세법 제69조.

(=150+300)을 뺀 잔액 490만원을 종합소득세로 납부하여야 하고, 그에 더해서 과세분 양도소득세 1,500×20%=300만원을 납부하여야 한다.

구태여 종합소득세 신고납부를 요구할 필요가 없을 수도. 한해치 소득을 모아서 세금을 정산할 필요가 없다면 신고납세의무를 안 지운다. 가령, 퇴직소득과 분리과세(分離課稅) 배당소득만 있다면 어느 쪽도 종합소득에 안 들어가니 신고납세로 세액을 정산할 필요가 없다.[185] 주택임대소득은 분리과세하지만 순소득 기준으로 세액을 계산해야 하므로 신고납세의무가 있다.[186] 종합소득이 있는 사람은 세금을 신고납부해야 하지만 중요한 예외: 근로소득만 있다면 신고납세 의무가 없다.[187] 다달이 받는 월급에서 원천징수세를 떼고 받았으니까. 그렇지만 누진세율이 있는 이상 이런 사람도 한해 소득을 다 모아 얼마인지 계산하여 세금을 정해야 할텐데? 그것이 年末精算(Jahresausgleich).

> 소득세법 제137조 (근로소득세액의 연말정산) ① 원천징수의무자는 해당 과세기간의 다음 연도 2월분의 근로소득 또는 퇴직자의 퇴직하는 달의 근로소득을 지급할 때에는 다음 각 호의 순서에 따라 계산한 소득세 …"추가 납부세액"… 를 원천징수한다.
>
> 1. 근로소득자의 해당 과세기간(퇴직자의 경우 퇴직하는 날까지의 기간을 말한다)의 근로소득금액에 그 근로소득자가 제140조에 따라 신고한 내용에 따라 종합소득공제를 적용하여 종합소득과세표준을 계산
> 2. 제1호의 종합소득과세표준에 기본세율을 적용하여 종합소득산출세액을 계산
> 3. 제2호의 종합소득산출세액에서 해당 과세기간에 제134조 제1항에 따라 원천징수한 세액, 외국납부세액공제, 근로소득세액공제, 자녀세액공제, 연금계좌세액공제 및 특별세액공제에 따른 공제세액을 공제하여 소득세를 계산 (이하 생략)

당해 근로자 대신 고용주가 한해치 세액을 정산하도록 한 것이다. 종교인소득으로 실질이 근로소득에 해당하는 것은 연말정산 대상이다.[188] 일정규모 이하의 보험모집인 등은 사업소득자이지만 근로소득자처럼 연말정산 대상.[189] 연말정산 대상인 소득과 분리과세 소득만 있는 사람처럼 더 이상 세액을 정산할 필요가 없는 사람들은 신고납세 의무가 없다. 미국에서는 근로자도 모두 신고납세로 정산한다.

185) 소득세법 제73조 제1항 제9호.
186) 소득세법 제70조 제2항.
187) 소득세법 제73조 제1항 제1호.
188) 소득세법 제145조의3. 제11장 제2절 Ⅰ.
189) 소득세법 제73조 제1항 제4호, 제144조의2. 같은 법 시행령 제137조.

제 5 절 실질과세와 부당행위계산의 부인

배당소득(익명조합원이 받는 분배금), 사업소득 또는 기타소득이 있는 자의 행위 또는 계산이 특수관계 있는 자와의 거래로 인하여 그 소득에 대한 조세의 부담을 부당히 감소시킨 경우에는 과세관청은 그 행위나 계산과 관계없이 해당 과세기간의 소득금액을 계산할 수 있다.[190] 이것이 不當行爲 計算의 否認. 양도소득에도 비슷한 규정이 있지만[191] 이자소득이나 익명조합원 분배금이 아닌 다른 배당소득에는 없다. 실질과세의 원칙에 의하여 계산을 부인하는 수도 있겠지만 적용요건이 서로 다를 수 있다. 판례가 이른바 법적 실질설에서 경제적 실질설 쪽으로 바뀜에 따라 부당행위 계산부인 조항은 상대적 중요성이 떨어졌다. 제3장 제3절. 그러나 지금도 실질이 거래형식과 다르다는 증명보다는 부당행위 계산부인 대상이라는 증명이 더 쉬운 경우가 있다. 상세는 제22장 제3절. 여기에서는 소득세법에 특유한 부분만 살핀다.

1. 요 건

특수관계인(特殊關係人)이라 함은 친족, 종업원 등 사업소득자와 법정관계에 있는 자를 말한다.[192] 조세부담을 부당(不當)히 감소시킨다는 말은 사회 통념이나 관습에 비추어 볼 때 합리적인 경제인이 취할 정상적인 거래가 아니라는 뜻이다.[193] 부당한가는 거래 당시로 판단하여야 하고[194] 조세를 회피하겠다는 납세의무자의 주관적 의사가 없더라도 부인 대상이 된다.[195] 법령은 조세부담을 부당히 감소시켰는지를 자산의 고가매입 등 유형별로 정하고 있다. 일반론으로 소득세법 제101조에 따라[196] 계산부인이 가능한가에 대해 법적 실질설 당시의 주류적 판례는 안 된다는 쪽이었다.[197] 그 뒤의 판례는 아직 불안정한 듯하다.[198]

---

190) 소득세법 제41조.

191) 소득세법 제101조. 제12장 제4절.

192) 소득세법 제41조 제2항, 제101조 제5항. 대법원 2024. 7. 25. 선고 2022두63386 판결(친족이 지배하는 법인, 친족을 통한 본인의 영향력 있어야).

193) 대법원 2001. 6. 15. 선고 99두1731 판결 등.

194) 대법원 1989. 6. 13. 선고 88누5273 판결; 1992. 11. 24. 선고 91누6856 판결.

195) 같은 91누6856 판결; 대법원 1992. 11. 27. 선고 91누12288 판결.

196) 소득세법시행령의 일반규정은 법 제101조 제1항의 동어반복일 뿐.

197) 법인세법에 관한 것이지만 대법원 1996. 5. 10. 선고 95누5301 판결.

198) 법인세 사건이지만 대법원 2003. 6. 13. 선고 2001두9394 판결. 그 밖에도 대법원 2001. 3. 27. 선고 2000두1355 판결; 2001. 9. 28. 선고 99두11790 판결 등.

2. 효 과

부당행위 계산의 부인이 사법(私法)상의 효과를 부인하는 것은 아니다. 그저 세금만 문제될 뿐. 세법은 부당행위라는 요건이 만족되면, 납세의무자의 행위나 계산과 관계없이 해당 과세기간의 소득금액을 계산할 수 있다고 정하고 있다. 어떻게 계산하라는 말인가? 법령에는 아무런 기준이 없다. 과세요건명확주의라는 것을 기계적인 원칙으로 생각한다면 당연히 정면으로 어긋난다. 그러나 합헌.[199] 현행 과세실무에 대해서는 법인세법상 같은 제도를 다룰 때 보기로 한다. 요는 거래행위를 재구성하여, 결과는 납세의무자의 실제 행위와 같아지지만 특수관계 없는 사람들이 맺었을 가상적 시가(時價)거래로 재구성(再構成)하고 그에 따른 세법상 법률효과를 주는 것이다.[200] 한가지 차이점으로 법인세법에서는 거래상대방(去來相對方)에 대한 과세가 소득처분이라는 형식으로 이루어지지만[201] 소득세법에서는 소득처분이라는 제도가 없다. 따라서 거래상대방에 대한 과세요건이 만족되는가는 이익을 본 거래상대방을 과세하는 규정이 법령에 있는가에 달려 있다.[202] 거래상대방이 자연인이라면, 상속세및증여세법의 과세요건(저가양수,[203] 부동산의 무상사용,[204] 저리차입,[205] 그 밖의 이익의 증여[206]))을 만족하면 증여세(贈與稅)를 내게 된다. 증여세 과세대상이 아닌 경우에는 다시 소득세법상 기타소득이나 근로소득으로 과세하는 수가 있다.[207]

(판례) 구소득세법…은 정부는 양도소득 등이 있는 거주자의 행위 또는 계산이 그 거주자와 특수관계에 있는 자와의 거래로 인하여 당해 소득에 대한 조세의 부담을 부당하게 감소시킨 것으로 인정되는 때에는 그 거주자의 행위에 관계없이 당해 연도의 소득금액을 계산할 수 있다고 규정하고… 구 상속세법은… 현저히 저렴한 가액의 대가

199) 본질적인 부분을 불확정 개념 등을 통해 규정한 뒤 하위 법령에 위임하는 형식을 취함이 불가피하다고. 헌법재판소 2017. 5. 25. 2016헌바269 결정. 제2장 제2절, 제12장 제4절 4.

200) 대법원 2020. 6. 18. 선고 2016두43411 판결.

201) 법인세법 제67조; 소득세법 제17조 제1항 제4호, 제20조 제1항 제3호, 제21조 제1항 제20호.

202) 대법원 1999. 9. 21. 선고 98두11830 판결.

203) 상속세및증여세법 제35조 제1항. 제25장 제3절 Ⅲ. 4.

204) 상속세및증여세법 제37조. 제25장 제3절 Ⅲ. 5. 대법원 2003. 10. 16. 선고 2001두5682 판결.

205) 상속세및증여세법 제41조의4.

206) 상속세및증여세법 제42조.

207) 소득세법 제21조 제1항 제13호. 다시 상속세및증여세법 제4조의2 제3항은 소득세법상 과세대상이면 증여세 과세대상에서 빼므로, 두 가지의 요건을 모두 만족하는 경우 소득세 과세대상인지 증여세 과세대상인지가 문제될 수 있다. 소득세법의 앞 조항호에 "증여"에 관한 언급이 있으므로, 소득세 증여세에 모두 해당한다면 증여세과세대상이 된다. 일반론으로 증여세가 우선한다는 판결로 대법원 2018. 3. 30. 선고 2016두55926 등. 제25장 제3절 주석 220).

로써 재산을 대통령령이 정하는 특수관계에 있는 자에게 양도했을 경우에는 그 재산을 양도한 때에 있어서 재산의 양도자가 그 대가와 시가와의 차액에 상당한 가액을 양수자인 대통령령이 정하는 특수관계있는 자에게 증여한 것으로 간주한다.…

증여세와 양도소득세는 납세의무의 성립요건과 시기 및 납세의무자를 서로 달리하는 것이어서 과세관청이 각 부과처분을 함에 있어서는 각각의 과세요건에 따라 실질에 맞추어 독립적으로 판단하여야 할 것으로 위 규정들의 요건에 모두 해당할 경우 양자의 중복적용을 배제하는 특별한 규정이 없는 한 어느 한 쪽의 과세만 가능한 것은 아니라 할 것이다. …그렇다면 원고가 그 친족으로부터 현저히 저렴한 가액의 대가로써 주식을 양수한 이 사건의 경우에는 양도인에게 양도소득세가 과세되는지 여부에 관계없이 양수인인 원고에게 증여세를 과세할 수 있다.[208]

거래상대방이 법인이라면 법인세 과세 여부는 법인세법의 조문에 따른다. 제18장 제1절 IV. 가령 분명한 시가가 있는 유가증권을 주주가 회사에 싸게 넘긴 것은 차액을 익금산입.[209] 다른 재산의 경우에는 일반론으로 돌아가, 시가차액을 바로 과세하는가는 증여의사가 있었는가에 달려 있다. 매매가격이 시가보다 싸다는 사실을 알면서 법인에 싸게 넘기는 행위는 매매와 증여의 결합이라 보아야 하므로 증여에 해당하는 부분은 익금에 들어간다.[210] 특수관계가 없는 자 사이의 통상적 거래에서 정상적으로 거래한 가격이 가령 2억원이라면 "시가 3억원짜리를 2억원에 샀다"는 말 자체가 법적으로 성립하지 않는다. 2억원이 바로 시가인 까닭이다. 특수관계가 없는 자 사이에서 "통상의 거래에 의해 정상적으로 형성되는 자산의 가액"은 그것이 바로 시가이지만[211]

---

208) 대법원 1999. 9. 21. 선고 98두11830 판결; 2003. 5. 13. 선고 2002두12458 판결; 헌법재판소 2006. 6. 29. 2004헌바76등(병합) 결정; 2007. 11. 29. 2006헌바42 결정(부동산 임대소득과 증여세). 이동식, 소득세법상 부당행위계산부인과 상속세및증여세법상 증여의제의 관계, 조세법연구 Ⅷ-2(2002), 71쪽은 2중과세라 비판하고 있으나, 부당행위를 부인하는 이상 시가로 양도하면서 시세차익을 증여한 것으로 보는 수밖에 없다. 기존 재산이 아니라 새로 버는 소득 상당액을 증여한다면 증여자가 소득세를 내는 것은 당연. 제10장 제1절 5. Dickman v. CIR, 465 US 330(1984), reh'g denied, 466 US 945(1984). 현행법인 미국세법 제7872조도 같은 내용을 담고 있지만 특수관계가 없더라도 적용한다. 한만수, 조세법강의, 2편 1장 6절 Ⅱ. 2.가 지적하는 저가양도와 부담부증여의 모순은 우리 법이 증여, 곧 무상양도에 양도소득세를 안 매기는 데에서 비롯한다. 극단적인 예로 1원(또는 0원)에 '판다'면 부당행위가 되어 시가로 양도소득세를 내어야 하지만 증여한다면 양도소득세를 내지 않는 것이 현행법이다. 아래 제12장 제2절 10.

209) 법인세법 제15조 제2항 제1호.

210) 대법원 2003. 5. 27. 선고 2001두5903 판결.

211) 대법원 1982. 4. 13. 선고 81누90 판결 등. 대법원 1987. 5. 26. 선고 86누408 판결은 객관적 교환가치라는 표현을 쓰고 있기는 하나, "증권거래소에 상장되지 아니하고 거래의 선례가 없는 주식에 대한 거래가 이루어진 경우라도 그 거래가 일반적이고 정상적인 방법에 의한 것"이라면 시가로 보고 있다.

특수관계인 사이에서는 거래가격이 통상적 가격보다 낮다면 일단 증여의사를 추정할 수는 있다.

한편, 이자소득 등 소득세법상 부당행위 조항이 적용되지 않는 경우, 가령 싼 이자로 돈을 꿔준다면 이자를 받는 대여자에게는 실제로 받은 이자만 과세한다.[212] 차입자가 누리는 이자차액은, 일정금액 이상이라면 증여세를 매긴다.[213]

212) 이자소득에 관한 한 소득세법시행령 제98조 제2항 제2호는 모법에 어긋난다.
213) 상속세및증여세법 제41조의4. 제25장 제3절 Ⅳ.

제11장 소득의 구분별 주요 논점

소득의 구분에 이어, 이제 각 소득의 구체적인 내용을 살펴보자. 양도소득은 따로 추려 제12장에서.

제1절 사업소득

Ⅰ. 사업소득의 범위

소득세법 제19조 (사업소득) ① 사업소득은 해당 과세기간에 발생한 다음 각 호의 소득으로 한다…

1. 농업(작물재배업 중 곡물 및 기타 식량작물 재배업은 제외한다. 이하 같다)·임업 및 어업에서 발생하는 소득
2. 광업에서 발생하는 소득
3. 제조업에서 발생하는 소득
4. 전기, 가스, 증기 및 공기조절공급업에서 발생하는 소득
5. 수도, 하수 및 폐기물처리, 원료재생업에서 발생하는 소득
6. 건설업에서 발생하는 소득
7. 도매 및 소매업에서 발생하는 소득
8. 운수 및 창고업에서 발생하는 소득
9. 숙박 및 음식점업에서 발생하는 소득
10. 정보통신업에서 발생하는 소득
11. 금융 및 보험업에서 발생하는 소득

12. 부동산업에서 발생하는 소득. 다만 「공익사업을 위한 토지 등의 취득 및 보상에 관한 법률」 제4조에 따른 공익사업과 관련하여 지역권 · 지상권 … 을 설정하거나 대여함으로써 발생하는 소득은 제외한다.

13.-19. (생략)

20. …사업용 유형자산을 양도함으로써 발생하는 소득. 다만, 제94조 제1항 제1호에 따른 양도소득에 해당하는 경우는 제외한다.

21. 제1호부터 제20호까지의 규정에 따른 소득과 유사한 소득으로서 영리를 목적으로 자기의 계산과 책임 하에 계속적 · 반복적으로 행하는 활동을 통하여 얻는 소득

② 사업소득금액은 해당 과세기간의 총수입금액에서 이에 사용된 필요경비를 공제한 금액으로 하며, 필요경비가 총수입금액을 초과하는 경우 그 초과하는 금액을 "결손금"이라 한다.

③ 제1항 각 호에 따른 사업의 범위에 관하여는 이 법에 특별한 규정이 있는 경우 외에는 「통계법」 제22조에 따라 통계청장이 고시하는 한국표준산업분류에 따르고,[1] 그 밖의 사업소득의 범위에 관하여 필요한 사항은 대통령령으로 정한다.

1. 사업이란?

사업(事業)소득이란[2] 위 각 호에 정한 소득이다. 공통점은? '~業'에서 발생하는 소득이라는 글귀. 業 내지 事業이라는 말은? '영리를 목적으로 자기의 계산과 책임 하에 계속적 · 반복적으로 행하는 활동.'[3] 자기의 계산과 책임이라는 점에서 사업소득은 근로소득과 차이가 있다. 보험외판원처럼 특정인에게서만 돈을 받더라도 사업소득이 될 수 있다. 제2절 I. 1. 소득구분의 실익은 제10장 제3절. 사업소득이 되기 위해서는 사업이라 할 수 있을 정도의 계속적 반복적 활동이 있어야 한다. 가령 돈을 빌려 주는 행위가 대금업(貸金業)이나 금융업에 이르지 않는다면 소득세법 제16조 제11호의 '비영업대금의 이익'으로 이자소득.[4] 부동산의 매매는 사업의 단계에 이르면 사업소득이고 아니면 양도소득.[5] "사업"이라고 하려면 계속성이 어느 정도라야? '사회통념에

1) 헌법재판소 2006. 12. 28. 2005헌바59 결정; 대법원 2013. 2. 28. 선고 2010두29192 판결. 제3장 제2절 2.

2) 저잣거리의 용례로는 이윤(profit)과 같은 말이지만 경제학적 이윤과 사업소득은 전혀 다른 말이다. 제7장 제5절 5.

3) 대법원 2017. 7. 11. 선고 2017두36885 판결. 일본 最高裁判所 1981(昭和56) 4. 24. 昭和52(行ツ)12 판결(변호사고문료∈사업소득). 독일 소득세법 제15조 제2항. 독일 소득세법 제18조는 전문직 직업소득을 따로 구분하고 있다. 우리 상법에서도 상인은 아니지만 소득세법에서는 사업소득. 일본법에서는 근로자의 부업 따위는 잡소득.

4) 대법원 1986. 11. 11. 선고 85누904 판결. 제4절 I.

5) 대법원 1989. 3. 28. 선고 88누8753 판결; 1990. 4. 24. 선고 89누6952 판결(부가가치세); 2010. 7. 22. 선고 2008두21768 판결; 2014. 3. 13. 선고 2012두7370 판결. 매수인 지위의 양도는 부동산의 양

따라' 결정한다는 것이 판례.[6] 제9장 제1절, 제2절. 공동사업은 제10장 제2절 III, 제14장 제1절 II, 제2절, 제3절 I.

영리활동인 이상, 그 사업이 합법(合法)인가 불법(不法)인가 안 묻는다.[7] 예를 들어, 계속적으로 대금업 곧 돈놀이를 한다고 하자. 금융업은 법령상 허가를 받아야 하는 경우가 많다. 그러나 법령상의 허가를 받지 않았고, 사업자등록도 받지 않았다고 하더라도, 사업의 정도에 이른다면 소득세법상 '금융 및 보험업'에 해당한다.[8] 실제 사건으로 개인이 사업자등록을 하지 않은 채, 상호를 내걸고 1년 8개월을 넘는 제법 긴 기간 동안 자신의 계산과 책임 하에 업무용 차량과 종업원을 고용하여 70여명의 다수 고객을 상대로 900억원의 자금을 동원하여 수십 회에 걸쳐 금전을 대여하고 그에 대한 이자수익을 벌었다. 사업소득일까, 비영업대금일까?

> "…재무부장관의 단기금융업인가를 받지 아니했고 사업자등록을 필하지 아니했다 하더라도 금전거래행위는 그 규모와 횟수, 인적·물적 설비의 정도, 거래의 태양등 제반사정에 비추어 이자수익의 취득을 목적으로 하는 대금업을 영위한 것이라고 보아야 할 것이므로 위의 금전거래로 인하여 취득한 이자상당의 수입은… 대금업으로 인하여 발생한 사업소득에 해당된다."[9]

자기가 직접 소비(消費)할 목적으로 재화나 용역을 계속적·반복적으로 생산한다면, 이를 과세할 수 있을까? 이미 보았듯이, 예를 들어, 노동자가 집에 와서 텃밭을 가꾼다면, 거기에는 Haig-Simons가 말하는 소득이 있음은 분명하다. 그만큼 소비를 즐겼기 때문이다. 그렇지만 이런 활동을 과세하려면, 개인의 사생활이라는 영역을 없애고, 인간의 삶 전체가 국가의 영역, 공(公)의 영역에 들어가야 한다. 이런 정치체제 내지 헌법체제를 받아들이지 않는 이상, 결국 과세 못 한다.[10] 公의 영역과 사(私)의 영역을 나누는 기준은 나라마다 다르다. 우리 현행법에서는 영리를 목적으로 하는 행위라야 사업소득으로 과세한다. 미국세법에서는 자기 혼자 가꾸는 텃밭은 과세소득을 낳지 않지만, 계속적 반복적 활동이 아니더라도 품앗이는 적어도 이론상으로는 과세소득을

도로 보고 소득구분을 정한다. 대법원 2013. 2. 28. 선고 2010두29192 판결. 양도소득 비교과세는 아래 VI.

6) 대법원 2001. 4. 24. 선고 2000두5203 판결(탤런트 전속계약금); 2017. 7. 11. 선고 2017두36885 판결(변호사의 파산관재보수).

7) 대법원 1991. 11. 26. 선고 91누6559 판결 등. 제10장 제1절 3.

8) 대법원 1986. 11. 11. 선고 85누904 판결.

9) 같은 판결.

10) 제9장 제1절 I, VI.

낳는다.[11)]

2. 법정 사업

사업의 단계에 이르면 무조건 사업소득인가? 아니다. 소득세법 제19조를 보면, 사업소득은 '다음 각 호의 소득으로 한다'고 하면서 제1호에서 제21호까지 각종 사업을 들고 있다. 조문의 형식상 제1호부터 제21호까지의 어느 하나에 해당해야 사업소득이 된다. 2010년부터 유형별 포괄주의를 정한 제21호가 새로 들어옴으로써 사업소득의 범위가 넓어지기는 했지만 열거된 것이 아니면 사업소득이 아니라는 점은 여전.

예를 들어, 제1호를 보면 農業이 나오는데, 희한하게도 식량작물재배업을 명문으로 빼고 있다. 농업에서 식량을 제외하면 뭐가 남지… 위 21가지 중 다른 소득에 해당할 여지도 없으니 사업소득으로 과세하지 않는다는 말일텐데… 뭐지? 그렇다. 소득세를 안 낸다.[12)] 농민은 종래 농업소득세라는[13)] 세금을 따로 내다가 2010년에 폐지.[14)] 결국, 사업에서 버는 소득이라고 해서 무조건 사업소득이 되는 것이 아니라, 법 제19조 제1항 각 호에 해당해야 사업소득이다.

주식이나 채권을 사고 팔아 얻은 소득은 어떨까? 앞 보기의 돈놀이꾼이 900억원을 가지고 하루 종일 증권시장에 매달려 주식을 계속해서 사고 판다면, 그렇게 하여 번 돈은 사업소득일까? "사업"에 해당하는가? 그렇다고 말할 수도 있겠지만, 다시 그런 행위가 법에 정한 사업 가운데 어디에 해당해야 사업소득이다. 결국, 제11호의 금융업에 해당하는가가 문제. 법의 글귀에서는 애매하지만 사업이 아니라고 보면서[15)] 그런 행위에서 얻은 이자소득·배당소득만 과세한다. 2025년부터 회사채의 양도차익이나 주권상장법인 소액주주의 주식양도차익을 과세하겠다던 금융투자소득세는 폐지.[16)]

판례에 여러 차례 나온 예로, 토지나 건물을 사고 파는 사업에서 생기는 소득은 무엇으로 구분하여야 할까? 2010년 법 개정으로 조문 편제를 많이 바꾸었으나 내용은

11) 미국 재무부 규칙 1.61-2(d); Rev. Rul. 79-24, 1979-1 CB 60.

12) 작물이 아닌 농업의 소득은 사업소득이지만 일정범위 안에서 비과세한다. 소득세법 제12조 제2호.

13) 옛 지방세법 제214조. 종래에는 '농지세'라고 불렀으나, 2000년말 지방세법 개정시 '농업소득세'로 바꾸었다.

14) 2010. 1. 1. 법률 제9924호 개정. 그 이유는 '농업의 국제경쟁력 강화'라고 한다. 영농조합법인이나 농업회사법인의 법인세도 면제한다. 조세특례제한법 제66조, 제68조. 농민은 200만이 넘고 어민은 몇만명. 제2장 제2절 II. 3.

15) 대법원 2013. 12. 12. 선고 2012두21956 판결.

16) 제12장 제1절 5). Tipke/Lang, 제8장 417 문단. 미국법에서는 취득원가에 마진을 붙여 고객에게 파는 dealer의 단계에 이르면 사업소득(경상소득)으로 구분하고, 값이 올라서 생기는 차익을 노리는 투자자 단계(간헐적 투자자인 investor나 직업적 투자자인 trader)에는 양도소득으로 저율과세한다. 미국세법 제1221조(a). Bielfeldt v. CIR, 231 F3d 1035(7th Cir. 2000), cert. denied, 122 S. Ct 38(2001).

거의 그대로. 현행법에서는 부동산매매업이 부동산업(不動産業)의 일종으로서 사업소득의 범위에 들어 있지만 여전히 세액계산 특례가 있다.[17] 아래 VI. '주거용 건물개발 및 공급업'은 부동산매매업이 아니라고 보아서 위 특례를 적용하지 않는다.[18]

무속인 등 종교인 개인이 버는 소득은 기타소득으로 신고할 수 있다.[19]

3. 사업에서 발생하는 소득

사업소득이란 사업에서 발생하는 소득이다. 법정사업을 하더라도 그 사업에서 발생하는 소득만 사업소득이고, 그 밖의 다른 활동에서 버는 돈은 사업소득이 아니다. 예를 들어 낮에는 근로자로 일하면서 저녁에 따로 장사를 한다면, 근로소득 따로 사업소득 따로. 이때 근로소득은 사업소득의 범위에 들어가지 않는다. 그러나 사업소득의 범위가 어디까지인가를 판단하기 어려운 경우들이 있다.

장사를 하면서 여유자금을 잠시 은행에 넣어 이자(利子)를 받는다면, 이 이자는 사업소득일까, 이자소득일까? 법조문의 글귀로는 분명하지 않지만, 제도권 금융기관에서 받는 이자는 이자소득으로 본다. 이자가 사업활동으로 번 돈에서 생긴 것인지, 살림의 여유자금에서 생긴 것인지를 구별할 길이 없다는 점을 생각한다면, 이자소득이라고 봄이 옳다. 그렇지 않다면 당사자가 언제든지 자기에게 유리한 쪽으로 골라갈 수 있을 테니. 다른 한편, 물건을 외상이나 할부로 파는 경우 물건값 속에 들어 있는 이자상당액은 사업소득이다.[20] 사업의 여유자금을 잠시 주식에 투자해서 생기는 처분손익도 사업소득에는 반영하지 않는다.[21] 독일법에서는, 사업소득과 금융투자(금융자산) 소득의 구별이 중첩되는 때에는 사업소득으로 본다는 명문의 규정이 있으므로, 가령 기존 사업과 연관이 있어서 취득한 주식에서 생기는 손익은 사업소득.[22]

---

17) 소득세법 제19조 제1항 제12호, 소득세법 제64조. 헌법재판소 2013. 6. 27. 2011헌바386 결정; 2017. 8. 31. 2015헌바339 결정. 매수인의 지위를 양도하는 것도 부동산매매업. 대법원 2013. 2. 28. 선고 2010두29192 판결.

18) 소득세법 제19조 제1항 제6호, 제80조 제3항 단서 및 같은 법 시행령 제122조, 제143조 제4항 제2호 (나)목 괄호. 원래 주택을 신축하여 판매하는 사업도 그 속성상 부동산매매업에 포함되는 것이지만 주택공급을 촉진하기 위하여 부동산매매업보다 세액의 산정 등 세제상 우대조치가 많은 건설업(현행법에서는 부동산 개발 및 공급업)으로 의제한 것이다. 대법원 1998. 3. 13. 선고 97누20748 판결. 따라서 여기에서 주택이란 본래부터 주거용으로 사용될 목적으로 신축된 것을 말하고, 오피스텔과 같이 그 공부상 용도를 업무시설 등으로 하여 신축된 경우에는 설령 그것이 사후에 주거용으로 사용된다고 하더라도 해당하지 않는다. 대법원 2010. 7. 22. 선고 2008두21768 판결.

19) 소득세법 제21조 제1항 제26호.

20) 대법원 1991. 7. 26. 선고 91누117 판결. 제4절 I. 3.

21) 양도소득세를 매기는 수는 있다. 제12장 제1절.

22) 독일 소득세법 제20조 제8항, 제21조 제3항. Tipke/Lang, *Steuerrecht*(제24판, 2021), 제8장 590문단. 이하 달리 적지 않은 한 Tipke/Lang이란 제24판.

부동산(不動產)에 관한 소득의 구분에는 상당한 혼란. 지상권이나 지역권은, 부동산소유자가 새로 설정해주고 받는 돈이든 지상권자나 지역권자가 대여하고 받는 돈이든 다 원칙적으로 부동산업으로 사업소득이다[23] 한편 광업권 등은? 부동산 소유자가 설정해주고 받는 돈은 사업소득이지만[24] 광업권자 등이 대여해주고 받는 돈은 기타소득.[25] 사업용 고정자산으로 쓰던 부동산을 팔아 생긴 소득은 사업소득인가, 아니면 讓渡所得인가? 양도소득.[26] 한편 업무용 승용차나 기계장치 같은 동산이라면 감가상각은 필요경비로 떨어내고[27] 양도차익은 사업소득.[28] 조합기업(공동사업장)이나 조세특례제한법상 동업기업 지분의 양도는 제14장 제4절.

〈대법원 2013. 9. 13. 선고 2011두6493 판결〉

임목이 임지와 함께 양도된 경우 임목의 양도로 발생하는 소득이 사업소득에 해당하는 경우에는 원칙적으로 임목의 양도로 발생하는 소득을 제외한 나머지 소득만이 임지의 양도에 따른 양도소득세의 과세 대상이 된다고 봄이 타당하다. 그리고 이때 임목의 양도로 발생하는 소득이 사업소득에 해당하는지는 임목을 생산하기 위한 육림활동이 수익을 목적으로 하고 있는지 여부와 그 내용, 규모, 기간, 태양 등에 비추어 사업활동으로 볼 수 있는 정도의 계속성과 반복성이 있는지 여부 등을 고려하여 사회통념에 따라 판단하여야 한다. 그리고 임목이 임지와 함께 양도되었더라도 임목을 생산하기 위한 육림활동이 없었거나 육림활동이 있었더라도 거기에 사업성이 인정되지 아니하는 경우에는 임목이 임지와는 별도의 거래 대상이 되었다고 볼 만한 특별한 사정이 없는 한 그 양도로 발생하는 소득 전부가 양도소득세의 과세 대상이[다]

근로소득, 이자소득, 양도소득 또는 달리 어느 소득으로 구분되지 않는 이득으로 "사업(事業)과 관련(關聯)된 수입(收入)금액으로서 해당 사업자에게 귀속되었거나 귀속될 금액은 총수입금액에 산입한다."[29] 휴업이나 폐업보상금은 실질을 따져서 영업손

23) 소득세법 제19조 제1항 제12호 및 제21조 제1항 제9호. 대법원 2009. 9. 24. 선고 2007두7505 판결. 불법점유자에게서 받는 보상금은 부동산임대소득이 아니다. 대법원 1973. 2. 13. 선고 72누126 판결 등.

24) 소득세법 제19조 제3항 및 한국표준산업분류표상의 70119(기타 부동산임대업).

25) 소득세법 제21조 제1항 제7호.

26) 소득세법 제19조 제1항 제20호. 대법원 2008. 1. 31. 선고 2006두9535 판결; 2013. 9. 13. 선고 2011두6493 판결. 한편 광업에 사용하던 광업권의 보상금은 기타소득이 아니라 사업소득이라는 견해로 김두형, 손실보상금의 종류와 과세소득의 구분, 조세법연구 21-2(2015), 108쪽.

27) 소득세법 제33조 제1항 제6호. 아래 Ⅱ.3. 제21장 제2절.

28) 대법원 2000. 6. 9. 선고 98두4313 판결(기계이전보상금). 이 책 2017년판 397쪽, 2019년 개정 소득세법 제19조 제1항 제20호.

29) 대법원 2008. 1. 31. 선고 2006두9535 판결; 2013. 5. 24. 선고 2012두29172 판결(폐업보상금).

실 보상이라면 사업소득이고 양도소득 과세대상 자산의 양도대가 부분은 양도소득이다.[30] 무상으로 받은 자산의 가액과 채무의 면제 또는 소멸로 인하여 발생하는 부채의 감소액도 사업과 관련한 것이라면 총수입금액에 산입.[31] 명문의 규정이 없는 경우 사업에서 발생한 소득 내지 '사업과 관련'이 있는 총수입금액의 범위라는 문제는 공(公)과 사(私)의 영역 구별 문제. 소득의 원천 같은 어떤 선험적(先驗的) 소득 개념에 따라서 결정할 일은 아니다.[32]

사업자가 거래상대방으로부터 직접 받는 것만이 아니고 제3자를 통하여 간접적으로 얻은 수입금액도 총수입금액에 들어간다.[33] 종업원이 판매대금을 횡령했더라도 판매할 권한을 준 이상 법률효과는 사업자 본인에게 돌아가므로 횡령당한 금액도 총수입금액에 들어간다.[34]

사업자가 만들거나 사들인 물건을 자기가 직접 소비(消費)하면 어떨까? 이 경우 그에게 소득이 있다고 보아야 하려나? 앞서 보았듯이, 근로소득자가 집에 와서 텃밭을 일구는 행위는 과세소득을 낳지 않는다. 그러나 사업자라면 스스로 생산한 재화를 직접 소비하는 것은 과세.

> 소득세법 제25조 (총수입금액계산의 특례) ② 거주자가 재고자산 또는 임목을 가사용으로 소비하거나[35] 종업원 또는 타인에게 지급한 경우에도 이를 소비하거나 지급했을 때의 가액[36]에 해당하는 금액은 그 소비하거나 지급한 날이 속하는 과세기간의 사업소득금액 또는 기타소득금액을 계산할 때 총수입금액에 산입한다.

직접 소비하는 물건의 원가는 필요경비가 되므로, 소득에 잡히는 금액은 시가와 차

30) 대법원 2008. 1. 31. 선고 2006두9535 판결; 2013. 5. 24. 선고 2012두29172 판결.

31) 대법원 1998. 3. 13. 선고 97누1853 판결. 소득세법 제26조 제2항은 본문을 전제하고 있고, "채무의 소멸"이라는 말이 시효소멸을 포섭하는 것과 균형을 맞추자면 "무상으로 받은"이라는 글귀도 시효취득을 포섭한다. 제18장 제1절 II. 무상으로 받은 자산의 가액이나 채무의 면제 또는 소멸로 얻은 이익이 이월결손금의 보전에 충당된다면 총수입금액에 산입하지 않는다. 개인소득세에서 이런 경우가 실제 생기리라고는 상상하기 어렵지만. 증여세는 제25장 제3절 III.3.

32) 제9장 제1절 참조.

33) 대법원 2016. 12. 29. 선고 2014두205 판결(대금결제에 끼어 있는 금융기관을 통한 마일리지).

34) 가산세는 감면받을 수 있다. 대법원 2022. 1. 14. 선고 2017두41108 판결.

35) 대법원 1994. 8. 12. 선고 93누23169 판결(재고자산인 주택). 공동사업자들이 상호간의 지분만을 정리하여 신축한 상가건물의 일부를 공동사업자 1인의 단독소유로 한 것은 그 실질에 있어서 공동사업자들이 상가건물의 일부를 자신들이 직접 사용하는 것과 다르지 아니하므로 그 때의 판매가액에 상당하는 금액을 그날이 속하는 연도의 총수입금액에 산입하여야 한다. 대법원 2001. 9. 18. 선고 2000두2068 판결.

36) 제조업자의 판매가액을 말한다. 소득세법시행령 제53조 제9항, 제51조 제5항. 부가가치세는 제23장 제5절 III. 5.

액나는 부분인 미실현이득이다. 근로소득자가 직접 만들어 먹는다면 소득이 없지만 사업자가 직접 만들어 먹으면 시세 차액을 소득으로 과세한다니, 모순이잖아. 왜 이런 규정을? 이미 국가가 관여하는 공(公)의 얼안에 들어 있고 없고가 달라서 사적인 자유를 새로이 침해하지 않는 까닭이다.[37] 여기서 시가란 제23장 제5절 II. 5.

II. 사업소득의 소득금액과 필요경비

사업소득(事業所得)의 소득금액은 해당 과세기간의 총수입금액에서 이에 사용된 必要經費를 공제한 금액이다.[38] 사업과 관련된 수입금액으로서 해당 사업자에게 귀속되었거나 귀속될 금액은 총수입금액에 산입한다.[39] 필요경비에 산입할 금액은 해당 과세기간의 총수입금액에 대응하는 비용으로서 일반적으로 용인되는 통상적인 것의 합계액으로 한다.[40]

1. 사업소득≠사업의 소득

그렇게 본다면 사업소득의 소득개념은 "사업" 자체를 하나의 단위로 보고 사업이라는 단위에 순자산증가설(純資產增加說)을 적용한 것처럼 읽힌다.[41] 그러나 사업소득의 소득 개념이 반드시 기업자체의 소득은 아니다. 사업상의 운전자금에서 생기는 금융소득은 사업소득이 아니라 이자소득이나 배당소득. 또 사업에 쓰던 부동산의 양도에서 생기는 소득도 사업소득이 아니라 양도소득이 된다. 사업자가 자신의 인건비를 계산했더라도 이는 따로 근로소득이[42] 아니고 여전히 사업소득의 일부에 포함된다. 그렇다면 사업소득의 범위는 어디까지인가? 일단은 사업을 하나의 실체처럼 보고 순자산증가설로 소득을 계산한 뒤, 그런 소득 가운데 이자소득, 배당소득, 양도소득 같이 다른 소득으로 구분되어 나간 소득을 제외한 나머지가 事業所得이라고 정의할 수 있다.

아무튼 사업 그 자체를 하나의 기업실체로 보고 순자산의 증감을 따져서 소득을 계산하는 과정은 필요하다. 우선 이 계산이 나와야 사업소득과 다른 소득의 구분 또는

37) Helvering v. Independent Life Ins. Co., 292 U.S. 371 (1934), 특히 379쪽.

38) 소득세법 제19조 제2항. 총수입금액과 필요경비의 귀속시기는 제18장 제1절 III. 결손금에 대해서는 제10장 제3절 I. 5), 제18장 제1절 III. 2. 독일법에서는 재무상태표로 계산하므로 사업소득의 소득금액(Gewinn)을 (기말순자산 - 기초순자산 - 추가투자액 + 자금인출액)으로 정의한다. 독일 소득세법 제4조 I, 제5조 I.

39) 대법원 2013. 5. 24. 선고 2012두29172 판결(폐업보상금은 사업소득).

40) 소득세법 제27조 제1항.

41) Tipke/Lang, 제8장 181문단. 제14장 제1절 I.

42) 일본법은 한때 그랬다.

사업소득의 소득금액 계산이 가능한 까닭이다. 따라서 사업자는 일단 사업 그 자체가 하나의 실체인 듯 사업재산과 사업상 채무를 특정하고 해마다 그런 자산부채에 터잡은 순자산의 증감액을 계산하여야 한다. 이 계산은 법인세법과 마찬가지이다. 총수입금액과 필요경비가 어느 해에 속하는가를 판단하는 기준에[43] 대하여는 뒤에 법인세와 묶어서 세무회계 문제로 따로 다루기로 한다.

(보기) 서울공업사는 사업남 씨가 경영하는 개인사업체로, 올해의 손익계산서에 나타난 수익과 비용이 다음과 같다. 사업소득의 총수입금액이나 필요경비에 산입하지 않는 것을 표시하고 사씨의 사업소득금액을 계산하라.

매출액	2억원
매출원가	(1억원)
매출총이익	1억원
대표자급여	(5천만원)
이자수익	3천만원
토지건물처분이익	1천만원
투자주식처분손	(5백만원)
당기순이익	8천5백만원

(풀이) 총수입금액불산입: 이자소득 3천만원, 양도소득(토지건물처분이익) 1천만원
필요경비불산입: 대표자급여 5천만원, 유가증권처분손 5백만원
사업소득의 금액 = 1억원
= 2억원 - 1억원
= 8천5백만원 + 5천만원 + 5백만원 - 3천만원 - 1천만원

2. 위법비용 ∉ 일반적으로 용인되는 통상적인 비용

필요경비의 요소로 '一般的으로 용인되는 通常的인' 비용이라는 것은 매우 불안정한 개념이다. 얼핏 생각하면, 어떤 경비가 사업상 필요한가는 오로지 사업자의 주관적 판단에 맡겨야 맞다. 다른 한편 가령 사업과정에서 입은 재해손실의 공제를[44] 사업자의 주관적 판단으로 정당화할 수는 없다. 결국 필요경비인가 아닌가를 판단하자면 어느 정도 객관적 기준을 들여올 수밖에 없다. 이리하여 독일에서는 사업과 객관적 관련

43) 소득세법 제27조 제1항, 제2항. 이 책 제6편.
44) 대법원 1987. 3. 24. 선고 86누20 판결.

이 있고 주관적으로는 사업에 이바지할 요량으로 지출한 것이라야 필요경비라고 한다.[45] 美國法에서도 이와 비슷한 내용으로 '필요하고 통상적인 범위만을 손금에 산입한다'는 조항이 있는데,[46] 그에 따라 여러 가지 어려운 문제가 생겼다. 전형적인 예가 Goedel 판결. 걱정이 많은 증권중개업자(우리나라로 치자면 증권회사이지만 이 사건에서는 개인이었다)가 있었다. 만약 누군가 대통령을 암살하면 금융시장에 큰 혼란이 생겨서 사업에 사달이 나리라 염려한 나머지 대통령의 생명에다 보험을 걸었다. 대통령을 피보험자로 자신을 보험수익자로 삼는 보험에 가입한 것. 이 사건 쟁점은 이 보험료의 공제 가부. 법원이 내린 답은? 못 한다고.[47] 통상적인 범위를 넘는 기우(杞憂)라는 것. 전반적으로는 경비의 필요성은 경영자의 판단, 곧 상법에서 말하는 경영판단의 원칙에[48] 따르지만 다른 한편으로는 통상성이라는 객관적인 잣대를 가지고 법원에서 사후적으로 통제한다는 말. 제22장 제1절 X.

> 일반적으로 인정되는 통상적인 비용이라 함은 납세의무자와 같은 종류의 사업을 영위하는 다른 법인도 동일한 상황 아래에서는 지출했을 것으로 인정되는 비용을 의미하고, 그런 비용에 해당하는지 여부는 지출의 경위와 목적, 형태, 액수, 효과 등을 종합적으로 고려하여 객관적으로 판단하여야 할 것인데, 특별한 사정이 없는 한 사회질서에 위반하여 지출된 비용은 여기에서 제외된다 할 것이다.[49]

> "법령에 따라 금지된 행위가 아니라고 하여 곧바로 사회질서에 위반하여 지출된

45) Tipke/Lang, 제8장 212문단, 231문단 참조.

46) 미국세법 261조(a). "There shall be allowed as a deduction all the ordinary and necessary expenses paid or incurred during the taxable year in carrying on any trade or business⋯."

47) Goedel v. CIR, 39 BTA 1(1939). 점쟁이(목사)에게 준 경영고문료 필요경비 불산입으로 Amend v. Commissioner, 454 F. 2d 399 (7th Cir., 1971); Trebilcock v. Commissioner, 557 F.2d 1226 (6th Cir., 1977)

48) 대법원 2002. 6. 14. 선고 2001다52407 판결; 2005. 10. 28. 선고 2003다69638 판결; 2007. 10. 11. 선고 2006다33333 판결. 제22장 제1절 X.

49) 법인세 사건으로 대법원 2009. 11. 12. 선고 2007두12422 판결; 2010. 10. 28. 선고 2010두8614 판결; 2017. 10. 26. 선고 2017두51310 판결(담합사례금). 부가가치세(매입세액불공제) 사건으로 대법원 2023. 5. 18. 선고 2022두31570등 판결. 이와 어긋나는 예전 판결로 대법원 1998. 5. 8. 선고 96누6158 판결; 2009. 6. 23. 선고 2008두7779 판결(위법한 손실보전금은 법인세법상 손금). 민사판결로 대법원 2005. 10. 28. 선고 2003다69638 판결(뇌물). 미국판결은 Commissioner. v. Tellier, 383 US 687(1966); Deputy v. Dupont, 308 U.S. 488(1980); INDOPCO Inc. v. Commissioner, 503 U.S. 79 (1992). 본문의 논점은 미국법에서는 사업인가 사적지출인가이고 통상성이라는 말은 당기비용과 자본적 지출의 구별기준. 일본판결로 最高裁判所 1968(昭和 43). 11. 13. 昭和36(オ)944 판결. 유럽법의 위법비용 손금불산입은 Business in Europe: Framework for Income Taxation(이하 "BEFIT") 16조.

비용이 아니라고 단정할 수는 없고, 그것이 사회질서에 위반하여 지출된 비용에 해당하는지 여부는 그런 지출을 허용하는 경우 야기되는 부작용, … 이에 대한 사회적 비난의 정도, 규제의 필요성과 향후 법령상 금지될 가능성, 상관행과 선량한 풍속 등 제반 사정을 종합적으로 고려하여 사회통념에 따라 합리적으로 판단하여야 한다."[50]

위법소득을 얻기 위하여 지출한 비용이더라도 필요경비로 인정함이 원칙이라 할 것이나, 그 비용의 지출이 사회질서에 심히 반하는 등 특별한 사정이 있는 경우라면 필요경비로 인정할 수 없다고 할 것이다. 원심판결 이유에 의하면, 피고인들은 이 사건 유흥주점의 유흥접객원과 영업상무 등에게 성매매 수당 내지 성매매 손님 유치 수당을 지급했음을 알 수 있다. 이러한 수당은 성매매 및 그것을 유인하는 행위를 전제로 지급된 것으로서 그 비용의 지출은 선량한 풍속 기타 사회질서에 심히 반하므로 필요경비로 인정할 수 없다.[51]

3. 필요경비의 범위

어떤 비용이 사업소득의 총수입금액에 대응(對應)하는 비용(費用)인지에 대해서는 몇 가지 문제가 생긴다. 첫째, 사업용 건물의 감가상각비(減價償却費)는 필요경비가 된다.[52] 그런데 앞서 보았듯 사업용으로 쓰던 건물의 양도에서 생기는 소득은 사업소득이 아니라 양도소득이므로 소득금액이 문제된다. 예를 들어 1억원 주고 산 건물을 한 해 동안 쓰면서 감가상각 1천만원을 필요경비로 떨고 그 뒤 이를 1억원에 팔았다. 양도소득의 금액은? 이미 감가상각을 1천만원 떨었으니 양도소득 계산시에는 1천만원의 소득이 있는 것으로 보아야 계산이 맞다. 따라서 법은 기왕의 감가상각액을 취득가액에서 공제하여 양도소득에 더하도록 정하고 있다.[53]

둘째, 사업상의 필요경비와 사적(私的)소비 내지 가계(家計)지출의 구별 또는 사업재산과 사적 재산의 구별은 사실 매우 어렵다. 예를 들어 작가의 여행경비는 소설의 필요경비인가?[54] 변호사가 법과대학이나 변호사협회에서 실시하는 보수교육에 내는 수강료는?[55] 변호사가 경영대학의 최고경영자 과정에 내는 돈은? 변호사가 5,000cc짜

50) 대법원 2015. 1. 15. 선고 2012두7608 판결(약품도매상이 약국에 지급한 리베이트). 비판적 평석으로 이준봉, 법인세법상 주요 쟁점에 대한 판례의 동향과 전망, 조세법연구 22-3(2016), 139-148쪽.

51) 대법원 2015. 2. 26. 선고 2014도16164 판결.

52) 소득세법 제33조 제1항 제6호.

53) 소득세법 제97조 제2항. 헌법재판소 2017. 9. 28. 2016헌바181 결정. 양도소득을 낮게 과세하는 미국법에서는 이처럼 더하는 금액을 경상소득으로 재구분(recapture)한다. 미국세법 1245조. 애초 감가상각이 경상소득을 줄인 까닭이다.

54) 부인한 판례로 Ballantine v. CIR, 46 TC 272(1966).

55) 인정한 판례로 Coughlin v. CIR, 203 F2d 307(2d Cir. 1953). 미국 현행법의 교육비공제는 미국세법 62조(a)(18), 222조 참조. 우리 법에서는 근로소득자만 교육비세액공제를 받는다. 소득세법 제59

리 고급승용차를 출퇴근과[56] 업무에 사용한다면 이 차에 관련되는 비용은 모두 필요경비인가? 1,500cc짜리 자동차로도 업무에 아무런 지장이 없다면, 차액은 개인적 소비 아닌가?[57] 식구를 서울에 두고 직장이 있는 지방에 가서 산다면 숙박비는 필요경비인가?[58] 정답이 없으니[59] 결국 행정청 및 법원의 주관적 판단.

셋째, 사업소득을 얻기 위하여 들어간 비용이 아니라 다른 소득을 얻기 위하여 들어간 비용은 사업소득의 필요경비가 아니다. 사업소득의 총수입금액에 대응하는 경비가 아닌 까닭이다. 가령, 사업자가 장사를 하는 과정의 여유자금에서 이자소득을 벌었다고 하자. 법 제16조 제2항을 보면, '이자소득금액은 해당 과세기간의 총수입금액으로 한다'고 정하고 있으므로, 비용 가운데 이자소득에 대응되는 부분은 빼고 나머지만이 사업소득의 필요경비가 된다. 그러나 실제로 그런 계산은 매우 어렵고 복잡해진다.[60] 과세되지 않는 경제적 이익이나 비과세소득을 버는데 들어간 경비도 과세소득의 계산에서 못 뺀다. 사업소득의 "총수입금액에 대응하는 비용"이 아니니까.[61]

사업상의 필요경비인지 문제되는 대표적 예가 支給利子이다. 얼핏 생각하면 지급이자를 필요경비로 빼 줄 것인가는 차입금의 목적이나 용도가 사업과 가사 가운데 어느 쪽인가를 따져서 정함이 당연해 보인다. 가령 어떤 사람에게 100억원이 있다. 이 돈으로 사생활자산을 샀다. 따로 100억원을 연리 10%로 은행에서 꿔서 사업에 투자했고 매출이익이 10억원 남았다. 이 사람의 사업소득은? 매출이익 10억원에서 지급이자 10억원을 공제한 영(0)이겠지? 사실관계를 바꾸어 이 사람이 원래 있던 100억원을 사업에 투자하고 은행에서 꾼 100억원으로 사생활 자산을 샀다면 결과가 달라져야 하는가? 이 경우 사업소득이 10억원이라고 국세청이 결정한다면 이 사람은 어떻게 할까? 사업재산을 팔아서 기존의 은행 빚을 갚고 새로 은행 빚을 얻어서 사업재산을 다시 살 것이다. 그러면 사업소득은 다시 영(0)이 되는가?

법령은[62] 이렇게 정하고 있다. '사업용 자산의 합계액이 부채의 합계액에 미달하

조의 4 제3항.

56) 미국에서는 출퇴근 비용은 필요경비로 공제하지 못한다. Sanders v. CIR, 439 F2d 196, 특히 299쪽. Coombs v. CIR, 67 TC 426, 특히 473-477쪽.

57) 소득세법 제33조의2는 감가상각비, 임차료, 유류비의 공제에 상한을 두고 있다. 미국세법 제280F조는 자동차 감가상각액이나 임차료의 손금산입에 상한을 두고 있다. 한편 미국세법 제162조(a)(2)는 사치스러운 교통비를 손금불산입한다고 정하고 있지만 실무에서 비행기의 1등석 요금 따위를 실제로 손금불산입하고 있지는 않다. Bittker, McMahon & Zelenak, 13.02[4]절.

58) 부인한 판례로 Flowers v. Commissioner., 326 US 465(1946).

59) Bittker, McMahon & Zelenak, 11.02[1]절.

60) 가령 지급이자를 공제할 수 있는가에 관해 대법원 2001. 11. 13. 선고 99두4082 판결과 2002. 1. 11. 선고 2000두1799 판결은 비슷한 사실관계에서 서로 엇갈리는 느낌을 준다.

61) 독일소득세법 제3c조, 미국세법 265조 참조.

는 경우에 그 미달하는 금액에 상당하는 부채의 지급이자 … 은 … 가사(家事)의 경비와 이에 관련되는 경비'로 본다. 따라서 필요경비에 산입하지 아니한다.[63] 무슨 말? 돈을 꾸었는데, 사업용 자산보다 부채가 더 많다고 하면, 그 차액은 사생활 내지 가사 관련 경비라고 할 수 있을 것이므로 이를 필요경비에 넣지 않겠다는 뜻이다.[64] '사업에서 손해를 보아 부채가 자산보다 많아지는 경우도 있을 수' 있지만 합헌.[65] 앞 문단에서 보았듯 어차피 1:1 추적이 불가능하다고 전제하면 사업용 자산의 합계액이 부채보다 많은 이상 지급이자는 모두 사업상 필요경비로 보아야 맞는다.[66] 결국 논점은 차입금이, 사업자금, 소비자금, 비과세투자자금, 이런 여러 가지 활동에 어떻게 들어갔다고 볼 것인가라는 자금흐름에 대한 간주규정 내지 충당순서 문제가 된다. 무엇부터 쌓을 것인가라는 쌓기 규칙(stacking rule). 아마도 차입금은 여러 가지 활동에 골고루 들어갔다고 간주하는 조문을 두는 편이 상책일 것이다.[67] 해석론으로도 그래야 혼란을 막는다.

사업경비 여부를 넘어서 지급이자는 한결 근본적 문제를 안고 있다. 가사관련 이자라고 해서 빼 주지 않는 것이 과연 옳을까? 이 문제는 뒤에 근로소득 부분에서 살펴보기로 한다.

필요경비와 자산(취득)원가의 구별은 제18장 제1절 V, 제21장 제5절 III.

Ⅲ. 필요경비 불산입

소득세법 제33조 (필요경비불산입) ① 거주자가 해당 과세기간에 지급했거나 지급할 금액 중 다음 각 호에 해당하는 것은 사업소득금액을 계산할 때 필요경비에 산입하지 아니한다.

1. 소득세와 개인지방소득세

2. 벌금·과료(통고처분에 따른 벌금 또는 과료에 해당하는 금액을 포함한다)와 과태료

62) 소득세법시행령 제61조 제1항 제2호.

63) 소득세법 제33조 제1항.

64) 현행법이 생기기 전의 판례는 다르다. 대법원 1989. 4. 11. 선고 88누6054 판결.

65) 한만수, 조세법강의, 2편 1장 3절 IV.3. 대법원 2025. 1. 9. 선고 2022두32382 판결.

66) 당초 자기자본으로 임대용부동산을 취득했다가 그 후 투하자본의 회수를 위하여 새로 차입한 금원을 자본인출금으로 사용한 경우에도… 지급이자로서 필요경비에 산입한다. 대법원 2002. 1. 11. 선고 2000두1799 판결; 2010. 1. 24. 선고 2009두11874 판결.

67) 사실관계는 다르지만 대법원 1989. 1. 17. 선고 87누710 판결. 독일법은 사업상 투자액 및 사업소득의 합계보다 인출액이 더 많다면 사업상 차입금이더라도 지급이자의 공제를 부인하고 있다.

3. 국세징수법이나 그 밖에 조세에 관한 법률에 따른 가산금과 강제징수비

4. 조세에 관한 법률에 따른 징수의무의 불이행으로 인하여 납부했거나 납부할 세액(가산세액을 포함한다)

5. … 가사의 경비와 이에 관련되는 경비

6.-14. (생략)

15. 업무와 관련하여 고의 또는 중대한 과실로 타인의 권리를 침해한 경우에 지급되는 손해배상금

위에서 보듯 소득세법 제33조는 거주자가 지급한 경비 가운데서 필요경비로 빼주지 않는 것들을 열거하고 있다. 뒤에 세무회계에서 본다.[68)]

한 가지만. 벌금・과료・과태료는 필요경비로 안 빼 준다. 담세력만 보면 내가 장사하다가 벌금을 냈다면, 그만큼 가난해진 것만은 분명하다. 그렇다면 이도 역시 필요경비로 인정해 주어야 하는 것이 아닌가? 반론: 벌금을 비용으로 빼 준다면, 결국 그 사람의 벌금액을 국가가 보조해 주는 것 아닌가?[69)] 세법을 '담세력' 하나만 고려해서 만들 수 없다. 정의나 공평은 담세력보다 넓은 개념이고, 또 정의나 공평조차도 세상을 이끄는 유일한 가치일 수야 없다.[70)]

Ⅳ. 표준소득률과 추계과세

앞에서 본 필요경비의 범위 문제나 필요경비 불산입은 기실 장부를 기장해서 실제소득을 계산하는 경우에나 생기는 문제이다. 개인사업자의 대다수는 기장을 안 하니까. 그래서 소득표준율(所得標準率), 표준소득률(標準所得率) 따위로 용어는 바뀌어 왔지만 업종별로 추계한 소득으로 과세한다. 사업을 하는 이상 원칙적으로 총수입금액이 얼마이고 필요경비가 얼마라서 소득금액이 얼마라는 것을 계산해야겠지만 조그만 장사를 하는 사람이 일일이 장부관리를 하기는 어렵고, 실제 못 한다. 따라서 총수입금액을 구하여 거기에 업종별로 추계한 일정비율을 곱하여 소득이 얼마인지를 추정한다.[71)] 이 비율은 기실 세율에 버금가는 중요성을 띤다. 이 비율은 기본적으로 법 제19

68) 제22장 제1절.

69) 벌금 등을 손금불산입하는 현행법이 생기기 전의 미국판례는 양 쪽 입장이 서로 엇갈리고 있다. Bittker, McMahon & Zelenak, 11.04[1]절. 한편 몰수로 생긴 손실의 손금산입은 공서양속에 반한다고 한다. Holt v. CIR, 69 TC 75(1977), aff'd per curiam, 611 F2d 1160(5th Cir. 1989). 마약업자의 필요경비는 전혀 인정하지 않는다. 미국세법 280E조.

70) 그러나 제15호는 입법론상 의문이다. 제22장 제1절 Ⅱ.4.

71) 제3장 제3절.

조의 각 호에 맞추어서 업종별로 정하는데 현재는 통계청의 한국표준산업분류에 기대고 있다.[72] 따라서 사업이 어느 호로 분류되는가가 중요한 의미를 가지게 된다. 표준율을 이용한 이런 과세제도에 대해서는 비판이 계속되어, 이렇게도 해보고 저렇게도 해보는 식으로 제도를 끊임없이 시험해 보고 있다. 2002년부터는 이른바 기준경비율제도를 택하여 인건비, 임차료 따위의 몇 가지 중요한 비용은 실제 금액을 증명해야만 필요경비로 빼 준다.[73] 정말 영세사업자가 아닌 한.

V. 부동산임대업에 대한 특례

오랫동안 부동산임대소득은 사업소득과 별개의 소득으로 구분하다가 2010년부터 부동산임대소득을 폐지하고 "부동산업 및 임대업"으로, 다시 현행법에 와서는 그냥 "부동산업"으로 사업소득에 넣고 있다.[74] 부동산임대 역시 본질적으로는 사업이니까. 다만 어느 정도 소극적 성격을 띤다는 점에서, 헌법재판소 위헌결정[75] 전의 옛 법은 자산소득합산과세 대상으로 삼고 있었다. 현행법도 세무회계와 경제적 실질의 차이를 악용한 가공손실을 염려해서 결손금(缺損金)의 통산(通算)에서 다른 사업소득과 차이를 두고 있기도.[76] 법정금액 미만의 주택임대소득은 분리과세.[77] 소득금액의 계산에 관한 한 가지 특례로 이른바 간주(看做)임대료 규정이 있다.

> 소득세법 제25조 (총수입금액 계산의 특례) ① 거주자가 부동산 또는 그 부동산상의 권리 등을 대여하고 보증금·전세금 또는 이와 유사한 성질의 금액 … 을 받은 경우에는 대통령령으로 정하는 바에 따라 계산한 금액을 사업소득금액을 계산할 때에 총수입금액에 산입한다. …

〈헌법재판소 1996. 12. 26. 94헌가10 결정〉

> …임대보증금 등에 대하여 총수입금액 간주규정을 두게 된 것은, 부동산임대의 형태는 임대료를 월세로만 받는 경우, 보증금으로만 받는 경우 및 일부는 월세로 일부는 보증금으로 받는 경우 등과 같이 현실적으로 여러 가지가 있으나, 보증금과 월세는 상호 대체관계에 있는 것이어서 보증금과 월세를 함께 받는 경우 보증금이 많을수록

72) 대법원 2013. 2. 28. 선고 2010두29192 판결. 제3장 제2절 2.
73) 소득세법시행령 제143조 제3항.
74) 소득세법 제19조 제1항 제12호. 독일 소득세법 제21조는 지금도 따로 구분.
75) 제10장 제2절 I.
76) 소득세법 제45조 제2항. 제10장 제3절 I. 가공손실에 대해서는 제21장 제2절 II.
77) 소득세법 제14조 제3항 제7호.

월세는 적어지고 보증금이 적을수록 월세는 많아지게 되는 것이므로 월세를 받는 임대료에 대하여는 이를 전부 수입금액으로 보아 과세하면서 보증금으로 받는 임대료에 대하여서는 과세하지 않는다면 이것이 오히려 과세의 형평을 저해하게 되는 점을 감안한 것이[다] … 그렇다면 이 사건 법률조항은 제청법원이 주장하는 바와 같은 위헌적 요소가 있다고 볼 수 없어 헌법에 위반된다고 할 수 없[다] …

재판관 김진우, 재판관 조승형의 반대의견

… 이 사건 법률조항은…소득이 없거나 그 소득이 이 사건 법률조항에 의한 간주차임에 훨씬 못미치는 경우까지, 월차임과 같이 매월 고정된 간주차임 이상을 얻는 것으로 간주하여 이를 총수입금액에 산입하여 소득세를 부과하고 있는 것이다.

반대의견은 아래 3)에 대한 세금은 1)과 같아야 하고, 3)을 4)와 같이 과세하는 현행법은 위헌이라는 말이다. 그 정도로 위헌이랄 것까지야, 이것이 다수의견이다. 그러나 어느 쪽이든 기실 이 결정은 논점을 제대로 이해하지 못한 채 그저 빙산의 일각만 본 난파선. 가령 한주택씨가 여태 살던 매매가격과 전세가격이 똑같이 10억원인 집을 임차자씨에게 10억원에 전세로 임대하고 본인은 다른 집을 10억원에 임차해서 이사한다고 하자. 조세특례제한법을 무시한다면 이사 후 한에게는 난데 없이 월세환산액으로 부동산임대소득이 생긴다. 경제적 형편에 아무 변화가 없는데. 무슨 일인가? 조금 더 생각해보자.

(보기) 매매가격과 전세가격이 10억원으로 거의 같은 주택이 있고 이자율과 법 제25조에 따른 전월세 환산율이 연 2%라 하자. 다음 각 경우 사업소득이나 임대소득은 법 제25조에 따를 때 각 얼마씩인가? 감가상각은 무시한다. 조세특례제한법은 무시하고 소득세법만 적용한다. 간주임대료를 폐지하면 과세소득이 어떻게 되는가?

1) 모은 돈 10억원을 예금하고 받은 이자 2,000만원을 월세임차료로 다 쓴 사람

2) 모은 돈 10억원으로 집을 사서 거기 사는 사람

3) 모은 돈 10억원으로 집을 사서 전세 놓고 전세보증금 10억원을 예금해서 받은 이자 2,000만원을 자기가 사는 월세집 임차료로 다 쓴 사람

4) 모은 돈 10억원으로 집을 사서 임대해주고 받은 월세임대료 2,000만원을 자기가 사는 월세집 임차료로 다 쓴 사람

5) 모은 돈이 하나도 없어서 임차료가 연 2,000만원인 월세집에 살면서, 은행에서 꾼 돈 10억원으로 다른 집을 사서 월세임대료 2,000만원을 받아서 은행이자 2,000만원

내느라 다 쓴 사람

6) 모은 돈이 하나도 없어서 임차료가 연 2,000만원인 월세집에 살면서, 이미 10억원에 전세살고 있는 사람이 있는 집을 전세보증금채무를 끼고 1원에 산 사람

7) 모은 돈이 하나도 없어서 은행에서 꾼 돈 10억원으로 집을 사서 거기 사는 사람

(풀이) 경제적 형편은 1)=2)=3)=4) 〉 5)=6)=7). 소득세법상 과세소득은?

1) 이자소득 2,000만원

2) 내재적 소득은 과세 안 한다. 과세소득 = 0원

3) 이자소득 2,000 + 간주임대료 2,000 - 필요경비 0 = 4,000만원

4) 임대소득 2,000 - 필요경비 0 = 2,000만원

5) 수입임대료 2,000 - 필요경비 2,000 = 0원

6) 간주임대료 2,000 - 필요경비 0 = 2,000만원

7) 내재적 소득은 과세 안 하고 지급이자 공제도 없다. 과세소득 = 0원

간주임대료를 폐지하면 과세소득이 1)=3)=4) 〉 2)=5)=6)=7)

왜 이런 결과가? 자기가 사는 집에 잠기어 있는 돈에 딸린 내재적(內在的) 소득을 현행법이 과세 안 하기 때문이다. 내재적 소득을 과세한다면 한주택의 보기에서는 이사 전에는 집값 10억원에 대한 내재적 소득을 과세하고 이사 후에는 지급한 임차보증금 10억원에 대한 내재적 소득을 과세하니, 아무 차이가 안 생긴다. 임차자는 자신의 임차보증금 10억원에 대한 내재적 소득에 세금을 물게 된다. 앞 (보기)에서 간주임대료를 폐지하고 내재적 소득을 과세한다면 1)=2)=3)=4) 〉 5)=6)=7)이라는 바른 결과를 얻는다. 제9장 제1절 II와 아래 제2절 V.2. 현행법은 입법론으로도 틀렸고 위헌이다. 1)과 3)의 균형이 깨어져서 경제적 효율과 자유권을 해치는 것만으로는 합헌일는지도. 그러나 6)을 2)보다 무겁게 과세하는 것은 대체로 수직적 공평이나 실질적 평등에 어긋날 것이다. 6)에서 임차인(賃借人)의 돈 10억원에 딸린 내재적 소득을 엉뚱하게 임대인(賃貸人)에게 과세하는 것은 재산권 박탈이다. 간주임대료는 거꾸로 간 것이다. 제2장 제3절 II. 내재적 소득은 실상 과세하기가 어렵고 대다수 입법례는 그냥 무시한다.[78] 그 대신 주택차입금 지급이자를 공제해준다. 왜 그렇게 할까? 1)=3)=4) 〉 2)=5)=6) 〉 7), 곧 집을 사라고 국가가 장려하는 것. 중산층이라는 심리가 생겨서 정치안정을 돕는다는 생각이다. 소형주택에 관한 조세특례는 아래 제2절 V.2. 임대인의 부가가치세 납세의무는 제21장 제5절 II.4.

78) 제9장 제1절 II.

Ⅵ. 부동산매매업에 대한 비교과세

〈헌법재판소 2017. 8. 31. 2015헌바339 결정〉

부동산매매업자가 1세대 3주택 또는 비사업용 토지(이하 '특례적용부동산'이라 한다)를 양도한 경우에는, '사업자로서의 종합소득산출세액'(㉠)과 '주택 등 매매차익에 양도소득세율을 적용하여 산출한 세액의 합계액'(㉡) 및 '종합소득과세표준에서 주택 등 매매차익의 해당 과세기간 합계액을 공제한 금액을 과세표준으로 하고 이에 종합소득세율을 적용하여 산출한 세액'(㉢)의 합계액 중 많은 것('㉠'과 '㉡+㉢' 중 많은 것)을 종합소득세로 납부하게 된다. 이 경우 대체로 ㉡과 ㉢의 합계액이 ㉠금액보다 많게 되어 부동산매매업자에게는 주로 양도소득세율에 의해 산정된 종합소득세가 부과되는 경우가 많은데, 그 이유는 종합소득금액을 계산할 때 필요경비에 포함되는 부동산매입자금에 대한 지급이자나 공제되는 이월결손금이 양도소득금액을 산정할 때는 적용되지 않고, 구 소득세법상 종합소득세 최고세율이 35%인 반면 특례적용부동산의 양도소득세율은 60%에 달하기 때문이다. 이른바 '비교과세제도'라고 일컬어지는 심판대상조항과 같은 특례는 1974년에 소득세법을 전문개정할 때 처음 도입된 것이다. 그 입법목적은 부동산매매업자들에게 최소한 양도소득세율을 적용한 세액을 납부하게 함으로써, 부동산매매업자로 등록하여 양도소득세의 중과를 회피하는 것을 방지하고, 부동산매매업자가 아닌 양도소득세 납세의무자들과 균형을 맞추고자 하는 것이었다.[79] …

청구인은 심판대상조항이 부동산매매업자의 사업소득에 대하여 양도소득세율을 적용하여 종합소득세액을 산출함으로써 다른 사업자와 달리 취급하고 있다고 주장하는바, 심판대상조항이 조세평등주의에 위반되는지를 판단한다. …

심판대상조항은 부동산매매업자의 모든 부동산 매매에 세액계산의 특례를 적용하는 것이 아니라, 투기를 억제할 필요가 있는 1세대 3주택 이상의 주택 또는 비사업용 토지 등을 양도하는 경우로 그 적용대상을 제한하고 있다. 또한 부동산매매업에 주택신축판매업은 제외 … 주택의 양도차익을 노린 단순한 전매업자에게만 특례가 적용되어 침해의 최소성을 유지하고 있다. …

심판대상조항의 적용을 한정할 경우, 다른 사업에서 이월결손금이 있는 부동산매매업자는 이월결손금의 범위 내에서 양도시기를 조절하여 집중적으로 매매차익을 실현하거나, 특례 적용대상이 아닌 부동산에서 일부러 매매차손을 내거나, 이자비용 등 필요경비를 과다지출하는 등의 다양한 방식으로 중과세를 회피할 수 있다. 특히 위와 같은 방식을 이용하여 종합소득금액이 결손이 되는 경우에는 특례적용부동산의 매매차익이 크더라도 산출세액이 0이 되어 입법목적이 완전히 의미를 상실하게 된다.

---

79) 헌법재판소 2022. 5. 26. 2019헌바7 결정; 2024. 2. 28. 2020헌바354 결정은 예정신고 납세의무를 다른 업종의 사업자나 부동산매매업 법인과 견주고 있지만 애초 양도소득세와 균형을 맞춘 것.

Ⅶ. 사업소득의 과세표준과 산출세액

제10장 제4절 I.

제 2 절 근로소득과 퇴직소득

소득세법 제20조 (근로소득) ① 근로소득은 해당 과세기간에 발생한 다음 각 호의 소득으로 한다.

1. 근로를 제공함으로써 받는 봉급·급료·보수·세비·임금·상여·수당과 이와 유사한 성질의 급여
2. 법인의 주주총회·사원총회 또는 이에 준하는 의결기관의 결의에 따라 상여로 받는 소득
3. 법인세법에 따라 상여로 처분된 금액
4. 퇴직함으로써 받는 소득으로서 퇴직소득에 속하지 아니하는 소득 (하략)

② 근로소득금액은 제1항 각 호의 소득의 금액의 합계액(비과세소득의 금액은 제외하며, 이하 "총급여액"이라 한다)에서 제47조에 따른 근로소득공제를 적용한 금액으로 한다.

근로소득 가운데에서 일용(日傭)근로자의 품삯은 분리과세하지만[80] 일단 근로소득이므로 근로소득공제 규정이 따로 있고[81] 세금은 원천징수세로[82] 끝. 제10장 제3절 I.

Ⅰ. 근로소득의 범위

1. 근로의 제공

'勤勞의 제공'이라는 말은 사업소득에서 '독립적'이라는 개념의 대구(對句)로, 상대적으로 '종속적'이라는 의미로 읽어야 한다. 사업소득과 근로소득의 구별은? 대뜸 근로기준법이 떠오르겠지만 그것만으로는 답이 안 나온다. 앞 제1절 I, 제3장 제2절 2. 예를 들어 연예인, 운동선수, 보험외판원의 소득은 일응 사업소득이지만[83] 이런

80) 소득세법 제14조 제3항 제2호.
81) 소득세법 제47조 제2항.
82) 소득세법 제129조 제1항 제4호 단서.

사람에게 일일이 신고납세의무를 지우기는 어렵다. 따라서 근로소득자나 마찬가지로 보험회사나 방문판매회사에서 원천징수와 연말정산 절차를 밟는다.[84] 대통령, 국회의원, 법관, 상장법인 최고경영자의 소득은? 추상적으로 국가나 회사에 종속된다고 보고 근로소득에 넣을 수밖에 없다. 종교관련 근로자의 소득은? 근로소득으로 원천징수하거나 확정신고하면 근로소득이고 안 했으면 기타소득이다.[85] 조합기업에서 조합원이 노무를 제공하고 받는 대가는 특별한 사정이 없는 한 사업소득의 분배이고 근로소득이 아니다.

2. 근로를 "제공함으로써"

근로를 "제공함으로써"[86] 받는 돈이라야 근로소득. 근로의 제공과 그 사람이 받는 급여 사이에 연관이 있어야 한다는 말이다. 고용주 아닌 제3자로부터 받은 돈도 근로의 대가인 이상 근로소득이다.[87] 한때 판례는 근로의 제공과 소득 사이에 對價관계가 있어야 한다고 했다. 예를 들어 임직원이 회사의 돈을 횡령한 경우, 대가관계가 없으니 근로소득이 아니라고.[88]

이 판례가 흔들리기 시작한 것은 소득처분(所得處分)을 형식적 법치주의의 위반으로 위헌이라 선언한 헌법재판소 결정 때문. 소득세법 제20조 제1항 제3호는 '법인세법에 따라 상여로 처분된 금액'을 근로소득으로 삼고 있다. 법인세법에 의하여 상여로 처분한다는 말은 장부에 급여로 반영하지 않은 채(따라서 개인소득을 누락시킨 채), 임직원이 법인에서 돈을 가져간 것이 있다면 법인세의 신고, 결정, 또는 경정 과정에서 해당 임직원에게 근로소득(상여)이 있었음을 확인하고 관계자에게 통지하는 것을 말한다.[89] 그런데 옛 법인세법은 소득처분에 관한 조문을 지금보다 훨씬 간단히 두어 그저 소득처분은 대통령령에 따른다고만 정하고 있었다.[90] 헌법재판소는 옛 법인세법상의 이 규정을 형식적 법치주의 위반이라면서 위헌결정.[91] 이렇게 되자, 옛 법에 따라 소득처분된 소득들은 어떻게 되는 것인가 하는 문제가 생겼다. 옛 법인세법에 의한

83) Tipke/Lang, 8장 123 문단. 미국법은 포괄적 소득개념을 따르지만 원천징수 때문에 근로의 정의가 여전히 문제된다. Bittker, McMahon & Zelenak, 44.03[2]절.

84) 소득세법 제73조 제1항 제4호, 제144조의2. 제5장 제6절 Ⅰ.

85) 소득세법 제21조 제1항 제26호 및 제4항.

86) 옛 법에서는 "근로의 제공으로 인하여"였다. 옛 소득세법(2009. 12. 31.자 개정 전) 제20조 제1항 제1호 (가)목.

87) 대법원 2007. 10. 25. 선고 2007두1941 판결; 2016. 10. 27. 선고 2016두39726 판결.

88) 대법원 1989. 3. 28. 선고 87누880 판결.

89) 법인세법 제67조. 제18장 제5절 Ⅶ.

90) 1994. 12. 22. 법률 제4804호로 개정되기 전의 법률.

91) 헌법재판소 1995. 11. 30. 93헌바32 결정↔제2장 제2절 V, 제3장 제1절 1.

상여처분은 전부 무효라서 제3호의 근로소득은 아니라는 문제가.

그렇다면 문제는, 어느 회사의 임직원이 회사의 돈 100억원을 횡령한 경우 그 돈이 근로나 임원의 업무와 對價관계에 있는가? 임의로 100억원을 집어간 것이 업무의 대가는 아니다. 앞의 대법원 판결을 유지한다면 근로소득이 아니라는 결론. 그러면 다른 어떤 소득에도 걸리지 않게 되고, 결국 과세대상에서 통째로 빠져나가게 된다. 이 문제에 대하여 법원은 종래의 입장을 분명하게 번복하지 않은 채 그냥, 소득이 현실적으로 귀속되었음을 입증할 수 있다면 '근로소득이 된다'고 판시했다.[92)][93)]

일단 글귀로 보자면 '근로를 제공함으로써'라는 말은 對價관계보다는 넓은 뜻이지만[94)] 근로의 제공과 관련한 우발적 수입까지 근로소득인가의 문제는 아직 흐릿하다. 가령 식당종업원이[95)] 받는 팁이 근로와 대가관계에 있는가는 의문이지만 근로의 제공으로 인하여 받는 돈임에는 틀림이 없다.[96)](물론 손님이 직접 주는 팁이라면 실제 과세하기는 어렵겠지만.[97)]) 사용자가 근로자에게 주는 돈이나 재산은 언제나 근로로 인한 것이라 보아야 하고[98)] 증여세는 없다고 풀이해야 옳다. 근로자의 업무상 부상이나 질병에 따른 근로기준법상의 보상금은 비과세.[99)] 민법에 따라 받는 불법행위 손해배상금에는 명문 규정이 없다. 급여 따위 일실이익(逸失利益)의 보상은 과세대상이 된다고 보아야 할 것이다.[100)] 의료비 등 실제 지출액의 배상은, 배상금을 과세하면서

---

92) 대법원 1999. 9. 17. 선고 97누9666 판결; 2001. 9. 14. 선고 99두3324 판결 등; 헌법재판소 2009. 2. 26. 2006헌바65 결정. 또 소득처분이 없는 횡령소득을 조세포탈죄로 다스린 판결로 대법원 2002. 2. 8. 선고 2001도241 판결. 그러나 소득의 귀속이 불분명하다 하여 대표자에게 귀속되었다고 추정할 수는 없다. 대법원 1999. 12. 24. 선고 98두16347 판결.

93) 횡령한 돈을 뒤에 반환하더라도 이미 생긴 납세의무는 없어지지 않는다는 판례로 대법원 2001. 9. 14 선고 99두3324 판결. 경정청구도 안 된다. 2024. 6. 17. 선고 2021두35346 판결; 2025. 11. 23. 선고 2025두34152 판결. 상실가능성의 내재 여부가 몰수와 다르다고 하나 무권리라는 점은 같다. 뇌물이 횡령보다 적발 가능성이 높은지도 잘 모르겠다. 경정청구는 제6장 제3절 Ⅳ. 4.

94) 근로소득은 직접적인 근로대가 외에도 근로를 전제로 그와 밀접히 관련되어 근로조건의 내용을 이루고 있는 급여를 포함한다. 대법원 1972. 4. 28. 선고 71누222 판결; 2005. 4. 15. 선고 2003두4089 판결; 2007. 10. 25. 선고 2007두1941 판결; 2007. 11. 15. 선고 2007두5172 판결; 2008. 12. 24. 선고 2006두4967 판결; 2016. 10. 27. 선고 2016두39726 판결(고용주의 최대주주에게서 받은 성과보수); 2017. 9. 12. 선고 2014두7992 판결(모회사에서 받은 성과보수). 현실적 귀속이 없었다고 본 사례로 대법원 2005. 5. 12. 선고 2003두15300 판결.

95) 아예 고용관계가 없다면 사업소득.

96) 제3자가 주더라도 근로소득. 대법원 2007. 10. 25. 선고 2007두1941 판결(관계회사 스톡옵션).

97) 독일 소득세법 제3조 제50호는 비과세. 미국세법 6053조는 料食業 종업원은 업소매출액의 8%를 팁으로 받았다고 추정. Trump 2기에 와서 25,000불까지 비과세. 미국세법 224조.

98) 미국법이 그렇다. 미국세법 102조(c). Old Cokicy Trust Ci. v. Commissioner, 279 U.S. 716 (1929).

99) 소득세법 제12조 제3호 (라)목.

100) 미국세법 제104조는 일실이익도 비과세하지만 이론상 의문이 있다. Bittker, McMahon & Zelenak, 7.03[1]절 참조. 우리나라에서는 세전소득 기준으로 일실이익을 산정한다. 대법원 1979. 2. 13. 선고 78다1491 판결; 1980. 9. 9. 선고 79다2218 판결; 1989. 1. 17. 선고 88다카112 판결 등. 따라서 세금

의료비를 공제받는다고 풀이할 수도 있지만 근로기준법에 따른 보상금과 균형을 맞추자면 배상금과 의료비를 직접 상계하고 소득이 없다고 보아야 할 것이다.[101] 근로자가 죽어서 가족에게 주는 조위금은 근로소득은 아니고, 증여세 과세대상이지만 사회통념의 범위 안에서는 비과세.[102] 근로관계가 이미 끝났음을 전제로 하는 해고무효분쟁 조정금은 근로소득이 아니고 기타소득.[103]

3. 급 여

근로의 제공으로 인하여 받는 '봉급 · 급료 · 보수 · 세비 · 임금 · 상여 · 수당과 이와 유사한 성질의 급여'[104]라는 말은 명목이 무엇이든 상관 없다는 것.[105] 법 초안을 쓸 때 품삯이라는 말은 생각 안 났던 듯. 온통 영어를 섞어 쓰는 요사이 같으면 보너스, 인센티브, 얼라우언스, 퍼디엠, 퍼크, 또 뭐 있으려나.

4. 임원의 보수

소득세법 제20조 제1항 제2호로 넘어가면, '법인의 주주총회 · 사원총회 또는 이에 준하는 의결기관의 결의(決議)에 따라 상여(賞與)로 받는 소득'은 근로소득이 된다. "이사의 보수는 정관에 그 액을 정하지 아니한 때에는 주주총회의 의결로[106] 이를 정한다."[107] 감사의 보수도 마찬가지.[108] 위 제2호에서 賞與란 몇 달에 한번 주거나 덤으로 주는 보너스라는 말이 아니라 보수 내지 '받아 가는 돈'이라는 넓은 뜻이다.[109] 제1호에 더해서 특별히 제2호를 두었음은 회사와 이사 등 임원의 관계는 근로관계로 보지 않는 까닭이다. 회사와 임원 사이의 관계는 실질이 근로가[110] 아니고 위임이라면

을 매겨야 앞뒤가 맞다. 다만 강제집행시에는 집행권원(채무명의)의 특성상 원천징수의무는 없다고 보아야 할 것이다. 일반적인 논의는 윤지현, 소득세법에 따른 손해배상의 과세에 관한 연구, 조세법연구 17-3(2011), 230쪽.

101) 의료비는 일정금액을 넘어야 공제하므로 본문과 같이 해석하는 편에 구체적 타당성이 있다.

102) 상속세및증여세법 제46조 제5호.

103) 대법원 2018. 7. 20. 선고 2016다17729 판결.

104) 과세요건명확주의에 어긋나지 않는다. 헌법재판소 2002. 9. 19. 2001헌바74 결정.

105) 대법원 2005. 4. 15. 선고 2003두4089 판결(기밀비 · 업무추진비); 2024. 12. 24. 선고 2024두34122 판결, 2024두37879 판결(복지포인트).

106) 서로 합의한 보수를 주주총회에서 일방적으로 감액할 수야 없다. 대법원 2017. 3. 30. 선고 2016다21643 판결.

107) 상법 제388조. 95% 주주가 특정한 임원에게 상여금을 주겠다는 뜻을 임직원 전체 앞에서 공언하고 실제 주었다면 주주총회의 결의가 없었더라도 근로소득이 있다고 암시한 판결로 대법원 1995. 9. 15. 선고 95누4353 판결. 결이 다른 민사판결로 대법원 2020. 4. 9. 선고 2018다290436 판결; 2020. 6. 4. 선고 2016다24515 판결 등. 임원등의 보수공시는 자본시장법 제159조 제2항.

108) 상법 제415조.

109) 대법원 2017. 9. 21. 선고 2015두60884 판결(이익처분상여 손금불산입).

제1호에 해당하지 않는다. 따라서 제2호를 특별히 정하여 근로관계가 아니지만, 임원이 회사에서 받는 일정 소득을 근로소득으로 보겠다는 것이다.

임원의 보수 말고도, 주주총회 따위의 결의에 의하여 상여로 받는 소득이 되는 것이 있으려나. 법령의 위 글귀에는 주어가 없다. 가령 근로자가 받는 보수라 하더라도 주주총회의 결의에 의하여 받는 돈이면서 "근로를 제공함으로써" 받는 돈이 아니라면, 제2호의 적용을 받는다. 그러나 실제로 그런 소득이 생길 가능성은 별로 없고, 제1호와 제2호의 둘 중 어느 쪽에 해당하는지는 구별의 실익이 없다.

5. 賞與處分된 금액

소득세법 제20조 제1항 제3호를 보면, '법인세법에 의하여 상여(賞與)로 처분(處分)된 금액'은 근로소득이라고 하고 있는 바, 이 말이 무슨 뜻인지는 이미 보았다. 현행 법인세법은 소득처분 규정의 내용을 다듬어[111] 형식적 법치주의에 어긋나서 위헌이라는 부분을 고쳤다. 따라서 법인세법에 의하여 상여로 처분된 금액은 근로소득. 제18장 제5절 VII, 제22장 제1절 VII. 소득처분이란 일정한 거래나 사실이 있었음을 확인하거나 의제하는 행위이므로, 상여처분된 금액이 이미 당해 귀속자의 근로소득에 포함되어 있다면 새로 근로소득을 낳지는 않는다. 가령 법인세법상의 한도를 넘는 부분의 임원퇴직금을 손금불산입하는 경우 이를 상여로 처분하지만, 이미 임원의 종합소득에 포함해서 세금을 내었다면 상여처분으로 임원에게 새로 물릴 세금은 없다.

귀속자가 불분명한 것은 대표자(代表者)에게[112] 귀속된 것으로 보고 상여로 처분한다.[113] 대표적 예로서 채권자가 누구인지 불분명한 사채(私債)이자는 손금불산입하면서 상여처분하여 대표자의 근로소득에 포함한다. 따라서 회사는 근로소득세를 원천징수하여야 하고 이자소득에 대한 원천징수는 할 필요가 없다.[114] 대통령령은 이자소득으로 원천징수한 세액을 기타사외유출로 처분하도록 정하고 있으므로[115] 원천징수세액을 뺀 잔액만을 대표자 상여로 처분하는 결과를 낳는다. 그러나 법률을 잘못 해석한 것이다. 지급액 전체를 이자소득이라 보고 원천징수하면서 세액을 뺀 나머지를 다

---

110) 대법원 2003. 9. 26. 선고 2002다64681 판결; 2009. 8. 20. 선고 2009두1440 판결 등.

111) 법인세법 제67조. '법인과 소득귀속자의 법률관계에 따라'라는 기준을 안 둔 것은 여전하지만, 구태여 안 두어도 당연한 법해석. 제18장 제5절 VII. 4.

112) 대표자의 개념은 기본적으로는 법인의 경영을 사실상 지배하고 있는 자이다. 법인세법시행령 제106조 제1항 제1호 둘째 괄호.

113) 법인세법 제67조. 대법원 2005. 5. 12. 선고 2003두15300 판결; 2008. 1. 18. 선고 2005두8030 판결; 2010. 10. 28. 선고 2010두11108 판결.

114) 소득세법 제127조 제1항. 대법원 1988. 1. 19. 선고 87누102 판결. 제10장 제3절 II. 제22장 제1절 IX.

115) 법인세법시행령 제106조 제1항 제3호.

시 근로소득으로 보는 것은 논리 모순이다. 지급액 전액을 상여처분하여 대표자의 종합소득에 합산하고 원천징수세액은 기납부세액으로 공제해 주어야 아귀가 맞는다.

6. 퇴직으로 받는 소득이 근로소득일 수도

제4호에는 '퇴직함으로써 받는 소득으로서 퇴직소득에 속하지 아니하는 소득'이라고 적고 있다. 근로소득과 퇴직소득의 구별문제는 아래 VI. 결론만 미리 말하자면 정답이 없다. 임원이 퇴직시에 받는 돈으로 법인세법상 손금산입 한도를 넘는 금액은 상여처분되므로 제3호에 따라 근로소득.

Ⅱ. 附加給與의 과세문제

1. 부가급여 과세의 어려움

근로를 제공함으로써 받는 '봉급·급료·보수·세비·임금·상여·수당과 이와 유사한 성질의 급여'는 급여의 이름이나 형태가 무엇으로 되어 있든지 모두 근로소득이니, 돈 말고 다른 것을 받아도 일단 근로소득.[116] 가령 회사에서 일을 하고 회사식당에서 점심을 먹는다면 그 점심은 근로소득인가? 여기에서의 '점심'과 같이 급여에 덧붙여 주고 대개는 돈 외의 경제적 혜택을 주는 것을 속칭 附加給與(fringe benefit)라고 한다. 막상 과세하려고 하면 밥을 많이 먹는 사람, 굶는 사람, 적게 먹는 사람 등 갖가지일 터인데…

> 소득세법 제12조 (비과세소득) 다음 각 호의 소득에 대하여는 소득세를 과세하지 아니한다.
>
> (중략)
>
> 3. 근로소득과 퇴직소득 중 다음 각 목의 어느 하나에 해당하는 소득
>
> (중략)
>
> 러. 대통령령으로 정하는 식사 또는 식사대

결국 대통령령이 정한 범위 안에서 비과세한다. 식사는 그렇다 치고, 食事代를 비과세한다는 말은 무슨 뜻인가? 회사 구내식당에서 공짜 밥을 먹는 것뿐만 아니라, 회사에서 밥값으로 받는 돈도 비과세한다는 말이다. 왜 돈 주는 것도 비과세하지? 역시

116) 대법원 2024. 12. 24. 선고 2024두34122 판결(복지포인트); 일본 最高裁判所 1962(昭和 37). 8. 10. 선고 昭和36(行オ)298 판결(통근정기권).

살피 긋기 문제. 밥은 비과세하고 밥값은 과세한다면, 구내식당을 두라고 꼬드기는 결과가 되어 자원의 분배를 왜곡한다. 구내식당과 일반식당 사이의 조세중립성을 유지하려면 둘 다 과세하든가 둘 다 비과세하든가 어느 한쪽을 골라야 하고, 현행법은 후자. 그러나 이것으로 문제가 깨끗이 풀리지는 않는다. 현행법은 회사가 월급을 지급할 때 월급 가운데서 일정액을 '점심값'이라고 써 붙이기만 하면, 이를 비과세 소득으로 본다. 회사가 업무상 점심을 주어야 할 아무런 이유가 없더라도 월급 가운데 일정액에 "점심값"이라는 제목만 붙이면 세금이 줄어든다. 실제 우리나라의 기업은 다들 월급에 '점심값 얼마'라는 문구를 두고 있다. 이 문제 역시 정답이 없는 줄긋기 문제이다. 어디엔가는 살피를 그어야지.[117]

좀 더 극단적인 보기. 교수연구실에 에어컨을 설치해 주는 학교도 있지만 아닌 학교도 있다. 국립대는 월급은 적지만 부대시설은 낫다. 에어컨 바람의 가치, 부대시설의 사용가치를 근로소득으로 잡아야 하는 것이 아닐까? 이론상으로는 잡아야 옳다. 안 잡는다면 월급을 더 주는 대신 에어컨을 달아 주는 것을 국가가 장려하는 결과가 생겨 자원의 분배를 왜곡한다. 반론: "나는 에어컨 바람이 싫어. 달아 주니까 놔 둘 뿐이지, 내 돈 내고는 달지 않았을 것이다. 에어컨 바람으로 얻는 효용(效用)은 영(0)에 가깝다." 이런 주장을 받아주면? 누구나 다 그렇게 주장하겠지. 결국 세금이란 개인의 주관적 선호를 묻지 않고 객관적(客觀的) 가치로 정할 수밖에 없다.[118] 그러나 에어컨 바람의 경제적 가치를 따져서 교수의 소득에 더하기는 실무상 어렵다.[119] 결국 급여의 형태가 무엇인가는 소득세의 과세여부에 아무런 영향을 미치지 않아야 하는 것이 옳지만, 현실적으로는 미칠 수밖에 없다. 따라서 어디선가 금을 그어야 하고, 비과세(非課稅) 부가급여가 생겨나게 마련.

우리 법에서는 일정범위의 소득을 非課稅소득으로 정하고 있다.[120] 가령 종업원이 회사에서 학자금을 받으면 근로소득의 범위에 들어가지만[121] 회사업무와 연관이 있는 등 일정요건을 만족하면 비과세한다.[122] 사용자가 주는 제복이나 작업복, 6세 이하 자

---

117) 미국법에서는 현금을 주면 과세대상이다. CIR v. Kowalski, 434 US 77(1977). 점심회의용 음식 따위는 비과세한다.

118) McDonald v. CIR, 66 TC 223(1976)(임원이 제 돈 내고는 안 묵었을 고급숙박시설을 회사가 쓰게 한 경우). 일반론으로 제8장 제1절 Ⅳ.

119) 경제적 가치 자체도 문제된다. 가령 극장주인이 근로자에게 빈 자리에 들어와서 영화를 보게 하는 경우, 소득금액은 영(0)인가 또는 극장표의 가격인가? 미국세법 132조(a)(1)에서는 영. 비슷한 쟁점(도박 칩)을 다룬 판결로 Zarin v. CIR, 916 F.2d 110 (3rd Cir. 1990).

120) 소득세법 제12조 제3호.

121) 소득세법 제20조 제1항 제1호.

122) 소득세법 제12조 제3호 (아)목, 같은 법 시행령 제11조.

녀의 보육을 위해 지급하는 일정금액 안의 급여 따위는 비과세한다.[123] 회사가 빌린 사택에 종업원을 살게 하면 임대료 상당액은 비과세하지만[124] 회사가 종업원에게 집 빌릴 돈을 이자 없이 꿔주면 이자상당액이 근로소득의 범위에 들어가고[125] 이를 비과세한다는 조문이 없다. 회사제품을 시중판가보다 싸게 사는 차액을 비과세하니[126] 소비재제조업의 임직원을 자본재 제조업보다 우대하는 결과. 이런 차이가 있으면 안 되지 싶겠지만 크게 보자면 어쩔 수 없다. 어차피 칸 나누기 내지 줄긋기 문제. 독일이나 일본에서는 오로지 사용주의 이익을 위한 것이라면 과세하지 않는다는 정도의 주관적 기준 하에서 구체적 판단을 행정청과 법원에 맡기고 있다.[127] 미국 판례도 마찬가지였다가,[128] 현행법에서는 부가급여의 종류와 내용별로 법이 복잡하다.[129] 이처럼 비과세를 일단 만들어 두면 그것이 경제에서 차지하는 비중이 점점 더 올라가게 마련. 우리 통계는 잘 모르겠으나, 미국의 경우는 급여의 40%가 비과세 부가급여로 지급된다고 하고 이 점이 현행 소득세제의 근본적 문제점의 하나이기도.

2. 의료보험 · 사회보험

오늘날 부가급여 가운데 가장 중요한 것은 의료보험, 현행법에서 쓰는 말로 건강보험(健康保險)의 혜택. 건강보험은 근본적으로는 국민전체를 대상으로 소득의 일정비율을 보험료로 걷어서 국민전체의 의료비로 바로 쓴다. 의료비의 2/3 좀 못 되는 금액을 보험급여로 지급하는데, 문재인 정부 이후 보험급여만 늘리고 보험료는 못 올려서 재정압박이 있다. 근로자의 건강보험료는, 예를 들어 월급이 100만원이라 적은 뒤 거기에서 본인부담분 보험료(保險料)로 3만얼마를 뺀 나머지를 준다. 이 월급명세서에는 안 나오지만, 보험료는 본인부담분 말고 회사부담분이 따로 있다.[130] 회사도 같은 금액을 국민건강보험공단에 낸다. 고용보험도 본인부담분과 회

123) 소득세법 제12조 제3호 (자)목, (머)목.

124) 소득세법 제12조 제3호 (저)목.

125) 대법원 2014. 4. 10. 선고 2013두35082 판결. 다만 실무는 근로자복지법 제62조 참조. 출자임원이라면 근로소득이 된다. 회사의 과세에 대해서는 대법원 2006. 5. 11. 선고 2004두7993 판결.

126) 소득세법 제3호 (처)목. 부가가치세는 여전히 과세. 제23장 제4절 III. 2.

127) Tipke/Lang, 제8장 477문단. 일본 所得稅法 제9조 제1항 제6호.

128) Benaglia v. Commissioner, 36 BTA 838(1937).

129) 비과세소득 관련조문으로 미국세법 117조(장학금), 119조(음식과 숙박), 127조(학자금), 129조(양육비), 132조(기타의 부가급여), 125조(근로자가 선택할 수 있는 부가급여). CIR v. Kowalski, 434 U.S. 77 (1977).

130) 직장가입자의 보험료는 직장가입자와 사용자가 각 50%씩 부담한다. 사립학교교직원의 보험료는 국가가 거들어서 50%:30%:20%. 국민건강보험법 제76조. 금융소득이나 기타소득(소득월액)이 있으면 따로 보험료를 더 낸다. 소득세법상 비과세소득에는 건강보험료도 안 물린다. 같은 법 제69조-제73조. 노인장기요양보험법 제8조 및 제9조의 보험료가 덧붙는다.

사부담분이 있다.[131] 한편 산재보험료는 전액 회사가 낸다.[132]

그렇다면 회사가 내는 보험료도 내 근로소득 아닌가? 반론: 내가 받아서 내는 것이 아니고 회사가 직접 내는 것이니 내 소득은 아니지. 그러나 이것은 반론이 아니라 말장난이다. 월급명세서에 100만원 - 3만원 = 97만원이라 적으나, 103만원 - 6만원 = 97만원이라 적으나, 실제로는 아무 차이가 없으니.

사실은 회사부담분이 얼마이고, 근로자부담분이 얼마라고 정해 놓은 법령 자체가 그야말로 말장난이다. 내는 돈이 실제 누구의 부담으로 돌아가는가는 노동시장의 수요 공급에 달려 있다.[133] 제2장 제3절 I.6. Adam Smith와 David Ricardo가 들었던 보기로 임금이 구조적으로 그야말로 겨우 굶어죽지 않을 수준이라 하자(이른바 임금철칙).[134] 노동자에게 세금을 물리면 어떻게 될까? 굶어죽으니 노동공급이 끊어지고 따라서 세금만큼 임금이 올라갈 수밖에 없다. 다른 한편 일하고 싶은 사람이 넘치는데 일자리는 없다면 회사는 사용자부담분만큼을 월급에서 깎을 것이다. 현실은 후자에 가깝다는 것이 다수 경제학자들의 생각. 아무튼 시장경제에서는 각종 사회보험 제도가 회사부담 얼마, 노동자부담 얼마라고 정해둔 것은 실제 그 뜻이 아니다. 의미는 두 가지 정도. 첫째, 건강보험료는 반반씩 내고, 산재보험료는 위험한 일을 떠맡긴 회사가 내고, 그래야 공평하지? 눈속임이다. 어리석을진저, 인간이여, 말장난에 속누나. 둘째로는 새로운 입법에는 단기적 효과가 있다. 종전에 없던 제도가 새로 들어왔을 때, 경제가 새로운 균형에 도달하기까지는 시간이 걸린다.[135] 그 사이에 이 비용을 누가 부담하는가는 법의 영향을 받을 것이다. 회사에게 내라고 법에 적는다면, 회사가 당장 그만큼 월급을 깎자고는 못할 것이다. 신규인원의 채용 같은 장기적 과정을 거쳐서 전가가 이루어질 것이다. 반대로, 노동자에게 부담시키면 노동자가 당장 월급을 더 받기는 어려울 것이다. 이처럼 시장이 새로운 균형을 찾기까지 시간이 걸린다는 점에서 단기적인 효과를 거둘 수 있다. 본론으로 돌아와서 건강보험 등에서 사용자부담 부분은 현행법상 노동자의 소득인가 아닌가?

---

131) 고용보험 및 산업재해보상의 보험료 징수 등에 관한 법률 제13조, 제2항과 제4항.

132) 같은 법조 제5항.

133) Joseph E. Stiglitz, *Economics of the Public Sector*(3rd ed., 2000), 356쪽, 467쪽.

134) Adam Smith, The Wealth of Nations, Book One Ch. 8; David Ricardo, On The Principles of Political Economy and Taxation, Ch. 5. 임금철칙이라는 작명은 Lassalle라고.

135) Institute of Fiscal Studies, Tax By Design: The Mirrlees Review(2011), 5.11.절. 한국조세연구원의 2015년 번역본 제목은 '조세설계'. 이하 이 책은 2011 Mirrlees Review라고 인용. Institute of Fiscal Studies, Dimensions of Tax Design(Fullerton, Licestor & Smith ed., 2010): Mirrlees Review(2010)은 이하 2010 Mirrlees Review라고 인용.

소득세법 제12조 (비과세소득) 다음 각 호의 소득에 대하여는 소득세를 과세하지 아니한다. (중략)

3. 근로소득과 퇴직소득 중…국민건강보험법…에 따라 국가, 지방자치단체 또는 사용자가 부담하는 보험료

결국 사용자부담분의 보험료에 대하여는 세금을 매기지 않는다. 그런데 사용자부담분과 本人부담분의 구별이 어차피 말장난일 뿐이라면 본인부담분 보험료에만 세금을 매기는 것은 내 말장난에 내가 속는 것 아닌가? 본인부담분은 법률형식상 일단 급여의 일부이므로 일단 내 소득에 잡혀 들어간 것이고, 여기에 세금을 매기지 않으려면 이를 적극적으로 빼 주는 조문이 있어야 할 것이다. 실제로 있다.

소득세법 제52조 (특별소득공제) ① 근로소득이 있는 거주자(일용근로자는 제외한다. …)가 해당 과세기간에 「국민건강보험법」, …에 따라 근로자가 부담하는 보험료를 지급한 경우 그 금액을 해당 과세기간의 근로소득금액에서 공제한다.

(이하 생략)

본인부담분이든 사용자부담분이든 형식에 관계없이 근로자에게 세금을 안 물린다. 이 결론은 건강보험료가 그렇다는 말일 뿐. 다른 사회보험이나 다른 부가급여의 경우에는 각각 근로소득의 범위, 비과세(非課稅)소득, 소득공제(控除) 여러 군데에 걸쳐 관련 조문을 따져 보아야 한다.[136]

보험금(保險金) 내지 보험급여(給與)는 근로자의 소득인가? 산재보험의 급여는 비과세한다.[137] 건강보험 급여는 조문이 없다. 그렇다면 과세소득에 들어가는가? 보험료를 공제해 주었으니 보험금은 당연히 소득에 포함해야 맞으려나?

우선 의료보험이나 산재보험이 없는 세상이라면 병들거나 다쳐서 내는 의료비(醫療費)를 소득에서 공제해 줄까나. 헤이그 사이먼즈 소득 개념에서는 의료비는 소비의 일부이니 공제 말아야 맞다는 주장도 있지만,[138] 글쎄. "소득 = 소비 + 순자산의 증가"라는 정의에서 "소비"라는 말은 선험적 형이상학적 개념이 아니다. 무엇이 공평한가를 묻는 가치판단일 따름.[139] 술이야 제 흥에 마시지만, 아프거나 다치기를 바라는 사람

136) 건강보험·고용보험은 보험료에 대한 규정, 산재보험은 보험급여에 대한 규정이 있고 고용보험은 양쪽 모두 규정이 있다. 소득세법 제12조 제3호, 다, 마, 너.

137) 소득세법 제12조 제3호 다, 제4호 다.

138) Bittker, A Comprehensive Tax Base as Goal of Income Tax Reform, Harvard Law Review(1967), 925쪽, 특히 939쪽.

139) Musgrave, In Defense of an Incone Concept, 81 Harvard Law Review(1967), 44쪽, 특히 56쪽. David Bradford, Untangling the Income Tax(1986), 19-20쪽.

이야 없으리니.[140] 현행법의 경제적 효과는 건강보험 급여를 과세하면서 의료비를 공제하는 셈. 보험금 100을 받아서 의료비 100을 낸다고 하자(실제는 공단이 바로 내지만). 보험금을 과세하고 의료비를 공제하는 (100-100)=(0)이라는 효과가 생기도록, (0)-(0)=(0)으로 정한 것이 현행법. 보험금을 비과세하고(100→0) 공단이 대신 내주는 의료비(보험급여)를 불공제(-100→0)하는 것이다. 건강한 사람은 보험료만 내고 만 데 견주면 환자는 보험혜택만큼 덕을 보지만, 아픈 것도 불쌍한데…그런 생각.

환자가 의료비를 직접 지급하고 보험금을 따로 받는다면, 보험금을 받은 범위 안에서는 의료비 지급액이 없는 것으로 보아야 한다. 규정체계는 전혀 다르지만 보험료를 비과세하는 이상 산재보험의 보험급여도 의료비 부분은 마찬가지로 생각해야 한다.

산재보험법에 따른 휴업급여는 근로소득에 갈음하는 성격이 있으니 과세해야 한다고 생각할 수도 있지만 배상·보상 또는 위자(慰藉)의 성격이 있다고 보아 비과세한다. 고용보험법에 따른 실업급여의 비과세는[141] 근로소득에 갈음해서 생활비로 쓰는 돈이라기보다는 구직활동에 드는 돈이라는 성격이[142] 강하다고 본 셈이다. 그 밖에도 산업재해보상보험법, 근로기준법, 고용보험법, 공무원연금법 따위에 따른 각종 급여 가운데에는 비과세하는 것이 많다.[143]

Ⅲ. 근로소득의 과세시기

얼핏 소득세법의 규정과 다르다고 생각할 수 있지만 근로소득은 발생주의가 아니라 現金주의로, 현금이나 그에 맞먹을 재산을 보수로 받거나 받을 수 있는 시기를 기준으로 과세한다.[144] 미국법이나 독일법도 그렇고.[145] 공평의 이념으로 따지든 원천징수와 맞추어 생각하든 당연하다.[146] 아래 제6절. 소득세법은 근로소득의 "총수입금액"과 "필요경비"의 귀속시기에 대해 법인세법과 똑같이 정하고 있지만[147] 실제 보수를 못 받은 근로자를 과세할 수야.[148] 거기까지는 안 가더라도 12월분 보수를 1월 5일에 지급하는

140) 종래에는 의료비 가운데 총급여액의 3%를 넘는 부분만 공제하다가 지금은 세액공제로 바꾸었다. 소득세법 제59조의4 제2항. 3%라는 바닥을 깔아 둔 것은 행정비용을 줄이기 위한 목적이라 보아야 한다. 성형수술 비용 등을 공제하는 것은 의사들의 소득원을 파악하자는 고육책이다.

141) 소득세법 제12조 제3호 마.

142) 고용보험법 제37조.

143) 소득세법 제12조 제3호 다, 라, 마, 사.

144) 상여처분받은 근로소득의 귀속시기는 제18장 제5절 Ⅶ.

145) 미국세법 제446조(a). 제8장 제1절 IV. 독일 소득세법 제11조 제1항, 제38조 제1항. Tipke/Lang, 제8장 187문단. Überschusseinkunft는 아예 cash-basis income이라고 옮기는 것이 보통이다.

146) 제8장 제1절 IV, 제5장 제6절.

147) 소득세법 제24조 및 제39조. 대법원 2018. 9. 13. 선고 2017두56575 판결. 제18장 제1절 Ⅱ.

식으로 구조적 시차가 있다면, 발생주의에 맞추자고 해마다 수정신고나 경정청구를 요구할 수야 없다. 변호사, 회계사 등의 자유직업소득에 대해서는 "용역대가를 지급받기로 한 날 또는 용역의 제공을 완료한 날 중 빠른 날"이 과세시기가 된다.[149)]

노무의 대가로 돈 아닌 財產을 받는다면 재산의 시가가 소득.[150)] 이 재산의 가치가 확정되지 아니한 상태라면 어떻게 해야지? 확정되는 때를 과세시기로 볼 수밖에 없다.[151)] 요사이 특히 문제가 되는 것이 stock option이다. 아래 V.

Ⅳ. 근로소득의 소득금액, 과세표준, 산출세액

> 소득세법 제20조 ② 근로소득금액은 제1항 각 호의 소득의 금액의 합계액(비과세소득을 제외하며, 이하 "총급여액"이라 한다)에서 제47조에 따른 근로소득공제를 적용한 금액으로 한다.

> 소득세법 제47조 (근로소득공제) ① 근로소득이 있는 거주자에 대하여는 해당 과세기간에 받는 총급여액에서 다음의 금액을 공제한다. (하략)

근로소득공제의 금액은 소득에 따라 체감한다.[152)] 총급여액에서 근로소득공제를 빼면, 근로소득의 소득금액. 과세표준은 소득금액에서 소득공제를 다시 빼 준 금액. 소득공제란 소득의 종류에 관계없이 모든 사람에게 적용되는 종합소득공제와 근로소득자에게만 적용되는 특별소득공제로 장기주택저당차입금이자 따위를 빼 준다. 이처럼 근로소득공제 및 백만원에 다시 가족수에 따라 기본공제, 추가공제, 특별소득공제 따위를 합한 금액이 결국 면세점(免稅點)이 된다. 제10장 제4절 I. 사업자들이 버는 소득의 파악을 목적으로, 근로자들의 신용카드 등 사용액의 일정비율을 소득공제해 주는 제도도 있다.[153)] 특별소득공제 대상이더라도, 가령 비과세소득인 학자금수당을 받아 교육비로 지출하는 것이라면 또 공제를 받을 수는 없다. 과세표준과 세액을 일단 계산한 뒤에는

---

148) 적어도 후발적 경정청구는 가능하다. 대법원 2018. 5. 15. 선고 2018두30471 판결. 대법원 2018. 9. 13. 선고 2017두56575 판결은 보수를 실제 받은 것이 늦었다고 제척기간이 지난 것은 아니라는 뜻으로 넓혀 읽어야 마땅하다. 소득세법 제135조를 아직 지급받지 않았더라도 소득이 생긴 것으로 본다는 뜻으로 읽기는 어렵다.

149) 이 책 초판(2001), 제7장 제1절 III. 2003년 개정 소득세법시행령 제48조 제8호.

150) 소득세법 제24조 제2항.

151) 소득세법 제39조 제1항, 소득세법시행령 제49조 제2항.

152) 근로소득공제는 일정액으로 하고 세부담차이는 정면으로 세율에 반영하는게 맞다는 생각으로 2011 Mirrlees Review, 4.3절.

153) 조세특례제한법 제126조의2.

다시 세액의 일부를 근로소득세액공제로 빼 준다.[154] 보험료, 의료비, 학자금, 기부금 등 특별세액공제는 제10장 제4절 I. 근로장려세제와 자녀장려세제는 제8장 제2절 I.3.

근로소득공제의 현실적 기능은 면세점의 설정. 제8장 제2절 I.2. 근로소득공제란 근로소득에만 인정되므로, 법으로만 따진다면 근로소득공제는 근로소득의 필요경비의 개산(槪算)이고 면세점은 종합소득공제에 나타나야 한다. 예전에는 사업소득의 실소득 파악률이 워낙 낮다보니 면세점 설정이 거의 무의미해서, 근로소득공제도 면세점 설정의 역할을 맡았다.[155] 美國法이나 독일법에서는 개산공제보다 크다면 근로자도 실제 필요경비를 공제할 수 있다.[156] 실제 필요경비의 공제를 인정하면, 앞서 본 사업소득세나 마찬가지로 필요경비와 사적지출의 구별 문제가 생긴다. 가령 출장비용, 작업복 등은 필요경비이지만 음식, 옷, 방세 따위는 필요경비가 못 된다.[157] 우리 법에서도 의료비 공제처럼 실제 지출액을 기준으로 소득공제나 세액공제액을 계산한다면 같은 문제가 생긴다. 가령 지방흡입 수술에 들어간 돈은 의료비로 공제가능할까?[158]

실제로 든 돈이든 개산이든 근로소득자가 먹고 사는 데 소비(消費)한 돈이 다 필요경비가 되는 것은 아니다. 가령 한 달에 몇천만원을 벌면서 호화생활을 즐기는 사람의 소비를 필요경비로 떨어주는 것은 근대 소득세제의 기본이념인 수직적 공평에 어긋나는 까닭이다. 먹고 사는 데 정말로 꼭 필요한 돈 내지 최저생계비 부분에 세금을 물리지 않기 위해 면세점을 두는 것이다.[159] 물론 최저생계비 부분은 애초에 소득이 아니고 최저생계비를 빼고 남는 것만이 소득이라고도 하지만[160] 독일 사람들이 즐기는 말장난.

日本法은 한때 우리 법과 마찬가지로 일률적으로 근로소득공제 제도를 두고 있었다. 그 당시의 일본 판례는 근로소득공제의 본질을 개산공제라고 보면서도, 실제 필요경비가 근로소득공제와 다름을 입증하여 실제 경비를 공제받을 수는 없다고 판시.[161] 실제 경비의 공제를 인정하면 법제가 너무 번거롭게 되고 주관적·자의적 판단이 끼

154) 소득세법 제59조.

155) 이제는 사업소득의 파악률이 높아져 근로소득자가 오히려 유리하다는 실증연구도 있다. 성명재, 근로소득세와 사업소득세 실효세율추정과 과세형평화 효과의 분석(한국조세재정연구원, 소득세제의 문제점과 개선방안, 2018), 107쪽 이하.

156) 미국세법 62조(a)(1). Noland v. CIR, 269 F2d 108, 111(4th Cir.), cert. denied, 361 US 885(1959). 독일 소득세법 제8조, 제9a조.

157) 미국법에 대해서는 Bittker, McMahon & Zelenak, 11.02절, 독일법에 대해서는 Tipke/Lang, 제8장 250문단 이하.

158) 소득세법시행령 제118조의5.

159) 헌법재판소 1999. 11. 25. 98헌마55 결정.

160) 가령 Tipke/Lang, 제3장 72문단.

161) 일본최고재판소 1985(昭和 60). 3. 27. 선고 昭和55(行ツ)15 판결.

어 들어, 오히려 공평이 깨어질 위험이 있다는 것. 일본 현행법은 통근비, 전근비, 연수비, 자격취득비, 단신부임자의 귀택 여비, 이 다섯 가지가 근로소득공제를 넘으면 실제 지출액의 공제를 허용한다.[162]

Ⅴ. 정책적 특례

정책적 특례 가운데 몇 가지만 살펴보자.

1. 근로장려세제

2008년부터는 이른바 근로장려세제(EITC)를 들여왔고 2014년에 자녀장려금 제도로 보완했다. 연간총소득, 부양가족, 재산에서 일정요건을 만족하는 근로자는 세금을 내는 것이 아니라 국세청에서 장려금을 받는다. 제8장 제2절 Ⅰ. 일해서 번 돈의 금액이 일정구간에 속하는 동안은 금액이 고정되어 있다. 구간 아래에서는 소득이 줄수록 장려금이 줄어서 소득이 아예 없으면 장려금도 없다. 구간 위에서는 소득이 늘수록 장려금이 줄어서 일정 기준 이상을 벌면 장려금에서 졸업한다.[163]

2. 주택에 딸린 내재적 소득

집 없는 근로자가 법정규모보다 작은 집을 임차한 경우에는 그 임차를 위해 꾼 돈의 원리금 상환액의 일부를 소득에서 빼 준다.[164] 근로자가 작은 집을 취득하기 위하여 집에 저당권을 설정하고 꾼 장기주택저당차입금의 이자도 일정한도 안에서 공제한다.[165]

사업상 경비가 아닌데 지급이자를 왜 빼 줄까? 빼 준다면 왜 주택저당차입금의 이자만을 빼 줄까? 가사(家事)관련 이자는 못 빼 준다는 생각은 기실 당연하지 않다. 예를 들어 '안차입'이라는 사람과 '차입남'이라는 두 사람이 있는데 두 사람 모두 연봉이 2,000만원이라고 하자. 두 사람 모두 자기소유이거나 전세인 30평 아파트에 사는데, 안은 빚이 없고 차는 빚이 있다고 하자. 차는 이 빚에 대한 이자로서 연 300만원의 이자를 낸다. 안과 차를 견주면, 틀림없이 안이 더 잘산다. 그렇다면 차의 지급이자가 가사관련 이자라고 하더라도, 이를 차의 소득에서 빼 주어야 하는 것이 아닐까? 그래야만 두 사람의 담세력을 공평하게 재는 것이 아닐까? "소득 = 소비 + 순자산증

162) 일본 소득세법 제57조의2. 독일 소득세법 제9조a도 비슷.
163) 조세특례제한법 제100조의5.
164) 소득세법 제52조 제4항. 월세액을 빼 주는 제도는 2010년에 새로 들어왔다.
165) 소득세법 제52조 제5항. 제1절 Ⅱ.

가"라는 Haig-Simons의 소득정의로 돌아가면, 돈을 꿔서 소비한다면 원금 부분은 소비의 증가와 순자산의 감소가 상계되지만 이자지급액은 순자산의 감소가 된다. 이자지급액만큼 차의 과세소득이 당연히 줄어야 맞다.[166)]

그러나 여기서 한 사람을 더 들어 '임차녀'라는 사람이 있다고 하자. 임은 안이나 차와 마찬가지로 2,000만원의 연소득을 벌고, 30평 아파트에 살지만 그 집은 자기소유가 아니고, 남의 집에 월세로 살고 있다고 하자. 그리하여 임은 해마다 임차료 500만원을 낸다고 하자. 세 사람의 사는 형편을 견준다면 안차입 〉 차입남 〉 임차녀. 그런데 이제 셋을 놓고 지급이자를 빼 준다면, 안의 소득은 2,000만원, 차의 소득은 1,700만원, 임의 소득은 2,000만원이 되어 과세소득은 안차입＝임차녀 〉 차입남. 안과 임은 같은 세금을 내고 차는 적게 내게 된다. 안과 차를 비교해 보면 지급이자를 빼 주어야 할 것 같은데, 이런 결론은 임을 넣게 되면, 이상해지고….

왜 이런 문제가? 안이 자기 집에 또는 전셋집에 살고 있다면 사실 임대료 상당의 내재적(內在的) 소득(imputed income)이 있는 까닭. '내가 내 집에(또는 전셋집에) 사는데 무슨 所得'이라고 생각할지 모르지만, 다시 생각해 보면 안은 제 돈에서 생기는 과실을 그때그때 다 소비하고 있는 셈이다. 예를 들어 갑과 을이 자기 집을 가지고 있는데, 서로 집을 바꾸어 살면서 서로 임대료를 낸다고 생각해 보라. 그 경우에 자기가 지급하는 임대료를 필요경비로 안 떨어 준다. 소득이라는 말은 일정기간 내에 그 사람이 얼마나 부자가 되었는가를 따지는 것이고, 그 기간에 그가 먹고 살면서 없앤 것 즉, 소비한 것은 당연히 소득에 포함되어야 하기 때문이다. 근본적으로 어떤 재산을 가지고 있다면 그 재산에 투자된 돈만큼의 투자수익이 생겨야 한다. 투자수익이 밖으로 드러나지 않는다는 것은 이를 자기가 직접 소비하고 있다는 것. 자기가 직접 소비하는 사용가치(使用價値)는 다 과세해야 앞뒤가 맞다.[167)]

다시 안차입, 차입남, 임차녀의 예로 돌아온다면, 모순은 세 사람이 각각 누리는 內在的 所得 500만원을 과세하지 않기 때문에 생기는 문제였던 것이다. 임에게는 사용가치 500만원의 소득이 있지만 임대료 500만원을 지급하므로 순소득은 없고(따라서 구태여 사용가치를 따질 필요가 없어진다), 차에게는 사용가치 500만원과 지급이자 300만원이 있어서 그 차액 200만원이 소득이 되고, 안에게는 사용가치 500만원의 소득이 있는 것이 되어야 '안 〉 차 〉 임'으로 담세력을 제대로 잴 수 있다. 결국 담세력을 제대로 재려면, 각 납세의무자가 직접 소비하고 있는 사용가치를 소득으로 과세하면서

166) Simons, Personal Income Taxation(1938), 24쪽; David Bradford, Untangling the Income Tax (1986), 33쪽. 실제로 미국세법 163조는 1986년에 163조(h)를 새로 두기 전까지는 가사관련 이자를 공제했다.

167) Tipke/Lang, 제8장 23문단, 제9장 124문단. Bradford, 같은 책, 56쪽.

지급이자(支給利子)는 소득에서 빼 주어야 한다. 그러나 실제로 이런 세제를 만들어 내려 한다면 심각한 문제가 발생한다. 무슨 문제? 사람마다 온갖 재산을 가지고 있을 터인데, 그 재산에서 얼마나 이득을 얻고 있는지를 다 계산해 내야 한다는 것은, 결국 국가가 개인의 사생활을 샅샅이 다 뒤져야 한다는 것. 그러나 지금까지의 정치체제는 이런 생각을 거부한다. 제8장 제1절 V와 제9장 제1절 II.

일단 내재적 소득을 과세하지 않는다면, '안〉차〉임'이라는 상대적 담세력을 제대로 재기란 어차피 불가능해진다. 支給利子를 무시한다면 낼 세금이? '안=차=임'. 지급이자를 빼 주면? '안=임〉차'. 그렇다면 월세도 빼 주면 어떨까? 월세를 빼 주기 시작하면 근본적으로는 모든 소비지출을 다 빼 주어야 한다. 큰 집을 빌려 사는 사람과 작은 집에 살면서 고급 승용차를 모는 사람을 달리 과세할 이유가 있는가? 결국 정답이 없고 어느 하나를 골라잡아야 한다. 예전에는 가사관련 지급이자를 공제하지 않았지만, 현행법은 근로자라면 주택임차자금의 지급이자와 주택을 사면서 주택을 담보로 꾼 장기차입금의 지급이자를 빼 준다.[168] 월세도 빼 준다.[169] 제1절 V에서 경제적 처지가 1)=2)=3)=4) 〉 5)=6)=7)이었던 보기로 돌아가서 문제의 납세의무자가 소유한 집과 사는 집이 모두 임차료공제를 받는 소형주택이며 임차료, 지급이자, 내재적 소득이 모두 400만원이라고 전제하고 과세소득을 계산하면? 1) (이자소득 400 - 임차료공제 400 = 0). 2) 과세소득 = 0. 3) (이자소득 400 + 간주임대료 400 - 임차료공제 400 = 400). 4) (수입임대료 400 - 임차료공제 400 = 0). 5) (수입임대료 400 - 필요경비 400 - 임차료공제 400 = -400). 6) (간주임대료 400 - 임차료공제 400 = 0). 7) 임차료공제 400을 근로소득에서 공제받을 수 있다. 결국 3)〉1) = 2) = 4) = 6)〉5) =7)이라는 세부담이 생긴다. 간주임대료를 폐지해야 1)=2)=3)=4) 〉 5)=6)=7). 한편 3), 4), 5), 6)에서는 이 사람이 소유한 주택에 살고 있는 임차인이 전세자금이자나 임차료공제를 받는다. 그 경제적 효과가 임대료나 보증금 인상으로 임대인에게 돌아온다고 전제하면 현행법은 1) = 2) = 3)〉4) = 6)〉5) =7)이고 간주임대료를 폐지하면 1)=2)〉3)=4)〉5)=6)=7). 내재적 소득이야 어떻게 못하더라도 간주임대료는 폐지가 맞다. 조세특례의 전가귀착을 어떻게 가정해도 현행법은 정책목표가 흐트러져 있는, 비례의 원칙을 통과하기 어려운 결과를 낳는다. 제2장 제3절 II.2. 정책목표가 그냥 가난한 사람에 대한 보조라면 세부담이 1)=2)=3)=4) 〉 5)=6)=7)이라야 하고, 다른 나라가 대개 그렇듯 제 집에 살도록 돕는 것이라면 1)=3)=4) 〉 2) ≥ 5)=6)〉 7)이라야 한

---

168) 장기주택저당차입금이자 소득공제. 소득세법 제52조 제5항. 미국세법 163조(h) 참조. 미국에서는 학자금대출 이자 등도 공제해준다. 미국세법 221조.

169) 조세특례제한법 제95조의2, 제122조의3 제3항.

다. 이유야 무엇이든 꾼 돈으로는 집을 못 사게 할 목표라면 1)=2)=3)=4) ≥ 7) 〉 5)=6)이라야 한다.

3. 우리사주 조합

현행법은 우리사주조합을 통한다면 주식을 싸게 취득하더라도 일정한 출자금액 이하인 경우에는 이를 과세하지 않고, 이 금액을 초과하는 경우에도 일정한 세제상 혜택을 주고 있다.[170] 반드시 신주발행이 아니라, 회사가 유통시장에서 사들인 자사주(自社株)를 다시 우리사주조합을 통하여 종업원에게 주는 경우에도 위 특례규정이 적용된다. 우리사주조합에 출연하는 돈에 대해서도 조세특례가 있다. 또한, 우리사주조합 기금에서 발생하거나 조합이 보유한 자사주에서 생기는 소득은 과세하지 않고 조합원이 자사주를 인출하는 단계에 가서 과세한다.[171]

4. 주식매수선택권

근로의 대가로 주식매수선택권(stock option)을 받는다면 언제 얼마를 과세하는가?[172] 스톡옵션이란 일정한 금액(행사가격)에 주식을 살 수 있는 권리를 뜻한다. 옵션은, 권리만 있고 주식을 사야 할 의무는 따르지 않는 일방적 권리이다. 따라서 옵션권을 받는 날 현재로도 반드시 영(0) 이상의(+) 가치를 가지게 마련. 신주를 받기 위해 납입하여야 하는 행사가격이 오늘 현재의 주식 시가와 같아서 옵션을 오늘 당장 행사한다면 아무런 이익이 없다면? 이처럼 이른바 본질가치가 영이더라도, 장차 행사시점까지는 주식의 시가가 올라서 이익을 볼 가능성(이를 시간가치라 부른다[173]))이 있다. 역으로 주식의 시가가 떨어지더라도 손해 볼 일은 없고. 그러니 옵션권은 당연히 양(+)의 값을 가진다. 뒤에 옵션권을 행사할 수 있는 시점에 가서 그 가치는 주식의 시가와 행사가격의 차액이 되고, 주식의 시가가 오를수록 이익을 보게 마련이다. 이리하여 스톡옵션 제도는 회사의 임직원으로 하여금 일을 열심히 하게 만드는 수단으로 쓰이게 되었다. 우리나라에서는 옛 증권거래법이 1997년에, 그 뒤 상법(商法)이 1999년에 이 제도를 받아들여, 주주총회의 특별결의를 거쳐 회사의 설립·경영과 기술

---

170) 조세특례제한법 제88조의4 제8항. 상속세및증여세법 제46조 제2호에도 같은 내용이 있지만, 애초에 증여가 아니라 보아야 한다. 법인세 문제는 제22장 제3절 VI.

171) 조세특례제한법 제88조의4 제1항, 제2항, 제4항, 제12항. 미국법에서는 우리사주조합을 기업연금과 마찬가지로 종업원을 위한 신탁으로 본다. 미국세법 401조(k), 402조(e)(3), (h), 501조(a), 4975조.

172) 회사에 생기는 법률효과는 제14장 제1절 III.4. 입법례는 OECD, Cross-Border Income Tax Issues Arising from Employee Stock Option(2004).

173) 돈의 "시간가치"와는 전혀 다른 말이다.

혁신 등에 기여하거나 기여할 수 있는 이사, 감사, 또는 피용자에게 미리 정한 가액으로 신주를 인수하거나 회사의 자기주식을 매수할 수 있는 권리를 부여할 수 있도록 정하고 있다.[174] 한도는, 발행주식 총수의 10%(비상장), 15%(상장).

"주식매수선택권의 행사이익[은] 그 행사일 현재의 주식거래가격(시가)에서 주식매수선택권 행사가격(실제취득가액)을 공제한 차익"을 근로소득으로 과세한다.[175] 얼마를 언제 무슨 소득으로 과세한다고? 선택권의 행사로 얻는 차익을 선택권을 행사(行使)하는 해의 근로(勤勞)소득으로.[176] 이미 발행된 주식을 쓰는 주식매수선택권의 행사에 따르는 이익도 마찬가지로 근로소득으로 과세한다.[177] 관계회사의 주식에 대한 매수선택권을 받는다면?[178] 그래도 근로소득.[179] 옵션의 행사시점에 아예 주식거래는 피하고 주식의 시가와 행사가격을 견주어 차액만을 정산하는 경우에 대해서는 현행법상 조문이 없지만 마찬가지로 근로소득으로 과세해야 마땅하다. 한편, 퇴직 전에 부여받은 주식매수선택권을 퇴직 후에[180] 행사하거나 또는 고용관계 없이 주식매수선택권을 부여받아 이를 행사하여 얻는 이익은? 기타소득.[181]

스톡옵션을 받는 해에는 세법상 어떤 효과가 생기는가? 옵션은 본질가치가 영(0)이더라도 앞으로 주식값이 오를 가능성(시간가치)이 있지만,[182] 현행법 해석상 옵션을 받는 날 현재의 시간가치는 과세대상이 아니다.[183] 옵션을 행사하는 때에 가서 옵션취득 당시에 과세된 금액을 빼 주지 않은 채, 주식의 시가와 납입가격의 차액 전부를 과세하니까.[184] 주식의 가치가 행사가격보다 낮아서 옵션을 행사하지 않는다면 아무런

174) 상법 제340조의2, 제542조의3. 제14장 제1절 Ⅲ.4. 벤처기업 특칙은 벤처기업육성에관한특별조치법 제16조의3. 조세특례제한법 제16조의2, 제16조의3.

175) 대법원 2007. 11. 15. 선고 2007두5172 판결; 2021. 6. 10. 선고 2020두55954 판결(주식매수선택권이 신주인수권과 다르다는 부분은 틀렸고 특별규정과 일반규정의 관계일 뿐이다). 한편 신주인수권에 관해 소득세법시행령은 납입한 날의 다음 날로부터 한 달 안에 신주의 가액이 떨어진 경우에는 최저가로 과세한다. 같은 영 제51조 제6항.

176) 이런 법제는 미국대법원의 CIR v. Smith, 324 US 177(1945) 판결과 CIR v. LoBue, 351 US 243 (1956) 판결에서 비롯한다. 현행 미국세법 422조(b).

177) 2002. 12. 30. 신설된 소득세법시행령 제38조 제1항 제17호.

178) 상법 제542조의3 제1항.

179) 이 책 제5판 2006년 396쪽. 대법원 2007. 10. 25. 선고 2007두1941 판결; 2007. 11. 15. 선고 2007두5172 판결. Cohn v. CIR, 73 TC 443 (1979). Bittker, McMahon & Zelenak, 40.03[2]절. 일본 最高裁判所 2006(平成 17). 1. 25. 선고 平成16(行ヒ)141 판결.

180) 퇴직시 행사기간을 주총결의보다 단축하는 약정은 유효. 대법원 2018. 7. 26. 선고 2016다237714 판결.

181) 소득세법 제21조 제1항 제22호. 대법원 2007. 5. 10. 선고 2005두1541 판결.

182) 옵션가치의 계산에는 몇 가지 계산방식이 있다. 기업회계기준서 제1102호 참조.

183) 이 책 제5판 2006년 396쪽. 대법원 2007. 11. 15. 선고 2007두5172 판결. 따라서 옵션을 주는 회사도 옵션의 가치를 손금산입할 수 없다고 보아야 한다. 제14장 제1절 Ⅲ.4. 참조. 보수액을 현금금액으로 협상한 뒤 같은 가치의 옵션을 준 것을 조세회피로 본 영국판결로 UBS AG [2016] USKC 13.

184) 소득세법시행령 제51조 제5항 제4호는 같은 조항 제5호의 시가과세에 대한 특칙으로 규정되어 있

소득이 없음은 물론이다.[185] 문제는 애초부터 본질가치가 양(+)인 in-the-money 옵션이다. 예를 들어 스톡옵션 교부일 현재 시가 10,000원인 주식에 대한 행사가격이 9,000원인 꼴이 있을 수 있다. 이런 옵션은 본질가치가 영(0)인 옵션과 현금 1,000원을 주는 두 가지 거래의 결합으로 보고 과세해야 한다. 다른 나라에서는 대개 이런 문제까지 모두 생각한 세제를 만들어 두고 있지만,[186] 우리 상법은 in-the-money 옵션 그 자체를 아예 금지하고 있다.[187]

스톡옵션 그 자체는 양도할 수 없다.[188] 스톡옵션의 행사로 얻은 주식을 파는 시점에 가서는 주식의 양도차익에 대한 과세문제는 일반적인 주식 양도차익의 과세 그대로다. 이 경우 양도차익 계산 목적상 취득가액은 주식매수선택권의 행사 당시의 시가.[189]

5. 외 국 인

외국인 임직원의 근로소득에는 적지 않은 특혜가 있다.[190] 외국인투자 유치 목적.

Ⅵ. 퇴직소득

소득세법 제22조 (퇴직소득) ① 퇴직소득은 해당 과세기간에 발생한 다음 각 호의 소득으로 한다.

1. 공적연금 관련법에 따라 받는 일시금
2. 사용자 부담금을 기초로 하여 현실적인 퇴직을 원인으로 지급받는 소득
3. 그 밖에 제1호 및 제2호와 유사한 소득으로서 대통령령으로 정하는 소득

② 제1항 제1호에 따른 퇴직소득은 2002년 1월 1일 이후에 납입된 연금 기여금 및 사용자 부담금을 기초로 하거나 2002년 1월 1일 이후 근로의 제공을 기초로 하여 받은 일시금으로 한다.

③ 퇴직소득금액은 제1항 각 호에 따른 소득의 금액의 합계액(비과세소득의 금액은 제외한다)으로 한다. 다만 … 다음 계산식을 … 초과하는 금액은 근로소득으로 본다.

는 까닭이다. 같은 논리로 CIR v. LoBue, 351 US 243(1956). 현행법에서는, 분명한 시가가 있다면 부여 당시에 과세하되, 일정요건을 만족하면 과세를 이연한다. 미국세법 제83조(a), (c), 제422조.

185) 회사에도 아무런 손금이 안 생긴다.

186) 예를 들어 미국 재무부 시행규칙 1.83-7조.

187) 상법 제340조의2 제4항.

188) 상법 제340조의2 제2항.

189) 대법원 2007. 11. 15. 선고 2007두5172 판결.

190) 조세특례제한법 제18조의2. 역차별로 헌법상 평등권 위반 시비가 있을 수 있다. Toenz and Krech, Another Look at Swiss Lump Sum Taxation, Tax Notes Int'l(2012. 11. 19).

우선 제2항에서 나오는 2002년이란 연금소득 과세체계를 이른바 EET(exempt, exempt, taxed) 방식으로 고쳐서, 부담금을 납부할 때에는 근로소득에서 공제해주고 나중에 원리금을 연금으로 나눠받을 때 연금을 과세하는 방식으로 바뀐 해이다. 복잡한 경과규정은 무시하기로 한다. 국민연금 등 공적연금에서도 퇴직자가 연금 대신 일시금을 받는다면 퇴직소득으로 과세한다는 것이 제1항 제1호이다. 제2호의 전형은 근로자퇴직급여보장법에 따른 퇴직금(근속기간 1년당 30일분 이상의 평균임금)과 퇴직연금 제도가 있는 회사의 퇴직자가 연금 대신 받는 일시금(사용자부담분)이다.[191] 일단 제2호는 돈을 받는 형태가 연금이든 일시금이든 묻지 않고 퇴직소득이라고 정하고 있지만 연금계좌를 통해서 연금형태로 받는다면 연금소득이 되어 퇴직소득에서 빠진다.[192]

한편, 법 제20조 제1항 제4호를 보면 '퇴직함으로써 받는 소득으로서 퇴직소득에 속하지 아니하는 소득'은 근로소득이다. 퇴직 때 받는 돈이라고 해서 다 퇴직소득은 아니다. 퇴직소득의 과세표준(課稅標準)은 퇴직소득의 금액에서 퇴직소득공제를 한 금액이다.[193] 이 공제액은[194] 근로소득공제보다 훨씬 크다. 세율은 종합소득세율 그대로이지만, 종합소득세에 맞추어 한 해분의 퇴직소득을 계산해내어 적용하는 복잡한 구조로 세율을 적용한다. 낮은 누진율로 가는 방향으로 퇴직소득의 금액을 근속연수로 나누어 한해치로 환산하는 계산이 있고, 높은 누진율로 가는 방향으로 근속연수 한 해에 한 달어치를 받는다고 보아 한해치로 환산하는[195] 계산이 있다. 최종결과는 근로소득보다 유리하다.[196]

퇴직소득인가 근로소득인가의 구별기준은 뚜렷하지 않다. 우선 현실적(現實的)으로 퇴직(退職)을 해야 퇴직소득이지만, 현실적 퇴직 여부가 문제될 때가 많다. 가령 종업원이 임원이 되거나 관계회사로 옮겨간다면 현실적 퇴직이 아닐 수 있다고.[197] 현실적으로 퇴직한 임원의 퇴직금은 법정상한액까지만 퇴직소득이다. 법령에 안 나오는 것은 구별이 흐릿. 행정해석이나 판례는 법적 의무에 따라 지급하는 돈(법령이나 취업

191) 일시금 가운데 근무기간 동안 근로자가 임의로 부담한 근로자납입금 부분을 되찾는 것은 퇴직소득이 아니다. 아래 제3절 III.

192) 소득세법 제20조의3 제1항 제2호와 제146조 제2항. 제20조의3 제1항에서 "소득의 성격에도 불구하고"라는 말은 연금소득에 해당하면 퇴직소득은 아니라는 뜻으로 읽어야 한다.

193) 소득세법 제14조 제6항.

194) 소득세법 제48조. 대법원 2019. 7. 25. 선고 2019두30582 판결(정규직 전환전 근무기간도 포함). 헌법재판소 2002. 12. 18. 2001헌바55 결정(공무원 명퇴수당 우대=합헌)

195) 헌법재판소 2021. 6. 24. 2018헌바44 결정(사업연도가 1년 미만인 법인의 과세표준 계산).

196) 소득세법 제55조 제2항.

197) 소득세법시행령 제43조 제1항 제2호.

규칙에 따른 퇴직금, 노사합의에 의한 퇴직수당이나 위로수당, 해고예고수당 등)은[198] 퇴직소득이 된다고 보고, 나머지는 되도록 근로소득 쪽으로 끌어가고 있다.

제 3 절 연금소득

연금소득은 국민연금이나 공무원연금 같은 공적연금에서 생길 수도 있고 근로자 퇴직급여보장법에 따른 사적연금에서 생길 수도 있다. 공적연금이든 사적연금이든 법에 따라 의무적으로 가입해야 하는 연금이라면 이른바 EET형 과세이연으로 연금조성 단계에서는 세금을 매기지 않고 연금을 받는 단계에 가서 세금을 매긴다.[199] 나아가 자영업자의 노후준비나 근로자의 추가적 노후준비에도 EET형 과세이연 혜택을 주어서, 개인형 퇴직연금제도의 납입금, 확정기여형 퇴직연금계좌의 근로자 납입금, 연금저축도 납입단계에서 연금계좌세액공제를 받고 연금을 받는 단계에 가서 과세한다. 연금계좌세액공제는 납입액의 일정비율이므로 의무적 연금 납입액을 비과세하거나 소득공제하는 것과 똑같지는 않다. 제10장 제4절 I.

Ⅰ. 연금제도

1. 공적연금

공적연금은 본질적으로 저축이다. 본인이 원하든 않든 소득의 일부를 연금보험료로[200] 떼어내는 강제성을 띤다는 점에 차이가 있을 뿐. 국민연금에서는 사기업이라면 이른바 표준소득월액(標準所得月額)의 일정비율을 근로자와 사용자가 각각 근로자기여금 및 사용자부담금으로 부담하는 형식으로 떼어 낸다.[201] 사업장에 속하지 않는 지역가입자는 표준소득월액의 일정비율을 걷는다.[202] 공무원의 경우에는 국가가 보수월액의 일부를 부담.[203] 이렇게 저축한 돈의 원리금을 연금기금으로 국가(실제 업무는

198) 근로기준법을 어긴 퇴직금 중간정산 지급액은 회사가 돌려받을 수 있는 채권이지만 상계에는 한도가 있다. 대법원 2010. 5. 20. 선고 2007다90760 판결.

199) 입법례는 OECD, The Tax Treatment of Retirement Savings in Private Pension Plan(2018).

200) 국민연금법 제88조 제1항.

201) 국민연금법 제88조 제2항. 1970년대 미국 논문은 사용자부담금도 다 근로자에게 전가된다고 한다. 이준구 · 조명환, 재정학(제6판, 2021), 14장 4. 앞 제2절 Ⅱ. 2.

202) 같은 법 제4항.

203) 공무원연금법 제66조 제1항, 제69조.

연금공단에 위탁)가 관리운용하여 나중에 연금(노령연금이나 퇴직연금, 장애나 장해연금, 유족연금, 반환일시금)의 형태로 돌려주는 것이다.

물론 연금이란 사회보장(社會保障)제도의 성격을 지니고 있으므로 각자 내는 돈과 돌려받는 연금이 딱 비례하지는 않는다.[204] 그러나 가입기간이 10년 미만인 사람이 60세가 된다면 그동안 낸 불입액(근로자기여금과 사용자부담금의 합)에 이자를 붙인 금액을 반환일시금이라는 이름으로 그대로 돌려받는[205] 데에서 알 수 있듯 본질적으로는 강제저축이다.[206] 각 개인의 단위에서는 아니더라도 제도 전체를 놓고 본다면, 연금기금을 일반국고의 지원 없이 독립적으로 운용하는 이상은[207] 연금공단에 불입하는 돈과 공단에서 돌려받는 연금액은 서로 원리금 내지는 보험료와 보험금의 관계에 설 수밖에 없다(이른바 社會保險 방식). 오죽하면 많은 젊은이들이 국민연금을, Elon Musk의 말을 빌자면 "사상 최대의 ponzi 사기"로 여긴다는 여론조사가 나오랴. 물론, 기초(노령)연금처럼 노약자 모두의 생활보장을 대전제로 삼고 연금제도를 짤 수도 있겠지만(이른바 사회부조 방식), 그렇게 하자면 모자라는 재원이 결국 국고에서 나와야 하고[208] 연금제도는 그 자체를 국가의 조세제도 및 세출제도와 통일하여 전혀 다른 틀을 새로 짜야 한다.[209] 인구는 줄고 경제성장은 둔화하는데…

2. 근로자퇴직급여보장법

공무원, 교사, 군인 등 공적부문 종사자는 공적연금 하나만 받지만 사기업 종사자는 국민연금과 사적연금 두 가지를 받는다.[210] 사적연금은 종래의 퇴직금에 갈음하는

---

204) 노령연금은 근본적으로는 자신의 소득과 가입자 전체의 평균소득을 1:1로 평균한 금액의 일정비율이다. 연금가입자 상위 50%와 하위 50%의 소득이 5:1이고 보험료도 5:1비율로 낸다면, 보험금은 [5+(5+1)/2]:[1+(5+1)/2] = 2:1의 비율로 받는다. 국민연금법 제51조. 소득대체율(연금 대 은퇴전 소득의 비율)로 따지면 국민연금의 소득재분배 기능은 아주 강하다고 한다. 홍순만, 조세와 재정의 미래(2021), 269쪽. 그렇더라도 순부담액/소득 비율의 누진도는 소득세율보다는 낮을 것이다. 특히 보험료 상한은 국민연금법 제3조 제1항 제5호, 같은 법 시행령 제5조.

205) 국민연금법 제77조 제1항 제1호.

206) 민간저축이나 노동공급에 미치는 영향에 대해서는 늘리는지 줄이는지조차 불분명하다고. 이준구 · 조명환, 재정학(제6판, 2021), 10장 4.

207) 같은 법 제4조.

208) 미국에서는 연금재원의 대부분을 속칭 사회보장세라는 세금으로 마련한다. 미국세법 1401조 이하, 3101조 이하. 사회보장세는 국민연금에 해당하는 부분(OASDI)과 노인의료혜택(medicare) 부분 두 가지가 있다. 사회보장세 및 연금소득의 과세는 미국세법 275조(a)(1), 164조(f), 1402조(a)(12), 86조. 과세정보 사용에 관해서는 미국세법 6103조.

209) 북유럽국가들의 연금재원은 거의 부가가치세이다. 그렇게 보면 복지국가의 실상은 후견국가가 아닌가라는 의문이 생긴다.

210) 재직기간 중 불입금 비율은 공적부문과 거의 같다. 국민연금 9% + 퇴직연금 1/12 ≒ 공무원 등 공적부문 18%. 공적부문에서는 국가가 불입하는 비율이 더 높은 외관이 있지만 착시. 앞 주석

것이다. 오랫동안 근로기준법은 사용자에게 계속근로연수 1년당 30일분 이상의 평균임금을 퇴직금(退職金)으로 지급할 의무를 지우고 있었다.[211] 근로기준법의 적용을 받지 않는 위임이나 고용계약에서도 취업규칙이나 당사자 사이의 약정으로 퇴직금 지급의무가 생길 수도 있다. 2005년부터는 근로자퇴직급여보장법이 시행되면서 사용자는 같은 법률에 따라 퇴직금, 확정급여형 퇴직연금, 확정기여형 퇴직연금, 이 세 제도 가운데 하나 이상을 퇴직급여제도로 설정하여야 한다.[212]

확정급여형(DB: Defined Benefit Plan) 퇴직연금이란 종래의 퇴직금을 연금형식으로 나누어주는 것이다.[213] 차이점은, 퇴직금 제도에서는 회사가 퇴직금 지급채무를 질 뿐 따로 돈을 모아두지 않지만(unfunded) 확정급여형 퇴직연금에서는 장차 퇴직급여로 지급할 금액을 퇴직연금사업자(보험회사, 신탁회사, 자산운용회사, 은행 등 금융기관)에게 실제로 적립해(funded) 두어야 하고 회사는 그런 돈을 더 이상 통제하지 못한다는 점.[214] 퇴직시에는 실제로 지급할 돈이 퇴직자 개인이 통제하는 개인형 퇴직연금계좌로 일단 넘어간다.[215]

확정기여형(DC: Defined Contribution Plan) 퇴직연금이란 임금 총액의 1/12 이상을 사용자가 해마다 기여금으로 부담하고(funded) 근로자도 원한다면 연금제도에서 정한 금액을 추가로 납입한 뒤, 사용자부담금과 근로자납입금을 투자해서 생긴 원리금을 근로자가 퇴직 때 받는 것이다.[216] 부담금으로 조성한 재원에 대한 투자의사결정은 근로자가 정할 수 있고, 돈의 운용은 퇴직연금사업자가 맡으며 사용자는 이를 통제할 수 없다. 확정기여형 연금을 설정·운용하는 사용자는 부담금을 출연한 이상 더 이상의 책임은 없다. 원리금이 얼마이든 사용자가 특정한 근로자의 이름으로 납입하는 돈은 바로 근로자의 돈이고,[217] 근로자는 그렇게 퇴직연금계좌에 쌓인 돈의 원리금을 받을 뿐이다.[218] 사용자 부담금에 더해서 근로자도 임의로 제 돈을 확정기여형 퇴직연금계좌에 근로자납입금으로 추가 납입할 수 있다. 퇴직시에는 그동안 확정기여형 계좌에

---

201). 제2절 II.2.

211) 근로자퇴직급여보장법 시행 전의 근로기준법 제34조.

212) 근로자퇴직급여보장법 제4조 제1항, 제2조 제6호 및 제7호.

213) 근로자는 퇴직 때 일시금으로 한꺼번에 찾을 수도 있고 그 금액은 종래의 퇴직금 이상이어야 한다. 같은 법 제17조 제1항과 제3항, 제15조.

214) 같은 법 제32조 제3항.

215) 같은 법 제17조 제4항.

216) 같은 법 제2조 제9호, 제20조.

217) 제19장 제4절 II.

218) 사용자부담금이 밀리지 않은 이상 근로자가 퇴직시 받을 수 있는 돈이 따로 없다. 같은 법 제12조. 밀린 경우도 부담금 및 지연이자를 구할 수 있을 뿐 모자라는 퇴직급여를 구할 수는 없다. 대법원 2021. 1. 14. 선고 2020다207444 판결.

쌓인 돈을 퇴직자 개인이 통제하는 개인형 퇴직연금계좌로 일단 넘긴다.[219]

용어가 좀 혼란스럽기는 하지만 근로자퇴직급여보장법은 자영업자(自營業者) 등 근로자 아닌 사람이 퇴직준비를 하는 것도 다루고 있다. 자영업자, 근로자, 퇴직자 등 개인은 퇴직연금사업자와 1:1 관계로 개인형 퇴직연금(IRP: Individual Retirement Plan) 계좌를 설정해서 돈을 납입하고 나중에 원리금을 연금형식으로 받을 수 있다. 일시금 형식으로 다 찾을 수도 있는 것이야 당연.

3. 연금저축

근로자퇴직급여보장법과 무관하게 금융기관이 운영하는 노후준비 금융상품으로 연금저축이 있다. 누구나 한꺼번에 목돈을 또는 해마다 일정금액을 금융기관의 연금저축계좌에 불입하고 나중에 연금형식으로 또는 일시금으로 원리금을 찾는 금융계약이 가능함은 당연하다.

Ⅱ. 의무적 연금과 EET형 과세

공적연금과 사용자 부담분 퇴직연금은 근로자나 사용자가 원하든 아니든 자동으로 반드시 들어야 한다. 연금소득은 애초 연금조성에 들어가는 돈을 근로소득 과세에서 빼 주고 연금을 받을 때 가서 과세하면서 다시 여러 가지 특혜를 주어 세부담을 줄여주고 있다. 사용자에 대한 과세는 제19장 제4절 II.

1. 납입단계

국가가 내는 부담금은 애초 근로소득의 범위에 들어가지 않는다. 근로자퇴직급여보장법에 따른 사용자 부담금은 애초 근로소득의 범위에 안 들어가면서도[220] 사용자가 필요경비나 손금에 산입할 수 있다.[221] 국민연금법이나 공무원연금법 등에 따른 본인부담금은 근로자의 과세소득에서 빼 준다.

219) 같은 법 제20조 제7항.

220) 소득세법시행령 제38조 제2항.

221) 법인세법시행령 제44조의2 제4항. 확정급여형 퇴직연금 사업자에게 적립해 둔 돈이 누구의 것인가를 민사법적 시각에서 따져보면 사용자부담금이 순자산감소로 제19조의 손금인지에 의문의 여지가 있으나, 확정기여형과 균형을 맞추자면 손금산입할 수 있다고 풀이하는 것도 가능한 해석이다. 적립금 원리금이 퇴직급여로 지급할 돈보다 더 많다면 그 부분은 손금이 아니다. 제19장 제4절 II. 도산절차에서 채권자가 적립금을 가져가는 부분은 결국 인건비 지급이 아닌 채무변제액으로 확정되는 것이므로 익금산입해야 한다.

소득세법 제51조의3 (연금보험료 공제) ① 종합소득이 있는 거주자가 공적연금 관련법에 따른 기여금 또는 개인부담금(이하 "연금보험료"라 한다)을 납입한 경우에는 해당 과세기간의 종합소득금액에서 그 과세기간에 납입한 연금보험료를 공제한다.

근로자퇴직급여보장법에 따라 근로자가 임의로 퇴직연금계좌에 더 납입하는 근로자납입금이나 근로자가 개인형 퇴직연금저축계좌에 따로 납입하는 돈은 임의적 저축이므로 아래 III의 임의적 노후준비와 묶어서 관리한다.

2. 축적단계

국민연금기금이나 공무원연금기금의 운용은 공단이 하지만 돈 자체는 국가에 속한다.[222] 따라서 축적단계에서 생기는 투자수익은 과세대상이 아니다.[223] 퇴직연금계좌에 생기는 운용수익도 축적단계에서는 과세 않는다.[224] 수령단계까지 과세를 이연한다는 것이 연금소득 과세제도의 핵심.

3. 수령단계

소득세법 제20조의3 (연금소득) ① 연금소득은 해당 과세기간에 발생한 다음 각 호의 소득으로 한다.

1. 공적연금 관련법에 따라 받는 각종 연금(이하 "공적연금소득"이라 한다)

2. 다음 각 목에 해당하는 금액을…퇴직연금계좌에서 연금형태 등으로 인출(이하 "연금수령"이라 하며, 연금수령 외의 인출은 "연금외수령"이라 한다)하는 경우의 그 연금

가. 제146조 제2항에 따라 원천징수되지 아니한 퇴직소득

다. 연금계좌의 운용실적에 따라 증가된 금액

제22조 (퇴직소득) ① 퇴직소득은 해당 과세기간에 발생한 다음 각 호의 소득으로 한다.

2. 사용자 부담금을 기초로 하여 현실적인 퇴직을 원인으로 지급받는 소득

제146조 (퇴직소득에 대한 원천징수시기와 방법 및 원천징수영수증의 발급 등) ② 거주자의 퇴직소득이 다음 각 호의 어느 하나에 해당하는 경우에는 제1항에도 불구하고 해당 퇴직소득에 대한 소득세를 연금외수령하기 전까지 원천징수하지 아니한다…

222) 국고금관리법 제2조. 국민연금법 제43조, 공무원연금법 제21조, 사립학교교직원 연금법 제23조.
223) 법인세법 제3조 제2항. 증권거래세 면제는 조세특례제한법 제117조 제1항.
224) 소득세법 제146조의2 참조.

1. 퇴직일 현재 연금계좌에 있거나 연금계좌로 지급되는 경우

제14조 (과세표준의 계산) ③ 다음 각 호에 따른 소득의 금액은 종합소득과세표준을 계산할 때 합산하지 아니한다…

9. 제20조의3 제1항 제2호 및 제3호에 따른 연금소득 중…

가. 제20조의3 제1항 제2호 가목에 따라 퇴직소득을 연금수령하는 연금소득

다. 가목…외의 연금소득의 합계액이 연… 이하인 경우 그 연금소득

공적연금을 받는 것은 종합과세한다. 사용자부담분 퇴직연금의 원금부분은 분리과세하고 분리과세 세율은 수령연차에 따라 퇴직소득세율의 일정비율.[225] 연금소득으로 구분하여 종합소득에 넣기는 하나 결국 퇴직소득이라는 성질이 남아있는 것이다. 다만 일시금으로 받지 않고 연금형식으로 받는 것을 장려하기 위해 받을 때까지는 과세이연하고 연금수령할 때에 가서도 세금을 깎아주는 셈. 원금부분이 소진되고 운용수익을 연금수령하기 시작하면 일정금액까지는 아주 낮은 세율로[226] 분리과세. 2022년말 개정법에서는 종합소득이 되는 부분도 기본세율보다는 낮은 세율로 따로 과세받을 수 있다.[227] 연금소득의 소득금액은, 연금으로 받는 금액에서 일정한 공제액을 뺀 금액이다.

소득세법 제20조의3 (연금소득) ③ 연금소득금액은 제1항 각 호에 따른 소득의 금액의 합계액(제2항에 따라 연금소득에서 제외되는 소득과 비과세소득의 금액은 제외하며, 이하 "총연금액"이라 한다)에서 제47조의2에 따른 연금소득공제를 적용한 금액으로 한다.

소득세법 제47조의2 (연금소득공제) ① 연금소득이 있는 거주자에 대해서는 해당 과세기간에 받은 총연금액(분리과세연금소득은 제외하며, 이하 이 항에서 같다)에서 다음 표에 규정된 금액을 공제한다. (하략)

소득세법 제51조의4 (주택담보노후연금이자비용공제) ① 연금소득이 있는 거주자가 대통령령으로 정하는 요건에 해당하는 주택담보노후연금을 받은 경우에는 그 받은 연금에 대해서 해당 과세기간에 발생한 이자비용 상당액을 해당 과세기간 연금소득금액에서 공제(이하 "주택담보노후연금 이자비용공제"라 한다)한다. (하략)

---

225) 소득세법 제129조 제1항 제5호의3.

226) 같은 법조 제5호의2. 같은 법 시행령 제40조의3 제1항.

227) 소득세법 제64조의4.

연금제도를 저축(貯蓄)에 견주어 본다면 연금보험료를 비과세 내지 공제하고 다시 연금급여에 혜택을 주는 것은 소득세제의 기본구조와는 잘 안 맞는다. 저축액을 소득에서 공제해 준다면 원리금을 전액 소득에 넣더라도(Carter 보고서의 EET형) 소득과세는 아니다.[228] 앞서 보았듯 현금흐름에 따른 과세는 결국 이자소득을 비과세하는 제도인 까닭이다. 한편 일반저축과 달리 연금보험료 부분은 애초에 쓰고 싶어도 쓸 수 없는 돈이라는 점에서 애초에 소득이 아니라고 볼 수도 있다. 이 논리의 앞뒤를 맞추면 나중에 받는 연금급여는 다른 종합소득과 마찬가지로 과세해야 마땅하다(Meade 보고서형). 아직 일하고 있는 노동자와 연금생활자가 같은 돈을 받는다면 같은 세금을 내어야 공평한 까닭이다.

Ⅲ. 임의적 노후준비

근로자퇴직급여보장법은 근로자가 아닌 자영업자 등이 노후준비를 위해 퇴직연금사업자와 개인형퇴직연금(IRP) 계약을 하는 경우에도 적용된다. 좁게는 자영업자의 노후준비도 근로자의 퇴직연금과 비슷하게 균형을 맞추어주자는 생각으로 만든 제도이다. 퇴직연금 제도가 있는 회사에 다니는 근로자도 추가적 노후보장을 위해서 개인형 퇴직연금에 따로 가입할 수도 있고, 회사가 확정기여형 퇴직연금 제도를 설정한 경우에는 실제 자기 이름으로 된 개인계좌가 따로 있으므로 그 계좌에 추가납입할 수도 있다.[229] 이런 임의적 노후준비는 결국 근로자든 자영업자든 누구든 개인이 자발적으로 연금형태의 금융상품(연금저축)에 가입하는 것과 차등을 둘 이유가 없으므로, 이런 임의적 노후준비를 모두 묶어서 EET형으로 과세한다. EET형이라고는 하지만 글자 그대로 임의적인 금융계약일 뿐이므로 납입액을 소득공제하는 것이 아니고 일정비율을 세액공제하는 방식이다.

1. 납입단계

소득세법 제59조의3 (연금계좌세액공제) ① 종합소득이 있는 거주자가 연금계좌…에 납입한 금액…의 100분의 12…을 해당 과세기간의 종합소득산출세액에서 공제한다. 다만…연금계좌에 납입한…금액이 연…을 초과하는 경우에는 그 초과하는 금액은 없는 것으로…한다.[230]

---

228) 제8장 제1절 Ⅲ 참조. Bradford, Untangling the Income Tax, 37쪽.

229) 근로자퇴직급여보장법 제20조 제2항.

230) 미국세법은 219조(a), 403조(a), 72조.

연금계좌란 퇴직연금계좌와 연금저축계좌를 묶어서 부르는 말이다.[231] 퇴직연금계좌란 근로자퇴직급여보장법에 따라서 "퇴직연금을 지급받기 위하여 설정하는 계좌"로 확정기여형 퇴직연금계좌와[232] 개인형 퇴직연금계좌를[233] 말한다. 연금저축은 근로자퇴직급여보장법의 범위 밖이지만, 완전히 계약자유에 맡기지는 않고 대통령령으로 금융상품의 종류를 제한하고 있다.[234] 거주자가 연금계좌에 납입하는 금액, 곧 근로자가 확정기여형 퇴직연금계좌에 추가로 납입하는 근로자납입금, 자영업자가 개인형 퇴직연금계좌에 납입하는 금액, 또한 근로자가 개인형 퇴직연금계좌에 따로 납입하는 금액, 자영업자든 근로자든 누구든 연금저축계좌에 납입하는 금액은 세액공제 대상이다. 일괄한도가 있다. 법률의 글귀는 생략했지만, 연금저축계좌 납입액은 한결 낮은 한도에 따로 걸린다.[235]

2. 수령단계

소득세법 제20조의3 (연금소득) ① 연금소득은 해당 과세기간에 발생한 다음 각 호의 소득으로 한다.

1. (생략)

2. 다음 각 목에 해당하는 금액을…연금계좌 …에서 연금형태 등으로 인출(이하 "연금수령"이라 하며 연금수령 이외의 인출은 "연금외수령"이라 한다)하는 경우의 그 연금…

나. 제59조의3 제1항에 따라 세액공제를 받은 연금계좌 납입액

다. 연금계좌의 운용실적에 따라 증가된 금액

③ 연금소득금액은 제1항 각 호에 따른 소득의 금액의 합계액(제2항에 따라 연금소득에서 제외되는 소득과 비과세소득의 금액은 제외하며, 이하 "총연금액"이라 한다)에서 제47조의2에 따른 연금소득공제를 적용한 금액으로 한다.

세액공제 한도내 금액의 원리금은 뒤에 이를 법령의 요건에 맞는 연금수령으로 나누어 받을 때에 각 연금소득으로 과세한다.[236] 한도초과금액은 애초에 세액공제 없

231) 소득세법 제20조의3 제1항 제2호.

232) 근로자퇴직급여보장법 제20조 제2항 및 제2조 제9호, 소득세법 제20조의3 제1항 제2호, 같은 법시행령 제40조의2 제1항 제2호 가.

233) 근로자퇴직급여보장법 제24조 제2항과 제2조 제10호, 소득세법 제20조의3 제1항 제2호 및 같은 법시행령 제40조의2 제2항 제2호 나.

234) 소득세법시행령 제40조의2 제1항 제1호는 신탁, 집합투자, 보험 세 가지만 허용한다.

235) 소득세법 제59조의3 제1항.

236) 미국세법 408조의 IRA와 같은 구조이다. 408A조의 Roth IRA에서는 저축의 공제가 없고 이자소득을 비과세한다(TEE형).

이 근로소득으로 과세한 것이므로 뒤에 원리금(年金)을 받는 때에 가서 운용수익만 연금(年金)소득으로 과세한다. 원리금을 여러 차례로 나누어 받으므로 이미 과세한 한도초과금액과 과세할 금액(과세이연한 한도내 납입액 더하기 축적시 과세이연한 운용소득) 사이의 충당문제가 생긴다. 비과세부분에 먼저 충당하라는 것이 대통령령.[237] 분개형식으로 적어보면 알기 쉽다.

(보기) 종합소득 100을 벌면서 연금계좌에 20(한도초과액 8)을 납부한다면 (차) 현금 80 + 한도내연금(자산) 12 + 한도초과연금(자산) 8 (대) 종합소득 88 + 소득이연액 12. 연금개시 시점에 연금계좌 원리금은 30으로 불어났고 이를 법령이 요구하는 연금형식으로 10년 동안 나누어 받는다. 계산이 쉽도록 연금을 받는 10년 동안은 운용수익이 영(0)이라 전제하고 연 3씩 나누어 받는다면, 처음 2년 동안은 각 (차) 현금 3 (대) 한도초과연금 3. 연금소득은 영(0). 그 다음해 3을 받는 것은 (차) 현금 3 (대) 한도초과연금 2 + 연금소득 1. 그 뒤 3씩 받는 7년분을 그냥 다 묶으면 (차) 현금 21 + 소득이연액 12 (대) 한도내연금 12 + 연금소득 9 + 연금소득 12. 연금소득 총계 22 = 소득이연액 12 + 운용수익 10.

일정기준 이하의 연금소득을 분리과세받을 수 있는 것은 이미 본 바와 같다.[238] 퇴직연금계좌나 연금저축계좌에 임의로 납입한 금액의 운용수익을 연금외수령하는 경우에는 기타소득으로 분리과세.

> 제21조 (기타소득) ① 기타소득은 이자소득・배당소득・사업소득・근로소득・연금소득・퇴직소득 및 양도소득 외의 소득으로서 다음 각 호에서 규정하는 것으로 한다…
> 21. 제20조의3 제1항 제2호 나목 및 다목의 금액을 그 소득의 성격에도 불구하고 연금외수령한 소득

위와 같이 연금소득으로 보는 금액은 그 자체를 연금소득의 소득금액으로 보고 연금소득 공제는 배제해야 옳다. 그래야 저축원리금을 연금이 아니라 일시금(一時金)으로 지급받는 경우 이를 기타소득(其他所得)으로 보는 것과 균형이 맞는다. 더 나아가 저축액을 비과세하고 원리금을 과세하는 제도는 그 자체로 이미 이자를 비과세하는 것과 같은 효과를 낳는다.[239] 저축의 목적이 노후대비라 하여 국가가 이자소득의

---

237) 소득세법시행령 제40조의3.

238) 소득세법 제14조 제3항 제9호. 종합소득에 포함해서 신고하더라도 세율특례가 있다. 제64조의4.

239) 제8장 제3절 Ⅰ. 2.

비과세에 더하여 적극적으로 보조금(연금소득공제라는 특혜)까지 줄 이유는 없다. 실물투자와 달라 특정형태의 저축에 대한 세제우대가 경제적 비효율을 낳는다고 단정하기는 어렵지만.240)

제 4 절 금융소득: 이자소득과 배당소득

소득이 아니라 소비를 과세물건으로 삼는다면 금융소득은 과세대상에서 빠지게 된다. 소비과세란 노무소득과 경제학적 이윤만을 과세하는 제도이기 때문이다. '소득 = 소비 + 저축'이고 저축이란 금융자산에 대한 투자이다. 금융자산의 가치는 금융소득 흐름의 현재가치이므로, 금융소득에 대한 비과세는 저축 전체를 빼고 소비에만 세금을 매기는 것과 같다. 제8장 제1절 III. 한편 최적과세론의 대세는 소비에도 세금을 얼마만큼 물리는 것이 사회적 효용을 극대화하는가를 따진다. 일할까 말까보다는 소비할까 저축할까가 세금에 더 민감하므로 근로소득보다는 금융소득을 낮게 과세해야 한다는 것이 대체적 결론. 정반대로, 공평에 터잡아 순자산증가에 세금을 물리자고 생각하면 금융소득이야말로 담세력의 기본. 그러나 개방경제하에서는 자본유치 경쟁 때문에 금융소득에 대한 세율을 낮출 수밖에 없다. 현행법의 금융소득 과세는 이런 여러 가지 생각이 뒤섞여 있다. 금융소득에 세금을 물린다고 하지만, 저축을 장려하기 위한 온갖 조세특례가 있다. 한결 더 중요한 것은 제3절에서 본 연금제도. 실상 경제 전체로 볼 때 저축의 대종은 연금기금 쌓는 것과 사람이 사는 집, 이 두 가지. 연금제도는 현금주의로 투자수익을 비과세하고 집에 딸린 내재적 소득은 과세 안 한다.

240) 자유로운 처분이 불가능하다는 점을 비효율이라 말할 수 있겠지만 그렇게 단정하기 어렵다. 이런 논리를 일관한다면, 국민연금이라 하더라도 소득재분배 기능이 약한 것은 존재의의가 없다는 말이 된다. 결국 개인에 대한 국가의 후견이 좋은가 나쁜가라는 가치관의 문제가 된다. 국가가 후견에 나서는 가장 큰 이유는 인플레이션 때문에 수십년짜리 종신정기금 시장이 없기 때문이다. 국가가 장기 물가연동채를 발행하면 이 문제는 풀 수 있지만, 그 밖에도 전쟁 따위 국가적 위험은 문제로 남는다. 국가 단위라는 규모의 경제(또는 불경제), 시장에 맡겨 두는 경우에 생길 수 있는 역선택(adverse selection) 등도 생각해 볼 점이다. 후견론의 대표로 Bankman, Tax Policy and Retirement Income, 55 Univ. Chicago Law Review 790(1988): 한결 근본적으로는 Aristotle, Nichomachean Ethics, Book VIII, ch. 2, 1145b 20-35문단, 1179b 31문단-1180a 4문단.

Ⅰ. 이자소득과 배당소득의 범위

1. 이자와 할인액

소득세법 제16조 (이자소득) ① 이자소득은 해당 과세기간에 발생한 다음 각 호의 소득으로 한다.

1. 국가나 지방자치단체가 발행한 채권 또는 증권의 이자와 할인액
2. 내국법인이 발행한 채권 또는 증권의 이자와 할인액

2의2. …파생결합사채로부터의 이익

3. 국내에서 받는 예금 … 의 이자
4. 「상호저축은행법」에 따른 신용계 또는 신용부금으로 인한 이익

5.-7. (생 략)

8. 대통령령으로 정하는 채권 또는 증권의 환매조건부 매매차익
9. 대통령령으로 정하는 저축성보험의 보험차익
10. 대통령령으로 정하는 직장공제회 초과반환금
11. 비영업대금의 이익
12. 제1호부터 제11호까지의 소득과 유사한 소득으로서 금전 사용에 따른 대가로서의 성격이 있는 것[241]
13. 제1호부터 제12호까지의 규정 중 어느 하나에 해당하는 소득을 발생시키는 거래 또는 행위와 「자본시장과금융투자업에관한법률」 제5조에 따른 파생상품이 대통령령으로 정하는 바에 따라 결합된 경우 해당 파생상품의 거래 또는 행위로부터의 이익[242]

② 이자소득금액은 해당 과세기간의 총수입금액으로 한다.

1) 이 자

위 법조항의 여러 호에서 보듯 이자(利子)는 이자소득에 속한다. 이자란? 꿔 준 돈의 원본과 기간에 따라서 받는 돈. 금전소비대차(金錢消費貸借)나 예금 따위 소비임치(消費任置)에서 원본의 금액과 기간에 비례하여 받는 금전 기타 대체물 정도의 말. 예금이란 내 돈을 맡긴(任置) 것이니 언제나 찾을 수 있고 따라서 이자의 금액은 일할계산한다. 예금이자의 원본 산입은 매일 하지는 않고 한 해 몇 번 산입한다. 중도해지 등

241) 예를 들어 직장공제회초과반환금 중 회원의 퇴직·탈퇴 전에 지급되는 목돈급여와 종합복지급여의 부가금. 대법원 2010. 2. 25. 선고 2007두18284 판결.

242) 아래 7항의 대법원 2011. 4. 28. 선고 2010두3961 판결 참조.

인출시에는 그때까지 약정이자를 계산해서 받는다. 이자라는 표현을 쓰지는 않았지만 "비영업대금의 이익"도 기간에 따라 계산하는 것은 마찬가지. 다른 호에서 말하는 이자는 거의 제도권 금융상품의 이자임을 눈에 볼 수 있다. 상호저축은행에서 받는 신용계나 신용부금의 이익은 은행이자와 마찬가지이다. 수수료, 공제금, 체당금, 소개료 따위의 이름을 쓰더라도 이자는 이자소득으로 과세한다.[243] 금융기관의 개인연금 상품은 제3절.

2) 할 인 액

이자라는 말의 범위는 어디까지일까? 예를 들어, 갑은 을이 가져온 어음 하나를 할인해 주었다. 그 어음은 액면금액이 10,000원이고 이자가 없다. 만기는 발행일로부터 2년 후인데, 갑이 이를 사들이는 시점까지는 어언 1년이 흘렀다고 생각해 보자. 그렇다면 갑은 이 어음을 얼마를 주고 사려나. 10,000원을 다 줄 사람은 없을 것이다. 얼마를 깎아서 살까? 이 어음을 발행한 회사가 삼성전자 같이 탄탄한(?) 회사이어서 신용도가 은행과 같다고 하자. 이제 은행의 정기예금 금리가 연 10%라고 한다면, '이 어음을 얼마에 살까'라는 문제는 돈을 은행에 정기예금하여 한 해 뒤에 10,000원을 받으려면 원금을 얼마 넣어야 하는가와 같은 문제이다. 즉 10,000원/1.1 = 약 9,091원이 어음의 매매가격이 된다. 금융시장의 균형은 이 가격에서 형성된다. (이하 계산에서 1원 이하는 숫자가 안 맞아도 무시하자. 반올림 때문에 안 맞는다.) 이제 물어 보자. 9,091원으로 어음을 산 뒤 한 해가 지나 돈 10,000원을 받았다면, 그 차액 910원은 이자소득일까? 그런데, 위 거래의 사법상의 형식을 보자면, 갑은 어음을 을에게서 산 뒤, 제3자인 발행인으로부터 어음의 액면금액을 받는다. 여기서 생기는 차액은 일상생활에서 "이자"라고 부르는 말의 범위에 속하지는 않는다. 이자란 돈을 맡기거나 빌려준 뒤 돌려받는 원리금이 원금보다 큰 경우 그 차액을 말하는 까닭이다. 위의 예에서는 을에게 돈을 주고 나중에 발행회사로부터 돈을 받으니 보통 말하는 이자와는 다르다.

그러나 위 예에서 차액 910원이 이자율을 반영함은 틀림이 없다. 경제의 실질로는 이 910원이 적어도 이자상당액임은 틀림없다. 경제적 실질로는 이자란 '돈의 시간가치(時間價値)'. 당장의 현금과 미래의 어느 시점의 현금을 맞바꿀 때 그 차액을 뜻한다. 늘 쓰는 뜻으로 이자라는 말이 '돈 또는 다른 대체물을 누구에게 소비대차(임치)해 주고 원본과 소비대차(임치)기간에 비례하여 받는 돈' 정도의 뜻에 이른 것은 돈의 시간가치가 문제되는 전형적인 상황이 소비대차나 소비임치이기 때문이다. 옛날에는 금융거래가 단순하여, 돈을 가진 사람이 남에게 돈을 빌려 주고 나중에 그 사람에게서 돈을 되돌려 받는 꼴로 이루어졌다. 주식, 사채, 어음, 수표, 이런 유가증권의 전전유통이

---

243) 대법원 1989. 10. 24. 선고 89누2554 판결.

란 상당한 사회발전의 산물이다. 유가증권이란 그저 종이쪽. 이를 사는 사람은 그 종이쪽 자체에 가치가 있다고 생각하는 것이 아니라, 거기에 적힌 어떤 사람의 약속을 가치 있다고 여기는 것이다. 그렇다면 그 사람이 누구인지, 그 약속이 얼마나 믿을 만한지 등에 대한 판단이 가능해야 비로소 유가증권이라는 제도가 자리잡을 수 있다. 기업의 회계공시가 제대로 안 되고 증권거래소 제도 등 금융제도가 갖추어져 있기 전에는 유가증권 제도가 자리잡기 어려웠다. 그 마당에 금융이라는 것은 자기가 직접 아는 사람에게 돈을 꿔 주고 그 뒤에 원리금을 되돌려 받는 소비대차나 소비임치뿐이었고, 여기에서 돈의 시간가치라는 개념이 이자라는 개념으로 좁혀진 것이다. 결국 민사법상의 "이자"라는 개념으로는 오늘날의 금융거래에 맞는 세제를 짤 길이 없다.

이리하여 법은 이자와 나란히 "割引額"을 이자소득의 개념에 포함하고 있다. 할인액이란, 예를 들어 액면 10,000원, 만기 2년인 유가증권을 가령 8,264원에 발행했을 때 그 차액 1,736원을 일컫는 말이다. 이 할인액(OID: original issue discount)의 경제적 실질이 이자임은 물론. 과세시기는 아래 II.2.

3) 보유기간별 이자상당액

그러나 앞의 예로 다시 돌아가 보자. 발행된 지 이미 한 해가 지난 어음을 9,091원에 사서 만기에 10,000원을 상환받는 경우 이 차액을 할인액이라 말할 수 있을까?[244)]할인액이라는 개념에도 담기가 어렵네… 이리하여 법은 다시 다음과 같이 정하고 있다.

> 소득세법 제46조 (채권 등에 대한 소득금액의 계산 특례) ① 거주자가 제16조 제1항 제1호·제2호·제2호의2·제5호 및 제6호에 해당하는 채권 또는 증권과 타인에게 양도가 가능한 증권으로서 대통령령으로 정하는 것 … 에서 발생하는 이자 또는 할인액 … 을 지급 … 받거나 해당 채권등을 매도 … 하는 경우에는 거주자에게 그 보유기간별로 귀속되는 이자등 상당액을 해당 거주자의 제16조에 따른 이자소득으로 보아 소득금액을 계산한다.…

保有期間別 利子相當額은 유통과정의 각 보유자에게 각각 귀속된다. 가령 액면이 100원이고 만기가 발행일로부터 24개월 뒤인 어음의 최초의 발행가액은 $10{,}000/(1.1)^2$ ≒ 8,264원이 될 것이다. 그렇다면 발행가액과 액면금의 차액 1,736원은 할인액이 된다. 그런데 이 1,736원을 사람들이 어떻게 나누어 가지는가를 따질 때, 각자가 가지고 있는 기간에 따라서 처음 사람이 12/24, 그 다음 사람이 7/24, 그 다음 사람이 5/24, 이

244) 미국세법 1283조(a) 등에서는 이것을 acquisition discount라고 부른다. OID에 대해서는 1273조 등.

련 식으로 정할 수 있다. 총할인액을 각자의 보유기간에 따라 계산한 뒤, 그 차액 즉 '보유기간별 이자 상당액'이 각자에게 귀속되는 것으로 본다고 하는 것이다. 조문에는 보유기간별 이자 상당액을 법 제16조의 목적상 이자소득으로 본다는 말은 없지만 암암리에 이자소득으로 보는 것을 전제로 해야 글귀의 뜻이 통한다. 원천징수의무는 제20장 제1절 III. 3.

4) 채권양도차익∉이자소득

유가증권의 유통과정에서 생기는 소득이 모두 이자소득은 아니다. 앞의 예에서 어음을 8,264원에 산 사람이 이를 한 해 동안 가지고 있다가 다른 사람에게 양도한다고 하자. 양도인의 입장에서 본다면 연리 10%로 돈 8,264원을 한 해 동안 넣어 두었던 것이므로 이자소득은 1,736원/2년 = 868원이 된다(경제적 계산을 정확히 따지자면 8,264원 × 10% = 827원이지만, 현행법에서는 정액법으로 계산한다. 이하 그냥 868원으로 계산하자). 그러나 이 어음의 양도가격이 반드시 8,264 + 868 = 9,131원이 된다는 법은 없다. 어음의 양도가격은 양도 당시의 경제상황에 따르게 마련. 어음발행자가 한 해 뒤 10,000원을 지급할 것이라는 사실의 확실성에는 아무런 변화가 없더라도, 예를 들어 시장사정에 변화가 있어서 양도당시의 은행이자율이 5%로 떨어진다면, 이 어음의 양도가격은? 10,000원/(1 + 0.05) = 9,524원이 되고, 양도인이 얻는 소득은 9,524 - 8,264 = 1,260원이 된다. 그러나 이 사람의 이자소득은 얼마? 1,260원이 아니라 868원이다. 차액 392원은 경제여건의 변화에 따라 생겨난 것이고 이자 868원과는 성질이 다르다. 이를 債券의 讓渡差益이라고[245] 부르기도 한다. 채권의 양도차익은 우리 소득세법상 과세소득이 아니다. 소득구분에 따른 과세소득의 테두리의 어디에도 들어가지 않으니.[246] 2025년부터는 금융투자소득으로 과세할 예정이었으나 폐지.

2. 채권 또는 증권

앞의 예로 돌아가 9,131원에 사들인 어음을 만기에 발행인에게 돌려주면서 10,000원을 받는 사람에게 속하는 보유기간별 이자상당액이 이자소득이라고 결론짓기 전에 한 가지 더 밝혀야 할 논점이 있다. 법 제16조에는 아무 곳에도 어음이라는 말이 안 나온다. 어, 그러면 어음은 債券이나 證券인가? 채권이라는 말은 국채, 지방채, 회사채라는 뜻으로 일단 읽을 수 있다. 한편 증권이라는 말은 정의가 없다. 똑같이 돈을 꾸기 위해서 발행한 종이쪽인데 거기에 "어음"이라는 글자가 박혀 있으면 어음이고 "사

245) 역으로 채권의 시세가 액면보다 낮은 경우 그 차액을 market discount라고 부른다. 미국세법 1278조(a)(2).

246) 제12장 제1절 6.

채"라는 글자가 박혀 있으면 사채인가? 그렇다면 다른 나라 말로 적힌 종이는 어떻게 할까? 다른 나라에서 자금을 조달하면서 발행해 주는 종이에 Bond, Debenture, 또는 Promissory Note라 적혀 있다면 어찌할까? 영어사전을 찾아서 어문학자들이 이 말을 사채라 옮겼는지 어음이라 옮겼는지에 따를까? 당면 논점은 이자나 할인액이 딸린 어떤 종이가 전전유통되는 경우 이자소득의 과세방법이다. 어음이든 무엇이든 이자소득을 낳는 것은 다 채권이나[247] 증권에 포함한다고 읽어야 한다. 물건값으로 받는 상업어음에 들어있는 이자상당액은 이자소득이 아니라 사업소득으로 구분하므로[248] 보유기간별 이자계산 대상이 아니다. 유동화신탁의 선순위증권은 아래 5.6).

3. 이자소득의 범위

소득의 경제적 실질이 돈의 시간가치를 나타낸다고 하여 모두 이자소득은 아니다.

1) 환매차익과 선물환차익

가령 부동산을 소유한 사람이 이를 1억원에 팔면서, 한 해 뒤에 같은 부동산을 매수인으로부터 되사기로 약정한다고 하자. 되사는 값은 얼마가 될까? 이 거래의 실질은 매도담보(賣渡擔保), 곧 매수인이 매도인에게 1억원을 꿔주면서 그에 대한 담보로 부동산의 소유권을 확보하는 것일 뿐이다. 매수인은 이자율과 위험을 고려하여 이자로 얼마를 받을지를 생각하여, 원리금 상당액을 재매매(再賣買) 내지 환매(還買)가격으로 정하게 마련이다. 그렇다면 이 환매차익은 이자소득인가? 아니다. 법이 이자소득으로 늘어놓은 어디에도 해당하지 않는 까닭. "제1호부터 제11호까지의 소득과 유사"하면 이자소득이라는 제12호는? 법은 환매차익 가운데에서는 오로지 금융기관과 하는 거래에서 생긴 채권이나 증권의 환매조건부 매매차익만을 이자소득으로 과세하고 있다.[249] 따라서 다른 재산에서 생기는 차익은 실질이 이자라 하더라도 이자소득이 아니라는 것이 판례. 따라서 부동산의 재매매나 환매에서 생기는 차익은 양도소득이다.

> 원심은 그 채용 증거를 종합하여, 원고들은 2002년경부터 2004년경 사이에 주식회사 신한은행(이하 '신한은행'이라 한다)과 엔화스왑예금계약(이하 '이 사건 계약'이라 한다)이라는 이름으로, 원고들이 원화로 엔화를 매입하고 이를 예금하여 연리 0.25% 전후의 확정이자를 지급받고 만기에 원리금을 반환받는 엔화예금(이하 이 부분을 '엔화정기예금거래'라 한다)에 가입함과 동시에, 위 예금계약의 만기 또는 해지 시에는 엔

247) 2010년 제정 전자단기사채 등의 발행 및 유통에 관한 법률은 1년 미만의 기업어음을 단기사채라 부른다.

248) 아래 3.2). 제1절 Ⅰ.3.

249) 소득세법 제16조 제1항 제8호, 같은 법 시행령 제24조.

화예금 원리금을 신한은행에 미리 확정된 환율로 매각하여 원화로 이를 지급받기로 하는 계약(이하 이 부분을 '이 사건 선물환거래'라 한다)을 체결한 사실, 이 사건 계약에 의하면, 고객들은 자신이 소유하던 원화를 엔화로 바꾸어 신한은행에 예치하고 만기에 예금에 대한 이자는 거의 없으나 계약 체결일 당시에 이미 약정된 선물환율에 의한 선물환매도차익(이하 '이 사건 선물환차익'이라 한다)을 얻게 되므로 결과적으로 확정금리를 지급하는 원화정기예금상품과 유사 … 한 사실 등을 인정했다.

원심은 … 이 사건 선물환거래로 인한 차익을 구 소득세법 제16조 제1항 제3호 소정의 예금의 이자 또는 이에 유사한 것으로서 같은 항 제13호 소정의 이자소득세의 과세대상에 해당한다고 보기 어렵다고 판단한 후, 나아가 구 소득세법 제16조 제1항 제9호는 채권 또는 증권을 환매조건부로 매매함으로써 계약 시부터 환매조건이 성취될 때까지 금전사용의 기회를 제공하고 환매 시 대가로 지급하는 일정한 이익을 이자소득으로 보아 과세하는 것인데, 이 사건 선물환차익을 채권 또는 증권의 환매조건부 매매차익 또는 이에 유사한 것으로 보기도 어렵고, 설사 이에 유사하다고 하더라도 구 소득세법 제16조 제1항 제9호, 구 소득세법시행령 제24조 소정의 환매조건부 매매차익은 채권 또는 증권의 매매차익만을 대상으로 하는데 구 소득세법 제16조 제1항 제13호가 유형적 포괄주의의 형태로 규정되어 있기는 하지만 채권이나 증권이 아닌 외국통화의 매도차익에 대하여도 이를 이자소득세로 확대해석하는 것은 조세법률주의의 원칙에 비추어 허용할 수 없다고 판단했다.

앞서 본 법리와 관계 규정 및 기록에 비추어 살펴보면, 원심의 위와 같은 판단은 정당한 것으로 수긍할 수 있다.[250]

이 판결을 뒤집은 현행 소득세법 제16조 제1항 제13호에서는 외국환선물이라는 파생상품의 환매차익은 제3호의 외화예금과 묶어서 이자소득이다.

2) 외상매매와 이자상당액

물건을 외상으로 팔 때 외상대금 속에 숨어 있는 利子상당액은 이자소득일까 사업소득일까? 당장 현찰로 받을 수 있는 현금가격이 300원인 물건을 외상으로 판다고 하자. 물건값을 3년에 걸쳐 나누어 받는다면 얼마를 받아야 할까? 해마다 100원씩 받고 말 사람은 없을 것이다. 얼마나 더 받아야 할까? 매수인에게 돈을 빌려줄 때 이자

250) 대법원 2011. 4. 28. 선고 2010두3961 판결. 이 판결 사실관계 자체를 단일한 원화계약으로 보아야 한다는 비판으로 임승순, 조세법, 2부 1편 5장 3절 4(라), Ⅱ부 1편 3장 3절 1. 원금보장형 주가지수연계예금에서 생기는 손익이 이자가 아니라는 판결로 대법원 2014. 4. 10. 선고 2013두25344 판결. 자기주식 환매의 손익이 이자가 아니라는 판결로 대법원 2013. 5. 23. 선고 2013두675 판결. 제20장 제3절.

를 얼마나 받을까 생각해 보면 된다. 받을 이자가 연 10%라면 한 해 뒤 외상값의 일부를 받을 때 300원의 10%인 30원을 더 받으면 된다. 다음에는 20원을 받고 다음에는 10원을 받아서, 결국 겉으로 드러나는 물건값은 130원, 120원, 110원으로 각각 나누어 받는 셈이 된다. $130/1.1 + 120/1.1^2 + 110/1.1^3 = 300$. 각 부불금의 금액이 같아지게 다시 계산한다면, 돈의 시간가치를 따져서 해마다 122원 가량 받을 것이다. $122/1.1 + 122/1.1^2 + 122/1.1^3 = 300$. 이 물건값에 포함되어 있는 이자상당액은 이자소득인가, 아니면 사업소득인가?

판례는 事業所得이라고.[251] 이 사건에서 소득구분의 실익은 원천징수 여부. 이자소득은 원천징수의 대상이고 사업소득은 아니다. 이자소득이 된다면, 돈을 주는 매수인이 원천징수를 하여 국가에 납부했어야 옳다. 국세청은 법조문 어디에 터잡아 이자상당액이 이자소득이라고 주장했을까? 걸 만한 곳은 非營業貸金의 이익뿐이다. 원고승소.[252] 물건을 팔았을 뿐 대금행위는 없었다는 것.

3) 보험차익

다른 한편, 저축성보험의 보험차익이나[253] 직장공제회 초과반환금은[254] 돈의 시간가치를 반영하는 부분과 보험 그 자체, 이 두 가지가 섞인 것이다. 법은 전자가 더 중요하다고 여겨 이를 이자소득으로 과세한다.

4) 유형별 포괄주의

소득세법은 법조항 "각 호의 소득"을 이자소득이라 정의하고 있으니, 각 호에 명시된 이자소득과 경제적 실질에 차이가 없으면서 사법상의 형식만 다른 것 가운데 과세되지 않는 것들이 생기게 마련이다. 이리하여 2002년부터 법을 바꾸어 법에 명시된 이자소득과 "유사한 소득으로서 금전(金錢)의 사용(使用)에 따른 대가의 성격이 있는 것"을 이자소득으로 과세하게 되었다.[255] 입법론으로서는 순자산증가설로 한 걸음 다가간 것이라 하겠지만, 원천징수(源泉徵收)에서는 문제를 일으킬 수 있다. 유사한가 아닌가를 놓고 원천징수의무자와 행정청 사이에서 시비가 생기게 마련. 특히 정당한 사유 없

---

251) 대법원 1991. 7. 26. 선고 91누117 판결↔2011. 5. 26. 선고 2008두9959 판결(법인세). 제1절 Ⅰ.3. 한편, 양도소득세 사건에서는 지급지체에 따른 지연손해금은 기타소득이고 양도대금에 들어가지 않는다고 한다. 대법원 1993. 4. 27. 선고 92누9357 판결 등.

252) 대법원 1997. 9. 5. 선고 96누16315 판결. 아래 제5절, 제19장 제2절 Ⅱ.

253) 소득세법 제16조 제1항 제9호. Knetch 판결은 제20장 제1절 IV.

254) 소득세법 제16조 제1항 제10호, 제63조. 대법원 2010. 2. 25. 선고 2007두18284 판결.

255) 소득세법 제16조 제1항 제12호; 대법원 2010. 2. 25. 선고 2007두18284 판결. 한편 이를 좁게 읽은 판결로 대법원 2011. 4. 28. 선고 2010두3961 판결.

는 원천징수의무 위반은 형벌로 다스리므로[256] 문제가 심각해질 수 있다. 원천징수 대상인지가 불확실하다면 정당한 사유가 있다고 풀이할 수밖에 없다.

4. 배당소득

소득세법 제17조 (배당소득) ① 배당소득은 해당 과세기간에 발생한 다음 각 호의 소득으로 한다.

1. 내국법인으로부터 받는 이익이나 잉여금의 배당 또는 분배금

2. 법인으로 보는 단체로부터 받는 배당금 또는 분배금

2의2. 「법인세법」 제5조 제2항에 따라 내국법인으로 보는…“법인과세 신탁재산”…으로부터 받는 배당금 또는 분배금

3. 의제배당[257]

4. 「법인세법」에 따라 배당으로 처분된 금액

5. …집합투자기구로부터의 이익[258] …

5의2. … 파생결합증권 또는 파생결합사채로부터의 이익[259]

5의3. 금전이 아닌 재산의 신탁…수익증권으로서 대통령령으로 정하는 수익증권으로부터의 이익

5의4. …대통령령으로 정하는 투자계약증권으로부터의 이익

6. 외국법인으로부터 받는 이익이나 잉여금의 배당 또는 분배금

7. 「국제조세조정에 관한 법률」 제17조에 따라 배당받은 것으로 간주된 금액

8. 제43조에 따른 공동사업에서 발생한 소득금액 중 같은 조 제1항에 따른 출자공동사업자의 손익분배비율에 해당하는 금액[260]

9. 제1호…부터 제7호까지의 규정에 따른 소득과 유사한[261] 소득으로서 수익분

---

256) 조세범처벌법 제13조.

257) 현금배당과 유사한 경제적 이익을 배당으로 의제하여 과세하는 것은 합헌이다. 대법원 2003. 11. 28. 선고 2002두4587 판결.

258) 상장주식 양도차익에서 생기는 이익은 비과세(소득세법시행령 제26조의2 제4항 제1호)하고 채권 양도차익과 수익권·증권의 환매차익·양도차익에서 생기는 이익은 배당소득. 아래 5.4).

259) ELS, ETN은 파생결합증권 ELB, DLB는 파생결합사채. 아래 6.

260) 제10장 제2절 III, 제14장 제1절 II, 제2절, 제3절 I.

261) [골드뱅킹] 고객은 각각의 계좌에 적립된 금의 양에 따라 그에 해당하는 원화 또는 실물 금을 개별적으로 지급받을 수 있을 뿐인 점, 이 사건 투자상품으로써 고객이 얻는 수익의 크기는 그 해지에 의한 반환청구권 행사의 시기와 범위 등에 따라 결정되는 것이어서 전적으로 고객의 의사에 따른 것이지 원고 은행 또는 그 위임을 받은 운용자의 독립적 의사에 따라 이루어지는 것이 아닌 점, 원고 은행이 이 사건 투자상품을 통하여 고객으로부터 입금받은 원화 등을 운용하여 수익을 얻는다고 하더라도 그 수익이 고객의 투자에 비례하여 귀속되는 것이 아니므로 원고 은행의 운용 결과와 고객이 얻게 되는 수익 사이에 직접적 인과관계가 없는 점 등에 비추어 보면, 이 사건 투자상품에서 발생하는 소득이 소득세법 제17조 제1항 제5호의 '집합투자기구로부터의 이익'과 유사한 소득

배의 성격이 있는 것

10. 제1호부터 … 제9호까지의 규정 중 어느 하나에 해당하는 소득을 발생시키는 거래 또는 행위와 파생상품이 대통령령으로 정하는 바에 따라 결합된 경우 해당 파생상품의 거래 또는 행위로부터의 이익

② 제1항 제3호에 따른 의제배당이란 다음 각 호의 금액을 말하며, 이를 해당 주주, 사원, 그 밖의 출자자에게 배당한 것으로 본다.

1. 주식의 소각이나 자본의 감소로 인하여 주주가 취득하는 금전, 그 밖의 재산의 가액 또는 퇴사·탈퇴나 출자의 감소로 인하여 사원이나 출자자가 취득하는 금전, 그 밖의 재산의 가액이 주주·사원이나 출자자가 그 주식 또는 출자지분을 취득하기 위하여 사용한 금액을 초과하는 금액

(2호 이하 생략)

③ 배당소득금액은 해당 과세기간의 총수입금액으로 한다. (이하 생략)

좁은 뜻으로 '배당'은 회사(會社)에서 받는다. 법은 유형별 포괄주의로 법조항 각 호에 명시된 배당소득과 "유사한 소득으로서 수익분배(收益分配)의 성격이 있는 것"을 배당소득으로 과세한다.[262] 회사제도는 기업활동에 들어가는 돈을 댄 사람을 채권자와 주주로 나누어, 채권자가 차지할 몫은 이자라는 꼴로 미리 확정하고 주주가 차지할 노느몫은 그 나머지로 정한다. 주주가 받아가는 돈 가운데 상법에 따른 배당이 아니고 준비금의 자본전입, 감자, 해산, 합병, 분할 기타 여러 가지 사유로 받는 것을 의제배당(擬制配當)이라 부른다. 용어문제이지만, 상법상의 절차를 밟지 않고 가져간 돈을 배당으로 소득처분(所得處分)받는[263] 것은 의제배당이라 부르지 않는다. 의제배당이나 배당소득 세액공제 따위의 복잡한 문제는 법인세와 따로 떼어 생각할 수가 없으므로 나중에 법인세 부분에서 다룬다. 회사가 주주로부터 자기주식을 사들이는 경우 주식양도인지 감자인지, 이런 문제도 마찬가지.

회사에서 유출된 이익이 주주에게 귀속된 이상 위법(違法)한 것이더라도 배당소득이다. 가령 지배주주가 소유한 토지를 회사가 시가보다 비싸게 사들였다면 차액상당액은 주주에게 귀속된 배당소득으로 과세할 수 있다.[264]

으로서 수익분배의 성격이 있다고 볼 수 없어, 결국 과세대상에 해당하지 않는다. 대법원 2016. 10. 27. 선고 2015두1212 판결; 2016. 11. 10. 선고 2016두261 판결.

262) 소득세법 제17조 제1항 제9호. 앞 I.3.4). 한편 이를 좁게 읽은 판결로 대법원 2016. 10. 27. 선고 2015두1212 판결(금 통장).

263) 제18장 제5절 Ⅶ 참조. 영어에서는 이것이 constructive dividend이고 의제배당은 그냥 dividend의 한 유형. 대법원 1991. 9. 10. 선고 91다10565 판결; 2003. 11. 28. 선고 2002두4587 판결(의제배당≒현금배당)

264) 대법원 2004. 7. 9. 선고 2003두1059, 1066 판결. 그 밖에 대법원 2018. 11. 9. 선고 2014도9026 판결

회사가 아닌 단체에서 배당받거나 분배받는 돈도 제17조에 나오는 것은 배당소득이다. 주식소비대차의 차주가 회사에서 받는 배당금은 배당소득.[265] 대주가 받는 대여수수료(=배당소득 상당액)도 배당소득이라는 것이 시행령.[266] 집합투자기구와 조각투자(신탁수익증권, 투자계약증권)는 아래 5. 파생결합증권, 파생결합사채, 파생상품은 아래 6. 출자공동사업자는 제14장 제1절 II, 제2절 II.

5. 집합투자

금융자산을 채권과 주식으로, 금융소득을 이자소득과 배당소득 두 가지로 나누는 것은, 근본적으로 연속선상에 있는 기업금융을 자의적으로 두 칸으로 나눈 것이다. 제20장 제3절. 이 구분은 기업금융이 단순하던 옛날에는 그런대로 제 구실을 했지만, 금융기법이 매우 발달한 오늘날의 경제현실과는 맞지 않는다. 이를 단적으로 보여 주는 예가 집합투자, 곧 투자회사(投資會社)나 투자신탁(投資信託) 같은 집합투자기구(集合投資機構)를 통한 간접적인 투자이다.

1) 集合投資란?

금융경제학이나 재무관리 교과서를 보면 알 수 있듯, 투자자들은 돈을 여러 가지 금융상품에 나누어 투자함으로써 같은 수익률(收益率)을 유지하면서 투자위험(投資危險)을 줄일 수 있다. 곧 위험이 서로 씻겨나가는 금융상품에 나누어 투자하는 것이 슬기롭다는 것이다. 다각화(多角化)의 극단적 예로 증권시장에 유통되는 주식 전부를 유통물량의 비율에 맞추어 투자 포트폴리오를 짠다면, 그런 투자자는 증권시장 전체의 수익률(어림잡아 종합주가지수)을 거두게 되고, 개별 주식의 투자위험은 벗어나게 된다. 이런 투자 포트폴리오를 시장 포트폴리오(market portfolio)라 부른다. 더 나아가서, 다시 국채, 회사채 등 채권을 포트폴리오에 더함으로써 각 투자자는 제 자신의 위험선호도에 맞는 투자안을 짤 수 있다. 그러나 현실적으로는 제 개인의 돈으로 위와 같은 복합적 투자 포트폴리오를 짤 만큼 돈이 많은 투자자는 드물고 또 그런 포트폴리오를 짜는 데에는 막대한 거래비용이 들게 된다. 이 점에 눈을 돌려 불특정 다수 투자자의 돈을 모아 포트폴리오를 구성하자는 생각이 들게 된다. 이것이 바로 集合投資. 결국 투자자는 포트폴리오의 일정 비율에 투자하는 결과가 된다.

(주주가 지배하는 다른 법인에 대한 송금).

265) 민법 제598조. 대법원 2006. 9. 28. 선고 2005두2971 판결(양도소득세). 제12장 제2절 4.

266) 소득세법시행령 제26조의3 제4항.

2) 집합투자기구: 신탁형 v. 회사형 v. 조합형

집합투자의 법률적 형식에는 신탁, 회사, 조합의 세 가지 형식이 있다. 자본시장과 금융투자업에 관한 법률은 이런 vehicle을 集合投資機構라고 부르고 있다.[267] 우선 투자信託이란 불특정다수의 투자자로부터 돈을 모으는 형식으로 신탁이론을 이용한다. 투자자는 간접투자를 목적으로 돈을 투자신탁회사("투신사")에 신탁하고, 투신사는 이 돈을 투자하여 얻은 투자원리금을 투자자에게 돌려주는 것이다. 실제로는 투신사가 위험도를 달리하는 투자 포트폴리오(이른바 "펀드")를 여러 개 구성하고, 투자자는 그런 포트폴리오 가운데 하나에 투자하는 셈이 된다.[268] 예를 들어, 주로 주식에 투자하는 펀드, 주로 채권에 투자하는 펀드 등 여러 가지 펀드를 구성할 수 있다. 투자자의 돈과 투신사가 투자자를 위하여 취득한 증권은 은행(신탁업자)이 보관 관리한다.[269] 수익자는 아무 때든 수익증권을 투자매매업자나 투자중개업자를 통하여 집합투자회사에 되파는 형식으로 투자원리금을 찾아갈 수 있는 것이 보통이다.[270] 집합투자회사에 되팔 권리가 없는 수익증권은 반드시 상장해야 하므로, 유통시장에서 환금성을 확보할 수 있다.[271]

회사의 꼴로 불특정투자자에게서 자금을 공모(公募)할 수도 있다. 투자포트폴리오 각각을 하나의 法人으로 삼고 불특정다수의 투자자가 그 법인의 주주(또는 사원)가 되는 것이다. 이처럼 법인격을 가지게 된 투자포트폴리오로 주식회사(또는 유한회사, 합자회사, 유한합자회사)의 꼴을 띤 것을 투자會社(또는 투자유한회사, 투자합자회사, 투자유한합자회사)라 부른다.[272] 한 가지 문제는 투자회사와 투자자의 관계가 회사와 출자자의 관계가 되므로, 투자자의 투자원리금 회수에 어려움이 따른다는 점이다. 이리하여 법은 투자자는 언제라도 투자증권의 환매를 청구할 수 있다는 특칙을 두면서,[273] 그와 같이 환매를 보장하는 회사를 개방형(開放形) 투자회사라 부르고 있다.[274] 환매가 보장되어 있지 않은 폐쇄형에서는 반드시 주식을 상장해야 한다.[275]

---

267) 자산유동화법에 따른 유동화기구는 집합투자기구가 아니다. 자본시장법 제6조 제5항 (2). 미국에서는 집합투자기구를 investment company라고 부른다. 신탁형이나 조합형도. Investment Company Act(U.S.C. Title 15 Ch. 2D), 제80조(a), 제3항(a)(1).

268) 투자자는 수익증권을 받는다. 이리하여 자본시장법은 투자자를 '수익자'라고 부른다. 기명식 수익증권의 양도 등 권리행사에 대해서는 상법상 기명주식에 관한 규정을 준용한다. 자본시장과 금융투자업에 관한 법률 제9조 제18항, 제189조. 제13장 제2절 Ⅵ. 자본시장법상 금전신탁은 모두 특정금전신탁이므로 집합투자기구가 아니다.

269) 같은 법 제8조 제4항 및 제7항. 투자자를 위한 trustee의 기능을 맡는 까닭이다. 같은 법 제131조.

270) 같은 법 제235조.

271) 같은 법 제230조 제3항.

272) 같은 법 제194조.

273) 같은 법 제235조.

투자신탁과 투자회사에 더하여 자본시장과금융투자업에관한법률에서는 상법상 익명(匿名)조합이나 합자조합의 형태를 띤 투자도 가능하다.[276]

3) 신탁형, 회사형, 조합형의 과세상 차이

달리 특칙이 없다면 집합투자가 신탁형, 조합형, 회사형 가운데 어느 꼴을 택하는가에 따라서 과세시기, 소득구분, 이중과세 세 군데에서 차이가 생긴다.

이미 보았듯 信託재산에 귀속되는 소득은 수익자의 소득이고[277] 수탁자에게는 과세하지 않는 것이 원칙이다.[278] 따라서 수탁자가 관리하는 신탁재산 단계의 소득을 투시하여 수익자에게 바로바로, 신탁재산 단계에서 생기는 소득구분에 따라[279] 과세해야 하나 수많은 사람의 돈을 모은 집합투자신탁을 투시해서 수익자에게 과세하는 것은 현실적으로 불가능하다. 그 결과 투시에 따른 소득구분도 불가능하고 투자신탁의 이익을 수익자에게 분배하지 않고 수탁자가 유보하는 동안은 현실적으로 세금을 내지 않는 과세이연이라는 문제도 생긴다.[280]

組合 형태의 투자라면, 법이 조합이라는 단위를 인정하지 않으므로 조합을 투시하여 각 조합원을 바로 과세해야 하지만 신탁이나 마찬가지로 소득구분 문제와 과세시기 문제가 생긴다. 제10장 제2절 Ⅲ.

會社나 법인 형태의 투자라면 법인 그 자체가 납세의무자이므로 과세이연은 없다. 실제는 투자회사에 해당해서 배당가능이익을 거의 다 배당하면서 배당소득공제를 받는 결과 법인세를 내지 않고 투자자만 배당소득에 세금을 내는 것이 보통. 법인세를 내는 경우라면 법인세와 주주의 개인소득세(배당소득 분리과세 또는 종합소득세)의 2중과세 문제가 생긴다. 제13장 제4절.

소득구분 문제는 투자자가 자신의 지분(신탁수익권, 주식, 조합원지위)을 양도하는 경우 그런 양도에서 생기는 소득이 소득세법상 과세대상인가, 소득구분은 무엇인가라는 문제도 일으킨다.

---

274) 같은 법 제196조 제4항. 미국에서는 이것을 mutual fund라고 부른다. 그 밖에 unit investment trust도 개방형 investment company에 속한다.

275) 같은 법 제230조 제3항.

276) 자본시장법 제9조 제18호, 제218조에서 제228조. 아래 제14장 제1절 II.

277) 소득세법 제2조의3. 법인세법 제5조 제4항. 제10장 제2절 IV.

278) 법인세법 제5조 제4항.

279) 소득세법 제4조 제2항. 이것이 현실적으로 불가능해서 2006년까지는 신탁재산 단계에서 주로 이자(배당)소득을 번다면 수익자가 분배받는 소득 전체를 이자(배당)소득으로 과세했다.

280) 제13장 제2절 Ⅵ. 받는 소득에 대한 원천징수세는 낸다. 지급자가 원천징수를 못 하니 수탁자가 일정기간 안에 일괄 납부. 소득세법 제155조의2, 법인세법 제73조 제8항.

4) 집합투자기구의 과세

이리하여 법은 불특정다수인을 대상으로 하는 자본시장법상 집합투자기구라면 신탁형, 회사형, 조합형을 묻지 않고 '집합투자기구로부터의 이익'을 획일적으로 배당(配當)소득으로 과세한다.[281] 이 획일적 과세는, 집합투자기구가 시가평가로 소득을 계산하고 그 전부를 해마다 투자자에게 배분하는 투과기구라는 것을 전제로 한다. 그래야 과세이연 가능성이 없다.[282] 집합투자기구'로부터의' 이익이란 기구에서 분배받는 소득만이 아니라 집합투자증권(신탁수익증권과 주권 등 지분증권[283])의 양도에서 생기는 소득도 포함.[284] 그리함으로써 과세시기 문제와 소득구분 문제는 해결했지만 회사형이 낳는 법인세 이중과세 문제는 여전히 따로 해결하는 특칙이 필요하다. 제13장 제4절 III. 신탁형, 회사형, 조합형 어느 것이든 세금에는 차이가 없어야 한다는 명제와 기구를 통한 간접투자자와 그렇지 않은 직접투자자(주식이나 채권에 직접 투자하는 사람) 사이에서도 세금에 차이가 없어야 한다는 명제가 부딪히는 부분이 생기는 이상 구체적인 과세규정은 입법재량이다.[285] 무리하게 단순화하자면 직접투자와 균형을 맞추어 상장주식 평가·매매차익은 비과세하고 나머지는 과세하는 것이 현행법.

〈헌법재판소 2017. 7. 27. 2016헌바290 결정〉

원칙적으로 소득이 발생하기만 하면 그 원천을 묻지 아니하고 순자산의 증가에 대해 포괄적으로 과세되는 법인소득과는 달리, 심판대상조항이 규율하는 개인소득은 소득원천설에 따라 구체적으로 한정된 소득원천에 한하여 과세대상이 된다. 적격집합투자기구로부터의 이익은 사업소득과는 달리 그 이익 실현의 양태가 비계속적·간접적·수동적이라는 특징이 있고, 적격집합투자기구로부터의 이익에는 양도차익 외에도 평가이익, 이자, 배당 등 다양한 원천의 소득이 혼재되어 있다. 심판대상조항이 법인소득, 사업소득, 양도소득과 달리 손익 통산을 허용하지 아니한 것은 위와 같은 적격집합투자기구로부터의 이익의 성질을 고려하여 적정한 과세소득금액을 산정하기 위한 것이므로, 그 입법목적의 정당성 및 수단의 적절성이 인정된다.

---

281) 소득세법 제17조 제1항 제5호, 제155조의3.

282) 법률해석의 당연한 사리로 소득세법시행령 제26조의2 제1항. 제18장 제4절 VII. 2021년부터는 신탁은 법인과세를 선택할 수 있지만 자본시장법에 따른 투자신탁은 예외. 소득세법 제2조의3. 법인세법 제5조, 제10장 제2절 IV.

283) 자본시장 및 금융투자에 관한 법률 제9조 제20항, 제180조, 제196조, 제222조.

284) 소득세법시행령 제26조의2 제5항.

285) 소득세법시행령 제26조의2 제4항은 회사형, 신탁형, 조합형 사이의 통일성을 집합투자와 직접투자 사이의 통일성이나 회사형과 다른 법인 사이의 통일성보다 중시하고 있다. 가령 집합투자기구가 번 채권양도차익은 과세하고 주식양도차익은 비과세.

5) 사모투자기구의 과세

사모투자기구의 이익은 자본시장법상 집합투자기구에 해당하는가를 묻지 않고 앞 3)의 원칙으로 돌아간다. 애초 집합투자기구에 대한 특례규정을 둔 이유가 투시가 불가능하기 때문이다. 사모라는 성격상 투시(透視)가능하고 당연히 透視.[286] 동업기업으로 과세받을 선택권이 있다.[287]

6) 자산유동화

일반적으로 자산유동화는 애초 양도차익을 노릴 수 없고 집합투자가 아니므로[288] 앞 4)와 무관하고 일단은 3)에서 본 조합, 회사, 신탁의 기본이론으로 돌아간다. 수익률이 고정된 선순위권리라면 가령 신탁수익권이라 하더라도 투시할 일이 아니라 자산제공자로부터 이자소득을 받는 것 아닌가, 이런 식의 어려운 문제가 따른다.[289] 등록유동화법인에 대한 2중과세 방지는 제13장 제4절 III.

7) 조각투자

2020년대에 자리잡은 '조각투자'란 양도차익까지 포함해서 미술품 같은 특정재산이 낳는 현금흐름의 1/N을 그대로 받을 권리(pass-through)를 사는 것이다. 양도차익을 포함하는 이익 전체를 (비금전)신탁수익증권이나 투자계약증권'으로부터의' 이익에 포섭해서 배당소득으로 과세한다. 자본시장법상 집합투자기구는 아니지만 경제적 기능이 비슷하다는 것.[290] 아예 소유권을 1/N만큼 사는 형태라면 임대료나 재산의 처분대금으로 버는 돈은 재산의 유형이나 사업유형에 따라 사업소득, 기타소득, 양도소득 등이 될 수 있다.

6. 혼합증권, 파생결합증권, 파생결합사채

집합투자를 넘어서 배당소득과 이자소득 사이의 구별, 주식과 사채 또는 자본과 부채의 구별은 기업금융이 주식과 사채로 딱 나뉘던 시절의 산물이다. 전환사채 등 두 가지 속성이 섞인 혼합증권이 우리 법에 들어온 지는 이미 오래. 1990년대 이후 삼십몇 년, 파생금융상품이 대거 등장한 오늘날에는 자본과 부채가 서로 모순개념이 아니

286) 소득세법시행령 제26조의2 제7항, 제157조 제8항. 조합형의 경우 법 제4조 제2항을 적용한다는 것은 논리적으로 불가능하지만, 그렇더라도 투시한다는 결과는 마찬가지이다.

287) 조세특례제한법 제100조의15. 제14장 제1절 II.

288) 자본시장법 제6조 제5항 제2호.

289) 조경준, 유동화신탁 소득의 과세에 관한 제도 설계 연구(2024), 254쪽.

290) 조경준, 비금전신탁의 수익증권 발행, BFL 125호(2024), 6쪽, 특히 18쪽.

고 연속적인 스펙트럼의 양 끝일 뿐이라는 것은 너무나 당연하다. 세금을 어떻게 매겨야 할까? 근본적인 논의는 제20장으로 미루고 여기에서는 현재 우리나라에서 실제로 거래되는 금융상품에 국한해서 현행법 내지 현행실무만 짤막히 정리해두자. 앞에서 본 이자소득과 배당소득의 범위에 혼합증권에 관한 언급은 없었지만 '파생'이라는 말이 나오는 호가 있고, 양도소득 조문에도 있다.

소득세법 제16조 (이자소득) ①

13. 제1호 … 부터 제12호까지의 규정 중 어느 하나에 해당하는 소득을 발생시키는 거래 또는 행위와 자본시장과금융투자업에관한법률 제5조에 따른 파생상품이 … 결합된 경우 해당 파생상품의 거래 또는 행위로부터의 이익

제17조 (배당소득) ①

5의2. 국내 또는 국외에서 받는 … 파생결합증권 또는 파생결합사채로부터의 이익

10. 제1호 … 부터 … 제9호까지의 규정 중 어느 하나에 해당하는 소득을 발생시키는 거래 또는 행위와 파생상품이 … 결합된 경우 해당 파생상품의 거래 또는 행위로부터의 이익

제94조 (양도소득의 범위) ①

5. 대통령령으로 정하는 파생상품등의 거래 또는 행위로 발생하는 소득(제16조 제1항 제13호 및 제17조 제1항 제10호에 따른 파생상품의 거래 또는 행위로부터의 이익은 제외한다)

1) 아직 주식으로 전환이나 교환하지 않은 전환(轉換)사채나 교환(交換)사채는 경제적 성질로는 채권과 신주인수권, 주식매수권(스톡옵션) 또는 채권발행회사 주식에 대한 워런트의 결합이다. 그러나 전환사채나 교환사채는 상법상 사채이고 자본시장법상 채무증권이므로[291] 소득세법 제16조 제1항의 "채권 또는 증권"이고 그에 따르는 "이자와 할인액"은 이자소득이다.[292] 전환이나 교환으로 얻는 이득은 이자소득이 아니고, 사채이므로 양도소득세 과세대상도 아니다.[293] 전환이나 교환한 후에는 주식이고 그에 따르는 배당은 소득세법 제17조 제1항의 배당소득이다.

2) 신주인수권부사채는 新株引受權 부분과 社債부분의 가치를 따로 나누어, 사채

291) 자본시장법은 증권을 채무증권, 지분증권, 수익증권, 투자계약증권, 파생결합증권, 증권예탁증권 등으로 나눈다. 자본시장법 제4조 제3항 및 제7항 제4호.

292) 소득세법 제16조 제1항 제2호.

293) 제12장 제1절. 증여세 형식의 소득과세는 제25장 제3절 V.3.

부분의 이자와 할인액은 이자소득이며 그 부분의 양도차익은 비과세하지만 신주인수권 부분의 양도에서 생기는 차익은 양도소득이다.[294] 결과적으로 전환사채와 달라지지만 신주인수권 양도소득에 관한 조문이 따로 있는 이상 그렇게 풀이할 수밖에 없다.[295]

3) 채권이나 주식을 다른 파생상품과 묶어서 아예 파생결합증권이라는 하나의 증권으로 만든 것이 아니고 그냥 사실상(事實上) 또는 계약상(契約上) 결합한 것이라면 경제적 성질이 파생결합증권과 똑같다고 하더라도 제17조 제1항 제5호의2를 적용할 여지가 없다. 이자소득이나 배당소득을 "발생시키는 거래 또는 행위와 … 파생상품이 결합된 경우"에 관한 제16조 제1항 제13호와 제17조 제1항 제10호가 제17조 제1항 제5호의2와는 별개로 따로 있으므로, 각 이자소득과 배당소득으로 과세한다. 가령 앞서 본 엔화스왑예금 계약은 엔화예금이라는 "이자소득을 발생시키는 거래"와 엔화선물이라는 "파생상품이 결합된 경우"이므로 예금이자와 선물환차익 전체가 이자소득이 된다. 결합여부에는 시비가 걸리게 마련이다. 이 엔화예금주가 은행이 아니라 독립적인 제3자와 선물환계약을 맺었다면? 은행이 제3자를 연결하거나 소개해주었다면? 셋이 모여 계약서 2장을 썼다면? 제3자가 은행의 자회사라면?

4) "파생결합증권 …으로부터의 이익"은 대통령령이 정하는 범위 안에서 배당소득으로 과세한다. 派生結合證券에서 생기는 소득의 경제적 성질이 전통적인 이자소득이나 배당소득과 파생상품이 결합된 것이라고 하더라도, 한 개의 증권에서 생기는 소득인 이상 제16조 제1항 제13호나 제17조 제1항 제10호를 적용할 여지는 없다. 파생결합증권"으로부터의 이익"이라는 말의 범위는 어디까지인가? 시행령은 이 말을 "파생결합증권으로부터 발생한 이익"과 "파생결합증권 중" 상장지수증권의 양도에서 발생한 이익, 이 두 가지로 정하고 있다. 후자에 의미를 주려면 "증권으로부터 발생한 이익"이라는 말은 양도차익을 포함하지 않는다는 뜻으로 읽어야 하고, 그렇다면 만기상환이나 조기상환으로 실현하는 이익, 또한 그에 더하여 증권보유 중에 받는 이익이 있다면 그런 이익이라는 뜻일 수밖에 없다. 결국 발행자에게서 받는 이익은 다 과세하지만 제3자에 대한 양도에서 생기는 양도차익은 상장지수증권(국내주가지수추적 증권은 제외[296]))만 과세한다는 뜻이다. 주식워런트(ELW)는 자본시장법상 파생결합증권이지만[297] 소득세법시행령이 배당소득에서 제외하고 있다.[298] 자본시장법에서 주식워런트

294) 소득세법 제94조 제1항 제3호. 제12장 제1절 3. 미국세법 1273조, 미국재무부규칙 1.1273-2. 양도소득세와 증여세의 관계는 제10장 제5절 주석 205).

295) 서울행정법원 2008. 6. 9. 선고 2006구단9095 판결.

296) 소득세법시행령 제26조의3 제1항 제2호 단서.

297) 자본시장법 제4조 제7항, 같은 항 단서 제2호, 제5조 제1항 제2호, 자본시장법시행령 제4조의3.

298) 소득세법시행령 제26조의3 제1항 제1호 단서.

의 발행자는 주식발행법인이 아니라 금융투자업자일 뿐이므로 주식워런트는 신주인수권 양도소득에도 해당하지 않는다.

5) 제94조(양도소득) 제1항 제5호의 "파생상품등"에 관해 2017년 개정 대통령령은 장내상품을 모두 다 과세한다. 장외상품도 경제적 실질이 같은 것은 과세한다.[299] ELW를 배당소득에서 제외했지만 양도소득은 과세한다. 상장 개별주식 또는 상장주식지수를 기초자산으로 하는 ELW는 배당소득과 양도소득 어느 쪽도 과세하지 않지만 다시 기획재정부령으로 과세할 여지를 열어두고 있다.

6) 派生結合社債, 곧 "상법 제469조 제2항 제3호에 따른 사채로부터 발생한 이익"도 배당소득이다. 그러나 파생결합사채 가운데 파생결합증권에 해당하는 것은 앞 4)에 적은 대로 과세한다. 파생결합증권에 해당하지 않는, 곧 자본시장법상 채무증권에 해당하는 파생결합사채로부터 발생한 이익은 배당소득으로 과세한다. 파생결합사채"로부터 발생한 이익"이라는 말은 제3자에 대한 양도소득을 제외한다고 읽어야 앞뒤가 맞는다. 파생결합증권과 채무증권의 구별은 사채발행회사가 사채원금 부분을 전액 상환할 의무를 지는가에 달려 있다. 상환의무를 안 진다면 상법상으로는 파생결합사채이더라도 파생결합증권이므로 앞 문단의 특칙에 따르고 상환의무를 진다면 "파생결합사채로부터 발생한 이익"으로 배당소득이다.

위 1)에서 6)까지 정리한 현행법 내지 현행실무가, 경제적 손익이 마찬가지인 증권이나 거래를 서로 달리 과세하는 결과를 낳는 경우가 많음은 쉽게 알 수 있을 것이다. 가령 전환사채와 신주인수권부사채는 경제적 본질은 같지만 신주인수권 내지 전환권 부분을 서로 달리 다룬다. 개별 주식에 대한 워런트는 신주인수권과 똑같지만 서로 달리 과세한다. 파생결합사채는 구성하기에 따라서 그 실질이 교환사채나 진배없는 것을 만들 수 있지만 전자는 배당소득으로 후자는 이자소득으로 과세한다. 주식에 대한 콜옵션과 채권을 묶은 상품은 풋옵션과 주식을 묶은 상품과 경제적 실질이 똑같지만 전자는 이자소득으로 후자는 배당소득으로 과세한다. 왜 이런 문제점이 생기는가는 제20장으로 미룬다.

Ⅱ. 금융소득의 소득금액과 과세시기

1. 이자소득의 필요경비는?

利子所得의 소득금액(所得金額)은 받은 돈 전액.[300] 연관되는 지급이자가 있더라

299) 소득세법시행령 제159조의2 제1항.

도 必要經費로 떨 수 없다. 다만 돈을 꿔 주는 행위가 대금업이라 부를 만큼 사업의 정도에 이르면 사업소득으로서 필요경비를 떨 수 있다.[301] 금융소득의 필요경비를 통째 부인하는 것은 위헌 아닐까? 아니다.[302] 필요경비가 실제 나간 이상 이자소득이라도 이를 공제해 주어야 한다는 생각은 순자산의 증가가 있어야 담세력이 있다는 생각, 이미 포괄적 소득개념의 영역에 들어선 생각이다. 그러나 우리 법은 담세력의 감소에도 불구하고 근로소득자가 지급하는 차입금 이자를 공제하지 않는다. 제2절 V. 우리 소득세법의 소득 개념은 순자산증가설이 아닌 소득원천설이므로 소득구분 하나 하나를 놓고 나름 논리를 맞추는 것이 최선이다. 금융거래만 따지더라도 순소득(순자산증가액)을 과세소득으로 삼으려면 채권의 양도차익이나 소수주주의 주식의 양도차익 등 현재 과세하지 않는 부분도[303] 과세해야 앞뒤가 맞는다. 현행법처럼 소득을 구분하여 달리 과세하는 이상은 어차피 부의 순증가액을 과세소득으로 삼을 길이 없다.[304] 그렇다면 금융소득에 대한 필요경비를 인정할 것인가는 입법재량이다.[305] 바꾸어 말하면 이자소득이나 배당소득에 실제 발생한 필요경비를 반드시 인정해야 한다는 말은 증권투자나 금융거래에서 생기는 소득을 모두 순소득기준으로 과세하자는 말. 2025년 금융투자소득 과세를 그냥 실시했더라도 저율로 별도 합산하므로 포괄적 소득 개념과는 여전히 거리가 멀다.[306]

2. 이자소득 과세시기 = 현금주의

어느 해에 속하는 이자소득이 얼마인지는 어떤 기준으로 정해야 하려나. 이자를 실제 받는 때를 기준으로 삼을까, 아니면 이자 계산 기간으로 따져서 정할까. 현행법은

300) 소득세법 제16조 제2항.

301) 비영업대금과 대금업의 구분은 사회통념에 따른다. 대법원 1987. 12. 22. 선고 87누784 판결. 대표이사가 회사에 돈을 꿔 주고 받는 이자는 비영업대금이다. 대법원 1984. 3. 27. 선고 83누548 판결; 2005. 8. 19. 선고 2003두14505 판결.

302) 헌법재판소 2001. 12. 20. 2000헌바54 결정; 대법원 2002. 7. 23. 선고 2000두6237 판결. 독일에서는 학자들 사이에는 순소득 원칙은 소득세의 본질이므로 입법재량에 속하지 않는다는 생각이 대세이지만, 독일 헌법재판소는 중요한 사유가 있다면 소득세법은 순소득 원칙에서 벗어날 수 있다고 판시했다. Tipke/Lang, 제8장 55문단.

303) 그 밖의 예로 대법원 2011. 4. 28. 선고 2010두3961 판결; 2016. 10. 27. 선고 2015두1212 판결.

304) 헌법재판소 2017. 7. 27. 2016헌바290 결정.

305) 미국법은 순자산증가설을 따르므로 투자소득의 필요경비를 공제해 주지만 사업소득에 비하면 여러 가지 제약이 있다. 미국세법 212조, 163조(d), 62조(a)와 (d), 67조, 172조(d)(4), 274조(h)(7), CIR v. Groetzinger, 480 US 23, 931(1987). Bittker, McMahon & Zelenak, 11.08절. 이런 법령이 생기기 전의 판례는 아예 필요경비의 공제를 부인했다. Higgins v. CIR, 312 US 212(1941).

306) 독일 소득세법에서는 금융투자소득에는 필요경비를 공제하지 않는다. 예외적으로 20% 이상 대주주나 1% 이상 주주인 경영진이 순소득과세를 선택하면 종합소득세율로 과세. 독일 소득세법 제20조, 제32d조 제3항.

발생주의가 아닌 現金주의를 따르고 있다. 가령 은행예금의 이자는 원본산입 시기나 인출시기. 대통령령은 달리 구체적 규정이 없다면 이자소득의 귀속연도는 "약정에 의한 상환일"로 정하되, "다만 기일 전에 상환하는 때에는 그 상환일"을 기준으로 삼는다.[307] 왜? 원천징수(源泉徵收)의 필요성이 발생주의를 압도해 버린 까닭. 아래 제6절. 제20장 제1절 I, II. 그런 시기가 왔더라도 실제로는 이자를 못 받았다면 이자소득이 없다는 것이 판례.[308] 원금 가운데 회수하지 못한 부분이 있다면 이자소득은 없고,[309] 회수불능사유가[310] 생기기 전에 이미 받은 이자이더라도 마찬가지이다.[311] 채권자가 제 뜻으로 이자를 포기하거나[312] 면제한 경우[313]에는 이자소득이 있음은 물론이다.

3. 배당소득의 소득금액과 과세시기

配當所得의 所得金額은 실제 받은 배당금의 금액에 이른바 gross-up이라 하여 현행법에서는 11%를 덧붙인 금액이다.[314] 필요경비는 인정하지 않는다. Gross-up 금액은 세액 단계에서 같은 금액을 공제(배당세액공제)해 주므로[315] 배당소득의 세부담이 줄어든다. 법인세 부담의 일부를 주주단계에서 덜어주자는 것. 제13장 제3절 III.

배당소득의 課稅時期는? "잉여금 처분에 의한 배당은 당해 법인의 잉여금처분결의일"이지만 실제로 배당을 받지 못한 경우에는 대손으로 손금산입하거나 후발적 경정청구가 가능하다.[316] 익명조합원이 분배받는 소득의 과세시기는 제10장 제2절 III.

---

307) 소득세법시행령 제45조 제1호.

308) 대법원 1993. 12. 14. 선고 93누4649 판결; 1996. 12. 10. 선고 96누11105 판결; 2000. 9. 8. 선고 98두16149 판결; 2013. 9. 13. 선고 2013두6718 판결. 사업소득이나 법인세와 달리 이자소득에는 대손이라는 제도가 없음을 고려한 것이다. 대법원 2004. 2. 13. 선고 2002두11479 판결 참조.

309) 대법원 1998. 7. 24. 선고 97누10369 판결; 1991. 11. 26. 선고 91누3420 판결. 원금이나 이자회수 여부는 채무자가 같더라도 개개 대여금 채권별로 판단한다. 대법원 2014. 5. 29. 선고 2014두35010 판결. 미국판결로 Luftin v. CIR, 36 TC 909(1961), aff'd 317 F2d 234(4th Cir. 1963). 이와 달리 Keith v. CIR, 35 TC 1130 (1961) 등은 주법상의 변제충당 규정(우리 민법 제479조 상당)을 적용했다. 그러나 변제충당 규정은 채무자의 보호를 목적으로 한 것이므로 세법과는 무관하다. 당사자의 약정에 의한 변제충당이라면 세법에도 적용할 여지가 있다. 대법원 2008. 8. 21. 선고 2006두14513 판결. 2018. 2. 8. 선고 2017두48550 판결. Mason v. US, 433 F. Supp. 845(ND Cal. 1978).

310) 채권별로 판단. 대법원 2014. 5. 29. 선고 2014두35010 판결. 증명책임은 납세의무자. 대법원 2002. 10. 25. 선고 2001두1536 판결; 2010. 1. 14. 선고 2009두11874 판결.

311) 대법원 2011. 9. 8. 선고 2009두13160 판결(채무초과 폐업); 2012. 6. 28. 선고 2010두9433 판결; 2013. 9. 13. 선고 2013두6718 판결; 2013. 12. 26. 선고 2011두18120 판결; 2014. 1. 29. 선고 2013두18810 판결.

312) 대법원 1987. 11. 10. 선고 87누598 판결.

313) 대법원 2001. 6. 29. 선고 99두11936 판결.

314) 소득세법 제17조 제3항.

315) 소득세법 제56조 제1항.

316) 대법원 2014. 1. 29. 선고 2013두18810 판결; 2015. 12. 23. 선고 2012두16299 판결. 제6장 제3절 IV.

Ⅲ. 금융소득 종합과세

20세기 초부터 민주주의 내지 인민주의적 공평의 이념이 전세계로 확산하면서 소득세제의 큰 추세가 분류과세에서 종합과세로 넘어갔다. 제7장. 우리나라도 금융소득을 분리과세하다가 1993년 김영삼 대통령의 긴급재정명령으로 금융실명제가 들어오면서 1996년부터 일정기준 이상의 금융소득을 종합과세하기 시작했다. 그 뒤 다시 엎치락 뒤치락을 거쳤지만 2001년 이후로는 실명제와 종합과세 모두 자리잡았다.[317] 한편 이 무렵 다른 선진국에서는 자본유치경쟁의 결과로 2원적 소득세가 생기면서 금융소득을 저율로 분리과세하는 나라가 늘기 시작했다. 제8장 제3절 III. 가령 일본은 2003년부터 금융소득을 분리과세하기 시작했다.[318] 2020년대에 들어서 터져나온 이른바 글로벌 최저한세 논의가 앞으로 어떤 영향을 미칠지는 더 두고 볼 일. 제17장 제3절 II.6.

1. 분리과세

이자소득과 배당소득은 원칙적으로 종합소득에 들어 있지만, 법 제14조 제3항 제6호를 보면, "이자소득과 배당소득…으로서 그 소득의 합계액이 2천만원(이하 "이자소득 등의 종합과세기준금액"이라 한다) 이하이면서 제127조에 따라 원천징수된 소득금액은 종합소득과세표준을 계산할 때 합산하지 아니한다." 따라서 원천징수세(비영업대금은 25%, 나머지 이자소득은 14%, 나머지 배당소득은 14%)가 그대로 분리과세(分離課稅)로 세부담이 된다. 실명아닌 금융거래에서 생기는 소득은 소득세법상 최고세율 또는 90%의 세율로 분리과세한다.[319] 그 밖에도 다른 세율로 분리과세하는 경우도 있고,[320]

2. 종합과세

일반론으로는 이자소득이나 배당소득(익명조합원 분배금 제외)의 합이 2,000만원

구체적 배당금지급청구권은 뒤에 주총결의로 일방적으로 수정변경 불가. 대법원 2012. 9. 7. 선고 2012다223778 판결. 중간배당 뒤 연말에 배당가능이익이 모자라더라도 이미 받은 돈은 돌려줄 의무가 없다. 김건식 · 노혁준 · 천경훈, 회사법, 제5장 제4절 IX.2. 무기명주식은 2014년 폐지.

317) 상세는 이 책 2004년판 412-414쪽. 또 Chang Hee Lee, *Subjecting Financial Income to Graduated Tax Rates: A Political Explanation of Changes in tax Rules*(D.K. Yoon ed., *Recent Transformation of Korean Law and Society*, 2000).

318) 일본 租稅特別措置法 제3조.

319) 소득세법 제129조 제2항 제2호. 지방세도 덧붙는다. 실제 예금주와 금융기관이 예금계약을 체결하면서 예금주명의만 제3자로 하는 합의차명은 금융실명거래및비밀보장에관한법률 제5조 위반이고 실질적으로 전액몰수가 된다. 대법원 2025. 9. 4. 선고 2025다211104 판결. 차명주식은 대법원 1998. 8. 21. 선고 98다12027 판결, 제25장 제3절 VII. 세금이라는 형식의 제재는 제2장 제3절 II.2.

320) 소득세법 제14조 제3항; 조세특례제한법 제29조, 제87조의5, 제89조 등.

을 넘으면 다른 소득과 종합(綜合)하여 누진(累進)과세. 금융실명제와 종합과세가 2001년 다시 시행된 후 2003년까지는 당연종합과세 대상으로 비영업대금의 이익, 상장법인의 대주주가 받는 배당소득, 상장법인 아닌 내국법인의 주주가 받는 배당소득 등은 금액이 얼마이든 종합과세.[321] 2004년부터는 이런 소득도 모두 합하여 금융소득이 4,000만원 기준을 넘어야 종합과세했고 2013년부터는 기준이 2,000만원이다.

금융소득을 종합과세하는 경우 2,000만원 분리과세 부분의 세액은 그대로 두고, 2,000만원을 넘는 부분만을 다른 종합소득과 합하여 누진율을 적용한다.[322] 왜? 이 특칙이 없다고 전제하고 다른 소득이 많이 있어 이미 종합소득세율이 가령 35% 구간에 드는 납세자가 있다고 하자. 금융소득 1,999만원(원천징수세율 14%)이 생긴다면 금융소득의 세부담은? 1,999만원×14%. 금융소득이 2만원 더 늘어 2,001만원이라면 세부담은? 2,001만원×35%. 세부담이 급격히 는다. 다른 한편 다른 소득이 전혀 없는 납세자라면 금융소득이 1,999만원에서 2만원 늘어 2,001만원이 되는 경우 거기에 그대로 종합소득세율을 적용한다면 세부담은 오히려 낮아지는 것이 보통이다.[323] 한 걸음 나아가 다른 소득, 예를 들어 사업소득이 (-)인 납세자에게 금융소득 2,001만원이 있다면 그는 사업소득의 결손금을 금융소득에서 공제할 수 있으므로[324] 소득금액 자체가 떨어져, 그의 세부담은 1,999만원인 사람보다 훨씬 낮아진다.

이런 문제점 때문에 법령은 2,000만원까지의 세부담은 원천징수세율로 고정하고[325] 넘는 부분에만 종합소득세율을 적용한다.[326] 아울러 금융소득에 대한 세금은 이미 원천징수(源泉徵收)당한 세금보다 적을 수 없다는 일종의 최저세율 규정을 두고 있다. 금융소득이 가령 3,000만원인 경우 2,000만원까지는 최저 14%로 분리과세하면서 나머지 1,000만원은 6%(종합소득세율의 첫 구간)라는 오히려 낮은 세율로 과세하는 것은 이상하다고 여긴 까닭이다. 따라서 법령은 종합과세대상자의 산출세액을 가) 2천만원까지는 14%로 과세하면서 초과부분만을 종합과세하여 산출한 세액[327]과 나) 금융소득은 전액을 원천징수세율로 과세하면서 다른 소득에만 종합소득세율을 적용한 세액,[328] 이 두 가지 가운데 큰 금액으로 정하고 있다.[329] 결국 종합과세로 인하여 환

321) 2003년말 개정 전 옛 소득세법 제14조 제4항.

322) 소득세법 제62조.

323) 종합소득공제를 생각하면 과세표준이 수백만원 이상 떨어지기 때문이다. 소득세법 제14조 제2항, 제50조에서 제54조.

324) 소득세법 제45조 제1항.

325) 소득세법 제62조 제1호 (나)목. 헌법재판소 1999. 11. 25. 98헌마55 결정; 2002. 12. 20. 2000헌바54 결정.

326) 같은 법조항호 (가)목.

327) 소득세법 제62조 제1호에 따라 계산한 세액.

급세액이 생기는 경우는 없다.

옛 소득세법에서는 제도권 금융기관이 아닌 곳에서 받는 금융소득(비영업대금의 이익이나 국외금융소득 등)을 당연(當然)綜合과세하여 소득금액 전액을 그대로 종합소득에 합산하여 누진율을 적용했지만 2005년 개정법은 제도 단순화를 위해 이를 삭제했다. 그 결과 소득구분의 차이를 이용한 조세회피의 가능성이 있었고[330] 2012년 개정법은 다시 당연종합과세로 돌아왔다. 배당소득 분리과세와 종합과세의 세부담 차이는 제13장 제4절 Ⅰ.

제 5 절 기타소득

소득세법 제21조 (기타소득) ① 기타소득은 이자소득·배당소득·사업소득·근로소득·연금소득·퇴직소득 및 양도소득 외의 소득으로서 다음 각 호에서 규정하는 것으로 한다.

1. 상금·현상금·포상금·보로금 또는 이에 준하는 금품[331]

2. 복권, 경품권, 그 밖의 추첨권에 당첨되어 받는 금품[332]

3. 「사행행위 등 규제 및 처벌특례법」에서 규정하는 행위(적법 또는 불법 여부는 고려하지 아니한다)에 참가하여 얻은 재산상의 이익…

7. 광업권·어업권·양식업권·산업재산권·산업정보, 산업상 비밀, 상표권·영업권… 그 밖에 이와 유사한 자산이나 권리를 양도하거나 대여하고 그 대가로 받는 금품

8. 물품… 또는 장소를 일시적으로 대여하고 사용료로서 받는 금품…

9. 「공익사업을 위한 토지 등의 취득 및 보상에 관한 법률」 제4조에 따른 공익사업과 관련하여 지역권·지상권(지하 또는 공중에 설정된 권리를 포함한다)을 설정하거나 대여함으로써 발생하는 소득

10. 계약의 위약 또는 해약으로 인하여 받는 소득으로서 … 위약금 … 배상금 … 부당이득반환 시 지급받는 이자…

---

328) 같은 법조 제2호에 따라 계산한 세액. 원천징수대상이 아닌 금융소득은 세율 14%로 과세한다.

329) 소득세법 제62조 본문: "산출세액은 다음 각 호의 금액 중 큰 금액으로 한다."

330) 상세는 이 책 2004년판 415쪽 이하, 2011년판 430쪽 이하.

331) 직무발명보상금 등은 비과세한다. 소득세법 제12조 제5호. 학자금이나 장학금, 또 과세표준이 50만원 미만인 증여에는 증여세가 없다. 상속세및증여세법 제46조 제5호, 제55조 제2항, 같은 법 시행령 제35조 제4항. 소득인지 증여인지가 애매한 때에는 소득으로 보아야 한다. Bingler v. Johnson, 394 US 741(1969); 제10장 제1절 3 참조. 제1항 제13호의 특수관계인에게서 받는 이익이라면 증여세가 우선. 제10장 제5절 2. 장학금 등 비과세의 범위에 관해서는 제25장 제3절 Ⅳ. 6. 참조.

332) 일정한 복권 당첨금 등은 분리과세한다. 소득세법 제14조 제3항 제8호.

17. 사례금…
19. …인적용역…을 일시적으로 제공하고 받는 대가…
26. …종교인소득…
27. …가상자산 … 을 양도하거나 대여함으로써 발생하는 소득 …(2027년 시행)

② …서화 · 골동품의 양도로 발생하는 소득…은 기타소득으로 한다.

1. 기타소득≠기타의 소득

기타소득이란 其他의 所得이라는 뜻? 아니다. 경제적 의미에서 소득이 있다고 하여 기타소득이 되는 것이 아니다. 소득을 분류하다보니 어떤 구분에 넣기 곤란하지만 과세하기로 "다음 각 호에서 규정"한 소득이라야 기타소득이다(다만 종교인소득은 당연히 근로소득에 해당하는 것도 근로소득으로 원천징수나 신고해야 근로소득이고 아니면 기타소득.[333] 서화 · 골동품의 양도로 버는 소득 가운데 일정한 것은 다른 소득의 요건을 갖추더라도 기타소득[334]). 가령 무주물(無主物)로 선점하는 자산의 가액은 기타소득이지만[335] 남의 물건을 시효로 취득하는 것은 기타소득이 아니다.[336] 기타소득으로 과세할 범위를 어디까지 잡을 것인가야말로 제한적 소득개념과 포괄적 소득개념의 대립으로 돌아간다. 제9장 제1절 I, II. "기타소득은 대체로 일시적 · 우발적으로 발생하는 소득이고, 그 금액이 많지 않은 경우도 있어서 이에 대하여 정기적으로 발생하는 다른 소득과 같이 과세하는 것은 과세 형평에 맞지 않을 수 있고, 과세하자면 행정비용도 많이 든다. 따라서 기타소득에 대해서 일정 비율을 필요경비로 인정하는 경우도 있고,[337] 일정 금액 이하에 대하여는 대부분 분리과세하며,[338] 일정 금액 이하에 대해서는 아예 비과세하는[339] 등으로 특례를 인정하고 있다."[340] 가상자산 과세는 2027년부터 시행예정.

기타소득의 어느 한 호에 나온 것이라도 다른 소득에 속한다면 기타소득은 아니다. 가령 사업상 고정자산을 잠깐 빌려주고 받는 사용료는 사업소득으로 보아야 한다. 자산(부동산 외의 자산)을 장기간 대여하거나 지상권 · 지역권 등을 설정해주고 받는

333) 개인으로 활동하는 종교인, 전형적으로 무속인의 소득이 사업소득인가는 해석상 어려운 문제가 된다.
334) 소득세법 제21조 제2항.
335) 소득세법 제21조 제1항 제12호.
336) 다만 사업과 관련이 있다면 "무상으로 받은 자산"이라는 글귀에 포섭해야 옳다. 제1절 I.3., 제18장 제1절 II.
337) 소득세법 제37조 제2항 제2호.
338) 소득세법 제14조 제3항 제8호.
339) 소득세법 제84조.
340) 헌법재판소 2015. 5. 28. 2013헌마831 결정.

돈은 그 자체가 사업소득이 되는 것이 원칙.[341] 영업권은 제12장 제1절 4.

2. 지연손해금과 법정이자는 무슨 소득?

자주 시비가 생기고 또 직업상 법률가에게 중요한 것은 위약금(違約金)과[342] 배상금(賠償金). 실제사건으로[343] 어떤 사람(受託保證人)이 남(주채무자)의 부탁을 받고 빚보증을 서 준 뒤, 주채무자가 돈을 못 갚아 수탁보증인이 대신 갚아 주었다. 그러면 수탁보증인에게 求償權이 생긴다.[344] 이 구상권을 행사한다면 이자는 어떻게 될까? 남의 빚보증을 서 주면서 그 사람이 돈을 못 갚는 경우에 보증인과 주채무자 사이에 생길 구상권에 관해 이자약정을 해 두는 경우는 드물텐데.[345] 그러면 이자를 어떻게 계산하려나? 법정이자로 계산. 민법상 일반원칙이 이자에 관한 아무런 약정이 없으면 법정이자로 가니까. 이 사건에서는 보증인이 돈을 물어준 날부터 소장부본이 주채무자에게 송달된 날까지는 법정이자를 받고 송달 다음 날부터는 법에 따라 한결 높은 이율로 지연손해금을 받았다.[346] 쟁점은 이렇게 받은 돈의 과세여부와 소득구분이다. 판례는 지연손해금과 법정이자를 갈라서 판단했다. 遲延損害金은 기타소득 가운데서 제10호의 계약의 위약 또는 해약으로 받는 위약금과 배상금에 해당한다고 보아 기타소득이 된다고 했다.[347] 法定利子에 대하여는 "수탁보증인의 구상권에 속하는 법정이자는 이자의 일종으로서 채무불이행으로 인하여 발생한 손해배상과는 그 성격을 달리하는 것이므로 소득세법상 기타소득으로 정하고 있는 '계약의 위약 또는 해약으로 받는 위약금과 배상금'에 해당하지 아니한다"고 했다.[348] 그렇다면 이자소득이 아니려나? 법 제16조의 이자소득을 다시 보면, 일단 제1호에서 제10호까지에 해당하는 곳이 없다. 제11호의 '비영업대금의 이익'에는? 해당하지 않는다. 보증인이 대신 물어 준 것을 채무자에게 돈을 꾸어 준 것이라고 말할 수야 없다. 글귀의 뜻에서 너무 벗어난다.[349]

---

341) 소득세법 제19조 제1항 제12호.

342) 변제에 갈음하여 다른 채권을 양수한 것만으로는 아직 위약금을 받은 것이 아니고 새 채권을 변제받아야 과세할 수 있다. 대법원 2016. 6. 23. 선고 2012두28339 판결.

343) 대법원 1997. 9. 5. 선고 96누16315 판결.

344) 민법 제441조.

345) 물론 보증을 영업으로 하는 보증보험회사라면 다를 것이다.

346) 민법 제441조 제2항, 제425조 제2항, 소송촉진등에관한특례법 제3조.

347) 대법원 1994. 5. 24. 선고 94다3070 판결; 1997. 3. 28. 선고 95누7406 판결; 1998. 6. 23. 선고 97누20366 판결; 2006. 1. 12. 선고 2004두3984 판결(퇴직금채무 지급지체) 참조. 변제기일이 없는 채무는 이행청구 다음 날부터 손해배상책임이 생긴다. 민법 제387조 제2항. 대법원 1972. 8. 22. 선고 72다1066 판결.

348) 대법원 1997. 9. 5. 선고 96누16315 판결. 그 밖에 대법원 1993. 6. 22. 선고 91누8180 판결; 2014. 1. 23. 선고 2012두3446 판결.

349) 같은 판결; 대법원 2004. 2. 13. 선고 2002두5931 판결. 소득세법 제16조 제1항 제12호가 생기기 전

법정이자는 이자소득도 아니고 기타소득도 아니어서 결국 과세대상이 아니라는 것이다. 제16조 제12호가 생긴 이후에는 "금전 사용에 따른 대가"인 것은 맞지만, 그 앞의 어느 한 호와 유사한 것인가라는 논점은 남아있다.

3. 손해배상금은?

계약관계에서[350] 생기는 위약금, 배상금이나 부당이득 반환시 지급받는 이자는 기타소득이다.[351] 계약금 등 이미 준 돈을 돌려받고 그에 얹어 더 받는 위약금이나 해약금은 당연히 기타소득.[352] 채무불이행 책임을 물어서 원상회복조로 받는 돈 가운데 이자(利子)부분은 '부당이득 반환시 지급받는 이자'에 해당하고 어차피 민사법상 성격으로 손해배상금의 일부이기도 하다. 실손해 전보 부분은 손해의 성격에 따라 달라진다. 적극적 손해 입은 것을 사업소득의 필요경비로 공제받았다면 손해배상 받는 것은 사업소득. 제11장 제1절 III. 공제받지 않았다면 실손해배상액은 실손해로 잃은 자산의 취득가액까지는 과세대상이 아니다.[353] 배상을 받은 금액이 실손해로 감소했던 자산의 취득가액보다 크다면 손해배상금으로 기타소득. 가령 양도대금 채권을 변제받지 못하여 다른 채권으로 대신 변제받은 결과 얻은 차액은 기타소득이고, 과세시기는 새 채권을 변제받는 때라는 것이 판례.[354] 성질상 순자산증가액일 수밖에 없는 지연배상(遲延賠償)은 기타소득이다.[355] 한편 앞의 수탁보증인이 받는 법정이자는 위임계약에 따른 것이지만 위약금이나 배상금이 아니고 부당이득 반환에 따르는 이자도 아니다. 계약이 아니라 불법행위(不法行爲)로 인한 손해배상금은 기타소득이 아니지만[356] 원상회복이므로 이미 필요경비로 떨었던 손해가 있었다면 소급해서 사라진다. 손해 본 자산의 시가배상액이 취득원가보다 큰 차익 부분은 과세대상이 아닌 채로 남지만 세한적 소득

의 사건에 대한 판결이다.

350) 대법원 2008. 6. 26. 선고 2006다31672 판결; 2014. 1. 23. 선고 2012두3446 판결(소송상 화해). 회사의 정관작성행위는 합동행위이지 계약이 아니라는 이유로 합자회사의 사원이 퇴사하면서 받는 지연손해금을 과세대상 기타소득이 아니라고 본 판결로 대법원 1993. 6. 22. 선고 91누8180 판결. 그러나 합동행위와 계약의 구별은 강학상의 개념일 뿐이며 그나마 누구나 받아들이는 구별도 아니다.

351) 대법원 2014. 12. 11. 선고 2014두41145 판결을 뒤집은 입법.

352) 대법원 1998. 5. 22. 선고 97누14293 판결(합의해지).

353) 대법원 2004. 4. 9. 선고 2002두3942 판결; 2004. 7. 8. 선고 2002두11288 판결(손해배상 v. 증여); 2007. 4. 13. 선고 2006두12692 판결; 2019. 4. 23. 선고 2017두48482, 2018두35131 판결. 헌법재판소 2010. 2. 25. 2008헌바79 결정. 대법원 1989. 7. 11. 선고 88누8609 판결은 양도소득이 아니라는 것이고 기타소득인가는 쟁점이 아니다.

354) 대법원 2016. 6. 23. 선고 2012두28339 판결. Commissioner. v. Glenshaw Glass Co., 348 US 326 (1955). 제7장 제3절 2.

355) 대법원 1994. 5. 24. 선고 94다3070 판결.

356) 이중교, 제6장 제1절 2.(8).

개념의 한계. 불법행위라도 재산적 손해에 대한 법정이자 부분은 입법론으로는 기타소득에 포함해야 맞는다.[357] 채무불이행이든 불법행위든 정신적 손해 기타 재산권 아닌 다른 손해에 대한 배상이나 위자료는 기타소득이 아니다.[358] Haig-Simons 소득정의로는 정신적 손해를 필요경비로 떨 수는 없지만(의료비 공제는 가능) 손해배상 받은 돈은 순자산증가로 소득이 된다.[359] 우리 소득세법의 제한적 소득 개념에서는 사생활 영역. 부당이득 반환은 제10장 제1절 5.

4. 소득구분의 다른 보기

1) 기타소득과 사업소득과 구별기준은? 대학교수가 교과서를 써서 돈을 번다면, 어떤 소득으로 보아야 할까?

> 소득세법 제21조 (기타소득) ① 기타소득은 … 다음 각 호에서 규정하는 것으로 한다.
>
> 1.-14. (생략)
>
> 15. 문예 · 학술 · 미술 · 음악 또는 사진에 속하는 창작품(…정기간행물에 게재하는 삽화 및 만화와 우리나라의 창작품 또는 고전을 외국어로 번역하거나 국역하는 것을 포함한다)에 대한 원작자로서 받는 소득으로서 다음 각 목의 어느 하나에 해당하는 것.
>
> 가. 원고료
>
> 나. 저작권사용료인 인세
>
> 다. 미술 · 음악 또는 사진에 속하는 창작품에 대하여 받는 대가
>
> (하략)

애매하네… 과세실무는 사업소득으로 과세한다. 일시적인 문예창작소득으로 기타소득이라고 우겨 볼 수도 있다. 이 경우에는 실제 큰 차이가 없지만. 사업소득의 표준소득률과 기타소득 필요경비에 차이가 커서 사업소득과 기타소득의 구분이 문제될 때도 많다.[360] 연예인의 전속(專屬)계약금은 기타소득일까 사업소득일까? 사업소득. 옛

357) 윤지현, 소득세법에 따른 손해배상의 과세방안에 관한 연구, 조세법연구 17-3(2011), 230쪽.

358) 대법원 2015. 7. 9. 선고 2015두40781 심불판결(내연관계를 끝내는 대가). 소득세법시행령 제41조 제8항. 근로계약은 재산권에 관한 계약이 아니라는 놀라운 판결로 대법원 1991. 6. 14. 선고 90다11813 판결.↔대법원 2006. 1. 12. 선고 2004두3984 판결(퇴직금 지급지체).

359) Kahn, The Constitutionality of Taxing Compensatory Damages for Mental Distress When There Was No Accompanying Physical Injury, 4 Florida Tax Review 128(2023).

360) 대법원 2012. 12. 13. 선고 2012두19649 판결(심불, 교수의 기술양도); 2017. 7. 11. 선고 2017두36885 판결(변호사의 파산관재업무).

법에 "전속계약금"이 기타소득이라는 조문이 있었을 때에도, 판례는 일시적 우발적 계약금이 아니라 계속적 연예활동의 일부로 생긴 돈이라면 사업소득이라 보았다.[361)]

2) 근로소득과 기타소득의 구별은? 해고무효 분쟁에서 받은 돈도 근로관계가 이미 끝났음을 전제로 한 조정금이라면 기타소득.[362)] 해고무효 화해조정금 가운데 임금 부분은 당연히 근로소득이다.[363)]

3) 같은 기타소득 안에서도 세부적 소득구분이 가령 '사례금'과[364)] '일시적 용역의 대가'의 어느 쪽인가에 따라 필요경비에 엄청난 차이가 나기도.[365)] 강행법규 위반으로 무효인 보험금 초과지급액은 사례금.[366)]

4) 기타소득과 양도소득의 구별은 제14장 제4절 II.

5) 다른 소득에 안 들어가고 기타소득의 글귀에도 포섭할 수 없으면 비과세.[367)]

5. 얼마 안 되면 분리과세

기타소득이 종합소득이기는 하지만 과세최저한 밑이라면 비과세.[368)] 금액이 연 300만원 이하인 기타소득은 당해 소득이 있는 거주자가 종합소득과세표준의 계산에 있어서 이를 합산하기를 원하지 않는 한 분리과세한다.[369)] 필요경비를 80%로 본다면, 총수입금액 기준으로 1,500만원까지를 분리과세하는 것. 뇌물, 알선수재, 배임수재로 받은 돈은 기타소득으로 과세하고 필요경비도 인정하기 어렵다.[370)]

---

361) 대법원 2001. 4. 24. 선고 2000두5203 판결.

362) 대법원 2018. 7. 20. 선고 2016다17729 판결(사례금); 2023. 8. 18. 선고 2020다200641 판결. 해고당한 노조위원장이 노조에서 받는 생계비도 사례금. 대법원 2017. 11. 9. 선고 2017두44244 판결.

363) 대법원 2022. 3. 31. 선고 2018다286390 판결은 원천징수의무자나 국가가 근로소득 주장은 안 내고 사례금 주장만 한 사안에서 사례금이 아니라고 판시한 것.

364) 대법원 2013. 9. 30. 선고 2010두27288 판결(비영리법인 이사장 직을 넘겨주는 대가).

365) 대법원 2012. 11. 15. 선고 2012두15883 판결; 2016. 4. 28. 선고 2015두59402 판결; 2017. 2. 9. 선고 2016두55247 판결; 2017. 4. 26. 선고 2017두30214 판결; 2025. 8. 28. 선고 2024두63830 판결.

366) 대법원 2001. 7. 10. 선고 2001다16449 판결.

367) 혼인대가로 받은 재산은 증여라는 미국판결로 Commissioner. v. Wemyss, 324 US 303 (1945).

368) 소득세법 제84조.

369) 소득세법 제14조 제3항 제8호.

370) 소득세법 제21조 제1항 제17호, 제23호, 제24호. 대법원 2002. 5. 10. 선고 2002두431 판결. 대가관계가 없는 정치자금에는 증여세를 과세한다. 어느 쪽이든 주는 사람은 손금이나 필요경비에 산입할 수 없다. 제22장 제1절 II.4. X.

제 6 절 소득세의 원천징수

원천징수 제도는 소득세의 핵심이다. 인민주의적 공평의 이념에 터잡은 순자산증가설이 지배적 이념으로 나타나기 전까지는 완납적 원천징수를 통한 세수(稅收)확보가 소득의 개념 그 자체를 규정했다. 제7장 제1절. 납세의무자의 주관적 상황을 파악하여 세금을 매기는 종합과세에서는 원천징수(예납적 원천징수)란 필요 없지 않을까? 아니, 여전히 필요하다. 납세의무자 하나 하나의 주관적 상황을 다시 파악해서 세금을 정산할 필요는 있지만 원천징수를 통해 국가는 세수의 대부분을 손쉽게 확보할 수 있는 까닭. 이 때문에 원천징수 제도가 지금도 필요하다. 예납적(豫納的) 원천징수와 완납적(完納的) 원천징수의 차이에 따라 법률관계가 다르지만, 법령이 종래의 완납적 원천징수의무자의 다수에게 경정청구를 허용하고 있고, 또 완납적 원천징수라는 개념을 통째 부인하는 듯한 판례가 나오고 있다. 제5장 제6절 I. 원천징수대상과 세율은 다음과 같다. 사업소득에 대한 세금은 사업자에게서 걷는 편이 오히려 효율적이므로 예외적으로 몇 가지 인적용역소득에만 원천징수의무가 있다.[371)]

> 소득세법 제129조 (원천징수세율) ① 원천징수의무자가 제127조 제1항 각 호에 따른 소득을 지급하여 소득세를 원천징수할 때 적용하는 세율(이하 "원천징수세율"이라 한다)은 다음 각 호의 구분에 따른다.
>
> 1. 이자소득금액에 대하여는 다음에 규정하는 세율
>   가. (삭제)
>   나. 비영업대금의 이익에 대해서는 100분의 25…
>   다. …
>   라. 그 밖의 이자소득에 대해서는 100분의 14
> 2. 배당소득에 대해서는 다음에 규정하는 세율
>   가. …출자공동사업자의 배당소득에 대해서는 100분의 25
>   나. 그 밖의 배당소득에 대해서는 100분의 14
> 3. 원천징수대상 사업소득에 대해서는 100분의 3[372)]
> 4. 근로소득에 대해서는 기본세율. 다만, 일용근로자의 근로소득에 대해서는 100

371) 소득세법 제127조 제1항. 사업자가 아닌 일반개인에게 원천징수의무를 지우는 것은 위헌의 소지가 크다. 제5장 제6절 I 참조.

372) 외국인 직업운동가에 대한 원천징수세율은 비거주자의 인적용역소득과 같다. 소득세법 제156조 제1항 제4호.

분의 6으로 한다.

5. 공적연금소득에 대해서는 기본세율

5의2. … 연금계좌 납입액이나 운용실적에 따라 증가된 금액을 연금수령한 연금소득에 대해서는 다음 각 목의 구분에 따른 세율. 이 경우 각 목의 요건을 동시에 충족하는 때에는 낮은 세율을 적용한다.

가. 연금소득자의 나이에 따른 다음의 세율373) …

나이(연금수령일 현재)	세율
70세 미만	100분의 5
70세 이상 80세 미만	100분의 4
80세 이상	100분의 3

나. (삭제)

다. 사망할 때까지 연금수령하는 대통령령으로 정하는 종신계약에 따라 받는 연금소득에 대해서는 100분의 4

5의3. …퇴직소득을 연금수령하는 연금소득에 대해서는…수령연차가 10년 이하인 경우…연금외수령 원천징수세율의 100분의 70…10년을 초과하는 경우…100분의 60

6. 기타소득에 대해서는 다음에 규정하는 세율. 다만 제8호를 적용받는 경우는 제외한다…

라. 그 밖의 기타소득에 대해서는 100분의 20

7. 퇴직소득에 대해서는 기본세율

8. 대통령령으로 정하는 봉사료에 대해서는 100분의 5

② 제1항에도 불구하고 다음 각 호의 이자소득 및 배당소득에 대하여는 다음 각 호에서 정하는 세율을 원천징수세율로 한다.

1. 「민사집행법」 제113조 및 같은 법 제142조에 따라 법원에 납부한 보증금 및 경락대금에서 발생하는 이자소득에 대해서는 100분의 14

2. 대통령령으로 정하는 실지명의가 확인되지 아니하는 소득에 대해서는 100분의 42. 다만, 「금융실명거래 및 비밀보장에 관한 법률」 제5조가 적용되는 경우에는 같은 조에서 정한 세율로 한다. (이하 생략)

원천징수란 손쉬운 징수를 노리는 절차법의 제도일 뿐이지만, 소득의 귀속시기(歸屬時期)라는 실체법에 영향을 미치게 된다. 아직 조세채무가 성립하지 않은 현금흐름에 원천징수의무를 지우는 것은 논리에 어긋나고, 원천징수의무는 당해 소득이 과세시기에 이르렀음을 전제로 해야 한다. 거꾸로 아직 현금을 받기 전에 어떤 소득이 이미

373) 이 원천징수세율과 그에 따른 분리과세(소득세법 제14조 제3항 제9호)는 나이 차별로 아마 위헌.

과세시기에 이르러 소득을 받는 자가 이미 세금을 낸 경우도 있을 수 있고, 이런 경우에는 원천징수를 하지 말아야 한다.[374] 그러나 어떤 현금흐름이나 소득의 과세시기가 언제인지, 원천납세의무자가 이미 세금을 내지는 않았는지, 이런 것을 원천징수의무자가 일일이 파악하여 원천징수 여부를 정하게 하는 것은 몹시 비효율적이고 실제로 불가능한 제도이다. 따라서 현행법은 논리를 뒤집어, 원천징수시기를 미리 정한 뒤 원천징수 대상이 되는 소득은 과세시기에 이른 것으로 정하는 경우가 많다. 이렇게 과세시기를 정하면 결과적으로 현금(現金)주의가 되고, 원천징수의 필요성이 발생주의 내지 실현주의를 압도해 버려서 여러 가지 문제가 생긴다. 제8장 제1절 Ⅲ, 제20장 제1절 I. 그렇더라도 개인소득세에서는 아마도 원천징수 제도가 과세시기 문제보다 훨씬 중요할 것이다. 독일에서도 2009년 이래 개인의 금융소득은 원천징수 대상이다.[375]

알아 둘 용례로 판례는 근로소득에 대한 원천징수세를 근로소득세, 이자소득에 대한 원천징수세를 이자소득세, 이런 식으로 줄여부른다. 법령에 나오는 용어는 아니다.

374) 대법원 2014. 10. 27. 선고 2013다36347 판결.

375) 독일 소득세법 제43조. 법인의 금융소득은 원천징수 안 한다. 독일 법인세법 제8조 제2항.

제12장 양 도 소 득

소득세제의 역사에서 알 수 있듯 소득원천설의 입법례는 처음에는 사생활재산에서 생기는 소득을 과세하지 않았다. 포괄적 소득개념을 따르는 미국에서도 이른바 capital asset,[1] 곧 사생활재산이나 투자자산은 일반 사업재산과 구별해서 저율과세한다. 우리나라 양도소득세는 정반대로 양도소득세의 과세대상도 아주 넓고 세율도 종합소득보다 훨씬 높다. 애초 1967년 "부동산투기억제에 관한 특별조치세"로 시작했기 때문이다.

제1절 양도소득의 과세대상 재산

소득세법 제94조 (양도소득의 범위) ① 양도소득은 해당 과세기간에 발생한 다음 각 호의 소득으로 한다.

1. 토지(「공간정보의 구축 및 관리 등에 관한 법률」에 따라 지적공부에 등록하여야 할 지목에 해당하는 것을 말한다) 또는 건물(건물에 부속된 시설물과 구축물을 포함한다)의 양도로 인하여 발생하는 소득

2. 다음 각 목의 어느 하나에 해당하는 부동산에 관한 권리의 양도로 발생하는 소득

가. 부동산을 취득할 수 있는 권리(건물이 완성되는 때에 그 건물과 이에 딸린 토지를 취득할 수 있는 권리를 포함한다)

나. 지상권

다. 전세권과 등기된 부동산임차권

---

1) 이창희, 미국법인세법, 제1장 제2절 I. 4. 미국법의 특유 용어이다. 영국에서도 아예 뜻이 안 통한다.

3. 다음 각 목의 어느 하나에 해당하는 주식등[2]의 양도로 발생하는 소득

가. 주권상장법인의 주식 등으로서 다음의 어느 하나에 해당하는 주식등

1) 소유주식의 비율 · 시가총액 등을 고려하여 대통령령으로 정하는 주권상장법인의 대주주가 양도하는 주식등

2) 1)에 따른 대주주에 해당하지 아니하는 자가 증권시장에서의 거래에 의하지 아니하고 양도하는 주식등…

나. 주권비상장법인의 주식등. 다만 … 장외매매거래에 의하여 양도하는 … 중소기업 및 … 중견기업의 주식등은 제외한다.

다. 외국법인이 발행했거나 외국에 있는 시장에 상장된 주식등으로서 대통령령으로 정하는 것

4. 다음 각 목의 어느 하나에 해당하는 자산(이하 이 장에서 "기타자산"이라 한다)의 양도로 인하여 발생하는 소득

가. 사업에 사용하는 제1호 및 제2호의 자산과 함께 양도하는 영업권…

나. 이용권 · 회원권, 그 밖에… 시설물 이용권…

다. 법인의 자산총액 중 다음의 합계액이 차지하는 비율이 100분의 50 이상인 법인의 과점주주(소유 주식등의 비율을 고려하여 대통령령으로 정하는 주주를 말하며, 이하 이 장에서 "과점주주"라 한다)가 그 법인의 주식등의 100분의 50 이상을 해당 과점주주 외의 자에게 양도하는 경우…에 해당 주식등

1) 제1호 및 제2호에 따른 자산(이하 이 조에서 "부동산등"이라 한다)의 가액

2) 해당 법인이 직접 또는 간접으로 보유한 다른 법인의 주식가액에 그 다른 법인의 부동산등 보유비율을 곱하여 산출한 가액. …

라. 대통령령으로 정하는 사업을 하는 법인으로서 자산총액 중 다목1) 및 2)의 합계액이 차지하는 비율이 100분의 80 이상인 법인의 주식등

마. …제1호의 자산과 함께 양도하는 「개발제한구역의 지정 및 관리에 관한 특별조치법」…에 따른…이축권…

5. …파생상품 등의 거래 또는 행위로 발생하는 소득(제16조 제1항 제13호 및 제17조 제1항 제10호에 따른 파생상품의 거래 또는 행위로부터의 이익은 제외한다)

6. 신탁의 이익을 받을 권리…의 양도로 인하여 발생하는 소득…

양도소득세 과세대상 자산의 구분은 그 자체로 중요하다. 우선 구분이 다르면 손익통산에 제약이 있다. 부동산에 관한 제1호, 제2호, 제4호는 자산별 손익을 모두 묶어

2) 신주인수권과 대통령령으로 정하는 증권예탁증권을 포함한다. 이하 이 장에서 "주식등"이라 한다. 소득세법 제88조 제2호.

서 순소득을 계산한다. 제3호(주식 등), 제5호(파생상품), 제6호(신탁수익권)는 따로 계산하며[3] 세율도 따로 있다.[4] 주식보다는 부동산의 세율이 훨씬 높다. 양도소득세도 기간과세이기는 하지만 기간별로 계산한 세액과 자산별로 계산한 세액 중 큰 쪽으로 과세한다.[5] 무엇을 과세대상으로 삼고있는지 하나하나 보자.

1. 제1호의 토지·건물, 제2호 (나)목의 지상권, 또 (다)목의 전세권과 등기된 부동산임차권은 다 아는 뜻. 세율은 원칙적으로 종합소득세율과 같지만, 다주택자나[6] 비사업용 토지,[7] 미등기자산,[8] 단기보유자산, 주택분양 과열 등 조정지역 따위에 대한 세율은 한결 높다.[9] 아직 건물의 상태에 이르지 못한 미완성건물(회계용어로 건설중인 자산)이나 독립성이 없는 구축물은 토지의 일부로서 양도소득세 과세대상이다.[10] 토지와 건물은 사업용이든 살림집이든 모두 양도소득세 과세대상이다. 살림집의 양도차익을 과세하는 나라는 미국, 독일, 일본, 스위스 등으로 오히려 소수이고 사생활의 영역이라고 보아 과세 않는 나라가 더 많다.[11]

2. 제2호 (가)목의 '부동산을 取得할 수 있는 權利'에는 무엇을 담아야 할까? 얼핏 생각할 수 있는 도시및주거환경정비법에 따른 재개발이나 재건축의 조합원입주권은 내놓는 부동산과 동일성이 유지된다고 보아야 한다. 새 집을 분양받는 것의 법적성질이 환지처분이어서[12] 헌 집과 새 집 사이에 동일성이 유지되기 때문. 아파트 공급계약

3) 소득세법 제102조. 이 법조가 생기기 전의 구법에서는 과세대상 자산의 양도손익 전부를 통산했다. 대법원 2001. 9. 28. 선고 2000두10465 판결 등.

4) 소득세법 제104조 제1항.

5) 소득세법 제104조 제5항.

6) 실질소득이 없어도 규제목적으로 세금을 매길 수 있다고. 헌법재판소 2010. 10. 28. 2009헌바67 결정. 제2장 제3절 II.2.

7) 농지, 임야, 목장용지, 다른 토지로서 재산세 별도합산이나 분리과세 아닌 것 등. 소득세법 제104조의3. 제26장 제6절, 제7절. 헌법재판소 2012. 7. 26. 2011헌바357 결정. 대법원 2013. 10. 24. 선고 2010두18543 판결; 2016. 7. 14. 선고 2014두7886 판결; 2023. 6. 29. 선고 2023두34637 판결(대지로 용도변경 불가능한 농지 = 중과세).

8) 미등기에 대한 귀책사유는 대법원 1995. 4. 11. 선고 94누8020 판결; 2005. 10. 18. 선고 2004두9494 판결; 2013. 12. 12. 선고 2011두7557 판결.

9) 소득세법 제104조 제1항 제1호, 제8호, 제9호, 제10호, 제4항, 제7항. 헌법재판소 2015. 6. 25. 2014헌바256 결정. 60% 세율도 합헌이다. 헌법재판소 2015. 7. 30. 2013헌바207 결정; 대법원 2012. 10. 25. 선고 2010두17281 판결. 지정지역이 조정대상지역 안에 있으면서도 세율이 더 낮으니 높은 쪽으로 갈 수밖에 없다.

10) 대법원 2000. 1. 21. 선고 98두20018 판결; 2015. 10. 29. 선고 2011두23016 판결(자본적지출).

11) OECD, Taxation of Household Savings(2018) 46쪽. 독일은 보유기간 10년 이하인 부동산만 과세. 제2장 제3절 II. 4. 독일 소득세법 제22조 제2항, 제23조.

12) 도시 및 주거환경 정비법 제87조 제2항, 도시개발법 제40조.

에 따른 분양권은 부동산을 취득할 수 있는 권리. 단기매매나 전매(轉賣)라면 조합원 입주권이나 분양권 등에 대한 세율이 일반 부동산보다 높은 수가 많다.[13] 당첨 전의 주택청약예금증서,[14] 또 계약금이나 계약금외(外) 매매대금의 일부를 지급한 상태의 매수인의 권리[15] 등도 과세대상이라는 판결이 있다.

3. 株 式

양도소득세에서 주식(등)이란 신주인수권증서와 주식예탁증서를 포함한다.[16] 주식매수선택권은 제11장 제2절 V. 주식은 법령에 과세대상으로 명시한 것만 과세한다.[17] 세율은 중소기업인가 대기업인가, 상장주식인가 비상장주식인가, 대주주인가 소액주주인가, 보유기간이 얼마인가 등에 따라 10%에서 30%.[18] 과세대상 주식의 범위는 계속 넓혀오고 있는 중이다. 1998년까지는 上場주식은 모두 비과세하고, 비상장주식에 대해서도 꽤 넓은 범위에서 비과세하고 있었다. 그 뒤 과세범위를 꾸준히 넓혀왔고 2025년부터는 금융투자소득으로 구분하면서 과세하기로 했다가 다시 비과세. 현행법의 과세범위는?

- 비상장(해외상장∈상장)주식은 과세. 다만 금융투자협회를 통한(K-OTC) 중소기업·중견기업 주식은 비과세.

- 상장주식 가운데 '대통령령이 정하는 大株主'란 소액투자자가 아닌 주주라는 소극적 결과적 개념.[19] 주식양도차익을 과세하는 취지가 다른 자산과 형평을 맞추되 소액투자자는 제외한다는 것이므로 대주주란 친족 기타 특수관계에 있는 자의 보유주식을 합한 주식의 비율이나 시가총액이 일정규모를 넘는 자들을 말한다.[20]

---

13) 소득세법 제104조 제1항 제2호, 제88조 제9호와 제10호. 대법원 1993. 11. 23. 선고 93누1633 판결; 1996. 8. 23. 선고 95누6618 판결; 2007. 6. 15. 선고 2005두5369 판결.

14) 뒤에 당첨을 못 받아도 양도소득세를 과세한다. 대법원 1985. 9. 24. 선고 85누424 판결; 1986. 3. 25. 선고 85누741 판결 등.

15) 대법원 1992. 4. 14. 선고 91도2439 판결; 1997. 6. 13. 선고 95누15070 판결. 제4절 2.

16) 소득세법 제88조 제2호. 신주인수권(증서)의 양도는 정관이나 신주발행결의로 정해야 한다. 상법 제416조, 제420조의3 제1항.

17) 대법원 2008. 5. 8. 선고 2007두4490 판결.

18) 소득세법 제104조 제1항 제11호와 제12호. 중소기업 주식을 원주로 하는 ADR 매출에 중소기업세율을 적용한 사례로 대법원 2013. 6. 28. 선고 2011두18557 판결. 세율차이는 합헌이다. 헌법재판소 2010. 4. 24. 2010헌바448 결정; 2011. 3. 31. 2009헌가22 결정.

19) 헌법재판소 2015. 7. 30. 2013헌바460 결정; 2018. 5. 31. 2016헌바384 결정. 입법배경은 제25장 제3절 V. 1.

20) 헌법재판소 2015. 2. 26. 2012헌바355 결정; 대법원 2014. 6. 26. 선고 2012두20694 판결. 대차주식의 대주는 배당금을 반환받을 권리가 있더라도 소유주가 아니다. 대법원 2010. 4. 29. 선고 2007두11092 판결. 아래 제2절 4. 9. 독일법에서는 사업재산인 주식의 양도차익은 사업소득. 사생활자산은 25% 이상 주주에서 10%로 낮추고 다시 1%로 낮추었다. 1% 미만은 금융(투자)소득. 독일 소득세법 제17조. Tipke/Lang, *Steuerrecht*(제24판, 2021), 제8장 547문단 이하. 이하 달리 적지 않은 한

-상장주식 소액주주라고 하더라도 증권시장 거래가 아닌(場外) 주식은 과세한다.

-외국법인이 발행한 주식도 과세.

한편 여기에 해당하지 않는 주주는 법 제94조에서 말하는 양도소득의 범위에 들어가지 않고, 우리 소득세법상 달리 과세소득에 해당할 만한 곳이 없다. 유일한 예외의 가능성으로 주식을 사고 파는 그 자체가 사업의 단계에 이르렀다고 하여 과세할 가능성은 있지만 실제로 과세하고 있지는 않다. 주식양도차익은 위와 같이 예외적으로 양도소득에 해당하지 않는 한, 과세대상이 아니다. 증권거래세는 소득의 금액과 무관하게 양도금액에 세율을 적용한다.[21] 주식양도차익의 과세에 관한 입법론적 검토는 제13장 제3절 II.

조합기업 지분의 양도는 주식양도가 아니다. 조합재산을 자기 지분만큼 양도하는 것일 뿐.[22] 유한책임조합이라면 2025년부터 투자계약증권의 양도로서 금융투자소득으로 과세하려 하다가 포기.

4. 기타자산

제4호 (가)목은 "사업용고정자산(제1호 및 제2호의 자산을 말한다)과 함께 양도하는 營業權"을 양도소득세의 과세대상으로 삼고 있다. 한편, 소득세법에는 '영업권을 양도하고 그 대가로 받는 금품'을 기타소득으로 과세한다는 규정도 있으므로,[23] 양도소득 과세대상인 사업용고정자산과 별도로 양도하는 영업권의 양도에서 생기는 소득이라면 기타소득이다.[24] 영업권은 글자와 달리 권리는 아니다. 영업권이라는 말은 기업회계에서 써오던 말인데, 이른바 권리금(權利金)을 뜻한다. 가령 다른 사람이 하던 가게를 물려받는 경우에 그 사람이 가지고 있던 임대차보증금(제1호 및 제2호의 자산)에다 권리금을 덧두리로 준다. 어떤 경우에 이 웃돈을 더해 줄까? 남이 하던 가게의 임대차보증금, 그 밖의 시설의 값을 다 쳐주고나서 왜 웃돈을 더 얹어주지? 앞으로 가게에서 벌어들일 돈을 생각하면 그 값어치가 임차보증금과 시설의 합계보다 크리라는 생각. 임차보증금과 시설은 합계 1억원인 가게에서 앞으로 해마다 5천만원씩을 벌어들인다면 얼마까지 쳐줄 수 있으려나. 은행이자를 10%라고 생각한다면 이 가게에는 5억원(=5천만원/10%)의 가치가 있다. 5억원을 은행에 집어넣어야 일년에 5천만원씩을

Tipke/Lang이란 제24판.

21) 증권거래세법 제7조, 제8조.

22) 따라서 재고자산 부분에서는 사업소득이 부동산 부분에서는 양도소득이 각 지분만큼 생긴다. 대법원 2015. 12. 23. 선고 2012두8977 판결. 제14장 제4절 II.

23) 소득세법 제21조 제1항 제7호.

24) 대법원 2005. 1. 28. 선고 2003두7088 판결.

벌 수 있는 까닭이다. 만약에 그 가게에서 무한히 해마다 5천만원이 나올 것이 분명하다면, 살 사람은 가게의 여타 재산가치가 1억일 뿐이더라도 5억원까지 지불할 수 있다. 이와 같이 초과수익력 때문에 더 주는 돈 4억원, 속칭 '권리금'을 일컫는 기업회계의 용어가 '영업권'. 이 용어를 세법이 받아쓰고 있다.

영업권을 양도한다는 글귀는 법에서는 있을 수 없는 말이다. 영업권이란 물건도 아니고 권리도 아니므로 양도할 길이 없다. 권리금을 주고 산 가게를 넘기면서 양수인에게서 새로운 권리금을 받는 것일 뿐이다. 결국 토지, 건물, 전세권, 등기임차권 따위와 함께 양도하는 영업권이 양도소득세의 과세대상이라는 말은, 앞 보기에서 양도대금을 가게 양도대금 1억원, 권리금 4억원으로 구분하더라도 5억원 전체를 가게의 양도대금으로 보아 양도소득세를 물린다는 말이다.[25] (이 예에서 가게가 양도인의 소유였다고 생각한다면 부동산의 매매대금을 5억원으로 정할 것이고, 권리금이라는 개념은 따로 나오지 않을 것임을 생각하라.) 이런 뜻에서 법은 "법 제94조 제1항 제1호, 제2호 및 제4호의 자산"을 거의 언제나 한 단위로 묶어서 쓰고 있다.[26] 말뜻이 뒤틀리기는 하지만, 영업권의 양도소득이라는 말은 권리금으로 받는 돈과 예전에 자기가 준 권리금으로 준 돈의 차액이라는 뜻으로 풀이할 수밖에 없다. 등기 없는 임차권자가 가게를 넘기면서 웃돈을 받는다면?[27] 양도소득은 아니고 기타소득.[28]

(나)목의 이용권, 회원권 따위는 무슨 의미인가? 콘도, 골프장 등이 이에 해당될 것이다.

(다)목에서 말하는 법 제94조 제1항의 제1호와 제2호는 不動產에 대한 규정이다. 부동산이 재산의 절반 이상인 회사의 주식 50% 이상을 양도하면 양도소득세를 내야 한다는 말. 왜 이런 조문이? 그게 없으면, 부동산의 양도차익에 대하여 과세하겠다는 말은 있으나마나. 왜? 부동산과 주식의 세율 차이가 무의미해질 터. 부동산의 소유자가 부동산 현물출자로 회사를 만들고 그 회사의 주식을 양도하면, 부동산이 아닌 주식의 양도차익에 대한 세금만을 부담하고 실질적으로 부동산을 넘길 수 있게 된다.[29] 어, 그런데 50% 이상 주식의 양도에 세금을 물리는 것이니 몇 차례로 나누어서 양도하면 피할 수 있을텐데? 3년 기간 안의 양도는 모두 합산한다는 것이 대통령령.

(라)는 (다)와 어떤 관계인가? 50% 미만 주식도 (라)에서는 과세한다. 골프장, 스키

25) 토지와 구축물의 관계에서 같은 논리로 대법원 2015. 10. 29. 선고 2011두23016 판결↔2013. 6. 27. 선고 2013두3641 판결(양수인의 취득세)

26) 소득세법 제103조 제1항 제1호, 제104조 제1항 제1호, 제105조 제1항 제1호 등.

27) 상가건물임대차보호법 제10조의4.

28) 소득세법 제21조 제1항 제7호.

29) 헌법재판소 2011. 3. 31. 2009헌가22 결정.

장 등을 영위하는 법인으로서 회사 재산의 80% 이상이 부동산이라면 기본적으로는 회사 자체가 부동산인 셈. 단 한 주만 양도해도 부동산 공유지분처럼 양도차익을 과세한다.[30]

5. 파생상품등에 대한 양도소득세

국내외 주가지수상품 양도차익은 선물, 옵션, ELW 모두 2019년부터 양도소득으로 과세.[31] 개별주식상품, 통화상품, 금리상품의 양도차익이나 파생결합증권 양도차익은 과세대상에 안 들어간다. 해외파생상품은 주식관련이라면 과세. 2025년 금융투자소득 과세는 폐지. 제11장 제4절 I. 6.

6. 신탁의 이익을 받을 권리에 대한 양도소득세

자본시장법에 따른 특정금전신탁은 투시과세해서 투자대상이 된 재산 자체를 수익자나 위탁자의 재산으로 과세하므로 신탁의 이익을 받을 권리의 양도소득이라는 것이 있을 수 없다. 위탁자 자신이 수익자인 경우도 마찬가지.[32] 제10장 제2절 IV. 투자신탁(집합투자기구)이라면 수익권이나 수익증권의 양도차익을 배당소득으로 과세한다. 제11장 제4절 I.5. 신탁의 이익을 받을 권리의 양도차익으로서 위와 같이 배당소득에 해당하지 않는 것은 양도소득으로 과세한다. 여기에서 신탁의 이익이란 개념에는, 담보신탁으로 채권자가 받는 수익권은 안 들어간다. 피담보채권과 별도로 담보신탁의 수익권을 양도할 수 있다고 보더라도[33] 채권 양도차익을 과세하지 않으면서(아래 7.) 채권자의 권리를 담보하는 수익권의 양도차익을 과세하는 것은 균형이 안 맞는다. 채권자의 애초 투자원본 가운데 채권부분과 담보권 부분의 구분계산도 불가능하고.

7. 양도소득이 아닌 것

재산의 양도에서 생기는 소득이라 하여 모두 讓渡所得이 되는 것은 아니고, 다른 소득으로 구분하는 것도 있다. 대표적인 예로 사업자가 재고자산이나 기계장치를 양도해서 받는 소득은? 양도소득이 아니라 사업(事業)소득. 산업재산권, 상표권, 영화필름의 양도에서 생기는 소득은? 기타소득. 서화·골동품도 분리과세 기타소득.[34] 이런 여러 가지 소득 구분 조항의 어느 하나에 과세대상으로 열거된 재산 외의 다른 재산의

---

30) 대법원 1994. 2. 8. 선고 93누19238 판결.

31) 소득세법 제94조 제1항 제5호, 제104조 제6항. 헌법재판소 2024. 7. 18. 2020헌바487등 결정. 제11장 제4절 I. 6.

32) 소득세법 제94조 제1항 제6호 단서.

33) 대법원 2017. 6. 22. 선고 2014다225809 판결의 다수의견. 상세는 정순섭, 신탁법, 14장 4절 II.2.

34) 소득세법 제21조 제1항.

양도에서 생기는 소득을 번다면? 과세대상이 아니다.[35)]

채권(債券)의 매매에서 생긴 양도차익 가운데 이자소득에 해당하지 않는 부분은? 과세대상이 아니다. 예를 들어 만기 1년 액면 11,200원짜리 채권이 10,000원에 발행되었다고 하자. 원투자라는 사람이 이 채권을 발행 때 사서 그 뒤 3달 동안 가지고 있다가 전득인이라는 사람에게 10,500원에 판다고 하자. 번 돈은 500원이다. 그러나 소득세법상 과세소득은? 500원이 아니라, 3달치 이자소득 300원.[36)] 채권양도차익 200원은 2022년 법까지는 양도소득 과세대상에 안 들어있고 종합소득에도 달리 해당하는 곳이 없다.

왜 과세 안 하지? 채권을 샀다가 팔 때 실제 얼마나 더 받는가는 시세에 달려 있지 보유기간과는 상관이 없다. 석달 동안 그 채권을 가지고 있던 원에게 반드시 300원이라는 소득이 생긴다는 보장은 없다. 그 사이에 채권가격은 올랐을 수도 있고 떨어졌을 수도 있고. 그러나 법은 이를 다 무시하고 1,200원이라는 숫자를 잡아서, 원, 전 그 다음의 전득자(轉得者)가 더 있으면 그들 모두에게 각자의 보유기간에 따라 분배하여 보유기간별 이자상당액에 대한 세금을 내도록 하고 있는 것이다.[37)] 개개의 납세의무자는 억울하다고 생각할 수도 있다. 심지어는 채권 값이 떨어져서 입은 손해가 보유기간 이자보다 더 큰 수도 생길테고. 반면 채권 값이 올라서 많은 이익을 얻은 사람은 이자 부분에 대하여만 세금을 낸다. 앞 보기에서 전이 채권을 만기까지 가지고 있다가 11,200원에 상환받는다면 전에게 생기는 경제적 이득은 700원이지만 과세소득은 900원. 원과 전을 합해서 보면 원의 이익 200원(=500 - 300)은 전의 손해 200원(=900 - 700)과 상계되어 없어진다. 10,000원이 한 해 뒤 11,200원이 되는 것은 주어진 조건인 까닭이다. 거래당사자들은 이 조건을(세제가 이렇다는 것을), 전제로 하여 자신의 거래 조건을 짜서 자발적으로 채권을 사고판다. 그 결과 생긴 득실을 세제에 반영할 것인가는 공평이란 무엇인가라는 주관적 문제로, 또 공평의 이념을 어디까지 밀고 나갈 것인가라는 문제로 돌아간다. 제8장 제3절, 제9장 제1절. 가령 원에게는 이자소득 300원에 더해서 양도차익 200원을 과세하고 전에게는 결손금 200원을 다른 소득에서 공제해줄 수도.[38)]

주식(株式)의 讓渡差益도 과세대상으로 열거되어 있지 않은 것, 가령 증권거래소

35) 미국법은 순자산증가설을 따르지만 양도소득(capital gain)을 우대하기 때문에 양도소득세의 과세대상(capital asset)을 정할 필요가 여전히 남는다. 미국세법 1221조. 제9장 제1절 VI. 양도소득세 과세대상을 capital asset이라고 부르는 것은 미국의 독특한 용례이고 영국에서도 뜻이 안 통한다.

36) 제11장 제4절 I.

37) 대법원 2017. 12. 22. 선고 2014두2256 판결(법인세 원천징수).

38) 2025년 시행예정이다가 폐지된 옛 소득세법 제87조의1, 제87조의9(금융투자소득세).

나 코스닥시장에서 거래되는 소수주주의 주식양도차익은 과세대상이 아니다. 채권(債券)에서는 당사자 모두를 합하여 본다면, 이자(할인액 포함)만 과세하면 소득 전부를 과세할 수 있다. 당사자 모두를 합하여 생각한다면, 양도차손익은 서로 씻겨 나가는 까닭이다. 이와 달리 株式에서는 배당을 과세하는 것과 소득 전부를 과세하는 것은 서로 다르다. 유보이익이 있는 까닭이다. 나중에 본다. 소수주주의 상장주식 양도차익도 2025년부터는 금융투자소득으로 과세할 예정이었지만 다시 원위치.

8. 국외자산

명문의 규정은 없지만 오랫동안 양도소득세는 국내에 있는 재산에 대해서만 과세해 왔다. 그러다가 1999. 1. 1. 이후에는 국외(國外)자산도 일정범위 안에서 과세하게 되었다. 외국에서 납부한 세액이 있으면 빼 주어서 이중과세는 배제. 제17장 제3절 I.

소득세법 제118조의2 (국외자산 양도소득의 범위) 거주자(해당 자산의 양도일까지 계속 5년 이상 국내에 주소 또는 거소를 둔 자만 해당한다)의 국외에 있는 자산의 양도에 대한 양도소득은[39] 해당 과세기간에 국외에 있는 자산을 양도함으로써 발생하는 다음 각 호의 소득으로 한다. …

1. 토지 또는 건물의 양도로 발생하는 소득

2. 다음 각 목의 어느 하나에 해당하는 부동산에 관한 권리의 양도로 발생하는 소득

가. 부동산을 취득할 수 있는 권리

나. 지상권

다. 전세권과 부동산임차권

3. (삭제)[40]

5. 그 밖에 … 자산의 양도로 발생하는 소득

소득세법 제118조의6 (국외자산 양도소득에 대한 외국납부세액의 공제) ① 국외자산의 양도소득에 대하여 해당 외국에서 과세를 하는 경우로서 그 양도소득에 대하여 대통령령으로 정하는 국외자산 양도소득에 대한 세액(이하 이 항에서 "국외자산 양도소득세

39) 당연히 원화로 계산한 소득이다. 대법원 2015. 12. 10. 선고 2013두6107 판결. 관련 외화차입금은 물론 고려해야 한다.

40) 삭제 전 법에 관련하여 옛 소득세법시행령 제178조의2 제2항은 법 제94조 제1항 제3호 (다)와 균형을 갖추어 풀이해야 한다. 내국법인이 발행한 주식은 주권이 해외에 나가 있더라도 언제나 같은 (다)목에 따라 과세한다. 한편 외국법인이 발행한 주식은 같은 법조항 (가)목이나 (나)목과 앞의 영조항에 따른다. 국외전출세에 대해서는 아래 제2절 10.

액"이라 한다)을 납부했거나 납부할 것이 있을 때에는 다음 각 호의 방법 중 하나를 선택하여 적용할 수 있다.

1. 외국납부세액의 세액공제방법…
2. 외국납부세액의 필요경비산입방법…

9. 비과세 자산

과세대상 자산이지만 법이 다시 양도소득을 非課稅하거나 세액을 감면(減免)하는 경우가 있다. 파산선고에 의한 처분, 농지의 교환이나 분합으로 인하여 발생하는 소득은 법정범위 안에서 비과세한다.[41] 가장 중요한 비과세는 1세대[42] 1주택[43](고가주택 제외)과 그런 집에 딸린 토지의 양도소득. 앞 2에서 보았듯 조합원입주권은 내놓은 주택의 연장이다. 살림집을 비과세하는 취지는 거주이전의 자유.[44] 따라서 집을 옮기는 과정에서 일시적으로 1세대 2주택이 되더라도 비과세하지만,[45] 투기적 성격의 매매를 규제하기 위해 현행법은 일정한 보유기간을 요구하고 있다.[46] 비과세할 1세대 1주택에 대한 과세처분이 당연무효는 아니다.[47] 법령에 정한 고가주택은 1세대 1주택이더라도 과세.[48] 참고로 미국법에서는 오랫동안 주택양도차익을 비과세가 아니라 과세이연하고 있다가 1997년부터 우리나라나 비슷하게 일정 기간 넘게 보유하고 일정 기간 넘게 거

41) 소득세법 제89조. 자경농지・대토 특례는 조세특례제한법 제69조, 제70조. 대법원 2017. 3. 30. 선고 2016두57038 판결.

42) 소득세법 제89조 제3호. 따로 살아도 법률상 부부인 이상 1세대. 대법원 1998. 5. 29. 선고 97누19465 판결; 2017. 9. 7. 선고 2016두35083 판결. 위장이혼은 소득세법 제88조 제6호.

43) 실제 살림집이라는 뜻. 소득세법 제88조 제7호. 재건축이나 재개발 분양권도 주택으로 보아 비과세되는 수가 있다. 대법원 1992. 12. 8. 선고 90누10346 판결; 2005. 3. 11. 선고 2004두9456 판결; 2007. 2. 22. 선고 2006두16397 판결 등. 그러나 1주택과 조합원입주권・분양권을 가지고 있다가 주택을 양도하거나 입주권 2개 중 하나를 양도하거나 입주권과 분양권을 가지고 있다가 입주권을 양도하면 과세대상. 소득세법 제89조 제1항 제4호, 제2항. 대법원 2008. 9. 25. 선고 2007두8973 판결; 2009. 12. 24. 선고 2009두13702 판결; 2011. 11. 24. 선고 2010두13807 판결. 일시적으로 다른 용도에 쓰더라도 주택은 주택. 대법원 2005. 4. 28. 선고 2004두14960 판결. 철거대상이라도 주택. 대법원 2008. 11. 26. 선고 2008두11310 판결. 3자간 명의신탁이라면 명의신탁자가 주택소유자. 대법원 2016. 10. 27. 선고 2016두43091 판결; 2019. 6. 20. 선고 2013다218156 판결.

44) 대법원 1993. 1. 19. 선고 92누12988 판결. 이를 전제로 한다면 이 자유를 해칠 정도의 취득세 부담은 위헌일 것.

45) 대법원 1992. 3. 10. 선고 91누9817 판결; 1997. 4. 8. 선고 96누16391 판결; 2009. 12. 24. 선고 2009두13788 판결; 2025. 2. 13. 선고 2024두55426 판결. 부모봉양을 위해 집을 합치는 과정이나 혼인과정에서 일시적으로 1세대 2주택이 되는 경우에도 비과세한다. 상속받은 주택에도 특례가 있다. 소득세법 제89조 제1항, 대법원 2023. 12. 21. 선고 2023두53799 판결.

46) 대법원 1994. 9. 13. 선고 94누125 판결.

47) 대법원 1994. 10. 14. 선고 94누4134 판결.

48) 소득세법 제89조 제1항 제3호. 공동소유라면 고가주택인지는 각자 지분이 아니라 주택을 단위로 판정. 대법원 2014. 8. 20. 선고 2014두36815 판결(심리불속행).

주한 주된 주택에 대한 비과세제도를 들여왔다. 과세이연 제도에서는 집을 줄이면 세금이 나오는 까닭에 사람들이 쓸데없이 큰 집을 계속 간직하는 문제가 생겼던 까닭.[49)] 조세특례제한법도 양도소득에 대한 과세특례를 여러 가지 두고 있다. 이런 특례는 중복적용이 안 되고[50)] 또 감면액은 합하여 일정한도를 넘을 수 없다.[51)]

제 2 절 양도의 개념

앞에서 보았듯 소득세법 제94조는 여러 가지 재산의 譲渡로 인하여 발생하는 소득을 과세한다. 사업소득과의 구별은 제11장 제1절 I. '양도'란 무엇인가? 무엇을 과세계기로 삼아야 할까?

> 소득세법 제88조 (정의) … "양도"란 자산에 대한 등기 또는 등록과 관계없이 매도, 교환, 법인에 대한 현물출자 등을 통하여 그 자산을 유상으로 사실상 이전하는 것을 말한다. 이 경우 부담부증여시 수증자가 부담하는[52)] 채무액에 해당하는 부분은[53)] 양도로 보며…

'자산을 유상으로 사실상 이전'한다니? 무슨 말이지? 보기로 매도, 교환, 법인에 대한 현물출자가 나와 있다. 그러면 가령 내가 내 집을 임대보증금과 월세를 받고 누구에게 빌려 주는 계약을 체결했다면 이는 물론 유상계약. 게다가 점유가 이전되어 사실상 이전도 있는 거네. 그러니 양도소득세를 매긴나? 에이, 설마.

'有償으로 사실상 이전된다'고 할 때 여기서 '유상으로'라는 말은 민사법상 유상계약, 무상계약의 구별과는 뜻이 다르다. 소유권 이전을 전제로 증여(다만 부담부 증여에 대하여는 위에서 보듯 명문의 규정이 있다[54)])가 아니라는 정도의 뜻이다. 재산이

---

49) Boris I. Bittker, Martin J. McMahon & Lawrence A. Zelenak, *Federal Income Taxation of Individuals*(looseleaf), 9.08[1]절 참조. 우리 법의 1세대 1주택 개념과 달리 1세대에 1주택(주된 주택)씩 비과세한다. 비과세금액에는 상한이 있다. 미국세법 121조. 우리 법에서는 다주택자는 안 팔아도 될 집을 팔아야 하는 수가 생긴다.

50) 조세특례제한법 제127조 제7항.

51) 같은 법 제133조. 한도를 두는 것은 합헌이다. 헌법재판소 1995. 6. 29. 94헌바39 결정.

52) 대법원 2016. 11. 10. 선고 2016두45400 판결(중첩적 채무인수).

53) 위헌이 아니다. 헌법재판소 2007. 4. 26. 2006헌바71 결정.

54) 아래 제2절 10. 수증자가 증여자의 채무를 인수했다면 채무인수부분은 과세대상이다. 대법원 2000. 1. 21. 선고 98두20018 판결. 중첩적 채무인수도 양도에 해당하고, 다만 수증자가 갚지 않아서 부담부증여 계약이 해제된다면 양도가 처음부터 없었던 것이 된다. 대법원 2016. 11. 10. 선고 2016두

'事實上 移轉'된다는 것도 앞의 예에서 보듯 점유의 이전이라는 뜻은 아니고 소유권, 또는 적어도 소유권자와 마찬가지인 사실상의 지배의 이전을 그 배경에 깔고 있는 것이다. '등기 또는 등록에 관계 없이 … 사실상'이라는 글귀는 과세시기가 꼭 소유권(所有權) 이전시기가 아니라는 뜻. 所有權이 법적으로 당장 이전되지는 않더라도,[55] 所有權의 移轉에 버금가는 행위 내지 사건이 있어야 세금 목적상 양도가 있다. 가령 매매계약을 하여 재산권을 넘겨주기로 했다면, 비록 소유권은 아직 이전되지는 않았다고 하더라도 이미 돈을 다 받았고 사실상 그 물건의 점유를 이전한 정도에 이른 경우에는 법 제88조에서 말하는 양도의 범위에 들어갈 것이라고 일단 짚어 볼 수 있다. 따라서 이는 구체적인 사안별로 하나하나 따질 문제이다. '유상으로 사실상 이전'이라는 과세계기를 민사법의 소유권 이전으로 정의하기는 마뜩잖다. 그러다보니 범위를 특정하기 어렵다.[56] 이하 몇 가지 문제되는 경우를 살펴서 양도라는 개념에 무슨 뜻을 담을지 따져보자.

1. 경매나 공용수용

競賣나[57] 公用收用처럼[58] 본인의 뜻에 반하더라도, 재산권의 이전은 양도에 해당한다. 담보로 넘겼던 재산이 변제충당되는 경우도 마찬가지.[59] 물상보증인이 담보로 제공했던 재산을 경매당하는 경우 구상권을 행사할 길이 없더라도 그런 사정은 양도와는 별개의 법률관계에 속하는 것이고 양도소득은 있다.[60] 보험에 든 재산이라면 재산의 멸실(滅失)을 양도로 보아야 할까? 사업재산의 멸실로 인한 보험차익이 사업소

45400 판결.

55) 헌법재판소 2008. 7. 31. 2006헌바95 결정; 대법원 2010. 12. 9. 선고 2010두15452 판결; 2011. 7. 21. 선고 2010두23644 판결. 취득세는 제27장 제3절 II. 재산세・종부세는 제26장 제3절.

56) 그렇다 하여 위헌은 아니다. 헌법재판소 2007. 4. 26. 2006헌바71 결정.

57) 대법원 1984. 2. 28. 선고 83누269 판결; 1986. 3. 25. 선고 85누968 판결; 1995. 6. 16. 선고 94누10920 판결; 2012. 9. 13. 선고 2010두13630 판결; 2021. 4. 8. 선고 2020두53699 판결. Helvering v. Hammel, 311 US 504(1941).

58) 대법원 1995. 12. 22. 선고 95누13890 판결(토지수용법); 1990. 11. 13. 선고 90누3713 판결(공공용지의 취득 및 보상에 관한 특례법); 헌법재판소 2011. 10. 25. 2010헌바134 결정; 2012. 11. 29. 2011헌바11 결정. 양도시기에 대해서는 대법원 2005. 5. 13. 선고 2004두6914 판결. 공익사업 대토보상이나 수용은 조세특례제한법 제77조의2, 제85조의7.

59) 취득정산, 처분정산을 가리지 않는다. 대법원 1984. 4. 10. 선고 83누699 판결. 담보권자에게 양도소득이 생기지는 않는다. 대법원 1986. 7. 22. 선고 85누737 판결.

60) 대법원 1986. 3. 25. 선고 85누968 판결; 1991. 4. 23. 선고 90누6101 판결; 2000. 7. 6. 선고 2000두1508 판결; 2002. 7. 26. 선고 2002두2758 판결. 일본 最高裁判所 1961(昭和 36). 10. 13. 선고 昭和35(オ)437 판결. 후발적 경정청구 사유도 아니다. 2021. 4. 8. 선고 2020두53699 판결. 이미 생긴 소득의 소비처가 남이었을 뿐. 윤지현, 담보물의 환가와 물상보증인의 양도소득: 대법원 2021. 4. 8. 선고 2020두53699 판결, 조세법연구 29-2(2023), 169쪽.

득세의 과세대상임에[61] 견준다면 양도소득세도 과세하여야 할 것이다.

2. 조합에 대한 현물출자나 출연

組合에 대한 現物出資는 양도인가? 가령 두 사람이 모여, 한 사람은 땅을 내고 다른 사람은 건축비를 내어 집을 지은 뒤 분양수입을 나누어 가지기로 하는 내용의 조합계약을 맺고 실제로 건축을 시작하는 경우, 이 땅은 양도된 것인가? 양도되었다면, 땅 전부를 양도했다 볼 것인가, 아니면 현물출자자의 자기지분은 그대로 남아 있다고 보고 다른 조합원 지분부분만이 양도되었다고 볼 것인가? 이 문제는 뒤에 법인 등 기업조직의 설립에 따르는 법률효과를 볼 때 가서 다루기로. 제14장 제1절 Ⅱ.

3. 권리의 동일성이 유지되는 변환

법 제88조 제1호 가목은 환지처분(換地處分)을 '양도'에 해당하지 않는 것으로 본다. 환지처분에서는 종래의 토지에 대한 소유권이 환지로 그냥 이어진다는 것을[62] 세법에서도 그대로 받아들여 양도로 안 본다.[63] 도시개발법의 분양처분에 따라 토지를 내어놓고 건물을 받는 것도 양도가 아니다.[64] 공유물(共有物) 분할(分割)도 양도가 아니다.[65] 다만, 현물분할이 안 되어 물건을 팔아서 대금을 나누는 경우(대금분할)나 공유자 가운데 하나가 다른 사람의 지분을 취득하고 차액을 현금으로 물어주는 경우(가격배상)에는, 현금을 받는 사람은 자기 지분을 양도한 것으로 보아야 마땅하다.[66] 이혼에 따른 재산分割은 양도일까? 아니라는 것이 판례.[67] 재산분할 청구

61) 소득세법 제31조. 법인세법 제38조도 같다. 소득세법 제31조의 과세이연은 양도소득세에도 준용해야 할 것이다.

62) 예를 들어 도시개발법 제42조 제1항, 도시정비법 제55조. 환지처분과 달리 협의수용을 양도로 보는 것은 합헌. 헌법재판소 2007. 4. 26. 2006헌바71 결정.

63) 소득세법 제88조 제1호 (가).

64) 대법원 2004. 6. 11. 선고 2002두6149 판결. 현금(청산금)을 받는 부분은 양도이다. 제21장 제4절 Ⅰ. 양한희, 도시개발사업과 세법, 조세법연구 22-4(2016), 9쪽.

65) 대법원 1995. 1. 20. 선고 94누11460 판결; 1995. 9. 5. 선고 95누5653 판결. Walz v. CIR, 32 BTA 718(1935).

66) 상속재산의 분할에서도 같은 문제가 생긴다. 상속받은 재산은 상속당시의 시가를 취득원가로 보므로 대개는 양도차익이 없을 것이다. 소득세법시행령 제163조 제1항 제1호, 제89조 제1항 제3호. 상속 이후의 가격상승액은 과세대상이 된다. Suisman v. Eaton, 15 F. Supp. 113(D. Conn. 1935), aff'd per curiam, 83 F2d 1019(2d Cir.), cert. denied, 299 US 573(1936).

67) 대법원 1998. 2. 13. 선고 96누14401 판결; U.S. v. Davis, 370 US 65(1962).↔일본 最高裁判所 1975(昭和 50). 5. 27. 昭和47(行ツ)4 판결. 판례 비판으로 오금석, 이혼시 발생하는 과세문제의 처리에 관한 한·미 조세법규정의 비교검토, 조세법연구 Ⅷ-1 (2002), 118쪽, 특히 166쪽 이하. 현행 미국법에서는 배우자간의 양도나 이혼에 관련된 양도라면 양도소득세를 과세하지 않는다. 미국세법 1041조. 증여도 아니다. 제25장 제2절 Ⅰ.

권의 경우, 명의는 부부 중 일방의 명의로 되어 있다고 할지라도 그 재산은 애초부터 부부의 공동재산이므로[68] 그 실질이 공유물분할과 다를 것이 없다고 보아 양도가 아니라는 것.[69] 같은 논리를 이으면 증여도 아니고.[70] 다른 한편 이혼 위자료(慰藉料)로 부동산을 준다면 양도소득세 과세대상인가? 그렇다.[71] 예를 들어 취득원가가 10억원이고 시가가 50억원인 부동산을 위자료로 주었다면 40억원의 양도차익이 과세대상이 된다. 참고로, 부부 사이의 양도는 증여를 양도로 가장한 것으로 추정한다.[72] 권리의 동일성이 유지되는 경우, 가령 분할받은 재산을 양도하는 경우의 양도차익 산정시 취득가액은 분할당시의 가액이 아니라 분할전 취득가액 가운데 제 몫이다.[73]

4. 주식 소비대차(消費貸借)와 공매도(空賣渡)

주식 등의 消費貸借에서는 빌려가는 사람이 소유권을 취득한다.[74] 그렇다면 소비대차로 주식을 빌려주는 것과 돌려받는 것은 각 양도인가? 주식소비대차에서는 양도라고 전제한 듯한 판결이 있지만[75] 임대차가 양도가 아니라는 것을 생각하면 아귀가 잘 안 맞고 어딘가가 탐탁치 않네… 空賣渡는? 가령 1,000원에 공매도하고 나중에 900원에 사서 갚는다면 직관적으로는 주식의 매도대금 1,000원과 빌린 주식을 갚기 위해 나중에 사들이는 매수대금 900원의 차액 100원이 양도소득이 되어야 맞다. 그러

68) 사실혼도 같다. 대법원 2016. 8. 30. 선고 2016두36864 판결(취득세).

69) 이 논리는 부부가 아니라 개인이 과세단위라는 헌법재판소 결정과 모순. 혼인 후 형성한 재산(=소득의 누계)이 공유재산이라면 혼인 후의 소득은 둘이 같이 번 것이다. 제10장 제2절 Ⅰ.2. 한편, 대법원 2003. 8. 19. 선고 2003두4331 판결은 이혼에 따른 재산분할을 원인으로 한 부동산 취득이 지방세법상 취득세 비과세(옛 등록세도 저율과세) 대상인 '공유권의 분할로 인한 취득'에 해당하지 않는다고 한다. 논거로는 엄격해석을 들고 있지만, 이혼 전에는 재산분할청구권이 없음을 들었어야 옳다.

70) 이혼시 재산분할로 받은 재산에 증여세를 매기는 것은 위헌이다. 헌법재판소 1997. 10. 30. 96헌바14 결정. 제10장 제2절 I.2. 이 결정이 이혼을 조장한다는 비판으로 오금석, 앞의 글, 169쪽. 나아가 이 논리는 혼인 이후의 소득은 근로소득이나 사업소득도 부부 양쪽에 귀속한다는 전제를 깔고 있다. 자산소득 합산과세조차도 위헌이라는 헌법재판소 2002. 8. 29. 2001헌바82 결정과는 당연모순.

71) 대법원 1995. 11. 24. 선고 95누4599 판결; 2012. 9. 13. 선고 2012두10901 판결. 미국판례로 U.S. v. Davis, 370 U.S. 65(1962)(현행법 1041조는 이를 뒤집어 비과세한다). 받는 사람에게는 세금부담이 없다. 그러나 민사판결은 양도소득세를 재산분할대상 자산의 가액에서 공제할 수 없다고 한다. 대법원 1994. 12. 2. 선고 94므901 판결. 재산분할이라는 형식을 띠더라도 위자료 상당액은 과세대상이고 두 가지의 구분은 법원이 직권으로 정할 수 있다. 대법원 2002. 6. 14. 선고 2001두4573 판결.

72) 상속세및증여세법 제44조. 미국세법 1041조는 증여로 의제한다.

73) 대법원 2003. 11. 14. 선고 2002두6422 판결. 재개발 재건축에서 헌 집과 새 집의 동일성 여부는 대법원 2010. 12. 9. 선고 2010두14503 판결(원소유자 통산); 2012. 12. 13. 선고 2010두12033 판결(분양권 양수인이라면 다른 물건).

74) 민법 제598조.

75) 대법원 2006. 9. 28. 선고 2005두2971 판결. 맥락은 전혀 다르지만 같은 논리로 대법원 2010. 4. 29. 선고 2007두11092 판결↔소득세법시행령 제157조 제7항.

나 앞의 판례를 연장하면 주식을 빌릴 때 소유권을 취득하므로 貸主에게는 그 순간 양도소득이 생긴다. 借主는 빌리는 순간 소유권을 취득하고 그와 동시에 파니 취득가액과 양도가액이 모두 1,000원. 주식을 사서 갚을 때에는 주식을 양도하는 것이 되지만 역시 취득가액과 양도가액이 모두 900원. 어, 차익 100원은 어디로 갔지? 900원짜리 주식을 양도하면서 그 대가로 주식차입채무 1,000원을 면제받는 것이니, 갚는 시점에 양도소득 100원이 생긴다. 파는 것은 양도가 아니고 갚는 것이 양도라고?

5. 양도담보(讓渡擔保)

왜 탐탁치 않지? 소유권이 넘어가지만 소비대차는 성질이 매매와 아주 다르니까. 주식의 값을 주고 받은 것이 아니잖아? 그렇게 생각하면 실상 문제의 범위가 확 늘어난다. 가령 讓渡擔保로 소유권을 이전하는 것은 양도일까? 다른 사람으로부터 돈을 꾸면서 그에 대한 담보로서 어떤 재산의 소유권을 넘겨준다면 그 재산을 유상으로 이전한 것인가?

> 채무담보의 목적으로 자산의 소유권을 이전한 것만으로는 양도소득세의 과세대상인 자산의 양도로 볼 수 없는 것인바, "채무자가 채무의 변제를 담보하기 위하여 자산을 양도한 경우에 다음 각호의 요건을 갖춘 계약서의 사본을 과세표준확정 신고서에 첨부한 때에는 양도로 보지 아니한다"는 소득세법시행령…의 규정은 납세의무자가 양도담보임을 주장하는 경우에 일응의 인정기준을 정한 것에 불과하고, 과세표준확정신고를 하지 아니하거나 그 신고를 하더라도 신고서에 동항 소정의 요건을 갖춘 계약서 사본을 첨부하지 아니한 경우에는 반드시 자산의 양도로 보아야 한다는 취지라고는 해석되지 아니한다.[76]

> 원고로서는 채권담보의 목적으로 이 사건 부동산에 관한 소유권이전등기를 경료했다가 채무자로부터 채권의 변제를 받고 이를 환원하여 준 것에 불과하므로 원고에게 양도차익이 발생했다고 할 수 없다.[77]

> 양도담보권자가 양도담보의 실행으로 양도담보의 목적물을 제3자에게 처분한 경우에 그 담보권자에게 어떤 양도소득이 있다고는 할 수 없으므로 양도담보권자에게 위 목적물의 처분을 원인으로 하여 양도소득세 등이 부과되었다면 이는 위법한 처분임은

---

76) 대법원 1987. 3. 24. 선고 86누819 판결. 양도담보권자도 취득세는 내어야 한다. 대법원 1980. 1. 29. 선고 79누305 판결.

77) 대법원 1992. 7. 24. 선고 92누7832 판결; 1987. 10. 13. 선고 87누581 판결.

소론과 같고(당원 1991. 4. 23. 선고 90누8121 판결 등 참조), 그로 인한 양도소득세의 본래의 납세의무자는 양도담보 설정자라고 보아야 할 것이다.[78]

돈을 꾸면서 擔保로 재산을 넘기는 꼴(좁은 뜻의 양도담보)이 아니라 파는 물건의 값으로 돈을 받고 뒤에 이 물건을 되사는 꼴(매도담보)로 약정을 맺는다면, 처음에 물건을 파는 것은 양도인가? 대통령령은 "원금, 이율" 따위에 관한 약정을 요구하지만 매도담보와 좁은 의미의 양도담보는 글자 그대로 법률형식의 차이일 뿐 실질은 마찬가지,[79] 판례는 한 마디로 담보 목적으로 재산을 넘기는 것은 양도가 아니라고 한다.[80] 가등기담보권에 기한 본등기 실행은 양도담보의 설정이다.[81] 매매에 뒤따르는 재매매나 환매는 양도담보인 수가 많겠지만 아니라면 두 단계 모두 양도이다.[82] 아래 8.

소유권 이전이 따름에도 불구하고 양도담보를 양도로 보지 않아야 한다면 거꾸로 소유권은 안 넘기지만 재산에 대한 실질적(實質的) 지배를 넘기는 것은 양도로 보아야 하지 않을까? 예를 들어 이른바 금융리스로, 실질적으로 물건의 수명이 다할 때까지 물건을 빌려주기로 하고 임료를 미리 특정해 두는 계약은 임료의 현재가치 상당액을 받으면서 물건을 양도한 것으로 보아야 하지 않을까?[83] 물건을 팔기는 하지만 그 물건을 금융리스 방식으로 다시 빌리는 것(sale and leaseback)은 양도인가 담보부 차입인가? 물건을 담보로 돈을 빌리면서 인적책임은 안 지기로 한다면(non-recourse), 양도로 보아야 안 맞을까?[84] 아직 우리나라에서는 부동산에 관한 한 이런 문제가 실제 생기고 있지는 않다.

6. 신탁(信託)

신탁계약에 따른 소유권 이전은 양도에 넣어야 할까? 우선 양도담보와 경제적 기능이 거의 같은 擔保信託이라면? 담보신탁의 전형은 부동산 소유자가 개발에 들어갈 사업자금을 은행에서 꾸면서 담보로 부동산을 은행에 신탁하고 은행은 개발사업으로

78) 대법원 1991. 4. 23. 선고 90누8121 판결. 그 밖에 대법원 1994. 8. 26. 선고 93다15267 판결.

79) 제3장 제2절. 매도담보를 금융거래로 보아 이자소득을 과세한 미국판결로 Green v. CIR, 367 F2d 823(7th Cir. 1966).

80) 설정자의 매각은 양도담보권자에 대한 배임이 아니다. 대법원 2020. 2. 20. 선고 2019도9756 판결. 양도담보권자의 취득세는 제27장 제3절 III. 2, IV. 2.

81) 대법원 1985. 4. 23. 선고 84누702 판결. 제5장 제4절 V.

82) 대법원 2015. 8. 27. 선고 2013누12652 판결.

83) Bittker, McMahon & Zelenak, 28.06[2]절. 리스에 관하여는 제21장 제3절 참조.

84) 양도가 아니라는 판결로 Woodsam Assoc. v. CIR, 198 F2d 357(2d Cor. 1952); CIR v. Tufts, 461 US 300, reh'g denied, 463 US 1215(1983). 그 밖에 Crane v. CIR, 331 US 1(1947)에 관하여는 제21장 제2절 III 참조.

벌 돈에 대한 선순위수익권을 받는 것이다.[85] 소유권을 은행에 넘기는 것은 양도소득세 과세대상인가? 채권담보 목적의 소유권 이전은 양도가 아니라는 판례이론이 그대로 적용될 것이다.[86] 양도담보권자의 권리는 완전한 소유권이라기보다는 담보권에 가까운데 비해서 수탁자는 대내외로 완전한 소유권을 얻고 다만 계약상 의무만 진다는 차이는 있지만 그 점은 과세요건의 일부인 "자산의 이전" 부분일 뿐이다. 매매대금에 맞먹는 돈의 흐름이 없으니 "유상으로 이전"한다는 요건을 만족하지 않는 점은 양도담보와 같다. 담보신탁의 위탁자가 자신의 지위 내지 권리를 제3자에게 넘기는 것은 양도라고 보아야 앞뒤가 맞다. 통상은 위탁자에게 후순위 수익권이 생길 것이고, 위탁자의 지위 내지 권리가 바로 그 수익권이 될 것이므로 양도소득세 과세대상이라고 보아도 마찬가지 결론. 유동화신탁으로 자산소유자가 신탁회사에 소유권을 넘기는 것도 근본적으로는 담보신탁과 같다.

다른 신탁은 어떨까? 2020년말 개정법은 다음과 같이 정하고 있다.

> 소득세법 제88조 1. …다음 각 목의 어느 하나에 해당하는 경우에는 양도로 보지 아니한다.
>
> 다. 위탁자와 수탁자 간 신임관계에 기하여 위탁자의 자산에 신탁이 설정되고 그 신탁재산의 소유권이 수탁자에게 이전된 경우로서 위탁자가 신탁 설정을 해지하거나 신탁의 수익자를 변경할 수 있는 등 신탁재산을 실질적으로 지배하고 소유하는 것으로 볼 수 있는 경우.

신탁재산에 대한 실질지배가 수탁자에게 넘어간다고 해서 다 양도소득세를 물린다고 반대해석할 일은 아니다. 우선 위탁자 본인을 수익자로 하는 실물신탁이나 유언대용신탁으로 투시과세대상이라면 소유권 및 실질지배가 수탁자에게 넘어갔다고 하더라도 소득세법에서는 여전히 위탁자의 재산일 뿐이다. 제10장 제2절 IV. 따로 수익자가 있고 원본을 포함한 신탁의 이익 전부를 수익자가 받기로 한다면 증여나 마찬가지이고 "유상으로" 넘기는 것이 아니니 양도가 아니다. 아래 9. 법인과세를 선택한 신탁이라면 현물출자나 마찬가지로 양도려나? 법인과세 신탁이라고 해서 신탁이 그대로 법인은 아니다. 수익자만 과세하되, 미처 수익자에게 넘겨주지 않은 소득이 있으면 그것을 신탁재산 단계에서 과세해서 과세이연을 막자는 뜻일 뿐이다. 이 제도는 신탁재산이 여전히 수익자의 것이라고 전제하고 있다.

---

85) 담보신탁의 여러 유형은 정순섭, 신탁법(2021), 14장 4절 2.

86) 양도담보에서 본 대통령령의 글귀에도 해당한다.

많은 사람의 부동산을 실물로 신탁받아서 수탁자가 한 단위로 관리하면서 실질지배하는 사업신탁(事業信託)이라면 양도가 될 가능성이 있지만 실제 그런 경우를 생각하기 어렵다. 도시정비법에 따른 재건축 재개발을 위한 신탁등기 정도일텐데, 새 집을 분양받는 것의 법적성질이 환지처분(換地處分)이어서[87] 헌 집과 새 집 사이에 동일성이 유지되니 그 앞 단계의 신탁이 양도일 수가 없다. 소득세법의 명문규정도 부동산을 신탁하고 받는 신탁수익권(조합원입주권)에 부동산과 동일성이 있다고 본다.[88] 부가가치세법은 신탁법에 따른 신탁은 공급이 아니라고 정하고 있다. 제23장 제4절 III. 재산세나 종합부동산세도 같은 논리. 제26장 제3절.

7. 명의신탁(名義信託)

名義信託으로[89] 재산의 소유명의를 넘기면 과세할 것인가? 매도인이 명의신탁자와 매매계약을 맺고 약정에 따라 명의수탁자에게 재산을 이전하는 것은 양도인가? 명의신탁된 재산을 그 상태에서 양도했다면 납세의무자는 누구인가?

일찍이 곽윤직 선생은 명의신탁을 무효(無效)로 보아야 한다고 주장했다. 왜 그랬을까? 무슨 부작용이? 전형적 문제는 '1세대 1주택 비과세' 탓. 이미 집이 있는 사람이 남의 이름으로 집을 하나 더 사는 것이다. 탈세로 돈을 번 사람들이나 불법적 행위로 돈을 번 사람들이 재산상황을 감추기 위해서 명의신탁을 이용하기도 한다. 한편 판례는 명의신탁을 유효(有效)로 보았다. 왜? 나름 이유가 있다. 종중재산처럼 등기가 어려워 명의신탁을 할 수밖에 없는 수가 있으니까. 판례가 명의신탁을 일반적으로 유효하다고 하자 이를 규제할 수단으로 부동산실명제를 들여오면서 부동산 명의신탁에 관한 과징금(課徵金)과[90] 다른 재산의 명의신탁에 대한 증여세(贈與稅)라는[91] 제도가 생겼다. 자세한 역사는 뒤에 증여세 부분에서 보기로 하고 여기에서는 양도소득세만 생각해 보자.

1) 우선 명의신탁에 따른 등기이전은 양도가 아니다. 부동산실명법에서는 소유권이 명의수탁자에게 애초 넘어가지 않고 명의신탁자는 넘긴 명의의 말소를 구할 수 있다.[92] 명의신탁의 해지도 양도가 아니고,[93]

---

87) 도시 및 주거환경 정비법 제87조 제2항, 도시개발법 제40조.

88) 소득세법 제95조 제2항.

89) 명의신탁은 신탁법상 신탁이 아니다. 대법원 1983. 6. 14. 선고 83누131 판결; 1993. 4. 27. 선고 92누8613 판결. 신탁재산이라고 표시할 수 없다면 신탁법상 신탁을 설정할 수 없다. 정순섭, 신탁법, 7장 3절 VII. 1인회사라고 해서 자동적으로 명의수탁자는 아니다. 대법원 2012. 1. 19. 선고 2008두8499 판결; 2018. 10. 25. 선고 2013두13655 판결; 2018. 12. 13. 선고 2018두128 판결.

90) 부동산실권리자명의등기에관한법률 제5조.

91) 상속세및증여세법 제45조의2.

92) 대법원 2019. 6. 20. 선고 2013다218156 판결(명의신탁자의 등기말소청구권: 불법원인급여라는 이유

2) 3자간 등기명의신탁 곧 매도인, 명의신탁자(숨어 있는 실제 매수인)와 명의수탁자(명의상의 매수인), 세 사람이 짜고서 등기를 매도인에서 명의수탁자로 옮겼다면, 매도인에게 양도소득세를 매길 것인가? 세 사람이 짰으므로, 매도인과 명의수탁자 사이의 양도행위는 무효.[94] 소유권은 도로 매도인에게로 돌아가지만, 원래의 매매계약이 명의신탁자와 매도인 사이에 유효하게 존속하므로 명의신탁자는 매도인에 대해 소유권의 이전을 구할 수 있다.[95] 그렇다면, 매도인(賣渡人)에게 양도소득세를 매길까는 처음의 3자간 거래를 기준으로 정하는가 아니면 뒤에 명의신탁자에게 등기를 넘기는 것을 기준으로 정하는가? 전자가 맞다.[96] 소유권이전 의무를 지고 돈도 받았으니 통상의 매매계약에서 이전등기 전에 대금부터 받은 경우와 똑같이 '자산을 유상으로 사실상 이전'하는 것.[97] 더구나, 명의수탁자가 명의신탁자 앞으로 소유권이전등기를 넘겨준 경우 이는 실체관계에 부합하는 등기로 유효하다는 민사판결[98]을 전제로 하면, 애초 명의수탁자에게 넘기는 행위는 사실상 이전으로서 양도. 양도시기의 특정은 아래 12항.

매매계약이 무효가 되어 소유명의가 매도인에게 돌아왔다가 다시 명의신탁자에게로 넘어가는 경우에는, 민사법상의 소유권(所有權)은 이 단계에 가서야 유효하게 이전되지만, 양도소득세 목적상은 이 단계는 양도라고 볼 수 없다. 매도인은 아무런 돈을 받지 않고 그저 소유권만 넘어갈 뿐이므로 '유상(有償)으로'라는 요건이 만족되지 않는다. 따라서 이 단계에서는 과세 못 한다.[99]

로 대법관 4인은 반대). 한편 취득세 목적상은 취득이다. 대법원 1987. 7. 7. 선고 87누22 판결; 1988. 4. 25. 선고 88누919 판결; 2016. 10. 27. 선고 2016두43091 판결 등.

93) 대법원 1985. 7. 9. 선고 85누144 판결; 1997. 3. 20. 선고 95누18383 판결; 2001. 6. 25. 선고 2000두2952 판결. 명의신탁을 증여로 위장하여 증여세를 납부한 뒤 명의신탁을 해지하는 경우 신의성실의 원칙에 어긋난다는 이유로 양도소득세를 내어야 하는 것은 아니다. 2004. 5. 14. 선고 2003두3468 판결. 취득세는 내야 한다. 대법원 1991. 6. 11. 선고 90누8114 판결; 2002. 5. 28. 선고 2002두2079 판결.

94) 부동산실권리자명의등기에관한법률 제4조 제1항.

95) 매도인을 대위하여 수탁자 명의 등기의 말소를 구할 수도 있다. 대법원 2002. 3. 15. 선고 2001다61654 판결. 따라서 세대당 주택수를 따질 때에는 명의신탁자의 주택으로 본다. 대법원 2016. 10. 27. 선고 2016두43091 판결. 명의신탁자는 사실상 취득자로서 취득세 납세의무를 진다. 대법원 2018. 3. 22. 선고 2014두43110 판결. 제27장 제3절 IV.

96) 대법원 2018. 11. 9. 선고 2015두41630 판결.

97) 대법원 2016. 10. 27. 선고 2016두43091 판결. 같은 논리로 2018. 3. 22. 선고 2014두43110 판결(취득세).

98) 대법원 2004. 6. 25. 선고 2004다6764 판결.

99) 명의신탁자는 이미 취득했으므로 소유권을 넘겨받는 것은 취득이 아니다. 대법원 2018. 3. 22. 선고 2014두43110 판결.

〈대법원 2018. 11. 9. 선고 2015두41630 판결〉

…매도인이 부동산을 양도하면서 3자간 등기명의신탁 약정에 따라 명의수탁자 명의로 그 소유권이전등기를 마쳐준 다음 매수인인 명의신탁자와 대금을 청산한 경우 해당 부동산의 양도시기는 구 소득세법 시행령 제162조 제1항 본문에 따라 그 대금을 청산한 날이라고 보아야 한다…원고는 2005. 12. 29. 소외 1과 사이에 자신 소유의 이 사건 각 부동산을 6억 5,000만 원에 매도하되(계약금 6,500만 원은 계약 시에, 중도금 3억 1,500만 원은 2005. 12. 29.에, 잔금 2억 7,000만 원은 2006. 1. 19.에 각 지급), 중도금 지급과 동시에 소유권이전등기를…매매계약서상 매수인 명의는 소외 1의 동생인 소외 2로 기재했다…원고와 소외 1은…잔금지급일 전인 2005. 12. 29.과 같은 달 30. 소외 2 명의로 그 소유권이전등기를 마쳤다…피고는 2012. 12. 10. 원고에 대하여 이 사건 각 부동산의 실지거래가액 6억 5,000만 원으로 양도차익을 산정하여 2005년 귀속 양도소득세 189,809,060원(가산세 포함)을 경정・고지했다(이하 '이 사건 처분'이라 한다)…이러한 사실관계를 앞서 본 규정과 법리에 비추어 살펴보면, 원고는 이 사건 각 부동산을 양도하면서 3자간 등기명의신탁 약정에 따라 명의수탁자인 소외 2 명의로 그 소유권이전등기를 마쳐준 다음 매수인이자 명의신탁자인 소외 1과 대금을 청산했으므로, 위 각 부동산의 양도시기는 그 대금을 청산한 2006. 1. 20. 무렵이라고 보아야 한다. 따라서 위 각 부동산의 양도에 따른 양도소득이 2005년도에 귀속함을 전제로 한 이 사건 처분은 그 자체로 위법하다.

3) 계약명의신탁(契約名義信託)의 경우는 어떨까? 가령 아예 명의수탁자가 나서서 매도인과 계약을 맺더라도 이런 사정을 매도인이 안다면 매매는 무효가 된다.[100] 한편 매도인이 선의라면 명의수탁자가 일단 소유권을 취득한다.[101] 종래의 판례로는 사실상의 이전은 소유권의 이전(시기야 언제이든)을 전제하고 매매계약이 무효(無效)인 경우에는 양도소득세를 매기지 못한다고 하므로 매도인에 대한 과세여부는 선의・악의에 달려 있다. 이제는 경정청구(更正請求)라는 제도가 생겼으므로 가령 제3자에 대한 전매까지 이루어졌다면 법 제88조의 글귀를 만족하는 이상 일단은 양도소득세를 매겨야 옳다.[102]

4) 명의신탁자가 매도인이 되고, 명의수탁자는 이에 대하여 아무 이의를 제기하지 않고 등기에 협력하여 소유권이 명의수탁자에서 제3자로 넘어간 경우, 실제 양도인으로

100) 대법원 2003. 9. 5. 선고 2001다32120 판결.

101) 대법원 2000. 3. 24. 선고 98도4347 판결; 2017. 9. 12. 선고 2015두39026 판결(취득세). 제27장 제3절 IV.1. 명의신탁자의 등기이전청구권은 대법원 2019. 6. 20. 선고 2013다218156 판결.

102) 대법원 2011. 7. 21. 선고 2010두23644 판결에서 양도로 보는 경우와 균형을 생각한다면. 그 밖에 대전고등법원 2015. 4. 23. 선고 2014누11098 판결(심리불속행 상고기각).

서 양도대금을 받는다면 명의신탁자가 납세의무자.[103] 국가로서는 명의신탁 여부를 알 수 없으므로 일단 명의수탁자에게 과세할 것이고,[104] 명의수탁자는 실제 이득을 얻은 명의신탁자가 따로 있음을 입증하여 제 납세의무를 벗을 수 있다.[105] 명의신탁자가 자기에게 이전등기를 하지 않고 판 것이니 미등기양도로 중과세할 것인가? 부동산실명법이 생기기 전의 판례는 아니라고.[106]

5) 명의신탁된 재산을 명의수탁자(명의자)가 제 마음대로 판다면 누가 양도소득세를 내야 하는가? 양도대금을 명의수탁자가 가로챘으면 일단 그가 납세의무자.[107] 이 경우 명의신탁자가 부당이득을 반환받는다면[108] 명의신탁자와 명의수탁자 둘 다 각자의 이득부분에 양도소득세를 내어야 한다.[109] 명의수탁자가 가로챈 돈을 나중에 명의신탁자가 손해배상으로 받는다면? 명의신탁자가 양도한 것이 아니니 양도소득세는 못 물리고[110] 명의수탁자로부터 받는 손해배상금이 기타소득. 제10장 제1절 5, 제11장 제5절 3.

8. 양도계약의 무효, 취소, 해제

양도행위가 무효가 되거나 취소되면 양도소득세 납세의무는 어떻게 되는가? 제4장 제2절 IV.2. 강행법규에 위반한 양도, 예를 들어 국토이용관리법이 요구하는 허가가 없이는 토지거래규제지역 안의 땅의 양도는 무효(無效)이고 소유권의 이전등기가 불가능해도[111] 돈을 이미 받았고, 사실과 다른 이유를 붙여 매수인이나 전매수인에게 등기까지 넘겨주었다면 양도소득세는 과세한다.[112] 허가를 신청했다면 토지거래계약 허가일을 기준으로 과세시기를 정한다.[113] 대금을 청산했지만 등기는 남아있고 허가신청

103) 대법원 1981. 6. 9. 선고 80누545 판결; 1996. 2. 9. 선고 95누9068 판결; 2010. 11. 25. 선고 2009두19564 판결; 2014. 9. 4. 선고 2012두10710 판결; 2016. 10. 27. 선고 2016두43091 판결. 수탁자명의의 예정신고는 효력이 없다. 대법원 1997. 10. 10. 선고 96누6387 판결.

104) 수탁자에 대한 부과처분이 당연무효는 아니다. 대법원 1997. 11. 28. 선고 97누13627 판결.

105) 대법원 1984. 12. 11. 선고 84누505 판결. 제척기간의 특례는 제4장 제5절 III.2.3).

106) 대법원 1987. 3. 24. 선고 86누914 판결. 부동산실명법 하에서는 결론이 다를 수 있다.

107) 대법원 1999. 11. 26. 선고 98두7084 판결. 수탁자의 처분은 횡령이 아니다. 대법원 2016. 5. 9. 선고 2014구6992 판결.

108) 자기가 준 돈에 법정이자를 더한 금액만큼은 받을 권리가 있다. 대법원 2005. 1. 28. 선고 2002다66922 판결.

109) 대법원 2023. 10. 12. 선고 2022다282500 판결(부당이득 임대소득).

110) 대법원 2014. 9. 4. 선고 2012두10710 판결.

111) 옛 국토의계획및이용에관한법률 제118조 제6항.

112) 대법원 2011. 7. 21. 선고 2010두23644 판결, 특히 보충의견 (나)(6명의 반대의견이 붙어 있다). 대법원 1980. 7. 22. 선고 79누136 판결(취득세). 전매도인이 원소유자와 전매수인 사이의 허위매매계약서로 등기를 넘겨준 것은 조세포탈. 대법원 2012. 2. 23. 선고 2007두9143 판결.

113) 소득세법 제105조 제1항 제1호 단서, 제110조 제1항 괄호. 대법원 2003. 7. 8. 선고 2001두9776 판

도 안 했다면? 종래의 판례는 매수인 앞으로 소유권 등기가 넘어갔더라도 양도행위가 무효라면 양도소득세를 물릴 수 없다고 한다.[114] 일단 유효히 성립된 계약이 해제(解除)되는 경우에는 어떻게 될까? 이행 전의 계약은 물론이고[115] 이행이 완료된 계약이더라도 이를 해제(합의해제 포함)한다면 양도소득세를 매길 수 없다라는 것이 판례.[116] 처음부터 안 판 것이나 마찬가지 아닌가라는 생각이다. 합의해제된 양도도 과세 못 한다면 취소(取消)된 양도도 못 한다고 해야 앞뒤가 맞는다.[117] 그러나 현행법에서는 무효, 취소, 해제는 후발적 경정청구제도로 해결하는 것이 정답.[118] 채권압류등기 후 제3취득자의 양도는 경락인의 소유권 취득과 동시에 무효가 되지만, 그렇더라도 양도이다.[119]

9. 양도 = 미실현이득의 과세계기

여태 보았듯 판례는 양도의 개념을 근본적으로 민사법에서 찾고 있다. 입법론으로 세법상 양도의 개념을 반드시 민사법상의 소유권 이전에 걸어 붙여야 할까나? 아니다. 가령 100억원을 주고 산 재산이 200억원이 되었다면, 팔았든 안 팔았든 100억원의 소득이 있음에는 틀림이 없다. 아직 현금으로 안 바꾸었더라도 100억원만큼 부자가 된 까닭이다. 반드시 실현되어야만 소득이라고 말할 수는 없다. 이미 보았듯 실현되어야 소득이라는 말은 그저 하나의 신화. 실현주의의 논거로서 물건값이 떨어질 수 있으므로 소득이 아니라는 점을 내세운다면, 현금화한 뒤에도 새로운 투자에 들어간 돈은 소득이 아니라고 보아야 앞뒤가 맞는다. 그렇게 보면 소비만이 과세물건으로 남게 마련이고 이는 이미 소득세가 아니라 소비세이다. 결국 실현여부는 소득과 무관. 제8장 제1절 I.

결; 2021. 11. 25. 선고 2020두51518 판결(부과제척기간 기산일).

114) 대법원 1997. 1. 21. 선고 96누8901 판결(종중재산을 대표자가 처분); 2016. 8. 18. 선고 2014두10981 판결(등기명의뿐인 무권리자). 기타소득(위약금이나 배상금)과의 구별은 대법원 1989. 7. 11. 선고 89누8609 판결; 1998. 5. 22. 선고 97누14293 판결; 2017. 7. 28. 선고 2010두57522 판결.

115) 대법원 1985. 3. 12. 선고 83누234 판결; 1986. 7. 8. 선고 85누709 판결; 1989. 7. 11. 선고 88누8609 판결; 1990. 7. 13. 선고 90누1991 판결; 2002. 9. 27. 선고 2001두5972 판결.

116) 대법원 1984. 2. 14. 선고 82누286 판결; 1984. 10. 10. 선고 84누1 판결(양도담보권의 실행으로 제3자에 매각한 뒤 3자 합의를 통한 소유권 반환); 1990. 7. 13. 선고 90누1991 판결; 1993. 5. 11. 선고 92누17884 판결(말소등기 경료). 미국의 행정해석으로 Rev. Rul. 80-58, 1980-1 CB 181. 해제가 아니고 재매매라 본 사례로 대법원 2015. 8. 27. 선고 2013두12652 판결.

117) 대법원 1987. 5. 12. 선고 86누916 판결. 미국세법 1038조는 부동산매매계약의 취소에 관한 특칙을 두고 있다.

118) 제4장 제2절 IV.2. 제6장 제3절 IV. 후발적 경정청구 사유가 이미 생겼다면 과세처분할 수 없다. 대법원 2015. 7. 16. 선고 2014두5514 판결.

119) 대법원 1992. 2. 11. 선고 91누5228 판결. 제5장 제1절 1.

그렇다면 위의 예에서 100억원을 주고 산 재산이 200억원이 되었더라도 아직 과세하지 않고, 실제로 처분했을 때에 과세한다는 것은 무엇을 과세계기로 삼는 것인가? 땅을 판 돈으로 다른 투자 포트폴리오로 넘어간다는 것은 투자의 收益率과 危險度가 바뀜을 뜻한다. 땅을 팔아서 은행에 돈을 넣으면, 수익률과 위험도가 달라진다. 땅값이라는 것은 올라갈 수도 떨어질 수도 있어서 수익률이 비교적 덜 안정적이다. 땅을 가지고 있는 것보다 은행예금을 보유하고 있는 것이 위험도도 낮고 수익률도 낮게 마련이다. 결국은 양도소득세란 납세자가 가지고 있는 투자 포지션의 수익률과 위험도가 상당한 정도로 변화한다면 이를 과세계기로 삼자는 것이고 대개는 소유권의 이전을 과세계기로 삼을 수 있다. 그렇지만 투자 포지션과 소유권 사이에 큰 차이가 있는 경우가 있다. 주식의 소비대차에서는 소유권은 차주에게 넘어가지만 종전 포지션의 수익률과 위험도는 대주에게 그대로 남는다. 그렇다면 주식소비대차를 양도로 보아 과세하는 것은 옳지 않다.[120] 명의신탁뿐만 아니라 신탁법에 따른 신탁도 마찬가지. 수탁자에게 보수청구권을 제외한 종전의 수익률과 위험도가 신탁자에게 그대로 남는다. 역으로 법률상 所有權의 同一性이 유지되더라도, 가령 소유하고 있던 땅이 환지되어 다른 땅으로 바뀌는 경우에는 투자 포지션이 달라진다. 분할이나 환지 전의 땅과 분할이나 환지 뒤의 땅은 투자의 위험도가 반드시 같지는 않다. 따라서 민사법상 소유권의 동일성이 이어지니(가령 아파트 재건축) 양도가 아니라는 논리는 반드시 옳지는 않다. 물론 반드시 과세해야 한다고 말하기도 어렵다. 수익률과 위험도가 얼마나 바뀌는가는 연속선상에 있으니.

그와 같이 본다면 민사법적 성질만 따져서 매매계약이 무효(無效)라 하여 양도소득세를 매길 수 없다든가, 더 나아가서 계약이 해제되었다면 양도소득세를 매길 수 없다든가 이런 판례가 당연히 옳지는 않다. 계약의 합의해제(合意解除)는 사실은 새로운 매매가 우연히 같은 당사자 사이에서 일어나는 것일 뿐. 그렇게 본다면, 처음의 매도가 과세대상이 됨은 물론 해제합의 역시 새로운 양도로 볼 수도 있다. 한편 무효인 계약에 관하여, 종래의 판례가 이를 과세하지 않았음에는 나름대로 이유가 있었다. 일단 양도소득세를 내고 나면, 당해 매매계약이 무효로 된다고 하더라도 세금을 잘못 낸 납세자가 도로 찾아올 길이 없었으니까. 그러나 이제는 사정이 달라졌다. 무엇이? 경정청구(更正請求)라는 제도가 생겨서 국가가 일단 세금을 거두었더라도 부과가 잘못되었다면 도로 내줄 수 있게 되었다. 그렇게 본다면 법 제88조의 요건에 해당하는 이상 일단 양도소득세를 매기고 무효나 해제로 인한 양도대금의 반환 등 후발적 사유는 경정청구로 해결하는 쪽이 상책: 해제권의 행사에 따른 해제나 취소는 당연히 후발적

120) 이런 생각으로 법인세법시행령 제132조 제15항.

경정청구의 사유가 되고, 부득이한 사유가 있다면 합의해제도 후발적 경정청구의 사유가 된다.[121] 여기에서 '부득이한 사유'란 넓게 풀이해야 한다. 부득이한 사유가 없는 합의해제는 새로운 매매로 보아야 한다. 제4장 제2절 Ⅳ. 제6장 제3절 Ⅳ.

10. Carry-over v. Step-up: 죽음은? 증여는?

앞서 보았듯 이혼시에 위자료(慰藉料)로 부동산을 준다면 양도라는 것이 판례. 예를 들어 취득원가가 10억원이고 시가가 50억원인 부동산을 위자료로 주었다면 40억원의 양도차익이 과세대상이 된다. 여기서 이 부부가 이혼한 뒤에 죽는 경우와 이혼하지 않고 죽는 경우를 비교하면, 전자가 세금부담이 더 높다. 전자는 양도소득세를 내어야 하니까. 후자의 경우는 양도소득세를 내지 않고. 결과는? 국가가 이혼의 자유에 간섭하는 것. 이혼을 하든, 말든 국가가 상관할 일이 아니라고 본다면, 이런 세제는 위헌시비를 부른다. 그렇다면, 이혼시 재산분할만이 아니라 위자료로 양도하는 부동산에 대해서도 양도소득세를 비과세해야겠네? 그러나 오답. 일반론으로 채무의 변제를 위해 재산을 넘겨주는 것이나 돈을 받고 재산을 넘겨주는 것이나 달리 보아야 할 아무런 이유가 없고, 위자료 채무라 하여 다른 채무와 구별해야 할 이유가 없다.

그렇다면 이혼 여부에 대한 국가의 간섭이라는 문제는 도대체 어디에서 생긴 것? 사람이 재산을 가지고 있다가, 위 보기에서라면 이혼하지 않은 채 죽을 때 양도소득세가 나오지 않는다는 데에서 생긴 것. 사람이 재산을 가지고 있다가 죽었을 뿐인데 거기에 대해 양도소득세라니? 보기를 들어, 양도후라는 사람과 안양도라는 사람이 동시에 똑같은 부동산을 100원씩 주고 샀다고 하자. 부동산의 값이 200원으로 오른 상황에서, 양은 부동산을 판 직후에 죽고 안은 부동산을 미처 안 판 채 죽었다고 하자. 양에게는 양도소득 100원이 과세되지만 안에게는 양도소득세가 안 나온다. 세부담의 차이를 없애려면 안에게도 죽을 때 양도소득세를 매겨야 한다.

사람이 죽으면, 相續稅가 나오는데… 똑같은 재산에 대해 상속세와 양도소득세를 두 번 내라니 이중과세 아닌가? 그러나 다시 보자. 상속세는 상속받는 재산의 가치에 따라 내는 것이므로 양이나 안이나 똑같이 낸다. 재산의 가치가 200원이라면, 부동산이든 부동산을 팔아 만든 현금이든 상속세 부담은 같다. 양과 안의 담세력은 같지만 두 사람의 세부담에 차이가 남는다는 사실은 변함이 없다. 무슨 말? 사람이 죽을 때 살아생전 생긴 미실현이득(未實現利得)에 대해 양도소득세를 매겨야 맞다는 말.[122] 상

---

121) 국세기본법 제45조의2 제2항 제5호, 같은 법 시행령 제25조의2.

122) Institute of Fiscal Studies, Tax By Design: The Mirrlees Review(2011). 한국조세연구원의 2015년 번역본 제목은 '조세설계'. 이하 이 책은 2011 Mirrlees Review라고 인용. Institute of Fiscal Studies, Dimensions of Tax Design(Fullerton, Licestor & Smith ed., 2010): Mirrlees Review(2010)은 이하

속세라는 제도가 있은 없든 양도소득세는 매겨야 맞다.

다시 반론. 안이 남기고 죽은 부동산의 미실현이득 100원은 장차 안의 상속인이 세금을 낼 것이고 결국 세부담은 마찬가지 아닌가? 마찬가지가 아니다. 우선 세금의 납부시점에 차이가 있음은 말할 나위도 없다. 나아가 현행법에서는 안의 상속인이 상속세를 내고 나면, 상속받은 재산의 소득세법상 取得原價는 피상속인의 취득원가(100원)가 그대로 넘어오는 것이 아니라 상속개시일 현재의 시가(200원)로 다시 정해진다.[123] 영어로는 step-up(평가증)된다고 말한다. 이것은 미실현이득에 대한 소득세 납부시점의 차이를 넘어 영구적 차이를 낳는다.

결국 최선책은 사람의 죽음을 양도의 개념에 포함시키는 것. 그러나 저잣거리의 상식으로 보자면 이런 세제는 이해하기 어렵다. 죽음에 양도소득세를 매기자는 법안이 국회를 통과할 수 있겠는가? 죽음을 양도로 안 본다면 차선책은? 취득원가의 평가증을 없애고 피상속인의 취득원가가 상속인에게 그대로 넘어오도록 하여(carry-over 또는 transfer basis), 상속인이 재산을 처분하는 시점에 가서 미실현이득에 대한 소득세를 걷는 것이다. 독일이나 일본이 이런 제도를 가지고 있다.[124] 미국도 한때 그렇게 했다.[125] 상속인이 재산을 그대로 가지고 있는 동안은 소득세를 못 물린다는 결과가 생김은 물론이다. 우리나라에서는 가업상속공제로 상속세를 안 물리는 부분만 그렇게 한다.[126] 제25장 제2절 V.

무상양도, 곧 증여에도 똑같은 문제가 생긴다. 현행법에서는 무상양도에 양도소득세를 안 물린다.[127] 양도소득세란 본디 가격상승이익을 양도라는 사건을 계기로 삼아 몰아서 과세하는 것이라고 본다면 이론상은 무상양도에도 양도소득세를 물려야 옳고 실제 물리는 나라도 많다. 우리 현행법에서는 i) 부동산을 증여한다면 증여세만 내지만, ii) 부동산을 팔아서 돈을 증여한다면(그 돈으로 같은 부동산을 산다고 생각하라) 양도소득세와 증여세를 내어야 하고, iii) 돈을 증여한 뒤 부동산을 시가로 수증자에게 판다면 증여세와 양도소득세가 나온다. 제10장 제5절, 제25장 제3절 Ⅳ.4. 어느 쪽이든

2010 Mirrlees Review라고 인용. 2011 Mirrlees Review, 15.3.절.

123) 대법원 2007. 9. 20. 선고 2005두15380 판결; 2010. 9. 30. 선고 2010두8751 판결(감정가액이 개별공시지가에 우선). 상속이나 증여 당시의 시가가 취득가액이라고 당연전제한 규정으로 소득세법 제97조 제2항, 제97조의2 제4항. 제25장 제1절 V. 미국세법 1014조. 그러나 대법원 1998. 3. 10. 선고 98두229 판결(이혼에 따르는 재산분할).

124) 독일 소득세법 제17조 제2항 제5문, 제23조 제1항 제3호; 일본 所得稅法 제60조. 일본 最高裁判所 2005(平成 17). 2. 1. 平成13(行ヒ)276 판결. 독일의 양도소득세는 과세범위가 매우 좁기는 하다.

125) 미국세법 1022조도 비슷하지만 2010년 한 해에만 적용되었다가 상속세 부활에 따라 폐지했다.

126) 소득세법 제97조의2 제4항.

127) 소득세법 제88조. 대법원 1992. 12. 11. 선고 92누13127 판결.

결과는 같지만 세금이 달라진다. 이 모순의 부분집합으로 아래 두 가지를 비교해보라. 취득원가 30,000 시가 90,000인 부동산을 i) 자식에게 60,000에 저가양도한다. ii) 부동산을 담보로 은행빚 60,000을 얻은 뒤 그 빚을 자식이 부담하는 조건으로 증여한다. 전자라면 시가기준으로 양도소득 30,000을 과세한다. 후자라면 이 거래를 부담부증여 부분(60,000/90,000)의 시가양도와 나머지 부분(30,000/90,000)의 무상양도로 이해해서 가운데 시가상승액 60,000 가운데 40,000만을 양도소득으로 과세하고 무상양도부분 20,000은 과세하지 않는다. 증여에 양도소득세를 안 물리는 데에서 한 걸음 나아가 상속과 마찬가지로 현행법은 증여받은 재산의 취득원가를 증여당시의 시가로 평가증하기도.[128] 이를 이용한 조세회피는 제4절 4.

11. 거주자의 국외전출

제118조의9 (거주자의 출국 시 납세의무) ① 다음 각 호의 요건을 모두 갖추어 출국하는 거주자(이하 "국외전출자"라 한다)는…출국 당시 소유한 제94조…에 해당하는 주식등을 출국일에 양도한 것으로 보아 양도소득에 대하여 소득세를 납부할 의무가 있다.

1. 출국일 10년 전부터 출국일까지의 기간 중 국내에 주소나 거소를 둔 기간의 합계가 5년 이상일 것

2. 출국일이 속하는 연도의 직전 연도 종료일 현재 소유하고 있는 주식등…의 비율·시가총액 등을 고려하여 대통령령으로 정하는 대주주에 해당할 것

'양도'라는 것이 미실현이득의 과세계기라는 점을 이해하면 거주자가 출국하여 비거주자로 신분이 바뀌는 것을 양도로 보아 이른바 출국세 내지 국외전출세를 매기는 것은 당연하다. 제17장 제3절 Ⅲ. 우리나라의 과세권을 벗어나거나 벗어날 가능성이 높기 때문이다. 실제로 주식등에 대한 양도소득 과세권은 조세조약 탓에 없어진다. 다만 실제 양도할 때까지 납부유예를 받을 가능성은 있다.[129] 부동산은 조세조약에서도 소재지국의 과세권을 인정하므로 구태여 국외전출세를 매기지 않는다.[130] 외국주식은 대주주가 아니더라도 과세하면서 외국납부세액을 공제.[131]

---

128) 소득세법시행령 제163조 제9항. 이를 당연전제한 소득세법 97조의2 제4항. 시가산정은 제25장 제1절 V. 미국법에서는 증여자의 취득원가에 증여세를 더한 금액이 수증자의 취득원가가 된다. 미국세법 1015조(d). 따라서 증여세 목적으로는 수증자분 미실현이득에 관한 소득세 추산액을 채무로 공제한다. Eisenberg v. CIR, 155 F3d 50(2d Cir. 1998).

129) 소득세법 제118조의16. 양도시점에 과세하는 것이 아니고 출국시점에 과세하면서 납부유예한 것. 조세조약과 충돌할 가능성 때문이다.

130) 이창희·김정홍·윤지현, 국제조세법(제4판, 2025), 제11장 제3절, 제4절.

12. 양도시기와 취득시기

과세시기를 정하기 위해서는 양도가 언제 있었는가를 확정해야 하고 취득가액(특히 기준시가로 계산하는 경우) 결정, 보유기간에 따른 공제액 계산, 1세대1주택 비과세 판정 등에 취득시기 확정이 필요하다.[132)]

> 소득세법 제98조 (양도 또는 취득의 시기) 자산의 양도차익을 계산할 때 그 취득시기 및 양도시기는 대금을 청산한 날이 분명하지 아니한 경우 등 대통령령으로 정하는 경우를 제외하고는 해당 자산의 대금을 청산한 날로 한다. (하략)

대금을 청산(清算)한 날(잔대금을 지급한 날)이라는 기준은 1982년부터 쓰이는 기준이다. 그 전에는 중도금지급일을 기준으로 과세시기를 정했다.[133)] 중도금 기준에 대해서는 잔금지급일을 기준으로 양도시기를 따지는 회계관행(양도소득세에 대해서는 회계관행이라는 것을 따질 이유가 별로 없지만, 양도소득세와 마찬가지 성격을 띤 법인세 특별부가세 때문에 문제가 되었다)과 어긋난다는 비판이 있었고 이에 따라 잔금지급일을 양도시기로 보도록 법을 바꾸었다. 그와 동시에 잔금지급일이 불분명한 경우[134)]에는 소유권이전 등기(登記)원인일을 양도시기로 보도록 정했다.[135)] 그 뒤 다시 몇 차례 바뀐 뒤 현행법에 이르게 되었다. 잔금청산 전에라도 유효한 등기이전이 있으면 그 때가 양도시기이다.[136)]

중도금(中途金)지급일이라는 기준은 권리확정시점 내지 자산의 가격변동에 따르는 위험이 이전되는 시점을 양도시기로 본다는 이론적 합리성을 띠고 있다. 제21장 제4절 Ⅱ. 그에 비해 대금청산일(代金淸算日)이라는 기준은 이론적 근거가 아니라 관행에 터잡은 것인 만큼 여러 가지 문제를 낳는다. 우선 대금 가운데 일부를 떼어 놓음으로써 과세시기를 늦추려 한다면? 사회통념상 거의 지급되었다고 볼 만한 정도라면 대금이 청산되었다는 것이 판례.[137)] 채무인수(債務引受)도 자주 문제가 된다. 판례는 매수인이 매도인

---

131) 본문 제2호의 생략부분과 소득세법 제118조의14.

132) 법령적용의 기준시기도 대개는 양도시기나 취득시기에 따라 정한다.

133) 1982. 12. 31. 개정 전의 옛 소득세법 제27조 제1항: 1982. 12. 31. 대통령령 제10977호로 개정되기 전의 대통령령 제53조 제2항(대통령령 제10665호).

134) 토지수용의 손실보상금을 다투어 뒤에 증액받더라도 잔금청산일은 당초의 손실보상금 공탁일이다. 대법원 2005. 5. 13. 선고 2004두6914 판결. 출금청구권자가 누구인가에 다툼이 있는 경우는 대법원 2012. 5. 9. 선고 2010두22597 판결. 매매목적물의 특정에 관한 분쟁은 대법원 2004. 4. 9. 선고 2003두6924 판결.

135) 대법원 1997. 5. 7. 선고 96누525 판결(시효취득)↔2012. 3. 29. 선고 2011두8994 판결(증여). 소득세법시행령 제162조 제1항 제6호.

136) 대법원 2018. 11. 9. 선고 2015두41630 판결(3자간 명의신탁에서 수탁자앞 등기≠양도시기).

의 채무를 인수하는 경우에는 채무인수액을 제외한 나머지 잔금을 지급하는 날이 청산일이라고 한다.[138] 그러나 매수인이 은행에서 돈을 꾸어 매매대금을 낼 수 있도록 매도인이 제 재산에 저당권을 설정하여 물상보증인이 된 경우라면 저당권설정등기가 말소되어야 잔대금을 청산한 것으로 본다.[139] 그 밖에도 대물변제, 양도담보, 가등기담보 따위에서도 양도시기가 문제된다. 판례는 사법상의 성질을 엄밀히 따져서 "대금청산일"이라 볼 만한 시기가 언제인가를 정하려 한다. 예를 들어 현물출자에서는 대금청산일에 상응하는 날인 설립등기일,[140] 교환에서는 받을 재산에 대한 처분권이 생긴 날이라고.[141] 대물변제는 요물(要物)계약이므로[142] 대금청산일 내지 채무가 소멸하는 날은 소유권이전등기일이다.[143] 그러나 공연한 헛수고인 수가 많다. 근본적으로 대금청산일이라는 기준은 법적 성질을 따진 기준이 아니고 상관행에 터잡고 있을 뿐이라서.

한결 더 일반화하여 양도소득의 귀속시기는 양도소득에 대한 관리·지배와 양도소득의 객관화 정도, 납세자금의 확보시기 등까지 고려하여 양도소득의 실현가능성이 상당히 높은 정도로 성숙·확정되었는지를 기준으로 판단하여야 한다.[144]

매수인 등 유상(有償)취득자의 취득세 납세의무는 양도소득세와 거의 앞뒷면 관계에 있다. 소유권 이전등기 전이더라도 잔금을 청산한다면, 사실상 이전으로 양도소득세 납세의무가 생기듯 사실상(事實上) 취득으로 취득세 납세의무도 생긴다.[145] 가령 3자간 명의신탁에서는 수탁자 명의 취득시기에 신탁자에게 납세의무가 있다.[146] 계약

137) 대법원 1989. 7. 11. 선고 88누8609 판결. 그렇지만 매매대금 15억 6,825만원 중 잔금 2,000만원이 지급된 때를 대금청산일로 본 판결로 대법원 2014. 6. 12. 선고 2013두2037 판결. 그 밖에 대법원 2006. 12. 21. 선고 2006두15301 판결; 2011. 9. 8. 선고 2009두6537 판결; 2014. 1. 23. 선고 2013두18018 판결(취득세 관련); 2022. 3. 31. 선고 2021두60625 판결.

138) 대법원 1994. 1. 25. 선고 93누12855 판결.

139) 대법원 1999. 10. 8. 선고 99두7784 판결; 1997. 5. 16. 선고 95누10150 판결 등.

140) 대법원 2000. 6. 23. 선고 98두7558 판결; 2010. 10. 28. 선고 2009두7172 판결; 2016. 11. 9. 선고 2016두45318 판결(취득세).

141) 대법원 1996. 1. 23. 선고 95누7475 판결.

142) 민법 제466조.

143) 대법원 1991. 11. 12. 선고 91누8432 판결.

144) 대법원 2002. 7. 9. 선고 2001두809 판결; 2011. 10. 13. 선고 2009두22270 판결; 2012. 5. 9. 선고 2010두22597 판결.

145) 대법원 1994. 5. 24. 선고 93누23527 판결; 2001. 2. 9. 선고 2000두2204 판결; 2003. 8. 19. 선고 2001두11090 판결; 2006. 2. 9. 선고 2005두4212 판결; 2008. 2. 28. 선고 2017두64897 판결; 2017. 9. 12. 선고 2015두39026 판결; 2018. 2. 8. 선고 2017두67810 판결. 재산세 판결로 대법원 2000. 12. 8. 선고 98두11458 판결; 2023. 8. 18. 선고 2023두37315 판결.

146) 신탁자가 나중에 수탁자로부터 명의를 이전받는다면 취득세 과세대상이 아니다. 대법원 2007. 5. 11. 선고 2005두13360 판결; 2007. 5. 11. 선고 2005두13360 판결; 2018. 8. 22. 선고 2014두43110 판결(다수의견); 2020. 9. 3. 선고 2018두283777 판결(재산세). 신고납세 뒤 5년이 지나지 않았다면 명의수탁자는 명의신탁자에게 명의를 넘겨준 뒤 경정청구할 수 있다. 지방세기본법 제50조. 5년이

명의신탁에서 매도인이 선의라면 수탁자명의 취득시기에 수탁자에게 취득세 납세의무가 생긴다.147) 제27장 제3절 III, IV.

제 3 절 양도소득의 소득금액

I. 기준시가 v. 실지거래가액

소득세법 제95조 (양도소득금액과 장기보유 특별공제액) ① 양도소득금액은 양도차익에서 장기보유 특별공제액을 공제한 금액으로 한다.

② 제1항에서 "장기보유 특별공제액"이란 제94조 제1항 제1호에 따른 자산(… 미등기양도자산 …은 제외한다)으로서 보유기간이 3년 이상인 것 …에 대하여 그 자산의 양도차익 …에 다음 표 1에 따른 보유기간별 공제율을 곱하여 계산한 금액을 말한다. 다만, …1세대 1주택…의 경우에는…양도차익에 다음 표 2에 규정된 보유기간별…거주기간별…공제율을 곱하여 계산한 금액을 합산한 것을 말한다. (하략)

소득세법 제97조 (양도소득의 필요경비계산) ① 거주자의 양도차익을 계산할 때 양도가액에서 공제할 필요경비는 다음 각 호에서 규정하는 것으로 한다.

1. 취득가액…
2. 자본적 지출액…
3. 양도비…

양도차익(讓渡差益)은 양도가액에서 취득가액, 취득가액에 가산한 자본적 지출액, 양도비, 이 세 가지를 뺀 금액이다. 아래 II.2. 양도자산에 대한 감가상각비를 사업소득 등의 계산상 필요경비로 공제했다면 미상각잔액만이 필요경비가 된다. 주택 따위의 사생활 재산에서도 재산가치의 사적소비를 생각한다면, 입법론으로는 감가상각 상당액을 취득원가에서 공제해야 한다는 생각이 있을 수 있다.148) 장기보유(長期保有)특별공제액은149) 보유기간이 길수록 금액이 올라간다.150) 남은 문제는 讓渡價額과 必要經費의 계산.

지났다면 명의수탁자 명의신탁자 둘 다 세금을 내는 결과.

147) 대법원 2017. 7. 11. 선고 2012두28414 판결; 2017. 9. 12. 선고 2015두39026 판결.

148) 재산의 사용가치라는 내재적 소득(제8장 제1절 V)을 실현시기에 몰아 과세하자는 생각이다. 일본 所得稅法 제38조 제2항 제2호. 미국법은 감가상각을 무시한 취득가액을 공제하여 과세하지만 사적 재산의 양도차손은 무시한다. 미국세법 262조. Bittker, McMahon & Zelenak, 29.10절.

149) 정책적으로 인정한 특혜이다. 헌법재판소 1999. 7. 22. 96헌바80 결정; 2018. 11. 29. 2017헌바517 결정; 대법원 2011. 7. 14. 선고 2009두21147 판결(비거주자).

소득세법 제96조 (양도가액) ① 제94조 제1항 각 호에 따른 자산의 양도가액은 그 자산의 양도 당시의 양도자와 양수자 간의 실지거래가액에 따른다. (이하 생략)

소득세법 제97조 (양도소득의 필요경비계산) ① 거주자의 양도차익을 계산할 때 양도가액에서 공제할 필요경비는 다음 각 호에서 규정하는 것으로 한다.

1. 취득가액…
   가. 제94조 제1항 각 호의 자산 취득에 든 실지거래가액
   나. (생략)
2. 자본적 지출액 등으로서 대통령령으로 정하는 것[151]
3. 양도비 등으로서 대통령령으로 정하는 것[152]

소득세법 제114조 (양도소득과세표준과 세액의 결정·경정 및 통지) ① 납세지 관할 세무서장 또는 지방국세청장은 제105조에 따라 예정신고를 하여야 할 자 또는 제110조에 따라 확정신고를 하여야 할 자가 그 신고를 하지 아니한 경우에는 해당 거주자의 양도소득과세표준과 세액을 결정한다.

②-③ (생략)

④ 납세지 관할세무서장 또는 지방국세청장은 … 양도소득과세표준과 세액을 결정 또는 경정하는 경우에는 제96조, 제97조 및 제97조의2에 따른 가액에 따라야 한다. (이하 생략)

기준시가와 실지거래가액은 엎치락뒤치락을 거듭하고 있다가 2006년부터는 실지거래가액을 쓰고 있다. 현행법에서 기준시가는 추계과세 방법 가운데 하나로 법이 정한 일응의 시가일 뿐.[153]

종래 법이 기준시가로 세금을 매긴 까닭은 실지거래가액으로 세금을 내라고 한다면, 사람들이 온통 거짓말을 한다는 데에 있다. 양도차익이 100억원이라면 10억원이라 신고하고, 1억원이라면 1,000만원이라 신고하는 식으로 거짓말을 하기 십상이다. 국가에 감시능력이 없다면 실지거래가액에 의한 신고란 거짓말 경연대회가 된다. 이 때문에 기

---

150) 재건축재개발시 통산은 대법원 2007. 6. 14. 선고 2006두16854 판결; 2014. 9. 4. 선고 2012두28025 판결. 고가주택이나 조합원입주권에는 특칙이 있다. 소득세법 제95조 제3항. 대법원 2017. 10. 26. 선고 2017두52504 판결.

151) 기준시가를 쓰는 경우에는 제2호의 자본적지출액과 제3호의 양도비는 실제지출액이 아니라 기준시가에 법정비율을 곱한 금액이다. 소득세법시행령 제163조 제6항. 현행법에서는 둘을 합한 비율이 토지·건물은 3%(미등기라면 0.3%), 지상권·전세권·임차권은 7%, 나머지는 1%이다.

152) 양도자산의 취득이나 양도와 다른 별개의 법률관계에서 생기는 비용은 필요경비가 아니다. 대법원 2013. 12. 26. 선고 2012두16619 판결.

153) 소득세법 제99조, 제114조 제7항.

준시가를 원칙으로 하는 제도가 오히려 설득력을 가질 수도.[154] 실제로 기준시가냐, 실지거래가액이냐는 엎치락뒤치락하여, 기준시가를 기준으로 하던 시기도 있었고 실지거래가액을 기준으로 하던 시기도 있어서 몇 차례 바뀌어 왔다. 지금도 매도인이 1세대1주택이고 매도인은 아니라면 매매가격을 높게 속이려는 유인이 생긴다.[155] 양쪽 다 1세대1주택인 경우 취득세·등록세 때문에 매매가격을 낮게 속이려는 유인이 생긴다.

Ⅱ. 실지거래가액에 의한 과세

소득세법 제114조 (양도소득과세표준과 세액의 결정·경정 및 통지)

④ 납세지 관할세무서장 또는 지방국세청장은 … 양도소득과세표준과 세액을 결정 또는 경정하는 경우에는 제96조, 제97조 및 제97조의2에 따른 가액에 따라야 한다.

⑤ 제94조 제1항 제1호에 따른 자산의 양도로 양도가액 및 취득가액을 실지거래가액에 따라 양도소득 과세표준 예정신고 또는 확정신고를 하여야 할 자(이하 이 항에서 "신고의무자"라 한다)가 그 신고를 하지 아니한 경우… 등기부에 기재된 거래가액(이하 이 항에서 "등기부 기재가액"이라 한다)을 실지거래가액으로 추정하여 양도소득과세표준과 세액을 결정할 수 있다. 다만, 납세지 관할 세무서장 또는 지방국세청장이 등기부 기재가액이 실지거래가액과 차이가 있음을 확인한 경우에는 그러하지 아니하다.

⑥ 제4항을 적용할 때 양도가액 및 취득가액을 실지거래가액에 따라 양도소득 과세표준 예정신고 또는 확정신고를 한 경우로서 그 신고가액이 사실과 달라 납세지 관할 세무서장 또는 지방국세청장이 실지거래가액을 확인한 경우에는 그 확인된 가액을 양도가액 또는 취득가액으로 하여 양도소득 과세표준과 세액을 경정한다.[156]

⑦ 제4항부터 제6항까지의 규정을 적용할 때 양도가액 또는 취득가액을 실지거래가액에 따라 정하는 경우로서 … 장부나 그 밖의 증명서류에 의하여 해당 자산의 양도 당시 또는 취득 당시의 실지거래가액을 인정 또는 확인할 수 없는 경우에는 … 양도가액 또는 취득가액을 매매사례가액, 감정가액, 환산취득가액(실지거래가액·매매사례가액 또는 감정가액을 대통령령으로 정하는 방법에 따라 환산한 취득가액을 말한다) 또는 기준시가 등에 따라 추계조사하여 결정 또는 경정할 수 있다. (이하 생략)

소득세법 제100조 (양도차익의 산정) ① 양도차익을 계산할 때 양도가액을 실지거래가액(… 제114조 제7항에 따라 매매사례가액·감정가액이 적용되는 경우 그 매매사례가액·감정가액 등을 포함한다)에 따를 때에는 취득가액도 실지거래가액(… 제114조

154) 헌법재판소 1995. 11. 30. 91헌바1등 결정.
155) 대책으로 소득세법 제91조 제2항.
156) 대법원 2000. 4. 11. 선고 99두7227 판결 등을 뒤집은 것이다.

제7항에 따라 매매사례가액·감정가액·환산취득가액이 적용되는 경우 그 매매사례가액·감정가액·환산취득가액 등을 포함한다)에 따르고, 양도가액을 기준시가에 따를 때에는 취득가액도 기준시가에 따른다. (이하 생략)

1. 양도가액의 범위

실지거래가액(實地去來價額)이 얼마인가는 시비가 생기게 마련이다. 가령 매매대금 가운데 객관적으로 회수불능이 분명한 부분이나 합의감액 부분은 양도가액에 넣을 수 없다.[157] 물상보증인이 재산을 경매당하는 경우 양도가액은 경락가격이고 구상권행사가 불가능한 부분은 공제하지 않는다. 제2절 I. 대금지급의 지연에 따른 연체이자는 양도가액에 포함하지 않고 따로 기타소득으로 구분한다.[158] 판례에 따르자면 외상이나 할부조건 매각대금 속에 숨어 있는 이자상당액은 이자소득이 아니고 양도소득으로 보아야 할 것이다.[159] 양수인으로부터 제공받는 노무의 가액도 양도가액에 들어간다고 보아야 한다.[160] 재산을 넘겨주면서 양수인에게 넘기는 채무는 양도가액에 들어간다.[161] 양도인에게 책임이 남는 중첩적 채무인수라 하더라도 양도가액에 넣고[162] 나중에 혹시 양도인이 돈을 물어내게 된다면 경정청구를 할 수 있다고 보아야 할 것이다. 분명한 시가가 없는 재산 사이의 단순한 교환이라면 실지거래가액을 확인할 수 없는 경우에 해당하나 시가감정을 통하여 정산절차를 수반하는 등 금전가치를 표준으로 하는 교환이라면 실지거래가액을 확인할 수 있는 경우에 해당한다.[163] 특수관계 없는

157) 대법원 2002. 10. 11. 선고 2002두1953 판결; 2015. 9. 10. 선고 2010두1385 판결(대리인의 매매대금 횡령); 2018. 6. 15. 선고 2015두36003 판결(합의감액). 그러나 채권의 가액은 시가가 아니라 액면금액이라는 판결로 대법원 2013. 7. 25. 선고 2010두18536 판결.

158) 대법원 1993. 4. 27. 선고 92누9357 판결; 1993. 7. 27. 선고 92누19613 판결; 1997. 3. 28. 선고 95누7406 판결. 다만 대금채권이 실질적 소비대차로 바뀌었다면 이자소득이 된다. 대법원 2000. 9. 8. 선고 98두16149 판결.

159) 대법원 1991. 7. 26. 선고 91누117 판결; 2022. 8. 19. 선고 2022두42389 판결(매매대금에 들어있는 연체이자). 제11장 제4절 I. 3. 참조.

160) 미국법에서는 제1001조가 양도가액을 "현금 및 재산"이라고 정의하고 있음에도 불구하고 본문처럼 풀이하고 있다. International Fighting Corp. v. CIR, 135 F2d 310(2d Cir. 1943); US v. Davis, 370 US 65(1972).

161) Non-recourse 채무도 마찬가지이다. Crane v. CIR, 331 US 1(1947); CIR v. Tufts, 461 US 300, rhe'g denied, 463 US 1215(1983). 제21장 제2절 III.

162) 대법원 2016. 11. 10. 선고 2016두45400 판결. Old Colony Trust Co. v. CIR, 279 US 716(1929); US v. Hendler, 303 US 564(1938).

163) 대법원 1993. 2. 12. 선고 92누14472 판결; 1994. 12. 9. 선고 94누6840 판결; 1995. 6. 30. 선고 94누141 판결; 1998. 2. 10. 선고 97누7455 판결; 1999. 11. 26. 선고 98두19841 판결; 2016. 3. 10. 선고 2015두3577 판결(회계법인의 가치평가로 금전가치가 확인되는 주식교환); 2011. 2. 10. 선고 2009두19465 판결.

자 사이의 교환은 등가교환을 전제하므로 받은 재산의 시가가 넘긴 재산의 시가.[164] 특수관계인에 대한 고가양도는 제22장 제3절 V.1.4).

2. 필요경비의 범위

"자산취득에 든 실지거래가액" 등 必要經費는 공제한다.[165] 필요경비에 대한 증명책임은 기본적으로 납세의무자.[166] 양도가액을 늘려 받는 데 들어간 소송비용은 양도비이다.[167] 실지거래가액을 확인 못 하는 때에는 자본적 지출액이나 양도비 따위도 실제가액과는 무관하게 취득가액의 일정비율로 잡아 준다.[168] 제21장 제1절 I. 양도자의 지출액이 이미 사업소득금액의 필요경비로 들어갔다면 양도소득금액을 계산할 때 다시 공제받을 수 없음은 물론이다. 따라서 양도자산에 대한 감가상각비를 사업소득 등의 계산상 필요경비로 공제했다면 미상각잔액만이 필요경비가 된다.[169]

공제받지 못하는 매입세액,[170] 별개의 쟁송에 들어간 소송비용이나 화해비용,[171] 건물을 매입하면서 지출한 보상금 및 명도비용,[172] 애초부터 토지만을 이용할 목적으로 사들인 토지 위에 있던 기존건물의 매매대금 및 철거비용,[173] 진입도로 기부채납액[174] 등은 필요경비. 매매계약상 의무에서 생기는 비용도 취득가액에 들어가 필요경비가 된다.[175] 그러나 별개의 법률관계에서 생긴 지출액, 가령 더 좋은 값을 받기 위해 매매계약을 해제하고 새로 매도하는 경우 첫 계약의 해약금 등은 취득가액에 안 들어간다.[176] 명의신탁에 대한 행정벌 성격의 증여세는 필요경비가 아니다.[177] 현금거

164) 대법원 2012. 1. 10. 선고 2009두19465 판결.

165) 증권예탁제도에서는 실제 주권을 넘기지 않으므로 양도한 주식이 어느 것인가라는 문제도 생긴다. 대법원 2006. 5. 25. 선고 2006두2725 판결.

166) 대법원 2022. 1. 13. 선고 2021두52426 판결(특수관계 매매계약서).

167) 대법원 2017. 4. 7. 선고 2016두1059 판결.

168) 소득세법 제97조 제2항 제2호. 대법원 1995. 11. 24. 선고 95누4599 판결; 2015. 10. 15. 선고 2011두24286 판결.

169) 제11장 제1절 II. 종전에는 취득가액을 실지거래가액에 의하는 경우에만 감가상각비를 공제했으나, 지금은 취득가액을 기준시가 등에 의하는 경우에도 감가상각비를 공제하고 있다. 소득세법 제97조 제3항.

170) 대법원 2012. 12. 26. 선고 2012두12723 판결. 제22장 제1절 II.

171) 대법원 2012. 6. 14. 선고 2011두26411 판결. 이혼을 하면서 재산이 분할대상인가 또는 특유재산인가에 관한 소송비용은 필요경비이다. Gilmore v. US, 245 F. Supp. 383(ND Cal. 1965).

172) 대법원 1996. 11. 22. 선고 95누12088 판결; 2022. 1. 27. 선고 2021두54019 판결(유치권자에게 지급한 명도관련 합의금, 증명실패).

173) 대법원 1992. 8. 18. 선고 91누2472 판결; 1992. 10. 27. 선고 92누8781 판결.

174) 대법원 2008. 4. 11. 선고 2006두5502 판결(법인세); 2009. 5. 14. 선고 2006두11224 판결; 2022. 1. 27. 선고 2017두51983 판결(법인세).

175) 대법원 1994. 3. 11. 선고 92누15871 판결(무허가건물 철거비용). 취득에 따르는 국민주택채권 매각손은 대법원 2005. 11. 25. 선고 2005두8467 판결.

래가 아닌 경우 양도가액과 균형을 맞추자면 외상이나 할부조건 매수대금 속에 이미 반영된 이자상당액은 취득가액에 들어가고[178] 별개의 차입계약에 따라 지급한 이자는 양도한 자산의 취득에 직결된 것이더라도 취득가액에 안 들어간다.[179] 상속이나 증여받은 재산의 취득가액은 상속개시일이나 증여일 현재의 시가를 상속세 및 증여세법에 따라 평가한 금액(매매사례가액, 감정가액, 법정평가액)이다. 제2절 10. 부동산이나 골프회원권 등을 사느라 낸 취득세는 "자산취득에 든 실지거래가액"의 일부로 필요경비로 떨 수 있다. 상속이나 증여받을 때 낸 취득세도 마찬가지.[180] 취득세는 제27장.

3. 추계(推計)과세

실지거래가액을 파악할 수 없다면[181] 매매사례가액, 감정가액,[182] 환산취득가액(실지거래가액, 매매사례가액 또는 감정가액에 터잡아 환산한 취득가액)의 차례로 실지거래가액을 推計한다.[183] 실지거래의 내용은 파악되지만 양도일 현재 금액을 특정할 수 없는 경우, 가령 광물이 매장되어 있는 토지를 넘겨주고 그 후 일정기간 동안 광물을 캐내어 판 돈의 일부를 받기로 하는 경우에도 마찬가지 기준으로 실지거래가액을 추계할 수밖에 없다.[184] 이런 추계도 안 된다면 법이 정한 일응의 시가인 기준

176) 대법원 1980. 7. 8. 선고 79누374 판결; 1991. 4. 23. 선고 90누6101 판결(구상불능); 2007. 9. 20. 선고 2005두15380 판결(2중양도); 2013. 11. 14. 선고 2013두14146 판결(부속토지에 든 돈); 2013. 12. 26. 선고 2011두24859 판결과 2012두16619 판결(2중양도); 2022. 12. 1. 선고 2022두42402 판결(취득세, 전소유자 대신 낸 관리비=채권). 헌법재판소 2016. 10. 27. 2016헌바321 결정. 그러나 대법원 2015. 9. 10. 선고 2010두1385 판결(양도대금을 횡령한 대리인에 대한 구상불능). Lykes v. CIR, 343 US 118(1952)(부동산과 무관한 분쟁이라면, 소송에 지는 경우 당해 부동산을 팔아서 빚을 갚을 수밖에 없더라도 필요경비가 아니다).

177) 헌법재판소 2019. 4. 11. 2016헌바66 결정. 제25장 제3절 VII. 제21장 제1절 II.4.

178) 소득세법시행령 제163조 제1항 제1호, 제3호. 이자상당액(현재가치할인차금상각)을 사업소득의 필요경비로 공제받은 부분은 취득가액으로 중복공제 못 받는다. 같은 영조 제2항.

179) 취득가액의 시간개념은 제18장 제3절 III.2, IV. 한편 별개의 계약으로 취득자금을 외화로 조달한 경우 환차손이 취득가액에 들어간다는 판결로 대법원 2014. 7. 24. 선고 2013두2281 판결. 건설자금이자가 들어간다는 일본 판결로 最高裁判所 1992(平成4). 7. 14. 昭和61(行ツ)115 판결.

180) 소득세법시행령 제163조 제9항이 상속세법에 따라 평가한 시가를 실지거래가액으로 의제하고 있기 때문이다.

181) 부담부증여의 부담채무는 실지거래가액이 아니다. 대법원 2007. 4. 26. 선고 2006두7171 판결; 2011. 2. 10. 선고 2009두19465 판결(양도대가로 상장법인 주식을 교환받는다면 증권거래법상 산정가액이 양도가액).

182) 소급감정의 가부는 판례가 엇갈린다. 대법원 2010. 2. 11. 선고 2007두15384 판결; 2010. 9. 30. 선고 2010두8751 판결↔2015. 10. 15. 선고 2011두24286 판결과 2015두43148 판결.

183) 소득세법 제97조 제1항 제1호(나). 헌법재판소 2024. 2. 28. 2020헌가15 결정(가산세 합헌).

184) 미국판결 Burnet v. Logan, 283 US 404(1931)는 양도인이 받는 돈을 우선 원금에 충당하고 그 뒤에 더 받는 돈은 소득이 된다고 판시했지만, 우리나라의 양도소득세는 한 번 내고 마는 것이고 그런 시기를 법에서 정하고 있으므로 본문처럼 풀이할 수밖에 없다. 이 양도금액 추계액을 양수인에

시가(基準時價)로 돌아가게 된다.[185] 여러 자산을 일괄양도하는 경우 가액의 구분이 불분명하다면 기준시가 등 적절한 기준으로 안분한다.[186]

基準時價라는 것은 실제 양도차익과는 무관하다.[187] 정부가 정한다. 토지의 기준시가는 국토교통부의 개별공시지가를 기준시가로 삼지만,[188] 지가가 급등하는 지역이라면 국세청장이 일정 배율을 곱해서 기준시가를 따로 정할 수 있다. 오피스텔과 상업용 건물은 국세청장이 지정하는 구역 안에 있는 것은 토지분과 건물분을 합해서 기준시가가 얼마라고 해마다 한 번 이상 고시한다. 주택은 토지·건물을 합한 개별주택가격 및 공동주택가격이[189] 기준시가이다. 그 밖의 건물은 신축가격, 구조, 용도, 위치 등을 따져서 기준시가를 고시한다. 기준시가는 날마다 새로 告示하는 것이 아니므로, 고시일의 앞뒤로 확 바뀐다. 따라서 보유기간 중 새로운 기준시가가 고시되지 않아 양도 때와 취득 때의 기준시가가 같다면, 기준시가를 꾸준히 조정했을 때 생겼을 차익을 양도차익으로 과세한다.[190] 주식의 평가는 제25장 제1절 V. 주식보유 중 상장 등 큰 변화가 있다면 특칙이 있다.[191]

실제양도가액은 알지만 실제취득가액을 모른다면 매매사례가액, 감정가액, 환산취득가액의 순으로 실제취득가액을 推計한다.[192] 여기에서 환산취득가액이란 실지거래가격의 상승률이 기준시가의 상승률과 같다고 보고 실제양도가액에서 취득가액을 역산해 내는 것이다.[193] 실제양도가액을 모른다면 실제취득가액을 안다 하더라도 양도가액

게 줘 준 것으로 보고, 뒤에 양수인에게서 받는 돈이 양도금액 추계액을 넘어가는 경우 차액은 이자소득으로 보아야 할 것이다. 제11장 제4절 Ⅱ. 한편 수정계약으로 받을 대금이 늘어난다면 양도가액 및 잔금청산일 자체가 바뀌므로 수정신고 대상.

185) 소득세법 제114조 제7항, 같은 법 시행령 제176조의2 제3항. 대법원 2023. 10. 26. 선고 2020두48215 판결(외국정부의 재산세 평가기준액∈시가).

186) 소득세법 제100조 제2항. 대법원 2002. 11. 13. 선고 2001두8728 판결; 2012. 1. 26. 선고 2010두21402 판결. 공유자가 자기 지분을 각각 양도한 경우 특수관계가 있다는 이유만으로 일괄양도가 되지는 않는다. 대법원 2019. 1. 31. 선고 2018두57452 판결.

187) 소득세법 제99조 제1항.

188) 개별공시지가는 그 자체 불복의 대상이 되고, 과세처분의 취소소송에서도 이를 다툴 수 있다. 대법원 1994. 1. 25. 선고 93누8542 판결; 1994. 10. 7. 선고 93누15588 판결; 1997. 4. 11. 선고 96누9096 판결; 2014. 4. 10. 선고 2013두25702 판결. 표준지 공시지가는 제6장 제6절 I. 1.

189) 제26장 제2절.

190) 소득세법시행령 제164조 제8항.

191) 소득세법 제99조 제1항 제3호, 제4호.

192) 소급감정은 앞 주석 182). 상속받거나 증여받은 재산이라면 상속·증여 당시 상속세및증여세법상 평가액(시가, 시가가 없으면 법정평가액)을 실제취득가액으로 본다. 소득세법 제97조 제5항, 같은 법 시행령 제163조 제9항. 대법원 2007. 10. 26. 선고 2006두1326 판결; 2010. 9. 30. 선고 2010두8751 판결.

193) 소득세법 제97조 제1항 제1호 (나)목. 대법원 2022. 8. 19. 선고 2022두42389 판결. 환산취득가액의 5%를 가산세 명목으로 더 내어야 한다. 소득세법 제114조의2. 헌법재판소 2024. 2. 28. 2020헌가15

을 매매사례가액, 감정가액의 순으로 추계하고 거기에서 실제취득가액을 뺀다. 실제취득가액에서 양도가액을 환산해내는 법은 없다. 교환이라면 실제거래가액을 모르는 경우에 해당하지만, 서로 시가감정을 해서 차액을 정산한다면 받는 현금 및 재산의 시가가 실제양도가액이다.[194] 또 추계의 경우에는 자본적 지출액이나 양도비의 실제지출액을 뺀다는 것이 의미가 없으므로, 기준시가를 적용할 때와 같은 법정비율을 추계액에 곱한 금액을 자본적 지출액과 양도비로 의제한다.[195]

(보기) 어떤 사람이 올해 양도한 자산에 관련하여 다음과 같은 정보가 있다. 양도차익을 구하라. 자본적 지출액과 양도비는 무시한다.

	토지	아파트당첨권	주식
양도가액			
실지거래가액	모름	모름	9천만원
매매사례가액	2억원	2억원	
감정가액			
기준시가	1억원	1억원	1억원
취득가액			
실지거래가액	모름	1억2천만원	모름
매매사례가액	1억5천만원	없음	없음
감정가액	없음	1억3천만원	없음
기준시가	8천만원	8천만원	8천만원
(양도차익)	5천만원*	8천만원**	1천8백만원***

* 매매사례가액(2억원) − 매매사례가액(1억5천만원)

** 매매사례가액(2억원) − 실지거래가액(1억2천만원)

*** 실지거래가액(9천만원) − 환산가액(9천만원×8천만원 / 1억원)

결정.

194) 대법원 1997. 2. 11. 선고 96누860 판결; 1999. 11. 26. 선고 98누19841 판결; 2005. 1. 14. 선고 2004두5072 판결; 2011. 2. 10. 선고 2009두19465 판결(주식의 포괄적 교환).

195) 다만 환산취득가액을 쓰는 경우로 개산공제액보다 실제금액이 더 크다면 실제 자본적 지출액과 양도비를 쓸 수도 있다. 소득세법 제97조 제2항 제2호. 대법원 2015. 10. 15. 선고 2011두24286 판결.

Ⅲ. 기준시가관련 판례

기준시가 과세 당시의 중요판례로 세법의 기본이론에 관한 것 몇 가지만 살펴보자.

1. 실지거래가액에 의한 기준시가과세 제약

옛 소득세법에서는 실지거래가액을[196] 양도당시의 확정신고기한까지 신고해야 했다. 그런데 가령 어떤 사람이 거래를 하고, 이에 대한 신고를 하지 않았다. 무신고를 적발한 국세청은 기준시가로 세액을 계산하여 세금을 매겼다고 하자. 세금이 나오자 이 사람은, 제대로 신고는 않았지만 아무튼 실지거래가액으로 계산하면 세액이 기준시가에 의한 세액만큼 되지 않는다는 이유를 들면서 과세처분을 다툰다. 이런 상황에서는 대개 세금문제는 아주 심각한 상황이기 마련. 납세의무자가 신고를 하지 않으려는 경우는 어느 때이려나? 전형은 신고를 하지 않고 기다리면, 세무서에서 모르고 그냥 넘어갈 가능성이 있다 싶은, 바로 未登記轉賣. 미등기전매에 대한 세율은 훨씬 높다. 그러므로 나중에 발각되었을 경우 기준시가로 과세하면, 가령 기준시가로 계산한 소득이 50억원이어서 세금이 30억원이 나왔지만, 납세의무자가 실제로 얻은 소득은 20억원밖에 되지 않는 경우도 있을 수 있다.

아무리 기준시가가 원칙이더라도 자기가 얻은 소득보다 세금이 더 많다는 결과는 영 그러네… 이런 생각으로 대법원은 기준시가 과세를 제약하는 몇 가지 기준을 세운다. 우선, 양도차익은 실제 양도가액을 넘을 수 없다.[197] 둘째, 양도소득세의 세액[198]은 실제 양도차익을 넘을 수 없다.[199] 결과는 옳다 쳐도 과세요건은 모두 법률이나 구체적 위임명령에 적혀 있어야 한다는 말은 모두 어디로 갔을까?[200]

2. 투기거래

이미 헌법 시간에 배웠겠지만, 이런 투기거래의 과세는 우리 헌법 문제 가운데 가장 재미있고 풀기 어려운 사건을 낳았다. 투기로 돈을 번 납세의무자가 신고를 않고

196) 매매계약서는 진실한 것으로 추정한다. 대법원 1996. 6. 25. 선고 95누3183 판결. 그러나 매매대금의 기재액이 기준시가의 58%일 뿐이라면 이를 믿을 수 없다. 대법원 1997. 6. 27. 선고 96누5810 판결.

197) 대법원 1992. 10. 29. 선고 92누11886 판결; 1993. 7. 27. 선고 92누19613 판결; 1994. 12. 9. 선고 94누6840 판결 등. 이때에도 장기보유특별공제는 따로 해 준다. 대법원 1991. 5. 28. 선고 91누360 판결.

198) 본세만을 말하고, 가산세 부과는 본문의 제한과 무관하다. 대법원 1998. 7. 10. 선고 97누10895 판결; 1998. 7. 14. 선고 97누5350 판결. 가산세는 행정벌인 까닭이다.

199) 대법원 1996. 12. 10. 선고 96누4022 판결; 1997. 6. 13. 선고 96누17974 판결; 2003. 5. 30. 선고 2001두5026 판결.

200) 제2장 제2절, 제3장 제2절 참조.

있다가, 국세청에 발각되어 실지거래가액으로 세금을 내게 되었다. 이 납세의무자는 기준시가가 원칙인 법제에서 실지거래가액으로 과세한다는 조문의 취지는 납세의무자에게 이익을 주기 위한 것이고, 따라서 실지거래가액 과세는 기준시가 과세보다 소득이 적어지는 경우에 한한다고 주장했다. 놀랍게도 헌법재판소가 이를 받아들였다.[201) 당시의 조문은 이미 말했듯이 대체로 부동산 투기거래자에 대하여는 실지거래가액으로 과세한다는 정도였다. 헌법재판소는 실지거래가액은 기준시가로 계산한 소득의 범위 안에서만 쓸 수 있다는 뜻으로 풀이하여야 하고 이렇게 풀이해야만 합헌이라는 한정합헌(限定合憲) 결정을 내렸다. 결국 기준시가나 실지거래가액 중 적은 것으로 과세하여야 한다는 말. 한정합헌에 따르는 헌법상의 쟁점은 제3장 제2절 3.에서 본 그대로. 이 사건에서는 헌법재판소가 대법원 판결을 취소하자 국세청이 부과처분을 직권취소(職權取消)했다.[202)]

제4절 양도소득세의 신고납부와 부당행위

1. 신고납부와 세율 구조

양도소득세의 과세표준과 세액은 양도 이듬해의 5월 31일까지 신고납부한다.[203)] 제10장 제1절 2. Haig-Simons의 소득정의에 따르자면 자산의 가치상승에 따른 이익은 가치상승분(미실현이득)을 다른 소득과 합산하여 해마다 바로바로 과세해야 하므로 양도소득에 대한 세율이 따로 필요하지 않다. 미실현이득을 바로바로 과세하지 않고 양도시기에 몰아서 과세한다 하더라도 보유기간 중 해마다 생겼던 소득을 소급계산해서 지나간 종합소득세를 추징하면서 과세이연에 따른 이자를 추징하는 방식의 세제를 생각할 수도 있다.[204)] 그러나 현행법은 이런 방식 대신 양도시기에 가서 가치상승분

201) 헌법재판소 1995. 11. 30. 94헌바40 결정. 근거는 포괄위임 규정이라는 것을 들고 있다. 1995. 12. 29. 개정된 소득세법 제96조 제1호 단서와 제97조 제1항 제1호 (가)목 단서는, "당해 자산의 종류·보유기간·거래규모 및 거래방법 등을 감안하여 대통령령이 정하는 경우에는 실지거래가액에 의한다"고 개정했고 이는 합헌이다. 헌법재판소 2004. 3. 25. 2002헌바10 결정.

202) 내용으로는 헌법재판소의 결정을 따른 셈이지만, 절차법적으로는 헌재가 이미 취소한(대법원의 입장에서 보자면 취소했다고 헌법재판소가 주장할 뿐인) 처분을 국세청이 다시 취소한 것이다.

203) 소득세법 제110조, 제111조. 토지거래허가를 받기 전에 잔금을 청산했다면 허가 이듬해의 5월 31일까지 신고한다. 같은 법조.

204) 이 생각은 이미 1930년대에 Vickery, Averaging of Income for Income Tax Purposes, 47 Journal of Political Economy 382에서 나온 것이다. 소급계산의 어려움을 생각해서 양도차익을 보유기간으로 나누는 간편법(연분연승법)을 생각할 수도 있다.

을 몰아 과세하면서 양도소득세율을 따로 정하고 있다. 양도소득세의 과세표준(課稅標準)은 우선 양도차익에서 장기보유특별공제를 빼어 양도소득금액을 구한 뒤 거기에서 양도소득기본공제를[205] 빼서 구한다. 장기보유특별공제란 토지·건물의 보유기간이나 거주기간이 일정기준 이상인 경우 기간에 따라 양도차익의 일정비율을 빼 주는 것이다.[206] 稅率은 제12장 제1절.

위와 같은 세율구조 하에서는 양도소득은 다른 소득보다 높은 부담을 지는 것이 보통이다. 단기매매, 전매, 투기지역, 1세대다주택 등은 중과세.[207] 부동산투기 등 부동산문제의 심각성을 생각하면 입법목적은 정당하다 하겠으나, 세금을 부동산문제의 주대책으로 삼는 것이 효율적인지는 본격적 경제분석의 영역으로 이 강의의 범위 밖.[208]

2. 미등기양도 중과세

未登記양도자산은 중과세한다.[209] 중도금과 잔금 중 상당부분을 지급한 상태에서의 양도도 미등기양도로 본다.[210] 그러나 명의수탁자 명의의 양도는 미등기양도가 아니라고 한다.[211] 법률의 규정에 의하여 양도 당시 취득등기가 불가능했다면 미등기양도 중과세를 벗어날 수 있지만,[212] 가령 농민이 아닌 자의 농지취득처럼 등기가 불가

---

205) 소득세법 제103조.

206) 소득세법 제95조 제2항. 이 장 제3절 I.

207) 중과세 못 한다는 것으로 대법원 2009. 12. 24. 선고 2009두13788 판결(잔금지급시기 선의조정); 2014. 2. 27. 선고 2010두27806 판결(주택대체); 2014. 9. 4. 선고 2009두10840 판결(혼인).

208) 제2장 제3절 Ⅱ.2, Ⅱ.3.(2). 제26장 제1절 Ⅳ. 합헌결정으로 헌법재판소 2010. 10. 28. 2009헌바67 결정; 2018. 11. 29. 2017헌바517 결정(장기보유특별공제는 입법재량).

209) 세율은 70%이다. 소득세법 제104조 제1항 제10호.

210) 대법원 2013. 10. 11. 선고 2013두10519 판결; 2013. 12. 12. 선고 2011두7557 판결.

211) 대법원 1987. 3. 24. 선고 86누914 판결; 2012. 10. 27. 선고 2010두23408 판결.

212) 소득세법 제104조 제3항 단서. 부동산 매매계약을 체결한 매수인이 대금을 청산하지 아니한 상태에서 매매계약상 권리의무 내지 매수인의 지위를 제3자에게 양도하고 그 매매계약 관계에서 탈퇴하는 경우에는 부동산을 취득할 수 있는 권리를 양도하는 것에 불과하여 매매당사자 간에 잔금의 완납 전이라도 소유권이전등기를 먼저 넘겨주기로 특약을 하는 등 특별한 사정이 없는 한 그 취득에 관한 등기 자체가 원칙적으로 불가능하므로 이를 양도하더라도 구 소득세법(2003. 12. 30. 법률 제7006호로 개정되기 전의 것, 이하 같다) 제104조 제1항 제3호의 미등기 양도자산에 관한 중과세율을 적용할 수 없을 것이나, 부동산 매매계약을 체결한 매수인이 대금을 청산하지 아니한 상태라고 하더라도 그 매매계약상 권리의무관계 내지 매수인의 지위를 그대로 유지하면서 제3자와 다시 그 부동산에 관한 매매계약을 체결한 경우에는 매수인의 명의로 부동산을 취득하여 양도하기로 하는 것이므로 이는 부동산의 양도에 해당하고, 그 후 매수인이 매도인에게 잔금을 완납하면 그 취득에 관한 등기가 가능하므로 매수인이 그 명의의 소유권이전등기를 하지 아니한 채 곧바로 제3자에게 소유권이전등기를 마쳐 주었다면 이에 대하여는 구 소득세법 제104조 제1항 제3호의 미등기 양도자산에 관한 중과세율을 적용하여야 한다(대법원 2013. 10. 11. 선고 2013두10519 판결). 대법원 2013. 12. 12. 선고 2011두7557 판결; 2015. 4. 23. 선고 2013두13563 판결. 중과 배제로 대법원 2005. 10. 28. 선고 2004두9494 판결.

능한 이유가 제 탓이라면 중과세.[213]

3. 예정신고(豫定申告)

양도소득은 특성상, 부동산 등 과세대상이 되는 물건을 하나하나 팔 때마다 세액이 나오게 된다. 기간소득을 합산해서 누진세율로 세액이 더 늘 수는 있지만[214] 자산별 과세부분을 다음해 5월까지 꼭 기다릴 이유가 없다. 따라서 豫定申告 제도를 두어 양도일로부터 일정 기간 안에 미리 신고납부하도록 하고 있다.[215] 과거에는 예정신고납부를 유도하기 위해 그 신고납부된 세액의 10% 상당액을 공제해 주었지만,[216] 2011년부터 이 제도는 없어졌다. 지금은 오히려 예정신고납부를 안하면 가산세.[217] 예정신고를 안 하더라도 강제징수(强制徵收) 대상은 아니다. 확정신고납부의무와 달리 소득세법 제106조 제1항의 예정신고납부는 "예정신고를 할 때에" 납부할 뿐이다. 예정신고는 하고 납부(納付)를 안 했다면 강제징수한다.[218] 세액이 그대로라면 예정신고한 소득은 확정신고를 안 해도 된다.[219] 확정신고(確定申告)를 예정신고와 다르게 한 경우 예정신고의 효력은 소멸한다.[220] 예정신고를 안 했거나 너무 낮게 신고해서 처분청이 세액을 부과한 것도, 그 뒤 확정신고가 있다면 효력이 소멸한다.[221]

4. 부당행위계산(不當行爲計算)의 부인(否認)

양도소득에서도 不當行爲는 計算을 否認한다. 양도소득이 있는 거주자의 행위나 계산이 특수관계인(特殊關係人)과의 거래로 인하여 당해 소득에 대한 조세의 부담을 부당하게 감소시킨 것으로 인정되는 때에는 그 거주자의 행위 또는 계산과 관계없이 소득금액을 계산할 수 있다.[222]

---

213) 대법원 1995. 4. 11. 선고 94누8020 판결; 2005. 10. 28. 선고 2004두9494 판결.

214) 소득세법 제104조 제5항.

215) 소득세법 제105조, 제106조.

216) 2009. 12. 31. 법률 제9897호로 개정되기 전의 옛 소득세법 제108조.

217) 국세기본법 제47조의2. 그렇지만 잠정적 확정이라는 성격은 그대로. 대법원 2021. 12. 30. 선고 2017두73297 판결.

218) 대법원 2011. 9. 29. 선고 2009두22850 판결.

219) 확정신고 의무가 없다면 예정신고한 이상 부과제척기간 계산에서 무신고가 아니다. 대법원 2021. 11. 25. 선고 2020두51518 판결. 실상 이 사건에서는 세액이 달라지므로 확정신고 의무가 있다. 제3장 제2절 3, 이중교, 6장 6절.

220) 대법원 2008. 5. 29. 선고 2006두1609 판결. 예정신고세액의 증액경정처분도 소멸. 대법원 2021. 12. 30. 선고 2017두73297 판결. 제4장 제3절 II.

221) 대법원 2021. 12. 30. 선고 2017두73297 판결.

222) 소득세법 제101조 제1항. 대법원 2006. 9. 14. 선고 2004두1210 판결. 제10장 제5절. 배우자나 직계존비속 사이의 양도는 증여로 추정한다. 상속세및증여세법 제44조 제1항. 제25장 제3절 II.

우선, 거래방식(去來方式)의 조작에 관련하여 재산을 특수관계인에게 증여한 뒤 제3자에게 양도하는 경우 조세회피 가능성이 생긴다. 배우자 또는 직계존비속 간의 증여는 증여세 부담이 없거나 낮으면서[223] 취득가액만 시가로 평가증(step-up)하므로 증여 후 양도가 그냥 양도보다 세금부담이 주는 수가 생기니까. 제2절 10. 대책은? 첫째, 배우자(配偶者, 양도 당시 혼인관계가 소멸된 경우도 포함) 또는 직계존비속(直系尊卑屬)으로부터 부동산이나 주식을 증여(贈與)받아서 그 뒤 일정기간(부동산은 10년, 주식은 1년) 안에 제3자에게 양도한다면 증여 전 당초 소유자의 취득가액으로(carry over) 필요경비를 계산한다. 다만 수증자가 증여세를 낸 금액만큼 취득가액을 늘려준다.[224] 증여받은지 10년(1년)이 지난 뒤 양도한다면, 일반원칙으로 돌아가 취득(=수증) 당시의 가액으로 평가증한(step-up) 금액을 필요경비로 떨 수 있다.[225] 둘째, 배우자나 직계존비속이 아닌 다른 特殊關係人에게 재산을 증여한 후 그 자산을 증여받은 자가 그 증여일부터 10년 이내에 다시 이를 타인에게 양도한 경우에는 우선 조세부담이 객관적으로 줄었는가를 묻고 줄었다면 양도대금이 실질적으로 누구에게 귀속했는가를 따져서 양도인이 누구인가를 확정한다.[226] 실질귀속자가 수증자라면 수증자가 양도인이라고 보므로 일반원칙으로 돌아가서 step-up. 실질귀속자가 증여자라면 증여자가 양도인이라고 보므로[227] 수증자가 낸 증여세는 되돌려준다.[228] 이 경우 증여자와 증여받은 자는 연대

223) 상속세및증여세법 제53조.

224) 소득세법 제97조의2. 대법원 2004. 2. 7. 선고 2001두8452 판결. 위헌이 아니다. 헌법재판소 2007. 7. 26. 2005헌바98 결정.

225) 양도가액을 실지거래가액으로 과세하는 경우에는, 수증 당시의 실지거래가액이 없으므로 곤란한 문제가 생긴다. 소득세법시행령 제163조 제9항은 수증 당시의 상속세및증여세법상의 평가액을 기준시가로 의제하고 있다. 그러나 이 평가액이라는 것은 소득세법 제99조의 기준시가와 같은 금액이므로, 시행령은 소득세법 제100조에 어긋난다. 실제 문제로 시행령에 따른다면 10년이 지난 양도에 10년 안 된 양도보다 더 많은 세금이 나올 수도 있다. 시행령의 규정은 수증 당시의 시가를 달리 입증할 수 없는 경우 적용할 보충적 규정으로 읽어야 한다.

226) 소득세법 제101조 제2항. 대법원 2014. 1. 16. 선고 2013두18438 판결. 종전에는 "양도소득에 대한 소득세를 부당히 감소시키기 위하여" 행한 거래만을 부인하도록 되어 있었기 때문에 정상적인 거래로 인정되는 경우에는 부인을 면할 여지가 있었다. 가령 부가 차남에게 부동산을 증여하고, 차남이 증여받은 날부터 2년 이내에 이를 다시 타에 양도한 행위가 사회통념이나 관행에 비추어 정상적인 경제행위라면 부당행위로 계산을 부인할 수 없다. 대법원 2003. 1. 10. 선고 2001두4146 판결. 이러한 점을 감안하여 2009년 말 소득세법 개정에서는 "양도소득에 대한 소득세를 부당히 감소시키기 위하여"라는 표현을 삭제하고, 그 대신 증여세와 양도소득세의 합계액이 증여자가 직접 양도하는 것으로 보아 계산한 양도소득세보다 적은 경우에 본문의 규정을 적용하도록 바꾸었다.

227) 소득세법 제101조 제2항. 대법원 2003. 1. 10. 선고 2001두4146 판결.

228) 헌법재판소 2003. 7. 24. 2000헌바28 결정은 이미 매겼던 증여세를 환급하도록 판시하여 한동안은 증여세를 환급하도록 법에 정하고 있었다. 그러나 양도대금이 수증자에게 귀속된다면, 증여자가 양도대금을 수증자에게 다시 증여한 것으로 보아야 하므로 결국 2009년 말 소득세법 개정에서는 양도소득이 해당 수증자에게 실질적으로 귀속되지 않은 경우에만 본문의 규정을 적용하도록 바꿈과 아울러 증여세를 환급할 수 있도록 한 규정을 없앴다.

하여 양도소득세 납세의무를 진다.[229] 거래방식의 조작에 관한 명문규정이 없지만 소득세법 제101조 제1항의 일반조항을 적용하는 경우도 있을 수 있다.[230] 특수관계인에게 재산을 양도한 뒤 3년 안에 특수관계인이 재산을 양도인의 배우자나 직계존비속에게 양도한 경우에는 배우자에 대한 증여로 추정한다.[231]

둘째, 부당행위의 전형으로 특수관계인 사이의 매매가격(賣買價格)이 時價와 달라서[232] 조세부담을 부당히 감소시킨 경우에는[233] 시가로 양도소득을 계산한다.[234] 현행법은 기준시가 원칙을 폐지했으므로 여기에서 '시가'라는 말은 매매사례가액에 터잡아 발견하거나[235] 감정등으로 산정한 가액을 뜻하게 된다. 제22장 제3절 III, 제25장 제1절 V. 어떤 기준으로 따지든, 저가양도(低價讓渡)에 해당하는 경우에는 양도인의 양도소득을 증액경정함과는 별개로, 상속세및증여세법의 과세요건(저가양도)을 만족한다면 양수인에게 증여세를 물릴 수 있다.[236] 양수인이 법인인 경우에도, 매매의 형식을 빈 일부증여임이 드러난다면 자산수증익으로[237] 익금산입한다. 양수인의 취득원가는 시가(=약정 매매가액+수증액).[238]

한편 고가(高價)양도는 소득세법상 양도인의 양도소득세를 부당히 감소시키지 않고 따라서 소득세법상 부당행위는 아니지만, 양도인이 더 받은 시가차액에 증여세를 물게 된다.[239] 그렇다면 너무 많이 낸 양도소득세는 어떻게 되는가? 특수관계 있는 법인에게 고가로 양도한 경우로 실지거래가액 적용대상인 경우에는 법인세법상의 시가에 따라 양도차익을 계산한다는 명문의 확인규정이 있다.[240]

---

229) 소득세법 제2조의2 제3항.

230) 가령 죽기 직전의 배우자에게 재산을 증여한 뒤 이를 상속받는다면 재산의 취득원가가 시가로 올라간다.

231) 상속세및증여세법 제44조 제2항. 제25장 제3절 I.4.

232) 미국에서는 특수관계인 사이의 양도차손은 반증의 여지를 주지 않고 부인한다. 미국세법 267조.

233) 조세의 부담을 부당히 감소시켰는가의 여부는 매매계약 체결일 당시의 사정에 따라 판단한다. 대법원 2001. 6. 15. 선고 99두1731 판결 등.

234) 소득세법 제101조 제1항, 같은 법 시행령 제167조 제4항. 대법원 2006. 9. 14. 선고 2004두1210 판결; 2012. 6. 14. 선고 2010두28328 판결; 2020. 6. 18. 선고 2016두43411 판결.

235) 대법원 2022. 9. 29. 선고 2022두45555 판결.

236) 대법원 1999. 9. 21. 선고 98두11830 판결; 2003. 5. 13. 선고 2002두12458 판결; 2012. 6. 14. 선고 2012두3200 판결; 2015. 10. 29. 선고 2013두15224 판결. 헌법재판소 2006. 6. 29. 2004헌바76등(병합) 결정; 2013. 6. 27. 2011헌바353 결정; 2021. 5. 27. 2018헌바339 결정. 시가에 판 뒤 차액을 증여하는 것과 같기 때문이다. 제10장 제1절 5, 제5절. 제25장 제3절 IV.4. 그렇지만 이 논리를 일관한다면 아예 증여해버리는 경우에도 양도소득세를 물려야 앞뒤가 맞다. 제2절 9.

237) 법인세법 제15조, 법인세법시행령 제72조 제4항 제3호.

238) 대법원 2006. 11. 9. 선고 2005두2124 판결은 소득세법시행령 제163조 제10항을 창설적 규정으로 읽고 있지만, 거래를 시가양도와 증여로 재구성함에 따른 당연한 해석규정이다. 제22장 제3절 III, IV 참조.

239) 상속세및증여세법 제35조. 제25장 제3절 IV.

240) 소득세법 제96조 제3항. 제22장 제3절 V.1.4).

제 5 편

법인세와 주주과세

제13장은 현행 법인세법의 조문 전체의 얼개를 분석한다. 법인세라는 세제가 왜 필요한가, 전체 세제의 일부로서 법인세 제도는 어떤 틀 안에서 짜야 하는가라는 법인세의 본질론이다. 제14장은 법인 등 기업조직의 설립이나 출자, 배당, 자기주식거래, 회사의 해산과 청산 따위의 자본거래에 대한 법률효과를 분석한다. 제15장은 회사의 합병, 제16장은 회사의 분할에 대한 세제를 분석한다. 제17장은 국제적 기업활동에서 버는 소득에 관한 회사 및 주주의 과세 문제를 다룬다. 법인세법상 각 사업연도의 소득 내지 기업소득의 계산은 제6편에서 다룬다.

제13장 현행 법인세법의 얼개

법인세법의 차례. 제1장 총칙이고, 제2장 내국법인의 각 사업연도의 소득에 대한 법인세. 제2장의2는 법인과세신탁재산에 대한 특례, 제2장의3은 연결납세제도를 규정하고 있다. 제3장 내국법인의 청산소득에 대한 법인세, 제4장 외국법인의 각 사업연도의 소득에 대한 법인세, 그리고 제6장은 보칙.[1] 납세의무를 지우는 조문은 제2장에서 제4장까지에 걸쳐 각각 흩어져 있다.[2] 제2장의 법 제64조는 모든 내국법인의 각 사업연도의 소득에 대한 법인세의 납세의무를, 제3장의 법 제86조는 내국법인의 청산소득에 대한 법인세의 납세의무를, 제4장의 법 제97조는 외국법인의 각 사업연도의 소득에 대한 법인세의 납세의무를 각각 지우고 있다.

제1절 납세의무의 구조

우선 제2장에서 納稅義務를 정하는 조문, 곧 '돈 얼마를 언제까지 어디에다 내라'는 조문은 어디에 있을까?

> 법인세법 제64조 (납부) ① 내국법인은 각 사업연도의 소득에 대한 법인세 산출세액에서 다음 각 호의 법인세액(가산세는 제외한다)을 공제한 금액을 각 사업연도의 소득에 대한 법인세로서 제60조에 따른 신고기한까지 납세지 관할 세무서등에 납부하여야 한다.

1) 한편 2001. 12. 31. 삭제 전의 제5장은 토지 등 양도에 대한 특별부가세였다. 이 내용은 확 줄면서 제55조의2로 옮겨갔다.

2) 법인세법은 일정한 종류의 소득을 지급하는 자에 대해 원천징수의무를 지우고 있다. 아래 VI. 법인세법 제73조, 제73조의2, 제98조.

1. 해당 사업연도의 감면세액 · 세액공제액
2. …해당 사업연도의 중간예납세액
3. …해당 사업연도의 수시부과세액
4. …해당 사업연도에 원천징수된 세액(이하 생략)

이 법조항에 따라 납세의무를 지는 자는 內國法人이다. 내국법인이란 무엇인가?

법인세법 제2조 (정의) 이 법에서 사용하는 용어의 정의는 다음과 같다.

1. "내국법인"이란 본점, 주사무소 또는 사업의 실질적 관리장소가 국내에 있는 법인을 말한다.

제4장의 제목은 외국법인(外國法人)의 각 사업연도의 소득에 대한 법인세이다. 제4장에서 납세의무를 지우는 조문은 법 제97조 제1항인데, 제64조를 준용한다. 법 제97조 제1항의 주어는 외국법인인데, 이 말은 법 제2조 제3호를 보면 주사무소가 외국에 있는 단체로서 법이 정하는 기준에 따를 때 법인에 해당하는 단체라는 뜻이다. 외국법인에 대한 과세는 제17장. 주사무소가 외국에 있더라도 사업의 실질적 관리장소가 국내에 있으면 내국법인이다.

법 제64조 제1항으로 돌아가 보면, 제2호에서 제4호까지는 제10장 제4절에서 소득세법을 공부하면서 이미 보았으므로, '미리 낸 세금이구나'라고 짐작할 수 있으리라. 법인세법도 소득세법처럼 중간예납(中間豫納) 제도를 두고 있다. 각 사업연도의 기간이 6개월이 경과하면, 그 기간만큼 가결산을 하여 납부할 수도 있고 지난해 세금의 절반을 내도 된다.[3] 재벌기업은 가결산해서 납부한다.[4]

지방소득세도 내어야 한다. 예전에는 법인세에 덧붙다가 이제는 독립세로 따로 납부한다.[5] 사업장이 둘 이상의 지방자치단체에 있다면 법정기준에 따라 세액을 안분하여 각 지방자치단체에 납부한다.

3) 법인세법 제63조 제1항, 제4항. 미국세법 6655조.

4) 법인세법 제63조의2 제1항.

5) 지방세법 제103조의23, 제89조 제1항 제2호, 제103조의19, 제103조의20. 대법원 2014. 4. 10. 선고 2013두26194 판결. 과세표준은 법인세와 같지만 세액공제나 감면은 원칙적으로 배제. 대법원 2023. 12. 7. 선고 2020두42668 판결. 독일에서는 Gewerbesteuer와 연방법인세의 차이가 낳는 혼선에 대한 비판이 이어지고 있다.

Ⅰ. 납부기한과 신고기한

법인세의 납부기한은? 법 제60조의 규정에 의한 신고기한과 같다.[6)]

법인세법 제60조 (과세표준 등의 신고) ① 납세의무가 있는 내국법인은 각 사업연도의 종료일이 속하는 달의 말일부터 3개월… 이내에… 그 사업연도의 소득에 대한 법인세의 과세표준과 세액을 납세지 관할세무서장에게 신고하여야 한다.

각 사업연도의 종료일이 속하는 달의 말일부터 3개월 이내에 신고하라고. '사업연도'란?

법인세법 제6조 (사업연도) ① 사업연도는 법령이나 법인의 정관 등에서 정하는 1회계기간으로 한다. 다만, 그 기간은 1년을 초과하지 못한다.

② 법령이나 정관 등에 사업연도에 관한 규정이 없는 내국법인은 따로 사업연도를 정하여…법인 설립신고[7)] 또는…사업자등록과 함께 납세지 관할 세무서장…에게 사업연도를 신고하여야 한다.

회사는 정관으로 회계기간 내지 사업연도를 정하고, 그 기간에 따라 재무제표를 만든다. 소득세는 역년(曆年)을 과세기간으로 삼고 세금을 이듬해 매해 5월 31일까지 내지만, 법인세는 각자 사업연도를 기준으로[8)] 연도 말부터 3개월 이내에 내라는 것.

Ⅱ. 산출세액

내국법인이 각 사업연도의 소득에 대해 부담할 법인세의 돈머리는? 算出稅額,[9)] 곧 각 사업연도의 소득에 대한 법인세의 과세표준에 법인세법상의 세율을 곱하여 계산한 세액[10)]에서 감면세액과[11)] 세액공제액을[12)] 뺀 금액.[13)] 지방소득세는 감면세액과

---

6) 법인세법 제64조 제1항 본문. 미국세법 6151조, 6072조(b).

7) 최초 사업연도 개시일 전에 생긴 손익에 대해서는 대법원 2013. 9. 26. 선고 2011두12917 판결.

8) 사업연도가 1년 미만이라면 1년기준으로 환산한 과세표준에 따라 누진세율을 적용. 헌법재판소 2021. 6. 24. 2018헌바44 결정. 법인세법 제55조 제2항.

9) 법인세법 제55조 제1항.

10) 법인세법 제55조 제1항.

11) 법인세법 제64조 제1항 제1호, 조세특례제한법 제6조(창업중소기업 등에 대한 세액감면) 등 같은 법에 따른 각종 세액 감면 및 면제.

12) 법인세법 제57조(외국납부세액), 제58조(재해손실), 제58조의3(회계사기 과다신고 후속조치) 등 같은 법에 따른 세액공제. 제17장 제3절 I, 제18장 제5절 VII.3.

세액공제 부분이 달라진다. 법인세 산출세액이 조세특례제한법에 따른 最低限稅보다 적은 경우에는 그 최저한세가 각 사업연도의 소득에 대한 법인세가 된다.[14] 법인세법은 사업연도의 중간에도 일정한 금액을 법인세로 미리 걷을 수 있는 중간예납,[15] 수시부과,[16] 및 원천징수[17] 등의 제도를 두고 있으므로, 이런 기납부세액을 신고납부세액[18]에서 빼고 나머지를 납부하게 된다.[19] 위 각 요소가 얽힌 실타래를 어디에서부터 풀까나.

법인세법 제55조 (세율) ① 내국법인의 각 사업연도의 소득에 대한 법인세는 제13조에 따른 과세표준에 다음 각 호의 구분에[20] 따른 세율을 적용하여 계산한 금액(제55조의2에 따른 토지등 양도소득에 대한 법인세액 및 「조세특례제한법」 제100조의32에 따른 투자·배당 및 상생협력 촉진을 위한 과세특례를 적용하여 계산한 법인세액이 있으면 이를 합한 금액으로 한다. 이하 "산출세액"이라 한다)을 그 세액으로 한다.[21]…

과세표준	세 율
2억원 이하	과세표준의 100분의 10
2억원 초과 200억원 이하	2천만원+(2억원을 초과하는 금액의 100분의 20)
200억원 초과 3,000억원 이하	39억8천만원+(200억원을 초과하는 금액의 100분의 22)
3,000억원 초과	655억8천만원+(3천억원을 초과하는 금액의 100분의 25)

법인세법 제13조 (과세표준) ① 내국법인의 각 사업연도의 소득에 대한 법인세의 과세표준은 각 사업연도의 소득의 범위에서 다음 각 호의 금액과 소득을 차례로 공제한 금액으로 한다. 다만, 제1호의 금액에 대한 공제는 각 사업연도 소득의 100분의…을 한도로 한다.

1. 제14조 제3항의 이월결손금 중 다음 각 목의 요건을 모두 갖춘 금액

가. 각 사업연도의 개시일 전 15년 이내에 개시한 사업연도에서 발생한 결손금일 것

---

13) 법인세법 제64조 제1항.
14) 조세특례제한법 제132조 제1항. 제9장 제3절.
15) 법인세법 제63조. 법정규모를 넘는 기업집단에 속하는 회사는 반기결산을 해서 납부. 법인세법 제63조의2 제1항 단서.
16) 법인세법 제69조.
17) 법인세법 제73조.
18) 법인세법 제60조.
19) 법인세법 제64조 제1항.
20) 본문의 세율표는 제1호. 제2호(부동산임대업)는 생략.
21) 지방소득세는 지방세법 제89조 제1항. 토지 등 양도소득에 대한 법인세는 제21장 제4절 IV. 투자·상생 특례는 제3절 V.

나. 제60조에 따라 신고하거나 제66조에 따라 결정·경정되거나 「국세기본법」 제45조에 따라 수정신고한 과세표준에 포함된 결손금일 것

2. 이 법과 다른 법률에 따른 비과세소득

3. 이 법과 다른 법률에 따른 소득공제액

법인세법 제14조 (각 사업연도의 소득) ① 내국법인의 각 사업연도의 소득은 그 사업연도에 속하는 익금의 총액에서 그 사업연도에 속하는 손금의 총액을 공제한 금액으로 한다.

② 내국법인의 각 사업연도의 결손금은 그 사업연도에 속하는 손금의 총액이 그 사업연도에 속하는 익금의 총액을 초과하는 경우에 그 초과하는 금액으로 한다.

법인세법 제15조 (익금의 범위) ① 익금은 자본 또는 출자의 납입 및 이 법에서 규정하는 것은 제외하고 해당 법인의 순자산을 증가시키는 거래로 인하여 발생하는 이익 또는 수입(이하 "수익"이라 한다)의 금액으로 한다…

법인세법 제19조 (손금의 범위) ① 손금은 자본 또는 출자의 환급, 잉여금의 처분 및 이 법에서 규정하는 것은 제외하고 해당 법인의 순자산을 감소시키는 거래로 인하여 발생하는 손실 또는 비용(이하 "손비"라 한다)의 금액으로 한다…

1. 법인세법의 소득은 순자산증가설

익금, 손금, 수익, 손비라는 말은 무슨 뜻인가? 제18장에서 다시 보겠지만, 이 말의 뜻은 법 제15조 제1항과 법 제19조 제1항 자체에 이미 들어 있다. '益金은 자본 또는 출자의 납입[22] 및 이 법에서 규정하는 것을 제외하고 해당 법인의 순자산을 증가시키는 거래로 인하여 발생하는 수익의 금액으로 한다'라는 말은, '收益'이라는 말을 '해당 법인의 순자산을 증가(增加)시키는 거래로 인하여 발생하는' 금액으로 정의하고 있는 것이다. 이익 또는 수입이라는 말은 순자산증가액의 부연설명일 뿐. 결국 익금이라는 말과 수익이라는 말은 동어반복으로 그 금액은 純資產增加額이라는 뜻이고,[23] 다만 자본 또는 출자의 납입 따위나 법에서 달리 정한 것은 뺀다는 말이다. 損金과 損費의 개념도 마찬가지이다. '손금은 해당 법인의 순자산을 감소시키는 거래로 인하여 발생하는 손비의 금액이라고 한다'는 말은 '손비'를 '해당 법인의 순자산을 감소(減少)시키는

22) 자본 또는 출자의 납입이란 상법상의 개념. 대법원 2023. 11. 30. 선고 2019두58995 판결(현물출자가 안 되었지만 출자대상 자산의 양도차익이 회사에 귀속했다면 익금).

23) 헌법재판소 1997. 7. 16. 96헌바36 결정. 기업회계상 수익비용이라야 익금손금이라는 주장이 있으나 제18장 제1절 I.

거래로 인하여 발생하는 금액'이라고 정하고 있는 것이다. 손실 또는 비용이란 순자산감소액의 부연설명. 이런 순자산감소액을 손금으로 삼되 법에서 정한 것은 뺀다는 말.

법 제14조로 다시 돌아가면 소득(所得)은 익금에서 손금을 뺀 것. 여기서 익금은 순자산(자산과 부채의 차액)의 증가액(법에서 달리 정한 것을 제외)이고 손금은 순자산의 감소액(법에서 달리 정한 것을 제외). 결국 소득이라는 것은 순자산의 순증가액이 된다. 법 제15조 제1항과 제19조 제1항, 같은 법 제14조 제1항을 묶어서 보면, 각 사업연도의 소득이라고 함은 그 사업연도 동안의 순자산의 순증가액이 얼마인가를 묻는 개념이 된다. 법인세법이 원천을 묻지 않고 이같이 순자산증가설을 따라 소득개념을 정하고 있는 연유는?[24] 법인은 이미 사업, 시장, 내지 국가가 관여하는 공(公)의 영역에 들어와 있어서 자유나 사생활(私生活)의 침해라는 문제가 없으니까.[25] 제9장.

2. 과세표준

각 사업연도의 소득에 대한 課稅標準이라 함은? 각 사업연도의 소득에서 과거 15년 사이에 발생한 결손금으로 당해 연도까지 넘어온 이월결손금, 비과세소득[26] 및 일정한 금액을 소득에서 깎아 주는 소득공제액을[27] 차례대로 뺀 금액.[28] 여기서 各事業年度의 所得이란 사업연도 동안 순자산의 순증가액을 말한다.[29] 각 사업연도의 익금이 손금을 초과하면 그 차익은 각 사업연도의 소득이 되어[30] 법인세 납세의무로 이어지게 된다.

3. 이월결손금 공제

순자산이 감소하는 경우 그 감소액은 결손금(缺損金).[31] 밑진다면 국가가 결손금에 세율을 곱한 금액을 납세의무자에게 내어주려나? 그렇지는 않다. 그 대신, 이 결손금을 일정 범위 안에서 다른 해로 이월(移越)하여 그 해의 소득에서 공제할 수 있다.

---

24) 헌법재판소 1997. 7. 16. 96헌바36 결정; 대법원 1973. 6. 29. 선고 72누140 판결; 2004. 2. 13. 선고 2002두5931 판결.

25) 미국의 1909년 법인특권세 입법논거가 법인을 감독하는 국가의 역할이다. Avi-Yonah, Corporations, Society and the State, 90 Virginia Law Review 1193 (2004), 특히 1215-1225쪽.

26) 법인세법 제13조 제1항 제2호와 제51조.

27) 법인세법 제13조 제1항 제3호, 조세특례제한법 제16조(벤처투자조합 출자 등에 대한 소득공제) 등 기타 같은 법에 따른 소득공제액. 제4절 III.

28) 법인세법 제13조 제1항 본문.

29) 법인세법 제14조 제1항과 같은 법 제15조 및 제19조.

30) 법인세법 제14조 제1항.

31) 법인세법 제14조 제2항. 납세의무자가 신고한 결손금을 국세청이 감액하는 경정은 행정처분. 제18장 제1절 Ⅲ.2.

예를 들어 첫해 10억원을 밑지고, 이듬해 20억원이 남는다면, 두 해를 묶어 보면 소득은 10억원일 뿐이다. 이 까닭에 법은 서로 다른 해의 소득과 결손금의 상계를 허용하여, 결손금을 그 뒤 15년 동안의 소득에서 공제하여 세금을 줄일 수 있도록 하되 각 사업연도 소득금액의 일정비율을 한도로 걸고 있다.[32] 결손금 이월시한이 통상의 제척기간보다 길다보니, 이미 제척기간이 지나간 해의 결손금을 올해 와서 고쳐 잡으면서 공제받는 일이 벌어진다. 이 경우 그 결손금이 맞는지는 일종의 후발적 제척기간에 걸려서 한 해 안에 경정할 수 있다.[33] 법정 규모 이하의 중소기업은 결손금을 과거로 이월하여, 직전사업연도의 소득에 대하여 과세된 법인세액을 한도로만 과거에 낸 세금을 돌려받을 수 있다.[34] 합병, 분할, 사업양도로 다른 법인이 하던 사업을 넘겨받는 경우는 원래 하던 사업과 넘겨받은 사업 사이에는 결손금이나 이월결손금 공제에 제한이 있다.[35] 제15장 제6절, 제16장 제5절 V.

4. 토지 등 양도소득에 대한 법인세

각 사업연도의 소득에 대한 산출세액에 더하여, 土地 등의 讓渡所得에 대한 법인세를 내는 수도 생긴다. 법인세법은 오랫동안 토지 등의 양도차익을 각 사업연도의 소득에 넣어 과세하면서 그에 얹어서 그런 양도차익에 특별부가세라는 세금을 따로 물려왔다. 우리 현대사에서 줄곧 문제된 부동산투기를 억제하려 함이다. 제2장 제3절 II.2. 2001. 12. 31. 개정 전에는 "토지 등의 양도소득에 대한 특별부가세"라는 장을 따로 두고 있다가, IMF 관리체제 이후 부동산 가격이 전체적으로 안정세를 보이자 장 전체를 삭제. 그러나 앞으로 부동산 투기가 다시 일 가능성에 대비하여, 땅값이 법정기준 이상으로 오른 투기지역 가운데 대통령령으로 지정하는 지역에 있는 주택(부수토지 포함)이나 비사업용 토지의 경우에는 그 양도소득의 10%를 토지등 양도소득에 대한 법인세로 내라는 조문을 남겼다. 2020년 개정법은 법인이 보유한 별장이나 조합원입주권

---

32) 헌법재판소 2022. 5. 26. 2020헌바240 결정.↔독일 조세대법원 2014. 2. 26. 선고 I R 59/12 판결. 법인세법 제13조 제1항 제1호. 이월결손금은 생긴 순서대로 공제한다. 대법원 2004. 6. 11. 선고 2003두4522 판결; 2003. 2. 28. 선고 2012두24009 판결. 대법원 2004. 5. 27. 선고 2002두6781 판결(자산재평가세)과는 법이 다르다. 법인세법에는 소득의 성질에 따른 결손금 공제 제한(제10장 제3절 I)은 없다. 투자의사결정에 미치는 영향은 제8장 제3절 I.3.

33) 국세기본법 제26조의2 제3항. 제6장 제5절 I.3.

34) 법인세법 제72조 제1항.

35) 법인세법 제45조, 제46조의4, 제50조의2, 제113조 제7항. 사업양수인이 양도인의 결손금을 물려받지는 않지만 그래도 구분계산하라는 것. 이 생각을 일관한다면 미실현손실도 구분계산해야 한다. 나아가 대주주가 바뀌는 경우에도 결손금 공제를 부인하는 입법례로 미국세법 제382조, 독일 법인세법 제8c조↔독일헌법재판소 2017. 3. 29. 2 BvL 6/11 결정(50% 넘게 바뀌어야 합헌). 실물시장과 자본시장의 차이는 제8장 제3절 III.4.

의 양도소득에 20%로 세금을 물리기 시작했다. 이 세금은 양도소득을 각 사업연도의 소득에 포함하여 내는 법인세에 더하여 다시 내는 것으로, 내국법인과 외국법인 모두가 납세의무를 진다.[36] 취득세나 보유세 중과는 제26장, 제27장.

5. 법인세율

현행 법인세율은 누진율이지만 중소법인과 초대형 기업 두엇을 양 끝자락에서 빼면 대부분의 법인은 별 차이가 없는 2단계 세율로 세금을 낸다. 우리 법인세율은 전통적으로 소득세율보다는 낮다. 법인세율을 어떻게 설정할 것인가는 법인세란 왜 있는가라는 본질적 문제의 한 갈래. 아래 제3절. 그보다 더 중요한 점으로 자본유출을 막고 외자를 유치하자고 각국이 세율인하 경쟁을 벌인 결과 21세기에 들어와서는 법인세율이 거의 같은 수준으로 하향 수렴.[37] 제8장 제3절 III.1. 제17장 제3절 II.6.

Ⅲ. 조세특례와 최저한세

조세특례제한법은 비과세, 소득공제, 준비금, 특별상각, 세액공제,[38] 세액감면 등의 형식으로 여러 가지 조세특례를 두고 있다. 제9장 제3절. 다른 한편 지나친 특혜를 막기 위해 여러 지원조치가 중복되는 경우에는 어느 하나만 선택할 수 있게 하고 있다.[39] 나아가서, 같은 법은 最低限稅 제도를 두고 있다.

> 조세특례제한법 제132조 (최저한세액에 미달하는 세액에 대한 감면 등의 배제) ① 내국법인…의 각 사업연도의 소득과…외국법인의 각 사업연도의 국내원천소득에 대한 법인세…를 계산할 때 다음 각 호의 어느 하나에 규정된 감면 등을 적용받은 후의 세액이 제2호에 따른 손금산입 및 소득공제 등을 하지 아니한 경우의 과세표준…에 100분의 17 … 을 곱하여 계산한 세액(이하 "법인세 최저한세액"이라 한다)에 미달하는 경우 그 미달하는 세액에 상당하는 부분에 대해서는 감면 등을 하지 아니한다.
>
> 1. (삭제)
>
> 2. 제8조, 제8조의2, …에 따른 소득공제금액, 손금산입금액, 익금불산입금액 및 비과세금액

36) 법인세법 제4조 제1항 제3호 및 제4항 제2호, 제55조의2 제1항. 제21장 제4절 Ⅳ. 헌법재판소 1996. 8. 29. 95헌바41 결정; 2009. 3. 26. 2006헌바102 결정.

37) 법정세율 21%, 실효세율 13% 정도라고. OECD, Corporate Tax Statistics(2024).

38) 세액공제 이월시한이 통상의 제척기간보다 긴 경우 이월결손금과 똑같은 문제가 생긴다. 국세기본법 제26조의2 제3항.

39) 조세특례제한법 제127조.

3. 제7조의2, …에 따른 세액공제금액
4. 제6조, 제7조, …에 따른 법인세의 면제 및 감면…

읽기 어려운 조문이지만, 같은 법에 따른 우대조치를 적용하기 전의 과세표준이 양수(+)인 이상 적어도 그 과세표준의 10%(과세표준 100억원 초과 1천억원 이하 부분은 12%, 1천억원 초과부분은 17%, 중소기업 및 사회적 기업의 경우에는 7%)는 세금으로 내어야 한다는 뜻이다. 곧, 같은 법의 우대조치를 받은 후의 세액이 이에 못 미치는 경우에는 그 미달 부분에 대한 감면조치는 배제된다.[40]

(보기) 201×년 서울(주)의 각 사업연도의 소득에 대한 과세표준은 2억3천만원이다. 이 2억3천만원은 조세특례제한법에 따른 특별감가상각비 1억원을 공제한 후의 금액이다. 서울(주)가 조세특례제한법에 따라 공제할 수 있는 세액은 연구·인력개발비 세액공제 5백만원, 투자세액공제 3백만원이다. 서울(주)가 납부할 세액은 얼마인가? 단, 서울(주)는 중소기업이 아니고 법인세율은 2억원까지는 10%로 그 이상은 20%로, 최저한세율은 10%로 가정한다.

(풀이) 과세표준 2억3천만원에 대한 세액은 2천만원 + 3천만원 × 20% = 2,600만원이고, 최저한세를 무시한다면 납부할 세액은 2,600만원 - 5백만원 - 3백만원 = 1,800만원이다. 이 금액은 조세특례를 받기 전의 과세표준 3억3천만원에 대한 10% 최저한세인 3,300만원에 미치지 못하므로, 납부할 세액은 3,300만원.

Ⅳ. 거래의 단위 = 익금과 손금에 대한 법적 평가의 단위

각 사업연도의 소득을 다시 간추리면,

각 사업연도의 소득 = 그 사업연도에 속하는 익금 - 그 사업연도에 속하는 손금
익금 = 순자산 증가액 - 자본·출자 납입액 - 익금제외금액
손금 = 순자산 감소액 - 자본환급 및 잉여금 처분액 - 손금제외금액

40) 조세특례제한법 제132조 제1항. 우대조치의 적용을 어느 것부터 배제할지는, 법인세의 신고납부시 납세의무자가 선택할 수 있고, 신고세액을 정부가 경정하는 경우에는 법정 순서에 따른다. 대법원 2012. 6. 14. 선고 2012두4173 판결; 2013. 5. 24. 선고 2012두28445 판결. 같은 법 시행령 제126조 제5항. 미국법에서는 최저한세에 걸려 추가로 내는 세액은 장차 낼 정규 법인세의 선납으로 보므로, 우대조치의 적용을 영영 배제하는 것은 아니고 일시적으로 배제하는 셈이다. 미국법의 최저한세 과세표준은 우대조치를 배제한 소득과 배당가능이익의 당년도 증가분 두 가지를 다 고려한다. 미국세법 53조, 55조, 56조, 57조. 제132조에 나와 있지 않은 우대조치에는 최저한세가 적용되지 않는다.

1. 거래단위의 의의

법의 글귀에서 알 수 있듯이, 각 사업연도의 소득이라는 개념은 1) 어떤 거래로 인한 순자산증감액이 익금이나 손금에 포함되는가라는 소득의 객관적 범위 문제, 2) 소득의 시간적 단위, 곧 익금과 손금은 어느 사업연도에 속하는가라는 소득의 귀속시기 문제, 3) 앞의 두 가지 법률적 판단을 적용하는 단위는 무엇인가라는 거래단위의 문제, 이 세 가지 요소를 포함한다. 1), 2)의 문제, 곧 어떤 순자산 증가액이나 감소액이 익금이나 손금이 되는가,[41] 또 된다면 어떤 해에 귀속하는가는[42] 법을 보고 답을 찾아야 하는 법적평가(評價)이다. 이 평가는 그런 평가의 대상이 되는 순자산증가액이나 감소액의 단위(單位)를 전제로 한다. 법은 이런 평가단위를 거래(去來)라 부르고 있다. 익금이란 "순자산을 증가시키는 去來로 인하여 발생하는 수익"이고, 손금이란 "순자산을 감소시키는 去來로 인하여 발생하는 손비"이다.[43] 법인세법은 순자산증가액과 감소액을 발생원인별로 잘게 나누어 올해의 과세소득계산상 이를 익금과 손금에 산입할지를 결정한다. 여기에서 거래의 단위, 바꾸어 말하면 법률적 평가의 객체로서 익금과 손금의 단위문제가 생긴다.[44]

보기를 들어 1,000만원의 매출액을 올리는 과정에서 100만원이라는 경비를 지출했다고 하자. 이것을 매출액 900만원이 생기는 한 가지 거래로 볼 것인가, 아니면 매출액 1,000만원과 경비 100만원이 생기는 두 가지 거래로 볼 것인가? 바꾸어 말하면, 이 거래는 순자산을 900만원 증가시키는 거래 하나인가, 또는 순자산을 1,000만원 증가시키는 거래와 순자산을 100만원 감소시키는 거래로 둘인가? 어느 쪽이든 기업회계상의 당기순이익에는 영향이 없고, 기업회계에서는 종래 후자.[45] 매출액이 얼마이고 매출원가가 얼마인가는 중요한 재무정보이므로, 이를 이해관계자에게 공시해야 하는 까닭. 그러나 재무제표에 어떤 내용이 공시되는가는 세법의 관심사가 아니다. 거래단위가 세법의 관심사가 되는 까닭은 법은 순자산의 순증가액을 그대로 소득으로 삼지 않고 순증감의 원인을 분석하여 법적으로 평가한 결과를 과세소득으로 삼는 까닭이다. 가령 100만원을 들여 위법한 행위를 저질러 1,000만원의 수익을 얻었고 위 경비 100만원은 손금불산입 대상이라고 하자. 제11장 제1절 Ⅱ.2. 앞의 사건을 수익 1,000만원과 경비

41) 아래 제22장 참조.

42) 아래 제18장-제21장 참조.

43) 법인세법 제15조 제1항, 제19조 제1항.

44) 대법원 2009. 4. 23. 선고 2007두337 판결; 2017. 3. 22. 선고 2016두51511 판결. 제20장 제3절 Ⅱ.

45) 옛 기업회계기준 제35조 제3호. 현행 기업회계기준서 제1018호에서 수익은 거래별로 기업이 받는 경제적 효익의 총유입(제7문단 이하).

100만원의 거래로 본다면, 이 거래에서는 1,000만원의 소득이 생긴다. 반면, 이 거래를 수익 900만원이 생기는 거래로 본다면, 이 거래에서 생기는 소득은 900만원으로 줄어들게 된다.

2. 손익 하나하나를 평가

법은 온갖 사업에서 생기는 수입금액(收入金額)을 익금으로 하는 동시에,[46] 판매한 상품의 원가(原價)를 손비로 한다는[47] 규정을 두고 있다. 또 자산의 양도금액(讓渡金額)을 익금으로 하는 동시에,[48] 양도한 자산의 양도 당시의 장부가액(帳簿價額)을 손비로 하고 있다.[49] 앞의 예로 돌아간다면 수익 1,000만원과 경비 100만원을 각각 익금·손금에 넣고, 익금·손금의 산입여부와 귀속시기를 각각 따지게 한다(또 "수입금액"은 가산세[50] 및 기업업무추진비 한도를[51] 계산하는 기준으로 쓰인다). 물론 법에 예외적 규정이 있어서 특정한 비용을 관련수입금액에서 바로 공제하고 남은 잔액만을 익금으로 삼기도.[52] 그런 비용은 결과적으로 그대로 손금산입하는 셈이 된다.

3. 거래단위의 재구성

역으로 한 개의 행위를 두 가지 요소로 헤쳐 나누어 익금과 손금의 금액을 계산할 수 있을까? 본보기로 법인이 자산을 무상 또는 저가로 양도한 경우, 익금의 금액 및 관련손비의 금액을 어떻게 파악해야 할까나. 예를 들어 어떤 법인이 토지를 증여한다면, 이는 순자산을 감소시키는 행위이다. 이 토지의 장부가액이 1,000만원이고 시가가 1억원이라 하자. 이 거래는 ① 순자산감소(기부금) 1,000만원을 발생시키는 거래인가,[53] 또는 ② 순자산감소(기부금) 1억원과 순자산증가(토지처분익) 9,000만원을 발생시키는 거래인가?[54] 기부금의 손금산입에는 일정한 제한이 있으므로,[55] 어느 쪽으로 보는가에 따라 과세소득의 금액에 차이가 생길 수 있다. 판례는? ②의 입장. "법인이

---

46) 법인세법 제15조. 법인세법시행령 제11조 제1호.
47) 법인세법 제19조. 법인세법시행령 제19조 제1호.
48) 법인세법 제15조. 법인세법시행령 제11조 제2호.
49) 법인세법 제19조. 법인세법시행령 제19조 제2호.
50) 법인세법 제75조의3; 소득세법 제81조 제1항.
51) 법인세법 제25조 제4항. 다만, 현행법은 기업회계상의 매출액을 쓰도록 정하고 있다. 법인세법시행령 제40조.
52) 매출에누리나 매출할인이 있으면 이를 공제한 순매출액이 수입금액. 법인세법시행령 제11조 제1호, 제68조 제4항; 소득세법시행령 제51조 제3항 제1호.
53) (차) 기부금 1,000 (대) 자산 1,000
54) (차) 기부금 10,000 (대) 자산 1,000 + 처분이익 9,000
55) 법인세법 제24조; 소득세법 제34조. 제22장 제1절 V.

타인에게 자산을 무상으로 양도하거나 혹은 시가보다 현저하게 낮은 가액으로 양도함으로써 법인세법 소정의 기부금의 요건에 해당되는 경우 상대방이 취득한 자산가액이나 그에 상응한 법인자산의 감소액은 자산의 시가 상당액으로서 비록 법인이 시가와 장부가액의 차액을 기업경리상 손비로 계상하지 않았다고 하더라도 세법상 일단 차액 상당의 수익이 법인에 실현됨과 동시에 수익을 상대방에게 제공함에 따른 손실이 발생한 것으로 관념하여 그 손실을 기부금으로 보게 된다."[56]

옳은 판결이다.[57] 애초 Haig-Simons의 소득정의로 돌아가 생각해 본다면, 가치의 상승액은 이미 소득에 들어갔을 것이고 기부한 자산의 장부가액은 시가로 올라갔을 것이다. 실무적으로도 장부가액만이 기부금이 된다고 풀이한다면, 값이 오른 재산은 현물로 넘겨주어 양도차익과세를 피하고 값이 떨어진 재산은 팔아서 양도차손을 낸 뒤 현금을 넘겨주는 방식으로 손익을 조작할 수 있게 된다. 문제는 우리 현행법의 해석론상 증여라는 순자산감소 행위에서 익금(=순자산증가액)이 생길 수 있는가 하는 점이다. 일본의 판례는 자산의 무상양도에서도 동 자산의 시가상당액만큼 수익이 생긴다고 풀이하고 있다. 일본법에는 "자산의 무상양도에서 생기는 수익"을 익금에 포함한다는 말이 있다는 이유.[58] 반면 개인소득세이기는 하지만 우리 법은 오히려, 증여는 양도가 아니라는 규정을 두고 있어서[59] 일본 판례와 같은 해석이 당연하지는 않는다.

이 문제는 결국 손익을 따지는 단위의 문제이고, 법의 글귀로 돌아가면 장부가액 1,000만원짜리 자산을 기부하는 행위에서 처분이익 9천만원만큼 '순자산을 증가시키는 거래'[60]와 기부금 1억원만큼 '순자산을 감소시키는 거래'를[61] 인식할 수 있는가의 문제이다. 가능하다. 가능하다고? 증여라는 한 가지 행위에서 두 거지 거래가 생긴다고? 일상용어로 '거래'라는 말은 '둘 이상의 당사자 사이에서 이루어지는 경제 행위 정도'의 뜻이지만, 위 법조에서 말하는 거래를 그런 뜻으로 풀이할 수는 없다. 예를 들어 불이 나서 재산이 소실된 경우 순자산 감소액을 손금산입함에는 의문의 여지가 없고, 따라서 그만큼 순자산 감소라는 '거래'가 있다고 보아야 하는 까닭이다. 법인세법 제15조나 제19조에서 말하는 거래라는 말은 자산·부채·자기자본의 변동을 인식하는 단위를 일컫는 기술적·몰가치적(沒價値的) 개념일 뿐이다. 결국 위 재산의 증여에서 생기는

56) 대법원 1993. 5. 25. 선고 92누18320 판결.

57) 현행법은 처분익과 달리 처분손은 기부금에 넣는다. 법인세법시행령 제37조 제1항. 기업업무추진비도 마찬가지. 같은 영 제40조 제2항.

58) 일본 法人税法 제22조 제2항. 일본 最高裁判所 1966(昭和 41). 6. 24. 선고 昭和37(オ)255 판결; 1995(平成 7). 12. 19. 선고 平成6(行ツ)75 판결.

59) 소득세법 제88조 제1호; 2001. 12. 31. 삭제 전 옛 법인세법 제99조 제2항.

60) 법인세법 제15조 제1항.

61) 법인세법 제19조 제1항.

수익과 손비를 기부금 1억원, 자산양도차액 9천만원 두 가지로 인식하나, 혹은 이를 묶어서 자산의 양도가액(기부금) 1천만원으로 인식하나 어느 쪽이든 법령의 글귀에서 어긋나지는 않는다. 그렇다면 앞 문단의 목적론적 해석을 따름이 옳다.

Ⅴ. 내국법인의 청산(清算)소득에 대한 법인세

내국법인은 각 사업연도의 소득에 더하여 청산소득에 대한 법인세의 납세의무를 진다.

> 법인세법 제86조 (납부) ① 제79조 제1항…에 해당하는 내국법인…은 그 해산으로 인한 청산소득의 금액에 제83조를 적용하여 계산한 세액…을 법인세로서 신고기한까지 납세지 관할 세무서등에 납부하여야 한다.

> 제79조 (해산에 의한 청산소득 금액의 계산) ① 내국법인이 해산(합병이나 분할에 의한 해산은 제외한다)한 경우 그 청산소득(이하 "해산에 의한 청산소득"이라 한다)의 금액은 그 법인의 해산에 의한 잔여재산의 가액에서 해산등기일 현재의 자본금 또는 출자금과 잉여금의 합계액(이하 "자기자본의 총액"이라 한다)을 공제한 금액으로 한다.

> 제83조 (세율) 내국법인의 청산소득에 대한 법인세는…제55조 제1항에 따른 세율을 적용하여 계산한 금액을 그 세액으로 한다.

옛 법에서는 합병이나 법인의 분할의 경우에도 청산소득을 계산하여 세금을 내도록 정했으나 2010년 7월 1일부터 청산소득이 아니라 양도차익을 각 사업연도 소득으로 과세하는 것으로 바뀌었다. 제15장, 제16장. 清算所得이란 어느 특정한 시점(해산시점)에 법인의 장부에 잡힌 자산의 가치와 실제가치의 차액을 말한다. 자산을 실제로 팔아보면 자산의 장부가격과는 다른 값을 받게 마련. 이렇듯 잔여재산의 장부(帳簿)가액과 처분가액 사이의 차이에서 소득이 생기고, 여러 가지 복잡한 세금문제가 생긴다. 제14장 제5절.

Ⅵ. 법인세의 원천징수(源泉徵收)

법인이 자연인(自然人) 등 소득세법상 납세의무자에게 소득을 지급하는 경우의 원천징수의무는 소득세법에 따른다. 제11장 제6절. 법인이 받는 소득에 관하여, 소득을 지급하는 자에게 원천징수의무를 지울 필요가 있을까? 법인(法人)에게 소득을 지급하는 자가 개인인 경우라면 원천징수의무를 지우지 않는 편이 오히려 정답임을 쉽게 알 수 있다. 돈이나 소득이 모이는 곳에서 세금을 걷자는 것이 원천징수 제도인 까닭이다. 제5장 제6절 I.1. 법인에게 소득을 지급하는 자가 法人이라면 어느 쪽에서 세금을 걷더라도 마찬가지이고 그렇다면 구태여 원천징수제도를 둘 이유가 없다. 그렇지만 현행법은 소득세법상 이자소득으로 구분되는 소득에 대해서는 원천징수의무를 지우고 있다.[62] 법인에 이자(利子)소득을 지급하는 자는 거의 다 은행이기 마련이고, 은행은 법인 가운데에서도 길목의 위치를 차지하는 까닭. 투자신탁수익의 분배금을 지급하는 자산운용회사도 원천징수의무를 진다. 채권매도법인의 원천징수의무는 제20장 제1절 III.3.

법인세법 제73조 (원천징수) ① 내국법인(금융회사 등의 대통령령으로 정하는 소득은 제외한다)에 다음 각호의 금액을 지급하는 자(이하 이 조에서 "원천징수의무자"라 한다)는 그 지급하는 금액에 100분의 14의 세율을 적용하여 계산한 금액에 상당하는 법인세…를 원천징수하여… 납부하여야 한다…

1. 소득세법…에 따른 이자소득의 금액…

2. 소득세법…에 따른 집합투자기구로부터의 이익 중 「자본시장과 금융투자업에 관한 법률」에 따른 투자신탁(…)의 이익…의 금액

Ⅶ. 중소기업 특례

법인세법 제25조(기업업무추진비), 제72조(결손금 소급공제) 등에 특례가 있다. 조세특례제한법에도 여러 가지.[63]

62) 법인세법 제73조. 원천징수의 법률관계는 제5장 제6절 I.

63) 중소기업이라는 것 그 자체에 세제우대를 줄 이유는 없다. Institute of Fiscal Studies, Tax By Design: The Mirrlees Review(2011). 한국조세연구원의 2015년 번역본 제목은 '조세설계'. 이하 이 책은 2011 Mirrlees Review라고 인용. Institute of Fiscal Studies, Dimensions of Tax Design (Fullerton, Licestor & Smith ed., 2010): Mirrlees Review(2010)은 이하 2010 Mirrlees Review라고 인용. Crawford & Freedman, Small Business Taxation(2010 Mirrlees Review, 제8장), 11.6절; 2011 Mirrlees Review, 19장.

제 2 절 법인세 납세의무자의 범위

I. 법인의 구분과 과세소득의 범위

법인세법이라는 법률에서 구체적 금전채무를 지우고 있는 조문에는 지금까지 본 것에 더해 원천징수 조문 몇 개가 더 있지만, 여기서는 일단 무시하기로 하자. 조세채무를 지우는 조문을 조금 더 자세히 보자.

법인세법 제4조 (과세소득의 범위) ① 내국법인에 법인세가 과세되는 소득은 다음 각 호의 소득으로 한다. 다만, 비영리내국법인의 경우에는 제1호와 제3호의 소득으로 한정한다.

1. 각 사업연도의 소득
2. 청산소득(清算所得)
3. 제55조의2에 따른 토지등 양도소득

③ 제1항 제1호를 적용할 때 비영리내국법인의 각 사업연도의 소득은 다음 각 호의 사업 또는 수입(이하 "수익사업"이라 한다)에서 생기는 소득으로 한정한다.

1. 제조업, 건설업, 도매 및 소매업 등 …사업…

7. 그 밖에 대가(對價)를 얻는 계속적 행위로 인한 수입으로서 대통령령으로 정하는 것

④ 외국법인에 법인세가 과세되는 소득은 다음 각 호의 소득으로 한다.

1. 각 사업연도의 국내원천소득
2. 제95조의2에 따른 토지등 양도소득

⑤ 제4항 제1호를 적용할 때 비영리외국법인의 각 사업연도의 국내원천소득은 수익사업에서 생기는 소득으로 한정한다.

비영리법인에도 내국법인과 외국법인이 있다. 비영리내국법인은 민법에 따라 설립된 비영리법인, 사립학교법 기타 특별법에 의하여 설립된 법인으로서 민법상의 비영리법인과 유사한 목적을 가진 법인을 말한다.[64] 비영리외국법인은 외국의 정부, 지방자

64) 법인세법 제2조 제2호. 후술하듯 법인 아닌 단체도 비영리법인으로 보는 경우가 있다. 출자자에게 이익을 배당할 수 있다면 영리법인이다. 대법원 1978. 3. 14. 선고 77누246 판결. 그러나 특별법상의 법인 가운데 농업협동조합, 수산업협동조합, 중소기업협동조합, 새마을금고 따위는 이익을 배당하더라도 비영리법인으로 본다. 아래 IV.1. 법인세법시행령 제2조. 이런 법인에 대하여는 세법상 소득이 아니라 결산재무제표상의 당기순이익에 터잡아 낮은 세율로 과세한다. 조세특례제한법 제72조.

치단체 및 영리를 목적으로 하지 않는 외국법인을 말한다.[65)]

비영리내국법인과 외국법인에 대하여는 각 사업연도의 소득에 대하여만 세금을 매긴다.[66)] 따라서 제3장 내국법인의 청산소득에 대한 법인세규정은 비영리내국법인과 외국법인을 뺀 영리내국법인, 더 정확하게는, '내국법인 가운데서 비영리내국법인이 아닌 자'로 수정된다. 비영리내국법인은 법 제4조 제1항에 따라서 각 사업연도의 소득에 대하여 세금을 물지만, 다시 법 제4조 제3항의 수정을 받아 각 사업연도의 소득 가운데 收益事業에서 생기는 소득이라야 비로소 과세소득이 된다. 따라서 전체적으로 납세의무의 범위를 다음과 같이 정리할 수 있다.

i) 영리내국법인은 순자산증가설에 따라 각 사업연도의 소득과 청산소득을 모두 과세.

ii) 비영리내국법인은 각 사업연도의 소득 중에서 수익사업의 소득만 과세. 청산소득은 과세 안 한다.

iii) 외국법인은 각 사업연도의 소득 가운데 국내원천소득만 과세. 청산소득은 과세 안 한다.

공통되는 부분으로 법인세법의 주관적 적용범위, 곧 납세의무자는 法人. 법인이라는 것은 무엇인가? 법인이란 사람은 아니지만 법에 의하여 권리능력이 부여되어 있는 것이라는 정도는 익히 아는 바이다. 그렇게만 따진다면, 국가는 법인인가? 지방자치단체는 어떤가? 모두 법인이다. 대한민국의 이름으로 재산도 소유하고 대한민국이 채권자가 되어 돈을 내놓으라고도 하는 것을 보면, 틀림없는 법인이다.[67)] 그렇다면 대한민국도 법인세를 내야겠네? 어딘가 빠져나가는 조문이 있겠구먼.

> 법인세법 제3조 (납세의무자) ② 내국법인 중 국가와 지방자치단체(지방자치단체조합을 포함한다. 이하 같다)는 그 소득에 대한 법인세를 납부할 의무가 없다.[68)]

한국은행은? 낸다. 국가의 일부가 아니고 별개의 법인이다. 부산대학교는? 국가의 일부. 서울대학교는 별개의 법인인데? 다른 국립대학교와 맞추는 특례가 있다.[69)]

---

65) 같은 법조 제4호. 제17장 제2절 I.1.

66) 외국법인의 경우 본국에서는 비영리법인이더라도 우리나라에서 영리목적으로 경제활동을 한다면 영리법인으로 본다. 대법원 1986. 10. 14. 선고 84누430 판결.

67) 실상 법인이라는 개념은 국가에서 시작했고, 그 뒤 공(公)법인, 다시 회사 등 사(私)법인에게까지 넓혀졌다. 서양에서(적어도 미국에서는) 아직 살아있는 법인 가운데 가장 오래된 법인인 Harvard Corporation은 원래는 매사추세츠 식민지 정부의 하부조직으로 특별법에 따라 설립된 공법인.

68) 예를 들어 제11장 제3절 Ⅱ.2(국민연금기금의 운용소득). 그러나 아래 Ⅳ.1.

69) 국세기본법 제13조 제8항, 지방세기본법 제154조.

Ⅱ. 법인본질론과 법인세

법인은 법인세를 낸다라는 전제 하에서 국가와 지방자치단체를 납세의무자의 범위에서 빼는 조문을 보았지만, 근본적 문제가 남아 있다. 도대체 法人稅라는 것이 왜 있을까? 법인도 자연인처럼 소득을 가진다고 할 수 있을 것인가? 민법 배운 것을 돌이켜보면 법인실재(實在)설이 통설이니[70] 법인도 자연인처럼 살아 "實在"하는 것이므로 세금을 물릴 수 있는 것. 너무나도 당연하잖아? 그러나 영국의 1799년 법이나 1803년 법이 회사를 소득계산의 단위로 삼아 회사에 세금을 물리던 당시에는 회사가 사람이라는 생각조차 없었다.[71] 미국 남북전쟁 당시 소득세제가 생길 때 미국법은 회사의 주주를 개인기업이나 조합원처럼 과세했다.[72] 그러다가 1909년의 법인특권세를 거쳐서 1913년의 소득세법에서 법인세를 따로 매기기 시작했다. 제7장 제3절 1. 그 이유는 행정의 편의.[73] 사람이기 때문에 회사에 세금을 물린 것이 아니라는 말. 법인실재설에 맞추어, 회사 내지 영리사단 즉, 주주들의 사단이 주주에게서 독립한 별개의 실체라고 전제하면, '회사의 소득'이라는 말에 의미가 있을 수 있는가? 회사의 순자산이 늘었다고 하여도 이는 모두 주주에게 귀속한다. 회사의 잔여재산이나 이익에 대하여는 주주에게 분배청구권이 있으니. 법인이 실재한다면 법인의 소득은 언제나 영(0)이라고 할 수밖에 없다. '법인은 주주에게서 독립한 실체이다'라는 전제를 세우고 논리를 굽히지 않는다면 법인의 소득은 언제나 그 정의상 영(0).

그렇다면, 법인세법이 말하는 '법인의 소득'이라는 것은 도대체 무엇? 회사(=주주가 이익을 받아가는 영리법인)의[74] 소득이라는 말은 무슨 뜻? 주주(株主)의 소득(所得)이라는 뜻. 회사의 소득이란 주주의 집합적(集合的) 소득. 법인의 소득이란 구성원의 집합적 소득. 법인을 소득의 계산단위, 징세의 단위로 삼아, 법인단계에서 계산한 주주의 집합적 소득에 법인의 소득이라는 이름을 붙인 것이다. 어느 회사가

---

70) 독일에서도 적어도 세법학에서는 법인이란 민사법상의 의제라고 생각한다. '주식회사가 법인이라는 것은 민사법의 의제일 뿐("종이 몇 장")'. Tipke/Lang, *Steuerrecht*(제24판, 2021), 제11장 120문단. 이하 Tipke/Lang이란 달리 적지 않은 한 제24판.

71) 회사가 사람이라는 말이 나오는 최초의 영국 판결은 Royal Mail Steam Packet Company v. Braham(1877), 2 App. Cas. 381(PC), 386쪽인 듯. 미국판결은 Santa Clara County v. Southern Pacific Railroad Co., 118 U.S. 394 (1886). 영미법에서는 구체적 실익 없이 사람인가 아닌가라는 추상적 논점은 아예 안 묻는다.

72) Act of June 30, 1864, ch. 173. 19 Stat. 223.

73) Michael Graetz & Michael M. O'Hear, "*The Original Intent of U.S. International Taxation,*" 46 Duke L.J. 1021(1997), 특히 1038쪽 주석 67.

74) 주식회사나 유한회사는 1인회사가 가능하다. 상법 제288조, 제543조 제1항, 제609조 제1항. 회사의 '영리'법인이라는 말은 출자자에게 이익을 분배한다는 뜻. 송옥렬, 상법강의, 제6편 제1장 제1절 II.

장사를 하여 돈을 벌었다면, 실상 회사가 돈을 번 것이 아니다. 그 회사에 투자를 한 주주들이 그만큼 부자가 되었다는 것이다. 주주 아닌 자는 그 돈을 못 가져가니까.

결국, 법인의 소득이란 있다고 미리 당연히 전제할 수 있는 개념이 아니고 세법이 말하는 법인이란 단지 소득을 계산하는 주관적 과세단위(單位)에 불과하다.[75] 그렇다면 이 주관적 단위를 어떻게 정할 것인가? 왜 법인격을 단위로 소득을 모아야 하는가? 반드시 그럴 필요가? 없네! 법인세 납세의무자의 범위와 법인격을 맞추어야 할 필연적 이유가 없네.[76] 세제, 더 넓혀서는 법률제도의 궁극적 목표는 한결 나은 세상을 만드는 데 있다. 법률제도의 좋고 나쁨은 그 법을 통해서 세상 사람이 더 행복해지는가 불행해지는가를 기준으로 따져야 한다. 궁극적으로 법인세를 부담하는 것은 누구인가? 세금이란 사람들이 누릴 수 있는 자원을 국가가 걷어가는 것이다. 물론 세금을 법인에서 걷을 수 있다. 그러나 법인 그 자체가 세금을 부담하는 것은 불가능하다.[77] 세금이란 법인과 관련된 노동자든, 소비자든, 주주든 누군가 살아 움직이는 인간들에게 영향을 주는 것이다.[78] "문제는 살아 움직이는 사람들의 행복."[79] '법인을 납세의무자로 삼을 것인가' 하는 문제는 '법인세 제도를 어떻게 만들 것인가' 하는 문제이고, 이 문제는 다시 '어떻게 하는 편이 효율과 공평이라는 세법의 지도이념에 맞는가'라는 과학적 분석에 터잡아 따질 일이다.[80] 법인실재설을 "믿는다"는 이유로, 법인을 정말 살아 움직이는 것이라고 생각하고 법인의 행복과 불행을 고려하여 조세제도를 만들자는 말은 있을 수 없다. 법이 있으니 법인이 있는 것. 법이 없는 세상에는 법인이 있을 수 없다.[81]

결론짓자면, '법인이 실재하는가, 아니면 의제인가'라는 논쟁은 설 자리가? 적어도 세법에서는 없다. 민사법상 법인본질론(法人本質論)에서 뭐라고 하든, 적어도 세법의

---

75) 제9장 제2절 Ⅰ, Ⅱ.

76) Robert Couzin, Corporate Residence and Int'l Taxation(2002), 특히 16쪽.

77) 법인이 세금을 부담한다면, 세상사람들이 공짜로 공공재를 누리는 요술세계로 들어가게 된다. 법인에게만 세금을 부담시키고 다른 사람은 세금을 안 내어도 되는 까닭이다.

78) 법인세가 누구에게 귀착되는가에 대해서는 주주라는 설, 주주와 채권자라는 설, 소비자라는 설 등 경제학자들 사이에서 여러 가지 주장이 있다. 너무나 당연한 이야기이지만, 궁극적 부담자가 누구인가는 법률에 따라 결정되는 것이 아니라, 시장 구조에 따라 결정된다. 실증분석을 정리한 글로 Auerbach, Who Bears the Corporate Tax?, 20 Tax Policy and Economics 1(2006). Gravelle, Corporate Tax Reform (Congressional Research Service Report, 2021). 인터넷에 나온다.

79) Report of the Royal Commission on Taxation(캐나다; 1966), 1권 7쪽.

80) 법인세를 둘 것인가에 대한 해답을 "법인은 실재한다"라는 형이상학적 전제에서 끌어내는 것은 "병은 귀신의 짓"이라는 전제 하에서 아픈 사람에게 푸닥거리를 권하는 것과 전혀 다를 바 없다. 그 전제 하에서는 푸닥거리는 논리적으로 가장 옳은 치료법이다.

81) 제2장 제3절 Ⅱ.6. Joel Bakan, The Corporation: The Pathological Pursuit of Profit and Power (2005), 154쪽. 한편 "법인은 독자적이며 객관화되어 있는 정신적 실체를 보유하고 있다"고 우기는 사람도 있기는 하다. Fritz Rittner, *Die werdende juristische Person*(1973), 211쪽, 220쪽.

입장에서는 법인본질론은 전혀 부적절하다. 법인이 실재한다고 하더라도 자연인과 꼭 같이 살아 숨쉬면서 노동하고 소비하는, 행복과 불행을 느끼는 존재가 아닌 까닭이다. 나아가 일반론으로도 그 논쟁은 적절한 논쟁도 아니고, 맞는 논쟁도 아니다. 사람이 아닌 것을 법인으로,[82] 권리의무의 주체로 삼는 데에는 무언가 실익이 있기 때문일 것이다. 그 실익이 무엇인가를 따져서 거기에 맞도록 개념을 정하면 된다. 법이 아니라 하늘에서 내려주는 법인이라는 개념은 없다.

결국 법인세법이 말하는 법인이란 소득의 계산단위로서 주주의 集合이라는 뜻. 어, 그러면 법인세는 직접세(直接稅)라는 상식은 틀렸나? 틀렸다. 본보기로 법인세에 누진율을 적용하는 것은 법인이 사람으로서 세금을 낸다는 착시(錯視)에 터잡고 있다. 이미 보았듯, 모든 자연인을 납세의무자로 삼아 Haig-Simons의 소득개념에 따라 과세하지 않는 현실세계에서, 납세의무자, 과세물건 따위의 개념은 세제 전체에서만 파악할 수 있는 개념이다. 법인세법 하나만 들고서 법인세란 직접세라고 말하는 것은 그야말로 저잣거리의 상식 또는 무식. 만일, 법인세를 매기고 주주에게는 따로 세금을 매기지 않는 세제가 있다면 이런 세제는 오히려 간접세(間接稅)라고 보아야 옳다.[83] 각 주주의 주관적 사정을 전혀 고려하지 않은 채 법인단계에서 일률적으로 과세하는 세금이 되는 까닭이다. 제1장 제3절. 순자산 100억짜리 회사의 100% 주주와 금융자산이라고는 딸랑 삼성전자의 주식 1주인 사람, 누가 더 부자인가?

Ⅲ. 회사에 대한 법인세

오늘날에 와서는 세법을 공부하는 사람이라면 법인격과 법인세의 외연이 같아야 한다는 미신에서 이미 해방된 것이 오히려 보통이다. 법인격이 있다고 해서 꼭 법인세를 매겨야 할 이유가 없다는 것이야 너무나 당연하다 여기는 사람은 이 III의 미신타파 작업은 읽을 필요 없이 바로 다음으로 넘어가면 된다.

모름지기 법인은 법인세의 납세의무를 져야 하는가? 기실 바른 질문이 아니다. 바른 질문 = 법인이라면 모두 법인세 납세의무를 지워야 하는가? 뒤에 보듯 물적회사, 적어도 주식회사에 대해서 법인세 납세의무를 지워야 함에는 생각을 달리하기 어렵다. 실제로 중요한 문제는 인적회사에 대한 과세. 여러 나라의 현행법을 보더라도, 인적회사(人的會社), 곧 합명회사와 합자회사에 대해 법인세 납세의무를 지우는가는 나라에 따라 큰 차이가 있다. 우리 법인세법은 "법인"을 납세의무자로 삼고 있고, 합명회사,

82) 유발 하라리, 호모 사피엔스(2015), 55-58쪽.
83) Tipke/Lang, 제24판 7.20문단.

합자회사, 유한책임회사, 주식회사, 유한회사는 모두 법인이라는 이유로[84] 법인세의 납세의무자가 된다.[85] 일본법도 우리 법과 같고.[86] 이에 반해 독일법이나 미국법은 인적회사는 빼고 물적회사만을 법인세의 납세의무자로 삼고 있다. 독일법에서는, 주식회사, 주식합자회사 및 유한회사는 법인세의 납세의무가 있고, 합명회사와 합자회사는 법인세 납세의무가 없다.[87] 미국법[88]에서는 1960년 이래 법인세 목적상 (가) 구성원 내지 社員이 있어야 하고, (나) 영리목적이 있다는 두 가지 요건을 만족하는 단체(영리사단)로서, 다시 (다) 사망, 금치산, 탈퇴 등 사원의 변동이 단체의 해산사유가 아니어야 하고, (라) 단체의 의사결정이 사원에서 독립되어 있어야 하고, (마) 사원은 단체의 채무에 대해 책임이 없어야 하고, (바) 사원의 지위를 자유로이 양도할 수 있어야 한다는 네 가지 요건 가운데 셋 이상을 만족하는 단체라야만 법인세를 매겼다.[89] 따라서, 전형적으로는 우리 법의 주식회사에 비길 만한 corporation만이 법인세의 납세의무자가 되고(주법에 따라 설립되는 corporation은, 여섯 가지 요건을 묻지 않고 그 자체로 법인세 납세의무를 진다[90]), partnership은 법인세 납세의무자가 아니었다. 현행법에서는 주법에 따라 설립된 corporation 등 일정한 기업은 법인세를 내지만, 다른 기업은 대체로 법인세를 낼지 아니면 법인의 소득을 바로 주주의 소득으로 볼지를 제 마음대로 고를(check-the-box) 수 있다.[91]

한 가지 반론. 독일법의 인적회사에는 법인격(法人格)이 없지, 그러니까 법인세를 안 내는 것. 우리나라의 인적회사는 法人.[92] 그러니까 응당 법인세를 내어야지? 그러나 사실 법인격이 있는가 없는가는 실제로는 별 차이가 없다. 우선 미국법에서는 법인이라는 추상적 개념을 함부로 쓰는 법이 없다. 뒤에 가면서 더 분명해지겠지만, 회사법에서는 회사의 개념이 문제가 되는 것이고 corporation tax에서는 corporation의 개념이 문제가 되는 것이며, 그 밖에도 단체를 규율하는 다른 법에서도 각각 그 법의 목적

84) 상법 제169조, 제170조.

85) 다만, 합명회사, 합자회사 및 일부 유한회사는 동업기업 과세특례를 선택하여 법인세 납세의무를 지지 않고 구성원들이 직접 소득세 또는 법인세 납세의무를 지도록 할 수 있다. 조세특례제한법 제100조의15, 제100조의16. 제14장 제1절 Ⅱ.4. 참조.

86) 일본 法人税法 제4조. 일본법에는 유한회사가 없다. 미국의 LLC를 들여오면 법인세를 안 낼 것이라는 착각 속에 유한책임회사를 들여왔고, 거의 겹치는 유한회사를 폐지.

87) 독일 법인세법 제2조 제1항.

88) 상세는 이창희, 미국법상 파트너십 세제의 정책적 시사점(심당 송상현 선생 화갑기념논문집 "이십일세기 한국상사법학의 과제와 전망," 2002), 779쪽.

89) Internal Revenue Code(이하 "미국세법") 11(a)조 및 7701(a)(3)조와 동 시행규칙 301.7702-2조.

90) O'Neill v. United States, 410 F.2d 888(6th Cir. 1969). 사원권이 증권시장에서 거래된다면 파트너십도 법인으로 과세한다. 미국세법 7704조.

91) 미국재무부 시행규칙 301.7701-3.

92) Goetz, Gesellshaftrecht, 12.Ⅱ절 및 18.I절. 상법 제171조.

에 따라 단체의 개념을 정해나가지, 모든 법에 일률적으로 적용되는 "법인"이라는 식의 개념은 없다. 법인이라서 법인세 납세의무를 지는 것이 아니고 법인세법이 납세의무자의 범위에 넣고 있으므로 납세의무를 지는 것이다.

우리 법의 法人格이라는 개념은 독일법의 개념이 일본법을 거쳐 우리 법으로 넘어온 것. 법인격이라는 말은 세 가지 정도의 뜻을 가질 수 있다. 첫째 법인격은 법률효과의 귀속점, 권리의무관계의 단위 정도의 뜻을 지니지만, 반드시 법인이 아닌 단체라도 권리의무관계의 단위가 될 수 있다는 점에서 이를 반드시 법인격에 특유한 성질이라 말할 수는 없다. 둘째 법인격은 채권자 관계에서 법인의 재산이 따로 있다는 뜻으로 쓰이기도 하지만, 우리 법에서 유한책임은 물적회사에 한하고 인적회사에서는 사원이 무한책임을 진다. 역으로 출자자에 대한 채권자가 직접 회사재산에 책임을 물을 수 없는 것은 맞지만 이 점은 법인격이 없는 조합기업도 마찬가지. 셋째, 법인이라는 말은 사원과 독립한 단체라는 측면에서 쓰일 수도 있지만, 1인 회사가 인정되는 이상 이런 개념은 적절하지 않다. 결국 법인이라는 말은 "자연인처럼 권리의무의 귀속점을 두어서 실체법상 또 절차법상 법률관계의 간단명료한 처리를 한결 철저히 하기 위해 법이 정책적으로 인정한 의제일 뿐이다."[93]

적어도 人的會社에 관한 한 독일법에서는 법인격이 없지만 일본법이나 우리 법에서는 법인격이 있다는 것은, 민사법에서는 실제로 거의 아무런 차이가 없다. 독일법의 합명회사는 회사의 상호로 권리를 얻고 의무를 지며, 토지소유권 따위의 물권을 회사의 명의로 등기할 수 있고, 소송에서 원고나 피고가 될 수 있다.[94] 회사의 재산에 대한 강제집행은 회사를 당사자로 하는 채무명의가 있어야 한다.[95] 차이를 들자면, 우리 법의 인적회사는 법인이므로 회사 자신이 재산을 소유하는 데 비해 독일법의 인적회사에서는 재산이 사원의 合有라는 점을 들 수 있다. 제14장 제1절 Ⅱ. 그러나 소유관계가 합유라는 말은 역시 추상화된 개념일 뿐, 실제로 재산의 관리 처분에 있어서는 우리 법의 인적회사나 독일법의 인적회사, 나아가서 미국법의 파트너십 사이에 별 차이가 없다. 독일법에서도 회사의 명의로 되어 있는 재산을 제3자가 사들이기 위해서는 사원 모두를 계약당사자로 삼아야 할 필요가 없고 대표권 있는 사원과 계약하면 된다. 실제로 거의 유일한 차이점은 독일법의 인적회사에서는 회사의 채권자가 회사에 대하여 먼저 청구를 할 필요없이 곧바로 사원에게 청구할 수 있지만, 우리 법에서는 채권자는 일차적으로 회사에 책임을 묻고 회사재산으로 만족을 얻지 못하는 경우라야 사원들의 책임

93) 竹內昭夫, 新編注釋會社法(編輯代表 上柳克郎) 제54조 주석.

94) Handelsgesetzbuch 제124조 제1항.

95) 같은 법조 제2항.

을 물을 수 있다는 점이다.96) 그러나 이는 소송절차상의 문제일 뿐이지 법률관계 자체는 직접책임이고, 실제로 회사가 어떻게 운영되는가라는 경제적 실질과는 아무런 관계가 없다. 독일법의 인적회사와 우리 법의 인적회사 사이에 세법상 다른 법률효과를 주어야만 하는 논거는 못 된다.

인적회사가 법인격을 지닌다는 것에 별 의미가 없다면 이 조문이 상법(商法)에 들어와 있는 것은 어인 까닭? 회사는 법인이라는 우리 상법 조문은 옛 일본 상법97)에서 들어온 조문이다. 그런데 애초 메이지(明治)시대에 일본이 서양식 상법을 처음 만들었을 때에는, 상법에 그런 조문이 없었다. 그 대신 당시의 일본 상법은98) "회사(會社)는 독립의 재산을 소유하고 독립하여 권리와 의무를 부담한다. 특히 자기 명의로 채권을 얻고 채무를 부담하며, 동산, 부동산을 취득하고 소송에 있어서 원고 또는 피고가 될 수 있다"라고 정하고 있었다.99) 이런 내용을 담은 최초의 상법은 Hermann Rösler라는 독일학자가 독일말로 초안을100) 만들고 이를 일본말로 번역한 것이다. Rösler의 초안해설은 회사가 무엇을 할 수 있는가를 자세히 설명하고 있다. 그 내용은 인적회사를 포함하여 회사가 무엇을 할 수 있는가에 관한 독일법을 설명하고 있는 것이다. 그 뒤, 이 조문을 놓고 일본의 상법학자들은 회사가 법인인가 아닌가라는 논쟁을 벌인다. 이른바 통설로 앞 조문을 줄이면 한 마디로 "회사는 법인"이라는 뜻이라는 주장도 나오고101) 독일 이론을 따라 회사는 법인은 아니지만 법적 존재라는 주장도 나왔다. 상법이 "법인"이라는 말 그 자체에 아무런 법률효과를 주지 않고 있는 마당에 이 논쟁은, 말하자면 한꺼번에 바늘 끝에 올라가 춤출 수 있는 천사의 수는 몇인가라는 신학자 사이의 논쟁과102) 다를 바 없었다. 이 "무익"한 논쟁을103) 끝장내기 위하여 1903년의 개정상법은 통설을 따라 앞서 본 긴 조문 대신 "회사는 법인이다"라는 조문을104) 두기에 이른 것이다. 개정조문의 취지는, "법인으로 된다라는 것이 그 본질로서 법률에 의해 권리능력을 부여받는다는 것인 이상, 회사는 법인인가 아닌가는 각국입법의 실제에 따라서 이를 결정해야 마땅한바, 이를 독일·프랑스의 법제에서 살펴

---

96) 상법 제212조.

97) 일본의 옛 商法 제54조, 현행 일본 會社法 제3조.

98) 1870년(明治 3년) 법률 제32호.

99) 일본의 옛 商法 제71조.

100) 이 초안과 그에 대한 해설은, Hermann Rösler, Entwurf eines Handels-gesetzbuch für Japan mit Kommentar(동경대학 법학부 도서관 소장); 司法省, ロエスレル氏起草, 商法草案(같은 도서관 소장).

101) 岸本辰雄, 商法正義 2권, 36쪽.

102) Thomas Acquinas, Summa Theologica, 1st Part, Question 52.

103) 田中耕太郎, 再訂增補 會社法概論(1932), 40쪽.

104) 1903년(明治 36년) 일본 商法 제44조, 현행 일본 會社法 제3조.

보건대 이 나라들의 법률에서 회사를 법인으로 한다라는 명언(明言)이 없어서 구구한 논의를 낳고 있지만, 회사는 독립하여 권리를 가지고 의무를 지며 독립하여 소송의 주체로 삼을 수 있다는 규정의 결과 회사에는 인격이 있다고 보는 오늘날 학자의 통설이고, 우리 상법은 명문을 두어 회사를 법인으로 단정하므로, 그 본질론에 관한 종래의 논쟁은 이 시점에 있어서 두절된다고 말해야 마땅하다"라는 것.[105]

결국 법인과 법인세를 논리필연으로 연결하려는 견해는 형이상학 내지 신앙의 차원에 있는 것으로, "법인 실재"의 믿음일 뿐이다. 그러나 누구에게 법인세를 매길 것인가는 과학(科學)의 문제이지 신앙(信仰)의 문제가 아니다. 우리 법은 인적회사(동업기업 과세특례를 선택하지 않은 경우)나 유한회사한테도 법인세를 매기고 있다. 제14장 제1절 Ⅱ. 이것이 옳은 입법인가는 과학적 분석을 필요로 한다. 인적회사나 유한회사에 법인세를 매겨야 마땅한가라는 문제는 법인이라는 제도는 왜 만들어진 것인가, 법인세란 왜 있는가, 이런 큰 문제의 일부로 다음 제3절에서 다룬다.

Ⅳ. 비영리법인에 대한 법인세

1. 비영리법인이란?

앞서 세법이 말하는 법인이란 주주의 소득을 모아 계산하는 주관적 단위일 뿐이라고 말했지만 이 말은 기실 돈을 벌자고 모인 사람(들)로 이루어진 법인, 곧 영리법인 내지 회사에만 적용된다. 영리를 목적으로 하지 않는 사단법인도 민법에 따라 법인격을 얻고, 다른 비영리단체도 다른 법에 따라 법인격을 얻을 수 있기 때문. 비영리법인이란, 영리(이익분배) 아닌 다른 목적으로[106] 모인 사람들의 모임(사단, 社團)에 법인격을 인정한 것(社團법인)이거나 특정한 목적에 출연한 재산(재단, 財團)에 법인격을 인정한 것(財團법인)이다. 재단법인은 이익을 나누어 가질 사람이 없으므로 성질상 비영리법인일 수밖에 없다. 이런 비영리법인은 민법에 따라 설립되는 것도 있고 사립학교법, 의료법, 그 밖에 다른 특별법에 따라 설립되는 것도 있다. 공익법인이[107] 아닌 비영리법인을 민법에 따라 설립하는 것도 가능하다. 특별법에 의해 설립하는 법인이더라도 출자자에게 이익을 배당할 수 있는 것은 비영리법인이 아니다.[108] 민법에 따라

105) 柳川勝二, 改正商法論綱(增訂3版, 1913), 104-105쪽.

106) 법인세법 제2조 제2호(나).

107) 「공익법인의 설립・운영에 관한 법률」 제1조는 같은 법률이 민법의 규정을 보완하는 것이라고 한다. 공익을 장학이나 자선으로 정의하므로 종교나 친목 등은 공익이 아니다.

108) 법인세법 제2조 제2호 (나)목. 독일 조세기본법 제55조 제1항 제1호. 대법원 1978. 3. 14. 선고 77누

설립된 법인도 잔여재산이 출연자에게 귀속한다면 그 범위에서는 영리법인과 출자자로 보고 세법을 적용해야 맞다. 법인이 아니지만 국세기본법이 법인으로 보는 단체는 이익을 배당할 수 없으므로 비영리법인으로 본다.[109] 한국은행 기타 공법인(公法人)은 비영리법인이다.[110] 입법례에 따라서는 국가나 지방자치단체가 직접 하는 행위이더라도 돈을 벌기 위한 사업행위라면 법인세를 물리기도.[111]

2. 과세소득의 범위

비영리법인 역시 권리의무의 귀속단위이므로 이를 단위로 삼아 부(富)가 얼마나 늘었는가를 계산할 수 있다. 비영리법인의 속성상 이런 부의 증가는 구성원들에게 돌아가지 않고, 따라서 구성원들의 소득일 수가 없다. 그렇다면 비영리법인을 자연인이나 마찬가지로 보아 부의 증가를 과세할까나. 현행법은 비영리법인에 법인세를 매기되, 순자산의 증가 전체를 과세하지는 않고 일정한 범위 안의 소득(수익사업)만 과세하고,[112] 과세대상 소득이더라도, 그만큼의 돈을 고유목적사업에 썼거나 일정기간 안에 쓸 것이라면[113] 그 부분에 대해서는 세금의 전부(금융소득의 경우) 또는 일부(다른 소득의 경우)를 면해 준다.[114][115] 이미 있던 재산을 공익사업으로 넘기면 손금이다.[116]

---

246 판결(수산업협동조합); 1983. 12. 13. 선고 80누496 판결(건설공제조합). 현행법에서는 비영리법인이다. 정비사업조합이나 옛 도시재개발법에 따른 재개발조합은 비영리법인. 대법원 2005. 5. 27. 선고 2004두7214 판결, 조세특례제한법 제104조의7 제2항, 제4항. 지역단위 농협 등 조합법인에 대한 조세특례제한법상 특례는 한없이 연장 중이다. 앞 I.

109) 국세기본법 제13조 제1항, 제2항. 제4장 제2절 I.

110) 글귀만 따지자면, 민법 제32조에 "영리 아닌 사업을 목적으로 하는 법인"이라는 말이 나오기는 하지만 민법이라는 법의 성격상 특별법에 따라 세우는 공법인의 목적이 "민법 제32조에 규정된 목적과 유사"하다고 말하기는 어렵다. 그렇지만 공법인을 영리법인으로 과세할 수는 없으므로 비영리법인이라고 볼 수밖에 없다.

111) 독일이 그렇다. 민간기업과 경쟁중립성이 필요하다는 논거로. 박종수, 생존배려사업과 공법인의 납세의무, 조세법연구 Ⅷ-1(2002), 194쪽.

112) 따라서 구분경리가 필요하다. 법인세법 제113조 제1항. 대법원 1976. 4. 13. 선고 75누713 판결(소득의 용도 불문). 고유목적사업을 위한 지출은 수익사업의 손금이 아니다. 대법원 2020. 5. 28. 선고 2018두32330 판결.

113) 준비금을 설정하여 손금산입하고 그 뒤 5년 안에 고유목적사업에 쓰게 한다. 법인세법 제29조 제1항, 제5항 제4호. 목적사업 아닌데 쓰거나 5년 안에 실제로 쓰지 않는다면 깎아 준 세금에 대한 이자를 추징한다. 같은 법조 제7항. 돈에는 꼬리표가 없으므로 대법원 2017. 3. 9. 선고 2016두59249 판결은 의문: 5년 안에 해당 금액을 쓰면 된다. 금융소득을 버는 것이 고유목적사업일 수는 없다. 대법원 2019. 8. 30. 선고 2019두40529 판결. 미국법에서도 금융소득에는 unrelated business income tax를 물리지 않는 것이 원칙이다. 미국세법 512조(b). 독일법은 조세기본법 제55조 제1항 제5호.

114) 준비금 손금산입을 주무관청 등록단체에 한해도 합헌. 대법원 2012. 5. 24. 선고 2010두17991 판결.

115) 목적사업 수행을 위한 대여금은 업무무관 가지급금이나 부당행위에 해당하지 않는다. 대법원 2013. 11. 28. 선고 2013두12645 판결.

116) 회계처리가 아니라 실제 넘겨야. 대법원 2013. 3. 28. 선고 2012두690 판결; 2016. 4. 15. 선고 2015

법인세법 제4조 (과세소득의 범위) ③ 제1항 제1호를 적용할 때 비영리내국법인의 각 사업연도의 소득은 다음 각 호의 사업 또는 수입(이하 "수익사업"이라 한다)에서 생기는 소득으로 한정한다.

1. 제조업, 건설업, 도매 및 소매업 등 …사업…

2. 「소득세법」 제16조 제1항에 따른 이자소득

3. 「소득세법」 제17조 제1항에 따른 배당소득

4. 주식 · 신주인수권 또는 출자지분의 양도로 인한 수입

5. 유형자산 및 무형자산의 처분으로[117] 인한 수입. 다만, 고유목적사업에 직접 사용하는 자산의 처분으로 인한 대통령령으로 정하는 수입은[118] 제외한다.

6. 「소득세법」 제94조 제1항 제2호 및 제4호에 따른 자산의 양도로 인한 수입

7. 그 밖에 대가(對價)를 얻는 계속적 행위로 인한 수입으로서 대통령령으로 정하는 것

법인세법 제29조 (비영리내국법인의 고유목적사업준비금의 손금산입) ① 비영리내국법인…이 각 사업연도의 결산을 확정할 때 그 법인의 고유목적사업…에 지출하기 위하여 고유목적사업준비금을 손비로 계상한 경우에는 다음 각 호의 구분에 따른 금액의 합계액…의 범위에서 그 계상한 고유목적사업준비금을 해당 사업연도의 소득금액을 계산할 때 손금에 산입한다.

1. 다음 각 목의 금액

가. 「소득세법」 제16조 제1항 각 호(같은 항 제11호에 따른 비영업대금의 이익은 제외한다)에 따른 이자소득의 금액

나. 「소득세법」 제17조 제1항 각 호에 따른 배당소득의 금액…

다. …

2. 그 밖의 수익사업에서 발생한 소득에[119] 100분의 50[120]…을 곱하여 산출한 금액

법인세법에서 수익사업인가와 「공익법인의 설립 · 운영에 관한 법률」 등 규제법령에서 수익사업인가는 서로 다른 문제이다. 가령 의료법인의 의료사업은 법 제4조 제3

두52784 판결.

117) 고유목적사업 전입은 대법원 2016. 8. 8. 선고 2016두31173 판결.

118) 법령에 정한 기간 동안 고유목적에 사용하지 못한 이상 정당한 사유가 있더라도 과세한다. 대법원 2017. 7. 11. 선고 2016두64722 판결.

119) 대법원 2019. 12. 27. 선고 2018두37472 판결; 2024. 7. 25. 선고 2021두31535 판결.

120) 고유목적사업에 대한 지출액 중 50% 이상을 장학금으로 지출하는 경우에는 80%를 손금산입한다. 법인세법 제29조 제1항 제2호. 학교법인 따위에 대해서는 100%를 손금산입한다. 조세특례제한법 제74조.

항의 수익사업이다. 목적사업과의 관련성을 고려할 것은 아니나 수익사업에 해당하려면 그 사업 자체가 수익성을 가지거나 수익을 목적으로 영위한 것이어야 한다.[121] 수익사업(收益事業)으로 비영리법인에게 과세하는 범위가 소득세법의 과세소득과 반드시 같지는 않다. 가령 제도금융 이자소득에 관하여는, 비영리법인은 이를 신고납부의 범위에서 아예 빼버릴 선택권을 가진다.[122] 신고납부의 업무부담을 생각한 규정으로, 이 선택권을 행사한다면 원천징수세가 최종적 세부담. 또 주식, 신주인수권 또는 출자지분의 양도나 토지·건물의 처분에서 생기는 소득이 있는 비영리법인은 이를 법인세법상 과세소득에 포함시키지 않고 소득세법에 따라 양도소득세액을 계산하여 납부할 수 있다.[123] 소득세법에서 이미 가중된 세율을 적용하여 중과하고 있다면 법인세법 제55조의2의 토지등 양도소득에 대한 세액을 추가납부할 의무도 없다.[124] 무상으로 얻은 이득은 과세범위에 안 들어간다. 대신 상속세나 증여세를 물린다.[125] 물론 비영리라는 성질상 상속세나 증여세도 비과세 범위가 넓기는 하다.[126] 청산소득도 출자자가 못 가져가니 법인세도 없다.[127]

3. 어떻게 과세해야 옳을까?

비영리법인에 대해 세법상 어떤 지위를 줄 것인가라는 문제에 대해서는 답이 반드시 분명치는 않다.[128] 가령 비영리법인이라는 것이 국가와 마찬가지로 공익(公益)을 대변한다면, 국가가 그 부의 증가에 세금을 내지 않듯 비영리법인도 세금을 내지 말아야 옳다고 말할 수 있다.[129](특히 정부의 실패, 곧 국가가 제대로 생산하지 못하는

121) 대법원 1996. 6. 14. 선고 95누14435 판결; 1997. 2. 28. 선고 96누14845 판결; 2005. 9. 9. 선고 2003두12455 판결.

122) 법인세법 제62조.

123) 법인세법 제62조의2. 대법원 2012. 1. 26. 선고 2010두3763 판결(수익사업의 시점).

124) 같은 법조 제2항.

125) 법인세법 제3조 제1항 제1호. 대법원 2025. 1. 23. 선고 2023두47893 판결. 입법론으로는 연관 여부를 묻지 말고 법인세를 물리자는 주장도 있다. 제25장 제3절 Ⅰ.1. 공익법인 출연은 제25장 제1절 III.

126) 제25장 제1절 Ⅲ 참조.

127) 앞 I. 제14장 제5절, 제15장. 대법원 2005. 5. 7. 선고 2004두7214 판결.

128) 일반론으로 David Gliksberg, "*Taxation of non-profit organizations*," Cahier de droit fiscal international V. LXXXIV(1999), 19쪽 이하 참조. 우리 말 번역은 조세학술논집 제16집(2000), 317쪽 이하.

129) 가령 국립대학 법인은 국가의 일부. 국세기본법 제13조 제8항. 대법원 1988. 9. 27. 선고 86누827 판결은 "일반적으로 국가 또는 공공단체가 자신이 행할 행정적인 업무의 일부를 비영리법인을 설립하여 이를 대행케 하고 그 업무집행을 감독하는 이른바 행정보완적인 기능"에 대해 말하고 있다. 미국에도 비영리단체에 대한 조세특혜를 정부가 제공할 용역을 대신하는데 대한 교부금이라고 한 판결이 있다. Bob Jones Univ. v. United States, 461 U.S. 574 (1983), 특히 591쪽(인종차별 대학

공공재를 생산하는 것이 비영리부문이라는 주장도 있다.) 다른 한편, 국가에 비할 때 비영리법인의 공공성은 기껏해야 수천 명, 수만 명의 이익을 나타내는 것일 뿐이므로 결국 사익(私益)을 추구하는 것이라 볼 수도.[130] 나아가 어떤 종교나 정치사상의 보급을 목적으로 하는 법인이 있다고 할 때,[131] 그 종교나 사상을 미워하거나 거기까지는 아니더라도 거기에 무관심한 사람의 입장에서 본다면 그런 법인이 버는 돈은 세금을 내어야 마땅하다고 생각할 수도. 세금을 내지 않게 한다면 이는 국가가 특정 종교나 사상의 보급을 장려하기 위해 보조금을 주는 것이라고 생각할 수도 있다.[132] 제22장 제1절 V, 제25장 제1절 III. 결국 비영리법인이라 하여 당연히 과세특혜를 주는 것은 옳지 않다. 그렇다면 과세특혜를 받을 비영리법인의 판단기준은 국민다수의 의사를 반영할 수 있도록 법률 및 위임명령에서 구체적으로 특정해야 옳다.[133] 나아가 우리 현실에서는, 학교법인, 의료법인, 재단법인 등 많은 비영리법인에서 재산출연자들이 회사의 주주나 마찬가지로 법인에 대한 지배력(支配力)을 가지고, 심지어는 법인의 주식을 팔 듯 이사의 지위를 사고 파는 꼴로 투자원리금(投資元利金)을 회수하기까지 한다. 불법이다. 이것을 합법이라[134] 인정한다면 비영리법인에 대해서 과세특혜를 줄 논거가 모두 사라진다. 재산출연자들이 근로소득의 형태로 가져가는 돈도 근로의 대가라 볼 수 있는 범위를 넘는 부분은 횡령이나 배임으로 보아야 할 것이고(물론 실제로는 이런 판단은 어렵다), 법인의 입장에서는 반환청구권이 남아 있으므로 세법에서도 손금이 될 수 없다.[135] 가져가는 사람에 대해서는 불법소득이라도 현실적으로 지배하고 있는 이상 일단은 과세한다.[136]

에 대한 조세특혜 배제).

130) "특정 계층이나 지위 또는 일정한 자격을 가진 자나 특정 업종에 종사하는 자들만의 이익증진 내지 권리보호를 그 고유의 목적으로 하는 단체는 부가가치세법상 '공익을 목적으로 하는 단체'에 해당하지 아니한다." 대법원 1997. 8. 26. 선고 96누17769 판결. 독일 조세기본법 제52조 제1항. 이런 지적은 이미 1845년 영국에서 나왔다. Daunton, Trusting Leviathan: The Politics of Taxation in Britain 1799-1914(2001), 211쪽.

131) 공익법인 약 40,000개 중 종교법인이 절반을 조금 넘는다. 국세통계연보 8-7-1. 종교법인은 공익법인의 설립·운영에 관한 법률에서는 공익법인이 아니다.

132) 미국법에서는 비영리법인이 일정한도 이상 로비비용을 지출한다면 면세혜택을 박탈하고 징벌로 excise tax를 물린다. 미국세법 4912조(a), 같은 법조(b). Regan v. Taxatuin with Representation, 461 U.S. 540(1983). 독일에서도 정치단체는 비영리법인의 혜택을 안 준다. 독일 조세기본법 제55조 제1항.

133) 예를 들어 미국의 의료법인 판단기준에 관하여는 박민, 의료법인세제에 관한 합리적 개편, 조세법연구 Ⅷ-1(2002), 63쪽 가운데 66쪽 이하.

134) 심지어는 종래의 판례와 다른 대법원 2014. 1. 23. 선고 2013도11735 판결도 있다.

135) 제22장 제1절 Ⅶ.

136) 제10장 제1절 4. 반환하는 경우 판례는 후발적 경정청구를 부인. 제6장 제3절 IV.

V. 법인 아닌 단체에 대한 법인세

법인이 아니더라도 법인세 납세의무를 지는 수가 있다.[137]

국세기본법 제13조 (법인으로 보는 단체 등) ① 법인…이 아닌 사단, 재단, 그 밖의 단체(이하 "법인 아닌 단체"라 한다) 중 다음 각 호의 어느 하나에 해당하는 것으로서 수익을 구성원에게 분배하지 아니하는 것은 법인으로 보아 이 법과 세법을 적용한다.

1. 주무관청의 허가 또는 인가를 받아 설립되거나 법령에 따라 주무관청에 등록한 사단, 재단, 그 밖의 단체로서 등기되지 아니한 것
2. 공익을 목적으로 출연된 기본재산이 있는 재단으로서 등기되지 아니한 것

② 제1항에 따라 법인으로 보는 사단, 재단, 그 밖의 단체 외의 법인 아닌 단체 중 다음 각 호의 요건을 모두 갖춘 것으로서 대표자나 관리인이 관할 세무서장에게 신청하여 승인을 받은 것도 법인으로 보아 이 법과 세법을 적용한다. 이 경우 해당 사단, 재단, 그 밖의 단체의 계속성과 동질성이 유지되는 것으로 본다.

1. 사단, 재단, 그 밖의 단체의 조직과 운영에 관한 규정을 가지고 대표자 또는 관리인을 선임하고 있을 것
2. 사단, 재단, 그 밖의 단체 자신의 계산과 명의로 수익과 재산을 독립적으로 소유·관리할 것
3. 사단, 재단, 그 밖의 단체의 수익을 구성원에게 분배하지 아니할 것

수익을 구성원에게 분배하는 단체라면 영리(營利)단체. 회사로 설립등기를 했다면 법인세를 낸다. 안 했다면 조합기업으로[138] 각 조합원이 법인세법이나 소득세법에 따라 세금을 낸다. 非營利단체는 인허가를 받아 설립한 것이거나 공익목적 재단이라면 법인으로 과세한다.[139]

〈대법원 2016. 11. 24. 선고 2016두43268 판결〉

원심은 그 채택 증거에 의하여, ① 부실채권정리기금(이하 '이 사건 기금'이라 한다)은 구 금융기관부실자산등의효율적처리및성업공사의설립에관한법률 … 에 근거하여 1997. 11. 24. 금융기관이 보유하고 있는 부실채권 등의 효율적인 정리를 위하여 한국자산관리공사 … 에 설치되었고, 위 기금은 원고를 비롯한 금융기관의 출연금, 이 사건

137) 헌법재판소 2008. 7. 31. 2007헌바21 결정. 제4장 제2절 I.1.

138) 대법원 2005. 6. 10. 선고 2003두2656 판결. 제14장 제1절 Ⅱ. 소득세법시행령 제26조의2 제3항은 투자조합이나 투자익명조합을 신탁의 이익이라고 하나 애초 신탁이 아니다.

139) 대법원 2005. 6. 10. 선고 2003두2656 판결(옛 주택건설촉진법의 인가를 받은 주택조합). 부동산등기용 등록번호는 주무관청 등록이 아니다. 대법원 2014. 4. 24. 선고 2012두14897 판결.

공사로부터의 전입금, 부실채권정리기금채권의 발행으로 조성한 자금 등을 재원으로 조성된 사실, ② 구법…은…운용기간 종료 후…잔여재산을 출연…기관에 반환하도록 규정하고 … 추정된 잔여재산의 일부를 운용기간 종료 전에 반환할 수 있다'는 내용이 추가… ③ 이 사건 기금은 위 개정된 부칙 조항에 따라 운용기간 종료일 전에 원고를 비롯한 출연 금융기관들에게 분배금을 지급했고, 그에 따라 원고는 2009년에 775,244,000원(이하 '이 사건 분배금'이라 한다)을 지급받은 후 이를 2009 사업연도 수입배당금으로 익금산입하여 법인세를 신고·납부한 사실, ④ 이후 원고는 이 사건 분배금의 익금 귀속시기가 2009 사업연도가 아니라는 이유로 경정청구를 했으나 피고가 이를 거부한 사실(이하 '이 사건 처분'이라 한다) 등을 인정했다.

그런 다음 원심은, ① 이 사건 기금은 … 금융기관 자산의 유동성과 건전성을 제고하려는 '공익을 목적으로 출연'된 것으로 볼 수 있는 점, ② 이 사건 기금의 설립 목적, 그 기금의 조성 방법, 관리·운용 방법, 회계 및 집행기관 등이 법령에 규정되어 있고, 매 회계연도가 끝나면 기금에 관한 결산서, 대차대조표 및 손익계산서를 작성해야 하는 등 이 사건 공사와는 별도의 단체로 운영되는 '법인격 없는 재단'으로서의 실질을 가지고 있는 점, ③ 구법 부칙…에서 기금의 운용기간이 종료된 후 잔여재산을… 출연…기관에 반환하도록 규정하고 있지만…원칙적으로 재단의 해산 후 잔여재산의 귀속에 대하여 정하고 있는 민법 제80조와 같은 성격의 규정으로 볼 수 있어, 이 사건 기금은 '수익을 구성원에게 분배하지 않을 것'이라는 요건을 충족하고 있는 점…등을 종합하여 보면, 이 사건 기금은 구 국세기본법 제13조 제1항 제2호 소정의 '법인으로 보는 단체'에 해당하므로 이 사건 분배금의 익금 귀속시기는 원고가 그 분배금을 지급받은 2009 사업연도라는 이유로 이 사건 처분이 적법하다고 판단하면서, 이 사건 기금이 구성원인 금융기관들에게 수익을 분배하는 공동사업장에 해당함을 전제로 이 사건 분배금이 2007 사업연도 이전에 익금으로 귀속된 것으로 보아야 한다는 원고의 주장을 배척했다.

앞서 본 규정과 관련 법리 및 기록에 비추어 살펴보면 원심의 이러한 판단은 정당하고, 거기에 상고이유 주장과 같이 구 국세기본법 제13조 제1항 제2호의 '공익을 목적으로 출연된 기본재산이 있는 재단'의 해석, 이 사건 분배금의 법적 성격 등에 관한 법리를 오해한 위법이 없다.

다른 비영리단체, 예를 들어 소비자협동조합, 교회, 절 따위는 제2항에 따라 법인으로 과세받을 것을 신청하여 관할 세무서장의 승인을 받는다면 법인세법을 적용받고 그렇지 않다면 단체 단위에서 소득세법을 적용받는다.[140] (법인세법의 적용을 선택하면

140) 대법원 1999. 9. 7. 선고 97누17261 판결. 소득세법 제2조 제3항. 제10장 제2절 Ⅲ.

그 해와 그 뒤 3년간은 법인으로 과세받는다.[141]) 법인세법(法人稅法)을 적용받는다면 비영리법인으로 보므로[142] 순자산의 증가 전체가 소득이 되는 것은 아니고 이자, 배당 등 법정수익사업[143]에서 생기는 소득에 대하여만 신고납세의무를 진다.[144] 예를 들어 헌금(獻金)으로 인한 순자산증가는 과세대상이 아니다. 그 밖에도 준비금의 손금계상, 이자소득의 신고제외 선택권 따위 비영리법인에 관한 규정은 이미 보았다. 따로 신청을 안 하면 소득세법(所得稅法)을 적용받는바, 사업소득은 성질상 생기기 어렵지만 이자소득, 배당소득, 기타소득 따위는 생길 수 있다. 금융기관에서 받는 이자소득과 배당소득은 분리과세대상이므로 신고납세의무가 없고[145] 원천징수로[146] 납세의무가 종결. 기타소득의 금액이 많아서 종합과세대상이 된다면 신고납세의무를 지게 된다. 소득세법상 최고세율이 법인세율보다 높다는 점을 생각한다면, 재산이 많은 단체는 법인세법을 적용받겠다고 신청하는 쪽이 나을 수도.

Ⅵ. 신　　탁

사회경제적 역할에서 볼 때 信託은 법인과 매우 비슷한 기능을 맡을 수 있고, 따라서 신탁재산에 귀속되는 소득을 별개의 과세단위로 삼을 것인가라는 문제를 낳는다. 신탁이란? 어떤 사람(위탁자)이 다른 사람(수탁자)에게 일정한 재산의 소유권을 넘기되 수탁자는 그 재산을 위탁자가 위탁한 내용대로 관리하는 것. 앞서 본 명의신탁이나 양도담보가 이런 신탁계약의 일종임은 쉽게 알 수 있다.[147] 신탁재산은 위탁자의 채권자, 수탁자의 일반채권자, 양쪽 모두에서 벗어난다.[148] 법인이라는 개념이 한 사람 또는 여러 사람의 돈을 모아 영리활동을 해서 이익을 분배하거나(영리법인) 공익목적에 쓰는(비영리법인) 수단이 될 수 있듯, 신탁도 위탁자(들)이 영리목적을 꾀하는 수단이 될 수도 있고 공익이나 비영리 목적을 꾀하는 수단이 될 수도 있다. 어떤 위탁자가 수

141) 국세기본법 제13조 제3항 본문. 다만 법인으로 과세받을 수 있는 요건을 만족하지 못하게 된다면 승인의 취소를 받을 수 있다. 같은 항 단서.

142) 법인세법 제2조 제2호 (다)목. 대법원 2005. 6. 10. 선고 2003두2656 판결.

143) 법인세법 제4조 제3항. 대법원 2017. 7. 11. 선고 2016두64722 판결.

144) 법인세법 제60조 제1항. 이런 의무는 대표자나 관리인이 진다. 국세기본법 제13조 제4항.

145) 소득세법 제14조 제3항 제4호, 제73조 제1항 제8호.

146) 소득세법 제127조.

147) 신탁법상의 신탁은 아니다.

148) 대법원 1993. 4. 27. 선고 92누8613 판결; 1996. 10. 15. 선고 96다17424 판결; 2013. 1. 24. 선고 2010두27998 판결; 1987. 5. 12. 선고 86다545 판결; 2002. 12. 6. 2002마2754 결정; 2012. 4. 12. 선고 2011두24491 판결; 2019. 4. 11. 선고 2017다269862 판결. 수탁자가 신탁사무 처리 중 지는 빚도 신탁재산 유한책임으로 정할 수 있다. 신탁법 제114조 제1항.

탁자에게 재산을 넘기면서 그 재산을 일정한 공익목적에 써달라고 맡긴다면 그런 신탁의 사회적 역할은 비영리법인과 마찬가지. 어떤 수탁자가 불특정다수인으로부터 돈을 위탁받아 이를 운용하여 수익을 분배한다면, 이런 신탁의 경제적 기능은 주식회사나 별 차이가 없다.

영리목적 신탁의 대표격이 投資信託. 투자자(위탁자)가 돈이나 재산을 자산운용(투자신탁)회사에 맡기고, 자산운용회사는 수익증권을 발행해주고 이 돈을 운용하여 원리금을 투자자에게 지급한다. 수익증권은 자유롭게 양도할 수 있는 증권의 성질을 띠게 된다.[149] 법은 투자자 및 투자자로부터 수익증권을 양도받는 자를 합하여 이를 수익자라 부르고,[150] 수탁자인 자산운용(투자신탁)회사를 집합투자업자, 자산운용회사의 지시대로 돈이나 그런 돈을 운용하여 사들인 증권 등 재산의 실물을 맡아 관리하는 은행을 신탁업자라 부르고 있다.[151]

민사법적 관점에서 신탁이 법인과 다른 점은? 법인에서는 투자자가 맡긴 재산들이 독립적 단위가 되어 이를 관리하는 사람(理事)의 개인재산과 섞이는 법이 없지만 신탁에서는 재산이 수탁자의 재산이 된다. 수탁자는 신탁계약에 따라 재산을 관리할 의무를 지지만 재산 자체는 일단 수탁자의 재산이 되고, 따라서 수탁자의 고유(固有)재산과 信託재산의 구별 문제가 생긴다. 이리하여 법은 수탁자에게 이를 명확히 구분하여 회계처리할 의무를 지우고 있다.[152]

1. 투시과세와 현실적 한계

세금 문제로 들어가면, 신탁재산에 대한 사법(私法)상의 소유권은 수탁자에게 있다고 하더라도 거기에서 생기는 소득을 실제 누리거나 누릴 자는 수익자. 이리하여 법은 다음과 같이 원칙을 정하고 있다.[153]

> 소득세법 제2조의3 (신탁재산 귀속 소득에 대한 납세의무의 범위) ① 신탁재산에 귀속되는 소득은 그 신탁의 수익자 … 에게 귀속되는 것으로 본다.
>
> ② 제1항에도 불구하고 위탁자가 신탁재산을 실질적으로 통제하는 … 신탁의 경우에는 … 소득은 위탁자에게 귀속되는 것으로 본다.

149) 자본시장과금융투자업에관한법률 제189조.
150) 같은 법 제188조 등.
151) 같은 법 제8조 제7항.
152) 같은 법 제32조.
153) 제10장 제2절 IV. 그 밖에 소득세법 제155조의3, 법인세법 제73조 제3항(원천징수).

법인세법 제5조 (신탁소득) ① 신탁재산에 귀속되는 소득에 대해서는 그 신탁의 이익을 받을 수익자가 그 신탁재산을 가진 것으로 보고 이 법을 적용한다.

③ (소득세법 제2조의3 제2항과 같다) …

④ 「자본시장과 금융투자업에 관한 법률」의 적용을 받는 법인의 신탁재산(…)에 귀속되는 수입과 지출은 그 법인에 귀속되는 수입과 지출로 보지 아니한다.

위 법령의 글귀처럼 신탁재산에 귀속되는 소득을 수익자나 위탁자에게 바로 바로 과세하는 규정은 토지 건물 따위를 신탁하고 거기에서 생기는 원리금을 특정한 수익자에게 내어주는 실물(實物)신탁이나[154] 신탁재산의 운용방법을 위탁자가 지정하는 신탁[155] 정도에서나 가능하다.[156] 수많은 사람들의 투자로 이루어지는 불특정금전신탁이나 투자신탁에서 생기는 소득을 수익자들에게 바로 바로 과세하기는 불가능하다.[157] 한편 신탁재산의 투자수익을 수탁자에게 과세할 수 없음은 위와 같이 명문의 규정이 있다. 이리하여 신탁재산에 귀속되는 소득은 당장은 수익자와 수탁자 어느 쪽에도 과세하지 않고 신탁재산의 원리금이 수익자에게 분배되는 시점에 가서 수익자에게 금융소득으로 과세하게 되었다.[158] 그 결과 신탁재산에 귀속되는 소득은 과세이연(移延)의 효과를 누릴 가능성이 생긴다.[159]

자본시장법이 생긴 이후에는 투자신탁을 포함하는 집합투자기구는 투과기구로서 해마다 이익을 분배해야 하므로[160] 과세移延 가능성이 없다. 그와 달리 신탁재산에 이익을 쌓을 수 있는 신탁이라면 여전히 과세이연 문제가 남아있다. 경제적 기능이 신탁과 비슷한 변액보험도 그렇다.[161]

---

154) 실물(비금전)신탁에 불특정다수의 수익자(투자자)를 두는 구조가 이른바 조각투자. 제11장 제4절 I. 4.

155) 소득세법시행령 제26조의2 제2항(위탁자가 지배하는 사모투자신탁). 특정금전신탁의 과세에 관해서는 혼란이 있었다. 이 책 2004년판 참조. 현행법에서는 실물신탁과 마찬가지라고 풀이해야 옳다.

156) 소득의 종류는 신탁재산 단계에서 구분한다. 소득세법 제4조 제2항. 제10장 제1절 4., 제10장 제2절 IV. 그러나 취득세 사건에서 신탁부동산을 수탁자의 재산이라고 본 대법원 2012. 6. 14. 선고 2010두2395 판결(지목변경); 2014. 9. 4. 선고 2014두36266 판결.

157) 미국법에서는 공모투자신탁을 투자회사(RIC)에 포함하여 mutual fund와 똑같이 과세한다. 따라서 법인세를 매기지만, 소득의 90% 이상을 배당하면 법인세를 면제한다. 투자자가 받는 소득은 배당소득(income dividend)이나 양도소득(capital gain dividend)이 된다.

158) 소득세법 제17조 제1항 제5호, 같은 법 시행령 제46조 제7호. 제11장 제4절 I. 4.

159) 투자신탁 등 집합투자기구에 대해서는 제11장 제4절 I. 5. 옛 간접투자자산운용업법의 시행에 따라 신탁업법에 따른 불특정금전신탁(신탁예금)은 2004. 7. 1.부터 금지되었다. 신탁예금이 있던 시절 은행의 고유계정에서 생긴 소득은 은행의 소득으로 과세하면서 예금자에게 지급하는 이자는 비용으로 떠는 데 비해 신탁재산에서 생긴 소득은 은행단계에서 과세하지 않고 수익자들에게 원리금을 지급하는 단계에 가서 수익자들에게 세금을 매겼다.

160) 자본시장법 제242조. 소득세법시행령에도 관련 규정이 있다. 배당소득으로 구분. 제11장 제4절 I. 5.

161) 소득세법 제4조 제2항 제3호, 제16조 제1항 제9호.

2. 신탁재산(信託財産)에 대한 법인과세

미국법은 信託財産을 수탁자, 위탁자, 또는 수익자와 다른 별개의 납세의무자로 삼아 신탁재산에서 생기는 소득에 따로 세금을 매기되,[162] 그런 소득 가운데에서 수익자에게 지급한 금액은 빼고 남은 차액에 대해서만 세금을 매긴다.[163] 수익자는 물론 받은 돈에 대해 세금을 내고.[164] 일본법은 오랫동안 우리 법과 비슷한 꼴로 불특정다수의 투자매체가 된 신탁을 통해 버는 소득에 대해서는 과세가 사실상 移延되는 결과를 겪고 있다가 2000년에 들어서 그런 종류의 신탁재산에서 생기는 소득에 대해 따로 법인세를 매겨서 수탁자로부터 걷도록 법을 고치게 되었다.[165]

우리나라도 2023년 시행한 선택적 법인과세를 거쳐서 2024년부터 일정한 신탁을 법인으로 과세한다. 신탁재산분 소득을 수탁자가 따로 계산해서 법인세를 내는 것.[166] 자본시장법에 따른 투자신탁은 집합투자기구에 해당해서 수익을 해마다 투과시켜 수익자(투자자)에게 바로 분배하므로[167] 수익자에게 배당소득으로 소득세나 법인세를 바로 과세하고 신탁단계의 법인세 과세는 없다.[168] 법인과세 신탁이 수익자에게 배당하는 금액은 과세소득에서 공제하므로 수익자가 배당받은 금액에는 이중과세 배제장치가 없다.[169] 신탁재산이 낼 법인세에 대해서 수익자는 제2차 납세의무를 진다.[170]

> 법인세법 제5조 (신탁소득) ② 제1항에도 불구하고 다음 각 호의 어느 하나에 해당하는 … 신탁(「자본시장과 금융투자업에 관한 법률」 … 에 따른 투자신탁…은 제외한다)

---

162) 미국세법 641조(a). 주목적이 재산보전인 보통신탁은 trust이지만 양도차익 등 적극적 영리를 꾀하는 사업신탁은 아예 corporation이나 partnership으로 구분된다. 미국세법 7701조, 851조. 투자신탁의 성격구분은 미국재무부 규칙 301.7701-4(b), (c). 이창희, 미국법인세법, 제1장 제2절 II.

163) 미국세법 651조(a), 661조(a). Trust에 대한 세율은 기본적으로는 소득세 최고세율이다. 미국세법 1조(c).

164) 미국세법 652조(a), 662조(a).

165) 가령 자산유동화 신탁에는 법인세를 매긴다. 일본 法人税法 제2장의2. 국내공모 투자신탁 등 제12조 제1항 단서의 신탁은 지금도 신탁재산 단계에서는 과세하지 않는다. 해마다 소득을 다 분배하는 신탁(특정수익증권 발행 신탁)도 단서신탁이지만 투과기구라는 성질상 과세이연은 없다. 수익증권을 발행하는 다른 신탁이라면 해마다 소득을 다 분배하지 않는 이상 신탁재산 단계에서 법인세를 매긴다. 일본 法人税法 제2조 제29호의2.

166) 법인세법 제75조의11 제1항. 사업연도도 따로 정할 수 있다. 법인세법 제75조의12 제3항.

167) 자본시장법 제242조. 제11장 제4절 Ⅰ.5. 앞 1.

168) 법인세법 제5조 제4항. 투자조합은 투시, 투자회사에 대한 지급배당금손금산입은 제4절 III.

169) 법인세법 제75조의14 제1항, 소득세법 제17조 제3항, 제17조 제1항 제2호의2, 법인세법 제18조의2 제2항 제5호.

170) 법인세법 제75조의11 제2항. 제5장 제5절 II.1.

의 경우에는 신탁재산에 귀속되는 소득에 대하여 그 신탁의 수탁자 … 가 법인세를 납부할 의무가 있다. 이 경우 신탁재산별로 각각을 하나의 내국법인으로 본다.

1. 「신탁법」 제3조 제1항 각 호 외의 부분 단서에 따른 목적신탁

2. 「신탁법」 제78조 제2항에 따른 수익증권발행신탁

3. 「신탁법」 제114조 제1항에 따른 유한책임신탁

4. 그 밖에 제1호부터 제3호까지의 규정에 따른 신탁과 유사한 신탁으로서 대통령령으로 정하는 신탁

법인세법 제75조의14 (법인과세 신탁재산에 대한 소득공제) ① 법인과세 신탁재산이 수익자에게 배당한 경우에는 그 금액을…사업연도의 소득금액에서 공제한다.

② 배당을 받은 법인과세 신탁재산의 수익자에 대하여…그 배당에 대한 소득세 또는 법인세가 비과세되는 경우에는 제1항을 적용하지 아니한다. …

목적신탁(目的信託)은 수익자가 없고 위탁자 지배도 아니므로 법인과세를 선택한 경우에는 제5조 제3항에 따른 투시가 없다. 신탁법은 일반법의 성격이므로 수익증권이 자본시장법이나 자산유동화법의 규율을 받더라도 여전히 신탁법에 따른 수익증권이다.

3. 위탁자지배형 신탁

법인과세란 그렇게 할 만한 실질이 있어야 한다. 위탁자(내지 지배주주) 자신을 위한 자익신탁이나 지배주주의 특수관계인을 수익자로 하는 grantor trust는 투시해서 위탁자에게 과세한다.

소득세법 제2조의3 (신탁재산 귀속 소득에 대한 납세의무의 범위) ② 제1항에도 불구하고 위탁자가 신탁재산을 실질적으로 통제하는 … 신탁의 경우에는 … 소득은 위탁자에게 귀속되는 것으로 본다.

법인세법에도 같은 내용이 있다.[171] 유동화신탁에서는 위탁자(자산보유자)가 신탁재산을 실질적으로 통제하는 수가 흔하다.

4. 신탁을 이용한 집합투자기구는 제11장 제4절 I. 5.

---

171) …소득에 대하여 그 신탁의 위탁자가 법인세를 납부할 의무가 있다. 법인세법 제5조 제3항.

Ⅶ. 기업집단에 대한 법인세

법인세 납세의무자의 범위를 사법상의 법인 개념에서 해방시키고 나면, 개별 회사가 아니라 여러 회사를 묶은 집합을 납세의무자의 단위로 삼아 법인세를 매기는 제도도 생각할 수 있다. 독일법에서는 이른바 기관(機關)관계라[172] 하여 자회사의 소득을 모회사에 합산하여 과세하는 제도가 판례로 생겨나 이제는 법령에 명문화되어 있다. 미국의 연결납세(連結納稅)는 출자비율 80%가 넘는 관계회사의 소득을 모두 합하여 세금을 매긴다.[173] 비슷한 제도가 2002년 일본에 들어왔고[174] 2010년 우리나라에도 들어왔다.[175] 최근에는 다국적기업(군)에서 걷는 세수를 여러 나라가 나누어 가지는 기준으로 일단 연결소득을 계산해서 이리저리 나누자는 제안을 놓고 국제사회에서 논의 중이다.[176]

기업집단을 하나의 납세의무자로 삼으려 한다면, 몇 가지 생각해 볼 점이 생긴다. 우선, '기업집단'이란 어떻게 정의한다? 집단 전체에 대한 세금은 어느 회사에 얼마씩 물릴까나? 어느 회사에 결손금(缺損金)이 있다면 기업집단의 소득을 합산할 때 이를 빼 주어야 하려나? 어느 회사가 기업집단 내부거래로 관계회사에 물건을 팔았지만 매수인은 아직 이 물건을 가지고 있는 경우 매도인의 판매이익은 과세해야 하려나, 아니면 기업집단 전체로 보아 아직 판매가 없는 미실현이득(未實現利得)으로 과세 말아야 하나?

우리 법에서는 종래 100% 자회사만을 연결범위에 넣다가 2022년 말 개정법은 90% 자회사도 넣는다.[177] 연결집단을 단위로 계산한 세금(연결산출세액)은 모법인이 납부하지만[178] 연결자법인도 연대납세의무를 부담한다.[179] 연결산출세액은 모회사와 자회사에 안분하고, 자회사분 세액은 자회사가 모회사에 지급하여야 한다.[180] 연결자

---

172) Organschaft. 독일 조세기본법 제73조, 법인세법 제14조.

173) consolidated tax return. 미국세법 1501조 이하. 연결을 하지 않더라도, 가령 누진율 중 낮은 세율 따위의 특혜는 기업집단 전체에 대해 한번만 적용하는 경우가 있다. 미국세법 1561조, 38조(c)(4)(B) 등.

174) 이론적 연구로는 增井良啓, 結合企業課税の理論(2001).

175) 법인세법 제2장의3.

176) OECD, Tax Challenges Arising from Digitalization: Report on Pillar One Blue Print(2020), 유럽연합 내부의 논의로는 European Commission, Proposal for a Council Directive on a Common Consoliated Tax Base, COM (2016), 683 Final.

177) 법인세법 제76조의8 제1항.

178) 법인세법 제76조의19 제1항.

179) 법인세법 제3조 제3항.

180) 법인세법 제76조의19 제2항. 반대도 가능. 같은 법조 제3항. 이렇게 지급하는 자(모)회사분 세액은 모(자)회사의 입장에서는 익금에 산입하지 않고 자(모)회사의 입장에서는 손금에 산입하지 않는다. 법인세법 제18조 제7호, 제21조 제6호, 제22장 제1절 II.

법인에서 받는 배당소득은 구태여 연결납세를 하지 않더라도 100% 익금불산입하므로.[181] 연결납세의 주된 실익은 한 연결법인의 결손금을 다른 연결법인의 소득에서 공제받을 수 있다는 데 있다.[182] 기부금이나 기업업무추진비 따위도 한 쪽에서는 손금산입 한도에 걸리고 다른 쪽에서는 한도가 남는 경우에도 연결납세로 세금이 줄 수 있다. 이월결손금도 공제받을 수 있지만[183] 장차 이익이 생길 가망이 낮은 회사를 자회사로 취득하여 이월결손금을 공제받는 것을 막기 위하여 법은 일정기간 동안 각 연결법인의 소득을 구분계산하라는 특칙을 두고 있다.[184] 고정자산 양도 등 일정한 범위의 내부거래에서는 소득을 인정하지 않는다.[185]

연결납세를 하면 세금이 늘 가능성도. 우선 연결소득이 한결 높은 세율구간에 들어갈 수도 있다. 내부채권에 대해서는 대손충당금을 손금산입할 수 없다.

제 3 절 법인세란 왜 있는가?

'법인세의 납세의무자의 주관적(主觀的) 범위를 어떻게 정할 것인가'는 사법상의 법인격에 달려 있는 문제는 아니고, 세법 고유의 목적에서 납세의무자의 범위를 정해가야 한다. 그렇다면 문제는 '법인세란 왜 있는가?'.

Ⅰ. 기업금융과 법인의 개념

'법인세 제도를 어떻게 만들 것인가'에 대한 답의 실마리는 어디에서 찾아야 하려나. '법인 내지 회사라는 제도가 사회 경제에서 어떤 역할을 하는가'에서부터 찾아야. 법인은 오늘날 기업 조직의 주된 형태이다. 기업(企業)의 본질은 생산요소(노동, 자본 및 토지[186])의 결합단위라는 데 있다(이하의 분석에서는 자본과 토지의 구별이 필요가 없으므로 이를 합쳐 '자산'이라 부르기로 하자). 개인기업에서는 경제적 실질이 법

181) 법인세법 제18조의2. 제14장 제3절 Ⅳ.
182) 법인세법 제76조의14 제1항 제1호. 그 밖에 자회사 주식 취득자금이자의 손금불산입도 피할 수 있다. 제14장 제3절 Ⅳ.
183) 법인세법 제76조의13 제1항 제1호.
184) 법인세법 제76조의13 제3항. 미국법의 용어로 SRLY(separate return limitation year) 규칙이라 부른다. 미국재무부 규칙 1.1502-1(f). 미실현(내재) 손실에 대해서는 법인세법 제76조의14 제2항 제1호.
185) 법인세법 제76조의14 제1항 제3호.
186) 여기에서 자본이라 함은 실물자본, 즉 건물, 기계 등 사람이 만들어 낸 생산요소를 뜻한다. 토지도 소유권이나 사용권을 얻는 데 드는 돈이 실물자본과 마찬가지로 자산이 된다.

률적 형식과 일치되어 자산과 노동의 결합이라는 본질이 그대로 드러난다. 자산 소유자(기업주)가 노동자를 고용하는 법률형식을 취하게 되니까. 이 경제적 본질에 있어서, 채권자는 사실은 자산소유자의 일종이다. 즉, 자산소유자 두 사람의 자산을 한데 모아 기업재산을 구성하되, 기업재산의 가치를 자산가치등락의 위험에 따라 자산에 대한 소유권자(所有權者)와 소유권자에 대한 채권자(債權者)로 나누는 것이다. 예를 들어 자산 20,000원인 기업을 생각해보자. 돈(자본) 있는 사람이 둘 있는데 두 사람의 위험선호도가 서로 달라서, 한 사람은 자산가치 변동의 위험을 지고 싶어하고 다른 사람은 위험을 피하고 싶어한다면, 앞의 사람이 자산 20,000원 전부를 소유하는 소유자가 되고 뒷 사람은 그에게서 돈 10,000원과 그에 대한 이자를 받는 채권자의 지위에 서는 형태로 재산의 소유형태를 바꾸게 된다.[187] 자산 20,000 = 자본 20,000 = 타인자본 10,000 + 자기자본 10,000, 이 관계가 생긴다.

기업 조직이 회사(會社)의 형태를 띠는 경우에도 그 본질에는 변함이 없으나, 법률적 소유 형태가 추상화되어 사람들의 눈을 흐리기 시작한다. 회사의 본질은 불특정다수의 돈을 모아 특정인(법인의 기관)에게 관리를 맡기는 형태로, 수많은 사람에게서 조금씩 돈을 모아 대규모의 기업을 꾸리는 것이다.[188] 공장제 기계공업에 터잡은 근대사회의 대량생산체제는 대규모의 자본집적을 필요로 하는바, 개인기업으로는 이것이 불가능하다. 개인기업의 경우에는 자산소유자가 바로 기업가의 지위에 서게 되는바, 자연인이 직접 자산소유자가 되는 법률 구조 하에서는 몇 명을 공동 기업가로 삼을 수는 있지만,[189] 불특정다수가 자산소유자 내지 공동 기업가의 지위에 설 수야 없으니.

회사제도는 기업활동에 들어가는 자금을 댄 불특정다수의 투자자를, 투자자의 선호에 따라 주주(株主)와 채권자(債權者)의 두 가지로 구분한다. 채권자는 일정한 투자수익을 미리 보장받는 확정가치를 갖게 되고, 주주는 채권자의 몫을 제외한 잔여가치(equity)를 드리없이 가져간다. 회사의 재산과 영업은 주주 또는 주주가 뽑는 경영자가 관리한다. 이를 가능하게 하기 위해 자산(실물자본이나 자본재, 한국은행이 쓰는 용어로 총자산 = 총자본)의 소유자는 법인이 되고, 채권자는 법인에 대해 채권(타인자본)을 가지는 형태를 띠게 된다. 주주 내지 사원은 총자본에서 타인자본을 뺀 나머지 잔여분(자기자본)을 가지는 추상화된 지위에서 자산가치 등락의 위험을 부담하게 된다. 노동자 역시 법인에 의해 고용된다. 자산 = 자본 = 타인자본 + 자기자본 = 부채 + 소유주잔여분, 이 식은 그대로이지만 법적 구조가 달라지는 것.

187) 이상은 Klein & Coffee, *Business Organization and Finance*(1993), 5-20쪽을 요약한 것이다.
188) 회사제도의 역사에 관해서는 제7장 제4절.
189) 몇 명이 자산소유자의 지위에 서는 것은 민법상 조합의 형태를 띠게 된다. 민법 제703조.

그런데 자산가치 등락의 위험을 부담하는 자와 자산을 소유하고 관리하는 자가 분리되는 데에서 한 가지 문제가 생긴다. 자산가치 등락의 위험은 내가 지는데 자산의 소유와 관리는 남이 하니, 내가 지는 투자 위험이 얼마나 될지 알 길이 없잖아? 따라서 투자를 꺼리게 되고 대규모의 자본집적이 어렵게 된다. 해결책은? 유한책임(有限責任) 제도. 곧 어떤 경우에도 자기가 내어놓기로 한 돈 외에 돈을 더 내어놓을 일은 없다는 보장을 통해 투자를 유인하는 것.[190] 여기에서 법제는 자산을 직접 지배하지 않는 불특정다수의 투자자의 책임을 제한하는 유한책임이라는 제도를 창설하게 된다. 또 법인이라는 제도는 유한책임과 형식논리상 자연스럽게 연결된다. 채권자는 주주나 사원이 아니라 법인에 대해 채권을 가지는 것으로 추상화되어 있는바, 채권자의 채권은 법인이 소유한 재산에만 미친다고 생각하는 것이 자연스러운 까닭이다.

아무튼, 대규모의 공장제 기계공업은 불특정다수의 투자자, 자산관리자 내지 기업경영자(법인의 기관)와 투자자의 분리, 유한책임이라는 요건을 갖춘 법률적 조직을 창설하게 되어, 법률의 겉껍질이 개인기업과 전혀 다른 꼴을 띠게 된다. 그러나 경제적 실질을 꿰뚫어 본다면, 개인기업이든 법인이든 생산요소가 합쳐져 부가가치를 만들어 내고 생산요소(노동과 자본)의 제공자가 이를 나누어 가진다는 본질에는 아무런 차이가 없다. 어느 쪽이든 企業을 단위로 부가가치를 생산해 내고, 거기에서 노동자와 채권자가 임금과 이자를 가져가고, 그 나머지가 자산가치 등락의 위험을 지는 자(개인기업의 경우에는 자산소유자, 법인의 경우에는 주주 내지 사원)의 몫으로 남게 된다. 따라서 법인이든 개인기업이든 기업의 경제적 구조는 똑같다. 적어도 미시경제학에는 기업이라는 개념이 있을 뿐이지, 법인기업과 개인기업의 구별은 없으니.

Ⅱ. 전통적 세제의 법률적·경제적 오류

지금까지 보았듯이, 법률의 세계에서는 집합적인 자산소유자의 추상화된 지위는 주주에게서 독립한 법인이라는 껍질을 입게 된다. 자산소유자들은 각자의 선호도에 따라 어떤 사람들은 확정가치를 택하고 어떤 사람들은 자산가치 변동의 위험을 택하게 된다. 법률의 세계에서는 자산소유자들 사이의 관계는, 법인이라는 매개를 통해 법인과

190) 이에 대해서는, 유한책임 제도가 채권자의 원리금 회수에 대한 불확실성을 높이고, 따라서 채권자는 유한책임을 고려하여 이자율을 미리 올리게 되고, 주주의 기대수익률은 그만큼 낮아지게 되므로 결국 유한책임은 자본의 집적에 별 도움이 되지 않는다고 생각을 해 볼 수 있다. 그러나 이 문제는 불특정 주주와 채권자 중 누가 보험을 드는 편이 거래비용이 덜 드는가의 문제가 된다. 주주는 불특정 다수이고 채권자는 몇몇 은행이라면 후자가 보험을 드는 편이 사회적 낭비가 적다. 유한책임 제도의 경제적 의의에 대하여는, Robert Clark, *Corporate Law*(1986), Sec. 1.2.1. 참조.

채권자의 관계, 법인과 주주의 관계라는 두 가지 관계로 나뉘어 표현된다. 전통적 세제는 법인이라는 제도의 사회경제적 본질을 꿰뚫어 보지 못한 채, 법인과 주주, 법인과 채권자라는 이 법률형식을 세제의 기초로 삼고 있다. 개인기업을 생각해 보면, 개인기업의 소득이란 채권자에게 이자를 주고 남은 돈, 곧 기업가(=자산소유자)의 소득이 된다. 이를 법인에 연장해서 생각해 보면? 채권자에게 이자를 주고 남은 돈이 법인(=자산소유자)의 소득. 이리하여 전통적 세제는 주주에게 속하는 소득을 법인의 소득으로 정의하고 이를 과세하게 된다. 한편, 주주는 법인에 대한 채권자가 아니고 법인은 주주에게서 독립된 실재(實在)이므로, 법인은 의당 법인세를 내어야 마땅하고 또 주주는 제가 받는 배당소득에 대해 소득세를 내어야 논리의 앞뒤가 맞게 된다.

그러나 법인實在의 믿음은 허깨비를 보는 착시(錯視)일 뿐. 법인이 주주에게서 독립한 실재라는 논리를 끝까지 밀어붙인다면, 법인 그 자체의 소득이란 법인이 주주에게 지급했거나 지급할 돈도 빼고 계산하여야 마땅하다는 결론에 이른다. 이렇게 되면 법인의 소득이란 언제나 영(0)원이 될 수밖에 없다. 결국 현행법이 법인의 소득이라 부르고 있는 것은 주주의 집합적 소득일 뿐이며 법인격의 존재는 법인세를 정당화하지 않는다. 법인은 정말로 살아 있다는 법인실재설은 적어도 세법에서는 부적절하다.[191] 법인세의 존재근거를 법인본질론에서 끌어내는 것은 적어도 과학은 아니다. 혹시 신학이나 형이상학일지는 몰라도.

정반대로, 전통적 세제의 비판으로 2중과세(二重課稅) 금지의 원칙(原則)이라는 말을 자주 들을 수 있다. 이 "원칙" 역시 "법인실재"와 똑같은 법미신(法迷信). 예를 들어 자연인의 소득에 대한 일반 소득세율이 40%라면, 법인단계에서 20%의 법인세를 물리고 주주(배당) 단계에서 20%의 소득세를 또 물리는 것은 전혀 이상한 일이 아니다. 이중과세인가? 그렇다. 그래서 뭔가 보편타당한 "원칙"에 어긋나는가? 아니다.[192] 물론 법인세가 40%이고 자연인이 내는 소득세도 40%라면, 주주가 법인을 거쳐 버는 소득을 주주단계에서 다시 과세하는 전통적 세제는 나쁜 제도이다. 그러나 전통적 세제가 "나쁜" 제도인 것은 주주가 법인을 거쳐 버는 소득이 다른 소득에 비해 높게 과세되어 경제의 왜곡을 가져오는 까닭이다. 이것은 선험적 원칙의 문제가

---

191) Bank, Entity Theory as Myth in the Origins of the Corporate Income Tax, 43 William and Mary Law Review, 465-504쪽(2001).

192) 헌법재판소 1994. 7. 29. 92헌바49, 52(병합) 결정(토지초과이득세 사건)은 "이중과세금지의 원칙"이라는 표현을 썼으나 헌법재판소 2009. 3. 26. 2006헌바102 결정은 "특별부가세는 법인에게 이미 법인세 과세대상에 포함된 양도소득에 대하여 부담의 본질이 같은 조세를 다시 부과한다는 점에서, 동일한 경제적 담세력의 원천에 대하여 중복된 조세부담을 지우는 이중과세에 해당한다고 할 수 있다. 그러나 이중과세가 그 자체로 위헌이라고 할 수는 없고, 이중과세 상황이 헌법적으로 용인될 수 있는지 여부를 살펴보아야" 한다고 한다. 제2장 제3절 II. 3. 2).

아니라 과학의 문제일 뿐이다.

어, 그런데 법인세가 경제를 왜곡하는 나쁜 세제라는 말이 정말 맞나? 법인세란 법인의 이윤(利潤), 곧 수익(revenue)에서 비용(cost)을 다 뺀 금액에 물리는 세금. 세전(稅前)이윤이 π = R(q) - C(q)이니 세후(稅後)이윤은 (1 - t)π = (1 - t)[R(q) - C(q)]. 두 식을 보면 세후이윤을 극대화하는 생산량(q값)은 세전이윤을 극대화하는 생산량과 당연 같지. 그러니 법인세는 경제적 부작용이 없는 lump-sum tax 아닌가? 그랬으면 얼마나 좋으랴. 법인을 자꾸 세워서 법인세만 하염없이 걷으면서 다른 세금은 하나도 안 걷어도 되는 모두 행복한 세상이 될 수만 있다면… 어디가 틀렸는가? 利潤이라는 말이 주는 혼선. 저잣거리의 용례로는 개인사업자나 회사의 손익계산서에 나타나는 당기순이익을 이윤이라 부른다. 그러나 위 식에서 이윤이란 경제학적 이윤, 곧 자기자본의 기회비용(機會費用)까지 다 C(q)에 넣는 초과이윤 개념이다. 법인세법의 과세소득은 전혀 다른 뜻으로 투하 자원의 기회비용을 감안하지 않는다. 개인기업의 사업소득과 마찬가지로 기회비용을 무시한 복식부기의 손익 개념이다. 제7장 제5절 5. 차이점이라면 개인기업의 사업소득은 사업주의 자기 인건비 상당액을 안 빼고 계산하지만 법인소득은 인건비를 다 뺀 개념이다. 법인과 자연인은 다른 사람이니까. 제11장 제1절 II, 제13장 제3절 I. 결국 법인의 소득이란, '법인=주주의 집합'이라는 생각을 연장해서 법인을 단위로 계산한 주주의 집합적 소득, 법인을 단위로 계산한 주주전체 몫의 순자산증가액이다. 경제학적 이윤과는 전혀 다른 말이다.

어, 그런데 법인의 소득이 주주의 집합적 소득이라는 말은 현행법이 그렇다는 말이고, 법을 고쳐서 경제학적 이윤을 법인의 과세소득으로 삼으면 되지 않나? 이자비용만이 아니라 자기자본의 기회비용도 공제하고 남는 이윤을 과세하면 될텐데.[193] 아니면 법인의 소득이라는 말을 현금주의로 계산해도 마찬가지 결과가 나올테고.[194] 이 문제는 다시 세제 전체의 기본으로 돌아간다. 이윤만 과세하자는 말은 정상수익률 곧 자본의 기회비용을 과세하지 말자는 말이고, 다시 이 말은 이윤과 노무소득 이 두 가지만 과세하자는 말이다. 소득세를 버리고 소비세로 가자는 말이다. 제8장 제1절 III, 제3절. 그러나 적어도 주요국에서는 거기까지 간 입법례가 없고 기본적으로 소득세만 쓰

193) 기업권력의 통제라는 정치적 이유로 같은 주장이 나오기도 한다. Avi-Yonah, A New Corporate Tax (Reuven Avi-Yonah ed., Research Handbook on Corporate Taxation, 2023, 26장).

194) Meade 보고서의 법인세 과세물건의 정의에서는 전자를 R+F 기준 후자를 R 기준이라 부른다. R+F란 실물과 금융을 다 고려한다는 말이고 R이란 실물만 고려한다는 말이다. 실물단계의 과세물건을 현금주의로 정하면 그 자체로 경제학적 이윤만 남으므로 다시 금융을 고려할 필요가 없으므로 R 기준이 된다. 제8장 제1절 III. R+F 기준에서는 실물단계에서는 발생주의로 정해서 일단 소득을 구하고 거기에서 이자비용 및 자기자본의 기회비용을 빼어서 경제학적 이윤만 남긴다.

는 미국을 제외하면 대부분 소득세와 부가가치세를 병행하고 있다. 주주의 집합적 소득을 법인을 단위로 세금을 걷는 현행 법인세 제도는 그 부분집합.

이제 논점을 다시 정리하자. 현행 법인세제에는 무슨 부작용이 있는가? 법인을 단위로 순자산증가액을 과세하고 다시 각 주주에게 자신의 순자산증가액을 다시 과세한다면 무슨 부작용이? 크게 세 가지.[195)]

첫째, 법인부문과 법인 아닌 부문 사이에 자본(資本)의 분배(分配)가 왜곡되고 법인형태의 이용이 불필요하게 억제된다. 예를 들어 법인이 아닌 기업은 소득세 30%를 내는 데 비해 법인인 기업은 법인세와 주주소득세를 합하여 50%의 세부담을 진다고 하자. 만일 법인이라는 회사법상 제도가 이해관계자에게 아무런 이익을 주지 않는다면, 이 세율 차이는 법인이라는 제도를 완전히 말살할 것이다. 그러나 회사법이 법인이라는 제도에 유한책임 등 여러 가지 특혜를 주는 덕에 법인의 이용도가 줄기는 하나 없어지지는 않는다. 이제 법인 아닌 기업(비법인)부문과 법인 부문 사이에서 자본의 세후수익률이 5%가 되는 점에서 경제가 균형에 있다고 하자.[196)] 이 균형점에서 非法人 부문의 세전생산물은 약 7%(≒5%/(100%-30%))이지만, 법인 부문의 세전생산물은 10%(=5%/(100%-50%))이다. 경제 전체의 입장에서 본다면, 비법인 부문에 너무 많은 자본이 배치되어, 7%를 생산할 수 있는 비법인 부문의 투자기회가 예컨대 9.99%를 생산할 수 있는 법인 부문의 투자기회를 눌러 버려서 2.99%만큼이[197)] 그냥 없어진 셈이다. 만일 두 부문이 똑같이 과세된다면, 경제가 새로운 균형을 찾을 때까지 자본이 비법인 부문에서 법인 부문으로 이동하고 자본이 이동하는 만큼 사회의 입장에서는 추가 생산물이 생기게 된다.[198)]

둘째, 전통적 세제는 자산의 가치를 확정가치(부채, 타인자본)와 잔여가치(자기자본)로 나누는 선택에 중립적이지 못해서 파산(破産)위험을 늘린다.[199)] 길미를 둘로 나

195) 본문에 언급한 두 가지 외에 전통적 세제가 이익배당을 저해한다는 생각을 하는 사람이 많으나 이는 옳지 않다. 법인세율, 배당에 대한 소득세율 및 주식양도차익에 대한 소득세율이라는 3가지의 관계가 배당결정에 영향을 미치고, 이 점은 이중과세를 조정하든 않든 차이가 없다. 아래 Ⅳ. American Law Institute, *Federal Income Tax Project: Integration of Individual and Corporate Income Taxes*(Alvin C. Warren Jr. reporter: 1993), 18-35쪽. 이 글은 그 뒤 Yale Law School의 Graetz 교수의 주도로 이루어진 미국재무부의 1992년 보고서 *Integration of the Individual and Corporate Income Tax Systems*와 함께 묶어서 단행본으로 나와 있다. Michael Graetz and Alvin C. Warren, Jr., *Integration of the U.S. Corporate and Individual Income Taxes*(1998).

196) 각 부문에 투자된 자본에 수확체감의 법칙이 작용한다고 전제한다.

197) 경제학에서는 이것을 deadweight loss라고 부른다. 제2장 제3절 I 참조.

198) 법인세의 전가 귀착에 관한 Harberger, The Incidence of the Corporation Income Tax, 70 Journal of Political Economy 215(1962)를 무리하게 풀어 쓴 것이다. 워낙 중요한 글이니 재정학 교과서 등 관련문헌이 숱하다.

199) Warren, 앞의 글, 18-35쪽.

누어 이자는 손금에 산입하고 배당은 산입하지 않는 세제 하에서는 자산가치 중 투자위험을 지는 부분(자기자본)이 줄어들고, 투자위험을 지지 않는 부분(부채)이 늘어나게 된다. 따라서 채무불이행 내지는 파산의 위험이 그만큼 늘어나게 된다. 기실 파산은 문제의 원인이 아니라 결과일 뿐이다. 파산은 채권자 및 주주가 자산의 가치 중 제 몫이 얼마인지를 다시 정리하는 것일 뿐이므로, 파산절차에 별다른 비용이 들지 않고 그 절차가 순식간에 이루어진다면 파산 때문에 사람들이 더 가난해지지는 않는다. 그러나 현실적으로는 파산절차에는 오랜 시간과 거래비용이 들어가므로, 이상적 파산법제가 없는 이상 파산은 사회악이 된다.

셋째, 자기자본(自己資本)과 부채(負債)의 구별은 애초에 불가능한 구별이다. 근래에 와서는 증권투자신탁이나 증권투자회사 따위의 간접투자상품과 파생금융상품이 성행하게 되어 부채와 자본의 구별은 더욱 곤란한 문제가 되고 있지만,[200] 그렇지 않더라도 자기자본과 부채의 구별은 애초 모순개념이 아니다. 부채와 자기자본의 구별은 투자자들이 서로 위험을 어떻게 나누는가에 터잡고 있고, 그렇게 본다면 이 구별은 연속 스펙트럼의 양 끝일 뿐.

보기. 어떤 사람이 100% 소유 1인 주주로 주식회사를 설립한다고 하자. 이 회사에, 당장 10억원을 투자하면 1년 뒤에 22억원을 받을 확률이 50%이고 0원을 받을 확률이 50%인 투자기회가 있다고 하자. 투자자는 10억원을 투자하여 회사를 세우되, (1) 그중 9억원은 연리 10% 조건으로 회사에 돈을 꿔주는 것으로 하고 1억원은 보통주 자본금으로 투자하는 안과, (2) 10억원 모두를 보통주 자본금으로 투자하는 안 중 한 가지를 택하려 한다. 위 두 가지 대안에 차이가 있나? 실질에서는 없다. 투자자가 얼마를 회수할 수 있는가는 투자가 성패에 달려 있을 뿐, 투자의 형식이 자본금(資本金)인가 대여금(貸與金)인가는 전혀 영향을 안 미친다. 9억원을 대여하는 형식을 띠더라도, 투자가 실패한다면 어차피 한 푼도 못 건진다. 투자가 성공한다면, 투자원리금이 모두가 투자자의 몫이고. 결국 (1)안과 (2)안의 차이는? 그저 투자자가 돈의 흐름에 이름을 뭐라 붙이는가라는 차이뿐. 이는 1인 회사에만 있는 특유한 문제가 아니다. 주주가 여럿인 회사에서도 예를 들어 주주 모두가 같은 비율로 회사에 돈을 꿔주는 경우를 생각해 보라.[201]

일반론으로 돌아가면 부채와 자본을 대치시키는 기본 축은 투자위험(危險)과 기업운영에 대한 지배권(支配權), 이 두 가지.[202] 사법상 형식은 채권 채무라 하더라도,

---

200) 제11장 제4절, 제20장 제3절 참조.

201) 가령 Gooding Amusement Co. v. CIR, 236 F2d 159(6th Cir. 1956), cert. denied, 352 US 1031 (1957). Bittker & Eustice, 4.04[2]절.

202) Klein and Coffee, 앞의 책, 7-12쪽, 44-47쪽.

투자안의 위험도가 높아감에 따라 채권자는 이자율을 높여 받는 형식으로 위험을 부담하거나 아니면 기업에 대한 직접적 통제에 나서게 되어, 채권자의 지위는 실질로는 주주에 가깝게 된다. 쉽게는 이른바 혼성증권(混性證券, hybrid securities), 곧 전형적 주식(보통주)과 채권의 성격이 섞인 증권을 생각해 보면 된다. 예를 들어, 의결권이 없는 증권으로 액면금액의 일정비율을 비참가적 누적적으로 배당받을 권리가 있고, 발행일로부터 일정 기간이 지나면 증권을 발행한 회사가 이를 액면금액으로 상환할 권리를 가지는 증권을 발행할 수 있다. 납세의무자로서는, 회계목적상 이런 증권을 주식(우선주)으로 분류하여 부채비율을 낮추고 다른 한편 조세 목적으로는 부채로 분류하여 지급이자를 손금산입하려 하게 된다. 이런 증권의 경제적 실질은 보통주와 회사채 둘 가운데에서 어느 쪽에 가까운가? 결국 "우선주"나 "후순위 사채" 등 이름이 무엇인가가 중요한 것이 아니고 경제적 실질이 무엇인가를 물어야 한다. 이것은 정답 없는 문제이고, 법원은 이 문제를 떠맡아 사안별로 적당히 결정할 수밖에 없게 된다. 미국 법원의 표현을 빌면 "기업에 대해 위험을 안고 투자를 했는지 또는 채무인지의 구별에서는 어느 요소도, 심지어 경영에서 완전히 배제되었다라는 것까지도, 결정적이라 할 수 없다."[203]

넷째, 전통적 세제에서는 배당(配當)소득과 주식양도(株式讓渡)소득이 이중과세 당한다는 생각이 있지만 오해이다. 회사에 유보이익이 있는 상태에서 주식을 양도하면 양도인에게 주식양도차익이 생긴다. 실제 주식매매가격은 여러 가지 요소의 영향을 받지만 유보소득이 매매가격에 반영되는 것은 당연하다. 그렇다면 유보소득이 양도인의 양도차익에 이미 반영되었는데 뒤에 양수인이 배당을 받을 때 가서 양수인에게 배당소득이 있다고 보는 것은 이중과세 아닌가? 거기까지만 보면 맞다. 그러나 양수인이 배당받는 순간 주식의 시가가 그만큼 떨어지므로 양수인에게는 양도차손이 생기고 이 양도차손은 배당소득과 상계된다. 물론 이 처분손은 양수인이 주식을 다시 처분하는 시점에 가서야 공제받을 수 있기에 배당소득과 양도차손 사이에 시차는 생긴다. 또 주식양도차손의 공제에 이모저모 제약이 있기도 하고.[204] 그러나 큰 그림으로는 배당소득 과세와 주식양도소득 과세가 이중과세는 아니다.

Ⅲ. Imputation System: 조세의 중립성과 수직적 공평의 조화

주주가 법인(法人)을 거쳐 버는 소득이라 하여 다른 소득보다 높은 세부담을 지

203) John Kelley Co. v. CIR, 326 US 521(1946) 가운데 530쪽.
204) 제10장 제3절 I. 제14장 제4절 I.

워서는 안 된다면 세제를 어떻게 만들어야지? 손쉬운 생각으로 법인세를 아예 매기지 않고 법인격을 투시(透視)해서 각 주주의 소득을 바로바로 과세하면 어떨까?[205] 문제는, 수많은 주주가 있고 또 그 주주가 끊임없이 바뀌는 오늘날의 상장기업 기타 회사조직에서는 이것이 불가능하다는 데에 있다. 또 다른 해결책으로 법인세만 매기고 주주 단계에서는 배당소득을 비(非)과세한다면? 이 방식의 문제점은 수직적 공평의 이념 내지는 누진세 제도에 반한다는 것. 누진세의 뜻을 살리려면 주주가 법인을 거쳐 받은 소득 역시 종합소득에 합산하여야 한다.[206] 여기에서 문제는 원점으로 돌아온 것 아닌가? 어차피 누진세를 위해서 국가가 자연인 하나 하나를 관리하고 각자에게서 세금을 걷어야 한다면, 법인을 납세의무자로 삼아 法人稅를 걷는다는 것은 공연한 이중작업 아닌가? 아니다. 법인세를 폐지한다면 법인을 거쳐 얻는 소득을 주주 각자에게 바로 과세해야 하므로(또 각 주주만 과세할 수 있으므로), 국가는 수많은 납세의무자의 성실성을 확보해야 한다는 어려움을 맞게 되니까.[207]

이런 어려움을 풀기 위해 법인세를 유지하면서 그 경제적 부작용을 줄일 수 있는 방안으로, 일단 법인세를 걷고 누진세 하에서 각 자연인이 부담할 세액과 법인세의 차액을 각 자연인 단계에서 조정하기 위한 여러 가지 방안이 생겼다.[208] 가장 널리 쓰이고 있는 제도가 법인이 낸 세금을 주주에게 귀속(imputation)시켜서 공제해주는 配當稅額控除. 배당세액공제의 고갱이는 법인의 소득은 주주의 소득임을 인정하는 데에 있다. 법인의 소득이 주주의 소득이라면 법인세는 주주가 낼 세금의 선납(先納). 가령 법인의 소득이 100원, 법인세율이 20%, 배당소득 외에 다른 소득을 합쳤을 때 주주에게 적용되는 세율이 40%(구 소득세법상 최고세율)이고, 법인의 소득은 전액 주주에게 바로 배당된다고 하자. 법형식을 꿰뚫어 본다면 주주는 100원을 벌었으므로 40원의 세금을 부담하면 된다. 이 결과는 다음과 같은 두 단계로 확보된다. 우선 법인은 20원(=100원×20%)의 법인세를 납부하고 남은 80원(=100원-20원)을 주주에게 배당한다. 주주가 실제로 받는 돈은 80원이지만, 거기에 20원(=80원×20%/(100%-20%))을 가산(gross-up)한 100원을 주주의 소득에 포함시킨다.[209] 100원이라는 소득에 주주의 세율 40%를 곱한 소득세액은 40원이 되지만, 주주는 여기에서 법인세액 20원(=

---

205) 법인격을 악용하는 경우 투시해서 과세한 미국의 1913년 세법은 합헌이다. Helvering v. National Gregory Co., 304 US 282(1938).

206) 실제 역사에서도 주주과세는 누진율과 함께 들어온다. 영국사에 관한 우리 문헌으로 황남석, 우리 법인세제의 성립과정, 제3장 I.3.

207) Robert Couzin, Corporate Residence and Int'l Taxation(2002), 특히 16쪽.

208) Alvin C. Warren, 앞의 글, 특히 36-44쪽.

209) 결국 주주의 배당소득 = 배당액×[1/(1-법인세율)]이 된다. 이같이 번거로운 계산을 하는 이유는 주주가 한 사람이 아닌 다수이고, 배당가능이익을 언제나 모두 바로 배당하지는 않기 때문.

80×20/80)을 공제한 20원을 납부하게 된다. 이런 방식으로, 주주가 법인을 거쳐 버는 소득의 세부담을 다른 소득과 맞추어 주게 된다. 결국 법인이 번 소득을 각 주주의 몫으로 가르는 것이다. 다만 법인이 소득을 버는 시점과 배당 시점 사이에 시차가 있다면 우선은 법인세 20원만을 내고, 소득세와 법인세의 차액에 대한 세금 20원은 나중에 배당시점에 가서 내게 된다. 법인소득의 할당 시점을 배당금 지급시까지 미루어주는 것이다. 우리 현행법은 이 배당세액공제 방법을 따르고 있지만, 금융소득 분리과세와 얽혀 법인세 부담의 일부만을 공제해 주고 있다. 아래 제4절.

다른 방법으로 법인이 지급하는 배당을 손금산입(損金算入)할 수도 있다.[210] 앞의 예에서 소득이 100원인 법인이 이를 전액 배당한다면 법인세의 과세표준이 영(0)이 되고 법인세는 내지 않는다. 주주는 100원의 소득을 배당받아 세금 40원을 내게 된다. 법인이 소득을 버는 시점과 배당시점 사이에 시차가 있다면, 배당하기 전에는 일단 법인세 20원을 내지만, 배당시점에 가서 배당금을 손금산입하는 결과 법인세를 공제・환급받게 되므로 배당가능한 현금이 20원만큼 늘어나고 이를 주주에게 배당하게 된다. 현금흐름에는 조금 차이가 있지만 결국은 배당세액공제와 마찬가지. 이 방법이 배당세액 공제방법보다 덜 쓰이는 까닭은, 주주가 비거주자라든가[211] 기타 사정으로 법인세 부담을 일부만 제거해 주는 세제를 만들기에는 배당세액공제 쪽이 한결 손쉬운 까닭이다. 역으로 주주가 누구이든 관계없이 모든 주주에게 법인세 부담을 없애 주려 한다면 배당의 손금산입이 잘 들어맞는다. 우리 현행법에서는 투자회사나 유동화전문회사 따위 이른바 특별목적회사(special purpose company)와 법인과세신탁에서는 배당금을 소득계산 단계에서 공제해서 법인세 부담을 없애 주고 있다.[212]

배당소득을 소득으로 보지 않는 방법은,[213] 앞서 보았듯 모든 소득을 합하여 누진

---

210) 완전한 2중과세 배제는 아니고 방향성만 같은 대안으로 split rate system은 법인소득 중 배당금 지급액 부분에는 세율을 낮추어준다. 아래 IV.

211) 비거주자는 배당세액공제를 받지 못한다. 소득세법 제56조. 전세계 순소득에 대한 세금을 우리나라에 안 내니까.

212) 법인세법 제51조의2; 소득세법 제17조 제3항 제4호, 소득세법시행령 제27조의3. 미국법의 RIC (regulated investment company; 미국세법 851조 이하)를 본뜬 것이다. 상세한 내용은 제13장 제4절 III.; 박훈, 부동산 간접투자의 법적구조와 세제에 관한 연구 — 부동산투자회사를 중심으로(서울대학교 법과대학 박사학위 논문 2003. 2.).

213) 미국법은 이창희, 미국법인세법, 제3장 제2절 I. 독일은 종래 내국인 주주(법인주주 포함)에게만 배당세액공제를 인정하다가 이런 차별이 자본이동의 자유와 기업입지선정의 자유라는 EU법과 어긋난다는 문제가 제기되자 2001년부터 배당세액공제 제도를 없애고 법인세율을 개인소득세 최고세율의 50% 정도로 낮추면서 배당소득의 50%를 비과세(실제로 유럽법원 2004. 9. 7. 선고 Case C-319/02 판결은 유럽법 위반이라고 판시). 그 뒤 법인세율이 더 낮아지자 40% 비과세. 독일 소득세법 제3조 제40호, 제3c조 제2항. 다시 2009년부터는 이른바 2원적 소득세제로 이자소득, 배당소득, 금융자산 양도소득 모두를 저율 분리과세한다(정확히는 이자・배당과 양도소득의 구별을 없앴다). 사업

율(累進率)을 적용하자는 수직적 공평의 이념에 어긋난다. 다만 주주가 法人이라면 배당소득을 익금불산입하는 방법도 써도 좋다. 법인에 대한 누진율은 의미가 없으니까. 따라서 우리나라 등 여러 나라에서 법인이 받는 배당소득은 일부 또는 전부를 익금불산입하는 세제를 가지고 있다.214)

조세특례(租稅特例)로 법인세를 줄여주는 경우 배당소득에 대해서 배당세액공제를 할 것인가? 조세특례를 베푸는 정책적 목적이 무엇인가에 따라, 법인단계의 특혜만으로 목적을 달성할 수 있는지 주주단계에까지 특혜를 연장해야 하는지를 결정해야 할 것.215) 우리 법도 예전에는 조세특례로 인한 이익은 배당하지 못하게 하고 있었다.216) 현행법은, 조세특례를 주주단계에까지 연장하는 것을 원칙으로 삼아 법에 정한 몇 가지 예외를 제외하고는, 법인단계에서 실제로 법인세를 부담하지 않은 부분에도 gross-up과 배당세액공제를 인정한다.217)

Ⅳ. 폐쇄회사와 유보이익에 대한 과세

유한회사나 인적회사에도 법인세를 물려야 하려나? 출자자의 수가 많지 않다면 위와 같이 법인세를 걷고 다시 법인세 부담을 제거하느니 차라리 법인을 과세단위로 삼지 않고 법인을 통해 얻은 소득을 개개의 출자자에게 바로 과세하는 것이 더 효율적일 수도 있을 텐데. 이리하여 독일법은 법인세의 납세의무자에 주식회사, 주식합자회사 및 유한회사만을 포함시키고 합명회사나 합자회사는 안 넣고 있다.218) 미국법에서도 partnership은 법인세의 납부의무를 지지 않고, partnership의 소득은 바로 사원 각자의 소득이 된다.219) 우리 법의 유한회사에 해당하는 조직(limited liability company)은, 현행법에서는 으레 partnership이 되지만 때로는 corporation으로 볼 수도 있다.220)

재산으로 종합과세 받는 주주라면 배당소득의 40%를 비과세. 독일 소득세법 제3조 제40호 1문, 제3c조 제2항. 그러나 현행법에 대해서는 위헌시비와 입법론적 비판이 있다. Tipke/Lang, *Steuerrecht* (24판, 2021), 7장 76문단, 77문단, 11장 11문단 이하, 13장 168문단 이하. Graetz and Warren, Income Tax Discrimination and the Political and Economic Integration of Europe, 115 Yale Law Journal 1186(2006).

214) 법인세법 제18조의2. 제14장 제3절 Ⅳ. 미국세법 제1조h(11)은 배당소득에 대한 세율을 낮추어서 같은 효과를 얻는다.

215) American Law Institute, *Integration of the U.S. Corporate and Individual Income Taxes*(Alvin C. Warren Jr. reporter, 1993), 2.2절 참조.

216) 2002. 12. 31. 삭제 전 옛 조세특례제한법 제145조.

217) 소득세법 제17조 제3항 제4호, 제56조 제1항과 제4항.

218) 독일 법인세법 제2조 제1항. 비영리법인에 대해서는 후술.

219) 미국세법 701조 및 702조.

220) Bittker, McMahon & Zelenak, 2.05[2]절.

이제는 이른바 check-the-box 규칙으로 납세의무자에게 corporation과 partnership 가운데 어느 쪽으로 과세될지를 고를 수 있게 하고 있다.[221] 나아가서 corporation이라 할지라도 소규모 폐쇄회사(이를 S Corporation이라 부른다[222]))에 대해서는 회사를 통해 얻은 주주의 소득을 각 주주에게 바로 투시과세한다.[223]

이에 비해 우리 법은 유한(有限)회사나 인적(人的)회사 역시 법인세의 납세의무자로 삼는 것이 원칙. 동업기업 과세의 예외는 제14장 제1절 II. 이 입법태도가 반드시 틀렸다고 말할 수는 없다. 폐쇄회사의 출자자에게 바로 소득세를 매기든 회사에 법인세를 매기고 이를 출자자의 소득세의 선납으로 처리하든, 어느 쪽이든 거래비용의 차이가 그다지 크지는 않을 테니까. 그러니 법제의 통일성을 유지하는 쪽이 더 나은 세제가 될 수도.

그러나 여기에는 결정적 전제조건이 있다. 폐쇄회사를 법인세의 납세의무자로 삼는 세제가 더 효율적이려면, 법인세의 세율이 개인소득세의 세율보다 낮아서는 안 된다. 다음 절에 보겠지만, 법인세의 세율이 소득세보다 낮다면 폐쇄회사는 출자자들의 절세 투자수단이 되고 만다.

폐쇄법인, 또 폐쇄법인은 아니더라도 지배주주가 제 뜻대로 배당여부를 정할 수 있는 회사는 지배주주가 누진율을 회피한 채 부(富)를 축적하는 도구가 될 수 있다. 미국식 영어로 "법인격 있는 지갑"(incorporated pocket book).[224] 무슨 말? 예를 들어 법인세의 세율이 20%, 주주의 개인소득세의 세율은 40%의 구간에 있고, 회사의 배당가능이익은 100원이라고 하자. 또 주주와 회사는 모두 세전수익률 연 10%로 투자할 수 있다고 하자. 100원을 바로 배당한다면, 주주에게는 세금 40원을 낸 뒤 60원이 남는다. 1년 뒤 주주의 손에 남을 투자수익은 63.6원(= 60 × 1.06)이 된다. 한편, 100원을 유보하여 회사의 이름으로 투자한다면 법인세를 낸 뒤의 수익률은 8%(= 10% × (100% - 20%))이고, 1년 뒤 회사에는 108원(= 100원 × 1.08)이 남는다. 이 돈을 전액 배당하면 주주는 그중 40%를 세금으로 내고 남는 돈은 64.8원(= 108원 × (100% -

221) 미국재무부 시행규칙 301.7701-3. Department of Treasury, Simplification of Entity Classification Rules, T.D. 8967, 1997-1 CB 215.

222) 미국세법 1361조. S corporation의 요건은 다음과 같다. 첫째, 주주의 수에 제한이 있다. 둘째, 주주는 모두 개인(일정 범위의 신탁과 상속재산 포함)이다. 셋째, 주주는 외국인 비거주자(nonresident alien)이어서는 안 된다. 넷째, 수종의 주식을 발행해서는 안 된다. 미국세법 1361조(b). S corporation의 100% 자회사는 법인격을 투시한다. 같은 법조(b)(3). S corporation과 파트너십의 비교로 황인경, 인적회사의 과세방안, 조세법연구 XI-1(2005), 104쪽.

223) 미국세법 1366조. 따라서 일반법인과 달리 양도소득 우대조치도 누릴 수 있다. 이를 노리고 미실현 이득이 있는 일반법인을 S corporation으로 전환하는 때에는 법인세를 매긴다. 미국세법 1374조.

224) H.R. Rep. No. 704, 73rd Cong., 2d Sess. 1(1934).

40%))이 된다. 곧 주주에 대한 소득세율이 법인세율보다 높다면, 이익을 留保하는 쪽이 실효세율을 낮춘다. 현실과는 무관하지만, 거꾸로 주주의 소득세율이 법인세율보다 낮다면 이익의 유보는 실효세율을 올리게 된다. 이익의 유보가 어느 정도의 영향을 주는가는 유보기간이 얼마 동안인가에 달려 있다.

위 결론은 법인세 2중과세(二重課稅) 여부에 관계없이 타당하다. 법인세의 이중과세 부담이 전혀 제거되지 않지만 법인세율과 주주의 세율이 똑같이 40%라 가정하자. 회사가 법인세를 낸 후의 이익인 100원을 전액 배당한다면, 주주는 그에 대해 40원(= 100 × 40%)의 세금을 내고, 주주에게 남는 돈은 60원이 된다. 1년 뒤, 돈의 투자원리금은 63.6원(= 60 × 1.06)이 된다. 한편, 회사가 이 돈을 전액 유보한다면 1년 뒤 회사의 투자원리금은 106원(=100 × 1.06)이 되고, 이를 배당한다면 주주는 그에 대해 40%의 세금 42.4원을 내고, 주주에게 남는 돈은 앞과 같은 63.6원이 된다. 법인이든 주주이든 투자수익률과 세율이 같으니 당연한 결과.[225] 달리 말하면 배당금의 액수만큼 배당락이 생겨서 주주의 부(富)에는 아무 변화가 없다.

결국 이중과세를 하든 않든, 법인세율이 주주단계의 소득세율보다 낮은 세율구조에서 지배주주는 생활비를 넘는 소득은 다 법인에 유보하게 마련이다. 부자가 된 만큼 세금을 더 내어야 한다는 인민주의적 공평의 이념을 관철하려면, 법인 내 유보를 통해서 부를 쌓는 데에도 세금을 물려야 한다. 버는 돈 가운데 생활비를 넘는 부분은 어차피 축적하게 마련이고, 이 돈을 개인명의로 쌓는가 법인명의로 쌓는가는 경제적 의미에 차이가 없다. 효율 면에서는 어떨까? 비중립적 세제로 소득유보를 장려할 이유가 있을까? 투자기회가 법인에게나 주주에게나 같다면 배당정책에 세제가 간섭할 이유가 없다. 설령 투자기회가 다르더라도 종래 없던 좋은 투자기회가 법인에 새로 생겼다는 정보를 주주 또는 일반투자자가 안다면 당연히 돈을 출자하게 마련이다. 물론 경쟁기업 때문에 투자기회가 생겼다는 정보를 공개할 수 없는 상황이 있을 수는 있지만, 일반론으로 사내유보를 장려해야 한다는 결론은 안 나온다. 다시 반론으로 현행세제에서도 퇴직연금 등 저축에 대한 온갖 조세특례를 두고 있으니 법인격 있는 지갑에 쌓는 돈도 세부담을 낮추어줄 수 있지 않을까? 퇴직연금 등 저축에 대한 과세이연이나 비과세 등은 법이 엄격한 요건 하에서 제한적으로 운용하는 제도인만큼 이를 빌미삼기는 어렵다.[226]

법인에 쌓는 부를 주주의 몫으로 보아 세금을 물리는 제도는 여러 나라에 있다.

---

225) 이처럼 배당정책이 주주의 부에 영향을 미치지 않는다는 것이 이른바 MM(Modigliani와 Miller) 제2명제이다.

226) 2011 Mirrlees Review 17.1절.

애초 남북전쟁 당시의 미국 소득세법은 법인을 당연투시하고 주주를 과세했다.[227] 처음으로 법인을 주주와 별개의 납세의무자로 삼았던 1913년으로 돌아가면, 법은 법인이 누진세를 회피하기 위한 목적으로 설립되거나 악용되는 경우에는 법인세를 안 매기고 법인격을 투시해서 과세했다.[228] 그러다가 주식배당의 과세를 위헌이라 판시한 *Eisner v. Macomber* 판결의[229] 영향을 받아[230] 주주 대신 회사에 세금을 매기는 제도를 1921년에 들여왔다. 현행법에는 유보이익세(accumulated earnings tax)라는 것이 있고,[231] 또 personal holding company(PHC) tax라는 세금이 있어서,[232] 회사에 유보한 이익에 대해 일반법인세와는 별도의 세금을 추가로 물린다.[233] 이른바 split rate system이라 하여 한때 독일(1953-1976년) 등 몇몇 나라에 있었던 제도도 배당한 소득보다 유보한 소득을 높게 과세하여 같은 효과를 노렸다. 일본의 동족회사세(同族會社稅)는 PHC세의 일본판이다.[234]

우리 법인세법도 일찍이 1967년부터 1985년까지 지상배당(紙上配當)이라 하여 폐쇄회사의 유보이익을 주주에게 과세하는 제도를 가지고 있었다. 그 뒤에는 다시 한동안 적정유보(適正留保)초과소득에 대한 법인세라는 제도를 두었다. 대규모기업집단에 속하는 폐쇄회사(상장법인이 아닌 회사)나 그렇지 않더라도 법에 정한 규모를 넘는 회사의 경우, 각 사업연도의 소득 가운데 회사가 이를 배당하지 않고 임의로 유보한 금액이 법에 정한 적정한 수준("適正留保소득")을 넘는다면, 그 초과유보액에 일정한 세율을 곱한 금액을 각 사업연도의 법인세에 가산했던 것.[235] 옛 법은[236] 적정유보소득을 (1) 각 사업연도의 소득에서 법인세 등 세액[237]과 법령상 적립하도록 되어 있는

227) Act of June 30, 1864, 제117조. Collector v. Hubbard, 79 U.S. 1(1870).

228) Tariff Act of 1913, Ⅱ.A. 38 Stat. 114(1913) Subdivision 2, 특히 166-167쪽.

229) 252 US 189(1920). 제7장 제3절, 제8장 제1절 I, 제14장 제3절 Ⅲ.

230) H. R. Rep. No. 350, 67th Cong., 1st Sess. 12-13 (1921). Helvering v. Griffiths, 318 U.S. 371 (1943), 특히 387쪽.

231) 미국세법 531조. 회사를 세운 목적이 조세회피라는 주관적 요건이 필요하다. 이 법조가 합헌이라 판시한 Helvering v. National Gregory Co., 304 US 282, rh'g denied, 305 US 669(1938)는 방론으로 주주에게 세금을 매긴 1913년법도 합헌이라고 했다.

232) 미국세법 541조, 542조. 지주회사는 아니고 투자회사 정도가 맞는 번역이다. 주주 몇 명이 모여 소극적 투자를 하거나 법인형태로 인적용역을 제공한다는 객관적 요건으로 따진다. O'Sullivan Rubber Co. v. CIR, 120 F2d 845(2d Cir. 1941), 특히 847-848쪽. 이 세금을 물리면 유보이익세는 물리지 않는다.

233) 그 밖에도 특정 개인(주주 겸 종업원)의 노무제공을 목적으로 하는 회사라면 회사의 소득을 주주에게, 주주의 소득을 회사에게 할당할 수 있다. 미국세법 269A조.

234) 일본 法人稅法 제67조.

235) 옛 법인세법 제56조.

236) 1994. 12. 22. 이전의 법.

237) 법인세액, 법인세의 감면액이나 과세표준에 부과되는 농어촌특별세액 및 소득할 주민세액. 옛 법인

금액을[238] 뺀 나머지 금액의 50%와 (2) 자기자본의 10%, 이 두 가지 중 큰 금액으로 정하고 있었다.[239] 그러나 우리 법이 이 제도를 들여오자 재계가 강력히 반발했다. 이리하여 얼마 뒤 법을 바꾸어, 회사가 "기업발전적립금"으로 임의 적립한 금액에 대해 법령에 따라 적립한 금액과 같은 효과를 주게 되었다.[240] 기업발전적립금이라는 이름을 붙여 유보한 소득은 15%의 세금을 피한 채 이를 나중에 자본에 전입하기만 하면 된다는 것. 결국 적정유보초과소득세는 있으나마나 한 제도가 되었다가 2002년부터는 아예 폐지되고 말았다.[241] 문재인 정부 때 다시 폐쇄법인의 초과유보소득을 과세하자는 정부법안이 나왔지만 민주당이 과반수인 국회에서 부결. 기업의 재무구조를 악화시키고 주주에게 배당하는 만큼 투자여력이 없어진다는 반론(?)에 졌다.

V. 투자·배당 및 상생협력 세제

유보이익 과세의 일종으로 2015년부터 시행된 제도가 기업소득 환류 세제, 지금 이름으로는 투자·배당 및 상생협력 촉진을 위한 조세특례이다.

> 조세특례제한법 제100조의32 (투자·배당 및 상생협력 촉진을 위한 과세특례) ① 각 사업연도 종료일 현재…상호출자제한기업집단에 속하는 내국법인이 제2항…에 따른 투자, 배당, 임금 등으로 환류하지 아니한 소득이 있는 경우에는 같은 항에 따른 미환류소득…에 100분의 20을 곱하여 산출한 세액을 미환류소득에 대한 법인세로…추가하여 납부하여야 한다.
>
> ② 제1항에 따른 내국법인은 다음 각 호의 방법 중 어느 하나를 선택하여 산정한 …미환류소득…을 각 사업연도의 종료일이 속하는 달의 말일부터 3개월…이내에…신고하여야 한다.
>
> 1. 해당 사업연도(2028년 12월 31일이 속하는 사업연도까지…를 말한다)의…기업소득…에…비율을 곱하여 산출한 금액에서 다음 각 목의 금액의 합계액을 공제하는 방법
>
> 가. 기계장치 등…투자 합계액
>
> 나. 해당 사업연도에 지급한…배당금의 합계액
>
> 다. …상시근로자…의 해당 사업연도 임금증가금액…

세법 제22조의2 제2항 제1호.

238) 이익준비금 등 법령상 적립금. 옛 법인세법 제22조의2 제2항.

239) 옛 법인세법 제22조의2 제2항.

240) 옛 법인세법 제56조 제2항 제4호.

241) 2001. 12. 31. 법률 제6558호.

라. 「대·중소기업 상생협력 촉진에 관한 법률」…따른 상생협력…지출…금액…

2. 기업소득에…비율을 곱하여 산출한 금액에서 제1호 각 목(가목에 따른 자산에 대한 투자 합계액은 제외한다)의 합계액을 공제하는 방법

앞 Ⅳ에서 본 유보소득 과세제도는 법인세의 뼈대에 속한다. 법인을 투시하지 않는 한. 회사가 내는 법인세율이 지배주주가 낼 개인소득세율보다 낮은 이상 폐쇄회사 기타 법인격을 주주의 지갑으로 삼는 꼴의 조세회피가 생기게 마련이니까. 기업소득 환류 세제는 전혀 다르다. 폐쇄회사인지 아니면 달리 지배주주가 있는지를 묻지 않고 공정거래법상의 기업집단에 속하는 회사나 법정규모를 넘는 대기업이라면 모두 적용대상으로 삼는 제도. 적용범위가 재벌이니 앞 IV의 법인이라는 형식을 이용한 조세회피와는 무관. 이 제도는 처음에는 기업소득 환류(還流)라는 개념으로 법인소득 가운데 실물자본에 투자하는 부분을 뺀 나머지는 임금을 올려주거나 주주배당을 늘리도록 유도하자는 것이었다. 기업투자가 워낙 부진하니 임금이나 주주배당으로 가계소비를 늘리자는 박근혜 정부의 경기대책![242] 제2장 제3절 II. 이런 개념인 까닭에 '기업소득'이란 각 사업연도의 순소득(각 사업연도의 소득 - 법인세)에서 시작하기는 하지만 실제로 배당할 수 있는 현금이 있는가를 반영하고 있었다. 그 뒤 문재인 정부에 와서 경기대책이라는 성격은 사라졌지만 정치지형의 변화에 맞추어 근로자의 임금을 올리겠다는 정책목표는 그대로 남았고 다시 거기에 중소기업 상생(相生)협력이라는 목표가 덧붙었다. 이재명 정부에 와서는 소수주주 보호 내지 주가부양이라는 명분으로 배당촉진이 다시 들어갔지만, 이 명분이라면 적용범위를 재벌에 한정할 이유가 없다.

제 4 절 현행법의 이중과세 배제방법

원천과세의 일종으로 법인세를 일단 걷기는 하지만 우리 법은 imputation, 지급배당금의 손금산입, 수입배당금 비과세, 투시과세 이 네 가지 제도를 혼용해서 이중과세를 배제한다. 이 구조는 세제 전체의 구조와 얽혀 있다.

242) 이 기막힌(!) 생각은 1930년대 미국에서도 대불황 대책으로 나왔다. 이창희, 조세피난처/피지배외국법인 세제의 회고와 전망, 조세학술논집 38집(2022), 1쪽, 특히 18쪽.

Ⅰ. 금융소득 분리과세와 배당세액공제

주식회사 및 유한회사는 배당가능이익의 한도 안에서 주주나 사원에게 배당금을 지급할 수 있다.[243] 인적회사(합명회사 및 합자회사)에서는 사원이 무한책임을 지므로 배당금의 지급에 대한 제한이 없다. 인적회사이든 물적회사이든 회사의 입장에서 본다면 현금배당을 지급하는 만큼 회사의 순자산이 줄어들지만 이는 손금이 아니다.[244] 배당을 지급받는 주주의 입장에서 본다면, 배당금은 주주의 소득.[245]

현행 소득세법은 배당소득에 가산하는(gross-up) 금액 및 배당세액공제의 금액을 11%로 정하고 있다.[246] 여기서 11%라는 숫자는 법인세율 10%에 대응한다. 앞에서 본 예로 돌아가면, 법인단계의 소득이 100원이고, 그에 대한 법인세가 10원인 경우, 실제 배당받는 금액은 90원이 되고, 이 90원을 기준으로 생각하면 10원은 9%(=10/90)가 된다. 그런데 법인세법을 보면 10%라는 세율은 소득금액 2억원까지 적용하는 낮은 세율이고, 그 위로는 20%, 22%, 25%. 어? 배당세액공제율은 당연히 실제 법인세 부담에 맞추어 주어야 할 텐데?

그러나 배당세액공제율을 얼마로 정할 것인가는 그렇게 단순한 문제가 아니고 금융소득분리과세(分離課稅) 제도와 얽혀 있다. 애초에 배당세액공제 제도의 목적이 법인 부문과 비법인 부문 사이의 투자에서, 또 기업의 재무구조에서 조세중립성이 깨어진다는 문제를 해결하기 위한 것인데, 금융소득분리과세 제도 역시 이 문제에 영향을 미치니까. 분리과세받는 소액주주의 세부담은? 법인세 부담과 분리과세원천징수세 두 가지의 합. 종합과세 받는 대주주의 세부담은? 법인세 부담을 개인소득세에서 얼마나 조정해주는가에 달려 있다. 제11장 제4절 Ⅲ. 소액주주의 세부담이 대주주보다 높아서는 안 된다고 전제하는 이상, 배당세액공제를 얼마나 허용할 것인가는 소수주주의 세부담을 고려해서 맞출 수밖에 없다. 다른 한편으로 주주와 채권자 사이의 세부담의 균형도 생각해야 한다. 채권자에게 지급하는 이자에는 법인세 부담이 없으므로, 채권자의 세부담은 오로지 채권자 자신에 대한 소득세율에만 달려 있다. 그렇게 보면 종합과세대상인 대주주에게 배당세액공제를 100% 해준다면 주주와 채권자의 세부담은 같아진다. 배당세액공제율이 낮아지면 그만큼 대주주의 세부담이 채권자보다 높아진다.

법인세율 역시 gross-up과 배당세액공제를 얼마나 해줄까에 영향을 미친다. 분리과세가 없다면 탈세를 막고 나아가 법인격 있는 지갑을 이용한 조세회피를 막기에 가

243) 상법 제462조 및 제583조.
244) 법인세법 제20조 제1호.
245) 소득세법 제17조 등.
246) 소득세법 제17조 제3항 단서, 제56조 제1항.

장 좋은 방법은 법인세율을 개인소득세의 최고세율에 맞추는 것이다. 제3절 IV. 그러나 법인세율을 개인소득세 최고세율에 맞추면서 소액주주를 분리과세한다면 소액주주의 세부담(법인세 + 원천징수세)이 종합과세 지배주주보다 더 높아진다. 배당소득 원천징수세가 있다는 것을 전제한다면 (법인세율)〈(소득세최고세율 - 원천징수세)로 맞출 수밖에 없다. 나아가 법인세율의 설정은 그 자체로 투자에 영향을 미칠 수도 있다. 이론으로서야 기업의 투자의사결정에서 자기자본이 지는 세부담은 법인세와 주주단계의 세금을 합한 것이지만 실증연구는 신기하게도 두 가지의 영향이 서로 다르다고, 법인세가 주주단계의 세금보다 투자를 더 해친다고 한다.[247] 현실적으로도 입법단계의 정책토론에서는 법인세 인하가 단골 투자유인책으로 등장한다. 아무튼 법은 법인세율을 개인소득세 최고세율보다 훨씬 낮게 정하고 있다.

이런 점을 다 고려해서 1997. 12. 31. 이전의 세제에서는 법인단계와 주주단계를 합한 세부담이 종합과세배당소득〉종합과세이자소득〉분리과세배당소득〉분리과세이자소득의 차례였다. 이런 법을 놓고, 배당세액공제율이 실제 법인세율보다 낮은 것은 "아직도 배당세액공제 제도가 이중과세의 조정장치라고 하는 인식이 부족하다"는 식의 비판(?)이 있었다. 거기에 장단을 맞추어 대주주의 배당세액공제만을 실제의 세부담액에 맞추는 규정이 생겨나서 1998년 말까지는[248] 세부담이 1) 상장법인이나 등록법인의 소액주주〉2) 종합과세 대주주=종합과세 채권자〉3) 분리과세 채권자, 이렇게 되기도 했다. 다시 이에 대한 비판이 나오자[249] 그 뒤 다시 법을 바꾸어 배당소득가산액, 배당세액공제, 배당소득에 대한 원천징수세율, 이자소득에 대한 원천징수세율을 모두 손봄으로써 종합과세배당소득〉종합과세이자소득〉분리과세배당소득〉분리과세이자소득의 차례로 세부담을 다시 맞추었고 현행법까지[250] 이어지고 있다.

1. 주주(배당소득)의 세부담

현행법상 배당소득은 원천징수방식으로 분리과세(分離課稅)되거나 또는 주주의 다른 소득과 합쳐 종합과세(綜合課稅)된다. 분리과세 여부는 이자소득과 묶은 금융소득이 법에서 정한 기준을 넘는가에 달려 있다.[251]

---

247) 홍순만, 조세와 재정의 미래(2021), 147쪽. 지배주주나 경영자가 자신의 이익을 좇아서 배당을 안 한다면 주주과세는 유보이익의 투자에 영향을 안 미친다.

248) 1998. 12. 28. 개정 이전의 옛 조세감면규제법 제93조의2.

249) 이창희, 금융소득 분리과세와 배당세액공제 간의 모순이 기업의 지배구조와 재무구조에 미치는 영향, 인권과 정의 261호(1998), 112쪽.

250) 소득세법 제15조 제2호.

251) 소득세법 제14조 제3항 제6호 및 제4항. 제11장 제4절 III. 선박투자회사에서 받는 배당에 관하여는 조세특례제한법 제87조의5 참조. 고율배당의 한시적 분리과세는 조세특례제한법 제104조의27.

分離課稅가 되는 배당소득에 대해서는 배당세액공제가 배제되고,[252] 동 배당소득을 지급하는 자는 원천징수세를 징수납부해야 된다.[253] 분리과세 배당을 지급받는 자는 이 원천징수세액을 종합소득에 대한 산출세액에서 공제 못 하므로,[254] 분리과세 배당소득은 법인세 부담에 더해서 원천징수세 부담을 진다. 이에 반하여 綜合課稅가 되는 배당소득에 대해서는 배당세액공제를 통해 법인세 부담을 일부 제거하고 있다. 소득세법만 본다면, 오랫동안 배당세액공제 제도는 법인세율이 10%라는[255] 전제 하에서, 배당소득에 가산하는 금액[256] 및 배당세액공제액을[257] 11%(≒10/(100-10))로 잡고 있었다.

법인세와 소득세를 모두 고려하면, 현행법은 綜合課稅 대상인 주주가 얻는 소득을 다른 주주가 얻는 소득보다 무겁게 과세하고 있다. 간단한 예를 들어 어느 상장법인 주식 중 50%를 종합과세 대상인 주주가 소유하고, 나머지 50%를 분리과세 대상인 500명의 소수주주가 소유하고 있다고 하고, 법인세율이 20%, 소득세의 최고세율이 38%, 배당세액공제는 10%라는 가정 하에 주주와 채권자가 지는 세부담을 따져보자. 현행법의 세율은 좀 다르지만 세부담의 차이에 관한 결론은 그대로.

이 법인에 법인세(세율 20%)를 납부한 후의 배당가능이익이 80원 있다고 하자. 이 돈을 전액 배당한다면 주주가 받는 현금은 얼마? 종합과세되는 株主는 40원을 배당받으면서 그에 대한 원천징수세 5.6원(=40원×14%)을 징수당한 뒤 34.4원의 현금을 받게 된다. 소수주주도 마찬가지로 34.4원의 현금을 받는다.

綜合課稅되는 株主가 종합소득에 포함시킬 금액은? 44.4원(=40원+40원×11%=40원+4.4원). 이런 주주는 으레 소득세법상 최고세율을 적용받으리라 생각할 수 있으므로 38%의 세율을 적용하면,[258] 추가로 내어야 할 세금은? 산출세액이[259] 약 16.87원(=44.4원×38%)이 되고, 여기에서 배당세액공제액 4.4원(=40원×11%)을 공제하면,[260] 결정세액은 약 12.47원이 된다. 결정세액에서 원천징수세액 5.6원을 공제하

252) 소득세법 제56조 제4항.

253) 소득세법 제127조 제1항 제2호 및 제129조 제1항 제2호. 익명조합원이 받는 분배금은 25%.

254) 소득세법 제76조의 문리만 따진다면, 모든 원천징수세액을 종합소득 산출세액에서 공제할 수 있으나, 그렇게 풀이할 수는 없다.

255) 법인세법 제55조 제1항의 낮은 세율.

256) 소득세법 제17조 제3항.

257) 소득세법 제56조 제1항. 조문의 문리상으로는 90원에 11%(≒10/90)를 적용하는 것인지 또는 100원에 11%를 적용하는 것인지 뚜렷하지 않으나 취지에 미루어 풀이한다면 90원에 11%를 적용한다고 보아야 한다.

258) 소득세법 제55조 제1항.

259) 소득세법 제15조 및 같은 법 제55조 제1항.

260) 논의의 편의를 위하여 이 주주는 이미 다른 곳에서 받은 금융소득이 2,000만원이 넘는다고 가정한

면,[261] 약 6.87원의 세액을 납부하게 된다.[262] 결국 종합과세되는 주주는 법인을 거쳐 버는 소득 50원(= 100원 × 50%)에 대해 법인단계에서 10원(=50원 × 20%)의 세금을, 개인 단계에서 12.47원(= 5.6원 + 6.87원)의 세금을 내게 되어, 도합 22.47원을 세금으로 내게 되는바,[263] 세부담률은 44.94%(= 22.47원/50원)가 된다. 최종적으로, 종합과세되는 주주에게 남는 돈은? 27.53원(= 34.4원 - 6.87원 = 50원 - 22.47원)이다.[264]

한편 分離課稅 대상인 株主에게 남는 돈은? 세금을 내거나 받을 것이 없으므로 34.4원이 그대로 남아[265] 법인을 거쳐 번 소득 50원에 대해 세금 15.6원(세율 31.2%)을 세금으로 부담한다.

2. 이자소득의 세부담

채권자에게 지급했거나 지급할 이자는 순자산의 감소액이므로 법인의 입장에서 손금(損金)이 된다.[266] 따라서 이자소득에는 법인세 부담이 없고 이자를 받는 채권자에게 부과되는 소득세(所得稅) 부담만 있을 뿐이다.[267] 소득세법만 놓고 따진다면 이자소득은, 배당소득과 합쳐 연 2,000만원을 넘으면 종합과세하고 그에 모자라면 분리과세. 종합과세하는 경우에는 소득세법상 누진세율로 과세하고,[268] 분리과세하는 경우에는 원칙적으로 14%의 세율로 과세.[269] 다만 가명거래에는 징벌적 의미로 높은 세율을 적용한다.[270] 종합과세 대상 이자소득을 받는 사람은 대개 최고세율 구간에 들어갈 터.

Ⅱ. 법인 주주

주주가 법인이라면 누진세율에 의미가 없으므로 구태여 imputation 제도를 쓸 이유가 있으려나? 없다. 우리 법도 법인 주주의 배당소득을 비과세. 제3절 Ⅲ, 제14장 제3절 Ⅳ.

다. 소득세법 제56조 제4항.

261) 소득세법 제76조 제3항.

262) 소득세법 제85조 제1항.

263) 원천징수세를 법인단계에서 내는 세금으로 생각하면 법인단계에서 15.6원, 개인단계에서 6.87원이 된다.

264) 공식으로 표시해 본다면, 40 - (40 × 1.11 × 38% - 40 × 0.11) = 40(배당액) + 40 × 0.11(배당세액공제) - 40 × 1.11 × 38%(배당소득에 대한 세금) = 27.53. 원천징수세액은 납부할 세액의 선납이므로 결과에 영향을 미치지 않는다.

265) 식으로 표시해 본다면 40 × (1 - 0.14) = 34.4.

266) 법인세법 제19조 제1항.

267) 다만 채권자가 불분명하면 이자를 손금불산입. 법인세법 제28조 제1항 제1호.

268) 소득세법 제55조 제1항.

269) 소득세법 제129조 제1항 제1호 (라)목.

270) 소득세법 제129조 제2항 제2호.

Ⅲ. 유동화전문회사 등의 지급배당금 공제

법인 자체는 사업을 하지 않고 그저 투자매체(投資媒體) 노릇만 하는 회사에 대해서는, 주주단계의 배당세액공제 대신 법인단계에서 배당금을 소득공제.[271] 所得控除라는 표현을 쓰고 있는 것은 앞에서 보았듯 법인세법의 기본구조에서는 배당금 지급액이 손금이 아니기 때문. 제1절 II.

> 법인세법 제51조의2 (유동화전문회사 등에 대한 소득공제) ① 다음 각 호의 어느 하나에 해당하는 내국법인이 … 배당가능이익[272]…의 100분의 90 이상을 배당한[273] 경우 그…배당금액…은 해당 배당을 결의한 잉여금 처분의 대상이 되는 사업연도의 소득금액에서 이를 공제한다.
>
> 1. 자산유동화에관한법률에 의한 유동화전문회사
>
> 2. 자본시장과금융투자업에관한법률에 의한 투자회사, 투자목적회사, 투자유한회사, 투자합자회사(… 사모집합투자기구는 제외한다)[274] 및 투자유한책임회사
>
> 3. 기업구조조정투자회사법에 의한 기업구조조정투자회사
>
> 4. 부동산투자회사법에 따른 기업구조조정 부동산투자회사 및 위탁관리 부동산투자회사
>
> 5. 선박투자회사법에 의한 선박투자회사
>
> 6. - 9. (생략)
>
> ② 다음 각 호의 어느 하나에 해당하는 경우에는 제1항을 적용하지 아니한다.
>
> 1. 배당을 받은 주주등에 대하여 … 그 배당에 대한 소득세 또는 법인세가 비과세되는 경우 (단서 생략)
>
> 2. 배당을 지급하는 내국법인이 주주등의 수 등을 고려하여 대통령령으로 정하는 기준에 해당하는 법인인 경우 (하략)
>
> ④ 제1항을 적용할 때 배당금액이 해당 사업연도의 소득금액…을…초과하는 경우에는 그 초과하는 금액을 …5년…이월하여…공제할 수 있다…

---

271) 미국세법은 제851조에서 제855조.

272) 이익준비금 적립의무가 없다. 자산유동화에 관한 법률 제30조 제4항.

273) 배당결의로 족하고 실제 지급하지 않아도 된다. 주주의 입장에서 부당행위도 아니다. 대법원 2015. 12. 23. 선고 2012두16299 판결. 배당금을 받을 채권은 주주의 소득에 들어간다. 대법원 2013. 7. 11. 선고 2011두16971 판결. 그 밖에 대법원 2015. 12. 23. 선고 2012두3255 판결. 90% 이상 배당이 가능하도록 주식배당을 소득에서 제외하고 손익귀속시기도 기업회계에 맞추는 등 특례를 두고 있다.

274) 투자합자회사는 합자회사이지만 투과단체이므로 동업기업과세특례를 적용받지 못하고 투자자가 받는 소득은 배당소득. 한편 사모투자전문회사는 물적회사이더라도 동업기업과세특례를 적용받을 수 있다. 조세특례제한법 제100조의15 제1항 제3호. 제14장 제1절 II.4.

당연한 일이지만, 위 각 호의 특수목적 법인(special purpose company)에서 받은 배당소득에 대해서는 배당세액공제를 배제한다.[275)]

Ⅳ. 법인과세 신탁

법인과세 신탁이 수익자에게 지급하는 배당금도 손금산입. 제2절 Ⅵ.

Ⅴ. 투시과세

제14장 제1절 Ⅱ. 4, Ⅱ. 5.

275) 소득세법 제17조 제3항, 소득세법시행령 제27조의3. 선박투자회사에서 받는 배당금은 주주단계에서 한시적 특례가 있다. 조세특례제한법 제87조의5.

제 14 장　기업과 출자자 사이의 거래

법인세법은 회사 등의 법인이나 세법에서 법인으로 보는 일정한 단체를 출자자나 사원에서 분리된 별개의 납세의무자로 보아 단체 단계에서 소득을 계산하여 법인세를 따로 물린다. 한편 똑같은 사업을 하더라도 조합처럼 법인세를 안 내는 기업조직의 형태로 할 수도 있다. 이 장에서는 기업과 출자자 사이의 거래에 대해 어떤 세금문제가 따르는가를 기업의 설립과 출자, 해마다 버는 기업소득의 과세, 이익배당과 잉여금의 처분, 출자의 환급, 기업해체의 차례로 살펴보기로 한다. 합병 기타 기업결합과 회사분할은 제15장, 제16장에서 따로 보고.

분석의 초점: 회사처럼 법인세를 내는 기업과 조합처럼 법인세를 내지 않는 기업 사이에 어떤 차이가 생기는가? 법인세를 내는 기업은 일단 세법상 별개의 인격이라고 말할 수 있지만 법인과 출자자 사이의 거래에서는 이런 생각을 그대로 관철하기가 어렵다. 법인세법이 말하는 "법인"이란 출자자 내지 주주의 집합을 의미하므로, 주주자격에서 이루어지는 회사법 내지 단체법(團體法)상의 법률행위는 법인(=주주전체)의 내부사건일 수밖에 없고, 법인의 소득에 영향이 없다. 주주 전체와 법인 사이의 행위란 주주 전체와 주주 전체 사이의 행위인 까닭. 한편, 특정 주주가 법인과 개별적 법률행위를 한다면 제3자와 법인 사이의 행위와 다를 바 없고 거래당사자들에게 손익이 생기게 된다. 법인세법은 증자, 감자, 배당과 같은 단체법상의 집합적 법률행위 내지 그에 따른 계산에서는 법인의 손익이 생기지 않는다고 정하고 있다. 이런 거래를 자본거래(資本去來)라고 부른다. 자본거래, 손익거래라는 개념을 법인세법 밖에서부터 찾는 것은 뒤집힌 개념법학.

> 법인세법 제17조 (자본거래로 인한 수익의 익금불산입) ① 다음 각 호의 금액은 내국법인의 각 사업연도의 소득금액을 계산할 때 익금에 산입(算入)하지 아니한다.

1. 주식발행액면초과액…
4. 감자차익(減資差益)…
5. 합병차익…

법인세법 제20조 (자본거래 등으로 인한 손비의 손금불산입) 다음 각 호의 금액은 내국법인의 각 사업연도의 소득금액을 계산할 때 손금에 산입하지 아니한다.
1. 결산을 확정할 때 잉여금의 처분을 손비로 계상한 금액
2. 주식할인발행차금…

제 1 절 기업의 설립과 출자

企業에는 개인기업, 여러 사람의 동업 내지 조합, 인적회사, 물적회사 따위 여러 가지 꼴이 있을 수 있다. 기업형태별로 기업의 설립(設立) 및 출자(出資) 내지 자본납입(資本納入)에 대해 세법이 어떤 법률효과를 주어야 하는지를 따져보자.

우리 법은 오랫동안 법인격이 있는 기업과 없는 기업을 구별하여, 전자는 독자적 인격체로 법인세 납세의무자로 삼으면서 후자는 기업을 꿰뚫어보아 각 출자자를 바로 납세의무자로 삼았다. 그러나 사단 내지 기업을 세법에서 별개의 인격으로 볼 것인가의 문제가 반드시 민사법(民事法)상의 법인격 그대로일 이유는 없다. 다른 나라의 예를 보더라도 미국은 파트너십에 세금을 안 물리고 독일이나 프랑스 등 유럽 여러 나라도 우리나라의 합명회사나 합자회사에 해당하는 기업조직에 법인세를 안 물린다. 이 반성에서 현행법은 2009년부터 '동업기업' 과세특례를 들여왔다. 인적회사와 일부 유한회사에는 법인세를 안 물리면서 사원에게 바로 세금을 물릴 수 있도록. 제4장 제2절 I. 2, 제10장 제2절 II.

I. 개인기업

구멍가게이든 대기업이든 개인기업이라면 사업에서 생기는 모든 권리의무가 개인에게 귀속된다. 일손이 필요하다면 고용계약을[1] 맺어 종업원 내지 상업사용인에게[2] 내부적으로 사실행위를 시키고, 또 제3자에 대한 외부관계에도 도움이 필요하다면 상업사용

1) 고용계약은 완전한 계약자유가 아니고 근로기준법 등 노동법의 규제를 받는다.
2) 상법 제10조-제17조.

인이나 다른 사람에게 기업주 내지 상인 본인을 위한 법률행위 대리권을 줄 수 있다.

가지고 있던 재산으로 개인기업을 설립하여 사업용으로 쓰기 시작했더라도, 법에서는 여전히 내 개인재산. 한편 재무회계에서는 기업에 속하는 재산과 다른 재산을 구별하여 이를 서로 다른 단위로 삼고 한 쪽에서 다른 쪽으로 옮겨가는 재산을 서로 다른 사람 사이의 거래처럼 기록관리한다.[3] 가령 어떤 사람이 돈 1억원을 내어 장사를 시작했다면, 재무회계에서는 기업의 입장에서 이를 기록하여, 차변에 현금 1억원을 대변에 자기자본(또는 店主 계정) 1억원을 적는다. 역으로 장사에 쓰던 돈 가운데 1천만원을 생활비로 가져갔다면 차변에 자기자본(또는 점주) 1천만원을 대변에 현금 1천만원을 적는다. 입법론으로는 세법도 이런 생각을 따를 수도 있다. 어차피 납세의무자의 단위(單位)는 도구적 기능적 개념.[4] 부가가치세법은 사업장을 마치 독립한 납세의무자처럼 관리한다.[5] 그렇지만 민사법에서는 사업재산이든 아니든 모두 똑같은 개인재산일 따름이다. 소득세제는 어느 쪽? 납세의무자의 단위는 기업(체)이 아니라 인간 내지 인격. 취득원가 1억원 시가 10억원인 부동산을 사업용으로 쓰기 시작하더라도 세금 낼 것은 없다.

Ⅱ. 조합과 인적회사

미실현이득이 딸려있는 재산을 조합이나 인적회사로 넘기면 세금을 내야 할까?

1. 조합(組合)

속칭 동업(同業)관계로 둘 이상의 사람이 공동으로 기업을 운영하고 함께 손익을 나누어 가지는 꼴의 기업이 있을 수 있다. 이런 계약 내지 이런 공동기업을 組合이라고 부른다. 조합은 2인 이상이 서로 출자하여 공동사업을 경영하자고 약정함으로써 성립한다.[6] 조합기업에서는 개인기업보다는 기업실체라는 개념이 조금 더 강하게 드러

3) 소득세법 제160조, 상법 제29조. 기업회계에서는 이를 기업실체의 공준이라 부른다.

4) 제9장 제2절 I.

5) 부가가치세법 제6조 제1항. 제23장 제3절 II. 제한적이지만 소득세제의 입법례로 독일 소득세법 제6조 제1항 제4호. Tipke/Lang, *Steuerrecht*(제24판, 2021), 제9장 460-462문단. 이하 달리 적지 않은 한 Tipke/Lang이란 제24판.

6) 민법 제703조 제1항. 주택정비조합 따위는 이름에 불구하고 법인이다. 도시및주거환경정비법 제38조 제1항. 옛 주택건설촉진법에 따른 재건축조합은 조합(공동사업자)으로 과세하는 것이 실무였다. 징세 46101-1910(1994. 3. 9.), 국심 2001서0163(2001. 8. 14.) 등. 경과규정은 조세특례제한법 제104조의7. 그러나 법인으로 보는 단체로 과세한 판결로 대법원 2005. 5. 7. 선고 2004두7214 판결; 2005. 6. 10. 선고 2003두2656 판결; 2005. 7. 15. 선고 2003두5754 판결. 익명조합은 제10장 제2절 Ⅲ. 참조.

나기 시작한다. 개인기업에서는 기업에 속하는 재산이라 하더라도 기업주는 언제나 제 마음대로 이를 사생활재산으로 돌릴 수 있다. 여태껏 사생활에 써 온 재산이라도 언제나 제 마음대로 기업재산으로 넣을 수 있다. 그러나 조합기업에서는 각 조합원이 제 마음대로 개인재산과 기업재산의 구별을 넘나들 수는 없다. 왜? 다른 조합원이 있으니까. 이런 관점에서 본다면 각 조합원과 구별되는 조합의 단체성을 중시하여 조합이라는 기업체 내지는 조합체라는[7] 개념이 생겨나게 된다.

그러나 민법은 조합기업에 속하는 재산을 조합(체)의 재산으로 보지 않고 여전히 각 조합원의 재산으로 본다. 그러자면 조합재산은 組合員의 공동소유재산이 될 수밖에 없고, 따라서 민법은 조합재산을 공동소유의 한 형태인 합유(合有)재산으로 정하고 있다.[8] 合有라니? 공동소유지만 여러 사람이 각자 제 몫을, 지분(持分, share)을[9] 가진다는 말. 가령 어느 조합원이 1억원짜리 토지를 출자하고 다른 조합원이 현금 1억원을 출자하여 50:50 조합을 맺는다면, 토지에 대해 각 조합원에게 50%씩 지분이 생기고 현금 1억원도 각 조합원에게 50%씩 지분이 생긴다. 부동산은 조합원 모두의 이름을 나타내어 합유로 등기한다.[10] 그러나 합유에서는 각 조합원의 개별성이 매우 약하다. 공동소유의 느슨한 형태인 공유(共有)에서는 각 공유자가 언제라도 재산의 분할을 청구하고[11] 자기 지분을 마음대로 처분할 수 있지만,[12] 합유재산은 합유자 전원의 동의가 없이는 재산의 분할도 청구하지 못하고[13] 지분을 처분하지도 못한다.[14] 채권자도 특정재산에 대한 지분을 압류할 수는 없다.[15] 왜? 조합원이란 서로 무한책임을 지니까.[16] 조합이란 혼인에 비길 만큼 조합원 사이의 두터운 믿음을 깔고 있으니, 조합계약 자체를 끝장내기 전에는 난데없이 제3자가 끼어들 수 없다는 말.

---

7) 대법원 1984. 7. 24. 선고 84누8 판결; 1984. 12. 26. 선고 84누392 판결.

8) 민법 제704조.

9) 지분이란 이런 뜻이다. 일본 회계학 문헌이 자기자본(순자산)을 지분이라고 옮긴 사연은 모르겠다.

10) 부동산등기법 제48조 제4항.

11) 민법 제268조 제1항.

12) 민법 제263조.

13) 민법 제273조 제2항.

14) 민법 제273조 제1항. 한편 민법은 비통상적인 조합업무의 집행은 다수결에 따른다는 규정을 두고 있다. 민법 제706조. 이리하여 조합재산의 처분에 조합원 전원의 동의가 필요한가 또는 다수결에 따를 것인가를 놓고 논란이 있다. 대법원 1990. 2. 27. 선고 88다카11534 판결; 1991. 5. 15.자 91마186 결정.

15) 대법원 2001. 2. 23. 선고 2000다68924 판결(조합원이 체납한 세액). 제5장 제1절 1.

16) 상법 제57조 제1항. 대법원 2001. 11. 13. 선고 2001다55574 판결.

2. 익명조합과 합자조합

두 사람 이상이 공동출자하여 소득을 나누어 가지는 공동사업이기는 하나 이 관계는 공동사업자의 내적관계일 뿐이고, 대외적으로는 사업이 어느 한 사람(영업자)의 사업인 듯한 겉모습으로 다른 출자자(숨은 조합원)는 안 드러나는 꼴을 내적조합이라고 부른다. 상법은, 숨은 조합원이 출자재산 외에는 책임을 안 지면서 영업에서 이익이 날 때에만 이익을 분배받는 약정을 匿名조합이라 부른다. 제10장 제2절 III.3.

合資조합은 2011년에 상법에 들어온 제도로서 무한책임을 지는 조합원과 유한책임만 지는 조합원의 계약으로 성립하지만 유한책임이라는 보호는 등기해야 받을 수 있다.[17] 무한책임조합원이 물적회사라면 투자자(유한책임조합원, 물적회사의 주주나 사원) 모두가 유한책임만 지지만 그래도 합자조합이다. 독일에서 GmbH & Co. KG라고 부르는 기업조직으로 법인세를 피하자는 목적으로 생겨났다.

3. 인적회사

人的會社는 조합과 물적회사의 중간형태.

1) 조합기업을 상법에 따라 등기하면 법인격(法人格)을 얻게 된다. 이것이 合名會社. 합명회사는 상법에 따라 정관을 작성하여 상호, 회사의 목적, 본점의 소재지, 사원의 신원, 사원별 출자재산의 내용과 가액이나 평가방법, 정관작성일 등을 정한 뒤[18] 회사의 설립을 등기함으로써 성립한다.[19] 합명회사의 사원 상호간의 내부관계는 정관에 따르고[20] 외부관계에서도 사원 모두가 연대(連帶)하여 무한책임(無限責任)을 지므로[21] 조합과 같다. 법무법인 등 전문직으로 구성된 특별법상 회사에도 합명회사에 관한 상법규정이 준용되는 것이 보통이므로[22] 같은 결과.

합명회사는 법인격(法人格)을 가지므로 재산은 사원의 합유가 아니라 회사의 소유. 따라서 대표권을 가진 자가 회사의 기관으로서 이를 처분할 수 있다. 또 대표사

---

17) 상법 제86조의2, 제86조의4 제1항 제1호.

18) 상법 제179조.

19) 상법 제172조, 제180조.

20) 상법 제195조. 정관은 자치법규이므로 객관적으로 해석해야 한다는 것이 판례. 대법원 2001. 11. 24. 선고 99다12437 판결. 의결권은 출자액이 아니라 머릿수가 원칙.

21) 상법 제212조. 채무초과↛파산. 채무자회생 및 파산에 관한 법률 제306조 제2항. 회사채무가 성립하면 사원의 책임이 바로 성립하지만, 사원에 대한 이행청구는 회사의 재산으로 회사채무를 다 갚을 수 없는 경우에만 할 수 있는 보충적 책임이다. 대법원 2009. 5. 28. 선고 2006다65093 판결(사원의 재산처분에 회사채권자가 취소권 행사).

22) 예를 들어 변호사법 제58조 제1항. 그러나 법무법인(유한)이나 회계법인에 대하여는 유한회사에 관한 상법규정이 준용된다. 변호사법 제58조의17; 공인회계사법 제40조 제2항.

원이 업무를 집행하면서 다른 사람에게 손해를 끼쳤을 때에는 회사가 그 사원과 연대하여 배상책임을 진다.[23] 대표는 회사의 기관이므로 회사자체가 책임을 지는 까닭이다.[24] 이에 비해 조합에서는 각 조합원이 다른 조합원의 행위에 대해 책임을 지는 이유가 대리이므로 각 조합원은 다른 조합원의 불법행위에 대해서는 책임이 없다. 대리란 법률행위의 대리이니까.[25]

2) 合資會社는 정관을 작성하고[26] 회사설립의 등기를 함으로써 성립한다.[27] 합자회사란 無限責任사원 외에 유한책임(有限責任)사원도 있는 회사이므로[28] 각 사원의 책임이 어느 쪽인지를 정관에 적고[29] 등기하여야 한다.[30] 유한책임사원은 정관에 정한 출자의무 외에는 인적책임을 지지 않고[31] 신용이나 노무는 출자하지 못한다.[32] 유한책임사원은 회사의 업무집행을 할 수 없고[33] 대표권을 가질 수도 없다.[34] 유한책임사원이 타인에게 자기를 무한책임사원이라 오인시키는 행위를 한 때에는 오인으로 인하여 회사와 거래를 한 자에 대하여 무한책임.[35] 유한책임사원이 업무집행을 맡는다든가 회사의 대표역할을 한다든가, 이런 경우에 무한책임을 지게 될 것이다.

3) 인적회사와 물적회사의 중간으로 유한책임회사는 각 사원이 유한책임을 지면서도 내부관계에서는 사원자치가 기본원칙.[36]

4. 동업기업(同業企業)과 공동사업장(共同事業場)

2009년부터 민법상의 조합, 상법상의 합자조합, 익명조합, 인적회사 및 일부 전문직 유한회사는 관할 세무서장의 승인을 받아 조세특례제한법에 따른 同業企業으로 과세받을 수 있다.[37] 유한책임회사는 안 된다. 동업기업에서 생기는 소득은 사업장을

23) 상법 제210조.
24) 법인에게도 불법행위능력이 있다. 민법 제35조 제1항. 형사책임을 지울 수도 있다. 헌법재판소 2019. 7. 29. 2009헌가25등 결정.
25) 불법행위를 하기 위한 대리권이란 논리상 있을 수 없다. 사용자책임은 대법원 1961. 10. 26. 선고 4293민상288 판결; 1979. 7. 10. 선고 79다644 판결; 1998. 4. 28. 선고 97다55164 판결; 2025. 2. 25. 선고 2003다67007 판결.
26) 상법 제270조.
27) 상법 제172조.
28) 상법 제268조.
29) 상법 제270조.
30) 상법 제271조.
31) 상법 제279조 제1항.
32) 상법 제272조.
33) 상법 제278조.
34) 대법원 1966. 1. 25. 선고 65다2128 판결.
35) 상법 제281조 제1항.
36) 상법 제3장의2.

하나의 단체로 보아 순소득금액을 계산한 뒤[38] 이 동업기업 단계의 소득금액을 약정된 손익배분의 비율에 의하여[39] 각 동업자에게 배분되는 소득금액에 따라 나누어 각 동업자의 소득금액을 계산하여,[40] 소득세나 법인세를 물린다.[41] 동업기업 과세를 받기 위한 동업자의 자격은? 별 제한이 없다. 거주자 개인, 비거주자 개인, 내국법인, 외국법인 모두 동업자가 될 수 있다.[42] 조합은 동업자가 될 수 없고.

동업기업 과세특례를 신청하지 않는다면? 인적회사는 법인세 납세의무를 지고, 사원은 그와 별개의 납세의무자. 아래 III의 물적회사나 마찬가지. 차이라면 노무출자가 가능하고 그 대가로 받는 소득은 배당소득.[43] 공동기업이 조합, 익명조합이거나 합자조합 등 숨은 조합 형식이고, 개인들이 그런 기업을 공동으로 경영하여 사업소득을 나눠가지면서 동업기업 과세특례를 택하지 않는다면? 이런 공동사업은 소득세법상 共同事業場으로 과세받는다.[44] 법은 공동사업장을 하나의 사업자로 관리하고 있다.[45] 공동사업장 과세는, 틀은 동업기업 과세특례와 비슷하지만 세부적 차이가 있고 구체적 규정이 없어서 민사법 논리로 풀어야 하는 경우가 많다.[46] 공동사업장에서 생기는 소득은 사업장을 하나의 개인처럼 보아 순소득금액을 계산한 뒤[47] 이 조합단계의 소득금액을 약정된 손익분배의 비율(그런 비율이 없다면 지분비율)로 나눈 각 개인조합원의 몫을 각 조합원의 사업소득으로 과세. 다만 사업운영에 관여하지 않는 익명조합원이나 합자조합원 등 출자공동사업자의 몫은 배당소득으로 과세.[48]

---

37) 자본시장과 금융투자업에 관한 법률에 따른 투자조합, 투자익명조합 및 투자합자회사(사모투자전문회사 제외)는 동업기업과세를 택할 수가 없다. 조세특례제한법 제100조의15. 집합투자기구로 해마다 이익을 출자자에게 투과시키므로 택할 실익이 없다. 제11장 제4절 I. 5. 투자합자회사는 지급배당금을 공제해서 법인세 부담을 벗을 수 있다. 제13장 제4절 III. 법무법인 등 전문직 회사는 동업기업과세를 택할 수 있다. 같은 법 시행령 제100조의15. 동업기업과세특례를 새로 택하는 회사는 준청산소득에 대한 납세의무를 진다. 같은 법 제100조의16 제3항. 제14장 제5절 V.

38) 조세특례제한법 제100조의16 제1항, 제100조의23.

39) 같은 법 제100조의18 제1항.

40) 같은 법 제100조의18 제1항, 제3항. 여기서 '배분'이라는 말은 현금을 별러 나누어준다(분배)는 말이 아니고 소득을 각 조합원 몫으로 갈라서 안분 내지 할당(割當)한다는 말이다. 같은 법 제100조의14 제3호. 이하에서는 혼동을 피하기 위해 일본말이기는 하지만 할당이라는 말도 섞어 쓰기로 한다.

41) 같은 법 제100조의16 제2항. 소득세법 제3조 제3항.

42) 같은 법 제100조의14 제2호.

43) 법인세법시행령 제43조 제1항은 이익처분에 의한 상여라고 하나, 구태여 배당세액공제를 배제해서 재산출자자보다 무겁게 과세할 이유가 없다.

44) 소득세법 제43조 제1항, 제87조 제1항. 제10장 제2절 Ⅲ.

45) 소득세법 제160조 제1항, 제168조, 제87조 제3항. 공동사업장이 되면 사업장명의로 사업자등록증 1개만을 받는다.

46) 제2장 주석 35).

47) 소득세법 제43조 제1항, 제87조 제1항. 기업업무추진비같이 정액한도가 있는 경우 공동사업장은 한 사람으로 다루므로 세무상 불이익을 입는다.

한편 법인(法人)과 개인, 또는 法人과 法人이 조합으로 공동사업을 경영하면서 동업기업 과세특례를 신청하지 않는다면? 일단 사업장 단위에서 순소득을 계산한다는 규정은 없다. 따라서 법인인 조합원에 관한 한 공동사업장의 존재는 무시된다. 개인이나 다른 법인과 공동사업을 영위하는 법인이라면, 공동사업장에서 발생한 자산, 부채 및 수입, 지출의 거래금액 중 자신의 지분에 해당하는 금액이 자신의 수익과 손비에 각각 들어간다.[49] 가령 법인과 법인이 조합계약에 의하여 공동사업을 영위하기로 하고 조합이 공사를 시행한 경우 그 효과는 조합원에게 미치는 것이므로 각 조합원이 공사를 한 것이 된다.[50] 그 공동사업체를 따로 사업자등록을 하더라도 마찬가지.

5. 동업기업과 공동사업장에 대한 재산출자

1) 동업기업에 대한 재산 현물(現物)출자가 양도소득세 기타 그동안 쌓인 미실현이득의 과세계기가 되는가? 분명한 규정은 없지만, 된다고 보아야 한다. 현물출자는 동업자의 자격이 아닌 제3자의 자격으로 하는 거래이기 때문이다.[51] 또 법은 동업기업지분의 양도를 주식양도와 마찬가지로 과세한다.[52] 이 말은 지분양도를 동업재산 일부의 양도로 보지 않는다는 말이고, 다시 이 말은 동업재산을 출자자의 재산으로 보지 않는다는 말. 따라서 출자하는 재산은 출자자가 동업기업에 시가로 양도하는 것으로 보아야 하고, 출자자의 지분가액(outside basis)은 출자 받은 재산의 시가가 된다. 동업기업의 입장에서 본 재산취득가액(inside basis) 역시 재산의 시가.[53]

2) 동업기업 과세를 택하지 않는다면 인적회사에 대한 현물출자는 미실현이득의 과세계기가 된다.[54] 인적회사는 法人으로 법인세를 내고, 회사의 재산은 회사의 소유이지 사원의 합유가 아니다. 따라서 현물출자는 양도. 다만, 개인기업을 현물출자하여 법인을 설립하거나, 현금출자로 법인을 세운 후 그 출자액으로 개인기업의 사업을 양도받는 경우 과세이연의 특례가 있으나 이는 물적회사에도 공통. 아래 III.1.

---

48) 소득세법 제43조 제2항, 제17조 제1항 제8호. 소득을 조합에 유보하더라도 분배비율에 따라 각 조합원을 과세한다. 대법원 1990. 9. 28. 선고 89누7306 판결. 따라서 분배비율이 공정한 한 조합원 사이에서는 무상거래라 해도 부당행위 문제가 생기지 않는다. 대법원 2005. 3. 11. 선고 2004두1261 판결. 무한책임 조합원은 업무집행자가 아니더라도 사업소득을 할당받을 수 있어야 맞다. 제21장 제2절 III.

49) 대법원 2012. 11. 29. 선고 2012두16305 판결(계열기업군 공통경비). 특수관계자가 아닌 한 공통경비 안분에 관한 대통령령은 특약이 없을 때 적용할 보충적 규정이다. 제2절 II.2.

50) 대법원 2001. 2. 23. 선고 2000다68924 판결.

51) 조세특례제한법 제100조의19.

52) 조세특례제한법 제100조의21.

53) 동업기업의 입장에서 분개로 표시하면 재산의 시가로, (차) 재 산 (대) xx(출자자)지분

54) 소득세법 제88조 제1항, 법인세법 제40조, 제55조의2.

3) 동업기업 과세를 택하지 않은 개인 사이의 조합이 소득세법상 공동사업장이 되는 경우, 이 공동사업장에 대한 현물출자는 양도소득세 과세대상인가? 판례는 혼선. (일본법에서도 사정은 비슷.[55]) 가령 금일억이라는 사람이 현금 1억원을 출자하고 원가천은 취득원가 1천만원에 시가 1억원인 토지를 출자하여 건물을 지어 분양하여 수입금액을 50 : 50으로 나누어 가지기로 하는 내용의 조합계약을 맺고 실제로 건축을 시작하는 경우, 원은 이 땅을 讓渡한 것인가? 했다면 땅 전부(全部)를 양도한[56] 것인가, 아니면 50%는 제 지분이니 그냥 남아있는 것이고 금 지분이 된 50%만 양도한 것인가? 현물출자 당시 원의 양도소득은 9천만원인가 또는 4,500만원인가? 공동사업장의 독자성이나 단체성을 중시한다면, 전자의 생각으로 이어져서 현물출자가액 1억원과 출자재산 취득가액 1천만원의 차액이 원의 소득이 된다. 조합(체)의 입장에서는 뒤에 이 재산을 양도할 때에 가서 양도가액과 현물출자 가액의 차액이 조합(체)이라는 공동사업장의 소득이 된다. 다른 한편, 조합을 하나의 계약관계로 본다면 어느 조합원이 조합에 출자한 재산 가운데 다른 조합원의 지분 부분은 바로 양도가 있는 것으로 보아 그 부분만큼 조합원에게 양도소득세를 매긴다. 조합원 원의 양도소득세 계산상 양도가액은 조합원 금의 입장에서는 취득가액이 된다. 뒤에 이 재산이 조합에서 제3자로 넘어가면, 금은 양도가액과 취득가액(원의 출자가액)의 차액을 양도소득으로 하여 세금을 내게 된다. 한편, 원래 재산 소유자였던 원의 자기 지분은 원의 소유로 그냥 남아있다가 뒤에 이 재산이 제3자에게 넘어갈 때, 조합(체)의 양도가액과 원의 애초 취득가액의 차액이 양도소득이 된다.

물론, 같은 과세기간 동안 조합(공동사업장)이 이 토지를 처분한다면 어느 쪽이든 소득금액에 차이가 없다. 예를 들어 앞의 분양대금 중 토지대금 부분이 3억원이라 하자. 우선 조합체가 2억원(토지 1억, 건설비 1억)에 취득한 재산을 3억원에 판다는 이론에 따른다면 조합을 거쳐 금과 원이 받는 양도차익(사업소득)은? 각 5천만원[=(3억원 - 2억원)/2]씩이다. 결과적으로 금은 5천만원의 사업소득을 얻고, 원은 현물출자 당시의 양도소득 9천만원(=1억 - 1천만원)에 공동사업장에서 생긴 사업소득 5천만원을 더한 1억 4천만원의 소득을 얻는다. 이론을 달리하여 현물출자 당시 원의 양도소득을 4,500만원이라 본다면? 현물출자를 통하여 원은 땅을 둘로 나누어 취득가액 500만원짜리를 5천만원에 금에게 팔고, 취득가액 500만원인 나머지는 그냥 가지고 있는 셈이 된다. 조합의 분양처분은, 금 지분의 토지(취득가액 5천만원)와 건물(건설비 5천만원)을 1억5천만원에 팔고 원 지분 토지(취득가액 500만원)와 건물(건설비 5천만원)을

55) 增井良啓, 組合形式の 投資媒體と 所得課稅, パトナシップの 課稅問題(2000), 148쪽.

56) 양도시기는 대금청산일(=사원지위를 얻은 날=계약일)과 등기이전일 중 빠른 날. 제12장 제2절 12.

1억5천만원에 파는 것이다. 따라서 금은 조합의 재산 처분단계에서 5천만원의 사업소득을 얻고, 원은 현물출자 단계에서 양도소득을 4,500만원 조합의 재산처분 단계에서 사업소득을 9,500만원 얻게 되어 계 1억4천만원의 소득을 얻는다. 이처럼 거래 전체를 놓고 본다면 소득금액은 같지만 소득의 성격이 달라지고 또 현물출자와 분양이 서로 다른 해에 이루어진다면 과세시기가 달라진다.

똑같은 문제가 현금(現金)거래에서도 생긴다. 예를 조금 바꾸어 금일억과 원가천이 각각 현금 1억원을 출자한 50 : 50 조합에 원이 취득원가 1천만원 시가 1억원짜리 토지를 현금 1억원을 받고 팔았다고 하자. 원의 양도차익은 9천만원인가, 4,500만원인가? 대가 전부를 현금으로 받았으니 양도차익은 당연 9천만원 아닌가… 아니다. 반드시 그럴 이유가 없다. 원은 여전히 그 토지에 대해 50% 지분을 가지고 있으니까. 토지를 팔기 전 원의 재산은 조합재산인 현금 2억원의 절반인 1억원과 개인토지 1억원이지만, 판 뒤에는 현금 1억 5천만원(개인현금 1억원+조합현금 1억원의 절반)과 조합재산인 토지 1억원의 절반인 5천만원이다. 위에서 '판다'는 표현을 썼지만 사실은 이런 거래는 매매(賣買)일 수가 없다. 조합은 법인이 아니므로 조합과 조합원 사이의 거래는 설사 현금거래라 하더라도 사법(私法)상 성질은 여전히 조합에 대한 출자(出資)행위이고 다만 현금을 언제 받는가의 차이가 있을 뿐이다. 다른 한편 임대차라는 형식을 띠더라도 재산을 조합사업에 제공하는 것은 여전히 출자로 보아야 한다.[57]

대법원은 조합원의 탈퇴(脫退)나 지분(持分)양도를 조합재산의 양도로, 자기 지분만큼의 양도로 보고 과세한다.[58] 이 생각과 논리의 앞뒤를 맞추자면 공동사업장인 조합에 현물출자한 이후에도 조합재산 중 자기지분은 세법상으로도 여전히 조합원의 재산으로 남아 있다고 보아야 한다. 그러나 얼핏 생각이 갈리는 듯한 대법원 판결도 있다.[59] 대법원 판결이 이런 혼선을 보이고 있는 가운데, 행정해석이나 재결은 조합에 대한 현물출자는 재산 전체를 양도한 것으로 보아야 한다는 입장을 따르고 있다. 공동사업장을 조합원에게서 독립한 단체로 보는 셈이 된다.

---

57) 이전등기는 어차피 문제가 안 된다. '현물출자'나 '매매'사례에서도 조합 앞으로의 합유등기가 없더라도 양도인가라는 문제가 생기기 때문이다. 제12장 제2절 12.

58) 대법원 1982. 9. 14. 선고 82누22 판결; 1989. 10. 24. 선고 89누3175 판결; 1992. 3. 31. 선고 91누8845 판결; 1995. 11. 10. 선고 94누8884 판결. 일부양도설을 따른 부가가치세 판결로 대법원 2005. 12. 22. 선고 2004두534 판결.

59) 대법원 1985. 2. 13. 선고 84누549 판결; 1985. 5. 28. 선고 84누545 판결; 1990. 2. 23. 선고 89누7238 판결 등.

6. 미국법과 견주면

우리 법과 달리 미국세법에서는 현물출자 단계에서 미실현이득을 과세하지 않는다.[60]

미국에서는 계약법이나 회사법 등 기업조직의 설립과 운영에 관한 법은 연방법이 아니라 각 주의 주법(州法). 나라 전체로 '파트너십은 이것'이라고 말할 수 있는 통일적 법제는 없다. 그렇지만 일찍이 1914년에 Uniform Partnership Act(UPA)라는 모범법안이 나온 바 있고, 그 뒤 루이지애나를 제외한 모든 주에서 이 법안과 별 차이가 없는 내용으로 파트너십에 관한 법률을 제정했다. 예를 들어 뉴욕주에서는 주법 제38장으로 UPA를 채택했다. 세월이 흐르면서 일부 주에서는 파트너십 법률의 내용에 적지 않은 수정을 가했다. 1994년에 와서는 모범안 자체를 개정하여 개정 모범법안("Revised UPA")이 나왔고[61] 그에 따라 여러 주가 주법을 바꾸었다.

우리 세법이 현물출자를 재산전부의 양도로, 적어도 다른 조합원지분만큼의 양도로 봄과 달리 미국법은 재산의 출자를 양도로 안 본다. 미국법은 출자재산에 붙은 미실현이득(未實現利得)의 과세를 이연(移延)하여[62] 출자 재산의 당초 취득가액을 파트너십에 그대로 넘긴다.[63] 말하자면 파트너의 파트너십에 대한 재산 출자에는 양도소득을 과세하지 않음이 원칙. 따라서 출자를 통해 파트너가 취득하는 지분의 가액(outside basis)은 재산의 출자 전 장부가액이 그대로 이어진다. 파트너십의 소득 계산 목적으로도 당해 재산의 가액(inside basis)은 출자자의 장부가액이 그대로 넘어온다. 예컨대, A, B, 두 사람이 AB 파트너십을 조직한다고 하자. A와 B는 각각 장부가액 30,000불이고 시가 90,000불인 토지를 출자하여 출자지분을 50 : 50으로 정했다. 각 파트너의 파트너십 지분의 취득가액은 30,000불로 보므로, 출자시에는 양도소득이 안 생기고[64] 미실현이득 계 120,000불은 아직 과세 않는다. 파트너십도 위 토지의 당초 장부가액 각 30,000불(계 60,000불)을 그대로 물려받고 A, B 각각 30,000불씩 출자한 것으로 보게 된다.[65]

앞의 예에 이어 이제 C가 현금 90,000불을 출자하면서 파트너십 지분의 1/3을 받

---

60) 상세는 이창희, 미국세법상 파트너십 세제의 정책적 시사점(심당 송상현 선생 화갑기념논문집, 21세기 한국 상사법학의 과제와 전망, 2002), 779쪽.

61) 그 뒤 1997년, 2013년에 다시 일부 개정이 있었다.

62) Internal Revenue Code(이하 "미국세법") 721조.

63) 미국세법 723조.

64) (차) 파트너십출자 $30,000 (대) 토지 $30,000

65) (차) 재산(inside basis) $60,000 (대) A 지분(outside basis) $30,000 + B 지분(outside basis) $30,000

는다고 하자. 이때에도 A, B에게는 아직 양도차익 과세가 없다.[66] 본인의 출자에도 양도소득을 안 잡았으니 다른 사람의 출자에 양도소득을 안 잡는 것. 노무(勞務)출자가 끼어들면 문제가 조금 복잡. 노무의 대가는 바로 과세하니까 노무출자자가 출자대가로 받는 파트너십 지분만큼 과세소득이 생긴다.[67] 그러나 현금을 안 받았으니 소득상당액을 노무출자자의 지분가액에 가산한다.[68] 앞의 예에 이어 이제 C가 노무를 출자하여 AB파트너십 1/3 지분을 받는다고 하자. C는 노무를 제공하고 180,000불 가치의 1/3인 60,000불 상당의 지분을 취득하는 것이므로, C에게는 60,000불의 과세소득이 생긴다. 이 금액은 C지분의 취득원가가 되고 파트너십의 입장에서는 C가 불입한 자본금이 된다. 그런데 애초에 A와 B가 출자한 재산(시가 180,000불) 가운데 1/3은 이제 C의 손에 넘어간 것이므로 과세를 미루어 주었던 120,000불 가운데 1/3인 40,000불은 과세하여야 한다. 따라서 파트너십 재산의 세무상 가액을 1/3은 시가로 2/3는 원가로 다시 계산하여 $180,000 \times 1/3 + 60,000 \times 2/3 = 100,000$불로 고쳐서 기존의 장부가액 60,000불과의 차액인 40,000불을 파트너십의 소득으로 잡고 이 소득을 A, B 두 사람에게 각각 20,000불씩 할당하여 두 사람의 소득으로 잡는다.[69] 한편 C가 노무제공의 대가로 당장 파트너십 재산의 일부에 대한 권리(이를 capital interest라 부른다)를 얻지는 않고 다만 장차 파트너십이 얻을 이익을 분배받을 권리(이를 profit interest라 부른다)만 얻는 경우, 노무제공자에게 당장 과세소득이 생기는가에 대해서는 법률상 분명한 규정이 없어서 여러 모로 문제가 되어 왔다.[70] 노무제공자의 권리에 조건이 붙어 있는 경우에는 납세의무자에게 선택권이 있다.[71]

미국 파트너십이 우리 법의 조합보다 단체성이 더 세지만 미국 세법은 조합에 대한 출자를 양도로 안 보네… 법률행위의 사법(私法)상 성격이라는 껍질보다 경제적 실질에 어떤 변화가 있는가를 따져 그에 맞추어 과세하자라는 생각이로구나. 미국법에서는 파트너가 현금을 받고 재산을 파트너십에 넘긴다면 양도차익을 바로 과세함을[72] 생각하면 이 점이 한결 더 뚜렷해진다. 이미 보았듯 사법상의 성질만 따진다면 조합원이 조합에 재산을 출연하면서 그 대가로 현금을 받았든 받지 않았든 조합원이 그 재

66) Rev. Rul. 99-5, 1999-1 CB 434.

67) Treasury Regulation(이하 "미국재무부 시행규칙") 1.721-1(b)(1)조. 미국세법 83조. Mark IV Pictures Inc v. CIR, 969 F2d 669 (8th Cir. 1992). 미국재무부 시행규칙 1.83-3.

68) 미국재무부 시행규칙 1.722-1조.

69) 미국재무부 시행규칙 1.83-6(b)조. (차) 자산 40,000 (대) A지분(소득) 20,000+B지분(소득) 20,000

70) Diamond v. Commissioner., 56 TC 530(1971), aff'd 492 F.2d 286(7th Cir. 1974); Campbell v. Commissioner., TC Memo 1990-162, 59 TCM 236, rev'd, 943 F.2d 815(8th Cir. 1991).

71) 미국재무부 시행규칙 1.83-3.

72) 미국세법 707조(a); 미국재무부 시행규칙 1.707-1조.

산에 대한 자기지분을 가짐에는 아무 차이가 없다. 그러나 미국법은 현금거래인가 아닌가를 세법상 법률효과의 결정적 기준으로 삼고 있다.

Ⅲ. 물적회사

주식회사와 유한회사에서는 법인 내지 회사의 단체성이 두드러지게 나타나면서 주주나 사원의 개별성은 숨어든다. 주주나 사원은 유한책임이므로[73] 출자한 재산 외에는 채권자에게 아무런 책임을 지지 않는다. 회사의 경영은 주주나 사원이 아닌 별개의 기관(이사와 이사회)의 손에 넘어가고,[74] 주주나 사원은 단순한 투자자로서 이익배당에 참가할 수 있는 권리를 얻는다. 회사의 내부관계는 사원과 사원의 관계가 아니라 회사와 사원의 관계가 된다. 이를 전제로 물적회사의 설립이나 출자에 어떤 법률효과를 주어야 할지를 출자자와 회사에 대해 하나씩 따져 보자. 유한책임회사는 내부적으로는 조합이지만[75] 현행법은 물적회사나 마찬가지로 과세한다. 인적회사도 공동사업장 특례를 신청 안 하면 물적회사나 마찬가지로 과세한다.

1. 현물출자와 미실현이득 과세

법인을 별개의 인격으로 인정하여 권리의무의 단위로 삼는 것은 본래 사법상의 법률관계를 간편히 하기 위한 것이지만 법인이라는 개념이 사법질서의 기초를 이루게 된 이상, 세법도 일단은 법인이라는 형식을 존중하고 법인을 별개의 인간으로 보게 마련. 세법에서도 주주와 법인 사이의 거래는 원칙적으로 독립된 인간 사이의 거래가 된다. 우리나라 법은 "매도, 교환, 법인에 대한 현물출자 등 유상이전(有償移轉)"을 양도로 보아 미실현이득의 과세계기로 삼는다.[76] 곧 법인(法人)을 개인과 다른 별개의 인격(人格)으로 보고, 법률적으로 다른 사람 사이의 거래라면 이를 과세계기로 삼음을 원칙으로 한다.[77] 다른 나라에서도 일단 법인격을 존중함은 논리필연. 일찍이 1910년대에 미국법원은[78] 현물출자가 양도인가라는 논점을 판단하면서, 법인과 주주는 법적

73) 상법 제331조, 제553조. 제2차 납세의무에 관하여는 제5장 제5절 Ⅱ.

74) 상법 제393조, 제564조 제1항. 회사 및 주주에 대한 이사의 의무는 상법 제399조, 제401조.

75) 의결권은 출자액이 아니라 머릿수 기준. 상법 제287조의11, 제287조의18조, 제195조. 민법 제706조 제2항.

76) 소득세법 제87조의2 제3호 및 2001. 12. 31. 개정 전 옛 법인세법 제99조 제2항의 유추. 대법원 1989. 12. 8. 선고 89누4512 판결; 1991. 12. 24. 선고 91누384 판결. 한편 대법원 1996. 7. 26. 선고 95누8751 판결은 출자대가로 받는 주식의 액면총계가 양도가액이라고 하나 그렇게 풀이할 아무런 근거가 없다.

77) 뒤에 살펴보듯 몇 가지 예외는 있다.

78) Marr v. United States, 268 US 536(1925), United States v. Phellis, 257 US 156(1921),

으로 다른 인간이고 출자에 의하여 소유권이 이전하니 세금을 물려야 맞다고 판시. 현행법으로는 미국, 독일, 일본,[79] 모두 일반론으로는 법인과 주주의 거래를 서로 다른 사람 사이의 거래로 보아 출자 전에 이미 생긴 미실현이득을 주주에게 과세함을 원칙으로 삼고 있다.

다른 한편, 법인의 본질은 자연인이 아닌 것을 자연인처럼 생각하는 것이며, 법인이란 결국 이해관계자들을 일정한 법률관계로 묶어 주는 법률적 형식일 뿐이다. 세법은 민사법에 비해 경제적 실질을 중시할 수밖에 없고, 따라서 법인이란 결국 허깨비일 뿐이라는 생각이 세법의 다른 한 축을 이루게 된다. 남북전쟁 당시의 미국 소득세제는 그렇게 시작했다. 1913년부터는 법인세를 따로 매기기 시작했지만 1921년부터는[80] 출자자가 재산을 그가 이미 지배하거나 앞으로 지배하게 될 법인에 현물출자하는 경우 주주의 양도차익에 대한 과세를 이연(移延)하게 되었다.[81] "지배"라는 말은 주식 80% 이상의 소유를 뜻한다.[82] 과세이연이란? 출자자에게 양도차익이 없게 하기 위해 양도가액을 출자자의 장부가격으로 계산한다는 말. 그 결과 출자받는 법인의 입장에서는 그 재산을 주주의 장부가액으로 취득한 셈이 되어,[83] 당장 현물출자시 주주의 양도차익은 과세하지 않지만[84] 나중에 법인이 그 재산을 비싼 값으로 팔게 되면 그 때에 법인의 양도차익으로 과세한다.[85] 주주가 받는 주식의 취득가액도 현물출자한 재산의 취득가액을 그대로 물려받는 까닭에, 주식을 판다면 주식양도차익으로 과세한다.[86]

지배주주의 현물출자 양도차익 과세를 왜 미루지? 법률적으로 말한다면 소득이 실현되었다 하더라도 "상식적 경제적 의미에서는 단지 소유의 형태가 바뀌었을 뿐"이

Rockesfellow v. United States 257 US 176(1921). Napoleon B. Burge & C. Burge, 4 B.T.A. 732(1926). 이창희, 미국법인세법 제1장 제2절 IV. 본문에서 '법인'이란 corporation이고 파트너십은 아니다.

79) 미국세법 1001조. 독일소득세법 제2조 및 제16조. 일본 所得稅法 33조, 59조.

80) Senate Comm on Finance, S. Rep. No. 275, 67th Cong., 1st Sess.(1921). 1921년의 Revenue Act에 대해서는, Jerome R. Hellerstein, "Mergers, Taxes, and Realism," 71 Harvard L. Rev. 254, 258-61(1957) 참조. 이창희, 미국법인세법(2018), 제2장 제1절.

81) 주식 외의 다른 재산(이른바 boot)을 받으면 그 범위 안에서 양도차익을 과세한다. 미국세법 351조. 양수인이 인수하는 양도인의 채무는 boot가 아니고 현물출자의 대가로 받는 주식의 취득가액에서 차감한다. 그러나 인계시키는 채무액이 현물출자자산의 장부가액보다 더 큰 경우에는 차액을 과세한다. 미국세법 357조.

82) 의결권 있는 주식 및 의결권 없는 주식 모두 80% 소유. 미국세법 368조(c).

83) 미국세법 362조(a).

84) 미국세법 351조(a).

85) 미국세법 1001조(a), 1011조, 362조(a).

86) 이 점에서 지분양도시 inside basis와 outside basis를 맞추는 파트너십과 차이가 있다. 아래 제4절 I 참조. 미국의 법인세는 원래 이중과세 제도인 까닭이다. Perthur Holdings Co. v. Commissioner, 61 F2d 785 (2d Cir. 1932), cert. denied, 288 US 616(1933).

라는 것.[87] 예를 들어 갑은 취득원가가 1,000만원이고 시가가 1억원인 특허권을 현물출자하고, 을은 취득원가가 2억원이고 시가가 1억원인 토지를 현물출자하여 50 : 50으로 법인을 신설하는 경우 각자의 양도차익 및 양도차손을 인식하지 않는다.[88]

독일법은, 사업용 자산의 양도에서 발생하는 소득은 사업소득에 포함하여 과세하나,[89] 다른 재산의 양도차익은 원칙적으로 과세하지 않는다.[90] 사업용자산이라 하더라도 개인기업의 기존 영업을 현물출자하여 법인을 세워 지배주주가 되는 경우에는 과세이연이 가능하다. 곧 개인기업의 현물출자시 법인은 영업재산의 취득가격을 출자자의 장부가격과 계속기업 가치 사이에서 임의로 정할 수 있다.[91] 현물출자자의 양도차익은, 법인이 정한 취득가격을 양도가격으로 보고 계산한다.[92]

우리 세법은, 개인이 회사에 부동산을 현물출자하는 경우 부동산 양도소득세를 매기는 등[93] 이를 독립된 두 사람 사이의 거래로 과세한다. 이 원칙에는 여러 가지 예외가 있다. 중요한 예외는 이른바 개인기업의 법인전환(法人轉換)과 중소기업 통합이다.[94] 조세특례제한법에서 법인전환이란, 사업을 영위하는 거주자가 (1) 사업용고정자산을 현물출자하거나[95] (2) 당해 사업을 영위하던 자가 발기인이 되어 당해 사업장의 순자산가액[96] 이상을 출자하여[97] 법인을 설립하고, 그 법인 설립일부터 3월 이내에 당해 법인에게 사업에 관한 모든 권리와 의무를 포괄적으로 양도하는 방법에 의하여 법인으로 전환하는 경우를[98] 말한다. 중소기업 통합이란 개인사업자가 제 사업을 기존법

87) Portland Oil Co. v. CIR, 109 F2d 479, 488(1st Cir.), cert. denied 310 US 650(1940).

88) 이 예는 Bittker and Eustice, Federal Income Taxation of Corporations and Shareholders (looseleaf), 3.01절에서 인용했다.

89) 독일 소득세법 제2조 제1항, 제15조 제1항.

90) 독일 소득세법 제2조 제1항. 투기거래의 양도차익은 과세한다. 독일 소득세법 제2조 제1항 제7호, 제22조 제2호, 제23조. 주요주주의 주식양도차익도 사업소득으로 과세하다가 지금은 양도소득으로 과세. 독일 소득세법 제2조 제1항 제2호 및 제17조. 제12장 제1절 3.

91) Umwandlungssteuergesetz(이하 "독일 사업재편세법") 제20조 제2항 및 제5항.

92) 같은 법 제20조 제4항.

93) 소득세법 제88조 제1호.

94) 조세특례제한법 제31조와 제32조. 법령은 "이월과세(移越課稅)"라는 말을 쓰고 있다. 양도인의 양도소득세를 일단은 걷지 않고 뒤에 양수인이 재산을 처분하게 되면 그 시점에 가서 양수인에게서 걷는다는 뜻이다. 같은 법 제2조 제6호. 미국법의 용어로는 취득원가(basis)가 승계(carry-over: 미국세법 7701조(a)(43)의 정확한 표현으로는 transfer)된다고 말한다. 옛 조세특례제한법상의 지방세 특례는 양도소득 이월과세 여부와는 별개로 판단한다. 대법원 2003. 3. 14. 선고 2002두12182 판결. 재단법인에 대한 출연은 이월과세 혜택을 받지 못한다. 대법원 2012. 9. 27. 선고 2012두11607 판결.

95) 조세특례제한법 제32조 제1항.

96) 사업양수도일 현재의 시가로 평가한 자산의 합계액에서 충당금을 포함한 부채의 합계액을 공제한 금액. 조세특례제한법시행령 제29조 제5항 및 제28조 제1항 제2호.

97) 법인이 재산을 취득한 뒤에 주식을 발행해도 과세이연한다. 대법원 2018. 7. 20. 선고 2018두40188 판결.

98) 조세특례제한법 제32조 제1항. 대법원 2016. 8. 8. 선고 2014두36235 판결.

인에 현물출자하는 것을 말한다. 둘째, 지주회사(持株會社)의 설립을 위한 주식의 현물출자에 대해 조세특혜가 있다. 주식을 현물출자하여 공정거래법상의 지주회사를 세우는 경우 현물출자에 따르는 법인세부담을 일정기간 이연해 주는 제도이다.[99] 벤처회사와 전략적 제휴를 하고 있던 회사의 주주가 주식을 벤처회사에 현물출자하거나 벤처회사의 자기주식과 교환하는 경우에도 양도차익에 대한 과세를 이연한다.[100] 마지막으로 이른바 물적분할(物的分割) 등 회사가 새로운 회사를 세우는 것에 대해서는 회사의 분할에 가서 보기로 한다. 어느 경우든, 재산을 넘기고 받는 대가가 가령 의결권 없는 비참가적 누적적 우선주라면 이것을 현물출자라 볼 수 있는가, 이런 문제가 생길 수 있다. 제14장 제1절 Ⅲ.

2. 자본 또는 출자의 납입과 주식발행초과금

"자본의 납입"으로 인한 순자산증가액은 익금이 아니다.[101] 여기에서 '자본'이라는 말은 1960년대 초 상법이 처음 생길 무렵 법인세법에 같이 들어온 용어로 주주가 납입한 돈 가운데 발행주식의 액면총계 부분을 뜻했다. 현행 상법은 주로 자본금이라는 말을 쓰지만 법인세법이나 종래 상법의 자본과 같은 뜻이다. 자본의 금액이라는 뜻을 드러내는 경우 자본금이라고 부르는 것뿐이다.[102] 액면주식(額面株式) 제도를 택한 회사라면[103] 상법은 예나 지금이나 주식의 액면총계를 자본금으로 삼고 있다.[104] 무액면주식을 발행한 회사라면? 주식발행가액의 1/2 이상의 금액으로서 이사회가 정한 금액이 자본금.[105] 자본금은 등기하여야 한다.[106] 주식발행액면초과액이나 무액면주식의 발행가액 중 자본금에 안 넣은 부분도 익금이 아니다.[107] 왜? 법인을 주주의 집합이라 본다면, 주머니 돈을 쌈지로 옮긴 것일 뿐이고, 주주가 더 부자가 된 바가 없는 까닭. 배당우선권이 있는 주식이더라도 마찬가지.[108] 주주의 입장에서는, 어느 경우든 실제

99) 조세특례제한법 제38조의2 제1항. 외국자회사 주식의 현물출자는 같은 법 제38조의3.

100) 제한법 제46조의2.

101) 법인세법 제15조 제1항. 청약증거금은 기업회계에서는 자기자본으로 잡지만 세법에서는 채무. 주식을 배정받지 못한 사람에게는 돌려줄 의무가 있다.

102) 법인세법 제16조 제1항 제2호, 소득세법 제17조 제2항 제2호, 상법 제340조의2 제4항, 제530조의5 제2항.

103) 상법 제329조.

104) 상법 제451조. 투자회사(집합투자기구)의 주식은 무액면주식이어야 한다. 자본시장과 금융투자업에 관한 법률 제196조. 배당가능이익으로 자기주식을 소각한다면 액면총계와 자본금이 달라진다.

105) 상법 제451조.

106) 상법 제317조.

107) 법인세법 제17조 제1항 제1호.

108) 대법원 2015. 12. 10. 선고 2015두2284 판결.

발행대금으로 납입한 금액이 주식이라는 재산(유가증권)의 취득원가가 된다.[109] 회사의 설립이나 증자로 인한 자본금 증가등기에는 적지 않은 등록면허세를 내어야 한다.[110]

주식을 실제로 발행할 때 그 대가로 얼마를 받는가 하는 발행가액(發行價額)은 원칙적으로 액면이나 자본금과는 무관하다. 주식의 발행가액은 주식의 가치에 따라 정해지는 것이므로, 그 가액이 액면을 超過할 수도 있다.[111] 주식발행대금으로 납입된 금액 중 액면이나 자본금을 넘는 이 초과액(기업회계 용어로 "주식발행超過金")은 자본준비금(資本準備金)이 된다.[112] 보기를 들어 어떤 회사가 주당 액면이 10,000원인 주식 10,000주를 발행하여 합계 1억원의 자본금으로 설립된 뒤 일정기간이 지나 그 회사의 경제적 가치(장래의 사업전망을 고려한 순자산의 시가)가 3억원이 되었다고 하자. 이제 이 회사에 새로운 자금 3억원의 소요가 있고, 그 조달을 위하여 새로 주주가 되려는 자에게 신주를 인수시켜 동 대금을 납입받는다고 하자. 이때 신주주는 3억원이라는 돈을 회사에 납입하지만, 그가 받는 주식의 수는 얼마라야 계산이 맞는가? 10,000주. 신주주의 투자액이 기존주주가 소유한 기존 주식의 가치와 같으므로, 특별한 사정이 없는 한, 신주주와 기존주주의 의결권이 같아져야 하는 까닭이다. 따라서 회사는 주당 액면 10,000원짜리 신주 10,000주를 발행하면서 동 발행가격을 주당 30,000원으로 정하게 될 것이다. 자본금의 증가액 1억원과 동 납입대금 3억원의 차액 2억원은? 주식발행액면초과액으로 자본준비금이 된다.[113] 자본준비금이 된다는 말은 원칙적으로는 배당할 수 없다는 뜻이다.[114]

채무를 출자전환(debt/equity swap)하면서, 가령 채무 15,000을 벗어나면서 액면 10,000원 시가 11,000원짜리 신주를 발행한다면,[115] 1,000원만을 익금불산입.[116] 면제받

---

109) 법인세법 제41조 제1항 및 같은 법 시행령 제72조 제2항; 소득세법 제39조 제2항 및 같은 법 시행령 제89조 제1항.

110) 특히 대도시내 설립은 중과한다. 지방세법 제28조 제1항 제6호 및 제2항. 대법원 2009. 5. 14. 선고 2008두14067 판결(휴면법인 이용 조세회피)을 내친 것. 등록면허세 손금불산입은 아래 3.

111) 주주간 불평등거래라면 제22장 제3절 VII, 제25장 제3절 IV, V.

112) 상법 제459조 제1항. 자본준비금으로 "적립"하라는 말은 금융기관에 맡기거나 달리 현금이 있다는 뜻이 아니다. 자본준비금의 금액에 포함해 두어서 배당가능이익 계산에 반영하라는 뜻일 뿐이다.

113) 분개로 나타내면 (차) 현금 3억원 (대) 자본금 1억원 + 주식발행초과금 2억원. 미국 주법의 대부분과 일본법에서는 주식은 무액면이다. 그런 경우에는 발행가액 전부, 위 예에서는 대변금액 전부가 자본금이 됨이 원칙이다. 우리 법에서 발행가액의 일부(1/2 이상)만을 자본금으로 한다면 차액이 자본준비금이 된다. 미국판결로 McCroy Corp. v. US, 651 F2d 828(2d Cir 1981).

114) 상법 제462조. 자본준비금을 배당할 수 없다는 말은, 자본준비금은 배당가능이익 계산시 순자산에서 차감하는 항목 중의 하나라는 말이다. 아래 제3절 참조.

115) 상법 제421조 제2항, 제422조 제2항(검사인 검사 면제). 출자자와 채권자가 완전자매법인이더라도 동일인이 아니라고 본 사례로 대법원 2017. 12. 22. 선고 2017두57516 판결.

116) (차) 채무 15,000 (대) 자본금 10,000 + 주식발행액면초과액 1,000 + 자산수증익 4,000. 법인세법 제17조 제1항 제1호 단서. ↔ 대법원 2017. 12. 22. 선고 2017두57516 판결.

은 채무와 주식시가의 차액 4,000원은 원래는 익금이지만,[117] 이를 익금에 산입하지 아니하고 그 이후의 각 사업연도에 발생하는 결손금의 보전에 충당할 수 있다는 특칙이 있다.[118] 한편, 전환사채의 전환은[119] 주주가 받는 주식의 시가가 채권보다 높아야 일어나는 일이니 회사에 익금이 생길 여지가 없고, 전환사채 발행가액과 주식액면(額面)의 차액은 資本準備金. 전환사채는 전환 전에는 사채일 뿐이므로 개인 사채권자에게는 그 때까지 발생한 이자소득만 과세하고 주식의 시가가 사채발행가액보다 더 크더라도 양도차익은 과세하지 않는다.[120]

다른 자본준비금도 다 그렇듯 주식발행액면초과액은 이사회(혹은 주주총회)의 결의를 거쳐 資本에 전입(轉入)할 수 있다.[121] 이 경우 세법상 효과는? 주식발행액면초과액을 줄이는 만큼 자본금을 늘리니 기존 주주에게 무상주(無償株)를 발행해 주는 결과가 된다. 이때 주주가 받는 무상주의 가치는 주주의 소득으로 보지 않는다.[122] 주식발행액면초과액이란 애초에 주주가 납입한 금액일 뿐 회사가 번 돈이 아니니까. 전환주식의 전환도 마찬가지. 가령 액면 10,000원인 전환우선주 100주를 주당 12,000원, 합계 120만원에 발행했다가 정관이 정한 전환비율로 액면 10,000원인 보통주 120주로 전환한다고 하자.[123] 회사로서는 우선주 자본금이 보통주 자본금으로 바뀌고 주주에게 생길 배당소득은 없다.[124] 보통주의 시가가 가령 주당 15,000원, 합계 180만원이라면 우선주 양도차익 600,000원을 과세하는가? 회사에 아무런 손금이 안 생기니 주주에게도 소득이 안 생긴다.[125]

---

117) 한편 주식시가가 1,000원이라면 (차) 채무 15,000 + 주식할인발행차금 9,000 (대) 자본금 10,000 + 자산수증익 14,000. 헌법재판소 2021. 11. 25. 2017헌바280 결정. 대법원 2012. 11. 22. 선고 2010두17564 판결은 그 당시 법에서도 안 맞는다. 법인세법 제18조 제8호; 소득세법 제17조 제2항 제2호(가). 제22장 제2절 Ⅲ. 회사가 채무초과인 상태라면 채무면제익이나 자산수증익이 아니라는 판결로, 대법원 2003. 11. 28. 선고 2003두4249 판결; 2006. 9. 22. 선고 2004두4734 판결; Dallas Transfer & Terminal Warehouse Co., v. Commissioner, 70 F.2d 95 (5th Cir., 1934). ↔ 채권을 출자하는 경우 출자자의 입장에서 채권금액과 신주의 시가 사이의 차액은 손금(대손금)이나 익금(채권처분익). 대법원 2018. 7. 24. 선고 2015두46239 판결; 서울고등법원 2024. 1. 30. 선고 2023누34363 판결. 미국세법 108조(b). 대손금 손금산입 제한은 제19장 제4절 I.

118) 법인세법 제17조 제2항. 회생절차 등과 관련된 채무재조정에 대해서는 조세특례제한법 제44조.

119) 형성권이므로 전환 즉시 주주가 된다. 상법 제516조 제2항, 제315조 제1항. 대법원 2004. 8. 16. 선고 2003다9636 판결.

120) 제11장 제4절 I.1, I.6.

121) 상법 제461조.

122) 법인세법 제16조 제1항 제2호 단서; 소득세법 제17조 제2항 제2호 단서.

123) 주식할인발행을 규제하므로 120주 이상은 못 준다. @12,000 × 100주 = @10,000 × 120주. 상법 제348조. 전환방향은 양쪽 다 가능하고 전환권도 주주에게 줄 수도 있고 회사에게 줄 수도 있다.

124) 우선주 발행시 액면초과액 20만원, 전환시 보통주 할인발행액 20만원.

125) 미국법에서는 자본재구성으로 과세이연. 이창희, 미국법인세법, 제9장 제10절.

3. 주식할인발행차금과 주식발행비

株式割引發行差金은 손금이 아니다. 주식할인발행차금이란? 주식의 발행가액이 액면보다 낮은 경우 생기는 차액. 상법은 액면미달의 발행(割引발행)은 회사가 창립한 날로부터 2년을 경과한 후에 주주총회의 특별결의를 거치고 법원의 인가를 받아야만 가능하도록 하고 있다.[126] 주식할인발행을 규제하는 이유라고 흔히 듣는 말이 資本充實의 원칙.

회사가 신주를 발행하는데, 액면미달 발행 때문에 채권자가 손해를 보는 수가 있을까? 가령 신주를 액면 100원어치 발행하면서 발행가액으로 50원을 납입받는다고 하자. 할인발행으로 인해 회사의 재산이 늘어난다는 것은 틀림이 없다. 그렇다면, 이 과정에서 채권자가 손해를 입는다고 할 수 있을까? 자본금의 액면이 100원이 늘어났는데, 재산은 50원만 늘었다. 주주는 100원이 늘었다고 생각했는데, 실제 재산은 50원 늘었으니 이를 신뢰하여 행동하는 미래의 채권자가 손해를 입을 수 있다, 언뜻 이런 생각.

맞는 생각일까? 그럴 리가. 우선 이런 설명이 옳자면 무액면(無額面)주식의 발행가액에도 똑같은 제한이 있어야 할텐데 그런 제한은 없다. 나아가 회사에 돈을 꿔 주면서 등기부만 보는 사람이 있겠는가? 등기부에 자본금 100원이 적혀 있다는 것은 전에 자본금으로 100원을 집어넣었다는 역사적 기록. 이 100원이 현재 회사에 남아 있다는 보장은 전혀 없지. 장사가 안 되면 재산은 줄어들 수밖에 없고, 실제 0원이 될 수도 있다. 돈을 꿔 주려는 사람은 실제로 회사에 재산이 얼마나 있는지를 살펴보아서 채권자에 대한 담보가 얼마나 있는 것인지를 보게 마련이다. 결국 자본충실의 원칙 때문에 주식의 할인발행을 규제하여야 한다는 것은 말이 안 된다.

기실 우리 상법에서도 이제는 무액면주식이 가능하고, 무액면주식의 발행가액이 주당자본금보다 낮더라도 신주발행에 아무런 제약이 없다. 액면미달발행의 제한은 시대착오적 규정이 아직 남아 있는 것일 뿐. 상장(上場)법인이라면[127] 자본시장과금융투자업에관한법률에 따라 법원의 인가 없이도 액면미달(額面未達)발행이 가능하다.[128] 그러나 오히려 상장회사야말로 자본이 충실하여야 마땅하다. 자본시장법의 규정이 맞다면, 자본충실의 원칙이 틀렸을 수밖에 없다.

법인세법은 액면미달발행에 따른 株式割引發行差金을 손금에서 제외한다.[129] 등록

126) 상법 제417조.

127) 자본시장과금융투자업에관한법률 제9조 제13항 및 제15항.

128) 자본시장과금융투자업에관한법률 제165조의8.

129) 법인세법 제20조 제2호.

세 등 주식발행비용도 자기자본 납입액의 차감이므로 손금이 아니다.[130]

4. 주식매수선택권(stock option)

인적회사와 달리 물적회사에서는 노무출자가 안 된다. 예외라 할 만한 것으로 옛 증권거래법(현 자본시장과금융투자업에관한법률)을 거쳐 상법은 1999년에 주식매수선택권에 관한 조문을 두었다. 회사의 설립·경영과 기술혁신 등에 기여하거나 기여할 수 있는 이사, 집행임원, 감사, 또는 피용자에게, 일정기간(최소 2년)[131] 이상 일한다는 조건하에 미리 정한 가액으로 신주를 인수하거나 회사의 자기주식을 매수할 수 있는 권리를 부여할 수 있다.[132] 주주총회의 특별결의를 거쳐야 한다. 선택권은 발행주식 총수의 10% 이내에서만 줄 수 있다.[133] 행사가격(行使價格, strike price)은 선택권 부여 당시 주식의 시가(조문의 용어로는 실질가액) 이상이어야 하고, 또 신주발행형 옵션이라면 액면금액 이상이어야 한다.[134] 옵션의 행사시점에 가서는 주식을 사서 주거나 신주를 발행해서 주는 대신 주식의 시가와 행사가격 사이의 차액만을 정산해서 현금으로 줄 수 있다. 주식매수선택권은 양도할 수 없다.[135]

주식매수선택권은 일방적 권리이므로, 반드시 양(+)의 값을 가지게 마련이다. 그 값을 계산하기는 쉬운 일이 아니지만, 기업회계에서는 몇 가지 가격결정모형에 따라 값을 계산한다.[136] 주식매수선택권을 줄 당시에 이 값을 손금산입할 수 있으려나. 없다. 선택권을 받는 임직원의 소득에 안 들어가니까. 제11장 제2절 V. 기업회계에서도 선택권을 줄 당시에 바로 비용으로 잡지는 않지만, 그 대신 임직원의 노무제공기간 동안 안분하여 각 사업연도의 비용(주식보상비용)으로 잡는다.[137] 비용을 잡는다고? 주식매수선택권 발행은 자본거래 아닌가? 자본거래라는 말에, 개념법학의 말장난에 속지 말라. 비용발생과 자기자본 증가는 비각이 아니다. 주식매수선택권이란 자본시장에 stock warrant를 발행해서 받은 돈을 종업원 인건비로 지급하고, 다시 종업원은 그 돈으로 stock warrant를 사들이는 몇 단계를 하나로 묶은 것일 따름. 주식보상비용의 안분방

---

130) 법인세법 제20조 제2호.

131) 상법 제340조의4 제1항.

132) 상법 제340조의2 제1항. 2009년부터 옛 증권거래법상의 상장회사 특례는 상법 제542조의3으로 옮겨옴.

133) 상법 제340조의2 제3항. 상장회사 특례는 제542조의3 제2항.

134) 상법 제340조의2 제4항.

135) 상법 제340조의4 제2항.

136) 기업회계기준서 제1102호 B4문단 이하. 일반기업회계기준 제19장 부록 A5 이하. 기업회계에서는 주식선택권이라는 말을 쓰고 있다.

137) 기업회계기준서 제1102호 15문단 및 32문단. 일반기업회계기준 19.13문단 및 19.27문단.

법은 주식교부형과 현금결제형이 서로 다르다. 주식을 주는 경우에는 선택권의 가액을 사업연도에 균등배분하지만,[138] 현금결제형의 경우에는 해마다 주식의 시가를 고려하여 올해분 비용으로 잡을 금액을 정한다.[139] 이와 같이 안분한 주식보상비용은 稅法에서도 손금이 되려나? 안 된다. 그 대신 임직원이 선택권을 실제 行使하는 시점에 가서 관련손익을 한꺼번에 인식한다.[140] 소득세법이 스톡옵션으로 인한 이익을 행사시점에 가서 한꺼번에 임직원의 소득으로 과세하고 있으므로[141] 법인의 손익도 그에 맞추는 것.

행사시점에 가서 법인은 임직원의 소득세와 앞뒤를 맞추어 주식의 시가와 행사가격의 차액을 손금산입해야 한다. 현금결제형이라면 주식시가와 행사가격의 차액을 지급하고 그 차액이 그대로 손금.[142] 신주(新株)발행형이라면? 기업회계에서는 주식매입선택권의 부여 시점 현재 선택권의 가액만을 손익거래로 보아 비용으로 안분하고 행사로 인한 신주발행은 따로 손익이 안 생기는 자본거래로 처리한다. 이 결과를 세법에서도 그대로 받아들인 판결이 있지만[143] 주식시가와 행사가격의 차액을 손금으로 보아야 맞다.[144] 자기주식(自己株式)교부형도 기업회계에서는 신주발행형이나 마찬가지.[145] 자기주식처분에서 생기는 손익은[146] 따로 계산해야 하고. 행사시점에 가서 주가가 행사가격보다 낮다면 선택권은 무의미해지고, 임직원이 소득으로 잡을 것도 회사가 손익으로 잡을 것도 없다.[147] 금융지주회사(상장)의 자회사(비상장)나 외국의 상장회사의

138) 가령 주식매수선택권의 가액이 1억원이고 노무제공기간이 4년이라면 해마다 (차) 주식보상비용(인건비) 2,500 (대) 주식매수선택권(자기자본) 2,500. 행사하지 않더라도 돈 내줄 의무가 없으므로 자기자본.

139) (차) 주식보상비용 (대) 장기미지급비용

140) 대법원 2017. 10. 12. 선고 2017두169 판결.

141) 소득세법 제21조 제1항 제22호; 소득세법시행령 제51조 제5항 제4호, 제38조 제1항 제17호.

142) 대법원 2015. 11. 27. 선고 2012두3491 판결(모회사주식 매수선택권 행사에 따른 비용보전액). 이 차액은 당기분 주식보상비용과 그동안 손금불산입했던 주식보상비용의 누계(=장기미지급비용)와 같다.

143) 대법원 2023. 10. 12. 선고 2023두45736 판결. 법인세법시행령 제19조 제19호의2가 생기기 전의 사건.

144) 제11장 제2절 V. 법인세법시행령 제19조 제19호의2. 세법에서는 주식의 시가만큼 자기자본(자본금 더하기 잉여금)이 증가하고 주식시가(가령 6억원)와 행사가격(가령 4억원)의 차액이 손금이다. 주식시가가 6억원, 행사가격이 4억원, 자본금 액면증가액이 3억원이라면 (차) 현금 4억 + 인건비 2억 (대) 자본금 3억 + 자본준비금 3억. 기업회계에서는 (차) 현금 4억 + 주식매수선택권 1억 (대) 자본금 3억 + 자본준비금 2억. 세법상 손금(인건비)은 주식매수선택권(=그동안 손금불산입했던 주식보상비용누계액, 앞 주석 135)과 일치하지 않는다.

145) 그저 자기자본의 내용을 자본금 더하기 잉여금으로 보지 않고 자본조정이라고 적는 차이가 있을 뿐이다. (차) 현금 4억 + 주식매수선택권 1억 (대) 자본조정(자기주식 + 자기주식처분이익) 5억

146) 아래 제4절 V.3.

147) 기업회계에서는 주식교부형이라면 자본조정을 기타자본잉여금으로 대체하고 차액정산형이라면 장기미지급비용을 기타자본잉여금으로 대체한다. 세무회계에서도 앞서 손금불산입해두었던 금액을 정

국내자회사(100% 자회사)처럼 임직원을 직접 고용한 자회사가 아니고 모회사의 주식을 매수선택권의 목적물로 삼고, 자회사가 행사차액을 모회사에 물어주는 금액은 현물급여로 당연히 인건비.148)

5. 전환주식과 상환주식

전환주식은 전환 전에는 주식이므로 앞 III.1.에서 III.4. 그대로. 전환우선주를 보통주로 전환하는 것은 주식 내부의 변화이므로 회사나 주주 어느 쪽에도 손익이 안 생긴다. 상환받을 권리가 주주에게 있는 상환주식은, 기업회계에서는 부채로 보는 수가 있지만 법에서는 주식이다. 주식상환은 제4절 IV.3.

제2절 각 과세기간의 소득에 대한 과세

I. 회　　사

각 사업연도의 소득에 대한 법인세를 회사에 물리는 것은 종요로운 징세방법이다. 제13장 제3절 III. 각 사업연도의 소득을 어떻게 정하는가, 그에 대한 세금은 어떻게 계산하는가라는 이른바 세무회계(稅務會計)는 매우 큰 주제이다. 뒤따르는 제6편은 모두 이 문제를 다루고 있다. 회사의 소득을 각 사원이나 주주에게 할당하는 시점은 배당시점이므로, 회사의 사원이나 주주는 소득을 배당받기 전에는 아무런 세금을 내지 않는다. 회사의 손실이 바로 사원이나 주주의 손실이 되는 것도 아니다.149)

II. 공동사업장과 동업기업

공동사업장이나 동업기업 회사에는 법인세를 안 물린다. 공동사업 내지 동업 단위에서 소득세법에 따라 계산한 소득을 바로 각 공동사업자 내지 동업자의 몫으로 갈라서 각자의 소득에 포함시킨다.150)

리하는 절차가 필요하다.

148) 제11장 제2절 I.3. 제19장 제3절. 법인세법시행령 제19조 제19호. 대법원 2015. 11. 17. 선고 2012두1491 판결↔2014. 5. 29. 선고 2011두22556 판결(보전합의 없는 경우).

149) 법인격을 꿰뚫고 법인재산의 손실을 주주의 손실로 인정한 판결로 CIR v. Bollinger, 485 US 340 (1988). 비슷한 사실관계이지만 반대취지 판결로 Ourisman v. CIR, 760 F2d 541(4th Cir. 1985).

150) 대법원 1990. 9. 28. 선고 89누7306 판결.

1. 소득=사업장 단계, 세액=출자자 단계

공동사업장은 사업장 단계에서 사업소득의 '소득금액'을 계산한다.151) 따라서 소득 구분별 필요경비는 공동사업장 단계에서 일괄 계산하여 조합(組合)의 소득금액(所得金額)을 산출하여 각 조합원의 손익배분 비율(比率)로 나눈 뒤, 각 조합원(공동사업자) 단계에서 종합소득공제를 적용하여 과세표준을 구하고 세율을 적용한다. 기업업무추진비나 기부금의 필요경비 한도는152) 공동사업장을 한 개의 단위로 보아 계산하여야 한다. 한편 동업기업의 소득금액은 반드시 한 개의 단위로 계산하지 않고 동업자군(群)별로 계산한다.153) 동업기업의 소득은 동업자를 거주자(개인), 비거주자(개인), 내국법인 및 외국법인, 이 네 개의 동업자군으로 나누어 각 군별로 동업기업을 각각 하나의 거주자, 비거주자, 내국법인 또는 외국법인으로 보아 소득세법이나 법인세법에 따라 해당 과세연도의 소득금액을 계산한다.

2. 손익 배분기준

공동사업장이나 동업기업의 소득에 대한 각 공동사업자나 동업자의 손익배분비율은 組合約定(인적회사라면 조합약정 내지 정관)에 따른다. 이익과 손실을 다른 비율로 배분하거나, 손익배분의 기준에 관한 약정이 없다면 지분비율에 의한다.154) 공동사업장이나 동업기업에는 대개 동업소득 가운데 각자의 몫이 얼마인가를 따지기 위하여 각 동업자별 자본계정, 출자계정, 또는 적당한 이름을 붙여서 각자의 몫을 계산하게 마련이다. 이런 계산이 경제적 실질을 나타낸다면 그 결과대로 각 공동사업자 내지 동업자의 과세소득을 계산하면 된다. 특정 소득을 특정인에게 할당한다면 그 소득에 딸린 세액공제, 원천징수세, 가산세 등도 같이 간다.155) 그러나 공동사업자 내지 동업자 사이에는 극도의 신뢰관계가 있게 마련이므로 세금을 줄이기 위하여 특정인에게 소득을 더 배분하거나 덜 배분하는 식의 회계조작이 생길 가능성이 높다.156) 생계를 같이 하는 동거가족의 공동사업(共同事業)도 원칙은 각자의 지분을 인정한다.157)

---

151) 소득세법 제87조 제1항. 제10장 제2절 III.2.

152) 제22장 제1절 V, VI.

153) 조세특례제한법 제100조의14 제4호, 제100조의18 제1항.

154) 민법 제711조, 상법 제195조, 제206조.

155) 조세특례제한법 제100조의18 제4항.

156) 미국세법 704조(a); 미국재무부 시행규칙 1.704-1조(b).

157) 소득세법 제43조 제3항. 헌법재판소 2006. 4. 27. 2004헌가19 결정. 형제자매(배우자 포함)까지만 가족이고 3촌 이상은 가족으로 보지 않는다.

3. 출자자 단계의 소득구분

공동사업장이나 동업기업에서 할당받는 소득은 우리 소득세법상 어떤 소득으로 구분해야 하는가? 소득세법상 공동사업장(共同事業場)의 소득은 이자소득, 배당소득, 양도소득 등으로 따로 구분되지 않는 나머지는 사업소득이고[158] 공동사업자 단계에 가서도 소득구분이 그대로 이어지지만,[159] 경영참여를 않는 출자(出資)공동사업자의 소득은 배당소득으로 구분한다.[160] 출자공동사업자의 지위는 사업을 동업한다고 보기보다는 오히려 포트폴리오 투자자의 지위에 가깝고 소득세법은 그런 투자자가 받는 금융소득이나 유가증권 양도소득에 필요경비를 인정하지 않고 있기 때문이다.

개인 사이의 동업기업(同業企業)이라면, 배분받은 소득은, 동업기업이 버는 단계의 소득 성질을 기준으로 동업자 단계에 가서 사업소득, 이자소득, 배당소득, 기타소득, 양도소득 가운데 하나로 구분하여 각자의 종합소득에 들어간다.[161] 동업기업이라는 성질상 동업자가 종속적 인적용역을 제공할 수 없으므로 배분되는 소득이 근로소득이나 퇴직소득이 되는 경우는 없다. 그러나 수동적 동업자, 곧 동업기업의 경영에 참여하지 아니하고 출자만 하는 자가 배분받는 소득은 언제나 배당소득으로 구분한다.[162] 동업자의 지위에서 소득을 배분받는 자가 내국법인이라면 법인세법에 따르므로 소득구분이 필요없고 총수입금액과, 필요경비를 제 몫만큼 할당받는다. 동업자가 비거주자나 외국법인인 경우에 대해서는 제17장 참조.

4. 결손금(缺損金) 분배의 제한

원칙으로 따지자면 공동사업에서 缺損이 난다면 공동사업자도 자기 지분만큼 결손을 본 것이다.[163] 그러나 소득세법상의 出資공동사업자라면 이런 결손금을 배분받지 못한다. 조세특례제한법상의 동업기업에서도 동업기업의 경영에 참여하지 아니하고 출자만 하는 수동적(受動的) 동업자는 원칙적으로 결손금을 배분받지 못한다.[164] 경영에 참가하는 동업자가 결손금을 배분받는 경우, 각 동업자에게 배분되는 결손금은 동업기

158) 제11장 제1절 I.3, II.1.

159) 특정소득을 특정동업자에게 배분하는 방식의 조세회피로 미국에서 문제된 것이 이른바 carried interest로, 투자조합의 업무집행자가 받는 보수를 양도소득으로 저율과세.

160) 소득세법 제17조 제1항 제8호.

161) 조세특례제한법 제100조의16 제2항.

162) 다만 동업기업을 우회하여 소득을 버는 형식으로 조세회피가 생긴다면 동업기업단계의 소득구분이 적용된다. 조세특례제한법 제100조의18 제3항.

163) 소득세법 제43조 제2항. 제10장 제3절 I.

164) 조세특례제한법 제100조의18 제1항 단서.

업의 해당 과세연도의 종료일 현재 해당 동업자의 지분(持分)가액을 한도로 한다. 이 경우 지분가액을 초과하는 해당 동업자의 결손금은 장차 15년간 이월할 수 있다.[165] 이런 제한은 tax shelter 문제, 곧 현행법에 따른 각 사업연도의 소득계산이 경제적 소득과 다름을 이용하여, 조합단계에서 실제손실 없이 회계상의 가공손실을 만들어 내어 불특정다수인이 조합원의 자격에서 이를 공제받는 문제 때문이다.[166] 가령 합자회사를 동업기업으로 과세한다면 유한책임사원은 아무런 위험부담을 지지 않으면서 가공손실을 공제받을 수 있게 된다. 다른 예로 일본에서는 익명조합을 공동사업장으로 보므로,[167] 이를 이용한 tax shelter가 많다. 따라서 세법이 이에 대한 복잡한 대책을 두고 있는 것이다.[168] 바른 기준은 경영에 참가하는가가 아니다. 책임이 유한인가 무한인가를 물어야 맞다.[169]

5. 소득세법과 법인세법의 적용

동업기업 과세특례를 적용받는 기업이라고 하더라도 합명회사나 합자회사가 法人이라는 사실 자체는 변화가 없으므로, 조세특례제한법이 배제하지 않는 한 法人稅法을 그대로 적용받는다. 더 나아가 법인이 아닌 동업기업이라 하더라도 과세연도, 납세지, 사업자등록, 세액공제, 세액감면, 원천징수, 가산세, 토지 등 양도소득에 대한 법인세 등에 대하여는 해당 동업기업을 하나의 내국법인으로 보아 법인세법과 조세특례제한법의 해당 규정을 적용한다.[170] 따라서 가령 동업기업인 회사에 이자소득을 지급하는 자는 법인세법에 따른 원천징수의무를 진다. 이처럼 원천징수된 세액은 동업자들이 배분받아 기납부세액으로 공제받을 수 있다.[171] 동업기업도 소득세법상 원천징수 대상인 소득을 지급하는 경우에는 원천징수 의무를 지고,[172] 이 의무를 게을리 했다면 가산세를 물어야 한다. 따라서 이런 가산세도 동업자에게 배분한다.[173]

---

165) 같은 법조 제2항.

166) 예를 들어 지급이자나 감가상각을 이용한 tax shelter에 관하여는 각 제20장과 제21장 참조.

167) 제10장 제2절 Ⅲ.

168) 우리 법은 이른바 at-risk 규칙(실제 투자위험이 있는 자산이라야 손실이나 비용을 인정)은 들여오지 않았다. 상세는 이창희, 미국세법상 파트너십 세제의 정책적 시사점(심당 송상현 선생 화갑기념논문집, 21세기 한국 상사법학의 과제와 전망, 2002), 805-807쪽; Bittker, McMahon & Zelenak, 19장.

169) 제21장 제2절 III. 독일 소득세법 제15조a.

170) 조세특례제한법 제100조의26.

171) 조세특례제한법 제100조의18 제4항, 제5항.

172) 소득세법 제127조. 동업자가 비거주자나 외국법인이라면 사업소득에 대해서도 최고세율로 원천징수 의무를 진다. 조세특례제한법 제100조의24 제1항, 제4항. 다만 동업기업 그 자체 말고 다른 국내사업장에 귀속되는 소득은 원천징수하지 않는다. 같은 법조 제8항.

173) 조세특례제한법 제100조의18 제4항 제3호. 가산세의 손금 · 필요경비 불산입은 제22장 제1절 Ⅱ.4.

6. 조합과 조합원, 동업기업과 동업자 사이의 거래

가령 금이억이라는 사람은 현금 2억원을 내고 임대남은 현금 1억원과 시가 1억원(연간임대료 천만원)짜리 땅을 내어서 그 땅에 주유소를 차려서 연간 4천만원(감가상각 공제후 금액)을 벌어 이를 50:50으로 나눈다고 하자. 금이억의 소득 2천만원은 사업소득. 임은? 조합의 단체성을 중시한다면 조합체와 맺은 토지임대 계약에서 1천만의 부동산임대(賃貸)소득을 버는 것이 된다.[174] 조합의 소득은 사업소득 4천만원에서 토지임차료 1천만원을 뺀 3천만원이고 이 돈은 금·임이 출자액 비율(2억:1억)로 나누어 사업소득으로 각 2천만원과 1천만원을 번 것이 된다. 결국 금의 소득은 사업소득 2천만원이고, 임의 소득은 사업소득 1천만원과 부동산임대소득 1천만원이다. 그러나 대법원은 이런 이론을 따르지 않고 금·임은 조합을 통한 사업(事業)소득(수입임대료 4천만원)을 출자액(2억:2억) 비율로 각 2천만원씩 버는 것이며 임의 부동산임대소득은 이 사업소득 2천만원 안에 이미 포함되어 있다고 보았다.[175] 바꾸어 말하면 조합의 사업소득을 분배하는 기준 가운데 하나로 임이 출자한 토지의 임대료 상당액을 임에게 우선분배한다고 보는 것이다. 노무출자라면? 일부 공동사업자에게 노무의 대가로 지급한 소득금액은 당해 공동사업장의 필요경비에 산입하지 않고 이를 지급받은 공동사업자에 대한 소득분배로 보고 당해 공동사업자의 분배소득에 가산한다.

그러나 同業企業과 동업자 사이의 거래에 관하여 조세특례제한법은 위 판례와 전혀 다른 내용을 입법. 동업자가 동업자 자격이 아닌 제3자의 자격으로 동업기업과 거래를 하는 경우 동업기업과 동업자는 그 거래에서 발생하는 수익 또는 손비를 익금 또는 손금에 산입할 수 있다고 정하고 있다.[176] (여기에서 '익금'이나 '손금'이라는 말은 소득세법상 총수입금액과 필요경비 또 양도가액과 취득가액을 포함하는 뜻으로 읽어야 한다.) 따라서 위 문단의 보기라면 임은 토지임대소득 1천만원을 버는 것이 된다. 그러나 동업자가 받는 급료는 종래의 이론과 마찬가지로 따로 인정할 수 없고, 소득의 배분으로 보아야 한다. 동업자 상호간에 지배종속 관계를 인정할 수 없기 때문이고, 또 개인사업자와 균형을 맞추자면 동업자가 동업기업에서 근로(勤勞)소득이나 퇴직소

174) 2010년부터 부동산임대소득은 사업소득의 한 유형으로 편입되었지만, 부동산임대업의 결손금은 다른 소득에서 공제하지 못하므로 여전히 일반 사업소득과 구별하여 그 소득금액을 따로 계산할 필요가 있다. 소득세법 제45조 제2항 및 제3항, 제160조 제4항. 제10장 제3절 Ⅰ.

175) 따라서 대법원 2005. 3. 11. 선고 2004두1261 판결은 부당행위 계산의 부인이라는 형식으로 갑에게 토지임대소득을 추가로 과세할 수는 없다고 판시했다. 판결원심인 서울고등법원 2003. 12. 12. 선고 2003누1785 판결은 "이 사건 토지와 이 사건 건물을 일괄하여 타에 임대하여 얻는 소득에는 이 사건 토지에 대한 임대수입까지 포함되어 있음이 명백하다"고 판시했다.

176) 조세특례제한법 제100조의19 제1항.

득을 받을 수는 없다. 다만 수동적 동업자가 종속적 지위에서 근로를 제공하고 받는 대가는 근로소득이나 퇴직소득.

제 3 절 이익처분과 배당

I. 동업기업/공동사업 v. 회사

공동사업장이나 동업기업에서는, 현금이나 물건의 배당 또는 분배는 조합원의 소득에 들아가는가? 아니다. 동업자의 지분가액을 오히려 배당·분배액만큼 줄이게 된다.[177] 공동기업단계에서 소득이 생기는 대로 바로 할당하여 각 조합원의 출자지분에 얹으므로[178] 그 가운데 일부를 현금으로 회수한다면 출자지분이 그만큼 줄어드는 것이다.[179] 은행예금의 원리금이 늘어난 데에서 일부를 현금으로 회수하는 것과 마찬가지. 그러나 분배받은 자산의 시가가 지분가액을 초과하면, 더 이상 상계할 지분가액이 없으므로 초과액이 배당소득이 된다.[180] 익명조합원의 배당소득에 관해서는 제10장 제2절 Ⅲ.

동업기업이 아닌 회사라면, 자본준비금을 허는 것이 아닌 한 배당(配當)은 주주의 과세소득이다. 제1절 Ⅲ.2. 배당은 주머니 돈을 쌈지로 옮기는 것이라 실제로 주주의 부를 늘리지는 않는다. 배당을 받는만큼 현금(현물배당을 받는다면 다른 재산)은 늘지만, 주식이 나타내는 경제적 가치가 그만큼 줄어들고, 결국 배당 때문에 부가 늘지는 않는다. 그렇다면 회사 단계에서 이미 법인세를 내었음에도 불구하고 배당을 다시 주주의 소득으로 삼는 까닭은? 누진율(累進率) 때문이다. 동업기업에서는 각 조합원은 자기 몫의 조합소득을 다른 소득과 합하여 누진세율로 세금을 낸다. 그러나 법인 단계의 소득은, 배당하기 전에는 법인세를 낼 뿐 주주의 다른 소득과 합하여 주주단계에서 누진율을 적용받지는 않는다. 누진세를 생각하면 원래는 법인을 통하여 번 소득 역시 각 주주 몫으로 갈라 각 주주를 바로 과세해야 하겠지만 이는 현실적으로 불가능하다. 따라서 일단은 법인에서 세금을 걷고 법인소득의 주주별 할당은 뒤로 미루어 두었다가 배당금을 노느매기하는 시점에 가서 주주에게 소득을 할당하여 누진과세하면서 법

177) 미국세법 733조, 705조(a)(2). S corporation에 관해서는 1367조.

178) 조세특례제한법 제100조의20 제1항. 동업자 입장에서 (차) 출자지분 (대) xx소득

179) 같은 법조 제2항. 동업자 입장에서 (차) 현금 (대) 출자지분

180) 같은 법 제100조의22 제1항, 제3항. 위 주석의 분개에서 현금 금액이 출자지분보다 더 크다고 생각하면 차액만큼 대변에 소득이 생기게 된다.

인세 중 각 주주의 몫을 기납부세액으로 공제해 주는 것이다(배당세액공제).[181] 법인을 통해 번 소득을 각 주주에게 할당(割當)한다는 점에서는 조합소득의 할당이나 마찬가지이다. 다만 법인이 소득을 버는 단계에서 각 주주에게 바로 할당하지 못하고 배당시에 가서야 할당하므로 시차(時差)가 생긴다는 점이 동업기업과 다를 뿐이다. 법인단계에서는 세후소득을 할당하지만(배당금 지급액) 주주단계에서는 이를 세전소득으로 환원해야 한다(gross-up).[182] 이하 이 절의 논의는 모두 동업기업이 아닌 회사에 관한 것이다.

Ⅱ. 배당과 이익처분

1. 배당가능이익

인적회사(합명회사 및 합자회사)에서는 사원이 무한책임을 지므로 배당금의 지급에 대한 제한이 없다. 물적회사는 배당가능이익(配當可能利益)의 한도 안에서만 주주나 사원에게 배당금을 별러줄 수 있다.[183] 배당가능이익이란 근본적으로 번 돈, 곧 현재의 순자산에서 출자자가 납입한 원본(자본금+자본준비금)이지만 상법은 번 돈 가운데 일부를 배당하지 말고 회사에 남겨두라고 한다. 회사의 재산을 주주나 주주가 뽑은 임원들이 관리하면서 번 돈 이상을 배당해서 채권자의 책임재산이 줄어들 염려가 있으니까. 이리하여 주주가 채권자의 동의 없이 회사(경제적 입장에서 주주와 채권자의 공동재산)에서 가져갈 수 있는 노느몫(配當可能利益)에 상한을 두고 있다.[184]

상법 제462조 (이익의 배당) ① 회사는 대차대조표상의 순재산액으로부터 다음의 금액을 공제한 액을 한도로 하여 이익배당을 할 수 있다.

1. 자본금의 액
2. 그 결산기까지 적립된 자본준비금과 이익준비금의 합계액
3. 그 결산기에 적립하여야 할 이익준비금의 액
4. 대통령령으로 정하는 미실현이익[185]

---

181) 제13장 제3절 Ⅲ, 제4절. 외국법인에서 받는 배당에는 배당세액공제가 없다.

182) 분개로 표현한다면 (차) 현금(배당금) xxx + 선급세액(법인세상당액) xxx (대) 배당소득 xxx

183) 상법 제287조의37, 제462조 및 제583조.

184) 상법 제462조 및 제439조. 그러나 배당에 대한 제한만으로는 위험한 투자나 과소투자를 통해 채권자를 해칠 가능성은 막지 못한다.

185) 제18장 제5절 Ⅳ.4.

상법 제458조 (이익준비금) 회사는 그 자본의 2분의 1이 될 때까지 매 결산기 이익배당액의 10분의 1 이상을 이익준비금으로 적립하여야 한다. 다만, 주식배당의 경우에는 그러하지 아니하다.

결국 회사의 순재산 중 자본금 및 법정(法定)준비금(=자본준비금+이익준비금)의[186] 금액만큼 채권자 일반을 위한 책임재산이 된다.[187] 상법이 말하는 배당가능이익이라는 개념은 유량(流量, flow)이 아니라 저량(貯量, stock) 개념이다. 회사의 올해 이익이 얼마인가를 묻지 않고 회사의 재산상황이 어떻고 채무가 어떤가라는 현황을 따져서 그동안 쌓인 이익 가운데 배당가능한 금액이 얼마인가를 묻는다. 여기에서 배당가능한 금액이라는 말은 회사의 현금사정과는 무관한, 순자산의 증가를 묻는 개념이다. 가령 자본금이 100원인 회사의 어느 시점 현재의 자산이 300원이고, 부채가 67원이 되었다고 하자. 배당가능이익의 계산은 순재산을 자산(300원)에서 부채(67원)를 뺀 233원으로 계산하고, 이를 자본금(100원)과 비교하여 잉여금 133원을 계산해 내는 데에서 시작한다. 자산 300원이 모두 토지이든 모두 현금이든 잉여금의 금액에는 아무 차이가 생기지 않는다.

잉여금, 곧 순재산과 자본의 차액이 전부 배당가능이익은 아니다. 資本準備金과 利益準備金은 빼야 한다.[188] 자본준비금 및 이익준비금의 총액이 자본금의 1.5배를 초과하는 경우 초과액 자체를 감액할 수는 있다.[189] 우선 資本준비금이란 무엇인가? 근본적으로 자본금 외에 주주가 회사에 납입한 돈을 말한다. 종래에는 상법에 이에 관한 규정이 있었으나 2011년 개정법은[190] 그저 '자본거래에서 발생한 잉여금'이라고 정하고 있다. 잉여금이란 순자산과 자본금의 차액이므로[191] 자본준비금은 회사의 자본이 변동하면서 그에 대응하는 순재산의 증감액이 서로 달라져서 생긴다. 그 대표라 할 주식발행초과금이 무엇인지는 이미 보았다. 다른 자본준비금은 제15장, 제16장. 둘째로, 배당가능이익을 구하기 위해서는 이익준비금도 빼야 한다. 앞 문단의 보기에서 가령

186) 유한회사에는 준비금 제도가 없다. 상법 제287조의37 제1항. 자산재평가법에 의한 재평가적립금은 상법상 자본준비금은 아니나, 배당 못 하므로 법률효과가 자본준비금과 같다. 자산재평가법 제28조 제2항.

187) 그러나 회사의 영업악화로 순재산이 자본금 및 법정준비금의 합보다 적어지는 경우에는 채권자 모두를 위한 책임재산이 그만큼 줄어들게 된다.

188) 상법 제462조.

189) 상법 제461조의2. 자본준비금을 헐어서 배당가능이익에 포함한 것은 세법상으로는 여전히 자본준비금이라 보아야 한다. 이하 배당가능이익이라는 말은 자본준비금을 헐어낸 금액은 포함하지 않는다.

190) 상법 제459조. 상법시행령 제18조.

191) 자본의 환급+잉여금처분=순자산감소, 곧 자본감소+잉여금감소=순자산감소. 법인세법 제19조 제1항, 상법 제287조의37.

액면으로 100원만큼 주식을 발행하면서 납입받은 돈이 200원이었는데 순자산이 233원이라면 번 돈은 33원. 배당가능이익 = 순자산 233 - (자본금 100 + 자본준비금 100 + 이익준비금 xx))가 된다. 이익준비금이란 무엇인가? 아래에서 구체적 예를 들어서 보기로 하자.

2. 이익잉여금처분계산서와 배당

실제 기업실무에서 배당결정은 위 문단처럼 배당가능이익을 구하지는 않고 利益剩餘金處分計算書라는 것을 대차대조표(회계기준에서 말하는 재무상태표) 및 손익계산서를 확정하는 주주총회(정관으로 정한다면 이사회)에서 같이 확정하는 형식으로 이루어진다.192) 기업회계에서는 잉여금 곧 순자산과 자본의 차액을 자본잉여금과 이익잉여금으로 나눈다. 자본잉여금은 근본적으로 자본준비금과 같다. 상법은 이익잉여금 가운데 배당 못한다는 부분을 이익(利益)준비금이라고 부른다. 그러니까 이익잉여금이란 이익준비금과 배당가능이익의 합이다.

상법은 이익잉여금처분계산서의 내용에 대해 정한 바가 없다. 실무는 상법의 규정에 따라 순재산에서 자본준비금과 이익준비금을 빼서 배당가능이익을 구하는 꼴로 이익잉여금처분계산서를 만들지 않고, 해마다의 이익 가운데 배당하지 않고 회사에 유보한 금액의 누계가 얼마인가를 따지는 꼴로 배당가능이익을 구했다.193) 앞 문단의 예로 돌아가서 보면, 어느 회사가 액면 100원어치의 주식을 200원에 발행하여 이 돈을 가지고 한 해 동안 사업을 했고, 그 결과 기말에 가서 자산이 300원, 부채가 67원이어서 순재산(자산에서 부채를 뺀 금액)이 233원이라 하자. 이 회사의 첫해 소득 내지 당기순이익(곧 당기에 생긴 이익잉여금)은 33원이 된다.194)

이제 첫해에 관한 재무제표를 확정하는 주주총회에서 이익잉여금 33원 가운데 20원을 현금으로 배당하고 남겨 두는(유보, 적립) 금액 13원 가운데 2원은 이익준비금으로 남겨 두고 나머지 11원은 배당할 수 있지만 안 하고 남겨 두기로 정한다고 하자. 다시 이 11원 가운데 5원은 장차 사옥을 사기 위해 재산을 남겨 두는 것이고 6원은 그냥 남겨 두는 것이라 하자. 상법의 표현으로는 (배당가능이익 = 순재산 233원 - 자본금 100 - 자본준비금 100 - 이익준비금 2 = 31원)이다. 이 31원 가운데 20원을 배당하고,

192) 상법 제447조 및 제449조.

193) 옛 기업회계기준서 제21호; 일반기업회계기준 제2장. 독일 제도가 일본을 거쳐 들어왔다. 독일상법 제158조 제1항.

194) 제7장 제5절. 단순화해서 복식부기의 꼴로 표시하면,
(설 립 시) 차) 자산 200원 대) 자본금 100원 + 자본준비금 100원
(사업성과) 차) 자산 33원 대) 당기순이익(배당가능이익) 33원

다시 나머지 배당가능이익 11원 가운데 5원에는 임의준비금(실무에서 쓰는 말이지만 법에서는 준비금이[195] 아니다)이라는 이름을 붙이고 6원에는 아무 이름을 붙이지 않았다는 말이다. 이익잉여금 처분 후 회사의 순재산은 213원(= 233원 - 20원 = 200원 + 2원 + 11원)이 된다. 이익잉여금처분계산서는 다음과 같이 작성한다.

1.	처분전 이익잉여금		
	당기순이익		33원
2.	이익잉여금 처분액		
	배당금[196]	20원	
	이익준비금	2원	
	임의준비금	5원	27원
3.	차기이월 미처분이익잉여금		6원

재무상태표에는 자본준비금 100원은 資本잉여금으로 나타나고 이익준비금 2원, 임의준비금 5원, 미처분이익잉여금 6원, 합계 13원은 利益잉여금으로 나타난다. 위 보기에서 순재산 233원 가운데 현금이 20원에 미치지 못한다면 어떻게 하는가? 가진 재산을 처분해서 현금을 만들든가 돈을 꾸어야 한다. 물론 배당가능이익이 있다 하여 돈을 꾸어가면서까지 배당을 하는 것은 꺼리기 마련이니 이런 뜻에서 실제의 배당액은 배당가능이익 외에 현금사정의 제약도 받는다.[197]

다시 한 해 더 장사를 했고 기말 현재 순재산이 257원이라 하자. 한 해 동안 순재산이 213원에서 257원으로 늘었다는 말은 당기순이익이 44원이라는 말이다. 회사는 얼마까지 배당할 수 있는가? 순재산 257원에서 자본금 100원, 자본준비금 100원, 전기에 적립한 이익준비금 2원을 각각 뺀 금액 55원에서 다시 이번 결산기에 적립하여야 할 이익준비금의 금액(즉, 현금배당액의 1/10 이상)을 빼면 된다.[198] 따라서 50원(=

---

195) 조세특례제한법에 따라 손금산입한 준비금은 상법상 준비금이 아니므로 여전히 배당가능하다. 다만 세법상 불이익이 있다.

196) 용례문제로 이준봉, 법인세법강의, 2편 1장 2절 1관 Ⅲ. 3. 등은 배당금 지급은 잉여금처분이 아니고 자본의 환급이라고 한다. 기업회계기준서에서 자본이라는 말이 equity라는 뜻이니 법인세법의 자본도 그 뜻이라는 주장. 이 용례로는 당기순이익도 잉여금에 안 들어가야 해서 말뜻이 너무 틀어진다. 나아가 국제회계기준의 equity를 일부 기업회계기준서에서 자본으로 옮긴 것 자체가, 종래 복식부기의 관행적 용례이기는 하나 성문규범으로는 적절치 않다. 일본어판의 지분(持分)은 공동소유나 회사에서 각자의 몫과 혼동을 주고, 재무제표 실무에서는 '순자산'이라고 적고 이를 납입자본(자본금 등)과 이익적립금액(유보이익)의 합으로 적는다. 독일어판은 자기자본(Eigenkapital)으로 옮겼다. 우리 국제회계기준서는 자본과 지분을 섞어 쓴다. 이하 출자자지분이나 자기자본으로 쓴다.

197) 배당가능액의 산출시 유동성도 고려하도록 하는 입법례로 California Corp. Code 500조 - 502조.

55/1.1)까지 현금배당을 벼를 수 있다. 여기에서 55원이라는 금액은 올해의 당기순이익 44원에 지난해 유보한 배당가능이익 11원, 곧 임의준비금 5원과 미처분이익잉여금(즉, 전기의 차기이월이익잉여금) 6원을 더한 금액과 같다. 곧 지난해에 배당하지 않고 남겨 둔 이익잉여금 11원(=5원+6원)과 올해 생긴 이익잉여금(=당기순이익) 44원의 합이다. 이제 50원을 배당한다면 이익잉여금처분계산서는 다음과 같은 내용을 담게 된다.

1. 처분전 이익잉여금		
전기이월미처분이익잉여금	6원	
당기순이익	44원	
임의준비금이입액	5원	55원
2. 이익잉여금처분액		
배당금	50원	
이익준비금	5원	55원
3. 차기이월이익잉여금		0원

이익준비금을 헐어서 배당하는 것은 임의준비금을 허는 것과 마찬가지. 자본준비금을 헐어서 배당하는 것은 이익잉여금 처분과는 무관하지만 아무튼 편의상 똑같이 적을 수 있을 것이다.

3. 주주에 대한 과세

배당금을 지급받는[199] 개인주주에게는 소득금액을 gross-up하고 같은 금액을 세액공제한다. 주주가 법인인 경우에 대해서는 아래 Ⅳ. 과세시기는 제11장 제4절 Ⅱ, 제18장 제2절.[200] 대주주의 특수관계인이 더 높은 차등배당을 받는다면 증여세도 과세한다.[201] 주식소비대차는 제11장 제4절 Ⅰ.4.

현금(現金)배당을 주주에게 배당소득으로 과세하는 까닭은? 주주의 부가 그만큼 늘었는가? 아니다! 現金을 받았지만 그렇다고 해서 부(富)가 늘지는 않는다. 회사에서 돈이 빠져나오면 주식의 가치가 그만큼 떨어진다. 상장법인 같으면, 배당의 정보

198) 상법 제462조.

199) 사업연도 중 얼마나 오래 주식을 소유하고 있었는가에 상관없이 배당기준일 현재의 주주는 평등하게 배당받는다. 사업연도 말일이 아니라 정기주주총회 직전을 배당기준일로 삼는 회사도 이제는 많다.

200) 기업회계에서는 미교부배당금(미지급배당금)을 자기자본으로 구분하지만 세법에서는 채무. 이미 주주의 소득에 잡혔기 때문이다. 제20장 제4절 Ⅱ.3.

201) 제25장 제3절 Ⅳ.5.

가치가 없다면, 배당금만큼 배당락(配當落)이 생긴다. 주주의 부는 안 는다. 구태여 MM의 제2명제를 들먹일 것도 없이, 주주의 부는 그대로 있다. 그대로라면 왜 과세하지? 현금 받는 금액을 왜 소득으로 과세하지? 배당소득 과세란 상법상의 배당가능이익을 전제한다. 회사가 주주에게 현금을 배당하더라도 가령 자본준비금을 헐어낸 것이라면 배당소득은 안 생긴다. 회사란 애초 주주의 집합적 소득을 계산하는 것이므로, 법인격을 투시한다면 회사를 통해서 번 소득은 바로 주주의 소득이다. 가령 법인이 01년에 300억원을 번다면 그 300억원은 주주들의 집합적 01년 소득이다. 02년에 200억원을 번다면 주주들의 집합적 02년 소득이다. 법인이 내는 법인세란 주주들이 낼 세금의 선납일 뿐이다. 그러나 주주 몇십만명 사이에서 주식이 계속 돌아다닌다면 이 투시가 불가능하다.

그래서 생긴 차선책이 각 사업연도의 소득이라는 흐름을 배당가능이익(우리 상법에서는, 더하기 이익준비금)이라는 저수지에 모은 뒤, 配當可能利益이 그 뒤 빠져나가는 만큼을 주주에게 벼르는 것이다. 회사단계의 소득이라는 상류의 흐름을 저수지 물로 모아 둔 것이 배당가능이익. 저수지에서 주주에게 흘러나가는 하류의 흐름이 配當. 배당소득이란 법인단계에서 버는 소득을 주주에게 과세하는 할당계기를 하류단계의 배당에서 찾는 것이다. 다시 말하면 현금배당을 주주의 소득으로 과세하는 이유는, 상법이 회사의 배당가능이익을 현금지급액(支給額)만큼 감소시키고 있기 때문이다. 가령 앞의 보기에서 법인세율 30%로 01년 법인세가 90억원, 02년 법인세가 60억원이고, 01년과 02년 중 배당실적이 없다면 02년 말 현재 배당가능이익은 법인세전 금액으로 300 + 200 = 500억원, 세후 금액으로 (300 − 90) + (200 − 60) = 350억원이다. 이 350억원 가운데 140억원을 03년에 배당하고 210억원을 04년에 배당한다고 하자. 법인세 이중과세를 주주단계에서 완전히 없애준다면 배당소득의 금액은 03년에 (현금배당액 140 + gross-up 60) = 200억원, 04년에는 (현금배당 210 + gross-up 90) = 300억원이 된다. 법인소득을 주주에게 01년에 300억원, 02년에 200억원 할당할 길이 없으니 배당금 지급시까지 기다려서 03년에 200억원, 04년에 300억원을 할당하는 것이 배당소득이라는 말. 배당세액공제의 시기와 금액도 그에 맞춘다.

같은 이유로 자본준비금을 헐어서 받는 배당금은 배당소득으로 과세하지 않는다. 회사가 번 소득을 각 주주에게 할당하는 것이 아니기 때문이다. 2022년말 개정법은 주주의 주식 취득가액(장부가액)을 넘는 부분은 소득으로 잡는다.[202] 현행법이 아예 자본금을 감자하는 경우에도 감자가액과 취득가액의 차액을 배당소득으로 의제하는 것과 앞뒤는 맞지만 한결 근본적인 문제가 깔려 있음은 아래 제14장 제4절 IV.

202) 법인세법 제18조 제8호. 소득세법에는 해당 규정이 없다.

현행법에서는 분리과세(分離課稅) 주주라면 배당세액공제를 해줄 길이 없어서 주주가 지는 세부담은 법인세 더하기 원천징수세이다. 그런 주주가 원천징수후 받는 현금배당금은 다시 종합소득에 넣지 않는다. 분리과세와 세부담의 균형을 맞추어 종합과세(綜合課稅) 받는 주주에 대한 gross-up과 배당세액공제는 실제 법인세 부담액보다 낮다. 140억원을 배당받는 종합과세 주주라면 배당소득의 금액은 140 + 14 = 154억원이고 배당세액공제는 14억원이다.[203] 종합과세 주주가 배당세액 공제로 환급을 받지는 못한다. 제11장 제4절 III. 법인세를 내지 않는 법인(법인과세 신탁 포함)에서 받는 배당금에는 gross-up과 배당세액공제를 안 하는 것이 원칙이지만, 구체적 결과는 법조문의 글귀에[204] 달려 있다. 이익준비금을 헐어서 받는 배당은 다른 배당과 구별할 필요가 없다.[205]

4. 배당금지급액은 손금?

잉여금(剩餘金)의 처분(處分)으로 인한 순자산감소액은 손금이 아니다.[206] 배당(配當)은 잉여금의 처분이므로 손금이 아니다.[207] 법인세법은 剩餘金이라는 말을 따로 정의하고 있지는 않지만, 법 제19조 제1항의 구조상 잉여금이라는 말은 순자산과 자본의 차액이라는 뜻. 같은 법조에서 "자본의 환급 + 잉여금 처분 = 순자산 감소." 자본이란 상법상의 자본(금)이니까[208] 잉여금이란 순자산에서 자본(금)을 뺀 금액이라는 뜻.[209] 기업회계의 용어로도 잉여금이란 자본잉여금과 이익잉여금을 아울러 쓰는 말로서, 자본잉여금이란 주식발행초과금, 감자차익, 기타자본잉여금을 뜻하고,[210] 이익잉여금이란 이익준비금, 기타법정적립금, 임의적립금 및 아직 처분되지 아니하고 다음 해로 넘어가는 차기이월이익잉여금을 뜻한다.[211] 자본잉여금과 자본준비금은 같은 말이 되므로 배당가능이익이란 이익잉여금 중 이익준비금을 뺀 나머지 이익잉여금. 따라서

---

203) (차) 현금 140억 + 선납세액 14억 (대) 배당소득 154억. 제13장 제4절 Ⅰ.

204) 소득세법 제17조 제3항, 제56조 제1항.

205) 대법원 2023. 11. 30. 선고 2020두37857 판결.

206) 법인세법 제20조 제1호.

207) 배당은 자본의 환급이라는 주장이 있으나 용례에 관한 앞 2.의 주석. 우리 상법과 법인세법 전체의 오랜 역사에서 자본과 자본금은 주식발행 액면총계라는 같은 뜻이다. 법인세법은 equity라는 뜻으로 자기자본이라는 말을 쓴다. 법인세법 제79조 제1항. 제14장 제5절 II.

208) 2011. 4. 14. 개정 전 옛 상법 제451조. 현행법은 자본금이라는 말만 쓰고 있다.

209) 상법 제287조의37. 이준봉 교수의 용례에서는 (순자산) = (자본)이므로 잉여금처분이란 정의상 영(0), 곧 자기자본의 내부적 변동(잉여금자본전입)이 된다.

210) 옛 기업회계기준 제31조.

211) 순자산(자기자본) = 자본금 + 자본잉여(준비)금 + 이익잉여금 = 자본금 + 자본준비(잉여)금 + 이익준비금 + 배당가능이익. 옛 기업회계기준 제32조.

배당은 잉여금의 처분이고 손금이 아니다.

현행법이 배당금지급액을 손금으로 안 치는 까닭은? 원래 손금이 아니라는 동어반복은 답이 아니고. 바른 답은? 현행법이 배당세액공제나 수입배당금 익금불산입으로 주주 단계에서 이중과세를 없애주기 때문이다. 이와 달리 배당금 지급액을 손금산입해서 법인 단계에서 이중과세를 없앨 수도 있다. 제13장 제3절 Ⅲ. 우리 현행법에서도 유동화전문회사 등과 법인과세 신탁은 배당금지급액 소득공제 방식. 제13장 제4절 Ⅲ과 Ⅴ.

5. 현물배당시 시가차익의 익금산입과 주주과세

재산을 現物로 직접 배당하는 경우에는 장부가액과 시가의 차액을 회사의 소득으로 보아야 하는가? 예를 들어 원가 100원 시가 150원짜리 재산을 배당하는 것은 150원을 배당하는 것인가, 100원을 배당하는 것인가?[212] 미국법은 오랫동안 후자를 따랐지만,[213] 1986년 이후에는 전자를 따르면서 50원의 양도차익(讓渡差益)을 법인의 과세소득에 포함한다.[214] 우리 법에서도 회사를 청산하는 경우의 잔여재산분배에서는 명문규정으로 양도차익을 법인의 소득에 포함한다.[215] 명문규정은 없지만 현물배당도 마찬가지로 보아야 한다. 법인재산을 무상으로 기부하는 경우에도 양도차익을 과세하기[216] 때문이다.

주주에 대해서는 배당받은 재산의 시가가 과세소득이 된다.[217] 재산의 시가(＝취득원가＋처분익)만큼 배당가능이익이 감소하기 때문이다.

6. 결손금(缺損金)의 처리

어느 사업연도의 결산을 해보면 순자산이 감소했다는 缺損(당기순손실)이라는 결과가 나오기도 한다. 전 사업연도에서 넘어 온 미처분이익잉여금이 있으면 당기순손실과 자동적으로 상계되지만, 그래도 남는 결손금이 있다면 임의준비금과 상계할 수 있음은 물론이다. 임의준비금을 다 허물고도 남는 결손금이 있다면, 바꾸어 말하면 순자산의 금액이 자본금과 법정준비금의 합보다 작다면(상법이 말하는 "자본금의 缺損"이라는 말은[218] 이 뜻이다), 법정준비금 나아가 자본금도 허물어 缺損보전에 충당할 수

212) 제13장 제1절 Ⅳ 참조.

213) General Utilities & Operating Co. v. Helvering, 296 US 200(1935). (차) 배당가능이익 100 (대) 자산 100. 이창희, 미국법인세법, 제3장 제2절 II.

214) 미국세법 311조(b). (차) 배당가능이익 150 (대) 자산 100 + 양도차익 50

215) 제5절 Ⅱ. 3.

216) 대법원 1993. 5. 25. 선고 92누18320 판결. 제13장 제1절 IV.

217) 법인세법 제41조 제1항 제3호, 같은 법 시행령 제72조 제2항 제7호; 소득세법 제24조 제2항.

있다. (이 충당은 종래 결손금처리계산서에 대한 주주총회의 승인이라는 형식으로 이루어졌다[219]). 결손금을 자기자본으로 다 지우면 그 뒤에 생기는 당기이익은 배당가능이익이 되지만 이익준비금을 허문 금액은 뒤에 적립한도까지는 다시 채워넣어야 한다. 결손금 처리를 어떻게 하든 과거 결손금이 있었다는 역사적 사실에는 변화가 없으므로 이월결손금의 공제에는 아무 영향이 없다.

Ⅲ. 주식배당과 준비금 자본전입

1. 현행법: 주식배당 = 배당소득

株式配當이란 주식을 발행하여 주주에게 나누어 주면서, 자본금이 늘어난 만큼 회사의 배당가능이익을 줄이는 것을 말한다. 주식배당은 이익배당 총액의 2분의 1을 못 넘기지만,[220] 상장법인은 이익배당의 총액을 주식으로 배당할 수 있다.[221]

주식배당은 손금(損金)이 아니다. 배당을 지급하는 회사의 입장에서 본다면 주식배당은 배당가능이익을 줄이면서 자본금의 금액을 늘리는 것뿐이고 순자산의 감소가 아예 없다. 주주에 대해서는 주식배당을 소득(所得)으로 과세해야 하는가? 주식배당을 현금배당과 마찬가지로 "이익이나 잉여금의 배당 또는 분배금"으로[222] 볼 수 있는가는 주식배당의 본질을 무엇으로 보는가에 따라 견해가 달라지게 된다. 주식배당의 본질에 관해서는 회사법상 이익배당설과 (주식분할 + 자본전입)설의 대립이 있다.[223] 그러나 이 논쟁은 세법에서는 결국 무의미하다. 주식배당의 본질을 주식분할(株式分割)로 보더라도, 세법은 잉여금의 자본전입으로 인해 주주가 취득하는 주식 또는 출자지분의 가액을 배당소득으로 보고 있으니까.[224] 배당가능이익의 할당이라는 점에서는 현금배당과 아무 차이가 없으므로 주주가 종합과세대상자라면, 주식배

218) 상법 제460조. 제18장 제1절 Ⅲ.2. 송옥렬, 회사법, 6편 2장 5절 4관 Ⅱ.3.

219) 상법 제447조 및 제449조. 회사의 경영성과(결손금)와 회사와 주주의 자본거래(자본준비금)를 섞어버리면 주주의 의사결정이 틀어질 수 있다. 기존주주의 동의를 얻었다 하더라도 장차 투자할 투자자를 오도한다는 문제는 남는다.

220) 상법 제462조의2 제1항.

221) 자본시장과금융투자업에관한법률 제165조의13.

222) 소득세법 제17조 제1항 제1호.

223) 상법 제462조의2 제2항, 제6항 입법 후에는 논의의 실익은 자기주식에 대한 주식배당 가부뿐이다. 일본법은 무액면주식을 택하면서 주식배당이라는 제도를 없앴지만 주식분할과 잉여금자본전입을 한꺼번에 해서 같은 결과를 얻을 수 있다. 우리 상법에서는 액면주식의 분할에는 주주총회 특별결의가 필요하다. 상법 제329조의2 제1항, 제289조 제1항.

224) 법인세법 제16조 제1항 제2호; 소득세법 제17조 제2항 제2호.

당에 대해서도 법인세의 이중과세를 조정하기 위한 gross-up 및 배당세액공제가 적용된다.[225)]

2. 주식배당 과세는 위헌?

입법론으로는, 주식배당을 받기 이전과 이후에 주주 및 회사의 경제적 富에 아무런 차이가 없다는 점을 들어 주식배당을 주주의 소득으로 보지 않아야 한다는 주장도 있다. 재무회계에서는 그런 주장이 흔하다. 예를 들면, 순자산이 2,000억원이고, 이 순자산이 자본금 1,000억원(= 1,000주 × 1억원)과 이익잉여금 1,000억원으로 이루어진 회사가 1,000주를 주식배당으로 발행한다면, 각 주주의 실제 재산이 늘어나지는 않는다. 각 주주가 가지고 있는 주식의 수가 2배로 늘면서, 각 주식의 가치가 2분의1로 떨어질 뿐.[226)] 그렇게 본다면 주식배당의 본질은 주식의 분할이고 따라서 주주에게는 아무런 소득이 없다. 이런 생각을 세법에 그대로 끌어들여서 주식배당은 과세 말아야 한다는 사람이 많다. 그러나 그렇게 간단한 문제는 아니다. 주식배당이란 주주가 현금배당을 받은 뒤 그 돈으로 신주를 발행받는 것과 같은 까닭.[227)] 나아가 주식배당의 본질이 주식분할이라 하더라도 주식배당의 과세 여부는 별개의 문제이다. 주식배당이 주주의 부를 늘리지 않는다는 지적은 옳지만, 배당이 주주의 부를 늘리지 않음은 現金配當도 마찬가지이다. 현금배당만큼 주식의 가치가 떨어진다. 현금배당을 과세함은 법인 단계에서 이미 생긴 소득을 배당을 계기로 삼아 주주에게 할당하는 것이다.[228)] 소득이란 특정행위가 경제적 부를 새로 늘리는가를 묻는 것이 아니다. 그저 과거와 현재를 견주어 부가 늘었는가 묻는 것일 뿐. 제8장 제1절 II.2., 제18장 제4절 V. 그런 의미에서는 주식배당도 과세의 계기로 삼을 수 있음은 마찬가지. 일찍이 *Eisner v. Macomber* 판결은 주식배당의 과세가 위헌이라 했지만, 오늘날 이 판결을 지지하는 사람은 거의 없다.[229)]

그렇다면 주식배당을 과세할 것인지는 정책적 판단. 주식배당이라는 것이 아예 아무 일도 없었던 것과 현금배당을 받은 뒤 신주를 발행받는 것, 이 두 가지 가운데 어느 쪽에 가까운가라는 판단이다.[230)] 미국의 현행법은 전자를 따라서 주식배당을 과세

---

225) 소득세법 제17조 제3항 및 제56조 제1항.

226) 법제가 소수주주의 권리를 제대로 보장하지 못한다면, 소수주식의 가치는 회사의 순자산의 증감과는 무관하고 회사가 지급하는 배당금에 좌우되게 된다. 다만 회사의 배당률이 소수주주의 불만을 달랠 수 있는 수준 정도에서 관행적으로 결정되어 소수주주의 위치가 사채권자에 가깝다면, 주식배당이나 주식분할은 소수주주의 부를 늘린다.

227) 이미 Eisner v. Macomber, 252 U.S. 189 (1920) 판결의 Brandeis 반대의견에서 지적.

228) Casner v. CIR, 450 F2d 379(5th Cir. 1971), 특히 399쪽.

229) Marvin A. Chirelstein, Federal Income Taxation(7th ed., 1994), 76-77쪽.

230) Chirelstein, 앞의 책, 76쪽.

않는다.[231][232] 한편, 배당가능이익(配當可能利益)이 자본으로 전입된다는 점에 주목하여 주식배당을 과세해야 옳다는 생각도 있다. 과세 안 하면, 주주단계에서 세금을 안 낸 채 법인에 소득을 쌓는 것이 가능해지고 이것은 누진세의 이념에 어긋난다는 것.[233] 법인을 주주단계의 세금을 피하면서 부를 축적하는 수단으로 삼는 것이 누진세의 이념에 어긋난다는 지적은 옳지만, 이 문제에 대한 정공법은 유보이익에 대해서도 법인세율과 주주단계의 세율의 차이만큼 세금을 매기는 것이다. 제13장 제3절 IV. 주식배당도 안 하고 그냥 이익을 계속 유보해 나간다면 주식배당의 과세로는 문제를 못 푼다. 다만, 유보이익세가 허울만 남아 있다가 아예 폐지된 우리 현실에서는 주식배당의 과세가 불완전한 대안은 된다.[234]

3. 주식배당에 따른 소득금액

주주가 종합과세대상자라면, 주식배당에 대해서도 법인세의 이중과세를 조정하기 위한 gross-up 및 배당세액공제가 적용된다.[235] 배당가능이익을 주주에게 할당한다는 점에서 현금배당과 마찬가지이니.

주식배당에 따른 所得金額은 얼마로 볼 것인가? 법은 그저 "법인의 잉여금의 전부 또는 일부를 자본이나 출자의 금액에 전입함으로써 취득하는 주식 또는 출자의 가액"이 배당소득이라고 하고 있을 뿐이다.[236] 대법원 판결은 이 가액이란 "액면금액에 의한 가액이 명백하다," "기업경영의 성과인 잉여금 중 사외에 유출되지 않고 법정적립금, 이익준비금 기타 임의적립금 등의 형식으로 사내에 유보된 이익이 위 법조 각 호 소정의 사유로 주주나 출자자에게 환원되어 귀속되는 경우에 이러한 이익은 실질적으로 현금배당과 유사한 경제적 이익"이라고.[237] 그러나 주식배당이든 현금배당이든 어느 쪽이나 배당 그 자체가 경제적 이익이 아닌 것은 이미 본 바와 같다.

---

231) 종류가 다른 주식을 배당받거나 일부 주주가 현금을 배당받아 경제적 실질이 바뀌는 경우에는 과세한다. 미국세법 305조. Koshland v. Helvering, 298 US 441(1936)(우선주).

232) 미국에서는 주식배당을 이용하여 사실상의 현금배당을 받은 사건으로, 모든 주주가 평등하게 우선주를 배당받은 뒤 이를 제3자에게 팔고, 회사는 이 우선주를 유상감자하는 형식으로 제3자에게 돈을 내어주는 preferred stock bail out이 한때 성행했다. Chamberlin v. CIR, 207 F2d 462(6th Cir. 1953), cert. denied 347 US 918(1954) 판결이 각 주주의 소득을 저율과세대상 양도차익으로 보자 그 뒤 법을 바꾸어 경상소득으로 정했다. 미국세법 306조. 이창희, 미국법인세법, 제3장 제5절 Ⅲ. 우리나라 사례로 수원지방법원 2005. 12. 14. 선고 2004구합7574 판결.

233) 주식배당이 있던 시절의 글로 金子 宏, 商法改正と稅制, 商事法務 제1223호(1990), 29쪽.

234) 상세는 김건식·이창희, 주식배당의 과세, 서울대학교 법학 제41권 4호(2001. 2.), 156쪽 이하 참조.

235) 소득세법 제17조 제3항 및 제56조 제1항.

236) 법인세법 제16조 제1항 제2호; 소득세법 제17조 제2항 제2호.

237) 대법원 2003. 11. 28. 선고 2002두4587 판결은 결론만 옳다.

주식배당이든 현금배당이든 바른 논점은 거기에서 생기는 경제적 이익이 얼마인가가 아니다. 주주의 소득금액이 얼마인가라는 논점은 배당을 과세계기로 삼아서 법인을 통하여 번 소득 가운데 얼마를 주주에게 할당하는가 곧 법인단계에서 배당가능이익(配當可能利益)이 얼마나 줄어드는가이다. 소득세법의 배당소득이라는 개념은 상법상 배당, 곧 배당가능이익의 분배를 전제하기 때문이다. 위 II.3. 현금을 받아가더라도 배당가능이익의 유출이 없다면 배당소득이 아니다. 현금배당에서 배당소득의 금액을 현금의 금액으로 삼는 이유는 그 금액만큼 경제적 이익이 생기기 때문이 아니고 배당가능이익의 유출 내지 할당 금액이 현금 금액이기 때문.

주식배당의 경우 과세소득의 금액을 얼마라고 정할 것인가 역시 똑같다. 입법론으로 따지자면, 가령 미국법처럼 세법에 배당가능이익 개념을 따로 둔다면[238] 배당소득의 금액을 얼마로 정하는가는 주식배당시 배당가능이익을 얼마나 줄이기로 세법에서 정하는가에 달려 있다. 현행 미국법은 Macomber 판결 이래로 주식배당시 배당가능이익을 안 건드리고 그에 맞추어 주식배당은 과세 않는다.[239] 우리 세법은 배당가능이익의 개념을 따로 정해두지 않았고, 배당소득 과세란 상법에 따른 배당을 전제로 한다. 따라서 현행법 해석론으로 주식배당에서 배당소득의 금액이 얼마인가는 상법 해석 문제가 된다. 주식배당시 配當可能利益의 유출이나 감소금액이 얼마인가라는 상법 해석 문제이다. 결론부터 적자면 배당소득의 금액은 액면(額面)금액이다.[240] 우리 상법은 주식배당시 "배당은 주식의 권면액으로" 한다고 정하고 있고[241] 이 말은 주식의 발행가액이 권면액 곧 액면금액이라는 뜻이고[242] 다시 이 말은 주식배당시 배당가능이익 감소액이 액면금액이라는 말이다.

주식배당시 회사가 이익잉여금을 얼마나 줄일 것인가에 대해서는 입법론상 두 가지 대안을 생각할 수 있다. 하나는 자본금 증가액(곧 배당되는 주식의 액면총계)만큼 이익잉여금을 줄이는 것이다(額面가액법).[243] 둘째는 배당되는 주식의 시가만큼 현금배당이 이루어진 뒤 주주가 이 현금으로 신주를 인수한 것으로 처리하는 것이다. 후자라면 배당되는 주식의 시가총계만큼 이익잉여금을 줄이고, 주식의 액면금액만큼 자본금을 늘리고, 둘 사이의 차액만큼 주식발행액면초과액을 늘리게 된다(시가법).[244]

238) E&P(earnings and profits). 이창희, 미국법인세법, 제3장 제1절. 우리 법으로 치자면 (배당가능이익+이익준비금)이다. 우리 상속세법령상 주식가치 계산에서 순손익 개념과 거의 같다.

239) 이창희, 미국법인세법, 제3장 제5절.

240) 대법원 1992. 11. 10. 선고 92누4116 판결.

241) 상법 462조의2 제2항.

242) 송옥렬, 상법강의, 6편 2장 5절 4관 III.3.; 이철송, 회사법강의, 6장 7절 4관 VII.3.

243) 앞의 예에서는 (차) 이익잉여금 10,000 (대) 자본금 10,000

244) 앞의 예로는 (차) 이익잉여금 20,000 (대) 자본금 10,000 + 주식발행초과금 10,000

우리 상법은 전자를 따르고 있다.[245] 주식배당시 "배당은 주식의 권면액으로" 한다[246]라고 정하여 배당가능이익 감소액을 주식 액면금액으로 나눈 수만큼 신주를 발행하도록 정하고 있다. 결국 일주당 배당가능이익 감소액은 額面가액이다. 따라서 주식배당시 배당소득의 금액도 額面금액이다.[247]

예를 들어 01년 1월 1일 액면금액으로 주당 액면 1,000주×1억원 = 1,000억원을 출자하여 세운 법인의 소득이 01년 200억원 02년 300억원인데, 두 해 동안 배당실적이 없어서 02년말 현재 배당가능이익이 500억원이고 주식시가총액은 2,100억원이라 하자. 이 상태에서 이 법인이 주주에게 법인세 전 금액으로 500억원(법인세 후 금액으로 가령 350억원)을 무상으로 분배한다면 주주의 배당소득은 500억원이다.

이제 이 법인이 현금배당 전에 500주를 주식배당으로 준다고 하자. 우선 주식배당시 배당소득의 금액을 영(0)으로 잡는다면 어떤 일이 벌어지는가? 주식배당 결과 배당가능이익은 상법에 따라 500억원 감소한다. 그 다음에 회사가 주주에게 현금 500억원을 무상으로 분배한다면 주주에게 생길 배당소득은 얼마인가? 영(0)원이다. 이미 배당가능이익이 소진되었기 때문이다. 대안으로 주식배당 때 500주의 시가(배당후 기준으로 700억원)를 배당소득으로 과세한다면 어떻게 될까? 법인 단계에서 번 소득이 500억원 뿐인데 주주단계의 배당소득은 700억이 된다는 모순이 생긴다. 결국 주식배당을 할 때 500주×1억원 = 500억원을 배당소득으로 과세해야 한다. 배당으로 받는 주식의 경제적 가치와 소득으로 보는 금액이 서로 다르다 해서 현금배당과 주식배당 사이의 선택을 왜곡하지는 않는다. 주식배당이든 현금배당이든 배당은 주주의 부에 영향을 미치지 않고, 어차피 배당의 경제적 가치가 영(0)원임은 주식배당이나 현금배당이나 마찬가지인 까닭이다.

배당받은 주식의 취득(取得)가액은 과세당한 소득금액 곧 額面금액이 된다.[248] 무액면(無額面)주식을 배당하는 경우라면 자본전입액(=배당가능이익감소액)을 배당하는 주수로 나눈 금액이 1주당 배당소득금액이고 그 금액이 주당 취득가액이다.[249] 배

245) 주식배당이 예외적으로 과세대상이 되는 경우 미국세법은 후자를 따라 과세소득의 금액과 배당가능이익(earnings & profit)의 감소액을 모두 주식의 시가로 정하고 있다. 미국세법 301조(b)와 (d). 이창희, 미국법인세법, 제3장 제5절 II.

246) 상법 462조의2 제2항. 이 조항은 배당을 지급하는 회사의 회계에만 적용하는 것(곧 이른바 액면가액법을 규정한 것)이다. 주주의 경제적 이해를 계산하자는 규정이 아니다. 예를 들어, 어떤 주주에게는 시가 20,000원, 액면 10,000원인 주식을 배당하고 다른 주주에게는 현금 10,000원을 배당할 수야 없다. 대법원 1993. 5. 27. 선고 92누9012 판결.

247) 법인세법시행령 제14조 제1항 제1호 (다). 소득세법시행령 제27조 제1항 제1호 (다).

248) 대법원 1992. 11. 10. 선고 92누4116 판결. 분개로 표시하면, (차) 주식 10,000 (대) 배당소득 10,000. 제18장 제1절 IV. 1. 법인세법시행령 제14조 제1항은 같은 영 제72조 제2항 제6호(시가평가)에 대한 특칙이라 보아야 한다.

당세액공제를 적용받는다면 gross-up한 금액이 배당소득의 금액이며 주식 취득원가이다.[250] 주식이란 기존의 주식과 배당받은 주식을 구별할 이유가 없으므로, 결국 1주당 장부가액은 기존주식의 장부가액과 신주식의 액면을 평균하면 된다.[251]

4. 준비금의 자본전입

회사는 이사회(정관으로 유보하면 주주총회)의 결의에 의하여 준비금(法定準備金)의 일부 또는 전부를 資本에 轉入할 수 있다.[252] 준비금이 자본에 전입되면 자본금이 늘어나므로 이를 액면가로 나눈 수의 주식을 무상주(無償株)로 발행해야 한다. 이 신주는 각 주주의 기존주식수에 비례하여 발행해 주어야 한다.[253] 무액면주식을 발행한 회사라면 준비금을 자본전입하면서 신주발행이 없을 수도 있다. 회사의 입장에서는 준비금의 자본전입은 준비금 계정과 자본금 계정 사이의 장부상 대체일 뿐[254] 경제적 실질에는 아무 변화가 없고 법인세법에서도 손익이 안 생긴다. 법정준비금이 아닌 이익잉여금, 곧 이른바 임의준비금이나 미처분이익잉여금은 자본에 전입할 수 없다는 것이 상법학의 통설이지만,[255] 임의준비금이나 미처분이익잉여금은 배당가능이익이고 따라서 주식배당(株式配當)이 가능하므로 실익은 없다. 준비금 자본전입으로 주주가 받는 무상주는 과세해야 하는가?

1) 자본준비금 v. 이익준비금

주주 쪽에서는 資本準備金을 자본전입하는 경우에는 원칙적으로 이를 배당으로 보지 않는다.[256] 자본준비금이나 재평가적립금이 아닌 다른 잉여금(剩餘金), 대표적으로 利益準備金의 "전부 또는 일부를 자본 또는 출자의 금액에 전입함으로써 생기는 주식 또는 출자의 가액"은 배당으로 본다.[257] 여기에서 "잉여금"이라는 말은 순자산

---

249) 2014. 2. 1. 법인세법시행령 제14조 제4항 개정 전에도 본문과 같이 풀이해야 맞다.

250) (차) 주식 ××× + 선급세액 ××× (대) 배당소득 ×××

251) 법인세법시행령 제14조 제2항, 제75조 제1항. 미국세법 307조. 이창희, 미국법인세법, 제3장 제5절 II.1.

252) 상법 제461조.

253) 상법 제461조 제2항.

254) 분개로 표시하면, (차) 자본준비금 ××× (대) 자본금 ×××

255) 송옥렬, 6편 2장 5절 4관 II.3.

256) 출자가액이 없다. 대법원 2014. 10. 27. 선고 2013두6633 판결. 따라서 주식의 액면가액을 취득원가에 포함할 수 없다. 대법원 1992. 11. 10. 선고 92누4116 판결. 당연한 사리인 것이 가령 시가 150원짜리 재산을 액면 100원에 현물출자한다면 주식의 취득가액은 이미 150원이다. 이 상황에서 자본준비금 50원을 자본전입한다고 하자. 세금은 물리지 않는 채 취득가액만 올려준다면 애초 취득가액 150원짜리인 주식이 세금 문 것도 없이 취득가액 200원으로 둔갑하게 된다.

257) 소득세법 제17조 제2항 제2호; 법인세법 제16조 제1항 제2호.

액이 자본을 초과하는 잉여의 액, 곧 자본준비금, 이익준비금, 임의준비금 및 미처분 이익잉여금의 합계(기업회계의 용어로 말하면 자본잉여금 및 이익잉여금의 합계)라는 뜻. 제3절 II. 1. 따라서 利益準備金의 자본전입은 의제배당.[258] 한편, 결과에는 아무 차이가 없지만 임의준비금을 포함하여 배당가능이익을 자본으로 대체하는 것은 주식배당이다. 아무튼 법인세법은 이익준비금의 자본전입과 주식배당 사이에 아무런 차이를 두지 않고 똑같이 과세한다. 실제로 아무 차이가 없는 까닭이다. 이익준비금의 자본전입시 배당소득으로 보는 금액은 주식배당과 마찬가지로 무상주의 액면가액이고[259] 종합과세 대상자라면 gross-up 및 배당세액공제가 적용된다.[260]

무액면주식(無額面株式)을 발행한 회사가 신주발행 없이 이익준비금을 자본전입한다면 현행법상으로는 주주를 과세할 길이 없다.[261] 결국 회사의 이익준비금은 주주에게 할당되지만 주주 단계의 과세는 불가능하게 된다. 미국법에서는 주주과세가 없다면 회사단계에서도 E&P가 감소하지 않는다. 이제는 우리 법에도 회사법과 무관한 세법상의 독자적 배당가능이익 개념이 필요하게 되었다.

주주가 받는 무상주의 취득가액은 배당소득으로 과세받은 금액이다.[262] 과세받지 않은 무상주의 취득원가는 영(0)이고,[263] 따라서 기존주식의 장부가액의 일부를 무상주에 안분한다.[264]

(보기) 발행주식 총수가 100주(주당 액면 2억원, 주당 발행가액 3억원, 자본금 200억원)인 (주)서울은 주식발행액면초과액 100억원을 자본전입하기로 했다. 주주들에게 생기는 의제배당(擬制配當)의 총계는 얼마? (주)서울의 주주들은 무상주 50주를 받은 뒤 150주 가운데 50주를 주당 3억원에 매각했다. 주식 양도차익은 얼마?

(풀이) 의제배당은 영(0)원. 주식발행액면초과액은 주주가 출자한 돈의 일부이고 회사단계에서 번 소득이 아니다. 주식발행액면초과액을 헐어서 주식배당하는[265] 형식이더라도 마찬가지.[266] 무상주 50주를 받은 뒤 주식의 취득가액은 주당 2억원(300억/

258) 자기주식소각익의 자본전입에 대해서는 후술.

259) 소득세법시행령 제27조; 법인세법시행령 제14조.

260) 소득세법 제17조 제3항 및 제56조 제1항.

261) 주식배당이라는 말 자체를 이익잉여금의 자본전입이라는 뜻으로 읽고 신주발행과는 무관하다고 풀이할 여지는 있다.

262) 취득부대비용은 가산한다. 대법원 2014. 3. 27. 선고 2011두1719 판결. 법인세법상 의제배당소득인 이상 비과세 받더라도 취득원가에 들어간다. 대법원 2005. 11. 10. 선고 2005두1022 판결.

263) 대법원 1992. 2. 28. 선고 90누2154 판결; 1992. 3. 13. 선고 91누9916 판결; 1992. 3. 31. 선고 91누9824 판결; 1992. 11. 10. 선고 92누4116 판결; 2009. 6. 11. 선고 2007두10211 판결.

264) 법인세법시행령 제14조 제2항, 제75조 제1항. 미국세법 제307조.

265) 상법 제461조의2.

150주)이므로, 양도차익은 50주 × (3억 - 2억) = 50억원.

자본준비금의 자본전입을 주주에 대한 과세계기로 삼지 않는 것은, 자본준비금은 회사가 이익을 낸 것이 아니라 자본금과 마찬가지로 주주가 본래 집어넣은 원본인 까닭이다. 기업회계 재무제표상의 자본준비금이나 다른 자본잉여금이 반드시 여기에서 말하는 자본준비금은 아니다. 뒤에 보듯 자기주식처분이익은 기업회계에서는 자본잉여금이지만 稅法에서는 이익(利益)잉여금으로 본다. 합병과정에서 생기는 주식발행액면초과액은 기업회계에서는 자본준비금에 넣고 있지만, 세법에서는 합병차익의 한 종류가 되고, 합병 전에 이익잉여금이었던 부분의 자본전입은 의제배당. 자기주식소각이익의 자본전입도 때로는 의제배당이 된다.[267] 채무의 출자전환 때 생긴 채무면제익은 세법에서는 주식발행액면초과액이 아니므로, 이를 자본전입하면 의제배당이 된다.[268]

2) 자본준비금의 전입을 과세하는 경우: 입법 오류

자본준비금, 가령 주식발행액면초과액의 자본전입도 의제배당(擬制配當)으로 주주에게 과세하는 경우가 있다. 회사가 자기주식(自己株式)을 보유하고 있는 상황에서 자본준비금을 자본전입하면서 자기주식에 대해서는 신주를 발행하지 않는다고 하자. 다른 주주들은 신주를 받으므로, 신주발행 후 발행주식 전체의 비율을 보면 自己株式의 비율은 줄고 다른 주주들의 주식소유비율은 늘어나게 된다. 현행법은 이같이 늘어난 주식소유비율에 상당하는 주식의 가액을 의제배당으로 과세한다.[269]

(보기) (주)서울은 발행주식 총수 100주(주당 액면 1억원, 자본금 100억원) 가운데 20주를 자기주식으로 보유하고 있는 상황에서 주식발행초과금 100억원을 자본전입하여 신주 100주를 발행한다. 주주들에게 생기는 의제배당의 총계는?

(풀이) 발행주식총수는 100주에서 200주로 늘어나고, 주주들의 주식은 80주에서 180주로 늘어난다. 따라서 주주들의 주식소유비율은 80/100에서 180/200으로 늘어나고, 그에 상당하는 주식의 가액인 1억 × 200주 × (180/200 - 80/100) = 20억원이 의제배당의 금액이다. 80주(8억원) 받을 권리로 100주(100억원)을 받았다는 것.

---

266) 법인세법 제18조 제8호.

267) 소득세법 제17조 제2항 제2호; 법인세법 제16조 제1항 제2호. 제4절 V.3, 제15장 제4절.

268) 법인세법 제16조 제1항 제2호 (가)목; 소득세법 제17조 제2항 제2호 (가)목. 앞 제1절 Ⅲ. 2.

269) 법인세법 제16조 제1항 제3호. 대법원 2004. 7. 22. 선고 2003두7217 판결; 2007. 10. 25. 선고 2005두8924 판결. 배당세액공제는 III.1. 법인주주의 익금불산입은 아래 IV.

그러나 잘못된 입법이다. 상법 이야기는[270] 접어놓더라도, 배당, 주식배당, 잉여금의 자본전입 따위를 주주에게 과세하는 까닭이 주주의 부가 그만큼 증가했기 때문은 아니다. 법인의 소득 가운데 일정금액이 주주에게 할당되는 까닭, 바꾸어 말하면 법인의 배당가능이익이 감소하는 까닭일 뿐이다. 아무튼 이런 의제배당이 생기는 경우 그로스업이나 배당세액공제는 할 수 없다.[271] 법인단계에서 소득도 없고 법인세도 낸 바 없기 때문이다.

3) 회사에 배당가능이익, 이익준비금, 자본준비금이 모두 있다면, 회사법에서는 주식배당, 이익준비금의 자본전입, 자본준비금의 자본전입 사이에 앞뒤의 차례가 없다.[272] 세법상은, 예를 들어 배당가능이익이 1억원 있는 상황에서 자본준비금 5천만원을 자본전입한다면 이는 배당가능이익 5천만원을 주식배당한 것으로 보아야 한다는 식으로, 순서를 두어야 손익의 조작을 막을 수 있다는 생각이 있을 수 있다. 그러나 배당가능이익이 줄어들지 않는 한 이를 주식배당할 때 과세할 수 있으므로, 구태여 기계적 순서를 정하여 세무행정을 복잡하게 할 필요는 크지 않다.

Ⅳ. 법인주주

개인주주는 법인단계에서 납부한 법인세액을 주주단계에서 세액공제받을 수 있다. 이 배당세액공제는 오랫동안 소득세법에만 있었고 법인주주는 배당세액공제를 받을 수 없었다. 법인주주를 이중과세하는 까닭은 이른바 문어발식 경제력 집중을 막기 위한 것이라나. 다만 증권시장 육성을 위하여[273] 기관투자자(機關投資者)가 상장법인으로부터 받는 배당소득은 예전부터 100분의 90을 익금불산입해 왔으나 2007년부터 폐지했다. 그러다가 IMF 관리체제 하에서 지주회사(持株會社)의 설립이 허용되면서, 지주회사 설립시 생기는 양도소득에 대한 소득세나 법인세 부담을 없애 주었다.[274] 한 걸음 더 나아가 공정거래법에 따른 대규모기업집단의 지주회사가 받는 배당소득의 전부나 일부를 익금불산입해서[275] 일반적인 법인주주는 모두 2중과세 부담을

270) 자기주식에 대해서는 애초 신주를 발행해 줄 수 없다는 생각이 상법학자 대다수. 송옥렬, 6편 2장 3절 V. 5. 주주 모두의 돈으로 지배주주가 제 지배력을 강화하는 것을 막자는 생각.
271) 소득세법 제17조 제3항 단서 및 같은 항 제3호.
272) 이철송, 회사법강의, 6장 7절 3관 III. 2
273) 대법원 1985. 5. 28. 선고 83누398 판결.
274) 조세특례제한법 제38조의2. 지방세 특례는 지방세특례제한법 제57조의2.
275) 1999. 12. 28. 개정 법인세법 제18조의2 이래 이 비율은 계속 올라갔다.

지고 재벌그룹만 2중과세 부담을 벗어나는 특권을 받았다.

본디 持株會社의 모델은, 개인투자자는 모두 지주회사 단계에 투자하고, 그 지주회사 밑에 100% 자회사들을 여럿 두어 사업을 하는 것이다. 이 모델에서는 대주주라 하더라도 주주 전체에 비하면 주식소유비율이 미미하게 된다. 그러나 1999년법이 지주회사 밑에 40% 자회사(주권상장법인이라면 20% 자회사)를 두게 허용했으므로[276] 재벌 집안의 개인은 지주회사 단계에 투자하고 소액투자자들을 모두 자회사 단계의 주주로 삼음으로써, 종래의 회장실을 持株會社로 전환한 채 재벌체제를 온존할 수 있었다. 예전의 상호주나 순환출자보다 투명성은 높지만, 결국 적은 돈을 가지고 훨씬 많은 돈을 투자한 소수주주를 지배한다는[277] 점은 똑같다. 아무튼 투명성을 높인다는, 없는 것보다는 낫지만 본질을 호도하는 논리로 재벌은 이미 생긴 미실현이득에 대한 양도차익 과세도 피한 채 지주회사 제도로 전환하고 다시 법인세 2중과세 부담에서도 벗어나는 특권을 누리게 되었다.

이 특권에 대한 비판이 일자[278] 그 뒤 다시 법을 바꾸어 일반적인 법인주주도 배당소득의 일정비율을 익금불산입하는 제도가 2001년부터 생겨났지만 재벌그룹의 익금불산입 비율이 여전히 더 높았다. 20여년 그대로 유지되던 이 특권은 2022년말 개정법으로 겨우 사라졌다. 법은 내국법인이 다른 내국법인으로부터 받은 배당에[279] 대하여 출자비율에 따라 100%, 80% 또는 30%를 익금불산입한다.[280] 일반법인은 익금불산입율이 확 올랐고 재벌 지주회사는 약간 낮아졌다(관료집단 가운데 이 개정을 누가 반대했는지 찾아보라).[281] 외국자회사에서 받는 배당금은 제17장 제3절 I.4.

276) 일시적으로는 40%(20%)보다 낮을 수 있다. 독점규제및공정거래에관한법률 제18조 제2항. 벤처기업에는 특례가 있다.

277) 그 결과 도덕적 해이가 생긴다. 송옥렬, 상법강의, 제6편 제2장 제3절 V.6. 상법 제369조 제3항(상호주 의결권 제한)만으로는 이 문제를 못 막는다.

278) 애초 지주회사에 대한 특례가 생길 때부터 비판이 있었다. 예를 들어 1999. 12. 22. IFA 제17차 학술회의 이창희 토론부분(조세학술논집 제16집, 2000), 301쪽 이하.

279) 익명조합원인 법인이 영업자로부터 분배받는 돈은 익금불산입 대상이 아니다. 대법원 2017. 1. 12. 선고 2015두48693 판결. 영업자는 제 몫에만 세금을 내므로 이중과세가 애초 없다. 제10장 제2절 III.

280) 미국법에서는 출자비율(20%기준)에 따라 80% 또는 70%(2018년부터는 60% 또는 55%)를 소득공제(익금불산입)한다. 연결납세가 가능하다면(원칙적으로 80% 이상 출자) 100%를 공제. 미국세법 243조(a),(c). 이창희, 미국법인세법, 제3장 제2절 I. 외국법인(10% 이상 자회사)에서 받은 배당도, 미국원천에서 생긴 배당이라면 익금불산입하고 외국납부세액공제를 배제. 미국세법 245조. 유럽법에서는 지급이자 손금불산입을 일률적으로 고려해서 수입배당금의 95%를 공제하지만 단기투자주식은 2중과세. BEFIT(Business in Europe: Framework for Income Taxation) 제8조; 독일 법인세법 제86조 제1항.

281) 제2장 주석 107).

법인세법 제18조의2 (내국법인 수입배당금액의 익금불산입) ① 내국법인(제29조에 따라 고유목적사업준비금을 손금에 산입하는 비영리내국법인은[282] 제외한다…)이 해당 법인이 출자한 다른 내국법인(이하 이 조에서 "피출자법인"이라 한다)으로부터 받은 이익의 배당금 또는 잉여금의 분배금과 제16조에 따라 배당금 또는 분배금으로 보는 금액(이하 이 조 및 제76조의14에서 "수입배당금액"이라 한다) 중 제1호의 금액에서 제2호의 금액을 뺀 금액은 각 사업연도의 소득금액을 계산할 때 익금에 산입하지 아니한다. 이 경우 그 금액이 0보다 작은 경우에는 없는 것으로 본다.

1. 피출자법인별로 수입배당금액에 다음 표의 구분에 따른 익금불산입률을 곱한 금액의 합계액

피출자법인에 대한 출자비율	익금불산입률
50퍼센트 이상	100퍼센트
20퍼센트 이상 50퍼센트 미만	80퍼센트
20퍼센트 미만	30퍼센트

2. 내국법인이 각 사업연도에 지급한 차입금의 이자가 있는 경우에는 차입금의[283] 이자 중 제1호에 따른 익금불산입률 및 피출자법인에 출자한 금액이 내국법인의 자산총액에서 차지하는 비율 등을 고려하여…계산한 금액

제1호는 회사가 다른 회사에서 받는 배당소득의 전부나 일부를 익금불산입한다는 뜻이다. 제2호는 돈을 꿔서 주식을 산 경우 익금불산입 부분에 대응하는 지급이자를 손금불산입해서 차익거래를 막자는 것.[284] 가령 법인세율이 30%인 상황에서 제1호만 있다면, 연리 10%로 돈을 꾸어서 수익률이 9%인 사업에 출자하면 순소득은 얼마인가? 지급이자 10원을 손금산입하면 세금이 3원 줄어드니 세후 이자비용은 7%. 순소득은 9% - 10% × (0.7) = 2%. 제2호를 적용하면, 출자금 전부가 차입금으로 조달한 것이니 수입배당금 9% 전체가 익금. 순소득은 9% × (0.7) - 10% × (0.7) 〈 0이 되어 차익거래를 막게 된다.

282) 제13장 제2절 IV.

283) 출자주식과 개별적 관련성이 없어도 지급이자 손금불산입 대상이지만 금융회사의 예수금은 차입금이 아니다. 대법원 2000. 1. 18. 선고 98두13102 판결; 2017. 7. 11. 선고 2015두49115 판결.

284) 대법원 2017. 7. 11. 선고 2015두49115 판결. 제20장 제1절 Ⅳ. 제22장 제1절 Ⅸ. 이의영, 법인주주 수입배당금 중 익금불산입 산정의 취지외 방법, 대법원판례해설 114(2017), 112쪽. 미국세법 제246A조. 자회사가 여럿이라면 차익거래 여부는 자회사별로 계산해야 입법취지에 맞다. 배당금을 지급하는 회사가 낸 법인세까지 따지면 차익거래의 계산이 달라질 수 있다. 연결법인세에서 지급하는 것과 균형이 안 맞는 것도 이 때문.

(보기) 서울(주)는 갑, 을, 병, 3개 회사의 주식을 각 10%, 30%, 100% 소유하고 있고 2xx3년 중에 각 사로부터 배당금을 20억원, 10억원, 10억원, 계 40억원을 받았다. 배당금 가운데 익금에서 제외되는 금액은 얼마인가?

(풀이) 익금불산입액은 20억 × 30% + 10억 × 80% + 10억 × 100% = 24억원. 익금에 남는 금액은 40 - 24 = 16억원.

1. 수입배당금에 대한 예외적 과세

주식보유기간이 3개월 이하라면 배당소득을 익금불산입할 수 없다.[285] 현행법은 주식양도차익과 배당소득을 달리 과세하므로 조세회피가 생길 수 있기 때문이다.[286] 법인세를 부담하지 않은 이익을 할당받는 배당소득은 과세한다.[287] 비영리법인이 수입배당금에 대한 준비금을 설정하는 경우에는 이미 법인세를 벗어난 것이므로 배당소득 익금불산입이라는 이중혜택은 안 베푼다.[288]

2. 연결납세

모법인은 100% 자법인과 연결납세할 선택권을 가진다.[289] 제13장 제2절 Ⅶ. 배당소득을 100% 익금불산입받는 것은 마찬가지이지만[290] 주식취득차입금 이자의 손금불산입을 피할 수 있다.

법인세법 제76조의14 (각 연결사업연도의 소득) ① 각 연결사업연도의 소득은 각 연결법인별로 다음 각 호의 순서에 따라 계산한 소득 또는 결손금을 합한 금액으로 한다.

1. 연결법인별 각 사업연도의 소득의 계산: 제14조에 따라 각 연결법인의 각 사업연도의 소득 또는 결손금을 계산

2. 다음 각 목에 따른 연결법인별 연결조정항목의 제거

가. 수입배당금액의 익금불산입 조정: 제18조의2에 따라 익금에 산입하지 아니한 각 연결법인의 수입배당금액 상당액을 익금에 산입…

3. 다음 각 목에 따른 연결법인 간 거래손익의 조정

가. 수입배당금액의 조정: 다른 연결법인으로부터 받은 수입배당금액 상당

285) 법인세법 제18조의2 제2항 제1호. 미국세법 246조(c), 1조(h)(11)(B)(iii), 1059조. 이창희, 미국법인세법, 제3장 제2절 Ⅰ.

286) 제20장 제2절 Ⅰ.

287) 법인세법 제18조의2 제2항. 대법원 2017. 1. 12. 선고 2015두48693 판결(익명조합에서 받는 배당소득). 과세받은 자기주식처분이익의 배당에 대한 예외적 과세는 제4절 Ⅴ.3.

288) 법인세법 제18조의2 제1항 본문 괄호. 제13장 제2절 Ⅳ.

289) 법인세법 제76조의8 제1항.

290) 법인세법 제76조의14.

액을 익금에 불산입…

4. 연결조정항목의 연결법인별 배분: 연결집단을 하나의 내국법인으로 보아 제18조의2 …를 준용하여 익금 또는 손금에 산입하지 아니하는 금액을 계산한 후 … 각 연결법인별로 익금…에 불산입

(보기) 앞의 보기에서 서울(주)와 병의 연결사업연도의 소득에 포함되는 배당소득의 금액은 얼마인가? 병이 받은 수입배당금은 없다.

(풀이) 제1호: 갑 (20억 - 6억 = 14억), 을 (10억 - 8억 = 2억), 병 (10억 - 10억= 0)

제2호: 갑 (14억 + 6억 = 20억), 을 (2억 + 8억 = 10억), 병 (0 + 10억 = 10억)

제3호: 병 (10억 - 10억 = 0)

제4호: 갑 (20억 - 6억 = 14억), 을 (10억 - 8억 = 2억), 병 (0)

(답) 제1호에서 제4호에 따른 계산 결과의 합은 14억 + 2억 = 16억. 앞 보기 그대로이고 연결하든 안 하든 똑같다. 이 자명한 답을 놓고 괜시리 불필요한 계산을 하게 한 이유는 잘 모르겠다. 실체내용이 없는 계산과정을 법률로 정한 것도 희한하고.

3. 지주회사 설립이나 전환

재벌의 상호출자 해소가 주목적이었던 특례가 한시법으로 들어와서 계속 연장 중이다. 조세특례제한법 제38조의2. 제1절 III. 1. 현행법상 적용범위는 그 목적보다 넓어서 공정거래법상 지주회사이고, 내용은 적격인 합병이나 주식의 포괄적 교환·이전과 비슷하다. 제15장.

제 4 절 투자원리금의 회수

투자자가 투자원리금을 회수하는 길에는 크게 보아 사업체에서 자기 몫을 되찾아가는 길과 자기 지분을 제3자에게 매각하는 길, 두 가지가 있다. 조합기업이라면 전자는 조합원의 탈퇴가 되고 후자는 조합지분의 양도가 된다. 회사라면 전자는 감자나 회사의 자기주식 취득이라는 꼴을 띠고, 후자는 주식양도가 된다. 모든 출자자가 다 투자원리금을 회수하여 조합이나 회사를 해산청산하는 것은 제5절.

Ⅰ. 주식·출자지분의 양도나 사원의 퇴사

회사에서는 주식(株式)이나[291] 출자지분(사원권, 社員權)의 양도를[292] 통해서 투자원리금을 회수할 수 있다. 인적회사는 본질적으로 조합의 연장선상에 있으므로 상법은 사원권이라는 말 대신 지분(持分)이라는 말을 쓰기도 하고.[293]

소득세법은 주식이나 출자지분을 양도소득세(讓渡所得稅)의 과세대상으로 삼고 있다.[294] 우리 법은 동업기업이 아닌 한 인적회사든 물적회사든 모든 회사에 법인세를 물리므로,[295] 출자자와 회사의 관계에서도 인적회사와 물적회사를 구별할 이유가 없다. 따라서 양도소득세의 과세대상인 '출자지분'은 유한회사만이 아니라 동업기업이 아닌 인적회사의 사원권 내지 지분을 포함한다. 상장회사에서는 법에 정한 소액주주의 주식양도차익은 과세대상이 아니다. 주식의 양도차손은 같은 연도에 생긴 다른 주식의 양도차익에서만 공제할 수 있고[296] 결손금이 생기더라도 다음 사업연도로 이월할 수 없다.

주식양도차익 가운데 배당가능이익의 증가 덕택인 부분은 배당소득으로 과세해야 옳지 않을까? 가령 배당락 직전에 주식을 양도한다면 양도대금 가운데 배당금에 상당하는 금액은 배당소득 아닐까? 민사법의 시각에서는 분명 양도대금의 일부이고 세법 쪽에서도 마찬가지로 생각해야 맞다. 배당금을 실제 지급받을 양수인에게 배당소득으로 과세하는 이상 양도인에게는 양도소득만 생긴다. 소득의 종류가 자신에게 유리해지도록 납세의무자가 거래형태를 짤 수 있는 것은 틀림없지만[297] 해석론상은 분명하다.

금융투자소득세 도입계획에 맞추어 일단 낮추었던 증권거래세(證券去來稅)는 아직 원위치하지 않았다.[298] 민사법상 유효한 양도가 있는 이상 증권거래세는 소득세법이나 법인세법상 실질귀속자가 그대로이더라도 내야 한다.[299]

---

291) 주식양도의 자유에 대한 제한은 대법원 2000. 9. 26. 선고 99다48429 판결; 2008. 7. 10. 선고 2007다14193 판결; 2022. 3. 31. 선고 2019다274639 판결.

292) 95% 이상 지배주주가 있는 회사의 소수주주는 싫어도 넘겨야 하는 수가 있다. 상법 제360조의24.

293) 상법 제197조.

294) 소득세법 제94조 제1항 제3호, 제87조의6 제1항. 제12장 제1절. 양도시기는 잔금청산일. 명의개서는 회사에 대한 대항요건일 뿐. 대법원 2018. 10. 12. 선고 2017다221501 판결 등.

295) 법인세법 제3조 제1항; 상법 제171조 제1항. 제13장 제2절 Ⅲ.

296) 소득세법 제102조.

297) 제20장 제2절 I. 미국법의 대책은 이창희, 미국법인세법, 제3장 제1절 II.1.(3), 제2절 I.2.

298) 윤석열 정부 때 이야기지만 기업지배구조 개선 없이 세금을 깎아 주가를 올리는 것이 value-up일 수는 없다. 나라 전체로는 부의 증가가 없는 채 국가채무가 더 늘 것을 생각하면 value-down이리라.

299) 대법원 2022. 3. 31. 선고 2017두31347 판결.

Ⅱ. 동업기업이 아닌 조합지분의 양도나 조합원의 탈퇴

조합원의 지분이란 조합원의 지위, 곧 조합계약 당사자의 지위이므로 어느 조합원도 제 마음대로 양도하지 못한다. 지분(持分)의 양도란 양도인과 나머지 조합원 사이의 계약관계는 없어지고 나머지 조합원과 양수인 사이에서 새로운 계약관계가 생기는 것이므로, 모든 조합원의 동의가 있어야만 가능하다.

이리하여 투자원리금의 회수를 위하여 법은 각 조합원에게 탈퇴(脫退)할 권리를 주고 있다.[300] 조합원에게 사망, 파산, 금치산, 제명의 4가지 사유가 발생했을 경우에는 당연히 탈퇴된다.[301] 제명은 정당한 사유가 있는 때에 한하여 다른 조합원 전원의 동의로 가능하다.[302] 민법은 조합원의 탈퇴가 있는 경우 조합을 해산 청산하는 것이 아니라 탈퇴한 사람만이 자기 몫을 찾아가도록 정하고 있다. 결국 탈퇴한 조합원이 제 持分을 나머지 조합원에게 양도하는 셈이 된다. 탈퇴한 조합원과 다른 조합원간의 계산은 탈퇴 당시의 조합재산 상태에 따른다.[303] 탈퇴한 조합원의 지분은 그 출자의 종류 여하에 불구하고 금전으로 반환할 수 있다.[304] 그러나 적자인 때에는 오히려 탈퇴 조합원이 그의 손실부담의 비율에 따라 조합에 돈을 물어내어야 한다.

지분의 양도(탈퇴 포함)는 조합재산 가운데 그 조합원의 지분만큼을 양도하는 것이므로,[305] 조합재산의 구성내역에 따라서 事業所得에 해당하는 부분은 사업소득으로 讓渡所得에 해당하는 부분은 양도소득으로 과세한다.[306] 가령 조합재산이 오로지 양도소득세의 과세대상인 부동산이나 권리뿐이라면 양도소득세를 과세한다.[307] 조합재산의 양도가 사업소득에 해당한다면 지분의 양도에서 생기는 처분손익도 사업소득이다.[308] 조합원이 조합에 재산을 출자나 양도하는 행위를 자기지분까지 포함하여 재산전체가 조합에 넘어가는 것으로 본다면 지분의 양도는 마치 주식처럼 지분권이라는 독립한

300) 조합계약으로 조합의 존속기간을 정하지 아니하거나 조합원의 종신까지 존속할 것을 정한 때에는 각 조합원은 언제든지 탈퇴할 수 있다. 그러나 조합에 불리한 시기라면 부득이한 사유가 있어야 탈퇴할 수 있다. 민법 제716조. 또 조합의 존속기간을 정한 때에도 조합원은 부득이한 사유가 있으면 탈퇴할 수 있다. 민법 제716조 제2항.

301) 민법 제717조.

302) 민법 제718조.

303) 민법 제719조 제1항. 다만 탈퇴당시에 완결되지 아니한 사항에 대하여는 완결 후에 계산할 수 있다. 민법 제719조 제3항.

304) 민법 제719조 제2항.

305) 제1절 Ⅱ.5.

306) 대법원 2015. 12. 23. 선고 2012두8977 판결; 2015. 12. 23. 선고 2013두21038 판결.

307) 대법원 1982. 9. 14. 선고 82누22 판결; 1989. 10. 24. 선고 89누3175 판결.

308) 대법원 1992. 3. 31. 선고 91누8845 판결; 1995. 11. 10. 선고 94누8884 판결.

권리를 양도하는 것이 되겠지만,[309] 지분의 양도에 관한 판결은 전부양도설과 어긋난다. 지분의 양도는 조합재산을 지분만큼 양도하는 것이므로, 조합단계에서 일단 재산의 처분익(손)을 잡고 이 처분익(손)이 지분을 양도하는 조합원에게 배당된 것으로 보아야 한다. 양수인이 새로 조합원이 되므로, 조합재산 가운데 양수인 몫은 취득원가가 처분익(손)만큼 올라(내려)가게 된다.[310]

Ⅲ. 동업기업 지분의 양도

조세특례제한법은 동업기업의 지분양도에 관하여 위와 같은 조합의 이론을 따르지 않고 주식양도처럼 보아 소득세법이나 법인세법을 적용한다. 동업기업에 대한 현물출자를 단체에 대한 양도소득 과세계기로 삼는 이상 재산은 동업자가 아닌 同業企業의 소유로 보아야 하고, 그렇다면 지분의 양도를 同業者가 제 재산을 양도하는 것으로 볼 수가 없으니까. 양도인이 개인이라면, 부동산이 많다는 이유 또는 비상장법인이라는 이유로 과세하는 주식양도차익으로 보아 양도소득세를 물린다. 법인이라면 법인세법에 따라 양도차익에 대한 세금을 물리고.[311]

Ⅳ. 감자와 퇴사

인적회사의 무한책임사원은 사업연도 말이라면 자유로이 탈퇴할 수 있다. 연도 중에는 다른 사원의 동의를 받아야 한다.[312] 주식회사의 주주는 감자나 자기주식 취득을 통해서 투자원리금을 회수할 수도. 상법은 자본(資本)의 감소(減少) 과정에서 유상(有償)감자라는 형식으로 회사가 주주에게 돈을 내어 주는 것을 허용한다. 액면주식을 발행한 회사라면 "자본"은 발행주식 액면금액의 총계이므로,[313] 감자(減資)는 주식을 병합하여 발행주식의 수를 줄이거나[314] 또는 발행주식의 주당 액면가액을 줄

309) 이런 입장에서 지분권의 양도는 과세대상 소득으로 열거되어 있지 않다는 주장으로 윤병철, 조합과세에 관한 판례연구, 조세법연구 Ⅷ-1(2002), 84쪽, 특히 102쪽.

310) 미국법의 용어로는 outside basis에 맞추어 inside basis를 조정한다. 미국세법 743조, 754조. 이창희, 미국법상 파트너십 세제의 정책적 시사점(심당 송상현 선생 화갑기념논문집, 이십일세기 한국상사법학의 과제와 전망, 2002), 779쪽, 특히 810쪽 참조.

311) 조세특례제한법 제100조의21.

312) 상법 제217조 제1항, 제218조(ii). 퇴사 등기 뒤에도 2년은 책임이 따른다. 상법 제225조 제1항.

313) 상법 제451조.

314) 10,000:1로 병합하면서 9,999주 이하의 주주를 모두 단주처리한 사례로 대법원 2020. 11. 26. 선고 2018다283315 판결.

이는 두 가지 꼴 중 하나를 취하게 된다. 무액면주식이라면 등기부상의 자본금을 줄이고 주식소각은 있을 수도 있고 없을 수도 있다. 주주에게 돈이나 다른 재산을 내어 주는 것이 유상감자 또는 실질적 감자, 아무것도 안 내어 주면 무상(無償)감자 또는 형식적 감자. 상법은 자본금의 감소에 주주총회의 특별결의와 채권자보호절차를 밟게 하고 있으므로 유상이든 무상이든 감자에는 이런 절차가 필요하다.[315] 무상감자의 경우 회사재산의 감소 없이 자본금의 금액을 줄이므로, 줄어든 자본금 금액만큼 감자차익이 생기게 된다. 유상감자의 경우에는, 주주에게 내어 주는 돈이 자본금 감소액보다 적다면 감자차익이 생기게 된다. 감자차익은 결손의 보전에 충당할 수 있고, 충당하고도 남는 금액은 자본준비금으로 적립하여야 한다.[316]

1. 무상감자의 세법상 효과

무상감자로 회사에는 감자차익(減資差益)이 생기지만,[317] 법인세법은 이를 익금불산입한다.[318] 회사의 입장에서 본다면 무상감자란 資本金과 資本준비금 사이의 계정 대체일 뿐. 무상감자의 경우 주주에게는 감자된 주식의 취득원가만큼 손실이 발생했다고 보아야 하는가? 자본준비금의 자본전입으로 인한 무상주가 주주의 소득이 아니라는 사실과 앞뒤를 맞추려면 무상감자로 인해 주식수가 줄더라도 이는 주주의 손실이 아니다.[319] 무상감자 전이나 후나 주주의 경제적 입장에 아무런 변화가 없는 까닭. 결손금의 전보를 위하여 무상감자가 이루어지는 경우에는[320] 결손금만큼 주주의 손실을 인정해야 하지 않을까? 결손금이 전보된다 하더라도 법인세법상의 이월결손금이 줄어들지 않으니 그렇게 풀이할 필요가 없다.

2. 유상감자의 세법상 효과

유상감자를 하면서 자본감소액보다 더 많은 돈을 주주에게 내어 주면 감자차손(差損)이 생기고 더 적은 돈을 내어 주면 감자차익(差益)이 생긴다.[321] 자본금의 감소

315) 입법론으로는, 무상감자는 채권자의 이익을 해할 염려가 없으므로 그 자체로는 채권자 보호절차를 밟도록 요구할 이유가 없다. 독일주식법 229조 III. 다만, 자본준비금의 한 종류로서 감자차익을 결손보전에 충당할 수 있다는 점에서는 나중에 채권자를 해할 가능성이 생길 수는 있지만, 이는 다른 법정준비금에도 공통되는 문제이다. 근본적으로는 법정준비금의 결손보전에는 채권자보호 절차를 밟도록 해야 옳다. 한편, 유상감자와 같은 절차를 밟는다면 법정준비금을 감소시키면서 주주에게 돈을 내어주는 것도 막을 이유가 없다. 일본상법 제289조 참조.

316) 상법 제459조 제1항.

317) 분개로 표시하면 (차) 자본금 (대) 감자차익

318) 법인세법 제17조 제1항 제4호.

319) 헌법재판소 2007. 3. 29. 2005헌바53등 결정.

320) (차) 자본금 (대) 결손금. 상법 제460조. 제3절 II.6.

액은 손금이 아니고[322] 감자차익은 익금이 아니다.[323] 문제는 감자差損. 법인세법에는 감자차손에 대한 아무런 규정이 없고, 상법에도 아무 말이 없으니. 그러면 애초에 감자차손이란 법률상 있을 수 없는 것이려나. 자본의 감소액보다 더 큰 금액을 주주에게 내어 주는 것이 애초에 상법상 가능하려나. 특히 상법이 주식의 할인발행을 규제한다는 점과 균형을 맞춘다면 소각되는 주식의 액면보다 더 큰 금액을 내어 주는 것은 위법하다고 풀이해야 하려나? 아니다.[324] 감자시 주식의 액면 이상을 내어 줄 수 없다면, 그에 맞추어 자기주식의 취득가격도 액면 이상일 수 없다고 풀이해야 한다. 그러나 주식을 사들여 사르거나 소수주주의 주식매수청구권 행사에 따라 회사가 자기주식을 취득하는 경우 주식의 매수가격은 시가(時價)라야 하고[325] 이 시가가 액면을 넘는 경우는 얼마든지 생기니까. 더 근본적으로는, 주식의 액면에 중요한 법률적 의의를 주면서 발행가액과 액면의 관계를 제한하려는 생각 자체가 잘못임은 이미 보았고.

1) 감자차손≠손금

감자차손은 법인세법상 損金인가? 조문에 감자차손에 관한 규정이 없으니 문리로는 뚜렷한 답이 안 나온다. 법인세법은 "자본의 환급"으로 인한 순자산감소액은 손금이 아니라고 정하고 있다.[326] 그런데 감자차손은 자본의 환급 부분을 넘는 순자산감소액이다. 따라서 손금이라 우길 여지가 있다. 그러나 감자차익이 익금이 아닌 이상 감자차손도 손금이 아니라고 보아야 옳다. 가령 감자차손을 내는 거래와 감자차익을 내는 거래를 통해 차손익을 씻겨 나가게 하면서 감자차손만 손금에 산입하는 꼴의 손익을 조작을 허용할 수야 없으니.

2) 주주에 대한 의제배당

유상감자 때 株主에게는 어떤 법률효과가 생기는가? 현행법은 "주식의 소각이나 자본의 감소로 인하여 주주가 취득하는 금전, 그 밖의 재산의 가액…이 주주…가 그 주식…를 취득하기 위하여 사용한 금액을 초과하는 금액"을 배당으로 의제하고 있다.[327] 예를 들어 주주가 액면 5,000원에 취득한 주식 한 주를 감자하면서 회사가 주

321) (차) 자본금 (대) 현금 + 감자차익, 또는 (차) 자본금 + 감자차손 (대) 현금. 효력발생시기는 상법 제343조 제2항, 제441조.

322) 법인세법 제19조 제1항.

323) 법인세법 제17조 제1항 제4호.

324) 이를 당연 전제한 판결로 대법원 2023. 11. 30. 선고 2020두37857 판결. 그 밖에 대법원 2013. 6. 13. 선고 2011도5524 판결.

325) 상법 제374조의2.

326) 법인세법 제19조 제1항.

주에게 8,000원을 지급한다면 그 차액 3,000원은, 주주의 입장에서 볼 때 양도소득이 아니라 배당이라는 것. 주식마다 취득원가가 다 다르니 소각이나 감자대상 주식이 특정되어야 과세할 수 있는 것은 당연하다. 제18장 제2절. 2024년까지는 이런 꼴의 의제배당(擬制配當)에 대해서도 gross-up 및 배당세액공제 또는 익금불산입을 적용했으나[328] 2025년부터 바로잡았다.[329] 상법에서 이 3,000원은 감자차손이므로, 회사 단계에서 配當可能利益의 감소가 없다. 법인세를 낸 소득을 주주에게 할당하는 것이 아니다. 회사의 해산 단계라면 청산배당을 할 때 회사의 배당가능이익이 감소하지만, 그 전 단계의 감자에서는 배당가능이익이 안 줄어든다.[330]

주식배당이나 이익준비금의 자본전입으로 받은 주식은 액면가액으로 평가하여 과세 받으므로 같은 額面가액이 취득가액.[331] 자본준비금이나 재평가적립금의 자본전입으로 받은 무상주는 과세받지 않으므로 액면가액을 취득가액에 포함할 수 없다.[332] 무상주와 같은 종류의 주식을 유상으로 이미 사둔 것이 있다면 유상주 무상주의 꼬리표 없이 기존주식의 취득가액을 주식 전체에 안분하여 단가를 맞추도록 하고 있다.[333] 주주가 받는 돈이 주식의 취득원가보다 낮다면 그 차액은 주주의 손실로 인정받는가? 주주가 법인이라면 손금이 된다는 데 의문이 없지만 주주가 개인이라면 그런 차액은 주식의 양도차손으로 볼 수밖에 없다.

3) 감자 v. 배당

현행법은 여러 가지 문제점을 안고 있다. 우선 현행법은 상법상 절차가 어떠한가라는 형식적 기준을 따라 감자와 배당을 나누어 달리 과세하고, 감자에 따르는 법률효과는 배당가능이익과 무관하다. 앞의 예의 유상감자가 각 주주가 가지고 있는 주식의 수에 비례(比例)하여 이루어진다면, 이 거래의 실질은 배당금 8,000원을 지급하는 거

---

327) 소득세법 제17조 제2항 제1호; 법인세법 제16조 제1항 제1호. 과세시기는 감자시기. 대법원 2015. 12. 10. 선고 2015두48433 판결.

328) 대법원 2023. 11. 30. 선고 2020두37857 판결.

329) 소득세법 제17조 제3항 및 제56조 제1항; 법인세법 제19조의2 제2항 제8호. 이 책 2024년판 698쪽.

330) 2020두37857 판결에 나오듯 기업회계 실무에서는 감자차손을 이익잉여금과 상계한다. 애초 상계할 성격이 아니지만 감자하면서 아예 배당가능이익을 감소시킨다면 같은 판결처럼 통상적 배당소득과 같은 법률효과를 주어도 될 것이다.

331) 대법원 1992. 11. 10. 선고 92누4116 판결. (차) 주식(액면가액) (대) 소득(액면가액)

332) 대법원 1992. 2. 28. 선고 90누2154 판결; 1992. 3. 13. 선고 91누9916 판결; 1992. 3. 31. 선고 91누9824 판결; 1992. 11. 10. 선고 92누4116 판결; 2009. 6. 11. 선고 2007두10211 판결.

333) 법인세법시행령 제14조 제2항, 소득세법시행령 제27조 제2항. 다만, 소각 전 2년 이내에 의제배당과세 없이 무상주를 받은 경우에는 무상주의 취득가액을 영(0)으로 하여 이를 먼저 소각한 것으로 본다. 같은 조 제3항.

래와 전혀 다를 바 없다. 감자와 배당 어느 쪽이든 회사나 주주의 경제적 입장에 아무 차이가 없고, 다만 주식의 수만 달라질 뿐이다. 그러나 현행법의 해석론으로는 위 법조의 글귀가 뚜렷하므로 차액 3,000원을 배당소득(配當所得)으로 볼 수밖에 없다.[334] 세무행정 면에서도, 현행법에서는 각 주주의 주식취득가액을 회사가 알 수 없으므로 원천징수에 어려움이 있다.[335] 참고로 美國法은 감자되는 주식이 (1) 각 주주의 주식 소유 비율과 현저히 다르거나[336] (2) 어느 주주가 제 소유 주식 전부를 내어 놓거나 (3) 회사의 영업 중 일부 부문을 청산하는 과정[337]에서 감자나 자기주식 취득이 생기거나 (4) 기타 이유로 감자나 자기주식 거래의 실질이 배당과 다른 경우에만, 이를 주식의 양도로 본다.[338] 그 외의 경우에는 주주에게 주는 돈 전액을 기업재산의 분배로 보고,[339] 주주의 배당소득으로 과세한다.[340] 다만 분배액이 세법상의 배당가능이익(earnings and profit)을 넘는다면, 넘는 부분은 주주의 주식 취득원가에서 차감하고 그래도 남는 금액은 양도소득으로 과세한다.[341]

여러 가지 문제점이 있지만 그래도 위헌은 아니다.[342] 순자산증가설이 아닌 현행 소득세법에서는 어차피 과세소득의 금액이나 성격이 경제적 소득과 어긋나기 때문이다. 조금 극단적으로 주권상장법인에 출자 후 쭉 주식을 가지고 있었던 소액주주들이 감자 직전에 서로 주식을 시가(=감자가액)에 판다고 생각해 보라. 현행법에서는 의제

334) 대법원 2017. 2. 23. 선고 2016두56998 판결(이익소각).

335) 일본 법인세법 제24조 제1항 제5호 참조.

336) 미국세법 302조(b)(2)(A). "현저히"라는 말은 기존주식수의 20% 이상을 내어 놓는 경우를 말한다. 미국세법 302조(b)(2)(C). 이창희, 미국법인세법, 제4장 제2절.

337) 미국세법은 이를 partial liquidation이라 부른다. 미국세법 302조(e).

338) 미국세법 302조(a), 1001, 1222조. 본문 (4)에 기대어 배당을 벗어나기는 어렵다. US v. Davis, 397 US 301, reh'g denied, 397 US 1071(1970).

339) 미국세법 301조(b).

340) 미국세법 301조(c)(1) 및 316조(a). 한편, 배당소득의 개념을 이런 경제적 실질에 따라 정의한다면 제3자를 끼우거나 달리 법률형식이 복잡해지는 경우 어디까지를 배당으로 볼 것인가라는 문제가 생긴다. preferred stock bail out에 관해서는 제3절 Ⅲ.2. 이창희, 미국법인세법, 제3장 제5절 III.

341) 이창희, 미국법인세법, 제4장 제1절 I, II.1, 제3장 제2절 I.

342) 대법원 2022. 3. 31. 선고 2017두31347 판결. "의제배당소득, 즉 주식의 소각 또는 자본의 감소로 인하여 주주가 받은 재산의 가액에서 그 주주가 당해 주식을 취득하기 위하여 소요된 금액을 초과하는 금액 중에는 기업경영의 성과인 잉여금 중…법정적립금, 이익준비금 기타 임의적립금 등의 형식으로 사내에 유보된 이익뿐만 아니라 유보된 이익과 무관한 당해 주식의 보유기간 중의 가치증가분도 포함되어 있을 수 있으나, 위 법률조항이 이를 별도로 구분하지 않고 모두 배당소득으로 과세하고 있는 것은 입법정책의 문제이고 그 밖에 의제배당소득의 입법 취지, 조세징수의 효율성이라는 공익적인 측면 등에 비추어 보면…입법자의 합리적 재량의 범위를 일탈했다고 볼 수…없다." 대법원 2010. 10. 28. 선고 2008두19628 판결. 합헌을 전제한 결정으로 헌법재판소 2023. 3. 23. 2019헌바140등 결정(취득가액). 미국 대법원 판결로 Lynch v. Hornby, 247 U.S. 329 (1918), 특히 343쪽. 이창희, 미국법인세법, 제3장 제1절 II.

배당 소득금액이 영(0)이 되고 만다.[343] 회사가 번 돈만 생각한다면 (주식시가= 출자가액 + 이익준비금 + 배당가능이익)이므로, 입법론으로는 감자할 때 배당소득으로 과세할 금액(=이익준비금 + 배당가능이익)은 감자가액(=주식시가)에서 당초 출자(出資)가액을 뺀 것이지 그 뒤 주주가 사들인 가격(이 예에서는 주식시가)을 뺀 금액이 아니다. 다른 한편 2025년 시행예정이었던 법률처럼 주식 양도차익을 과세한다면 감자 당시에는 배당소득이 없어야 맞다. 앞 보기에서 주주 상호간의 매매가격은 근본적으로는 출자가액 더하기 유보이익(=이익준비금 + 배당가능이익)이 되어서 유보이익 상당액을 양도차익으로 과세하기 때문이다. 외부적 요인으로도 주가가 변동할 수 있는 것이야 당연하지만, 내부적 요인과 외부적 요인을 나누어 배당소득과 양도소득으로 과세하자는 생각은 이론 모델로는 맞더라도 비현실적이다.

3. 상환주식의 상환

정관에 정한 조건에 따라 償還주식을 회사가 거두어들이거나 주주가 내놓아서 소각한다면 회사의 배당가능이익이 그만큼 줄어든다.[344] 주주 모두 균등하게 돈을 받는 것이 아니니 상환대금을 배당소득이라고 보기는 어렵고 현행법에서는 주식소각에 포섭해서[345] 주식 취득가액을 넘는 부분만을 배당소득이라고 보아야 맞다.

4. 인적회사 사원의 퇴사(退社)

인적회사의 사원도 지분을 양도하는 대신 회사에서 退社할 수 있다. 지분의 양도가 자유롭지 않으므로 일방적으로 퇴사할 수 있는 권리를 법이 보장하고 있는 것이다.[346] 퇴사의 요건과 효과는 앞서 본 민법상의 조합에서 탈퇴하는 것과 거의 같다.[347] 동업기업이 아닌 한 세법의 입장에서는 인적회사와 물적회사를 구별할 필요가 없고 앞 1항과 2항의 분석이 그대로 적용된다. 법인세법의 글귀 자체가 애초 주주와 사원, 주식과 출자를 나란히 내세우고 있다. 동업기업인 인적회사의 사원이 퇴사하는 경우, 퇴사하면서 분배받은 자산의 시가가 지분가액에 미달하면 미달하는 금액은 주식의 양도차손으로 본다.[348] 앞서 민법상의 조합에서 탈퇴를 지분양도나 진배없다고 본

---

343) 이 책 2022년판, 제14장 제4절 IV.2.3). 대법원 2024. 9. 12. 선고 2024두42659 심리불속행 판결(주식증여 뒤 감자; 거래순서 재구성 불허) ↔ 대법원 2024. 11. 14. 선고 2024두43430 판결(재구성 허용). 무상양도에는 양도소득세를 안 매긴다.

344) 상법 제345조 제1항.

345) 송옥렬, 제2장 제3절 I.3.(4) 마. 과세시기는 권리확정주의로 회사가 상환결정을 통지하거나 주주가 상환청구하는 날. 제18장 제2절. 주주권 상실시기는 대법원 2020. 4. 9. 선고 2017다25164 판결.

346) 상법 제197조, 제217조.

347) 상법 제217조에서 226조.

것과 똑같이, 투자 전체를 완전청산하고 남은 손실은 주식양도손이라고 정한 것이다.

V. 자기주식(自己株式)의 취득과 처분

주주는 주식을 회사에 자기주식으로 파는 꼴로 투자원리금을 회수할 수도 있다. 주식회사는 배당가능이익으로써 자기주식을 취득할 수 있다.[349] 그 밖의 자기주식 취득은 피할 수 없다고 인정되는 몇 가지 법정 사유가 있을 때에만 인정한다.[350]

1. 자기주식 취득 ↛ 손익

配當可能利益으로 자기주식을 취득하면 회사의 배당가능이익이 그만큼 감소하고 회사에 손익이 생기지는 않는다.[351] 그 밖의 자기주식 취득에서도 자기주식을 取得할 때 會社에 손익이 생기지는 않고 취득한 자기주식을 소각할 때 생기는 감자차손익(자기주식소각손익)도[352] 역시 손금이나 익금이 아니다.

2. 주주과세: 양도소득 v. 의제배당 v. 배당소득

회사에 주식을 팔 때 株主에게는 어떤 법률효과가 생기는가? 자기주식 취득의 경제적 효과는 유상감자(有償減資)와 똑같다. 주식 1주를 감자하면서 주주에게 돈 8,000원을 주나 자기주식 1주를 사면서 돈 8,000원을 주나 똑같다. 주식이란 어차피 종이쪽지일 뿐이고 주식의 가치는 회사의 재산상태에 달려 있을 뿐이니까. 가령 회사가 주주 모두로부터 주식소유비율에 따라 균등하게 자기주식을 사들이는 과정에서 어느 주주가

---

348) 조세특례제한법 제100조의22 제2항.

349) 상법 제341조, 제462조 제1항. 주주평등의 원칙에 따라야 한다. 상환주식도 배당가능이익으로 취득하지만 발행조건에 따른다.

350) 상법 제341조의2. 위법한 자기주식 취득은 무효. 대법원 2003. 5. 16. 선고 2001다44109 판결(남의 이름으로 취득한 주식); 2021. 12. 28. 선고 2020다28058 판결.

351) 분개로 적자면 (차) 배당가능이익 (대) 현금. 기업회계와는 시차가 있다. 너무나 당연한 말이지만 배당가능이익으로 취득한다는 말이 꼭 회사가 가지고 있던 현금으로 산다는 말은 아니다. 꾼 돈으로 살 수도 있고 다른 재산을 팔아서 살 수도 있다. 위 분개 전에 (차) 현금 (대) 차입금, 이런 분개가 생기는 것뿐이다. 대법원 2021. 7. 29. 선고 2017두63337 판결. 미국세법에서는 자기주식의 취득은 배당이나 감자로 본다. 미국세법 302조, 317조(b). 자매회사 주식의 취득이나 자회사가 모회사주식을 취득하는 것도 같다. 미국세법 304조. 이창희, 미국법인세법 제4장 제4절. 우리 상법은 50% 이상 자회사가 모회사 주식을 취득하는 것을 금하고 있다. 상법 제342조의2. 10% 이상 자회사가 취득한 모회사 주식은 의결권이 없다. 상법 제369조 제3항.

352) 배당가능이익으로 취득한 자기주식이라면 소각하더라도 자본감소가 없고 소각손익이 생길 수 없다. 반대설로는 이철송, 6장 3절 4관 VII. 2. 이익과 무관하게 취득한 자기주식에 관해서는 애초 소각이 가능한지, 가능하다면 자본금이 감소하는지 또는 소각손익이 생기는지 견해가 갈린다. 김건식·노혁준·천경훈, 회사법, 제3장 제8절 I. 4. 등.

합계 5만원을 주고 산 주식 10주 가운데 1주를 8,000원에 회사에 판다고 하자. 주주에게는 어떤 효과가 생기려나… 다음 세 가지 가능성이 있다: 1) 주식의 양도로 보아 양도가액 8,000원에서 취득가액 5,000원을 빼어 양도(讓渡)소득 3,000원이 생긴다, 2) 감자와 마찬가지로 자기주식의 매매가격과 주식취득가격의 차액 3,000원을 배당(配當)소득으로 의제한다, 3) 주주의 주식소유비율 등 실질에 아무런 변화가 없으므로 매매대금 8,000원 전액을 배당소득으로 과세한다. 회사가 배당가능이익으로써 각 주주의 주식소유비율에 맞추어 균등한 조건으로 자기주식을 취득하는 경우는 회사법상의 법률효과가 3)이므로 세금도 같아야 한다.[353] 다른 경우에는 소각 절차의 일환이라면 2)이고 아니라면 1)로 보아야 한다.[354] 자기주식의 취득이라고 사실을 인정하는 이상 이익이나 잉여금의 배당도 아니고,[355] 주식의 소각이나 감자도[356] 아닌 까닭.[357] 배당가능이익으로써 자기주식을 거래소에서 사들이는 경우도 마찬가지. 과세시기는 제19장 제1절 II.1.

3. 자기주식(自己株式)처분손익 = 손익

회사가 자기주식을 다른 사람에게 處分하는[358] 때에는, 이를 사들여 주주가 되는 자의 입장에서는 매수가격이 취득가액이 되고 소득이 생길 바 없다. 문제는 회사의 입장에서 볼 때 생기는 自己株式處分損益. 기업회계에서는 자기주식처분익을 자본잉여금으로 구분하지만, 세법에서는 자기주식처분익을 익금(益金)에 산입하여야 한다고 본 판례가 있다.[359] 판시이유는, (1) 자기주식은 처분성 · 양도성에 있어서 다른 주식과

---

353) 상법 제341조 제1항, 제343조 제1항 단서. 이 경우 각 주주의 기존 주식취득원가는 그대로 남으면서 주식수만 줄어드니 주당 취득가액을 조정해야 한다. 자본준비금의 자본전입시 주당 취득가액만 조정하는 것과 논리구조가 같다. 제3절 III.4. 이창희, 미국법인세법, 제4장 제2절 I. 대법원 2017. 2. 23. 선고 2016두56998 판결(심불 상고기각)은 원심의 사실관계가 균등취득이라면 틀린 판결이다. 대법원 2023. 4. 27. 선고 2023두31263 판결은 불균등취득.

354) 본문 1)과 2)의 구별은 법률행위의 해석문제로서 실질적으로 판단하여야 한다. 대법원 2002. 12. 26. 선고 2001두6227 판결. 1)로 본 판결로 대법원 2013. 5. 24. 선고 2013두1843 판결. 2)에 가까운 판결로 대법원 2010. 10. 28. 선고 2008두19628 판결; 2013. 5. 9. 선고 2012두27091 판결; 2013. 5. 23. 선고 2013두673 판결; 2019. 6. 27. 선고 2016두49525 판결(주식매매의 형식을 띤 소각이라면 매매대금은 인정이자 계산대상); 2021. 8. 26. 선고 2021두38505 판결(주식매매의 실질이 소각).

355) 소득세법 제17조 제1항 제1호.

356) 소득세법 제17조 제2항 제1호; 법인세법 제16조 제1항 제1호.

357) 미국세법에서는 본문 2)나 3)의 하나가 되고, 그에 더해 적대적 인수를 막기 위한 greenmail이라면 차익의 50%를 거래세로 물리고, 회사에는 손금을 전혀 인정하지 않는다. 미국세법 5881조, 162조(k). 소수주주를 희생하면서 기존경영진이 경영권을 방어하는 것을 막으려는 뜻이다. 역으로, 기업을 넘기면서 받는 거액의 퇴직금(golden parachute)도 손금불산입한다. 미국세법 280조G.

358) 이사회가 정한다. 상법 제342조. 논란이 있지만 기존주주가 처분무효(신주인수권 침해)를 주장 못한다는 전제 하에 경영권 방어수단으로 널리 쓰이고 있다. 김건식 · 노혁준 · 천경훈, 회사법, 제7장 제1절 III.

359) 대법원 1992. 11. 24. 선고 92누3786 판결; 1995. 4. 11. 선고 94누21583 판결. 옛 판례는 합병 과정

다름이 없다, (2) 자기주식처분손익이 익금불산입 및 손금불산입 항목으로 열거되어 있지 않다, 이 두 가지.[360]

입법론으로는(또 그 당시 법령에서는 해석론으로도), 자기주식처분손익도 순자산증감액이니 익금이나 손금이라는 논리는 그르다. 우선 개정상법에서는 자기주식을 현물배당하는 것이 가능하고 이것은 주식배당과 달리 과세할 이유가 없다. 나아가 더 근본적으로 자기주식처분손익을 益金에 포함한다면, 납세의무자가 소득을 마음대로 조작할 수 있게 된다. 특히 개정상법에서는 자기주식처분에 아무 제약이 없다.[361] 자기주식을 취득한 뒤 주가가 떨어졌다고 치자. 이 상황에서 손실을 내고 싶으면 자기주식을 내다 팔면 되고 손실을 내기 싫으면 자기주식은 사르고 신주를 발행하면 된다. 어느 쪽이든 경제적 실질에는 아무 차이가 없고 세법상 효과만 달라진다. 거꾸로 자기주식의 취득 후 주가가 올랐다고 하자. 이익을 내고 싶으면 자기주식을 처분하면 되고 이익을 내고 싶지 않으면 자기주식은 소각하고 주식의 시가대로 신주를 발행하면 된다. 근본적으로 자기주식처분손익은 그 본질이 주식할인발행차금 및 주식발행초과금과 다를 바가 없다. 어느 경우든, 주주(자기주식을 회사에서 사서 주주가 되는 자 포함)는 주식의 가치만큼의 재산을 회사에 납입하고, 그 가치와 액면의 차액은 회사의 자본준비금이 된다. 참고로 미국법은 자기주식의 취득과 처분에서 손익이 생기지 않음을 명문의 규정으로 확인하고 있다.[362] 일본에서는 자기주식처분손익의 과세논거가 자기주식 거래의 억제라는 견해도 있지만, 자기주식처분손을 손금산입하는 이유는 설명하지 못한다.

현행법 해석론으로는 자기주식처분이익은 익금(益金). 분명하다. 법은 자기주식소각이익은 익금이 아니지만 자기주식처분이익은 익금이라는 구별을 전제로 조세회피를 막자는 조문까지 두고 있다.[363] 법령은 자기주식소각익(消却益)을 소각일로부터 2년 내에 자본에 전입하는 경우에는 주주가 취득하는 무상주의 가액을 배당으로 본다는 규정을 두고 있다.[364] 애초 자기주식을 소각하지 않고 처분한 뒤 처분익을 자본전입하는 경우와 별 다를 바가 없다고 본 것. 나아가 주식소각시의 시가가 취득가액을 넘는다면 2년이 지난 무상주배당도 여전히 배당소득으로 본다.

에서 생기는 자기주식처분손익은 자본거래라고 보았지만 바뀌었다. 대법원 2022. 6. 30. 선고 2018두54323 판결. 제15장 제2절 II.

360) 대법원 1992. 9. 8. 선고 91누13670 판결; 1995. 4. 11. 선고 94누12583 판결; 2025. 10. 30. 선고 2025두33647 판결.

361) 상법 제342조. 그 밖에 자본시장과 금융투자업에 관한 법률 제165조의3.

362) 미국세법 1032조, 317조(b). Bittker & Eustice, 3.12[1]절.

363) 법인세법 제16조 제1항 제2호 (가)목; 상법 제459조; 법인세법시행령 제12조 제1항 제2호.

364) 같은 법조.

제5절 기업의 해산·청산

회사는 여러 가지 이유로 없어질 수 있다. 상법이 정한 해산(解散)사유 가운데 1) 존립기간의 만료 기타 정관으로 정한 사유의 발생, 2) 출자자의 결의(인적회사에서는 총사원의 동의, 물적회사에서는 주주나 사원의 특별결의), 3) 사원이 1인으로 된 때(단 주식회사 제외), 4) 파산, 5) 법원의 해산판결이나 해산명령[365]이 있으면, 회사의 영업을 정리하여 잔여재산을 이해관계자에게 분배하는 청산절차가 따르게 된다. 회사는 해산을 등기하고,[366] 청산(淸算)절차를 개시하여 회사의 빚을 채권자에게 갚고[367] 남은 재산은 각 주주가 가진 주식의 수에 따라 주주에게 분배(分配)하여야 한다.[368] 이 절차가 다 끝나면 청산종결의 등기를 밟는다.[369] 이 과정에서 회사와 출자자 양쪽 모두에 세금문제가 따른다. 합병, 분할, 분할합병의 경우에도 회사해산이 있지만, 청산이 없으므로 장을 바꾸어 따로 살펴보기로 한다.

Ⅰ. 해산, 청산과 사업연도의 의제

내국법인이 해산한 경우에는 그 사업연도 개시일부터 해산등기일까지의 기간을 하나의 사업연도로 본다.[370] 따라서 解散登記日이 속하는 달의 말일부터 석달 안에 각 사업연도의 소득에 대한 법인세를 신고납부할 의무가 생긴다.[371] 세수를 지키려는 규정이다.[372] 상법에서도 청산인(정관이나 주주총회에서 따로 정하지 않는다면 해산에 의하여 이사가 당연히 청산인이 된다[373])은 취임 후 지체 없이 재산목록과 대차대조표(회계기준에서 말하는 재무상태표)를 작성하여 주주총회의 승인을 얻고 이를 법원에 제출할 의무를 지우고 있으므로[374] 어차피 해산등기일 현재의 결산이 필요하다.

회사가 해산을 하면 淸算이 뒤따르고[375] 회사는 청산을 위해 필요한 범위 안에서

365) 상법 제227조, 제269조, 제287조의38, 제517조 및 제609조 제1항.
366) 상법 제521조의2 및 제228조.
367) 상법 제535-537조, 제259조.
368) 상법 제538조, 제260조.
369) 상법 제542조 및 제264조.
370) 법인세법 제8조 제1항.
371) 법인세법 제60조 제1항.
372) 법인세법 제69조 제1항; 같은 법 시행령 제108조 제1항; 국세징수법 제9조 참조.
373) 상법 제531조 제1항.
374) 상법 제533조.
375) 상법 제531조 제1항.

만 권리능력을 가진다.[376] 인적회사에서는 임의청산이 가능하지만, 다른 경우에는 상법에 정한 절차를 밟는다. 청산인은 현존사무를 종결하고[377] 회사의 채무를 변제하고[378] 잔여재산(殘餘財産)을 주주들에게 分配한다.[379] 잔여재산 분배는 반드시 현금일 필요가 없고 회사가 가지고 있는 물건을 그대로 나누어 주는 것도 가능하다.

Ⅱ. 청산소득에 대한 법인세

청산중인 회사는 淸算所得에 대한 법인세의 납세의무를 진다.[380] 동업기업과세특례를 택하는 회사도 이에 준하는 납세의무를 진다.[381] 상법이나 특별법에 따른 조직변경(가령 유한회사를 주식회사로 변경하거나 특별법상의 회사를 상법상의 회사로 바꾸는 것) 등에는 청산소득을 과세하지 않는다.[382]

1. 청산소득의 금액

법인세법 제86조 (납부) ① 제79조 제1항…에 해당하는 내국법인…은 그 해산으로 인한 청산소득의 금액에 제83조를 적용하여 계산한 세액…을 법인세로서 신고기한까지 납세지 관할 세무서등에 납부하여야 한다.

제79조 (해산에 의한 청산소득 금액의 계산) ① 내국법인이 해산(합병이나 분할에 의한 해산은 제외한다)한 경우 그 청산소득(이하 "해산에 의한 청산소득"이라 한다)의 금액은 그 법인의 해산에 의한 잔여재산의 가액에서 해산등기일 현재의 자본금 또는 출자금과 잉여금의 합계액(이하 "자기자본의 총액"이라 한다)을 공제한 금액으로 한다.

제83조 (세율) 내국법인의 청산소득에 대한 법인세는 제77조에 따른 과세표준에 제55조 제1항에 따른 세율을 적용하여 계산한 금액을 그 세액으로 한다.

제77조 (과세표준) 내국법인의 청산소득에 대한 법인세의 과세표준은 제79조에 따른 청산소득의 금액으로 한다.

제84조 (확정신고) ① 청산소득에 대한 법인세의 납부의무가 있는 내국법인은…다음 각 호의 기한까지 청산소득에 대한 법인세의 과세표준과 세액을 납세지 관할 세무

376) 대법원 1959. 5. 6. 4292民再抗8 결정.
377) 상법 제254조 제1항, 제542조 제1항, 제287조의45.
378) 상법 제259조, 제542조 제1항, 제287조의45.
379) 상법 제260조, 제542조 제1항, 제287조의45.
380) 비영리내국법인의 청산소득은 과세하지 않는다. 외국법인은 성질상 국내에서 청산할 수 없으므로 청산소득을 과세하지 않지만, 실제로는 국내사무소의 청산과정에서 생기는 소득은 각 사업연도의 소득에 들어간다. 제13장 제2절 Ⅰ.
381) 조세특례제한법 제100조의16 제3항.
382) 법인세법 제78조. 헌법재판소 2007. 3. 29. 2005헌바53등 결정(주택사업공제조합).

서장에게 신고하여야 한다.

1. 제79조 제1항에 해당하는 경우: …잔여재산가액확정일이 속하는 달의 말일부터 3개월 이내

결국 청산소득에 대한 법인세란 해산등기일 현재의 자산 부채 전체에 딸려 있는 미실현이득(未實現利得)에 대해 법인세를 매기는 것이다.[383] 해산등기일 현재 순자산(純資産) 내지 잔여재산의 시가는 자기자본의 장부상 가액과 다르고 미실현손익이 있게 마련이다. 이 미실현손익의 금액이 얼마인지는, 뒤따르는 청산과정에서 재산을 전부 현금화하거나 달리 잔여재산의 시가를 확정함으로써 드러나게 된다. 이리하여 법은 청산소득을 (잔여재산의 시가 - 자기자본의 장부가액)으로 정의한 뒤 잔여재산가액의 확정일로부터 일정 기간 안에 청산소득에 대한 법인세를 납부하게 정하고 있다.[384] 자기자본의 장부상 가액은 당연히 순자산의 장부가액과 같다. (자산 - 부채) = 자기자본 = (자본금 + 잉여금)이라는 식에서, 왼쪽의 순자산이나 오른쪽의 자기자본은 당연히 같은 까닭이다. 순자산의 장부가액은 개별 자산과 부채의 장부가액을 보면 된다. 잉여금의 증감변동을 어떻게 기록해 가는가는 앞서 이익처분 부분에서 본 바 있다. 결국 清算所得이란 순자산의 시가와 순자산의 장부가액의 차액, 곧 아직 남아 있는 잔여재산에 붙어 있는 未實現利得이다.[385]

비교법적 관점에서 보자면 다른 나라에서도 청산에 따라 잔여재산을 분배한다면 시가로 양도차익을 계산하여 회사에 과세함이 보통이다.[386] 한편 미국법은 자회사를 청산하면서 영업재산을 모회사로 이전하는 경우 자회사에 미실현이득을 과세하지 않는다.[387] 회사설립을 위한 영업재산의 현물출자나 청산을 통한 영업재산의 회수나 모두 거죽이 바뀔 뿐이라는 생각이다.

2. 이월결손금(移越缺損金)의 소멸

법은 이월결손금에 관해 매우 혼란스러운 규정을 하나 두고 있다.

법인세법 제79조 (해산에 의한 청산소득금액의 계산) ④ 내국법인의 해산에 의한 청산소득 금액을 계산할 때 해산등기일 현재 그 내국법인에 대통령령으로 정하는 이월결

383) 대법원 1992. 11. 10. 선고 91누12714 판결; 2001. 5. 8. 선고 98두9363 판결(특별부가세).

384) 법인세법 제84조 제1항, 제86조 제1항.

385) 순자산이나 자기자본의 장부가액이라는 말은 세법에 따라 계산한 장부가액임은 물론이다. 제18장 제1절 IV.3.

386) 일본 法人稅法 제92조 및 제93조 제1항; 독일 법인세법 제11조. Tipke/Lang, 제11장 100문단.

387) 자회사의 판별기준은 주식소유비율 80%이다. 미국세법 332조, 334조(b)(취득가액).

손금이 있는 경우에는 그 이월결손금은 그날 현재의 그 법인의 자기자본의 총액에서 그에 상당하는 금액과 상계하여야 한다. 다만, 상계하는 이월결손금의 금액은 자기자본의 총액 중 잉여금의 금액을 초과하지 못하며, 초과하는 이월결손금이 있는 경우에는 그 이월결손금은 없는 것으로 본다.

얼핏 제4항의 글귀는 移越缺損金이 있는 경우 청산소득의 금액이 오히려 그만큼 늘어난다는 뜻으로 읽힐 수 있지만 그런 뜻은 아니다. 가령 자본금 70억원, 주식발행초과금 30억원으로 100억원을 투자하여 시작한 회사가 최근 3년간 한해에 10억씩 결손금 30억원을 내어 순자산이 70억원이 된 상태에서 해산하는데, 잔여재산의 가액(순자산의 시가)이 110억원이라고 하자. 미실현이득은 40억원인데 청산소득은 얼마? 110 - (70 - 30) = 70억원? 아니다. 제4항 단서를 보라. 해산등기일 현재의 자본금이 70억원, 잉여금(자본준비금)이 30억원이므로 110 - (70 + 30 - 30) = 40억원이다. 바꾸어 말하면 제4항은, 회사가 移越缺損金을 재무상태표 차변에 자산처럼 달아 두어 차변을 자산 70억원 이월결손금 30억원으로 적고 대변을 납입자본 100억원으로 적는 경우 자기자본은 70억원이라는 것이다.[388)]

그러나 다시 생각해보면 현행법은 입법론상 여전히 그르다. 제4항 단서는 자본금 부분은 투자원본으로 공제를 보장하지만 자본준비금 부분은 투자원본으로 인정하지 않고 있다. 앞의 보기로 돌아가면 이 회사는 애초 100억원을 투자한 뒤 110억원을 회수하는 것이니 세금을 안 낸 소득은 40억원이 아니라 10억원이다. 공제기한 내에 있는 결손금으로서 각 사업연도의 소득계산에서 아직 공제하지 않은 것이 있다면 이는 청산소득에 잡히는 미실현이득에서 공제해주어, 청산소득을 40 - 30 = 10억원으로 정해야 마땅하다. 청산소득은 본질적으로 각 사업연도 소득의 연장일 뿐이다.[389)] 해산청산의 경우 이월결손금을 현행법처럼 그대로 소멸시킴은, 합병의 경우 존속법인이 소멸법인의 이월결손금을 인계받는 것과도[390)] 균형이 안 맞는다.[391)] 우리 법과 마찬가지의 꼴인 일본법에서는, 해석론으로도 각 사업연도의 소득에 관한 이월결손금 공제 조항을 청산소득에 유추적용 내지 준용해야 한다라는 하급심 판결이 있다고.[392)] 자본금이든 자본준비금이든 구별없이 주주가 출자한 원본을 빼어서 청산소득

388) 대법원 2011. 5. 13. 선고 2008두14074 판결. 제4항에서 잉여금이란 순자산과 자본금의 차액이라는 일반적인 뜻이 아니다. 이월결손금을 잉여금에서 공제한다는 글귀에서 잉여금이란 이월결손금과 상계하기 전의 금액일 수밖에 없다.

389) 대법원 2001. 5. 8. 선고 98두9363 판결(특별부가세 손금불산입).

390) 제15장 제6절.

391) 헌법재판소 2007. 4. 26. 2005헌바83 결정; 2009. 12. 29. 2007헌바78 결정은 위헌이 아니라고 한다. 합병법인이 이월결손금을 승계받은 사안인지는 분명하지 않다.

을 계산해야 맞다.[393]

청산소득 계산과정에서 소멸한 이월결손금이 주주(株主)에게 넘어가지 않는 것은 당연하다. 미실현이득에서 공제하고도 남는 이월결손금이 있더라도 주주에게 이월결손금이 넘어가지는 않고 그 대신 주주에게는 주식처분손 내지 제각(除却)손실이 생긴다. 아래 IV. 채무초과 상태의 회사라서 투자원본을 다 까먹고도 남는 결손금(=채무초과액)이 있더라도 주주에게 넘어가지는 않는다. 주주는 유한책임만 지므로 투자원본 이상의 손실은 생기지 않는다.

3. 가액확정 전의 잔여재산 분배

잔여재산 가액의 確定에 오랜 시간이 걸린다면 그 과정에서 세수를 잃을 우려가 있다. 이리하여 법은 해산등기일로부터 한 해 안에 잔여재산가액이 확정되지 않는다면 한 해가 되는 날 현재의 값을 추정(推定)하여 미실현이득에 대한 세금을 내도록 정하고 있다.[394] 다른 한편, 잔여재산 전부의 가액이 확정되기 전에 주주에게 잔여재산의 일부를 미리 분배하는 경우로 그렇게 분배한 재산의 시가가 해산일 현재의 자기자본보다 크다면 그 차액에 대한 세금을 분배일로부터 일정 기간 안에 납부해야 한다.[395] 미실현이득에 대한 법인세를 내지 않은 채 재산을 나누어 줌을 막으려 함이다. 기업회계에서는, 잔여재산에 딸린 미실현이득을 계산하지 않은 채 분배한 재산의 가액을 원가로 계산하는 것이 보통이다.[396] 어차피 회사가 소멸하여 소멸직전의 소득이 얼마인가는 쓸모없는 정보가 되는 마당에 구태여 복잡하게 처리할 이유가 없는 까닭이다. 그러나 세법에서는 분배액을 시가로 계산하고 미실현이득을 청산소득에 포함해야 한다.[397] 추정한 가액이든 또는 미리 분배한 가액이든 청산소득에 대한 세금을 미리 낸 것은, 청산소득에 대한 세금을 확정신고납부할 때 가서 선납세액으로 공제받을 수 있다.[398]

Ⅲ. 청산중인 법인의 각 사업연도의 소득에 대한 법인세

그런데 여기에서 현행법에 한 가지 문제가 생긴다. 현행법은 청산중인 회사에도

392) 山口지방재판소 1997(평성 9). 8. 26. 판결. 金子宏, 租稅法(제9판 증보판, 2004), 323쪽에서 재인용.
393) 같은 주장으로 이준봉, 법인세법강의, 2편 3장 2절 1관.
394) 법인세법 제85조 제1항 제2호, 제86조 제4항.
395) 법인세법 제86조 제3항.
396) 분개로 표시한다면 '(차) 자본금과 잉여금(장부가액) (대) 순자산(장부가액)'
397) 위 분개에서 차변의 자본금과 잉여금은 순자산의 시가금액이 되고 대변에는 양도차익이 새로 들어간다.
398) 법인세법 제86조 제1항.

여전히 각 사업연도의 소득에 대한 납세의무를 지우고 있는 까닭이다. 잔여재산가액이 사업연도 중에 확정된 경우에는, 해산등기일로부터 잔여재산가액의 확정일 사이의 기간을 하나의 사업연도로 보므로[399] 그 기간 동안의 소득에 대해 각 사업연도의 법인세에 대한 납세의무가 생긴다. 그 이후에는 종래의 사업연도가 계속된다.

> 법인세법 제79조 (해산에 의한 청산소득금액의 계산)
>
> ①-⑤ (생략)
>
> ⑥ 내국법인의 해산에 의한 청산소득의 금액을 계산할 때 그 청산기간에 생기는 각 사업연도의 소득금액이 있는 경우에는 그 법인의 해당 각 사업연도의 소득금액에 산입한다.
>
> ⑦ 제1항에 따른 청산소득의 금액과 제6항에 따른 청산기간에 생기는 각 사업연도의 소득금액을 계산할 때에는 제1항부터 제6항까지에서 규정하는 것을 제외하고는 제14조부터 제18조까지, … 제54조…를 준용한다.

원래 각 사업연도의 소득이라는 개념은 순자산의 증가 전부를 말하므로, 이 개념을 청산중인 회사에 그대로 적용한다면 해산등기일에서 잔여재산가액 확정일 사이에 생긴 순자산증가액은 모두 각 사업연도의 소득으로 과세된다. 그런데 해산등기일 현재의 미실현이득으로 잔여재산가액 확정 과정에서 드러난 것은 청산소득의 과세대상이기도 하다. 예를 들어 해산등기일 현재 장부상 자산이 100원 자기자본(자본금과 잉여금의 합계액)이 100원이고, 1달 동안 이 자산 가운데 장부가액 60원어치를 팔아서 현금이 80원 생겼고 나머지 장부가액 40원어치의 시가가 70원임이 확정되었다고 하자. 1달이라는 기간은 별개의 사업연도가 되므로 그 기간 동안 물건을 팔아 얻은 소득 20원에 대해서 각 사업연도의 소득에 대한 법인세를 내어야 한다. 청산소득의 금액은 얼마가 되어야 하는가? 법문대로라면, 잔여재산의 가액 150원(=80+70)에서 해산등기일 현재의 장부상 자기자본 100원을 뺀 차액 50원이 되고, 회사는 이 청산소득에 대한 법인세를 다시 내어야 한다. 분명한 2중과세(二重課稅)가 된다.

2중과세를 피하자면 청산소득 금액을 계산할 때 잔여재산 가액으로 잡은 금액을 취득원가로 잡아서 해산시점 이후 사업연도의 소득을 계산해야 한다. 앞의 예에서는 장부가액으로 60원어치 자산을 판 것의 잔여재산가액은 80원이고 못 판 것 40원어치의 잔여재산가액은 70원이라 보아야 한다. 청산소득의 금액은 50원이다. 한편 각 사업연도 소득계산은 (80 - 80) = 영(원)이다. 아직 팔지 못한 재산은, 각 사업연도 소득

399) 법인세법 제8조 제1항. 대법원 2025. 7. 16. 선고 2025도6115 판결.

계산시에는 평가증하지 않으므로[400] 청산소득 계산시 잔여재산가액으로 잡은 70원이 취득원가로 그대로 남게 된다. 참고로 일본법에서는 청산중인 회사에는 각 사업연도의 소득에 대한 법인세를 안 매기지만,[401] 청산중인 회사에게도 각 사업연도에 대한 법인세에 관한 법규정을 준용하여 계산한 세금을 매긴다.[402] 그러나 이렇게 해마다 내는 세금은 청산소득에 대한 법인세의 예납액으로 보고 청산소득에 대한 법인세를 확정신고 납부할 때 세액에서 공제한다.[403]

Ⅳ. 주주에 대한 의제배당

회사의 청산과정에서 생기거나 드러난 이익도 주주에게 배당한다면 배당소득으로 과세해야 마땅하다. 사업중인 회사가 지급하는 배당이나 아무런 차이를 둘 이유가 없다.[404]

> 소득세법 제17조 (배당소득) ① 배당소득은 해당 과세기간에 발생한 다음 각 호의 소득으로 한다.
>
> 1.-2의2. (생략)
>
> 3. 의제배당. (하략)
>
> ② 제1항 제3호에 따른 의제배당이란 다음 각 호의 금액을 말하며, 이를 해당 주주, 사원, 그 밖의 출자자에게 배당한 것으로 본다.
>
> 1.-2. (생략)
>
> 3. 해산한 법인…의 주주・사원・출자자 또는 구성원이 그 법인의 해산으로 인한 잔여재산의 분배로 취득하는 금전이나 그 밖의 재산의 가액이 해당 주식・출자지분 또는 자본을 취득하기 위하여 사용된 금액을 초과하는 금액 (단서 생략)

위와 같은 의제배당에 대하여도 gross-up 및 배당세액공제가[405] 적용된다. 주주가 받는 잔여재산 분배액이 주식의 취득원가보다 적은 때에는 주주에게 주식처분손(株式處分損)이 생긴다. 주식을 회사에서 원시취득하지 않고 기존주주에게서 사들인 사람의 경우 '주식 등을 취득하기 위하여 소요된 금액'은 매수가액이지만, 입법론상 옳지 않음은 이미 본 바와 같다.[406] 참고로 미국법에서는 모회사가 80% 이상 자회사를 청산하

400) 법인세법 제42조 제1항. 제18장 제1절 IV.
401) 일본 法人稅法 제6조.
402) 일본 法人稅法 제102조 제1호.
403) 일본 法人稅法 제108조.
404) 입법론상 비판은 앞 제4절 Ⅳ. 2.
405) 소득세법 제17조 제3항, 제56조. 3절 Ⅱ.3.

는 경우 이를 겉껍질의 변화로 보아[407] 손익을 인식하지 않는다.[408]

회사를 청산하는 과정에서 결국은 주주(株主)가 애초 투자한 것보다 손실을 본 것이 드러난다면 이 손실은 어떻게 되는가? 법인(法人)주주라면 물론 손금산입할 수 있지만[409] 개인(個人)주주의 손실은 이를 공제받을 수 있다는 규정이 없다. 주식의 양도차손과 마찬가지로 취급하여 다른 주식양도차익과 상계하는 것은[410] 허용해 주어야 할 것이다. 동업기업에 대하여는 명문규정이 있다. 동업기업을 해산하여 분배받은 자산의 시가가 동업자의 지분가액에 미달한다면 그런 미달액은 주식양도차손으로 본다.[411]

상법에 따른 조직변경은 거죽의 변화일 뿐이고 법인의 실질적 동일성이 유지되므로 의제배당이 안 생긴다.[412]

Ⅴ. 동업기업 전환법인의 준청산 소득

법인으로 과세받다가 동업기업 과세특례를 선택한 법인은[413] 해산에 의한 청산소득에 대한 법인세에 준하는 세금을 납부해야 한다.[414] 법인이 해산하면서 잔여재산을 현물 그대로 출자자에게 분배한 것과 같기 때문이다.

제 6 절 기업구조조정

Ⅰ. 입법론의 시각

이른바 M&A나 기업구조조정, 가령 합병, 분할, 주식의 포괄적 교환, 주식의 포괄적 이전, 이런 단체법 거래들이 있다면 어떻게 과세해야 할까? 입법론의 관점에서 보자면 이 장에서 공부한 내용을 그대로 적용하면 된다. 가령 합병(合併)이란 소멸법인이 자산 부채를 통째로 존속법인에 현물출자하고 그 즉시 해산청산하면서 현물출자

406) 제4절 Ⅳ.
407) 제1절 Ⅳ.
408) 미국세법 337조, 381조(a)(1). 주주가 외국법인이라면 세금을 물린다. 332조(d)(1), 367조(e)(2).
409) 대부분은 해산 전에 이미 손실로 떨었을 것이다. 법인세법 제42조 제3항.
410) 소득세법 제102조. 제10장 제3절 Ⅰ.5).
411) 조세특례제한법 제100조의22 제2항.
412) 소득세법 제17조 제2항 제3호 단서. 청산소득 비과세는 위 Ⅱ.
413) 이 장 제1절 Ⅱ. 5.
414) 조세특례제한법 제100조의16 제3항.

대가로 받은 존속법인 주식을 주주들에게 청산분배하는 것으로 생각하면 된다. 현물출자와 해산청산이 각각 소멸법인과 주주에게 어떤 법률효과를 낳는가를 따지면 된다. 회사분할(分割)은? 다를 바가 없다. 물적분할이란 자산이나 자산부채를 현물출자해서 자회사를 세우는 것일 뿐이다. 인적분할이란 종래의 법인이 특정 사업부문에 속하던 자산이나 자산부채를 현물출자해서 자회사를 세우는 것일 뿐이다. 분할합병이란 현물출자로 신설자회사를 만드는 것이 아니고 기존의 다른 법인에 현물출자하는 것일 뿐이다. 주식의 포괄적 교환이란 대상법인의 주주가 각자의 주식을 현물출자하면서 그 대가로 취득법인의 주식을 받는 것이다.

미국법은 앞 문단과 같은 구조를 띠고 있다. 단체법상의 온갖 거래들을 이 장에서 공부한 기본형으로 환원시켜 과세하는 것. 다만 이런 기업구조조정 가운데 거죽이나 겉껍질이 바뀌었을 뿐 경제적 실질에는 변화가 없다 싶다면 세금을 매기지 말자는 생각을 가지고 재조직(再組織, reorganization)이라는 개념을 따로 정해서, 재조직에 해당하면 법인이나 주주가 낼 세금을 과세이연한다. 큰 느티나무의 가지를 다 쳐내고 등걸만 본다면, 기존주식을 넘기면서 다른 주식만 받는 경우 법인과 주주를 모두 과세이연하자는 생각이다. 재조직의 요건은 반드시 회사법에 의존하지 않고 합병, 주식인수, 자산인수(사업양수도), 회사분할, 회사회생 등 여러 가지로 세법에서 따로 정하고 있고.

이와 달리 우리 법은 단체법 거래를 이 장에서 다룬 기본형으로 환원하지 않는다. 그 대신 이런 거래를 합병, 주식의 포괄적 교환, 주식이전, 물적분할, 현물출자, 인적분할, 이런 식의 회사법상의 전형(典形)계약별로 법률효과를 정한다. 거죽이 바뀔 뿐이고 실질적 동일성이 그대로라면 과세이연하자는 생각은 우리 법에도 들어와 있다, 다만 각 전형계약별로 과세하는 경우와 과세이연하지 않는 경우의 법률효과를 하나하나 정하고 있다. 전자로 과세하는 거래를 비적격합병, 비적격분할 이런 식으로 부르고, 후자로 과세이연하는 거래를 적격합병, 적격분할 이런 식으로 부른다.

Ⅱ. 거죽 v. 실질적 동일성의 변화

기업구조조정 과세의 고갱이는? 기업형태의 변화를 미실현이득의 과세계기로 삼을 것인가, 삼는다면 어디까지 과세할 것인가라는 문제. 이 문제는 구조조정의 당사자가 되는 각 회사에도 생기고 당사자 회사의 주주에게도 생긴다.

가령 기업결합에서는 으레 한 회사(인수회사)가 다른 회사(대상회사)의 영업재산을 합병이나 영업양수도로 직접 취득하거나 대상회사의 주식을 취득하여[415] 지배권을

415) 10% 이상 취득은 대상회사에게 즉시 통지해야 한다. 상법 제442조의3.

얻는다. 이런 기업결합은 인수회사, 대상회사, 인수회사의 주주, 대상회사의 주주 모두에게 법률적 또는 경제적 변화를 일으킨다. 회사나 그 주주에게 세법상 어떤 법률효과가 따르는가는 이런 법률적 경제적 변화의 교착 속에서 정해진다. 경제적(經濟的) 효과에만 주목한다면 가령 합병에서 존속법인이나 그 주주 또한 소멸법인이나 그 주주에게 생기는 변화는 어느 회사가 존속회사가 되고 어느 회사가 소멸회사가 되는가라는 법률적(法律的) 형식과는 별 상관이 없다. 어느 쪽이 존속하든 두 회사의 기존 영업이 하나의 회사로 합쳐진다는 것은 언제나 마찬가지. 어느 회사의 주주라 하더라도 이제는 두 회사의 기존 영업을 합한 회사의 주주가 되는 것도 마찬가지이다. 이 점에서는 종래 소멸법인의 주주였던 사람이나 존속법인의 주주였던 사람이나 아무 차이가 없다.

그렇다면 각 회사 또는 그 주주가 겪는 경제적 변화는 동일한 것인가? 그렇지는 않다. 가령 극단적 예로 동네 햄버거 가게와 맥도날드가 합병한다고 생각해 보자. 맥도날드나 기존 주주가 겪는 변화는 사실 거의 없다. 100조원짜리 기존영업에 1억원짜리 영업을 새로 얹은들 경제적 의미에는 변화가 없다. 맥도날드 주식의 100만분의 1을 소유한 주주의 입장에서는 아무런 변화가 없는 것이나 마찬가지이다. 다른 한편 종래 동네 햄버거 집의 100% 주주였던 사람은 경제적 실질이 종요로이 바뀐다. 1억원짜리 가게의 단독소유가 100조원(정확히는 100조 1억원)짜리 가게의 100만분의 1 소유로 바뀌는 것이다. 동네 햄버거 가게를 존속법인으로 삼든 맥도날드를 존속법인으로 삼든 이 합병이 맥도날드나 그 주주의 경제적 처지에는 아무런 영향을 주지 않지만 동네 햄버거 가게나 그 주인의 경제적 처지에는 결정적 영향을 미친다는 점은 바뀌지 않는다. 누가 존속법인이 되는가라는 법률적 형식은 아무런 영향을 주지 않는다.

한편 법률적으로 본다면 각 당사자에게 어떤 변화가 생기는가는 구조조정의 법률적 형태에 따라 정해진다. 맥도날드가 존속(存續)법인이 되고 동네 가게가 소멸(消滅)법인이 되는 합병이라면 맥도날드나 그 주주에게는 기존의 주식소유에 아무런 변화가 없지만 동네 가게는 기존영업재산을 내어놓는 것이 되고 그 주인은 기존주식을 내어놓고 새 주식을 받는 것이 된다. 역으로 좀 극단적 가정이기는 하지만 맥도날드를 消滅법인으로 삼고 동네 가게를 존속법인으로 삼는다면, 맥도날드나 그 주주에게는 기존재산을 내어놓고 주식을 교환한다는 변화가 생기지만 동네 가게나 그 주인의 법적 지위에는 아무런 변화가 없다. 신설(新設)합병으로 새로운 회사를 세우면서 두 회사를 모두 소멸시킨다면 두 회사와 그 주주 모두에게 영업재산의 처분과 주식의 교환이라는 법적 변화가 생긴다. 합병이라면 둘 이상의 기업이 하나로 합쳐지면서 종래 각 기업의 출자자는 둘을 합한 기업에서 한결 낮은 비율로 지분을 얻게 되는 것이다. 경제적 실질로 볼 때 정말로 변화가 생기는가는 각 회사의 규모 기타 경제사정에 달려 있을 뿐이고 어느 쪽이 존속하고 어느 쪽이 소멸하는가와는 무관하다.

합병은 그저 하나의 예. 둘 이상의 기업에 걸친 구조변화가 있는 이상 이런 변화는 언제나 일어나게 마련이다. 가령 인적분할(人的分割)에서 둘 이상의 사업부문 가운데 어느 쪽을 기존법인에 남기고 어느 쪽을 신설법인이나 분할합병의 상대방 법인에게 넘기는가라는 법적 형태의 선택에 따라 세법상 법률효과를 분석해야 하는 대상이 되는 재산이나 주식이 특정된다. 사소한 부문을 넘긴다면 법적 변화는 그 부문의 재산 및 이를 넘겨받는 주주에게만 생긴다. 사소한 부문을 남기고 대부분을 넘긴다면 재산 및 주주 내지 주식의 대다수에 법적 변화가 생긴다. 법적 지위의 변화가 어떤 재산에 또 누구에게 생기는가와 경제적 지위의 변화가 주로 어떤 재산에 또 누구에게 생기는가는 전혀 다른 문제가 된다.

적격합병이나 적격분할 같은 적격거래, 미국법의 용어로 재조직, 이런 거래에 대한 과세특례란 기업구조의 법적 변화가 단순한 거죽의 변화일 뿐이고 실질적 동일성(同一性)이 있다면 세법에서는 이런 변화를 무시하자는 것이다. 경제적 실질을 보자는 것. 구체적으로 어느 정도까지의 변화를 겉껍질의 변화로 볼 것인가는 미리 일률적으로 말하기 어렵고 제15장과 제16장에서 보듯 유형별로 하나하나 따져보고 정할 수밖에 없다.

기업구조의 변화에 관한 세제의 가늠쇠가 경제적 실질이라는 말은 법적 변화가 무의미하다는 것은 아니다. 전혀, 전혀 아니다. 법이 달리 과세특례를 정하지 않은 이상 세법상의 법률효과는 제14장에서 여태껏 살펴본 일반원칙에 따른다. 어떤 과세특례가 있는가를 따지기 전에, 그런 특례가 없다면 어떻게 과세하는가를 먼저 물어야 하는 것이다. 기업구조조정에 대한 과세 역시 법적으로 볼 때 합병당사자인 회사나 그 주주에게 어떤 변화가 있는가를 우선 물어야 한다. 이 원칙이 가지는 아주 중요한 의미는, 경제적 실질에 변화가 있다 하더라도 법적(法的) 지위(地位)에 변화가 없으면 세법상 아무런 법률효과가 안 생긴다는 것이다. 합병의 예로 돌아가면 존속법인이나 그 주주에게는 아무런 세금 문제가 생기지 않는다. 동네 햄버거 회사가 존속법인이 된다면, 경제적 실질의 본질적 변화에 불구하고 그 회사나 주주에게는 세법상 아무런 법률효과가 안 생긴다는 것이다. 이런 의미에서는 기업구조조정 세제의 가늠쇠인 실질적 동일성이라는 개념 역시, 실질이라는 개념이 언제나 그렇듯 사실은 법적 형식에 종속되어 있다.[416] 이리하여 기업구조조정의 과세문제 역시 법적 형식의 분석에서 시작할 수밖에 없다.

개인사업자와 법인 사이의 기업통합은 제14장 제1절 III. 1.

---

416) "Subchapter C(미국법인세)"에는 두 가지 원칙이 있다. 형식이 아니라 실질이 우위라는 원칙과 실질이 아니라 형식이 우위라는 원칙이. Steinberg, *Form, Substance, and Directionality in Subchapter C*, 52 tax Lawyer 457(1999).

제 15 장 합병 기타 기업결합

기업결합의 여러 유형 가운데에서 우리 세법은 합병, 3각합병, 주식의 포괄적 교환·이전에 관한 과세이연 특례를 규정하고 있다. 이하에서는 기업결합의 각 유형별로 세법상 어떤 문제가 생기는가를 살핀다.

제 1 절 합병의 세법상 논점

I. 합병이란?

합병에는 吸收合併과 新設合併 두 가지가 있다. 흡수합병(merger)이란? 한 회사(소멸법인)가 없어지면서 다른 회사(존속법인)에 흡수되는 꼴. 신설합병(consolidation)이란?[1] 두 회사(소멸법인)가 모두 없어지면서 새로 세워지는 회사(존속법인)에 흡수되는 꼴을 말한다. 합병을 하려면, 합병당사회사들이 합병비율 기타 법정사항에 대한 합병계약을 맺고[2] 각사의 주주총회가 특별결의로 이를 승인한 뒤[3] 채권자보호절차[4] 기타 법정절차를 밟아야 한다. 그 뒤 주주에 대한 보고(報告)총회나 공고를 거쳐[5] 합병등기를 하게 된다.[6] 합병등기를 하면 그 효력으로,[7] 소멸법인의 법인격은 소멸하고 존속하는 회사는 소멸된 회사의 권리의무를 포괄승계하므로[8] 소멸법인의 주주가 존속법

1) 실제는 (거의)없다. 2016년 Model Business Corporation Act에서는 폐지.
2) 상법 제522조-제524조.
3) 상법 제522조. 간이합병, 소규모합병의 예외는 상법 제527조의2 및 제527조의3 참조.
4) 상법 제527조의5 및 제232조.
5) 상법 제526조, 제527조.
6) 상법 제528조. 주식회사와 유한회사 합병에는 법원의 인가가 필요. 상법 제600조 제1항.
7) 상법 제530조 제2항 및 제234조.

인의 주주로 바뀐다. 상법에 새로 들어온 삼각합병에서는 소멸법인의 주주가 존속법인의 모회사의 주주로 바뀐다.

소멸법인의 주주는 존속법인의 주식에 더하여(또는 주식 대신[9])) 현금을 받는 경우가 있다. 예를 들어 소멸법인 주식 2주에 대해 존속법인 주식 1주를 주기로 한다면, 소멸법인의 주식을 1주만 가지고 있었던 사람에 대해서는 주식 대신 돈을 주게 된다. 또 다음 문단에서 살펴보듯 합병 절차의 일환으로 주식병합을 하는 경우가 많고, 따라서 단주(端株) 문제가 생겨서 단주의 가치에 상당하는 돈을 소멸법인에서 단주처리 방식으로 받거나[10] 존속법인에서 합병교부금(合併交付金)으로 받게 된다.[11] 소멸법인이 주주에게 지급할 배당을 합병 때 준다면 이 역시 합병교부금의 형식을 띠게 된다. 합병에 반대하는 주주는 주식매수청구권을 행사하여[12] 현금을 받아 나갈 수 있다.[13]

Ⅱ. 합병비율

합병의 핵심적 문제는 *合併比率*: 소멸법인의 주주가 존속법인에 대해 어느 정도의 권리를 확보하는가. 기술적으로는 합병비율이란 소멸법인 주식 1주로 존속법인 주식을 몇 주나 받을 수 있는가로 정의한다. 당연한 일로 합병비율은 두 법인 주식의 상대적 가치에 따르게 마련. 흡수합병의 예를 들어 존속법인은 자산이 1,500억원 부채가 1,000억원 자본금이 500억원이고 잉여금은 없으며, 소멸법인은 자산이 1,000억원 부채가 400억원, 자본금이 300억원 법정준비금이 250억원 배당가능이익이 50억원 있다고 하자. 두 회사 모두 자산 부채가 시가를 반영한다면 시가 기준으로 본 순자산이 존속법인은 500억원, 소멸법인은 600억원. 따라서 합병 후 회사의 순자산 1,100억원(자산 2,500억 - 부채 1,400억)을 존속법인과 소멸법인의 주주가 500 : 600으로 나누어 가지는 계산. 그렇게 하려면 합병비율은? 존속법인이 소멸법인으로부터 자산 1,000억원 부채 400억원을 물려받으면서 자본금 600억원을 증자하게 되고, 따라서 합병비율은 300(소멸법인 자본금) : 600(존속법인 증자액) = 1:2가 된다. 두 회사 주식의 액면금액이 같다면 1주:2주. 합병비율이 불공정해서[14] 생기는 부의 무상이전은 제22장 제3절 IV.

8) 상법 제530조 제2항 및 제235조. 대법원 1994. 3. 8. 선고 93다1589 판결(근로조건).
9) 상법 제523조 제4항.
10) 상법 제530조 제3항 및 제443조.
11) 상법 제523조 제4호 및 제524조 제4호.
12) stock appraisel right. 상법 제522조의3.
13) 상법 제530조 제2항 및 제374조의2.
14) 합병무효는 대법원 2008. 1. 10. 선고 2007다64136 판결. 이사들의 책임은 대법원 2015. 7. 23. 선고 2013다62278 판결. 합병비율 자체에 대한 규제는 자본시장법 제165조의4.

합병실무에서는 증자나 감자 절차를 통해 존속법인과 소멸법인 주식의 가치를 서로 맞춘 뒤 1주:1주로 합병하는 경우가 많다. 앞의 예에서는, 가령 존속법인이 자본금을 250억원으로 무상감자하여 감자차익 250억원을 기록한 뒤, 소멸법인의 자산 1,000억원 부채 400억원을 받으면서 자본금 300억원을 증자하여 자본금 기준으로 250:300(=앞 문단의 500:600)으로 나누어 가지는 계산. 이 경우 합병비율은 300:300 = 1주:1주. 법인세법은 소멸법인에서 이어받은 순자산의 가액과 합병으로 인한 존속법인 증자액(더하기 합병교부금)의 차액을 합병차익(合併差益, 자본준비금)으로 정하고 있다.[15] 앞 문단에서 합병비율을 1주:1주로 맞춘 뒤 합병하는 예에서는 인계받는 순자산이 600억원, 자본금 증자액이 300억원이므로 합병차익은 300억원.[16] 상법은 이 300억원 중 소멸법인의 법정준비금(法定準備金)에 상당하는 금액은 당초의 명목을 그대로 간직하는 것도 허용한다.[17] 이렇게 한다면 존속법인이 법정준비금이 250억원 늘고 합병차익이 50억원 생긴다. 어느 쪽이든 애초 배당가능이익이었던 50억원이 합병차익으로 바뀌어 배당할 수 없게 됨은 마찬가지이지만, 합병 이후 나중에 생기는 이익을 처분할 때 이익준비금의 적립여부에 영향을 주어 배당가능이익의 계산에 차이를 일으킬 수 있다.

Ⅲ. 과세의 3단계

합병은 소멸법인, 존속법인, 소멸법인의 주주 3단계에서 세금 문제를 일으킬 수 있다. 현행법에서는 소멸법인에 대해서는 합병 과정에서 발생하는 소멸법인의 양도손익이라는 각 사업연도 소득에 대한 법인세의 과세문제가 생긴다.[18] 소멸법인의 주주는 기존의 주식(株式)을 내어놓고 존속법인의 주식을 받게 되므로, 주식의 시가와 취득가액의 차액을 과세할 것인가의 문제가 생긴다.[19] 존속법인에 대해서는 소멸법인에서 넘겨받은 재산(財產)과 부채를 장부가액이나 시가 중 어느 것으로 승계해야 하는지에 대한 문제, 존속법인이 소멸법인에 지급한 양도가액과 인계받은 순자산의 시가[20] 사이에 차액이 생기는 경우 거기에 어떤 법률효과를 줄 것인지 등이 문제된다. 한 걸음 나아가 합병으로 인하여 존속법인의 경제적 성질이 근본적으로 바뀐다면 법률적으로 누

---

15) 법인세법 제17조 제1항 제5호.
16) 법인세법 제17조 제5호. (차) 자산 1,000 (대) 부채 400 + 자본금 300 + 합병차익 300
17) 상법 제459조 제2항. (차) 자산 1,000 (대) 부채 400 + 자본금 300 + 법정준비금 250 + 합병차익 50
18) 법인세법 제44조.
19) 법인세법 제16조 제1항 제5호. 거래가격 조작을 통한 주주 사이의 증여는 제25장 제3절 IV, V.
20) 법인세법 제44조의2 제2항에 따르면 순자산시가는 '피합병법인의 합병등기일 현재의 자산총액에서 부채총액을 뺀 금액'.

가 누구를 합병하는가에 관계없이, 경제적으로는 존속법인의 기존재산에 딸린 미실현이득도 합병을 계기삼아 과세하여야 옳지 않은가라는 문제도 생각할 수 있다. 존속법인에 대해 생기는 이런 문제는 기업회계에서는 이른바 취득법(取得法, 종래 용어로 매수법)과 지분통합법(持分統合法)의 대립이라는 꼴로 나타난다. 취득법은 인수하는 자산 부채를 시가로 적고 지분통합법은 소멸법인의 장부상 가액을 존속법인의 장부에 그대로 옮겨 합친다. 2011년 이후로는 한국채택 국제회계기준이[21] 모든 사업결합에 대하여 취득법으로 회계처리하도록 하고 지분통합법을 폐지했다.[22] 지분통합법에서는 인수재산에 딸린 미실현손익(내재손익 또는 포함손익)이 그대로 존속법인에 넘어가 존속법인 경영자의 손익조작 수단이 되기 때문이다. 제18장 제4절 V.

Ⅳ. 과세이연

1. 입 법 례

합병을 미실현이득의 과세계기로 삼는다면 동결효과 문제를 낳는다. 이 문제에 대한 대책으로 美國法은 몇십 년 전에 합병 등 여러 가지 기업구조 조정에 대한 과세이연(移延) 제도를 들여왔고, 이는 그 뒤 세계 여러 나라로 퍼져 나갔다. 미국에서는 합병을 소멸법인이 자산부채 전체를 포괄적으로 현물출자하여 존속법인 주식을 교부받고, 해산·청산하면서 이 주식을 잔여재산으로 소멸법인의 주주에게 나누어 주는 일련의 행위의 결합으로 이해한다.[23] 이런 생각 위에서 미국의 현행법은 흡수합병이든 신설합병이든 합병을[24] 이른바 "A형 재조직"으로 정하고 있고, 합병당사자인 회사는 재조직당사자가 된다.[25] 재조직계획의 일환으로 재조직당사자가 된 소멸법인이 그 소유 재산을 다른 회사에 양도하고 그 대가로 존속법인의 주식을 받는 경우 자산양도차익을 인식하지 않는다.[26] 소멸법인이 재조직계획의 일환으로 주주에게 존속법인 주식을 분배하는 경우 회사는 양도차익을 인식하지 않는다.[27] 또, 재조직당사자가 된 소멸법인의 주주가 주식을 내어놓고 존속법인의 주식을 받게 되는 경우 주주의 주식

21) 제18장 제5절.

22) 기업회계기준서 제1103호 4문단, 18문단. 이 기준서에서는 '매수법(purchase method)'이라는 용어 대신 '취득법(acquisition method)'이라는 용어를 사용하고 있다.

23) Bittker & Eustice, *Federal Income Taxation of Corporations and Shareholders*, 12.22[1].

24) 미국세법 368조(a)(1)(A). 이창희, 미국법인세법, 제9장 제2절.

25) 미국세법 368조(b).

26) 미국세법 361조(a).

27) 미국세법 361조(c).

양도차익을 인식하지 않는다.[28)]

위 조문만 놓고 따진다면, 합병은 각 주(州) 회사법상의 합병이라는 형식으로 이루어지기만 하면 세법상 재조직이 된다. 그러나 일찍부터 판례는 거래의 실질에 주목하여 명문의 규정이 없는 몇 가지 요건을 요구하고 있다. 우선, 합병에 사업상(事業上)의 목적(目的)이 없으면 재조직이 아니다. 이 요건을 만족시키기가 어렵지는 않지만, 적어도 세금을 줄이는 것이 합병의 유일한 목적인 경우에는 재조직이 아니다. 둘째로 이해관계의 계속성(繼續性), 우리 말로 풀이하자면 지분(持分)의 연속성이 필요하다. 미국의 회사법에서는 소멸법인의 주주에게 존속법인의 주식은 주지 않고 합병교부금(현금 또는 사채권)만 주는 방식의 합병도 가능한 경우가 많다.[29)] 또, 합병에 앞서서 존속법인이 소멸법인 주식 중 상당수를 현금으로 미리 사들인 뒤 합병하는 경우[30)]는 결과적으로 합병교부금을 주는 경우와 같다.[31)] 또 다른 형태로, 관계회사가 서로 합병하면서, 합병에 반대하는 소수주주들이 주식매수청구권을 행사하여 현금을 받아 나가는 경우도 있다.[32)] 이런 경우 판례는 이해관계의 계속성이 없다면 세법상 재조직이 아니라고 본다.[33)] 소멸법인 주주들이 받는 주식과 합병교부금을 비교해서 어느 정도라야 이해관계의 계속성이 있다고 볼 것인가에 대해 한마디로 말할 수는 없지만 주식대가 중 49%를 현금으로 받은 경우에도 세법상 재조직이라고 인정한 판례가 있다.[34)] 한편, 합병으로 소멸법인 주주들이 존속법인 주식을 받은 뒤 이를 곧 팔아버리는 경우에는 이해관계의 계속성이 없다고 본 사례들도 있다.

獨逸 재조직세법 역시 기본적으로는 미국법의 과세이연 제도를 수입한 것이다. 독일법에서는, 합병시 소멸법인은 미실현이득에 대한 세금을 이연받을 수 있다.[35)] 과세이연의 요건은 (1) 소멸법인이 일단 세금을 유예받는 소득에 대해 존속법인이 장차 세금을 내게 되고 (2) 소멸법인의 주주가 존속법인에게서 아무것도 받지 않거나(100% 자회사를 흡수합병하는 경우 등) 존속법인 주식만 받을 것 두 가지이다.[36)] 그 결과, 소멸법인은 자산의 양도 가격을 장부가액과 시가 사이의 아무 금액으로나 정할

28) 미국세법 354조(a). 이 조항은 사채권자에게도 적용되지만, 우리나라에서는 인수합병 과정에서 사채권을 내어놓고 다른 증권을 받는다는 일이 생길 여지가 없다.

29) 상법 제523조 제4호.

30) 이런 주식을 포합주식이라 부르고 합병에 즈음한 것은 매수대가를 합병교부금으로 본다. 아래 III.3.

31) King Enters., Inc., v. U.S., 418 F.2d 511(Ct. Cl. 1969).

32) Rev. Rul. 78-250, 1978-1 CB 83.

33) Roebling v. CIR, 143 F.2d 810(3rd Cir. 1944), cert. denied, 323 US 773(1944) 등.

34) 같은 판결. Rev. Rul. 66-214, 1966-2 CB 114. 현행 재무부 규칙 1.368-1(e)(2)(V)에서는 40%. 사실상의 합병이라면 80%. 미국세법 368조(a)(1)(C), (a)(2)(8). 이창희, 미국법인세법, 제9장 제2절 I.

35) Umwandlungssteuergesetz 제11조 및 제1조 제2항, Umwandlungsgesetz 제2조.

36) 다만 10% 이하의 현금은 받을 수 있다. Umwandlungssteuergesetz 제11조.

수 있으므로,[37] 소멸법인이 자산을 장부가격에 넘기는 경우 미실현이득에 대한 과세는 이연된다. 존속법인의 자산인수가액은 소멸법인이 양도가액으로 정한 가액이다.[38] 인수받는 순자산의 가액이 자본금 증가액보다 크다면 그만큼 합병차익이 생기지만 이 합병차익은 과세소득에 포함되지 않는다.[39] 소멸법인 주주 단계의 주식양도차익은 원칙적으로 과세이연된다.[40] 그러나 주식교환 결과 작은 회사의 지배주주였던 자가 큰 회사의 소수주주가 되는 경우 등 이해관계가 두드러지게 바뀌는 경우에는 합병에 의한 주식교환을 미실현이득의 과세계기로 삼는다.[41]

2. 인격(人格)합일(合一)설?

우리 현행법이 과세이연 제도를 들여오기 전에도 사실은 합병 과정에서 미실현이득이 과세되는 것은 오히려 예외였다. 문제는 미실현이득의 과세여부가, 기업구조조정을 미실현이득의 과세계기로 삼을 것인가라는 과학적 분석이 아니라 합병이란 人格의 合一이므로 과세해서는 안 된다는 식의 좋게 말해서 형이상학적인 논의에 터잡고 있었다는 점이다. 현물출자설과 그에 대립하는 학설로 인격합일설이란 본래 상법학자 사이의 실없는 말싸움이었지만,[42] 엉뚱하게 세법에 들어와서 아주 중요한 문제를 일으켰다. 합병은 인격의 합일이므로, 말하자면 두 회사가 원래 한 회사이었던 것이나 마찬가지이므로, 합병은 소멸법인, 존속법인, 주주 누구에게도 과세계기가 될 수 없다는 것이다. 다만 합병을 계기로 납세의무자가 스스로 자산의 가액을 종래의 가액보다 평가증액했다면 이런 평가증액만이 과세대상이 된다는 것이다.

얼핏 생각하자면 합병이란 인격의 合一이므로 과세할 수 없다는 주장이나 겉껍질의 변화일 뿐이라면 과세하지 말아야 한다는 이 생각이나, 그게 그거 아닌가? 전혀 다르다. 우선 인격합일설은, 합병이란 당사회사의 재무제표가 장부가액 그대로 합쳐지는 것이라는 식의 생각으로 자연스레 이어져 이른바 매수법을 불가능하게 하여 기업회계를 왜곡하게 되었다. 두 번째로 인격합일이란 합병의 경우에나 가능한 설명이므로 다른 형태의 기업구조 조정은 설명할 수 없다. 예를 들어 소멸법인이 영업 내지는 재산과 채무 전체를 존속법인에 현물출자하고 주식을 받은 뒤, 소멸법인은 해산청산하면서

---

37) 같은 조 단서.

38) 같은 법 제12조 제1항 및 제4조 제1항.

39) 같은 법 제12조 제2항 및 제4조 제4항.

40) 같은 법 제13조 제1항.

41) 같은 법 제13조 제2항. Einkommensteuergesetz 제17조.

42) 이제는 우리나라에서도 이런 논의는 거의 사라졌다. 이철송, 회사법강의에는 아예 안 나온다. 김건식·노혁준·천경훈, 회사법, 제7장 제4절은 이에 대해 8줄로 설명하면서 "구체적 문제에 대한 합리적 해결책을 찾는 데에는 도움보다는 오히려 방해가 될 위험이 있다"고.

이 주식을 소멸법인의 주주에게 잔여재산으로 배당한다고 생각해 보자. 이는 합병과 다를 바 없고[43] 적어도 세법에서 합병과 다른 효과를 줄 입법론적 이유가 없다.[44] 더 나아가 인격합일설이라는 식의 논거는 합병이나 다른 기업구조조정을 미실현이득의 과세계기로 삼아야 옳은가에 대한 과학적 분석 자체를 불가능하게 만든다. 합병이라고 해서 언제나 실질적 동일성(同一性)이 그대로 유지되지는 않는다. 가령 동네에서 햄버거집을 운영하던 회사가 맥도날드와 합병한다면, 이 회사나 주주의 경제적 실질은 확 달라진다. 구멍가게 주인에서 맥도날드의 극소수주주로 바뀐다. 이 상황에서 합병이란 인격합일이니 미실현이득을 과세할 수 없다라는 식의 선험적 결론을 내릴 수는 없다. 현금합병의 가능성을 생각해 보라. 상법은 접어놓고, 세법만 보자면 합병이든 회사분할이든 또는 현물출자든, 논점은 미실현이득의 과세여부일 뿐이다. 이는 과세하는 경우, 하지 않는 경우 각각의 장단점을 놓고 과학적으로 따질 문제이지,[45] 합병은 인격의 합일이므로 과세할 수 없고, 현물출자는 인격의 합일이 아니므로 과세해야 하고, 분할은 인격의 분할 같은데 상법교과서에 보면 다른 이야기가 적혀 있으니[46] 과세할지 말지 잘 모르겠고… 이런 식으로 생각할 일은 아니다.

〈대법원 2013. 11. 28. 선고 2009다79736 판결〉[47]

외국법인의 분할에 따라 분할법인이 자산으로 보유하던 내국법인의 발행주식을 분할신설법인에게 이전하는 것이 한일 조세협약 제13조 제2항 및 구 법인세법 제93조 제10호 (가)목에서 말하는 '주식의 양도'에 해당하는지 여부는 법인분할에 따른 주식의 이전을 계기로 당해 주식에 내재된 가치증가분이 양도차익으로 실현되었다고 보아 이를 과세대상 소득으로 삼을 수 있는지 여부에 따라 판단하여야 할 것이다.…

이와 같이 내국법인의 경우 구 법인세법…은 법인분할에 따른 자산의 이전도 양

43) 상법 문제지만, 소멸법인이 채무 특히 장차 불특정다수인이 불법행위책임을 묻는 것에 대한 대비수단으로 본문과 같은 거래를 하는 경우가 있다. 영업을 포괄적으로 현물출자받는 법인은 조건부채무나 장래의 채무도 모두 인수한 것으로 풀이하여야 할 것이다. 또는 결과적으로 상법상 합병과 차이가 없으므로 존속법인이 소멸법인의 권리의무를 포괄승계한다라는 상법규정을 준용할 수도 있을 것이다.

44) 2010년의 개정 조세특례제한법 제37조로 합병과 같은 법률효과를 주고 있다가 2017년 말 폐지. 아래 제7절.

45) 실현주의와 법인격 존중을 유지하는 한 인수합병세제의 내부적 정합성과 인수합병세제와 다른 거래 사이의 외부적 정합성의 동시달성은 애초 불가능하다는 비관론으로 임상엽, 중립적 기업인수세제의 불가능성과 그 정책적 함의, 조세법연구 19-2(2013), 283쪽.

46) 송옥렬, 상법강의(2023), 6편 2장 6절 2관.

47) 같은 취지의 판결로 대법원 2013. 11. 28. 선고 2010두7208 판결(합병법인세 및 증권거래세). 평석으로 김석환, 분할합병에 따른 자산이전의 '양도'여부: 세법상 인격합일설의 종말?, 조세법연구 20-1(2014), 119쪽. 대법원 2017. 12. 13. 선고 2015두1984 판결.

도차익이 실현되는 자산의 양도에 해당한다고 보아 그 양도차익의 산정방법을 규정하면서, 예외적으로 구 법인세법 …의 요건을 갖춘 경우에 한하여 분할법인이 대가로 받은 주식의 액면가액을 양도대가로 의제함으로써 양도차익이 산출되지 않도록 하여 분할신설법인이 당해 자산을 처분하는 시점까지 그에 대한 과세를 이연하는 정책적 특례를 제공하고 있는 점, 이에 비하여 외국법인의 경우에는 구 법인세법 …에서 내국법인이 발행한 주식 등의 양도로 인하여 발생하는 소득을 과세대상으로 규정하고 있을 뿐 외국법인의 분할에 따른 그 주식 등의 이전에 대하여 과세를 이연하는 정책적 특례규정을 두고 있지 아니한 점,[48] 외국법인의 분할에 따른 국내 자산의 이전을 내국법인의 분할에 따른 국내 자산의 이전과 달리 양도차익이 실현되는 자산의 양도로 보지 않을 합리적인 이유가 없는 점을 종합하면, 이 사건 법인분할은 외국법인의 분할이므로 그에 따른 이 사건 주식의 이전은 한일 조세협약 제13조 제2항 및 구 법인세법 제93조 제10호 (가)목에서 말하는 주식의 양도에 해당한다.

제 2 절 소멸법인의 양도손익

소멸법인이 합병으로 해산하는 경우 종래에는 청산소득에 대한 납세의무를 따로 지우고 있었다. 현행법은 소멸법인이 자산을 존속법인에게 양도하는 것으로 보아 그 양도손익을 합병등기일이 속하는 사업연도의 소득의 일부로 과세함을 원칙으로 한다. 다만, 일정한 요건을 만족하는 적격합병이라면 합병등기일 현재 소멸법인 순자산의 장부가액을 양도가액으로 보아 양도손익을 없애는 꼴로 과세이연을 허용하고 있다. 적격합병이라면 양도대가를 합병신주의 액면으로 계산하던 종래의 우회적 방법 대신 정공법을 택한 것이다.

I. 합병 양도손익의 과세

消滅法人의 합병에 의해 생기는 양도손익은 소멸법인의 합병등기일이 속하는 사업연도의 손익으로 과세한다.

> 법인세법 제44조 (합병시 피합병법인에 대한 과세) ① 피합병법인이 합병으로 해산하는 경우에는 그 법인의 자산을 합병법인에 양도한 것으로 본다. 이 경우 그 양도에

48) 그 뒤 2016년에 특례규정이 들어왔다. 법인세법시행령 제14조 제1항 제1호의2.

따라 발생하는 양도손익(제1호의 가액에서 제2호의 가액을 뺀 금액을 말한다…)은 피합병법인이 합병등기일이 속하는 사업연도의 소득금액을 계산할 때 익금 또는 손금에 산입한다.

1. 피합병법인이 합병법인으로부터 받은 양도가액

2. 피합병법인의 합병등기일 현재의 자산의 장부가액 총액에서 부채의 장부가액 총액을 뺀 가액…

여기에서 합병법인이란 존속법인이라는 뜻이다.[49] 제44조는 합병을 현물출자와 주식(잔여재산)분배의 결합으로 이해하는 것이다. 기실 합병시 피합병법인(소멸법인)이 합병법인에서 주식이나 합병교부금을 받지는 않는다. 그런데도 피합병법인이 양도가액을 받는다고 본다. 미국법이나 일본법에서 합병과 동시에 소멸법인이 존속법인의 주식과 합병교부금을 존속법인에게서 양도대가로 받아 이를 바로 소멸법인의 주주에게 배당한 것으로 보는 것과[50] 같다. 이 구조에서는 소멸법인(피합병법인)의 주주가 받는 합병대가가 피합병법인이 받는 "양도가액"이 된다.[51] 존속법인이 자산을 시가(時價)로 양도받은 것으로 보므로[52] 소멸법인의 양도가액 역시 時價일 수밖에 없다. 2010년 개정법의 전체 취지로 보더라도 시가로 보아야 한다. 1998년 과세이연 제도가 들어오기 전의 옛 법에서 판례는, 합병은 인격합일이고 따라서 과세계기가 아니라는 결론을 미리 내린 뒤, 그 결론에 맞추어 비과세라는 결과를 얻기 위한 수단으로 합병대가로 받는 주식의 가액(價額)은 주식의 시가가 아니라 액면(額面)가액이라는 뜻으로 해석했다.[53] 그 뒤 IMF 관리체제에서 들여온 과세이연(移延) 제도는 합병신주의 액면평가를 통해 과세이연 효과를 얻고 있던 종래의 관행을 입법하여서 적격합병이라면 합병신주의 가액을 액면으로 평가하도록 정했다.[54] 2010년의 개정법은 이런 우회적 방법을[55] 피하고 정면으로 과세이연 제도를 들여오고자 한 것이다. 따라서 현행법

49) 법인세법 제16조 제1항 제5호.

50) 일본 法人稅法 제62조. West Shore Fuel Inc. v. U.S., 598 F.2d 1236 (2d. Cir. 1979). 이창희, 미국법인세법, 제6장 제1절 1.

51) 법인세법시행령 제80조 제1항 제2호 가. 소멸법인 주주의 의제배당 소득 계산에서 법인세 2중과세를 다 없애주지는 않으므로 실상 "(양도대가－양도차익에 대한 법인세)＝합병대가"라야 맞다. 이창희, 미국법인세법, 제6장 제4절 III.

52) 법인세법 제44조의2 제1항.

53) 대법원 1994. 11. 4. 선고 93누12961 판결 등; 이태로, 조세법강의(신정판, 1997), 338쪽. 그러나 해산에 의한 청산소득 계산시 잔여재산의 "가액"이라는 말은 시가라는 뜻으로 풀이하고 있었다. 이태로, 같은 책, 327쪽.

54) 이창희, 세법강의(제8판, 2009), 607쪽.

55) 문제점에 대해서는 같은 책, 608쪽.

에서는 합병신주의 가액을 액면으로 평가할 여지는 없다.

합병양도손익이 각 사업연도의 소득이 되었으므로 소멸법인의 이월결손금(缺損金)은 공제받을 수 있지만, 공제하고도 남은 금액은 소멸한다.[56)]

Ⅱ. 포합(抱合)주식

“피합병법인이 합병법인으로부터 받은 양도가액”이란 소멸법인 주주가[57)] 받는 합병대가라는 뜻이다. 소멸법인의 주주가 받는 합병대가와 소멸법인 순자산의 차액은 소멸법인의 양도(讓渡)소득으로 과세한다. 그런데 가만히 보면 합병을 하면서 이 讓渡소득을 없앨 수 있는 길이 있다. 어떻게 하면 될까? 존속법인이 합병 전에 소멸법인 주식을 미리 사들이면[58)] 존속법인 자신은 소유한 주식(이것을 抱合주식이라 부른다)에 대해서 합병대가를 받을 필요가 없고[59)] 따라서 그만큼 양도소득을 줄일 수 있다. 합병에 반대하는 소수주주의 주식은 사들일 수가 없다는 점에서 애초 합병대가와는 달리 과세해야 옳다는 생각이 들 수 있지만, 어차피 합병에서도 반대주주는 회사에 주식을 넘기고 나갈 것이므로 결국 달리 과세할 이유가 없다. 실제 차이는 없다. 주식을 미리 사들이자면 현금이 들지 않는가 생각할는지 모르지만 그것도 아니다. 애초 소멸법인 주식을 사들이면서 존속법인 주식을 대가로 줄 수도 있고 합병대가로 현금을 줄 수도 있다.

이처럼 실질에는 차이가 없으면서 세금에 차이가 생기는 것을 막기 위해[60)] 옛 법은 존속법인이 포합주식을 매수하는 데 들어간 대가를 합병시 소멸법인의 주주가 받는 合併交付金이나 마찬가지로 취급했다.[61)][62)] 1978년까지는 포합주식을 쓰면 합병청

---

56) 제14장 제5절 II.

57) 소멸법인의 자기주식에는 합병대가를 못 준다.

58) 10% 이상 사들이면 즉시 상대방에게 통지해야 한다. 상법 제342조의3.

59) 2005년부터는 포합주식에는 합병신주를 발행할 수 없다. 자본시장법시행령 제176조의5 제7항. 예전에는 당사자의 자유였다. 대법원 2004. 12. 9. 선고 2003다69355 판결. 송옥렬, 상법강의, 6편 2장 6절 II.3.

60) 헌법재판소 2007. 4. 26. 2005헌바83 결정.

61) 일본의 회계학자 가운데에는 포합주식의 취득가액은 소멸법인 주주의 주식양도차익으로 이미 과세한 것이므로 소멸법인의 소득(그 당시에는 청산소득)에 또 포함하는 것은 이중과세라 헐뜯는 견해가 있다. 武田昌輔, 會社の合併と稅務(1989), 237쪽 이하. 그러나 미리 주식을 사지 않고 합병과정에서 주식을 취득하더라도 합병대가로 주는 주식이나 합병교부금의 가액을 소멸법인 주주의 의제배당으로 과세함은 마찬가지이다. 주식양도소득과 배당소득의 2중과세 시비는 제13장 제3절 II. 의제배당에는 배당세액공제가 따르고 주식양도차익에는 따르지 않는다는 차이는 남지만, 법인세 부담은 주식매매가격에 자동조정된다. 제13장 제4절. 또 우리 법에서는 어차피 배당세액공제가 법인세 이중과세부담을 다 제거하지 않고 있다.

산소득에 대한 과세를 아예 벗어날 수 있었고,[63] 이를 막기 위해서 1979년에 법을 바꾸어 존속법인이 합병 전에 소멸법인 주식을 미리 사들임으로써 "청산소득이 부당히 감소되는 것으로 인정되는 때"에는 포합주식의 매매대금을 합병교부금으로 보았다.[64] 소멸법인 주식의 취득이 청산소득을 부당히 감소시키는가라는 주관적 판단은, 주식취득에서 합병에 이르는 일련의 거래와 과정을 종합하여 주식취득이 합병의 사전포석이었는가를 물어서 판단하라는 것이 판례이었다.[65] 그러다가 1997년법은 이 주관적 기준을 버리고 획일적 기준으로 두 해가 안 된 포합주식은 합병교부금으로 보고 과세했다.[66] 그러나 이처럼 포합주식의 매매대금을 합병교부금에 얹는 것은 소멸법인의 미실현이득(未實現利得)을 과세하기에 적절하지 않다는 비판을 받고 있었다.[67]

2010년 이후 현행법에서는 소멸법인이 자산 전체를 시가(時價)에 양도한 것으로 본다. 포합주식에 합병신주를 교부하지 않더라도[68] 마치 교부한 것처럼 보면서 소멸법인의 미실현이득 전체를 역산해내어 합병양도소득으로 잡는다.[69]

(보기) 존속(주)는 소멸(주)의 주식을, 01. 1. 1.에 25%를 10억원에 01. 7. 1.에 50%를 50억원에 사들인 뒤, 03. 2. 1. 흡수합병하였다. 소멸(주)의 다른 주주들(25% 소유)에게 지급한 정당한 합병대가는 합병신주 25억원어치이다. 소멸(주) 순자산의 취득가액이 60억원이라면 합병양도소득은 얼마?

(풀이) 25% 주주가 받는 합병대가가 25억원이므로 역산하면 소멸(주) 순자산의

---

62) 미국법에서도 주식을 사들여 자회사로 삼은 지 얼마 안 되는 회사를 합병한다면 이해관계의 계속성이 없다고 보아 새조직에서 탈락. 이런 경우에 내비하여 미국법은 80% 이상 자회사를 해산청산하는 경우에는 자회사와 모회사에 과세이연 혜택을 준다는 특칙을 두고 있다. 자회사 소수주주의 소득은 과세한다. 미국세법 331조, 332조, 337조, 381조(a)(1).

63) 대법원 1985. 6. 25. 선고 85누193 판결 등.

64) 헌법재판소 2007. 4. 26. 2005헌바83 결정; 2009. 12. 29. 2007헌바78 결정. 옛 법인세법시행령 제117조의2.

65) 대법원 1992. 5. 26. 선고 91누8449 판결; 1989. 7. 25. 선고 87누55 판결 등.

66) 옛 법인세법 제80조 제2항. 대법원 2011. 5. 13. 선고 2008두14074 판결(합병청산소득에서 같은 글귀); 2013. 12. 12. 선고 2013두13204 판결; 2013. 12. 26. 선고 2011두20369 판결.

67) 이창희, 세법강의(제8판, 2009), 611-612쪽.

68) 2025년부터 상장법인은 교부할 수 없다. 소멸법인의 자기주식에도 합병신주를 교부할 수 없다. 자본시장 및 금융투자업에 관한 법률 시행령 제176조의5 제7항.

69) 합병신주를 교부한 것처럼 본다는 말은 합병대가로 시가를 확인해서 피합병법인의 양도가액으로 역산한다는 말일 뿐이다. 이창희, 미국법인세법, 제6장 제4절 III. 법인세법 제44조의2 제1항. 미국법은 포합주식도 합병직전에 산 것이라면 합병대가를 역산해내는 자료로 쓴다. 법인세법시행령 제80조 제1항 제2호 가목 단서는 합병대가만으로 역산하고 그것이 맞다. 합병대가를 받는 주주는 의제배당으로 배당세액 공제를 받지만 포합주식으로 판 주주는 비과세 아니면 양도소득세를 내므로 배당세액 공제를 못 받아서, 역산이 복잡해진다.

시가는 100억원. 합병양도소득은 100 - 60 = 40억원. 포합주식을 얼마에 샀는가는 무의미.

합병 뒤의 문제로, 포합주식에 합병신주를 교부하여 취득한 자기주식을 매각하여 얻은 처분이익은 과세한다.[70] 소멸법인이 소유하고 있던 존속법인 주식을 합병으로 취득한[71] 후 이를 처분하여 얻은 자기주식처분이익도 과세하고 양도가액과 소멸법인 취득가액의 차액이 양도차익.[72] 부적격합병이라면 애초 합병양도손익으로 과세하므로 자기주식 취득가액은 합병당시의 시가. 아래 III. 1.

III. 적격(適格)합병 → 양도소득과세이연

일정한 요건을 만족하는 합병(적격합병)이라면 양도소득에 대한 과세를 이연받을 수 있다. 실질적 동일성(同一性)이 있다는 생각이다. 법인세법에 따른 과세이연을 받는다면, 취득세도 특혜를 받을 수 있다.[73] 실질적 同一性이란 어떻게 정할 것인가?

> 법인세법 제44조 (합병 시 피합병법인에 대한 과세) ① 피합병법인이 합병으로 해산하는 경우에는 그 법인의 자산을 합병법인에 양도한 것으로 본다. 이 경우 그 양도에 따라 발생하는 양도손익(제1호의 가액에서 제2호의 가액을 뺀 금액을 말한다. 이하 이 조 및 제44조의3에서 같다)은 피합병법인이 합병등기일이 속하는 사업연도의 소득금액을 계산할 때 익금 또는 손금에 산입한다.
>
> 1. 피합병법인이 합병법인으로부터 받은 양도가액
>
> 2. 피합병법인의 합병등기일 현재의 자산의 장부가액 총액에서 부채의 장부가액 총액을 뺀 가액(이하 이 관에서 "순자산 장부가액"이라 한다)
>
> ② 제1항을 적용할 때 다음 각 호의 요건을 모두 갖춘 합병(이하 "적격합병"이라 한다)의 경우에는 제1항 제1호의 가액을 피합병법인의 합병등기일 현재의 순자산 장부가액으로 보아 양도손익이 없는 것으로 할 수 있다. 다만, 대통령령으로 정하는 부득이한 사유가 있는 경우에는 제2호·제3호 또는 제4호의 요건을 갖추지 못한 경우에도 적격합병으로 보아 대통령령으로 정하는 바에 따라 양도손익이 없는 것으로 할 수 있다.

---

70) 대법원 2005. 6. 10. 선고 2004두3755 판결. 2025년부터는 합병신주를 교부 못 한다.

71) 상법 제341조의2.

72) 이 책 2022년판, 제14장 제4절 V, 제15장 제2절 III.5. 대법원 2022. 6. 30. 선고 2018두54323 판결↔2000. 5. 12. 선고 2000두1720 판결; 2005. 6. 10. 선고 2004두3755 판결. 이준엽, 합병법인이 피합병법인이 보유하던 합병법인 발행주식을 승계하여 양도할 때 양도차익의 법인세 과세대상 여부 및 그 산정방법, 대법원판례해설 132(2022), 178쪽.

73) 지방세특례제한법 제57조의2 제1항, 제2항.

1. 합병등기일 현재 1년 이상 사업을 계속하던 내국법인 간의 합병일 것…

2. 피합병법인의 주주등이 합병으로 인하여 받은 합병대가의 총합계액 중 합병법인의 주식등의 가액이 100분의 80…이상인 경우로서 그 주식등이 대통령령으로 정하는 바에 따라 배정되고,[74] 대통령령으로 정하는 피합병법인의 주주등이[75] 합병등기일이 속하는 사업연도의 종료일까지 그 주식등을 보유할 것

3. 합병법인이 합병등기일이 속하는 사업연도의 종료일까지 피합병법인으로부터 승계받은 사업을 계속할[76] 것…

4. 합병등기일 1개월 전 당시 피합병법인에 종사하는 대통령령으로 정하는 근로자 중 합병법인이 승계한 근로자의 비율이 100분의 80 이상.

③ 다음 각 호의 어느 하나에 해당하는 경우에는 제2항에도 불구하고 적격합병으로 보아 양도손익이 없는 것으로 할 수 있다.

1. 내국법인이 발행주식총수 또는 출자총액을 소유하고 있는 다른 법인을 합병하거나 그 다른 법인에 합병되는 경우

2. 동일한 내국법인이 발행주식총수 또는 출자총액을 소유하고 있는 서로 다른 법인 간에 합병하는 경우

1. 과세이연의 요건

존속법인이 이미 소멸법인 주식을 전부 소유하고 있는 경우에는 합병양도소득을 과세하지 않는다. 100% 자회사를 100% 모회사로 합병하는 모자간 거래나 100% 자회사끼리 합병하는[77] 경우에는 그 자체로 適格이 되어[78] 양도차익에 대한 과세를 이연받을 수 있다. 또 한편, 100% 자회사라 하더라도 이를 모회사에 합치는 형식으로 합병이 아니라 해산청산이라는 길을 택한다면 미실현이득을 청산소득이라는 형식으로 과세하게 된다.[79] 입법론으로는 어느 쪽 길을 택하든 세금에 차이가 없어야 할 것이다. 다만 어차피 합병양도손익의 과세여부를 납세의무자의 선택에 맡겨둔 이상, 해산청산이라는 길을 택하여 과세받겠다고 선택할 여지를 열어둔 것으로 생각할 수는 있다.

100% 자회사가 아니라면 적격합병 과세이연(移延)의 요건은? 1) 사업(事業)을 1년 이상 했던 내국법인 간의 합병일 것, 2) 합병대가의 총합계액 중 주식(株式)등의

74) 법인세법시행령 제80조의2 제4항.

75) 지배주주. 법인세법시행령 제80조의2 제5항.

76) 사업폐지 여부는 대법원 2017. 1. 25. 선고 2016두51535 판결. 법인세법 제44조 제2항 제3호에 대한 예외로 법인세법시행령 제80조의2 제7항.

77) 상장법인이라면 포합주식에 합병신주를 교부 못 하므로 무증자합병이 된다.

78) 법인세법 제44조 제3항. 100% 자회사 해산청산=합병. 대법원 2014. 7. 24. 선고 2012두6247 판결; 2017. 2. 3. 선고 2014두14228 판결. 간이합병은 상법 제527조의2, 제522조의3.

79) 법인세법 제79조. 제14장 제5절 II.

가액이 100분의 80 이상이며 지배주주가 합병등기일이 속하는 사업연도의 종료일까지 그 주식 등을 보유할 것, 3) 존속법인이 합병등기일이 속하는 사업연도의 종료일까지 승계받은 事業을 繼續할 것, 4) 종업원(從業員)을 승계할 것. 미국법에서는 합병 자체가 사업상의 목적을 위한 것인가를 묻지만 우리 법은 그런 주관적 기준 대신 합병당사자가 사업을 1년 이상 했는가, 또 합병 이후에도 적어도 그해 말까지 사업을 계속하는가를 묻고 있다.[80] 지분의 연속성, 미국법의 용어로 이해관계의 계속성도 미국법처럼 법원의 주관적 판단에 맡기지 않고 80%라는 기준을 택하고 있다. 존속법인 주식이 합병대가의 80% 이상이거나 3각합병으로 모회사 주식이 합병대가의 80% 이상이어야 한다. 3각합병은 아래 제8절. 보통주든 종류주식이든 모두 주식이므로 지분의 연속성이 있다.[81]

2. 사후적 변화

합병 뒤에 주주의 주식보유나 존속법인이 승계받은 사업에 변화가 생기더라도 실질적 同一性이 여전히 유지되는 변화라면 자산 양도차익의 과세이연을 깨뜨리지 않는다.[82] 가령 주식 1/2 미만의 처분은 "부득이"하지 않더라도 실질적 동일성에는 변화가 없다. 한편 회생절차에서 법원의 허가를 받은 주식처분이나 재산처분은 실질적 동일성이 있다는 보장이 없다. "부득이한"이라는 글귀의 범위에 들어가는 이상 과세이연을 깨뜨리지 않지만[83] 법률을 바로 풀이한 것인지는 의문.[84]

3. 현금거래는 어디까지?

합병과정에서 합병대가의 일부로 합병교부금(合併交付金)을 주고받는 수가 있다. 합병교부금을 받더라도 반드시 양도소득이 생기지는 않는다. 합병대가가 순자산보다 적다면 소득이 안 생긴다. 그러나 합병교부금이 합병대가의 20% 이상이라면 비적격합병이 되므로 양도손익 전체가 과세대상이 된다. 종래의 5% 기준을 완화한 것. 합병교부

80) 비상장법인이 상장법인인 SPAC과 합병하는 것은 상장이 본질이므로 일정한 예외가 있다. 제2항 제1호, 제3호 단서. 제25장 제3절 V.2. 2023년부터는 SPAC를 존속법인 소멸법인 어느 쪽으로도 삼을 수 있다.

81) 상법 제344조 제3항. 이창희, 미국법인세법, 제8장 제3절 I.2, 제9장 제2절 I.1.

82) 법인세법시행령 제80조의2 제1항 제2호↔대법원 2023. 11. 2. 선고 2020두56803 판결↔2018. 10. 25. 선고 2018두42184 판결(회사분할 관련 같은 논점). 제16장 제2절 Ⅰ.

83) 제3장 제5절 Ⅰ.2. 법인세법 시행령 제80조의2 제1항은 실질적 동일성이 있다는 말을 '부득이'라는 개념에 포섭.

84) 적격구조조정이 아닌데 그저 법원의 허가를 받았다는 이유로 과세이연을 계속한다면 아마도 사후관리가 불가능할 것이다. 결국 법원의 처분허가가 축소되든가 세수상실이 생기든가 둘 중 하나로 가기 십상이다.

금이 20%를 넘는지 계산에서 주식의 가액은 시가를 뜻한다고 풀이해야 한다.

합병에 앞서서 소멸법인 주식 가운데 가령 25%를 미리 현금으로 사들여 두었다가 합병하면 이 현금은 "피합병법인의 주주 등이 합병으로 인하여 받은 합병대가"인가 아닌가? "합병으로 인하여"라는 말을 엄격하게 해석한다면 아니다. 옛 법인세법과 달리 현행법 제44조 제1항의 해석상으로는 포합주식을 합병교부금으로 의제하지 않는다(포합주식에도 합병신주를 교부하는 것처럼 양도소득을 계산할 뿐이다). 한편 애초 합병을 염두에 두고 미리 주식을 사들인 것이라면, 반대하는 주주의 주식을 합병과정에서 현금으로 사들이는 것과 마찬가지라고 생각할 수도 있다. 미국법에서는 미리 주식을 사들이는 것이 실질적으로 합병의 일환인가라는 사실판단 내지 실질과세 문제로 해결한다.[85] 대통령령은 소멸법인 주식을 얼마나 사들였는지, 사들인 뒤 얼마나 지났는지, 이 두 가지를 기준으로 삼고 있다.[86]

(보기) 앞 보기의 소멸(주)는 지분의 연속성(80%)을 만족하는가?

(풀이) 대통령령에 따른다면 80% 계산에서 합병대가의 총합계액은 100억원. 존속(주)는 지배주주이므로 2년 안인 01. 7. 1.에 사들인 포합주식에 대하여 교부한 것으로 보는 합병신주등의 가액 50억원은 현금으로 교부한 것으로 본다. 합병 당시 현금으로 지급한 합병대가는 따로 없지만 합병대가에서 합병신주가 차지하는 비중은 50/100 〈 80/100. 부적격.

합병에 반대하는 주주가 주식매수청구권(株式買受請求權)을 행사해서 받아나가는 돈은[87] 합병대가인가? 가령 20%의 주주가 반대하는 합병을 80% 찬성으로 강행하는 과정에서 반대주주가 받아가는 돈은 "피합병법인의 주주등이 합병법인으로부터 받은 양도가액"인가? 글귀만 보자면, 합병등기 전에 소멸법인에서 돈을 받는가, 등기 뒤에 존속법인(합병법인)에서 돈을 받는가에 달려 있게 되나, 그렇게 풀이할 일은 못 된다. 어느 회사가 돈을 주는가는 법률적으로는 무의미하다. 소멸법인의 채무는 포괄적으로 존속법인에 승계되기 때문이다.[88] 또 주식가액의 협의와 결정에는 시간이 걸리니[89]

---

85) 이창희, 미국법인세법, 제8장 제3절 I.2.(4), 제9장 제1절 I, 제2절 VII.

86) 합병법인이 소멸법인의 지배주주(1% 이상 주주 가운데 최대주주)라면 최근 2년 이내에 취득한 포합주식 전체에 합병신주가액 상당액을 현금으로 지급한 것처럼 계산한. 지배주주가 아니라면 최근 2년 이내에 취득한 포합주식이 피합병법인 발행주식 총수의 20%를 넘는 부분의 합병신주가액 상당액을 현금으로 지급한 것처럼 계산한다. 법인세법시행령 제80조의2 제3항.

87) 상법 제522조의3, 제341조의2.

88) 상법 제530조 제2항, 제235조.

89) 상법 제522조의3, 제530조 제2항, 제374조의2.

존속법인에서 돈을 받는 것이 오히려 보통일 것이다. 목적론적 관점에서는 주주의 구성이 그대로 유지되면서 합병대가의 일부를 현금으로 받는 경우보다는 주주의 구성 자체가 아예 바뀌는 경우가 더 큰 변화이다. 전자가 과세대상인 이상 후자를 과세함은 당연하다. 미국법에서는 이해관계의 계속성이 유지되는가를 판단할 때(이 판단에는 일률적 기준이 없고 법원의 재량이다), 반대주주가 주식매수청구에 따라 받아가는 돈의 비중이 어느 정도인가를 고려한다.[90] 한편 독일에서는 주식매수인이 누구인가는 민사법이 기준이라고.[91]

4. 과세이연 신청

현행법에서 양도소득에 대한 과세이연을 받을 것인가는 납세의무자가 선택하기 나름. 적격합병의 요건이 갖추어진 경우 "양도손익이 없는 것으로 할 수 있다"고 법률에 정하고 있고, 대통령령은 과세특례를 받으려는 납세의무자는 따로 신청서를 제출하라고 정하고 있기 때문이다.[92] 제출 안 하면 과세특례를 적용 못 받는다.

Ⅳ. 존속법인이 지급한 소멸법인의 합병양도소득세

소멸법인이 합병양도소득에 대한 법인세(法人稅)를 합병등기 때까지 납부하지 않는다면 존속법인이 법인세채무를 물려받는다.[93] 이 금액은 합병교부금으로 보아야 하므로[94] 합병양도소득에 가산해야 한다. 그런데 소득이 증가하면 다시 세금이 늘어나고, 이 세금 대납 때문에 소득이 다시 늘어나는 무한등비수열이 생긴다. 따라서 이를 풀어서 양도소득의 금액과 법인세의 금액을 계산한다.[95]

제 3 절 소멸법인 주주에 대한 의제배당

소멸법인의 주주에게는 의제배당을 소득으로 과세한다. 법인세법 제16조에도 같은

90) Helvering v. Southwest Consolidated Corp., 315 US 194 (1942)(매수인=인수법인). 미국재무부규칙 1.368-1(e)(8) Ex. 9(매수인=소멸법인). Rev. Rul. 78-250, 1978-1 CB 83.

91) 김완석 · 황남석, 법인세법(2021), 3편 7장 1절 3.가.

92) 법인세법 제44조 제2항, 같은 법 시행령 제80조 제3항.

93) 국세기본법 제23조. 법인세법시행령 제85조의2는 법률해석상 당연한 사리의 확인이다.

94) 대법원 1989. 7. 25. 선고 87누55 판결.

95) 세금대납전의 소득을 X, 세율을 t라 하면 대납 전의 법인세는 tX가 된다. 따라서 세금 대납 후 소득은 X/(1-t)가 되고 법인세는 tX/(1-t)가 된다.

내용.

> 소득세법 제17조 (배당소득) ① 배당소득은 해당 과세기간에 발생한 다음 각 호의 소득으로 한다.
>
> 1.-2의2. (생략)
>
> 3. 의제배당. (하략)
>
> ② 제1항 제3호에 따른 의제배당이란 다음 각 호의 금액을 말하며, 이를 해당 주주…에게 배당한 것으로 본다.
>
> 1.-3. (생략)
>
> 4. …소멸…법인의 주주…가…존속…법인…으로부터 그 합병으로 취득하는 주식…의 가액과 금전 및 그 밖의 재산의 합계액이…소멸…법인의 주식…를 취득하기 위하여 사용한 금액을 초과하는 금액

Ⅰ. 적격합병 → 과세이연

의제배당 소득은 합병대가(合倂對價)로 존속법인에게서 받은 주식(및 합병교부금)의 가액에서 주식의 취득가액을 뺀 금액이다. 의제배당의 과세이연 요건은 소멸법인의 합병양도소득 과세이연 요건에 맞추어 놓았다. "법인세법에서는 기본적인 적격합병의 요건을 마련하고 당해 요건의 충족을 기초로 합병에 의한 기업구조조정을 지원하기 위하여 여러 가지 세제상 우대조치를 마련하고 있는" 것이므로 합병과 관련한 주주 의제배당소득의 과세이연 여부도 소멸법인의 자산양도소득 과세이연과 맞추어서 "의제배당소득이 발생하지 아니하거나 적게 발생"하도록 대통령령에 정한 것은 소득세법 제17조나 법인세법 제16조에 대한 합리적 해석의 범위 안이다.[96] 한 해 이상 사업을 계속한 회사 사이의 합병이고 合倂對價의 80% 이상이 주식이라면 교부받은 주식의 가액을 종전 주식의 장부가액 또는 취득가액으로 계산한다.[97] 가령 합병대가의 전부가 주식이라면 의제배당의 금액은 영(0)이 된다. 따라서 소멸법인의 주주는 과세이연이라는 효과를 얻게 된다. 적격합병이기는 하나 합병교부금이 있는 경우 의제배당의 금액은

---

96) 헌법재판소 2008. 5. 29. 2005헌바6 결정. 법인세법시행령 제14조 제1항 제1호 (나)목 (라)목, 법인세법 제44조 제2항. 완전자회사나 완전손회사인 외국법인 사이의 합병이라면 소멸법인의 과세이연 여부는 외국법에서 정하므로, 우리나라의 주주가 받는 합병대가를 의제배당에서 제외한다.

97) 다만 지배주주의 주식처분 제한과 사업의 계속성은 개별 주주의 통제 밖이므로 과세이연의 요건이 아니다. 소득세법 제17조 제2항 제4호, 같은 법 시행령 제27조 제1항 제1호; 법인세법 제16조 제1항 제5호, 제44조 제2항, 같은 법 시행령 제14조 제1항 제1호. 취득부대비용은 취득원가에 얹는다. 대법원 2014. 3. 27. 선고 2011두1719 판결.

합병교부금과 실현된 소득(합병대가 - 주식취득가액) 가운데 적은 금액이다.[98]

Ⅱ. 비적격합병 → 의제배당

비적격합병이라면 원칙으로 돌아가 합병신주의 가액을 시가(時價)로 계산한 금액에서[99] 주식의 취득가액을 뺀 금액을 擬制配當으로 과세한다.[100] 소멸법인의 자산양도소득은 합병신주의 시가(時價)에 터잡아 계산하므로 소멸법인의 미실현이득에 대한 법인세가 나오게 되고, 따라서 주주 단계에서 배당세액공제를 해 준다.[101] 법인 주주라면 수입배당금 익금불산입 조항[102]에 따라 의제배당도 일부를 익금불산입할 수 있다고 풀이하여야 소득세법과 균형이 맞는다.

Ⅲ. 포합주식과 조세회피

현행법에 따른 배당세액공제로는 법인세 부담이 완전히 없어지지는 않지만,[103] 의제배당 금액 자체를 없애거나 줄일 수 있는 경우가 있다. 상장법인의 소수주주라면 주식양도차익을 비과세하고, 비상장법인도 종합소득세 최고세율보다 한결 낮은 세율로 과세하므로,[104] 합병이 있기 전에 주식을 팔아 버리면 매도인의 양도차익은 비과세되고 매수인은 취득원가가 올라가므로 의제배당의 금액이 없어지게 된다. 극단적으로는 주식을 팔았다가 되사면 그만이다. 이미 감자나 회사의 해산·청산에서

98) 합병신주의 시가가 구주취득가액보다 높다면, 소득세법시행령 제27조 제1항 제1호 (나)목 제1문이 적용되어 합병신주를 구주의 취득가액으로 평가한다. 따라서 의제배당 = (합병신주 + 합병교부금 - 구주취득가액) = 합병교부금(〈 실현된 소득 = 합병신주의 시가 + 합병교부금 - 구주취득가액)이 되어 합병교부금만큼 과세소득이 생긴다. 합병신주의 시가가 구주취득가액보다 낮다면 제2문이 적용되어 합병신주는 시가로 평가하고 의제배당 = (합병신주의 시가 + 합병교부금 - 구주취득가액 〈 합병교부금)만큼 소득이 실현된 것으로 과세한다. 두 경우를 종합하면 합병교부금이 있는 경우 의제배당은 합병교부금의 금액으로 하되 실현된 소득(=합병신주의 시가 + 합병교부금 - 구주취득가액)의 금액을 상한으로 삼는 결과가 된다.

99) 법인세법시행령 제14조 제1항 제1호 (나)목; 소득세법시행령 제27조 제1항 제1호 (나)목.

100) 의제배당 금액이 (-)이더라도 손금산입은 안 된다. 대법원 2011. 2. 10. 선고 2008두2330 판결; 헌법재판소 2007. 3. 29. 2005헌바53 등(특별법에 따른 조직변경). 일본법에서는 배당소득, 독일법에서는 양도소득. 미국법에서는 소멸법인을 해산·청산하는 법률효과가 생긴다. 이창희, 미국법인세법, 제6장 제2절 III, 제5장 제1절 II.

101) 소득세법 제17조 제3항, 제56조 제1항.

102) 법인세법 제18조의2.

103) 입법이유는 제13장 제4절 참조.

104) 소득세법 제94조 제1항 제3호. 주권상장법인 및 코스닥상장법인 주식이라도 대통령령이 정하는 대주주가 양도하는 것과 코스피시장 및 코스닥시장 밖에서 거래하는 것은 과세. 제12장 제1절.

본 바와 같다. 특히 옛 법인세법에서 배당세액 공제율이 낮던 때에는 이 문제가 심각했다. 존속법인이 소멸법인 주주로부터 주식을 미리 사들이면 주주가 따로 없으므로 아예 의제배당이 없어지는 것 아닐까? 국세청에서는 주식양도 후에 합병이 있었던 거래를 순서를 재구성(再構成)하여 합병을 하면서 주주가 주식을 내어놓고 돈을 받았다는 식으로 보고 의제배당소득을 과세한 사례가 있었다. 법원은 의제배당이 아예 없어진다고 보지는 않았지만 그 금액이 영(0)이라고 이유를 들면서 과세처분을 취소.[105)]

> 소외 주식회사 극동상사의 주주이던 소외 양승관 등 8인이 1984. 1. 9. 그들이 소유하고 있던 위 회사의 발행주식 전부를 원고회사에게 양도한 사실, 원고회사가 그 후 위 회사를 흡수합병하여 1985. 9. 30. 합병의 등기를 마친 사실들을 인정한 다음, 원고회사가 취득한 위 주식이 법인세법시행령 제117조의2 소정의 포합주식에 해당되어 그 취득가액을 합병교부금으로 보아 위 회사의 청산소득을 계산하여야 되는 것이라고 하더라도, …이 사건의 경우 합병등기를 할 당시의 위 회사의 소득세법상의 주주는 원고회사로 볼 수밖에 없고, 따라서 원고회사가 받은 합병교부금으로 보는 포합주식의 취득가액이 포함된 합병법인의 교부주식가액은, 피합병법인인 위 회사의 주식을 취득하기 위하여 소요된 금액과 동일한 것이어서, 결국 소득세법의 규정에 의한 의제배당소득은 없는 것…(대법원 1989. 7. 25. 선고 87누55 판결 참조).

의제배당 과세를 위와 같이 회피할 수 있는 것은 현행법이 의제배당의 금액을 회사(會社)와 무관하게 주주(株主)를 기준으로 정의하고 있기 때문. 이론구조로 따지자면 배당소득이란 법인의 과세소득에 포함되어 법인세를 낸 유보소득을 주주에게 할당하는 것을 말한다.[106)] 배당금을 주주의 소득에 포함하면서 배당세액공제를 해주는 것은, 법인세율과 개인소득세율의 차이만큼 세금을 조정하는 시기를 배당금 지급시기로 미루어 주고 있는 것이다. 이 구조에서 배당소득이란 주주에게 할당되어 법인단계에서는 줄어드는 유보소득의 금액을 말한다. 미국법 같으면 earnings and profits(E&P)라 하여 세법이 배당가능이익의 개념을 따로 정하고 있으므로 회사단계의 E&P 감소액이 주주단계의 배당소득이 된다. 세법에서 배당가능이익의 개념을 따로 정하고 있지 않고 배당소득인지 아닌지를 상법상의 배당 개념에 맡기고 있는[107)] 우리 법의 구조에서는 배당가능이익(이익준비금 포함)의 주주할당액은 상법상 배당가능이익이나 이익준비금

---

105) 대법원 1989. 7. 25. 선고 87누55 판결; 1991. 12. 24. 선고 91누2458 판결 등.

106) 제14장 제3절.

107) 단 위법소득의 과세는 별론.

의 감소액이 얼마인가에 따르게 된다.

이 말은 세법상 배당소득이 있는가, 금액이 얼마인가는 배당금을 지급하는 會社를 기준으로 입법해야 옳다는 말이다. 합병을 통하여 소멸법인의 배당가능이익이 줄어드는 만큼 주주에게는 배당소득이 생기도록 해야 한다. 이 말은 주주가 얻는 합병대가와 소멸법인 주식 취득가액의 차액 가운데 배당소득이 아닌 부분은 반드시 비과세해야 한다는 말은 아니다. 주주의 소득 가운데 배당소득이 아닌 부분은 주식양도차익이므로 주주가 누구인가 주식이 어떤 주식인가에 따라서 과세대상일 수도 있고 아닐 수도 있다. 합병직전에 주식을 새로 사들여서 주주가 된 사람의 경우에도 배당가능이익을 할당받은 부분은 배당소득이고, 배당액만큼 주식의 가치가 떨어지는 것은 주식양도차손이 되어야 맞다.

제4절 존속법인에 대한 과세

존속법인에 대해서도 미실현이득의 과세문제가 생긴다. 이하에서는 우선 소멸법인에서 승계받은 순자산의 시가가 장부가액과 같아서 미실현이득도 없다는 전제 하에 합병차익의 법률적 성질을 밝힌다. 뒤이어 순자산의 시가가 장부가액과 다른 경우 일반적인 합병에서 어떤 법률효과가 생기는가를 살펴보고, 그 뒤 적격합병에 대한 과세특례를 살펴본다. 다시 그 뒤에는 순자산의 시가와 합병대가 사이에서 차이가 있는 경우에 생기는 합병차손익과 영업권 문제를 살펴본다. 존속법인이 넘겨받는 재산에 관한 취득세는 감면되는 수가 많다.108)

Ⅰ. 합병차익(合倂差益)의 익금불산입

존속법인이 소멸법인의 순자산을 장부가액으로 양도받는다면 존속법인의 자기자본이 같은 순자산만큼 늘어난다. 그러나 존속법인의 자기자본 구성내역은 반드시 소멸법인의 구성내역과 같지 않다. 순자산을 소멸법인에게서 넘겨받는 가액이 합병신주의 액면보다 큰 경우 그 차액을 합병差益이라고 부른다.

존속법인에서는, 합병差益은 익금(益金)이 아니다.109) 합병차익은 기업회계에서는 안 쓰는 말로 상법과 세법의 용어이다. 2011. 4. 14. 개정 전 옛 상법에서는 배당가능이

108) 지방세특례제한법 제57조의2 등.
109) 법인세법 제17조 제1항 제5호.

익의 계산시 순자산에서 차감할 자본준비금의 하나로 합병차익이라는 용어를 쓰고 있었고, 현행 법인세법은 합병차익을 익금불산입한다는 규정을 두고 있다. 현행 상법에는 합병차익이라는 말은 안 나오고 법인세법이 合併差益이라는 말을 소멸법인에서 인계받는 순자산의 가액과 존속법인의 증자액(더하기 합병교부금)의 차액이라는 뜻으로 정하고 있다.[110] 법령이 합병차익이라는 말을 이보다 좁은 뜻으로 쓰는 경우도 있지만, 중요한 것은 이런 넓은 뜻의 합병차익은 뒤에 보듯 서로 법률적 성질이나 법률효과가 다른 여러 가지로 이루어진다는 점이다. 아무튼 이런 넓은 뜻의 합병차익은 단순한 차액(差額) 개념이다.

예를 들어 장부가액으로 500억원의 순자산과 자본금 500억원이 있는 소멸법인을 흡수합병하면서 존속법인이 액면총계 300억원어치의 주식을 발행해 주고 인계받은 순자산의 취득가액을 500억원 그대로 적는다면 합병차익은 200억원이 된다. 이 합병차익은 존속법인의 익금으로 과세되지 않는다.[111] 합병차익을 익금불산입하는 까닭은, 합병차익이라는 것이 사실은 差益이 아니라 그저 계산상의 차액일 뿐이니까, 합병시기까지 소멸법인이 제대로 세금을 내어 온 이상(우선은 소멸법인 순자산의 장부가액과 시가가 같다고 가정한다) 합병을 통한 재산이전에서 과세가능한 소득이 생길 이유가 없다. 합병차익이란 그저 소멸법인에서 인계받는 순자산과 합병신주(더하기 합병교부금)의 차액을 뜻하는 말일 뿐이다. 이 차액이 복식부기의 구조상 대변에 생기고 그러다 보니 거기에 差益이라는 이름이 붙게 되어 익금으로 과세해야 하지 않는가라는 혼동을 주고 있을 뿐이다. 미실현이득이 없는 이상 합병차익을 익금에 산입할 이유가 없다. 소멸법인에서 인계받은 순자산이 합병신주의 가액보다 적은 경우 그 차액도 손금이 아니다.[112]

기업회계에서는 합병을 계기로 존속법인이 인계받은 자산을 시가로 평가증(評價增)하는 경우가 있다. 특히 기업회계에서는 취득법을 원칙으로 삼는 까닭에 평가증이 널리 일어난다. 합병차익을 위와 같이 "순자산가액 - (합병신주 + 합병교부금)"이라 정의한다면 이런 평가증액도 합병차익에 포함되지만, 다른 합병차익과는 경제적 성질이 사뭇 다르다. 아래 Ⅲ. 이런 평가증액은 자산의 미실현이득의 평가증(評價增)과 합병이 우연히 묶인 것일 따름이다.

110) 법인세법 제17조 제1항 제5호.

111) 한편 용례 문제이기는 하지만 순자산과 합병신주 액면의 차액이 반드시 합병차익이 아닐 수 있다. 상법에서 소멸법인의 법정준비금을 인계받는 것을 허용하기 때문이다. 상법 제459조 제2항. 아래 2.에서 본다. 이 경우에도 합병차익과 인계받은 준비금이 모두 익금이 아니라는 결과에는 영향이 없다.

112) 예전에는 이 차액에 영업권이라는 이름을 붙여 상각하던 실무가 있었다. 초과수익력이 없는데도 영업권을 인정한 사례로 대법원 1985. 6. 25. 선고 85누193 판결; 1993. 12. 14. 선고 93누11395 판결.

Ⅱ. 합병차익(합병평가증액 제외)의 충당: 법적 성질의 승계

합병평가증액에 관한 분석은 다음 항까지 미루고, 우선 존속법인이 소멸법인에서 받아오는 순자산을 기존의 장부가액 그대로 받아 적는다는 가정 하에 합병차익의 법률적 성질 문제를 따져 보자.

1. 합병차익의 충당이란?

합병차익은 그 법적 성질을 1) 합병감자차익, 2) 소멸법인의 자본준비금, 3) 기업회계에서 말하는 이익잉여금(=이익준비금+배당가능이익), 이 세 가지 가운데 하나가 이어지는 것으로 설명할 수 있다. 평가증이 없는 이상, 합병차익이 있다는 말은 소멸법인의 순자산(이는 또 자본금, 자본준비금, 이익잉여금의 합과 같다)이 존속법인 증자액보다 크다는 말이고, 그렇다면 그 차액은 위 세 가지 가운데 하나 또는 그 이상이 줄어든 것이기 마련. 가령 앞 1)항 보기의 합병차익 200억원은 소멸법인분의 자본금 500억원이 합병신주 300억원으로 줄어든 합병감자차익이고, 따라서 애초에 자본금이었다는 법적 성질이 합병차익으로 그대로 이어진다고 말하는 것이다.

이 책이 나오기 전에는 합병차익이 앞의 세 가지로 이루어진다는 말을 합병차익이 합병감자차익이나 소멸법인의 자본준비금이나 이익잉여금 때문에 생겨나는 것이라고 오해한 문헌이 일반적이었다. 그러나 존속법인이 합병대가로 신주를 얼마나 발행해 주는가는 합병당사자인 두 회사 내지 그 주식의 경제적 가치에 달려 있을 뿐 소멸법인의 재무제표와는 아무 상관이 없다. 가령 소멸법인의 순자산이 장부가액으로 500억원, 시가 600억원일 때 사업전망에 따라 주가는 400억원, 700억원 다른 어떤 금액일 수도 있다. 소멸법인 주식의 주가 총계가 예를 들어 700억원이라고 친다면, 소멸법인 주주가 이를 내어놓는 대신 존속법인 주식을 액면기준으로 얼마나 받는가는 존속법인 주식의 주가와 액면의 관계에 달려 있다.[113] 예를 들어 장부가액으로 500억원의 순자산과 자본금 500억원이 있는 소멸법인을 흡수합병하면서 존속법인이 액면총계 300억원어치의 주식을 발행해 주고 인계받은 순자산의 취득가액을 500억원 그대로 적는다면 합병차익은 200억원이 된다. 소멸법인에는 준비금도 없었고 이익잉여금도 없었지만.

논점은 소멸법인에서 인계받은 순자산의 가액과 합병신주의 액면총계가 서로 다름을 전제로, 이 차액의 법적 성질을 소멸법인의 자본금, 자본준비금, 이익준비금, 배당가능이익 가운데 어느 하나에서 찾아야 한다는 것이다. 이 보기에서는 소멸법인의 자본금이 줄어들면서 이것이 존속법인으로 넘어오는 것이다. 따라서 이것은 인과관계

113) 대법원 2008. 1. 10. 선고 2007다64136 판결.

의 문제가 아니고 무엇이 먼저 넘어온다고 볼 것인가라는 충당(充當)이나 할당(割當)의 문제가 된다. 합병차익의 충당은 상법과 세법에서 각각 문제가 된다.

2. 합병차익은 배당가능이익?

상법(商法)에서는 配當可能利益 때문에 충당문제가 생긴다. 가령 합병차익의 일부는 소멸법인의 배당가능이익이 그대로 이어지는 것이라 보는 것과 합병차익을 전부 자본준비금이라 보는 것은 당장 배당가능이익에 차이를 낳고 이익준비금이 얼마나 쌓여 있는가는 앞으로의 배당가능이익에 영향을 미친다. 예를 들어 소멸법인의 재무상태가 다음과 같다고 하자.

(차) 순자산	500	(대) 자본금	300
		자본준비금	100
		이익준비금	60
		배당가능이익	40

합병대가로 교부하는 존속법인 주식의 액면총계는 200억원이라 하자. 존속법인이 인계받는 순자산 500억원과 합병신주의 액면 200억원의 차액 300억원은, 소멸법인의 재무상태로 돌아가서 자본금 부분 100억원 資本준비금 부분 100억원 利益준비금 부분 60억원 利益잉여금 부분 40억원의 합일 수밖에 없다.

그러나 상법은 이 차액 300억원의 법적 성질을 그대로 간직하지는 않는다. 상법은 두 가지 대안을 허용한다. 하나는 인계받는 순자산과 합병신주의 차액, 이 보기에서 300억원을 그대로 합병차익(資本준비금)으로 삼는 것이다.[114)]

(차) 순자산	500	(대) 자본금	200
		자본준비금(합병차익)	300

이 경우 종래에는 자본금이었던 100억원, 이익준비금이었던 60억원, 배당가능이익(이익잉여금)이었던 40억원이 모두 자본준비금으로 바뀌어 상법상 성질이 달라진다. 두 번째 대안은 소멸법인의 법정(法定)준비금을 그대로 받아오는 것이다.[115)]

---

114) 상법 제459조 제1항.
115) 상법 제459조 제2항.

(차) 순자산	500	(대) 자본금	200
		자본준비금	100
		이익준비금	60
		자본준비금(합병차익)	140[116)]

이 경우 자본준비금과 이익준비금은 합병 후에도 그 성격을 그대로 간직하지만 배당가능이익 40억원은 법적 성질이 資本준비금으로 바뀌어 배당할 수 없게 된다.

3. 합병차익 자본전입(資本轉入)은 의제배당?

세법(稅法)에서 합병차익의 법적 성질이 문제되는 까닭은 준비금(準備金)의 資本轉入이다. 자본(資本)준비금의 자본전입은 주주에게 과세하지 않지만, 이익잉여금(이익(利益)준비금이나 배당가능이익)의 자본전입은 주식배당으로 과세하는 까닭이다.[117)] 합병으로 인하여 소멸법인 단계의 이익준비금과 배당가능이익은 모두 없어진다. 그렇다면 이 금액은 주주에게 할당되어 주주의 과세소득이 되거나 존속법인으로 넘어가 그대로 남아 있어야 한다. 소멸법인의 소멸을 계기로 주주에게 의제배당 소득이 생기는가는 합병이 적격인가 비적격인가에 달려 있다. 앞 제3절에서 보았듯 소멸법인 주주의 의제배당 소득의 존부와 금액은 회사의 배당가능이익(정확히는 이익잉여금 = 이익준비금 + 배당가능이익)과 무관하게 주주를 기준으로 정의되어 있기는 하지만, 아무튼 큰 틀만 본다면 비적격합병이라면 의제배당이 생기고 적격이라면 안 생긴다. 그렇게 본다면 적격합병이라면 소멸법인의 이익잉여금은 상법과 달리, 앞의 보기라면 40억원 부분도 그대로 존속법인으로 넘어와야 한다. 또, 상법에서 자본준비금인 부분도 가령 자기주식처분익처럼 현행 법인세법상 과세소득에서 생긴 것은[118)] 세법에서는 이익잉여금이라는 성질을 유지해야 한다. 곧 존속법인의 합병차익 가운데 소멸법인의 과세소득이 쌓인 금액은 모두 그 성질을 그대로 간직한다고 보아야 한다.[119)] 한편 비적격 합병이라면 합병 당시 소멸법인에서 사라지는 이익준비금과 배당가능이익은 이미 소멸법인 주주의 과세소득(의제배당)으로 할당되었다고 보아야 하고(현행법이 이를 제대로 맞추어 놓지는 못했지만) 따라서 존속법인의 합병차익은 모두 자본준비금의 성질을 가지는 것으로 보아야 한다.

---

116) 소멸법인 자본금보다 존속법인의 증자액이 적은 경우 실무용어로 이 차액 곧 합병차익 140억원 가운데 100억원 부분을 합병감자차익이라고 부른다.

117) 법인세법 제16조 제1항 제2호; 소득세법 제17조 제2항 제2호. 제14장 제3절 Ⅲ.

118) 제14장 제4절 V. 3.

119) 법인세법시행령 제12조 제3항.

2010년의 개정 전 법인세법시행령은 소멸법인에서 인계받는 순자산의 가액과 존속법인 증자액의 차액을 준비금 승계여부에 관계없이 合倂差益이라 정의한 뒤 이 합병차익의 법적 성질을 소멸법인의 자본(資本)잉여금과 이익(利益)잉여금 가운데 어디에서 찾을 것인가를 정하고 있었다.[120] 2011년 시행령은 입법착오로[121] 적격이든 비적격이든 합병차익을 그 자체로 자본준비금에 포함하는 바람에 합병차익의 자본전입은 의제배당에서 빠졌다. 소멸법인의 법정준비금을 승계받지 않는다면 이익준비금이나 배당가능이익 같은 이익잉여금이 모두 합병차익에 들어가 버리고, 결국 이익잉여금의 자본전입이 의제배당의 범위를 벗어나게 되어 비과세된다. 소멸법인의 법정준비금을 승계받는 경우에도 임의준비금이나 미처분이익잉여금 같은 배당가능이익은 합병차익으로 바뀌어 버리므로 그 범위 안에서는 역시 합병차익의 자본전입이 의제배당의 범위를 벗어나게 된다. 2012년 시행령은 다시 옛 법으로 돌아가 합병차익(합병평가증액 제외)을 1) 자본금의 감소(합병감자차익), 2) 자본잉여금(여기에는 다시 익금이 아닌 자본잉여금이 익금인 자본잉여금보다 먼저 온다[122]), 3) 이익잉여금의 순서로 할당한 뒤, 소멸법인의 이익잉여금(이익준비금과 배당가능이익의 합) 부분의 합병차익과 자본잉여금 가운데 법이 익금으로 정하고 있는 부분(예를 들어 자기주식처분이익[123])에 해당하는 합병차익의 자본전입은 의제배당으로 과세한다.[124] 합병차익을 자본전입하는 경우에는 앞의 순서에 따라 전입한 것으로 보므로[125] 과세되는 부분보다 비과세되는 부분이 먼저 오게 되어 있다. 2019년 시행령은 글귀만 바뀌었고 실제 내용은 그대로이다.

(보기) 앞 보기에서 숫자를 일부 바꾸어 소멸법인의 자본잉여금 100억원은 주식발행액면초과액 80억원, 자기주식처분이익 20억원으로 이루어져 있다고 하자. 존속법인은 인계받은 순자산 500억원과 증자액 200억원의 차액인 300억원 가운데 250억원을 자본전입하면서 주주에게 무상주를 발행해 주었다. 주주의 과세소득은 얼마인가?

(풀이) 차액 300억원은 1) 합병감자차익 100억원, 2) 자본준비금(주식발행액면초과

---

120) 2010. 6. 8. 개정 전 법인세법시행령 제12조 제3항; 2010. 2. 18. 개정 전 소득세법시행령 제27조 제4항.

121) 이 책 2011년판 제16장 제2절 IV.1.

122) 2010. 6. 8. 개정 전 법인세법시행령 제12조 제1항 제3호; 2010. 2. 18. 개정 전 소득세법시행령 제27조 제4항. 글귀가 매우 이상하지만 본문과 같은 뜻이다.

123) 법인세법 제16조 제1항 제2호; 상법 제459조. 제14장 제4절 V.

124) 법인세법시행령 제12조 제1항; 2010. 2. 18. 개정 전 소득세법시행령 제27조 제4항. 자기주식처분이익 등 과세대상 자본잉여금의 전입을 주주에게 과세한다는 점에서 아주 제한적이기는 하지만 세법이 독자의 배당가능이익 개념을 두고 있는 셈이다.

125) 법인세법시행령 제12조 제2항.

액) 80억원, 3) 자본준비금(자기주식처분이익) 20억원, 4) 이익잉여금 100억원(=60+40)의 차례로 충당된다. 따라서 250억원은 1), 2), 3)의 전액과 4) 가운데 50억원으로 구성되는 것으로 보고, 3)의 20억원과 4) 가운데 50억원을 주주에게 의제배당으로 과세한다.

이익잉여금의 자본전입을 과세대상에 포함하더라도 기실 문제가 깨끗이 풀리지는 않는다. 합병차익이란 승계받는 순자산과 합병신주 액면총계의 차이이므로 애초 합병당시 합병신주(新株)의 액면(額面)총계를 늘이면 합병차익은 그만큼 줄어든다. 현행법에서는 합병新株의 額面은 세금문제와 무관하게 늘릴 수 있다. 합병신주의 액면에 아무런 법률적 의미가 없으므로 애초 합병 당시에 존속법인이 기존주주에게 무상주를 발행한 뒤 그에 맞추어 소멸법인 주주에게 주는 합병신주의 액면을 늘려주면 된다. 합병당시의 합병신주이든 그 뒤의 자본전입이든 이처럼 의제배당 과세를 피한 채 이익잉여금을 자본전입할 수 있다는 문제는 똑같다. 이 문제는 기실 앞서 보았듯 합병당시 소멸법인 주주에 대한 의제배당 과세가 소멸법인의 배당가능이익을 기준으로 삼지 않고 주주를 기준으로 삼고 있기 때문에 생긴 것이다. 준비금의 자본전입을 통한 신주발행은 합병당시 합병신주를 발행하는 것과 그저 시차가 있을 뿐이며 법률적 성질은 차이가 없다. 정답은 합병신주의 발행이든 합병차익의 자본전입이든 어느 쪽이나 배당가능이익을 기준으로 배당소득의 금액을 정하는 것이다.

Ⅲ. 합병평가증액

현행법에서는 존속법인에 대해서 합병평가증액을 과세하지 않는다. 비적격합병이라면 자산가치상승액을 모두 소멸법인의 양도소득으로 과세하므로 존속법인에 대해서는 합병평가증의 여지가 없다. 적격합병의 특례에 해당한다면 합병평가증액 역시 합병차익의 일부로 과세이연한다. 각각 살펴보자.

1. 비(非)적격합병: 시가(時價)로 취득

적격합병이 아니라면 소멸법인이 그 순자산을 時價로 존속법인에 양도한 것으로 보고 소멸법인 양도소득을 과세한다.[126] 따라서 존속법인의 순자산 취득(取得)가액은 같은 시가가 된다.

---

126) 법인세법 제44조 제1항. 이 장 제2절 I.

> 법인세법 제44조의2 (합병 시 합병법인에 대한 과세) ① 합병법인이 합병으로 피합병법인의 자산을 승계한 경우에는 그 자산을 피합병법인으로부터 합병등기일 현재의 시가(제52조 제2항에 따른 시가를 말한다…)로 양도받은 것으로 본다. 이 경우 피합병법인의 각 사업연도의 소득금액 및 과세표준을 계산할 때 익금 또는 손금에 산입하거나 산입하지 아니한 금액, 그 밖의 자산·부채 등은 대통령령으로 정하는 것만 합병법인이 승계할 수 있다.

존속법인의 세법상 取得가액이 時價이어야 하므로, 존속법인 재무상태표에 나오는 자산 부채의 시가 외에 이를 수정하는 다른 요소가 있을 수 없다. 따라서 소멸법인에 누적되어 있던 세무조정사항은[127] 모두 소멸법인의 양도소득 계산에 반영시켜야 하고, 존속법인에는 승계되지 않는다.[128]

2. 적격합병: carry-over basis

한편 적격합병이라면 소멸법인에서 승계받은 자산의 세법상 가액은 기업회계와 무관하게 소멸법인의 세법상 장부(帳簿)가액을 그대로 유지한다.

> 제44조의3 (적격합병 시 합병법인에 대한 과세특례) ① 적격합병을 한 합병법인은 제44조의2에도 불구하고 피합병법인의 자산을 장부가액으로 양도받은 것으로 한다…

2010년 개정 전 옛 법에서는, 소멸법인에게서 승계받은 재산을 존속법인이 시가로 평가하여 미실현이득을 스스로 평가증한 것은 익금으로 삼는 것이 원칙이지만[129] 적격합병이라면 다시 이를 과세이연하는 특칙을[130] 두고 있었다. 현행법에서는 적격합병이라면 장부상 자산을 시가평가증하더라도 미실현이득을 익금산입하는 것이 아니라 자산별로 해당 금액만큼 자산조정 계정을 설정해서[131] 평가증액을 다시 깎는다. 기업

---

127) 세무조정이란 세법에 따라 재무제표를 만드는 대신 세법과 기업회계의 차이를 따로 조정해서 세법에 따른 재무제표를 간접적으로 만드는 것이다. 제18장 제5절 VII.

128) 법인세법시행령 제85조 제2호.

129) 옛 법인세법 제17조 제3호 단서. 옛 법인세법시행령 제15조 제2항, 제12조 제1항 제1호. 이는 옛 법인세법 제17조 제3호는 반대해석하여야 하고, 다시 이처럼 해석한 조문이 옛 법인세법 제18조 제1호에 대한 특별법적 지위에 있음을 전제로 한다. 2008년까지의 옛 법은 합병평가차익도 합병차익의 범위 안에서만 과세하도록 잘못 정하고 있었다. 이창희, 세법강의(제7판, 2008), 618쪽. 이를 악용해서 존속법인이 평가차익에 세금을 내지 않은 채 자산을 평가증한 뒤 처분한 사실관계를 소멸법인이 처분한 뒤 합병이 이루어진 것으로 재구성해서 과세한 사례로 대법원 2022. 8. 25. 선고 2017두41313 판결. 제3장 제4절 III, 제16장 제3절 I.

130) 옛 법인세법 제44조.

131) 법인세법 제44조의3 제1항. 익금불산입 요건이다. 대법원 2023. 5. 18. 선고 2018두33005 판결(국고

회계에서는 존속법인이 인계받는 순자산의 가액을 합병대가로 준 합병신주와 합병교부금의 시가로 적는다[132](예외적으로 영업권이나 음의 영업권이 생길 수 있지만 이는 뒤에 본다). 주식의 시가(=순자산의 시가)가 액면과 다른 금액은 주식발행초과금으로 적어 자본준비금에 넣거나 주식할인발행차금으로 적어 자기자본에서 차감한다.[133]

(보기) 소멸법인과 존속법인은 합병등기일 현재 1년 넘게 영업을 계속한 법인이다. 소멸법인은 순자산이 500억원, 자본금이 300억원, 자본준비금(주식발행액면초과액)이 100억원, 이익준비금이 60억원, 임의준비금(배당가능이익)이 40억원이다. 순자산의 시가는 미실현이득 100억원이 있어서 600억원이다. 존속법인은 기존 자본금이 주식시가 총계 3조원이다. 합병대가는 100% 존속법인 주식으로 주기로 했고, 소멸법인의 가치가 600억원이므로 그에 따라 액면총계 200억원어치 시가총계로는 600억원어치의 주식을 발행해 주었다. 존속법인의 기업회계의 분개를 표시하고 세법상 효과를 분석하라.

(기업회계)

(차)	순자산	600	(대)	자본금	200
				자본준비금(주식발행초과금)	400

(세법)

(차)	순자산	600	(대)	자본금	200
	자산조정	(100)		합병차익(≠익금: 300〈400)	300

3. 자본전입

합병평가증액의 자본전입은 주주의 의제배당 소득이 되는가? 비적격합병이라면 존속법인의 합병평가증액이라는 것이 애초 있을 수 없으므로 문제 자체가 소멸한다. 적격합병에서도 원래는 배당소득을 과세할 이유가 없다. 뒤에 보듯 법이 평가증액만큼 자산조정 계정을 설정할 것을 요구하고 있으므로 애초 평가증 당시 법인에 과세소득이 안 생기고, 세법의 입장에서 본다면 자산조정 계정은 자산을 평가감하는 충당금의 성격을 띤 것이므로 애초 자본전입 대상이 아니다. 다만, 자본전입의 가부는 세법이 아니라 상법에 따라 판단하므로 평가증액(자산조정)의 자본전입이 가능할 여지도 있

보조금 일시상각충당금).

132) 기업회계기준서 제1103호 제18문단 이하. 소멸법인이 존속법인을 취득하는 것으로 회계처리하는 이른바 회계상의 역취득은 논외로 한다. 이에 대해서는 같은 기준서 B15문단 및 B19문단 이하.

133) 국제회계기준에서는 주식의 액면과 주식발행초과금, 할인발행차금을 묶어서 납입자본으로 표시하는 것도 가능하다. 가령 기업회계기준서 제1001호 IG6문단 이하의 재무제표 표시의 예시.

다. 자본전입으로 사라지는 자산조정액은 바로 당기익금에 반영해야 하고 다시 같은 금액만큼 배당가능이익이 줄면서 자본금이 는다. 따라서 의제배당이 생긴다.

Ⅳ. 합병매수(買受)차손익(差損益)

비적격합병에서 존속법인이 지급하는 양도대가가 소멸법인의 수익력을 반영하여 승계받는 자산 부채의 개별 시가의 합과 달라지는 경우에는 영업권이나 음의 영업권 문제가 생긴다. 현행법은 이 문제를 합병買受差損益이라는 개념으로 다루고 있다.

1. 영업권(營業權)과 합병買受差損

합병대가가 승계받는 순자산의 시가를 초과한다면 營業權 문제가 생긴다. 예를 들어 장부가액으로 50억원인 소멸법인의 순자산이 개별적 자산부채의 시가로는 100억원이고, 초과수익력이 있는 까닭에 하나의 기업으로서 이 순자산의 가치는 200억원이라고 하자.

(합병대가 200억원 - 개별적 순자산 시가 100억원) = 100억원은 승계받는 영업의 초과(超過)수익력을 나타낸다. 일반론으로, 영업을 통째 인수하면서 이런 초과수익력 때문에 개별 자산 부채의 시가의 합보다 더 많은 대금을 주는 경우 그런 차액을 영업권이라 부른다.[134] 영업권은 원칙적으로 5년 동안 상각하여 손금산입할 수 있지만,[135] 2010년 이후 현행법은 합병대가 가운데 초과수익력을 나타내는 부분을 '합병매수차손'이라 부르면서 따로 규정을 두고 있다.

> 법인세법 제44조의2 (합병 시 합병법인에 대한 과세) ③ 합병법인은 제1항에 따라 피합병법인의 자산을 시가로 양도받은 것으로 보는 경우에 피합병법인에 지급한 양도가액이 합병등기일 현재의 순자산시가를 초과하는 경우…그 차액을 제60조 제2항 제2호에 따른 세무조정계산서에 계상하고 합병등기일부터 5년간 균등하게 나누어 손금에 산입한다.

합병매수차손은 영업권 상각대상에서 제외하고 법인세법 제44조의2 제3항에 따라

134) 법인세법 제23조 제1항. 대법원 2008. 1. 10. 선고 2007다64136 판결. 초과수익력의 가액을 적극적으로 산정해야 하는 것은 아니다. 대법원 2001. 10. 16. 선고 2007두12316 판결; 2018. 5. 11. 선고 2015두41463 판결. Newark Morning Ledger Co. v. United States, 507 US 546 (1993). 이창희, 미국법인세법, 제6장 제2절 V.

135) 제21장 제5절 I. 제12장 제1절.

5년간 따로 상각한다.[136] 존속법인이 합병대가의 일부를 영업권이나 합병매수차손에 할당했지만 실제로는 합병매수차손으로 상각할 수 있는 요건을 갖추지 못했다면 해당 금액은 개별적 자산의 양도가액 및 취득가액 어딘가에 넣고 소멸법인의 양도소득과 존속법인의 취득원가를 자산별로 정한다.[137]

2. 음(-)의 營業權과 합병買受差益

초과수익력은커녕 수익력이 낮아서 영업전체의 인수대가가 승계받는 자산 부채의 개별 시가의 합보다 낮다면 어떤 문제가 생기는가? 앞의 소멸법인의 기업가치는 200억원이지만 순자산의 개별 가치의 합이 250억원이라 하자. 존속회사는 합병신주를 200억원어치 발행해 주면서 250억원어치의 순자산을 취득한 것이 된다. 말하자면 50억원 싸게 산 셈이다. 이를 일컬어 음(陰)의 營業權.[138] 법은 이런 음의 영업권 가운데 합병에서 생기는 것을 '합병매수差益'이라 부르면서[139] 5년간 균등분할하여 익금산입하라고 정하고 있다. 이에 대한 비판은 제21장 제5절 I.

> 법인세법 제44조의2 (합병 시 합병법인에 대한 과세) ② 합병법인은 제1항에 따라 피합병법인의 자산을 시가로 양도받은 것으로 보는 경우로서 피합병법인에 지급한 양도가액이 피합병법인의 합병등기일 현재의 자산총액에서 부채총액을 뺀 금액(이하 이 관에서 "순자산시가"라 한다)보다 적은 경우에는 그 차액을 제60조 제2항 제2호에 따른 세무조정계산서에 계상하고 합병등기일부터 5년간 균등하게 나누어 익금에 산입한다.

3. 적격합병과 비(非)적격합병

합병매수差損의 상각이나 합병매수差益의 익금산입은 "자산을 시가로 양도받은 것으로 보는" 비적격합병에서만 가능하다. 비적격합병에서는 소멸법인이 합병대가를 기준으로 세금을 내었기 때문이다.[140] 적격합병이라면 합병대가 중 영업권 상당액에 대해 소멸법인이 세금을 내는 법이 없고, 따라서 존속법인은 영업권으로도 상각할 수

136) 대법원 2018. 5. 11. 선고 2015두41463 판결 및 2017두54791 판결(사실관계에 안 나오지만 아마 영업권 상당액이 소멸법인의 소득에 들어가지는 않았을 것이다); 2019. 1. 10. 선고 2018두52013 판결; 2020. 2. 6. 선고 2019두55095 판결.

137) 이창희, 미국법인세법, 제6장 제2절 V.

138) 제21장 제5절 I. 부(負)의 영업권이라는 용례는 일본 말. 음수(陰數)가 일본 말로 負數.

139) 법인세법시행령 제80조의3.

140) 합병대가가 순자산의 시가보다 낮다면 (합병대가 - 순자산의 취득가액)은 소멸법인에게 양도소득으로 과세하고 (순자산의 시가 - 합병대가)는 존속법인에게 합병매수차익으로 과세한다. 합병대가가 순자산의 시가보다 높다면 소멸법인이 (합병대가 - 순자산의 시가)에도 세금을 내었으므로 같은 금액이 존속법인의 자산(합병매수차손) 취득원가에 들어간다. 대법원 2014. 7. 24. 선고 2012두6247 판결.

없다. 유상취득한 영업권이라야 상각할 수 있다는 말은 엄밀히는 유상 무상을 묻는 것이 아니라 양도인의 과세소득에 포함된 금액이라야 양수인의 손금이 될 수 있다는 말이다. 적격합병에서 합병매수차손(익)의 상각(환입)을 인정하지 않기 위해서는, 합병대가로 주는 주식이나 합병교부금 금액 가운데 영업권 상당액을 따로 관리하여 뒤에 기업회계상 영업권을 상각한다면 서로 상계해야 한다.

4. 세무조정계산서 계상

법인세법 제44조의2 제3항은 (합병대가 - 순자산)을 세무조정계산서에 계상하고 그 뒤 5년간 상각하라고 정하고 있다. 따라서 이 차액을 영업권이라는 명목으로 2중상각할 수는 없다.[141] 합병시 기업회계에서 영업권을 자산으로 계상한 경우에는 세무조정으로 영업권을 합병매수차손이라는 계정으로 대체해 놓고 그 뒤에는 기업회계상의 영업권 상각을 부인하면서 다시 세무조정으로 합병매수차손 상각을 손금산입하는 구조가 된다. 국제회계기준에서는 영업권의 감가는 손상차손만 인식하므로 세법상 상각액과 다를 수 있다. 합병매수차손의 손금산입은 비적격합병에서만 가능하므로 적격합병이라면 영업권 상각을 부인할 뿐이고 법인세법 제44조의2 제3항에 따라서 합병매수차손을 세무조정계산서에 올릴 수도 없고 그 뒤 이를 상각할 수도 없다.

제 5 절 적격합병시 존속법인의 사후관리

I. 자산조정계정과 사후관리

적격합병이라면 합병을 계기로 자산을 시가로 재평가했더라도 평가증액을 익금불산입하므로, 세법상의 취득(取得)가액은 여전히 소멸법인의 세법상 장부가액 그대로 남는다. 앞서 본 보기로 순자산이 장부가액으로 500억원, 시가로 600억원인 소멸법인을 흡수합병하면서 그 대가로 액면 200억원, 시가 600억원인 합병신주를 교부했다고 하자. 기업회계에서는 순자산의 가액이 600억원이 되어 있지만 미실현이득 100억원 곧 애초 소멸법인의 帳簿가액 500억원을 넘는 부분에는 세금을 안 내었다. 장차 자산을 처분하거나 감가상각할 때 세법상으로는 자산의 취득가액을 500억원으로 보아야 한다. 적격합병시 자산의 장부가액과 시가의 차액을 자산별로 자산조정계정으로 계상하라는 말이[142] 그 뜻이다. 존속법인은 승계한 자산에 대한 감가상각비 계상이나 처분손익 계

141) 법인세법시행령 제24조 제1항 제2호 (가)목.

산시 자산조정계정을 감가상각비에 가감하거나 처분손익에 가감함으로써[143] 존속법인이 장부가액을 기준으로 감가상각비와 처분손익을 인식하게 된다.

> 법인세법 제44조의3 (적격합병 시 합병법인에 대한 과세특례) ① 적격합병을 한 합병법인은 제44조의2에도 불구하고 피합병법인의 자산을 장부가액으로 양도받은 것으로 한다. 이 경우 장부가액과 제44조의2 제1항에 따른 시가와의 차액을 대통령령으로 정하는 바에 따라 자산별로 계상하여야 한다.

(보기) 앞의 보기에서 소멸법인의 장부상 순자산 500억원이 건물 300억원과 재고자산 200억원이라 하자. 합병등기일 현재 건물의 시가는 400억원, 재고자산의 시가는 200억원이다. 존속법인은 이듬해 1. 1.에 재고자산을 250억원에 건물을 390억원에 처분했다.(승계받은 사업은 대체자산을 통하여 계속한다.) 소멸법인은 이 건물을 합병등기일이 속하는 曆年의 1. 1.에 취득했고, 합병전후 이 건물은 20년간 정액법으로 상각한다. 존속법인과 소멸법인의 사업연도는 역년이다. 합병등기일이 속하는 해와 그 이듬해 존속법인의 각 사업연도 소득은 얼마인가?

(풀이) 합병연도에는 건물 평가증액 100억원은 익금이 아니고 소득이 없으므로 취득가액은 300 그대로 물려받는다. 건물감가상각 한도는 300/20 = 15억원. 이듬해에는 재고자산 양도차익이 50억원 생긴다. 건물의 미상각잔액은 300 - 15 = 285억원이다. 따라서 세법상 건물처분이익은 390 - 285 = 105억원이다. 분개의 형태로 적어보면 다음과 같다.

합병시:

	차변	금액	대변	금액
	재고자산	200억	자본금	200억
	건물	300억	주식발행초과금	300억

감가상각시:

	차변	금액	대변	금액
	건물감가상각	15억	건물	20억

처분시:

	차변	금액	대변	금액
	현금	250억	재고자산	200억
			매출이익	50억

142) 법인세법 제44조의3 제1항; 법인세법시행령 제72조 제2항 제3호, 제80조의4 제1항. 자산조정계정 운운은 괜한 혼란만 낳는다. 애초 기업회계는 무시하고 세법만 생각하는 편이 훨씬 쉽다. 제18장 제5절. 임상엽, 기업구조조정에 대한 과세이연방식의 재검토, 세무학연구 31-2(2014), 199쪽. 이하의 보기에서는 자산조정계정을 취득가액에서 애초 차감하고 적는다.

143) 대법원 2022. 6. 30. 선고 2018두54323 판결.

현금	390억	건물	285억
		건물처분이익	105억

승계받은 자산을 합병등기일 이후 5년 이내에 끝나는 사업연도에 처분한 결과 처분손실이 발생할 때에는 승계(承繼)받은 사업에서 생기는 소득의 범위 안에서만 손금산입한다. 앞 보기에서 건물을 250억원에 처분했다면 250 - (300 - 15) = 35억원의 손실이 생긴다. 가령 承繼받은 사업에서 생긴 소득(건물처분손 공제전 소득)이 25억원이라면 건물처분손은 25억원까지만 손금산입할 수 있다. 차액 10억원에 대해서는 결손금에 관한 규정을 적용한다. 아래 제6절 Ⅲ.

Ⅱ. 사업폐지(廢止) 등에 따른 사후관리

합병등기를 한 바로 그 해에 물려받은 사업을 폐지한다면 아예 그 해에 과세이연을 못 받는다.[144] 소멸법인의 자산을 장부가액으로 양도받은 존속법인이 3년 이내에 승계받은 사업을 廢止하거나 소멸법인의 주주 등이 존속법인으로부터 받은 주식 등을 처분(處分)하는 경우 법은 다음과 같이 정하고 있다.

> 법인세법 제44조의3 ③ 적격합병(제44조 제3항에 따라 적격합병으로 보는 경우는 제외한다)을 한 합병법인은 3년 이내의 … 기간에 다음 각 호의 어느 하나에 해당하는 사유가 발생하는 경우에는 … 양도받은 자산의 장부가액과 … 시가와의 차액(시가가 장부가액보다 큰 경우만 해당한다.) … 익금에 산입하고, 제2항에 따라 피합병법인으로부터 승계받아 공제한 감면·세액공제액 등을 … 해당 사업연도의 법인세에 더하여 납부한 후 해당 사업연도부터 감면 또는 세액공제를 적용하지 아니한다. 다만, 대통령령으로 정하는 부득이한 사유가[145] 있는 경우에는 그러하지 아니하다.
>
> 1. 합병법인이 피합병법인으로부터 승계받은 사업을 폐지하는 경우
>
> 2. 대통령령으로 정하는 피합병법인의 주주등이 합병법인으로부터 받은 주식등을 처분하는 경우
>
> 3. 각 사업연도 종료일 현재…근로자… 수가 …100분의 80 미만으로 하락하는 경우

(보기) 앞 보기에서 존속법인이 제2차년 1. 1.에 사업을 폐지하면서 재고자산을 250

144) 법인세법 제44조 제2항 제3호.
145) 제2절 III.2.

억원에 처분했고 건물은 다른 용도로 사용하기 시작했다. 사업폐지시 존속법인의 소득은 얼마인가?

(풀이) 애초부터 과세받았더라면 생겼을 법률효과로 돌아간다.

현금	250억	재고자산	200억
		매출이익	50억
건물	100억	건물평가차익	100억
건물감가상각	5억	건물	5억

법 제3항에서 '법 제44조의2 제1항에 따른 시가'라는 말은 합병등기일 현재의 시가이다. 이 시가와 비교하는 장부가액이라는 말은 사업폐지일 현재 존속법인의 장부가액이라는 뜻이 아니라 합병전 소멸법인의 장부가액이라는 뜻이다. 법 제1항과 제3항을 이어서 읽으면 그렇게 풀이해야 한다. 이 보기에서 재고자산은 장부가액과 합병등기일 현재의 시가가 일치하므로 익금산입할 것이 없다. 한편 건물은 합병등기일 현재의 시가 400억원이 소멸법인의 장부가액 300억원보다 크므로 법 제3항에 따라 100억원을 익금산입하여 애초 비적격이었더라면 소멸법인에서 걷었을 세금을 존속법인에서 걷는다. 그렇게 한다면 제1차년 감가상각은 애초부터 400/20 = 20억원으로 계산했어야 옳으므로 법에 명문규정은 없지만 실제 상각액 15억원과 차액 나는 5억원을 손금산입해 주어야 한다.146)

사업의 폐지란 재고자산처럼 처분이 당연한 자산이 아닌 다른 자산을, 승계 받은 사업 전체를 놓고 볼 때 얼마나 간직하고 있는가로 판단한다.147)

Ⅲ. 영업권(합병매수차손익)의 사후관리

앞에서 보았듯 비적격합병이라면 영업권(營業權) 상당액이 소멸법인의 양도차익에 들어가고 존속법인은 합병매수차손을 5년간 상각한다. 적격합병이라면 합병매수차손의 상각이나 합병매수차익의 환입은 불가능하고, 기업회계상의 영업권상각액이나 환입액이 있다면 이를 부인해야 한다. 승계받은 사업을 폐지하거나 주식을 팔아버리는 경우에는 애초 비적격합병이었던 경우와 같은 법률효과를 주기 위해 (i) 영업권 상당액을 익금산입하여 소멸법인에게서 걷지 못한 세금을 걷고, (ii) 그 뒤에는 영업권 상당액을 5년간 손금산입하면 된다.

146) 법인세법시행령 제80조의4 제4항.
147) 회사분할에 관한 판결로 대법원 2017. 1. 25. 선고 2016두51535 판결(자회사주식).

(보기) 앞의 보기에서 이 합병이 적격합병이었다가 사업을 조기폐지한다고 하자. 합병당시 재고자산 및 건물의 시가는 장부가액 그대로 각 200억원과 300억원이지만 소멸법인의 초과수익력을 고려하여 합병대가로 액면 200억원 시가 600억원의 신주를 발행해 주었다고 하자. 합병시와 사업의 조기폐지시 소득을 분개의 형태로 나타내라.

(풀이)

합병시:

재고자산	200억	자본금	200억
건물	300억	주식발행초과금	300억

감가상각시:

건물감가상각	15억	건물	15억

사업폐지시:

현금	250억	재고자산	200억
		매출이익	50억
합병매수차손	100억	합병매수차손평가익	100억
합병매수차손상각	20억	합병매수차손	20억

그 뒤 4년간:

합병매수차손상각	20억	합병매수차손	20억

(보기) 앞의 예에서 재고자산 및 건물의 장부가액이 각 200억원과 300억원이고 시가는 각 200억원 350억원이지만 초과수익력을 고려하여 합병대가로 액면 200억원 시가 600억원의 신주를 발행해 주었다고 하자. 적격합병시와 사업의 조기폐지시 소득을 분개의 형태로 나타내라. 재고자산은 사업폐지시 250억원에 처분했다.

(풀이)

합병시:

재고자산	200억	자본금	200억
건물	350억	주식발행초과금	300억
		건물조정	50억

감가상각시:

건물감가상각	17.5억	건물	17.5억
주식발행초과금(건물조정)	2.5억	건물감가상각	2.5억

사업폐지시:

현금	250억	재고자산	200억

		매출이익	50억
합병매수차손	50억	합병매수차손평가익	50억
합병매수차손상각	10억	합병매수차손	10억
건물조정	50억	건물평가이익	50억
감가상각	2.5억	건물	2.5억

그 뒤 4년간:

합병매수차손상각(손금산입)	10억	합병매수차손	10억

Ⅳ. 완전자회사의 사후관리

완전자회사의 합병은 다른 요건을 더 물을 필요 없이 적격합병이다. 따라서 소멸법인의 장부가액이 그대로 존속법인으로 넘어온다. 승계받은 사업을 폐지하더라도 소득에 아무런 영향이 없다. 합병매수차손익은 성질상 생길 수가 없다.

제 6 절 이월결손금 기타 세무요소의 승계와 손익조작 방지규정

합병이 있으면 소멸법인의 사법(私法)상 권리의무는 존속법인에게 포괄승계된다.[148] 공법상의 권리의무가 승계되는가에 대해서는 각 해당 법률의 규정을 보아야 하고,[149] 세법은 조세채무는 당연승계된다고 정하고 있다.[150] 이미 확정된 조세채무 외에 장차의 조세채무에 영향을 줄 수 있는 법률사실(法律事實)들도 존속법인에 승계될까?

> 법인세법 제44조의3 (적격합병 시 합병법인에 대한 과세 특례) ② 적격합병을 한 합병법인은 피합병법인의 합병등기일 현재의 제13조 제1항 제1호의 결손금과 피합병법인이 각 사업연도의 소득금액 및 과세표준을 계산할 때 익금 또는 손금에 산입하거나 산입하지 아니한 금액, 그 밖의 자산·부채 및 제59조에 따른 감면·세액공제 등을 대통령령으로 정하는 바에 따라 승계한다.

148) 상법 제235조, 제269조, 제530조, 제603조.

149) 그러나 판례는 공법상 권리의무도 당연승계된다고 한다. 대법원 1980. 3. 25. 선고 77누265 판결; 1994. 10. 25. 선고 93누21231 판결.

150) 국세기본법 제23조. 제4장 제4절.

Ⅰ. 승계대상

가령 소멸법인의 외국납부세액공제는[151] 장래로 이월할 수 있으므로 국가에 대한 채권의 성격을 띠고 있어서 이것이 존속법인에 승계되는가가 문제된다. 특정한 성격의 소득에 대해 일정기간 세금을 감면을 받도록 되어 있는 법인이 감면기간 중에 합병되어 소멸한다면 나머지 기간 동안 존속법인이 세금을 감면받을 수 있는가도 문제된다. 법은, 적격합병에 대해서만 세액공제(稅額控除)나 세액감면(稅額減免)을 받을 권리(權利)의 승계를 허용한다.[152] 이와 같이 조세채무에 영향을 미칠 수 있는 법적 성질(미국법에서는 이를 tax attributes라 부른다)은 어떤 것이든 승계여부가 문제된다.[153] 예를 들어 소멸법인이 쓰던 감가상각 방법이 존속법인과 다른 경우 종래의 방법을 그대로 쓸 수 있는가, 이런 식의 문제도 생기고, 감가상각 방법이 서로 다른 법인이 합병했다면 세무서장의 승인을 받아 감가상각 방법을 바꿀 수 있다.[154] 앞서 본, 합병차익(合併差益)의 충당 문제도 다시 생각해 본다면 소멸법인의 자본금, 자본준비금, 이익준비금, 배당가능이익이라는 법적 성질이 존속법인에게 승계되는 것이고, 금액에 차이가 있는 경우 무엇부터 승계된다고 볼 것인가의 문제였을 뿐이다.[155]

Ⅱ. 이월결손금

특히 문제되는 것이 재무상태가 좋은 회사와 移越缺損金이 누적된 회사 사이의 합병이다. 옛 법인세법에 따른 과세실무는 존속법인에게 소멸법인의 이월결손금을 승계받을 권리를 부인했다.[156] 그러자 법인격의 동일성을 유지하기 위하여 결손금이 쌓인 회사를 존속시키면서 재무상태가 좋은 회사를 소멸법인으로 삼는 이른바 역합병이 널리 일어났다. 어느 쪽이 어느 쪽을 합병하든 종래의 권리의무가 통째로 이어지는 점

151) 법인세법 제57조 제2항. 제17장 제3절 I.

152) 법인세법시행령 제81조 제3항. 미국세법 381조 참조. 공정거래법에서 법률사실(과징금 부과대상 행위를 했다는 사실)의 승계를 부인한 판결로 대법원 2007. 11. 29. 선고 2006두18928 판결(회사분할); 2009. 6. 25. 선고 2008두17035 판결(회사분할).

153) 대법원 2006. 3. 24. 선고 2004두13721 판결; 2013. 12. 26. 선고 2011두5940 판결(등록세 중과세대상이라는 지위).

154) 법인세법시행령 제27조 제1항. 회사분할에서 잔존 내용연수의 승계를 부인한 것으로 대법원 2014. 5. 16. 선고 2011두32751 판결.

155) 미국세법 381조(a), (c)(2) 참조.

156) 일본 最高裁判所 1968(昭和 43). 5. 2. 선고 昭和39(行ツ)32 판결; 옛 법인세법에 따른 행정해석으로 법인 22601-154(1986. 1. 17.)↔대법원 1980. 3. 25. 선고 77누265 판결; 1994. 10. 25. 선고 93누21231 판결.

에서는 아무 차이가 없고, 존속법인의 상호를 변경하여 소멸법인이 종래 쓰던 상호를 택하면, 실제로는 재무상태가 좋은 회사가 나쁜 회사를 합병하는 것과 아무런 차이가 없다.157) 그러자 다시 특수관계인 사이의 역합병에 대해서는 이월결손금의 공제를 부인하는 법이 생기기도 했다.158) 누가 누구를 합병하든 권리의무의 포괄승계라는 법률효과에 아무 차이가 없는 이상 이런 식의 법제는 옳지 않다.

소멸법인이 각 사업연도 소득에서 다 공제받지 못하고 남은 이월결손금은159) 존속(存續)법인이 공제받도록 할 것인가? 결손금이 있다는 것은 장차 일정기간 안의 소득에 대한 법인세를 덜 내어도 될 권리가 있음을 뜻한다. 권리의무의 포괄적 승계라는 합병의 정의에서 보자면 이 권리, 말하자면 조건부인 장래의 채권도 존속법인이 이어받아야 마땅하다고 할 수 있다.160) 그러나 다른 한편, 경제적 실질을 볼 때 소멸법인이 결손금이월이 가능한 기한 안에 소득을 낼 가능성이 전혀 없다면 소멸법인이 국가에 대해 가지고 있는 채권의 실제금액은 영(0)인 셈이고, 따라서 존속법인 역시 장래 세금을 덜 낼 권리를 얻을 수 없다고 생각할 수도 있다.161) 결국 이월결손금의 값어치는 소멸법인의 사업에서 장차 소득이 날 것인가에 달려 있다.

그리하여 법은 합병법인이 원래 하던 사업과 피합병법인에서 승계(承繼)한 사업을 가른다. 합병등기 당시 이미 있던 전자의 결손금은 후자의 소득에서 공제받지 못한다.162) 피합병법인의 결손금은 적격합병이라야 합병법인이 공제받을 수 있고163) 나아가 소멸법인에게서 물려받은 이월결손금은 소별법인에게서 물려받은 사업에서 생기는 소득에서만 공제받을 수 있다.164) 어느 쪽이든 소득금액의 일정 비율 안에서만 공제.165) 합병후 일정 기간(3년) 이내에 존속법인이 사업을 폐지하거나 주주가 주식을

157) 1954년까지는 미국법에서도 합병이 아닌 다른 기업결합에서는 법인격의 동일성이 이월결손금 공제 여부의 판단기준이었다. New Colonial Ince Co. v. Helvering, 292 US 435(1934). 따라서 결손금이 있는 회사를 존속법인으로 삼으려다 보니 "피라미가 고래를 삼키는" 역합병이 흔했다. Bittker & Eustice, 14.02[2]절.

158) 1995년 개정 법인세법 제8조, 제8조의3.

159) 옛 법인세법 제13조 제1호의 글귀로는 이월결손금은 각 사업연도의 소득에서만 공제받을 수 있고 청산소득에서는 공제받을 수 없었다. 현행법에서는 합병에서 생기는 소멸법인 소득도 각 사업연도 소득이다. 법인세법 제79조 제4항에 관하여는 제14장 제5절 Ⅱ. 2. 소멸법인의 대손처리 없이 장부가액으로 인계받은 채권을 존속법인이 대손처리한 것을 인정한 판결로 대법원 2005. 4. 29. 선고 2003두15249 판결; 2015. 1. 15. 선고 2012두4111 판결. 현행법에서는 소멸법인이 대손처리해야 한다. 법인세법시행령 제19조의2 제4항. 대법원 2017. 9. 7. 선고 2017두36588 판결.

160) 옛 미국법에 따른 판결로 Helvering v. Metropolitan Edison Co., 306 US 522(1939).

161) 미국판결 Libson Shops Inc. v. Koehler, 353 US 382(1957)는 자회사 여럿을 합병하여 여러 부문을 둔 경우 이월결손금의 부문별 교차공제를 부인했다.

162) 법인세법 제46조 제1항.

163) 법인세법 제44조의3 제2항. 미국세법 381조.

164) 법인세법 제45조 제2항.

처분한다면 소멸법인에게서 승계받은 결손금 중 공제한 금액을 전액 익금산입한다. 애초 비적격합병이었던 경우와 균형을 맞추기 위함이다.

이월결손금의 값어치란 장래의 수익에 달려 있다는 관점에서는 이월결손금이 쌓인 회사가 존속(存續)법인인 경우에도 앞 문단과 아무런 차이가 없다. 따라서 존속법인의 이월결손금이라 하더라도 원래 하던 사업의 소득에서만 그것도 일정 비율 안에서만 공제받을 수 있다.[166]

Ⅲ. 미실현손실

미실현손실이 내재(內在)하는 재산에도 이월결손금과 비슷한 제약이 있다. 합병당사회사의 어느 한 쪽의 사업에서 소득이 나지 않아 실제로 손실을 공제받을 수 없는 경우 이 손실을 다른 쪽에서 공제받게 해서는 안 된다는 생각이다. 이리하여 법은 존속법인이 합병등기일 이후 5년 이내에 재산을 처분(處分)하여 합병등기일 현재 이미 있던 미실현손실을 處分손실로 떠는 경우 이런 처분손실은 그 재산이 원래 속하던 사업의 소득에서만 공제받을 수 있게 정하고 있다.[167] 제5절 I. 비적격합병이라면 당시 이미 재산을 시가로 평가했으므로 그 뒤에 생기는 처분손은 그대로 공제받는다.

Ⅳ. 세무조정사항

우리 법의 세무조정사항(법 제44조의3 제2항의 글귀로 피합병법인이 … 익금 또는 손금에 산입하거나 산입하지 아니한 금액[168])은 세법을 기준으로 삼았을 때 자산부채의 종류와 금액을 특정하는 것의 일부일 뿐이므로 엄밀히는 세무요소의 일부는 아니다. 세법을 기준으로 재무상태표를 만든다면 세무조정사항이 이미 반영된 재무상태표를 만들게 되고, 소멸법인의 순자산이란 그런 세무상 재무상태표상의 순자산을 말하는 것이다. 제18장 제5절 Ⅶ. 비적격합병이라면 이런 세무상 순자산을 기준으로 소멸법인의 양도소득을 계산해야 하고, 적격합병이라면 이런 세무상 순자산의 장부가액이 존속법인에게 넘어오는 것이다. 적격합병이라면 소멸법인의 순자산이 재무제표상 장부가액 외에 세무조정사항도 포함하는 과목과 금액으로 존속법인에게 넘어온다는[169] 뜻에서 법은 세무조정사항을 세무요소와 같이 승계시키고 있다.

165) 법인세법 제45조 제5항과 제13조 제1항.
166) 법인세법 제45조 제1항, 제5항.
167) 공제받지 못한 처분손실은 소멸법인에서 넘어온 결손금으로 본다. 법인세법 제45조 제2항·제3항.
168) 대법원 2011. 4. 28. 선고 2008두12931 판결; 2013. 3. 13. 선고 2013두20844 판결(회사분할 관련).

V. 기부금 한도초과액 등 이월공제 가능금액

기부금 한도초과액의 승계 및 사업별 구분계산은 법인세법 제45조 제6항에서 제8항. 꼭 기부금 아니래도 장차 소득계산 단계든 세액계산 단계든 이월공제가 가능한 금액은 모두 승계문제를 낳는다. 세무요소 가운데 하나일 뿐. 앞 I을 다시 보라.

제7절 영업양도(영업의 현물출자)

한 회사(소멸법인)의 사업이 다른 회사(존속법인)로 통째로 넘어가고 소멸법인의 주주는 존속법인의 주주가 되는 변화는 반드시 합병에서만 가능한 것은 아니다. 가령 소멸법인이 자산 부채를 포괄적으로 존속법인에 현물출자 방식으로 양도하여[170] 존속법인의 주주가 된 뒤 해산청산하면서 잔여재산(출자대가로 받은 존속법인 주식)을 주주에게 나누어 주면 결과적으로 합병과 같다. 옛 조세특례제한법은 미국법상 C형 재조직을 들여온 규정을 두고 있었으나[171] 실례가 없어서 2017년 말 폐지. 제1절 IV.2.

제8절 주식의 포괄적 교환·이전과 삼각거래

I. 포괄적 교환·이전이란?

2001년의 상법개정으로 경제적 실질은 합병과 비슷하지만 법률적 형식은 사뭇 다른 단체법적 행위로, 株式의 包括的 交換이라는 제도가 생겼다. 미국의 제도를[172] 들여온 것으로, 어느 회사(대상회사)의 주주가 주식을 다른 회사(취득회사)에 내어 주면서 그 대가로 취득회사가 발행하는 주식을 교환해 받는 것이다. 이런 교환이 상장주식의 공개매수처럼 대상회사 주주 하나하나와 취득회사 사이의 개별적 계약에 의해 일어날 수 있음은 물론이지만, 그런 교환계약은 상법이 말하는 주식의 포괄적 교환은 아니다. 주식의 포괄적 교환이란 취득회사와 대상회사라는 두 회사 사이의 계약에 의한 것이고, 대상회사의 주주는 제 뜻과는 관계없이 법률(法律)의 규정(規定)에 의하여 대

169) 법인세법시행령 제85조 제1호.
170) 대법원 1995. 8. 22. 선고 95다12231 판결.
171) 옛 조세특례제한법 제37조. 이창희, 미국법인세법, 제9장 제3절.
172) Revised Model Business Corporation Act 11.02조.

상회사의 주식을 잃고 취득회사의 주식을 얻게 된다.[173] 주주가 법률의 규정에 의하여 취득회사의 주식을 받게 된다는 점에서는 합병(合併)과 마찬가지이지만, 취득회사가 대상회사의 자산과 부채를 직접 받아가는 것이 아니라 대상회사의 주식을 받는다는 점에서 차이. 합병에서는 취득회사와 대상회사가 합하여 하나의 회사가 되지만 주식의 포괄적 교환에서는 대상회사가 취득회사의 완전자회사(完全子會社)가 되는 것이다. 주주총회의 특별결의로 포괄적 교환이 가능하므로[174] 취득회사는 그에 반대하는 주주로부터 대상회사의 주식을 뺏을 수 있다. 따라서 주식의 포괄적 교환에 반대하는 주주에게는 주식매수청구권이 주어진다.[175] 자회사가 끼어든다는 것뿐이지 본질적으로는 합병과 마찬가지.[176] 다만 대상회사 채권자의 지위는 그대로이므로 채권자보호 절차는 불필요.

기업구조조정을 돕는다는 취지로 주식의 포괄적 교환과 같이 생긴 제도로 주식의 包括的 移轉이 있다. 단체법적 행위를 통하여 회사와 주주 사이에 지주회사를 새로 끼워 넣는 것으로, 주식이 새로 생기는 지주회사에 넘겨 주면서 주주가 그 대가로 지주회사의 주식을 받는 것이다. 주주는 제 뜻과는 관계없이 法律의 規定에 의하여 회사의 주식을 잃고 지주회사의 주식을 얻게 되어[177] 종래의 회사는 지주회사의 完全子會社가 된다. 포괄적 이전에는 주주총회의 특별결의가 필요하고[178] 이에 반대하는 주주에게는 주식매수청구권이 주어진다.[179] 여러 회사가 동시에 주식의 포괄적 이전을 통하여 지주회사를 공동으로 세워 한 개의 지주회사 밑에 여러 개의 완전자회사를 두는 꼴의 기업결합을 이룰 수도 있다. 가령 지주회사 지분의 99%는 A사의 주주가 차지하고 1%는 B사의 주주가 차지한다면, 경제적 실질에서는 A사(취득회사)가 B사(대상회사)를 흡수합병하는 것이나 별 차이가 없다.

Ⅱ. 과세이연(移延)

미국법에서는 주식의 포괄적 교환이나 이전, 나아가 단체법상의 행위가 아니고 시장에서의 공개매수를 통한 주식 사이의 교환이더라도 지배관계의 설정 등 법에 정한

173) 상법 제360조의2. 반대주주의 주식매수청구권은 상법 제360조의5.
174) 상법 제360조의3.
175) 상법 제360조의5.
176) 다만 대상회사가 별도의 법인으로 남으므로 채권자 보호절차는 필요없다.
177) 상법 제360조의15.
178) 상법 제360조의16.
179) 상법 제360조의22 및 제360조의5.

일정요건을 만족한다면 이른바 B형 재조직으로 보아 미실현이득에 대한 과세를 移延한다.[180] 일본법도 1999년 상법개정으로 주식의 포괄적 교환을 도입하면서 이에 맞추어 같은 해 세법개정에서 일정 요건하에 양도소득에 대한 과세이연 조치를 규정했다.[181] 그 요건은 ① 주식교환이 상법상 주식교환일 것, ② 모회사가 자회사의 주식에 대해 자회사 구 주주의 장부가액 이하로 세무상의 취득가액을 기장할 것, ③ 자회사 주식과 교환하여 모회사로부터 발행받은 신주의 가액과 모회사로부터 수령한 금전(교환교부금)의 합계액 중 신주의 가액이 95% 이상을 차지할 것의 3가지이다.

우리 법에서는 지주회사(공정거래법상 지주회사나 금융지주회사)의 설립에만 과세移延 혜택을 주고 있다가[182] 2010년 들어서 일반적인 포괄적 교환이나 이전에 대하여 과세이연 규정을 신설했다.[183] 대상(對象)회사에는 아무런 변동이 없으므로 애초 세금을 낼 것이 없다. 대상회사가 포괄적 교환을 계기로 자산을 시가에 맞추어 평가증한 것은[184] 임의의 평가차액이므로 익금이 아니고 법인세 목적상은 평가증이 없는 것으로 보아야 한다. 애초 세금 문제가 생기는 것은 대상회사의 주주(株主)들뿐이고, 따라서 법은 그에 대한 특례로서 일정 요건을 충족할 경우 취득회사의 주식을 처분할 때까지 과세를 移延받을 수 있게 정하고 있다.

> 조세특례제한법 제38조 (주식의 포괄적 교환·이전에 대한 과세특례) ① 내국법인이 다음 각 호의 요건을 모두 갖추어 상법 제360조의2에 따른 주식의 포괄적 교환 또는 같은 법 제360조의15에 따른 주식의 포괄적 이전(이하 이 조에서 "주식의 포괄적 교환등"이라 한다)에 따라 주식의 포괄적 교환등의 상대방 법인의 완전자회사로 되는 경우 그 주식의 포괄적 교환등으로 발생한 완전자회사 주주의 주식양도차익에 상당하는 금액에 대한 양도소득세[185] 또는 법인세에 대해서는 대통령령으로 정하는 바에 따라 완전자회사의 주주가 …완전모회사의 주식을 처분할 때까지 과세를 이연받을 수 있다.
>
> 1. 주식의 포괄적 교환·이전일 현재 1년 이상 계속하여 사업을 하던 내국법인 간의 주식의 포괄적 교환등일 것. 다만, 주식의 포괄적 이전으로 신설되는 완전모회사는 제외한다.

180) 미국세법 368조(a)(1)(B), 354조(a)(1), 1032조(a). 이창희, 미국법인세법, 제9장 제1절. B형 재조직에서는 대상회사의 주주가 오로지 취득회사(또는 그 모회사)의 주식만을 받아야 하므로, 대상회사가 기업인수에 반대하는 소수주주의 주식을 미리 감자하는 꼴을 취한다.

181) 일본 조세특별조치법 제37조의14, 제67조의9.

182) 조세특례제한법 제38조의2.

183) 조세특례제한법 제38조.

184) 합병차익에 해당하는 주식의 포괄적 교환차익은 익금이 아니다. 법인세법 제17조 제1항 제2호.

185) 소득세법 제94조 제1항 제3호. 대법원 2011. 2. 10. 선고 2009두19465 판결.

2. 완전자회사의 주주가 완전모회사로부터 교환·이전대가를 받은 경우 그 교환·이전대가의 총합계액 중 완전모회사 주식의 가액이 100분의 80 이상…으로서 그 주식이 대통령령으로 정하는 바에 따라 배정되고, 완전모회사 및 대통령령으로 정하는 완전자회사의 주주가 주식의 포괄적 교환등으로 취득한 주식을 교환·이전일이 속하는 사업연도의 종료일까지 보유할 것

3. 완전자회사가 교환·이전일이 속하는 사업연도의 종료일까지 사업을 계속할 것

② 완전자회사의 주주가 제1항에 따라 과세를 이연받은 경우 완전모회사는 완전자회사 주식을 법인세법 제52조 제2항에 따른 시가로 취득하고, 이후 3년 이내의 범위에서 대통령령으로 정하는 기간에 다음 각 호의 어느 하나의 사유가 발생하는 경우 완전모회사는 해당 사유의 발생 사실을 발생일부터 1개월 이내에 완전자회사의 주주에게 알려야 하며, 완전자회사의 주주는 제1항에 따라 과세를 이연받은 양도소득세 또는 법인세를 … 납부하여야 한다.

1. 완전자회사가 사업을 폐지하는 경우

2. 완전모회사 또는 대통령령으로 정하는 완전자회사의 주주가 주식의 포괄적 교환 등으로 취득한 주식을 처분하는 경우

완전모회사가 취득하는 주식의 취득(取得)가액을 시가로 정한 2017년 말 개정법은 입법론상 논란의 여지가 크다.[186] 법인이라는 단계가 하나씩 늘어날 때마다 언제나 생기는 법인과세의 본질에 관한 문제로 제16장 제2절 Ⅲ. 참조.

Ⅲ. 3각거래

주식의 포괄적 교환이라는 제도는 기실 3각합병(三角合併, triangular merger)의 한 형태라고 말할 수 있다. 미국법에서는 두 회사가 합병하면서 존속법인이 소멸법인 주주에게 내어 주는 주식이 존속법인 자신의 주식이 아니라 존속법인의 모회사(母會社) 주식인 경우가 있다. 남의 주식을 내어 준다는 것이 어떻게 가능한가 의문이 들 수 있지만, 애초에 모회사가 합병을 기획한다고 생각하면 이상할 일이 없다. 곧 어떤 회사를 합병하되, 재산과 부채는 자기 자신이 직접 넘겨받지 않고 자회사가 넘겨받게 하는 것이라 생각해 보면 된다. 이와 같이 자회사를 내세워서 합병하는 것을 3각합병(三角合併)이라 부른다. 주식의 포괄적 교환은 대상회사와 합병하는 자회사의 존재가 영(0)으로 수렴한 것일 뿐이다. 삼각'합병'이라는 말을 썼지만 자회사를 내세운 주식인수나 2단계 합병(대상법인이 영업을 현물출자 후 해산청산)도 물론 가능하다. 삼각합병에는 자회사가

186) 미국세법 362조(b). 이창희, 미국법인세법, 제9장 제1절 IV.

대상회사를 흡수합병하는 쉽게 생각할 수도 있는 꼴(forward)도 있고,[187] 역으로 대상회사가 자회사를 흡수합병하되 그와 동시에 대상회사의 주주는 기존주식을 내어놓고 취득회사(모회사)의 주식을 받아 가는 꼴(역삼각합병, reverse)도 있다.[188] 역삼각합병에서는 대상회사가 종래의 법인격을 그대로 유지하므로 주식의 포괄적 교환과 같은 결과가 생긴다.[189]

미국세법은 삼각합병(주식인수나 2단계 합병 포함)에 대해서도 재조직 내지 기업구조조정의 한 갈래로서 일정한 요건 하에 미실현이득에 대한 과세를 이연한다.[190] 2012년부터는 우리 개정상법도 3각합병 제도를 받아들였지만, 존속(存續)법인이 모회사의 주식을 미리 취득해 두었다가[191] 합병대가(합병교부금)로 내어준다는 꼴로 전통적 합병의 연장선에서 파악하고 있고[192] 모회사에서 바로 신주를 발행해주는 것은 안 된다고.[193] 아무튼 3각합병이 생긴다면 소멸법인 주주가 받는 모회사 주식은 소멸법인의 합병양도소득과 주주의 의제배당소득에 들어가고,[194] 적격합병이라면 과세이연을 받을 수 있다. 나아가 3각거래를 통한 주식의 포괄적 교환이나 이전도 적격이라면 과세이연을 받을 수 있다. 완전모회사의 주식을 쓰는 경우가 아니라면 3각거래는 적격에서 탈락한다.[195]

법인세법 제44조 (합병 시 피합병법인에 대한 과세) ② …다음 각 호의 요건을 모두 갖춘 합병(이하 "적격합병"이라 한다)의 경우에는…양도손익이 없는 것으로 할 수 있다.
2. 피합병법인의 주주등이 합병으로 인하여 받은 합병대가의 총합계액 중…합병법인의 모회사(합병등기일 현재 합병법인의 발행주식총수 또는 출자총액을 소유하고 있는 내국법인을 말한다)의 주식등의 가액이 100분의 80 이상인 경우로서…

조세특례제한법 제38조 (주식의 포괄적 교환·이전에 대한 과세특례) ① 내국법인이 다음 각 호의 요건을 모두 갖추어…주식의 포괄적 교환등의 상대방 법인의 완전자회사

187) 이창희, 미국법인세법, 제9장 제7절.
188) 이창희, 미국법인세법, 제9장 제8절.
189) 3각합병이나 3각 주식교환을 응용하면 자회사와 모회사를 뒤집는 inversion도 가능하다. 자회사가 손회사를 세운 뒤 손회사와 모회사가 삼각합병하면서 모회사 주주가 자회사 주식을 받는다.
190) 미국세법 368조(a)(1)(B)괄호, (a)(2)(C)(drop down), 제368조(a)(2)(D).
191) 모회사주식 취득의 제한(상법 제342조의2)에 대한 예외가 된다.
192) 상법 제523조 제4호, 제523조의2.
193) 신주대금의 납입이 없다는 것. 김건식·노혁준·천경훈, 회사법, 제7장 제4절 III.5.
194) 법인세법 제16조 제1항 제5호, 제44조. 소득세법에는 3각합병에 대한 규정이 없지만 합병교부금이 되어 의제배당소득에 들어간다.
195) 법인세법 제44조 제2항 제2호 괄호, 조세특례제한법 제38조 제1항 등.

로 되는 경우…주식양도차익에 상당하는 금액에 대한 양도소득세[196] 또는 법인세에 대해서는…주주가…완전모회사의 완전모회사의 주식을 처분할 때까지 과세를 이연받을 수 있다.

2. 완전자회사의 주주가 완전모회사로부터 교환·이전대가를 받은 경우 그 교환·이전대가의 총합계액 중…그 완전모회사의 완전모회사 주식의 가액이 100분의 80 이상으로서…

196) 소득세법 제94조 제1항 제3호. 대법원 2011. 2. 10. 선고 2009두19465 판결.

제16장 회사의 분할

제1절 회사의 분할과 미실현이득 과세

I. 회사의 분할이란?

IMF 관리체제 하에서 우리 상법에 새로 들어온 주식회사의 분할은 크게 보아 물적분할(物的分割)과 좁은 의미의 분할(인적分割) 두 가지로 이루어진다. 物的분할이란, 어느 회사가 기존 영업의 일부를 별도의 자회사로 분리해 내는 것을 말한다.[1] 좁은 의미의 분할(人的분할)이란 신설되는 회사가 자회사로 남아 있지 않고 신설되는 회사의 주식이 바로 주주들의 손에 들어가는 것이다.[2]

나아가 상법은 분할과 동시에 이렇게 분리되는 재산을 신설되는 제3의 회사와 합치는 경우를 分割합병(合倂)이라고 부르고 있다.[3] (강학상의 용어로는 이런 합병이 없이 독립된 회사가 신설되는 분할을 단순分割이라고 부르기도. 따라서 단순분할과 분할합병 각각에서 물적분할과 인적분할이 있을 수 있다.) 분할합병이란 분할된 사업부가 다른 회사(상대방)에 흡수합병(흡수분할합병)되거나 다른 회사(상대방)와 합하여 새로운 회사를 신설하는 것(신설분할합병)이지만, 다만 그 중간과정인 분할신설회사의 설립절차를 생략한 것이라 보면 된다. 회사가 분할에 의하여 회사를 새로 설립하면서 또 다른 일부 영업은 분할합병할 수 있음도 물론.[4] 분할이나 분할합병으로 인하여 설립되는 회사 또는 존속하는 회사는 분할 또는 분할합병 전의 회사채무에 관하여 연대(連帶)하여 변제할 책임이 있음이 원칙이다.[5]

---

1) 상법 제530조의12.
2) 상법 제530조의5 제1항 제4호. 미국세법에서 corporate division이란 우리 법의 인적분할처럼 주주단계까지 갈라서는 것을 말한다.
3) 상법 제530조의2 제2항.
4) 상법 제530조의2 제3항.
5) 상법 제530조의9 제1항 및 제2항.

우리 상법상의 회사분할이란 유럽에서 들여온 제도이다.[6] 미국의 회사법에서는 주마다 다르기는 하지만 회사의 분할이라는 제도는 찾아보기 어렵다. 그렇다고 하여 미국에서 회사의 분할이 불가능했던 것은 아니고, 다른 형태의 기업구조조정과 함께 매우 성행하고 있다.[7] 무슨 말? 가령 어느 회사 甲이 두 개의 사업부문 가운데 하나를 현물출자(現物出資)로 양도하여 자회사 乙을 세우면, 이는 사실상 우리 상법의 물적분할과 같은 결과를 낳는다. 갑 회사가 일단 현금을 출자하여 을 회사를 세운 뒤 갑 회사의 영업재산을 乙 회사에 양도하면서 현금을 받는 형식(우리 법의 용어로 이른바 사후설립[8])으로도 같은 결과를 얻을 수 있다. 갑 회사가 을 회사의 주식을 받은 뒤 뒤이어서 이 주식을 주주들에게 비례적으로 배당한다면(미국법에서는 재산배당이 가능하다), 두 회사는 자매회사의 관계가 된다. 이것이 spin-off, 우리는 존속분할과 같은 결과. 갑은 자회사의 주식을 주주들에게 배당하지 않고, 주주 가운데 일부를 추려 그들이 가지고 있는 기존의 갑 주식과 서로 맞바꿀 수도 있다.(유상감자의 대가로 자회사의 주식을 줄 수도 있음은 물론이다.) 그 결과 을의 주식을 소유한 주주들과 갑의 주식을 소유한 주주들은 주주단계에서 서로 나뉘게 된다. 이것이 split-off. 또 다른 가능성으로 갑의 두 사업부문을 각각 현물출자하여 두 개의 자회사를 세운 뒤, 갑이 해산하면서 자회사의 주식을 주주들에게 청산분배할 수 있다. 이것이 split-up, 우리 법으로는 소멸분할.

그렇게 본다면 우리 옛 상법에서도, spin-off를 제외한다면 사실상 분할(事實上 分割)이 가능했다. spin-off가 불가능한 이유도 회사분할 제도가 없어서가 아니라 재산배당이 불가능하다는 상법학의 '통설' 탓이었다. 2011년 개정상법이 재산(현물)배당을 인정하므로[9] 이제는 spin-off도 가능하고, 사실상의 인적분할이 된다. 개정상법이 가능하고 필요한 분할방식을 모두 망라한 것인지도 의문이다. 또 split-off(spin-off)가 우리 상법 하에서 회사분할의 개념에 포함되는지, 아니면 물적분할과 주식교환(현물배당)의 결합으로 보아 각각에 따른 법률효과를 주어야 할지 의문이 생긴다.[10] 일본법은 2005년

---

6) 송옥렬, 상법강의, 6편 2장 6절 2관 1. 유럽연합 제6차지침.

7) 이창희, 미국법인세법, 제7장.

8) 事後設立. 상법 제375조.

9) 재산(현물)배당에 관해서는 제14장 제3절 Ⅱ, Ⅲ. 상법 제462조의4. spin-off와 채권자보호에 관해서는 송옥렬, 상법강의, 6편 2장 5절 3관 Ⅲ.3.

10) 상법은 합병을 수반하지 않는 분할의 경우에는 주주들에게 주식매수청구권을 주지 않고 있는 까닭이다. 상법 제530조의11 제2항, 제522조의3. 상장법인 특칙은 자본시장법 제165조의5 제1항. 따라서 신설법인의 주식과 기존 주식의 교환은 주주들과 합의가 있어야 가능하다고 풀이해야 소수주주들의 희생을 막을 수 있다. 한편 주주 전원의 동의가 있어야 split-off가 가능하다고 풀이할 수도 있겠지만(김건식·노혁준·천경훈, 회사법, 제7장 제5절 Ⅴ. 3.(3)), 주식매수청구권을 주면 될 자리에 전원의 동의를 받게 하는 것은 좋은 법은 못 된다.

재산배당을 들여와 사실상의 인적분할을 가능하게 하면서 인적분할을 폐지.

Ⅱ. 분할의 절차와 효과

분할에서는 분할되는 법인과 신설법인이 서로 연대책임(連帶責任)을 지므로[11] 채권자보호절차는 따로 필요하지 않음이 원칙이다. (사실은 채권자의 동의, 채무자에 대한 통지나 채무자의 승낙, 부동산등기와 같은 개별적 이전절차 없이 분할을 가능하게 하려다 보니 채권자의 지위를 흔들게 되고, 따라서 각 회사에 연대책임[12]을 지우는 것이다.) 신설법인과 분할되는 법인이 서로 연대책임을 지지 않고 채무를 각각 나누어지는 것도 가능하지만[13] 이런 경우에는 채권자보호절차가 필요하다.[14] 분할을 계기로 주주가 교부금을 받는 것이 있다면 역시 채권자보호절차가 필요하다.[15]

분할을 하려면 우선 이사들이 분할계획서(計劃書)를 작성하여 주주총회의 특별결의로 승인을 얻어야 한다.[16] 분할결의를 하고, 또 필요하다면 채권자보호절차를 밟은 뒤에는 분할되는 법인이 영업을 출자하여 법인을 신설한다.[17] 물적분할이라면 신설법인이 자회사가 되므로 분할되는 회사가 주식을 받지만, 인적분할이라면 분할되는 회사의 주주가 바로 주식을 받는다. 합병시 합병신주를 소멸법인의 주주가 직접 받는 것과 마찬가지이다. 분할합병의 경우에는 분할계획서가 아니라 분할합병계약서(契約書)를 작성하여 두 회사의 주주총회에서 각각 승인을 받고,[18] 각 당사자가 채권자보호절차 기타 합병이나 분할 절차를 진행. 채권자보호절차가 끝나면 단순분할이나 신설분할합병의 경우에는 신설회사의 창립총회를 열고,[19] 뒤이어 설립등기를 한다. 분할되는 회사는 소멸한다면 해산등기, 존속한다면 변경등기를 한다. 기존의 제3회사에 흡수되는

---

11) 상법 제530조의9 제1항. 연대책임의 범위는 대법원 2007. 11. 29. 선고 2006두18928 판결; 2008. 2. 14. 선고 2007다73321 판결; 2010. 8. 26. 선고 2009다95769 판결(부진정연대); 2010. 12. 23. 선고 2010다71660 판결 등.

12) 기업회계에서는 채무를 두 회사 중 어느 한 쪽의 재무상태표에만 올리고 다른 회사에서는 연대책임을 주석에 적는다.

13) 상법 제530조의9 제2항. 채무를 어떻게 나누는가는 자유. 상법 제530조의9 제2항. 다만 국세기본법 제25조 제2항, 제3항.

14) 상법 제530조의9 제4항, 제527조의5. 대법원 2006. 11. 23. 선고 2005두4731 판결. 증명책임은 연대채무 없다고 주장하는 쪽이 진다. 대법원 2010. 8. 26. 선고 2009다95769 판결.

15) 이철송, 회사법강의, 6장 10절 3관 IV.4. 뒤에 보듯 분할대가의 일부로 현금을 받는다면 분할로 이전되는 재산에 대해 양도차익을 과세하므로 실제로 이런 일을 찾아보기는 어려울 것이다.

16) 상법 제530조의3. 무의결권주식도 이 결의에서는 의결권을 가진다.

17) 상법 제530조의4. 검사인의 조사보고서는 필요하지 않다는 것이 법원실무.

18) 상법 제530조의3.

19) 상법 제530조의11 제1항, 제527조.

꼴의 분할합병의 경우에는 보고총회를 열고[20] 그로부터 일정기간 안에 존속회사가 변경등기를 하여야 한다.[21]

분할등기(登記)를 마치면 채권양도의 통지, 부동산소유권의 이전등기, 기타 개개의 재산권에 관한 이전절차를 밟지 않더라도 재산권이 이전(移轉)된다.[22] 분할 전의 채권자에 대해서는 분할된 회사들이 여전히 연대책임을 지는 까닭이다. 분할 후에 생긴 채권이라면, 채권자는 각 회사에 대한 채권자일 뿐이므로 다른 회사의 재산에 책임을 물을 수 없다.

Ⅲ. 분할과 미실현이득 과세

앞서 보았듯 옛 상법에서도 회사를 여러 개로 사실상 분할할 수 있었다. 사실상의 분할이 어려웠던 데에는 두 가지 이유. 첫째, 현물출자에는 검사인의 검사가 필요하고,[23] 채권양도, 채무승계, 부동산등기 등 개개의 재산권에 대한 移轉절차를 밟아야 하는 불편이 있었다. 둘째, 한결 더 중요한 이유로 분할과정에서 일어나는 재산이전(현물출자, 배당, 주식교환 등)에 양도차익(讓渡差益)이 과세되었다.

그러나 조세정책의 관점에서는 합병과 마찬가지로 회사의 분할도 기업이 입고 있는 법률적 껍질의 변화일 뿐이고 이를 과세계기로 삼아서는 안 된다는 생각도 있을 수 있다. 대표적 예로 미국법은 일찍이 분할을 재조직의 꼴 가운데 하나로 삼아, 미실현이득에 대한 과세를 이연하는 규정을 두었다. 이리하여 미국법상 회사분할이라는 제도는 기실 회사법상의 개념이라기보다는 세법상의 개념이었다.

현행법은 기업구조조정의 촉진을 위하여 미국법을 본받은 조세특례를 들여오게 되었다. 회사의 분할을 미실현이득의 과세계기로 삼아야 하는가에 대한 답을 분할된 회사 사이의 인격이 어떤 관계에 있는가라는 형이상학이나 개념법학에서 찾을 수 없음은 물론이다. 분할이 던지는 세금문제는 合併과 별 차이가 없다. 어느 사업에 속하는 자산부채가 한 법인에서 다른 법인으로 통째 넘어간다는 본질은 합병이나 분할이나 마찬가지인 까닭이다. 이하에서는 분할의 세법상 효과에 대한 결론만을 짧게 적는다. 이해하기 어려운 부분이 있으면 합병의 해당부분을 다시 읽어 보면 된다. 분할에 관한 조세특례는 상법상의 분할을 전제로 하므로, 외국법인을 만들면서 자산을 그리로

20) 상법 제530조의11 제1항, 제526조.

21) 상법 제530조의11 제1항, 제528조.

22) 상법 제530조의10. 송옥렬, 상법강의, 6편 2장 6절 2관 4. 근로계약의 승계에 관해서는 대법원 2013. 12. 12. 선고 2011두4282 판결.

23) 상법 제310조, 제290조 제2호 및 제3호.

옮기는 경우에는 적용하지 않는다. 미국법에서는 장차 미국이 과세할 수 있다는 보장이 있는 경우에는 외국법인에게 넘기는 재산에 대해서도 미실현이득의 과세이연을 허용하는 복잡한 조문이 있다.24)

제 2 절 물적분할에 대한 과세이연

회사의 사업부문을 신설자회사로 넘기는 형식에는 앞서 보았듯 현물출자와 물적분할 두 가지가 있을 수 있다. 법인세법은 두 가지 조문을 따로 두고 있다.

물적분할의 과정에서 분할되는 회사(이하 "분할법인")는 분할되는 영업에 속하는 자산부채를 자회사에 넘기고 주식을 받게 된다. 주식의 취득가액은 취득당시의 시가(時價)이다.25) 주식 자체에서 주식의 시가가 나오지 않으니 주식의 시가란 분할신설법인으로 넘기는 순자산(純資産)의 시가(영업권 상당액을 포함하는 기업가치)를 뜻한다. 주식의 시가와 인계한 순자산의 차액은 양도차익 과세가 원칙이다. 기업회계에서도 넘기는 순자산의 시가와 장부가액의 차액을 양도차익으로 계산한다.

(보기) A, B 두 사업을 겸영하는 서울(주)의 재무상태표는 다음과 같다.

유동자산(A)	20,000	사업상부채(A)	10,000
유동자산(B)	20,000	사업상부채(B)	10,000
고징자산(A)	20,000	공동부채	10,000
고정자산(B)	20,000	자본금	30,000
본사사옥(공통)	10,000	이익잉여금	30,000
	90,000		90,000

서울(주)는 A부문을 물적분할하여 자회사를 세우기로 했다. 자회사에 넘길 자산은 유동자산(A), 고정자산(A)와 사업상부채(A)이다.26) 고정자산(A)의 시가는 25,000원이고 유동자산(A)와 사업상부채(A)는 장부가액과 시가가 같다. 서울(주)가 교부받는 주식의 액면은 30,000원이다. 분할에 따르는 손익은 얼마인가?

(풀이) 넘기는 자산부채에 딸린 미실현이득 5,000원이 양도차익.

24) 미국세법 367조.

25) 법인세법 제41조 제1항 제3호, 같은 법 시행령 제72조 제2항 제3호의2.

26) 사업상부채(A)를 꼭 같이 넘길 필요는 없다. 상법 제530조의9 제2항.

원한다면 이 양도차익에 대한 과세를 이연받을 수 있는 특칙이 있다.[27] 양도차손 이연 규정은 없다. 법인세법에 따른 과세이연을 받는다면, 취득세도 특혜를 받을 수 있다.[28]

I. 과세이연의 요건

> 법인세법 제47조 (물적분할 시 분할법인에 대한 과세특례) ① 분할법인이 물적분할에 의하여 분할신설법인의 주식등을 취득한 경우로서 제46조 제2항 및 제3항에 따른 적격분할의 요건(같은 조 제2항 제2호의 경우에는 분할대가의 전액이 주식등인 경우로 한정한다)을 갖춘 경우 그 주식등의 가액 중 물적분할로 인하여 발생한 자산의 양도차익에 상당하는 금액은 대통령령으로 정하는 바에 따라 분할등기일이 속하는 사업연도의 소득금액을 계산할 때 손금에 산입할 수 있다. (단서 생략)

물적(物的)분할이란? "분할되는 회사가 분할 또는 분할합병에 의하여 설립되는 회사의 주식의 총수를 취득하는 경우"라는 뜻.[29] 따라서 새로운 100% 자회사를 세우거나, 기존의 100% 자회사와 분할신설합병하는 경우라야 분할신설법인으로서 법 제47조가 적용된다. 물적분할로 인해 분할법인, 곧 분할되는 법인이[30] 얻는 양도차익에 대한 과세를 이연받기 위한 원칙적 요건은 다음과 같다.

> 법인세법 제46조 (분할 시 분할법인등에 대한 과세) ② ….
>
> 1. 분할등기일 현재 5년 이상 사업을 계속하던 내국법인이 다음 각 목의 요건을 모두 갖추어 분할하는 경우일 것(분할합병의 경우에는 소멸한 분할합병의 상대방법인 및 분할합병의 상대방법인이 분할등기일 현재 1년 이상 사업을 계속하던 내국법인일 것)
>
> 가. 분리하여 사업이 가능한 독립된 사업부문을 분할하는 것일 것
>
> 나. 분할하는 사업부문의 자산 및 부채가 포괄적으로 승계될 것.[31] 다만, 공동으로 사용하던 자산, 채무자의 변경이 불가능한 부채 등 분할하기 어려운 자산과 부

27) 역으로 자회사를 해산청산하는 경우에도 미국법은 과세를 이연한다. 미국세법 332조.

28) 지방세특례제한법 제57조의2 제3항 제2호.

29) 상법 제530조의12.

30) 법인세법 제16조 제1항 제6호.

31) 대법원 2012. 5. 24. 선고 2012두2726 판결(임차≠승계). 독립적으로 사업이 가능하다면 단일 사업부문의 일부도 분할할 수 있고, 다른 부문도 같이 쓰던 자산부채처럼 분할하기 어려운 것은 승계하지 않아도 실질적 동일성을 해치지 않는다. 대법원 2018. 6. 28. 선고 2016두40986 판결. 자산으로 잡혀있지만 양도가능 재산이 아닌 것(가령 환율조정계정)에 대해서는 대법원 2008. 9. 11. 선고 2006두2558 판결.

채 등으로서 대통령령으로 정하는 것은 제외한다.

다. 분할법인등만의 출자에 의하여 분할하는 것일 것

2. 분할법인등의 주주가 분할신설법인 등으로부터 받은 분할대가의 전액(분할합병의 경우에는 제44조 제2항 제2호의 비율 이상)이 주식으로서 그 주식이 분할법인등의 주주가 소유하던 주식의 비율에 따라 배정(분할합병의 경우에는 대통령령으로 정하는 바에 따라 배정한 것을 말한다)되고 대통령령으로 정하는 분할법인등의 주주가 분할등기일이 속하는 사업연도의 종료일까지 그 주식을 보유할 것

3. 분할신설법인등이 분할등기일이 속하는 사업연도의 종료일까지 분할법인등으로부터 승계받은 사업을 계속할 것

4. 분할등기일 1개월 전 당시 분할하는 사업부문에 종사하는 … 근로자 중 … 승계한 근로자의 비율이 100분의 80 이상 …

위 법조항 제1호에서 분할등기일이라 함은 각각 분할되는 회사가 분할에 관한 내용을 등기하는 날로 풀이하여야 한다. 이에 비해 같은 항 제3호의 분할등기일이라 함은 분할로 인한 신설회사(또는 분할합병의 상대방회사)가 설립이나 합병을 등기하는 날로 풀이할 수밖에 없다. 위 법 제46조 제2항 제2호의 "분할법인등의 주주"라는 말은 "소멸한 분할합병법인의 상대방법인의 주주"를 포함하지만[32] 물적분할에서는 그런 주주가 따로 있을 수 없다. 100% 자회사와 분할합병하는 것만이 과세이연 대상인 까닭이다. 따라서 제2호의 내용 가운데 물적분할에 맞는 부분만을 정리하면 "분할법인이 분할신설법인으로부터 받은 합병대가의 전액이 주식일 것"이 된다. 지분의 연속성 및 사업의 계속성과 관련하여, 위 법조항 제3호는, 분할등기일이 속하는 사업연도의 끝까지만 사업을 계속하면 된다는 뜻은 아니다. 2010년 개정된 법인세법에서는 앞서 본 합병과 마찬가지로, 승계받은 법인이 분할등기일이 속하는 사업연도의 다음 사업연도 개시일로부터 일정 기간(경우별로 2년 또는 3년) 안에 승계받은 사업을 폐지하거나 분할법인의 분할신설법인 주식소유비율이 50% 미만이 된다면 그때 가서 분할법인의 양도차익을 과세한다고 규정하여 사업의 계속성 요건을 한결 강화하고 주주의 연속성 요건을 추가했다.[33] 근로자 승계라는 요건은[34] 2017년 말 문재인 정부 때 들어왔다.

분할 뒤에 주주의 주식보유나 분할신설법인의 사업에 변화가 생기더라도 실질적 동일성(同一性)이 여전히 유지된다면 자산 양도차익의 과세이연을 깨뜨리지 않는다.

32) 법인세법 제46조 제1항 3번째 괄호.

33) 법인세법 제47조 제3항 제1호, 제2호. 같은 법 시행령 제84조 제13항.

34) 법인세법 제47조 제3항 제3호. 대법원 2013. 12. 12. 선고 2011두4282 판결(근로자의 승계거부권).

〈대법원 2018. 10. 25. 선고 2018두42184 판결〉

회사분할에 대한 과세이연 규정은 1998. 12. 28. 법인세법 전부 개정으로 합병·분할 등 기업조직재편 세제를 도입할 때 마련된 것으로서, 회사가 기존 사업의 일부를 별도의 회사로 분리하는 조직형태의 변화가 있었으나 지분 관계를 비롯하여 기업의 실질적인 이해관계에는 변동이 없는 때에는, 이를 과세의 계기로 삼지 않음으로써 회사분할을 통한 기업구조조정을 지원하기 위한 취지이다. 구 법인세법령은 아래와 같이 이러한 실질적 동일성 기준 중 사업의 계속 요건을 구체화하여 규정하고 있다. 구 법인세법…는 '분할신설법인이 분할등기일이 속하는 사업연도의 종료일까지 분할법인으로부터 승계받은 사업을 계속 영위할 것'을 과세이연 요건의 하나로 규정하고 있[다]…, 분할신설법인인 삼화자산이 분할등기일이 속하는 2009 사업연도의 종료일 전에 원고에 흡수합병되어 해산했지만, 삼화자산이 분할법인인 삼화왕관으로부터 승계받은 사업을 원고가 다시 승계하여 위 사업연도의 종료일까지 계속 영위했으므로, 이 사건 분할은 구 법인세법 제46조 제1항 제3호의 '분할신설법인이 분할등기일이 속하는 사업연도의 종료일까지 분할법인으로부터 승계받은 사업을 계속 영위할 것'이라는 요건을 충족했다고 보아야 한다.

현행법 제47조 제1항 단서는 대통령령으로 정하는 부득이한 사유가 있는 경우에는 앞의 세 가지 요건 가운데 2호(지분의 연속성)나 3호(사업의 계속성)의 요건을 갖추지 못한 경우에도 자산의 양도차익에 상당하는 금액을 손금산입할 수가 있다고 정하고 있다.[35] 그에 따른 부득이한 사유로는 적격 구조조정 말고도 회생절차에 따라 법원의 허가를 받아서 주식이나 승계받은 사업을 처분하는 것도 들고 있다.[36] 미국법에서는 회생절차에 따른 처분도 일정한 요건을 갖추면 재조직, 우리 식으로는 적격구조조정에 해당한다.[37] 입법론으로는 그르지만 "부득이한"이라는 글귀의 범위 안에 있는 명령이다.

앞서 보았듯 물적분할에 대한 과세이연은 자회사 주식의 100%를 지배하는 경우에만 이연한다. 그러나 이것은 '물적분할'이라는 개념의 상법상 정의 그 자체에서 온 것이고, 기실 세법의 입장에서는 꼭 100%를 고집할 이유가 없다. 美國法은 출자자가 이미 지배하거나 앞으로 지배하게 될 법인에 재산을 현물출자하는 경우 주주의 양도차익에 대한 과세를 이연한다.[38] "지배"라는 말은 출자자가 의결권 총수 중 80% 이상

35) 법인세법 제47조 제1항 단서.

36) 법인세법시행령 제84조 제12항, 제80조의2 제1항 제1호 (마) 및 제2호 (라).

37) 이창희, 미국법인세법, 제9장 제12절.

38) 미국세법 351조. 미국법에서는 이런 거래를 분할이라 부르지 않는다.

소유하고 또 의결권 없는 주식도 80% 이상 소유하는 것을 말한다.[39] 2001년 개정된 현행 일본법은 자산부채, 종업원, 영업 등에서 계속성이 있다면 주식소유비율은 50%만 되더라도 분할법인의 양도차익에 대한 과세를 이연한다.[40] 이리하여 말뜻이 뒤틀리기는 하지만 법인세법시행령은 일단 물적분할이라는 요건을 만족한 뒤에는 잔존주식 소유비율이 50% 이상인 한, 그 사유가 무엇인가를 묻지 않은 채 주식처분을 '부득이한 사유'로 처분하는 것이라고 정하고 있다.[41]

Ⅱ. 과세이연의 효과

물적(物的)분할로 분할신설법인이나 분할합병의 상대방법인의 주식을 취득한 경우 앞에서 본 과세이연의 요건을 만족하지 못한다면 일반원칙으로 돌아가 주식의 시가(=양도하는 순자산의 시가)와 양도하는 순자산의 취득가액의 차액을 양도차익으로 과세한다. 주식의 취득가액은 당연히 시가.[42] 과세이연의 요건을 만족한다면 "그 주식의 가액 중 物的분할로 발생한 자산의 양도차익에 상당하는 금액"은 분할등기일이 속하는 사업연도의 손금에 산입할 수 있다.[43] 자산을 이전하는 대가로 받는 "그 주식의 가액"은 양도한 자산의 원가에 해당하는 부분과 그 나머지 양도차익에 해당하는 부분으로 나뉠 수밖에 없다. 애초에 소득이 될 부분은 양도차익 부분뿐이고, 이처럼 소득이 될 금액과 같은 금액을 손금산입하여 과세를 미룬다는 말이다. 이처럼 손금산입한 양도차익 상당액은 주식처분시 익금산입한다. 결국 과세이연을 받는 경우 양도한 순자산의 장부가액 그대로가 주식의 취득가액으로 이어지는 셈.

(보기) 앞 보기의 A, B 두 사업을 겸영하는 서울(주)는 법인세법 제47조 제1항의 손금산입 요건을 갖추었다. 분할에 따르는 손익은 얼마인가?

(풀이) 물적분할로 발생하는 양도차익 5,000원을 과세이연 받을 수 있다. 분개의 형식에서는 투자주식의 취득원가를 넘기는 순자산의 원가 30,000원으로 적으면 양도차익이 아예 나타나지 않는다. 대통령령은 투자주식의 취득가액을 순자산의 시가 35,000원으로 적으면서 양도차익 5,000원을 손금산입 과세이연하라고.

---

39) 미국세법 368조(c).
40) 일본 法人稅法 제62조의3, 제2조 12의11.
41) 법인세법시행령 제84조 제12항 제1호, 제80조의2 제1항 제1호(가).
42) 법인세법 제41조 제1항 제3호, 법인세법시행령 제72조 제2항 제3호의2.
43) 법인세법 제47조 제1항.

사업상부채(A)	10,000	유동자산(A)	20,000
투자주식	35,000	고정자산(A)	20,000
		과세이연양도차익	5,000

(보기) 위 투자주식을 40,000원에 팔았다. 처분손익은 얼마인가?

(풀이) 장부에는 투자주식의 가액이 35,000원으로 적혀 있지만, 앞서 과세이연한 5,000원이 있으므로 이를 익금산입하면[44] 과세소득은 10,000원이 되어야 한다.

현금	40,000	투자주식	35,000
		양도소득	5,000
과세이연양도차익	5,000	양도소득	5,000

Ⅲ. 물려받는 자산의 취득가액

앞 보기의 A부문을 물려받는 자회사의 입장에서 본 資産의 취득가액은 얼마인가? 우선, 적격요건을 충족하지 못했거나 혹은 적격요건을 충족했어도 분할법인이 양도차익을 손금산입하지 않은 경우, 한마디로 말해서 분할법인이 양도차익에 대한 과세이연을 받지 않는 경우에는 분할신설법인이 받는 자산의 취득가액은 해당 자산의 시가(時價) 내지 기업가치.[45] 분할법인이 시가를 기준으로 양도차익에 대한 세금을 무는 이상 당연한 사리이다.

문제는 적격요건을 충족하여 분할법인이 양도차익을 손금산입하는 경우에 분할신설법인이 물려받은 자산의 취득가액을 얼마로 하여야 하는가 하는 점이다. 2011년까지는 해당 자산의 시가로 하되, 시가에서 분할법인의 장부가액을 뺀 금액을 자산조정계정으로 계상하고 그 자산조정계정의 처리는 합병의 경우와 똑같이 맞추어 놓고 있었다.[46] 분할법인이 과세이연받은 소득을 분할신설법인에게 과세하자는 것. 그런데 분할법인 자신도 물적분할로 취득한 주식을 나중에 처분하면 당초에 과세이연을 받은 소득에 대해 세금을 내게 되어 있기 때문에, 이 방식은 결국 분할신설법인(자산양도차익)과 분할법인(주식양도차익) 쌍방에게 세금을 물리는 결과가 된다.

이것이 잘못이라는 지적이 잇따르자, 분할법인이 과세이연을 받는 경우에도 분할

44) 법인세법 제47조 제2항.

45) 법인세법 제41조 제2항, 법인세법시행령 제72조 제2항 제3호 나목.

46) 2011년 12월 31일 개정되기 전의 옛 법인세법 제47조 제2항 및 개정 전의 옛 법인세법시행령 제84조 제4항.

신설법인은 분할법인의 장부가액을 승계하지 않고 해당 자산의 時價를 취득가액으로 하도록 2012년부터 법을 바꾸었다.47) 이렇게 하면 이중과세는 막을 수 있지만, 또 다른 문제가 생긴다. 시가가 오른 자산이 있는 법인은 이제 이 자산을 물적분할하여 자회사로 옮긴 뒤 제3자에게 이 자산을 팔아 버리는 방식으로 양도소득에 대한 세금을 피할 수 있게 된다. 다시 이 문제에 대한 대책으로 개정법은 분할신설법인이 승계받은 자산을 처분하는 경우에도 분할법인이 당초 과세이연 받은 소득을 익금에 산입한다.48)

> 법인세법 제47조 (물적분할 시 분할법인에 대한 과세특례) ② 분할법인이 제1항에 따라 손금에 산입한 양도차익에 상당하는 금액은 다음 각 호의 어느 하나에 해당하는 사유가 발생하는 사업연도에 해당 주식등과 자산의 처분비율을 고려하여 대통령령으로 정하는 금액만큼 익금에 산입한다. (단서 생략)
>
> 1. 분할법인이 분할신설법인으로부터 받은 주식등을 처분하는 경우
>
> 2. 분할신설법인이 분할법인으로부터 승계받은 대통령령으로 정하는 자산을 처분하는 경우. …
>
> ③ 제1항에 따라 양도차익 상당액을 손금에 산입한 분할법인은 분할등기일부터 3년의 범위에서 대통령령이 정하는 기간 이내에 다음 각 호의 어느 하나에 해당하는 사유가 발생하는 경우에는 제1항에 따라 손금에 산입한 금액 중 제2항에 따라 익금에 산입하고 남은 금액을 그 사유가 발생한 날이 속하는 사업연도의 소득금액을 계산할 때 익금에 산입한다. …
>
> 1. 분할신설법인이 분할법인으로부터 승계받은 사업을 폐지하는 경우
>
> 2. 분할법인이 분할신설법인의 발행주식총수…의 100분의 50 미만으로 주식 등을 보유하게 되는 경우
>
> 3. … 근로자 수가 … 100분의 80 미만으로 하락하는 경우 …

대통령령을 찾아보면49) 익금산입액은 주식처분비율과 자산처분비율을 모두 고려하도록 정하고 있다. 가령 주식은 그대로 보유하고 자산을 전부 팔면 과세이연받은 금액을 모두 과세한다. 자산을 그대로 보유하고 주식을 전부 팔아도 과세이연받은 금액을 모두 과세한다. 만일 주식과 자산을 각 절반씩 팔아서 각 50%씩만 남아있다면 자산의 25%에 대해 이해관계를 유지하고 있는 셈이다. 따라서 과세이연받은 금액의 75%를 과세한다.

---

47) 옛 법인세법시행령 제72조 제2항 제3호의2.

48) 법인세법 제47조 제2항 및 법인세법시행령 제84조 제3항.

49) 법인세법시행령 제84조 제3항.

결국 이중과세 방지와 조세회피 방지라는 두 마리 토끼를 모두 잡은 듯 싶지만, 근본적인 문제가 남는다. 가령 자산을 처분하지 않고 그냥 보유하면서 감가상각한다면 시가평가증액에 대한 세금은 아무도 내지 않은 채 분할신설법인은 그런 평가증액을 감가상각할 수 있게 된다. 세금을 물리지 않은 채로 자산의 장부가액을 step-up시켜주어서는 안 된다는 것은 적어도 미국에서 General Utilities 원칙이[50] 폐지되고 나서는 확고하게 정립된 이론이고, 우리 법도 이를 따르고 있다. 유달리 물적분할과 현물출자의 경우에만 예외를 둘 이유가 없다. 결국 2019년 개정 시행령으로[51] 평가증액의 감가상각을 다시 막아서, 2011년 전의 법으로 거의 원위치했다.

Ⅳ. 영업의 현물출자에 대한 과세이연

다시 앞의 서울(주)로 돌아가 A부문을 자회사로 넘기기는 해야 하는데 관련 신기술을 가진 기술(주)와 90:10 합작을 하려고 한다. 물적분할 과세특례를 적용받을 수 있는가? 없다. 100% 자회사라야만 한 물적분할. 세금을 피할 길이 없을까?

> 법인세법 제47조의2 (현물출자 시 과세특례) ① 내국법인(이하 이 조에서 "출자법인"이라 한다)이 다음 각 호의 요건을 갖춘 현물출자를 하는 경우 그 현물출자로 취득한 현물출자를 받은 내국법인(이하 이 조에서 "피출자법인"이라 한다)의 주식가액 중 현물출자로 발생한 자산의 양도차익에 상당하는 금액은 대통령령으로 정하는 바에 따라 현물출자일이 속하는 사업연도의 소득금액을 계산할 때 손금에 산입할 수 있다. 다만, 대통령령으로 정하는 부득이한 사유가 있는 경우에는 제2호 또는 제4호의 요건을 갖추지 못한 경우에도 자산의 양도차익에 상당하는 금액을 대통령령으로 정하는 바에 따라 손금에 산입할 수 있다.
>
> 1. 출자법인이 현물출자일 현재 5년 이상 사업을 계속한 법인일 것
>
> 2. 피출자법인이 그 현물출자일이 속하는 사업연도의 종료일까지 출자법인이 현물출자한 자산으로 영위하던 사업을 계속할 것
>
> 3. 다른 내국인 또는 외국인과 공동으로 출자하는 경우 공동으로 출자한 자가 출자법인의 특수관계인이 아닐 것
>
> 4. 출자법인 및 제3호에 따라 출자법인과 공동으로 출자한 자(이하 이 조에서 "출자법인등"이라 한다)가 현물출자일 다음 날 현재 피출자법인의 발행주식총수 또는 출자총액의 100분의 80 이상의 주식등을 보유하고, 현물출자일이 속하는 사업연도의 종

50) 제14장 제3절 Ⅱ.5. 이창희, 미국법인세법, 제3장 제2절 Ⅱ.2, 제5장 제1절 Ⅲ.

51) 이 책 2013년판, 제17장 Ⅱ. 법인세법시행령 제29조의2 제2항.

료일까지 그 주식등을 보유할 것

② 출자법인이 제 1 항에 따라 손금에 산입한 양도차익에 상당하는 금액은 다음 각 호의 어느 하나에 해당하는 사유가 발생하는 사업연도에 해당 주식등과 자산의 처분비율을 고려하여 대통령령으로 정하는 금액만큼 익금에 산입한다. (단서 생략)

1. 출자법인이 피출자법인으로부터 받은 주식등을 처분하는 경우

2. 피출자법인이 출자법인등으로부터 승계받은 대통령령으로 정하는 자산을 처분하는 경우. …

③ 제1항에 따라 양도차익 상당액을 손금에 산입한 출자법인은 현물출자일부터 3년의 범위에서 대통령령이 정하는 기간 이내에 다음 각 호의 어느 하나에 해당하는 사유가 발생하는 경우에는 제1항에 따라 손금에 산입한 금액 중 제2항에 따라 익금에 산입하고 남은 금액을 그 사유가 발생한 날이 속하는 사업연도의 소득금액을 계산할 때 익금에 산입한다. 다만, 대통령령으로 정하는 부득이한 사유가 있는 경우에는 그러하지 아니하다.

1. 피출자법인이 출자법인이 현물출자한 자산으로 영위하던 사업을 폐지하는 경우

2. 출자법인등이 피출자법인의 발행주식총수 또는 출자총액의 100분의 50 미만으로 주식등을 보유하게 되는 경우

2010년 개정 법인세법은 과세이연 적용대상인 현물출자 자산의 범위를 주식 및 사업용 유형고정자산에서 모든 자산으로 확대했다. 과세이연(법령상의 용어로는 이월과세)의 요건은 독립사업이 아니어도 되는 등 물적분할보다는 약간 느슨하고 자회사 주식도 80% 이상만 보유하면 된다. 그러나, 세금은 피했지만 다른 거래비용이 든다. 현물출자에는 채권자의 동의 등 개별적 재산이전절차가 필요하다.[52] 그렇게 하면 좋은 점도 있다. 연대책임이 없다. 외국법인이 국내사업장의 재산이나 영업을 현물출자하는 것은 과세이연을 받지 못한다.[53] 일본법에서는 현물출자만이 아니라 사후설립(事後設立)으로 자회사(내국법인)를 세우더라도 과세이연 대상이지만[54] 우리 법에는 사후설립 특례가 없다.

52) 영업양도에 해당하므로 주총 특별결의도 필요하다. 상법 제374조 제1항 제1호.

53) 외국법인의 주식양도차익은 조세조약상 비과세가 보통이므로 과세이연이 영구적 면세가 되어버리기 때문이다.

54) 일본 法人稅法 제62조의4, 제62조의5.

제3절 인적분할되는 회사의 과세

2010년 개정 전 옛 법인세법은 분할되는 회사가 그 뒤에 소멸(消滅)하는가 아니면 존속(存續)하는가를 나누어 조문을 따로 두고 있었다. 소멸하는 경우에는 분할에 의한 청산소득을 과세하는 반면, 존속하는 경우에는 각 사업연도의 소득으로 자산양도차익을 과세했다.[55] 그러나 개정된 법인세법에서는 합병과 마찬가지로 消滅분할의 경우에도 청산소득이 아닌 양도(讓渡)손익으로서 분할등기일이 속하는 사업연도에 각 사업연도 손익으로 과세하되 일정한 적격요건을 갖춘 경우 과세이연의 특례를 적용하고 있다. 존속분할의 경우에는 소멸분할에 대한 과세규정을 대부분 준용한다. 이리하여 양자의 과세상 차이는 사실상 없어졌다. 미국법에서는 존속분할과 소멸분할의 구별 없이, 법정요건을 만족하는 단순분할이나 분할합병에 대해서는 양도차익의 과세를 이연한다.[56] 이하에서는 법인세법의 규정에 따라 소멸분할에 따른 분할법인 또는 소멸한 분할합병의 상대방법인(이하 "분할법인등")의 양도차손익에 대한 과세를 살펴본 다음, 존속분할의 경우를 살펴보기로 한다.

Ⅰ. 소멸분할 양도차익에 대한 과세원칙

소멸분할(split-up)이란, 분할회사가 영업 전부를 둘 이상의 분할신설법인 또는 분할합병의 상대방법인(이하 "분할신설법인등")에 현물출자하고 주주가 주식을 받으면서, 분할회사 자체는 해산청산(解散淸算)하는 것을 말한다. 주주는 기존의 주식비율에[57] 따라 분할신설법인의 주식을 받는다.

> 법인세법 제46조 (분할 시 분할법인등에 대한 과세) ① 내국법인이 분할로 해산하는 경우(물적분할은 제외한다. 이하 이 조 및 제46조의2부터 제46조의4까지에서 같다)에는 그 법인의 자산을 분할신설법인 또는 분할합병의 상대방법인(이하 "분할신설법인등"이라 한다)에 양도한 것으로 본다. 이 경우 그 양도에 따라 발생하는 양도손익(제1호의 가액에서 제2호의 가액을 뺀 금액을 말한다. 이하 이 조 및 제46조의3에서 같다)은

55) 옛 법인세법(2010년 1월 1일 법률 제9924호로 개정 전) 제48조.

56) 단순분할에 대한 과세이연은 미국세법상 D형 재조직일 수도 있고 제355조에 따를 수도 있다. 분할합병은 D형 재조직이 되어야 과세이연을 받는다. 재조직과 달리 제355조의 글귀에는 이해관계의 계속성 등 주관적 요건이 없지만, 해석상 같은 요건이 필요하다. 이창희, 미국법인세법, 제7장 제3절 Ⅱ.5.

57) 상장법인의 자기주식은 제외. 자본시장 및 금융투자업에 관한 법률 시행령 제176조의6 제3항. 주주 모두의 돈으로 지배주주가 지배력을 강화하는 것을 막겠다는 생각.

분할법인 또는 소멸한 분할합병의 상대방법인(이하 "분할법인등"이라 한다)이 분할등기일이 속하는 사업연도의 소득금액을 계산할 때 익금 또는 손금에 산입한다.

1. 분할법인등이 분할신설법인등으로부터 받은 양도가액
2. 분할법인등의 분할등기일 현재의 순자산장부가액

(보기) 앞 보기의 A, B 두 사업을 겸영하는 서울(주)로 돌아가 재무상태표로 돌아가서 A 부문에 속하는 자산부채를 A회사로 보내고 나머지 자산부채를 B회사로 보내는 꼴로 서울(주)가 소멸분할한다고 하자. 고정자산의 시가는 아래 재무상태표와 같고 유동자산과 부채의 시가는 장부가액과 같다.

	원가	시가		
유동자산(A)	20,000	같다	사업상부채(A)	10,000
유동자산(B)	20,000	같다	사업상부채(B)	10,000
고정자산(A)	20,000	25,000	공통부채	10,000
고정자산(B)	20,000	25,000	자본금	30,000
본사사옥(공통)	10,000	20,000	이익잉여금	30,000
	90,000	110,000		90,000

원칙으로는 없어지는 회사는 잔여재산에 붙은 미실현이득을 양도차익으로 삼아 법인세를 내어야 한다.[58] 따라서 고정자산 세 가지에 딸린 미실현이득 20,000원이 양도차익이 된다. 그러나 서울(주)가 A, B 두 회사로 갈라지는 것을 그저 거죽의 변화로 본다면, 미실현이득에 과세하지 말자는 생각이 나오게 된다. 이리하여 법은 미실현이득의 과세를 피할 수 있는 길을 열어 주고 있다.

법인세법 제46조 (분할시 분할법인등에 대한 과세) ② 제1항을 적용할 때 다음 각 호의 요건을 모두 갖춘 분할(이하 '적격분할'이라 한다)의 경우에는 제1항 제1호의 가액을 분할법인등의 분할등기일 현재의 순자산 장부가액으로 보아 양도손익이 없는 것으로 할 수 있다. 다만, 대통령령으로 정하는 부득이한 사유가 있는 경우에는 제2호, 제3호 또는 제4호의 요건을 갖추지 못한 경우에도 적격분할로 보아… 양도손익이 없는 것으로 할 수 있다.

1. 분할등기일 현재 5년 이상 사업을 계속하던 내국법인이 다음 각 목의 요건을 모두 갖추어 분할하는 경우일 것(분할합병의 경우에는 소멸한 분할합병의 상대방법인

58) 제14장 제5절 Ⅱ.1.

및 분할합병의 상대방법인이 분할등기일 현재 1년 이상 사업을 계속하던 내국법인일 것)

가. 분리하여 사업이 가능한 독립된 사업부문을 분할하는 것일 것

나. 분할하는 사업부문의 자산 및 부채가 포괄적으로 승계될 것. 다만, 공동으로 사용하던 자산, 채무자의 변경이 불가능한 부채 등 분할하기 어려운 자산과 부채 등으로서 대통령령으로 정하는 것은 제외한다.

다. 분할법인등만의 출자에 의하여 분할하는 것일 것

2. 분할법인등의 주주가 분할신설법인등으로부터 받은 분할대가의 전액이 주식인 경우(분할합병의 경우에는 분할대가의 100분의 80 이상이 분할신설법인등의 주식인 경우 또는 분할대가의 100분의 80 이상이 분할합병의 상대방 법인의 발행주식총수 또는 출자총액을 소유하고 있는 내국법인의 주식인 경우를[59] 말한다)로서 그 주식이 분할법인등의 주주가 소유하던 주식의 비율 등을 고려하여 대통령령으로 정하는 바에 따라 배정되고 대통령령으로 정하는 분할법인등의 주주가 분할등기일이 속하는 사업연도의 종료일까지 그 주식을 보유할 것

3. 분할신설법인등이 분할등기일이 속하는 사업연도의 종료일까지 분할법인등으로부터 승계받은 사업을 계속할[60] 것

4. … 분할신설법인등이 승계한 근로자의 비율이 100분의 80 이상이고, 분할등기일이 속하는 사업연도의 종료일까지 그 비율을 유지할 것

③ 제2항에도 불구하고 부동산임대업을 주업으로 하는 사업부문 등 대통령령으로 정하는 사업부문을 분할하는 경우에는 적격분할로 보지 아니한다.

5년 이상 사업을 한 법인이 소멸분할하면서 주주가 받는 분할대가가 전부 주식(株式)이라면 양도 자산의 장부가액이 양도가액인 것으로 보아 양도손익을 발생시키지 않는 방법으로 과세이연을 허용하는 것이다. 앞 보기로 돌아가면 서울(주)의 자산부채는 장부가액 그대로 다음과 같이 A, B 두 회사로 쪼개진다. 두 회사의 자기자본을 합한 금액은 서울(주)의 자기자본 곧 자본금과 이익잉여금의 합계 60,000 그대로이다. 자기자본 가운데 얼마가 자본금인가는 정하기 나름.

A회사

유동자산	20,000	부채	10,000
고정자산	20,000	자기자본	30,000

B회사

유동자산	20,000	부채	10,000
고정자산	20,000	공통부채	10,000
본사사옥	10,000	자기자본	30,000

59) 3각 분할합병은 제15장 제8절 III.

60) 대법원 2016. 8. 18. 선고 2014두36235 판결(취득세, 직접사용이라야 사용).

합병에 견주어 볼 때 분할의 과세移延 요건은 한결 까다롭다. 사업을 계속한 기간이 5년(합병은 1년) 이상이어야 하고, 분할대가도 전액(합병이나 분할합병은 80%)이 주식이어야 한다. 그에 더하여 분리하여 사업이 가능한 독립된 사업부문의 분할이어야 하고[61] 분할하는 사업부문의 자산 및 부채가 포괄적으로 승계되어야 한다.[62] 합병과 달리 분할은 상대방이 없으므로, 조세회피의 가능성이 한결 높은 까닭이다.

또한 "주식이 분할법인등(분할법인 또는 소멸한 분할합병의 상대방 법인)의 주주가 소유하던 주식의 비율에 따라 배정"되어야 한다.[63]

부동산임대업 등을 따로 분할해내는 경우에는 적격분할로 보지 않는다. 실상 적극적 사업 여부보다 더 중요한 문제는 분할을 실질적인 분배(分配)의 도구로 쓰는 경우 과세이연을 배제하는 대비책이다.[64] 명문규정은 없지만 우리 법에서도 실질과세로 과세이연을 배제할 수 있다는 것이 판례. 아래 판결에서 당사자 이름은 이해하기 쉽게 가공했고 숫자는 억원 단위로 끝수를 맞추었다.

〈대법원 2022. 8. 25. 선고 2017두41313 판결〉

㈜부동산은…박주주와 그 자녀들이 소유하면서 부동산임대업과 대부업 등을 했다. ㈜부동산은 2008. 8. 19. ㈜매수인에 이 사건 토지·건물을 390억원에 양도하고, 그 무렵 계약금과 중도금 합계 269억 원을 지급받았다. ㈜부동산은 2008. 8. 28. 그 사업 중 대부업 부문을 인적분할 방식으로 ㈜현금을 설립하여 분할하고(이하 '이 사건 분할'이라 한다), 위 계약금과 중도금을 포함하여 합계 281억원의 자산을 ㈜현금에 이전했다. 그 결과 분할 후 ㈜부동산은 장부가액 43억원인 이 사건 토지·건물을 포함하여 50억원의 자산을 보유하는 한편 위 계약금과 중도금 관련 유동부채를 포함하여 분할 전 ㈜부동산이 보유하던 340억원의 부채 전부를 보유하게 되었다. 한편 박주주와 그 자녀들은 2008. 8. 26. 경영컨설팅업을 하는 비상장회사인 원고의 주식을 전부 인수한 다음 분할 후 ㈜부동산을 원고에 흡수합병시키고 2008. 10. 8. 합병등기를 마쳤다(이하 '이 사건 합병'이라 한다). 원고는 이 사건 합병 당시 이 사건 토지·건물을 339억원으로

61) 우리 상법상 사업부문이 아닌 재산을 분할의 단위로 삼을 수 있는지는 의문의 여지가 있다. 긍정설로는 김건식·노혁준·천경훈, 회사법, 제7장 제5절 Ⅲ.2. 부정설로는 이철송, 회사법강의, 제6장 제10절 3관 III.2. 부동산임대업처럼 재산이 압도적 중요성을 띠는 부분도 분할단위가 된다. 대법원 2019. 11. 14. 2019두47186(심리불속행) 판결.

62) 대법원 2012. 5. 24. 선고 2012두2726 판결(사업장 부지 일부의 승계라면 비적격). 법인세법시행령 제82조의2 제2항.

63) 김건식·노혁준·천경훈, 회사법, 제7장 제5절 Ⅴ.3.(3)은 주주 전원의 동의가 있으면 불비례적 분할이 가능하다고 한다. 미국법에서는 split-off나 split-up도 과세이연. 이창희, 미국법인세법, 제7장 제2절 I.

64) 이창희, 미국법인세법, 제7장 제3절 II.1, II.4.

평가하여 승계했고, 그 결과 합병평가차익 296억원이 발생했다. 그런데 이 사건 분할로 분할 후 ㈜부동산의 순자산이 크게 감소함에 따라 합병법인이 피합병법인으로부터 승계한 순자산가액과 합병신주 액면가액 등의 차액인 합병차익은 1억원에 불과했다. 원고는 2008. 10. 28. ㈜매수인에 이 사건 토지·건물을 이전하고 매매잔금 121억원을 지급받았다. 이후 원고는 이 사건 토지·건물의 양도금액인 390억원을 익금에 산입하는 한편 이 사건 토지·건물의 양도 당시 장부가액인 339억원을 손금에 산입하고, 구 법인세법(2008. 12. 26. 법률 제9267호로 개정되기 전의 것) 제17조 제1항 제3호 등에 따라 합병평가차익 중 합병차익의 범위 내에 있는 1억원만을 익금에 산입하여 2008 사업연도 법인세를 신고·납부했다.

얼핏 이해가 안 갈테니 빠져있는 숫자를 임의로 채워넣어서 다시 보자. 이 사건 부동산 매매계약 전의 ㈜부동산의 자산이 이 사건 토지·건물 43, 대여금채권 12, 기타 7로 자산합계 62이고 부채는 61 자기자본 1이 있었다고 하자. 원고가 이 토지·건물을 390에 판다면 양도차익 347에 법인세를 내어야 한다. 뭔가 재주가 없을까? 2008년 당시의 법인세법은 합병평가증액 내지 합병평가차익이라는 개념을 합병차익의 일부로 잘못 정의하고 있어서[65] 합병평가차익도 합병차익이 생겨야 과세할 수 있었다. 이것을 써먹자는 생각으로 원고는 이 사건 분할과 합병이라는 구조를 짠다. 일단 토지·건물 매매계약으로 계약금과 중도금 269를 받는 단계까지는 아직 양도차익은 과세시기가 아니다. 그러니까 (차) 현금 269 (대) 선수금부채 269, 이 변화만 생긴다. 이 상태에서 분할결과는? ㈜현금은 현금 269와 대여금채권 12만 받았으므로 자기자본이 281이 된다. 분할 뒤 ㈜부동산에 남은 자산은 토지·건물 43, 기타자산 7로 자산합계 50이고 부채는 원래 있던 61과 선수금부채 269, 합계 330이 남아서 자기자본은 (-)280. 분할 전 자기자본 1이 두 회사에 각각 281과 (-)280으로 쪼개진 것. ㈜부동산을 합병하기 전 원고(존속법인)의 자산, 부채, 자기자본은 손쉽게 각 영(0)이었다고 치고 합병신주를 15 발행했다고 하자. 원고에게는 ㈜부동산의 종래 장부가액으로 토지·건물 43, 기타자산 7, 부채 330이 넘어오지만 토지·건물을 339로 평가증해서 인수하므로, 자산은 토지·건물 339, 기타자산 7, 합계 346이고 부채 330을 뺀 순자산은 16이다. 그 가운데 15가 자본금 증가액이고 1이 합병차익이다. 결국 합병평가차익 296(=339-43) 가운데 과세대상 금액은 1뿐이고, 토지·건물은 평가차익에 세금을 안 낸 채 취득가액이 339로 뛴다. 그 뒤 잔금청산 시기에 가서 원고의 양도차익은 390-339=51억원. 결국 과세소득의 금액이 347억원에서 51억원으로 둔갑했다.

65) 이 책 제8판(2009), 611-612쪽, 618쪽.

이 사건 판결은 분할, 합병, 잔금청산이라는 실제 거래를 잔금청산, 분할, 합병의 차례로 재구성해서 양도차익 347을 과세한다. 잔금청산이 먼저라고 보면 분할 전 ㈜부동산에 생기는 과세대상 양도차익은 (차) 현금 121 + 선수금부채 269 (대) 토지·건물 43 + 양도차익 347. 따라서 재무상태표는 자산이 현금 269 + 잔금 121 = 현금 390, 대여금채권 12, 기타자산 7로 자산합계 409이고, 부채는 61이므로 자기자본이 348. 이 자기자본 348은 과세대상인 양도차익 347과 원래 있던 자기자본 1의 합계이다. 분할로 ㈜현금에 넘어간 자산은 현금 269, 대여금채권 12로 자기자본은 281. ㈜부동산에 남은 자산은 현금 121, 기타자산 7, 자산합계 128이고 부채는 61이므로 자기자본은 67. 합병시 원고의 자본금 증가액은 16이므로, 자기자본 67 가운데 합병차익은 51이지만 합병평가차익이 영(0)이어서 추가과세는 없다.

분할 뒤에 사정 변화가 있더라도 실질적 동일성(同一性)이 유지되는 변화라면 과세이연에는 영향이 없다.[66] 실질적 동일성이 없더라도 '부득이한' 변화라면 과세이연을 깨뜨리지 않는다.

Ⅱ. 분할합병과 포합(抱合)주식

분할되는 영업재산을 기존의 제3회사(상대방법인)가 흡수합병하는 경우에는, 합병에 앞서서 분할되는 회사의 주식을 미리 사들임으로써 양도소득에 대한 과세를 피하려 할 수 있다. 법은 양도소득을 양도가액과 순자산의 장부가액의 차액으로 정의하고 있으므로 분할합병시 발행할 주식을 줄여버리면 양도소득이 그만큼 줄어들게 된다. 분할승계되는 영업재산과 합병상대방인 다른 회사를 신설합병하는 경우에도, 합병상대방이 소멸되는 회사의 주식을 미리 사들이는 경우에는 같은 효과가 생긴다. 분할되는 회사가 상대방법인의 주식을 미리 사들임으로써 상대방 법인의 양도차익을 감소시킬 수 있음도 마찬가지이다. 이 문제는 일반적 합병에서 생기는 抱合株式 문제와 마찬가지이다. 합병에서와 마찬가지로 옛 법에서는 분할합병의 상대방법인 또는 소멸한 분할합병의 상대방법인이 분할등기일전 2년 이내에 취득한 포합주식의 취득가액을 분할대가에 가산하는 규정을 두고 있었다. 2010년 개정법은 포합주식에 대해서도 분할신설법인등의 주식을 교부한 것으로 의제하는 규정을 두고 있다.[67] 합병의 경우와 마찬가지이다.

66) 대법원 2018. 10. 25. 선고 2018두42184 판결. 제15장 제2절 III.2.
67) 법인세법시행령 제82조 제1항 제2호 (가).

Ⅲ. 존속분할

존속분할(spin-off)의 경우 분할법인은 일부영업을 현물출자하여 분할신설법인을 세우지만 분할신설법인의 주식은 분할법인의 주주(株主)가 기존주식수에 비례하여 갖게 된다. 따라서 두 회사는 자매(姉妹)관계에 놓이게 된다.(Split-off의 경우에는 일부 주주만이 분할신설법인의 주식을 받으면서 기존주식을 내어놓으므로 두 회사는 서로 무관한 회사가 되지만 우리 상법상 분할절차만으로는 이 결과는 얻기 어렵다.) 분할법인은 순자산을 내어 주지만 아무런 대가를 받는 것이 없으므로 줄어드는 순자산만큼 잉여금이나 자본금이 줄어들게 된다. 분할되는 회사가 반드시 자본금을 줄여야 하는 것은 아니다.[68]

(보기 1) 앞 보기에서 보았던 A, B 두 사업을 겸영하는 서울(주)의 분할 전 상태로 돌아가 보자.

유동자산(A)	20,000	사업상 부채(A)	10,000
유동자산(B)	20,000	사업상 부채(B)	10,000
고정자산(A)	20,000	공통부채	10,000
고정자산(B)	20,000	자본금	30,000
본사사옥(공통)	10,000	이익잉여금	30,000
	90,000		90,000

서울(주)는 A부문을 분할(인적분할)하여 A회사를 세우기로 했다. A회사에 넘길 자산은 유동자산(A), 고정자산(A)와 사업상부채(A)이다. 고정자산(A)의 시가는 25,000원이고 유동자산(A)와 사업상부채(A)는 장부가액과 시가가 같다. 서울(주)의 주주가 교부받는 주식의 액면은 30,000원이다. 서울(주)는 감자하지 않는다. 분할에 따른 서울(주)의 회계처리를 표시하라.

(풀이)	사업상부채(A)	10,000	유동자산(A)	20,000
	이익잉여금	30,000	고정자산(A)	20,000

(보기 2) 위 예에서 서울(주)는 분할절차의 한 갈래로 자본금 액면 10,000원을 감자한다.

68) 이철송, 6장 10절 3관 IV.2.

(풀이)	사업상부채(A)	10,000	유동자산(A)	20,000
	자본금	10,000	고정자산(A)	20,000
	이익잉여금	20,000		

세법에서는 분할을 계기로 삼아 미실현이득을 양도차익으로 과세함이 원칙이다. 이때 분할법인의 양도손익은 양도가액에서 분할한 사업부문의 분할등기일 현재의 순자산의 장부가액을 뺀 금액이며, 이때 양도손익의 계산방법이나 과세이연의 요건과 방법 및 포합주식에 대한 취급 등의 문제는 위에서 살펴본 소멸분할의 규정이 그대로 준용된다.[69]

(보기 3) 앞 보기에서 분할로 인한 서울(주)의 양도소득은 얼마인가?

(풀이) A회사로부터 받은 양도가액은 A회사의 주식의 시가인 35,000원이고, A회사로 넘긴 자산의 장부가액은 30,000원이므로 양도소득은 5,000원이다. 분개로 표시한다면 회사가 주식을 받은 뒤 이 주식을 주주에게 넘겨주는 것으로 보아 다음과 같이 적을 수 있다(감자가 없는 경우).

부채	10,000	유동자산	20,000
주식	35,000	고정자산	20,000
		양도차익	5,000
이익잉여금 (양도차익 5,000 포함)	35,000	주식	35,000

그렇지만, 존속분할을 통하여 주주의 실질적 이해관계에 변동이 없는 이상 법은 양도차익에 대한 과세를 이연(移延)한다. 소멸분할과 마찬가지로 일정요건 하에서 법령은 양도가액을 분할법인등의 분할등기일 현재의 순자산장부가액으로 보아 양도손익이 없는 것으로 정하고 있다. 분할신설회사의 주식을 기존주식에 비례해서 받는 경우 기업회계에서는 신주식은 무시하고, 넘기는 순자산의 장부가액만큼 자기자본(감자가 있다면 자본금과 잉여금, 없다면 잉여금)의 금액을 감소시켜 양도차익이 생기지 않게 한다. 자산부채가 서울(주)의 장부가액 그대로 A, B 두 회사로 쪼개지므로, 두 회사의 자기자본 역시 서울(주)의 자기자본을 쪼개는 결과가 된다. 그 가운데 자본금을 얼마로 할 것인가는 정하기 나름.

69) 법인세법 제46조의5, 제46조 내지 제46조의4.

분할합병의 경우 분할되는 회사가 존속하더라도 포합주식 문제가 생김은 마찬가지이다. 이리하여 법령은 포합주식이 있는 경우 그 지분비율에 따라 주식을 교부한 것으로 의제하여 과세소득을 계산함은 소멸분할의 경우와 마찬가지이다.[70)]

Ⅳ. 주주의 실질적 지위에 변화가 있는 경우

소멸분할이든 존속분할이든, 분할신설법인의 주식을 모든 주주에게 기존주식수에 따라 나누어 주지 않는 가능성을 생각할 수 있다. 가령 소멸분할에 관한 앞의 보기에서 일부 주주에게는 A회사 주식만을, 나머지 주주에게는 B회사 주식만을 나누어 주는 경우를 생각할 수 있다. 존속분할에서도 A회사 주식을 주주 가운데 일부에게만 나누어 주고 다른 주주에게는 현금(분할교부금[71)])을 나누어 주거나, 또는 일부주주에게만 A회사 주식을 나누어 주면서 그 대신 기왕 가지고 있던 서울(주)의 주식을 감자하는 경우를 생각해 볼 수 있다. 이같이 주주단계에서 완전히 갈라서는 split-off가 아니더라도, 분할신설회사의 주식을 기존주식비율과 달리 나누어 주면서 차액을 현금으로 조정하는 경우도 생각할 수 있다. 이미 보았듯 세법은 분할대가를 시가로 계산함을 원칙으로 삼으면서 비례적(比例的) 분할이라면 양도차익에 대한 과세를 이연한다라는 식으로 정하고 있다. 기업회계에서도, 비례적 분할이라면 순자산을 장부가액으로 넘긴 것으로 보고(분할신설법인 주식의 액면이 얼마인지는 묻지 않는다), 그렇지 않다면 공정가액(시가)으로 순자산의 양도차익을 계산한다. 그러나 우리 회사법의 분할 제도 안에서 이런 실질적 변화가 가능한지, 가능하다면 어디까지 가능한지는 분명하지 않다. 분할에 반대하는 주주에게 주식매수청구권(株式買受請求權)을 주지 않고 있는 이상 비례적 분할만이 가능하다고 읽는 것이 원칙이겠지만, 주식 대신 현금을 받을지 또는 분할신설회사의 주식을 받는 대신 기존주식을 내어놓을지 이런 결정을 각 주주가 선택할 수 있게 한다면 그것까지 막아야 할 이유는 생각하기 어려운 까닭이다.

제4절 분할되는 법인의 주주에 대한 의제배당

합병에 있어서 소멸법인의 주주와 마찬가지로, 분할되는 법인의 주주는 가지고 있던 주식을 내어놓으면서 순자산을 넘겨받는 회사의 주식을 받게 된다. 따라서 이

70) 법인세법 제46조의5 제2항 및 같은 법 시행령 제82조 제1항 제2호 가목.

71) 상법 제530조의5 제1항 제5호.

런 주식교환을 미실현이득의 과세계기로 삼을 것인가라는 문제가 의제배당(擬制配當)으로서 나타난다.

소득세법 제17조 (배당소득) ② 제1항 제3호에 따른 의제배당이란 다음 각 호의 금액을 말하며, 이를 해당 주주, 사원, 그 밖의 출자자에게 배당한 것으로 본다.

1.-5. (생략)

6. 법인이 분할하는 경우 분할되는 법인(이하 "분할법인"이라 한다) 또는 소멸한 분할합병의 상대방 법인의 주주가 분할로 설립되는 법인 또는 분할합병의 상대방 법인으로부터 분할로 취득하는 주식의 가액과 금전, 그 밖의 재산가액의 합계액(이하 "분할대가"라 한다)이 그 분할법인 또는 소멸한 분할합병의 상대방 법인의 주식(분할법인이 존속하는 경우에는 소각 등으로 감소된 주식에 한정한다)을 취득하기 위하여 사용한 금액을 초과하는 금액

법인 주주에 대해서도 같은 규정이 있다.[72] 주주가 분할대가로 받는 株式의 가치를 시가(時價)로 평가하는가 또는 내어놓는 주식의 취득가액을 적용받는가(그 결과 의제배당금액은 0), 분할교부금을 받는 경우에는 어떻게 과세할 것인가는 분할되는 회사의 입장에서 분할로 인한 양도차익을 계산할 때와 나란히 맞추어 놓았다.[73]

곧 분할법인등이 법인세법 제46조 제2항의 적격분할의 요건 중 1호 및 2호(단 분할 후 분할등기일이 속하는 사업연도 말까지 보유 요건은 제외)를 충족하는 경우 분할되는 법인의 주주의 의제배당소득은 0이 되도록 맞추어 놓았다. 입법론으로는 의제배당의 금액은 분할대가에서 각 주주의 주식 매수가격을 뺀 금액이 아니라 분할대가에서 애초 회사에 출자된 돈으로 정의해야 한다. 그래야만 회사의 소득과 앞뒤가 맞고 미실현이득을 과세하자라는 생각에 맞는다. 주식의 매수가격에는 그때까지 생긴 회사의 미실현이득이 포함되는 까닭이다. 자세한 내용은 합병 부분을 참조하라.

제 5 절 승계받는 법인의 과세

분할신설법인이나 분할합병의 상대방법인으로 자산부채를 인계받는 법인에게는 합병에서 존속(存續)법인과 거의 같은 세금문제가 생긴다. 우선 넘어가는 자산부채의 미실현이득이 없다고, 또는 자산부채를 넘겨받는 법인이 그 가액을 넘겨주는 법인의 장부

72) 법인세법 제16조 제1항 제6호.

73) 소득세법시행령 제27조 제1항, 제163조 제1항 제5호; 법인세법시행령 제14조 제1항.

가액 그대로 받아 적는다고 전제할 때 생기는 분할차익 문제를 살펴보고, 그 다음에는 자산부채를 평가하여 이어받는 경우 및 분할매수차손익 문제를 살펴보자.

Ⅰ. 분할차익의 익금불산입과 분할평가증액의 과세

분할이나 분할합병으로 인하여 설립된 회사 또는 존속하는 회사에 출자된 재산의 가액이 출자한 회사로부터 승계한 채무액, 출자한 회사의 주주에게 지급한 금액과 설립된 회사의 자본액 또는 존속하는 회사의 자본증가액을 초과한 때, 세법은 이를 分割差益이라 부르면서 익금불산입한다.[74] 넘어가는 자산부채에서 생긴 소득이 지금까지 모두 과세되었다면 이를 이전하는 행위에서 소득이 생길 이유가 없는 까닭이다. 옛 법인세법에서는 분할평가차익이라는 개념을 두어 넘어가는 자산부채에 아직 과세되지 않은 미실현이득이 딸려 있다면, 원칙적으로 분할을 계기로 삼아 이를 과세하되[75] 일정한 요건 하에서 과세를 이연했다. 현행 법인세법에서는 분할차익(分割差益)에 대한 익금불산입 규정만 남긴 채 분할평가차익에 대한 과세규정을 삭제했다. 현행법에서는 비적격분할이라면 자산부채를 시가로 평가하여 넘긴 것으로 보고 양도차익을 계산하므로 미실현이득은 모두 분할법인의 각 사업연도 소득으로 과세되고 분할평가차익이라는 개념이 있을 수가 없다. 겉껍질의 변화일 뿐인 적격분할이라면 미실현이득을 과세할 이유가 없으므로 분할평가차익 역시 분할차익의 일부로 비과세한다.

Ⅱ. 분할차익의 충당: 법률적 성질

분할차익이 있다는 말은 넘겨받은 순자산(이 금액은 분할법인의 자본금과 잉여금 가운데 분할로 인해 줄어드는 금액과도 같다)이 자본금 증가액보다 크다는 말이고, 따라서 분할차익은 분할법인의 자본금과 잉여금의 어느 하나로 충당(充當)할 수 있다. 2010년의 개정 전 법인세법시행령은 분할차익의 원천을 i) 분할평가증액 ii) 자본금(분할감자차익),[76] iii) 세법에서도 자본거래로 보는 자본잉여금(주식발행초과금

---

74) 법인세법 제17조 제1항 제6호.

75) 옛 법인세법(2010.1.1. 법률 제9924호로 개정 전) 제17조 제1항 제4호 단서, 옛 법인세법시행령(2009.12.31. 대통령령 제21972호로 개정 전) 제15조 제3항, 제12조 제2항 제1호.

76) 법령은 자산부채를 넘겨주는 회사의 자본금과 넘겨받는 회사의 증자액의 차액을 분할감자차익이라 정하고 있었지만 논리의 앞뒤가 안 맞는다. 분할법인의 잔존사업 부분에 남아 있는 자본금이 있게 마련인 까닭이다. 분할법인의 감자액과 자산부채를 넘겨받는 회사의 증자액의 차액만이 분할감자차익이 될 수 있다고 풀이하여야 한다.

등), iv) 세법에서는 손익거래로 보는 자본잉여금(자기주식처분이익 등), v) 이익잉여금에서 차례로 찾았다.[77] 분할차익을 자본전입한다면[78] 위 차례대로 자본전입한 것으로 보고[79] i), iv), v) 부분의 전입액은 의제배당으로 주주에게 과세하는 규정을 두고 있었다.[80] 2010년 법인세법 개정 시 모두 삭제했다가 2012년에 되돌아가고 그 뒤 글귀만 좀 바뀐 것은 합병차익 부분에서 이미 본 바와 같다.

Ⅲ. 분할매수차손익(買受差損益)

분할시 자산부채를 넘겨받는 분할신설법인등이 분할하는 법인에 지급한 양도가액이 넘겨받은 분할법인의 순자산 시가를 초과하거나 미달하는 경우 영업권이나 음의 영업권 문제가 생긴다. 현행법은 이 문제를 합병의 경우와 마찬가지로 전자를 분할買受差損으로, 후자를 분할買受差益이라는 개념으로 다음과 같이 다루고 있다. 합병에서 살펴본 내용 그대로.

> 법인세법 제46조의2 (분할시 분할신설법인 등에 대한 과세) ② 분할신설법인등은 제1항에 따라 분할법인등의 자산을 시가로 양도받은 것으로 보는 경우로서 분할법인등에 지급한 양도가액이 분할법인등의 분할등기일 현재의 순자산시가보다 적은 경우에는 그 차액을 제60조 제2항 제2호에 따른 세무조정계산서에 계상하고 분할등기일부터 5년간 균등하게 나누어 익금에 산입한다.
>
> ③ 분할신설법인등은 제1항에 따라 분할법인등의 자산을 시가로 양도받은 것으로 보는 경우에 분할법인등에 지급한 양도가액이 분할등기일 현재의 순자산시가를 초과하는 경우로서 대통령령으로 정하는 경우에는 그 차액을 제60조 제2항 제2호에 따른 세무조정계산서에 계상하고 분할등기일부터 5년간 균등하게 나누어 손금에 산입한다.

Ⅳ. 적격분할시 분할신설법인등에 대한 사후관리

분할로 인하여 주주의 지위에 실질적 변화가 있다면, 기업회계는 분할신설법인이 넘겨받은 순자산을 공정가액(시가)으로 평가하도록 정하고 있다. 법인세법이 정한 적격분할이라면 이런 시가평가에 따른 평가증액은 과세이연한다. 즉, 적격분할시 분할을

---

77) 2010. 6. 8. 개정 전 법인세법시행령 제12조 제2항.

78) 상법 제459조 제1항, 제461조.

79) 2010. 6. 8. 개정 전 법인세법시행령 제12조 제4항.

80) 2010. 6. 8. 개정 전 법인세법시행령 제12조 제2항 및 2010. 2. 18. 개정 전 소득세법시행령 제27조 제4항.

계기로 넘겨받은 자산을 시가로 재평가했더라도 분할신설법인등은 자산을 장부가액으로 양도받은 것으로 봄에 따라 세무상의 취득가액은 여전히 분할법인등의 장부가액 그대로 유지해야 한다. 이에 따라 현행법은 적격합병시 존속법인의 사후관리[81]와 마찬가지로 적격분할시 분할신설법인등에 대한 사후관리에 관한 규정을 다음과 같이 두어 적격합병의 경우와 맞추어 놓았다.

법인세법 제46조의3 (적격분할 시 분할신설법인등에 대한 과세특례) ① 적격분할을 한 분할신설법인등은 제46조의2에도 불구하고 분할법인등의 자산을 장부가액으로 양도받은 것으로 한다. 이 경우 장부가액과 제46조의2 제1항에 따른 시가와의 차액을 대통령령으로 정하는 바에 따라 자산별로 계상하여야 한다.

② (생략)

③ 적격분할을 한 분할신설법인등은 3년 이내의 범위에서 대통령령으로 정하는 기간에 다음 각 호의 어느 하나에 해당하는 사유가 발생하는 경우에는 그 사유가 발생한 날이 속하는 사업연도의 소득금액을 계산할 때 양도받은 자산의 장부가액과 제46조의2 제1항에 따른 시가와의 차액(시가가 장부가액보다 큰 경우만 해당한다. 이하 제4항에서 같다), 승계받은 결손금 중 공제한 금액 등을 대통령령으로 정하는 바에 따라 익금에 산입하고, 제2항에 따라 분할법인등으로부터 승계받아 공제한 감면·세액공제액 등을 대통령령으로 정하는 바에 따라 해당 사업연도의 법인세에 더하여 납부한 후 해당 사업연도부터 감면·세액공제를 적용하지 아니한다. 다만, 대통령령으로 정하는 부득이한 사유가 있는 경우에는 그러하지 아니하다.

1. 분할신설법인등이 분할법인등으로부터 승계받은 사업을 폐지하는[82] 경우

2. 대통령령으로 정하는 분할법인등의 주주가 분할신설법인등으로부터 받은 주식을 처분하는 경우

3. … 근로자 수가 … 100분의 80 미만으로 하락하는 경우 …

④ 분할신설법인등은 제3항에 따라 양도받은 자산의 장부가액과 제46조의2 제1항에 따른 시가와의 차액 등을 익금에 산입한 경우에는 분할신설법인등이 분할법인등에 지급한 양도가액과 분할법인등의 분할등기일 현재의 순자산시가와의 차액을 제3항 각 호의 사유가 발생한 날부터 분할등기일 이후 5년이 되는 날까지 대통령령으로 정하는 바에 따라 익금 또는 손금에 산입한다.

즉, 적격분할시 자산의 장부가액과 시가의 차액을 자산별로 자산조정계정으로 계상할 것을 요구하고 있다(위 법조 제1항). 이에 따라 분할신설법인등은 승계한 자산에

81) 제15장 제5절.

82) 대법원 2017. 1. 25. 선고 2016두51535 판결(자회사 지배에 필요한 주식).

대한 감가상각비 계상이나 처분손익 계산시 자산조정계정을 감가상각비에 가감하거나 처분손익에 가감함으로써 분할신설법인등이 장부가액을 기준으로 감가상각비와 처분손익을 인식하게 된다.[83] 또한 합병의 경우와 마찬가지로 분할법인등의 자산을 장부가액으로 양도받은 분할신설법인등이 3년 이내에 승계받은 사업을 폐지하거나 분할법인등의 주주 등이 분할신설법인등으로부터 받은 주식 등을 처분하는 경우 과세이연을 중단하고 과세를 미루어 두었던 양도차익을 한꺼번에 익금에 산입한다(위 법조 제3항). 또한 이러한 사업의 폐지나 주식 등의 처분에 대한 예외로서 "부득이한 사유"의 내용 또한 합병의 경우와 같다.[84] 적격분할에 따른 분할매수차손익(영업권)의 사후관리(위 법조 제4항) 또한 합병매수차손익에 대한 규정을 그대로 옮겨 놓았다. 따라서 적격분할시 분할매수차손익의 상각(환입)을 허용하는 법 규정의 문제점을 포함하여 합병 시의 논의가 그대로 적용된다. 과세이연 요건을 만족하는 경우 취득세에서도 특혜가 있다.[85]

V. 분할법인 세무요소의 승계

분할이나 분할합병으로 재산을 다른 회사로 넘기면서 조세채무는 분할되는 회사에 그대로 남는다면, 채권자로서 국가의 위치는 불안하게 된다. 책임재산이 분할신설회사나 분할합병의 상대방회사로 넘어가는 까닭이다.[86] 따라서 연대채무를 지울 필요가 있다. 이리하여 법은 私債權者에 대한 연대채무와 마찬가지 규정을 두고 있다.[87]

> 국세기본법 제25조 (연대납세의무) ② 법인이 분할되거나 분할합병된 후 분할되는 법인(이하 이 조에서 "분할법인"이라 한다)이 존속하는 경우 다음 각 호의 법인은 분할등기일 이전에 분할법인에 부과되거나 납세의무가 성립한 국세…에 대하여 분할로 승계된 재산가액을 한도로 연대하여 납부할 의무가 있다.
>
> 1. 분할법인
> 2. 분할 또는 분할합병으로 설립되는 법인(이하 이 조에서 "분할신설법인"이라 한다)
> 3. 분할법인의 일부가 다른 법인과 합병하는 경우 그 합병의 상대방인 다른 법

83) 법인세법시행령 제82조의4 제1항, 제80조의4 제1항.

84) 법인세법시행령 제82조의4 제6항, 제7항, 제80조의2 제1항, 제80조의4 제8항.

85) 지방세특례제한법 제57조의2 제3항 제2호.

86) 물적분할로 받는 자회사주식은 책임재산으로는 마땅치 않다. 국세기본법 제40조. 제5장 제5절 II.3. 상법 제530조의9, 제530조의12.

87) 제5장 제5절.

인(이하 이 조에서 "분할합병의 상대방 법인"이라 한다)

③ 법인이 분할 또는 분할합병한 후 소멸하는 경우 다음 각 호의 법인은 분할법인에 부과되거나 분할법인이 납부하여야 할 국세…에 대하여 분할로 승계된 재산가액을 한도로 연대하여 납부할 의무가 있다.

1. 분할신설법인
2. 분할합병의 상대방 법인

적격합병이나 마찬가지로 적격분할(소멸분할의 경우만 해당)에서도 이월결손금 등 세무요소를 승계한다.[88] 모두 합병과[89] 같은 꼴로 맞추어 놓았으니 제15장 제6절 참조. 이월결손금을 승계받더라도 3년 내에 승계받은 사업의 폐지 또는 주식의 처분이 있는 경우 승계받은 결손금 중 공제한 금액을 익금에 산입하여야 하는 점도 합병과 같고.[90] 한편, 위의 규정은 모두 소멸분할의 경우에만 적용되며, 분할법인이 그 자산의 일부만 넘기고 존속하는 경우(즉, 존속분할의 경우)에는 분할법인의 결손금은 승계하지 못한다(물적분할의 경우도 마찬가지).[91]

분할에 따른 세무조정사항의 승계에 대해서는[92] 옛 법령에 혼란스러운 규정이 있었다.[93] 2010년 개정 법인세법은 이러한 세무조정사항의 승계여부를 대통령령에 모두 위임했고, 이에 따라 시행령에서는 과세이연을 받을 수 있는 적격분할의 경우 세무조정사항을 모두 승계받고, 비적격분할의 경우 승계받지 못하도록 규정했다.[94]

법인세법 제46조의2 (분할 시 분할신설법인등에 대한 과세) ① 분할신설법인등이 분할로 분할법인등의 자산을 승계한 경우에는 그 자산을 분할법인등으로부터 분할등기일 현재의 시가로 양도받은 것으로 본다. 이 경우 분할법인등의 각 사업연도의 소득금액 및 과세표준을 계산할 때 익금 또는 손금에 산입하거나 산입하지 아니한 금액, 그 밖의 자산·부채 등은 대통령령으로 정하는 것만 분할신설법인등이 승계할 수 있다.

법인세법 제46조의3 (적격분할 시 분할신설법인등에 대한 과세특례) ② 적격분할을 한 분할신설법인등은 분할법인등의 분할등기일 현재 제13조 제1항 제1호의 결손금과 분할법인등이 각 사업연도의 소득금액 및 과세표준을 계산할 때 익금 또는 손금에 산

88) 법인세법 제46조의3, 제46조의4↔대법원 2007. 11. 29. 선고 2006두18928 판결(공정거래법, 과징금).
89) 법인세법 제44조의3 제2항 및 제45조. 제15장 제6절.
90) 법인세법 제46조의3 제3항(분할의 경우) 및 제44조의3 제3항(합병의 경우).
91) 법인세법 제46조의5 제3항.
92) 대법원 2013. 3. 13. 선고 2013두20844 판결.
93) 2010. 6. 8. 개정 전 법인세법시행령 제85조.
94) 법인세법시행령 제85조 제1호, 제2호.

입하거나 산입하지 아니한 금액, 그 밖의 자산·부채 및 제59조에 따른 감면·세액공제 등을 대통령령으로 정하는 바에 따라 승계한다.

앞서 살펴본 이월결손금과 달리 세무조정사항은 소멸분할뿐만 아니라 존속분할에서도 다 승계.[95] 애초 세무조정사항의 승계라는 말 자체가 안 맞고 그를 반영한 세법상 장부가액이 승계되는 것이다. 제15장 제6절 IV.

95) 법인세법 제46조의5 제3항.

제17장 국제조세

다시 법인세법 전체의 차례로 돌아가면, 제4장은 '외국법인의 각 사업연도의 소득에 대한 법인세'이다. 외국법인을 내국법인에서 떼어 내어 따로 규정하고 있는 이유가 무엇일까? 소득세법에서 다루지 않고 넘어갔지만, 이 문제는 소득세법도 마찬가지이다. 소득세법 제4장을 보면, '비거주자의 납세의무'가 제2장 및 제3장의 거주자에서 독립되어 따로 나오고 있다. 외국법인이나 비거주자를 내국법인이나 거주자와 분리하여 따로 생각하여야 할 이유가 무엇일까? 무언가 국제적인 문제가 있어서 그럴텐데…

제국주의 시대가 끝나 경제 블록이 깨어져 나간 20세기 초 이래 교역과 투자는 전세계적으로 이루어지고 생산, 소비, 투자, 저축이 온 세계에 걸쳐 서로 연결되게 되었다. 이리하여 所得 곧 생산해 낸 재화나 용역의 가치라는 과세객체와, 소비(消費) 곧 생산물에서 투자를 뺀 나머지의 가치라는 과세객체는 온 세계를 단위로 하여 성립하게 되었다. 이에 따라 이런 과세물건을 여러 나라들이 어떻게 나누어 세수를 분배할 것인가 하는 국제조세법의 체계가 등장하게 되었다. 여러 나라에 걸쳐 발생하는 소득에 대한 과세에는, 1) 소득의 원천지국의 국내법, 2) 소득을 버는 사람이 속하는 거주지국의 국내법, 3) 두 나라 사이의 과세권을 조정하는 조세조약, 이 세 가지 다른 법체계가 관련된다. 소비세에 관한 국제문제는 제7편으로 미룬다. 국제조세법은 BEPS 작업의 여파로 통째 요동치는 중이다. 이 장은 모조리 새로 써야 할 판이니 상세는 이창희·김정홍·윤지현, 『국제조세법』(제4판 2025, 박영사) 참조.

제1절 과세권의 국제적 분배원칙

I. 속지주의와 속인주의

어떤 사람이 여러 나라에 걸친 사업에서 벌어들이는 소득의 과세범위에 관해 크게 보아 속인주의와 속지주의라는 두 가지 입법 대안이 있을 수 있다.

우선 소득을 번 사람이 어느 나라에 속하는가를 정한 뒤, 소득을 어디에서 어떻게 벌었는가에 관계 없이 그 나라가 납세의무자의 모든 소득을 과세하는 인적관할 내지 속인주의(屬人主義) 방식이 있다. 곧 자국에 속하는 사람에 대해서는 국가가 전면적 과세권을 행사하겠다는 생각이다. 소득세제의 기본이념이 '누가 얼마나 부자가 되었는가를 찾아서 세금을 매기는 것'이라는 점을 염두에 둔다면, 납세의무자가 세계 어디에서 돈을 벌었든지 간에 돈을 번 이상 이를 모두 그 사람의 소득에 넣어야 할 것이다. 그런데 어떤 사람이 얼마나 부자가 되었는지 가장 잘 파악할 수 있는 국가는 어느 국가일까? 사람은 어디에선가는 살아야 하니 그의 삶과 가장 깊은 연관이 있는 나라가 있게 마련. 이를테면, 뉴욕에 사는 사람이 전 세계에서 얼마나 돈을 벌고 있는가를 가장 잘 파악할 수 있는 나라는? 미국. 서울에 산다면? 우리나라. 이리하여 세계 여러 나라의 법은 각각 '자기 나라에 속하는 납세의무자'라는 개념을 가지고 그 회사는 자기가 관리한다고 정하는 것이다. 가령 우리 소득세법은 국내에[1] 주소를[2] 두거나 183일 이상 거소를[3] 둔 개인을 거주자라 정의하고, 전세계 소득에 대한 납세의무를 부과하고 있다.[4] 미국법은 주소에 더하여 국적이라는 기준을 같이 쓰고 있다.[5]

법인(法人)의 거주지(居住地), 바꾸어 말하면 속인주의의 과세권이 미치는 법인의 범위가 어디까지인가는 어떻게 정해야 할까나. 크게 두 가지 대안.[6] 하나는 설립준거

---

1) 북한은 우리 국내가 아니라고 보아야 한다. 2003. 6. 20. 국회에서 체결동의한 "남북사이의소득에대한이중과세방지합의서"는 북한의 주민이나 법인은 우리 소득세법이나 법인세법의 속인주의 관할권의 범위를 벗어남을 전제로 하고 있다.

2) 대법원 2019. 3. 14. 선고 2018두60847 판결; 헌법재판소 2021. 10. 28. 2019헌바148 결정.

3) 헌법재판소 2021. 10. 28. 2019헌바148 결정.

4) 소득세법 제1조의2 제1항 제1호 및 제3조 제1항. 소득세법시행령 제3조는 "국외에서 근무하는 공무원 또는 거주자나 내국법인의 국외사업장 또는 해외현지법인(내국법인이 발행주식총수 또는 출자지분의 100분의 100을 출자한 경우에 한정한다) 등에 파견된 임원 또는 직원"은 계속하여 183일 이상 국외에 거주할 필요가 있더라도 거주자로 본다고 정하고 있다. 그러나 실제로는 조세조약 목적상 다른 나라의 거주자가 되어 조약이 우리나라의 과세권을 제약하는 것이 보통이다.

5) Internal Revenue Code(이하 "미국세법") 1조, 872조(a), 미국재무부 규칙 1.1-1(b). Cook v. Tait, 267 US 47(1926), 특히 56쪽.

법이 어느 나라 법인가를 기준으로 삼는 것이고, 다른 하나는 법인의 업무를 관리하는 장소가 어느 나라에 있는가를 기준으로 삼는 것이다. 설립준거법을 기준으로 하는 대표적인 나라는 미국이다. 다른 나라들은 대개 관리장소 기준을 따르는데, 여기에서 '관리'라는 개념은 중앙 관리와 지배 또는 실질적·효과적인 관리 등 나라에 따라 여러 의미를 가지지만, 전반적으로는 '관리장소'란 회사의 최고의사결정이 이루어지는 장소를 뜻한다. 네덜란드를 비롯한 많은 국가들은 이사회 장소, 본점이나 주사무소의 소재지, 상업장부의 보관장소, 회계처리에 사용되는 통화, 회계서류가 작성되는 장소, 회사의 등록지나 법률상 소재지 등의 기업환경에 주목한다. 호주처럼 이사의 주소를 중시하는 나라도 있다. 어떤 나라도 회사의 거주지를 결정함에 있어 이사·관리자·근로자 등의 주소 또는 거소만 쳐다보지는 않는다.

우리 법인세법은 "내국법인"을 국내에 본점, 주사무소 또는 사업의 실질적 관리장소를 둔 법인이라 하고 있고 "외국법인"을 외국에 본점 또는 주사무소를 둔 법인(국내에 사업의 실질적 관리장소가 소재하지 아니하는 경우에 한한다)으로 정의하여,[7] 법인의 본점, 주사무소 또는 관리장소의 소재지가 어디인가를 기준으로 속인주의 관할권의 범위를 정한다.

법적 사고방식에 젖은 사람이라면 인적관할 내지 속인주의를 너무나 당연하게 여길 수 있겠지만, 기실 그렇게 당연하지는 않다. 거시적 관점에서 본다면 세금이란 국가가 제공하는 공공재의 대가이므로, 아무런 혜택도 주지 않는 나라가 세금만 걷겠다는 생각을 당연한 규범으로 정당화하기는 어렵다. 또, 속인주의 방식으로 전세계소득을 과세하겠다는 생각은 국가가 전세계적 경제활동을 파악할 수 있는 행정능력이 있음을 전제로 한다.

속인주의의 대안은 속지주의(屬地主義), 세법 용어로는 '원천지국 과세' 내지는 '국외원천소득면세' 제도. 어느 나라든지 누군가가 그 나라 안에서 사업을 해서 소득을 번다면, 그 소득을 과세하려고 하는 것은 논리적으로 가장 자연스러운 일이다. 또 사업이 그 나라 안에서 벌어지는 만큼, 그 나라는 납세의무자가 원하지 않더라도 세금을 강제로 걷을 수 있는 현실적 힘을 지닌다. 이리하여 속지주의에 터잡아 자국에 원천을 둔 소득을 과세하는 제도가 생겨나게 된다.

현실세계에서는 대부분의 국가는 속인주의와 속지주의를 병행(竝行)한다. 자국에 속하는 사람이나 회사(무제한 납세의무자)에 대해서는 속인주의에 따라 전세계 소득

---

6) 고전적인 영국판례로 De Beers Consolidated Mines Limited v. Howe(Surveyor of Taxes) [1905] 2 KB 612, [1906] AC 455.

7) 법인세법 제2조 제1호 및 제3호. 대법원 2016. 1. 14. 선고 2014두8896 판결; 2021. 2. 25. 선고 2017두237 판결; 헌법재판소 2020. 2. 27. 2017헌바159 결정.

을 과세하고, 자국에 속하지 않는 사람이나 회사(제한적 납세의무자)에 대해서는 속지주의에 따라 국내원천소득만을 과세하는 것이 보통이다. 우리나라도 그렇다.

> 소득세법 제3조 (과세소득의 범위) ② 비거주자에게는 제119조에 따른 국내원천소득에 대하여만 과세한다.

> 법인세법 제3조 (납세의무자) ① 다음 각 호의 법인은 이 법에 따라 그 소득에 대한 법인세를 납부할 의무가 있다.
> 1. 내국법인
> 2. 국내원천소득이 있는 외국법인

외국법인이나 비거주자에 대해서는, 그가 전세계에서 얼마나 버는지를 우리가 알 수 없으므로 이를 제한적(制限的) 납세의무자로 삼아 우리나라 안에서 버는 소득에 대하여만 세금을 매기고, 나머지에 대하여는 아랑곳 않겠다는 것이다. 다시 말해 국내에서 벌어들이는 소득에 대하여서만 우리나라에서 세금을 매기겠다는 것이다. 다른 한편으로, 내국법인이나 거주자는 무제한(無制限) 납세의무자가 되어 설사 미국에 가서 장사하여 돈을 번다고 할지라도 그 돈은 역시 우리나라의 과세소득에 들어간다. 이는 우리나라가 소득을 잘 파악할 수 있는 지위에 있기 때문이다. 거주자라 하더라도 비(非)영주자라면 실제로 전세계 소득을 과세하기는 어렵다. 이리하여 국외에서 발생한 소득이라면 국내에서 지급되거나 국내로 송금된 소득만 과세한다.[8]

Ⅱ. 비거주자와 외국법인에 대한 두 가지 과세방법

비거주자나 외국법인이 국내원천소득에 대하여만 납세의무를 진다고 할 때, 다시 두 가지 경우를 나누어 볼 수 있다. 국내에서 거주자나 내국법인과 마찬가지로 본격적인 활동을 벌이는 수도 있고, 어쩌다가 한번씩 우리나라에 들어와 활동하든가 아니면 아예 우리나라 안에서 아무 활동을 하지 않으면서 돈만 거두어 가는 수도 있다.

우선, 국내에 들어와서 내국인과 마찬가지로 영업활동을 벌인다면, 다른 나라에서 무엇을 하는지는 무시하고 우리나라 안에서 벌이는 활동만 보아서 우리나라 법인이나 거주자(居住者)와 마찬가지로 과세하면 될텐데. 우리 법은?

> 법인세법 제91조 (과세표준) ① 국내사업장을 가진 외국법인과…국내원천 부동산소

8) 소득세법 제3조 제1항 단서.

득이 있는 외국법인의 각 사업연도의 소득에 대한 법인세의 과세표준은 국내원천소득의 총합계액(…원천징수되는 국내원천소득 금액은 제외한다)에서 다음 각 호에 따른 금액을 차례로 공제한 금액으로 한다…

1. 제13조 제1항 제1호에 해당하는 결손금(국내에서 발생한 결손금만 해당한다)
2. 이 법과 다른 법률에 따른 비과세소득

앞에서 본 바 있는 내국법인의 과세표준이나[9] 거의 마찬가지. 그렇다면, 소득의 금액은 어떻게 정할까?

> 법인세법 제92조 (국내원천소득금액의 계산) ① 제91조 제1항에 해당하는 외국법인의 각 사업연도의 국내원천소득의 총합계액은 해당 사업연도에 속하는 익금의 총액에서 해당 사업연도에 속하는 손금의 총액을 뺀 금액으로 하며, 각 사업연도의 소득금액의 계산에 관하여는 … 제14조부터…제54조…를 준용한다…

법 제14조 내지 제54조는 내국법인의 각 사업연도의 소득을 계산하는 규정. 법 제91조 제1항에 따른 국내사업장이 있다거나 부동산소득이 있다면, 국내원천소득만을 따로 뽑아서 그 부분에 관하여는 내국법인과 똑같이 순소득(純所得)을 계산하여 세금을 매기겠다는 것.[10]

한편, 우리나라와 별로 연관을 맺지 않고 이따금씩 어떻게 한다든가 또는 전혀 우리나라에 들어와 있지 않으면서 소득만 가져가는 경우, 이를테면, 이자나 로얄티만 받아가는 경우에는 위와 같이 순소득을 파악하여 과세하기가 곤란해진다. 어떡하지? 순소득이 얼마나 남았는지는 접어놓고 '당신이 가져가는 돈 가운데 얼마는 우리가 무소건 세금을 매기겠다'라, 이런 식으로 세금을 매길 수밖에 없네. 위 법 제91조로 다시 돌아가 제1항 본문의 괄호 부분과 아래 제2항을 보라.

> 법인세법 제91조 (과세표준) ② 제1항에 해당하지 아니하는 외국법인의 경우에는 제93조 각 호의 구분에 따른 각 국내원천소득의 금액을 그 법인의 각 사업연도의 소득에 대한 법인세의 과세표준으로 한다.

법 제93조 각호를 보면, 국내원천소득이라고 하여 소득을 종류별로 열거해 놓은 것을 볼 수 있다. 그것을 과세표준으로 삼는다는 것이다. 그런데 이에 대하여 세율이

9) 법인세법 제13조. 제13장 제1절 Ⅱ.

10) 대법원 2020. 6. 25. 선고 2017두72935 판결. 비거주자의 경우에도 마찬가지이다. 소득세법 제121조 제2항 참조. 지방소득세는 지방세법 제103조의47(과세표준), 제103조의48(세율).

어떻게 되는지가 따로 없다. 바로 법 제98조의 원천징수로 이어진다. 지급(支給)하는 소득의 금액(金額)에 대하여 법 제98조의 원천징수세율(源泉徵收稅率)을 곱한 금액을 세금으로 걷는다는 말.[11] 국내사업장이 있다고 하더라도 국내사업과 무관하게 따로 받아가는 소득 역시 총지급액의 일정비율을 원천징수하는 방식으로 과세한다.[12] 곧, 실제 비용이 얼마인가 따지지 않고 소득의 지급금액에다가 원천징수세율을 곱한다. 비거주자인 개인에 대하여도 마찬가지이다.[13]

정리하자면, 비거주자나 외국법인에게 세금을 매기는 방법에는 두 가지가 있다. 국내에 사업장이 있다든가 달리 내국법인이나 거주자와 마찬가지로 볼 만한 사정이 있다면 세금도 마찬가지로 걷는다. 국내활동이 그 정도에 미치지 않는 경우에는 우리나라 밖으로 가져가는 소득에 원천징수세율을 곱하여 나온 세금을 당해 소득에서 원천징수하는 방식으로 세금을 걷는다.

Ⅲ. 거주자와 내국법인의 국외원천소득

자국에 속하는 사람이 다른 나라에 납부한 세금에 대해 어떤 법률효과를 줄 것인가? 온 세계 모든 나라가 속인주의나 속지주의 어느 한 쪽으로 통일하여 똑같은 기준을 쓴다면 국제적 이중과세가 생기지 않을 것이고, 외국납부세액(外國納付稅額)에 대해 어떤 법률효과를 줄 것인가 하는 문제 자체가 생기지 않는다. 그러나 현실세계에는 과세권의 국제적 조정에 관한 범세계적 다자조약이 없다. 더 근본적으로 온 세상에 걸쳐 세제가 속인주의나 속지주의 어느 한 쪽으로 통일될 가능성은 매우 낮다. 속인주의는 자본수출국의 이익을 반영하고 속지주의는 자본수입국의 이익을 반영하는 갈등 관계에 있는 까닭이다.

속지주의라면, 각 나라가 자국 안에서 벌어지는 경제적 활동에서 생긴 소득을 과세한다. 예를 들어 미국기업이 우리나라에 진출하여 활동하는 경우 그 사업에서 생긴 소득은 우리나라만이 과세한다. 역으로 속인주의에 따른다면, 미국기업이 한국에 진출하여 벌어들인 소득은 미국만이 과세한다. 결국 자본수출국 내지 선진국과 자본수입국 내지 후진국의 입장이 서로 갈리게 되므로, 수많은 독립국가로 나뉘어 있는 오늘날의 세계에서는 두 가지 원칙 중 어느 하나로 세계의 세제를 통일하는 것은 불가능해진다.[14]

---

11) 경정청구는 제6장 제3절 VI.

12) 법인세법 제91조 제1항 본문 괄호 부분, 제2항, 제98조.

13) 소득세법 제121조 제3항, 제126조 제2항, 제156조 제1항 참조.

14) Chang Hee Lee, "*Impact of E-Commerce on Allocation of Tax Revenue between Developed and Developing Countries,*" 18 Tax Notes International 2569(1999)(이하 18 TNI 2569). 이 글은 그 뒤

범세계적 이중과세 방지 제도가 없는 현실세계에서는, 자본수입국(資本輸入國)이 외국법인이 자국내에서 벌어들이는 소득을 과세하는 것을 막을 길은 없다. 이리하여, 소득이 발생한 나라에서 그 소득을 과세하는 이른바 '원천지국(源泉地國) 과세주의'는 현실 세제의 한 축을 이루게 된다.[15] 우리나라의 주된 교역 상대국인 중국·미국·일본·EU 및 동남아 각 국은 모두 외국법인이 자국 내에서 번 소득에 대해서 원천지국으로서 과세권을 행사하고 있다. 우리나라 역시 외국기업이 우리나라에서 번 소득에 대해서 원천지국으로서 과세권을 행사하고 있다. 이와 같이 자본수입국이 일방적 조치로 외국자본을 과세함을 피할 수 없는 현실로 전제한다면, 자본수출국(資本輸出國)은 이에 대해 어떤 법률효과를 줄 것인가? 전세계적으로 거주자나 내국법인이 다른 나라에 낸 세금에 관하여는 네 가지 정도의 입법례.

첫째, 자본수출국은 자본수입국이 세금을 매긴다는 사실 자체를 무시하고 자국의 세금을 부과할 수 있다. 그 결과는 이중과세.[16]

둘째, 자본수출국은 자국기업이 자본수입국에서 벌어들인 소득을 아예 과세소득의 범위에서 빼기로 하는 경우가 있다. 이것이 '국외원천소득 면세.'

셋째, 자본수출국은 자국기업이 벌어들인 전세계 소득을 과세하되, 자본수입국이 매긴 세금을 일종의 기납부세액으로 보아 그만큼 자국의 세금을 깎아 주는 경우가 있다. 이것이 '외국납부세액공제'.

마지막으로, 자본수출국은 자본수입국에 납부한 세금을 사업상 경비로 보아 소득계산시 공제해 주는 경우가 있다. 이를 '외국납부세액 손금산입제도'라 부른다.

위 4가지 제도 가운데 현실적으로 널리 쓰이고 있는 제도는 국외원천소득 면세와 외국납부세액공제이다. 우선 國外源泉所得을 免稅하는 나라에는 남미 여러 나라가 있고, 독일도 조약을 통해 이 제도를 일부 도입하고 있다. 국외원천소득을 면세하는 제도는, 원천지국에서 어떻게 과세하든 거주지국은 이에 아랑곳없이 단독으로 속지주의를 적용하는 셈이다. 다른 한편, 우리 법인세법[17]과 소득세법[18]은 미국이나 일본 등과 마찬가지로 외국납부세액공제(外國納付稅額控除) 제도를 따르지만 일정한 해외자회사에서 받는 배당소득은 면세(익금불산입)하는 제도를 2022년 말에 들여왔다. 뒤에 다시

2004년 현재로 고친 것이 International Tax Law(Reuven S. Avi-Yonah ed., 2016), 712쪽에 실려 있다.

15) Tipke/Lang, *Steuerrecht*, 제24판(2021), 제3장 45문단은 원천지국의 과세권을 응익과세로서 정당화. 이하 달리 적지 않은 한 Tipke/Lang이란 제24판.

16) 이중과세가 위헌은 아니라는 판결로 Burnet v. Brooks, 288 US 378.

17) 법인세법 제57조. 제3절 Ⅰ. 남북한 이중과세방지합의서는 외국소득을 면세한다.

18) 소득세법 제57조 및 제118조의6 제1항.

본다.

Ⅳ. 조세조약

조세조약의 큰 줄기는 자본수입국이 자기 나라에 원천이 있는 소득에 대한 과세를 일정 범위로 줄이고, 그 범위 안에서 자본수출국은 자본수입국의 과세권이 앞섬을 받아들임에 있다. 앞 절에서 보았듯이 세수의 국제적 분배를 둘러싸고 자본수입국과 자본수출국은 이해가 갈린다. 資本輸入國은 원천지(源泉地) 과세를 주장하게 되고, 資本輸出國은 거주지(居住地) 과세를 주장하게 된다. 이 긴장 관계 속에서 오늘날에는, 각국이 소득이라는 과세물건을 어떻게 나눌 것인가에 대한 어느 정도 안정된 규칙이 일정한 역사적 과정을 거쳐[19] 명시적·묵시적으로 합의되어 있다. 간추리면 세 가지 명제.[20]

(1) 각국(源泉地國)은 자국내(自國內)에서 이루어지는 경제활동에서 생기는 소득에 대한 과세권을 가진다.

(2) 각국(居住地國)은 자국에 속하는 자의 소득이라면, 세계 어디에서 벌었든 전세계소득(全世界所得)을 과세할 수 있다. 법인의 경우에도, 훨씬 더 애매한 개념이기는 하나 자국 법인이라면 전세계소득을 과세할 수 있다.

(3) 원천지 과세와 거주지 과세의 경합에서 생기는 이중과세를 막기 위해, 원천지국은 스스로의 과세권을 일정범위로 줄이고, 거주지국은 원천지국에서 발생한 소득을 비과세하거나 원천지국에 납부한 금액만큼 세금을 깎아 준다.

극히 최근에 이르기까지 이 원칙은 그렁저렁 성공적으로 굴러왔다. 1930년대 초의 국제연맹모델조약을 거쳐 OECD가 이 원칙을 담은 모델조약을[21] 만든 이래 수많은 나라가 그에 터잡은 조약을 맺어 왔다. 우리나라도 2022년 말 현재 94개 국가와 조세조약을 맺고 있다. 미국은 독자적 입장을 담고 있는 U.S. 모델을 따로 가지고 있지만, 큰 테두리는 비슷하고 미국의 실제 조약은 OECD 모델에 가깝다. 이들 조약 하나 하나는 양자(兩者, bilateral)조약이지만, 수많은 조약이 전세계에 걸쳐 그물망을 이루고 있다. 실상 범세계적 다자(多者, multilateral)조약이나 마찬가지로[22] 이 질서의 고갱이

19) Vogel, Shannon and Doernberg, *United States Income Tax Treaties*(looseleaf), ch. 2 참조.

20) Chang Hee Lee, 18 TNI 2569 가운데 2571-2572쪽.

21) OECD, Model Tax Convention on Income and Capital(이하 "OECD 모델"). OECD 모델은 여러 차례 개정을 거쳐 현재는 가제본으로 수시 개정하고 있다.

22) ALI, Federal Income Tax Project(Int'l Aspects of U.S. Income Taxation) Ⅱ, 3쪽. 국가별 유보사항이 아주 복잡한 다자조약인 셈이 된다. 이리하여 어떤 이는 OECD 모델을 국제공법상 법의 일

는? 서로 합의된 범위 안에서는 원천지국의 과세권이 거주지국보다 우선한다는 것.

(1)의 원칙 곧 源泉地國의 과세권은, 어떤 나라든 그 안에서 벌어지는 경제활동에 따르는 소득의 일정 부분을 세금으로 걷을 수 있는 현실적 힘이 있다는 사실의 법적 표현이다. 자본소득은 이자·사업소득 또는 배당이라는 돈의 흐름이라는 형식을 띠지만, 그 본질은 노동과 자본의 결합(=기업)에서 산출한 부가가치 내지 생산물 가운데 노동자가 가져가고 남은 몫인 잉여생산물 내지 그에 대한 화폐적 평가액이다. 각 생산요소에 귀속되는 생산물을 원천지국의 국가기구가 현실적으로 지배하고, 따라서 원천지국이 그 생산물 중 일부를 세금으로 걷을 수 있다는 본질에 있어서는 임금이나 자본소득이나 아무런 차이가 없다. (2)의 원칙 곧 居住地國의 전세계소득(全世界所得) 과세권 역시 각국은 자국 안에 살고 있거나 국적(國籍) 기타의 법적 인연을 버리지 않으려 하는 사람에 대한 인적(人的) 지배권을 가지고 있고, 따라서 그런 사람이 버는 소득 가운데 일정 부분을 세금으로 걷을 수 있다는 현실적 힘의 법적 표현이다.

원천지국이 자국 내에 원천이 있는 소득을 일방적으로 과세할 힘이 있음을 기정사실로 전제하면, 이미 보았듯이 거주지국은 ① 국외원천소득 면제 ② 외국납부세액공제 ③ 원천지국에 낸 세금을 필요경비로 빼 주거나, ④ 원천지국에 낸 세금의 존재를 무시하는 네 가지 가운데 하나를 택할 수 있다. 어느 길을 택하려나. ①이나 ②처럼 거주지국이 스스로 원천지국의 과세권을 우선하여 이중과세를 방지하는 것은 거주지국의 입장에서 볼 때 자국의 국민소득을 극대화하는 길이 아니다. 국제적 투자에서 생기는 자본소득(稅前생산물) 가운데 거주지국의 몫으로 남는 것은 원천지국의 세금을 뺀 잔액(稅後생산물)뿐이다. 그에 비해, 자본이 자본소유자의 거주지국에 투자된다면 세전생산물 전체가 그 나라에 남는다. 세전생산물 가운데 일부는 세금으로 국고(國庫)에 귀속되고 나머지는 세후소득으로 자본소유자에게 귀속된다. 서로 나누어 가지기는 하나, 국내투자라면 세전생산물 전부가 거주지국의 국민소득을 이룸에는 변화가 없다. 결국 거주지국의 국민소득이라는 시각에서 본다면, 해외투자는 원천지국의 세금이라는 차이만큼 국내투자만 못하다. 어느 한 거주지국의 국익이라는 관점에서 본다면, 국외원천소득에 대한 이중과세부담을 어느 정도 남겨서 해외투자를 국내투자보다 더 무겁게 과세하는 편이 자국의 국민소득을 극대화하는 길이 된다. 자세한 내용은 제3절 참조.

위 두 문단에서 원천지국과 거주지국이 각각 제 국민소득을 극대화하는 최적 전

반원칙으로 이해하기도 한다. 村井 正, 日本人學者の眼から見た日韓租稅條約の問題点, 조세법연구 Ⅲ, 1997, 89쪽. 그에 대한 비판은 ノモス, 第8號, 1997, 關西大學法學硏究所, 80쪽 이하 李昌熙 발표(日韓租稅條約改正の 問題点に ついて) 및 대담 부분 참조.

략을 모아 본다면, 원천지국과 거주지국 사이의 중복(重複)과세는 필연이 되고, 그 결과 국제거래와 국내거래 사이의 조세중립성이 깨어지게 된다. 세계경제 전체로 보자면 국제투자가 저해되어 자본의 분배가 왜곡되어 세상이 그만큼 가난해지게 된다.[23] 두 나라가 모두 손해를 보는 점에서 두 나라의 게임이 균형에 이른다. 이 진퇴양난(進退兩難)은 두 나라 사이의 의사소통으로 풀 수 있다. 원천지국의 과세권과 거주지국의 과세권을 절충하여, 원천지국이 두 나라의 합의범위 안으로 과세권 행사를 자제하는[24] 한 거주지국이 이중과세를 조정하는 것. 이런 합의로 두 나라가 모두 득(得)을 보게 된다. 바로 이것이 조세조약의 본질이다.[25][26]

이중과세를 조정하는 방식으로는 원천지국에 세금을 납부한 만큼 거주지국이 세금을 깎아 주는 방식(외국납부세액공제)과 원천지국이 과세한 소득은 아예 거주지국이 과세소득에서 빼는 방식(외국소득면제)을 생각할 수 있다. 外國納付稅額控除 방식은 세계경제의 관점에서 최적의 투자분배 방식. 자본소유자의 거주지국은 해외투자에서 생기는 소득을 국내에 투자된 소득과 마찬가지로 과세하되, 다만 원천지국에 낸 세금만큼 세금을 깎아 주게 된다. 이 방식에서는 원천지국의 세율이 거주지국의 세율보다 낮더라도 자본소유자가 최종적으로 지는 세부담(즉, 원천지국에 낸 세금 더하기 거주지국에 낸 세금)은 국내에 투자한 경우와 같아진다. 따라서 외국납부세액공제 방식은 자본소유자로 하여금, 국내든 국외든 세전수익성이 가장 높은 곳에 투자하게 한다. 요컨대, 외국납부세액공제 방식은 자본수출(資本輸出)의 중립성(中立性)을 확보하여 투자가 여러 나라 사이에 효율적으로 분배되게 한다. 이에 비해 外國所得免除 방식은 자본수입국(資本輸入國) 입장에서는 자본조달의 중립성, 자본수출국 입장에서는 경쟁(競爭)중립성을 확보한다. 외국소득이 면제된다면, 어느 원천지국에 또는 그 안에서 재화나 용역을 공급하는 기업은 원천지국의 세금만 부담하고 거주지국에서는 세금을 안 낸다. 따라서 투자 기회가 같다면, 어느 나라의 자본이든 모두 세후수익률이 같아지는 점에서 균형이 생긴다.[27] 나라마다 세율이 다른 이상 자본수출중립성과 자본수입

23) 조세중립성과 효율의 개념에 대하여는 제2장 제3절 I. 1. 참조.

24) 조약에서 따로 정하지 않은 것은 당연 국내법 그대로. 대법원 2025. 5. 15. 선고 2024두65911 판결.

25) 본문은 두 나라 사이의 자본수출입은 서로 비슷하다는 전제 하에 있다. 이 전제가 깨어지고 또 나라와 나라 사이의 경제 규모가 아주 다르면 균형이 어디인가는 복잡한 문제가 된다. 상세는 Chang Hee Lee, *"South Korea: Suggested Guidelines for Amending the Tax Treaty with Japan,"* 3 Asia Pacific Tax Bulletin 258(1997) 참조.

26) 조세조약의 또 한 가지 기능은 이중거주자를 어느 한 체약국의 거주자로 정하는 것이다. 상세는 이창희·김정홍·윤지현, 국제조세법, 제3장 제3절.

27) 세후수익률이 같다면, 여러 나라 사이에 저축의 효율적 분배가 이루어진다. 이자율을 현재의 소비와 미래의 소비 사이의 교환율로 본다면, A국의 이자율이 10%인데 B국의 이자율은 5%라는 말은 A국 사람들은 당장의 돈 100원을 이듬해의 돈 110원과 같게 평가한다는 말이고, B국 사람들은 이

중립성을 한꺼번에 이룰 수는 없다.[28]

V. 소득의 종류구분(區分)과 내외(內外)구분

위에서 본 바와 같이 소득의 源泉이 어디인가, 또는 소득이 어디에서 생기는가라는 개념은 자본수입국의 국내법, 자본수출국의 국내법, 조세조약 3가지로 이루어지는 국제조세법의 한가운데를 차지하게 된다. 국내소득인가 또는 국외소득인가라는 내외구분은 근본적으로는 그 소득을 창출하는 경제활동이 어디에서 이루어지는가의 문제이다. 그러나 다시 생각해 보면 이는 실로 막막한 질문이고 사람마다 답이 달라지게 마련이어서, 법제의 기초가 되기에는 불안정한 개념이다. 이리하여 여러 나라의 국내법과 조약은 법적 개념을 끌어들여 소득을 경제적 성질에 따라 區分하여 각 구분마다 소득의 내외를 가르는 기준을 두고 있다. 소득 구분의 큰 줄기는 경제적 성질에 따라 소득을 법적 범주로 구분하여 각 구분별로 소득의 내외를 가른다는 것이다.

우리 법인세법은[29] 소득을 경제적 성질에 따라 구분하여 각 소득구분별로 국내(國內)와 국외(國外)를 가른다. 소득세법도[30] 거의 같다. 널리 오해가 있지만, 적어도 현행법에서 이 조문은 국내원천소득의 종류를 속속들이 늘어놓은 것이 아니다. '국내원천소득'이라는 제목 때문에 뭔가 적극적 내용을 담은 특별한 개념인 듯한 오해를 낳지만 그냥 내외구분이다. 독일법에서는 애초 국내(inländisch)소득이라고 부른다. 미국에서는 국내에서 생겨나는(sourced) 또는 국내에 원천이 있는 소득이라고 부른다. 이 말을 일본식으로 국내원천소득이라고 옮기다보니 어떤 특유한 범주인 듯한 오해가 생겼을 뿐이다. 그저 국외소득이나 국외에서 생겨나는 소득에 견주어 쓰는 말일 뿐이다. 실상 현행법의 글귀는 이 점에 관한 오해를 떨쳐내려고 일부러 그렇게 정한 것이다. 경제적 성질상 우리나라에 속하는 소득이라면 이를 비과세할 이유가 없다는 반성에서, "국내원천소득이라 함은 다음 각 호에 규정된 소득을 말한다"는 옛 법의 글귀를 "국내원천소득은 다음 각 호와 같이 구분한다"로 고쳤던 것이다. 소득원천의 내외 판정은, 소득을 다음 각 호 가운데 하나로 구분하여[31] 각 호별 기준에 따라 판정한다는 말.[32]

듬해의 돈 110원은 당장의 돈으로 105원의 가치가 있다고 본다는 말이다. 그렇다면 B국 사람이 금년의 소비를 105원 줄여서 이를 A국에 주고, 내년에는 A국이 110원을 B국에 갚는다면 세계사회의 행복은 그만큼 늘게 된다. OECD, *Taxing Profits in a Global Economy* 39(1991).

28) 경제학자들은 자본수출중립성의 확보가 자본수입중립성의 확보보다 더 중요하다고 생각하는 것이 보통이다. 투자는 수익률에 민감하나 저축은 상대적으로 덜 민감한 까닭이다. OECD, 앞의 책, 40쪽; Alan J. Auerbach & Lawrence J. Kotlikoff, *Dynamic Fiscal Policy*(1987).

29) 법인세법 제93조.

30) 소득세법 제119조.

가령 이자소득이나 배당소득은 지급하는 자가 누구인가에 따라, 제3호의 부동산 양도소득은 부동산 소재지에 따라 판정한다.

법인세법 제93조 (국내원천소득) 외국법인의 국내원천소득은 다음 각 호와 같이 구분한다.

1. 국내원천 이자소득[33]…
2. 국내원천 배당소득…
3. 국내원천 부동산소득…
4. 국내원천 선박등임대소득…
5. 국내원천 사업소득[34]…
6. 국내원천 인적용역소득[35]…
7. 국내원천 부동산등양도소득…
8. 국내원천[36][37] 사용료[38]소득…
9. 국내원천 유가증권양도[39]소득…
10. 국내원천 기타소득: 1호 내지 제9호까지의 규정에 따른 소득 외의 소득으로

---

31) 가령 특허권 침해에 따른 손해배상액은 국내원천소득이 아니라는 대법원 2007. 9. 7. 선고 2005두8641 판결은 틀렸다.

32) 원래는 거주자 비거주자에 관계없이 소득의 원천을 국내와 국외로 갈라나가는 조문을 두어야 체계가 맞지만(미국세법 861조-865조 참조) 자칫 큰 혼란을 부를까 염려하여 현행법의 글귀를 택했다.

33) 연지급수입대금이나 금융리스 대금 중 이자상당액은 대법원 2011. 5. 26. 선고 2008두9959 판결; 법인세법시행령 제72조 제6항. 제19장 제2절 II. 법인격 투시 규정으로 미국세법 861조(a)(1)(A), 884조(f). 스왑거래의 실질을 대부로 본 사례로 대법원 1997. 6. 13. 선고 95누15476 판결. 내국법인이 해외자회사의 채무의 보증인으로서 지급하는 이자는 국내원천소득이다. 대법원 2016. 1. 14. 선고 2013두10267 판결.

34) 대법원 2024. 7. 25. 선고 2022두51031 판결(운송업은 승선지·선적지 기준). 법인세법시행령 제132조 제2항 내지 제5항.

35) 소득금액은 실비제외 금액이다. 법인세법 제93조 제6호 단서.

36) 대법원 1992. 5. 12. 선고 91누6887 판결; 2007. 9. 7. 선고 2005두8641 판결 등은 지적재산권의 사용지를 등록지로 보았다. 법인세법 제93조 제8호 단서는 이를 뒤집었으나, 대법원 2014. 11. 27. 선고 2012두18356 판결; 2018. 12. 27. 선고 2016두42883 판결; 2020. 2. 10. 선고 2019두50946 판결; 2022. 2. 24. 선고 2019두47100 판결은 한미 조세조약 해석상 특허속지주의에 터잡아 등록지 밖에서는 특허권을 사용한다는 것이 애초 불가능하다고 한다. 다만 부수된 비공개정보의 사용대가는 사용지에 원천이 있다고. 대법원 2020. 2. 10. 선고 2018두36592 판결. 현행법은 이런 판례를 참조해서 옛 법을 다시 손보았고 2025년 이를 존중하는 판결이 나왔다. 대법원 2025. 9. 8. 선고 2021두59908 판결. 이창희·김정홍·윤지현, 국제조세법, 제12장 제2절 V, 제3절 I.

37) 신용카드 소지자의 사용≠발급회사의 사용. 대법원 2022. 7. 28. 선고 2018두39621 판결.

38) 대법원 1997. 12. 12. 선고 97누4005 판결(범용소프트웨어→사업소득); 2000. 1. 21. 선고 97누11065 판결(소스코드 아니더라도 비밀유지의무 있고 국내외 기술격차→사용료).

39) 대법원 2013. 7. 11. 선고 2011두4411 판결(교환=양도); 2013. 11. 28. 선고 2010두7208 판결과 2017. 12. 13. 선고 2015두1984 판결(외국법인간 합병=양도).

서 다음 각 목의 어느 하나에 해당하는 소득

가. 국내에 있는 부동산 및 그 밖의 자산이나 국내에서 경영하는 사업과 관련하여 받은 보험금·보상금 또는 손해배상금

나. 국내에서 지급하는 위약금이나 배상금[40)]…

다. 국내에 있는 자산을 증여받아 생기는 소득

라. 국내에서 지급하는 상금·현상금·포상금 그 밖에 이에 준하는 소득

마. 국내에서 발견된 매장물로 인한 소득

바. 국내법에 따른 면허·허가 그 밖에 이와 유사한 처분에 의하여 설정된 권리와 부동산외의 국내자산을 양도함으로써 생기는 소득

사. 국내에서 발행된 복권·경품권 그 밖의 추첨권에 의하여 받는 당첨금품과 승마투표권·승자투표권·소싸움경기투표권·체육진흥투표권의 구매자가 받는 환급금

아. 제67조에 따라 기타소득으로 처분된 금액

자. 대통령령으로 정하는 특수관계인…이 보유하고 있는 내국법인의 주식등이 대통령령이 정하는 자본거래로 인하여 그 가치가 증가함으로써 발생하는 소득

차. …특허권 등…침해…국내에서 지급하는 손해배상금…제조방법·기술·정보 등이…국내에서 사실상 실시되거나 사용되는 것과 관련되어 지급하는 소득…

카. 「소득세법」 제21조 제1항 제27호에 따른 가상자산소득 …

타. 가목부터 카목까지의 소득 외에 국내에서 하는 사업이나 국내에서 제공하는 인적용역 또는 국내에 있는 자산과 관련하여 제공받은 경제적 이익으로 생긴 소득…

조세조약(租稅條約)도 거의 비슷한 방식으로 소득의 경제적 성질을 구분하고[41)] 각 구분별로 소득원천의 내외구분 기준을 정하고 있다. 예를 들어 한미조약은 "배당은 어느 체약국의 법인에 의하여 지급되는 경우에만 그 체약국 내에 원천을 둔 소득으로 취급된다"라고 정하고 있다.[42)]

소득의 내외구분은 외국법인이나 비거주자만이 아니라, 내국법인(內國法人)이나 거주자(居住者)에 대해서도 필요하다. 이미 보았듯이, 거주자나 내국법인이 外國에 납부한 세액(稅額)을 공제(控除)해 주는 것은 소득의 원천이 국외임을 전제로 한다. 國外원천소득의 면제도 마찬가지이다. 따라서 소득구분이 필요해진다. 원천지국의 과세

40) 제11장 제5절 3. 헌법재판소 2010. 2. 25. 2008헌바79 결정; 대법원 2010. 4. 29. 선고 2007두19447 판결(약정판매대가의 배상은 소득); 2019. 4. 23. 선고 2017두48482 판결(전보배상≠소득); 2019. 7. 4. 선고 2017두38645 판결(계약금은 위약금).

41) 조세조약의 소득구분이 국내법보다 우선한다는 국제조세조정에 관한 법률 옛 제28조의 규정은 조약상 소득구분은 조약자체에 내재하는 것이고 국내법의 소득구분을 조약상 소득구분에 적용할 수 없다는 뜻으로 읽어야 한다. 대법원 2018. 2. 28. 선고 2015두2710 판결.

42) 한미조세조약 제6조.

권을 제한하는 조약규정 역시 소득의 구분별로 정한다. 예를 들어 OECD 모델은 양도소득(부동산제외)[43]이나 기술료[44]는 원천지국에 아예 과세권이 없고, 이자소득에 대한 원천지국의 과세는 10%를 넘지 못한다는 상한을[45] 두고 있다.

위에서 보았듯이, 현행법상 소득의 원천 규정이나 조약에 의한 원천지국 과세권의 제한은 소득의 구분(區分)을 전제로 한다.[46] 이 구분은 어려운 문제가 된다. 예를 들어 책을 팔아 얻는 소득을 어떤 소득으로 구분할 것인가? 책을 이루는 종이는 사실 종이일 뿐이고, 그 안에 담긴 내용은 별개. 책을 사들이는 사람이 그 책을 마음대로 복사해 팔거나 그 책에 담긴 내용을 자기 글처럼 쓸 권리가 없다는 사실은, 책의 매매에서 얻은 소득과 다른 물건의 매매에서 얻은 소득 사이에는 법률적 성격에 분명한 차이가 있음을 뜻한다. 그렇지만, 적어도 복사기가 나오기 전에는 책의 무단복사라는 것은 현실적으로 중요하지 않았고, 책을 팔아 얻는 소득을 세법이 특별히 달리 취급할 필요가 별로 없었다. 복사기가 나온 뒤에도, 복사기는 각 집에 한 대씩 있을 만큼 대중화되지는 않았고, 불법복제업자를 잘 단속하는 이상 책을 팔아 얻는 소득을 다른 물건과 마찬가지의 사업소득으로 보더라도 별 무리가 없었다.

결국 소득의 區分이란 기술이나 경제활동의 발전에 달려 있다. 특히 최근에는 파생금융상품[47] 등 신종금융거래가 늘어나면서 종래의 개념으로는 소득구분이나 원천을 정하기 어려운 경우가 많다. 가령 이자율 스왑거래(일정한 명목상의 원금을 가상하고 그 금액에 관한 변동금리와 고정금리 기타 금리의 흐름을 서로 맞바꾸는 거래)에서 생기는 소득은 이자소득인가, 사업소득인가, 아니면 새로운 종류의 소득으로 삼는 입법이 필요한가? 디지털 경제도 소득의 구분을 어렵게 한다.[48] 가령 마이클 잭슨의 공연실황을 A방송국과 B방송국이 동시에 방영하는 경우와 A가 방영권을 독점하고 B는 A의 방송물에 터잡아 공연을 뒤에 중계한다면, 현행법으로는 앞의 경우 A방송국이 마이클 잭슨에게 지급하는 소득은 인적용역의 대가이고, 뒤의 경우 B방송국이 A방송국에 지급하는 대가는 사용료 소득이 된다. 그러나 그 시차가 1시간, 30분, 10분, 1분, 극단적으로는 0.01초 뒤로 줄어든다면 둘 사이에 차이를 두는 것이 옳을까? 다른 예로

---

43) OECD 모델 제13조. 소유재산이 거의 다 부동산인 회사의 주식의 양도에 대해서는 재국조 46017-89 (2001. 5. 23); 미국세법 897조.

44) OECD 모델 제12조 제1항.

45) OECD 모델 제11조 제2항. '제한세율'이라는 일본식 용어를 흔히 쓰지만 세율이 아니라 세율상한이다.

46) 당연한 말이지만 소득구분은 납세의무자가 택한 명칭이 아니라 실질에 따른다. 대법원 2016. 8. 30. 선고 2015두52098 판결(사용료).

47) 일반론으로 제20장 제3절.

48) 상세는 Chang Hee Lee, 18 TNI 2569; 정승영, 클라우드 컴퓨팅과 국제조세 문제, 조세법연구 21-2(2015), 357쪽; 김석환, 산업용 소프트웨어 도입대가의 소득구분, 저스티스 188(2022), 305쪽.

미국의 Microsoft로부터 Office가 담긴 CD를 100장 사오는 경우와 CD는 1장만 사와서 99장을 복사할 권리를 받는 경우, 실질을 본다면 이 둘 사이에는 아무 차이가 없다. 그러나 현행세법으로 따진다면 전자의 경우에는 Microsoft는 사업소득을 버는 것이 되고, 후자의 경우에는 사용료 소득을 받는 것이 된다.[49)]

Ⅵ. 국제적 조세회피와 BEPS

조세조약은 오래 전부터 국제적 조세회피 수단으로 악용된다는 시비를 안고 있었다. 조세조약망을 이용해서 원천지국에 세금을 안 내고 소득을 조세피난처에 유보해서 투자자 본국에도 세금을 안 낸다는 것. 디지털 경제의 발전은 이 문제를 한결 악화시켰다. 다른 나라에 사업장도 안 두고 물품이나 용역을 대규모로 판다는, 예전에는 불가능했던 일이 가능해졌다. 물품이나 용역의 순수입국 내지 개발도상국들은 삼십여년 전부터 이 문제를 제기했지만 선진국들이 그냥 무시했다. 사태의 변화는 2010년 무렵부터. 시동은 미국이 걸었다. 조세피난처로 빼돌리는 소득을 투자자 본국이 과세하겠다는 속셈으로 OECD를 무대로 삼아 전세계적 논의를 2010년 무렵부터 시작했다. 이것이 이른바 BEPS(base erosion and profit shifting, 세원기반 잠식 및 소득 이전) 대책. 2015년에 나온 15개 최종보고서는 근본적으로는 조세피난처와 조세조약을 악용하는 조세회피에 초점을 맞추었다.

그러자 미국에 견주어 디지털 수입국 내지 후진국이 되어버린 유럽 각국이 기존 조약규범에 불구하고 우회이익세 등 온갖 이름으로 미국계 기업에 GAAF(google, apple, amazon, facebook)세를 물리겠다고 나섰다. 결국 BEPS 논의는 이른바 two pillar라는 연장전에 들어선다. Pillar 1은 수입국 내지 원천지국의 과세권을 기존 조약보다 늘리자는 논의이고 pillar 2는 이른바 글로벌 최저한세로 세율이 일정한 최소기준 이하인 저율과세국에 투자한 외국기업이라면 모회사 본국에서 차액을 세금으로 물리겠다는 것. 결국 저율과세국도 최소기준까지 세율을 올리도록 강제하자는 생각이다. 각국 사이에서 또한 국내정파 사이에서 이해관계가 어지러이 갈리다보니 아직 전망은 불투명하다. 특히 Trump 재집권 이후 세계정세는 내다보기 어렵다. 갈팡질팡이 Trump 정권의 발걸음이다. 일부러 그러는 것인지 제 자신을 모르는 것인지.

49) 대법원 2020. 2. 27. 선고 2018두57599 판결(관세). 미국 재무부 규칙 1.861-18(h).

제2절 외국자본의 국내투자

외국의 기업에 대한 우리나라의 과세에 있어서는 국내법과 조세조약 두 가지가 모두 문제된다. 과세란 주권의 행사이므로 기본적으로 국내법에 따르는 것이지만, 국내법에 따른 과세권이 우리나라가 체결한 조약의 제한을 받을 수 있다.

I. 적용법령의 결정

1. 외국기업의 국내법상 개인·법인 구분

외국의 기업은 우리나라 법에 따라 설립된 것이 아니므로 그런 기업에 우리 법을 적용하자면 어려운 문제가 생긴다. 개인기업이라면 우리 법에서도 개인으로 보고, 또 독일법의 물적회사나 미국의 corporation이라면 우리 법에서도 법인으로 본다는 결론이 나와야 옳다. 인적회사, 파트너십, 자산유동화 회사 같은 특수목적 법인, 신탁 등은 어려운 문제를 낳는다.[50] 예를 들어 미국의 파트너십이 우리나라에 들어와서 영업을 하거나 달리 소득을 얻는 경우, 우리나라는 어떤 법에 따라 어떻게 과세해야 좋으려나. 파트너십 그 자체를 법인으로 보아 법인세법에 따라 과세? 파트너십을 공동사업장으로 보고 각 파트너를 법인세법이나 소득세법에 따라 과세? 독일의 합명회사나 합자회사가 국내에 들어와서 영업을 한다면 어떤 법을 적용하여 어떻게 과세해야지?

법인세법은 외국법인을 그저 본점이나 주사무소가 외국에 있고 실질적 관리장소가 국내에 없는 법인이라고만 정의하고 있다.[51] 여기에서 "法人"이라는 말에는 아무런 정의가 없다. 국내법에 따라 설립되는 단체라면 그 단체에 법인격이 있는지는 법을 찾아보면 알 수 있다.[52] 다른 나라의 단체가 "법인"인지는 전혀 별개의 문제가 된다. "법인"이라는 말은 우리말이고 어떤 단체가 법인인가는 우리 법의 개념일 뿐이다.

해석가능성은 세 가지 정도. 첫째는 외국 단체가 설립된 준거법을 따져서 그 나라 법에 우리 법의 "법인"에 해당하는 개념이 있는가를 보고, 다시 그 단체가 그 개념에 속하는가를 보는 길이다. 가령 일본법에서는 우리 법과 한자로 똑같은 法人이라는 말을 쓰고, 어느 단체가 일본법상 法人인지 아닌지는 일본법에서 확인할 수 있다. 또 독

50) 제13장 제2절.

51) 법인세법 제2조 제3호.

52) 예를 들어 상법 제169조 제1항 및 민법 제33조.

일법에서는 법인에 해당하는 개념으로 Rechtsperson이나 juristische Person이라는 말이 있고, 가령 우리 법의 주식회사에 해당하는 Aktiengesellschaft는 Rechtsperson이니[53] 우리 법에서도 법인이라 보자는 생각이다. 반면 독일법의 합명회사나 합자회사는 Rechtsperson이 아니니 우리 법인세법이 말하는 법인이 아니라고 풀이하는 방식이다.

둘째는 외국단체의 사법적(私法的) 성질을 따져서 그 단체가 국내법의 어느 단체에 가장 가까운가를 따지는 것. 가령 미국의 무한책임파트너십은 우리 법의 조합에 해당하고, 독일법의 합명회사나 합자회사는 우리 법의 합명회사나 합자회사에 해당한다고 보자는 것이다. 미국법은 이 방식을 따라서 외국단체를 미국법의 적용상 파트너십인지 corporation인지 구별하지만, 오늘날에는 납세의무자에게 선택권을 주고 있다.[54] 독일법도 전통적으로는 외국기업의 사법상 성질을 따져서 독일법상 법인과 공동사업자 가운데 어디에 가까운가를 정하는 입장이다.[55]

셋째는 외국단체가 법인인가를 우리 세법(稅法)의 맥락에서 따지는 길이다.[56] 가령 독일법의 인적회사가 우리 법인세법상 외국법인인가, 이를 물을 때, "법인"이라는 말의 뜻을 우리 세법 체계상 법인과 법인 아닌 단체가 어떤 차이를 가지는가에서 찾아 나가는 것이다. 문제의 외국단체가 그 나라 법에서 어떻게 취급되는가를 따져서, 그 단체의 성격이 우리 세법상 법인과 다른 단체 가운데 어느 쪽에 가까운가를 정하자는 것이다. 우리 세법상 법인과 나머지 단체 사이에는 여러 가지 차이가 있지만 가장 중요한 것은 법인세 납세의무를 지는가 아닌가. 그렇게 본다면 외국의 단체가 우리 세법상 법인인가 아닌가는 그 단체가 그 나라 법에서 단체 자신의 소득에 대한 세금(우리의 법인세에 상당하는 세금)을 내는가 아닌가에 일응 기준을 둘 수 있다. 예를 든다면, 미국의 세법상 corporation에 해당하는 조직은 우리 법인세법상으로도 법인으로 보는 것이다. 이런 입장에서 본다면, 독일의 합명회사나 합자회사는 우리 법인세법상으로는 법인이 아니게 된다. 독일의 합명회사나 합자회사는 독일에서 법인세를 내지 않는 까닭이다.

우리 법의 해석론으로는 첫번째 입장은 택할 수가 없다. 영미법에는 실정법상의 보편적 개념으로서 법인이라는 개념을 함부로 쓰는 법이 없다. 회사법상 회사의 개념, 법인세법상 법인의 개념, 또는 또다른 단체법상 단체의 개념은 실정법마다 각각 정의

---

53) Aktiengesetz 제1조.

54) 제13장 제2절 Ⅲ. 참조.

55) A. H. M. Daniels, *Issues in International Partnership Taxation* (1991), 103쪽 이하. Einkommensteuergesetz 제49조 제2항. EU 회원국 상호간에는 가장 가까운 내국법인으로 본다. 유럽법원 1999. 3. 9. 선고 C-212/97 판결. Tipke/Lang, 제11장 31문단.

56) 본국에서는 비영리법인이더라도 우리나라에서 영리활동을 하면 영리법인이다. 대법원 1986. 10. 14. 선고 84누430 판결.

할 뿐이고, 모든 법률에 일괄적으로 적용되는 법인개념은 없다. 미국의 partnership이 juridical person인지 아닌지라는 문제에 대한 답을 미국법에서 찾을 길은 없다. 그러나 미국의 corporation에 법인세법을 적용해야 한다는 것은 사실은 주어진 결론이다. 그렇다면 corporation이 법인이 되는 까닭이 법인격이 있기 때문이 아니라 다른 이유 때문이라는 말이다. 그 이유는 둘째 또는 셋째 방식의 사고일 수밖에 없다.

어느 길로 갈 것인가? 외국기업의 私法상의 성질과 稅法상의 성질 가운데 어느 것을 기준으로 판단할 것인가? 대법원 판결 가운데에는 첫째의 견해를 따라서 민사법상의 성질을 기준으로 세법상 법인인지 아닌지를 판단한 것이 있다.[57] 이 견해에는 두 가지 단점. 하나는 기업조직의 법적형태에 관한 법(우리나라에서는 민법, 상법, 기타 특별법)은 우리 법이든 다른 나라 법이든 계속 바뀌고 있는 중이므로, 다른 나라의 어떤 기업조직이 우리 법의 어느 조직에 해당하는가라는 문제에 답을 내리기 어렵다는 점이다. 두 번째 단점은 국내법과 조약의 관계를 복잡하게 한다는 것이다. 조세조약의 적용에 관하여 OECD는, 외국의 파트너십(독일법의 인적회사를 포함)에 관한 구분기준을 그 본국법이 파트너십 그 자체를 법인세 내지 소득세의 납세의무자로 삼는가에 두도록 권고하고 있다.[58] 가령 독일법상의 인적회사가 우리나라에서 소득을 번다면 독일에서는 인적회사에 법인세를 물리지 않으므로 우리나라와 독일 사이의 조약 적용상으로는 인적회사가 아니라 사원이 바로 소득을 받는 것이 되어 독일조약은 우리나라의 과세권을 제약하지 않는다. 가령 사원이 바하마 거주자라면 우리 국내법에 따라 과세하게 되고, 사원이 미국거주자라면 우리나라의 과세권은 한미조약의 제약을 받는다. 역으로 우리법에서 조합에 해당하는 어떤 외국기업이 그 본국(X나라)법에서 법인세나 소득세 납세의무자라서[59] X나라와 우리나라 사이의 조약(X조약)이 적용된다고 하자. 이 경우 가령 바하마 거주자인 조합원이 받는 소득에 대한 우리나라의 과세권은 X조약의 제한을 받고, 미국거주자인 조합원이 받는 소득에 대한 우리나라의 과세권은 X조약의 제한에 더하여 한미조약의 제한을 받게 된다.

세법을 기준으로 본국에서 단체 단계에서 소득에 대한 세금(우리나라의 법으로 치자면 법인세)을 물리는가를 기준으로 하는 견해는 법률관계의 복잡성을 없앤다. 즉 조세조약상 법인으로 보는 조직은 국내법 적용에서도 법인으로 보는 것이다.

현실세계로 들어가면, 일본의 회사는 어느 쪽 견해를 따르든 인적회사와 물적회사

57) 대법원 2012. 1. 27. 선고 2010두5950 판결; 2012. 10. 25. 선고 2010두25466 판결(영국이나 케이만 아일랜드의 limited partnership은 외국법인); 2017. 12. 28. 선고 2017두59253 판결 등.

58) OECD, *The Application of the OECD Model Convention to Partnerships*, 33-42문단.

59) 내가 아는 나라 가운데에서 실제 사례를 들지는 못하지만 세상의 온갖 나라마다 모두 법이 제각각임을 생각하라.

모두 우리 국내법 적용상 법인으로 보게 된다. 독일회사도 물적회사는 어느 견해를 따르더라도 우리 법상 법인으로 구분하게 된다. 독일의 인적회사는 세법을 기준으로 한다면 사원들의 조합기업 내지 공동사업장으로 보고 다시 사원 하나하나가 물적회사인가 아니면 개인인가에 따라 소득세법 또는 법인세법을 적용해야 한다. 사법을 기준으로 한다면 사원이 누구인가는 물을 것 없이 인적회사에 법인세법을 적용한다. 미국의 corporation은 어느 쪽 견해를 따르든 법인세법을 적용한다. 미국의 파트너십은 세법을 기준으로 한다면 파트너 각각에 대해 소득세법 또는 법인세법을 적용하게 되지만 사법을 기준으로 한다면 그 결과가 자명하지 않다. 미국법(정확히는 미국 각 주의 법)상 파트너십이 우리나라 법에서 조합에 가까운가 또는 인적회사에 가까운가는 답을 내리기 어렵기 때문이다. 유한책임파트너십(limited partnership)이라면 종래의 상법에서는 합자회사에 가깝다고 생각할 수 있지만 2011년 개정상법에서는 합자조합에 더 가깝다.[60] 이 예에서 보듯 우리 민법과 상법상 여러 가지 새로운 기업형태가 계속 들어오고 있기에 이 문제는 한결 더 어려워진다. 실체법이 낳는 어려움을 더는 절차적 규정으로, 사원이나 출자자 각자가 소득세법상 납세의무를 지는 경우 대표자가 일괄신고할 수 있다.[61]

다른 나라의 기업조직을 우리나라 법의 무엇에 해당한다고 보아야 하는가라는 문제의 안짝으로, 외국인투자자의 본국법에서 본다면 우리나라의 어느 기업조직을 그 나라 법개념의 어디에 해당한다고 보아야 하는가라는 문제도 생긴다. 가령 미국 사람과 우리나라 사람이 우리나라에 합작회사를 세우면서 회사의 꼴을 유한회사로 한다면, 이 유한회사가 미국세법상으로는 파트너십(우리 세법으로 치자면 공동사업장)으로 구분되는 수도.[62]

용례 문제로, 독일의 인적회사처럼 거주지국에서는 법인이 아니라고 보는 단체를 원천지국, 가령 우리나라에서 법인이라고 보는 경우 그런 단체를 혼성단체(hybrid entity)라고 부른다. 역으로 거주지국에서는 법인이 아니라고 보지만 원천지국에서는 법인이라고 보는 단체를 역혼성(reverse hybrid) 단체라고 부른다. 이런 단체를 이용해서 원천지국과 거주지국 어느 쪽에도 세금을 안 내는 꼴의 조세회피가 벌어지면서 BEPS 대책에서도 이 문제를 다루고 있다. 후술.

---

60) 대법원 2012. 1. 27. 선고 2010두5950 판결. 김정홍, 케이먼 유한파트너쉽의 외국법인 해당여부에 대한 검토 및 향후과제, 조세학술논집 36-1(2020), 75쪽.

61) 소득세법 제124조 제2항.

62) 미국의 현행법에서는 check-the-box 규칙으로, 외국에서 설립된 기업은 미국세법상 법인과 파트너십 가운데에서 고를 수 있다. 제13장 제2절 Ⅲ, 제13장 제3절 Ⅳ.

2. 기업의 거주지

법인세법의 납세의무자 구분은? 내국법인과 외국법인.[63] 소득세법은? 거주자와 비거주자.[64] 앞 절에서 다룬 외국기업의 국내법상 구분 문제는, 문제의 외국기업이 내국법인이나 거주자가 아닌 외국(外國)단체임을 전제로 하고 있다. 또 외국기업에 대하여 어떤 조세조약을 어떻게 적용할 것인가의 문제 역시 그 기업이 어느 나라에 속하는가라는 판단을 전제로 한다. 그러나 어떤 기업이 우리나라에 속하거나 어떤 다른 나라에 속한다는 말은 도대체 무슨 뜻인가? 내외(內外)를 가르는 기준은 무엇인가?

우리 법인세법상 내국법인과 외국법인의 구별 기준은 본점(本店)이나 주사무소(主事務所) 또는 사업의 실질적 관리장소가 국내에 있는가 외국에 있는가이다.[65] 우리 상법학의 통설은 종래 설립준거법이 어디인가를 따져서 내국법인과 외국법인을 나누고 있고[66] 세법실무에서도 이 기준을 그대로 써 왔지만 실질적 관리장소라는 개념이 들어온 이후에는 적절하지 않다.[67]

외국법인이라면 한 걸음 나아가 외국법인의 본국(本國) 내지 거주지국(居住地國)이 어디인가도 확정해야 한다. 그런 나라와 우리나라 사이에 조세조약이 있다면 우리나라의 과세권이 그런 조약의 제한을 받으니까. 준거법이나 관리장소 등 조약에 정한 기준으로 상대방 체약국에 속하는 법인이더라도,[68] 다시 그 법인과 그 나라 사이에 무언가 실질적 관련이[69] 있어야 조약의 혜택을 주는 경우가 많다. 엉뚱한 나라 기업의 조약편승(treaty shopping)을 막자는 것.[70]

다른 나라 법에 따라 설립된 인적회사나 파트너십은 온갖 어려운 문제를 낳는다.

---

63) 법인세법 제2조.

64) 소득세법 제1조의2.

65) 법인세법 제2조 제1호, 제3호. 실질적 관리장소 기준은 합헌. 헌법재판소 2020. 2. 27. 2017헌바159 결정.

66) 김건식 · 노혁준 · 천경훈, 회사법, 제9장 제6절 II. 미국법 제269B조는 내국법인과 staple된 외국법인은 내국법인으로 본다. 조세조약의 혜택도 받지 못한다.

67) 대법원 2016. 1. 14. 선고 2014두8896 판결; 2021. 2. 25. 선고 2017두237 판결; 헌법재판소 2020. 2. 27. 2017헌바159 결정.

68) 대법원 2022. 10. 27. 선고 2020두47397 판결; 2022. 10. 27. 선고 2020두47403 판결(국외투자기구=상대방체약국 법인).

69) 대법원 2020. 1. 26. 선고 2016두35681 판결.

70) 종래 대법원 판례의 경향은 펀드사건의 금융투자자라면 조약남용이고 사업적 투자자라면 남용이 아니라고 보는 듯하다. 대법원 1994. 4. 15. 선고 93누13162 판결; 2012. 4. 26. 선고 2010두15179 판결; 2013. 4. 11. 선고 2011두3159 판결; 2016. 7. 14. 선고 2015두2451 판결. 법인세법 제98조의4에서 98조의6; 소득세법 제156조의4. 그러나, 최근 대법원 판결은 공모펀드라면 조약남용 가능성을 낮게 보아 실질귀속자로 인정하는 경향도 보인다. 대법원 2020. 1. 16. 선고 2016두35854 판결; 2022. 10. 27. 선고 2020두47403 판결. 제3장 제4절 III.

이를 법인으로 볼 것인가, 법인으로 본다면 어떤 기준으로 내외(內外)를 가를 것인가, 다시 어느 나라의 법인으로 보아 어떤 조약을 적용할 것인가, 법인이 아니라면 조약은 어떻게 적용할 것인가 등등. 이는 이 강의의 범위를 넘는다.[71)]

Ⅱ. 분리과세와 세율상한

앞서 보았듯 국내에 사업장이 있다든가, 부동산소득이라든가, 달리 우리나라 법인과 마찬가지 방법으로 과세할 사정이 있는 외국법인은 국내법인처럼 순소득에 대한 세금을 신고납부해야 한다. 다른 외국법인에 대해서는 우리나라에서 번 순소득이 얼마인가를 묻지 않고 벌어가는 총수입금액(總收入金額)에 바로 세율을 적용한다.[72)] 이 세금은 소득을 지급하는 자가 원천징수하여 납부한다. 세율은 순소득에 대한 세율보다는 낮게 마련이고, 우리 법은 소득구분별로 다음과 같이 정하고 있다.[73)]

2% : 선박 등 임대소득, 사업소득
20%: 이자, 인적용역소득, 배당, 사용료, 기타소득
10%: 유가증권[74)]이나 부동산 양도소득[75)]
15%: 특허권 침해 손해배상

동업기업이 동업자에게 배분하는 소득은, 동업자가 개인인가 법인인가에 따라 소득세법과 법인세법상 최고세율로 원천징수한다.[76)] 동업기업 단계에서 이미 필요경비를 공제했으므로 순소득에 대한 최고세율로 원천징수하는 것이다.

조세조약은 외국법인에 대한 세율이 일정한도를 넘을 수 없다는 규정을 두고 있게 마련이고, 조약에 의한 세율상한(제한세율)은 법인세법상의 세율보다 낮은 경우가 많다. OECD 모델의 上限을 보면, 배당소득은 지분비율에 따라 5%나 15%, 이자소득

71) 법인세법 제93조의2. 대법원 2014. 6. 26. 선고 2012두11836 판결.
72) 인적용역소득에 대해서는 원천징수세액을 기납부세액으로 하면서 순소득 기준으로 신고 납세할 수 있다. 법인세법 제99조.
73) 가상자산은 세율이 여러 가지. 법인세법 제98조 제1항. 지방소득세는 별도이지만 조세조약상 세율상한에 걸리기도 한다.
74) 양도인에게 보충적인 신고납세의무도 있다. 법인세법 제98조의2 제3항.
75) 법인세법 제98조 제1항 제5호와 제7호는 부동산이나 유가증권의 양도소득에 대하여, 순소득의 20%와 양도대가의 10% 가운데 낮은 쪽을 적용하도록 정하고 있으나, 입법론상은 그르다. 순소득이 확인된다면 일반적 법인세율을 적용해야 할 일이다. 다만, 투자유치를 위한 조세감면 조치로 생각할 수는 있다. 취득가액은 대법원 2016. 9. 8. 선고 2016두39290 판결.
76) 조세특례제한법 제100조의24 제1항. 동업기업 소득의 배분에 대해서는 제14장 제2절.

은 10%, 사용료소득은 0%이다.[77)]

이자 등 국제금융(國際金融)에서 생기는 소득 등에 대하여는 특별법으로 조세조약상의 상한보다 더 낮은 세율을 정하는 경우가 많다.[78)] 유로마켓 등 국제금융시장이 고도로 활성화한 1980년대 중반 이래의 세계적 추세로[79)] 외국인투자 유치목적. 이렇게 되자 tax haven에 세운 법인을 투자주체로 내세우는 형식으로[80)] 투자자의 본국과 원천지국 양쪽 모두에서 세금을 면제받는 treaty shopping이 심각한 문제로 등장했고, 오랫동안 논의만 분분하다가 9.11 이후 국제적으로 자금세탁 규제가 심해지면서 tax haven 자체가 쪼그라드는 중. BEPS 특히 pillar 2의 여파는 제1절 Ⅵ.

Ⅲ. 국내사업장

제1절에서 보았듯 현행 국제조세제도는 소득구분별로 국내원천소득과 국외원천소득을 나누고, 조세조약의 상한으로 원천지국의 과세권을 제약함으로써 세수를 분배한다. 그러나 소득의 원천과 제한세율이 세수의 국제적 배분에 관한 유일한 기준은 아니다. 조세조약은 소득의 원천에 버금가는 기준으로 고정사업장이라는 개념을 쓰고 있다. 우리 법인세법이나 소득세법의 국내사업장은 원래 기능은 순소득 기준 신고납세와 총지급금액 기준 원천징수세를 가르는 개념이지만 그 요건이 조약상 고정사업장과 기본적으로 같다. 미국 같은 예외도 있지만 다른 나라도 대개는 비슷하다.

조세조약은 자본소득 가운데 적극적 사업소득을 따로 추려내어, 고정사업장의 개념을 써서 과세권을 분배한다. '어떤 事業所得을 거주지국 아닌 다른 나라가 과세할 수 있는가'라는 질문은 그 나라에 원천이 있는가가 아니라 그 나라에 고정사업장이 있는가에 달려 있다. 다른 나라 거주자나 다른 나라 법인이 버는 사업소득은 과세국 안에 고정(固定)된 사업장(事業場)이 있어야 과세할 수 있다.[81)] 다만, 직접 사업장을 두지 않더라도 종속적 대리인을 통해 사업을 행하는 경우에는 고정사업장이

---

77) OECD 모델 제10조, 제11조, 제12조. 소득세법 제156조의8이나 법인세법 제98조의7은 당연한 사리의 확인규정이다. 이창희 · 김정홍 · 윤지현, 국제조세법, 제2장 제1절 IV. 연예인 등에 대한 절차적 제한은 소득세법 제156조의5. 소득을 받는 상대방체약국 거주자가 실질귀속자가 아니더라도 선의 · 무과실인 원천징수의무자는 조약에 따른 원천징수 의무뿐. 대법원 2013. 4. 11. 선고 2011두3159 판결. 이 경우 원천납세의무자에게서 세금을 걷어야 하므로 2016. 1. 28. 선고 2015두52050 판결은 틀렸다. 제5장 제6절.

78) 조세특례제한법 제21조(외화차입금 이자와 외국에서 유통되는 주식의 양도차익의 비과세) 등.

79) 미국세법 881조(c), 861조(a)(1)(B) 등. 과세대상으로 남는 이자는 특수관계인 사이의 이자와 외국은행이 받는 대출이자 정도뿐이다.

80) tax haven에 대해서는 제3절 Ⅱ. 참조.

81) OECD 모델 제7조 제1항.

있는 것으로 본다.[82] 원천지국에 固定事業場이 있는 경우 그 소득으로 과세할 수 있는 금액은 그 고정사업장이 독립(獨立)된 기업이었더라면 벌었을 소득이다.[83] 남이 생산한 물품을 원천지국에 들여다가 그대로 팔아 얻은 물품판매소득은 원천지국이 전액을 과세할 수 있다.[84] 자기가 제조·가공한 물품을 원천지국에 들여다가 파는 경우에는 거주지국은 제조분 소득을, 원천지국은 판매분 소득을 과세한다.[85] 고정사업장과 무관한, 거기에 귀속하지 않는 별개의 국내원천 사업소득이 있는 경우 우리 법인세법은 지급액의 2%라는 원천징수세를 매기고 있지만[86] 조세조약은 그런 소득의 과세를 금하고 있다.[87] 조세조약은 고정사업장을 내국법인보다 불리하게 과세할 수 없다고 정하는 것이 보통이다.[88]

고정사업장이란? 고정사업장의 존부(存否)는 다음의 세 가지 기준으로 따진다.

(가) 물리적 자산

OECD 모델조약은 고정사업장을 "사업이 전부 또는 부분적으로 수행되는 장소"로 정의하고 있다. 현실세계에 있는 조약으로 한미조세조약은 다음과 같이 정하고 있다.

> 제 9 조 고정사업장
>
> (1) 이 협약의 목적상 "고정사업장"이라 함은 어느 체약국의 거주자가 산업상 또는 상업의 활동에 종사하는 사업상의 고정된 장소를 의미한다.
>
> (2) "사업상의 고정된 장소"란 다음의 것을 포함하나 그에 한정되지 아니한다.
>
> (a) 지 점
>
> (b) 사무소
>
> (c) 공 장

82) OECD 모델 제5조 제5항.

83) OECD 모델 제5조 제2항, 제23조. 이 말의 뜻에 대해서는 아래 V. 대법원 2016. 2. 18. 선고 2014두13829 판결; 2020. 6. 25. 선고 2017두72935 판결.

84) 법인세법 제91조 제1항, 제92조 제1항 및 제93조 제5호, 같은 법 시행령 제132조 제2항 제1호; 미국세법 865조(e)(2) 및 864조(c)(4)(B)(iii); 일본 法人稅法 제141조, 제138조 및 동 施行令 제176조.

85) 법인세법 제91조 제1항, 제92조 제1항 및 제93조 제5호, 같은 법 시행령 제132조 제2항 제2호; 미국세법 865조(e)(2), 864조(c)(4)(B), 미국 재무부 시행규칙 1.864-6(c)(2), 1.864-6(c)(3) Ex. 1; 일본 法人稅法 제141조, 제138조 및 동 施行令 제176조 제1항 제2호.

86) 법인세법 제98조 제1항, 제93조 제5호, 제91조 제1항 본문 괄호. 이를 총괄(總括)주의라 부른다.

87) OECD 모델 제7조 제1항. 이를 귀속(歸屬)주의라 부른다.

88) OECD 모델 제24조 제3항. 고정사업장이 가지고 있는 내국법인 주식도 배당소득 익금불산입을 받는다. 법인세법 제92조. 국외원천소득이 과세되는 범위에서는 고정사업장도 외국납부세액공제를 받는다. 법인세법 제93조 제5호, 법인세법 제97조 제1항, 제57조 제1항. 대법원 2024. 1. 25. 선고 2021두46940 판결; 2024. 2. 8. 선고 2021두32248 판결. OECD 모델 조약 제24조 주석 49.

(d) 작업장
(e) 창 고
(f) 상점 또는 기타 판매소
(g) 광산·채석장 또는 기타 자연자원의 채취장
(h) 6개월을 초과하여 존속하는 건축공사 또는 건설 또는 설비공사

(나) 본격적 사업 v. 예비적 보조적 활동

보관, 전시, 인도, 구입, 제3자의 가공, 정보 수집, 기타 "예비적 또는 보조적" 성격의 활동을 위한 장소는 비록 고정된 사업장소이더라도 고정사업장이 아니다.[89] 한미조약의 규정은 다음과 같다.

> (3) 위 (1)항 및 (2)항에 불구하고 고정사업장에는 다음의 어느 하나 또는 그 이상의 목적만을 위하여 사용되는 사업상의 고정된 장소는 포함되지 아니한다.
> (a) 거주자에 속하는 재화 또는 상품의 보관, 전시 또는 인도를 위한 시설의 사용
> (b) 저장, 전시 또는 인도 목적의 거주자에 속하는 재화 또는 상품의 재고 보유
> (c) 타인에 의한 가공목적의 거주자에 속하는 물품 또는 상품의 재고 보유
> (d) 거주자를 위한 물품 또는 상품의 구입 목적의 또는 정보수집을 위한 상업상의 고정된 장소의 보유
> (e) 거주자를 위한 광고, 정보의 제공, 과학적 조사 또는 예비적 또는 보조적 성격을 가지는 유사한 활동을 위한 사업상의 고정된 장소의 보유, 또는
> (f) 6개월을 초과하여 존속하지 아니하는 건축공사 또는 건설 또는 설비공사의 보유

OECD 모델에서는 소극적 기준에 속하는 활동들도 이를 모으면 고정사업장이 될 수도 있다.[90] 그와 달리 U.S.모델은 예비적 보조적 활동은 여러 개 합하더라도 여전히 고정사업장이 되지 않는다고 정하고 있다.[91] 한미조약은 예비적·보조적 활동 항목 가운데 "하나 또는 그 이상"의 목적을 위해 사용되는 장소는 고정사업장이 아니라고 규정함으로써 U.S.모델과 같은 효과를 거두고 있다.[92]

(다) 종속대리인

고정된 사업 장소가 없는 외국법인이라 하더라도 제 이름으로 계약체결권(契約締

---

89) 대법원 2011. 4. 28. 선고 2009두19229 등 판결; 2017. 10. 12. 선고 2014두3044 등 판결. OECD 모델 제5조 제4항.
90) OECD 모델 제5조 제4항 (f).
91) U.S. 모델 제5조 (4)항 (f).
92) 한미조약 제9조 제3항.

結權)을 가지고 그 권한을 늘상 행사하는 대리인이나 그 외에 법이나 조약에 정해진 자를 두고 있다면 원천지국이 과세할 수 있다. OECD 모델은 종속대리인을 다음과 같이 규정하고 있다:

> … 어떤 사람이 일방체약국에서 특정 기업을 위해 활동하고 그 기업의 명의로 계약을 체결할 권한을 가지며, 같은 권한을 상시 행사하는 경우 그 기업은 동인이 그 기업을 위하여 수행하는 활동에 관하여 동 체약국내에 고정 사업장을 가진 것으로 간주된다. …[93]

그러나 "중개인, 일반적 위탁판매상, 기타 독립적 지위를 가진 대리인"은 "그런 중개인이나 대리인이 자기 영업의 통상적 과정 중에 행동하는 한" 고정사업장이 아니다.[94]

종속성(從屬性)의 본질은 대리인의 이해관계가 본인 내지는 국외공급자의 이해관계와 일치한다는 것이다.[95] OECD 모델조약 주석은 종속성 여부를 법률적 측면과 경제적 측면 모두를 고려해서 판단해야 한다고 하고 있다.[96] 이 말의 뜻은 독립성이 있다고 보려면 대리인이 제 자신의 이익을 꾀하는데 법률적 제약이 없고 또 실제로 제 자신의 이익을 꾀하여야 한다는 것이다. 대리인이 "본인으로부터 세부적 지시를 받거나 전반적 통솔을 받고 있을 때에는" 법률적 독립성이 없다.[97] 여기서 "전반적 통솔"이 반드시 본인이 대리인의 일상업무에 일일이 간섭하는 것을 의미하는 것은 아니다. 대리인이 본인의 전반적 통솔을 받아 종속적이라는 말은 본인의 이익과 상충되는 사업을 꾀하지 못한다는 뜻이다. 미국 국세청은 대리인이 경업금지의무를 지고 판매지역에 제한이 있을 때에는 종속적이라고 보고 있다.[98] 경제적 독립성이 있는가 없는가는 대리인이 본인의 이익과 상충되는 제 이익을 실제로 꾀하는가 하는 기준에 따라 판단한다. 이 기준 가운데 하나는 사업상 위험을 본인이 지는가 아니면 대리인이 지는가이다.[99] 어느 정도의 이윤을 포함해서, 대리인이 본인사업에 지출한 돈을 본인이 보상해 주기로 하는 원가보상계약이 있다면, 대리인은 사업상 위험을 지지 않으므로 종속성이 있다고 해야 한다. 반면 물품을 들여와 제 이름으로 파는 수입판매업자는 통상 독립 대리인이라 보아야 옳다.[100] 종속대리인 고정사업장은 정의와 법률효과가 모두

---

93) OECD 모델 제5조 제5항.

94) OECD 모델 제5조 제6항.

95) Skaar, *Permanent Establishment*(1991), 503-514쪽, 특히 513쪽.

96) OECD 모델 제5조 주석 36.

97) OECD 모델 제5조 주석 37.

98) Rev. Rul. 70-424.

99) OECD 모델 제5조 주석 37. 대법원 2017. 4. 7. 선고 2015두49320 판결(관세).

매우 불안정한 개념이지만, 자세한 내용은 강의범위를 넘고.[101]

Ⅳ. 지 점 세

1) 지점(支店) v. 현지법인(現地法人)

외국법인이 우리나라에 본격적 사업시설을 두고 사업을 하는 형식으로는 외국법인의 지점 내지 사업장이 있을 수 있고 현지법인으로 우리 법에 따라 세운 우리나라 회사가 있을 수 있다. 支店으로 들어온다는 것은 외국법인 그 자체가 우리나라에 사업장을 하나 더 두고 사업을 벌이는 것이고, 現地法人으로 들어온다는 것은 국내의 영업이 별개의 자회사가 되고 외국법인은 모회사 내지 주주의 지위에 서는 것을 말한다. 지점으로 들어오려는 외국회사는 그 영업소의 설치에 관하여 우리 상법에 따른 회사의 종류 가운데 가장 비슷한 회사의 지점과 동일한 등기를 하여야 한다.[102] 가령 미국의 corporation의 한국지점은 주식회사의 지점으로 등기를 한다.

지점과 자회사 가운데 어느 쪽을 택할 것인가에 따라 여러 가지 차이가 생기지만, 가장 중요한 점은? 투자하는 외국기업이 지는 책임(責任)의 차이이다. 지점이란 외국기업 그 자체가 한국에 들어오는 것이므로 계약책임이든 불법행위책임이든 국내영업에서 생겨나는 책임은 당연히 외국기업 그 자체의 책임이다. 이와 달리 자회사를 주식회사나 유한회사로 세운다면 외국기업인 모회사 그 자체는 자회사의 채권자에게 책임을 안 진다. 가령 현지영업에서 큰 사고가 터질 때 질 손해배상 책임을 생각해보라.

외국기업이 우리나라에 자회사를 세우는 경우 이 자회사 자체는 우리나라 법에 따라 세운 우리나라 회사이므로, 세법의 입장에서는 내국법인(內國法人)이다. 그러니 다른 우리나라 회사나 마찬가지로 과세하면 된다.[103] 한편 지점을 둔다면 국내사업장(國內事業場)을 둔 외국법인으로 과세한다. 앞서 보았듯 국내사업장을 둔 외국법인은 국내원천소득의 총수입금액에서 그에 관련된 필요경비를 공제한 순소득 기준으로 납세의무를 지고, 이와 같은 소득의 계산은 내국법인의 각 사업연도의 소득에 관한 규정을 준용한다. 따라서 각 사업연도의 소득에 관한 한 우리나라 법에 따른 자회사의 꼴로 영업하든 외국법인의 국내지점으로서 영업하든 별 차이가 없다.

---

100) Robert L. Williams, *Permanent Establishments in the United States, in Income tax Treaties*(Jon E. Bisschel ed., 1978), 298쪽.

101) 상세는 Chang Hee Lee, "*Instability of the Dependent Agency Permanent Establishment Concept*," 27 Tax Notes International 1325(2002). 이창희, 국제조세법(제3판, 2023), 제6장.

102) 상법 제614조 제2항.

103) 외국법인의 모국에서는 자회사가 아니라 한국지점으로 보는 hybrid 문제가 생길 수도 있다.

2) 배당 v. 본점송금

국내에서 번 이익(利益)을 해외로 송금(送金)하는 때에 가서는 자회사인가 지점인가에 따라 큰 차이가 생길 수 있다. 왜? 자회사가 이익을 송금하는 것은 자회사가 모회사에 주는 배당이 되지만, 지점이 이익을 송금하는 것은 같은 법인 내부의 자금흐름일 뿐이기 때문이다. 자회사가 배당을 지급한다면 모회사는 우리나라에 원천이 있는 배당소득을 받아가는 외국법인으로서 납세의무를 지게 되고, 따라서 배당을 지급하는 자회사는 원천징수세액을 공제한 잔액만을 외국법인에 지급하고 원천징수세액을 국가에 납부하여야 한다.[104] 이에 비해 지점이 이익을 송금하는 것은 같은 법인 안의 자금흐름일 뿐이므로 원천징수 의무가 생기지 않는다.

3) 지점세(支店稅)

그렇지만 다시 생각해 본다면 이런 차이를 두는 게 맞으려나. 지점이든 현지법인이든 국내에서 사업을 벌이고 돈을 버는 점에서는 아무 차이가 없는데. 외국기업과 다른 별개의 법인격이 있는가는 그저 종이쪽지의 차이일 뿐인데. 국내에 기업을 세우면서 받은 등기가 새로운 회사의 설립등기인가 아니면 지점 설치등기인가 그저 그 차이일 뿐인데. 이렇게 본다면, 지점이든 현지법인이든 실제로 하는 일이 같은 이상 세금도 똑같이 매겨야 하지 않는가라는 생각이 나오게 되고, 실제로 많은 나라에서 지점이 송금하는 이익에 원천징수세(源泉徵收稅)와 맞먹는 세금을 물리고 있다. 이런 세금을 支店稅라고 부름이 보통이다. 우리 법에도 이 支店稅 제도가 있다.[105]

> 법인세법 제96조 (외국법인의 국내사업장에 대한 과세특례) ① 외국법인(비영리외국법인은 제외한다)의 국내사업장은 우리나라와 그 외국법인의 본점 또는 주사무소가 있는 해당 국가(이하 이 조에서 "거주지국"이라 한다)와 체결한 조세조약에 따라 제2항에 따른 과세대상 소득금액(우리나라와 그 외국법인의 거주지국과 체결한 조세조약에서 이윤의 송금액에 대하여 과세할 수 있도록 규정하고 있는 경우에는 대통령령으로 정하는 송금액으로 한다)에 제3항에 따른 세율을 적용하여 계산한 세액을 제95조에 따른 법인세에 추가하여 납부하여야 한다. 다만, 그 외국법인의 거주지국이 그 국가에 있는 우리나라의 법인의 국외사업장에 대하여 추가하여 과세하지 아니하는 경우에는 그러하지 아니하다.

104) 법인세법 제98조 제1항.

105) 미국법에서는 국외에서 지급한 이자를 국내사업장에 할당하여 손금산입하는 것은 국내사업장이 지급하는 이자와 같다고 보아 원천징수 대상으로 삼는다. 이를 branch interest tax라 부른다. 미국세법 884조(f).

② 제1항의 과세대상 소득금액은 해당 국내사업장의 각 사업연도의 소득금액에서 다음 각 호의 금액을 뺀 금액으로 한다.

1. 제95조에 따른 법인세… (하략)

2. 법인지방소득세

3. 해당 국내사업장이 사업을 위하여 재투자할 것으로 인정되는 금액 등 대통령령으로 정하는 금액

4. 「국제조세조정에 관한 법률」 제22조에 따라 손금에 산입되지 아니한 금액

③ 제1항에서 적용되는 세율은 제98조 제1항 제2호에 따른 세율로 하되, 우리나라와 해당 외국법인의 거주지국과 체결한 조세조약으로 세율을 따로 정하는 경우에는 그 조약에 따른다.

제3항에서 말하는 "제98조 제1항 제2호에 따른 세율"이란 배당소득에 대한 세율이다.[106] 제2항의 과세대상 소득금액이란 송금액을 간접적으로 표시한 것이다. 지점이 번 세후소득에서 국내사업에 재투자하는 돈을 빼면 본점에 송금한 금액이 되니까. 이 금액을 한 해에 한 번씩 계산하여 세금을 물린다는 것이다. 송금 때마다 세금을 물리지 않고 왜? 배당과 달라 본지점 사이의 송금은 꼭 이익이 있어야만 보낼 수 있는 것도 아니고 송금시기도 아무 때나 자유로이 일어나므로, 국가가 송금액에 대해 일일이 배당상당액을 계산하여 세금을 매기기는 몹시 번거로운 까닭이다.

4) 지점세와 조세조약

지점세와 租稅條約의 관계에서는 어려운 문제가 생긴다. 우선 어느 조약에 지점세는 얼마를 넘지 못한다는 식으로 지점세에 대한 규정이 따로 있다면 그런 제한세율의 적용을 받음은 물론이다. 앞의 법 제96조 제3항은 이를 확인하는 규정이다. 우리나라가 맺은 조약 가운데에도 실제로 그런 조약이 몇 개 있고[107] 법인세법은 조약에 그런 내용이 있는 경우에만 지점세를 매긴다. 조약에 지점세 조항이 없는 경우 지점세를 매기도록 국내법에 정한다면 조약위반인가? 우리나라가 맺은 조약은 거의 다 OECD 모델을 따라 외국법인이라 하여 내국법인보다 무겁게 세금을 매기지 않는다고 정하고 있고 특히 외국법인의 고정사업장에 내국법인보다 무거운 세금을 매겨서는 안 된다고 정하고 있다.[108] 외국법인에만 지점세를 매기는 것은 이 차별금지(差別禁止) 의무의

106) 지방소득세는 지방세법

107) 세율 15% 상한으로 호주, 브라질. 10% 상한으로 인도네시아, 필리핀. 5% 상한으로 캐나다, 프랑스, 카자흐스탄.

108) OECD 모델 제24조 제3항.

위반이 아닐까? 실제로 주석가들은 위반이라고 보고 있고[109] 미국에서는 조세조약에 고정사업장에 대한 차별과세를 금한다는 조항이 있는 나라의 법인에 대해서는 지점세를 매기지 않는다.[110][111] 지점세에 관한 규정이 따로 없고 또 차별금지 조항도 없는 조약[112]이라면 지점세는 국내법에 따라서만 매기면 된다. 다만 법은 지점세 제도를 두기 전에 조약을 맺은 나라의 기득권을 존중하는 의미에서 조약에 지점세 조항이 있을 때에만[113] 지점세를 매기고 있다. 미국법은 지점세는 배당(配當)소득에 대한 조약상의 제한세율의 범위 안에서만 과세한다는 규정을 두고 있다.[114] 지점세가 배당소득에 대한 원천징수세와 맞먹는 것이기는 하지만 배당소득에 대한 조약의 글귀가 당연히 지점세에 적용된다고 읽기는 어려우므로, 국내법상 지점세 조항 자체를 손대어 조약의 배당소득 조항을 지점세에 적용하는 것과 같은 결과를 얻고 있는 것이다. 국내법에 그런 규정이 없는 우리나라에서 배당소득에 대한 조약규정이 지점세에 당연히 적용된다고 풀이하기는 어렵다.

V. 이전가격과 독립기업의 원칙

1. 조세회피와 이전가격

다국적기업은 되도록 현지법인 소재지국의 세부담을 줄이려는 경향을 가지게 된다. 유럽 각국은 대체로 국외원천소득 면세 제도를 쓴다. 투자자(주주법인) 본국의 세제가 외국소득을 면제한다면 현지법인 소재지국의 법인세가 그대로 투자자에 대한 세부담이 되므로 이를 줄이려 함은 당연하다. 종래의 미국이나 우리나라처럼 투자자 본

---

109) Klaus Vogel, Double Taxation Convention(3rd ed., 1998), 제24조 주석 128a 문단. U.S. Model Technical Explanation 24조 주석 361.

110) 예를 들어 우리나라 법인의 미국지점은 지점세를 내지 않는다. 미국재무부 시행규칙 1.884-1(g)(3). 다만, 외국법인이 조약의 혜택을 받기 위해서는 법인과 법인거주국 사이의 실질적 관련에 관한 미국국내법의 규정을 만족해야만 한다. 미국세법 884(e)(2)조. 지금은 우리나라에서도 실질과세 원칙으로 같은 결과. 제3장 제4절 III.

111) 고정사업장에 대한 차별금지 조항은 없이 그저 국적에 따른 차별만을 금하고 있는 조약에서 지점세가 허용되는가는 다툴 만한 문제이지만, 우리나라가 맺은 조약 가운데에서는 그런 조약이 없다. 주석가들은 국적에 따른 차별금지 조항이 지점세를 금한다고 풀이한다. Klaus Vogel, 앞의 책 24조 주석 128a 문단. 그러나 미국은 고정사업장의 차별금지를 정한 조약에서만 지점세를 비과세하고 있다.

112) 예를 들어 뉴질랜드 조약.

113) 예를 들어 프랑스, 캐나다, 인도네시아, 필리핀.

114) 미국세법 884조(e)(2)(A)(ii). 가령 호주 법인이라면 제한세율 15%가 적용된다. 미국재무부 시행규칙 1.884-1(g)(4).

국의 세제가 외국납부세액을 공제하는 경우에도, 현지법인의 소재지국에 내는 세금을 줄이려는 경향은 그대로 남는다. 우선, 현지법인과 주주는 법인격이 다르다는 이유로 현지법인이 소재지국에 내는 세금을 주주단계에서 공제받지 못하는 경우가 있을 수 있다. 이와 달리 이른바 간접(indirect)외국세액공제 내지는 deemed-paid-credit 제도가 있어서 현지법인이 내는 법인세를 주주가 낸 세액으로 의제하여 외국납부세액으로 공제받을 수 있다 하더라도,[115] 외국자회사 단계의 법인세와 배당금 단계의 원천징수세를 합하면 외국납부세액의 공제한도를 넘는 것이 보통이다. 이런 여러 가지 사정 때문에 현지법인 소재지국에 내는 세금을 되도록 줄이려는 경향은 그대로 남게 된다.[116]

현지법인 소재지국의 세금을 줄이려는 시도의 하나로 이른바 특수관계인 사이의 이전가격(移轉價格) 문제가 생긴다. 모회사나 다른 특수관계인이 현지법인에 파는 원재료 기타 물건값은 되도록 올리고 현지법인에게서 받아가는 기술료도 되도록 올려서, 현지법인에서 손금이 되는 경비의 꼴로 돈을 받아가는 것이다. 모회사 등이 물건값으로 받는 돈은 고정사업장이 없는 기업이 받아가는 사업소득이므로 현지법인 소재지국에서 세금을 매길 수 없다. 기술료로 받아가는 돈에 대해서는 현지법인 소재지국이 원천징수 방식으로 세금을 매길 수 있다 하더라도 조약상 상한에 걸리게 마련이므로 현지법인이 법인세를 내는 것보다는 세금이 훨씬 줄어든다.

2. 독립기업의 원칙과 정상가격

현지법인의 소재지국에서는 어떤 대책을 세울 수 있을까? 법률적 형식논리로만 따지면, 우리나라 법에 따라 우리나라에 세워진 회사는 우리나라 회사이므로 우리나라가 국내법에 따라 과세하면 된다. 주주가 외국법인이더라도 마찬가지. 가령 외국인투자기업의 과세소득은 모회사와 현지법인을 묶어서 그 가운데 적당한 금액을 우리나라가 과세하겠다라는 식의 규칙을 국내법에 입법할 수도 있다. 그런데 현지법인이라는 꼬투리로 그 소재지국이 제 마음대로 세금을 매길 수 있다면, 조세조약에 무슨 쓸모가 있지? 국제투자는 거의 대부분 현지법인의 꼴로 이루어지는데. 이리하여 1933년의 국제연맹 모델조약 초안 이래[117] 조세조약은 母子會社, 자매회사 등 법인격이 다른 조직 사이에는 이들 조직이 각각 독립적 기업이었을 경우 생겼을 소득을 각 기업소재국이 과세한다는 내용을 들여 왔다.[118] 이것이 arm's length principle, 우리 말로 독립기업

115) 법인세법 제57조 제4항.

116) 상세는 Chang Hee Lee, "*A Strategic Approach for Small Capital Importing Countries to Tax US Investors without Regard to Treaty Considerations,*" 2 Asia Pacific Tax Bulletin 365(1996).

117) 1933년의 국제연맹 모델 제6조.

118) OECD 모델 제9조.

(獨立企業) 원칙. 독립기업 원칙을 정하고 있는 조약의 규정은, 근본적으로 자본수출국과 자본수입국 사이의 세수분배에 있어서 자본수입국의 속인주의 과세권에 대한 제약이라는 법적 성격을 띤다. 이른바 단일기업과세방식 내지 공식배분법, 즉 모회사를 포함한 다국적기업군의 소득을 합하여 그중 일부를 자본수입국 자회사에 과세해서는 안 되고, 자본수입국의 국내에서 이루어지는 사건만 보면서 정상적 거래조건에 따라 계산한 소득만 과세해야 한다는 것이다.

독립기업의 원칙의 현실적 의미는 특수관계가 있는 기업 사이의 거래에 적용할 정상적 가격이라는 것이 얼마인가를 찾거나 만들어 내는 문제가 된다. 추상적 개념에 머물러 있던 독립기업의 원칙이 정상가격(正常價格)을 계산하는 구체적 방법이라는 현실성을 띤 것은 1935년의 미국세법에서[119] 비롯한다. 미국법은 똑같거나 비교가능한 물건의 거래실례 가액(비교가능 제3자 가격[120])을 찾음을 원칙으로 하되, 실례가 없다면 최종판매가액에서 통상의 이문을 빼서 매입가격을 역산하는 재판매가격법이나 물건의 제조원가에 통상의 이문을 붙이는 원가가산법으로 정상가격을 계산하라고.[121] 1979년의 OECD보고서 "이전가격세제와 다국적기업"[122]은 이 내용을 약간 손본 것.[123] 그 뒤에 나온 1992년 OECD모델조약의 주석은 이 1979년 보고서가 "독립기업의 원칙을 적용함에 있어서 옳은 지침을 제공하는 국제적으로 인정된 원칙"을 구현한 것이라고 밝힘으로써 이를 추인했다.[124]

3. 독립기업 원칙의 실패와 세수 싸움

1) 초과이윤 ↛ 정상가격

그러나 온 세계가 미국법을 본따서 독립기업원칙의 내용을 구체화하는 사이에 막상 미국은 이것이 실패한 원칙임을 깨닫기 시작했다. 독립기업의 원칙은, 독립기업들이라면 어떤 특정한 값에 도달했을 것이라는 한 가지 정답의 존재를 전제하고 있다. OECD모델조약은, 어느 한 나라가 독립기업의 원칙에 따라 거래당사자 중 한쪽의 소득을 늘려 잡으면 상대당사자가 속하는 나라는 이에 맞추어 소득을 줄여 잡는 대응조

119) 미국재무부 시행규칙 86, Sec 45-1(b)(1935), 뒤에 1. 482-1(1962)로 다시 공포.

120) comparable uncontrolled price. "CUP"이라고 줄여 부름이 보통이다.

121) 미국재무부 시행규칙 1.482-2A(e)(1).

122) OECD, *Transfer Pricing and Multinational Enterprises*(1979).

123) 미국법과 OECD보고서의 주된 차이점은 ⅰ) 미국법은 비교가능 제3자가격법 · 재판매가격법 · 원가가산법 · 기타 방법의 순으로 우선순위를 정한 데 비해, OECD보고서는 비교가능 제3자가격법을 선호하기는 하나 적용순위를 정하지는 않았다라는 점과 ⅱ) 미국법은 보조적 서비스에 대해서는 이윤을 붙이지 않는 데 대해 OECD보고서는 이윤을 붙이도록 하고 있다는 것 등이다.

124) OECD 모델 제9조 주석 제3문단.

정(對應調整)을 하도록 정하고 있다.[125] 대응조정이란 이와 같이 딱 떨어지는 정답(경제학 용어를 빌린다면 一物一價의 법칙)이 있음을 전제로 한다. 이 한 가지 정답은, 당해 물건과 똑같은 물건의 가격, 곧 독립기업간 가격의 기본 개념인 비교가능 제3자 가격이다. 그러나, 이런 한 가지 정답이란 완전경쟁 시장에서나 있을 수 있다. 다국적 기업 —정의상 거대기업일 수밖에 없는 기업— 이 초과이윤(超過利潤)을 거두어들이는 현실과는 안 맞는다. 현실에서는 비교가능 제3자 가격이란 없다. 예를 들어 독립적인 기업 두 개가 100이라는 초과이윤을 어떻게 나누어 가질 것인가를 협상한다고 할 때, 한 회사가 받아들일 수 있는 최대한도가 90 : 10이고 다른 회사가 받아들일 수 있는 최대한도가 10 : 90이라면, 그 사이의 어떤 배분도 모두 독립기업의 원칙에 맞는다.[126] 결국 우리 국내법의 용어로 표현한다면 정상가격이란 없고, 다만 "正常價格의 범위"[127]가 있을 뿐이다.

2) 범위→세수싸움

그렇게 본다면, 이전가격 문제는 이미 조세회피에 대한 대응이라는 차원의 문제가 아니라, 국제거래에서 얻어지는 소득에 대한 조세를 관련 국가들이 어떻게 나누어 가질 것인가 하는 稅收 싸움의 문제가 된다. 이런 의미에서, 고율과세국 사이의 거래에서도 이전가격 문제가 정당하게 제기될 수 있는 것이며,[128] 심지어는 예를 들어 40% 세율국가에서 50% 세율국가로 소득을 이전했다는 주장을 40% 세율국가가 제기하는 경우도 가능하게 된다. 결국 독립기업의 원칙은 필연적으로 납세의무자를 담보로 한 관련국가들 사이의 분쟁을 부르게 된다. 소송이나 과세당국 간의 합의 절차에 따라 세수가 배분되는 경우에도, 당해 판결이나 합의는 세수를 엿가락 자르듯 나눠 가지는 데 그치고 차후 문제에 대한 선례로서 가치가 거의 없다.[129]

---

125) OECD 모델 제9조 제2항.

126) 쌍방독점(monopoly와 monopsony사이의 거래)의 경우 가격이 한 가지로 결정되지 않는다는 것은 미시경제학 교과서에서 쉽게 찾아볼 수 있다.

127) arm's length range. 이전가격이 정상가격의 범위 내에 들어 있다면 부당행위 계산 부인대상이 아니다. 대법원 2001. 10. 23. 선고 99두3423 판결. 특수관계인 사이의 거래가 정상가격이 아님을 국세청이 일응 입증한 뒤에는, 정상가격의 범위가 있고 쟁점 이전가격이 그 범위에 들어감을 납세의무자가 입증하여야 한다. 같은 판결 대법원 2014. 9. 4. 선고 2012두1747 판결. 時價의 개념은 제22장 제3절 III, 제25장 제1절 V.

128) 부당행위계산부인(미국세법 제482조) 사건에서는 조세회피의 의도가 없더라도 소득을 경정할 수 있다. Central Cuba Sugar Co. v. Commissioner, 198 F.2d 214, 215(2d Cir), cert. denied 344 U.S. 874 (1952) 등.

129) Matthew T. Adams, Advance Pricing Agreements, in Transfer Pricing and the Foreign Owned Corporation 59(B. Hirsch chair PLI; June 19, 1991).

3) 정상가격 개념의 변화

미국이 독립기업의 원칙을 흔들기 시작한 것은, 독립기업의 원칙이 낳는 正常價格의 범위가 미국에 불리하게 작용한다고 생각한 까닭이다. 미국의 자본이 해외에 공장을 두어 생산한 물건을 미국의 소비자에게 판다면, 공장 소재지국은 미국내 판매 활동에 대해서 정상이윤만을 남기고 나머지 초과이윤 모두를 과세하면서 자기 입장을 독립기업의 원칙으로 정당화할 수 있다. 재판매가격법을 적용하면 되니까. 다른 한편 미국기업이 미국 안에서 생산한 물건을 다른 나라에 현지법인을 거쳐 파는 경우, 물건의 수입국은 미국내 제조활동에 정상이윤만을 귀속시키고 나머지 이윤을 모두 과세할 수 있다. 원가가산법을 적용하면 되니까.[130] 특히 1980년 무렵 이후로는 외국기업의 미국에 대한 투자가 늘어나게 됨에 따라, 문제는 외국기업이 세금을 빼 먹는다라는 감정적 성격을 띠게 되었다.

미국은 이 결과에 분개하고 초과(超過)이윤에 대한 세수는 미국이 걷어야 한다고 주장했다. 1986년 미국 국회는 법을 바꾸어 "무형재산의 이전이나 라이센스의 경우에는 이전이나 라이센스에서 생기는 소득은 무형재산에 귀속될 소득과 비례하여야 한다" 라는 내용으로 저 유명한 제482조를 들여왔다. 이것이 이른바 super royalty 조항이다.[131] 사실 이 개정법은 뜻을 알기 어렵다. 입법연혁을[132] 뒤져 미국국회의 주관적 의도를 찾아봐도, 어떤 식으로든 좋으니 미국이 세금을 더 걷도록 하라는 정도의 뜻밖에 안 나온다. 미국 재무부와 국세청은 국회의 명을 받아 1988년 "이전가격에 관한 제482조 백서"를[133] 내고, 그 뒤 1992년 시행규칙 개정안을 내었다.

위 백서나 규칙안의 요는, 초과이윤을 研究開發의 성과로 보고 연구개발이 이루어지는 나라에서 과세한다는 것. 그 나라란? 바로 미국. 이 결과를 이루려는 수단으로 등장한 개념이 이른바 best method rule이다. 곧 원가가산, 재판매가격 등 여러 방법이 모두 대등한 효력이 있는 것이 아니라 납세의무자마다 그에게 맞는 최선의 방법이 하나씩 있다는 것. 그렇다면 최선의 방법은 어떻게 정하려나? 그 납세의무자의 소득과 다른 기업의 소득을 견주어[134] 미국정부가 정한다. 결국 미국의 세수를 최대화하는 방법이 최선의 방법이 되기 마련이다. 이 결과를 이루기 위한 수단 가운데 하나

130) 1990년 7월 미국국회에서 Pickle의원이 주도한 청문회에 제출한 Heck보고서에 따르면 조사대상이 된 외국기업의 미국자회사 36사 가운데 18사는 10년 동안 거의 세금을 내지 않았다. Loraine Eden, Taxing Multinationals, 344쪽.

131) 미국세법 482조.

132) H.R. Rep. 99-281, 99th Cong., 2d Sess.(1986), at Ⅱ-637.

133) Treas. Dept. Oct. 18, 1988.

134) Prop. Reg. 1-482-2(e)(iii), Fed. Reg.(Jan. 30, 1992).

로 利益分割法도 원가가산법이나 재판매가격법처럼 정상가격의 계산방법이 된다고 인정하게 되었다. 이익분할법이란 특수관계인들의 소득을 모두 합한 금액의 일부를 납세의무자의 소득으로 삼는 것으로, 근본적으로는 여태껏 이단으로 여겼던 단일기업과세 방식에 가깝다. 미국은 제 세수를 늘리기 위한 방편의 하나로 이 이익분할법을 계산과정에 들여 왔던 것이다. 실은 super royalty 규정 자체가, 적어도 그 때까지 국제사회의 이해에 따른 독립기업의 원칙과 맞지 않는다. 미국의 전략은, 독립기업의 원칙이 이미 국제적 규범이 되어 있음을 고려하여, 독립기업의 원칙이라는 말 자체는 간직하면서 그 내용을 바꾸어 내려 했던 셈이다.[135]

4. 싸움의 결말: 현행법제

1) 미 국

유럽을 비롯한 다른 나라들은 미국의 이 제안에 반발했고, 결국 미국은 초과이윤을 독차지하겠다는 제 뜻을 펼 수 없었다. 최종 결과는 미국의 1993년 임시규칙을 거쳐 1994년 개정 시행규칙으로 나타났다. 개정 규칙은 제3자 소득비교를 우선하려던 생각을 포기하고 종래의 전통적 방법 모두가 대등한 가치가 있음을 인정했다. 결국 예전에 비한다면, 이익분할법(利益分割法)이라는 새로운 방법이 더 인정된 것뿐이지 최종 결과는 다시 원점.[136]

2) OECD

OECD도 이 국제적 힘겨루기의 결과를 공식적으로 문서화했으니, 그것이 1995년에 나온 "다국적기업과 과세관청을 위한 이전가격 지침"이다.[137] 이 지침은 개정작업의 필요성을 국제거래의 수적 증가와 질적 복잡성 증대, 다국적기업의 급증, 무형자산 등이 포함된 특수관계기업간 거래에 대한 비교가능한 시장거래 파악의 어려움 등으로 점잖게 표현하고 있으나, 실제 과정은 미국과 벌인 한판 싸움. 1995년 OECD 이전가격 지침은 비교가능한 거래를 중심으로 한 독립기업의 원칙이 쓸모 없다는 입장과 이를 그대로 지켜나가자는 입장을 절충한 셈이다. 곧, 독립기업가격원칙을 이전가격 결정을 위한 가장 효과적인 수단으로 보고 계속 유지했지만, 다른 한편 독립기업가격원칙의 뜻을 보다 넓게 풀이하여 이익분할법이나 거래순이익률법 따위 비전통적 방법들도 보

135) Chang Hee Lee, "*A Strategic Tax Approach for Capital Importing Countries under the Arm's Length Constraint,*" 18 Tax Notes International 677(1999), 특히 684쪽. 독립기업 원칙과 super royalty 조항이 충돌한다는 판결로 Medtronic, Inc. v. Commissioner, TC Memo 2016-112 (2016).

136) 같은 글, 683쪽.

137) OECD, *Transfer Pricing Guidelines for Multinational Enterprises and Tax Administrations* (1995).

충적으로 인정했다. 비전통적 방법에는 철저한 비교가능성 분석이 전제되어야 한다는 꼬리가 달려 있다. 미국과 다른 나라 사이의 갈등이 전통적 독립기업의 원칙에 있었음을 생각하면, OECD가 되도록 전통적 원칙을 지켜내는 쪽으로 입장을 정리해 두었음은 너무나 당연.

3) 국조법의 이전가격세제

우리 국내법에서는 법인세법과 소득세법이 부당행위 계산의 부인에 대한 규정을 두고 있다.[138] 그러나 국제거래에 관한 특칙으로서 국제조세조정에관한법률(이하 "국조법")이 부당행위 조항을 배제하면서,[139] 특수관계인[140] 사이의 거래가격이 "正常價格"과 다른 경우 정상가격을 기준으로 거주자(내국법인과 국내사업장을 포함)의 과세표준과 세액을 조정할 수 있다는 자족적 규정을 두고 있다.[141] 정상가격은 "거주자, 내국법인 또는 국내사업장이 국외특수관계인이 아닌 자와의 통상적인 거래[142]에서 적용되거나 적용될 것으로 판단되는 가격"이다.[143] 정상가격에 대한 이 정의는 독립기업의 원칙을 나타낸다. 위에서 보았듯이, 독립기업의 원칙이란 당해 거래의 당사자가 특수관계 없는 독립된 기업들이었다면 그들 사이에서 가격이 얼마로 결정되었을 것인가를 계산해서, 그 가격을 적용해서 각 거래당사자의 소득을 산출한다는 원칙. 우리 법

138) 법인세법 제52조; 소득세법 제41조 및 제101조. 제10장 제5절. 제22장 제3절.

139) 국조법 제4조 제2항. 원래 법적성질은 같다. 대법원 2023. 6. 1. 선고 2021두30679 판결 등. 대법원 2015. 9. 10. 선고 2013두6862 판결; 대법원 2004. 10. 27. 선고 2003두9893 판결은 역차별이다.

140) 특수관계란 가) 거래당사자의 어느 한 쪽이 다른 쪽의 의결권 있는 주식의 50% 이상을 직접 또는 간접으로 소유하고 있는 관계, 나) 제3자가 거래당사자 양쪽의 의결권 있는 주식의 50% 이상을 직접 또는 간접으로 소유하고 있는 경우 그 양쪽간의 관계, 다) 자본의 출자관계, 재화용역의 거래관계, 자금의 대여 등에 의하여 거래당사자간에 공통의 이해관계가 있고 거래당사자의 어느 한 쪽이 다른 쪽의 사업방침을 실질적으로 결정할 수 있는 관계, 라) 자본의 출자관계, 재화·용역의 거래관계, 자금의 대여 등에 의하여 거래당사자간에 공통의 이해관계가 있고 제3자가 거래당사자 양쪽의 사업방침을 실질적으로 결정할 수 있는 경우 그 거래당사자간의 관계이다. 국조법 제2조 제1항 제8호. 대법원 2008. 12. 11. 선고 2008두14364 판결. 국조법상 특수관계인의 범위는 부당행위 계산의 부인에 관한 법인세법 규정보다 훨씬 좁다. 일본법을 본딴 것이다.

141) 증여 등 국조법상 이전가격세제의 적용이 성질상 어려운 경우에는 다시 법인세법이나 소득세법으로 돌아간다. 대법원 2015. 11. 26. 선고 2014두335 판결. 국조법 제7조. 원가분담(cost sharing) 계약에 관한 특칙은 국조법 제9조.

142) 시가와 다르더라도 자국법이나 외국법이 요구하는 행위라면 부당성이 없다. CIR v. First Sec. Bank of Utah, 405 US 394(1972), 특히 400쪽. Procter & Gamble Co. v. CIR, 95 TC 323(1990), aff'd, 961 F2d 1255(6th Cir. 1992); Texaco, Inc. v. US, 98 F3d 825(5th Cir. 1996), cert. denied, 520 US 1185(1997).

143) 국조법 제2조 제1항 제5호. 거래당사자를 합해서 본다면 결손이거나 소득이 미실현상태이더라도 조정대상이 된다. Latham Park Manor Inc. v. CIR, 69 TC 199, 215-216(1977), aff'd 618 F2d 100 (4th Cir. 1980). 어느 하나만 보면 부당한 거래라도 그와 상계되는 거래가 있다면 이를 합하여 본다. 국조법 제11조.

은 정상가격의 산출방법으로 위에서 본 세 가지 방법 및 1995년 OECD 보고서가 인정한 이익분할방법이나 거래순이익률방법 가운데 합리적인 방법을 쓰되, 이것이 안 된다면 기타 합리적 방법을 쓰라고.[144]

> 제8조 (정상가격의 산출방법) ① 정상가격은 국외특수관계인이 아닌 자와의 통상적인 거래에서 적용되거나 적용될 것으로 판단되는 재화 또는 용역의 특성·기능 및 경제환경 등 거래조건을 고려하여 다음 각 호의 산출방법 중 가장 합리적인 방법으로 계산한 가격으로 한다. 다만, 제6호의 방법은 제1호부터 제5호까지의 규정에 따른 방법으로 정상가격을 산출할 수 없는 경우에만 적용한다.
>
> 1. 비교가능 제3자 가격방법: 거주자와 국외특수관계인 간의 국제거래와 유사한 거래 상황에서 특수관계가 없는 독립된 사업자 간의 거래가격[145]을 정상가격으로 보는 방법
>
> 2. 재판매가격방법: 거주자와 국외특수관계인 간의 국제거래에서 거래당사자 중 어느 한 쪽인 구매자가 특수관계가 없는 자에 대한 판매자가 되는 경우 그 판매가격에서 그 구매자가 판매자로서 얻는 통상의 이윤으로 볼 수 있는 금액을 뺀 가격을 정상가격으로 보는 방법
>
> 3. 원가가산방법: 거주자와 국외특수관계인 간의 국제거래에서 거래당사자 중 어느 한 쪽이 자산을 제조·판매하거나 용역을 제공하는 경우 자산의 제조·판매나 용역의 제공 과정에서 발생한 원가에 자산 판매자나 용역 제공자의 통상의 이윤으로 볼 수 있는 금액을 더한 가격을 정상가격으로 보는 방법
>
> 4. 거래순이익률방법: 거주자와 국외특수관계인 간의 국제거래와 유사한 거래 중 거주자와 특수관계가 없는 자 간의 거래에서 실현된 통상의 거래순이익률을 기초로 산출한 거래가격을 정상가격으로 보는 방법[146]
>
> 5. 이익분할방법: 거주자와 국외특수관계인 간의 국제거래에서 거래당사자 양쪽이 함께 실현한 거래순이익을 합리적인 배부기준에 따라 측정된 거래당사자들 간의 상

144) 국조법 제8조 및 같은 법 시행령 제5조에서 제10조. 종전에는 전통적인 세 가지 방법(비교가능제3자가격방법, 재판매가격방법, 원가가산방법) 중 어느 하나를 우선적으로 적용하고, 이것이 안 될 경우에만 이익분할방법이나 거래순이익률방법을 적용하도록 했으나(대법원 2015. 12. 10. 선고 2013두13327 판결), 2011년부터 본문과 같이 이 다섯 가지 방법 사이의 우열을 없앴다.

145) 국내거래도 포함한다. 대법원 2011. 10. 13. 선고 2009두15357 판결. 특수관계거래와 비교대상거래의 구체적 차이를 조정할 책임이 국세청에게 있다는 판례로 대법원 2012. 1. 29. 선고 2010두7796 판결. 재판매가격 등 다른 방법으로 산정한 가격은 비교가능한 거래가격이 아니다. 대법원 2019. 12. 27. 선고 2019두47834 판결(관세).

146) 거래순이익률 방법을 쓰는 경우 비교가능성에 중대한 영향이 없는 이상 비교대상업체와 구체적 사정의 차이는 별도로 조정하지 않고 과세하더라도 반드시 틀렸다고 단정할 수 없다. 대법원 2014. 9. 4. 선고 2012두1747 판결; 2014. 8. 20. 선고 2012두23341 판결; 2025. 10. 16. 선고 2024두54065 판결.

대적 공헌도에 따라 배부하고 이와 같이 배부된 이익을 기초로 산출한 거래가격을 정상가격으로 보는 방법

6. 그 밖에 대통령령으로 정하는 바에 따라 합리적이라고 인정되는 방법

4) 2차조정과 대응조정

납세의무자가 정상가격 아닌 조건으로 특수관계인과 거래한 결과 납세의무자가 마땅히 신고했을 소득보다 적은 소득을 신고했다는 말은 납세의무자가 소득을 거래상대방에게 유출했다는 말이 된다. 가령 100억원짜리 재산을 해외모회사에게서 150억원에 사들이는 거래는 물건값 100억원을 주는 거래와 웃돈 50억원이 흘러나가는 거래로 재구성할 수 있다. 이같이 흘러나간 돈에 대해서는 거래의 성질에 따른 새로운 과세처분이 필요할 수 있다.[147] 이를 2차조정(secondary adjustment)이라 부른다. 앞의 예에서라면 50억원은 소득처분의 형식으로 모회사에 지급하는 배당소득으로 과세한다. 제18장 제5절 VII. 거래상대방이 자회사라면 흘러나간 돈을 출자의 증가로 보아 상대방에게 세금을 매기지 않는다. 다른 경우에는 배당소득으로 본다. 납세의무자가 흘러나간 돈을 일정기한 안에 다시 돌려받기로 약속하고 실제로 돌려받는다면 소득처분하지 않는다.[148]

어느 납세의무자와 다른 나라에 속하는 거래상대방 사이의 거래조건이 정상가격이 아니라고 보고 우리나라가 납세의무자의 소득을 늘려 잡는다면, 다른 나라는 그에 대응(對應)하여 거래상대방의 소득을 줄여 잡아야 한다.[149] 그러나 정상가격이 얼마인가에 대한 분명한 정답이 없는 이상 다른 나라가 우리나라의 과세조정에 따라서 무조건 대응조정을 할 이유는 없고, 이중과세가 벌어질 수 있다. 실제로는 납세의무자가 두 나라 과세행정청 사이의 상호합의를 구하여, 두 나라 정부가 협상에 들어가는 것이 보통이다.[150] 우리 법도, 다른 나라가 먼저 세금을 매기는 경우라면 우리나라가 인정하는 부분에 대해서만 대응조정을 하도록 정하고 있다.[151]

5) 정상가격 산출방법의 사전승인

이전가격에 관한 분쟁을 되도록 줄여 보자는 생각에서 법은, 정상가격산출방법을 국세청장에게 사전승인받은 경우 이를 존중하도록 정하고 있다.[152] 관세의 경정처분이

147) 국조법 제13조. 제3장 제2절, 제22장 제3절 참조.

148) 국조법 제13조 제1항.

149) OECD 모델 제9조 제2항.

150) OECD 모델 제9조 제2항 및 제25조. 국조법 제42조.

151) 법인세법 제53조. 우리나라가 먼저 깎아주는 경우에는 상대국이 세금 매기는지 확인. 국조법 제6조 제2항.

152) 국조법 제14조.

이전가격에 영향을 주는 경우 법인세의 경정청구가 가능하다.153)

6) 자료 제출의무: 국조법 제16조 참조.

5. Pillar 1

독립기업 원칙을 둘러싼 오랜 싸움은 2021년 이른바 글로벌최저한세와 묶어서 새 틀을 짜자는 범세계적 합의가 일단 이루어졌다. 아래 제3절 II.6. 독립기업 원칙을 아예 접고 다국적기업군의 전세계 연결소득을 관련 국가가 일정한 공식으로 배분해서 세수를 나누어 가지자는 생각이 Amount A. 규모가 작은 기업군이라면 원천지국이 그냥 일정비율로 세금을 걷자는 생각이 Amount B. 그러나 트럼프 재집권으로 앞날을 내다보기 어렵다.

VI. 이자비용 상한

현지법인이나 국내사업장 소재지국의 세부담을 줄이는 수단으로 다국적기업은 이전가격의 조작에 더하여 현지법인의 부채비율(負債比率)을 올리려는 경향을 보이게 된다. 지급이자는 손금이 되지만 배당은 손금이 되지 않고, 모회사가 받아가는 지급이자에 대한 원천징수세는 세율상한 덕택에 현지법인의 법인세 부담보다는 훨씬 적은 까닭이다. 모기업이 받아가는 배당금에 대하여 현지법인 소재지국이 배당세액공제를 인정하여 이중과세부담을 없애준다면 이 경향이 없어지겠지만, 대부분의 나라에서는 외국인투자자에 대해서는 법인세와 배당소득세를 이중과세한다. 우리 법인세법은 내국법인이 받는 배당금에 대해서는 일정한 범위 안에서 익금불산입이나 소득공제를 하고 있지만154) 외국법인이 받아가는 배당금에 대해서는 아무런 이중과세 배제 조치가 없다. 우리 소득세법에 따른 배당세액공제는 거주자만 받는다.155)

다국적기업이 우리나라 소재 자회사나 국내사업장의 부채비율을 올려서 법인세 부담을 줄이려 하는 데 대한 대책으로 법은 이른바 과소자본세제(過少資本稅制)를 두고 있다. 곧 내국법인의 차입금 가운데 해외의 특수관계인에게서 차입했거나 특수관계인의 지급보증으로 차입한 금액과 주주의 출자액을 비교하여, 위와 같은 부채가 일정비율을 넘으면 초과부분에 대한 지급이자를 배당으로 보아 손금불산입한다.156) 그에

153) 국조법 제19조.

154) 법인세법 제18조의2. 제14장 제3절 IV. 외국법인의 국내사업장에 귀속되는 배당소득이라면 내국법인과 마찬가지로 앞의 법조를 적용한다. 법인세법 제92조 제1항, 제91조 제1항, 제98조 제1항.

155) 소득세법 제56조.

더하여 특수관계인에 대한 이자비용은 소득금액의 일정비율까지만 손금산입하고 초과 부분은 기타사외유출로 처분한다.[157]

과소자본세제가 생긴 뒤에도 이자비용이라는 형식으로 원천지국 현지법인이나 고정사업장의 과세소득을 갉아먹는다는 시비는 여전히 남았다. 그 결과 BEPS Action 4의 최종보고서가 2015년에 나왔다.[158] 구체적으로는 특수관계인 차입금만 아니라 제3자 차입금에 대한 지급이자, 특수관계인 차입금에 붙는 이자율, 차입한 돈으로 비과세소득을 얻는 경우의 지급이자, 이런 것도 문제라고 여기고 전반적인 공제한도를 두자는 것이다. 곧 채권자가 누구이든 지급이자 공제는 다 합해서 소득의 일정비율을 한도로 한다는 것이다. 미국은 2017년 말 종래의 과소자본세제를 전면개정하여 부채자본비율이 아니라 소득대비 비율만 묻는 것으로 법을 바꾸었다.[159] 우리나라는 종래의 과소자본세제를 그대로 둔 채 2017년에 앞의 세 가지 중 특수관계인 차입금 부분에만 법을 새로 얹었다.[160]

Ⅶ. 혼성금융상품 관련 이자비용의 손금불산입

자본과 부채의 구별기준은 나라마다 다르다. 제13장 제3절 II. 이를 이용해서 중간적 성질을 가진 혼성금융상품의 투자수익을, 이를 지급하는 원천지국에서는 이자비용으로 공제받으면서 지급받는 거주지국에서는 배당소득으로 익금불산입하는 2중비과세를 누리려는 시도가 생긴다. BEPS Action 2 보고서는 이에 대한 대책을 두라고 한다. 혼성금융상품은 제20장 제3절 III.3. 배당소득 익금불산입은 아래 제3절 I.4.

우리 국조법도 관련 규정을 들여왔다. 내국법인이 외국의 특수관계인에게 지급하는 혼성금융상품의 이자를 그 외국이 배당소득으로 보아 익금산입하지 않는다면 우리나라는 이자의 손금산입을 부인한다.[161] 역으로 외국에서는 이자로 손금산입하는 돈을

156) 국조법 제22조. 이 문제는 본질적으로는 부채와 자본의 구별 문제의 일부이다. 제13장 제3절 Ⅱ. 따라서 부당행위에 관한 조세조약의 제한(독립기업원칙)을 받는다. 한편 미국세법 163조(j)에 따른 지급이자 손금불산입은 손금산입시기의 제한으로, 한도(소득기준, 부채비율 기준)를 넘는 이자는 차기로 이월한다.

157) 국조법 제24조.

158) OECD, BEPS Action 4 Final Report: Limiting Base Erosions Involving Interest Deductions and Other Financial Payments (2015). 실상 국제조세 문제에서 시작한 변화는 아니고 유럽법 위반 문제로 독일이 2007년 들여온 제도에서 시작했다. 독일 소득세법 제4h조. 이창희·김정홍·윤지현, 국제조세법, 제9장 제4절. 그러자 이번에는 순소득 과세가 아니라면서 법원이 헌법재판소에 위헌심판을 제청했고 아직 걸려 있다. 독일 조세대법원 2015. 10. 14. I R 20/15 결정.

159) 2017. 12. 31. P.L. 115-97 제13301조로 개정된 미국세법 제163조(j).

160) 국조법 제24조.

우리나라에서는 배당소득으로 구분하는 경우, 배당소득 익금불산입을 배제한다.162)

제3절 국내자본의 해외투자

우리나라 거주자나 우리 기업에 대하여는 우리나라가 속인주의 과세권을 행사하고 과세소득은 우리나라에서 번 소득만이 아니라 다른 나라에서 번 소득 모두를 포함하는 전세계소득이다. 이처럼 전세계소득을 과세하므로 납세의무자는 다른 나라에서도 세금을 내고 우리나라에서도 또 세금을 내게 된다. 이리하여 이 외국납부세액을 어떻게 할 것인가가 첫째 문제로 등장한다. 둘째는, 속인주의 과세권의 범위 문제이다. 우리나라에 속하는 거주자나 기업이란 무엇을 말하는가? 가령 우리나라 회사가 100% 소유한 해외자회사는 우리나라 기업으로 보아 전세계소득을 과세할 것인가? 50% 자회사라면 어떤가? 자회사의 업무라는 것이 그저 돈을 가져다가 증권투자하는 것뿐이라면 어떻게 할 것인가? 셋째는 특수관계인 사이의 이전가격(移轉價格) 문제이다. 가령 앞의 100% 자회사가 속지주의 관할권의 범위를 벗어난다면 국내 모회사와 자회사 사이의 거래를 통해 자회사에 소득을 이전함으로써 우리나라의 과세를 피할 수 있게 된다. 이 이전가격 문제는 앞서 외국기업의 국내투자에서 이미 보았으므로 여기에서 다시 생각해 볼 필요는 없다. 마지막으로, 자본소유자가 거주지를 다른 나라로 바꾸는 경우 어떤 세금문제가 따르는가를 생각해 보기로 한다.

I. 전세계소득 과세와 외국납부세액공제

1. 세액공제 v. 손금산입

전세계에 걸친 활동을 하는 우리 기업이나 거주자라면 다른 나라에서 번 소득에 관해서 다른 나라에 세금을 낸 것이 있게 마련이다. 그렇지만 우리나라는 이런 납세의무자에 대해 다시 전세계소득에 세금을 매긴다. 그렇다면 국내에서만 활동을 하는 경우와 견주어 볼 때 전세계에 걸쳐 활동하는 납세의무자는 한결 무거운 세금을 지게 되고, 따라서 상대적으로 해외진출을 꺼리게 된다. 그렇다면 어떻게 할 것인가? 다른 나라의 세금을 되도록 줄이는 것이 우리나라에 득이 됨은 분명하지만, 다른 나라가 제

161) 국조법 제25조 제2항.

162) 법인세법 제18조의4 제4항 제2호.

세금을 줄여줄 것인가는 조세조약의 문제로 다시 다른 나라 기업의 국내진출시 우리나라의 세금을 얼마나 줄여줄 것인가와 맞물리게 된다. 국내법으로 정할 일로는, 다른 나라에 낸 세금을 기정사실로 삼고 이를 어떻게 할 것인가의 문제만이 남는다.

> 법인세법 제57조 (외국 납부 세액공제 등) ① 내국법인의 각 사업연도의 소득에 대한 과세표준에 국외원천소득이 포함되어 있는 경우로서 그 국외원천소득에 대하여… 외국법인세액 … 을 납부했거나 납부할 것이 있는 경우에는 다음 계산식에 따른 … 공제한도금액 … 내에서 외국법인세액을 해당 사업연도의 산출세액에서 공제할 수 있다.
>
> 공제한도금액 $= A \times \frac{B}{C}$
>
> A: 해당 사업연도의 산출세액…
>
> B: 국외원천소득…
>
> C: 해당 사업연도의 소득에 대한 과세표준
>
> ② 제1항을 적용할 때 외국정부에 납부했거나 납부할 외국법인세액이 해당 사업연도의 공제한도금액을 초과하는 경우 그 초과하는 금액은 … 10년 이내에 끝나는 각 사업연도 … 로 이월하여 그 이월된 사업연도의 공제한도금액 내에서 공제받을 수 있다. 다만, … 이월공제기간 내에 공제받지 못한 … 외국법인세액은 … 이월공제기간의 종료일 다음 날이 속하는 사업연도의 소득금액을 계산할 때 손금에 산입할 수 있다.

납세의무자의 입장에서는 손금산입(損金算入)보다는 세액공제(稅額控除) 쪽이 당연 유리. 그러나 우리나라의 국익(國益)이라는 관점에서는? 다른 나라에 낸 세금을 손금산입하는 것이 국익에 맞는다.[163] 납세의무자가 국내에 투자한다면 세전 투자수익 전체가 우리나라에 속한다. 세금 부분은 국가가, 순소득 부분은 납세의무자가 차지하게 된다. 한편 납세의무자가 해외에 투자한다면 투자수익 가운데 우리나라가 차지하는 부분은 다른 나라의 세금을 뺀 나머지 부분이다. 이 금액(세전수익 - 외국세액)은 바로 우리나라 전체의 입장에서 본 국민소득의 순증가분이기도 하다. 따라서 우리 경제 전체의 입장에서 본다면 국내투자의 세전수익률과 해외투자의 세후수익률(세전수익 - 외국세액)을 비교하여 높은 쪽에 투자하는 것이 옳은 선택이 된다. 이를 보장하는 것이 바로 외국납부세액의 손금산입 방식. 외국납부세액을 손금산입한다는 말은 다른 나라 세금을 낸 뒤 납세의무자에게 남는 것(곧 세전수익 - 외국세액)을 우리나라의 과세소

163) 미국법에서도 손금산입이 1913년에 생기고 세액공제는 1918년에 추가했다. Revenue Act of 1918, ch. 18, 40 Stat. 1057 (1919).

득으로 삼아 세금을 걷는다는 말이다. 납세의무자의 손에 남는 최종적 순소득은 우리나라 세금을 낸 나머지이므로, 국내투자와 해외투자의 세율이 같은 이상 납세의무자는 국내투자의 세전수익률과 해외투자의 세후수익률(세전수익 - 외국세액)이 같아지는 점에서 투자를 결정하게 된다. 바로 이 점은 우리 경제 전체로서도 국익을 극대화하는 점이 된다. 이런 뜻에서 외국납부세액 손금산입 방식에는 국가적 중립성(國家的 中立性, national neutrality)이 있다고 말한다. 국가적 중립성에 대립하는 생각으로서 외국납부세액 공제 방식은 자본수출(資本輸出)의 中立性을 노리고 외국소득면제 방식은 자본수입(資本輸入) 내지 경쟁(競爭)의 중립성을 노린다. 조세조약은 이 둘 가운데 하나를 택하고 있다. 국가중립성이란 세계 전체로 본다면 국제투자가 국내투자보다 무거운 세부담을 진다는 말. 세계경제의 효율을 해친다는 말. 제1절 Ⅳ.

2. 공제대상 세액

외국납부세액으로서 공제하려면 우선 세금(稅金)이어야 하고 다시 우리나라의 소득세(所得稅)나 법인세(法人稅)에 해당하는 세금이어야 한다. 그런데 나라마다 세제가 다르므로 이 판단이 어려운 수가 잦다. 가령 산유국 정부에 납부하는 돈은 세금인가 로얄티(채광료)인가, 이런 문제가 생겨난다. 또 국외원천소득에 대한 다른 나라의 세금을 소득세나 법인세의 원천징수세로 볼 수 있는지 따위의 문제도 생긴다.[164] 원천징수세는 순소득이 아닌 돈의 흐름 자체에 부과하므로, 가령 부가가치세와 원천징수세의 구별도 쉬운 문제는 아니다. 법령은 이에 관한 조문을 두고 있지만,[165] 문제는 여전히 남는다.

현행법은 다른 나라에 실제로 내지 않고 감면받은 세금이더라도 조세조약에 특칙이 있다면, 그런 감면액을 마치 실제 낸 세금인 양 공제받을 수 있는 길을 열어 두고 있다.[166] 이를 간주세액공제(tax sparing credit)라 부른다. 우리나라도 오랫동안 그랬고 지금도 일부 남아 있듯[167] 많은 개발도상국들은 외자유치를 위한 조세감면 제도를 두고 있다. 그런데 거주지국이 외국납부세액 공제방식을 따르고 있다면 개도국이 조세를 감면하더라도 아무런 투자유치 효과가 없게 된다. 거주지국의 세금이 그만큼 늘어나는 까닭이다. 따라서 개발도상국들은 간주외국세액 공제를 요구하게 된다.[168] 이 제

164) 대법원 1982. 12. 28. 선고 80누316 판결. 미국세법 901조(f). Irving Air Chute Co., Inc. v. Commissioner, 143 F.2d 256(2d Cir.), cert. denied 323 US 773 등.

165) 법인세법시행령 제94조 제1항; 소득세법시행령 제117조 제1항. Net of tax 조항은 제22장 제1절 Ⅱ.4.

166) 법인세법 제57조 제3항; 소득세법 제57조 제3항. 대법원 2018. 3. 13. 선고 2017두59727 판결.

167) 조세특례제한법 제121조의2 이하.

168) 한국·중국 조약의 해석에 관한 김석환, 간주세액공제에 관한 일고찰, 조세학술논집 32집 1호(2016).

도를 택하면 해외투자기업은 원천지국과 거주지국 어느 쪽에서도 세금을 내지 않게 되고, 결과에 있어서는 외국소득 면제방식과 같아진다.[169)]

3. 외국납부세액의 공제한도(控除限度)

우리나라 등 여러 나라가 택하고 있는 외국납부세액 공제 제도는 외국에 납부한 세액이 있다고 해서 이를 무조건 모두 공제해 주지는 않는다. 예를 들어 우리 법인세법과 소득세법은 외국납부세액의 공제를 '(전세계소득에 대한 과세표준에 세율을 적용한 금액)×(국외원천소득)/(전세계소득에 대한 과세표준)'이라는 限度 안에서만 인정한다.[170)] 이 한도는 바로 國外원천소득에 (세액/과세표준)=(법인세율)을 곱한 금액이 된다. 이런 한도를 두지 않는다면? 다른 나라가 우리나라보다 높은 세율로 세금을 매기는 경우 우리나라는 그런 세금도 공제해 주게 된다. 이는 우리나라의 기업이 우리나라 안에서 번 소득에 대한 세금의 일부를 다른 나라에 그냥 넘겨주는 결과. 이 때문에 국외원천소득에 대한 공제한도를 두고 있다.[171)] 한도를 넘는 외국세액은? 10년간 이월하여 해마다 일정 한도 안에서 공제받고 그래도 남은 금액은 그 다음 해에 한꺼번에 손금산입할 수 있다.[172)]

그런데 법인세법이나 소득세법은 "국외원천소득"이 무엇을 말하는가에 대해 아무런 규정을 두지 않고 있다. 이리하여 판례는 외국납부세액의 공제한도에서 소득의 원천은 外國법인의 국내원천소득에 대한 조문을 준용하고 있다.[173)]

종래 우리 법에는 외국납부세액의 控除限度를 나라별로 계산하는지 모두 묶어서 계산하는지에 대한 명문의 규정이 없었다. 종전의 판례는 국별한도방식을 취하도록 하고 있었다.[174)] 그 후 오랫동안 국외사업장이 둘 이상의 국가에 있는 경우에는 국가별로 구분하여 계산하는 방법과 국가별로 구분하지 않고 일괄하여 계산하는 방법 중 하나를 고를 수 있게 한 대통령령이 있다가 이제는 다시 판례대로.[175)]

---

169) 결과적으로 자본수출의 중립성이 깨어진다는 이유로 미국은 간주세액공제를 거부하고 있다.

170) 법인세법 제57조 제1항. 소득세법 제57조 제1항.

171) 같은 생각에서 미국법은 국외손실이 국내원천소득을 잠식하는 것을 허용하지 않는다. 미국세법 제904조(f).

172) 법인세법 제57조 제2항; 소득세법 제57조 제2항.

173) 국외원천소득이란 순소득 개념이다. 대법원 2011. 2. 24. 선고 2007두21587 판결; 2015. 3. 26. 선고 2014두5613 판결. 법인세법 제57조 제7항; 대법원 1987. 5. 12. 선고 85누1000 판결 등.

174) 대법원 1987. 2. 24. 선고 85누651 판결; 1987. 5. 12. 선고 85누1000 판결.

175) 법인세법시행령 제94조 제7항.

4. 간접외국세액공제 v. 수입배당금 익금불산입

우리나라 회사가 다른 나라에 직접 투자하는 것이 아니라 子會社를 세워 투자한다면 다른 나라 정부가 배당금에 물리는 원천징수세는 제57조 제1항의 외국납부세액으로 공제받는다. 해외자회사가 납부한 법인세는 어떻게 할 것인가? 경제적 실질을 생각한다면 자회사 모회사의 구별이란 겉껍질. 2022년까지 법은 다음과 간접외국세액 공제(indirect tax credit, deemed-paid credit)를 두고 있었다. 해외자회사를 껍질로 보아 자회사의 외국법인세를 세액공제하는 이상 해외자회사에서 받는 소득금액은 외국법인세를 납부하기 전의 금액으로 gross-up하여 계산한다.[176)]

> 법인세법 제57조 (외국납부세액공제 등) ④ 내국법인의 각 사업연도의 소득금액에 외국자회사로부터 받는 이익의 배당이나 잉여금의 분배액(이하 이 조에서 "수입배당금액"이라 한다)이 포함되어 있는 경우 그 외국자회사의 소득에 대하여 부과된 외국법인세액 중 그 수입배당금액에 대응하는 …금액은 제1항에 따른 세액공제되는 외국법인세액으로 본다.
>
> ⑤ 제4항에서 "외국자회사"란 내국법인이 의결권 있는 발행주식총수 또는 출자총액의 100분의 10 …이상을 출자하고 있는 외국법인으로서 대통령령으로 정하는 요건을 갖춘 법인을 말한다.

한편 유럽 각국은 예전부터 대체로 국내자회사 외국자회사를 가리지 않고 배당소득을 익금불산입하는 것이 대세였다. 유럽법의 차별금지 때문이다. 이와 달리 미국은 간접외국세액 공제를 택해서 외국의 법인세율이 미국보다 낮으면 차액부분만큼 미국이 보충적 과세권을 행사했다. 일본과 우리나라 등은 미국식 제도를 택하고 있었다. 그러다가 이 제도가 자국계 기업의 해외경쟁력(海外競爭力)을 떨어뜨린다는 비판이 높아져서 일본과 미국이 차례로 외국자회사에서 받는 수입배당금도 익금불산입하는 제도로 바꾸었다. 결국 우리나라도 2023년부터 따라가기로 했다. 외국자회사 주식의 10% 이상을 소유해야 익금불산입할 수 있다. 수입배당금을 익금불산입하므로 외국정부가 물린 원천징수세도 외국납부세액 공제는 못 받는다.[177)]

> 제18조의4 (외국자회사 수입배당금액의 익금불산입) ① 내국법인…외국자회사…로부

176) 법인세법 제15조 제2항 제2호. American Chicle Co. v. United States, 316 US 450(1932). 미국세법 78조. Gross-up의 구조는 배당세액공제와 마찬가지이다. 제13장 제3절 Ⅲ.

177) 법인세법 제21조 제1호.

터 받은…수입배당금액…의 100분의 95에 해당하는 금액은 각 사업연도의 소득금액을 계산할 때 익금에 산입하지 아니한다.

이 조에 따른 익금불산입 비율은 국내자회사에서 받는 익금불산입 비율보다 훨씬 높은 수가 생긴다. 제14장 제3절 IV. 가령 15% 주주를 생각해보라. 다른 나라와 비슷하게 맞춘 것이지만 국내투자보다 해외투자를 장려하는 결과를 낳는다.

5. 집합투자기구를 통한 해외투자와 외국납부세액공제

포트폴리오 투자자의 해외투자는 대체로 집합투자기구(集合投資機構)를 통해 이루어진다. 집합투자기구는 제11장 제4절 I.5.

1) 우리나라 법에 따라 설립된 투자회사(投資會社)는 원칙적으로 지급배당금 소득공제 방식으로 법인세 2중과세를 벗어난다. 제13장 제4절 III. 이처럼 납부할 법인세가 영(0)인 투자회사가 해외투자를 하게 되면 외국(外國) 원천징수세(源泉徵收稅)의 외국납부세액 공제는 영(0)이라는 공제한도에 걸리고 만다. 직접투자자라면 받았을 세액공제를 못 받고 마는 것. 이에 법은 특칙을 두어 외국납부세액 공제를 일정 한도 안에서 허용한다. 구체적 형태는 여러 차례 바뀌고 있다.

2024년까지는 외국납부세액을 국세청이 투자회사에게 내어주어서(국내법상 원천징수세율을 상한으로) 배당가능이익을 세전소득으로 환원하고, 다시 투자회사가 투자자에게 배당하는 단계에 가서 배당소득에 대한 소득세법상 원천징수세율로 세금을 원천징수한다. 가령 총투자수익이 1,000인 해외투자에서 外國의 源泉徵收稅가 조약상 상한인 10%이고 배당소득 원천징수세율이 14%라고 하자. 제2절 II, 제11장 제6절. 외국의 원천징수세 100을 빼고 900을 받은 투자회사는 국세청에서 100(<상한 140)을 받아서 1,000을 배당할 때 140을 원천징수하고[178] 860을 투자자에게 지급한다. 투자자가 법인이거나 금융소득 종합과세 대상자라면 과세소득은 1,000에 자신의 세율로 세금을 내고 원천징수당한 기납부세액 140을 공제받는다. 가령 종합소득세율이 14%라면 더 내거나 환급받을 금액이 없다. 외국납부세액 공제한도는 앞 I.3.

2025년부터 적용할 2022년말 개정법에서는 국세청이 투자회사에 주는 돈은 없다. 그 대신 앞 보기의 투자자 배당단계의 우리나라 원천징수세를 낮추어 투자자에게 지급하는 돈을 860으로 맞춘다.

2) 투자신탁(投資信託)이 번 소득은 신탁을 투과해서 투자자(수익자)에게 해마다 실제 지급하므로 개개 투자자가 외국납부세액 공제를 받는 것이 원칙이다. 앞 보기라

178) 소득세법 제129조.

면 과세소득 1,000에 대한 세액에서 외국납부세액 100을 공제받는다. 문제는 원천지국의 법이 달라서 우리나라 투자신탁이 법인으로 과세받거나 개별투자자 신원을 하나하나 소명을 못 해서 원천지국에서 일괄 과세받는 수가 흔하다는 것. 조합(組合)형태의 투자기구에도 똑같은 문제가 생긴다. 이를 감안해서 법은 회사형, 신탁형, 조합형의 구별없이 이를 모두 간접투자회사라고 부르면서 똑같이 1)의 방식으로 과세한다.

6. 국외투과(투시)단체 귀속소득에 대한 과세특례

우리나라에 속하는 사람들의 해외투자에서도 투자기구를 단위로 법인세를 물릴까, 아니면 각 출자자를 단위로 법인세나 소득세를 물릴까라는 문제가 생긴다. 제2절 I. 특히 우리나라 법에서는 법인세 과세대상으로 보는 단체를 원천지국에서는 출자자에게 투시과세하는 역혼성(reverse hybrid)단체라면 우리나라와 그 외국 어느 쪽도 과세하지 않는 수가 생긴다. 외국에 세운 현지조직이 현지 채무자로부터 지급받는 이자소득이 있다고 치자. 현지조직의 소재지국은 이를 우리나라 출자자의 소득으로 보는데, 정작 우리나라는 이를 현지조직(=별도법인)의 소득으로 보아 과세하지 않는다면 어떤 결과가 생기는가? 조세조약에 걸려서 현지법인 소재지국은 우리나라 출자자의 이자소득은 비과세하면서 현지 채무자의 이자비용을 손금산입하거나, 설사 이자소득을 과세하더라도 손금산입으로 씻겨나가니 세금은 안 걷는 셈이다. 한편 우리나라에서도 세금을 안 매긴다. 결국 2중비과세가 생긴다.

BEPS Action 2는 이런 역혼성단체가 있으면 원천지국, 위 보기라면 현지조직 소재지국이 과세하라고 한다.179) 이 경우 거주지국, 위 보기라면 우리나라는 그냥 세수를 잃는 결과가 생긴다. BEPS Action 2에 발맞춘 입법례가 확산되자 우리나라도 2022년말 법을 고쳤다. 투시를 투과라고180) 잘못 적기는 했지만 아무튼 현행법 용례로 국외투과단체 과세특례는, 일정한 외국단체(국외투과단체: 우리 법에서 투시하는 외국단체)에 출자하는 국내투자자들이 신청하는 경우 그런 국외단체에 귀속되는 소득을 바로 출자자의 소득으로 투시하여 과세한다.181) 출자자에게 귀속되는 소득의 성격은 당

179) OECD는 이와 같은 도관체를 통한 혼성불일치 문제에 대응하는 입법을 권고해 왔고(BEPS Action 2 보고서), EU는 이를 구속력있는 지침으로(일명 ATAD II: Council Directive (EU) 2017/952 of 29 May 2017 amending Directive (EU) 2016/1164 as regards hybrid mismatches with third countries) 회원국의 국내세법에 반영하고 있다. 구체적으로 특정 국가의 투자자(특수관계인 합산)가 50% 이상 지분을 보유하는 역혼성단체의 경우 그 소득이 투자자 거주지국에서 과세되지 않는다면 해당 단체의 설립지국(EU)에서 이를 법인으로 보아 과세한다.

180) '투과'라는 말은 투자신탁에, 좀 넓혀 쓰더라도 투자회사에 쓸 수 있는 말이다. 제10장 제2절 IV, 제11장 제4절 I.4, 제13장 제2절 VI.

181) 국조법 제34조의2. 이와 같은 외국의 역혼성단체 대응입법으로 국외투시단체 단계에서 법인과세되

초 국외단체에 귀속되는 소득구분 그대로 투시하고[182] 사후에 출자자에게 실제로 분배되는 소득은 이미 과세했으니 다시 과세하지는 않는다.[183] 아래에서 보는 국조법의 특정외국법인 유보소득 배당간주 규정에서도 벗어나는 것은 당연.[184]

Ⅱ. 피지배외국법인 세제

1. 조세피난처와 피지배외국법인 세제

전통적 세제는 국외의 사업을 지점형태로 운영하면 소득의 발생시점에 거주지국(본점소재지국)이 이를 바로 과세하지만, 사업을 자회사 등 현지법인 형태로 운영하면 배당되지 않은 소득은 거주지국(모회사소재지국)이 이를 과세하지 않아 결과적으로 과세이연 혜택을 주게 된다. 해외자회사라는 법적 형식을 택하면 전세계소득 과세라는 원칙을 벗어나 사실상 해외소득 면제방식으로 갈 수 있다. 따라서 기업들은 소득세가 없거나 세율이 낮은 조세피난처(租稅避難處, tax haven)에 자회사를 설립하여 소득을 그 자회사에 유보하는 경향을 보이게 된다. 이를 막기 위해 우리나라를 비롯한 대부분의 OECD회원국은, 조세피난처에 세운 자회사가 실질적이고 적극적인 활동이 아니라 소극적 수동적 활동으로 소득을 얻는다면, 자회사에서 아직 배당을 받지 않은 소득이더라도 이를 모회사에 과세한다. 나라에 따라서는 조세피난처든 아니든 모든 해외 자회사의 소득에 대해서 과세이연을 배제하는 법제를 두기도 한다. 한편 이와 정반대 방향에서 간접외국세액 공제를 넘어 국외자회사에서 받는 배당소득을 아예 면제(participation exemption)해서 국외유보를 줄여보자는 생각이 유럽에서 시작했고 일본과 미국에도 차례로 들어왔다. I.5에서 본 국외자회사로부터 받는 수입배당금의 익금불산입도 이 맥락.

2. 피지배외국법인 세제의 기원: subpart F Rules

美國法에서는 피지배외국법인 문제에 관련한 내용들을 소득세법 subpart F에 두고 있다.[185] 1962년 케네디 행정부가, 돈 많은 개인들이 조세피난처에 세운 외국법인을

는 경우를 방지하려는 취지라고 국회 전문위원 검토보고서는 설명한다.

182) 국조법 제34조의2 제6항.

183) 국조법 제34조의2 제7항.

184) 국조법 제34조의2 제9항.

185) 미국법에 대한 상세는 Department of Treasury, *The Deferral of Income Earned Through U.S. Controlled Foreign Corporations*(2000).

돈놀이의 매체로 삼아 이자, 배당 등에 대한 세금을 줄이는 문제에 대한 대책으로 들여온 것. 사실 이 문제에 대한 대책은 그 전부터 이미 있었다. 반드시 외국법인에 관한 것은 아니지만 "법인격 있는 지갑"에 대한 대책의 일반론으로 1934년에 personal holding company tax가 생겼고,[186] 그 뒤 1937년에는 특히 외국법인[187]을 투자매체로 삼는 경우에는 법인의 소득을 바로 개인주주들에게 과세하는 제도가 생겼다.[188] 1962년 케네디 행정부는, 이런 제도는 문제의 본질을 바로 이해한 것이 아니라고 생각했다. 문제는 개인투자자들이 세금을 빼먹으면서 돈놀이를 한다는 것보다는, 정상적인 기업 그 자체라는 것이다. 조세피난처가 있는 이상 기업들은 그런 곳에 현지법인을 세우고 그런 법인으로 하여금 다른 관계회사에 돈을 꿔 주거나 기술을 제공하거나 또는 제품 판매 대리점 역할을 하게 함으로써 세금을 줄일 수 있게 된다. 한 걸음 더 나아가 조세피난처가 아닌 나라이더라도 그 나라의 실효세율이 미국보다 낮은 이상 기업들은 그 나라에 현지법인을 세워 사업활동 자체를 그 나라로 옮길 유인을 받게 되고, 지나친 자본유출이 일어난다는 것이다. 이리하여 케네디 행정부는 해외자회사와 내국법인(해외지점)의 구별을 없애 자본수출의 중립성을 확보하자는 내용의 법안을 제출했다. 자회사와 지점의 구별이란 어차피 사업의 실질과는 무관한 종이 쪽지의 차이일 뿐임을 생각한다면, 전세계소득을 과세하자는 생각은 해외자회사의 소득 역시 모회사에게 바로 과세해야 옳다는 생각으로 이어지는 까닭이다.

3. 소극적 소득에 대한 과세이연 배제

그러나 이 법안은 업계로부터 미국계 기업의 해외 시장 경쟁력을 해친다는 비판을 맞았고, 의회는 문제 자체를 조세피난처 대책으로 다시 정의했다.[189] 기존 법제와 다른 점은, 외국법인을 통한 부자들의 돈놀이만이 아니라 기업활동 역시 조세피난처의 악용은 안 된다는 것이다.[190] 이리하여 최종 입법은 타협안을 택하여, 해외자회사(피지배외국법인)의[191] 소득 가운데 적극적 사업소득은 내버려 두고 소극적 소득만을[192] 미국의 주주에게[193] 과세하기에 이르렀다.[194] 결국 자본수출의 중립성이라는 논리와 경쟁중립

186) 제13장 제3절 Ⅳ. 2005년 이후에는 외국법인에는 적용하지 않는다. 미국세법 제542조(c)(5).
187) foreign personal holding company. PFIC을 보완하면서 2005년에 폐지.
188) 이 제도의 입법취지에 대하여는 *Report of the Joint Committee on Tax Evasion and Avoidance of the Congress of the United States*, House Doc. No. 337, 75th Cong., 1st Sess. 7(1937).
189) 108 Cong. Rec. 17752(1962).
190) 그에 더하여 소액투자자들의 돈을 모은 투자기금에 관해서도 해외법인을 이용한 조세회피에 대한 대책을 입법했다. 미국세법 1246조-1247조의 foreign investment company.
191) controlled foreign corporation. 지배여부는 의결권의 50%에 의해 정해진다. 미국세법 957조(a).
192) 엄밀히는 subpart F income. 미국세법 951조(a)(2), 952조.

성의 논리를 타협한 셈이다. 소극적 소득에는 이자, 배당, 특수관계인에게서 받는 임대료나 기술료 등 전형적인 소극적 소득이[195] 포함되고 그에 더하여, 제조나 용역 등 사업소득이라 하더라도 실제로 사업활동이 일어나는 나라가 아닌 제3국에 설립한 기지(基地)회사가[196] 특수관계인 거래에서 버는 소득은 소극적 소득이 된다.[197] 피지배외국법인이 미국에 투자한 경우에는 배당가능이익의 범위 안에서는 투자액 전액을 미국내 주주에게 과세한다.[198] 경제적 실질이 배당과 마찬가지인 까닭이다. 어떤 경우에든 해외현지법인의 소득을 주주에게 과세하는 경우에는 외국납부세액 공제를 허용한다.[199] 주주는 위 규정에 따라 세금을 내는 대신 해외자회사를 내국법인으로 의제하여 세금을 낼 수 있다.[200]

4. 피지배외국법인 세제의 2 유형

Subpart F를 본딴 피지배외국법인 세제는 독일, 캐나다, 일본, 프랑스 등으로 점점 번져 나갔다. 일본과 유럽 여러 나라가 2차대전 이후 미국으로부터 일방적으로 자본을 수입하던 데에서 벗어나 점점 자본수출국의 입장으로 옮겨간 까닭이다.[201] 독일과 캐나다 등은 미국처럼 적극적 소득과 소극적 소득을 구별하여 消極的 所得은 주주에게 바로 과세하는 방식을 따랐다. 한편 일본은, 문제의 본질이 조세피난처(租稅避難處)라는 생각에서 이런 나라를 명시적으로 지정하고, 이들 나라에 현지법인을 세워 투자를 하는 등 일정 요건을 만족하는 경우에는 현지법인의 소득 모두를 일본의 주주에 바로 과세하는 방식의 세제를 만들었지만, 그 뒤 1990년대에 와서는 조세피난처를 지정하는 제도는 포기하고 현지법인의 세부담이 법정 수준보다 낮은가를 묻는 방식으로 바꾸었다.[202] 한편 모든 나라가 다 피지배외국법인 세제를 받아들이고 있지는 않다.

---

193) 엄밀히는 미국시민, 거주자 또는 미국법인으로 의결권 있는 주식의 10% 이상을 소유하는 자이다. 미국세법 951조(b), 7701조(a)(30). 그 뒤 1986년에는 주식소유비율에 관계없이 주주를 바로 과세하거나 또는 뒤에 투자이익을 회수할 때 과세하면서 그동안 미루어준 세금에 대한 이자를 받는 제도로 passive foreign investment company와 qualified electing fund가 생겼다. 미국세법 1291-1298조. 신고의무는 미국세법 6038조(a)(1).

194) 미국세법 951조(a). subpart F가 위헌이 아니라는 판례로서는 Garlock Inc., 489 F2d 197(2nd Cir. 1972), cert. denied 417 US 911 등.

195) Foreign Personal Holding Company Income. 미국세법 952조(a)(2), 954조(a)(1), 954조(c).

196) Foreign Base Company. 상세는 미국세법 954조(d)(1)(A), 954조(e)(1)(B) 참조.

197) 미국세법 952조.

198) 소극적 소득이 아니더라도 과세한다. 미국세법 952조(a)(1)(B), 956조.

199) 미국세법 960조. 소득의 원천은 투시한다. 미국세법 904조(g).

200) 미국내 주주는 피지배외국법인의 소득에 미국의 세율을 적용한 세금을 미국에 내되, 다른 나라의 세금을 공제받을 수 있다. 미국세법 962조.

201) Department of Treasury, *Deferral of Income Earned Through U.S. Controlled Foreign Corporations* (2000), 제4장.

202) 일본의 현행법으로는 租稅特別措置法 제66조의6 이하.

다른 나라보다 세율이 낮아 성질상 조세피난처에 가깝거나(네덜란드나 스위스가 이런 나라들의 대표격이다), 그렇지 않더라도 자본수입국이라면 자본수출국의 피지배외국법인 세제에 대들게 마련.

5. 국조법의 특정외국법인 유보소득 과세

우리나라에서도 외환자유화에 맞추어 1995년 피지배외국법인 세제를 「국제조세조정에 관한 법률」에 담게 되었다. 우리 법은 일본법을 따라 소득의 성질이 아니라 해외자회사가 어디에 있는가를 중시한다. 법은 조세피난처에 본점, 주사무소 또는 실질적 관리장소를 둔 외국법인으로서 내국인과 특수관계가 있는 법인("특정외국법인")의 배당가능 유보소득은 그 가운데 내국인에게 귀속될 금액을 내국인이 받은 것으로 보고 과세한다.[203] 위와 같이 과세되는 "내국인"의 범위는 특정외국법인의 각 사업연도말 현재 발행주식(株式)의 총수 또는 출자(出資)금액의 10% 이상을 직접 또는 간접적으로 보유하고 있거나 친족 등을 통하여 보유하고 있는 자이다.[204] 조세피난처란 세부담률이 법인세율의 70% 이하인 국가나 지역을 말한다.[205] 특정외국법인이 조세피난처에 둔 사업장을 통하여 사업을 실질적으로 영위하는 경우에는 유보소득을 주주에게 과세하지 아니한다.[206] 사업을 영위하더라도 사업 자체가 주식·채권 등 수동적 투자이거나, 주로 특수관계인 거래에서 인위적 이전이 쉬운 소득을 얻는 회사라면 유보소득을 주주에게 과세한다.[207] 실제 배당지급시에 해외에서 납부한 세액이 있다면 외국납부세액으로 공제받을 수 있다.[208]

6. 글로벌최저한세(最低限稅)

피지배외국법인에 관한 세제를 어떻게 만들더라도, 조세피난처가 존재하는 이상은 그물에 구멍이 뚫리게 마련이다. 이리하여 1990년대 말부터 자본수출국들은 조세피난처에 압력을 가하여 소득세를 들여오거나 아니면 자본수출국에 과세정보를 제공하라

203) 국조법 제27조. 소득세법 제17조 제1항 제7호. 대법원 2016. 2. 18. 선고 2015두1243 판결. 금액이 미미하면 과세하지 않는다. 국조법 제28조 제1호. 달리 법률로 정하지 않은 이상 법인의 소득이 바로 주주의 소득인 것은 아니다. 대법원 2008. 10. 9. 선고 2008두13415 판결. 법인의 소득을 그대로 주주의 소득으로 보는 대통령령은 무효이다. 대법원 2009. 3. 19. 선고 2006두19693 판결; 2017. 4. 20. 선고 2015두45700 판결; 2021. 9. 9. 선고 2019두35695 판결.

204) 국조법 제27조 제2항.

205) 국조법 제27조 제1항. 2021년까지는 실효세율 15%로 정의했지만 우리나라 법인세의 실효세율이 그 수준이라는 문제가 생겼다.

206) 국조법 제28조.

207) 국조법 제29조 제1항. 정상가격을 넘는 해외유보액은 이전가격 세제로 과세할 수 있다.

208) 국조법 제33조. 시차를 맞추기 위한 경정청구는 같은 법 시행령, 제69조.

고 요구하고 있다.[209] 그러다가 조세피난처를 아예 없애겠다고 나선 것이 BEPS 연장전의 pillar 2와 그를 구체적으로 법제화하려는 글로벌最低限稅 움직임이다.

BEPS 연장전은 pillar 1, 2라는 두 꼭지이다. Pillar 1은 기존의 조세조약망을 통째 흔들고 또 pillar 2는 범세계적으로 법인세 최저한을 도입하자는 생각이므로 OECD에서 할 수 있는 일이 아니고 범세계적 합의가 필요하다. 그래서 G7, G20를 거쳐 OECD 주도하에 만들어낸 범세계적 협의체가 이른바 Inclusive Framework. OECD는 IF의 이름으로 경제의 디지털화에 따른 다국적기업의 조세회피 문제에 대한 해결책을 제안했다. Pillar 1은 물건을 사들이는 시장 국가에 물리적 사업장(事業場)의 존재여부에 관계없이 일정한 과세권을 공식배분법으로 재배분하자고 한다.[210] Pillar 2는 그동안 다국적기업들이 조세피난처에[211] 소득을 유보해서 투자자본국의 세금을 피해온 것에 대한 대책으로 실효 법인세율 하한선(15%)을 도입하도록 간접강제하겠다는 것이다.

각국이 각각 국내세법에 이를 반영할 내용으로 OECD는 2021년 10월 pillar 2 모델법안(Model Rules)[212]과 2022년 3월 그 주석(Commentary)을 공개했고, 우리나라는 2022년 말 개정 국조법에 제5장을 신설했다.[213] Pillar 1이 교착상태에 빠짐으로써 pillar 2의 운명도 내다보기는 어렵지만[214] 우리나라는 일단 시행될 것이라는 예측 하에 미리 법에 반영했고 실제로 2024년부터 일단 시행한다. 최저한세의 적용대상은 직전 4개 회계연도 중 2개연도 이상의 연결재무제표상 매출액이 7.5억 유로 이상인 다국적기업 그룹으로,[215] 대체로 국조법 제16조에 따른 국가별보고서 제출의무자가 이에 해당한다. 최저한세 과세는 소득산입규칙과 소득산입보완규칙으로 구성된다.

소득산입규칙(Income Inclusion rule)은 실효세율이 15% 미만인 저율과세구성기업에 대한 추가세액 배분액을 모기업의 소유지분(所有持分)만큼 과세한다.[216] 저세율국

---

209) OECD, *Harmful Tax Competition*(1998) 이후 tax haven의 명단을 발표하고 계속 압력을 가하고 있다. 원래는 조세경쟁 회피에서 시작해서 조세피난처 대책으로 축소되었다가, 2021년에는 전세계로 최저 법인세율을 정하자는 다자조약협상이 시작되었다.

210) Pillar 1은 기존 고정사업장 과세 규정을 배제하고 국내세법과 조세조약 모두에 새로운 과세권(new taxing right)을 창설하는 내용으로, 당초 예정시한을 넘겨 협상 중. Trump 재집권으로 앞날을 내다보기 어렵다.

211) 대표적으로, 아일랜드의 법인세율은 12.5%이다.

212) Tax Challenges Arising from the Digitalisation of the Economy - Global Anti-Base Erosion Model Rules(Pillar Two)로, 서문, 10개 장, 49개 조로 구성된다.

213) 제5장은 제1절(통칙), 제2절(추가세액의 계산), 제3절(추가세액의 과세), 제4절(특례), 제5절(신고 및 납부)로 구성된다.

214) 2개 축(Two Pillars)의 핵심내용은, OECD, Statement on a Two-Pillar Solution to Address the Tax Challenges Arising from the Digitalisation of the Economy, 2021. 10. 8. 참조.

215) 국조법 제62조 제1항. 정부기관, 국제기구, 비영리기구, 연금펀드 등 일정한 단체는 적용대상에서 제외한다. 같은 조 제2항.

가에 유보된 자회사 소득을 배당한 것으로 간주하는 피지배외국법인 세제의 적용범위를 확대한 셈이다. 모기업에 대한 과세권 배분 순위는 최종모기업, 차상위 중간모기업 등의 순으로 하고, 부분소유모기업에 대해서는 예외적으로 최우선권을 부여한다. 가령, 우리나라 법인 갑이 경과세국 자회사 B의 지분을 60% 보유하고, 나머지 40%는 제3국 법인이 보유하고 있는 구조에서 경과세국의 실효세율이 10%라고 하자. B의 과세소득이 100이라면 추가세액으로 물릴 금액은 (15% - 10%) × 100 = 5. 이 추가세액 5 가운데 갑의 지분 60/100에 해당하는 3을 갑은 우리 국세청에 내어야 한다. 그런데, 위 보기에서 갑이 최종 모회사가 아니고 가령 미국기업의 100% 한국자회사라고 하자. 이 경우 3이라는 세수는 우리나라가 아니라 미국이 걷는다. 가정을 바꾸어 최종모회사 소재지국이 pillar 2에 가입하지 않은 어떤 나라(비가입국)라고, 곧 갑이 비가입국 기업의 한국자회사라고 하자. 최종모회사 소재지국인 비가입국의 실효세율이 15%에 미달하거나 소득산입규칙을 도입하지 않은 경우는 비가입국이 물렸어야 할 추가세액을 그 밑의 중간모기업들이 각각 소재지국에 납부해야 한다. 따라서 갑은 우리나라에 3을 납부해야 한다. 이것을 소득산입 보완규칙(UTPR[217]))이라고 부른다.[218]) 우리나라든 미국이든 세금을 물린다면 경과세금은 어떻게 할까? 세율을 15%로 올리게 마련.

최저한세 적용여부를 결정하기 위한 다국적기업군 구성기업들의 국가별 실효세율(實效稅率)은 어떻게 계산하는가? 주목할 점은 과세소득의 금액을 기본적으로는 국제회계기준에[219]) 맡기고 있다는 점이다. 나라마다 세법이 워낙 다르니 그나마 통일적인 규범은 국제회계기준뿐이라는 생각이다. 국가별 구성기업의 글로벌최저한세 소득은 각 사업연도 당기순이익에 일정한 조정항목을[220]) 반영하여 구한다. 국가별 구성기업의 실효세율은 해당 사업연도에 소재지국에 납부한 세금(조정대상조세의 합계)을[221]) (글로벌최저한세 소득 합계액 - 결손금 합계액)으로 나눈 금액이다. 실효세율이 15%보다 낮다고 해서 바로 추가세액 납세의무가 생기지는 않는다. 애초 pillar 2는 트럼프 세제개혁으로 들어온 GILTI세의 변형이다. GILTI(global intangible low-taxed income)세는 해외현지법인 소득 가운데 초과이윤 부분은 자본수출국의 특허 등 무형자산 덕택이라고 보고, 그런 초과이윤을 자본수출국이 바로 과세하자는 생각이다. 따라서 구성기업

---

216) 국조법 제72조.
217) 원래 Undertaxed Payment Rule의 약자이나, 지금은 이와 무관하게 약칭으로만 사용된다.
218) 국조법 제63조.
219) 제18장 제5절 Ⅱ.
220) 순조세비용 가산, 배당소득 차감, 뇌물 등 정책적 비용의 가산 등. 국조법 제66조 제1항.
221) 구성기업의 당기 법인세비용으로 계상된 금액에 일정한 조정을 거친다. 국조법 제67조 제1항. 과거 사업연도의 세금은 늦게 추징당해도 그 해의 세액. 국조법 제68조 제1항.

소재지국 추가세액의 계산은 최저한세율 미달세율(15% - 국가별 실효세율) × (순글로벌최저한세소득 - 실질기반제외소득)을 구하고, 여기에 일정한 조정을 한다.[222] 실질기반제외소득이란 투자된 자본이나 인력 등을 따져보았을 때 걸맞는 정상이윤이라는 개념이다.[223]

우리나라의 글로벌최저한세는 일단은 2024년 시행이라 전세계에서 가장 빠른 축이다. 2022. 12. 15. EU 이사회가 만장일치로 EU 글로벌최저한세 지침을[224] 채택함으로써 일단 Pillar 2는 추동력을 얻은 것으로 보였다. 그러나, 애초 Pillar 2의 주창자이자 그 영향을 가장 많이 받는 미국은 아직도 GILTI 세제를 OECD 글로벌최저한세 기준에 맞추지 않고 있어서[225] Pillar 2의 성사 여부는 미국의 추가적인 세법개정에 달려 있다. 2025년 재집권한 Trump 정부는 Pillar 2에서 빠지겠다고 선언하면서 미국계 중간모기업에 세금을 물리는 나라에는 혹독한 보복을 예고했다. 개별국가와 1:1협상을 병행하면서 한결 유리한 고지를 차지하려는 속셈이리라.

Ⅲ. 해외이민과 자본수출

우리나라에 살던 사람이 주소를 다른 나라로 옮겨 비거주자(非居住者)가 된다면, 납세의무의 범위가 전세계소득에서 국내원천소득으로 줄어들게 되고, 세율도 거주자에 대한 누진세율에서 비거주자에 대한 세율로 바뀌면서 조세조약상의 제한세율을 적용받게 된다. 예를 들어 부동산 아닌 다른 재산 가령 주식의 양도소득에 대해서는 대부분의 조약에서 거주지국만 과세할 수 있다. 세금을 줄이기 위한 대책으로 이민을 가는 사람들이 생기게 마련이다. 이 때문에 나라에 따라서는 비거주자가 된 뒤에도 일정한 기간 동안은 여전히 거주자로 보고 과세하기도 한다.[226] 우리 소득세법은 해외로 이주하는 시

---

222) 국조법 제70조. 해당 다국적기업그룹의 구성기업이 소재한 국가의 당기추가세액가산액을 더하고, 해당 다국적기업그룹의 구성기업이 소재한 국가의 적격소재국추가세액을 뺀다. 적격소재국추가세액(Qualified Domestic Minimum Top-up Tax)은 구성기업 소재지 국내법에 따른 최저한세 제도로, 다른 나라로 글로벌 최저한세 과세권이 넘어가는 것을 방지한다.

223) 실질기반제외소득은 국가 내 구성기업의 인건비 및 유형자산 순장부가액의 일정 금액으로 한다. 국조법 제70조 제3항.

224) Council Directive on ensuring a global minimum level of taxation for multinational and large-scale domestic groups. EU 회원국은 이 지침을 2023. 12. 31.까지 국내세법으로 반영할 의무가 있다.

225) GILTI세는 2022년 민주당의 Build Back Better Act에서 Pillar 2와 부합하는 방향으로 개정을 시도했으나 무산. 트럼프 2기에 와서는 그냥 부합한다고 다른 나라들이 양해하기로.

226) 독일 Aussensteuergesetz 제2조: Tipke/Lang, 제8장 34문단. 미국에서는 미국국적이나 영주권을 지닌 자도 무제한납세의무자이므로 국적이나 영주권 이탈 뒤에도 일정기간 동안 여전히 전세계소득을 과세한다. 미국세법 877조. 이 조는 조약에 우선한다.

점에 국내 주식을 양도한 것으로 보고 미실현이득에 대해 소득세를 매긴다.[227] (이를 출국세 또는 국외전출세라 한다). 사람이 국내에 그냥 있더라도 재산을 해외로 옮기는 때에는 그 재산에 붙은 미실현이득을 과세하기도 한다.[228] 아직 우리나라 법에는 이 문제에 관한 규정이 없다. 실질적 관리장소가 바뀌는 등 내국법인이 외국법인으로 바뀌는 경우에도 같은 문제가 생긴다.

Ⅳ. 외화의 환산: 기능통화

국제조세에는 환율 문제가 생긴다. 가령 거주자가 미화 1달러가 1,000원인 당시에 10억원을 들여 1백만불짜리 미국부동산을 샀다가 그 뒤 90만불에 팔았는데, 팔 때의 환율이 1달러가 1,200원이어서 원화로는 10억8천만원을 받았다고 하자. 이 사람에게는 8천만원의 소득이 있는가 아니면 10만불 손실이 생긴 것인가? 당연히 전자.[229]

외화(外貨)로 표시된 채권(債權)이나 채무(債務)처럼 환율의 변동에 따라 자산부채의 가치가 바뀌는 것(화폐성 외화자산이나 부채)에 대해서도 법인세법은 금융회사 등이 아닌 일반법인의 경우에는 그 채권을 회수하거나 그 채무를 상환하기 전까지는 환율변동으로 인한 손익을 인식하지 않음을 원칙으로 하고 있다. 외화자산이나 부채는 취득일 또는 발생일 현재의 환율로 평가하기 때문이다. 그러나 외화자산 및 부채를 사업연도 종료일 현재의 환율로 평가하겠다고 관할 세무서장에게 신고한 경우에는 매 사업연도마다 환율변동으로 인한 손익을 인식하여야 한다.[230] 한편 해외사업장을 두거나 달리 특정외화의 비중이 원화보다 더 중요한 기업이라면, 아예 그런 외화를 기능통화로[231] 삼아 장부와 재무제표를 작성하는 경우가 있을 수 있다.[232] 이런 기업도 우리 법상 납세의무를 지는 이상 소득과 세액은 원화로 결정하여야 한다. 법은 이런 기업에게 다음 세 가지 방법 가운데 하나를 고르게 정하고 있다.

---

227) 소득세법 제126조의3과 제126조의5. 제12장 제2절 10. 미국세법 877A조. 위헌이 아니라는 미국 판결로 Di Portanova v. United States, 690 F.2d 169 (Ct.Cl. 1982); 독일판결로 독일 조세대법원 2019. 12. 18. 선고 IR 29/17 판결. 출국세가 유럽법 위반이라는 판결로 C-9/02 [2004] ECR I-2409.

228) 미국세법 684조, 367조. 독일 소득세법 제4조 제1항, 독일 법인세법 제12조 제1항.

229) 대법원 2015. 12. 10. 선고 2013두6107 판결.

230) 법인세법시행령 제76조 제2항. 국외지점을 둔 경우에는 계속적 영업이라는 성격 때문에 환율 적용 규칙이 다르다. 미국세법 1256조(mark-to-market)는 거래소에서 거래되는 외화나 금융상품에만 적용된다. 다른 외환거래는 시가평가여부가 납세의무자 임의이다. 미국재무부 규칙(안)1.988-5(f). 투기가 아닌 한 외환거래의 손익은 원칙적으로 경상손익이다. 미국세법 988조(a)(1).

231) functional currency. 기업회계기준서 제1021호 8문단.

232) 기업회계상 기능통화의 결정에 대해서는 같은 기준서 9문단.

법인세법 제53조의2 (기능통화 도입기업의 과세표준 계산특례) ① 기업회계기준에 따라 원화 외의 통화를 기능통화로 채택하여 재무제표를 작성하는 내국법인의 과세표준 계산은 다음 각 호의 … 과세표준계산방법 … 중 … 신고한 방법에 따른다. …

1. 원화 … 작성 … 재무제표를 기준으로 과세표준을 계산하는 방법

2. 기능통화로 표시된 재무제표를 기준으로 과세표준을 계산한 후 이를 원화로 환산하는 방법

3. 재무상태표 항목은 사업연도종료일 현재의 환율, 포괄손익계산서 … 항목은 해당 거래일 현재의 환율 … 을 적용하여 원화로 환산한 재무제표를 기준으로 과세표준을 계산하는 방법

(보기) 우리나라 법인인 대미무역(주)는 미국에 사업장을 두고 있고 올해 다음과 같은 영업을 했다. 각 사업연도의 소득은 얼마인가?

1.1. A, B, C 세 가지 상품을 각 미화 100달러에 취득하고 고정자산을 1,000달러에 취득했다. 환율은 달러당 1,000원.

3.1. 상품 A를 미화 200달러에 팔았다. 환율은 달러당 1,000원

6.1. 상품 B를 미화 200달러에 팔았다. 환율은 달러당 1,010원

9.1. 상품 C를 미화 200달러에 팔았다. 환율은 달러당 1,020원

12.31. 고정자산을 10년 정액법으로 100달러 감가상각했다. 기말현재 환율은 달러당 1,030원. 연평균환율은 달러당 1,015원

(풀이) 1호의 방법에서는 A, B, C의 취득원가가 각 100,000원, 100,000원, 100,000원이고 매출액은 각 200,000, 202,000, 204,000원이다. 따라서 매출총이익은 100,000 + 102,000 + 104,000 = 306,000원이다. 한편 고정자산은 취득원가가 1,000,000원이므로 감가상각이 100,000원이다. 따라서 소득은 206,000원이다.

2호의 방법에서는 A, B, C의 외화표시 매출액이 각 200달러, 200달러, 200달러이고 매출원가는 각 100달러, 100달러, 100달러이므로 외화표시 매출총이익은 300달러이고, 감가상각 후 소득은 200달러이다. 법에 명문규정은 없지만 소득은 한 해에 걸쳐 버는 것이므로 연평균환율을 적용하여 200 × 1,015 = 203,000원이다.

3호의 방법에서는 A, B, C의 취득원가가 각 100달러 = 100,000원, 100달러 = 100,000원, 100달러 = 100,000원이고 매출액이 각 200달러 = 200,000원, 200달러 = 202,000원, 200달러 = 204,000원이므로 매출총이익은 306,000원이다. 고정자산 감가상각비는 한 해에 걸쳐 사용하는 것이므로 연평균환율을 적용하면 100달러 = 101,500원이다. 따라서 소득은 204,500원이다.

제 6 편

기업소득의 과세

이 편은 세무회계, 곧 법인세법과 소득세법에 공통되는 내용으로 손익의 귀속시기 및 자산부채의 평가를 다룬다. 제18장은 실정법상 기간소득의 개념과 Haig-Simons 소득개념 사이에는 어떤 차이가 있는가, 이 차이는 왜 생기는가를 살펴보는 총론이다. 제19장에서 제21장은 현행법상 손익의 귀속시기를 경제활동별로 나누어 생각해 본 각론이다. 제22장은 귀속시기의 차이를 넘어서 실정법의 과세소득과 Haig-Simons의 소득개념 사이의 차이점을 살핀다.

제18장 소득의 기간개념과 세무회계

법인세법에서 말하는 "각 사업연도의 소득"이란 "그 사업연도에 속하는 익금의 총액에서 그 사업연도에 속하는 손금의 총액을 뺀 금액"이다.[1] "익금(益金)"이란 자본 또는 출자의 납입 및 법에서 규정하는 것을 제외하고 그 법인의 순자산을 증가시키는 거래로 인하여 발생하는 수익의 금액을 말한다.[2] "손금(損金)"이란 자본 또는 출자의 환급, 잉여금의 처분 및 법에서 규정하는 것을 제외하고 그 법인의 순자산을 감소시키는 거래로 인하여 발생하는 손비의 금액을 말한다.[3] 소득세법상 사업소득의 소득금액은 해당 과세기간의 총수입금액에서 이에 사용된 필요경비를 공제한 금액을 말한다.[4] 이 장의 과제는 각 사업연도의 소득이란 무슨 뜻인가, 바꾸어 말하면 익금과 손금 또는 총수입금액과 필요경비가 어느 사업연도에 속하는가를 정하는 기준은 무엇인가를 살펴봄에 있다. 세무회계에 관한 이런 논의는 기업회계나 재무회계와 뗄 수 없는 관계에 있다.

제1절 기간소득의 개념에 관한 법령의 얼개

Ⅰ. 익금 · 손금 · 수익 · 손비의 개념

법인세법에서 순자산증감액 가운데 어떤 것이 익금이나 손금이 되는가라는 문제를 풀려면 우선 익금 · 손금이라는 말이 무슨 뜻인가를 알아야 한다. 이 두 낱말은 그 자체

1) 법인세법 제14조 제1항.

2) 법인세법 제15조 제1항.

3) 법인세법 제19조 제1항.

4) 소득세법 제19조 제2항, 제11장 제1절.

로는 뜻이 없고, 각 사업연도의 소득을 정하기 위한 도구개념이다. 법인세법은 몇 십 년 동안 益金을 "…순자산(純資産)을 증가(增加)시키는 거래로 인하여 발생한 수익"으로 정의하고 있다가 2018년 말 "순자산을 증가시키는 거래로 인하여 발생하는 이익 또는 수입"이라 정의하고 다시 "이익 또는 수입"이라는 말을 "수익"이라 줄여 부른다고 정하고 있다. 損金은 "…純資産을 감소(減少)시키는 거래로 인하여 발생한 손실과 비용"으로 정의하고 있고 손실과[5] 비용을 합하여 손비라는 말로 줄여 부른다고 정하고 있다.[6] 그러나 이익, 수입, 손실, 비용이라는 말은 정의하고 있지 않다.

결국 익금과 손금, 수익과 손비가 명확히 정의되지 않은 채로 남은 것인가. 그렇지는 않다. 익금, 손금이라는 말을 구태여 이익과 수입 또 손실과 비용이라고 정할 필요도 없고 실익도 없다. 익금과 손금의 개념은 법의 글귀 안에 있는 자족적(自足的) 논리구조에서 純資産증가액, 純資産감소액이라는 말일 뿐. 위 조항들은 순자산증감액 가운데 어느 부분이 익금과 손금인가를 정하고 있을 뿐이다. 순자산을 증가시키는 거래로 인하여 발생하는 금액 곧 순자산증가액 내지 수익 가운데 자본이나 출자의 납입은 익금이 아니고 달리 법에서 제외한 것도 익금이 아니라는 말. 순자산감소액 내지 손비 가운데 자본이나 지분의 환급액은 손금이 아니고 잉여금의 처분액도 손금이 아니고 달리 법에서 정한 것은 손금이 아니라는 말이다. 수익과 손비가 무엇인가 따질 이유가 애초 없으니 이익, 수입, 손실, 비용이라는 말도 뜻을 따질 이유가 없다.

> 법인세법은 법인세의 과세표준을 정함에 있어 기초가 되는 소득(所得)이란 "그 사업연도에 속하거나 속하게 될 익금의 총액에서 그 사업연도에 속하거나 속하게 될 손금의 총액을 공제한 금액"을 말하고, 익금이란 "자본 또는 출자의 납입 및 법에서 규정하는 것을 제외하고 그 법인의 순자산을 증가시키는 거래로 인하여 발생하는 수익의 금액," 손금이란 "자본 또는 지분의 환급, 잉여금의 처분 및 법에서 규정하는 것을 제외하고 그 법인의 순자산을 감소시키는 거래로 인하여 발생하는 손비의 금액"이라고 규정함으로써 소득이 발생하기만 하면 일정한 소득원천이 없이 일시적으로 우연히 발생한 소득에 대하여도 과세한다는 純資産증가설의 입장을 취함을 밝히고 있다.[7]

> 법인세는 일정한 기간에 純資産의 증가를 가져온 모든 所得을 과세대상으로 하는

5) 일반론으로 손실이란 평가손이나 처분손이라는 말에서 보듯 재산이 없어지거나 가치가 떨어진 것을 뜻한다. 미국법에서는 손실(특히 투자손실)의 손금산입은 비용보다 어렵다. 미국세법 62조 (a)(9) 등. Bittker, McMahon & Zelenak, 16.06절 참조. 우리 법에서는 손실과 비용을 구별할 필요가 없다.

6) 법인세법 제19조 제2항.

7) 헌법재판소 1996. 7. 16. 96헌바36 등 결정.

데, 이는 이윤 추구를 목적으로 하는 법인의 모든 소득은 결국 기업 활동으로 인한 것이므로 일시적·우발적 소득이라고 하더라도 계속적·반복적인 소득과 구별하기 어렵기 때문이다.[8)]

익금과 수익 또는 손금과 손비라는 말이 위와 같은 순자산의 증가나 감소라는 뜻임은 주식발행액면초과액·감자차익·합병차익·분할차익 등의 예를 보면 분명해진다. 위 각 항목은 순자산의 증가액 가운데 기업회계상 수익이 아니지만 법은 이런 순자산 증가액을 일단 수익(收益)이라 부른 뒤 자본거래로 인한 收益으로서 익금에서 제외한다. 마찬가지로 잉여금의 처분이나 주식할인발행차금은 기업회계상 비용이 아니지만 법은 이를 일단 손비라 부른 뒤 자본거래로 인한 손비로서 손금에서 제외한다.[9)] 결국 법이 말하는 바는 순자산증가액은 법에서 달리 정하지 않은 이상 익금이고 순자산감소액은 법에서 달리 정하지 않은 이상 손금이라는 말이다. 기업회계의 세법상 지위는 아래 제5절 VI.

결국 법인세법의 소득개념은 이른바 순자산증가설(純資産增加說) 내지 포괄적(包括的) 소득개념이 된다. 익금에서 손금을 뺀 차액이 소득이라는 말은, 납세의무자의 부 내지 순자산이 얼마나 늘었는가를 따져서 소득의 금액을 정하되 법이 특별히 정한 것들은 익금불산입하거나 손금불산입한다는 말이다. 소득세법의 소득개념이 소득원천설 내지 제한적 소득개념인데 비하여 법인세법의 소득개념은 포괄적 소득개념임은 어인 까닭? 세법이 말하는 법인이란 사업소득의 계산단위로, 이미 사업 내지 공의 영역에 들어와 있는 것. 제9장. 법인에 대하여는 자유나 사생활의 침해라는 문제가 생길 여지가 없으므로 포괄적 소득개념을 따르고 있는 것이다. 법인세법의 소득 개념은 순자산이 늘었는가를 물을 뿐 소득의 종류나[10)] 원천을 묻지 않는다.[11)] 익금과 손금의

8) 헌법재판소 2021. 6. 24. 2018헌바44 결정.

9) 법인세법 제17조, 제20조. 기업회계상 수익 비용이라야 익금 손금이 된다는 주장이 있으나 본문에 보듯 그르다. 상세는 이 책 2016년판 제18장 제1절 Ⅰ.

10) 다른 목적으로 소득의 구분필요가 있을 수는 있다. 가령 미국법에서는 법인의 소득도 경상소득과 양도소득을 구별하여, 양도차손의 손금산입은 양도차익의 범위 안에서만 허용한다. 미국세법 1211조(a). 실현주의를 악용한 가공의 양도차손을 막기 위함이다. 제10장 제3절 I. 아래 제4절 V. 이창희, 미국법인세법, 제1장. 비슷한 맥락에서 소극적 투자손실의 손금산입도 제한한다. 제21장 제2절 Ⅲ.

11) 손해배상이나 손실보상으로 받은 돈(대법원 1973. 6. 29. 선고 72누140 판결), 무효인 매매계약에 의한 수입(대법원 1995. 11. 10. 선고 95누7758 판결), 밀수로 얻은 소득(대법원 1994. 12. 27. 선고 94누5823 판결) 따위는 모두 소득이다. 소득세법상의 기타소득이더라도 법인세법상 소득이다. 대법원 1990. 2. 28. 선고 90누2222 판결. 회사채의 상환이익은 소득이다. 대법원 1973. 6. 29. 선고 72누140 판결. 한편, 법인이 명의수탁받은 자산의 가액은, 명의신탁을 증여로 의제하는 상속세및증여세법의 규정에 불구하고 법인세법에서는 소득이 아니다. 대법원 2002. 6. 11. 선고 2001두4269 판결; 2002. 6. 14. 선고 2000두4095 판결. 다만 이런 판결 가운데에는 과세소득이 있는가라는 문제와 과

범위를 정한 듯한 시행령의 규정은[12] 소득의 개념이나 범위를 정한 것은 아니고, 소득의 귀속시기에 관한 특칙,[13] 귀속시기 등 법적평가의 단위에 관한 규정,[14] 소득의 개념에 관한 확인규정[15] 따위가 뒤섞인 것이다.

Ⅱ. 소득세법의 기간소득

소득세법에서도 사업소득은 과세연도 동안 법령에 정한 사업이나 행위에서 발생한 총수입금액에서 필요경비를 공제하여 계산한다. 법인세법은 순자산증가설의 소득개념을 따르고 있는 데 비해 소득세법은 순자산증가 가운데 법에 소득으로 정한 것만을 과세하는 제한적 소득개념을 따르고 있다.[16] 법령이 정한 사업이나 행위에서 발생하는 총수입금액이란 어떤 범위로 정할 것인가? "사업(事業)과 관련된 수입금액으로서 해당 사업자에게 귀속되었거나 귀속될 금액은 총수입금액에 산입한다."[17] 그렇게 본다면 사업소득의 소득개념은 "事業" 자체를 하나를 단위로 보고 사업이라는 단위에 순자산증가설을 적용한 것처럼 읽힌다. 그러나 사업소득의 소득 개념이 반드시 기업자체의 소득이라고 생각할 수도 없다. 사업상의 운전자금에서 생기는 금융소득은 사업소득이 아니라 이자소득이나 배당소득으로 구분되는 까닭이다. 사업에 쓰던 부동산의 양도에서 생기는 소득도 사업소득이 아니라 양도소득. 그렇다면 사업소득의 범위는 어디까지? 일단은 사업을 하나의 실체처럼 보고 순자산증가설로 소득을 계산한 뒤,[18] 그런 소득 가운데 이자소득, 배당소득, 양도소득 같이 다른 소득으로 구분되어 나간 소득을 제외한 나머지가 사업소득이라고 정의할 수 있다.

아무튼 소득세법에서도 사업 그 자체를 하나의 기업실체로 보고 법인세법과 마찬가지로 순자산의 증감을 따져서 소득을 계산하는 과정이 필요함은 마찬가지. 우선 이 계산이 나와야 사업소득과 다른 소득의 구분 또는 사업소득의 소득금액 계산이 가능한 까닭이다. 따라서 사업자는 일단 사업 그 자체가 하나의 실체인 듯 사업재산과 사업상 채무를 특정하고 해마다 그런 자산부채에 터잡은 순자산의 증감액을 계산하여야

세시기에 이르렀는가라는 문제를 혼동한 것들이 있기는 하다. 뒤에 본다.

12) 법인세법시행령 제11조, 제19조.

13) 같은 영 제11조 제4호, 제5호, 제6호, 제9호 등.

14) 같은 조 제1호 등.

15) 같은 조 제2호, 제2호의2 등. 자기주식의 처분익은 이론상은 소득의 개념에 넣기 힘들지만 현행법 해석상은 소득에 속한다. 제14장 제4절 Ⅴ.

16) 소득세법 제3조, 제4조. 제9장 제1절 Ⅱ, 제10장 제1절.

17) 대법원 2008. 1. 31. 선고 2006두9535 판결. 소득세법시행령 제51조 제3항 제5호. 제11장 제1절 Ⅱ.

18) 독일 소득세법 제2조 제2항 제1호, 제4조 제1항.

한다. 이 계산은 법인세법과 마찬가지이다. 따라서 이하에서는 소득세법에 딱히 다른 부분이 없는 한 법인세법을 기준으로 논의한다. 예를 들어 이하에서 "익금," "손금"이라는 말은 달리 표시하지 않은 한 소득세법상의 총수입금액이나 필요경비를 포함한다.

Ⅲ. 손익의 귀속시기: 소득의 시간적 단위

소득은 일정기간을 단위로 계산한다. 소득은 "각 사업연도(事業年度)의 소득"으로 정의되고, 이는 "각 事業年度에 속(屬)하는" 익금의 총액에서 손금의 총액을 뺀 것이다. 현행 소득세나 법인세는 일정 기간을 단위로 소득을 계산하고 세금을 내는 기간과세로 되어 있다. 따라서 어느 해의 소득이 얼마인가를 정하려면, 어떤 행위나 사건에서 생기는 손익이 어느 해에 귀속되는가를 따져야 한다. 우리 현행 소득세법은 과세소득의 객관적 범위를 법인세와 달리 하지만, 손익의 귀속시기라는 문제가 생기는 것은 법인세와 마찬가지이다.

1. 손익의 귀속시기는 규범적 기준을 요구한다

복식부기 그 자체는 "자산 = 부채 + 자기자본"이라는 항등식일 뿐이고 어떤 거래에서 손익을 인식할 것인가, 어떤 손익을 어느 해에 귀속시킬 것인가에 대한 답을 주지 않는다. 각 사업연도의 소득을 계산하는 규범적 기준과 복식부기는 서로 다른 차원이다. 소득이라는 개념은 반드시 복식부기를 필요로 하지는 않는다. 역사를 보더라도 복식부기가 발명되기 전에 이미 손익계산서가 있었고 오늘날에도 작은 기업은 복식부기를 쓰지 않고 손익을 계산하는 곳이 많다. 역으로 복식부기 그 자체는 소득계산에 있어서 아무런 규범적 기준을 주지 않는 가치중립적 도구일 뿐이고, 손익의 귀속시기를 정하기 위한 규범적 기준은 복식부기의 틀 밖에서 따로 들여와야 한다. 제7장 제5절.

예를 들어 제1차년 1월 1일에 1,000만원을 주고 땅을 산 뒤 값이 꾸준히 올랐다고 하자. 제2차년 1월 1일 이 땅을 2,000만원에 팔되 대금은 제3차년 1월 1일에 받기로 하는 계약을 맺고, 실제로 제3차년 1월 1일에 돈을 받았다고 하자. 이 땅에서 생긴 소득 1,000만원은 어느 해의 소득? 가) 물건의 가치가 1,000만원에서 2,000만원으로 오른 제1차년, 나) 물건을 넘겨 준 제2차년, 아니면 다) 물건값을 받은 제3차년의 소득? 사람마다 답이 다를 수 있다. 물론 기업회계의 관행에 따른다면 답이 나)이지만,[19] 여기에서 중요한 것은 이 답이 복식부기라는 틀에서 나온 것이 아니라는 점. 어느 답을 따르더라도 "자산 = 부채 + 자기자본"라는 복식부기의 틀과 모순은 없고, 복식부기 그

19) 예외로 시가가 있는 농산물은 수확시점. 기업회계기준서 1041호 10문단 이하.

자체로는 어느 쪽이 옳은지 답이 안 나온다. 만일 가)를 따른다면, 제1차년에 차변에 자산 1,000만원 대변에 가치상승이익 1,000만원이라는 분개를 할 수 있게 된다. 가)는 나)에 비해 제1차년 말의 자산과 같은 해의 소득이 각 1,000만원씩 늘어나지만, 그렇다고 하여 복식부기의 틀에서 어긋나는 바는 전혀 없다. 현금을 받는 제3차년에 가서야 1,000만원의 소득을 잡는 다)의 답도 복식부기의 틀과 모순되는 바가 없고. 결국, 1,000만원의 소득을 어느 해의 소득으로 볼 것인가는 복식부기라는 틀에서 답이 나오지는 않고 복식부기의 틀 밖에서 어떤 규범적 기준이 따로 있어야 비로소 답을 얻을 수 있다. 바로 이 사안에서는 나)가 옳다는 결론은, 물건값이 올라 생긴 이득은 물건을 판 해의 소득으로 보아야 한다는 별개의 규범을 전제로 해야 비로소 가능하다. 이 규범이 무엇이고 또 무엇이어야 하는가, 이것이 이 장의 논점.

또 다른 예로 어느 해 6. 30. 종업원에게 앞으로 한 해치 人件費 1,000만원을 미리 준다고 하자. 같은 해 12월 31일로 끝나는 사업연도의 비용으로 떨 인건비는 얼마? 상식으로 생각한다면, 1,000만원 가운데 절반은 내년의 비용으로 보아야 하지 않으려나. 그렇게 생각한다면 올해에 주는 돈 1,000만원 가운데 500만원은 내년분 인건비이므로 일종의 자산(선급비용)으로 남아 있다고 보고 500만원만을 올해의 비용으로 잡을 수 있다.[20] 내년에 가서는, 실제 주는 돈은 없지만 앞에서 자산으로 잡아두었던 선급인건비 500만원이 없어진다고 보아 순자산감소액 5백만원을 비용으로 잡으면 된다.[21] 인건비의 귀속시기에 대한 위와 같은 답은 복식부기라는 틀 그 자체에서 나오지는 않는다. 1차년 6. 30.에 준 돈 1,000만원을 1차년도의 비용으로 처리하는 경우와 그 가운데 절반을 2차년도의 비용으로 처리하는 경우를 비교하면, 전자는 후자보다 1차년도 말 현재 자산(선급인건비)을 500만원 줄이고 비용(인건비)을 500만원 늘려 결국 1차년의 소득을 500만원 줄이는 결과를 낳는다. 그러나 두 가지 가운데 어느 것이 옳은가에 대한 답은 복식부기에서 저절로 나오는 것이 아니다. 1,000만원을 두 해로 나누어야 한다는 결론은, 인건비는 실제 노무 제공기간(期間)에 나누어야 한다는 별개의 규범적 판단에서 나온다. 실제 회계실무에서는, 돈 1,000만원을 줄 때 일단 전액을 1차년도의 비용으로 처리해 두었다가 연말 결산 때에 가서 이를 기간에 안분하는 분개(이른바 결산분개)를 따로 해서[22] 재무상태표와 손익계산서를 만든다.

결국 복식부기 그 자체는 가치중립적이다. 복식부기 그 자체에 소득계산을 위한

20) 분개로 표시하면, (차) 선급인건비 500 + 인건비 500 (대) 현금 1,000

21) 분개로 표시하면, (차) 인건비 500 (대) 선급인건비 500

22) 지급시에 (차) 인건비 1,000 (대) 현금 1,000. 결산분개로 (차) 선급인건비 500 (대) 인건비 500. 2차년에 (차) 인건비 500 (대) 선급인건비 500. 결산분개를 따로 하는 이유는, 건건이 규범적 판단을 하는 것보다는 연말에 몰아서 하는 편이 일을 덜기 때문이다.

규범적 기준은 안 들어 있다. 순자산 내지 소득이라는 개념은 손익의 계산 내지 귀속시기에 대한 규범적 기준을 복식부기 바깥에서부터 들여와야.

2. 귀속시기의 의의

기간과세에서 손익의 귀속시기는 어떤 차이를 낳는가? 세금을 올해에 내는가 나중에 내는가의 차이가 생긴다. 당장 낼 돈 100원과 내년에 낼 돈 100원은 시간가치가 다르다. 손익의 귀속시기는 그 밖에도 여러 가지 차이를 가져온다. 우선 과세기간 사이에 서로 세율(稅率)이 다를 수 있다. 정도는 낮지만 법인세도 누진율이고[23] 또 해마다 세율이 자주 바뀌므로 문제가 생긴다. 개인소득세는 누진세율을 따르므로 이 문제가 심각할 수 있다. 두 해 동안의 소득이 각 (4,000만원, 4,000만원)인 사람과 (8,000만원, 0원)인 사람 사이에는 세부담이 아주 불공평해진다. 그 대책으로 소득을 통산한 평균값을 과세표준으로 삼는 입법례(income averaging)도 있다.[24]

어느 해에 세금을 내는가를 넘어서, 소득의 귀속시기에 따라 세금을 내는가 안 내는가라는 절대적 차이가 생기기도. 우선 부과제척(除斥)기간. 손익이 어느 사업연도에 귀속되는가에 따라 조세채무의 존부에 절대적 차이가 생길 수 있다. 법은, 국세를 "부과할 수 있는 날부터" 5년 또는 법에 달리 정한 기간이 지나면 국세를 부과할 수 없게 정하고 있는 까닭이다.[25] 법인세를 부과할 수 있는 날이란, 법인세의 과세표준과 세액에 대한 신고기한의 다음 날이고, 다시 법인세의 신고기한은 각 사업연도의 종료일이 속하는 달의 말일부터 3개월이 되는 날이다.[26] 예를 들어, 2x10. 1. 1.에서 2x10. 12. 31.까지의 기간에 대한 법인세는 신고기한인 2x11년 3월 말로부터 5년 또는 법에 달리 정한 기간이 지나면, 부과할 수 없게 된다. 만일 2x16년 4월에 와서 정부가 소득이 과소신고되었음을 발견한다면, 그런 소득의 귀속시기가 2x10년인가 또는 2x11년인가가 중요한 문제가 된다. 소득세에서도 같은 문제가 생김은 물론.

손익의 귀속시기에 따라 이월缺損金의 공제도 영향을 받는다. 왜? 결손금의 장래이월(移越)에는 시간적 한도가 있으니까. 현행법은 결손금을 15년 동안 이월하여 공제할 수 있도록 정하고 있다.[27] 법정 규모 이하의 중소기업은 결손금을 과거로 이월할 수도 있지만, 직전사업연도의 소득에 대하여 과세된 법인세액을 한도로만 과거에

23) 예전에는 2단계 누진세율인데다가 과세표준 2억원이라는 1단계는 경제적 의미가 적었지만 지금은 4단계 누진세율이다. 제13장 제1절 Ⅱ.

24) 가령 일본 所得稅法 제90조.

25) 국세기본법 제26조의2. 제4장 제5절 Ⅱ.

26) 법인세법 제60조 제1항.

27) 소득세법 제45조 제3항; 법인세법 제13조. 제13장 제1절 Ⅱ. 합병분할에 따르는 제약은 제15장 제6절 Ⅱ, 제16장 제5절 Ⅴ. 2023년부터는 사업양수도도 비슷한 제약을 받는다. 법인세법 제50조의2.

낸 세금을 돌려받을 수 있다.[28] 이월 시한은 나라마다 다르다.[29] 각 사업연도의 과세표준 계산에서 공제할 수 있는 '결손금'이란 과거 15년 이내의 "사업연도에 속하는 손금의 총액이 그 사업연도에 속하는 익금의 총액을 초과하는 경우에 그 초과하는 금액"을 말한다.[30] 종래의 판례는 각 "사업연도에 속하는 손금의 총액이 그 사업연도에 속하는 익금의 총액을 초과"했다는 역사적 사실이 있는 한 "그 초과하는 금액"으로서 이월시한이 남은 것은 국세기본법상 경정청구기간이 지났더라도 공제할 수 있다고 보았다.[31] 2010년 이후로는 이월결손금 공제는 이미 신고한 금액만, 혹 무신고로 결정을 받았거나 신고한 결손금액을 경정받은[32] 경우라면 결정이나 경정한 금액만 공제할 수 있다.[33] 과거 사업연도의 실제 결손금액이 신고·결정·경정된 결손금액보다 더 크다고 주장하면서 공제받는 것이 전혀 불가능하지는 않다. 올해 신고와 함께 과거 사업연도의 결손금을 다시 경정해달라고 청구하면 된다. 이 경우 통상의 제척기간 5년이[34] 지났더라도 1년 안에는 경정이 가능하다.[35] 소득세법에서는 이미 제척기간이 지난 과거의 결손금은 공제하지 않지만[36] 합리적 차별인지는 의문.

28) 법인세법 제72조 제1항; 소득세법 제85조의2 제1항. 대법원 2022. 11. 17. 선고 2019두51512 판결은 2018. 12. 24. 개정후 법인세법 제72조 제6항에서는 안 통한다.

29) 예를 들어 미국법은, 결손금이 생기면 그 뒤 20년간의 이월(carryforward)을 허용하고, 또 이를 지나간 두 사업연도로 소급(carryback)하여 납부한 법인세를 돌려주기도 한다. Internal Revenue Code(이하 "미국세법") 172조. 독일 소득세법 제10조(d)에서는 소급은 1년, 장래이월은 무한. 이월결손금을 공제하지 않아도 합헌이라는 미국판결로 Burnet v. Stanford & Brooks Co., 282 US 359(1931), 특히 365쪽.

30) 법인세법 제14조 제2항. 어느 해에 결손금이 생기는 경우, 결손금처리계산서 작성에서 기업회계의 관행은 결손금을 과거에서 넘어온 처분전이익잉여금, 임의준비금, 나아가서는 법정준비금과 상계하지만(이를 결손금의 보전이라 부르기도 한다) 그렇다 하여 이미 생긴 결손금을 공제받을 수 있다는 사실에는 아무 영향이 없다. 제14장 제3절 Ⅱ.6.

31) 대법원 1993. 11. 12. 선고 93누3677 판결; 2002. 11. 26. 선고 2001두2652 판결; 2004. 6. 11. 선고 2003두13212 판결; 2010. 1. 28. 선고 2008두1795 판결; 2012. 11. 29. 선고 2012두16121 판결(경정청구).

32) 대법원 2024. 12. 12. 선고 2021두34688 판결은 결손금감액경정 통지를 못 받았다면 이월결손금으로 공제받으려는 해에 감액경정을 다툴 수 있다고 한다. 정확히는 통지를 못 받았다면 실제 결손금액 가운데 신고한 부분을 공제받을 수 있는 것이고, 그 금액이 틀렸다면 국세청이 1년 안에 경정할 수 있다고 보아야 맞다. 실제 차이는 없을 듯.

33) 법인세법 제13조 제1항 제1호. 윤병각, 조세법상 경정청구, 1장 9절 10. 그에 따라 결손금 감액경정은 행정처분으로 판례를 변경했다. 윤지현, 부가가치세의 환급거부처분과 법인세 결손금의 감액경정처분의 취소청구에 관한 문제, 저스티스 153호(2016), 166쪽; 대법원 2020. 7. 9. 선고 2017두63788 판결.

34) 국세기본법 제45조의2 제1항 제2호.

35) 국세기본법 제26조의2 제3항, 제45조의2 제2항 제5호.

36) 소득세법 제45조 제3항 단서. 입법취지로 본다면 여기서 제척기간은 경정청구기간이라야 맞다. 두 기간을 따로따로 두다보니 생긴 문제. 제4장 제5절 III.

이월시한이 넘은 결손금이라면 쓸모가? 있을 수도. 자산수증익(資産受贈益)이나 채무면제익(債務免除益)과 상계하여 익금의 금액을 감소시킬 수는 있다. "무상으로 받은 자산의 가액과 채무의 면제 또는 소멸로 인한 부채의 감소액 중" 이월결손금을 보전하는데 충당된 금액은 내국법인의 각 사업연도의 소득금액계산상 이를 익금에 산입하지 아니한다.[37] 자산수증익이나 채무면제익을 이월결손금의 '보전에 충당한다'는 말은 세무상의 이월결손금의 금액을 그만큼 줄인다는 뜻이다.[38] 이월결손금은 먼저 생긴 것부터 차례로 공제한다.[39] 개인소득세에서도 이월결손금의 보전에 충당하는 자산수증익은(실제로 이런 경우가 생기는지는 의문이지만) 총수입금액에 불산입한다.

3. 귀속시기의 오류

납세의무자가 손익의 귀속시기를 오해하여 또는 악의로 어느 해의 소득을 잘못 신고했다면, 어떤 식으로 바로잡아야 할까?

1) 증액경정과 증액수정신고

납세의무자가 어느 해의 과세표준을 과소(過少)신고한 경우 부과제척기간이 남아 있는 한[40] 국세청은 과세표준과 세액을 증액경정할 수 있다.[41] 가산세도 물린다.[42] 귀속시기가 틀렸다는 이유로 어느 해의 과세표준을 증액경정한다면, 이는 다른 해의 소득이 과대신고되었음을 뜻한다. 이와 같이, "결정 또는 경정으로 인하여 그 결정 또는 경정의 대상이 되는 과세기간 외(外)의 과세기간에 대하여 최초에 신고한 국세의 과세표준 및 세액이 세법에 따라 신고하여야 할 과세표준 및 세액을 초과할 때"에는, 납세의무자는 증액경정처분이 있음을 안 날부터 3월 이내에 과대신고된 해의 과세표준 및 세액에 대한 후발적 감액(減額)경정을 청구할 수 있다.[43] 감액경정으로 환급받

---

37) 법인세법 제18조 제6호; 소득세법 제26조 제2항. 피합병법인에서 승계받은 이월결손금은 자산수증익과 상계하지 못한다. 대법원 2017. 7. 27. 선고 2017두39822 판결.

38) 대법원 2012. 11. 29. 선고 2012두16121 판결(신고조정 경정청구 가능). 제22장 제2절 Ⅲ. 각 사업연도의 과세표준 계산 때 이미 공제한 결손금을 보전할 수 없는 것은 당연. 법인세법시행령 제16조 제1항; 소득세법시행령 제54조 제1항. 어느 사업연도분 결손금이 위와 같이 자산수증익이나 채무면제익의 익금불산입에 쓰이면, 그 금액은 과세표준계산을 계산할 때 이월결손금으로 공제한 것으로 보아 이중혜택을 막게 된다. 법인세법시행령 제10조 제2항; 소득세법시행령 제101조 제3항.

39) 대법원 2013. 2. 28. 선고 2012두24009 판결.

40) 국세기본법 제26조의2. 법인세법 제60조. 제4장 제5절.

41) 법인세법 제66조 제2항; 소득세법 제80조 제2항.

42) 제5장 제2절.

43) 국세기본법 제45조의2 제2항 제4호. 제4호가 생기기 전의 반대취지 판결로 대법원 2008. 7. 24. 선고 2006두10023 판결; 2013. 7. 11. 선고 2011두16971 판결(분식결산). 제6장 제3절.

는 세액에는 이자상당 환급가산금이 붙는다.[44] 분식결산은 제5절 VII. 3.

납세의무자가 어느 해의 과세표준과 세액을 과소신고했다가 스스로 증액(增額)하는 수정신고(修正申告)를 할 수도 있고 신고를 안 했으면 기한후신고를 할 수도 있다.[45] 관할 세무서장이 과세표준과 세액을 경정한다는 통지를[46] 하기 전까지는 아무때나 신고할 수 있다.[47] 어느 해의 과세표준을 늘리는 수정신고나 기한후신고의 결과 다른 해의 소득이 줄어든다면, 감액(減額)하기 위한 경정청구가 가능한가? 애초 과다신고를 한 이상 5년 이내에는 당연히 감액경정을 청구할 수 있다. 5년이 지난 경우 후발적 경정청구가 가능한가? 수정신고 그 자체는 다른 해의 과세표준에 관한 후발적 경정청구의 사유가[48] 아니니다. 수정신고가 있는 경우 행정청은 으레 그에 터잡아 또 필요한 대로 사실을 더 조사하여 증액경정을 하게 마련이다(다만 증액경정 과정에서 과소신고 가산세의 일부를 경감할 뿐이다). 수정신고에 뒤따르는 증액경정처분은 앞 문단에서 보았듯 과대신고된 해의 과세표준에 관한 후발적 경정청구의 사유가 된다. 나아가 판례는 후발적 경정청구의 사유를 넓게 읽고 있으므로[49] 행정청이 수정신고를 그대로 받아들이는 것은 수정신고된 세액만큼 증액경정한 것.

2) 감액경정

납세의무자가 어느 해의 과세표준과 세액을 과다신고(過多申告)했다면? 신고기한 후 5년 이내에는 減額경정을 청구할 수 있다.[50] 법문은 과다신고의 사유를 묻지 않고 있으므로 이 기간 안에는 소득의 귀속시기가 틀렸다는 이유로도 감액경정을 청구할 수 있다. 당초 신고한 내용이 결손이었더라도 경정을 청구할 수 있다.[51] 15년 동안은 지난 결손금을 올해의 소득에서 공제할 수 있는 까닭이다.[52] 증액경정 처분에 따라 귀속시기가 달라진 경우가 아니라면 경정청구 기간이 지난 뒤에는 소득의 귀속

44) 같은 법 제52조 제3항 제1호. 가산세와 환급가산금의 이자율 차이를 조정하는 특칙으로 국세기본법 제47조의4 제6항, 제51조 제10항.

45) 제4장 제3절 II, 제6장 제3절 V.

46) 이 통지가 부과제척 기간에 걸리고 따라서 수정신고나 기한후신고도 그 기간 안에서만 가능하고 필요함은 당연하다.

47) 수정신고를 원래의 신고기한 후 2년 이내에 하면, 과소신고 가산세의 일부를 경감한다. 다만, 경정이 있을 것을 미리 알고 수정신고서를 제출한 경우에는 경감하지 않는다. 국세기본법 제48조 제2항 제1호. 제4장 제3절 II, 제6장 제3절 V.

48) 국세기본법 제45조의2 제2항.

49) 제6장 제3절 IV.

50) 국세기본법 제45조의2 제1항. 분식결산에 대한 제약은 법인세법 제58조의3. 제6장 제3절 II, 제18장 제5절 VII. 3.

51) 국세기본법 제45조의2 제1항 제2호.

52) 법인세법 제13조 제1항 제1호; 소득세법 제45조 제3항.

시기가 틀렸다는 이유로 감액경정을 청구할 수는 없다. 後發的 경정청구 사유의[53] 아무 데에도 안 들어가니까. 손익귀속시기가 틀렸다면서 특정연도의 세액을 감액하는 심사·심판 결정이나 판결이 나왔는데, 그 사이에 관련연도에 대한 부과제척기간이 지났다면 후자에 대한 증액경정을 인정한다.[54]

3) 전기오류수정손익≠당기손익

법인세 신고 실무에서는 지나간 사업연도의 오류를 前期誤謬修正損益으로 당기의 손익에 얼버무리는 경향이 있다. 전기오류수정損益이란? 기업회계 목적상 지나간 사업연도의 손익계산이 잘못된 것을 뒤에 바로잡는 것. 예를 들어 지난해(06년)에 100짜리 자산을 120으로 잘못 계상했다면, 결과적으로 06년의 이익이 20 과대계상된다. 올해(07년) 들어 이 잘못을 찾았다면 기업회계에서는? 06년분 재무제표 자체를 소급하여 고친다. 재무제표는 지난해와 올해를 나란히 비교 공시하는 까닭이다. 더 오래된 오류를 올해에 알아차린다면? 가령 01년 이래 그대로 남아있는 자산 과대계상액 20을 07년에 알아차렸다면 (차) 이익잉여금(전기손익수정손) 20 (대) 자산 20.[55] 역으로 01년 이래 자산을 20 과소계상했음을 07년에 깨달았다면 (차) 자산 20 (대) 이익잉여금(전기손익수정익) 20. 이런 전기오류수정손익을 올해분(07년) 손금과 익금으로 잡는 것은 그르다.[56] 소득의 조작 가능성을 크게 늘리고 법적 안정성을 해치는 까닭.[57] 법인세 채무란 각 사업연도별로 별개의 채무이므로[58] 원칙으로는 오류가 있었던 01년의 과세표준과 세액을 바로잡아야 한다.[59] 문제는 제척기간과 경정청구 기한.

---

53) 국세기본법 제45조의2 제2항.

54) 국세기본법 제26조의2 제6항 제1호의2. 제4장 제5절 Ⅲ 참조.

55) 제18장 제5절 Ⅲ.1. 기업회계기준서 제1008호 42문단. 한편 일반기업회계기준 제5호 19문단은 중대하지 않은 전기오류는 당기 영업외손익에 반영하라고.

56) 대법원 2004. 9. 23. 선고 2003두6870 판결. 1998. 12. 28. 전문개정 전의 옛 법인세법에서는 기업회계기준에 우선적 효력을 주고 있었고, 당시의 기업회계기준은 전기오류수정손익을 당기 손익에 포함하고 있었다. 그럼에도 불구하고 전기오류수정손익을 기업회계기준에 따라 당해 사업연도의 손금 또는 익금에 산입함으로써 그 귀속사업연도가 당초의 귀속사업연도와 다르게 된 경우에는 법인세법상 권리의무확정주의에 따라 당해 익금과 손금이 확정된 날이 속하는 사업연도를 그 귀속시기로 보았다. 그 밖에 대법원 2006. 6. 9. 선고 2006두781 판결(작업진행률 기준)↔대법원 1989. 12. 26. 선고 85누811 판결 참조. 분식회계에 대한 특칙은 아래 제5절 Ⅶ. 3.

57) 대법원 2006. 9. 8. 선고 2005두50 판결.

58) 대법원 2023. 4. 27. 선고 2018두62928 판결. 제4장 제2절 Ⅳ.3.

59) 과세처분의 적법성에 대한 입증책임은 과세관청에 있으므로 어느 사업연도의 소득에 대한 과세처분의 적법성이 다투어지는 경우 과세관청으로서는 과세소득이 있다는 사실 및 그 소득이 그 사업연도에 귀속된다는 사실을 입증하여야 하며, 그 소득이 어느 사업연도에 속한 것인지 확정하기 곤란하다 하여 과세대상 소득의 확정시기에 관계없이 과세관청이 그 과세소득을 조사·확인한 대상 사업연도에 소득이 귀속되었다고 할 수는 없다. 대법원 2000. 2. 25. 선고 98두1826 판결; 2007. 6.

우선, 과거의 과소신고는 제척기간이 남은 한, 가령 06년분 과소신고는 07년에 증액경정이 가능하고 증액수정신고도 가능하다.60) 제척기간이 지난 01년분 세금처럼 통상의 부과제척기간이 지났다면 전기오류수정익이라는 이름으로 국가가 나중에 함부로 과세하게 할 수야 없고 특례제척기간 문제로 돌아간다.61) 한편 과거에 과대신고가 있었던 경우에는 국세기본법에 따라 감액경정을 청구하면 되지만, 기한이 지난 뒤에는 경정청구가 불가능하다. 경정청구의 배타성 때문. 다만 증액경정처분이 뒤따른다면 당초의 신고가 경정에 흡수되므로 경정처분을 다투면서 신고내용의 잘못도 다툴 수 있다.62)

전기오류와는 다른 문제로 법인세와 소득세(사업소득의 경우)에서 후발적 사유가 발생하는 경우 이를 발생한 해의 과세표준에 반영하는 수가 있다.63) 예를 들어 법인의 매출채권이나 사업자가 받는 이자소득은 약정상 받기로 한 해에 익금산입하여야 하고, 혹시 뒤에 이 소득을 실제는 못 받게 되면 후발적 경정청구를 하는 것이 아니라 못 받게 된 해에 대손금으로 손금에 넣는다.64) 한편 전기오류는 아니지만 최초의 신고 당시 과세표준 계산의 기초가 된 계약이 해제권의 행사나 달리 부득이한 사유로 해제되면 증액수정신고나 후발적 경정청구의 사유.65)

---

28. 선고 2005두11234 판결; 2010. 6. 24. 선고 2007두18000 판결; 2020. 4. 9. 선고 2018두57490 판결.

60) 국세기본법 제45조. 제척기간의 특례는 제26조의2 제6항.

61) 대법원 2006. 6. 9. 선고 2006두781 판결; 2023. 4. 27. 선고 2018두62928 판결(손금귀속시기 오류). 특례제척기간은 제4장 제5절 III. 이미 과거에 잘못 손금산입한 것을 그냥 둔 채 올해에 고쳐잡아 다시 손금산입하는 것이 신의칙 위반인가라는 문제에 대해서는 대법원 2020. 5. 28. 선고 2018도16864 판결.↔이창희·김석환, 납세자의 금반언과 부과제척기간, 조세법연구 26-3(2020). 소득세법 제27조 제2항은 아래 제3절 II.

62) 이미 절차적 확정력이 생긴 세액은 감액경정을 구할 수 없다. 제6장 제5절 V.

63) 법인세법이나 관련 규정에서 일정한 계약의 해제에 대하여 그로 말미암아 실현되지 아니한 소득금액을 해제일이 속하는 사업연도의 소득금액에 대한 차감사유 등으로 별도로 규정하고…있는 경우에는…후발적 경정청구사유가 될 수 없다. 대법원 2014. 3. 13. 선고 2012두10611 판결; 2020. 1. 30. 선고 2016두59188 판결. 제6장 제3절 IV.

64) 대법원 2004. 2. 13. 선고 2002두11479 판결; 2005. 5. 26. 선고 2003두797 판결; 2014. 3. 13. 선고 2012두10611 판결.

65) 제4장 제2절 IV. 과세처분 당시 이미 후발적 경정청구 사유가 발생했다면 과세처분은 위법하다. 대법원 2013. 12. 26. 선고 2011두1245 판결. 일본 最高裁判所 2020(令和 2). 7. 2. 선고 平成31(行ヒ)61 판결은 이자제한법을 넘는 금액을 뒤에 반환하면 반환한 해의 손금이라고.

Ⅳ. 손익의 귀속시기에 관한 현행법: 실현주의와 역사적 원가주의

1. 법령의 뼈대

포괄적 소득개념에 따른 순자산 증가액의 계산은 자산·부채의 평가(評價)를 필요로 한다. 자산·부채를 모두 고려하여 순자산의 증가액이 얼마인가를 따진다는 것은 아직 현금이 들어오거나 나가지 않은 상태라 하더라도 순자산의 증감을 손익에 반영한다는 말. 과세소득을 현금의 수입이나 지출로 정의하자는 생각을 현금(現金)주의라 부르고, 아직 현금의 수입이나 지출이 없다 하더라도 순자산의 증감이 있으면 이를 손익으로 보자는 생각을 발생(發生)주의라 한다.[66] 現金주의로 소득을 재는 것은 애초 적용범위가 좁을 수밖에 없다. 가령 미국법에서 현금주의가 적용되는 범위는 근로자나 의사, 변호사 등 자유직업처럼 소득창출 과정에서 노동력의 제공이 결정적으로 중요한 경우에 국한된다. 법에 정한 규모를 넘는 주식회사는[67] 변호사, 회계사 등 법에 정한 노무를[68] 제공하는 회사가 아닌 한 반드시 발생주의를 써야 한다.[69] 소득을 제대로 계산하려면 재고실사가 필요하다고 인정되는 업종은 반드시 發生주의를 택해야 한다.[70] 현금주의를 쓰는 납세의무자라 하더라도, 고정자산의 취득에 들어간 현금을 모두 바로 손금으로 떨 수는 없고, 해마다 비용으로 떨 수 있는 금액은 감가상각뿐이다. 미국법에서 현금주의 대 발생주의의 선택은 결국 상품이나 제품의 매출이익 또는 용역수익의 인식에 대해서만 적용될 뿐이고,[71] 재고자산,[72] 고정자산,[73] 연구개발비,[74] 금융자산[75] 등에 대해서는 법령이 직접 손익의 귀속시기에 대한 규정을 두어서 현금주의, 발생주의 가운데 어느 것을 고르든 같은 방법으로 소득을 계산한다. 선급비용도 지급시기에 바로 떨지 못하고 관련 기간에 안분.[76]

---

66) 제8장 제1절 Ⅱ.2., Ⅳ.2.

67) corporation. 미국법상 corporation은 우리 법의 주식회사와 얼추 비슷. 이창희, 미국법인세법, 제1장 제2절 Ⅱ.

68) 미국세법 448조(b)(2), (d)(2).

69) 미국세법 448조(a),(b).

70) 미국세법 448조. 미국재무부 규칙 1.446-1조(c)(2)(i). 독일 소득세법 제4조 제3항. 소규모 기업에 현금주의를 허용하는 행정해석으로 Rev. Proc. 2001-10, 2001-1 CB 272.

71) 미국세법에서 쓰고 있는 의미로 accounting이라는 말은 chapter 1의 subchapter E(미국세법 441조에서 483조)에서만 의미가 있고, 이 subchapter E의 범위는 매출총이익이나 용역수익의 계산이다. 미국세법의 용례로는 예를 들어 감가상각은 accounting의 문제가 아니다.

72) 미국세법 471-475조.

73) 미국세법 167조.

74) 같은 법 174조.

75) 미국재무부 규칙 1.446-3조.

현금 아닌 다른 재산의 변동이 중요하다면 發生주의로 순자산의 증감을 재어야 한다. 발생주의 하에서 손익의 귀속시기와 자산·부채의 평가는 동전의 앞뒷면과 같다. 법인세법은 각 사업연도의 所得을 익금 빼기 손금이라는 방식으로 정의하고 있지만,[77] 이렇게 정의된 소득은 "자산 = 부채 + 자기자본"이라는 복식부기의[78] 구조상 순자산(純資産)의 순증가액이 된다. 익금이란 거래별로 따진 순자산(자산 - 부채 = 자기자본)의 증가액 내지는 그 내역이고 손금이란 거래별로 따진 순자산의 감소액 내지는 그 내역이므로, 그 차액인 소득은 순자산의 순증가액일 수밖에 없는 까닭이다.[79] 발생주의란 순자산증가설 내지 포괄적 소득 개념과 논리적 동치이다.

따라서 손익의 귀속시기(歸屬時期)를 어느 해로 할 것인가 하는 문제와 자산·부채의 평가(評價)를 어떻게 할 것인가는 완전히 동일한 문제이다. 예를 들어 어느 회사가 제1기 사업연도 1월 1일에 주주들이 투자한 자본금 100원으로 사업을 시작하여 제1기 종료일 현재 그 회사의 자산이 취득원가 기준으로 200원, 시가 기준으로 300원어치 있고 부채가 50원 있다고 하자. 회사는 이 자산을 제2기 초에 시가 300원에 매각했다. 이 경우 제1기의 소득은 얼마인가? 제1기 소득의 금액은 자산의 가치를 원가로 따질 것인가 시가로 따질 것인가에 달려 있다. 자산을 원가 200원으로 평가한다면 부채 50원을 뺀 기말의 순자산은 150원이 되고, 제1기의 소득은 50원. 자산을 시가 300원으로 평가한다면 순자산이 250원이 되고, 제1기의 소득은 150원. 결국 제1기 종료일 현재 자산을 원가(原價)로 평가한다는 말은 자산가치상승액 100원은 아직 익금산입시기에 이르지 않았다는 말과 같다. 한편 제1기 말 현재 자산을 시가(時價)로 평가한다는 말은 자산가치상승액의 익금산입시기가 제1기라는 말과 같다.[80]

현행법에서 각 사업연도의 소득은 각 사업연도에 속하는 익금에서 각 사업연도에 속하는 손금을 뺀 차액이다. 포괄적 소득개념으로 현금이 아니라 순자산(純資産)이나 부(富)가 얼마나 늘었나를 묻는 것이지만 시가평가는 아니다.[81] 법인세법은 "손익의 귀속시기"라는 제목 아래 크게 보아 세 가지 기준을 내놓고 있다.[82]

첫째, 익금과 손금의 귀속사업연도는 익금과 손금이 확정(確定)된 날이 속하는 사업연도로 한다.[83]

---

76) INDOPCO, INC v. CIR, 503 US 79(1992).

77) 법인세법 제14조 제1항.

78) 제7장 제5절.

79) 법인세법 제15조 제1항, 제19조 제1항. 대법원 2003. 5. 27. 선고 2001두5903 판결.

80) 대법원 1998. 2. 27. 선고 96누17011 판결.

81) 법인세법 제14조, 제15조 제1항, 제19조 제1항. 용례의 혼선으로 발생주의라는 말을 시가평가라는 뜻으로 쓴 글도 있다.

82) 소득세법에도 같은 내용이 들어 있다. 소득세법 제39조.

둘째, 자산·부채는 당초의 취득原價로 평가하되,[84] 법에 정한 경우에는 예외적으로 다른 가액으로 평가할 수 있다.[85] 예를 들어 재고자산은 원가와 시가 가운데 낮은 편의 가액으로 평가할 수 있다.[86]

셋째, 납세의무자가 손익의 귀속시기나 자산·부채의 평가에 관해 일반적으로 공정·타당하다고 인정되는 기업회계(企業會計)의 기준을 적용하거나 관행을 계속적으로 적용하여 온 경우에는 원칙적으로 그런 기준이나 관행에 의한다.[87]

복식부기의 구조상, 손익의 귀속시기(時期)라는 문제는 자산(資産)·부채(負債)의 인식 및 평가의 문제로 표현할 수도 있다. 법인세법은 소득을 익금과 손금의 차액으로 정의하는 손익법체계를 따르고 있으므로, 원칙적으로는 어느 손익의 귀속시기는 어느 사업연도로 한다는 식의 규정을 두고 있다.[88] 이리하여 법은 자산의 판매손익, 용역제공의 손익, 이자소득, 임대료 등의[89] 손익에 대한 귀속時期를 정하고 있다. 또 법령이 자산의 평가차익,[90] 자산수증익,[91] 채무면제익 및 채무상환익,[92] 특수관계인에게서 유가증권을 싸게 매입한 차액[93] 따위를 익금의 범위 속에 넣고 있는 조문도 사실은 손익의 귀속時期 내지 과세時期에 관한 규정이다. 의제배당에 관한 규정[94]도 마찬가지. 이들을 익금으로 본다는 명문의 규정이 없어도 순자산의 증가가 있는 이상 언젠가는 과세될 익금임은 분명하다. 결국 위 규정들은 익금의 유형별로 언제가 귀속시기인가를 적극적으로 정한 특칙들이다.[95] 다른 한편 법은 곳곳에서 資産·負債의 분류 체계 및 평가에 관한 규정을 두고 있기도 하다. 원래 기업이 장부나 재무상태표에 자산을 어떻

83) 법인세법 제40조 제1항; 소득세법 제39조 제1항.

84) 법인세법 제42조 제1항 본문 및 제41조 제1항; 소득세법 제39조 제2항 및 같은 법 시행령 제89조 제1항.

85) 법인세법 제42조; 소득세법 제39조 및 같은 법 시행령 제91조 내지 제93조.

86) 법인세법시행령 제74조 제1항 제2호; 소득세법시행령 제91조 제1항 제2호 및 제92조 제1항 제2호.

87) 법인세법 제43조; 소득세법 제39조 제5항.

88) 법인세법 제40조 제1항; 소득세법 제39조 제1항.

89) 법인세법시행령 제68조-제71조.

90) 법인세법시행령 제11조 제4호.

91) 법인세법시행령 제11조 제5호; 소득세법시행령 제51조 제3항 제4호. 상속세법상의 증여의제 규정은 법인세법에는 해당이 없다. 대법원 2002. 6. 11. 선고 2001두4269 판결.

92) 법인세법시행령 제11조 제6호; 소득세법시행령 제51조 제3항 제4호.

93) 법인세법 제15조 제2항 제1호. '특수관계 있는 개인으로부터 유가증권을 시가에 미달하는 가액으로 매입하는 경우 당해 매입가액과 시가와의 차액'은 그 본질은 차액 상당의 증여로서(대법원 1995. 7. 28. 선고 94누3629 판결 참조) 원래부터 수익의 개념에 포함될 수 있는 것이므로, 시행령의 규정이 법인세법 소정의 수익의 범위를 벗어났거나 구 법인세법의 위임 없이 수익의 범위를 확장했다는 이유로 무효라고 할 수 없다. 대법원 2003. 5. 27. 선고 2001두5903 판결.

94) 법인세법 제16조; 소득세법 제17조 제2항. 제14장 제3절 Ⅲ, 제4절 Ⅳ, 제5절 Ⅳ, 제15장 제3절 Ⅱ, 제16장 제4절.

95) 대법원 2021. 8. 12. 선고 2018두34305 판결.

게 분류하고, 그 가액을 얼마로 적는가는 세법이 상관할 바 아니다.[96] 법이 자산·부채의 평가(評價)에 관한 규정을 둔 것은 자산·부채의 인식 여부 및 가액의 평가가 특정되면, 그에 따라 손익의 금액이 특정되는 까닭이다.[97] 자산·부채의 인식, 분류 및 평가에 관한 법인세법의 규정들은 재무상태표의 표시방법에 상관하려는 것이 아니고, 손익의 귀속시기를 자산·부채의 평가라는 형식으로 정해 두고 있는 것이다. 자산의 취득가액[98]과 자산·부채의 評價에[99] 관한 법률 규정의 구체화로 명령은 재고자산,[100] 유가증권,[101] 화폐성 외화자산 및 부채[102] 따위에 관한 評價방법을 정하고 있다.

2. 취득가액

법은 과세기간 동안의 소득 내지 순자산증가액의 계산에서 자산·부채를 원칙적으로 취득원가(取得原價)로 평가하도록 정하고 있다.

> 법인세법 제41조 (자산의 취득가액) ① 내국법인이 매입·제작·교환 및 증여 등에 의하여 취득한 자산의 취득가액은 다음 각 호의 구분에 따른 금액으로 한다.
>
> 1. 타인으로부터 매입한 자산(대통령령으로 정하는 금융자산은 제외한다): 매입가액에 부대비용을 더한 금액…
>
> 2. 자기가 제조·생산 또는 건설하거나 그 밖에 이에 준하는 방법으로 취득한 자산: 제작원가(制作原價)에 부대비용을 더한 금액
>
> 3. 그 밖의 자산: 취득 당시의 대통령령으로 정하는 금액

취득가액은 매매 따위 유상(有償)계약이라면 실제로 취득하는 데 들어간 원가이다.[103] 아래 제3절 III.2. 무상(無償) 취득으로 자산수증익에 소득세·법인세를 내거나 증여세 과세대상이라면 취득 당시의 시가가 취득가액.[104] 무상주의 취득가액은 액면가

96) 대법원 2014. 3. 13. 선고 2013두20844 판결.

97) 그러나 역으로 손익이 특정된다고 해서 자산·부채의 인식 여부 및 가액이 특정되는 것은 아니다. 곧 기업회계의 모든 문제가 다 세법의 관심사가 되는 것은 아니다.

98) 법인세법 제41조, 같은 법 시행령 제72조.

99) 법인세법 제42조.

100) 법인세법시행령 제74조.

101) 법인세법시행령 제75조.

102) 법인세법시행령 제76조.

103) 대법원 2020. 12. 10. 선고 2018두56602 판결(신주 취득가액). 미국세법 제1012조. 지급이자가 취득원가에 들어가는 범위는 제21장 제1절 II. 취득세는 제12장 제2절 13, 제21장 제1절 III. 취득원가의 시간개념에 관하여는 이 장 제3절 IV, 제21장 제1절 I 참조. 투자세액공제에서 '투자'는 취득보다 좁은 개념. 대법원 2025. 8. 14. 선고 2025두32946 판결.

104) (차) 자산 ×× (대) 자산수증익 ××. 법인세법시행령 제72조 제2항 제8호. BEFIT(Business in Europe: Framework for Income Taxation), 제24조 제2항. 증여세 과세에 따른 step-up은 제12장

액. 제14장 제3절 Ⅲ. 취득이란 자산이 수익을 낳을 수 있는 상태에 들어가는 시점을 말한다.[105)]

자산의 無償취득으로 생기는 순자산증가액은 그 자산의 가치(시가)이므로 시가상당액이 바로 익금이고 같은 금액이 취득가액.[106)] 유상취득이더라도 당사자가 거래가격을 조작하여 매매 따위의 겉모습 속에 일부증여를 숨기고 있는 경우에는, 법적 실질에 따라 증여에 해당하는 가액은 바로 익금이 된다.[107)] 거래가격이 일상적 시세보다 싸다 하여 반드시 일부증여인 것은 아니다. 당사자가 선의의 협상으로 합의한 가격이라면 그 가격이 바로 시가인 까닭이다.[108)] 적어도 실체법에서는 일부증여와 매매의 구별은 오로지 계약당사자의 의사에 달려 있을 뿐. 특수관계 없는 자 사이의 거래가격은 그 자체가 시가라 추정하여야 하고, 두 당사자가 거래가격을 조작했다는 사실은 행정청이 증명하여야 한다. 특수관계인 사이라면 일응의 시가와 거래가격이 다름을 행정청이 증명한다면, 그럼에도 불구하고 거래가격이 시가라는 점을 납세의무자가 증명하여야 한다.[109)] 시가가 분명한 유가증권,[110)] 가령 시가 10억원인 상장주식을 8억원에 샀다면 거래가격이 시가라는 말은 애초 성립할 수가 없다. 현금 10억원을 현금 8억원에 산 것과 같으니 2억원을 증여받았을 뿐.[111)]

일반화한다면 자산의 취득가액(取得價額), 영어로 basis가 생기는 것은 나든 남이든 누군가가 그 금액만큼 세금을 내었기 때문이다. 노무의 대가로 또는 무상으로 재산을 받는 경우를 생각해 보면 된다. 과세소득이 생기는 금액만큼 취득가액이 생기는

제2절 10.

105) 대법원 2011. 7. 28. 선고 2008두5650 판결; 2012. 12. 13. 선고 2012두11393 판결(교환으로 취득하는 자산의 취득시기는 실질적 처분권이 생기는 시기).

106) 법인세법 제15조 제1항; 법인세법시행령 제11조 제5호. 대법원 2024. 5. 30. 선고 2024두34818 판결(심불). 이 말은 법인이나 사업자가 받는 증여에만 해당한다. 사업자가 아닌 개인이 받는 상속이나 증여는 소득이 아니다. 법인세법시행령 제11조 제5호, 제6호; 소득세법시행령 제51조 제3항 제4호. 미국법은 제12장 제2절 9.

107) 대법원 2003. 5. 27. 선고 2001두5903 판결.

108) 대법원 2011. 7. 28. 선고 2008두21614 판결. CIR v. LoBue, 351 US 243, reh'g denied, 352 US 859 (1956). 유럽법 용례로는 value란 subjective하다고.

109) 정상적인 거래에 의하여 형성된 객관적 교환가격이 없다면 공신력 있는 감정기관의 감정가액도 시가로 볼 수 있고, 그렇게 하여서도 시가의 산정이 어려운 경우에는 보충적으로 시가에 갈음하여 객관적이고 합리적인 방법에 따라 가액을 평가하여야 한다. 이 경우 부당행위계산의 부인에 관한 규정을 유추적용할 수 있다. 대법원 2003. 10. 23. 선고 2002두4440 판결; 2007. 12. 13. 선고 2005두14257 판결.

110) 대법원 2015. 8. 27. 선고 2012두16084 판결(평가기준일의 거래소 종가). 유가증권의 뜻은 제5절 III. 1.

111) 익금 간주가 아니라 순자산증가액으로 당연한 익금. 법인세법 제15조 제2항 제1호. 대법원 2003. 5. 27. 선고 2001두5903 판결; 2024. 5. 30. 선고 2024두34818 판결(심불). 매도인이 법인인 경우에도 시가가 있는 유가증권이라면 시세차액을 자산수증익으로 보아야 한다.

것.[112] 무상주의 basis가 액면가액인 것도 액면가액을 소득으로 잡아 세금을 내기 때문이다. 제14장 제3절 Ⅲ. 4. 노무의 대가로 현금을 받고 그 현금으로 다른 재산을 사더라도 과세소득만큼 재산의 취득가액이 생기는 것은 마찬가지. 다른 사람이 이미 소유하고 있던 재산을 사들인다면 매도인(賣渡人)에게 속하던 basis에 매도인의 양도차익을 더한 금액이 매수인(買受人)의 basis가 된다. 어떤 이유로든 賣渡人에게 양도차익을 과세하지 않는다면 그에게 속하던 basis가 그대로 買受人에게 넘어오게 된다.

가령 기업구조조정에 의하여 넘겨받은 자산의 취득가액은 넘겨주는 법인의 취득가액(미상각잔액)에 기업구조조정과정에서 과세한 미실현이득의 금액(＝양도차익)을 더한 것이어야 한다. 현행법은 취득가액을 적격합병 등의 경우에는 피합병법인 등의 장부가액으로, 비적격 합병 등의 경우에는 시가로 정하고 있다. 마찬가지로, 기업구조조정 과정에서 주주가 받는 주식의 취득가액 또한 적격 여부에 따라 적격이면 종전의 장부가액이고, 비적격이면 시가.[113] 제15장 및 제16장. 사업용 자산의 교환은 제21장 제4절 III.

3. 자산 · 부채의 평가

> 법인세법 제42조 (자산 · 부채의 평가) ① 내국법인이 보유하는 자산과 부채의 장부가액을 증액 또는 감액(감가상각은 제외하며, 이하 이 조에서 "평가"라 한다)한 경우에는 그 평가일이 속하는 사업연도와 그 후의 각 사업연도의 소득금액을 계산할 때 그 자산과 부채의 장부가액은 평가 전의 가액으로 한다…

장부가액이란 자산의 취득가액에 자본적지출 자산평가증 등을 가산하고 감가상각이나 평가손실 등을 차감한 해당 자산의 잔액을 말한다.[114] 순자산증가액 계산을 위한 자산 · 부채의 평가를 지나간 과거에 들어간 취득원가로 한다는 것을 '역사적 원가(原價)주의'라고 부른다. 자산 · 부채를 역사적 원가로 평가한다는 말은 어떤 자산이나 부채를 가지고 있는 동안 값이 올라서 생긴 이득(미실현이득[115])이나 값이 떨어져서 생긴 손실(미실현손실)은 소득계산에 반영하지 않는다는[116] 뜻. 바꾸어 말하면 발생주의

112) 대법원 1992. 11. 10. 선고 92누4116 판결(이익준비금의 자본전입으로 받는 무상주); 2007. 11. 15. 선고 2007두5172 판결(스톡옵션), 제11장 제2절 V.4., 제14장 제3절 Ⅲ.

113) 법인세법시행령 제72조 제2항. 추가로 더 드는 부대비용은 취득가액에 얹는다. 대법원 2014. 3. 27. 선고 2011두1719 판결. 기업구조조정 과정에서 주식을 받는 행위가 부당행위에 해당하는 경우에는 특칙이 있다. 제22장 제3절 Ⅶ 참조.

114) 기업회계상의 장부가액이 아니다. 대법원 2013. 5. 23. 선고 2010두28601 판결.

115) 기업회계에서는 미실현이익이라는 말을 쓰지만, 종래 판례의 용례를 따라 미실현이득이라고 적기로 한다. 헌법재판소 결정례에서는 두 가지 용례가 혼재한다.

116) 비영리법인이 목적사업에서 수익사업으로 자산을 옮겼더라도 마찬가지. 대법원 2017. 7. 11. 선고 2016두64722 판결.

의 적용방식으로 자산·부채의 가치가 변동하여 생긴 손익은 그런 손익의 실현시점 내지 자산이나 부채가 처분되는 시점에 가서야 비로소 소득에 반영한다는 말이다. 이것을 '실현(實現)주의'라 일컫는다.[117] 실현주의와 역사적 원가주의는 동전의 앞뒷면이다.

> 법인세법이 자산의 평가손익을 원칙적으로 과세에 반영하지 않는 것은, 원래 자산의 평가손익이란 본질적으로 미실현 이익 내지 손실로서 유동적 상태에 있어 확정적인 것이 아니고, 미실현 손익에 대하여 과세하기 위해서는 과세기간 말 현재 자산의 시장가치를 정확하게 평가(評價)하여야 하는데, 과세대상에 해당하는 모든 자산을 객관적·통일적으로 파악·평가하기는 과세기술상 거의 불가능하기 때문이다. 또한 만약 그와 같은 평가손익을 손금 또는 익금으로 산입하는 것을 원칙적으로 허용하게 되면, 과세소득의 자의적인 조작수단으로 악용될 여지가 있어 이를 방지할 정책적인 필요도 있고, 경우에 따라 자산가치의 상승이 있다고 하여 원칙적으로 익금산입을 무제한하게 허용하게 되면 그에 대한 불필요한 조세저항을 부를 우려조차 있다.
>
> 그리하여 법인세법은 원칙적으로 자산의 평가차익을 익금으로 산입하지 않는 것과 마찬가지 이유로 자산의 평가차손을 손금으로 산입하지 않고 있는 것이다. … 법인세법에서는 … 시가법을 적용하지 아니하고 원칙적으로 원가법만을 인정하여 … 처분 등 거래가 이루어지는 시점에서 그 '實現 손익'을 익금 또는 손금에 반영하도록 하고 있다.[118]

> 법인세법 제42조 (자산·부채의 평가) ① …각 사업연도의 소득금액을 계산할 때 그 자산과 부채의 장부가액은 평가 전의 가액으로 한다. 다만, 다음 각 호의 어느 하나에 해당하는 경우에는 그러하지 아니하다.
>
> 1. 「보험업법」이나 그 밖의 법률에 따른 유형자산 및 무형자산 등의 평가(장부가액을 증액한 경우만 해당한다)
>
> 2. 재고자산(在庫資産) 등 대통령령으로 정하는 자산과 부채의 평가
>
> ③ 제1항…에도 불구하고 다음 각 호의 어느 하나에 해당하는 자산은…그 장부가액을 감액할 수 있다.
>
> 1. 재고자산으로서 파손·부패 등의 사유로 정상가격으로 판매할 수 없는 것
>
> 2. 유형자산으로서 천재지변·화재 등…사유로 파손되거나 멸실된[119] 것

117) 법령에서 쓰는 말이 아니라서 생긴 용례의 혼선으로 발생주의라는 말을 순자산의 시가평가라는 뜻으로 쓰는 사람도 있다. 이 비전통적 용례에서는 실현주의는 발생주의의 하위개념이 아니고 서로 대립하는 개념이 된다. 미국법의 용례로 발생주의와 현금주의는 미국세법 제446조.

118) 헌법재판소 2007. 3. 29. 2005헌바53 등 결정.

119) 폐기를 포함. 대법원 2025. 2. 7. 선고 2023두37544 판결. BEFIT 제28조 제1항.

3. …주식등으로서 해당 주식등의 발행법인이 다음 각 목의 어느 하나에 해당하는 것

가. 부도가[120] 발생한 경우

나. 「채무자 회생 및 파산에 관한 법률」에 따른 회생계획인가의 결정을 받은 경우

다. 「기업구조조정 촉진법」에 따른 부실징후기업이 된 경우

라. 파산한[121] 경우

미실현이득이나 미실현손실을 과세소득에 바로 반영하는 수도 있다. 첫째, 법은 미국식 용어로 保守주의 내지 유럽식 용어로 愼重性(prudence)의 원칙을 따라 일정한 경우에는 저가(低價)주의를 택하고 있다. 보수주의 내지 신중성의 원칙이란 불확실한 때에는 소득을 되도록 줄여 잡는 방향으로 계산하자는 생각을 말한다. 자산의 가치를 원가와 시가 가운데 낮은 쪽으로 매기자는 低價주의가 대표적 예이다. 아래 제5절 V.3. 예를 들어 재고자산은 원가와 시가 가운데 낮은 편의 가액으로 평가. 미실현이득은 안 잡고 미실현손실만 떨어낸다. 법에 정한 일정한 평가손은 감액할 수 있다. 그 밖에, 자산의 처분 전에 손비로 떨 수 있다는 점에서는 감가상각(減價償却)이나 대손(貸損)충당금도 실현주의의 예외가 된다. 한 해를 넘는 기간에 걸쳐 사용하는 고정자산은 취득원가의 일부를 해마다 감가상각한다.[122] 아직 소멸하지 않은 채권금액의 일정비율을 미리 평가감하여 대손충당금을 손금산입할 수 있다. 이런 평가감이나 감가상각은 외부거래가 없으므로 손금산입할 금액은 해당 사업연도의 손비로 계상하여 결산으로 확정한 금액이다.[123] 고정자산에 관련하여 손금산입할 수 없는 지출이나 평가손(손상차손)을 손금계상한 경우에는 감가상각에 포함해서 손금산입 한도를 계산한다.[124]

둘째, 자산부채를 아예 바로 시가(時價)로 평가하는 경우가 있다. 아래 제4절 VII. 현행법의 예로는 외화(外貨)로 표시된 채권이나 채무처럼 환율의 변동에 따라 자산부채의 가치가 바뀌는 것(화폐성 외화자산이나 부채)에 대해서 납세의무자가 각 사업연도 종료일 현재의 환율로 평가하겠다고 관할세무서장에게 신고한 경우 그 평가손익을

120) 헌법재판소 2007. 3. 29. 2005헌바53 등 결정(조직변경∉부도).

121) 대법원 2014. 12. 24. 선고 2014두40791 판결(사실상의 파산∈파산).

122) 법인세법 제23조; 소득세법 제33조 제1항 제6호. 법인세법 제42조 제3항 제2호에서 '유형자산'이란 유형인 자산이라는 뜻이 아니고, 그런 자산 가운데 1년 이상 사업에 사용할 토지, 건물, 기계장치 등이라는 뜻이다. 국제회계기준을 이상하게 번역한 기업회계의 용례. 이하 덜 헷갈리도록, 법을 직접 인용하는 부분이 아니라면 종래의 용어대로 고정자산이나 유형고정자산이라는 말을 그대로 쓰기로 한다.

123) 법인세법 제42조 제3항, 제23조 제1항, 제34조 제1항. 아래 제5절 VII.

124) 대법원 2014. 3. 13. 선고 2013두20844 판결. 법인세법시행령 제31조.

각 사업연도의 소득에 바로 반영한다.[125] 투자회사 등이 보유한 집합투자(集合投資)재산도 시가로 평가한다.[126]

4. 순자산증감액의 객관적 파악과 예외

각 사업연도 소득의 금액이란 법에 따라 순자산의 증감액을 객관적으로 계산한 금액이다. 순자산의 증감이라는 객관적(客觀的) 사실이 어느 해에 일어났는가를 묻는 것이므로 납세의무자가 어느 해분이라고 신고했나와는 원칙적으로 무관하다. 가령 납세의무자가 신고한 01년과 02년의 소득이 각 200 - 100 = 100원, 250 - 100 = 150원인데 법에 따라 계산한 소득이 각 200 - 150 = 50원, 250 - 50 = 200원이라면? 01년분은 납세의무자가 빠뜨린 손금 50원을 증액하여 소득을 50원 감액경정하고 02년분은 손금을 50원 감액하여 소득을 50원 증액경정한다. 다만 대외적 거래로 확정되는 것이 아니고 감가상각이나 자산평가감 같은 내부적(內部的) 사건에서 생기는 순자산감소는 객관적 금액이 따로 없으니 손익계산서(損益計算書)에 반영해서 상법에 따라 확정한 금액만을 손금으로 인정한다. 아래 제5절 VII. 가령 위 차이 50원이 가지고 있는 주식을 발행한 회사의 파산에서 생기는 주식평가손이라고 하자. 주식발행 법인이 01년에 파산해서 평가감할 수도 있었는데,[127] 납세의무자가 01년에는 평가감을 안 했다. 02년에 평가감해서 신고할 수 있는가? 없다. 왜? 파산이라는 객관적인 요건사실이 01년에 일어났으니까. 그렇다면 01년 소득은 감액경정할 수 있겠지? 못 한다는 것이 판례. 파산이라는 사실이 01년에 일어난 것은 맞지만 그해에 "장부가액을 감액"한다는[128] 다른 요건을 못 갖췄다는 것.[129]

V. 자산 · 부채의 개념과 자본 · 자기자본

이상의 논의에서, 소득 개념의 구성요소인 자산 부채라는 말이 반드시 재산이나

---

125) 법인세법 제42조 제1항 제2호; 같은 법 시행령 제76조 제2항. 국외지점을 둔 경우에는 계속적 영업이라는 성격 때문에 환율 적용 규칙이 다르다. 법인세법 제53조의3, 같은 법 시행령 제91조의5. 상세는 제17장 제3절 Ⅳ. 미국세법 1256조(mark-to-market)는 거래소에서 거래되는 외화나 금융상품에만 적용된다. 다른 외환거래는 시가평가여부가 납세의무자 임의이다. 미국재무부 규칙(안)1.988-5(f). 투기가 아닌 한 외환거래의 손익은 원칙적으로 경상손익이다. 미국세법 988조(a)(1).

126) 법인세법 제42조 제1항 제2호; 같은 법 시행령 제75조 제3항. 아래 제4절 VII, 제11장 제4절 I.5.

127) 법인세법 제42조 제3항 제3호(가).

128) 법인세법 제42조 제3항. 감액이란 같은 금액을 손비로 떤다는 뜻. 법인세법시행령 제78조 제3항.

129) 대법원 2003. 12. 11. 선고 2002두7227 판결. 제6장 제3절 I. 결국 주식을 처분하거나 회사소멸로 주식이 사라지는 시점에 가서야 손금산입 가능. 아래 제3절 II.

채무라는 민사법적 개념과 일치하지 않음을 느꼈으리라. 인건비로 지출한 돈이 재고자산의 원가에 들어간다거나 선급비용이 자산이 된다거나, 제품개발에 들어간 돈을 자산에 넣는다거나, 이처럼 '財産'이라고 말하기 어렵지만 자산(資產, asset, Wirtschaftsgut)의 개념에 들어가는 것들이 있다. 부채라는 말도 반드시 債務는 아니다. 가령 장차 종업원이 퇴직하는 경우 주어야 할 퇴직금 예상액을 負債로 잡는다. 자산 부채라는 말은 결국 소득 내지 부의 증가액을 계산하기 위한 도구개념이므로, 거래의 객체를 정하기 위한 민사법 개념과 반드시 같아질 수가 없다. 기업회계도 재산이나 채무 대신 자산부채라는 개념을 쓰지만, 세법과 목적이 다르니 개념도 똑같지는 않다. 제5절 III.

법인세법에 나오는 자본(資本)이라는 말이 기업회계기준서의 자본 곧 equity라는 주장이 있지만 상법의 資本(金) 개념에 맞추어 읽어야 맞다. 애초 국제회계기준의 equity를 자본으로 옮긴 것이 마땅치 않다. 독일어판에서는 자기자본(Eigenkapital)이라고 옮기고 있고 일본어판에서는 지분(持分)이라고 옮기고 있다. 우리 기업회계기준서에서는 자본과 지분을[130] 섞어 쓰고 있다. 미국법이나 재무회계 문헌에서 capital이라는 말은 대체로 자산이라는 뜻이다. 자본화라 직역하는 capitalization이나 자본적 지출이라고 직역한 capital expenditure가 바로 그 뜻이다. 제7장 제5절 1, 제18장 제2절 III, 제21장 제2절 I.2.

제 2 절 익금의 귀속시기: 실현의 법적 평가

제8장에서 보았듯 실현주의는 본질적으로 소득세의 공평이념과 어긋난다. 제8장 제1절 I. 그럼에도 불구하고 근대법제는 실현주의를 택한다. 왜? 작게는 세무행정, 크게는 공평과 맞서는 가치인 자유 때문이다. 대부분의 물건은 막상 팔기 전에는 시가란 없다. 혹시 있더라도 확인할 길이 없다. 제9장 제1절 II. 일단 실현주의를 택하는 이상 문제는 "실현"이라는 개념에 어떤 내용을 담을 것인가이다. 근대 소득세제는 실현이라는 개념을 어떻게 정의하게 되었고 왜 그렇게 되었을까?

I. 실현(實現)주의의 형성

소득이란 실현되어야 소득이라고 말한다면, "實現"이라는 말은 무슨 뜻인가? 경

130) 지분이란 여럿 가운데 각자의 몫(share)이라는 뜻이다. 제14장 제4절. equity란 원래 잔여액이나 순액(純額) 정도의 뜻이고, 이 책에서는 자기자본으로 옮긴다.

제적 관점에서는 소득이란 기업의 생산활동이 진행됨에 따라 차츰 느는 것이지만, 실현주의는 가치증가분의 소득산입을 억눌러서 미루어 두었다가 실현을 계기로 그 동안 쌓인 가치증가분을 간헐적으로 소득에 넣는 것이다.[131] 그렇다면 무엇을 소득 인식의 계기로 삼을 것인가? 실현주의에서 실현 그 자체에 대한 정의가 나오지는 않는다. 실현주의란 미실현손익은 아직 소득계산에 반영하지 않는다는 말일 뿐. 그렇다면 "실현"이란 무엇인가, 실현시기는 어떻게 정의할 것인가?

근대 세제는 실현 개념을 권리의무(權利義務)라는 법적 기준으로 정의하게 되었다. 실현주의를 회계관행에서 온 것이라고 생각하는 사람들이 있지만 어섯눈. 우리나라에서는 법률적 기준에 따른 손익귀속시기가 기업회계의 관행과 다르다는 비판을 기업회계 쪽에서 강하게 내세우고 또 우리 현행법은 그 비판을 받아들여 기업회계를 존중하라는 규정도[132] 두고 있으나, 지난 역사에서 실현시기를 법률적 기준으로 정한 것은 너무나 당연. 세법 판례와 법령이 실현을 과세시기를 정하는 기준으로 삼기 시작한 19세기 말 20세기 초 당시 기업회계에는 아직 실현주의가 자리잡지 못했고, 따라서 실현이라는 말이 무엇을 뜻하는가에 대한 통일적 기준을 기업회계에서 얻을 길이 없었으니. 1930년대 말까지도 미국에서조차 일반적으로 인정된 회계기준이란 없었고, 회계규범을 체계화해 보려는 시도는 몇몇 학자가 개인적 차원에서 내어놓고 있는 정도. 일반적으로 인정된 회계원칙이라 할 만한 내용을 최초로 담은 문서였던 미국 공인회계사회의 Accounting Research Bulletin은 1939년에야 나오기 시작.[133] 21세기에 이르러 국제회계기준에 와서는 기업회계에는 실현이라는 개념이 아예 없고 우리나라 회계학 교과서에도 안 나온다. 아래 제5절 V.

1926년의 *United States v. Anderson* 판결[134]은 1917년에 납부한 1916년분 세금[135]이 1916년의 손금이 되는가를 다루고 있다. 미국 대법원은 "과세기간 동안 소득을 버는 과정에서 생기고 또 그 과정 탓으로 돌릴 수 있는 비용은 [그 과세기간의] 소득에서 공제하여야 한다"라는 수익(收益)·비용(費用) 대응의 원칙을 밝히면서, 이것이 "과학적 회계원칙"이라고 말하고 있다.[136] 쟁점 세금의 손금산입시기에 대해서는 법원

---

131) 독일식 표현으로는 Wertsprung 곧 가치가 껑충 뛴다고 말한다. Robert Winnefeld, *Bilanz Handbuch* (1997), E 90문단, 576쪽. 소득은 생산이 낳는 것이고 처분으로 '실현'된다는 말은 Marx에서 비롯하는 듯.

132) 법인세법 제43조; 소득세법 제39조 제5항. 제3장 제2절. 대법원 1998. 6. 23. 선고 98도869 판결↔Thor Power Tool Co. v. Commissioner, 439 U.S. 522(1979). 이창희, 법인세와 회계(2000), 187쪽.

133) 기업회계가 실현주의를 택한 것은 기실 세법의 영향이다. 아래 제5절 V. 이창희, 같은 책, 98-101쪽.

134) 269 US 422(1926).

135) 이 사건의 세금인 munitions tax는 탄약 생산업자들에게 부과된 것으로 매년 탄약의 생산량에 따라 부과되었고, 납기는 그 해 말로부터 몇 달 뒤였다.

은 비록 1916년 말까지 세금을 납부하지는 않았지만 "세금의 금액을 확정하고 납세의무자에게 그런 채무가 있음을 확정함에 필요한 모든 요건이 충족되었으니" 1916년분 손금이라고 판시했다.[137)]

Anderson 판결 이후 몇십 년의 세월에 걸쳐 판례는 두 가지 요소로 실현개념을 정의했다.

첫째는 돈을 받을 권리(權利)의 확정(確定). 예를 들어 1934년의 *Spring City Foundry Co. v. Commissioner.*[138)] 판결은 "익금산입 여부의 결정은 실제로 [돈을] 받았는가가 아니라 받을 '권리'[139)]에 달려 있고, 일정 금액을 받을 권리가 확정될 때 권리는 발생한 것이다"라고 판시하여 권리의 확정이라는 기준을 세우고 있다. 여기에서 권리의 확정이란 계약내용 내지는 법률관계가 확정되어 권리가 성립(成立)되었다는 것만으로는 충분하지 않다.[140)] 권리의 확정이란 권리의 목적(目的)의 실현가능성이 매우 높아진다는 사실판단이다. 권리가 확정되었는지의 판단에 있어서는 계약의 성질, 당사자의 합의, 용역을 제공했거나 물건을 인도한 시기,[141)] 정지조건이나 해제조건이 있는지, 권리의 존부(存否)에 관해 다툼이 있는지 등 여러 요소가 고려되어야 한다.[142)] 권리가 있는지 다툼이 있는 동안은 소득은 발생하지 않은 것으로 보고,[143)] 채권이 있음이 채무자의 인락(認諾)이나 법원의 판결로 확정되어야 소득이 생긴 것으로 본다.[144)] 정부의 인허가 기타 제3자의 승인을 정지조건으로 하는 권리는 그런 승인이 있어야 소득이 생긴다.[145)] 해제조건부 권리는 권리의 발생시점에 소득이 생긴다.[146)]

둘째는 익금 금액(金額)의 예측가능성(豫測可能性). 단순한 추정치가 아니고 금액을 합리적으로 예측할 수 있어야 실현되었다고 할 수 있다.[147)] 이미 급부를 했더라도 받을 대가를 나중에 합의하기로 한 경우에는 아직 소득이 생겼다고 할 수 없다.[148)] 금액에 대한 다툼이 있는 경우에도 소득이 생겼다고 할 수 없다.[149)] 그러나 대가를 특정

136) 269 US 422(1926), 422쪽.
137) 269 US 422(1926), 441쪽.
138) 292 US 182(1934).
139) 판결 원문에 있는 강조임.
140) Lucas v. North Texas Lumber Co., 281 US 11(1930).
141) 선수수익에 대해서는 제8장 제1절 4.
142) North Am. Oil Consol. v. Burnet, 286 US 417(1932).
143) Continental Tie & Lumber Co., v. United States, 286 US 290(1932) 등.
144) United States v. Safety ar Heating and Lighting Co., 297 US 88(1936) 등.
145) Mutual Tel. Co. v. United States, 204 F.2d 160(9th Cir. 1953) 등.
146) North Am. Oil Consol v. Burnet, 286 US 417(1932); Charles Schwab Corp. v. CIR, 528 US 822 (1999). 권리주장원칙(claim of rights doctrine)에 대해서는 후술.
147) 대법원 2011. 9. 29. 선고 2009두11157 판결.
148) Globe Corp. v. Commissioner., 20 TC 299(1953), acq. 1953-2 CB 4.

할 수 있는 기준이 이미 정해져 있는 경우에는 아직 구체적 계산을 하지 않았더라도 소득은 발생한 것으로 본다.[150] 수익에 대응하는 비용이 확정되지 아니했더라도 수익이 확정되면 수익은 익금이 된다.[151]

1957년 위 판례의 내용을 정리하여 조문화한 재무부 시행규칙은 "발생주의 회계하에서 소득의 익금산입시기는 소득을 받을 권리를 확정하고 소득의 금액을 합리적으로 정확하게 예측할 수 있게 하는 모든 요건이 만족된 때로 한다"라고 정하고 있다.[152] 영어로는, 모든 요건의 확정이라는 이 기준을 all events test라고 부른다. 지금은 법률로 넘어와서 제451조(c).

Ⅱ. 권리확정(確定)주의?

1. '확정된 날'=법적 기준

법인세법 제40조 제1항은 "각 사업연도의 익금과 손금의 귀속사업연도는 그 익금과 손금이 確定된 날이 속하는 사업연도로 한다"[153]라고 정하고 있다. 이 말을 '손익확정주의'라고 부른다.[154] 확정된 날이 언제인가에 대해서는 판례는 실현주의라는 말 대신 '權利確定主義'라는 용어를 쓰면서[155] 이 말을 다음과 같이 새기고 있다.

> 법인세법 제40조 제1항은 … 현실적으로 소득이 없더라도 그 원인이 되는 권리가 확정적으로 발생한 때에는 그 소득이 실현된 것으로 보고 과세소득을 계산하는 이른바 권리확정주의를 채택하고 있다. 이러한 권리확정주의란 소득의 원인이 되는 권리의 확정시기와 소득의 실현시기와의 사이에 시간적 간격이 있는 경우에는 과세상 소득이 실현된 때가 아닌 권리가 확정적으로 발생한 때를 기준으로 하여 그때 소득이 있는 것으로 보고 당해 사업연도의 소득을 산정하는 방식으로, 실질적으로는 불확실한 소득에 대하여 장래 그것이 실현될 것을 전제로 하여 미리 과세하는 것을 허용하는 것이다.[156]

149) US Cartridge Co. v. United States, 284 US 511(1932).
150) Frost Lumber Ind. Inc. v. Commissioner., 129 F.2d 693(5th Cir. 1942).
151) 대법원 2003. 7. 11. 선고 2001두4511 판결. 제8장 제1절 4.
152) 미국재무부 시행규칙 1.451-1조(a).
153) 법인세법 제40조 제1항; 소득세법 제39조 제1항.
154) 대법원 1992. 10. 23. 선고 92누2936 판결 등.
155) 대법원 1998. 6. 9. 선고 97누19144 판결; 1997. 6. 13. 선고 96누19154 판결; 1988. 9. 20. 선고 86누118 판결; 1987. 11. 24. 선고 87누828 판결; 1981. 2. 10. 선고 79누441 판결; 1977. 12. 27. 선고 76누25 판결 등.
156) 대법원 2013. 12. 26. 선고 2011두1245 판결. 논리적 연장으로 대법원 2021. 11. 25. 선고 2019다

> 익금이 확정되었다고 하기 위해서는 소득의 원인이 되는 권리가 실현가능성에서 상당히 높은 정도로 성숙되어야 하고, 이런 정도에 이르지 아니하고 단지 성립한 것에 불과한 단계에서는 익금이 확정되었다고 할 수 없으며, 여기서 소득의 원인이 되는 권리가 실현가능성에서 상당히 높은 정도로 성숙되었는지는 일률적으로 말할 수 없고 개개의 구체적인 권리의 성질과 내용 및 법률상·사실상의 여러 사정을 종합적으로 고려하여 결정하여야 한다.[157]
>
> 소득의 지급자와 수급자 사이에 채권의 존부와 금액에 관하여 다툼이 있어 소송으로 나아간 경우 그와 같은 분쟁이 경위 및 사안의 성질에 비추어 명백히 부당하다고 할 수 없는 경우라면 소득이 발생할 권리가 확정되었다고 할 수 없고 판결이 확정된 때에 권리가 확정된다.[158]

용례문제로 위 판례에서 말하는 實現이라는 말은 여태 써온 실현주의라는 말의 실현이나 앞서 본 헌재 결정례에서 말하는 '실현'과는 뜻이 다르다. 대법원 판례에서 권리의 '실현' 가능성이나 소득의 '실현'이라는 말은 권리(채권)의 목적의 실현, 더 쉽게는 채권을 변제받아서 현금이나 다른 재산을 받는 것이라는 뜻이다. 첫 번째 판례에서는 소득의 실현이라는 말을 목적물의 수입(收入)으로 바꿔 읽고 두 번째 판례에서는 실현가능성을 권리목적의 실현가능성으로 바꿔 읽으면 된다. 아무튼 여태껏 써온 일반적인 용례에 따라 '실현'이라는 말을 실현주의라는 맥락에서 쓴다면[159] 결국 판례가 말하고자 하는 바는 소득의 과세시기(=확정시기=실현시기)는 재산의 양도에 따른 대금채권 내지 노무의 대금채권(代金債權)이라는 권리가 발생(發生)하는 시점에서부터 채권이 변제되어 소멸(消滅)되는(판례의 용례로는 권리의 목적이 실현되는 또는 소득이 실현되는) 시점 사이의 적당한 시점이고, 구체적 사건에서 어느 시점을 실현시기로 볼 것인가는 개개의 구체적인 권리의 성질이나 내용 및 법률상 사실상의 여러 사항을 종합적으로 고려하여 결정해야 한다는 말이다.[160] 권리확정주의에서 말하는 '확정'의 개념을 소득의 귀속시기에 관한 예외 없는 일반원칙으로 단정하여서는 아니되고, 구체적인 사안에 관하여 소득에 대한 관리·지배와 발생소득의 객관화 정도, 납세자금의 확보시기 등까지도 함께 고려하여 소득의 실현가능성이 상당히 높은 정도로

277270 판결(재산세: 대가 받을 권리가 있다면 행사하지 않았더라도 유료사용).

157) 대법원 2011. 9. 29. 선고 2009두11157 판결(구상채권 추정액≠익금); 2013. 5. 24. 선고 2012두29172 판결(폐업 전이라도 폐업보상금 받을 때 과세).

158) 대법원 2018. 9. 13. 선고 2017두56575 판결.

159) 이 용례는 헌법재판소 1994. 7. 29. 92헌바49 결정. 제8장 제1절 Ⅰ. 헌법재판소 2007. 3. 29. 2005헌바53 등(병합) 결정. 국제회계기준 이후 용례의 혼선은 아래 Ⅴ.

160) 권리확정주의에 따른 과세는 위헌이 아니고, 대통령령에 대한 위임도 위헌이 아니다. 대법원 2011. 9. 8.자 2009아79 결정.

성숙·확정되었는지 여부를 기준으로 귀속시기를 판단한다.[161] 결국 권리확정주의란 앞 I의 실현주의 그대로이다. 권리의 발생에서 소멸 사이의 기간 가운데 권리의 성질과 내용 등을 법적(法的)으로 따져 적당한 시점을 소득의 실현시기로 삼는다는 말이다.[162]

소득의 실현시기를 이같이 법적 기준에 터잡아 판단하는 것은 역사에서 당연하고 법정책으로도 맞다. "법인세법이 소득의 기간귀속에 관하여 권리확정주의를 채택하고 있는 연유는 납세자의 과세소득을 획일적(劃一的)으로 파악하여 과세의 공평을 기함과 동시에 납세자의 자의(恣意)를 배제하자는" 것.[163] 위에서 보았듯 권리확정주의라는 말은 실현주의와 대립하는 원칙이 아니다.[164] 실현의 시기를 법적 기준으로 정한다는 당연한 뜻으로[165] 법에서는 두 가지가 같은 말이다.

---

161) 대법원 2019. 5. 16. 선고 2015다35270 판결; 2024. 11. 20. 선고 2022두47629 판결.

162) 가령 i) 개인의 이자소득은 이자를 받기로 한 날이 왔더라도 실제 이자를 받을 수 없다면 과세시기가 도래하지 않았다고 하면서, 법인의 이자소득이나 개인의 부동산소득에 관하여는 이자나 임대료를 받기로 한 날이 온 이상 실제로 돈을 받지 못할 가능성이 높더라도 과세시기가 도래했다고 한다. 헌법재판소 2001. 12. 20. 2000헌바54 결정; 대법원 2000. 9. 8. 선고 98두16149 판결; 2004. 2. 13. 선고 2002두11479 판결; 2005. 5. 26. 선고 2003두797 판결; 2010. 1. 14. 선고 2009두11874 판결; 2012. 6. 28. 선고 2010두9433 판결; 2013. 9. 13. 선고 2013두6718 판결; 2015. 12. 23. 선고 2012두16299 판결(유동화전문회사에서 받을 배당금채권) 등. 부동산소득이나 법인세와 달리 개인의 이자소득에는 사후적 대손이라는 제도(제19장 제4절 I)가 없기 때문이지만 이제는 경정청구가 가능하다. ii) 몰수나 추징은 이미 실현된 소득에 영향을 미치지 않는다는 것으로 대법원 1998. 2. 27. 선고 97누19816 판결; 2002. 5. 10. 선고 2002두431 판결. 몰수나 추징과 경정청구의 관계는 대법원 2015. 7. 16. 선고 2014두5514 판결. 제6장 제1절 IV.4. 종래의 판결로는 대법원 1990. 12. 23. 선고 89누6426 판결. Bittker, McMahon & Zelenak, 39.03[3]절. iii) 보험회사가 보험금을 지급하고 보험계약사 등에 내해 취득하는 구상채권은 수익행위로 인하여 취득하는 채권이 아니라 보험금 비용의 지출과 동시에 그 비용의 회수를 위해 민법 제441조 등에 의해 취득하는 채권에 불과하여 그 실질적인 자산가치를 평가하기 어려우므로 이를 취득한 사업연도에는 그 실현의 가능성이 성숙되었다고 보기 어려운 점, 구상채권 중 과거의 회수율을 기초로 장차 회수될 것으로 추정한 금액 역시 추정치에 불과하여 구상채권을 취득한 사업연도에 그 금액만큼 실현의 가능성이 성숙되었다고 보기 어[렵다]. 대법원 2011. 9. 29. 선고 2009두11157 판결. iv) 선수수익은 제8장 제1절 IV.2.

163) 대법원 1984. 3. 13. 선고 83누720 판결; 1991. 11. 22. 선고 91누1691 판결; 2011. 9. 8. 선고 2009아79 결정; 2017. 3. 22. 선고 2016두51511 판결; 2017. 8. 23. 선고 2017두38812 판결; 헌법재판소 2007. 3. 29. 2005헌바53 결정; 2010. 2. 25. 2009헌바92등 결정.

164) 金子宏, 租税法(제6판, 1997), 245쪽; 임승순, 조세법, Ⅱ부 2편 4장 3절 1; 한만수, 조세법강의, 2편 2장 6절 Ⅱ.3.

165) 역사를 보면 애초 실현주의에 맞먹는 통일적 원칙으로서 권리확정주의란 것이 태어난 적이 없다. "권리의무확정주의"라는 말은 1954년 일본의 회계실무가 및 회계학자들이 제출한 "세법과 기업회계원칙과의 조정에 관한 의견서"에서 비롯한다. 그 당시 일본의 행정해석(所得税法基本通達(昭和26年 直所 1-1))은 소득세법의 해석상 "수입금액이라 함은 수입할 금액을 말하고, 수입할 금액이라 함은 수입할 권리가 확정된 금액을 말한다"고 정하고 있었다. 앞의 의견서는 세법상의 손익귀속시기가 기업회계와 다르다는 점을 비판하는 과정에서 세법상의 귀속시기에 관한 행정해석의 입장을 싸잡아 권리의무확정주의라 이름짓고 있고, 그 뒤 이 용어가 실현주의와 대립하는 원칙이라는 오해

2. 거래유형별 귀속시기 규정은 예시

제19장에서 제22장에 걸쳐 다룰 내용이지만 법은 거래의 유형별로 귀속시기를 개별적으로 정하고 있다. 이런 개별규정은 현행법에서는 대통령령에 들어 있지만 예전에는 법률에 들어 있었다. 그 법적 성격에 대해 판례는 다음과 같이 밝히고 있다.

> 법인세법 제17조 제1항에 의하면 내국법인의 각 사업연도의 익금과 손금의 귀속사업연도는 그 익금과 손금이 확정된 날이 속하는 사업연도로 한다라고 규정하여 손익확정주의를 선언한 다음, 같은 조 제2항 이하에서 거래의 유형 내지 대금의 지급방법에 따라 그 귀속시기를 개별적으로 열거하고 있으나, 이러한 거래유형 등에 따른 세법상의 손익귀속에 관한 규정은 현대사회의 다종다양한 모든 거래유형을 예측하여 그 자체 완결적으로 손익의 귀속을 정한 규정이라 할 수 없으므로, 위 열거된 조항으로 손익의 귀속을 정하는 것이 어려운 경우에는, 법인세법상의 손익확정주의에 반하지 아니하는 한, 일반적으로 공정타당한 회계관행으로 받아들여지는 기업회계기준상의 손익의 발생에 관한 기준을 채택하여 손익의 귀속을 정할 수도 있다.166)

법령에 있는 조항으로 손익의 귀속을 정하는 것이 어렵거나 비합리적인 경우 무조건 기업회계를 끌어다 쓴다는 말은 아니다. 구체적 사정에 따라서는 법령에도 없고 기업회계에도 없는 방법을 권리의무의 확정이라는 기준에서 직접 끌어낼 수도 있다.167) 국세청의 행정해석이 일반적으로 공정타당한 회계관행의 수준에 이르렀다고 보는 수도 있다.168) 기업회계를 끌어다 쓰는 것은 법인세법상의 손익확정주의에 반하지 아니하는 한 그렇게 할 수도 있다는 것일 뿐.169) 2017년 이후의 미국법에서는 기업회계의 수익인식시기가 권리확정기준보다 더 빠르다면 기업회계에 따르라고 한다.170)

3. 실현시기 뒤의 후발적(後發的) 사정

채권을 변제받기(판례의 용례로는 소득이 실현되기) 전에 이미 과세시기에 이른 것으로 본다면 나중에 가서 실제로 변제받지 못하는 경우에는 어떻게 해야 하려나?

가 널리 퍼졌다. 수입법학(輸入法學)의 개념이지만 오해를 바로잡고 쓴다면 나름 편리한 점은 있다.

166) 대법원 1992. 10. 23. 선고 92누2936 판결.

167) 대법원 1998. 6. 23. 선고 97누20366 판결(청구인락); 1998. 6. 9. 선고 97누19144 판결(오퍼수수료); 2013. 5. 24. 선고 2012두29172 판결(폐업보상금).

168) 대법원 2007. 4. 27. 선고 2004도5163 판결.

169) 대법원 2017. 12. 22. 선고 2014두44847 판결.

170) 미국세법 451조(b). 실제시행은 2020년 나온 미국재무부 규칙 1.451-1.

권리확정주의는 … 불확실한 소득에 대하여 장래 그것이 실현될 것을 전제로 하여 미리 과세하는 것을 허용하는 것이다. 이러한 권리확정주의는 납세자의 자의에 의하여 과세연도의 소득이 좌우되는 것을 방지함으로써 과세의 공평을 기함과 함께 징세기술상 소득을 획일적으로 파악하려는 데 그 취지가 있을 뿐 소득이 종국적으로 실현되지 아니한 경우에도 그 원인이 되는 권리가 확정적으로 발생한 적이 있기만 하면 무조건 납세의무를 지우겠다는 취지에서 도입된 것이 아니다(대법원 1984. 3. 13. 선고 83누720 판결, 대법원 2003. 12. 26. 선고 2001두7176 판결 등 참조)… 권리가 확정적으로 발생하여 과세요건이 충족됨으로써 일단 납세의무가 성립했다 하더라도 그 후 일정한 後發的 사유의 발생으로 말미암아 소득이 실현되지 아니하는 것으로 확정됨으로써 당초 성립했던 납세의무가 그 전제를 잃게 되었다면, 사업소득에서의 대손금과 같이 소득세법이나 관련 법령에서 특정한 후발적 사유의 발생으로 말미암아 실현되지 아니한 소득금액을 그 후발적 사유가 발생한 사업연도의 소득금액에 대한 차감사유로 별도로 규정하고 있다는 등의 특별한 사정이 없는 한 납세자는 국세기본법 제45조의2 제2항 등이 규정한 後發的 경정청구를 하여 그 납세의무의 부담에서 벗어날 수 있다.[171)]

소득의 원인이 되는 권리가 확정적으로 발생하여 과세요건이 충족됨으로써 일단 납세의무가 성립했다 하더라도 일정한 後發的 사유의 발생으로 말미암아 소득이 실현되지 아니하는 것으로 확정되었다면, 당초 성립했던 납세의무는 그 전제를 상실하여 원칙적으로 그에 따른 법인세를 부과할 수 없다고 보아야 한다. 이러한 해석은 권리확정주의의 채택에 따른 당연한 요청[이다][172)]

이 두 판결에서도 소득의 실현이란 권리목적의 실현이나 권리의 이행이라는 뜻. 앞의 판결은 세금을 낸 뒤에 後發的 사유가 생겼다면 감액경정한다는 말. 뒤의 판결은 아직 세금을 안 낸 상황에서 後發的 사유가 이미 생겼다면 세금을 부과(추징)할 수 없다는 말이다. 미국법은 후발적 사정이 있다면, 당초의 세액을 바로잡든가 아니면 후발적 사정이 생긴 해의 손익계산에 반영하든가 두 가지 중 하나를 납세자가 선택할 수 있게 하고 있다.[173)]

171) 대법원 2014. 1. 29. 선고 2013두18810 판결; 2014. 3. 13. 선고 2013두12829 판결; 2017. 9. 12. 선고 2017두38119 판결(분양계약 해제); 2017. 9. 21. 선고 2016두60201 판결; 2018. 5. 15. 선고 2018두30471 판결. 제6장 제3절 IV.

172) 대법원 2013. 12. 26. 선고 2011두1245 판결.

173) 기술적으로는 경정청구를 했을 경우 생겼을 환급액만큼 올해의 세액을 깎을 선택권을 주고 있다. 따라서 환급이자는 주지 않는다. 미국세법 1341조. Bittker, McMahon & Zelenak, 4.03절.

Ⅲ. 권리주장의 원칙과 위법소득: 관리 · 지배

권리가 확정되어야 소득이 생긴다는 원칙에는 한 가지 중요한 예외가 있으니 이것이 이른바 '權利主張(claim of rights)의 원칙'이다. 돈을 받을 권리가 있다고 주장하면서 실제로 돈을 받아서 지배 · 관리한다면 아직 권리가 확정되지 않았더라도 과세시기에 이른다는 것. 권리주장 원칙은 1932년의 *North American Oil Consolidated v. Burnet* 판결에서[174] 비롯한다. 이 사건 납세의무자는 어떤 토지의 소유자로 행세하고 있었으나, 1916년 국가가 소유권을 주장하며 토지명도소송을 제기했다. 소송이 진행되는 동안은 법원이 임명한 관리인이 토지임대료를 받아 관리했다. 1917년 국가가 1심 판결에 패소하자 관리인은 1916년분을 포함한 임대료를 납세의무자에게 지급했다. 그 뒤 1920년에는 항소법원이, 1922년에는 대법원이 국가 패소판결을 내려 납세의무자의 권리는 확정되었다. 쟁점은 1916년분 임대료의 과세시기. 가능한 과세시기로는? 임대료 청구의 기초가 된 1916년, 실제로 돈을 받은 1917년, 돈 받을 권리가 확정된 1922년 세 가지가 있다. *North American Oil* 판결은 우선 1916년은 과세시기가 못 된다고 판시했다.[175] 앞서 본 권리확정이라는 기준에 맞지 않는 까닭이다. 권리확정 기준으로만 따진다면 1922년이 과세시기가 되겠지만, 법원은 돈을 실제로 받은 1917년을 과세시기로 정하면서 권리주장 원칙을 다음과 같이 정리하고 있다:

> "납세의무자가 수익을 받으면서 그에 대한 권리 있음을 주장하고 또 그의 처분에 아무런 제한이 없다면, 아직 돈을 받을 권리가 확정되지 않았고 원상회복의무를 지게 될 가능성이 있더라도, 그가 받은 소득은 신고대상이 된다. 만일 1922년에 국가가 승소하여 납세의무자가 1917년에 받은 이익을 내놓게 된다면, 납세의무자는 이를 1922년의 소득에서 공제할 수 있을 뿐 그 앞의 사업연도의 소득에서 공제할 수는 없다."[176]

권리확정이라는 기준에 대한 또 다른 예외는 위법(違法)소득이다. 권리확정 원칙을 논리적으로 일관한다면, 위법행위에서 받은 돈은 애초에 이를 받을 권리가 없고 또 권리가 있다고 우길 여지도 없으므로 과세시기에 이르지 않았다는 결과가 된다. 실제로 초기 판결은 그런 입장을 따르기도. 1946년의 *Commissioner v. Wilcox* 판결은,[177] 횡령한 돈은 횡령자의 소득이 되지 않는다고 판시하면서 "조건부 또는 계쟁(係爭) 중

174) 286 US 417(1932). '청구권 이론'은 틀린 번역.
175) 286 US 417(1932), 423쪽.
176) 286 US 417(1932), 424쪽.
177) 327 US 404(1946).

인 권리조차 없다면 과세대상 소득이나 이득이 있다고 할 수 없다"라고 판시.[178] 그러나 그 뒤 *Rutkin v. U.S.* 판결[179]을 거쳐 1961년의 *James v. United States* 판결[180]은 종전의 판례를 변경하여 돈을 실제로 지배·관리하고 있다면 권리나 권리주장이 있는가를 따질 것 없이 과세해야 한다고.[181] 결국 위법소득 과세시기의 결정에서는 권리 개념은 애초에 부적절하다는 말이 된다. 위법 행위로 돈을 번 자가 이 돈을 실제로 내놓게 된다면 그 때에 가서 공제받을 수 있다.[182]

우리나라 판례도 2010년대 이후로는 돈을 받을 권리에 다툼이 있더라도 가집행(假執行)을 통해 실제로 받은 돈이라면 과세한다는 입장.

> 쟁점배당금은 원고가 임시로 보관하는 것이 아니라 그 배당받은 날에 원고의 소유로 귀속되어 원고가 임의로 처분할 수 있는 것이며, 가령 그 후의 상소심에서 이 사건 가집행선고부 승소판결이 취소되는 경우가 생긴다고 하더라도 그 배당의 효력이 부인되는 것이 아니라 부당이득반환 의무만 발생할 뿐이라는 이유로 쟁점배당금에 의한 이자소득 406,992,900원의 수입시기는 구 소득세법 제45조 제9의2호 단서에 의하여 쟁점배당금을 받은 날이 속하는 2004년도라고 판단하면서, 이와 달리 그 이자소득의 수입시기를 이 사건 대여원리금 청구소송의 상고심에서 소외 2의 상고가 기각되어 쟁점배당금이 원고에게 확정적으로 귀속된 2005년도로 보아야 한다는 원고의 주장을 배척했다.
>
> 기록과 앞서 본 각 규정의 내용 및 그 입법 취지, 그리고 소득세법상 이자소득의 귀속시기는 당해 이자소득에 대한 관리·지배와 이자소득의 객관화 정도, 납세자금의 확보시기 등을 함께 고려하여 그 이자소득의 실현가능성이 상당히 높은 정도로 성숙·확정되었는지 여부를 기준으로 판단하여야 하는 점(대법원 1998. 6. 9. 선고 97누19144 판결 등 참조), 납세자가 가집행선고부 승소판결에 의한 배당금의 수령에 관하여 이자소득세 등을 과세당한 후 상소심에서 그 판결이 취소되어 배당금을 반환하는 경우가 발생하더라도 국세기본법 제45조의2 제2항에 의하여 그 이자소득세 등에 대한 경정청구를 함으로써 구제를 받을 수 있는 점 등에 비추어 보면, 이 사건 이자소득의 수입시기에 관한 원심의 판단은 정당한 것으로 수긍할 수 있다.[183]

---

178) 327 US 404(1946), 408쪽.
179) 공갈로 뺏은 돈은 돌려 줄 가능성이 낮으므로 과세한다. 343 US 130, reh'g denied 343 U.S. 952 (1952).
180) 366 US 213(1961).
181) 366 US 213(1961), 219쪽.
182) Stephens v. CIR, 905 F.2d 667(2d Cir. 1990).
183) 대법원 2011. 6. 24. 선고 2008두20871 판결(부과처분); 2019. 5. 16. 선고 2015다35270 판결(원천징수); 2024. 11. 20. 선고 2022두47629 판결. 김석환, 권리확정주의에 의한 이자소득의 귀속

위법소득 역시 실제 받는 때에 일단 바로 과세하고[184] 뒤에 몰수나 추징이 있으면 後發的 경정청구 대상이 된다.[185]

Ⅳ. 통일적 법질서

권리가 아예 없는 위법소득을 과세한다는 말은 민사법상의 권리만 따져서 익금의 확정시기를 일매지게 정할 수가 없다는 말이다. 과세시기는 "과세의 공평을 기함과 동시에 납세자의 자의를 배제"할 수 있도록 "법률상 사실상의 여러 사항을 종합적으로 고려하여 결정"한다는 말이다. 결국은 돈을 못 받은 경우 구제방법이 있는가, 납세자나 행정청에 무리한 사무부담을 지우지 않는가, 기업회계의 관행을 고려해줄 여지는 없는가, 이런 것들을 다 종합적으로 고려해서 정한다.

Ⅴ. 다시 용례의 혼선

전통적 용례로 수익이나 익금의 실현이라는 말은 권리확정과 금액확정이라는 두 가지 요소로 이루어지므로 매도인이나 용역 제공자가 제 의무를 다 마치는 시기가 실현시기이다. 통상은 권리목적의 실현(=대금채권의 회수)은 소득의 실현시기보다 뒤에 이루어진다. 앞서 합병·분할 등에서 보았듯이 이미 실현된 소득에 대한 과세를 법이 이연하는 경우를, 미국식 용례로 소득이 실현되었지만 인식(recognition)하지 않는다고 말한다.[186] 이제는 국제회계기준이[187] 실현이라는 개념을 안 쓰다보니 금융이나 회계에서는 저마다 말뜻이 다시 틀어져서 실현이라는 말을 권리목적의 실현(=대금회수)이라는 뜻으로 쓰는 사람도 있고, 실현된 소득이라는 말을 수익인식액에서 판매부대비용을 뺀 금액이라는 뜻으로 쓰는 사람도 생겼다. 이 혼란을 생각하면 실현주의라는 말

시기, 대법원 판례해설(2011상), 11쪽, 특히 40-44쪽. 일본 最高裁判所 1978(昭和 53). 2. 24. 선고 昭和50(行ツ)123 판결.

184) 제10장 제1절 4. 대법원 1983. 10. 25. 선고 81누136 판결; 1985. 5. 28. 선고 83누123 판결(이사와 회사의 거래에서 생긴 이자소득); 1985. 7. 23. 선고 85누323 판결(이자제한법 위반; 실제 받아야 과세); 1995. 10. 12. 선고 95누9365 판결(횡령); 1999. 12. 24. 선고 98두7350 판결(횡령); 일본 最高裁判所 1971(昭和 46). 11. 9. 昭和43(行ツ)25 판결(이자제한법 위반; 실제 받아야 과세) 등. 다른 경향의 판결로는 대법원 2004. 4. 9. 선고 2002두9254 판결.

185) 제6장 제3절. 대법원 2015. 7. 16. 선고 2014두5514 판결; 2017. 8. 23. 선고 2017두38812 판결; 2019. 5. 16. 선고 2015다35270 판결. 반환은 경정청구 사유가 아니라고, 대법원 2024. 6. 17. 선고 2021두35346 판결.

186) 미국세법 1001조(c), 1031-1045조 등.

187) 기업회계기준서 1015호; 미국 FASB Accounting Standards Codification(ASC) 606호.

을 아예 내다 버리고 권리확정주의만 쓰는 편이 나을지도 모르겠지만 현행법 및 100년 넘게 쌓인 문헌들과 맞추어야 하니 버릴 수도 없다. 각자 조심하는 수밖에.

제 3 절 손금의 귀속시기

소득을 실현시기에 가서 인식한다는 말은 수익(收益)을 실현 시기에 가서 익금산입하면서 그에 대응하는 비용(費用)을 동시에 손금산입한다는 뜻이 된다. 이를 收益·費用 대응의 원칙이라 일컫는다. 이 원칙은 실현주의의 타고난 짝이다. 한편 손금의 귀속시기를 정하는 원칙으로 채무(債務)확정주의(손익을 묶은 용어로는 권리의무확정주의)라는 말을 흔히 들을 수 있으나 널리 오해되고 있는 개념이다. 이 "주의"는 수익·비용 대응의 원칙 하에서 제한된 일정 역할을 맡을 뿐이다.

Ⅰ. 실현주의 → 수익·비용 대응의 원칙

실현주의는 원래 收益·費用 대응의 원칙과 짝을 이룬다. 수익·비용 대응의 원칙이란? 일단 기업활동에 들어가는 경제적 자원의 가치(원가)는 그에 맞서는 수익이 인식될 때 비용으로 인식한다는 것. 소득세법은 "필요경비에 산입할 금액은 해당 과세기간의 총수입금액에 대응하는 비용"으로 한다는 명문의 규정을 두고 있다.[188] 법인세법에는 수익·비용의 대응이라는 말이 직접 나와 있지는 않지만, 이를 전제로 한 규정들이 여럿 있다. 예를 들어 법령이[189] 사업수입금액(판매금액)이나 자산의 양도금액을 익금으로 삼으면서 판매한 상품에 대한 원료의 매입가액이나 양도한 자산의 양도 당시의 장부가액을 손금으로 삼고 있음은 수익·비용 대응의 원칙을 뜻한다.[190] 자산의 양도가액과 취득원가의 차액을 소득으로 잡는다는 말은 자산의 양도가액을 익금산입함과 동시에 그에 맞서는 취득원가를 손금산입한다는 말과 논리적으로 같은 말인 까닭이다.

복식부기의 구조로 본다면 기업이 투입한 자원의 가치 가운데 장차 수익 내지 경제적 이득을 가져올 것은 일단 자산이 되었다가 그런 수익이 생길 때 가서 수익에 맞서는 비용으로 떤다. 예를 들어 50만원을 주고 산 원재료에 인건비 50만원을 들여 물

188) 소득세법 제27조 제1항. 제11장 제1절 Ⅱ.

189) 소득세법 제27조 및 같은 법 시행령 제55조; 법인세법시행령 제11조 제1호와 제2호, 제19조 제1호와 제2호.

190) 대법원 2013. 4. 11. 선고 2010두17847 판결(외상대금도 취득가액의 일부); 2012. 11. 13. 선고 2001두1918 판결; 2011. 1. 27. 선고 2008두12320 판결; 2009. 8. 20. 선고 2007두1439 판결.

건을 생산한다면, 인건비 50만원은 비용이 아니라 생산중인 물건(재공품, 在工品)이라는 자산가치의 일부가 된다. 제1절 V. 제20장 제1절 IV.3. 제품 등 어떤 물건을 만드는 과정에서 기계장치 등 여러 해에 걸쳐 쓰는 재산이 닳아 없어진다면(減價償却), 그런 감가상각액도 제작하는 물건의 취득원가로 넣는다.[191] 위 예로 돌아가 50만원짜리 재료에 인건비 50만원을 들여 제품을 만들고 그 과정에서 기계가 10만원 감가상각된다면, 원재료값 50만원, 인건비 50만원 및 기계장치의 감가상각 10만원은 비용이 아니라 모두 일단 자산이 된다. 곧 원재료·인건비·감가상각 모두가 생산중인 제품이라는 자산 속으로 녹아 들어가 원가 110만원이 일단 자산(제품)으로 쌓였다가 뒤에 제품이 팔려 물건을 넘겨 주는 때에 가서 비로소 비용이 된다. 이 물건을 200만원에 팔았다면, 처분(실현)시점에 가서 익금(매출액)이 200만원, 손금(매출원가)이 110만원 생겨서 그 차액 90만원을 소득으로 인식한다.

수익·비용 대응의 원칙은 실현(實現)주의를 비용측면에서 달리 표현한 말일 뿐이다. 소득이란 기업이 생산한 재화나 용역의 가치가 생산에 들어간 원가보다 높아져서 생기는 차액이다. 가치와 원가의 차액이다. 이 차액을 소득(所得)으로 인식하는 시점, 곧 實現시점을 자산의 처분시점으로 한다. 이 말은 실현시기에 이르러 재화나 용역의 가치를 收益으로 잡고 동시에 생산에 들어간 원가를 費用으로 잡는다는 말이다. 수익의 실현을 잡음과 동시에 원가를 비용으로 인식한다는 말이 된다.

收益·費用 대응의 원칙은 19세기 후반에서 20세기 초에 걸쳐 實現주의의 짝으로 자리잡았다.[192] 1909년의 법인특권세에 관한 미국 재무부 규칙은 상기업의 매출총이익을, 그 해 동안 상품을 판 대가에서 사들인 상품의 원가를 뺀 차액에서 기초재고액을 빼고 기말재고액을 더한 금액으로 정의했다.[193] 수익·비용의 대응원칙이 생겨나고 널리 퍼지게 된 것은 국세청이 발생주의 회계를 받아들이고 이를 권장한 덕택이다. 이 점은 기업회계의 역사에서 별 다툼이 없다.[194] 한편 미국의 세법에서는 공식적으로는 수익·비용 대응의 원칙이라는 개념은 없다. 미국법은 물건의 판매에서 생기는 익금을 애초에 순액법으로 정의하여, 매출액(판매가격)에서 매출원가를 공제한 금액을 익금으로 삼고 있는 까닭이다.[195] 이 구조에서는 매출액이 아니라 매출총이익이 익금이 된

191) CIR v. Idaho Power Co., 418 US 1(1974).

192) Michael Chatfield, *A History of Accounting Thought*(1977), 260쪽.

193) Treas. Reg. No. 31 of Dec. 3, 1909, cited in Doyle Mitchell Bros Co., 247 US 179(1918), 특히 186쪽.

194) Brown, *The Emergence of Income Reporting*(Edward N. Coffman et als., ed., *Historical Perspectives of Selected Financial Accounting Topics*, 1993), 71쪽.

195) 미국세법 61조(a)(2), (3); 미국 재무부규칙 1.61-3조.

다. 매출원가는 애초에 매출액에서 빠져 나가므로 손금이 아니고, 원가에 들어가지 않는 비용만이 손금의 개념에 포함되므로 수익·비용 대응의 원칙이 있을 수 없다. 물론 이는 용어 내지 개념 구조의 차이일 뿐이고, 물건의 판매가격을 익금산입하는 시기에 가서 원가를 손금산입한다는 결과에는 아무 차이가 없다.

Ⅱ. 채무확정(債務確定)주의는 수익·비용 대응에 종속

권리확정주의에 대응하는 말로, 손금의 귀속시기는 채무확정주의에 따른다는 식의 설명을 흔히 볼 수 있지만, 이는 오해하기 쉬운 말이다. 실현주의 하에서 손금의 귀속시기는 수익·비용 대응의 원칙에 따른다. 채무확정주의란 원가를 잡는 기준일 뿐이다. 원가를 손금으로 떠는 것은 맞받는 수익을 인식할 때에야 가능하다.

美國法에서는 "비용은 채무가 있음을 확정하고 채무금액을 합리적으로 정확하게 예측할 수 있게 하는 모든 요건이 만족된 사업연도에 손금산입"된다.[196] 이를 '債務確定주의'(all events test)라 부른다. 미국법에서는 원가는 총수입금액에서 직접 차감하고 그 차액만을 익금으로 보므로[197] 채무확정주의란 물건의 원가라는 단계를 거치지 않는 비용을 전제로 하는 개념이다. "과세기간의 종료시를 훨씬 넘는 수명을 가진 자산"의 취득에 들어간 지출은 지출연도에는 상황에 따라 일부만 손금산입하거나 또는 전혀 손금산입할 수 없다.[198] 예를 들어 재고자산의 제조에 들어간 재료비·노무비·감가상각 기타 경비 등은 채무확정기준으로 손금이 되는 것이 아니고, 자산의 판매시점에 가서 매출원가로(투자회수로) 매출액에서 공제하고 나머지 잔액(매출이익)이 익금이 된다.[199] 다른 예를 들면 제품의 판매수수료는 선적시까지 손금산입할 수 없고,[200] 내년분 임차료를 올해 미리 주기로 하는 약정이 있었더라도 올해에 손금산입할 수 없다.[201] 보험료는 보험금에 대응시켜야 하므로 지급시점에 손금산입 못한다.[202] 이처럼 원가에 들어갈 지출액은 뒤에 자산의 판매대금이나 매출액에서 직접 차감하므로 채무확정주의로 손금산입시기를 정할 여지가 없다. 債務確定주의라는 말은 손금이라는 말을 원가에 들어가지 않고 바로 공제하는 비용이라는 좁은 뜻으로 쓰는 미국법

196) 미국 재무부규칙 1.461-1(a)(2)조.
197) 미국법의 용어로는 본문의 원가 내지 미상각잔액에 해당하는 개념을 basis라 부르고, 총수입금액 가운데 원가부분은 투자회수(recovery of basis)이므로 소득이 아니라고 말한다.
198) 미국 재무부규칙 1.461-1(a)(2)조.
199) 미국 재무부규칙 1.61-3(a)조.
200) Shelby Salesbook Co. v. United States, 104 F. Supp. 237(ND Ohio 1952).
201) Security Flour Mills Co. v. CIR, 321 US 281(1944).
202) Commissioner v. Lincloln Savings and Loan Ass'n, 403 U.S. 345(1971).

의 개념구조를 전제로 하고 있다. 한편 손실은 실제 확정된 해에 바로 공제한다.203) 손실은 대개 자산의 처분으로 실현되지만, 자산의 가치가 완전히 없어진다면 처분할 길이 없으므로 포기로 실현된다. 무가치한 자산이라면 실물을 포기하지 않더라도 손실을 손금산입할 수 있다.204) 아무튼 "債務"의 確定이라는 개념은 적절치 않다.

우리 법은 미국법과 달라 물건의 판매대금이나 매출액을 익금으로, 판매한 물건의 원가를 손금으로 삼는 총액(總額)기준을 따르고 있다. 이 구조에서는 원칙적으로 채무확정주의든 뭐든 손금의 산입시기를 정하는 독자적 기준이 있을 여지가 없다. 손금이란 수익의 실현시기와 동시에 수익에 맞받는 금액을 손금산입하는 까닭이다.205) 자산의 원가라는 단계를 거치는 이상 손금의 산입시기란 따로 없고 오로지 금액의 문제, 곧 수익에 대응(對應)하는 원가가 얼마인가라는 금액(金額)문제가 있을 따름. 다만, 자산감소액이나 채무발생액이 다른 자산의 원가로 들어가지 않고 바로 비용이 되거나 또는 원가가 발생과 동시에 비용이 되는 예외적 경우에만 결과적으로 채무확정을 기준으로 손금의 인식시기를 정하게 된다. 손금은 채무확정기준에 따라 귀속시기를 정한다는 식의 생각은 미국법과 일본법의 차이를 잘 모른 채 일본학자들이 미국법의 개념을 그냥 받아들인 것일 뿐이다. 다시 정리하면 손금의 산입시기는 수익·비용 대응의 원칙을 따르고, 채무확정주의란 원가가 아닌 비용, 기업회계의 용례로 기간비용(아래 Ⅲ. 참조)의 인식시기를 정하는 규범일 뿐이다.

채무확정이란 우선 법률적 채무(債務)가 생겼음을 뜻한다.206) 채무가 없다고 다투면서 이를 손금산입할 수는 없다.207) 익금에서 권리의 확정에 맞먹는 시기는 손금에서는 언제일까? 채무자에 대하여 그가 채무를 실제로 이행할 가능성이 어느 정도인가를 묻는 것은 적절치 않은 질문이고208) 상대방이 제 의무를 다했는가를 물어야 한다. 이런 판례법을 성문화면서 1984년에 와서 법령은 채무와 대가관계에 있는 "경제적 급부를 받았을 것"이라는 요건을 명시했다.209) 계약은 되었지만 상대방이 제 채무를 아직 이행하

203) 손실은 완결·완성된 거래로 입증되어야 손금산입할 수 있다. 미국 재무부규칙 1.165-1(b).

204) Bittker, McMahon & Zelenak, 16.03절. 법령의 글귀 덕택에 자산(증권 제외)의 포기나 무가치로 인한 손실은 경상손실이 된다. Tanforan Co. v. US, 313 F. Supp. 796(ND, Cal. 1970), aff'd per curiam, 462 F2d 605(9th Cir. 1972). 미국세법 165조(g).

205) 판매수수료를 상품이 인도된 때가 아니라 계약금을 수령한 때에 비용으로 먼저 계상하는 것은 수익과 비용이 대응되지 아니하므로 손금불산입한다. 대법원 2011. 1. 27. 선고 2008두12320 판결.

206) Harrold v. Commissioner., 192 F.2d 1002(4th Cir. 1951) 등.

207) Dixie Pine Prods. Co. v. Commissioner., 320 US 516(1944). 다만 현행법은 실제로 지급한 돈의 손금산입을 허용하는 명문의 규정을 두고 있다. 미국세법 461조(f).

208) 채무를 실제로 이행할 가능성이 낮으니 손금산입할 수 없다는 예외적 판결로 Helvering v. Russian Fin. & Constr. Corp., 77 F.2d 324(2d Cir. 1935).

209) 미국세법 461조(h).

지 않았다면, 납세의무자는 법률상 채무가 생겼다는 이유만으로 손금산입할 수 없다는 것이다.[210] 채무 확정의 둘째 내용은 금액의 특정(特定)이다.[211] 대손이나 하자보증책임(요사이 기업회계 용례로 제품보증충당부채나 하자보수충당부채) 따위는 실제 생기기 전에 예상액을 미리 손금산입할 수 없다.[212] 우리 판례도 "법인의 사용인에게 지급되는 상여금이 일정기간 동안의 근로의 대가로 지급되는 임금적 성질을 지니고 있는 경우에 전체 해당기간 중 경과일수에 상응하는 상여금의 액수가 可分的으로 확정이 되고, 이와 같이 가분적으로 확정된 금액을 그 경과일수에 해당하는 사업연도의 손금으로 처리하는 것이 종래의 회계관행에 어긋나는 것이 아니라면 그와 같은 손금처리는 시인되어야 할 것이나, 만일 경과일수에 상응하는 상여금의 액수가 가분적으로 확정이 되지 않[는]…것이라면 그와 같은 손금처리는 용인될 수 없는 것"이라고 한다.[213] 이 전제를 만족하지 않는다면 지급한 날을 기준으로 삼는다.[214] 지급한 날이라는 기준은 얼핏 권리확정주의와 어긋나는 듯 싶지만, 근로소득은 실제 지급받아야 과세하므로[215] 그래야 균형이 맞다.

수익이 확정되는 이상 그에 대응하는 비용의 금액이 특정되지 아니했다 하더라도 수익은 익금에 산입한다. "법인세법상 수익비용 대응의 원칙은 실현된 수익과 그 수익에 관련된 원가, 비용 및 손실을 기간적 또는 대상적으로 표시하는 것을 말하는 것으로서 기본적으로 수익이 확정되면 거기에 대응하는 원가, 비용 등을 산입하고자 하는 것이지 비용의 확정여부에 따라 수익의 인식시기가 달라지는 것은 아니다."[216] 수익이 확정될 때까지 그에 대응하는 손금의 금액(金額)이 확정(確定)되지 않는다면, 손금산입할 수 없다.[217] 한편 현행 소득세법은 일단 수익만 잡은 뒤 그에 대응하는 비용이 나중에 확정된다면, 이미 필요경비로 계상한 것은 수익이 확정되는 해에 비용으로 떨 수 없다고 정하고 있다.[218]

---

210) 익금의 귀속시기에서 권리확정에 대응하는 것으로 주로 동시이행의 항변권에 관계되지만 여러 가지 예외가 있다.

211) Dixie Pine Prods. Co. v. Commissioner., 320 US 516(1944) 가운데 519쪽.

212) Chrysler Corp. v. CIR, RIA TC Memo 2000-283(2000). 다만 대손충당금 설정액은 법인세법 제34조에 따라 손금산입. 제19장 제4절 I.

213) 대법원 1989. 11. 14. 선고 88누6412 판결; 1998. 6. 23. 선고 98도869 판결.

214) 같은 판결.

215) 제11장 제2절 III.

216) 대법원 2003. 7. 11. 선고 2001두4511 판결. 이 판결의 쟁점인 특별부가세는 기간과세가 아니라 사건별 과세라는 점에서 비판의 여지가 있지만(원심인 서울고등법원 2001. 5. 9. 선고 99누9980 판결 참조) 판시취지를 따르자면 익금의 확정시기에 비용추정액에 터잡아 특별부가세를 과세하고 뒤에 경정청구를 할 수밖에 없을 것이다.

217) 형사판결로 대법원 1995. 7. 14. 선고 94도1972 판결↔기업회계기준서 1109호 4.2.1.(c)문단.

218) 소득세법 제27조 제2항, 제37조 제3항.

미국의 초기 판례에서는 앞서 본 *Anderson* 판결이[219] 수익·비용 대응의 원칙을 선언한 이래, 미확정 금액이더라도 손금산입한 것들이 많다. 예를 들어 *Ohmer Register* 판결은[220] 판매대금 가운데 실제 회수하는 금액을 기준으로 판매사원에게 수수료를 주기로 한 경우, 물건의 판매시기에 그에 연관되는 미지급수수료를 손금산입할 수 있다고 판시했다.[221] 그러나 후기 판례는 채무금액이 확정되지 않은 비용은, 당기 수익과 대응한다는 빌미로 손금산입할 수 없다는 입장. 예를 들어 *Brown v. Helvering* 판결은[222] 보험모집인이 받은 수수료 가운데 장차 해약될 보험계약에 대응하는 부분을 당기 비용으로 손금산입할 수 없다고 판시했다.[223] 특히 1984년에 와서는 경제적 給付가 이루어진 것이라야 손금산입할 수 있음을 법에 명문으로 밝히게 되었음은 이미 보았다.[224]

Ⅲ. 직접대응(취득원가)과 기간대응(기간비용)

1. 수익비용 대응과 기간비용

비용은 특정 수익에 직접 맞받는 비용과 그렇지 않은 비용으로 나누어 전자는 관련된 수익의 인식시기에 맞추어 인식하지만, 후자는 발생시기에 바로 인식한다. 전자를 直接對應, 후자를 간접(間接) 또는 기간(期間)對應이라고 부른다. 이 2분법은 수익·비용 대응의 원칙이 처음 생길 때 같이 생겼다. 예를 들어 상기업의 경우 상품을 사들일 때 들어간 비용은 상품의 원가에 들어가지만, 그 뒤에 생기는 유지비·운송비 등과[225] 상품을 팔 때 생기는 선적비용은[226] 바로 손금산입할 수 있다는 판결들이 1920년대 말부터 나왔다. 그러다가 1986년 이후 미국법에서는 간접대응이라는 개념을 없애고 모든 지출을 원가에 포함시킴을 원칙으로 하고 있다. 아래 제4절 Ⅱ.1. 참조.

日本法은 이 구별을 아직 간직. 직접대응과 간접대응의 구별을 명시하여 손금을 ① 당해 사업연도의 수익에 관계되는 매출원가, 완성 공사원가 기타 이에 준하는 원가

219) United States v. Anderson, 269 US 422(1926).
220) Ohmer Register Co. v. Commissioner., 131 F.2d(6th. Cir. 1942).
221) 그 밖에도 Dravo Corp. v. United States, 348 F.2d 542(Ct. Cl. 1965) 등 참조.
222) 292 US 193(1934).
223) 그 외에도 Northwestern States Portland Cement Co., Huston, 126 F.2d 196(8th Cir. 1942); Reader's Publishing Corp. v. United States, 40 F.2d 145(Ct. Cl. 1930) 등 참조. 문헌으로는, Gunn, *"Matching of Costs and Revenues as a Goal of Tax Accounting,"* 4 Va. Tax. Rev. 1 (1984) 참조.
224) 미국세법 461조(h)(2).
225) McIntosh Mills, 9 BTA 301(1927), acq. Ⅶ-1 CB 21.
226) George C. Peterson Co., 1 BTA 690(1925), acq. Ⅳ-1 CB 3.

의 액, ② 위 ①호에 적은 것을 제외하고 당해 사업연도의 판매비, 일반관리비 기타 비용(상각비 외의 비용으로 당해 사업연도 종료일까지 채무가 확정되지 않은 것을 제외한다)의 액, ③ 당해 사업연도의 손실의 액으로 자본 등 거래 이외의 거래에 관계되는 것의 세 가지로 정하고 있다.227) 매출원가 등은 수익의 인식시기에 맞추어 손금산입하지만, 판매비 · 일반관리비 등은 바로 손금산입한다.

우리 소득세법(所得稅法)은 필요경비를 "해당 과세기간의 총수입금액에 대응하는 비용"이라 정의하고 있다.228) 법인세법(法人稅法)에는 직접대응과 간접대응이라는 개념의 명시가 없지만, 소득세법과 균형을 맞출 수밖에 없다. 수익에 직접대응하는 채무는 확정 당시에 자산의 원가로 잡히고 뒤에 자산이 처분되어 처분대가를 익금산입할 때 원가의 일부로 손금산입한다.229) 간접대응하는 원가는 채무확정 시점이 손금산입 시기가 된다.

2. 취득원가와 기간비용의 구별

"타인으로부터 매입한 자산"은 "매입가액에 취득세, 등록면허세 그 밖의 부대비용(附帶費用)을 가산한 금액"이 취득가액이다.230) "자기가 제조 · 생산 · 건설 기타 이에 준하는 방법에 의하여 취득한 자산"은 "원재료비 · 노무비 · 운임 · 하역비 · 보험료 · 수수료 · 공과금(취득세와 등록세를 포함한다) · 설치비 기타 부대비용의 합계액"이 취득가액이다.231) 증여받은 재산은 그 가액을 소득에 바로 포함하면서 같은 금액을 취득가액으로 잡는다.232) 자산의 장부가액 내지 취득원가의 일부에 담기지 않는 지출은 모두 비용으로 처리되므로 발생시점에 바로 손금산입한다.233)234)

취득가액의 범위, 곧 어떤 지출액이 자산의 원가(原價)에 들어가는가 바로 손금(損金)이 되는가는 답하기 어려운 경우가 많다.

1) "양도한 자산의 양도당시의 장부가액"과는 별도로, "판매한 상품 또는 제품에

227) 일본 法人稅法 제22조 제3항.

228) 소득세법 제27조 제1항.

229) 대법원 1987. 4. 28. 선고 85누937 판결; 1993. 11. 23. 선고 92누13622 판결; 2011. 1. 27. 선고 2008두12320 판결.

230) 대법원 2014. 3. 27. 선고 2011두1719 판결.

231) 같은 조항 제2호. 제조에 쓰인 고정자산의 감가상각도 원가로 들어간다. CIR v. Idaho Power Co., 418 US 1(1974). 이 절의 I.

232) 법인세법 제15조 제1항; 법인세법시행령 제11조 제5호와 제6호; 법인세법시행령 제72조 제2항 제7호; 소득세법시행령 제51조 제3항 제4호; 소득세법시행령 제89조 제1항 제3호.

233) 기업회계기준서 제1001호. 손익을 성격별로 분류할 경우 급여비용, 상각비, 기타비용으로 처리하고, 기능별로 분류할 경우 물류원가, 관리비, 기타비용으로 처리한다.

234) 부가가치세 매입세액에 관하여는 제22장 제1절 Ⅱ. 2. 참조.

대한 원료의 매입가액…과 그 부대비용"은 손금이고[235] 따로 "人件費"가 손금이라고 대통령령에 나온다.[236] 인건비는 발생할 때 바로 손금이라는 말? "자기가 제조·생산·건설 기타 이에 준하는 방법에 의하여 취득한 자산"에 들어간 "노무비"로 취득가액에 들어간다.[237] 제품의 생산에 소요된 인건비라면 일단 제품이라는 자산의 제조원가에 들어갔다가, 제품이 팔릴 때 매출원가로 손금산입한다. 자산의 매입에 들어가는 인건비도 취득원가에 넣어야 맞지만 그냥 바로 손금산입하는 것이 회계관행이다. 퇴직금은, (현실적) 퇴직에 앞서 미리 준 것은 명목에 불구하고 채권(가지급금)이니 애초 손금이 아니다. 근속기간 통산의 범위를 벗어나는 중간정산이나[238] 사용인의 임원취임으로 지급하는 퇴직금은 채권이 아니고 다른 인건비나 마찬가지로[239] 제조원가를 거쳐서 또는 바로 손금이 된다.[240]

2) 자산을 사는 데 들어간 돈은 꾼 돈이더라도 취득원가에 들어간다.[241] 꾼 돈에 대한 이자(利子)상당액은 취득원가에 들어가는가, 아니면 바로 손금이 되는가? 이것은 취득원가의 시간 개념 문제가 된다. 제21장 제1절 Ⅱ. 현행 기업회계기준은 제조 또는 건설에 장기간이 소요되는 재고자산의 자가제작 등에 사용된 차입금의 지급이자를 취득가액에 포함하고 있다.[242]

3) 법령에 안 나오는 지출액에[243] 대해서는 이를 자산의 취득가액 내지 장부가액에 포함하여야 하는지 또는 바로 손금산입할 수 있는지가 정답 없는 문제. 이미 보았듯 기간비용 내지 간접대응이라는 개념은 실현주의와 모순된다. 실현주의란 자산의 가치와 원가의 차액을 실현시기에 가서 한꺼번에 인식한다는 뜻이고, 그렇게 본다면 수익의 인식시기 전에 미리 비용으로 떨 수 있는 원가란 있을 수 없는 까닭이다. 미국법은 uniform capitalization rule에 의하여 매출액에서 바로 차감할 성질인 판매비만 바로 손금으로 떨고, 나머지 원가는 특정 자산으로 추적할 수 없는 경우에는 원칙적으로

235) 법인세법 제19조 제1항; 법인세법시행령 제19조 제1호; 소득세법시행령 제55조. 법인세법시행규칙 제10조는 여기에서 "부대비용"을 매입 부대비용이 아니라 판매 부대비용이라는 뜻으로 읽고 있다.

236) 법인세법시행령 제19조 제3호; 소득세법시행령 제55조 제1항 제6호.

237) 법인세법 제41조 제1항 제2호, 소득세법 제39조 제2항. 대법원 2022. 1. 27. 선고 2017두51983 판결.

238) 근로자퇴직급여보장법 제8조 제2항.

239) 법인세법시행령 제44조 제2항.

240) 법인세법시행령 제44조 제1항. 이 조항에서 "손금에 산입한다"는 말은 인건비로서 본문과 같이 된다는 말로 읽어야 한다.

241) 꾼 돈에 인적(人的) 책임을 안 지는 non-recourse 방식이라면? 미국법에서는 취득원가에 들어감이 원칙이지만 여러모로 제약이 있다. 상세는 제21장 제2절 Ⅲ 참조.

242) 기업회계기준서 제1023호 7문단.

243) 구상권이 있는 지출액이라면 실제 구상가부에 불구하고 취득원가에 안 들어간다. 대법원 2022. 12. 1. 선고 2022두42402 판결(취득세, 구 소유자가 체납한 관리비를 법령에 따라 승계). 대손이 가능할 수는 있다.

모두 재고자산의 취득가액에 산입한다.[244] 입법론상은 미국법의 입장이 낫고 또 우리 법에서도 "부대비용"이라는 말을 넓게 해석 못할 바는 아니다.

Ⅳ. 취득원가의 시간개념

뒤에 다시 보겠지만 자산을 사면서 대금을 그 뒤 여러 해에 걸쳐서 지급한다면 매수대금에 붙는 이자나 그 속에 들어 있는 이자상당액은 자산의 취득원가에서 뺀다. 역으로 자산을 취득하여 수익을 얻기까지 오랜 시간이 들어서 그 기간 동안 지급한 이자비용이 있다면 자산의 취득가액에 얹는다.[245] 자산의 취득가액이란 자산이 수익을 낳을 수 있게 되는 시점 현재 자산의 가치를 반영해야 한다는 말이다.

선물(先物)계약으로 자산을 사거나, 한결 더 일반적으로 계약시기와 자산의 인수시기 사이에 적지 않은 시차(時差)가 있다면 자산의 취득가액은 약정가격인가 또는 자산인수 당시의 현물시가인가? 예를 들어 어떤 귀금속을 1년 후에 1100원에 매수하기로 2xx1. 1. 1. 계약했는데, 1년 뒤인 2xx2. 1. 1.의 시가는 1150원이 되어, 1100원을 주고 귀금속을 넘겨 받았다고 하자. 이 귀금속의 취득원가는 1100원인가 1150원인가?

앞으로 1년 뒤에 쓰일 물건을 절대 틀림없이 미리 확보하는 방법에는 두 가지가 있을 수 있다. 하나는 지금 당장 그 물건을 사서 1년간 보관하는 길(이를 現物계약이라 한다). 아니면 그 시점에 가서 돈을 주고 그 물건을 인도받는 내용의 매매계약(이를 先物계약이라[246] 한다)을 미리 맺어 두는 길. 거래소가 있으니 계약은 반드시 이행된다. 선물계약의 매매가격은 현물가격이 얼마인가와 직결된다. 왜? 두 가지 사이의 선택이 자유로운 이상, 시장이 균형을 잡고 있다면 두 가지 사이에서 어느 방법을 따르든 경제적 손익에 차이가 없어야 하니까. 과실이 안 생기는 물건을 미리 사둔다면 대금의 금액에 대한 이자상당액의 기회손실이 생기고 또 물건의 보관비용이 들어가게 된다. 그렇다면, 先物계약에 따른 매매대금은 現物 매매대금에 한 해어치의 이자와 보관비용을 합한 금액이 되게 마련이다.[247] 앞의 예 같으면 귀금속을 당장 인도받을 수 있는 가격이 1000원이고 매수인이 돈을 꾸는 경우의 이자율이 10%라면 일년 뒤 선물의 가격은? 1100원. 그래야만 두 가지 방법 사이에 낫고 못함이 없어지기 때문. 물론, 보관비용이 매우 높은 물건이라면 선물거래가 일어날 여지가 거의 없어진다. 경제에는, 보관비용이 얼마이든 "절대적으로" 확보해야 하는 물건이란 있을 수 없는 까닭이다.

244) 아래 제4절 Ⅱ. 1. Bittker, McMahon & Zelenak, 39.06[2]절.
245) 제21장 제1절 Ⅰ과 Ⅱ.
246) 제20장 제3절 참조.
247) 현물과 선물의 관계는 재무관리나 화폐금융론 교과서에서 쉽게 찾을 수 있다.

따라서 선물거래는 곡물, 귀금속, 또 뒤에 살펴볼 금융자산처럼 보관비용이 낮은 자산을 거래대상으로 삼게 되고, 이런 자산에 대해서는 선물시장이 생기게 된다.

비슷한 문제로 지금 가격이 1불인 물건이 앞으로 1년 뒤에 필요하다고 하자. 현물환율이 1불=1,100원이고 원화나 달러나 이자율이 같다면 1년 선물환율도 당연히 1,100원이이다. 이 물건을 1불에 사기로 계약하면서 줄 돈을 원화 1,000원으로 고정하고 싶어서 달러선물을 1,100원 주고 사두었다. 그런데 1년 뒤에 현물환율이 1불=1,150원이 되었다면, 취득가액은 얼마인가? 1100원인가 1050원인가?

선물계약, 더 일반화하면 매매약정을 맺은 시기와 대금을 주고 실제로 물건을 받는 시기 사이에 상당한 시차가 있는 계약으로 자산을 사들인다면, 자산의 취득원가는 어떻게 정하여야 하는가? 앞의 예에서는 두 가지 대안. i) 자산의 취득가격을 인도받는 날 현재의 시세에 관계 없이 약정된 매매가격 1100원으로 한다. ii) 자산의 취득가격은 인도받는 날 현재의 시가 1150원으로 하고, 약정된 매매가격과 시가의 차이 50원은 인도받는 날 현재의 소득으로 처리한다. i) 방법에서는 시가와 약정매매가격의 차이(1150원 - 1100원 = 50원)는 매수인이 당해 물건을 처분할 때까지는 과세하지 않는 것이다. ii) 방법은 차익 50원을 자산 취득시기에 바로 익금산입하는 것이다.

역사적 원가주의란 자산을 실제 취득한 원가로 평가함을 요구한다. 그렇게 본다면 당연히 시가가 얼마이든 약정가격을 취득가액으로 삼아야 옳을 텐데…. 그러나, 이는 결과적으로 납세의무자(매수인)에게 자의적 선택을 허용하는 방법이 된다. 시가 1150원짜리를 1100원에 사는 납세의무자라면 (가) 취득가액을 1100원으로 하거나 (나) 취득가액을 1150원으로 하고 차익 50원을 당년도 소득에 넣는 두 가지 방법 사이에서 마음대로 고를 수 있는 결과가 생긴다. 왜? 값이 올랐다면 매수인이 어떻게 하려나. 매매목적물을 실제로 인도받는 대신 차손익 50원만을 정산하고(또는 매매목적물을 넘겨받아 이를 바로 1150원에 매각하고), 매매목적물과 같은 물건을 다른 곳에서 1150원에 사들이겠지. 결국 약정가격을 취득가액으로 삼는 방법은 차손익을 바로 손익에 반영할지 뒤로 미루어 둘지를 매수인이 마음대로 골라잡을 수 있게 한다. 한 걸음 더 깊이 생각해 본다면, 이 문제는 實現주의의 문제점이 자산취득 시점에서 나타나는 것일 뿐이다. 자산 가격의 변동에서 생기는 손익을 인식할 것인가 말 것인가를 납세의무자의 마음에 맡기는 것이 실현주의의 본질인 까닭이다. 안정적 법체계를 짜려면 자산의 취득가액이란 자산 취득 당시의 시가(時價)라야 한다.[248] 현행법에서 현재가치할인차금을 취득원가에서 빼라든가 건설자금이자를 취득원가에 넣으라든가, 이런 식의 현행법

248) 대법원 2010. 3. 25. 선고 2007두18107 판결(교환); 2011. 7. 28. 선고 2008두6530 판결(교환); 2013. 6. 14. 선고 2011두29250 판결; 2017. 5. 17. 선고 2014두14976 판결. 기업회계기준서 제39호.

규정들은 취득원가라는 개념이 時價주의 개념임을 전제로 하고 있다. 법해석 기준이 그렇다는 말이고 구체적 결론은 쟁점마다 법조문 글귀로 돌아간다. 기업회계에서는 헤지차손익을 취득가액에 가감한다.

제 4 절 실현주의의 모순

이미 보았듯 실현주의는 소득세와 모순된다. 실현주의 세제란 소득세와 소비세의 속성을 적당히 타협한 것으로 마치 실현이라는 특정한 행위가 소득을 낳는 듯한 착시를 일으킨다. 제8장 제1절 Ⅰ. 논리의 앞뒤를 안 맞추고 적당히 타협한 결과, 현실세제 속에서 실현주의는 아래에 보듯 온갖 문제점을 낳는다. 소득세와 소비세 둘 가운데 어느 하나를 선택하여 논리의 앞뒤를 맞추지 않는다면 이런 문제점은 풀 길이 없다.[249)]

Ⅰ. 실현주의의 적용범위: 확정손익과 미확정손익

실현주의의 모순 가운데 비교적 일찍 드러난 문제가 국공채나 사채의 할인발행(割引發行) 문제였다. 예를 들어, 어떤 투자자가 액면가액이 1,331원, 만기 3년인 무이자 社債(이른바 zero coupon bond)를 현금 1,000원을 주고 산 뒤, 3년 뒤에 1,331원을 받는다면 3년 동안 각 사업연도의 익금은 얼마인가? 실현주의에 따른다면? 이 거래는 1,000원 주고 산 재산을 1,331원에 파는 거래이고, 처분시점에 가서 소득 331원을 과세하여야 한다.

그러나 할인액(割引額)을 위와 같이 지급받는 시기에 가서 과세함은 경제적 실질에서 벗어난다. 사채 할인액의 경제적 실질은 利子이다. 액면 10,000원인 채권의 발행가액은 10,000원보다 높을 수도 있고 낮을 수도 있다. 액면 10,000원인 채권이 얼마에 발행되는가, 뒤집어 말하면 얼마에 팔릴 것인가는 이자율이 얼마인가에 달려 있다. 사채권(社債券)에 적힌 이자율(이른바 "표시이자율")이 시중이자율(사채발행회사와 같은 정도의 위험을 지닌 채무자가 지급하는 이자율)보다 높다면 사채는 액면가보다 높은 값에 팔리고, 낮다면 액면가보다 낮은 값에 팔리게 마련이다. 분석을 편하게 하기 위해 사채발행회사의 신용도가 은행과 같고 시중은행의 예금이자가 연 10%라 하자. 앞의 예에서 본 액면 1,331원, 만기 3년인 사채가 이자를 아예 주지 않는 이른바 zero coupon bond라면 얼마에 팔릴까? 사채를 사는 사람은 이자는 받지 않고 3년 뒤 원금

249) 소득세를 선택하는 경우의 보완안에 관하여는 이창희, 법인세와 회계(2000), 342-349쪽.

1,331원만을 받는다. 따라서 사채의 발행가액은 투자자가 3년 뒤 1,331원을 받으려면 은행에 얼마를 예금해야 하는가의 문제. 답은 1,331/1.331 = 1,000원. 은행에 1,000원을 예금하면 3년 뒤 1,331원을 받을 수 있고, 사채를 발행한 회사의 신용도가 은행과 같으므로, 회사채의 가격은 1,000원일 수밖에 없다. 곧 할인율(= 이 사채와 위험도가 같은 다른 투자기회에서 기대할 수 있는 수익률)이 연 10%라면 이 사채가 약속하는 3년 뒤의 돈 1,331원은 손안에 든 돈 1,000원과 같은 가치를 가진다. 이 사채를 1,000원을 주고 사는 것은 결국 연 10%의 이자를 받으면서 그 돈을 사채발행회사에 빌려주는 것일 뿐이다. 결국, 이 사채에서 생기는 투자수익을, 331원이라는 할인액이 실현되는 시기인 만기에 가서야 할인액을 소득으로 잡는 꼴로 과세한다면, 이는 경제적 실질과 맞지 않는다. 실현주의와 경제적 실질이 어긋나는 것이다.

이리하여 미국세법은 자산보유기간동안 얼마의 소득이 생길지를 미리 알 수 있는 소득(확정소득)과 얼마의 소득이 생길지를 미리 알 수 없는 소득(미확정소득)을 구별하여, 전자에 대해서는 역사적 원가주의와 실현주의를 배제하고, 미리 확정된 수익률에 따라 각 사업연도의 소득을 익금에 산입한다. 대표적인 예로 채권에서 생기는 이자나 할인액은 모두 확정소득이므로, 실현주의를 적용하지 않고 매년 소득을 계산한다. 앞의 예에서 본 취득원가 1,000원 만기 3년 액면 1,331원인 채권에서는? 첫해에 100원, 이듬해에 110원, 셋째 해에 121원이 과세소득.

두 가지의 구별이 생긴 과정을 되새겨 본다면, 원래 1939년 당시의 미국세법은 “어느 해 동안 생기는 상환가액의 증가가 (납세의무자가 순소득을 계산하는 회계방법에 따를 때) 그 해의 소득에 잡히지 않는다면, 그런 납세의무자는 위 증가액을 그 해의 소득에 포함할 수 있다”라고 정하고 있었다. 위 조항의 뜻에 대해 1965년의 대법원 판결[250)]은 발생주의를 쓰는 납세의무자는 반드시 증가액을 소득에 포함하여야 한다고 판시하여[251)] 자산의 취득원가라는 법적 형식보다는 경제적 실질을 더 무겁게 쳤다. 그러나 현금주의 납세의무자는 여전히 사채의 상환시에 가서 할인액을 한꺼번에 소득으로 잡을 수 있었다. (다만, 위 판결에 따라 할인액을 양도소득에 넣을 수 없게 되어 낮은 세율의 혜택은 없어졌다.[252)]) 그런데 일반 근로자나 전문직 종사자는 거의 현금주의를 쓰고 있었으므로, 결국 회사채를 발행한 회사는 발생주의 기준으로 지급이자를 손금산입하지만 회사채를 보유한 투자자들 가운데 다수는 수입이자를 소득에 포함하지 않고 상환시점에 가서야 소득으로 잡는 현상이 계속되었다. 1969년의 개정세법은

250) United States v. Midland-Ross Corp., 381 US 54(1965).

251) 같은 판결, 60쪽.

252) 같은 판결, 67쪽. 양도소득 저율과세는 이창희, 미국법인세법, 제1장 제2절 I. 4.

이 문제에 대한 대책으로 사채할인액을 미상환기간동안 안분하여, 사채발행자는 이 금액을 손금산입하고 사채보유자는 같은 금액을 소득으로 잡도록 정했다. 같은 법은 안분방법으로 정액법을 택하여 해마다 같은 금액을, 앞의 예로 따지면 331/3 = 110.3원을 구한 뒤, 해마다 이 금액을 각 익금산입 손금산입했던 것이다. 채권을 발행한 회사로서는 손금산입 시기가 경제적 실질보다 앞당겨 지지만, 투자자로서는 과세시기가 경제적 실질보다 앞당겨지므로 두 가지가 서로 상계된다. 납세의무자 하나 하나를 놓고 보면 손익이 왜곡되지만 전체를 놓고 보면 국가로서는 조세중립성이 회복되고 걱정할 바 없다고 생각했던 것이다. 그러나 이로써 문제가 완전히 풀리지 않음이 곧 드러났다. 채권시장을 본다면, 채권보유자의 다수가 연금, 비영리법인 등 면세(免稅) 조직이었던 까닭이다. 따라서 채권발행회사가 실제 이자부담보다 손금산입시기를 앞당길 수 있다는 문제점이 그냥 남게 되었다.

이리하여 마침내 1982년 개정법은 회사채를 발행한 회사가 손금산입할 수 있는 금액을 거래 안에 담긴 실효(實效, effective) 이자율로 계산하도록 정했다. 앞의 예에서는 돈을 꾼 금액이 1,000원이므로, 그 뒤 3년 동안 각 100원, 110원, 121원을 손금산입하게 된다.[253] 1984년법은 이 실효이자율법의 적용범위를 넓혀 채권만이 아니라 다른 금융상품이나 계약 모두에 적용하게 했다.[254] 이리하여 사법상의 형식에 불구하고, 소득의 금액이 미리 확정되어 있는 소득은 실현기준이 아니라 시간의 경과를 기준으로 과세하게 되었고, 실현주의의 적용범위는 미확정 소득의 과세로 좁혀졌다.

미리 확정된 소득을 실현주의의 적용범위에서 빼는 위와 같은 변화는 企業會計와 맞물려 있다. 기업회계에서는 이미 1967년에 실효이자율로 사채할인발행차금을 상각할 수 있게 했고[255] 1971년 이후에는 원칙적으로 실효이자율로 상각할 것을 요구하게 되었다.[256] 국제회계기준도 원칙적으로 "유효이자율법"을 요구하여[257] 회사채가 안고 있는 실제 이자부담을 밝히도록 정하고 있다. 한편, 사채할인발행이 있는 경우 우리 세법은 사채를 발행한 회사와 이를 소유한 투자자 각각에 대해 사채상환 때에 가서 할인액을 손금과 익금으로 잡게 하고 있다. 여기에는 한결 복잡한 사정이 있다. 자세

253) 미국세법 1272조, 1281조. 일반론으로 Bittker, McMahon & Zelenak, *Federal Income Taxation of Individuals*(looseleaf), 42.2절 참조.

254) 미국세법, 1275조(a)(1)(A), 미국재무부 규칙 1.1275-1(d)조.

255) APB Opinion No. 12(Omnibus opinion), para. 16 and 17(1967).

256) APB Opinion No. 21(Interest on Receivables and Payables), para. 15(1971).

257) 기업회계기준서 제1109호 부록 A, 용어의 정의. "유효"라는 말은 무효에 맞서는 말이니 좋은 번역이 못된다. 이하에서는 실효이자율이라 옮기되, 기업회계기준을 인용할 때에는 유효이자율.

한 논의는 제21장 금융손익의 귀속시기 부분에 가서 살펴보자.

Ⅱ. 수익비용 대응원칙의 모순

실현주의의 짝으로 생겨난 수익비용 대응의 원칙은, 투입된 경제적 자원 가운데 특정한 자산에 직접 추적되는 것은 직접대응 원가로 보아 자산의 취득원가에 가산하지만, 직접 추적되지 않는 것은 기간원가로 바로 손금산입한다. 이 이분법은 보수주의의 부산물로 실현 개념과 모순된다. 한편 자산이 아니라 노무를 제공하는 경우에는 수익비용 대응의 원칙 그 자체가 정의되지 않는다. 이런 모순들은 세제의 중립성을 해쳐 투자를 왜곡한다.

1. 기간대응과 실현주의의 모순

기업이익의 본질은 기업이 보유하거나 생산하는 물건이나 용역의 가치가 그 물건이나 용역의 원가보다 높아짐으로써 얻는 차익이다. 손익의 귀속시기 문제는 이 차익을 언제 인식할 것인가의 문제이다. "실현"이라는 말을 권리의 확정으로 정의하든 기업회계의 관행에 따라 정의하든, 실현주의란 자산이나 용역의 가치가 원가보다 높은 차익을 연속적으로 인식하는 것이 아니라, 이를 모아 두었다가 간헐적(間歇的)으로 "실현"시기에 인식함을 뜻한다. 곧 실현시기가 되면 자산이나 용역의 가치를 익금에 산입함과 동시에 그 원가를 손금에 산입한다. 바로 이것이 수익비용 대응. 이와 같이 본다면 적어도 세법 목적으로는, 원가의 손금산입 시기는 반드시 실현시기에 맞추어야 하고, 어떤 원가든 실현에 앞서서 미리 손금산입하는 것은 실현주의와 논리적으로 맞지 않는다. 간접대응은 판매비처럼 수익에서 직접 차감할 금액에 국한되어야 한다. 일반관리비 등 특정 자산과 연관을 직접 추적할 수 없는 비용을 바로 손금산입함은 실현주의와 양립할 수 없고 적어도 세법의 입장에서는 수익비용 대응의 원칙에 어긋난다.[258] 또 일단 간접대응이라는 개념을 인정하게 되면 직접대응 원가와 구별이 애매한 까닭에 자산마다 그 구별 기준이 달라 투자의 왜곡이 생기게 된다.[259]

미국법은 예전부터 기간비용의 개념을 원칙적으로 없애고, 재고자산 및 고정자산의 취득가액의 범위를 기업회계보다 훨씬 넓게 잡아 간접원가 역시 취득가액에 포함하도록 하는 통일적 기준을 두고 있다.(이 기준을[260] uniform capitali-

258) 제8장 제1절 Ⅳ. Staff of Joint Committee on Taxation, 99th Cong., 2d Sess., General Explanation of the Tax Reform Act of 1986, 501-508쪽(1987). 따라서 밖에서 사오는 경우와 안에서 만드는 경우 사이의 중립성이 깨어진다. CIR v. Idaho Power Co., 418 US 1(1974).

259) Staff of Joint Committee on Taxation, 같은 글.

zation rule이라 한다.) 곧 직접원가에 더하여 간접원가(세금 포함)도 자산에 안분할 수 있는 만큼을 취득원가에 포함하여야 한다는 것이다.[261] 여기에서 "자산에 안분할 수 있는 간접원가"란 그 자산의 생산이나 재판매에 직접 도움이 되거나 그 과정에서 생기는 원가라는 뜻이다.[262] 예를 들어 구매담당 직원의 인건비는 자산별로 안분할 수 있는 부분은 모두 취득원가에 포함하여야 하고,[263] 임원 급여 등[264]도 원칙적으로 자산의 취득원가에 포함하여야 한다. 지급이자도 취득원가에 포함하나, 바로 손금산입할 수 있는 여지가 다른 비용보다는 훨씬 크다.[265]

2. 노무의 제공

수익을 실현시점에 인식하면서 그와 동시에 수익에 대응하는 비용을 인식하는 전통적 규범은, 소득이란 물건의 가치가 늘어나서 생기는 것이라는 생각을 전제로 형성된 것이다. 그런데 물건이 아닌 노무를 제공하는 경우에는 위와 같은 뜻으로 실현주의와 수익비용 대응의 원칙을 정의할 길이 없다. 여기에서 자연스레 비용(費用)은 발생즉시 손금에 산입하고 수익(收益)은 용역제공이 끝나야 익금에 산입하게 되었다.

그러나 연관된 손익에 대해 시차(時差)를 두어, 비용은 위와 같이 바로 손금산입하고 수익은 뒤에 가서야 익금산입한다면, 사실은 세금을 걷지 않는 셈. 이미 본 바 있다.[266] 실현사건(용역의 제공)이 아직 없다는 이유로 선수수익을 소득에서 제외한다면, 사실은 납세의무자에게 세금을 매기는 것이 아니라 보조금을 주는 결과. 예를 들어, 어떤 납세의무자가 내년에 용역결과를 제공하기로 하면서 대가는 올해에 100원을 미리 받고, 같은 올해에 100원의 인건비를 지출한다면, 현금흐름이 서로 씻겨나가므로 이 납세의무자에게는 실제로는 아무런 소득이 없다. 그러나 전통적 실현주의와 수익비용 대응의 원칙에 따른다면, 이 납세의무자는 올해에 100원을 손금산입하고 내년에는 대가 100원을 익금산입하게 된다. 세율이 50%라면, 납세의무자는 50원을 한해 동안 무이자로 국가에서 꾸는 꼴로, 세금을 내는 것이 아니라 국가로부터 보조금을 받는 결과가 된다. 결국, 현금을 받는 시점에서 용역대가를 과세함은 최소한의 필요이다. 그렇게 하더라도 실제로 납세의무자가 부담하는 세율은 영(0)이 된다. 제8장 제1절 IV.3.

260) 미국세법 263A조.
261) 같은 법 263A조(a)(2).
262) 미국재무부 규칙 1.263A-1(e)(3)조. 가령 토지의 지목변경에 들어간 돈도 원가에 가산한다. Von-Lusk v. CIR, 104 TC 207(1955).
263) 같은 규칙 1.263A-1(e)(3)(ii)(F)조, 1.263A-3(c)(3)조.
264) 같은 규칙 1.263A-1(e)(3)(ii)(B)조.
265) 미국세법 263A조(f).
266) 제8장 제1절 Ⅳ, 제19장 제3절 Ⅱ.

Ⅲ. 실효세율의 차이로 인한 투자왜곡

본보기로, 어떤 투자자에게 두 가지 투자기회가 있다고 하자: 가) 자기 돈 1,000원을 은행에 3년간 예금한다, 나) 자기 돈 1,000원을 주고 부동산을 샀다가 3년 뒤 이를 판다. 또 가정하기를, 세금을 고려하지 않는다면 어느 쪽이든 투자수익이 연 10%이고, 따라서 3년 뒤 예금 원리금의 가치나 부동산의 가치나 모두 $1{,}000 \times (1+0.1)^3 = 1{,}331$원이 된다고 하자. 세금이 없는 세상에서는 이 투자자는 두 가지 투자안을 마찬가지라 여기게 될 것이다. (물론, 현실 세계에서는 3년 뒤 부동산의 값이 얼마가 될지 알길이 없다. 투자자는 3년 뒤의 부동산 가격이 얼마가 될지 확률을 따져서, 예금과 부동산 사이에 돈을 나눌 것이다. 이 차이를 고려하더라도 아래 분석의 결론에는 영향이 없다.)

이제 세금 문제를 들여 와, 어느 경우든 세율은 50%로 같지만, 예금 이자는 매년 과세하고 부동산의 가치 상승액은 처분 전에는 과세하지 않는다고 하자. 그러면 두 투자안의 세후(稅後)가치가 서로 달라진다. 예금의 경우에는 첫해에 투자수익 100원에 대한 세금 50원을 내게 되므로 첫해 말에는 1050원이 남는다. 이듬해에는 1,050원에 대한 10% 이자 105원을 받지만 그에 대한 세금 52.5원을 내고 나면 이듬해 말에는 1,102.5원이 남고, 셋째 해에는 이자 110.25원을 받지만 그에 대한 세금 55.125원을 빼면 투자원리금이 결국 1,157.625원. 한편 부동산의 경우에는 셋째 해 말 부동산의 가치가 $1{,}000 \times (1+0.1)^3 = 1{,}331$원이 되고 처분이익이 331원. 그에 대한 세금 165.5원을 빼고 나면, 투자원리금은 1,165.5원. 둘을 비교하면, 부동산 쪽의 실효세율 내지 세부담이 가볍다. 실효세율이 이같이 달라지는 까닭은? 예금의 경우에는 투자수익에 대한 세금을 정부가 해마다 바로 걷어가지만 부동산의 경우에는 3년을 기다려 주므로, 이자효과에 차이가 생기니까. 다시 말하면, 예금 원리금의 세후 가치는 자라나는 속도 자체가 연 5%로 떨어지는 데 비해 부동산의 세후 가치가 자라나는 속도는 연 10% 그대로인 까닭이다.

결국 앞 문단의 예금과 부동산처럼, 확정소득은 해마다 과세하고 미확정소득은 실현시기에 가서 과세하는 2원론은 두 가지 자산 사이에 세부담 내지 실효세율의 차이를 낳고, 보유기간이 길수록 투자수익이 현금화되지 않는 자산에 대한 실효세율을 낮추는 결과가 된다. 이와 같이 실효세율에 차이가 생기면, 사람들은 세부담이 낮은 자산(이 예에서는 부동산)에 대한 투자를 늘리고 세부담이 높은 자산(이 예에서는 예금)에 대한 투자를 줄이게 된다. 이 과정은 두 자산의 稅後수익률이 같아질 때까지 계속되게 마련이고, 그렇게 세후수익률이 같아진 점에서는 두 자산의 세전(稅前) 수익률은 당연히 다르다. 예를 들어 예금의 세전 수익률이 11%이고 부동산의 세전 수익률이 연

9%인 점에서 투자의 분배가 균형을 찾게 된다고 하자. 사회 전체의 입장에서 본다면, 이 균형점은 자원의 비효율적 배분을 뜻한다. 예금에 투자되었더라면 연 11%를 낳을 수 있는 돈이 연 9%를 낳을 뿐인 부동산에 투자되어, 연 2%라는 사회적 낭비가 생기는 까닭이다.[267] 제2장 제3절 I. 1. 현실세계에서는, 각 투자자는 투자수익률만이 아니라 투자위험도 고려하게 마련이지만, 실효세율의 차이가 있는 경우 자원의 배분이 왜곡되어 사회적 낭비가 생긴다는 결과는 마찬가지이다.

Ⅳ. 동결효과

실현주의는 凍結效果를 낳아 자원의 효율적 분배를 왜곡한다. 동결효과? 실현을 과세 계기로 삼는 경우, 투자자가 기존의 투자에 묶이게 된다는 말이다. 투자자가 기존의 투자 자산을 그대로 가지고 있는 경우에는 소득세가 나오지 않지만 이를 팔고 다른 자산을 사는 경우에는 소득세가 나오게 되므로, 결과적으로 투자자는 기존 자산에 그냥 묶이는 경향이 생긴다.

예를 들어 X와 Y라는 두 투자자가 시가 200원인 A, B라는 자산을 각각 소유하고 있고, 두 사람은 각 연 9%의 투자수익을 얻고, 이 투자수익은 모두 원본가치의 상승으로 나타난다고 하자. 그런데 만일 X가 B자산을 가지고 Y가 A자산을 가지면, 둘은 모두 연 10%의 수익을 올릴 수 있다고 하자. X, Y의 개인적 입장, 또 사회 전체의 입장에서 본다면, X, Y는 A, B를 서로 맞바꿈으로 각 1%씩을 추가로 벌게 되어 모두 득을 보게 된다. 사회전체의 입장에서 보면 연 2%(4원)의 생산물이 공짜로 생긴다. 이 상황에서 소득세율이 50%이고, A자산과 B자산의 취득원가가 100원이라고 하고, (가) X와 Y가 A, B를 그대로 보유하는 경우와 (나) 서로 맞바꾸어 X가 B를 Y가 A를 보유하는 경우, 두 가지를 비교하여 어느 쪽이 각 납세의무자에게 유리한가를 따져보자. (가)에서 X와 Y가 기존 자산을 1년간 그냥 가지고 있으면, A, B 두 자산의 가치는 각 연 18원(9%)이 올라 218원이 된다. 자산의 가치가 218원이 된 뒤 이를 처분한다면 X와 Y는 양도차익 118원(218원 빼기 취득원가 100원)에 대한 세금 59원(118원의 50%)을 내게 되고, 순현금 159원(218 - 59)이 손에 남게 된다. 한편, (나)로 가서 X와 Y가 자산 가치가 200원인 현 상황에서 자산을 서로 맞바꾼다면 두 사람은 각각 당장 양도차익 100원(200 - 100)에 대한 세금 50원을 내게 되고, 150원(200 - 50)의 현금이 남는다. 그 후 1년 동안 X는 B자산에서 Y는 A자산에서 연 15원(10%)의 세전소득을 얻으면서 그에 대한 세금 7.5원을 내고, 1년 뒤 157.5원의 현금을 쥐게 된다. 결

267) Harberger 모델에 대한 설명은 미시경제학 교과서나 재정학 교과서에서 쉽게 찾을 수 있다.

국, 두 사람의 개인적 입장에서 본다면, 가)가 나)보다 유리하고, X, Y 두 사람은 A, B 자산을 그대로 보유하게 된다.

X, Y 두 사람이 선택한 이 길, 곧 기존 자산을 그냥 보유하는 길은 사회적 입장에서 보면 자원의 비효율적인 배분이 된다. X와 Y가 A, B를 서로 맞바꾸면 연 4원이라는 생산물이 추가로 생길 수 있는데…. 결국 세제가 凍結효과를 낳는 까닭에 사회적 비효율이 생기누나.

V. 손익의 조작

실현주의는 또 자산의 처분 등 어떤 특정한 행위나 사건을 과세의 계기로 삼으므로, 납세의무자가 손익의 귀속시기를 제 마음대로 정하고 손익을 조작하는 자의(恣意)를 낳는다. 전형적인 예로 어떤 물건(불특정물)을 1만원에 사 둔 사람이 앞으로 1년 뒤에 이 물건을 넘겨주면서 1만1천원을 받기로 하는 계약(이와 같이 상쇄되는 position을 '양 다리 걸치기'라는 뜻으로 straddle이라 부른다)을 맺는다고 하자. 계약의 이행일 현재 물건의 가격이 1만5천원이라고 하자. 이 사람이 소득을 낮추고 싶으면? 기왕 가지고 있는 물건은 그냥 둔 채 동종의 물건을 1만5천원에 사서 넘기면 처분손이 4천원. 소득을 늘리고 싶으면? 원래 1만원에 사 둔 물건을 넘기면 처분익이 1천원. 물건 값이 떨어진 경우도 마찬가지로 손익조작이 가능하다. 이리하여 미국법은 straddle에서 생긴 손실의 손금산입을 제한한다.[268] 그러나 straddle은 한 예일 뿐이고 옵션 기타 파생금융상품을 사용하면 손익조작의 길은 훨씬 다양해진다.[269]

사실은 구태여 straddle이나 파생금융상품이 아니더라도 실현주의는 그 자체로 손익조작을 가능하게 한다. 제8장 제1절 II.2. 어떤 자산의 시가가 취득원가보다 떨어졌다고 하자. 어떤 이유로든 과세소득을 되도록 줄일 필요가 있는 납세의무자는 이 자산을 처분할 것이고, 되도록 늘릴 필요가 있는 사람은 이 자산을 그냥 들고 있을 것이다.[270] 처분 여부는 이 납세의무자의 부에 영향이? 없다. 값은 이미 떨어졌으므로, 자산을 팔지 않더라도 이 사람은 이미 그만큼 가난해진 까닭이다. 그렇다면, 자산의 처분을 과세계기로 삼는다는 말은 세금을 내는 시기가 담세력의 변화가 아니라 이 사람

268) 미국세법 1092조, 1256조, 263조(g). Lerman v. Commissioner., 939 F2d 44,52(3d cir. 1991), cert. denied, 502 US 984(1991).

269) 제20장 제3절 Ⅱ.

270) 새로운 자산을 사들이는 결과 투자위험(가격등락의 폭과 가능성)이 달라진다면, 세금 문제만으로 팔지 말지를 정할 수는 없음은 물론이다. 본문은, "다른 사정이 모두 같다"는 가정 하에서 세금의 영향만 따로 추려내고 있다.

의 마음에 달려 있음을 뜻한다. 거꾸로 자산의 가격이 오른다면, 이 사람은 소득을 늘리고 싶으면 자산을 처분하면 되고 소득을 줄이고 싶으면 자산을 그냥 가지고 있으면 된다.

미국법은 이에 대한 대책으로 양도차손의[271] 손금산입을 여러 모로 제한한다. 정확히 말한다면, 양도차손의 손금산입 제한은 실현주의의 모순점 때문에 생긴 제도는 아니고, 양도소득에 대한 세율이 경상소득보다 낮기 때문에 생긴 제도이다. 곧 어떤 자산의 양도에서 생긴 차손은 원칙적으로 다른 양도차익에서만 공제할 수 있게 하고 경상소득에서는 공제할 수 없게 하는 것이다.[272] 공제받지 못한 차손은 일정 범위 안에서 과거나 미래로 이월하여 공제할 수 있다.[273] 개인은 일정 금액까지는 양도차손을 일반 소득에서 공제할 수 있다.[274] 이 제한은, 양도차익에 대한 세율이 경상소득과 같았던 시절(1986년에서 1990년)에도 그대로 유지되었다. 양도차익에 대한 특혜가 되살아날지 모른다고 생각했던 탓도 있지만, 명목세율이 같다 하더라도 실현주의 하에서 양도차익에 대한 실효세율은 명목세율보다 낮아지는 까닭이기도 하다. Tax shelter 및 소극적 투자의 손실은 제14장 제2절, 제21장 제2절 Ⅲ. 결손금 통산의 제한은 제10장 제3절 Ⅰ.

Ⅵ. 불필요한 거래의 유인

실현주의는 납세의무자로 하여금 경제적으로 전혀 필요 없는 거래를 하게 만들어 사회적 낭비를 일으킨다. 시가가 떨어진 자산을 시가대로 팔았다가 판 값에 되산다면, 경제적으로는 이 자산을 그냥 들고 있었던 경우와 아무런 차이가 없지만 가격하락 손실을 손금산입할 수 있게 되는 까닭이다.[275] (미국에서는 이런 거래를 wash-sale이라고 한다.) 혹시라도 이미 가격이 떨어진 자산을 되살 사람이 어디 있을까 생각하는 이가 있을지 모르나, 어떤 자산을 앞으로 계속 가지고 있을까 말까는, 이미 가격이 떨어

271) 이 문단에서 양도차익, 양도차손, 양도소득은 모두 capital asset의 양도차익, 양도차손, 양도소득이라는 뜻이다. 포괄적 소득개념이라고는 하지만 미국법은 전통적으로 경상소득과 양도소득을 나누어 개인의 양도소득은 저율과세한다. Capital asset이란 투자자산과 사생활재산 정도의 뜻이다. 이창희, 미국법인세법, 제1장 제2절 I.4.

272) 개인은 (양도차익 + 3,000불)을 한도로 공제할 수 있다. 미국세법 1211조. 법인세에서는 고정자산이나 투자자산 처분손실은 양도차손이 됨이 원칙이다. Arkansas Best Corp. v. CIR, 485 US 212 (1988).

273) 같은 법 1212조.

274) 같은 법 1211조(b).

275) 동종 자산을 교환하여 양도차손을 손금산입한 사례로 Cottage Savinges Ass'n, 499 U.S. 554(1991).

졌다는 사실과는 아무 상관이 없다. 오로지 앞으로 가격이 어떻게 되는가에만 달려 있다. 거꾸로, 자산의 가격이 오른 경우 올해의 소득을 늘릴 특별한 사정이 있으면 (예를 들어 내년에는 세율이 크게 오르는 경우) 자산을 팔았다가 되사는 거래가 생긴다.

납세의무자의 가공손실에 관하여 국가로서는 두 가지 선택가능성이 있다. 하나는, 아예 저가주의(低價主義)를 허용하는 것. 예를 들어 우리 법인세법은 재고자산, 고정자산, 주식 등에 대해 법정요건이 만족된다면 자산가액을 평가감하여 미실현손실을 손금산입할 수 있게 허용한다.[276] 이 방식의 치명적 결함은? 담세력의 왜곡. 저가주의란 시가를 알고 있음을 전제로 한다. 저가주의는 시가가 오른 것은 무시하고 떨어진 것만 손실로 떠는 것이다. 다른 한 길은? 원가주의(原價主義)를 고집하기 위한 방어장치를 두는 것이다. 미국법은 원칙적으로 금융자산을 원가로 평가하도록 하고 미실현손실의 손금산입을 부인.[277] 그렇게 하려면, 가격하락분의 손금산입을 노리는 wash-sale 거래의 효과를 부인해야 한다. 이리하여 미국법은 납세의무자가 주식, 유가증권, 또는 이를 사거나 팔기 위한 약정이나 option에서 손실을 입는 경우, 납세의무자가 그런 position을 판 때로부터 일정 기간 안에 실질적으로 같은 position을 사들인 적이 있다면, 손실의 손금산입을 부인한다.[278] 또 특수관계인에게 팔아 생긴 손실은 인정하지 않는다.[279] 이 방식의 단점은? 손익조작 거래의 범위를 자의적(恣意的)으로 정할 수밖에 없고, 세제 및 행정이 복잡해진다.

Ⅶ. 시가평가(時價評價)의 확대

결국 소득세제의 밑바탕이 세금이란 납세의무자의 부가 얼마나 늘었는가에 따라 매겨야 한다라는 생각이라면, 적어도 실체법상 소득의 개념은 時價評價를 필요로 하고 미실현이득의 과세를 요구한다. 실정법도 시가평가를 늘리고 있다.

미국법은 1980년대 초부터 거래소에 상장된 선물, 외환, 옵션 따위를 시가평가한

276) 법인세법 제42조 제3항.

277) 다만 가치가 영(0)으로 떨어진다면 평가손을 허용한다. 미국세법 165조(g). 일정한 자산은 시가평가한다. 아래 Ⅶ 참조.

278) 미국세법 1091조. 본문에서 유가증권(securities)이란 社債 정도의 뜻이다. Dupont v. CIR, 118 F2d 544(3rd Cir.), cert. denied, 314 US 623(1941). Wash sale의 요건을 만족하지 않는 거래를 sham으로 보아 처분손을 손금불산입한 판결로 Dewees v. CIR, 870 F2d 21(1st Sess. 1989).

279) 미국세법 267조(a). 매매나 교환계약의 진정성이 입증되더라도 손금불산입한다. Miller v. CIR, 75 TC 182(1980). 가장행위라는 논거로, 결국 특수관계인 아닌 자에게 이 조항을 확대적용한 판결로 Scully v. US, 840 F2d 478(7th Cir. 1988). 남편은 증권시장에 주식을 팔고 아내는 같은 종류의 주식을 증권시장에서 사들인 경우 남편의 처분손을 손금불산입한 판결로 McWilliams v. CIR, 331 US 694(1947). 상세는 Bittker, McMahon & Zelenak, 16.06[2]절.

다.[280] 1993년부터는 증권의 매매업자들에게[281] 시가평가 제도가 적용되었고[282] 1997년부터는 증권시장이나 상품거래소의 직업적 투자자들도[283] 원한다면 유가증권이나 상품을 시가평가할 수 있게 되었다. 시가평가가 적용되는 범위에서는 wash-sale 규칙은 적용할 이유가 없고 적용하지 않는다.[284] 더 나아가 1997년부터는 모든 납세의무자가, 보유하고 있는 금융상품이나 투자와 상계되는 선물, 선도계약, 공매도(空賣渡),[285] option, 기타 금융 position의 가치가 오른 경우 시가평가하여 평가이익을 소득에 포함하여야 한다.[286] 값이 떨어진 경우의 평가손은, 가공손실을 염려하여 자산의 처분 전에는 손금산입할 수 없게 정하고 있다.[287] 일본은 매매목적이고 시장성 있는 주식과 사채, 공매도 포지션, 파생금융상품을 시가평가하면서 위험이 서로 상계되는 자산의 평가방법도 그에 맞춘다. 2007년부터는 거래소 상장상품도 시가평가.[288] 유럽법에서는 단기금융상품은 자산이든 부채든 다 시가평가.[289]

우리 법에서도 집합투자(集合投資)기구가 보유한 집합투자재산은 시가평가한다.[290] 금융회사라면 화폐성 외화(外貨)자산부채는 시가평가하고 통화선도(先渡) 등은 시가평가할 수 있다.[291] 금융회사가 아닌 법인이라면 화폐성 外貨자산부채나 환(換)위험회피용 통화선도를 시가평가할 수 있다.[292]

그러나 미실현손익의 과세에는 두 가지 어려움이 따른다. 첫째, 금융시장이 덜 발달된 경우 미실현이득을 과세하면 세금을 내기 위해 자산을 팔아야 하는 유동성(流動性) 문제를 낳을 수 있다, 둘째, 미실현이득의 과세에는 評價의 어려움이 있다.[293] 시

280) 미국세법 1256조.
281) 매매업자(dealer)란 자기 고객에게 증권을 매매하는 업자를 말한다.
282) 투자자산이나 매출채권은 시가평가하지 않는다. 미국세법 475조 (a), (b), (c)(4).
283) 미국세법 475조(e), (f). 직업적 투자자(trader)란 고객은 없지만 증권이나 상품투자를 사업의 수준으로 하는 사람을 말한다. dealer와 어떻게 다른지가 반드시 분명하지는 않다. Kemon v. CIR, 16 TC 1026, pp. 1032-1033(1951) (acq.) 등 참조.
284) 미국세법 475(d)(1)조.
285) short sale. 매매금액을 미리 특정하고 목적물은 나중에 인도하는 계약을 말한다. 주식처럼 가격이 심하게 오르내린다면, 며칠 사이에도 큰 차이가 날 수 있다.
286) 미국세법 1259조. 제20장 제3절 II 참조.
287) 미국세법 1259조.
288) 일본 *法人税法* 제61조, 제61조의2, 제61조의3, 제65조.
289) BEFIT(Business in Europe: Framework for Income Taxation) 제11조.
290) 법인세법 제42조 제1항 제2호; 같은 법 시행령 제75조 제3항. 제1절 Ⅳ.3, 제11장 제4절 I.5.
291) 법인세법 제42조 제1항 제2호; 같은 법 시행령 제76조 제1항.
292) 법인세법 제42조 제1항 제2호; 같은 법 시행령 제76조 제2항.
293) 기업회계에서도 실현이 이익개념을 결정하는 요소가 아님은 인식하지만 그럼에도 불구하고 실현주의를 쓰는 까닭으로 가치측정의 객관성 문제를 들고 있었다. American Accounting Association, "*Report of the 1973-74 Committee on Concepts and Standards – External reporting*," Accounting Review Supplement to V. 50, 209(1974). 국제회계기준에 와서는 실현이라는 개념은 아예 사라졌다.

가평가가 오히려 손익조작의 수단이 되는 것을 막으려다 보니 시가평가는 분명한 시가가 있는 금융자산 정도에 국한할 수밖에 없다. 그 밖에 여러 가지 정치경제학적 사정이 뒤섞이면서 실현주의는 아직 현행법 속에 살아 숨쉬고 있다.[294)]

제 5 절 기업회계와 세법

Ⅰ. 두 규범의 관계에 관한 입법례

법인세법은 소득계산에 있어서 법령에서 따로 정하지 않는 한 기업회계를 존중하도록 하고 있다. "내국법인의 각 사업연도의 소득금액을 계산할 때 그 법인이 익금과 손금의 귀속사업연도와 자산·부채의 취득 및 평가에 관하여 일반적으로 공정·타당하다고 인정되는 企業會計基準을 적용하거나 慣行을 계속 적용하여 온 경우에는… 법…에서 달리 규정하고 있는 경우를 제외하고는 그 기업회계의 기준 또는 관행에 따른다."[295)]

다른 나라를 보면 日本法은 익금을 자산의 판매, 유상이나 무상의 자산양도 또는 역무의 제공 등 당해 사업연도의 수익으로 정하고 있다.[296)] 손금은 ① 당해 사업연도의 수익에 관계된 원가, ② 당해 사업연도의 판매비와 일반관리비(다만, 상각비 외에는 채무가 확정되지 않은 것은 제외), ③ 당해 사업연도의 손실 세 가지이다.[297)] 여기에서 익금과 손금의 액은 일반적으로 공정 타당하다고 인정되는 회계처리기준에 따른다고 정하고 있다.[298)] 독일(獨逸)의 소득세법에서는 기준성의 원칙에 따라 과세소득의 계산은 상법상의 소득계산에 따르고 있다.[299)] 상법상의 소득계산은 실현주의와 비대칭

---

294) 제9장 제2절. 아직은 시론일 뿐이지만 시가평가에 대한 대안으로 실현주의의 부산물인 과세이연에 대한 이자를 추징하자든가, 투자의 내부수익률 등 일정한 수익률로 세금을 바로바로 물리자든가 여러 가지 논의가 있다. 간단한 소개는 이창희, 법인세와 회계(2000), 342-347쪽. 특히 파생금융상품을 이용하여 이자소득을 양도소득으로 변형한 경우 미국세법 1260조는 이자를 추징한다. 해외 mutual fund에 투자하여 얻은 소득에도 이자를 추징한다. 미국세법 1291조 이하.

295) 법인세법 제43조; 소득세법 제39조 제5항.

296) 일본 法人税法 제22조 제2항.

297) 일본 法人税法 제22조 제3항.

298) 일본 法人税法 제22조 제4항.

299) Einkommensteuergesetz("독일소득세법") 제5조 제1항, 제4조 제1항 및 제2조 제2항. Koerperschaftgesetz("독일법인세법") 제7조 제2항. 상사대차대조표의 기준성(Massgeblichkeit der Handelsbilanz)이라는 말은 상법의 회계규정을 세법이 받아들인다는 말이다. 그러나 IFRS 도입과 회계현대화법(Bilanzmordernierungsgesetz) 이후에는 세법상의 선택권은 기업회계 재무제표와 무관하게 되는 등, 구체적 재무제표와 세법상 소득계산은 무관하고 기준성이라는 말은 기업회계의

성 등으로 이루어진 신중성의 원칙에 따른다.[300] 자산·부채는 실현주의에 따라 역사적 원가로 평가하고, 미실현이득은 소득에 반영하지 않는다.[301] 한편 이와 비대칭적으로 미실현손실은 자산처분 전에라도 인식한다.[302] 일본이나 독일과 달리 美國法은 과세소득은 납세의무자가 장부작성시 늘 사용하는 회계처리방법에 따라 계산하되,[303] 그런 방법이 없거나 소득을 제대로 반영하지 않는다면 국세청장이 정하는 방법에 따르도록 정하고 있다.[304] 위 조건에 맞다면 현금주의, 발생주의 기타 어떤 방법이든 쓸 수 있고, 어떤 방법이든 위 조건에 맞아야만 쓸 수 있고.[305] 제18장 제1절 IV.

Ⅱ. 기업회계 제도

1. 외감법과 기업회계

우리나라에서는 기업의 재무정보를 어떤 식으로 보고할 것인가라는 기업회계의 규범은 법질서에서 상대적으로 독립된 별개의 규범체계를 이루고 있다.[306] 종래 우리나라의 기업회계 규범은 주식회사의 외부감사에 관한 법률[307](이하 "외감법"이라 한다)에 따른 하부 규정으로 금융위원회가 제정하는 기업회계기준(企業會計基準)이라는 꼴로 짜여 있었다. 현행 외감법은 2011년 1월 1일을 시행일로 하여[308] 외부감사의 대상이 되는 회사의 회계처리기준을 2원화했다. 구체적으로는, 국제회계기준위원회의 국제회계기준을 채택하여 정한 회계처리기준(한국채택국제회계기준)과 그 밖의 회계기준으로 이원화하여 금융위원회가 증권선물위원회의 심의를 거쳐 회계처리기준을 정하며, 주권상장법인과 금융기관은 한국채택국제회계기준을 따라야 한다.[309] 금융위원회

원칙을 존중한다는 추상적 의미로 바뀌었다. Tipke/Lang, *Steuerrecht*(제24판, 2021), 제9장 40문단 이하. 이하 달리 적지 않은 한 Tipke/Lang이란 제24판.

300) Handelsgesetzbuch("독일상법") 제252조 제1항 제4호; Robert Winnefeld, *Bilanzhandbuch*(1997), 573쪽.

301) Winnefeld, 같은 책, 576쪽.

302) 같은 책, 588-590쪽.

303) 미국세법 446조(a).

304) 미국세법 446조(b).

305) 미국세법 446조(c).

306) 이창희, 법인세와 회계(2000), 168-176쪽. 기업회계기준의 해석이 법률문제로 등장하는 이상 그 종국적 해석은 법원의 권한이다. 대법원 2022. 4. 28. 선고 2017두55930 판결(감사인의 책임). 국제회계기준 전의 독일 회계기준은 대부분 법원의 판례로 형성. 아래 2.

307) 1980. 12. 31. 법률 제3297호.

308) 2009. 2. 3. 법률 제9408호 부칙 제1조.

309) 외감법 제5조 제1항; 외감법시행령 제6조.

는 회계처리기준에 관한 업무를 전문성을 갖춘 민간법인 또는 단체에 위탁할 수 있는 바, 실제로 韓國會計基準院에 위탁했다.[310] 이를 받아 한국회계기준원은 국제회계기준위원회의 국제회계기준을 번역한 문서를 '기업회계기준서'라는 이름으로 내어놓고 있고,[311] 외감법이 말하는 그 밖의 회계기준을 정한 문서를 '일반기업회계기준'이라는 이름으로 내어놓고 있다. 한국회계기준원은 여러 경제단체와 한국공인회계사회 등의 출연으로 민법에 따라 설립된 비영리법인이다. 실제 회계기준을 만드는 일은 같은 기준원 안에 설치된 韓國會計基準위원회에서 맡고 있고, 회계기준위원은 회계학교수, 공인회계사 등 기업회계 전문가들이 맡고 있다. 외감법 적용대상이 아닌 회사에는 법무부가 금융위원회 등과 협의해서 만든 중소기업회계기준을 권고하고 있다.[312]

2. 국제회계기준

국제회계기준위원회란 원래 유럽이 주도권을 잡고 만든 조직이다. 독일에서는 전통적으로 기업회계의 규범이 상법의 일부로 법제화되어 있고, 법에서 분명하게 정해지지 않은 내용은 판례로 넘어간다.[313] 이에 비해 영국에서는 기업회계의 규범을 완전히 사적 자치 내지 시장에 맡겨두는 방식을 따랐고, 그 결과 20세기 초부터 육칠십 년의 세월에 걸쳐 통일적 회계규범을 제정하는 기구가 시장에서 시나브로 생겨나 현재는 Accounting Standards Board라는 민간기구에서 회계기준을 만든다.[314] 미국에서는 국가가 기업회계의 규범을 직접 만들지는 않지만, 1930년대에 대공황 수습조치의 한 갈래로 증권거래제도를 정비하면서 통일적 회계기준을 제정하는 민간기구를 인위적으로 만들고 그 기구가 만든 기준에 법적 규범력을 부여했다. 오늘날에는 Financial Accounting Standards Board라는 민간기구에서 회계기준을 만들고 있다.[315]

전통적 회계제도는 1978년 EU가 제4차 회사법지침을 내놓은 이래 세계화의 물결을 타고 확 바뀐다.[316] 영국은 유럽통합과정 속에서 회계기준제정기구와 그 기구가 만든 기준에 어느 정도 법적 규범력을 부여하게 되었다. 1997년 이후로는 독일의 기업회

310) 외감법 제5조 제4항; 외감법시행령 제7조. 이런 제도에 대해 위헌시비가 있지만 합헌이다. 대법원 2006. 1. 13. 선고 2005도7474 판결; 김건식 · 박정훈 · 이창희, 기업회계기준의 법적지위에 대한 의견서(2003. 4. 2).

311) 이하의 주석 등에서 공식적으로 문서를 인용할 때에는 '기업회계기준서'라는 용어를 쓰되, 종래의 기업회계기준과 혼동을 피하기 위해 본문에서는 국제회계기준이라는 말도 아울러 쓰기로 한다.

312) 상법 제446조의2.

313) 실제로는 이른바 뒤집어진 기준성으로 세법판례가 기업회계 규범을 형성했다. 이창희, 앞의 책, 155-159쪽.

314) 이창희, 앞의 책, 153-155쪽.

315) 같은 책, 159-162쪽.

316) 같은 책, 164-167쪽.

계제도도 급격한 변화를 보이기 시작하여 민간부문의 역할이 아주 커지게 되어 독일 회계기준위원회라는 과도적 기구가 생겼다. 한편 그 사이에 1973년에 여러 나라의 회계사단체의 협의기구인 International Accounting Standards Committee라는 조직이 생겨서 International Accounting Standards('IAS')라는 비공식적 문서를 내놓고 있었다. 1995년에 유럽각국의 증권관리위원회 협의체는 이 조직을 공식화하면서 거기에 힘을 실어줄 것을 결정하고, 그에 따라 1999년에 기존조직을 International Accounting Standards Committee Foundation이라는 비영리법인으로 재편하면서 2001년 그 산하에 국제회계기준위원회를 두어 International Financial Reporting Standards('IFRS')라는 문서를 내고 있다. 이 IFRS와 아직 살아있는 IAS가 바로 국제회계기준이다. 유럽의회는 2002년 모든 상장법인은 국제회계기준을 따라야 한다고 법을 정했고,[317] 그 뒤 이 국제회계기준이 우리나라, 호주, 중국, 브라질 등 전세계 120여개국으로 번져나갔다. 미국은 유럽 주도의 IFRS에 거부반응을 보이고 있다. 앞으로 IFRS의 상당부분을 미국기준에 뜯어맞출 것을 수용조건으로 삼더니 결국은 아예 거부하고 외국법인에만 제한적으로 인정하고 있다. 그 결과 형식적으로는 미국 회계기준(ASC: Accounting Standards Codification)이 따로 있지만, ASC와 IFRS의 내용을 서로 두드려 맞추는 작업이 계속 중. 그러다가 다시 새 변화로 국제조세 부분에서 본 pillar 2로 전세계적인 법인세 최저한세를 들여오려다보니 기본적으로는 과세소득을 국제회계기준(≒ASC)에 따라 계산하자고 한다. 이 작업이 실제 성공한다면 국제회계기준이 전세계에 자리잡고, 법인세법의 회계규범을 상당부분 밀어낼 것이다. 또 한 가지 움직임으로 ESG(환경, 사회, 경영)에 따른 지속가능성 공시기준이 새로 등장하고 있다.

Ⅲ. 대차대조표(재무상태표)에 관한 회계기준

제7장 제5절에서 보았듯이 복식부기의 결과로 자산・부채・자기자본이 어떤 현황에 있고 순자산이 어떻게 바뀌었는가를 보여 주는 표가 재무상태표, 상법에 남아 있는 옛 말로 대차대조표이고, 수익과 비용을 모아 순자산의 증감원인이 무엇인가를 보여 주는 표가 손익계산서이다.[318] 이러한 복식부기의 구조 하에서는 손익의 금액이 얼마인가라는 문제는 자산・부채를 얼마로 평가할 것인가와 같은 문제가 된다. 재무상태표든 손익계산서든 회계기준의 내용은 국제회계기준과 일반기업회계기준이 반드시 똑같

317) Regulation(EC) No 1606/2002 of the European Parliament and of the Council of 19 July 2002 on the application of international accounting standards, *Official Journal L 243*(2002. 11. 9).

318) 상법 제447조 제1항. 배당결의 및 이익잉여금처분계산서는 제13장 제3절 II.

지는 않다. 일반기업회계기준은 국제회계기준을 단순화한 것이므로 이하에서는 국제회계기준을 위주로 설명한다.

1. 자산 · 부채의 구분

재무상태표는 자산부채를 단기(短期)인가 장기(長期)인가를 따져서 유동자산과 비유동자산, 유동부채와 비유동부채로 구분하여 표시하거나, 유동성 순서에 따라 표시한다.[319] 장 · 단기 구분은 이듬해 재무제표에도 남아있을 자산부채인지 현금화하거나 갚아서 없어질 자산부채인지, 곧 12개월 기준으로 판단한다.[320] 재무상태표는 유형자산,[321] 투자부동산,[322] 무형자산, 금융자산, 지분법 처리 투자자산, 재고자산, 매출채권 및 기타 채권, 현금 및 현금성자산, 충당부채, 금융부채, 납입자본과 적립금의 항목 등을 표시해야 한다.[323] 유형자산은 토지, 건물, 기계장치, 선박, 항공기, 차량운반구, 집기, 사무용비품으로 분류할 수 있으며,[324] 채권은 일반상거래 채권, 특수관계인 채권, 선급금과 기타 등으로 분류하며,[325] 재고자산은 상품, 소모품, 원재료, 재공품 및 제품 등으로 분류하고,[326] 충당부채는 종업원급여 충당부채와 기타 충당부채로 분류한다.[327]

기업회계상 자산 · 부채의 구분은 기업의 재무상태(財務狀態)를 알기 쉽게 하기 위한 분류이고 법률적 성질에 따른 구분이 아니므로, 일반 법률용어와는 전혀 다른 뜻인 수가 잦다. 가령 당좌예금이나 보통예금은 금융상품이 아니라 현금으로 잡고, 단기금융상품으로 취득 당시 석달 안에 만기가 되는 것도 현금성자산.[328] 기업회계기준에서 말하는 유가증권은 법률용어와는 전혀 다른 뜻으로 종래에는 시장성 있는 주식이나 채권(債券)이라는 뜻으로 썼다. 수표는 유가증권이 아니라 현금으로 분류. 제품 따위를 팔고 물건값으로 어음을 받았다면 매출채권으로 분류. 돈을 꿔 주고 받은 어음은 대여금으로 분류. 선하증권이나 창고증권 따위는 상품(미착상품). 금융상품은 금융자산뿐만 아니라 금융부채 및 지분상품(자본)까지 모두 포함한다.[329] 금융자산은 원가로

---

319) 기업회계기준서 제1001호 60문단. 독일에서는 단기와 장기라는 예전 용어 그대로.
320) 같은 기준서 66문단, 69문단. 팔려고 만드는 재산, 가령 포도주는 1년 넘게 걸려도 유동자산.
321) PP&E(property, plant and equipment). 유형고정자산으로 옮겨야 맞다.
322) investment property. 맞는 번역이다. 기업회계기준서 1040호 8문단.
323) 같은 기준서 54문단.
324) 기업회계기준서 제1016호 37문단.
325) 기업회계기준서 제1001호 78문단.
326) 같은 기준서 78문단, 기업회계기준서 제1002호 8문단.
327) 기업회계기준서 제1001호 78문단.
328) 기업회계기준서 제1007호 6-7문단.
329) 금융상품을 거래상대방에게 금융자산을 발생시키고 동시에 상대방에게 금융부채 또는 지분상품을 발생시키는 모든 계약으로 정의하기 때문이다.

평가하는가 시가로 평가하는가, 또 후자는 시세차익을 당기손익으로 구분하는가 아닌가를 다시 나누어 결국 3가지 구분이 있다. 금융부채는 원가로 평가하는 것과 시가로 평가하는 것 2가지로 구분한다.[330] 부동산도 건설회사가 판매목적으로 소유하고 있는 것은 재고자산(상품)이다. 일일이 다 보기를 들 수는 없지만, 기업회계에서 사용하는 용어는 법률용어와 전혀 다른 뜻인 수가 많다.

법인세법 등 법령에서 사용하는 용어 가운데에는 이 기업회계의 용례에 맞추어 읽어야 하는 것도 있고 법에서 늘 쓰는 뜻으로 읽어야 하는 것도 있다. 가령 법인세법 제42조 제3항의 '유형자산'이라는 말은 유형인 자산이라는 말이 아니고 유형인 고정자산이다. 유가증권이라는 말에는 강학상의 유가증권법에서 쓰는 뜻, 옛 증권거래법상의 유가증권(자본시장법의 증권), 종래의 기업회계상 유가증권(시장성 있는 주식이나 채권) 등 여러 가지 뜻이 있을 수 있다. 구체적 조문마다 입법취지와 입법사를 따져서 판단할 수밖에.

(재무상태표 보기) 서울(주)의 설립연도 마지막 날 현재의 자산·부채가 다음과 같다. 이 회사가 발행한 주식의 액면총계는 1,000,000원이지만 주주들이 주식발행대가로 납입한 금액은 2,412,800원이다. 기업회계기준에 따라 재무상태표를 작성하라.

현금 및 예금	800,000	상품대금으로 받은 어음	500,000
거래처 발행 수표	48,800	돈을 꿔 주고 받은 어음	56,000
기계장치	400,000	차입을 위해 발행한 어음	900,000
외상매출금	720,000	물건값으로 발행한 어음	100,000
비품	24,000	장기 보유할 상장주식	560,000
관계회사주식	200,000	외상매입금	300,000
상품	1,600,000	미지급이자	16,000

서울(주) 재무상태표

제1기 ×××1년 12월 31일 현재

자 산		자기자본 및 부채	
비유동자산		자기자본(순자산)	
유형자산	424,000	납입자본	2,412,800
관계기업투자	200,000	잉여금(이익잉여금)	1,380,000
	624,000	자기자본총계	3,792,800

330) 여기에서 원가법이란 확정손익을 보유기간에 안분해서 해마다의 안분액을 당초의 취득원가에 가감한 개념이다. 앞 제4절 Ⅰ. 상세는 제20장.

유동자산		유동부채	
재고자산	1,600,000	매입채무	400,000
매출채권	1,220,000	단기차입금	900,000
기타유동자산	616,000	기타유동부채	16,000
현금및현금성자산	1,048,800	유동부채 합계	1,316,000
	4,384,800	부채총계	1,316,000
자산총계	5,108,800	자기자본 및 부채 총계	5,108,800

법률용어와 달라서 특히 헛갈리는 것이 어음·수표. 보기를 몇 개 들어 기업회계의 용례를 이해해 보자.

1) 단기보유목적으로 상장회사인 부산(주)의 주식 1,000주(주당 액면 5,000원)를 주당 6,500원에 사고 대금은 당좌수표를 발행하여 지급했다. 동시에 증권회사에 수수료 50,000원을 현금으로 지급했다.

(차) 단기매매증권[331]	6,500,000	(대) 당좌예금	6,500,000
수수료비용[332]	50,000	현금	50,000

2) 위 주식을 7,000,000원에 매각하고 대금은 당좌수표로 받아 바로 은행에 당좌예금했다.

(차) 현금(당좌예금)	7,000,000	(대) 단기매매증권	6,500,000
		단기매매증권처분이익	500,000

3) 광주(주)에 상품 원가 200,000원짜리를 300,000원에 팔고, 대금은 광주(주)가 발행한 약속어음 액면 100,000원, 만기 30일짜리를 받고 나머지 200,000원은 그냥 외상으로 하다.

(차) 매출채권(받을어음)	100,000	(대) 매출	300,000
매출채권	200,000		
(차) 매출원가	200,000	(대) 상품	200,000[333]

4) 광주(주)에서 물건값으로 받은 약속어음 액면 100,000원짜리를 현금 70,000원

331) 단기매매증권은 재무제표에는 당기손익인식금융자산의 일부로 적는다.

332) 다른 금융자산과는 달리 당기손익인식금융자산의 취득과 관련된 거래원가(거래비용을 희한하게 옮긴 말)는 즉시 비용처리한다. 기업회계기준서 제1039호(제1109호 적용면제 기업) 43문단. 어차피 곧 팔 것이니까.

333) 이 분개는, 실제로는 매출 때마다 따로 하지 않고 한 해 분을 모아서 연말에 한꺼번에 정리한다.

과 광주(주)가 발행한 당좌수표 30,000원으로 회수하다.

(차) 현금 100,000 (대) 매출채권(받을어음) 100,000

5) 대구(주)에서 상품을 200,000원에 매입하면서 광주(주)를 지급인으로 하는 환어음을 대구(주)에 발행해 주다. 광주(주)와는, 동사에 대한 매출채권과 상계하기로 합의가 되었다.

(차) 상품 200,000 (대) 매출채권(광주) 200,000

2. 자산 · 부채의 기업회계상 정의

한 걸음 나아가, 기업회계에서 말하는 資産 · 負債라는 말은 반드시 법적 재산(財産)이나 채무(債務)가 아닐 수 있다. 예를 들어 올해에 50억원을 들여 새로운 제조비법을 개발했다고 하자. 우선 이 비법에 대해 특허를 받는다면, 특허권의 취득원가가 50억원이라 생각하여 특허권을 재무상태표에 올리고, 몇 해에 걸쳐 이를 상각하게 된다. 그런데 설사 특허를 받을 수 있다 하더라도 전략적으로 이를 피할 수도 있다. 특허를 받는다면 이 기술이 세상에 공개되고 특허기간이 지나면 누구나 이 기술을 쓸 수 있게 된다. 따라서 남들이 제 힘으로 이 기술을 개발할 가능성이 낮다고 판단한다면, 특허를 받지 않는 편이 더 유리하다고 판단할 수도 있다. 그렇게 본다면 특허를 안 받는다 하여 기술개발비 50억원을 모두 올해의 비용으로 떨어 낼 일이 아니라 이를 자산으로 잡고 그 가치가 남아 있는 기간에 걸쳐 상각해야 옳다는 생각이 들게 마련이다. 기술개발비는 다만 한 예일 뿐이고 이를 일반화하여 생각해 본다면, 결국 자산이란 기업이 투입한 경제적 자원 가운데 그 효익이 장래에 나타날 것의 가치를 금액으로 평가한 것이라는 말이 된다. 기업회계의 공식적 정의로는 "資産은 과거사건의 결과로 기업이 현재 통제하는" "경제적 효익을 창출할 잠재력을 지닌 경제적 자원"이다.[334] 마찬가지로 負債라는 말 역시 반드시 법률적으로 성립한 채무는 아니다. 가령 장차 종업원이 퇴직할 경우 지급하여야 할 퇴직금의 추계액은 재무상태표에 부채로 표시한다.[335] "負債는 과거사건의 결과로 기업이 경제적자원을 이전해야 하는 현재의무이다."[336]

334) 재무보고를 위한 개념체계 4.3, 4.4문단. 여기에서 "권리"라는 말이 나오지만 불필요한 말을 잘못 쓴 것이다. 선급비용이나 연구개발비 따위는 기업회계에서 자산이지만 권리의 목적물이 아니다.

335) 제19장 제4절 Ⅱ; 기업회계기준서 제1019호.

336) 재무보고를 위한 개념체계 4.26문단.

3. 운전자본

이 책의 범위 밖이지만 재무관리 개념으로 운전자본이나 순운전자본이라는 개념이 있다. 주주들의 돈이 유동자산에 얼마나 잠기어 있는가라는 개념으로 (순운전자본) = (유동자산) - (유동부채)로 정의한다. 국제조세에서는 이 개념이 판례에까지 들어왔다.[337] 위 보기에서는 순운전자본은 4,384,800 - 1,316,000 = 3,068,800원이지만, 애초 경영분석을 위한 개념이므로 기계적으로 계산하는 것은 아니고 자산부채의 구체적 내용에 대한 질적인 평가를 거쳐야 한다.

Ⅳ. 손익계산서에 관한 회계기준

1. 수익 · 비용의 기업회계상 정의

손익계산서는 순자산이 순증감한 원인을 수익과 비용으로 나누어 보여 주는 표이다(회계기준에서는 포괄손익계산서를 작성하여 공시하게 되어 있다). 복식부기의 구조에서 수익과 비용이라는 개념은 자기자본(순자산)의 증가액과 감소액 가운데 주주가 넣거나 빼간 돈을 사업과정에서 벌거나 쓴 돈과 구분하는 개념이다.[338] 종래 기업회계는 복식부기의 위 구조에서 말하는 수익과 비용을 세분하여 사업과정에서 당연히 생기는 것을 수익 · 비용이라 부르고, 고정자산 매각손익처럼 어쩌다 생기는 것은 따로 추려 특별이익 · 특별손실이라 불렀다.[339] 그러나 국제회계기준에서는 수익과 비용의 어느 항목도 포괄손익계산서에 특별손익이라고 따로 적지 못한다.[340] 정보의 제공이라는 시각에서 본다면, 수익과 비용도 반드시 순자산의 순증감액만을 나타낼 것이 아니라, 더 자세한 정보를 제공하는 편이 낫다는 생각을 할 수 있다. 예를 들어 원가 60원짜리 물건을 100원에 판다면, 이 거래를 매출이익 40원을 낳는 거래로 나타내기[341]보다는, 이 거래에서 판매가 100원이라는 수익(매출액)과 원가 60원이라는 비용(매출원

337) 가령 대법원 2014. 9. 4. 선고 2012두1747 판결; 2014. 10. 27. 선고 2014두9073 판결.

338) 재무보고를 위한 개념체계 4.68문단, 4.69문단.

339) 미국의 용례로는 revenue, expense, gain, loss이다. FASB, *Elements of Financial Statements, Statement of Financial Accounting Concepts No. 6*, para. 78-89(1985). 미국 회계기준에서 gain이나 loss의 개념이 예전 우리 회계기준의 특별이익이나 특별손실과 반드시 같지는 않지만, 이하에서는 특별이익, 특별손실이라고 적기로 한다. 문맥에 따라서는 처분익, 처분손으로 적는다.

340) 기업회계기준서 제1001호 87문단. 특별손익 항목인지 여부의 판정이 자의적이어서 정보이용자를 오도할 우려가 있다고 본 것이다. 아래 2.

341) (차) 현금 100 (대) 상품 60 + 매출이익 40

가)이 생기는 것으로 나타내는 편이[342] 한결 낫다고 생각할 수 있다. 최종결과에 있어서 순자산증가 금액이 40원임은 마찬가지이지만, 후자의 경우 매출액과 매출원가라는 값진 정보가 나타날 수 있으니까. 결국 손익계산서에 매출액으로 나타나는 금액은 그 회계기간 동안 기업이 산출한 재화나 용역의 대가 전체의 누계가 되고, 매출원가로 나타나는 금액은 그런 재화나 용역을 산출함에 들어간 경제적 자원의 총합계액이 된다.

2. 당기업적주의와 포괄주의

수익·비용의 개념 자체를 정보제공이라는 관점에서 다시 정의하고 들어가자는 생각을 조금 더 밀어붙여 보면, 아예 표를 나누어 손익계산서에는 경상적·반복적인 손익만을 나타내고 특별한 이익과 손실은 아예 자기자본(이익잉여금)에다 바로 더하고 빼자는 생각도 있을 수 있다. 이를 당기업적주의라 부른다. 왜 이런 생각을? 재무정보이용자의 입장에서 본다면 경영진의 경영능력과 무관한 외부적 사정에서 생기는 손익을 경영성과와 섞어 버린다면, 오히려 정보의 질이 낮아진다고 생각할 수도 있으니까.[343] 그러나 오늘날의 회계기준은 원칙적으로 포괄주의를 따라 손익계산서는 당기업적만이 아니라 포괄적으로 수익·비용·특별이익·특별손실 모두를 나타내야 한다라고 정하고 있다. 왜 그렇게 하려나. 당기업적주의에 따르면 경상적·반복적 손익이 아닌 특별손익은 당기손익에 나타나지 않고 자기자본(순자산)에 직접 가감되므로, 이용자의 눈에 띄지 않을 염려가 커지기 때문이다. 당기업적주의는 경영자가 당기순이익을 늘리기 위해 손익의 구분을 조작할 가능성을 높이게 된다.[344]

3. 기업회계기준 = 포괄주의

우리 企業會計基準도 원칙적으로 포괄(包括)주의의 소득개념을 채택하여 실현된 수익비용 모두를 당기손익으로 인식하도록 정하고 있다.[345] 손익계산서는 당기손익에 포함된 수익과 비용을 성격별 분류법이나 기능별 분류법 중 한 가지로 표시한다.[346] 기능별 분류법에서는 매출액(국제회계기준은 이를 그저 revenue라고 부른다)에서 매출

342) (차) 현금 100 + 매출원가 60 (대) 매출 100 + 상품 60. 회계실무에서는 매출원가는 물건 팔 때마다 적지 않고 "매출원가 = 기초재고 + 당기매입액 - 기말재고"라는 공식으로 한 해 분의 매입액을 모아 한꺼번에 계산한다. 상세는 제19장.

343) APB Opinion No. 9. *Reporting the Results of Operations*(Dec. 1966), 11문단.

344) 같은 문서, 14문단.

345) 재무보고를 위한 개념체계 7.17문단; 기업회계기준서 제1001호 88문단.

346) 기업회계기준서 제1001호 102-103문단. EU 제4차 회사법지침. 우리나라에서는 거의 기능별만 쓴다.

원가를 뺀 매출총이익을 구하고, 매출총이익에서 판매비와 관리비를 뺀 금액은 영업손익으로 따로 적은 뒤[347] 거기에 다른 당기손익을 가감하여 세전이익을 구한다. 세전이익에서 법인세를 빼면 당기순손익이 된다. 당기손익이 아닌 기타포괄손익(근본적으로는 미실현손익이라는 말이다)은[348] 별개의 보고서로 공시할 수도 있고 포괄손익계산서 하나에 당기순손익 밑에 공시할 수도 있다. 당기순손익에 기타포괄손익(세후기준)을 가감한 금액이 총포괄손익이다. 총포괄손익은 순자산의 변동 전체를 나타내므로[349] 재무상태표의 순자산 증감액과 맞는다. 아래 V에 보듯 현재의 기업회계는 재무상태표 자산부채의 상당부분을 시가주의로 평가해서 재무상태표를 만든다. 한편 손익계산서는 일단은 종래의 실현주의 기준으로 당기순이익을 보이므로 재무상태표와 어긋난다. 따라서 미실현손익을 반영한 총포괄손익의 금액을 추가로 보여주는 것.

(손익계산서 보기) 재무상태표 보기에 나왔던 서울(주)의 ×××1년 동안의 손익에 대한 자료가 다음과 같다. 기업회계기준에 따라 손익계산서를 작성하라.

매출액	4,760,000	매출원가	2,500,000
광고선전비	125,000	급여	800,000
감가상각비	75,000	이자비용	100,000
재해손실	70,000	기계장치처분익	140,000
이자수익	90,000	장기보유 상장주식 평가익	60,000

(답) 서울(주) 손익계산서

제1기 ×××1년 1월 1일부터 ×××1년 12월 31일까지

Ⅰ. 매출액		4,760,000
Ⅱ. 매출원가		(2,500,000)
Ⅲ. 매출총이익		2,260,000
Ⅳ. 판매비와 관리비		(1,000,000)
1. 급여	800,000	
2. 광고선전비	125,000	
3. 감가상각비	75,000	

347) 기업회계기준서 제1001호, 한138.2. IFRS에는 없는 내용이다.

348) 고정자산재평가손익, 확정급여제도의 보험수리적손익, 해외사업장 환산으로 인한 외환차손익, 공정가치평가(매도가능)금융자산 가운데 포괄손익이 되는 것, 현금흐름위험회피 파생상품 평가손익 등이 이에 해당한다. 장기투자금융자산의 평가손익은 당기손익에 넣을지 포괄손익에 넣을지 취득시 미리 정할 수 있다. 독일에서는 기타손익이라고 옮기고 있다.

349) 같은 기준서 7문단.

Ⅴ. 영업이익		1,260,000
Ⅵ. 영업외수익		230,000
1. 이자수익	90,000	
2. 유형자산처분이익	140,000	
Ⅶ. 영업외비용		(170,000)
1. 이자비용	100,000	
2. 재해손실	70,000	
Ⅹ. 당기순이익(법인세차감전)		1,320,000
XI. 기타포괄손익선택(장기보유 상장주식 평가익)		60,000
XII. 총포괄손익		1,380,000

이 경우 앞 III의 재무상태표 보기에서 자기자본 부분의 잉여금 1,380,000원은 이익잉여금 1,320,000원, 포괄손익누계 60,000원으로 적는다. 장기보유할 상장주식을 원가로 평가한다면 재무상태표 차변의 기타유동자산에 560,000원만 잡고(560,000 + 56,000 = 616,000), 대변의 잉여금이 1,320,000원이겠지만 시가평가에 따라서 기타유동자산과 잉여금을 미실현이득 60,000원만큼 똑같이 늘려잡는 것이다. 만일 이 주식을 살 때 장차 미실현손익을 당기 영업외수익에 넣겠다고 미리 정했다면 손익계산서의 당기순이익과 재무상태표의 이익잉여금이 각 1,380,000원으로 같아진다. 어느 쪽이든 재무상태표에서 기타유동자산은 미실현이득 60,000원을 포함하는 금액으로 올려잡는다.

법인세율이 30% 비례세라 가정하고 손익계산서에 마저 반영한다면 법인세차감전 당기순이익 아래에 법인세로 1,320,000 × 30% = 396,000원을 떨고 기타포괄손익 아래에 60,000 × 30% = 18,000원을 따로 떨어서 총포괄손익을 세후금액 966,000원으로 적는다.

4. EBIT와 EBITDA

이제는 법에까지[350] 들어간 경영분석 개념으로 EBIT(earnings before interest and tax: 이자 및 법인세 공제전 소득)라는 개념이 있다. 근본적으로는 영업이익과 같은 개념이다. 위 예에서는 유형자산처분이익이나 재해손실이 일시적인 것이어서 앞으로의 수익성에 영향을 미치지 않을 것이라고 전제한다면 EBIT는 1,260,000원이다. EBITDA란 감가상각(depreciation, amortization)도 공제하기 전의 소득으로 영업에서 생기는 현금이 얼마나 될까를 추정하는 것이다. 위 보기에서는 2,260,000 - (800,000 + 125,000) = (1,260,000 + 75,000) = 1,335,000원이다.

350) 국제조세조정에 관한 법률 제24조. 독일 소득세법 제3a조 제3항 제13호.

5. 배당가능이익

상법은 미실현이익은 배당 못한다는 제약 말고는 배당가능이익 계산을 위한 회계방법을 일반적으로 공정하고 타당한 회계관행에 맡기고 있다.[351] 이제는 국제회계기준과 일반기업회계기준 말고는 달리 공정하고 타당한 회계관행이라는 것이 생길 여지가 거의 없다. 앞 보기에서는 당기순이익 1,320,000원이 배당가능이익 계산의 기초가 된다. 상법의 표현대로 대차대조표 방식으로 계산하자면 순자산 3,792,800 - 자본금 1,000,000 - 자본준비금 1,412,800 - 미실현이익 60,000 = 1,320,000. 이번 결산기에 아예 배당을 안 하고 이익준비금 적립도 안 한다면 1,320,000원이 배당가능이익으로 차기로 넘어간다. 배당가능한 최대한을 현금배당한다면 현금배당액의 1/10 이상을 이익준비금으로 적립해야 하므로 1,200,000원까지 배당할 수 있다. 1,200,000 + 120,000 = 1,320,000. 1,000,000원을 현금배당하면서 1/10로 100,000원만 적립한다면 차기로 이익준비금 100,000원과 배당가능이익 220,000원이 넘어가게 된다.

V. 손익의 귀속시기에 관한 기업회계의 규범

1. 실현주의와 역사적 원가주의

이미 보았듯, 기업회계가 처음 생겨나던 19세기에는 자산 부채를 시가평가하여 소득을 계산할 것인가 아니면 미실현손익은 빼고 계산하는 역사적 원가주의 내지 실현주의로 소득을 계산할 것인가의 문제가 제기되었다. 초기에는 전자의 경제적 소득 개념으로 나아가려는 움직임도 있었지만, 대략 1930년대부터는 실현주의가 자리잡았다.[352] 왜? 한편으로는 세법에 관한 판례들이 실현주의를 택한 때문이었고, 기업회계 자체의 이유로는 정보의 객관성 면에서 역사적 원가 정보가 시가 정보보다 훨씬 나은 까닭이었다.[353] 실현주의 그 자체는 기업회계에서도 받아들였지만, 무엇을 실현으로 보는가에 대한 기업회계의 규범은 점점 세법의 법적기준과 갈라지게 되었다. 1940년대 이후 미국에서는 기업회계가 법률에서 상대적으로 분리된 독자적 규범체계로 자리잡은 까닭이다.[354] 국제회계기준 이전의 기업회계에서는 수익이나 특별이익의 인식시기

351) 상법 제446조의2, 제462조.

352) 이창희, 법인세와 회계(2000), 98-101쪽.

353) FASB, *Statement of Financial Accounting Concepts No. 5, Recognition and Measurement in Financial Statements of Business Enterprises*, para. 76(1984); 기업회계기준서 제4호(수익인식, 2001).

는 1) 실현 사건이 있고 2) 수익가득과정이 마무리되는 때이다.[355] 實現이란, 재화나 용역을 내어 주고 현금이나 채권을 얻게 됨을 뜻한다.[356] 수익의 稼得 과정이 마무리 된다 함은 상대방으로부터 현금이나 채권이라는 대가를 받으려면 이행해야 하는 급부의 중요부분을 이행함을 뜻한다.[357] (어떤 이는 특별이익에 대해서는 수익가득이라는 요건은 적용할 여지가 거의 없다고 한다.[358]) 국제회계기준에서는 실현이나 수익가득이라는 개념은 사라졌고 권리의무의 확정이라는 법개념으로 귀속시기를 정한다.[359]

2. 수익비용의 직접 v. 간접 대응

비용은 발생된 원가와 특정 수익항목의 가득 간에 존재하는 직접적인 관련성을 따진다.[360] 가령 제품을 생산하는 데 들어간 재료비, 인건비, 경비 등 생산량과 직접 관련된 원가는 재고자산 취득가액에 담아두었다가 제품판매수익에 직접대응시켜서 비용으로 인식하지만, 간접관리원가나 판매비용은 발생기간의 비용으로 인식한다.[361]

3. 보수주의와 시가주의

실현주의와 수익비용 대응의 원칙은 신중성의 원칙 내지 보수주의와 충돌한다. 보수주의란 어떻게 평가해야 할지 잘 모르겠으면 순자산과 이익이 낮아지는 쪽으로 재무제표를 만들어야 한다는 생각이다. 그 전형적 적용례가 저가주의(低價主義). 자산의 가치가 취득원가보다 떨어진 경우 이를 손실로 나타내자는 생각.

독일에서 신중성의 원칙 내지 보수주의가 생겨난 배경은 재무회계와 상법상 배당가능이익 계산이 하나로 묶여 있었다는 데 있다. 독일 상법에서는 채권자 보호가 가장 중요한 이념이었던 까닭에, 가능하면 배당가능이익이 줄어들도록 회계처리해야 논리적으로 앞뒤가 맞는다.[362] 이리하여 한편으로는 미실현이득은 인식하지 않는다는 실현주의가, 다른 한편으로는 미실현손실은 인식한다는 실그러진 규범이 상법 속에 자리 잡았다.

354) 이창희, 앞의 책, 159-162쪽.
355) FASB, 앞의 문서, 83문단. 재무회계개념체계(일반기업회계기준) 142문단, 144문단.
356) FASB, 같은 문단 (a).
357) FASB, 같은 문단 (b).
358) Kieso and Weygandt, *Intermediate Financial Accounting*, p. 971 note 4(9th ed., 1998).
359) 미국의 ASC 606도 마찬가지. 그 내용이 종래의 실현개념과 같다면서 실현주의라는 말을 쓰는 문헌도 있다. 실현이라는 말을 권리목적의 실현 등 전혀 다른 뜻으로 쓰는 사람도 생겼고.
360) FASB, Statement of Financial Accounting Concepts No. 6: Elements of Financial Statements, para. 147(1985).
361) 기업회계기준서 제1002호 10-18문단.
362) Tipke/Lang, 제9장 78문단. 현행 우리 상법은 예전에 있던 계산규정을 다 빼면서 기업회계에 넘겼지만 미실현이득은 배당 못한다고 정했다. 상법 제462조.

미국에서는, 기업회계가 상법과 분리되어 별개의 규범체계가 된 까닭에 기업회계는 재무정보를 전달하는 기능을 맡을 뿐이고 배당가능이익의 계산 문제로 이어지지 않았다. 곧 미국의 기업회계에서는 보수주의가 자리 잡을 토대가 없었던 셈이다. 이리하여 미국 회계기준을 처음 만든 사람들은, 미실현손실은 인식하고 미실현이득은 안 한다는 모순을 받아들이기 어려웠다. 발생주의 회계원칙의 내용이 처음으로 형성되던 당시 미국의 회계학자들은 가치(價値)라는 개념을 회계의 틀 밖으로 내쫓고, "회계란 평가의 과정이 아니라 역사적 원가와 수익을 현재 및 장래의 회계기간에 안분하는 과정이다"라는 생각을 자명한 공리(公理)로 삼아 회계를 그런 공리에 터잡은 논리체계로 짜려 했다.[363] 그러나 재무정보 가운데 가장 쓸모 있는 정보는 시가라는 피할 수 없는 현실에서, 空理를 영원히 公理로 삼을 수는 없는 법. 한참 세월이 지난 뒤 회계학자들은 공리공론(空理空論)을 벗어나 현실로 돌아온다. 실현주의는 公理의 수준에서 격하되어 정보의 신뢰성에 의해 정당화되어야 하는 개념이 된다.[364] 이리하여 시가 정보가 회계 속으로 들어오는 길이 열렸다. 회계의 목적이 이해관계자의 경제적 의사결정을 돕는 데에서 출발하는 이상, 정보의 목적적합성은 신뢰성에 버금가는 중요성을 띠는 까닭이다. 결국 오늘날 기업회계의 개념 체계에서는 경제적 의사결정을 돕기 위한 회계정보의 주된 성질로, 목적적합성(relevance)과[365] 신뢰성(reliability) 두 가지를 나란히 내세우게 되었다.[366] 정보의 목적적합성이라는 성질에 터잡아, 보수주의는 실현주의와의 갈등을 안은 채 "회계환경의 한계"라는 애매한 위치로 정당화되면서 살아 남았다.

역사적 원가주의를 공리의 위치에서 쫓아내었다는 말은 어떤 회계정보를 보고할 것인가라는 문제를 적절한 정보, 믿을 만한 정보라는 요건에 따라 정해야 한다는 생각. 비로소 원가주의나 보수주의만이 아니라 시가(時價)주의도 기업회계에 설 자리가 생겨났다. 시가정보가 적절성을 가짐은, 시가가 원가보다 높은가 낮은가와는 아무 상관이 없는 까닭이다. 특히 20세기 말에 이르러 금융시장이 발달하여 종래에는 시가를 매

363) Executive Committee of the American Accounting Association, "*A Tentative Statement of Accounting Principles Underlying Corporate Financial Statements,*" 11 Accounting Review, 188쪽 (June 1936).

364) American Accounting Association("AAA"), "*Accounting and reporting Standards for Corporate Financial Statements,*" 32 Accounting Review 536 가운데 539쪽(1957); AAA, "*Report of the 1973-74 Committee on Concepts and Standards of External Reporting,*" 50 Accounting Review (Supplement), 209쪽(1974).

365) "적절성" 혹은 "관련성"이라고 옮기기도 한다.

366) FASB Conceptual Framework for Financial Accounting and Reporting: Elements of Financial Statements and Their Measurement(Discussion Memorandum, 1976); 재무제표의 작성과 표시를 위한 개념체계. 현행의 재무보고를 위한 개념체계는 신뢰성이라는 말 대신 표현충실성이라는 말을 쓰는데 내포와 외연이 좀 다르다.

길 수 없었던 여러 가지 유가증권들에 대해 시가 정보가 생겨나자, 시가주의는 그 범위를 점점 넓혀 나가게 되었고 국제회계기준(IFRS)에서는 時價가 오히려 원칙.[367]

4. 가치평가의 기준

지금까지 본 역사를 거쳐서 오늘날의 기업회계에는 취득원가주의, 저가주의, 시가주의 여러 가지가 한꺼번에 쓰이게 되었다. 국제회계기준에서는 수익의 인식은 종래의 용어로 실현사건 곧 재산의 인도나 용역의 제공과는 무관하고[368] 그저 객관적 측정이 가능한가(국제회계기준의 표현으로 신뢰성 있게 측정할 수 있는가 또는 충실하게 표현할 수 있는가)를 묻는 개념일 뿐이다.[369] 자산의 평가기준으로서는 역사적 원가와 현행가치(공정가치, 사용가치, 현행원가)를[370] 동등한 지위로 인정하면서 적절하고 믿을 만한 평가방법을 고르라고.[371] 그리하여 재고자산,[372] 유형(고정)자산,[373] 무형(고정)자산,[374] 금융상품,[375] 투자부동산[376] 등 주요한 항목별로 별도의 기업회계기준서에서 평가방법을 정하고 있다. 자산부채를 역사적 원가 아닌 다른 가치로 평가하는 경우 생기는 미실현손익은 자산부채의 성격에 따라서 당기손익에 넣기도 하고 기타포괄손익으로 따로 추려내기도 한다.[377] 가령 현금 대신인 단기매매용 상장채권이나 상장주식이라면 평가손익을 당기순손익에 넣고 만기까지 보유할 채권이라면 평가익이 기타포괄손익,[378] 장기투자목적인 주식이라면 평가손은 바로 떨고 평가익은 기타포괄손익을 거쳐서 처분시기에 이익잉여금에 나타낸다.[379] 한편 고객과의 계약에서 생기는 수익의 인식기준은 대가를 주고받을 권리의무가 생기고 대가의 회수가능성이 높아야 인식한다고 하므로[380] 실현이라는 말은 버렸지만 그 내용은 종래의 법적인 실현개

367) 재무보고를 위한 개념체계 BC 0.40-0.41문단, BC 2.42문단. 기업회계기준서 1016호 31문단.

368) 실현이라는 말은 기업회계기준서 제1115호 BC 199문단에 딱 한 번 나오는데 거기에서는 권리목적의 실현 곧 대금회수라는 뜻이다.

369) 재무제표의 작성과 표시를 위한 개념체계 92문단. 재무보고를 위한 개념체계, 2.5문단.

370) 재무보고를 위한 개념체계 6.11문단.

371) 같은 문서 6.44, 6.45, 6.46문단.

372) 기업회계기준서 제1002호.

373) 기업회계기준서 제1016호.

374) 기업회계기준서 제1038호.

375) 기업회계기준서 제1039호.

376) 기업회계기준서 제1040호.

377) 상법은 미실현이익을 배당가능이익에 안 넣는다. Hedge 거래라면 미실현손실과 상계 가능. 상법시행령 제19조 제2항.

378) 처분시점에 가서 단기손익으로 재분류. 제20장 1절 V.1., 2절 II.1.

379) 제20장 제2절 II, 제21장 제2절 I, II.

380) 기업회계기준서 제1115호 9문단.

념을 받아들인 셈이다. 결국 국제회계기준에서 실현주의란 사라졌던가 적어도 예전 회계기준의 실현개념과는 거리가 멀다. 아무튼 제19장 이하에서 손익의 유형별로 또 자산 부채의 종류별로 세법을 공부하면서 필요한 범위 안에서 기업회계도 같이 본다.

Ⅵ. 기업회계의 세법상 지위

1) 법령 〉기업회계

우리 세법에서 기업회계는 어떤 지위를 차지해야 마땅한가?[381] 현행법은 1999년부터 시행된 것이고, 그에 앞서 1990년대 후반 몇 해 동안은 기업회계가 세법의 손익확정기준을 제칠 수 있도록 법에 정하고 있었다. 해방 이후 1990년대 초반까지 몇십년 동안 우리나라에서는 기업들이 재무제표의 상당부분을 기업회계의 원칙이 아니라 세법에 따라 작성하는 경향이 있었다. 이리하여 재무제표가 왜곡되자 그에 대한 반작용으로 1990년대 중반에는 기업회계를 우선한다는 내용이 세법에 들어온 적이 있었으나[382] 여러 가지 문제점을 드러내었다.

몇 해 뒤 다시 법을 고쳐서 현행 법인세법 제43조는 기업회계가 익금과 손금의 확정이라는 일반적 기준을 제칠 수 있다는 말을 없애버리고, "내국법인의 각 사업연도의 소득금액을 계산할 때 당해 법인이 익금과 손금의 귀속사업연도와 자산・부채의 취득 및 평가에 관하여 일반적으로 공정・타당하다고 인정되는 기업회계기준을 적용하거나 관행을 계속 적용하여 온 경우에는 이 법 및 조세특례제한법에서 달리 규정하고 있는 경우를 제외하고는 그 기업회계의 기준 또는 관행에 따른다"라고만 정하고 있다.[383] 위와 같은 경과를 거쳐 현행법은 1990년대 초반의 옛 법으로 돌아온 셈이 되고 기업회계의 관행은 보충적(補充的) 효력을 가진다.[384]

법에 명문규정이 없는 경우 과세소득 계산이 자동적으로 기업회계로 넘어간다고 적은 글도 있지만 아니다. 법인세법 제43조에, 기업회계를 되도록 존중해야 한다는 국세기본법 제20조를[385] 넘어서는 특별한 효력은 없다. "특정 기업회계기준의 도입 경위와 성격, 관련된 과세실무 관행과 그 합리성, 수익비용대응 등 일반적인 회계원칙과의

381) 이창희, 앞의 책, 190-198쪽.

382) 예를 들어 옛 법인세법 제17조 제1항 내지 제3항에 따라, 리스계약의 중도해지에 따라 리스회사가 받는 규정손실금을 잔여기간의 익금에 균등산입하는 논거로 기업회계기준(기업회계기준서 제19호 리스)을 들고 있는 판결이 있다. 대법원 2004. 7. 22. 선고 2003두5624 판결.

383) 법인세법 제43조; 소득세법 제39조 제5항.

384) 대법원 1992. 10. 23. 선고 92누2936 판결.

385) 국세기본법 제20조. 제3장 제2절.

관계, 과세소득의 자의적 조작 가능성, 연관된 세법 규정의 내용과 체계 등을 종합적으로 고려하여…내국법인의 각 사업연도 소득금액계산에 적용될 수 있는"지를 판단하고, 적용해도 좋다고 판단하는 경우 그런 회계기준을 법인세법 제43조가 말하는 기업회계의 기준 또는 관행이라고 본다.[386)]

2) 기업회계 〉법령?

권리의무라는 법적 기준이 언제나 무조건 企業會計의 규범보다 우선하는 것도 아니다. 법인세법 제40조의 익금과 손금의 확정이라는 기준은 권리의무라는 사법적(私法的) 기준보다 한결 큰 개념이고, 손익의 귀속시기에 대한 획일적 기준을 만들어 내기에 필요한 범위 안에서는 기업회계의 규범이나 계속적 회계관행도 고려할 수 있다.[387)] 손익귀속시기에 관한 거래유형별 개별규정은 "모든 거래유형을 예측하여 그 자체 완결적으로 손익의 귀속을 정한 규정이라 할 수 없[다]."[388)] 사법상의 권리의무의 내용을 기준으로 손익의 귀속시기를 정하는 법적 기준은 경우에 따라서는 납세의무자로 하여금 소득을 제 좋은 대로 계산하게 하는 결과를 낳을 수도 있다. 권리의무를 어떻게 형성하는가는 사적자치(私的自治)에 달려 있는 까닭. 바로 여기에 세법상 손익의 귀속시기를 정함에 있어서 기업회계가 들어설 자리가 생긴다. "기업회계기준상의 손익의 귀속에 관한 규정이 세법의 개별 규정에 명시되어 있지 않다는 이유만으로 곧바로 권리의무확정주의에 반한다고 단정할 수는 없다."[389)] "손익 확정주의에 반하지 아니하는 한 일반적으로 공정타당한 회계관행으로 받아들여지는 기업회계기준상의 손익의 발생에 관한 기준을 채택하여 손익의 귀속시기를 정할 수도 있다."[390)] 본디 기업회계는 경제적 실질이 같다면 사법상 법률형식에 불구하고 손익계산이 같아짐을 이상으로 삼고 있는 까닭이다.[391)] 제3장 제4절 II.3.

---

386) 대법원 2017. 12. 22. 선고 2014두44847 판결(보험회사의 신계약 체결에 들어가는 비용 관련 기업회계); 2018. 5. 11. 선고 2015두41463 판결(영업권). 제2절 II.2, 제3장 제2절 4, 제21장 제5절 III. 일본문헌에 나오는 확정결산의 원칙을 들기도 하나 애초 일본법에서 그 말은 상법에 따라 확정된 결산서에서 시작한다는 말이다. 기업회계의 보충성과는 다른 뜻.

387) 대법원 1989. 11. 14. 선고 88누6412 판결; 2013. 12. 26. 선고 2011두1245 판결.

388) 대법원 1992. 10. 23. 선고 92누2936 판결; 2017. 12. 22. 선고 2014두44847 판결.

389) 대법원 2017. 12. 22. 선고 2014두44847 판결.

390) 대법원 1992. 10. 23. 선고 92누2936 판결; 2017. 12. 22. 선고 2014두44847 판결. 일본 最高裁判所 1993(平成 5). 11. 25. 平成4(行ツ)45 판결.

391) 상세는 이창희, 앞의 책, 제4장 제5절. 국제회계기준에서는 법률적 형식이 다시 중요해졌다. 가령 매출액의 인식시기는 FOB인가 CIF(UCC의 용례로는 FOB destination)인가에 따른다. 기업회계기준서 1115호 38문단.

3) 세법과 기업회계의 분리

입법론으로는[392] 기업회계와 세법을 원칙적으로 독립시키는 현행법이 옛 법보다 낫다. 근본적으로 법집행단계에서 과세소득의 계산과 기업회계를 연결함은 좋은 제도가 아니다. 세법이 재무정보를 왜곡하지 않도록 하려면 경제적 사건의 내용이 같은 이상 회계처리가 어떻게 되었든 세법상 법률효과는 같아져야 한다. 어떤 경제적 사건이나 행위에 대한 세법상 법률효과가 기업회계상 회계처리가 어떠했는가에 달려 있게 한다면, 납세의무자들이 기업회계의 불안정성을 악용하여 과세소득을 조작할 가능성이 생긴다. 동시에 이 과정은 과세소득을 조작하기 위해 재무정보를 왜곡한다는 말이기도 하다.

한결 더 큰 문제점은 회계정보가 어떤 식으로 제공되어야 하는가라는 기업회계의 규범내용에 국가가 간섭할 가능성을 낳는다는 것.[393] 과거 독일의 뒤집어진 기준성이 보여주듯 세법이 기업회계를 간섭하게 되면 회계정보시장이 왜곡된다. 법률의 역할은 회계정보시장의 틀을 만들어 주는 것에 그쳐야 한다. 일반기업회계기준과 달리 국제회계기준은 우리나라에서 따로 정하는 것이 아니고 그저 IFRS를 그대로 '채택'하는 것이라서 우리 정부가 간섭하기는 어렵지만, 이것은 더 큰 문제를 낳는다. 국제회계기준은 반드시 일률적인 평가방법을 강요하지 않고 같은 자산부채라도 기업마다 평가방법이 달라질 가능성도 있어서 과세소득을 획일적으로 파악하여 납세의무자 사이의 공평을 이루겠다는 세법의 기본이념과 안 맞는다. 한결 더 근본적으로는 세법이란 국가주권의 행사로 우리나라의 법질서와 국가정책을 반영해야 하니 국제회계기준을 우리 법규범으로 삼을 수는 없다. 제5절 I, 제2장 제3절 II, 제3장 제2절 4. 그렇게 본다면 세법에서 손금계상 제도를 두거나, 더 일반적으로 기업회계의 회계처리를 과세소득의 금액에 직접 연결하는 기준성은 좋은 제도가 못 된다. 한편, 세법과 기업회계가 따로 나뉜 제도에서는 이중계산이라는 번거로움이 생김은 물론이다. 그러나 단순화를 위해 두 가지를 묶어야 한다는 생각은 지나친 후견이다. 두 가지를 놓고 납세의무자 스스로 이중계산을 감수한다면 국가가 대신 나서서 이를 막을 이유가 없으니. 현행법은 손금계상 항목 가운데 가장 큰 일이었던 감가상각을 신고조정으로 바꾸었다. 제21장 제2절.

예외적으로 아예 기업회계로 과세소득의 금액을 계산하는 수가 있다. 농업협동조합 등 특별법에 따른 법인이면서도 조합이라는 이름을 달고 있는 법인 가운데 그런 것이 있다.[394]

---

392) 다른 나라 법에 대한 분석은 이창희, 앞의 책, 184-190쪽, 198-205쪽.

393) 원칙적으로는 기업회계를 받아들이면서 기업회계의 내용 가운데 세법에 받아들이기 어려운 것을 명시적으로 배척하는 식으로 기업회계의 독립성을 보장하자는 생각을 할 수도 있지만, 기업회계의 기준이 바뀔 때마다 법률이나 대통령령을 바꿀 수는 없는 까닭에 결국 이런 제도는 기업회계의 독립성을 해쳤다.

BEPS 2.0 pillar 2는 이른바 전세계 최소한세에서 과세소득의 금액을 근본적으로는 국제회계기준(≒미국회계기준)으로 정하자고 한다.[395] Trump 재집권으로 pillar 2는 일단 멈추어 설 듯.

Ⅶ. 세무조정이나 경정과 소득처분

세법은 납세의무자에게 기업회계기준을 준용하여 작성한 재무상태표, 포괄손익계산서 및 이익잉여금처분계산서(또는 결손금처리계산서)를 과세표준신고서에 첨부하도록 정하고 있다.[396] 나아가서 과세소득의 계산은 포괄손익계산서의 당기순이익에서 출발하여,[397] 세무조정계산서(稅務調整計算書)라는 양식으로 기업회계와 세법의 차이를 조정(이를 '세무조정'이라 부른다)하는 방식으로 이루어진다. 법에 그렇게 하라는 명문의 규정은 없지만, 법인세법시행규칙에 첨부된 과세표준 및 세액신고서의 양식이 그렇게 짜여 있다. 법이 손금으로 계상할 것을 요구하고 있는 비용은 반드시 장부 및 재무제표에 그렇게 적어서 상법에 따라 금액을 확정해야 하고(결산조정)[398] 세무조정계산서에만 적는 형식(신고조정)으로는 손금에 산입할 수 없다.[399]

(보기) 서울(주)의 설립연도 재무상태표와 손익계산서는 각 앞 Ⅲ과 Ⅳ. 보기에 나온 것과 같다. 순자산증가액이 이익잉여금처분계산서에 바로 나타난 것은 없다. 세법에 따라 재무상태표와 포괄손익계산서의 각 항목을 검토한 결과, 다음과 같은 사항을 발견했다.

1. 매출액 가운데 60,000은 취득원가 30,000인 재고자산을 외상으로 판 것인데 세법상은 아직 팔았다고 안 본다.

2. 세법에 따른 감가상각비 손금산입한도액은 60,000이다.

---

394) 조세특례제한법 제72조.

395) 국제조세 조정에 관한 법률 제64조 제1항. OECD의 2021. 12. 14. 보고서, Tax Challenges Arising from the Digitalisation of the Economy—Global Anti-Base Erosion Model Rules (Pillar 2), 3.1조.

396) 법인세법 제60조 제1항, 제2항; 소득세법 제70조 제4항 제3호.

397) 기타포괄손익에 들어가는 기업회계상 미실현손익은 거의 다 세법에서도 과세소득에 반영 안 하기 때문이다.

398) 손비인 이상 계정과목명은 상관 없다. 대법원 2012. 3. 29. 선고 2011두4855 판결(감액손실); 2014. 3. 13. 선고 2013두20844 판결. 국제회계기준 도입 관련 특례로 법인세법 제23조 제2항.

399) 대법원 1995. 5. 23. 선고 94누9283 판결; 2015. 1. 15. 선고 2012두4111 판결(대손충당금 결산조정을 안 했다면 규제법령 위반이더라도 손금불산입). 결산조정사항의 정리는 김완석·황남석, 법인세법론, 3편 2장 2절 4. 국제회계기준을 적용받는 기업이라면 감가상각을 신고조정할 수 있다. 법인세법 제23조 제2항.

3. 이자수익 90,000은 아직 받지 않은 돈으로 은행예금과 회사채의 보유기간분 이자상당액을 계산한 것이다.

4. 이자비용 100,000은 채권자가 누구인지를 알 수 없는 私債이자이다.

(문제) 법인세법상 각 사업연도의 소득을 구하라.

1) 세무조정 방식(간접법)

Ⅰ. 당기순이익(법인세차감전):	1,320,000		
Ⅱ. 세무조정사항			
1. 매출액 익금불산입	(60,000)		
2. 매출원가 손금불산입	30,000		
3. 감가상각비 손금불산입	15,000		
4. 이자수익 익금불산입	(90,000)		
5. 이자비용 손금불산입	100,000		
계	(5,000)		
Ⅲ. 각 사업연도의 소득 = 1,320,000 - 5,000		=	1,315,000

2) 손익계산서 결산조정형식으로 과세소득을 구해보는 직접법

Ⅰ. 매출액 =	4,760,000	-	60,000 =	4,700,000	4,700,000
Ⅱ. 매출원가 =	2,500,000	-	30,000 =	(2,470,000)	(2,470,000)
Ⅲ. 판매비와 관리비					(985,000)
1. 급여	800,000			800,000	
2. 광고선전비	125,000			125,000	
3. 감가상각비	75,000	-	75,000 =	60,000	
Ⅳ. 영업외수익과 비용					70,000
1. 이자수익	90,000	-	90,000 =	0	
2. 유형자산처분이익	140,000			140,000	
3. 이자비용	(100,000)	-	(100,000) =	0	
4. 재해손실	(70,000)			(70,000)	
Ⅴ. 당기순이익(법인세차감전)	1,320,000			각 사업연도 소득	1,315,000

납세의무자가 법인세의 과세표준을 신고하거나 정부가 과세표준을 결정 또는 경정하면서 익금에 산입한 금액은 그 금액이 누구에게 어떻게 처분되었는가를 파악하여

귀속자에 따라 상여, 배당, 기타 사외유출되거나 사내유보된 것으로 본다.[400] 이를 소득처분(所得處分)이라 한다. 법은 "익금에 산입한 금액"이라 적고 있지만, 이 말은 당기순이익에서 출발할 때 과세소득의 금액을 늘리는 조정사항이라는 뜻이므로 손금에 산입하지 아니하는 금액도 포함한다.[401] 위 보기에서 매출액 60,000원 익금불산입, 감가상각비 15,000원 손금불산입, 이자비용 100,000 손금불산입, 이 세 가지에 대해서, 이 돈을 누군가가 가져간 것인지를 판단해야 한다는 말이다. 다른 한편 이자수익 90,000원 익금불산입은, 법에 따른 익금보다 회사가 스스로 익금을 더 잡아둔 것이므로 소득의 유출 가능성이 없고 법에서 말하는 소득처분이 필요하지는 않지만, 세무조정 실무에서는 익금불산입이나 손금산입을 포함하여 당기순이익과 각 사업연도의 소득 사이에 생기는 차이를 똑같이 관리하고 그렇게 할 수밖에 없다.

결산서상 당기순손익과 과세소득에 차이가 생기는 이유는 여러 가지 있을 수 있다. 아래에서는 유형별로 어떤 법률효과가 따르는가를 살펴본 뒤, 소득처분의 법률적 성격을 따져 본다.

1. 손익 귀속시기의 차이와 유보처분

무엇을 기준으로 실현을 정의할 것인가, 손금 내지 비용은 언제 인식할 것인가, 이런 손익의 歸屬時期에 관한 기업회계의 규범은 반드시 세법과 같지 않다. 장을 바꾸어서 하나하나 보겠지만 차이가 많다.

앞 보기에서 III의 재무상태표에 나온 유형자산 424,000원이, 애초 기계를 499,000원 주고 산 것에서 제1기에 감가상각 75,000원을 떨어내고 남은 미상각잔액이라고 하자. 기업회계의 손익계산서에서 첫해에 75,000원을 감가상각했는데 세법상 한도액은 60,000원 뿐이다. 세법의 입장에서 본다면 이 기계는 499,000 − 60,000 = 439,000원이어야 하는데 기업회계상으로는 424,000원이므로 15,000원이 모자라고 당기순이익(대차대조표에서는 이익잉여금의 일부)이 그만큼 모자란다. 손익계산서에서는 감가상각이 60,000원이어야 하므로 당기순이익이 15,000원 모자라고. 따라서 15,000원을 익금산입해 주면서 이 15,000원은 기계장치의 미상각잔액에 가산되어야 하는 금액임을 세무조정계산서에 적어 둔다. 바로 이와 같이 세무상 순자산의 금액을 올려주는 것을 유보(留保) 또는 "사내유보" 처분한다고 말한다. 분개의 형식으로 표시한다면 장

400) 법인세법 제67조. 대법원 2003. 4. 11. 선고 2002두1854 판결; 헌법재판소 2010. 11. 25. 2009헌바107 결정.

401) 이런 용례의 보기로 대통령령은 특수관계가 소멸할 때까지 회수하지 않은 가지급금을 익금산입한다고 정하고 있다. 회수가능성이 없어진 채권을 떨어내면서 그 금액(대손=순자산감소액)을 손금불산입한다는 말이다.

부에는 '(차) 감가상각 75,000원 (대) 기계장치 75,000원'이라 적혀 있지만, 세법의 입장에서 그 가운데 15,000원을 취소하는 '(차) 기계장치 15,000원 (대) 감가상각 15,000원'이라는 수정분개를 해서 III의 재무상태표의 기계장치를 439,000원으로 늘리고, IV의 손익계산서의 감가상각을 60,000원으로 줄이는 셈이다.

稅務調整이란, 직접법으로 이 수정분개를 반영하여 새로 세법상 재무제표를 만드는 대신 수정분개의 내용을 '손금(기계장치감가상각)불산입 15,000원 사내유보(기계장치)'라는 꼴로 세무조정계산서에 적어두는 것이다. 이 기록과 기업회계 재무제표를 묶어 보면 기계장치의 세법상 취득가액은 (425,000 + 15,000) = 439,000원이다. 회사의 세무상 순자산(=자기자본)이 기업회계상 순자산(=자기자본)보다 15,000원 더 크다는 말이다.

제2기에 1. 1.에 이 자산을 500,000원에 팔았다면, 손익계산서에는 양도차익이 양도가액 500,000원에서 미상각잔액 424,000원을 뺀 76,000원으로 나타난다. 분개로 적자면 (차) 현금 500,000 (대) 기계장치 424,000 + 양도차익 76,000. 그러나 세법의 입장에서 보면, 미상각잔액이 439,000원이므로 양도차익은 61,000원이다. 따라서 기업회계상 양도차익 76,000원 가운데 15,000원을 익금불산입하면서 앞서의 사내유보 금액을 15,000원 줄여 주게 된다. 곧 '(차) 양도차익 15,000 (대) 기계장치 15,000'이라는 수정분개를 해서 기계장치 처분손익을 "(차) 현금 500,000 (대) 기계장치 439,000 + 양도차익 61,000"으로 고치는 것과 같은 효과를 얻는 것이다. 이것을 일컬어 실무용어로는 "추인"한다고도 하고 (-) 유보처분한다고 말하기도 한다.

정리하자면, 기업회계에서는 두 해 동안 각 75,000원과 424,000원을 비용 내지 원가로 떨어내지만, 세법에 따르면 두 해 동안 각 60,000원과 439,000원을 손금으로 떨어내어야 한다. 곧, 첫해에 감가상각 15,000원을 손금불산입할 때, 이것이 시차조정항목임을 비망기록으로 적어 두었다가 뒤에 이를 정리할 필요가 생긴다. 바로 이 비망기록을[402] 적는 것을 유보(留保) 및 추인(追認)처분이라 부르는 것이다.

손익에 영향이 없는 비망기록이 필요할 수도 있다. 앞 III의 대차대조표와 IV의 포괄손익계산서에서 장기보유할 상장주식 평가익 60,000원은 당기순손익에 들어가지 않았고 세법에서도 익금이 아니므로 손익을 세무조정할 필요가 없다. 그러나 세법의 입장에서 본 이 주식 장부가액은 시가인 560,000원이 아니라 평가전 취득원가인 500,000원이다. 그러니 (차) 잉여금(기타포괄손익누계) 60,000 (대) 기타유동자산(주식) 60,000에 해당하는 비망기록을 해 두어야 한다.[403] 나중에 이 주식을 560,000원에 처분

402) 과세표준신고서에는 "자본금과적립금조정명세서"라 하여 유보나 추인의 내용만을 따로 적은 비망기록을 붙여야 한다.

한다고 하자. 이 시점에 가서 기업회계는 60,000원을 당기순이익으로 재구분하는 것이 원칙이지만, 포괄손익누계에 그냥 남겨놓을 수도 있다. 제20장 제2절 II. 전자라면 결과적으로 손익계산이 실현주의 그대로니 따로 세무조정할 것이 없고 비망기록만 적절히 정리하면 된다. 후자라면 처분시점에 당기순이익에 안 잡힌 60,000원을 익금산입.

(보기) 어느 해에 토지를 6억원에 취득하면서 취득세 3천만원을 손익계산서상 비용으로 처리했다. 이듬해에 이 토지를 7억원에 팔고 양도차익 1억원을 손익계산서에 이익으로 반영했다. 기업회계에 따라 분개하고 세무조정과 소득처분을 표시하라.

(풀이)	산 해:	토지	6억원	현금	6억 3천만원	손금불산입 3천만원 유보
		취득세	3천만원			
	판 해:	현금	7억원	토지	6억원	익금불산입 3천만원 추인
				양도차익	1억원	

留保처분이란 세법과 기업회계 사이의 귀속시기의 차이를 표시해 주는 비망기록일 뿐이므로, 납세의무자 외의 다른 사람에게 대해서는 아무런 법률효과가 없다. 제67조의 '소득처분'은 아니다. 그저 납세의무자의 손익과 재산에 대한 내부적 조정일 뿐. 세무상 순자산의 금액이 얼마인가가 문제되는 법조항이 있다면 유보처분된 금액이 얼마인가가 법적 의의를 가질 수 있지만, 그것도 납세의무자의 내부문제일 뿐이다. 직업적으로 세무조정을 하지 않는 사람은 유보, 추인 이런 식으로 생각하는 것이 아주 번거롭다. 개념을 이해하는 것으로 충분하고, 애초 세무조정 사항을 다 반영해서 세법에 따라 재무제표를 새로 만든다고 생각하는 쪽이 훨씬 편하다.[404] 이 책에서 앞으로 나올 보기에서는 일시적 차이에서 생기는 세무조정 및 유보·추인을 따로 적지 않고 분개 자체를 세법에 맞추어 적기로 한다. 바로 앞 보기라면 (풀이 1)과 같이 적기로 한다. 구태여 세무조정 내역을 보이는 경우 (풀이 2)와 같이 적기로.

(풀이 1)	산 해 :	토지	6억 3천만원	현금	6억 3천만원
	판 해 :	현금	7억원	토지	6억 3천만원
				양도차익	7천만원

403) 아주 기술적인 실무 이야기로 60,000원을 손금산입하면서 (-)유보로 주식의 가액을 깎고 동시에 60,000원을 당기순이익으로 익금산입하면서 기타포괄손익 60,000원을 깎는다. 법률가들에게는 아무 도움이 안 되고 오히려 혼란만 주니 몰라도 된다. 이런 말을 못 걸러낸 판결문이나 문헌을 읽을 일이 생기면 그때 가서 익히면 된다.

404) 가령 대법원 2017. 12. 10. 선고 2017두169 판결의 손금산입 (-)유보와 손금불산입 유보를 둘러싼 복잡한 분석은 세법상으로는 아무 사건이 없었다는 말일 뿐이다.

(풀이 2) 산 해:	토지	6억원	현금	6억원
	취득세	3천만원	현금	3천만원
	토지	3천만원	취득세	3천만원
판 해:	현금	7억원	토지	6억원
			양도차익	1억원
	양도차익	3천만원	토지	3천만원

2. 영구적 차이

세법과 기업회계 사이에 영구적 차이가 나는 경우도 있다. 우선, 세법이 기업회계상 비용인 항목을 아예 손금불산입하는 경우가 있다. 과세소득의 범위는 어느 한 기업의 소득계산만이 아니라 국가의 조세체계 전체 나아가서 법질서(法秩序) 전체의 맥락에서 정의하게 되므로, 과세소득의 개념과 기업회계의 이익 사이에는 영구적 차이가 생긴다. 제9장 제2절. 예를 들어 기업업무추진비는 이를 소비하는 자에 대해 소득세를 매기는 대신 법인에 대해 법정 한도를 넘는 기업업무추진비를 손금불산입한다. 제22장 제1절 VI. 기업의 순자산은 기업업무추진비 지출액만큼 줄어들었으므로 이 금액은 이른바 "기타 사외유출"로 처분하고,[405] 그 밖에 다른 법률효과는 없다. 앞 보기에서는 채권자가 불분명한 사채의 지급이자 100,000원을 손금불산입한 것도 영구적 차이. 제22장 제1절 IX. 이 금액은 대표자에게 상여처분한다.

둘째, 기업회계에서 관행적으로 비용으로 처리하고 있는 것 가운데 법으로 따지면 순자산감소가 없어서 손금이 아닌 것들이 있다. 보기를 들어 정관, 주주(사원)총회, 또는 이사회의 결의로 정한 급여지급기준을 초과하는 임원상여금은 손금불산입하면서[406] 이를 받아 가는 임원에게 근로소득으로 과세한다. 엄밀히 말하면, 정관이나 주주총회의 위임 없이 이사회의 결의로 정한 급여지급기준에 따라 받아 가는 상여는 모두 손금불산입하여야 한다. 이사나 감사의 보수는 정관이나 주주(사원)총회에서만 정할 수 있으므로[407] 회사의 입장에서는 가져간 사람에 대한 채권이 있고 애초 순자산감소가 없다. 그러나 받아 가는 사람에게는 여전히 근로소득으로 과세한다. 권리가 없더라도 현실적으로 지배관리하고 있는 이상 위법소득은 실제 발생 당시 과세하는 까닭이다. 제2절 Ⅲ. 다른 보기로 주주총회의 결의로 지급하더라도 대통령령은 일정한 한도를[408] 넘는 임원퇴직금을 손금불산입하면서 상여처분한다. 따라서 근로소득이 된

405) 법인세법 제67조, 법인세법시행령 제106조 제1항 제3호.
406) 법인세법 제19조, 법인세법시행령 제43조 제2항.
407) 상법 제388조.

다. 앞 세무조정 보기에서 채권자를 알 수 없는 지급이자 손금불산입도 영구적 차이가 된다. 대표자가 불법적으로 가져간 것으로 보는 셈이기 때문이다. 과세소득의 개념과 기업회계의 이익 사이의 영구적 차이 문제는 뒤에 다시 보기로 한다. 제22장, 특히 제1절 VII, IX.

셋째, 앞서 보았듯 순자산의 증감 가운데 기업회계에서는 각 사업연도의 당기순이익을 안 거치고 바로 자기자본(自己資本)에 반영하는 것을 세법에서는 각 사업연도의 소득에 반영하는 것이 있다. 역으로 기업회계에서는 당기순이익에 들어가지만 세법에서는 각 사업연도의 소득에서 빠지는 것도 있다. 전자의 예로 주식교부형 주식매수선택권의 행사에 따른 손금산입액이나 자기주식처분손익은 당기순이익이 아니라 잉여금에 바로 반영하므로 따로 손금이나 익금에 산입해 주어야 한다. 제14장 제1절 III. 4, 제4절 V. 후자의 예는 법인주주가 받는 배당금이나 국세환급가산금. 제14장 제3절 IV, 제22장 제2절 II. 어느 경우든 소득처분은 필요하지 않다. 제3자에게 아무런 영향이 없고, 또 회사의 순자산에는 잉여금(자본조정)에 이미 반영된 까닭이다.[409]

마지막으로 부당행위계산(不當行爲計算), 곧 주주, 임원, 사용인 따위의 특수관계인이 회사의 재산을 싼 값으로 사가거나 사용하여 결과적으로 회사의 소득과 조세부담을 부당히 줄이는 경우에도[410] 세법과 기업회계에 차이가 생긴다. 특수관계인 사이에서 거래조건을 부당하게 정하더라도, 실제로 일어나고 있는 사건에 관한 정확한 정보의 제공을 목표로 삼고 있는 기업회계에서는 당사자 사이의 거래조건대로 손익을 계산한다. 경우에 따라서는 실제거래가격이 아니라 양도인의 종전 장부가액으로 매매한 것처럼 회계처리하는 수도 있다.[411] 물론 특수관계인 사이의 거래는 투자자 등 회계정보의 이용자들에게 중요한 영향을 미치므로, 그런 거래가 있었다는 사실과 내용을 재무제표 주석이라는 형식으로 보고한다.[412] 세법에서는 부당행위를 통한 소득의 감소를 인정할 수가 없고, 납세의무자가 시가대로 대가를 받은 뒤, 대가와 실제거래가액의 차액을 특수관계인에게 준 것으로 보아[413] 그런 차액을 익금산입한다. 전형적 보기로 법인이 돈을 무이자로 꿔 준다면, 법인이 시중금리로 이자를 받은 것처럼(이를 "인정이자"라 부른다) 익금에 산입한다. 부당행위계산을 부인하면 거래상대방에 대해서도

---

408) 법인세법 제26조, 법인세법시행령 제44조 제4항. 제22장 제1절 VII.

409) 실무에서는 소득처분 항목에 "기타" 또는 "잉여금"이라 적는 것이 보통이다.

410) 법인세법 제52조 제1항.

411) 일반기업회계기준 32.11문단. 관련 특칙으로 법인세법시행령 제19조 제5항(실제취득가액에 따른 감가상각).

412) 기업회계기준서 제1024호.

413) 법인세법 제52조 제2항.

세금문제가 생긴다. 제22장 제3절.

3. 분식(粉飾)결산에 따른 경정

기업회계와 세법의 차이 문제가 아니라 손익계산서 자체가 분식되었음을 국가가 알게 되어 실질에 맞추어 법인세 과세표준을 경정하고 관련자를 과세하는 경우가 있다. 분식결산에는 크게 보아 세 가지 종류가 있다.

1) 회계사기

우선 일반 투자자나 채권자를 속여 자본금이나 차입금을 끌어들일 목적으로 회사의 이익과 자산을 과대(過大)계상하는 수가 있다. 허위의 재무제표의 작성과 공시에는 손해배상책임과 형벌이 따른다.414) 이익의 과대계상만큼 과다납부한 법인세에 대해서는 법정기한 안이라면 경정청구(更正請求)가 가능하지만,415) 법인세법은 이를 제약하는 명문의 특례를 두어 세금을 돌려주지 않고 그 대신 앞으로 과다납부액의 20%를 한도로 해마다 납부할 세액에서 공제할 수 있게 정하고 있다.416)

2) 회사재산의 횡령

분식의 둘째 형태는 회사의 임직원이나 주주가 회사의 재산을 橫領하면서 이를 숨기고 장부와 재무제표를 분식하는 것이다.417) 이때에는 횡령한 자에 대한 소득세를 과세하면서 회사의 입장에서는 순자산과 소득을 바로잡게 된다. 회사재산을 횡령당한 것은 순자산 감소가 아니다. 손해배상채권이 생기니까. 횡령에 따른 분식결산에는 유형은 두 가지.

우선 회사의 임직원이나 주주가 회사 재산을 가져가면서 이를 가공비용 속에 숨겨 놓거나 매출액을 누락시킨다면, 손익계산서에 나타나는 이익은 실제보다 적어진다. 따라서 가공비용이나418) 매출누락액을419) 익금산입한다.420) 과세관청이 매출누락액을

414) 자본시장법 제162조 제3항, 외감법 제39조 제1항. 부실감사한 회계법인도 손해배상 책임을 진다. 대법원 2024. 7. 25. 선고 2021다269418 판결 등. 대출을 받으면 따로 사기죄가 된다. 대법원 2000. 9. 8. 선고 2000도1447 판결.

415) 제6장 제3절 I, 제18장 제1절 III.3. 후발적 경정청구 사유는 아니다. 대법원 2013. 7. 11. 선고 2011두16971 판결. 신의칙 적용을 배제한 판결로 대법원 2006. 1. 26. 선고 2005두6300 판결; 2006. 4. 14. 선고 2005두10170 판결. 제3장 제5절 I. 반대취지의 미국판결로 Herrington v. Commissioner, 854 F.2d 755(5th Cir., 1988), 특히 758쪽.

416) 법인세법 제58조의3. 일본 法人稅法 제70조 제1항.

417) 분식결산을 통한 조세포탈은 형벌로 다스린다. 조세범처벌법 제3조. 대법원 1986. 12. 23. 선고 86도156 판결; 1992. 3. 10. 선고 92도147 판결; 1998. 6. 23. 선고 98도869 판결 등.

418) 대법원 2005. 5. 12. 선고 2003두15300 판결; 1997. 10. 24. 선고 97누447 판결; 1999. 12. 24. 선고

찾아 익금산입하는 경우, 그에 대응하는 매출원가도 누락되었다는(귀속자가 따로 부담했다는) 사실은 납세의무자가 입증하여야 한다.[421] 이처럼 익금산입함과 동시에, 재산을 가져간 사람을 찾아 그 앞으로, 찾을 수 없다면 대표자 앞으로 소득처분함으로써 그에게 소득세 납세의무를 지운다.[422] 불법으로 돈을 가져간 사람은 회사에 돈을 물어낼 의무를 지고 그런 뜻에서 본다면 소득이 확정되지는 않았지만, 이미 보았듯 불법소득은 권리 여부를 묻지 않고 과세하는 것이 확립된 판례이다. 돈을 가져간 자가 나중에 돈을 실제 물어 내더라도 후발적 경정청구를 못 한다는 것이 판례.[423] 미처 돈을 가져가지 못하고 이를 대표자로부터 받은 가수금으로 잡아놓은 상태에서 매출누락액이 이미 유출되었다고 볼 것인가에 대해서는 판결이 엇갈리고,[424]

다음으로, 회사의 재무상태표에 나오는 재산이 실제는 없거나 그 금액이 실제 취득가액을 넘거나 재무상태표에 나와 있지 않은 부외부채(簿外負債)가 있음을 발견하는 경우가 있다. 자연적 감모가 아니라면, 자산이 없다는 것은 누군가가 그 자산을 횡령했음을 뜻한다. 가지급금 등 채권으로 잡아두었다면 실제 대차인지 가공자산만

98두16347 판결. 실제 매입거래가 없는 이상 현금이 거래처로 갔더라도 가공비용이다. 대법원 2009. 3. 3. 선고 2009두515 판결.

419) 대법원 1990. 12. 26. 선고 90누3751 판결; 1993. 5. 14. 선고 93누630 판결; 1999. 5. 25. 선고 97누19151 판결 등.

420) 원고는 1992 사업연도에 외상매입금 채무 45,100,000원을, 1995 사업연도에 예수금 채무 570,080,000원을 각 허위로 계상했다는 것인데, 이와 같이 원고가 허위 채무를 계상하면서 그에 상응하는 허위 자산을 따로 계상했음이 밝혀지지 않는 이상 … 당해 각 사업연도에 익금을 누락했거나 손금을 과대계상한 결과라고 볼 수 있으므로 피고로서는 허위 채무를 계상한 1992 사업연도와 1995 사업연도에 이를 부인하면서 그 금액 상당액을 익금산입하거나 손금불산입할 여지는 있으나, 그 후 1996 사업연도와 1998 사업연도에 원고가 허위 채무에 대한 변제 명목으로 현금을 인출했다 하더라도 … 당해 각 사업연도의 소득금액 계산상 손익에 어떠한 영향을 미치지는 아니하므로 그 인출금액을 익금산입하거나 손금불산입할 수 없다. 대법원 2010. 6. 24. 선고 2007두18000 판결.

421) 대법원 1984. 2. 28. 선고 83누381 판결; 1986. 9. 9. 선고 85누556 판결; 1990. 12. 26. 선고 90누3751 판결; 1992. 7. 28. 선고 91누10695 판결; 1998. 4. 10. 선고 98두328 판결; 1999. 11. 12. 선고 99두4556 판결; 2003. 3. 11. 선고 2001두4399 판결; 2003. 11. 27. 선고 2002두2673 판결 등. 제3장 제3절.

422) 헌법재판소 1995. 11. 30. 93헌바32 결정. 익금산입할 매출누락액은 거래징수한 부가가치세를 뺀 순매출액이지만 소득처분할 금액은 부가가치세를 뺄 이유가 없다. 대법원 2000. 5. 26. 선고 98두5064 판결. 매출누락액을 확인한 이상 그 일부가 사외유출되지 않았음은 납세의무자가 주장입증하여야 한다. 대법원 2002. 1. 11. 선고 2000두3726 판결. 그러나 대법원 2006. 4. 28. 선고 2005두14554 판결. 법인의 필요경비로 인정했다고 해서 소득처분을 당연히 면하는 것은 아니다. 대법원 1994. 11. 18. 선고 93누7211 판결. 매출액 중 일부가 가공이라는 것만으로 관련 가공매입에 자산유출이 없었다고 볼 수는 없다. 대법원 2012. 11. 29. 선고 2011두4053 판결.

423) 제6장 제3절 IV.

424) 대법원 1987. 6. 9. 선고 86누732 판결; 2002. 1. 11. 선고 2000두3726 판결; 2011. 7. 14. 선고 2008두17479 판결; 2012. 7. 26. 선고 2010두382 판결; 2020. 8. 13. 선고 2019다300361 판결.

잡아둔 것인지를 따져야 한다.[425] 부외부채가 있다는 것도 누군가가 회사를 채무자로 하여 돈을 꿔서 그 돈을 횡령했음을 뜻한다. 따라서 그와 같이 돈을 가져간 자를 찾아 그 자가 위법소득을 얻은 한편 재무상태표는 회사의 순자산을 과대계상하고 있음을 바로잡아 주어야 한다. 따라서 자산부족액이나[426] 부외부채의[427] 금액을 귀속자의 소득으로 처분한다.[428] 회사의 입장에서는 재산유출액만큼 횡령한 자에 대한 채권이 생기므로[429] 손익에는 영향이 없다.[430]

3) 가장행위와 실질과세

분식의 셋째 형태는 假裝行爲. 겉모습만 꾸며냈지 실제는 없는 허위(虛僞)로, 민사법상 당연히 무효이다. 따라서 그런 행위가 없는 것으로 보고 사실을 다시 확정하여야 한다.[431] 부당행위의 계산을 부인하거나 더 넓게는 경제적 실질에 따라 사법상의 거래를 재구성하는 경우에도 가장행위의 부인과 같은 문제가 생긴다.[432] 과소자본세제에 따라 지급이자를 배당금으로 재구성하는 경우도 마찬가지. 제17장 제2절 VI, VII.

---

425) 제19장 제4절 I.2. 특수관계인에 대한 가지급금을 특수관계가 소멸하는 날에 유출되는 것으로 본다는 대통령령의 의미에 대해서는 판례가 엇갈린다. 대법원 2007. 4. 26. 선고 2005두10644 판결(추정); 2021. 7. 29. 선고 2020두39655 판결(간주). 유출되는 또는 그렇게 보는 시점의 소득처분을 분개형식으로 적자면 (차) 불법행위 손배채권이나 손금불산입 기부금(위법소득) (대) 가지급금. 가지급금을 떨어내면서 (-) 유보처분으로 세무조정계산서에 적혀 있는 사내유보 금액의 잔고를 줄여준다. 세무조정계산서의 기술적 처리로는 횡령액을 익금산입하면서 귀속자의 소득으로 처분하고 같은 금액을 손금산입하면서 (-) 유보처분. 가지급금 이자상당액 익금산입은 제22장 제3절 VI. 관련 차입금 지급이자 손금불산입은 제22장 제1절 IX.

426) 대법원 1993. 5. 25. 선고 92누7771 판결; 2016. 9. 23. 선고 2016두40573 판결(주금가장납입금).

427) 대법원 1991. 12. 10. 선고 91누5303 판결.

428) 그러나 대법원 2004. 4. 9. 선고 2002두9254 판결과 2008. 11. 13. 선고 2007두23323 판결은 회사가 횡령자에 대한 손해배상채권을 행사하지 않을 뜻을 나타내는 시점에 가서야 소득처분이 가능하다고 한다. 아마 소득처분에 따르는 원천징수 문제를 염두에 둔 듯하나, 귀속에 대한 입증이 분명하고 실체법상 과세요건을 만족한다면 소득처분 없이 과세할 수 있으므로(대법원 1997. 10. 24. 선고 97누2429 판결) 종래의 판례대로 바로 소득처분해서 불법소득을 바로 과세해야 옳다. 대법원 2024. 6. 17. 선고 2021두35346 판결(반환해도 경정청구 불가)과도 충돌.

429) 손해배상채권의 실제가치가 액면보다 낮다는 주장이 있으나 일단 채권은 생긴 것이고 다만 대손의 가부나 시기 문제가 생길 뿐. 제19장 제4절 I.1.

430) 대법원 2012. 6. 28. 선고 2012두4715 판결은 이렇게 읽어야 뜻이 통한다. 분개형식으로 적자면 (차) 불법행위 손배채권(위법소득) (대) 자산. 따라서 없어진 회사재산을 떨어내거나 숨어있던 부채를 잡으면서 (-) 유보처분으로 세무조정계산서에 적혀 있는 사내유보 금액의 잔고를 줄여 준다. 기술적으로는 횡령액을 익금산입하면서 횡령자의 소득으로 처분하고 같은 금액을 손금산입하면서 (-) 유보처분한다.

431) 가령 채권자가 불분명한 私債로 꾼 돈을 대표이사 가수금을 적어두고 그 지급이자를 대표이사 가지급금을 적어 두었다면 가지급금은 인정이자 계산대상이 아니다. 대법원 1986. 11. 19. 선고 86누449 판결.

432) 제3장 제4절, 제22장 제3절.

4. 소득처분의 법적 성질

1) 소득처분의 유형

익금에 산입한 유출금액의 귀속자가 법인이거나 유출금액이 사업자의 사업소득을 구성하거나[433] 귀속자에 대한 증여(기부)라면 "기타 사외유출(社外流出)"이라 하여 법인 단계에서는 소득이 귀속자에게로 흘러나간 사실만 확인하면 된다. 그런 소득에 대한 법인세나 소득세는 귀속자인 법인이나 사업자에게서 걷는다.[434] 유출된 소득의 성격은 귀속자와 법인 사이의 관계 문제. 귀속자가 주주라면 배당소득, 임원이나 사용인이라면 근로소득, 어느 쪽도 아니라면 기타소득(其他所得)이므로[435] 그에 맞추어 배당, 상여, 기타소득으로 소득처분한다. 이렇게 소득처분된 금액은 소득세법상 배당소득, 근로소득, 또는 기타소득으로 구분되어 귀속자의 과세소득의 일부를 이룬다.[436] 유출된 소득이 "이익이나 잉여금의 배당"이라는 요건이나 "근로를 제공함으로 인하여 받는" 소득이라는 요건, 그 밖에 달리 소득세법이나 법인세법에서 과세요건을 만족한다면 소득처분 조항과 무관하게 그 자체로 과세소득이 됨은 물론이다.[437] 증여(기부금)라면 증여세 과세여부는 상속세및증여세법에 따른다. 다만 출자자나 임원에 대한 증여라면 대체로 숨은 배당이거나 숨은 인건비(근로소득)일 것이다.

2) 소득처분에 따른 원천징수의무

배당소득, 근로소득, 기타소득이 된다면 결과적으로 소득세법에 따른 원천징수의무를 어긴 것이 되고 그에 따른 원천징수세 본세 및 가산세 납세의무가 생기지만 이것이 과연 옳은지 논란이 계속되고 있다.[438] 소득처분의 상대방이 법인이라면 원천징수 문제

---

433) 외국법인이나 비거주자라면 국내사업장의 소득으로 과세할 수 있는 경우에 한한다.

434) 대법원 2008. 12. 11. 선고 2006두11620 판결; 2014. 11. 27. 선고 2012두25248 판결. 기업업무추진비 사외유출 처분은 제22장 제1절 IV.

435) 헌법재판소 2016. 9. 29. 2014헌바332 결정. 법인세법 제67조에 '기타소득'이라는 말이 없지만 시행령의 규정은 합헌이다. 대법원 2003. 4. 11. 선고 2002두1854 판결. 이익처분에 의한 임원상여나 출자지분을 넘는 배당이 위법이더라도 실제 귀속한 소득인 이상 과세한다. 대법원 2004. 7. 9. 선고 2003두1059 판결; 2018. 11. 13. 선고 2014도9026 판결; 2019. 12. 13. 선고 2018두128 판결. 제2절 III. 제10장 제1절 3. 대표자 인정상여 원천징수세에 대한 소득처분은 아래 4.2).

436) 소득세법 제17조 제1항 제4호, 제20조 제1항 제3호, 제21조 제1항 제20호. 국외유출은 소득세법 제119조, 법인세법 제93조. 대법원 2020. 8. 20. 선고 2017두44084 판결.

437) 대법원 1997. 10. 24. 선고 97누2429 판결; 1997. 10. 24. 선고 97누447 판결; 1997. 12. 26. 선고 97누4456 판결; 1999. 9. 17. 선고 97누9666 판결; 2004. 7. 9. 선고 2003두1059 등 판결; 2005. 5. 12. 선고 2003두15300 판결; 2018. 12. 13. 선고 2018두128 판결(귀속자=외국법인); 헌법재판소 2009. 2. 26. 2006헌바65 결정.

438) 합헌이라는 것으로 헌법재판소 2009. 7. 30. 2008헌바1 결정. 2014년부터는 회생절차에 따라 주주가

는 안 생긴다. 애초 법인세법상 원천징수의무는 극히 제한되어 있기 때문이다.[439] 원천징수의무가 생기는 시기, 곧 소득의 "유출(流出)"시기는 언제인가? 반드시 실제로 현금이나 재산을 가져가야 소득처분 대상이라는 뜻이 아니고[440] 대표자 가수금 등 채무를 법인장부에 잡는 것만으로도 소득이 유출된 것으로 볼 가능성도 있다. 다른 한편 매출채권이 자산에서 단순히 누락된 것만으로는 유출이 아니다.[441] 재산을 실제 가져갔다 하더라도 횡령한 사람이 종업원(명목상 대표자 포함)이라면 회사에 돌려받을 채권이 있으므로 아직 유출이 아니라는 판례도 있다.[442] 대표자의 횡령이라면 원칙적으로 유출이지만[443] 회사가 이를 회수하리라 볼 수 있는 특별한 사정을 입증한다면 소득처분할 수 없고,[444] 뒤에 횡령을 묵인하거나 추인하는 시점에 가서야 소득처분할 수 있다고도.[445]

소득세법시행령은, 배당처분된 금액과 기타소득으로 처분된 금액의 귀속시기(歸屬時期)에 관하여 소득처분을 한 법인의 당해 사업연도 결산확정일을 기준으로 하여 그 날이 속하는 소득세 과세연도분 소득으로 처분상대방에게 귀속한다고 정하고 있다.[446] 상여처분된 금액의 귀속시기는 "근로를 제공한 날"이라고 정하고 있다.[447] 한편, 세무서장이 결정이나 경정을 하면서 처분한 금액은 소득금액변동통지서를 법인과 처분상대방에게 보내어야 한다.[448] 소득처분을 받은 귀속자가 종합소득세를 추가납부할 금액이 있다면, 통지서를 받은 달 다다음 달 말일까지 추가신고납부를 해야 한다. 이런 추가신고납부가 있으면 본래의 신고 기한 내에 신고납부한 것으로 보므로[449] 증액수정

바뀐 때에는 원천징수 않는다. 소득세법 제155조의4.

439) 법인세법 제73조. 제13장 제1절 Ⅵ.

440) 대법원 2002. 1. 11. 선고 2000두3726 판결; 2003. 4. 11. 선고 2002두1854 판결. 그러나 대법원 1987. 6. 9. 선고 86누732 판결; 2010. 9. 9. 선고 2008두2156 판결; 2011. 7. 26. 선고 2010두382 판결; 2012. 7. 26. 선고 2010두382 판결; 2020. 8. 13. 선고 2019다300361 판결.

441) 대법원 2006. 4. 28. 선고 2005두14554 판결.

442) 대법원 1989. 3. 28. 선고 87누880 판결; 2004. 4. 9. 선고 2002두9254 판결.

443) 대법원 1995. 10. 12. 선고 95누9365 판결; 2012. 6. 28. 선고 2011두32676 판결.

444) 대법원 2008. 11. 13. 선고 2007두23323 판결; 2012. 5. 9. 선고 2009두2887 판결(대표자=지배주주); 2017. 9. 7. 선고 2016두52978 판결(대표자≠지배주주). 대법원 2024. 6. 17. 선고 2021두35346 판결(자진반납해도 경정청구 불가)과는 모순.

445) 대법원 2004. 4. 9. 선고 2002두9254 판결; 2008. 11. 13. 선고 2007두23323 판결. 그러나 대법원 2011. 11. 10. 선고 2009두9307 판결 참조.

446) 소득세법시행령 제46조 제6호, 제50조 제1항 제2호.

447) 소득세법시행령 제49조 제1항 제3호. 제11장 제2절 Ⅲ.

448) 소득세법시행령 제192조 제1항. 소득금액변동통지서를 법인과 귀속자에게 각각 보내야 각각 효력이 생긴다. 대법원 2006. 8. 25. 선고 2006두3803 판결; 2013. 4. 26. 선고 2012두27954 판결; 2013. 9. 26. 선고 2013두24579 판결. 귀속자를 적지 않으면 위법하다. 대법원 2013. 9. 26. 선고 2011두12917 판결. 법인에 대한 소득금액변동통지는 행정처분. 귀속자에 대한 통지는 행정처분이 아니지만 과세처분 취소소송에서 소득금액변동통지의 하자를 주장할 수 있다. 대법원 2006. 4. 20. 선고 2002두1878 판결; 2014. 7. 24. 선고 2011두14227 판결; 2015. 1. 29. 선고 2013두4118 판결.

신고와[450] 다르다. 따라서 가산세는 안 물린다.

소득처분을 받은 자는 부과처분이나 경정거부처분에[451] 대한 항고소송으로[452] 그런 소득이 자기에게 귀속되지 않았음을 입증함으로써 조세채무를 벗을 수 있다. 환원에 따른 후발적 경정청구는 제6장 제3절 IV. 그러나 귀속자가 불분명한 소득은 실질 지배력이 있는 대표자에게[453] 귀속한 것으로 간주한다.[454] 따라서 누구에게 귀속되었는지를 분명히 밝힐 수 없다면, 대표자는 자기에게 귀속되지 않았다고 증명하더라도 소득처분을 받게 된다.[455] 주식소유, 경영지배, 또는 법인 스스로의 신고에 따라 사실상의 대표자가 따로 있다면 그가 소득처분을 받는다.[456] 추계과세시에는 재무상태표상 당기순이익과 추계한 과세소득의 차액을 대표자에 대한 상여로 처분한다.[457]

3) 소득처분 = 확인처분

소득처분의 법률적 성격이 무엇이고 어떤 법률효과가 따르는가에 대해서는 적지

449) 소득세법시행령 제134조 제1항. 경정청구기한도 추가신고납부기한을 기산점으로 한다. 대법원 2011. 11. 24. 선고 2009두20274 판결; 2011. 11. 24. 선고 2009두23587 판결; 2014. 4. 10. 선고 2013두22109 판결. 제6장 제3절 I. 부과제척기간은 아래 3.

450) 국세기본법 제45조, 제49조. 제4장 제3절 Ⅱ.

451) 추가신고를 경정청구하는 경우 원천징수당한 세액을 포함할 수 있다. 대법원 2016. 7. 14. 선고 2014두45246 판결. 경정청구기한은 추가신고 때 시작. 대법원 2011. 11. 24. 선고 2009두20274 판결.

452) 대법원 2014. 7. 24. 선고 2011두14227 판결; 2016. 7. 14. 선고 2014두45246 판결. 징수처분을 다투면서 소득처분의 흠을 주장할 수는 없다. 대법원 2012. 1. 26. 선고 2009두14439 판결. 귀속자는 법인에 대한 통지를 다툴 법률상 이익이 없다. 대법원 2013. 4. 26. 선고 2012두27954 판결. 그 역도 같다. 대법원 2013. 9. 26. 선고 2010두24579 판결.

453) 대법원 1984. 3. 27. 선고 83누333 판결(본인이 모르는 대표자 등기); 1989. 4. 11. 선고 88누3802 판결(명목상 대표자); 1991. 3. 12. 선고 90누7289 판결(정리회사); 1992. 7. 14. 선고 92누3120 판결(정리회사); 1994. 3. 8. 선고 93누1176 판결; 1995. 6. 30. 선고 94누149 판결(정리회사); 2010. 10. 28. 선고 2010두11108 판결(무자격자≠대표자); 2010. 12. 23. 선고 2008두10461 판결; 2013. 6. 27. 선고 2013두4231 판결(미등기임원∈사실상 대표자); 2017. 9. 7. 선고 2016두57298 판결(지배력 있으나 경영 무관).

454) 1999. 12. 24. 선고 98두7350 판결; 2001. 9. 14. 선고 99두3324 판결; 2008. 4. 24. 선고 2006두187 판결; 2010. 4. 29. 선고 2007두11382 판결 등. 헌법재판소 1995. 11. 30. 93헌바32 결정.

455) 헌법재판소 2009. 3. 26. 2005헌바107 결정; 대법원 1992. 8. 14. 선고 92누6747 판결; 2008. 9. 18. 선고 2006다49789 전원합의체 판결; 2013. 3. 28. 선고 2010두20805 판결; 2017. 10. 26. 선고 2017두51310 판결. 그러나, 대법원 2005. 5. 12. 선고 2003두15300 판결은 시행령의 글귀와 달리 판시하고 있다. 원천징수세 구상권에 대해서는 대법원 2008. 9. 18. 선고 2006다49789 판결.

456) 법인세법시행령 제106조 제1항 제1호 단서 괄호부분. 지배주주가 따로 있다는 것만으로 명목상의 대표자가 되지는 않는다. 대법원 2008. 1. 18. 선고 2005두8030 판결. 등기부상 대표자도 아니고 지배력도 없다면 대표자가 아니다. 대법원 2010. 10. 28. 선고 2010두11108 판결; 2017. 9. 7. 선고 2016두57298 판결.

457) 법인세법시행령 제106조 제2항. 대법원 1990. 9. 28. 선고 89누8231 판결; 2008. 1. 18. 선고 2005두8030 판결.

않은 혼선이 있다. 우선 절차 측면에서는 2006년의 대법원 판결이 종래의 이론을 바꾸어 원천징수의무자에 대한 소득금액 변동통지를 행정처분이라고 보았다.[458] 한편 실체법 쪽에서는 다른 2006년 판결 이래 소득의 유출(流出)시기를 기준으로 소득세 납세의무의 성립시기를 정하고 있다.[459] 2014년의 판결은 소득처분 상대방(귀속자)에 대한 소득금액 변동통지를 행정처분이 아니라고 한다.[460] 이런 판결을 조화하자면, 소득금액변동통지가 행정처분이기는 하지만 과거에 있었던 소득유출 사실을 확인하는 확인(確認) 처분이라고 볼 수밖에 없다.[461] (부과처분도[462] 법률적 성질은 이미 성립한 조세채무의 내용을 확인하는 준법률행위의 성질을 띠므로[463] 소득처분을 확인행위라 하더라도 이론상 모순은 없다.) 그렇게 본다면 소득처분 상대방의 납세의무는 소득처분이 있음으로써 비로소 생기는[464] 것이 아니고 법인에서 재산이나 경제적 이득을 받아가는 시점에 납세의무가 생긴 것으로 보아야 한다. 따라서 소득유출 이후 가령 6년이 지났다면 제척기간이 이미 만료되었다고[465] 보아야 한다.[466][467] 다만 현행법은 소

458) 대법원 2006. 4. 20. 선고 2002두1878 판결. 이에 따라 납세자의 권리구제가 확 줄어들고 말았다. 예를 들어 징수처분을 다투면서 소득처분의 하자를 주장할 수 없다는 대법원 2012. 1. 26. 선고 2009두14439 판결. 제6장 제6절 I. 판례 변경 전에는 납세의무자에게 아무런 구제수단이 없었다는 글이 있지만 틀렸다. 통지서가 지급사실을 의제한다고 하나 위법한 통지인 이상 의제가 성립하지 않고, 행정처분이 아니므로 부당이득이 성립한다. 대법원 2025. 9. 4. 선고 2025다211104 판결.

459) 대법원 2006. 7. 13. 선고 2004두4604 판결(매출누락); 2006. 7. 27. 선고 2004두9944 판결; 2008. 4. 24. 선고 2006두187 판결; 2018. 2. 28. 선고 2015두2710 판결(과소자본세제). 같은 경향의 예전 판결로 대법원 1999. 9. 17. 선고 97누9666 판결; 2001. 9. 4. 선고 99두324 판결; 2002. 2. 8. 선고 2001도241 판결. 제11장 제2절 I.2. 다만 납부불성실가산세와 경정청구기한은 법정추가신고납부기한부터 기산한다고. 대법원 2011. 11. 24. 선고 2009두20274 판결.

460) 대법원 2014. 7. 24. 선고 2011두14227 판결; 2015. 1. 29. 선고 2013두4118 판결; 2015. 3. 26. 선고 2013두9267 판결.

461) 대법원 1992. 7. 14. 선고 92누4048 판결; 1999. 9. 17. 선고 97누9666 판결; 2006. 7. 27. 선고 2004두9944 판결; 2008. 4. 24. 선고 2006두187 판결; 2018. 2. 28. 선고 2015두2710 판결. 다른 경향으로는 대법원 1991. 3. 12. 선고 90누7289 판결; 2005. 6. 1. 선고 2005도1828 판결 및 관련사건으로 2010. 1. 28. 선고 2007두20959 판결; 2014. 10. 15. 선고 2014두37870 판결; 2020. 8. 13. 선고 2019다300361 판결. 이중교, 기업회생에 대한 조세제도 합리화 방안, 조세법연구 24-3(2018), 131쪽, 특히 140쪽.

462) 소득금액변동통지는 소득지급자에 대한 원천징수세 부과처분과 비슷하지만 과세예고 통지는 필요 없다고. 대법원 2021. 4. 29. 선고 2020두52689 판결. 제5장 제6절 II.

463) 제4장 제3절 Ⅱ.

464) 이런 견해로 임승순, 조세법, Ⅱ부 2편 7장 3절 4(가산세 관련).

465) 무신고에 해당한다면 제척기간은 7년이지만 소득처분 받은 소득은 애초 무신고에 해당하지 않는다. 대법원 2014. 4. 10. 선고 2013두22109 판결. 다른 소득을 신고한 이상 대표자가 귀속자 불명 사외유출액을 신고하지 않아도 제척기간은 5년. 대법원 2010. 4. 29. 선고 2007두11382 판결.

466) 대법원 1989. 3. 14. 선고 85누457 판결; 1996. 3. 12. 선고 95누4056 판결; 2010. 1. 28. 선고 2007두20959 판결; 2020. 8. 13. 선고 2019다300361 판결.

467) 헌법재판소가 옛 법인세법의 소득처분 규정을 포괄적 위임이라면서 위헌선언한 뒤, 무효인 옛 법에 따

득처분의 경우 소득세의 제척기간을 법인세에 맞추고 있다.[468] 한편 원천징수의무에 관하여 판례는 원천납세의무가 제척기간 도과로 인하여 이미 소멸했다면 소득금액변동통지를 받을 때에 원천징수의무가 성립할 수 없다고 한다.[469]

관련 조문 전체를 놓고 현실적으로 옳은 결과를 얻자면 조문을 갈라 풀이하는 길뿐이다. 소득처분 상대방에 대한 소득의 귀속시기를 법인의 결산확정일로 정한 규정은 신고(申告)납세에 따르는 소득처분에만 적용하고, 행정청(行政廳)의 법인세 결정(決定)이나 경정(更正)에 따르는 소득처분은 소득의 실제 귀속자나 실제 유출시기가 분명히 드러나지 않는 한 소득금액변동통지서를 받은 날을 기준으로 귀속자와 귀속시기를 정한다고 풀이할 수밖에. 말하자면 소득처분을 거래실질의 확인 내지 파악이라는 사실행위로 보되, 다만 소득의 귀속자나 유출시기가 분명하지 않은 경우에는 법인세법상 익금가산액 및 상대방에 대해 소득처분된 소득에 대해 귀속시기를 추정 내지 의제하는 특칙이 있는 것으로 보는 것이다.[470] 원천납세의무자에 대한 귀속시기와는 별도로 원천징수의무자에 대한 원천징수의무 성립시기는 법인세 신고과정에서 드러난 소득이라면 법인세 신고일이고 행정청이 결정 또는 경정한 것이라면 소득금액변동통지서를 받은 날이다.[471] 입법론으로는 소득처분의 경우에는 국세부과의 제척기간의 개시시점을 소득금액변동 통지서를 받은 시점으로 정하는 조문이 필요하지만 무신고의 제척기간과 통일적으로 정할 수밖에 없다. 제4장 제5절 Ⅱ.

4) 사외유출 소득의 반환

사외유출 소득을 반환한 자는 경정청구가 가능한가? 제6장 제3절 Ⅳ.

라 처분된 소득이 처분상대방의 과세소득이 되는가라는 문제가 있었음은 이미 본 바 있다. 대법원은 처분상대방에게 실제로 귀속되었음이 입증된다면 소득세 과세처분은 여전히 유효하다고 판시한 바 있다. 대법원 1997. 10. 24. 선고 97누2429 판결; 1999. 9. 17. 선고 97누9666 판결; 2002. 2. 8. 선고 2001도241 판결. 이들 판결은 소득처분을 지급의 의제로 보는 대법원 1991. 3. 12. 선고 90누7289 판결이나 1992. 3. 13. 선고 91누9527 판결 등과 모순된다.

468) 국세기본법 제26조의2 제2항. 경과규정은 대법원 2015. 10. 15. 선고 2015두45274 판결(심리불속행); 2025. 8. 28. 선고 2024두63830 판결(과세예고통지, 지급자가 개인).

469) 대법원 1974. 6. 25. 선고 74다586 판결; 1977. 4. 26. 선고 76다2236 판결; 1989. 3. 14. 선고 85누451 판결; 1992. 9. 13. 선고 91나40931 판결 등. 제5장 제6절 I.4. 그러나 원천징수의무의 성립시기와 원천납세의무의 성립시기를 분리하는 것은 논리의 모순이다. 지급시기에 이미 성립하면서 동시 확정된 원천징수의무가 시효로 소멸한 것일 따름이다. 원천징수의무가 없다는 결론을 얻기 위한 정공법은 원천징수가 애초 불가능한 상황이었다면 원천징수의무를 지울 수 없다고 보는 것이다.

470) 헌법재판소 1995. 11. 30. 93헌바32 결정; 2009. 2. 26. 2006헌바65 결정; 2015. 5. 28. 2013헌바84 결정. 대법원 2000. 2. 25. 선고 98두1826 판결은 틀렸다. 귀속시기를 납세자만이 알 수 있다면 그에 대한 증명책임을 행정청에 지울 수는 없다.

471) 헌법재판소 1995. 11. 30. 93헌바32 결정. 소득세법 제131조 제2항, 제135조 제4항, 제145조의2. 대법원 2005. 6. 9. 선고 2004다71904 판결; 2006. 12. 26. 선고 2005다1360 판결.

제19장 영업 손익

세무회계 각론의 첫 마당으로 이 장은 적극적 사업이나 영업에서 생기는 소득에 관련하여, 현행법이 소득의 귀속시기를 어떻게 정하고 있고, 현행법 규정은 어떤 문제점을 안고 있으며, 해결책에는 어떤 것이 있을 수 있는가를 다룬다. 여기에서 적극적 사업에서 생기는 소득이라 함은 물건을 사거나 만든 뒤 이를 파는 사업활동과 노무 또는 용역의 제공 두 가지로 나누어 생각할 수 있다. 기업회계의 용례로 말하면, 이 장의 범위는 영업이익의 구성요소, 곧 매출, 매출원가와 판매비 및 관리비를 다루는 셈이 된다. 논의는 먼저 제1절에서 물건을 사거나 만들어서 파는 사업에서 생기는 손익을 살피고, 다음 제3절에서 용역 제공에서 생기는 손익을 살펴본다. 가운데 제2절에서는, 대금지급조건이 손익의 귀속시기에 미치는 영향, 특히 장기외상이나 장기할부판매의 손익귀속시기에 대한 특칙을 살펴본다. 이 특칙은 재화나 용역 모두에 적용된다. 제3절은 도급공사에서 생기는 손익을 포함한다. 법이 도급공사에서 생기는 손익을 용역에 포함하여 귀속시기를 정하고 있는 까닭이다. 제4절은 권리의무의 확정이라는 기준에 대한 현행법상 예외로 대손(貸損)과 퇴직급여 두 가지의 손금산입 시기 문제를 다룬다.

제1절 물건의 매매나 제조판매

이 절은 현행법이 물건의 매매나 제조판매에서 생기는 손익에 관해 어떤 내용을 두고 있고 현행법에 어떤 문제점이 있는가를 법규정의 짜임새, 익금, 손금, 매출이익 그리고 손금 계산의 핵심인 재고자산 평가의 차례로 살핀다.

Ⅰ. 현행법의 틀

익금이나 손금인지, 귀속시기는 언제인지, 이런 법적 평가는 순자산증감 하나하나를 단위로 평가한다. 제13장 제1절 Ⅳ. 따라서 법은 자산의 판매에서 생기는 순소득을 익금으로 보지 않고, 수입금액 내지 상품 등 자산의 양도가액을 익금으로 하고[1] 판매된 자산의 원가를 손금으로 하는[2] 이른바 총액주의(總額主義)를 취하고 있다. 예를 들어, 500원 주고 산 물건을 600원에 판 경우 법은 판매차익 100원을 익금으로 잡는 미국법과[3] 달리 판매대가 600원을 익금(매출액)으로, 원가 500원을 손금(매출원가)으로 잡는다.[4] 이 구조 하에서 익금 600원의 귀속시기는 실현주의를 따르고, 손금은 별도의 귀속시기가 없이 매출액이라는 익금의 귀속시기를 자동적으로 좇게 된다(수익비용 대응의 원칙). 그저 양도한 자산의 원가가 얼마인가라는 손금의 금액 문제가 생길 뿐이다. 제18장 제3절 Ⅰ. 그렇지만, 현행법상 수익비용 대응의 원칙은 직접대응과 기간대응이라는 전통적 이분법을 따르고 있으므로, 후자에 대해서는 손금의 귀속시기 문제가 생긴다. 제18장 제3절 Ⅲ.

자산의 판매손익 계산에서 익금에 산입할 금액은 "수입금액"이나[5] "자산의 양도금액"이다.[6] 이는 뒤에 보듯 현금판매 내지 1년 미만의 외상판매를 전제로 한다. 장기할부로 회수기준을 쓰지 않는 경우나 장기외상판매의 경우에는 판매대금채권의 현재가치, 곧 채권 가운데 이자 상당액을 추려 뺀 금액이 익금이 된다.

Ⅱ. 익금: 귀속시기의 일반 원칙

1. 권리 확정 기준

상품(부동산을 제외한다), 제품, 기타의 생산품을 판매함으로써 생긴 양도가액이라는 익금은 인도일(引渡日)에 확정된다.[7] 매수인에게 동산(動産)을 인도하면 매도인의 채권이 확정되므로 그 금액이 익금.[8] 상품이나 제품이라는 말은, 기업회계의 용례

---

1) 소득세법 제19조, 제24조. 법인세법 제15조, 법인세법시행령 제11조 제1호 및 제2호.
2) 법인세법 제19조, 법인세법시행령 제19조 제1호. 소득세법시행령 제55조 제1항 제1호.
3) (차) 현금 600원 (대) 상품 500원 + 매출이익 100원. 미국세법 61조(a)(2). 미국재무부 규칙 1.61-3(a)조.
4) (차) 현금 600원 (대) 매출(익금) 600원, (차) 매출원가(손금) 500원 (대) 상품 500원.
5) 법인세법시행령 제11조 제1호.
6) 법인세법시행령 제11조 제2호; 소득세법 제24조 제2항, 같은 법 시행령 제51조 제5항.
7) 법인세법 제40조, 소득세법 제39조 제1항. 대법원 2011. 1. 27. 선고 2008두12320 판결.

를 받아들인 것이다. 처음부터 남에게 팔기 위해 사들인 것이 상품, 팔기 위해 만든 것이 제품.[9]

(보기) 다음 거래에서 익금(매출액)의 귀속사업연도는 언제인가?

01년 12월 30일: 상품 10개(원가 100,000원)를 200,000원에 부산(주)에 팔기로 하는 매매계약을 맺다. 인도기일은 02년 1월 4일이고 대금은 부산(주) 발행 만기 1개월짜리 약속어음으로 받기로 하다.

02년 1월 4일: 상품 10개를 인도하고 계약조건에 따른 약속어음 액면 200,000원짜리를 받다.

02년 2월 4일: 약속어음을 지급제시하고 수표로 받다.

(풀이) 02년. 아래 분개 참조.

01년 12월 30일:	분개 없음			
02년 1월 4일:	매출채권(받을어음)	200,000	매출(익금)	200,000
	매출원가(손금)	100,000	상품	100,000[10]
02년 2월 4일:	현금	200,000	매출채권(받을어음)	200,000

위 보기에서 보듯, 손익의 귀속시기를 정하는 기준은 계약체결이나 현금회수 시기가 아니라 引渡시기이다. 실현시기 내지 권리확정시기란 법적 판단이므로 인도란 반드시 현실의 인도나 물건의 물리적 이동을 뜻하는 것이 아니고, 인도되었는가는 당사자간의 권리의무의 내용에 따르는 법률문제이다. 국제회계기준은 실현이라는 개념을 안 쓰지만, 수익의 인식시기를 권리의무라는 기준으로 정하고 있다.[11] 제18장 제2절 I. 구체적 보기를 들어 보자.

1) 물건을 써 본 뒤에 살지 말지를 결정한다는 약정(試味 또는 시용매매)이 있다면, 물건이 물리적으로 매수인에게 인도된 날이 아니라 매수인이 구입의사를 표시한 날에 소유권이 이전되고[12] 따라서 그 날을 기준으로 손익의 귀속시기를 정한다.[13] 일정기간 안에 반송하거나 거절의 의사를 표시하지 아니하면 매매가 확정된다는 특약에 따라 매매가 확정되는 경우에는 기간만료일이 기준.[14]

8) 대법원 2019. 9. 9. 선고 2017두47564 판결. Tipke/Lang, *Steuerrecht*(제24판, 2021), 제9장 412문단.
9) 기업회계기준서 제1002호 6문단 및 8문단.
10) 이 분개는 실제로는 한 해치를 모아 연말에 한꺼번에 매출원가를 계상한다. 나중에 본다.
11) 기업회계기준서 제1115호 14문단, 31문단.
12) 민법 제188조 제2항.
13) 법인세법 제40조, 법인세법시행령 제68조 제1항 제2호; 소득세법시행령 제48조 제2호.

2) 어떤 이유로 매수인이 물건을 이미 점유하고 있는 상황에서 매매당사자가 소유권을 넘긴다고 합의하는 간이인도,[15] 매도인이 물건을 그대로 가지고 있는 상태에서 소유권이 매수인에게 넘어가는 점유개정,[16] 또는 매도인이 제3자에게서 물건을 돌려받을 반환청구권을 매수인에게 넘기는 꼴로[17] 물건을 파는 경우에는, 각 소유권 이전 시기를 기준으로 손익의 귀속시기를 정한다. 현실적 인도는 없지만 매도인이 제 의무를 마친다는 법률효과에서 아무 차이가 없는 까닭이다.

3) 물건을 남(수탁자, 위탁매매인[18])에게 보내 대신 팔아 달라고 하는 경우에는 수탁자가 판 날을 기준으로 손익의 귀속시기를 정한다.[19] 기업회계기준도 마찬가지이다.[20] 수탁자가 위탁자로부터 받은 물건은, 둘 사이만이 아니라 수탁자의 채권자에 대한 관계에서도 위탁자의 소유로 보고, 또 수탁자가 물건을 처분하고 받은 대금 역시 위탁자에 속하는 것으로 보니까.[21] 당연한 말이지만, 부가가치세 목적상 세금계산서를 발행했다 하더라도 법인세 목적상 과세시기가 된 것은 아니다.[22]

2. 매출액의 사후조정

하자가 있어서 되돌아온 물건[23](기업회계에서는 이를 "매출환입"이라 부른다)의 가액은 환입된 해의 익금에서 깐다. 기업회계의 관행이기도 하고[24] 부가가치세와 균형을 맞추자면 매출환입은 지나간 매출을 소급경정하는 것이 아니고 환입된 해의 매출액에서 까는 것이 옳다.[25] 또, 판매한 물품의 수량이 부족하거나 물품에 하자가 있어서 매매대금을 나중에 깎아주는[26] 금액, 일정 기간의 거래 수량이나 거래 금액에 따라 매출채권의 금액을 깎아주는 금액(위 두 가지를 합쳐서 "매출에누리"라 부른다)은 깎아주는 해의 익금에서 깐다.[27] 채권을 미리 약정된 변제기보다 앞당겨 갚을 때 깎아주

---

14) 법인세법 제40조, 법인세법시행령 제68조 제1항 제2호 단서; 소득세법시행령 제48조 제2호 단서.

15) 민법 제188조 제2항.

16) 같은 법 제189조. 국제회계기준 제1115호의 용례로 '미인도청구약정'.

17) 같은 법 제190조.

18) 상법 제101조.

19) 대법원 2008. 10. 9. 선고 2006두16496 판결.

20) 기업회계기준서 제1115호 B34문단 이하, B 77문단.

21) 상법 제103조. 수출이더라도 위탁매매일 수 있다. 대법원 2008. 5. 29. 선고 2005다6297 판결.

22) 대법원 1982. 10. 12. 선고 82누114 판결.

23) 민법 제548조, 제580조, 제581조.

24) 한편 보증서비스 예상액은 애초 매출 당시 제품보증충당금을 잡으면서 매출액을 깎는다. 기업회계기준서 1037호 14문단 이하. 무상교체 서비스와 매출환입의 경계선은 모호하다.

25) 대법원 2011. 7. 28. 선고 2009두19984 판결; 2013. 12. 26. 선고 2011두1245 판결; 2014. 3. 13. 선고 2013두12829 판결; 2018. 9. 13. 선고 2015두57345 판결. 제23장 제5절 Ⅲ. 4.

26) 민법 제574조, 제580조, 제581조.

는 금액(이를 "매출할인"이라 부른다)도 당기의 매출액에서 바로 공제한다.[28] 기업회계에서도 매출에누리와 매출할인은 매출액에서 공제한다.[29] 매출할인금액은 상대방과 맺은 약정상 지급기일이 속하는 사업연도, 지급기일 약정이 없으면 지급한 날이 속하는 사업연도의 매출액에서 차감한다.[30] 매출에누리도 매출액의 사후조정이므로 귀속시기는 매출할인과 마찬가지로 생각해야 한다. 한편, 매수인의 입장에서는 매입에누리와 매입할인을 당기매입액에서 뺀다.[31] 기업회계도 마찬가지이다.[32] 귀속시기는 명문 규정이 없으나 매도인과 대칭적으로 생각해야 맞다.

(보기) 다음 거래에서 생기는 소득을 분개형식으로 구하라

1. 부산(주)에 개당 원가 7,000원짜리 물건 10개를 개당 단가 10,000원에 외상으로 팔다.
2. 앞서 (1)에서 판 물건 중 불량품 2개가 반송되어 오다.
3. 부산(주)로부터 외상대금 400,000원을 변제기보다 빨리 갚겠으니 일부를 면제해달라는 제의를 받고, 협의 뒤 380,000원만 받았다.
4. 부산(주)가 우리 회사에서 산 물건대금의 누계가 미리 약정한 금액을 넘게 되어, 부산(주)의 요청을 받아 약정대로 매출채권 15,000원을 줄여주기로 하다.

(분개)

1.	매출채권	100,000	매출(손익)	100,000
	매출원가(손익)	70,000	상품	70,000
2.	매출(손익)	20,000	매출채권	20,000
	상품	14,000	매출원가(손익)	14,000
3.	현금	380,000	매출채권	400,000
	매출할인(손익)	20,000		
4.	매출에누리(손익)	15,000	매출채권	15,000

27) 대법원 2013. 12. 26. 선고 2011두1245 판결. 기업회계에서는 매출 당시 에누리 예상액을 아예 차감. 기업회계기준서 1115호 70문단.

28) 법인세법 제40조, 법인세법시행령 제11조 제1호 괄호; 소득세법시행령 제51조 제3항 제1호의2, 제1호의3. 결과적으로 매출에누리나 매출할인은 기부금, 기업업무추진비 등의 요건을 만족할 필요없이 바로 손금산입. Pittsburg Milk. 26 TC 707(1956).

29) 기업회계기준서 제1115호 50문단에서 55문단.

30) 법인세법 제40조, 법인세법시행령 제68조 제5항; 소득세법시행령 제51조 제3항 제1호의3.

31) 대법원 2015. 9. 10. 선고 2013두6862 판결. Helvering v. American Dentak Co., 318 U.S. 322 (1943), 특히 327-28쪽. 미국세법 108조(e)(5). 채무면제익은 제20장 제1절 V.3.

32) 기업회계기준서 제1002호 11문단.

3. 계속적 회계관행의 존중

매도인이 제 의무를 다하는 시기를 기준으로 손익의 귀속시기를 정하면, 손익의 귀속시기는 근본적으로 매매계약(契約)의 내용에 달려 있게 된다. 따라서 행정청은 당사자 사이의 약정을 모두 읽고 이를 법적으로 평가할 부담을 지게 된다. 또 법적 기준은, 경제적 실질이 같은 거래의 손익귀속시기를 납세의무자가 제 마음대로 정할 수 있게 하여 오히려 법적 안정성을 해칠 수도 있다. 예를 들어, 물건을 수출하면서 F.O.B. 조건으로 물건이 선적되면 인도되는 것으로 약정할 수도 있고, C.I.F.[33] 조건으로 물건을 실은 배가 도착해야 인도되는 것으로 약정할 수도 있다. 운임과 보험료가 예를 들어 10원이라면, F.O.B. 조건으로 판매가격을 100원으로 하는 것이나 C.I.F. 조건으로 판매가격을 110원으로 하는 것이나 매도인과 매수인 사이의 계산은 아무 차이가 없다. 그럼에도 불구하고, 물건이 계약상 인도할 장소에 인도된 날은 서로 다르고 납세의무자가 과세시기를 제 마음대로 고를 수 있는 결과가 생긴다.

여기에 회계관행이 설 자리가. 상품, 제품 기타 생산품이라면 납세의무자가 계속적으로 파는 물건이므로 기업회계상 손익계산을 위한 관행이 있게 마련이다. 납세의무자가 계속적으로 지켜 온 기업회계의 관행이 있는 경우에는 익금의 귀속시기는 법률상 약정상의 인도시기가 아니라 출고(出庫)기준이나 검수(檢受)기준 등 납세의무자 자신의 회계처리 관행에 따른다고 풀이하는 편이[34] 납세의무자의 자의를 막는다. 그렇지만, 역으로 회계관행은 법률처럼 안정적 개념체계를 지니고 있지 못하므로, 똑같은 사실관계를 놓고 납세의무자마다 서로 다른 관행이 생기게 마련이고, 또 어디에서부터 회계관행이 법률적 기준을 제치고 들어설 수 있는가라는 문제는 행정청의, 궁극적으로는 법관의 주관적 판단일 수밖에 없다. 제18장 제5절 Ⅵ.

4. 부 동 산

부동산을 양도함으로써 생긴 익금과 손금의 귀속사업연도는 그 대금(代金)의 청산일(淸算日)이 속하는 사업연도로 하되,[35] 다만 대금을 청산하기 전에 소유권 등 이전등기(移轉登記)를 한 경우에는 소유권 등 이전등기일(등록일을 포함한다)이 속하는 사업연도.[36] 권리확정이라는 기준에 맞추어 인도나 등기 등록을 손익의 귀속시기를 정

33) 미국 Uniform Commercial Code의 용례로 FOB destination.

34) 대법원 1989. 11. 14. 선고 88누6412 판결; 미국재무부 규칙, 1.446-1(c)(1)(ii)조. 한편 기업회계기준서 1115호 38문단은 다시 소유권 이전시기를 중시.

35) 대법원 2014. 6. 12. 선고 2013두2037 판결.

36) 법인세법 제40조, 법인세법시행령 제68조 제1항 제1호, 제3호; 소득세법시행령 제48조 제11호, 제

하는 기준으로 삼고 있는 것이다. 인도가 공시방법인 물건이라면 인도일과 대금청산일 중 빠른 날이 속하는 사업연도에 손익이 귀속하겠지만, 부동산이나 선박 등 등기 등록이 소유권 변동의 공시방법인 물건이라면 등기 등록일과 대금을 청산한 날 중 빠른 날이 속하는 사업연도에 손익이 귀속한다. 결국 부동산은 상품이나 제품이라 하더라도 그 처분손익은 고정자산인 부동산과 마찬가지. 제21장 제4절.

代金淸算日이라는 기준은 대금청구권의 확정이라는 법적 기준에서 끌어내기는 힘들다. 계약금은 해약금으로 추정하므로,[37] 일반론으로는 계약의 해제가능성이 없어지고 대금청구권이 확정되는 시점은 중도금의 지급시점인 까닭이다. 대금청산일을 부동산처분손익의 과세시기로 삼고 있음은 권리확정과는 다른 전혀 별개의 기준으로, 위법행위나 무효인 계약에서 생긴 결과라 하더라도 납세의무자에게 현실적으로 부의 증가가 있다면 거기에 담세력(擔稅力)을 인정하여 소득에 포함시켜야 한다는 생각의 논리적 연장. 제21장 제4절 II.

대금지급조건이 과세시기를 정하는 기준의 하나가 되는 까닭이 현실적 담세력이 있기 때문이라면, 논의는 왜 꼭 잔금청산일이 그런 기준일이 되는가로 돌아간다. 극히 적은 잔금만을 남겨 놓고 대금의 대부분을 중도금 단계까지 주고받았다면 세금을 물릴 수 없는가? 제12장 제2절 12. 더 나아가서 동산의 경우 물건값을 미리 받은 경우이는 과세할 수 없는가? 이 문제는 특히 인적용역 내지 노무를 제공하고 얻는 소득에서 쟁점으로 나타난다. 아래 제3절 II. 2.

III. 손금: 직접대응과 간접대응

법은 "판매손익"은 인도일이 속하는 사업연도에 귀속한다. 그 계산은 수입금액 내지 상품 등 자산의 양도가액을 익금으로 하고[38] 판매된 자산의 원가나 판매비용을 손금으로 떠는 이른바 총액주의를 취하고 있다. 결국 판매손익의 인식은 자산의 양도가액을 익금산입함과 동시에 그에 대응하여 판매된 자산의 취득가액을 손금으로 삼는[39] 수익(收益)비용(費用) 대응의 원칙을 따르게 된다. 판매손익에 따르는 손금은 자산의 판매대금을 익금에 산입하는 시기에 함께 손금에 산입하므로 따로 손금의 귀속시기라는 문제가 생기지 않고 다만 손금에 산입할 금액만이 문제가 된다. 저가법 등의 이유로 자산의 평가감이 있는 경우 손금에 산입할 금액은 취득원가 그대로가 아니고 평가감 금

162조 제1항 제2호.

37) 민법 제565조 제1항.

38) 소득세법 제19조. 법인세법시행령 제11조 제1호 및 제2호.

39) 대법원 2011. 1. 27. 선고 2008두12320 판결; 2017. 7. 11. 선고 2016두64722 판결.

액을 뺀 금액(세법상 장부가액). 아래 V.2. 평가감이 없다면 장부가액은 취득가액.

한편 현행법상 수익비용 대응의 원칙에서는 어느 자산의 판매대금에 직접 추적되지 않는 이른바 간접대응 원가는 바로 손금이 된다.

(보기) 다음 거래를 분개하라.

1. 광주(주)로부터 상품 200,000원어치를 외상으로 매입하고 인수운임 5,000원을 현금으로 지급하다.
2. 앞의 1에서 산 상품을 부산(주)에 300,000원에 외상으로 팔면서 운임 5,000원을 현금으로 지급하다.

(분개)

1.	상품	205,000	매입채무	200,000
			현금	5,000
2.	매출채권	300,000	매출(익금)	300,000
	매출원가(손금)	205,000	상품	205,000
	운송료(손금)	5,000	현금	5,000

Ⅳ. 매출원가와 매출총이익

판매금액을 포함한 "사업에서 생기는 수입금액"이라는 익금에[40] 맞받는 "판매한 상품 또는 제품에 대한 원료의 매입가액과 그 부대비용 및"[41] "인건비"는 손금이다. 대통령령에 "인건비"가 따로 나와 있지만,[42] 곧바로 손금산입한다는 뜻은 아니고, 상품 또는 제품의 제조나 판매에 관련된 인건비는 원료의 매입가액 및 부대비용과 마찬가지로 일단 재고자산의 상품 또는 제품의 원가로 자산처리했다가 판매시점에 가서 매출액에 대응해서 손금산입한다. 제18장 제3절 I. 매입액의 사후조정은 위 II. 2.

1. 매출액과 매출원가의 개념

그런데 상품이나 제품은 많은 수량을 잇달아 팔게 마련이고, 상품이나 제품 1개를

40) 법인세법 제15조, 법인세법시행령 제11조 제1호.

41) 대법원 1987. 4. 28. 선고 85누937 판결 등. 제18장 제3절 III. 법인세법시행령 제19조 제1호; 소득세법시행령 제55조 제1항 제1호.

42) 법인세법시행령 제19조 제3호; 소득세법시행령 제55조 제1항 제6호.

팔 때마다 그 제품에 들어간 원재료비, 인건비 등 원가가 얼마인가를 따져 이를 손금에 산입하기는 아주 곤란하다. 그런데, 여기에서 눈을 크게 뜨고 본다면, 반드시 물건 하나하나를 팔 때마다 판매대금이 얼마이고 원가가 얼마인지를 따질 필요가 있으려나? 없다. 소득세와 법인세는 기간과세(期間課稅) 제도이므로, 같은 기간에 속하는 한 파는 물건마다 각각 매출이익 내지 실현된 소득이 얼마인가 따질 필요가 없으니까. 기초와 기말에 재고자산이 없었고 어떤 자산을 사고 파는 행위가 모두 올해 안에 일어났다면, 판 물건의 판매대금 전체에서 취득원가 전체를 빼면 충분하다. 예를 들어, 1. 1., 5. 1., 10. 1.에 각 300원 주고 산 물건을 3. 1., 6. 1., 11. 1.에 각 400원, 500원, 450원에 팔았다면, 매출이익은 물건의 판매대금 합계 1,350원에서 원가의 합계 900원을 뺀 금액으로 계산하면 된다. 곧, 물건을 팔 때마다 매출이익을 계산할 필요 없이 판매대금 전체가 수익인 양 계산하고 원가 전체가 비용인 듯 계산하더라도 같은 결과를 얻을 수 있다. 복식부기로 표현하면, 판매대금 전체가 "매출액"이라는 이름으로 손익계산서로 가고, 판매한 물건의 원가 전체가 "매출원가"라는 이름으로 손익계산서로 가며, 두 가지의 차이를 "매출총이익"이라 부른다. 판매차익의 총계라는 말.

2. 매출원가의 계산

기초와 기말에 *在庫資產*이 있다면, 매출총이익은 재고자산의 증감을 고려하여 한 해 동안 판 물건 전체의 판매대금(매출액)에서 전체의 원가(매출원가)를 빼면 된다. 한 해 동안 판 물건 전체의 원가, 곧 매출원가는 어떻게 계산할 수 있을까? 예를 들어 사업연도 개시일 현재 상품재고가 원가기준으로 50만원어치 있었고, 사업연도 동안 사들인 양이 원가기준 300만원어치였는데, 사업연도 말일 현재 재고가 얼마나 있나 따져보니 원가기준 100만원어치가 있다고 하자. 상품은 이번 사업연도 동안 원가기준으로 얼마어치를 판 것인가? 원래 있던 물건 50만원어치와 이번 사업연도에 사들인 물건 300만원어치를 합하면, 350만원어치의 물건이 있어야 하지만 기말에 남아 있는 물건은 100만원어치뿐. 그렇다면 그 차액 250만원어치는? 올해에 판 양일 수밖에 없다. 이 예에서 보듯 기초재고, 기말재고, 한 해 동안 사들인 물건 원가를 모두 안다면, 매출원가 곧 한 해 동안 판 물건의 원가가 얼마인지를 알 수 있다. 매출원가를 안다면, 매출액과 매출원가의 차액이 매출에서 생긴 이익이 된다. 다시 말하면, 어느 사업연도 기초(期初)재고에 당기매입(또는 제조)을 더한 데에서 당기판매분을 빼면 기말(期末)재고가 된다는 등식에 눈을 돌려, 매출원가와 매출이익을 다음과 같이 구한다.

기말재고액 = 기초재고액 + 당기매입(제조)액 - 당기판매물품의 원가
매출원가(=당기판매물품의 원가)
= 기초재고액 + 당기매입(제조)액 - 기말재고액
매출이익 = 매출액 - 매출원가

이번 사업연도의 期初재고액이란 직전 사업연도의 期末재고액이므로, 재고의 금액은 연말 현재 얼마인지 한 해에 한번만 알면 된다. 결국 각 사업연도의 매출원가를 알려면, 가) 그 사업연도에 사들인 상품 원가의 누계, 나) 매 사업연도 말 현재 상품재고의 원가 두 가지를 알면 된다. 위와 같이 계산한다면, 물건을 팔 때마다 판가, 원가, 판매이익을 하나하나 계산할 필요가 없다. 대신, 기말에 가서 한 해를 통틀어 물건의 판매대금 전체를 수익으로 잡고, 매입대금 전체에 기초재고와 기말재고를 조정한 금액을 손금으로 잡으면 된다. 예를 든다면, 기초재고가 100만원이고 당기매입액이 1,000만원 기말재고가 200만원이라면, 매출원가로 손금산입될 금액은 900만원.[43]

(보기) 서울컴퓨터(주)의 다음 거래를 분개하고 상품, 매입(매출원가), 매출 계정에 전기하고, 손익계산서의 매출총손익 부분을 작성하라.

1.1. 전기 말에서 넘어 온 오늘 현재의 상품은 원가 기준으로 다음과 같다.
컴퓨터 10대 × 단가 6,000,000원 = 60,000,000원
오락기 40대 × 단가 1,000,000원 = 40,000,000원

2.1. 광주(주)로부터 컴퓨터 30대를 단가 6,400,000원씩에 외상으로 사들이면서 운임 1,000,000원을 현금지급하다.

4.1. 광주(주)에 2.1.에 산 물건 가운데 불량품 5대를 반품하다. 운임은 광주(주)가 지급하다.

6.1. 부산(주)에 컴퓨터 10대를 대당 7,200,000원씩에 외상으로 팔면서 운임 1,600,000원을 지급하다.

---

43) 분개로 표시한다면, (차) 매입 100만원 (대) 재고자산 100만원이라는 분개를 통해, 아직 100만원으로 표시되어 있는 기초재고의 금액을 없애 주면서 그와 동시에 같은 금액을 매입액에 더하고, 다시 (차) 재고자산 200만원 (대) 매입 200만원이라는 분개를 통해 재고자산의 금액을 기말재고 200만원에 맞추어 주면서 그와 동시에 같은 금액을 매입액에서 빼 준다. 이 두 분개를 통해 매입계정의 금액은 원래 있던 1,000만원(당기매입액)에 100만원(기초재고액)을 더하고 200만원(기말재고액)을 뺀 900만원(매출원가)이 된다. 이같이 조정된 매입액, 곧 당기매입액에 기초재고액을 더하고 기말재고액을 뺀 금액을 손익계산서로 보내어 賣出原價로 표시한다. 회계실무에서는 매출원가라는 계정을 따로 만들어, 매입액, 기초재고, 기말재고를 매출원가 계정에서 조정해 주기도 한다. 결과에는 아무 차이가 없고.

8.1. 부산(주)에 판 컴퓨터 가운데 2대에 하자가 있어서 외상대금 2,000,000원을 깎아 주다.

10.1. 대전(주)로부터 오락기 60대를 단가 1,040,000원씩에 사들이면서 대금은 수표를 발행하여 지급하다.

12.1. 평양(주)에 컴퓨터 10대를 단가 7,400,000원 × 10대 = 74,000,000원에, 또 오락기 70대를 단가 1,300,000원 × 70대 = 91,000,000원에 팔면서 대금은 전액 수표로 받다.

12.31. 오늘 현재 상품은 원가 기준으로 127,200,000원어치가 남아 있다. (이 금액이 어디에서 나왔는가는 잠시 접어 두자.)

(분개)

1.1. 새 분개는 없으나, 상품계정의 잔액이 100,000,000원 있다는 말이다.

2.1.	매입	193,000,000	외상매입금	192,000,000
			현금	1,000,000
4.1.	외상매입금	32,000,000	매입	32,000,000
6.1.	외상매출금	72,000,000	매출	72,000,000
	운반비	1,600,000	현금	1,600,000
8.1.	매출	2,000,000	외상매출금	2,000,000
10.1.	매입	62,400,000	당좌예금	62,400,000
12.1.	현금	165,000,000	매출	165,000,000
12.31.	(기말재고 정리 및 매출원가의 계산)			
	매입	100,000,000	상품	100,000,000
	상품	127,200,000	매입	127,200,000

상품

차변	대변
1. 1. 기초재고 100,000,000	12.31. 100,000,000
12.31.매입(기말재고) 127,200,000	

매출

차변		대변	
		6.1.	72,000,000
8.1.	2,000,000	12.1.	165,000,000

매입(매출원가)

2. 1.	193,000,000	4. 1.	32,000,000
10. 1.	62,400,000		
12. 31.	100,000,000	12. 31.	127,200,000

손익계산서

매출액		235,000,000
매출원가		
기초재고액	100,000,000	
당기매입액	223,400,000	
기말재고액	(127,200,000)	(196,200,000)
매출총이익		38,800,000

3. 제조업의 매출원가

제조업의 경우에도 매출원가와 매출이익을 구하는 방식은 다를 바 없다. 다만, 제품을 만드는 과정에 들어가서 원재료, 재공품, 제품의 차례로 같은 방식의 계산을 몇 차례 되풀이해야 한다. 제조란 밑감에 노동력을 들여서 새로운 물건을 만드는 과정이다. 이 과정에서 전기, 열 등 제조간접비가 들게 되고, 각종 소모품도 들어가게 된다. 제품의 매출원가, 곧 일정 기간 동안 판 제품의 원가란 제품의 기초재고액에 당기에 생산한 제품의 원가를 더하고 거기에서 제품의 기말재고액을 빼면 된다. 당기에 생산한 제품의 원가란 당기 생산 제품에 들어간 재료비, 노무비, 경비의 합이다. 당기 생산 제품에 들어간 재료비는 재료의 기초재고액에 당기매입액을 더하고 거기에서 기말재고액을 빼면 된다. 가공비(conversion cost, 노무비와 경비)는 대개 당기에 투입된 분량을 바로 알 수 있다. 재료가 제품으로 바뀌는 공정이 복잡하고 시간이 걸린다면, 공정 중에 중간 상태의 물건(在工品, 半製品)이 걸려 있게 되므로, 이런 재공품이나 반제품의 재고수량이 얼마인지 완성도는 얼마나 되는지를 따져서 매출원가를 구한다. 제18장 제3절 I.

V. 재고자산의 평가

매출원가, 곧 판매한 상품이나 제품의 장부가액이 얼마인가를 알려면, 한 해 동안 사들인 상품의 원가나 만든 제품의 원가를 아는 데 더해, 기초와 기말 재고의 원가를 알아야 한다. 원재료나 저장품(소모품, 소모성 공구나 비품 등)은 그대로 팔지는 않지만 재공품(공정중에 걸려 있는 물건) 내지 반제품이라는 중간상태를 거쳐 궁극적으로 제품원가에 반영되므로 역시 재고액의 평가가 필요하다.

1. 여러 가지 평가방법

재고의 평가가 문제되는 것은, 상품을 사들인 단가, 또 제품의 생산에 들어간 원재료나 노동력의 단가가 반드시 일정하지 않고 변하는 까닭이다. 예를 들어, 기초에 단가 100원짜리 물건 1,000개가 있었고 기중에 단가 110원짜리 4,000개를 사들였다고 하자. 이 기간 중 물건을 3,800개 팔고 기말에 1,200개가 남았다면, 기간 중에 판 물건은 얼마짜리가 팔린 것이고, 기말재고는 얼마짜리가 남은 것인가? 실제 팔린 물건을 하나하나 추적하여 얼마짜리가 팔렸는가를 따지면 되지 않는가 생각할 수 있지만, 물건 하나하나의 가치가 사소하고 거래가 계속 일어난다면 불가능한 일이 된다. 따라서 어느 것이 먼저 팔렸는가를 물건의 실제 흐름과 관계 없이 의제하는 몇 가지 방법이 생겨났다.

우리 법인세법도 개별법에 더하여 선입선출법(FIFO, first-in first-out), 후입선출법(LIFO, last-in first-out), 총평균법, 이동평균법, 매가환원법의 여섯 가지를 정하고 있고, 납세의무자는 그 가운데 한 방법으로 재고자산을 평가하여야 한다.[44] 기업회계에서는 국제회계기준이 후입선출법을 인정하지 않는다.[45] 선입선출(先入先出)법이라면, 위 예에서는 팔린 물건 3,800개를 기초재고 1,000개와 당기매입분 2,800개의 차례로 팔았다고 보고 기말재고 1,200개는 모두 당기매입분이 남은 것으로 보아 110원짜리로 평가한다. 후입선출(後入先出)법은 올해에 판 3,800개는 모두 당기매입분을 먼저 판 것으로 보고, 기말재고 1,200개를 원래 있던 100원짜리 1,000개와 당기매입분 110원짜리 200개로 평가한다. 총평균법이란 기초재고와 당기매입액을 합하여 본다면 물건값은 540,000원(= 100 × 1,000 + 110 × 4,000)이고 수량은 5,000개이므로, 팔린 물건이든 남은 물건이든 모두 단가를 108원으로 보는 것이다. 이동평균법이란 자산을 취득할 때마다 장부 시재금액을 장부 시재수량으로 나누어 평균단가를 구하는 방법이다. 매가환원법은 매가에서 이문을 역산하는 간편법이다.

44) 법인세법 제42조 제1항 제2호, 같은 법 시행령 제73조 제1호, 제74조 제1항; 소득세법 제39조 제2항, 제6항, 같은 법 시행령 제91조 제1항, 제2항.

45) 기업회계기준서 제1002호 23문단, 25문단, 같은 기준서 결론도출근거 BC9문단 이하.

(보기) 서울(주)의 상품 거래는 다음과 같다. 아래 거래를 분개하고 기말재고액을, 선입선출법과 후입선출법으로 각각 계산하고, 각 방법에 따라 손익계산서의 해당 부분을 작성하는 형식으로 매출, 매출원가, 매출총이익을 구해 보라.

1.1. 기초재고는 20개이고 매입단가는 각 400원씩이다.
2.1. 판매 10개 판매단가 430원
4.1. 매입 40개 매입단가 420원
6.1. 매입 50개 매입단가 430원
8.1. 판매 50개 판매단가 450원
10.1. 매입 40개 매입단가 435원
11.1. 판매 50개 판매단가 455원
12.1. 매입 20개 매입단가 440원
12.31. 기말재고는 실제로 조사해 보니 60개 있다.

(분개)

1.1. 분개 없음 (상품 차변에 잔고가 8,000원 있다는 의미)

2.1.	현금	4,300	매출	4,300
4.1.	매입	16,800	현금	16,800
6.1.	매입	21,500	현금	21,500
8.1.	현금	22,500	매출	22,500
10.1.	매입	17,400	현금	17,400
11.1.	현금	22,750	매출	22,750
12.1.	매입	8,800	현금	8,800

(기말재고의 계산)

선입선출법: $20 \times 440 + 40 \times 435 = 26{,}200$

후입선출법: $20 \times 400 + 40 \times 420 = 24{,}800$

(결산분개)

선입선출법:

상품	26,200	매입	26,200
매입	8,000	상품	8,000

후입선출법:

상품	24,800	매입	24,800
매입	8,000	상품	8,000

매출		매입		상품	
	4,300	16,800		8,000	8,000
	22,500	21,500		26,200*	
	22,750	17,400			
		8,800			
		8,000	26,200*		

* 후입선출법에서는 24,800

(손익계산서의 매출총이익 부분)

	선입선출법		후입선출법	
매출액		49,550		49,550
매출원가				
기초재고	8,000		8,000	
당기매입액	64,500		64,500	
기말재고	(26,200)	46,300	(24,800)	47,700
매출총이익		3,250		1,850

재고자산을 여러 가지 방법 가운데 하나로 골라잡아 평가할 수 있다는 말은, 계산상의 소득과 경제적 실질이 달라질 수 있음을 뜻한다. 두 납세의무자가 똑같은 상황에 있다 하더라도, 하나는 선입선출법을 하나는 후입선출법을 쓴다면 과세소득은 서로 달라지게 되어, 납세의무자의 자의가 과세소득의 금액에 영향을 주게 된다. 나아가서, 여러 방법을 놓고 납세의무자가 그때그때 이것저것 골라 쓴다면, 담세력의 왜곡이 심각한 정도에 이르게 된다. 이리하여 집행명령은 재고자산의 평가방법을 관할세무서장에게 申告하도록 하고 있다.[46] (신고가 없는 때에는 선입선출법에 따른다. 다만 매매 목적의 부동산은 개별법에 따른다.[47]) 재고자산의 평가방법을 바꾸어 이익을 조작하는 것을 막기 위한 아무런 실체법적 기준을 두지 않은 채 단순한 "신고"만 요구하고 있

46) 법인세법시행령 제74조 제3항; 소득세법시행령 제94조 제1항.

47) 법인세법시행령 제74조 제4항.

는 것은 이른바 행정지도 탓에 신고나 승인이나 실제로는 차이가 없던 시대의 산물로 보인다. 일본법이나[48] 미국법은[49] 행정청의 승인(承認)을 요구하고 있다.

2. 저가법과 평가손실

현행법은 재고자산의 평가방법으로 원가법 외에 저가법(低價法: 원가와 시가 중에서 낮은 쪽으로 평가하는 방법)도 허용하고 있으므로[50] 시가가 원가보다 낮아 차손이 있는 경우에는 재고자산을 인도하기 전에도 차손을 손금산입할 수 있다.(예외적으로 투자회사 등이 보유한 집합투자재산은 시가법으로 평가한다.)[51] 역사적으로 본다면, 저가법이란 배당가능이익을 되도록 줄여 채권자를 보호하자는 회사법 개념이 세법으로 넘어온 것으로, 오늘날 소득세의 이념과는 안 어울린다. 저가법이란 시가(時價)의 산정이 가능함을 전제로 한다. 시가가 있음에도 불구하고 자산가치가 올라 생긴 차익은 인식하지 않고 자산가치가 떨어져 생긴 차손만 인식한다면, 이는 담세력을 왜곡한다. 여러 종류의 재고자산이 있는 경우, 차익이 생긴 것은 원가법으로 평가하고 차손이 생긴 것은 시가법으로 평가하는 등의[52] 손익조작을 가능하게 하는 까닭이다.

그럼에도 불구하고 저가법이 인정되는 까닭은? 원가법(原價法)에서도 같은 손익조작이 가능하니까. 예를 들어 상품을 시가로 처분하면서 이를 다음해 초에 되사는 방식을 취한다면 원가법 하에서도 시가차손의 손금산입이 가능해진다.[53] 따라서 원가법을 관철시키려면 일정 범위 안에서 매매를 무시하고 소득을 계산하는 따위의 대응책을 들여 올 수밖에 없다.[54] 그렇게 하지 않으면 결과적으로 저가법을 허용하는 결과를 빚고, 그 과정에서 납세의무자들이 세금을 줄이기 위해 불필요한 거래를 하는만큼 사회적 낭비가 생긴다. 제18장 제4절 VI. 그러나, 원가법을 관철하기 위한 대응책은 그 자체로 여러 가지 문제를 안고 있다. 어느 사업연도의 매매를 그 사업연도의 앞 뒤 다른 연도의 거래와 묶어 파악해야 한다면, 도대체 어떤 범위까지를 하나로 묶을 것인가? 이런 복잡한 문제를 생각한다면 원가법을 밀어붙일 대책을 여러 가지 두어 세법

48) 일본 法人稅法施行令 제30조 제1항.
49) 미국세법 446조(e). Primo Pants Co. v. CIR, 78 TC 705(1982).
50) 법인세법 제42조 제1항 제2호, 같은 법 시행령 제74조 제1항 제2호; 소득세법 제39조 제2항, 제6항, 소득세법시행령 제91조 제1항 제2호, 제92조 제1항 제2호; 기업회계기준서 제1002호 9문단, 28문단 이하.
51) 제18장 제4절 VII. 미국세법 475조 참조.
52) 법인세법시행령 제74조 제2항; 소득세법시행령 제91조 제3항.
53) 특히 권리확정이라는 법적 기준을 관철한다면 현실의 인도 외에 여러 가지 관념적인 인도가 가능하다.
54) 미국 Rev. Rul. 83-59, 1983-1 CB 103.

을 복잡하게 하느니 차라리 저가법을 정면으로 인정하는 것이 낫다는 생각이 들 수 있고, 저가법 나름의 정당성을 여기에서 찾을 수 있다. 어쨌든 세계 여러 나라가 재고자산 평가에서 저가법을 인정하고 있고[55] 우리 법인세법도 그러하다. 법인세법은 원가 또는 시가중 낮은 가액으로 재고자산을 평가함을 허용하고 있고[56] 여기에서 "시가"라 함은 추정 판매가액에서 판매시까지 정상적으로 발생하는 추정 비용을 차감한 금액(순실현가능가액)이다.[57]

법인세법에서는 저가법에 의한 평가감과는 별개로 "재고자산으로서 파손, 부패 등의 사유로 인하여 정상적 가격으로서 판매할 수 없는 것"은 "사업연도 종료일 현재 처분가능한 시가로 평가한 가액"으로 평가감할 수 있다.[58] 한편 재고자산 감모(減耗) 손실은 세법에서는 별개의 손금이 되지 않는다. 실제재고가 기록상의 재고보다 부족하지만 그 이유가 누군가가 가져간 것이 아니고 재고자산이 정말로 닳아 없어진 것이라면, 감모 뒤 남은 수량만이 기말재고에 잡히게 되어 감모량은 매출원가의 일부에 저절로 포함되는 까닭이다.[59]

기업회계에서는 저가법만 허용한다. 예전에는 재고자산평가손을 영업외비용(현재는 기타비용)으로 분류했지만 지금은 명확한 규정이 없어서 각자 알아서 정한다.[60] 손익에 미치는 영향은 마찬가지. 그저 기업회계 목적상 손익계산서 표시방법이 달라질 뿐이다. 재고자산평가손실을 기타비용에 넣으면, 재무상태표에 나오는 기말재고와 손익계산서의 매출원가 부분에 나오는 기말재고액은 서로 달라지게 된다. 재고자산감모손실에 관하여도, 감모액이 비정상적으로 큰 경우 이를 매출원가에서 추려 내어 기타비용으로 처리한다면 재무상태표의 기말재고와 손익계산서 매출원가 부분의 기말재고가 달라진다. 어떻게 하든 손금이 되는 것은 마찬가지.

(보기) 서울(주)의 이번 사업연도의 매출액은 300,000원, 기초재고는 70,000원, 당기매입액은 250,000원이다. 기말재고는 원가로는 85,000원이지만 예상되는 판매가액은 60,000원이고 판매시까지 예상되는 비용은 10,000원이다. 재고자산 평가손실을 기타비

55) 일본 法人稅法施行令 28조. 미국법은 납세의무자가 선입선출법을 쓰는 경우에만 저가법을 허용한다. 미국재무부 규칙 1.471-2(c)조 및 1.472-2.

56) 법인세법 제42조 제1항 제2호.

57) 법인세법시행령 제74조 제1항 제2호; 소득세법시행령 제91조 제1항 제2호, 제92조 제1항 제2호; 기업회계기준서 제1002호 6문단. 미국법에서는 훨씬 엄격한 시가의 입증을 요구한다. Thor Power Tool Co. v. CIR, 439 US 522(1979), 특히 535쪽.

58) 법인세법 제42조 제3항 제1호, 같은 법 시행령 제78조 제3항 제1호. 제18장 제1절 IV.3.

59) 대법원 1990. 2. 27. 선고 88누1554 판결.

60) 기업회계기준서 제1002호 34문단, 38문단은 재고자산평가손실을 매출원가에 집어넣도록 규정한 듯 읽히지만, 분류표시를 상세히 제시하고 있지는 않다. 손익계산서의 구조는 제18장 제5절 IV.

용에 넣는 경우와 매출원가에 넣는 경우 각각에 대해 손익계산서를 작성하라.

(결산분개)

매출원가에 넣을 때

상품	50,000	매입	50,000

기타비용에 넣을 때

상품	85,000	매입	85,000
재고자산평가손	35,000	상품	35,000

평가손을 매출원가에 넣을 때에는 매입계정(=매출원가)에 기말재고로 나타나는 금액이나 재무상태표에 상품으로 나타나는 금액이 50,000원으로 같다. 기타비용에 넣을 때에는 재무상태표에 나타나는 기말재고는 50,000원이지만 손익계산서의 매출원가 부분의 기말재고에는 85,000원이 나타나서 매출원가 전체는 35,000원이 적어지고, 평가손 35,000원은 기타비용 부분에 따로 나타난다.

(손익계산서)

	매출원가에 넣을 때		기타비용에 넣을 때	
매출액		300,000		300,000
매출원가				
기초재고	70,000		70,000	
당기매입액	250,000		250,000	
기말재고	50,000	270,000	85,000	235,000
매출총이익		30,000		65,000
……				
기타비용				
재고자산평가손		(없음)		(35,000)

제 2 절 할부 기타 장기 외상 매매

현행법은 장기할부 조건의 판매에서 생기는 손익의 계산방법으로, 현재가치 계산과 회수기준 가운데 하나를 고를 수 있게 하고 있다. 장기할부조건이란 대금을 2회 이상으로 분할 지급하고[61] 또 목적물의 인도기일의[62] 다음 날부터 최종 할부금 지급일까지의 기간이 1년 이상인 드림셈을 말한다.[63] 예를 들어 첫해 12. 31.에 원가 50원인 물건을 팔면서 대금은 이듬해 12. 31.에 33원 셋째 해 12. 31.에 36.3원 합계 69.3원을 받기로 했다면 이는 長期割賦조건이 된다. 할부가 아니더라도 장기에 걸친 매매에서 생기는 소득은, 현행법의 글귀로는 불분명하지만 현재가치로 계산한다고 풀이하여야 한다. 이 절의 논의는 우선 현행법의 뜻을 밝힌 뒤, 회수기준이 손익을 어떻게 왜곡하는가, 현행법 해석상 현재가치에 따른 소득계산을 적용할 수 있는 범위는 어디까지인가의 차례로 진행한다.

Ⅰ. 현재가치(現在價値)에 따른 손익계산

1. 현재가치 기준

국제회계기준을 적용받는 기업이라면 이를 어기면서 대금회수기준으로 결산을 확정하는 일은 생각하기 어렵다. 그런 사태가 없는 한 장기할부조건에 따르는 소득은 이미 본 권리확정 기준 그대로, 채권의 금액과 목적실현 가능성이 확정되는 시기를 기준으로 각 사업연도의 익금을 잡고 그에 대응하는 금액을 손비로 떤다. 익금의 귀속시기는 상품, 제품 기타의 생산품이라면 인도한 날,[64] 그 외 다른 재산이나 부동산이라면 소유권 이전등기일이나 잔금청산일 가운데 빠른 날이라는 기준을 따른다. 다만 장기할부 채권이라는 특성상 채권의 금액을 現在價値로 평가하여 순자산증가액(판매이익)을 계산한다. 그와 아울러 할부조건 속에 숨어 있는 이자상당액은 따로 추려내어 할부기간 동안 각 사업연도의 소득에 반영한다. 이런 뜻에서 법은 "장기할부조건 등에 의하여 자산을 판매하거나 양도함으로써 발생한 채권에 대하여 기업회계기준이 정하는 바에 따라 현재가치로 평가하여 現在價値 割引差金을 계상한 경우 해당 현재가치 할인차금 상당액은 해당 채권의 회수기간 동안 기업회계기준이 정하는 바에 따라 환입했거나 환입할 금액을 각 사업연도의 익금에 산입한다"고 정하고 있다.[65]

---

61) 대법원 1989. 8. 8. 선고 88누4386 판결.

62) 사용수익에 관한 특약으로 정한 인도가능일을 포함한다. 대법원 1997. 6. 13. 선고 95누15070 판결; 2000. 2. 8. 선고 98두9639 판결. 양도소득세 관련 판결로 대법원 2014. 6. 12. 선고 2013두2037 판결.

63) 최종할부금 지급기일이란 약정상 기일이다. 대법원 2014. 6. 12. 선고 2013두2037 판결.

64) 매도인이 소유권을 유보했더라도 같다. 이 경우 소유권은 담보권이다. 대법원 2014. 4. 10. 선고 2013다61190 판결.

65) 대법원 2009. 1. 30. 선고 2006두18270 판결(현재가치 평가를 안 했다면 액면금액이 취득가액); 2011. 5. 26. 선고 2008두9959 판결(연지급대금 중 이자상당액). 법인세법시행령 제68조 제6항; 소

2. 현재가치라니?

현재가치, 현재가치割引差金, 환입(還入), 이런 말들은 드림셈 안에 숨어 있는 원금(元金) 부분과 이자(利子) 부분을 추려내기 위한 개념이다. 앞 보기로 돌아가 물건 값으로 한 해 뒤 33원 두 해 뒤 36.3원을 받는다면, 이 채권의 현재가치는? 할인율을 10%로 가정한다면, $33/1.1 + 36.3/1.1^2 = 60$원.[66] 이 계약은 물건을 60원에 판 뒤, 이 돈을 매수인에게 연 10% 이자로 꿔주고 원리금으로 한 해 뒤에 33원, 두 해 뒤에 36.3원을 받는 것과 경제적 효과가 같다. 60원이라는 돈을 30원, 30원으로 나누어 보면, 한 해 뒤에 원리금을 33원 받는 것은 연 10%의 이자를 받는 것과 같다($33 = 30 \times 1.1$). 두 해 뒤에 원리금을 36.3원 받는 것도 역시 복리로 연 10%의 이자를 받는 것과 같다($36.3 = 30 \times 1.1 \times 1.1$). 대금을 한 해 뒤 33원 두 해 뒤 36.3원 받는 계약에서 생기는 손익은, 이 물건을 당장 60원에 팔고 같은 돈을 연리 10%로 빌려주는 경우의 손익과 같아져야 한다. 따라서 첫해에는 매출액 60 - 매출원가 50 = 판매이익 10원. 이듬해에는 60원을 한 해 동안 빌려준 데 대한 이자소득 6원이 생긴다. 그런데 이듬해 말에 66원의 원리금 가운데 33원을 돌려받으므로, 셋째 해 한 해 동안 빌려준 돈은 33원. 따라서 셋째 해 말에 받을 이자소득은 3.3원.

現在價値割引差金이니 이를 還入하라느니, 이런 말들은 모두 위와 같은 계산을 하여 할부매매대금 안에 숨어 있는 이자상당액을 추려내어 이자소득으로 계산하라는 뜻이다. 현재가치할인차금이란 매매대금채권의 액면가액과 현재가치의 차액을 말하고, 이를 계상하라는 말은 결국 대금채권을 현재가치로 평가하여 매출이익과 이자소득을 따로 계산하라는 말이다. 보기의 거래를 분개해 본다면 다음과 같이 하라는 말.

(팔 때)	채권	69.3원	현재가치할인차금	9.3원
			재고자산	50원
			처분이익	10원
(한 해 뒤)	현금	33원	채권	33원
	현재가치할인차금	6원	현재가치할인차금환입	
			(= 이자소득)	6원
(두 해 뒤)	현금	36.3원	채권	36.3원
	현재가치할인차금	3.3원	현재가치할인차금환입	
			(= 이자소득)	3.3원

득세법시행령 제48조 제10호의2. 기업회계기준서 1016호 23문단.

66) 현재가치와 할인율의 개념에 관하여는 제8장 제1절 II 참조.

매수인의 입장에서도, 사들인 물건의 취득가액은 매매대금채무의 현재가치로 계산한다.[67] 매수인의 입장에서 위 보기의 첫 분개를 고쳐본다면, 재고자산의 취득가액은 60원이고, 매입채무의 액면 69.3원과 재고자산 취득가액의 차액 9.3원이 현재가치할인차금. 그 뒤 두 해 동안은 현재가치할인차금상각액 6원과 3.3원이 각각 비용.[68]

위 계산이 보여 주듯, 현재가치할인차금이란 채권 속에 숨어 있는 이자를 따로 적어둔 것일 뿐. 경제적 실질을 따진다면 채권의 금액을 60원으로 적으면 되겠지만, 법률적 개념으로 채권의 금액은 69.3원이므로 이를 존중하여, 채권의 액면금액과 가치의 차액을 현재가치할인차금으로 적어 두어 액면과 상계하는 것이다.[69] 현재가치할인차금 9.3원은 이듬해에 6원, 셋째 해에 3.3원을 떨어내고 같은 금액을 대변에 현재가치할인차금의 환입으로 잡는다. 6원이란 환입액은 첫해에 꿔 준 돈 60원(=69.3-9.3)에 대한 1년치 이자이고 3.3원이라는 환입액은 꿔 준 돈 33원(60원의 원리금 66원에서 회수액 33원을 뺀 금액)에 대한 1년치 이자이다. 현재가치할인차금의 환입이란 이와 같이 그 實質이 이자소득이므로, 익금. 기업회계도 위와 같이 실효이자율을 적용하여 할부판매대가 속에 숨어 있는 이자상당액을 추려 내어[70] 이자수익으로 계상하도록 정하고 있다.[71] 법률적 개념으로는 현재가치할인차금이란 先利子를 미리 떼고 돈을 꿔 주는 경우의 선이자 공제액과[72] 실질이 같고, 동 환입액이란 실효이자율로 선이자공제액을 대여기간에 안분하여 계산한 한 해치 이자상당액과 같다. 그냥 무시하고 채권을 애초 60원으로 적고, 이자소득 6원과 3.3원을 채권 원리금에 얹는 편이 훨씬 생각하기 쉽다. 쓸데없는 개념을 법에 괜히 들여온 것.[73]

3. 할 인 율

어, 그런데 할부매매나 외상매매의 경우 양도대금채권 속에 숨어 있는 이자상당액

67) 법인세법 제41조, 같은 법 시행령 제72조 제4항 제1호.

68) 법인세법시행령 제68조 제2항. 이자에 관한 각종 규정을 적용할 때 현재가치할인차금상각액을 이자로 보지 않는 경우가 많다. 가령 외국법인에게 지급하는 연지급수입대금 중 이자상당액(=현재가치할인차금상각액)은 원천징수대상 이자소득이 아니다. 같은 영 제72조 제6항.

69) 기업회계기준서 제1115호 60문단.

70) 기업회계기준서 제1115호 60문단: 기업회계기준은 위와 같이 실효이자율(effective interest)을 적용하여 수입이자상당액을 계산하는 방법을 유효이자율법이라고 부르고 있다. 미국세법에서는 상환기간 내내 같은 이자율을 적용한다는 뜻에서 constant interest rate method라고 부른다. Bittker, McMahon & Zelenak, 42.02절.

71) 기업회계기준서 제1115호 64문단, 65문단.

72) 대법원 1981. 1. 27. 선고 80다2649 판결; 1989. 1. 17. 선고 87다카2824 판결; 1990. 7. 10. 선고 89누4048 판결; 2007. 10. 26. 선고 2006두16137 판결; 2012. 6. 28. 선고 2010두9433 판결.

73) 괜한 혼선의 보기로 대법원 2009. 12. 10. 선고 2007두19683 판결.

이 얼마인지를 계산하기 위한 이자율 내지 割引率은 어떻게 구하지? 채권의 현재가치를 안다면 할인율은 채권의 성질 그 자체에서 구할 수 있다. 예를 들어, 시가가 100원짜리 물건을 팔면서 대금은 두 해 뒤 121원을 받기로 했다면, 이는 100원을 현금으로 받아 이 돈을 2년간 꿔 주고 원리금으로 121원을 받기로 한 것과 같다. 채권의 현재가치와 미래의 현금흐름의 가치는 $100 \times 1.1^2 = 121$이므로, 외상매매대금 121원 속에는 연 10%의 이자율에 따른 이자상당액이 숨어 있다. 다른 예로 시가 90원짜리 물건을 팔면서 대금으로 두 해 뒤 100원을 받기로 했다면 숨어 있는 이자율은 얼마인가? 이자율은, 예를 들어 국채(國債)처럼 돈을 떼일 가능성이 없는 무위험 이자율에 채무자가 돈을 떼먹거나 못 갚을 위험 프리미엄을 더한 합계가 되게 마련이다.

그러나 이 이자율을 구하기 위해 무위험이자율이 얼마이고 위험 프리미엄이 얼마인지 따질 필요는 없다. 90원을 빌려주고 두 해 뒤 100원을 받기로 했다는 결과는, 빌려주는 사람(매도인)이 채무자(매수인)에게 매길 위험 프리미엄까지 이미 다 반영한 최종결과인 까닭. 따라서 숨은 이자는 $90 \times (1+r)^2 = 100$을 만족시키는 이자율 r의 값이 얼마인가를 구하는 문제가 된다. 달리 생각한다면, 2년 뒤에 받으리라 예상되는 현금 100원의 가치가 당장의 돈 90원과 같아야 하므로, $90 = 100/(1+r)^2$이라는 식을 만족시키는 r 값을 구하는 문제. 이 식을 풀면 r = 5.40%이다. 이를 적용하여 숨은 이자를 계산해 보면, 첫해의 이자상당액은 $90 \times 0.054 = 4.87$원이고, 이듬해의 이자 상당액은 $94.87 \times 0.054 = 5.13$원이 된다. 시가 90원짜리 물건을 팔면서 대금을 한 해 뒤 50원, 두 해 뒤 50원 받기로 했다면 숨어 있는 이자는? $90 = 50/(1+r) + 50/(1+r)^2$을 만족시키는 r의 값을 구하는 문제. 답은 약 7.35%. 따라서 첫 한 해치 이자는 빌려준 돈 90원에 7.35%를 곱한 6.6원이 된다. 이듬해에는 96.6원(= 90 + 6.6)에서 50원을 회수했으므로 빌려준 돈은 46.6원이고, 거기에 7.35%를 곱한 숨은 이자 한 해치는 3.4원. 이듬해 말에 이르면 원리금이 46.6 + 3.4 = 50원이 되며, 이 돈을 회수하게 된다. 대금을 여러 해로 나누어 받고 금액도 해마다 다르다면 계산이 더 복잡하지만, 언제나 숨은 이자 상당액을 추려낼 수 있다.

(보기) 서울(주)는 2xx1. 1. 1. 원가 2,000원이고 현찰판매가격 2,577원인 상품을 부산(주)에 3,000원에 팔되 판매대금은 2xx2. 1. 1., 2xx3. 1. 1., 2xx4. 1. 1. 세 차례에 걸쳐 각 1,000원씩 받기로 했다. 현재가치 개념을 적용하여 이 거래에서 생기는 손익을 분개의 형식으로 표시하라.

(풀이) 숨은 이자율은 $1{,}000/(1+r) + 1{,}000/(1+r)^2 + 1{,}000/(1+r)^3 = 2{,}577$을 만

족시키는 r값이고, 이 값을 풀면 r = 8%가 된다.

(2xx1. 1. 1.)	채권	2,577	상품	2,000
			매출이익	577
(2xx2. 1. 1.)	현금	1,000	채권	1,000
	매출채권	206	이자소득	206*
	* 2,577 × 8% = 206			
(2xx3. 1. 1.)	현금	1,000	채권	1,000
	매출채권	142	이자소득	142*
	* (2,577 + 206 - 1,000) × 8% = 1,783 × 8% = 142			
(2xx4. 1. 1.)	현금	1,000	채권	1,000
	매출채권	75	이자소득	75*
	* (1,783 + 142 - 1,000) × 8% = 75			
	206 + 142 + 75 = 423 = 3,000 - 2,577			

일반기업회계기준은, 현재가치의 측정에 사용되는 할인율은 신용도가 비슷한 기업이 발행한 유사한 금융상품(예: 회사채)에 적용되는 일반적인 이자율과 당해 거래 속에 숨어있는 이자율(명목금액의 현재가치와 제공되는 재화나 용역의 현금판매금액을 일치시키는 유효이자율) 중 한결 명확히 결정될 수 있는 것으로 한다고 정하고 있다.[74] 그러나, 할인율이 당해 거래 속에 숨어있는 이자율과 달라지면, 계산이 틀어져서 막판에 손익이 생기게 된다. 동종 시장이사율을 할인율로 한다는 생각은, 내가 남보다 이자를 더 주고 돈을 빌리는 경우 더 주는 돈은 이자가 아니라는 식의 생각이 되므로, 기존의 법률개념 안에서는 받아들일 수 없다.[75] 물론, 경제이론으로 따진다면 위험 프리미엄과 무위험수익률은 개념이 서로 다르고 이들을 서로 달리 취급하는 세제도 만들 수 있다. 그렇지만 아직 현행법에는 두 가지를 달리 다룰 틀이 안 들어 있다.

4. 현재가치 손익계산의 적용범위

예를 들어 원가 50원짜리 물건을 외상으로 팔고 대금은 2년 뒤에 일시불(一時拂)로 72.6원을 받기로 한다면, 판매손익은 얼마인가? 물건을 파는 연도에 익금의 금액을 72.6원으로, 판매이익을 22.6원으로 계산한다면, 이 결과는 앞의 할부판매와 견주어 균

74) 일반기업회계기준 16.6문단.

75) 미국재무부 규칙 1.1272-1(b)(1)(i). 기업회계기준서 1115호 64문단.

형을 잃게 된다. 사실은 대금 72.6원을 2년 뒤에 받는 거래의 경제적 효과는 대금을 1년 뒤 33원 2년 뒤 36.3원 받는 것과 똑같다. 후자의 경우 1년 뒤에 받은 33원은 그 후 한 해 동안 3.3원이라는 투자수익(수익률 10%)을 낳을 것이고, 따라서 두 해 뒤에 받을 36.3원과 합한다면, 두 해 뒤 납세의무자에게 생길 돈은 72.6원이 되는 까닭이다. 바꾸어 말한다면, 2년 만기 액면 72.6원인 채권의 현재가치는 $72.6/1.1^2 = 60$원이고, 이는 두 해로 나누어 받는 경우의 현재가치 $33/1.1 + 36.3/1.1^2 = 60$원과 같다. 그렇게 본다면, 현찰판매, 할부판매, 장기외상판매 등 여러 판매방법 사이에 조세중립성을 유지하려면, 언제나 현재가치에 따른 평가가 필요하다. 기실 너무나 당연하다. 소득이란 일정 기간 동안 납세의무자의 부가 얼마나 늘었는가를 따지는 것이고,[76] 이 비교는 서로 다른 두 시점의 시가를 평면 비교하는 것이다.[77] 그렇다면 채권은 각 시점 현재의 현재가치로 계산해야 마땅하다.[78] 어떤 거래든지 채권의 명목가액과 현재가치 사이에 중요한 차이가 있다면, 현재가치로 평가하여야 한다고 풀이하더라도 글귀에 어긋나는 바 없다. 그렇지만 현행법령상 이런 식의 이자계산은 금전대차(金錢貸借) 거래에 대해서는 적용하지 않는다. 이자소득 원천징수세와 충돌하기 때문이다. 현재가치에 따른 계산은 "자산을 판매하거나 양도함으로써 발생한 채권"에 대해서만 적용한다. 장기금전대차거래에서 발생하는 이자소득 등의 귀속사업연도는 제20장 제1절.

장기외상거래에 현재가치 기준을 적용하는 경우 각 사업연도의 소득을, 원가 50원짜리 물건을 2년 뒤에 72.6원을 받는 조건으로 파는 예로 계산해 보면 다음과 같다.

(팔 때)	채권	60원	자산	50원
			매출이익	10원
(한 해 뒤)	채권	6원	이자소득	6원
(두 해 뒤)	채권	6.6원	이자소득	6.6원
	현금	72.6원	채권	72.6원

장기외상판매에도 현재가치 기준을 적용해야 한다면, 어디까지를 장기외상판매의 범위에 넣을 것인가? 현실 세계에서 채권이 발생과 동시에 이행되는 경우는 드물다. 우리나라에서는 물건을 납품한 뒤 90일 정도는 지나야 돈을 받을 수 있는 것이 보통이다. 그렇다면, 모든 채권에 대해 현재가치를 계산해야 하는 것일까? 그렇지는 않다. 채권의 발생과 이행이 같은 과세기간 안이라면 현재가치를 계산하여 숨은 이자를 추

76) 제7장 제1절-제3절.
77) 제8장 제1절 Ⅱ.
78) 본문이 실현주의, 역사적 원가주의와 부딪힘은 직관적으로 알 수 있을 것이다.

려 내나, 이를 합하여 모두 대금채권으로 보나 소득금액에는 아무 차이가 없어진다. 보기를 들어 1월 1일에 원가 90원짜리 물건을 팔면서 같은 해 12월 31일에 돈 110원을 받기로 했다면, 실세이자율이 10%라면 물건값 110원 속에는 이자상당액 10원이 숨어 있다. 그러나 이자를 따로 추려, 물건판매이익을 10원 이자소득(현재가치할인차금환입)을 10원으로 계산하나, 이를 구분하지 않고 물건판매이익을 110 - 90 = 20원으로 계산하나 소득의 금액에 아무 차이가 없다. 한편, 위 예에서 채권이 1월 2일에 발생했고 이행기가 그 다음해 1월 1일이라면, 차이가 생기게 된다. 판매이익을 현재가치로 계산한다면, 첫해에 판매소득 10원을 과세하고 이자기간 1년이 지났으므로 현재가치할인차금환입액 10원을 과세하지만, 110원 전부를 물품판매대금으로 보면 판매이익 20원은 이듬해에 가서야 과세하는 까닭이다. 여기에서 두 가지 가운데 한 가지의 선택이 생긴다. 하나는 채권의 발생시기와 이행시기 사이의 기간이 얼마이든 언제나 현재가치 계산을 요구하는 것이고 다른 하나는 채권의 발생기와 이행기 사이의 기간이 1년 밑이라면, 두 시기가 서로 다른 과세기간에 속하더라도 현재가치 계산을 면제하는 것이다. 전자의 경우 납세의무자의 세무처리 비용이 늘게 되고, 후자의 경우 납세의무자의 소득조작 가능성이 늘게 된다. 종래의 회계관행은 매출채권의 이행기가 1년 안에 다가온다면 현재가치로 평가할 필요가 없다고 보고 있다. 현행법이 장기할부조건이라는 말을 "목적물의 인도일의 다음날부터 최종의 할부금의 지급기일까지의 기간이 1년 이상인 것"으로 정의하고 있는 점을[79] 생각한다면,[80] 이 관행을 그대로 받아들이더라도 현행법의 해석으로 무리가 없다.

대금을 여러 차례 나누어 받기로 했지만, 지급의 시기와 방법이 특정되지 않은 경우에는 미리 현재가치를 계산할 길이 없다. 이리하여 앞으로 1년 이상의 기간에 걸쳐 물건을 만들어서 공급하기로 하는 제작물공급계약에서 생기는 손익은 자산의 판매손익에서 빼내어 법인세법시행령 제69조의 작업진행률 기준으로 과세한다. 다음 절에서 살펴본다.

79) 법인세법시행령 제68조 제4항; 소득세법시행규칙 제19조.

80) 법인세법시행령 제68조 제4항은 같은 조 제2항의 목적으로 정의되어 있으므로, 제3항의 장기할부조건에 해당한다면 제2항의 회수기준을 적용할 수 있다는 뜻이다. 현재가치 평가를 해야 하는 장기할부조건에 해당하는가는 제6항의 해석에 달려 있으므로 제3항의 장기할부조건에 해당하는가와는 다른 문제가 된다. 그러나 회수기준만 적용할 수 있고 현재가치 기준을 적용할 수 없다고 풀이할 논리적 이유가 없으므로 본문처럼 새겨야 옳다.

Ⅱ. 회수기준

1. 회수기준이란?

국제회계기준이 들어오기 전에는 종래의 회계관행인 회수기준을 따라서 해마다 회수했거나 회수할 판매·양도금액과 그에 대응하는 비용을 해마다의 익금과 손금에 각각 산입할 수 있었다. 앞의 보기로 돌아가 첫해 12.31.에 원가 50원인 물건을 팔면서 대금은 이듬해 12. 31.에 33원 셋째 해 12.31.에 36.3원 합계 69.3원을 받는 드림셈이라면 첫해에는 소득이 없고, 이듬해와 셋째 해에는 대금회수 금액인 33원, 36.3원을 각 익금산입하는 것. 각 사업연도에 귀속될 손금(損金)은 "이에 대응하는 비용." 과세실무는 이 말을 종래의 회계관행에 따라 해석했다. 곧 이듬해의 손금은 50×33/69.3 = 23.81원, 셋째 해의 손금은 50×36.3/69.3 = 26.19원이 된다.[81] 따라서 순소득은 두 해 동안 각 33 - 23.81 = 9.19원, 36.3 - 26.19 = 10.11원, 합계 19.3원[= (33 + 36.3) - 50]이 된다. 지금도 이런 계산을 기업회계의 결산에 반영한다면(중소기업은 신고조정도 가능하다) 과세소득 계산도 그에 따른다.[82] 실례는 드물겠지만 국제회계기준을 어기면서 회수기준대로 결산하는 경우에도 마찬가지.[83]

회수기준을 쓰더라도 기업회계에서는 매출과 매출원가를 판매연도에 잡는 것이 보통이다. 그렇게 하면서도 매출에 따르는 소득은 회수기준으로 계산하자니 판매연도에는 일단 매출이익을 미실현이익 내지 선수수익(부채)으로 보아 이익에서 빼고, 뒤에 대금 회수에 맞추어서 각 사업연도의 소득에 나누어 넣는다.

(제1차년)	할부외상매출금	69.3	할부매출(손익)	69.3
	할부매출원가(손익)	50	상품	50
	미실현이익차감(손익)	19.3	미실현이익(부채)	19.3
(제2차년)	현금	33	할부외상매출금	33
	미실현이익	9.19	할부매출이익(손익)	9.19
(제3차년)	현금	36.3	할부외상매출금	36.3
	미실현이익	10.11	할부매출이익(손익)	10.11

81) 일본 法人稅法施行令 제29조. 일반기업회계기준 31장. 국제회계기준에서는 없어졌다. 옛 기업회계기준서 1018호 적용사례 8.

82) 법인세법시행령 제68조 제2항; 소득세법시행령 제48조 제4호.

83) 법인세법시행령 제68조 제6항과 달리 제2항에는 기업회계기준에 관한 언급이 없다.

대금회수 기준을 쓰는 경우, 시행령 제68조 제1항의 귀속시기 이전에 회수했거나 회수할 금액은 인도일 등의 귀속시기에 회수한 것으로 보아,[84] 인도, 등기, 대금청산 등의 시기 전에는 손익이 발생하지 아니하도록 하고 있다. 매수인이 매도인의 채무를 인수하는 경우에는 각 사업연도의 회수비율이 문제된다. 가령 위 보기에서 69.3원을 받는 것과 별도로, 양도한 자산을 담보로 한 채무 10원을 매수인이 인수한다면, 첫해의 회수금액은 79.3원 가운데 10원인가, 아니면 69.3원 가운데 영(0)원인가?[85]

2. 회수기준의 손익왜곡

국제회계기준이 몰아내기 전에도 회수기준이 담세력을 왜곡한다는 사실은 이미 분명했다.[86] 현재가치 계산과 견주어보면 바로 알 수 있다. 앞의 보기로 돌아가면, 원가 50원짜리 물건을 팔고 대금으로 한 해 뒤에 33원, 두 해 뒤에 36.3원을 받는 경우, 최후시점에 이르러 두 방법이 납세의무자의 재산에 어떤 영향을 미치는가를 따져 보자. 회수기준에서는 납세자의무자의 소득이 첫해에는 0원, 이듬해에는 판매이익 9.19원 [= (33 + 36.3 - 50) × 33/(33 + 36.3)], 셋째 해에는 판매이익이 10.11원[= (33 + 36.3 - 50) × 36.3/(33 + 36.3)]이었다. 현재가치로 손익을 계산하면 첫해에는 판매이익 10원, 이듬해에는 이자소득(현재가치할인차금환입) 6원, 셋째 해에는 이자소득(현재가치할인차금환입) 3.3원이었다. 두 가지를 비교하면 세 해를 통산한 소득금액은 모두 19.3원이다. 그러나 회수기준에서는 세 해의 소득이 각 (0, 9.19, 10.11)이지만 현재가치 기준으로는 세 해의 소득이 각 (10, 6, 3.3)이 된다. 결국 회수기준 쪽이 세금을 늦게 내는 이자효과만큼 세부담이 낮아진다.[87]

---

84) 법인세법시행령 제68조 제2항; 소득세법시행령 제48조 제4호.

85) 미국법에서는 후자가 답이다. 미국 재무부규칙 15(a).453-1(b). 뒤에 보듯 회수기준의 문제점을 생각한다면 우리 법에서는 전자가 답이어야 한다. 미국법에는 회수기준의 문제점을 보완하는 규정들이 이미 있다.

86) 이 책 전정판(2003). 그 전 문헌으로는 이창희, 법인세와 회계(2000).

87) 두 가지를 조금 더 자세히 비교해 보자. 세율을 50%라 하면, 回收基準에 따르는 세금은 이듬해에 4.595원, 셋째 해에 5.055원이다. 그런데 이듬해에 회수하는 현금은 33원인바, 세금 4.595원을 내고 나면 납세자에게는 28.405원이 남는다. 이 돈을 1년 동안 투자한 뒤 셋째 해 말에 가면 납세자의 투자원리금은 28.405 × 1.1 = 31.2455원이 되지만, 거기에서 투자수익 2.8405원의 50%인 1.42025원은 세금으로 내어야 한다. 결국 셋째 해에 가서 납세의무자에게는 채권회수액 36.3원, 세금납부액 5.055원, 이듬해 회수액의 투자원리금(세전) 31.2455원, 세금 1.42025원이라는 현금흐름이 생겨, 이듬해 말 현재 납세자의 재산은 61.07025원이 된다. 한편, 現在價值 60원으로 계산한 소득을 자산 양도시에 바로 과세한다면, 납세의무자에게는 첫해에 판매소득 10원, 이듬해에 매출대금 속에 숨은 이자 6원, 셋째 해에 숨은 이자 3.3원이라는 소득이 생기고, 그에 대한 세금은 각 5원, 3원, 1.65원이 된다. 첫해에는 들어오는 현금은 없이 세금만 5원 나가고, 납세의무자는 돈을 꿔서 세금을 낼 수밖에 없다. 꾼 돈 5원은 이듬해 말에 가면 원리금 5.5원이 되지만, 0.5원이라는 지급이자는 세금을 0.25원 줄이게 된다. 납세의무자가 이듬해에 회수하는 돈은 33원인바, 거기에서 꾼 돈 원리금

회수기준과 현재가치 기준의 차이는 근본적으로, 回收基準이 안고 있는 한계에서 나온다. 회수기준은 33원과 36.3원이라는 두 회수액을, 서로 다른 시점의 돈임에도 불구하고 이를 그대로 더하고, 거기에 또 다른 시점의 가치인 원가 50원을 33:36.3으로 안분해서 각 사업연도의 소득을 계산하는 방식이다. 회수기준은 근본적으로 아귀가 안 맞는 방법을 그냥 예전부터 써 왔던 것뿐이다. 현재 기업회계기준서는 회수기준을 내쳤다.[88]

회수기준의 문제점은 현금(現金)판매와 비교하더라도 뚜렷해진다. 앞의 보기로 돌아가, 세금이 없는 세상에서 납세의무자가 50원짜리 물건을 현금 60원에 팔든지 또는 2년 할부로 돈을 33원 36.3원 두 번에 나누어 받든지 어느 쪽이든 마찬가지라고 여긴다고 가정하자. 이 말은, 납세의무자가 할부매수인에게 적용하는 이자율이 연리 10%라는 말이다. 이제 세율 50%의 소득세를 들여 와, 현금판매와 할부판매를 비교해 보자. 현금판매시에는 납세의무자는 바로 60원을 회수하게 되지만, 소득 10원에 대한 세금 5원을 내고 55원을 손에 쥐게 된다. 이 돈을, 매수인의 신용도와 마찬가지 위험이 있는 연리 10%짜리 투자안에 넣는다면, 2년 뒤 납세의무자에게는 60.6375원이 생긴다. 한편, 할부조건으로 파는 경우 2년 뒤에 남는 돈은 61.07025원이다. 두 가지를 비교하면, 할부조건판매에 회수기준을 적용할 수 있는 이상, 할부조건판매가 현금보다 납세의무자에게 유리하다는 말이다. 결국 회수기준은 할부조건 판매를 장려하는 결과가 된다.

이리하여 美國法은 조세중립성을 되찾기 위한 보완책을 여럿 두고 있다. 우선, 회수기준을 쓰더라도 매출채권의 현재가치를 계산하여, 현재가치에 따른 판매이익과 이자소득 부분을 구분하여 판매이익 부분에만 회수기준을 적용한다.[89] 앞의 예 같으면 19.3원을 이자 부분 9.3원과 판매이익 10원 부분으로 나누어, 이자 부분은 한 해 뒤에

5.5원을 갚고, 이자소득 6원에 대한 세금 3원을 내고, 세금절감 0.25원을 반영하면, 이듬해 말 현재 납세의무자에게는 24.75원의 현금이 생긴다. 이 돈은 한 해 동안 10%의 수익 2.475원을 낳아 셋째 해 말에는 투자원리금 27.225원이 되지만, 수익의 절반인 1.2375원만큼 세금이 늘어난다. 셋째 해 말 현재 납세의무자에게 생기는 현금흐름은 채권 회수액 36.3원, 이자소득 3.3원에 대한 세금 1.65원, 이듬해에 회수한 돈의 투자원리금 27.225원, 세금증가액 1.2375원이고, 이를 계산하면 납세의무자에게 남는 현금은 60.6375원이다. 이는 회수기준을 쓰는 경우 납세의무자의 손에 남는 돈 61.07025원보다 적다. 현재가치로 소득을 계산하는 경우 납세의무자의 손에 남는 돈 60.6375원은 눈을 크게 뜨고 본다면, 55원(= 50 + 차익 10 - 세금 5)이라는 투자원본이 연 5%의 세후수익률로 2년 동안 자라난 원리금이다.

88) 종래의 기업회계기준서 제1018호에 따라 회수기준이 가능하다는 주장이 있으나 의문이다. 다만, 일반기업회계기준에서는 중소기업에 대한 회계처리특례의 하나로 회수기준을 허용하고 있다. 일반기업회계기준 31.9문단. 중소기업은 결산서에 회수기준으로 회계처리를 하지 않더라도 과세소득을 회수기준으로 정할 수 있다. 법인세법시행령 제68조 제2항 단서.

89) 미국재무부 규칙 15A.453-1(b)(2). Bittker, McMahon & Zelenak, 41.02[1]절.

6원, 두 해 뒤에 3.3원을 과세하고 판매이익 부분은 한 해 뒤에 5원, 두 해 뒤에 5원으로 나누어 과세한다. 현재가치를 계산하고서도 판매이익을 나누어 과세하는 이유는, 할부기준이란 납세의무자의 현금사정을 고려한 것이기 때문이라고 한다.[90] 따라서 첫째, 법은 회수기준을 택하는 납세자에게 세금 이연(移延)의 이자효과만큼 세금을 더 물리고 있다.[91] (복잡한 계산을 피하기 위해, 엄밀한 현가계산을 하지는 않고 간편법을 쓰고 있기는 하다.[92]) 둘째, 현금성이 확보되는 부분에서는 할부기준을 배제. 가령 대금으로 양도가능하고 시장성 있는 일람출급(요구불) 채무증서를 받으면 현금을 회수한 것으로 본다.[93] 재고자산이나 대량으로 파는 자산이라면 회수기준을 쓰지 못한다.[94] 재고자산이란 응당 현금으로 거래하는 것이기 때문이다. 납세의무자가 할부금 채권을 양도했거나, 또는 법정 금액을 넘는 할부금 채권을 담보(擔保)로 돈을 빌리면 빌린만큼 할부금 채권을 회수한 것으로 본다.[95] 납세의무자가 회수기준을 적용하여 세금을 천천히 내면서 받을 채권을 담보로 돈을 빌리는 경우, 납세의무자는 현금판매와 같은 효과를 얻으면서 세금만 천천히 낼 수 있으니까.

제 3 절 도급공사와 용역제공의 손익

건설, 제조 기타 용역(도급공사 및 예약매출을 포함한다)의 제공으로 인한 익금과 손금은 그 목적물의 건설등의 착수일이 속하는 사업연도부터 그 목적물의 인도일이 속하는 사업연도까지 "작업진행률"을 기준으로 하여 계산한 수익과 비용을 각각 해당 사업연도의 익금과 손금에 산입한다.[96] 다만, 작업진행률을 계산할 수 없는 등 일정한 경우에는 손익확정 기준으로 돌아가 인도일이 속하는 사업연도에 산입할 수 있다.[97] 이 절에서 보듯 인도기준과 작업진행률은 전혀 다른 결과를 낳으므로, 둘 사이의 선택

90) Commissioner. v. South Texas Lumber Co., 333 US 496(1948), 특히 503쪽.

91) 미국세법 453A조(a)(1).

92) 예를 들어, 할부금 채권의 액면 총계에서 일괄적으로 5백만불을 뺀 금액을 기준으로 이연이자를 계산한다. 같은 조(c)(4).

93) 미국세법 453조(f)(3), (4).

94) 미국세법 453조(b)(2).

95) 미국세법 453A조(d). 453B조.

96) 종래 목적물의 인도일이 속하는 사업연도에 귀속시키던 규정을 2011년부터 작업진행률 기준을 원칙으로 하도록 바꾸었다. 법인세법시행령 제69조 제1항. 소득세법에서는 여전히 인도일 기준이 원칙이지만 계약기간이 1년 이상인 경우 등에 작업진행률 기준을 적용한다. 소득세법시행령 제48조 제5호.

97) 법인세법시행령 제69조 제1항 단서 및 제2항.

은 소득 조작을 가능하게 한다. 나아가 작업진행률 방법은 그 자체로 손익을 왜곡한다. 현행법의 조문에 불구하고, 용역계약에 대해서는 작업진행률 방법은 실제 적용할 여지가 거의 없고, 인도기준도 담세력을 왜곡한다. 왜 그런가?

Ⅰ. 제작물공급계약(예약매출)과 도급공사

물건을 파는 계약이라면 인도시점에는 판매대금과 그 물건의 원가를 당연히 알게 마련이니 그 시점에 매출액을 익금산입하고 매출원가를 손금산입한다. 파는 것이 아니고 남(도급인, owner)의 부탁에 따라 집을 지어주거나 기계를 제작해주기로 하는 계약이라면 손익을 어떻게 계산해야 할까? 이처럼 “당사자 일방이 어느 일을 완성할 것을 약정하고 상대방이 그 일의 결과에 대하여 보수를 지급할 것을 약정”하는[98] 계약을 도급(都給)이라 부른다. 원칙적으로 목적물(집이나 기계)의 소유권이 처음부터 도급인에게 있고[99] 일하는 사람(수급인, 공사업자, contractor)은 자신의 일에 대한 보수를 받는다는 점에서 매매와 다르다. 보수를 받는 시기야 약정하기 나름이지만 으레 일부를 선금으로 받고 나머지도 여러 번으로 나누어서 미리 받는다. 하다못해 주택 수리도 다 그렇듯. 한편 실제 아파트, 공장, 선박 따위 건설공사에서 자재를 도급인이 다 대고 수급인은 건설만 하는 경우란 거의 없다. 자재조달은 수급인이 다 알아서 하고 공사를 마친 뒤 목적물을 도급인에게 넘긴다. 이런 제작물공급계약은 도급과 매매가 섞인 혼합계약이다.

도급계약이나 제작물공급계약도 일을 완성하고 목적물을 넘겨주는 시점까지 가면 수급인이 받을 돈과 공사에 들어간 원가가 모두 특정되는 것은 매매나 마찬가지이다. 그러나 이런 일은 통상 두 해 이상 장기간에 걸치는 수가 많고 계약대금도 미리미리 받으니 해마다 소득이 얼마라고 어떻게 확정하면 좋으려나.

> 원심이 확정한 사실에 의하면 원고는 토건업, 주택건설업을 목적사업으로 하는 법인으로서 그 소유의 서울 서초구 (주소 생략) 외 5필지 지상에 23개동 2,390세대의 ○○아파트를 건축분양하기로 하여 1986. 11. 3. 아파트건설공사에 착공한 다음 분양을 개시하여 1988. 7. 19. 준공함으로써 3년 동안 분양수입금을 얻었다는 것으로서, 원고와 같은 아파트분양사업자가 장기간에 걸쳐 아파트를 건설하여 분양하는 것은…법인세법상 그 귀속시기를 명확히 규정한 바 없다 할 것이어서 기업회계기준…소정의 공사진행

98) 민법 제664조.

99) 대법원 2003. 12. 18. 선고 98다43601 판결. 수급인, 그러니까 공사업자에게는 유치권이 생기는 것이 보통이다. 민법 제320조. 부동산이라면 저당권을 설정받을 수 있다. 민법 제666조.

기준에 의하여 손익을 분배하고 그 귀속을 정할 수도 있다 할 것이고, 또한 그렇게 한다 하여 법인세법상의 손익확정주의에 반한다고 할 수 없으며, 한편 위 기업회계기준상의 공사진행기준(공사진행률)이라 함은 당해 각 사업연도 투입원가가 전체예정원가(토지대금과 아파트건설도급금액의 합계액)에 차지하는 비율을 가르키는 것.[100]

이 판결 당시의 법률은 "건설 또는 제조에 관한 장기都給계약"이라면 "목적물의 건설 또는 제조를 완료한 정도를 기준으로" 각 사업연도의 익금과 손금을 계산하도록 정하고 있었다. 그러나 아파트분양이 지금도 대개 그렇듯 이 사건 아파트분양은 딱히 도급계약이라고 말하기는 어렵다. "당사자의 일방이 상대방의 주문에 따라 자기 소유의 재료를 사용하여 만든 물건을 공급할 것을 약정하고 이에 대하여 상대방이 대가를 지급하기로 약정하는 이른바 製作物공급계약은,[101] 그 제작의 측면에서는 도급의 성질이 있고 공급의 측면에서는 매매의 성질이 있어 이러한 계약은 대체로 매매와 도급의 성질을 함께 가지고 있는 것으로서, 그 적용 법률은 계약에 의하여 제작 공급하여야 할 물건이 대체물인 경우에는 매매로 보아서 매매에 관한 규정이 적용된다고 할 것이나, 물건이 특정의 주문자의 수요를 만족시키기 위한 부(不)대체물인 경우에는 당해 물건의 공급과 함께 그 제작이 계약의 주목적이 되어 도급의 성질을 띠는 것"이다.[102] 결국 판시취지는 不대체물 제작공급계약은 도급공사나 마찬가지로 건설이나 제조를 완료한 정도를 기준으로 익금과 손금을 확정한다는 것이고 여기에서 완료한 정도란 원가를 기준으로 계산한 작업진행률이라는 것이다. 혹시라도 대체물을 제작공급한다면 매매에 포섭해서 인도기준을 적용해야 한다.

1. 작업진행률 기준

도급공사나 不대체물 제작공급계약의 손익은 원칙적으로 作業進行率을 기준으로 익금과 손금을 계산한다. 작업진행률 기준이란 공사비 계산이다. 해마다 총(總)공사비를 추정하고 그에 견주어 실제 공사비가 누계기준으로 얼마나 투입되었는가를 따져서 목적물의 건설을 얼마만큼 마쳤나를[103] 정하는 것이다.[104] 공사산출량 기준 작업진행률은[105] 일단 대통령령의 글귀에서는 적용할 여지가 없지만 제18장 제5절 VI.

100) 대법원 1992. 10. 23. 선고 92누2936 등 판결.

101) 법인세법시행령 제69조의 "예약매출"이라는, 뜻이 안 통하는 기업회계 용어.

102) 대법원 1987. 7. 21. 선고 86다카2446 판결; 1996. 6. 28. 선고 94다42976 판결 등.

103) 대법원 2015. 11. 26. 선고 2015두1694 판결(실제공사비란 하수급인에게 주기로 한 돈이 아니고 하수급인이 실제로 공사를 하느라 들어간 돈).

104) 대법원 2014. 2. 27. 선고 2011두13842 판결. 토지매입가액은 공사비에 안 넣는다. 대법원 1992. 10. 23. 선고 92누2936 판결.

(보기) 공사대금이 100억원, 총공사비 예정액이 90억원, 건설기간이 3년인 계약이 있다. 01년 공사비는 30억원 들었다. 02년에도 실제공사비는 31억원 들었고 02년 말 현재의 3년간 공사비 추정액은 92억원이다. 03년에는 실제 공사비 32억원을 들여서 공사를 완공하고 도급인에게 인도했다. 3년간 소득은 각 얼마인가?

(풀이) 01년의 작업진행률은 30/90. 01년의 익금은 100억 × 30/90 = 33.3억원, 손금은 30억원으로 소득은 3.3억원이 된다. 02년의 공사진행률은 (30 + 31)/92 = 66.3%가 된다. 익금은 100 × 66.3% = 66.3억원에서 이미 잡은 01년 익금 33.3억원을 뺀[106] 33억원, 손금은 31억원, 소득은 2억원이 된다. 03년에는 공사를 완공하여 인도했으므로 작업진행률은 100%. 익금은 100 - 66.3 = 33.7억원, 손금은 32억원, 소득은 1.7억원이 된다. 누계로 따져 보면, 소득은 3.3 + 2 + 1.7 = 7억원이 되고, 이는 익금총계 100억원에서 손금총계 93억원을 뺀 금액과 들어맞는다.[107]

작업진행률 기준에 따른 익금은 도급인으로부터 받은 현금과는 전혀 다르다. 공사대금을 받기 전이라도 실제공사비가 이미 들어갔으면 그에 맞추어 익금을 잡고, 공사대금을 받았더라도 실제공사비가 아직 안 들어갔으면 받은 민값을 선수금 부채로 잡는다. 할부매출처럼 현금회수액을 익금으로 잡고 그에 대응해서 손금을 잡지는 않는다.[108]

(보기) 위 보기에서 공사대금이 선불조건인 경우와 후불조건인 경우 손익을 분개의 형식으로 표시하라. 수입이자와 지급이자는 무시한다.

	(선불조건)				(후불조건)			
(01년)	현금	100	공사선수금	100				
	공사비	30	현금	30	공사비	30	현금	30
	공사선수금	33.3	공사수익	33.3	대금채권	33.3	공사수익	33.3
(02년)	공사비	31	현금	31	공사비	31	현금	31
	공사선수금	33	공사수익	33	대금채권	33	공사수익	33
(03년)	공사비	32	현금	32	공사비	32	현금	32
	공사선수금	33.7	공사수익	33.7	대금채권	33.7	공사수익	33.7
					현금	100	대금채권	100

105) 기업회계기준서 1115호 41문단.

106) 대법원 1992. 10. 23. 선고 92누2936 등 판결. 직전연도까지의 수입계상액이란 실제 수입계상액이 아니라 법령에 따른 정당한 금액이다. 대법원 2006. 6. 9. 선고 2006두781 판결. 제18장 제1절 III. 3.

107) 미국법에서는 실제 원가가 확정된 뒤 소급하여 사후정산한다. 건설자금이자도 공사원가에 반영한다. 미국세법 460조(b), (c).

108) 대법원 2002. 10. 11. 선고 2001두7657 판결.

(보기) 서울(주)는 아파트 건설업체로 제1차년 6월 30일 다음과 같이 분양계약을 맺고 아파트를 짓고 있다.

총 세대수: 100세대
분양가격 : 세대당 가격 1억5천만원. 다만 다음과 같이 지급한다.
착수금 10%(1,500만원)는 분양계약시(01년 6.30.) 지급
1차 중도금 5천만원은 계약 후 01년 8.31.에 지급
2차 중도금 5천만원은 02년 6.30.에 지급
잔금 3천5백만원은 입주일(03년 1.1.)에 지급

위 계약에 따라 다음과 같은 일이 일어났다.

01년 6.30. 착수금 15억원을 현금으로 받았다.
8.31. 1차 중도금 50억원을 현금으로 받았다.
10. 1. 공사비 40억원을 투입했다.
12.31. 오늘 현재 추정총공사비는 100억원이다.
02년 6.30. 2차중도금 50억원을 현금으로 받았다.
12. 1. 공사비 65억원을 투입하고, 공사를 완료했지만 아직 준공검사를 받지 못하여 입주는 할 수 없다.
03년 1. 1. 입주와 동시에 잔금 35억원을 받다.

위 거래를 분개하면서, 해마다 결산일 현재 분개의 형식으로 손익을 계산하라. 손익은 작업진행률로 계산한다. 수입이자와 지급이자는 무시한다.

(풀이)

(분양시)	현금	1,500,000,000	공사선수금	1,500,000,000
(1차 중도금)	현금	5,000,000,000	공사선수금	5,000,000,000
(공사비투입)	공사비	4,000,000,000	현금	4,000,000,000
(01년 결산)	공사선수금	6,000,000,000	공사수익	6,000,000,000*

* 150억(공사대금) × 40억/100억 = 60억

(2차 중도금)	현금	5,000,000,000	공사선수금	5,000,000,000
(공사비투입)	공사비	6,500,000,000	현금	6,500,000,000

(02년 결산)	공사선수금	5,500,000,000	공사수익	9,000,000,000*
	대금채권	3,500,000,000		
	* 150억 - 60억 = 90억원			
(입주시)	현금	3,500,000,000	대금채권	3,500,000,000

소득 : 01년 소득 = 공사수익 60억 - 공사원가 40억 = 20억원
02년 소득 = 공사수익 90억 - 공사원가 65억 = 25억원

작업진행률에 따른 소득계산은 오랜 세월 동안 자연스럽게 생겨난 회계관행이지만, 돈의 시간가치(時間價値)를 무시하고 서로 다른 시기의 돈을 그냥 합산하여 계산하는 방식이므로 담세력을 제대로 재지 못한다. 예를 들어, 공사비를 앞으로 3년 동안 매해 초 각 10억, 11억, 12.1억원씩 지출하고 셋째 해 말에 가서 39.93억원을 받는다는 내용의 도급공사를 체결했다고 하자. 작업진행률로 소득을 계산하면, 3년을 통틀어 39.93 - 33.1 = 6.83억원의 소득을 계산하여 이를 세 해 동안 (2.06, 2.27, 2.50)억원씩 과세한다. 여기에서 이 계약의 경제적 효과에만 주목해 보자. 납세의무자는 매 해 초에 10억, 11억, 12.1억원을 투자하고 3차년 말에 39.93억원을 받는다. 이것은 투자수익률이 연 10%임을 뜻한다. (10억원은 세 해 뒤 13.31억원이 되고, 11억원은 두 해 뒤 13.31억원이, 12.1억원은 한 해 뒤 13.31억원이 된다. 따라서 납세의무자는 연 10%로 계산한 투자원리금 39.93억원을 3차년 말에 회수하는 것이 된다.) 납세의무자가 은행예금처럼 법률적 껍질이 전혀 다른 계약에서 똑같은 현금흐름을 얻는다면 납세의무자의 소득은 어떻게 될까? 그의 소득은 첫해에는 10억원 투자에 대한 한 해치 수익 1억원이 된다. 이 11억원을 회수하지 아니한 상태에서 첫해 말에 다시 11억원을 투자하므로, 이듬해의 소득은 2.2억원이 된다. 투자원리금 24.2억원을 회수하지 않은 상태에서 다시 12.1억원을 투자하므로, 셋째 해의 소득은 36.3 × 0.1 = 3.63억원이 된다. 다시 정리하면, 경제적 실질을 따진다면 세 해 동안 (1, 2.2. 3.63)억원의 소득을 얻는 거래를 놓고, 작업진행률법은 (2.06, 2.27, 2.50)억원이라는 소득계산을 하게 된다. 이 예에서는 작업진행률법에 따른 세부담이 더 무겁지만, 일반적으로는 공사대금을 받는 시기라든가 여러 가지 사정에 따라 달라진다.

2. 공사손익의 계산단위

도급공사란 대개 여러 가지 원부자재와 여러 가지 다른 성격의 노무가 결합된 것이다. 계약금액, 공사원가 등 손익은 무엇을 단위(單位)로 계산할 것인가? 각 요소의

구분이 가능하고 구분할 정도의 중요성이 있다면, 구분계산(區分計算)함이 옳다. 그러나 도급공사란 으레 공사금액을 각 요소별로 정하지 않고 공사 전체의 금액을 정한다. 노무 부분, 물건 부분의 손익이 각 얼마라는 식의 구분계산이 불가능하다면 계약 전체를 단위로 손익을 계산할 수밖에 없다. 판례는 (1) 공장 설계 및 엔지니어링용역, (2) 공장건설에 필요한 기자재 일부, (3) 건설공사현장에서의 엔지니어링 및 감독용역, (4) 공장의 건설, 유지 및 가동에 필요한 모든 설계도면 서류 및 교범, (5) [도급인] 기술요원에 대한 훈련용역 등을 각 제공하기로 한 경우, "이는 위 각 급부유형별로 구분하여 체결된 수개의 계약이 아니라 이러한 모든 유형별 급부내역을 일체로 하여 체결된 하나의" 계약이고 "손익의 귀속사업연도를 급부유형별로 구분하여 인식할 것이 아니라 계약별로 일괄하여 인식하여야" 한다고.[109] 그러나 여러 가지 급부를 한 개의 계약에 넣을 것인가 또는 여러 개의 계약으로 쪼갤 것인가는 당사자가 제 편한 대로 정할 수 있다. 언제나 계약 하나 하나를 단위로 손익을 계산한다는 생각이 반드시 옳지는 않다. 계약대가를 각 요소별로 구분할 수 있다면, 각각 구분하여 계산함이 옳고, 또 여러 개의 계약이라 하더라도 계약대가의 구분이 자의적이라면 이를 묶어 하나의 계약으로 보아 손익을 계산해야 한다.[110]

3. 인도기준

기업회계기준에 따라 목적물의 인도일이 속하는 해의 수익과 비용으로 계상한 경우 이를 그대로 인정한다.[111] 둘째로 작업진행률에 따른 소득계산은 계약금액, 총공사예정비, 각 사업연도의 공사비, 이 세 가지 금액이 확정(確定)되어 있거나 추정(推定)할 수 있음을 전제로 한다. 이런 전제가 어긋나서 공사의 완성 내지 인도시기에 가서야 손익계산이 가능하다면 그때 가서 과세할 수밖에 없다.[112] 한편 공사완성 전에 손익을 계산할 수 있다면, 과세를 미룰 이유가 없다. 예를 들어 원가보상방식의 계약에서는 매년 들어간 원가를 계산할 수 있다면 거기에 붙일 이문을 계산할 수 있다. 이런 계약에서는 공사기간 동안 해마다 소득을 계산해야 권리확정주의.[113]

109) 대법원 1995. 7. 14. 선고 94누3469 판결.

110) 기업회계기준서 제1115호 13문단, 17문단, 27문단.

111) 법인세법시행령 제69조 제1항 단서. 제2항 제2호. 기업회계기준서 1115호, 35문단, 38문단. 일반기업회계기준 31.9문단. 신고조정도 가능하다. 유동화전문회사 특례는 제13장 제4절 III. 계약이 중도해지된다면 이미 공급한 부분은 해지시점이 공급시기. 대법원 2015. 8. 19. 선고 2015두1588 판결.

112) 대법원 1995. 7. 14. 선고 94누3469 판결(원가회수 기간은 손익 안 생긴다).

113) 법인이 비치 기장한 장부가 없거나 장부의 내용이 충분하지 않아 당해 사업연도 종료시까지 실제로 소요된 공사비 누적액 등을 확인할 수 없는 경우에는 각 사업연도의 공사대금회수액을 각 사업연도의 익금으로 삼고 거기에 소득표준율을 적용하거나 달리 비용을 추계하여 소득을 계산한다. 대

Ⅱ. 용역계약

1. 실현주의

변호사, 회계사, 의사, 경영상담같은 인적노무(人的勞務)는 "익금과 손금이 확정된 날"이라는 법인세법 제40조의 일반원칙으로 돌아가, 돈을 받을 권리가 확정되었는가 또 금액이 특정되는가라는 기준에 따라 손익귀속시기를 정해야 한다.[114] 보통은 용역제공을 완료한 날이 익금이 확정된 날이 될 것이다. 우선, 시간당 품삯을 받는다면 얼마나 오래 용역을 제공하는 계약인가는 부적절하고, 용역은 단위 시간별로 각각 구분되어 있다고 보아야 한다. 둘째, 소송사건 등과 같이 착수금 얼마, 성공보수 얼마라는 식으로 보수약정을 맺고 착수금은 사건의 경과나 소송결과에 관계 없이 돌려주지 않는다는 식의 약정이 있다면, 착수금을 받는 시점이 바로 과세시기가 된다. 착수금이란 일에 착수하는 대가이므로, 착수함으로써 용역제공을 완료한 것이 되는 까닭이다. 가령 변호사가 사건을 수임하면서 착수금을 정하고 수임 당일을 지급일로 계약한 경우 이 지급일에 착수금 소득이 발생한다.[115] 성공보수는 일의 성패에 달려 있는 것이므로, 보수를 받을 수 있는 시점에 가야 과세할 수 있다. 기실 성공보수는 권리확정 기준으로도 과세하기 어렵다. 통계에 따르면, 성공보수 약정 가운데 실제로 이행되는 것은 절반밖에 안 된다고 한다. 이자를 받기로 한 약정시기에 이르렀더라도 실제로 이자를 받지 못했다면 소득세법상 이자소득은 없다는 판례와[116] 맞춘다면, 변호사의 성공보수는 실제 승소보수를 받아야 과세할 수 있다.[117]

용역제공을 완료했는가는 용역의 단위를 어떻게 정하는가에 달려 있다. 건별(件別)로 보수를 받는다면, 당해 일이 마무리되는 시점이 과세시기가 된다. 시간당(時間當) 보수를 받는다면, 용역제공이 완료되었는가는 보수계산의 단위시간별로 따져야 한다. 그렇지만 시간당 보수도, 일은 했더라도 아직 청구서가 안 나간 것을 실제 과세하기는 어렵다. 고문료(顧問料)는, 의뢰인이 부탁하는 일을 거절하지 않는다는 약정에 대한 대가이므로 고문계약을 체결함으로써 용역제공은 완료한 셈. 그러나 위임계약이란 언제나 해지할 수 있음을[118] 생각하면, 고문료의 과세시기는 돈을 실제로 받는 시

법원 1995. 7. 14. 선고 94누3469 판결 및 동 원심 판결.

114) 법인세법시행령 제69조의 글귀로는 용역제공에서 생기는 손익은 작업진행률에 따라 계산함을 원칙으로 한다. 그러나 인적노무에 작업진행률을 적용할 수 있는 경우란 생각하기 어렵다.

115) 대법원 1987. 8. 18. 선고 87누46 판결.

116) 대법원 1993. 12. 14. 선고 93누4649 판결.

117) 대법원 1977. 12. 27. 선고 76누25 판결; 2002. 7. 9. 선고 2001두809 판결.

118) 민법 제689조.

점이 된다. 판례는, 승소가 확정되어야 받을 권리가 확정되는 성공보수(成功報酬)는 제2심의 가집행 선고부 판결에 의한 집행금의 일부를 받았다 하더라도 이는 일종의 가수금일 뿐이고 소득으로 볼 수 없다고.[119] 오퍼상이 받는 수수료는 신용장 개설일이 아니라 당해 물품의 선적일에 확정된다. 당사자가 달리 정하지 않는 한 선적일 이전에 주문이 취소되는 경우에는 수수료를 못 받으니.[120]

2. 용역수익 선수금은 소득?

용역대가의 과세에서 특히 문제되는 것은 先手金이다. '실현주의'를 기업회계 개념으로 이해한다면 선수금은 아직 실현되지 않은 소득을 미리 받은 민값이므로 선수수익이라는 부채로 잡아두었다가 용역 제공을 완료하는 때에 수익으로 잡는다.[121] 앞 I. 1.의 공사선수금과 마찬가지. 그러나 이미 보았듯,[122] 인적용역의 대가는 용역제공이 완료되어야 과세할 수 있다는 논거로 실현주의를 드는 것은 그저 동어반복. 세법의 입장에서 보자면 실현주의 내지 그 상위개념으로서 발생주의와 현금주의 사이의 선택은 어느 쪽이 공평한가를 묻는 것일 따름이다. 공평이란 말이 매우 주관적 개념이기는 하지만, 인적용역의 대가는 현금주의로 과세해야 공평하다고 생각하는 사람이 아마 다수일 것임은 이미 본 바와 같다. 미국에서는 오랫동안 이 문제를 다투어 왔다. 순수한 인적용역의 경우에는 현금주의가 오히려 담세력의 바른 잣대가 됨은 이미 본 바와 같다.

미국에서는 인적 용역의 제공을 주업으로 하는 납세의무자는 대부분이 현금주의를 쓴다. 현금주의에서는 선수수익이라는 개념 자체가 없고 용역대가를 받는 시점에 바로 익금이 된다. 발생주의를 쓰는 납세의무자가 용역대가를 미리 받은 경우에 대해서는 판례가 갈려 있다가 2017년 개정법은 민값을 원칙적으로 익금에 넣었고 실제시행은 2020년의 재무부 규칙에 맡겼다.[123]

종래의 판례로는, 용역제공을 마친 시점이라는 기준에서 본다면, 용역제공 전에 미리 받는 민값은 아직 소득이 아니고 채무가 된다. 미국법에서 이런 견해를 택한 판결이 *Beacon Publishing Co. v. Commissioner*.[124] 이다. 이 판결에서 법원은 신문구독료 선수금은 돈을 받은 사업연도에 익금산입하는 것이 아니라 구독기간에 안분하여 익금

119) 대법원 1980. 4. 22. 선고 79누296 판결; 2002. 7. 9. 선고 2001두809 판결.

120) 대법원 1998. 6. 9. 선고 97누19144 판결. 이현승, 소득세법상 손익의 귀속시기를 판단하는 기준, 판례해설 제30호 541쪽(위 판결 관련).

121) 기업회계기준서 1115호 39-46문단, 106문단, B44문단. 그러나 소득세법시행령 제48조 제8호는 용역대가를 지급받기로 한 날 또는 용역의 제공을 완료한 날 중 빠른 날을 과세시기로 잡고 있다.

122) 제8장 제1절 Ⅳ.

123) 미국세법 제451조(c), 미국재무부 규칙 1.451-3.

124) 218 F.2d 697(10th Cir. 1955).

산입하여야 한다고 결정했다.[125] 다른 한편, 앞서 현금주의와 발생주의의 대립에서 보았듯, 납세의무자가 이미 돈을 받았고 앞으로 일만 하면 되는 경우 아직 소득이 없다고 보는 것은 공평하지 않다라는 생각도 떨칠 길이 없다. 그렇게 생각한 판례도 적지 않다. *Automobile Club of Michigan v. Commissioner.* 판결[126]은 용역대가[127]는 받은 날을 기준으로 익금산입하여야 한다고 결정했다.[128] 또다른 방향의 판례로 *Bressner Radio, Inc. v. Commissioner.* 판결[129]은 실현(권리확정)주의 내지 수익비용 대응의 원칙과 타협을 꾀하여 선수금을 장차의 기간에 안분할 수 있는 확정적 기준이 있으면 그와 같이 안분하여 익금산입하여야 한다는 견해를 좇고 있다. *American Automobile Association v. United States*[130] 판결도 마찬가지 견해를 취하고 있으나, 그 사건에서 쟁점이 된 자동차 수리 용역 선수금은 용역이 장차 어떤 식으로 제공될지 확정할 수 있는 기준이 없으므로 현금수입연도의 익금이 된다고 결정했다.[131]

그 뒤에도 여러 판결이 있으나, 결국은 경제적 소득을 과세물건으로 삼아 자산가치 확정시기(현금수입시기)에 과세하자는 견해, 대금채권이 확정되는 시기에 과세하자는 견해, 그리고 대금을 확정적으로 안분할 수 있으면 안분하여 익금산입하자는 견해, 이 세 가지 중 하나를 따랐다. 한편, 선수금과 달리 대금의 지급을 담보하기 위한 보증금은 익금이 아니다.[132]

용역제공을 마치지 않았다는 이유로 민값이 소득이 아니라는 결론을 끌어냄은 뒤집힌 논리이다. 용역제공의 완료라는 개념은 용역수익의 실현시점을 물건의 인도에 빗대어 잡은 것이다. 그런데 다시 생각해 본다면, 소득 계산에 실현이란 개념이 들어간 것은, 미실현 상태에서는 소득의 금액이 얼마인지가 아직 불확실하고 미실현이득을 과세한다면 유동성에 문제가 생길 수 있기 때문이다. 그렇게 본다면, 노무를 제공하기로 하고 이미 돈을 받았다면, 소득의 금액도 이미 정해지고 유동성 문제도 없다. 실현이란 소득 개념의 본질적 요소가 아니고, 경제적 소득 개념에서 본다면 대금을 받은 시점 현재에 자산가치의 객관적 평가액이 있는 것이므로 이를 과세해야 마

125) 같은 판결. 현행법에서는 현금기준으로 과세한다. 미국세법 455조.

126) 353 U.S. 180(1957).

127) 차를 가진 사람들을 회원으로 모아 회원가입 당시에 미리 회비를 받고 나중에 사고가 나거나 문제가 생기면 처리해 주는 자동차 관리 회사에 관한 사건이다. 쟁점은 이런 회비 수입의 과세시기이다.

128) 같은 판결, 189쪽.

129) 267 F.2d 520(2d Cir. 1959).

130) 367 U.S. 687(1961).

131) 같은 판결 691쪽 주석 4.

132) CIR v. Indianapolis Power & Light Company, 493 U.S. 203(1990). Bittker, McMahon & Zelenak, 4.04절.

땅하다. 용역제공이 완료되지 않았으므로 미실현이득이고 따라서 아직 과세할 수 없다는 논리는 미실현이득은 소득이 아니라는 신화를 전제로 하고 있는 것이다.[133)]

한 걸음 더 나아가, 우리 현행법에서는 용역을 제공함에 드는 비용은 바로 바로 손금산입하면서 미리 받은 용역대가는 선수금으로 익금불산입할 수 있다. 인적 용역을 수행함에 드는 비용은, 그것이 어느 물품을 생산하는 데 들어간 것이라는 식으로 직접 추적할 수 없는 까닭에 대응시킬 수익을 찾기가 어렵다. 곧 원가라는 형식으로 자산처리하기 어려우므로, 발생하는 대로 손금이 된다.[134)] 수익과 비용의 대응이라는 생각을 관철한다면, 어느 해에 100원의 인건비를 지급했고 그해 노무의 성과가 그 다음 해의 수입금액 110원으로 나타난다면, 인건비 100원은 자산처리해 두었다가 수입금액 110원을 익금에 산입하는 때에 가서 손금에 산입하여야 한다. 계산만 따진다면, 100원을 들여 만든 자산을 다음 해 110원에 파는 것과 다를 바 없는 까닭이다. 그러나 인적용역에서는 특정한 수익과 비용을 1:1로 대응시키는 것이 사실 불가능하고, 따라서 현행법은 비용이 생기는 대로 손금산입한다. 이미 보았듯, 이런 세제는, 100원이라는 투자액에 대한 투자수익을 비과세하는 결과를 낳는다. 여기에 용역대가를 미리 받는 가능성을 결합하면, 국가가 납세의무자에게 세금을 걷는 것이 아니라 보조금을 주는 결과가 됨은 이미 보았다. 요약하면, 선수금을 받아 인건비를 주고 용역성과물은 나중에 제공하는 경우, 선수금과 인건비는 서로 씻겨나가고, 납세의무자는 이런 행위에서 아무런 실손익을 얻지 않는다. 그럼에도 불구하고 인건비를 바로 손금산입하고 선수금은 그 다음 해에 익금산입함으로써 납세의무자는 국가에서 무이자로 돈을 빌리게 된다.

제 4 절 충당금의 손금산입

권리의무의 확정이라는 일반적 기준을 떠나서 미확정비용의[135)] 손금산입을 법령이 명문으로 허용하는 경우가 있다. 곧 일상적 사업 과정에서, 당장 지급할 채무가 생기지는 않지만 앞으로 언젠가 채무나 손실이 생기리라 예상할 수 있는 경우 그런 예상액을 바로 손금산입할 수 있는 경우가 있다. 이런 특칙[136)] 가운데 특정 업종이나 특

133) 제8장 제1절 I.

134) 법인세법시행령 제19조 제3호; 소득세법시행령 제55조 제1항 제6호.

135) 법령에 규정이 없다면 비용추산액을 손금산입할 수 없다. U.S. v. General Dynamics, 481 U.S. 239(1987). 수익추산액을 익금산입할 수 없다는 판결로 대법원 2011. 9. 29. 선고 2009두11157 판결. 법에 달리 정하지 않은 한 기업회계의 각종 충당금설정액은 손금이 아니다. Chrysler Corp. v. CIR, 80 TCM 334(2000).

정 거래에 관한 것[137] 말고, 어느 기업에나 늘 있는 것으로 대손충당금과 퇴직급여충당금이 있다. 기업회계에서는 이 두 가지 채무나 손실의 예상액을 바로 당기비용으로 떨어 낸다. 우리 현행법에는 대손충당금만 아직 남아 있다.

Ⅰ. 대손금과 대손충당금

1. 대손금의 손금산입시기

貸損金은 손금산입한다.[138] 대손상각한다는 말도 쓴다. 대손금이라 함은 회수할 수 없게 된 채권의 가액을 말한다.[139] 대손금은 "해당 사업연도의 소득금액을 계산할 때 손금에 산입"하므로[140] 재고자산이나 다른 자산의 취득원가에 넣지 않고 기간원가로 바로 손금산입한다. (차) 대손상각비 xxx (대) 채권 xxx. 상대방은 대개 채무면제익으로 익금이 생기겠지만 그것이 대손금 손금산입의 전제는 아니다.

대손금의 손금산입 시기(時期)는 크게 세 가지로 나누어 볼 수 있다.

i) 시효(時效)소멸[141] 등 채권 자체가 소멸하여[142] 순자산감소가 실제 확정되는 해.[143] 다른 해에 손금으로 떨 수는 없으므로 뒤따르는 해에 대손으로 회계처리했다면 손금불산입하고 권리가 소멸한 해의 소득에 대한 감액경정을 구하여야 한다.[144] 채무자 회생계획 인가결정이나 면책결정도 권리소멸 사유.[145]

---

136) 법인세법 제29조에서 제38조. 비영리법인의 고유목적사업 준비금은 제13장 제2절 IV.

137) 신용보증업의 구상채권상각충당금, 국고보조금이나 공사부담금의 압축기장충당금, 일시상각충당금 등. 법인세법 제35조, 제36조, 제37조. 보험차익은 제21장 제4절 III. 보험회사의 책임준비금은 없어졌고 그 대신 해약환급금준비금이 생겼다. 법인세법 제32조, 제33조, 제42조의3.

138) 법인세법 제19조의2 제1항, 같은 법 시행령 제19조의2; 소득세법 제28조, 같은 법 시행령 제55조 제1항 제16호, 제2항. 미국에서는 사업자가 아니더라도 대손금은 필요경비. 미국세법 166조. Bittker, McMahon & Zelenak, 17.01절.

139) 법인세법 제19조의2 제1항; 소득세법 제28조, 같은 법 시행령 제55조 제1항 제16호, 제2항. 당초부터 존재하지 않았던 가공의 채권을 계상했다가 소멸시키는 경우, 법인세법상 손금산입이 허용되는 대손금으로 볼 수 없다. 대법원 2004. 9. 23. 선고 2003두6870 판결.

140) 법인세법 제19조의2 제1항 제1호에서 제4호; 소득세법 제28조, 같은 법 시행령 제55조 제2항 제16호, 제2항.

141) 민법 제162-164조, 상법 제64조, 어음법 제70조, 민사조정법 제29조 등. 소멸시효 중단은 대법원 2012. 8. 17. 선고 2009두14965 판결(이자입금).

142) 대통령령은 재판상 화해를 아래 ii)로 넘기고 있으나 확정판결과 동일한 효력이 있어서 권리가 소멸한다. 민사집행법 제102조에 따른 경매취소는 ii)로 가야 맞다.

143) 법인세법 제19조.

144) 대법원 1988. 9. 27. 선고 87누465 판결. 뒤따르는 해에 대손금으로 회계처리했다면 손금불산입. 대법원 1990. 3. 13. 선고 88누3123 판결; 1990. 10. 30. 선고 90누325 판결.

145) 채무자 회생 및 파산에 관한 법률 제251조에서 제255조. 일단 출자로 전환하지만 바로 무상감자하

ii) 채권 자체는 남아 있지만 채무자의 무자력(無資力)을 입증한다면 손금으로 회계처리할 것을 전제로 그 해에 손금산입할 수 있다.[146] 권리 자체가 남아 있다면 결산 당시에 대손이 발생했다는 회계처리를 안 한 이상 그 뒤 회계상의 잘못을 고쳐잡았다면서 경정청구할 수는 없으므로[147] i)로 돌아간다. 파산, 강제집행, 형의 집행, 사업의 폐지,[148] 사망, 실종, 행방불명, 채무자의 재산에 대한 경매취소는 모두[149] 채무자의 無資力에 대한 일응의 증거가 된다. 부도발생일로부터 6월이 경과한 수표 또는 어음상의 채권도 당좌거래의 정지로 이어지니 무자력에 대한 증거로 볼 수 있다.

iii) 금융기관(金融機關)의 경우에는 감독관청의 대손처리 허가를 받으면 세법 목적으로도 대손금의 손금산입이 가능하다.[150]

위에 나오지 않은 사유에 의한 것이라도 채권을 회수할 수 없음을 입증할 수 있다면 ii)와 같이 손금에 산입할 수 있다고 풀이하여야 옳다.[151] 반드시 당해 채권에 터잡은 민사소송법상의 강제집행이 허사로 돌아간 금액만 대손금이 된다고 풀이할 것은 아니다.[152] 회수불능하다고 보아 손금에 산입한 채권을 뒤에 실제 회수한다면 그 금액은 당연 익금산입.[153] 합병이나 분할에 관련하여 반드시 손금산입하는 경우는 법인세법 제19조의2 제6항. 제15장 제6절 II.

2. 貸損金 손금산입에 대한 제약

위에서 본 법정 사유의 어느 하나에 해당하거나 달리 채권을 회수할 수 없음을 증명하더라도 동 회수불능액이 반드시 손금이 되지는 않는다. 그런 사유가 있다는 것은

는 회생계획이라면 출자전환시 손금산입. 대법원 2018. 6. 28. 선고 2017두68295 판결.

146) 법인세법 제19조의2. 대법원 1988. 9. 27. 선고 87누465 판결; 1989. 3. 14. 선고 87누797 판결(채권포기에 대한 법원인가≠무자력 입증); 1992. 1. 21. 선고 91누1684 판결; 1997. 11. 28. 선고 96누14418 판결(채무자도피↛대손); 2002. 9. 24. 선고 2001두489 판결(보증인의 구상채권); 2017. 9. 7. 선고 2017두36588 판결(피합병법인의 채권).

147) 대법원 2003. 12. 11. 선고 2002두7227 판결; 2004. 9. 23. 선고 2003두6870 판결. 따라서 시효소멸한 해에 손금산입한다.

148) 대법원 1988. 1. 19. 선고 86누234 판결; 2005. 3. 10. 선고 2004두13158 판결; 2008. 7. 10. 선고 2006두1098 판결.

149) 법인세법시행령 제19조의2 제1항.

150) 법인세법시행령 제19조의2 제1항; 소득세법시행령 제55조 제2항.

151) United States v. White Dental Mfg Co., 274 U.S. 398 (1927). 미국법에서는 반드시 대손사유가 생긴 해에 손금산입하여야 한다. Hagman v. CIR, RIA TC Memo 99,042(1999). 따라서 대손으로 인한 경정청구 기간은 3년이 아니라 7년이다. 미국세법 6511조(d)(1).

152) 대법원 1990. 3. 13. 선고 88누3123 판결; 2012. 6. 28. 선고 2010두9433 판결; 2013. 9. 13. 선고 2013두6718 판결; 미국재무부 규칙 1.166-2(b)조↔대법원 1998. 10. 27. 선고 98두10509 판결; 2000. 11. 24. 선고 99두3980 판결.

153) 법인세법 제19조의2 제5항; 소득세법시행령 제56조 제5항.

채권이 소멸했거나 회수불능이라는 대손금 손금산입시기에 관한 규정일 뿐이고, 대손적격이 있는가, 곧 회수불능액이 기부금(寄附金)에 해당하거나 혹은 다른 이유로 손금산입에 제한이 있는지는 다른 문제이다. 예를 들어 채권에 대하여 아무런 회수노력을 기울이지 않았다면 이는 기부금이나 출자금으로 또는 기업업무추진비로 보는 수도 생긴다.[154] 법원의 회생계획인가가 아니고 당사자간 약정으로 채권일부를 포기하거나 변제시기를 늦추는 경우도 같다.

명문의 제약으로 特殊關係人에 대한 업무무관 가지급금은 회수불능이더라도 손금산입할 수 없으며 특수관계인에 대한 업무무관 가지급금인지는 대여시점을 기준으로 판단한다.[155] 제22장 제1절 IX. 현실적으로 특히 문제되는 것은 다른 사람(주채무자)의 채무를 保證했다가 주채무자의 변제 불능으로 보증인이 변제한 경우,[156] 보증인이 주채무자에 대해 가지는 구상채권의[157] 회수불능액을 대손금으로 손금산입할 수 있는가의 여부이다. 보증인과 주채무자가 특수관계인이라면 부당행위 계산을 부인하되 보증 행위 자체에 대해서는 세법상 아무런 법률효과를 주지 아니하고,[158] 보증인이 대위변제하는 금액을 손금불산입할 수 있다.[159] 누구를 위한 보증이든 채무보증에서 생기는 구상채권의 회수불능액은 원칙적으로 손금불산입한다.[160] 다만 금융기관이나 채무보증을 업으로 하는 법인은 회수할 수 없는 구상채권액을 손금산입할 수 있고 건설업 상호보증에도 특칙이 있다.[161] 상장회사는 원칙적으로 계열회사 채무보증 자체가 금지.[162] 특

154) 대법원 1994. 12. 2. 선고 92누14250 판결; 2010. 8. 19. 선고 2007두21877 판결; 2022. 7. 28. 선고 2019두58346 판결(기업업무추진비); 2023. 5. 28. 선고 2018두33005 판결. 미국세법 제271조. 부당행위계산 부인에 따른 특수관계 반환청구권(고가양수차액)의 대손상각을 금하는 대통령령도 이 뜻으로 읽어야 맞다. 상대방의 채무면제익은 대법원 2012. 8. 17. 선고 2009두14965 판결(소멸시효 중단); 2014. 1. 16. 선고 2013두18742 판결(채무면제익 v. 채권회수).

155) 2020년말 개정 법인세법 제19조의2 제2항 제2호. 현행법은 대법원 2014. 7. 24. 선고 2012두6247 판결과 2017. 12. 22. 선고 2014두2256 판결을 뒤집은 것이다. 어느 쪽이든 실상 논점을 잘못 짚었다. 대법원판결은 가지급금 채권 처분손실의 손금산입 여부도 처분 당시 특수관계가 있는가에 따른다고 하나 특수관계가 있던 당시 이미 회수불능이 되었다면 그때 대손으로 떨면서 손금불산입했어야 하므로 애초 처분손이 생길 수 없다. 서울고등법원 2013. 2. 1. 선고 2012누40405 판결(심리불속행 상고기각). 특수관계 소멸시점에서 가지급금을 회수불능으로 볼 수 있는지는 판결이 엇갈린다. 대법원 2007. 4. 26. 선고 2005두10644 판결↔2021. 7. 29. 선고 2020두39655 판결.

156) 민법 제428조 제1항.

157) 민법 제441조.

158) 보증료를 안 받아도 부당행위가 아니다. 대법원 1979. 2. 27. 선고 78누457 판결. 그러나 대법원 2006. 1. 26. 선고 2004두5904 판결(어음배서) 참조.

159) 대법원 2006. 1. 26. 선고 2004두5904 판결; 2006. 11. 10. 선고 2006두125 판결. 반대: Imel v. CIR, 61 TC 318(1973), 특히 327쪽.

160) 법인세법 제19조의2 제2항, 같은 법 시행령 제19조의2 제7항. 헌법재판소 2009. 7. 30. 2007헌바15 결정; 대법원 2016. 1. 14. 선고 2013두17534 판결.

161) 법인세법시행령 제19조의2 제6항 제2호, 제3호.

별히 예외적으로 허용된 채무보증이라면 구상금채권의 대손은 손금.[163]

3. 대손충당금(充當金)의 손금산입

법인세법은 외상매출금, 대여금, 어음상의 채권 기타 일정한 채권에[164] 대해서는 채권잔액의 일정비율을 대손充當金으로 손금에 산입하는 형식으로[165] 미실현손실의 손금산입을 허용한다. 차변에 대손이나 대손상각이라는 비용을 적고 대변에는 채권을 직접 차감하는 대신 대손충당금을 적어 재무상태표의 채권합계에서 차감한다. 대손충당금을 설정할 수 있는 금액은 설정대상인 채권의 장부가액에, 법정비율과[166] 대손실적률 가운데 높은 비율을 곱한 금액이다. 대손실적률이란 해당 사업연도의 대손 실적을 전년도말 현재 채권잔액으로 나눈 실적률이다.[167]

기업회계의 오랜 관행은 대손충당금의 설정을 요구하고,[168] 그 이론적 근거로 수익비용 대응의 원칙을 들었다.[169] 그러나 대손충당금의 손금산입은 제도는 세법의 입장에서 본 수익비용 대응과는 안 맞고 미실현손실을 미리 손금산입하는 것이다. 제9장 제3절. 우선 매출액을 직접 줄이는 매출환입이나 매출에누리는 실제로 생긴 시점에 가서 인식하면서 일단 매출이 있은 뒤에 생기는 대손은 오히려 미리 인식하자는 생각은 앞뒤가 안 맞는다.[170] 국제회계기준은 초기에는 실제 회수불능한 부실채권이 생겨야 대손을 잡다가 2018년부터는 매출채권 손상액을 계산하는 간편법이라면서 대손충당금을 설정한다.[171] 美國法은 한때 대손충당금의 설정을 허용하다가, 이 제도가 기간손익을 왜곡한다면서 1986년 이를 폐지하고[172] 실제로 대손이 발생하는 때에 가서 손금산입한

162) 상법 제542조의9.

163) 법인세법시행령 제19조의2 제6항 제1호.

164) 법인세법 제34조; 소득세법 제28조 및 같은 법 시행령 제56조. 대손가능성이 없다면 충당금을 설정할 수 없다. 대법원 1988. 12. 27. 선고 87누870 판결. 횡령행위로 인한 손해배상채권에는 충당금을 설정할 수 없다. 대법원 2004. 4. 9. 선고 2002두9254 판결. 대손충당금 과소설정으로 법인세가 는데 대해 이사의 손해배상 책임을 물은 판결로 대법원 2019. 10. 17. 선고 2016다236131 판결.

165) 법인세법 제34조. 대법원 2015. 1. 15. 선고 2012두4111 판결. 같은 법 시행령 제61조, 같은 법 시행규칙 제32조; 소득세법 제28조, 같은 법 시행령 제55조 제1항 제16호, 제2항, 제56조, 같은 법 시행규칙 제25조; 옛 기업회계기준 제57조.

166) 법인세법시행령 제61조 제2항; 소득세법시행령 제56조 제1항. 금융기관 특례는 대법원 2012. 8. 17. 선고 2009두14965 판결.

167) 법인세법시행령 제61조 제3항; 소득세법시행령 제56조 제3항.

168) 옛 기업회계기준 제57조. 기업회계기준서 제1109호 5.5문단 ↔ 5.1.3문단.

169) Kieso & Weygandt, International Accounting (IFRS ed. 2011) V.1, 351쪽.

170) 매출환입이나 에누리는 대손보다 덜 중요한 까닭이 아닌가 생각해 볼 수도 있다. 그러나 매출환입이나 에누리가 반드시 덜 중요하다는 보장이 없는 이상, 두 가지의 인식시기를 일괄하여 달리함은 모순이다.

171) 국제회계기준 1109호(기대손실모형).

다.[173] 아무튼 우리 현행법은 실현주의와 역사적원가주의에 대한 예외의 하나로 대손충당금의 손금산입을 허용하고[174] 그 다음 연도중 실제로 대손금이 발생하면 이를 이미 손금산입한 대손충당금과 상계하고, 남은 것이 있으면 이를 익금산입하도록 하고 있다.[175] 결과적으로 매년 말 현재 채권잔액에 법정비율을 곱한 금액까지 대손충당금을 손금산입할 수 있다.

(보기) 다음 거래를 세법에 따라 분개하라.

1. 제1차년 12월 31일 현재의 매출채권 잔액 6억원에 대하여 대손충당금을 1% 설정하다. 대손실적률은 1%이다.
2. 제2차년 1월 1일 상품을 팔고 받은 어음 3백만원짜리가 지급기일인 제2차년 6월 1일에 부도가 났고 연말 현재까지 채권을 전혀 회수하지 못했다.
3. 제2차년 12월 31일 현재 외상매출금 잔액은 7억2천만원이고 그에 대해 1%의 대손충당금을 설정하기로 하다.
4. 제3차년중 앞서 제2차년 1. 1.에 받았던 어음 3백만원짜리 매출채권을 전액 회수하다.
5. 제3차년 12월 31일 현재 매출채권 잔액 8억원에 대해 대손충당금을 1% 설정하기로 하다. 금년에는 실제 발생한 대손이 없었다.
6. 앞 3에 이어 제3차년 6월 1일 매출채권 1,000만원을 받아야 할 거래처가 파산했다면?

(풀이)

1.	대손상각	6,000,000	대손충당금	6,000,000
2.	대손충당금	3,000,000	매출채권	3,000,000
3.	대손상각	4,200,000	대손충당금	4,200,000
4.	현금	3,000,000	상각채권추심이익	3,000,000
5.	대손상각	800,000	대손충당금	800,000*

* 800만원 - 720만원

172) Staff of Joint Committee on Taxation, 99th Cong., 2d Sess., *General Explanations of the Tax Reform Act of 1986*(1987), 531-532쪽. United States v. General.

173) 미국세법 166조(a)(1).

174) 제18장 제1절 IV. 3. 법인세법 제34조 제1항; 소득세법 제28조, 같은 법 시행령 제56조 제1항 제16호, 제2항. 유럽법도 같다. BEFIT 제31조. 국제회계기준 도입에 따른 경과규정은 조세특례제한법 제104조의23 제1항.

175) 법인세법 제34조 제4항; 소득세법 제28조 제2항, 같은 법 시행령 제56조 제4항.

6. 대손충당금 7,200,000 매출채권 10,000,000
대손상각 2,800,000

Ⅱ. 퇴직급여

퇴직급여제도에 관한 세법상 법률효과는 퇴직금, 확정기여형 퇴직연금, 확정급여형 퇴직연금이 서로 다르다. 근로자에 대한 과세는 제11장 제3절.

1. 옛 근로기준법(勤勞基準法)에 따른 종래의 퇴직금(退職金)[176] 제도에서는 납세의무자(고용주・사용자)가 각 사업연도에 임원 또는 사용인의 퇴직급여에 충당하기 위하여 퇴직급여충당금을 손금으로 계상한 경우에는, 일정 한도 안에서 이를 손금산입했다.[177] 장차 지급할 퇴직금 채무 가운데 금년분을 일정 한도 안에서 당기에 미리 손금산입하는 것이다. 美國法에서도 소득세제가 처음 생겼던 당시에는 발생주의를 쓰는 기업은 장차 지급할 퇴직금 채무 가운데 올해의 근로에 기인한 부분을 손금산입할 수 있었다. 그러나 1942년 이후로는 임직원의 소득에 대한 과세시기와 맞추어[178] 실제 支給한 퇴직금만 손금산입할 수 있다. 우리 법에서도 퇴직급여충당금 전입액의 손금산입 한도를 계속 줄이다가 2016년부터는 손금산입을 허용하지 않는다. 기왕의 충당금 가운데 아직 남아 있는 부분이, 현행법에 따라 퇴직금을 외부 금융기관에 납부하거나 확정급여형 퇴직연금 부담금을 퇴직연금사업자에게 납부하는 경우 손금산입 한도에 영향을 미칠 뿐이다.

2. 근로자퇴직급여 보장법에 따른 확정기여형(確定寄與形) 퇴직연금을 사용자가 설정한 경우라면 특정 근로자의 퇴직연금계좌로 사용자가 납부하는 부담금은 바로 근로자의 돈이 되므로[179] 손금이다.[180] 임원에 대한 부담금은, 임원퇴직금의 손금산입에 상한이 있는 것에 맞추어 누계액 기준으로 손금산입 상한에 걸린다.[181]

---

176) 재직 중인 임직원에게 퇴직금조로 지급한 돈은 업무무관 가지급금이다. 대법원 1992. 9. 22. 선고 91다40931 판결. 관계회사 전출로 근속기간을 합해서 지급하는 퇴직금은 각 회사에 안분하여 손금산입. 법인세법시행령 제44조 제3항.

177) 법인세법 제33조 제1항. 소득세법 제29조 제1항. 추산액일 뿐 인건비는 아니다. 대법원 2014. 3. 13. 선고 2013두24310 판결.

178) 미국세법 404조(a)(5). Bittker and McMahon, *Federal Income Taxation of Individuals* 40.2[4]절. 나중에 줄 인건비(deferred compensation)에 대해서도, 당장 주는 경우의 현재가치와 견주면 이자 상당액을 생각할 수 있지만 판례는 이를 손금불산입한다. Albertson's Inc. v. CIR, 95 TC 415 (1990), 일부 파기 42 F3d 537(9th Cir. 1994).

179) 밀린 부담금이 없는 이상 퇴직시 사용자가 따로 지급할 급여가 없다. 근로자퇴직급여보장법 제12조.

180) 대법원 2019. 10. 18. 선고 2016두48256 판결(대표이사와 다른 이사를 차별하더라도 손금). 법인세법시행령 제44조의2 제3항. 기업회계기준서 1019호에서도 비용처리하므로 세무조정은 필요없다.

3. 사용자가 확정급여형(確定給與形) 퇴직연금을 설정해서 퇴직연금사업자에게 납부하는 부담금으로 조성된 적립금은 사용에 제약은 있지만[182] 그래도 여전히 사용자의 돈이다.[183] 근로자퇴직급여보장법은 사용자의 도산시 근로자에게 급여를 지급하라고 정하고 있으나[184] 파산절차에서 근로자의 퇴직급여 별제권은 최종 3년분에만 미친다.[185] 나머지 적립금은 파산재단에 들어가고 퇴직자는 채권의 우선순위에 따라 전부나 일부를 변제받을 뿐이다.[186] 그렇게 보면 확정급여형에서 사용자가 납부하는 부담금은 법인세법 제19조의 손금이 아니고, 퇴직시 퇴직연금사업자가 퇴직자에게 실제로 지급하는 퇴직급여가 순자산감소로 손금이 된다고 볼 수도 있다. 그러나 확정기여형과 균형을 맞추고 또 종래에는 퇴직급여충당금 전입액도 손금이었다는 입법사를[187] 생각한다면 사용자가 납부하는 부담금이 손금이고 실제 퇴직급여지급액은 손금이 아니라고 풀이하더라도[188] 법 제19조의 범위를 넘어가는 불합리한 해석은 아니다. 적립금 원리금(元利金)이 퇴직급여로 지급해야 할 금액을 넘어간다면 그 부분은 사용자의 임의적 저축일 뿐이므로 손금이 아니다. 나아가 도산절차에 들어가서 적립금 원리금이 근로자 아닌 다른 채권자에게 넘어가는 부분은 결국 퇴직급여로 지급되는 것이 아니다. 금융기관 등으로부터 꾼 돈의 변제일 뿐이라면 기왕 손금산입했던 부담금을 익금산입해야 한다.

4. 확정급여형 퇴직연금 제도에서 사용자 부담금의 손금산입은 사업연도 말 현재 남아있는 적립금 원리금(元利金)이 같은 날 현재의 가치로 쳐서 장차 임직원에게 지급할 퇴직급여 채무액을 넘을 수 없다는 한도에 걸린다. 그런데 아직 멀쩡히 근무하는 사람들이 언제 그만둘지를 따져서 장차 지급할 퇴직급여 채무액을 추산해내고 다시 그 현재가치를[189] 구하기란 어렵다. 이 작업은 회계사들도 못 해서 보험계리사(actuary)라는 전문직업이 따로 있다. 대안은, 좀 비현실적인 가정이기는 하지만 모든 임직원이 당장 퇴직하는 경우 지급해야 할 퇴직급여를 계산해서 상한으로 쓰는 것이다. 대통령령은 두 대안을 다 따져서 더 큰 쪽을 상한으로 삼고 있다. 종래의 퇴직급

181) 법인세법시행령 제44조의2 제3항; 제22장 제1절 Ⅶ.
182) 근로자퇴직급여보장법 제16조 제4항.
183) 기업회계에서도 사외적립한 회사자산으로 처리. 기업회계기준서 2114호 3문단, 13문단.
184) 근로자퇴직급여보장법 제12조 제1항.
185) 채무자 회생 및 파산에 관한 법률, 제415조의2.
186) 근로자퇴직급여보장법 제12조 제2항.
187) 이 책 제13판(2015), 제19장 제4절 II. 부담금 납부시 (차) 부담금(손금) + 사외적립자산 (대) 현금 + 퇴직연금충당금. 퇴직급여 지급시에는 (차) 퇴직연금충당금 (대) 사외적립자산
188) 법인세법 제33조 제1항의 유추적용. 법인세법시행령 제44조의2 제2항, 제3항; 소득세법시행령 제55조 제1항 제10호의2, 제3항.
189) 현재가치 변동액은 기타포괄손익.

여충당금이 아직 남아있는 것은 그만큼을 빼고 상한을 계산한다.[190] 예를 들어, 퇴직금추계액이 10억원이고 종래의 제도에 따라 이미 손금산입한 퇴직급여충당금 잔액이 4억원이라고 하자. 납세의무자는 차액 6억원을 마련하기에 필요한 범위까지 출연금, 보험료, 신탁기여금 따위를 손금산입할 수 있다. 보험이나 신탁상품의 수익률을 생각하면 불입액 가운데 손금산입 한도는 6억원보다 낮은 금액이 된다.

190) 법인세법시행령 제44조의2 제2항, 제3항; 소득세법시행령 제55조 제1항 제10호의2, 제3항.

제 20 장 금융거래의 손익

이미 보았듯 오늘날의 소득세제는 대개 금융자산을 채권과 주식으로 나누어, 달리 말하면 투자에 따르는 길미를 확정손익과 미확정손익으로 나눈다. 전자는 시간의 경과에 따라 연속적으로 과세하고 후자는 실현주의로 법정과실과 양도차익을 각각 과세한다. 그러나, 이 장에서 보듯 우리 현행법은 금융자산에서 생기는 손익의 귀속시기를 현금의 흐름에 맞추고 있다. 금융기관의 원천징수(源泉徵收)로 세금을 손쉽게 걷자는 생각. 징세(徵稅)가 그 자체 절대적으로 중요한 문제이기는 하나, 손익의 귀속시기만 본다면 결과적으로 우리 현행법은 확정손익과 미확정손익을 구별하지 않고 무조건 양도차익으로 과세하는 1930년대 꼴의 법제가 되어 손익의 조작을 가능하게 하고 담세력을 제대로 재지 못한다. 한편, 확정손익과 미확정손익을 구별하여 실현주의의 적용범위를 줄이는 제도 역시 오늘날에 이르러서는 근본적 모순에 빠지게 되었다. 원래 채권과 주식, 부채와 자본이라는 구별은 금융의 법률관계가 극히 단순하던 19세기의 산물이다. 오늘날에 와서는 파생금융상품이 보여 주듯, 금융에 관한 온갖 법률관계가 생겨나 채권과 주식의 구별이 무의미하게 되었고, 그에 따라 온갖 꼴로 손익을 조작할 수 있게 되었다.

우선 제1절은, 현행법이 이자를 대표로 하는 확정손익의 귀속시기를 현금주의로 정하고 있음을 보이고, 이에는 원천징수라는 아주 중요한 이유가 있지만 결과적으로 손익을 왜곡함을 보여 준다. 제2절은, 주식과 같은 출자관계에서 생기는 미확정소득을 다룬다. 제3절은 확정소득과 미확정소득의 구별이 안고 있는 모순을 투자신탁과 같은 간접투자와 파생금융상품이라는 두 가지 예로 분석하고, 더 근본적으로 채권과 주식이라는 구별 자체가 애초에 인위적 자의적 구별에 지나지 않음을 밝힌다.

제1절 이자 기타 확정소득

익금과 손금의 귀속 사업연도는 그 익금과 손금이 확정된 날이 속하는 사업연도로 한다는 법인세법의 규정에[1] 터잡아, 같은 법 시행령은 법인이 수입하는 이자 및 할인액의 귀속 사업연도를 수입(收入)시기를 기준으로 정하고 있다.[2] 소득세법시행령에 정한 수입시기란 금융자산을 법률적 종류별로 나눈 뒤, 종류마다 따로 정해 놓은 것이다.[3] 그 구체적 내용은 이자 및 할인액의 귀속시기를 원천징수시기와 맞추어 놓은 것으로, 결과적으로는 현금주의(現金主義)와 같아진다. 예외적 시가평가는 제18장 제4절 VII. 리스계약은 제21장 제3절.

I. 이자의 개념과 귀속시기

1. 이자의 뜻과 귀속시기

민사법의 의미로 "利子"란 "일정한 금액의 돈(또는 쌀과 같은 대체물)을 사용하는 대가로 원본액과 사용기간에 따라 지급하는 돈(또는 대체물)" 정도의 뜻이다. 어떤 사람(채권자)이 다른 사람(채무자)에게 돈 100원을 연리 10% 복리 조건으로 2년 동안 꿔 준다면, 만기에 받을 원리금은 $100 \times (1+0.1)^2 = 121$원이 된다. 이 사람이 얻는 이자소득은 첫해와 이듬해에 각각 얼마인가? 실현이라는 개념을 현금화 내지 원본에서 분리된다는 뜻으로 생각한다면, 첫해에는 소득이 없고 이듬해에 가서 소득이 21원. 그런데 두 해 뒤에 121원을 받는 것은 한 해 뒤에 이자 10원을 실제로 받아서 원리금 110원을 다시 한 해 꿔주는 것이랑 똑같은데? 10원을 바로 원본에 산입하면 소득이 (0원, 21원), 10원을 받았다고 다시 꿔주면 소득이 (10원, 11원), 이렇게 되네. 납세의무자더러 마음대로 하나 고르라고 할까? 이자소득의 과세시기란 어떻게 정해야 하려나.

2. 시간의 경과

우선 민사법의 시각에서 이자채권이라는 권리와 그 금액은 언제 확정되는가? 이자란 시간이 흐르는 만큼 불어난다. 시간이 흐르는 만큼 권리가 발생하고 금액이 특정된

1) 법인세법 제40조 제1항, 제2항; 소득세법 제39조 제1항, 제6항도 같다.
2) 법인세법시행령 제70조 제1항 제1호; 소득세법시행령 제45조.
3) 소득세법시행령 제45조.

다. 이리하여 미국법에서는 해마다 미수(未收)이자를 계산하여 그 해의 과세소득에 포함한다. 앞의 예에서는 첫해의 이자소득이 10원 이듬해의 이자소득이 11원이 된다. 분개로 나타내자면 첫해에 차변에 미수이자 10원 대변에 이자소득 10원을, 이듬해에 현금 21원을 받을 때에는 차변에 현금 21원, 대변에 미수이자 10원과 이자소득 11원을 잡게 된다.[4] 기업회계에서도 미수이자를 계상함은 마찬가지.

(보기: 기업회계) 01. 4. 1. 서울(주)는 액면이 100,000원이고, 이자율이 연 12%인 국채를 사들였다. 이 국채의 이자는 해마다 3월 31일과 9월 30일에 각 연 6%씩을 지급하는 조건이고, 지금까지 이자는 전혀 연체된 적이 없다. 기업회계상 01. 9. 30.의 분개, 01. 12. 31.에 가서 01년의 이자소득을 계산하기 위한 결산분개, 02. 3. 31.의 분개를 표시하라.

(풀이)

01. 9. 30.	현금	6,000	이자소득	6,000
01. 12. 31.	미수이자	3,000	이자소득	3,000
02. 3. 31.	현금	6,000	미수이자	3,000
			이자소득	3,000

3. 이자소득의 과세시기 = 원천징수시기

그러나, 기업회계나 미국법과 달리 우리 법에서는 발생주의로 시간이 흐른 만큼 이자소득을 과세하기가 어렵다. 왜? 우리 현행법에서는 원천징수(源泉徵收)라는 절차적 필요가 이자소득의 과세시기 문제를 압도해 버리는 까닭. 제11장 제6절.

원천징수대상이 되는 이자나 할인액의 귀속시기를 발생(發生)주의 그대로 정한다면 어떻게 될까? 원천납세의무자가 발생주의로 이자소득을 익금에 산입하여 세금을 납부하면, 뒤에 이자를 실제 지급받을 때에는 세액을 원천징수당하지 않아야 옳다. 국가와 원천납세의무자 사이에서 이미 세금을 정산했으니. "합산되어 종합소득에 대한 소득세가 과세된 경우에 … 원천징수하지 아니한다."[5] 이자소득을 지급하는 자더러 지급받는 자가 당해 이자소득의 전부나 일부를 이미 발생주의 기준으로 익금에 산입했는지를 일일이 확인하라고 한다면 금융거래가 모두 마비된다. 이 결과를 피하자면? 이자소득의 과세시기 자체를 원천징수시기로 맞추어서 이자를 주고받는 시기로, 현금(現金)주의로 맞추는 수밖에 없다. 위 보기라면 01년의 이자소득은 9,000원이 아니라

4) 중간에 처분한다면 보유기간분 이자상당액을 익금산입한다. 미국재무부 규칙 1.61-7(d).

5) 제5장 제6절 Ⅰ. 2. 소득세법 제155조. 대법원 2014. 10. 27. 선고 2013다36347 판결.

9.30.에 받은 6,000원. 개인이든 법인이든 지급받는 이자소득의 과세시기는 결국 원천징수시기 곧 원금(元金)에 산입(算入)하거나 따로 지급받는 때이다.[6] 돈 꾼 사람이나 회사가 금융기관에 지급하는 대출이자에는 원천징수의무가 없으므로,[7] 금융기관이 받는 이자는 발생주의로 과세하고 선수이자를 과세하지 않는다.[8]

금융소득의 가장 원초적 형태인 이자와 현금주의가 어울리지 않음은 물론이다. 과세시기를 미루어 주는 결과가 생기지만, 근로소득이든 이자소득이든 분리과세라면 원천징수는 필연. 종합과세에서도 절대적으로 중요한 징세방법이다. 돌아가서 Addington 소득세가[9] 왜 생겼는가, 우리 소득세법의 밑바탕인 제한적 소득개념이 왜 생겼는가를 생각해 보라. 미국법이 이자소득을 발생주의로 과세할 수 있는 이유는, 미국에서는 금융소득이 원천징수대상이 아닌 까닭이다.[10] 어쨌든, 손익의 귀속시기 문제만 따진다면 우리 현행법이 이자소득의 과세에서 담세력을 제대로 반영하지 못하고 뒤에 보듯 가공손익을 낳을 수 있다.

4. 이자소득의 과세시기와 대손(貸損)

약정일에 이자를 받지 못하는 경우에는 언제 이자소득을 익금산입해야 하는가? 판례는 개인과 법인을 나누고 있다. 법인(法人)이 받는 소득이라면 "대여금에 대한 이자채권이 현실적으로 실현될 가능성이 없다고 할지라도 이는 회수불능으로 확정된 때에 대손금으로 처리할 수 있는 사유가 될 뿐이지 이로 인하여 수입이자의 귀속시기에 영향을 미치는 것은 아니다."[11] 다른 한편 개인(個人)의 이자소득에 관하여는,[12] "금원(金員)의[13] 대여로 이자 상당의 소득을 얻는 경우 단지 이자약정 아래 금원을 대여했다는 사정만으로는, 그 이자지급시기가 도래했음을 이유로 소득이 현실적으로 발생한 것으로 보아 이를 과세할 수는 없다"고 한다.[14] 채무자가 회생절차에 들어가 이자

---

6) 기명식 공채나 사채 이자는 약정에 의한 지급일. 예금, 적금은 실제로 이자를 지급받는 날이되, 원본에 전입한다는 특약이 있으면 원본에 전입된 날. 비영업대금의 이익을 익금에 산입하는 시기는 약정에 의한 이자지급일이지만, 약정이 없거나 약정된 날 전에 이자를 지급받는 때에는 실제지급일. 그 밖의 소득으로 금전의 사용에 따른 대가의 성격이 있는 것은 약정에 의한 상환일, 다만 기일전에 상환하는 때에는 그 상환일. 법인세법시행령 제70조 제1항 제1호 본문; 소득세법시행령 제45조.

7) 법인세법 제73조 제1항. 보유기간이자는 아래 III. 금융보험업의 수입금액에도 원천징수세를 매길 수 있는 여지를 열어두고 있기는 하다.

8) 법인세법시행령 제70조 제1항 제1호 단서.

9) 제7장 제1절.

10) 다만 채권자의 신원을 알 수 없는 경우에는 원천징수한다. 미국세법 3406조(back-up withholding).

11) 대법원 2004. 2. 13. 선고 2002두11479 판결; 2005. 5. 26. 선고 2003두797 판결. 제18장 제2절 Ⅱ.

12) 후발적 경정청구가 미칠 영향은 제6장 제3절 V, 제18장 제2절 II.3.

13) 법률가들이 쓰는 낡은 표현으로 "돈"이라는 뜻이다.

14) 대법원 1993. 12. 14. 선고 93누4649 판결; 2012. 6. 28. 선고 2010두9433 판결. 제11장 제4절 II.2.

채권이 회생채권에 포함되었다면 이자소득은 아직 과세할 수 없다.[15] 그러나 만약 "원리금을 초과하는 담보물을 취득하고서 금원을 대여한 경우에는 이자지급시기가 도래하기만 하면 그에 의하여 발생한 이자채권은 특별한 사정이 없는 한 그 소득의 실현가능성이 객관적으로 보아 상당히 높은 것이므로 과세관청으로서도 그때 소득이 있는 것으로 보아 과세할 수 있다."[16] 한편, 채권자가 채무자에게 대여한 "원금 3억8천만원에 터잡아 시가 3억9천만원의 부동산을 담보로 잡았다가 소유권 이전등기를 받았지만 선순위채권 2억1,180만원이 있다면 그 담보물을 처분하여도 그 원금채권을 회수하기에도 미치지 못할 것"이므로, 이자소득은 발생하지 않았다고 한다.[17] 이자제한법(利子制限法)을 초과하여 무효인 부분의 이자는 "약정한 이행기가 도래했다고 하더라도 채권이 발생할 여지가 없고 다만 채무자의 임의의 지급을 기대할 수 있을 뿐이므로 그 수입실현의 개연성이 있다고는 할 수 없고, 따라서 제한초과의 이자는 현실로 지급된 때에는 과세의 대상이 되는 소득을 구성하게 되나 비록 약정의 이행기가 도래하여도 아직 미지급된 이상" 과세할 수 없다고 한다.[18] 후발적 경정청구가 미칠 영향은 두고 볼 일. 제6장 제3절 IV.

Ⅱ. 할인액과 환매조건부 매매차익의 귀속시기

1. 발행시장의 할인

채권(債券)의 발행가액이 반드시 액면금액은 아니다. 높을 수도 있고 낮을 수도 있다. 발행가액이 액면보다 낮으면 할인(割引)발행, 높으면 할증(割增)발행이라 부른다. 예를 들어, 액면 10,000원 만기 2년짜리 채권이 무이자부 채권이라면 발행가액은 액면보다 낮을 수밖에 없다. 이런 채권이 8,264원에 발행되었다면, 1,736원을 할인액(OID: original issue discount)이라 부른다.

민사법 이론에서는, 사채(社債)계약의 성질을 채권의 매매(賣買)라고 생각하는 사람이 많다.[19] 이런 생각을 세법에 그대로 끌어들이면, 예를 들어 액면 10,000원짜리 이

15) 대법원 1987. 5. 26. 선고 86누357 판결; 1990. 2. 13. 선고 89누152 판결.

16) 대법원 1993. 12. 14. 선고 93누4649 판결.

17) 대법원 1988. 9. 20. 선고 86누118 판결. 일본 最高裁判所 1974(昭和 49). 3. 8. 선고 昭和43(オ)314 판결. 제6장 제3절 IV.

18) 대법원 1984. 3. 13. 선고 83누720 판결; 1985. 7. 23. 선고 85누323 판결. 소득세 사건이다.

19) 상법상 사채계약의 성질에 대한 학설은 소비대차설, 소비대차와 유사한 무명계약이라는 설, 채권매매설, 매출발행의 경우에는 채권매매이나 그 밖의 경우에는 소비대차와 유사한 무명계약이라는 설 등이 있다.

자 없는 채권을 8,264원에 샀다가 만기에 10,000원을 상환받는다면, 이 거래에서는 양도차익 1,736원이 생기게 된다. 8,264원을 주고 산 자산을 10,000원에 팔았으므로, 양도차익 1,736원은 자산처분(=채권상환) 시점에 가서 과세하여야 한다고 생각하게 된다. 제18장 제4절 I. 이 생각을 분개의 형식으로 적자면,

(취득시)	유가증권	8,264	현금	8,264
(상환시)	현금	10,000	유가증권	8,264
			처분이익	1,736

그러나 매매라는 겉모습을 중시하는 사고는 거래의 실질과 부딪히게 된다. 액면 10,000원인 채권이 얼마에 발행되는가, 뒤집어 말하면 얼마에 팔릴 것인가는 이자율이 얼마인가에 달려 있다. 생각을 쉽게 하기 위해 시중은행의 이자율이 연 10%인 상황에서 어떤 회사가 만기 2년짜리 社債를 발행하려 하고, 이 회사의 신용이 은행과 같다고 하자.(더 정확히 표현하면, 사채를 발행하려는 회사와 위험도가 같은 다른 투자안의 수익률이 연 10%라 가정한다는 말이다.) 이 사채의 이율이 연 10%라면, 이 사채는 10,000원에 팔리게 되어 할인액이나 할증액이 생기지 않는다. 투자자의 입장에서는, 이 사채를 사나 은행에 예금을 하나 어느 쪽이든 2년 뒤 $10,000 \times 1.1^2 = 12,100$원을 받게 되는 까닭이다. 이 사채가 이자를 아예 주지 않는 이른바 zero coupon bond라면 얼마에 팔릴까? 사채를 사는 사람은 이자는 받지 않고 2년 뒤 원금 10,000원만을 받는다. 따라서 사채의 발행가액은 투자자가 2년 뒤 10,000원을 받으려면 은행에 얼마를 예금해야 하는가의 문제가 되고, 답은 $10,000/1.1^2 = 8,264$원. 곧 할인율이 연 10%라면 2년 뒤의 돈 10,000원은 당장의 돈 8,264원과 같은 값어치를 가진다. 8,264원으로 이 사채를 사지 않고 은행에 투자한다면 2년 뒤에는 $8,264 \times 1.1^2 = 10,000$을 받게 됨을 생각하면, 금융시장이 제대로 작동하는 이상 이 사채의 가격은 8,264원이 될 수밖에 없다.

이와 같이 생각하면, 채권의 액면이자율과 시장이자율이 달라 생긴 액면가액과 발행가액의 차이는 경제적 실질이 이자(利子)이다. 액면 10,000원짜리 이자 없는 회사채를 8,264원을 주고 사는 것이나, 같은 돈을 은행에 예금하는 것이나 실효이자율 10%로 돈을 꿔 준다는 본질에는 차이가 없다. 이런 실질을 기준으로 따진다면, 이 회사채에 투자하여 생기는 이자소득은 연 얼마인가? 이 거래의 실질을 연 10%의 이율로 돈을 꿔 주는 것이라 본다면, 첫해의 이자소득은 $8,264 \times 10\% = 826$원이 된다. 이듬해의 이자소득은 얼마인가? $8,264 + 826 = 9,090$원에 대해 10% 이자가 붙는 것이므로, 이듬해의 이자는 909원이 된다. 따라서 이듬해 말 현재 원금은 $9,090 + 909 = 10,000$원(단

수정리)이 되며 이 돈을 이듬해 말에 현금으로 돌려받으므로 계산은 딱 들어맞는다. 사실 이자의 본질은, 채권자 내지 투자자가 당장 일정한 금액의 현금을 포기하고 장차 일정한 금액의 현금을 받는 것이다. 과학적 정의를 내린다면 이자란 두 시점 사이의 현금흐름을 맞바꾸는 경우 그 차액, 곧 돈의 시간가치를 뜻한다. 민사법 이론이 이자라는 말을 "원본과 사용기간에 따라 원본에 더하여 받는 돈" 정도로 정의하게 된 것은, 두 시점 사이의 현금흐름을 맞바꾸는 계약의 전형이 예금(소비임치)이나 비영업대금(금전소비대차)인 까닭이다. 이런 정의는 소비임치나 소비대차를 전제로 한 것이다.

할인발행은 채권만이 아니라 어음에서도 있을 수 있다. 어음은 대개 물건값을 치르려는 목적으로 발행함이 보통이지만, 금융 목적으로 어음을 발행하는 경우도 있을 수 있다. 법률상의 구분이 아닌 속된 말로 전자를 일컬어 물대(物代)어음, 진성(眞性)어음 또는 상업어음, 후자는 융통어음이나 금융어음.[20] (기업회계에서는 물대어음 내지 진성어음은 매출채권과 매입채무에 포함하고, 융통어음은 대여금과 차입금에 포함한다.) 어음의 발행목적이 무엇인가는 어음의 법률적 성질에 아무런 차이를 안 미치지만, 현실적으로는 위 구분은 특히 우리나라에서는 오랫동안 중요한 문제였다. 신용이 낮아 은행에서 돈을 꾸기 어려운 기업도, 매매거래에 따른 세금계산서를 붙이는 등의 방법으로 진성어음임을 입증하면 은행이 어음을 할인해 주는 제도를 오랫동안 유지했던 까닭이다. 금융목적으로 발행하는 어음은 종래에는 제도권 금융기관에서 할인을 거부했기에 시장성이 없어 별로 유통되지 않았다. 그러다가, 제도권 금융기관을 통한 매출이라는 형식으로 융통어음에 시장을 만들어 준 제도가 이른바 "신종 기업어음"(Commercial Paper)이었다. 금융자유화가 대폭 진전된 오늘날에 와서는 거의 옛날 이야기. 어쨌든, 금융목적으로 어음을 발행한다면 앞 문단의 분석이 그대로 적용된다.

2. 유통시장의 할인

증권의 가격이 이자를 반영함은, 채권이나 어음이 발행된 뒤 이를 나중에 流通市

---

20) 한편, 법률가들 사이에 쓰는 용어로 융통어음이라는 말은 금융 목적으로 발행한 어음 가운데에서도 이른바 대(貸)어음이나 공(空)어음이라는 좁은 뜻으로 쓰는 경우가 많다. 곧 어떤 사람(대주=어음발행인)이 다른 사람(차주)에게 자금을 직접 빌려주는 대신 어음을 발행해주고, 차주가 이 어음을 가져가서 은행에서 할인받는 등의 방법으로 자금을 조달하는 경우 생기는 어음이라는 좁은 뜻으로 쓰는 경우가 많다. 대주는 어음발행인의 책임을 다 지지만, 차주에 대해서는 인적항변을 할 수 있다. 둘 사이에서는 돈이 아니라 신용만을 빌려주기로 한 약정이 있는 까닭이다. 공어음은 대개 어느 한 사람이 다른 사람에게 신용을 빌려주는 꼴보다는 둘이 서로 상대방에게 어음을 발행해 주는 기승(騎乘)어음이 된다. 이런 일이 생기는 가장 큰 이유는, 은행이 진성어음만을 할인해 주는 까닭이다. 돈을 꾸려는 회사는 서로 물건을 판 것처럼 허위의 세금계산서를 발행해주고 어음을 교환한 뒤, 이것을 은행에 가져가 할인받는 것이다.

場에서 사들이는 자의 입장에서 보더라도 똑같다. 예를 들어 물건값으로 만기 90일 액면 100만원짜리 어음을 받은 자가 받는 즉시 이 어음을[21] 은행에 가지고 가서 할인받는다고 생각해 보자. 은행은 이 어음을 사는 값을 얼마까지 치르려 할까? 은행의 입장에서 본다면, 앞으로 90일 뒤에 100만원의 현금을 받게 되므로, 액면에서 어음발행인 및 배서인의 신용을 감안한 90일치 이자상당액을 할인한 잔액만을 지급하게 마련이다. 예를 들어 은행이 이 어음을 91만원에 샀다가 만기에 어음과 교환하여 100만원을 받는다면, 은행은 이자상당액 9만원을 얻게 된다. 이 어음할인료 9만원의 귀속시기는 어음의 만기일이다.[22]

3. 입법례: 거래의 실질에 따른 실효이자의 계산

채권이나 어음에 따르는 할인액 내지 할인료를 양도차익으로 과세함이 적절하지 않다는 사실은 이미 몇십 년 전부터 논의되고 입법되어 왔다. 예를 들어 만기 2년 액면 10,000원짜리 무이자 회사채를 1,736원 할인된 8,264원에 사들인 경우, 시장여건에 아무런 변화가 없다면 이 사채의 시가는 한 해 뒤에는 8,264 × (1+0.1) = 9,090원, 두 해 뒤에는 9,090 × (1 + 0.1) = 10,000원으로 올라가게 된다. 1939년의 美國法에 따른 판례는 발생주의 회계방법을 선택한 납세의무자는 양도소득 과세를 허용하는 듯한 당시 법령의 글귀에 불구하고 가치증가액을 해마다 반드시 과세소득에 포함하여야 한다고 풀이했다.[23] 그러나 현금주의를 택한 납세의무자는 여전히 상환 때 가서야 할인액을 소득으로 잡았는데, 사채(社債)나 어음을 발행하는 회사는 발생주의 기준으로 미지급이자를 손금산입할 수 있었기에, 세법상 불균형이 있었다. 1969년 개정법은 발행회사 및 투자자 모두에게 할인액을 보유기간에 걸쳐 정액법으로 나누어 각 손금과 익금으로 잡도록 정했다.[24] 위 예로 따진다면 1,736원이라는 할인액을 둘로 나누어 첫해와 이듬해에 각 868원씩 손금과 익금에 잡게 된다. 더 나아가 1984년의 개정법은 정액법의 사용을 금하고 실효(實效)이자율로[25] 계산한 이자상당액을 손익에 반영하도록 했

21) 법은 이런 어음에 대해서는 이자약정을 금지하고 있다. 발행 당시 만기가 언제인지 미리 알 수 있는 이상 이자상당액을 원금에 미리 가산할 수 있는 까닭. 어음법 제5조 제1항, 제77조 제2항.

22) 대법원 1990. 7. 10. 선고 89누4048 판결; 2007. 10. 26. 선고 2006두16137 판결.

23) 법령 문언상의 선택권에 불구하고 반드시 포함하라는 판결로 US v. Midland-Ross Corp., 381 US 54 가운데 65쪽(1965). 한편 1939년 개정 전의 옛 법의 해석상 실효이자율법을 받아들이지 않았던 판결로 Old Company Railroad v. CIR, 284 US 552(1932), 특히 560-561쪽.

24) Tax Reform Act of 1969.

25) effective interest rate. 기업회계에서는 유효이자율이라 부르고 있다. 기업회계기준서 제1109호 5.4.1문단 등. 제19장 제2절 I. 유가증권보유기간 동안 같은 이자율로 수익을 계산한다는 뜻에서 미국법은 constant interest rate라는 말을 쓴다.

다. 앞의 예에서는 첫해에 손익에 반영할 금액은 8,264 × 0.1 = 826원, 이듬해 손익에 반영할 금액은 (8,264 + 864) × 0.1 = 910원, 계 1,736원이 된다.[26] 그 뒤 1984년 개정법은 실효이자율에 따른 계산을 외상판매 기타 거의 모든 장기 금융상품이나 장기 계약으로 넓혀 적용하고 있다.[27]

4. 현 행 법

이와 달리 우리 세법은 현금흐름을 기준으로 이자소득을 과세한다. 예를 들어 현금 9,132원을 주고 산 액면 10,000원짜리 사채를 가지고, 한 해 뒤 500원, 두 해 뒤 만기에 다시 500원이라는 이자를 받고 같은 만기에 액면 10,000원을 받는다면, 각 사업연도의 익금은 얼마인가? 앞에서 보았듯 채권의 권면에 표시된 이자는 이를 지급받는 날에, 할인액은 이를 지급받는 날인 채권의 상환일에 과세한다.[28] 위 예에서는 500원이라는 이자는 각 지급을 받은 날, 868원이라는 할인액은 사채가 만기 또는 조기 상환되는 날이 과세시기이다. 채권의 중도 매매는 아래 III. 발행자의 손금산입은 아래 IV.

경제적 실질을 따지면 채권의 권면에 표시된 이자와 할인액은 경제적 의미의 이자가 법률적 껍질을 달리한 것일 뿐이므로, 이자와 할인액을 각각 가를 일이 아니고 두 가지를 묶어 발생주의로 과세하여야 소득이 실질대로 계산됨은 물론이다. 그러나 전형적 이자도 현금(現金)주의로 과세하는 마당에, 할인액은 現金주의로 과세할 수밖에 없다. 이미 보았듯 원천징수가 이자소득의 개념 및 과세시기를 압도한 것.

기업회계(企業會計)는 경제적 실질을 중시하여, 만기까지 보유할 장기투자목적의 채권은 각 사업연도의 손익을 실효이자율로 계산한다.[29] 예를 들어, 액면 10,000원 만기 2년에 5% 이자가 붙는 회사채를 발행한다고 하자. 이 사채를 사는 사람은 1년 뒤에 500원, 2년 뒤에 500원 더하기 10,000원의 현금흐름을 받게 된다. 할인율이 연 10%라면 1년 뒤의 돈 500원의 현재가치는 500/1.1 = 455원이고, 2년 뒤의 돈 500원의 현재가치는 $500/1.1^2$ = 413원이며, 2년 뒤의 원금 10,000원의 현재가치는 8,264원이므로, 이 사채의 발행가액(=현재가치)은 9,132원이 된다. 9,132원을 은행에 예금한 사람은 2년 뒤 $9{,}132 \times 1.1^2$ = 11,050원의 원리금을 받게 된다. 같은 돈을 주고 사채를 산 사람 역시 2년 뒤에 받는 원리금 10,500원과 그로부터 한 해 전에 받은 500원에 1년치 이자가

26) 미국세법 1272조.

27) 미국세법 1275조(a)(1)(A); 미국 재무부 규칙 1.1275-1(d)조.

28) 대법원 2007. 10. 26. 선고 2006두16137 판결.

29) 기업회계기준서 제1109호 4.1.2문단, 5.4문단. 예전에는 실효이자율법과 중요한 차이가 나지 않을 때는 정액법을 적용할 수 있었다. 국제회계기준에서는 금융상품 포트폴리오의 이자율 위험에 대한 공정가액위험회피회계 적용 등의 매우 제한된 경우에만 정액법 상각을 허용한다. 기업회계기준서 제1039호 92문단.

붙은 550원을 합한 11,050원의 돈을 가지고 있게 되어, 금융시장은 균형을 이룬다. 결국, 첫해에는 원금 9,132원에 이자 913원이 붙는데 이 이자 가운데에서 500원은 첫해 말에 현금으로 받고 나머지 413원은 원금에 가산하는 셈이 된다. 이듬해에는 9,132 + 413 = 9,545원에 대해 10% 이자가 붙는 것이므로, 이자가 955원이 된다. 이듬해 말에 이자조로 받은 돈 500원을 제하면, 이듬해 말 현재 원금에 가산할 돈은 455원이 되고, 따라서 이듬해 말 현재 원금은 9,132 + 413 + 455 = 10,000원이 되며 이 돈을 이듬해 말에 현금으로 돌려받게 된다. 사채권자의 입장에서 위 거래와 세무조정도 분개형식으로 적어보면 다음과 같다. '사채'라고 적었지만 국제회계기준에서는 상각후원가측정금융자산이라는 낯선 이름을 쓴다.

(취득시)	사채	9,132원	현금	9,132원
(1년 뒤)	현금 500원 + 사채 413원		이자소득	913원
	이자소득	413원	사채	413원

*이자소득 가운데 413원은 익금불산입 (-) 유보하므로 현금주의로 500원 과세.

(2년 뒤)	현금 500원 + 사채 455원		이자소득	955원
	현금	10,000원	사채	10,000원

* 9,132 + 413 + 455 = 10,000. 기업회계에서는 상환손익이 영(0).

이자소득	455원	사채	455원
현금	10,000원	사채 9,132원+이자소득 868원	

*이자소득 가운데 455원은 익금불산입 (-) 유보하므로 현금주의로 500원 과세.
(-)유보했던 413 + 455 = 868원은 익금산입(할인료=이자소득) 유보(413 + 455 = 10,000 - 9,132 = 868)

한편, 사채를 발행한 회사의 입장에서 보면, 결산을 확정할 때 이미 경과한 기간에 대응하는 이자나 할인료를 당해 사업연도의 손금(損金)으로 계상(計上)한 경우에는 그 계상한 사업연도의 손금으로 한다.[30] 따라서 액면이자 500원뿐만 아니라 실효이자율로 계산한 상각액 413원과 455원도 그대로 손금. 기업회계 실무에서는 회사채의 할인 또는 할증발행이라는 법률적 형식과 조화를 꾀해서, 사채의 액면가액을 부채로 잡은 뒤 액면과 발행가액의 차액을 사채할인(割引)발행차금(差金) 또는 할증(割增)발행差金으로 따로 적어서 사채에 가감한다. 이런 差金은 사채약정 속에 들어있는 실효

30) 대법원 2014. 4. 10. 선고 2013두25344 판결은 얼핏 보면 본문과 달리 풀이하는 것처럼 읽히지만 그런 뜻이 아니다. 아래 제3절 Ⅱ. 1. 법인세법시행령 제70조 제1항 제2호 단서.

이자율로 상각한다. 이하에서는 앞 사채권자의 보기나 마찬가지로 사채할인발행차금 금액을 아예 사채발행액에 가감해서 발행당시 사채금액을 9,132원이라고 적는다. 오히려 생각하기가 더 쉽다. 그 뒤 이자로 500원만 주면서 913원이나 955원을 잡는 것은 차액 413원이나 455원이 사채 원리금에 덧붙는 것.

(보기) 대여(주)는 차입(주)가 발행하는 회사채를 제1차년 1월 1일 취득했다. 회사채의 액면은 1억원이고, 만기는 제5차년 12월 31일이며, 제1차년 12월 31일부터 시작하여 만기일까지 5년간 해마다 12월 31일에 연 10% 이자를 지급하는 조건이다. 채권 취득일 현재 차입(주)에 적용되는 시장이자율은 연 12%로서, 사채의 발행가격은 12%의 할인율을 적용하여 계산하고 그 값대로 발행했다.

(가) 회사채의 발행가격을 구하라.

(나) 대여(주)의 입장에서 본 취득시의 분개와 차입(주)의 입장에서 본 발행시의 분개를 표시하라.[31)]

(다) 제1차년에 대여(주)가 이자소득으로 익금산입할 금액은 얼마인가를 각각 12. 31.의 기업회계상 분개와 세무조정 형식으로 표시하고, 그 후 해마다의 이자소득의 금액을 구하라.

(풀이)

(가) 이자의 현재가치

$= 10{,}000{,}000/(1+0.12) + 10{,}000{,}000/(1+0.12)^2 + \cdots + 10{,}000{,}000/(1+0.12)^5$

= 36,047,800원 (등비수열 공식을 쓰거나 이를 미리 계산해 놓은 현가표를 쓰면 쉽게 구할 수 있다.)

원금의 현재가치 $= 100{,}000{,}000/(1+0.12)^5 = 56{,}743{,}000$원

원리금 전체의 현재가치 = 92,790,800원(할인액 = 7,209,200원)

(나) 대여(주):	투자유가증권(채권)	92,790,800	현금	92,790,800
차입(주):	현금	92,790,800	회사채	92.790,800
(다) 대여(주):	현금	10,000,000	이자소득	11,134,896*
	투자유가증권	1,134,896		

*92,790,800 × 12% = 11,134,836

**이자소득중 현금미수입분 1,134,896원 익금불산입 (-) 유보

31) 발행자는 제 부담인 사채발행비용을 발행가액에서 차감하므로 그 부분만큼 발행자와 사채권자의 계산이 달라진다. 법인세법시행령 제71조 제3항.

부산(주) 이자비용 11,134,896 현금 10,000,000
사채할인발행차금 1,134,896

제2차년: 미회수원리금(재무상태표상 채권가액) = (92,790,800 + 1,134,896)
= 93,925,696

이자소득(비용) = 미회수원리금 × 12% = 11,271,084(그중 1,271,084는 익금불산입 (-) 유보)

마찬가지로 계산하면, 기업회계상 이자의 금액은 제3차년 11,423,614, 제4차년 11,594,447, 제5차년 11,785,771이고, 세법상 이자소득은 각 10,000,000이다. 제5차년에는 할인액, 곧 그동안 익금불산입 (-) 유보했던 금액의 누계 1,134,896 + 1,271,084 + 1,423,614 + 1,594,447 + 1,785,771 = 7,209,200(끝수조정)을 익금산입한다.

한 가지 의문. 사채의 實效利子率은 어떻게 구하지? 앞 보기의 이자계산은 사채발행자에게 적용될 실효이자율을 이미 알고 있었던 덕택 아닌가? 그렇지 않다. 이미 보았듯 발행가격은 사채원리금의 현금 흐름을 할인한 현재가치이다. 따라서, 사채원리금과 사채의 발행가격을 안다면 거꾸로 할인율 내지 이 사채의 실효이자율은 자동적으로 결정된다. 액면 10,000원, 만기 2년, 이율 연 5%라는 조건에 따라 원리금의 현금흐름이 한 해 뒤 500원, 두 해 뒤 500원과 10,000원으로 주어져 있고, 이런 사채가 9,132원에 팔렸음을 알고 있으므로, 할인율은 $500/(1+r) + 500/(1+r)^2 + 10,000/(1+r)^2 = 9,132$의 방정식을 만족시키는 r의 값이다. 이 예에서는 r = 10%가 된다. 제19장 제2절 I.3.

할증(割增)발행의 경우는 어떻게 될까? 발행가격 11,000원을 현금으로 주고 산 사채를 가지고 한 해 뒤 1,500원, 두 해 뒤 만기에 1,500원의 이자를 받고 같은 만기에 액면 10,000원을 받는다면, 각 사업연도의 익금은 얼마인가? 소득세법은 이자소득의 개념을 원천징수와 연결해 놓은 까닭에, 이권(利券)에 따른 금액 1,500원씩을 받을 때마다 그 금액 모두를 이자소득으로 과세하고, 만기에 자산처분손실 1,000원을 손금산입한다고 풀이해야 한다. 글귀를 따지더라도, 법령이 과세시기를 정의하면서 채권의 "이자와 할인액"을 나란히 들고 있으므로, 여기에서 이자란 사채권면(券面) 내지 利券상의 이자라고 풀이할 수밖에 없다. 결과에 있어서는, 할증발행된 채권에 대한 실효세율이 올라가게 된다. 반드시 이 때문은 아니겠지만, 실제로 우리나라에서는 할증발행은 찾기 어렵다.

실효이자율로 이자를 계산하는 것은 시가평가와는 다르다. 사채 취득 당시의 실효이자율을 그대로 쭉 적용하는, 미국법의 용례로 constant interest rate method이다. 사채의 시가는 무위험이자율이나 사채발행자의 신용도에 달려 있으므로 발행당시의 이자율로 가액을 조정하는 것과는 당연히 다르다. 이런 계산을 상각후 '원가' 측정이라고 부르는 것은 이 때문이다.

5. 정 기 금

01. 12. 31. 금융기관에 실효이자율 10%로 10,000원을 넣고 02. 12. 31.에 5,762원 03. 12. 31.에 5,762원을 받는다면 02년과 03년의 소득은 각 얼마씩인가? 실효이자율로 따진 이자상당액은 (1,000원, 524원). 한편 $10,000 = 5,762/1.1 + 5,762/1.1^2 = 5,238 + 4,762$ 이니 이 예금은 5,238원을 넣고 1년 뒤 5,762원을 받는 것과 4,762원을 넣고 2년 뒤 5,762원을 받는 두 가지 예금을 묶은 것이라고 생각하면? "할인액"은 받는 해의 이자소득이라는 소득세법 규정에 맞춘다면 02년 소득이 $5,762 - 5,238 = 524$원, 03년 소득이 $5,762 - 4,762 = 1,000$원으로, (524원, 1000원) 아닐까? 그러나 현재 금융권에서 이런 정기금 계약은 "채권이나 증권의…할인액"이 아니고 연금저축이라는 형태뿐이다. 연금저축이라면 (0원, 1524원). 제11장 제3절.

6. 환매조건부 매매차익

할인액에 관한 분석은 법령에 정한 채권 또는 증권의 還買條件附 賣買差益에도 그대로 적용된다. 채권 또는 증권을, 예를 들어 처음에 100원에 팔면서 그와 동시에 환매약정을 맺어 한 해 뒤에 110원에 사기로 했다면, 이는 액면 110원의 채권을 100원에 할인발행하는 것과 같은 경제적 효과를 낳는다. 사법상의 법률형식만 본다면, 100원에 산(판) 채권이나 증권을 110원에 되파는(되사는) 것이므로 매매차익(손) 10원이 생긴다고 생각하게 된다. 그러나 경제적 실질을 본다면, 처음의 100원은 매매대금이라는 형식으로 매도인(채무자)이 꾼 돈이고 미리 정해진 환매가격은 꾼 돈의 원리금이다. 매수인(채권자)은 중간기간 동안 채권이나 증권의 소유자의 위치에 서지만, 그 실질은 매도담보(賣渡擔保)로[32] 자신이 받을 원리금의 담보물을 확보하고 있는 것이다. 결국, 환매조건부 매매차익의 실질은 이자가 된다. (이자부 채권이나 증권처럼 법정과실이 붙고 이것이 소유자에게 귀속된다면, 그 내용이 환매가격에 반영되게 마련이다.) 법은 환매조건부 매매차익을 약정에 따른 환매일이 속하는 사업연도에 과세하고 있다.[33] 실제 환매가 약정일 전에 이루어지면, 실제 환매일을 기준으로 과세한다.[34] 환

---

32) 제12장 제2절 5.

33) 법인세법 제40조 제2항, 같은 법 시행령 제70조 제1항 제1호; 소득세법시행령 제45조 제7호.

34) 소득세법시행령 제45조 제7호 단서.

매일을 과세시기로 정함은 실현주의와는 무관하고, 과세시기와 원천징수시기를[35] 맞추어 놓은 것이다.

Ⅲ. 채권(債券)이나 어음의 중도 매매

이자와 할인액은 실제로 받는 시점에 가서야 익금에 산입한다는 규칙에는 중요한 예외가 있다. 소득세법은 이자나 할인액을 발생시키는 증권의 보유기간이자 상당액을 이자소득으로 보고, 당해 증권의 매도일 또는 이자 등의 지급일기준으로 귀속시기를 정한다.[36] 투자자가 법인인 경우에는 보유기간별 이자가 얼마인가 그 자체는 현행법에서는 원천징수세액의 계산기준이라는 의미만 있다. 보유기간별 이자상당액의 계산 대상은 이자나 할인액을 발생시키는 채권(債券), 증권,[37] 기타 다른 사람에게 양도가 가능한 일정한 증권을 말한다.[38] 소득세가 면제된 채권은 제외한다.[39] 양도성 예금증서,[40] 상업어음 아닌 어음[41] 등은 포함한다. 여기에서 "상업어음"이라는 말은 이른바 진성(眞性)어음 내지 물대(物代)어음이라는 뜻으로 읽어야 하고, 결국 보유기간 이자상당액의 계산 대상은 기업회계에서 유가증권 내지 투자유가증권으로 구분하는 채권과 거의 일치하게 된다.

1. 보유기간별 이자상당액

保有期間別 利子相當額이란 위와 같은 유가증권에 따르는 이자와 할인액 가운데 납세의무자(투자자) 각자의 보유기간에 상당하는 금액을 말한다. 예를 들어, 어떤 회사가 2××1. 1. 1.에 사채를 발행하되, 발행조건은 액면가액 10억원, 발행가액 10억원, 이율 12%, 만기는 2××2. 1. 1.이고 이자는 만기에 후불하기로 했다고 하자. 앞 Ⅱ에서는 투자자가 사채권을 발행부터 만기까지 그대로 가지고 있는 것으로 전제하고 있었으나, 사채란 본래 불특정 다수인 사이에서 거듭 팔고 팔리도록 예정되어 있는 유가증권이다. 이 사채권을 갑, 을, 병 세 사람이 순차로 각 네 달, 세 달, 다섯 달씩 가지고 있었고,[42]

35) 법인세법 제73조 제1항; 소득세법 제127조 제1항 제1호, 제131조 제2항, 같은 법 시행령 제190조 제2호.

36) 대법원 2017. 12. 22. 선고 2014두2256 판결.

37) 소득세법 제46조 제1항, 제16조 제1항 제1호, 제2호, 제5호, 제6호.

38) 소득세법 제46조 제1항, 같은 법 시행령 제102조 제1항.

39) 소득세법 제46조 제1항, 같은 법 시행령 제102조 제1항 괄호 부분.

40) 소득세법시행령 제102조 제1항 제1호 단서, 같은 법 시행규칙 제53조의2 제1항.

41) 소득세법시행령 제102조 제1항 제4호.

42) 보유기간의 입증은 금융기관의 기록, 매도인(법인인 경우)의 확인, 공증된 계약서 등에 의한다. 소

만기에는 병이 사채권 및 이권과 맞바꾸어 원리금 11억2,000만원을 받아갔다고 하자. 사채의 이자 1억2,000만원을 보유기간에 따라 쪼개면, 세 사람의 보유기간이자 상당액은 각 4,000만원, 3,000만원, 5,000만원이 된다. 법은 갑, 을, 병 세 사람에게 각각 위 금액을 이자소득으로 사채권의 매도일을 기준으로 과세한다.[43] 사채를 액면과 다른 금액으로 할인 또는 할증 발행하는 경우에는, 그런 금액을 이자에 조정한다. 예를 들어 위 사채권의 발행가액이 9억7,000만원이었다면, 이자 1억2,000만원에 할인액 3,000만원을 더한 1억5,000만원을[44] 각자의 보유기간별로 쪼개어 이자상당액을 계산한다. 사채권의 발행가격이 10억5,000만원이라면, 이자 1억2,000만원에서 할증액 5,000만원을 뺀 7,000만원을[45] 갑, 을, 병의 보유기간에 따라 쪼개어야 한다.

2. 금융소득 종합과세와는 어떤 관계?

이자에 대해 발생주의를 포기하고 현금주의로 과세하는 마당에, 각 납세의무자별로 채권의 보유기간을 따져 이자소득을 날짜 단위로 정확히 계산하라니 뭔가 앞뒤가 어긋나네…. 보유기간별 이자를 계산하는 제도는 금융소득 종합과세를 실시하면서 각 투자자별로 이자소득을 계산하여 종합과세 대상인지를 결정해야 한다는 생각에서 나온 것이다. 그러나 사실, 각 투자자에 대해 보유기간별 이자상당액을 계산하는 것이 각 투자자의 소득을 정확히 계산하는 것은 아니다. 보유기간별 이자상당액은 실제로 얻은 소득과는 무관하다.[46] 실제 소득은 각 납세의무자별로 채권의 처분가액에서 취득가액을 뺀 금액일 뿐이다. 앞의 예에서 갑, 을 사이의 매매가격이 10억 + 4,000만원 = 10억4,000만원이 되리라는 보장은 전혀 없다. 채권의 시가는 원리금을 매매일 현재의 할인율로 할인하여 정해지는 까닭이다. 발행시기에 비하여 할인율(자본의 기회비용)이 오르면 채권값은 떨어지고 할인율이 낮아지면 채권값은 오르게 된다.

갑, 을 사이의 매매가격이 예를 들어 10억2,500만원이 되었다고 한다면, 이 실제 매매가격과 10억4,000만원의 차이는 채권의 처분손익이 된다.[47] 곧 갑은 이자소득 4,000만원을 벌었지만 처분손실 1,500만원을 본 셈이 된다. 여기에서 갑이 법인이라면, 현행법에서는 소득을 위와 같이 둘로 나누더라도 의미가 없다. 유가증권양도차익 2,500만원이 생긴다고 보더라도 아무 차이가 없고 보유기간 이자란 원천징수세에서

득세법시행령 제102조 제8항.

43) 소득세법 제133조의2 제1항, 같은 법 시행령 제45조 제10호 및 제193조의2 제3항.

44) 소득세법시행령 제193조의2 제3항.

45) 같은 항.

46) 대법원 2017. 12. 22. 선고 2014두2256 판결.

47) 제11장 제4절 I. 1.

만 쓰는 개념. 갑이 개인이라면 현행법은 4,000만원 부분을 갑의 소득으로 과세하고 채권의 양도차손익에 해당하는 부분은 무시한다. 갑이 금융소득 종합과세 대상자인가라는 판단에서도 이 4,000만원 부분을 금융소득으로 본다.[48] 제10장 제1절 3, 제11장 제4절 I. 1. 4).

3. 원천징수

보유기간별 이자의 계산은 원천징수세와도 맞물려 있다. 2000년까지는 채권발행자가 최종소지인에게 원리금 전액을 지급하면서 원천징수세는 보유기간별 이자에 따라 각 보유자에게서 걷는 세제를 가지고 있었다.[49] 그러다가 2000. 12. 29.의 개정법으로 채권발행자는 이자 전체에 관한 원천징수세를 공제한 잔액을 최종소지인에게 지급하면서,[50] 채권발행자가 납부한 원천징수세를 유통과정에 들어 있는 투자자 각각의 보유기간으로 나누어 각 보유자의 기납부세액으로 의제했다.[51] 그 결과 채권매매가격이 세제외가격으로 형성되어 국제금융에 문제가 생겼다. 다시 2005년부터는 2000년 이전 법으로 돌아가 보유기간별로 원천징수세를 걷게 되었다. 갑, 을, 병의 보유기간 이자가 각 4,000만원, 3,000만원, 5,000만원이었던 앞의 보기에서는 세 사람에게서 걷는 원천징수세액(14%)이[52] 각 560만원, 420만원, 700만원이다.

법은 매수인 및 발행인으로 하여금, 매수대금을 지급할 때 매도인 보유기간분 원천징수세를 공제한 잔액만을 지급하고[53] 이 원천징수세를 국가에 납부하도록 정하고 있지만,[54] 이 원천징수 및 납부의무는 매도인이 개인이고 매수인이 법인인 경우에 한한다.(매도인이 법인이라면 매도인이 원천징수세액 상당액을 자진납부하여야 한다.[55]) 국가가 모든 개인의 경제생활을 관리할 수 없는 이상 자연인에게 원천징수 및 납부의무를 지우는 것은 실익이 없는 까닭이다. 이리하여 을이 병(법인)에게 채권을 팔 때 제 앞 단계의 갑이 누구인가를 밝힐 수 없다면 법은 갑의 보유기간분 원천징수세를 을에게 물린다.[56] 갑, 을, 병이 개인이고 갑, 을의 신원을 병이 밝히지 않는 경우 갑,

48) 제12장 제1절.
49) 상세는 이창희, 법인세와 회계(2000), 281-285쪽.
50) 당시 법인세법 제73조 제1항; 소득세법 제127조 제1항 제1호.
51) 당시 법인세법 제73조 제8항; 소득세법 제46조 제1항.
52) 당시 법인세법 제73조 제1항 제1호; 소득세법 제129조 제1항 제1호.
53) 소득세법 제133조의2 제1항, 옛 소득세법 제46조 제2항.
54) 소득세법 제128조 제1항.
55) 법인세법 제73조의2 제1항. 이 금액은 물론 신고납부시 기납부세액이 된다. 같은 법 제74조 제2항. 채권양도손실이 생기더라도 원천징수의무는 그대로. 대법원 2017. 12. 22. 선고 2014두2256 판결.
56) 소득세법 제46조 제2항, 옛 소득세법 제46조 제3항.

을, 병의 보유기간을 통산하여 병에게 세금을 물림도 마찬가지이다. 병이 앞 단계 보유자의 신원을 밝힐 수 있다면 국가가 그들에게서 바로 세금을 걷을 수 있으므로, 병의 보유기간분에만 세금을 물리게 된다.

Ⅳ. 지급이자의 손금산입과 가공손실

법인이 지급하는 이자나 할인료의 손금산입시기는, II에서 본 익금산입시기와 맞추는 것이 당연하다.[57] 다만, 결산을 확정함에 있어서 이미 경과한 기간에 대응하는 이자나 할인액을 당해 사업연도의 손금(損金)으로 계상(計上)한 경우에는 그 계상한 사업연도의 손금으로 한다는 것이 대통령령.[58]

수입(收入)이자에 대해서는 미수수익을 장부상 수익으로 안 잡고, 지급(支給)이자에 대해서는 미지급이자를 장부상 비용으로 잡을 수 있는가? 조문의 글귀에서는, 수입이자의 귀속시기를 정하는 기준과 지급이자의 귀속시기를 정하는 기준이 반드시 같아야 한다는 규정은 없다. 예를 들어, 어떤 회사가 어느 해 1. 1.에 연리 10%로 은행돈 100억원을 꿔서 역시 은행에 연리 10% 만기 1년으로 정기예금하거나 수익률 10% 고정금리부 회사채를 산다고 하자. 세금이 없다면 이런 거래는 지급이자의 흐름과 수입이자의 흐름이 서로 씻겨 나가 아무런 실질내용이 없는 거래가 된다. 그러나 법인세가 세율 50%로 부과된다면, 이자비용 10억원은 그 해의 소득을 줄이고 수입이자 10억원은 이듬해의 소득에 들어간다. 결과적으로 국가가 그 회사에 5억원을 1년간 무이자로 꿔 주어 이자상당액 5,000만원을 그냥 준 셈이다.[59] 특수관계인 사이에서, 꾸는 회사가 지급이자를 손금산입하고 꿔 주는 회사가 수입이자를 익금불산입하는 문제도 똑같다 (다만 미지급이자는 손금산입 금지[60]). 나아가 특수관계 없는 자 사이의 미지급이자도, 받는 쪽에는 익금불산입하고 주는 쪽에는 손금산입하는 시차 그 자체가 구조적으로 조세중립성을 깬다.

앞의 보기에서는 시차가 1년이지만, 수입이자나 다른 금융소득을 현금주의로 과세하면서 지급이자는 발생주의로 손금산입하여 익금산입시기와 손금산입시기 사이에 큰

57) 법인세법시행령 제70조 제1항 제2호; 소득세법시행령 제45조.

58) 법인세법시행령 제70조 제1항 제2호 단서, 제71조 제3항. 대법원 2018. 2. 28. 선고 2017두68585 판결(기간이자 합리적 추정액).

59) 경제적으로는 실손익이 없음에도 불구하고 세금을 줄일 수 있는 거래를 tax arbitrage라고 부른다. tax arbitrage는 손익의 귀속시기만이 아니라 세법에 논리의 앞뒤가 맞지 않는 곳이 있다면 언제나 만들어 낼 수 있다.

60) 법인세법시행령 제70조 제1항 제2호 괄호 부분.

차이가 있다면[61] 이런 소득조작은 큰 문제가 된다. 특히 저축성보험.[62]

원천징수라는 제약이 없다면 투자자산에 관련된 지급이자 가운데 투자수익을 넘는 금액은 손금불산입하여 두었다가 뒤에 투자수익이 생길 때 가서 손금에 넣어야 맞다.[63] 그렇게 본다면 아예 비(非)과세되는 소득에 관련된 지급이자는 당연히 손금불산입해야 한다.[64] 예를 들어 돈 100억원을 연리 10%로 꾸어 비과세의 수입이자 연 10억원을 받는다면, 지급이자 연 10억원은 손금불산입해야 한다. 이에 대해서는, 비과세되는 금융자산의 수익률 자체가 떨어질 것이고 따라서 arbitrage의 가능성 자체가 없어질 것이라고 지적할 수 있다. 가령 과세되는 금융자산의 수익률이 연 10%라면 비과세되는 금융자산의 수익률이 연 7%로 떨어지는 점에서 금융시장의 균형이 생기게 된다. (비과세자산을 산 사람은 연 3%의 세금을 암묵적으로 내고 있는 셈이다.) 그럼에도 지급이자의 손금산입을 규제하는 까닭은, 이 균형점에서는 세율 10% 구간의 납세의무자나 40% 구간의 납세의무자나 모두 30%라는 세부담을 진다는 불공평한 결과가 생기는 까닭이다.[65] 우리 법에서는 개인의 금융소득에 관련한 지급이자는 아예 필요경비가 아니고 또 이자소득을 비과세하는 경우[66]가 드물지만, tax arbitrage는 반드시 금융소득만이 아니라 비과세소득 일반에 관한 문제점이다.

V. 채권채무의 평가, 처분, 상환

앞 Ⅲ에서도 보았지만 실효이자율에 따라 계산한 소득은 채권채무의 시가평가와 반

61) 가령 보험차익의 과세시기는 보험금을 받는 때이다. 법인세법시행령 제70조; 소득세법시행령 제45조 제8호.

62) 저축성보험의 보험차익에 대한 과세이연을 이용한 사건으로 Knetch v. US, 364 US 361(1960). 60세였던 이 사건 납세의무자는 보험료 400만불을 일시불로 내고 30년이 지나면 종신정기금(나이를 생각하면 실제 가치는 무의미)을 받을 수 있는 연금보험에 가입했다. 보험료 400만불은 보험회사에서 꾸면서 이자는, 보험금의 가치증가액(=400만불에 대한 보험수익률상당액)을 담보로 다시 보험회사에서 차입하여 납부했다. 차입 이자율이 보험수익률보다 높았으므로, 차액(spread)만큼 해마다 손실이 생기지만, 지급이자 전액을 바로 필요경비에 산입해서 줄어드는 세금이 spread보다 더 컸다. 법원은, 지급이자 공제와 보험차익 과세의 시차를 이용한 이런 행위는 절세 이외에는 아무 목적이 없는 sham이므로 애초 이자를 지급한 것이 아니라고(판결문에는 안 나오지만 spread만큼 조세회피 수수료를 지급했을 뿐이라고) 판시했다. 미국 현행법으로는 제264조(a)(3).

63) BEFIT 제13조, 미국세법 1281조, 163조(d). 특히 Knetch 판결과 관련하여서는 일시불로 보험료를 내는 계약에 관한 지급이자는 필요경비에 산입하지 않는다는 특칙이 있다. 미국세법 264조(a)(2). 또 할인발행채권을 사는데 든 자금의 이자는 권면이자와 할인발행차금환입액의 합계액 안에서만 손금산입한다는 규정이 있다. 미국세법 1277조. straddle에 관해서도 특칙이 있다. 미국세법 263조(g).

64) 법인세법 제18조의2 제1항. 미국세법 265조(a)(2).

65) 제2장 제3절 I. 5.

66) 조세특례제한법 제87조 이하.

드시 같지는 않다. 채권 채무의 시가란 미래의 현금 흐름을 현재가치로 할인한 것이고 실효이자율법 역시 미래의 현금 흐름을 할인하는 것인데, 두 가지가 왜 달라질까? 자본의 기회비용 내지 시장이자율이 채권의 발행 당시와 달라지는 까닭이다. 예를 들어 2××1년 12. 30. 현재 채권발행회사의 위험도에 따른 할인율이 10%인 상황에서, 만기 2년 액면 10,000원 이율 연 10%인 회사채를 발행한다면 이 채권의 발행가격은 10,000원이 된다. 바로 그 다음 날, 중앙은행이 기준금리를 더럭 낮추어 금리가 전반적으로 떨어지고, 이 회사의 차입금리도 연 5%로 떨어졌다고 하자. 채권의 가격은 얼마가 될까? 12. 31. 현재의 투자자의 입장에서 본다면, 이 회사와 같은 신용도를 가진 회사에 돈을 꿔준다면 연 5%의 이자를 기대할 수 있지만, 이 회사의 채권은 연 10%의 이자를 낳으므로 값이 오르게 마련이다. 채권의 시가는, 현금흐름 5%로 할인한 값, 곧 $1{,}000/1.05 + 11{,}000/1.05^2 = 10{,}930$원에서 새로운 균형을 찾게 된다.

1. 원가법: 평가차손익≠손익

그렇다면, 과세소득의 계산상 이 채권의 값은 10,930원으로 계상하여, 채권자에게는 930원의 평가익을 익금산입하고 발행회사에는 930원의 평가손을 손금산입해 주어야 하지 않을까? 기업회계(企業會計)에서는 애초부터 만기까지 보유할 요량이라면(상각 후 원가측정 금융자산) 당장 시가가 얼마인가는 어차피 상관없으니 당기손익으로 안 잡는다. 현금대신 잠깐 가지고 있는 채권이나(당기손익 공정가치측정 금융자산)이나 어쩌면 만기까지 보유할 수도 있는 채권(기타포괄손익 공정가치측정 금융자산)이라면 시가(時價)차손익을 잡는다.[67] 시가(앞의 예에서는 10,930원)와 원가(10,000원)의 차액 가운데 기간경과분 미수이자 상당액(10,000원×5%×0일=0원)은 이자수익. 나머지(930원)는 유가증권평가손익으로 현금 대신 잠깐 가지고 있는 채권이라면 당기손익이고 만기까지 보유해도 좋다고 여긴 채권이라면 기타포괄손익이[68] 된다. 기타포괄손익은 결국 실현주의 기준에 따라 당기손익으로 재분류한다. 앞 보기에서 2××1년에 기타포괄손익 930원을 잡은 뒤 2××2년 12. 31. 이자 1,000원을 받고 이 채권을 10,700원에 판다고 하자. 장부가액 10,930원인 채권을 10,700원에 파니 처분손이 230원 생기지만 2××1년에 잡아 둔 기타포괄손익 930원을 당기손익으로 재구분하므로 결국 2××2년의 당기이익으로 700원이 잡힌다. 실현주의 기준으로 2××2년에 10,700 - 10,000 = 700으로 처분익 700원을 잡는 것과 똑같은 결과.

67) 기업회계기준서 1109호 4.1.2A, 4.2.1, 4.2.4, 5.2.1문단.

68) 기업회계의 용례로 각 당기손익인식 공정가치측정 금융자산(단기매매증권), 기타포괄손익인식 공정가치측정 금융자산(매도가능증권)을 나눈다. 기업회계기준서 1109호 4.1.1문단. 일반기업회계기준 제6장.

세법(稅法)은, 시가법을 배제하고 유가증권의 평가는 원가법(原價法)만 쓰도록 정하고 있다(다만 집합투자기구 등은 시가법을 따른다).[69] 따라서, 위 예에서 사채권자는 시가 10,930원인 사채를 10,000원 그대로 평가해야 하고, 평가익 930원은 익금에 안 잡는다. 기간경과분 이자도 실제 받는 날에 가서야 익금에 넣는다.[70] 발행회사의 입장에서도 채무는 시가평가하지 않는 것이 회계관행이다. 유가증권의 처분시에는 처분가액과 원가의 차액이 처분익이 된다. 위 보기에서는 2××2년 처분익이 700원. 취득원가의 계산방법은 개별법, 총평균법, 이동평균법 가운데 하나를 고를 수 있다.[71]

(보기) 다음 거래를 세법에 따라 각 분개하라.

2xx1. 6. 30. 상장법인인 차입(주)가 오늘 현재로 증권시장에서 모집한 만기 2xx6. 7. 1.인 사채 1,000좌 좌당 액면 10,000원짜리를 액면금액으로 사다. 표시이자율은 연 10%이고, 이자는 해마다 7. 1.에 지급한다. 이 사채는 운전자본의 단기운용 목적으로 산 것이다.

2xx1. 12. 31. 利券을 아직 한 장도 떼어 내지 않은 상태에서 위 사채의 시가가 좌당 11,000원이다(기업회계에서는 6개월분 이자소득 500,000원, 평가익 500,000원).

2xx2. 7. 1. 이자 100만원을 받다(기업회계에서는 6개월분 이자소득 500,000원).

2xx2. 12. 31. 사채 전부를 미수이자 부분을 포함하여 좌당 10,500원에 팔다(기업회계에서는 6개월분 이자소득 500,000원, 시가하락손실 500,000원).

(분개)

2xx1. 6. 30.

유가증권	10,000,000	현금	10,000,000

2xx1. 12. 31.

분개 없음.

2xx2. 7. 1.

현금	1,000,000	이자소득	1,000,000

69) 제18장 제4절 VII. 법인세법 제42조 제1항 및 제2항, 같은 법 시행령 제73조 제2호, 제75조 제3항; 소득세법 제39조 제2항, 제6항, 같은 법 시행령 제93조. 법인이 특수관계 있는 개인으로부터 유가증권을 저가로 사들이는 경우에는 차액을 바로 과세한다. 법인세법 제15조 제2항 제1호.

70) 제1절. 법인세법시행령 제70조 제1항 제1호; 소득세법시행령 제45조.

71) 평가방법을 신고하지 않은 경우에는 총평균법을 쓴다. 법인세법시행령 제75조 제2항, 제74조 제4항. 미국재무부 규칙 1.1012-1(c)(1)은 개별법과 선입선출법을 쓴다. 특히 유가증권에서는 개별법은 손익의 조작을 낳는다.

2xx2. 12. 31.

현금	10,500,000	유가증권	10,000,000
		유가증권처분익	500,000

※ 기업회계의 2년간 당기순이익은 (100만원, 50만원+0원), 과세소득은 (0원, 100만원+50만원).

채권발행회사의 신용이 하락하여 액면상 원리금을 제대로 회수할 수 없는 경우 기업회계에서는 채권가치 하락액(ECL, expected credit loss)을 손상차손으로 떤다.[72] 그 뒤에는 이자소득도 바뀐 현금흐름에 따라 새로 계산한 투자금 상당액(현재가치)에 맞추어 계산한다. 그러나 세법은, 평가손익, 실효이자율법에 의한 취득원가조정액, 손상차손을 다 무시하고 원가법(原價法)으로 평가한다. 옛 법인세법에서는 유가증권을 1) 매매 또는 단기 투자를 목적으로 매입한 유가증권 중 상장 또는 장외등록된 것, 2) 매매 또는 단기투자를 목적으로 매입한 유가증권 중 상장·장외등록되지 않은 것, 3) 다른 유가증권, 이 세 가지로 나누어 첫 번째 범주에 대해서 저가법을 허용하고 있었다.[73] 현행법은 저가법을 폐지하면서, 위 세 가지를 구별할 필요가 없어진 까닭에 이를 "유가증권"으로 단일화하여 원가법만 인정한다.[74] 이자 및 할인액도 수입시기에 익금산입하는 마당에[75] 채권 자체의 가액이야 원가평가가 당연한 까닭.

(보기) 앞 보기의 차입(주)가 2xx1. 12. 30. 재해를 입어서 이자는 아예 못 받고 원금만 2xx6. 12. 31.에나 받을 것이라고 예상된다. 이렇게 바뀐 현금흐름에 대한 요구수익률은 10%이나. 기업회계의 손익과 세법상 소득을 구하라. 대손충당금 설정 가능성(제19장 제4절 I)은 무시한다.

(풀이) 2xx1. 12. 31. 현재 사채의 가치는 $10{,}000{,}000/(1.1)^5 = 6{,}209{,}213$. 손상차손은 3,790,887원. 대손사유가 아니므로 세법상 손금은 아니다. 2xx2년 기업회계에서는 6,209,213의 10%인 620,921원을 이자소득으로 잡지만 세법상 이자소득은 1,000,000원. 앞 I.4. 2003년에서 2006년까지 기업회계의 이자소득은 해마다 늘려 잡지만 세법상 이자소득은 모두 1,000,000원. 2006년에 가서 원금을 받을 때 기업회계에서는 손익이 없고 세법에서는 이자채권 대손 5,000,000원.

72) 기업회계기준서 제1109호 5.4문단.

73) 1994. 12. 22. 개정 법인세법(법률 제4803호) 제17조, 옛 법인세법시행령(1996. 12. 31. 대통령령 제15192호로 개정되기 전의 것) 제37조의3 제6항.

74) 법인세법 제42조 제1항 및 제2항, 같은 법 시행령 제73조 제2호 및 제75조 제1항; 소득세법 제39조 제2항, 제3항, 제6항, 같은 법 시행령 제93조.

75) 제1절 I.

2. 처분(處分)손익, 상환(償還)손익

채권의 가치는 보유하고 있는 동안은 채권값이 오르거나 떨어지더라도 원가로 평가하고, 이자부분의 평가증 외에 채권시가의 변동에 따른 손익은 채권을 실제로 팔아서 (또는 만기상환에 따라) 處分손익이 생기는 시점에 가서 익금이나 손금에 산입한다.[76] (개인이라면 채권처분손익은 과세소득에 반영하지 않는다.) 같은 종류의 채권이지만 취득원가가 여러 가지로 다른 경우에는, 개별법, 총평균법, 이동평균법 가운데 하나로 원가를 계산하여[77] 처분손익을 구한다. 발행회사의 입장에서도, 채권을 조기상환하여 생긴 손익은 상환시기에 사채상환(社債償還) 손익으로 계산.[78]

실현주의 일반의 문제점이기는 하지만, 이런 식의 과세는 담세력과 무관하고 손익의 조작을 가능하게 한다. 실현주의는 투자자의 담세력을 왜곡할 뿐만 아니라 채권 발행회사(發行會社; 채무자)의 담세력도 왜곡하고 손익의 조작을 가능하게 한다. 예를 들어, 액면 10,000원, 이자 연 10%, 만기 1년의 채권이 액면금액으로 발행된 즉시 금융시장의 변동으로 시중이자율이 모두 오르고, 이 채권과 같은 위험을 지닌 투자에 대한 수익률이 연 20%로 뛴다고 하자. 이때 채권의 가격은 11,000/1.2 = 9,167원이 된다. 이 회사는 9,167원만 주면 이 채권을 모두 사들일 수 있게 되어 833원의 償還이익을 보게 된다. 분개로 표시하자면 차변에 사채 10,000원 대변에 현금 9,167원이 생기고 차액 833원이 대변에 채무상환이익으로 나타난다. 그러나 사실은, 이 833원이라는 이익은 실현주의가 낳는 허깨비일 뿐, 채무를 조기상환하든 말든 이 회사의 경제적 손익에는 아무런 영향이 없다. 다른 사정에 아무런 변화가 없다면 이 회사는 9,167원을 상환하기 위한 자금을 금융시장에서 새로이 조달하여야 할 것이고, 그러려면 연 20%의 금리를 부담하여야 하므로, 지급이자가 1,833원으로 늘어나게 된다. 바꾸어 말하면 1년 뒤 이 회사가 지급하여야 할 원리금이 9,167 × 1.2 = 11,000원이 된다.

결국, 채무를 조기상환하든 말든 경제적으로는 똑같다. 그렇다면 소득이 없지 않은가?[79] 경제적 이득은 채권가격의 하락 그 자체에서 이미 생긴 것이고 조기상환으로 장부상 손실을 실현시키든 안 시키든 마찬가지. 소득이란 이미 벌어진 결과를 묻는 것

76) 거래소 장내거래라면 거래소가 매매당사자의 지위를 인수하므로 계약체결시 처분익을 익금산입. 미국법에서는 이자부분(현재가치할인차금환입 포함)은 경상소득이고 나머지 처분손익은 양도소득(capital gain)이다. 미국세법 1272조, 1276조.

77) 법인세법 제42조 제2항 제2호. 법인세법시행령 제75조 제1항; 소득세법시행령 제93조.

78) 대법원 1973. 6. 29. 선고 72누140 판결; 2009. 12. 10. 선고 2007두19683 판결. 옛 기업회계기준 제47조. 국제회계기준에는 구체적인 계정명이 없다.

79) 없다는 주장으로 한만수, 조세법강의, 2편 2장 4절 Ⅱ. 6. 임치용, 자산법연구 3(2010), 194쪽.

이다. 앞으로 생길 이득을 묻는 것이 아니다. 10,000원 주고 산 채권의 가격이 9,167원으로 떨어진다면 채권자는 그 시점에 경제적 손실을 입지만 채권을 처분해서 장부상 손실을 실현시킬 것인가는 채권자 마음대로인 것과 똑같은 논점이다. 재산가치가 떨어진 손실이나 올라서 생기는 이익도 실현행위에서 생기는 것은 아니다. 이미 생긴 손익을 실현을 계기 삼아 인식하는 것일 뿐이다. 제18장 제4절. 그렇다면 채무에도 같은 기준을 적용해야 앞뒤가 맞는다. 채권자가 실현시기를 기준으로 처분손실 833원을 인식하는 이상 채무자도 같은 시기에 상환이익을 인식해야 앞뒤가 맞는다.[80] 소득이란 무엇인가를 고민하던 역사에서 중요한 자리를 차지한 일찍이 1931년 *U.S. v. Kirby Lumber.* 판결의[81] 논점이 바로 이 문제였다.[82]

3. 채무면제익(免除益)

약정으로 채무를 면제받는 금액은 익금이고 시효소멸하는 채무의 금액도 익금이다.[83] 채무자인 회사 자신이 경제적 어려움에 빠져 회생절차 등에서 채무를 면제받는 경우에는 채무면제익(免除益)이라는 익금이 생기지만,[84] 누적된 결손금과 상계할 수 있다.[85] 원금은 그대로 두고 이자율을 낮추어 차환하는 경우에도 새로운 채무의 현재가치와 당초의 채무부담액 사이의 차액은 채무면제익이라 보아야 한다.[86] 전환사채의 전환 등 채무의 출자전환에 따른 채무면제익은 제14장 제1절 III.2. 이월결손금 상계는 제18장 제1절 III.2.

---

80) 기업회계에서 당기손익과 기타포괄손익의 구분은 애초 채무를 질 당시 시가평가하기로 했는가에 달려있다. 기업회계기준서 1109호 4.2.1문단, 4.2.2 문단, 5.7.1문단, 5.7.7문단. 다만 채무자 자신의 신용도가 나빠져서 생긴 평가익은 기타포괄이익.

81) 284 US 1(1931). Bittker, McMahon & Zelenak, 4.05절. 현행법에서는 채무자의 특수관계인이 채권을 사들이는 것도 채무상환으로 보는 특칙이 있다. 미국세법 제108조(e)(4). 기업회계에서는 현재가치로 10% 이상 변화가 있어야 차환이라고 본다. 기업회계기준서 1109호 3.3.2문단, B3.3.6문단.

82) 제7장 제3절 2. 그렇다면, 재무제표에는 사채상환이익 833원을 올리고 싶지만 세금은 내고 싶지 않은 어떤 경영자가, 현금 9,167원으로 채권을 사들이는 대신, 액면금액 9,167원 이자 연 20%라는 새로운 조건으로 회사채를 차환한다면 어떨까? 만기에 11,000원을 지급한다는 사실에는 아무 변화가 없지만, 미국법에서는 이런 차환을 채권자 채무자 모두에게 손익의 실현으로 본다. 미국세법 108조(e)(10), 미국재무부 규칙 1.1001-3(e)(2), 1.1001-3(g), Exs(3), (4).

83) 대법원 2012. 11. 29. 선고 2011두9157 판결. 미국법에서는 자산의 취득원가를 깎는 금액만큼 채무면제익을 비과세. 미국세법 제108조(a). 자산매입가액의 사후조정은 제19장 제1절 II.2.

84) 대법원 2009. 12. 10. 선고 2007두19683 판결.

85) 제22장 제2절 Ⅲ. 채무의 출자전환에 관해서는 제14장 제1절 Ⅲ.2.

86) U.S. v. Kirby Lumber, 284 US 1(1931). 제7장 제3절 2. Carolina Clinchfield & Ohio Co. v. CIR, 823 F2d 33(2d Cir. 1987). 미국의 현행법도 같다. 미국세법 108조(e)(10).

4. 채권의 양도, 입질, 유동화

채권을 양도한다면 처분손익이 생기지만 실제 중요한 문제는 양도인가 아니면 채권을 입질하고 양도대금 상당액을 차입하는 것인가라는 판단. 어음상 채권은 양수인에게 소구권이 있지만 부도확률이 낮다면 소구권이 있다는 이유만으로 어음할인을 차입이라고 보지는 않는다. 일단은 어음할인을 할 때 할인료(액면과 양도대금의 차액)를 손금산입하는 것이 원칙.[87] 통상의 매출채권 따위 지명채권은 실제 양도가능성이 낮다. 채무자 하나하나로부터 승낙을 받거나 적어도 통지해야만 채무자나 그 밖의 제3자에게 대항할 수 있기 때문이다.[88] 다만 자산유동화라면 채권양도를 금융위원회에 등록만 하면 채무자 외의 제3자에 대해서는 대항요건을 갖춘 것으로 보지만[89] 자산유동화회사가 스스로 후순위수익권을 보유하는 등의 신용보강을 제공하는 경우가 대부분이라 유동화목적의 양도나 신탁을 차입거래로 구분하는 것이 오히려 일반적이다.

제 2 절 주 식

주식에는 만기에 돈 얼마를 받는다는 개념이 있을 수 없으므로 기업회계에서는 시가로 평가하지만, 평가손익은 i) 단기매매와 ii) 장기투자를 나눈다. i)이라면 당기손익에 반영, ii)라면 일단은 기타포괄손익으로 잡아두었다가 처분시점에 가서 이익잉여금에 바로 반영.[90] 설면한 번역어로 i)의 '당기손익 공정가치측정 금융자산'이라는 말은 시가평가하면서 평가손익을 당기에 잡는다는 효과가 따르는 금융자산이라는 뜻으로 현금 대신 잠시 들고 있는 단기매매 상장주식이 그 전형. ii)의 '기타포괄손익 공정가치측정 금융자산'이란 시가평가하지만 평가차익을 기타포괄손익에 넣는다는 뜻으로 장기투자 목적인 주식이 그에 해당하지만, 그렇게 하겠다고 애초 취득 당시에 미리 비유동자산으로 구분한 주식에 한한다.[91] iii)의결권 총수의 20% 이상을 소유한 주주이거나 달리 주식을 발행

87) 법인세법시행령 제71조 제4항. 은행이 받는 할인료 수입의 귀속시기는 어음만기일. 앞 II.2. 서로 귀속시기가 어긋나지만 애초 받을 어음의 가치를 현재가치가 아닌 액면으로 잡기 때문에 하릴없다. 제19장 제2절 I.4.

88) 민법 제450조.

89) 자산유동화에 관한 법률 제7조 제2항. 결국 변제기에 이르러 채무자에게 통지하면서 돈을 받을 수 있다.

90) 이른바 재순환금지. 기업회계기준서 제1109호 4.1.2A, 4.1.4, 5.7.1, 5.7.5문단. 단기매매목적이 아니더라도 최초 인식시에 목적적합한 정보를 제공하기 위하여 당기손익인식금융자산으로 지정할 수 있다. 같은 기준서 4.1.4문단.

한 회사에 유의적인 영향력을 미칠 수 있는 주주가 소유한 주식은 따로 추려 평가손익이 아니라 "지분법"으로 손익을 계산한다. 다른 주주와 공동지배하는 경우에도 지분법.[92]

법인세법과 소득세법은 유가증권을 원가법(原價法)에 의하여 평가하도록 하면서 다른 평가방법을 배제하고 있다.[93] 시가평가도 없고 지분법도 없다. 원가법에서는 배당(配當)은 익금이 된다. 주식의 장부가액은 원가를 그대로 간직하고, 처분시기에 가서 처분가액과 원가의 차이는 처분손익이 된다.[94] 원가는 총평균법과 이동평균법 가운데 납세의무자가 신고한 방법에 따라 구한다.[95]

입법론으로는, 상장주식처럼 시장성도 있고 분명한 시가(時價)도 있는 주식에 대해 원가법을 쓰는 것은 옳지 않다. 시가법의 어려움인 평가의 객관성과 유동성 어느 쪽에도 문제가 없기 때문이다. 주식의 시가란 언제 다시 떨어질지 모른다는 주장은 소득세제와 양립하지 않는 비과학적 주장임은 이미 본 바와 같다. 단기투자 목적이든 장기투자 목적이든 시장성과 시가가 있는 주식은 평가손익을 바로 과세소득에 반영해야 옳다. 현행법상 시가평가는 제18장 제4절 VII. 원가법을 고집하는 경우에는, 자전(自轉)거래는 없는 것으로 보아야 한다. 이런 규정이 없는 원가주의는, 주식의 가액을 시가로 낮추어 세금을 줄이기 위한 불필요한 자전거래를 일으키게 되어 사회적 낭비를 낳는다.[96]

Ⅰ. 단기매매주식

1. 원가주의 I 배당소득

기업회계의 용례로 활성시장에서 공시되는 시장가격이 있거나 공정가치를 신뢰성 있게 측정할 수 있는 단기매매금융자산의 가치는 공정가치로 평가해서 평가손익을 당

91) 기업회계기준서 제1109호 4.1.4문단.

92) 기업회계기준서 제1028호. 아래 IV.

93) 대법원 2017. 3. 22. 선고 2016두51511 판결. 아래 제3절 II.2. 다만 투자회사 등은 시가법을 따르고, 주식을 발행한 법인이 부도가 나거나 파산할 경우에는 감액할 수 있다. 제18장 제1절 IV.3. 법인세법 제42조 제1항 제2호와 제3항, 소득세법 제39조 제3항과 제4항. 법인이 특수관계 있는 개인으로부터 유가증권을 저가로 사들이는 경우에는 차액을 바로 과세한다. 법인세법 제15조 제2항 제1호.

94) 대법원 2017. 3. 22. 선고 2016두51511 판결. 상장증권의 보통매매라면 거래소가 매매당사자의 지위를 인수하므로 주식 인도시기가 아니라 매매계약체결일이 권리의무 확정시기. 자본시장법 제398조, 제399조.

95) 법인세법시행령 제75조 제1항. 소득세법시행령 제93조 및 제163조 제1항 제4호, 제5호↔제162조 제5항(선입선출법). 양도소득세는 선입선출법이라는 주장으로 오윤, 세법의 이해, 7장 6절 3항 1.

96) 제18장 제4절 VI.

기에 인식한다.[97] 활성시장에서 공시되는 가격의 전형은 상장주식의 시가. 주식의 시가란 발행회사의 당기손익 기타 시장여건을 반영하여 오르내리다가 배당기준일이 지나면 배당락(配當落)만큼 떨어진다. 배당이라는 것이 "어느 날 어느 시 현재 주식을 가지고 있는 자에 대해 1주당 돈 얼마를 준다"는 식으로 이루어지므로, 배당을 받기 바로 앞의 주식과 배당을 받은 바로 뒤 주식의 가치는 배당금만큼 차이가 날 수밖에 없으니까. 예전에는 거의 모든 회사들이 사업연도 말일을 기준일로 하여 주주명부를 폐쇄하고[98] 기준일 현재의 주주에게 배당금을 지급하므로, 기준일(=재무상태표일)이 지나고 주주명부가 폐쇄되는 즉시 배당락이 생겼다. 지금은 배당가능이익은 재무상태표일 기준으로 계산하지만 배당기준일(어느 시점 현재의 주주가 배당받는지)은 정기주총 무렵으로 정하는 회사도 꽤 많다.[99] 어느 쪽이든 주식을 재무상태표일의 종가로 평가하도록 하는 것은, 배당락 전의 시가로 평가하라는 뜻이 된다. 그렇다면 재무상태표일 현재 주식의 평가액은 예상되는 배당금을 포함한 금액이 된다.

한편 세법에서는 원가(原價)주의로 평가하고 배당금(配當金)을 주주로서 배당을 받을 권리가 확정되는 해의 수익으로 잡는다.[100] 제11장 제4절 II. 법인주주는 배당금수입액의 전부 또는 일부를 익금불산입할 수 있고 개인주주는 배당세액공제를 받을 수 있다.[101] 주식을 처분할 때에는, 최종의 장부가액(직전 사업연도말 현재의 시가)과 처분가액의 차액을 처분손익으로 나타낸다. 주식배당은 기업회계에서는 수익에 안 넣지만, 세법에서는 액면금액(=지급하는 회사의 배당가능이익감소액)을 익금에 넣는다.[102]

(보기) 서울(주)의 다음 거래를 세법에 따라 분개하라.

2xx1. 1. 1. 상장법인인 부산(주)의 주식 100주(액면 10,000원)를 여유자금의 일시운용 목적으로 1,600,000원에 사들였다.

97) 기업회계기준서 제1109호 4.1.4문단, 5.7.1문단. B5.2.3문단, BCE.33, BCE.74문단. 공정가치를 알 수 없다면 원가로 측정한다. 당기손익인식금융자산 중 단기매매항목은 활성시장에서 공시되는 가격이 존재하는 경우가 대부분이어서 문제가 없겠지만, 당기손익인식지정항목의 경우에는 활성시장의 거래가격이 형성되어 있지 않고 별도의 평가도 불가능한 수가 있다.

98) 상법 제354조 제1항.

99) 이렇게 하면 배당금 결의액만큼 배당락이 생긴다. 옛 상법 제350조 제3항은 2020년에 삭제.

100) 대법원 2015. 12. 23. 선고 2012두16299 판결(정관에 지급시기 제한이 있다고 해서 실제 지급해야 확정되는 것은 아니다). 배당금을 받지 못한 경우에는 후발적 경정청구가 가능하다. 대법원 2014. 1. 29. 선고 2013두18810 판결. 배당이 이사회 권한이라면 배당기준일 현재의 주주에게 과세해야 한다. 미국재무부 규칙 1.61-9(c). 제6장 제3절 IV.

101) 제13장 제3절 III, 제14장 제3절 IV.

102) 제14장 제3절 III.

2xx1. 12. 31. 부산(주)의 주식 시가는 주당 17,000원이었다(기업회계에서는 평가익 100,000원).

2xx2. 2. 28. 부산(주)에서 현금배당금 160,000원을 받고 기존주식 2주 대 신주 1주의 비율로 주식배당을 받았다(기업회계에서는 현금배당 160,000원만 인식).

2xx2. 7. 31. 부산(주)의 주식 전부를 주당 12,000원에 팔았고 증권거래세는 주당 60원씩이다[103](기업회계에서는 주당 취득원가가 17,000원×2/3=11,333원이고 주당처분익은 12,000−60−11,333=607원. 따라서 유가증권처분익은 150×@607=91,000원).

(풀이)

2xx1. 1. 1.

단기매매주식	1,600,000	현금	1,600,000

2xx1. 12. 31.

분개 없음.

2xx2. 2. 28.

현금	160,000	배당소득	160,000
주식	500,000	의제배당소득	500,000

2xx2. 7. 31.

현금	1,800,000	단기매매주식	2,100,000
처분손실	309,000	증권거래세 채무	9,000

※ 기업회계에서는 두 해의 소득이 각 (100,000원, 251,000원), 세법에서는 (0원, 351,000원. 다만 일정비율을 익금불산입[104])).

2. 배당락과 소득조작

서울(주)가 2xx1. 12. 31.에 주식을 17,000원에 사들인 뒤, 2xx2. 1. 1.에 1,600원 배당락 후의 시가인 15,400원에 팔았고, 2xx2. 2. 28.에 배당금 1,600원을 받았다면(배당은 기준일 현재의 주주가 받는다) 서울(주)에게 생기는 손익은 어떻게 되는가? 실제 돈을 투자한 기간이 거의 없다는 점을 생각한다면 경제적 손익은 당연히 영(0)이지만, 법률형식에서는 서울(주)에 주식양도차손 1,600원과 배당소득 1,600원이 생긴다. 배당소득은 익금불(不)산입(개인이라면 배당세액공제)할 수 있고, 양도차손은 다시 손금산입(개인이라면 동종의 양도차익에서 공제)할 수 있다. 어, 부당한 이득을 보네? 반드시 그렇지는 않다. 서울(주)에 주식을 판 사람(장기투자자였다고 하자)의 입장에서 본

103) 증권거래세법 제8조.

104) 법인세법 제18조의2, 제14장 제3절 Ⅳ.

다면, 배당소득 1,600원이 주식양도차익 1,600원으로 바뀌게 된다. 둘을 묶어서 국가의 입장에서 보면 주식양도차익과 양도차손은 서로 상계되고, 배당소득은 1,600원 그대로. 따라서 소득의 종류에 관계없이 같은 세율로 과세한다면 큰 문제가 없다.

미국법은 배당락을 이용해서 소득구분을 조작하는 것을 제한하고 있다.[105] 양도소득에 대한 특혜가 있는 까닭이다. 또 주식취득가액의 일정비율을 넘는 고율배당을 하는 경우에는 배당소득 익금불산입액을 주식의 취득가액에서 공제한다.[106][107] 우리 법인세법도 주식보유기간(保有期間)이 3개월 이하라면 배당소득의 익금불산입 조치를 배제한다.[108] 우리 법인세법에는 양도소득 우대조치가 없지만, 배당락 직전의 주식을 개인이 법인에게 판다면 개인의 양도소득은 비(非)과세되고 법인의 배당소득은 익금불(不)산입되는 까닭이다. 또 금융소득종합과세 기준금액에 임박해 있는 사람은 배당기준일 직전에 주식을 처분함으로써 종합과세를 피할 수 있는 가능성이 있다.

Ⅱ. 장기투자주식

국제회계기준에서는 전략적 장기투자 주식이라면 기타포괄손익 공정가치측정 금융자산으로 구분할 선택권이 있다. 그렇게 선택하면 시가차익을 기타포괄손익에 넣는다. 시가평가는 활성시장에서 공시되는 시장가격이 있거나 공정가치를 신뢰성있게 측정할 수 있음을 전제로 한다.[109] 다만 주식의 20% 이상을 소유하거나 달리 주식발행회사에 대해 유의한 영향력을 미칠 수 있는 주식은 아래 Ⅳ에 보듯 지분법을 적용한다. 배당금은 주주로서 배당을 받을 권리가 확정되는 해의 수익으로 잡는다.[110] 장기투자주식의 평가손익이나 처분손익은 당기손익이 아니라 기타포괄손익을 거쳐서 이익잉여금에 직접 반영한다.[111] 그러나 세법에서는 주식을 발행한 법인의 파산, 부도, 회생계획인가결정 등 몇 가지 경우에만 장부가액을 평가감할 수 있고[112] 다른 경우에는

---

105) 미국세법 1조(h)(11)(D)(ii), 246조(c), 901조(k)(외국납부세액공제 배제).

106) 미국세법 1059조. 앞의 예 같으면 주식의 취득원가가 15,400원으로 떨어지므로 주식양도차손이 없어진다. 이창희, 미국법인세법, 제3장 제2절 I.3.

107) 해외자회사가 발행한 주식의 처분이익 가운데 배당가능이익의 증가로 인한 부분을 배당소득으로 간주하는 경우도 있다. 미국세법 1248조.

108) 법인세법 제18조의2 제2항 제1호.

109) 기업회계기준서 제1109호 4.1.2A문단.

110) 기업회계기준서 제1109호 5.7.1A문단.

111) 기업회계기준서 제1109호 4.1.2A, 5.7.5문단. 한편 장기투자 사채는 미리 팔 생각이 있었더라도(기타포괄손익 공정가치측정 금융자산이더라도) 처분시에 가서 기타포괄손익(누적된 평가익)을 당기손익으로 재구분(재순환)한다. 앞 제1절 V.1.

112) 법인세법 제42조 제3항 제3호. 발행법인이 파산한 경우에는 일반적으로 주식을 평가감할 수 있다.

평가감(손상차손)을 인정하지 않는다.[113)]

(보기) 서울(주)의 다음 거래를 세법에 따라 분개하라.

2xx1. 3. 30. 상장법인인 부산(주)의 주식(주당 액면 10,000원) 가운데 5%인 10,000주를 주당 10,000원에 전략적 제휴 목적으로 사들였다.

2xx1. 12. 31. 부산(주) 주식의 시가가 주당 11,000원이다(기업회계에서는 기타포괄이익 10,000,000원).

2xx2. 12. 31. 부산(주)의 주식시가가 주당 8,000원이다(기업회계에서는 기타포괄손실 30,000,000원).

2xx3. 6. 30. 제휴관계가 깨어져서 부산(주)의 주식을 주당 10,800원에 처분하다(기업회계에서는 누적된 기타포괄손실 20,000,000원을 이익잉여금에서 차감하므로 순액으로 8,000,000원이 이익잉여금).

(풀이)

2xx1. 3. 30.

투자주식	100,000,000	현금	100,000,000

2xx1. 12. 31.

분개 없음.

2xx2. 12. 31.

분개 없음.

2xx3. 6. 30.

현금	108,000,000	투자주식	100,000,000
		유가증권처분익	8,000,000

(보기) 위 예에서 2xx2. 12. 31. 현재 부산(주)가 파산은 아니지만 주가가 회복할 가능성이 없고, 2xx3. 6. 30.에 이 주식을 80,000,000원에 팔았다고 하자.

(풀이)

2xx2. 12. 31.

분개 없음

2xx3. 6. 30.

현금	80,000,000	투자주식	100,000,000
유가증권처분손	20,000,000		

113) 그렇다고 하여 위헌은 아니다. 헌법재판소 2007. 3. 29. 2005헌바53 결정.

Ⅲ. 공정가치를 알 수 없는 주식

기업회계에서는 시장성(市場性) 없는 주식의 공정가치의 믿을 만한 추산이 불가능하다면 취득원가(取得原價)로 평가하게 정하고 있다.[114] 원가법 하에서는 배당금은 주주로서 배당을 받을 권리가 확정된 해의 이익이 된다. 원가법을 쓰는 경우에도 주식은 유사한 금융자산의 현행 시장수익률로 할인한 추정미래현금흐름의 현재가치가 장부가액에 미달한다면 그 차액을 손상차손이라 하여 당기손실로 인식한다.[115] 이런 손상차손도 세법에서는 손금불산입한다.

Ⅳ. 지분법(持分法) 대상 주식

기업회계에서는 어느 회사(이하 "주주회사")가 다른 회사(joint venture, 공동기업)를 다른 주주와 공동으로 지배하고 있다면 그런 공동기업을 조합기업처럼 생각한다. 주식의 20% 이상을 소유하고 있거나 달리 유의적 영향력을 행사할 수 있는 회사(associate, 관계기업)도 주주회사의 일부처럼 생각한다.[116] 다만 연결대상이 아니니[117] 자산 부채를 다 받아 적지는 않고 순액(순자산, equity) 가운데 제 몫만 받아와서 그 결과를 공동기업이나 관계기업 주식의 가액으로 삼는다.[118] 일본식 오역으로 "持分法"이라고 부른다. 결국 실제 배당의 흐름과 무관하게 공동기업이나 관계기업의 당기순손익 가운데 주주회사의 몫이 주주회사의 손익에 바로 잡히게 된다.[119] 공동기업이나 관계기업의 당기순이익만큼 주식이 이미 평가증되었으므로, 뒤에 배당을 받는 경우 이를 수익으로 처리하면 이중계산이 된다. 말하자면 투자원리금 가운데 일부를 현금으로 찾는 셈이므로 배당금 수입액은 수익으로 안 잡고 주식가액에서 깎는다. 당

---

114) 일반기업회계기준 6.30문단, 부록 6.A13문단.

115) 일반기업회계기준 6.A17문단.

116) 비슷한 생각에서, 어느 회사 주식의 50%를 초과하여 취득하는 자는 회사가 소유한 재산 가운데 자기지분만큼을 직접 취득한 것으로 보아 취득세(속칭 간주취득세)를 물린다. 지방세법 제7조 제5항; 지방세기본법 제46조 제2호. 제27장 제2절 III. 다른 회사주식의 5%(상장회사라면 10%) 이상을 취득하면 통지의무가 있다. 상법 제342조의3, 자본시장법 제147조.

117) 50%를 초과하거나 달리 단독지배한다면 연결대상. 25%를 매수하는 자는(50%+1주)까지 사라는 의무공개매수 제도를 1997년에 들여왔다가 IMF 구제금융 여파로 폐지.

118) 기업회계기준서 1028호 5문단. 결과적으로 (자산 100 = 자기자본 100)인 회사나 (자산 10,000 = 부채 9900 + 자기자본 100)인 회사이든 주주회사의 재무상태표에서는 똑같이 주식 100으로만 나타난다. 부외부채가 생기는 셈이다.

119) 정확히는 주식취득 당시 공동기업이나 관계기업 순자산의 시가를 주식취득가액으로 보고 계산한 손익 가운데 자기 몫. 취득기업회계기준서 1028호 10문단.

기순손익과 무관하게 공동기업이나 관계기업의 기타포괄손익에 증감이 생기면 주주회사에서도 그런 증감 가운데 제 몫만큼 투자주식의 가액을 조정하면서 같은 금액을 기타포괄손익에 반영한다.[120]

공동기업이나 관계기업이 발행한 주식을 지분법에 따라 회계처리한 경우로, 평가증이나 평가감이 당기 손익에 반영되어 있다면, 세법에서는 원가법에 따라 이를 각 익금불산입 손금불산입한다.[121] 배당금 수입을 투자주식에서 차감한 것은 세무조정으로 익금산입. 다만 공동기업이나 관계기업이 공동사업장이나 동업기업에 해당한다면[122] 이미 지분법과 같은 결과.

(보기) 서울(주)의 다음 거래를 분개하고 세무조정 사항을 적으라.

01. 1. 1. 부산(주)의 발행주식 총수 가운데 30%를 금 3억원에 사들이다.

01.12.31. 부산(주)의 2xx1년 당기순이익이 1억원이다.

02. 3.31. 부산(주)에서 배당금을 2천만원 받다.

(분개)	01. 1. 1.	투자주식	3억원	현금	3억원
	01.12.31.	투자주식	3천만원	지분법이익	3천만원
		지분법이익	3천만원	투자주식	3천만원
	02. 3.31.	현금	2천만원	투자주식	2천만원
		투자주식	2천만원	배당소득	2천만원

※ 기업회계의 연간소득은 (3천만원, 0원), 세법은 (0원, 2천만원). 차액 1천만원은 주식의 원가에 차이로 나타난다. 배당소득 가운데 일부는 법인세법 제18조의2에 따라 익금불산입.[123]

Ⅴ. 세 율

법인세율은 제13장 제1절 II. 배당소득에 대한 종합소득세율은 제10장 제1절. 개인의 양도소득세율은 제12장 제1절 3.

---

120) 기업회계기준서 1028호 10문단.

121) BEFIT(Business in Europe:Framework for Income Taxation), 제10조.

122) 제14장 제3절 I.

123) 제13장 제3절 Ⅳ.

제 3 절 확정/미확정 이분법의 파탄

현행 세제는 채권과 주식, 이자와 배당, 확정소득과 미확정소득의 구별에 터잡아, 확정소득은 투자기간의 경과만큼 소득이 생기는 것으로 보면서 드리없는 미확정소득은 소득의 금액이 확정되기까지 기다려 과세한다. 그러나, 이 이분법은 금융에 관한 법률관계가 아주 단순하던 시절에 생겨난 것으로 오늘날에는 이를 그대로 지켜나가기가 어렵다. 아래에서 보듯, 이자와 배당, 확정소득과 미확정소득의 구별은 연속선의 양 끝일 뿐이며, 두 끝의 중간 지점에 들어가는 법률관계가 얼마든지 있는 까닭이다. 기존의 이분법은 결국 자의적인 구별일 수밖에 없고, 거꾸로 납세의무자들의 입장에서는 이 이분법을 넘나들 수 있는 새로운 금융거래를 짜내어 소득을 조작할 수 있게 된다. 또, 일찍부터 발달되어 온 전통적 제도 가운데 하나로 보험은, 불특정다수에게서 돈을 모아 산업자금으로 쓴다는 점에서는 금융이지만 투자수익 가운데 누가 얼마를 가져갈지를 미리 정하지 않고 우연(보험사고)에 맡긴다는 점에서 다른 금융거래와는 본질이 다르다. 보험에 대한 과세는 이 강의의 테두리를 벗어나는 전혀 다른 틀.

Ⅰ. 집합투자(Mutual Fund와 투자신탁)

투자자가 증권시장에 직접 투자하지 않고 가운데에 투자신탁이나 투자회사를 끼워 넣어 간접적으로 투자한다면, 투자자가 버는 길미의 과세시기와 소득구분이 모두 어려운 문제가 된다. 이에 대해서는 이미 본 바 있다.[124)]

Ⅱ. 파생금융상품[125)]

派生金融商品은 이자와 배당의 2분법이 무너지는 또 다른 예이다. 파생금융상품을 이용하면, 똑같은 경제적 손익을 얻으면서 법률적 형식을 여러 가지로 달리 구성할 수 있다. 확정손익을 미확정손익의 결합이라는 형식으로 바꿀 수 있고, 미확정손익을 확정손익의 결합이라는 형식으로 바꿀 수 있게 된다. 결국, 납세의무자가 제 마음대로 과세시기와 소득구분을 정할 수 있게 된다.

파생금융상품이란 forward, futures, option, swap, cap, floor, collar처럼 계약상의

---

124) 제10장 제2절 IV, 제11장 제4절 Ⅰ.5, 제13장 제2절.

125) 이창희, 파생금융상품의 과세문제, 조세학술논집 12집, 110-135쪽(1996) 참조.

지급조건(내지는 그에 따른 당해 상품의 가치)이 그 밑에 깔린 다른 어떤 금융상품의 가치나 경제지수(환율, 이자율, 상품가격, 주식가격 등)의 변동으로부터 파생되어 나오는 금융상품을 뜻한다. Futures와 표준화된 option은 거래소에서 거래되고, swap, cap, floor, collar는 은행 사이에서 주로 거래되며 forward는 기업과 은행 사이 또는 기업과 기업 사이에서 거래된다. 역사적으로는, 농산물의 가격등락 위험을 피하기 위한 방법으로 상품선물(commodity futures) 거래소가 생겨난 뒤에 그 자연스러운 연장으로 금융 futures가 거래소에서 생겼고, futures의 변용으로서 option이 등장했다. 장외거래인 forward와 은행을 중심으로 한 swap 등의 거래는 이와 별도의 과정을 밟아 왔다.

1. 파생금융상품과 소득구분(區分)

파생금융상품은 전통적 소득區分에 어려움을 낳는다. 우리 대법원 판결에[126] 나오는 실례인 주가지수연계예금이라는 비교적 간단한 계약을 가지고 문제를 분석해보자. 이 판결의 원고는 하나은행이고 쟁점은 주가지수연계예금에 관련된 금융비용(예금주의 입장에서 보면 금융소득)의 손금산입시기가 언제인가이다. 구체적 사실관계로 "2003. 2. 25. 가입한 정기예금(이하 '제1차 정기예금'이라고 한다)을 … 보면, 원고가 만기일에 원금 500억 원을 반환하고, 그 이자율은[127]…코스피200 주가지수가 가입일보다 20% 이상 상승하면 이자율이 14%로 확정되는 구조." 주가지수 상승이 20% 미만이라면 원금 500억원만 반환.[128] 판결문에 명시하지는 않았지만 논리적으로 역산해보면, 원고가 2003. 2. 25.에 2년 만기 원리금이 500억원이 되는 정기예금을 현금으로 받았더라면 그 날 예금해야 하는 원금의 금액은 456억4,250만원(이자율 9.5%)이었던 듯하다. 따라서 더 넣은 돈 43억5,750만원은 2년 사이에 주가지수가 약정상승률(20%)을 넘을 경우 은행이 14% 이자라는 명목으로 지급할 돈 70억원의 현재가치(확률을 고려한 현재가치)라고 말할 수 있다. 은행은 이 계약을 i) 통상적 이자율로 456억4,250만원의 정기예금을 예수하는 거래와 ii) 현금 43억5,750만원을 받으면서 조건부 채무 70억원을 지기로 하는 파생금융거래, 이 두 가지의 결합으로 보고 손익을 각각 계산했다.

쟁점은 i) 부분의 금융비용의 귀속시기(時期)이다. 원고의 주장은 원금과 원리금의 차액을 만기에 손금산입한다는 것이고 국세청의 주장은 시간의 흐름에 따라 이자비용으로 손금산입한다는 것이다. (원피고의 입장이 이렇게 서로 바뀐 연유는 판결문

126) 대법원 2014. 4. 10. 선고 2013두25344 판결.
127) '예금기간 중 1회라도' 부분을 생략. 본문의 분석에 아무 영향이 없다.
128) 1심 판결인 서울행정법원 2012. 11. 9. 선고 2012구합1741 판결 7-8쪽.

에 나와 있지 않다. 아마도 결손금 이월시한 등 특별한 사정이 있었을 것이다.) 기업회계로는 예금을 받는 날 현재에 은행은 456.425억원을 채무로 잡고 43.575억원을 2년의 기간에 안분하여 이자비용으로 떨었지만 다시 세무조정으로 만기일에 가서 43.575억원을 손금산입했다. 국세청은, 기업회계의 이같은 처리로 "이미 경과한 기간에 대응하는 이자 … 를 당해 사업연도의 손금으로 계상"했으니 2년 기간 동안의 안분액은 세법에서도 손금이 된다고 보았다. 제1절 I.3.

하급심 판결은 "원래 이자라 함은 금전 기타 대체물을 사용한 대가로서 원금액과 사용기간에 비례하여 지급되는 금전이나 기타 대체물이라고 할 것인데, 원고가 위와 같이 1차 정기예금과 관련하여 이자비용으로 계상한 금원은 1차 정기예금 원금의 사용대가로서 사용 기간에 비례하여 그 액수가 결정되는 금원이라고 보기 어려운 점 등을 종합하면, 원고가 2003년 및 2004년 사업연도 결건 정기예금과 관련하여 이자비용으로 계상한 쟁점이자를 이 사건 정기예금의 이자로서 이미 경과한 기간에 대응하여 2003년 또는 2004년 사업연도에 계상했다고 보기 어렵다"고 판시했다.[129] 이를 받아 대법원은 "원고가 2003사업연도 및 2004사업연도 결산 당시 이 사건 정기예금과 관련하여 이자비용 항목으로 계상한 금액은 이 사건 정기예금의 명목 가치와 현재 가치의 차이를 기간 경과에 따라 조정하는 현재가치할인차금의 상각액에 대응하는 것일 뿐이고, 위와 같은 회계처리를 구 법인세법시행령 제70조 제1항 제2호 단서에서 말하는 '이미 경과한 기간에 대응하는 이자 등을 당해 사업연도의 손금으로 계상한 경우'로 볼 수도 없으므로, 원고가 이 사건 정기예금과 관련하여 계상한 위 이자비용 항목의 금액은 그 계상된 2003사업연도 및 2004사업연도의 손금이 아니라 이 사건 정기예금의 만기일이 속한 2005사업연도의 손금으로 하여야 한다"고 판시했다.

이미 보았듯 채무자가 기간경과에 따라 이자비용을 계상한다면 손금이 된다. 앞의 제1절 Ⅱ.4의 예에서 보았듯 회사채 발행회사가 할인발행차금을 상각하는 금액 역시 이자비용으로 손금산입하는 것이다. 그 예의 회사와 이 2013두25344 판결의 원고는 서로 처지가 같은가, 다른가? 다르다는 것. 그 예에서는 원고가 만기에 868원을 지급해야 한다는 사실이 확정(確定)되어 있지만, 2013두25344 판결의 원고는 500억의 원금채무를 졌고 그에 대해 지급할 이자가 영(0)이든가 70억원이라는 것. 43.575억원이라는 금액은 가상적 이자상당액을 나타내는 원고의 내부계산일 뿐이고 법률적 의미에서 이자(利子)는 아니라는 것이 2013두25344 판결이 뜻하는 바이다. 이것은 결국 법이 말하는 '이자'라는 말이 무슨 뜻인가라는 문제로 돌아간다. 이미 보았듯, 경제학적 의미에서 이자란 돈의 시간가치를 나타내는 것이지만, 돈의 시간가치를 나타내는 금액이 모두 법

129) 서울고등법원 2013. 10. 30. 선고 2012누38420 판결.

률적 의미에서 이자인 것은 아니기 때문이다.[130] 민사법적 의미에서는 이자란 '원금액과 사용시간에 비례하여 지급하는 금전'인 것이고, 한결 의미를 넓히더라도 미리 수익률이 확정되어 있는 것이 아니라면 이자는 아니라는 것이다.

2013두25344 판결에서 쟁점이 되지는 않았지만 ii)의 파생금융상품 부분의 손익은 어떻게 과세하는가? 원고는 2003. 2. 25.에 받은 현금 43.575억원을 자산으로 잡고, 2년 뒤 만기시점에 가서 실제로 14% 이자로 70억원을 지급하게 되자 그 차액을 만기시점의 손익으로 잡은 것으로 보이고[131] 국세청도 이것을 그대로 받아들였다. 미확정 손익은 確定시점에 가서 손익으로 잡는다는 논리로 돌아가면 당연한 일이다. 한편 2013두25344 판결의 논리로 돌아가면 이 쟁점은 쟁점 자체가 사라진다. i) 부분의 손익을 따로 떼어내어 확정손익으로 볼 수 없다는 논리는 i)과 ii)를 한 개의 거래로 묶어서 거래 전체의 손익을 미확정손익으로 본다는 말이기 때문이다. 이 말은 곧 이 사건 예금을 통상적 정기예금 부분과 나머지 파생금융상품 부분으로 분리해내는 것을 받아들이지 않고 예금 전체를 하나의 단위(單位)로 삼아 법적 평가를 한다는 말이다.

기실 이 사건의 자세한 사실관계로 돌아오면 평가單位 문제는 한결 더 어려워진다. 원고은행은 조건성취 여부에 따라서 14% 이자를 물어야 할 수도 있다는 위험을 회피하기 위해서 ii) 부분과 정확히 상쇄되는 또다른 계약을 맺었기 때문이다. 계약상대방이 누구인지(제3자인지 또는 이 사건 예금주인지)는 판결문에 안 나와 있지만 아무튼 원고가 상대방에게 당장 43.575억원을 지급하고 주가지수가 약정기준에 도달한다면 상대방이 원고에게 70억원을 지급하는 계약을 맺은 것이다. 이처럼 자기의 위험을 상쇄하는 새로운 계약을 맺는 것을 hedge라고 부른다. 이 사건 주가지수연계예금과 헤지 계약을 다 합하면 어떤 결과가 생기는가? 원고가 2003. 3. 25.에 456.425억원을 받고 2년 뒤 만기일에 500억원을 내어주는 것이다. 그렇다면 원고의 손익은 어떻게 계산해야 하는가? 헤지계약까지 묶어서 한 개의 단위로 평가한다면, 원고은행이 비용으로 계상한 금액은 이자비용을 기간경과에 따라 계상한 것이 된다. 그렇다면 평가單位는 어떻게 설정할 것인가? 정답은 없다. 애초 법적평가의 단위, 법인세법의 기술적 용어로 거래단위의 설정은 납세의무자 자신의 판단이나 회계처리에 달려있는 것이 아니고 어떻게 해야 옳은가라는 법적 판단이기 때문이다.[132] 참고로 미국법은 서로 위험이 상쇄되는 거래는 함께 묶어서 동일한 평가방법을 쓰도록 정하고 있고 회계기준도 마찬가지이다.[133]

130) 제11장 제4절 I. 3.

131) 제1심 판결문(6쪽)에 있는 숫자에 잘 안 맞는 부분이 있어서 정확한 사실관계는 모르겠다. 현행법에서는 예금주의 소득구분이 이자소득. 소득세법 제16조 제1항 제13호.

132) 제13장 제1절 IV.

133) 미국세법 1221조, 1256조(e). 미국재무부 규칙 1.1275-6조, 1.1275-2(g)조.

우리 법에는 그런 기준이 없고 판례는 묶지 말고 계약마다 따로 평가하라고.[134)]

2. 파생금융상품과 손익조작

앞의 보기에서 보았듯 파생금융상품은 소득구분이나 손익의 귀속시기에 어려운 문제를 낳는다. 기존의 세제는 주식과 채권채무라는 2분법(二分法)에 기초하고 있고, 파생금융상품은 바로 이 二分法을 허무는 것이기 때문이다. 이 점을 조금 더 적극적으로 이용하면 배당소득, 이자소득, 양도소득 같은 소득의 구분(區分)을 넘나들 수 있다. 앞에서 본 엔화예금사건에서 이자소득을 환차익으로 바꾼 것이 그런 예의 하나이다.[135)] 다른 예를 들어, 甲 회사가 어느 해 1.1. 회사채 100원을 이자율 10%, 만기 1년 조건으로 발행해서, 그 돈으로 증권거래소에서 시가 100원짜리 주식을 산다고 하자. 이 회사가 지급하는 이자는 기간의 경과분만큼을 손금산입할 수 있고,[136)] 이 회사가 주식에서 받을 배당이나 양도차익은 실제 수입되는 시기에 가서 익금산입하게 된다.[137)] 이제 같은 1.1. 위 주식을 파는 계약을 맺되, 주식과 대금은 이듬해 1.1.에 주고받기로 매매계약을 맺는다고 생각해보자. 주식의 매도대금은 얼마가 될까? 답은 100(1 + 0.1) = 110원이 된다. 매수인의 입장에서 볼 때, 1년 뒤에 이 주식을 확보하는 방법은 돈 100원을 꿔서 주식 현물을 당장 사는 방법이 있고, 아니면 한 해 뒤에 돈 얼마와 맞바꾸어 주식을 받기로 약정을 맺어두는 방법이 있다. 금융시장이 균형에 있는 이상 두 가지의 손익이 같아야 하므로, 후자의 경우 1년 뒤에 주겠다고 약속해야 할 금액(즉 1년 만기 선물가격)은 100원을 꾸는 경우 1년 뒤에 갚아야 할 원리금 즉 110원이 된다. 손쉽게 주식현물을 사더라도 배당은 없다고 하자. 일반론으로서는 다음과 같은 관계가 성립한다.

$$F = B(1 + r)$$

(F = 선물가격, B = 현물가격, r = 이자율)

앞 문단의 보기로 돌아가 甲의 입장에서 본다면, 위 거래의 경제적 실질은 서로

134) "외국증권업자인 원고는 원고 또는 국내 지점 명의로 ELW를 발행할 수 없게 되자, 유동성 공급자로서 발행사로부터 ELW를 발행가격에 인수하여 투자자들에게 ELW를 매도하고 발행사에게 ELW와 상품내용이 동일한 장외파생상품을 매도하는 방법을 선택했다. … 이로 인해 원고가 ELW를 인수하여 매도한 사업연도에는 처분손실만이 반영되고 아직 실현되지 않은 평가손익은 인정받지 못하게 되는 결과가 발생할 수 있지만, 이는 세법 규정에 따른 것으로서 위법하거나 부당하다고 볼 수 없다." 대법원 2017. 3. 22. 선고 2016두51511 판결.

135) 제11장 제4절 Ⅰ. 3.

136) 법인세법시행령 제70조 제1항 제2호 단서.

137) 법인세법시행령 제68조 제1항 제3호, 제70조 제2항; 소득세법시행령 제46조.

씻겨 나가서 아무것도 없게 된다. 첫해. 1.1.현재의 순현금흐름은 100(차입금) - 100(주식매수대금) = 0원이고, 이듬해 1.1.의 순현금흐름도 110(주식매도대금) - 110(차입원리금) = 0원이다. 아무런 손익이 없다. 그러나 현행법에 따르면, 갑은 첫해에 지급이자 10원을 손금산입할 수 있다. 한편, 주식매각익은 100원짜리 주식을 110원에 판 것이므로, 주식을 판 날이 속하는 이듬해에 익금산입한다. 세율이 50%라면 첫해의 세금이 5원 줄고, 이듬해의 세금이 5원 늘어서, 갑은 국가에서 5원을 무이자로 한 해 동안 꾸는 셈이 된다. 만일 첫해 중 주식의 가격이 50원으로 떨어졌다면, 甲 회사는 이 주식을 50원에 팔았다가 되삼으로써 50원이라는 처분손실을 손금산입할 수 있게 된다. 물론 이듬해에 가서 주식의 처분이익이 50원 늘게 되지만, 첫해의 가공손실은 50원 늘어난다. 역으로, 주식의 가격이 오른다면, 주식을 110원에 팔기로 한 계약상의 지위를 제3자에게 넘기는 형식으로 가공손실을 만들 수 있다. 가령 시가 100원인 주식을 한 해 뒤 50원에 판다는 계약을 제3자에게 넘기려 한다면, 몇십원을 받지 않고서 그런 계약을 인수할 제3자가 있으랴.

3. 옵 션

손익의 조작 가능성을 더 넓히는 것이 옵션(option). 옵션이란? 목적물을 특정일자에 특정금액(이를 "행사가격"[138]이라 한다)과 상환하여 인도받거나(이를 call option이라 한다) 인도할 수 있는(이를 put option이라 한다) 권리(예약완결권).[139] 옵션의 본질은, 이를 산 사람[140]은 약정된 거래를 이행할 의무는 없이 권리만 가지고, 그 상대방(옵션을 판 사람)은 권리는 없고 의무만 진다는 것이다. 세상에 공연히 의무만 지려는 사람은 있을 수 없으므로, 권리를 얻으려는 자가 계약 당시 일정 대가를 지급해야 계약이 성립한다. 이와 같이 대가가 미리 지급된다는 점에서 옵션의 대가를 option premium이라 부른다.

〈대법원 2013. 5. 23. 선고 2013두673 판결〉

1. 구 법인세법(2010. 12. 30. 법률 제10423호로 개정되기 전의 것) 제19조 제1항은 "손금은 자본 또는 출자의 환급, 잉여금의 처분 및 이 법에서 규정하는 것을 제외하고 당해 법인의 순자산을 감소시키는 거래로 인하여 발생하는 손비의 금액으로 한다"고 규정하고 있다.

---

138) strike price.

139) 민법 제564조 제1항.

140) 민법 제564조 제1항에서 말하는 "상대방."

한편 자본감소절차의 일환으로서 자기주식을 취득하여 소각하는 것은 자본의 증감에 관련된 자본거래이므로 주식소각의 목적에서 자기주식 취득의 대가로 지급한 금액은 자본의 환급에 해당할 뿐 손익거래로 인하여 발생하는 손금에 해당하지 않는다.

2. 원심은 … ① 주식회사 조흥은행을 비롯한 14개 금융기관으로 구성된 채권금융기관협의회(이하 '채권단'이라 한다)가 강원산업 주식회사(이하 '강원산업'이라 한다) 및 원고와 체결한 합병기본약정 등에 따라 2000. 1. 12. 강원산업에 대한 대출금채권을 강원산업 주식으로 출자전환하고, 2000. 3. 15. 원고가 강원산업을 흡수합병함에 따라 그 강원산업 주식에 상응하는 원고 주식을 취득한 사실, ② 원고는 2000. 7. 31. 채권단과 사이에 위 주식 중 12,265,252주(이하 '이 사건 주식'이라 한다)에 관하여 판시 기준가격으로 매수하도록 청구할 수 있는 풋옵션을 부여하고, 원고가 풋옵션 약속을 위반할 경우 채권단에게 옵션행사일의 한국증권거래소 종가 상당액과 기준가격의 차액을 손해배상하기로 하는 약정을 한 사실, ③ 원고는 2003년 정기주주총회에서 주식소각에 의한 감자결의를 했고, 그 감자를 위하여 이 사건 주식을 취득하여 그 액면금 상당의 자본금을 감소하는 절차를 마친 사실, ④ 한편 원고의 이 사건 주식 취득 과정에서 채권단이 2003. 5. 29. 풋옵션을 행사하여 원고에게 기준가격인 1주당 8,785원에 이 사건 주식을 매수할 것을 청구하자, 원고는 채권단에게 그 기준가격으로 계산한 금액을 지급하면서, 채권단과 사이에서 '이 사건 주식을 2003. 5. 29. 한국증권거래소 종가에 매수하고 기준가격과의 차액(이하 '이 사건 쟁점금액'이라 한다)은 손해배상금 명목으로 지급한다'는 내용의 약정을 한 사실 … 등에 비추어, 원고가 채권단에 지급한 이 사건 쟁점금액은 이 사건 주식 취득의 대가에 해당하고, 이를 채권단에 지급한 것은 자본감소절차의 일환으로 이루어진 것으로서 주식의 유상소각에 의한 자본의 환급에 해당한다고 보아, 위 풋옵션 약속 위반시의 손해배상 약정 등을 이유로 들어 이 사건 쟁점금액이 주식의 취득가액과 구별되는 비용으로서 손금에 해당한다거나 이 사건 쟁점금액의 일부는 실질적으로 출자전환된 대출금채권의 이자비용으로서 손금으로 산입되어야 한다는 원고의 주장을 배척했다.

3. …원심의 이러한 판단은 위에서 본 법리에 기초한 것으로서, 거기에 상고이유의 주장과 같이 계약의 해석, 법인세법상 자산의 취득가액 산정, 조세법률주의, 손해배상액의 예정 및 실질과세의 원칙 등에 관한 법리를 오해하거나 논리와 경험의 법칙을 위반하여 자유심증주의의 한계를 벗어나 판결에 영향을 미친 위법이 없다.

이 사건의 쟁점은 원고가 자기주식을 취득하면서 지급한 가격인 주당 8,785원 가운데 일부를 손금산입할 수 있는가이다. 얼핏 보면 자기주식의 취득원가임이 분명한 지급금의 일부에 대해 손금산입 가부가 도대체 왜 쟁점이 되었을까? 제1심 판결에 나오는 관련 계약 내용 중 일부는 다음과 같다.

(2) 채권단이 출자전환으로 취득한 주식 중 일부(할인발행차금 발생분에 해당하는 주식 등으로서 추후 12,265,252주로 확정되었다. 이하 '이 사건 주식'이라고 한다)에 관하여는 2002년 배당률 확정일로부터 6개월간 또는 아래 옵션행사일로부터 3개월간 중 먼저 도래하는 기간에는 일체 매각하지 아니한다(제2조 나.항).

(3) 2002 회계연도 배당률 확정일로부터 6개월 내에 출자전환주식의 시장가격이 '기준가액(출자전환주식대금 및 이에 대한 출자전환일부터 주식매수대금 지급일까지 일정 이율에 의하여 월복리로 계산한 금액에서 출자전환대금에 대한 출자전환일부터 주식매수대금 지급일까지의 매년 배당금을 연복리로 계산한 금액을 공제한 금액)'보다 높을 경우 원고는 채권단에 대하여 이 사건 주식을 기준가격에 매도할 것을 청구할 수 있다(Call Option 약정, 제3조).

(4) 2002 회계연도 배당률 확정일로부터 6개월 내에 출자전환주식의 시장가격이 '기준가액'보다 낮은 경우 채권단은 원고에 대하여 이 사건 주식을 기준가액으로 매수할 것을 청구할 수 있다(Put Option 약정, 제4조).

(5) 원고가 위 풋옵션 약정을 위반한 경우 채권단에게 이 사건 주식의 옵션행사일의 증권거래소 종가 상당액과 기준가격의 차액을 손해배상하여야 한다(제8조).

이 사건에서 채권단이 2003. 5. 29. 풋옵션을 행사하여 기준가액인 1주당 8,785원으로 원고가 이 사건 주식을 매수할 것을 요청한 당시의 주식종가는 6,700원이었다. 원고는 2003. 5. 30.경 채권단에게 이 사건 주식에 대하여 1주당 8,785원을 지급하면서 차액 25,573,050,420원[=12,265,252주 × (8,785,원 - 6,700원)]은 손해배상금 명목으로 지급하고 이를 손금산입했다. 국세청은 원고가 지급한 금액 전체가 자기주식 취득대금으로서 '자본거래'에 해당한다고 보아 쟁점금액을 손금불산입했다. 이에 대해 원고는 두 가지 주장을 내세웠다. 첫째 기준가액과 시가의 차액인 쟁점금액은 손해배상금으로서 주식의 취득가액과 구별되는 비용이므로 손금이다, 둘째 위 기준가액이란 실질적으로 출자전환원금에 그 이자 상당액을 합산하는 방식으로 산정된 것이므로 21,402,864,740원[=12,265,252주 × 1,745원(=기준가액 8,785원 - 출자전환원금 7,040원)]은 이자비용으로서 손금이다.

1) Put call parity

원고의 첫 번째 주장은, 이 사건 거래가 자기주식의 취득과 소각임을 전제로 하는 이상은 받아들이기 어렵다. 대법원이 판시한 그대로이다. 제14장 제4절 IV. 그러나 문제는 둘째 주장이다. 과연 이것은 자기주식(自己株式) 거래인가? 7,040원과 8,785원의 관계에 주목하면서 이 판결의 거래에 따르는 경제적 손익을 따져보자. 채권단은 주식을 7,040원에 사되 그 주식을 기준가격[141](7,040원 + 연리 8% 이자상당액 = 8,785원)에 원고에게 자기주식으로 되팔 수 있는 풋옵션(P)을 가지고 또한 같은 주식을 기준가격에[142] 되살 회사의 콜옵션(C)에 응할 의무를 지기로 했다. 원고의 입장에서 본다면 원고는 주식을 발행하면서 콜옵션을 가지고 채권단의 풋옵션에 응할 의무를 지기로 한 것이다. 주식을 S라고 표시한다면 채권단의 경제적 처지(B, Bond)는 S + P - C이고 원고의 처지는 - S - P + C라고 표시할 수 있다. 이 계약은 어떤 결과를 낳는가? (i) 주가가 기준가격보다 오르면 콜옵션만 가치가 있고 풋옵션은 무가치해진다. 원고는 콜옵션을 행사해서 자기주식을 취득하고 기준가격을 지급하게 된다. (ii) 주가가 기준가격보다 내리면 두 옵션 가운데 풋옵션만 가치가 있고 콜옵션은 무가치해진다. 채권단은 풋옵션을 행사할 것이고, 그에 따라 원고는 자기주식을 취득하고 기준가격을 지급하게 된다. 결국 원고는 애초 주식 발행시점에 발행가액(7,040원)만큼 현금을 받고, 그 뒤 주가가 어떻게 되는가에 관계없이 옵션행사시점에 가서는 자기주식을 취득하면서 기준가액(7,040원의 원리금)만큼의 현금을 지급하게 된다.

원고와 채권단의 관계를 put call parity라고 부른다. Put call parity를 채권단의 입장에서 다시 정리하면 S + P - C = B가 된다. 곧 주식을 사고 풋옵션을 사고 콜옵션을 파는 것은 회사채(B, bond)를 사는 것과 같다. 이 식의 양변의 부호를 바꾸면 - S - P + C = - B가 된다. 이 식은 원고의 입장, 곧 주식을 발행하고 콜옵션을 사고 풋옵션을 파는 것은 회사채를 발행하는 것과 같다는 것을 보여준다. 식의 양변은 정리하기 나름이다. 가령 S = B + C - P라고 정리하면, 회사채를 산 채권자가 콜옵션권리가 있고 풋옵션의무를 지고 있다면 그의 처지는 주주와 동일하다는 말이다. 한편 회사채를 산 채권자에게 콜옵션 권리가 있다는 말은 전환사채나 신주인수권부사채라는 말과 같다. 회사가 가지고 있는 주식에 대한 풋옵션에 응할 의무를 지닌 전환사채권자나 신주인수권부사채권자의 경제적 입장은 주주와 같다. 또한 원고와 채권단의 관계는 주식을 발행하되 이 주식을 기준가격에 환매나 재매매하기로 약정하는 매도담보와도 동일하다. 한 걸음 나아가면 주식을 발행하면서 자기주식에 대한 선물을 사는 회사 역시 원고와 동일한 경제적 처지에 놓이게 된다.

141) 한결 일반적인 용례로는 행사가격(strike price).

142) 이 판결의 정확한 사실관계에서는 6,700원에 이자상당액을 얹은 금액에서 주주로 있는 동안 받은 배당금을 차감한 금액이 기준가격이다. 아무튼 채권단이 버는 소득은 이자상당액으로 미리 특정되므로 이하의 분석에서는 배당이 없었던 것으로 보고, 회사가 주식발행가액에 이자상당액을 얹은 금액으로 자기주식을 다시 사들인 것으로 전제한다.

2) 어느 쪽이 실질(實質)?

채권자의 입장에서 본다면 S + P - C = B, 원고의 입장에서 본다면 -S - P + C = -B 라는 parity를 놓고 본다면 이 거래의 실질이 회사채발행이라는 원고주장은 당연히 옳은 것 아닐까? 법원은 어떻게 판시하고 있는가? 이 거래의 實質이 회사채(會社債) 발행과 같다는 말은 이 거래의 실질이 회사채발행이라는 말과는 다른 말이다. 이 주장과 정반대로, 회사채를 발행한 자에 대하여 거래의 경제적 실질은, 주식(株式)을 발행하면서 동시에 풋옵션과 콜옵션 거래를 한 것이라는 주장도 성립하기 때문이다. 두 가지 주장은 논리의 평행선을 달릴 뿐이다. 풋콜패리티란 그저 두 가지가 경제적으로 동일하다는 말일 뿐이지, 어느 쪽이 실질이라는 것을 보여주지는 않는다. 익숙한 것이 옳은 것은 아니다. 그저 익숙할 뿐.[143] 결국 자기자본과 부채를 구별하고 소득의 종류를 구분해서 서로 달리 과세하는 제도를 전제로 하는 이상은 경제적으로 동일한 것 사이에 어딘가에는 줄을 그을 수밖에 없다.

3) 손익귀속시기의 조작

Put call parity는 손익의 귀속시기 조작에도 쉽게 활용할 수 있다. 예를 들어, '갑'이 어느 해 1. 1.에 만기 1년 이자율 10%인 액면 100원짜리 채권을 액면으로 발행해서, 그 돈으로 주식 100원어치를 샀다고 하자. 동시에 '갑'은 이듬해 1. 1.을 권리행사일로 하는, 같은 주식에 대한 풋옵션(행사가격 = 110원)을 3원에 사고, 또 같은 이듬해 1. 1.을 권리행사일로 하는 콜옵션(행사가격 = 110원)을 3원에 팔았다고 하자. 갑은 주식 100원과 풋옵션 권리 3원을 자산으로 잡고, 사채 100원과 콜옵션 채무 3원을 부채로 잡게 된다.

사실 이 거래는 서로 씻겨나가 실질이 없는 거래이다. 주주로서 갑의 처지에 두 옵션을 결합하면 S + P - C = B이므로, 갑은 100원짜리 채권을 산 것과 동일하다. 즉 100원을 꾸어서 100원을 꾸어준 것이므로 현금흐름은 언제나 당연히 (B - B) = 영(0)이다. 그러나 이 거래는 갑의 과세소득에 어떤 영향을 미치는가? 민사법상으로는 갑의 처지는 (S + P - C - B)이고, (S + P - C)는 미확정 손익을 낳고 B는 확정손익을 낳는다. 갑은 현행법상 첫해에 -B에 딸린 지급이자 10원을 손금산입할 수 있다.[144] 이듬해 1. 1. 현재 주식의 가격이 105원이어서 갑이 풋옵션을 행사하여 110원을 받고 주식을 내어 준다면, 갑은 원가 3원짜리 풋옵션을 써서 원가 100원짜리 주식을 110원에 판 셈이므로 처분이익 7원을 얻는다. 다른 한편, 갑이 채무로 잡아 두었던 콜옵션 3원은 행사되지 않으므로, 갑은 이를 익금산입하게 된다. 결국 갑은 이듬해에 10원을 익금산입

143) 제1장 주석 4).
144) 법인세법 제40조 제1항; 법인세법시행령 제70조 제1항 제2호 단서.

하게 된다. 이번에는 거꾸로, 이듬해 1. 1. 현재 주식의 가격이 115원이어서 갑의 풋옵션은 가치가 없고 콜옵션이 행사되어 갑이 110원을 받고 주식을 내어 준다고 하자. 갑은 원가 100원의 주식을 110원에 팔면서, 동시에 원가 3원의 콜옵션 채무에서 벗어나므로 결국 13원의 처분이익을 인식하게 된다. 다른 한편, 갑의 풋옵션은 그냥 떨어내어야 하므로 손실 3원을 인식하게 되어, 갑은 이듬해에 10원을 익금산입하게 된다. 결국 앞에서 선물을 통한 손익조작이 가능했듯, 옵션을 통한 손익조작이 가능해진다. 일반 선물이나 옵션이나 본질적으로는 아무 차이가 없지만, 옵션을 쓰면 거래 형태가 더 복잡해진 만큼 손익 조작의 수단이 다양해진다. 특히 시장 사정에 변화가 생길 때, 주식, 콜옵션, 풋옵션 각각을 자기에게 유리한 방향으로 처분하여 소득을 조작할 수 있게 된다.[145)]

4. 손익조작의 예

위에 본 예들은 다만 몇 가지 예일 뿐. 파생금융상품의 가능성은 끝이 없다. 법률적 형태는 다르지만 경제적 실질이 같은 거래의 보기 몇 가지.

1) 돈을 꿔서 주식을 사고, 동시에 그 주식 선물을 파는 것은 아무런 거래를 하지 않은 것과 같다. 돈을 꿔서 주식을 사고, 또 풋옵션을 사고 콜옵션을 파는 것도 아무런 거래를 하지 않은 것과 같다.
2) 주식을 이미 가지고 있는 자가, 동시에 그 주식 선물을 파는 것은 현물을 팔아서 고정금리 상품을 취득한 것과 같다. 주식을 이미 가지고 있는 자가 풋옵션을 사고 콜옵션을 파는 것도 현물을 팔아서 고정금리 상품을 취득한 것과 같다.
3) 주식을 팔아서 고정금리 상품에 투자하면서 동시에 주식 선물을 사는 것은 주식을 그대로 가지고 있는 것과 같다. 주식을 팔아서 고정금리 상품에 투자하면서 콜옵션을 사고 풋옵션을 파는 것도 주식을 그대로 가지고 있는 것과 같다.

이런 온갖 거래들을 놓고 어느 쪽이 겉껍질이고 어느 쪽이 실질이라고 볼 것인가? 결국 파생금융상품은 확정소득과 미확정소득의 구별(미국법에서는 그에 더해 경상소득과 양도소득의 구별이나 양도소득 장단기의 구별)을 허물고 온갖 형태의 손익조작을 가능하게 한다. 파생금융상품뿐만 아니라, 기존의 회사법에 이미 들어와 있는 제도들도 손익조작의 수단이 된다. 예를 들어 분리형 신주인수권은 당해 주식에 대한 콜옵션이다. 신주인수권부사채는 발행회사 주식에 대한 콜옵션과 사채의 결합이다. 전환사채 역시 회사주식에 대한 콜옵션과 사채의 결합으로 이해할 수 있다. 교환사채, 상환

---

145) 예를 들어 우선 가공이익을 만들고 뒤에 가공손실을 내는 방식으로 이월결손금 공제시한을 벗어날 수 있다.

사채, 전환주식, 상환주식 등도 옵션 개념에 기초하고 있다. 이런 개념들과 파생금융상품을 섞어 쓰면, 온갖 꼴로 손익을 조작할 수 있게 된다.

5. 시가평가와 Hedge 회계

손익조작을 막는 답은 실현주의와 소득구분을 버리고 순자산증가설에 따라 모든 자산부채를 시가평가하는 것이다. 그러나 이것은 현실적으로 가능하지 않고 적어도 일정한 범위 안에서는 실현주의를 간직하는 것이 현행 세제이다. 우리 현행법은 파생금융상품을 포함한 자산부채 전부에 실현주의를 유지함을 원칙으로 한다.[146] 한편 미국법은 거래소 상품 등에 대해서는 시가평가를 원칙으로 하지만 스왑 등의 명목원금계약에는 실현주의를 간직하고 있다.[147] 가격변동의 위험이 서로 상쇄되는 이른바 헤지 거래는 관련 거래를 한꺼번에 묶어서 동일한 평가방법을 적용하여 가공손익을 방지한다.[148]

Ⅲ. 주식/채권 구별의 상대성

1. 부채(負債) v. 자기자본(自己資本)

오늘날 다양한 금융기법이 확정손익과 미확정손익의 구별을 무너뜨림에서 한 걸음 더 나아가, 근본적으로 負債와 自己資本의 구별은 그 자체가 상대적인 개념이다. 부채와 자본은 모순 개념이 아니고, 연속 스펙트럼의 양 끝일 뿐이다.

보기를 들어, 어떤 사람이 100% 소유 1인 주주로 주식회사를 설립한다고 하자. 이 회사에, 당장 10억원을 투자하면 1년 뒤에 22억원을 받을 확률이 50%이고 0원을 받을 확률이 50%인 투자기회가 있다고 하자. 투자자는 10억원을 투자하여 회사를 세우되, (1) 그 가운데 9억원은 연리 10% 조건으로 회사에 돈을 꿔 주는 것으로 하고 1억원은 보통주 자본금으로 투자하는 안과, (2) 10억원 모두를 보통주 자본금으로 투자하는 안 중 한 가지를 택하려 한다. 위 두 가지 대안은 사실 실질에 있어서 아무런 차이가 없다. 투자자가 얼마를 회수할 수 있는가는 투자가 성공하는가 실패하는가에 달려 있을 뿐, 투자의 형식이 자본금인가 대여금인가는 전혀 영향을 미치지 않는다. 9억원을 대여하는 형식을 띠더라도, 투자가 실패한다면 어차피 한 푼의 돈도 건지지 못하

146) 환위험 헤지 통화선도는 시가평가. 제18장 제4절 Ⅶ.

147) 아울러 양도소득을 경상소득으로 재구분하거나 양도소득의 장단기를 재구분하기도 한다. 미국세법 1258조, 1233조, 1259조. 재무부규칙 1.446-3조.

148) 미국세법 1221조, 1256조(e). 재무부규칙 1.1275-6조, 1.1275-2(g)조. 기업회계기준서 1109호, 4.1.4. 문단, 5.7.1. 문단.

게 된다. 투자가 성공한다면, 투자원리금이 모두 투자자의 것이 된다. 결국 (1)안과 (2)안의 차이는 투자자가 돈의 흐름에 어떤 이름을 붙이는가가 다를 뿐이다. 이는 1인 회사에만 있는 특유한 문제가 아니다. 주주가 여럿인 회사에서도 예를 들어 주주 모두가 같은 비율로 회사에 돈을 꿔 주는 경우를 생각해 보면 된다. 일반론으로 돌아가면 부채와 자본을 대치시키는 기본 축은 투자위험(投資危險)과 기업운영에 대한 지배권(支配權) 두 가지이다.[149] 사법상 형식은 채권 채무라 하더라도, 투자안의 위험이 높아감에 따라 채권자는 이자율을 높여 받는 형식으로 위험을 부담하거나 아니면 기업에 대한 직접적 통제에 나서게 되어, 채권자의 지위는 실질로는 주주에 가깝게 된다.

2. 구별(區別) 시도

우리 판례 가운데에는 형식을 중시하여 "출자자로부터 돈을 차용하여 이에 대하여 약정이자를 계속적으로 지급한 것이 출자자에게의 이익분여로 단정될 수 없다"라고 판시한 것이 있다.[150] 이런 입장에서는, 부채와 자본의 區別은 납세의무자의 마음에 달려있다는 결과가 된다. 그러나 다른 한편, 두 가지를 분명히 구별해 보려는 시도는 실패로 돌아가게 마련이다. 잿빛을 놓고 이를 어디부터 검다 하고 어디부터 희다 할까의 문제인 까닭이다. 이 답 없는 문제를 놓고 미국의 법원(法院)은 일찍부터, 당사자의 의도가 무엇인가, 채권자와 주주가 같은가, 채권자가 경영에 참가하는가, 회사가 외부에서 자금을 조달할 능력이 있는가, 부채규모에 비해 자기자본의 비율은 어느 정도인가, 투자자가 부담하는 위험이 어느 정도인가, 다른 투자자나 채권자와 견주어 권리의 우열이 어떤가 등 온갖 기준을 세워 사안별로 구별해 왔다.[151] 그러나 이 區別은 자의적일 수밖에 없어서, 거의 비슷한 사안에 대해 어떤 때에는 부채라 하고 어떤 때에는 자본이라고 판시하는 모순이 빚어졌다.[152] 그렇게 되자 국회(國會)는 이 문제를 입법으로 해결하려고 생각하여 1954년부터 구별기준을 만들어 보려 했으나 답을 얻지 못했다. 1969년에 이르자 국회는 (가) 무조건적 지급의무가 있는가, (나) 다른 채권과 우선순위가 어떻게 되는가, (다) 부채 자기자본비율이 어느 정도인가, (라) 주식으로 전환할 수 있는가, (마) 문제의 투자와 주식소유 사이의 관계는 어떤가, 이 다섯 가지 정도의 기준을 제시하면서 더 구체적인 구별 기준의 작성을 재무부 시행규칙에 위임했다.[153] 재무부는

149) Klein and Coffee, *Business Organization and Finance*(5th ed., 1993), 7-12쪽, 44-47쪽.

150) 대법원 1969. 5. 13. 선고 68누152 판결.

151) Farley Realty Corp. v. CIR, 279 F.2d 701(2nd Cir. 1960); Cuyana Realty Corp. v. CIR, 382 F.2d 298(Ct. Cl. 1967); Fin Hay Realty Co. v. US, 382 F.2d 694(3d. Cir. 1968) 등.

152) 상세는 Bittker and Eustice, *Federal Income Taxation of Corporations and Shareholders*, 4장, 특히 4.04 절 참조.

11년 동안 이 문제와 씨름한 끝에 1980년 시행규칙을 내어 놓고 3년 뒤에 이를 시행하기로 했으나, 다시 온갖 문제점이 드러남에 따라 1983년에 구별기준에 관한 시행규칙을 철회했다.[154] 결국, 문제는 원점으로 돌아가 사안마다 법원(法院)이 주관적으로 판단할 수밖에 없게 되었다.

1989년 이후에는, 일반적 구별을 포기하고 특히 문제가 된 몇몇 논점에 대해서나 대책을 세워 보자는 생각으로, (가) 고수익 할인사채(이른바 junk bond) 이자의 손금산입을 제한하고, (나) 부채비율이 지나친 경우 지급이자의 손금산입을 제한하고, (다) 부채와 자본의 성격이 섞인 혼성(hybrid)증권의 구분을 재무부 시행규칙에 위임하는 세 가지 방향에서 법률이 개정되었다.[155]

3. 혼성증권

세 번째만 간단히 보자면, 混性證券이란 전형적 주식(보통주)과 채권의 성격이 섞인 증권을 말한다.[156] 예를 들어, 의결권이 없는 증권으로 액면금액의 일정비율을 비참가적 누적적으로 배당받을 권리가 있고, 발행일로부터 일정 기간이 지나면 증권을 발행한 회사가 이를 액면금액으로 상환할 권리를 가지는 증권을 발행할 수 있다. 납세의무자로서는, 회계목적상 이런 증권을 주식(상환우선주)으로 분류하여 부채비율을 낮추고 다른 한편 조세 목적으로는 부채(이익참가부 상환사채)로 분류하여 지급이자를 손금산입하려 하게 마련. 이런 증권의 경제적 실질은 보통주와 회사채 둘 가운데에서 어느 쪽에 가까운가? 다른 보기로 금융기관이 발행하는 신종자본증권 가운데에는 '사채'라는 이름에 불구하고 우선주보다 후순위인 것도 있다. 결국 우선주, 상환주식, 후순위 사채, 신종자본증권, 이런 이름이 중요한 것이 아니고 경제적 실질이 무엇인가를 물어야 한다. 이것은 정답 없는 문제이고, 법원은 이 문제를 떠맡아 사안별로 적당히 결정할 수밖에 없게 된다. 미국 법원의 표현을 빌면 "기업에 대해 위험을 안고 투자를 했는지 또는 채무인지의 구별에서는 어느 요소도, 심지어 경영에서 완전히 배제되었다라는 것까지도, 결정적이라 할 수 없다."[157] 1996년 이후에는 혼성증권 문제만이라도 어떤 기준을 법률에 세워 보려는 시도가 거듭되고 있다.[158] 국제금융거래에서 혼성증

153) 미국세법 385조(b).

154) TD 7920, 1983-2 CB 69.

155) Bittker and Eustice, 앞의 책, 4.02[8][b]절 참조. 2016년에는 미리 부채라고 문서화하면 부채로 본다는 규칙안이 나왔다가 2019년에 폐지.

156) 용례문제로 국제회계기준에서는 증권발행자의 입장에서는 복합(composite) 금융상품이라는 말을 쓰고 투자자 입장에서는 hybrid(기업회계기준서에서는 복합이라고 번역) 계약이라는 말을 쓴다.

157) John Kelley Co. v. CIR, 326 US 521 가운데 530쪽(1946).

158) Bittker and Eustice, 앞의 책, 4.03절 참조.

권을 쓰면 한 나라에서는 이자비용을 공제받고 다른 나라에서는 배당소득 비과세를 받는 등 이중비과세가 생길 수 있다. 이리하여 주주 내지 채권자인 외국법인이 세금을 안 낸다면 지급자인 내국법인의 비용공제를 부인한다.159)

제 4 절 리스계약

제21장 제3절.

제 5 절 금융보험업 수익금액에 대한 교육세

제24장 제1절 III.6.

159) 국제조세조정에 관한 법률 제25조. OECD, BEPS 보고서 Action Plan 2.

제21장 고 정 자 산

종래의 용례로 고정자산(fixed asset)이란[1] 1년 이상 사업에 쓸 자산이고 이는 다시 유형고정자산과 무형고정자산으로 나누었다. 몹시 혼란스럽게도 현행법에서 유형자산(property, plant and equipment)이나 무형자산이라 부르는 것은 그냥 유형이나 무형의 자산이라는 말이 아니고 유형의 자산이나 무형의 자산으로서 1년 이상 사업에 쓸 고정자산이라는 말이다. 기업회계의 혼란스러운 새 용례를 들여온 것. 제18장 제5절 III.1. 그러다보니 말이 꼬여서 가령 사업에 사용하지 않는 투자목적 부동산을 감가상각할 수 없는 이유는 그 부동산이 유형(자산)이 아니기 때문이라는 식, 매출채권은 무형이지만 무형자산이 아니라는 식이다. 임대용 부동산은 기업회계에서는 유형자산이 아니고 투자부동산으로 따로 구분하지만 세법에서는 유형고정자산.[2] 이하에서는 법문의 직접 인용이 아니라면 종래의 용례를 그대로 쓰기로 한다.

다른 자산과 마찬가지로 고정자산의 취득가액은 매입가액이나 제작원가에 부대비용을 가산한[3] 역사적 원가이고, 건설자금에 충당한 차입금의 이자는 취득가액에 포함한다.[4] 고정자산을 임대하여 생긴 임대료의 귀속시기는? 약정상 지급일이 있으면 그 날, 없으면 실제로 지급을 받은 날이 속하는 사업연도.[5] 다만, 경과 기간에 따라 임대료 수입이나 비용을 수익과 손비로 계상한 때에는, 이를 각 익금과 손금에 포함한다.[6] 고정자산의 양도금액은 익금에 산입하고,[7] 양도 당시의 장부가액은 손금에 산입한

---

1) 유럽법에서는 지금도 fixed asset. BEFIT(Business in Europe: Framework for Income Taxation), 제22조 2항.

2) 대법원 2025. 1. 9. 선고 2021두53320 판결.

3) 법인세법 제41조 제1항 제2호; 소득세법 제39조 제2항, 같은 법 시행령 제89조 제1항 제1호, 제2호.

4) 법인세법시행령 제72조 제3항 제2호; 소득세법 제33조 제1항 제10호, 같은 법 시행령 제75조.

5) 법인세법시행령 제11조 제3호, 제71조 제1항; 소득세법 제19조 제1항 제12호, 같은 법 시행령 제48조 제10호의4.

6) 법인세법시행령 제71조 제1항 단서.

다.[8] 고정자산의 처분 전에는 평가이익을 익금에 산입하지 않지만, 보험업법 기타 법률에 따른 평가이익은 익금에 산입할 수 있는 경우가 있다.[9] 자산의 처분 전에도, 고정자산의 감가상각비는 법령에 정한 한도 안에서 손금에 산입한다.[10] 감가상각이란 취득가액을 내용연수에 안분한 금액을 말하고, 법은 상각방법으로 정액법, 정률법, 생산량비례법을 인정한다.[11] 천재지변 등으로 인한 파손이나 멸실은 제18장 제1절 IV.3.

고정자산의 감가상각은 취득원가를 내용연수 동안 적당한 방법으로 떨어내는 것이므로, 경제적 감가와는 별 상관이 없고, 여기에서 손익조작이 가능해진다. 이 문제가 특히 두드러지게 드러난 것이 이른바 tax shelter이다.

제1절 취득가액과 건설자금이자

I. 취득가액(取得價額)

타인으로부터 매입한 자산의 취득가액은? 取得에 들어간 돈 전부이므로 매입가액에 취득세, 등록면허세 기타 자산이 수익을 낳을 때까지 들어간 모든 부대비용을[12] 덧붙인 금액. 매입대금 가운데 매입당시에 대금이 특정되지 않는 조건부채무가 있다면, 자본적 지출이나 마찬가지로 보아 실제로 지급되는 시기에 가서 실제지급액을 취득가액에 넣어야 할 것이다.[13] 자기가 제조, 생산, 건설 기타 이에 준하는 방법에 의하여 취득한 자산의 취득가액은? 역시 取得에 들어간 모든 돈.[14] 증여(贈與)받은 재산은 그

7) 법인세법시행령 제11조 제2호; 소득세법 제95조, 제97조.

8) 법인세법시행령 제19조 제2호; 소득세법시행령 제55조 제1항 제2호.

9) 법인세법 제18조 제1호, 제42조 제1항. 대법원 1988. 12. 13. 선고 86누331 판결.

10) 법인세법 제23조 제1항, 같은 법 시행령 제19조 제5호; 소득세법 제33조 제1항 제6호, 같은 법 시행령 제62조.

11) 법인세법시행령 제26조 제1항; 소득세법시행령 제64조 제1항.

12) 토지만 쓸 목적으로 샀다면 덧붙은 기계장치 값은 토지의 취득가액. 대법원 1998. 8. 21. 선고 98두2539 판결. 진입도로를 기부채납한다면 도로건설 비용은 토지의 취득가액. 대법원 2022. 1. 27. 선고 2017두51983 판결.

13) Columbus & G. Ry. v. CIR, 42 TC 834(1964), aff'd per curiam, 358 F2d 294(5th Cir.), cert. denied, 385 US 827(1966) 등.

14) 원재료비, 노무비, 운임, 하역비, 보험료, 수수료, 공과금(취득세, 등록면허세 포함), 설치비 기타 부대비용의 합계액. 법인세법시행령 제72조 제2항 제2호; 소득세법시행령 제89조 제1항 제2호. 제18장 제1절 IV.2. 국고보조금은 취득가액에 안 들어가지만 일시상각충당금이나 압축기장충당금 기장이 필요. 법인세법 제36조 제1항, 제37조 제1항. 대법원 2023. 5. 18. 선고 2018두33005 판결. 원상회복 의무가 있다면 그에 들어갈 돈도 취득가액. 기업회계기준서 1016호 16문단.

가액을 소득에 바로 포함하므로[15] 같은 금액을 취득가액으로 잡는다.[16] 취득가액은 감가상각 계산의 기초가 되고,[17] 또 끝까지 남아 있는 미상각잔액은 자산을 처분하는 시점에 가서 "양도 당시의 장부가액"으로 손금에 산입한다.[18] 재산세나 종합부동산세 따위의 보유세는[19] 취득가액이나 자본적 지출에 들어가지 않고 각 사업연도의 손금이 된다. 취득세나 보유세는 제8장 제3절 III, 제26장, 제27장.

(보기)

1. 공장부지 목적으로 토지를 사면서 대금 10억원을 매도인에게 지급하다.

2. 앞의 토지에 관련하여 중개사 수수료 4백만원, 등기수수료 4백만원, 취득세[20] 5천6백만원을 지급하다.

3. 정지비(整地費) 3천만원을 지급하다.

4. 공장건설에 들어간 재료비 3억원, 노무비 2억원, 기타 부대비용 1억원, 합계 6억원을 공장의 완공과 동시에 지급하고, 취득세 4,160만원을 지급하다.

5. 사업계획이 바뀌어 앞의 토지와 공장건물을 합계 20억원에 팔다.

(분개)

1.	토지	1,000,000,000	현금	1,000,000,000
2.	토지	64,000,000	현금	64,000,000
3.	토지	30,000,000	현금	30,000,000
4.	건물	641,600,000	현금	641,600,000
5.	현금	2,000,000,000	토지	1,094,000,000
			건물	641,600,000
			처분이익	264,400,000

자산을 장기할부조건(長期割賦條件) 등으로 취득하는 경우의 취득가액은 약정매매가격에서 현재가치할인차금을 공제한 금액.[21] 매도인의 양도가격은 제19장 제2절 I.

---

15) 법인세법시행령 제11조 제5호와 제6호; 소득세법시행령 제51조 제3항 제4호. 제18장 제1절 IV. 2.

16) 대법원 1992. 11. 10. 선고 92누4116 판결. 법인세법시행령 제72조 제2항 제8호; 소득세법시행령 제89조 제1항 제3호. BEFIT, 제24조 제2항.

17) 법인세법 제23조, 같은 법 시행령 제26조 제2항; 소득세법 제33조 제1항 제6호, 같은 법 시행령 제66조.

18) 법인세법 제19조, 같은 법 시행령 제19조 제2호; 소득세법 제27조, 제97조, 같은 법 시행령 제55조 제1항 제2호.

19) 그 밖에 지역자원시설세, 지방교육세 따위가 있다. 지방세법 제141조 이하.

20) 취득세율은 깜짝 놀랄 만큼 높은 수가 잦다. 제27장 제2절 I.

할부매입거래의 경제적 실질을, 현찰로 자산을 사면서 같은 금액을 꾸는 거래로 보는 것이다. 결국 자산이 생산활동에 투입되는 시점 현재의 자산가치가 취득원가가 된다. 은행이 신용을 공여하는 연지급수입(이른바 banker's usance)에 있어서 취득가액과 구분하여 지급할 이자로 계상한 금액도 취득가액에서 빠진다.[22] 아래 II.2.3. 이 말을 뒤집으면, 매도인이 신용을 공여하는 경우(이른바 shipper's usance) 지급이자 부분은 취득가액에 들어간다는 말이 되나,[23] 그렇게 풀이할 일은 아니다. 이미 보았듯 장기할부조건 등의 범위에 장기외상매매도 포함된다고 읽어야 하고, 수입물품이라 하여 달라질 이유가 없다. 제19장 제2절 I.4.

(보기) 어느 해 1.1. 기계를 사들이면서 대금은 이듬해 1.1.부터 시작하여 해마다 5년 동안 해마다 1.1.에 2천만원씩 지급하기로 했다. 취득일 현재 이 회사는 연 10%의 이자율로 은행에서 자금을 꾼 바 있다. 취득시의 분개와 취득연도 말의 손익계산 분개 또 이듬해 1.1.의 분개를 표시하라.

(분개)

1차년 1.1.	기계장치	75,816,000*	미지급금	75,816,000

$* \ 20{,}000/1.1 + 20{,}000/1.1^2 + \cdots + 20{,}000/1.1^5 = 75{,}816{,}000$

1차년 12.31.	이자비용	7,581,600	미지급금	7,581,600
2차년 1.1.	미지급금	20,000,000	현금	20,000,000

취득가액이 법정금액 이하인 미미한 자산은 원칙적으로 바로 손금으로 떨 수 있다.[24] 여러 해에 걸쳐 감가상각할 만한 중요성이 없는 까닭이다. 손금산입은 재무제표상의 경비처리를 전제로 한다.[25] 고유업무의 성질상 대량으로 보유하는 자산이나, 사업의 개시 또는 확장을 위하여 취득한 자산은 바로 손금산입할 수 없고, 취득원가를 사용기간에 걸쳐 감가상각하여야 한다.[26]

21) 제18장 제3절 IV. 현재가치를 적정하게 계산하여 회계처리할 것을 전제로 한다. 대법원 2009. 1. 30. 선고 2006두18270 판결. 법인세법시행령 제72조 제4항 제1호; 소득세법시행령 제89조 제2항 제1호. 금융리스 조건의 임차도 취득이다. 같은 판결. 취득세는 연부금액별로 나누어 낸다. 지방세법시행령 제20조 제5항.

22) 대법원 1992. 11. 23. 선고 92누13622 판결.

23) 대법원 1986. 12. 23. 선고 85누933 판결. 현재가치할인차금은 제19장 제2절 II.

24) 법인세법시행령 제31조 제4항; 소득세법시행령 제67조 제4항.

25) 법인세법시행령 제31조 제4항; 소득세법시행령 제67조 제1항.

26) 법인세법시행령 제31조 제4항; 소득세법시행령 제67조 제4항.

Ⅱ. 건설자금이자

이와 반대로, 자산을 생산활동에 투입하기 전에 대금이 미리 들어간다면 취득원가는 어떻게 되는가? 이것이 建設資金利子의 문제. 건설자금이자란 사업용 고정자산의 매입, 제작, 건설에 쓰인 차입금에 대한 지급이자 또는 이와 유사한 성질의 지출금(이른바 "특정차입금"의 이자)을 말한다.[27] 건설자금이자는 손금으로 떨어야 하는가 당해 자산의 취득가액에 얹어야 하는가?[28] 일반차입금(특정차입금을 제외한 나머지 차입금)도 건설자금에 안분할 수 있는 만큼은 똑같은 문제가 생긴다.[29]

1. 취득가액 v. 당기비용

건설자금이자를 자산의 취득가액에 얹을 것인가 또는 비용으로 공제할 것인가의 문제가 생기는 것은, 자산의 매입, 제작, 건설에 상당한 시간이 들고 그에 따라 이자상당액이 생기기 때문이다. 예를 들어 어떤 자산을 건설하는데 1년이 걸렸고 돈은 공사 개시일인 1.1.에 1억원, 중간의 7.1.에 1억원, 공사가 끝나는 12.31.에 1억원이 들었다고 하자. 이 자산의 건설에는 처음 반년 동안 1억원 그 다음 반년 동안 2억원의 돈이 잠겨있었다. 실물자본 시장이 균형을 이룬다면, 12.31. 현재 이 자산의 가치는 3억원에, 1억원에 대한 반년치 이자와 2억원에 대한 반년치 이자를 합한 금액일 것이다. 건설자금이자 문제가 생기는 까닭이 바로 여기에 있다.

법인세법과 기업회계는[30] 모두, 건설자금이 차입금(借入金)으로 조달되어 지급이자가 생기는 경우에만 이자상당액을 취득원가에 더한다. 앞의 예에서, 세 날짜에 각 1억원을 꿔서 공사대금을 지급했고 이자율이 연 10%라면, 12.31. 현재 자산의 취득원가는? 공사대금 3억원에 1.1.에 꾼 돈 1억원에 대한 일년치 이자 1,000만원과 7.1.에 꾼 돈 1억원에 대한 반년치 이자 500만원을 더한 3억1,500만원이 된다. (이자의 금액은, 전반기의 차입금 1억원에 대한 이자 500만원과 후반기 차입금 2억원에 대한 이자 1,000만원으로 생각해도 마찬가지이다.) 이리하여 건설자금이자 1,500만원은 비용으로 떨지 않고 자산의 취득원가에 얹는다. 건설공사가 완료되어 자산이 사업에 쓰이기 시작한 뒤에는 건설자금이자는 더 이상 계산하지 않고 그 뒤의 지급이자는 바로 비용으로 떤다.

---

27) 대법원 1995. 8. 11. 선고 95누3121 판결.

28) 법인세법 제28조 제1항 제3호; 소득세법 제33조 제1항 제10호; 법인세법시행령 제72조 제3항 제2호; 소득세법 제33조 제1항 제10호, 같은 법 시행령 제75조. 취득세도 같다. 대법원 2013. 9. 12. 선고 2013두5517 판결.

29) 법인세법 제28조 제2항 및 같은 법 시행령 제52조 제7항.

30) 기업회계기준서 제1023호.

어? 차입금에 대한 지급이자만을 취득가액에 얹는다면, 똑같은 자산의 취득가액이 당해 기업의 자금사정에 따라 달라지지 않나. 앞의 예에서 이 회사가 꾼 돈 대신 이미 가지고 있던 돈으로 자산을 건설했다면, 취득원가는 3억원이 된다. 이 차이를 피하기 위하여 기업회계에서는, 건설자금이자는 비용으로 바로 떨어야 한다는 주장도 나오고 있다. 그러나 과세소득의 계산 목적으로는 건설자금이자를 취득가액에 산입함이 당연하다. 차입금의 이자를 건설원가에 산입하지 아니하고 기간비용에 계상한다면 그 비용에 대응하는 수익이 없음에도 비용계산을 허용하는 셈이 되어 수익비용 대응의 원칙에 어긋난다.[31] 자금조달 방법에 따라 자산의 취득원가가 달라지는 문제점은 어떡하나. 기업회계 문제일 뿐이고, 애초 기업회계가 자기자본(自己資本)의 기회비용(機會費用)을 손익계산에 반영하지 않는 까닭이다. 자본의 기회비용을 계산하여 지급이자와 마찬가지로 처리한다면 취득가액이 통일된다. 거꾸로, 모든 지급이자를 바로 손금산입하더라도 취득가액이 통일됨은 마찬가지이지만, 세법이 이를 따를 수는 없다. 지급이자를 무조건 바로 손금산입한다면, "비용에 해당하는 수익이 없음에도 비용계산을 허용하는 셈이 되어 수익비용 대응의 원칙에 어긋나"[32] 손익이 왜곡된다. 앞의 예로 돌아가서, 건설 자금 전부가 남의 빚이라 생각하자. 시장이 균형에 있다면, 납세의무자에게 아무런 손익이 생길 리 없다. 그러나 지급이자를 바로 손금산입하면서 자산가액의 상승은 실현시기에 가서 익금산입한다면, 건설기간 동안은 1,500만원 손실이 생기고 뒤에 가서 같은 금액의 처분익이 생기게 되어 손익이 왜곡된다.

세법에서는 자산의 취득가액이라는 개념은 손익을 계산하기 위한 중간 단계의 도구 개념일 뿐이다. 제18장 제1절 IV. 실현주의를 전제로 삼고 있는 현행법에서는, 건설자금이자는 취득가액에 가산함이 옳다.[33] 실물시장이 균형에 있다면, 제 돈으로 지었든 남의 돈으로 지었든 완성된 자산의 가치는 3억1,500만원이 된다. 시장이 균형 속에 있다면, 전액 남의 돈으로 건설한 자산에서는 아무런 소득이 생기지 않아야 하고, 전액 제 돈으로 건설한 자산에서는 自己資本의 기회비용만큼 소득이 생겨야 한다. 그렇게 본다면, 전자의 경우에는 자산의 취득원가가 3억1,500만원이 되어야 한다. 이 자산을 3억1,500만원에 파는 경우 거기에서 3억1,500만원을 공제하여 소득이 없어야 하는 까닭이다. 후자의 경우에는 취득원가가 3억이 되어야 한다. 그래야만 1,500만원의 소득이 생겨, 이 돈을 다른 곳에 투자했을 경우와 균형이 맞으니까.

31) 대법원 1995. 8. 11. 선고 95누3121 판결.

32) 같은 판결.

33) 일본 最高裁判所 1992(平成 4). 7. 14. 선고 昭和61(行ツ)115 판결(양도소득세). 제12장 제3절 II.2.

2. 현 행 법

(보기) (주)서울은 ×××1. 9. 1. 공장신축을 이유로 은행에서 시설자금 3억6천만원을 꾸었다. 차입기간은 1년이고 이자는 연 10% 후불조건이다. 돈 3억6천만원은 꾸는 즉시 은행의 요구불예금에 넣어두었다. 실제로 공장건설을 착공한 날은 ×××1. 9. 1.이고 공사는 ×××2. 6. 30.에 완공되었고, 그 사이에 3억6천만원이 다 투입되었다. 공사기간 동안 3억6천만원 예금에서 생긴 이자소득은 ×××1년에 5백만원, ×××2년에 1백만원이다. 차입금 3억6천만원에 대한 지급이자 3천6백만원은 예금이자 6백만원과 상계한 나머지 3천만원을 ×××2. 8. 31.에 원금과 함께 모두 갚았다. 지급이자 가운데 ×××1년과 ×××2년에 공장의 취득원가에 가산해야 할 금액은 각 얼마인가를 계산하고 차입금이자가 각 사업연도의 소득에 미치는 영향을 분개의 형식으로 표시하라.

(풀이) 전체를 정리하면 지급이자 3천6백만원은 일단 공사기간 10개월분 3,000만원과 공사기간이 아닌 기간 2개월분 지급이자 6백만원으로 나뉘고, 공사기간분 3,000만원은 이자소득 상계액 6백만원과 자산취득가액에 들어가는 금액 2천4백만원으로 나뉜다. 두 해로 나누면 다음과 같다.

×××1년: 3억6천만원에 대한 4개월분 지급이자는 1천2백만원이다. 같은 기간의 이자소득 받을 금액은 5백만원이므로, 건설 중인 자산의 취득원가에 들어갈 금액은 7백만원이다.

12. 31.	건설 중인 자산	7백만원	미지급이자	1천2백만원
	미수이자	5백만원		

×××2년: 3억6천만원에 대한 지급이자는 2천4백만원이지만 공사기간 6개월분은 1천8백만원이다. 같은 기간의 예금이자 소득은 1백만원이므로 1천7백만원이 자산의 취득원가에 들어간다.

8. 31.	건설 중인 자산	1천7백만원	현금	3천만원
	미지급이자	1천2백만원	미수이자	5백만원
	지급이자	6백만원		

1) 대상자산

현행법상 건설자금이자란, 고정(固定)자산의 건설 등에 소요된 차입금의 이자이다.[34]

34) 대법원 1997. 7. 25. 선고 95누16950 판결.

固定자산이란 수명 내지 耐用年數가 한 해를 넘는 자산을 말한다.[35] 내용연수가 한 해 밑이라면, 지급이자를 당장 손금산입하든 취득가액에 얹든 각 사업연도의 소득계산에 아무 차이가 없는 까닭이다. 미국법에서 건설자금이자를 계산하는 대상은 우리 법보다 오히려 더 좁다. 부동산에 대해서는 언제나 건설자금이자를 가산하고 동산의 경우에는 1) 수명이 20년을 넘는 자산, 2) 제작에 2년 이상이 걸리는 자산, 3) 제작에 1년 이상이 걸리고 법정 금액을 넘는 원가가 드는 자산에 대해서만 건설자금이자를 계산한다.[36] 그러나 입법론상은, 반드시 고정자산만이 아니라 다른 자산의 건설에 들어간 차입금의 이자도 모두 취득가액에 포함하여야 한다. 현행 기업회계기준도 의도된 용도로 사용하거나 판매가능한 상태에 이르게 하는 데 상당한 기간을 필요로 하는 자산에 대해 건설자금이자를 계산하도록 정하고 있다.[37] 어떤 자산의 건설에 들어갔든 차입금 이자를 바로 손금산입하면 손익이 왜곡된다. 자본의 기회비용이야말로 현행법상 소득 개념의 기초인 까닭이다.[38]

2) 대상차입금

건설자금에 들어간 차입금의 지급이자를 손금불산입한다고 할 때, 건설자금에 들어간 차입금은 어느 범위까지로 잡아야 하는가? 어떤 건설자금과 어떤 차입금이 1:1로 특정되는 경우는 해당 차입금의 지급이자를 자산의 취득가액에 더하면 된다. 이런 1:1 대응관계가 없다면? 예를 들어, 어느 해 12월 31일 현재 자산이 10억원 있고, 이 자산을 차입금 5억원과 자기자본 5억원으로 마련한 회사가 있다 하자. 자산은 현금예금 3억원과 재고자산과 기계장치 따위의 영업자산 7억원으로 이루어져 있고, 부채는 모두 차입금이며 매입채무 따위는 전혀 없다고 하자. 이듬해 이 회사는 공장을 지었고, 공사대금 3억원을 1월 1일에 한꺼번에 지급했다 하자. 이 공사대금 3억원은 무엇으로 마련한 돈인가? 차입금 5억원 가운데 3억원인가, 자기자본 5억원 가운데 3억원인가, 아니면 일부는 차입금으로 일부는 자기자본으로 마련한 것인가?

1993년까지는 차입금이 건설자금과 다른 재산에 골고루 들어갔다고 보아 지급이자 가운데 건설자금 몫을 따져 자산의 취득가액에 가산했다.[39] 한편, 기업회계에서는 차입금이 다른 재산에 먼저 들어가고 나서 남는 차입금만이 건설자금에 들어갔다는 식이었다. 1994년부터 법을 고쳐 기업회계에 맞추었다.[40] 차입금의 일부를 운영자금에

35) 부동산 매매업자가 보유한 토지는 고정자산이 아니다. 대법원 1997. 7. 25. 선고 95누16950 판결.
36) 미국세법 263A조(f). 그러나 uniform capitalization rule이 다시 적용될 수 있다.
37) 기업회계기준서 제1023호 4문단, 7문단. 반복적으로 대량생산하는 재고자산에는 안 할 수도 있다.
38) 제8장 제1절 II.2.
39) 1993. 12. 31. 개정 전 옛 법인세법시행령 제33조.

전용한 경우에는 그 부분 지급이자는 손금에 산입.[41] 차입금의 일시예금에서 생기는 수입이자는 원본에 가산하는 자본적 지출액에서 차감한다.[42] 판례는 차입금이 건설자금에 쓰였음이 분명하다는 사실을 과세행정청이 입증하여야 한다고 한다.[43] 그러나 그 뒤에 기업회계기준이 다시 바뀌어 차입금을 건설자금과 다른 돈으로 안분하면서 건설자금이자를 취득원가에 산입하는 방법과 기간비용으로 처리하는 방법을 기업이 선택할 수 있도록 허용했다.[44] 현행 법인세법은 다시 기업회계에 맞추어 일반(一般)차입금("특정차입금"을 제외한 나머지 차입금)에 대하여도 건설자금으로 사용되었다고 볼 수 있는 금액을 도출한 다음, 그 이자를 취득가액에 산입하는 방법과 손금에 산입하는 방법 중 하나를 선택할 수 있도록 허용하고 있다.[45] 다시 2011년부터 국제회계기준에서는 종래 건설자금이자를 즉시 비용화하거나 취득원가에 산입하는 선택권을 인정하다가 지금은 이를 폐지하고 건설자금이자를 반드시 취득원가에 산입하도록 강제하고 있다.[46] 한편 2018년의 취득세 판례는 취득에 간접적으로 들어가 실질적으로 투자된 자금이라면 지급이자를 산입하라고 한다.[47]

장기할부(長期割賦)로 자산의 매입, 제작, 건설 대금을 지급하는 경우, 할부매매대금 속에 숨어 있는 건설기간 동안의 지급이자 상당액은, 취득가액에 가산하여야 옳다.[48] 지급이자 상당액은 바로 그 자산의 취득에 들어간 돈이니까. 차입금 이자까지 취득원가에 얹는 마당에, 바로 그 자산의 구매대가 속에 포함된 지급이자 부분을 얹는 것은 당연. 이런 의미에서 건설자금이자 계산대상인 "차입금"이라는 말은 반드시 차입계약이라는 뜻이 아니고, 자산의 취득에 들어간 자금 정도의 뜻이다. 자산을 사업목적으로 사용하기 시작한 날 이후의 할부이자 상당액은 취득가액에서 빼야 한다.[49] 결국, 취득가액이란 자산이 수익을 낳기 시작한 날 현재의 가치를 뜻한다.

---

40) 옛 법인세법시행령 제52조 제1항; 소득세법시행령 제75조 제1항. 취득세 판결로 대법원 2013. 9. 12. 선고 2013두5517 판결.

41) 법인세법시행령 제52조 제3항; 소득세법시행령 제75조 제3항.

42) 대법원 2013. 9. 12. 선고 2013두5517 판결(취득세). 법인세법시행령 제52조 제2항 단서; 소득세법시행령 제75조 제2항 단서.

43) 대법원 1994. 9. 27. 선고 92누7375 판결 등.

44) 옛 기업회계기준서 제7호.

45) 법인세법 제28조 제2항 및 같은 법 시행령 제52조 제7항.

46) 기업회계기준서 제1023호 9문단, BC7문단 이하. 종래의 우리나라 기업회계기준을 이어받은 일반기업회계기준은 여전히 선택권을 인정. 일반기업회계기준 18.4문단.

47) 증명책임은 과세행정청. 대법원 2018. 8. 29. 선고 2014두46935 판결.

48) 법인세법시행령 제72조 제6항 가운데 건설자금이자 관련부분은 법률의 위임범위를 벗어난 것이라 보아야 한다.

49) 법인세법시행령 제72조 제4항 제1호; 소득세법시행령 제89조 제2항 제1호.

3) 가산기간

지급이자를 자산의 원가에 가산하는 期間은 토지의 경우에는 매입대금을 청산한 날이나 토지를 사용하기 시작한 날[50] 가운데 빠른 날, 건축물의 경우에는 소득세 목적상의 취득시기와 사용개시일 가운데 빠른 날, 다른 고정자산의 경우에는 사용개시일까지이다.[51] 적어도 입법론으로는, 자산을 영업에 사용하는 날까지는 건설자금이자를 계산해야 한다. 건설자금이자를 계산하는 목적이 가공손익을 없애는 것인 이상, 그 자산이 수익을 낳을 수 있는 상태에 이르는 날까지는[52] 지급이자를 취득가액에 가산해야 한다. 대금청산 여부는 전혀 적절하지 않다.

제 2 절 감가상각

Ⅰ. 현 행 법

1. 감가상각의 의의

명문의 규정은 없으나 우리 과세실무는 기업회계의 관행에 따라 이른바 직접대응과 기간대응을 구별하여, 수익에 직접대응하는 비용은 익금산입시기에 가서 함께 손금산입하고 그렇지 않은 것은 발생기간에 바로 손금산입한다. 판례는 이를 그대로 인정하고 있다.[53] 따라서, 기계장치나 공장건물처럼 제품생산에 쓰이는 고정자산의 감가상각액은 제품, 재공품 또는 반제품 등 적절한 제목의 자산 원가에 넣었다가 나중에 제품판매액을 익금산입할 때 가서 제품원가의 일부로 손금산입한다.[54] 판매활동이나 관리활동에 쓰이는 고정자산의 감가상각액은 판매비나 일반관리비의 일부로 바로 손금산입한다. 기업회계에서는 원가모형이라면 자산의 취득원가는 그대로 둔 채 감가상각액누계액을 취득원가에서 차감하는 형식으로 재무상태표에 적으면서 시가와 견주어 저가법으로 손상차손을 떤다.[55] 재평가모형(시가법)에서는 평가익도 기타포괄이익으로

50) 건축물의 부지 구입자금에 대한 건설자금이자 원가 산입의 종기는 건축착공일(토지 실물이 사용되기 시작한 날)이 아니라 임대아파트의 준공일(토지가 수익을 낳기 시작한 날)이다. 대법원 1995. 8. 11. 선고 95누3121 판결.

51) 법인세법시행령 제52조 제2항, 제6항; 소득세법시행령 제75조 제2항, 소득세법시행규칙 제40조.

52) 임대부동산을 취득했으나 실제 임대수입을 얻지 못했더라도 취득일 이후 지급이자는 필요경비에 산입한다. 대법원 2013. 8. 22. 선고 2011두17769 판결.

53) 제18장 제3절 Ⅲ.

54) CIR v. Idaho Power Co., 418 US 1(1974). 제19장 제1절 IV.3.

55) 기업회계기준서 1016호 30문단.

잡지만 이미 떨었던 손상차손의 범위 안에서는 당기수익.[56] 아래 II. 감가상각비는 기업회계상 손비로 계상(計上)한[57] 금액에 한하여, 세법상 한도 안에서 손금에 산입할 수 있지만 국제회계기준에 따른 감가상각액이 세법상 상각액보다 적다면 차액은 신고조정(申告調整)할 수 있다.[58]

(보기)

1차년 1. 1. 취득원가 1천만원짜리 기계장치를 사들이다.
1차년 12.31. 위 기계장치에 대한 감가상각 1백만원을 계상하다.
2차년 12.31. 위 기계장치에 대한 감가상각 1백만원을 계상하다.
3차년 1. 1. 위 기계장치를 7백만원에 팔다.

(분개)

1차년 1. 1.	기계장치	1천만원	현금	1천만원
1차년 12.31.	감가상각	1백만원	감가상각누계액	1백만원
2차년 12.31.	감가상각	1백만원	감가상각누계액	1백만원
3차년 1. 1.	현금	7백만원	기계장치	1천만원
	감가상각누계액	2백만원		
	기계장치처분손	1백만원		

2. 감가상각 대상자산과 가액

감가상각이란 자산의 처분 전에 내용연수에 맞추어 취득가액의 일부를 미리 떨어내는 것이다.[59] 어떤 자산에 감가상각을 허용할 것인가? 固定資産, 곧 내용연수가 한 해를 넘는 자산. (다만, 취득원가가 법정금액 이하인 자산은 취득원가 전액을 바로 손금산입할 수 있다.)[60] 자산의 수명이 한 해가 못 된다면, 이 자산이 연말 연시에 걸쳐 두 해 동안 쓰이더라도 사용기간만큼의 감가상각을 인정하지 않는 것이 기업회계의

56) 기업회계기준서 1016호 31문단, 39문단.

57) 계정과목 이름은 손상차손이든 전기손익수정손이든 뭐든 상관 없다. 대법원 2014. 3. 13. 선고 2013두20844 판결.

58) 법인세법 제23조 제1항, 제2항.

59) 법인세법시행령 제26조 제2항; 소득세법시행령 제66조. 감가상각 대신 자산처분 시점에 가서 취득원가 더하기 이자상당액을 손금산입하자는 주장으로 Fellows, A Comprehensive Attack on Tax Deferral, 88 Michigan Law Review 722(1990). 한편 취득시점에 장차 감가상각할 금액의 현재가치를 손금산입하자는 주장으로 Auerbach and Jorgenson, The First Year Capital Recovery System, 10 Tax Notes 515(1990).

60) 법인세법시행령 제31조 제4항; 소득세법시행령 제67조 제4항.

관행이고, 세법에서도 달리 볼 이유가 없다. 자산의 수명이 한 해를 넘더라도 모두 감가상각 대상이 되지는 않는다. 토지는 감가상각할 수 없고,[61] 건물, 구축물, 기계 및 장치 등 법령에 정해진 유형고정자산과[62] 특허권 등 법령에 정해진 무형고정자산만[63] 감가상각비를 손금산입할 수 있다. 예를 들어 채권은 변제기가 1년 이후이더라도 감가상각 대상이 아니다. 또, 사업에 사용하지 아니하는 자산,[64] 건설 중인 자산,[65] 시간의 경과에 따라 그 가치가 감소되지 아니하는 자산은[66] 감가상각할 수 없다.[67] 반드시 소유권(所有權)이 있어야 감가상각할 수 있는 것은 아니다.[68] 장기할부조건 등으로 매입한 고정자산은, 매수인이 당해 고정자산의 가액 전액을 자산으로 계상하고 사업에 사용하는 경우에는 대금의 청산 또는 소유권의 이전 여부에 관계없이 매수인이 감가상각할 수 있다.[69] 이른바 리스 자산의 경우에도 금융리스에[70] 해당하면, 리스이용자

---

61) 대법원 2006. 7. 28. 선고 2004두13844 판결(자본적지출). 폐기물매립지의 감가상각을 인정한 사례로 Sexton v. CIR, 42 TC 1094(1964).

62) 법인세법 제23조 제1항 및 제3항, 같은 법 시행령 제24조 제1항 제1호; 소득세법 제33조 제1항 제6호, 같은 법 시행령 제62조 제1항, 제2항 제1호. 현행 기업회계기준은 그저 유형자산이라 부른다. 구축물 또는 이와 유사한 유형고정자산이 되려면 구조와 형태가 물리적으로 토지와 구분되어 경제적인 가치를 가진 것이어야 한다. 대법원 2009. 5. 14. 선고 2006두11224 판결. 토지 위에 있는 정착물 가운데 건물의 단계에 이르지 못한 것은 민사법상은 토지의 일부이지만 구축물로 감가상각할 수 있다. 미국판례로 Rudolph Inv. Corp. v. CIR, 72,129 PH Memo. TC(1972). 구축물의 소유권이 토지 소유자에게 있더라도 건설비용부담자의 감가상각을 인정한 사례로 D. Loveman & Son Export Corp. v. CIR, 34 TC 776, 806-807(1960). 이 판결은 대법원까지 가서 그대로 유지되었다. 369 US 860 (1962). 토지의 원가와 구축물 사이의 구별에 관한 판결로 대법원 2004. 3. 25. 선고 2004두39 판결.

63) 법인세법 제23조 제1항. 법인세법시행령 제24조 제1항 제2호; 소득세법시행령 제62조 제1항, 제2항 제2호.

64) 대법원 2015. 9. 10. 선고 2013두6862 판결(시운전≠사업). 판매용 자동차(재고자산)는 감가상각 대상이 아니다. Luhring Motor Co. v CIR, 42 TC 732(1964). 사업부진으로 실제 영업수익이 없더라도 상각할 수 있다. Uri v. CIR, 949 F2d 371(10th Cir. 1991). BEFIT, 제24조 제4항.

65) 건설공사 진행 중에 쓰는 가설건축물은 감가상각할 수 없다. 대법원 2022. 1. 27. 선고 2017두51983 판결.

66) 미술품은 상각할 수 없다. Hawkins v. CIR, 713 F2d 347(8th Cir. 1983). BEFIT 제27조 제1항↔법인세법시행령 제19조 제17호. 골동품도 실제 감가되는 경우에는 상각할 수 있다. Simon v. CIR, 103 TC 247 (1994), aff'd 68 F3d 41(2d Cir. 1995).

67) 법인세법시행령 제24조 제3항; 소득세법시행령 제62조 제2항 괄호.

68) 대법원 2009. 7. 9. 선고 2007두4049 판결(리스물건); 2025. 2. 7. 선고 2023두37544 판결(사용수익기부자산); BEFIT 제23조↔2012. 11. 15. 선고 2012두16282 판결(영구임대). Tipke/Lang, *Steuerrecht* (제24판, 2021), 제9장 340문단. 이하 달리 적지 않은 한 Tipke/Lang이란 제24판. CIR v. Bollinger, 485 US 340 (1988). 양도담보나 sale and leaseback의 경우 감가상각은 담보권자가 아니라 설정자에게 속한다. Helvering v. F&R Lazarus Co., 308 US 252(1939). Hartley v. CIR, 90,014 PH Memo. TC(1990).

69) 매도인이 소유권을 유보한 것은 담보권이다. 대법원 2014. 4. 10. 선고 2013다61190 판결. 법인세법시행령 제24조 제4항; 소득세법시행령 제62조 제3항 전문.

가 감가상각한다.[71)]

취득가액의 의미는 앞 절에서 보았지만, 자산을 사용하다가 나중에 취득가액을 조정하는 경우가 있다. 우선, 감가상각자산의 내용연수를 연장시키거나 당해 자산의 가치를 현실적으로 증가시키기 위하여 지출하는 수선비는 취득가액에 얹는다.[72)] 여기에서 "내용연수"라는 말은 자산의 실제 수명의 예측값을 말한다. 위와 같이 취득가액에 가산하는 지출을 "자본적(資本的) 지출"이라[73)] 부르고, 위 요건을 만족하지 못하여 바로 손금산입하는 지출을 "수익적(收益的) 지출"이라 부른다. 두 가지의 구별은 실제로는 매우 곤란하다. 법은 나름대로 기준을 두었지만,[74)] 수선비가 법에 정한 금액에 못 미친다면 수익적 지출로 바로 손금산입할 수 있다.[75)] 종합부동산세나 재산세 같은 보유세는 수익적 지출. 다음으로, 법이 자산의 평가증감을 인정한다면 평가액을 새로운 취득원가로 삼아 감가상각을 계산한다.[76)] 보험업법 등 특정 업종에 적용되는 법률에 따른 재평가가 있는 경우 그 평가액을 기초로 감가상각을 계산한다.[77)] 고정자산으로서 천재, 지변, 화재 등 법령에 정한 사유[78)]로 인하여 파손 또는 멸실된 것은 시가로 평가감(評價減)할 수 있다.[79)] 다른 경우에는 당초의 취득가액을 평가증하거나 평가감할 수 없다.[80)]

3. 내용연수와 상각방법

각 사업연도에 감가상각할 금액은? 취득가액을 耐用年數로 쪼갠 금액. 올해 새로 산 자산은 사용한 달수만큼만 상각한다.[81)] 소득금액을 일매짓도록 계산하기 위해서 내용연수는 법으로 정하고 있다.[82)] 시험연구용자산과 무형고정자산(뒤에 본다)은 아예

---

70) 기업회계기준서 제1116호; 일반기업회계기준 제13장; 소득세법시행령 제62조 제3항 후문.
71) 대법원 2009. 10. 30. 선고 2006두18270 판결. 아래 제3절 II.
72) 법인세법시행령 제72조 제5항 제2호, 제31조 제2항; 소득세법시행령 제89조 제3항 후문, 제67조 제2항. 미국세법 263조(a). 미국판례는 Bittker, McMahon & Zelenak, 12.03[2]절 12.05절 참조.
73) 여기에서 자본(capital)이란 '총자산=총자본', '자산=자본'이라는 용례. 제7장 제5절 1, 제18장 제1절 V.
74) 대법원 1999. 11. 12. 선고 98두15290 판결. 법인세법시행령 제31조 제2항; 소득세법시행령 제67조 제2항.
75) 법인세법시행령 제31조 제3항; 소득세법시행령 제67조 제3항.
76) 법인세법시행령 제72조 제5항 제1호의2; 소득세법시행령 제89조 제3항 전문.
77) 법인세법 제42조 제1항, 같은 법 시행령 제72조 제5항 제1호의2; 소득세법 제39조 제1항, 제2항, 같은 법 시행령 제89조 제3항 전문.
78) 법인세법시행령 제78조 제1항.
79) 법인세법 제42조 제3항 제2호, 같은 법 시행령 제78조 제3항의 확정은 파손·멸실에 준하는 좁은 뜻으로 읽어야 한다.
80) 법인세법 제42조 제1항; 소득세법 제39조 제1항, 제2항.
81) 법인세법시행령 제26조 제9항.

특정기간을 정하고 있다.[83] 건축물에 대해서는 종류별로 기준내용연수가 법령에 정해져 있고[84] 25%의 범위 내에서 납세의무자가 조정하여 감가상각할 수 있다.[85] 여기에서 건축물이란 건물과 구축물을 말한다.[86] 차량 및 운반구, 선박 및 항공기, 기계 및 장치 같은 다른 자산은, 구체적 자산이 무엇이든 묻지 않고, 예를 들어 제조업에 쓰이는 자산은 8년 하는 식으로 업종별로 기준내용연수가 정해져 있다.[87] 25%의 범위 내에서 납세의무자가 조정할 수 있음은 마찬가지이다. 내용연수를 줄이거나 늘릴 만한 법정사유가 있다면, 관할지방국세청장의 승인을 얻어 기준내용연수의 50% 범위 안에서 조정할 수 있다.[88] 중고자산을 취득하는 경우에도 내용연수에 관한 특례가 있다.[89] 사용수익 기부자산은 사용수익 기간 동안 균등상각.[90]

資本的 지출액을 얼마의 기간동안 상각하여야 하는가는 법령의 글귀가 분명하지 않다. 실무에서는 자본적 지출을 해당 자산의 미상각잔액과 합하여 잔존내용연수 동안 감가상각한다.[91] 정률법을 쓰는 경우에는, 미상각잔액이 취득원가의 5%가 될 때까지 상각함이 실무인 듯하고, 결과적으로 내용연수가 늘어나게 된다. (참고로, 법인세법상 정률법의 상각률은 잔존가액이 취득가액의 5%임을 전제로 계산해 놓은 것이다.) 자본적 지출액을 바로 비용으로 떤 경우에는 이를 감가상각에 포함하여 상각한도액을 계산한다.[92] 손금산입할 수 없는 감액손실을 계상한 것도 같다.[93]

취득가액을 내용연수로 쪼개는 방법으로는 온갖 생각을 할 수 있지만 법은 몇 가지로 정하고 있다. 정액법(定額法)이란 해마다 같은 금액을 상각하는 방법이고,[94] 정률법(定率法)이란 미상각잔액에 일정한 상각률을 곱하여 해가 갈수록 상각액이 줄어

82) 대법원 2016. 1. 28. 선고 2013두7001 판결(일정기간 후 환매 하기로 약정).

83) 법인세법 제23조 제7항. 법인세법시행령 제28조 제1항, 법인세법시행규칙 제15조 제1항 및 제2항, 별표 2와 3; 소득세법시행령 제63조 제1항, 소득세법시행규칙 제32조 제1항.

84) 법인세법시행규칙 별표 5; 소득세법시행령 제63조, 같은 법 시행규칙 제32조 제1항.

85) 법령에 따른 신고를 전제로 한다. 대법원 2016. 1. 28. 선고 2013두7001 판결. 법인세법시행령 제28조 제1항, 법인세법시행규칙 제15조 제1항 및 제2항; 소득세법시행령 제63조, 소득세법시행규칙 제32조 제1항.

86) 법인세법시행령 제24조 제1항 제1호; 소득세법시행령 제62조 제1항, 제2항 제1호.

87) 법인세법시행규칙 제15조 제3항, 별표 6; 소득세법시행령 제63조, 소득세법시행규칙 제32조 제1항.

88) 대법원 2016. 1. 28. 선고 2013두7001 판결.

89) 법인세법시행령 제29조의2 제1항.

90) 대법원 2025. 2. 27. 선고 2023두37544 판결.

91) 미국에서는 主物과 동일한 법정내용연수로 상각한다. 미국세법 168조(i)(6). 다만 주물의 운영유지에 관계된 것이 아니라면 세법상으로는 별개의 동산으로 보아 상각할 수 있다. Hosptial Corp. of America v. CIR, 109 TC21(1997).

92) 이를 즉시상각(Sofortabschreibung)의 의제라 부른다. 법인세법 제23조 제4항 제2호.

93) 대법원 2014. 3. 13. 선고 2013두20844 판결; 2012. 3. 29. 선고 2011두4855 판결.

94) 법인세법 제23조 제1항, 법인세법시행령 제26조 제2항 제1호; 소득세법시행령 제66조 제2호.

들게 하는 방법이다.[95] 건축물과 무형고정자산(광업권 제외)은 정액법, 건축물 외의 유형고정자산은 정률법이나 정액법으로 상각한다.[96] 광업권은 정액법이나 생산량비례법을 적용한다.[97] 광업용 유형고정자산은 생산량비례법, 정률법 또는 정액법을 쓸 수 있다. 조세특례로 조기상각 내지 가속상각을 허용하는 경우도 있다.[98]

(보기) 서울(주)는 20x1. 1. 1.에 5천만원을 주고 기계장치를 사들였다. 이 장치의 내용연수를 5년으로 본다면 정액법에 따른 감가상각은 해마다 얼마인가?

(풀이) 5천만원/5 = 1천만원. (잔존가액은 영(0)원으로 본다. 법인세법시행령 제26조 제6항)

(보기) 위 보기의 기계장치를 정률법으로 감가상각한다면 해마다 상각액은 얼마인가? 내용연수 5년에 따른 상각률은 0.451이다. 상각이 끝난 뒤 이 기계장치를 100만원에 판다면 처분손익은 얼마인가?

(풀이)

첫해: 5,000 × 0.451 = 2,255

이듬해: (5,000 - 2,255) × 0.451 = 2,745 × 0.451 = 1,238

셋째 해: (2,745 - 1,238) × 0.451 = 1,507 × 0.451 = 680

넷째 해: (1,507 - 680) × 0.451 = 827 × 0.451 = 372

다섯째 해: (827 - 372) × 0.451 = 454 × 0.451 = 204

처분손 = 100 - 250 = 150만원(250만원은 5,000만원의 5%)

(보기) 앞 보기의 다섯째 해 첫머리에 자본적 지출액 500만원을 지출했는데 회사는 이를 수선비라는 당기비용으로 떨었고, 그 해에는 감가상각을 계산하지 않았다. 이 500만원 중 손금산입할 수 있는 금액은? 그 뒤 여섯째 해 첫머리에 이 재산을 100만원에 판다면[99] 처분손익은? 회사는 처분손을 100 - 454 = 354만원이라고 신고했다.

---

95) 법인세법 제23조 제1항, 법인세법시행령 제26조 제2항 제2호; 소득세법시행령 제66조 제1호.

96) 사용수익 기부자산은 정액법만 허용. 대법원 2025. 2. 7. 선고 2023두37544 판결. 법인세법 제23조 제1항, 법인세법시행령 제26조 제1항; 소득세법시행령 제64조 제1항.

97) 생산량비례법이란, 해마다 그 해의 채굴량이 광구의 총채굴예정량에 대해 차지하는 비율만큼 취득가액을 상각하는 방법이다. 법인세법 제23조 제1항, 법인세법시행령 제26조 제2항 제3호; 소득세법시행령 제66조 제3호. 미국세법에서는 percentage depletion이라 하여 원가와 무관하게 필요경비를 인정하는 제도도 있다. 미국세법 613조.

98) 가령 조세특례제한법 제28조의3, 제28조의4, 제28조의5. 제9장 제3절.

99) 폐기∈처분. 대법원 2025. 2. 27. 선고 2023두37544 판결. 제18장 제1절 IV.3.

(풀이) 감가상각비를 결산에 반영하지 않았으므로 원래는 손금산입할 수 있는 감가상각비가 없지만, 자본적 지출을 손금으로 떤 것도 즉시 감가상각한 것으로 보고(앞 1.) 상각범위액을 계산하면 (454 + 500) × 0.451 = 430만원이므로 의제상각 500만원 중 430만원만 손금이고 70만원은 부인. 미상각잔액은 의제상각 부인액 70을 더해서 454 + 70 = 524만원.[100] 따라서 처분손은 100 - 524 = 424만원 = 354(계상한 처분손) + 70(손금추인).[101]

각 사업연도의 소득에 대하여 법인세가 면제(免除)되거나 감면(減免)받는 기간분 감가상각비는 반드시 감가상각하여야 한다.[102] 감면기간 동안 소득을 늘리고 그 뒤 과세될 때 가서 소득을 줄이는 것을 막기 위함이다. 면제나 감면이 없더라도 어느 해에 감가상각을 모자라게 한 금액은, 그 뒤 생기는 상각부족액에 충당하지 못한다.[103] 손금계상을 조건으로 한다는 점을 제외하면, 각 사업연도의 감가상각금액은 모두 법에 따라 계산하는 것이고 납세자가 임의로(또는 기업회계에 의하더라도) 귀속연도를 바꿀 수는 없다는 말이다. 소득조작을 염려한 까닭이다.[104] 상각하지 못한 채 남은 금액은 처분손익에 반영된다.

Ⅱ. 감가상각과 손익조작

정액법, 정률법 등 현행법의 감가상각제도는 반드시 담세력(擔稅力)을 바로 재는 잣대는 못 된다. 예를 들어, 할인율(자본의 기회비용)이 연 10%라 하고, 수명이 4년이고 앞으로 4년간 매년 1,000원의 현금흐름을 낳고 4년째 말에 가서 폐기품으로 팔면 160원을 받을 것임이 확실한 기계장치가 있다고 하자. 실물자본시장이 효율적이라면, 이 기계장치의 시가는? 4년간 현금 흐름의 현재가치, 곧 $1{,}000/1.1 + 1{,}000/1.1^2 + 1{,}000/1.1^3 + 1{,}000/1.1^4 + 160/1.1^4 = 3{,}278$원. 이 납세의무자가 돈 3,278원을 꾸고, 원리금의 상환을 앞으로 3년간 매년 1,000원씩 갚고 4년 말에 가서는 1,160원을 갚는다고 하자. 기계장치의 현금흐름과 원리금채무의 현금흐름은 정확하게 씻겨 나가므로, 이 납세의무자는 아무런 손익을 얻지 않는다.

---

100) (차) 수선비 500 (대) 현금 500. (차) 기계장치 70 (대) 수선비 70

101) (차) 현금 100 + 처분손 354 (대) 기계장치 454. (차) 처분손 70 (대) 기계장치 70

102) 법인세법시행령 제30조.

103) 역으로 상각부인액(한도초과액)은 그 후의 시인부족액에 자동 충당된다. 대법원 2014. 3. 13. 선고 2013두20844 판결.

104) Gardiner v. US, 536 F2d 903(10th Cir. 1976); Montoya v. CIR, RIA TC Memo 99,269(1999).

그런데 법인세법이나 기업회계에 따른다면, 이 사람의 해마다의 소득은 영(0)원이 아니다.[105] 이 사람의 소득에는 세 가지 요소가 반영된다: 가) 해마다의 임대수입 1,000원, 나) 기계장치의 감가상각, 다) 3,278원의 차입에 따른 이자비용. 각각 어떻게 되는가를 실제 계산해 보자. 정률법으로 계산한다면 기계장치의 상각률은 52.8%이고,[106] 이자비용은 실효이자율법으로 계산한다.

(취득시)	기계장치	3,278	차입금	4,000
	현재가치할인차금	722		
(제1차년)	차입금	1,000	임대수익	1,000
	감가상각	1,732	감가상각누계액	1,732
	이자비용	328	현재가치할인차금	328
(제2차년)	차입금	1,000	임대수익	1,000
	감가상각	817	감가상각누계액	817
	이자비용	261	현재가치할인차금	261
(제3차년)	차입금	1,000	임대수익	1,000
	감가상각	386	감가상각누계액	386
	이자비용	187	현재가치할인차금	187
(제4차년)	차입금	1,000	임대수익	1,000
	감가상각	182	감가상각누계액	182
	이자비용	105	현재가치할인차금	105
(처분시)	차입금	160	기계장치	3,278
	감가상각누계액	3,118		

납세의무자가 손금산입할 수 있는 지급이자는 첫해에 3,278 × 0.1 = 328원이다. 이듬해에는? 3,278 + 328 = 3,606원이라는 원리금에서 첫해 말에 갚은 1,000원을 뺀 2,606원에 대한 10% 이자 261원. 마찬가지로 생각하면 셋째 해에는 (2,606 + 261 - 1,000) × 0.1 = 1,867 × 0.1 = 187원, 넷째 해에는 (1,867 + 187 - 1,000) × 0.1 = 105원을 손금산입할 수 있다. 이제 이 기계장치를 정률법에 따라 감가상각한다면 상각률은 52.8%. 상각액은? 첫해에 3,278 × 0.528 = 1,732원, 이듬해에는 (3,278 - 1,732) × 0.528 = 817원, 셋째 해에는 (3,278 - 1,732 - 817) × 0.528 = 386원, 넷째 해에는 (3,278 - 1,732 - 817 - 386) ×

105) 본문과 비슷한 거래를 sham으로 본 판결로 HGA Cinema Trust v. CIR, 505 US 1205(1992).
106) 법인세법시행규칙 별표 4: 소득세법시행령 제63조, 소득세법시행규칙 제32조 제1항.

0.528 = 182원을 감가상각비로 손금산입하게 된다. 결국, 납세의무자의 소득은? 첫해에 1,000(임대수입) - 328(지급이자) - 1,732(감가상각) = (1,060)원의 결손금. 이듬해에 1,000 - 261 - 818 = (79)원의 결손금. 셋째 해에 1,000 - 187 - 386 = 427원의 소득. 넷째 해에는 1,000 - 105 - 182 = 713원의 소득이 생기게 된다. (넷째 해 말 현재의 미상각잔액은 3,278 - (1,732 + 817 + 386 + 182) = 160원이 된다. 이미 알아차렸겠지만 이 숫자는, 자산 폐기시 손익이 생기지 않도록 자산의 잔존가치와 미리 맞추어 놓은 숫자이다.) 결국, 납세의무자는 경제적 실질이 전혀 없는 거래에서 4년 동안 각각 결손금 1,060원, 결손금 79원, 소득 427원, 소득 713원을 보고하게 된다. 이를 그냥 더하면 (- 1,060 - 79 + 427 + 713) = 0원이 된다. 납세의무자가 첫 두 해 동안 덜 낼 세금과 나중 두 해 동안 더 낼 세금의 절대액이 같다. 무슨 말? 납세의무자가 국가로부터 무이자(無利子)로 돈을 꿔 쓰고 있다는 말. 위 보기에서 정률법을 쓰지 않고 정액법을 쓰더라도 정도가 약간 완화될 뿐이지 결론에는 아무 차이가 없다.

현행법에서 감가(減價)상각을 통한 손익조작이 가능해지는 이유는, 정률법, 정액법 등 현행법상의 감가상각방법은, 소득세와 기업회계의 역사적 형성과정에서 생겨난 관행일 뿐 실제 減價가, 순자산감소가 얼마인지를 묻는 개념이 아닌 까닭이다. 위 보기에서 실제 감가는 얼마인가? 현금흐름의 현재가치로 계산해보면 4년 동안 (683, 751, 826, 909)이다. 그렇게 계산하면 해마다의 소득은 당연히 다 영(0). 그러나 1927년 미국의 대법원은 "감가상각이란, 매년 일정한 금액을 손금산입하여, 자산의 수명이 다하는 시점 현재의 [손금산입액] 누계가 당초의 취득원가와 같아지도록 하는" 절차라고 말했다.[107] 이 생각이 이어져 오랫동안 기업회계에서는 "감가상각은 평가과정이 아니라 원가의 안분과정이다."[108] "감가상각은 유형자산을 사용해서 이익을 보리라 여겨지는 기간에 걸쳐, 자산의 원가를 체계적 합리적 방법으로 안분하는 회계과정이다"라고 생각했다.[109] 실상은 동어반복일 뿐인 이 이론에서는 감가상각을 減價의 측정과 다른 것이라 우기면서, 취득원가를 내용연수에 걸쳐 안분하는 이상 나름대로 일관된 논리만 있다면 어떤 방법도 가능하다는 결론을 내렸다. 한편 현행 유럽법에서는 정액법만 허용한다.[110]

그러나 재무회계에서도 원가의 합리적 안분이라는 생각이 논리필연은 아니다. 경제학의 국민소득 회계로 돌아가서 감가상각이 무슨 뜻인가 생각해보라. 역사를 뒤져 보면 일찍이 1905년 당대의 유력한 재무회계 문헌은 "이론적으로 옳은 감가상각방법은 자산

107) United States v. Ludey, 274 US(1927), 295 특히 300-301쪽.

108) Kieso & Weygandt, Intermediate Accounting(9th ed., 1998), 546쪽.

109) 같은 쪽.

110) BEFIT, 제22조 제2항. 원가안분을 전제하면, 정액법만 가능하다는 생각이나 여러 가지 상각방법이 가능하다는 생각이나 다 논리적 평행선인 동어반복.

의 장부가액이 [평가일 현재] 재평가로 확인되는 현재의 시가와 차액나는 만큼이다" 라고 말하기도.[111] 20세기 초의 재무회계에 자리잡을 수도 있었던 이런 소득 개념은 *Eisner v. Macomber* 등 법원 판결의 영향을 받아 뿌리내리지 못하고, 또 시가정보는 원가정보보다 신뢰성이 훨씬 떨어지는 까닭에 재무회계는 실현주의 내지 역사적 원가주의를 택하게 된다.[112] 그 뒤 한때에는 회계학자들이 가치라는 개념을 기업회계에서 아예 몰아내고 역사적 원가주의를 "공리(公理)"로 삼으려고 하기도 했다.[113] 이런 형이상학적 시도가 오래 갈 수는 없는 법, 그 뒤에는 회계학자들도 실현개념이 公理라는 입장을 걷고, 원가주의의 필요성을 정보의 객관성에서 찾게 되었지만,[114] 회계이론을 "순수화"하려 했던 생각이 아직도 알게 모르게 남아 있다. 국제회계기준에 와서는 적지 않은 혼선을 겪다가 이제는 재평가모형이라면 전면적으로 시가평가하고 원가모형이라면 저가법으로 시가평가한다.[115]

자산이 낳는 현금 흐름이 급격히 줄어든다면, 현행법의 감가상각방법이 그런대로 담세력을 재는 잣대가 될 수도 있다. 앞에서 다룬 예로 돌아가, 수선유지비 등을 고려할 때 기계장치가 낳는 순현금흐름이 예를 들어 첫해에 2,000원, 이듬해에 1,000원, 셋째 해에 650원, 넷째 해에 350원 식으로 급격히 떨어진다면 해가 갈수록 감가상각액이 점점 줄어드는 방법이 맞다. 그러나 이 결과는 우연적 사정 때문이지, 현행법의 감가상각방법이 담세력을 재기 위해 고안된 제도가 아니라는 결론에는 변함이 없다. 현행법의 감가상각방법이 담세력을 제대로 재지 못하는 경우에는, 납세의무자는 언제라도 소득을 조작할 유인을 얻게 된다.

---

111) L.R. Dicksee, *Advanced Accounting*(2nd ed., 1905), 239쪽. 회계감사의 기초를 놓은 사람으로 그 때 쓴 책을 지금도 판다.

112) Reed K. Storey, *Revenue Realization, Going Concern, and Measurement of Income, in Contemporary Studies in the Evolution of Accounting Thought*(Michael Chatfield ed., 1968). 한 會計史學者는 초기 회계학자들의 소득개념이 법원의 영향을 받아 손상(undermine)되었다고 말하고 있다. Michael Chatfield, *A History of Accouging Thought*(rev. ed., 1977), 97쪽.

113) Executive Committee of the American Accouning Association, "*A Tentative Statement of Accounting Principles Underlying Corporate Financial Statements,*" 11 Accounting Rev. 188(June 1936).

114) AAA, "*Accounting and Reporting Standards for Corporate Financial Statements,*" 32 Accounting Rev. 536 가운데 539쪽(1957); AAA, *Report of the 1973-4 Committee on Concepts and Standards of External Reporting, 50 Accounting Rev.*(Supplement)(1974), 209.

115) 기업회계기준서 1016호, 30문단, 31문단, 39문단.

Ⅲ. 감가상각을 이용한 tax shelter

미국에서는 한때 감가상각을 이용한 tax shelter가 유행했다. tax shelter의 전형은, 몇 사람이 조합기업(partnership)을[116] 설립하고, 그 조합의 이름으로 돈을 꾸어 물건을 사서 이 물건을 다시 임대하는 것이다. 조합의 손익은 바로 조합원에게 귀속되므로[117] 조합원들은 앞 문단에서 본 가공손실을 다른 소득에서 공제하여 세금을 덜 내게 된다. 그에 더하여 차입금은 대개 non-recourse loan 방식으로 마련한다. 곧, 임대료채권을 차입금에 대한 담보로 제공하면서 담보물 외에 조합이나 조합원의 인적책임은 묻지 않기로 하는 유한(有限)책임 약정 또는 인적책임을 면제하는 약정을[118] 맺는 것이다.

有限책임 약정이 쓰이게 된 것은, 일찍이 미국대법원의 Crane 판결이 자산의 구입대가 속에 non-recourse loan으로 조달한 돈이 들어 있더라도, 취득원가는 차입금을 포함한 구입대가 전액이라고 판시했음을 이용한 것이다.[119] 이 사건 원고는 현금 7,000과 non-recourse 담보 차입금 255,000, 계 262,000으로 부동산을 사서 몇 해에 걸쳐 감가상각 28,000을 손금산입한 뒤 미상각잔액이 234,000인 상태에서 2,500에 팔았다. 미국대법원은 (차) 현금 2,500 + 차입금 255,000 (대) 부동산 234,000 + 과세소득 23,500으로 소득을 계산했다.[120] 이 사건 부동산의 가치가 빚 255,000보다 높은 때에는 차액이 원고에게 돌아가지만, 가치가 255,000보다 낮아지면 원고는 부동산만 넘기면 끝이고 더 이상 책임이 없으므로 원고가 투자위험을 지는 실투자액은 7,000이다. 그러나 법원은 부동산의 취득가액을 262,000으로 보고 그에 따른 감가상각을 허용했다. 결국 tax shelter에 참가하는 사람은 실제 투자도 거의 없고 또 아무런 위험도 지지 않으면서 구입대가 전액을 감가상각하여, 이미 본 것처럼 세금부담을 줄일 수 있게 된다.

Crane 판결이 그냥 틀렸던 것이려나? 실투자액이 7,000뿐인데 28,000을 감가상각하다니? 취득시 (차) 자산 7,000 (대) 현금 7,000, 보유중에는 감가상각 28,000을 불허, 처분시에 (차) 현금 2,500 + 처분손 4,500 (대) 자산 7,000, 이렇게 했으면 될텐데?[121]

---

116) 미국법상 partnership은 우리 법의 합명회사나 합자회사에 가깝다고 보는 것이 오히려 옳지만, 본문의 목적으로는 회사는 납세의무자가 아니고 우리 법의 조합기업(공동사업)처럼 각 사원 내지 조합원만이 납세의무자라는 점이 중요하다. 소득세법 제43조 제2항. 제14장 제1절 Ⅱ.

117) 소득세법 제2조의2 제1항 본문, 제87조; 미국세법 701조.

118) 신탁법 제87조의 신탁사채로도 가능.

119) Crane v. CIR, 331 US 1(1947).

120) 순손금은 28,000 - 23,500 = 4,500. Crane 판결에 뚜렷하지 않은 부분이 있었지만 나중에 Commissioner v. Tufts, 461 U.S. 300(1983) 판결로 이렇게 판시.

121) 보유중에 감가상각을 상한 7,000까지 했다면 처분시에는 (차) 현금 2,500 (대) 처분익 2,500. 순손

문제는 차입금 만기일에 부동산가격이 255,000을 넘어서 이 금액을 실제 갚는다면, 그 동안 감가상각했어야 맞다는 것이다.[122] 이런 문제가 생기자, 이른바 sham doctrine으로 감가상각을 손금불산입하는 판례들이 생겼다. 곧, 세금을 줄이겠다는 의도 외에는 아무런 경제적 실체가 없다고 인정된다면, tax shelter가 자산의 소유권을 취득하고 자산을 임대했다는 사실 자체를 세법상 무시하는 것이다.[123]

사실은 소유자에게 감가상각을 부인하는 판례는 tax shelter 때문에 처음 생긴 것은 아니다. 이미 1939년 미국대법원의 *F & R Lazarus & Co* 판결은[124] 누가 감가상각을 할 수 있는가는 소유권자가 누구인가라는 형식적 기준이 아니라, 자산가치의 증감이라는 투자위험을 부담하는 자가 누구인가라는 실질적 기준으로 판단하여야 함을 밝혔다. 이 사건의 논점은 납세의무자가 소유하고 있던 부동산을 다른 사람에게 양도하고, 다시 이 부동산을 양수인으로부터 99년간 임차한 이른바 sale & leseback에서 납세의무자가 이 부동산의 감가상각비를 손금산입할 수 있는가였다. 국세청은 감가상각은 소유권자만이 할 수 있다고 주장했으나, 법원은 자산을 양도하고 이를 다시 임차하는 이 계약의 실질은, 세법 목적으로는 소유권의 이전이 아니라 담보권의 설정으로 보아야 한다고 판시했다. 그렇다면 납세의무자가 매년 지급하는 "임차료"의 실질은 차입원리금의 상환이 된다. 그 뒤 행정해석도 법원의 입장을 따르게 되었다.[125] 그러나, 계약의 실질을 따져서 임대차 등 법률행위를 차입과 담보권 설정으로 재구성한다는 것은 매우 주관적 판단이 되고, 따라서 감가상각은 소유권자에게 속한다는 형식논리를 이용한 shelter들을 막기 어려웠다.[126]

이리하여 1976년경부터 미국법은 "법을 악용하는 tax shelter"의 범위를 정하고, 그런 shelter에 벌금을 가하는 등 여러 가지 행정적 제재를 입법했다.[127] 나아가, 더 근본적으로 실체법을 세 가지 방향에서 손보았다. 첫째, 감가상각 대상 부동산의 내용연수를 늘렸다.[128] 둘째는 이른바 at-risk rule. 자산의 취득원가에 들어가는 차입금은

금은 7,000 - 2,500 = 4,500.

122) 또 다른 대안으로 처분시점에 가서 감가상각 28,000을 소급해서 손금산입하고 처분시 소득을 23,500으로 잡을 수도 있지만, 당시 미국법에서 국세환급금의 시효 내지 부과권의 제척기간 문제가 얽혀 있다.

123) 한 예로 Rice's Toyota World, Inc. v. CIR, 81 TC 184(1983), aff'd in part, rev'd in part, 752 F.2d 89(4th Cir. 1985). 일반론으로 Gideon, *"Mr. Gregory's Grandchildren: Judicial Restriction of Tax Shelters,"* 5 Va. Tax. Rev. 825(1986); Bittker, McMahon & Zelenak, 29.02[2]절 참조.

124) Helvering v. F & R Lazarus & Co., 308 US 252(1939). 일본 最高裁判所 2006(平成 18). 1. 24. 平成12(行ヒ)133 판결(임대인의 감가상각 부인). 영국 2005년 판결로 Barclay Mercantile [2004] UKHL 51.

125) Rev. Rul. 72-543, 1972-2 CB 87 등.

126) Frank Lyon & Co. v. US, 435 US 561(1978) 등 참조.

127) 미국세법 6111, 6112, 6700, 7408조 등.

납세의무자가 투자위험을 지는 부분에 한하고, 인적책임을 지지 않는 차입금(Crane 판결의 255,000부분)은 자산의 취득원가에서 빼도록 했다.[129] 셋째, 임대행위[130] 등 소극적 행위[131]에서 생기는 손실은 소극적 행위에서 생기는 소득에서만 공제할 수 있다.[132] 그 결과 tax shelter는 한풀 꺾였지만, 1990년대 후반 이후로 이번에는 개인이 아니라 법인들의 조세회피 시도가 늘면서 다시 사회적 문제가 되어 규제를 강화하고 있다.[133]

여기에서 한 가지 의문이 생긴다. 가령 제조업에 쓰이는 기계장치는 위 세 가지 제한의 어디에도 안 걸린다. 그러나, 제조용 기계장치 역시 가공손익을 낳음은 마찬가지 아닐까? 기계장치는 제품의 생산에 쓰이는 것이므로 이 기계장치가 매년 얼마의 현금흐름을 낳는가는 곤란한 물음이 되고, 앞 예의 임대료처럼 연 1,000만원의 현금흐름이 생길 것이라 가정하기는 어렵다. 그렇지만 그 기계장치를 남에게 빌려 주는 경우 매년 1,000만원의 임대료를 받을 수 있다고 생각하면, 이 기계장치를 직접 생산에 투입하는 사람은 이 기계장치가 적어도 연 1,000만원 이상의 가치를 창출한다고 생각하고 있는 것이다. 그렇게 본다면, 적극적 사업 투자라 하더라도 기존의 감가상각방법이 가공손익을 낳음은 마찬가지이다. 그럼에도 불구하고 미국법이 적극적 사업자산의 감가상각은 문제삼지 않고 소극적 행위에서 생기는 손실만을 손금불산입하는 까닭은 무엇일까? 투자를 촉진하려는 정책적 의도. 미국의 실정법에서는, 초기에는 원칙적으로 정액법만이 허용되었지만 1954년 이후로는 초기상각액을 늘리는 다른 방법들을 허용했다. 나아가 1981년 이후에는 이른바 조기상각(早期償却)제도(ACRS)를[134] 통해 자산의 법정내용연수를 실제 내용연수보다 훨씬 줄여 잡고,[135] 또 한때는 그에 더해 투자세액공제도 허용하여[136] 투자를 촉진하고 있었다.[137] 결국, 미국법은 의도적으

128) 미국세법 168조(c).

129) 미국세법 465조. 건설경기 활성화를 위해서 부동산에는 at-risk rule을 적용하지 않다가 1986년 이후 규제를 시작했다.

130) 미국세법 469조(c)(2).

131) 같은 조(c)(1).

132) 같은 조(a). 소멸하지는 않고 다음 해로 넘어간다. 같은 조(b).

133) 상세는 Bitker & Eustice, 5.10-5.13절. Treasury, The Problem of Corporate Tax Shelter(1999).

134) Accelerated Cost Recovery System. 상각률을 정액법의 2배(물건에 따라서는 1.5배)로 하여 정률법으로 상각하다가 뒤에 정액법의 상각액이 더 커지는 시점부터는 정액법으로 상각한다. 미국세법 168조(b). 그 뒤 1986년 개정법에 의한 현행제도를 속칭 Modified ACRS라 부른다. 수정 내용의 간단한 요약은, Michael Graetz, *Federal Income Taxation: Principles and Policies*, V. I(1988), 398-402쪽.

135) 잔존가액도 영(0)으로 한다. ACRS의 내용연수는 recovery period라 부른다. 미국세법 168조.

136) 1983. 12. 31. P.L. 98-369, 474m(1)조로 폐지되기 전의 미국세법 38조.

137) 따라서 해외자산 등은 실제내용연수에 따라 정액법으로 상각한다. 미국세법 168조(g). 2001 - 2004

로 초창기 가공손실의 손금산입을 허용하면서, 다만 tax shelter만을 규제하고 있는 것이다.

그렇다면 뭔가 이상하지 않은가? 어느 기업이든 스스로 소유한 적극적 사업자산에서 생기는 가공손실을 손금산입할 수 있다면, 같은 물건을 임차해서 쓸 기업이 어디 있겠는가? 그렇다면, tax shelter라는 것이 어떻게 생길 수 있고, 이를 규제할 필요가 무엇인가? 일반론으로서는 옳은 말이다. 그러나, 감가상각의 혜택이 tax shelter에게 돌아가도록 계약구조를 짤 수 있다. 예를 들어 이월결손금이 쌓여 있는 제조업체나 비영리법인 기타 세금에 무관심한 법인이라면 감가상각액을 늘릴 수 있다 하여 덕볼 일이 없다. 여기에 tax shelter가 임대인의 자격으로 끼어들 수 있다. 곧 임대료를 낮추어 주는 형식으로 가공손실을 통한 절세액을 나누어 가질 수 있게 된다. 우리 법에서는 출자공동사업자가 받는 소득은 배당소득으로 구분하므로 결손금을 분배받지 못한다. 제10장 제2절 III, 제14장 제1절 II.

제 3 절 임대차와 리스의 손익

I. 임 대 차

임대료로 익금산입할 금액은 현금만이 아니라 임대인이 받는 다른 경제적 이익도 포함한다.[138] 이자소득과 달리 법인이 받는 임대료는 원천징수대상이 아니다. 따라서 임대료(임차료)의 귀속시기는 권리확정을 기준으로 시간의 흐름에 따라 계산하면 된다. 제18장 제2절 I.

1) 한 사업연도를 넘는 기간분의 임대료는 받을 권리가 있고 금액이 특정된 이상 각 사업연도에 안분해서 익금산입한다.[139] 후불 임대료라면 그때 가서 받을 금액(미래가치)을 안분한다. 현재가치를 즉시 익금산입하고 이자 상당액을 따로 익금산입하지 않는 이상 불가피하다.[140]

2) 납세의무자가 결산을 확정하면서 경과기간분 미수임대료와 그에 대응하는 경비를 수익과 손비로 계상한 경우에도, 결산대로 익금과 손금을 계산한다.

넌은 첫해에 취득원가 30%의 상각을 허용하고 있다. 미국세법 168조(k).

138) 대법원 2022. 1. 27. 선고 2017두51983 판결(임차인이 부담한 토지조성비).

139) 대법원 2022. 1. 27. 선고 2017두51983 판결; 2022. 1. 27. 선고 2017두52719 판결.

140) 각 기간에 균등액을 안분하면서 결과적으로 득실이 없게 맞출 수는 있으나 복잡한 수식을 풀어야 해서 비현실적이다.

3) 그 밖의 임대료(임차료)라면 임대료를 받(주)기로 되어 있는 약정(관습)상의 날, 그런 날이 없으면 실제 받은(준) 날이 귀속시기이다.[141] 소득세법은 임대차의 존부 자체를 둘러싼 소송이 있었다면 판결이나 화해가 있은 날을 임대료 귀속시기로 정하고 있고,[142] 법인세법에서도 달리 해석할 이유가 없다. 임대료가 공탁되었거나, 그렇지 않더라도 권리의 존부를 다투는 것이 아니고 다만 지급을 구하는 소송일 뿐이라면 약정상의 임대료 지급일이 여전히 귀속시기라 풀이하여야 마땅하다.[143] 약정한 임대료를 받지 못할 가능성이 높더라도 소득의 귀속시기는 여전히 약정상의 임대료 지급일이고, 실제로 받지 못한다면 그때 가서 대손금을 필요경비에 산입할 수 있을 뿐이다.[144]

임대료를 받는 대신 또는 그에 더하여 임대보증금(保證金)을 받는다면 이자수익 상당액을 익금에 산입하여야 하는가? 일반론으로는 그렇게 할 이유가 없다. 임대保證金으로 받은 돈이 이미 사업에 투자되어 영업수익을 낳고 있거나 아니면 금융자산으로서 수익을 낳고 있게 마련이기 때문이다. 다만 법인의 소득을 추계하는 경우에는 실소득을 알 수 없으므로 간주임대료 상당액을 익금산입한다.[145] 차입금과다 법인에 대해서도 특칙이 있다.[146] 개인의 부동산 임대업 소득은 제11장 제1절 V 참조.

4) 기업회계에서는 임대부동산을 투자부동산으로 따로 구분해서, 재평가모형이라면 유형고정자산과 달리 평가손익을 당기손익으로 잡는다. 원가모형이라면 유형고정자산이나 마찬가지로 저가법으로 평가.[147] 세법에서는 그냥 제2절의 유형고정자산이다.[148]

Ⅱ. 리 스

딱히 가장행위라고 보지 않으면서도 오래전부터 일정 조건을 만족하는 장기임대차는 민사법형식과 달리 과세해왔다. 앞서 본 1939년 미국대법원의 *F & R Lazarus & Co* 판결은[149] 99년이라는 장기의 임차인(원소유자)은 실상 임대차물건의 소유주라고 보고 그 전제 하에서 감가상각은 임대인이 아니라 임차인에게 귀속한다고 보았다.

141) 법인세법 제40조, 법인세법시행령 제71조 제1항; 소득세법시행령 제48조 제10호의4.
142) 소득세법 제39조, 소득세법시행령 제48조 제10호의4 (다)목.
143) 대법원 2000. 11. 13. 선고 99두4082 판결.
144) 대법원 2005. 5. 13. 선고 2004두3328 판결; 2005. 6. 9. 선고 2004두5638 판결; 2007. 11. 22. 선고 2005두4755 판결; 2023. 12. 26. 선고 2022두7176 판결.
145) 법인세법시행령 제11조 제1호; 소득세법 부분의 제11장 제1절 V 참조.
146) 조세특례제한법 제138조.
147) 기업회계기준서 1040호, 35문단, 56문단.
148) 대법원 2025. 1. 9. 선고 2021두53320 판결.
149) Helvering v. F & R Lazarus & Co., 308 US 252(1939).

임대인(매수인)이 임차인에게 돈을 꿔주고 원리금을 임대료 형식으로 돌려받는 금융계약으로 본 것이다. 우리 판례는 일찍부터 세금사건뿐만 아니라 민사사건에서도 이른바 금융(金融)리스는 물적금융으로서 리스회사(임대인)가 리스이용자(임차인)에게 물건을 임대하는 형식의 계약으로 체결되었다고 하더라도 실질적으로는 단순히 물건을 대여하는 것이 아니라 물건을 취득하는 데 소요되는 자금에 관한 금융이고 리스회사의 소유권은 담보권이라고 한다.[150] 금융리스란 자산의 소유에 따른 위험과 보상이 대부분 이용자에게 속하는 리스를 말한다. 통상의 임대차에 해당하는 것은 운용(運用)리스가 된다.

金融리스와 運用리스의 구별은[151] 사실상의 소유자가 누구인가,[152] 가치변동의 위험이 누구에게 속하는가, 실질이 물적금융과 임대차 어느 쪽에 가까운가를 묻는 것이다. 가령 소유자산을 리스회사에 팔면서 이를 다시 임차하고 또 임대차 기간 만료시 매매가격의 5%로 자산을 환매(還買)할 권리를 유보한 경우, 세법 목적상 이 자산은 리스이용자가 그대로 보유하고 있는 것으로 본다.[153] 리스기간이 리스자산의 내용연수의 대부분이라면(full payout) 리스기간이 끝날 무렵에 가서는 자산의 가치는 보잘것없게 되고, 결국 자산의 가치변동은 거의 모두 리스이용자에게 귀속한다. 리스기간 종료시 또는 그 이전에 자산의 소유권이 리스이용자에게 이전되는가, 재리스 약정이 있는가를 묻는 것도 같은 이유. 이리하여 판례는 리스회계처리기준을 일응 존중하면서도 국세청의 실무관행을 존중하고 있다.[154]

運用리스는 통상의 임대차에 해당하므로 리스회사는, 리스료를 익금으로 잡고 리스한 자산의 감가상각을 손금으로 잡는다.[155] 리스이용자는 리스료를 손금산입한다.[156]

金融리스는 물적금융이라는 실질에 맞추어 세금을 매긴다. 곧, 리스회사가 소유자의 자격에서 이용자에게 물건을 임대하는 것이 아니라, 리스회사가 이용자에게 돈을 꿔

---

150) 대법원 1990. 5. 11. 선고 89다카17065 판결; 1995. 9. 29. 선고 94다60219 판결; 2013. 7. 12. 선고 2013다20571 판결. 상법 제168조의5 제1항. 이용자는 소유권을 취득한 적이 없으므로 양도담보보다는 소유권유보부 장기할부 매매(대법원 2014. 4. 10. 선고 2013다61190 판결)에 가깝다. 정반대로 취득세 사건에서는 리스회사에 담보권만 생겨도 취득이라고. 제27장 제3절 III.4.

151) 국제회계기준에서는 12개월 미만의 단기리스만을 종래의 운용리스처럼 다룬다. 기업회계기준서 1116호 5문단.

152) 대법원 2009. 11. 30. 선고 2006두18270 판결.

153) 대법원 1998. 8. 21. 선고 97누19649 판결. 이 사건에서 보유 여부가 다투어진 이유는, 투자세액공제를 받은 자가 자산을 일정 기간 안에 처분하면 공제세액을 추징하는 까닭이었다. 1986. 12. 31. 법률 제3865호로 개정되기 전의 옛 조세감면규제법 제72조 제1항. 현행법으로는 조세특례제한법 제146조에 그런 내용이 있다.

154) 대법원 2007. 4. 27. 선고 2004도5163 판결.

155) 회계기준에 따른 규정손실금 익금산입을 인정한 판결로 대법원 2004. 7. 22. 선고 2003두5624 판결.

156) 국제회계기준 1116호 29문단 이하는 리스이용자도 감가상각하라고 하나 물적금융이 아니고 사실상의 소유자가 아니므로 세법에서는 못 한다.

주고 그 돈으로 이용자가 물건을 사는 것으로 보고 소득을 계산한다. 소유권은 리스회사에 남지만[157] 소유권유보부 장기할부매도인의 소유권이나 마찬가지로 담보권일 뿐이다.[158] 산 값 그대로 이용자에게 되파는 것이라 보면 리스회사에 판매차익은 없고 리스료 내지 할부매매대금 속에 숨은 이자소득만 생긴다. 앞 제2절 II 보기와 같은 숫자로, 리스會社가 매년 1,000만원을 갚는 할부조건으로 자산을 사들인 뒤 이를 4년간 임대하면서 매년 1,000만원을 받는다고 생각하자. 리스회사는 리스료 채권의 현재가치이자 자산의 가치인 3,278만원을 채권으로 잡고, 매년 수익은 실효이자율로 계산한다. 첫해에는 3,278만원을 꿔 준 셈이므로, 리스료 수입 1,000만원 가운데 327만원은 소득(수입이자)으로 나머지는 채권의 일부회수로 계산한다. 327만원이라는 소득 금액은 리스회사의 할부매입가액 가운데 지급이자 상당액과 같은 금액이다. 리스회사가 지급하는 할부대금 1,000만원 가운데 327만원은 지급이자가 되고, 따라서 꿔 준 돈에 대한 수입이자와 꾼 돈에 대한 지급이자가 정확히 상쇄되어 가공손실은 없어진다. 리스회사가 자산을 할부로 사는 것이 아니라 은행에서 돈을 3,278만원 꿔서 사는 경우에도 계산에는 아무 차이가 없다. 한편, 리스利用者는 리스료의 현재가치 내지 자산의 가치를 자산과 부채로 동시에 계상한 뒤, 자산은 감가상각하고 부채는 실효이자율법에 따라 각 사업연도분 지급이자와 원금상환액을 계산한다.[159]

Ⅲ. 임대인≠리스회사라면?

리스회사가 아닌 일반 사인간의 임대차는 경제적 실질을 따질 것 없이 무조건 사법상의 법률형식에 따라 과세해야 하는가? *F & R Lazarus Co.* 판결은 리스회사라는 금융회사가 아니라, 일반 私人 사이의 계약에 관한 것이었다. 우리 현행법 해석상 감가상각은 어느 쪽에 속하는가? 임대인(소유자)인가 임차인(사용자)인가? 감가상각은 임대자산이 자신의 "고정자산"으로서[160] "사업에 사용하는 자산"이라야[161] 할 수 있

157) 취득세 목적상으로는 리스회사는 소유권의 취득자로서 납세의무를 진다. 대법원 1993. 9. 28. 선고 92누16843 판결(취득세는 재화의 이전이라는 사실 자체를 포착하여 거기에 담세력을 인정하고 부과하는 유통세의 일종으로서 취득자가 물건을 사용, 수익, 처분함으로써 얻을 수 있는 이익을 포착하여 부과하는 것이 아니므로, 지방세법…의 '취득'이란 취득자가 실질적으로 완전한 내용의 소유권을 취득하는가의 여부에 관계없이 소유권이전의 형식에 의한 취득의 모든 경우를 포함); 1995. 2. 28. 선고 94누12241 판결; 1997. 7. 11. 선고 96누17486 판결.

158) 양도담보라고 보더라도 본문은 그대로 유효하다. 리스료를 못 받은 경우에는 잔존리스료의 일시지급이나 리스물건의 반환 중 하나를 구할 수 있다. 상법 제168조의5 제1항.

159) 기업회계기준서 제1116호 22문단; 일반기업회계기준 13.14문단. 지급이자 부분은 원천징수대상이 아니다. 법인세법시행령 제72조 제6항, 제68조 제4항.

160) 법인세법 제23조 제1항, 같은 법 시행령 제24조 제1항; 소득세법 제33조 제1항 제6호, 같은 법 시

다. 우선, "사업"이라는 말에 특별한 제한이 없는 이상, 어느 쪽의 입장에서도 이익을 노리는 사업이다. 누구의 고정자산인가? 감가상각이 반드시 소유자에게 속하지는 않는다. 소유권유보부 장기할부매매에서도 매수인이 감가상각할 수 있다. 제2절 I.2. 금융리스에서 리스회사가 아니라 이용자가 감가상각하는 이유는 소유권유보부 장기할부매매의 매수인이나 마찬가지인 물적금융이기 때문이다. 법률행위의 구체적 내용이 물적금융인 이상 리스회사든 아니든 돈 꿔 주는 쪽에서 감가상각할 수는 없다. 나아가 민사법적 시각을 달리 하더라도[162] 세법의 입장에서는 사용자가 감가상각하는 것이 당연하다. 減價상각이란 자산의 가치(價値)가 어떻게 減價되었는가를 따지는 것이고, 따라서 자산價値 변동의 위험을 지는 자가 감가상각해야 옳다. 우리 법에서도 *F & R Lazarus Co.* 판결과 같은 결론이 나와야 한다.[163]

우리 판례는 혼선. 외국법인인 리스업자와 국내의 리스이용자 사이의 계약에 관해, 계약조건이 금융리스에 해당한다면 리스이용자가 감가상각한다는 판결이 있다.[164] 그 당시 외국리스회사는 시설대여산업법의 적용을 안 받았다. 그렇더라도 "시설대여업법의 규정에 의한 시설대여의 요건과 실질에 해당하는 경우에는 그 리스회사가 국내회사인지 외국회사인지를 불문"한다는 것. 같은 뜻의 다른 판결도 "시설대여산업육성법에 의한 시설대여의 요건을 갖추지는 아니하…더라도 이 사건 과세에 있어 이를 단순히 컨테이너 임대차로 취급할 것이 아니라 컨테이너를 취득하는 데에 소요되는 자금에 관한 금융편의를 제공하는 것을 본질적인 내용으로 하는 금융리스의 특징에 맞는 합리적인 과세를 하여야 할 것"이라고.[165] 한편 반대결론에 이르는 이유 가운데 하나로 대여업체가 옛 시설대여업법 적용대상이 아니라는 점을 든 판결도 있다.[166] 한편 취득세에서는 저당권만 취득하는 리스업자에게도 취득세를 물린다. 제27장 제3절 III. 4, IV. 4.

행령 제62조 제1항, 제2항.

161) 법인세법시행령 제24조 제3항; 소득세법시행령 제62조 제2항.

162) 쌍방미이행 쌍무계약설로는 가령 최준규, 금융리스와 도산절차, 저스티스 183호(2021), 413쪽. 독일 판례이며 지배적 견해이다. 미국 UCC에는 담보권이라는 명문규정이 있고 일본의 판례와 지배적 견해는 담보권이라고 한다.

163) 독일 조세대법원 1995. 3. 28. 선고 IX R 126/89 판결.

164) 대법원 2000. 2. 22. 선고 97누3903 판결. 참고로 이 사건 하급심인 서울고등법원 1997. 1. 30. 선고 93구9226 판결은 리스자산이 리스이용자의 고정자산이 되는 이유로 "금융리스 항공기의 보유는 실질에 있어서는 원고가 리스회사로부터 항공기구입자금을 융자받아 항공기를 구입하여 사용하고 그 융자대금에 이자를 합산하여 리스료의 형태로 분할상환하는 물적 금융에 해당한다고 할 것이므로 위 금융리스 항공기는 이를 고정자산에 포함시켜야 한다"고 판시했다.

165) 서울고등법원 1997. 9. 12. 선고 95구34820 판결. 이 판결의 결론은 대법원 2000. 1. 21. 선고 97누16862 판결로 그대로 유지되었다.

166) 대법원 2007. 11. 15. 선고 2005두4755 판결.

제4절 고정자산 처분손익

고정자산을 양도하면, 자산의 양도금액이 익금이 된다.167) 익금의 귀속시기는, 동산의 경우에는 대금청산일과 인도일 중 빠른 날이고, 부동산의 경우에는 대금청산일과 소유권이전등기신청일 중 빠른 날로 보아야 한다. 법률의 규정에 의한 물권변동에서는 대금청산일과 소유권이전일 중 빠른 날로 보아야 한다. 양도금액이라는 익금에 대응하는 손금은 양도당시의 장부가액이다.168) 손금은 따로 귀속시기가 없고, 익금의 귀속시기와 동시에 장부가액을 손금산입한다. 장부가액이란 취득가액에 평가증, 평가감, 감가상각 등을 가감한 금액이라는 뜻이다.

I. 원 칙

대통령령의169) 글귀만 따진다면, 고정자산의 처분에 따른 손익은 자산의 종류를 묻지 않고 인도일(또는 사용수익일), 이전등기(등록)일, 대금을 청산한 날 셋 중에서 가장 빠른 날을 기준으로 귀속시기를 정한다는 뜻으로 읽을 수도 있으나, 그렇게 새길 일은 아니고 법률에 맞추어 대금채권이라는 권리의 확정이라는 기준으로 정해야 옳다.

1. 인도를 공시방법으로 하는 동산(動産)은, 인도일과 대금청산일 중 빠른 날이 속하는 사업연도에 손익이 귀속된다. 인도하면 동시이행의 항변권이 소멸한다. 대금청산일은 아래 II.

2. 부동산(不動產)이나 선박 등 등기 등록을 소유권 변동의 공시방법으로 하는 물건이라면 등기 등록일과 대금을 청산한 날 중 빠른 날이 속하는 사업연도에 손익이 귀속된다. "代金을 淸算한 날"이라 함은 약정상 대금청산일이 아니라 실제로 대금을 결제한 날이다.170) 어음이나 당좌수표를 받은 경우에는, 이를 받은 날이 아니라 결제일이 대금청산일이 된다는 것이 판례이다.171) (대금지급조건이 손익의 귀속시기에 미치는 영향은 뒤에 다시 살펴본다.) 이전登記日(등록일 포함)이라 함은, 실제로 등기가 된 날이 아니라 등기신청에 필요한 서류 모두를 매도인이 매수인에게 교부한 날이라

167) 법인세법 제15조, 법인세법시행령 제11조 제2호; 소득세법 제95조, 제97조. 제13장 제1절 IV.

168) 대법원 2013. 5. 23. 선고 2010두28601 판결. 법인세법시행령 제19조 제2호; 소득세법시행령 제55조 제1항 제2호.

169) 법인세법시행령 제68조 제1항 제1호; 소득세법시행령 제48조 제1호.

170) 대법원 1984. 12. 11. 선고 84누512 판결.

171) 대법원 1984. 10. 10. 선고 84누285 판결; 1984. 12. 11. 선고 84누512 판결.

는 뜻으로 새겨야 옳다.(다만 이 날이 언제인가는 입증이 어려우므로 대개는 등기신청일이 기준이 될 것이다.[172]) 매도인이 제 의무를 다한 이상 당해 대금에 대한 권리가 확정되었고, 실제 등기를 언제 하는가는 매수인의 편의에 딸린 까닭이다.

3. 계약 따위의 법률행위가 아니라 法律의 規定에 의해 物權이 變動한다면 손익의 귀속시기는 어떻게 정할까? 법률의 규정에 의한 물권변동에 대해서도, 대금청산일과 소유권이전등기일을 비교하여 빠른 날이 양도손익의 귀속시기가 된다는 판결이 있다.[173] 이 판결의 쟁점은 도시재개발법에[174] 따른 재개발구역 안에 부동산을 가지고 있던 원고가 재개발사업에 따라 그에 대한 소유권을 잃는 대신 청산금을 받아 양도차익을 얻게 된 경우 그 차익의 귀속시기가 언제인가이다. 같은 법은 대지 또는 건축시설을 분양받은 자는 분양처분의 고시가 있은 날의 다음 날에 그에 대한 소유권을 취득한다고 정하고 있고,[175] 사업시행자가 필요한 등기를 촉탁하도록 정하고 있다.[176] 이 사건에서는 고시 뒤 얼마 있다가 원고로부터 분양받은 자 앞으로 소유권이전등기가 행해졌고, 원고가 받을 청산금은 그 뒤에 받았다. 이런 사실관계에서 원심은[177] 당시 시행되던 도시재개발법 및 민법 제187조에[178] 따라 소유권이 이전되는 분양처분 고시일이 손익귀속시기라 보고 있다. 곧 "법률행위에 의한 재산권 이전이든 법률의 규정에 의한 재산권 이전이든 그 소유권 이전 시점에 권리의무가 확정된다고 보아야 한다"라고 한다. 이와 달리 대법원 판결은 "법률행위에 의한 이전이거나 법률의 규정에 의한 이전이거나를 불문하고 위 규정의 문언 그대로 소유권 이전등기일을 그 소득의 귀속시기로 보아야 할 것"이라는 입장을 취했다. 위와 같은 결론을 내리는 이유로 같은 판결은 "귀속시기에 관하여 이를 소유권이전등기일로 규정한 법인세법의 위 규정이 소득의 귀속시기를 획일적으로 정하기 위한 의제규정"이라는 점을 들고 있다.

그러나, 획일적 결과를 얻으려면 오히려 법률의 규정에 의한 물권변동의 시기를 기준으로 손익의 귀속시기를 정해야 한다. 법률의 규정에 의한 물권변동에서는, 이전등기라는 형식을 밟더라도 이는 다만 편의를 위한 것일 뿐이고 등기가 없더라도 물권은 등기 전에 이미 변동한다. 관련 법률에 등기를 지체없이 촉탁하라고 되어 있더라도,[179] 실제 촉탁을 언제 할 것인가에 대해서는 상당 정도 재량의 여지가 생기게 마련

---

172) 소득세법시행령 제162조 제1항 제2호 참조.

173) 대법원 1991. 11. 22. 선고 91누1691 판결.

174) 1995. 12. 29. 법률 제5116호. 현재는 도시및주거환경정비법으로 바뀌었다.

175) 같은 법 제55조 제1항.

176) 같은 법 제56조 제1항.

177) 서울고등법원 1990. 12. 28. 선고 88구11409 판결.

178) "상속, 공용징수, 판결, 경매 기타 법률의 규정에 의한 부동산에 관한 물권의 취득은 등기를 요하지 아니한다." 민법 제187조.

이다. 따라서 손익의 귀속시기를 등기일에 걸어 붙이면 오히려 법적 안정성을 해치게 마련이다. 대법원 판례와 달리 "소유권의 이전등기"라는 글귀를 소유권 변동이라는 뜻으로 넓혀 읽어서, 법률의 규정에 의한 물권변동이라면 물권변동일을 기준으로 손익의 귀속시기를 정해야 옳다.[180] 법률의 규정에 의한 물권변동의 경우에도 대금청산일이 물권변동일보다 빠른 경우에는, 대금청산일이 손익귀속시기가 되겠지만, 지급조건의 영향에 대해서는 아래에 다시 살펴보기로 한다.

4. 천재지변이나 화재등으로 고정자산이 멸실된다면 그 때까지 남아있던 잔존가액을 손금산입한다. 파손의 경우에도 감액손실을 손금산입한다.[181]

Ⅱ. 대금지급조건이 양도손익의 과세시기에 미치는 영향

1. 대금청산 기준

부동산 등의 양도손익의 과세시기는, 소유권 이전시기가 원칙이지만 그 전에 잔대금을 청산한다면 대금청산일이 된다.[182]

대금청산일이라는 기준은 대금청구권의 확정(確定)이라는 법적 기준에서 끌어내기는 힘들다. 매매대가를 계약금, 중도금, 잔금으로 나누어 지급하는 전형적 매매계약을 생각한다면, 계약금(契約金)만 받은 상황에서는 아직은 매매계약이 약정대로 이행될지는 불확실하다. 특단의 사정이 없는 한 계약금은 해약금 및 손해배상액의 예정의 성질을 가지므로,[183] 매수인은 이를 포기하고 계약을 해제할 수 있고 매도인은 계약금의 갑절을 물고 계약을 해제할 수 있다.[184] 매수인이 중도금을 지급했거나 지급할 준비를 갖추어 이를 매도인에게 알린 단계가 되면, 계약은 확정된다. 매수인이 이미 "이행에 착수"한 까닭이다.[185] 그렇게 본다면 권리(權利)의 確定이라는 기준에서는 중도금(中途金) 지급시기만이 의미가 있다. 실제로 1982. 12. 21. 개정 전의 옛 법인세법에서는 중도금지급시기를 손익의 귀속시기로 삼고 있었다.[186] 물론, 매수인이 잔금을 지급하지 않는다면 매도인은 계약을 해제할 수 있다. 그러나 이 경우 매도인은 계약을

---

179) 예를 들어 도시및주거환경정비법 제56조 제1항.
180) 우창록, 고정자산양도손익귀속시기, 변호사 23집, 197쪽(1993).
181) 법인세법 제45조 제3항 제2호.
182) 소득세법 제98조. 소득세법시행령 제162조 제1항. 법인세법시행령 제68조 제1항 제3호.
183) 대법원 1967. 3. 28. 선고 67다122 판결.
184) 민법 제565조 제1항. 제11장 제6절.
185) 같은 항.
186) 옛 법인세법(1982. 12. 21. 법률 제3577호로 개정되기 전의 것) 제17조 제3항.

해제하고[187] 손해배상을 구할 수도 있고[188] 아니면 계약의 강제이행을 구할 수도 있으므로,[189] 잔금을 받는 편이 자기에게 유리하다면 이를 행사할 것이다. 그렇게 본다면 중도금 시점에 적어도 매매대금을 기준으로 계산한 손익이 매도인에게 확정됨에는 변함이 없다.

대금청산일을 부동산처분손익의 과세시기로 삼고 있음은 권리확정과는 다른 전혀 별개의 기준이다. 연혁을 따진다면, 잔금청산일이라는 기준은 세법과 기업회계의 차이를 줄이기 위해 기업회계(企業會計)의 관행을 받아들인 것으로,[190] 1982. 12. 21. 개정 구법인세법이 "대금을 청산한 날 또는 소유권 이전등기를 한 날"을 과세시기로 삼았던 데에서 비롯한다.[191] 기업회계의 관행은, 소유권 등기가 이전되기 전이더라도 이미 잔금을 받고 사용승낙 기타 방법으로 당해 부동산을 매수인이 사실상 지배하고 있다면, 그 자산은 매수인에게 이전된 것으로 봄이 보통이다. 이는 곧, 부동산에 대한 사실상의 지배가 이전되었다면 법률적 소유권을 기준으로 소득의 귀속을 따지는 것이 적당하지 못하다는 생각을 세법이 받아들인 것이다. 달리 말한다면, 이미 잔금까지 다 받아서 납세의무자의 부(富)가 현실적(現實的)으로 늘었다면 거기에 담세력(擔稅力)을 인정하여, 양도차익을 소득에 포함하여야 한다는 것이다. 대금지급여부를 따지는 정책적 이유가 현실적 담세력 때문이라면, 논의는 다시 왜 꼭 잔금청산일이 그런 기준일이 되는가로 돌아간다. 잔대금이 남았다 하더라도, 이미 받은 대금이 취득원가를 넘는 경우에는 적어도 그 부분 양도차익은 과세해야 논리의 앞뒤가 맞는다.

2. 장기할부조건

고정자산 매각에 따르는 대금지급조건이 법령에 정한 長期割賦條件인[192] 경우 일반원칙으로는 잔금청산일을 기준으로 손익의 귀속시기를 정한다. 대금을 청산하기 전에 소유권 이전등기(등록)를 하거나 당해 자산을 인도하거나 상대방이 당해 자산을 사용수익하는 경우에는 그 이전등기일(등록일)·인도일 또는 사용수익일 가운데 빠른 날을 기준으로 손익의 귀속시기를 정한다.[193] 이 경우 양도손익의 금액은 채권의 가액을 현재가치(現在價値)로 평가하여 계산하고, 그와 아울러 할부조건 속에 숨어 있는

187) 민법 제544조.
188) 같은 법 제390조, 제551조.
189) 같은 법 제389조.
190) 국세청, 국세청 20년사, 255-263쪽(1986).
191) 옛 법인세법(1982. 12. 21. 법률 제3577호로 개정되기 전의 것) 제17조 제3항.
192) 법인세법시행령 제68조 제4항; 소득세법시행규칙 제19조.
193) 법인세법시행령 제68조 제1항 제3호; 소득세법시행령 제162조 제1항.

이자(利子)상당액은 따로 추려 내어 각 사업연도의 소득에 반영하도록 정하고 있다. "장기할부조건 등에 의하여 자산을 판매하거나 양도함으로써 발생한 채권에 대하여 기업회계기준이 정하는 바에 따라 현재가치로 평가하여 현재가치할인차금을 계상한 경우 해당 현재가치할인차금 상당액은 해당 채권의 회수기간 동안 기업회계기준이 정하는 바에 따라 환입했거나 환입할 금액을 각 사업연도의 익금에 산입한다."[194)]

납세의무자가 "결산을 확정함에 있어서 해당 사업연도에 회수했거나 회수할 금액과 이에 대응하는 비용을 각각 수익과 비용으로 계상한 경우"에는, 각 사업연도에 회수했거나 회수할 금액과 이에 대응하는 비용을 각각 해당 사업연도의 익금과 손금에 산입한다.[195)] 이 경우 인도일, 등기일, 잔금청산일 등 앞 절에서 본 일반적 귀속시기 이전에 회수했거나 회수할 금액은 그런 시기에 회수한 것으로 보아,[196)] 그런 시기 전에는 손익이 발생하지 아니하도록 하고 있다. 국제회계기준은 회수기준을 금지.

Ⅲ. 교환에 따르는 과세이연

1) 과세이연

양도차익에 대한 과세는 동결효과를 낳아 경제의 효율성을 해칠 수 있다.[197)] 소득이 생기는 대로 바로 과세하는 자산이라면 어차피 세금이 나오는 데 비해, 실현주의에 따라 양도차익 방식으로 과세하는 자산은 양도하지 않으면 세금이 나오지 않는다. 따라서 세전수익을 생각한다면 자산을 팔고 다른 자산에 투자하는 쪽이 더 나은 경우에도 세후수익률을 생각하면 기존의 자산을 그냥 들고 있는 쪽이 납세의무자에게 유리한 동결효과가 생긴다.

그에 대한 대책 가운데 하나로, 양도차익에 대한 과세를 이연하자는 생각을 할 수 있다. 사실 이런 생각은 본말이 뒤바뀐 생각이다. 동결효과가 생기는 까닭이 자산소득 모두를 Haig-Simons의 소득정의에 따라 과세하지 않고, 양도 시기까지 과세를 미루어 주는 자산이 있기 때문이다. 그렇게 보자면 양도소득에 대한 과세이연은, 이런 두 가지 자산의 과세상 차이를 오히려 더 벌리는 결과가 되어 문제를 악화시키는 면도 있다.[198)] 그러나, 현실적으로 모든 자산을 Haig-Simons의 소득정의대로 과세하기는 어렵

194) 법인세법시행령 제68조 제6항; 소득세법시행령 제48조 제10호의2. 제19장 제2절 I.
195) 법인세법시행령 제68조 제2항; 소득세법시행령 제48조 제4호.
196) 법인세법시행령 제68조 제3항; 소득세법시행령 제48조 제4호. 제19장 제2절 II.
197) 제15장 제2절 I. 제18장 제4절 Ⅳ.
198) Patric H. Hendershott et als., *"Effects of Capital Gains Taxes on Revenue and Economic Efficiency,"* XLIV National Tax J. 21.

다. 제9장 제2절. 실현주의 세제를 전제로 한다면, 양도차익에 대한 과세이연이 한결 효율적인 경우도 생길 수도 있을 것이다. 어쨌든 우리 현행법은 새로운 사업용 고정자산을 취득하기 위해 같은 종류의 기존자산을 내어놓는 경우 양도차익에 대한 과세를 이연한다. 우리 법은 미국법과 글귀가 다르므로 교환으로 인한 양도차손은 손금산입할 수 있다고 풀이해야 옳다.[199] 법인세법은 양도가액으로 대체자산을 취득한 경우에도 과세이연의 특혜를 주고 있다.

> 법인세법 제50조 (교환으로 인한 자산양도차익상당액의 손금산입) ① 대통령령으로 정하는 사업을 하는 내국법인이 2년 이상 그 사업에 직접 사용하던…사업용자산…을…다른 내국법인이 2년 이상 그 사업에 직접 사용하던 동일한 종류의 사업용자산(이하 이 조에서 “교환취득자산”이라 한다)과 교환(…여러 법인 간의 교환을 포함한다)하는 경우 그 교환취득자산의 가액 중 교환으로 발생한 사업용자산의 양도차익 상당액은…손금에 산입할 수 있다.
>
> ② 제1항은 내국법인이 교환취득자산을 교환일이 속하는 사업연도의 종료일까지 그 내국법인의 사업에 사용하는 경우에만 적용한다.

(보기) 다음 각 경우 바로 과세할 양도차익과 과세이연할 양도차익은 각 얼마인가?

1. 시가 1,000원인 토지를 받으면서 취득원가 500원 시가 1,000원인 토지를 내어 주었다.

2. 시가 1,100원인 토지를 받으면서 취득원가 500원 시가 1,000원인 토지를 내어 주고 현금 100원을 웃돈으로 얹어 주었다.

(풀이) 1. 양도차익 500원 모두 과세이연하므로 당장 과세할 양도차익은 없다. 과세이연액 = 교환취득자산의 가액 1,000원 - 넘겨준 자산의 장부가액 500원.[200]

2. 양도차익 500원을 모두 과세이연한다. 과세이연액 = 교환취득자산의 가액 1,100원 - 현금지급액 100원 - 넘겨준 자산의 장부가액 500원 = 500원

내어준 자산의 양도차익을 과세하지 않는다면 교환으로 받은 새 자산의 취득가액은 내어준 자산의 장부가액이 그대로 이어져야 한다. 가령 위 보기의 1)에서는 교환취득 토지의 취득가액은 500원이 된다. 보기의 2)에서는 내어준 현금 100원이 있으므로 취득가액은 600원이 된다. 차) 자산 600 대) 자산 500 + 현금 100. 제18장 제1절 IV. 2.

---

199) 미국세법 1031조.

200) 법인세법시행령 제86조 제4항.

2) Boot

자산을 내어주고 받는 대가의 일부로 현금을 받거나 종류가 다른 자산 기타 달리 과세이연의 요건을 만족하지 못하는 자산(미국법에서는 속칭 boot라고 부른다)을[201] 받는 때에는 그 자산의 가액의 범위 안에서는 양도차익을 과세한다. 가령 취득원가 500원 시가 1,000원인 토지를 내어 주면서 시가 900원인 다른 토지를 받고 모자라는 차액 100원을 현금으로 얹어 받았다면, 양도차익 500원 가운데 얼마를 과세해야 할까? 현금으로 받은 부분 100원만 바로 과세하고, 400원은 과세이연한다. 법령의 구조상 "양도차익 = (교환취득자산 + boot) - 구자산 가액 = (교환취득자산 - 구자산) + boot = (과세이연액) + boot"라는 관계가 성립하므로, 과세이연액은 900 - 500 = 400원이고 boot의 가액 100원만큼은 양도차익을 바로 과세한다. 애초에 양도차익이 없다면 boot를 받더라도 과세소득이 없음은 물론이다. 따라서 교환취득 토지의 취득가액은, 구자산의 장부가액에 과세되는 양도차익을 더하고 boot의 가액을 뺀 금액인 500원이 된다.[202] 법령은 받은 자산의 장부가액을 일단 시가로 계산하여 양도차익을 구한 뒤 그 가운데 과세이연 대상 금액을 손금산입하면서 같은 금액을 충당금으로 잡아 자산의 취득가액에서 상계하게 하고 있다.[203] 현금을 boot로 받기로 하되 당장 받지 않고 장기할부조건으로 받는다면 넘겨주는 자산의 양도차익은 앞에서 본 현재가치기준으로 계산해야 옳다.[204]

3) 보험차익의 과세이연

재산의 멸실이나 손괴로[205] 인한 보험금을 받고 그로부터 일정 기간 안에 동종의 자산을 사는 경우에도[206] 보험차익(보험금 - 자산취득원가)에 대한 과세를 이연한다.[207]

> 법인세법 제38조 (보험차익으로 취득한 자산가액의 손금산입) ① 내국법인이 유형자산(이하 이 조에서 "보험대상자산"이라 한다)의 멸실(滅失)이나 손괴(損壞)로 인하여 보험금을 지급받아 그 지급받은 날이 속하는 사업연도의 종료일까지 멸실한 보험대상자

---

201) 채무를 인수시킨 금액도 boot로 본다. 미국세법 1031조(d) 참조.

202) (차) 교환취득토지 500원 + 현금 100원　(대) 토지 500원 + 처분익 100원

203) (차) 현금 100원 + 교환취득토지 900원 + 양도차익 400원　(대) 토지 500원 + 양도차익 500원 + 압축기장충당금 400원

204) 제4절 Ⅱ. Bittker, McMahon & Zelenak, 30.02[3]절 참조.

205) 재해손실 세액공제는 법인세법 제58조 제1항.

206) 토지수용이나 공용징수에도 똑같은 논점이 생기지만 현행법에는 규정이 없다. 미국세법 1033조는 멸실 외에도 공용징수 등의 비자발적 대체에 관해 정하고 있다.

207) 법인세법 제38조; 소득세법 제31조.

산과 같은 종류의 자산을 대체 취득하거나 손괴된 보험대상자산을 개량(그 취득한 자산의 개량을 포함한다)하는 경우에는 해당 자산의 가액 중 그 자산의 취득 또는 개량에 사용된 보험차익 상당액을…그 사업연도의 소득금액을 계산할 때 손금에 산입할 수 있다.

Ⅳ. 토지 등 양도소득

소득세법에서는 토지와 건물은 양도소득세를 따로 과세한다. 제12장. 법인세법은 순자산증가설로 과세하지만 일정한 투기지역 안에 있는 토지와 건물의 양도차익에 대해서는 각 사업연도의 소득에 대한 법인세에 얹어서 일정률의 세금을 더 내어야 하는 경우가 있다.

법인세법 제55조의2 (토지 등 양도소득에 대한 과세특례) ① 내국법인이 다음 각 호의 어느 하나에 해당하는 토지 및 건물(건물에 부속된 시설물과 구축물을 포함한다) … 조합원입주권 … 분양권(이하… "토지등"이라 한다)을 양도한 경우에는 해당 각 호에 따라 계산한 세액을 토지등 양도소득에 대한 법인세로 …추가하여 납부하여야 한다. 이 경우 하나의 자산이 다음 각 호의 규정 중 둘 이상에 해당할 때에는 그 중 가장 높은 세액을 적용한다.

1. (생략)

2. 대통령령으로 정하는 주택(이에 부수되는 토지를 포함한다) 및 … 별장 … 을 양도한 경우에는 토지등의 양도소득에 100분의 20(미등기 토지등의 양도소득에 대해서는 100분의 40)을 곱하여 산출한 세액. (단서 생략)

3. 비사업용 토지를 양도한 경우에는 토지등의 양도소득에 100분의 10(미등기 토지등의 양도소득에 대해서는 100분의 40)을 곱하여 산출한 세액

4. 주택을 취득하기 위한 … 조합원입주권 및 … 분양권을 양도한 경우에는 토지등의 양도소득에 100분의 20을 곱하여 산출한 세액

② 제1항 제3호에서 "비사업용 토지"란 … (하략)

③ - ⑤ (생략)

⑥ 토지등 양도소득은 토지등의 양도금액에서 양도 당시의 장부가액을 뺀 금액으로 한다. (단서 생략)[208]

⑦ - ⑧ (생략)

208) 대법원 2013. 5. 28. 선고 2010두28601 판결. 양도비용 불공제는 합헌이다. 헌법재판소 2011. 10. 25. 2010헌바21 결정; 2017. 11. 30. 2016헌바182 결정.

2001년까지의 옛 법인세법은 "토지 등 양도에 대한 特別附加稅"라 하여, 모든 법인은 토지 등 양도차익에 대해서는 각 사업연도의 법인세에 더하여 특별부가세를 따로 더 내도록 정하고 있었다.[209] 기업들이 부동산 사재기에 한몫 했던 우리 현대사 탓이다. 그러다가 90년대 말의 경제위기를 겪으면서 시장이 어느 정도 안정되자 특별부가세 제도를 폐지하기에 이르렀다. 그러나 장차 부동산투기가 다시 불거질 것을 염려하여 막상 투기가 일면 그때 가서 附加稅를 얹어 받을 수 있도록 대통령에게 권한을 준 것이다. 옛 법에 따른 특별부가세처럼 현행법에 따른 부가세도 내국법인·외국법인·영리법인·비영리법인을 가리지 않고 과세요건에 해당하면 누구나 다 내어야 한다.[210] 최근 몇 년간 주택가격 상승이 심각한 문제로 떠오르면서 법인 소유 주택은 취득세나 종합부동산세도 중과세한다. 취득세는 수도권에서 본점용 부동산을 취득하거나 대도시에 공장을 세우는 경우에도[211] 중과세. 제27장 제2절.

토지 등 양도소득에 대한 부가세는 법인의 양도소득세처럼 보이지만, 한 가지 결정적인 차이가 있다. 소득세법에서는 어떤 소득이 양도소득이면 다른 소득에 해당하지 않는다. 소득은 한 소득으로 구분한다. 제10장 제3절 II. 그런데 법인세법의 경우에는 양도차익이 각 사업연도의 소득이 되어 법인세를 내지만 부가세는 이와 별도로 따로 낸다. 가령 내가 100만원을 주고 산 부동산을 1억원에 팔았다면, 조금 전에 본 특별부가세의 부과대상이 되지만, 동시에 법 제14조와 15조에 따라서 각 사업연도의 법인세의 과세소득에 잡혀 들어가게 된다.

> 법인세법 제14조 (각 사업연도의 소득) ① 내국법인의 각 사업연도의 소득은 그 사업연도에 속하는 익금(益金)의 총액에서 그 사업연도에 속하는 손금(損金)의 총액을 뺀 금액으로 한다.

> 법인세법 제15조 (익금의 범위) ① 익금은 자본 또는 출자의 납입 및 이 법에서 규정하는 것은 제외하고 해당 법인의 순자산(純資産)을 증가시키는 거래로 인하여 발생하는 …수익…의 금액으로 한다.

법 제15조에서 '익금은 자본 또는 출자의 납입 및 이 법에서 규정하는 것은 제외하고 해당 법인의 순자산을 증가시키는 거래로 인하여 발생하는 수익의 금액으로 한

209) 옛 법인세법(2001. 12. 31. 법률 제6558호로 개정되기 전의 것) 제5장. 위헌이 아니다. 헌법재판소 2009. 3. 26. 2006헌바102 결정.

210) 법인세법 제4조 제1항 제3호 및 제4항 제2호.

211) 헌법재판소 2014. 7. 24. 2012헌바408 결정.

다'고 하고 있으므로 순자산이 증가하는 이상 여기에서 말하는 순자산의 범위에 잡혀 들어간다. 토지 등 양도소득에 관한 부가세를 내는 경우는 익금에서 빼 준다는 규정은 보이지 않는다. 결국은 부가세를 냄과 동시에 그 양도차익이 각 사업연도의 소득에도 잡혀 들어간다는 말이 된다. 이와 같이 이중으로 잡혀 들어가는 점에서 소득세법과 결정적인 차이가 있다.[212)]

그렇다면 부가세가 필요경비 내지 손금은 될 수 없을까? 위의 예에서 100만원으로 산 것을 1억원에 팔았고, 거기에 대하여 일정 세율이 적용되어 세금이 약 4천만원 정도 되었다고 하자. 법 제19조를 보면, 순자산을 감소시키는 것은 다 손금이 된다고 했으므로, 이 세금 4천만원은 각 사업연도의 법인세 계산에서 필요경비 내지는 손금이 되는 것이 아닐까? 순자산의 감소가 있음은 분명하니. 답은 법 제4조 제1항과 법 제21조 제1항을 함께 읽어 보면,

> 법인세법 제4조 (과세소득의 범위) ① 내국법인에 법인세가 과세되는 소득은 다음 각 호의 소득으로 한다. 다만, 비영리내국법인의 경우에는 제1호와 제3호의 소득으로 한정한다.
>
> 3. 제55조의2에 따른 토지등 양도소득

> 법인세법 제21조 (세금과 공과금의 손금불산입) 다음 각 호의 세금과 공과금은 내국법인의 각 사업연도의 소득금액을 계산할 때 손금에 산입하지 아니한다.
>
> 1. 각 사업연도에 납부했거나 납부할 법인세 …

토지 등 양도소득에 대한 부가세는 각 사업연도의 소득에 대한 법인세를 계산하기 위한 목적상 필요경비 내지는 손금인가? 아니다. 부가세를 법인세로 본다고 정하고 있고, 법 제21조가 법인세는 손금불산입한다고 정하고 있으므로 부가세는 손금이 아니다.[213)] 양도소득세와 달리 토지 등 양도에 대한 특별부가세에서는 실지거래가액으로 "양도금액에서 양도당시의 장부가액을 차감한 금액"을 양도소득으로 삼는다.[214)] 건설자금이자 등 취득가액에 가산하여야 하는 금액은 장부가액의 일부가 된다.[215)]

---

212) 헌법재판소 1996. 8. 29. 95헌바41 결정.
213) 대법원 2001. 5. 8. 선고 98두9363 판결.
214) 법인세법 제55조의2 제6항.
215) 대법원 2010. 10. 14. 선고 2008두68 판결. 법인세특별부가세에 관한 판결로 대법원 1989. 11. 14. 선고 86누787 판결; 1990. 11. 27. 선고 90누3607 판결 등.

제 5 절 무형고정자산

상표권, 특허권 등 법에 정한 권리, 영업권, 개발비 등 일정한 지출액이나 선급비용은 무형고정자산이 되어 법령에 정한 내용연수 동안216) 정액법으로217) 감가상각한다.

Ⅰ. 영업권(營業權)

1) 영업권이란?

"사업의 양도·양수218) 과정에서 양도·양수 자산과는 별도로 양도사업에 관한 허가·인가 등 법률상의 지위, 사업상 편리한 지리적 여건, 영업상의 비법, 신용·명성·거래선 등 영업상의 이점 등을 감안하여 적절한 평가방법에 따라 유상으로 취득한 금액"과 "설립인가, 특정사업의 면허, 사업의 개시 등과 관련하여 부담한 기금·입회금 등으로서 반환청구를 할 수 없는 금액과 기부금 등"은 영업권이 되므로, 5년 동안 상각한다.219)

영업권은 권리(權利)는 아니다. 제12장 제1절 4. 예를 들어 시가 1억원어치의 자산이 투자되어 있는 어떤 사업에서 연 1,500만원의 투자수익이 영구히 생기고, 그 사업과 같은 위험이 있는 다른 사업에서 얻을 수 있는 투자수익률이 연 10%라면, 사업자산 전체의 가치는 1억5천만원이 된다. 이 사업을 통째로 사들이려는 사람은 1억5천만원을 내야 하므로, 개별 자산 가치의 합인 1억원보다 5천만원을 더 내어야 거래가 성립할 수 있다. 이런 웃돈, 속된 말로 권리금(權利金)을 세법은 營業權이라 부르고 있다. 이는 곧 매해 초과이윤 5백만원을 10%로 할인한 현재가치이다. 영업권이란 "기업의 전통, 사회적 신용, 그 입지조건, 특수한 제조기술 또는 특수거래관계의 존재 등을 비롯하여 제조판매의 독점성 등으로 동종의 사업을 영위하는 다른 기업이 올리는 수익보다 큰 수익을 올릴 수 있는 초과수익력이라는 무형의 재산적 가치"를 말한다.220)

---

216) 법인세법시행규칙 별표 3; 소득세법시행규칙 제32조 제1항.

217) 법인세법 제23조 제1항, 법인세법시행령 제26조 제1항 제1호; 소득세법시행령 제64조 제1항 제1호. 무형자산의 감가는 시간에 비례하지 않으므로 미국에서는 수익을 예측하여 그에 따른 감가상각을 허용한다. 미국세법 167조(g).

218) 대법원 2008. 11. 13. 선고 2006두12722 판결(일부는 경매 일부는 매매).

219) 대법원 2009. 12. 10. 선고 2007두11955 판결. 상각기간은 합병·분할과 관련된 영업권(즉, 합병 또는 분할매수차손)과 맞추어 5년. 제15장 제4절 Ⅳ. 제16장 제5절 Ⅲ.

220) 대법원 1986. 2. 11. 선고 85누592 판결; 2008. 9. 11. 선고 2006두2558 판결. 제12장 제1절 4. 대법

2) 상각기간

현실적으로는 초과이윤이 무한히 지속될 리 없다. 특허권 기타 배타적 권리가 없는 이상 경쟁자가 생겨 초과이윤이 소멸하는 것은 시간문제. 이리하여 법은 영업권의 상각을 허용한다. 현행법상 상각기간은 5년이다. 한편, 기업회계에서는 20년 이하의 기간동안 상각하도록 정하고 있었으나 국제회계기준에서 원칙적으로 상각을 금하는 대신 해마다 손상검사를 하도록 바뀌어서 법은 신고조정을 허용한다.[221] 미국법에서는 오랫동안 영업권 상각을 못 하다가,[222] 1993년부터 내용연수 15년 정액법으로 상각한다.[223] 독일법에서도 15년.[224] 영업권은 이미 있는 재산의 이전에 따르는 것이므로, 영업권의 상각기간을 짧게 잡아준다고 하여 신규투자를 촉진하지는 않는다. 일반론으로는 상각기간은 초과이윤의 존속기간이 평균적으로 얼마나 되는가를 실증적으로 재어 정하면 된다. 구체적 상황에서 초과이윤의 존속기간이 5년이 못 됨을 납세의무자가 입증하거나, 5년이 넘음을 국가가 입증한다면, 상각기간이 달라지는가? 현행법의 글귀로는 언제나 5년 동안 상각할 수밖에 없다.

(보기) 2xx1년 1월 1일 서울(주)는 부산(주)와 영업양도 계약을 맺고 영업재산 전부와 근로자를 포함한 계약관계 전체를 양도받았다. 부산(주)는 서울(주)에 양도한 영업과 같거나 경쟁관계에 있는 일체의 활동을 앞으로 5년 동안 안 하기로 했다. 부산(주)의 자산은 하나하나의 개별적 시가를 합한 금액으로 100억원이다. 채무는 인수하지 않고 부산(주)에 그냥 남기기로 했다. 부산(주)의 최근 5년간 당기순이익은 평균 20억원이다. 서울(주)가 인계받는 자산의 개별 시가를 합한 금액은 100억원이지만, 초과수익력을 감안하여 서울(주)는 150억원을 치렀다. 영업양도와 관련하여 부산(주)에 부과되는 세금은 모두 부산(주)가 부담하기로 했다. 2xx1년 1월 1일과 12월 31일 서울(주)의 분개를 표시하라. 영업권은 5년 동안 상각하기로 한다.

원 2004. 4. 9. 선고 2003두7804 판결은 A영업 거래선의 종용에 따라 B영업을 인수하면서 시가 이상을 지급한 것은 영업권이 아니라 거래선에 대한 기업업무추진비라 보고 있다. 그러나 기업업무추진비는 아니고(제22장 제1절 VI), B영업의 초과수익력을 기대한 것은 아니지만 A영업의 이익을 기대한 합리적 행동이다. 법령의 글귀로도 A"영업과 관련한 기부금"(증여)으로 영업권에 해당한다. 같은 생각의 새 판례로 대법원 2009. 12. 10. 선고 2007두11955 판결. 진입로 기부채납에 든 돈을 영업권이 아니라 토지에 대한 자본적 지출로 본 사례로 대법원 2008. 4. 11. 선고 2006두5502 판결; 2020. 4. 9. 선고 2017두50492 판결.

221) 법인세법 제23조 제2항. 기업회계기준서 제1103호 51-55문단. 일단 손상차손은 환입불가. 기업회계기준서 1036호 124문단, 125문단.

222) 미국재무부 규칙 1.167(a)-3. 이 해석을 뒤바꾼 판결로 Newark Morning Ledger Co. v. US, 507 US 546(1993).

223) 미국세법 197조.

224) 독일소득세법 제7조 I 3.

(분개)

2xx1. 1. 1.	각종 자산	100억원	현금	150억원
	영업권	50억원		
2xx1. 12. 31.	영업권상각	10억원	영업권	10억원

명령에는 "양도양수 자산과는 별도로" 적절히 평가하여 취득한 것을 영업권에 포함한다는 말이 있지만[225] 반드시 따로 평가된 것이라야만 영업권이 된다고 풀이할 수는 없다. 개별 재산의 공정한 가액이 있고, 영업전체의 대가가 개별 재산의 합보다 크다면, 그 차액이 바로 영업권 평가액인 까닭이다.[226] 납세의무자로서는 되도록 개별자산의 가액을 낮게 평가하여 영업권을 늘리려는 경향이 생기게 된다.[227] 다른 고정자산의 감가상각기간은 대개 영업권의 상각기간보다 긴 까닭이다.

3) 음의 영업권?

영업재산 전체의 대가로 지급하는 돈이 개별자산 가치의 합보다 낮은 경우에는, 차액(이른바 陰의 營業權[228])은 익금인가? 예를 들어, 현금 예금 1억원, 고정자산 4억원, 합계 5억원의 가치가 있는 기업이, 연 4,000만원의 이익을 낸다고 하자. 할인율이 연 10%라면, 이런 기업의 가치는 4억원밖에 안 된다. 이 기업을 4억원에 산다면, 차액 1억원은 익금인가? 그러나 애초 문제가 틀렸다. 계속기업으로서 누리는 가치가 개별재산 가치의 합보다 낮다면, 이를 분해하여 개별자산으로 파는 것이 양도인에게 이득인 까닭이다. 만일 현금 예금이 1억원 있고 고정자산의 가치가 4억원인 기업을 합계 4억원에 샀다? 개별 자산의 가치가 과대평가되었다는 말이다. 현금, 예금, 주식 등과 같이 시가가 분명한 재산은 평가가 잘못될 여지가 없으므로, 음의 영업권이란 시가가 불분명한 재산이 과대평가되었다는 뜻일 수밖에 없다. 앞의 예에서는 영업양수도 계약서에서 고정자산의 가치를 4억원이라 적고 있다 하더라도, 그 가치가 3억원을 넘었을 리 없다. 넘었다면, 양도인은 기업을 분해하여 팔아 고정자산의 값으로 4억원을 받았을 것이기 때문이다. 따라서 음의 영업권(1억원)이 없어질 때까지, 시가가 불분명한 재산의 세법상 취득가액을 3억원으로 낮추어야 한다. 시가란 본디 주관적인 것이다. 선의의 당사자 사이의 협상결과로 생긴 매매가격이 있으면 금액이 얼마든 그 가격이 바로

225) 법인세법시행규칙 제12조 제1항.

226) 대법원 2008. 11. 13. 선고 2006두12722 판결.

227) 취득가액의 자산별 안분에 관하여는 미국재무부 시행규칙 1.1060-1조 참조.

228) 기업회계에서는 부(負)의 영업권이라 부르지만, 일본 말일 뿐이다. 우리 말의 음수(陰數)가 일본말에서는 負數이다. 기업회계기준서 제1103호는 염가매수차익이라 부른다.

시가인 까닭이다.[229]

Ⅱ. 산업재산권 기타 권리

商標權의 감가상각은 이론상 그르다. 상표권은 10년씩 계속 갱신할 수 있는 까닭이다.[230] 권리자가 상표권 등록을 갱신한다는 말은 상표의 경제적 가치가 남아 있다고 생각하는 까닭이므로, 등록이 살아 있는 이상 감가상각은 이론상 모순이다. 현행법 해석상으로도 "시간의 경과에 따라 그 가치가 감소되지 아니하는 것"으로 보아 감가상각대상이 아니라고 풀이할 수도 있다.[231] 국제회계기준에서도 상각을 부인하고 그러다 보니 법은 신고조정을 허용한다. 독일 판례도 상표권의 감가상각은 부인한다.[232] 특허권(特許權) 등 여러 권리의 상각기간이 권리의 존속(存續)기간과 달리 잡혀 있는 것도[233] 입법론상 그르다. 상표권이나 특허권 따위의 실시계약에서는 리스나 마찬가지로 누구의 자산으로 볼 것인가의 문제가 생길 수 있다.[234]

Ⅲ. 선급비용

인건비의 지출과 같은 자산감소액이나 채무발생액 가운데 직접 어떤 물건이나 권리를 취득함에 쓰인 것으로 추적할 수는 없지만 장차 이득을 보는 데 도움되리라 기대할 수 있는 것들이 있다. 어떤 지출의 결과로, 외부에 팔 수 있는 물건이나 권리가 생기지는 않았지만 앞으로 여러 해에 걸쳐 현금의 유입이 있다면, 그 기간 동안 경제적 가치가 존속하는 것이다. 따라서 이런 지출을 모두 바로 손금으로 떨어내면 담세력이 왜곡된다.[235] 이런 의미에서 법은 개발비와 사용수익기부자산의 가액을 무형고정자산에 넣고 있다.[236]

---

229) 대법원 1982. 4. 13. 선고 81누90 판결 등. 상속재산 평가시 음의 영업권을 부인한 판결로 대법원 2002. 4. 12. 선고 2000두7766 판결.

230) 상표법 제42조. 갱신할 수 있는 권리의 감가상각을 부인한 미국판례로 Nachman v. CIR, 191 F2d 934(5th Cir. 1951), 특히 935쪽 등.

231) 대법원 2009. 5. 14. 선고 2006두11224 판결 및 서울고등법원 2009. 11. 3. 선고 2009누12541 판결(환송심).

232) 독일 조세대법원 1996. 4. 9. 선고 II B 135/95 판결 등.

233) 미국에서도 무형자산은 모두 15년 동안 상각한다. 미국세법 197조(a), (b), (d).

234) J. Strickland & Co. v. US, 352 F2d 1016(6th Cir. 1965), cert. denied, 384 US 950(1966) 등.

235) INDOPCO, Inc. v. CIR, 503 US 79(1992).

236) 법인세법 제23조 제1항, 법인세법시행령 제24조 제1항 제2호(바)목, (사)목; 소득세법시행령 제62조 제2항 제2호(바)목, (사)목. 미국에서는 지금도 창업비나 개업비가 이연자산이다. 미국세법 248

문제는 상각기간(償却期間), 곧 이런 지출액들의 효과가 몇 해나 갈까에 대한 예측. 법령은 개발비를 20년 이내의 기간 내에서 연단위로 신고한 내용연수에 따라 상각하도록 정하고 있다.[237] 결과적으로, 이런 자산을 몇 해 동안 상각할지를 납세의무자가 제 마음대로 정할 수 있다는 말이 된다.[238] 가령 애초 개발비로 계상하지 않고 바로 비용으로 떨면 그대로 손금.[239] 법령의 글귀를, 법정기간의 범위 안에서, 납세의무자의 구체적 상황에서 무형자산의 효과가 존속하는 기간이 얼마인가를 따져 상각기간을 정하라는 뜻으로 달리 풀이할 수도 있겠지만, 현실적으로는 납세의무자의 자의를 배제하기 어려움은 마찬가지이다. 특히 이월결손금 공제시한이 15년이라는 점과 균형이 맞지 않는다. 사용수익기부자산, 곧 국가나 지방자치단체 등에 자산을 기부하되 일정 기간 동안 기부자가 이를 운용하고 운용수익을 받는 경우[240]에는 당해 자산의 장부가액을 사용수익 기간 동안 정액법으로 상각한다.[241]

무형자산은 본질적으로 장래의 이익을 기대한 투자이다. 앞으로 여러 해에 걸친 이익을 꾀하기 위한 지출액 가운데 감가상각대상 자산으로 열거된 종류 가운데 어디에도 해당하지 않는 지출이 있을 수 있다. 예를 들어 5년간 임대차 계약을 맺고 5년치 임차료를 선급했다면 각 사업연도의 손금을 어떻게 계산하여야 하는가? 선급임차료와 같이 기간이 있는 것은 그 기간동안 상각하여야 한다. 하급심 판결 가운데에는, 계약기간이 여러 해인 기술도입계약에 따른 일시불 기술료를 계약기간에 안분한다고 판시한 것이 있다.[242] 상각방법은, 달리 평가기준이 없는 한 무형자산에 빗대어 정액법으로 상각할 수밖에 없다.[243] 사채발행비는 애초 사채의 발행가액에서 차감해야 하므로 결과적으로 사채의 존속기간 동안 상각한다.[244] 기간이 정해져 있지 않은 것은 경제적 가치의 존속기간을 추정하되 일응 기업회계를 참고할 수 있다. 신주발행비는 애초 주식의 발행가액에서 차감하므로 상각대상이 아니다.[245]

조, 195조.

237) 법인세법 제23조 제1항, 법인세법시행령 제26조 제1항 제6호; 소득세법시행령 제63조 제1항 제1호.

238) 미국에서는 이런 선택권을, 존속기간에 관한 시비를 줄이면서 동시에 연구개발을 장려하려는 조치로 본다. S. Rep. No. 1622, 83d Cong., 2d Sess. 33(1954).

239) 대법원 2022. 7. 28. 선고 2019두58346 판결.

240) 법인세법 제23조 제1항, 법인세법시행령 제24조 제1항 제2호 (사)목; 소득세법시행령 제62조 제2항 제2호 (사)목.

241) 법인세법 제23조 제1항, 법인세법시행령 제26조 제1항 제7호; 소득세법시행령 제63조 제1항 제1호.

242) 서울고등법원 1986. 10. 17. 선고 86구24 판결. 임대차계약 체결비용을 계약기간동안 상각하라는 판결로 Young v. CIR, 59 F2d 691(9th Cir.), cert. denied, 287 US 652(1932). 그 밖에 여러 가지 선급비용에 관한 미국판례는 Bittker, McMahon & Zelenak, 12.03[1]절 참조.

243) 대법원 2017. 12. 22. 선고 2014두44847 판결.

244) 제20장 제1절 II.4.

245) INDOPCO v. Commissioner, 503 U.S. 79(신주발행비는 상각불가능한 자본적 지출).

제 22 장 익금불산입과 손금불산입

각 사업연도의 소득은 그 사업연도 동안 생긴 순자산의 증감에서 출발하나, 법이 순자산의 증가액을 익금에서 빼고 순자산의 감소액을 손금에서 빼고 있는 것이 있다. 법인세법 제15조와 제19조는 각 익금과 손금에서 "이 법에서 규정하는 것을 제외"한다고 정하고, 이를 받아 여러 조항에서 순자산증감을 익금과 손금으로 보지 않는 내용을 구체적으로 정하고 있다.

현행법상 益金不算入 조항에는 제17조(자본거래로 인한 수익), 제18조(평가이익), 제18조의2(수입배당금), 제18조의4(외국자회사에서 받는 배당금)가 있다. 損金不算入 조항에는 제19조의2(대손금), 제20조(자본거래 등으로 인한 손비), 제21조(세금과 공과금), 제22조(자산의 평가손실), 제23조(감가상각비), 제24조(기부금), 제25조(기업업무추진비), 제26조(과다경비), 제27조(업무와 관련 없는 비용), 제28조(지급이자)가 있다.

법령에서 익금산입·익금불산입·손금산입·손금불산입이라는 제목을 달고 있는 조항 가운데 다수는 손익의 귀속시기(歸屬時期)에 관한 규정이다. 법이 어떤 항목을 "익금불산입" 또는 "손금불산입"한다고 하더라도 나중에 이를 익금산입하거나 손금산입할 수 있어서 궁극적으로는 익금이나 손금이 된다면, 이는 진정한 뜻에서 익금불산입이나 손금불산입은 아니고 손익의 귀속시기에 관한 규정이다. 그렇지만 어느 한 해의 과세소득의 계산이라는 과정에서만 본다면 내년에 속하는 익금은 올해에는 익금불산입의 대상이고, 내년에 속하는 손금은 올해에는 손금불산입의 대상이다. 법령이 자산의 평가이익을 익금불산입하거나,[1] 자산 평가손실의 손금불산입이나,[2] 상각범위액을 넘는 감가상각비의 손금불산입은[3] 모두 귀속시기에 관한 규정. 제18장 제1절 I.

---

1) 법인세법 제18조 제1호. 대법원 1988. 12. 13. 선고 86누331 판결.

2) 법인세법 제22조; 소득세법 제33조 제1항 제7호.

3) 법인세법 제23조; 소득세법 제33조 제1항 제6호.

법이 순자산의 증가나 감소 가운데 일정한 것을 영영 익금불산입하거나 손금불산입함은 어인 일일까? 소득세제의 존재 근거가 세금은 각 납세의무자의 부가 얼마나 늘었는가에 따라 부담해야 공평하다는 생각이니 어떤 연유로 생겼든 순자산의 증가가 그대로 과세소득이 되어야 할텐데? 실정법이 정의하고 있는 과세소득은 반드시 순자산의 증감을 그대로 받아들이고 있지는 않다. 이유는 여러 가지. 과세소득의 입법한계에 관한 헌법재판소의 표현을 빌면, 법인세법상 과세소득을 순자산의 증감과 달리 입법할 수 있는 경우에는 ① 법인세의 손금불산입 등 세법체계상 또는 법인세법 이론상의 이유에 의한 경우, ② 소득공제 등 조세정책상의 이유에 의한 경우, ③ 손금산입의 한도 설정 등 과세공평을 유지하기 위한 경우, ④ 사실에 반하는 내용의 조정 또는 기술적인 이유에 기한 경우 등이 있다.4)

우선, 법인세는 개인소득세 기타 세제와 연관 속에서 전반적 稅法體系의 일부로 존재한다. 따라서 입법기술상 세법체계 전체를 고려하게 마련. 곧, 어떤 사정으로 다른 세제에 미비점이 생기는 경우 법인세를 그 보완책으로 쓰는 경우가 있다. 이런 경우 법인세만 따로 놓고 본다면 불공평해 보이지만 법체계 전체를 생각하면 그렇게 해야 비로소 효율과 공평을 이룰 수 있는 경우가 생긴다. 예를 들어 기업업무추진비는 기업의 돈으로 소비를 즐기는 사람들에게 개인소득세를 물릴 수 없는 이상 법인의 비용을 손금불산입해야 조세중립성이 유지된다.5)

둘째, 정의(正義)나 공평은 매우 넓은 개념이므로 세부담이 소득에 따라야 한다는 생각 말고 또 다른 가치판단이 세법에 담길 수 있다. 예를 들어 범죄행위를 저질러 납부한 벌금을 손금산입할 수 있는가에 대해 어쨌든 담세력이 줄어든 만큼 손금산입해야 한다는 생각을 할 수도 있지만 이를 손금산입하지 않아야 오히려 정의롭다는 생각도 있을 수 있다.

셋째, 국가가 특정한 경제행위를 억제하거나 장려하겠다는 產業政策이 세법 안에 담길 수 있다.6) 예를 들어 조세특례제한법은 기본적으로 이런 산업정책을 담고 있다.

제 1 절 손금불산입

법인세법에서 손금불산입이라는 제목을 달고 있는 조문에는 자본거래에 관한 확인 규정, 손금의 귀속시기에 관한 규정, 세법체계상의 손금불산입 항목, 조세정책적 이

4) 헌법재판소 1997. 7. 16. 96헌바36 결정.

5) 본문은 법인세와 개인소득세의 한계세율의 차이, 비자발적 소비에 따르는 효용감소 등을 무시한 말이다. 뒤에 다시 본다.

6) 대법원 2021. 7. 29. 선고 2020두39655 판결.

유로 인한 손금불산입 항목 등 여러 가지가 있다. 잉여금의 처분을 손비로 계상한 금액이나 주식할인발행차금 같은 자본거래는 제14장 제1절 III, 제3절 II. 재고자산의 평가손실,[7] 고정자산의 감가상각비[8] 및 건설자금에 충당한 차입금의 이자에[9] 관한 규정은 손금의 귀속시기에 관한 규정이다. 그 가운데 여태 안 본 것은 여기에서 짤막히 살펴보기로 한다. 세법체계상 손금불산입되는 것에는 법인세 또는 지방소득세 소득분과 부가가치세의 매입세액,[10] 판매하지 아니한 제품에 대한 반출필의 개별소비세, 주세 또는 교통 · 에너지 · 환경세의 미납액[11]이 있다. 기부금,[12] 기업업무추진비[13] 및 채권자가 불분명한 사채이자의[14] 손금불산입도 근본적으로는 세법체계상 필요한 것으로 보아야 옳다. 벌금, 과료[15] 등의 손금불산입은 법질서의 유지라는 정책적 목표를 꾀한 것이다. 과다경비 등의 손금불산입[16] 및 업무와 관련 없는 비용의 손금불산입은[17] 정책적 이유로 국가가 시장에 간섭하는 조항이다. 대손금의 손금불산입은 제19장 제4절.

I. 잉여금의 처분을 손비로 계상한 금액

결산을 확정할 때 剩餘金의 處分을 손비로 계상한 금액은 손금불산입한다.[18] 배당금의 지급 등 잉여금의 처분은[19] 손금이 아니므로[20] 이를 손비로 계상하더라도 손금이 될 수 없다는 당연한 사리를 다시 적은 것이다. 실제는 주주가 가져가면서 비용 속에 숨겨둔 것도 잉여금의 처분인 것이야 당연. 여기에서 잉여금이라 함은 순자산과 자본금의 차액. 제14장 제3절 II. 잉여금 처분의 한 꼴로 임원이나 사용인에게 이익처분에 의하여 지급하는 상여금은 손금불산입한다.[21] 경영성과에 연동되어 있는 성과급이

7) 법인세법 제22조.
8) 법인세법 제23조. 제21장 제2절.
9) 법인세법 제28조 제1항 제3호. 제21장 제1절.
10) 법인세법 제21조 제1호.
11) 법인세법 제21조 제2호.
12) 법인세법 제24조.
13) 법인세법 제25조.
14) 법인세법 제28조 제1항 제1호.
15) 법인세법 제21조 제3호.
16) 법인세법 제26조.
17) 법인세법 제27조.
18) 법인세법 제20조 제1호.
19) 이준봉, 법인세법강의는 배당이 잉여금의 처분이 아니라 자본의 환급이라고 하나, '환급'까지 가면 말뜻이 너무 멀리 간다.
20) 법인세법 제19조 제1항. 대법원 2022. 7. 28. 선고 2019두58346 판결(출자자에 지급하는 이익금분배액).

라 하더라도 잉여금의 처분으로 지급하는[22] 것만 손금불산입.[23] 미리 정해진 위임계약, 고용계약, 취업규칙, 급여지급기준 등에 따라 지급하는 급여라면 손금이다. 가령 임직원의 주식매수선택권 행사에 따른 지급액은 성과급이지만 잉여금의 처분이 아니므로 손금.[24] 법적 의무 없이 주주총회에서 추가로 지급하는 것은 주주가 제 몫인 잉여금을 나누어 주는 것이므로 배당과 마찬가지로 손금불산입한다.

Ⅱ. 세금과 공과금

법인세법 제21조 (세금과 공과금의 손금불산입) 다음 각 호의 세금과 공과금은 내국법인의 각 사업연도의 소득금액을 계산할 때 손금에 산입하지 아니한다.

1. 각 사업연도에 납부했거나 납부할 법인세(…익금불산입 수입배당금에 대하여 외국에 납부한 세액과…제57조에 따라 세액공제를 적용하는…외국법인세액을 포함한다) 또는 법인지방소득세와 각 세법에 규정된 의무 불이행으로 인하여 납부했거나 납부할 세액(가산세를 포함한다) 및 부가가치세의 매입세액(부가가치세가 면제되거나 그 밖에 대통령령으로 정하는 경우의 세액은 제외한다)

2. 판매하지 아니한 제품에 대한 반출필의 개별소비세…의 미납액. 다만, 제품가격에 그 세액상당액을 가산한 경우에는 예외로 한다.

3. 벌금, 과료(통고처분에 따른 벌금 또는 과료에 상당하는 금액을 포함한다), 과태료(과료와 과태금을 포함한다), 가산금 및 강제징수비

4. 법령에 따라 의무적으로 납부하는 것이 아닌 공과금

5. 법령에 따른 의무의 불이행 또는 금지·제한 등의 위반을 이유로 부과되는 공과금

6. 연결모법인…에 제76조의19 제2항…에 따라 지급했거나 지급할 금액

1. 법인세와 지방소득세 소득분

법인세 및 지방소득세 소득분을 손금불산입하는 것은[25] 세율(稅率) 표시방법에

---

21) 대법원 2017. 9. 21. 선고 2015두60884 판결. '상여'란 속칭 보너스라는 뜻이 아니고 보수라는 뜻이다. 제11장 제2절 Ⅰ. 4. 인적회사의 노무출자사원에게 지급하는 보수는 이익처분으로 배당소득이다. 법인세법시행령 제43조 제1항. 제14장 제1절 Ⅱ.4.

22) 개정상법에 따라 이사회가 이익처분을 하는 경우라면 이익처분으로 상여금을 지급할 수 없다고 보아야 한다.

23) 대법원 2017. 4. 27. 선고 2014두6562 판결(주주겸 임원에게 지분비율대로 지급한 상여금은 손금불산입). 법인세법 제20조 제1호 단서를 삭제하기 전 옛 법에서는 가령 임원성과급이라면 그대로 손금불산입하는 실무가 있었지만 그 당시에도 잉여금 처분이 아닌 이상 손금이라고 보아야 맞다.

24) 제11장 제2절 Ⅴ, 제14장 제1절 Ⅲ.4.

관한 기술적 규정이다. 법인세의 세율을 표시하는 방법으로는 세액을 차감하기 전의 세전(稅前)소득을 기준으로 몇 퍼센트라고 정하는 방법과 법인세를 차감한 세후(稅後) 소득을 기준으로 몇 퍼센트라고 하는 두 가지 방법을 생각해 볼 수 있다. 예를 들어 세전 소득이 100원이고 세율이 50%인 상황에서 법인세가 손금산입된다면, 세액(T)에 관해 T = 0.5 (100 - T)의 식이 성립해야 하므로 T는 33.3원이 된다. 즉 법인세를 손금산입하면서 세율을 50%로 정하든 법인세를 손금불산입하면서 세율을 33.3%로 정하든 똑같다.[26] 역사적으로는 2xx1년분 법인세를 실제 납부하는 해인 2xx2년에 손금산입한다면 법인세 때문에 소득에 파동이 생기게 된다는 연유로 법인세를 손금불산입했다고.[27] 애초 1년 시차를 안 두었다면 파동은 안 생기고, 그저 세율 표시방법의 선택문제. 외국법인세를 손금불산입하는 것은 이를 세액공제받을 수 있는 까닭이다.

2. 부가가치세

부가가치세의 매입세액(買入稅額)은 손금불산입한다.[28] 순자산감소가 없는 까닭이다. 재화·용역을 공급받는 자는 이를 공급하는 자에게 공급가액에 더하여 부가가치세를 지급하거나 지급할 의무를 지지만, 이 매입세액만큼 부가가치세의 납부세액이 줄어드니 결국 순자산의 감소가 없다.[29] 마찬가지로 부가가치세의 매출세액(賣出稅額)은 익금불산입한다.[30] 매출세액만큼 정부에 납부할 부가가치세 채무가 늘어나므로[31] 순자산의 증가가 없다. 이를 연장하면 명문의 규정은 없으나 부가가치세 납부세액 역시 손금이 아니고 환급세액은 익금이 아니다. 부가가치세 납부세액(환급세액)은 매출세액이라는 부채와 매입세액이라는 자산의 차액을 납부하는(환급받는) 것인 까닭이다. 예를 들어 어떤 물건을 200원에 사면서 매입세액 20원을 거래징수당했고, 이를 300원에 팔면서 매출세액 30원을 거래징수한다고 하자. 이때 익금은 330원이 아닌 300원이고 손금은 220원이 아닌 200원이며, 소득에 포함되는 금액은 100원이다. 분개로 표시하자면 매출세액을 받는 거래는 '(차) 현금 30 (대) 채무(매출세액) 30'이 되고, 매입세액을 지급하는 거래는 '(차) 자산(매입세액) 20 (대) 현금 20'이 되어 두 가지 거래에서 순채무 10원이 남는다. 여기서 납부할 세액 10원(= 30원 - 20원)을 납부하는 거래는

---

25) 법인세법 제21조 제1호.

26) 따라서 제2차 납세의무로 납부한 법인세라면 구상불능 경우 대손의 가부 문제가 생길 뿐이다. 대법원 1987. 9. 8. 선고 85누821 판결.

27) 상세는 한만수, 조세법강의, 2편 2장 5절 III.3.

28) 법인세법 제21조 제1호. 대법원 2020. 10. 29. 선고 2017두51174 판결(무자료거래).

29) 부가가치세법 제37조 제2항. 대법원 2021. 8. 12. 선고 2021다210195 판결. 제8장 제2절 II.

30) 법인세법 제18조 제5호. 형사판결로 대법원 1997. 5. 9. 선고 95도2653 판결 등.

31) 부가가치세법 제37조 제1항, 제48조 제2항 및 제49조 제2항.

이 순채무 10원을 변제하는 꼴로 하여 '(차) 매출세액(채무) 30 (대) 매입세액(자산) 20 + 현금 10'으로 나타내게 된다.

매출세액이나 매입세액이 익금·손금이 아니다라는 것은 사실은 말장난일 뿐이다. 이를 각각 익금과 손금에 넣고 납부할 세액(환급세액)을 손금(익금)에 넣더라도 아무 차이가 없다. 앞의 예에서 익금과 손금의 금액을 각 330원과 220원으로 정하고 납부할 세액 10원을 손금으로 정하더라도 소득금액은 똑같은 100원이 된다. 결국 부가가치세의 세율(稅率)표시방법의 차이일 뿐이다. 전자에서는 세율을 세제외(稅除外)가격의 1/10이라 표시하는 것이고, 후자에서는 부가가치세의 세율을 세포함(稅包含)가격의 1/11이라 정하는 것일 뿐이다. 제23장 제5절.

부가가치세법상의 면세사업자(免稅事業者)는 매입세액을 공제받지 못하므로, 동 매입세액은 매입한 자산의 취득가액의 일부로 궁극적으로는 손금이 된다.[32] 그 밖에도 매입세액 공제가 배제되어 순자산 감소가 생기는 매입세액은 매입한 자산의 취득가액에 포함되는 수가 생긴다.[33] 손금불산입되는 매입세액이 자본적 지출이라면 감가상각 등의 방법으로 손금산입된다.[34] 매입세금계산서가 없거나 사실과 달라서 매입세액공제를 못 받는 금액은 자산의 취득가액에도 안 들어간다는 것이 대통령령.

3. 반출필 개별소비세 미납액

이 조문 자체는 중요할 것이 없지만, 개별소비세나 주세 등에 대해서 따로 공부할 시간이 없으므로, 여기에서 조금 생각해 보자. 부가가치세가 매출세액에서 매입세액을 뺀 잔액을 납부하는 다단계(多段階) 방식을 쓰는 데 비해 개별소비세, 주세, 교통·에너지·환경세는 적당한 단계에서 딱 한번 과세하는 방식을 쓰고 있다.[35] 납기는 분기별로 다음 달 25일.[36] 법인소득의 계산에서는 매출할 때 개별소비세 등을 포함한 가격을 매출액으로 적고 세액 상당액을 비용으로 적거나 또는 매출할 때에 아예 세액을 뺀 금액을 매출액으로 적거나 순소득은 마찬가지가 된다. 예를 들어 세제외 매출액 10,000원에 대해서 개별소비세 1,000원의 납세의무가 있다면, 이 거래에서 매출액 11,000원이라는 수익과 개별소비세 1,000원이라는 비용이 생긴 것으로 계산하든,[37] 둘

32) 법인세법 제21조 제1호.

33) 대법원 1997. 9. 26. 선고 96누8192 판결; 2012. 12. 26. 선고 2012두12723 판결.

34) 대법원 1984. 5. 22. 선고 83누407 판결.

35) 개별소비세법 제4조; 주세법 제25조. 제23장 제2절 Ⅱ와 Ⅲ.

36) 개별소비세법 제9조 제1항 및 제10조 제1항. 주세법 제23조 제1항 및 제26조.

37) (매출시) (차) 매출채권 11,000 + 개별소비세 1,000 (대) 매출액 11,000 + 미지급세금 1,000
(납기) (차) 미지급세금 1,000 (대) 현금 1,000

을 상계하고 매출액 10,000원이라는 수익이 생긴 것으로 계산하든[38] 결과는 같다. 앞 2. 법이 "반출(搬出)했으나 판매하지 아니한 제품에 대한 반출필 개별소비세…의 미납액(未納額)"을 손금으로 삼지 않는다고 정하고 있는 것은[39] 이런 未納額이 생기는 경우에는 위 두 가지 방법이 서로 다른 결과를 낳기 때문이다. 판매하지 아니한 제품에 대해 반출필 미납세액이 생기는 경우란 제조장과 다른 매장이 따로 있어서 물품이 제조장에서는 반출되었으나 아직 팔리지는 않은 경우에 생긴다. 한 단계에서만 세금을 매기는 까닭에 아직 팔리지 않은 물건이라도 제조장 반출시 납세의무가 생기기 때문이다.[40] 이와 같이 반출된 물건에 대한 세금은 다음 달 말일에 납부하게 된다. 법인세법은 바로 이런 경우 반출은 되었지만 아직 납부하지 않은('미납세반출') 세금을 비용으로 잡은 경우 이는 손금이 아니라고 정하고 있는 것이다.[41] 물품이 아직 안 팔렸으니 세액 상당액을 매출액에 포함시켜 상계할 길이 없고, 또 아직 납기도 아니라 실제로 돈도 안 내었으니까 손금에 산입 못한다. 이런 세액은 납기에 실제로 납부되어야 비로소 손금이 된다. 한편, 반출 당시 회사가 세액을 비용으로 잡지 않고 자산으로 잡아 두었다면,[42] 손금불산입할 비용이 없다. 이리하여 법인세법은 "다만, 제품가격에 그 세액상당액을 가산한 경우"에는 미납세액을 손금불산입할 필요가 없다고 정하고 있다.

4. 특정 행위를 억제하기 위한 손금불산입

세법을 공서양속(公序良俗)에 반하는 행위를 억제하는 수단으로 쓰더라도 위헌은 아니다. 미국법도 벌금이나[43] 뇌물을,[44] 유럽법도 벌금이나 과료 따위를 손금불산입한다.[45] 공서양속에 반하는 지출의 범위를 어디까지로 잡을 것인가 하는 문제는 국가가 사인의 사생활에 어디까지 간섭할 것인가 하는 문제가 되지만, 적어도 해석론으로는 국가의 간섭 범위를 되도록 좁게 해석해야 우리 헌법에 맞는다.[46]

---

38) (매출시) (차) 매출채권 11,000 (대) 매출액 10,000 + 미지급세금 1,000
(납기) (차) 미지급세금 1,000 (대) 현금 1,000

39) 법인세법 제21조 제2호.

40) 국세기본법 제21조 제1항 제85호, 개별소비세법 제3조 및 제4조, 지방세기본법 제34조 제1항 제4호.

41) 예를 들어 반출 때 (차) 개별소비세 ××× (대) 미지급세금 ×××로 기장했다면, 이 개별소비세를 손금에 산입할 수 없다는 말이다. 소득세법 제26조 제7항 단서는 의미가 없다. 김완석, 소득세법, 3편 3장 3절 5.

42) (차) 재고자산 ××× (대) 미지급세금 ×××

43) 미국세법 162조(f). 고의・과실을 묻지 않고 손금불산입한다. Tank Truck Rentals, Inc. v. CIR, 356 US 30(1958), Hoovers Motor Express Co. v. US, 356 US 38(1958).

44) 미국세법 162조(c).

45) BEFIT(Business in Europe: Framework for Income Taxation), 제16조. 독일 소득세법 제4조 제5항 제8호, 제10호. 제9조 제5항. Tipke/Lang, *Steuerrecht*(제24판, 2021), 제8장 294문단 이하는 법질서의 통일성을 유지하기 위해서라고 설명한다. 이하 달리 적지 않은 한 Tipke/Lang이란 제24판.

우리 법에서는 가산세(加算稅) 등 세법에 정한 의무를 불이행하여 납부했거나 납부할 세액은 손금불산입한다.[47] 지연이자 상당액의 가산세도 손금불산입. 이에 균형을 맞추기 위하여 국세 또는 지방세의 과오납금의 환급금이자(還給金利子)도 익금불산입한다.[48] 소득세나 법인세를 源泉徵收하지 않고 원천징수의무자가 자기 부담으로 내기로 약정한 경우, 동 원천징수세액 상당액은 손금으로 공제할 수 있다. 예를 들어 기술료에 대한 원천징수세액을 기술도입자가 부담하기로 한 경우 동 세액은 기술료의 일부로 보아야 한다.[49] 원천징수의무 불이행으로 국가가 본세 및 원천징수불이행 가산세를 원천징수의무자에게서 징수하는 경우, 본세 부분은 당연한 조세채무이고 불이행에 대한 제재가 아니다. 그렇지만 본세는 원천납세의무자에게서 구상받을 수 있으므로[50] 손금이 아니다. 구상금 채권의 대손 가부는 제19장 제4절 I.

벌금, 과료(통고처분에 의한 벌금 또는 과료상당액 포함), 과태료(과료와 과태금 포함), 강제징수비도 손금불산입한다.[51] 법령에 의한 의무의 불이행 또는 금지·제한 등의 위반에 물리는 공과금도 손금불산입한다.[52] 몰수나 추징당한 것도 손금불산입한다.[53] 여기에서 말하는 벌금 등은 공법상의 의무불이행에 대해 부과되는 것만을 뜻한다.[54] 징벌적 손해배상금 가운데 실손해를 넘는 부분도 손금불산입하나,[55] 그 밖에는 사법(私法)상의 채무불이행이나 불법행위에 따르는 손해배상금은 당사자 사이에서 이를 무어라 부르든 여기에서 말하는 벌금 등에 해당하지 않는다.[56] 소득세법은 "고의 또는 중대한 과실로 타인의 권리를 침해함으로써 지급되는 손해배상금"을 필요경비에

46) 다른 나라의 법을 어겨 내는 벌금은 손금산입할 수 있다는 것이 독일의 판례이다. 독일 법질서의 통일성과 무관한 까닭이다. BFH BStBl. 1992, 85. 한편 우리 법령에는 다른 나라 공무원에게 지급하는 뇌물도 손금불산입한다는 규정이 있다. 법인세법시행령 제50조 제1항 제4호.

47) 법인세법 제21조 제1호.

48) 법인세법 제18조 제4호.

49) 미국재무부 규칙 1.441-3(f)(1). 원천징수세율이 20%라고 한다면, 5억원의 기술료를 지급하고 원천징수세는 기술제공자의 부담으로 하는 것은 4억원의 기술료를 지급하면서 원천징수세는 기술도입자의 부담으로 하는 것과 같다. Net of tax 조항이 원천납세의무자 본국의 외국납부세액공제에 문제를 일으킨 사례로 Compaq Computer Corp. v. Commissioner, 113 TC 214(1999), rev'd, 277 F.3d 778 (5th Cir., 2001).

50) 원천징수의 법률관계에 관해서는 제5장 제6절.

51) 법인세법 제21조 제3호.

52) 유도적 기능을 하는 부담금이 반드시 손금불산입은 아니다. 가령 장애인을 직접 고용하는 것과 부담금을 내어서 도울 것인가의 선택이 자유라면 의무위반이라기보다는 사회연대책임이라는 결정으로 헌법재판소 2003. 7. 24. 2001헌바96 결정; 2012. 3. 29. 2010헌바432 전원합의체 결정.

53) 대법원 1990. 12. 23. 선고 89누6426 판결. 몰수나 추징을 당하는 경우의 후발적 경정청구는 제6장 제3절 Ⅳ.

54) S&B Restaurant, Inc. v. CIR, 73 TC 1226(1980) 등.

55) 법인세법 제21조의2. 가령 실손해 100에 대한 3배 배상이라면 손금불산입액은 300×(3-1)/3 = 200.

56) 대법원 2015. 12. 10. 선고 2013두13327 판결; 2024. 9. 12. 선고 2021두35308 판결.

산입하지 아니한다고 정하고 있지만,[57] 채무를 이행할 것인가 또는 채권자의 손해를 물어 주고 계약을 파임낼 것인가의 선택에 국가가 간섭할 이유는 찾기 어렵다. 자본시장과금융투자업에관한법률상 내부자의 단기매매차익반환금도 벌금 등에 해당하지 않는다.[58]

공과금(公課金) 가운데 법령에 의하여 의무적으로 납부하는 것이 아닌 것은 손금불산입한다.[59] 그러나 법령상 납부의무가 없는 공과금이란 자가당착. 공과금이라는 말은 국가나 지방자치단체에 납부할 공적인 부담금 정도의 뜻으로[60] 읽을 수밖에 없으니. 법령상 납부의무가 없는 돈을 납부한다면, 이는 기부금이든가 필요경비든가 둘 중 하나가 되므로, 공과금이 될 수가 없다. 손금산입 가능한 공과금이더라도 자산의 취득가액에 가산해야 한다면 제18장 제1절 IV.2., 제21장 제1절 I.

채무보증에서 생기는 구상(求償)채권의 대손금은 손금불산입한다. 과다차입을 억제하자는 것이다.[61]

불법(不法)정치자금으로 법원이 대가성을 인정하지 않는 것은 성질상 기부금이 될 수밖에 없으므로 손금불산입한다.[62] 그렇다면 뇌물, 알선수재, 배임수재로 인정한 것 역시 손금불산입해야 앞뒤가 맞고, 현행법에서도 이를 업무와 관련 없는 지출로 보아 손금불산입하고 있다.[63]

Ⅲ. 자산 평가손실의 손금불산입

법인세법 제22조 (자산의 평가손실의 손금불산입) 내국법인이 보유하는 자산의 평가손실은 각 사업연도의 소득금액을 계산할 때 손금에 산입하지 아니한다. 다만, 제42조 제2항 및 제3항에 따른 평가로 인하여 발생하는 평가손실은 손금에 산입한다.

---

57) 소득세법 제33조 제1항 제15호.

58) 미국판결로 Arrowsmith v. CIR, 344 US 6(1952).

59) 법인세법 제21조 제4호.

60) 옛 법인세법(1995. 12. 29. 법률 제5033호로 개정되기 전의 것) 제16조 제5호(공과금의 손금불산입)를 위헌 결정하던 당시 헌법재판소는 공과금이라는 말을 "국가 또는 공공단체에 의하여 국민 또는 공공단체의 구성원에게 부과되는 모든 공적 부담"이라는 뜻으로 풀이하고 있다. 헌법재판소 1997. 7. 16. 96헌바36 내지 49 (병합) 결정; 대법원 1990. 3. 23. 선고 89누5386 판결.

61) 제19장 제4절 Ⅰ.

62) 법인세법 제24조 제1항; 소득세법 제34조 제1항. 받는 사람에게는 증여세를 과세한다. 상속세및증여세법 제2조 제3항, 조세특례제한법 제76조. 법인이나 단체의 정치자금 기부는 불법. 정치자금법 제31조 제1항.

63) 대법원 2009. 11. 12. 선고 2007두12422 판결. 제11장 제1절 Ⅱ. 받는 사람에게는 기타소득으로 과세하고, 증여세와 균형을 맞추자면 '사례금'으로 보아 필요경비를 의제하지 않아야 한다. 소득세법 제21조 제1항 제17호, 제19호, 같은 법 시행령 제87조.

이미 보았듯이 과세소득의 계산상 자산·부채의 평가방법은 법인세법 제2장 제1절 제5관에 따라 법에 정해진 방법 내지 기업회계의 관행에 의한다. 이리하여 법 제22조는 자산의 평가손실을 손금불산입하면서, 다만 법에 정해진 방법으로 자산을 평가한 결과로 생긴 차손은 손금에 포함시키고 있다.[64] 글귀만 따진다면 법 제42조 제2항 및 제3항 아닌 다른 방법으로 평가하여 생긴 차손은 모두 손금불산입한다고 하는 법 제22조는, 익금과 손금의 귀속 사업연도 및 자산·부채의 평가방법을 "이 법 및 조세특례제한법에서 달리 정하고 있는 경우"를 제외하고는 모두 기업회계의 기준 내지 관행에 의한다는 법 제43조와 충돌한다. 그러나 제43조는, 명문규정이 없는 경우 자동적으로 기업회계로 넘어간다는 뜻이 아니고, 기업회계를 빌어와도 좋은지 검토해서 빌어올 수도 있다는 뜻이다.[65]

Ⅳ. 감가상각과 대손충당금

법인세법 제23조 (감가상각비의 손금불산입) ① 내국법인이 각 사업연도의 결산을 확정할 때 토지를 제외한 건물, 기계 및 장치, 특허권 등…감가상각자산…에 대한 감가상각비를 손비로 계상한 경우에는…상각범위액…의 범위에서 그 계상한 감가상각비를 해당 사업연도의 소득금액을 계산할 때 손금에 산입하고, 그 계상한 금액 중 상각범위액을 초과하는 금액은 손금에 산입하지 아니한다.

법인세법 제34조 (대손충당금의 손금산입) ① 내국법인이 각 사업연도의 결산을 확정할 때 외상매출금, 대여금 및 그 밖에 이에 준하는 채권의 대손에 충당하기 위하여 대손충당금을 손비로 계상한 경우에는…범위에서 그 계상한 대손충당금을 해당 사업연도의 소득금액을 계산할 때 손금에 산입한다.

제목은 각 손금불산입, 손금산입으로 적혀 있지만 실현주의, 역사적 원가주의에 대한 예외로 미확정액을 손금산입하는 것은 같다. 제19장 제4절 I, 제21장 제2절. 법은 감가상각방법으로 정액법, 정률법, 생산량비례법 따위의 여러 가지를 인정하고 법령의 제약 하에 납세의무자가 하나를 고를 수 있게 정하고 있다. 그러나 이미 보았듯 이런 방법들은 회계관행에서 들어온 것으로, 담세력을 제대로 측정할 수 있는 개념이 못 된다. 미국법에는 대손충당금제도가 없고 실제 대손액을 손금산입한다.

---

64) 법인세법 제22조 단서, 제42조 제2항 및 제3항. 제18장 제1절 Ⅳ. 3.

65) 제18장 제5절 VI.

V. 기 부 금

무상(無償)으로 지출한[66] 기부금은[67] 사업과 직접 관계가[68] 없는 이상[69] 성질상 손금이 아니다. 다만 법은 여러 가지 제약 아래에서 예외적으로 기부금을 손금산입해주고 있다. 2021년부터는 손금산입 한도도 확 줄었다. 기부받는 자에게는 증여세나 법인세를 매긴다.

> 법인세법 제24조 (기부금의 손금불산입) ① 이 조에서 "기부금"이란 내국법인이 사업과 직접적인 관계없이 무상으로 지출하는 금액(대통령령으로 정하는 거래를 통하여 실질적으로 증여한 것으로 인정되는 금액을 포함한다)을 말한다.
>
> ② 내국법인이 각 사업연도에 지출한 … 제1호에 따른 특례기부금은 제2호에 따라 산출한 손금산입한도액 내에서 … 손금에 산입 … 아니한다.
>
> 1. 특례기부금: 다음 각 목의 어느 하나에 해당하는 기부금
>   가. 국가나 지방자치단체에 무상으로 기증하는 금품의 가액 …
>   나. 국방헌금과 국군장병 위문금품의 가액
>   다. 천재지변으로 생기는 이재민을 위한 구호금품의 가액
>   라. 다음의 기관(병원은 제외한다)에 … 지출하는 기부금
>   1) 사립학교법에 따른 사립학교
>   2) 비영리 교육재단 …
>   마. 다음의 병원에 … 지출하는 기부금

---

66) 채무면제, 면책적 채무인수 등을 포함. 대법원 2004. 1. 29. 선고 2003두247 판결. 특수관계인 채무의 면제는 사업과 직접관계가 있더라도 부당행위 계산부인 대상이 될 수 있다. 대법원 2020. 3. 26. 선고 2018두56459 판결.

67) 대법원 2004. 1. 29. 선고 2003두247 판결은 빚낸 돈으로 기부한 경우 지급이자도 기부금에 해당한다고 하나 그르다. 빚을 내지 않았더라면 줄어들었을 자산의 수익을 과세하는 이상 지급이자는 손금산입해야 앞뒤가 맞다.

68) 불법정치자금으로 뇌물이 아닌 것, 곧 대가관계가 없는 것은 기부금일 수밖에 없다.

69) 사업허가의 조건으로 토지를 기부채납한 것은 기부금이 아닌 필요경비이고 손금산입시기는 수익비용 대응에 따른다. 대법원 1987. 7. 21. 선고 87누108 판결; 1994. 8. 9. 선고 94누43650 판결; 2002. 11. 13. 선고 2001두1918 판결. 사업과 무관하다면 정부의 조정에 따랐더라도 기부금. 대법원 1998. 6. 12. 선고 97누11386 판결. 기업이미지 제고 등 사업에 다소 도움된다는 것만으로는 필요경비가 아니고 기부금. 대법원 1997. 7. 25. 선고 96누10119 판결(정부지침에 따른 출연금); 2014. 8. 26. 선고 2014두4719 판결. 사업과 직접관계가 없으면 이사의 선관주의의무 위반. 대법원 2019. 5. 16. 선고 2016다260455 판결. 영업과 관련한 기부금을 영업권으로 본 판결로 대법원 2009. 12. 10. 선고 2007두11955 판결. 골프장 진입로 기부채납에 든 돈을 토지에 대한 자본적 지출로 본 판결로 대법원 2008. 4. 11. 선고 2006두5502 판결. 목적사업을 위한 비영리법인의 지출은 수익사업의 손금이 아니다. 대법원 2020. 5. 28. 선고 2018두32330 판결.

바. 사회복지사업 … 재원을 모집 · 배분하는 것을 주된 목적으로 하는 비영리 법인

2. 손금산입한도액:

… 소득금액[70] … × 50퍼센트

③ 내국법인이 각 사업연도에 지출한 … 제1호에 따른 일반기부금은 제2호에 따라 산출한 손금산입한도액 … 손금에 산입 … 한다.

1. 일반기부금: 사회복지 · 문화 · 예술 · 교육 · 종교 · 자선 · 학술 등 공익성을 고려하여 대통령령으로 정하는 기부금(제2항 제1호에 따른 기부금은 제외한다. 이하 이 조에서 같다)

2. 손금산입한도액:

[… 소득금액 - … 제2항에 따른 손금산입액 …] × 10퍼센트 …

④ 제2항 제1호 및 제3항 제1호 외의 기부금은 해당 사업연도의 소득금액을 계산할 때 손금에 산입하지 아니한다.

⑤ 내국법인이 각 사업연도에 지출하는 기부금 중 제2항 및 제3항에 따라 기부금의 손금산입한도액을 초과하여 손금에 산입하지 아니한 금액은 해당 사업연도의 다음 사업연도 개시일부터 10년 이내에 끝나는 각 사업연도로 이월하여 그 이월된 사업연도 … 손금산입한도액의 범위에서 손금에 산입한다.

우선 용례에 주의. 일반기부금이란 그냥 제1항의 기부금을 일반적으로 부르는 말이 아니고, 공익적 성격이 있어서 법정한도 안에서 손금산입하는 기부금을 말한다. 그러니까 기부금에는 특례기부금, 일반기부금, 아예 손금산입 적격이 없는 비공익성 기부금, 이렇게 세 가지가 있다.

국가[71] 등에 대한 특례(特例)기부금(예전 용어로 법정기부금)은 2020년까지는 전액손금산입했다. 2021년부터는 한도가 어림잡아 소득금액의 50%로 줄었지만 그래도 제3항의 일반기부금보다는 높다. 개인의 경우에도 특례기부금이나 결연기관을 통한 불우이웃돕기 성금 등 몇 가지는 다른 기부금보다 공제한도가 높다.[72] 개인이 정당에 주는 정치자금은 10만원까지는 100/110을 세액공제하고 그 이상은 사업자라면 전액 손

---

70) 대법원 2019. 12. 27. 선고 2018두37472 판결.

71) 신문사 등을 통하여 기부하더라도 여기에 해당한다. 대법원 1981. 3. 10. 선고 80누289 판결. 역으로 국가에 기부한 이상 집행을 다른 단체가 해도 여기에 해당. 대법원 1986. 9. 9. 선고 85누379 판결; 2018. 3. 15. 선고 2016두63887 판결(이 사건에서 이사의 책임은 2019. 5. 16. 선고 2016다260455 판결). 한편 공공단체에 대한 기부는 국가가 권고했더라도 국가에 대한 기부는 아니다. 대법원 1997. 4. 11. 선고 96누9164 판결.

72) 소득세법 제34조 제2항.

금산입하고 비사업자라면 일부를 세액공제한다는 놀라운 특례도 있다.[73)]

제3항의 일반(一般)기부금(종래의 용어로 지정기부금)은 원칙적으로 10% 한도 안에서 손금산입한다. 한편 소득세법상의 한도는 소득금액의[74)] 일정비율.[75)] 일반기부금의 범위는 '사회복지 · 문화 · 예술 · 교육 · 종교 · 자선 · 학술 등 공익성을 감안하여' 대통령령으로 정한다. 제13장 제2절 IV, 제25장 제1절 III.

어떤 사람이 제 돈을 남에게 거저 준다면, 이를 소득에서 덜어내 주어야 할까? 생각하기 나름이다. 받는 사람에게 과세하고 주는 사람에게도 과세한다면 이중과세라고 생각할 수도 있다.[76)] 한편 받는 사람은 분명히 그만큼 부가 늘었으니 과세해야 맞고, 주는 사람은 빵을 사먹든지 남에게 주든지 제 좋아서 하는 일이니 마찬가지라 생각해서 덜어내 주지 말아야 한다고 생각할 수도 있다.[77)] 후자의 가치관을 가진 사람의 입장에서 생각해 보자. 돈을 누구에게 줄 때 이를 손금산입해 준다는 말은 결국 국가가 돈의 일부를 대준다는 말이다. 세율을 40%라고 생각한다면, 100억원을 기부했는데 이를 손금산입해 준다는 말은 사실 그는 60억을 낸 것이고 국가가 40억을 대준 셈(tax expenditure).[78)] 10% 세율구간에 드는 사람이 100만원을 기부한다면 국가는 10만원을 대준 셈. 면세점 이하의 사람이라면 국가가 대주는 돈은 영(0). 특히 문제는 정치적 성격이 강한 단체에 대한 기부금. 국가가 어느 쪽을 편들어선 안 되니 손금불산입이 옳다.

현금이 아닌 재산(財産)을 기부한다면, 기부한 가액은 재산의 장부가액이 아니라 시가(時價)로 보아야 한다.[79)] 가령 장부가액 2억원 시가 5억원짜리 재산을 기부한다면

---

73) 조세특례제한법 제76조. 한걸음 나아가 법인세의 일정비율을 정치자금으로 강제하자는 제안이 계속 나오고 있다. 법인이 개인에게 주는 정치자금은 불법이고 기부금 또는 비통상적 비용으로 손금불산입해야 한다. 앞의 II.4. 정당에 대한 정치자금 기부액도 손금불산입해야 옳다. 미국에서는 합법이지만 손금불산입. Citizens United v. F.E.C., 558 U.S. 310(2010), 미국세법 162조(e). 독일 소득세법 제4조 제5b항, 제6항. 정치적 의사결정이 1인 1표로 평등한 이상 부자의 기부를 받는 정당이라 하여 더 많은 보조금을 줄 이유가 없기 때문이다. 독일헌법재판소 1958. 6. 24. 2 BvF 1/57 결정. Cammarano v. United States, 358 US 498(1959). 선의의 물품대금이 아닌 한 정당에 꿔 준 돈의 대손금도 손금불산입한다. 미국세법 271조.

74) 대법원 2019. 12. 27. 선고 2018두37472 판결.

75) 종교단체에 대한 기부금은 한도가 한결 낮다. 소득세법 제34조 제1항, 제52조 제6항. 제10장 제4절 I.

76) Andrews, *Personal Deductions in an Ideal Income Tax*, 86 Harv. L. Rev. 309(1972).

77) Henry Simons, Personal Income Taxation(1936), 제2장. 개인에게 직접 주는 돈은 받는 사람의 처지가 아무리 불쌍하더라도 손금이 아니고, 주는 사람의 사생활일 뿐이다. Thomason v. CIR, 2 TC 441(1943), 특히 443쪽 이하.

78) Regan v. Taxation with Representation of Wash, 461 US 540(1983), 특히 544쪽. 이런 관점에서 기부금의 손금산입 결과 부자일수록 국가의 보조금이 늘어난다. 소득세법이 기부금의 일부를 세액공제로 바꾼 것은 이 때문. 제10장 제4절 I.

79) 공짜로 제한물권을 설정해 주는 경우의 기부가액(제한물권의 시가) 산정에 대해서는 미국재무부

기부한 금액은 5억원이다. 시가와 장부가액의 차액 3억원은 양도차익으로 익금산입한다.[80] 애초에 소득을 Haig-Simons의 소득정의대로 과세했다면, 자산의 평가증액은 이미 소득이 되었을 것이고 기부한 재산의 장부가액은 양도차익으로 이미 과세되었을 것이기 때문이다. 현행법은 금전 아닌 자산을 기부한 경우 기부금의 가액은 시가로 계산한다는 집행명령을 명문으로 두었다. 참고로, 미국법은 기부금의 금액을 시가상당액으로 한다는 명문의 규정을 두면서도[81] 양도차익은 익금에 산입하지 않는다. 이론상은 받아들이기 어려운 조문이지만,[82] 아마도 기부를 장려하는 조세정책이 반영된 탓으로 보인다. 그 연장선에서 기부약정이 먼저 있고 그 이행으로 재산을 증여한 경우에도, 동 양도차익을 과세하지 않는 것이 보통이다.[83] 노무를 제공하는 경우에도 노무의 시가상당액을 익금에 산입하고 같은 금액을 기부한 것으로 보아야 하려나. 순자산의 증가라는 소득개념이 반드시 이를 요구한다고 말하기는 어렵다.[84] 실무적으로는 무상의 노무제공을 파악하는 것 그 자체가 어려울 것이다.

2억원 주고 산 시가 5억원짜리 상장주식을 기부하면서 상대방에게서 1억원을 받는다면, 또는 같은 재산을 1억원에 판다면 기부한 금액은 얼마인가? 시가와 매매가격의 차액 4억원이다. 현금 5억원과 현금 1억원을 맞바꾸는 것과 똑같다. 주식 가운데 1억원어치를 1억원에 팔고 4억원어치는 따로 팔아서 현금 4억원을 주는 것과 다름없다. 문제는 시가가 불분명(不分明)한 재산. "특수관계인 외의 자에게 정당한 사유 없이 자산을 정상가액(시가 ± 30%)보다 낮은 가액으로 양도하거나 정상가액보다 높은 가액으로 매매함으로써 그 차액 중 실질적으로 증여한 것으로 인정되는 금액"은 기부금이다.[85] 특수관계 없는 자들이 선의의 협상을 벌여 정한 거래가격은 그 자체가 시가라 보아야 마땅하므로, 여기서 "정당한 사유"라는[86] 말은 거래가격의 조작이 있는가에 관한 증명(證明)책임의 분배로 읽어야 옳다.[87] 거래가격이 ('일응의 시

규칙 1.170 A-14(h)(3).

80) 대법원 1993. 5. 25. 선고 92누18320 판결. 제13장 제1절 IV.3. 다만, 법정기부금의 경우에는 전액 손금이므로 아예 상계하고 장부가액을 기부금으로 한다. 법인세법시행령 제36조 제1항.

81) 미국세법 170조(e)(1)(A), 미국재무부 규칙 1.170A-1(c)(1). 기부하는 자산이 재고자산, 단기양도자산 등이라면 취득원가를 기부금으로 한다.

82) Bittker, McMahon & Zelenak, 25.02[1]절.

83) Rev. Rul. 55-410, 1955-1 CB 297.

84) 제9장 제1절 I. 소득세법 제34조 제2항 제1호 (나)는 일정한 노무의 가액을 필요경비에 넣지만 소득에 넣고 있지는 않다.

85) 대법원 1993. 5. 25. 선고 92누18320 판결; 1993. 5. 27. 선고 92누9012 판결.

86) 다급한 자금사정은 정당한 사유가 된다. 대법원 1984. 12. 11. 선고 84누365 판결. 유럽법의 표현으로 value란 subjective한 것.

87) 대법원 2016. 8. 24. 선고 2016두39986 판결(심불). 원심 서울고등법원 2016. 5. 4. 선고 2015누53222 판결.

가'±30%)라는 오차 범위 안이라면 시가거래라고 추정하므로 거래가격이 시가가 아니고 조작이 있었음을(정당한 사유가 없음을) 국세청이 증명해야 한다. 오차범위 밖이라면 거래가격 조작이 없고 거래가격이 시가라는 점을(정당한 사유가 있음을) 납세의무자가 증명하지 못하는 한 범위 밖의 금액은 기부금.[88] 특수관계 거래라면 거래가격이 시가라는 추정은 사라지고 납세의무자든 국세청이든 어느 쪽이 달리 증명하지 않는 한 일응의 시가가 시가. 일응의 시가 내지 시가의 추정은 아래 제3절 III, VI, 제25장 제3절 III. 4.

기부금의 귀속시기는 실제로 지출한 해이다.[89] 어느 해에 속하는 일반(특례)기부금이 그 해의 한도를 넘으면 그 후 10년간 이월공제가 가능하다.[90] 공익신탁의 설정에 관해서는 제10장 제2절 IV. 참조.

Ⅵ. 기업업무추진비

법인세법 제25조 (기업업무추진비의 손금불산입)[91] ① 이 조에서 "기업업무추진비"란 접대, 교제, 사례 또는 그 밖에 어떠한 명목이든 상관없이 이와 유사한 목적으로 지출한 비용으로서 내국법인이 직접 또는 간접적으로 업무와 관련이 있는 자와 업무를 원활하게 진행하기 위하여 지출한 금액을 말한다.

② 내국법인이 한 차례의 접대에 지출한 기업업무추진비 중 …을 초과하는 기업업무추진비로서 다음 각 호의 어느 하나에 해당하지 아니하는 것은 각 사업연도의 소득금액을 계산할 때 손금에 산입하지 아니한다…

1. 다음 각 목의 어느 하나에 해당하는 것(이하 "신용카드등"이라 한다)을 사용하여 지출하는 기업업무추진비

가. 「여신전문금융업법」에 따른 신용카드…

④ 내국법인이 각 사업연도에 지출한 기업업무추진비(제2항에 따라 손금에 산입하지 아니하는 금액은 제외한다)로서 다음 각 호의 금액의 합계액을 초과하는 금액은 해당 사업연도의 소득금액을 계산할 때 손금에 산입하지 아니한다.

1. 기본한도: 다음 계산식에 따라 계산한 금액…

2. 수입금액별 한도…

88) 이전가격 세제는 이창희 · 김정홍 · 윤지현, 국제조세법, 제4장 제2절 II.1.

89) 대법원 2004. 1. 29. 선고 2003두247 판결. 미국법에서는 법인을 위한 특례가 있다. 미국세법 170조(a)(2).

90) 법인세법 제24조 제5항.

91) 소득세법 제35조에는 기업업무추진비의 필요경비불산입 규정이 있다.

기업업무추진비란 종래 접대비(接待費, entertainment, Bewirtung)의 새 이름이다. 영어나 독일어의 어감은 즐기는 데 또는 재미있게 노는 데 쓰는 돈이라는 뜻이다. 위 법정한도 안에서만 손금에 산입한다. 제2항은 접객업소의 매출액을 알아내기 위한 조치이다. 이와 같은 한도계산의 대상이 되는 "기업업무추진비"란 업무를 추진하는데 쓴 돈이라는 그런 넓은 뜻이 아니다. 기업활동에 드는 돈 치고 업무추진 아닌 것이 있겠는가. 업무추진비 내지 접대비란 지출명목이 무엇이든[92] 업무(業務)와 관련하여 접대, 교제, 사례 등 놀고 즐기는데 지출한 비용을 말한다.[93] 업무와 관련이 없는 지출은 혹 손금산입 기부금이 아닌 한 그 자체로 손금불산입한다.[94] 증여의 성격이 있지만 업무와 관련이 있다면, 상식적 의미로 접대, 교제, 사례 등이 아니더라도 기업업무추진비로 보는 판례도 있다.[95] 아래 X. 증빙이 없는 지출액(예전의 이른바 "기밀비")은 기업업무추진비가 아니고 귀속이 불분명한 소득유출액으로서 대표자가 가져간 것으로 본다.[96] 해외기업업무추진비는 예외이다.[97] 돈을 지출하는 것이 아니라 물건을 직접 주는 경우에는 물건의 시가와 장부가액 중 큰 금액을 기업업무추진비로 보아 한도를 계산한다.[98] 기업업무추진비 한도초과액은 기타사외유출로 소득처분.[99]

(보기) (주)서울은 ×××1년 재무제표에서 기업업무추진비에 해당하는 금액은 손익계산서에 들어 있는 것이 4천만원이고, 자산의 원가에 들어 있는 것이 6,500만원이다. 기업업무추진비 한도액은 6,000만원이다. 당기에 손금산입할 수 있는 금액은 얼마인가?

(풀이) 현행법에는 한도내 금액 6,000만원을 당기비용과 자산의 원가 사이에 어떻게 배분하는가에 관한 규칙이 없다. 따라서 6,000만원을 당기비용 4,000만원과 자산의 원가 6,500만원 사이에 나누어야 할 것이다. 행정해석은 자산의 원가에 먼저 배분하여,

---

92) 예를 들어 알선수수료. 대법원 1976. 5. 25. 선고 75누207 판결.

93) 종업원이 조직한 조합 또는 단체에 지출한 복지시설설비 중 대통령령이 정하는 것을 포함한다. 법인세법 제25조 제1항; 소득세법 제35조 제1항. 대법원 2002. 4. 12. 선고 2000두2990 판결. 고객을 위한 지출액이 감독 규정을 위반했더라도 사업상 필요가 있고 사회질서에 반하지 않으며 접대·향응·오락 등이 아니라면 기업업무추진비가 아니다. 대법원 2015. 2. 10. 선고 2013두13327 판결.

94) 소득세법 제33조 제1항 제13호, 같은 법 시행령 제78조 제4호. 명문의 규정은 없지만 법인세법에서도 달리 풀이할 이유가 없다. 미국판례로는 Danville Plywood Corp. v. US, 899 F2d 3(Fed. Cir. 1990).

95) 대법원 2004. 4. 9. 선고 2003두7804 판결(고가인수액↔2009. 12. 10. 선고 2007두11955 판결); 2022. 1. 27. 선고 2017두51983 판결(협력업체 특별성과금); 2022. 7. 28. 선고 2019두58346 판결(대출채권 이자감면액).

96) 법인세법 제67조, 같은 법 시행령 제106조 제1항 제1호 단서.

97) 법인세법 제25조 제2항 본문 단서; 소득세법 제35조 제2항 본문 단서.

98) 법인세법시행령 제42조 제6항, 제36조 제1항 제3호. 양도차익은 과세하고 양도차손 상당액은 기업업무추진비에 포함한다는 뜻. 제13장 제1절 IV.3. 참조.

99) 법인세법시행령 제106조 제1항 제3호 (나).

당기에 손금산입할 수 있는 금액이 영(0)이라고 하나, 이와 정반대되는 생각으로 당기 비용에 먼저 배분하여 4천만원을 손금산입하고, 자산의 원가에 들어간 기업업무추진비 가운데 한도 안의 금액인 2,000만원은 장차 손금산입할 수 있다는 풀이와 평행선.

기업업무추진비 손금산입을 허용 또는 제한하는 이유는 무엇일까? 과연 손금산입을 해 주어야 할 것인가? 기업업무추진비 내지 접대비의 본질에 관하여 오해가 널리 퍼져 있고 그 결과 어려운 문제가 많다. 예를 들자면 접대비는 손금산입에 제약이 있음에 비해 광고선전비·판매부대비용·회의비 따위는 손금산입에 제한이 없고, 여기에서 접대비와 구별(區別)문제가 생긴다고 한다. 판례는 광고선전비라는 것은 불특정다수인을 위한 지출이고 접대비는 어느 정도 특정된 사람을 위한 지출이라고 한다.[100] 복리후생비(이에 해당하면 사회통념상 용인되는 범위 안에서 손금산입한다[101])나 회의비랑은 어떻게 다른가? 지출의 상대방이 내부인인가, 아니면 외부인인가에 따른다고.[102] 판매부대비용과는? 사전약정이 있는가에 따른다는 것이 종래의 판례였지만[103] 21세기에 와서는 사회통념이나 상관행을 들고 있기도.[104] 지출상대방이 특정되었는가를 구별기준으로 드는 판결도 있고.[105] 그러나 어느 것 하나 분명한 기준이 아니어서 해석에 혼란이 일고 있다. 접대비란 기업회계에서 그러하듯이 원래 비용인 것을 법이 특별히 제약하고 있는 것이므로 엄격해석해야 한다는 판결이나,[106] 그런 맥락에서 볼 때 입법론상 손금산입의 한도금액이 너무 낮다는 식의 주장이 줄곧 이어지고 있다.

이런 혼선은 애초에 문제의 본질을 잘못 짚은 데에서 비롯한다. 기업업무추진비의 손금불산입은 법인세제를 세제(稅制) 전체의 일부로 놓고 파악해야 비로소 바로 볼 수 있다. 가령 어떤 회사의 임직원이 회사에서 월급 1,200만원을 받고 그 가운데 200만원을 술값으로 쓴다고 하자. 이때 법인소득 계산상 회사의 손금(인건비)은 1,200만원이다. 종업원의 소득도 1,200만원이다. 술값은 임직원의 개인소득계산에서 빼 주지 않는다. 밥 먹는 것이나 술 먹는 것이나 아무 차가 없는 소비인 까닭이다. 이제 이 임

100) 대법원 1993. 1. 19. 선고 92누8293 판결(시식용 견본품=광고선전비); 1993. 9. 14. 선고 92누16249 판결; 2002. 4. 12. 선고 2000두2990 판결(사은품); 2010. 6. 24. 선고 2007두18000 판결(내방객 선물) 등.

101) 대법원 2010. 6. 24. 선고 2007두18000 판결. 아래 VII.

102) 대법원 1999. 6. 25. 선고 97누14194 판결; 2006. 9. 8. 선고 2004두3724 판결.

103) 대법원 1992. 5. 8. 선고 91누9473 판결.

104) 대법원 2003. 12. 12. 선고 2003두6559 판결; 2007. 10. 25. 선고 2005두8924 판결; 2008. 7. 10. 선고 2006두1098 판결; 2011. 1. 27. 선고 2008두12320 판결; 2015. 4. 9. 선고 2014두15232 판결.

105) 대법원 2009. 7. 9. 선고 2007두10389 판결; 2016. 4. 15. 선고 2015두52326 판결.

106) 대법원 2008. 7. 10. 선고 2007두26650 판결(협력업체 직원 야식대는 필요경비).

직원이 회사에서는 월급을 1,000만원만 받고 회사 돈으로 술을 200만원어치 마신다고 하자. 이 상황은 앞의 경우와 실질에서 아무 차이가 없다. 그렇다면 회사의 경비는 1,200만원이 되어야 하고 임직원의 개인소득도 1,200만원이 되어야 한다. 무슨 말인가? 술값 200만원을 회사경비로 떨 수 있으려면 그 전제로 종업원의 개인소득이 1,200만원이 되어야 한다는 말이다. 그런데 회사 돈으로 놀고 즐기는 것이 월급의 변형임은 너무나 눈에 띄는 일이다. 그렇다면 다음과 같이 하면 어떨까? A회사의 임직원은 B회사의 임직원을 모시고 술을 대접하고, B회사의 임직원은 A회사의 임직원을 모시고 술을 대접하면 어떨까? 한 걸음 나아가 A, B, C 세 회사로, 더 나아가 여러 회사로 사슬을 연장해서 생각할 수 있다. 큰 눈으로 전체를 본다면, 위의 경우는 모두 기업의 돈으로 술을 마시는 것이다. 기업에서 돈을 받아서 그 돈으로 마신 것이기 때문이다. 그 돈을 월급으로 받아다가 술을 먹었다면, 당연히 근로소득에 포함해야 맞다. 다른 보기로 불특정다수에게 주는 견본품은 Haig-Simons의 소득 정의에서는 받아가는 사람의 소득.

문제는 접대, 교제, 사례 등의 가치를 개인의 소득으로 과세하기 어렵다는 점. 불특정다수가 받아가는 견본품은 애초 과세 못 하고 우리 소득세법에서는 과세소득이 아니다. 술판 잔치판에서 누가 무얼 얼마나 소비했는지를 다 따져서 그에 대하여 과세하기는 불가능하다. 그런데 개인소득으로 과세할 길이 없음을 주어진 사실로 받아들이면 어떤 결과가 생기려나? 견본품 광고를 장려하는 셈, 회사 돈으로 술을 마시는 것을 장려하는 셈이 되네. 회사가 임직원에게 인건비를 지급하면 회사는 비용으로 떨고 임직원에게는 소득으로 잡힌다. 회사 돈으로 술을 마시면 회사는 비용으로 떨고 임직원 소득에는 안 잡히네. 결국은 종업원에게 근로를 제공받고 정상적인 급여를 제공하는 것보다는 종업원이 술을 마시도록 하는 쪽으로 세제가 몰고 가는 결과를 낳는구먼. 이것 어떡해야지? 기업의 입장에서 기업업무추진비를 손금불산입하는 이유가 바로 여기에 있다. 기업업무추진비를 손금불산입한다면 종업원에게 개인소득세 부담을 지울 수는 없지만 그 대신 기업에 세금부담을 지울 수 있다.[107] 그렇게 함으로써 조세중립(中立)을 되찾을 수 있다. 이미 보았듯,[108] 어느 납세의무자의 소득을 Haig-Simons의 소득 정의에 따라 계산하라는 요구는 모든 다른 납세의무자의 소득도 그렇게 계산함을 전제로 한다. 이를 무시한 채 단위 기업만 머릿속에 넣은 채 과세소득의 개념을 정해나가면 세제 전체로 왜곡을 가져오게 된다. 결국, 일단 큰 그림만 생각하면 기업업무추진비란 애초에 손금이 아니다.[109]

107) 손금불산입액은 기타 사외유출로 처분. 제18장 제5절 VII.2.

108) 제9장 제2절 Ⅰ, Ⅱ. 그 밖에도 Bittker, McMahon & Zelenak, 13.03[4]절 참조.

109) Burns & Krever, Individual Income Tax, in Tax Law Design & Drafting(Victor Thuronyi ed., 2000), 516쪽. 물건(미미한 비과세금액 이상의 물건)을 주는 경우 미국법에서는, 증여가 아니라면

'접대, 교제, 사례 등 먹고 놀고 즐기는 데 드는 돈은 업무와 연관이 있어도 성질상 손금이 아니다'라는 명제에는 몇 가지 생각할 점이 있다.

첫째, 개인에게 과세할 세금을 법인에게 대신 물리는 것 아닌가? 이 문제는 세율에 달려 있다. 법인세와 소득세가 모두 같은 비례세율을 쓴다면 공평의 문제는 생기지 않는다는 점은 이미 본 바와 같다. 누진세(累進稅)에서는 문제가 생긴다. 사람에 따라 개인소득세의 한계(限界)세율은 법인세와 다르게 마련이다. 그러나 그렇다 하여 기업업무추진비를 손금산입해야 한다는 주장이 정당화되지는 않는다. 개인 소득세율이 법인세율보다 높은 구간에 있다면 최소한도 법인세율에 따른 세금은 물려야 한다. 개인 소득세율이 법인세율보다 낮은 경우, 예를 들어 면세점 이하에 있는 종업원이라면 어떨까? 종업원이 월급을 더 받아서 술을 마시더라도 어차피 세금을 내지 않았을 것이라는 주장이 있을 수 있다. 우리나라 노동자는 대다수가 면세점 이하이다. 지금 근로소득의 면세점계산에서는 근로소득공제와 각종 기본공제 등등을 합치면, 약 천몇백만원쯤 될 것이다. 그렇다면 천몇백만원 이하로 되는 사람은 다 면세가 된다. 이런 경우는 어차피 세금을 내지 않았을 테니까 근로소득세는 없는 것이고 따라서 개인소득세에서는 과세되지 않고 기업에서는 손금으로 떨어 주어야 마땅하다고 주장할 수 있다. 그러나 당장 우리나라에서는 그른 주장. 회사가 면세점 이하의 종업원에게 회삿돈을 주면서 누군가와 놀다오라고? 기업업무추진비란 자못 높은 자리에 오른 사람이나 쓰는 돈이다.

둘째, '나는 놀고 즐기는 것을 싫어하는데 회사 일로 할 수 없이 한다'는 사람이 있을 수 있다. '회사 일로 술을 마시기는 하지만 나는 죽지 못해 마신다'는 사람이 있을 수 있다. 소비의 주관적 효용(效用)을 세금에 반영하여야 한다는 이런 주장은 이론상으로는 그럴듯하지만 받아들일 수 없다. 누구나 그런 거짓 주장을 내세울 것이기 때문이다. 결국 사람의 내심의 주관적 효용을 따져서 과세하여야 한다는 주장은 받아들일 수 없고 객관적인 가치를 가지고 과세할 수밖에 없다. 제8장 제1절 Ⅳ. 제11장 제2절 Ⅱ. 이렇게 본다면, 기업업무추진비는 원래 손금의 성질을 가진 것이 아니라고 해야 한다. 개별기업의 입장에서가 아니라 세제 전체를 놓고 볼 때, 그래야 비로소 중립적인 조세를 확보할 수 있는 까닭이다.

기업업무추진비의 본질을 위와 같이 바로잡고 나면, 현행법 해석상 기업업무추진비와 광고선전비·판매부대비용·회의비 따위의 구별이라는 난처한 문제를 해결할 수 있다. 이런 구별은 애초에 문제의 본질을 잘못 짚은 데에서 비롯한다. 문제되는 비용

받는 사람에게 소득세가 과세되고 증여라면 주는 사람이 손금산입하지 못한다. 미국세법 274조(b). 입법례는 김완석·황남석, 법인세법, 3편 4장 3절 8. 보론.

을 '기업업무추진비로 구분할 것인가 또는 광고선전비 기타 어떤 비용으로 구분할 것인가'는 애초에 틀린 물음이다. 가령 회의비나 광고선전비라도 동시에 기업업무추진비일 수 있다. 역으로 거래관계를 원활히 하는 데 들어간 돈이라고 해서 반드시 기업업무추진비는 아니다.[110] 바른 물음은? 이것, entertainment expense인가 아닌가, 놀고 즐기는 비용인가 아닌가. 여기에서 "entertainment"란 개인 단계의 과세를 피하면서 기업의 돈으로 놀고 즐기는 것을 말한다.[111] 법이 말하는 기업업무추진비란 법률적 평가이지 계정과목의 명칭은 아니다. 법은 그런 의미에서 기업업무추진비를 제한된 한도 안에서만 손금산입하는 것.[112] 지출의 상대방이 누구인가, 사전약정이 있는가 이런 것은 애초에 문제가 틀렸다. 기업업무추진비 손금불산입은 소득세법에서 필요경비와 사적지출 사이의 구별과 같은 문제일 뿐이고, 가령 업무용 승용차 관련비용에[113] 대한 규정은 기업업무추진비에 관한 특칙일 뿐이다.

Ⅶ. 과다(過多) · 이상(異常) 경비의 손금불산입

법인세법 제26조 (과다경비 등의 손금불산입) 다음 각 호의 손비 중 대통령령으로 정하는 바에 따라 과다하거나 부당하다고 인정하는 금액은 내국법인의 각 사업연도의 소득금액을 계산할 때 손금에 산입하지 아니한다.

1. 인건비
2. 복리후생비
3. 여비 및 교육 · 훈련비
4. 법인이 그 법인 외의 자와 동일한 조직 또는 사업 등을 공동으로 운영하거나 경영함에 따라 발생되거나 지출된 손비
5. 제1호부터 제4호까지에 규정된 것 외에 법인의 업무와 직접 관련이 적다고 인정되는 경비로서 대통령령으로 정하는 것

'어떤 비용이 過多하다'는 말에는 세 가지 정도의 뜻이 있을 수 있다. 첫째, 어떤

110) 대법원 2015. 12. 10. 선고 2013두13327 판결; 2009. 11. 12. 선고 2007두12422 판결; 2009. 12. 10. 선고 2007두11955 판결(대법원 2004. 4. 9. 선고 2003두7804 판결을 사실상 폐기); 2012. 9. 27. 선고 2010두14329 판결. 제21장 제5절 I.

111) 이런 생각을 보이는 판결로 대법원 2009. 6. 23. 선고 2008두7779 판결.

112) 미국법에서는, 특히 먹고 마시는 비용의 손금산입은 사치스럽지 않아야 한다는 등 여러 가지 법정 요건을 만족해야 할 뿐만 아니라 지출이유나 성질이 무엇이든 50%가 손금산입한도이다. 미국세법 274조(n). 독일 소득세법 제4조 제5항 제2호의 한도는 70%.

113) 법인세법 제27조의2.

비용의 비중이 너무 높다는 뜻일 수 있고, 둘째, 어떤 물건이나 노무를 제공받기 위해 들인 지출이 대가보다 너무 높다는 뜻일 수 있고, 셋째, 실제 지출이 예산이나 예정된 비용보다 너무 많다는 뜻일 수 있다.

1) 인건비(人件費)가 過多하다는 말은 다른 기업과 견주어 인건비의 비중이 너무 높다는 뜻으로 읽을 수도 있다. 그러나 법인세법 제26조가 이런 뜻에서 인건비를 손금불산입한다는 뜻으로 풀이할 수야 없다. 노동집약적 생산방법을 쓸 것인가, 교육훈련을 중시할 것인가, 복리후생을 중시할 것인가, 이런 경영의사결정은 그야말로 사적 자치. 둘째로, 인건비 과다라는 말은 임원이나 종업원이 제공하는 노무에 비해 급여의 수준이 너무 높다는 뜻으로 쓰였다고 읽을 수도 있다. 그러나 이런 뜻에서 "과다 인건비"란 애초에 있을 수가 없다. 사람을 고용하면서 보수를 얼마로 할지를 당사자들이 자유로이 협의해서 약정했다면 그 금액이 얼마이든 지급형식이나 명목이 어떻든 바로 그 값이 시가 내지 적정한 대가이다.[114] 시가라 함은 "통상의 거래에 의해 정상적으로 형성되는 자산의 가액"을 뜻한다.[115] 본질적으로 주관적 기준이다. 물론, 당사자들이 짜고 실제의 임금보다 높은 임금을 약정할 수도 있다. 그렇지만 이것은 과다비용 문제는 아니다. 당사자들이 겉으로 드러낸 법률형식 속에 감추어져 있는 실질은, 고용과 임금의 지급이라는 행위 속에 증여나 배당(비영리법인의 재산출연자라면 횡령) 같은 다른 행위가 감추어져 있는 것이다. 이같이 감추어진 실질(법적 실질이라 부르든 경제적 실질이라 부르든[116])을 찾아내어 그에 따른 세법상 법률효과를 준다면 엄밀히는 과다비용이라는 개념은 있을 수 없다. 셋째로, 임원(任員)의 보수에는 생각해 볼 점이 있다. 미국법에서는 애초 이사의 보수는 이사들이 스스로 정하므로[117] 지배주주가 아니더라도 자유로운 협상에 따라 결정된 시세라는 개념을 적용하기가 어렵다. 이리하여 미국세법은 지나친 보수의 손금산입에 여러 가지 제약을 두고 있다.[118] 우리 법에서는

114) 대법원 2021. 9. 6. 선고 2017두68813 판결. 고용계약이나 위임계약의 조기해지에 따라 물어준 손해배상금도 손금. 대법원 2015. 12. 10. 선고 2013두13327 판결.

115) 법인세법 제52조 제2항. 대법원 1982. 4. 13. 선고 81누90 판결; 1988. 2. 9. 선고 87누671 판결; 2004. 10. 27. 선고 2003두12493 판결; 2013. 6. 14. 선고 2011두29250 판결 등. 대법원 1987. 5. 26. 선고 86누408 판결은 객관적 교환가치라는 표현을 쓰고 있기는 하나 "증권거래소에 상장되지 아니하고 거래의 선례가 없는 주식에 대한 거래가 이루어진 경우라도 그 거래가 일반적이고 정상적인 방법에 의한 것"이라면 시가로 보고 있다.

116) 제3장 제4절. 아래 제3절 V. 출자자 겸 임직원인 자에게 지급하는 돈의 구분(배당 v. 인건비)에 관해서는 대법원 2012. 9. 27. 선고 2012두12617 판결(심리불속행); 2017. 9. 21. 선고 2015두60884 판결(영업이익의 38%에서 95%를 임원보수로 지급한 것은 배당). Mayson Manufacturing Co. v. Commissioner., 178 F.2d 115(6th Cir., 1949). 출자자의 친인척인 임원에게 지급한 퇴직금의 구분에 대해서는 대법원 2016. 2. 18. 선고 2015두50153 판결.

117) 요사이에 와서는 보수위원회 등 제약이 생겨났다.

118) 공개기업의 정액급에는 100만불 한도가 있고, 또 golden parachute payment의 손금산입에 제한이

임원보수를 주주가 정하게 되어 있지만 임원이 지배주주라면 자기계약이고 과다한 보수는 실질적 이익처분이다.[119] 법률형식으로는 임원이 지배주주라는 우연적 사정이 없는 한 합의한 보수 자체가 시가라고 할 수 있지만, 공개법인에서는 주주가 불특정 다수인 까닭에 임원보수는 실제로는 자기계약의 성격을 띠게 된다. 판례는 지배주주가 아닌 임원한테도 과다보수라는 개념을 인정.[120]

인건비에 관하여 대통령령이 정한 것이 네 가지. 첫째, 지배주주인 임원이나 사용인에게 정당한 사유없이 동일직위에 있는 다른 사람보다 더 많은 보수를 지급하는 부분은 손금불산입.[121] 둘째, 비상근임원에게 지급하는 보수라 하더라도 부당행위가 아니라면 손금산입.[122] 이 두 가지는 본질적으로 실질과세 내지 부당행위계산 부인에 따르는 확인규정이다. 아래 제3절. 셋째, 정관이나 그에 따른 회사규정으로 따로 정하지[123] 않았다면 임원에게 지급할 퇴직금은 일정한 법정한도액 안에서만 손금산입한다.[124] 확정기여형 퇴직연금 부담금도 원리금 누계 기준으로 같은 한도에 걸린다. 제19장 제4절 II. 넷째, 임직원의 유족에게 일시적으로 지급하는 위로금도 모든 임직원에게 적용되는 미리 정해진 기준에 따른 것은 손금산입.[125]

대통령령에는 법인이 임원이나 사용인에게 이익처분(利益處分)에 의하여 지급하는 상여금은 손금불산입한다는 조문도 있지만,[126] 과다 인건비와는 다른 문제. 애초 금액에 관계없이 손금이 아니니까. 또한 법인이 임원에게 지급하는 상여금(=보수) 가운데 정관·주주총회·사원총회 또는 이사회의 결의에 의하여 결정된 급여지급기준을

있다. 미국세법 162조(m), 280G조, 4999조 등. 독일 법인세법 제10조 제4항은 50%만 손금산입.

119) 대법원 2013. 7. 12. 선고 2013두4842 판결; 2016. 2. 18. 선고 2015두50153 판결; 2016. 2. 18. 선고 2015두53398 판결; 2017. 9. 21. 선고 2015두60884 판결(지배주주인 임원, 증명책임). 민사판결로 대법원 2007. 9. 6. 선고 2007다40000 판결(특별이해관계자); 2015. 7. 23. 선고 2014다236331 판결; 2015. 9. 10. 선고 2015다213308 판결; 2016. 1. 28. 선고 2014다11888 판결.

120) 대법원 2015. 9. 10. 선고 2015다213308 판결; 2016. 1. 28. 선고 2014다11888 판결.

121) 대법원 2017. 9. 21. 선고 2015두60884 판결. 법인세법시행령 제43조 제3항. 미국세법 162조(a). Olton Feed Yard, Inc. v. US, 592 F2d 272 (5th Cir. 1979). 대개는 불법배당이 되므로 배당세액공제도 받지 못한다.

122) 법인세법시행령 제43조 제4항.

123) 특정인을 위한 정관개정의 효력을 부인한 사례로 대법원 2016. 2. 18. 선고 2015두50153 판결.

124) 한도는 최근 한 해 동안의 총급여액의 1/10에 근속연수를 곱한 금액이다. 법인세법시행령 제44조 제4항. 한도초과액은 상여처분하므로 근로소득. 제11장 제2절 I.5.

125) 법인세법시행령 제19조 제21호.

126) 법인세법 제19조 제1항, 법인세법시행령 제43조 제1항. 이사회에 이익처분권이 있다면 이익처분에 의한 상여금 지급은 애초 불가능하다. 앞 제1절 Ⅰ. 이 영조항은 인적회사의 노무출자 사원이 받는 보수를 이익처분에 의한 상여라고 하나 배당소득이다. 대법원 2005. 3. 11. 선고 2004두1261 판결 및 원심판결. 제14장 제1절 II.4. 애초 임원이나 사용인의 자격으로 받는 것이 아닐뿐더러 재산출자보다 무겁게 과세할 이유가 없다.

넘는 금액은 손금불산입한다. 임원의 보수는 주주총회의 의결 또는 위임에 따라 정하므로,[127] 지급명목이나 지급형식이 월급, 급여, 연봉, 상여 기타 무엇이든 지급기준을 넘는 금액에 대해서는 배임 내지 횡령으로 법인에게 반환청구권이 있고, 당연히 손금이 아니다. 따라서 이것도 과다인건비 문제는 아니고.

2) 복리후생비(福利厚生費)에 관하여 대통령령은, 직장체육비, 직장문화비, 직장회식비, 우리사주조합의 운영비, 국민건강보험료, 고용보험료 등 영에 열거한 항목 이외의 복리후생비는 손금산입하지 않는다고 정하고 있다.[128] 그러나 영에서 열거하지 않은 비용, 가령 개별 근로계약이나 취업규칙에 따라 회사가 종업원을 위한 생명보험의 보험료를 내어준다면 이 보험료는 임직원의 과세소득에 들어가고 회사의 인건비가 된다. 이런 비용은 과다하거나 부당하다고 볼 여지가 없으므로 이를 부인하는 것은 법률에 어긋난다. 합헌적으로 읽자면 법인세법시행령 제45조에서 복리후생비라 함은 임직원의 복리후생을 위해 지출한 비용으로서 임직원의 과세소득(소득세법상의 비과세소득 포함)에[129] 포함되지 않는 것이라는 뜻으로 읽어야 한다. 그렇게 본다면 이 조는 이른바 내부 기업업무추진비에 관한 특칙으로 복리후생비는 기업업무추진비로 보지 않는다는 뜻으로 읽어야 한다. 따라서 영에 나와 있는 것은 임직원의 소득이 아님에도 불구하고 기업업무추진비 한도와 무관하게 바로 손금이 된다. 영에 나와 있지 않은 항목은 종업원의 과세소득(비과세소득 포함)을 이루는 경우에만 손금이다.[130]

3) 대통령령은 법인이 임직원이 아닌 지배주주(支配株主)에게 지급한 여비나 교육훈련비를 손금불산입한다고 정하고 있다.[131] 법해석상 당연한 사리. 애초에 법률상 지급할 근거가 없는 것이므로 법률적 실질이 위법배당.

4) 법인이 다른 사람과 공동(共同)으로 운영하거나 영위하는 조직이나 사업에서 생기는 경비는 제 몫만큼만 손금이 된다. 당연한 사리이다.[132]

---

127) 상법 제388조 및 제415조. 대법원 1979. 11. 27. 선고 79다1599 판결(지배주주의 약속≠주총결의); 2003. 10. 24. 선고 2003다24123 판결; 2004. 12. 10. 선고 2004다25123 판결; 2013. 7. 12. 선고 2013두4842 판결; 2015. 12. 10. 선고 2013두13327 판결; 2016. 1. 28. 선고 2014다11888 판결; 2017. 4. 27. 선고 2014두6562 판결.

128) 법인세법시행령 제45조.

129) Sutherland Lumber-Southwest Inc. v. CIR, 114 TC 197(2000), aff'd per curiam, 255 F3d 495 (8th Cir. 2001).

130) 뒤집어 말하면 손금이고 종업원에게는 과세소득. 독일 소득세법 제4조 제4항, 제8조 제1항, 제19조 제1항 제1호. 입법론으로는 소득세법 제12조(비과세소득)에 따른 종업원식사비 등 손금산입에 추가해야 할 것이 있다.

131) 법인세법시행령 제46조.

132) 몫은 출자금액이나 매출액의 비율을 따른다. 법인세법시행령 제48조, 시행규칙 제25조. 제14장 제1절 Ⅱ.

5) 제5호에 딸린 대통령령은 아직 없다. 아래 X.

Ⅷ. 업무와 관련 없는 비용

법인세법 제27조 (업무와 관련 없는 비용의 손금불산입) 내국법인이 지출한 비용 중 다음 각 호의 금액은 각 사업연도의 소득금액을 계산할 때 손금에 산입하지 아니한다.

1. 해당 법인의 업무와 직접 관련이 없다고 인정되는 자산으로서 대통령령으로 정하는[133] 자산을 취득·관리함으로써 생기는 비용[134] 등 대통령령으로 정하는 금액

2. 제1호 외에 해당 법인의 업무와 직접 관련이 없다고 인정되는 지출금액으로서 대통령령이 정하는 금액

제1호에 따른 손금불산입의 대표격이 이른바 비업무용(非業務用)부동산(不動產)이다.[135] 기업이 돈을 가지고 사업은 않고 부동산 사재기로 땅장사나 하는 것을 막자는 생각.[136] 업무용으로 산 뒤 법령이나[137] 행정처분으로[138] 사용금지가 된다든가 달리 정당한 사유가 있다면 봐준다. 다음으로 서화·골동품 따위는 사용가치를 직접 소비하고 있는 것이므로 이를 소비하는 사람들에게 숨은 소득이 있는 셈이다. 법은 이 소득을 과세하는 대신 관련원가를 손금불산입한다.

제2호는 대주주(大株主) 등을 위해 법인이 지출한 돈을 손금불산입한다. 대주주 등이 법을 어기고 이득을 본 것이라면 법인으로서는 채권이 남아 있는 것이므로 손금이 아니지만 대주주 등의 입장에서는 위법소득이므로 과세대상이다. 한편 주주평등의 원칙에 어긋남이 없고 지출절차에도 흠이 없다면, 이는 대주주 등에 대한 배당이므로 손금이 아니고, 배당세액공제의 대상이 된다. 공동경비 부담계약에서 자기 부담부분을 넘는 지출액도 손금불산입한다. 특수관계인 사이의 계약이라면 부담비율이 부당행위계산 부인 대상이 될 수 있다. 대표이사 사적사용인의 보수를 회사가 지급하는 것은 손

133) 헌법재판소 2010. 5. 27. 2008헌바66등 결정.

134) 감가상각을 포함한다. 법인세법시행령 제24조 제2항 제1호는 확인규정일 뿐이다. 대법원 2010. 6. 24. 선고 2007두18000 판결.

135) 임원사택은 제2호만 해당한다. 대법원 2017. 8. 29. 선고 2014두43301 판결. 취득 후 일정 유예기간 동안은 비업무용으로 안 본다. 내내 사용하지 않다가 판다면 유예기간에도 비업무용이다.

136) 대법원 1992. 6. 23. 선고 91누11506 판결; 1997. 11. 14. 선고 97누7936 판결(일시적 불법적 사용이라면 비업무용); 2006. 2. 10. 선고 2005두12527 판결. 부동산매매업이라면 매매가 업무에 사용한 것. 대법원 2018. 5. 11. 선고 2014두44342 판결(유예기간). 임원사택은 업무용. 대법원 2017. 12. 28. 선고 2017두56827 판결. 재산세, 종부세는 제26장 제8절.

137) 대법원 1998. 11. 10. 선고 97누12068 판결; 2007. 1. 25. 선고 2005두5598 판결.

138) 대법원 2004. 3. 26. 선고 2001두10790 판결.

금불산입.139)

승용차 감가상각비 등 관련비용은 업무이더라도 손금산입에 한도가 있다.140)

Ⅸ. 지급이자

법인의 소득이란 주주의 집합적 소득이므로 지급이자는 원칙적으로 손금이 된다. 제9장 제2절 Ⅰ, Ⅱ. 제13장 제3절 Ⅱ. 지급이자를 손금불산입하는 전형은 비과세(非課稅)소득을 이용한 차익(差益)거래(tax arbitrage)를 막자는 것. 가령 자본의 세후수익률이 7%인 점에서 경제가 균형에 있다고 하자. 이 상황에서 어떤 이자소득이 비과세라면 그런 이자 역시 세후수익률 7%에서 균형에 이르게 된다. 그런데 소득세제는 누진율을 쓰므로 비과세로 각 납세의무자가 누리는 혜택은 한계세율이 어디인가에 따라 달라진다. 이자소득을 과세했더라면, 세율 30% 구간에 속하는 납세의무자는 세전이자를 받아서 그 가운데 30%를 세금으로 내었을 것이고 세율 40% 구간에 속하는 납세의무자는 세전이자를 받아서 그 가운데 40%를 세금으로 내었을 것이므로 세후이자는 서로 달라졌을 것이다. 가령 이 이자소득을 과세했더라면 세전이자율 10%에서 균형이 이루어졌을 것이라면, 비과세의 결과로 후자가 상대적으로 더 많은 혜택을 누린다고 말할 수 있다. 이 불공평은 차액거래로도 표현할 수 있다. 세율 30% 구간에 속하는 사람과 세율 40% 구간에 속하는 사람이 각각 이자율 10%로 돈을 꿔서 7%짜리 비과세 이자소득을 번다고 하자. 지급이자를 손금산입할 수 있다면 지급이자의 손금산입에 따르는 세액효과를 감안하면, 세후기준으로 가난한 사람이 부담하는 이자는 7%이고 부자가 부담하는 이자는 6%이다. 세율 30% 구간에 속하는 사람은 이자소득과 지급이자가 모두 세후 7%로 서로 상쇄되어 아무 득을 보는 것이 없다. 그러나 세율 40% 구간에 속하는 사람은 세후기준으로 6% 이자를 지급하면서 7% 이자를 벌 수 있는 차익거래를 할 수 있게 되고, 따라서 공돈을 벌 수 있게 된다. 제2장 제3절 Ⅰ.5.

우리 법은 한때 국공채 이자나 그 밖에 비과세이자를 여러 가지로 두고 있었지만 현재는 비과세이자소득은 원칙적으로 없다. 그러나 이 문제는 반드시 이자소득과 지급이자 사이에서만 생기는 것은 아니다.141) 경제 전체를 놓고 본다면, 비과세소득이 있

139) 대법원 2010. 6. 24. 선고 2007두18000 판결. 배임이 아니고 합의에 따른 것이라면 근로소득으로 과세하면서 손금산입하는 것이 맞다. 대표이사는 사생활이므로 필요경비로 떨 수 없다.

140) 소득세법 제33조의2 및 법인세법 제27조의2. 제11장 제1절 Ⅱ. 그 밖에 부가가치세법 제39조 제1항 제5호 참조. 제23장 제5절 Ⅳ.1.

141) 미국세법 265조(a)(비과세소득), 163조(d)(금융소득보다 큰 지급이자의 이월), 264조(보험계약), 236A조(f)(건설자금이자), 246A조(비과세 배당금), 1277조(할인발행사채), 1281조(액면보다 싸게

는 이상 이 문제는 언제나 생기게 마련이다. 현행법이 수입배당금(收入配當金)의 익금불산입과 관련하여 지급이자를 손금불산입하는 것은[142] 이런 차익거래를 막자는 것. 나아가 비과세는 아니더라도 특정한 투자에서 수익이 생기지 않거나 투자소득에 대한 과세를 이연해 주는 경우에도 그에 관련한 지급이자는 손금불산입해야 논리의 앞뒤가 맞다. 이런 맥락에서 법은 건설자금이자나 비업무용자산에 관련한 지급이자를 손금불산입한다. 적어도 입법론으로는 익금불산입이나 비과세 소득에 관련된 지급이자는 모두 손금불산입해야 한다.

법인세법 제28조 (지급이자의 손금불산입) ① 다음 각 호의 차입금의 이자는 내국법인의 각 사업연도의 소득금액을 계산할 때 손금에 산입하지 아니한다.

1. … 채권자가 불분명한 사채의 이자

2. 소득세법 제16조 제1항 제1호·제2호·제5호 및 제8호에 따른 채권·증권의 이자·할인액 또는 차익 중 그 지급받은 자가 불분명한 것…

3. … 건설자금에 충당한 차입금의 이자

4. 다음 각 목의 어느 하나에 해당하는 자산을 취득하거나 보유하고 있는 내국법인이 각 사업연도에 지급한 차입금의 이자…(차입금 중 해당 자산가액에 상당하는 금액의 이자를 한도로 한다)

가. 제27조 제1호에 해당하는 자산[143]

나. 특수관계인에게 해당 법인의 업무와 관련 없이 지급한 가지급금 등으로서 대통령령으로 정하는 것 (이하 생략)

제1호와 제2호는 같은 내용이다. 금전소비대차인가 다른 형식으로 채권·증권의 이자·할인액 또는 환매조건부매매차익 따위인가가 다를 뿐이다. 어느 쪽이든 경제적 성격은 지급이자이다. 제20장 제1절 Ⅱ, Ⅳ. '채권자가 불분명(不分明)한[144] 사채(私債)의 이자'를 손금불산입하는 이유가 무엇일까?[145] 채권자한테서 세금을 못 걷으니[146] 그 대신에 이자를 지급하는 법인에서 세금을 걷자는 생각.[147] 채권자가 누구인

산 사채).

142) 법인세법 제18조의2 제1항. 제14장 제3절 Ⅳ. 제20장 제1절 Ⅳ.

143) 헌법재판소 2002. 10. 31. 2000헌바14 결정; 대법원 2002. 12. 26. 선고 2000두1416 판결; 2007. 11. 16. 선고 2005두10675 판결.

144) 상장사채라면 모두 전자증권이므로 채권자가 불분명한 경우는 없어졌다. 전자증권법 제36조. 무기명사채라는 개념이 실질적으로는 없어진 셈.

145) 채권자가 불분명한 사채이자는 자금의 용도에 관계 없이 손금불산입한다. 대법원 1993. 2. 9. 선고 92누10869 판결.

146) 회사가 사채권자로 신고한 사람들이 자금대여 사실을 부인한다면 채권자가 불분명한 사채이자에 해당한다. 대법원 1993. 1. 26. 선고 92누1810 판결.

지 불분명하기에 손금불산입하는 私債利子는 상여처분하여 대표자의 근로소득에 포함한다. 따라서 회사는 근로소득세를 원천징수하여야 하고 이자소득세는 원천징수할 필요가 없다.[148] 한편 법인세법시행령은 달리 풀이하고 있다. 원천징수세액은 기타사외유출로 처분하고[149] 원천징수세액을 뺀 잔액만을 대표자 상여로 처분하라고.[150] 가운데에 은행을 끼우면 채권자가 불분명한 사채이자라는 탈을 벗을 수 있지 않을까? 거기까지는 맞지만 비실명 예금이니 은행이 예금이자에 대해 90%를 넘는 원천징수세를 빼고 나머지만 준다.[151] 어느 쪽으로 가든지 이자의 대부분을 세금으로 걷어간다. 탈세로 모은 돈이나 불법정치자금 따위의 검은 돈은 이를 규제할 만한 공익이 있으니 당연위헌은 아니다.

제3호의 建設資金利子의 손금불산입은 이미 본 바 있다. 제21장 제1절. 돈을 꿔서 물건을 사거나 만드는 데 들어간 이자는 이자로서 비용으로 떨어내는 것이 아니고 당해 자산의 취득원가에 가산한다. 그렇게 하지 않는다면, 비용은 미리 손금으로 떨어내고 수익은 천천히 과세하게 되어 납세의무자가 時差의 이익을 누리게 되는 까닭이다. 건설자금에 충당한 차입금 이자의 손금불산입은 일시적인 것이다. 언젠가는 감가상각이나 양도자산의 취득원가로 손금이 된다. 할부나 장기외상매입에 따른 대금채무는 차입금은 아니지만, 건설기간 동안의 이자상당액(현재가치할인차금상각)을 취득원가에 포함해야 함도 이미 본 바 있다.

다음, 법 제28조 제1항 제4호는 앞 Ⅷ에서 본 제27조 제1호의 비업무용 자산이[152] 차입금(借入金)으로[153] 마련한 것이라면 그에 관한 지급이자를 손금불산입한다. 수익이 따르지 않는 재산에 관련된 지급이자이므로 손금불산입하는 것이다. 해석상은 여러가지 문제가 생긴다. 가령 판례는, 비업무용부동산에 관한 입법취지가 "타인자본에 의존한 무리한 기업확장으로 기업의 재무구조가 악화되는 것을 방지하고, 대기업의 금융

147) 미국법에서는 회사채의 이자도 손금불산입에 더해서 발행자도 원금의 1%를 excise tax로 낸다. 미국세법 163조(f), 4701조. South Carolina v. Baker, 485 US 505 (1988).

148) 대법원 1988. 1. 19. 선고 87누102 판결.

149) 법인세법시행령 제106조 제1항 제3호 (라)목.

150) 지급액 전체를 이자소득이라 보고 원천징수를 한 뒤 세액을 뺀 나머지를 다시 근로소득이라 보는 것은 모순이다. 지급액 전액을 상여처분하여 대표자의 종합소득에 합산하고 원천징수세액은 기납부세액으로 공제해 주어야 옳다. 제10장 제3절 Ⅱ 참조. 분리과세하자는 입법론으로 김완석·황남석, 법인세법론, 3편 2장 3절 3. 원천징수의무자의 구상권은 대법원 2008. 9. 18. 선고 2006다49789 판결. 제5장 제6절 Ⅰ.2.

151) 금융실명거래 및 비밀보장에 관한 법률 제5조. 제2장 제3절 Ⅱ.2.

152) 옛 법의 해당조항이 위헌이 아니라는 판결로 대법원 2004. 3. 26. 선고 2001두10790 판결. 임원사택은 비업무용 자산이 아니다. 대법원 2017. 8. 29. 선고 2014두43301 판결.

153) 금융기관이 예금수신 등 불특정다수로부터 채무증서로 조달한 돈은 차입금이 아니다. 대법원 1998. 12. 23. 선고 97누11812 판결; 2010. 3. 25. 선고 2007두20867 판결.

자산에 의한 부동산투기 및 비생산적인 업종에 대한 무분별한 기업확장을 억제하여 기업자금의 생산적 운용을 통한 기업의 건전한 경제활동을 유도하며, 아울러 국토의 효율적 이용을 도모하기 위한 데에 있다"고 한다.[154] 그러면서도 "법인이 비업무용 부동산을 취득하거나 보유하고 있는 경우 차입금의 이자 중 대통령령이 정하는 바에 의하여 계산한 금액 및 비업무용 부동산을 취득·관리함으로써 생기는 비용 등은 손금에 산입하지 아니하도록 되어 있는 바, 비업무용 부동산의 취득, 보유 또는 관리라 함은 유효하게 소유권을 취득하는 것을 전제로 한다고 할 것이고, 부동산의 소유권 취득이 무효인 이상 그에 관한 소유권이전등기가 경료되었다고 하더라도 법인세법상 손금불산입 규정은 적용되지 않는다"고도 한다.[155]

제52조 제1항에 의한 특수관계인에게 당해 법인의 업무와 관련이 없이 지급한[156] 假支給金 관련 지급이자도 손금불산입. 업무와 관련 없는 가지급금의 인정이자를 손금불산입함은 "기업자금의 생산적 운용을 통한 기업의 건전한 경제활동을 유도"하려는 목적.[157] 따라서 업무라는 말은 좁은 뜻으로 당해 법인의 목적사업이나 영업내용을 기준으로 객관적으로 판단하고[158] 가지급금이라는 말은 넓은 뜻으로 "순수한 의미의 대여금은 물론 구상금 채권 등과 같이 채권의 성질상 대여금에 준하는 것도 포함되고, 적정한 이자율에 의하여 이자를 받으면서 가지급금을 제공한 경우"도 포함한다.[159] 상장회사가 주요주주 등 특수관계인이나 이사, 감사에게 돈을 꿔주는 것은 원칙적으로 위법무효이므로 당연히 업무와 무관하다.[160] 실제 적정한 이자를 받는 경우도 손금불

154) 대법원 2000. 8. 22. 선고 99두4006 판결; 2004. 3. 26. 선고 2001두10790 판결; 2006. 2. 10. 선고 2005두12527 판결 등.

155) 대법원 2001. 1. 16. 선고 99두8107 판결.

156) 거래보다는 좁은 개념이다. 대법원 2009. 4. 23. 선고 2006두19037 판결; 2014. 4. 10. 선고 2013두20127 판결(제3자 개입거래≠지급).

157) 헌법재판소 2007. 1. 17. 2005헌바75, 2006헌바7, 8(병합) 결정.

158) 대법원 1992. 12. 8. 선고 91누1707 판결(취득세, 정관과 등기부가 다른 경우 후자); 2007. 9. 20. 선고 2006두1647 판결(업무란 생산적인 건전한 경제활동).

159) 대법원 2003. 3. 11. 선고 2002두4068 판결(특수관계인인 금융기관에 예치한 돈). 대법원 2004. 2. 13. 선고 2002두11479 판결; 2007. 9. 20. 선고 2005두9415 판결도 같은 뜻. 그 밖에 대법원 1992. 11. 10. 선고 91누8302 판결(자회사 대여금에 대한 은행관리); 2006. 5. 12. 선고 2003두7651 판결; 2006. 12. 26. 선고 2005두1558 판결(약정한 변제기한 도과); 2007. 9. 6. 선고 2006두18522(특수관계자에 대한 장기 변제기한); 2008. 9. 25. 선고 2006두15530 판결(후순위사채 인수); 2009. 6. 11. 선고 2006두5175 판결; 2009. 5. 14. 선고 2006두11224 판결; 2009. 10. 29. 선고 2007두16561 판결(채권포기 시기가 손금불산입 종기); 2010. 6. 24. 선고 2007두18000 판결; 2012. 11. 29. 선고 2010두19294 판결(관계회사 교환사채의 인수); 2019. 6. 27. 선고 2016두49525 판결(소각절차의 일환으로 미리 준 자기주식취득대금); 2022. 1. 27. 선고 2017두36045 판결(소유권 v. 공사채권). 금융기관에 돈을 예금하고 특수관계인이 그 예금을 담보로 대출받은 경우 특수관계인에 대한 가지급금으로 보지 않지만 부당행위에는 해당한다. 대법원 2009. 4. 23. 선고 2006두19037 판결; 2014. 4. 10. 선고 2013두20127 판결. 비영리법인 관련 사건으로 대법원 2013. 11. 28. 선고 2013두12645 판결.

산입 대상이니, 아예 이자를 안 받거나 채권회수를 지연하는 경우에 인정이자를 익금산입하는 것은 당연한 논리가 된다. 종업원 관련 지출액은 VII. 특수관계인 가지급금 인정이자의 익금산입과 대손금 손금불산입은 제3절 VI.6), 제18장 제5절 VII.3., 제19장 제4절 I. 미국법에서는 소극적 투자자산의 취득과 보유에 연관된 지급이자는 투자수익의 범위 안에서만 손금산입하고, 손금불산입액은 장래로 이월하여 투자수익이 날 때 가서 손금산입한다.[161] 가공손실의 창출을 막고자 함이다. 제20장 제1절 Ⅳ.

주식 취득에 쓰인 차입금의 이자는 제14장 제3절 IV. 과소자본세제나 혼성금융상품 관련 지급이자 손금불산입은 제17장 제2절 VI, VII.

Ⅹ. 손금의 요건으로서 통상성

여태껏 살펴본 것에 더하여 일반적인 손금불산입조항이 있다. 제26조나 제27조를 통과한 비용이더라도 일반적으로 인정되는 통상적인 것이라야 손금이다. 제11장 제1절 II. 2.

> 법인세법 제19조 (손금의 범위) ② 손비는 이 법 및 다른 법률에서 달리 정하고 있는 것을 제외하고는 그 법인의 사업과 관련하여 발생하거나 지출된 손실 또는 비용으로서 일반적으로 인정되는 통상적인 것이거나 수익과 직접 관련된 것으로 한다. (이하 생략)

글귀는 더 길지만 소득세법의 '一般的으로 용인되는 通常的인'이라는 말과 같은 개념이다. 제11장 제1절 II. 법인세법의 글귀에서는 수익에 직접 관련되는 이상 사업과 관련이 없더라도 손금이 된다는 주장이 있다.[162] 그러나 위법하거나 사회질서에 어긋나는 비용은 분명 수익과 관련이 있는 것도 관련이 없다면서 손금불산입한 판결이 많다.[163] 총수입금액이나 수익 관련 여부를 놓고 소득세법과 법인세법이 서로 다른 개념일 수야 없으니 "일반적으로 인정되는 통상적인 것이거나 수익과 직접 관련된 것"이

---

160) 대법원 2021. 4. 29. 선고 2017다261943 판결.

161) 미국세법 163조(d).

162) 김완석 · 황남석, 법인세법론 3편 4장 1절 1; 이중교, 4장 1절 2; 이준봉, 2편 1장 2절 III.6.

163) 대법원 2010. 6. 24. 선고 2007두18000 판결(유죄판결을 받은 임직원을 위한 변호사비용); 2015. 1. 15. 선고 2012두7608 판결(약품도매상이 약국에 지급하는 리베이트); 2016. 7. 7. 선고 2015두44936 판결(카지노사업자가 영업준칙이나 지급기준을 어기면서 비실명 고객에게 지급한 무상의 숙식, 교통 등); 2017. 10. 26. 선고 2017두51310 판결(담합사례금: 받는 쪽에는 익금이고 주는 쪽에서는 손금불산입); 2014. 8. 26. 선고 2014두4719 판결(공사수주 관련 해외기부금); 2024. 10. 8. 선고 2024두46606 판결(사회질서 위반 바이럴 마케팅 비용).

라는 말을 그냥 한 단위의 개념으로 이해하는 것.[164] 사업이나 수익창출과 관련이 있는가라는 판단은 일단은 경영자의 몫이지만[165] 통상성이라는 객관적인 잣대는 사후적 통제의 수단이 된다.[166] 담합사례금이나 국민건강보험 제도를 흔드는 리베이트 등을 손금불산입한다면 뇌물의 손금불산입은 당연.[167] 이 일반조항에 따라 벌금,[168] 정치자금이나 법령개정을 위한 로비자금,[169] 뇌물[170] 따위를 손금불산입하거나, 투자목적이 조세회피라는 이유로 투자손실을 손금불산입하는 것이 미국판례.[171] 통상성이 있는 이상 불법행위 손해배상도 손금.[172] II.4.

사업과 관련이 있는 지출도 무상이라 증여의 성격이 있다면 기업업무추진비에 포함해서 일정한도 안에서만 손금산입한다는 판례들이 있다. 앞 VI. 기업업무추진비 한도 안이라면 그런 지출도 통상적 손금이고 밖이라면 통상적 손금이 아니라는 해석론이다.

제 2 절 익금불산입

익금불산입이란 자본거래 외의 이유로 인한 순자산증가액을 각 사업연도의 소득계산상 익금으로 보지 않는다고 법에 정해져 있는 것을 말한다. 법인세법의 체계상 순자산 증가액이 있었음에도 불구하고 이를 과세하지 않는 기술적 개념에는 익금

164) 대법원 2014. 8. 26. 선고 2014두4719 판결; 2015. 1. 29. 선고 2014두4306 판결; 2016. 4. 12. 선고 2015두4082 판결; 2017. 10. 26. 선고 2017두51310 판결.

165) 대법원 2003. 12. 12. 선고 2003두6559 판결(판매장려금); 2008. 7. 10. 선고 2007두26650 판결(협력업체 직원 식대); 2009. 6. 23. 선고 2008두7779 판결(신탁예금 수익률 보전); 2010. 9. 27. 선고 2010두14329 판결(하청기업이 부담한 공상처리비). Welch v. Helvering, 290 US 111(1933: 변제받지 못한 파산채권자에게 나중에 지급한 돈=자본적 지출).

166) 대법원 2009. 11. 12. 선고 2007두12422 판결; 2017. 6. 14. 선고 2005두12551 판결과 2014. 5. 29. 선고 2011두22556 판결(사전약정 없이 해외 특수관계인에게 지급한 돈). 제11장 제1절 II.2. Welch v. Helvering, 290 US 111(1933). Deputy v. duPont, 308 US 488(1940).

167) 민사판결로 대법원 2005. 10. 28. 선고 2003다69638 판결.

168) Tank Truck Rentals, Inc. v. CIR, 356 US 30(1976). Hoover Motor Express Co. v. US, 356 US 38(1958). 현행법으로는 미국세법 162조(f).

169) Textile Mills Securities Corp. v. CIR, 314 US 326(1941). Cammarano v. US, 358 US 498(1959). 현행법인 미국세법 162조(e)는 연구비 조로 지급하는 것이나 사업자단체나 노조를 통한 간접적 정치자금도 손금불산입한다.

170) United Draperies Inc. v. CIR, 340 F2d 936(7th Cir. 1964), cert. denied, 382 US 813(1965). 현행법으로는 미국세법 162조(c).

171) Keeler v. CIR, 243 F3d 1212(10th Cir. 2001).

172) 대법원 2024. 9. 22. 선고 2021두35308 판결.

불산입 외에 비과세소득(非課稅所得)과 소득공제(所得控除)가 있다. 익금불산입에서는 순자산증가액이 소득계산의 단계에서 아예 빠진다. 비과세소득이나 소득공제액은 과세표준 계산 단계에서 빠지므로, 비과세소득(및 소득공제액)이 소득금액을 초과하는 경우에는 익금불산입과 결과가 다르다. 예를 들어 익금이 1억원이고 손금이 1억5천만원인 경우에는 차액 5천만원이 결손금이 되어[173] 그 뒤 10년 간의 소득에서 공제할 수 있으나,[174] 익금이 1억원이고 손금이 1억원이면서 익금 중에 비과세소득이 5천만원 포함되어 있는 경우(또는 소득공제액이 5천만원 있는 경우)에는 차기로 이월할 수 있는 결손금이 없게 된다. 현행법에는 산업정책 목적으로 익금불산입 개념을 쓰고 있는 조항은 없고[175] 산업정책은 비과세소득이나 소득공제의 꼴로 입법해 두고 있다.[176]

Ⅰ. 자본거래로 인한 수익

법인세법 제17조 (자본거래로 인한 수익의 익금불산입) ① 다음 각 호의 금액은 내국법인의 각 사업연도의 소득금액을 계산할 때 익금에 산입하지 아니한다.

1. 주식발행액면초과액… 다만, 채무의 출자전환으로 주식 등을 발행하는 경우에는 그 주식등의… 시가를 초과하여 발행된 금액은 제외한다.
2. 주식의 포괄적 교환차익…
3. 주식의 포괄적 이전차익…
4. 감자차익…
5. 합병차익…
6. 분할차익…

이에 대해서는 제14장에서 제16장에 걸쳐 본 바 있다.

Ⅱ. 자산평가이익

자산의 평가이익을 익금에 불산입하는 제18조 제1호는 아직 실현되지 않은 평가

173) 법인세법 제14조 제2항.

174) 법인세법 제13조 제1항 제1호.

175) 산업정책적 조세특례는 조세특례제한법에서 따로 정하고 있다. 제9장 제3절.

176) 비과세소득과 소득공제 사이에도 과세표준의 공제순위 따위에 차이가 있다. 법인세법 제13조 제1항. 제13장 제1절 III. 최저한세의 적용순위에서는 같은 점, 다른 점이 다 있다. 조세특례제한법 제132조 제1항 제2호 및 제2항 제2호 등.

이익은 과세시기에 이르지 않았음을 밝히는 규정이다. 미실현이득도 소득이고, 더구나 납세의무자가 스스로 소득에 넣겠다는데 왜 이를 익금불산입할까? 납세의무자가 스스로 소득을 늘린다면 무언가 납세의무자에게 유리하고 국가에 불리한 사정이 있게 마련이다. 전형적인 예로 일정 기간 동안 법인세를 감면(減免)받는 경우 또는 앞으로 세율이 올라가는 경우 납세의무자는 익금산입을 앞당기어 득을 볼 수 있다. 이런 이유로 자산의 임의평가증에 따른 차익은 익금불산입한다. 합병평가증액과 보험업법 기타 법률에 따른 고정자산 평가증액은 익금이 된다.[177] 소득의 조작가능성이 없는 까닭이다. 제18장 제1절 IV.3.

Ⅲ. 조세체계상의 익금불산입

영 제11조 제7호의 "손금에 산입한 금액 중 환입된 금액"은 익금에 포함한다. 각 사업연도의 소득으로 이미 과세된 소득(예전 용어로 "이월익금")이라면 다시 당해 사업연도에 익금산입하지는 않는다.[178] 가령 지난해의 익금을 기업회계상 결산에서 빠뜨린 것을 법인세신고 세무조정시 익금산입한 뒤 올해 와서 기업회계에서 수익으로 잡는다면 세무조정으로 익금불산입한다.[179]

부가가치세의 매출세액은 순자산의 증가를 수반하지 않으므로 당연히 익금이 아니다. 공급자의 입장에서 본다면, 매출세액을 거래징수한만큼[180] 자산이 증가하나 동시에 장차 부가가치세로 납부할 세액이 똑같이 늘어나서[181] 순자산의 증가가 없다.

법인세와 지방소득세 소득분 환급액(다른 조세채무에 충당한 것 포함)의 익금불산입[182]은 동 세액이 손금불산입되는 것과[183] 균형을 맞춘 것이다. 국세 또는 지방세의 과오납금의 환급금에 대한 이자를 익금불산입하는[184] 까닭은 법인세나 지방소득세의 지연납부에 따른 가산세가 손금불산입되는 것과[185] 균형을 맞추기 위함이다. 여기에서 "환급금에 대한 이자"라 함은 국세환급가산금과[186] 지방세 환부이자를[187] 뜻한

177) 법인세법 제18조 제1호, 제42조 제1항. 헌법재판소 2007. 3. 29. 2005헌바53, 65, 79, 2006헌바27(병합) 결정.
178) 법인세법 제18조 제2호. 대법원 1989. 12. 26. 선고 85누811 판결.
179) 제18장 제5절 Ⅶ. 지난해의 익금이므로 여기서 익금불산입이란 세무조정 용어라는 좁은 맥락.
180) 부가가치세법 제15조.
181) 부가가치세법 제17조 제1항. 제1절 Ⅱ.2.
182) 법인세법 제18조 제3호.
183) 법인세법 제21조 제1호.
184) 법인세법 제18조 제4호.
185) 법인세법 제21조 제1호.
186) 국세기본법 제52조.

다. 국세환급금 가운데 환급세액에[188] 붙는 이자는 익금이 되고, 다만 과오납금에[189] 붙는 이자만이 익금불산입된다.

내국법인이 다른 내국법인으로부터 받는 배당금의 전부나 일부를 익금불산입함은 이미 본 바와 같다.[190]

무상으로 받은 자산의 가액과 채무의 면제 또는 소멸로 인한 부채의 감소액 중 이월결손금의 보전에 충당된 금액은 익금에 산입하지 아니한다.[191] 얼핏 자산수증익(受贈益)이나 채무면제익(免除益)이라 생각되는 것이더라도 주주가 내는 것이라면 주식발행초과금 등 자본준비금이 되어 애초 이 법조의 적용을 받지 않는 경우가 많다.[192] 자산수증익이나 채무면제익을 이월결손금의 보전에 충당한다는 말은, 결손금처리계산서상 결손을 줄인다거나 상법에 따라 자본의 결손보전에 충당했다는[193] 뜻이 아니라 세무상의 이월결손금의 금액을 그만큼 줄였다는 뜻.[194] 보전대상 이월결손금은 15년 이내의 것이어야 하는가? 법문에 그런 제한이 없으므로[195] 15년 지난 이월결손금과 상계된 자산수증익 및 채무면제익도 익금불산입된다. 기존 주주 아닌 자의 증여를 익금불산입하는 것은 세금부담을 회피하는 증여의 길을 열기 십상이다. 회생절차와 같이 채무자를 되살리는 특별절차에 국한해야 할 것이다.[196]

국고보조금이나 공사부담금 받은 것은 익금에 안 넣는 대신 고정자산의 취득가액에서 차감. 제21장 제1절 I.

제 3 절 부당행위계산의 부인

법인세법상 부당행위계산의 부인 규정의[197] 법률적 성격을 놓고 생각이 갈리어

187) 지방세기본법 제62조 및 제60조.
188) 제4장 제1절 3.
189) 제4장 제1절 3.
190) 법인세법 제18조의2. 제14장 제3절 Ⅳ.
191) 법인세법 제18조 제6호. 그 밖에 법인세법 제17조 제2항. 제14장 제1절 III. 2. 제18장 제1절 Ⅲ. 2.
192) Diebold v. Commissioner., 194 F.2d 266(3rd Cir. 1952). 일단 법인세법상 과세대상이더라도 특히 부실기업에 관련해서는 조세특례제한법에 여러 예외가 있다.
193) 상법 제460조.
194) 제18장 제1절 Ⅲ. 2.
195) 법인세법 제18조 제6호 및 같은 법 시행령 제16조.
196) 미국세법 제108조(a)(1).
197) 위헌이 아니라는 판결로 대법원 2007. 9. 20. 선고 2005두9415 판결. 부당한 국제거래에 관해서는 제17장 제2절 V. 실질과세에 관해서는 제3장 제4절.

있음은 제3장 제4절. 대법원 판결에도, 부당행위계산의 부인을 실질과세의 예시 내지 구체화라고 보는 것도 있지만,[198] 주류는 창설적 규정이라 이해하는 쪽에 가까웠다.[199] 그러다가 실질과세가 경제적 실질설로 바뀌면서 부당행위 계산부인의 성격에는 다시 변화가 있다. 그렇더래도 부당행위계산의 부인 규정에 아무런 법률적 의의가 없는 것은 아니다.

첫째, 특수관계 없는 자 사이의 매매처럼 부당행위계산부인의 요건에 해당하지 않는 거래라 하더라도 두 사람이 증여의 의도로 매매가격을 부당하게 책정했음을 행정청이 입증한다면, 매매라는 겉껍질을 가장행위로 보아 매매부분과 증여부분이라는 법적 실질로 재구성하거나, 또는 매매행위를 매매부분과 증여부분이라는 경제적 실질로 재구성할 수 있다. 그러나 이 증명(證明)은 부당행위계산부인 규정을 적용할 때보다 훨씬 어려운 일이 된다. 특수관계 없는 자 사이의 매매가격은 그 자체가 선의의 협상가격으로 시가 내지 정상적 거래가격이라는 추정을 받기 때문이다. 이에 비해 특수관계인 사이의 거래라면, 행정청은 당사자 사이의 거래가격이 법령이 정한 일응의 시가와[200] 차이가 있음만 증명하면 된다. 이 차이에 불구하고, 거래가격을 시가로 보아야 하는 특수사정은 납세의무자가 증명하여야 한다. 둘째, 실질과세 원칙에서는 경제적 실질이 따로 있다고 판단하기 위한 중요한 기준이 조세회피 의도(意圖)이지만 부당행위계산은 '부당하게 감소시킨'이라는 결과를 물을 뿐. 조세회피 의도가 없어도 부인할 수 있다.[201] 다만 경제적 합리성이 있다면 부인할 수 없다는 것이 판례.[202]

---

198) 대법원 1987. 10. 13. 선고 87누357 판결; 1992. 10. 13. 선고 92누114 판결; 2001. 6. 15. 선고 99두1731 판결.

199) 대법원 1982. 11. 23. 선고 80누466 판결; 1991. 5. 14. 선고 90누3027 판결; 1999. 11. 9. 선고 98두14082 판결 등. 제3장 제4절, 제10장 제5절.

200) 법령이 정한 일응의 시가가 없다면 거래가격이 시가가 아님을 행정청이 입증해야 한다. 대법원 1992. 9. 2. 선고 91누13205 판결; 2009. 5. 28. 선고 2007두9303 판결(관세 등 경정처분 취소). 미국법에서는 행정청이 일응의 시가를 산정한다. Sunstrand Corp. v. Commissioner., 96 TC 226, 특히 353쪽.

201) 대법원 1979. 2. 27. 선고 78누457 판결; 1983. 12. 13. 선고 80누496 판결(건설공제조합의 목적사업); 2000. 2. 11. 선고 97누13184 판결; 2006. 11. 10. 선고 2006두125 판결 등.

202) 대법원 1979. 2. 27. 선고 78누457 판결; 1983. 12. 13. 선고 80누496 판결; 1985. 5. 28. 선고 84누337 판결; 1990. 5. 11. 선고 89누8095 판결; 1996. 7. 26. 95누8751 판결; 2000. 2. 11. 선고 97누13184 판결; 2002. 9. 4. 선고 2001두7268 판결; 2006. 11. 10. 선고 2006두125 판결; 2007. 12. 13. 선고 2005두14257 판결; 2008. 7. 24. 선고 2008두3197 판결; 2010. 1. 14. 선고 2009두12822 판결; 2012. 11. 29. 선고 2010두19294 판결; 2014. 4. 10. 선고 2013두20127 판결; 2014. 12. 11. 선고 2012두22553 판결; 2018. 7. 20. 선고 2015두39842 판결; 2018. 7. 20. 선고 2015두45298 판결; 2018. 8. 30. 선고 2015두56458 판결; 2019. 5. 30. 선고 2016두54213 판결; 2018. 10. 25. 선고 2016두39573 판결; 2019. 5. 30. 선고 2016두54213 판결; 2020. 12. 10. 선고 2017두35165 판결; 2023. 5. 18. 선고 2018두33005 판결 등.

법인세법 제52조 (부당행위계산의 부인) ① 납세지 관할 세무서장 또는 관할지방국세청장은 내국법인의 행위 또는 소득금액의 계산이 특수관계인과의 거래로 인하여 그 법인의 소득에 대한 조세의 부담을 부당하게 감소시킨 것으로 인정되는 경우에는 그 법인의 행위 또는 소득금액의 계산(이하 "부당행위계산"이라 한다)과 관계없이 그 법인의 각 사업연도의 소득금액을 계산한다.

② 제1항을 적용할 때에는 건전한 사회 통념 및 상거래 관행과 특수관계인이 아닌 자 간의 정상적인 거래에서 적용되거나 적용될 것으로 판단되는 가격(요율・이자율・임대료 및 교환 비율과 그 밖에 이에 준하는 것을 포함하며, 이하 "시가"라 한다)을 기준으로 한다.

I. 특수관계인과의 거래

"특수관계인"이란 법인과 경제적 연관관계 또는 경영지배관계 등[203] "조세부담을 경감시키려는 이해관계가 상충되지 않는 관계" 또는 "이해관계가 대부분 일치하여 거래형식을 자유로이 좌우하여 조세부담을 경감시키기 쉬운 관계"를 말한다.[204] 대통령령이[205] 정하고 있는 구체적 범위는 [그림 1]과 같지만[206] 가령 70:30 회사와 30% 주주가 언제나 반드시 특수관계인은 아니다. "거래"라는 말은 직접적 법률관계보다 훨씬 넓은 뜻으로서 특수관계인 사이에 제3자를 끼워 넣었더라도 여전히 계산부인 대상이 된다.[207] 어느 한 쪽의 입장에서라도 특수관계가 성립하면 서로 특수관계이다.[208]

---

203) 법인세법 제2조 제12호.

204) 헌법재판소 2017. 5. 25. 2016헌바269 결정. 최대주주 등 특수관계 거래는 이사회의 승인을 받고 주주총회에 보고해야 한다. 상법 제398조, 542조의9, 자본시장법 제159조 제2항, 제160조, 공정거래법 제26조. 특수관계인 부당지원은 공정거래법 제45조, 제47조.

205) 법인세법시행령 제2조 제8항. 대법원 1986. 3. 25. 선고 86누30 판결(영조항은 열거); 2010. 11. 25. 선고 2009두4746 판결.

206) 주주가 회사정리결정이나 파산선고를 받았더라도 특수관계인이지만 회사가 정리결정이나 파산선고를 받은 경우에는 주주가 권리를 상실하므로 특수관계가 아니다. 대법원 1992. 7. 28. 선고 92누4987 판결; 1994. 4. 15. 선고 93누20177 판결; 2009. 12. 10. 선고 2007두15872 판결. 공정거래법상 기업집단에는 특칙이 있다. 양자는 친가 양가 어느 한쪽만 해당해도 특수관계인. 대법원 1988. 10. 11. 선고 87누619 판결; 2017. 12. 22. 선고 2014두44847 판결. 비영리법인 출연자는 출자자가 아니다. 대법원 1994. 8. 26. 선고 93누19146 판결. 경영에 사실상 영향력을 행사하는 자란 법인일 수도 있고, 상법상 업무지시자를 포함. 대법원 2006. 8. 25. 선고 2004다26119 판결; 2009. 11. 26. 선고 2009다39240 판결.

207) 대법원 1989. 4. 11. 선고 88누8630 판결; 1990. 11. 27. 선고 90누5504 판결; 2009. 4. 23. 선고 2006두19037 판결; 2019. 5. 30. 선고 2016두54213 판결; 2020. 12. 10. 선고 2017두35165 판결, 국제조세조정에 관한 법률 제7조. ↔ 대법원 2018. 3. 15. 선고 2017두63887 판결(지자체를 통한 기부). 일본판례로 최고재판소 2006. 1. 24. 판례시보 1923호 20쪽 판결(직접 법률관계 없어도 부인).

208) 법인세법 제2조 제12호. 대법원 2011. 7. 21. 선고 2008두150 판결을 뒤집은 것이다.

[그림 1]

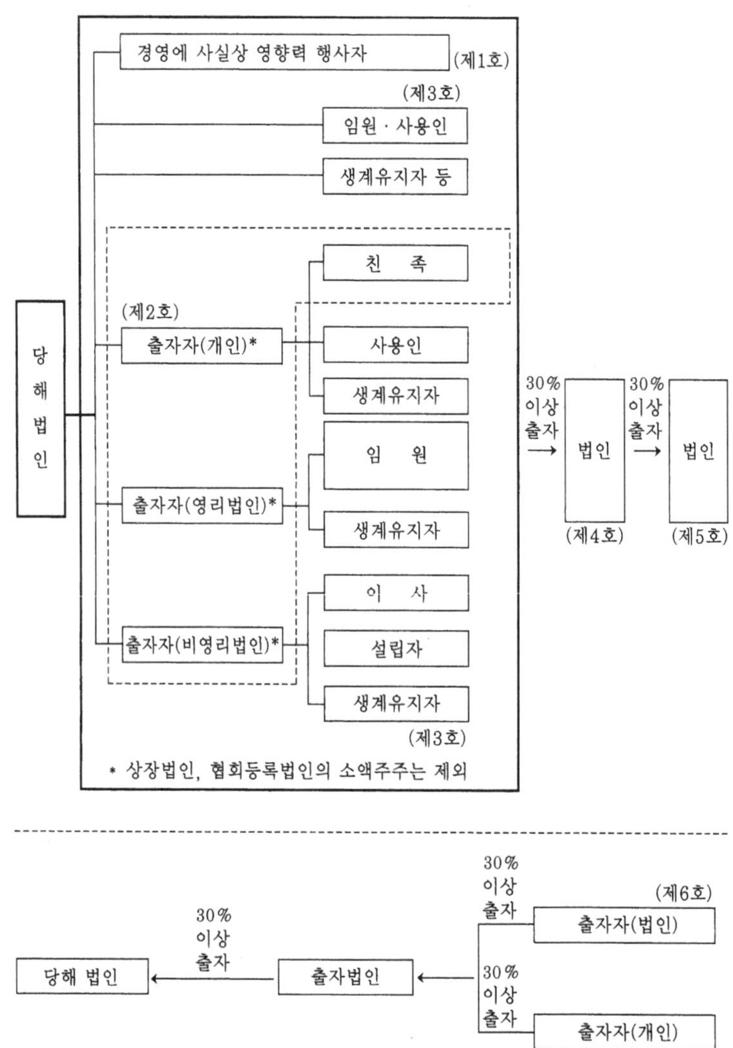

"특수관계인과의 거래"란 이미 특수관계인이 된 것을 전제로 한다. 종래 특수관계가 없던 자와 가령 고용계약을 맺으면서 일응의 시가보다 높은 임금을 지급하기로 약정하더라도 특수관계 거래는 아니다. 한편 이미 종업원인 사람의 재산을 시가보다 비싼 값에 사들인다면 특수관계 거래로 부인대상이다. 주주를 고용하는 것도 특수관계 거래.

Ⅱ. 조세부담을 부당히 감소

"조세의 부담을 부당히 감소시킨 것"이라는 요건은 정상적(正常的)인 행위라는[209] 기준을 필요로 한다. 부당행위계산의 부인이란 "납세자가 정상적인 경제인의 합리적인 거래형식에 의하지 않고 우회행위, 다단계행위, 그 밖에 이상한 거래형식을 취함으로써 통상의 합리적 거래형식을 취할 때 생기는 조세의 부담을 경감 내지 배제시키는 행위계산"을 말한다.[210]

정상적 거래인가는 관련거래를 묶어서 판단한다. 가령 여러 자산을 일괄양도한다면 전체를 묶어서 판단한다.[211] 가령 근로자에게 임금 대신 주택 임차보증금을 무상대여하는 것은 임금을 제대로 주고 이자를 제대로 받는 것과 마찬가지일 뿐이니 과다인건비 등 특별한 사정이 없는 한 법인세를 걷을 것이 없다.[212] 제조회사가 판매자회사에 대한 판가를 올리면서 판매용 광고비를 그만큼 부담한다면 부당행위가 아니다.[213] 주주가 부당한 합병으로 이익도 보고 손실도 보았다면 묶어서 판단한다.[214]

조세의 부담을 부당히 "감소시킨 것"이라는 말은 장차의 조세부담을 감소시킨 것도 포함한다. 가령 고가매입을 하더라도 그 당시에는 매입가액이 모두 자산이 되고 아직 법인의 소득이 부당히 감소되는 것은 없다. 법인세의 부당한 감소는 감가상각이나 처분시기에 가서 생긴다. 그러나 거래상대방까지 생각한다면 고가매입 단계에서 거래의 재구성이 필요하다.[215] 비영리법인에 대한 부당행위계산의 부인은 조세부담이 있는 수익사업에서만 가능하다.[216]

---

209) 대법원 1996. 7. 26. 선고 95누8751 판결. 액면미달 발행에 대한 상법상 제약 때문에 액면인수를 하는 경우라 하더라도 세법상으로는 부당한 고가매입이다. 대법원 2004. 2. 13. 선고 2002두7005 판결. 정상적 경제인이라면 고가매입임에도 불구하고 신주를 인수했으리라는 사정을 입증할 수 있다면 결론은 달라질 것이다.

210) 대법원 1989. 4. 11. 선고 88누8630 판결. 특수관계인을 합해 본다면 결손이거나 소득이 미실현상태이더라도 부당행위의 계산부인이 가능하다. Latham Park Manor Inc. v. CIR, 69 TC 199, 215-216 (1977), aff'd 618 F2d 100(4th Cir. 1980).

211) 대법원 1997. 2. 14. 선고 95누13296 판결; 2013. 9. 27. 선고 2013두10335 판결.

212) 대법원 2008. 10. 9. 선고 2006두19013 판결.

213) 대법원 1992. 3. 31. 선고 91누8555 판결.

214) 대법원 2022. 12. 29. 선고 2018두59182 판결.

215) 대법원 2010. 5. 13. 선고 2007두14978 판결. 같은 논리로 대법원 2021. 7. 29. 선고 2020두39655 판결(특수관계 소멸시점에서 가지급금을 회수불능이라 보고 손금불산입하면서 소득처분); 2021. 8. 12. 선고 2018두34305 판결(가지급금 인정이자 소득처분).

216) 대법원 2013. 11. 28. 선고 2013두12645 판결.

Ⅲ. 정상적 시가거래와 비교

조세의 부담을 부당히 감소시킨 것으로 인정되는 경우에는 "법인의 행위 또는 계산에 관계 없이 그 법인의 각 사업연도의 소득금액을 계산할 수 있다."[217] 이 계산에서는 時價, 곧 "건전한 사회통념 및 상관행과 특수관계인이 아닌 자 간의 정상적 거래에서 적용되거나 적용될 것으로 판단되는 가격(요율·이자율·임대료 및 교환 비율과 그 밖에 이에 준하는 것을 포함하며 … "시가"라 한다)을 기준으로 한다."[218] 곧 납세의무자가 계산한 소득은 무시하고 시가에 따라 소득을 다시 계산한다는 뜻이다. 조세의 부담을 부당히 줄이는가는 "행위(行爲) 당시(當時)를 기준으로 하여 당해 법인과 특수관계인 간의 거래(특수관계인 외의 자를 통하여 이루어진 거래를 포함한다)에 대하여" 따진다.[219] 장기거래라면 사후적 사정변화를 고려할 수도 있다.[220] 당연한 일이지만 신주를 인수하는 경우 신주의 가치나 시가는 증자대금 납입 직후의 가치이다.[221]

> 법인세법시행령 제89조 (시가의 범위 등) ① 법 제52조 제2항을 적용할 때 해당 거래와 유사한 상황에서 해당 법인이 특수관계인 외의 불특정다수인과 계속적으로 거래한 가격 또는 특수관계인이 아닌 제3자간에 일반적으로 거래된 가격이 있는 경우에는 그 가격…에 따른다…[222]
>
> ② 법 제52조 제2항을 적용할 때 시가가 불분명한 경우에는 다음 각 호를 차례로 적용하여 계산한 금액에 따른다.[223]

---

217) 법인세법 제52조 제1항.

218) 법인세법 제52조 제2항. 대법원 2011. 12. 22. 선고 2011두22075 판결; 2015. 2. 12. 판결 2013두24495 판결. United States v. Cartwright, 411 US 546, 특히 551쪽. 비상장주식의 거래가격을 시가로 본 사례로 대법원 2006. 1. 12. 선고 2005두937 판결.

219) 대법원 1989. 6. 13. 선고 88누5273 판결; 1999. 1. 29. 선고 97누15821 판결. 여기에서 행위 당시란 이행행위가 아니라 약정 당시를 말한다. 한결 더 일반화하면 경제적 합리성이 없는 비정상적 행위 당시를 말한다. 대법원 1989. 4. 11. 선고 88누8630 판결(주식매매의 일부로 회사재산을 구주주의 자녀에게 저가양도); 2010. 5. 13. 선고 2007두14978 판결(회사의 비용으로 주주의 토지를 개량하고 개량 후 시가로 매매한 경우); 2010. 5. 27. 선고 2010두1484 판결(주식매수선택권).

220) 대법원 2014. 8. 26. 선고 2014두4719 판결; 2018. 10. 25. 선고 2016두39573 판결. 미국재무부 규칙 1.482-4(f) (periodic adjustment).

221) 대법원 2004. 2. 13. 선고 2002두7005 판결. 제25장 제3절 V.

222) 거래가격을 거래수량으로 가중평균한 사례로 대법원 2006. 1. 13. 선고 2004두183 판결. 회사의 발행주식을 경영권과 함께 양도하는 경우 그 거래가격은 주식만을 양도하는 경우의 객관적 교환가치를 반영하는 일반적 시가로 볼 수 없다. 대법원 2003. 6. 13. 선고 2001두9394 판결; 2015. 11. 26. 선고 2014두335 판결. 상장주식 특례는 제1항 단서. 제25장 제1절 V.

223) 5% 정도의 오차는 부인 대상이 아니다. 대법원 2007. 4. 26. 선고 2005두10545 판결. 법인세법시행령 제88조 제3항은 오차가 3억원 이상이거나 5% 이상이라면 부인대상이라고 하나, 가령 약 1,000억원짜리 재산에서 3억원의 차이는 오차범위 안이고 약 1억원짜리 재산에서 5천만원은 오차의 범

1. …감정평가업법인 등이 감정한 가액이 있는 경우 그 가액[224](감정한 가액이 2 이상인 경우에는 그 감정한 가액의 평균액). 다만, 주식등…은[225] 제외한다.[226]

2. 상속세및증여세법 제38조…제39조의3, 제61조부터 제66조까지의 규정을 준용하여 평가한 가액…[227]

③ 제88조 제1항 제6호 및 제7호에 따른 금전의 대여[228] 또는 차용의 경우에는 제1항 및 제2항에도 불구하고 … 가중평균차입이자율 … 을 시가로 한다. 다만, 다음 각 호의 경우에는 … 당좌대출이자율을 시가로[229] 한다.

1. 가중평균차입이자율의 적용이 불가능한…경우: 해당 대여금 또는 차입금에 한정하여 당좌대출이자율을 시가로 한다.

1의2. 대여기간이 5년을 초과하는 대여금이 있는…경우: 해당 대여금 또는 차입금에 한정하여 당좌대출이자율을 시가로 한다.

2. 해당 법인이 법 제60조에 따른 신고와 함께…당좌대출이자율을 시가로 선택하는 경우: 당좌대출이자율을 시가로 하여 선택한 사업연도와 이후 2개 사업연도는 당좌대출이자율을 시가로 한다…

위 법조는 일응의 시가 내지 시가추정에 관한 규정이다. 時價란 특수관계 없는 자들이 정상적 거래 내지 선의의 협상에 따라 정한 또는 정할 가격이다.[230] 제25장 제1절 V. 가령 매매계약을 정하기 전에 매수인의 비용으로 재산의 객관적 가치가 오른

위를 넘는다. 대법원 1989. 10. 13. 선고 88누10640 판결(7% 오차≠부인대상); 2013. 10. 31. 선고 2011두18427 판결(다자간 합병시 각 법인에 오차범위 3억원을 허용). 결국 3억원 미만이고 5% 미만의 오차는 따져 묻지 않겠다는 불문(不問: safe-harbour)규정이다. 제25장 제3절 III. 4. 평가기준일 당시에 재산의 가액이 확정되지 않았더라도 뒤에 확정된 이상 이를 기준일 당시 시가에 반영한다. 대법원 2006. 7. 13. 선고 2004두6211 판결.

224) 상속세 사건이기는 하나 대법원 2003. 5. 30. 선고 2001두6029 판결은 "거래를 통한 교환가격이 없는 경우에는 공신력 있는 감정기관의 감정가격도 시가로 볼 수 있고, 그 가액이 소급감정에 의한 것이라 하여도 달리 볼 수는 없다 할 것이나, 위와 같이 감정가격을 시가로 볼 수 있기 위해서는 어디까지나 감정이 적정하게 이루어져 객관적이고 합리적인 방법으로 평가되었다는 점이 인정되어야 한다"고 판시하고 있다. 그 밖에 대법원 2005. 9. 30. 선고 2004두2356 판결. 비상장주식에 대해서는 대법원 2008. 9. 25. 선고 2006두3711 판결; 2011. 5. 13. 선고 2008두1849 판결.

225) 주식의 시가는 음(-)일 수 없다. 순자산가액으로 평가하는 경우 가액이 음(-)인 부분은 무시한다. 대법원 2003. 11. 28. 선고 2003두4249 판결; 2004. 4. 7. 선고 2003두2610 판결; 2006. 9. 22. 선고 2004두4734 판결. 상장주식 특례는 제1항 단서.

226) 대법원 2011. 5. 13. 선고 2008두1849 판결(상증세법상 주식감정가액).

227) 제25장 제1절 V. 같은 내용을 담고 있던 옛 시행규칙이 조세법률주의 위반이 아니라는 판결로 대법원 2003. 5. 27. 선고 2001두5903 판결. 조세특례제한법 제101조는 2019년말 세법개정으로 삭제.

228) 부동산의 무상제공을 부동산 취득자금의 대여로 볼 수는 없다. 대법원 2017. 8. 29. 선고 2014두43301 판결.

229) 대법원 2014. 8. 26. 선고 2014두4719 판결.

230) 대법원 2013. 8. 23. 선고 2013두5081 판결; 2018. 3. 15. 선고 2017두61089 판결(증여세).

경우 시가 내지 특수관계 없는 자들이 선의로 합의했을 가격은 오르기 전의 가격이다.[231] 특수관계인 사이의 거래가격이 특수관계 없는 자 사이에서 사전에 협상하고 합의한 계약에 따른 것이라면 시가이다.[232] 구체적 상황에서 특수관계 없는 자들이 어떤 시가에 합의했을 것인가는[233] 답하기 어려운 물음이고[234] 구체적 상황에 따라 다르다.[235] 제3자 사이의 거래가격에서 시가를 끌어내려면 비용이나 책임 등 구체적 사정의 차이를 조정해야 한다.[236] 상장증권 같은 예외가 아니라면 시가가 얼마라는 특정한 값은 없고, 그저 얼마에서 얼마 정도라는 일정한 범위(範圍)가 나올 뿐이다. 특수관계인 사이의 거래가격이 법령으로 정한 일응의 시가와 다르다면, 그럼에도 불구하고 거래가격이 정상적 시가의 범위 안이라는 특수사정은[237] 이를 주장하는 자가 입증하여야 한다.[238] 법령으로 정한 일응의 시가가 아닌 다른 시가를 주장하는 것도 마찬가지.[239] 납세의무자와 국세청 모두 일응의 시가가 없거나 이를 적용할 수 없다는 전제 하에 달리 시

---

231) 대법원 2013. 5. 13. 선고 2007두14978 판결.

232) 대법원 2018. 12. 28. 선고 2017두47519 판결.

233) 판례는 시가를 입증할 책임이 국세청에 있다고. 대법원 2013. 9. 27. 선고 2013두10335 판결; 2014. 12. 11. 선고 2014두40517 판결; 2017. 1. 25. 선고 2016두50686 판결. ↔ 대법원 2023. 6. 1. 선고 2019두38472 판결.

234) 미국법은 부당행위 조항에 더하여, 특수관계인 사이의 양도차손은 반증의 여지 없이 부인한다. 다만 80% 이상의 출자관계가 있는 계열회사 사이라면, 계열 전체를 하나의 법인으로 보고 양도차손을 계산한다. 미국세법 267조(a)(1), 같은 법조(f) 또 특수관계인 사이의 거래에서 생기는 손금은 거래상대방이 익금으로 잡아야 손금산입할 수 있다. 같은 법조(a)(2).

235) 대법원 2012. 11. 29. 선고 2010두19294 판결; 2014. 10. 27. 선고 2014두9073 판결.

236) 대법원 2021. 7. 8. 선고 2017두69977 판결.

237) 대법원 1983. 12. 13. 선고 80누496 판결(비영리법인의 목적사업); 1986. 11. 11. 선고 85누986 판결(거래조건 변경); 1989. 10. 13. 선고 88누10640 판결(시장침체); 1997. 11. 14. 선고 97누195 판결(경영권 확보); 2005. 5. 12. 선고 2003두15287 판결(경제적 궁박); 2010. 1. 14. 선고 2009두12822 판결(화의에 따른 출자전환); 2010. 2. 25. 선고 2007두9839 판결(지배권 획득). 그 밖에 특별한 사정을 인정한 사례로 대법원 1979. 2. 27. 선고 78누457 판결; 1985. 5. 28. 선고 84누337 판결; 1990. 5. 11. 선고 89누8095 판결; 1996. 7. 26. 선고 95누8751 판결; 1997. 2. 14. 선고 96누9966 판결; 2000. 11. 14. 선고 2000두5494 판결; 2003. 12. 12. 선고 2002두9995 판결; 2005. 4. 29. 선고 2003두15249 판결; 2005. 5. 27. 선고 2003두15126 판결; 2006. 1. 13. 선고 2003두13267 판결; 2008. 7. 24. 선고 2008두3197 판결; 2014. 4. 10. 선고 2013두20127 판결. 일반론으로 납세자에게 위법행위를 기대할 수는 없다. CIR v. First Sec. Bank of Utah, 405 US 394(1972), 특히 400쪽.

238) 대법원 2023. 6. 1. 선고 2019두38472 판결. 한편 대법원 2018. 7. 26. 선고 2016두40375 판결은 법령에 정한 가중평균차입이자율 8.5%~9%라는 일응의 시가가 아닌 다른 시가의 입증책임이 국세청에 있다고 하면서 시가를 13.21%라고 본 국세청의 주장을 내쳤다. 그러나 증명실패만으로는 다시 일응의 시가로 돌아갈 뿐이고 원고가 주장하는 한결 더 높은 차입이자율 15.98%가 시가라고 보려면 그에 대한 입증이 필요하다. 국세청이 패소한 것은 입증책임이 국세청에 있기 때문이 아니고 이 사건에서 구체적인 입증정도를 볼 때 원고 쪽이 국세청보다 우위였기 때문이라고 읽어야 앞뒤가 맞다. 대법원 2018. 7. 20. 선고 2015두39842 판결도 마찬가지.

239) 대법원 2012. 12. 26. 선고 2011두6127 판결; 2013. 6. 14. 선고 2011두29250 판결; 2025. 2. 20. 선고 2024두56436 판결.

가가 있다고 주장하는 경우라면 증명(證明)의 우위(優位)가 있는 쪽을 택해야 한다.

Ⅳ. 국제거래

국제조세조정에 관한 법률이 적용되는 경우에는 법인세법 제52조는 적용하지 않는다.[240]

Ⅴ. 계산부인의 일반적 효과

부당행위의 계산을 부인한다는 것은 부당행위를 시가에 터잡은 정상적 거래로 재구성(再構成)한다는 것이다. 너무나 당연한 말이지만 계산을 부인한다는 것은 과세소득을 다시 계산한다는 뜻일 뿐, 사법상의 효력에는 아무 영향이 없다. 부당행위가 그대로 부정행위는 아니다.[241]

1. 거래의 재구성과 소득처분

1) 소득처분의 의의와 유형

부당행위계산에 해당하는 때에는 거래가와 시가의 차액 등을 익금에 산입하여 당해 법인의 각 사업연도의 소득금액을 계산한다. 납세의무자의 소득을 이처럼 늘려 잡는다면, 실제로 납세의무자에게 남아 있는 소득과 차이가 생기게 마련이므로, 이 소득은 다시 특수관계인에게 유출(流出)된 것으로 보아야 한다. 제18장 제5절 VII. 부당행위계산의 부인이란 거래의 재구성을 통하여 사법상의 최종결과에는 차이가 없으면서 세법상 법률효과는 달라지게 재구성하는 것이다. 결국 부당행위의 계산을 부인한다 함은 시가를 벗어난 실제 행위를 재구성하여, 특수관계인들이 시가에 의한 행위를 하고 그와 더불어 차액 부분[242]이 특수관계인에게 흘러나가는 거래의 묶음으로 再構成하는 것이다. 예를 들어 어느 법인이 시가 10억원짜리 물건을 특수관계인으로부터 15억원에 사들이는 거래는 이 물건을 10억원에 사들이면서 5억원을 특수관계인에게 따로 지급하는 것으로 본다. 그렇다면 이 5억원의 법적 성격을 무엇으로 보아야 하는가가 문제된다. 이는 특수관계의 내용이 무엇인가, 돈을 주게 된 까닭은 무엇인가 등 구체적 사

240) 제17장 제2절 Ⅴ. 대법원 2015. 9. 10. 선고 2013두6862 판결.

241) 대법원 2013. 12. 12. 선고 2013두7667 판결. 제4장 제5절 II.3, 제5장 제2절, 제5장 제6절 IV.

242) 여기에서 차액이란 논리상 재산 취득시점의 시가와 거래가격의 차액이고 부당여부 판단시기와는 다른 문제. 대법원 1989. 6. 13. 선고 88두5273 판결; 1999. 1. 29. 선고 97누15821 판결; 2010. 5. 13. 선고 2007두14978 판결; 2010. 5. 27. 선고 2010두1484 판결.

정을 따져서 정해야 한다. 가령 매도인인 특수관계인이 대주주라면, 이 5억원은 배당이라 보아야 한다. 주주평등을 어긴 채 대주주만이 받아간 배당이라면 법인에 반환청구권이 있으므로 확정된 소득은 아니다. 그러나 이미 보았듯 위법소득은 권리확정 기준에 대한 예외로 현실적으로 돈을 가져갈 때 과세하므로 5억원은 배당소득이 된다.

현행법령에서는 거래의 재구성이 所得處分이라는 형식을 띠게 된다.[243] 소득처분이라는 것이 무엇이고 어떤 법적 성질을 띠는가는 이미 본 바 있다.[244] 익금에 산입한 유출금액의 귀속자가 법인이거나 유출금액이 사업자의 사업소득을 구성한다면 "기타사외유출"이라 하여 법인 단계에서는 소득이 귀속자에게로 흘러 나간 사실만을 확인하면 되고, 그런 소득에 대한 세금은 귀속자인 법인이나 사업자에게서 받는다.[245] 유출된 소득의 귀속자가 주주라면 배당으로, 임원이나 사용인(주주인 자 포함)이라면 상여로, 어느 쪽도 아니라면 기타소득으로 소득처분한다.[246] 이렇게 소득처분된 금액은 소득세법상 배당소득, 근로소득, 또는 기타소득으로 구분되어 귀속자의 과세소득의 일부를 이룬다.[247] 유출된 소득이 "이익이나 잉여금의 배당"이라는 요건이나 "근로를 제공함으로 인하여 받는" 소득이라는 요건, 그 밖에 달리 소득세법상 과세소득의 요건을 만족한다면 소득처분 조항과 무관하게 그 자체로 과세소득이 됨은 물론이다. 증여세 과세요건에 해당한다면 소득처분과 무관하게 그 자체로 증여세를 매긴다.[248] 귀속자가 비거주자나 외국법인이라면 국제조세조정에 관한 법률에 특칙이 있다.[249]

2) 유출액≠손금

부당행위로 인한 소득유출액을 상여로 처분하더라도 회사로서는 손금산입할 수 없는 경우가 대부분일 것이다. 소득유출액은 "일반적으로 인정되는 통상적인" 경비가 아닌 경우가 많을 것이다. 또 부당행위는 대개 사법(私法)상으로도 불법이라 회사에 반환청구권이 있는 만큼 애초 순자산감소가 없는 것이 보통이다.[250] 회사에 반환청구권이 있더라도 상대방에 대하여는 소득유출 시점에 과세소득이 생긴다. 앞서 보았듯

---

243) 법인세법 제67조.

244) 제18장 제5절 Ⅶ 참조.

245) 법인세법시행령 제106조 제1항 제1호 (다)목.

246) 귀속자란 반드시 거래상대방은 아니다. 가령 주주의 자식이 회사와 거래해서 부당한 이득을 받는다면 주주가 배당을 받고나서 증여한 것으로 보아야 한다. 미국판결로 Green v. US, 460 F2d 412 (5th Cir. 1972).

247) 소득세법 제17조 제1항 제4호, 제20조 제1항 제3호, 제21조 제1항 제20호.

248) 소득세, 증여세의 관계는 대법원 2004. 12. 10. 선고 2003두11575 판결.

249) 국제조세조정에 관한 법률 제13조. 이창희, 국제조세법, 제4장 제2절 VII, 제4절 IV.

250) 이사나 지배주주 등과 회사 사이의 불공정한 거래는 이사회의 승인이 있더라도 무효. 상법 제198조. 대법원 1973. 10. 31. 선고 73다954 판결 등 다수.

위법소득이라 하더라도 현실로 지배관리하고 있다면 일단은 과세소득에 해당.[251] 예외적으로 세법상 부당행위이기는 하지만 사법상 유효한 행위로서 회사에 반환청구권이 없는 경우도 있을 수 있다.

다른 한편 소득귀속자가 주주라면 시세차액은 배당(配當)이므로 손금이 아니다. 가령 예를 들어 모든 주주가 똑같은 조건으로 시세보다 비싼 값으로 주식을 회사에 판 경우라면 시세차액은 주주에 대한 배당의 성격을 가진다. 회사가 이런 배당액을 손금산입할 수는 없지만 다른 배당과 마찬가지로 주주단계에 가서 배당세액공제가 가능해야 한다. 현행법 해석상으로는 소득세법 제17조 제3항(gross-up) 및 제56조 제1항(배당세액공제)의 적용에서는, 사법상 유효한 거래에서 생기는 배당처분액은 소득세법 제17조 제1항 제4호의 배당처분액이 아니라 제1호의 상법상의 배당액으로 보아 배당세액공제를 적용해야 한다. 주주평등을 어기고 대주주가 가져간 금액이라면 상법상의 배당이 아니므로 제1호의 배당액이 아니고 따라서 배당세액공제를 적용할 수 없다.

3) 소득금액 변동통지와 지급시기 의제

소득세법시행령은, 배당처분된 금액과 기타소득으로 처분된 금액의 귀속시기를 소득처분을 한 법인의 해당 사업연도 결산확정일을 기준으로 하여 그 날이 속하는 소득세 과세기간분의 소득으로 처분상대방에게 귀속한다고 정하고 있고,[252] 상여처분된 금액의 귀속시기는 "근로를 제공한 날"이라고 정하고 있다.[253] 한편, 원천징수의 시기에 관하여는 법인의 신고조정 과정에서 배당, 상여 또는 기타소득으로 처분한 금액은 신고기일에 지급한 것으로 의제하고,[254] 세무서장이 결정이나 경정을 하면서 처분한 금액은 소득금액변동통지서를 보내어 법인이나 처분상대방이 이를 받은 날에 지급한 것으로 의제한다.[255] 소득처분으로 인하여 귀속자가 종합소득세를 추가납부할 금액이 있다면, 통지서를 받은 달 다음다음 달 말일까지 추가신고를 해야 한다. 이런 추가신고가 있으면 본래의 신고 기한 내에 신고한 것으로 보므로[256] 증액수정신고와[257] 다르고 따라서 가산세는 내지 않아도 된다는 말이 된다. 제18장 제5절 VII. 4.

251) 대법원 1983. 10. 25. 선고 81누136 판결 등.
252) 소득세법시행령 제46조 제6호, 제50조 제1항 제2호.
253) 소득세법시행령 제49조 제1항 제3호.
254) 소득세법시행령 제173조 제3항.
255) 같은 영조항.
256) 소득세법시행령 제134조 제1항.
257) 국세기본법 제45조, 제49조. 제4장 제3절 II, 제5장 제1절, 제6장 제3절 V.

4) 대응조정

특수관계인 사이의 거래조건이 부당하다면서 납세의무자인 법인의 소득을 늘려 잡는 경우 거래상대방(去來相對方)의 소득은 그만큼 줄여 주어야 하는가? 종래의 실무는 대응조정을 인정하지 않았다.[258] 모회사나 다른 관계회사로 소득이 부당하게 유출되는 이유는 특정한 주주(들)의 지배를 받고 있는 까닭이며, 그렇게 본다면 유출되는 소득은 근본적으로는 지배주주에 대한 배당의 성격을 띤다. 옛 법인세법은 법인세를 자회사 단계와 모회사 단계에서 이중과세했다. 이 구조에서는 對應調整을 인정하지 않는 것이 옳다.[259] 납세의무자인 법인의 부당한 계산을 부인한다는 것은 납세의무자의 소득을 늘려 잡으면서 그 소득이 모회사에 배당된 것으로 보아야 하는 까닭이다. 대응조정을 인정하여 한쪽에서 모회사의 소득을 줄이면서 다른 한쪽에서 모회사의 배당소득을 늘려 잡는 실익 없는 일을 할 이유가 없었고, 따라서 자회사의 소득을 늘려 잡더라도 모회사의 소득은 조정하지 않았다. 모회사의 소득이 자회사로 유출되는 경우에도 이는 모회사가 자회사에 출자한 것으로 재구성해야 하고, 따라서 자회사의 소득을 줄여 잡을 이유가 없다.

현행법도 실무는 대응조정을 안 해준다. 그러나 해주어야 맞다. 법인간 배당(配當)의 익금불산입 때문이다.[260] 앞의 예에서 모회사가 자회사에게 부동산을 15억원에 팔았지만 과세행정청이 이 부동산의 시가가 10억원이라 결정하고 5억원을 배당처분한 사례로 돌아가 보자. 모회사는 이미 양도가액을 15억원으로 계산하여 법인세를 냈을 터. 모회사의 양도차익을 5억원 줄여 주고 그 대신 배당소득을 5억원 늘려 잡아야 계산이 맞다. 부당행위의 상대방이 오누이 회사라면, 흘러나간 소득은 모회사에게 일단 귀속된 뒤 모회사가 이를 오누이 회사에 출자한 것으로 재구성하여야 한다.[261] 현행법의 글귀에서도 "귀속자"라는 말을 반드시 거래상대방으로 읽어야 할 이유는 없다. 사실관계를 약간 바꾸어 주주가 개인이라 생각해 보자. 주주가 양도가액을 15억원으로 계산하여 양도소득세를 납부했다면 배당소득을 5억원 늘리는 대신 5억원 부분에 대한 양도소득세는 돌려 주어야 계산이 맞다.[262] 비싸게 판 사람이 대표이사라면 양도소득

258) 대법원 2005. 9. 28. 선고 2003두3451 판결. 미국법에서는 대응조정을 인정하므로(미국재무부 규칙 1.482-1(g)(2)(i)) 국제거래에서만 부당행위 문제가 생긴다. American Terrazo Strip Co. v. Commissioner., 56 TC 961(1971). 한편 특수관계인 거래의 손금산입 시기는 상대방이 익금산입하는 때이다. 미국세법 267조.

259) 이창희, 재벌문제와 세법, 상사법연구 제15집 제1호(1996), 58-60쪽.

260) 법인세법 제18조의2. 제14장 제3절 Ⅳ. 현행법은 국제거래에서만 대응조정을 인정한다. 제17장 제2절 Ⅴ. 이것은 평등원칙에 어긋난다.

261) 대법원 2004. 7. 9. 선고 2003두1059등 판결; 2018. 11. 9. 선고 2014도9026 판결. 제11장 제4절 Ⅰ.4. 미국 Rev. Rul. 78-83, 1978-1 CB 79. Bittker & Eustice, 8.05[10]절.

을 5억원 줄이고 근로소득(위법소득)을 5억원 늘려야 맞다. 이처럼, 부당행위의 계산 부인을 통해 사실을 재구성한다면 이와 모순되는 신고납부나 과세처분을 전제로 납부한 세액은 부당이득이 된다고 보아야 한다.[263]

대응조정의 가부는 법인세법에 규정이 없으니 실질과세에 따른 거래재구성으로 돌아간다. 다만 현행법이 경정청구 제도를 두고 있는 이상 부당이득의 반환은 경정청구를 통해서만 가능하다. 그렇지만 이같이 국가가 부당이득한 세액은 후발적(後發的) 경정청구(更正請求)의[264] 대상이 된다고 풀이해야 한다. 부당행위인가 아닌가는 언제나 자의적 주관적 판단이기 십상이고 선량한 납세의무자를 희생시킬 가능성이 큰 까닭. 행정법적 문제로 거래상대방이 이미 납부한 법인세는 신고나 결정 때에 세액이 '확정' 되었으므로 부당이득이 되지 않는다고 생각할지 모르나 옳지 않다. 이미 보았듯 세액의 확정이라는 말은 조세채무의 금액이 특정되었다는 말일 뿐 부당이득이 되는가와는 아무 상관이 없다. 제4장 제3절 I, 제6장 제3절.

5) 법인이나 사업자에 대한 유출 ↛ 원천징수

흘러 나간 소득의 귀속자가 법인이나 사업자라면 법령은 이를 "기타 사외유출"로 보도록 정하고 있다. 그렇다 하여 모회사나 관계회사에 유출된 소득의 성질을 따질 필요가 없다는 말은 아니다. 기타 사외유출로 처분한다는 말은 상여, 배당, 또는 기타소득으로 처분하지 않음으로써 원천징수대상에서 제외한다는 말일 뿐이다. 유출된 소득의 성질이 무엇인가는 법인이나 사업자 단계의 대응조정에서 따질 일이다. 가령 자회사에 대한 유출은 원칙적으로 출자로 보아야 한다. 제18장 제5절 VII. 4.

2. 부당성의 판단기준 내지 거래의 실질

부당행위계산의 부인이란 정상적인 거래로 재구성하여 소득을 다시 계산하는 것이다. 문제는 정상적인 경제인의 합리적인 거래형식이라는 것이 숱하게 많을 수 있다는 데에 있다. 부당한 행위를 정상적 행위로 재구성한다면, 여러 가지 재구성이 가능하다.[265] 똑똑한 납세의무자라면 세금을 덜 내는 방향으로 거래를 구성했을 것이지만, 세법을 잘 몰라 세금을 많이 내는 거래형식을 따르는 사람이 세상에는 숱하게 많은 법이다. "상이한 조세부담을 낳는 여러 형성(거래재구성)을 생각할 수 있다면 세법적으로 [납세의무자에게] 더 有利한 것을 기준으로 과세한다."[266] 납세의무자가 정상

---

262) 소득세법 제96조 제3항. 매수인의 취득원가도 10억원이 되어야 한다.

263) 역으로 저가양도를 부인하는 경우에도 시가가 매수인의 취득원가가 된다. 제12장 제4절.

264) 국세기본법 제45조의2 제2항, 같은 법 시행령 제25조의2 제4호. 제6장 제3절 Ⅳ. 4.

265) 이창희, 증자감자를 통한 부의 무상이전에 대한 법인세, 인권과 정의 247호(1997), 106-108쪽.

적 거래방식 가운데 세부담이 가장 적은 것을 택했더라면 국가가 이를 부인할 수 없는 까닭이다. 당연한 사리로 납세의무자한테는 세부담이 큰 방식으로 거래방식을 짤 의무가 없다.

Ⅵ. 부당행위의 유형별 요건과 효과

법령은 부당행위의 유형을 늘어놓고 있다.[267] 부당행위계산의 부인을 창설적 규정으로 이해하면서, 법령에 나온 어느 유형에 해당하지 않는 행위는 부인대상이 아니라고 보고 있는 판례가 많음은 앞서 본 바와 같다.[268] 계산부인의 효과에 대해서는 법령에 아무런 구체적 규정이 없다.[269] 결국 사법(私法)상의 최종결과에는 변함이 없도록 하면서 거래를 어떻게 재구성해야 하는가의 문제가 되고, 이는 정상적 행위로서 세부담이 가장 적은 거래형식이 무엇인가를 찾는 문제가 된다. 부당행위를 재구성함에 따라 회사 및 거래상대방에게 어떤 법률효과가 생기는가? 일반적 효과는 두 가지이다. ⅰ) 처분상대방이 가져간 돈은 그와 회사 사이의 관계가 무엇인가에 따라 배당, 상여, 기타소득, 기타 사외유출 따위로 소득처분(소득의 종류를 구분)하여 상대방에 대한 과세에 반영한다. ⅱ) 상여, 기타소득, 기타 사외유출로 처분된 금액을 회사가 손금산입할 수 있는가 또 배당처분된 금액에 대해서 배당세액공제가 적용되는가는 문제의 행위가 사법상 유효한가 내지 회사에 반환청구권이 있는가에 따르게 된다. 이미 본 바와 같다. 법령이 정한 거래유형별로 특히 주목할 점만 살펴보자.

1) 자산을 시가보다 높은 가액으로 매입(買入) 또는 현물출자받았거나[270] 그 자산을 과대상각한 경우: 자산을 시가로 사거나 출자받으면서 차액을 유출한[271] 것으로 재구성하여, 자산의 취득가액은 시가로 낮추고[272] 매입가액과 시가의 차액은 처분상대

---

266) Tipke/Kruse, *Abgabenordnung, Finanzgerichtsordnung Kommentar zur AO 1977 und FGO,* AO 제42조 주석 20문단(13. Aufl., 1992).

267) 법인세법 제52조, 법인세법시행령 제88조 제1항.

268) 법인세법 제52조에 따른 위임명령은 아니지만 법인세법시행령 제43조 제3항과 제4항도 실질과세 내지 부당행위계산부인 제도의 일부로 이해해야 한다.

269) 그렇더라도 합헌이라는 판결로 헌법재판소 2001. 8. 30. 99헌바90 결정; 대법원 2004. 2. 13. 선고 2002두11479 판결; 2007. 9. 20. 선고 2005두9415 판결.

270) 대법원 2014. 11. 27. 선고 2012두25248 판결(주식의 포괄적 교환); 2015. 1. 15. 선고 2012두4111 판결(합병≠매입·현물출자). 이준봉, 법인세법강의, 2편 1장 2절 6관 IV.2.1.은 과세이연 대상이라면 부당행위계산 부인대상이 아니라고 하나 부의 무상이전에 대한 증여세와 정상적 주식양도차익의 과세는 논점이 다르다.

271) 대법원 1989. 12. 22. 선고 88누7255 판결. 여러 가지 자산이라면 다 묶어서 판단한다. 대법원 2013. 9. 27. 선고 2013두10335 판결.

방이 가져간 것으로 한다. 신주의 고가인수는 아래 10).

(보기) 다음 각 거래에 따르는 세무조정과 소득처분을 표시하라.

1. 대표이사에게서 시가 5억원짜리 기계를 10억원에 매수하면서 (차) 기계 10억 (대) 현금 10억으로 처리.
2. 위 기계의 장부상 취득가액 10억원 가운데 2억원을 감가상각으로 떨었다. (차) 감가상각 2억 (대) 기계장치 2억.
3. 감가상각 후 위 기계를 6억원에 팔고 장부상 처분손 2억원이 있다. (차) 현금 6억 + 처분손 2억 (대) 기계장치 8억.

(풀이)

1. 5억원을 주고 기계를 사는 거래와 위법소득 5억원을 지급한 거래로 곧 '(차) 기계장치 5억 + 손배채권 5억 (대) 현금 10억'으로 재구성한다. 따라서 5억원을 상여처분해서 위법소득으로 과세하고 기계장치는 5억원으로 깎는다.
2. '(차) 감가상각 1억원 (대) 기계장치 1억원'으로 재구성한다. 감가상각액 가운데 1억원을 손금불산입. 미상각잔액은 4억원.
3. 실질은 미상각잔액 4억원짜리를 6억원에 판 것이므로 처분익 2억원이 생겨야 하지만, 장부에는 처분손 2억원이 나와 있으므로, 4억원을 익금산입. 기계장치는 사라진다.

(보기) 100% 주주로부터 취득원가 10억원 시가 5억원짜리 토지를 10억원으로 쳐서 현물출자받으면서 (차) 토지 10억 (대) 자본금 10억으로 처리. 주주에게는 다른 양도차손익이 전혀 없다.

(풀이) 재구성 결과로 두 가지 가능성을 생각할 수 있다. 첫째, (차) 토지 5억 (대) 자기자본 5억, 둘째, (차) 토지 5억 + 불법행위채권 5억 (대) 자기자본 10억. 논점은 배당처분 여부. 둘째가 맞다. 토지를 과대계상하므로 아래 10)과 다르다. 다른 양도차손익이 전혀 없으므로 애초 주주의 입장에서 생기는 처분손 5억원은 아무 쓸모가 없다. 첫째를 따른다면 가령 이듬해 이 토지의 시가가 다시 10억원이 되는 경우 이 토지를 현물배당으로 주주에게 되돌려준다면 주주에게 아무런 소득이 없어진다. 결국 특수

---

272) 거래가와 시가의 차액을 익금산입하고 배당이나 상여 등으로 소득처분하면서 다시 손금산입 (-)유보하여 당장 법인세 부담에는 차가 없게 하고 세무상 취득가액을 장부보다 낮추어서 뒤에 감가상각이나 처분시점에 가서 과대계상된 장부상 손금액(감가상각이나 처분시 취득원가)의 일부를 부인한다. 대법원 2008. 9. 25. 선고 2006두3711 판결은 법인세에 관한 한 당연히 옳지만, 상대방에 대한 과세여부는 판결에서 불분명하다.

관계를 악용해서 쓸모없는 처분손만큼 배당소득을 부당히 줄이는 결과를 얻게 된다.

2) 無收益 자산을[273] 매입 또는 현물출자받았거나 그 자산에 대한 비용을 부담한 경우: 무수익 자산을 영(0)원에 산 것으로 하고 구입대가는 배당이나 상여 따위를 지급한 것으로 재구성해야 한다. 무수익자산의 매입가액을 대여금으로 보고 이자상당액을 익금산입한다는 판결이 있지만,[274] 그르다. 돌려받을 채권이 없으니 대여가 아니고 횡령과 같은 구조로 전액이 바로 과세소득.[275] 무수익자산이더라도 객관적 시가가 있다면 소득유출액은 차액부분이겠지만 문제는 값어치가 있는 자산(가령 자기주식)이 과연 무수익자산인가로 돌아간다. 업무무관자산이라도 수익을 낳는다면 무수익자산은 아니다. 다만 앞 1)에 해당할 수는 있다.

3) 자산을 무상 또는 시가보다 낮은 가액으로 양도(讓渡) 또는 현물출자한 경우[276](다만, 주식매수선택권의 행사에 따라 주식을 양도하는 경우는 제외): 자산을 시가에 팔거나 출자하고(따라서 양도차익이 늘어난다) 늘어난 차액은 사외유출한 거래로 재구성한다.

3-1) 불공정한 합병비율로 양도손익을 감소시킨 경우: 아래 VII. 6.[277]

4) 不良자산을 차환하거나 불량채권을 양수한 경우: 불량자산의 借換이라는 말은 뜻이 분명하지 않지만 받은 자산의 가치가 내놓은 자산의 가치에 미치지 못하는 경우라는 뜻으로 읽어야 한다. 불량자산의 차환은, 내놓은 자산을 시가에 팔고 처분대금의 일부로 불량자산을 사들이면서 나머지는 거래상대방에게 배당이나 상여 따위로 지급한 것으로 재구성해야 한다. 불량채권은 액면금액의 회수가능성이 낮아 가치가 액면금액보다 낮은 채권이라는 뜻이다. 불량채권의 양수는 채권양수대금으로 지급한 금액 가운데 불량채권의 가치 부분은 채권양수대금으로 나머지 부분은 배당이나 상여 따위로 지급한 것으로 재구성한다. 대손시점에 가서 재구성한다는 주장이 있으나 앞 II.

5) 출연금을 대신 부담한 경우: 배당, 상여 따위의 지급으로 재구성한다.

---

273) 대법원 2000. 11. 10. 선고 98두12055 판결(계열사가 못 판 골프회원권); 2006. 1. 13. 선고 2003두13267 판결; 2014. 4. 10. 선고 2013두20127 판결(숙소명목 부동산). 2020. 8. 20. 선고 2017두44084 판결(자기주식)↔2023. 4. 27. 선고 2023두31263 판결. 김범준, 자기주식 취득과 무수익자산 과세, 세무와 회계 13-3(2024), 3쪽.

274) 대법원 2000. 11. 10. 선고 98두12055 판결(계열사가 못 판 골프회원권); 2020. 8. 20. 선고 2017두44084 판결(매입의무 없는 자기주식의 고가매입). 김완석·황남석, 법인세법론, 3편 8장 3절 3.나.

275) 대법원 1983. 10. 25. 선고 81누136 판결. 제18장 제2절 Ⅲ. 같은 생각으로 이준봉, 법인세법강의, 2편 1장 2절 7관 II.3. 대법원 2017두44084 판결 하급심은 무수익자산을 처분해서 대금을 회수한다고 하나 애초 쟁점이 회수하지 못한 돈이다.

276) 대법원 2006. 7. 13. 선고 2004두6211 판결.

277) 대법원 2015. 1. 15. 선고 2012두4111 판결(합병≠현물출자) ↔ 시행령 3호의2.

6) 금전, 그 밖의 자산 또는 용역을 무상 또는 시가보다 낮은 이율·요율이나 임대료로 대부하거나 제공한 경우[278][다만, 주식매수선택권의 행사에 따라 금전을 제공하거나 주주 등이나 출연자가 아닌 임원(소액주주인 임원을 포함한다) 및 사용인에게 사택을 제공하는 경우[279] 제외]: 자산을 시가로 빌려 주거나 용역을 시가로 제공하고 받은 돈 가운데 차액 부분을 배당,[280] 상여 따위로 지급한 거래로 재구성한다. 증여세 문제가 생길 수도 있다.[281] 돈을 꿔주는[282] 경우 일응의 시가란[283] 가중평균차입이자율(법정사유가 있다면 당좌대출이자율).[284] (또한 차입금이 있는 법인이 돈을 빌려 주었고 빌려 준 돈이 업무와 관련없이 지급한 가지급금에 해당한다면 가지급금에 들어간 돈에 해당하는 지급이자를 손금불산입한다.[285]) 자산을 제공한 경우에는[286] 자산 시가의 50%로 임대차보증금 상당액을 계산한 뒤 거기에 이자율을 적용하여 시가(임대료)를 계산하고, 용역을 제공한 경우에는 원가에 수익률을 붙여서 시가(용역대가)를 계산한다.[287] 가지급금 원리금 자체를 유출로 보아 거래상대방의 소득으로 과세하는

278) 대법원 1981. 11. 24. 선고 81누10 판결(선급금); 1991. 1. 11. 선고 90누7432 판결(근무중인 자에게 지급한 퇴직금); 2001. 3. 27. 선고 99두8039 판결(주금가장납입); 2010. 1. 14. 선고 2007두5646 판결; 2010. 1. 28. 선고 2008두15541 판결(특수관계인 발행 회사채의 인수); 2010. 5. 27. 선고 2007두23309 판결(공사대금 회수지연); 2010. 10. 28. 선고 2008두15541 판결; 2012. 10. 25. 선고 2012두14255 판결(자동차 물류); 2013. 7. 11. 선고 2011두16971 판결(유동화전문회사에서 받을 배당금 채권); 2022. 1. 27. 선고 2017두36045 판결(회수지연); 2023. 5. 18. 선고 2018두33005 판결(상표사용료). 미국판례는 Bittker & Eustice, 8.05[4]절 참조. 대부의 범위는 대법원 2006. 1. 26. 선고 2004두5904 판결(어음배서는 대부); 2009. 4. 23. 선고 2006두19037 판결(예금 담보제공≠대부). 이미 시효소멸했다면 인정이자 계산대상이 아니다. 대법원 2013. 10. 31. 선고 2010두4599 판결. 시효소멸시키는 행위자체가 부당행위일 수는 있을 것이다. 특수관계인에 대한 채권추심이 늦어졌더라도 그럴 만한 사정이 있다면 부당행위가 아니다. 대법원 1990. 5. 11. 선고 89누8095 판결; 2000. 11. 14. 선고 2000두5494 판결; 비영리법인의 목적사업용이라면 부당행위가 아니다. 대법원 2013. 11. 28. 선고 2013두12645 판결.

279) 사택대신 사택보조금을 무상대여하는 것은 부당행위가 아니다. 대법원 2006. 5. 11. 선고 2004두7993 판결; 2008. 10. 9. 선고 2006두19013 판결.

280) 미국법에서 배당으로 보는 경우에 관하여는 미국 재무부 규칙 1.301-1(j) 참조.

281) 대법원 2014. 5. 16. 선고 2013두17633 판결. 제25장 제3절 III.5.

282) 채권포기 뒤에는 꿔준 돈이란 없다. 대법원 2015. 3. 26. 선고 2012두14224 판결.

283) 대법원 2018. 7. 20. 선고 2015두39842 판결; 2018. 7. 26. 선고 2016두40375 판결. 앞 III.

284) 대법원 2007. 9. 20. 선고 2006두1647 판결; 2014. 8. 26. 선고 2014두4719 판결; 2018. 10. 25. 선고 2016두39573 판결. 차주가 사업자나 법인(대법원 2007. 9. 20. 선고 2005두9415 판결)이거나 무주택자인 사용인(대법원 2006. 2. 24. 선고 2005두10163 판결)이라면 당좌대월이자율을 적용한다. 법인세법시행령 제89조 제3항.

285) 법인세법 제28조 제1항 제4호. 제1절 IX. 헌법재판소 2007. 1. 17. 2005헌바75, 2006헌바7, 8(병합) 결정. 대법원 2010. 1. 14. 선고 2007두5646 판결; 2010. 6. 24. 선고 2007두18000 판결; 2010. 10. 28. 선고 2008두15541 판결; 2014. 8. 26. 선고 2014두4719 판결.

286) 자산의 무상대여와 금전대여의 구별에 관해서는 대법원 2009. 7. 9. 선고 2007두4049 판결; 2017. 8. 29. 선고 2014두43301 판결; 2017. 12. 28. 선고 2017두56827 판결.

것은 제18장 제5절 VII.3.

7) 금전, 그 밖의 자산 또는 용역을 시가보다 높은 이율·요율이나 임차료로 借用하거나 제공받은 경우: 시가로 빌린 부분만 임차료 등 경비로 하고 차액은 배당, 상여 따위로 처분한다. 시가의 계산에 관한 특칙은 제 6)호와 같다. 과다인건비는 이미 본 바 있다.[288]

7의 2) 파생상품에 근거한 권리를 행사하지 아니하거나 그 행사기간을 조정하는 등의 방법으로 이익을 분여하는 경우[289]

8) 다음 각 목의 어느 하나에 해당하는 자본거래로 인하여 주주 등인 법인이 특수관계인인 다른 주주 등에게 이익을 분여한 경우: 아래 VII.

8의 2) 제8호 외의 경우로서 증자·감자, 합병(분할합병을 포함한다)·분할, 상속세및증여세법 제40조 제1항에 따른 전환사채 등에 의한 주식의 전환·인수·교환 등 법인의 자본(출자액을 포함한다)을 증가시키거나 감소시키는 거래를 통하여 법인의 이익을 분여했다고 인정되는 경우: 아래 VII.

9) 그 밖에 제1호 내지 제8호의2에 준하는 행위 또는 계산 및 그 외에 법인의 이익을 분여했다고 인정되는 경우: 종래 대법원 판결로는 부당행위계산의 부인을 창설적 규정으로 보고 앞서 본 여러 유형을 열거규정이라고 본 것이 주류였고[290] 그런 관점에서 본다면 제9호는 거의 없는 것이나 진배없이 극히 제한적으로 읽게 된다.[291] 한편 종래에도 앞의 여러 유형을 예시규정일 뿐이라고 본 것도 있었고,[292] 21세기에 들어서는 제9호를 적용한 판결이 늘고 있다.[293] 특히 자산의 양도가격이 문제된 사안에서, 양도가격이 위 제3호의 저가양도에 해당하지 않더라도 "자산의 양도를 수반하는

---

287) 대법원 2009. 9. 24. 선고 2007두7505 판결. 법인세법시행령 제89조 제4항.

288) 대법원 2017. 9. 21. 선고 2015두60884 판결. 이 장 제1절 Ⅶ.

289) 대법원 2015. 11. 26. 선고 2014두335 판결.

290) 대법원 1982. 11. 23. 선고 80누466 판결; 1996. 5. 10. 선고 95누5301 판결; 1997. 5. 28. 선고 95누18697 판결; 1999. 11. 9. 선고 98두14082 판결; 2003. 12. 12. 선고 2002두9995 판결 등.

291) 대법원 1992. 9. 22. 선고 91누13571 판결; 1993. 11. 9. 선고 98누14082 판결.

292) 대법원 1991. 5. 28. 선고 90누8374 판결; 1991. 12. 27. 선고 91누5440 판결; 1992. 10. 13. 선고 92누114 판결; 1996. 5. 10. 선고 95누5301 판결; 1997. 2. 14. 선고 96누9966 판결.

293) 대법원 2001. 3. 27. 선고 2000두1355 판결; 2001. 9. 28. 선고 99두11790 판결; 2003. 6. 13. 선고 2001두9394 판결(주식양도); 2005. 4. 29. 선고 2003두15249 판결; 2006. 1. 26. 선고 2004두5904 판결; 2006. 11. 10. 선고 2006두125 판결(특수관계인 채무보증액의 대위변제); 2008. 10. 9. 선고 2006두19013 판결; 2009. 4. 23. 선고 2006두19037 판결(담보제공); 2009. 5. 14. 선고 2006두11224 판결; 2009. 11. 26. 선고 2007두5363 판결(담보제공); 2010. 10. 28. 선고 2008두15541 판결; 2014. 8. 26. 선고 2014두4719 판결(채권회수 지연); 2015. 9. 10. 선고 2013두6206 판결(출자자금이 돌고 돌아 특수관계인의 보증채무 면책); 2019. 4. 23. 선고 2016두54213 판결(경영권 프리미엄 포기); 2019. 5. 30. 선고 2016두54213 판결(지배주주와 특수관계인이 주식을 일괄양도하면서 주당 매매가격을 균등책정); 2020. 3. 26. 선고 2018두56459 판결(채무면제) 등.

일련의 행위로 보아 당해 자산을 특수관계인에게 이전할 당시에 그로 인한 장래의 기대이익이 어느 정도 확정되어 있었다고 인정될 수 있는 경우에는 그 일련의 행위는 제9호 소정의 이익분여행위에 해당한다"고 본 사례도 있다.[294]

10) 현금만 관계되는 자본거래로, 신주의 인수가액이나 유상감자 가액이 시가와 다르다면 회사와 주주 사이에 부당행위가 성립하는가? 예전에는 그렇다는 판결이 있었지만[295] 이제는 사실상 폐기되었다.[296] 현금의 취득가액을 시가보다 높게 잡는 것은 애초 불가능하니 부당행위일 수가 없다. 가령 발행주식수가 10,000주인 어떤 회사에서 주당 순자산 및 주식의 가치가 20,000원, 주식 전체의 가치는 10,000 × 20,000 = 2억원이며 이 주식을 두 주주가 50 : 50으로 소유한다고 하자. 이 회사가 두 주주(법인)에게 신주 1만주를 새로 발행해 주면서 발행가액을 주당 15,000원으로 정한다고 하자. 두 주주는 각각 회사에 7천5백만원을 납입하므로 회사 주식 전체의 가치는 3억5천만원이 되고, 두 주주의 지분은 각 1억7,500만원이 된다. 신주발행 전이나 후나 주주의 부는 1억7,500만원으로 아무런 변화가 없고 부(富)나 소득의 부당한 이전이 없다.[297] 현실적으로도, 주주평등거래를 부당행위로 본다면 주가가 액면에 미달하는 회사의 신주를 인수하는 것은 언제나 부당행위가 되는 등 여러 가지 어려움이 생긴다. 주주평등의 원칙을 어기면서 시가와 다른 자본거래를 한다면 부나 소득의 부당한 이전이 생기지만, 이런 이전은 주주 사이에서 생길 뿐이다.[298] 주주간 불평등 거래로 자산을 현물출자받으면서 출자가액을 시가보다 높게 정했다면 앞 1)에서 본 회사자산의 과대계상 문제와 주주간의 무상이전 문제가 동시에 생긴다. 아래 VII.

---

294) 대법원 2003. 6. 13. 선고 2001두9394 판결.

295) 대법원 1989. 12. 22. 선고 88누7255 판결; 1996. 5. 28. 선고 96누4800 판결; 2004. 2. 13. 선고 2002두7005 판결. 회사관련 형사판결로 2009. 5. 29. 선고 2007도4949 판결은 주주에 대한 이사의 충실의무가 없었다는 사정을 고려한 것. 한편 회사가 자기주식을 시가를 넘는 값에 사서 소각하는 것은 부당행위가 아니라고 한다. 대법원 1988. 11. 8. 선고 87누174 판결. 주주 사이 부의 이전은 아래 VII. 신주를 시가보다 싸게 살 권리를 포기해도 부당행위가 아니다. 대법원 1997. 2. 14. 선고 96누9966 판결. 소수주주에게 입힌 손해를 보전해주기 위한 저가매도는 부당행위가 아니다. 대법원 2007. 12. 13. 선고 2005두14257 판결.

296) 대법원 2014. 6. 26. 선고 2012두23488 판결; 2020. 12. 10. 선고 2018두34350 판결; 2020. 12. 10. 선고 2018두56602 판결.

297) 납입받은 주금과 주식액면이 다르다면 그 차액이 회사의 입장에서는 주식발행 액면초과액이나 액면미달액으로 자본준비금에 반영될 뿐이다. 제14장 제1절 III. 나아가 주주간 평등거래인 이상 주주가 회사에 무상출연한 돈도 손익을 낳지 않는다는 논리가 서게 된다. 미국재무부 규칙 1.118-1조.

298) 대법원 2014. 6. 26. 선고 2012두23488 판결. 이창희, 증자감자를 통한 부의 무상이전에 대한 법인세, 인권과 정의 247호(1997), 95쪽.

Ⅶ. 자본거래(資本去來)를 통한 주주간 부당행위

부당행위의 유형 가운데 하나로 대통령령은 다음과 같은 내용을 두고 있다:

법인세법시행령 제88조 (부당행위계산의 유형 등) ① …

8. 다음 각 목의 어느 하나에 해당하는 자본거래로 인하여 주주등…인 법인이 특수관계인인 다른 주주 등에게 이익을 분여한 경우

가. 특수관계인인 법인간의 합병(분할합병을 포함한다)에 있어서 주식 등을 시가보다 높거나 낮게 평가하여 불공정한 비율로 합병한 경우. 다만, 자본시장과금융투자업에관한법률…에 따라 합병(분할합병을 포함한다)하는 경우는 제외한다.

나. 법인의 자본(출자액을 포함한다)을 증가시키는 거래에 있어서 신주(…)를 배정・인수받을 수 있는 권리의 전부 또는 일부를 포기(그 포기한 신주가 자본시장과금융투자업에관한법률…에 따른 모집방법으로 배정되는 경우를 제외한다)하거나[299] 신주를 시가보다 높은 가액으로 인수하는 경우[300]

다. 법인의 감자에 있어서 주주 등의 소유주식 등의 비율에 의하지 아니하고 일부 주주 등의 주식 등을 소각하는 경우

8의2. 제8호 외의 경우로서 증자[301]・감자, 합병(분할합병을 포함한다)・분할, 상속세및증여세법 제40조 제1항에 따른 전환사채등에 의한 주식의 전환・인수・교환 등 자본거래를 통해 법인의 이익을 분여했다고 인정되는 경우. 다만, … 주식매수선택권의 행사에 따라 주식을 발행하는 경우는[302] 제외한다.

1. 부의 이전

증자, 감자, 합병 주식의 포괄적 교환 따위의 단체법 거래에서 주식의 발행가액, 감자가액, 합병비율 등이 시가를 제대로 반영하지 않는다면 주주(株主) 사이에서[303] 부(富)의 이전이 생긴다.[304] 예를 들어 발행주식수가 10,000주인 어떤 회사(또는 존속

299) 글귀상 정관에 따른 제3자 배정에는 적용할 수 없다. 대법원 2012. 3. 29. 선고 2011두29779 판결; 2015. 12. 23. 선고 2015두50585 판결.

300) 대법원 2014. 6. 26. 선고 2012두23488 판결.

301) 대법원 2020. 12. 10. 선고 2018두34350 판결(실권주 제3자배정).

302) 대법원 2010. 5. 27. 선고 2010두1484 판결. 위 III.

303) 대법원 2014. 6. 26. 선고 2012두23488 판결; 2014. 7. 24. 선고 2013두15729 판결; 2020. 12. 10. 선고 2018두56602 판결; 2025. 4. 24. 선고 2022두42228 판결. 일본에도 미공간 2012년 판결이 있다고 한다.

304) 법령이 분여이익의 계산방법을 정하고 있는 것은 당연한 사리의 확인일 뿐이다. 대법원 2009. 11. 26. 선고 2007두5363 판결. 일응의 시가는 유추적용으로 정할 수 있다. 대법원 2013. 12. 26. 선고 2011두2736 판결. 실권주를 고가로 인수하더라도 실권주주가 보유하고 있던 주식의 1주당 가액이

회사)에서 주당 순자산 및 주식의 가치가 20,000원, 주식 전체의 가치는 10,000주 × @20,000 = 2억원이라고 하자. 이 회사가 기존주주가 아니었던 자(또는 소멸법인 주주)로부터 5천만원을 받으면서(소멸법인 순자산 5천만원을 넘겨받으면서) 신주(합병신주) 1만주를 새로 발행해 준다고 하자. 회사에 들어오는 재산은 5천만원 증가하여 회사(존속회사) 주식 전체의 가치는 2억5천만원이 된다. 신주주는 그 가운데 절반을 차지하므로 그의 주식 가치는 1억2,500만원이 되고, 구주주의 주식가치도 1억2,500만원이 된다. 결과적으로 구주주의 주식가치는 2억원에서 1억2,500만원으로 줄어들어, 부의 감소액이 7,500만원 생긴다. 이 7,500만원은 바로 신주주에 대한 부의 이전액이다. 신주주는 5천만원을 내어 놓고 1억2,500만원어치의 주식을 가지게 되므로 그의 부는 7,500만원 늘어나게 된다.[305] 증여금액을 10,000주 × (주당가치 - 주당납입액)으로 계산한다면 주당가치는 증자후 기준으로 계산해야 한다.[306] 이 보기에서는 2억5천만원/20,000주 = 12,500원이다.

2. 개인 · 법인 → 개인

이같이 부를 무상이전 받는 주주가 個人이라면 증여세가 나온다. 주식거래를 통한 부의 무상이전은 재벌 2세, 3세들이 증여세나 상속세를 피하면서 재산을 물려받는 수단으로 널리 쓰였다. 부모자식 사이에 직접적인 증여가 없으므로 증여세를 피할 수 있는 수단이 되었던 까닭이다. 처음에 등장한 것이 재벌 2세에게 실권주를 배정하는 방식이었다. 그러자 정부가 실권주를 이용한 부의 이전을 증여로 간주하는 조문을 들여오고, 이번에는 재벌들이 또 다른 수단을 찾아내고, 정부가 다시 그에 대한 대책을 입법하고… 아무튼 현행 상속세및증여세법에는 예를 들어 다음 조문이 있다.[307]

> 상속세및증여세법 제39조 (증자에 따른 이익의 증여) ① 법인이 자본금…을 증가시키기 위하여 새로운 주식 또는 지분(이하 이 조에서 "신주"라 한다)을 발행함으로써 다음 각 호의 어느 하나에 해당하는 이익을 얻은 경우에는 주식대금 납입일…을 증여일로 하여 그 이익에 상당하는 금액을 그 이익을 얻은 자의 증여재산가액으로 한다.
>
> 1. 신주를 시가…보다 낮은 가액으로 발행하는 경우: 다음 각 목의 어느 하나

모두 음수로 평가되고 단지 그 음수의 절대치가 감소한 것에 불과한 경우, 실권주주가 이익을 분여받았다고 보아 부당행위계산부인의 대상으로 삼을 수 없다. 대법원 2010. 11. 11. 선고 2008두8994 판결.

305) 상법은 이에 대한 대책으로 주식인수인의 책임에 관한 규정을 두고 있다. 상법 제424조의2. 그에 따른 정산을 위한 주식 저가매도는 부당행위가 아니다. 대법원 2007. 12. 13. 선고 2005두14257 판결.

306) 대법원 2003. 10. 23. 선고 2002두4440 판결; 2007. 12. 13. 선고 2005두14257 판결.

307) 상세는 제25장 제3절 IV.

에 해당하는 이익

가. - 나. (생략)

다. 해당 법인의 주주등이 아닌 자가 해당 법인으로부터 신주를 직접 배정… 받음으로써 얻은 이익 (하략)

앞 보기로 돌아가서 신주주가 5천만원을 출자하여 주식 1억2,500만원어치를 받고 차액 7,500만원은 구주주가 손해 보는 거래를 다시 생각해보자. 가령 손해를 보는 구주주가 아버지이고 득을 보는 신주주가 아들 같으면 상속세및증여세법의 위 조항호 (다)에 해당한다. 따라서 {(구주가치 2억원 + 신주가치 5천만원)/(구주 10,000주 + 신주 10,000주) - 신주인수가액 5,000원} × 신주 10,000주 = 7,500만원에 증여세를 매긴다.[308] 손해를 본 구주주에게는 어떤 법률효과가 생기는가? 구주주가 아버지 개인이 아니고 아버지가 지배하는 법인이라면 자본거래에 관한 부당행위 조항을 적용하여, 신주주가 5천만원을 출자하여 주식 5,000만원어치를 받는 거래와 구주주가 2억원어치 주식 가운데 7,500만원어치를 신주주에게 증여하는 거래의 결합으로 재구성한다. 이 증여액 7,500만원은 손금불산입 기부금이므로[309] 기타사외유출로 처분하면서[310] 주식의 취득가액을 7,500만원만큼 줄여준다.[311] 구주주가 개인인 때에도 주식양도차익이 과세되는 경우라면(실제로는 자본거래를 통한 변칙증여를 꾀할 만한 주주라면 거의 다 양도소득세의 적용을 받겠지만) 똑같은 문제가 생기지만 현행법에는 이를 부당행위로 보는 명문의 규정은 없고,[312] 부당행위 일반규정의[313] 해석문제로 돌아간다.[314]

3. 법인 → 법인

위와 같이 증여세를 매기는 규정이 생기자 변칙증여 수법으로 새로 생긴 것이 재벌2세나 3세 개인이 아니라 그가 지배하는 회사에게 부를 이전하는 방식이다. 상속세및증여세법은 영리법인에게는 적용되지 않음을 이용한 것이다.[315] 영리법인에

308) 상속세및증여세법 제39조, 같은 법 시행령 제29조 제2항. 대법원 2009. 11. 26. 선고 2007두5363 판결; 2014. 11. 27. 선고 2012두25248 판결. 법 사이의 괴리를 막으려는 규정으로 법인세법시행령 제89조 제6항.

309) 법인세법시행령 제89조 제6항.

310) 대법원 2014. 4. 24. 선고 2011두23047 판결; 2014. 11. 27. 선고 2012두25248 판결. 법인세법시행령 제106조 제1항 제3호 자). 제10장 제3절 II, 제5절 2. 제18장 제5절 VII.4. 제22장 제3절 VII.2.

311) (차) 배당가능이익 7,500 (대) 주식 7,500

312) 소득세법 제101조, 제41조, 같은 법 시행령 제167조, 제98조.

313) 소득세법시행령 제167조 제3항, 제98조 제2항 제5호.

314) 앞 V의 9)호 참조.

315) 상속세및증여세법 제4조의2 제3항.

증여세가 안 나오는 까닭은? 법인세법의 소득은 순자산증가설로 무상으로 이전받는 부에 법인세를 매기니까. 무상으로 받은 자산은 취득 시점에 시가를 취득가액으로 잡으면서 동시에 시가 상당액이 자산수증익으로 익금이 된다.[316] 그런데 부당한 자본거래로 얻는 이익이 자산수증익에 들어갈까? 저가발행으로 신주주가 이득을 본 경우 발행회사가 신주주에게 부를 이전한 것이라는 판결이[317] 있었지만 저가발행으로 구주주가 이득을 보는 사건이라면[318] 그런 논리는 애초 통할 여지가 없다. 애초 부의 이전은 주주 사이에서 일어날 뿐이다. 앞 VI. 10). 그런데 저가나 고가의 신주발행, 감자, 합병 따위에서는 회사와 주주 사이에서만 법률관계가 있고 주주 사이에는 아무런 법률관계가 없다. 그렇다면 주주 사이에 "자산수증익"이 있는가? 앞 I에서 보았듯 "특수관계인과의 거래"라는 말을 직접적 법률관계보다 넓은 뜻으로 읽는 이상 자산수증익이라는 개념은 앞 2.의 개인주주와 균형을 맞추어 새기는 것이 옳다.[319] 대통령령은 "제8호 각 목의 어느 하나 및…제8호의2에 따른 자본거래로 인하여 특수관계인으로부터 분여받은 이익"은 익금이라고 정하고 있다.[320]

4. 개인→법인

그러나 이 조항으로도 문제가 다 풀리지는 않는다. 가령 이득을 보는 자가 법인이고 손해를 보는 자가 개인(비사업자)이라면 법인세법에 따른 부당행위계산부인이 있을 수 없고 따라서 "제88조 제1항 제8호 각 목의 어느 하나"나 제8호의2에 의하여 분여받은 이익이라는 것이 생길 여지가 없다. 유가증권을 시세보다 싸게 매입한 차액을 과세하는 규정도[321] 글귀를 생각하면 적용하기가 어렵다. '자산수증익'이라는 말을 넓게 풀이하여 과세하면 될텐데? 개인에 대한 부당행위계산부인이 없더라도 시행령 제11조 제8호에 포섭할 수 있다는 판례는[322] 자산수증익에 포섭한다는 뜻으로 읽을 수밖에 없다. 그러나 그렇게 간단한 문제가 아니다. 자산수증익이 있다고 보려면, 상대방(증여자) 쪽의 행위 역시 시세거래 부분과 증여 부분으로 사실관계를 고쳐 잡아 주식

---

316) 제18장 제1절 IV.2. 법인세법시행령 제11조 제5호, 제72조 제2항 제5호, 제4항 제3호, 제5항 제3호.

317) 대법원 1995. 7. 26. 선고 94누3629 판결(1996. 5. 28. 선고 96누4800 판결로 재상고기각).

318) 대법원 1997. 2. 14. 선고 96누9966 판결.

319) 일본법 해석론도 같다. 太田 洋, 有利發行に關する課稅問題(金子宏 등 編, 租税法と市場, 2014), 354쪽. 증여세 완전포괄주의 시행 전의 해석론으로는 이창희, 증자감자를 통한 부의 무상이전에 대한 법인세, 인권과 정의 247호(1997), 95쪽.

320) 법인세법시행령 제11조 제8호. 이처럼 과세된 금액은 주식의 취득원가에 들어간다. 법인세법시행령 제72조 제2항 제5호. 시행령의 효력을 부인하는 주장으로 김완석·황남석, 법인세법론, 3편 3장 1절 10.

321) 법인세법 제15조 제2항 제1호.

322) 대법원 2024. 6. 13. 선고 2023두39809 판결. 그 밖에 대법원 2002. 10. 23. 선고 2002두4440 판결.

취득원가를 줄여잡는 조정이 필요하다.323) 결국 두 당사자 모두에 관한 사실관계의 재구성이 필요하게 되고, 이는 일반적 실질과세의 원칙을 적용하여 조세회피행위를 부인할 수 있는가의 문제로 돌아온다.

5. 소수주주의 피해 = 이익 본 자의 증여나 소득?

또 다른 문제로 소수주주가 끼어 있는 경우에는 신주주의 이득금액과 구주주의 손실금액이 달라지고, 그에 따라 증여나 자산수증익으로 과세할 수 있는 금액이 얼마인가라는 문제도 생긴다. 앞의 예로 돌아가 김아들이라는 개인이 신주주로서 5천만원을 내고 신주 10,000주를 인수하여 7,500만원의 득을 본다고 하자. 이 7,500만원이 김부친의 손해 3,750만원과 소수주주의 손해 3,750만원으로 이루어진다면 신주주에게 과세할 금액은 3,750만원인가, 7,500만원인가? 신주주가 김아들이라는 개인이라면 상속세및증여세법이 적용되고, 증여로 과세할 금액은 7,500만원이다.324) 신주주가 김아들이 지배하는 법인(김아들사)이라면 어떻게 되는가? 이 문제는 다시 구주주가 자연인인가 법인인가에 따라 나누어 보아야 한다. 구주주가 자연인 김부친이라면, 이미 보았듯 현행법에서는 김아들사에 세금을 매길 수 있는가는 실질과세로 거래를 재구성할 수 있는가로 돌아간다. 구주주가 김부친이 지배하는 법인(김부친사)이라면 법인세법상의 부당행위 규정을 적용할 수 있다. 부당행위 조항에 따르자면 김부친사로부터 김아들사에게 소득을 유출하는 금액은 3,750만원일 뿐이다. 이 결과를 내치고, 김아들사에 7,500만원을 과세하려면, 대주주인 김부친사는 제 몫 3,750만원을 이전함에 더하여 소수주주에게서 3,750만원을 빼앗아 김아들사에 이전했다고 재구성할 수밖에 없다. 곧 김부친사에게는 포기한 주식양도소득 3,750만원과 소수주주에게서 빼앗은 불법소득 3,750만원을 과세하고, 김아들사에는 이전받은 소득 7,500만원을 과세하는 길이다. 이것 역시 일반적 실질과세의 적용범위가 어디까지인가라는 어려운 문제로 돌아오고 만다.

6. 부당한 비율의 현물출자 · 합병 · 분할

(보기) 발행주식수가 10,000주 주당순자산 및 주식가치가 20,000원인 회사가 기존주주 아니었던 자에게 신주 10,000주를 주당 5,000원씩에 발행해주되 납입대가는 시가

323) 가령 신주주의 손해로 구주주가 7,500만원 이득 보는 거래를 자산수증이익이 생기도록 재구성한다면 1) 신주주는 출자금액 2억원에 상당하는 주식 40,000주를 받고, 2) 그 주식 가운데 15,000주(=7,500만원)를 구주주에게 증여하고 3) 두 주주가 각 15,000주씩 무상감자 받는 거래로 재구성할 수 있다. 제18장 제1절 IV.2. 실질과세는 제3장 제4절.

324) 상속세및증여세법 제39조 제1항 제1호 (다)목, 같은 법 시행령 제29조 제2항 제1호. 제25장 제3절 IV.2.

3,000만원짜리 토지를 5,000만원으로 평가해서 현물출자받는다고 하자. 회사에 들어오는 재산은 3천만원 증가하여 주식전체의 가치는 2억3천만원. 구주주와 신주주의 몫은 각 1억1,500만원. 구주주에서 신주주로 넘어간 부는 8,500만원. 출자가액의 과대평가 없이 실제가치가 5천만원인 재산을 현물출자했더라면 신주주에게 넘어갔을 부가 앞 1.에서 보았듯 7,500만원이겠지만 회사재산이 2천만원 과대평가되어 있는 부분의 절반이 구주주 부담이므로 결국 구주주의 손해는 8,500만원.

(풀이) 7,500만원 부분에 대한 법률효과는 앞 VI의 2)에서 5)까지 그대로. 그에 더해서 회사 자산의 취득원가를 5,000만원에서 3,000만원으로 바로잡아야 한다. 문제는 소득처분이다. 두 가지 가능성. 가) 세무조정을 분개형식으로 적자면 (차) 불법행위채권 2,000만원 (대) 토지 2,000만원. 곧 2,000만원 배당처분. 문제는 배당처분의 상대방이다. 논리만 따지면 신주주 구주주가 각 1,000만원씩 배당을 받은 뒤, 구주주가 이 1,000만원을 다시 신주주에게 무상이전했다고 보는 것이 맞다. 그러나 구주주의 다수가 가령 일방적으로 피해만 보는 소수주주라면 그들에게 배당처분을 할 수야 없다. 논리가 굽지만 2,000만원 전체를 신주주에게 배당처분하고, 나머지 6,500만원에 대해서만 앞 2)에서 5)의 법률효과를 줄 수는 있을 것이다. 나) 세무조정을 분개형식으로 적자면 (차) 자기자본 2,000만원 (대) 토지 2,000만원으로 해서 소득처분을 피하고 8,500만원 전체에 앞 2)에서 5)의 법률효과를 주는 것. 앞의 V.1)과 논리가 달라진다는 문제점은 남는다. 가), 나) 어느 쪽이든 완전한 답은 아니다. 이중과세를 피한다는 전제하에 8,500만원을 한 단위로 삼아 현행법을 글자 그대로 적용해나가면 나)라는 답이 나오기는 하지만.[325]

(보기) 발행주식수가 10,000주 주당순자산 및 주식가치가 20,000인 회사가 합병신주 10,000주를 주당 5,000원씩에 발행해 주는데, 이 계산은 실제 시가 3,000만원인 소멸법인 순자산을 5,000만원으로 친 것이다. 존속법인 주주에게서 소멸법인 주주에게 넘어간 부는 8,500만원. 공정하자면 1,500주를 주어야하는데 실제는 10,000주를 주었으니, 신주주의 이득 = 구주주의 손실 = 8,500만원. 모든 논점과 답은 앞의 보기와 같다.[326] 역으로 존속법인의 구주주가 이득을 보는 경우 합병소멸법인의 양도차익을 시가로 과세하고 구주주에게 증여세를 매기면 2중과세라는 주장이 있으나 자명히 그르다.

325) 임상엽, 자본거래와 부당행위계산의 부인, 조세법연구 24-1(2018), 47쪽.
326) 대법원 2015. 1. 15. 선고 2012두4711 판결은 틀렸다.

제 7 편

부가가치세법

[여태 공부한 소득세제에 뒤이어 소비세제의 대표인 부가가치세로 넘어가 보자. 제23장은 부가가치세의 기본 구조 안에서 우리 현행법의 의미를 풀어낸다. 납세의무자, 과세대상, 세액계산의 차례. 제24장은 면세, 영세율, 국제거래를 다룬다.]

제 23 장 현행법의 얼개와 부가가치세의 기본 구조

특히 다른 어느 법보다도 부가가치세법을 모르면 정말로 낭패를 보는 수가 있다. 다른 세금은 거래가 있고 나서 사후적으로 일년에 한번씩 세금이 얼마나 되는지를 따져서 그 결과에 따라서 세금을 내면 된다. 어쨌든 번 돈의 일부를 나중에 세금으로 낸다. 그러나 부가가치세는 당장 내가 받을 돈이 얼마인지에 영향을 미친다. 가령 내가 누구에게 무엇을 팔고 돈을 100만원을 받기로 했다면 이 100만원이 부가가치세를 포함하는 금액인지 제외하는 금액인지를 반드시 생각해야 한다. 세포함금액이라면, 100만원을 받는 것으로 끝이다. 세제외금액이라면 100만원에 부가가치세를 얹어 받는다. 계약에 부가가치세에 관한 아무 말이 없다면 당사자 사이에서 생기는 채권채무는 100만원뿐이고, 상대방은 돈을 100만원 이상 줄 이유가 없게 된다. 그런데 내 속마음은 세후금액으로 100만원을 받을 것이었다면, 그 차액은 내 손해로 돌아간다. 받은 돈 100만원의 일부를 부가가치세로 내어야 하니까. 돈의 흐름이 보이면 무조건 부가가치세를 생각하라. 이것이 부가가치세법 실무에서 가장 중요한 문제이다.

제 1 절 납세의무의 구조

부가가치세법을 공부하기 전에 미리 하나 짚어둘 점. 지금까지 소득세법과 법인세법에서 보았듯 공법상의 금전채무에 관한 법조문은 논리적으로 쭉 연결이 되어 법령만 보면 세금을 얼마 내라는지 알 수 있다. 종합소득세 확정신고납부의무나 법인세 신고납부의무처럼 언제까지 누구에게 돈을 얼마를 내라고 구체적으로 금전채무를 지우는 조문에서 비롯하여 그런 조세채무의 구성요건을 이루는 중간개념들을 다른 조문에서 찾아보면 개념이 쭉쭉 이어진다. 구체적 해석 문제는 남지만 적어도 전체 체계는 법조문 전체가 서로 이어져 하나의 체계(독일식 용어로 외적체계)로 딱 맞아떨어진다.

예전에 우리 부가가치세법이 안고 있는 제일 곤혹스러운 점은 바로 체계의 완결성이 없다는 점이었다. 부가가치세는 원래 유럽에서 일정한 역사적 과정을 밟아[1] 생겨난 세제인데,[2] 일본이 아직 이를 들여오기에 앞서서 우리나라가 미리 들여왔다. 당시 IMF/IBRD 직원들이 영문으로 초안을 써 준 것을 번역했다고 알려져 있다.[3] 이 초안이 조문 전체를 하나의 체계로 맞추어 놓지 못했다. 따라서 부가가치세법의 해석에는 유럽에서 시작해서 이제는 미국을 뺀[4] 거의 전세계에서 쓰고 있는, 매입세액 공제형 다단계 일반소비세라는 모델이 우리 법의 공백이나 결함을 메워준다고 전제해야 한다. 법률을 떠나서는 세금이란 없다는, 여태까지 공부해온 법해석방법의 기본이 흔들린다는 생각이 들겠지만 하릴없다.[5] 실상 예전에 법체계가 워낙 엉망이던 시절에는 여태 공부한 해석방법론을 그대로 적용하면 부가가치세법이 통째 망가지는 것을 보여주는 것으로 강의를 시작했다.[6] 그 뒤 법을 여러 번 손보아 이제는 체계와 글귀를 웬만큼 갖추었지만 꼭 우리 법만의 문제가 아니다. 소득과세에 견주어 역사도 짧고 이론적 모형도 아직 불완전해서 해석문제가 아직 많다. 구체적 금전채무를 특정해서 '누구더러 돈 얼마를 언제까지 내라'는 조문에서 시작해보자.

> 부가가치세법 제49조 (확정신고와 납부) ① 사업자는 각 과세기간에 대한 과세표준과 납부세액 또는 환급세액을 그 과세기간이 끝난 후 25일 … 이내에 … 납세지 관할 세무서장에게 신고하여야 한다 …
>
> ② 사업자는 제1항에 따른 신고(이하 "확정신고"라 한다)를 할 때 … 납부세액… 각 납세지 관할 세무서장 … 에게 … 납부하여야 한다 …

---

1) 부가가치세를 들여온 주이유는 복지지출이다. 역진세로 꾸리는 복지국가라니, 그저 후견국가 아닐까? J. Cato, Regressive Taxation and the Welfare State (2003).

2) 부가가치(valeur ajoutée)에 대한 세금이라는 용어는 1954년 프랑스법의 초안자인 Maurice Laure가 처음 만들었다고 한다. 영어로는 value added tax라는 학명이 널리 통용되지만 실정법의 이름은 general sales tax, general consumption tax, 소비세(消費稅, 일본), 증치세(增值稅, 중국) 등 각각 다르다. EU 부가가치세는 1967. 4. 11. First Council Directive, 678/227/EEC로 처음 생겨서 1977. 5. 17. Sixth Council Directive 77/338/EEC(이하 'EEC 6차지침')를 거쳐 2007. 1. 1. Council Directive 2006/112/EC(이하 '유럽 부가가치세 지침')로 전면개정한 뒤 수시로 개정하고 있다. 체계적 부가가치세의 원조이지만 유럽법에 고유한 부분은 우리와는 무관하다. '준칙'이라고 번역하기도.

3) 막상 영문초안은 아직 안 나타났다. 윤지현, 부가가치세의 연원: 최초의 도입과정에서 앨런 A. 테이트와 제임스 C. 뒤그넌의 보고서가 미친 영향을 중심으로, 조세학술논집 39-2(2023), 277쪽.

4) 소비를 과세할 헌법상 권한이 연방정부에 있는지 의문. 소득과세는 제7장 제3절.

5) 윤지현, 앞의 글, 311-312쪽.

6) 이창희, 부가가치세법의 기본구조, 조세학술논집 17집(2001), 107쪽. 지금 읽고 있는 제23장과 제24장의 원본이다.

부가가치세법 제2조 (정의) 3. "사업자"란 사업 목적이 영리이든 비영리이든 관계없이 사업상 독립적으로 재화 또는 용역을 공급하는 자를 말한다.

부가가치세법 제5조 (과세기간) ① 사업자에 대한 부가가치세의 과세기간은 다음 각 호와 같다.

2. 일반과세자

구분	과세기간
제1기	1월 1일부터 6월 30일까지
제2기	7월 1일부터 12월 31일까지

(이하 생략)

과세기간이 일 년에 둘로 잘려 있고,[7] 각각 예정신고가 중간에 있다. '예정'신고라고 하지만 바로 가산세까지 붙여서 강제징수할 수 있고[8] 담보물권과의 선후에서도 확정신고와 아무런 차이가 없다.[9] 결국 국세기본법의 의미로는 예정신고에도 확정의 효력이 있다.[10] 세금은 한 해에 4번 낸다. 얼마를 내라는 것인가?

부가가치세법 제37조 (납부세액 등의 계산) ① 매출세액은 제29조에 따른 과세표준에 제30조의 세율을 적용하여 계산한 금액으로 한다.

② 납부세액은 제1항에 따른 매출세액 … 에서 제38조에 따른 매입세액…을 뺀 금액으로 한다. 이 경우 매출세액을 초과하는 부분의 매입세액은 환급세액으로 한다.

부가가치세 채무의 금액 내지 납부세액은 자기가 공급한 재화 또는 용역에 대한 매출세액(output tax)에서 매입세액(input tax)을 공제한 금액이다. 매출세액은 제29조의 과세표준에 제30조의 세율을 곱한 금액이다. 납부세액 = (매출세액 - 매입세액) = (매출액 - 매입액) × (세율)이다. 과세표준에 세율을 곱한 금액이 조세채무의 금액이라는 일반적 용례에 맞춘다면 부가가치세의 과세표준은 (매출액 - 매입액)이어야 한다. 그러나, 법의 글귀는 다르다.

부가가치세법 제29조 (과세표준) ① 재화 또는 용역의 공급에 대한 부가가치세의 과세표준은 해당 과세기간에 공급한 재화 또는 용역의 공급가액을 합한 금액으로 한다.

③ 제1항의 공급가액은 다음 각 호의 가액을 말한다. 이 경우 대금, 요금, 수수료,

7) 간이과세자라면 역년(曆年, 1. 1.~12. 31.)이 과세기간이다. 제24장 제2절.

8) 부가가치세법 제58조 제1항, 국세기본법 제47조의2 제1항, 제47조의3 제1항, 제47조의4 제1항.

9) 국세기본법 제35조 제2항 제1호.

10) 대법원 2011. 12. 8. 선고 2010두3428 판결. 제4장 제3절 II.

그 밖에 어떤 명목이든 상관없이 재화 또는 용역을 공급받는 자로부터 받는 금전적 가치 있는 모든 것을 포함하되, 부가가치세는 포함하지 아니한다.

1. 금전으로 대가를 받는 경우: 그 대가.

부가가치세법 제30조 (세율) 부가가치세의 세율은 10퍼센트로 한다.

용어야 어찌되었든 매출세액은 공급가액에 세율을 곱한 금액이다. 가령 01. 12. 31.에 사업을 시작하면서 상품 10개를 샀고 02년 동안 100개를 샀는데 02. 12. 31.에 남은 상품이 20개라면 02년 동안 판 수량은 90개이다. 산 값은 모두 세제외가격으로 10원, 세포함가격으로 11원이며[11] 판 값은 모두 세제외가격으로 20원 세포함가격으로 22원이라고 하자. 02년 매출액은 세제외가격으로 90 × @20 = 1,800원이다. 소득세제와 견주기 위해 부가가치세의 과세기간도 역년이라고 잠시 가정한다면 02년 매출세액은 90 × 2 = 1,800 × 10% = 180원이다.[12] 공제할 매입세액은 얼마인가? 매출원가의 10%이려나.

부가가치세법 제38조 (공제하는 매입세액) ① 매출세액에서 공제하는 매입세액은 다음 각 호의 금액을 말한다.

1. 사업자가 자기의 사업을 위하여 사용했거나 사용할 목적으로 공급받은 재화 또는 용역에 대한 부가가치세액 …

② 제1항 제1호에 따른 매입세액은 재화 또는 용역을 공급받는 시기가 속하는 과세기간의 매출세액에서 공제한다.

02년에 공제받을 매입세액은? 매입세액은 "공급받은 재화" 100개에 딸린 매입세액을 "공급받는 시기"인 02년에 공제한다. 공급한 물건 90개에 딸린 매입세액, 곧 소득세나 법인세의 매출원가에 딸린 세금부분이 아니다. 이 보기에서 02년 매출원가는 (10 × @10) + (100 × @10) - (20 × @10) = 90 × @10 = 900원이다. 제19장 제1절 IV. 따라서 소득은 1,800 - 900 = 900원이다. 그러나 매입세액 공제는 매출원가가 아니라 공급받은 재화, 곧 매입액 1,000원의 10%. 900 × 10% = 90원이 아니고 1,000 × 10% = 100원이다. 납부할 세액은 1,800 × 10% - 1,000 × 10% = (1,800 - 1,000) × 10% = 매출세액 180 - 매입세액 100 = 80원이다.[13]

새로운 사실을 추가해서 02. 12. 31.에 세제외가격으로 500원짜리 기계를 샀다고

---

11) (차) 매입 1,000 + 매입세액(자산) 100 (대) 현금 1,100

12) 다 현금거래라 치고 거래를 다 모아서 분개 형식으로 적으면 (차) 현금 1,980 (대) 매출 1,800 + 매출세액(부채) 180

13) (차) 매출세액 180 (대) 매입세액 100 + 현금 80

하자. 산 지 하루도 안 되었으니 02년 소득계산에서 감가상각으로 떨 수 있는 금액은 없다. 부가가치세는 어떻게 되는가? 이 기계장치 역시 "공급받은 재화"인 것은 마찬가지. 그러니 거기에 딸린 세액 50원을 공급받는 시기인 02년에 공제받는다. 납부할 세액은 (1,800 - 1,000 - 500) × 10% = 매출세액 180원 - 매입세액 150원 = 30원이다.

부가가치 납부세액 중 일정비율은 지방소비세로서 지방세법이 정하는 방법에 따라 각 지방자치단체로 들어간다.[14] 전단계의 매도인이 매출세액을 실제 납부하지 아니했더라도 매입세액 공제에는 영향을 미치지 않는다. 정부는 전단계의 매도인에게서 세액을 징수할 수 있을 뿐이다.[15] 매입세액공제액이 매출세액보다 더 크다면 환급세액이[16] 생긴다. 현금 환급은 하지 않고 장래로 이월만 허용하는 입법례도 있지만[17] 우리 법은 환급세액을 돌려준다. 부가가치세 환급세액 지급청구는 민사소송이 아니라 당사자소송.[18]

제 2 절 부가가치세란 무엇인가?

앞 절을 한 마디로 줄이면 부가가치세란 사업자가 자신의 매출에 붙는 매출세액에서 매입에 붙는 매입세액을 공제한 차액을 납부하는 세금이다. 그런데 여기에서 대뜸 뭔가 석연치 않은 느낌이 들리라. 바로 위 보기에서 납부할 세액 30원의 기초가 된 (1,800 - 1,000 - 500)이란 (매출액 - 재고자산매입액 - 고정자산매입액). 어, 이게 도대체 무얼 나타내지? 위 보기에서 소득은 (매출액 - 매출원가 - 감가상각) = 900원이다. 그렇다면 부가가치세란 도대체 무엇을 과세하는 것인가? 모든 사람을 다 과세하지 않고 사업자만 과세하는 이유는 무엇인가? 결론부터 적자면 일정한 역사적 과정을 거쳐 유럽에서 생겨나 우리나라에까지 들어온 이 부가가치세라는 세금은 "다단계 일반소비세"라 정의할 수 있다.

---

14) 2010년 1/20로 시작해서 지금은 1/4도 넘는다. 지방소득세와 달리 따로 신고하거나 따로 납세하지는 않는다. 부가가치세법 제72조; 지방세법 제65조 이하.

15) Alan Schenk & Oliver Oldman, Value Added Tax(2001; 이하 "Shenk & Oldman"), 188쪽. 자료상 등 사실과 다른 세금계산서는 아래 제5절 IV.

16) 제4장 제1절.

17) 유럽 부가가치세 지침, 제183조. 제6차 지침, 제18(4)조.

18) 부가가치세법 제59조. 대법원 2013. 3. 21. 선고 2011다95564 전원합의체 판결. 제4장 제1절, 제6장 제7절. 신고가 잘못되었으니 세금을 깎아달라는 경정청구의 거부는 행정처분이다. 제6장 제3절 I.

Ⅰ. 모든 재화와 용역에 대한 세금

먼저 부가가치세는 '일반'소비세이다. 호주 등 여러 나라가 쓰는 일반매상세(GST: general sales tax)라는 이름은 여기에서 나왔다. 기본적으로 모든 財貨나 用役에 대하여 똑같이 과세한다는 뜻이다. 물론 현실적으로 과세하지 않는 것도 있으나, 적어도 원칙은 모든 재화나 용역을 과세하는 것이다. 일부 재화만 과세하는 것에 견줄 때 모든 재화나 용역에 대하여 과세하면 더 나을까? 무슨 나은 점이 있을까? 예를 들어 사람이 X, Y라는 두 가지 재화나 용역을 사들이는 데 I라는 돈을 쓴다고 하자.

$$Px \cdot X + Py \cdot Y = I$$

부가가치세는 X, Y 양쪽에 같은 비율로 세부담을 지운다. 중립적이니 의사결정 왜곡이 없고 효율적이겠지? 최적과세(最適課稅, optimal taxation)론의 시각에서 따져보자. 이를테면, 최고급양주와 쌀 두 가지 재화가 있다고 하자. 세금이 아직 없던 상황에서 세법을 새로 만든다면 어떻게 걷어야 경제에 미치는 부작용이 적을까? 공평의 문제는 접어놓고 효율만 놓고 따진다면 쌀에서 걷어야 한다. 세금이 붙어서 값이 두 배로 뛰었다면, 최고급양주의 소비가 더 크게 영향을 받을까, 아니면 쌀의 소비가 더 크게 영향을 받을까? 틀림없이 양주. 굶을 수야 없으니. 그렇게 본다면, 쌀에 세금을 매겨야 한다? 와, 최적과세론(이 예에서는 Ramsey tax)으로 따지면 생필품에 가까울수록 높게 과세해야 하는구나. 그러나 이런 세제는 엄청난 조세저항을 불러일으킬 것이고, 현실적으로 이런 세제가 받아들여질 리 없다. 다만 담배소비세, 주세, 휘발유세처럼 생필품의 성격은 낮지만 수요의 가격탄력성이 낮은 제품에 따로 세금(excise)을 붙이는 나라는 많다. 우리나라도 그렇다. 이런 세금은 본디는 손쉬운 세원으로 발굴된 것이지만, 근래에 와서는 외부효과의 내부화라는 명분으로 정당화하기도 한다.[19)]

그러나 앞 문단의 분석에는 숨은 전제가 있다. X, Y를 똑같이 과세한다는 말은 I의 일부를 세금으로 걷는 것과 똑같다. 그렇다면 소득세와 똑같지 않은가? 숨어 있는 전제가 있다. 첫째, 소득은 다 쓴다는 전제. 둘째, 아예 그전에 소득을 벌었다는 전제. 그렇게 보면 기실 X, Y 사이에 같은 세부담을 지우는 것이 경제적으로 반드시 가장 효율적이라고 단정할 수는 없다. 왜냐하면, 1) 돈을 벌까 아니면 쉬거나 놀까, 2) 버는 돈이나 이미 벌어놓은 돈을 쓸까 말까, 3) 쓸 돈은 어디에 쓸까, 이 세 가지가 다 얽혀 있기 때문이다. X의 소비와 Y의 소비 둘 사이에 세부담이 같다고 해서 그것만으로

19) 제2장 제3절 Ⅰ. 3. Sijbren Cnossen ed., Theory and Practice of Excise Taxation(2005).

파레토 최적(最適)이 이루어지지는 않는다.[20)]

앞의 결론과 정반대로 생필품(生必品)에 대한 세율을 낮추어 가난한 사람의 세부담을 덜어 주는 방식으로 세제를 짤 수도 있다.[21)] 그러나 이미 직접소득세가 있는 세상을 전제하고, 공평까지 고려한 사회적 효용을 극대화하는 직접소득세가 가능하다면 차등적 소비세를 둘 이유가 없다. 소득(I)를 버는 단계에서 이미 공평을 다 고려해서 최적을 이루었으니 차등적 소비세를 두면 기왕의 최적이 깨어진다.[22)] 그러나 실제 세상의 소득세는 최적이 아니다. 가령 노는 데 세금을 물리지는 않는다. 그것만 빼고 다른 모든 점에서 최적인 소득세가 이미 있다면, 다시 차별적 소비세가 효율적일 수도 있다. 가령 양주에 매기는 세금은 노는 시간에 대한 세금과 비슷한 효과를 얻을 수 있다.[23)] 거꾸로, 일하기를 돕는 재화나 용역, 가령 아이 키우기에 드는 재화나 용역에 대한 세금을 줄이는 것이 효율적일 수도 있다.[24)] 논란의 여지는 있지만 술, 담배 따위는 중독성이 있으니 일종의 외부효과로 보아 세금으로 규제하는 편이 효율적이라는 주장도 있다.[25)]

유럽법원의 판결, 법학문헌, OECD 문헌 등은 현행 부가가치세제가 모든 재화나 용역을 같게 과세하는 것을 원칙으로 삼는 이유를 경쟁중립성에서 찾는 것이 보통이다.[26)] 그러나 부가가치세만 놓고 업종간의 중립성을 따지는 것이 꼭 맞지는 않는다. 소득세 소비세 논쟁과 최적과세론이 복잡히 얽히는 것은 제2장 제3절 I.3., 제8장 제3절, 제9장 제3절. 모든 재화나 용역을 똑같이 과세하자는 생각을 하는 가장 큰 이유는 아마도 세무행정에서 찾아야 할 것이다. Ramsey세든 수직적 공평이든 세율구조가 복잡하면 세무행정이 어려워진다. 재화나 용역의 종류를 무엇으로 보아야 하는가를 놓고 납세의무자와 국가 사이에 끝없는 실랑이가 생기고, 나아가 정경유착을 낳는다. 어차피 부가가치세 내지 간접소비세의 존재근거는, 공평(부와 소득의 재분배라는 뜻의 공평[27)])을 희생하면서 세무행정의 효율을 좇는 데에 있다.[28)]

---

20) 제8장 제3절 I.

21) 나라별로 단일세율과 복수세율은 대략 반반이다. 부가가치세율이 단일하더라도 우리 개별소비세나 담배소비세처럼 품목별 소비세가 따로 있는 나라가 많아서 실제는 훨씬 복잡하다.

22) Atkinson & Stiglitz, Lectures on Public Economics(1980), 14-3절.

23) 같은 책, 같은 절. Institute of Fiscal Studies, Tax By Design: The Mirrlees Review(2011), 6.2절. 한국조세연구원의 2015년 번역본 제목은 '조세설계'. 이하 이 책은 2011 Mirrlees Review라고 인용. Institute of Fiscal Studies, Dimensions of Tax Design(Fullerton, Licestor & Smith ed., 2010): Mirrlees Review(2010)은 이하 2010 Mirrlees Review라고 인용.

24) 2011 Mirrlees Review, 6.2.2절.

25) 5년 안에 담배를 끊겠다는 사람이나 아예 안 끊겠다는 사람이나 5년 뒤 실제 금연비율은 마찬가지라고 한다. 2011 Mirrlees Review, 6.3절.

26) OECD, International VAT/GST Guidelines(2017), 제2장. Tipke/Lang, 17장 23-26문단.

Ⅱ. 다단계 세금

다음, 부가가치세는 여러 단계로 세금을 걷는다. '부가가치'세라는 이름은 이 때문에 생겼다. 단계별로 늘어난 가치에 맞추어 세금을 걷는다는 것. 중국법은 증치(增値)세, 늘어난 가치에 대한 세금이라 부른다. 무슨 말? 제8장, 9장에서 소득세와 소비세를 견줄 때 들었던 예를 다시 생각해 보자. 농장은 하늘에서 떨어진 씨앗으로 밀을 생산하여 밀가루공장에 100원에 팔고, 밀가루공장은 밀가루를 생산하여 빵공장에 200원에 팔고, 빵공장은 빵을 생산하여 300원에 소비자에게 판다. 여기에 10% 세율의 부가가치세를 들여오면, 농장은 세금 10원을 낸다. 밀가루공장은 매출세액 20원에서 매입세액 10원을 빼고 10원을 낸다. 다시 말하면 밀가루공장은 빵공장에서 받을 물건값 200원에 10% 세율로 20원을 붙여 받아서 국가에 낼 의무를 지는데 이미 농장에 준 매입세액 10원이 있으므로, 이를 빼면 그 차액 10원이 납부할 세액이 된다. 다음에 빵공장은 소비자에게서 매출세액 30원을 받아서 국가에 납부할 텐데, 이미 밀가루공장에 매입세액 20원을 준 것이 있으므로 납부할 세액이 10원만큼 생긴다. 결국 국가는 농부, 밀가루공장, 빵공장에서 각 10원씩 세금을 걷는다. 부가가치세는 이처럼 다단계에 걸쳐서 세금을 걷는다.

여기에서 한 가지 의문이 생긴다. 세 군데에서 세금을 걷느니 마지막 단계의 빵공장에서 세금을 30원 걷으면 충분하지 않나?[29] 어차피 10 + (20 - 10) + (30 - 20) = (10 - 10) + (20 - 20) + 30이니 (0 + 0 + 30), 이게 훨씬 간단할텐데. 아니다. 국민경제의 투입·산출 과정을 생각해 보면, 최종소비자 단계의 기업은 생산단계보다 수가 훨씬 많고 실제 매출액을 파악하기도 어렵다. 말하자면 최종소비자 단계에 가서 세금을 한꺼번에 걷는다면 수많은 구멍가게 따위 소매점을 모두 관리해야 한다. 다단계 방식으로 세금을 걷으면, 마지막의 최종 소매 단계에서 일부 세수를 놓치더라도 부가가치가 큰 앞 단계에서 세수를 대부분 걷을 수 있다.[30] 개별소비세나 담배소비세는 아예 공장에서만 걷고 그 뒤의 부가가치는 그냥 무시한다. 제22장 제1절 Ⅱ. 3.

---

27) 제8장 제3절 Ⅱ. 2.

28) 제8장 제2절 Ⅱ와 Ⅲ.

29) Stanley Surrey, "*Value-Added Tax: The Case Against*," Harv. Bus. Rev. Nov-Dec.(1970), 86쪽, 특히 93-94쪽.

30) Crawford, Keen & Smith, Value Added Tax and Excises (2010 Mirrlees Review 제4장), 4.3.1절.

Ⅲ. 소 비 세

마지막으로 이미 여러 차례 보았듯 부가가치세는 소비세(消費稅). 일본은 이 점을 중시해서 법 이름을 消費稅法이라 지었다.

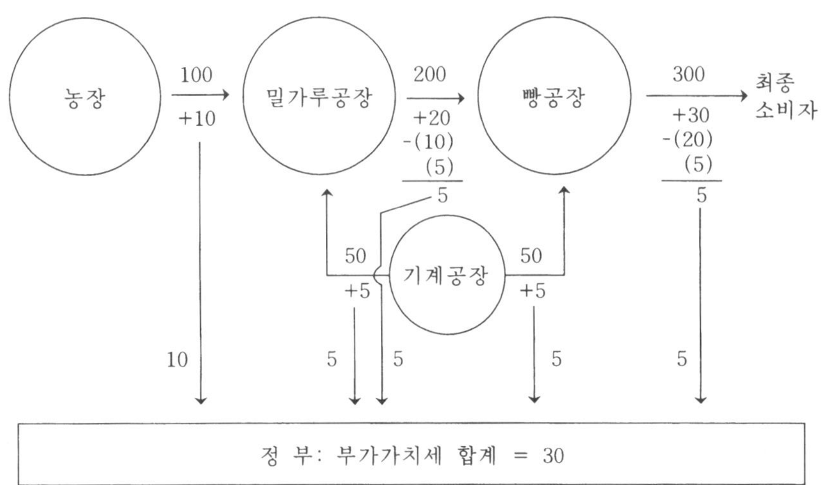

그림은 앞 Ⅱ의 예에 기계공장을 새로 더한 것이다. 기계공장은 기계 50원어치를 생산하여 이를 밀가루공장에 팔고 또 50원어치를 생산하여 이를 빵공장에 판다면, 국가는 기계공장에서 세금을 10원 걷는다. 밀가루공장에서는 매출세액 20원에서 매입세액 15원을 빼고 5원을 걷는다. 빵공장에서는 매출세액 30원에서 매입세액 25원을 빼고 5원을 걷는다. 결국 국가가 걷는 세금은 농부, 밀가루공장, 빵공장, 기계공장에서 각 10원, 5원, 5원, 10원이 되어 합계 30원이고, 이 30원은 국민총소비 300원의 10%이다. 각 기업의 입장에서 볼 때 납부할 세액이란 賣出稅額(=매출액×세율)에서 買入稅額(=매입액×세율)을 뺀 것이고, 매입세액 계산에서는 실제 사용된 중간생산물만이 아니라 사들인 금액 곧 투자(投資) 전액을 다 반영한다. 곧 각 기업이 납부하는 금액은 매출액에서 원재료와 투자액을 뺀 금액(=매출액-원재료-투자액)에 세율을 곱한 금액이고, 국민경제에 속하는 기업을 모두 모으면 매출세액과 매입세액 가운데 중간생산물은 다 씻겨 나가고, 최종적으로는 국민총생산에서 투자를 뺀 금액(=총생산-투자), 곧 소비만 남는다. Y=C+I, Y-I=C. 되풀이하자면 위 그림에서 10과 (-)10, 20과 (-)20, 5와 (-)5, 또 5와 (-)5는 다 씻겨나가고, 국가가 최종적으로 걷는 세금은 빵값 소비액 300에 대한 세금 30뿐.

역사적으로 본다면, 유럽의 부가가치세는 모든 기업에 대하여 자기가 파는 물건값의 일부(일정%)를 세금으로 내게 하는 賣上稅(turnover tax)에서부터 발전해 온 것이다. 매상세란 매입세액 공제가 없는 세금이다. 앞의 예에서 농장은 밀가루를 100원어치 팔아서 국가에 세금을 10원을 내고, 밀가루 공장은 200원어치 팔았으니까 국가에 세금을 20원 내고 빵공장은 300원어치 팔았으므로 30원을 국가에 납부하는 식이었다. 우리나라에도 예전에는 영업세라 하여 이런 세금이 있었다. 이 영업세에 여러 가지 문제점이 있어서 매입세액 공제 제도가 들어오면서 부가가치세로 바뀌었다. 무슨 문제점이 있었으려나? 앞의 예에서 농장, 밀가루공장, 빵공장으로 이어지는 사슬에서 매상세 제도가 있다고 하자. 눈을 크게 뜨고 보면 사람들이 세금을 덜 낼 수 있는 길이 있다. 현재는 농장, 밀가루공장, 빵공장이 각 세금을 10원, 20원, 30원을 내고 있는데, 세금을 줄일 수 있는 길이 있다. 어떻게? 합치면 된다. 세 기업이 합치면 세금은 30원으로 끝. 곧 매상세는 기업의 수직적 통합을 장려하여 경제의 효율을 해친다. 세금이 없는 세상에서 개개의 기업은 각자 가장 효율적 크기와 방식으로 자리잡았을 터인데 세제가 이 의사결정을 왜곡하는 것이다. 매입세액 공제 제도를 둔다면, 기업이 합치나 따로 있으나 납부할 세액은 그대로. 이 때문에 부가가치세가 생겨나게 되었다.[31] 이 과정에서 투자액 전액을 매입세액 공제에 반영하게 되어 부가가치세는 소비세가[32] 되었다.

투자액 전액이 아니라 감가상각 부분만을 매입세액 공제에 반영한다면 부가가치세가 소득세(이를 "所得型 부가가치세"라 한다)가 됨은 이미 본 바와 같다.[33] 소득형 부가가치세 곧 간접(間接)소득세에서는 각 기업은 국민소득 계산과정에서 말하는 부가가치에 세율을 곱한 금액을 세금으로 낸다. 현행법제인 소비형 부가가치세에서는 각 기업이 내는 세금의 기초가 되는 금액(실질적 의미에서 과세물건)은 위에서 본 바와 같이 매출액에서 원재료와 투자액을 뺀 금액(＝매출액－원재료－투자액)이고, 개별 기업의 입장에서는 이 금액은 아무런 경제적 의미가 없다. 다만 국민경제에 걸쳐 이를 모두 합하면 국민총소비가 될 뿐이다. 하여튼 편의상 이를 '부가가치'라고 부르고, 헷갈릴 걱정이 있는 때에는 현행법의 과세물건을 '소비형 부가가치'로 부르고 간접소득세나 국민소득회계의 부가가치를 '소득형 부가가치'라 부르기로 하자.

사실은 부가가치세가 소비세라는 말은, 정확하게 소비를 과세한다는 말은 아니다. 부가가치세는 가계와 기업을 나누어, 기업에서 가계로 넘어가는 소비재는 모두 바로 과세한다. 설사 여러 해에 걸쳐 쓰는 소비재라 하더라도, 실제 소비한 부분만을 과세

---

31) 처음 제안한 사람이 독일 기업 Siemens의 창업자였다고 하는데 반드시 확실한 것 같지는 않다.

32) EEC 6차 지침, 제2조. 유럽법원, 1996. 11. 24. 선고 C-317/94 판결 등.

33) 제8장 제2절 Ⅱ.

하지 않고 애초에 가계가 사들일 당시에 전액을 바로 소비한 것으로 보고 과세한다. 애초 직접소비세가 아니라 부가가치세라는 세제를 쓰는 이유가 온 국민에게 납세의무를 지우는 것을 피하고 기업에게만 납세의무를 지우려는 것이다.[34] 이런 구조에서는 이미 가계나 사생활의 영역에 들어간 물건을 놓고 소비액이 얼마인가를 따질 길이 없고, 결국 부가가치세의 과세물건은 소비 그 자체라기보다는 소비재(消費財)의 판매액이다.[35] 또 기업만을 납세의무자로 삼는다는 구조적 이유로, 소비라 하더라도 기업을 통하지 않고 가계나 사생활의 영역에서 직접 이루어지는 것은 과세하지 않는다. 노동자가 집에 와서 텃밭을 일구는 것, 사업자가 아닌 사람들이 서로 품앗이로 일을 나누는 것, 사업자가 아닌 사람들이 서로 물건을 사고파는 것, 이런 것은 모두 부가가치세에서는 사생활의 영역에 속하게 된다.[36] 입법론으로는 사업자 아닌 사람의 행위나 거래라 하더라도 일정 기준을 넘는 중요한 거래라면 과세하자는 생각도 할 수 있다. 어떤 가계가 2억원 주고 산 물건을 곧바로 또는 좀 쓰다가 다른 가계에 3억원에 판다고 생각하면 차액 1억원은 과세해야 마땅하다는 생각이다.[37]

Ⅳ. 부가가치의 계산방법

소득형 부가가치세든, 소비형 부가가치세든 부가가치는 빼는 방식(subtraction method)으로 계산할 수도 있고 더하는 방식(addition method)으로 계산할 수도 있다.[38] 투자를 집어넣으면 분석이 조금 복잡해지므로 앞의 예에서 기계공장을 들여오기 전으로 돌아가서, 빵공장이 낼 세금이 얼마인가 따져 보자.[39] 현행법에서는 소비자한테서 받아 둔 매출세액 30원에서 밀가루공장에 준 매입세액 20원을 빼어 납부할 세액 10원을 구한다. 한편, 이 빵공장이 생산한 부가가치를 누가 어떻게 나누어 가졌는가를 생각해서 이를 더하는 방식으로 부가가치를 구할 수도 있을 것이다. 빵공장에 노동자의 인건비가 50원이 있다고 생각하면 다음과 같이 생각해 볼 수 있다.

34) 제8장 제2절.

35) OECD, Consumption Tax Trends(2010), 40쪽. 이 때문에 쓰던 물건이 가계에서 기업으로 다시 들어가는 경우에는 처음에 낸 세금을 어떻게 할 것인가의 문제가 생긴다. 제24장 제1절 IV.3.

36) 제9장, 특히 제1절 V 참조.

37) 미국변호사협회가 내놓은 ABA Model VAT Statute(reporter Alan Schenk), 1989, 4003(a)(3)조 참조.

38) 상세는 Schenk, "*The Plethora of Consumption Tax Proposals,*" 33 San Diego Law Review 1281 (1996), 특히 1305-1309쪽.

39) 소비형 부가가치세를 가지고 따져 보자는 말이다. 소득형 부가가치세에서도 투자를 공제하기 전의 금액은 빼는 방식과 더하는 방식 어느 쪽으로도 구할 수 있음은 마찬가지이다.

매출액(300원) - 매입액(200원) - 인건비(50원) = 당기순이익 또는 투자소득(50원)
부가가치(100원) = 매출액(300원) - 매입액(200원)
= 인건비(50원) + 당기순이익 또는 투자소득(50원)

빼는 방식이란 매출액 300원에서 매입액 200원을 빼어 부가가치 100원을 구하여 거기에 세율 10%를 곱하는 방식이다. 이에 대하여 부가가치 100원을 인건비 50원과 당기순이익 50원의 합으로 구할 수도 있다. 앞의 예에서 인건비 50원에 더하여 채권자에게 지급하는 지급이자가 12원 있다면, 기업주에게 남는 당기순이익은 38원이 될 것이고, 요소소득은 근로소득 50원, 이자소득(채권자의 투자소득) 12원, 당기순이익(기업주의 투자소득) 38원의 합이 된다. 이를 더하는 방식이라 한다.[40] 각 방식은 다시 나누어 볼 수 있다. 빼는 방식으로 계산한 부가가치세는 "(매출액 - 매입액) × 세율"로 계산할 수도 있고 "(매출액 × 세율) - (매입액 × 세율)"로 구할 수도 있다. 후자가 우리 현행법이 택하고 있는 방식, 곧 매출세액에서 매입세액을 빼는 방식이다. 요소소득을 더하는 방법도 똑같이 나누어 볼 수 있다. 개개의 요소소득에다가 각각 세율을 곱하여 세액을 구하고 이를 합하는 방식이 있을 수 있고, 요소소득을 먼저 합친 후에 거기에다가 세율을 곱하는 방식이 있을 수 있다. 어떻게 하든 경제적 실질은 마찬가지이다.

현실세계에서는 요소소득을 더하는 방식은 거의 안 쓰인다. 현행 부가가치세제는 소비지 과세원칙을 따라 국내매출과 수출을 구별하여 전자에서만 세금을 걷기 때문이다. 이런 구별은 빼는 방식으로 자연스레 이어지고, 그 가운데에서도 대부분의 나라는 우리 현행법과 같은 매입세액 공제 방법을 쓰고 있다. 이 방법을 택하면 각 거래마다 매출세액과 매입세액을 계산하여 이를 하나하나 관리하는 것이 가능하다. 바로 이 목적으로 세금계산서(VAT invoice)라는 제도가 생겨났다. 가령 농장이 밀가루공장에 물건을 팔 때, 매출세액 10원에 대한 세금계산서 10원을 발행해 준다. 밀가루공장에서는 이 세금계산서가 없으면 매입세액 공제를 받지 못한다. 농장은 부가가치세 신고를 하면서 자기가 끊은 매출세금계산서를 제출하고, 밀가루공장은 자기가 받은 매입세금계산서를 제출한다. 국가는 이 세금계산서들을 죽 맞추어 보면, 누가 거짓말을 하는지 알 수 있다. 각 기업이 제출한 세금계산서를 서로 맞추어 보면, 누가 가짜로 매입세액 공제를 받으려 하는지를 알 수 있고, 누가 매출을 빼먹는지를 알 수 있다. 이리하여 국가는 경제 전체의 투입(投入)·산출(產出)의 흐름을 한눈에 볼 수 있게 된다. 바로 이를 위하여 현행법은 매출세액 빼기 매입세액이라는 구조를 갖춘 것이다. 우리나라에 부가가치

40) 기업단계에서는 이자소득과 당기순이익(주주의 소득)을 과세하고 근로소득은 개인 단계에서 과세하자는 CBIT 논의에 대해서는 제9장 제2절 II.

세가 처음에 도입되고 나서 한동안은 실제로 세금계산서를 전부 제출하도록 하고 국세청 컴퓨터로 맞추어 보았다. 그러나 납세의무자의 성실성이 어느 정도 확보된다면, 반드시 다 제출받아서 국가가 이를 모두 서로 맞추어 볼 필요가 사라진다. 이리하여 이제는 세금계산서를 모두 다 받지는 않고, 합계표만 받는다. 국가는 필요한 경우 표본을 뽑아 세무조사를 벌인다.[41] 1989년에 생긴 일본의 소비세법은 한동안 (매출액 - 매입액)에 세율을 곱하는 방식을 썼지만 이제는 매입세액 공제 방법을 쓰고 있다.

Ⅴ. 부가가치세는 간접세라는 말의 뜻

부가가치세의 구조를 이해한 만큼 이제 한 가지 문제를 던져 보자. 부가가치세는 직접세 아닐까? 공급시에 세액을 거래징수하여 납부하라고 하는 현행법은 실제로는 (매출액 - 매입액 - 투자액)에 세율을 곱한 금액을 세금으로 내라는 것과 아무 차이가 없다. 그런데 이 세액계산 방법은 법인세도 마찬가지이다. 다만 법인세에서는 투자액 대신 감가상각을 빼 주고 그에 더하여 인건비와 지급이자를 빼 주는 차이가 있을 뿐이다. 매출액에서 지출액(의 전부나 일부)을 뺀다는 기본구조에는 아무 차이가 없다. 법인세는 직접세, 부가가치세는 간접세라고 하는 견해는 자체 모순으로, 저잣거리의 비과학적 상식일 뿐이다. 부가가치세가 간접세라는 말은 국가가 온 국민과 직접적 법률관계를 맺고 각 납세자의 인적(人的) 주관적(主觀的) 사정을 고려해서 세금을 매기지 못한다는 말이다. 개별납세자를 놓고서 납세자와 담세자가 같으니 다르니 이런 식의 구별은 아니다.[42] 그런 식이라면 법인세(주주단계의 법인세 조정이 없는 법인세)도 간접세라고 부르는 편이 오히려 옳다. 제13장 제2절 Ⅱ.

직접세 간접세의 구분에 관한 도식적 오해를 떨쳐내면, 아주 흔한 또 다른 오해를 바로잡을 수 있다. 부가가치세가 소비세라는 이유로 흔히 듣는 말로 부가가치세는 매수인에게 전가(轉嫁)된단다.[43] 틀린 말. 앞 III의 그림에서 소비 300에 세금 30을 물린다는 말과 소비자가 세금 30을 부담한다는 말은 전혀 다른 뜻이다. 우선 매출세액을 받아서 납부하되 매입세액을 공제한다는 말이나 (매출액 - 매입액)에 세율을 곱한 금액을

---

41) 매입세액공제 방법을 쓰는 또 다른 이유로 (매출액 - 매입액)에 세율을 곱하는 방식에서는 단일세율밖에 쓸 수 없다고 말하는 견해가 있지만 그르다. 후자의 경우 세포함 가격에 세율을 곱하는 방식을 쓰면 복수의 세율이 가능하다.

42) Atkinson, *Optimal Taxation and the Direct Indirect Taxation Controversy*, 10 Canadian Economic Review(1977), 590쪽. 제1장 제3절, 제8장 제2절.

43) 가령 Tipke/Lang, *Steuerrecht*(제24판, 2021), 제7장 20문단, 제17장 12문단. 이하 따로 적지 않은 한 Tipke/Lang이란 제24판.

납부하라는 말이나 똑같은 말임은 이미 보았다.[44] 이 구조가 보여주듯, 매수인에게서 매출세액을 받아서 납부하라고 법에 적혀 있다는 말은 매도인이 매출세액만큼을 실제로 더 받을 수 있다는 뜻이 아니다. 동네 빵집에서 찐빵을 한 개 1,000원씩에 팔고 있었다. 종래 없던 부가가치세가 세율 10%로 새로 생기면 빵값이 당연 1,100원으로 오르는가? 두 사람 사이에서 매매가격을 얼마로 정할까는 오로지 사적자치. 경제학 개념으로 세금부담이 매도인과 매수인 사이에서 어떻게 전가되고 귀착되는가는 오로지 수요와 공급의 관계에 달려 있을 뿐이다.

어, 이것 법률에 어긋나지 않나? 이런 조문이 있는데.

> 부가가치세법 제31조 (거래징수) 사업자가 재화 또는 용역을 공급하는 경우에는 제29조 제1항에 따른 공급가액에 제30조에 따른 세율을 적용하여 계산한 부가가치세를 재화 또는 용역을 공급받는 자로부터 징수하여야 한다.

정말 그런가? 부가가치세는 공급받는 자가 부담하는 것인가?

> 사업상 독립적으로 재화 또는 용역을 공급하는 자(사업자)는 부가가치세를 납부할 의무가 있는 것으로 규정하고 있으므로(법 제2조), 재화 또는 용역을 공급받는 거래상대방은 재정학상 사실상의 담세자로서의 지위를 갖고 있을 뿐 조세법상의 납세의무자로서의 지위에 있는 것은 아니다. 심판대상인 [현행법으로 쳐서 제31조]의 규정은 부가가치세 상당액을 공급받는 자에게 전가시켜 궁극적으로 최종소비자에게 부담시키겠다는 취지를 규정한 것에 불과한 것이다. 부가가치세를 사실상 누가 부담하며 어떻게 전가할 것인가 하는 문제는 사적 자치가 허용되는 영역이므로 거래당사자의 약정 또는 거래관행 등에 의하여 그 부담이 결정될 사항이지, 국가와 납세의무자와의 권리·의무관계를 규율하는 조세법에 따라 결정되는 사항은 아니다.[45]

> 부가가치세법 제2조 제1항은 사업상 독립적으로 재화 및 용역을 공급하는 자(사업자)를 부가가치세 납세의무자로 하고 있으므로, 그 거래 상대방인 공급을 받는 자는 이른바 재정학상의 담세자에 불과하고 조세법상의 납세의무자가 아니며, 같은 법 제15조의 사업자가 재화 또는 용역을 공급하는 때에는 부가가치세 상당액을 그 공급을 받는 자로부터 징수하여야 한다는 규정은 사업자로부터 징수하고 있는 부가가치세 상당액을 공급을 받는 자에게 차례로 전가시킴으로써 궁극적으로 최종소비자에게 이를 부

44) 헌법재판소 2000. 3. 30. 98헌바7 결정.
45) 헌법재판소 2000. 3. 30. 98헌바7등 결정.

담시키겠다는 취지를 선언한 것으로, 위 규정이 있다 하여 공급을 받는 자가 거래의 상대방이나 국가에 대하여 직접 부가가치세를 지급하거나 납부할 의무가 있다고 볼 것은 아니다(당원 1991. 2. 22. 선고 90누6958 판결; 1991. 4. 23. 선고 90누10209 판결; 1991. 7. 12. 선고 90누6873 판결 등 참조). 원고가 피고로부터 이 사건 건축공사를 도급받아 위 공사를 완성한 후에 위 공사도급거래에 따른 부가가치세를 납부했다 하더라도 이는 위 건축용역의 공급자로서 자기의 납세의무를 이행한 것일 뿐 거래 상대방인 피고가 납부하여야 할 부가가치세를 대위납부한 것으로는 볼 수 없으므로, 피고에 대하여 위 부가가치세 상당액을 구상하는 원고의 이 사건 청구는 허용될 수 없는 것…[46]

피고가 1998. 4. 16. 이 사건 건물에 관하여 그 당시 소유자이던 소외 웅진미디어 주식회사(이하 '소외 회사'라 한다)와 사이에 임차보증금 50,000,000원, 월차임 금 2,310,000원(부가가치세 포함), 임차기간 1998. 6. 1.부터 1년으로 정하여 임대차계약을 체결한 사실…원고는 위 임대차계약을 승계하는 조건으로 소외 회사로부터 이 사건 건물을 매수하여 같은 해 4. 14. 이 사건 건물에 관하여 원고 앞으로 소유권이전등기를 경료한 사실…2000. 6. 1.부터…2001. 4. 29.까지 기간 동안 임차보증금이 금 50,000,000원인 경우 월차임은 금 4,650,000원 상당인 사실…위 차임 상당액에 대한 부가가치세 상당의 금액 또한…그 지급을 구하는 원고의 청구…사업자가 재화 또는 용역을 공급하는 때에는 부가가치세 상당액을 그 공급을 받는 자로부터 징수하여야 한다고 규정하고 있는 부가가치세법 제15조는 사업자로부터 징수하는 부가가치세 상당액을 공급을 받는 자에게 차례로 전가시킴으로써 궁극적으로 최종소비자에게 이를 부담시키겠다는 취지를 선언한 것에 불과한 것이어서 사업자가 위 규정을 근거로 공급을 받는 자로부터 부가가치세 상당액을 징수할 사법상 권리는 없는 것이지만, 거래당사자 사이에 부가가치세를 부담하기로 하는 약정이 따로 있는 경우에는 사업자는 그 약정에 기하여 공급을 받는 자에게 부가가치세 상당액의 지급을 청구할 수 있는 것…피고는 소외 회사와 사이의 위 임대차계약에서 월차임에 대한 부가가치세를 부담하기로 약정하여 위 임대차계약을 승계한 원고에게 위 임대차계약 종료시까지 월차임 및 이에 대한 부가가치세를 지급했고, 원고가 임대차계약의 종료를 이유로 이 사건 건물의 명도를 요구했음에도 불구하고, 피고가 이를 이행하지 아니하고 종전의 점유를 계속했음을 알 수 있는바, 위에서 본 법리에 비추어 보면, 이와 같은 경우에 피고는 임대차계약 종료 이후 그의 점유로 인한 차임 상당의 부당이득에 대한 부가가치세 상당액을 원고에게 지급하여야 하는 것.[47]

46) 대법원 1993. 8. 13. 선고 93다13780 판결.
47) 대법원 2002. 11. 22. 선고 2002다38828 판결.

공급받는 자가 재정학상의 담세자(擔稅者)라는 말조차도 실상 틀린 말이다. 공급하는 자와 공급받는 자, 공급자와 수요자 사이에서 세금부담이 어떻게 전가귀착하는가는 오로지 수요공급의 탄력성 문제. 제2장 제3절 I.6. 부가가치세에 관한 약정이 따로 없으면 약정대금의 10%를 더 받을 권리가 매도인에게 있는 나라이더라도 마찬가지이다. 법이 그런 줄 모르는 채 계약을 맺는다는 예외적 경우에는 매수인이 세금을 부담하겠지만 법을 아는 사람 사이라면 매매계약에 세금상당액이 이미 포함되어 있든 아니든 이 점을 다 따져서 계약을 맺게 마련이다. 세제외 금액 100원 더하기 세금 10원에 계약을 맺을 사람들이라면 법이 어떻든 그렇게 계약하게 마련이다. 그저 법이 어떤가에 따라서 계약상 매매대금 표시방법이 이리저리 달라질 뿐. 극단적으로 세금 부담에 관한 특약을 법률이 금지한다고 전제하면, 매도인이 세금을 얹어 받을 수 있는 법체제에서는 매매계약을 100원이라고 표시할 것이고 따로 못 받는 법체제에서는 매매계약을 110원이라고 표시할 것이다. 아무튼 판례에서 보았듯 우리 법에서는 대금약정을 하면서 부가가치세에 관한 언급이 따로 없다면 매수인이 지급의무를 지는 금액은 약정에 나오는 금액뿐이다. 거래징수가 권리규정인가 훈시규정인가, 또는 강행규정인가 훈시규정인가 묻는 문헌이 아직도 있지만 참말로 엉뚱한 틀린 질문이다. 판례를 훈시규정설이라고 부르는 것 자체가 애초 생뚱맞다. 사인 사이의 계약에 국가가 끼어들어 세액만큼 거래대금을 더 받으라고 명하는 것은 애초 법률상 가능한 일도 아니고 현실적으로 실행할 수 있는 일도 아니다. 적어도 우리 헌법에서는.[48]

去來徵收란 거래할 때 세금 상당액만큼 대금을 더 받으라는 말이 아니다. 애초 부가가치세를 제대로 이해하지 못하는 상태에서 글귀를 짰고 특히 거래징수라는 엉뚱한 용어가 법에 들어와서 혼선을 낳은 것. 아무튼 법해석론으로는 헌법재판소 결정에 맞추어서 합헌적으로 읽으면 된다. 거래징수 조문의 글귀는 "사업자가 재화 또는 용역을 공급하는 경우에는 제29조 제1항에 따른 공급가액에 제30조에 따른 세율을 적용하여 계산한 부가가치세를 재화 또는 용역을 공급받는 자로부터 징수"하는 형식으로 대가를 약정(約定)하고[49] 그에 맞추어 세금계산서를 발행하라는 뜻일 뿐이다. 부가가치세 부분에 관한 약정이 따로 없으면, 물건값이나 품삯으로 약정한 금액이 세포함가격이라고 읽어야 이 글귀에 맞을 뿐이고. 이 글귀를 두는 이유는 전단계 매입세액공제라는 현행법 체계상 납부할 세액을 (매출액－매입액)×(세율)이 아니라 (매출세액－매입세액)이라고 표시하기 때문이다. 그러니 각 거래단계의 세액을 따로 드러내어 세금계산서에 나타내어야 한다. 결국, 현행법의 과세표준이 부가가치세를 포함한 금액이라 말

48) 헌법재판소 2000. 3. 30. 98헌바7 결정.

49) 일본 消費稅法 제63조.

하든지 포함하지 않는 금액이라 말하든지 이는 세율표시 방법의 문제일 뿐이다. 애초 용어 자체가 오해를 낳지만 아무튼 '거래징수'한다는 말이 나오는 경우 그 뜻은 공급받는 자에게서 세금만큼 돈을 더 징수한다는 뜻이 아니다. 대가를 약정하고 주고받을 때 대가 가운데 세제외가격의 1/10 또는 세포함가격의 1/11만큼을 부가가치세로 징수하는 형식으로 적고 세금계산서를 발행한다는 뜻이다.

한결 근본적으로, 세액이 소비자에게 전가된다는 것은 착시(錯視). 앞의 Ⅲ 그림의 보기로 돌아가, 국민소득이 400이고 국민전체의 소비가 300인 경제에, 부가가치세 10%가 붙는다고 하자. 세금 30이 새로 소비자에게 전가된다는 말은 국민총소비가 330으로, 국민총생산이 430으로 늘어난다는 말이다. 이것은 불가능하다. 세금을 새로 들여온다는 말은 이미 있던 국민경제에 정부부문이 새로 생기면서, 국민소득 일부가 정부부문으로 옮겨져서 정부의 소비와 정부의 투자로 바뀌었음을 뜻할 뿐이다. (나아가 실제로는 세금을 들여오기 전의 국민소득은 430보다도 더 큰 금액이었다가, 세금이 생기는 바람에 경제가 위축되어 국민소득이 430으로 줄어들었을 것이다.) 이 실질이, 마치 세전소비(세제외가격) 300에 붙은 세금 30이 소비자에게 전가되어 세포함가격 330이 된 듯한 겉모습으로 보이는 것이다. 소비를 과세한다는 말과 소비자가 세금을 부담한다는 말은 서로 다른 말이다. 물론 '전가'라는 말을 일부 법률문헌이나 일부 판례처럼 쓰기로, 경제학에서 말하는 전가와는 전혀 다른 뜻으로 쓰기로 정할 수야 있다. 그러나 이 부정확한 용례의 치명적 단점은 소득세, 법인세, 재산과세에서 쓰는 일반적 용례와[50] 전혀 다르다는 것. 법이란 말뜻을 분명히 해서 서로 토론으로 답을 내자는 것. 부가가치세의 세부담이 소비자, 매수인, 공급받는 자에게 넘어간다는 오해는 엉뚱한 입법론과 해석론을 낳는다. 가령, 변호사업에 부가가치세를 물리지 말아야 한다는 논거로 세부담을 소비자에게 전가하는 것이 불가능하다는 주장이 흔했으니.

제 3 절 사 업 자

부가가치세법 제3조 (납세의무자) ① 다음 각 호의 어느 하나에 해당하는 자로서 개인, 법인(국가·지방자치단체와 지방자치단체조합을 포함한다), 법인격이 없는 사단·재단 또는 그 밖의 단체는 이 법에 따라 부가가치세를 납부할 의무가 있다.

1. 사업자
2. 재화를 수입하는 자

50) 가령 제8장 제3절 III, 제11장 제2절 II. 2., 제13장 제3절 II.

부가가치세법 제2조 (정의) …

3. "사업자"란 사업 목적이 영리이든 비영리이든 관계없이 사업상 독립적으로 재화 또는 용역을 공급하는 자를 말한다.

Ⅰ. 사 업 자

법 제3조의 납세의무자인 사업자는 '사업 목적이 영리이든 비영리이든 관계없이 사업상 독립적으로 재화 또는 용역을 공급하는 자'이다.[51] 재화수입에 따른 부가가치세는 제24장 제3절 Ⅳ.

1. 사 업 상

'사업상'에서 사업이라는 말은 무슨 뜻인가? 부가가치세법에는 이 말의 정의가 따로 없다. 그렇다면 소득세법에서 말하는 사업과 같은 뜻이려나. 아니다. 소득세법에서 사업이란 "영리를 목적으로 자기의 계산과 책임 하에 계속적 · 반복적으로 행하는 활동"이라는 뜻.[52] 그런데 부가가치세법에서는 "사업목적이 영리이든 비(非)영리이든[53] 관계 없이" 사업자가 될 수 있다. 두 가지를 묶으면 부가가치세법에서 말하는 사업이란 "자기의 계산과 책임 하에 계속적 · 반복적으로 행하는 활동"이라는 뜻이 되려나? 직업이 있는 어른은 자기의 계산과 책임 하에 계속적 · 반복적으로 밥도 먹고 잠도 잔다. 이런 활동이 사업일 수는 없다. 그렇다면 재화 또는 용역을 공급한다는 것이 사업의 요건에 다시 들어가야 한다. 이것을 다 묶으면 사업이란 "자기의 계산과 책임 하에 계속적 · 반복적으로[54] 재화나 용역을 공급하는 활동"이라 정리할 수 있다.[55]

문제가 다 풀렸다 생각하려나. 다시 보자. 어떤 착한 사람이 날마다 동네 초등학교 마당을 비로 쓴다. 돈 받는 것은 없지만 이 사람은 빗자루값에 붙는 매입세액을 환급받을 수 있을까? 영리 목적이 없어도 사업이 되지만[56] 무언가 대가(對價)를 받는

51) 부가가치세법 제2조 제3호.

52) 소득세법 제19조 제1항 제21호. 대법원 2017. 7. 11. 선고 2017두36885 판결.

53) 면세가능성은 제24장 제1절 II.

54) 대법원 1997. 4. 25. 선고 96다40677 판결; 1999. 11. 12. 선고 99다33984 판결; 2010. 9. 9. 선고 2010두8430 판결. 유럽법원 2009. 11. 12. 선고 C-154/08 판결.

55) 대법원 1999. 9. 17. 선고 98두16705 판결. 계속성과 반복성이 있는지 여부에 관하여 판례는 거래의 목적물, 규모, 횟수, 대금의 많고 적음 등을 기준으로 보고 있다. 대법원 1992. 7. 24. 선고 92누5225 판결; 1991. 4. 9. 선고 90누7388 판결; 1994. 12. 23. 선고 94누11712 판결; 2005. 7. 15. 선고 2003두5754 판결 등. 부동산매매업에 관한 규칙 제1조 제2항의 규정은 예시이고 횟수가 미달하더라도 사업일 수 있다. 대법원 1996. 10. 11. 선고 96누8758 판결; 2013. 2. 28. 선고 2010두29192 판결.

56) 대법원 1992. 7. 28. 선고 91누6221 판결; 2010. 9. 9. 선고 2010두8430 판결 등. 사단법인 한국금속

활동을 해야 사업자가 된다는 것이 판례.[57] 영리 목적은 필요 없으므로 부가가치세법의 사업은 소득세법상 사업보다는 넓은 뜻이 된다.[58] 비영리법인의 고유목적 사업도 부가가치세법에서는 사업이다. 그렇더라도, 어떤 활동이 사업활동이고 어떤 활동이 취미 기타 사생활일 뿐인가, 사업활동이란 어디에서부터 시작하는가, 분명한 테두리가 없는 이런 문제가 생김은 마찬가지. 제11장 제1절 I. 1.

2. 독립적으로

'독립적'이라는 말은 무슨 뜻이려나. 얼핏 생각하면 노동법에서 말하는 근로자가 아니라는 뜻?[59] 결과적으로 비슷해지지만 정답은 아니다. 독립성이라는 개념은 부가가치세제 안에 내재(內在)하는 것이지, 부가가치세법 밖의 어디, 가령 노동법에서 끌어올 수 있는 개념이 아니다. 무슨 말이지? 이미 살펴본 바와 같이 부가가치세는 소비세이다. 그렇게 본다면 세제를 어떻게 짤까라는 면에서는 소비세는 소득세를 약간 변형하면 된다. 소득에서 투자를 빼면 그것이 곧 소비인 까닭이다. 이미 앞에서 소득세를 계산하는 과정에서 간접소득세와 부가가치세의 차이를 만들어 보았다.[60] 부가가치의 계산과정에서 감가상각비만 빼면 소득세가 되고 투자를 전액 빼 주면 소비세가 된다. 이 말은 납세의무자의 범위를 포함해서 현행의 소득세제를 그대로 간직하면서, 다만 감가상각비 대신 투자액 전액을 손금으로 빼 주기만 하면 소비세가 된다는 말이다.

그렇다면 소득세와 달리 부가가치세에서는 왜 노동자를 납세의무자에서 빼는 것일까? 노동자는 부가가치를 창출하지 않는다는 말인가? 말도 안 되지. 궁극적으로 부가가치란 모두 노동력이 창출하는 것이다. 사람이 일을 안 하면 세상은 안 바뀐다. 제2장 제3절 I. 2. 그러면 노동자를 왜 빼지? 이것은 과세단위(單位)의 설정 문제.[61] 부가

캔재활용협회가 폐기한 깡통을 회수처리하고 환경부에서 폐기물예치금을 받는 것은 과세대상이다. 대법원 2001. 1. 5. 선고 99두9117 판결. 유럽법원은 공증인이나 집행관은 사업자라고 판시했다. 유럽법원 1987. 3. 26. 선고 C-235/85 판결.

57) 유럽법원 1987. 3. 26. 선고 C-235/85, 8문단. 가령 변호사의 징계를 맡고 있는 조직은 사업자가 아니다. The Scotish Solicitor's Discipline Tribunal v. The Commissioner of Customs and Excise, [1989] 4 BVC 636(Edinbourg VAT Tribunal). Schenk & Oldman, 107쪽. 지주회사가 주식을 소유하고 있다는 사실만으로는 사업자가 되지 않고 배당소득 등은 공급대가가 아니다. 유럽법원 2001. 9. 27. 선고 C-16/00 판결.

58) Tipke/Lang, 제17장 44문단. Schenk and Oldman, 105쪽. EU 6차 지침 제4조의 사업자의 의미에 관한 영국 판결로 유상(有償)이라는 요건과 계속적 경제활동이라는 두 가지 요건을 내세운 것이 있다. The National Society for the Prevention of Cruelty to Children v. Customs and Excise Commissioners [1992] VATTR 417, 특히 422쪽.

59) 화장품 외판원은 독립적 사업자이다. 대법원 1997. 12. 26. 선고 96누19024 판결. 입론은 다르지만 소매가격이 과세가격이라는 결론으로 유럽법원 1988. 11. 23. 선고 C-237/80.

60) 제8장 제2절 II.

가치 계산에서 두 가지 방식이 가능함은 이미 보았다. 매출액 300원, 매입액 200원, 노동자 50명의 인건비 50원이 있고, 따라서 사업주나 기업주에게 남는 소득이 50원이라면, "부가가치 = 매출액 300원 - 매입액 200원 = 인건비 50원 + 기업주 소득 50원"이 된다. 부가가치세란 부가가치 100원에 대한 세금 10원을 걷는 것이다. 현행법은 이 100원에 대한 세금, 곧 노동자의 근로소득 50원에 대한 세금과 기업주의 이익 50원에 대한 세금 10원을 기업에서 걷는 방식이다.[62] 이와 달리 노동자를 부가가치세의 납세의무자로 삼을 수도 있다. 기업에서는 "매출액 300원 - 매입액 200원 - 인건비 50원 = 기업주 소득 50원"에 대한 세금 5원을 걷고, 노동자 50명에게서 근로소득 50원에 대한 세금 5원을 걷으면 된다.[63] 조금 더 복잡한 사안으로 기업주 말고 채권자가 댄 돈도 있어서 앞 기업주 소득이 50원이 아니고 채권자가 가져가는 이자 12원을 빼면 주주 몫의 이익 38원이 남는다고 하자. 기업에서는 이자도 마저 뺀 38원에 대한 세금 3.8원만 걷고, 각 채권자를 납세의무자로 삼아 12원에 대한 세금 1.2원은 각 채권자에게서 걷을 수도 있다. 주주도 마찬가지이다. 다만 주주의 소득은 반드시 바로 배당하지는 않으므로, 주주에게서 걷는 것보다는 법인에게서 걷는 쪽이 편하다. 채권자나 노동자를 부가가치세의 납세의무자로 삼고 있지 않는 것도 같은 이유. 어차피 단일세율을 쓰고 있으니 구태여 노동자나 채권자 한 사람 한 사람에게서 세금을 걷을 필요가 없다. 이를 모두 모아 기업에서 세금을 걷으면 훨씬 쉽게 세금을 걷을 수 있다.[64]

독립성이라는 말에 결론을 짓자면, 납세의무자와 과세물건의 개념은 납세의무자의 단위를 어떻게 설정할 것인가의 문제일 뿐. 단일세율(單一稅率)에서는 기업을 납세의무자로 삼아 이해관계자가 받아 가는 부가가치에 대한 세금을 기업에서 걷는 것이 가장 효율적이다. 이렇게 보면, 어떤 사람이나 기업이 "독립적"인 사업자인가 아닌가의 문제는 그 사람이나 기업만 놓고 따질 문제라기보다는 그 사람이나 기업이 다른 기업과 어떤 연관을 맺고 있는가의 문제이다. 노동력의 성과를 다른 생산요소 제공자 몫과 묶어서 과세하는 이상 구태여 따로 노동자를 납세의무자로 삼을 필요가 없다. 목표는 양쪽을 맞춰 주어 부가가치에 세금을 물리자는 것이다. 독립성의 개념은 부가가치세제 안에서 찾아야 하는 내재적 개념이다.[65]

---

61) 제9장 제2절 Ⅰ.

62) Schenk & Oldman, 89쪽.

63) 이른바 flat tax 가운데 Hall-Rabushka가 제안한 세제. 제9장 제2절 Ⅰ.

64) 한편, 노동자를 납세의무자로 삼지 않는 결과 노동자는 필요경비에 따르는 매입세액을 공제받지 못한다. ABA, Value Added Tax – A Model Statute and Commentary(reporter Alan Schenk), 32-33쪽.

65) 나아가 실상 현행법에서는 소비자에게 노무를 독립적으로 제공하더라도 물적시설이 없으면 사업자가 아니다. 부가가치세법 제26조 제1항 제15호, 대법원 2003. 3. 11. 선고 2001두9745 판결.

납세의무자의 단위 설정에 관한 마지막 문제. 어떤 노동자가 집에 와서 텃밭을 일구어 푸성귀를 가꾸어 먹는다. 이 사람은 사업자인가? 이 노동자가 거둔 푸성귀 한 바구니를 이웃이 가꾼 꽃 한 다발과 맞바꾼다면? 때마침 꽃이 동난 이웃이 돈을 준다면? 가정집에서 가사 도우미를 쓴다면? 이미 소득세에서 본 것과 똑같은 문제이다. 소비를 과세하자는 생각을 밀고 나간다면 사업자 아닌 사람들이 직접 생산하거나 각자 만들어 낸 것을 교환하여 소비하는 것은 모두 과세대상으로 삼아서 세금을 걷어야 마땅하다. 그러나 현행 부가가치세제는 그렇게 하지 않고 있고, 소비세의 이념에서 보자면 법에 빈틈이 있다고[66] 말할 수도 있다. 왜 과세하지 않는가? 이 사람을 과세하자는 생각은 결국 모든 사람을 납세의무자로 삼자는 말, 직접소비세로 가자는 말이다. 현행 부가가치세의 존재근거는 직접세라는 값비싼 세제를 피하면서 세수를 걷자는 것이다. 푸성귀 몇 바구니나 꽃 몇 다발 정도야 대수롭지 않지만 소비자 사이의 이런 거래가 혹 몇억원짜리라면 세금을 물려야 맞지 않을까? 앞에서 보았듯 입법론으로는 사업자가 아닌 자라 하더라도 중요한 재화나 용역을 공급한다면 부가가치(가치의 증가분)에 세금을 물리자는 생각이 있을 수 있지만[67] 우리 법은 사업자에게만 세금을 물리는 방식으로 제도를 단순화하고 있다. 실제 이런 문제가 생기는 것은 부동산 거래 정도이고 거기에는 또 다른 문제가 얽혀 있으니 나중에 다시 보자.

3. 자(者)라니?

재화 또는 용역을 공급하는 '者'란 무슨 뜻인가?

1) 자연인과 법인

자연인이야 법이 있기 전에 사람이 먼저 있는 것이니 자연인이 者에 들어가는 것은 당연. 법인도 민사법에서 이미 권리의무의 단위로 삼아두었으니 부가가치세법에서도 "사업상 독립적으로 재화 또는 용역을 공급하는"지만 더 물으면 되고 구태여 者의 범위에서 뺄 이유야 없다.

---

66) Tipke/Lang, 제17장 34문단, 39문단.

67) 예를 들어 캐나다는 개인소유 주택의 매매에 부가가치세를 물린다. 또 미국변호사협회의 부가가치세 법안도 일정금액을 넘는 거래는 비사업자이더라도 부가가치세를 물리자고 한다. ABA, Value Added Tax－A Model Statute and Commentary(reporter Alan Schenk) 4001조, 4003조(a)(3). 제24장 제1절 Ⅳ.3 참조. 이 문제는 결국 公私구분, 사업과 사생활의 구분으로 돌아간다. 제9장 제1절 II.

2) 법인격 없는 단체

법인이 아닌 단체는 어떡해야 하려나. 부가가치세법은 법인격이 없는 사단·재단 또는 그 밖의 단체도 사업자가 될 수 있다고 정한다. 소득과세에서는, 권리능력 없는 사단이나 재단도 일정한 요건을 갖추면 단체 자신을 단위로 삼아서 법인처럼 과세할지 아니면 단체는 투시하고 각 구성원을 단위로 삼을지가 국세기본법, 소득세법, 법인세법 세 군데에 걸쳐서 나온다.[68] 가령 조합(組合)기업은 소득세제에서는 투시하고 각 조합원을 납세의무자로 삼는다. 부가가치세법에서는 어떨까? 부가가치세법에서 단체라는 말의 범위는 어디까지 잡아야 할까?

> … 원고들과 소외 1, 소외 2 등 21인이 한국토지개발공사로부터 이 사건 토지를 분양받고 그 위에 상가를 건축할 목적으로 '신일종합상가조합'을 결성했으며 조합이 주체가 되어 1994. 5.경 공사에 착수하고 조합원들로부터 건축자금을 제공받아 … 이 사건 상가건물을 완공 … 조합원들의 공유로 소유권보존등기를 경료했다가 … 조합원들의 각 해당 점포에 관하여 공유물 분할을 원인으로 한 소유권이전등기를 경료한 사실, 원고들은 1995. 5. 29.부터 6. 23.까지 사이에 각 개별 사업자등록을 한 후 1995. 6. 26. 위 조합으로부터 각 점포 공급에 관한 세금계산서를 교부받아 1995년 1기분 부가가치세 확정신고시 위 각 세금계산서에 의한 매입세액의 환급신청을 했고, 피고는 … 원고들에게 배정된 각 점포는 건축자금의 제공자인 원고들이 원시취득한 것이지 위 조합으로부터 공급받은 것이 아니므로 그에 따른 매입세액이 존재한다고 할 수 없어 매입세액을 불공제 …
>
> 그러나 부가가치세법 제2조 제1항은 영리목적의 유무에 불구하고 사업상 독립적으로 재화 또는 용역을 공급하는 사람을 사업자라 하여 부가가치세 납세의무자로 규정하고 있는 데, 여기서 사업상 독립적으로 재화 또는 용역을 공급하는 사람이란 부가가치를 창출해 낼 수 있는 정도의 사업형태를 갖추고 계속적이고 반복적인 의사로 재화 또는 용역을 공급하는 사람을 뜻하고(대법원 1989. 2. 14. 선고 88누5754 판결, 1992. 7. 24. 선고 92누5225 판결 등 참조) … 이 사건에서 보면, 위 조합은 상가를 건축하여 임대업을 할 목적으로 원고들을 비롯한 조합원 21명으로 구성되어 총회와 대표자를 두고 있는 단체로서, 한국토지개발공사로부터 이 사건 토지를 분양받은 다음, 단순히 상가건물만 공동으로 건축하는 것이 아니라 조합체로서 그 건물을 목적물로 하는 부동산임대업을 공동사업으로 영위하기로 결의하여 … 조합 자체의 독립한 계산하에 … 이 사건 상가건물을 신축하는 한편, 건물이 거의 완공되어 가던 1991. 1.경부터 조합 명의로 상당수의 점포들을 타에 임대하여 임대보증금을 수령하는 등, 사업목적을 대외적으로 나타

68) 제4장 제2절 I, 제10장 제2절 III, 제13장 제2절 V.

내고 실제로 사업자로 활동하던 중, 조합원 각자의 개별 사업을 영위하기 위하여 조합의 사업용 자산인 이 사건 상가건물을 여러 개의 점포로 구분하여 조합원들에게 공유물 분할의 형식을 빌어 각 점포를 분양하고 그에 따른 부가가치세를 거래징수함과 아울러 각 세금계산서를 발행하여 준 것이므로, 위 조합은 사업자에 해당하고 위 조합이 조합원 개개인에게 각 점포를 분양한 것은 부가가치세의 과세대상인 재화의 공급에 해당한다고 보아야 한다.[69)]

3) 신 탁

신탁을 납세의무의 단위로 삼을까라는 문제는 소득세제에서 이미 보았다. 제10장 제2절 IV, 제13장 제2절 VI. 현행 부가가치세제는 단일세율이므로 근본적으로는 조세회피 문제는 안 생기고 납세의무자나 행정청의 입장에서 어느 쪽이 더 편한가만 남는다. 오랫동안 판례는 위탁자에게 납세의무를 지웠다. 그러다가 수탁자에게 납세의무를 지우는 것이 원칙이라는 판례가 나오고 몇 해간 혼선을 겪은 뒤 2022년부터는 신탁재산(信託財產)을 아예 별개의 납세단위로 삼고 수탁자에게 관리책임을 지우는 것이 원칙. 아래 제4절 III.6.

> 부가가치세법 제3조 (납세의무자) ② 제1항에도 불구하고…신탁재산…과 관련된 재화 또는 용역을 공급하는 때에는…수탁자…가 신탁재산별로 각각 별도의 납세의무자로서 부가가치세를 납부할 의무가 있다.

4) 국가와 지방자치단체

부가가치세법은 납세의무자가 될 수 있는 '법인'이라는 말에 국가, 지방자치단체, 지방자치단체조합을 포함하고 있다. 법인세법에서도 법인이라는 말이 국가 등을 포함하지만 다시 법인세를 매기지 않는다고 명시하고 있다.[70)] 부가가치세법에는 그런 명문규정이 없다. 그렇다면? 민간과 경쟁관계라면 조세중립성이 필요하다.[71)]

〈대법원 2017. 7. 11. 선고 2015두48754 판결〉
[원고, 상고인 겸 피상고인] 부천시
[피고, 피상고인 겸 상고인] 부천세무서장

---

69) 대법원 1999. 4. 13. 선고 97누6100 판결; 2005. 7. 15. 선고 2003두5754 판결; 2010. 9. 9. 선고 2010두8430 판결(상가관리사무소); 유럽법원 2000. 1. 27. 선고 C-23/98 판결; 2014. 9. 17. 선고 C-713 판결. ↔ 대법원 1990. 6. 22. 선고 90누509 판결(재개발사업). 연대납세의무는 제5장 제5절 I.

70) 법인세법 제3조 제2항. 제13장 제2절 I.

71) 유럽법원 2018. 6. 13. 선고 C-665/17 판결. 제14장 제2절 IV.1.

… 구 부가가치세법(2010. 1. 1. 법률 제9915호로 개정되기 전의 것, 이하 같다) 제2조는 제1항 제1호에서 '영리목적의 유무에 관계없이 사업상 독립적으로 재화 또는 용역을 공급하는 자'인 사업자를 부가가치세 납세의무자로 규정하고 있고, 제2항에서 그 납세의무자에는 국가나 지방자치단체를 포함한다고 규정하고 있다. … 국가나 지방자치단체가 공급하는 부동산임대업을 … 부가가치세 과세대상으로 규정하고 있다. … 국가나 지방자치단체가 사업상 독립적으로 공급주체가 되어 이러한 부동산임대용역을 공급한 경우에는 대가를 받지 않은 경우가 아닌 한 부가가치세가 과세되고, 관련 매입세액은 공제되는 것이며, 임대용역에 제공되는 시설이 행정재산에 해당하거나 그 단체가 공급하는 재화 또는 용역이 해당 시설의 용도 등과 결부되어 공익적 성격을 갖더라도 그 사정만으로 달리 볼 것은 아니다. …

원고는 2007. 8. 20. 구 공유재산 및 물품관리법 … 에 근거하여 재단법인 대인의료재단(이하 '이 사건 의료재단'이라 한다)을 부천시립노인전문병원, 노인전문요양원 및 재가노인지원센터(이하 통틀어 '이 사건 노인복지시설'이라 한다)의 수탁운영자로 결정했다. …

이 사건 의료재단은 이 사건 노인복지시설을 사용·수익하는 것의 반대급부로 원고에게 신축비용 일부와 노인전문병원 이익금 중 30%를 교부한 것이고, 원고로서는 이로써 이 사건 노인복지시설 신축 및 보수비용을 절감할 수 있는 점 등에 비추어 볼 때, 원고가 이 사건 노인복지시설을 사용·수익하게 한 것과 이 사건 의료재단이 신축비용의 일부를 부담하고 노인전문병원 이익금 중 30%를 납부한 것은 실질적·경제적 대가관계에 있으므로, 이 사건 노인복지시설의 임대용역을 공급한 것에 해당한다. …

원고는 다수의 행정재산을 지속적으로 제3자에게 임대하여 왔고, 원고가 이 사건 의료재단에 이 사건 노인복지시설을 사용·수익하게 한 규모와 기간 등에 비추어 사업활동으로 볼 수 있는 정도의 계속성과 반복성이 있는 점 등을 종합하여 보면, 원고가 이 사건 의료재단에 이 사건 노인복지시설을 사용·수익하도록 한 것은 부동산임대사업의 일환으로 이루어진 것으로서 부가가치세 과세거래에 해당한다.

4. 과세대상인 재화나 용역을 공급해야

사업자가 되자면 재화나 용역을 공급하는[72] 자라야 한다. 재화나 용역이라는 말이 무슨 뜻인지는 나중에 다시 보기로 하고, 사업자의 개념과 관련되는 부분만 본다면 면세(免稅) 재화나 용역만을 공급하는 자는 사업자가 아니다.[73] '사업자'는 부가가치세 납세의무를 지므로[74] 면세되는 재화나 용역만 공급해서 납세의무를 안 지는 자, 흔히

72) 당연히 실제로 공급한다는 말. 대법원 2014. 5. 16. 선고 2011두9935 판결.

73) 대법원 2019. 6. 27. 선고 2018도14148 판결.

74) 부가가치세법 제48조, 제49조.

쓰는 말로 "면세사업자"는 법에서 말하는 사업자가 아니다. 면세'사업자'라는 말을 쓰는 이상 물론 문맥에 따라서는 사업자에는 과세사업자와 면세사업자가 있다고 읽어야 맞는 수도 있지만, 아무튼 현행법의 원칙적 용례는 사업자와 면세사업자이다. 일상적으로는 면세 재화나 용역만 공급하는 자도 과세대상 재화나 용역을 공급한다면 그 부분에 관한 한 사업자이고 부가가치세 납세의무를 진다.75) 불특정다수인에 대한 용역의 무상공급처럼 과세대상이 아닌 활동(속칭 '비과세 사업')이라면 이를 계속 반복하더라도 사업자가 아니다. 간이과세자는 일단 사업자에 들어있기는 하지만 법기술적인 개념일 뿐이고, 부가가치세의 경제적 구조에서는 사업자가 아니다. 제24장 제2절.

Ⅱ. 사업자등록과 세금계산서

납세의무자의 요건에 해당하는 자는 사업자등록을 해야 한다. 요건에 해당하는 이상 등록하지 않았더라도 사업자이다.76)

> 부가가치세법 제8조 (사업자등록) ① 사업자는 사업장마다 대통령령으로 정하는 바에 따라 사업 개시일부터 20일 이내에 사업장 관할 세무서장에게 사업자등록을 신청하여야 한다. 다만, 신규로 사업을 시작하려는 자는 사업 개시일 이전이라도 사업자등록을 신청할 수 있다.77) (이하 생략)

1. 사업장별 등록

부가가치세란 각 기업을 단위로 하여 이해관계자들이 나누어 가지는 부가가치를 과세하는 세금이다. 그렇게 본다면 여기에서 부가가치세의 납세의무자의 단위는 사실은 생산요소의 결합단위이고, 이른바 "회사"같은 인적(人的) 개념이라기보다는 특정한 장소로 결정되는 사업장 개념이다. 경제의 투입산출의 흐름을 쭉 보아서 납세의무자의 개념을 설정한다. '사업장'개념이라는 말. 그러나 실정법을 짜고 운용하면서 사업장이라는 장소적 단위를 납세의무자로 삼기는 곤란하다. 공법을 포함하여 법은 사람을 권리의무의 단위로 삼고 있는 까닭이다. 이리하여 법은 사업자를 납세의무자로 삼되, 사업

---

75) 대법원 2006. 9. 28. 선고 2005두3851 판결.

76) 대법원 2016. 6. 10. 선고 2016두33049 판결. 부가가치세법 제60조 제1항 제2호는 남의 명의로 위장등록을 했더라도 미등록가산세는 못 물린다는 대법원 1987. 10. 28. 선고 87누85 판결을 뒤집고 있다. 사업자등록과 상가건물임대차보호법은 제5장 제4절 I, VI.

77) 사업자등록은 단순한 사업 사실의 신고로서 사업자가 소관세무서장에게 소정의 사업자등록신청서를 제출함으로써 성립되는 것이고, 사업자등록증의 교부는 그 등록사실을 증명하는 증서의 교부행위에 불과하다. 대법원 1983. 6. 14. 선고 81누416 판결.

장마다 따로 따로 사업자등록을 하라고 정하여 사업장을 실질적인 납세단위로 삼아 사업장마다 세금을 따로 걷는다.[78] 사업장이란 사업자나 사용인이 늘 있으면서 거래의 전부 또는 일부를 행하는 장소를 뜻한다.[79]

2. 총괄납부와 사업자단위 납부

사업장이 여러 개 있어서 그 사이에 내부거래가 있는 경우에는 이를 묶어서 한꺼번에 과세하는 편이 더 편하므로 이를 허용한다(총괄납부). 납부는 주사업장에서 총괄납부하더라도 신고는 사업장마다 각각 한다.[80] 각 사업장의 물류흐름 및 재고를 관리할 수 있다고 세무서장이 승인한 자(사업자단위과세사업자)는 신고도 사업자 단위로 할 수 있다.[81] 특수관계 있는 기업을 묶어서 총괄납부를 허용하는 나라도 있다.[82]

3. 사업자등록과 세금계산서

〈헌법재판소 2013. 11. 28. 2011헌바168 결정〉

…사업자등록은 과세관청으로 하여금 납세의무자와 그 사업내용 및 과세자료의 파악을 용이하게 하여 근거과세와 세수확보 등 과세행정의 편의를 도모하고, 나아가 공평과세를 구현하려는 데에 그 목적이 있다. 사업자등록은 세금계산서의 수수와 함께 부가가치세 제도를 효과적으로 시행하기 위한 필수적인 요소이다. 특히 부가가치세는 재화 등의 공급자가 거래 시마다 거래상대방으로부터 세액을 거래징수하여 이를 정부에 납부하며, 사업자 자신은 재화를 공급받을 때 거래상대방에게 징수당한 매입세액을 공제받는 구조이기 때문에, 다른 세목에 비해 과세관청이 사업자에 대해 정확히 파악하는 것이 매우 중요하다. 위와 같은 사업자등록의무 불이행에 대해서는 세금계산서의 교부가 제한되고, 매입세액 공제를 받지 못하는 불이익이 가해지며, 이와 별도로 미등록가산세가 부과된다. 이처럼 우리 부가가치세법은 사업자등록의무를 단순한 협력의무로 이해하기보다는 그 이상의 것으로 보고 있다…

---

78) 부가가치세법 제6조 제1항. 대법원 2006. 1. 26. 선고 2005두14608 판결. 교부받는 세금계산서도 사업장별로 받아야 한다. 헌법재판소 2023. 7. 20. 2020헌바101 결정. 대법원 2006. 12. 12. 선고 2005두1497 판결; 2009. 5. 14. 선고 2007두4896 판결; 2021. 10. 28. 선고 2021두39447 판결. 겸영업종 가운데 일부의 폐업은 사업장 폐업이 아니다. 대법원 2013. 2. 28. 선고 2010두29192 판결. 사업자단위로도 사업자등록, 세금계산서 발행 및 신고납부가 가능하다. 같은 법조 제4항.

79) 부가가치세법 제6조, 부가가치세법 시행령 제8조 제1항, 제6항. 공사현장이나 감리현장도 사업장이다. 대법원 1993. 7. 27. 선고 92누9715 판결.

80) 부가가치세법 제51조 및 같은 법 시행령 제92조. 과소신고가산세도 사업장별로 적용한다. 대법원 2011. 4. 28. 선고 2010두16622 판결; 2013. 12. 26. 선고 2013두17800 판결. 헌법재판소 2023. 7. 20. 2020헌바101 결정.

81) 부가가치세법 제6조 제4항, 제8조 제3항.

82) Schenk & Oldman, 98쪽.

…이 사건 법률조항은 과세관청으로 하여금 납세의무자와 그 사업내용 및 과세자료의 파악을 용이하게 하여 근거과세와 세수확보 등을 가능하게 하는 사업자등록의 이행을 담보하게 하는 것이고, 사업자등록제도가 제대로 정착되지 않으면 그 결과 부가가치세제도의 근간이 크게 흔들릴 수 있는 점을 고려한 제재적 성격의 규정으로 그 입법목적은 정당하다. 또한, 그 입법목적 달성을 위하여 납세자에게 세제상의 불이익 즉, 당해 거래의 매입세액 공제를 허용하지 아니하는 수단을 선택한 것은 사업자등록 이행을 위한 하나의 효과적인 방법이 될 수 있으므로 수단의 적정성도 인정된다. …부가가치세는 우리나라의 세입에 있어 단일세목으로는 가장 큰 비중을 차지하고 있을 정도로 국가재정수입의 기초를 이루고 있는바, 부가가치세 제도 운영의 기초가 되는 사업자등록이 제대로 이루어지지 않으면 법인세, 소득세, 지방세 등의 정확한 과세산정이 곤란할 뿐 아니라…최종소비…에 대한 조세…가[83] 원활하고 적정하게 이루어지는 것을 기대하기 힘들어, 결국 부가가치세 제도는 물론이고 세제 전반의 부실한 운영을 초래할 우려가 있다…

…사업자등록 불이행시 공급가액의 1%에 해당하는 가산세를 부과하는 제재를 택하고 있는데, 이 사건 법률조항은 여기에 더하여 매입세액 불공제라는 추가적인 제재방법을 택하고 있다… 가산세만으로는 부가가치세 제도의 근간인 사업자등록을 이행하도록 강제하기에 충분하지 못하다고 볼 여지가 있다…사업자등록을 하지 않음으로써 과세관청의 징세권으로부터 벗어나 부가가치세뿐만 아니라 소득세까지 탈루할 수 있는 점을 고려하면, 이 사건 법률조항에 의한 매입세액 불공제의 제재가 그다지 가혹하다고만 할 수 없다. 나아가 구 부가가치세법 제17조 제2항 제5호 단서, 같은 법 시행령(2008. 12. 3. 대통령령 제21148호로 개정되기 전의 것) 제60조 제9항에 의하면, 사업자등록신청일부터 역산하여 20일 이내의 매입세액에 대하여는 매출세액에서 공제하는 것을 인정하는 예외를 두어 나름대로 그 침해를 최소화하기 위한 장치를 두고 있다.

…면세사업자는 세금계산서의 교부의무가 배제되고, 이로써 유통과정에서 세액공제의 흐름이 중단되게 되어 부가가치세제가 지니고 있는 장점인 상호 검증기능을 훼손하게 되므로, 면세사업자로 등록한 것만으로는 사업자등록 제도를 통하여 이루려는 목적을 달성하지 못하게 된다. …이러한 사정을 고려할 때 이 사건 법률조항이 납세의무자의 고의·중과실 여부에 대한 고려 없이 면세사업자로 사업자등록을 한 기간의 매입세액을 공제하지 않고 있다 하더라도 납세자의 재산권을 침해한다고 볼 수 없다…

부가가치세법 제32조 (세금계산서 등) ① 사업자가 재화 또는 용역을 공급(부가가치세가 면제되는 재화 또는 용역의 공급은 제외한다)하는 경우에는 다음 각 호의 사항을

83) 원문은 "실질적 담세자인 최종소비자에 대한 조세의 전가가." 틀린 말이다. 제2절 V, 아래 제5절 I.

적은 계산서(이하 "세금계산서"라 한다)를 그 공급을 받는 자에게 발급하여야 한다.[84]

1. 공급하는 사업자의 등록번호와 성명 또는 명칭

2. 공급받는 자의 등록번호.[85] 다만, 공급받는 자가 사업자가 아니거나 등록한 사업자가 아닌 경우에는 대통령령으로 정하는 고유번호 또는 공급받는 자의 주민등록번호

3. 공급가액과 부가가치세액

4. 작성 연월일

5. 그 밖에 대통령령으로 정하는 사항

② 법인사업자와 대통령령으로 정하는 개인사업자는…전자세금계산서…를 발급하여야 한다…[86]

재화나 용역을 공급한 자가 세금계산서를 안 끊으면 매출세액 본세 및 가산세를 매기고 같은 가산세를 공급받는 자에게도 매긴다.[87] 공급하는 자에게 매출세액 본세를 매겼으니 공급받는 자는 본세 금액만큼 매입세액 공제를 받으려나?

부가가치세법 제39조 (공제하지 아니하는 매입세액) ① 제38조에도 불구하고 다음 각 호의 매입세액은 매출세액에서 공제하지 아니한다…

2. 세금계산서…를 발급받지 아니한 경우

실제 매입세액이 있는데 불공제라고? 稅金計算書가 없다는 이유로 매입세액을 불공제하는 것은 세금계산서의 관리 그 자체가 중요한 까닭이다.[88] 사업자등록 전의 매입세액을 불공제함도 마찬가지이다.[89] 세금계산서 제도가 무너지면 부가가치세 행정도 무너진다. 이 때문에 매입세액 불공제로 당사자로서는 가혹하다 싶게 제재한다.[90] 정도의

---

84) 의무위반자에게는 가산세와 형벌이 따른다. 헌법재판소 2013. 12. 26. 2012헌바217 등 결정. 부가가치세법 제60조 제2항; 조세범처벌법 제10조 제1항. 대법원 2000. 2. 8. 선고 99도5191 판결. 자료상에 관하여는 안대희, 조세형사법, 2편 2장 5절 Ⅶ.

85) 대법원 2006. 9. 8. 선고 2003두9718 판결(면세사업자).

86) 전자세금계산서 발급명세 전송의무는 제32조 제3항.

87) 부가가치세법 제60조 제3항.

88) 헌법재판소 2002. 8. 29. 2000헌바50 결정; 2013. 5. 30. 2012헌바195 결정; 2013. 12. 26. 2012헌바217 결정; 2015. 7. 30. 2013헌바56 결정; 2015. 11. 26. 2014헌바267 결정; 2019. 11. 28. 2017헌바340 결정 등.

89) 부가가치세법 제39조 제8호. 헌법재판소 2011. 3. 31. 2009헌바319 결정; 2013. 11. 28. 2011헌바168 결정.

90) 세금계산서 없이 매입매출을 동시누락한 경우 포탈세액은 매출세액. 대법원 1988. 3. 8. 선고 85도1518 판결. 그러나 대법원 2009. 12. 24. 선고 2007두16974 판결.

차이는 있더라도 유럽에서도 세금계산서를 중시한다.[91] 세금계산서 없이 공급한 자나 그와 짜고 공급받는 자에게는 형벌도 따른다.[92]

아예 공급 자체가 없으면서 세금계산서만 주고받는 경우라면 건을 매출세액이나 공제해 줄 매입세액은 애초 없고, 가산세와 형벌로 다스린다.[93] 영리목적이라면 특가법으로 가중처벌한다.[94]

재화나 용역을 공급하면서 끊은 세금계산서의 공급가액이나 명의(등록번호)가 거짓이라면 양 쪽 모두를 가산세로 다스린다.[95] 공급자 및 그와 통정한 공급받는 자에게 형벌도 매긴다.[96] 진실한 세액 부분도 공급받는 자의 매입세액 공제를 전부나 일부 부인하는 수도 있다. 제5절 IV.2. 공급시기가 거짓이라면? 공급하는 자는 가산세로, 공급받는 자는 매입세액공제 부인으로 다스리지만, 재재 범위는 한결 좁다.

〈대법원 2025. 12. 11. 선고 2025도10232 판결〉

수정세금계산서를 거짓으로 기재하여 발급하는 행위는 세금계산서 수수질서를 문란하게 하고 부가가치세의 부과와 징수를 불가능하게 하거나 현저히 곤란하게 한다는 점에서 통상의 세금계산서…마찬가지.

제 4 절 재화와 용역의 공급

"재화 또는 용역을 공급하는" 사업자의 매출세액은 "공급한 재화나 용역"의 공급가액에 10%라는 세율을 곱한 금액이다. 매입세액은 공급받는 재화나 용역에 딸린 세액이다.

---

91) 영국 판결로 Pelleted Casehardening Salts Ltd v. The Commissioners of Customs and Excise, VATR(MAN/84/287)(1985) 2 BVC 205, 192. Schenk & Oldman, 190-193쪽.

92) 조세범처벌법 제10조 제1항 제1호, 제2항 제1호. 소득세법이나 법인세법에 따른 계산서도 같다. 같은 법조항 제2호. 사업자인 이상 등록여부는 묻지 않는다. 대법원 2019. 6. 27. 선고 2018도14148 판결.

93) 부가가치세법 제60조 제3항 제1호, 제2호, 조세범처벌법 제10조 제3항 제1호. 남의 명의로 세금계산서를 주고받았더라도 실제 공급자라면 세금계산서만 주고받은 것은 아니다. 대법원 2025. 2. 27. 선고 2021도7108 판결; 2025. 5. 29. 선고 2023두41314 판결.

94) 헌법재판소 2013. 12. 26. 2012헌바217; 2015. 12. 23. 2015헌바244; 2015. 12. 23. 2015헌바249; 2016. 5. 26. 2016헌바81; 2017. 7. 27. 2017헌바226; 2018. 3. 29. 2016헌바202; 2019. 11. 28. 2017헌바504 결정; 2025. 6. 27. 2024헌바61 결정; 2025. 9. 25. 2021헌바405 결정 등. 특정범죄가중처벌 등에 관한 법률 제8조의2의 "영리목적"이란 입법취지로는 자료상 처벌이지만 판례는 한결 넓게 풀이. 대법원 2014. 9. 24. 선고 2013도5758 판결 등.

95) 부가가치세법 제60조 제3항 제3호에서 제6호.

96) 조세범처벌법 제10조 제1항 제1호.

Ⅰ. 재화(財貨)

> 부가가치세법 제2조 (정의) 1. 재화란 재산 가치가 있는 물건 및 권리를 말한다. 물건과 권리의 범위에 관하여 필요한 사항은 대통령령으로 정한다.

재화라는[97] 말은 민사법에서 안 쓰는 말이고 여태 이 책에서도 거의 쓴 적이 없다. 그렇지만 이를 다시 부연한 물건이라는[98] 말은 민법총칙에서부터 익숙한 말이니 얼핏 분명해 보인다. 그러면 실제 문제를 하나 던져 보자. 어떤 사업자가 물건 값으로 어음을 한 장 발행해 주거나 양도한다면, 이는 재화의 공급인가? 제2절의 구조를 머릿속에 그려 보면 어음을 주는 것이 재화의 공급일 수는 없다. 그러나 법률가답게 조문을 보자. 어음은 물건인가? 통상적인 물건은 아니지만 점유권 등 민법에서 정한 각종 권리의 목적물이 되어야 하니 물건 맞다. 가사 어음 종이라는 '물건'과 거기에 담긴 권리를 떼어내어 생각해도 문제는 그대로 남는다. 어음은 권리인가? 어음은 권리와 분리될 수 없는 유가증권이니 성질상 권리 그 자체라고 보아야 하는 것도 맞다. 어음을 넘겨주는 행위란 권리를 넘겨준다는 의미를 떠나면 아무 의미가 없다. 그렇다면 돈(어음)을 주는 사람이 어음이라는 재화를 '공급하는 사람'이 되고 만다.

법이 물건과 권리라는 말을 쓰기는 했지만 이 말은 '재화'라는 비법률적인 용어를 부연한 것이고 물건과 권리라는 말의 뜻을 다시 명령에 위임했으니 볼까나.

> 부가가치세법 시행령 제2조 (재화의 범위) ①「부가가치세법」(이하 "법"이라 한다) 제2조 제1호의 물건은 다음 각 호의 것으로 한다.
>
> 1. 상품, 제품, 원료, 기계, 건물 등 모든 유체물(有體物)
> 2. 전기, 가스, 열 등 관리할 수 있는 자연력[99]
>
> ② 법 제2조 제1호의 권리는 광업권, 특허권, 저작권 등 제1항에 따른 물건 외에 재산적 가치가[100] 있는 모든 것으로 한다.

---

97) 헌법재판소 2010. 10. 28. 2008헌바125 결정(고정자산=과세); 대법원 2012. 4. 13. 선고 2011두30281 판결(리니지 게임머니=재화); 2015. 6. 11. 선고 2015두1504 판결(아직 납골당을 짓지 않은 상태의 분양권은 비과세). 유럽법원 2015. 10. 22. 선고 C-264/14 판결(비트코인은 통화).

98) '몬'이 본디 우리말이었다고.

99) 이러한 무체물을 용역으로 구분하는 입법례도 있지만 우리 법은 EEC 6차 지침 5(2)조를 따라 재화로 정하고 있다. 유럽 부가가치세 지침 제15조(1).

100) 대법원 2014. 1. 16. 선고 2013두18827 판결은 영업권을 재화라고 하나 애초 양도할 길이 없으므로 권리가 아니고 초과수익력을 나타내는 것일 뿐이다. 바른 문제는 양도한 재화의 시가가 얼마인가. 제12장 제1절 4.

답이 나오는가? 어음이 "유체물"은 아니라고 일응 말할 수 있다.[101] 그러나 "재산적 가치가 있는…것"임이야 틀림없다. 어음은 그저 한 예일 뿐이다. 수표는? 현금은? 매출채권을 은행에 파는 것은? 현금이나 수표는 민법의 맥락에서는 거의 언제나 물건이다. 소유권, 점유권, 각종 권리의 목적물이 된다. 매출채권은 물건은 아니더라도 "물건 외에 재산적 가치가 있는…것"임은 틀림없다. 그렇다면 돈을 주고받을 때마다 또는 채권을 팔 때마다 무조건 부가가치세를 10% 얹어서 받아야만 할 것인가?

결국 법령의 글귀에서 답이 안 나온다.[102] 제2절의 모델로 돌아가 부가가치세라는 세금의 성질, 우리 부가가치세법의 틀을 가지고 따질 수밖에.[103] 조문의 글귀야 어떻든 현금이나 어음·수표·매출채권은 재화가 아니다.[104] 금은 지급수단이라기보다는 물건의 성격이 더 크고, 우리 법에서는 재화이다.[105] 상품권은 대상인 상품과 결합되므로 과세대상으로 삼는 세제를 짤 수도 있겠지만 상품 공급 자체를 과세하고 상품권은 지급수단으로 본다.[106] 그렇다면 다른 나라 돈은? 비트코인은?[107] 게임아이템을 사기 위한 게임머니는?

> 원고는 2004년 부가가치세 과세기간 동안 게임아이템 중개업체의 인터넷사이트를 통하여 온라인 게임인 '리니지'에 필요한 사이버 화폐인 게임머니를 게임제공업체나 게임이용자로부터 매수한 후 이를 다시 다른 게임이용자에게 매도하고, 그 대금을 게임이용자로부터 중개업체를 경유하여 지급받은 사실 … 게임머니는 구 부가가치세법상의 '재화'에 해당하고, 원고의 게임머니 매도거래는 재화의 '공급'에 해당하며, 원고는 부가가치를 창출해 낼 수 있는 정도의 사업형태를 갖추고 계속적이고 반복적인 의사로 재화인 게임머니를 게임이용자에게 공급했다고 봄이 상당하[다].[108]

101) 물론, 이것도 불을 보듯 뚜렷하지는 않다.

102) 그러나 위헌이 아니다. 헌법재판소 2006. 2. 23. 2004헌바100 결정.

103) 부가가치세는 소비재의 사용·소비행위에 담세력을 인정하는 세제이므로 그 과세대상이 되는 재화인지를 판단하기 위한 재산적 가치의 유무는 거래 당사자의 주관적인 평가가 아닌 그 재화의 경제적 효용가치에 의하여 객관적으로 결정하여야 한다. 이러한 규정의 내용과 취지 및 부가가치세의 특성 등을 종합하면, 부가가치세의 과세거래인 '권리의 공급'에 해당하기 위해서는 현실적으로 이용될 수 있고 경제적 교환가치를 가지는 등 객관적인 재산적 가치가 인정되어 재화로서의 요건을 갖춘 권리의 양도 등이 이루어져야 한다. 대법원 2015. 12. 10. 선고 2015두2284 판결; 2018. 4. 12. 선고 2017두65524 판결.

104) 손해배상금의 지급은 재화의 공급이 아니다. 대법원 2008. 6. 12. 선고 2008다19720 판결. 독일법에도 명문의 규정은 없고, 부가가치세제의 구조상 대금의 지불은 급부가 아니라고 풀이한다. Tipke/Lang, 제17장 100문단 101문단.

105) 면세할 것인가는 다시 별개 문제. 유럽연합에서는 1998년 이래 면세. 1998. 10. 12. Council Directive 1988/80/EC.

106) 부가가치세법 시행령 제28조 제1항 제2호. 다른 나라 사례로 Schenk & Oldman, 160쪽.

107) 유럽법원 2015. 10. 22. 선고 C-264/14(비트코인=통화, 교환마진=용역대가).

108) 대법원 2012. 4. 13. 선고 2011두30281 판결. '물품'은 아니다. 대법원 2025. 3. 27. 선고 2024두62738

> 원고가 인증받아 판매한 [온실가스]감축실적은 사업자, 거래중개 전문기관 등 사이에서 거래되거나 정부에 판매될 수 있었고, 민간거래가 활성화되기 전이라 하더라도 정부가 일정한 가액으로 감축실적을 구매했다면 적어도 정부가 구매한 가액만큼의 재산적 가치는 인정할 수 있는 것이므로, 당장의 수요나 이용방법이 없다고 하여 감축실적의 재산적 가치를 부인할 수는 없다…정부가 감축실적에 대하여 지급하는 돈은… 정부에 감축실적을 공급한 대가로 봄이 타당하고 감축사업의 조성 및 재정상 원조라고 보기 어려우므로, 부가가치세 과세표준에 포함되어야 한다.[109]

Ⅱ. 용역(用役)

> 부가가치세법 제2조 (정의) 2. 용역이란 재화 외에 재산 가치가 있는 모든 역무(役務)와 그 밖의 행위를 말한다.

용역의 과세범위, 또 과세한다면 별도의 세금으로 과세할 것인가에 관해서는 입법례가 갈린다.[110] 용역이 무엇인가라는 위 글귀에서 실상 의미가 있는 부분은 재산가치가 있다는 말뿐이다. 나머지는 다 영어로 service라는 말의 동어반복. 재화・용역 어느 쪽으로 구분하든 재산가치가 있으면 과세대상이다.[111] 그러나 이 글귀에 불구하고 실상 현행법이 재산가치가 있는 "모든 것," "모든 행위"를 다 과세하지는 않는다. 가장 중요한 점으로 물건을 빌려주는 것은 과세하지만 돈을 꿔주는 것은 과세 안 한다. 뒤에 금융보험업 면세 부분에서 다시 보겠지만 우리 법은 유럽형으로 이른바 R(real, 실물)형을 따르고 있다. 분석이 너무 어려워지는 것을 피하기 위해서 재고자산의 증감이나 감가상각은 무시하고 (매출액) - (매입액) = (소득)이라 하자. 현행법에서 각 기업(사업자)별 납부세액의 기초는 실물에 올라붙는 가치 곧 (매출액 - 매입액)이다. 이 부가가치가 생산요소 제공자별로 누구에게 얼마씩 귀속하는가 따져보자. 노동자, 출자자, 채권자가 다 있는 기업이라면 (매출액 - 매입액 - 이자비용 - 인건비) = (사업자나 출자자의 소득)이라는 식이 성립한다. 그러니 (매출액 - 매입액) = (사업자나 출자자의 소득 + 근로소득 + 이자소득). 근로자에게 부가가치세 납세의무를 안 지우면서 기업단계에서는 인건비를 안 빼 준다. 마찬가지로 채권자에게 부가가치세 납세의무를 안 지우면서 기업단계에서는 이자비용을 안 빼 준다. 금융기관이나 채권자가 공급하는 자금이

판결(인지세).

109) 대법원 2018. 4. 12. 선고 2017두65524 판결.

110) Schenk & Oldman, 139-141쪽. EEC 6차 지침 제6조 제1항. 유럽 부가가치세 지침, 제24조 제2항.

111) 유럽법원 2015. 9. 3. 선고 C-463/14 판결(다른 사람에게 노무를 제공하지 않는다는 약속=용역).

나 그 사용에 재산가치가 있는 것이야 당연하지만 과세대상이 아니다. 실상 이 문제는 앞의 재화 부분에서 지급수단이 재화인가라는 문제의 반복이다. 현금흐름도 포함하는 소비세 모델을 만들 수 있지만[112] 현행 부가가치세제는 그 방법을 따르지 않았다.

도대체 어디까지 과세한다는 말인지 범위는 흐릿하지만 아무튼 재산가치가 있으면 과세한다는 점은 재화·용역이 똑같다. 유상거래의 대상이라면 재화도 아니고 용역도 아닌 것은 있을 수 없다.[113] 제2절 I. 그렇더라도 두 가지의 구분이 우리 현행법에서 무의미하지는 않다. 재화와 용역을 구별(區別)하여 과세시기나 과세가액을 달리 정하고 있으니까. 가령, 국가에 기부채납하는 경우, 기부채납자가 시설에 대한 소유권을 일단 취득한 뒤 이를 넘긴다면 재화의 공급이고, 국가가 애초부터 소유권을 취득하는 조건 하에 시설을 건설한다면 용역의 공급이지만, 구체적 사안에 따라 답이 달라질 수 있다.[114] 부수적인 공급은 그 자체의 성격이 아니라 주된 공급이 재화인가 용역인가에 따른다.[115] 디지털 경제에 와서는 재화와 용역의 구별이 어렵다. 근본적으로는 재화와 용역의 구별은 디지털 시대가 오기 전의 유형물에 관한 구별일 뿐이고, 새 술은 새 부대에 담아야 한다.[116] 일단 이 문제가 주로 불거진 것은 국제거래. 제24장 제3절.

Ⅲ. 공급(供給)

매출세액은 자기가 공급한 재화나 용역에 대한 세액이다. 매입세액은 공급받은 재화나 용역에 대한 세액. 법적평가의 대상으로 공급이나 거래의 단위를 따져야 하는 것은 소득세제나 마찬가지. 제13장 제1절 IV.[117] 공급(supply)이란 무슨 말인가?

---

112) 제8장 제1절 I. 2., III.

113) 대법원 1986. 12. 9. 선고 84누168 판결(노우하우)은 틀렸다.

114) 대법원 1990. 4. 27. 선고 89누596 판결; 1991. 3. 22. 선고 90누6972 판결; 1991. 4. 26. 선고 90누7272 판결; 1991. 8. 27. 선고 90누9247 판결; 1992. 12. 8. 선고 92누1155 판결; 2003. 3. 28. 선고 2001두9950 판결. 매립지조성공사는 용역의 공급에 해당한다. 대법원 2003. 9. 5. 선고 2002두4051 판결; 2023. 10. 26. 선고 2023두44092 판결.

115) 부가가치세법 제14조.

116) Chang Hee Lee, "*Impact of E-Commerce on Allocation of Tax Revenue between Developed and Developing Countries,*" 18 Tax Notes International 2569(1999). 이 글은 그 뒤 2004년 현재로 고친 것이 International Tax Law(Avi-Yonah ed., 2016), 712쪽에 실려 있다. 오래된 한글판은 이창희, 전자상거래 시대의 국제조세(정찬모 외, 세정정보화 및 전자상거래 세제지원 방안, 정보통신정책연구원 정책연구 99-05, 1999, 76쪽 이하).

117) 유럽판례는 KPE Pasok QC, EU Value Added Tax Law(2020), 5.60문단 이하.

1. 일반적인 공급

부가가치세법 제9조 (재화의 공급) ① 재화의 공급은 계약상 또는 법률상의 모든 원인에 따라 재화를 인도(引渡)하거나 양도(讓渡)하는 것으로 한다.[118]

부가가치세법 제11조 (용역의 공급) ① 용역의 공급은 계약상 또는 법률상의[119] 모든 원인에 따른 것으로서 다음 각 호의 어느 하나에 해당하는 것으로 한다.[120]

1. 역무를 제공하는 것
2. 시설물, 권리 등 재화를 사용하게 하는 것

1) 처분권(處分權)의 이전

여기에서도 글귀만 따지면 아주 곤혹스러운 문제들이 생긴다. 가령, 임대차(賃貸借) 계약을 맺고 물건을 다른 사람에게 빌려 준다고 하자. 재화의 공급인가? 글자만 따지면 "계약상의 원인에 따라 재화를 인도하는 것"임에 틀림이 없다. 그러나 임대차에서 생기는 부가가치는 사용가치 상당액일 뿐이다. 임대차 물건의 가치 그 자체를 과세한다면 부가가치세의 전체 구조와 두동진다. 재화의 공급이라는 말은 시차는 있더라도 소유권 내지 處分權의[121] 이전을 밑바탕에 깔고 있는 개념으로 풀이해야 하고,[122] 임대차는 "계약상 원인에 따라 재화를 인도하는 것"이지만 재화의 공급이 아니다. 그렇게 인도한 재화를 "사용하게 하는 것"만 용역의 공급이다.[123]

---

118) 위헌이 아니다. 헌법재판소 2006. 2. 23. 2004헌바100 결정; 2011. 2. 24. 2009헌바41 결정.

119) 대법원 2011. 9. 8. 선고 2009두16268 판결; 2016. 3. 24. 선고 2013두19875 판결.

120) 위헌이 아니다. 헌법재판소 2006. 2. 23. 2004헌바100 결정. 경비분담 약정에 따른 정산≠용역공급. 대법원 2017. 3. 9. 선고 2016두55605 판결.

121) 유럽법원 1980. 2. 8. 선고 C-320/88 판결; 2013. 7. 18. 선고 C-78/12 판결; 2015. 9. 3. 선고 C-526/13 판결.

122) 대법원 1990. 8. 10. 선고 90누3157 판결(임가공용 원자재 인도); 1999. 2. 9. 선고 98두16675 판결(수급인이 원시취득하는 건물의 건축주 명의변경). 제12장 제2절, 제19장 제1절 Ⅱ. 유럽 부가가치세 지침 제5조(1). 독일 부가가치세법 제3조 제1항. 그러나 사업자가 건물을 매도하기로 하는 매매계약을 체결한 다음, 매매대금이 청산되거나 거래상대방 명의로의 이전등기를 경료하기 이전이라도, 거래상대방으로 하여금 사실상 소유자로서 당해 건물에 대한 배타적인 이용 및 처분을 할 수 있도록 그 점유를 이전했다면, 이는 부가가치세법상 재화의 공급에 해당한다. 대법원 2006. 10. 13. 선고 2005두2926 판결. 소유권취득 전의 처분은 공급이 아니라는 것으로 유럽법원 2019. 10. 17. 선고 C-692/17 판결. 자동차임차인이 주유소에서 리스회사의 계산으로 연료를 주입하더라도 실제 연료사용량에 따라 사후정산한다면 리스회사에 처분권이 없으므로 리스회사가 연료를 공급하는 것은 아니다. 유럽법원 2003. 2. 6. 선고 C-185/01 판결.

123) 부가가치세법 제11조 제1항 제2호.

2) 소득세 v. 부가가치세

이미 보았듯, 감가상각을 공제하는가 투자를 공제하는가, 이 차이를 제외하면 부가가치세법의 구조가 소득세법과 밑바탕이 달라야 할 이유가 없다. "소득 = 소비 + 투자," "소비 = 소득 - 투자"라는 관계를 생각하면, 소득세제에서 감가상각비 대신 투자액 전액을 손금산입해 주면, 그것이 바로 소비세. Y - I = C. 그렇게 본다면 C에서 '재화나 용역의 供給이 있는가'라는 문제는 근본적으로 Y가 있는가와 같은 문제이다. '공급이 있는가'라는 문제는 소득세법에서 총수입금액 내지 법인세법에서 익금이 생기는가라는 문제와 본질이 같다.[124] 예를 들어 물건을 담보로 제공한다면 공급인가? 사업자가 생산한 재화나 용역을 직접 소비한다면 공급인가? 가지고 있는 물건의 사용가치는 공급가액에 넣어야 하는가? 공사(公私)구분, 사업과 사생활의 테두리가 같다면 근본적으로는 소득세에서 소득이 있는가와 같은 문제이고 답이 한결같아야 맞다. 제8장 제1절 Ⅳ, 제9장 제1절 Ⅱ, 제11장 제1절. 불법거래이더라도 공급.[125] 제 뜻에 반하는 경매나 토지수용도 소득세 목적상 양도이듯 부가가치세에서도 재화의 공급이 된다.[126][127] 계약의 무효·취소·해제는 제4장 제2절 Ⅳ.2.

3) 신탁(信託)과 담보(擔保)제공

부가가치세법 제10조 (재화 공급의 특례) ⑧ 「신탁법」 제10조에 따라 위탁자의 지위가 이전되는 경우에는 기존 위탁자가 새로운 위탁자에게 신탁재산을 공급한 것으로

124) 입장료나 기계에 넣는 돈처럼 도박업자가 도박기회를 제공하는 것은 공급이다. 대법원 2017. 4. 7. 선고 2016도19704 판결; 유럽법원 1994. 5. 5. 선고 C-38/93 판결↔대법원 2006. 10. 27. 선고 2004두13288 판결. 사적인 상호간의 도박은 도박장 안이더라도 공급이 아니다. 2001. 5. 29. 선고 C-86/99 판결. 유럽 부가가치세 지침 제135조 제1항 (i).

125) 대법원 2013. 5. 9. 선고 2011두5834 판결. 몰수·추징 대상이더라도 공급이다. 대법원 1996. 12. 23. 선고 96도2353 판결. 임대인의 해지통고로 건물 임대차계약이 해지되어 임차인의 점유가 불법점유가 된다고 하더라도, 임차인이 건물을 명도하지 아니하고 계속 사용하고 있고 임대인 또한, 임대보증금을 반환하지 아니하고 보유하고 있으면서 향후 월임료 상당액을 보증금에서 공제하는 관계에 있다면, 이는 부가가치세의 과세대상인 용역의 공급에 해당한다. 대법원 1995. 7. 14. 선고 95누4018 판결; 2002. 11. 22. 선고 2002다38828 판결; 2003. 11. 28. 선고 2002두8534 판결; 2025. 2. 26. 선고 2012두19533 판결(무권리자가 임대). 유럽법원은 마약, 위조지폐 등의 공급이 과세대상이 아니라고 판시했다. 유럽법원 1984. 2. 24. 선고 C-294/82 판결; 1988. 3. 8. 선고 C-296/86 판결; 1990. 12. 6. 선고 C-343/89 판결.

126) 헌법재판소 2006. 2. 23. 2004헌바100 결정. 현행 부가가치세법 시행령 제18조는 공매를 공급에서 제외하고 있다. 경매의 경우 공급자는 소유자이지 경매법원이 아니다. 대법원 1984. 9. 24. 선고 84누330 판결. 실제 거래징수를 하지 못했다 하여 납세의무가 없어지는 것이 아니다. 대법원 1984. 3. 27. 선고 82다카500 판결 등.

127) 공유수면매립법에 의한 매립지조성공사를 시행하여 조성된 토지 중 일부에 대한 소유권을 취득했다면 용역의 공급에 해당한다. 대법원 2003. 9. 5. 선고 2002두4051 판결. 그러나 대법원 2005. 7. 8. 선고 2004두10579 판결(수용손실보상금) 참조.

본다. 다만, 신탁재산에 대한 실질적인 소유권의 변동이 있다고 보기 어려운…경우에는 신탁재산의 공급으로 보지 아니한다.

⑨ 다음 각 호의 어느 하나에 해당하는 것은 재화의 공급으로 보지 아니한다.

1. 재화를 담보로 제공하는 것[128]…

4. 신탁재산의 소유권 이전…

擔保信託을 설정하면서 채권자에게 수익권을 주는 것은 아예 제9조에서 공급이 아니고[129] 제10조 제9항 제1호는 단순한 확인. 일반적인 신탁의 종료나 수탁자 교체에 따라 수탁자(受託者)가 위탁자나 새 수탁자에게 소유권을 이전하는 것은 공급이 아니지만, 수탁자가 제3자에게 소유권을 이전하는 것은 당연히 공급이다. 제10조 제8항에 따라 위탁자(委託者) 지위의 이전을 공급으로 보는 경우의 전형은 위탁자지배형 자익신탁이나 특수관계인을 수익자로 하는 위탁자지배형 신탁이다. 자기 재산에 처분신탁이나 사업신탁을 설정하면서 수익권을 받은 자나, 담보신탁을 설정하면서 후순위 수익권을 받은 사람이 수익자 겸 위탁자 지위를 제3자에게 넘기는 경우도 같은 조항에서 공급이다. 이 제3자는 제10조 제8항의 실질적 소유권의 양수인이므로 그가 다시 다른 사람에게 수익권을 양도하는 것도 공급이다.

양도담보(讓渡擔保)계약에 따라 담보권자에게 소유권을 이전하는 것은 공급이 아니다. 양도담보권자의 소유권은 수탁자만 못하다. 신탁의 해지는 공급이 아니므로 양도담보권자가 채무자에게 소유권을 돌려주는 것은 공급이 아니다. 양도담보권자가 채무자의 승낙을 받아 새로운 채권자에게 피담보채권을 양도하면서 담보물의 소유권을 이전하는 것은 수탁자 지위의 교체와 균형을 맞추자면 공급이 아니다. 명의수탁자가 일방적으로 제3자에게 양도하는 것은 공급이지만 양도소득세 판례와[130] 앞뒤를 맞추는 수밖에 없다. 누구를 공급자로 보는가라는 귀속 문제는 아래 III. 6.

2. 개인적 공급, 사업상 증여, 사업폐지

부가가치세법 제10조 (재화 공급의 특례) ④ 사업자가 자기생산・취득재화를 사업과 직접적인 관계없이 자기의 개인적인 목적이나 그 밖의 다른 목적을 위하여 사용・소비하거나 그 사용인 또는 그 밖의 자가 사용・소비하는 것으로서 사업자가 그 대가

128) 화의절차 진행 중 담보권자가 권리를 실행하여 정산절차를 마친다면, 인가된 화의조건에 관계없이 담보물건의 소유권이 넘어가므로 그때 재화를 공급한 것으로 본다. 대법원 2002. 4. 23. 선고 2000두8752 판결.

129) 대법원 2015. 1. 29. 선고 2014두42346 판결(분양보증); 2017. 6. 15. 선고 2014두6111 판결; 2017. 11. 23. 선고 2015두36959 판결.

130) 제12장 제2절.

를 받지 아니하거나 시가보다 낮은 대가를 받는 경우는 재화의 공급으로 본다. 이 경우 사업자가 실비변상적이거나 복리후생적인 목적으로 그 사용인에게 대가를 받지 아니하거나 시가보다 낮은 대가를 받고 제공하는 것…는 재화의 공급으로 보지 아니한다.

⑤ 사업자가 자기생산·취득재화를 자기의 고객이나 불특정 다수에게 증여하는 경우(증여하는 재화의 대가가 주된 거래인 재화의 공급에 대한 대가에 포함되는 경우는 제외한다)는 재화의 공급으로 본다. 다만, 사업자가 사업을 위하여 증여하는 것으로서 대통령령으로 정하는 것은 재화의 공급으로 보지 아니한다.

⑥ 사업자가 폐업할 때[131] 자기생산·취득재화 중 남아 있는 재화는 자기에게 공급하는 것으로 본다. 제8조 제1항 단서에 따라 사업 개시일 이전에 사업자등록을 신청한 자가 사실상 사업을 시작하지 아니하게 되는 경우에도 또한 같다. (이하 생략)

사업자가 소유한 사업상 財貨를 사업자나 종업원 기타 제3자가 바로 소비하는 경우 제4항에서 개인적(個人的) 공급으로 본다.[132] 유통경로가 조금 달라서 사업자나 제3자가 바로 소비자가 되기는 하나 이는 우연적 사정일 뿐이고 재화가 소비자에게 넘어간다는 점은 마찬가지니까.[133] 사업상의 재화를 종업원에 대한 급여로 주는 경우도 마찬가지이다.[134] 한편 어떤 이유로(뒤에 본다) 매입세액이 공제되지 않는 재화를 사업자 본인, 사용인, 또는 제3자가 받아가는 것은 공급으로 보지 않는다.[135] 물건을 사면서 매입세액을 공제받지 못한다는 것은, 사업과 무관한 개인 소비자의 지위에서 물건을 사는 것과 마찬가지인 까닭이다. 사업자라 하여 사생활에서 따로 물건을 사는 것을 막을 길이 없음은 물론이다. 사업을 폐지(廢止)할 때 남은 재화도 개인적 소비가 가능해지므로 제6항은 폐업 당시에 공급한 것으로 보고 과세한다.[136]

사업자 본인의 소비를 개인적 공급으로 과세하는 이상 제3자에 대한 증여(贈與)도 당연히 과세대상. 이리하여 제5항은 "자기생산·취득재화를 자기의 고객이나 불특

131) 사업폐지는 등록이나 신고와 관계없이 실질에 따라 판단한다. 대법원 1998. 9. 18. 선고 97누20625 판결. 공급시기는 폐업시기. 대법원 2006. 1. 13. 선고 2005두10453 판결.

132) 부가가치세법 제10조 제4항. 유럽 부가가치세 지침, 제16조. 독일 부가가치세법 3조 제1항(b). 소득세법 제25조 제2항. 제11장 제1절 Ⅰ. 3. 공급가액은 아래 제5절 Ⅱ. 5.

133) 대법원 1992. 8. 14. 선고 91누13229 판결.

134) EEC 6차 지침 5(6)조, 6(2)(a)조. 종업원할인 비과세는 소득세법에만 들어왔다. 제11장 제2절 Ⅱ. 1.

135) 부가가치세법 제10조 제1항.

136) 신고납부 기한은 부가가치세법 제49조 제1항; 대법원 2013. 2. 28. 선고 2010두29192 판결(일부폐업 ∉폐업). 사업용 자산의 양도나 경매 결과 폐업에 이르게 되더라도 과세표준은 실제 양도대가이고 공급의제 규정은 적용되지 않는다. 대법원 1995. 10. 13. 선고 95누8225 판결; 1998. 2. 27. 선고 97누7547 판결; 2008. 7. 24. 선고 2006두2459 판결. 사업자가 계약상 또는 법률상 원인에 의하여 재화를 공급하여 부가가치세 과세대상이 된 이상, 그 재화에 대하여는 폐업 시 남아 있는 재화에 관한 공급의제 규정이 적용될 여지가 없다. 대법원 2013. 10. 24. 선고 2011두3623 판결.

정 다수에게 증여하는 경우"를 공급으로 정하고 있다. 사업자가 스스로에게 재화를 공급한 뒤 사생활의 영역에서 제3자에게 다시 이전하는 것으로 보아야 하는 까닭이다. 속칭 이를 "사업상(事業上) 증여(贈與)"라 일컫는다. 고객이 아닌 특정인에 대한 증여는 과세하지 않는다는 말은 아니다. 사업자 자신이 가져간 뒤 사생활의 영역에서 증여한 것으로 보아, 개인적 공급으로 여전히 과세대상으로 삼아야 한다. 재화가 다음 단계의 생산으로 이어지지 않고 바로 소비된다는 점에서는 아무 차이가 없는 까닭이다. 한편, 가령 냉장고를 100만원에 팔면서 선풍기를 끼워주는 것은 증여가 아니다. 선풍기와 냉장고를 합하여 100만원에 파는 것이지 선풍기를 따로 증여하는 것은 아니므로 따로 과세하지는 않는다.[137] 또 시행령에는 견본품(見本品)의 증여는 과세하지 않는다는 규정이 있고[138] 다른 나라에서도 과세하지 않는 것이 보통이지만[139] 거래선에게 주는 견본품을 비과세한다는 뜻이다. 물건을 이미 공급했거나 새로 공급하면서 견본품을 준다면 받는 대금은 견본품을 포함하는 물건 전체의 값.[140] 불특정 다수에게 뿌리는 견본품이라면 당연히 비과세할 이유란 없고, 값어치가 미미한 사소한 견본품까지 다 과세할 만한 가치가 없을 뿐이다.[141]

현행법의 글귀에서는 증여받는 자가 사업자이더라도 원칙적으로 과세대상이다. 이를 과세대상에서 빼든, 또는 과세대상으로 삼아 증여자에게서 매출세액을 징수하고 수증자에게 매입세액을 공제하든 결과는 마찬가지이다.

사업자, 사용인, 또는 제3자가 사업상 재화를 직접 소비하는 경우, 공급가액 내지 소비하는 재화의 가액은 아래 제5절 II. 5.

> 부가가치세법 제12조 (용역 공급의 특례) ② 사업자가 대가를 받지 아니하고 타인에게 용역을 공급하는 것은 용역의 공급으로 보지 아니한다. 다만, 사업자가 대통령령으로 정하는 특수관계인(이하 "특수관계인"이라 한다)에게 사업용 부동산의 임대용역 등 대통령령으로 정하는 용역을 공급하는 것은 용역의 공급으로 본다.
>
> ③ 고용관계에 따라 근로를 제공하는 것은 용역의 공급으로 보지 아니한다.

---

137) 부가가치세법 제10조 제5항 본문. 칫솔을 공급하면서 칫솔진열대를 무상으로 주는 것은 사업상 증여가 아니다. 대법원 1996. 12. 6. 선고 96누5063 판결. 제지회사가 대리점이나 직거래처에게 화장지, 생리대 등의 정품을 무상 제공하는 데 소요된 비용은 일종의 판매부대비용에 해당하고, 그 실질적인 공급대가는 유상으로 판매하는 동종 상품의 대가에 포함되어 있어 '사업상 증여'에 해당하지 않는다. 대법원 2003. 12. 12. 선고 2002두9292 판결.

138) 부가가치세법 시행령 제20조 제1호.

139) Schenk & Oldman, 166-167쪽.

140) 대법원 2022. 11. 17. 선고 2018두47714 판결(관세).

141) 법인세법시행령 제19조 제18호, 독일 부가가치세법 3조 I(b) 3 참조. 잠재적 고객이 제 자신에 관한 신용정보를 제공하고 받는 기증품은 과세대상이라는 사례로, 유럽법원 1994. 6. 2. 선고 C-33/93 판결.

재화와 달리 자신에게 제공하는 노무(勞務)는 과세하지 않는다. 사업자가 스스로에게 노무를 공급하는 경우는 실례를 생각하기도 어렵고, 가령 미용사가 제 머리를 매만지는 것 같은 실례가 있더라도 그에 대한 과세는 자유와 사생활에 대한 지나친 침해가 된다. 나아가 제3자에게 무상(無償)공급하는 노무도 과세 안 한다.[142] 재화의 사용은, 일반론으로는 용역의 개념에 들어가서 사용만큼 공급이 있다고 보지만[143] 사업자가 대가 없이 스스로 사용하는 것은 아예 재화 자체의 공급으로 보고 과세한다.[144] 한편, 타인에게 재화를 거저 사용하게 하는 것은 재화의 공급으로 보아 과세대상인지[145] 용역의 공급으로 보아 비과세 대상인지[146] 법령의 글귀에 의문이 생긴다. 특수관계인에 대한 공급이라면 용역으로 보더라도 과세.[147]

3. 구조적으로 소득세제와 다른 부분

한편, 과세물건이 다른 이상 부가가치세법의 공급개념과 소득세법의 소득개념 사이에도 차이가 생기게 마련이다. 대표적인 차이로 자산의 평가증액이나 재산을 처분(또는 직접 소비)하지 않은 상태의 미실현이득(未實現利得)은 부가가치세에서는 과세대상이 될 수가 없다. 재산가치의 증가가 있지만 이것이 아직 소비되지 않았다는 것은 경제학의 개념으로는 바로 투자에 해당하기 때문이다. 경제통계에서 기업이 보유한 재고자산의 증가가 '투자'로 국민소득에 잡히는 것을 생각하면 알 수 있다. 결국 부가가치세법상 공급이라는 말은 미실현이득의 발생을 포함할 수가 없다.

소득세와 달리 부가가치세는 기업을 단위로 부가가치를 몰아서 과세하는 간접세라는 구조적 차이도 소득개념과 공급개념 사이에 차이를 낳는다. 첫째, 사업자 아닌 가계가 직접 생산하여 직접 소비하는 것은 사생활(私生活)이며 부가가치세법상 공급이 아니다. 아래 5항. 둘째, 소득세와 달리 부가가치세에서는 사업자(事業者) 사이의 거래는 반드시 과세해야 할 이유는 없다. 소득세에서는 파는 쪽의 공급액과 사는 쪽의 매입액이 서로 씻겨나가지 않는다. 매입액 가운데 당기에 원재료나 감가상각처럼 소모

---

142) 특수관계인에게 무상으로 공급하는 부동산임대용역은 과세한다. 부가가치세법 제12조 제2항. 일반 공중에게 용역을 무상공급하는 사업을 정부의 돈으로 한다면 공급이 아니다. 대법원 2023. 8. 31. 선고 2020두56384 판결. 거리의 음악가의 연주를 듣는 구경꾼이 돈을 내든 말든 제 마음이라면 용역의 무상공급이다. 유럽법원 1994. 3. 3. 선고 C-16/93 판결. 독일법에서는 일단 과세대상이기는 하지만, 제공하는 용역의 원가가 영(0)이므로 결국 세부담은 없다. 독일 부가가치세법 제3조 제9항 (a), 제10조 제4항 2.

143) 부가가치세법 제11조 제1항.

144) 부가가치세법 제10조 제4항. 이를 당연전제한 판결로 유럽법원, 1992. 5. 6. 선고 C-20/91 판결.

145) 부가가치세법 제10조 제4항.

146) 부가가치세법 제12조 제2항.

147) 부가가치세법 제29조 제4항 제3호. 아래 제5절 II.4.

되는 부분만이 손금산입되므로, 결국 파는 쪽과 사는 쪽을 묶어보면 순투자액이 국민경제 전체로 본 과세물건의 합 속에 잡힌다. 이와 달리 부가가치세에서는 거래당사자가 모두 사업자라면 매출세액과 매입세액이 전액 씻겨나가므로, 구태여 매출세액을 거래징수해야 할 필요는 없다. 다만, 대부분의 거래에서는 매수인이 사업자일 수도 있고 소비자일 수도 있으므로 거래징수 의무를 지우는 것이다. 뒤집으면 매수인이 소비자일 가능성이 없는 거래라면 반드시 거래징수 의무를 지우지 않아도 좋다는 말이다. 이런 배경 하에 현행법에는 다음 규정들이 있다.

> 부가가치세법 제10조 (재화 공급의 특례) ⑨ 다음 각 호의 어느 하나에 해당하는 것은 재화의 공급으로 보지 아니한다.
>
> 1. (생략)
>
> 2. 사업을 양도하는 것으로서 대통령령으로 정하는 것.[148] 다만, 제52조 제4항에 따라 그 사업을 양수받는 자가 대가를 지급하는 때에 그 대가를 받은 자로부터 부가가치세를 징수하여 납부한 경우는 제외한다.

事業讓渡란 사업의 동일성이 그대로 있는 상태에서 경영주체가 바뀌는 것을 말한다.[149] 사업양도 여부는 사업장별로 따지지만, 한 사업장에서 하던 여러 사업 가운데 일부만 양도해도 사업양도이다.[150] 사업양도를 공급으로 안 보는 것은,[151] 거래징수(去來徵收)를 하더라도 실익이 없는 까닭이다. 양수인이 사업자인 이상 양도인의 매출세액은 전액 양수인의 매입세액으로 환급되기 때문이다.[152] 사업양도인지 아닌지는 오래전부터 시비가 많았다.[153] 과세거래라고 오인해서 거래징수를 했다면 양수인이 매입

---

148) 포괄위임이 아니다. 헌법재판소 2006. 4. 27. 2005헌바69 결정.

149) 대법원 1993. 1. 19. 선고 92누15420 판결 등. 제5장 제5절 II. 4.

150) 대법원 1983. 10. 25. 선고 83누104 판결.

151) 사업양도로 비과세대상임은 납세의무자가 입증하여야 한다. 대법원 1998. 7. 10. 선고 97누12778 판결. 사업양도가 있다 하여 납세의무자의 지위가 넘어가는 것은 아니다. 대법원 2007. 7. 12. 선고 2005두10002 판결. 사업양수인의 매입세액 공제는 유럽법원 2001. 2. 22. 선고 C-408/98 판결.

152) 대법원 1983. 6. 28. 선고 82누86 판결; 2004. 12. 10. 선고 2004두10593 판결. 유럽법원 2003. 11. 27. 선고 C-497/01 판결.

153) 대법원 1983. 10. 25. 83누104 판결; 1985. 10. 8. 선고 84누640 판결; 1987. 7. 21. 선고 87누139 판결; 1990. 7. 24. 선고 89누4574 판결; 1993. 1. 19. 선고 92누15420 판결; 1998. 3. 27. 선고 97누3224 판결; 2003. 1. 10. 선고 2002두8800 판결; 2006. 4. 28. 선고 2004두8422 판결; 2008. 12. 14. 선고 2006두17895 판결; 2016. 6. 23. 선고 2016두34424 판결 등 참조. 건물을 신축하고 그 소재지에 부동산임대업의 사업자등록을 한 다음 그 건물을 일시적으로 임대하다가 이를 타인에게 양도했다고 하더라도 그 건물의 양도가 부동산매매업자로서의 사업활동의 일환으로 이루어진 경우에는 '재화의 공급으로 보지 아니하는 사업의 양도'에 해당하지 아니한다. 대법원 2013. 2. 28. 선고 2010두29192 판결.

세액공제를 못 받게 되고, 과세거래를 사업양도라 오인해서 거래징수를 안 했다면 양도인이 추징을 받게 되니까. 이러다 보니 한때는 사업양도에 해당하는 행위를 납세의무자가 과세대상으로 취급해서 부가가치세를 거래징수하여 신고납부했다면 이를 과세거래로 보기도 했고[154] 현행법에서는 사업양도 여부가 불분명하다면 양수인이 대리납부할 수 있다고 정하고 있다.[155] 양도인의 매출세액에 상당하는 금액을 양수인이 내지만 같은 금액을 다시 매입세액 공제 받으니 결국 국가에 돈 낼 것은 없고, 사업양도를 공급으로 안 보는 것과 같다. 세금계산서가 생긴다는 차이뿐.

양수인이 간이(簡易)과세자라면 거래징수에 실익이 생기므로, 사업양도라 하더라도 거래징수 의무가 있다.[156] 과세사업자가 면세사업자에게 사업을 양도하고 면세사업자는 양수받은 재산을 면세사업에 쓰는 경우에도 거래징수의무를 지워야 한다.

회사의 합병이나 분할도 사업양도와 마찬가지로 생각해야 한다. 사업자가 포괄적 사업이[157] 아닌 특정재산을 현물출자한다면 어떨까? 현물출자를 받는 자는 성질상 법인이기는 하지만 반드시 과세사업자라는 보장이 없으므로 거래징수 대상이 된다.

4. 면세전용(轉用)

면세사업자는 사업자가 아니며 최종소비자와 같은 지위에 있고, 결국 과세사업에서 쓰던 재화를 면세나 비과세 사업으로 轉用한다면 앞의 개인적 공급이나 사업상 증여나 마찬가지 문제가 생긴다. 제24장 제1절 V. 서로 업종이 다른 과세사업을 두 가지 이상 겸영하는 사람이 과세사업 사이에서 넘겨 쓰는 것은 과세대상이 아니다. 부가가치세법에서는 업종이 같은가 다른가는 납세의무자의 단위에 영향을 주지 않는다. 같은 사업장 안에 있으면 어차피 같은 단위. 사업장이 다르면 다른 납세의무자처럼 관리하지만 총괄납부 가부는 업종이 같은가를 묻지 않는다.

5. 사업상(事業上)의 공급 v. 사생활(私生活)

사업자 소유의 재화나 용역을 공급한다 하여 모두 과세대상은 아니다. 사업자라면 "계약상 또는 법률상의 모든 원인"에 의한 인도나 양도가 과세대상이지만, 이 말은 가계나 私生活의 영역이 아닌 사업활동으로 인도나 양도한다는 것을 전제로 한다. 법률

154) 구 부가가치세법(2006. 12. 30. 법률 제8142호로 개정되기 전의 것) 제6조 제6항 제2호 단서, 같은 법 시행령 제17조 제3항. 대법원 2008. 2. 29. 선고 2006두446 판결. 사업양도에 해당하는 거래에 대해 세금계산서를 교부한 경우 양수인이 매입세액공제를 받을 수 없는 문제가 생긴다.

155) 부가가치세법 제10조 제9항 제2호 단서, 제52조 제4항.

156) 대법원 2004. 12. 10. 선고 2004두10593 판결. ↔ 부가가치세법 시행령 제23조.

157) 재고자산의 일부를 제외하고 출자하더라도 사업의 양도이다. 대법원 1998. 3. 27. 선고 97누3224 판결.

의 글귀로는 현행법 제3조와 제9조를 합하여 "事業上"의 인도나 양도라야 과세대상인 공급이 된다고 보아야 한다.[158] 용역의 경우도, 가령 미용사가 자기 머리를 매만지듯 최종소비 단계에서 일어나는 것이 있을 수 있겠지만, 거의 사생활의 영역으로 들어가게 되고 과세해야 마땅한 경우를 생각하기는 어렵다. 이리하여 현행법은 용역에 대해서는 과세하는 규정을 두고 있지 않다.

회사가 공급하는 재화나 용역은 성질상 모두 사업상의 공급이라 보아야 하겠지만, 사업활동과 사생활을 겸병하는 자연인(自然人)에게는 사업상의 공급과 사생활에 속하는 활동의 구별문제가 생긴다. 가령 영국의 사례로는 사업상 부채를 갚기 위해 다른 재산을 처분하는 것이 과세대상인가라는 시비가 있었다. 아니라는 것이 영국 판례.[159] 우리 현행법에서는 소득세법상 사업과 사생활의 구별이나[160] 별 차이가 없다.

6. 공급자는 누구?

1) 신탁법(信託法)에 따른 신탁재산을 처분하는[161] 경우 누가 납세의무를 지는가에 대해서는 오랜 혼선을 겪었다. 예전 판례는[162] 委託者(타익신탁이라면 수익자)가 납세의무자라고 보았다. 아마도 신탁을 투시하는 소득세제의 기본원칙에 논리를 맞추려 한 것이리라. 제10장 제2절 IV. 뒤집어 말하자면 위탁자가 수탁자에게 공급한 적이 없으니 제3자에 대한 공급자도 위탁자라야 한다는 생각이었을 터. 그러나 소득세제와 달리 부가가치세법에는 투시과세한다는 말도 없고 꼭 투시할 이유도 찾기 어렵다. 비례세율이니 委託者(受益者)나 수탁자(受託者) 어느 쪽을 납세의무자로 보든 세액에 아무 차이가 없고 세부담이 위탁자(수익자)에게 돌아간다는 점에도 아무 차이가 없다. 납세의무자 쪽에서 보자면 민사법상 당사자로 드러나지 않는 위탁자나 수익자가 거래징수의무를 이행하려니 불편하고 또 분양대금을 둘이 나누어 가지는 경우 한 개의 거

---

158) 대법원 2005. 12. 22. 선고 2004두534 판결. 독일 부가가치세법 제1조 제1항 1 참조. 사업의 청산을 위한 매각이더라도 재화의 공급이다. 대법원 1992. 7. 28. 선고 91누6221 판결; 1995. 10. 13. 선고 95누8225 판결 등.

159) Stirling v. Commissioner of Customs and Excise, [1985] VATR 232, [1986] 2 CMLR 117 (Edinburg VAT Tribunal).

160) 제9장.

161) 공급이 있는가는 앞 1.3).

162) 대법원 2003. 4. 22. 선고 2000다57733 판결(토지소유자(위탁자)로부터 토지를 신탁받은 신탁업자(수탁자)가 제 명의로 건물을 신축하여 분양한 후 분양대금을 위탁자에게 넘겨주기로 한 경우, 위탁자가 공급자). 따라서 부가가치세 환급청구권도 위탁자에게 속한다고. 한편 분양대금을 위탁자에 대한 채권자 등 수익자에게 넘겨준다면 수익자가 공급자. 대법원 2003. 4. 25. 선고 2000다33034 판결(환급청구권자); 2006. 10. 13. 선고 2005두2926 판결; 2008. 12. 24. 선고 2006두8372 판결. 압류에 대해서는 대법원 2013. 4. 12. 선고 2010두4612 판결; 2017. 5. 18. 선고 2012두22485 판결.

래에 두 개의 공급이 생기는 등 여러 가지 어려움이 있었다. 이리하여 2017년에 판례가 바뀌었다.

〈대법원 2017. 5. 18. 선고 2012두22485 전원합의체 판결〉

부가가치세는 실질적인 소득이 아닌 거래의 외형에 대하여 부과하는 거래세의 형태를 띠고 있으므로, 부가가치세법상 납세의무자에 해당하는지 여부 역시 원칙적으로 그 거래에서 발생한 이익이나 비용의 귀속이 아니라 재화 또는 용역의 공급이라는 거래행위를 기준으로 판단하여야 한다. 그리고 부가가치세의 과세원인이 되는 재화의 공급으로서의 인도 또는 양도는 재화를 사용·소비할 수 있도록 소유권을 이전하는 행위를 전제로 하므로, 재화를 공급하는 자는 위탁매매나 대리와 같이 부가가치세법에서 별도의 규정을 두고 있지 않는 한 계약상 또는 법률상의 원인에 의하여 그 재화를 사용·소비할 수 있는 권한을 이전하는 행위를 한 자를 의미한다고 보아야 한다…담보신탁을 체결한 경우에도…수탁자가 위탁자로부터 이전받은 신탁재산을 관리·처분하면서 재화를 공급하는 경우 수탁자 자신이 신탁재산에 대한 권리와 의무의 귀속주체로서 계약당사자가 되어 신탁업무를 처리한 것이므로, 이때의 부가가치세 납세의무자는 재화의 공급이라는 거래행위를 통하여 그 재화를 사용·소비할 수 있는 권한을 거래상대방에게 이전한 수탁자로 보아야 하고, 그 신탁재산의 관리·처분 등으로 발생한 이익과 비용이 거래상대방과 직접적인 법률관계를 형성한 바 없는 위탁자나 수익자에게 최종적으로 귀속된다는 사정만으로 달리 볼 것은 아니다. 그리고 세금계산서 발급·교부 등을 필수적으로 수반하는 다단계 거래세인 부가가치세의 특성을 고려할 때, 위와 같이 신탁재산 처분에 따른 공급의 주체 및 납세의무자를 수탁자로 보아야 신탁과 관련한 부가가치세법상 거래당사자를 쉽게 인식할 수 있고, 과세의 계기나 공급가액의 산정 등에서도 혼란을 방지할 수 있다.

이 판결 및 후속판결을[163] 내치면서 종래 판례대로 과세하기 위해 2017년 말에 법을 바꾸어 위탁자를 공급자로 보면서 수탁자에게 보충적 납세의무를 지웠다가[164] 결국 2020년 말에 다시 법을 바꾸어 새 판례를 받아들였다. 2022년부터는 신탁재산을 실체법상 별개의 납세의무자처럼 다루면서 납세관리의무를 受託者에게 지우고 受益者에게 제2차 납세의무를 지운다.[165] 위탁자지배형 신탁이라면 소득세제에 맞추어 위탁

163) 대법원 2017. 6. 15. 선고 2014두13393 판결; 2017. 6. 15. 선고 2014두6111 판결; 2023. 5. 18. 선고 2018두33005 판결. 곽상민, 부동산신탁의 납세의무자에 관한 소고, 조세법연구 27-2(2021), 187쪽.

164) 다만 담보신탁이라면 수탁자가 납세의무자. 2017. 12. 19. 신설한 옛 부가가치세법 제10조 제8항, 제3조의2.

165) 부가가치세법 제3조 제2항, 제3조의2 제1항, 제8조 제6항. 법률 제17653호 부칙 제3조.

자가 납세의무자이지만 보충적으로는 신탁재산에서 징수한다.[166] 납세의무자 스스로 위탁자명의로 공급하는 경우도 같다.[167] 위탁자 지위의 이전은[168] 제12장 제2절 6, 13 참조.

2) 위탁(委託)매매 또는 대리인(代理人)에 의한 매매에서는 위탁자 또는 본인이 직접 재화를 매수인에게 공급하거나 매도인으로부터 공급받은 것으로 본다.[169] 위탁자와 수탁자(受託者) 사이, 또는 본인과 대리인 사이에는 수수료 부분의 공급이 있을 뿐.[170] 매매 아닌 다른 행위에 관한 준위탁매매도 같다.[171] 다만 위탁자 또는 본인을 알 수 없는 경우에는 그러하지 아니하다. 부가가치세만 본다면 신탁과 달라야 할 이유는 찾기 어렵지만, 소득세나 법인세와 균형을 맞춘 것. 제19장 제1절 II.1.

3) 공급 이후에 대금채권을 양도했더라도 납세의무자는 당연히 당초 공급자. 대금확정 전에 채권을 양도했더라도 마찬가지.[172]

4) 공급자가 누구인가라는 시비는 매입세액 불공제로 이어지는 수가 잦다. 세금계산서가 사실과 다르다는 이유로. 아래 제5절 IV.2.

7. 공급장소

아래 제24장 제3절 I.

---

166) 부가가치세법 제3조 제3항, 제3조의2 제2항.

167) 대법원 2020. 3. 25. 선고 2020두56650 판결(심리불속행).

168) 부가가치세법 제10조 제8항.

169) 부가가치세법 제10조 제7항, 제8항, 제9항 제4호. 대법원 1999. 4. 27. 선고 97누20359 판결(판매조합); 2001. 2. 9. 선고 99두7500 판결; 2006. 9. 22. 선고 2004두12117 판결(광고대행); 2003. 4. 11. 선고 2001두10707 판결과 2007. 9. 6. 선고 2007두9778 판결(상가관리); 2008. 7. 10. 선고 2006두9337 판결(광고, 영세율); 2010. 6. 24. 선고 2007두18000 판결(광고대행); 2016. 6. 23. 선고 2014두144 판결(홈쇼핑); 2025. 5. 15. 선고 2023두47473 판결(軍마트). 지입제에 대해서는 대법원 2009. 6. 25. 선고 2007두15469 판결.

170) 부가가치세법 제10조 제9항 제4호.

171) 대법원 2006. 9. 22. 선고 2004두12117 판결; 2011. 7. 14. 선고 2011다31645 판결; 2023. 12. 18. 선고 2020두56780 판결(관광열차 위탁운영).

172) 대법원 2016. 2. 18. 선고 2014두13812 판결.

제 5 절 납부세액의 계산

Ⅰ. 납부세액

1. 납부세액 = 매출(賣出)세액 - 매입(買入)세액

부가가치세법 제37조 (납부세액 등의 계산) ① 매출세액은 제29조에 따른 과세표준에 제30조의 세율을 적용하여 계산한 금액으로 한다.

② 납부세액은 제1항에 따른 매출세액…에서 제38조에 따른 매입세액…을 뺀 금액으로 한다. 이 경우 매출세액을 초과하는 부분의 매입세액은 환급세액으로 한다.

부가가치세법 제29조 (과세표준) ① 재화 또는 용역의 공급에 대한 부가가치세의 과세표준은 해당 과세기간에 공급한 재화 또는 용역의 공급가액을 합한 금액으로 한다.

③ 제1항의 공급가액은 다음 각 호의 가액을 말한다. 이 경우 대금, 요금, 수수료, 그 밖에 어떤 명목이든 상관없이 재화 또는 용역을 공급받는 자로부터 받는 금전적 가치 있는 모든 것을 포함하되, 부가가치세는 포함하지 아니한다.

1. 금전으로 대가를 받는 경우: 그 대가.

부가가치세법 제38조 (공제하는 매입세액) ① 매출세액에서 공제하는 매입세액은 다음 각 호의 금액을 말한다.

1. 사업자가 자기의 사업을 위하여[173] 사용했거나 사용할 목적으로 공급받은 재화 또는 용역에 대한 부가가치세액…

사업자가 납부하여야 할 세액은 자기가 공급한 재화 또는 용역의 과세표준에 세율을 곱한 금액("매출세액")에서 사업자가 자기의 과세사업을[174] 위하여[175] 사용했거나 사용할 목적으로 공급받은 재화 또는 용역에 대한 부가가치세액("매입세액")을 공제한 금액으로 한다.[176]

173) 대법원 2007. 9. 20. 선고 2005두11036 판결은 지출의무가 없다면서 매입세액 공제를 부인하나 특수관계가 없다면 선뜻 수긍하기는 어렵다. 제22장 제1절 Ⅹ, 제11장 제1절 Ⅱ. 사업 관련성의 유무는 지출의 목적과 경위, 사업의 내용 등에 비추어 그 지출이 사업의 수행에 필요한 것이었는지를 살펴 개별적으로 판단하여야 한다. 대법원 2012. 7. 26. 선고 2010두12552 판결; 2013. 5. 9. 선고 2010두15902 판결.

174) 면세대상인 재무활동(자회사주식처분)에 관련된 매입(변호사보수)세액은 공제대상 아니다. 유럽법원 1995. 4. 6. 선고 C-4/94 판결.

175) 유럽법원 2018. 7. 25. 선고 C-140/17 판결, 특히 38-56문단.

2. 매출稅額과 매입稅額은 세금이 아니다

조문을 꼼꼼히 읽었으면 뭔가 아귀가 안 맞는다는 생각이 들리라. 賣出세액이란 "해당 과세기간에 공급한 재화 또는 용역의 공급가액을 합한 금액"이라는 과세표준에 세율을 곱한 금액이다. 그러면 買入세액이란? "공급받은 재화 또는 용역에 대한 부가가치세액." 그 세액(稅額)은 어떻게 계산하지? 매출세액에 견주어 "해당 과세기간에 공급받은 재화 또는 용역의 공급가액을 합한 금액"이라는 과세표준에 세율을 곱한 금액이려나? 부가가치세에는 양(+)의 과세표준과 음(-)의 과세표준이 있다? 결국 현행법의 글귀를 뜻이 통하게 읽을 수 있는 가능성은 두 가지. 첫째는 과세표준이라는 말을 (과세표준) × 세율 = (납부할 세액)이라는 일반적 용례로 읽는 것. (납부할 세액) = (매출세액 - 매입세액) = (매출액 - 매입액) × (세율)이니까 (매출액 - 매입액)이 과세표준이라고 읽는다는 말. 이 생각의 문제는 과세표준이라는 말뜻을 정한 법률규정과 정면 충돌. 결국 남는 가능성은 납부할 세액은 (과세표준 × 세율) = (공급한 재화 또는 용역의 공급가액을 합한 금액) × (세율)이되 다만 거기에서 세액공제로 매입세액을 깎아준다고 읽는 것.[177]

갑자기 웬 말장난? 말장난이 아니다. 한 가지 문제를 던져보자. 위 문단의 개념에서 재화나 용역을 공급할 때 공급가액에 덧붙는 매출稅額이나 매입稅額은 세금인가 아닌가?

부가가치세의 과세표준은 부가가치세를 포함하지 아니한 공급가액이다.[178] 세제외(稅除外) 가격을 과세표준으로 삼고 거기에 세율을 곱한 금액을 부가가치세라고 부르고 있는 것은[179] 매출세액이, 뒤집어서 매입자의 입장에서 본다면 매입세액이 바로 세금이라는 뜻인가? 아니다. 이 말은 그저 세율표시 방법의 문제이다. 앞 보기에서 빵공장의 매출세액 30원은 세제외 매출액 300원에 세율 10%를 곱한 금액이다. 한편, 빵공

176) 대손세액 공제는 아래 V. 부가가치세법 제43조, 제44조의 재고매입세액은 제24장 제1절 V, 제2절, 재화의 수입에 대한 세액은 제24장 제3절. 신용카드세액공제는 부가가치세법 제46조 참조. 불법행위 피해자나 도급인이 수리공사에 든 부가가치세 부분을 가해자나 수급인으로부터 배상받을 수 있는가는 매입세액 공제를 받을 권리가 있는가에 달려 있다. 대법원 1993. 7. 27. 선고 92다47328 판결; 2002. 11. 10. 선고 2001다15361 판결; 2006. 4. 28. 선고 2004다39511 판결; 2015. 12. 10. 선고 2015다213292 판결; 2015. 12. 10. 선고 2015다218570 판결; 2016. 3. 24. 선고 2014다219279 판결; 2017. 7. 11. 선고 2017다217175 판결; 2024. 2. 9. 선고 2023다299901 판결. 공급받은 자가 제3자에게 구상권을 행사하는 경우 부가가치세 부분의 구상가부는 매입세액 공제를 받을 권리가 있는가에 달려 있다. 대법원 2021. 8. 12. 선고 2021다210195 판결.

177) 헌법재판소 2011. 2. 24. 2009헌바203 결정.

178) 부가가치세법 제29조 제3항 제2문.

179) 부가가치세법 제31조.

장의 입장에서 본다면 빵을 팔고 고객에게서 받는 돈 곧 세포함(稅包含) 가격은 330원이다. 이 330원을 기준으로 한다면 30원이라는 세액은 10/110의 세율로 계산한 금액이 된다. 세제외 가격을 과세표준으로 삼고 세율 10/100을 곱하나, 세포함 가격을 과세표준으로 삼고 세율 10/110을 곱하나 둘 사이에 아무 차이가 없다. 법을 짜면서 이 둘 사이에 실질적 차이를 두려면 둘 수도 있다. 예를 들어 거래징수를 원천징수처럼, 공급자가 국가를 대리하여 공급받는 자에게서 세금을 걷어서 이를 보관했다가 국가에 납부하는 것으로 이론을 짤 수도 있다.[180] 그러나 현행법은 그런 이론을 따르지 않았다. 공급을 받는 자는 일부나 전부 담세자가 될 가능성이 있을 뿐 법률상 납세의무자는 아니다.[181] 매매계약에 부가가치세에 관한 아무런 언급이 없으면 매도인은 약정금액 외에는 달라고 할 권리가 없고 약정금액의 10/110(면세라면 0/110, 간이과세라면 3/103)이 세금.[182] "재화의 공급에 따라 사업자가 공급받는 자로부터 받은 부가가치세액 상당의 금원은 부가가치세 납부의무 이행을 위하여 일시 보관하는 것이 아니라 매매대금과 일체로 되어 사업자의 소유로 귀속되는 것"이므로,[183] 거래징수한 부가가치세를 납부하지 않더라도 아직은 세금이 아니어서 횡령(橫領)은 아니다.[184] 결국 去來徵收 단계에서는 부가가치세는 아직은 세금이 아니라 물건값의 일부일 뿐이다. 거래징수는 매매계약 그 자체의 해석에 아무런 영향을 미치지 않고, 다만 착오 문제가 남을 뿐이다.[185] 한 걸음 나아가 우리 법에서는 부가가치세 채무의 성립(成立)시기 자체가

---

180) 채무자 회생 및 파산에 관한 법률 제179조 제1항 제9호는 이런 생각을 담고 있다. 원천징수는 제5장 제6절 Ⅰ.

181) 대법원 2000. 2. 8. 선고 99도5191 판결; 2003. 4. 25. 선고 99다59290 판결; 헌법재판소 2000. 3. 30. 98헌바7 결정; 2010. 6. 24. 2009헌바147 결정; 2012. 5. 31. 2010헌마631 결정; 2014. 3. 27. 2012헌가21 결정; 2015. 5. 19. 2015헌마414 결정. 다만 조세포탈죄의 간접정범이 될 가능성은 있다. 대법원 2003. 6. 27. 선고 2002도6088 판결(특소세).

182) 대법원 1984. 3. 27. 선고 82다카500 판결; 1993. 8. 13. 선고 93다13780 판결; 1993. 9. 14. 선고 92다29986 판결; 1993. 11. 26. 선고 92다48437 판결; 1997. 3. 28. 선고 96다48930 판결; 1999. 11. 12. 선고 99다33984 판결(묵시적 약정); 2002. 11. 22. 선고 2002다38828 판결(차임상당액의 부당이득에 대한 세금부담); 2006. 7. 13. 선고 2004다7408 판결; 2006. 11. 23. 선고 2005다13288 판결(묵시적 약정) 등. 역으로 면세거래를 과세거래로 착각한 채 매매대금을 약정했더라도 매수인이 세액상당액의 반환을 청구할 수 없다. 대법원 2005. 5. 27. 선고 2004다60065 판결. Lash's Products Co. v. U.S., 278 US 175.

183) 대법원 2003. 4. 25. 선고 99다59290 판결.

184) 대법원 1998. 2. 27. 선고 97다54635 판결. 건물신축공사와 관련된 부가가치세와 공사대금 수금 등의 업무를 담당하여 온 자가 그 금원을 수급인 회사에 입금시키지 아니하고 임의로 소비했다 하더라도 이는 수급인 회사에 대한 횡령행위가 될 뿐 도급인에 대한 횡령행위가 되지는 않는다.

185) 부가가치세를 사실상 누가 부담하며 어떻게 전가할 것인가는 사적자치가 허용되는 영역으로서 국가와 납세의무자 간의 권리의무관계를 규율하는 조세법에 따라 결정되는 사항은 아니다. 헌법재판소 2000. 3. 30. 98헌바7 결정. 이와 모순되는 듯한 방론을 보인 판결로 대법원 2006. 4. 28. 선고 2004다16976 판결.

과세기간 종료시점.[186]

매출세액은 공급가액에 세율을 곱한 금액이다. 현행법은 매출액과 매입액을 세제외금액으로 정하고 세율을 10%로 정하고 있으므로, 세포함금액으로 거래가 이루어졌다면 거래대금의 10/110이 당연히 매출세액이다.[187] 다만 경매(競賣)에서는 부가가치세가 경락대금에 당연 포함되는 것은 아니라고 한다.

> 경락대금에 그 부동산의 경락에 대한 부가가치세가 포함되어 있는지의 여부는 그 평가서 등의 내용을 살펴보면 바로 알 수 있는 것인바, 그 결과 경락대금에 그 부동산의 경락에 대한 부가가치세가 포함되어 있지 아니한 경우에는 경락인이 거래징수를 당하는 매입세액 자체가 없으므로 경락인이 경락대금에 부가가치세가 포함되어 있다는 전제 아래 경매 부동산의 소유자로부터 세금계산서를 받아 제출했다고 하더라도 부가가치세의 원리상 이를 매입세액으로 공제할 여지가 없는 것이며, 이러한 법리는 경매 부동산의 소유자가 부가가치세법상의 사업자인 경우에 위 경매와 관련하여 부가가치세를 납부할 의무를 부담하게 된다고 하여 달리 볼 것이 아니다.[188]

얼핏 두동진 판례이지만 나름대로 사정이 있다. 법으로 따지면 경매에 따르는 소유권이전은 경매당하는 소유자와 경락인 사이에서 일어난다. 그러니 경락인이 내는 경매대금 가운데 1/11은 부가가치세 상당액이지만 경매의 성질상 경락대금은 절차에 참가한 채권자들이 나누어 받아간다.[189] 혹 돈이 남아서 법원이 부가가치세 상당액을 따로 떼어내어 국고로 보내는 아주 예외적 상황이 아닌 한 경매는 부가가치세 거래징수의 기본구조와 안 어울린다. 지금은 대통령령으로 경매에는 애초 부가가치세를 안 매기기로 정했다.[190] 사업자의 사업재산을 경락받는 자가 일반소비자라면 세수누락이 생기겠지만,

---

186) 국세기본법 제21조 제2항 제7호. 독일 부가가치세법 제13조는 우리 법과 같지만 유럽 부가가치세제를 우리 식의 성립 개념에 억지로 두드려 맞추기는 어렵다. 부가가치세 채무의 성립단위는 각 재화나 용역의 공급에 붙는 세액이어서 성립시기도 각 공급시기이지만 납부단위는 같은 기간에 성립한 부가가치세 채무 전체를 몰아서 납부하면서 매입세액 공제액을 차감한다고 생각할 수도 있다. 유럽 부가가치세 지침 제62조, 제250조.

187) 현금거래를 하면서 공급사실을 숨기기 쉬운 업종이나 사업에서는 신용카드매출액이 있으면 매출세액의 일부를 깎아준다. 신용카드매출액의 1%(음식점업이나 숙박업을 영위하는 간이과세자라면 2%)라는 일정 한도에 걸린다. 실제는 그보다 조금 높은 공제율을 정한 한시법이 계속 연장 중. 부가가치세법 제46조.

188) 대법원 1989. 9. 12. 선고 88누2977 판결; 2002. 5. 14. 선고 2002두1328 판결; 2004. 2. 13. 선고 2003다49153 판결.

189) 유럽 부가가치세 지침 제199조 제1항(g)에서는 경락인이 세제외가격으로 경락대금을 납부하고 세금을 따로 납부한다. 세금계산서 교부 및 매출세액 납부의무를 집행관에게 지울 수도 있다. 유럽법원 2015. 3. 26. 선고 C-499/13 판결.

Ⅱ. 공급가액(供給價額)

앞에서 보았듯 매매 등 계약을 체결하면서 대가는 세포함가격으로 약정할 수도 있고 세제외가격으로 약정할 수도 있다. 실제 가장 흔한 상관행은 가령 "대금 100만원(부가가치세 별도)"라는 식으로 계약서에 쓰는 것. 부가가치세 상당액을 매수인 등 공급받는 자가 얹어 준다고 따로 약정하는 것이니 민사법 의미로 받는 대가, 곧 매수인에게 내라고 청구할 권리가 있는 금액은 110만원이다. 이 110만원 가운데 세제외가격 100만원 부분을 법은 '공급가액'이라 부른다.

> 부가가치세법 제29조 (과세표준) ① 재화 또는 용역의 공급에 대한 부가가치세의 과세표준은 해당 과세기간에 공급한 재화 또는 용역의 공급가액을 합한 금액으로 한다.…
>
> ③ 제1항의 공급가액은 다음 각 호의 가액을 말한다. 이 경우 대금, 요금, 수수료, 그 밖에 어떤 명목이든 상관없이 재화 또는 용역을 공급받는 자로부터 받는 금전적 가치 있는 모든 것을 포함하되, 부가가치세는 포함하지 아니한다.

참고로 이 민사법상 약정대가 110만원을 공급대가(供給對價)라고 부르는 수도 있으니 알아둘 것. 정확한 표현은 아니다. 원래 공급대가라는 말은, 세액계산 방법이 일반 사업자와 전혀 다른 간이과세자에게만 쓰는 말이니까. 아무튼 이 용례에서는 공급대가(=민사법상 대가) 110만원 가운데 10/11 부분이 공급가액이고, (공급가액)×(10%) = (부가가치세상당액)이 된다. 한편 계약서에 "부가가치세 별도"라는 말 등 부가가치세에 관한 약정을 두지 않았다면 대가(=공급대가)가 100만원, 그 가운데 10/11인 909,091원이 공급가액. 이런 식의 용례를 보면 그저 상대방에게서 받을 권리가 있는 대금채권의 금액을 공급대가라고 불렀구나, 공급의 대가라는 뜻, 곧 물건값이나 삯으로 약정한 돈머리값이구나, 그렇게 읽으면 된다. 이 책에서도 재화나 용역을 공급하고 받거나 받기로 한 對價라는 말을 줄여서 공급의 대가나 공급대가라고 쓴 부분이 있다. 재화나 용역의 對價나 다 같은 뜻. 앞서 본 거래징수 규정은 대가 내지 공급대가를 정할 때 (공급가액 + 세액)이라는 형식으로 정하라는 말이다. 제2절 V.

1. 과세대상인 대가의 범위

> 부가가치세법 제29조 (과세표준) ③ 제1항의 공급가액은… 대금, 요금, 수수료, 그 밖에 어떤 명목이든 상관없이 재화 또는 용역을 공급받는 자로부터 받는 금전적 가치

190) 부가가치세법시행령 제18조 제3항.

있는 모든 것을 포함…

1. 금전으로 대가를 받는[191] 경우: 그 대가. …

2. 금전 외의 대가를 받는 경우: 자기가 공급한 재화 또는 용역의 시가

⑤ 다음 각 호의 금액은 공급가액에 포함하지 아니한다.

4. 재화 또는 용역의 공급과 직접 관련되지 아니하는 국고보조금과 공공보조금[192]

5. 공급에 대한 대가의 지급이 지체되었음을 이유로 받는 연체이자

第29조에는 재화나 용역의 공급과 對價관계에 있는 반대급부의 범위가 어디까지인가라는 문제와 그런 반대급부나 대가의 가액을 얼마라고 평가하는가라는 문제가 섞여있다. 우선은 앞의 문제. "대금, 요금, 수수료, 그 밖에 어떤 명목이든 상관없이 재화 또는 용역을 공급받는 자로부터 받는 금전적 가치 있는 모든 것"의 범위는 어디까지인가?

제1호와 제2호에서 재화나 용역을 공급하고 받는 물건값이나 삯은 명목에 관계없이 모두 공급의 대가로 과세대상.[193] 위약금이나 손해배상금 등은,[194] 가령 밀린 임차료를 지급받는 부분이라면 당연히 재화나 용역의 공급과 대가관계이지만[195] 지연배상이나 연체이자 부분은 대가관계가 아니다.[196] 손해배상금의 성격이 공급의 대가인 다른 보기로, 고객이 할인을 받았다가 약정기간 내에 계약을 중도 해지하면서 물어내는 위약금이 할인받은 금액의 반환이라는 성격이라면 공급의 대가이다.[197] 임차인(매수인)이 낼 돈을 임대인(매도인)이 임차인(매수인)에게서 받아서 납부만 대행해주는 것

191) '대가를 받기로 하는'이라는 뜻을 포함한다. 헌법재판소 2016. 7. 28. 2014헌바423 결정; 대법원 1997. 11. 14. 선고 97누11164 판결.

192) 대법원 2000. 2. 25. 선고 98다47184 판결(KBS 수신료); 2001. 10. 9. 선고 2000두369 판결(농경지복구); 2006. 3. 24. 선고 2013두19875 판결(환경관리); 2018. 1. 25. 선고 2017두55329 판결(철도운임감면 보상); 2023. 10. 28. 선고 2020두56780 판결(관광열차운영자금 보상). 유럽법원 2002. 6. 13. 선고 C-353/00 판결.

193) 대법원 2003. 1. 10. 선고 2001두3105 판결(먹는 물 제조업자가 도·소매상에게 부담시킨 수질개선부담금); 대법원 2003. 4. 11. 선고 2001두10707 판결(상가관리회사가 받은 운영관리비 중 전기요금 등의 공공요금). 공급대가가 아니라는 예로 대법원 1996. 12. 6. 선고 96누13 판결(임대인이 납부만 대행하는 공공요금); 2003. 9. 5. 선고 2002두4051 판결(공유수면매립용역을 제공하는 경우에는 부가가치세를 포함하는 공사비 총액); 2007. 9. 6. 선고 2007두9778 판결; 2019. 2. 28. 선고 2018두57063 판결(상가관리회사가 납부만 대행한 공공요금).

194) 대법원 1984. 3. 13. 선고 81누412 판결; 1997. 12. 9. 선고 97누15722 판결.

195) 대법원 2003. 11. 28. 선고 2002두8534 판결. 앞 I.1. 윤지현, 임대차계약 종료후 임차인의 계속점유와 부가가치세에서의 용역의 공급, 조세법연구 18-1(2012), 238쪽.

196) 대법원 1984. 3. 13. 선고 81누412 판결(위약금); 1997. 12. 9. 선고 97누15722 판결(위약벌); 2001. 6. 29. 선고 99두12229 판결(연체료). 유럽법원 1982. 7. 1. 선고 C-222/81 판결(연체료).

197) 대법원 2019. 9. 10. 선고 2017두61119 판결. 한편 통신사가 전화기를 판 것이 아니라면 위약금은 통신요금 할인액의 반납이 아니다. 대법원 2024. 12. 26. 선고 2022두49984 등 판결.

은 임료나 물건값이 아니다.[198] 대가 관계가 없으니 동업자 협회가 걷는 돈이나 기부금은 공급의 대가가 아니라고.[199] 특수관계인 사이의 약정에 따른 원가분담액은 대가.[200] 생산중단 보상금은 중단하라고 주는 돈이고 제품의 공급대가가 아니다.[201]

재화나 용역을 공급받는 자가 아니라 제3자가 지급하는 돈도 대가관계가 있다면 과세.[202] 가령 식당의 음식값 청구서에 포함된 팁은 대가로 과세대상이지만[203] 손님이 임의로 지급하는 팁은 대가가 아니라고.[204]

2. 공급가액의 평가(評價) = 시가(時價)

부가가치세법 제29조 (과세표준) ③ 제1항의 공급가액은 다음 각 호의 가액을 말한다…

1. 금전으로 대가를 받는 경우: 그 대가. 다만, 그 대가를 외국통화나 그 밖의 외국환으로 받은 경우에는 대통령령으로 정한 바에 따라 환산한 가액

2. 금전 외의 대가를 받는 경우: 자기가 공급한 재화 또는 용역의 시가

법의 글귀는 공급가액을 얼마라고 評價하는가라고 적고 있지만 당면 논점은 받는 돈 가운데 세제외가격 부분과 세금 부분의 구별이 아니고 가치평가. 가령 현금을 받고 파는 경우 공급가액이 시가라고 말하는 경우, 세포함가격(공급대가)이든 세제외가격(공급가액)이든 모두 가액을 時價로 따지는 것이야 당연.

같은 물건도 값이란 당연히 왔다갔다 하고, 특수관계 없는 자 사이의 정상적 거래라면 얼마에 사고팔았든 바로 그 거래가격(去來價格)이 시가로 공급가액이나 공급대가.[205] 서양에서는 정찰제를 하면서도 할인쿠폰을 사방에 뿌리거나 심지어는 가게 안에 두고 쿠폰을 가져오면 값을 깎아주는 가게들이 있다. 공급대가는? 쿠폰을 안 가져

198) 대법원 1996. 12. 6. 선고 96누13 판결(임대차); 유럽법원 2006. 6. 1. 선고 C-98/05 판결(차량등록을 대행하는 자동차판매업자).

199) 유럽법원 1988. 3. 8. 선고 C-102/86 판결.

200) 유럽법원 2014. 9. 17. 선고 C-7/13 판결.

201) 유럽법원 1996. 2. 29. 선고 C-215/94 판결.

202) 대법원 2016. 6. 23. 선고 2014두144 판결; 2018. 1. 25. 선고 2017두55329 판결(지하철 노인운임감면보상액 ≠ 공급대가); 2023. 6. 1. 선고 2019두58766 판결(제휴사 포인트). 독일 부가가치세법 제10조 제1항 3. 유럽법원 2014. 3. 27. 선고 C-151/13 판결(요양원보조금 = 공급대가).

203) Potters Lodge Restaurant Ltd v. Commissioner of Customs and Excise, LON/79/286.

204) 유럽법원 1994. 3. 3. 선고 C-16/93 판결.

205) 제22장 제3절 III, 제25장 제1절 V, 유럽법원 1981. 2. 5. 선고 C-154/80 판결. 특히 II.B.와 13문단에서는 이것을 subjective value라고 부르고 있다. 당사자의 내심의 주관적 가치라는 말은 아니다. 외부적 기준에 따른 객관적 통상적 가액(normal value)이 아니라 얼마가 되든 당사자들이 주관적 사정에 따라 합의한 가격이라는 뜻이다. 유럽법원 1996. 10. 24. 선고 C-288/94 판결, 특히 16문단.

온 사람에 대한 공급가액은 정찰가격, 가져온 사람에 대한 공급가액은 할인한 가격. 한편 현찰이든 신용카드든 판매가격이 같다면 신용카드수수료를 떼기 전의 금액이 공급대가.[206)]

돈이 아니라 물건이든 노무든 다른 것을 대가로 받았으면 받은 물건이나 노무의 시가(時價)가 공급대가의 가액.[207)] 도박업의 공급금액은 지급하는 상금을 뺀 순수입금액이다.[208)] 간이과세자로부터 용역을 제공받으면서 재화를 싼 값에 공급했다면, 정상적 판매가액이 재화의 대가이다.[209)] 특히 최종 판매단계에 가서 고용이 아닌 도급 방식으로 방문판매인을 두는 경우 공급가액이 문제된다. 방문판매인은 사업규모로 볼 때 간이과세자이거나 아예 비과세되게 마련. 방문판매인에 대한 판매가액을 공급의 대가로 본다면 방문판매인 단계의 부가가치가 비과세되는 결과 백화점 등 매장에서 파는 상품과 경쟁이 왜곡된다. 다른 나라에서는 소매가격을 대가로 보고 과세하기도 한다.[210)]

과세사업과 면세사업에 공동(共同)으로 쓰던 재화를 공급하는 경우에는 대가를 안분하여 과세표준을 구한다.[211)] 건물과 부속토지처럼 과세 비과세가 갈리는 것을 일괄(一括)공급하는 경우에도 대가의 안분이 필요하다.[212)] 가령 사들인 건물을 매수인이 바로 철거한다면 매도인의 건물 공급가액은 영(0)인가? 원칙적으로 의사해석의 문제라는 것이 판례.[213)]

부동산 임대보증금을 받는다면 과세기간마다 임대료 상당액이 부가가치세 과세표준에 들어간다.[214)] 임차인이 부가가치세를 따로 부담한다는 특약이 없으면 임대인은 보증금 말고 따로 돈을 더 받을 권리가 없으므로 부가가치세는 임대인 부담이 되며 세금계산서를 끊을 것도 없다. 앞 I.2, I.3. 임차인이 부가가치세를 부담하기로 약정했다면 세금계산서를 발행하고 임차인이 과세사업자라면 매입세액공제를 받는다.

---

206) 유럽법원 2001. 5. 15. 선고 C-34/99 판결. Schenk & Oldman, 160쪽.

207) 대법원 2011. 6. 30. 선고 2008두18939 판결(임대용역); 2022. 1. 27. 선고 2017두51983 판결(임대용역).

208) 유럽법원 1994. 5. 5. 선고 C-38/93 판결; 2002. 9. 17. 선고 C-498/99 판결(지급 의무 없는 경품은 불공제) 반대: 대법원 2008. 9. 25. 선고 2008두11211 판결(게임업자가 제공하는 경품). 복권판매대행업의 과세표준은 판매대행수수료이다. 대법원 2008. 12. 24. 선고 2006두2565 판결; 2017. 4. 7. 선고 2016도19704 판결.

209) 유럽법원 1988. 11. 23. 선고 C-230/87 판결.

210) Schenk & Oldman, 179-181쪽.

211) 부가가치세법 제29조 제8항. 안분기준은 직전과세기간 각 사업의 총공급가액이다.

212) 부가가치세법 제29조 제9항.

213) 따라서 구체적 사실관계에 따라 과세 비과세가 갈린다. 과세한 사례로 대법원 1985. 11. 26. 선고 85누517 판결; 2006. 1. 26. 선고 2003두19278 판결 등. 비과세 사례로 대법원 1989. 1. 17. 선고 88누4713 판결; 2007. 10. 26. 선고 2007두14350 판결 등.

214) 부가가치세법 제29조 제10항.

3. 매출액의 사후조정

부가가치세법 제29조 (과세표준) ③ 제1항의 공급가액은 다음 각 호의 가액을 말한다…

6. … 마일리지 … 결제 … 거래 등 그 밖의 방법으로 재화 또는 용역을 공급하는 경우: 공급 형태 등을 고려하여 대통령령으로 정하는 가액

⑤ 다음 각 호의 금액은 공급가액에 포함하지 아니한다.

1. 재화나 용역을 공급할 때 그 품질이나 수량, 인도조건 또는 공급대가의 결제방법이나 그 밖의 공급조건에 따라 통상의 대가에서 일정액을 직접 깎아 주는 금액

2. 환입된 재화의 가액

3. 공급받는 자에게 도달하기 전에 파손되거나 훼손되거나 멸실한 재화의 가액…

6. 공급에 대한 대가를 약정기일 전에 받았다는 이유로 사업자가 당초의 공급가액에서 할인해 준 금액

⑥ 사업자가 재화 또는 용역을 공급받는 자에게 지급하는 장려금이나 이와 유사한 금액 및 제45조 제1항에 따른 대손금액(貸損金額)은 과세표준에서 공제하지 아니한다.[215]

제5항에서 "각 호의 금액은 "공급가액"에 포함하지 아니한다"에서 "각 호의 금액"이란 그 금액 전액이 아니고 세제외금액 부분만 말한다. 공급가액이라는 말을 세포함가격이라는 뜻으로 읽는다면 각 호의 금액 역시 세포함금액. "재화나 용역을 공급할 때 그 품질이나 수량, 인도조건 또는 공급대가의 결제방법이나 그 밖의 공급조건에 따라 통상의 대가에서 일정액을 직접[216] 깎아 주는 금액"은[217] 에누리액을 말한다. 사후 할인액을 공제한다는 규정은 2006년 말에 생겼지만 이미 그 전에도 대법원은 에누리라는 말을 넓게 풀이하여 사후 할인액을 공제하고 있었다.[218] 재화나 용역을 공급하면서 앞

215) 헌법재판소 2011. 2. 24. 2009헌바33 등(병합) 결정. 이 규정은 관세법 제33조가 정하고 있는 방법에 따라 국내판매가격을 기초로 한 과세가격을 결정하는 경우에는 적용되지 않는다. 대법원 2013. 2. 28. 선고 2010두16998 판결.

216) 대법원 2022. 8. 31. 선고 2017두53310 판결(단말기 할부금 할인 ≠ 통신요금 할인).

217) 부가가치세법 제29조 제5항 제1호.

218) "위 규정 소정의 에누리액은 그 품질·수량 및 인도·공급대가의 결제 기타 공급조건에 따라 정하여지면 충분하고 그 발생시기가 재화 또는 용역의 공급시기 전에 한정되는 것은 아니"다. 대법원 2003. 4. 25. 선고 2001두6586 등(병합) 판결. 에누리액에는 공급하는 재화 또는 용역의 품질·수량이나 인도 등에 관한 공급조건과 결부된 명시적 또는 묵시적 약정에 따라 그 공급 당시의 통상의 공급가액에서 공제되는 금액뿐만 아니라, 공급계약 등에서 정한 품질·수량이나 인도 등에 관한 공급조건에 따라 공급이 이루어지지 아니했음을 이유로 재화 또는 용역의 공급 후에 당초의 공급가액에서 차감되는 금액도 포함된다. 대법원 2013. 4. 11. 선고 2011두8178 판결; 2015. 12. 23. 선고 2013두19615 판결(단말기 구입보조금); 2025. 9. 11. 선고 2023두34644 판결(숙박 플랫폼 쿠폰). 그

으로 쓸 수 있는 마일리지나 포인트를 준다면 그 가액을 뺀 잔액이 공급가액이다.[219] 자기적립식이 아니라면 마일리지 거래를 과세하는 경우도 있다.[220] 한편 별개의 거래로 주는 돈, 가령 판매장려금이나 하자가 생겨서 물어내는 손해배상은 매출액의 사후조정이 아니다.[221] 처음에는 할인가격으로 팔았다가 뒤에 위약금을 받는 경우는 앞 1.

에누리나 환입이 있을 경우 당초의 공급에 따르는 세금계산서 자체를 취소하는 것은 아니고 변경되는 가액만을 수정(修正)세금계산서에 반영한다.[222] 아래 III.4. 애초의 공급시기와 아예 과세기간이 달라지는 경우 위 법조항만 보면 경정청구를 해야겠지만 매출액의 사후조정이란 늘상 있는 것인데 번번이 경정청구란 몹시 번거롭다. 이리하여 매출액의 사후조정은 이것이 실제 일어난 기간의 납부세액에 가감할 수 있도록 정한 것. 비슷한 문제로 대손세액공제는 아래 V.

4. 특수관계 무상·저가 공급도 시가평가

부가가치세법 제29조 (과세표준) ④ 제3항에도 불구하고 특수관계인에게 공급하는 재화 또는 용역…에 대한 조세의 부담을 부당하게 감소시킬 것으로 인정되는 경우로서 다음 각 호의 어느 하나에 해당하는 경우에는 공급한 재화 또는 용역의 시가를 공급가액으로 본다.

1. 재화의 공급에 대하여 부당하게 낮은 대가를 받거나 아무런 대가를 받지 아니한 경우[223]

2. 용역의 공급에 대하여 부당하게 낮은 대가를 받는 경우

3. 용역의 공급에 대하여 대가를 받지 아니하는 경우로서 제12조 제2항 단서

러나 대법원 2020. 1. 16. 선고 2019두43238 판결(현금으로 바꿀 수 없는 포인트); 2022. 8. 31. 선고 2017두53170 판결(단말기 할인 ≠ 통신요금 할인).

219) 대법원 2022. 11. 17. 선고 2022두33149 판결(단말기 신규구입시 쓸 수 있는 통신사 포인트). 유럽법원 1990. 3. 27. 선고 C-126/88 판결; 1996. 10. 24. 선고 C-288/94 판결; 1996. 10. 24. 선고 C-317/94 판결 등도 같은 뜻. 그러나 사용범위나 환전에 제약이 커서 현금과 같다고 평가하기 어렵다면 공급가액에서 못 뺀다. 대법원 2020. 1. 16. 선고 2019두43238 판결(OK 캐시백).

220) 2017. 12. 19. 법개정 전의 판례로 대법원 2016. 8. 26. 선고 2015두58959 판결(공동운영 마일리지). 그 밖에 대법원 2016. 6. 23. 선고 2014두144 판결과 2014두298 판결(오픈마켓 운영자가 발행한 쿠폰). 강성모, 마일리지 관련 거래와 부가가치세, 조세법연구 20-3(2014), 201쪽.

221) 부가가치세법 제29조 제6항. 대법원 1990. 10. 12. 선고 90누2383 판결(하자담보); 2008. 9. 25. 선고 2008두11211 판결(게임방 경품).

222) 부가가치세법 제32조 제7항. 독일 부가가치세법 제17조 제1항. 전기의 매출누락은 당기에 차감할 수 없다. 대법원 2005. 11. 10. 선고 2004두9197 판결. 그러나 납세의무자는 증액경정처분의 취소를 구하는 항고소송에서 과세관청의 증액경정사유뿐만 아니라 당초신고에 관한 과다신고사유도 함께 주장하여 다툴 수 있다(위 2004두9197 판결은 이와 저촉되는 범위에서 변경). 대법원 2013. 4. 18. 선고 2010두11733 전원합의체 판결.

223) 공신력 있는 감정기관의 소급감정 가액도 시가가 될 수 있다. 대법원 1997. 9. 9. 선고 97누1570 판결.

가 적용되는 경우 (이하 생략)

위 조항에서 “부당하게”라는 말은 “받거나”와 “받지 아니하는”에 걸리는 것이 아니고 “낮은”에 걸리는 말로 풀이해야 한다.[224] 부당하게 높은 대가를 지급하는 것은 제29조와 무관하고 달리 매입세액 공제를 부인하는 조문이 없다. 대가가 부당하게 낮은가는 시가의 증명문제. 시가(時價)란 독립적인 두 당사자가 선의의 협상을 벌여 합의하는 대가를 말한다. 특수관계가 없는 사람들 사이의 거래가격은 그 자체가 시가라고 일단 추정해야 한다. 특수관계인 사이의 거래에서는, 거래가격과 일응의 시가 사이에 차이가 있음을 행정청이 입증한다면 이 차이에도 불구하고 거래가격을 시가로 보아야 한다는 특수사정을 납세의무자가 입증하여야 한다.[225] 일응의 시가에 관하여는 법인세법상 부당행위 계산의 부인 부분 참조.[226] 신탁계약의 수탁자와 위탁자 특수관계인 사이에도 제4항을 적용한다.

유럽법에서는 조세의 부담을 부당히 감소시켰는가를 따질 때 거래당사자 양 쪽을 모두 묶어서 따진다. 저가양도를 시가양도로 고쳐잡는 것은 공급받는 자가 최종소비자 등 매입세액 공제를 못 받는 경우라야 한다.[227] 매입세액 공제에 한도가 걸리는 자가 한도초과액을 공제받기 위해 고가양도로 매출세액을 늘리는 경우에도 시가로 고쳐잡는다.

5. 개인적 공급, 사업상 증여, 면세전용의 공급가액(供給價額)

부가가치세법 제29조 (과세표준) ③ 제1항의 공급가액은… 대금, 요금, 수수료, 그 밖에 어떤 명목이든 상관없이 재화 또는 용역을 공급받는 자로부터 받는 금전적 가치 있는 모든 것을 포함…

---

224) 부당하게 낮은 대가라는 표현은 위헌이 아니다. 헌법재판소 2002. 5. 30. 2000헌바81 결정. 이 호의 규정은 부당하게 낮은 대가로 물품을 공급하는 자의 과세표준을 재계산하는 효력을 가지고 있을 뿐이고, 특수관계인과 사이에 적법·유효하게 성립된 법률행위의 사법상 효력을 부인하거나 실지거래를 재구성하는 효력을 가지는 것은 아니라고 할 것이므로, 정상적인 거래 시가와 낮은 대가와의 매출차액에 대하여 세금계산서를 교부할 의무가 있다고 보기 어렵고, 당사자 합의에 따라 실제거래금액을 공급가액으로 하여 교부된 세금계산서가 정상적인 거래 시가를 공급가액으로 하지 않았다는 이유로 사실과 다른 세금계산서라고 할 수도 없다. 대법원 2004. 9. 23. 선고 2002두1588 판결.

225) 가령 여러 매출처 가운데 특수관계인이 사들이는 물량이 50%를 넘은 사안에서 다른 매출처보다 10%-18% 낮은 가격으로 파는 것은 부당히 낮은 가격이 아니다. 대법원 2003. 9. 5. 선고 2002두1892 판결.

226) 부가가치세법 시행령 제62조는 i) 납세의무자와 제3자 사이의 거래사례가격, ii) 거래상대방과 제3자 사이의 거래사례가격, iii) 제3자 사이의 거래사례가격의 차례를 정하고 있다. 그 밖에 법인세법 제52조. 제22장 제3절 III. 한편 감가상각자산에 관하여는 부가가치세법 제29조 제11항.

227) 유럽 부가가치세 지침 제80조. 유럽법원 2012. 4. 26. 선고 C-621/10 판결; C-129/11 판결.

1. 금전으로 대가를 받는[228] 경우: 그 대가. …

2. 금전 외의 대가를 받는 경우: 자기가 공급한 재화 또는 용역의 시가

3. 폐업하는 경우: 폐업 시 남아 있는 재화의 시가[229]

4. 제10조 제1항·제2항·제4항·제5항 및 제12조 제1항에 따라 재화 또는 용역을 공급한 것으로 보는 경우: 자기가 공급한 재화 또는 용역의 시가

과세사업용으로 매입세액 공제를 받은 재화를 사업주 자신이나 제3자가 직접 소비하거나 면세사업용으로 전용하는 경우, 이미 받았던 매입세액공제를 토해내면 되는 것인가 새로 공급으로 보아 매출세액을 내는 것인가? 제4절 III.2에서 보았듯 개인적 소비 등을 모두 공급으로 의제한다고 법에 정해 두었으니 답은 당연 후자. 그러나 실상 이 문제는 공급가액에서 다시 불거진다. 供給價額은 얼마인가? 제3항 제3호와 제4호의 사업자, 사용인, 또는 제3자가 사업상 재화를 직접 소비하는 개인적 공급이나 사업상 증여에서 공급가액 내지 소비하는 재화의 가액은 얼마로 보아야 하는가? 원가인가 시가인가? 법령은 시가(時價)를 공급가액으로 본다.[230] 공급으로 보는 이상 무상공급일 뿐이니 시가가 당연. 사들인 때보다 값이 올랐다면 매입세액을 토해내는 것만으로 안 된다는 말. 값이 떨어졌다면 차액부분의 세액만큼 남지만.

나아가 얼마를 공급가액으로 보는가라는 문제는 가격변동이 없어도 생긴다. '시가'라는 말의 뜻은 물건을 사서 그대로 팔 때와 만들어 팔 때를 나누어 생각해야 한다. 사서 파는 물건이라면, 다시 사들이는 시세와 파는 시세 사이에 어느 쪽을 시가로 보는가의 문제가 생기지만, 전자로 풀이해야 한다. 매입세액이 공제되지 아니하는 재화를 사업자나 제3자가 직접 소비하는 경우 이를 공급으로 보지 않는다는 조문과[231] 균형을 맞추자면 이미 공제받았던 매입세액을 납부하는 것으로 충분하다.[232] 만들어 파는 물건이라면, 이미 원재료와는 다른 물건이므로 "매입세액이 공제되지 아니하는 재화"(=사들인 재화)를 직접 소비하는 것이 논리적으로 불가능하다. 따라서 만들어 파는 물건의 시가는 구매가액에 새로 붙은 부가가치(인건비)를 더한 가액으로 풀이해야

---

228) '대가를 받는'이란 표현은 '대가를 받기로 하는'이라는 뜻을 포함. 헌법재판소 2016. 7. 28. 2014헌바423 결정.

229) 장부가액을 시가로 본 처분은 위법하다. 대법원 1996. 10. 11. 선고 95누18666 판결.

230) 부가가치세법 제29조 제3항 제4호. 폐업시 잔존재화의 취득원가를 그대로 시가로 본 것은 위법하다. 대법원 1996. 10. 11. 선고 95누18666 판결.

231) 부가가치세법 제10조 제1항.

232) 그러나 대법원 1996. 10. 11. 선고 95누18666 판결(감정가액). 유럽 부가가치세 지침 제75조에는 명문 규정이 있다. 같은 결론이지만 오윤, 세법의 이해, 10장 3절 1항 1.은 시가라는 말이 파는 시세라는 전제 하에 현행법이 틀렸다고 비판한다.

한다. 사서 파는 물건과 균형을 맞춘다면, 이 가액이란 사업자의 판매가액 가운데 사업자 자신의 이윤부분은 뺀 가액이 된다.[233)]

과세사업에 이미 여러 과세기간 동안 써온 고정(固定)자산을 사업주나 제3자가 소비하거나 면세전용한다면 공급가액은 어떻게 계산해야 하는가. 무상공급의 한 형태이니 중고자산의 시가를 찾으면 되지만, 그런 시가란 구하기가 어려운데 …

> 부가가치세법 제29조 (과세표준) ⑪ 제10조 제1항·제2항 및 제4항부터 제6항까지의 규정에 따라 재화의 공급으로 보는 재화가 대통령령으로 정하는 감가상각자산(이하 "감가상각자산"이라 한다)인 경우에는 제3항 제3호 및 제4호에도 불구하고 대통령령으로 정하는 바에 따라 계산한 금액을 공급가액으로 한다.

대통령령은 취득원가 가운데 미(未)상각잔액을 시가라고 본다. 미상각잔액은 소득세법이나 법인세법에 따르지 않고 대통령령에 따로 규정을 두어 정액법으로 계산.[234)]

Ⅲ. 공급시기와 세금계산서

각 과세기간별로 납부하여야 할 세액은 그 "과세기간에 대한 납부세액"이다.[235)] 법문에는 없지만, 각 과세기간에 대한 매출세액과 매입세액은 법 제15조와 제16조에 따른 供給時期가 그 과세기간에 속하는가를 따져서 정한다. 공급받는 자의 입장에서 본다면, 공급시기는 매입세액의 공제시기를 뜻한다.[236)]

1. 공급시기(時期)의 결정요소

이론으로 따지면, 재화나 용역의 공급時期는 기본적으로 소득세법상 총수입금액의 산입시기나 법인세법상 익금의 귀속시기와 같은 개념이다. 소득세제와 마찬가지로 부가가치세의 과세시기에서도 발생주의와 현금주의의 대립이 근본 축이 된다.[237)]

그렇지만 소득의 귀속시기와 부가가치세법상의 공급시기가 완전히 같아질 수는 없다. 우선 소득의 개념과 소비의 개념 사이에 실체법적 차이가 생긴다. 소득세나 법인세는 미실현이득을 과세하기 위한 시가평가(時價評價)의 범위를 넓히고 있지만 부가가치세법에서는 이런 내부적 사건은 애초에 공급의 범위에 넣을 수가 없다. 미실현

233) EEC 6차 지침 11A(1)(c); 유럽 부가가치세 지침 제75조. 유럽법원 2006. 9. 14. 선고 C-72/05 판결.
234) 부가가치세법 제29조 제11항. 같은 법 시행령 제66조.
235) 부가가치세법 제48조 제1항.
236) EEC 6차 지침 17(1)조.
237) Schenk & Oldman, 147-154쪽.

이득이라는 말 자체가 부의 증가액으로서 아직 기업의 수중에 남아 있는 금액을 뜻하고, 이는 아직 소비되지 않은 금액(사후적으로 본다면 투자)인 까닭이다. 제4절 III. 3. 둘째, 세무행정의 문제로 우리 부가가치세법의 과세기간(課稅期間)은 1년이 아니고 6개월이다. 따라서 법인세에서는 같은 과세기간에 속하더라도 부가가치세에서는 과세기간을 달리 정하여야 하는 경우가 있다. 가령 법인세법에서는 1년 이상에 걸친 대금회수를 장기할부로 정하여 특칙을 두고 있지만, 부가가치세법에서는 대금회수 기간이 6개월 이상이면 특칙을 둘 필요가 생긴다. 두 세제의 과세기간을 맞출 수도 있겠지만 실상은 분기별 부가가치세 신고가 법인세나 소득세 세무행정의 첫걸음. 상장법인이라면 어차피 기업회계에서 분기별 결산을 하기도 하고. 셋째, 우리 부가가치세법은 매입세액공제 방식을 택하고 있으므로, 매출세액과 매입세액 하나하나를 관리할 수 있는 제도로 짜여 있다. 법은 거래징수(去來徵收) 제도를 통하여 각 거래별 세액마다 稅金計算書를 발급하게 하여 이를 관리한다. 제2절 V, 제3절 II.

일단 세금계산서 제도가 생기면, 어느 사업자가 자기 혼자 알 수 있는 사건 따위에 세금계산서를 끊게 할 수는 없다. 세금계산서란 거래당사자 모두가 관여하는 사건을 기준으로 운용하여야 한다. 이리하여 부가가치세법상 공급시기라는 개념은 거래당사자가 모두 알 수 있는 사건을 기준으로 정하게 된다. 가령 소득세나 법인세에서는 장기할부판매나 외상판매의 대금 속에 숨어 있는 이자상당액을 해마다 소득으로 과세하지만[238] 부가가치세에서는 이런 이자상당액을 각 과세기간의 공급액으로 볼 수는 없다. 장기도급공사에서 공사진행기준을 쓸 수 없는 것도 마찬가지이다. 다른 한편, 두 당사자가 합의하여 세금계산서를 이미 주고받았다면 설사 법에 정한 공급시기에 이르지 않았더라도, 세금계산서를 주고받은 시기를 공급시기로 볼 필요가 생긴다.[239]

> 부가가치세법 제17조 (재화 및 용역의 공급시기의 특례) ① 사업자가 제15조 또는 제16조에 따른 재화 또는 용역의 공급시기(이하 이 조에서 "재화 또는 용역의 공급시기"라 한다)가 되기 전에 재화 또는 용역에 대한 대가의 전부 또는 일부를 받고,[240] 그 받은 대가에 대하여 제32조에 따른 세금계산서 또는 제36조에 따른 영수증을 발급하면 그 세금계산서 등을 발급하는 때를 각각 그 재화 또는 용역의 공급시기로 본다. (이하 생략)

238) 제19장 제2절.

239) EEC 6차 지침 10조(2).

240) 세금계산서가 이중으로 교부되었다면 뒤의 것은 효력이 없다. 대법원 2005. 5. 27. 선고 2002두1717 판결. 실제로 재화의 공급이 이루어질 것을 전제로 한다. 대법원 1983. 9. 27. 선고 83누335 판결. 세금계산서 발행 후 7일 이내에 대가를 받거나 실제 공급과 대금회수가 같은 과세기간 안이면 된다. 부가가치세법 제17조 제2항·제3항.

미리 대금을 주고받는다면 그때를 공급시기로 보아야 하지만[241] 대금인가 이행보증금인가, 이런 문제가 생긴다.[242]

2. 일반적 공급시기(供給時期)

위와 같은 배경 하에 현행법은 供給時期를 다음과 같이 정하고 있다.

부가가치세법 제15조 (재화의 공급시기) ① 재화가 공급되는 시기는 다음 각 호의 구분에 따른 때로 한다. 이 경우 구체적인 거래 형태에 따른 재화의 공급시기에 관하여 필요한 사항은 대통령령으로 정한다.

1. 재화의 이동이 필요한 경우: 재화가 인도되는 때
2. 재화의 이동이 필요하지 아니한 경우: 재화가 이용가능하게 되는 때
3. 제1호와 제2호를 적용할 수 없는 경우: 재화의 공급이 확정되는 때 (이하 생략)

부가가치세법 제16조 (용역의 공급시기) ① 용역이 공급되는 시기는 다음 각 호의 어느 하나에 해당하는 때로 한다.

1. 역무의 제공이 완료되는 때
2. 시설물, 권리 등 재화가 사용되는 때 (이하 생략)

현행법은 동산과 부동산을 구별하지 않고 '재화'의 공급시기를 위와 같이 재화가 인도되거나 이용가능하게 되는 시기라고 정하고 있지만, 공급의 개념 자체가 처분권의 이전을 밑바탕에 깔고 있으므로 공급시기는 재화나 용역의 법률적 성질에 따라 달라진다.

(i) 동산(動産)의 공급시기는 원칙적으로 인도시기이다. 상품권 등을 미리 발행했더라도 실제로 상품이 인도된 시기가 공급시기이다.[243] 그러나 반환조건부 판매, 동의조건부 판매, 기타 조건부 판매나 기한부 판매라면 조건이 성취되거나 기한이 확정되어 판매가 확정되는 때가 공급시기이다.[244] (ii) 부동산(不動産)의 공급시기는 이용가능하게 되는 시기로서 원칙적으로 명도시기가 된다.[245] 매매대금 청산 전이라도 배타적 처분과 이용을 위하여 부동산의 점유를 이전했다면 공급이다.[246] 그렇지만 부동산

241) EEC 6차 지침 10조(2).

242) Customs & Excise Commissioners v. Moonrakers Guest House Ltd., [1992] STC 544. Schenk & Oldman, 149-152쪽.

243) 부가가치세법 시행령 제28조 제1항 제2호. 2016년 이후의 유럽법에서는 종래의 해석론을 뒤집는 입법으로 상품권의 발행이나 이전을 과세거래로 본다. 유럽 부가가치세 지침 제30a조, 제30b조.

244) 부가가치세법 시행령 제28조 제2항. 제19장 제1절 II.1.

245) 대법원 1989. 3. 28. 선고 88누1745 판결; 2008. 9. 11. 선고 2006두9900 판결.

246) 대법원 2006. 10. 13. 선고 2005두2926 판결.

의 사용시점을 명도후 특정한 시기로 정한 특약이 있다면 그 약정한 시기가 공급시기이고[247] 또 공급받는 자가 이미 임차인으로서 부동산을 점유하고 있었다면 소유권 이전등기에 필요한 서류를 교부한 때가 공급시기이다.[248] (iii) 수도, 전기, 가스 등의 계속적(繼續的) 공급은 공급되는 부분만큼 각각 공급되는 것. (iv) 권리(權利)는, 가령 건설업 면허 양도의 경우 공급시기는 면허증을 재교부 받는 등 면허가 현실적으로 이용가능하게 된 시기이고[249] 항만시설관리권의 공급시기는 명의이전 등록을 마친 시기이다.[250]

용역(用役)의 경우 역무의 제공이 완료되는 때란 계약조건 등을 고려하여 제공받는 자가 역무제공의 산출물을 사용할 수 있는 상태에 놓이게 된 시점을 말한다.[251] 아직 용역이 제공되지 아니한 미래부분의 대가는 미리 받았더라도 공급시기에 이른 것이 아니다.[252]

위탁(委託)판매나 대리인(代理人)에 의한 매매의 경우에는 수탁자나 대리인의 공급을 기준으로 공급시기를 정한다.[253]

3. 대금지급조건과 공급시기

법인세법은 장기할부조건이나 장기도급계약처럼 여러 과세기간에 걸쳐 대금을 지급받는 경우 소득을 그런 기간 동안 안분하여 과세하는 특칙을 두고 있다.[254] 부가가치세에서도 장기계약이라는 특성을 고려할 수 있지만, 장기할부판매 대금 속에 있는 이자상당액에 세금계산서를 끊게 하든가 공사진행률을 기준으로 공급시기를 정할 수는 없다. 공급자 쪽의 일방적 사정에 맞추어 세금계산서를 끊게 할 수는 없기 때문이다. 이리하여 현행법은 완성도기준 지급이나 중간지급조건,[255] 또 장기할부판매의

247) 대법원 1989. 3. 28. 선고 88누1745 판결.

248) 대법원 1985. 10. 8. 선고 84누102 판결.

249) 대법원 1985. 12. 10. 선고 85누411 판결.

250) 대법원 2003. 12. 11. 선고 2002두4761 판결. 제19장 제1절 Ⅱ.4. 참조.

251) 대법원 2008. 8. 21. 선고 2008두5117 판결(사용검사승인일); 2015. 6. 11. 선고 2013두22291 판결(준공 후 추가공사); 2016. 4. 12. 선고 2014두35553 판결(사소한 마무리 작업).

252) 대법원 1989. 4. 25. 선고 88누9770 판결. 부가가치세법 시행령 제29조 제2항 제1호. 건물의 분양, 홍보, 시공비용의 융통 등 포괄적이고 복합적인 용역 같은 계속적 공급계약에서는 계약관계의 종료는 이미 용역을 제공하여 공급시기가 도래한 납세의무에는 영향을 미치지 않는다. 대법원 2003. 5. 16. 선고 2001두9264 판결.

253) 대법원 2006. 10. 13. 선고 2005두2926 판결은 이를 당연한 전제로 삼고 있다. 부가가치세법 시행령 제28조 제10항.

254) 제19장 제2절, 제3절.

255) 완성도기준지급조건과 달리 중간지급조건에서는 재화가 각 대가에 상응하는 비율만큼 완성되지 않더라도 대가의 각 부분을 받기로 한 때가 공급시기이고 실제로 대가를 받았는가는 부가가치세 납부의무의 성립시기에 영향을 미치지 않는다. 대법원 1999. 8. 20. 선고 99두3515 판결; 2003. 11. 28. 선고 2002두3089 판결. 뒤에 가서 실제로 못 받게 되면 대손세액공제가 가능하다. 아래 V 참조. 계

경우에는 모두 대가(對價)의 각(各) 부분을 받기로 한 때 각 부분만큼을 나누어 공급한 것으로 본다.[256)]

부가가치세법 제29조 (과세표준) ③ 제1항의 공급가액은 다음 각 호의 가액을 말한다.
6. 외상거래, 할부거래…등 그 밖의 방법으로 재화 또는 용역을 공급하는 경우: 공급 형태 등을 고려하여 대통령령으로 정하는 가액

장기의 외상판매나 할부판매에서는 판매당시의 현재가치 상당액을 공급으로 보고, 채권의 액면금액과 현재가치의 차액은 이자(利子)의 흐름으로 보아 부가가치세를 물리지 않는 입법례가 많지만[257)] 우리 현행법은 회수(回收)기준을 택하여 대가의 각 부분을 받는 때에 각각 공급이 있는 것으로 본다. 소득세제와는 달리[258)] 부가가치세에서는 회수기준을 써도 잘못은 없다.(부가가치세에서는 다른 시점의 가치인 대가와 원가를 나란히 빼는 법이 없다.) 회수기준에서는 대가의 각 부분에 포함된 이자상당액에 부가가치세를 물리므로(현재가치 기준을 쓴다면 이자수익 상당액에 세금을 물리지 못한다), 돈의 시간가치를 따지면 정부가 받는 세수의 가치는 현재가치에 세금을 물리는 것과 같다.[259)] 선수금(先受金)도 받는 때를 공급시기로 삼는 입법례도 있다.[260)]

4. 수정세금계산서

(판례) 수정세금계산서 제도의 취지는, 당초 세금계산서상의 공급가액이 후발적 사유로 증가하거나 감소한 경우 과세관청과 납세자의 편의를 도모하기 위하여 그 사유가 발생한 날을 작성일자로 하여 그에 관한 수정세금계산서를 교부할 수 있게 함으로써 그 공급가액의 증감액을 수정세금계산서 교부일이 속하는 과세기간의 과세표준에 반영하도록 하는 데에 있으므로, 그와 같이 후발적 사유로 당초 세금계산서상의 공급가액이 감소함에 따라 수정세금계산서를 교부받은 경우 그에 대응하는 매입세액공제액의 감소로 인하여 발생한 부가가치세액 증가분에 관하여는 구 국세기본법 시행령 제12조의3 제1항 제1호에 의하여 그 수정세금계산서 교부일이 속하는 과세기간의 과세표준신고기한 다음날부터 그 부과제척기간이 진행한다.[261)]

약이 해지되는 경우 이미 공급한 부분에 관한 공급시기는 계약해지시. 대법원 2015. 8. 19. 선고 2015두1588 판결.

256) 대법원 1987. 4. 29. 선고 84누294 판결; 1995. 8. 11. 선고 95누634 판결(어음교부일).

257) Schenk & Oldman, 156-158쪽.

258) 제19장 제2절 II.

259) Schenk & Oldman, 158쪽.

260) 유럽 부가가치세 지침, 제65조.

261) 대법원 2011. 7. 28. 선고 2009두19984 판결; 2013. 4. 11. 선고 2011두8178 판결. 부가가치세법 시행

수정세금계산서로 공급자의 매출(賣出)세액이 줄어드는 경우 국가는 공급받는 자로부터 매입(買入)세액을 추징할 수 있다.[262] 공급자가 수정세금계산서를 발급하지 않는 경우 매입자는 세무서장의 확인을 받아 스스로 세금계산서를 발행할 수 있다.[263]

Ⅳ. 매입세액 불공제

부가가치세법 제38조 (공제하는 매입세액) ① 매출세액에서 공제하는 매입세액은 다음 각 호의 금액을 말한다.

1. 사업자가 자기의 사업을 위하여 사용했거나 사용할 목적으로 공급받은 재화 또는 용역에 대한 부가가치세액(제52조 제4항에 따라 납부한 부가가치세액을 포함한다)

② 제1항 제1호에 따른 매입세액은 재화 또는 용역을 공급받는 시기가 속하는 과세기간의 매출세액에서 공제한다.

1. 과세사업 매입세액이 아닌 것

매입세액이라 하여 다 공제받지는 못한다. 근본적으로 소득세법상 필요경비나 법인세법상 손금산입에 대한 제약이 있는 것과 마찬가지. 가령 명문규정은 없지만 위법지출에는 매입세액공제를 부인한다.[264] 제11장 제1절 II.2, 제21장 제1절 X.

부가가치세법 제39조 (공제하지 아니하는 매입세액) ① 제38조에도 불구하고 다음 각 호의 매입세액은 매출세액에서 공제하지 아니한다.

4. 사업과 직접 관련이 없는 지출…에 대한 매입세액

5. 「개별소비세법」 제1조 제2항 제3호에 따른 자동차(운수업, 자동차판매업 등 대통령령으로 정하는 업종에 직접 영업으로 사용되는 것은 제외한다)의 구입과 임차 및 유지에 관한 매입세액[265]

6. 기업업무추진비 및 이와 유사한 비용…의 지출에 관련된 매입세액[266]

령 제70조 제1항 중 이 판례에 맞추어 변경한 부분은 2012. 2. 2. 대통령령 제23595호 제1조에 불구하고 확인적 규정이 된다. 영세율 착오의 수정은 대법원 2013. 10. 17. 선고 2010두12972 판결. 수정세금계산서에 대한 상세는 윤병각, 조세법상 경정청구, 제5장 제1절 6.

262) 대법원 2020. 9. 3. 선고 2017두49157 판결(포괄적 사업양수인에게서 추징한 사례).

263) 부가가치세법 제34조의2.

264) 대법원 2023. 5. 18. 선고 2022두31570 판결.

265) 헌법재판소 2015. 12. 23. 2014헌바467 결정. 관련조문으로 법인세법 제27조의2.

266) 법인이 자산의 취득으로 분류하여 장부에 계상했다고 하더라도 오로지 접대를 목적으로 취득한 것이 분명하다면 그 취득비용은 매입세액 불공제대상인 기업업무추진비에 해당한다. 대법원 2013. 11. 28. 선고 2013두14887 판결.

7. 면세사업등에 관련된 매입세액(면세사업등을 위한 투자에 관련된 매입세액을 포함한다)과…토지에 관련된 매입세액 (이하 생략)

제4호에는 두 가지 뜻이 있다. 첫째 남이 부담할 지출은 매입세액 공제를 못 받는다.[267] 한결 더 중요한 뜻으로 지출자 본인이나 상대방의 사업과 직접 관련이 없는 지출에 대한 매입세액을 공제하지 않는 것은 지출자 본인이나 상대방이 누리는 消費에 대한 세금을 지출자에게서 걷는 것이다. 면세사업자나 비과세사업자의 매입세액도 마찬가지이다.[268] 이 문제는 본질적으로 소득세법상 사업경비와 가사지출의 구별과 같다. 어떤 지출이 사업상의 경비인가 개인적 소비를 위한 것인가는 소득세나 마찬가지로 어려운 판단이다.[269] 예를 들어 소나타를 타도 될 터인데 벤츠를 탄다면 이는 사업상 경비인가 개인적 소비인가, 사업상 경비라면 다시 통상적인 필요경비라고 볼 수 있는가. 이런 식의 문제에는[270] 정답이 없고 소득세제와 통일적으로 풀이해야 한다.[271] EEC 6차 지침은 '사치, 재미, 접대'를 위한 지출은 공제대상이 아니라고 분명히 정하고 있다.[272] 사업과 소비가 섞여 있다면 매입세액을 적절히 안분한다.[273] 사업자 본인의 소비가 아니라 다른 사람의 소비를 위한 지출액 역시 매입세액을 공제받지 못한다. 누가 소비했든, 일정한 재화나 용역이 소비된다는 점에서는 아무 차이가 없는 까닭이다. 한편 사업자 본인이나 종업원의 직접 소비를 개인적 공급으로 과세하다면 관련 매입세액은 공제대상이다.

제6호의 기업업무추진비, 개정 전 글귀로 接待費도 마찬가지.[274] 소득세제는 접대행위를 누리는 자들의 소득을 과세하는 대신 기업업무추진비를 손금불산입한다. 제22장 제1절 VI. 부가가치세는 단일세율이므로 접대를 즐기는 자에게서 세금을 걷을 이유가 없고 기업 쪽에서 매입세액을 불공제.[275] 사업상 증여로 과세대상이 되는 재화라면

---

267) 대법원 2007. 9. 20. 선고 2005두11036 판결(모회사가 부담할 지출); 2017. 3. 22. 선고 2016두57175 판결(공동경비). 유럽법원 2013. 2. 21. 선고 C-104/12 판결(임원 형사사건 관련 변호사 비용).

268) 대법원 2016. 3. 24. 선고 2013두19875 판결; 2023. 8. 31. 선고 2020두56384 판결(나랏돈으로 하는 철도 건널목 관리에 든 매입세액)

269) 제11장 제1절 Ⅱ.

270) 대법원 1997. 11. 28. 선고 96누14333 판결; 2012. 7. 26. 선고 2010두12552 판결.

271) 영국 판결로, 플라스틱 금형 제조회사가 광고목적으로 경마를 키우는 것은 사업상의 목적이었다 하더라도 통상적 경비가 아니므로 매입세액을 공제할 수 없다는 사례가 있다. Ian Flockton Development v. Commissioner., [1987] STC 394(Q.B. 1987). 반면 귀금속 도매업자가 광고목적으로 자동차경주선수 활동을 한 사안에서 매입세액 공제를 허용한 판결도 있다. Atlas Marketing v. Commissioner of Customs and Excise, [1986] 1 C.M.L.R 71(VATTR London 1985).

272) EEC 6차 지침 17조(6), 유럽 부가가치세 지침 제176조.

273) 유럽법원 1995. 10. 4. 선고 C-291/92 판결.

274) Tipke/Lang, 제19판, 제14장 168문단.

그 구매액이 법인세법에서 기업업무추진비라고 하더라도 매입세액은 공제대상이다.

제5호에서 비영업용 소형승용자동차의 구입과 유지에 들어가는 비용을 매입세액 불공제하는 것은 아마 개인적 소비에 쓰일 가능성이 높다는 탓 같지만,[276] 다른 입법례를 못 찾았고 우리 법에서도 정확한 입법이유는 알기 어렵다. 어쩌면 이 제도를 들여올 당시의 우리나라 형편으로는 승용차를 탄다는 것은 그 자체로 개인적 소비로 본 것이려나.[277]

제7호에서 면세(免稅)사업자는 부가가치세의 목적상은 사업자가 아니고 소비자와 같은 지위이므로, 면세사업을 위한 지출에 포함된 부가가치세는 공제하지 않는다.[278] 과세사업과 면세사업에 공통으로 사용되어[279] 실지귀속 금액을 구분할[280] 수 없는 경우에는 공급가액을 기준으로 공통매입세액을 안분한다.[281] 제24장 제1절 V.

과세사업자가 하는 행위나 거래이더라도 애초 과세대상이 아닌 것에 관련한 매입세액은 공제대상이 아니다. 토지관련 매입세액[282] 같은 명문규정이 없더라도 성질상 당연.[283]

---

275) 영국 판결로 KPMG Peat Marwich McLintock v The Commissioners of Customs and Excise, [1993] VATTR 118은 임직원의 파티에 관련한 지출(이른바 사내기업업무추진비)을 기업업무추진비가 아니라고 보고 매입세액의 공제를 허용했지만, 이는 영국법상 기업업무추진비에 관한 명문의 규정이 그런 까닭이다. 이론상은 소비주체가 누구든 매입세액을 불공제해야 한다. 제22장 제1절 Ⅵ 참조.

276) 대법원 2016. 7. 7. 선고 2014두1956 판결(영업용이라는 말을 넓게 풀이). 제22장 제1절 VIII.

277) 헌법재판소 2015. 12. 30. 2014헌바467 결정.

278) 대법원 2015. 11. 12. 선고 2012두28056 판결(재고자산인 토지 관련). 유럽법원 1995. 4. 6. 선고 C-4/94 판결(자회사주식처분 관련 지급한 변호사 보수). Tipke/Lang, 제19판 제14장 170문단, 제23판 제17장 349문단은 면세사업자에 대한 매입세액불공제가 누적효과를 일으킴을 지적하고 있지만, 면세라는 제도가 필요한 한 어쩔 수 없는 부작용이다. 제24장 제1절 참조.

279) 광고사업이 버스의 운행을 전제로 한다고 하더라도, 버스구입비, 유류비, 수리를 위한 부품비 등에 대한 매입세액은 면세사업인 여객운송업에만 관련된 매입세액에 해당하고 과세사업인 광고사업에도 공통되는 매입세액이 아니다. 대법원 2013. 12. 26. 선고 2013두17336 판결; 2017. 1. 25. 선고 2016두52606 판결.

280) 대법원 2019. 1. 17. 선고 2015두60662 판결.

281) 부가가치세법 제40조, 대법원 1982. 9. 28. 선고 82누170 판결; 2009. 5. 14. 선고 2007두4896 판결; 2016. 2. 18. 선고 2012두22447 판결(취득원가에 들어가는가를 중시); 2016. 3. 24. 선고 2013두19875 판결; 2017. 1. 25. 선고 2016두51788 판결(건물 신축). 대법원 2012. 11. 29. 선고 2010두4810 판결은 시행령에 정한 구체적 방법이 예시가 아니라고 하나 실지귀속의 추정일 뿐이다.

282) 대법원 1999. 11. 12. 선고 98두15290 판결(기부채납 조성비); 2006. 7. 28. 선고 2004두13844 판결(골프장 토지조성); 2010. 1. 14. 선고 2007두20744 판결; 2016. 2. 18. 선고 2012두22447 판결; 헌법재판소 2010. 6. 24. 2007헌바125 결정(토지관련). 법개정전 판례로 대법원 1995. 12. 21. 선고 94누1449 판결(골프장 토지조성);

283) 대법원 2006. 10. 27. 선고 2004두13288 판결(도박업이 비과세라는 전제는 틀렸다. 제4절 Ⅲ.1.); 2011. 9. 8. 선고 2009두16268 판결(방송); 2016. 3. 24. 선고 2013두19875 판결(폐비닐수거재활용). 유럽법원 2005. 5. 26. 선고 C-465/03 판결; 2007. 2. 8. 선고 C-435/05 판결; 2009. 10. 29. 선고 C-29/08 판결.

<대법원 2019. 1. 17. 선고 2015두60662 판결>

구 부가가치세법…는 금융·보험 용역으로서 대통령령으로 정하는 것에 해당하는 용역의 공급에 대하여 부가가치세를 면제한다고 정하고 있다… 금융·보험 용역의 공급은 부가가치세 부과대상에 해당한다. 다만 은행업자 등이 자금을 융통하는 등의 용역을 제공하고 그에 따라 이자 명목으로 돈을 받더라도 이것에는 위와 같은 용역의 대가 이외에도 다른 요소들이 섞여 있으므로 그 받은 돈 전부를 곧바로 용역 공급에 대한 대가로 볼 수 없고 용역 공급의 대가만을 구분해 내기도 어려운 사정 등을 고려하여 부가가치세를 면제할 뿐이다. 이와 달리… 금융지주회사가 경영관리업무나 그에 따른 자금지원의 일환으로 은행업자 등의 개입 없이 자신이 지배·경영하는 자회사에 개별적으로 자금을 대여하고 순수한 이자 명목으로 돈을 받은 것이라면, 소비세인 부가가치세 부과대상 자체가 되지 않는 비과세사업을 하는 것에 지나지 않는다.[284] 이것이 부가가치세 부과대상이기는 하지만 면제될 뿐인 금융·보험 용역이나 이와 유사한 용역을 제공한 것이라고 할 수 없다…과세사업과 비과세사업에 관련된 매입세액은 원칙적으로 실지귀속에 따라 계산하여야 하고, 매입세액이 오로지 비과세사업과 관련되는 경우에는 이를 매출세액에서 공제할 수 없다. 과세사업과 비과세사업에 공통으로 사용되어 실지귀속을 구분할 수 없는 매입세액이 있다면 원칙적으로 과세사업과 면세사업을 겸영하는 경우의 공통매입세액 안분에 관한 부가가치세법 시행령 규정을 유추 적용하여 비과세사업에 안분되는 매입세액을 가려내야 한다. 다만 해당 사업자가 비과세사업에 해당하는 용역의 공급과 관련하여 거래상대방 등으로부터 돈을 받았더라도 이를 비과세사업에 해당하는 용역 공급에 대한 대가로 볼 수 없는 경우라면 과세사업과 면세사업의 공급가액 비율에 따라 공통매입세액을 안분하여 계산하도록 한…규정을 유추 적용할 수 없다.[285] 이러한 경우에는…다른 합리적인 안분계산방법 중에서 공통매입세액의 안분계산에 적합한 것을 적용하여 비과세사업에 안분되는 매입세액을 가려내야 한다(대법원 2018. 1. 25. 선고 2017두55329 판결 등 참조).

2. 세금계산서

부가가치세법 제39조 (공제하지 아니하는 매입세액) ① 제38조에도 불구하고 다음 각 호의 매입세액은 매출세액에서 공제하지 아니한다.

1. … 매입처별 세금계산서합계표를 제출하지 아니한 경우의 매입세액 또는 제출한 매입처별 세금계산서합계표의 기재사항 중 거래처별 등록번호 또는 공급가액의 전부 또는 일부가 적히지 아니했거나 사실과 다르게 적힌 경우 그 기재사항이 적히지

284) 용역의 공급인 이상 비과세가 아니라는 주장으로 박현주·김석환, 금융지주회사의 자회사에 대한 자금대여는 부가가치세 비과세인가?, 조세법연구 29-1(2023), 167쪽.

285) 대법원 2006. 10. 27. 선고 2004두13288 판결과 얼핏 어긋난다.

아니한 부분 또는 사실과 다르게 적힌 부분의 매입세액. (단서 생략)

2. 세금계산서 또는 수입세금계산서를 발급받지 아니한 경우 또는 발급받은 세금계산서 또는 수입세금계산서에 … 필요적 기재사항[286]…의 전부 또는 일부가 적히지 아니했거나 사실과 다르게 적힌 경우의 매입세액(공급가액이 사실과 다르게 적힌 경우에는 실제 공급가액과 사실과 다르게 적힌 금액의 차액에 해당하는 세액을 말한다). (단서 생략)

3.-7. (생략)

8. 제8조에 따른 사업자등록을 신청하기 전의 매입세액[287]…

세무행정을 무시하고 법의 실체만을 본다면, 세금계산서가 어찌되었든 실제로 있는 매입세액은 공제해 주어야 옳다.[288] 그러나 세금계산서 제도가 무너지면 부가가치세제도 무너진다.

세금계산서의 전부 또는 일부가 사실과 다르게 기재된 경우에 매입세액을 공제하지 않도록 규정하고 있는 것은 부가가치세 운영의 기초가 되는 세금계산서의 정확성과 진실성을 확보하기 위해 일종의 제재장치를 마련한 것으로서 세금계산서가 부가가치세제를 유지하는 핵심적 역할을 하고 있는 점 등에 비추어 보면 지나치게 가혹하여 헌법상 과잉금지의 원칙 등에 어긋나는 것이라고는 볼 수 없다.[289]

다만 일부의 착오(錯誤)가 있더라도 세금계산서의 다른 기재사항을 볼 때 거래사실을 확인할 수 있으면 매입세액을 공제한다.[290] 세금계산서의 교부시기가 틀렸더라도 같은 과세기간 안이거나[291] 그 밖이더라도 법에 정한 기한까지는 매입세액을 공제.[292] 공

286) 남의 이름으로 등록했더라도 공급자 자신만 쓴다면 매입세액공제 가능. 대법원 2019. 8. 30. 선고 2016두62726 판결.

287) 부동산임대업 등록 전에 임대용건물을 신축하는 데 들어간 매입세액은 불공제. 대법원 1996. 12. 10. 선고 96누13781 판결. 면세사업자로 등록하고 있던 동안의 매입세액은 불공제. 대법원 2004. 3. 12. 선고 2002두5146 판결. '등록을 하기 전의 매입세액'이라 함은 '적법한 등록신청'을 하기 전의 매입세액을 말한다. 대법원 2003. 11. 27. 선고 2002두318 판결.

288) 대법원 1988. 2. 9. 선고 87누964 판결 참조. 필요경비 공제와 손금산입은 대법원 1997. 6. 26. 선고 96두8192 판결(입증책임은 납세의무자).

289) 대법원 2003. 12. 11. 선고 2002두4761 판결; 2004. 11. 18. 선고 2002두5771 판결; 2021. 12. 30. 선고 2017두72256 판결.

290) 부가가치세법 제39조 제1항 제2호 단서, 부가가치세법 시행령 제75조. 교부받은 세금계산서의 '공급받는 자'난에 다른 사람이 기재되었지만 다른 기재사항에 의하여 실제 운영자의 거래사실을 쉽게 확인할 수 있는 경우에는 '사실과 다른 세금계산서'로 보지 않고 매입세액을 공제할 수 있다. 대법원 2003. 5. 16. 선고 2001두8964 판결; 2019. 8. 30. 선고 2016두62726 판결.

291) 부가가치세법 제17조 제3항. 대법원 2004. 11. 18. 선고 2002두5771 판결; 2016. 2. 18. 선고 2014두35706 판결.

급 전에 발급한 세금계산서라도 마찬가지.[293] 공급자가 세금계산서를 발행하지 않는다면 매입자가 관할세무서장의 확인을 받아서 스스로 매입세금계산서를 끊을 수도 있다.[294] 매입세액의 금액만 틀렸다면 차액부분만 불공제.[295] 그 밖에도 매입자가 선의 무과실을 증명하는 경우 등[296] 구체적 사정에 따라서 매입세액 공제를 인정하는 판결들이 있다.[297]

사실과 다른 세금계산서에서 '사실'이 무엇인가에는 논란이 있다. 진실을 숨기지 않은 이상 공제대상이라는 판결도 있지만[298] 판례의 대세는 경제적 실질이 다르다면 공제를 부인한다. 그 결과 경제적 실질이 '매도인→매수인'인데 가운데에 제3자를 끼워 넣었다든가, 경제적 실질이 '매도인→전매인→매수인'인데 가운데 전매인을 빠뜨렸다든가, 이 시비가 끝없이 이어지고 있다. 공급받는 자가 신탁법에 따른 신탁이라면 매입세금계산서에서 공급받는 자가 위탁자나 수탁자 어느 쪽인지를 잘못 적었더라도 공급하는 자가 실제거래로 신고납부했다면 매입세액공제를 허용한다.[299]

사실과 다른 세금계산서는 아닐지라도, '보편적인 정의관과 윤리관'에 비추어 금지

---

292) 대법원 1990. 2. 27. 선고 89누7528 판결; 1991. 4. 26. 선고 90누9933 판결; 1991. 10. 8. 선고 91누6610 판결; 1993. 2. 9. 선고 92누4574 판결; 1995. 8. 11. 선고 95누634 판결; 1997. 3. 14. 선고 96다42550 판결; 2023. 11. 16. 선고 2023다253790 판결 등. 부가가치세법 제39조 제1항 제2호 단서, 부가가치세법 시행령 제75조.

293) 대법원 2016. 2. 28. 선고 2014두35706 판결.

294) 부가가치세법 제34조의2.

295) 부가가치세법 제39조 제1항 제2호.

296) 대법원 1995. 3. 10. 선고 94누13206 판결; 1997. 6. 27. 선고 97누4920 판결; 2016. 10. 13. 선고 2016두43077 판결; 2022. 6. 28. 선고 2002두2277 판결.

297) 대법원 1985. 4. 9. 선고 84누767 판결; 1993. 12. 10. 선고 93누17355 판결; 2002. 1. 8. 선고 2000두79 판결(회사명의지만 실질은 공동매입); 2009. 5. 14. 선고 2007두4896 판결(총괄사업장을 공급받는 자로 기재); 2011. 2. 24. 선고 2007두21587 판결(원도급자를 공급받는 자로 기재); 2025. 7. 3. 선고 2022두33637 판결(사업자등록 뒤 착오로 면세로 변경등록했던 기간) 등. 과세기간이 지난 뒤 소급작성한 세금계산서에 따른 매입세액은 공제받을 수 없다. 대법원 2004. 11. 18. 선고 2002두5771 판결; 2006. 9. 8. 선고 2003두9718 판결(면세사업자의 주민등록번호 기재). 다만 시행령이 정한 교부특례기간 안이라면 공제받는다. 대법원 2010. 8. 19. 선고 2008두5520 판결. 남의 명의로 등록한 자로부터 공급받았더라도 등록번호를 공급하는 자의 것이라 인정할 수 있다면 매입세액을 공제. 대법원 2015. 2. 26. 선고 2014도14990 판결; 2025. 2. 27. 선고 2021도7108 판결; 2025. 5. 29. 선고 2023두41314 판결.

298) 대법원 2004. 9. 23. 선고 2002두1588 판결(저가거래 그대로 기재하면 사실). 한편 사업장이 여럿인 사업자가 재화를 수입하면서 당해 재화를 직접 사용·소비·판매할 사업장의 등록번호가 기재된 수입세금계산서가 아닌 단지 형식상의 수입신고 명의인에 불과한 다른 사업장의 등록번호가 기재된 수입세금계산서를 교부받는 것은 수입세금계산서에 필요적 기재사항이 사실과 다르게 기재된 경우에 해당한다. 대법원 2013. 11. 14. 선고 2013두11796 판결; 2021. 10. 18. 선고 2021두39447 판결(본점≠지점); 2023. 5. 18. 선고 2022도13690 판결(전매≠가공거래, 조세범처벌법)

299) 부가가치세법 시행령 제75조. 2023년부터는 신탁재산을 별도의 납세의무자로 삼으므로 삭제예정.

금 관련 매입세액 공제를 부인한 판례에 대해서는 제3장 제5절 Ⅰ.[300] 실제 고가매입이라면 그것이 사실이므로 매입세액은 세금계산서대로 공제받는다.

Ⅴ. 대손세액공제

부가가치세법 제45조 (대손세액의 공제특례) ① 사업자는 부가가치세가 과세되는 재화 또는 용역을 공급하고 외상매출금이나 그 밖의 매출채권(부가가치세를 포함한 것을 말한다)의 전부 또는 일부가 공급을 받은 자의 파산·강제집행이나 그 밖에 대통령령으로 정하는 사유로 대손되어 회수할 수 없는 경우에는 다음의 계산식에 따라 계산한 금액(이하 "대손세액"이라 한다)을 그 대손이 확정된 날이 속하는 과세기간의 매출세액에서 뺄 수 있다. (단서 생략)

대손세액 = 대손금액 × 110분의 10

貸損이 난다면[301] 공급가액 자체가 너무 크게 신고되었음을 뜻한다. 법은 이미 지나간 공급가액을 소급하여 감액수정하지 않고[302] 대손이 실제로 난 기간에 대손액에 상당하는 매출세액만큼 세금을 깎아준다. 미국법에서는 소득세나 법인세에서도 대손충당금의 설정을 허용하지 않고 실제 대손이 생긴 시기에 가서 대손액을 공제함은 이미 본 바와 같다.[303] 대손세액 공제를 해 준다면 공급받은 자에게서 같은 금액을 추징해야 하겠지만,[304] 대손이 나는 상황이라면 실제 추징 가능성은 매우 낮게 마련.[305]

Ⅵ. 의제매입세액공제

제24장 제1절 Ⅱ.2. 참조.

---

300) 대법원 2008. 12. 11. 선고 2008두9737 판결; 2011. 1. 20. 선고 2009두13474 판결. 관련 판결로 대법원 2011. 2. 24. 선고 2009두22317 판결(중간업자에 대해 공제를 인정); 2011. 6. 30. 선고 2010두7758 판결(국내 거래에서 공제 인정).

301) 대법원 2018. 6. 28. 선고 2017두68295 판결(출자전환 직후 감자는 대손); 2025. 9. 11. 선고 2024두60435 판결(매출채권과 대여금 채권 가운데 어느 쪽이 대손된 것인가는 원칙적으로 당사자의 변제충당).

302) 대가를 받기로 하고 공급한 이상 실제로 대가를 받았는지는 부가가치세 납부의무 성립에 아무런 영향이 없다. 대법원 1995. 11. 28. 선고 94누11446 판결.

303) 제19장 제4절 I. 법인세와 글귀 차이는 대법원 2009. 7. 9. 선고 2007두10389 판결(대손세액공제).

304) 부가가치세법 제45조 제3항. 대법원 2004. 10. 28. 선고 2003두9695 판결; 2006. 10. 12. 선고 2005다3687 판결과 2018. 6. 28. 선고 2017두68295 판결(납세의무성립시기=대손확정시기). Schenk & Oldman, 170쪽.

305) 파산선고 후의 대손이라면 파산채권도 재단채권도 아니라는 것이 법원 실무인 듯.

제 24 장　면세, 영세율, 국제거래

제23장은 다단계 일반소비세라는 부가가치세의 일반적 성질이 우리 현행법에 어떻게 나타나는가를 보았다. 제24장은 일반적 과세에 대한 예외를 이루는 면세와 영세율, 그리고 관련 문제로 간이과세를 다루고, 뒤이어 부가가치세에 관한 국제조세 문제를 다룬다.

제 1 절　면세와 영세율

모든 재화와 용역을 같은 세율로 과세하자는 일반소비세의 이념을 현실세계에서 그대로 관철하기는 어렵다. 부가가치세의 역진성을 덜기 위해 생필품 따위 특정한 재화나 용역에 대한 세부담을 낮추어 주는 경우도 있고, 재화나 용역의 성질상 과세하기가 어려운 것도 있다. 일단 재화나 용역의 종류나 성질에 따라 세부담이 달라지기 시작하면 어디에선가 경계선을 그어야 하므로 시비가 끝없게 마련이다.

Ⅰ. 면세(免稅)란?

면세는 모든 재화와 용역을 똑같이 과세한다는 부가가치세의 기본 구조를 일부러 깨는 것. 왜? 免稅란 면세대상 기업과 국가 사이에 부가가치세법에 따른 조세채권관계가 없다는 뜻이다. 면세사업자는 재화나 용역의 공급에 대해 매출세액을 납부할 의무가 없고, 매입세액을 환급받을 수도 없다.[1] 쉽게 말하면 사업자가 아닌 개인이나 마찬가지이다. 물론 부가가치세에서 그렇다는 말이다. 소득세법이나 법인세법에서는 사업자

1) 부가가치세법 제39조 제1항 제7호.

나 법인에 해당할 수 있음이야 당연. 영세율 적용대상이라든가 주택 및 부수토지 임대용역처럼 면세를 포기할 수 있는 것도 있다.[2)] 일단 포기하면 일정 기간 뒤집지 못한다.

면세제도는 왜 둘까? 이를 알기 위해서 우선 면세가 어떤 작용을 하는지부터 알아보자. 우선 최종소비 단계의 면세는 사업자에게 득이 되고 최종소비자 가격을 낮추게 된다. 농부, 밀가루공장, 빵공장을 거쳐 빵을 생산하는 앞의 예로 돌아가 보자. 빵공장은 "200원 + 매입세액 20원 = 220원"에 사서 빵을 만들어 "300원 + 매출세액 30원 = 330원"에 판다. 빵공장에는 일단은 현금이 330 - 220 = 110원 남지만 납부세액으로 30 - 20 = 10원을 내어야 하므로 결국 남는 소득은 100원이다. 여기에서 빵공장을 면세하고, 그와 동시에 빵공장의 소득은 100원 그대로라고 생각해 본다면, 빵의 공급가격은 얼마가 될까? 빵공장 주인은 매입세액을 공제받지 못하므로 220원 전체가 원가가 되고 거기에 100원을 더 붙인 320원에 빵을 팔게 될 것이다. 이리하여 최종(最終)소비자 단계의 면세는 최종 소비자가격을 낮추는 효과가 있다. 최종소비자 가격이 떨어지지 않는다면 우선은 빵공장 주인의 이익이 늘어나게 되고 이 이익의 일부는 각 시장에서 수요와 공급의 관계에 따라 다시 농부와 밀가루공장 주인에게 넘어갈 수 있다.

이와 반대로 중간(中間)단계의 면세는 사업자에게 불리하고 최종소비자 가격을 오히려 올리게 된다. 앞의 예에서 농부에게서 밀을 (100원 + 세금 10원)에 사서 빵공장에게 파는 밀가루공장을 면세한다고 해 보자. 밀가루공장은 매입세액 공제를 받지 못하므로, 농부에게 준 돈 110원 전부가 원가가 된다. 이제 밀가루공장의 소득이 100원 그대로라면 밀가루공장은 밀을 빵공장에게 210원에 팔 것이다. 빵공장의 소득도 100원 그대로 남으려면 빵공장은 빵을 세제외 가격으로 310원에 팔아야 한다. 그러기 위해서는 세포함 가격으로는 341원(= 310원 × 1.1)에 팔아야 한다. 결국 모든 기업을 과세하는 경우에 비해 최종소비자 가격은 330원에서 341원으로 오르게 된다. 이와 같이 세부담이 오히려 올라가는 것을 누적(累積)효과라고 부른다. 최종소비자 가격이 올라갈 수 없는 시장이라면 사업자들의 이익이 줄어들게 된다.

면세를 하는데, 곧 국가가 이제 밀가루공장에게서 세금을 안 받는데 전체적으로 세부담이 늘어난다니? 이상하네… 부가가치세의 구조를 생각해 보면 너무나 당연하다. 부가가치세는 결국 최종소비자가 사들이는 재화와 용역의 가치에 세금을 붙이는 것으로, 이 세금을 투입산출의 각 단계에서 나누어 받는 것이다. 그렇다면 중간에 면세를 하더라도 최종소비 단계에서 국가가 걷는 세금에는 차이가 없다. 이를 환수(還收)효과라고 부른다. 그런데 면세를 한다면 투입산출의 사슬이 중간에서 잘린다. 국가는 재화나 용역이 면세사업자에게 넘어가는 중간투입 단계와 최종소비 단계 두 군데에서 세

2) 부가가치세법 제28조.

금을 걷는 것이다. 밀가루공장을 면세했던 예로 돌아간다면, 최종소비재인 빵의 생산액이 300이라는 사실은 그냥 있고, 그에 더하여 밀가루공장이 최종소비자 취급을 받으므로 과세대상 공급액 100이 추가로 더 잡히고, 밀가루공장의 매입세액 10은 과세표준에 다시 한번 포함된다. 따라서, 경제 전체로 본다면 중간투입 단계의 세금만큼 누적(累積)효과가 생겨서 세부담이 늘어날 수밖에.

Ⅱ. 면세대상

면세제도는 왜 있을까? 최종 소비자에 대한 공급 단계의 면세는 세부담을 낮추어 준다. 따라서 부가가치세의 역진성을 완화하는 수단으로 면세를 쓸 수 있다. 또 재화나 용역의 성질상 면세를 하는 경우도 있다. 공공재도 면세할 필요가 있다. 현행법의 면세대상에는 이런 여러 가지가 섞여 있다. 면세사업자가 면세되는 재화나 용역을 공급하는 과정에 부수되는 공급은 그 자체로는 과세대상이더라도 면세한다.[3] '부수'된다는 말은 그 자체가 독립적 가치가 없어서 경쟁을 해치지 않는 여줄가리라는 말이다. 가령 발코니 설치는 면세 국민주택의 공급에 부수되지 않는다.[4] 대학의 연구는 교육에 부수되지 않고 병원입원료 가운데 방값과 식대는 의료보건에 부수되지 않는다는 것이 유럽법원 판례.[5]

부가가치세법 제26조 (재화 또는 용역의 공급에 대한 면세) ① 다음 각 호의 재화 또는 용역의[6] 공급에 대하여는 부가가치세를 면제한다.

1. 가공되지 아니한 식료품…
2. 수돗물
3. 연탄과 무연탄
4. 여성용 생리 처리 위생용품
5. 의료보건 용역(수의사의 용역을 포함한다)…과 혈액[7]
6. 교육 용역…[8]

---

3) 부가가치세법 제26조 제2항. 대법원 2000. 12. 26. 선고 98두1192 판결; 2001. 3. 15. 선고 2000두7131 판결.

4) 대법원 2011. 3. 10. 선고 2009두6155 판결; 2004. 2. 13. 선고 2002두10384 판결(은행의 복권판매 대행).

5) 유럽법원 2002. 6. 20. 선고 C-287/00 판결; 2005. 12. 1. C-394/04 판결. 반대: 대법원 2013. 6. 28. 선고 2013두932 전원합의체 판결(장례식장 음식은 부수적).

6) 면세여부는 재화나 용역별로 판단한다. 대법원 2022. 3. 17. 선고 2017두69908 판결.

7) 화장품용이라면 적어도 입법론으로는 과세해야 맞다. 유럽법원 2016. 10. 5. 선고 C-412/15 판결, 특히 33-40문단.

7. 여객운송 용역. 다만… 제외한다. 항공기, 고속버스, 전세버스, 택시 … 고속철도 … 유흥목적의 운송 …

8. 도서(도서대여…용역을 포함한다), 신문, 잡지, 관보(官報)…뉴스통신 및 방송…다만, 광고는[9] 제외한다.

9. 우표(수집용 우표는 제외한다),[10] 인지(印紙), 증지(證紙), 복권 및 공중전화

10. …담배

11. 금융·보험 용역[11]…

12. 주택과 이에 부수되는 토지의 임대 용역…

13. 「공동주택관리법」…에 따른…공동주택 어린이집의 임대 용역

14. 토지[12]

15. 저술가·작곡가나 그 밖의 자가 직업상 제공하는 인적(人的) 용역…

16. 예술창작품, 예술행사, 문화행사 또는 아마추어 운동경기…

17. 도서관, 과학관, 박물관, 미술관, 동물원, 식물원…에 입장하게 하는 것

18. 종교, 자선, 학술, 구호(救護), 그 밖의 공익을 목적으로 하는 단체가 공급하는 재화 또는 용역…

19. 국가, 지방자치단체 또는 지방자치단체조합이 공급하는 재화 또는 용역으로서 대통령령으로 정하는 것[13]

20. 국가, 지방자치단체, 지방자치단체조합 또는…공익단체에 무상(無償)으로 공급하는 재화 또는 용역 (이하 생략)

1. 정책적 세부담 경감

수돗물,[14] 연탄,[15] 의료보건용역,[16] 교육용역,[17] 여객운송용역,[18] 주택의 임대용

---

8) 교육이라는 것으로 대법원 2017. 4. 13. 선고 2016두57472 판결(박물관체험학습). 아니라는 것으로 대법원 2008. 6. 12. 선고 2007두23255 판결(요가협회); 2010. 1. 28. 선고 2007두14190 판결(국제공인자격시험문제). 유럽법원 2006. 2. 9. 선고 C-415/04 판결(교사파견).

9) 대법원 1997. 10. 10. 선고 96누3463 판결(협찬품안내=광고).

10) 소포는 민간사업자와 경쟁관계이니 우표로 내더라도 발송료를 과세해야 맞다.

11) 과세요건명확주의에 어긋나지 않는다. 헌법재판소 2002. 4. 25. 2001헌바66 등 결정.

12) 대법원 2016. 2. 18. 선고 2012두22447 판결(자본적지출 여부).

13) 국가가 부동산 임대 등 과세용역을 제공하는 경우 그에 쓰이는 시설이 행정재산에 해당하거나 공익적 성격이 있더라도 과세한다. 대법원 2017. 7. 11. 선고 2015두48754 판결. 국가로부터 시설관리를 위탁받은 자가 제 명의로 공급하는 것은 과세대상이다. 대법원 2012. 10. 25. 선고 2010두3527 판결; 2019. 1. 17. 선고 2016두60287 판결. 나랏돈을 받아서 일반공중에게 용역을 무상공급하는 것은 비과세. 대법원 2023. 8. 31. 선고 2020두56384 판결.

14) 부가가치세법 제26조 제1항 제2호.

15) 같은 법조항 제3호.

16) 같은 법조항 제5호. 면세대상으로 유럽법원 2003. 11. 6. 선고 C-45/01 판결(건강진단). 과세대상으

역,[19] 공익단체의[20] 공급 따위를 면세하는 것은 최종소비자 단계의 면세로 재화나 용역의 최종 소비자가격을 낮추려는 정책적 수단이다.[21] 국민주택은 매매도 면세.[22] 조세의 중립성이 깨어지지만, 여러 가지 생필품(生必品)에 대한 세부담을 낮추어 부가가치세의 역진성(逆進性)을 완화하자는 생각이 깔려 있다. 반드시 생필품은 아니더라도, 도서 잡지나 신문,[23] 도서관이나 박물관, 예술행사[24] 따위는 이용을 장려하는 뜻으로 (이른바 merit goods) 면세한다. 농업·임업 등에 쓰는 석유류에는 부가가치세뿐만 아니라 개별소비세, 교통·에너지·환경세, 교육세, 주행세 등을 모조리 면세하는 조세특례가 있다.[25] 세부담 경감수단으로 영세율을 쓰면 경감정도가 더 커진다. 아래 VI. 입법론으로는 그르다. 생필품이더라도 소비의 절대액은 형편이 넉넉할수록 높고 면세혜택도 크게 마련. 세무행정도 어려워진다. 수직적 공평은 넉넉한 사람을 과세해서 걷은 돈

로 대법원 2008. 10. 9. 선고 2008두11594 판결(피부관리); 2013. 5. 9. 선고 2011두5834 판결(안마사 아닌 사람이 안마사를 고용); 유럽법원 1988. 2. 23. 선고 353/85 판결(의료와 구분되는 약품); 유럽법원 2000. 9. 14. 선고 C-384/98 판결(신체감정); 부가가치세법시행령 제35조 제1호 및 제5호(쌍꺼풀수술 등 미용 목적의 성형수술과 애완동물 진료용역). 시행령은 요양원도 의료용역이라고.

17) 같은 법조항 제6호, 같은 법 시행령 제36조. 법률에 따른 인허가단체라야 면세받는다. 대법원 2008. 6. 12. 선고 2007두23255 판결; 2017. 4. 13. 선고 2016두57472 판결(평생교육). 대학의 연구개발은 교육 아니다. 유럽법원 2002. 6. 20. 선고 C-287/00

18) 같은 법조항 제7호, 같은 법 시행령 제37조. 여객운송용역의 면세는 국민의 기초적 생활에 필수적으로 관련된 용역이라는 데 그 취지가 있다. 대법원 2003. 4. 8. 선고 2001두10011 판결.

19) 같은 법조항 제12호. 이 규정의 취지는 후생복지 내지 사회정책적인 차원에서 소비자인 임차인의 부가가치세 부담을 경감시켜 주려는데 있으므로 면세대상인 주택의 임대에 해당하는지 여부는 임차인이 실제로 당해 건물을 사용한 객관적인 용도를 기준으로 하여 상시주거용으로 사용하는 것인지 여부에 따라 판단한다. 대법원 1992. 7. 24. 선고 91누12707 판결. 주택의 임차인이 그 임차한 주택을 직접 사용하지 아니하고 이를 이용하여 다시 최종 소비자에게 임대한 경우 주택의 임차인이 제공받은 용역이 부가가치세 면세대상에 해당하는지 여부는 최종적인 임대용역의 소비자가 실제로 사용한 용도를 기준으로 하여 판별하여야 한다. 대법원 2013. 6. 13. 선고 2013두1225 판결. "주택 외의 건축물"(오피스텔)은 주거용으로 쓰더라도 주택이 아니다(조특법상 국민주택). 대법원 2021. 1. 14. 선고 2020두40914 판결.

20) 제13장 제2절 IV. 특정 집단의 이익을 목적으로 하는 단체는 공익단체가 아니다. 대법원 1997. 8. 26. 선고 96누17769 판결. 부가가치세가 면제되는 '학술연구단체 또는 기술연구단체가 학술연구 또는 기술연구와 관련하여 공급하는 용역'(부가가치세법 시행령 제45조 제2호)의 범위에는 새로운 학술 또는 기술을 개발하기 위한 새로운 이론·방법·공법 또는 공식 등의 연구용역뿐만 아니라, 기존의 학술연구나 기술연구 결과의 타당성을 검토하고 그 내용을 수정·보완하기 위한 연구용역 등도 포함되지만, 단순히 기존의 학술연구나 기술연구 결과를 응용 또는 이용하는 용역은 포함되지 않는다. 대법원 2012. 12. 13. 선고 2011두3913 판결.

21) 유럽 부가가치세 지침 Title IX, ch.2의 제목이 공익을 위한 면세.

22) 조세특례제한법 제106조 제1항 제4호.

23) 같은 법조항 제8호, 같은 법 시행령 제38조. 책과 같이 파는 오디오북은 면세지만, 음악음반과 해설책자를 같이 파는 것은 면세가 아니다. 대법원 1995. 2. 3. 선고 94누11750 판결.

24) 유럽법원 2003. 4. 3. 선고 C-144/00 판결(3 tenors).

25) 조세특례제한법 제106조의2.

으로 어려운 이들의 주관적 처지를 살펴 기초연금, 근로장려세제 등 직접적 수단으로 도와줄 일이다.[26)]

2. 가공되지 아니한 식료품

법은 加工되지 아니한 食料品을 면세한다.[27)] 사람의 손이 어느 정도 들어가야 "가공"한 것인가? 가령 말린 고사리는 가공한 것인가, 아닌가? 말린 뒤 다시 데친다면? 밀가루는 밀을 가공한 것인가? 콩나물은 콩을 가공한 것인가? 김치는 채소를 가공한 것인가? 김치를 병에 담는다면 이는 가공인가? 답이 없는 문제이다. 다툼에 끝이 없고 대법원 판례도 여럿 나왔다. 이제는 한없이 긴 목록을 법에 넣어 두었지만 여전히 물건의 "본래의 성질"이나 "본래의 성상"이 변하는가라는, 형이상학적인(?) 판단이 여전히 필요하다.[28)] 애초 문제 자체가 틀린 것이다. (적어도 각 사안을 모두 대법원이 고민해야 할 만큼 중요한 문제는 아니다.) 부가가치세의 기본 구조로 따져 보면 가공되지 아니한 식료품을 면세하는 이유가 재화의 고유한 성질 때문은 아닌 까닭이다. 가공되지 아니한 식료품은 최종소비단계로 바로 넘어가는 것보다는 중간생산물로 다시 가공되는 것이 오히려 일반적이다. 중간단계의 면세는 앞에서 보았듯이 전체적 세부담을 높이는 결과를 낳는다. 이 때문에 법은 이 세부담을 없애 주기 위하여 '의제매입세액공제'라는 특례를 두고 있기까지 하다. 곧, 면세농산물을 공급받은 과세사업자가 부가가치세를 납부할 때 공급받은 면세농산물 가액의 일정비율을 매입세액인 양 공제해 주어 누적효과를 제거하자는 것이다.[29)]

가공되지 아니한 식료품 따위를 면세하는 이유가 뭐려나. 두 가지 정도. 우선 미가공식료품은 주로 가난한 사람들이 먹는 것이라는 생각을 했을 수도 있지만, 이것은 애초에 그릇된 생각이다. 다른 하나는 가공되지 않은 식료품을 생산하는 사람은 대개 영세(零細)농민이라는 점. 이 영세농민을 부가가치세의 납세의무자로 삼는다면, 납세의무자가 실제로 장부를 기장하고 신고납부할 능력이 없고 국가는 엄청난 행정부담을 지게 된다. 농민이 장부를 작성하느라 농사를 못 짓게 될 수도 있다. 또 수확물을 직

---

26) Institute of Fiscal Studies, Dimensions of Tax Design(Fullerton, Licestor & Smithed., 2010) 제4장(Crawford, Keen & Smith, Value Added Tax and Excises. 이하 이 책은 2010 Mirrlees Review라고 인용. 뉴질랜드의 사례는 2010 Mirrlees Review 제4장, Dickson & White, Commentary 387쪽. Institute of Fiscal Studies, Tax By Design: The Mirrlees Review(2011, 한국조세연구원의 2015년 번역본 제목으로 '조세설계')는 이하 이 책은 2011 Mirrlees Review라고 인용.

27) 부가가치세법 제26조 제1항 제1호. 소비자가 미가공정육을 사다가 식당에 주어서 조리하면, 정육점과 식당을 같은 사업자가 운영하더라도 정육은 면세. 대법원 2015. 1. 29. 선고 2012두68636 판결.

28) 같은 법조항 제1호, 같은 법 시행령 제34조 제1항, 같은 법 시행규칙 제24조 제1항 및 별표 1.

29) 부가가치세법 제42조 제1항. 대법원 1987. 12. 29. 선고 86누734 전원합의체 판결.

접 소비하는 데 따른 과세문제 등 번거로운 행정부담이 생긴다. 이런 의미에서 농민을 아예 부가가치세의 사슬에서 빼 버리고 그 대신 그로 인한 세부담의 증가를 없애기 위한 특례를 두고 있다.[30] 그러나 일반론으로는 같은 업종에서도 덩치가 큰 사업자가 생길 수도 있고 영세사업자가 생길 수도 있으므로 재화나 용역의 종류별로 면세하는 것은 좋은 법제가 되기는 어렵다. 행정부담을 생각하여 영세사업자를 면세한다면, 국가가 관리할 만한 규모에 이르지 못하는 자를 면세하도록 사업자의 규모를 기준으로 면세여부를 정해나가는 것이 바른 답이다. 사실은 이런 소규모 사업자 문제는 법 자체에 이미 대책이 들어 있고, 뒤에 보듯 우리 법에서는 간이과세자라는 제도가 있다.

3. 인적용역

인적용역의 면제 역시 사업이라 할 만한 규모에[31] 이르지 못하는 수준에서 인적용역을 제공하는 사람에게 거래징수와 신고납세 의무를 지우기가 어렵다는 현실을 생각한 것이다. 노동자를 납세의무자에서 빼는 것과 마찬가지. 제23장 제3절 I.2. 따라서 이 면세는 포기가능하다. 용역을 제공하는 자가 법인 기타 사업체에 소속되거나 그 용역이 사업체를 통하여 제공됨으로써 그 대가가 사업체에게 귀속되는 등의 경우에는 이를 개인의 자기노동력 제공이라 할 수 없어 면세대상이 아니다.[32]

4. 금융보험업과 토지

아래에서 따로 보기로 한다.

Ⅲ. 금융보험업

금융보험업에 관한 부가가치세제에는 여러 가지 어려운 문제가 생긴다. 이를 이해하기 위해, 우선 금융기관이 끼지 않은 상태에서 자금의 공급자와 수요자 사이에 직접 거래가 있는 경우 부가가치세제를 어떻게 짜야 할까를 생각해 보고, 그 다음으로 가운데에 금융기관이 끼어드는 경우 어떤 차이가 생기는가를 생각해 보자. 시작은 현행 부가가치세제가 왜 채권자를 사업자에서 제외하는가에서 시작한다. 앞의 기본모형에서 이미 보았지만 이 문제를 분명히 깨달아야 금융보험업 면세를 이해할 수 있다.

30) 부가가치세법 제42조.
31) 대법원 2003. 3. 11. 선고 2001두9745 판결(물적시설 없고 종업원 없을 것).
32) 대법원 2003. 3. 11. 선고 2001두9745 판결; 2014. 5. 29. 선고 2014두2089 판결(인력공급업은 과세); 2016. 3. 30. 선고 2015두53978 판결(과세사업 부수라면 과세).

1. 부가가치세와 채권자

우선 금융기관이 끼지 않은 직접금융 상태에서 자금의 공급자와 수요자 사이에 직접 거래가 있는 경우를 봄으로써 이자의 흐름 그 자체에 관해 부가가치세제를 어떻게 짤 것인가를 생각해 보자.

1) 간접세: 이자의 흐름을 무시하는 이유

현행 세제는 각 사업자가 납부할 세액을 계산할 때 지급이자를 공제하지 않는다. 왜 그럴까? 앞서 보았던 예에서 빵공장은 세제외가격으로 2,000원 주고 산 밀가루로 빵을 만들어 이를 최종소비자에게 3,000원에 판다. 빵공장에서 일하는 노동자의 인건비는 500원이고 빵공장에 돈을 꿔 준 채권자(은퇴한 사람이나 놀고 먹는 재력가)가 받아가는 이자가 120원이라면, 빵공장의 당기순이익은 다음과 같다.

당기순이익 = 매출액 3,000 - 매입액 2,000 - 인건비 500 - 지급이자 120 = 380
부 가 가 치 = 매출액 3,000 - 매입액 2,000
= 인건비 500 + 지급이자 120 + 당기순이익 380

위 식에서 알 수 있듯, 부가가치를 나누어 가져가는 노동자, 채권자, 기업주에게서 각각 세금을 걷으나 기업단계에서 (매출액 - 매입액)에 대해 세금을 걷으나 아무 차이가 없다. 논의를 이자로 좁혀 보면, 기업단계의 세금을 계산할 때 지급이자를 빼 주고 그 대신 채권자 하나하나에게서 세금을 걷는 것이나, 현행법처럼 기업단계에서 지급이자를 무시하고 각 채권자의 수입이자도 무시하는 것이나 결과는 같다.[33] 제9장 제2절 I, II. 단일세율을 전제로 하는 한. 이처럼 이자를 무시함으로써 언제나 옳은 결과를 얻을 수 있을까? 경우의 수를 하나하나 따져 보자.

가) 위 예는 가계(家計)가 기업(企業)에 돈을 꿔 주는 경우였다. 기업의 부가가치 계산시 지급이자를 고려해서(R + F base) 빼 주고 채권자에게 수입이자를 과세하든, 기업의 부가가치 계산시 지급이자를 무시하고(R base) 채권자를 납세의무자에서 빼든, 어느 쪽이나 차이가 없다. 부가가치세란 애초에 징세편의를 위해 사업자한테만 세금을 물리자는 것이므로 현행세제는 후자를 따르고 있다.

---

33) Meade 위원회 보고서에서는 전자를 R + F base라 부르고 후자를 R base라 부른다. R: real(실물), F: financial(금융). 기업단계에서 실물만 고려하는 것이 R base. 실물과 금융을 고려하는 것이 R + F.

나) 앞 가)나 마찬가지로 企業과 企業 사이에서 주고받는 이자는 지급이자와 수입이자를 각각 반영하나 이를 모두 무시하나 결과에 차이가 없다. 국가는 어차피 모든 기업을 관리하는 까닭이다. 현행법상의 부가가치 계산은 후자의 길로 가서, 수입이자는 이를 받는 기업의 부가가치에 포함하지 않고 지급이자는 이를 주는 쪽의 부가가치 계산에서 공제하지 않는다. 앞 가)와 맞추어 같은 R base를 쓰는 것.

다) 企業이 家計에 돈을 꿔 주고 이자를 받는 것은 이자를 지급하는 사람의 소비가 그만큼 줄고 이자를 받는 기업에 생산요소를 제공한 자(노동자, 채권자, 출자자 누구든)의 소비가 그만큼 늘어남을 뜻한다. 따라서 소비의 총량은 변하지 않으므로 과세대상으로 삼을 필요가 없고, 기업의 부가가치 계산시 수입이자를 더할 필요가 없다. 곧 이자의 흐름을 무시해야 한다.

만일 기업의 수입이자를 부가가치에 포함하여 과세한다면 그에 해당하는 세액을 이자를 지급하는 가계에 환급해 주어야 한다.(이런 제도를 만든다면 이자율이 세전 가격으로 표시될 것이고, 대여자는 세포함 이자를 받은 뒤 세금을 낼 것이고 차입자는 세포함 이자를 낸 뒤 국가에서 세금을 돌려받게 된다.) 그렇지 않으면 이중계산이 된다. 이는 가계 하나하나를 국가가 관리하는 직접세에서나 가능한 이야기이다.

라) 家計와 家計 사이에서 이루어지는 이자의 흐름은 기업활동과 무관하므로 부가가치세제에 반영하지 않아도 좋다. 이자란, 이를 받는 사람의 소비는 그만큼 늘지만 이자를 지급하는 사람 쪽에서는 소비가 그만큼 줄게 마련이다. 따라서 이자의 흐름은 국민총소비에 아무런 영향을 주지 않는다. 가계 사이의 이자의 흐름을 고려하는 것은 국가가 모든 가계를 관리하는 직접소비세제에서나 가능하다.

2) 이자에 대한 다른 생각

앞의 네 가지 경우를 종합하면 이자의 흐름을 무시하는 것이 바른 부가가치세제임을 알 수 있다.

한편, 부가가치세제가 이자의 흐름을 무시하는 이유로 이자는 단순한 이전지출이므로 부가가치의 분배가 아니라는 식의 주장이[34] 있지만 그르다. 앞 절 가)의 경우 이자가 부가가치의 분배라는 점은 불 보듯 환하다. 이자와 배당의 차이는 다만 법률적 겉껍질일 뿐인 경우가 많고, 둘 사이에 경제적 실질에 차이가 있더라도 이는 그저 투자위험의 차이를 나타낼 뿐이다. 기업이 생산한 부가가치를 자본제공자가 나누어 가짐은 이자나 배당이나 마찬가지이다. 이 점에서는 임금도 마찬가지이다. 채권자, 주주, 노

---

34) 예를 들어 Yolanda K. Henderson, "*Financial Internediaries under Value-Added Taxation,*" 37 New England Economic Review 43(1988).

동자는 모두 함께 생산과정에 참가하는 자들로서 각자 제 몫을 계산하는 방법이 다를 뿐이다. 부가가치세가 임금을 공제하지 않는 것은 노동자에게서 세금을 걷는 대신 기업에서 걷고 있는 것이다. 단일(單一)세율에서는 구태여 각 개인을 과세할 필요가 없이 기업에서 세금을 걷음으로써 같은 결과를 훨씬 손쉽게 얻을 수 있는 까닭이다.[35] 이자의 흐름도 마찬가지이다. 구태여 이자소득을 얻는 사람 하나하나를 과세할 필요 없이 기업에서 세금을 걷자고 생각하여 이자를 빼 주지 않는 것이다.

이자의 흐름을 반영하는 세제를 만들더라도 세제에 모순이 일 것은 없다. 현행부가가치세를 변형하여 이자를 받는 사람에게는 세금을 물리고 이자를 주는 사람에게는 세금을 줄여 주는 것도 가능하다. 가령 이자를 받는 가계의 세금을 늘리고 이자를 주는 가계의 세금을 줄여도 소비세로서 세수 총계는 변하지 않는다. 다만 구태여 그런 번거로운 세제를 만들 까닭이 없을 뿐이다. 단일세율을 쓰니까.

2. 은행과세의 어려움

현행법은 은행 등 금융보험업을 면세사업으로 정하고 있다.[36] 이는 어떤 결과를 낳는가? 이자의 흐름 그 자체에서는 잘못이 없다. 가령 앞 절 가), 나)의 경우로 가계나 기업이 은행을 거쳐 기업에 돈을 꿔 준다고 하자. 은행의 수입이자와 지급이자가 서로 같다면(곧 은행의 부가가치가 없다면), 기업단계의 부가가치 계산에서 지급이자를 빼 주지 않는 까닭에 이자의 형태로 가져가는 부가가치가 세부담을 벗어나지 않는다. 한편 앞 절 다), 라)의 경우로 은행에서 돈을 꾼 사람이 가계인 경우 이자의 흐름은 소비할 수 있는 돈이 한 쪽에서 다른 쪽으로 흐름을 뜻할 뿐 사회 전체로는 소비에 아무런 변화가 없다. 따라서 이자의 흐름 그 자체에 관한 한 은행을 과세사업자로 삼을 이유가 없다. 문제는 은행이 생산하는 부가가치에 대한 과세이다. 은행은 돈을 꾸는 자와 꾸어 주는 자 사이에서 돈의 흐름을 새든다. 그렇게 본다면 은행이 하는 일은 중개업이다. 복덕방이나 증권회사와 본질적으로 같은 주릅이다. 그러나 다른 중개업과 달리 은행에서는 용역의 가격이 따로 분명히 드러나지 않는 데에서 문제가 생긴다.

1) 은행업의 부가가치

생각을 쉽게 하기 위해 우선 은행의 용역대가(用役代價)가 분명히 드러난다고 생각해 보자. 만일 은행이 중개역할만을 맡아 차입자 하나하나와 예금자 하나하나를 바로 연결한다면 두 당사자는 직접 돈을 꿔 주고 받을 것이고 은행은 두 당사자에게서

35) 제8장 제2절, 제23장 제2절.
36) 부가가치세법 제26조 제1항 제11호.

각각 중개수수료(手數料)를 받을 것이다.

이 상황에서라면 국가로서는 은행을 다른 용역과 마찬가지로 과세하여, 은행의 手數料에 부가가치세를 물리고, 수수료를 지급하는 자가 기업이라면 매입세액공제를 허용하면 된다. 이 상황에서라면 은행을 면세할 이유가 없다. 만일 은행을 면세한다면 앞서 본 면세의 문제점이 모두 생긴다. 은행이 소비자 내지 가계에 대하여 제공하는 용역은 세부담을 벗어나게 되고, 반면 기업이 은행에 제공하는 용역은 매입세액 공제를 받지 못하는 까닭에 누적효과가 생기고 세부담이 높아지게 된다.

이에 대해서는 한 가지 의문이 있을 수 있다. 은행을 면세할 이유가 없다는 말은 은행의 매개를 통하여 부가가치(附加價值)가 그만큼 새로 생겨남을 전제로 한다. 가령 기업과 기업 사이의 금융을 은행이 중개한다면, 이는 자금이 한결 좋은 투자기회를 찾아가게 하는 것이므로 부가가치가 늘어남에 틀림이 없다. 가령 은행의 개입을 통해 국민총생산이 세제외가격 기준으로 20 늘어나고, 이 20이 돈을 꿔주는 기업, 빌리는 기업, 은행 사이에 각 5, 5, 10씩 분배되어 결국은 모두 소비된다고 하자. 기업이 낼 세금은 (20 - 10) × 10%만큼 늘어나고 은행이 낼 세금은 10 × 10%이므로, 국가의 세수는 20 × 10%만큼 늘어나게 된다.

그러나 가계(家計)와 家計 사이의 금융은 어떨까? 극단적 예로 기업이 없이 가계부문에서 일어나는 소비만을 과세하는 경제가 있다고 하자. 이 경우에도 두 가계 사이에서 금융이 일어날 수 있음은 물론이다. 현재의 소비와 장래의 소비 사이의 교환을 둘러싼 선호도는 사람마다 다를 수 있는 까닭이다. 이런 상황에서 은행을 통한 금융은 소비 가능한 재화나 용역을 생산하는 것은 아니다. 금융용역 그 자체는 사람들에게 즐거움을 주는 것은 아니고, 경제 전체로 볼 때 소비의 총량이 늘어나지는 않는다. 돈을 꾸고 꿔 주는 사람들의 부 가운데 일부가 은행에 생산요소를 제공하는 사람들에게로 옮겨가고 있는 것일 뿐이다. 그렇다면 은행이 생산하는 용역을 과세한다면 이는 이중과세 아닐까? 은행에서 세금을 걷는다면 가계가 낼 세금을 그만큼 깎아 주어야 옳지 않을까? 가계와 기업 사이의 금융에서도 똑같은 문제가 생긴다. 은행의 용역이 국민경제가 생산하는 최종소비재의 증가 속에 이미 반영된 이상, 소비자가 은행에 지급하는 용역대가는 단순한 이전지출에 지나지 않게 된다. 그렇게 본다면, 은행이 소비자에 제공하는 용역대가에 대한 과세는 이중과세가 되지 않는가?

얼핏 그럴듯하지만 잘못된 생각이다. 이 문제는 은행만이 아니라 家計에 대한 용역이라면 언제나 생겨나는 문제이기도 하다. 예를 들어 대구의 농사꾼이 사과만 100kg을 생산하고 이천의 농사꾼은 쌀만 100kg을 생산하여, 이 가운데 절반씩을 장사꾼을 거쳐 서로 맞바꾼다고 하자. 장사꾼의 몫은 사과 10kg과 쌀 10kg이라고 하자. 세 사람을 합한 총소비가 사과 100kg, 쌀 100kg이라는 사실에는 변화가 없다. 그러나 그럼에도 불구하고 이 교환은 국민소득을 늘린다. 사과 농사꾼은 사과 55kg을 내어놓으면서 쌀 45kg을 받고, 쌀농사꾼은 쌀 55kg을 내어놓으면서 사과 45kg을 받는다(차액 10kg씩은 장사꾼 몫이다). 이 교환이 자발적(自發的)인 이상, 이 교환으로 인하여 두 농사꾼의 "소득"이나 부가 감소할 수는 없다. 어떻게 본다면 말장난의 문제이지만, 제가 득을 보기 위하여 맺는 자발적 교환에서 손해가 생긴다라는 것은 말의 앞뒤가 어긋나는 까닭이다. 그렇다면 두 사람의 소득은 적어도 그대로 남아 있다고 말해야 맞다.[37] (나아가 교환을 통해 두 농사꾼의 효용이 늘어나는 것을 생각하면 두 사람의 소득이 늘어나야 한다라는 주장도 있을 수 있지만, 경제학 용어로 소득이라는 말은 시장가치로 드러나지 않은 주관적 효용의 증가까지 포함하지는 않는다.) 그런데 장사꾼은 이 교환에서 사과 10kg, 쌀 10kg을 얻고, 이는 장사꾼의 소득이라고 말할 수밖에 없다. 국민경제의 입장에서 본다면 교환을 통해 최소한 장사꾼의 소득만큼 국민소득이 늘어나고 있는 것이다.

금융거래도 마찬가지이다. 돈을 꾸는 사람과 꿔 주는 사람이 제 좋아서 돈의 흐름을 맞바꾸는 이상 두 사람의 소득은 전보다 줄어들 수 없다. 따라서 은행의 소득은 국민경제의 입장에서 본다면 새로이 생겨나는 소득이며, 과세해야 마땅하다.

2) 은행에서는 용역대가가 숨어 버린다

그러나 현실세계의 은행을 다른 기업처럼 과세하기는 어렵다. 현실세계의 은행은 예금자나 차입자로부터 手數料를 따로 안 받는 까닭에 부가가치에 세금을 매길 길이 없는 까닭이다. 증권회사와 달리 은행은 그 스스로가 자금흐름의 한 當事者 노릇을 맡아서 예금자에 대해서는 채무자의 지위에 서고 차입자에 대해서는 채권자의 지위에 서는 까닭이다. 은행의 수수료는 이런 이자(利子)의 흐름 속으로 숨어 들어간다. 은행업은 차입자에게서 받는 이자보다 한결 낮은 이자를 예금자에게 주는 꼴을 띠고, 은행의 수수료는 두 이자율 사이의 차액 내지 이른바 스프레드(spread)로 나타난다. 이리하여 은행이 제공하는 용역의 가치를 따로 파악하는 것이 불가능해진다.

여기에서 한 가지 의문이 생길 수 있다. 은행에서 '부가가치 = 수입이자 - 지급이자'라는 관계가 성립한다면 이는 다른 기업에서 '부가가치 = 매출액 - 매입액'이라는 것과 마찬가지 아닌가? 그러나 얼핏 같아 보이는 이 두 식이 담고 있는 뜻은 전혀 다르다. 수입이자와 지급이자는 일반적인 사업자의 매출액, 매입액과는 본질적으로 다르다. 수입이자는 은행이 제공하는 용역의 대가가 아니고 지급이자는 은행이 제공받는 재화

37) Richard A. Posner, The Problems of Jurisprudence(1990), 356쪽.

나 용역의 대가가 아니다.[38] 은행이 제공하는 용역의 대가는 이자의 흐름 속에 숨어 있다. 위 식의 표면상 수입이자로 나타나는 금액은 사실은 이자에 차입자부담 용역대가를 더한 것이고, 지급이자로 나타나는 금액은 이자에서 예금주부담 용역대가를 뺀 것이다. 은행의 부가가치를 '매출액 - 매입액'이라는 틀로 맞추자면 이자의 흐름 속에 숨어 있는 용역대가가 매출액에 해당하고 매입액은 따로 없는 것이다. 바로 이 용역대가를 따로 추려 낼 길이 없는 이상 은행을 다른 사업자와 똑같은 꼴로 과세할 길이 없다. 혹시 각 기업의 입장에서 볼 때 이자의 흐름 그 자체를 상품처럼 보아 수입이자와 지급이자를 각 매출액, 매입액으로 보면 충분하지 않은가라고 생각하는 사람이 있을지 모르나, 세제 전체를 놓고 보면 그릇된 생각이다. 부가가치세는 궁극적으로 소비를 과세하는 것이다. 돈 그 자체는 재화도 용역도 아니므로 먹을 길도 없고 달리 소비할 수가 없다. 결국 이자의 흐름과 용역대가는 서로 다른 것이고 현행법이 은행을 면세하고 있음은 바로 이 까닭.

3) 해결책은?

가) 예금주나 차입자는 무시하고 은행에서만 세금을 걷으면 어떨까? 나라에 따라서는 이런 생각을 따라 노동자의 임금과 주주의 소득을 더하는 방식(addition method)으로 은행의 부가가치를 계산하여 은행에 세금을 물린다. 그러나 부가가치를 이런 식으로 계산하나 수입이자에서 지급이자를 빼는 방식으로 계산하나, 이는 그저 계산과정의 차이일 뿐 결과에서는 아무 차이가 없다. 계산과정이 어쨌든 간에, 은행이 가계에 제공하는 용역에 관한 한 은행에 부가가치세를 물림으로써 문제는 해결된다. 그러나 문제는 기업금융이다. 은행에서 부가가치세를 걷는 이상, 그로부터 용역을 제공받는 기업은 매입세액을 공제받을 수 있어야 한다. 그런데 이 용역의 가치를 따로 확인할 길이 없는 것이다.

나) 은행의 부가가치란 앞에서 보았듯 "수입이자 - 지급이자"이므로, 이자(利子)의 흐름을 마치 재화(財貨)의 흐름처럼 과세하여 수입이자에 대해서는 매출세액을 매기고 지급이자에 대해서는 매입세액을 빼 주면 옳은 결과가 나오지 않을까? 그렇지 않다. 문제는 차입자가 가계인 경우이다.

우선 은행이 가계와 가계 사이의 금융을 중개하는 경우 이자의 흐름에 대한 과세는 지나친 세금을 걷게 된다. 예를 들어 은행이 차입자에서 이자 135를 받아 예금주에게 이자 105를 지급한다고 생각해 보자. 은행은 대출이자에 대하여 매출세액 13.5를 거래징수한다. 한편 예금주는 사업자가 아니므로 거래징수를 하지 않을 것이고 은행은

38) 대법원 2019. 1. 17. 선고 2015두60662 판결.

매출세액 13.5를 국가에 납부하게 된다. 이 결과에 무엇이 잘못되었을까? 은행이 생산해 내는 부가가치는 135가 아니라 30이라는 점이다. 예금주가 받아가는 이자 105 부분은 차입자가 소비할 수 있는 돈이 그만큼 줄어듦을 뜻한다. 합쳐 본다면 전체적인 소비에는 변화가 없다. 은행이 생산하는 부가가치는 단지 30일 뿐이고 국가는 이 30만 과세해야 소비세가 된다.

앞의 예를 예금주는 기업이고 차입자는 가계인 경우로 고쳐, 은행은 가계에서 이자 135를 받아 그 가운데 105를 기업에 지급한다고 하자. 은행은 매출세액 13.5를 거래징수할 것이고, 예금주인 기업은 10.5를 거래징수할 것이다. 국가는 은행에서 (135 - 105) × 10% = 3을 걷고 예금주인 기업에서 10.5를 걷게 되어 결국 13.5를 걷는다. 이것은 같은 소득 내지 소비를 두 번 과세하는 결과가 된다. 기업의 노동자나 주주의 입장에서는 수입이자만큼 쓸 돈이 생기지만 차입자인 가계의 입장에서는 쓸 돈이 그만큼 줄어들고, 전체적으로는 소득 내지 소비에 변화가 없는 까닭이다.

결국 차입자가 가계인 이상 이자의 흐름에 대한 과세는 가계가 지급하는 이자 전액을 과세하고 만다.

다) 결국 기존의 틀로는 매입세액 공제방법이든 요소소득을 더하는 방법이든 은행을 부가가치세의 그물 안에 제대로 담을 길이 없다. 이에 생각의 기본 틀을 바꾸자는 제안이 생겨나게 되었다. 요는 이자의 흐름만이 아니라 예금이나 대출금의 원금을 포함한 現金흐름 전체를 은행을 포함하는 각 기업의 부가가치 계산에 반영하자는 것이다. 곧, 예금이든 대출금의 반환이든 현금수입은 마치 물건을 팔고 대가를 받는 것처럼 과세하고, 대출이든 예금의 반환이든 현금유출은 마치 물건값을 주듯이 매입세액을 계산하여 공제해 주자는 것이다.[39] 이 제안은 아직 논의의 시작 단계에 있을 뿐이고 아직은 정답을 낸다는 보장이 없다. 현금흐름에 따른 과세가 소비세가 됨은 분명하지만, 다른 사람은 모두 간접세 방식의 소비세로 과세하면서 은행에만 직접세 방식의 소비세를 들여오는 것이 앞뒤에 모순이 없는지는 한결 신중하게 생각하여야 하는 과제이다.[40]

3. 간접(間接)금융 면세

현행법은 금융보험업을 면세사업으로 정하고 있고 그 대표격이 은행이다. 금전신탁, 상호신용금고업, 그 밖의 금전대부도 은행과 똑같은 방식으로 사업활동을 하므로

---

39) Hoffman, Poddar & Whalley, "*Taxation of Banking Services under a Consumption Type, Destination Basis VAT*," 40 National Tax Journal 547(1987); Poddar & English, Taxation of Financial Services under a Value-Added Tax, 50 National Tax Journal 89(1997).

40) 직접소득세에서는 어떤 사람의 소득을 순자산증가설에 따라 정의하려면 다른 모든 사람의 소득도 그에 따라 정의해야 소득세가 된다. 제9장 제2절 Ⅰ.

논점이 똑같다. 이미 보았듯, 이자의 흐름 그 자체는 무시하는 편이 소비형 부가가치세의 전형인 R base. 한편 금융기관이 끼어있는 間接금융에서는 금융기관이 제공하는 용역은 적어도 이론상은 과세해야 한다. 문제는 이런 용역제공 대가가 이자의 흐름 속에 묻혀 있어서 따로 파악할 수가 없다는 것. 현실세계의 은행은 예금자나 차입자로부터 수수료를 따로 받지 않는 까닭에 부가가치에 세금을 매길 길이 없다. 매입세액 공제방법이든 요소소득을 더하는 방법이든 은행을 부가가치세의 그물 안에 제대로 담을 길이 없다. 이 어려움은 금전신탁, 상호신용금고업, 그 밖의 금전대부업(貸付業)에는 모두 똑같고 투자신탁업(信託業)도 그렇다. 보험업(保險業)에서도 용역대가가 따로 드러나지 않고 보험회사가 지불하는 보험금과 보험가입자에게서 받는 보험료에 묻혀 들어가게 된다. 이리하여 은행업과 똑같은 문제가 생긴다.

4. 직접(直接)금융 중개업 면세

면세대상이 되는 금융보험업의 범위에는 집합투자업, 신탁업, 투자매매업, 투자중개업, 집합투자 관련 일반사무관리회사업, 투자일임업, 단기금융(종금)업, 여신전문금융업, 자산유동화사업, 그 밖의 금전대부업 따위 매우 넓은 범위에서 금융시장에 관련되는 온갖 활동이 포함되어 있다.[41] 은행이나 보험회사를 면세하는 이유가 용역대가가 숨어 있기 때문임을 이해한다면 우리 현행법상 금융보험업의 면세범위에 대해서는 의문이 들리라. 直接금융은 은행과 달라 용역대가와 용역을 제공받는 자가 분명히 드러난다. 가령 증권회사 같으면, 투자자는 자기 이름으로 직접 주식이나 사채를 사고, 증권회사는 투자자에게 또 때로는 증권을 발행한 회사에게도 중개수수료 기타 용역대가를 물린다. 따라서 증권회사에 부가가치세를 물리는 데에 아무런 어려움이 없다.

그렇더라도 직접금융에 부가가치세를 물려야 한다고 잘라 말할 수는 없다. 회사형 펀드인 투자회사를 통한 투자라면, 투자회사 자체는 소득의 계산단위일 뿐 용역을 제공하는 것이 없고 용역제공 기능은 따로 떼어서 집합투자업자, 신탁업자 따위의 회사에 맡기고 있다.[42] 이런 용역제공회사의 용역대가는 따로 드러나기는 하지만, 이를 과세한다면 투자신탁과 균형을 잃게 된다. 이처럼 펀드를 통한 집합투자기구를 다 면세하면서, 증권회사를 통한 직접투자만 과세하는 것은 다시 균형을 잃게 된다. 증권회사를 통한 직접금융, 증권투자신탁이나 투자회사를 통한 간접금융, 은행, 보험 이런 금융형태는 모두 연속선상에서 경쟁(競爭)관계에 있다. 이들 가운데 일부를 면세하고 일부

---

41) 부가가치세법 제26조 제1항 제11호, 같은 법 시행령 제40조. 인가취소 후 청산 중이더라도 면세받는다. 대법원 2009. 8. 20. 선고 2007두15926 판결.

42) 자본시장과 금융투자업에 관한 법률 제9조 제18항, 제184조.

를 과세한다면 경쟁중립성을 잃게 된다. 그렇다면 문제는, 모든 재화용역을 똑같이 과세하자는 부가가치세의 기본 모델에서 벗어날 금융보험업이라는 예외의 범위를 어디까지로 잡을 것인가가 된다.[43] 이 문제에 대한 답을 최적과세론이나 차선의 원리 따위의 경제이론에서 찾기는 어렵다. 모든 재화나 용역을 똑같이 과세하자는 생각 자체가 애초에 조세중립성이나 경제효율이 아니라, 세제 내지 세무행정을 간단하게 하자라는 생각에 터잡고 있는 까닭이다.[44] 단순화하자면 금융보험업을 잘게 나누어 각 세분된 거래유형별로 과세와 면세를 고민하기보다는 금융보험업 전체를 면세하는 편이 낫다. 물론 금융보험업과 다른 업종을 어떻게 구분할까도 어려운 문제이지만, 끝없이 발전하는 온갖 복잡한 금융거래 하나하나를 놓고 과세할까 말까를 정하기보다는 쉽다.

5. 투자자문업과 대행용역은 과세

투자자문업과 금융기관의 각종 대행용역은 과세한다.[45]

6. 부가가치세 면세 금융보험업에 대한 교육세

부가가치세를 면제받는 금융보험업자에 대해서는 수익(收益)금액의 일정비율로 교육세를 물린다.[46] 收益금액이란 이자, 배당금, 수수료, 보증료라면 수입한 총액이고 유가증권 거래라면 매각익이나 상환익을 말한다. 보험업자의 수익금액은 수입보험료에서 준비금 적립금액과 재보험료를 공제한 금액이다. 그 밖에 대통령령으로 정하는 수익금액에도 교육세를 매긴다. 아래 판결에서 "이 사건 평가손익"이란 통화선도(先渡)나 통화스왑 계약의 평가손실을[47] 말한다.

〈대법원 2021. 9. 9. 선고 2017두62488 판결[48]〉

원고는 2010년 제3기, 2011년 제1, 2, 4기 교육세를 신고·납부하면서 해당 과세기

43) 보험조사용역을 보험회사가 수행하면 면세하고 별도회사가 수행하면 과세하더라도 합헌이다. 헌법재판소 2002. 4. 25. 2001헌바66 등 결정; 대법원 2000. 12. 26. 선고 98두1192 판결. 자회사에 대한 금융지주회사의 자금지원은 비과세. 대법원 2019. 1. 17. 선고 2015두60662 판결↔면세라는 주장으로 박현주·김석환, 금융지주회사의 자회사에 대한 자금대여는 부가가치세 비과세인가?, 조세법연구 29-1(2023), 167쪽. 은행의 환전 수수료를 면세할 이유가 없다는 생각으로 오윤, 세법의 이해, 10장 3절 3항 1.

44) 제23장 제2절 Ⅰ.

45) 부가가치세법 시행령 제40조 제4항. 대법원 2004. 2. 13. 선고 2002두10384 판결; 2005. 1. 27. 선고 2003두13632 판결.

46) 횡재세 논란의 결과로 2026년부터 1조원 기준 2단계 누진세(5/1000, 10/1000). 교육세법 제5조.

47) 제20장 제3절 II.

48) 그 밖에 대법원 2021. 9. 16. 선고 2017두68813 판결.

간에 평가손실이 발생한 통화선도・스왑 평가손익(이하 '이 사건 평가손익'이라 한다)을 과세표준에 포함시키지 않았다…이 사건 평가손익은 2010년 개정 교육세법 시행령 제4조 제1항 제5호의 '외환매매익'이나 2011년 개정 교육세법 시행령 제4조 제1항 제5호 (나)목의 '파생상품 등 거래의 손익'에 해당하여 위 각 시행령 제4조 제1항 제5호에 포함된 다른 손익 항목과 통산되어야 한다… 2010년 개정 교육세법 시행령 제4조 제1항 제5호의 개정 취지와 2010년 개정 전후의 교육세법 시행령 제4조 제1항 제5호의 '외환'에는 '외화현물'뿐만 아니라 통화선도・스왑을 비롯한 '외화파생상품'도 포함되는 것으로 해석한 과세실무 등을 종합해 보면, 2010년 개정 교육세법 시행령 제4조 제1항 제5호의 '외환매매익'에는 '외환평가익'과 이 사건 평가손익인 '통화선도・스왑 평가손익'이 포함된다고 보는 것이 타당하다…2011년 개정 교육세법 시행령…는 금융・보험업자의 파생상품 등 거래의 손익과 외환매매손익 등은 서로 통산이 가능함을 명확히 하려는 취지로 보인다. 따라서 2011년 개정 교육세법 시행령…'파생상품 등 거래의 손익'에는 2010년 개정 교육세법 시행령 제4조 제1항 제5호에 포함되어 있던 이 사건 평가손익인 '통화선도・스왑 평가손익'이 포함된다고 보아야 한다…이 사건 평가손익을…'기타영업수익'으로 보아…통산하지 않고 그 이익에 대해서만 과세하면 통화선도・스왑 평가손실이 교육세 과세표준에 제대로 반영되지 않아 납세자에게 과중한 교육세 부담을 지우게 된다…파생상품거래손익과 파생상품평가손익은…본질적인 차이가 없으므로…통산하는 것이 타당하다…기초상품인 외화현물 관련 손익과 외화파생상품 관련 손익은 통산하는 것이 바람직하다.

금융보험업자라는 말과 수익금액이라는 말은 부가가치세 면세대상인 금융보험업의 범위에 맞추어 풀이해야 한다. 통화先渡 계약에 부가가치세를 안 물리니 교육세를 물리는 것. 그러나 구체적 해석문제로 들어가면 애초 부가가치세와 균형을 맞출 길이 없으니 교육세법 자체만 놓고 글귀, 입법사, 체계를 따지고 정책적 판단을 얹는 수밖에 없다.[49] 평가손익이라는 납세의무자의 내부적 사건에 부가가치세를 물리지는 않지만 그렇다고 해서 꼭 교육세를 물리면 안 된다고 결론짓기는 어렵다. 어차피 한 단계 한 단계 견줄 수 있는 내용이 아니니까. 경제적 계산으로는 매각익・상환익과 평가손익을 같은 범주로 묶어서 통산하는 것이 일응 맞다. 외환현물과 통화선도를 같은 범주로 묶자는 생각도 마찬가지이다. '바람직하다'는 정책적 판단이 "외환매매"손실이 "통화선도 평가"손실을 포함하는가라는 글귀 문제를 제압한 사례.

49) 다른 보기로 대법원 2024. 11. 28. 선고 2021두63044 판결(보험료수익에서 공제할 준비금 소멸액의 범위).

Ⅳ. 부동산과 내구재(耐久財)

부가가치세는 해마다 국민총소비를 과세하려는 세제이다. 그런데 부동산과 내구재는 오랫동안 사용하는 까닭에 해마다의 소비액을 계산하여 과세하기가 어렵다. 제23장 제2절 III. 토지의 임대차와 매매, 건물 기타 내구재의 임대차와 매매로 나누어 생각해 보자.

1. 토지의 임대차

토지의 임대는 특별한 문제를 낳을 바 없고, 부가가치세의 일반적 구조에 따르면 된다. 사업자가 토지를 임대한다면 땅삯에 부가가치세를 거래징수하여야 하고, 임차인이 사업자라면 매입세액을 공제받을 수 있다. 현행법은 주거용(住居用) 주택이 자리잡은 집터의 임대용역은 면세하고 있다.[50] 살림집의 임대는 최종소비자 단계임을 생각한다면, 면세를 통하여 주택의 임대료를 낮추어 주자는 입법취지.

비(非)사업자가 토지를 임대하는 경우는 어떻게 해야 할까? 적어도 이론상은 이런 문제는 있을 수가 없다. 계속적 반복적인 토지의 임대는 그 자체로 사업이라 보아야 하는 까닭이다. 토지를 임대하고 있다는 것은 임대료만큼의 투자수익이 사업활동 과정에서 또는 가계의 소비생활 과정에서 소모되고 있음을 뜻한다. 그렇다면 일정한 토지를 계속 임대하는 자는 당연히 사업자로 보아야 한다. 그러나 우리 현행법이나[51] EU의 부가가치세 지침은[52] 주거용 주택에 부수되는 토지의 임대용역을 면세하고 있다. 주거용주택의 임대가 최종소비자 단계임을 생각한다면, 부수토지 임대료의 면세는 주택의 임대료를 낮추는 결과를 낳는다. 일응 수긍할 수 있는 제도이지만, 호텔과 주택의 구별 따위의 행정문제를 낳는다.[53]

토지를 임대하지 않고 소유자(所有者)가 이를 직접 쓰고 있다면 임대료 상당액을 자가(自家)공급으로 과세해야 하는가? 유통의 중간단계에 있는 사업자라면 자가공급을 과세하지 않음이 오히려 옳음은 이미 본 바와 같다. 최종소비자 단계, 예를 들어 내가 내 땅에 꽃을 심고 즐긴다면 부가가치세를 물려야 하는가? 현행법 해석론으로는 과세대상이 아니다. 사업자가 아닌 까닭이다. 입법론상 과세대상으로 삼을 것인가? 이는 본질적으로 소득세에서 본 내재적 소득과 같은 문제이다. 부가가치세에서도, 부가

---

50) 부가가치세법 제26조 제1항 제12호, 같은 법 시행령 제41조.

51) 부가가치세법 제26조 제1항 제12호.

52) Sixth Council Directive 77/388/EEC(May 17, 1977)(이하 'EEC 6차 지침'), 제13(B)(b)조.

53) 우리나라에서도 고시원이 숙박업으로 과세대상인가라는 문제가 제기된 바 있다. 대법원 2002. 5. 17. 선고 2000두4330 판결(긍정).

가치세의 이념이 일반소비세임을 생각한다면 과세대상으로 삼는 것이 맞겠지만,[54] 이를 과세하려면 국가가 사업자 아닌 사람도 따로 관리하면서 세금을 걷어야 하는 행정상 어려움을 겪게 된다.[55] 일정금액 이상의 토지를 소유한 자에 대하여서는 임대료 상당액만큼 소비가 있다고 보아 부가가치세를 물리는 식의 제도는 생각할 수 있다.

2. 토지의 매매(賣買)

임대토지만이 아니라 자기가 직접 쓰고 있는 소유 토지에 딸린 내재적 소득의 직접소비에도 부가가치세를 물린다면 땅의 매매에 대해서는 부가가치세를 물릴 이유가 없어진다. 땅 그 자체는 먹거나 소비할 수 있는 것이 아니고, 땅에서 생기는 소비는 모두 임대용역으로 과세하게 되는 까닭이다. 그러나 법은 자기소유 토지에 딸린 내재적 소득이나 임대료 상당액의 직접소비를 과세하지 않고 있다. 부가가치세법은 사업자만을 관리하는 세제인 까닭이다. 한편 건물의 공급은 과세대상이므로, 건물과 부속토지를 일괄매매한다면 안분계산이 필요하다.[56]

여기에서 賣買를 과세의 계기로 삼아 땅의 임대(賃貸)용역을 과세할 수 있지 않을까라는 문제가 생긴다. 사업자가 아닌 사람에 대해서도 어차피 양도소득세를 매기고 있는 이상 매매에 부가가치세를 물린다 하여 새로운 행정 문제나 사생활 침해 문제를 낳지는 않는 까닭이다. 이에 관한 이론적 논의는 아직 진행 중이다.[57] 요는 땅의 매매가격은 그 땅이 낳을 삯의 현재가치(現在價値)라는 점이다. 가령 매수인이 그 땅을 영원히 보유한다면, 임대료 상당액에 대한 부가가치세를 해마다 물리는 대신 땅을 사는 시점에 매수가격에 부가가치세를 물리면 된다. 어느 쪽이든 현재가치는 같다. 그러나 세상에 영원히 사는 사람이 없음은 물론이고, 죽을 때까지 그 땅을 그대로 가지고 있는 사람도 드물게 마련이다. 땅을 얼마 동안 가지고 있다가 다시 판다면, 매수인은 애초 너무 많은 세금을 내는 결과가 된다. 그렇다면 땅을 파는 시점에 가서 이 사람은 실제 사용기간분을 제외한 나머지 세금을 국가에서 되돌려 받아야 한다. 또 처음에는 소유자가 직접 사용하려 한 땅이라 하더라도 뒤에 이를 임대하여 임대용역에 대한 부가가치세를 내게 된다면, 이 부분에 대해서도 이중과세가 생기게 된다. 이런 식의 복잡하

54) Cnossen, "*VAT Treatment of Immovable Property*," 1995 Tax Notes International(95 TNI 63-52), 2018쪽.

55) 제9장 제1절 I, II. OECD 국가 가운데에는 이런 세제를 가진 나라는 없다고 한다. 같은 글.

56) 부가가치세법 제29조 제9항.

57) 일반론으로 Cnossen, 앞의 글 참조. 또 몹시 혼란스러운 글이기는 하지만 Conrad, *The VAT and Real Estate*(Malcolm Gillis et als., ed., *Value Added Taxation in Developing Countries*, 1990), 제8장 참조.

고 어려운 문제가 생기고, 현행법은 토지의 공급을 아예 무시하는 방안을 택하고 있다.[58] 토지 취득세는 부가가치세의 대안이 못 된다. 제27장 제6절.

3. 건물 등 내구(耐久)소비재의 임대차(賃貸借)와 매매(賣買)

소비세라는 성격에 맞추자면 건물처럼 여러 해 동안 쓰는 耐久소비재는 매매를 과세대상으로 삼을 일이 아니고 해마다 사용가치를 과세해야 옳다. 이리하여 기업이 건물 기타의 내구소비재를 가계에 빌려주고 받는 삯은 당연히 과세대상이 된다. 문제는 가계와 가계 사이의 임대차이다. 가계를 납세의무자로 삼는 것은 간접세라는 구조를 버리고 직접세로 가자는 말이고, 이는 기업만 관리하면 국민총소비에 대한 세금을 걷을 수 있다는 부가가치세의 존재근거와 두동진다. 이리하여 유럽이나 마찬가지로 사업자만을 납세의무자로 삼고 있는 우리 부가가치세제는[59] 가계 사이의 임대차는 무시한다. 이와 달리, 거래 자체를 보아 일정기준을 넘는 중요한 거래라면 사업자가 아니더라도 과세해야 마땅하다는 생각을 할 수도 있지만[60] 현행법은 사업자만을 납세의무자로 삼는다.

건물 등 내구소비재가 낳는 사용가치를 해마다 과세해야 한다는 점은 임대차 물건만이 아니라 소유자(所有者)가 직접 사용하는 물건도 마찬가지이다. 소유자가 직접 쓰는 물건도 이론만 따지자면 해마다 소비되는 사용가치(임대료 상당액)를 과세해야 마땅하다.[61] 그러나 실제로 그렇게 과세하는 것은 세무행정이 불가능하고 지나친 사생활 침해를 낳는다.[62]

이리하여 나온 대안이 賣買를 과세대상으로 삼아, 내구소비재를 처음 생산(生産)한 기업이 이를 팔 때 그 매매가격을 과세하는 것이다. 내구소비재의 매매가격이란 매수인이 장차 누릴 사용가치의 현가이므로, 매매시에 매매가격을 과세하면 앞으로 해마다 사용가치를 과세하는 것과 마찬가지가 된다는 생각이다. 실제로 유럽이나 우리 부가가치세제는 그렇게 하고 있다.[63] 제23장에서 현행 세제가 소비세라고는 하나 실상은 소비 그 자체가 아니라 소비재(消費財)의 판매액을 과세물건으로 삼는다고 한 말이 이 뜻이다. 수십년 넘게 쓰는 물건이라면 나중에는 실제 사용가치가 아주 달라진다는

---

58) 부가가치세법 제26조 제1항 제14호.

59) 부가가치세법 제2조 제3호, 제3조, 제4조. EEC 6차 지침, 제2조(1), 제4조(1), 제21조.

60) 미국변호사협회의 ABA Model VAT Statute(reporter Alan Schenk) 4003(3)조 참조.

61) 제8장 제1절 V. Cnossen, 앞의 글, 2018쪽. 대책으로는 2011 Mirrlees Review, 16.2.1.문단. 이 점은 소득세나 소비세나 마찬가지이다. 부가가치세가 소비세라는 것은 감가상각 부분이 아니라 투자전액을 공제한다는 점에서 차이가 생길 뿐이다.

62) 제9장 제1절 Ⅱ.

63) 국민주택 면세는 앞 Ⅱ.1.

문제는 남는다.

매매할 때 매매가격을 과세하는 것이 앞으로 해마다 사용가치를 과세하는 것과 마찬가지임은 새로 생산한 물건만이 아니라 쓰다가 파는 중고품이라 하더라도 아무 차이가 없다. 그러나 여기에는 한 가지 어려움이 따른다. 건물 따위의 내구소비재는 성질상 이를 처음 산 소비자가 끝까지 가지고 있는 경우보다는 다시 다른 소비자나 기업에 파는 경우가 많다.

우선 유럽이나 우리 세제는 *消費者*와 *消費者* 사이의 매매는 무시한다. 사업자만을 납세의무자로 삼고 있는 까닭이다. 이론적으로는 이에 대한 비판이 있을 수 있다. 어떤 사람이 2억원을 주고 산 건물을 곧바로 3억원에 판다고 생각해 보자.(인플레이션은 무시한다.) 1억원이라는 증가액이 현실세계의 국민소득 계산에 잡히지는 않지만, 이는 국민소득 회계의 제도적 한계일 뿐이고 적어도 개념상으로는 이 경제에 1억원의 가치가 새로 생겨났다고 보아야 한다. 왜 그런가? 건물은 그대로 있고 그저 주인이 바뀌었을 뿐이므로 국민경제 전체로서는 아무 변함이 없지 않은가? 그러나 여기에는 첫 주인이 2억원으로 평가하고 있었던 것을 새 주인은 3억원으로 평가한다는 차이가 있다. 이 매매에서 아무런 가치증가가 없다고 말하려면 매도인이 본 이득 1억원만큼 매수인에게는 손해가 생겼다고 말해야 한다. 그러나 매수인이 자발적으로 맺은 거래에서 손해를 입는다는 것은 논리적으로 불가능하고, 매수인에게 손해가 없다면 사회전체로는 재화의 가치가 1억원 늘 수밖에 없다. 앞서 쌀 농사꾼과 사과 농사꾼의 예에서 본 바와 같다. 그렇게 보면 2억원 주고 산 주택이 3억원에 팔리는 거래에서 차액 1억원에 부가가치세를 물려야 한다는 생각을 할 수 있고, 실제 그런 제안도 나와 있다. 물론, 소비자 사이의 모든 거래를 다 과세할 수는 없기에 일정금액 이상의 거래만 과세하자고 한다.[64)]

부가가치세를 물고 일단 소비자 단계로 넘어간 재산이 다시 기업단계로 되돌아오는 경우에는 2중과세 문제가 생긴다. *消費者*로부터 재산을 사는 사업자(事業者)는 재산의 잔존가치분 세액을 매입세액으로 공제받아야 2중과세를 피할 수 있다. 손쉽게 어떤 소비자가 컴퓨터를 세포함가격으로 110만원에 샀다가 이것을 바로 다른 사업자에게 110만원에 판다고 하자. 매수인으로서는 이 물건을 이 소비자에게서 사나 사업자에게서 사나 아무 차이가 없어야 한다. 2중과세를 피하자면 소비자에게서 산 물건에 대해서도 10만원을 매입세액으로 공제받을 수 있어야 한다. 가령 소비자가 공급가액을 100만원, 세액을 10만원으로 하는 세금계산서를 발행한다면(소비자는 자신의 매입세액

64) ABA Model, 4003조(a)(3). 이 사안에서는 매출세액이 3천만원, 매입세액이 2천만원이므로 납부할 세액이 1천만원이 된다. 사업자와 달리 매수인의 매입세액 공제는 살 때가 아니라 팔 때 허용한다. 제4019조.

10만원을 공제받으므로 납부할 세액은 없다) 이 물건을 사는 사업자는 10만원을 매입세액으로 공제받을 수 있을 것이다. 소비자가 국가와 법률관계를 맺게 하는 번거로움을 피하고 같은 효과를 얻으려면, 소비자에게서 물품을 사는 사업자에게 세금계산서 없이도 10만원을 매입세액(買入稅額)으로 의제(擬制)하여 공제받을 수 있도록 하면 된다.[65] 매매되는 물건이 소비자가 사용하던 중고품인 경우에도 이 사정은 마찬가지이다. 다만 매입세액으로 의제하여 공제할 금액이 물건의 잔존가치 부분의 세액이 될 뿐이다. 특별한 사정이 없는 이상 잔존가치 부분의 세액이란, 세율이 10%라면 사업자가 소비자에게서 사들이는 물건값의 10/110이 된다.

이처럼 사업자가 소비자에게서 중고자산을 사들이는 경우에는 물건값에 들어 있는 세액상당액을 공제해 주어야 계산이 맞지만, 여기에는 한 가지 위험이 따른다. 세금계산서 없이도 매입세액을 공제받을 수 있다면 사업자(매수인)로서는 다른 사업자(매도인)에게서 사는 물품이더라도 출처를 소비자로 위장하여 매입세액 공제를 받을 수가 있게 된다. 그렇다면 사업자 둘이 짜고서 매도인이 매출세액을 납부하지 않은 채 매수인은 매입세액을 공제받을 수 있다는 결과가 생긴다.[66] 이 때문에 소비자에게서 사는 중고품에 대하여 의제매입세액을 공제해 주지 않는 입법례도 있다. 우리나라도 이 입장에 있다. 다만 재활용(再活用) 폐자원 및 중고(中古)자동차를 수집하는 사업자가 사들이는 재활용 폐자원 및 중고자동차에 대해서는 각각 구입가격의 일정비율을 의제(擬制)매입세액으로 공제해 준다.[67]

V. 과세사업과 면세사업의 겸영

과세사업자가 공급하는 면세·비과세 재화나 용역이 또는 면세사업자가 공급하는 과세 재화나 용역이 부수적 여줄가리 수준을 넘는다면 겸영사업자가 된다.[68]

---

65) 일본 *消費稅法* 제2조 제2항 제11호. 캐나다나 뉴질랜드는 Alan Schenk & OLiver Oldman, Value Added Tax(2001), 212쪽. 독일 부가가치세법 제25a조는 판매액과 구입액의 차액에 대해서 세금을 물리는 식으로 같은 결과를 얻는다. Tipke/Lang, *Steuerrecht*(제24판, 2021), 제17장 263문단.

66) Schenk & Oldman, 211쪽.

67) 조세특례제한법 제108조. 미등록한 과세사업자에게서 사들인 물건이라면 의제매입세액을 공제하지 않는다. 대법원 2004. 5. 14. 선고 2003두12615 판결.

68) 부가가치세법 제14조 제1항. 대가의 구분이 일단 가능하다면 각각 독립적으로 평가해야 하지만 그 자체가 목적이 아니고 주된 재화나 용역을 돕는 의미만 있다면 부수적이다. 이 책 2017년판 1059쪽; 대법원 2017. 5. 11. 선고 2015두37549 판결(프랜차이즈 공부방 교재); 2025. 6. 12. 선고 2024두66181 판결(가산세만 면제); 유럽법원 1999. 2. 5. 선고, C-349/96 판결. 경쟁을 왜곡하는가가 관건이다. 유럽법원 2018. 1. 18. 선고 C-463/16 판결(일반인에게 공개하지 않는 박물관) 이와 다른 예전 판결로는 대법원 1986. 9. 9. 선고 86누187 판결(부정기선박); 1992. 4. 28. 선고 91누8104 판

1. 면세사업은 매입세액 불공제

부가가치세법 제39조 (공제하지 아니하는 매입세액) ① …다음 각 호의 매입세액은 매출세액에서 공제하지 아니한다.

7. 면세사업등에 관련된 매입세액(면세사업등을 위한 투자에 관련된 매입세액을 포함한다)과 대통령령으로 정하는 토지에 관련된 매입세액 (이하 생략)

제7호에서 면세사업자는 부가가치세의 목적상은 사업자가 아니고 소비자와 같은 지위이므로, 면세사업을 위한 지출에 포함된 부가가치세는 공제하지 않는다.[69] 면세사업용으로 사들여 매입세액이 공제되지 아니한 재화를 과세사업에 사용하거나 소비한 때에는 매입세액을 공제받을 수 있다. 토지는 비과세이므로 그 자체에는 매입세액이 있을 수 없지만, 토지 관련 자본적 지출액에 포함된 매입세액은 공제하지 않고 토지 가액의 일부가 된다.[70] 다른 비과세도 같다. 제23장 제5절 IV.

과세사업과 면세사업에 공통으로 사용되어 실지귀속을[71] 구분할[72] 수 없다면 공급가액을[73] 기준으로 공통매입세액을 안분한다.[74] 과세 비과세도 같다.[75] 금액이 사

결(캐디); 1993. 5. 25. 선고 93누4137 판결(임대건물); 2005. 9. 9. 선고 2004두1299 판결(골프회원권과 묶인 주식); 2013. 6. 28. 선고 2013두932 판결(장례식장의 음식). 공급이 부수적인가는 이를 공급받아 전매하는 자의 공급이 부수적인가에는 영향을 미치지 않는다. 대법원 2001. 3. 15. 선고 2000두7131 판결.

69) EEC 6차 지침 17(5)조 참조.

70) 헌법재판소 2010. 6. 24. 2007헌바125 결정; 대법원 2016. 2. 18. 선고 2012두22447 판결. 과세사업을 위한 토지(면세재화) 관련 자본적 지출액에 관하여 대법원 1995. 12. 21. 선고 94누1449 판결; 2006. 7. 28. 선고 2004두13844 판결(골프장); 2010. 1. 14. 선고 2009두20744 판결(임차토지조성비용은 공제대상); 2015. 11. 12. 선고 2012두28056 판결(재고자산인 토지에도 불공제); 2018. 6. 28. 선고 2016두40986 판결. 지상건물이 있는 땅을 사서 건물을 철거한다면 건물분 매입세액은 불공제하고 토지 취득가액의 일부가 된다. 대법원 2008. 2. 1. 선고 2007두2524 판결.

71) 광고사업이 버스의 운행을 전제로 한다고 하더라도, 버스구입비, 유류비, 수리를 위한 부품비 등에 대한 매입세액은 면세사업인 여객운송업에만 관련된 매입세액에 해당하고 과세사업인 광고사업에도 공통되는 매입세액이 아니다. 대법원 2013. 12. 26. 선고 2013두17336 판결; 2017. 1. 25. 선고 2016두52606 판결.

72) 대법원 2018. 1. 25. 선고 2017두55329 판결; 2019. 1. 17. 선고 2015두60662 판결.

73) 따질 수 있는 한 실지귀속을 따진다. 대법원 1982. 9. 28. 선고 82누170 판결; 1987. 6. 9. 선고 86누251 판결(공급가액이 없는 경우 안분); 2009. 5. 14. 선고 2007두4896 판결; 2012. 5. 9. 선고 2010두23170 판결; 2017. 1. 25. 선고 2016두52606 판결; 2017. 1. 25. 선고 2016두51788 판결(공급가액이 없는 경우의 안분방법).

74) 부가가치세법 제40조. 대법원 1982. 9. 28. 선고 82누170 판결; 2009. 5. 14. 선고 2007두4896 판결; 2016. 3. 24. 선고 2013두19875 판결; 2017. 1. 25. 선고 2016두51788 판결(건물 신축). 대법원 2012. 11. 29. 선고 2010두4810 판결은 시행령에 정한 구체적 방법이 예시가 아니라고 하나 실지귀속의 추정일 뿐이다.

소한 여줄가리는 주된 쪽으로 몰아서 판단하는 특칙이 있다.[76] 공급가액을 모르는 경우는?[77]

부가가치세법 제40조 (공통매입세액의 안분) 사업자가 과세사업과 면세사업등을 겸영(兼營)하는 경우에 과세사업과 면세사업등에 관련된 매입세액의 계산은 실지귀속(實地歸屬)에 따라 하되, 실지귀속을 구분할 수 없는 매입세액(이하 "공통매입세액"이라 한다)은 총공급가액에 대한 면세공급가액의 비율 등…안분기준…을 적용하여…계산한다.

2. 과세사업용 재화의 면세전용(轉用)

부가가치세법 제10조 (재화 공급의 특례) ① 사업자가 자기의 과세사업과 관련하여 생산하거나 취득한 재화로서 다음 각 호의 어느 하나에 해당하는 재화(이하 이 조에서 "자기생산 · 취득재화"라 한다)를 자기의…면세사업등…을 위하여 직접 사용하거나 소비하는 것은 재화의 공급으로 본다.

1. 제38조에 따른 매입세액, 그 밖에 이 법 및 다른 법률에 따른 매입세액이 공제된 재화

2. 제9항 제2호에 따른 사업양도로 취득한 재화로서 사업양도자가 제38조에 따른 매입세액, 그 밖에 이 법 및 다른 법률에 따른 매입세액을 공제받은 재화

부가가치세법 제12조 (용역 공급의 특례) ① 사업자가 자신의 용역을 자기의 사업을 위하여 대가를 받지 아니하고 공급함으로써 다른 사업자와의 과세형평이 침해되는 경우에는 자기에게 용역을 공급하는 것으로 본다. 이 경우 그 용역의 범위는 대통령령으로 정한다.[78]

과세사업용으로 샀다가 轉用해서 면세사업에 사용, 소비하는 재화는 공급으로 본다.[79] 면세사업자는 사업자가 아니며 최종소비자와 같은 지위에 있고, 결국 법 제10

75) 대법원 2006. 10. 27. 선고 2004두13288 판결(이 판결에서 도박수입이 비과세라는 부분은 틀렸다); 2011. 9. 8. 선고 2009두16268 판결↔2019. 1. 17. 선고 2015두60662 판결. 제23장 제4절 III.1. 보조금 관련 판결은 제23장 제5절 II.1.

76) 부가가치세법 시행령 제81조 제2항.

77) 대법원 2011. 9. 8. 선고 2009두16268 판결(면적); 2015. 11. 12. 선고 2012두28056 판결(면적); 2019. 1. 17. 선고 2015두60662(합리적 방법으로 유추적용).

78) 현재 이에 관한 시행령 규정은 없다.

79) 대법원 2012. 5. 9. 선고 2010두23170 판결(과세사업장간 전용≠면세전용). 그 뒤에 다시 양도한다면 과세한다는 판결로 대법원 2016. 7. 7. 선고 2014두1956 판결. 비판으로 한만수, 조세법강의, 2편 4장 4절 II.4. 대법원 1984. 1. 24. 선고 83누30 판결; 1990. 10. 12. 선고 90누2383 판결에서 자가공급이 아니라는 점은 맞지만 그냥 공급이다.

조 제1항의 취지는 제23장에서 개인적 공급이나 사업상 증여를 공급으로 의제하는 것과 마찬가지. 면세사업자의 매입세액은 애초 공제받을 수 없는 것이므로, 처음에 과세사업용으로 잘못 공제받은 매입세액을 추징하는 것으로 생각할 수도 있다. 용역의 자가공급도, 과세사업 쪽에서 면세사업 쪽으로 공급하는 것이 있을 수 있겠지만, 실제 그런 경우를 생각하기는 어렵다. 이리하여 용역의 면세전용으로 실제 과세하는 경우는 법령에 정한 바가 없다.[80)]

> 부가가치세법 제29조 (과세표준) ③ 제1항의 공급가액은 다음 각 호의 가액을 말한다….
> 4. 제10조 제1항…에 따라 재화 또는 용역을 공급한 것으로 보는 경우: 자기가 공급한 재화 또는 용역의 시가

과세사업용으로 매입세액 공제를 받은 재화를 사업주 자신이나 제3자가 직접 소비하거나 면세사업용으로 면세전용하는 경우, 이미 받았던 매입세액공제를 토해내면 되는 것인가 새로 공급으로 보아 매출세액을 내는 것인가? 바꾸어 말하면 면세전용에 따른 공급가액은 얼마로 보아야 하는가? 원가인가 시가인가? 법령은 '시가'를 공급가액으로 본다.[81)] 이 '시가'라는 말은 물건을 사서 그대로 팔 때와 만들어 팔 때를 나누어 생각해야 한다. 사서 파는 물건이라면, 다시 사들이는 시세와 파는 시세 가운데 전자가 시가. 만들어 파는 물건이라면, 매입가액에 새로 붙은 부가가치(인건비)를 더한 가액, 곧 판매가액 가운데 사업자 자신의 이윤부분을 뺀 가액이 시가. 제23장 제4절 Ⅱ. 5.

과세사업용으로 사들여서 여러 과세기간에 걸쳐 이미 써온 고정자산을 면세사업용으로 전용한다면 공급가액을 얼마라고 평가해야 하는가?

> 부가가치세법 제29조 (과세표준) ⑪ 제10조 제1항…에 따라 재화의 공급으로 보는 재화가 대통령령으로 정하는 감가상각자산(이하 "감가상각자산"이라 한다)인 경우에는 제3항 제3호 및 제4호에도 불구하고 대통령령으로 정하는 바에 따라 계산한 금액을 공급가액으로 한다.

중고자산을 무상공급하는 것으로 보고 시가를 찾으면 되지만 실제 그런 시가는 찾기 어렵고 대통령령은 취득원가 가운데 미(未)상각잔액을 시가라고 본다. 未상각잔액은

---

80) 부가가치세법 제12조 제1항 제2문은 과세요건을 시행령에 위임했지만 이에 관한 시행령은 나온 것이 없다.

81) 부가가치세법 제29조 제3항 제4호. 폐업시 잔존재화의 취득원가를 그대로 시가로 본 것은 위법하다. 대법원 1996. 10. 11. 선고 95누18666 판결.

소득세법이나 법인세법에 따르지 않고 대통령령에 따로 규정을 두어 정액법으로 계산.[82)]

부가가치세법 제41조 (공통매입세액 재계산) 감가상각자산에 대하여 공통매입세액의 안분계산에 따라 매입세액이 공제된 후 공통매입세액 안분기준에 따른 비율과 감가상각자산의 취득일이 속하는 과세기간(그 후의 과세기간에 재계산한 때는 그 재계산한 과세기간)에 적용되었던 공통매입세액 안분기준에 따른 비율이 5퍼센트 이상 차이가 나면 대통령령으로 정하는 바에 따라 납부세액 또는 환급세액을 다시 계산하여 제49조에 따른 해당 과세기간의 확정신고와 함께 관할 세무서장에게 신고·납부하여야 한다.

제41조는 근본적으로 과세사업과 면세사업을 겸영하는 자의 면세전용을 공급의제하는[83)] 법 제10조와 같은 내용이다. 제41조는 감가상각 대상 자산의 과세사업 대 면세사업 사용비율이 구입당시와 달라지는 경우 잔존가액 부분에 적용하여 매입세액 공제액을 조정한다.

3. 면세사업용 재화의 과세전용

면세전용과 반대로, 면세사업용으로 취득한 재화를 과세사업에 쓴다면 이미 사들인 재화의 취득원가에 들어 있는 부가가치세액 중 잔존액을 공제해 준다.[84)] 법령의 변경이나 업종의 변경에 의해 면세사업자가 과세사업자로 전환되는 경우에도 이미 소유한 자산에 들어 있는 매입세액을 공제해 줄 필요가 있다.[85)] 이와 달리 소비자가 내구재를 사서 쓰다가 나중에 사업용으로 전용하면 매입세액 공제를 안 해준다.[86)] 관리가 어렵기 때문이다. 앞 IV.3.

부가가치세법 제43조 (면세사업등을 위한 감가상각자산의 과세사업 전환 시 매입세액 공제 특례) 사업자는 제39조 제1항 제7호에 따라 매입세액이 공제되지 아니한 면세사업등을 위한 감가상각자산을 과세사업에 사용하거나 소비하는 경우 대통령령으로 정하는 바에 따라 계산한 금액을 그 과세사업에 사용하거나 소비하는 날이 속하는 과세기간의 매입세액으로 공제할 수 있다.

취득원가 가운데 未상각잔액을 시가라고 보되 소득세법이나 법인세법에 따르지

82) 부가가치세법 제29조 제11항. 같은 법 시행령 제66조.
83) 부가가치세법 제10조. 제23장 제4절 III. 4.
84) 부가가치세법 제43조.
85) 대법원 1997. 1. 21. 선고 96누14623 판결.
86) 유럽법원 1991. 7. 11. 선고 C-97/90 판결.

않고 대통령령에 따로 규정을 두어 정액법으로 계산하는 것은 면세전용이나 똑같고.[87)]

4. 공통사용 재화의 공급

과세사업과 면세사업에 공동으로 쓰던 재화를 공급하는 경우에는 대가를 안분하여 과세표준을 구한다.[88)]

> 부가가치세법 제29조 (과세표준) ⑧ 사업자가 과세사업과 면세사업등에 공통적으로 사용된 재화를 공급하는 경우에는 대통령령으로 정하는 바에 따라 계산한 금액을 공급가액으로 한다.

Ⅵ. 영(0)세율

모든 재화나 용역을 똑같이 과세한다는 생각에서 일단 벗어나 세부담에 차이를 둘 수 있다고 생각하면 면세가 유일한 수단은 아니다. 면세제도란 면세사업자 이전 단계까지의 부가가치에 대한 세금은 여전히 걷고 있는 것이므로, 결국은 부가가치세 부담의 일부만을 줄여 주는 것이니. 앞선 단계의 부가가치에 대한 세부담까지 전부 없애 줄 길이 없으려나? 최종소비 단계의 사업자에게서 부가가치세를 걷지 않음과 아울러 그가 사들인 재화나 용역의 공급에 대한 매입세액도 도로 내어 주면 된다. 앞의 예에서 밀가루공장이 밀가루를 "(200원 + 세액 20원)"에 빵공장에 공급한 뒤, 국가가 이 세액 20원을 빵공장에 도로 내어 주는 것이다. 그렇게 한다면, 빵공장은 일단 220원을 밀가루공장에 지급하지만 국가에서 20원을 받으므로 원가는 200원이 되고 거기에 이익 100원을 붙인 300원에 공급하게 된다. 수요와 공급의 관계에 따라 최종소비자 가격이 300원보다 오른다면, 이 이득은 유통과정에 들어 있는 사업자들에게 각 시장의 수요와 공급에 따라 넘어가게 된다. 이와 같이 세부담을 완전히 제거해 주는 방식을 영(0)세율이라 부른다. 매입세액 공제를 해 주는 면세라는 뜻에서 완전면세라는 말을 쓰기도 한다.[89)]

현행 부가가치세법은 수출[90)]재화 등에 대하여 영세율을 적용하고 있는데, 이는 제3절에서 보기로 한다. 한편, 조세특례제한법에서도 방위산업체라든가 장애인용 보장구

87) 부가가치세법 제29조 제11항. 같은 법 시행령 제66조.

88) 부가가치세법 제29조 제8항. 안분기준은 직전과세기간 각 사업의 총공급가액이다.

89) 유럽 부가가치세 지침은 예를 들어 수출도 면세대상이라고 표현하면서 매입세액공제 조문에 가서 수출에는 매입세액 공제를 허용하라고 정하고 있다. 제146조 제1항, 제169조.

90) 대법원 2001. 3. 13. 선고 99두9247 판결.

등에 대해 영세율을 적용한다.[91] 영의 세율을 적용한다고 하고 있으므로 이것은 부가가치세법 제30조에 대한 특칙이 된다. 곧 여전히 사업자이기는 하나 그가 공급하는 재화나 용역에 적용할 세율이 영(0)이므로 매출세액은 없고, 매입세액은 사업자로서 공제받는 것이다. 법 제37조의 납부세액 조문으로 가 보면, 자기가 납부하여야 할 세액은 매출세액에서 매입세액을 뺀 것인데, 자기가 공급한 재화 또는 용역에서, 稅率이 0이므로 매출세액이 0이 된다. 그러면, 납부하여야 할 세액이 마이너스(-)가 된다. 곧, 매입세액을 환급받게 된다.[92] 한편 거래의 중간단계에 있는 기업에 영세율을 적용하면 최종결과로는 거래의 모든 단계를 과세하는 것과 같아진다. 생각해 보면 당연한 것이, 면세와 달라 누적효과가 없으니.

제 2 절 간이(簡易)과세

부가가치세는 본래 최종소비자에게 넘어가는 재화와 용역의 가치를 과세하는 것이므로 부가가치세의 사슬은 유통단계 전체에 걸쳐 최종소비자까지 쭉 이어져야 한다. 그러나 한 가지 문제가 있다. 기장능력도 없는 조그마한 사업자에게 부가가치세 납세의무를 지우면 배보다 배꼽이 더 커지기 십상이다. 구멍가게 주인더러 장부를 기장하고, 세금계산서를 교부하고, 매출세액을 거래징수하여 납부하고, 매입세액을 공제받고, 이런 일들을 다 하라고 시키면 세금 걱정에 아예 장사를 못할 수도 있다. 국가도 푼돈을 걷자고 수많은 영세사업자를 관리해야 하는 부담을 지게 된다.[93] 일정한 규모에 미치지 못하는 사업자들에 대한 특례를 두는 것은 이 때문.

특례의 형태는 여러 차례 바뀌어 왔다. 한동안은 이른바 "과세특례자" 제도를 두어 매출액의 일정 비율을 부가가치세라는 명목으로 걷기는 하지만, 기본적으로는 과세특례자를 최종소비자처럼 부가가치세의 사슬 밖에 두어 매출세액을 납부할 필요도 없고 그 대신 매입세액을 공제받을 수도 없게 하고 있었다. 이 제도에서 과세특례자들이 너무 이득을 본다는 비판이 있자, 현행법은 이른바 "간이과세" 제도를 택했다.

현행법에서는 매출액이 아주 적으면 아예 부가가치세를 걷지 않고 최종소비자와 마찬가지로 취급한다.[94] 중요할 것은 없지만 앞서 본 '공급대가'라는 말이 여기에 나온

91) 조세특례제한법 제105조.

92) 이 구조 때문에 영세율 사업자에게서 거래징수한 세액을 매출세액으로 납부하지 않는 국고유출이 생긴다. 국고유출 가능성을 영세율사업자가 알았다면 매입세액을 불공제한다는 것이 판례. 대법원 2011. 1. 20. 선고 2009두13474 판결.

93) 사업체의 수로는 간이과세자가 절반을 넘지만 세수는 2%도 못 된다.

다. 거래상대방에게서 받는 대가금액이 얼마인가가 기준이라는 말이다. 아무튼 공급대가가 그 밑이라면 이 마지막 단계의 부가가치에 대해서는 세금을 걷지 않는 결과. 그보다는 규모가 크지만 공급대가가 법정기준보다[95] 적은 경우가 이른바 간이과세. 간이과세자에게는 매출세액과 매입세액을 따질 것 없이 법으로 업종별 부가가치율(率)을 정하고 그 비율에 맞추어, 납부할 세액을 "매출액×부가가치율×세율"로 정하고 있다.[96] 이 공식은 "매출세액 - 매입세액 = (매출액 - 매입액) × 세율" = "매출액×부가가치율×세율"로 만들어 낸 것이다. 따라서 매입세액 공제는 인정할 필요가 없지만, 그 앞 단계에서의 매출액 누락을 막기 위해 간이과세자가 받아 둔 세금계산서에 나타난 매입세액의 일부를 공제해 주고 있다.[97] 간이과세자인 음식점업자의 의제매입세액공제는 2021년부터 폐지.[98]

(보기) 식당주인인 마시내는 올해 상반기 매출액이 8천만원이고 받아놓은 매입세금계산서에 표시된 공급대가가 1,100만원이다(세제외공급액 1,000만원). 마씨에게 적용할 부가가치율은 20%이다. 매입세금계산서 공급대가의 0.5%를 공제해준다. 납부할 세액은 얼마인가?

(풀이) 8,000만원×20%×10% - 1,100만원×0.5% = 160만원 - 5만5천원 = 154만5천원

위 공식만 본다면 간이과세자도 부가가치세 사슬에 잘 포함된 것처럼 보이지만 사실 진짜 문제는 그대로 남아 있다. 진짜 문제는 최종소비 단계의 사업자의 매출액을 확인하기가 어렵다는 점.[99] 매출액이 확실히 드러난다면 세포함 매출액의 1/11을 매출세액으로 잡고, 매출세액에서 매입세액을 공제한 차액을 납부세액으로 내게 하면 되므로, 구태여 "부가가치율"을 따지는 공식도 필요 없다. 실제 매입세액을 공제하지 않으

---

94) 6개월 공급대가 4,800만원 미만. 부가가치세법 제69조.

95) 부가가치세법 제61조. 조문의 글귀에서 공급가액과 법정기준의 비교는 개개의 사업장이 아니라 사업자를 단위로 한다. 영국법에서는 사업장과 사업자 가운데 혼선이 있는 듯하다. Commissioner of Customs and Excise v. Marner and Marner, 1 BVC 1060 (1977)(VATTR Manchester); Commissioner of Customs and Excise v. Glassborow and Another, [1975] QB 465. Schenk & Oldman, 99-105쪽. 별개의 사업자라는 겉모습을 띠었더라도 실질적 종업원이라면 매출액을 합해서 간이과세 여부를 판단한다는 영국사례로 Customs and Excise Commissioners v. Jane Montgomery, [1994] STC 256(Court of Exchequer - Scotland).

96) 부가가치세법 제63조. 과세기간도 역년이다. 부가가치세법 제5조 제1항.

97) 부가가치세법 제63조 제3항. 오랫동안 이 '일부' 부가가치율이었지만 애초 그럴 이유가 없었고 2021년부터는 일정비율.

98) 2020년까지 시행되던 옛 부가가치세법 제65조.

99) 신용카드 등으로 매출액이 드러나게 하는 소규모 개인사업자에 대한 세액공제가 있다. 부가가치세법 제46조.

므로 중간재 단계의 간이과세는 누적효과를 일으킨다. 제1절 I.

과세특례의 형태가 자꾸 바뀌는 이유는 정치인들이 표를 의식하여 과세특례 제도의 범위를 자꾸 넓히려 하는 까닭이다. 다른 한편, 과세특례에 대한 인민주의적(人民主義的) 비판도 그르다. 이 제도는 세수와 징세행정 사이의 필요악. 만일 국가가 최종소비 단계 사업자의 모든 영업내용을 다 알 수 있다면 아예 부가가치세가 필요 없고 최종소비자 단계의 매상세를 쓰면 된다. 부가가치세의 존재이유 자체가 최종소비 단계의 사업자를 제대로 관리할 수 없다는 현실 앞에서, 그 앞 단계에서 세수의 대부분을 미리 걷자는 것이다.

간이(簡易)과세자가 일반(一般)과세자로 바뀌는 경우에는 이미 사들인 재고품이나 건설 중인 자산에 딸린 매입세액 및 감가상각 자산 가운데 미상각잔액 부분에 딸린 매입세액 상당액을 공제받을 수 있다.[100] 역으로 一般과세자가 簡易과세자로 바뀌는 때에는 매입세액공제 받았던 것을 국가에 납부하여야 한다.[101] 이는 본질적으로 사업자가 사업을 폐지하는 것과 마찬가지이다. 미상각잔액은 소득세법과 무관하게 부가가치세 법령에 따라 정액법으로 계산. 재고매입세액의 공제나 가산이나 어느 쪽이든, 앞 단계의 매출액 누락을 막기 위해 간이과세자에게 특별히 인정하는 매입세액의 일부분에 관한 조정이 필요함은 물론이다.

> … 간이과세자에서 일반과세자로 변경되는 경우 변경일 현재의 재고품 등에 대해서는 매입세액 공제가 이루어지지 않았으나, 그 재고품 등은 일반과세자의 지위에서 사용되거나 공급되므로 추가적으로 매입세액 공제를 허용 … [한]다. 여기의 간이과세는 영세사업자의 경우 기장능력의 부족과 세제에 대한 미숙 내지 행정력의 부족으로 법이 요구하는 각종 의무의 이행을 기대하기 어렵고, 또 그와 같은 사업자는 다른 사업자보다는 주로 소비자에게 공급하는 위치에 있기 때문에 소비형 부가가치세의 본질을 해하지 않는 범위 내에서 특례를 인정하는 제도로서 사업자등록을 전제로 한 규정이다.[102]

(보기) 앞 보기의 마시내에게 세금계산서로 입증되는 재고자산취득가액(세포함가액)이 1,100만원인 상황에서 마씨가 일반과세자로 바뀐다면 재고매입세액으로 공제받을 수 있는 금액은 얼마인가?

(풀이) 매입세액 100만원에서 5만5천원은 이미 공제받았으므로 나머지 94만5천원

---

100) 부가가치세법 제44조. 시행령의 신고시한은 절차규정. 대법원 2012. 7. 26. 선고 2010두2845 판결.

101) 부가가치세법 제64조. 대법원 1990. 9. 11. 선고 90누4068 판결; 2001. 11. 13. 선고 2000두5081 판결(가산세).

102) 헌법재판소 2013. 11. 28. 2011헌바168 결정.

을 공제받는다.

(보기) 위 보기에서 취득가액이 1,100만원인 자산이 재고자산이 아니라 5년 된 건물이라면 재고매입세액으로 공제받을 수 있는 금액은?

(풀이) 건물의 취득원가 가운데 잔존부분은 절반으로 보므로,[103] 94만5천원의 절반인 47만2천5백원을 공제받을 수 있다.

제 3 절 국제거래

Ⅰ. 속지주의

여태까지 논의에는 한 가지 암묵적 전제가 있었다. 모두 국내거래라는 것. 이제 국제나 국외거래를 생각해보자. 문제: 미국 뉴욕의 어느 문방구가 미국 사는 사람에게 문구를 팔았다. 이 문방구는 우리나라 부가가치세를 거래징수해서 납부해야 하는가?

> 부가가치세법 제3조 (납세의무자) 다음 각 호의 어느 하나에 해당하는 자로서 개인, 법인(국가·지방자치단체와 지방자치단체조합을 포함한다), 법인격이 없는 사단·재단 또는 그 밖의 단체는 이 법에 따라 부가가치세를 납부할 의무가 있다.
>
> 1. 사업자

> 부가가치세법 제2조 (정의) 3. "사업자"란 사업 목적이 영리이든 비영리이든 관계없이 사업상 독립적으로 재화 또는 용역을 공급하는 자를 말한다. (이하 생략)

이 문방구는 법 제3조에서 말하는 사업자인가? 글귀로 따지면 사업자가 아니라고 말할 근거가 없다. 이 문방구는 "사업자"로서 재화를 공급하므로 우리 정부에 사업자로 등록하여야 하고 법 제29조의 과세표준과 법 제30조의 세율과 법 제37조의 납부세액에 의하여 계산한 세액을 법 제49조에 따라 우리 정부에 납부하여야 한다. 글귀로 따지면 아니라고 할 근거가 없다. 그러나 생각해 보면, 말이 안 되지. 부가가치세법에는 걸리더라도 이 사례는 우리나라의 주권(主權)범위 밖이다라는 식으로 헌법을 통해 빠져 나갈 수 있지 않을까? 그렇다면 예를 살짝 바꾸어, 이 문방구가 우리나라 법인의 미국지점이라고 생각하자. 주권 개념을 들어 문제를 피하는 것은 불가능하다.

103) 부가가치세법 시행령 제86조 제3항 제3호.

대인고권(對人高權)이 있음은 분명하다. 법인세법에서 보았듯이, 실제 우리나라는 전세계소득을 과세한다. 부가가치세를 매겨서는 안 되는 헌법상의 한계란 생각할 수 없다.

부가가치세법 제19조 (재화의 공급장소) ① 재화가 공급되는 장소는 다음 각 호의 구분에 따른 곳으로 한다.

1. 재화의 이동이 필요한 경우: 재화의 이동이 시작되는 장소
2. 재화의 이동이 필요하지 아니한 경우: 재화가 공급되는 시기에 재화가 있는 장소

부가가치세법 제20조 (용역의 공급장소) ① 용역이 공급되는 장소는 다음 각 호의 어느 하나에 해당하는 곳으로 한다.

1. 역무가 제공되거나 시설물, 권리 등 재화가 사용되는 장소
2. 국내 및 국외에 걸쳐 용역이 제공되는 국제운송의 경우 사업자가 비거주자 또는 외국법인이면 여객이 탑승하거나 화물이 적재되는 장소

공급시기는 제23장 제5절 III. 위 두 조에 따라 공급장소(供給場所)가 어디인지 정했다고 하자. 그래서 어쨌다는 말? 법률효과가 안 나온다. 다른 조문 어디에도 안 나오고. 그러나 부가가치세법 전체에서 핵심적 조문이다. 부가가치세법은 법 제19조와 제20조의 공급장소가 우리나라의 주권 안에 들어올 때, 그 범위 안에서만 적용된다는 전제를 깔고 있는 것이다. 명시적 규정은 없지만, 법 제19조와 제20조의 전제로 부가가치세법은 供給場所가 국내(國內)인 경우에만 적용한다는 장소적 적용범위가 전제되어 있다. 곧, 법 제19조와 제20조는 사업자는 "공급장소가 國內인 재화 또는 용역에 관하여 이 법에 의하여 부가가치세를 납부할 의무가 있다"는 뜻이다.[104)]

법인세법의 적용범위와 부가가치세법의 적용범위에 어떤 차이가 있는가? 부가가치세법과 달리 법인세법에서는 내국법인이라는 인적(人的) 적용범위에 들어가면 장소적 제한이 없다.[105)] 이 점에서 부가가치세는 소득세제와 근본적으로 다르다. 법인세법은 외국법인과 내국법인을 구별한다. 외국법인은 국내원천소득에 대하여만 세금을 내고 내국법인은 전세계소득에 대하여 세금을 낸다. 그런데 우리나라가 외국법인에 대하여 세금을 물리듯이 다른 나라도 우리나라 법인에 대하여 세금을 물리지 않을까? 당연하다. 그렇게 다른 나라에 낸 세금이 있으면 외국납부세액으로 공제해 준다. 법인세법과 소득세법은 인적 적용범위를 외국법인과 내국법인 또는 비거주자와 거주자로 나누어 달리 정하고 있지만, 부가가치세법 제3조의 납세의무자에서는 그런 구별이 전혀

104) 대법원 2006. 6. 16. 선고 2004두7528 등 판결(SWIFT의 공급). 전자적 용역은 제3절 IV.
105) 법인세법 제3조 제1항. 제17장 제1절 I.

없다. 그리고 다른 나라에 납부한 세액에 대하여 깎아 준다는 내용도 전혀 없다. 이 차이를 생각하면 법에 아무런 법률효과를 적어 두지는 않았지만 공급장소 조문의 의의를 정할 수 있다. 부가가치세법의 적용범위를 場所 기준으로 정하는 조문이다.

법의 적용범위 규정이 이것 하나뿐이니 부가가치세법의 적용범위는 오직 場所 기준, 이 하나에 따른다. 첫 물음에 답을 내자. 우리나라 법인의 뉴욕지점인 문방구가 미국 사는 사람에게 판 문구류에 관해 우리나라에 부가가치세를 낼 필요는? 없다. 장소적 적용범위 밖이다.[106] 역으로 미국법인의 한국지점이 파는 물건의 공급장소가 우리나라라면 부가가치세법상 납세의무가? 있다. 장소적 적용범위에 들어간다.[107] 법 제3조에 영리목적에 불구하고 '사업상 독립적으로 재화 또는 용역을 공급하는 것'이어야 하고, 그 장소가 법 제19조와 제20조에 의하여 대한민국 國內라는 것을 전제로 한다면, 외국법인인가 내국법인인가를 구별하지 않고 우리나라에서 납세의무를 진다. 국외제공용역이 국내제공용역과 유기적으로 결합하여 실질적으로 하나의 인적용역이라면 그 중요하고도 본질적인 부분이 국내에서 제공되는 이상 전체가 과세대상이다.[108]

Ⅱ. 소비지 과세 v. 생산지 과세

위 거래장소의 개념만을 적용하여 속지주의(屬地主義)로 부가가치세를 과세한다면, A라는 나라에 속하는 기업이라 하더라도 A나라에 낼 세금의 과세범위는 A나라 안에서 생산하는 재화나 용역의 가치(빼기 그 나라 안에서 이루어지는 투자의 가치)에[109] 그치고 다른 나라에서 생산하는 재화나 용역의 가치에 대해서는 세금을 내지 않는다. 거꾸로, A나라 안에서 재화나 용역을 생산하는 기업은 그 기업의 본국이 어디이든지 관계없이 모두 A나라에서 생산하는 재화나 용역의 가치(빼기 A나라 안에서 행하는 투자의 가치)에 대해 A나라에 세금을 내게 된다.

위 원칙만 따른다면, 여러 나라 사이의 세수분배는 과세기간 중 온 세계가 소비한 재화나 용역 가운데 각국이 생산(生産)해 낸 것이 얼마만큼인가를 따져 이를 기준으로 소비세의 세수를 분배하는 결과가 된다. 자연인 모두를 납세의무자로 삼는 직접세가 아니

106) 외국인에 관한 판결이기는 하나 대법원 1988. 12. 6. 선고 88누2489 판결.

107) 다만 우리 현행법에서는 국내사업장의 존부에 따라 징수방법이 달라진다. 대법원 2016. 2. 28. 선고 2014두13812 판결과 2014두13829 판결. 아래 Ⅳ.2.

108) 대법원 2006. 6. 16. 선고 2004두7528 판결(SWIFT 메시지 국내전송); 2016. 2. 28. 선고 2014두13812 판결(토목건설 관리용역의 국내제공); 공급받는 자의 협력이 필요한 경우 협력장소도 고려. 2022. 7. 28. 선고 2018두39621 판결(외국 신용카드 회사의 국내시스템). 국외용역이라는 판결로 대법원 2016. 1. 14. 선고 2014두8766 판결(해외전환사채 인수의 중개). 아래 Ⅳ.2, Ⅳ.3.

109) 여기에서 투자라 함은 실물자본의 투입이라는 경제학적 의미이다.

라 기업 내지 사업자를 납세의무자로 삼고 있는 이상 납세의무자가 자국 안에서 벌이는 활동이란 생산이기 때문이다. 과세물건은 소비이지만 이것을 나누는 기준은 생산이다. 가령 A와 B 두 나라가 있는데, A국에서는 500을 生産하고 B국은 300을 生産했다고 하자. 두 나라의 GDP를 합하면, 800이다. 두 나라에서 생산하는 재화는 모두 소비재라고 가정하자. A국은 300을 자국에서 소비하고 나머지 200을 수출(輸出)하고, B국은 자국내 생산물 300을 소비하는데 더해서 200을 수입(輸入)하여 소비한다고 하자. 이 상황에서 사업자를 납세의무자로 삼으면서 속지주의 기준으로 과세하면 두 나라는 각 얼마씩을 과세하게 되는가? A국은 500에 대한 세금을 걷고 B국은 300에 대한 세금을 걷게 된다. 소비세의 국제적 세수분배가 生産地 과세 원칙(origin principle; Ursprungslandprinzip)에 따르게 된다.

생산지 과세에 대립되는 이념으로 消費地 과세 원칙(destination principle; Bestimmungslandprinzip)이란 세계 전체의 소비세 가운데 각 나라가 생산해 낸 분량이 아니라 소비하는 분량을 기준으로 삼아 소비세수를 나누자는 생각이다. 앞 보기에서 A국은 자국내 소비 300을, B국은 자국내 소비 500을 과세하자는 것이다. 사업자를 납세의무자로 삼는 간접소비세가 아니라 소비자 하나하나를 납세의무자로 삼는 직접소비세라면 속지주의 원칙은 당연히 소비지과세를 뜻한다. 국내에서 일어나는 자연인 하나하나의 소비를 과세물건으로 삼기 때문이다.

현존하는 부가가치세제에서 각국은 국제적 경제활동에 따르는 세수를 생산지가 아니라 소비지를 기준으로 나누기로 묵시적으로 합의하고 있다. 기업 내지 사업자를 납세의무자로 삼으면서 소비지과세라는 결과를 이루자면 어떻게 해야 하는가? 재화나 용역을 생산만 하고 소비하지 않는 나라, 곧 輸出하는 나라에서는 영(0)세율 제도로 수출되기까지 당해 재화나 용역에 부과되었던 자국의 세금을 모두 돌려주어 세부담을 없애 주고,[110] 이를 輸入(곧 생산하지 않고 소비)하는 나라에서는 국내에서 생산된 물품과 마찬가지로 과세하는 방식으로 구체화된다. 앞의 보기에서 A국은 국내생산물 500을 일단 과세했지만 그 가운데 200이 수출될 때 200부분의 세금을 되돌려주어서 결과적으로 300만 과세하고, B국은 국내생산물 300을 과세하고 그에 더해서 수입품 200을 과세하는 것이다. 이처럼 수출에 대한 세금을 없애주고 수입에 세금을 물리는 것을 국경 세조정(border tax adjustment)이라 부른다.

일단 생산지 과세를 한 뒤 다시 국경(國境) 세조정을 해서 소비지 과세로 바꾸는 이 복잡한 제도가 어쩌다가 부가가치세제의 일부로 들어왔을까? 부가가치세가 소비세이니 소비지 과세가 당연하다고 적은 독일이나 일본문헌이 있지만 틀린 설명이다.[111]

110) 부가가치세법 제21조, 제22조, 제23조, 제24조 및 제37조, 제38조.

위 문단에서 보았듯 어느 쪽이나 세부분배 원칙으로서 가능한 생각이고 속지주의 간접소비세의 기본형은 생산지 과세이다. 그렇다면 어이해서? 소비세의 역사가 세수의 국제적 분배라는 문제의식 없이 각국의 국내법으로만 발달해 온 까닭이다. 조약이 없는 이상 각국의 국내법에서는 수출물품에 대해서는 수출경쟁력을 생각하여 세금을 물리지 않고 수입물품에 대해서는 최소한 국산품과 같은 세금을 매기는 것이 자연발생적 과정이 되었다. 소비지 과세원칙은 이 때문. B국부터 생각해 보면, A국에서 수입해오는 물건에 자국내 생산물품과 같은 세금을 물리는 것은 너무나 당연하다. 20세기 전반까지는 수입물품에 관세까지 붙여서 국내산업(國內産業)을 보호하는 것이 당연하다고 여겼으니 적어도 같은 세금을 물리는 것은 너무나 당연. 한편 A국은 자국이 생산해서 B국에 수출하는 물건이 B국의 국내생산물보다 경쟁에서 밀리면 안 된다고 생각하는 것이 너무나 당연하다. 그렇다면 수출하는 물건에 대해서는 자국의 세금부담을 없애주게 마련이다. 관세의 안짝이지만 수출에 보조금까지 주는 것이 20세기 전반까지 흔한 관행이니까. 법률개념으로 말하자면 영의 세율을 적용하므로 매출세액은 0이 되고, 그러면 납부하여야 할 세액이 마이너스(-)가 된다. 매입세액을 환급받는다는 말. 이리하여 이 재화가 국내에서 돌아다니던 단계에서 국내에서 냈던 세금은 재화가 수출되는 순간 다 돌려주고, 수출되는 재화에 A국이 물렸던 세금부담은 다 없어지게 된다. 조약도 없으면서 각국이 국내법으로 수입에는 부가가치세를 물리고 수출에는 영세율을 적용하는 법제가 생겨난 것은 이런 연유.

결국 전통적 규칙인 소비지과세 원칙은 어느 나라가 얼마나 생산했는가가 아니라, 어느 나라가 얼마나 소비했는가를 기준으로 세수를 나눈다. 그런데 눈을 잘 뜨고 보면, 소비를 기준으로 세수를 걷는 제도에는 결정적인 문제점이 하나 있다. 국제무역이 있을 때 수출국에서는 영세율을 적용해 주고 수입국에서는 부가가치세를 매긴다는 생각은 두 나라 정부가 각각 수출과 수입을 관리하고 있음을 전제로 한다. 국경에서 세금을 조정하자는 생각은 국경(國境)을 필요로 한다. 국경이란 당연히 있잖아, 국경이 없는 나라가 어디 있어, 이렇게 반문할 수 있다. 여기에서 국경이란 '경제적인 의미의 국경'이다. 재화, 용역, 자본의 흐름을 막아 놓고 어딘가 정해진 구멍으로만 지나다니게 하면서, 그 구멍에서 세금을 조정한다는 것이 기존의 무역제도이다.

현행의 국제조세질서가 소비지 과세 원칙을 따르게 된 것은 부가가치세의 역사적 성립 과정에서 국제적 세수분배에 관한 국가 간의 합의가 필요하다는 인식이 없었던 까닭이다. 세계경제 전체를 하나로 본다면, 소비지 과세 원칙보다는 생산지 과세 원칙이 더 효율적이다.[112] 消費地과세에서는 관세선 내지 국경을 간직하면서 그 국경에서

111) Tipke/Lang, *Steuerrecht*(제24판, 2021) 제17장 393문단 이하에서도 종래의 설명은 버렸다.

세금을 조정해야 하기에 그 절차에 들어가는 시간과 노력만큼 국제 교역과 투자가 저해된다.[113] 한편 용역의 수출입 거래에서는 국외의 공급업자나 국내 소비자에게 부가가치세를 징수한다는 것이 사실상 불가능하여 조세의 중립성이 반대방향으로 깨어지게 된다. 이리하여 유럽연합은 일찍이 1963년의 Neumark 위원회 보고서[114] 이래 유럽 역내거래에 관한 한 生產地과세로 가자고 장기적 목표를 정했다.[115] 관세를 없애서 경제공동체를 만들고 나면, 부가가치세를 위해 경제국경을 유지할 수는 없는 까닭이다. 나아가서 온 세상에 걸쳐서, 관세 없는 세상을 만들자는 것이 지난 수십년간 WTO를 통해서 세계사회가 꿈꿔 왔던 이상이다. 트럼프현상으로 대변되는 새로운 정치변화가 이 흐름을 통째 바꿀지 어떨지는 내다보기 어렵지만.

재미있는 것은 세수의 분배이다. 유럽연합은 적어도 잠정적으로는 세제는 생산지과세 방식으로 운영하지만 각국의 세수분배는 소비지과세로 정산하는 상호계산 계정을 두기로 한 바 있다.[116] 앞의 예로 돌아가 종래 EU통합이 이루어지기 전에는 각각 A국에서 300, B국에서 500에 해당하는 세금을 거두었다. 그런데, 국경조정을 없애면 세수의 분배가 바뀌게 된다. 두 나라가 300 : 500으로 과세하던 것이 500 : 300으로 바뀌고, 두 나라의 이해관계가 달라진다. 따라서 현재의 과도기적(?) 세제에서는, 징수는 500 : 300으로 걷지만, 이를 다시 정산하여 실제로 나누어 가지기는 여전히 300 : 500으로 나누고 있다. 한편 유럽연합은 역외 다른 나라와 하는 거래에서는 소비지과세 원칙을 계속하고 있고 생산지과세 원칙을 범세계적 규범으로 채택하려 애쓰지는 않는다.

Ⅲ. 수출과 영세율

부가가치세법 제21조 (재화의 수출) ① 재화의 공급이 수출에 해당하면 그 재화의 공급에 대하여는 제30조에도 불구하고 영(零) 퍼센트의 세율(이하 "영세율"이라 한다)을 적용한다.

② 제1항에 따른 수출은 다음 각 호의 것으로 한다.

1. 내국물품(대한민국 선박에 의하여 채집되거나 잡힌 수산물을 포함한다)을 외

112) Chang Hee Lee, 앞의 글.

113) 옛날 자료이기는 하지만 국경세조정 비용이 교역량의 7%라는 계산으로 Cnossen, Harmonization of Indirect Taxes in the EEC, 6 British Tax Review 232.

114) Report of the Fiscal and Financial Committee on Tax Harmonization in the Common Market, Common Market Reports, Para. 3459(CCH 1963).

115) 67/227/EEC 제4조. 유럽 부가가치세 지침 제402조.

116) European Community, *Completing the Internal Market – The Introduction of a VAT Clearing Mechanism for Intra-Community Sales*(1987).

국으로 반출하는 것

2. 중계무역 방식의 거래 등 대통령령으로 정하는 것으로서 국내 사업장에서 계약과 대가 수령 등 거래가 이루어지는 것

3. … 내국신용장 또는 구매확인서에 의하여 재화[금지금(金地金)은 제외한다]를 공급하는 것[117] …

부가가치세법 제22조 (용역의 국외공급) 국외에서[118] 공급하는 용역에 대하여는 제30조에도 불구하고 영세율을 적용한다.

부가가치세법 제23조 (외국항행용역의 공급) ① 선박 또는 항공기에 의한 외국항행용역의 공급에 대하여는 제30조에도 불구하고 영세율을 적용한다.

② 제1항에 따른 외국항행용역은 선박 또는 항공기에 의하여 여객이나 화물을 국내에서 국외로, 국외에서 국내로 또는 국외에서 국외로 수송하는 것을 말하며, 외국항행사업자가 자기의 사업에 부수하여 공급하는 재화 또는 용역으로서 대통령령으로 정하는 것을 포함한다. (이하 생략)

부가가치세법 제24조 (외화 획득 재화 또는 용역의 공급 등) ① 제21조부터 제23조까지의 규정에 따른 재화 또는 용역의 공급 외에 외화를 획득하기 위한 재화 또는 용역의 공급으로서 다음 각 호의 어느 하나에 해당하는 경우에는 제30조에도 불구하고 영세율을 적용한다.[119]

1. 우리나라에 상주하는 외교공관…등…에 재화 또는 용역을 공급하는 경우

2. 외교공관등의 소속 직원으로서 해당 국가…공무원…중 내국인이 아닌 자에게…재화 또는 용역을 공급하는 경우

3. 그 밖에 외화를 획득하는 재화 또는 용역의 공급으로서 대통령령으로 정하는 경우[120] (이하 생략)

117) 단순한 절차적 요건이 아니다. 대법원 2011. 5. 26. 선고 2011두2774 판결; 2017. 1. 12. 선고 2016두49679 판결↔2005. 2. 18. 선고 2004두8224 판결(시행령으로 정한 서류).

118) 공급받는 자가 내국법인인지 또는 국내사업장이 있는지를 묻지 않는다. 대법원 2016. 1. 14. 선고 2014두8766 판결.

119) 국내거래에 대한 영세율 적용은 제한적으로 해석하여야 한다. 대법원 2007. 6. 14. 선고 2005두12718 판결; 2008. 5. 8. 선고 2007두10082 판결; 2009. 4. 9. 선고 2007두22863 판결.

120) 법령에 정한 각 경우는 단순히 세무행정의 편의를 위하여 훈시적으로 예시한 것이 아니므로 엄격히 해석하여야 한다. 대법원 2007. 6. 14. 선고 2005두12718 판결; 2024. 4. 12. 선고 2023두58701 판결(주한미군∈거주자). 그럼에도 불구하고, 국내회사가 국내사업장이 없는 외국법인과의 공급계약에 따라 그 법인이 지정하는 자에게 서비스를 제공하고 그 대가를 그 법인에게 지급하여야 할 금액에서 차감하는 방식으로 지급받는 거래는 외화획득 거래로서 영세율이 적용되어 온 과세관행에

사업자에게 零의 세율을 적용하므로 매출세액은 0이 되고,[121] 그러면 납부하여야 할 세액이 마이너스(-)가 된다. 매입세액을 환급받는 것. 이리하여 이 재화가 국내에서 생산되기까지 국내에서 냈던 세금은 재화가 수출되는 순간 다 돌려주게 되므로, 수출되는 재화에 우리나라가 물렸던 세금부담은 다 없어지게 된다. 가령 어떤 중간상이 물품을 (100+10)에 사들여서 수출업자에게 (200+20)에 넘긴다고 하자. 수출업자가 일단 지급하는 대금은 (200+20)이지만 매입세액 20을 환급받으므로 순매입대금은 200. 이 경우 내국신용장 등의 제도로 수출할 것이 확실히 보장되는 물품이라면 중간상이 영세율을 적용받을 수도 있다. 내국신용장으로 공급하는 자가 (100+10)에 산 물품을 (200+0)에 공급하고 매입세액 10을 환급받는 것. 기본적으로는 같은 계산이다. 금지금 예외는 영세율 사업자에 대한 공급자가 매출세액을 안 내고 사라져버리는 문제 때문에 두었다. 제3장 제5절 I.4. 용역의 경우 공급장소가 해외라면 애초 제20조에 의해 납세의무가 없고, 공급받은 자가 우리나라에 납세의무를 지지 않는 비거주자라면 영세율을 적용받는다.[122]

Ⅳ. 수입하는 재화·용역에 대한 과세

1. 세관장의 징수와 수입업자의 매입세액 공제

부가가치세법 제3조 (납세의무자) 다음 각 호의 어느 하나에 해당하는 자로서 개인, 법인(국가·지방자치단체와 지방자치단체조합을 포함한다), 법인격이 없는 사단·재단 또는 그 밖의 단체는 이 법에 따라 부가가치세를 납부할 의무가 있다.

1. (생략)
2. 재화를 수입하는 자

부가가치세법 제29조 (과세표준) ② 재화의 수입에 대한 부가가치세의 과세표준은 그 재화에 대한 관세의 과세가격과 관세, 개별소비세, 주세, 교육세, 농어촌특별세 및 교통·에너지·환경세를 합한 금액으로 한다.

부가가치세법 제58조 (징수) ② 재화의 수입에 대한 부가가치세는 세관장이 「관세법」에 따라 징수한다.

포섭될 수 있다. 대법원 2010. 4. 15. 선고 2007두19294 판결.

121) 따라서 과소신고도 조세포탈이 아니다. 대법원 2025. 2. 7. 선고 2024두57262 판결.

122) 대리인을 통한 공급도 영세율 대상이다. 대법원 2008. 7. 10. 선고 2006두9337 판결.

부가가치세법 제50조 (재화의 수입에 대한 신고·납부) 제3조 제1항 제2호의 납세의무자가 재화의 수입에 대하여 「관세법」에 따라 관세를 세관장에게 신고하고 납부하는 경우에는 재화의 수입에 대한 부가가치세를 함께 신고하고 납부하여야 한다.

부가가치세법 제35조 (수입세금계산서) ① 세관장은 수입되는 재화에 대하여 부가가치세를 징수할 때(제50조의2에 따라 부가가치세의 납부가 유예되는 때를 포함한다)에는 수입된 재화에 대한 세금계산서(이하 "수입세금계산서"라 한다)를 대통령령으로 정하는 바에 따라 수입하는 자에게 발급하여야 한다. (이하 생략)

물건이 국경을 통과해 우리나라로 들어올 때[123] 재화의 수입(輸入)에 따른 세금을 물린다. 어, 여태껏 부가가치세는 공급하는 자가 납세의무자였는데 여기에는 공급받는 자를 납세의무자라고 적었네. 왜? 국외공급자에게 신고납세 의무를 지운다는 것이 불가능하기 때문. 그렇다면 누가 징수하지? 세관장. 관세선을 넘어오면 세관장이 관세처럼 부가가치세를 징수해서 국고로 넣는다. 세관장이 국외공급자 역할을 대신하는 셈. 그런데 세관장의 징수가 가능하자면 수입자에게 납세의무가 있어야 한다. 국가가 걷는 세금에 대한 납세의무를 국가 자신이 질 수야 없으니까. 이리해서 세관장은 과세표준에 세율을 곱한 금액을 부가가치세로 징수하여야 하고 수입자는 이를 납부하여야 할 의무를 진다고 법에 정하고 있다. 보세구역(保稅區域)은 관세선 밖에 있으므로, 보세구역에서 국내로 들여오는 때가 수입시점이다.[124] 과세표준의 기초가 되는 관세의 과세가격은 나라마다 차이가 있지만[125] 우리나라에서는 수입항까지의 운임과 보험료 등이 포함된 가격(CIF 가격)이다.[126]

부가가치세법 제38조 (공제하는 매입세액) ① 매출세액에서 공제하는 매입세액은 다음 각 호의 금액을 말한다.

1. (생략)

2. 사업자가 자기의 사업을 위하여 사용했거나 사용할 목적으로 수입하는 재화의 수입에 대한 부가가치세액

사업자(事業者)라면 수입물품에 대해 납부한 세금은 신고납부 시점에 가서 매입

123) 장차 중국이나 러시아에서 천연가스 등을 송유관으로 들여온다면 새로운 규정이 필요해진다. 보기로 유럽 부가가치세 지침 제38조, 제39조.

124) 부가가치세법 제13조.

125) Schenk & Oldman, 182쪽.

126) 관세법 제30조.

세액(買入稅額)으로 자신의 매출세액에서 공제받는다.[127] 시차는 있지만 수입할 때 낸 세금이 실제 세부담은 아니다. 수입할 때 세금을 내나 안 내나 최종 결과는 같다. 그렇다면 왜 공연히 물품을 수입할 때 세금을 세관장에게 내라고 할까? 그 까닭은 물품의 수입자가 직접적 소비자(消費者)인 경우의 세수를 걷기 위해서이다. 국외의 공급업자나 국내의 소비자가 수입국의 세율에 따른 부가가치세를 수입국에 자진납부하기를 바라기 어려울뿐더러 이를 강제할 수단도 마땅치 않다. 또 어차피 관세선이 있음을 전제한다면 수입국이 관세를 걷을 때에 부가가치세도 같이 걷는 편이 효율적이다. 물품의 수입자가 사업자라면 국가가 수입당시에 부가가치세를 걷으나 걷지 않으나 최종결과에 아무 차이가 없고 국가는 최종소비자에게 넘어갈 당시의 물품가액을 과세하게 된다. 그렇다면 제도를 짜는 입장에서 본다면 수입자가 사업자인지 직접 소비자인지를 구별하여 제도를 복잡하게 짤 이유가 없다. 이리하여 법은 사업자이든 최종소비자이든 모두 수입물품에 부가가치세를 납부하게 하고 있다.[128]

2. 대리(代理)납부

비거주자로부터 用役을 공급받는 경우에는 용역은 그 성질상 관세선을 물리적으로 넘어가지 않고 따라서 국가가 용역의 수입시점에 부가가치세를 징수할 길이 없다. 유체물이 아닌 권리를 공급받는 경우에도 마찬가지. 대안은 두 가지이다. 하나는 해외의 공급업자에게 수입국의 세율에 따른 부가가치세를 수입국에 납부할 의무를 지우는 것이고, 다른 하나는 용역을 공급받는 자에게 용역대가와는 따로 국가에 부가가치세를 낼 의무를 지우는 것이다.

> 부가가치세법 제52조 (대리납부) ① 다음 각 호의 어느 하나에 해당하는 … 국외사업자 … 로부터 국내에서[129] 용역 또는 권리(이하 이 조 및 제53조에서 "용역등"이라 한다)를 공급(국내에 반입하는 것으로서 제50조에 따라 관세와 함께 부가가치세를 신고·납부하여야 하는 재화의 수입에 해당하지 아니하는 경우를 포함한다. 이하 이 조 및

127) 명의대여자 명의로 납부한 매입세액은 수입세금계산서가 사실과 다르므로 실수입자가 공제받지는 못한다. 대법원 2016. 10. 13. 선고 2016두39849 판결. 수입자의 귀책사유로 세관장이 추징하는 경우 매입세액공제가 제한된다. 제35조 제2항 제2호, 제39조 제1항 제2호. 헌법재판소 2016. 7. 28. 2014헌바372 결정; 대법원 2020. 12. 24. 선고 2019두44378 판결. 2022년말 법개정으로 매입세액공제 범위를 넓혔다.

128) 부가가치세법 제4조 제2호. 대법원 2010. 4. 25. 선고 2005두21260 판결(관세); 2011. 4. 28. 선고 2009두11539등; 2015. 11. 27. 선고 2014두2270 판결; 2016. 1. 14. 선고 2014두8766 판결. 다만 중소사업자의 수출용 제품 원재료 수입에 대해서는 부가가치세의 징수를 유예할 수 있다. 부가가치세법 제50조의2. 어차피 수입관세를 유예해주기 때문에 추가적 행정부담은 없다.

129) 대법원 2006. 6. 16. 선고 2004두7528 판결.

제53조에서 같다)받는 자(공급받은 그 용역등을 과세사업에 제공하는 경우는 제외하되, 제39조에 따라 매입세액이 공제되지 아니하는 용역등을 공급받는 경우는 포함한다)는 그 대가를 지급하는 때에 그 대가를 받은 자로부터 부가가치세를 징수하여야 한다.

1. 「소득세법」… 또는 「법인세법」…에 따른 국내사업장…이 없는 비거주자 또는 외국법인

2. 국내사업장이 있는 비거주자 또는 외국법인(비거주자 또는 외국법인의 국내사업장과[130] 관련없이 용역등을 공급하는 경우로서 대통령령으로 정하는 경우만 해당한다)

② 제1항에 따라 부가가치세를 징수한 자는 대통령령으로 정하는 바에 따라 부가가치세 대리납부신고서를 제출하고, 제48조 제2항 및 제49조 제2항을 준용하여 부가가치세를 납부하여야 한다. (이하 생략)

대리납부라는 용어는, 말하자면 해외의 공급업자를 代理하여 용역을 공급받는 자가 납부한다는 어감이다. 공급하는 자가 아니라 거꾸로 공급받는 자가 세금을 낸다는 뜻에서 영어로 reverse charge, 독일에서는 납부책임의 이전이라 부른다. 이 문제는 앞 두 가지 대안 가운데 어느 쪽이 현실적 가능성이 높은가의 문제. 국제적 협력이 미비한 상황에서는 후자가 낫다 할 것이므로 우리 부가가치세법을 비롯한 대부분의 법제는 후자를 따르고 있다.[131]

그런데 용역을 공급받는 자가 사업자라면 기실 공급받는 시점에 부가가치세를 징수하든 않든 최종 소비자 단계의 소비액을 과세한다는 결과에는 아무 차이가 없다. 대리납부한 부가가치세는 매입세액으로 공제받는 까닭.[132] 문제는 용역을 공급받는 자가 최종소비자(消費者), 면세(免稅)사업자 기타 부가가치세의 그물 바깥에 있는 자인 경우이다. 이리하여 법은 대리납부 의무를 축소해서 "공급받은 그 용역등을 과세사업에 제공하는 경우"는 대리납부 대상에서 제외하되, "매입세액이 공제되지 아니하는 용역등을 공급받는 경우"는 대리납부 대상으로 삼는다. 그러니 결국은 대리납부 의무는 과세사업자 아닌 자만 진다.

그런데 해외의 공급업자에게 신고납부 의무를 지우는 것보다 국내의 자연인 消費者에게 용역을 수입할 때마다 국가에 세금을 내게 강제하는 것이 과연 더 쉬울까? 이리하여 법은 그저 법일 뿐, 대리납부 의무를 현실적으로 강제하는 것은 免稅사업자 등

130) 대법원 2016. 2. 18. 선고 2014두13812 판결(종업원이 타인소유시설에서 근무).

131) 또 다른 대안은 용역대가의 지급에 관여하게 되는 금융기관을 통해 세금을 걷는 길이다. 뒤에 보듯이 전자상거래를 통해 용역이 제공되는 경우 이 방법을 통한 세금 징수가 검토되고 있다.

132) 부가가치세법 제38조 제1항 제2호.

국가가 관리할 실익이 있는 비교적 덩치 큰 조직에 국한되고 있다. 免稅사업자는 어차피 소득세나 법인세 목적상 세무조사도 받고 국가의 관리를 받으므로 대리납부 의무를 이행하겠지만, 최종消費者의 대리납부 의무는 현실적으로는 실효성이 없다. 법 제53조는 이에 대한 보완책이지만 실제 적용범위는 매우 좁다. 이 점에서 세제의 중립성이 깨어지게 되지만, 종래 용역을 다른 나라에서 수입해 오는 것은 거래비용이 큰 까닭에 그다지 흔하지 않았고 그 경제적 중요성은 보잘것없었다. 그러나 기술의 발달, 특히 디지털 경제에 이르러서는 국제적 용역계약에 대한 부가가치세가 중요한 문제로 등장하게 되어 부가가치세제 전체가 흔들리고 있다.[133)]

〈대법원 2022. 7. 28. 선고 2018두39621 판결〉

구 부가가치세법 제10조 제2항 제1호는 '용역이 공급되는 장소는 역무가 제공되거나 재화·시설물 또는 권리가 사용되는 장소로 한다.'고 규정하고 있다. 따라서 역무를 제공하는 용역의 경우 과세권이 미치는 거래인지는 역무가 제공되는 장소를 기준으로 판단하여야 하고, 외국법인이 제공한 역무의 중요하고도 본질적인 부분이 국내에서 이루어졌다면 그 일부가 국외에서 이루어졌더라도 역무가 제공되는 장소는 국내라고 보아야 한다(대법원 2006. 6. 16. 선고 2004두7528, 7535 판결 등 참조). 한편 역무가 제공되기 위해서 이를 제공받는 자의 협력행위가 필요한 경우에는 그 협력행위가 어디에서 이루어졌는지도 아울러 고려하여 역무의 중요하고도 본질적인 부분이 어디에서 이루어졌는지를 판단하여야 한다…참가인이 원고들에게 사용을 허락한 상표권은 국내에서 사용된 것으로 보아야 하는 점, 참가인이 원고들에게 신용카드의 사용과 관련하여 제공하는 역무의 주된 내용은 이 사건 시스템을 통해 신용카드의 국외 사용이 가능하도록 서비스 및 관련 정보를 제공하는 것으로 이는 참가인이 원고들의 국내사업장에 설치한 결제 네트워크 장비와 소프트웨어를 통해 원고들이 이 사건 시스템에 접속하여 신용카드 거래승인, 정산 및 결제 등에 관한 정보를 전달받거나 전달함으로써 그 목적이 달성되므로 위 역무의 중요하고도 본질적인 부분은 국내에서 이루어졌다고 보아야 하는 점 등에 비추어 보면, 이 사건 분담금과 관련한 용역이 공급되는 장소는 국내로 보아야 하므로, 원고들에게 위 용역에 관한 부가가치세 대리납부의무가 있음을 전제로 한 이 사건 부가가치세 처분은 적법하다.

3. 국외사업자가 국내에(서) 제공하는 용역

부가가치세법 제53조 (국외사업자의 용역등 공급에 관한 특례) ① 국외사업자가 제8

133) 상세는 Chang Hee Lee, "*Impact of E-Commerce on Allocation of Tax Revenue between Developed and Developing Countries,*" 18 Tax Notes International 2569.

조에 따른 사업자등록의 대상으로서 다음 각 호의 어느 하나에 해당하는 자(이하 "위탁매매인등"이라 한다)를 통하여 국내에서 용역등을 공급하는 경우에는 해당 위탁매매인등이 해당 용역등을 공급한 것으로 본다.

1. 위탁매매인
2. 준위탁매매인
3. 대리인
4. 중개인(구매자로부터 거래대금을 수취하여 판매자에게 지급하는 경우에 한정한다)

② 국외사업자로부터 권리를 공급받는 경우에는 제19조 제1항에도 불구하고 공급받는 자의 국내에 있는 사업장의 소재지 또는 주소지를 해당 권리가 공급되는 장소로 본다.

앞에서 보았듯 사업자라는 개념은 거주자 비거주자를 묻지 않는다. 그러니 비거주자나 외국법인이더라도 국내(國內)에서 용역을 공급한다면 우리나라에서 납세의무를 진다. 문제는 사업자인 것은 맞지만 국내활동의 규모가 사업의 수준에 이르지 않아서 실제로 우리 정부가 이를 파악할 수 없는 경우 납세의무를 확보할 수 있는 수단이다. 이리하여 제1항은 가운데 끼어 있는 위탁매매인 등에게 납세의무를 지운다. 제2항은 권리를 공급받는 자가 대리납부 의무를 지는 범위가 어디까지인가를 정한 조문이다. 제19조의 공급장소로 돌아가면 애초 이동이 필요한 것인지 존재하는 장소가 어디인지 이런 물음 자체가 권리와 안 어울린다. 이리하여 제2항에 특칙을 둔 것.

부가가치세법 제53조의2 (전자적 용역을 공급하는 국외사업자의 사업자등록 및 납부등에 관한 특례) ① 국외사업자가 정보통신망 … 을 통하여 이동통신단말장치 또는 컴퓨터 등으로 다음 각 호의 어느 하나 … 전자적 용역 … 을 국내에 제공하는 경우(제8조, 「소득세법」 … 또는 「법인세법」 … 에 따라 사업자등록을 한 … 등록사업자 … 의 과세사업 또는 면세사업에 대하여 용역을 공급하는 경우는 제외한다)에는 … 간편사업자등록 … 을 하여야 한다.

1. 게임 · 음성 · 동영상 파일 또는 소프트웨어 등 대통령령으로 정하는 용역
2. 광고를 게재하는 용역
3. 「클라우드컴퓨팅 발전 및 이용자 보호에 관한 법률」 제2조 제3호에 따른 클라우드컴퓨팅서비스
4. 재화 또는 용역을 중개하는 용역으로서 대통령령으로 정하는 용역
5. 그 밖에 제1호부터 제4호까지와 유사한 용역으로서 대통령령으로 정하는 용역

② 국외사업자가 다음 각 호의 어느 하나에 해당하는 제3자(제52조 제1항 각 호

의 어느 하나에 해당하는 비거주자 또는 외국법인을 포함한다)를 통하여 국내에 전자적 용역을 공급하는 경우(등록사업자의 과세사업 또는 면세사업에 대하여 용역을 공급하는 경우나 국외사업자의 용역등 공급 특례에 관한 제53조가 적용되는 경우는 제외한다)에는 그 제3자가 해당 전자적 용역을 공급한 것으로 보며 … 간편사업자등록을 하여야 한다.

1. 정보통신망 등을 이용하여 전자적 용역의 거래가 가능하도록 오픈마켓이나 그와 유사한 것을 운영하고 관련 서비스를 제공하는 자

2. 전자적 용역의 거래에서 중개에 관한 행위 등을 하는 자로서 구매자로부터 거래대금을 수취하여 판매자에게 지급하는 자

3. 그 밖에 제1호 및 제2호와 유사하게 전자적 거래에 관여하는 자 …

이른바 GAAF세로[134] 디지털 경제에 이르러 국외(國外)사업자가 國內에 용역을 공급하는 경우에 관한 조문이다. 법 제53조의2와 제20조 제1항 제3호는 사업자가 일반 國內소비자에게 전자적 용역을 공급하는 경우 우리나라에서 사업자등록을 하고 세금을 거래징수하여 납부하라고 정하고 있다. 개념상으로는 국내공급이지만[135] 실제는 전자적 용역이나 권리의 수입이라면 공급장소를 국외가 아니고 국내라고 정해서 납세의무를 지운 것뿐이다. 공급받는 자가 사업자든 면세사업자든 세무서가 관리하는 자라면 거기에서 세금을 걷을 수 있으니 이 조에서는 빠지고 일반소비자가 공급받는 경우 국외사업자에게 납세의무를 지운 것.[136] 일반소비자가 세금을 대리납부할 가능성보다는 국외사업자가 거래징수하여 납부할 가능성이 그래도 높다는 생각이다. 실효성이 얼마나 있는지는 잘 모르겠다. 구글이나 유튜브 따위가 국내 광고주를 다 합쳐서 요금을 얼마나 받는지도 실제 파악은 불가능에 가깝고 국내 개인소비자로부터 받는 요금이 다 합쳐서 얼마나 되는지는 파악할 길이 없다. 가운데 끼어 있는 오픈마켓이나 신용카드 회사에게 납세의무를 지우자는 생각도 있다. BEPS 이후 국제거래에 관한 세제 전체에 걸쳐서 새 판을 짜는 중이다.

134) Google, Amazon, Apple, Facebook. GAFA세라고도 한다.

135) 부가가치세법 제20조 제1항 제3호.

136) South Dakota v. Wayfair, 138 S.Ct. 2080(2018, 미국 주소비세).

재 산 과 세

여태까지는 사람이 돈을 얼마나 버는가 또는 쓰는가를 담세력의 잣대로 삼는 소득세제와 소비세제를 살펴보았다. 또 하나의 잣대는 소유재산 그 자체. 재산의 무상이전을 계기로 재산에 세금을 물리는 상속세와 증여세는 소득세보다도 강한 당위성을 띤다. 출발점의 평등이라는 자유주의의 이상 때문이다. 재산보유에 세금을 물리는 재산세제는 소득세를 실제 못 물리는 내재적 소득, 곧 소유재산의 사용가치에 세금을 물리는 보완기능을 한다. 우리나라의 재산세나 종합부동산세는 이런 기능을 넘어 공평이라는 생각을 내세운다. 수직적 공평이라는 이념을 보유세의 기초로 삼을 수 있음이야 당연하지만 현행법이 꾀하는 부동산 소유자끼리의 수직적 공평이란 자가당착이다. 현행법의 취득세는 부동산 등의 취득을 계기로 소유한 부(富)에 물리는 세금이다. 재산세, 종합부동산세, 취득세는 부동산투기 대책이라는 성격 탓에 아주 복잡한 구조를 띠고 있고 법적 정치적 논란이 끝 없이 일고 있다.

제 25 장　상속세와 증여세

제 1 절　상속세와 증여세의 기초이론

Ⅰ. 상속세제의 역사와 이념적 기초

이미 보았듯 근대적 상속세와 증여세는 소득세와 마찬가지로 "세금은 각자 자기의 형편에 맞추어 내야지, 부자라면 세금을 더 내어야지." 이런 인민주의적 공평의 이념에 터잡아 소득세와 나란히 태어났다.[1] 상속세는 결과의 평등은 아니더라도 최소한도 출발(出發)은 평등(平等)해야 한다는, 소득세보다 한결 강한 당위성을 띠고 있다. 소득세를 세제의 핵심으로 삼는 이상 상속세나 증여세는 세제의 필수적 구성요소일 수밖에 없다. 실제로 역사에서도 일찍이 1895년 미국 연방대법원의 *Pollock v. Farmer's Loan & Trust Co.* 판결은[2] 소득세를 위헌이라 판시했지만, 상속세는 처음부터 1900년의 *Knowlton v. Moore* 판결에서[3] 합헌이 되었다. 상속을 받을 권리는 기본권이 아니고, 상속제도는 국가가 이를 특별히 인정하기 때문에 비로소 있다는 것이다.[4] 상속세는 그 뒤 잠시 없어졌다가 1916년에 누진유산세 방식으로 다시 입법된다.[5] 그 뒤 1935년의 개정법에[6] 관련한 Franklin D. Roosevelt의 연설문은 상속세 증여세의 뜻을 이렇게 밝힌다: "우리나라를 세운 선조들이 정치적 힘의 세습을 거부했듯 오늘 우리는 경제적 힘의 세습(世襲)을 거부한다."[7] 상속세의 본질을 이와 같이 이해하는 이상 상속세는 필연적 귀결로서 증여세 제도를 달고 다닌다. 증여세는 없고 상속세만 있다

1) 제8장 제3절 Ⅲ. 상속세의 前史는 중세로 돌아간다. Magna Carta도 상속세를 다루고 있다.
2) 157 U.S. 429(1895).
3) 178 U.S. 41(1900).
4) 다만 법원은 상속세는 유산의 금액이 아니라 각 상속인이 물려받은 상속재산에 각각 세금을 매겨야 한다고 판시했다. 오늘날의 용례로는 유산세가 아니라 유산취득세를 택해야 한다는 말이다.
5) New York Trust Co. v. Eisner, 256 U.S. 345(1921)에서 미국 대법원은 이 누진유산세를 합헌으로 받아들였다.
6) Revenue Act of 1935.
7) Roosevelt의 연설문 초록은 McDaniel, *Federal Wealth Transfer Taxation*(1999), 6쪽에 있다.

면 죽기 전에 재산을 미리 증여하는 방식으로 부를 세습할 수 있을테니.

우리나라도 1950년부터 상속세와[8] 증여세[9] 제도를 가지고 있고, 그 본질은 같다: "상속세 제도는 국가의 재정수입의 확보라는 일차적인 목적 이외에도, 자유시장 경제에 수반되는 모순을 제거하고 사회정의와 경제민주화를 실현하기 위하여 국가적 규제와 조정들을 광범위하게 인정하는 사회적 시장경제질서의 헌법이념에 따라 재산상속을 통한 부의 영원한 世襲과 집중을 완화하여 국민의 경제적 균등을 도모하려는 데 그 목적이 있다."[10]

역사가 보여 주었듯 모든 사람이 부의 집중을 완화한다는 소득세, 또 상속세나 증여세의 이념에 선뜻 동의하는 것은 아니다. 특히 2001년에 들어 미국에서는 아들 부시 행정부에서 상속세를 폐지하려고 했다.[11] 상속세제는 이미 소득세를 내고 모은 재산을 다시 과세하는 것이므로 중복과세의 성격을 띠고, 또 투자와 저축을 저하시킨다는 것이다.[12] 그러나 미국의 상속세는 결국 살아남았다.

상속세 증여세에 관한 토론 역시 효율과 공평이라는 두 가지 잣대에서 시작해야 한다. 제2장 제3절. 우선 경제적 효율(效率)의 저해는 상속세 폐지론의 충분한 논거가 못 된다. 물론 상속세나 증여세가 노동력의 공급에 영향을 미쳐 세상을 가난하게 만드는 세금이라고 지적하거나, 투자와 저축에 악영향을 미치고 자본의 유출을 일으킬 것이라고 지적하는 경제학자들이 있다. 반면 상속세란 먼 미래에, 그것도 자기가 죽고 나서야 생길 세부담이므로 사람들의 행동에 큰 영향을 주지 않는다는 주장도 있다. 상속을 기대해서 자식들이 게을러진다는 주장도 있고.[13] 어느 주장이 옳은지는 실증적으로 평가하여야 할 문제이다. 나아가 한결 중요한 점은, 설사 상속증여세가 경제에 왜곡을 일으킨다 하더라도, 이는 근본적으로 소득세와 똑같은 문제점일 뿐이다. 오히려 소득세에서는 이런 문제점이 한결 심하다. 모름지기 사람이란 대개 장차 자기가 죽은 뒤 자식이 낼 세금보다는 당장 자기가 낼 세금을 더 염려하게 마련인 까닭이다. 사람들이 재산을 다 써버리지 않고 유산을 남기는 이유가 몸은 나뉘었어도 자식은 나 자

8) 1950. 3. 22. 법률 제114호. 일제시대 법령으로는 1934. 6. 22. 조선상속세령.

9) 1950. 4. 28. 법률 제123호; 1952. 11. 30. 법률 제261호로 상속세법에 통합되었다.

10) 헌법재판소 1997. 12. 24. 96헌가19 결정.

11) The Permanent Death Tax Repeal Act of 2002.

12) The President's Agenda for Tax Relief(2001)은 여러 가지 근거를 내세우지만 이는 모두 전반적으로 세부담을 낮추어야 한다는 내용이고, 꼭 상속세에 해당하는 논거는 본문에 적은 이중과세론 뿐이다.

13) Institute of Fiscal Studies, Tax By Design: The Mirrlees Review(2011), 15-2절. 한국조세연구원의 2015년 번역본 제목은 '조세설계'. 이하 이 책은 2011 Mirrlees Review라고 인용. Institute of Fiscal Studies, Dimensions of Tax Design(Fullerton, Licestor & Smith ed., 2010): Mirrlees Review(2010)은 이하 2010 Mirrlees Review라고 인용.

신이라고(分形同氣) 믿는[14] 까닭이라 하더라도, 상속세는 자기 자신이 모은 재산을 과세하는 소득세와 똑같은 영향을 미칠 뿐이다.[15] 효율이라는 잣대로 잰다면 상속세 폐지론은 독자적 문제는 아니고 소득세 폐지론과 같은 문제일 따름이다.

오늘날의 정치이념 내지 헌법이념은 소득세를 세제의 이상으로 삼고 있다. 소득세가 안고 있는 여러 가지 경제적 부작용에도 불구하고 소득세는 세제의 중핵이 되어 있다.[16] 우리 헌법도 국가에 "적정한 소득의 분배를 유지"할 의무를 지움으로써 소득세를 헌법상의 제도로 보장하고 있다.[17] 이처럼 소득세를 세제의 흔들리지 않는 기초로 삼는 이상, 경제적 부작용은 상속세 폐지론의 논거가 못 된다. 상속세의 경제적 부작용은 소득세보다는 약하게 마련인 까닭이다. 세금(소득세) 때문에 당장 소득이 준다는 것과 세금(상속세) 때문에 장차 자식에게 물려 줄 재산이 준다는 것을 견주면, 전자의 영향이 훨씬 크게 마련이다. 결국 경제적 효율이라는 잣대로만 잰다면 상속세나 증여세는 소득세보다는 훨씬 탄탄한 존재근거를 가진다.[18]

그렇다면 문제는 공평(公平)에 달려 있게 된다. 소득세는 유지하더라도 상속세나 증여세는 폐지해야 공평하다고 생각할 근거가 있는가? 부시행정부의 상속세 폐지안의 논리는 상속세는 이미 소득세를 낸 재산에 대해 다시 세금을 물리는 것이므로 불공평하다는 것이다. 사실 이는 새로운 논리는 아니고 예로부터 있던 상속세 반대론 가운데 하나이다. 가령 독일의 학자 가운데에는 이미 모은 재산이 상속을 통하여 늘거나 재산의 가치가 커지지 않음을 지적하면서 상속세에 반대하는 사람들이 있다.[19] 그러나 앞의 역사적 배경에서 보았듯 소득세나 상속세·증여세의 존재근거가 공평의 이념임을 생각하면 이런 비판을 당연한 것으로 받아들이기는 어렵다. 공평이란 한 사람 한 사람의 처지를 견주는 개념이다. Tipke가 말하듯이, 상속세가 불공평한 세제라는 견해는 상속세 납세의무자는 다른 사람임을[20] 잊고 있는 것이다. 상속세란 죽은 사람이 재산을 남겨놓은 것을 과세하는 세금이라기보다는 이를 물려받는 사람이 그만큼 부자가 되기 때문에 과세하는 세금인 것이다.[21]

---

14) 태종실록에 나오는 말이라고. 정긍식, 조선시대 제사승계 법제와 현실(2021), 27쪽. 정반대 생각으로 전도서 2장 18-20절.
15) 2011 Mirrlees Review, 15.2.절.
16) 제8장 제3절.
17) 헌법 제119조 제2항.
18) Blum and Kalven, *"The Uneasy Case for Progressive Taxation,"* 19 U. Chicago Law Rev. 417 (1952). 이 글은 그 뒤 단행본(1953)으로 출판되었고(인터넷 pdf도 있다), 앞으로의 인용쪽수는 이 단행본. 86쪽.
19) 예를 들어 W. Ritter, Betriebs-Berater 1994, 2285, 특히 2287쪽; H. W. Kruse, Betriebs Berater 1997, 716, 특히 718쪽.
20) Tipke/Lang, *Steuerrecht*(제24판, 2021), 제15장 2문단.

상속세나 증여세의 본질은 소득세나 마찬가지로 公平의 이념이다. 역사가 말해주듯 이 공평의 이념은, 사는 형편이 같은 사람은 같은 세금을, 사는 형편이 나은 사람은 그만큼 더 많은 세금을 더 내어야 한다는 말이다.[22] 그런 입장에서 본다면 상속세는 소득세보다 한결 탄탄한 기반을 가진다. 상대적으로 본다면 소득세는 결과적 평등을 지향하고 상속세는 출발점의 평등을 지향하기 때문이다. 결과적 평등을[23] 말도 안 되는 생각으로 배척하고 누구나 각자 일하는 대로 능력과 노력에 따라 보상받아야 마땅하다고 생각하는 이라 하더라도 인생의 출발점은 같아야 한다는 생각을[24] 내치기는 어렵기 때문이다. 결국 공평의 관점에서 보자면 상속세나 증여세는 엄청난 감정적 호소력을 가진다. 부모에게서 재산(財產)을 물려받는 것이나 신분(身分)을 물려받는 것이나 진배없지 않은가?

> "내 주장은 건강하고 어른이 된 자에 대한 상속을 없애자는 것. 타고난 능력은 어찌할 수가 없다. 나아가, 가족제도를 간직하는 한 기회의 균등이라는 것도 아주 기초적 부분에서나 가능할 뿐이다. 그러나, 운 가운데 한 가지는 통제할 수 있고 또 통제해야 마땅하다. 부모를 잘 만나 잘 크고 교양을 물려받고 좋은 교육까지 받은 자식들에게 부모의 재산을 물려받는다는 또 다른 행운까지 주어야 할 이유가 없다."[25]

결국, 소득세를 세제의 핵심으로 삼는 이상, 상속세나 증여세는 세제의 필수적인 구성요소가 될 수밖에 없다. 그러나 다른 한편, 출발점의 완전평등을 이루는 것, 곧 상속세와 증여세의 세율을 100%로 하는 것은 불가능하다. 제8장 제3절 Ⅲ. 상속세나 증여세를 100%로 매기자는 말은 모든 사람에게서 재산에 관한 처분의 자유(自由)를 모조리 빼앗아야 한다는 말이고, 이 말은 누구도 제 재산을 제 마음대로 처분할 수 없다는 말이다. 이 점에 주목한다면, 자유주의(自由主義)는 누구나 똑같은 출발점에서 시작해야 한다는 전제와 누구나 제 마음대로 사는 것이 모두 행복해지는 길이라는 전제, 이 둘 사이의 모순에 빠져 있는 셈이다. 어쨌든, 시장경제에 터잡은 오늘날의 사회에서는 상속세·증여세를 100%의 세율로 매길 수는 없게 된다.

---

21) 같은 쪽. 다만, 이런 관점을 밀고 나가면 상속세는 유산취득세 방식을 따르거나 소득세제의 일부가 되어야 논리적으로 앞뒤가 맞다.

22) 제7장 제3절.

23) Karl Marx, Critique of the Gotha Program(1875).

24) John Rawls, A Theory of Justice(1971), 277-278쪽. Robert Nozick, Anarchy, State and Utopia (1974), 231쪽. Alsott, Equal Opportunity and Inheritance Taxation, 121 Harvard Law Review 469 (2007).

25) Mark L. Ascher, *"Curtailing Inherited Wealth,"* 89 Michigan Law Review(1990), 69, 특히 73-75쪽.

출발점의 평등이라는 것도 반드시 모든 사람이 받아들이는 생각은 아닐 수 있다. 상속세 · 증여세의 폐지 주장이 살아남을 수 있는 또 한 가지 가능성은 출발점이 평등해야 한다는 생각 자체를 부인하는 길이다. 물론 속마음이야 어떻든 이런 생각을 차마 정면으로 드러내기는 어렵다. 다만 부모를 잘 만나서 품성, 교양, 실력, 학벌, 이런 문화적 자본에 더해서 집안과 인맥이라는 사회적 자본까지 물려받는데,[26] 기껏 재산에 관한 출발점의 평등을 이루어 보았자 무슨 큰 차이가 있겠는가라는 정도의 냉소나 개탄이 있을 뿐이다.[27] 그러나 계급적 정치적 헤게모니라 설명하든 또는 사회전체의 선택이라 설명하든, 이런 정치체제, 헌법체제가 현실로 존재한다. 출발점의 불평등을 당연한 전제로 삼아 피상속인이 제 소득세를 다 낸 이상 상속재산은 더 이상의 세금부담 없이 상속인에게 넘어가는 세제가 실제로 있다. 가령 캐나다에서는, 사람이 죽으면 그가 소유하고 있던 재산에 붙어 있는 자산가치상승분 미실현이득에 대해서 세금(양도소득세인 셈이다)을 물린다고 한다.[28] 물론 이미 죽은 사람이 세금을 낼 길은 없고, 세금은 상속인이 내므로 상속세나 마찬가지라고 생각할 수도 있겠지만, 이것은 상속세가 아니다. 물려받은 재산가액 가운데 피상속인의 취득원가 부분에는 세금이 없고 그 뒤 값이 오른 미실현이득 부분에 세율을 곱한 금액만을 세금으로 내는 것이므로[29] 미실현이득이 없는 재산만을 물려받는다면 세금 낼 것이 없어진다. 이런 사망세(死亡稅)는 소득세제의 당연한 일부일 뿐이고,[30] 다만 죽은 사람의 소득세 채무를 상속인이 대신 이행하는 것일 뿐이다. 다른 한편, 소득세를 소비세로 대체하자는 주장을 내세우는 사람의 입장에서는[31] 상속세와 증여세의 폐지를 주장하더라도 논리적 모순은 없다. 어차피 소득세 폐지론으로 이어진다.[32]

적어도 우리나라에서는 상속세나 증여세의 폐지 주장은 헌법(憲法)에 안 맞는다. "적정한 소득의 분배"를 유지할 국가의 의무[33]는 바로 소득세제가 헌법상의 제도임을 뜻하고, 그렇다면 상속세 증여세 역시 우리 헌법의 필수적 구성요소라고 말해야 논리

26) Pierre Bordielleu, The Forms of Capital(Richard Nice 역, 1983). James Meade, Efficiency, Equality and the Ownership of Property(1964). 인터넷에 나오는 pdf로 47-50쪽.

27) McCafferry, "*The Uneasy Case for Wealth Transfer Taxation,*" 104 Yale Law Journal(1994).

28) Income Tax Act 70(5)조. 이런 세금은 글자 그대로 '사망세'인 셈이지만, 미국공화당이 상속세를 사망세라 부르는 것은 문제를 호도하는 표현이다.

29) 중립적 소득세라면 미실현이득에 대한 세금이 실현시기까지 늦추어지는 이자효과를 생각하여 세율은 일반소득세율에 이자세를 덧붙여야 한다. 제18장 제4절 VII.

30) 제12장 제2절 9. 10. 2011 Mirrlees Review, 15.3절.

31) 소득세와 소비세는 각각 서로 다른 공평의 이념에 터잡고 있다. 제8장.

32) 가령 McCafferry, 앞의 글과 같이 상속세에 반대하는 글은 결국 소득세를 폐지하고 소비세로 가자라는 주장으로 이어진다.

33) 헌법 제119조 제2항.

의 앞뒤가 맞다. 소득세제가 담고 있는 공평 개념을 전제로 한다면, 효율로 보나 공평으로 보나 상속세 증여세의 존재근거는 소득세보다 더 탄탄한 까닭이다.[34] 상속세 증여세가 다른 세제보다 더 탄탄한 존재근거를 갖는다는 점은 우리 대법원의 판례에서도 간접적이나마 이미 인정한 바 있다. 국세기본법은 국세부과의 제척기간 제도를 두면서, 유달리 상속세와 증여세에 대해서는 한결 긴 제척기간을 두고 있다. 대법원은 상속세와 증여세에 관한 이런 특칙은 제척기간의 도과를 막자는 입법취지와 공평과세의 이념에 비추어 볼 때 합헌이라고 판시했다.[35]

추상적 논의를 접고 실제 문제의 핵심은 상속세 증여세를 내는 사람들의 범위를 어느 정도로 잡을까이다. 상속세만 생각하면 국민의 절반쯤은 그래도 집 한 채 정도가 있으니 그 정도라면 다 물리자고 아주 넓게 잡을 수도 있다. 문제는 그런 제도의 실효성을 확보하려면 그런 이들의 사생활을 국가가 다 뒤져서 혹시 재산을 미리 증여하지 않나 다 찾아내어야 한다는 것. 소득세나 법인세는 이미 국가가 간섭하는 사업의 영역, 공의 영역이지만 증여세 과세는 그렇게 못 한다. 그야말로 사생활의 영역, 자유의 영역이니까. 결국 실제 대부분의 나라가 최상위 1%나 2% 정도에만 상속세를 물린다. 가령 미국에서는 평생동안의 증여와 상속을 합한 1인당 공제액이 2024년 현재 1천몇백만불이다. 오랫동안 우리나라에서도 집 한 채씩을 빼 준다든가 인적공제액을 몇억원으로 넉넉히 잡아주어서 극소수에게만 상속세를 물렸다. 그러다가 2010년대 후반 부동산 가격이 폭등해서, 대도시 지역에 중소형아파트 전셋집이라도 한 채 있으면 누구나 내는 보편적 상속세가 되고 말았다. 문제가 결정적으로 심각해지는 것은 그전에 이미 마련된 이른바 증여세 완전포괄주의와 상승효과가 생긴 것. 극소수 재벌의 조세회피를 막자는 생각에서 생겨났던 완전포괄주의 증여세제가 보편적 상속세와 결합된 결과 국세청이나 부동산 감시 기관이 온 국민의 경제활동을 감시하고, 온 국민은 각자의 사생활을 보고하면서 혹시라도 뒤탈이 나지 않을까 염려해야 하는 악법으로 바뀌고 말았다. '하늘의 그물은 넓고 넓어 성기지만 안 놓친다'고[36] 했거늘.

Ⅱ. 유산세, 유산취득세, 증여세의 관계

상속세에는 유산세 방식과 유산취득세 방식이 있다. 유산세 방식은 피상속인이 남기고 죽은 유산(遺産, estate)을 단위로 삼아 세금을 매기는 것으로, 미국이 택하고 있

34) Repetti, *Democracy, Taxes, and Wealth*, 76 NYU Law Review 825(2001), 특히 851-866쪽.
35) 대법원 2002. 3. 29. 선고 2001두9431 판결.
36) 天網恢恢而不失. 老子, 道德經.

다. 遺産取得稅 방식은 각 상속인이 물려받는(inheritance) 재산을 단위로 세금을 매기는 것으로, 독일과 일본. 우리 법은, 조문의 글귀에서는 어느 쪽인지가 분명치 않았던 시절에 판례는 유산세 방식을 택한 것으로 보았다.[37] 둘 사이에 차이가 생기는 것은 누진율 때문이다. 가령 상속재산 10억원에 대한 세율은 10%, 100억원에 대한 세율은 30%이고 피상속인이 100억원의 재산을 남긴다고 하자. 遺産稅 방식에서는 상속인 가운데 1명이 100억원을 몰아 받든, 10명이 나누어 받든 기본적으로는 같은 30억원의 세금이 나온다. 유산취득세 방식에서는, 100억원을 1명이 차지한다면 세금이 30억원이지만 10명이 똑같이 나누면 각자 10억원에 대한 세금 1억원씩을 내고 9억원씩을 받는다. 유산취득세 방식은 부의 분산을 촉진하게 마련.[38]

상속세제의 이상이 출발점의 평등이라면, 遺産取得稅 방식이라야 이 이상에 맞는다. 상속세 부담은 상속인 한 사람 한 사람의 처지를 견주어 같은 처지에 있는 사람은 같은 세금을 한결 나은 처지에 있는 사람은 한결 많은 세금을 내어야 한다. 곧 피상속인이 남기고 죽은 재산이 아니라 각 상속인이 취득하는 재산을 기준으로 세금을 물려야 한다. 예를 들어 피상속인의 재산 100억원을 열 사람이 나누게 되어, 어느 상속인이 10억원을 물려받는 경우나 피상속인의 재산 10억원을 상속인이 혼자서 다 물려받는 경우나 경제적 처지에 차이가 없는 까닭이다. 유산취득세 방식은 증여세로 자연스럽게 이어진다. 재산을 물려받는 이의 입장에서 보자면, 사망으로 인한 것이나 증여로 인한 것이든 재산을 물려받은 만큼 부자가 되었다는 사실에는 아무 차이가 없는 까닭이다. 유산취득세제의 단점은 세무행정의 부담이 커진다는 것이다. 유산세에서는 남긴 유산이 얼마인가만 파악하면 나머지는 기계적 계산이다. 유산취득세에서는 상속인 각자가 받은 유산이 얼마인가를 파악해야 하므로 행정부담이 커진다.[39]

유산취득세와 소득세(所得稅)는 같은 것 아닌가? 둘의 관계를 어떻게 정리할 것인가 역시 무엇이 공평한가라는 가치판단의 문제. 각자의 부가 얼마나 늘었는가를 따져 세금을 물리자면 상속세나 증여세를 따로 둘 것이 아니라 상속이나 증여를 통한 부의 증가도 소득으로 잡아 소득세를 매겨야 공평하다고 생각할 수 있다.[40] 다른 한편, 상속이나 증여는 각자의 노력이나 재능의 문제가 아니라 출발점의 평등 문제이므로, 근본적으로는 상속받거나 증여받는 재산을 없애자는 생각으로 상속세나 증여세를 따로 두면서 세율을 소득세보다 한결 높이는 세제를 만들 수 있다. 또 다른 대안으로,

37) 대법원 1977. 7. 26. 선고 75누184 판결; 1981. 9. 22. 선고 80누596 판결 등.

38) James Meade, Efficiency, Equality and the Ownership of Property(1964), 특히 VII. Conclusion (인터넷 pdf로 66-67쪽).

39) 일본은 유산취득세라면서도 법정상속분으로 세액을 계산한다.

40) Dodge, Beyond Estate and Gift Tax Reform, 91 Harvard Law Review 1177(1978).

출발점의 불평등을 당연한 전제로 받아들인다면 상속세나 증여세를 아예 없애거나 따로 두면서 세율을 소득세보다 낮추게 되지만, 우리 헌법에서는 이런 제도는 허용되지 않는다.

우리나라는 미국과 마찬가지로 遺産稅 제도를 따르고 있다. 현행 소득세제는 제한적 소득 개념으로 법이 과세소득이라고 정한 것에만 소득세를 물리고,[41] 상속에 따라 이전되는 부는 유산세로 따로 과세한다.(예외적으로 증여받은 재산에 대하여도 소득세를 내는 경우가 있다.[42] 그런 경우에는 수증자에게 증여세를 물리지 않는다.[43]) 유산세 방식은 재산을 누가 어떤 식으로 나누어 가지는가에 관계없이 남긴 재산이 얼마인가를 기준으로 세금을 매기므로, 유증(遺贈),[44] 사인증여(死因贈與),[45] 유언대용신탁,[46] 수익자연속신탁이[47] 있더라도 과세대상인 유산의 금액과 납부할 세액을 모두 합하여 계산함이 원칙이다.[48] 유증을 받은 자, 사인증여를 받은 자나 위 신탁수익자는 상속인과 같은 지위에 선다.[49]

나아가서, 유산세 방식에서는 살아있는 동안 미리 贈與한 재산 역시 유산에 합해서 세금을 매겨야 앞뒤가 맞는다. 그렇지 않다면 누진율을 회피할 수 있으니까. 이리하여 미국세법은, 죽기 전에 증여한 재산 전부를 유산에 합하여 유산세의 과세표준을 계산한다.[50] 평생 증여한 재산을 이처럼 유산에 합하는 이상, 실체법적 측면에서만 본다면 증여세는 필요없는 제도가 된다. 어차피 상속세를 내는 까닭이다. 그러나 세무행정 면에서 본다면 처음 증여 당시에는 세금을 걷지 않은 채 몇십 년이 지나 사람이 죽는 때에 가서 증여재산을 모조리 합쳐 세금을 걷기는 어려운 일이고 조세저항이 생기게 마련이다. 이리하여 미국법은 증여 당시에 일단 증여세를 걷고, 뒤에 유산세를 낼 때 가서는 이 증여세를 기납부세액으로 처리한다.[51]

---

41) 제10장 제1절 4.

42) 제11장 제1절 Ⅰ. 3.

43) 상속세및증여세법 제4조의2 제3항. 이 조항에서 "소득세…가 부과되는 경우"라는 말은 소득세 부과처분을 받은 때라는 뜻이 아니라 소득세의 납세의무가 있는 때라는 뜻이다. 대법원 2003. 6. 13. 선고 2001두3945 판결.

44) 유언을 통한 증여. 민법 제1074조 이하.

45) 미리 증여를 하지만 피상속인의 사망 때 가서 효력이 생기는 증여. 민법 제562조.

46) 수익권의 취득이나 행사를 위탁자가 죽어야 할 수 있는 신탁. 신탁법 제59조. 어느 유형이든 살아있는 동안은 위탁자가 수익자.

47) 선행수익자가 죽어야 수익권이 생기는 신탁. 신탁법 제60조.

48) 상속세및증여세법 제3조의2 제1항 본문. 사망에 의하여 효력이 발생함은 같지만, 유증은 단독행위임에 비하여 사인증여는 죽기 전에 증여계약을 한다는 차이가 있다.

49) 상속세및증여세법 제3조의2 제1항. 민법 제1078조 참조.

50) 미국세법 2001조(b).

51) 미국세법 2501조, 2001조(b).

우리나라에서도 상속세법과[52] 증여세법이[53] 1950년에 처음 생기고[54] 얼마 뒤 1952. 11. 30. 증여세법을 흡수하면서 개정된 옛 상속세법에서는 증여세라는 제도가 아예 없었다. 같은 법률은 미리 증여한 재산도 모두 상속재산에 합산하여 상속세를 매기고, 수증자에게 상속인과 마찬가지로 세금을 내게 했다. 그러나 평생에 걸친 증여를 추적할 수 있는 행정능력이 없는 이상 이런 세제는 탁상공론. 특히 부동산 등기에 관하여 우리나라는 미국 같은 인적 편성(사람별로 그가 소유한 부동산이 무엇이고 어떻게 바뀌는가를 등기하는 제도)이 아니라 물적 편성을 따르고 있는 까닭에 어떤 사람이 죽기 전에 어떤 재산을 소유하고 있었고 그중 어떤 것을 증여했는가를 파악할 길이 없었다. 또 증여세가 없다면, 상속인은 상속이 있기 몇십 년 전에 증여받은 재산 탓에 세금을 내어야 한다는 어려움을 겪게 마련이다. 이리하여 1960. 12. 30.의 개정법은 증여 당시에 바로 증여세를 매기는 제도를 다시 들여오게 되었다. 한편, 생전증여를 통한 조세회피에 대한 대책으로, 증여세의 세율을 상속세보다 약간 높이고,[55] 또 상속 개시 전 일정 기간[56] 안에 증여한 재산은 상속재산에 가산하도록 했다.[57] 따라서 증여받을 때 낸 증여세는 기납부세액으로 공제받을 수 있다.[58]

Ⅲ. 공익 출연

어떤 사람이 제 재산을 상속권(相續權)이 없는 자에게 증여하거나 유증한다면 거기에도 상속세나 증여세를 물릴 것인가? 출발점의 평등이라는 이상에서 본다면, 부모에게서 받는 재산이나 어떤 이유로 남에게서 받는 재산이나 차등을 둘 이유가 없다. 따라서 법은 재산을 증여받는 자라면 누구에게나 증여세의 납세의무를 지우고,[59] 유증

52) 1950. 3. 22. 법률 제114호.

53) 1950. 4. 8. 법률 제123호.

54) 그때까지는 일제시대 1934. 6. 22. 시행된 조선상속세령이 적용되었다. 조선총독부편찬, 현행조선법령편람(제4권) 제12집(조선행정학회, 1942), 135-142쪽; 한국법제연구회 편, 미군정법령총람(1971), 139쪽, 382-384쪽.

55) 1996. 12. 31.까지 세율이나 과세구간 면에서 증여세가 상속세보다 세부담이 높았다. 현행법에서는 창업자금의 증여에는 낮은 세율로 증여세를 매긴 뒤 뒤에 상속세로 정산한다. 조세특례제한법 제30조의5.

56) 오랫동안 3년이었지만 현행법에서는 상속인에 대한 증여는 10년, 다른 사람에 대한 증여는 5년이다. 상속세및증여세법 제13조 제1항.

57) 상속세및증여세법 제13조 제1항. 헌법재판소 2003. 1. 30. 2001헌바61 등 결정; 2023. 6. 29. 2022헌바112 결정. 같은 내용인 옛 상속세법(1996. 12. 30. 법률 제5193호로 전문개정되기 전의 것) 제4조 제1항 중 상속인 이외의 자에 대한 생전증여재산 가액의 가산부분은 위헌이 아니다. 헌법재판소 2002. 10. 31. 2002헌바43 결정.

58) 상속세및증여세법 제28조 제1항.

을 받는 자에게는 상속인과 똑같은 납세의무를 지우고 있다.[60]

한편 공익(公益)을 위해 재산을 내어놓는다면 거기에는 상속세나 증여세를 안 물린다. 민간이 '공익'을 추구한다고 하더라도 이는 기껏해야 몇천명, 몇만명의 이익을 꾀하는 것이며 결국은 사익(私益)을 꾀하는 것 아닐까? 國家 말고도 공익을 대변하는 자가 있을 수 있을까? 다른 나라 사람들이 누리는 이익이 공익일 수 있을까?[61] 이런 문제에 논란이 있음은 법인세법에서 이미 보았다.[62] 현행법은 공익법인에게 출연한 재산은 상속세 과세가액에서 빼고[63] 공익법인이 출연받은 재산의 가액은 증여세 과세가액에 안 넣는다.[64] 현행법상 상속세나 증여세를 벗어나는 공익법인의[65] 범위는 법인세법이나 소득세법상 특례기부금이나 일반기부금 단체보다 넓다.[66] 또 법인세법이나 소득세법의 기부금과 달리 상속세나 증여세 목적상 공익 출연재산에 대해서는 한도 없이 전액을 과세가액에서 뺀다. 국가나 공공단체에 출연한 재산에 대해서도 상속세를 물리지 않음은 물론이고[67] 증여세도 애초 납세의무가 생기지 않는다.[68]

법은 공익법인 등을 조세회피의 수단으로 악용(惡用)하는 것을 막기 위한 여러 가지 규정을 두고 있다.[69] 공익법인 출연을 통해 상속세를 피한 뒤 상속인이나 특수관계인이 공익법인에서 이익을 받는다면 상속세를 추징한다.[70] 공익법인에 재산을 증여한 사람이 그 법인에서 이득을 얻는다면 공익법인에게서 증여세를 추징한다.[71] 현실적으로 출연자가 지배하는 조직이라면 이름이 공익법인일 뿐이지 실제는 영리법인에 출

59) 같은 법 제4조의2 제1항, 제68조.

60) 같은 법 제3조의2, 제67조 제1항.

61) 그렇다는 판결로 대법원 2025. 5. 15. 선고 2025두30806 판결(해외포교).

62) 제13장 제2절 Ⅳ, 제22장 제1절 Ⅴ. 대법원 1996. 12. 10. 선고 96누7770 판결(법령에 나와야 공익).

63) 같은 법 제16조, 제17조. 대법원 2014. 10. 15. 선고 2012두22706 판결. 출연시한 내에 소유권을 이전해야 한다. 대법원 1990. 5. 25. 선고 90누1062 판결; 2001. 6. 29. 선고 2000두4156 판결; 2014. 10. 15. 선고 2012두22706 판결. 현행법의 글귀에서는 공익신탁에 출연했다는 것만으로는 과세대상을 벗어나지 못하고, 신탁을 통하여 공익법인 등에 출연해야 비로소 과세가액불산입 대상이 된다. 그러나 이렇게 글귀대로 읽는다면 제17조는 필요없는 규정이 된다. 법령의 취지에 따르자면 상속세및증여세법시행령 제14조의 요건을 만족하는 공익신탁에 출연한 재산은 과세가액에 불산입한다는 뜻으로 풀이해야 한다.

64) 같은 법 제48조, 제46조 제10호. 재산 자체를 공익사업에 쓰거나 수익사업에 쓰되 운용소득을 공익사업에 써야 한다. 수익사업에 쓰던 재산의 처분대금도 마찬가지.

65) 헌법재판소 2022. 10. 27. 2018헌바409 결정.

66) 같은 법 시행령 제12조.

67) 같은 법 제12조 1호.

68) 같은 법 제46조 제7호.

69) 윤지현, 공익법인을 상대로 한 주식출연에 대한 연구, 서울대법학 66-3(2025), 435쪽, 특히 442쪽.

70) 같은 법 제16조 제4항.

71) 같은 법 제48조 제3항, 제10항. 대법원 2011. 10. 13. 선고 2009두17575 판결(건물소유자가 대지만 출연하고 지대 지급 안 하면 증여세 추징).

자한 것과 다를 바가 없으므로 상속세나 증여세를 면제해 주지 않는다.[72] 법은 일정비율을 넘는 주식소유를 제한하여 공익법인을 사실상의 지주회사로 삼는 것을 막고 있다.[73] 또 법은 재산을 출연받은 공익법인이 그런 재산을, 매각대금을 또는 운용수익을 엉뚱한데 쓰면 그 때에 세금을 과세하도록 정하고 있다.[74] 공익법인은 출연받은 재산을 공익사업에 제대로 쓰고 있는지를 변호사, 공인회계사나 세무사로부터 확인받아 그 결과를 관할세무서장에게 보고해야 하고 일정규모를 넘으면 회계감사도 받아야 한다.[75]

공익법인이 아닌 개인에 대한 증여는 자선의 성격을 띠더라도 조세특혜를 못 받지만, 예외적으로 장애인에 관한 특례가 있다.[76]

Ⅳ. 과세권의 국제적 조정

피상속인이 우리나라의 거주자(居住者)라면 상속인이 어느 나라에 살든, 상속재산이 어디에 있든 관계없이 유산 전체에 상속세를 매긴다.[77] 상속재산이 다른 나라에 있고, 그런 나라가 상속세를 매긴다면 외국납부세액을 공제해 준다.[78] 피상속인이 非居住者라면 국내 재산에만 상속세를 매기고 인적공제는 없다.[79]

상속세및증여세법 제3조 (상속세 과세대상) 상속개시일 현재 다음 각 호의 구분에 따른 상속재산에 대하여 이 법에 따라 상속세를 부과한다.

1. 피상속인이 거주자인 경우: 모든 상속재산
2. 피상속인이 비거주자인 경우: 국내에 있는 모든 상속재산

상속세및증여세법 제14조 (상속재산의 가액에서 빼는 공과금 등) ② 비거주자의 사망으로 인하여 상속이 개시되는 경우에는 다음 각 호의 가액 또는 비용은 상속재산의

---

72) 같은 법 제16조 제1항, 제4항, 제48조 제8항, 제78조 제4항. 대법원 1997. 1. 24. 선고 96누10461 판결.

73) 세법상 상한을 많이 올린 뒤 문재인 정부 때 의결권을 제약. 같은 법 제16조 제2항 및 제4항, 제48조 제1항, 제2항 제2호, 제9항, 제11항, 제12항, 독점규제 및 공정거래에 관한 법률 제25조 제2항. 대법원 2017. 4. 20. 선고 2011두21447 판결; 2023. 2. 23. 선고 2019두56418 판결; 헌법재판소 2023. 7. 20. 2019헌바223 결정.

74) 같은 법 제16조 제3항, 제48조 제2항, 제3항. 대법원 2010. 5. 27. 선고 2007두26711 판결; 2013. 6. 27. 선고 2011두12580 판결; 2017. 8. 18. 선고 2015두50696 판결(평가기준일=과세사유발생일); 2024. 9. 13. 선고 2021두54293 판결.

75) 같은 법 제50조. 종교법인이나 학교법인은 회계감사 제외.

76) 같은 법 제52조의2.

77) 같은 법 제3조.

78) 같은 법 제29조.

79) 같은 법 제3조. 대법원 1994. 11. 11. 선고 94누5359 판결; 헌법재판소 2001. 12. 20. 2001헌바25 결정. 제2장 제3절 II.3.

가액에서 뺀다.

1. 해당 상속재산에 관한 공과금

2. 해당 상속재산을 목적으로 하는 … 담보권으로 담보된[80] 채무

상속세및증여세법 제29조 (외국납부세액공제) 거주자의 사망으로 상속세를 부과하는 경우에 외국에 있는 상속재산에 대하여 외국의 법령에 따라 상속세를 부과받은 경우에는 … 그 부과받은 상속세에 상당하는 금액을 상속세산출세액에서 공제한다.

증여세에서는, 수증자가 居住者라면 증여받은 모든 재산에 증여세를 매긴다.[81] 증여받은 재산이 다른 나라에 있어서 다른 나라가 증여세를 매긴 것이 있다면 외국납부세액으로 공제받는다.[82] 수증자가 非居住者라면 증여받은 재산이 국내에 있거나 증여자가 거주자인 경우에 과세한다.

상속세및증여세법 제4조의2 (증여세 납부의무) ① 수증자는 다음 각 호의 구분에 따른 증여재산에 대하여 증여세를 납부할 의무가 있다.

1. 수증자가 거주자 … 인 경우: … 증여세 과세대상이 되는 모든 증여재산

2. 수증자가 비거주자 … 인 경우: 제4조에 따라 증여세 과세대상이 되는 국내에 있는 모든 증여재산

상속세및증여세법 제59조 (외국 납부세액 공제) 타인으로부터 재산을 증여받은 경우에 외국에 있는 증여재산에 대하여 외국의 법령에 따라 증여세를 부과받은 경우에는 … 그 부과받은 증여세에 상당하는 금액을 증여세산출세액에서 공제한다.

국제조세조정에관한법률 제35조 (국외 증여에 대한 증여세 과세특례) ② 거주자가 비거주자에게 국외에 있는 재산…을 증여[83](증여자의 사망으로 인하여 효력이 발생하는 증여는 제외한다)하는 경우 그 증여자는 이 법에 따라 증여세를 납부할 의무가 있다.

③ …다음 각 호의 요건을 모두 갖춘 경우 증여세 납부의무를 면제한다.

1. 수증자가 증여자의 … 특수관계인이 아닐 것

2. 해당 증여재산에 대하여 외국의 법령에 따라 증여세(실질적으로 이와 같은 성질을 가지는 조세를 포함한다)가 부과될 것…

---

80) 대법원 2008. 9. 25. 선고 2007두4810 판결 및 2011. 7. 14. 선고 2008두4275 판결(채권자가 가압류했어도 공제 불가). 헌법재판소 2015. 4. 30. 2011헌바177 결정.

81) 같은 법 제4조의2 제1항 제1호.

82) 같은 법 제59조, 제29조.

83) 명의신탁 주식의 증여의제는 불포함. 대법원 2018. 6. 23. 선고 2018두35025 판결.

⑤ 제2항… 을 적용할 때 외국의 법령에 따라 증여세를 납부한 경우에는 … 그 납부한 증여세에 상당하는 금액을 증여세 산출세액에서 공제한다.

상속세나 증여세에도 국제적 이중과세 문제가 생기므로 조세조약(租稅條約)을[84] 맺는 수가 있지만, 아직 우리나라에서는 예가 없다.

V. 재산의 평가

상속세나 증여세의 세액이 얼마인가는 상속재산이나 증여재산의 가액에서 시작한다. 특히 증여세에 관해 법령은 증여재산의 가액 내지 증여금액의 계산에 관한 규정을 자세히 둔 것이 많지만, 실상 재산의 가액만 특정할 수 있으면 상속이나 증여금액의 특정은 사실관계일 뿐이다. 가령 특정한 자연인이 100% 지배하는 회사(결손이 아닌 회사)가 100억원을 증여받는 것은 주주가 100억원(또는 100억원에서 법인세 부담을 뺀 금액[85]))을 증여받는 것이다. 어떤 사정이 있어서 회사가 얻은 경제적 이익과 주주가 얻는 경제적 이익(주식가치상승액)에 차이가 생길 수 있지만, 그 차이는 바로 그 사정 때문에 생긴 것일 뿐이고 주주가 무상이전받은 금액 그 자체는 100억원이다.[86] 배당락을 뒤집어 생각하면 된다. 제14장 제3절 III.2, 제22장 제3절 VII.1, VII.2, 제25장 제3절 II, IV.1. 고가나 저가 매매나 재산가치 증가에 관해 법이 3억원이나 30%를 넘는 금액을 증여액이라 정한 것은[87] 분명한 시가를 증명하지 못하는 경우 일응의 시가를 기준으로 시가의 범위를 의제하는 것일 뿐이다.[88] 이와 달리 재산을 증여받는 것이 아니라 일감 몰아주기나 일감 떼어주기 따위의 거래로 경제적 이익을 증여받는 경우라면 증여금액의 계산방법을 법으로 정할 수밖에 없다.

재산을 상속받거나 증여받는 경우 상속받거나 증여받은 당시의[89] 시가(時價)

84) OECD 모델에서는 부동산과 사업용 자산은 소재지국이 과세하고 나머지는 거주지국에서만 과세.

85) 법이 법인세 이중과세부담을 완전히 없애주고 또한 법인이나 주주나 투자기회가 똑같다면 회사에 100억원을 증여하나 주주개인에게 100억원을 증여하나 아무 차이가 없다.

86) 주주가 받은 이익과 법인이 받은 이익이 다르다는 대법원 2021. 9. 9. 선고 2019두35695 판결은 그저 동어반복일 뿐.

87) 상속세 및 증여세법 제31조 제1항.

88) 제22장 제1절 V. 증여세를 벗어나더라도 상대방법인에 대한 부당행위계산 부인으로 기타소득을 과세하는 것은 별개 문제라는 견해가 있으나 시가라는 개념 자체야 법마다 서로 다를 수가 없다. 일응의 시가 내지 시가추정방법을 법마다 달리 정하고 있어서 결과적으로 차이가 생길 수는 있지만 2021년 말 개정법 제35조 제3항은 이 가능성도 배제.

89) 헌법재판소 1992. 12. 24. 90헌바21 결정. Ithaca Trust Co. v. United States, 279 U.S. 151(1929). 상속세는 일정 기간 안에 수용 등 법정사유로 재산가액이 뚝 떨어지면 후발적 경정청구 가능. 상속세및증여세법 제79조 제1항. 국세기본법에 의한 후발적 경정청구는 대법원 2007. 11. 29. 선고 2005

를[90] 기준으로 세금을 매겨야 하지만,[91] 그냥 보유상태에 있었던 재산의 시가란 알기가 어렵다. 이리하여 법은 시가를 "불특정다수인 사이에 자유로이 거래가 이루어지는 경우에 통상 성립된다고 인정되는 가액"으로 정하고 있다.[92] 불특정다수는 아니더라도 특수관계가 없는 사람 사이에서 거래가격의 조작 없이 합의한 가격이라면 거래가격이 바로 시가라고 보아야 한다.[93] 거래당사자 사이에 특수관계가 없다면, 어떤 사정으로 거래가격이 조작되었다는 점은 행정청이 입증해야 한다.[94] 특수관계인 사이에서는 거래가격이 조작될 가능성이 언제나 있으므로 행정청은 거래가격이 일응의 시가와 다름을 입증하면 된다. 그를 제치고 특수관계인 사이의 거래가격이 시가라는 점은 납세의무자가 입증하여야 한다. 제22장 제3절 III.

당사자 사이의 거래가격을 배척하는 경우에는 시가를 발견(매매사례가액,[95] 수용가격이나 공매가격)하거나 산정(감정가격[96])해야 한다.[97] 산정(算定)이라는 말은 누

두10743 판결. 상속재산상속개시 당시 소송중이었던 권리가 그 후 당해 과세처분취소소송의 변론종결 이전에 내용과 범위가 구체적으로 확정되었다면, 다른 특별한 사정이 없는 한, 판결에 따라 확정된 권리의 가액을 기초로 상속개시 당시의 현황에 의하여 '소송중인 권리'의 가액을 평가하여야 한다. 대법원 2004. 4. 9. 선고 2002두110 판결; 2005. 5. 26. 선고 2003두6153 판결. 주식가치의 소급산정은 헌법재판소 2016. 3. 31. 2013헌바372 결정.

90) 채권의 가치는 회수가능성을 고려하여 객관적이고 합리적인 방법으로 평가해야 한다. 대법원 2014. 8. 28. 선고 2013두26989 판결. 일정기간 전후의 거래가격에 대해서는 대법원 1985. 7. 23. 선고 85누116 판결; 1993. 10. 8. 선고 93누10293 판결; 1997. 7. 22. 선고 96누18038 판결.

91) 같은 법 제60조 제1항. 헌법재판소 2006. 6. 29. 2005헌바39 결정.

92) 같은 조 제2항.

93) 이 조건을 만족하면 비상장주식이나 장외매매 가격도 시가가 된다. 대법원 2014. 11. 13. 선고 2012두24863 판결; 2007. 9. 21. 선고 2005두12022 판결(공매가액); 2007. 9. 20. 선고 2005두12015 판결(수의계약); 2009. 5. 28. 선고 2007두24364 판결. 장외시장 가격을 내친 사례로 대법원 2005. 6. 23. 선고 2003두8838 판결; 2004. 10. 15. 선고 2003두5723 판결; 2007. 2. 22. 선고 2006두6604 판결; 2012. 4. 26. 선고 2010두26988 판결. 법인세법상 이를 인정한 사례로 대법원 2006. 1. 12. 선고 2005두937 판결.

94) 대법원 2011. 12. 22. 선고 2011두22075 판결; 2014. 6. 12. 선고 2012두20915 판결. 내친 사례로 대법원 2017. 7. 18. 선고 2014두7565 판결.

95) 대법원 1987. 1. 20. 선고 86누318 판결(비상장주식); 1987. 10. 26. 선고 87누500 판결; 1997. 9. 26. 선고 97누8502 판결; 2010. 1. 14. 선고 2007두23200 판결(매매사례가액). 매매사례가액을 내친 사례로 대법원 2016. 5. 12. 선고 2015두60167 판결(비상장주식); 2023. 12. 21. 2023두54006 판결(심불, 장외매매시장)

96) 감정가격을 시가로 볼 수 있기 위해서는 어디까지나 감정이 적정하게 이루어져 객관적이고 합리적인 방법으로 평가되었다는 점이 인정되어야 한다. 대법원 2003. 5. 30. 선고 2001두6029 판결; 2002. 6. 28. 선고 2000두6244 판결; 2019. 11. 28. 선고 2019두45074 판결(취득세); 2024. 4. 12. 선고 2020두54265 판결.

97) 시가는 사실심 변론 종결 때까지 입증하면 된다. 대법원 1996. 8. 23. 선고 95누13821 판결; 2005. 9. 30. 선고 2004두2356 판결. 시가는 발견하거나 산정하는 것이므로 시행령 제49조 각호는 예시일 뿐이다. 대법원 2010. 1. 14. 선고 2008두6448 판결; 2011. 4. 28. 선고 2008두17882 판결(신주인수권 평가방법을 주식우선매수권에 유추적용); 2013. 12. 12. 선고 2013두13723 판결; 2001. 8. 21. 선고

가 보아도 분명한 시가를 발견할 수 없으니 시가를 헤아려서 정한다는 말이므로 궁극적으로는 구체적 사정에 맞추어 법원이 정하는 것이다.[98] 이런 뜻에서 본다면 소급감정 등 사후에 드러난 가치로 상속이나 증여당시의 가액을 역산하는 판례의 태도도 이해할 수 있다.[99] 따로 시가를 발견하거나 산정하지 못한다면 시가의 추정 내지 일응의 시가인 법정(法定)평가방법에 따른 평가액을 보충적으로 적용해서 재산의 가액으로 삼는다.[100] 평가방법에 따라 복수의 가액이 나온다면 그 가운데 어느 것이 불특정다수인 사이에서 자유로이 이루어지는 거래에서 통상 성립하리라 인정할 만한 가액에 해당하는지는 사실인정 문제이다.[101]

> 이 사건 법률조항들로 납세의무자가 입게 되는 불이익은 시가를 기준으로 평가한 과세가 개별공시지가 등을 기준으로 한 보충적 평가방법에 의한 과세보다 다액인 경우 그 범위에서의 세액부담 증가인데, 이는 국세기본법 제14조 제2항의 실질과세의 원칙에 따라 본래 내어야 할 세금을 내는 것에 불과하다. 반면 증여재산을 원칙적으로 시

2000두5098 판결; 1995. 6. 13. 선고 95누23 판결; 2001. 9. 24. 선고 2000두406 판결 등은 납세자가 낮은 시가를 따로 입증하지 않은 사안에서 법정평가방법의 적용을 인정했다.

98) 공정한 가치란 결국은 법원이 정하는 것이다. 가령 상법 제374조의2 제4항, 제5항. 대법원 2007. 12. 13. 선고 2005두14257 판결. 증여재산의…시가를 곧바로 산정할 수 없을 때에는 재산적 가치에 가장 부합하는 금액을 기준으로 과세할 수밖에 없다(보험계약상 지위). 대법원 1993. 7. 27. 선고 92누19323 판결; 2006. 7. 13. 선고 2004두6211 판결; 2010. 2. 11. 선고 2007두17892 판결(외국부동산 공시가격); 2012. 4. 26. 선고 2010두26988 판결(감정평가방법과 달리 평가할 특별한 사정); 2013. 5. 24. 선고 2013두2853 판결(객관적 합리적 가액); 2013. 11. 14. 선고 2011두31253 판결(객관적 합리적 평가방법을 준용); 2016. 9. 26. 선고 2015두53046 판결(즉시 연금보험); 2019. 10. 17. 선고 2018도16652 판결(시가는 종합적 합리적으로 판단); 2001. 8. 21. 선고 2000두5098 판결(감정가격); 2023. 5. 18. 선고 2023두32839 판결(객관적 합리적 평가방법을 준용); 2023. 10. 26. 선고 2020두48215 판결(양도소득세, 객관적 합리적인 외국정부의 평가); 2025. 7. 23. 선고 2025두30271 판결(법정기간 밖의 매매사례가액). ↔ 대법원 2011. 6. 10. 선고 2009두23570 판결.

99) 대법원 1990. 9. 28. 선고 90누4761 판결; 1991. 4. 12. 선고 90누8459 판결; 2005. 5. 26. 선고 2003두6153 판결; 2008. 2. 1. 선고 2004두1834 판결; 2010. 9. 30. 선고 2007두10994 판결; 2013. 2. 14. 선고 2012두21109 판결; 2024. 4. 12. 선고 2020두54265 판결 등. 여러 개의 감정가격을 평균한 경우로 대법원 1995. 5. 26. 선고 94누15325 판결; 2012. 6. 14. 선고 2010두28328 판결. 그 밖에 대법원 2004. 4. 9. 선고 2002두110 판결; 2024. 4. 12. 선고 2020두54265 판결(재감정에 대한 절차적 통제); 헌법재판소 2016. 3. 31. 2013헌바372 결정.

100) 상속세및증여세법 제60조 제3항. 대법원 2007. 12. 13. 선고 2005두14257 판결; 2017. 7. 18. 선고 2014두7565 판결. 기준일 뒤에 나온 가격은 내치지만, 기준일 당시로 소급하는 것이라면 적용할 수 있다. 대법원 2010. 6. 24. 선고 2007두16493 판결; 2009. 4. 23. 선고 2007두10884 판결; 2025. 2. 13. 선고 2022두55606 판결. 매각가능가액에 법적 상한이 있다면 평가액이 이를 넘을 수 없다. 대법원 2009. 1. 30. 선고 2006두14049 판결. 법정평가방법은 시가산정의 예시. 대법원 2010. 1. 14. 선고 2007두23200 판결. 2012. 6. 14. 선고 2012두3200 판결은 법정평가액도 시가(고·저가 양도 판정을 위한 시가)의 일종이라고 한다.

101) 헌법재판소 2018. 4. 26. 2017헌가372 결정.

가에 의한 금액을 기준으로 평가하여 과세가액을 산정하는 것은 조세평등주의 및 국세기본법 제18조 제1항의 과세형평의 이념에 부합한다. 그렇다면 납세의무자가 입게 되는 불이익이 공익에 비하여 크다거나, 자의적이거나 임의적인 것이라고 할 수 없으므로, 이 사건 법률조항들은 납세의무자의 재산권을 침해하지 아니한다.[102)]

법정평가방법은 재산의 종류에 따라, 부동산, 선박, 주식[103)] 기타 유가증권, 무체재산권 등으로 나뉘어 있고, 조건부 권리나 저당권 등이 설정된 재산 등의 평가에 관한 특칙이 있다.[104)] 채권은 법정할인율로 현재가치를 산정. 소유한 주식의 수가 일정비율을 넘어 회사에 대한 지배권이 따른다면 주식의 가치를 할증평가한다.[105)] 평가기준일은 증여유형과 재산종류별로 정하고 있다.[106)]

이상을 종합하면, i) 거래가 드문 토지처럼 시가를 발견하거나 산정하기 어려운 재산이라면, 특수관계인 사이에서는 법정평가방법이 사실상 과세기준의 역할을 맡게 마련이다.[107)] 특수관계 없는 자 사이의 거래에서는 행정청이 특수관계 아닌 거래실례가격을 배척하는 경우란 생각하기 어렵지만, 다른 한편 세상에 똑같은 물건이란 없다. 결국 납세의무자와 국세청 사이에서 증명의 우위 문제가 된다. ii) 상장법인의 주식처럼 분명한 시가가 있는 거래에서는, 특수관계 여부에 관계 없이 분명한 시가가 존재한다. 법은 주가조작을 염려하여 시장성 있는 주식에 대해서는, 상속이나 증여받은 날 현재의 시가가 아니라 그 앞뒤 두 달 동안의 종가평균액을 법정평가방법으로 정하고

102) 헌법재판소 2010. 10. 28. 2008헌바140 결정; 대법원 2017. 7. 18. 선고 2014두7565 판결; 2018. 2. 8. 선고 2017두48451 판결; 헌법재판소 2019. 11. 28. 2017헌바260 결정(명의신탁 주식도 할증).

103) 순자산가액으로 평가하는 경우 음수부분은 무시. 대법원 2003. 11. 28. 선고 2003두4249 판결 등. 순손익가치와 미래가치 모두 마뜩잖다면 법정평가방법 중 합리적 방법을 준용. 대법원 2025. 1. 9. 선고 2021두53320 판결. 자기주식이 있는 경우는 대법원 2025. 10. 30. 선고 2025두33647 판결.

104) 같은 법 제61조에서 제66조. 합리적 평가가 불가능하다면 미납부・지연납부 가산세는 면제. 대법원 2024. 5. 9. 선고 2021두36080 판결.

105) 같은 법 제63조 제3항. 대법원 2003. 2. 11. 선고 2001두8292 판결; 2006. 12. 7. 선고 2005두7228 판결(유추적용 할증은 불가); 2007. 8. 23. 선고 2005두5574 판결; 2011. 5. 13. 선고 2008두1849 판결(감정가액); 2018. 2. 8. 선고 2017두48451 판결(명의신탁 주식); 헌법재판소 2003. 1. 30. 2002헌바65 결정; 2007. 1. 17. 2006헌바22 결정(명의신탁 주식); 2008. 12. 26. 2006헌바115 결정; 2019. 11. 28. 2017헌바260 결정(명의신탁 주식); 대법원 2020. 6. 18. 선고 2016두43411 판결; 2022. 9. 15. 선고 2018두37755 판결; 2023. 6. 1. 선고 2019두38472 판결. 한편 대법원 2009. 10. 29. 선고 2008도11036 판결.

106) 상속세및증여세법 제63조 제1항. 해외재산은 대법원 2023. 10. 26. 선고 2020두48215 판결(외국법상 평가액)↔2024. 6. 27. 선고 2024두37671 판결(국내법적용) 등.

107) 가령 채권의 시가란 채무자의 신용상태 등 위험도를 감안한 할인율로 계산한 현재가치이지만, 이 할인율의 산정이 실제 불가능하다면 그냥 법에 정한 할인율로 일응의 시가(법정평가액)를 산정할 수밖에 없다. 주식평가에서 순손익가치를 정할 수 없다면 순자산가치만으로 정한다. 대법원 2023. 5. 18. 선고 2023두32839 판결.

있다.[108] 상속개시 직후 주식을 전부 처분했다든가 달리 주가조작의 가능성을 아예 내칠 수 없는 한 시장성 있는 주식에 대해서는 상속개시일이나 증여일 현재의 시가를 배척하고 법정평가방법에 정한 종가평균액만을 시가로 보아야 입법취지에 맞다.[109]

상속을 받은 뒤 상속회복청구소송 등으로 상속재산이 소급적으로 줄거나 상속개시 후 1년이 되는 날까지 수용 등의 사유로 상속재산의 가액이 뚝 떨어진 경우 법은 경정청구를 허용한다.[110]

제 2 절 상 속 세

Ⅰ. 납세의무와 과세대상

상속세및증여세법 제70조 (자진납부) ① 제67조…에 따라 상속세…를 신고하는 자는 각 신고기한까지 각 산출세액 …을 …납부하여야[111] 한다.

상속세및증여세법 제67조 (상속세과세표준신고) ① 제3조의2에 따라 상속세 납부의무가 있는 상속인 또는 수유자는 상속개시일이 속하는 달의 말일부터 6개월 이내에 제13조와 제25조 제1항에 따른 상속세의 과세가액 및 과세표준을…납세지 관할세무서장에게 신고하여야 한다.[112]

상속세및증여세법 제3조의2 (상속세 납부의무) ① 상속인…또는 수유자…는 상속재산(제13조에 따라 상속재산에 가산하는 증여재산 중 상속인이나 수유자가 받은 증여재산을 포함한다) 중 각자가 받았거나 받을 재산을 기준으로 대통령령으로 정하는 비율에 따라 계산한 금액을 상속세로 납부할 의무가 있다.

② 특별연고자 또는 수유자가 영리법인인 경우로서 그 영리법인의 주주 또는 출자자(이하 "주주등"이라 한다) 중 상속인…이 있는 경우에는 대통령령으로 정하는 바에

108) 같은 법 제60조 제1항 제1호(가). 법인세법상 부당행위 사건에서 거래가격을 거래수량으로 가중평균한 판결로 대법원 2006. 1. 13. 선고 2004두183 판결.

109) 헌법재판소 2016. 2. 25. 2014헌바363 결정; 대법원 2009. 9. 24. 선고 2007두7505 판결; 2011. 1. 13. 선고 2008두4770 판결; 2011. 1. 13. 선고 2008두9140 판결; 2011. 1. 27. 선고 2010두4421 판결; 2013. 12. 12. 선고 2013두13723 판결; 2020. 6. 18. 선고 2016두43411 판결.

110) 같은 법 제79조, 같은 법 시행령 제81조. 경정청구기간은 6개월로 국세기본법보다 길다.

111) 세액결정통지는 제77조. 제4장 제3절 II. 물납은 제4장 제5절 I. 대법원 2013. 4. 11. 선고 2010두19942 판결.

112) 상속에서는 취득세 신고기한도 예외적으로 6개월이다. 지방세법 제20조 제1항. 상속재산관리인을 선임한 경우에도 신고기한은 법대로. 대법원 2014. 8. 26. 선고 2012두2498 판결.

따라 계산한 지분상당액을 그 상속인 및 직계비속이 납부할 의무가 있다.

③ 제1항에 따른 상속세는 상속인 또는 수유자 각자가 받았거나 받을 재산을 한도로 연대하여 납부할 의무를 진다.

우리 법은 유산세 방식을 따라 죽은 사람을 단위로 상속재산의 가액을 계산하여 세율을 적용하지만, 죽은 사람이 납세의무를 질 수는 없으므로 유산을 나누어 가지는 사람들이 연대(連帶)하여 각자 차지한 재산의 비율만큼 상속세 납세의무를 진다.[113] 연대납세의무라고는 하지만 일반적인 연대채무와는 뜻이 다르다. 당연한 일이지만 각자가 지는 상속세 채무는 각자가 받았거나 받을 재산을 한도로 하는 까닭.[114]

피상속인이 아무런 조치 없이 죽었다면 법정상속(法定相續)제도에 따라 배우자, 직계비속, 직계존속, 형제자매, 4촌 이내의 방계혈족이 민법이 정한 순위로 상속재산을 나누어 가진다.[115] 직계비속이나 직계존속이 없다면 배우자가 단독으로 상속받는다. 직계비속이 있다면 배우자와 직계비속이 상속받고, 직계비속이 없다면 배우자와 직계존속이 상속받는다. 배우자가 직계비속이나 직계존속과 공동상속받는다면 5할을 가산한다.[116] 법정상속시에는 피상속인의 살아생전에 미리 증여받은 재산이나 유증(遺贈)받는 재산은 법정상속분에서 차감한다.[117]

(보기) 피상속인이 남기고 죽은 재산은 140억원이고, 그 가운데 30억원은 처에게 유증했다. 자식은 아들 2명 딸 1명이고, 두 아들에게는 피상속인의 살아생전 미리 증여받은 재산이 각 20억원씩 있다. 상속재산 140억원은 어떻게 나누어 가지고, 연대납세의무에 대한 각자의 상한은 얼마씩인가?

(풀이) 증여가 없었더라면 상속했을 재산은 140 + 20 + 20 = 180억원이고, 이 재산을 60 : 40 : 40 : 40으로 나누어 가져야 한다. 그런데 처는 30억원을 유증받았으므로 30억원을 더 받고, 아들 2명은 미리 증여받은 재산 20억원씩을 빼고 20억원씩을 더 받아야 한다. 딸은 40억원을 받는다. 결국 유증액을 뺀 상속재산 110억원은 처, 아들, 아들,

113) 상속세및증여세법 제3조의2 제1항. 재산분할 전에는 법정상속분, 분할 뒤에는 실제 상속분에 따라 납부의무를 진다. 대법원 1984. 3. 27. 선고 83누710 판결; 1986. 2. 25. 선고 85누962 판결; 2014. 10. 15. 선고 2012두22706 판결. 제척기간도 각자 따로. 대법원 2006. 2. 9. 선고 2005두1688 판결. 제4장 제5절 III. 2. 납부고지는 제5장 제5절 I. 원고적격은 제6장 제6절 I. 1. 당연한 말이지만 재산분할이란 세전 재산을 분할하는 것이다. 대법원 2013. 6. 24.자 2013스33, 34 결정.

114) 같은 조 제3항. 피상속인이 비거주자라면 국내재산. 대법원 2024. 9. 12. 선고 2022두64143 판결.

115) 민법 제1000조에서 제1004조.

116) 민법 1008조, 제1009조 제2항.

117) 민법 제1008조. 물어내지는 않는다. 대법원 2022. 6. 30. 2017스98등 결정.

딸 각 30, 20, 20, 40억원씩 받는다. 각자 받았거나 받을 금액에는 미리 증여받은 것도 들어가므로[118] 각자의 세액 상한은 60, 40, 40, 40억원.

공동상속인 가운데 상속재산의 유지나 증가에 '특별히 기여'한 자는 기여분을 따로 받는다.[119] 상속인이 없어서 법원의 결정에 따라 특별연고자가 상속재산의 일부나 전부를 받는다면[120] 상속세법상으로는 특별연고자를 상속인으로 보므로 상속세 납세의무를 진다.[121] 상속인이 있다면 사실혼 관계인 사람이 특별연고자가 될 수는 없고 따라서 피상속인이나 상속인으로부터 증여받는 재산에 대해 상속세가 아니라 증여세 납세의무를 진다.[122]

재산을 상속받는 사람(특별연고자 포함)은 모두 상속세의 납세의무자가 된다. 실제 상속은 반드시 法定상속분에 따르지는 않는다. 피상속인은 특정한 재산을 누구에게 준다거나 재산전체의 일정비율을 누구에게 준다는 내용을 유언에 적거나(유증. 전자를 특정(特定)유증, 후자를 포괄(包括)유증이라 부른다[123]) 그런 내용으로 미리 증여(이런 것을 사인증여라 부른다[124])할 수 있다. 소유권이 아니라 신탁수익권을 유언으로 설정해 주거나(유언신탁) 미리 신탁계약으로 설정해 줄(유언대용신탁) 수도 있다. 다른 사람에 대한 사인(死因)증여나 유증이 있더라도 배우자나 직계존비속은 법정상속분의 일부(이것을 유류분이라 부른다[125])를 여전히 받을 권리가 있다. 유류분은 피상속인이 죽기 전 한 해 동안 증여한 재산에도, 또 그 전에 증여한 것이더라도 유류분 권리자를 해한다는 사실을 증여 당사자 쌍방이 알았다면 거기에도 미친다.[126] 상속인이 여럿인 경우 상속을 아예 포기하는 사람도 있을 수 있고[127] 또 상속인 사이의 협의분할(協議分割)로 재산의 실제 분할을 법정상속분과 달리 정하거나 법원의 판결에 따라 구체적 상속분이 달라지는 수도 있다.[128] 어느 하나의 상속포기(抛棄)로 다른 상속인이[129] 제 법정상속분보다 더 많은 재산을 받더라도 거기에 증여세를 물리지는 않고 실

118) 증여세 낸 것은 공제한 세후금액. 대법원 2018. 11. 29. 선고 2016두1110 판결.
119) 민법 제1008조의2. 대법원 2019. 11. 21. 2014스44등 결정.
120) 민법 제1057조의2. 나머지는 국고로 들어간다.
121) 상속세및증여세법 제2조 제4호.
122) 대법원 2006. 3. 24. 선고 2005두15595 판결.
123) 遺贈. 민법 제1074조.
124) 死因贈與. 민법 제562조.
125) 遺留分. 헌법재판소 2024. 4. 5. 2020헌가4등 결정. 민법 제1112조 이하. 특별기여자가 가져가는 기여분은 무상이 아니므로 유류분이 안 미친다. 대법원 2024. 6. 13. 선고 2023다304568 판결.
126) 민법 제1114조.
127) 민법 제1019조. 미국세법 2518조 이하.
128) 민법 제1013조. 가산세를 면제받은 사례로 대법원 2005. 11. 25. 선고 2004두930 판결.

제 받은 재산비율로 상속세만 물 뿐이다.[130] 협의분할도 상속세신고기한 전에는 증여세 문제가 없지만 그 뒤의 변경은 증여세를 과세.[131] 다만 상속회복이나 유류분반환 등 정당한 사유라면 증여세는 없고 상속세액을 후발적 경정청구로 바로잡는다.[132]

상속세및증여세법 제4조 (증여세 과세대상) ③ 상속개시 후 상속재산에 대하여 등기·등록·명의개서 등(이하 "등기등"이라 한다)으로 각 상속인의 상속분이 확정된 후, 그 상속재산에 대하여 공동상속인이 협의하여 분할한 결과 특정상속인이 당초 상속분을 초과하여 취득하게 되는 재산은 그 분할에 의하여 상속분이 감소한 상속인으로부터 증여받은 것으로 보아 증여세를 부과한다. 다만, …제67조에 따른 상속세 과세표준 신고기한까지 분할에 의하여 당초 상속분을 초과하여 취득한 경우와 당초 상속재산의 분할에 대하여 무효 또는 취소 등 대통령령으로 정하는 정당한 사유가 있는 경우에는 증여세를 부과하지 아니한다.

사인증여나 유증을 받은 자와 유언대용신탁으로 수익권을 받은 자는 상속인과 나란히 상속세의 연대납세의무를 진다.[133] 수익자연속신탁에서 선행수익자의 사망으로 후행수익권을 얻는 자는 선행수익자로부터 상속받는 것으로 본다.[134] 증여채무의 이행 중에 피상속인이 죽는 경우 이는 사인증여나 마찬가지로 보아[135] 증여세가 아니라 상속세의 연대납세의무가 생긴다.

비영리법인이나 법인 아닌 비영리단체도 특별연고자로 재산을 받으면 상속세법상 상속인으로 상속세를 문다.[136] 비영리법인이 수유자가 되는 경우에도 문다.[137] 회사(會社)가 특별연고자로 재산을 받는다면? 상속세법상의 상속인이기는 하지만 상속세 납세의무는 없고[138] 자산수증익에 대한 법인세를 낸다.[139] 회사가 수유자로 재산을 받는

129) 2세 모두가 상속을 포기하면 3세가 있더라도 1세(피상속인)의 배우자가 단독상속. 대법원 2023. 3. 23. 선고 2020그42 결정.

130) 대법원 1985. 10. 8. 선고 85누70 판결; 1994. 3. 22. 선고 93누19535 판결; 1996. 2. 9. 선고 95누15087 판결; 2002. 7. 12. 선고 2001두441 판결 등.

131) 상속세및증여세법 제4조 제3항.

132) 국세기본법보다 기간이 길다. 상속세및증여세법 제79조. 제6장 제3절 IV.

133) 상속세및증여세법 제3조의2 제1항, 제2조 제1호와 제5호, 제33조.

134) 상속세및증여세법 제9조 제3항, 제2조 제1호와 제5호.

135) 같은 법 제2조 제1호(나). 대법원 1990. 5. 25. 선고 90누1062 판결; 2014. 10. 15. 선고 2012두22706 판결(불확정기한부 증여).

136) 민법 제1057조의2. 상속세및증여세법 제2조 4호, 제3조의2.

137) 상속세및증여세법 제3조의2. 제4조의2 제8항은 비영리단체를 전제로 한 구분이다.

138) 상속세및증여세법 제3조의2 제1항.

139) 법인세법 제14조. 제13장 제1절 II.

경우에도 회사는 법인세만 낸다. 회사의 주주나 출자자 가운데 상속인 등이[140] 상속세를 내어야 한다. 세액은 회사에 넘어온 재산 가운데 제 몫에 상속세율을 적용하면 된다. 법인세를 재산 가액에서 빼 주어야 함은 물론이다. 글귀가 이상하지만 아래 법조는 이 뜻.

상속세및증여세법 제3조의2 (상속세 납부의무) ② 특별연고자 또는 수유자가 영리법인인 경우로서 그 영리법인의 주주 또는 출자자(이하 "주주등"이라 한다) 중 상속인과 그 직계비속이 있는 경우에는 대통령령으로 정하는 바에 따라 계산한 지분상당액을 그 상속인 및 직계비속이 납부할 의무가 있다.

Ⅱ. 상속세 과세가액과 산출세액

상속세및증여세법 제26조 (상속세 세율) 상속세는 제25조에 따른 상속세의 과세표준에 다음의 세율을 적용하여 계산한 금액(이하 "상속세산출세액"이라 한다)으로 한다.

과 세 표 준	세 율
1억원 이하	과세표준의 100분의 10
1억원 초과 5억원 이하	1천만원+1억원을 초과하는 금액의 100분의 20
5억원 초과 10억원 이하	9천만원+5억원을 초과하는 금액의 100분의 30
10억원 초과 30억원 이하	2억4천만원+10억원을 초과하는 금액의 100분의 40
30억원 초과	10억4천만원+30억원을 초과하는 금액의 100분의 50

상속세및증여세법 제25조 (상속세의 과세표준…) ① 상속세의 과세표준은 제13조에 따른 상속세 과세가액에서 …금액을 뺀 금액으로 한다.

상속세및증여세법 제13조 (상속세과세가액) ① 상속세과세가액은 상속재산의 가액에서 제14조에 따른 것을 뺀 …금액으로 한다.

상속세및증여세법 제2조 (정의) 3. 상속재산이란 피상속인에게 귀속되는 모든 재산을 말하며 다음 각 목의 물건과 권리를 포함한다. 다만 피상속인의 일신에 전속하는 것으로서 피상속인의 사망으로 인하여 소멸되는 것은 제외한다.

가. 금전으로 환산할 수 있는 경제적 가치가 있는 모든 물건

나. 재산적 가치가 있는 법률상 또는 사실상의 모든 권리

140) 상속인, 상속인의 배우자, 상속인의 직계비속 또는 그 직계비속의 배우자. 개정 전 글귀의 상속인 "과" 직계비속은 상속인이나 직계비속이라는 뜻. 이 책 2025년판 제25장 주 136.

상속세및증여세법 제14조 (상속재산의 가액에서 빼는 공과금 등) ① …다음 각 호의 가액 또는 비용은 상속재산의 가액에서 뺀다.

1. 공과금
2. 장례비용
3. 채무. (하략)

1. 상속재산

상속이 있으면 피상속인이 맺은 권리의무관계가 상속인에게 포괄적으로 넘어간다.[141] 따라서, 재산적 가치가 있는 것이라면 모든 재산과 모든 권리의무에 대하여 상속세를 매긴다.[142] 있는지조차 몰랐던 재산에도.[143] 용례문제로 민법에서는 채무를 공제한 순자산을 상속재산이라 부르지만, 상속세및증여세법에서는 적극재산을 상속재산이라 부르고 채무는 과세가액 단계에서 공제한다.[144] 물건, 유가증권, 채권(債權),[145] 현금 등 법률적 모습이 어떻든 피상속인이 남긴 재산은 모두 상속재산에 들어간다.[146] 피상속인이 증여받기로 한 재산이 있지만 증여자가 임의로 취소할 수 있는 상태에 있는 재산이라면[147] 상속재산에는 안 들어가고, 뒤에 상속인이 실제 증여받는다면 증여세를 낸다고 보아야 한다. 피상속인이 명의신탁한 재산은 상속재산이고 명의수탁받은 재산은 등기명의는 있지만 상속재산이 아니다.[148]

소유권 이전 중에 있는 재산이라면 이중계산을 피해야 한다. 가령 부동산을 팔기로 계약하고 계약금을 받아 둔 상태에서 피상속인이 죽는다면 부동산의 가액(=매매대금의 금액)과 계약금으로 받은 현금이 상속재산에 들어가지만 동시에 계약금의 금액을 채무로 공제해야 한다.[149] 이미 받은 돈과 아직 받지 못한 대금채권을 상속재산

141) 민법 제1005조.

142) 물납여부는 납세의무자의 선택이므로 건물철거 조건부 물납허가에 따라 뒤에 철거한 건물도 과세대상이다. 대법원 2005. 9. 15. 선고 2003두12271 판결.

143) 대법원 2014. 10. 15. 선고 2012두22706 판결.

144) 피상속인이 납부할 소득세(제10장 제2절 Ⅱ)도 채무로 보아야 한다.

145) 양도소득세 취소소송을 제기했다면, 환급금 채권도 상속재산이다. 대법원 2006. 8. 24. 선고 2004두3625 판결.

146) 상속개시 후 상속재산에서 생기는 소득은 상속인의 소득이다. 가령 채권을 상속받는 경우 현재가치가 상속재산에 들어가고 그 뒤 받는 현금 가운데 원본부분(상속재산의 가액에 포함된 현재가치)의 회수액은 소득이 아니고 추가로 받는 부분(이자부분)은 상속인의 소득. 일본 最高裁判所 2010(平成22). 7. 6. 선고 平成20(行ヒ)16 판결.

147) 서면이 아닌 증여는 각 당사자가 임의로 해제할 수 있다. 민법 제555조.

148) 대법원 1997. 11. 14. 선고 97누669 판결; 2000. 11. 28. 선고 98두17937 판결. 제3절 VII.5.

149) 대법원 1983. 9. 13. 선고 83누329 판결. 등기를 이미 이전해 준 경우에 관하여는 대법원 2002. 6. 25. 선고 2000두7544 판결 참조.

에 포함하면서 부동산을 제외하더라도[150] 원칙적으로는 같은 결과가 되지만, 매매상대방이 특수관계인이라든가 달리 매매대금을 상속개시일 현재의 부동산 가액으로 볼 수 없는 사정이 있다면 누구의 재산으로 보는가에 따라 세액이 달라진다. 판례는 민법상 소유권이 아니라 소득세법상 양도시기를 준용한다.[151]

상속재산의 파악은 실제로는 쉬운 일이 아니다. 특히 무기명식 유가증권, 債權, 현금 같은 재산은 찾기 어렵다. 이리하여 피상속인이 죽기 전에 재산을 미리 미리 팔아치운 뒤 현금이나 무기명식 유가증권을 사실상 물려받는 꼴의 탈세가 생긴다. 법은 상속개시일 전 두 해 안에 일정금액[152] 이상의 재산을 처분하거나 빚을 얻은 것이 있고, 그렇게 받은 돈의 용도가 명백하지 않다면 현금 등을 빼돌린 것으로 추정하여 그 금액을 상속재산에 가산한다.[153]

> [이] 규정은 피상속인이 상속개시일 전 2년 이내에 상속재산을 처분하는 경우 그 처분대금이 현금으로 상속인에게 상속 또는 증여되어 상속세가 부당하게 경감될 우려가 많으므로 이를 방지하기 위하여 그 중 용도가 객관적으로 명백하지 아니한 금액에 대하여는 일정한 요건 하에 상속인이 이를 현금 상속한 것으로 인정하여 상속세 과세가액에 포함시킨 것이다. …그와 같이 상속재산 처분대금이 현실적으로 상속되어 위의 '상속으로 인하여 얻은 재산'의 범위에 포함되었다는 점에 대한 입증책임은 원칙적으로 과세관청에 있다고 할 것이나, 위와 같은 과세요건 사실의 증명을 위하여는 과세관청이 반드시 상속재산 처분대금이 실제로 상속인에게 현금으로 상속되었다는 주요사실을 입증하여야만 하는 것은 아니고, 단지 구체적인 소송 과정에서 경험칙에 비추어 과세요건 사실이 추정되는 사실 즉 상속재산 처분대금이 상속인에게 현금으로 상속되었다고 추정할 만한 간접사실을 입증하는 것으로 족하다….[154]

150) 대법원 1991. 6. 25. 선고 90누7838 판결; 1994. 12. 2. 선고 93누11166 판결(잔금 받았으나 등기미이전).

151) 대법원 1992. 4. 24. 선고 91도1609 판결(대금청산한 미등기재산); 2007. 6. 15. 선고 2005두13148 판결(할부매입).

152) 1년 안에 2억원 또는 2년 안에 5억원. 상속세및증여세법 제15조. 대법원 1994. 8. 26. 선고 94누2480 판결; 1996. 8. 23. 선고 95누13821 판결; 헌법재판소 1994. 6. 30. 93헌바9 결정; 2002. 10. 31. 2002헌바43 결정; 2012. 3. 29. 2010헌바342 결정; 2024. 5. 30. 2021헌바162 결정.

153) 같은 법조. 대법원 1992. 7. 10. 선고 92누6761 판결(무기명채권); 1994. 12. 2. 선고 93누11166 판결(처분대금); 1996. 11. 29. 선고 95누15285 판결; 1999. 9. 3. 선고 98두4993 판결. 용도가 불분명한 금액 가운데 20%는 2억원 한도 안에서 눈감아 주고 있다. 같은 법 시행령 제11조 제4항. 현금상속의 추정은 국세기본법 제24조 제1항(피상속인 조세채무의 승계)에는 적용되지 않는다. 대법원 1992. 10. 23. 선고 92누1230 판결; 1997. 9. 9. 선고 97누2764 판결; 1998. 12. 8. 선고 98두3075 판결 등.

154) 대법원 1998. 12. 8. 선고 98두3075 판결.

2. 간주 상속재산

피상속인의 사망으로 인하여 상속인이 받는 보험금이나 퇴직금, 퇴직수당, 공로금, 연금 따위는 애초부터 상속인이 제 권리로 받는 것이므로 민법(民法)에서는 상속받는 재산이 아니지만,[155] 경제적 실질에서는 상속받는 재산과 달리 볼 이유가 없으므로 稅法에서는 상속재산으로 본다.[156] 현금을 받는 시기가 나중이라면 그 때마다 상속세를 낸다는 말은 아니다. 보험금 등을 받을 채권의 상속개시 당시 시가(=현재가치)에 상속세를 내고, 상속개시 후에 붙는 이자는 상속인 자신의 재산에 딸린 소득이므로 소득세를 낸다.[157] 신탁재산은 민사법상의 소유권이 수탁자에게 있으므로 법은 그에 관한 특칙을 두고 있다.[158]

상속세및증여세법 제8조 (상속재산으로 보는 보험금) ① 피상속인의 사망으로 인하여 받는 생명보험 또는 손해보험의[159] 보험금으로서 피상속인이 보험계약자인 보험계약에 의하여 받는 것은 상속재산으로 본다.

② 보험계약자가 피상속인이 아닌 경우에도 피상속인이 실질적으로 보험료를 납부했을 때에는 피상속인을 보험계약자로 보아 제1항을 적용한다.

상속세및증여세법 제9조 (상속재산으로 보는 신탁재산) ① 피상속인이 신탁한 재산은 상속재산으로 본다. 다만, 제33조 제1항에 따라 수익자의 증여재산가액으로 하는 해당 신탁의 이익을 받을 권리의 가액(價額)은 상속재산으로 보지 아니한다.

② 피상속인이 신탁으로 인하여 타인으로부터 신탁의 이익을 받을 권리를 소유하고 있는 경우에는 그 이익에 상당하는 가액을 상속재산에 포함한다.

③ 수익자연속신탁의 수익자가 사망함으로써 타인이 새로 신탁의 수익권을 취득하는 경우 그 타인이 취득한 신탁의 이익을 받을 권리의 가액은 사망한 수익자의 상속재산에 포함한다.

상속세및증여세법 제10조 (상속재산으로 보는 퇴직금 등) 피상속인에게 지급될 퇴직금, 퇴직수당, 공로금, 연금 또는 이와 유사한 것이 피상속인의 사망으로 인하여 지급

---

155) 대법원 2023. 6. 29. 선고 2019다300934 판결(보험금을 받은 상속인에 대한 피상속인 채권자의 청구 기각); 2023. 11. 16. 선고 2018다283049 판결(단체협약상 유족의 권리) 등

156) 대법원 2007. 11. 30. 선고 2005두5529 판결. 2015년 시행 국세기본법 제24조 제2항은 대법원 2013. 5. 23. 선고 2013두1041 판결을 뒤집고 있다.

157) 일본 최고재판소 2010(平成 22). 7. 6. 平成20(行ヒ)16 판결(정기금으로 받는 보험금).

158) 대법원 2002. 4. 12. 선고 2000다70460 판결; 2025. 9. 25. 선고 2025두33790 판결.

159) 피상속인의 사망으로 인하여 받는 손해보험이 있을 수 있는지는 의문이다.

되는 경우 그 금액은 상속재산으로 본다. 다만, 다음 각 호의 어느 하나에 해당하는 것은 상속재산으로 보지 아니한다.

1. 국민연금법에 따라 지급되는 유족연금 또는 사망으로 인하여 지급되는 반환일시금

2. (이하 생략)

3. 채　무

상속재산에서 공제할 채무는 민사채무뿐만 아니라 공법상의 채무도 공제한다. 가령 피상속인의 조세채무도[160] 공제한다. 공제할 금액은 중간이자를 공제한 시가상당액.[161] 법령은 채무의 증명방법에 관한 규정을 두고 있지만[162] 이는 사실인정 문제이므로 법관의 판단에 속한다. 상속개시일 현재 피상속인이 종국적으로 부담할 것이 확실한 채무라야 공제할 수 있다.[163] 특히 문제되는 것은 보증채무(保證債務) 따위의 미확정채무. 주채무자가 변제불능 상태에 있다면 공제받을 수 있지만, 이를 증명할 책임은 납세의무자에게 있다.[164] 연대보증인이 여럿이라면 주채무자의 변제불능액 중 피상속인 부담부분만을 공제받을 수 있지만 다른 연대보증인이 변제불능 상태에 있다면 그 부분도 공제받을 수 있다.[165]

4. 공　제

상속세 과세가액, 곧 피상속인이 남긴 순자산가액이 바로 과세표준(課稅標準)이 되지는 않는다. 과세표준은 여러 가지 공제(控除)금액을 뺀 금액이다.[166] '기초공제'로 2억원은 그냥 공제한다.[167] '그 밖의 인적공제'로 자녀의 수에 따른 공제, 미성년자, 노인, 장애인을

160) 피상속인의 소득세 채무는 신고기한이 상속세와 같다. 소득세법 제74조 제1항, 상속세및증여세법 제67조 제1항.

161) 일본 最高裁判所 1974(昭和 49). 9. 20. 선고 昭和47(行ツ)69 판결.

162) 같은 법 제14조 제4항, 대법원 2016. 5. 12. 선고 2015두60167 판결(조합채무 가운데 제 몫).

163) 대법원 1983. 12. 13. 선고 83누410 판결; 1996. 4. 12. 선고 95누10976 판결; 1998. 3. 13. 선고 97누2719 판결; 2000. 7. 28. 선고 2000두1287 판결; 2004. 9. 4. 선고 2003두9886 판결; 2008. 11. 27. 선고 2008두13569 판결; 2016. 5. 12. 선고 2015두60167 판결(조합채무); 2021. 9. 15. 선고 2021다224446 판결. 뒤에 구상권을 변제받지 못하게 된 때 경정청구할 수 있다. 대법원 2010. 12. 9. 선고 2008두10133 판결. 도품이나 횡령한 재산도 일단 상속재산이고 혹시 뒤에 추징·몰수당한다면 경정청구할 수 있다고 보아야 맞다. 반환은 경정청구 사유가 아니라는 소득세 판결로 대법원 2024. 6. 17. 선고 2021두35346 판결. 제6장 제3절 IV.

164) 대법원 1986. 3. 11. 선고 85누760 판결; 1989. 6. 27. 선고 88누4924 판결; 1996. 4. 12. 선고 95누10976 판결; 1998. 2. 10. 선고 97누5367 판결; 2000. 7. 28. 선고 2000두1287 판결(물상보증); 2004. 9. 24. 선고 2003두9886 판결; 2007. 11. 15. 선고 2005두5604 판결 등.

165) 대법원 1998. 2. 10. 선고 97누5367 판결.

166) 상속세및증여세법 제25조.

위한 공제 따위도 있다.[168] '기초공제'와 '그 밖의 인적공제'를 모두 합한 금액이 5억원에 미치지 못한다면 5억원을 일괄공제받을 수 있다.[169] 배우자가 실제 분할상속받는[170] 재산[171] 가운데 법정상속분만큼은[172] 30억원 한도 안에서 공제한다.[173] 배우자가 실제 물려받는 재산이 없더라도 배우자 공제로 5억원은 빼 준다.[174] 상속인이 10년 넘도록 피상속인과 함께 살던 1세대 1주택을 물려받으면 주택가액의 100%를 6억원 한도 안에서 빼 준다.[175] 금융재산도 순자산의 일정비율을 공제해 주고[176] 가업상속재산이나 영농상속재산에도 일정한 공제가 있다.[177] 현행법에서는 이 공제의 혜택은 기본적으로 상속인 모두에게 돌아간다. 상속세는 각자가 "받았거나 받을 재산을 기준으로" 계산한 비율로 분담하는 까닭이다. 예를 들어 상속재산 25억원을 배우자와 자식 1명이 물려받는다면 각자의 법정상속분은 (1.5 : 1)의 비율로[178] 계산하여 각 15억원과 10억원이다. 배우자와 자식이 이 비율대로 재산을 차지한다면, 배우자상속 공제는 법정상속분인 15억원이고, 자식 몫의 인적공제와 기초공제 대신 일괄하여 5억원을 공제할 수 있다. 우리 법은 유산세 제도를 택한 까닭에 이런 공제의 혜택은 상속재산 전체에 걸친 과세표준과 세액을 계산하는 단계에서 적용하며, 각자에게 귀속하지는 않는다.[179]

---

167) 같은 법 제18조 제1항.

168) 같은 법 제20조.

169) 같은 법 제21조.

170) 같은 법 제19조 제1항. 대법원 2018. 5. 15. 선고 2018다219451 판결; 2023. 11. 2. 선고 2023두44061 판결(배우자 명의 등기).

171) 배우자란 법률상 배우자이다. 대법원 1999. 9. 3. 선고 98두8360 판결; 2012. 5. 9. 선고 2012두720 판결. 추정상속재산은 배우자공제 대상이 아니다. 대법원 2005. 11. 10. 선고 2005두3592 판결.

172) 상속 전 10년 사이에 상속인에게 증여한 재산이 있으면 그런 증여재산의 가액과 상속재산의 합계에 법정상속분을 곱하므로, 민법상의 법정상속분과는 약간 차이가 생긴다. 미리 증여받은 자가 배우자라면 다시 계산을 조정한다. 같은 법 제19조. 헌법재판소 2001. 11. 29. 99헌바120 결정; 2002. 9. 19. 2001헌바101 결정.

173) 신고기한은 상속세및증여세법 제19조 제2항, 제3항과 헌법재판소 2012. 5. 31. 2009헌바190 결정. 상속세와 달리 이혼시 재산분할로 받아가는 재산의 증여세비과세에는 한도가 없다. 헌법재판소 1997. 10. 30. 96헌바14 결정; 대법원 2017. 9. 12. 선고 2016두58901 판결. 제10장 제2절 I.2. 헌재 결정은 상속세와 증여세가 다르다고 했지만, 배우자가 기여분으로 받는 부분은 공유재산의 분할이므로 상속세를 부과할 수 없다고 풀이할 수 있는 가능성은 여전히 남아 있다. 미국세법 2056조(a)는 배우자 상속분을 비과세하지만 상속받은 배우자가 마저 사망하면 부부를 통산하여 일반 상속공제만 적용한다.

174) 같은 법 제19조 제4항. 따라서 일괄공제의 합계액이 10억원이 되지만, 배우자가 단독상속할 때에는 일괄공제는 허용하지 않는다. 같은 법 제21조 제2항.

175) 같은 법 제23조의2. 대법원 2014. 6. 26. 선고 2012두2474 판결(10년≠소유기간).

176) 대법원 2016. 5. 12. 선고 2015두60167 판결(조합채무 불공제).

177) 같은 법 제22조, 제18조 제2항. 대법원 2014. 3. 13. 선고 2013두17206 판결.

178) 민법 제1009조.

179) 상속세및증여세법시행령 제3조는 '상속인별 과세표준'이라는 말을 쓰고 있지만, 그 내용을 읽어보면

Ⅲ. 상속인별 세액과 미리 증여받은 재산

상속세및증여세법 제3조의2 (상속세 납부의무) ① 상속인… 또는 수유자…는 상속재산(제13조에 따라 상속재산에 가산하는 증여재산 중 상속인이나 수유자가 받은 증여재산을 포함한다) 중 각자가 받았거나 받을 재산을 기준으로…비율…계산한 금액을 상속세로 납부할 의무가 있다…

② (생략)

③ 제1항에 따른 상속세는 상속인 또는 수유자 각자가 받았거나 받을 재산을 한도로 연대하여 납부할 의무를 진다.

(보기) 상속재산 14억원을 처, 아들, 딸 세 사람이 각 6억원, 4억원, 4억원을 물려받았다. 상속세액은 3억 3천만원이다. 각자 납부할 세액은 얼마인가?

(풀이) 1억 4,200만원, 9,400만원, 9,400만원. 구상권은 제5장 제5절 I.

피상속인이 살아생전 증여한 재산을 상속세의 과세가액에 포함하는 경우가 있다. 앞서 보았듯 유산세란 미리 증여한 재산을 모두 합산해야 한다.[180] 그래야만 누진율(累進率)에 의미가 있다.[181] 유증이나 사인증여한 재산을 상속재산에서 빼지 않고 상속인과 묶어서 세금을 매기는 것이나 마찬가지. 그러나 평생토록 증여한 재산을 모두 추적하여 합산하기는 어렵다. 이리하여 현행법은 일정기간 안의 증여재산만 합산하고(같은 기간 안의 증여약속은 채무로 공제하지 않는다.[182]) 이미 납부한 증여세는 기납부(旣納付)세액으로 공제해 준다.[183] 증여재산을 합산하더라도 수증자는 상속세의 납세의무를 지지 않으므로[184] 누진율의 부담은 상속재산을 물려받는 상속인, 수유자 및 특별연고자에게만 돌아간다. 상속자격이 있는 사람이라면 미리 재산을 증여받고 상속을 포기하더라도 상속세 납세의무가 있으므로 이 추가부담을 진다.[185]

상속세과세표준을 각자가 차지한 상속재산의 가액으로 안분한 금액이라는 뜻이다.

180) 미국세법 2001조(b) 참조.

181) 대법원 1994. 8. 26. 선고 94누2480 판결; 헌법재판소 2002. 10. 31. 2002헌바43 결정.

182) 상속세및증여세법 제14조 제1항 제3호.

183) 상속세및증여세법 제13조 제1항, 제28조 제1항. 대법원 2006. 8. 24. 선고 2004두3625 판결. 소득세나 다른 법률에서도 상속받은 재산으로 본다는 말은 아니다. 대법원 1994. 8. 26. 선고 94누2480 판결. 배우자공제 여부 등 가산액 및 세액공제액은 상속당시의 사정에 따른다. 대법원 2012. 5. 9. 선고 2012두720 판결(상속 전 이혼이면 배우자상속공제 없고 증여세액공제도 배우자증여공제 없이 계산).

184) 상속세및증여세법 제3조의2 제1항.

185) 같은 항 괄호 부분. 대법원 1998. 6. 23. 선고 97누5022 판결을 뒤엎은 것이다. 그렇게 하지 않으면 위헌이라고, 곧 현행법만이 합헌이라고 한다. 헌법재판소 2008. 10. 30. 2003헌바10 결정.↔대법원

상속세및증여세법 제13조 (상속세과세가액) ① 상속세 과세가액은 상속재산의 가액에서 제14조에 따른 것을 뺀 후[186] 다음 각 호의 재산가액을 가산한 금액으로 한다…

1. 상속개시일전 10년 이내에 피상속인이 상속인에게 증여한[187] 재산가액[188]

2. 상속개시일전 5년 이내에 피상속인이 상속인이 아닌 자에게 증여한 재산가액[189]

상속세및증여세법 제14조 (상속재산의 가액에서 빼는 공과금 등) ① …상속개시일 현재 피상속인이나 상속재산에 관련된 다음 각 호의 가액 또는 비용은 상속재산의 가액에서 뺀다.

1. - 2. (생략)

3. 채무(상속개시일전 10년 이내에 피상속인이 상속인에게 진 증여채무와 상속개시일전 5년 이내에 피상속인이 상속인이 아닌 자에게 진 증여채무는 제외한다. 이하 이 조에서 같다)

상속세및증여세법 제28조 (증여세액공제) ① 제13조에 따라 상속재산에 가산한 증여재산에 대한 증여세액(증여 당시의 그 증여재산에 대한 증여세산출세액을[190] 말한다)은 상속세산출세액에서 공제한다. 다만, 상속세 과세가액에 가산하는 증여재산에 대하여 「국세기본법」 제26조의2 …에 따른 기간의[191] 만료로 인하여 증여세가 부과되지 아니하는 경우 … 에는 그러하지 아니하다.

② 제1항에 따라 공제할 증여세액은 상속세산출세액에 상속재산(제13조에 따라 상속재산에 가산하는 증여재산을 포함한다. 이하 이 항에서 같다)의 과세표준에 대하여 가산한 증여재산의 과세표준이 차지하는 비율을 곱하여 계산한 금액을 한도로 한다. 이 경우 그 증여재산의 수증자가 상속인이거나 수유자이면 그 상속인이나 수유자 각자가 납부할 상속세액에 그 상속인 또는 수유자가 받았거나 받을 상속재산에 대하여 대통령령으로 정하는 바에 따라 계산한 과세표준에 대하여 가산한 증여재산의 과세표준이 차지하는 비율을 곱하여 계산한 금액을 한도로 각자가 납부할 상속세액에서 공제한다.

2009. 2. 12. 선고 2004두10289 판결.

186) 음수일 수도 있다. 대법원 2006. 9. 22. 선고 2006두9207 판결.

187) 여기에서 '상속인'은 상속포기자를 포함한다. 대법원 1993. 9. 28. 선고 93누8092 판결. 대습상속인도 포함. 대법원 2018. 12. 13. 선고 2016두54275 판결; 헌법재판소 2021. 12. 23. 2019헌바138 결정. 아래 IV. '증여'는 증여의제액을 포함한다. 대법원 1997. 7. 25. 선고 96누13361 판결.

188) 증여일 현재의 시가를 말한다. 같은 법 제60조 제4항. 헌법재판소 1997. 12. 24. 96헌가19 결정. 평가기준일은 증여유형과 재산종류별로 정하고 있다. 2001. 6. 28. 99헌바54 결정.

189) 이 호와 법 제28조 제1항 본문은 위헌이 아니다. 헌법재판소 2006. 7. 27. 2005헌가4 결정. 법인에 대한 증여도 이에 해당한다고 전제한 대법원 2016. 4. 28. 선고 2015두59259 판결은 제28조 제1항 본문과 연결하면 의문이 있다.

190) 대법원 2018. 12. 13. 선고 2016두54275 판결(세대를 건너 뛴 증여 세액할증액 포함).

191) 제4장 제5절 II.

(보기) 김노인 씨는 어느 해 5. 1. 딸에게 1억원짜리 재산을 증여했고, 딸은 증여세 7백만원을 납부했다. 증여세 과세표준은 증여재산공제 3천만원(현행법에서는 5천만원이지만 편의상 3천만원으로 하자)을 빼고 남는 7,000만원이었다.[192] 이듬해 4. 1. 김노인 씨는 사망했고, 남긴 재산은 14억원이다. 이 재산은 처, 딸, 아들 세 사람이 6억원, 4억원, 4억원을 물려받았다.[193] 상속세액은 얼마이고, 상속인 세 사람이 각자 납부할 금액은 얼마씩인가? 상속인 중 미성년자나 장애자는 없고,[194] 다른 공제(금융재산공제, 가업상속공제, 영농공제 따위)도 없다. 일괄공제는 5억원이다.

(풀이) 상속개시일 전 10년 이내에 증여한 재산 1억원을 합하면 상속세과세가액은 15억원이다. 상속공제액은 배우자공제가 6억원(한도는 15억원 × 1.5/3.5 = 6.42억원)이다. 일괄공제는 5억원이다. 두 자식을 합한 인적공제 6천만원(현행법에서는 1억원), 기초공제 2억원의 합보다 크다. 과세표준은 (15억 - 6억 - 5억) = 4억원이다. 세액은 1천만원 + (4억 - 1억) × 20% = 7,000만원이 된다. 이 세액을 세 사람에게 나누는 비율은? 그 세액이 나온 과세표준(이 예에서는 증여재산 가산액을 포함한 금액인 4억원)이 세 사람에 안분되는 비율에 따른다. 구체적으로는 4억원을 증여재산분 7,000만원과 상속재산분 3억3천만원으로 나눈다. 상속재산분 3억3천만원을, 상속재산 14억원을 세 사람이 분배받은 6:4:4의 비율로[195] 가르면[196] 1억4,200만원, 9,400만원, 9,400만원이 된다. 거기에 딸이 받은 증여재산분 7,000만원을 반영하면,[197] 상속인별 과세표준은 1억4,200만원 : 9,400만원 : 1억6,400만원이 된다. 세액 7,000만원을 이 비율[198]로 나누면 각자의 자기부담 부분은 2,490만원, 1,640만원, 2,870만원이 된다. 배우자와 아들은 각 2,490만원, 1,640만원을 내면 되고[199] 딸은 2,870만원에서 700만원을 뺀[200] 2,170만원을 내면 된다. 증여세액공제의 한도는 (2,870만원 × 7,000만원/1억6,400만원)이고[201] 이 금액은 700만원보다 크다. 딸이 상대적으로 많은 세금을 내게 되는 까닭은? 상속재산공제에 비해 증여재산공제의 금액이 낮아서. 또 배우자공제

192) 상속세및증여세법 제26조, 제53조 제1항 제2호.

193) 민법 제1009조.

194) 미성년자나 장애자에게는 추가적인 공제가 있다. 상속세및증여세법 제20조 제1항 제2호와 제4호.

195) 상속세및증여세법시행령 제3조 제1항 제1호에서 (다)목의 금액이 (나)목의 금액에 대하여 차지하는 비율.

196) 같은 호에서 앞 주석의 비율을 (가)목의 금액(=전체 과세표준 가운데 상속재산분)에 곱하여 계산한 금액.

197) 같은 호의 본문.

198) 같은 영조항 본문에서(제1호의 금액/제2호의 금액).

199) 상속세법 제3조의2 제1항 본문.

200) 상속세법 제28조 제2항 후문.

201) 같은 항 후문.

등 각종 상속공제의 혜택은 상속인 모두에게 골고루 돌아가고. 납부고지는 각 상속인에게 자기부담 부분과 전체세액을 고지한다. 각 상속인은 다른 사람 부담부분도 다툴 수 있지만 다른 상속인 부담부분도 자기가 받은 재산의 범위 안에서 추가 절차 없이 강제징수당할 수 있다. 제5장 제5절 I.

(보기) 앞의 예에서 1억원을 미리 증여받은 사람이 내연녀(內緣女)라면 상속세액은 얼마이고 각자 납부할 세액은 얼마인가?

(풀이) 상속세액은 7,000만원으로 변함이 없다. 내연녀는 상속인이 아니고 상속세 납부의무가 없으므로 세금을 더 낼 것이 없다. 7,000만원에서 증여세액 700만원(공제한도는 7,000만원×7천/4억 = 1,225만원)을 공제한[202] 6,300만원을, 상속재산 14억원[203]을 세 사람이 차지한 상속재산인 6억 : 4억 : 4억[204]의 비율로 나누어[205] 낸다. 내연녀 증여에 따른 누진세율의 부담은 상속인 세 사람에게(!) 골고루 돌아간다.

〈대법원 2024. 9. 12. 선고 2022두64143 판결〉

…비거주자인 망 소외 1(이하 '망인'이라 한다)은 2016. 7. 14. 사망했고, 상속인으로 배우자인 소외 2와 자녀인 원고가 있었다…망인의 사망 당시 상속재산으로 국내 예금채권 744,974원(이하 '이 사건 국내재산'이라 한다) 및 미합중국에 소재한 주택 1채가 있었다…피고는 이 사건 국내재산을 상속세 과세대상 상속재산으로 하고, 망인이 2016년경 상속인이 아닌 자들에게 증여한 광명시 소재 2필지 토지 등 합계 1,427,051,000원을 사전증여재산으로 가산하여, 2018. 12. 5. 원고와 소외 2에게 상속세 237,029,010원(가산세 포함, 이하 같다)을 연대하여 납부하도록 각각 고지했다…피상속인이 비거주자인 경우 구 상증세법 제3조의2 제1항 및 제3항의 '상속인 각자가 받았거나 받을 재산'에는 상속세 과세대상인 '국내에 있는 상속재산'만 포함된다고 보아야 하고, 상속세 과세대상이 되지 않는 '국외에 있는 상속재산'까지 포함된다고 볼 수는 없다.

Ⅳ. 세대를 건너뛴 상속: 손자손녀에 대한 부의 이전

상속세 부담을 피하기 위해 뉘를 건너뛰어 손자손녀(또는 증손)에게 재산을 유증하거나 증여하는 경우가 있다. 재산을 자식이 상속받고, 그 뒤에 다시 손자손녀가 상

202) 같은 법 제28조 제1항.

203) 상속세및증여세법시행령 제3조 제1항 제1호 (나)목의 금액.

204) 같은 호 (다)목의 금액.

205) 같은 항에서 나눗셈의 분자인 제1호(가)목의 금액과 분모인 제2호의 금액이 같은 상속재산분 과세표준의 금액이 되므로 서로 없어지고, 결국은(다)목의 금액을 기준으로(나)목의 금액을 안분하게 된다.

속받는 경우보다 세부담이 적기 때문이다. 이에 대한 대책이 법에 있다.

> 상속세및증여세법 제27조 (세대를 건너뛴 상속에 대한 할증과세) 상속인이나 수유자가 피상속인의 자녀를 제외한 직계비속인 경우에는 제26조에 따른 상속세산출세액에 상속재산(제13조에 따라 상속재산에 가산한 증여재산 중 상속인이나 수유자가 받은 증여재산을 포함한다…) 중 그 상속인 또는 수유자가 받았거나 받을 재산이 차지하는 비율을 곱하여 계산한 금액의 100분의 30…에 상당하는 금액을 가산한다. 다만, 민법 제1001조에 따른 대습상속의 경우에는 그러하지 아니하다.

> 상속세및증여세법 제57조 (직계비속에 대한 증여의 할증과세) ① 수증자가 증여자의 자녀가 아닌 직계비속인 경우에는 증여세산출세액에 100분의 30…에 상당하는 금액을 가산한다. 다만, 증여자의 최근친인 직계비속이 사망하여 그 사망자의 최근친인 직계비속이 증여받은 경우에는 그러하지 아니하다.

민법 제1001조에 의한 대습상속(代襲相續)이란, 가령 부모(1대)에게 자식(2대)이 둘 있고 그 밑에 다시 손자손녀(3대)가 둘씩 있다가, 2대 하나가 1대보다 먼저 죽고 없는 경우에 생긴다. 이제 1대가 죽는다면 죽은 2대 대신 3대 두 명이 살아있는 2대와 함께 상속을 받게 된다. 이처럼 3대가 상속받는 것이 대습상속. 대습상속에는 30% 할증과세를 안 하므로 2대가 받는 것이나 같은 세금만 낸다. 이와 달리 2대가 상속을 포기하는 경우에는 3대는 대습상속인이 아니라 본위상속인이므로[206] 할증과세 받는다. 한편, 2대가 재산을 상속받고 곧 죽는 바람에 3대가 재상속을 받는 경우에는 대습상속과 균형을 맞추어 과세한다. 가령 1년 안에 재상속이 생기면 윗 뉘가 낸 상속세를 전액 공제한다.[207] 단기재상속에 대한 세액공제는 해마다 10%씩 낮아져서 10년이 지나면 없다. 아래 판결의 소외1, 소외2, 원고는 각 1대(피상속인), 2대, 3대이다.

> 〈대법원 2018. 12. 13. 선고 2016두54275 판결〉
>
> 가. 소외 1은 그 자녀로 소외 2…을 두었다. 소외 1은 2007. 8. 10. 소외 2…의 자녀들로서 손자들인 원고 … 에게 500,000,000원을…증여했다… 원고 2…은 증여자인 소외 1의 자녀가 아닌 직계비속에 해당하여…그 증여세산출세액에 100분의 30이 가산된 금액(이하 가산된 금액을 '세대생략가산액'이라고 한다)을 납부했다. 소외 1은 2013. 2. 22. 사망했으나 그보다 앞서 소외 2는 2008. 11. 21. 사망하여, 소외 2의 상속인들인…

206) 민법 제1000조, 제1001조.

207) 상속세및증여세법 제30조. 대법원 2004. 7. 9. 선고 2002두11196 판결. 미국세법 2013조. 세대를 건너뛴 상속은 미국세법 2601조 이하.

원고…은 대습상속인으로서 … 소외 1을 공동상속했다. 피고는 2014. 12. 8. 상속개시일 전 10년 이내에 피상속인인 소외 1로부터 증여받은 재산의 가액을 공동상속인인 원고들의 상속세 과세가액에 포함하여 상속세액을 산정한 다음, 총 납부할 세액과 상속인별 납부할 세액에 관하여 원고들에게 납부고지(이러한 상속세 부과고지 및 징수고지를 합하여 '이 사건 처분'이라고 한다)했다. 그런데 피고는 원고…에 대한 사전증여재산을 상속재산에 가산하면서 상속세산출세액에서 세대생략가산액이 포함되지 않은 증여세산출세액만 공제하여 세액을 산정했다…

이 사건의 쟁점은 ① …원고…이 소외 2가 생존하여 있을 동안 소외 1로부터 재산을 증여받았는데도 이후 소외 2가 사망하여 대습상속인으로 소외 1을 상속했다는 이유로 이러한 증여받은 재산이 '피상속인이 상속인에게 증여한 재산'에 해당한다고 할 수 있는지, ② 원고…은 소외 1로부터 재산을 증여받을 당시 증여세 과세표준에 세율을 적용한 산출세액뿐만 아니라…세대생략가산액도 납부했는데, 상속재산에 가산한 사전증여재산에 대한 증여세액을 상속세산출세액에서 공제하면서 위 세대생략가산액도 포함하여 공제하여야 하는지 여부이다…상속세를 납부할 의무 역시 상속이 개시되는 때 성립하고, 상속인은 각자가 받았거나 받을 재산을 기준으로 상속세를 납부할 의무가 있다. 여기서 상속인에는…대습상속인도 포함된다(구 상증세법 제1조 제1항, 제3조 제1항 등). 따라서…상속개시일 전 10년 이내에 피상속인으로부터 증여받은 재산의 가액은…과세가액에 포함되어야 한다… 세대를 건너뛴 증여로 구 상증세법 제57조에 따른 할증과세가 되었더라도, 그 후 증여자의 사망으로 상속이 개시된 시점에 수증자가 대습상속의 요건을 갖춤으로써 세대를 건너뛴 상속에 대하여 할증과세를 할 수 없게 되어 세대생략을 통한 상속세 회피의 문제가 생길 여지가 없다면, 세대생략 증여에 대한 할증과세의 효과만을 그대로 유지하여 수증자 겸 상속인에게 별도의 불이익을 줄 필요가 없다… 대습상속인이 된 이상, 상속재산에 가산된 위 원고들이 받은 증여재산에 대한 증여세산출세액과 아울러 세대생략가산액까지 포함하여 상속세산출세액에서 공제함이 타당하…다.

Ⅴ. 가업(家業)상속공제

〈대법원 2014. 3. 13. 선고 2013두17206 판결〉

상증세법과 구 조특법이 가업의 승계에 관하여 상속세와 증여세의 과세특례를 규정한 취지는 중소기업의 영속성을 유지하고 경제 활력을 도모할 수 있도록 일정한 가업의 상속과 증여에 대하여 세제지원을 하고자 함에 있는 점, 가업의 승계는 경영승계와 함께 소유승계가 수반될 필요가 있으므로 상속인이나 수증자가 가업에 계속 종사하여야 할 뿐만 아니라 주식 등의 지분도 일정한 정도로 유지되어야 하는 점, 이에 상증세법 제18조 제5항 제1호 및 구 조특법 제30조의6 제2항은 주식 등의 지분이 감소된 경우 상속인이나 수증자에게 본래 부담했어야 할 상속세와 증여세를 부과하도록 명시적으로 규정하고 있는 점 등을 유기적·체계적으로 종합하여 보면, 상증세법 제18조 제4항의 위임에 따라 '주식 등을 상속하는 경우의 적용방법 등 가업상속의 범위 기타 필요한 사항'과 관련하여 대통령령에서 정하여질 내용은 기업을 지배할 수 있을 정도의 주식 등의 지분 보유비율 등과 같은 사항이 될 것임을 충분히 예측할 수 있[다]

〈헌법재판소 2025. 7. 17. 2020헌바557 결정〉

가업을 승계한 후 가업에 종사하지 않은 수증자는 가업에 종사하지 않은 데에 정당한 사유가 인정되면 가업승계 증여세 과세특례의 적용을 받는데 반하여…가업을 승계하지 않은 수증자는 가업을 승계하지 않은 데에 정당한 사유가 있더라도 가업승계 증여세 과세특례를 적용받을 수 없…어서 차별취급이 존재한다…가업을 영위하는 데 필요한 기술·경영노하우를 전수받은 수증자가 가업의 경영권을 승계 받음으로써 가업이 동일성을 유지하면서 계속하여 운영되는 것을 어느 정도 담보할 수…있다. 만약 수증자가 해당 가업의 주식 등을 증여받기만 하고 경영권을 승계받지 않는다면, 가업의 승계를 목적으로 주식 등을 증여받은 것인지, 아니면 단순히 증여를 받은 것인지가 불분명하여 가업승계 증여세 과세특례를 부여하기 어려운 측면이 있다. 이러한 사정에 비추어 볼 때, 가업승계 증여세 과세특례에서 '경영권의 이전을 통한 가업의 승계'라는 요건의 충족은 매우 중요한 의미를 가진다…따라서 일단 경영권을 이전받아 가업을 승계하였으나 사후관리의무를 위반한 수증자와는 달리…처음부터 가업의 경영권을 이전받지 아니하여 가업을 승계하지 아니한 수증자에 대하여 정당한 사유의 존재 여부에 상관없이 가업승계 증여세 과세특례의 적용을 배제하도록 한 것이 현저히 자의적이거나 비합리적이라고 보기 어렵다…조세평등주의를 위반한 것으로 볼 수 없다.

재벌 3세는 1세, 2세의 가업을 승계받는 것이 아닐까? 家業승계라는 구호로 신분을 상속받겠다는 말일 뿐이다. 중소기업의 가업승계라는 개념도 기실 판도라의 상자를 연 것. 헌법으로 돌아가면 엄격한 비례심사 대상이라야 맞다.[208] 가업상속공제를 받고 안 받고는 내 행동의 결과가 아니다. 부모님이 돌아가신다는, 나로서는 그야말로 그저 당하는 일일 뿐. 제2장의 보기로,[209] 빵장사는 과세사업이고 떡장사는 비과세인 걸 내가 이미 알면서 빵장사를 시작한 것과는 전혀 다르다. 상속이란 애초 기회 자체가 불

208) 독일 헌법재판소 2014. 12. 17. 1 BvL 21/12 결정.

209) 제2장 제3절 II. 3.

평등하다. 홀어머니가 사시던 집의 전세보증금도 5억만 넘으면 상속세를 내어야 하는 마당에 가업이라는 명분으로 몇백억원을 공제해주는 것은 정당화할 수 없다. 중소기업의 유지나 경제활력의 도모라는 목적만 가지고 정당화할 수는 없다.[210] 목적과 수단이 비례하지 않는다. 이 제도 덕택에, 몇억짜리 전세보증금에 상속세를 낸 사람들도 일자리를 찾았다는 증명이 없는 한. 일단 상속세를 유예해주고 급여나 배당 등의 형식으로 인출하는 돈에 상속세를 물리는 정도가 합헌이라 할 수 있는 최대 범위일 것이다. 한편 이 불공평에 대한 보완책으로 상속세를 안 문 재산을 처분하는 경우 피상속인이 살아있던 동안 생긴 미실현이득에 대한 양도소득세를 물린다.[211] 미국은 2013년에 상속세 인적공제를 일률적으로 올리면서 가업승계 특례를 폐지.

제 3 절 증 여 세

Ⅰ. 증여세 납세의무와 과세대상

1. 사건별 수증자 과세

상속세및증여세법 제70조 (자진납부) ① …제68조에 따라 …증여세를 신고하는 자는 각 신고기한까지 각 산출세액…을… 납부하여야 한다.

상속세및증여세법 제68조 (증여세과세표준신고) ① 제4조의2에 따라 증여세 납부의무가 있는 자는 증여받은 날이 속하는 달의 말일부터 3개월 이내에 …증여세의 과세가액 및 과세표준을… 납세지 관할 세무서장에게 신고하여야 한다…

상속세및증여세법 제56조 (증여세 세율) 증여세는 제55조에 따른 과세표준에 제26조에 규정된 세율을 적용하여 계산한 금액(이하 "증여세산출세액"이라 한다)으로 한다.[212]

상속세및증여세법 제55조 (증여세의 과세표준…) ① 증여세의 과세표준은 다음 각 호의 어느 하나에 해당하는 금액…으로 한다…

4. …제47조 제1항에 따른 증여세 과세가액에서…금액을 뺀 금액

210) 2011 Mirrlees Review, 15.3절.

211) 소득세법 제97조의2 제4항. 제12장 제2절 10.

212) 중소기업 사전상속에 대해서는 조세특례제한법 제30조의6.

상속세및증여세법 제47조 (증여세 과세가액) ① 증여세 과세가액은 증여일 현재 이 법에 따른 증여재산가액을 합친 금액…에서 그 증여재산에 담보된 채무…로서 수증자가 인수한[213] 금액을 뺀 금액으로 한다.

② 해당 증여일 전 10년 이내에 동일인(증여자가 직계존속인 경우에는 그 직계존속의 배우자를 포함한다)으로부터 받은 증여재산가액을 합친 금액이 1천만원 이상인 경우에는 그 가액을 증여세 과세가액에 가산한다. 다만, 합산배제증여재산의 경우에는 그러하지 아니하다.

일정기간 동안 증여받은 금액을 모아 신고하는 미국법과 달리 우리나라의 증여세는 증여재산별로 따로 신고납부의무를 지우고 있다.[214] 신고납부 기간은 증여, 곧 법률적 지배권을 얻은 날이[215] 속하는 달의 말일부터 3월 이내이다.[216] "제26조에 규정된 세율"이란 상속세의 세율이다. 과세표준은 증여세과세가액에서 증여재산공제액을 빼서 구한다. 증여재산공제로는, 배우자 사이에서는 6억원, 직계존비속이나 다른 친족 사이에는 몇천만원 정도까지를 빼 준다.[217] 혼인자금이나 출산자금을 빼주는 특례도 있다.[218] 증여세 납세의무는 증여를 받을 때마다 생기지만, 같은 사람으로부터 받는 증여(이른바 '재차증여')라면 10년 이내 수증액을 합쳐서 누진율을 적용하면서 기납부세액을 빼 준다.[219]

---

213) 대법원 2000. 3. 24. 선고 99두12168 판결.

214) 다만 같은 사람으로부터 2회 이상 증여(재차증여)받는다면 10년 이내의 것은 합산한다. 따라서 증여자가 달라지면 소송물이 달라진다. 제6장 제5절. 증여자의 신원이 틀렸더라도 무신고는 아니다. 대법원 2019. 7. 11. 선고 2017두68417 판결(명의신탁 재산을 증여받은 경우). 일정한 거래는 1년 이내의 시세차익을 합산한다. 상속세및증여세법 제43조 제2항.

215) 대법원 1987. 10. 28. 선고 87누403 판결; 1990. 7. 13. 선고 90누134 판결; 1991. 6. 11. 선고 91누1493 판결; 1994. 12. 9. 선고 93누23985 판결 등.

216) 상속세및증여세법 제68조.

217) 상속세및증여세법 제53조. 헌법재판소 2008. 7. 31. 2007헌바13 결정. 이혼시의 재산분할에는 증여세를 안 물리면서 부부간의 재산이전에는 물리는 것은, 혼인 중에는 민법 제839조의2의 재산분할청구권이 없기 때문이다. 어느 한 쪽의 특유재산을 명의신탁해지 방식으로 받는 것은 증여이다. 대법원 1998. 12. 22. 선고 98두15177 판결. 사실혼 배우자의 사망 후 상속인에게서 재산을 받은 것도 증여이다. 대법원 2006. 3. 24. 선고 2005두15595 판결. 준거법인 외국법의 community property system(우리 법으로 치자면 부부재산 총유 내지 합유)에 속하는 재산은 애초 부부간 증여가 있을 수 없다. 대법원 2015. 11. 17. 선고 2015두49337 판결. 제10장 제2절 I. 2.

218) 상속세및증여세법 제53조의2.

219) 같은 법 제58조 제1항. 헌법재판소 1992. 12. 24. 90헌바21 결정; 1997. 12. 24. 96헌가19 결정; 대법원 2015. 6. 24. 선고 2013두23195 판결(당초 증여분에 대한 부과제척기간이 지났더라도 합산). 재차증여에 따른 증여세부과는 증액경정이 아니고 별개의 처분이다. 대법원 2004. 12. 10. 선고 2003두9800 판결.

> 상속세및증여세법 제4조의2 (증여세 납부의무) ① 수증자는 다음 각 호의 구분에 따른 증여재산에 대하여 증여세를 납부할 의무가 있다.
>
> 1. 수증자가 거주자(본점이나 주된 사무소의 소재지가 국내에 있는 비영리법인을 포함한다. 이하 이 항에서 같다)인 경우: 제4조에 따라 증여세 과세대상이 되는 모든 증여재산…
>
> ③ 제1항의 증여재산에 대하여 수증자에게 소득세법에 따른 소득세 또는 법인세법에 따른 법인세가 부과되는 경우에는[220] 증여세를 부과하지 아니한다. (이하 생략)

권리능력 없는 사단이나 재단도 증여세는 낸다.[221] 위법한 증여이더라도 증여세납세의무가 있다.[222]

> 상속세및증여세법 제4조의2 (증여세 납부의무) ⑥ 증여자는 다음 각 호의 어느 하나에 해당하는 경우에는 수증자가 납부할 증여세를 연대하여 납부할 의무가 있다…
>
> 1. 수증자의 주소나 거소가 분명하지 아니한 경우로서 조세채권을 확보하기 곤란한 경우
> 2. 수증자가 증여세를 납부할 능력이 없다고 인정되는 경우로서 강제징수를 하여도 증여세에 대한 조세채권을 확보하기 곤란한 경우

미국에서는 증여자가 납세의무자임에 비하여 우리나라에서는 수증자(受贈者)가 납세의무자이고 증여자(贈與者)는 연대납부의무를 진다. '연대'라고는 하지만 내용은 위에 보듯 보충적 납세의무.[223] 증여 유형에 따라서는 수증자만 납세의무를 지고 증여자는 벗어난다.[224] 일정한 증여유형에 들어가면 수증자가 무자력인 경우 증여자는 연대납세의무를 벗어나고 다시 그 가운데 일정한 유형이라면 수증자도 납세의무를 면제받는다.[225]

---

220) 대법원 1992. 11. 10. 선고 92누3441 판결(상여처분 → 소득세); 2017. 3. 30. 선고 2016두55926 판결(증여세 〉 의제배당); 2017. 9. 26. 선고 2015두3096 판결(증여세 〉 의제배당). 제10장 제3절 II, 제18장 제5절 VII.4. 고가나 저가 양도는 제12장 제4절 4.

221) 상속세및증여세법 제4조의2 제8항. 2004년에서 2013년 사이의 사건은 대법원 2014. 4. 24. 선고 2012두14897 판결.

222) 위법소득에 관한 제10장 제1절 4 참조. 그러나 대법원 2005. 6. 10. 선고 2003도5631 판결. 증여자에 관하여는 제22장 제1절 V.

223) 제5장 제5절 I.

224) 상속세및증여세법 제4조의2 제6항 단서.

225) 상속세및증여세법 제4조의2 제5항, 제6항. 대법원 2016. 7. 14. 선고 2014두43516 판결(무자력 여부는 납세의무 성립시기 기준).

2. 증여세 〉 증여에 대한 세금

상속세및증여세법 제4조 (증여세 과세대상) ① 다음 각 호의 어느 하나에 해당하는 증여재산에 대해서는 이 법에 따라 증여세를 부과한다.

1. 무상으로 이전받은 재산 또는 이익…

② 제45조의2부터 제45조의5까지의 규정에 해당하는 경우에는 그 재산 또는 이익을 증여받은 것으로 보아 그 재산 또는 이익에 대하여 증여세를 부과한다.

증여세의 과세범위는 제1항에 나오는 증여보다 크다. 부의 무상이전이나 증여라는 개념에 포섭하기 어려운 것들도 위 제2항에 보듯 증여로 의제해서 증여세를 과세하는 규정이 여럿 있다. 제45조의2에서 제45조의4에 따른 합산배제재산에 증여세를 매기는 경우에는 재차증여 10년 합산을 배제하고[226] 건건이 따로 세금을 매긴다. 상속세 계산에서도 미리 증여한 재산으로 합산하지 않고.[227] 합산배제재산에는 두 가지. 하나는 증여세를 매기기는 하지만 기실 소득세의 성질을 가진 것이고,[228] 또 하나는 증여의제.[229]

제56조 (증여세 세율) 증여세는 제55조에 따른 과세표준에 제26조에 규정된 세율을 적용하여 계산한 금액(이하 "증여세산출세액"이라 한다)으로 한다.

제55조 (증여세의 과세표준 및 과세최저한) ① 증여세의 과세표준은 다음 각 호의 어느 하나에 해당하는…금액으로 한다.

1. 제45조의2에 따른 명의신탁재산의 증여 의제: 그 명의신탁재산의 금액

2. 제45조의3 또는 제45조의4에 따른 이익의 증여 의제: 증여의제이익

3. 제1호 및 제2호를 제외한 합산배제증여재산: 그 증여재산가액에서 3천만원을 공제한 금액

제47조 (증여세 과세가액) ① …제31조 제1항 제3호・제40조 제1항 제2호・제3호, 제41조의3, 제41조의5, 제42조의3, 제45조 및 제45조의2부터 제45조의4까지의 규정에 따른 증여재산(이하 "합산배제증여재산"이라 한다)…

---

226) 상속세및증여세법 제47조 제2항 단서.

227) 상속세및증여세법 제13조 제3항.

228) 아래 V.

229) 제45조의5는 증여의제라는 글귀에 불구하고 포괄증여개념에 포섭된다. 아래 VI.4. 명문규정이 생기기 전 옛 법에서는 명의신탁 증여의제도 합산대상이라는 판례로 대법원 2019. 6. 13. 선고 2016두50792 판결.

3. 포괄적 증여 개념

증여의제가 있을 뿐만 아니라 상속세 및 증여세법이 말하는 증여, 곧 재산이나 이익의 무상이전이란 민법의 증여개념보다는 훨씬 넓은 독자적 개념이다. 증여세는 상속세제의 실효성을 확보하기 위한 제도이다. 자식에게 미리 재산을 증여하면 상속시킬 재산이 없어지는 까닭이다. 그렇게 본다면 증여세의 과세대상이 되는 재산의 범위는 상속세와 일치해야 한다.[230] 재산적 가치가 있는 이상 재산과 권리의무 모두에 포괄적으로 상속세를 물리므로, 증여세의 과세대상 역시 포괄적이어야 한다. 이런 의미에서 증여세는, 민사법상의 증여개념에 묶이지 않고,[231] 이른바 완전포괄주의를 채택하고 있다.[232] 어차피 상속세의 과세대상이 되는 재산인 이상 미리 넘기는 경우에도 세금을 내어야 마땅한 까닭이다. 이리하여 법은 넘기는 행위의 형태가 어떠하든 부(富)의 무상이전(無償移轉)을[233] 모두 과세대상으로 삼는다.[234] 법인에서 증여받는 것도 과세. 부모가 자식에게 주식을 증여하나 부모가 지배하는 법인이 재산을 증여하나 진배없으니. 재산분할은 무상이전이 아니니 증여가 아니다.[235] 법인을 가운데에 끼운 증여는 판례와 입법이 갈팡질팡하면서 어려운 해석 문제를 낳고 있다. 아래 VI.

> 상속세및증여세법 제4조의2 (증여세 납부의무) ① 수증자는 다음 각 호의 구분에 따른 증여재산에 대하여 증여세를 납부할 의무가 있다.
>
> 1. 수증자가 거주자(본점이나 주된 사무소의 소재지가 국내에 있는 비영리법인을 포함한다. 이하 이 항에서 같다)인 경우: 제4조에 따라 증여세 과세대상이 되는 모든 증여재산…

---

230) 미국법에서는 평생에 걸친 증여재산 모두를 상속재산에 합산하여 상속세를 매기면서 증여세를 기납부세액으로 공제한다. 미국세법 2001조(b).

231) 헌법재판소 2016. 6. 30. 2014헌바468 결정. Tipke/Lang, 15.23문단. 상속재산의 재분할에 대한 증여세는 제2절 Ⅰ.

232) 노무현 정부에서 완전포괄주의를 구태여 입법할 수밖에 없었던 역사적 배경은 아래 Ⅱ.1. 현행법 초안을 담았던 용역보고서를 정리한 글로 성낙인·박정훈·이창희, 상속세 및 증여세의 완전포괄주의 도입방안에 관한 연구, 서울대학교 법학 44권 4호(2003), 163쪽. 지금 읽고 있는 제25장의 원본이다.

233) 손해배상은 증여가 아니다. 대법원 2004. 7. 8. 선고 2002두11288 판결(명의도용자가 대납한 증여세). 증여세 납세의무는 증여계약이 아니라 재산을 취득해야 생긴다. 국세기본법 제21조 제1항 제3호.

234) 상속세및증여세법 제2조 제7호, 제4조, 제31조. 완전포괄주의 관련 첫 판결로 대법원 2011. 4. 28. 선고 2008두17882 판결(법령에 나오지 않는 재산은 유추적용해서 평가); 2017. 2. 15. 선고 2015두46963 판결(교차증여를 직접증여로 재구성); 2019. 1. 31. 선고 2014두41411 판결; 헌법재판소 2006. 6. 29. 2004헌바8 결정; 2023. 2. 23. 2019헌바483 결정; 2023. 2. 23. 2020헌바411 결정. 김석환, 증여세 완전포괄주의의 어제, 오늘, 그리고 내일, 한양대학교 법학논총 37-2(2020), 143쪽. 개별적 가액산정 규정과의 관계는 아래 Ⅱ.2.

235) 헌법재판소 1997. 10. 30. 96헌바14 결정(이혼 재산분할). 제12장 제2절 3.

상속세및증여세법 제2조 (정의) 6. "증여"란 그 행위 또는 거래의 명칭·형식·목적 등과 관계없이 직접 또는 간접적인 방법으로 타인에게 무상으로[236] 유형·무형의 재산 또는 이익을 이전(移轉)(현저히 낮은 대가를 받고 이전하는 경우를 포함한다)하거나 타인의 재산가치를 증가시키는 것을 말한다. 다만, 유증, 사인증여…는 제외한다.

7. "증여재산"이란 증여로 인하여 수증자에게 귀속되는 모든 재산 또는 이익을 말하며, 다음 각 목의 물건, 권리 및 이익을 포함한다.

가. 금전으로 환산할 수 있는 경제적 가치가 있는 모든 물건

나. 재산적 가치가 있는 법률상 또는 사실상의 모든 권리

다. 금전으로 환산할 수 있는 모든 경제적 이익

상속세및증여세법 제4조 (증여세 과세대상) ① 다음 각 호의 어느 하나에 해당하는 증여재산에 대해서는 이 법에 따라 증여세를 부과한다.

1. 무상으로 이전받은 재산 또는 이익

2. 현저히 낮은 대가를 주고 재산 또는 이익을 이전받음으로써 발생하는 이익이나 현저히 높은 대가를 받고 재산 또는 이익을 이전함으로써 발생하는 이익. 다만, 특수관계인이 아닌 자 간의 거래인 경우에는 거래의 관행상 정당한 사유가 없는 경우로 한정한다.

3. 재산 취득 후 해당 재산의 가치가 증가한 경우의 그 이익. 다만, 특수관계인이 아닌 자 간의 거래인 경우에는 거래의 관행상 정당한 사유가 없는 경우로 한정한다.

4. 제33조부터 제39조까지, 제39조의2, 제39조의3, 제40조, 제41조의2부터 제41조의5까지, 제42조, 제42조의2 또는 제42조의3에 해당하는 경우의 그 재산 또는 이익

5. 제44조 또는 제45조에 해당하는 경우의 그 재산 또는 이익

6. 제4호 각 규정의 경우와 경제적 실질이 유사한 경우 등 제4호의 각 규정을 준용하여 증여재산의 가액을 계산할 수 있는 경우의 그 재산 또는 이익[237]

결국, 현행법상 증여 개념의 고갱이는 그냥 가지고 있으면 상속세 과세대상이 되는 재산(財産)의 무상이전은 언제나 증여세 과세대상이 된다는 것이다.[238] 나아가 재

236) 대법원 2015. 7. 9. 선고 2015두40781 판결(내연관계정리대가≠무상).

237) 김석환, 앞의 글. 유사하지 않다고 본 경우로 대법원 2024. 4. 12. 선고 2020두53224 판결; 2024. 4. 12. 선고 2022두62208 판결; 2024. 4. 16. 선고 2021두44951 판결.

238) 가장이혼으로 무효가 아닌 이상 이혼에 따르는 재산분할은 증여가 아니지만(제3장 제4절 I) 이혼을 빌미로 삼은 실질적 증여부분은 과세한다. 대법원 2017. 9. 12. 선고 2016두58901 판결. 주권을 교부하지 않았더라도 명의개서와 이익배당까지 이루어졌다면 증여가 있다. 대법원 2006. 6. 29. 선고 2004도817 판결. 노무를 제공받고 재산을 넘기는 것은 증여가 아니다. 대법원 1995. 9. 15. 선고 95누4353 판결. 임차인이 비용을 부담한다는 조건으로 임대료를 깎아준 것은 증여가 아니다. 대법원 2021. 7. 8. 선고 2017두69977 판결.

산의 이전만이 아니라 이익(利益)의 무상이전도 과세대상으로 삼고 있다. 주는 쪽의 재산이 줄지 않더라도, 받는 쪽에서 무상으로 이익을 얻으면 일응 과세대상이라는 말이다. 수증자의 소득세와 증여세의 관계는 앞 I.1.

> 상장법인인 삼양식품 주식회사(이하 '소외 회사'라 한다)가 화의인가결정을 받자, 주식회사 신한은행을 주관은행으로 하는 채권금융기관협의회는…소외 회사에 대한 채권…을…출자전환하면서…기존 대주주…들이…1주당 5,000원에 출자전환 주식을 매수할 수 있도록 결의한 사실…소외 회사의 기존 대주주들 중 1인인 원고가 우선매수청구권을 행사함으로써…당시의 시가보다 훨씬 저렴한 주당 5,000원에…매수한 사실…이 사건 우선매수청구권은 소외 회사의 대주주…만이 행사할 수 있는 것이며 그 행사시점의 주식 시가가 5,000원을 초과할 경우 5,000원과의 차액 상당의 이익이 예정되어 있으므로 이 사건 우선매수청구권은 재산적 가치가 있는 권리로서 증여재산에 해당할 수 있고…대주주들 모두…각자의 주식보유비율에 상응한 비율로 그 우선매수청구권을 부여받았다…
>
> 소외 회사의 대주주인 소외인 등 10인이 자신들의 주식보유비율에 상응하는 우선매수청구권을 포기하는 등의 방법으로 원고로 하여금 혼자서 이 사건 우선매수청구권을 행사하게 한 것은 원고의 주식보유비율을 초과한 범위에서는 이 사건 주식의 시가와 우선매수청구권 행사가격과의 차액 상당의 이익을 무상으로 이전한 것으로 볼 수 있어 증여세의 과세대상에 해당한다…
>
> 이 사건 우선매수청구권의 시가를 산정하기 어려울 뿐만 아니라 상증세법에서 그에 관하여 따로 평가방법을 규정하고 있지도 아니하므로 상증세법에 규정된 평가방법 중 적정한 것을 준용하여 합리적인 방법으로 그 가액을 평가하여야 한다…이 사건 우선매수청구권은 그 행사가격과 이 사건 주식의 시가와의 차액 상당의 이익을 얻을 수 있는 권리인 점에서 신주인수권과 성격이 유사하므로 신주인수권증권 또는 신주인수권증서의 가액 평가방법에 관한 상증세법…규정을 준용하여 이 사건 우선매수청구권의 가액은 그것을 행사하여 취득한 주식의 가액에서 그 취득에 소요된 비용을 차감하는 방식으로 산정[한다].[239)]

현금이 아닌 한 증여가액이 얼마인가는 위 판결이 보여주듯 시가를 어떻게 계산하는가라는 사실 문제일 뿐이다.[240)] 아래 IV의 각종 계산례. 증여란 당사자 사이의 거래가격이라는 것이 없으니 법에 정한 일응의 시가가 중요할 수밖에 없고, 거기에서 벗

---

239) 대법원 2011. 4. 28. 선고 2008두17882 판결(완전포괄주의 과세 첫 판결).

240) 대법원 2009. 11. 26. 선고 2007두5363 판결; 2016. 9. 28. 선고 2015두563046 판결; 2022. 12. 29. 선고 2019두19 판결.

어나는 다른 시가를 주장하려는 자는 납세의무자든 국세청이든 이를 증명해야 한다. 제1절 V.

제3자를 통한 간접적인 방법이나 다단계행위를 통한 무상이전 역시, 그런 행위가 없었더라면 상속세를 내었을 것이므로 증여세를 내어야 마땅하고, 따라서 제2조 제6호는 이를 증여의 개념에 포함하는 확인규정을 두고 있다. 실질과세 내지 경제적 관찰방법을 입법한 것이라고 볼 수도 있겠지만,[241] 거기까지 가지 않더라도 상속세의 보완세라는 증여세의 본질에서 보자면 당연. 두 사람 사이의 또는 제3자를 끼운 다단계 행위를 묶어서 하나의 증여로 보는[242] 경우, 그 속에 들어 있는 개별적 행위에 관해 이루어진 신고납세나 과세처분 가운데 행위 전체에 대한 증여세 과세와 모순되는 것은 경정하여 바로잡아야 할 것이다. 법인을 가운데 끼운 간접증여는 아래 VI.

일단 증여가 일어난 이상 나중에 증여계약을 해제(解除)한다고 해서 이미 증여가 있었다는 사실 자체가 없어지지는 않고 일반원칙으로 돌아가면 합의해제는 새로운 계약일 뿐이다.[243] 법은 반환에 관한 특칙을 두고 있다.

> 상속세및증여세법 제4조 ④ 수증자가 증여재산(금전은 제외한다)을 당사자 간의 합의에 따라 … 증여세 과세표준 신고기한까지 증여자에게 반환하는 경우(반환하기 전에 … 과세표준과 세액을 결정받은 경우는 제외한다)에는 처음부터 증여가 없었던 것으로 보며 … 증여세 과세표준 신고기한이 지난 후 3개월 이내에 증여자에게 반환하거나 증여자에게 다시 증여하는 경우에는 그 반환하거나 다시 증여하는 것에 대해서는 증여세를 부과하지 아니한다.[244]

> 〈대법원 2016. 2. 18. 선고 2013두7384 판결〉
>
> 증여받은 금전은 증여와 동시에 본래 수증자가 보유하고 있던 현금자산에 혼입되어 수증자의 재산에서 이를 분리하여 특정할 수 없게 되는 특수성이 있어 현실적으로 '당초 증여받은 금전'과 '반환하는 금전'의 동일성 여부를 확인할 방법이 없고, 또한 금전은 그 증여와 반환이 용이하여 증여세의 신고기한 이내에 증여와 반환을 반복하는

241) 제3장 제4절 참조.
242) 대법원 2019. 1. 31. 선고 2014두41411 판결.
243) 제4장 제2절 IV.
244) 헌법재판소 1999. 5. 27. 97헌바66 등 결정(반환기간 제한은 합헌); 2015. 12. 23. 2013헌바117 결정; 대법원 1998. 4. 28. 선고 96누15442 판결; 2007. 2. 8. 선고 2005두10200 판결(금전 제외는 합헌); 2011. 9. 29. 선고 2011두8765 판결(명의수탁자에서 제3자로 명의이전은 반환); 2016. 2. 28. 선고 2013두7384 판결(금전 제외는 합헌); 2025. 4. 24. 선고 2022두42228 판결(반환〉원상회복, 저가인수 주식을 인수가로 구주주에게 매각). 지방세법 제10조에는 취득세 관련 특례가 있다.

방법으로 증여세를 회피하는 데 악용될 우려가 크기 때문에, 구 상속세 및 증여세법…의 '(금전을 제외한다)' 부분(이하 '이 사건 괄호규정'이라 한다)은 과세행정의 능률을 높이고 증여세 회피시도를 차단하기 위하여, 증여세의 신고기한 이내에 반환한 경우 처음부터 증여가 없었던 것으로 보도록 하는 대상에서 금전을 제외했다.

이러한 이 사건 괄호규정의 문언 내용 및 입법 취지와 아울러, 일단 수증자가 증여자로부터 금전을 증여받은 이상 그 후 합의해제에 의하여 동액 상당의 금전을 반환하더라도 법률적인 측면은 물론 경제적인 측면에서도 이미 수증자의 재산은 실질적으로 증가되었다고 할 수 있고, 또한 증여계약의 합의해제에 의한 반환은 원래의 증여와 다른 별개의 재산 처분행위에 해당하는 사정 등에 비추어 보면, 이 사건 괄호규정이 금전을 증여받은 경우에는 증여세의 신고기한 이내에 같은 금액 상당의 금전을 반환하더라도 증여가 없었던 것으로 보지 않고 증여세의 부과대상으로 삼고 있다 하여도, 이를 재산권의 본질적인 내용을 침해하거나 과잉금지원칙 또는 평등원칙에 위배되는 위헌·무효의 규정이라고 할 수는 없다(헌법재판소 2015. 12. 23. 2013헌바117 결정 참조).

그리고 구 조세특례제한법 제76조 제3항에 의하여 불법정치자금의 기부를 증여로 보아 증여세를 부과하는 경우에, 기부받은 불법정치자금을 반환하는 것을 증여받은 금전을 반환하는 것과 달리 취급할 이유가 없으므로, 이 사건 괄호규정은 기부받은 불법정치자금에 대하여 증여세가 부과되는 경우에도 적용된다고 보아야 한다. …

원심판결 이유 및 원심이 적법하게 채택한 증거에 의하면, ① 친박연대가 2008. 3. 25…소외 1로부터 15억 1,000만원 등…이 사건 금전을 정치자금으로 기부받은 사실, ② 친박연대는 2008…3. 26. 소외 1을 제18대 국회의원선거의 비례대표 후보자…추천하여 중앙선거관리위원회에 등록했고, 그들은 2008. 4. 9. 제18대 국회의원선거에서 비례대표로 당선된 사실, ③ 친박연대는…중앙선거관리위원회로부터 지급받은 선거비용보전금 중 1,532,963,292원을 소외 1…에게 지급한 사실, ④ 피고는 친박연대[에]…증여세를 부과하는 이 사건 처분을 한 사실 등을 알 수 있다. …

이러한 사실관계를 앞에서 본 규정과 법리에 비추어 살펴보면, 친박연대가 소외 1 등으로부터 정치자금법 제32조 제1호를 위반하여 정치자금으로 기부받은 이 사건 금전은 구 조세특례제한법 제76조 제3항에 따라 증여받은 것으로 보아야 하고, 이 사건 금전이 증여세의 신고기한 이내에 반환되었더라도 이 사건 괄호규정에 따라 여전히 증여세의 부과대상이 된다.

필요하고 적절한 내용이지만 이 조문에도 맹점이 있다. 주식처럼 가치가 심하게 변동하는 재산이라면 가치가 상대적으로 낮은 시점을 골라서 증여함으로써 세부담을 최소화하면서 재산을 물려줄 수 있다는 점이다. 처음에 증여했다가, 시장상황을 보아 세부담을 더 낮출 수 있다면 처음의 증여를 취소(取消)하고, 다시 시장상황을 보아 증여했다가 취소하고, 이런 식으로 세부담이 가장 적은 시점을 골라 증여하는 일이 벌어지게 된다. 실제로 실증적 연구결과에 의하면 우리나라 상장기업의 대주주들은 주식을 이전하는 방법으로 상속보다는 증여에 의존하고 있고, 심하게는 증여취소와 재증여를 서너차례 반복하기도 한다나.[245)]

4. 증여의 추정

상속세및증여세법 제44조 (배우자등에게 양도한 재산의 증여추정) ① 배우자[246)] 또는 직계존비속(이하 이 조에서 "배우자등"이라 한다)에게 양도한[247)] 재산은 양도자가 그 재산을 양도한 때에 그 재산의 가액을 배우자등이 증여받은 것으로 추정하여 이를 배우자등의 증여재산가액으로 한다.

② 특수관계인에게 양도한 재산을 그 특수관계인(이하 이 항 및 제4항에서 "양수자"라 한다)이 양수일부터 3년 이내에 당초 양도자의 배우자등에게 다시 양도한 경우에는 양수자가 그 재산을 양도한 당시의 재산가액을 그 배우자등이 증여받은 것으로 추정하여 이를 배우자등의 증여재산가액으로 한다. 다만, 당초 양도자 및 양수자가 부담한 소득세법에 따른 결정세액을 합친 금액이 양수자가 그 재산을 양도한 당시의 재산가액을 당초 그 배우자등이 증여받은 것으로 추정할 경우의 증여세액보다 큰 경우에는 그러하지 아니하다.[248)]

③ 해당 재산이 다음 각 호의 어느 하나에 해당하는 경우에는 제1항과 제2항을 적용하지 아니한다.[249)]

1. 법원의 결정으로 경매절차에 따라 처분된 경우…

5. 배우자등에게 대가를 받고 양도한 사실이 명백히 인정되는 경우로서 대통령령으로 정하는 경우

④ 제2항 본문에 따라 해당 배우자등에게 증여세가 부과된 경우에는 소득세법의 규정에도 불구하고 당초 양도자 및 양수자에게 그 재산 양도에 따른 소득세를 부과하

245) 김양호·이만우, 상장주식의 증여 및 증여취소에 관한 실증적 연구, 세무학연구 20권 3호(2003), 57쪽. 이 글은 증여세 부담의 사전 예측가능성을 줄이고, 증여취소가 가능한 횟수를 줄이며 증여세의 세부담을 상속세보다 무겁게 하자는 제안을 내고 있다.

246) 대법원 1991. 4. 26. 선고 90누6897 판결(배우자=법률혼).

247) 대법원 1987. 5. 26. 선고 86누836 판결(담보제공⊄양도); 1991. 5. 28. 선고 90누10230 판결(명의신탁∈양도); 2011. 11. 13. 선고 99두4082 판결↔2015. 9. 10. 선고 2015두41037 판결(부부간 계좌입금). 일방이 혼인 중 단독명의로 취득한 재산은 다른 일방이 명의신탁한 것이더라도 이 조의 양도는 아니다.

248) 한편, 특수관계인에게 재산을 증여한 뒤 5년 안에 그 특수관계인이 다시 타인에게 양도한 경우에는 증여자가 바로 양도한 것으로 본다. 소득세법 제101조 제2항. 제12장 제3절.

249) 각 호는 예시일 뿐이다. 대법원 1990. 8. 28. 선고 90누4419 판결; 1992. 2. 11. 선고 91누9589 판결.

지 아니한다.

상속세및증여세법 제45조 (재산취득자금 등의 증여추정) ① 재산 취득자의 직업, 연령, 소득 및 재산 상태 등으로 볼 때 재산을 자력으로 취득했다고 인정하기 어려운 경우로서 대통령령으로 정하는 경우[250]에는 그 재산을 취득한 때에 그 재산 취득자금을 그 재산 취득자가 증여받은 것으로 추정하여 이를 그 재산취득자의 증여재산가액으로 한다.

②, ③ (생략)

④ 「금융실명거래 및 비밀보장에 관한 법률」 제3조에 따라 실명이 확인된 계좌 …에 보유하고 있는 재산은 명의자가 그 재산을 취득한 것으로 추정하여 제1항을 적용한다.

(판례) 재산취득자금의 증여추정에 관하여… 구 상속세 및 증여세법…취득자가 '다른 자로부터' 취득자금을 증여받은 것으로 추정한다."고 규정하고 있었는데, 2003…개정 후 규정…은…'다른 자로부터'라는 문구를 삭제했다. …재산취득 당시 일정한 직업과 상당한 재력이 있고, 또 그로 인하여 실제로도 상당한 소득이 있었던 자라면, 그 재산을 취득하는 데 소요된 자금을 일일이 제시하지 못한다고 하더라도 특별한 사정이 없는 한 재산의 취득자금 중 출처를 명확히 제시하지 못한 부분이 다른 사람으로부터 증여받은 것이라고 인정할 수 없다…일정한 직업 또는 소득이 없는 사람이 당해 재산에 관하여 납득할 만한 자금출처를 대지 못하고, 그 직계존속이나 배우자 등이 증여할 만한 재력이 있는 경우에는 그 취득자금을 그 재력있는 자로부터 증여받았다고…추정하기 위하여는 수증자에게 일정한 직업이나 소득이 없다는 점 외에도 증여자에게 재산을 증여할 만한 재력이 있다는 점을 과세관청이 증명하여야 한다…완전포괄주의 과세제도와 재산취득자금의 증여추정 규정에 따른 과세요건에 관한 증명책임의 소재나 범위와는 직접 관련이 있다고 보기 어려운 점…등을 고려하면, 위와 같은 개정이 있었다고 하여 재산취득자의 직계존속이나 배우자 등에게 재산을 증여할 만한 재력이 있다는 점에 관한 과세관청의 증명책임이 소멸되었다고 볼 것은 아니다.[251]

5. 완전포괄주의의 내재적 한계

부의 무상이전에는 증여세를 매긴다고 일단 원칙을 정하더라도 한결 근본적 문제

250) 대법원 2008. 9. 25. 선고 2006두8068 판결(명의수탁⊄취득); 2014. 11. 13. 선고 2012두7141 판결(명의수탁⊄취득자금 증여추정). 명의신탁에 대한 과징금이나 증여의제는 아래 VII. 재산취득가액의 20%(한도 2억원)는 자금출처를 대지 못해도 눈감아준다. 상속세및증여세법시행령 제34조 제1항.

251) 대법원 2010. 7. 22. 선고 2008두20598 판결. 윤지현, 상속세 및 증여세의 간주·추정규정의 한계, 조세법연구 16-1(2010), 204쪽.

가 남아 있다. 가령 자식이 부모의 집에, 또는 부모가 자식의 집에 얹혀산다면 여기에 증여세를 매길 것인가? 부모가 자식의 대학등록금을 대어주는 것은 과세할 것인가? 이런 사건에서도 부의 무상이전이 있음은 물론이다. 그러나 이런 것을 모두 과세한다면 자유(自由)와 사생활(私生活)에 대한 지나친 침해가 된다. 역사적으로 볼 때 소득세, 상속세, 증여세를 아우르는 근대세제의 기본이념은 세금이란 담세력에 따라 내어야 마땅하다는 공평(公平)의 이념임이지만, 공평이 세상을 다스리는 유일한 잣대는 아니다. 제9장 제1절. 이리하여 법은 "사회통념상 인정되는 이재구호금품, 치료비, 피부양자의 생활비, 교육비, 그 밖에 이와 유사한 것"을 비과세한다.[252]

그러나 여기에는 줄긋기라는 어려운 문제가 생긴다. 부의 무상이전 가운데 과세와 비과세의 경계선은 어디에 그을 것인가? 가령 부모가 자식의 과외비를 대는 것은 증여세의 과세대상으로 삼아야 하는가? 돈이 없어 자식에게 과외를 시키지 못하는 부모의 입장에서 보면 과세대상으로 삼아야 마땅하다고 생각할 수도 있다. 그래야 公平하지 않은가? 문제는 이런 생각을 논리적으로 일관한다면, 가령 부모가 자식에게 공부를 가르친다면 부모에게는 소득세를 자식에게는 증여세를 물려야 한다는 말이 된다는 점이다. 부모가 자식의 과외비만큼 돈을 벌어서 이를 증여하는 것과 경제적 효과는 마찬가지인 까닭이다. 그러나 부모가 자식에게 공부를 가르치는가를 국세청이 조사해서 세금을 물린다는 것은 행정적으로 불가능하다. 나아가 행정적으로 가능하다 하더라도 이 결론을 받아들일 사람은 없을 것이다. 왜 못 받아들이는가? 自由와 私生活에 대한 극단적 침해인 까닭이다. 결국 공평의 이념은 자유와 충돌하고, 법은 어디에선가 금을 그어야 한다.[253] 그렇다면 학교등록금만을 비과세할 것인가? 학원비나 과외비 역시 교육비로 비과세할 것인가? 과외비를 과세한다면 부모형제가 가르치는 경우에도 증여세를 매길 것인가? 다른 예로 재산의 무상사용도 마찬가지 문제를 낳는다. 집 두 채를 가진 사람이 그 가운데 한 채를 자식에게 그냥 쓰게 하는 경우 여기에 증여세를 물릴 것인가? 자식이 아버지의 자동차나 골프채를 빌려 쓰면 증여세를 물릴 것인가? 자명한 답은 없지만, 부동산(不動産)에 관한 한 현행법의 답은 분명하다. 같이 사는 집이 아니라면 과세대상이라는 것.[254] 아래 III.5.

---

252) 상속세및증여세법 제46조 제5호. 가령 내연관계에 있는 사람에게 주는 생활비도 비과세해야 할 것이다. Pascarelli v. CIR, 55 TC 1082(1971), aff'd by order, 485 F2d 681(3rd Cir. 1973). 이 판결은 소득세 사건으로 여기에서 "증여이다"는 말은 세금이 없다는 뜻이다. 미국법에서는 증여세의 비과세금액이 평생기준으로 1,000만불도 넘고 또 증여에는 소득세가 없는 까닭이다. 물론 소득세 과세대상인 성매매업과 구별 문제가 생길 수 있다. 가령 Blevin v. CIR, 238 F2d 621(6th Cir. 1956).

253) 제9장 제1절.

254) 그러나 소득세법시행령 제98조 제2항 단서.

Ⅱ. 개별 가액산정규정

증여세의 과세대상을 포괄적으로 정한 데 더하여 현행법은 제33조 이하에서 특정한 사건이나 행위에 증여세를 매기는 구체적 가액산정규정 여러 가지를 재산이나 거래의 형태별로 나누어 아주 길고 복잡하게 정하고 있다.

1. 가액산정규정의 전사(前史): 증여의제

과세대상을 포괄적으로 정하고 있는 이상은 필요 없어 보이기도 하고, 또 내용도 한없이 복잡한 이런 예시규정을 왜? 긴 곡절이 있다. 증여세의 과세대상에 관한 법규정은 재벌을 중심으로 한 부유층의 변칙증여, 이를 막기 위한 국회와 행정부의 입법조치, 입법조치에 대한 법원과 헌법재판소의 사법통제라는 세 가지를 축으로 흥미로운 역사적 과정을 밟아 생겨났다. 상속세법[255]과 증여세법[256]이 1950년에 처음 생기고[257] 얼마 뒤 1952. 11. 30. 증여세법을 흡수하면서 개정된 옛 상속세법은 증여세 제도를 따로 안 둔 채, 죽기 전에 미리 증여한 재산도 모두 상속재산에 합산하여 상속세를 매기고, 수증자에게 상속인과 마찬가지로 세금을 내게 했다. 이처럼 증여재산을 가산하면서, 법은 증여의 개념을 포괄적으로 정의하여 간접적 증여를 통하여 세금을 회피하는 것을 막았다.[258] 그 뒤 1960. 12. 30.의 개정법은 상속세와 별개로 증여 당시에 바로 증여세를 매기는 제도를 다시 들여오면서[259] 증여의 개념을 포괄적으로 정의하여 "이익"을 받은 자 누구에게나 증여세 납세의무를 지웠다.

> 第34조의4 第32조 내지 전조의 경우를 제외하고 타인으로부터 대가를 지불하지 아니하거나 또는 현저히 저렴한 대가로써 이익을 받은 자는 그 이익을 받을 때에 있어서 그 이익에 상당한 금액을 증여받은 것으로 간주한다. 단, 이익을 받은 자가 資力을 상실하여 납세할 능력이 없을 때에는 그 세액의 일부 또는 전부를 면제한다.

그 뒤 1971. 12. 28.에는 위 포괄규정에서 "이익"을 받은 자는 이익에 상당한 금액을 증여받은 것으로 본다는 포괄적 내용을 좁혀 규정의 적용범위를 대통령령이 정하

255) 1950. 3. 22. 법률 제114호.

256) 1950. 4. 8. 법률 제123호.

257) 그 때까지는 일제시대 1934. 6. 22. 시행된 조선상속세령이 적용되었다. 조선총독부편찬, 현행조선법령편람(제4권) 제12집(조선행정학회, 1942), 135-142쪽; 한국법제연구회 편, 미군정법령총람(1971), 139쪽, 382-384쪽.

258) 당시의 옛 상속세법(법률 제261호) 제34조의3.

259) 1960. 12. 30. 개정 상속세법(법률 제573호) 제31조.

는 特殊關係에 있는 자로 좁혔다.[260] 특수관계가 없는 이상 간접적 탈법적 증여는 생각하기 힘들다는 현실을 반영한 것이다. 특수관계인의 범위는 친족보다는 넓었다. 특수관계인이라면 "이익"이라는 포괄적 개념으로 증여세를 매기지만, 특수관계가 없는 자라면 "증여"를 받거나 보험금 등 법률이 증여로 의제하는 경우에만 증여세를 매기는 것으로 과세범위를 좁힌 것이다. 이 체제는 그 뒤 1979년까지 유지되었다.

그러나 판례는 일찍부터 증여세의 과세대상(세법상의 증여개념)은 원칙적으로 민법(民法)상의 증여(贈與)와 일치해야 한다, 곧 증여자와 수증자 둘 사이의 합의에 따라 두 사람 사이에서 재산이 무상이전되는 것이라야 증여세를 매길 수 있다는 생각을 보였다. 이런 생각을 연장하면 위에 적은 옛 상속세법 제34조의4의 뜻은 과세대상의 포괄적 정의라기보다는 일정 범위 안의 행위를 증여로 간주하는 증여의제(贈與擬制) 규정으로 보는 것이 된다. 따라서 어떤 행위나 사건이 증여세 과세대상인가는, 부의 무상이전이 있는가라는 실질문제가 아니라, 당해 행위나 사건을 민법상 증여와 동일시할 만한 징표가 있는가라는 사법(私法) 문제가 된다. 가령 한 대법원 판결은,[261] 1972. 12. 29. 동양나이론 주식회사의 어떤 주주가 "회사로부터 액면 금액 1,000원의 3,000주의 주식을 액면금액으로 신주를 인수한 사실"이 증여세 과세대상인가라는 논점을 다루고 있다. 대법원은 이 사건에서는 당시 시행되던 경제 관련 특별법에[262] 따라 구주주에게 처음부터 신주인수권이 없었다는 특별한 사정을 들면서, "그렇다면 원고가 구주주의 신주인수권을 양수받은 것으로 보고 주식의 액면가와 실제 시가차액을 증여받은 것으로 의제하여(상속세법 제34조의4) 원고에게 증여세를 부과한 처분은 위법함이 명백하다"라는 것이다. 곧 증여세 부과 여부는 경제적 이익의 이전이 있는가에 따라 결정되는 것이 아니고, 오히려 법률적으로 따질 때 "신주인수권을 양수받은 것으로 볼" 사정이 있는가를 따져서 정해야 한다는 것이다.

이 판결은 그 뒤 일반적인 상법상의 증자로 일반화되어 "신주인수의 청약기일까지 주식인수의 청약을 하지 아니한 때에는 신주의 인수권을 가진 자는 그 권리를 잃게 되어 있는바, 이와 같은 신주인수권은 한낱 채권적 권리에 지나지 아니하여 이를 잃은 이른바 실권주주는 회사가 발행하는 신주에 관하여 어떤 권리도 없[고]"[263] "주식회사가 발행하는 신주를 싯가보다 싸게 인수했다 하여도 이는 재물을 양도받은 경우로 볼 수 없으므로(대법원 1973. 3. 13. 선고 73누6 판결 참조) 이러한 취지에서 소외 한독주식회사가 판시와 같이 신주를 발행함에 있어서 신주인수권자인 판시 주주들

260) 옛 상속세법(법률 제2319호) 제34조의4.
261) 대법원 1977. 8. 23. 선고 77느109 판결.
262) 경제의성장과안정에관한긴급명령.
263) 서울고등법원 1979. 3. 13. 선고 76구286 판결.

이 소정기일내에 주식인수의 청약을 아니한 소위 실권주식을 원고들이 액면가대로 인수한 경우에는 당시 시행중이던 상속세법 제34조의2 및 제34조의4에서 말하는 재산의 양도나 이익을 받은 것으로 볼 수 없다"는 논리에 이른다.

이리하여 결국 부의 이전을 과세할 수 있는가는, 부의 이전 그 자체를 놓고 판단하는 것이 아니라, 부(富)를 이전하는 행위나 사건의 민사법적(民事法的) 성질이 민법상의 증여로 의제할 만한 내용을 갖추고 있는가라는 민사법 문제가 되어버렸다.[264] 채무면제 같은 단독행위에 증여세를 매기는 정도를 빼고는, 근본적으로는 증여계약이 아닌 한 부의 무상이전이 있더라도 증여세를 매길 수 없다는 말.

법원과 헌법재판소는 그 뒤에도 기본적으로 이런 태도를 견지했고, 행정부와 국회는 민법상의 증여 아닌 다른 형식을 통한 부의 이전을 유형별로 하나하나 과세대상에 추가하는 방식으로 법을 만들게 되었다. 역사적으로는 이 과정은 상속세나 증여세를 피하고자 하는 재벌집안들이 변칙증여의 새로운 유형을 자꾸 만들고, 행정부와 국회가 소잃고 외양간 고치는 격으로 뒤쫓는 모습을 띠었다. 간접적 변칙적 증여의 유형 모두를 미리 내다볼 수는 없는 까닭이다. 이런 숨바꼭질이 수십년간 되풀이되면서 현행법상 증여세의 과세대상은 한없이 길고 복잡한 온갖 조문들로 이루어지게 되었다.

구체적 예를 들자면, 실권주를 2세에게 배정하는 꼴로 부를 이전하는 것이 과세대상이라는 조문을 두면, 실권주는 그대로 실권시킨 채 2세만이 신주를 저가로 인수하는 유형이 생겼다. 그런 유형을 과세하는 조문을 새로 만들면? 아예 실권주가 나오지 않도록 제3자에게 신주인수권을 부여. 그것을 과세하면? 현물출자를 이용(현물출자에는 기존주주의 신주인수권이 미치지 않는다는 것이 상법학의 예전 통설이다), 그것을 과세하면 불균등 감자를 이용하고, 그것을 막으면 1세가 지배하는 회사와 2세가 지배하는 회사를 합병하면서 합병조건을 2세에게 유리하게 하고, 그것을 막으면 2세가 지배하는 법인에 결손금이 있음을 기화로(결손금과 자산수증익이 상쇄되므로 법인세가 나오지 않는다) 1세가 재산을 정면으로 증여하고, 그것을 막으면 비상장상태에서 2세에게 주식을 실제가치보다 낮은 가액으로 평가하여 증여하거나 양도하고 그 뒤 상장시킴으로써 부를 이전. 이런 악순환이 끝없이 반복.[265]

과세대상을 하나하나 열거하는 조문을 한결 복잡하게 한 것은, 유형을 열거할 뿐만이 아니라 그 내용까지도 아주 구체적으로 법률에 적어 넣으라는 헌법재판소의 요구 때문이다. 앞서 보았듯 법원이 민법상의 증여가 아닌 행위에 대한 증여세 과세를

264) 가령 대법원 1996. 2. 27. 선고 95누13197 판결; 1997. 3. 28. 선고 96누5032 판결; 1998. 6. 12. 선고 97누6605 판결(토지의 무상대여는 과세대상 아니다).

265) 성낙인 · 박정훈 · 이창희, 앞의 글, 법학 제44권 제4호, 161쪽, 특히 183-199쪽, 208-210쪽.

부정하는 입장을 보인 뒤 1990. 12. 31. 개정 전의 옛 상속세법 제34조의4는 다음과 같은 규정을 두었다.

> 상속세법 제34조의4 제32조 내지 제34조의3의 경우를 제외하고 대통령령이 정하는 특수관계에 있는 자로부터 현저히 저렴한 대가로써 대통령령이 정하는 이익을 받은 자는 당해 이익을 받은 때에 그 이익에 상당하는 금액을 증여받은 것으로 본다. 다만, 이익을 받은 자가 資力을 상실하여 납세할 능력이 없을 때에는 그 세액의 일부 또는 전부를 면제한다.

위 법조에 관련한 대통령령은 위 법조의 적용대상을 실권주의 배정을 통한 부의 무상이전액이라는 제한적 의미로 좁혀서 정하고 있었다. 물론, 글귀를 보면 "현저히 저렴한 대가"라는 폭넓은 개념에서 느닷없이 실권주의 무상이전이 튀어나오는 것은 뜨악하기 마련이고, 헌법재판소는 위 법률조문을 조세법률주의 위반이라면서 위헌선언.[266]

> [다수의견] 구상속세법 제34조의 4는 "현저히 저렴한 대가로써 대통령령이 정하는 이익"을 받는 경우를 그 과세대상으로 삼고 있는데, 이익을 받는다는 개념은 매우 넓은 개념이고 이 사건 법률조항은 이에 관하여 아무런 구체적인 기준도 제시하지 않고 있으므로 이 사건 법률조항이 과세대상으로 삼고 있는 "대통령령이 정하는 이익"이란 과연 어떠한 이익을 받은 경우가 이에 해당하는지, 이 사건 법률 조항만으로써는 도저히 예측할 수 없어 조세법률주의에 위반되고 위임입법의 한계를 일탈한 것이다.
>
> [반대의견] 급변하는 경제상황에서 과세대상을 모두 구체적으로 법률로 정하기는 현실적으로 어렵고 조세회피의 예방을 위하여 조세정책상 법률로 규정하기보다는 대통령령에 위임하여 이에 신속하게 대처할 수 있도록 함이 필요하므로 조세법률주의에 위반되지 않고 위임입법의 한계를 일탈하지 않았다.

그 뒤에도 증여의제 조문에서는 과세대상을 아주 구체적으로 적어야 한다는 헌법재판소의 결정이 여러 번 거듭된다. 이리하여 증여세의 과세대상 조문은 생각할 수 있는 온갖 유형을 증여의제 대상으로 늘어놓으면서, 각 유형별로 증여의 형태, 증여의 시기, 증여금액의 계산 등 온갖 내용을 법률과 위임명령에 적는 헝클어진 짜임새가 되었다.[267] 2003년말의 개정당시 이른바 완전포괄주의를 입법하면서 그동안의 역사를 감

266) 헌법재판소 1998. 4. 30. 95헌바55 결정. 제2장 제2절 참조.

267) 그 뒤 헌법재판소 2006. 6. 29. 2004헌바8 결정은 이른바 유형별 포괄주의의 일반조항을 합헌이라 선언했다.

안한 안전망으로 기존의 증여의제 규정을 예시(例示)규정으로 남겨둔 것.

> 2003. 12. 30. 법률 제7010호로 개정된 「상속세 및 증여세법」은, 변칙적인 상속·증여에 사전적으로 대처하기 위하여 세법 고유의 포괄적인 증여 개념을 도입하고, 종전 증여의제규정을 일률적으로 증여재산가액의 계산에 관한 규정으로 전환하는 등 이른바 '증여세 완전포괄주의' 과세제도를 도입하였다. 그러나 다른 한편으로 종전 증여의제규정에서 규율하던 과세대상과 과세범위 등 과세요건과 관련된 내용은 위와 같은 증여재산가액의 계산에 관한 규정에 그대로 남겨 두어 납세자의 예측 가능성과 조세법률관계의 안정성을 도모하고자 하였다.
>
> 그 후 2015. 12. 15. 법률 제13557호로 개정된 구 상증세법은 증여세 완전포괄주의와 그 관련 규정을 정비하였다. 당시 여러 조항에 분산되어 있던 증여세 과세대상을 제4조 제1항 각 호로 열거하면서, 제4호에서 제33조부터 제39조까지, 제39조의2, 제39조의3, 제40조, 제41조의2부터 제41조의5까지, 제42조, 제42조의2 또는 제42조의3에 각 해당하는 경우의 그 재산 또는 이익을 증여재산으로 규정(이하 '개별 가액산정규정'이라 한다)하는 한편, 이와 별도로 제6호에서 '제4호 각 규정의 경우와 경제적 실질이 유사한 경우 등 제4호의 각 규정을 준용하여 증여재산의 가액을 계산할 수 있는 경우의 그 재산 또는 이익'을 규정하게 되었다. 이와 같이 증여세 완전포괄주의를 강화하는 내용으로 규정 정비를 하면서 종전의 개별 가액산정규정에서 요구하던 과세대상이나 과세범위에 관한 사항을 개정하고, 제42조 등 개별 가액산정규정을 추가로 신설하는 등의 정비도 함께 이루어진 것이다(대법원 2024. 4. 12. 선고 2020두53224 판결 참조).[268]

2. 개별 가액산정규정의 구조와 의의

여태껏 살펴본 역사적 과정을 거쳐 증여의제에 관한 옛 법조항과 이를 이어받은 현행법의 개별 가액산정 규정은 매우 길고 복잡하며 조문의 상호관계도 갈피잡기 어려운 유례없는 입법례에 이르게 되었다. 법률의 조문만도 열댓 개에 이르고, 법이나 시행령의 조문 가운데에는 거의 한 페이지에 이를 정도로 긴 조문도 여러 개 있다. 역사의 산물인예시조문인만큼 포괄적 증여개념 전체를 담을 수 있도록 체계적으로 유형화한 것도 아니어서 당연히 빠진 부분이 있으면서도 각 조문의 적용범위가 서로 겹치는 것도 당연하다.[269] 각 조문 안에서도 다시 온갖 경우의 수를 가지 치는 극히 복잡

268) 대법원 2025. 11. 6. 선고 2025두32962 판결.

269) 판례는 겹치지 않는 경우에는 예시규정의 적용범위를 좁게 읽고, 겹치는 경우에는 어느 한쪽 규정에만 해당한다고 보는 듯. 대법원 2014. 4. 24. 선고 2011두23047 판결(자본증가 유형으로 구분하면 신주저가발행 규정은 배제); 2015. 10. 15. 선고 2013두13266 판결(결손법인에 대한 증여라는 유형을 법인에 대한 증여에 일반적으로 적용).

한 구조를 띠고 있다. 그 내용도 사실 여러 가지 다른 성격이 뒤섞여 있다. 몇 가지로 나누어 보자.

1) 법 제33조에서 제37조와 제41조의4 및 제42조는 다른 나라 법에서도 쉽게 찾을 수 있는 조문들로, 개인들이 상속세 증여세를 회피하기 위해 신탁, 보험, 매매가격 조작, 채무면제, 부동산이나 금전의 무상대여 등 일정한 법률관계를 맺어서 부를 무상이전하는 우회적 증여에도 세금을 매긴다는 내용이다.
2) 법 제38조, 제39조, 제39조의2, 제39조의3, 제40조 제1항 제1호, 제41조의2, 제41조의3, 제42조의2 및 제45조의5는 우리 대법원과 헌법재판소가 포괄규정을 통제한 까닭에 생긴 우리나라에 특유한 조문들로, 모두 회사의 지배주주(支配株主)라는 지위를 악용한 부의 무상이전에 관한 조문들이다.
3) 법 제44조와 제45조의 증여추정은 앞 II.3.
4) 제45조의5는 해석론상 증여개념에 포섭할 수 있는가라는 시비 때문에 증여로 의제한다고 정했지만 원래의 성질상으로는 일종의 예시규정이고 합산과세한다.

법이 증여세의 과세대상을 포괄적으로 정의하고 있으니 개별(個別) 가액산정규정은 무의미하지 않나? 그렇지는 않다. 과세관청이 각 개별규정의 과세요건을 증명하면 일반조항으로 돌아가 법 제2조 제6호의 증여가 있다는 증명은 안 해도 되니까. "개별 가액산정규정에 따른 재산 또는 이익에 대하여 증여세를 부과하도록 한…제4조 제1항 제4호는, 같은 항 제2호 및 제3호와 달리 '특수관계인이 아닌 자 간의 거래인 경우에는 거래의 관행상 정당한 사유가 없는 경우로 한정한다는 내용을 따로 포함하고 있지 아니하고…포함된 것처럼…해석할 수는 없다."[270] 역으로 어느 개별규정에 포섭되는 거래가 그 규정에서 과세를 벗어났다면 증여개념을 정한 일반(一般)조항으로 돌아가 과세할 수는 없다는 것이 판례.[271] 일반규정으로 과세할 수 있다면 개별규정이 무의미해진다는 생각이다. 개별규정에 포섭되지 않는다면 일반조항으로 돌아가고 일반조항에서 과세요건에 해당하면 증여가액의 산정은 사실확정 문제.[272]

---

270) 대법원 2025. 11. 6. 선고 2025두32962 판결.

271) 대법원 2015. 10. 15. 선고 2013두13266 판결(다만 이 판결에서 '특정법인에 대한 증여'라는 요건 내지 유형을 '법인에 대한 증여'로 넓혀 읽는 것은 수긍하기 어렵다. 아래 제3절 VI); 2015. 10. 29. 선고 2013두25177 판결; 2015. 12. 23. 선고 2014두40722 판결; 2017. 1. 25. 선고 2015두3270 판결; 2017. 3. 30. 선고 2016두55926 판결; 2017. 9. 21. 선고 2017두35692 판결(실권주); 2018. 12. 13. 선고 2015두40941 판결(발기인≠주주); 2019. 4. 11. 선고 2016두59546 판결; 2024. 4. 12. 선고 2020두53224 판결(전환사채, 2대주주의 특수관계인)↔대법원 2013. 11. 14. 선고 2011두184581 판결(예금담보).

〈대법원 2015. 10. 15. 선고 2013두13266 판결〉

(1) 구 상속세 및 증여세법…은 '증여'…계약에 의하지 아니한 부의 무상이전에 대하여는 증여로 의제하는 규정…을 별도로 마련하여 과세했다. 그 결과 증여의제규정에 열거되지 아니한 새로운 금융기법이나 자본거래 등의 방법으로 부를 무상이전하는 경우에는 적시에 증여세를 부과할 수 없어 적정한 세 부담 없는 부의 이전을 차단하는 데에 한계가 있었다. 이에 과세권자가 증여세의 과세대상을 일일이 세법에 규정하는 대신 본래 의도한 과세대상뿐만 아니라 이와 경제적 실질이 동일 또는 유사한 거래·행위에 대하여도 증여세를 과세할 수 있도록 함으로써 공평과세를 구현하기 위하여 2003. 12. 30. 법률 제7010호로 개정된 상속세 및 증여세법은, 민법상 증여뿐만 아니라 '재산의 직접·간접적인 무상이전'과 '타인의 기여에 의한 재산가치의 증가'를 증여의 개념에 포함하여 증여세 과세대상을 포괄적으로 정의하고 종전의 열거방식의 증여의제규정을 증여시기와 증여재산가액의 계산에 관한 규정(이하 '가액산정규정'이라 한다)으로 전환함으로써, 이른바 증여세 완전포괄주의 과세제도를 도입했다. 이와 같이 변칙적인 상속·증여에 사전적으로 대처하기 위하여 세법 고유의 포괄적인 증여 개념을 도입하고, 종전의 증여의제규정을 일률적으로 가액산정규정으로 전환한 점 등에 비추어 보면, 원칙적으로 어떤 거래·행위가 법 제2조 제3항에서 규정한 증여의 개념에 해당하는 경우에는 같은 조 제1항에 의하여 증여세의 과세가 가능하다고 보아야 한다.

(2) 그러나 한편 증여의제규정의 가액산정규정으로의 전환은…종전의 증여의제규정에서 규율하던 과세대상과 과세범위 등 과세요건과 관련된 내용은 그대로 남게 되었다. 즉 개별 가액산정규정… 과세대상이나 과세범위에 관한 사항은 수시로 개정되어 오고 있다. 이는 납세자의 예측가능성과 조세법률관계의 안정성을 도모하고 완전포괄주의 과세제도의 도입으로 인한 과세상의 혼란을 방지하기 위하여 종전의 증여의제규정에 의하여 규율되어 오던 증여세 과세대상과 과세범위에 관한 사항을 그대로 유지하려는 입법자의 의사가 반영된 것으로 보아야 한다. 따라서 납세자의 예측가능성 등을 보장하기 위하여 개별 가액산정규정이 특정한 유형의 거래·행위를 규율하면서 그중 일정한 거래·행위만을 증여세 과세대상으로 한정하고 그 과세범위도 제한적으로 규정함으로써 증여세 과세의 범위와 한계를 설정한 것으로 볼 수 있는 경우에는, 개별 가액산정규정에서 규율하고 있는 거래·행위 중 증여세 과세대상이나 과세범위에서 제외된 거래·행위가 법 제2조 제3항의 증여의 개념에 들어맞더라도 그에 대한 증여세를 과세할 수 없다.

판례의 유형화 이론은 각 개별규정이나 유형의 포섭범위를 자의적으로 정한다는

272) 대법원 2009. 11. 26. 선고 2007두5363 판결 참조(증여세 과세가액이 경제적 이익과 일치. 법인세법상 분여액은 객관적 합리적으로 산정); 2011. 4. 28. 선고 2008두17882 판결(주식우선매수권); 2020. 11. 12. 선고 2018두65538 판결.

문제를 남긴다.[273] 법의 구조와 글귀에서는 개별규정을 벗어나더라도 일반조항에 포섭할 수 있겠지만 사회통념이라는 제약을 받는다고 적고 있다. 나아가 각 예시규정이 정한 요건은 배타적 개념들로 이루어진 국수 써는 듯한 유형화가 아니다. 근본적으로는 역사의 산물이다. 몇십 년에 걸쳐 온갖 변칙상속들이 사법부를 거쳐 법망을 벗어나자 그때그때 이리저리 법망에 주워담았던 것을 완전포괄주의 입법에서도 사법부에 대한 불안감 때문에 예시규정으로 덧댄 채 남겨두었을 뿐이다. 과세대상이라고 명시하고 싶은 형태의 범위를 가로로, 세로로, 비스듬하게, 아래위로, 이런 식으로 예시한 역사의 산물이라 당연히 중복이 있고[274] 예시규정을 다 합해도 제2조 제3항보다 외연이 좁다. 심리불속행 판결이기는 하나 2022년의 대법원 판례는 이 점을 분명히 하고 있다.[275] 다만 법인을 가운데 끼운 증여는 거듭된 대법원 판결을 반영해서 명시적으로 일반조항의 포섭범위에서 빼었는데 막상 그 뒤 판결이 또다시 바뀌었다. 아래 VI.

> 상속세및증여세법 제4조의2 (증여세 납부의무) ④ 영리법인이 증여받은 재산 또는 이익에 대하여 「법인세법」에 따른 법인세가 부과되는 경우(법인세가 「법인세법」 또는 다른 법률에 따라 비과세되거나 감면되는 경우를 포함한다) 해당 법인의 주주등에 대해서는 제45조의3부터 제45조의5까지의 규정에 따른 경우를 제외하고는 증여세를 부과하지 아니한다.

Ⅲ. 우회적 증여

민법상 증여는 증여자와 수증자 사이의 합의로 둘 사이에서 재산이 무상이전되는 것을 뜻하므로, 상속세 증여세제의 이념에서 보자면 과세해야 마땅할 사건이나 행위들 가운데 민법상의 증여에 해당하지 않는 것이 여러 가지 생길 수 있다. 가령 채무면제는 민법상의 증여가 아니다. 그 밖에도 신탁이나 보험 등을 이용하여 제3자를 끼워 재산을 우회적으로 이전하기도 한다. 이런 행위나 사건에 상속세나 증여세를 안 물릴 이유가 없으므로,[276] 법은 이를 상속세 과세대상에 포함하고 그에 맞추어 증여의 개념에도 포함하고 있다.

---

273) 이창희 · 김석환 · 양한희, 증여세 완전포괄주의와 흑자 영리법인을 이용한 간접증여, 조세법연구 21-3(2015), 381쪽.

274) 애초부터 그렇게 입법했다. 상속세및증여세법 제43조 제1항.

275) 대법원 2022. 3. 17. 선고 2017두69908 판결(현행법으로 쳐서 제41조의3을 벗어났지만 제42조의3에 따라 과세).

276) 상속세 회피 방지에 필요한 최소한도의 불가피한 규정이다. 헌법재판소 2009. 11. 26. 2007헌바137 결정.

1. 신탁이익의 증여

상속세및증여세법 제33조 (신탁이익의 증여) ① 신탁계약에 의하여 위탁자가 타인을 신탁의 이익의 전부 또는 일부를 받을 수익자로 지정한 경우로서 다음 각 호의 어느 하나에 해당하는 경우에는 원본 또는 수익이 수익자에게 실제 지급되는 날 등 …을 증여일로 하여 해당 신탁의 이익을 받을 권리의 가액을 수익자의 증여재산가액으로 한다.

1. 원본의 이익을 받을 권리를 소유하게 한 경우에는 수익자가 그 원본을 받은 경우
2. 수익의 이익을 받을 권리를 소유하게 한 경우에는 수익자가 그 수익을 받은 경우

원본의 이익을 그냥 유보하는 등 위탁자가 지배하는 신탁재산에서 생기는 소득은 위탁자에게 귀속한다. 따라서 신탁수익은 일단 위탁자가 받은 뒤 수익자에게 증여하는 것으로 보고 위탁자에게는 소득세를 수익자에게는 증여세를 물린다. 2중과세라는 주장이 있지만 그르다. 제10장 제2절 IV. 원본의 이익까지 수익자에게 넘어간다면 신탁재산 자체가 수익자에게 넘어간 것으로 보고 증여세를 물리고 신탁수익은 수익자의 소득으로 과세해야 논리의 앞뒤가 맞다.[277] 이와 달리 현행법은 신탁원리금 중 실제로 수익자에게 이전된 부분에 증여세를 물리고 있다.[278] 시차를 생각하면 통상은 세부담이 낮아질 터.

2. 보험금의 증여

상속세및증여세법 제34조 (보험금의 증여) ① 생명보험이나 손해보험…보험사고(만기보험금 지급의 경우를 포함한다)가 발생한…날을 증여일로 하여 다음 각 호의 구분에 따른 금액을 보험금 수령인의 증여재산가액으로 한다.

1. 보험금 수령인과 보험료 납부자가 다른 경우(보험금 수령인이 아닌 자가 보험료의 일부를 납부한 경우를 포함한다): 보험금 수령인이 아닌 자가 납부한 보험료 납부액에 대한 보험금 상당액[279]

---

277) 제10장 제2절 IV. 미국세법 2511조.

278) 곽상민, 부동산신탁의 납세의무자에 관한 소고, 조세법연구 27-2(2021), 187쪽, 특히 226쪽.

279) 대법원 2016. 9. 28. 선고 2015두50345 판결은 보험(생존 정기금)계약자 지위의 이전을 이 조에 포섭하지 않고 포괄증여에 포섭하면서 증여의 가치는 각 경우의 수로 따진 평가액 중 가장 높은 것이라고 한다. 다만 생존정기금의 가치는 계산할 수 없다고 보아서, 보험료 일시금 납부액보다 낮은 해약환급금이 증여액이라고 보았다.

2. 보험계약 기간에 보험금 수령인이 재산을 증여받아 보험료를 납부한 경우: 증여받은 재산으로 납부한 보험료 납부액에 대한 보험금 상당액에서 증여받은 재산으로 납부한 보험료 납부액을 뺀 가액.[280)]

제2호에서 증여받은 재산으로 납부한 보험료란 증여세를 내었다는 전제 하에 있다. 안 그러면 뜻도 안 통하고 제1호와 모순. 어느 쪽이든 보험금 상당액이란 보험사고 발생당시의 채권시가(=현재가치)이다. 그 뒤에 붙는 이자는 수증자 자신의 재산에 딸린 소득이므로 소득세를 낸다.[281)]

3. 채무면제 등에 따른 증여

상속세및증여세법 제36조 (채무면제 등에 따른 증여) ① 채권자로부터 채무를 면제받거나[282)] 제3자로부터 채무의 인수 또는 변제를 받은 경우에는 그 면제, 인수 또는 변제…를 받은 날을 증여일로 하여 그 면제등으로 인한 이익에 상당하는 금액(보상액을 지급한 경우에는 그 보상액을 뺀 금액으로 한다)을 그 이익을 얻은 자의 증여재산가액으로 한다.[283)]

4. 저가 · 고가양도에 따른 이익의 증여

상속세및증여세법 제35조 (저가 양수 또는 고가 양도에 따른 이익의 증여) ① 특수관계인 간에 재산(전환사채 등 대통령령으로 정하는 재산은 제외한다. 이하 이 조에서 같다)을 시가보다 낮은 가액으로 양수하거나 시가보다 높은 가액으로 양도한 경우로서 그 대가와 시가의 차액이 대통령령으로 정하는 기준금액(이하 이 항에서 "기준금액"이라 한다) 이상인 경우에는 해당 재산의 양수일 또는 양도일을 증여일로 하여 그 대가와 시가의 차액에서 기준금액을 뺀 금액을 그 이익을 얻은 자의 증여재산가액으로 한다.

② 특수관계인이 아닌 자 간에 거래의 관행상 정당한 사유 없이 재산을 시가보다 현저히 낮은 가액으로 양수하거나 시가보다 현저히 높은 가액으로 양도한 경우로서 그 대가와 시가의 차액이 대통령령으로 정하는 기준금액 이상인 경우에는 해당 재산의 양수일 또는 양도일을 증여일로 하여 그 대가와 시가의 차액에서 대통령령으로 정하는 금액을 뺀 금액을 그 이익을 얻은 자의 증여재산가액으로 한다.

280) 서울고등법원 2010. 11. 26. 선고 2010누19722 판결(대법원 2011. 4. 28. 2011두792 판결로 심리불속행).

281) 일본 최고재판소 2010(平成 22). 7. 6. 平成20(行ヒ)16 판결(정기금으로 받는 보험금).

282) 윤지현, 채무면제 등에 관한 상속세 및 증여세법 제36조의 해석론 소고, 조세법연구 25-1(2019), 194쪽.

283) 다만 채무면제 당시 채무초과액을 한도로 증여세를 면제한다. 상속세및증여세법 제4조의2 제5항. 대법원 2016. 7. 14. 선고 2014두43516 판결. 제4장 제5절 I. 소득세와의 관계는 제11장 제1절 I.3.

③ 재산을 양수하거나 양도하는 경우로서 그 대가가 「법인세법」 제52조 제2항에 따른 시가에 해당…하는 경우에는 제1항 및 제2항을 적용하지 아니한다. 다만, 거짓이나 그 밖의 부정한 방법으로 상속세 또는 증여세를 감소시킨 것으로 인정되는 경우에는 그러하지 아니하다.

이른바 완전포괄주의를 입법하면서 가장 문제가 된 내용이 바로 이 조. 우선, 저가(低價)나 고가(高價)의 양도가 있다고 하더라도 이런 시세차액은 양수인이 재산을 다시 양도하는 시점에 가서 양도소득세 과세에 자동반영되므로, 애초의 양도가격은 구태여 문제 삼을 필요가 없다는 주장도 있다. 그러나 과세시기야말로 소득개념의 핵심일뿐더러,[284] 애초 증여세란 설사 양도소득세를 제대로 내었다 하더라도 부의 무상이전에는 세금을 따로 물리는 것이므로, 이런 비판은 애초 말이 안 된다. 진짜 문제는 이 법조가 자칫하면 국민의 일상생활에 거의 언제나 증여세 시비를 일으킬 수 있다는 점이다. 저가양도인에 대한 양도소득 과세는 제12장 제4절 4.

매매당사자 사이에 특수관계가 없다면, 거래가격 자체를 일응 시가라 보아야 한다. 어떤 사정으로 거래가격이 조작되었다는 사실은 행정청이 증명하여야 한다.[285] 이렇게 보아야 자유와 사생활에 대한 지나친 침해를 막을 수 있다. 물론 행정청으로서는 거래가격이 일응의 시가와 현저히 다르거나[286] 특수관계가 없더라도 거래조건을 조작할 만한 객관적 사유가 있었음을[287] 증명한다면 거래가격의 조작에 대한 일응의 증명을 다한 것이고, 그럼에도 불구하고 거래가격에 조작이 없었음은(정당한 사유가 있었음은)[288] 납세의무자가 증명하여야 한다.[289] 법은 거래가격과 일응의 시가 사이에 3억원 미만,

---

284) 같은 논점으로 대법원 2020. 11. 10. 선고 2017두52795 판결; 2022. 11. 10. 선고 2020두52214 판결. 경영권을 수반하는 주식 등은 팔지 않는 이상 양도소득세를 물릴 수 없다. 헌법재판소 2016. 3. 31. 2013헌바372 결정. 또 자본소득이나 투자소득에 관한 한 소득개념의 고갱이는 자본의 기회비용 내지 정상수익률이다. 제8장 제1절 Ⅱ.

285) 대법원 2011. 12. 22. 선고 2011두22075 판결; 2018. 3. 13. 선고 2017두59727 판결.

286) 대법원 2004. 7. 22. 선고 2002두8305 판결은 거래가격과 시가의 차액 전액을 증여가액으로 보았지만, 현행법은 30%와 3억원 가운데 적은 금액을 뺀 잔액만을 과세한다. 상속세및증여세법 제31조 제2호. 평가의 불확실성 때문에 있는 일응의 기준일 뿐이다. 대법원 2013. 10. 31. 선고 2011두18427 판결. 제22장 제3절 III. 가액은 대금청산일 기준으로 산정한다. 상속세및증여세법시행령 제26조 제5항.

287) 대법원 2015. 2. 12. 선고 2013두24495 판결.

288) 시가거래가 아니더라도 거래당사자가 객관적 교환가치를 적절히 반영하여 거래를 한다고 믿을 만한 합리적인 사유가 있거나 합리적인 경제인의 관점에서 비정상적이었다고 볼 수 없는 객관적 사유가 있으면 거래의 관행상 정당한 사유가 있는 것. 대법원 2013. 8. 23. 선고 2013두5081 판결; 2018. 3. 15. 선고 2017두61089 판결(비상장주식 협상가격); 2019. 4. 11. 선고 2017두57899 판결(특수관계인과 가운데에 낀 비특수관계인의 거래).

289) 저가양도였지만 증여세를 벗어난 사례로 대법원 2005. 10. 28. 선고 2004두9494 판결. 특수관계인과 가운데에 낀 비특수관계인 사이의 거래에 조작이 없다고 보아 특수관계인이 증여세를 피한 사례로

30% 미만이라면 증여가 아니라고 보고 더는 안 따지는 不問규정(safe-harbor)을 두고 있다.[290]

한편, 특수관계가 있다면 당사자 사이의 거래가격이 시가라는 추정은 없어지고, 행정청은 매매사례가액, 공매가격, 감정가액, 법정평가방법 등으로 일응의 시가를 증명하고 저가양수나 고가매도 차액에 증여세를 매길 수 있다. 이 경우 저가양도하거나 고가매입한 거래상대방에 대해서는 부당행위계산을 하게 된다. 제12장 제4절. 소득세·법인세와 증여세 과세처분의 기초가 된 일응의 시가를 제치고 당사자 사이의 거래가격 또는 다른 특정한 가격이 시가임은 납세의무자가 증명하여야 한다. 소득세·법인세와 증여세 사이에서 시가가 다를 수는 없다.

수증자가 증여세를 납부할 능력이 없어서 강제징수를 못 한다면 전부 또는 일부를 면제한다.[291]

5. 재산의 무상·저가사용이나 용역제공에 따른 이익의 증여

상속세및증여세법 제37조 (부동산무상사용에 따른 이익의 증여) ① 타인의 부동산(그 부동산 소유자와 함께 거주하는 주택과 그에 딸린 토지는 제외한다…)을 무상으로 사용함에 따라 … 이익을 얻은 경우에는 그 무상사용을 개시한 날을 증여일로 하여 그 이익에 상당하는 금액을 부동산 무상 사용자의 증여재산가액으로 한다. (단서 생략)

② 타인의 부동산을 무상으로 담보로 이용하여 금전 등을 차입함에 따라 이익을 얻은 경우에는 그 부동산 담보 이용을 개시한 날을 증여일로 하여 그 이익에 상당하는 금액을 부동산을 담보로 이용한 자의 증여재산가액으로 한다. (단서 생략)

③ 특수관계인이 아닌 자 간의 거래인 경우에는 거래의 관행상 정당한 사유가 없는 경우에 한정하여 제1항 및 제2항을 적용한다.

상속세및증여세법 제41조의4 (금전 무상대출 등에 따른 이익의 증여) ① 타인으로부터 금전을 무상으로 또는 적정이자율보다[292] 낮은 이자율로 대출받은 경우에는 그 금전을 대출받은 날에 다음 각 호의 구분에 따른 금액을 그 금전을 대출받은 자의 증여재산가액으로 한다. (중략)

③ 특수관계인이 아닌 자 간의 거래인 경우에는 거래의 관행상 정당한 사유가 없는 경우에 한정하여 제1항을 적용한다.

대법원 2019. 4. 11. 선고 2017두57899 판결.

290) 상속세및증여세법 제31조 제1항 제2호.

291) 상속세및증여세법 제4조의2 제5항.

292) 법인세법상 부당행위를 벗어나는 이자율이더라도 반드시 적정이자율은 아니다. 대법원 2014. 5. 16. 선고 2013두17633 판결.

상속세및증여세법 제42조 (재산사용 및 용역제공 등에 따른 이익의 증여) ① 재산의 사용 또는 용역의 제공에 의하여 다음 각 호의 어느 하나에 해당하는 이익을 얻은 경우에는 그 이익에 상당하는 금액(시가와 대가의 차액을 말한다)을 그 이익을 얻은 자의 증여재산가액으로 한다. 다만, 그 이익에 상당하는 금액이 대통령령으로 정하는 기준금액 미만인 경우는 제외한다.

1. 타인에게 시가보다 낮은 대가를 지급하거나 무상으로 타인의 재산(부동산과 금전은 제외한다. 이하 이 조에서 같다)을 사용함으로써 얻은 이익[293)]

2. 타인으로부터 시가보다 높은 대가를 받고 재산을 사용하게 함으로써 얻은 이익

3. 타인에게 시가보다 낮은 대가를 지급하거나 무상으로 용역을 제공받음으로써 얻은 이익

4. 타인으로부터 시가보다 높은 대가를 받고 용역을 제공함으로써 얻은 이익

② (생략)

③ 특수관계인이 아닌 자 간의 거래인 경우에는 거래의 관행상 정당한 사유가 없는 경우에 한정하여 제1항을 적용한다. (이하 생략)

특수관계인의 부동산을 무상사용함에 따른 이익에는 증여세를 매긴다.[294)] 특수관계인 사이에서 금전을 무상이나 저가로 사용하는 경우에도, 재산의 가치가 일정금액을 넘으면 매긴다.[295)] 무상사용을 시작한 날 현재로는 얼마동안 사용할 것인지 알 수 없으므로 증여액의 계산에는 어려움이 따르고, 일정기간을 단위로 주기적으로 증여가 각각 일어나는 것으로 계산한다.[296)] 다만 수증자가 증여세를 납부할 능력이 없다면 증여세를 면제한다.[297)] 그 밖의 재산도 고저가 거래라면 제42조에 따라 과세하지만[298)] 특수관계가 없다면 저가거래에 정당한 사유가 없다는 것을 과세관청이 일응 증명해야 한다.[299)] 그래야 제35조, 제37조, 제41조의4와 균형이 맞는다. 부동산의 저가사용에 따

293) 대법원 2013. 11. 14. 선고 2011두18458 판결(예금담보).

294) 종래의 대법원 1993. 6. 11. 선고 93누1435 판결과 다른 대법원 1996. 2. 27. 선고 95누13197 판결을 뒤집은 것. 제3절 III.5.

295) 대법원 2012. 7. 26. 선고 2011두10959 판결. 2012년까지 옛 법에서는 특수관계가 없으면 포괄증여로 과세할 수 없다. 대법원 2016. 9. 28. 선고 2015두50345 판결.

296) 가령 상속세및증여세법 제41조의4 제2항. 대법원 2008. 2. 1. 선고 2004두1834 판결; 2012. 7. 26. 선고 2011두10959 판결(5년내 증여의 상속재산 가산). 무상사용이 기간 중 끝나면 경정청구 가능. 상속세및증여세법 제9조 제2항. 대법원 1993. 6. 11. 선고 93누1435 판결.

297) 상속세및증여세법 제4조의2 제5항에는 제42조가 빠져 있지만 마찬가지로 보아야 한다.

298) 대법원 2015. 10. 15. 선고 2014두37924 판결(특수관계 없는 금전무상대여).

299) 대법원 2015. 2. 12. 선고 2013두24495 판결. 제22장 제3절 III. 2014두37924 판결도 이렇게 읽어야 조문과 어울린다.

른 이익을 과세대상에서 제외하고 있는 것은 부동산을 빌려주는 사람에게 부당행위 계산부인 조항을 적용하여 시가대로 과세하는 까닭이다.[300] 다른 재산을 빌려주는 것도 사업소득 또는 기타소득이 되므로[301] 부당행위 계산부인의 대상이 되기는 하지만[302] 현실적으로 과세하기 어렵다보니 증여세를 과세할 길을 열어둔 것.

Ⅳ. 지배주주 지위의 악용

옛 상속세법에서 민법상의 증여나 증여의제대상으로 명시한 것에만 증여세를 매길 수 있다는 입장을 법원이 택한 까닭에, 재벌기업의 지배주주들이 증자, 감자, 합병 등 법에 그 때까지 명시되지 않은 형태의 거래를 고안하여 부를 무상이전하는 사례가 많았다. 이에 대한 대안으로 옛 법은 주식거래에 관한 증여의제 조문을 여럿 들여왔고, 이 조문들은 증여의 형태에 관한 예시조문으로 현행법에 남아 있다. 제22장 제3절 VII.

1. 합병에 따른 이익의 증여

합병에 관한 예시조문을 낳은 배경은 현대그룹 산하의 한라건설과 한국도시개발 사이의 합병이었다. 두 회사 주식의 가치는 1 : 2.2의 비율이었지만 두 회사는 합병비율(合併比率)을 1주:1주로 정했고, 그에 따라 한국도시개발의 주주로부터 한라건설의 주주에게 부가 무상이전되는 결과가 생겼다. 한라건설의 대주주는 현대그룹의 재벌2세 개인이었고, 이 사람은 합병이 있기 얼마 전에 한라건설의 주식을 현대그룹의 다른 계열회사에서, 상속세법상 법정평가액에 맞춘 가격으로 사들였다. 이 사건[303] 당시에는 제38조에 해당하는 조문이 없었으므로 국세청은 합병이 일어난 뒤 주식매매가 있었던 것으로 거래를 재구성하여 부당행위 계산부인 규정을 적용했지만 법원은 이를 인정하지 않았다.[304] 이리하여 위와 같은 합병비율의 조작을 통한 부의 무상이전에 증여세를 매기는 조문이 생겼다.

---

300) 소득세법 제101조. 대법원 1999. 9. 21. 선고 98두11830 판결(저가양도); 2004. 3. 11. 선고 2003두10824 판결(토지의 무상사용)은 부당행위의 양 당사자에게 각각 소득세와 증여세를 부과했지만, 이중과세라는 감정적 반발을 낳은 까닭에 현행법 입법시 이를 고려했다. 이동식, 소득세법상 부당행위계산부인과 상속세및증여세법상 증여의제의 관계, 조세법연구 Ⅷ-2(2002), 71쪽은 이중과세라고 하나, 현행법은 특수관계 없는 자와 시가거래를 해서 얻은 이익을 증여했다고 보는 것이다. 제22장 제3절 V.

301) 소득세법 제19조 제1항 제12호, 제21조 제1항 제6호, 제7호, 제8호, 제9호.

302) 소득세법 제41조.

303) 대법원 1996. 5. 10. 선고 95누5301 판결.

304) 제3장 제4절 참조.

> 상속세및증여세법 제38조 (합병에 따른 이익의 증여) ① 대통령령으로 정하는 특수관계에 있는 법인 간의 합병(분할합병을 포함한다. 이하 이 조에서 같다)으로 소멸하거나 흡수되는 법인 또는 신설되거나 존속하는 법인의 … 대주주등(이하 이 조 및 제39조의2에서 "대주주등"이라 한다)이 합병으로 인하여 이익을 얻은 경우에는 그 합병등기일을 증여일로 하여 그 이익에 상당하는 금액을 그 대주주등의 증여재산가액으로 한다. …
>
> ② 제1항의 경우에 합병으로 인한 이익을 증여한 자가 대주주등이 아닌 주주등으로서 2명 이상인 경우에는 주주등 1명으로부터 이익을 얻은 것으로 본다.

증여금액의 계산은 명령에 위임하고 있지만, 구태여 명령이 없더라도 법률의 해석상 당연한 사리.[305)]

(보기) 주식의 가치가 주당 1만원이고 발행주식 총수가 1천만주인 부친사(주)가 주식의 가치가 주당 5천원이고 발행주식 총수가 1천만주인 아들사(주)를 1:1의 비율로 합병한 경우 아들사(주)의 50% 주주인 나이세 씨가 받는 증여의 금액은 얼마인가?

(풀이) 합병전 나이세 씨의 부는 5천원×1천만주×50% = 250억원이지만 합병 후 나이세 씨는 존속법인 주식 1,500억원(부친사의 합병전 가치 1,000억원과 아들사의 합병전 가치 500억원을 합한 금액)의 1/4을 차지하므로 그의 부는 375억원이다. 따라서 증여금액은 125억원이다. 증여금액을 시행령이[306)] 정한 방식으로 표시하면 [7,500원 - 5,000원 × (1천만주/ 1천만주)] × 5백만주 = 125억원이다.

문제는 재산의 가치가 불분명한 경우 위와 같은 기계적 계산은 자칫 가혹한 결과를 낳기 쉽다는 점이다. 이리하여 법에 정한 일응의 시가와 30% 이상 차이가 있거나 부의 이전액이 3억원 이상인 경우로 과세범위를 제한하고 있다.[307)] 또 한 가지 문제로, 지배주주가 지배권을 악용하여 소수주주의 부를 자기자신이나 특수관계인에게 이전하는 경우 여기에 증여세를 매길 것인가? 앞의 예에서 갑회사가 상장법인이고, 나이세 씨가 얻은 125억원 가운데 25억원은 지배주주인 나일세의 손해에서 왔지만 100억

305) 대법원 2007. 1. 25. 선고 2005두2063 판결; 2009. 11. 26. 선고 2007두5363 판결; 2015. 9. 23. 선고 2013두22437 판결; 2022. 12. 29. 선고 2019두19 판결(주식의 포괄적 교환에 준용). 제3장 제1절 1, 제2절.

306) 상속세및증여세법시행령 제28조 제3항, 제4항. '합병당사법인의 합병후 주식수'라는 말은 합병당사법인의 주주 전체가 부여받은 존속법인이나 신설법인의 주식수라는 뜻으로 풀이해야 한다.

307) 상속세및증여세법 제31조 제1항 제2호 단서. 대법원 2008. 1. 30. 선고 2007다64136 판결(합병비율에서 사적자치를 원칙적으로 존중); 2013. 10. 31. 선고 2011두18427 판결.

원은 갑회사 소수주주의 손해에서 온 것이라면 나이세 씨에게 증여로 과세할 금액은 25억원인가, 125억원인가? 소득세에서 위법소득도 일단 과세함을[308] 생각하면 125억원을 과세함이 옳고,[309] 혹시 소수주주의 대표소송 등에 의하여 다시 내어놓는 일이 생기면 그때 가서 경정청구하는[310] 것이 옳다.

2. 증자·감자에 따른 이익의 증여

增資나 減資를 하면서 신주발행가액이나 감자가액을 주식가치와 달리하면 주주 사이에 부(富)의 이전(移轉)이 생긴다.[311] 기존주식의 가치보다 싼 발행가액으로 증자한다면 신주주가 득을 보고 비싼 발행가액으로 증자한다면 기존주주가 득을 본다. 감자가액을 기존주식의 가치보다 낮추면 남는 주주가 득을 보고, 높이면 감자당하는 주주가 득을 본다. 가령 기존주식의 가치가 100억원이고 발행주식총수가 100주인 회사가 있다고 하자. 이 회사가 신주 100주를 발행하면서 50억원을 납입받는다면 25억원의 부가 소수주주를 포함하는 기존주주에게서 신주주로 이전된다. 이 회사가 신주 100주를 발행하면서 200억원을 납입받는다면 50억원의 부가 신주주에게서 기존주주로 이전된다. 이 회사가 주식 50주를 감자하면서 80억원을 돌려준다면 남는 주주에게서 빠져나가는 주주에게로 30억원의 부가 이전된다. 이 회사가 50주를 감자하면서 20억원을 돌려준다면 빠져나가는 주주에게서 남는 주주에게로 30억원의 부가 이전된다.

불균등 증자나 감자로 부를 무상이전하는 법률적 형식에는 여러 가지가 있을 수 있다. 법령은 처음에는 증자시 실권주를 낸 뒤 이를 2세에게 싸게 배정하는 데 대한 대책만을 두고 있었다.[312] 그러자 감자가액의 조작을 통한 부의 무상이전이 생겼고,[313] 주식을 싸게 발행하면서 일부주주는 신주를 인수하지 않은 채 실권처리하고 나머지 주주만이 신주를 인수하는 방식의 증여세 회피도 생겼다.[314] 이런 식의 숨바꼭질을 거쳐 상속세및증여세법은 불균등 증자나 감자의 거래형식의 경우의 수를 일일이 조문에 적어두는 복잡한 규정을 갖추게 되었다.

---

308) 제10장 제1절 4, 제18장 제2절 Ⅱ.
309) 상속세및증여세법 제39조 제2항 참조. 제22장 제3절 Ⅵ.5.
310) 제6장 제3절 Ⅳ.
311) 대법원 2025. 4. 24. 선고 2022두42228 판결. 제22장 제3절 Ⅶ. 순자산이 (-)로 남는다면 주주가 얻는 경제적 이익이 없다. 대법원 2004. 11. 11. 선고 2003두11872 판결. 증여일(주금납입일) 전에 반환한다면 비과세.
312) 1979. 12. 28. 개정 상속세법(법률 제3197호) 제34조의4; 1979. 12. 31. 개정 상속세법시행령(대통령령 제9700호) 제41조의3. 실권주 자체에 대한 후속 규제로 2013년 개정 자본시장법 제165조의6 제2항.
313) 대법원 1996. 9. 24. 선고 95누15964 판결은 이를 과세대상이 아니라고.
314) 국세심판소 1993. 11. 8. 93서2094 결정은 이를 과세대상이 아니라고.

상속세및증여세법 제39조 (증자에 따른 이익의 증여) ① 법인이 자본금(출자액을 포함한다. 이하 같다)을 증가시키기 위하여 새로운 주식 또는 지분(이하 이 조에서 "신주"라 한다)을 발행함으로써 다음 각 호의 어느 하나에 해당하는 이익을 얻은 경우에는…그 이익에 상당하는 금액을 그 이익을 얻은 자의 증여재산가액으로 한다.

1. 신주를 시가(제60조와 제63조에 따라 평가한 가액을 말한다. 이하 이 조…에서 같다)보다 낮은 가액으로 발행하는 경우: 다음 각 목의 어느 하나에 해당하는 이익

가. 해당 법인의 주주등이 신주를 배정받을 수 있는 권리(이하 이 항에서 "실권주"라 한다)를 배정(자본시장과금융투자업에관한법률에 따른 주권상장법인이 같은 법 제9조 제7항에 따른 유가증권의 모집방법…으로[315] 배정하는 경우는 제외한다.[316] 이하 이 항에서 같다)하는 경우에는 그 실권주를 배정받은 자가 실권주를 배정받음으로써 얻은 이익[317]

나. 해당 법인의 주주등이 신주인수권의 전부 또는 일부를 포기한 경우로서 해당 법인이 실권주를 배정하지 아니한 경우에는 그 신주 인수를 포기한 자의 특수관계인이 신주를 인수함으로써 얻은 이익

다. 해당 법인의 주주등이 아닌 자가 해당 법인으로부터 신주를 직접 배정(자본시장과금융투자업에관한법률 제9조 제12항에 따른 인수인으로부터[318] 인수・취득하는 경우…를 포함한다. 이하 이 항에서 같다)받음으로써[319] 얻은 이익

라. 해당 법인의 주주등이 소유한 주식등의 수에 비례하여 균등한 조건으로 배정받을 수 있는 수를 초과하여 신주를 직접 배정받음으로써 얻은 이익[320]

2. 신주를 시가보다 높은 가액으로 발행하는 경우: 다음 각 목의 어느 하나에 해당하는 이익

가. 해당 법인의 주주등이 신주인수권의 전부 또는 일부를 포기한 경우로서 해당 법인이 실권주를 배정하는 경우에는 그 실권주를 배정받은 자가 그 실권주를 인수함으로써 그의 특수관계인에 해당하는 신주 인수 포기자가 얻은 이익

나. 해당 법인의 주주등이 신주인수권의 전부 또는 일부를 포기한 경우로서 해당 법인이 실권주를 배정하지 아니한 경우에는 그 신주를 인수함으로써 그의 특수관

315) 대법원 2014. 2. 27. 선고 2012두25712 판결; 2014. 3. 13. 선고 2012두14866 판결(간주모집 포함); 2015. 12. 10. 선고 2015두47362 판결(간주모집, 보호예수); 2017. 5. 17. 선고 2014두14976 판결.

316) 비합리적 불평등이 아니다. 헌법재판소 2016. 6. 30. 2014헌바468 결정.

317) 주금납입일 기준으로 계산한다. 대법원 2017. 5. 17. 선고 2014두14976 판결(보호예수). 증권거래 관련 법령에 따른 가액이라 해서 비과세하는 것은 아니다. 대법원 2015. 9. 10. 선고 2013두22437 판결; 2017. 5. 17. 선고 2014두14976 판결(실권주 제3자 배정은 과세).

318) 대법원 2019. 5. 30. 선고 2017두49560 판결.

319) 애초에 기존주주의 신주인수권이 안 미친다면 이 호를 벗어난다. 대법원 2025. 11. 26. 선고 2025두32962 판결.

320) 헌법재판소 2016. 6. 30. 2014헌바468 결정. 제22장 제3절 Ⅶ.5.

계인에 해당하는 신주 인수 포기자가 얻은 이익

다. 해당 법인의 주주등이 아닌 자가 해당 법인으로부터 신주를 직접 배정받아 인수함으로써 그의 특수관계인인 주주등이 얻은 이익

라. 해당 법인의 주주등이 소유한 주식등의 수에 비례하여 균등한 조건으로 배정받을 수 있는 수를 초과하여 신주를 직접 배정받아 인수함으로써 그의 특수관계인인 주주등이 얻은 이익

3. 제1호 및 제2호를 적용할 때 「상법」 제346조에 따른 종류주식(이하 이 호에서 "전환주식"이라 한다)을 발행한 경우: 발행 이후 다른 종류의 주식으로 전환함에 따라 얻은 다음 각 목의 구분에 따른 이익

가. 전환주식을 시가보다 낮은 가액으로 발행한 경우: 교부받았거나 교부받을 주식의 가액이 전환주식 발행 당시 전환주식의 가액을 초과함으로써 그 주식을 교부받은 자가 얻은 이익

나. 전환주식을 시가보다 높은 가액으로 발행한 경우: 교부받았거나 교부받을 주식의 가액이 전환주식 발행 당시 전환주식의 가액보다 낮아짐으로써 그 주식을 교부받은 자의 특수관계인이 얻은 이익

② 제1항 제1호를 적용할 때 이익을 증여한 자가 대통령령으로 정하는 소액주주(이하 이 항 및 제39조의3에서 "소액주주"라 한다)로서 2명 이상인 경우에는 이익을 증여한 소액주주가 1명인 것으로 보고 이익을 계산한다.[321]

상속세및증여세법 제39조의2 (감자에 따른 이익의 증여) ① 법인이 자본금을 감소시키기 위하여 주식등을 소각(消却)하는 경우로서 일부 주주등의 주식등을 소각함으로써 다음 각 호의 구분에 따른 이익을 얻은 경우에는 감자(減資)를 위한 주주총회결의일을 증여일로 하여 그 이익에 상당하는 금액을 그 이익을 얻은 자의 증여재산가액으로 한다. 다만, 그 이익에 상당하는 금액이 대통령령으로 정하는 기준금액 미만인 경우는 제외한다.

1. 주식등을 시가보다 낮은 대가로 소각한 경우: 주식등을 소각한 주주등의 특수관계인에 해당하는 대주주등이 얻은 이익

2. 주식등을 시가보다 높은 대가로 소각한 경우: 대주주등의 특수관계인에 해당하는 주식등을 소각한 주주등이 얻은 이익

무슨 말인지 도대체 모르겠네…이익의 計算에 관한 구체적 내용을 각 호에 정한데 더하여, 다시 대통령령을 위임명령의 형식으로 두고 있기 때문이다. 헌법이론과 입법기술로 보자면 법률을 위와 같이 복잡하게 할 이유가 없다. 법률에는 불균등한 증자

321) 그렇게 해야 담세력에 상응한다. 헌법재판소 2016. 6. 30. 2014헌바468 결정; 대법원 2017. 5. 17. 선고 2014두14976 판결; 2025. 4. 24. 선고 2022두42228 판결. 제22장 제3절 VII. 5.

감자를 통한 부의 무상이전을 과세하겠다는 뜻만 적고, 나머지 필요한 세부나 절차는 집행명령에 맡기면 된다. 실제로 현행 시행령에 들어 있는 이익계산 방법은 구태여 정해 둘 필요조차 없는 당연한 사리. 새로운 내용을 창설하고 있는 것이 아니고, 앞의 보기에서 보았듯 계산되는 증여금액을 사법상의 유형별로 하나하나 나누어 적은 것일 뿐이다. 법에 이런 내용을 하나하나 안 적어도 계산은 어긋날 수가 없다. 이익을 본 자가 누구인가, 증여액은 어떻게 계산하는가, 이런 내용을 구체적으로 법령에 둘 것도 없이 행정청 및 법원의 판단에 맡기면 된다.[322] 중학교 수학만 풀 수 있으면 분명한 답이 나온다. 그러나 기왕에 있던 내용이고, 또 우리 상속세및증여세법의 역사 때문에 생겨난 조문이므로 구태여 꼭 단순화하지 않고 그냥 남겨둔 것이다.

현행 법령에서는 신주를 싸게 배정받은 자는 소수주주 기타 손해를 본 자와 특수관계가 없더라도 과세하고[323] 30% 차액이나 3억원 제한 없이 법령에 따라 계산한 부의 이전액을 그대로 과세한다. 신주배정을 받은 자 아닌 다른 사람이 보는 이득이나 감자과정에서 생기는 이득은, 이득을 보는 자와 손해를 보는 자가 특수관계가 있는 경우에만 과세한다.[324] 이 경우 30% 차액이나 3억원의 제한이 있는가는 부의 이전과정에서 적극적인 실권주 배정행위가 있는가에 달려 있다. 이제 조문을 다시 읽어보라. 증여이익의 반환은 제25장 제3절 I.3.

불균등 자본거래가 증여세 과세대상인 경우, 부를 넘겨주는 자에 대해 소득세법이나 법인세법상 부당행위 계산을 부인하는 과정에서 행하는 소득처분은 사외유출로 처분해서 이중과세를 피한다.[325]

3. 현물출자에 따른 이익의 증여

상속세및증여세법 제39조의3 (현물출자에 따른 이익의 증여) ① 현물출자에 의하여 다음 각 호의 어느 하나에 해당하는 이익을 얻은 경우에는 현물출자 납입일을 증여일로 하여 그 이익에 상당하는 금액을 그 이익을 얻은 자의 증여재산가액으로 한다.

1. 주식등을 시가보다 낮은 가액으로 인수함으로써 현물출자자가 얻은 이익

2. 주식등을 시가보다 높은 가액으로 인수함으로써 현물출자자의 특수관계인에 해당하는 주주등이 얻은 이익 (이하 생략)

이 조문도 불균등 증자를 통한 부의 무상이전이라는 점에서는 제39조와 다를 바

322) 독일 조세대법원 2001. 5. 30. 선고 II R 6/98 판결.
323) 상속세및증여세법 제39조 제1항 제1호 (가)목, (다)목.
324) 같은 항 제1호 (나)목, 제2호 (가)목, (나)목, 제3호.
325) 대법원 2014. 11. 27. 선고 2012두25248 판결.

가 없다. 이 조문을 따로 둔 것은, 현물출자에는 신주인수권(新株引受權)이 미치지 않는다는 상법학의 다수설을 악용한 증여세회피 사례가 있었기에[326] 제39조 제1항의 각 호에 들어가지 않는 내용으로 조문을 따로 둘 필요가 있다고 생각한 까닭이다.

4. 조직변경

> 상속세및증여세법 제42조의2 (법인의 조직 변경 등에 따른 이익의 증여) ① 주식의 포괄적 교환 및 이전, 사업의 양수·양도, 사업 교환 및 법인의 조직 변경 등에 의하여 소유지분이나 그 가액이 변동됨에 따라 이익을 얻은 경우에는 그 이익에 상당하는 금액(소유지분이나 그 가액의 변동 전·후 재산의 평가차액을 말한다)을 그 이익을 얻은 자의 증여재산가액으로 한다. 다만, 그 이익에 상당하는 금액이 대통령령으로 정하는 기준금액 미만인 경우는 제외한다.
>
> ② 특수관계인이 아닌 자 간의 거래인 경우에는 거래의 관행상 정당한 사유가 없는 경우에 한정하여 제1항을 적용한다.

거래조건이 시가와 다르면, 가령 주식의 포괄적 교환에서[327] 교환조건이 시가를 반영하지 않으면 모회사 주주와 자회사 주주 사이에 부의 무상이전이 생긴다. 합병이나 마찬가지.[328] 특수관계 없는 자 사이의 거래라면 거래조건의 조작에 대한 증명책임은 행정청이 진다.

5. 초과배당에 따른 이익

> 상속세및증여세법 제41조의2 (초과배당에 따른 이익의 증여) ① 법인이 이익이나 잉여금을 배당 또는 분배(이하 이 항에서 "배당등"이라 한다)하는 경우로서 그 법인의 … 최대주주등 … 가 본인이 지급받을 배당등의 금액의 전부 또는 일부를 포기하거나 본인이 보유한 주식등에 비례하여 균등하지 아니한 조건으로 배당등을 받음에 따라 그 최대주주등의 특수관계인이 본인이 보유한 주식등에 비하여 높은 금액의 배당등을 받은 경우에는 제4조의2 제3항에도 불구하고 법인이 배당 또는 분배한 금액을 지급한 날을 증여일로 하여 … 초과배당금액에 대한 소득세 상당액을 공제한 금액을 그 최대주주

326) 서울고등법원 1987. 12. 8. 선고 86구501 판결은 "현물출자에 의한 신주발행의 경우 정관에 다른 정함이 없으면 구 주주는 신주인수권을 가지지 아니하므로 구 주주에게 신주인수권이 있음을 전제로 하여 현물출자자에게 증여세를 부과한 처분은 위법하다"고 판시했다. 그 밖에 대법원 1989. 3. 14. 선고 88누889 판결. 성낙인·박정훈·이창희, 앞의 글, 183쪽 참조.

327) 대법원 2014. 4. 24. 선고 2011두23047 판결. 제15장 제8절. 이 조에 해당하면 제35조와 제39조에서 벗어난다. 대법원 2014. 9. 26. 선고 2012두6797 판결; 2018. 3. 29. 선고 2012두27787 판결.

328) 따라서 합병에 관한 규정을 준용한다. 대법원 2022. 12. 29. 선고 2019두19 판결(평가기준일).

등의 특수관계인의 증여재산가액으로 한다.

제3항은 초과배당금액에 대한 증여세액이 초과배당금액에 대한 소득세보다 적다면 증여세를 안 매긴다고 정하고 있지만 앞뒤가 안 맞는다. 애초 특수관계인이 받아갈 수 있는 돈이 아니니 지배주주가 일단 배당이나 위법배당을 받아서 그 돈을 특수관계인에게 증여했다고 보아야 맞다.[329] 배당소득은 여전히 지배주주에게 귀속하고 특수관계인은 지배주주로부터 소득세전 배당금을 증여받는 것이다. 제10장 제1절 5. 제22장 제3절 V. 1. 4), VII. 5. 이와 달리 현행법은 초과배당을 특수관계인에게 귀속시켜서 소득세를 물리고 소득세후 금액에만 증여세를 물린다. 10년 합산규정을 적용하는 것은 다른 증여와 다를 바 없다.[330] 초과배당에 대해 특수관계인이 낼 소득세가 얼마인가는 다른 종합소득과 합산하여 신고한 이후에나 확정되므로 일단 낸 증여세와 견주어 차액을 추가납부하거나 환급받는다.[331]

V. 합산배제 증여자산(상속세 형식의 소득과세)

법 제40조 제1항 제2호와 제3호, 제41조의3, 제41조의5 및 제42조의3는 포괄적 의미로도 증여라 보기 힘들고 오히려 所得稅를 과세해야 옳을 듯 싶지만 입법기술상 소득세 대신 증여세를 매기겠다는 정책적 판단을 입법한 조항들이다. 합산과세는 배제한다.

현행법상 전환사채의 주식전환, 비상장주식의 상장, 비상장회사의 합병 따위에 관련된 조문들에는, 부의 무상이전이라는 실질에 증여세를 매기는 부분도 있고 증여 이후의 가치증가에 증여세를 매기는 부분도 있다. 부의 무상이전 부분은 실무적 어려움이 있더라도 적어도 이론상으로는 포괄증여라는 개념에 담아 증여세를 매겨야 마땅하다. 사후적(事後的) 가치변동은 포괄적 개념으로 보더라도 증여라 보기는 어려울 수 있지만, 실제로는 증여 당시의 가치가 불확실한 까닭에 부의 무상이전 부분과 사후적 가치변동 부분을 구별하기가 거의 불가능하다는 점 때문에 둘을 합하여 증여세를 매기는 편이 낫다는 정책적 판단을 담고 있다.[332] 이처럼 형식적으로는 증여세를 매기지만, 10년을 단위로 하는 증여세 합산과세에서 제외하여 따로 과세하고[333] 증여세의 과세가액에 포함된 금액은 재산의 취득가액에 포함하는[334] 등 특별규정을 두고 있는 까

329) 대법원 1980. 8. 26. 선고 80다1263 판결; 2024. 3. 12. 선고 2022두32931 판결.
330) 제3항에 불구하고 10년 합산대상. 대법원 2024. 3. 12. 선고 2022두32931 판결.
331) 상속세 및 증여세법 제41조의2 제2항.
332) 대법원 2017. 9. 26. 선고 2015두3096 판결; 2022. 11. 10. 선고 2017두52795 판결.
333) 상속세및증여세법 제56조, 제55조 제1항 제2호, 제47조.

닭에 실제는 所得稅의 성질을 띤다. 상속세및증여세법에서 소득세법에 대한 특별규정을 두고 있는 셈이다.[335] 다시 그에 대해서도 미실현이득 과세라는 비판이 있지만[336] 입법재량일 뿐.[337]

1. 비상장회사의 상장(上場)이익

상속세및증여세법 제41조의3 (주식등의 상장에 따른 이익의 증여) ① 기업의 경영 등에 관하여 공개되지 아니한 정보를 이용할 수 있는 지위에 있다고 인정되는 다음 각 호의 어느 하나에 해당하는 자(이하 이 조 및 제41조의5에서 "최대주주등"이라 한다)의 특수관계인이 제2항에 따라 해당 법인의 주식등을 증여받거나 취득한 경우 그 주식등을 증여받거나 취득한 날부터 5년 이내에 그 주식등이 … 증권시장 … 에 상장됨에 따라 그 가액이 증가한 경우로서 그 주식등을 증여받거나 취득한 자가 당초 증여세 과세가액(제2항 제2호에 따라 증여받은 재산으로 주식등을 취득한 경우는 제외한다. 이하 제41조의5에서 같다) 또는 취득가액을 초과하여 이익을 얻은 경우에는 그 이익에 상당하는 금액을 그 이익을 얻은 자의 증여재산가액으로 한다.[338]

1. 제22조 제2항에 따른 최대주주[339] 또는 최대출자자

2. 내국법인의 발행주식총수 또는 출자총액의 100분의 25 이상을 소유한 자로서 대통령령으로 정하는 자

② 제1항에 따른 주식등을 증여받거나 취득한 경우는 다음 각 호의 어느 하나에 해당하는 경우로 한다.

1. 최대주주등으로부터[340] 해당 법인의 주식등을 증여받거나 유상으로[341] 취득한 경우

2. 증여받은 재산(주식등을 유상으로 취득한 날부터 소급하여 3년 이내에 최대

---

334) 소득세법시행령 제163조 제10항.

335) 이름만 증여세이지 조문의 내용은 모두 소득세의 성격에 맞춘 것이므로 관련 조문을 모두 소득세법으로 옮길 수도 있었겠지만, 법령의 체제를 되도록 건드리지 말자는 생각에서 기왕의 조문을 내용만 정리하는 방식으로 입법이 이루어졌다.

336) 오윤, 세법의 이해, 9장 3절 2항 1.나.

337) 헌법재판소 2015. 9. 24. 2012헌가5등 결정. 이 책 제8장 제1절 I.

338) 합헌이다. 헌법재판소 2015. 9. 24. 2012헌바114 결정.

339) 최대주주가 될 자를 포함하지 않는다는 생각으로 대법원 2018. 12. 13. 선고 2015두40941 판결, 2015두41821 판결. 특수관계인 포함여부는 대법원 2012. 5. 10. 선고 2010두11559 판결 ↔ 2015. 10. 29. 선고 2012두25187 판결; 시행령 제19조 제2항.

340) 대법원 2017. 9. 21. 선고 2017두35691 판결(최대주주의 실권주를 배정받아 인수 ≠ 최대주주로부터 취득).

341) 유상취득이더라도 상장으로 얻은 이익이 취득가액에 안 들어간 이상 증여받는 것과 같다. 헌법재판소 2015. 9. 24. 2012헌바114 결정. 근로의 대가로 받는 주식은 유상취득. 대법원 2016. 10. 27. 선고 2016두39726 판결.

주주등으로부터 증여받은 재산을 말한다. 이하 이 조 및 제41조의5에서 같다)으로 최대주주등이 아닌 자로부터 해당 법인의 주식등을 취득한 경우

③ 제1항에 따른 이익은 해당 주식등의 상장일부터 3개월이 되는 날(그 주식등을 보유한 자가 상장일부터 3개월 이내에 사망하거나 그 주식등을 증여 또는 양도한 경우에는 그 사망일, 증여일 또는 양도일을 말한다. 이하 이 조와 제68조에서 "정산기준일"이라 한다)을 기준으로 계산한다.

④ 제1항에 따른 이익을 얻은 자에 대해서는 그 이익을 당초의 증여세 과세가액(증여받은 재산으로 주식등을 취득한 경우에는 그 증여받은 재산에 대한 증여세 과세가액을 말한다. 이하 이 조에서 같다)에 가산하여 증여세 과세표준과 세액을 정산한다. 다만, 정산기준일 현재의 주식등의 가액이 당초의 증여세 과세가액보다 적은 경우로서 그 차액이 대통령령으로 정하는 기준 이상인 경우에는 그 차액에 상당하는 증여세액(증여받은 때에 납부한 당초의 증여세액을 말한다)을 환급받을 수 있다.

(제5항 이하 생략)

위 조문과 같은 내용이 옛 법에서 입법된 배경은 삼성그룹의 변칙상속을[342] 배경으로 한다. 이 아무개는 아버지로부터 현금 61억원을 증여받아 증여세 16억원을 납부한 뒤 이 돈으로 같은 그룹내 비상장사 에스원의 주식을 계열회사에서 사들였다. 주식의 매매가격은 비상장주식에 대한 상속세법상 법정평가방법에 맞추어 정했다. 그 뒤 약 3년이 경과한 뒤 이 회사는 주식을 상장했고, 아무개는 상장 후 시세에 따라 주식을 약 600억원에 매각함으로써 527억원의 시세차익을 남겼다. 그러나 당시의 소득세법이 上場주식의 양도차익을 과세하지 않았던 까닭에 이 아무개는 양도소득세도 내지 않았다. 이 사태가 벌어지자 국회와 행정부는 1999년부터 상장주식이라도 대주주의 대량매매에는 양도소득세를 부과하도록 소득세법령을 개정했고,[343] 그 후 2000년부터 대주주의 대량매매에 관한 규정을 정비함과 아울러 주식을 매각하지 않고 계속 보유하는 경우에 대비하여 비상장주식의 상장차익 자체에 증여세를 매기는 조문을 신설했다. 상장 이전의 시세와 상장 후의 시세(정확히 말해, 상장일부터 3월이 경과한 날의 시세)의 차액을 증여로 보는 것.

위 법조는 주식가치의 사후적 증가액에 대한 과세이므로 증여세의 과세대상이 아니고 양도시점에 가서 양도소득세를 매겨야 마땅하다고 우기는 이도 있지만,[344] 위 법

342) 사실관계는 김갑순 외 2인, 세법의 허점을 이용한 공격적 세무회계와 세금의 비용, 세무학연구 27권 2호(2010), 192쪽.

343) 1998. 12. 31. 개정된 소득세법시행령(대통령령 제15969호) 제157조 제4항.

344) 미실현이득에 대한 과세의 일반론은 제8장 제1절 I 참조.

조의 뜻은 증여재산의 평가와 증여세의 정산(精算). 제1절 I. 곧 상장에서 드러난 가치로부터 취득 당시의 주식시가를 역산해 내어, 애초의 무상이전액에 대해서 덜 납부한 세액을 추징하거나 더 낸 세액을 환급하는 것이다.[345] 취득 당시의 주식가치를 바로잡은 부분에 증여세를 물리는 것뿐이니 증여세의 본질에 어긋날 바 없다. 나아가서 장차 수증자가 재산을 처분하는 시점에 가서 양도차익을 과세할 수 있다고 해서 증여당시의 증여세를 제대로 물릴 필요성이 줄어들지는 않는다. 우리 법처럼 증여받은 자산의 취득원가를 증여자의 취득원가에서 증여 당시의 시가로 평가증(step-up)하는 법제에서는, 엄밀하게 이론으로 따지자면 증여시점 현재로 증여받은 재산의 시가에 증여세를 물리면서 동시에 그때까지 생긴 미실현이득에 대해서는 다시 또 양도소득세를 물리고 그 뒤에 생긴 자산가치 증가액에 대해서 다시 양도소득세를 냄은 당연. 제12장 제2절 9.

2. 합병에 따른 상장이익

앞서 본 바와 같이 법개정에 의해 비상장주식을 이용한 변칙증여에 제동이 걸리자, 비상장주식을 직접 상장하는 대신 非上場법인과 上場법인(이른바 SPAC)을 합병하게 하는 방식으로 상장의 효과를 얻는 이른바 우회상장이 새로운 변칙증여의 수단으로 나타났다. 2001년 모 그룹 대주주의 아들 C씨가 30억원으로 비상장법인의 주식을 취득했고, 그 후 동 비상장법인은 같은 그룹 내의 상장법인과 합병한다는 계획을 발표했는데, 이 계획대로 합병이 되면 비상장법인의 주식이 상장법인의 주식으로 변경됨으로써 C씨는 약 450억원어치 상장주식을 취득할 참이었다. 사회적 비난과 주식시장의 사정 탓에 이 합병이 실제로 성사되지는 못했다. 이 문제에 대한 대책으로 2003. 1. 1. 이런 합병에 대하여 위 제41조의3의 규정을 준용함으로써 증여세를 과세하는 조문을 신설했다. 우회상장이라는 속칭이 말하듯, 문제의 본질은 앞 항에서 본 법 제41조의3(상장에 따른 이익)과 같은 가치역산이지만,[346] 상장과 합병이라는 법률적 형태의 차이마다 구체적 조문을 따로 두는 입법관례에 맞추었던 것이다. 실질 내용은 제41조의3과 마찬가지이다. 합병상장이익에 대한 증여세 정산은 합병에 따른 의제배당소득 과세와는 무관하다.[347]

---

345) 과세여부나 세액은 취득 당시의 법령에 따른다. 대법원 2023. 11. 9. 선고 2020두51181 판결. 최대주주 및 특수관계인은 정보를 알 수 있는 기회가 일반인과 다르다. 대법원 2011. 6. 30. 선고 2010도10968 판결; 헌법재판소 2016. 3. 31. 2013헌바372 결정; 2023. 2. 23. 2020헌바411 결정; 2023. 2. 23. 2019헌바483 결정. 그렇게 보면 애초 주식을 매수했더라도 상장에서 드러난 가치로 매수 당시의 시가를 역산할 필요가 있다. 대법원 2017. 3. 30. 선고 2016두55926 판결; 2017. 9. 26. 선고 2015두3096 판결.

346) 헌법재판소 2016. 3. 31. 2013헌바372 결정; 대법원 2023. 7. 13. 선고 2020두52405 판결.

347) 대법원 2017. 3. 30. 선고 2016두55926 판결; 2017. 9. 26. 선고 2015두3096 판결. 정산으로 늘어나는

상속세및증여세법 제41조의5 (합병에 따른 상장 등 이익의 증여) ① 최대주주등의 특수관계인이 다음 각 호의 어느 하나에 해당하는[348] 경우로서 그 주식등을 증여받거나 취득한 날부터 5년 이내에 그 주식등을 발행한 법인이 … 특수관계에 있는 주권상장법인과 합병되어 그 주식등의 가액이 증가함으로써 그 주식등을 증여받거나 취득한 자가 당초 증여세 과세가액 … 또는 취득가액을 초과하여 … 이익을 얻은 경우에는 그 이익에 상당하는 금액을 그 이익을 얻은 자의 증여재산가액으로 한다. …

1. 최대주주등으로부터 해당 법인의 주식등을 증여받거나 유상으로 취득한 경우

2. 증여받은 재산으로 최대주주등이 아닌 자로부터 해당 법인의 주식등을 취득한 경우[349]

3. 증여받은 재산으로 최대주주등이 주식등을 보유하고 있는 다른 법인의 주식등을 최대주주등이 아닌 자로부터 취득함으로써 최대주주등과 그의 특수관계인이 보유한 주식등을 합하여 그 다른 법인의 최대주주등에 해당하게 되는 경우

② 제1항에 따른 합병에 따른 상장 등 이익의 증여에 관하여는 제41조의3 제3항부터 제9항까지의 규정을 준용한다. 이 경우 "상장일"은 "합병등기일"로 본다.

"합병상장이익 증여과세제도는 기업의 합병 등 기업의 내부정보를 가진 최대주주등이 미리 자녀 등 특수관계인에게 주식등을 증여하거나 매각한 후 가까운 장래에 주권상장법인 또는 협회등록법인과의 합병을 실행하여 거액의 이익, 이른바 '합병으로 인한 우회상장 프리미엄'을 그 특수관계인으로 하여금 얻도록 하는 경우, 합병 후에 해당 주식 등의 가치 증가가 현저한 상태에서 증여한 것과 동일한 경제적 효과가 있으므로, 그 합병상장이익을 증여세의 과세대상으로 삼도록 한 것이다. 즉, 이 제도는 주식등 재산의 증여 또는 취득 시점에 사실상 무상으로 이전된 재산의 가액을 실질적으로 평가하여 과세함으로써 조세부담의 불공평을 시정하고 과세의 평등을 실현하기 위한 것이다."[350]

3. 전환사채의 주식전환

상속세및증여세법 제40조 (전환사채 등의 주식전환 등에 따른 이익의 증여) ① 전환사채, 신주인수권부사채(신주인수권증권이 분리된 경우에는 신주인수권증권을 말한다) 또는 그 밖의 주식으로 전환·교환하거나 주식을 인수할[351] 수 있는 권리가 부여된

증여세 과세가액은 의제배당소득 계산 시 주주 취득가액에 넣어야 한다.

348) 각 호에 해당하지 않는 우회상장을 이 조로 과세할 수는 없다. 대법원 2017. 3. 30. 선고 2016두55926 판결(제 돈으로 취득한 제3자배정 주식); 2017. 9. 21. 선고 2017두35691 판결.

349) 대법원 2023. 7. 13. 선고 2020두52405 판결.

350) 헌법재판소 2016. 3. 31. 2013헌바372 결정; 2023. 2. 23. 2020헌바542 결정; 대법원 2011. 6. 30. 선고 2010도10968 판결.

351) '인수'를 자본시장법에 맞추어 풀이한 사례로 대법원 2019. 5. 30. 선고 2017두49560 판결.

사채(이하 이 조 및 제41조의3에서 "전환사채등"이라 한다)를 인수·취득·양도하거나, 전환사채등에 의하여 주식으로 전환·교환 또는 주식의 인수(이하 이 조에서 "주식전환등"이라 한다)를 함으로써 다음 각 호의 어느 하나에 해당하는 이익을 얻은 경우에는 그 이익에 상당하는 금액을 그 이익을 얻은 자의 증여재산가액으로 한다. …

1. 전환사채등을 인수·취득함으로써 인수·취득을 한 날에 얻은 다음 각 목의 어느 하나에 해당하는 이익

가. 특수관계인으로부터 전환사채등을 시가보다 낮은 가액으로 취득함으로써 얻은 이익

나. …발행한 법인의 최대주주…가 그 법인으로부터…시가보다 낮은 가액으로…비례를 초과하여 인수·취득(자본시장…법…에 따른 인수인으로부터[352] 인수·취득하는 경우…를 포함한다. 이하 이 항에서 "인수등"이라 한다)함으로써 얻은 이익

다. …

2. 전환사채등에 의하여 주식전환등을 함으로써 주식전환등을 한 날에 얻은 다음 각 목의 어느 하나에 해당하는 이익

가. 전환사채등을 특수관계인으로부터 취득…하여…주식의 가액이 전환·교환 또는 인수 가액(이하 이 항에서 "전환가액등"이라 한다)을 초과함으로써 얻은 이익

나. 전환사채등을 발행한 법인의 최대주주…가 그 법인으로부터 전환사채등을…초과하여 인수등을 한 경우로서…주식의 가액이 전환가액등을 초과함으로써 얻은 이익

다. …최대주주의[353] 특수관계인…이…얻은 이익

라. …주식을 교부받은 자의 특수관계인이…얻은 이익

3. 전환사채등을 특수관계인에게 양도한…양도가액이 시가를 초과함으로써 양도인이 얻은 이익

입법배경은 앞서 제41조의3에서 본 삼성사건. 이 아무개는 에스원 주식 매각대금 600억원의 일부로 에버랜드 전환사채를 받았다. 에버랜드 주주가 아닌데 어떻게 받지? 아버지 등 기존 주주가 인수권을 포기하고 제3자배정 방식으로 이 아무개에게 배정.

위 법조항 제1호는 애초 전환사채(轉換社債) 등을 부여받을 당시 시가보다 싸게 받은 시세차액이 있다면 그에 대해 증여세를 매긴다는 당연한 내용이다. (가), (나), (다)는 각각 특수관계인, 특수관계가 없더라도 최대주주, 최대주주의 특수관계인으로 나누어서 증여세를 매기는 요건을 서로 달리 정하고 있다. 제3호도 시세차액에 증여세

352) 자본시장법에 따른 인수인이라는 말을 같은 법 시행 전의 사실에 적용할 수는 없다. 대법원 2017. 1. 25. 선고 2015두3270 판결. 원심 대전고등법원 2015. 7. 16. 선고 2014누326 판결.

353) 2대주주의 특수관계인에 대한 과세처분은 위법. 대법원 2024. 12. 20. 선고 2020두53224 판결.

를 매긴다는 당연한 내용이다.[354] 제2호는 뭐지? 전환이익, 곧 전환사채 등을 받은 이후에 주식가격이 올라서 생긴 이득에도 증여세를 매긴다는 얼핏 뜨악한 내용이다.

〈대법원 2019. 4. 11. 선고 2017두57899 판결〉

(1심판결)

원고는 2000. 9. 1. …이 사건 회사'…의 대표이사로 취임했고, 2010. 12. 31. 기준으로 이 사건 회사의 최대주주로서 발행주식 총 5,477,654주 중 1,096,972주(20.01% 지분)를 보유했다…이 사건 회사는 2011. 6. 28. 권면총액 100억 원의 무기명식분리형 사모 신주인수권부사채(이하 '이 사건 신주인수권부사채'라 한다)를 발행했다. …산은캐피탈[은]…신주인수권부사채를…취득했다…원고는 같은 날, 산은캐피탈이 취득한 신주인수권부사채…중…신주인수권…을 180,000,000원에, 신한캐피탈이 취득한 신주인수권부사채 중…신주인수권…을 45,000,000원에 각 취득했다…원고는 2012. 9. 5. 이 사건 신주인수권을 1주당 17,465원에 행사하여 286,284주의 주식으로 전환했다… 2011. 6. 7. 당시 17,650원이었던 이 사건 회사의 주가는 그 이후 가파르게 상승…원고가 이 사건 신주인수권을 행사한 날인 2012. 9. 30.의 주가는 29,900원…이었다.

(대법원 판결)

…입법 취지는 거래당사자가 비정상적인 방법으로 이익을 사실상 무상으로 이전하는 경우에 거래상대방이 얻은 이익에 대하여 증여세를 과세함으로써 변칙적인 증여행위에 대처하고 과세의 공평을 도모하려는 데에 있다. 그런데 특수관계가 없는 자 사이의 거래에서는 이해관계가 서로 일치하지 않는 것이 일반적이고 자신이 쉽게 이익을 얻을 수 있는 기회를 포기하면서 거래상대방으로 하여금 증여이익을 얻도록 하는 것은 이례적이므로, 구 상증세법 제35조 제2항과 제42조 제3항은 특수관계인 사이의 거래와 달리 특수관계가 없는 자 사이의 거래에 대해서는 '거래의 관행상 정당한 사유가 없을 것'이라는 과세요건을 추가하고 있다. 그러므로 특수관계가 없는 자 사이의 거래를 통해 거래상대방이 이익을 얻는 결과가 발생하더라도, 거래당사자가 객관적 교환가치를 적절히 반영하여 거래를 한다고 믿을 만한 합리적인 사유가 있거나 그런 거래조건으로 거래를 하는 것이 합리적인 경제인의 관점에서 정상적이라고 볼 수 있는 사유가 있었던 경우에는…'거래의 관행상 정당한 사유'가 있다고 봄이 타당하므로, 특별한 사정이 없는 한 위 규정들을 근거로 증여세를 과세할 수 없다(대법원 2013. 8. 23. 선고 2013두5081 판결, 대법원 2015. 2. 12. 선고 2013두24495 판결 등 참조)…

1. …산은캐피탈과 신한캐피탈은 구 자본시장과 금융투자업에 관한 법률(2013. 5. 28. 법률 제11845호로 개정되기 전의 것, 이하 '구 자본시장법'이라 한다) 제9조 제12항

354) 제47조 제1항이 제3호를 재차증여 10년 합산에서 배제한 것은 입법오류. 제1호와 성질이 같다.

에 따른 인수인으로 볼 수 없으므로, 구 상증세법 제40조 제1항…제2호 (나)목을 증여세 과세의 근거로 삼을 수 없다…

2. (1) 이 사건 회사가 이 사건 신주인수권부사채를 발행한 것은 사업상 목적이 있는 거래에 해당한다.

(2) 원고가 사채가 발행된 당일에 이 사건 신주인수권을 매수하게 된 것은, 산은캐피탈과 신한캐피탈이 …요구했기 때문이다.

(3) 원고가 이 사건 신주인수권을 취득한 가격(권면가의 4.5%)은 당시 증권가에 거래되던 신주인수권 프리미엄 기준(권면가의 4~5%)에도 부합한다. 또한 이 사건 신주인수권의 당초 행사가격은 '증권의 발행 및 공시 등에 관한 규정'에 따라 객관적으로 결정되었…다.

(4) 원고가 이 사건 신주인수권의 취득과 행사를 통해 이익을 얻었더라도…신주인수권을 취득할 당시 이 사건 회사의 주가 상승이 이미 예상되었다고 인정할 만한 증거도 없다.

(5) 결국 원고가 처음부터 신주인수권부사채의 발행, 이 사건 신주인수권의 취득과 행사라는 일련의 행위를 통하여 차익을 얻을 것을 예정했다고 보기 어렵다. 따라서 이러한 일련의 행위가 처음부터 주가 상승을 예정하고 원고에게 주가 상승으로 인한 이익을 과다하게 분여하기 위한 목적을 가지고 그 수단으로 이용된 행위라고 단정할 수 없다.

〈대법원 2020. 11. 12. 선고 2018두65538 판결〉

(1) 원고는 2012. 2. 6. 코스닥 상장법인인 주식회사 코센(이하 '코센'이라 한다)의 대표이사이자 최대주주인 소외인과 소외인 소유의 코센 주식 3,500,000주(이하 '이 사건 구주'라 한다) 및 코센에 대한 경영권을 합계 5,208,000,000원에 매수하는 계약을 체결했다….

(2) 코센은 2012. 2. 6. 원고 등 5명과 코센 신주 4,576,270주를 합계 2,699,999,300원(1주당 590원)에 제3자 배정 방식으로 발행하는 내용의 계약을 체결했고, 원고에게는 3,389,830주(이하 '이 사건 신주'라 한다)가 배정되었다.

(3) 코센은 2012. 2. 6. 원고 등 5명과 권면총액 5,330,000,000원의 전환사채(발행일 2012. 2. 9., 만기일 2014. 2. 9., 사채 이율 연 5%, 전환가액 779원, 전환청구기간 2013. 2. 9.~2014. 1. 9.)를 발행하는 내용의 계약을 체결했고, 원고에게는 권면총액 4,400,000,000원의 전환사채(이하 '이 사건 전환사채'라 한다)가 배정되었다.

(4) 원고는 2012. 2. 9. 이 사건 전환사채와 이 사건 신주를, 2012. 2. 10. 이 사건 구주를 각 취득하여 코센의 최대주주가 되었고, 2012. 3. 16. 코센의 대표이사로 취임했다.

(5) 원고는 2013. 2. 13. 1주당 779원을 전환가액으로 하여 이 사건 전환사채를 코

센 주식 5,648,267주(이하 '이 사건 주식'이라 한다)로 전환했는데, 전환 당시 이 사건 주식의 가액은 1주당 1,190원이었다.

(6) 피고는…이 사건 전환사채의 전환에 의한 증여재산가액을 2,321,437,737원[=5,648,267주×(1,190원 - 779원), 이하 '이 사건 전환이익'이라 한다]으로 계산한 다음, 원고에게 2013년 귀속 증여세 1,057,866,750원(가산세 포함)을 부과했다.

… 원고는 2012. 2. 9. 특수관계가 없었던 코센으로부터 이 사건 전환사채를 취득했고, 이 사건 신주와 이 사건 구주를 취득함으로써 코센의 특수관계인이 된 이후인 2013. 2. 13. 이 사건 전환사채를 이 사건 주식으로 전환함으로써 이 사건 전환이익 상당의 이익을 얻었으므로, 이 사건 전환이익은 구 상증세법 제42조 제1항 제3호의 증여세 과세대상에 해당한다.

2017두57899 판결의 사실관계에서 원고는 신주인수권을 발행회사에서 직접 받지 않고 가운데 낀 증권회사에서 따로 사들였다. 이 판결에서는 일단 자본시장법 해석 문제로 가운데 낀 증권회사가 자본시장법상 인수인이 아니라는 이유로 제2호(나)에 따른 과세는 못 하고,[355] 거래의 실질을 발행회사와 원고 사이의 직거래로 재구성할 수도 없다고 판시했다.

이 사건 원고가 신주인수권이나 전환권을 발행회사에서 직접 받았다면 제2호 (나)목에 딱 걸려, 전환이익(=29,900 - 17,465)에 증여세를 내었을 것이다. 두 번째의 2018두65538 판결 그대로이다.[356] 그런데 이 전환이익(=1,190 - 779)은 포괄적 의미에서도 증여 개념에 포섭하기 어렵지 않나? 1,190원은 2013. 2. 13.의 주가이고 779원은 2012. 2. 9.에 정한 전환가액이다. 2012. 2. 9.의 주가가 얼마였는지는 불분명하다. 원고가 구주를 사들인 가격은 5,208,000,000 / 3,500,000 = 주당 1,488원이지만 경영권 프리미엄이 붙은 장외가격이니, 같은 날 신주발행가격 590원을 일단 시가라고 생각하자. 구 최대주주와 원고 사이에 증여가 있을 여지는 없고 전환사채 배정일 현재의 사정으로는 원고가 소수주주의 부를 뺏도록 전환가격을 낮게 잡지도 않았다. 그러니 전환이익 411원은 전환사채 취득 후 주식의 가치가 590원에서 1,190원으로 올라간 가치상승액 600원 가운데 일부일 뿐이다. 그런데도 2018두65538 판결은 전환이익 전액에 증여세를 매겼다. 전환사채 취득 당시의 주가를 무시한 채 전환일 현재의 주가와 전환사채의 전환가액의 차액을 모두 증여로 의제하다니?

여기에서 논점은 과세가부가 아니다. 증여세와 소득세 사이의 선택일 뿐이다. 입

355) 비슷한 사실관계에서 자본시장법상 인수인이 아니라는 이유만으로 증여세 부과처분을 취소한 판결로 대법원 2019. 5. 30. 선고 2017두49560 판결.

356) 그 밖에 대법원 2021. 2. 4. 선고 2020두51297 판결.

법론으로 전환이익 411원에 세금을 매길 수 있는 것은 분명하다. 전환사채란 전환하기 전에는 사채의 속성만을 가지고 있는 것이고 전환사채 보유자는 사채권자의 지위에서 원리금을 받을 권리를 가진다. 전환 뒤에는 사채권자의 지위는 없어지고 주식의 소유자로서 배당금을 받을 뿐이며 투자원금을 반환받을 권리는 없다. 사채권자와 주주의 지위는 분명 구별되는 것이므로 전환사채의 전환은 사채와 주식을 교환(交換)한 것이라 보아야 하고, 현행법에서도 交換은 양도의 일종.[357]

문제는 이러한 이득 중에 제1호에 따른 증여부분을 공제한 나머지, 즉 증여가 있은 후 주식의 가치가 상승한 부분의 과세는 이미 所得과세의 영역에 속하는 것이며 증여세의 영역은 아니라는 점이다. 그러나 그렇다고 하여 이러한 이득의 과세가 꼭 "소득세법"이라는 법에 들어가야 할 이유는 없다. 소득과세라는 실질을 가지고 그에 필요한 과세체계를 갖추고 있는 이상 그런 이득의 과세에 관한 법규정을 소득세법이라는 단행법에 둘 것인가 또는 상속세및증여세법이라는 단행법에 둘 것인가는 단순한 입법기술의 문제일 뿐이다. 가령, 법인세나 소득세에 관한 규정이 조세특례제한법에 들어있다 하여 법의 내용에 문제가 생기지는 않는 것과 마찬가지이다. 순자산증가 내지 포괄적 소득개념에서 본다면 어차피 증여세란 소득세제의 일부를 따로 떼어낸 것일 뿐이다. 제1절 II.

현행법은 전환사채의 전환에 따르는 이익을 모두 묶어서 상속세및증여세법에서 과세하고 있다. 그런 이익 중에 주가상승분이 소득세의 성질을 일부 띠고 있기는 하지만, 주가상승의 이득은 애초 특수관계인으로부터 전환사채를 취득한 데에서 생긴 것이므로 전환으로 얻은 이득 중에 애초 저가취득부분과 취득 이후 가치변동 부분을 구분계산하는 것 자체가 어차피 자의(恣意)를 피할 수 없기 때문이다. 2018두65538 판결로 돌아가면 전환사채 취득일 현재 주식의 진실한 가치는 과연 얼마인가? 1,488원인가, 590원인가? 경영권 프리미엄이란 주주 모두에게 속해야 하는가, 지배주주가 독차지하면 되는 것인가? 나아가 주식의 진실한 가치가 590원이라 하더라도 전환권의 가치는 영(0)은 아니다. 전환권이나 신주인수권이란, 장차 주식의 가치가 약정한 전환가격이나 인수가격보다 더 오르는 경우에 차익만큼 이득을 볼 권리이고, 현재로서는 주식의 가치가 앞으로 오를지 떨어질지 어떻게 될지 알 수가 없으므로, 그 권리 자체에 관한 시장이 형성되어 있지 않은 이상, 이 권리의 가치가 얼마인지 값을 매길 수 없다.

따라서 전환사채를 증여받아 전환함으로써 생긴 이득 중에 증여 부분과 소득부분을 나누는 것은 실제로는 불가능하고 결국 양자를 하나로 묶어 과세할 수밖에 없

357) 소득세법 제88조. 다만 전환사채는 양도소득세 과세대상이 아니다. 신주인수권은 과세대상이지만 행사는 양도가 아니다. 제11장 제4절 Ⅰ.6.

다.[358] 한편, 세무행정 쪽에서 본다면, 이러한 전환사채를 이용한 거래는 지배주주의 지위를 이용한 조세회피의 수단으로 쓰이고 있다는 점에서 앞에서 살펴본 비상장주식을 이용한 변칙증여와 마찬가지이고, 따라서 다른 상속세·증여세와 하나로 묶는 편이 행정의 효율성 면에서는 낫다. 가령 세무조사를 한다면 전환사채의 전환이익을 해마다 소득세 조사에서 검토하는 것보다 전환시점에 가서 상속세·증여세 조사에서 검토하는 쪽이 한결 효율적이다. 이 때문에 현행법은 전환사채의 전환차익에 대한 과세는 성질별 구분 없이 모두 묶어서 "직접 또는 간접적인 방법으로…타인의 재산가치를 증가" 시키는 것도[359] 증여세제의 일부로 운영하는 고육지책을 따랐다. 稅率은 전체적으로 증여세의 세율을 따르더라도 문제될 바가 없다. 사안의 성격상 소득부분과 증여 부분의 구별이 불가능하고, 또한 어차피 우리 소득세법은 소득의 종류마다 필요경비나 세율을 달리 정하고 있는 까닭이다. 한편 적어도 일부분에서는 소득과세의 성질을 가진다는 점을 생각하면, 전환을 통해 취득한 주식을 뒤에 양도할 때에 가서는 양도소득세를 이중으로 과세하지 말아야 한다. 따라서 이 법조에 따른 세금은 다른 증여세와 분리과세(分離課稅)하고,[360] 증여세의 과세가액에 포함된 금액은 주식의 취득가액(取得價額)에 더한다.[361]

4. 미성년자에게 증여한 재산의 사후적 가치증가

재벌그룹의 대주주가 未成年者인 자식에게 주식을 증여하거나 직접 또는 관계회사를 통해 대여하고 (또는 한 걸음 나아가 본인이나 관계회사의 보증을 통해 은행에서 대출받게 하고) 이 돈으로 특정한 계열사의 주식을 사게 한 다음, 그 주식의 값이 올라가도록 여러 회사의 영업을 조정하고 주가를 조작하는 사례가 있다. 이 문제의 본질은, 증여 당시의 가치가 아니고 증여 이후의 가치가 증가한 것이기는 하지만 그 가치증가가 오로지 부모 덕택이라는 데 있다. 자식에게 전혀 아무런 관리능력이 없음을 생각한다면, 최종 결과를 증여한 것으로 보아야 한다. 민법에서도 부모가 법정대리인으로서 자식명의의 재산을 관리할 권한을 가진다는 점을 생각하면, 다른 곳에서 얻은 재산도 아니고 부모가 자식에게 증여한 재산에 관한 한, 자식이 성년에 이르는 시점에 가서 부모가 "재산취득 후 재산가치가 증가한…이익"을[362] 증여한 것으로 보더라도

358) 비슷한 예로 소득세법은 주식매수선택권을 받은 날 현재에는 이를 소득에 넣지 않고 뒤에 선택권을 행사하는 시점에 가서 행사차익 전액을 소득에 넣는다. 제11장 제2절 V 참조.

359) 상속세및증여세법 제2조 제6호.

360) 상속세및증여세법 제47조 제1항.

361) 소득세법시행령 제163조 제10항 제1호.

362) 상속세및증여세법 제4조 제3호.

무리가 없다.[363] 이 법조에 따라 세금을 낸 금액은 다른 증여세와는 분리과세하고 또 소득세 목적상 취득가액에 포함한다는 내용을 두어 所得稅의 실질을 부여하고 있음은 3과 마찬가지.[364]

> 상속세및증여세법 제42조의3 (재산 취득 후 재산가치 증가에 따른 이익의 증여) ① 직업, 연령, 소득 및 재산상태로 보아 자력(自力)으로 해당 행위를 할 수 없다고 인정되는 자가 다음 각 호의 사유로 재산을 취득하고 그 재산을 취득한 날부터 5년 이내에 개발사업의[365] 시행, 형질변경, 공유물(共有物) 분할, 사업의 인가·허가 등…재산가치증가사유…로[366] 인하여 이익을 얻은 경우에는 그 이익에 상당하는 금액을 그 이익을 얻은 자의 증여재산가액으로 한다. …
>
> 1. 특수관계인으로부터 재산을 증여받은 경우
>
> 2. 특수관계인으로부터 기업의 경영 등에 관하여 공표되지 아니한 내부 정보를 제공받아 그 정보와 관련된 재산을 유상으로 취득한 경우
>
> 3. 특수관계인으로부터 증여받거나 차입한 자금 또는 특수관계인의 재산을 담보로 차입한 자금으로 재산을 취득한 경우
>
> ② 제1항에 따른 이익은 재산가치증가사유 발생일 현재의 해당 재산가액, 취득가액(증여받은 재산의 경우에는 증여세 과세가액을 말한다), 통상적인 가치상승분, 재산취득자의 가치상승 기여분 등을 고려하여…계산…한다. …

Ⅵ. 법인을 가운데 끼운 간접증여

1. 법인에 대한 증여

변칙상속의 또 다른 형태의 하나가 결손금이[367] 있거나 폐업상태에 있는 법인의 주식을 2세에 넘긴 뒤 그런 법인에게 정면으로 재산을 증여하거나 간접적 방법으로

---

363) 재산을 관리한 父에게 대리인으로서 子의 조세포탈에 대한 죄책을 물은 사건으로 서울고등법원 2003. 8. 29. 선고 2002노551 판결. 자식에 대한 증여 뒤에도 부가 재산을 관리한 경우 부에게 소득세를 물린 판결로 Anderson v. Commissioner., 164 F.2d 870(7th Cir., 1947). 그 밖에 Griffith v. Helvering, 308 US 355(1939); Hong, William et als. v. Commissioner., 95 TC 6(1990) 등.

364) 소득세법시행령 제163조 제10항.

365) 반드시 규제행정법령상의 개발이익과 같은 개념은 아니지만 행정청의 개발구역 지정이 필요. 대법원 2023. 6. 1. 선고 2019두31921 판결.

366) 좁게 풀이한 사례로 대법원 2021. 9. 30. 선고 2017두37376 판결(옛 법에서 "상장 및 합병"=합병을 통한 상장)↔대법원 2023. 6. 1. 선고 2019두31921 판결(예시일 뿐); 2023. 6. 29. 선고 2018두41327 판결(법인의 사업으로 주식가치 증가).

367) 대법원 2011. 4. 14. 선고 2008두6813 판결; 2015. 10. 15. 선고 2014두5392 판결.

증여하는 것이다. 자산수증익을 법인의 소득에 포함하더라도 이월결손금(移越缺損金) 덕택에 법인세 부담이 없으니까.[368] 이리하여 2004년 이른바 완전포괄주의 증여개념을 입법하면서 증여예시 조항의 하나로 이월결손금이 있거나 휴·폐업중인 법인에 증여하는 꼴의 간접증여를 과세대상으로 예시하여 주주가 얻는 이익에[369] 증여세를[370] 매겼다. 증여세 과세가액은 주주의 주식취득원가에 가산한다.[371] 결손회사를 물려주어 무슨 소용이? 기왕의 결손금이 있다는 것과 회사의 장래 사업성은 별개의 문제이고,[372] 나아가 좋은 사업기회 그 자체를 여러 계열사에서 몰아줄 수도 있다.

결손법인을 통한 간접증여를 과세하자 다시 새로 나타난 현상이 아예 정면으로 2세가 지배하는 흑자(黑字)법인에게 증여하는 것이다. 2세 개인에게 증여하는 경우의 증여세보다는 2세가 지배하는 법인에 증여하는 경우 법인세가 더 낮다는 점을 노린 것이다. 이에 국세청은 제41조의 결손법인을 통한 간접증여는 증여예시일 뿐이고 흑자법인을 통한 간접증여 역시 포괄적 증여 개념이라는 일반조항에 포섭된다고 보아, 주주가 얻은 이익에 증여세를 부과하기 시작했다.

2. 일감 몰아주기 증여의제

법인을 가운데 끼우더라도 국세청이 주주에게 바로 증여세를 매기기 시작하자 새로 나타난 현상이 일감 몰아주기. 특히 2006년 현대자동차 그룹에 속하는 회사들이 현대글로비스에 일감을 몰아주어 그 대주주인 3세에 대한 변칙상속이 이루어진 사건이 불거졌다. 글로비스 사건은 빙산의 일각이고 한결 일반화한다면 재벌기업군에 속하는 회사는 총수일가의 지분비율이 높아갈수록 내부거래의 비율이 증가하고 있다는 통계 자체가 일감몰아주기를 통한 변칙상속의 징표라 볼 수 있다.[373] 부의 이전이 일어나더

---

368) 법인세법 제18조 제6호. 증여세도 못 매긴다. 대법원 2003. 11. 28. 선고 2003두4249 판결.

369) 대법원 2022. 3. 11. 선고 2019두56319 판결. ↔ 헌법재판소 2018. 6. 28. 2016헌바39 결정(일감몰아주기, 입법재량). 증여 후에도 회사의 순자산이 여전히 음(-)이라면 증여세를 물릴 수 없다. 대법원 2003. 11. 28. 선고 2003두4249 판결. 1주당 가액이 (-)2,440원에서 (+)674원이 되었다면 증여액은 주당 674원이다. 대법원 2004. 4. 7. 선고 2003두2610 판결; 2006. 9. 22. 선고 2004두4734 판결; 2009. 3. 19. 선고 2006두19693 판결; 2017. 4. 20. 선고 2015두45700 판결.

370) 증여이익의 범위에 미실현이득을 포함하는가는 입법정책 문제. 대법원 2022. 11. 10. 선고 2017두52795 판결.

371) 소득세법 제9조 제1항 제1호; 소득세법시행령 제163조 제10항.

372) 채무초과회사를 파산시키지 않고 갱생시키는 이유를 생각해보라.

373) 총수일가지분율에 따른 내부거래비율 현황(2010년 말 기준, 단위: %)

구분	30% 미만(831개사)	30% 이상(144개사)	50% 이상(83개사)	100%(34개사)
전체회사	12.06	17.90	34.65	37.89
비상장사	21.88	30.73	28.00	37.89

* 자료 : 공정거래위원회 보도자료(2011. 10. 17)

라도 계열사 사이의 거래조건 자체가 시가나 정상가격의 범위 안에서 이루어져서 포괄적 증여개념에서도 상속세나 증여세를 과세할 수 있는 길이 없다는 점을 악용한 것이다. 2011년 이에 대한 대책으로 개인지배주주가 이른바 일감몰아주기를 통하여 얻은 이익에 증여세를 매기는 증여의제 조항이 제45조의3으로 생겼다.[374] 이리하여 명의신탁에 대한 행정벌 외에는 사라진 듯 싶었던 증여의제가 법에 다시 들어오게 되었다. 애초 포괄증여 개념에도 포섭할 수 없으므로[375] 10년 합산 대상은 아니다.

〈헌법재판소 2018. 6. 28. 2016헌바347 결정[376]〉

1) 구 상증세법 제45조의3 제1항은…일감 몰아주기를 통해 지배주주 등에게 발생한 이익을 과세대상으로 삼기 위하여…특수관계법인과 수혜법인 사이에 일정한 비율을 초과하는 거래가 행해지면, 지배주주 등이 특수관계법인으로부터 수혜법인의 세후 영업이익 중 일정 부분을 증여받은 것으로 의제한다…특수관계법인과 수혜법인 사이의 거래를 통해 지배주주 등에게 발생한 이익…가운데 증여와 증여 아닌 부분을 분리・입증해내는 것은 불가능에 가까운 일이다…'정당한 사유'와 같은 불확정 개념을 사용하여 증여의제의 일반적 예외를 법률에 규정하는 방법은 그 예외 사유의 해석과 적용에 관하여 다툼을 초래하게 되므로…덜 침해적인 대안이라 보기 어렵다…특별조항을 신설하여 지배주주 등에게 소득세를 과세하는 방법이 증여세를 과세하는 경우에 비하여 일률적으로 조세 부담이 낮다고 단정할 수도 없다…증여세를 부과하는 것은 적정한 소득의 재분배와 일감 몰아주기의 억제라는 입법목적에 비추어 실체에 가장 근접한 과세라 할 수 있다.

2) 구 상증세법 제45조의3 제1항은 수혜법인의 세후영업이익을 기초로 지배주주 등의 증여의제이익을 계산하도록 규정한다…주주배당 또는 주식양도시점에 해당 이익에 대하여 과세하는 것이 덜 침해적인 수단이 될 것이지만, 지배주주 등은 수혜법인에 대한 의결권 등을 행사하는 방법으로 수혜법인이 얻은 이익을 내부에 유보하는 의사결정을 할 수 있고, 경영권 확보를 위하여 주식을 장기간 보유하고 있는 경우가 많으므로 위와 같은 수단으로는 입법목적을 달성하기 곤란하다. 지배주주 등이 보유한 수혜법인 주식의 시가상승분 또는 수혜법인의 당기순이익 등을 증여의제이익 계산의 기초로 삼는 방법 또한 명백히 덜 침해적인 대안이라 보기 어렵다. 주식의 시가에는 시장상황 등 특수관계법인과 수혜법인 사이의 거래와 무관한 다양한 외적・평가적 요소가 개입할 여지가 크고, 당기순이익에도 영업외손익, 특별손익 등 특수관계법인과 수혜법

374) 관련 법령으로 상법 제397조의2, 공정거래법 제47조 제1항.
375) 대법원 2022. 11. 10. 선고 2020두52214 판결.
376) 후속결정으로 헌법재판소 2024. 3. 28. 2019헌바63 등 결정.

인 사이의 거래와 무관한 손익이 포함되어 있기 때문이다.

3) 수혜법인에 부과되는 법인세와 수혜법인의 세후영업이익을 기초로 산정된 증여의제이익에 관하여 지배주주 등에 부과되는 증여세는 입법목적이 다르고 이에 따라 납세의무자와 과세금액 계산방법 등을 달리하므로, 이중과세라 할 수 없다…소득세법 시행령은 수혜법인 주식의 양도소득을 계산할 때 심판대상조항에 따라 증여세를 과세받은 증여의제이익 전부를 취득금액에 가산하도록 규정하는데(제163조 제10항 제1호)…불합리하다고 보이지 아니한다…

4)… 구 상증세법 제45조의3 제2항은 지배주주 등이 수혜법인에 직접적으로 출자하는 동시에 대통령령으로 정하는 법인(이하 '간접출자법인'이라 한다)을 통하여 수혜법인에 간접적으로 출자하는 경우에는 구 상증세법 제45조의3 제1항의 계산식에 따라 각각 계산한 금액을 합산하여 증여의제이익을 산출하도록 규정한다…수혜법인의 지배주주 등이 직접 보유하는 주식과 간접출자법인을 통해 간접 보유하는 주식은 수혜법인에 발생한 세후영업이익에 대한 경제적 가치에 있어서 차이가 없다.

5)…특수관계법인과 수혜법인 간의 거래에 관하여 특정 사업연도에 발생한 영업이익과 다른 사업연도에 발생한 영업손실의 통산을 허용할 경우, 특수관계법인과 수혜법인 사이의 거래에 따른 영업손실을 보전해 주는 결과로 되어 증여과세를 통해 간접적으로 일감 몰아주기를 제한하려는 입법목적에 반한다. 사업연도 종료일 이후 수혜법인의 주가가 하락하는 경우 증여세액을 환급한다면, 특수관계법인과 수혜법인 간의 거래와 무관한 사정에 따라 증여과세 여부 및 세액이 좌우될 가능성이 높아 마찬가지로 앞서 본 입법목적의 달성을 저해한다.

〈대법원 2022. 11. 10. 선고 2017두52795 판결, 2020두52214 판결〉

증여자인 특수관계법인은 그 주주와 구별되는 별개의 법적 주체이므로, 수증자인 수혜법인의 지배주주 등이 동시에 특수관계인의 주주이더라도 증여자와 수증자가 같다고 할 수 없다…. 원심의 결론은…자기증여에 관한 법리 등을 오해하는 등의 잘못이 없다…과세대상인 증여이익의 범위를 실현된 이익에 국한할 것인가 혹은 미실현이익을 포함할 것인가는…입법정책의 문제이다…업종과 산업의 특성 등을 일일이 고려하여 정상거래비율을 세분하는 것이 더 바람직하다고 볼 근거도 없다.

3. 일감 떼어주기 증여의제

일감 몰아주기 다음에 새로 불거진 문제가 이른바 일감 떼어주기. 전형적인 예가 극장업을 하는 법인이 그때까지 직영하던 극장내 음식물 판매업이라는 사업기회(事業機會)를 다른 법인(수혜법인)에게 떼어주어 많은 돈을 벌게 했고, 결과적으로 수혜법인의 대주주에게 증여하는 효과를 낳았다는 것이다. 수혜법인이 버는 돈은 두 법인 사이의 거래에서 버는 것이 아니므로 일감 몰아주기로도 과세할 수 없고 그에 따라 새로 제45조의4(특수관계법인으로부터 제공받은 사업기회로 발생한 이익의 증여의제)를 두게 되었다. 사업기회를 제공받은 사업연도와 그 뒤 2개 사업연도라는 3년 동안 수혜법인의 이익 가운데 사업기회를 제공받아 얻은 이익을 구하고 다시 그 가운데 대주주의 몫(세후순이익)을 구해서 거기에 증여세를 물린다. 과세방법은 사업기회를 제공받은 해의 이익에 터잡아 일단 3년치를 물리고 제3차년에 가서 3년간의 실제 이익을 구해서 정산한다. 10년 합산 대상이 아닌 것이야 당연.

4. 법인을 끼운 간접증여

일감 떼어주기·몰아주기는 법인세는 감수하고 증여세를 피하자는 생각에서 나왔다. 기실 법인세를 감수할 각오라면 조금 더 강공으로 흑자법인에 아예 정면으로 증여해도 증여세는 벗어나지 않을까? 국세청은 포괄증여 개념의 일반조항으로 흑자법인의 지배주주에게 증여세를 매기기 시작했다. 그러자 다시 법원이 제동을 걸어서 증여 예시 조항 당시의 옛 법에서 법인이 얻은 이익을 그대로 주주의 이익으로 볼 수 없다는 2009년 판결이 나왔고[377] 다시 2015년에는 흑자법인을 통한 간접증여를 일반조항으로 과세할 수 없다는 것이 나왔다.[378] 흑자법인이라면 법인을 통한 증여라는 유형을 무사통과하고, 특정유형을 일단 통과한 이상 다시 일반조항에 걸어서 과세할 수 없다는 것.[379] 아무튼 이런 판결이 나오자 2015년에 현행법 제45조의5 제1항 제3호에 해당하는 내용을 더하면서 흑자법인이라 하더라도 지배주주 및 그 친족이 50% 이상 지배한다면 법인을 통한 간접증여 역시 지배주주 및 그 친족에게 증여한 것으로 의제한다고 법률에 정했다. 증여(의제)금액은 주식의 취득원가에 가산한다.[380] 증여자의 연대납세의무도 없다.[381]

---

377) 대법원 2009. 3. 19. 선고 2006두19693 판결; 2017. 4. 20. 선고 2015두45700 판결; 2021. 9. 1. 선고 2019두35695 판결.

378) 대법원 2015. 10. 15. 선고 2013두13266 판결.

379) 일반조항과 유형화규정의 관계에 관한 대법원의 설시는 옳지만 결손법인 등 특정법인이라는 범주는 애초 흑자법인을 포섭하지 않는다. 따라서 흑자법인을 통한 증여는 옛 법 제41조를 통과한 것이 아니다. 증여이익의 계산이 가능한 이상 흑자법인을 통한 간접증여 역시 2014년 전의 법에서도 증여라고 보아야 옳다. 이창희·김석환·양한희, 증여세 완전포괄주의와 흑자 영리법인을 이용한 간접증여, 조세법연구 21-3(2015), 381쪽. 미국판결로 Heringer v. Commissioner., 235 F.2d 149 (9th Cir. 1956).

380) 소득세법 제97조 제1항 제1호 가)와 동 시행령.

381) 상속세및증여세법 제4조의2 제6항 단서.

상속세및증여세법 제45조의5 (특정법인과의 거래를 통한 이익의 증여 의제) ① 지배주주등의 주식보유비율이 100분의 30 이상인 법인(이하…"특정법인"이라 한다)이 지배주주 및 그 특수관계인과 다음 각 호에 따른 거래를 하는 경우에는 거래한 날을 증여일로 하여 그 특정법인의 이익에 특정법인의 지배주주등의 주식보유비율을 곱하여 계산한 금액을[382] 그 특정법인의 지배주주등이 증여받은 것으로 본다.

1. 재산 또는 용역을 무상으로 제공받는 것[383]

2. 재산 또는 용역을 통상적인 거래 관행에 비추어 볼 때 현저히 낮은 대가로 양도·제공받는 것

3. 재산 또는 용역을 통상적인 거래 관행에 비추어 볼 때 현저히 높은 대가로 양도·제공하는 것

4. 그 밖에 제1호부터 제3호까지의 거래와 유사한 거래로서 대통령령으로 정하는 것

② 제1항에 따른 증여세액이 지배주주등이 직접 증여받은 경우의 증여세 상당액에서 특정법인이 부담한 법인세 상당액을 차감한 금액을 초과하는 경우 그 초과액은 없는 것으로 본다.

이 조는 재차증여 합산대상으로는 그냥 남았다. 그와 더불어 법인이 자산수증이익에 세금을 낸다면 주주에게 증여세를 물리지 않는 것을 원칙으로 삼는 조문을 새로 두었다.[384] 그러다가 2023년의 대법원 판결은 2014년 이전의 사건에서 증여의제 규정이 없어도 주주에게 증여세를 과세할 수 있다고 한다.

〈대법원 2023. 6. 29. 선고 2018두41327 판결〉

가. … 원고는 2009. 9. 7. 주식회사 삼정지씨건설(이하 '삼정지씨건설'이라 한다)을 설립하고, 2011. 9. 10. 유상증자 발행주식 30,000주를 인수했다. 삼정지씨건설은 2011. 12. 30. 부산 북구 금곡동 일대에 아파트를 건축하여 공급하는 주택건설사업에 대한 사업계획승인을 받았고, 주식회사 삼정(이하 '삼정'이라 한다)이 시공사가 되어 공사를 완료함에 따라 2014. 12. 11. 위 아파트에 대한 사용승인을 받았다 … 세무조사를 거쳐 원고가 삼정의 회장이자 부친인 소외인으로부터 기업의 경영 등에 관하여 공표되지 아니한 내부 정보를 제공받아 삼정지씨건설 … (이하 … '이 사건 법인'이라 한다)의 주식을 취득한 것으로 보고 … 원고가 보유한 이 사건 법인 주식의 가치 증가액 … 2014. 12.

382) 대법원 2009. 3. 19. 선고 2006두19693 판결을 뒤집은 입법.

383) 채권 소멸시효가 이미 완성되었다면 이자상당액의 무상지원이란 있을 수 없다. 대법원 2025. 12. 4. 선고 2025두34494 판결. 소멸시효 중단조치를 안 취한 것은 원금의 무상지원. 제19장 제4절 I.2.

384) 상속세및증여세법 제4조의2 제4항.

11. 자 증여분 … (삼정지씨건설 주식 30,000주의 가치 증가액)에 대한 각 증여세(가산세 포함)를 결정 · 고지했다(이하 '이 사건 처분'이라 한다).

나. 원심은 … 재산가치증가사유인 '개발사업의 시행' … 로 인하여 재산가치가 직접적으로 증가하는 이익을 얻는 것은 이 사건 사업을 시행한 이 사건 법인이고 … 원고는 이 사건 법인의 주주로서 … 간접적 이익을 얻는 것에 불과하여 이는 이 사건 조항의 과세대상 이익이 아니라고 판단했다.

다. 그러나 … 재산가치증가사유와 주식가치 증가분 사이에 인과관계가 인정된다면 그 이익도 이 사건 조항의 과세대상 이익에 해당한다. …

1) … 이 사건 조항의 문언만으로는 수증자가 일정한 취득사유에 따라 취득한 재산의 가치가 '재산가치증가사유'로 인하여 증가할 것을 요건으로 할 뿐, 재산가치증가사유의 직접적 대상이 되는 재산만이 수증자의 취득재산이 되어야 하고 그 재산의 가치 증가분만을 과세대상으로 삼은 것이라는 해석이 도출되지 않는다.

2) 수증자의 취득재산이 반드시 재산가치증가사유의 직접적 대상 재산에 한정된다고 해석한다면 그 대상 재산을 보유한 법인의 주식을 취득하는 등의 방법으로 이 사건 조항에 따른 증여세를 쉽게 회피할 수 있게 되는데, 이는 변칙증여 방지를 위한 이 사건 조항의 입법취지에도 부합하지 않는다 … 다만 환송 후 원심으로서는 원심이 판단하지 않고 가정적으로만 전제했던 '이 사건 사업이 개발사업의 시행 등 재산가치증가사유에 해당하는지', 만약 이에 해당한다면 '재산가치증가사유 발생일이 언제인지' 및 '이 사건 법인 주식의 취득일부터 재산가치증가사유 발생일까지 주식가치 증가분 전부가 이 사건 조항의 과세대상 이익에 포함되는지' 등 과세요건을 차례로 심리할 필요가 있다는 점을 지적하여 둔다.

이 판결로 법 제4조의2 제4항의 주주비과세는 포괄증여 개념에 대한 예외를 창설하는 성격이 되었다.[385] 일감 몰아주기나 일감 떼어주기는 애초 포괄증여 개념에도 안 들어가니 의제조항 없이는 과세 못 하지만, 포괄증여에 들어가는 것도 제45조의5에 안 나오면 현행법에서는 과세 못 한다. 그러나 같은 판결이 지적하듯 법인에게 부를 무상이전할 수 있는 방법은 많다. 가령 합병이나 증자 · 감자 같은 자본거래를 통해서 가운데 끼운 법인에 부를 이전한다면 세율이 훨씬 낮은 법인세만 내면 된다. "수혜법인이 얻은 이익을 내부에 유보"하면서 "경영권 확보를 위하여 주식을 장기간 보유"한다면 변칙증여의 차단이라는 입법목적을 달성하기 곤란하다.[386] 제45조의5를 손보거나 제4조의2 제4항을 다시 삭제하거나 입법정비가 필요하다.

385) 제3조의2 제2항과도 잘 안 맞는다. 제2절 I, 제3절 I.3.
386) 법인이 특별연고자나 수유자로 재산을 받는 경우 주주인 피상속인에 대한 상속세는 제2절 I.

Ⅶ. 명의신탁의 증여의제

명의신탁을 증여로 의제해서 증여세를 매기는 것은 실질적으로는 국세청 소관 행정벌이다.387) 종래에는 명의수탁자에게388) 증여세를 매겼지만 2019년부터는 명의신탁자에게389) 행정벌을 매기는 것으로 법을 바꾸었다. 명의신탁 여부는 신탁자와 수탁자 사이의 관계일 뿐 회사에 대한 권리자가 누구인가는390) 명의신탁의 존부에 영향이 없다.

1. 현 행 법

상속세및증여세법 제4조의2 (증여세 납부의무) ②… 제45조의2에 따라 재산을 증여한 것으로 보는 경우(명의자가 영리법인인 경우를 포함한다)에는 실제소유자가 해당 재산에 대하여 증여세를 납부할 의무가 있다. …

⑨ 실제소유자가 제45조의2에 따른 증여세 … 를 체납한 경우에 그 실제소유자의 다른 재산에 대하여 강제징수를 하여도 징수할 금액에 미치지 못하는 경우에는 … 제45조의2에 따라 명의자에게 증여한 것으로 보는 재산으로써 납세의무자인 실제소유자의 증여세 … 를 징수할 수 있다.

제45조의2 (명의신탁재산의 증여의제) ① 권리의 이전이나 그 행사에 등기등이 필요한 재산391)(토지와 건물은 제외한다. 이하 이 조에서 같다)의 실제소유자와 명의자가 다른 경우에는392) 국세기본법 제14조에도 불구하고 그 명의자로 등기393)등을 한 날(그 재산이 명의개서를 하여야 하는 재산인 경우에는 소유권취득일이 속하는 해의 다음 해 말일의 다음 날을 말한다)에 그 재산의 가액(그 재산이 명의개서를 하여야 하는 재산인 경우에는 소유권취득일을 기준으로 평가한 가액을 말한다)을 실제소유자가 명의자에게 증여한 것으로 본다. …

387) 제2장 제3절 II.2. 대법원 2014. 11. 13. 선고 2012두7141 판결; 2018. 6. 28. 선고 2018두35025 판결(외국재산⊄증여의제).

388) 부정신고 여부도 명의수탁자 기준으로 판단. 대법원 2022. 9. 15. 선고 2018두37755 판결. 그래도 신고의무는 진다. 헌법재판소 2022. 2. 24. 2019헌바225 결정.

389) 옛 법에서 명의신탁자가 누군가가 문제된 사례로 대법원 2021. 4. 29. 선고 2021두31788 판결. 명의수탁자의 구상권은 대법원 2018. 7. 12. 선고 2018다228097 판결.

390) 대법원 2017. 3. 23. 선고 2015두248342 판결(주주명부상 명의자가 권리자).

391) 대법원 1984. 12. 26. 선고 84누613 판결; 1987. 3. 24. 선고 86누341 판결; 1988. 6. 14. 선고 88누2755 판결; 2004. 10. 15. 선고 2003두5723 판결.

392) 실제소유자가 따로 있음은 과세관청이 입증해야 한다. 대법원 2009. 9. 24. 선고 2009두5404 판결. 주식취득 자금을 꿔준 것만으로 명의신탁은 아니다. 대법원 2017. 5. 30. 선고 2017두31460 판결; 2018. 10. 25. 선고 2013두13655 판결.

393) 무상주배정은 과세대상이 아니다. 대법원 2009. 3. 12. 선고 2006두20600 판결; 2011. 7. 24. 선고 2009두21352 판결.

1. 조세회피의 목적 없이[394] 타인의 명의로 재산의 등기등을 하거나 소유권을 취득한 실제소유자 명의로 명의개서를 하지 아니한[395] 경우

2. (이하 생략)

② (삭제)

③ 타인의 명의로 재산의 등기등을 한 경우 및 실제소유자 명의로 명의개서를 하지 아니한 경우에는 조세 회피 목적이 있는 것으로 추정한다. (이하 생략)

④ 제1항을 적용할 때 주주명부 또는 사원명부가 작성되지 아니한 경우에는 … 관할세무서장에게 제출한 … 서류 및 주식등변동상황명세서에 의하여 명의개서 여부를 판정한다. 이 경우 증여일은 증여세 또는 양도소득세 등의 과세표준신고서에 기재된 소유권이전일 등 대통령령으로 정하는 날로 한다.[396]

⑤ 삭제

⑥ 제1항 제1호 및 제3항에서 "조세"란 국세기본법 제2조 제1호 및 제7호에 규정된 국세 및 지방세와 관세법에 규정된 관세를 말한다.

명의신탁이나 명의차용은 증여가 아니지만, 그렇더래도 증여받은 것으로 보고 고 과세한다. 증여세를 매기지만 납세의무자는 명의신탁자이다.[397] 그런데, 제45조의2 제1항 괄호 속을 보면, '土地와 建物을 제외한다'. 그 이유가 무엇일까? 토지와 건물을 제외하면 명의신탁으로 무엇이 있을까? 명의신탁에 관한 민사판례는 아마 거의 모두 부동산 사건일 것이다. 부동산을 제외한다니? 이런 이상한 조문이 왜 있을까?

부동산실권리자명의등기에관한법률 제5조 (과징금) ① 다음 각 호의 어느 하나에 해당하는 자에게는 해당 부동산 가액의 100분의 30에 해당하는 금액의 범위에서 과징금을 부과한다.[398]

394) 명의신탁이 조세회피목적 아닌 다른 이유에서 이루어졌고 그에 부수하여 사소한 조세경감이 생길 뿐이라면 조세회피목적이 있었다고 볼 수 없다. 대법원 2006. 6. 9. 선고 2005두14714 판결; 2006. 5. 12. 선고 2004두7733 판결. 조세회피의 목적이 없었다는 점은 납세의무자가 입증하여야 한다. 대법원 2004. 12. 23. 선고 2003두13649 판결; 2005. 1. 27. 선고 2003두4300 판결; 2011. 9. 8. 선고 2007두17175 판결; 2021. 4. 29. 선고 2021두31788 판결.

395) 헌법재판소 2019. 8. 29. 2017헌바403 결정.

396) 증여의제일은 명세서 등의 제출일이다. 대법원 2017. 5. 11. 선고 2017두32395 판결. 이 판결은 2019. 12. 31. 신설된 단서와는 안 어울릴 수도.

397) 명의신탁이고 실소유자가 따로 있다는 것은 과세관청이 입증해야 한다. 대법원 2017. 5. 30. 선고 2017두31460 판결.

398) 예전에는 일률적으로 부동산 가액의 100분의 30을 과징금으로 부과했다. 이에 대하여 헌법재판소는 명의신탁의 숨은 의도가 어느 정도 반사회적인지, 위반의 유형에 따른 차등부과의 방법은 없는지, 다른 참작사유는 없는지 등의 여부에 관계 없이 일률적인 비율로 정한 과징금은 헌법에 합치되지 않는다고 했다. 헌법재판소 2001. 5. 31. 99헌가18 결정. 현행법은 그에 따라 개정된 것이다.

1. 제3조 제1항을 위반한 명의신탁자

2. 제3조 제2항을 위반한 채권자 및 같은 항에 따른 서면에 채무자를 거짓으로 적어 제출하게 한 실채무자

② (생 략)

③ 제1항에 따른 과징금의 부과기준은 제2항에 따른 부동산 가액(이하 "부동산평가액"이라 한다), 제3조를 위반한 기간, 조세를 포탈하거나 법령에 따른 제한을 회피할 목적으로 위반했는지 여부 등을 고려하여 대통령령으로 정한다. (이하 생략)

부동산의 경우는 위의 법규정에 따라 과징금(過徵金)이 나오고 부동산이 아닌 경우는 상속세및증여세법이 적용되어 증여세를 매긴다. 결과는 별 차이가 없고, 온갖 시행착오를 거쳤지만 결국 어느 쪽이든 행정벌이다. 어쩌다가 이런 일이 벌어졌을까?

2. 법령의 연혁

명의신탁에 대한 증여세 문제는 일찍이 1960년대로 소급한다. 1965년 대법원은 명의신탁에 대한 증여세 과세를 인정하는 판결을 선고했다.[399)]

"원고의 남편인 소외 김정길은 그 소유인 본건 부동산을 원고의 명의로 소유권이전등기를 하여 원고명의로 신탁을 하고 원고는 아무 대가 지급 없이 그 소유명의를 취득했다는 것이다. 그렇다면 소유권 이전의 명의신탁이 있는 경우에는 대내적 관계에 있어서는… 일정한 제한 내에서만 이전되는 것이나 대외적 관계에 있어서는 수탁자에게 완전히 이전되어 수탁자는 완전한 소유권자로서의 권리의무가 있고 그 수탁자의 처분 행위는 유효한 것이다. 그러므로… 수탁자는 그 신탁계약에 의하여 위에서 말한 바와 같은 내용의 이익을 취득했다 할 것이요 그 이익취득에 있어서 대가의 지급이 없으면 상속세법의 해석상 수탁자의 그 이익취득은 증여를 받은 것이라 함이 타당함으로 원심이 원고의 명의신탁에 의하여서의 소유명의취득을 증여라고 판단하고 피고의 증여세 부과처분을 적법하다고 판시했음은 정당하다."

주목할 것은 위 사건 당시의 상속세법에는 명의신탁에 대해 증여세를 부과한다는 조문이 전혀 없었다는 점이다. 대법원은 앞서 본 당시의 상속세법 제34조의4의 포괄(包括)증여 규정에 의거하여, 명의수탁자가 소유명의를 취득한 이상 이는 대외적으로 완전한 소유권을 취득한 것이므로 증여세를 부과하여야 마땅하다고 판시한 것이다. 이 판결에 따라 그 이후에도 명의신탁에는 증여세를 부과했던 것으로 보인다. 그러나 민

399) 대법원 1965. 5. 25. 선고 65누4 판결.

사(民事)판례는 일찍부터 명의신탁에 호의적 태도를 취하여 명의신탁의 민사법상 효력을 인정하고 있었고,[400] 또 명의신탁 그 자체에 수증자의 증여세 담세력을 인정하기는 아무래도 어렵다.[401] 그리하여 그 후 1979년 대법원은 포괄증여 규정에 따라 명의신탁을 과세하던 종래의 법해석을 바꾸어 다음과 같이 명의신탁은 과세대상이 아니라는 판결을 내린다.[402]

> "위 한용범과 원고와의 간의 위 신탁관계는 수탁자인 원고에게 위 토지들의 소유권의 명의만이 이전될 뿐이고, 수탁자인 원고에게 이에 대한 관리처분의 권한과 의무가 적극적, 배타적으로 부여되어 있는 것은 아니라고 할 것이므로 그 신탁관계는 이른바 명의신탁 또는 수동신탁이라고 할 것이고 … 사실관계가 위와 같다면 원고가 위 한용범으로부터 본건 부동산에 관한 소유권이전등기를 경료받음으로써 대가를 지급함이 없이 형식상 본건 부동산을 양도받은 것이라고 하더라도 원고에게는 실질상 아무런 이익이 없다고 할 것이니 원고는 상속세법 제34조의4의 규정에 의하여 증여를 받은 것으로 볼 수도 없다."

한편 이 사건 당시의 상속세법에는 다음과 같은 규정도 있었다.

> 제32조의2 재산에 대하여 신탁을 설정한 경우에 신탁법 제3조의 규정에 의하여 신탁재산인 사실을 등기 또는 등록하지 아니하거나 증권에 표시하지 아니하거나 株券과 社債券에 관하여는 또한 주주명부 또는 사채원부에 기재하지 아니하고 수탁자의 명의로 등기·등록·표시 또는 기재된 신탁재산은 당해 등기·등록·표시 또는 기재를 한 날에 위탁자가 그 신탁재산을 수탁자에게 증여한 것으로 본다.

국세청은 위 조문에 의하더라도 명의신탁이 증여세의 과세대상이라고 주장했지만 위 판결은 이 주장을 배척하면서 다음과 같이 판시했다.

> "위 한용범과 원고와의 간의 위 신탁관계는 … 이른바 명의신탁 또는 수동신탁이라고 할 것이고 그 신탁관계가 신탁법 제1조 제2항에 규정하는 신탁법상의 신탁이라고 할 수 없고, 따라서 그 신탁관계가 신탁법상의 신탁임을 전제로 하여 위와 같은 명의신탁의 경우도 신탁법 제3조의 규정에 의하여 이를 등기하지 아니했다고 하여 이를 상속세법 제32조의2의 규정에 의하여 증여로 볼 수는 없다고 판단하고 있는바 기록에 의하면 원심의 위와 같은 사실이 적법히 인정되며 그런 사실관계 아래의 원심의 위 판단

400) 제12장 제2절 7.

401) 윤진수, 명의신탁에 대한 증여세의 부과와 평등원칙, 조세법의 논점(행솔 이태로 교수 화갑기념논문집, 1992), 527쪽; 강인애, 조세법 Ⅶ(1994), 169쪽.

402) 대법원 1979. 1. 16. 선고 78누396 판결.

은 정당하고 거기에 소론과 같이 법률해석을 잘못한 위법이 없[다]."

기실 위 판시취지는 매우 의심스럽다. 동 판결에 의하면, 위 제32조의2에 따라 증여로 의제되는 경우란 신탁법(信託法)에 따른 신탁을 설정하면서 신탁재산인 사실을 등기 또는 등록하지 않은 채 수탁자 명의로 등기·등록한 경우에 한정되므로, 명의신탁은 제외된다는 것이다. 그러나 신탁법상 신탁의 등기란 신탁재산인 사실을 등기하는 것이므로, 신탁사실이 드러나지 않은 채 신탁법상의 신탁을 수탁자 명의로 등기하는 것은 불가능하고, 따라서 위 판결에 따르자면 위 규정이 적용될 수 있는 경우란 애당초 있을 수 없다. 그렇기 때문에 위 규정은 명의신탁도 포함하는 것으로 해석하여야만 의미 있는 규정이 된다. 어쨌든 위 판결 이후에는, 납세의무자로서는 무상으로 소유권을 이전한 뒤 증여세가 부과되면, 문제의 등기이전은 증여가 아니라 명의신탁이라고 말만 하면 사실상 언제나 증여세를 면할 수 있게 되었다. 등기를 이전받은 자가 명의신탁이라고 주장하는 경우에 대내적 소유권(둘만 안다!)까지 넘겨받았다고 과세관청이 증명할 길이 없다. 명의신탁에 증여세를 안 매기는 거야 옳겠지만, 실제로 증여를 하고도 이 사실이 발각되면 명의신탁이라고 우기기만 하면 증여세를 면할 수 있다는 결과. 그리하여 1981년 다시 법을 개정하여 다음과 같이 규정했다.

> 第32조의2 (제3자명의로 등기등을 한 재산에 대한 증여의제) ① 권리의 이전이나 그 행사에 등기·등록·명의개서등(이하 "등기등"이라 한다)을 요하는 재산에 있어서 실질소유자와 명의자가 다른 경우에는 국세기본법 제14조의 규정에 불구하고 그 명의자로 등기등을 한 날에 실질소유자가 그 명의자에게 증여한 것으로 본다.
>
> ② 제1항의 규정은 신탁업법에 의한 신탁업을 영위하는 자가 신탁재산인 사실을 등기등을 하는 경우에는 이를 적용하지 아니한다.

3. 숨은 증여 v. 행정벌

이와 같이 명의신탁을 증여로 의제하여 증여세를 과세하는 이유에 관해서는 두 가지로 생각해 볼 수 있다. 한편으로는 실제는 증여에 해당함에도 불구하고 증여세를 회피하기 위해 명의신탁이라고 주장하는 것을 막자는 취지였다고 볼 수 있다. 다른 한편으로는 실제로 증여가 있는가는 접어놓고 명의신탁이나 명의차용 그 자체를 규제하자는 조문, 다시 말해, 일종의 행정(질서)벌로 증여세를 매기는 조문으로 이해하는 것이다. 행정부의 생각은 후자에 가까웠던 듯하나, 법률가들 가운데에는 전자로 생각하는 사람이 많았다. 가령 당시 유력한(이 문제를 다룬 책으로는 유일한) 세법 교과서는 위 1981년 법 제32조의2의 취지를 "순수한 명의신탁인지 실질적인 증여인지가 당사자들의 합의에 달려 있어 객관적인 판단이 용이하지가 않으므로 이 같은 규정을 둔 것"이라고 풀이하고 있었다.[403] 외형만이 아니라 실제로도 순수한 명의신탁이라면 증여세의 과세대상이 아니라고 하여야 하겠지만, 국가로서는 명의신탁과 증여를 구별하기가 어렵다는 행정편의를 위하여 명의신탁에도 무조건 증여세를 과세하는 조문이라는 말이다.

이와 같은 두 가지 생각의 충돌은 두 차례에 걸친 헌법재판소 결정으로 이어진다. 우선, 순수한 명의신탁에 대해 증여세를 부과하여서는 안 된다는 생각은 1989년 헌법재판소의 한정합헌 결정으로 나타난다.

> "…조세회피의 목적 없이 실정법상의 제약이나 제3자의 협력거부 기타 사정으로 인하여 실질소유자와 명의자를 다르게 한 것이 명백한 경우에는 증여로 볼 수 없다. …명의신탁을 일률적으로 증여로 의제하려면 일반적으로 명의신탁이 증여의 은폐수단으로 이용되고 있다거나, 명의신탁의 경제적 실질이 증여와 같다는 고도의 개연성이 있어야 할 것이다.…"[404]

"명의신탁이 증여의 은폐수단으로 이용되고 있다거나 명의신탁의 경제적 실질이 贈與와 같아야" 증여세를 부과할 수 있다니? 명의신탁은 증여가 아니다. 그렇다면 결국 증여가 아닌 것에 증여세를 매기면 안 된다는 말. 조세회피의 목적이 있어야 증여세를 매기고, 없으면 못 매긴다는 말. 이를 받아 대법원은 헌법재판소가 말하는 "조세회피의 목적"을 "증여세의 회피목적"이라 풀이했다.[405] 증여세의 회피목적이 있는 명의신탁에 대하여 증여세를 부과할 수 있지만, 그렇지 아니한 명의신탁에 대해서는 증여세를 부과할 수 없다는 것이다.

그러나 증여세의 회피목적을 가진 명의신탁이 있으려나. 실제로는 증여를 하면서도 외형상 명의신탁이라는 법률형식을 취한다는 말인데 거의 생각하기 어렵다. 그러나 어쨌든 증여세의 회피목적이 없는 명의신탁에 대하여는 증여세를 부과할 수 없다는 것이다. 그렇다면 거의 언제나 명의신탁은 증여세의 회피수단이 아니므로 결국 명의신탁에 대하여는 증여세를 부과할 수 없다는 결론이 된다. 어떤 사람이 재산을 다른 사람 명의로 옮겨 놓은 경우에 국가가 "무상으로 재산이 이전되었으므로 증여세를 내라"고 한다면, 당사자는 언제든지, "이것은 증여가 아니고 명의신탁이다"라고 주장하고

---

403) 이태로, 조세법개론(1987), 287쪽.
404) 헌법재판소 1989. 7. 21. 89헌마38 결정.
405) 대법원 1996. 5. 31. 선고 95누11443 판결.

이를 증명하기만 하면 증여세를 벗어날 수 있게 되어, 상황은 1981년 법이 생기기 전의 원점으로 돌아온 셈이 되었다. 명의신탁은 분명 증여가 아니기 때문.

4. 부동산 v. 주식

이에 정부와 국회는 또 다시 법을 개정하여 부동산등기특별조치법에 명의신탁에 대한 과징금(過徵金) 제도를 도입했다. 숨은 증여 여부를 물을 것 없이 명의신탁 그 자체를 규제한다는 것이다. 헌법재판소나 법원이 "증여가 아니므로 증여세를 매기지 못한다"라고 한다면, 증여세 대신 '과징금'으로 이름을 바꾸겠다는 것이다. 부동산등기특별조치법은, 명의신탁을 할 경우 등기원인에다가 '명의신탁'이라고 기재하는 것을 정면으로 허용하면서,[406] 다만 조세회피목적, 투기목적, 소유권의 탈법적인 우회취득 등을 위한 명의신탁을 금지했다.[407] 이러한 금지규정을 어기는 경우의 제재로 3년 이하의 징역이나 1억원 이하의 벌금에 처했다.[408] 이와 아울러 상속세및증여세법을 개정하여 부동산등기특별조치법상 허용되는 명의신탁과 조세회피목적이 없는 명의신탁에 대하여는 증여세를 부과하지 못하도록 했다.[409] 그러나 이러한 법개정에 의해 완전히 문제가 해결된 것은 아니었다. 우리나라에서 큰 부동산(不動産)은 값이 1억원이 훨씬 넘는다. 100억원, 1,000억원의 부동산에 대하여는 1억원의 과징금은 사실 큰 의미가 없다. 그리하여 법을 다시 개정하여 현행법인 부동산실권리자명의등기에관한법률은 과징금 금액을 부동산가액의 30%로 정했다.[410] 그 뒤 대법원은, 종래의 해석을 바꾸어 증여세가 아닌 다른 조세를 회피할 목적인 경우에도 명의신탁에 증여세를 매길 수 있다고 판시했지만,[411] 이미 과징금이 생겼으므로 명의신탁을 증여로 의제하는 세법 조문에서는 부동산이 삭제되었다.[412] 만일 그대로 둔다면 이중처벌이 되기 때문이다.[413] 결국 현행법에서 명의신탁의 증여의제 대상으로 남는 것은 명부기재가 회사에 대한 대항요건인 주식(株式)과 사채(社債)[414] 정도뿐이다.

---

406) 1990. 8. 1. 제정 부동산등기특별조치법(법률 제4244호) 제7조 제2항, 제3항.

407) 1990. 8. 1. 제정 부동산등기특별조치법(법률 제4244호) 제7조 제1항.

408) 1990. 8. 1. 제정 부동산등기특별조치법(법률 제4244호) 제8조 제3호.

409) 1990. 12. 31. 개정 상속세법(법률 제4283호) 제32조의2 제1항 단서.

410) 부동산실권리자명의등기에관한법률(1995. 3. 30. 법률 제4944호) 제5조 제1항.

411) 대법원 1995. 11. 14. 선고 94누11729 판결; 1996. 4. 12. 선고 95누13555 판결. 과세처분 전 등기명의를 환원했더라도 여전히 과세대상이다. 대법원 1998. 6. 26. 선고 97누1518 판결.

412) 1996. 12. 30. 전문개정 상속세및증여세법(법률 제5193호) 제43조 제1항.

413) 재정경제원, 96 간추린 개정세법 해설, 349쪽은 부동산실명법의 제정으로 부동산 명의신탁이 무효가 되었으므로 부동산은 처음부터 증여의제의 대상이 될 수 없다고 설명하나 잘못된 설명이다. 명의신탁의 유무효와 단속필요성은 아무 상관이 없다. 대법원 2011. 9. 8. 선고 2007두17175 판결.

414) 대법원 2019. 9. 10. 선고 2016두1165 판결.

이러한 복잡한 과정을 거쳐 결국 현행법은 부동산의 명의신탁에 대해서는 過徵金을, 부동산 아닌 다른 재산의 명의신탁이나 명의차용에 대해서는 贈與稅를 매기게 되었다. 그러나 적어도 법률가 사이에는 명의신탁에 대한 호의적 태도의 연장으로 명의신탁 그 자체는 제재의 대상이 될 수 없고 따라서 명의신탁에 대한 증여세를 행정(질서)벌로 볼 수 없다는 생각이 위와 같은 법개정 후에도 여전히 남아 있었다. 이러한 입장에서는 명의신탁에 증여세를 부과하는 이유를 여전히, 증여와 명의신탁의 구별이 어렵다는 데에서 찾게 된다. 또한 부동산의 명의신탁에 대한 증여세가 없어진 이유를 부동산실권리자명의등기에관한법률이 명의신탁을 무효로 정하고 있어서 물권변동 자체가 일어나지 않고[415] 따라서 처음부터 증여의제의 대상이 될 수 없기 때문이라고 설명한다.[416] 명의신탁을 증여로 의제할 수 없다는 문제제기가 거듭된 것도 같은 생각에서 비롯된 것이다.

이 두 가지 사고방식은 그저 이론적 설명의 차이에 그치지 않고 마구 뒤섞이면서 실제 입법과정에 상당한 혼란을 일으켰다. 가령 1997년 법에서 "명의신탁을 증여로 추정(推定)한다"는 규정을 두었던 것이 대표적 보기. 명의신탁은 본래 증여세의 부과대상이 될 수 없다는 전제 하에 증여와 구별하기 어렵다는 점을 꼬투리 삼아 명의신탁을 증여로 '의제(擬制)'한다는 것은 행정편의주의라는 비판이 나왔고, 이 비판을 받아들여 '추정'이라는 말로 바꾼 것이다. 이 말은 명의신탁이 있다 하더라도 증여가 아님을 증명한다면 증여세를 부과할 수 없다는 말이다. 문제는, 이 같은 법령의 문언에서는 명의신탁에 대한 증여세가 자동적으로 불가능해진다. 명의신탁과 증여는 동시에 성립할 수 없는 별개의 법률행위이고, 명의신탁이라는 것이 증명된 이상은 증여는 아닌 까닭이다.[417] 즉 명의신탁이라는 사실을 확정한 이상 이를 증여로 추정한다는 것은 애초에 있을 수 없는 모순인 까닭이다. 명의신탁이 "조세회피의 목적"으로 이루어졌다는 사실을 추정할 수는 있겠지만, 명의신탁을 증여로 추정한다는 것은 논리적 모순일 뿐이다. 이에 따라 1998년 말 다시 법을 개정하여 명의신탁을 증여로 '의제'하고, 명의신탁에는 조세회피의 목적이 있다고 추정하는 것으로[418] 조문을 다시 고쳤다.

5. 명의신탁 증여세 = 행정벌(行政罰)

명의신탁에 대한 증여의제의 법적 성질이 行政(질서)罰이라는 점을 분명히 한 것은 헌법재판소의 1998. 4. 30. 96헌바87 결정이다. 심판의 대상은 1990년 개정 이후

415) 같은 법 제4조.
416) 한만수, 조세법강의, 2편 3장 2절 VII.3.
417) 대법원 2008. 9. 25. 선고 2006두8068 판결.
418) 현행법으로 제45조의2 제3항. 대법원 2005. 1. 27. 선고 2003두4300 판결.

1993년 개정 이전까지의 구 상속세법상 증여의제 규정이다. 대법원은 동 규정의 의미에 관하여 증여세가 아닌 다른 조세이더라도 여하튼 조세를 회피할 목적이 있는 명의신탁은 증여의제 대상이 된다고 판시한 바 있다.[419] 말하자면, 탈세행위에 대한 처벌로서 증여세를 부과할 수 있다는 것이다. 이러한 대법원 판결을 전제로 헌법재판소는 명의신탁의 증여의제가 합헌인가를 심판하게 되었다. 소수의견은 명의신탁에 증여세를 부과하는 것은 "명의신탁으로 은폐된 증여"에 대해서만 가능하다고 했지만, 다수의견은 대법원 판결을 지지했다. 즉, 명의신탁의 증여의제는 조세회피의 방지를 위한 수단으로서, 입법재량의 범위 안에 있다는 것이다.

이상과 같은 과정을 거쳐 명의신탁이나 명의차용이 있는 경우 부동산이라면 부동산실권리자명의등기에관한법률로 과징금을 매기고 다른 재산에는 증여세를 매기고 있다.[420] 결국 현행법에서 "권리의 행사나 이전에 등기등이 필요"해서 명의신탁을 증여의제하는[421] 재산이라면 주식(株式)과 사채(社債) 정도이다.[422] 주주명부나 사채명부에 등재할 것이 회사에 대한 대항요건이기 때문이다.[423] 증권회사의 고객계좌부에만 적는다면? 종래 판례는 증여의제 대상이 아니라고 한다.[424] 이제는 전자등록 제도가[425] 생기면서 주주명부나 사채원부라는 개념이 무의미해져서[426] 판례든 법이든 적어도 한 쪽을 바꿀 수밖에 없다. 주주명부나 사원명부가 없는 경우 현행법에서는 법인세법에 따라 관할 세무서장에게 제출하는 주주에 관한 서류로 명의개서 여부를 판정한다.[427]

법 제45조의2는 "주식명의신탁"의 증여의제라는 제목을 달고 있지만 이 조의 실재 내용에서 "실제 소유자와 명의자가 다른" 경우란 통정허위의 명의차용도 당연 포

---

419) 대법원 1995. 12. 5. 선고 95누7024 판결; 1996. 8. 20. 선고 95누9174 판결; 2006. 5. 12. 선고 2004두7733 판결.

420) 2010. 9. 28.자 국세청 보도자료에 따르면 2006. 1. 1.부터 2010. 6. 30.까지 주식명의신탁에 대하여 추징한 증여세액이 1조원이 넘는다.

421) 증여의제 가액은 명의개서일 현재의 가액. 대법원 2020. 4. 29. 선고 2014두2331 판결(신주발행).

422) 대법원 1987. 10. 13. 선고 87누118 판결(아파트당첨권은 아니다); 2019. 9. 10. 선고 2016두1165 판결(기명식 사채는 해당).

423) 대법원 2017. 8. 29. 선고 2016다267722 판결(상속). 실질적으로는 권리행사 요건이다. 대법원 2017. 3. 23. 선고 2015다248342 판결(쌍방적 구속설). 주권이 발행되지 않았더라도 타인의 동의를 얻은 명의개서는 증여의제 대상이다. 대법원 2004. 10. 15. 선고 2003두5723 판결.

424) 대법원 1998. 6. 26. 선고 97누1532 판결; 2007. 2. 8. 선고 2005두10200 판결.

425) 상장회사는 의무. 주식·사채 등의 전자등록에 관한 법률, 제25조 제1항.

426) 증권회사→예탁결제원→회사의 순서로 주주가 누군지 정보를 받는다. 같은 법률 제37조 제6항.

427) 상속세및증여세법 제45조의2 제4항. 대법원 2014. 5. 16. 선고 2011두11099 판결; 2017. 5. 11. 선고 2017두32395 판결; 2018. 6. 28. 선고 2018두36172 판결. 이 조항은 대법원 1998. 6. 26. 선고 97누1532 판결을 뒤집고 있다.

함한다.428)

명의신탁 증여세의 본질은 행정(질서)벌이다.429) 헌법재판소 결정과 대법원 판결은 이 점을 다시 확인하고 있다.430)

> 명의신탁을 이용한 조세회피행위를 방지하는 데 있어서 증여세를 부과하는 방법[의]… 대체수단은 …명의신탁을 아예 금지하면서 …그 위반자에 대하여 형사처벌을 가하는 방법이다. …다른 대체수단으로는 …과징금을 부과하는 방법을 생각할 수 있다. …이 경우에 과징금의 금액과 증여세의 금액을 비교하여 그 경중을 논하는 것은 본질적인 것이 되지 못한다. 왜냐하면 양자 모두 그 금액의 크기는 과징금의 비율 및 증여세의 세율을 정하는 입법의 재량에 의하여 결정되는데 이러한 입법의 재량은 가변적이기 때문이다. …명의신탁에 의한 조세의 회피는 증여세에 한정된 것이 아니고… 상속세, 소득세, 취득세 등 각종의 국세와 지방세 그리고 관세에 대하여도 가능하다. 증여세 이외의 다른 조세에 대하여도 명의신탁의 방법으로 이를 회피하는 것을 방지하고 그 회피행위를 제재하여야 할 필요성은 증여세의 경우와 조금도 다를 바 없다. 그러므로… 명의신탁에 대하여 조세회피의 목적을 추정하고, 일정한 예외하에, 이를 증여로 추정431)할 수 있도록 …하는 조항은 …헌법에 위반되지 않는다.432)

> 증여의제 규정은, 명의신탁 제도를 이용한 조세회피 행위를 효과적으로 방지하여 조세 정의를 실현하기 위해 실질과세의 원칙에 대한 예외를 인정하는 데에 그 입법 취지가 있고, 이는 수탁자에게 증여세를 부과하는 경우에 한하여 적용될 수 있을 뿐이며, 가사 위 증여의제 규정이 적용되어 증여세가 부과되었다고 하더라도 당해 거래의 실질

428) 통정허위의 명의자는 무권리자이므로 그로부터 주식을 매수하는 자는 소유권을 승계취득 못 한다. 노혁준, 주식 명의신탁에 관한 연구, 서울대 법학 61-3(2020), 31쪽, 특히 45쪽. 이하 두 가지를 합해서 그냥 명의신탁이라고 부르기로 한다.

429) 증여세 신고의무는 헌법(불리한 진술 강요금지)에 안 어긋난다. 헌법재판소 2022. 11. 24. 2019헌바167등 결정. 명의신탁 증여의제 관련 법령의 유추해석이나 확장해석은 엄격하게 절제해야 한다. 대법원 2017. 1. 12. 선고 2014두43653 판결.

430) 그렇게 본다면 합헌성 심사에는 헌법재판소 2001. 5. 31. 99헌가18 결정과 같은 기준이 적용되어야 할 것이다. 물론 과징금과 증여세액을 나란히 비교하기는 어렵다. 부동산 명의신탁에는 형벌을 매길 수도 있기 때문이다. 헌법재판소 2013. 9. 26. 2012헌바259 결정; 2017. 12. 28. 2017헌바130 결정; 2019. 8. 29. 2017헌바440 결정.

431) 심판대상인 1998. 12. 28. 개정 전 옛 상속세및증여세법 제43조(명의신탁재산의 증여추정)를 합헌이라고 하는 이상 여기에서 '추정'은 '의제'의 뜻이라고 풀이할 수밖에 없다.

432) 헌법재판소 2004. 11. 25. 2002헌바66 결정; 2005. 3. 31. 2005헌바11 결정; 2005. 6. 30. 2004헌바40등(병합) 결정; 2012. 5. 31. 2009헌바170 결정. "증여세의 부과대상은 명의신탁으로 은폐된 증여에 한정된"다는 소수의견은 점점 줄다가 2013. 9. 26. 2012헌바259 결정 이후로는 거듭 전원합의로 합헌이라고 한다. 최근 사건으로 헌법재판소 2021. 9. 30. 2019헌바475 결정; 2022. 2. 24. 2019헌바225 결정; 2025. 10. 23. 2021헌바360 결정.

이 증여인 것으로 확정되는 것은 아니[다][433]

> 이 사건 조항은…조세회피행위를 방지하기 위하여 필요하고도 적절한 범위 내에서만 적용되어야 한다…최초로 명의신탁된 전환사채와 전환된 주식에 대하여 각각 이 사건 조항을 적용하게 되면 애초에 전환사채나 그 인수자금이 수탁자에게 증여된 경우에 비하여 지나치게 많은 증여세액이 부과될 수 있어 형평에도 어긋난다.[434]

증여세라는 형식의 행정벌이 가능하다는 점이 자리 잡자 2002년말 개정법은 명의신탁만이 아니라 명의개서 해태(懈怠)에도 행정벌을 물리기 시작했다. 단속필요성은 명의개서나 비슷하기 때문. 현행법으로 치면 제45조의2 제1항 두 번째 괄호 속의 "소유권취득일이 속하는 해의 다음 해 말일의 다음 날"을 "명의자로 등기등을 한 날"로 본다는 것이 그 뜻이다. 같은 법조항 단서 제1호의 "소유권을 취득한 실제소유자 명의로 명의개서를 하지 아니한 경우" 조세회피 목적이 있다면 본문으로 돌아가므로 과벌대상이 된다.[435] 애초부터 매도인의 기존명의를 그대로 유용하기로 합의했다면 그런 합의는 명의신탁이다.[436] 이런 합의를 했다면 애초 명의개서 의무가 없으므로 명의개서를 게을리한다고 벌할 수는 없고 명의신탁을 벌할 뿐이다.[437]

2018년 말 개정법은 증여세를 등기명의자가 아닌 실소유자에게 매김으로써,[438] 이름만 세금이지 실제는 行政罰이라는 점을 정면으로 입법했다. 애초 증여가 아닌 것에 행정벌을 매기는 것이므로 명의신탁 재산의 금액이 그대로 과세표준이고 증여재산 공제는 없다.[439] 동일인 재차증여 10년 합산은 적용할 여지가 없다.[440] 2019년 말 개정법

433) 대법원 2004. 9. 24. 선고 2002두12137 판결; 그 밖에 대법원 1997. 11. 14. 선고 97누669 판결; 2000. 11. 28. 선고 98두17937 판결; 2006. 5. 12. 선고 2004두7733 판결; 2006. 10. 13. 선고 2005두2926 판결; 2007. 2. 8. 선고 2005두10200 판결(명의신탁 받은 주식 처분대금의 반환은 증여재산 반환이 아니다); 2012. 8. 23. 선고 2012두8151 판결(명의신탁이 사해행위로 취소되어도 경정청구 불가); 2021. 8. 31. 선고 2021두43347 판결(증여가 아니라고 명의신탁 해지라고 주장하는 자에게 증명책임); 2022. 9. 15. 선고 2018두37755 판결(명의신탁 주식의 양도시 명의신탁 당시의 주식가액을 필요경비로 공제 불가). 그렇지만 법 제34조는 적용한다. 대법원 2011. 9. 29. 선고 2011두8765 판결. 본문과 어긋나는 듯한 설시로 대법원 2018. 3. 29. 선고 2012두27787 판결.

434) 대법원 2019. 9. 10. 선고 2016두1165 판결.

435) 대법원 2023. 9. 1. 선고 2020두53378 판결.

436) 대법원 2010. 2. 11. 선고 2008다16899 판결.

437) 대법원 2023. 9. 1. 선고 2020두53378 판결(부과제척기간).

438) 옛 법에서 명의수탁자는 전액을 구상받을 수 있다. 대법원 2018. 7. 12. 선고 2018다228097 판결. 제5장 제5절 I.

439) 상속세및증여세법 제55조 제1항. 헌법재판소 2012. 11. 29. 2010헌바215 결정.

440) 제47조 제1항, 제2항. 2018년법까지는 합산. 대법원 2019. 1. 31. 선고 2016두30644 판결; 2019. 6. 13. 선고 2016두50792 판결과 2018두57974 판결. 대법원 2012. 5. 24. 선고 2010두7277 판결(소송물의 동일성)은 현행법에서는 안 맞는다.

은 제척기간에 관한 특례를 두어 명의신탁한 때로부터 통상의 제척기간이 지났더라도 명의신탁이 있었음을 안 날로부터 1년 이내라면 증여세를 매길 수 있도록 정하고 있다. 형법용어로 거동범이 아니라 상태범이라고 본 셈. 입법론으로는 증여세라는 이름을 아예 떼버리고 국세청이 매기는 과징금 등 다른 명목의 행정벌로 정할 수도 있을 것이다. 일단 稅金이라는 이름을 달고 있는 이상 법원이나 행정청에 재량의 여지가 없고 납세의무자에게 억울한 주관적 사정이 있더라도 옥석을 가릴 수가 없다 보니 아예 법해석 자체가 온정주의로 흐르기도. 이름을 行政罰로 바로잡고 비난가능성이 낮다면 법원이 일부나 전부를 감면하는 편이 맞다.[441] 실상은 완전포괄주의 입법 당시 아예 행정벌로 바꾸는 안을 검토했지만 그냥 남겨두었다. 부동산명의신탁이 증여세에서 과징금으로 바뀌면서 국세청의 손을 벗어나자 관리가 불가능해졌다는 경험 탓. 부동산실명법 과징금도 관리주체를 국세청으로 하는 편이 아마 정답.

6. 과벌 대상이 아닌 것

명의신탁에 무조건 증여세를 매기지는 않는다. 우선 조세회피 목적이 아예 없으면 안 매긴다. 둘 다 분리과세 주주이고 소액주주라면 배당소득이나 양도소득에 대한 조세회피 목적이 없었으리라 일단 생각할 수 있다. 명의신탁의 목적이 조세회피 아닌 다른 데 있었다면[442] 사소한 조세경감이 있더라도 증여세를 매길 수 없다.[443] 조세회피 목적이 있다면 다른 목적이 있더라도 증여세를 매길 수 있다.[444] 한결 중요한 것은 명의신탁의 동일성(同一性). 명의신탁한 주식에 터잡아 무상주를 받는 것이나 명의신탁한 전환사채로 받은 주식을 수탁자 이름으로 등재하는 것은 새로운 명의신탁이 아니므로 과세하지 않는다.[445] 최초로 증여의제 대상이 되어 과세했거나 과세할 수 있는

441) 헌법재판소 2001. 5. 31. 99헌가18 결정(부동산실명거래법, 일률적 30% 과징금은 위헌)↔2024. 3. 28. 2021헌바321 결정(현금영수증, 일률적 과태료 50%도 합헌).

442) 대법원 2006. 5. 12. 선고 2004두7733 판결; 2013. 3. 28. 선고 2010두24948 판결; 2017. 12. 13. 선고 2017두39419 판결.

443) 대법원 2006. 5. 25. 선고 2004두13936 판결; 2006. 6. 9. 선고 2005두14714 판결; 2006. 6. 29. 선고 2006두2909 판결; 2008. 11. 27. 선고 2007두24302 판결; 2008. 2. 1. 선고 2007두22719 판결; 2008. 10. 23. 선고 2008두2729 판결 및 2014. 5. 16. 선고 2014두786 판결(규제법령 위반이지만 조세회피가 없는 경우); 2006. 5. 12. 선고 2004두7733 판결(발기인 수 충족); 2017. 2. 21. 선고 2011두10232 판결; 2017. 12. 13. 선고 2017두39419 판결(유상증자 절차의 번거로움 회피); 2018. 10. 25. 선고 2013두13655 판결(상장심사기준 충족). 자세한 사실관계는 모르겠지만 대법원 2008. 9. 25. 선고 2006두8068 판결도 이를 전제로 하는 듯. 조세회피가 사소하지 않다는 예로 대법원 2006. 9. 22. 선고 2004두11220 판결; 2009. 4. 9. 선고 2007두19331 판결(타인명의 대출); 2011. 9. 8. 선고 2007두17175 판결; 2019. 6. 13. 선고 2018두47974 판결(과점주주의 제2차납세의무).

444) 대법원 2009. 4. 9. 선고 2007두19331 판결; 2004. 12. 23. 선고 2003두13649 판결; 2013. 10. 17. 선고 2013두9779 판결; 2017. 2. 21. 선고 2011두10232 판결.

명의신탁 주식의 매도대금으로 취득하여 다시 동일인 명의로 명의개서한 주식은 그것이 최초의 명의신탁 주식과 시기상 또는 성질상 단절되어 별개의 새로운 명의신탁 주식으로 인정되는 등 특별한 사정이 없는 한 다시 새로운 명의신탁으로 보아 증여세를 과세할 수는 없다.[446] 명의신탁자가 죽은 경우 명의수탁자가 상속인에게 실명전환을 강제할 길이 없으므로 과세대상이 아니다.[447] 주식교환이나 합병과정에서 주식매수청구권을 행사하지 않고 신주를 받는 것은 판례가 갈린다.[448]

실질소유자가 명의자의 의사에 관계없이 일방적으로 명의자 앞으로 등기한 경우 명의자에게 행정벌(증여세)을 매길 수 없음은 당연하다.[449] 명의신탁에 따른 등기 등에 증여세 부과처분을 한 후 등기가 사해행위 취소판결로 원상회복되더라도 증여의제를 벗어날 수 없다.[450] 한편 증여재산의 반환에 관한 제4조 제4항은 적용된다고.[451]

445) 대법원 2009. 3. 12. 선고 2006두20600 판결; 2011. 7. 14. 선고 2009두21352 판결; 2019. 9. 10. 선고 2016두1165 판결.

446) 대법원 2017. 2. 21. 선고 2011두10232 판결; 2017. 4. 13. 선고 2012두5848 판결; 2020. 9. 15. 선고 2018두37755 판결; 2022. 9. 15. 선고 2018두37755 판결(주식담보 차입금으로 새 주식 사고 난 뒤 구 주식처분 대금으로 차입금 상환). 입증책임은 납세의무자가 진다. 대법원 2020. 6. 25. 선고 2019두36971 판결. 처분대금으로 다른 사람과 새로 명의신탁하는 것은 과세대상. 대법원 2017. 4. 7. 선고 2012두13207 판결.

447) 대법원 2017. 1. 12. 선고 2014두43653 판결.

448) 대법원 2013. 8. 23. 선고 2013두5791 판결; 2013. 9. 26. 선고 2011두181 판결.↔2018. 3. 29. 선고 2012두27787 판결(주식의 포괄적 교환); 2019. 1. 31. 선고 2016두30644 판결(합병); 2019. 9. 10. 선고 2016두1165 판결(전환사채 전환).

449) 대법원 2008. 2. 14. 선고 2007두15780 판결. 증명책임은 명의자에게 있다. 명의수탁자에 대한 중가산세가 위법하다는 사례로 대법원 2018. 12. 13. 선고 2018두36004 판결.

450) 경정청구도 불가. 대법원 2012. 8. 23. 선고 2012두8151 판결.

451) 대법원 2007. 2. 8. 선고 2005두10200 판결; 2011. 9. 29. 선고 2011두8765 판결.

제 26 장　재산세와 종합부동산세

제 1 절　재산세 · 종합부동산세의 틀

부동산에 대한 재산세와 종합부동산세(속칭 '종부세')는 부동산의 구분에 따라 과세방법이 다르다. 살림집은 집터를 포함해서 주택(住宅)으로 따로 구분해서 재산세 단계에서는 주택별로 과세하고 종부세 단계에서는 전국 단위로 합산해서 종합부동산세를 물린다. 주택이 아닌 부동산은 건물 내지 건축물과 토지라는 전통적 구분을 따른다. 주택이 아닌 건축물(부속토지 제외)은 합산 없이 재산세만 비례세율로 매기고 종합부동산세는 안 매기지만 수도권 안의 공장건물은 재산세를 중과세한다. 땅(살림집에 딸린 집터 제외)은 애초 정책적으로 중과세하거나 저율과세하는 것이라면 재산세에 분리과세로 반영하고 종합부동산세를 따로 매길 여지가 없다. 정책적 분리과세를 제외한 나머지 땅은 다시 어림잡자면 사업용과 비사업용(옛날 용어로 공한지)을 구별해서 각 별도합산하거나 종합합산해서 과세한다. 별도합산(사업용)이 세율이 낮다. 토지 합산 단위는 일단은 지방자치단체별로 재산세를 합산과세하고 다시 종부세는 전국 단위로 별도합산한다. 정리하자면 주택 아닌 건축물과 분리과세 토지는 재산세만 물리고 재산세율에 중과세나 경과세를 반영한다. 주택, 별도합산토지, 종합합산토지는 재산세도 물리고 종부세를 물리므로 2중과세 조정 문제가 생긴다.

Ⅰ. 과세대상과 과세방법

지방세법 제107조 (납세의무자) ① 재산세 과세기준일 현재 재산을 사실상 소유하고 있는 자는 재산세를 납부할 의무가 있다…

지방세법 제105조 (과세대상) 재산세는 토지, 건축물, 주택…(이하 이 장에서 "재산"이라 한다)을 과세대상으로 한다.

지방세법 제110조 (과세표준) ① …재산세의 과세표준은…시가표준액에… 공정시장가액비율을 곱하여 산정한 가액으로 한다.

지방세법 제4조 (부동산 등의 시가표준액) ① …시가표준액은 「부동산 가격공시에 관한 법률」에 따라 공시된 가액(價額)으로 한다…

지방세법 제111조 (세율) ① 재산세는…과세표준에 다음 각 호의 표준세율을 적용하여 계산한 금액을 그 세액으로 한다.

1. 토지
   가. 종합합산과세대상…
   나. 별도합산과세대상…
   다. 분리과세대상…
2. 건축물…
3. 주택…

② …과밀억제권역…공장 신설 · 증설에 해당하는 경우 그 건축물…은… 최초…5년간 제1항 제2호…세율의 100분의 500…로 한다.

지방세법 제113조 (세율적용) ① 토지에 대한 재산세는 다음 각 호에서 정하는 바에 따라 세율을 적용한다….

1. 종합합산과세대상: …해당 지방자치단체 관할구역에 있는…가액을 모두 합한 금액을 과세표준으로 하여…세율을 적용한다.
2. 별도합산과세대상: …해당 지방자치단체 관할구역에 있는…가액을 모두 합한 금액을 과세표준으로 하여…세율을 적용한다.
3. 분리과세대상: …해당 토지의 가액을 과세표준으로 하여…세율을 적용한다.

② 주택에 대한 재산세는 주택별로…세율을 적용한다…

종합부동산세법 제7조 (납세의무자) ① 과세기준일 현재 주택분 재산세의 납세의무자는 종합부동산세를 납부할 의무가 있다.

종합부동산세법 제8조 (과세표준) ① 주택에 대한 종합부동산세의 과세표준은…주택의 공시가격을 합산한 금액에서 다음 각 호의 금액을 공제한 금액에…공정시장가액비율을 곱한 금액으로 한다…

1. …1세대 1주택자: 12억원
2. …법인…: 0원

3. …제1호 및 제2호에 해당하지 아니하는 자: 9억원

종합부동산세법 제9조 (세율 및 세액) ③ 주택분 과세표준 금액에 대하여 해당 과세대상 주택의 주택분 재산세로 부과된 세액…은 주택분 종합부동산세액에서 이를 공제한다.

종합부동산세법 제12조 (납세의무자) ① 과세기준일 현재 토지분 재산세의 납세의무자로서 다음 각호의 어느 하나에 해당하는 자는 해당 토지에 대한 종합부동산세를 납부할 의무가 있다.

1. 종합합산과세대상인 경우에는 국내에 소재하는 해당 과세대상토지의 공시가격을 합한 금액이 5억원을 초과하는 자
2. 별도합산과세대상인 경우에는 국내에 소재하는 해당 과세대상토지의 공시가격을 합한 금액이 80억원을 초과하는 자

종합부동산세법 제14조 (세율 및 세액) ③ 종합합산과세대상인 토지의 과세표준 금액에 대하여 해당 과세대상 토지의 토지분 재산세로 부과된 세액…은 토지분 종합합산세액에서 이를 공제한다. …

⑥ 별도합산과세대상인 토지의 과세표준 금액에 대하여 해당 과세대상 토지의 토지분 재산세로 부과된 세액…은 토지분 별도합산세액에서 이를 공제한다.

법은 不動產을 토지, 주택, 다른 건축물로 나누어 각각 과세한다. 주택이란 취득세나 마찬가지로 부속토지를 포함하는 개념이다.[1] 재산세에는 제111조 세액의 20%가 지방교육세로 덧붙고[2] 도시지역이라면 1.4/1000 세율로 재산세 도시지역분이 덧붙는다.[3] 가령 과세표준 6,000만원짜리 주택이라면 재산세 6만원, 지방교육세 12,000원, 도시지역분이 8만4천원이 고지서 하나에 나온다. 재산세는 부동산 외에 선박·항공기에도 매기고[4] 자동차에는 따로 자동차세를[5] 매긴다. 종합부동산세의 20%로 농어촌특별세가 덧붙는다.[6]

---

1) 지방세법 제104조 제3호, 주택법 제2조 제1호. 제27장 제2절 I.
2) 지방세법 제151조.
3) 지방세법 제112조.
4) 지방세법 제105조. 납세의무자는 사실상의 소유자. 지방세법 제107조 제1항. 대법원 2006. 3. 23. 선고 2005두15045 판결.
5) 지방세법 제124조 이하.
6) 농어촌특별세법 제3조 제6호, 제5조 제1항 제8호.

Ⅱ. 지방자치와 재산세 · 종부세

전통적 이론인 Tiebout 모델에 따르자면 不動產 보유세는 지방세. 제2장 제3절 I. 4. 제8장 제3절 III. 3. 보유세는 부동산의 가치를 떨어뜨리고 지방공공재는 부동산의 가치를 올린다. 부동산에 관한 세금과 지방공공재는 넓게 본다면 대가(對價)관계에 있으므로[7] 사람은 각자 선호도에 따라 살 곳을 정하게 마련이고, 이런 '발로 하는 투표'로 파레토 효율이 이루어진다. 그러나 현행법의 부동산 보유과세는 이런 생각과 전혀 다르다. 일단 지방세로 재산세를 걷지만 다시 전국의 부동산을 합산해서 종부세를 누진과세한다. 전국합산 누진과세라는 구조에서는 종부세는 국세가 될 수밖에 없다.[8]

〈헌법재판소 2008. 11. 13. 2006헌바112〉

종합부동산세는 전국에 산재하는 부동산을 인별로 합산하여 누진세율을 적용하여야 하기 때문에 이에 대한 부과·징수는 전국적인 통일·조정을 요하는 사무 내지는 지방자치단체의 기술 및 재정능력으로는 감당하기 어려운 사무로서 지방자치법 제11조 소정의 국가사무에 해당한다고 볼 수 있고…부동산 보유세라는 이유로 지방자치단체의 세수로 한다면 결국 부동산 가격의 차이로 인하여 지방자치단체 사이에 심각한 재정 불균등 문제를 야기하여 오히려 지방자치 제도의 정착에 큰 문제를 초래할 수 있으며, 종합부동산세를 재원으로 지방자치단체의 예산으로 교부되어 재정여건이 어려운 지방자치단체의 일반재원으로 사용되고 있을 뿐만 아니라, 부동산 보유세가 그 속성으로 응익성을 가진다 하더라도 반드시 지방세로 하여야 하는지는 의문이 있고, 일본의 지가세, 영국의 비주거용 재산세, 독일의 재산세 등과 같이 부동산 보유세를 국세로 부과한 입법례도 있는 점 등을 종합하여 볼 때, 부동산 보유세의 본질을 명백히 국세나 지방세 어느 하나에 해당되는 것이라고 볼 수 없으므로, 결국 부동산 보유세를 국세로 할 것인지 지방세로 할 것인지는 입법정책의 문제.

위 결정문에도 나오듯 국세라고는 하지만 종합부동산세의 세수는 전액을 지방자치단체에 그대로 넘겨준다.[9] 전국합산 과세라는 성질 때문에 국가가 걷을 수밖에 없지만 세수는 이른바 부동산교부세(交付稅)로 지방자치단체로 그대로 넘어가는 것.[10] 과세대상 재산이 있는 지자체로 다시 넘기는 것이 아니고 근본적으로는 각 지자체의

7) 제2장 제3절 Ⅰ. 4.

8) 요사이 보유세 개혁안 가운데 지방세로 통합하자는 생각은 기본적으로 비례세율을 전제로 한다. 지방세 전국합산은 과거 토지과다보유세로 실험해 보았다. 아래 III.

9) 지방교부세법 제9조의3. 실상 지방교부세의 수준 문제와 종부세는 전혀 별개 논점이다. 아래 IV.

10) 제3장 제1절 1. 용례 문제지만 이런 뜻에서는 종부세를 지방세라고 부를 수도 있다.

재정여건이나 재정수요를 기준으로 나누어준다.[11] 가령 2023년 서울에서 걷은 종부세 2조2740억원 가운데 서울로 넘겨준 금액은 4750억원이고 나머지는 다른 곳으로 갔다고 한다.[12] 재산세도 서울시에 국한되기는 하지만 비슷한 제도가 있다. 이른바 특별시 재산세 공동(共同)과세로, 재산세의 50%만을 재산이 있는 구의 세입으로 삼고 나머지 50%는 일단 서울시의 세입으로 삼은 뒤 다시 각 구에 원칙적으로 균등하게 나누어준다.[13] 가령 2021년 강남구에서 걷은 재산세 6512억원 가운데 2642억원은 다른 구로 넘어갔다고 한다.[14] 부동산교부세나 재산세 공동과세 제도는 헌법이 정하고 있는 지방자치를 어기는 것 아닐까?

〈헌법재판소 2010. 10. 28. 2007헌라4 결정〉

헌법 제117조 제1항은 "지방자치단체는 주민의 복리에 관한 사무를 처리하고 재산을 관리하며, 법령의 범위 안에서 자치에 관한 규정을 제정할 수 있다."고 규정하여 지방자치를 제도적으로 보장하고 있다… 지방자치단체의 자치재정권은…법률이 규정된 범위 내에서 보장된 것이므로, 지방자치단체에 자치재정권이 있다는 사실만으로 특정한 조세 등 수입원을 보장받을 권한이 생기는 것은 아니고 법률의 규정에 의해서 비로소 그러한 권한이 생기는 것이다…종래 기초자치단체에게 귀속되던 조세를 기초자치단체와 광역자치단체에게 공동으로 귀속시키도록 변경하는 것도 입법자의 권한에 속하는 것이다.

결국 헌법해석이나 입법 단계에서는 지방세란 없다. 지방자치단체에 고유한 과세권이란 없고 지방자치단체가 걷는 세금도 모두 국가가 법률로, 국법(國法)으로 정한다. 그런 뜻에서는 우리나라의 세금은 모두 국세이고, 현행법에서 말하는 지방세란 지방정부에게 부과와 집행을(부분적으로는 감면가능성도) 맡기고 있다는 법률 해석적용 차원의 개념일 뿐이다.[15] 제3장 제1절 3.

---

11) 지방교부세법 제9조의3.

12) 행정안전부, 기초자치단체별 부동산교부세 현황(2024. 6. 16. 언론보도).

13) 지방세기본법 제9조, 제10조; 헌법재판소 2010. 10. 28. 2007헌라4 결정.

14) 윤상호, 우리나라의 공동세와 지방재정조정제도 현황 및 시사점(2021), 34쪽. 공식통계는 아예 없다고.

15) 종부세의 모든 요소를 그대로 유지하면서 지방세로 바꾸자는 생각으로 유승우 의원 제출 2013년 지방세법 일부개정 법률안이 있다. 박훈, 종합부동산세의 지방이전시 개편방안 연구(2013), 28-35쪽. 그냥 소관부처를 기획재정부와 국세청에서 행정안전부와 지자체로 바꾸자는 말이다. 이것이 우리 현행법의 해석집행 차원에서 국세와 지방세의 정확한 구별이다.

Ⅲ. 재산세 · 종부세의 연혁

헌법해석이나 입법차원에서 지방세란 없다는 말은 부동산보유세가 꼭 중앙정부가 관리하는 세금이어야 한다는 말은 아니다. 집이나 땅은 세금을 물리기에 손쉬운 세원으로 고대나 중세 지방권력의 주된 세원(稅源)이었다. 제1장 제4절. 우리나라도 옛날부터 있던 이런 부동산보유세를 정비하면서 1963년부터 시행된 지방세법이 가옥과 토지에 재산세(財産稅)를 매겨서 각 지방자치단체의 독자적 세원으로 삼았다.

우리나라의 부동산보유세는 1970년대 중반부터 담세력에 따른 과세보다 부동산대책이라는 성격이 두드러지기 시작했다. 경제성장의 성과물로 땅값이 뛰기 시작하면서 양도소득세, 취득세와 아울러 재산세가 부동산대책이 된 것. 1970년대의 재산세는 몇 차례로 나누어 누진세율을 들여오고 특히 1974년의 긴급조치 제3호로 골프장 · 별장 · 고급오락장용 건물과 토지, 공한지(空閑地≒나대지), 법인의 비업무용토지에 대해서는 누진세 최고구간과 같은 비례세율로 세금을 매기기 시작했다. 지금도 가끔 들을 수 있는 공한지세라는 용어가 이 시절에 생겼다.[16] 1986년에는 일정 기준을 넘는 토지소유자에게는 기존의 재산세 위에 한결 높은 세율로 토지과다보유세(土地過多保有稅)를 얹어 매기면서 재산세를 공제해주는 2중과세 구조를 입법.[17] 전국 합산과세라는 생각의 시조이다. 토지과다보유세는 개인의 과다보유토지와 법인의 비업무용토지를 전국단위로 합산하지만 여전히 지방세였기에 관련 지방자치단체가 함께 합산과세하면서 추가세수를 나누어 가졌다.[18] 공한지(세)라는 개념은 토지과다보유세에 흡수되면서 따로 둘 필요가 없어졌다.

1987년 민주화 이후 중국 러시아와 외교관계 및 무역이 열리면서 부동산 가격은 수도권을 중심으로 엄청난 폭등세를 보이기 시작했다. 1990년 노태우 정부는 이른바 토지공개념(公槪念) 법제의[19] 연장선상에서 토지보유세를 종합토지세(綜合土地稅)로 일원화하면서 과세범위를 한결 넓혔다. 종합토지세는 택지초과소유부담금이나 토지초

16) 긴급조치 제3호는 그 뒤 1975. 1. 1. 시행 지방세법 제180조(재산세)에 들어갔지만, 긴급조치 당시의 개념이었던 공한지세와 공한지세 부과처분이라는 말이 80년대 초반까지도 판례에 나온다.

17) 실제 시행은 노태우 정부(1988, 1989). 1990년에 종합토지세로 개편.

18) 종부세를 지방세 공동과세로 하자는 주장은 이때로 돌아가자는 주장. 주행분 자동차세는 지금도 이런 구조.

19) 직접적으로는 택지소유상한에 관한 법률, 개발이익환수에 관한 법률, 토지초과이득세법, 이 세 가지를 토지공개념 3법이라고 불렀다. 이 법률들의 강제력은 결국 택지초과소유부담금, 개발부담금, 토지초과이득세라는 세금 내지 사실상의 세금에 의존했다. 택지소유상한에 관한 법률은 1998년 폐지했고 1999년 위헌결정이 나왔다. 토지초과이득세법은 1994년 헌법불합치결정이 나왔고 1998년 폐지했다.

과이득세가 위헌·헌법불합치결정을 받고 폐지된 뒤에도 살아남았다. 여전히 지방세였고 세수도 토지가 있는 지역끼리 나누어가진다는 점은 토지과다보유세나 마찬가지였지만 전국합산 세액과 그에 따라 각 지방자치단체가 부과할 몫을 중앙정부(행정자치부)가 산정했다.[20] 건물에는 재산세만 매겼고 토지는 건물부속토지 여부를 묻지 않고 모두 종합토지세만 매겼으므로 2중과세 방지조치는 필요가 없었다. 종합토지세는 토지를 분리(分離)과세, 별도(別途)합산과세, 종합(綜合)합산과세 세 가지로 구분했고 이 구분은 현행 재산세와 종합부동산세까지 이어지고 있다. 첫째, 농지·공장용지·목장용지·임야는 낮은 세율로 골프장·별장등 사치성 토지는 높은 세율로 재산별로 분리과세. 둘째, 공장이나 사무실 같은 사업용 건축물의 부속토지는 별도로 합산하여 누진과세한다. 셋째, 분리과세나 별도합산 대상이 아닌 토지는 종합합산 대상이 되어서 전국의 모든 토지를 소유자별로 합산해서 과세했다. 주거용 건축물의 부속토지, 업무용토지라는 외양을 띠었더라도 기준면적을 초과하는 토지, 나대지, 법인소유 농지, 이런 것들이 종합합산토지의 대표적 보기.

택지소유상한제는 위헌결정을 받기는 했지만 그에 불구하고 종합토지세 못지않게 강한 자취를 남겨서 결국 현행법으로 다시 이어지고 있다. 택지소유상한에 관한 법률은 개인은 660㎡ 밑으로만 택지를 소유할 수 있고 법인은 택지를 아예 소유 못 한다고 적고 있었다.[21] 말도 안 되는 당연위헌! "어느 누구라도 660㎡를 초과하는 택지를 취득할 수 없게 한 것은, '적정한 택지공급'이라고 하는 입법목적을 달성하기 위하여 필요한 정도를 넘는…헌법상의 재산권을 과도하게 침해하는 위헌적인 규정."[22] 그러나 이 "침해"는 기실 토지를 강제로 뺏는 것이 아니었다. 넘는 부분에 택지초과소유부담금을 물려서 간접강제한다는 것이 택지소유상한제. 애초 공연한 수사(修辭)는 무시하고 이 부담금이 합헌인가만 따졌으면 충분했을 터. "사회적으로 바람직하지 않은 과다한 토지소유에 대한 행정제재…한계를 구체적 수치로 표현하는 것은 어려우나…연 4%에서 연 11%에 이르는 높은 부과율을…두고 있…기 때문에…결국 10년이란 짧은 기간에 사실상 토지가액 전부를 부담금의 명목으로…무상으로 몰수하는 효과를 가져오는 것은, 재산권에 내재하는 사회적 제약에 의하여 허용되는 침해의 한계를 넘는 것."[23] 실상은 1986년에서 1990년 사이 정기예금 금리가 10%였다는 점을 생각하면 10년에 무상몰수라는 말은 터무니가 없는 이야기. 아무튼 부담금 산정 기준으로서 1989

20) 법에는 내무부, 행정자치부, 행정안전부라는 말이 안 나오지만 실제가 그랬다. 가령 경기도, 종합토지세 실무편람(2000).
21) 1990. 7. 28. 법률 제4174호, 제7조와 제8조.
22) 헌법재판소 1999. 4. 29. 94헌바37등 결정.
23) 같은 결정.

년 새로 만들었던 제도가 지금까지 쓰이고 있는 공시지가라는 제도였다. 전국 곳곳에 표준지를 정해서 표준지의 지가를 공시한다는 것.[24] 개별토지 공시지가는 안 나왔지만 가액산정이 필요하다면 표준지와 비준해서 정하고, 이렇게 산정한 토지가액을 기초로 택지초과소유부담금을 매겼다.

집값을 잡은 것은 대량공급. 분당과 일산 신도시 건설 등으로 주택수는 1987년 645만 채에서 단숨에 1991년말 860만 채로 늘었다. 그 뒤 부동산은 장기침체 국면에 들었다가 IMF 구제금융에 이른 1997년말 외환위기로 급락. 1999년부터 외환위기에서 벗어나면서 2002년 말 무렵부터는 원위치로 돌아가고 그 뒤에도 급상승을 이어간다. 2003년 집권하고 2004년의 탄핵정국을 거쳐서 행정권과 입법권을 다 장악한 노무현 정부는 2005년 종합부동산세(綜合不動產稅)를 들여왔다. 지방세인 재산세를 일단 매기고 그 위에 전국합산 국세인 종부세를 얹어 매기면서 2중과세를 조정하는 제도. 현행법까지 이어지는 중요한 변화는 주택(住宅)이라는 개념을 들여온 것. 종래에는 토지와 건물을 따로 과세했지만 사람이 사는 살림집과 집터를 합해서 이를 주택이라는 별개의 개념으로 잡고 전국 단위로 종합합산과세를 시작했다. 종래의 종합토지세제에서는 건물과 부속토지를 재산세와 종합토지세로 각각 따로 과세하므로, 건물의 가액이란 근본적으로 건축비에서 감가상각을 뺀 금액일 수밖에 없다. 그렇지만 이 개념은 단독주택에나 맞지 고급주택의 지배적 형태로 새로이 자리잡은 아파트와는 안 맞았다. 단독주택은 집주인이 원하면 제 혼자 허물고 다시 지을 수 있으니 집값은 땅값과 건축비의 합 개념이 맞다. 그러나 아파트는 사정이 전혀 다르고 그 위에 정부의 규제까지 덧붙는다. 그 결과 아파트와 단독주택 사이에,[25] 또한 새 아파트와 헌 아파트 사이에[26] 가격 형성구조가 전혀 달라서 가격대가 본질적으로 벌어졌다. 같은 동네인데도 가령 대지공유지분 10평인 40평짜리 새 아파트의 시가가 대지 20평인 40평짜리 30년 된 아파트의 배도 넘고 대지 40평짜리 단독주택보다도 더 비싼 것이 일반적 현상이 되었다. 시가에서 건물가액을 빼는 방식으로 역산한다면 똑같은 동네의 땅값이 각단마다 몇 배씩 차이가 나는 것. 이 가격구조를 염두에 두고 공평 특히 수직적 공평 이념으로 세금을 물리자는 것이 2005년의 주택종합합산. 그 전제로 같이 생겨난 제도가 주택가격은 토지 건물 가격의 합이 아니라 주택가격 그 자체라는 주택가격 공시제도였다.[27] 공

---

24) 지가공시 및 토지등의 평가에 관한 법률.

25) 아마 주차사정이 가장 큰 원인이리라. 서울에서는 주민 우선주차 구획이 안 그어진 골목은 아예 구청이 관리를 안 하고 동네사람들의 몸싸움이 거의 일상적이다. 불법주차가 애초 불가능하고 지방정부가 모든 골목길을 똑같이 관리하는 일본에서는 단독주택이 훨씬 비싸다. 일본인들이 한국은 아직 민도가 낮다고 비아냥거리면서 늘 하는 말이 어디를 보아도 불법주차 천지라는 것.

26) 재건축 규제 때문임이 분명하다.

시대상 면에서 본다면 택지초과소유부담금의 기반이었던 지가공시제도가 부동산가격 공시제도로 확대된 것. 주택부속토지를 제외한 나머지 토지는 종래의 종합토지세 개념을 이어받아 분리과세, 별도합산, 종합합산으로 3분해서 과세한다. 주택이 아닌 건축물은 재산세만 매기고 종부세는 안 매겼다.

종부세 세수의 쓰임새는 종합토지세와 사뭇 다르다. 종합토지세 세수는 재산소재지역이 차지하고, 초과분도 재산소재지역끼리 나누어가졌지만 종부세는 나누어가지는 기준이 전혀 다르다. 2005년 입법 당시에는 종래의 종합토지세 세수부분부터 전액 보전해주었기에 종부세 세수의 60% 가량이 재산소재지로 되돌아갔고, 나머지는 재정여건 등을 고려해서 다른 지역으로 나누어주었다.[28] 그러다가 2010년부터는 종합토지세 보전이라는 개념이 완전히 사라졌다.[29] 같은 시기동안 서울시 여러 구(區) 사이에서는 재산세에 관해서도 같은 문제가 생겼다. 區별로 세수가 너무 차이가 난다라는 문제를 국회에서 여당 야당 가리지 않고 모두 제기했다. 재산세를 아예 서울시 몫으로 넘기자는 생각 등 여러 가지 법률개정안을 논의하다가 결국 이명박 정부 당시인 2008년 지방세법을 바꾸어 서울시 재산세 공동과세를 시작했다. 강남구, 서초구 등이 국회를 상대로 앞 II에서 본 권한쟁의심판까지 했지만 합헌 결정이 나왔고 결국 부자들이 모여사는 구에서 다른 구로 세수를 넘기는 법제가 지방세법에 자리잡았다.

택지초과소유부담금이 위헌결정으로 사라진 것과 달리 종합부동산세는 2008년 합헌결정을 받았다. 다만 2002년의 소득세 부부합산과세 위헌결정의[30] 논리적 연장으로 세대별 합산과세 부분은 위헌결정을 받아서 사라졌다. 1세대1주택 부분은 헌법불합치결정이 나와서 그에 따라 과세기준금액(기본공제)을[31] 올리고 세액공제를 두고 세부담증가 상한선을 낮추는 등 세부담을 줄이는 법개정이 뒤따랐다.

〈헌법재판소 2008. 11. 13. 2006헌바112 등 결정〉

청구인 전○구는 2005년분 종합부동산세의 과세기준일인 2005. 6. 1. 현재…○○아파트 비(B)동 503호를 소유하고 있어, 2006. 2. 7. 역삼세무서장으로부터 2005년분 종

27) 부동산가격 공시 및 감정평가에 관한 법률. 다시 그 전제로 실지거래가액 신고를 의무화하고 양도소득세 부과도 기준시가에서 실지거래가액으로 바꾸었다. 제12장 제3절 I.

28) 행정안전부, 종합부동산세의 지방자치단체 교부기준 마련 추진(2005. 10. 5.).

29) 2010. 1. 1. 시행 지방교부세법 제9조의3. 앞서 보았듯 가령 2023년 서울에서 걷은 종부세 가운데 서울로 되돌아가는 것은 20% 정도. "연방국가 수준의 지방자치"라는 정치권의 구호는 말뜻을 의도적으로 뒤트는 것이려나.

30) 헌법재판소 2002. 8. 29. 2001헌바82 결정. 제10장 제2절 I.

31) 종부세법 제8조와 제12조에서는 그냥 일정한 '가액'을 공제한다거나 'oo원'을 넘는 금액이 과세표준이라고 적고 있다. 판례는 '기준가액'을 공제한다는 표현을 쓴다. 이하 실무에서 쓰는 기본공제라는 말도 섞어 쓰기로 한다.

합부동산세 1,113,750원…의 부과처분을 받았다…청구인 신○성은…2005. 6. 1. 현재 부산 해운대구 ○○동 591-10…등을 포함한 총 10필지의 토지를 소유하고 있어, 2006. 2. 16. 부산진세무서장으로부터…종합부동산세 30,552,140원의 부과처분을 받고…납부하였다.

(1) 종합부동산세의 도입 경과 및 취지

지난날 우리의 경제가 국제통화기금(IMF)의 관리 체제를 벗어나면서 수도권의 아파트를 중심으로 부동산 가격이 급등하자, 정부는…지방자체단체가 먼저 지방세인 재산세를 부과하고, 중앙정부가 전국을 단위로 개인별 보유 부동산의 가액을 합산하여 고액의 부동산 소유자에 대하여는 국세인 종합부동산세를 부과하는 것을 내용으로 하는 부동산 대책을 마련하였다. 종래…종합토지세…는 낮은 보유세와 높은 거래세의 부담으로 부동산의 과다보유를 억제하는 기능이 미약하고…지역간 과세의 불평등을 초래한 것 이외에도 지방세인 종합토지세의 특성상 전국적인 토지 합산기능에 부적합하다는 등 여러 가지 문제점이 지적되었으므로…2005. 1. 5. 구 종합부동산세법을 제정하여 종합부동산세를 부과하게 되었다.

(2) 부동산 보유세제의 개편 내용 및 구 종합부동산세법의 개정

2005. 1. 5…개정된 지방세법은 재산세의 과세대상으로 부동산을 토지・건축물・주택으로 구분하고 주택의 경우 그 부속 토지를 건물과 함께 과세대상으로 삼[았다]…재산세의 납세지는 부동산의 소재지를 관할하는 시・군・자치구이고, 과세표준은 토지 및 주택의 경우에는 '부동산가격공시 및 감정평가에 관한 법률'에 의하여 공시된 가액에, 주택 이외의 건물의 경우에는…시가표준액에 대통령령이 정하는 일정 비율을 곱하여 산출하도록 하였다…세율은 종합합산 과세…별도합산 과세…주택의 경우…초과누진세율 구조를 취하고, 나머지는 각 부동산의 용도를 고려하여 단일세율로 규정하고 있다.

종합부동산세의 과세대상은 일정한 액수를 초과하는 주택, 나대지 및 빌딩・상가・사무실 등의 부속토지이다. 주택에 대한 종합부동산세…는 단 한 채의 주택을 소유한 사람이라고 하더라도 그 가액이 9억 원을 초과하면 모두 종합부동산세의 납부의무자가 되었다…세액이 급격히 상승하는 것을 방지하기 위하여…전년도의 당해세액 상당액의 100분의 150…초과…세액[은] 없는 것으로 하고 있다…토지는…종합합산…별도합산…과세표준의 합계액이…억 원을 각 초과하는 때에 납세의무자…로 각 규정하고 있다…50%의 세액 상한을 설정하고 있다. 한편, 종합부동산세액 중 지방세인 재산세로 이미 부과된 부분은 이를 종합부동산세에서 공제하도록 하여 동일한 과세대상에 대하여 지방세로, 다시 국세로 과세하는 결과를 사전에 방지하고 있다…부동산 시장이 안정되지 아니하자 다시 2005. 12. 31. '8・31…종합부동산세법을 개정하여…주택 및 비사업용 토지에 대한 종합부동산세의 과세를 강화하였다…

(5) 헌법 제119조 위반의 문제

2007헌바71 사건의 청구인은, 헌법 제119조는 국가가 경제에 관한 규제와 조정을 할 경우에도 '소득의 분배'는 할 수 있으나, '자산의 분배'에는 개입할 수 없음을 선언하고 있…다고 주장한다…헌법 제119조 제2항이 "국가는 균형 있는 국민경제의 성장 및 안정과 적정한 소득의 분배를 유지하고, 시장의 지배와 경제력의 남용을 방지하며, 경제주체간의 조화를 통한 경제의 민주화를 위하여 경제에 관한 규제와 조정을 할 수 있다."고 규정한 것은, 보유세 부과 그 자체를 금지하는 취지로 보이지 아니[한다]…

다. 세대별 합산과세와 헌법 제36조 제1항 위반 여부

사건 세대별 합산규정은 혼인한 자 또는 가족과 함께 세대를 구성한 자를 비례의 원칙에 반하여 개인별로 과세되는 독신자, 사실혼 관계의 부부, 세대원이 아닌 주택 등의 소유자 등에 비하여 불리하게 차별하여 취급하고 있으므로, 헌법 제36조 제1항에 위반된다…

라. 종합부동산세 부과로 인한 재산권 침해 여부

종합부동산세법이 규정한 조세의 부담은 재산권의 본질적 내용인 사적 유용성과 원칙적인 처분권한을 여전히 부동산 소유자에게 남겨 놓는 한도 내에서의 재산권의 제한이고, 위 가격 대비 부담률에 비추어 보면, 매년 종합부동산세가 부과된다고 하더라도 상당히 짧은 기간 내에 사실상 부동산가액 전부를 조세 명목으로 무상으로 몰수하는 결과를 가져 오게 되는 것이라고 보기도 어려우므로…입법재량의 범위를 일탈하였다고 단정할 수는 없을 것이다…주거 목적으로 과세기준 이상의 주택 한 채만을 보유하고 있는 자로서, 그 중에서도 특히 일정한 기간 이상 이를 보유하거나 또는 그 보유기간이 이에 미치지 않는다 하더라도 과세 대상 주택 이외에 별다른 재산이나 수입이 없어 조세지불 능력이 낮거나 사실상 거의 없는 자 등에 대[한]…종합부동산세 과세[는]…헌법에 위반된다…

마…평등권 또는 평등원칙 위배 여부

(가) 먼저, 청구인들은 보유한 주택 등에 대하여 부채를 공제하지 않고 일정 가액 이상을 대상으로 누진세율로 과세하는 것은 헌법상 평등의 원칙에 위배된다고 주장하나…부채를 고려함이 없이, 누진세율에 의하여 과세하도록 한 것은, 입법재량의 범위 내…이고, 따라서 납세의무자들을 합리적인 이유 없이 차별대우하는 것이라 할 수 없으므로 평등원칙에 위배된다고 보기 어렵다…

(나) …청구인들은 예금 등 다른 재산과는 달리 '일정한 주택 및 토지'에 대하여만 과세하는 것도 헌법상 평등원칙에 위반된다고 주장하나…토지와 주택은…개인의 법익보다는 공동체의 이익이 보다 더 강하게 요구된다 할 것이다…

주목할 점으로 첫째, 무상몰수가 아니라고 보고 있다. 택지초과소유부담금 요율보다 종부세율이 낮기는 하지만 따져보면 원본의 전부가 실질적으로 몰수되는 시점이 부동산임대수익은 무시한다는 전제 하에서 각 10년, 16.5년 정도이다. 둘 사이에 본질적 차이가 있는지 의문이 들지만 아무튼 종부세는 합헌이라고 했다. 둘째, 납세의무자의 순재산이나 부(富)가 아닌 부동산에만 세금을 매겨도 합헌이라고 하면서 토지와 주택은 공동체의 이익이 중요하다고 한다. 셋째, 이 사건 당시의 보유세제에서는 재산세 2중과세가 없다는 점을 주목하고 있다.

이명박 정부는 위 결정에 따라 1세대1주택의 세부담을 낮추고 최고세율을 3%에서 2%로 낮추는 등 전반적 세부담을 낮추어서 종부세 논란은 잦아들었다. 경제불황에 시달린 박근혜 정부는 오히려 부동산경기와 건설경기를 끌어올리려고 했다. 부동산수요를 끌어올리기 위해 임대주택에 대한 종부세를 없앴다. 탄핵 정국 이후 2018년 문재인 정부는 압도적 다수당의 힘으로 재산과세를 대폭 강화했다. 애초 전문가 기구(재정개혁특별위원회)는 보유세(保有稅)를 올리면서 거래세(去來稅)는 그만큼 낮추자는 입장이었지만[32] 정치가 끼어들면서 최종 입법은 去來稅(양도소득세, 취득세)와 保有稅(재산세, 종부세)를 모조리 다 올렸다. 특히 종부세는 몇 해에 걸쳐 공시가격, 공정시장가액비율, 과세기준금액(기본공제), 세율, 세부담증가 상한선까지 세부담에 영향을 주는 요소를 다 거듭거듭 고쳐서 세부담을 올리고 또 올렸다. 2021년에는 정기예금 금리가 연 0.9% 정도였지만 종부세 최고세율은 연 6%. 법인에 대해서는 과세기준금액(기본공제)을 영(0)원으로 정하고 세율도 개인의 최고세율에 맞추었다. 다주택자 과세강화의 한 갈래로 장기임대주택도 과세대상으로 전환했다. 그 결과 2017년 36만 정도이던 종부세 주택분 납세의무자는 2022년에는 120만명에 다가갔다. 주택분 세수는 3천억원에서 3.3조원으로 늘었고 그 가운데 서울과 경기도에서 걷은 것이 75%가 넘었다.[33] 이 정도면 재산권 침해 아닐까?

〈헌법재판소 2024. 5. 30. 2022헌바238등 결정〉

우선 주택분 종부세의 납세의무자는 과세표준 산정 시 주택의 공시가격 합산액에서 6억 원을, 1세대 1주택자에 해당하는 경우에는 11억 원을 각 공제받을 수 있다…세율은 1천분의 6부터…1천분의 60까지…누진세율이 적용된다…2021년 기준 공시가격 현실화율은 공동주택의 경우 70.2%…단독주택(표준주택)의 경우 55.8%(2020년 53.6%)이다. 여기에…공정시장가액비율을 적용하여(2021년 기준 100분의 95…) 과세표준을

32) 2018. 6. 22. 언론보도.

33) 통계청 지표누리, 종합부동산세 결정현황 검색. https://www.index.go.kr

산정하므로…실효세율은 이보다 낮아지게 된다. 위와 같이 명목상 세율이 아닌 실질적 인 세부담을 고려해 보면…짧은 시간에 재산원본을 몰수하거나 잠식하는 효과가 초래되어 사적 유용성과 처분권이 위협된다고 보기 어렵다.

이 결정이 1999년의 택지초과소유부담금 위헌 결정과 안 어울리는 것은 2008년 종부세 결정이나 마찬가지. 택지초과소유부담금 요율은 최고 11%로 종부세율 최고 6%보다 높지만 이른바 '몰수' 기간이 10년이나 17년이나 무슨 본질적 차이가 있는가? 한결 근본적으로 부담금 결정은 공시가격이나 과세표준이 시가와 어떤 관계에 있는지, 부동산이 낳는 수익률이[34] 얼마인지를 아예 검토조차 않은 채 10년에 몰수하는 꼴이라고 했고, 종부세 결정은 몰수 상당액 과세에 몇 년 걸리는지[35] 아예 따지지도 않고 합헌이라고 했다.

급증한 세부담은 법개정 전부터 이미 소유하고 있던 부동산에도 그대로 적용했다. 소급(遡及)과세는 아니더라도 신뢰(信賴)보호는?

〈헌법재판소 2024. 8. 29. 2024헌바59등 결정〉

법인에 대한 2021년 귀속 주택분 종부세의 강화는 당시 법인을 활용한 부동산 투기 억제 및 실수요자 보호 등을 목적으로 이루어졌던 점 등을 고려해 보면, 법인에 대하여 과세표준 기본공제를 폐지한 입법자의 판단이 불합리하다고 보기 어렵다…법인 납세의무자의 세부담 정도 역시 그 입법목적에 비추어 지나치다고 보기는 어렵다. 청구인들 중 일부는 주택분 종부세 조항들이 오래 전부터 소유해 온 주택에 대해서도 고액의 종부세를 부과하고 있어 소급입법금지원칙에 위반된다고 주장한다. 종부세법이 2020. 8. 18. 법률 제17478호로 개정되면서…그 이전부터 주택을 보유해 온 자들에 대한 경과규정을 두지는 않았[다]…청구인들이 종전과 같이 과세…될 것으로 신뢰하였다고 하더라도, 위와 같은 신뢰는 국가에 의하여 일정한 방향으로 유인된 특별한 보호가치가 있는 신뢰이익으로 보기 어렵다. 반면, 앞서 언급한 것과 같이 부동산 과다 보유 및 투기 수요를 차단함으로써 부동산 시장의 안정을 도모하고 실수요자를 보호하려는 정책적 목적의 실현은 중대한 공익이라 할 것이다. 따라서 주택분 종부세 조항들은 신뢰보호원칙에 위반되지 아니한다.

소급과세는 아니고 일반적 신뢰보호로는 모자란다는 것. 제2장 제3절 II. 4. 보유세야 성질상 소급과세가 안 생기지만 거래세는 소급과세까지 감행했다. 가령 취득세는

34) 당시 정기예금 이자율이 연 10% 가량.

35) 당시 정기예금 이자율은 연 0.9% 가량.

2020. 8. 12. 개정법률로, 양도소득세 가운데 어떤 것은[36] 2020. 12. 29. 개정법률로 과세를 강화하면서 이런 개정법률들을 2020. 7. 11.(매매계약일 기준)로 소급적용한다고 부칙으로 정했다.[37]

택지초과소유부담금이 위헌이라는 결정과 종부세가 합헌이라는 결정의 괴리는 어떻게 설명해야 할까? 헌법규범의 문제가 아니고 정치문제라고 보는 것이 아마 옳으리라. 택지초과소유부담금은 노태우 정부가 입법했다. 당시의 야당도 당연 찬성했다. 이 제도에 대한 위헌결정은 1999년에 나왔지만 실상 폐지는 그 전에 외환위기 한가운데에서 김대중 정부의 주도로 이루어졌다. 법률이 이미 폐지된 뒤 헌법재판소가 위헌이라 결정했을 뿐. 이와 달리 노무현 정부나 문재인 정부의 종부세는 여야가 팽팽히 맞서는 사안이었다. 거기에 헌법재판소가 끼어들기 싫었다고 보는 것이 정답이리라.

윤석열 정부에서는 여야합의로 세율을 약간 내리고 1세대1주택 공제금액을 약간 올렸지만 법률 그 자체는 거의 바뀌지 않았다.[38] 그렇지만 세부담은 갑자기 뚝 떨어져서 주택분은 납세의무자의 수가 35만명, 세수는 1조원 밑으로 내려갔다. 어떻게? 공시가격 '현실화율'을 안 올리고 대통령령에 위임된 공정시장가액비율을 확 낮춘 까닭. 아래 제2절.

Ⅳ. 효율, 공평, 부동산대책

재산에 대한 과세는, 현실의 소득세가 집을 비롯한 재산이 낳는 내재적(內在的, imputed) 재산소득을 과세하지 않는다는 점에서 소득세의 보완기능을 맡고 있다. 내구소비재에는 언제나 생기는 문제이지만 특히 값비싼 것이 주택인 것은 당연하고 우리나라에서는 전세보증금에도 같은 문제가 생긴다. 주택이나 전세보증금이 낳는 자산소득을 본인이 직접 소비하니 시장거래에 안 잡히고 소득세를 못 매긴다. 재산에 대한 보유세에는 이런 재산이 낳는 내재적 소득을 분리과세하는 기능도 있다. 가령 재산이 낳는 내재적 소득이 연 3%라면, 재산의 가치에 대한 연 1%의 보유세는 소득에 대한 33.3% 분리과세에 해당한다. 제10장 제2절 V.2. 이런 의미의 보유세는 실상 별도의

36) 양도소득세는 현행법에서 역년말에 성립하는 기간과세이기는 하지만, 예정신고납부 의무가 보여주듯 성질이 사건별 과세에 가까워서 납세의무가 언제 성립하는가는 논점에 맞추어 판단해야 한다. 가령 대법원 2020. 4. 29. 선고 2019다298451 판결(채권자취소권, 양도소득세 납세의무 성립=양도일이 속하는 월말). 실상 이 판결의 쟁점에서는 양도라는 사건 그 자체로 양도소득세 납세의무가 발생한다고 풀이해야 맞다. 제4장 제2절 IV.3.

37) 이창희, 부동산 보유세의 회고와 전망, 조세법연구 30-3(2024), 101쪽 특히 122쪽.

38) 조정지역 2주택자 이상 중과세도 폐지했다. 조정지역 중과세는 이 글의 범위 밖이다.

세금이 아니고 소득세의 보완일 따름이다.[39] 소득세제의 평가는 제8장 제3절.

Haig-Simons의 소득정의대로 내재적 재산소득도 과세하거나 임대용 부동산처럼 자산소득을 이미 과세하고 있더라도[40] 소득세와는 별개로 재산세가 독자적 존재근거를 가진다고 생각할 수도 있다. Haig-Simons의 소득정의는 공평(公平)이라는 개념을 담기에 충분한 개념이 아니니까.[41] Kaldor의 시대로 쳐서 10만 파운드, 오늘날 Piketty의 말로 100억 유로라는 재산을 가진 사람에게 담세력이 없다는 말은 정녕 불합리하다.[42] 재산이란 결국 저축이 쌓인 것이니, 재산에 대한 과세를 효율로 정당화하기는 어렵지만 공평의 이념으로 정당화할 여지는 넉넉하다. 소득이나 소비처럼 재산도 담세력의 잣대가 된다는 사실은 분명하다. 자손대대로 부를 물려가는 것이 당연하다, 자본은 신성하다, 이 생각을 거부하는 이상, 타고나는 신분이라는 개념을 거부하는 이상 재산을 심지어는 원본조차도 과세할 수 있다는 점은 분명하다.[43] 헌법이 보장하는 재산권이란 실상 시장경제와 사유재산제라는 재산권 제도의 보장이라고 읽어야 옳다.

그러나 2005년 이후 현행 보유세제는 公平과는 거리가 멀다. "고액의 부동산 보유자에 대하여 종합부동산세를 부과하여 부동산보유에 대한 조세부담의 형평성을 제고"하는 법제도 합헌이라는 헌법재판소 결정이 있지만[44] 공평을 이념으로 삼는다면 재산과 빚을 다 따져서 순재산에, 천량에 세금을 물리는 부유세라야 걸맞다. 가령 재산 50억원에 빚이 전혀 없는 사람과 재산 50억원에 빚이 45억원 있는 사람에게 같은 세금을 물리는 것은 불공평하다. 재산의 형태에 따라 세금에 차등을 두는 것도 불공평하다. 부동산 50억원이나 주식 50억원이나 그만큼 부자라는 사실에 무슨 차이가 있는가? 결국 공평한 재산과세란 부유세라야 맞다. 이 뜻에서는 현행법의 재산세나 종부세는 공평과는 거리가 멀고 멀다.

공평이 아니라면 부동산보유세는 무엇을 노리는가? 법은 "지방재정의 균형발전(均衡發展)"이라는 목표를 들고 있으나[45] 이 목표는 중앙정부와 각 지방자치단체가 세수를 어떻게 나누는가에 달려있다. 종부세 자체와는 별개 목표이다. 각 구역에서 걷

39) 독일헌법재판소 1995. 6. 22. 2 BvL 37/91 결정. Piketty, Capital in the 21st Century(2014), 제15장.

40) 공시가격 합계가 60-70억원인 다주택자라면 임대소득세는 필요경비를 무시하고 계산하면 2.19%, 다시 보유세 부담은 최고 3.2%라는 분석으로, 박지현 · 박상수 · 주만수 · 박훈, 부동산세제 쟁점 분석 및 정책제언(2022), 156쪽.

41) Haig-Simons의 소득정의에 대한 대안으로 Meade Committee가 제시한 다른 정의(항상소득 개념)에 대해서는 제8장 제3절 III. 3.

42) Nicholas Kaldor, An Expenditure Tax(1965), 32쪽, 33쪽; Thomas Piketty, 앞의 책, 제15장. 흔히 자동차세와 보유세를 견준다. 물론 자동차세에는 환경세 기능도 있다.

43) 제2장 제3절 II. 1.

44) 종합부동산세법 제1조.

45) 종합부동산세법 제1조.

은 종부세가 그대로 그 구역 지방자치단체의 세수가 된다면 균형발전과는 아무 상관이 없다. 덜 발전된 지역에 공공재를 더 공급하는 것은 중앙정부가 알아서 하거나 그런 지역에 교부세를 더 주면 되는 것이고 그 재원이 보유세든 뭐든 아무 상관이 없다.

한편 2021년 대선 당시 민주당에서 들고 나온 국토(國土)보유세라는 개념은 공평이 아니라 효율에 터잡고 있다고 우긴다. 예전의 종합토지세처럼 토지와 건물을 따로 과세하자는 생각으로 주택 부속토지도 다시 다른 토지와 합산해서 과세하자고 한다. 세수는 지방자치단체로 넘겨주는 것이 아니라 이른바 기본소득으로 온 국민에게 나누어 주겠다고 한다.[46] 현행법의 부동산교부세보다 재분배 효과가 더 큰지는 따져보아야 할 터. 종부세는 70.4%를 수도권에서 걷지만 수도권에 되돌아가는 것은 24.8%라고 한다.[47] 서울이 전국 인구의 1/5 정도 되니 이것만 가지고 따진다면 재분배효과는 비슷하려나. 국토보유세를 주장하는 논거는 부자일수록 세금 더 내라는 수직적 공평이 아니라, 모든 토지를 용도구분 없이 합산 과세하는 것이 경제적 효율(效率)을 더 올리리라는 주장이다. 토지는 공급이 고정되어 있으니 세금을 올려도 공급량이 그대로라는 것.[48] 법령으로 구체화되지 않았기에 전모를 알 수 없지만, 가령 특정한 동네의 토지에 평당 200만원을 보유세로 물린다면 토지지분 20평, 시가 20억원인 40평짜리 헌 아파트 소유자에게는 4,000만원을 물리고, 바로 옆 토지지분 10평, 시가 40억원인 40평짜리 새 아파트 소유자에게는 2,000만원을 물리겠다, 이런 식이라면[49] 당연위헌이다. 수직적 공평에도 안 맞고, 시가 40억짜리 새 집 두 채 짓기가 싫어서 시가 20억짜리 헌 집 한 채를 고집하는 사람도 없다. 토지를 이용하고 처분할 자유(自由)를 국가가 도시정비법 등으로 규제하면서, 토지의 非效率的 이용에 대한 책임을 소유자에게 물을 수야 없다. 한결 근본적으로 국토보유세가 과연 효율적 세제인지도 의문이다. 토지공급이 고정되어 있다는 경제원론의 설명이 현실에서 그대로 통하는지도 의문이다. 어려운 경제학 이론은 접어놓고 가령 건설회사가 소유한 택지에 세금을 물리더라도 주택의 분양가격이 안 올라간다는 생각은 비현실적. 적어도 아파트에 관한 한, 토지의 공급은 재건축·재개발로 기존주택을 허물거나 그린벨트를 헐어야 가능하다. 우리나라에서는 아파트의 가격형성 구조가 토지 더하기 건물이 아니다.[50] 토지를 공급하는 것이 아니

46) 경기연구원 2021. 6. 16. 보도자료 국토보유세.

47) 행정안전부, 기초자치단체별 부동산교부세 현황(2024. 6. 16. 언론보도).

48) Institute for Fiscal Studies, Tax by Design(2011: "2011 Mirrlees Review"), 16.1절.

49) 2021년 용혜인 의원 발의, 토지세 및 토지배당에 관한 법률안은 일단 이렇게 읽힌다.

50) 이미 보았듯 나라가 주차단속 등 할 일을 안 하다 보니 주민들이 스스로 살 만한 환경을 만들어야 한다. 그 때문에 아파트가 더 비싼 것이다. 주거환경의 차이만큼 새 아파트가 더 비싸지만 재건축은 다시 나라가 규제한다. 재건축을 통해 주민들이 이익을 얻는 것이 애초 아니고, 헌 집에 사는 사람들이 규제 때문에 손해를 보고 있는 것이다.

고 아파트를 공급하는 것이며 아파트를 짓기 위한 토지의 공급은 고정되어 있지 않다. 새 아파트의 가격이 오르면 헌 아파트나 단독주택을 허물고 새로 짓고 싶어하고 재건축부담금이 늘면 새로 짓기가 어려워진다. 세금도 당연 마찬가지.

결국 현행 부동산보유세제를 정당화할 만한 가능성으로 남는 것은 "부동산의 가격안정"이라는 목표.[51] 나라 전체로 본다면 이 목표는 일단 실패했다. 지난 몇십 년 역사에서 보유세는 부동산 가격을 안정시키지 못했다. 적어도 단기적으로는 분명 그렇다. 노무현 정부의 종부세 도입이나 문재인 정부의 보유세 강화 이후 부동산 시장은 더 달아올랐다.[52] 보유세의 효과가 몇 해 뒤에나 나타나서 박근혜 정부나 윤석열 정부에 이르러 비로소 효과가 나타났을 수는 있다. 좋게 말해서 이것을 부동산시장 안정 효과라고 부르기에는 경기침체가 너무 심했고 너무 심하다. 물론 경기침체가 세금 때문이 아니라고 말할 수 있지만, 다시 그 말은 장기적으로도 보유세는 부동산 문제에 대한 대책이 아니라는 말이 된다. 부동산시장 안정효과를 얻기에는 시차가 너무나 커서 방향성조차 갈피 잡을 수 없다. Boom and Bust의 진폭을 오히려 더 키우고 있는 셈 아니려나. "보유세를 부동산시장 안정화의 정책수단으로 사용하여 시장상황에 따라 보유세 부담을 조정하는 국가는 어디에서도 찾아볼 수 없"다는데.[53]

나아가 세금을 통해 가격을 안정시킨다는 생각은 애초 착시. 양도소득세는 적어도 단기적으로는 거래가격 자체를 올린다. 양도인의 손에 들어오는 돈이 세금만큼 줄어드니 양도인은 매매가격을 올리려 하기 마련이다. 취득세나 보유세는 거래가격을 떨어뜨리지만 실상 착시일 뿐이다. 매수인이 장차 낼 세금부담을 생각하면 실제로 집을 마련하는 데 들어가는 돈 곧 세포함(稅包含)가격은 당연히 오른다. 세금의 경제적 효과는 양도소득세처럼 매도인에게 물리는 세금이든, 보유세로 매수인에게 물리는 세금이든 똑같다. 경제원론 교과서로 돌아가면 수요공급 곡선에서 세금을 공급곡선 위에 그리든 수요곡선 아래에 그리든 아무 차이가 없다. 양도소득세 10억원과 장차 낼 종합부동산세의 현재가치 10억원, 이 둘 사이의 경제적 효과에는 아무 차이가 없다. 그저 착시에 빠져서 스스로 속고 있는 것이거나 착시를 이용한 정치적 눈속임일 뿐이다.[54] 부동산 가격을 안정시킨다는 말의 뜻이 집값을 떨어뜨려서 사람들이 집을 사기 쉽게 하겠다

51) 종합부동산세법 제1조. 이 "입법정책적 법익"이 혼인의 자유 같은 헌법적 가치를 해치면 위헌이라고. 헌법재판소 2011. 11. 24. 2009헌바146 결정.

52) 공동주택 공시가격 변동률은 2006년 16.2%, 2007년 22.7%였고, 2008년부터 2020년까지는 큰 변동이 없다가 2021년 19.06%, 2022년 17.22%였다. 박지현 · 박상수 · 주만수 · 박훈, 부동산세제 쟁점 분석 및 정책제언(2022), 109쪽. 특히 서울의 2022년 공동주택 평균가격은 2017년의 2배였다. 같은 책, 110쪽.

53) 같은 책, 165쪽, 174쪽.

54) 제2장 제3절 III.6, 제11장 제2절 II.2.

는 뜻이라면 거래세든 보유세든 세금은 바른 수단이 아니다.

제 2 절 공시가격, 공정시장가액비율, 과세표준

부동산 보유세는 가치를 기준으로 매기는 것이지만 가치산정은 아주 곤란한 문제가 된다. 취득 당시의 시가는 파악할 수 있지만 그 뒤 세월이 흐르니까. "실제 거래가 일어나지 않은 상황에서는 부득이 일정한 기준에 의해 평가된 가액을 기준으로 과세할 수밖에 없는" 까닭에 "실거래가액에 최대한 근접한 가액"을 찾아서 과세할 수밖에 없다.[55] 나라에 따라서는 부동산을 보유하고 있는 동안은 과거 취득가액을 그냥 시가로 보고 과세하기도 한다.[56] 우리나라에서는 종부세가 생기기 전까지 재산세의 과세표준은 실제 시가와는 거리가 멀었다. 주택(住宅)이라는 개념이 없이 건물과 토지를 따로 과세했으니 조세저항을 무마하는 수준에서 그냥 정부가 적당히 결정하는 식.[57] 토지 따로 건물 따로 과세하는 제도로는 한 동네의 단독주택과 아파트, 헌 아파트와 새 아파트, 이 시가에 맞추어 과세할 길이 없었다. 그러다가 토지공개념 시절 노태우 정부에서 택지초과소유부담금 제도의 기초로 처음 만든 것이 지가공시(公示)라는 제도였고, 노무현 정부에 들어와서 주택도 시가에 맞추어 과세하겠다는 종부세를 들여오면서 가격公示 대상을 주택으로 넓혔다. 주택이 아닌 건물은 (건물 + 부속토지)라는 단위가 아니라 건물 따로 토지 따로 과세하므로 아직까지 가격공시 대상이 아니다.

> 지방세법 제110조 (과세표준) ① 토지 · 건축물 · 주택에 대한 재산세의 과세표준은 제4조 제1항 및 제2항에 따른 시가표준액에…공정시장가액비율을 곱하여 산정한 가액으로 한다.

> 지방세법 제4조 (부동산 등의 시가표준액) ① 이 법에서 적용하는 토지 및 주택에 대한 시가표준액은 「부동산 가격공시에 관한 법률」에 따라 공시된 가액(價額)으로 한다…
>
> ② 제1항 외의 건축물…에 대한 시가표준액은…신축…가격 등을 고려하여…지방자치단체의 장이 결정한 가액으로 한다.

55) 헌법재판소 2024. 5. 30. 2022헌바238 등 결정.
56) 물가상승률만큼 조정하기도 한다.
57) 공시가가 제도 전에는 이른바 토지등급제로 적당히 균형을 맞추어 과세했다.

종합부동산세법 제2조 (정의) 9. "공시가격"이라 함은 「부동산 가격공시에 관한 법률」에 따라 가격이 공시되는 주택 및 토지에 대하여 같은 법에 따라 공시된 가액을 말한다. 다만, 같은 법에 따라 가격이 공시되지 아니한 경우에는 「지방세법」 제4조…제2항에 따른 가액으로 한다.

종합부동산세법 제8조 (과세표준) ① 주택에 대한 종합부동산세의 과세표준은 납세의무자별로 주택의 공시가격을 합산한…금액에…공정시장가액비율을 곱한 금액으로 한다.

종합부동산세법 제13조 (과세표준) ① 종합합산과세대상인 토지에 대한 종합부동산세의 과세표준은 납세의무자별로 해당 과세대상토지의 공시가격을 합산한…금액에[58]…공정시장가액비율을 곱한 금액으로 한다.

② 별도합산과세대상인 토지에 대한 종합부동산세의 과세표준은 납세의무자별로 해당 과세대상토지의 공시가격을 합산한…금액에…공정시장가액비율을 곱한 금액으로 한다.

부동산 가격공시에 관한 법률 제10조 (개별공시지가의 결정 · 공시 등) ① …구청장은…매년 …공시기준일 현재…개별공시지가…을 결정 · 공시하…여야 한다.

② 제1항에도 불구하고…표준지로 선정된 토지에 대하여는 해당 토지의 표준지공시지가를 개별공시지가로 본다.

부동산 가격공시에 관한 법률 제17조 (개별주택가격의 결정 · 공시 등) ① …구청장은…매년…공시기준일 현재…개별주택가격…결정 · 공시하…하여야 한다.

② 제1항에도 불구하고…표준주택으로 선정된 주택에 대하여는 해당 주택의 표준주택가격을 개별주택가격으로 본다.

부동산 가격공시에 관한 법률 제18조 (공동주택가격의 조사 · 산정 및 공시 등) ① 국토교통부장관은 공동주택에 대하여 매년 공시기준일 현재의 적정가격을…공시…하여야 한다.

주택(住宅)은 건물과 토지를 한 단위로 묶은 주택가격의 시세를 해마다 공시한다.

---

58) 토지분 재산세를 종합합산 또는 별도합산 과세하는 경우 종합부동산세법 제13조에 해당하는 합산규정이 지방세법에 없다. 지방세법 제110조 제1항의 "산정한 가액"이란 "산정한 가액의 합산액"이라는 뜻으로 읽어야 한다. 같은 법조는 시가표준액에 공정시장가액비율을 곱하라고 하고, 시가표준액이란 재산별로 나오고 공정시장가액 비율도 재산마다 다를 수 있으니까.

아파트는 전수조사하고 개별주택은 표준주택가격을 공시한 뒤 그에 견주는(비준, 比準) 방식으로 결정해서 공시한다.[59] 주택 부속토지 아닌 다른 토지(土地)도 해마다 시가를 조사해서 표준지 공시지가를 결정하고 그에 비준해서 개별공시지가를 결정해서 공시한다. 셋째로 비주거용 건물은 개별부동산이든 집합부동산이든 아직 개별공시가 없고,[60] 행정청이 신축가액에 터잡아 시가표준액을 결정해서[61] 고시한다.[62] 주택가격이나 개별공시지가의 결정은 행정처분(行政處分)이고[63] 위법성이 과세처분에 승계된다.[64] 표준주택가격이나 표준지 공시지가결정 처분은[65] 위법하더라도 이미 불가쟁력이 생겼다면 과세처분 위법으로 승계되지 않지만[66] 따로 다툴 기회가 없었다면 과세처분 단계에 가서 다툴 수 있다.[67] 비주거용 건물이라면 시가표준액의 내부적 결정이나 고시는 납세의무자에게 통지하는 것도 아니고 따로 다툴 수 있는 길이 없으므로 재산세 부과처분을 다투면서 시가표준액을 다툴 수 있다. 전체적으로 이런 절차가 "행정부의 자의적 해석이나 집행을 견제"하고 "산정방식의 적정성을 담보"하므로 조세법률주의에 어긋나지 않는다는 것이 헌법재판소 결정.[68]

공시가격(주택가격이나 공시지가)의 법적 성격에 대해서는 혼선이 있다. 2022헌바238등 결정은 "'공시가격'은 실제 시장거래가격은 아니지만, 실제 거래가 아직 발생하지 않았기 때문에 현실적으로 실현된 가치는 없는 상황에서 실거래가액에 최대한 근

59) "법률이 직접 공시가격의 산정기준이나 절차, 한계를 정하고 있지 않다고 보기 어렵고, 그 규정 내용이 지나치게 추상적이고 불명확하여 국토교통부장관이나 시장 등에 의하여 공시가격이 자의적으로 결정되도록 방치하고 있다고 볼 수 없다. 비록 2021년…공시가격이 2020. 11. 3. 정부가 발표한 '부동산 공시가격 현실화 계획'에 의거하여 2020년에 비하여 전국적으로 상승하였고, 공시가격 현실화율이 지역별・유형별로 차등 적용되어 일부 지역이나 고가 주택의 경우 예년에 비해 공시가격이 다소 큰 폭으로 상승한 사례가 있음을 부인할 수는 없으나, 그렇다고 하여 입법자가 종부세 과세표준 산정의 기초가 되는 공시가격의 결정・공시의 문제를 온전히 행정부의 재량과 자의에 맡긴 것이라고 볼 수 없다." 헌법재판소 2024. 5. 30. 2022헌바238 등 결정.

60) 할 수 있는 근거는 있다. 부동산 가격 공시에 관한 법률 제21조.

61) 지방세법 제4조 제2항.

62) 지방세법시행령 제4조의2 제5항.

63) 대법원 1993. 1. 15. 선고 92누12407 판결. 이의신청은 2017년 14,673건에서 2021년 33,684건으로 늘었다가 2022년 이후 다시 약간 줄었다. 국회 예산정책처, 부동산보유세 과세가격의 이슈와 시사점(2023), xiv쪽.

64) 대법원 1994. 1. 25. 선고 93누8542 판결; 1996. 6. 25. 선고 93누17935 판결; 1998. 2. 27. 선고 96누13792 판결.

65) 대법원 1994. 3. 8. 선고 93누10828 판결; 1995. 3. 28. 선고 94누12920 판결; 1998. 3. 24. 선고 96누6851 판결 등.

66) 대법원 1995. 11. 10. 선고 93누16468 판결; 1997. 2. 28. 선고 96누10225 판결; 1997. 9. 26. 선고 96누7649 판결; 1998. 3. 24. 선고 96누6851 판결; 2022. 5. 13. 선고 2018두50147 판결 등.

67) 대법원 2008. 8. 21. 선고 2007두13845 판결.

68) 헌법재판소 2024. 5. 30. 2022헌바238등 결정, 2022헌바189등 결정.

접한 가액으로서의 의미를 가지고 있"다고 한다. 그러면서도 "2021년 기준 공시가격 현실화율은 공동주택의 경우 70.2%(2020년 69%), 단독주택(표준주택)의 경우 55.8%(2020년 53.6%)"로 공시가격이 시가보다 낮다고 한다. 개념 자체 앞뒤가 안 맞고 공시가격을 구조적으로 시가보다 낮게 운용한다는 생각은 기실 법치주의에 어긋난다. 문재인 정부에서 공시가격 현실화 로드맵이라는 것을 만들어서 공시가격을 차츰 올려서 시가에 맞추겠다고 했던 것을 윤석열 정부가 일단 유예하면서 종부세 부담이 뚝 떨어졌다는 것은 결국 법률이 아니라 행정부가 세금을 정한다는 말일 뿐이다. 현실화율을 올리면 세부담이 늘고, 세금 말고도 온갖 부담금, 기여금, 기초연금 등 이전지출 따위가[69] 다 바뀐다고 하나, 애초 세율, 부담률, 요율이 너무 높고 복지수혜 기준이 너무 낮게 책정되어 있다는 말이다. 적어도 재산세나 종부세에 관한 법해석 차원에서는 공시가격 그대로가 법이 인정한 시가, 적정한 가액이라고 볼 수밖에 없다. 법에 그렇게 적혀 있다.[70] 행정청에 위임했을망정 공정시장가액비율은 법에 있는 개념이지만, 시가와 공시가격 사이의 현실화율이라는 개념은 법에 아예 없다.[71] 이 문제는 재산세와 종부세 2중과세 부분에서 다시 보기로 하자.

제 3 절 납세의무자 = 사실상(事實上) 소유자

재산세 및 종부세의 납세의무자는 원칙적으로 과세기준일(6월 1일)[72] 현재 事實上 소유자이다.[73] 개인 소유자의 경우 종합부동산세법 입법 당시에는 납세의무자의 단위를 가족으로 잡아서 세대별로 합산과세하다가 2008년 위헌결정으로[74] 개인별 과세로 바뀌었다. 재산세와 종부세는 과세기준일 현재의 재산가치에 과세하는 것이므로 소유기간이 얼마인지 이익 얻은 것이 있는지를 안 묻는다.[75] 사실상 소유자가 확인이 안

69) 구체적 내용은 국회 예산정책처, 부동산보유세 과세가격의 이슈와 시사점(2023), xvii쪽.

70) 부동산가격 공시에 관한 법률, 제3조 제1항과 제4항, 제16조 제1항과 제5항. 적정가액이라는 말은 거래가능가액이고 이 말은 결국 시장 상황을 반영하는 시장거래가격, 시장가격을 객관적으로 추정하는 작업에 의한 거래 가능한 가격이라고 한다. 같은 법 제2조.

71) 헌법재판소 2024. 5. 30. 2022헌바189등 결정.

72) 지방세법 제114조.

73) 지방세법 제107조 제1항. 대법원 2000. 12. 8. 선고 98두11458 판결(명의신탁); 2003. 11. 28. 선고 2002두6361 판결; 2006. 3. 23. 선고 2005두15045 판결; 2012. 12. 13. 선고 2010두1964 판결과 2010두9105 판결; 2016. 12. 29. 선고 2014두2980 판결; 2017. 3. 9. 선고 2016두56790 판결; 2020. 9. 3. 선고 2018다283773 판결; 2023. 8. 18. 선고 2023두37315 판결.

74) 헌법재판소 2008. 11. 13. 2006헌바112 결정. 제1절 III.

75) 대법원 2001. 4. 24. 선고 99두110 판결.

된다면 공부상 소유자, 사용자의 순서로 다른 사람에게 납세의무가 넘어간다.[76)]

〈헌법재판소 2008. 9. 25. 2006헌바111 결정〉

청구인은 2004년 정기분 재산세…의 과세기준일인 2004. 6. 1. 현재…이 사건 아파트…의 소유자이다…이 사건 아파트가 2003. 10. 13. 완공되어 사용검사를 받고…2004. 6. 1. 현재 7개월 남짓 되었음에도 불구하고, 서울시 서초구청장은 2004. 7. 9. 이 사건 아파트를 과세대상으로 하여 청구인에게 1년분 재산세 4,527,700원…을 부과하는 처분…을 하였다…이 사건 법률조항은 조세행정의 효율성을 높이고 조세징수비용을 줄이기 위하여 매년 1회 일정한 시점에 과세대상 재산을 사실상 소유하는 자를 재산세 납세의무자로 정한 것이고, 재산세의 본질상 과세대상 재산의 수익 여부나 보유기간의 장단은 따질 필요가 없는 것이므로 이 사건 법률조항이 재산의 수익 여부나 보유기간의 장단을 고려하지 아니한 채 재산세 납세의무자를 정하였다고 하여 불합리하다고 볼 수 없다. 따라서 이 사건 법률조항이 헌법이 부여한 조세입법권을 잘못 행사하였다거나 재산권을 침해하는 입법이라고 보기 어렵다…재산세의 부담과 관련된 전후 소유자의 이해관계는 과세대상 재산의 거래과정에서 조정될 수 있는[77)] 것.

〈대법원 2012. 12. 13. 선고 2010두9105 판결〉

대한민국 명의로 원인무효인 소유권보존등기가 경료된 상태에서 대한민국이 위 토지를 사실상 사용·수익하여 왔더라도, 원고가 대한민국을 상대로 제기한 소유권보존등기 말소등기청구소송에서 원고가 진정한 소유자임이 밝혀져 승소 확정판결을 받은 이상, 원고는 그 과세기준일 당시 이 사건 토지에 대하여 소유자로서의 권능을 실제로 행사하였는지 여부와 관계없이 위 판결 확정 전의 과세기간에 대하여도 사용·수익·처분권능을 행사할 수 있는 지위에 있는 자로서 특별한 사정이 없는 한 사실상 소유자에 해당한다고 할 것이어서 이 사건 토지에 대한 토지분 재산세 납세의무자에 해당하므로 종합부동산세를 납부할 의무가 있다…종합부동산세법…지방세법…는 도로법상의 도로인 토지에 대하여는 재산세나 종합부동산세를 부과하지 아니하되, 당해 토지가 유료로 사용되는 경우에는 예외로 하도록 규정하고 있다…대한민국이 원고에게 지급한 부당이득금은 이 사건 토지의 이용에 대한 대가로서의 성격을 가지므로 이 사건 토지는 유료로 사용되었다…이 사건 각 과세기준일 현재 이 사건 토지는 종합부동산세의 비과세대상에 해당하지 아니한다…

76) 지방세법 제107조.

77) 제20장 제1절 III.

사실상 소유자라는 개념은 취득세(取得稅) 목적상 事實上 취득과 맞추어서, 아직 소유권을 넘겨받지 않았더라도 사실상 지배력을 얻었다면 사실상 소유자로 보아야 한다.[78] 제27장 제2절 II. 취득세를 권리취득자에게 물리는 경우이더라도 사실상 지배력이 있는 자가 따로 있으면 그 이후의 재산세는 그에게 물려야 한다. 가령 재산을 신탁받는 수탁자는 권리취득자이지만(다만 명문규정으로 취득세 비과세[79]) 그 뒤에도 재산세나 종부세 납세의무는 신탁자에게 그대로 남는다.[80] 수탁자는 보충적으로 물적납세의무를 진다.[81]

〈대법원 2020. 9. 3. 선고 2018다283773 판결〉

명의신탁자가 소유자로부터 부동산을 양수하면서 명의수탁자와 사이에 명의신탁약정을 하여 소유자로부터 바로 명의수탁자 명의로 해당 부동산의 소유권이전등기를 하는 3자간 등기명의신탁의 경우 명의신탁자의 매수인 지위는 일반 매매계약에서 매수인 지위와 근본적으로 다르지 않으므로(대법원 2018. 3. 22. 선고 2014두43110 전원합의체 판결 참조), 명의신탁자가 부동산에 관한 매매계약을 체결하고 매매대금을 모두 지급하였다면 재산세 과세기준일 당시 그 부동산에 관한 소유권이전등기를 마치기 전이라도 해당 부동산에 대한 실질적인 소유권을 가진 자로서 특별한 사정이 없는 한 그 재산세를 납부할 의무가 있다…과세관청이 3자간 등기명의신탁에 따라 해당 부동산의 공부상 소유자가 된 명의수탁자에게 재산세 부과처분을 하고 이에 따라 명의수탁자가 재산세를 납부하였더라도 명의수탁자가 명의신탁자 또는 그 상속인을 상대로 재산세 상당의 금액에 대한 부당이득반환청구권을 가진다고 보기는 어렵다…명의수탁자가 자신에게 부과된 재산세를 납부하였다고 하여 명의신탁자가 재산세 납부의무를 면하는 이득을 얻게 되었다고 보기 어렵다. 명의신탁자는 여전히 해당 부동산에 대한 재산세 납부의무를 부담한다…

망 소외인(이하 '망인'이라고 한다)은 1989년경부터 인천 남구 (지번 1 생략) 지상에서 ○○학원 종합반을 설립하여 운영하였고, 원고…는 망인의 자녀…배우자이며, 피고는 망인의 동생이다…망인은 1989년경부터 2004. 2. 17.까지 …4개필지에 관하여는 망인과 피고 사이에 계약명의신탁 약정에 따라…나머지 토지에 관하여는 망인과 피고, 각 매도인들 사이에 3자간 명의신탁약정에 따라 각각 피고 명의로 소유권이전등기를

78) 대법원 2025. 7. 16. 선고 2023두50516 판결.

79) 지방세법 제9조 제3항.

80) 지방세법 제107조 제2항 제5호; 종합부동산세법 제7조 제2항, 제12조 제2항. 대법원 2005. 7. 28. 선고 2004두8767 판결. 2020. 12. 9. 개정 전 옛 법에서는 명문규정으로 수탁자에게 재산세를 물리고 있었기에 신탁을 통한 조세회피가 있었다.

81) 지방세법 제107조 제15항, 제119조의2; 종합부동산세법 제7조의2, 제12조의2.

마쳤다…피고는 망인의 사망 후 2012년부터 2016년까지 위 토지들에 대한 재산세를 납부하였다…원고들은 이전에 피고를 상대로 위 토지들에 관한 소유권이전등기의 말소를 구하는 소송을 제기하였는데, △△ 4개 필지에 관하여는 패소하고, 나머지 토지 부분에 관하여는 승소하였다. 원고들은 이 사건에서 피고에게 △△ 4개 필지의 매수자금과 취득세 등 각종 취득비용을 부당이득으로 반환할 것을 청구하였고, 이에 대하여 피고는 나머지 토지 부분의 재산세 납부에 따른 부당이득반환청구권 등을 원고들의 부당이득반환청구권과 상계한다고 주장하였다…원심이…피고의 재산세 상당의 부당이득반환청구권에 기한 상계주장을 배척한 결론은 정당하다.

제 4 절 주택에 대한 과세

Ⅰ. 재산세 = 주택별 누진세, 종부세 = 전국합산

2005년 종부세법의 고갱이는 아파트를 노리고 주택공시가격에 터잡은 주택 종합합산(綜合合算)과세라는 제도를 들여온 것이다. 재산세와 종부세에서 주택이란 단독주택이나 공동주택을 말하고 취득세나 마찬가지로 부속토지를 포함하는 개념이다.[82] 집합주택(공동주택)이 아니더라도 부속토지는 주택의 일부이고 토지로 구분 않는다. 주택이 어차피 전국합산이고 세부담도 종합합산 토지보다 더 높으므로 주택 부속토지는 크기나 가치를 묻지 않고 주택에 포섭한다.

재산세는 주택별 누진세율로 세액을 계산하지만 1세대1주택에 대해서는 낮은 세율이 아예 따로 있다. 종부세는 주택을 합산과세하면서 다시 세율도 주택수에 따라 다르다.[83] 공유인 경우나 건물과 부속토지의 소유자가 서로 다른 경우에도 주택단위로 계산한 세액을[84] 각자의 소유부분(공유지분, 건물가액, 토지가액)에 안분해서 각자에게 세금을 물린다.[85] 소형인 임대주택, 사원용 기숙사,[86] 사원용 주택이나 종업원 기숙사에는 종부세를 안 물리므로[87] 주택이라면 주택분 재산세만, 아니라면 건축물분 재

82) 지방세법 제104조 제3호, 주택법 제2조 제1호. 주거공간이 50%가 넘으면 주택이지만 무허가라면 주택이 아니다. 지방세법 제106조 제2항 제2호, 제2호의2. 오피스텔은 사실상의 현황에 따른다. 대법원 2023. 11. 16. 선고 2023두47435 판결.

83) 독일에서는 2주택부터 오히려 세율을 낮추는 역진세율로 과세하다가 위헌결정을 받고 지금은 단일세율. 독일 헌법재판소 2014. 1. 15. 1 BvR 1656/09 결정.

84) 지방세법 제113조 제2항.

85) 지방세법 제107조 제1항 제2호. 땅만 있는 사람이 다주택자로 과세받는 수도 생긴다.

86) 주택법상 주택이 아니더라도 종부세는 안 물린다. 부속토지에도 안 물린다. 대법원 2013. 9. 12. 선고 2010두16387 판결.

산세와 토지분[88] 재산세만 물면 끝이다.

Ⅱ. 재 산 세

지방세법 제111조 (세율) ① 재산세는…과세표준에 다음 각 호의 표준세율을 적용하여 계산한 금액을 그 세액으로 한다.

3. 주택…(1000분의 1에서 1000분의 4까지 누진세율)

지방세법 제111조의2(1세대 1주택에 대한 주택 세율 특례) ① 제111조 제1항 제3호…에도 불구하고 대통령령으로 정하는 1세대 1주택(제4조 제1항에 따른 시가표준액이 9억원 이하인 주택에 한정한다)에 대해서는 다음의 세율을 적용한다…(1000분의 0.5에서 1000분의 3.5까지 누진세율)

뒤에 재산세와 종부세 2중과세 문제를 따지기 위한 계산례 보기를 하나 들어두자. 이 2중과세 문제는 주택이든 토지이든 다를 바 없으므로 계산례는 주택에 대해서만 들어두기로 한다.

(보기) 납세자 한주택은 1주택(공시가격 30억원), 납세자 복소유는 3주택(공시가격 각 10억원)을 가지고 있다. 재산세 공정시장가액비율은 1세대1주택은 45%, 1세대다주택은 60%로 가정한다. 재산세 표준세율은 570,000원 + (과세표준 - 3억원)× 4/1000이다. 두 사람의 재산세 표준세액, 재산세 도시지역분, 지방교육세는 각 얼마인가?

(풀이) 한: 재산세 과세표준 = 30억 × 45% = 13.5억.

재산세 표준세액 = 570,000 + (13.5-3)억 × 4/1000 = 477만원.

재산세 도시지역분 = 13.5억 × 14/10000 = 189만원

지방교육세 = 477만 × 20/100 = 88만원

복: 각 주택별 재산세 과세표준 = 10억 × 60% = 6억

재산세 표준세액 = 570,000 + (6-3)억 × 4/1000 = 177만원. 3주택 계 = 531만원

재산세 도시지역분 = 6억 × 14/10000 = 84만원. 3주택 합계 = 252만원

지방교육세 = 177만 × 20/100 =35.4만원. 3주택 합계 = 106.2만원

---

87) 종합부동산세법 제8조 제2항. 제3항의 합산배제 신고는 단순한 절차규정이라고 읽어야.

88) 별도합산이 아닌 경우는 생각하기 어렵다.

위 보기에서는 복의 재산세 부담이 더 높지만 반드시 그렇다는 보장은 없다. 재산세를 물건별 누진세율로 매기다보니 비싼 집 한 채를 가진 사람보다 싼 집 여러 채를 가진 사람의 세부담이 오히려 적은 경우가 생길 수도 있고 한때는 구조적으로 생기기도 했다.

Ⅲ. 종 부 세

종부세 누진세율은 1세대2주택 이하 세율과 1세대3주택[89] 이상 세율이 서로 다르다. 합산 과세표준이 가령 25억원이라면 세액은 각 2,650만원과 3,560만원. 50억원이라면 세액이 각 7,220만원과 1억1,060만원. 1세대1주택은 기준가액 기본공제가 더 높고 다시 고령자, 장기보유자 등 여러 가지 경감특례가 있다. 법인이 보유한 주택은 개인보다 무겁게 과세해서 기준가액 기본공제 없이 주택 전체를 과세하고 세율도 더 높다.[90] 납부할 종부세의 20%로 농어촌특별세가 덧붙는다.[91]

종합부동산세법 제9조 (세율 및 세액) ① 주택에 대한 종합부동산세는 다음 각 호와 같이 납세의무자가 소유한 주택 수에 따라 과세표준에 해당 세율을 적용하여 계산한 금액을 그 세액(이하 "주택분 종합부동산세액"이라 한다)으로 한다.

1. 납세의무자가 2주택 이하를 소유한 경우 (1000분의 5에서 1000분의27까지 누진세율)

2. 납세의무자가 3주택 이상을 소유한 경우 (1000분의 5에서 1000분의50까지 누진세율)

② 납세의무자가 법인 또는 법인으로 보는 단체인 경우 제1항에도 불구하고 과세표준에 다음 각 호에 따른 세율을 적용하여 계산한 금액을 주택분 종합부동산세액으로 한다.

1호, 2호 (생략)

3. 제1호 및 제2호 외의 경우: 다음 각 목에 따른 세율

가. 2주택 이하를 소유한 경우: 1천분의 27

나. 3주택 이상을 소유한 경우: 1천분의 50

⑤~⑨ (1세대 1주택에 대한 세경감 특례)

89) 문재인 정부 때에는 3주택 이상이거나 조정대상지역 2주택은 최고세율이 6%였다.

90) 주택은…개인과 그 가족의 주거공간…법인에 대해서는 동등한 정도로 인정할 수 없는 점, 법인의 주택 과다 보유를 규제할 공익적 요청…등을 고려할 때…개인…와 법인…를 달리 취급하는 데에는 합리적 이유가 있다. 헌법재판소 2024. 8. 29. 2024헌바59 등 결정.

91) 농어촌특별세법 제5조 제1항.

종합부동산세법 제8조 (과세표준) ① 주택에 대한 종합부동산세의 과세표준은 납세의무자별로 주택의 공시가격을 합산한…금액에서 다음 각호의 금액을 공제한 금액에… 공정시장가액비율을 곱한 금액으로 한다.

1. …1세대1주택자: …12억원
2. …법인 또는 법인으로 보는 단체: 0원
3. 제1호 및 제2호에 해당하지 아니하는 자: 9억원

(보기) 앞 보기의 한주택과 복소유의 종부세는 재산세 공제전 금액(제9조의 세액)으로 얼마인가? 1세대1주택 세액경감 특례는 무시한다. 종부세 공정시장가액비율은 60%로 가정한다. 해당구간 종부세율은 1세대2주택 이하는 360만원 + (과세표준 - 6억)×10/1000, 1세대3주택 이상은 960만원 + (과세표준 - 12억원)×20/1000이다.

(풀이) 한: 종부세 과세표준 = (30억 - 12억) × 60% = 10.8억.

종부세 = 360만원 + (10.8억 - 6억) × 10/1000 = 840만원.

복: 종부세 과세표준 = (30억 - 9억) × 60% = 12.6억.

종부세액 = 960만원 + (12.6억 - 12억) × 20/1000 = 1080만원.

1세대1주택에 대한 세액경감은 2008년 헌법재판소 결정에 따른 것. 결론은 같지만 2024년 결정은 이유가 다르다.

〈헌법재판소 2008. 11. 13. 2006헌바112등 결정〉

주거 목적으로 과세기준 이상의 주택 한 채만을 보유하고 있는 자로서, 그 중에서도 특히 일정한 기간 이상 이를 보유하거나 또는 그 보유기간이 이에 미치지 않는다 하더라도 과세 대상 주택 이외에 별다른 재산이나 수입이 없어 조세지불 능력이 낮거나 사실상 거의 없는 자 등에 대[한]…종합부동산세 과세[는]…헌법에 위반된다…

〈헌법재판소 2024. 5. 30. 2022헌바238등 결정〉

주택의 면적이나 보유수는 바로 타인에 대한 주택 공급의 장애요인으로 작용함으로써 비교적 쉽게 일정한 면적 또는 보유수를 넘는 주택 보유를 투기적이거나 투자에 비중을 둔 수요로 간주하고 이에 대하여 주택의 가격안정을 위한 규제의 필요성을 인정할 수 있지만, 주택가격의 고저의 문제는 주택의 면적, 입지, 주변의 교육 · 생활 · 교통의 여건 등 제반사정이 모두 결합하여 나타나는 것…주거 목적으로 한 채의 주택을 일정한 기간 이상 보유하는 자의 경우는…투기적이거나 투자의 동기에서 당해 주택을 보유하게 되었다고 보기 어려워…

2008년 결정의 위 인용부분은 다른 소득이나 재산이 있는지를 다 따져서 종부세를 매기라는 것처럼 읽히지만 같은 결정에서 "예금 등 다른 재산과는 달리 '일정한 주택 및 토지'에 대하여만 과세"해도 합헌이라는 말과 정면 모순일 뿐. 다른 재산을 무시하고 부동산만 보면 된다고 하면서 다시 다른 재산이나 소득을 따지라는 말은 모순이다. 집 여러 채를 소유한 사람은 임대보증금을 끼고 사는 수가 많으니 아마도 저잣거리 말로 "똘똘한 한 채" 소유자가 오히려 형편이 나은 수가 더 많으리라. 결국 다주택자를 중과세하는 이유는 2024년 결정처럼 투기인가, 타인에 대한 주택공급에 장애가 되는가, 여기에서 찾을 수밖에 없다. 2018년 문재인 정부가 1세대3주택 이상을 다시 더 무겁게 과세하고, 종부세 비과세 임대주택의 범위를 확 축소한 것도 같은 맥락에서 합헌이라고 한다. "종부세법 개정(2018. 12. 31. 법률 제16109호)을 통해 처음으로 도입된 소유 주택 수에 따른 세율 중과 제도는…투기 목적의 다주택 보유 및 주택 시장의 교란 문제의 해결을 위해 도입되었다"는 것. "현실적으로 다주택자…의 경제적 능력은 1주택 소유자…보다 높을 가능성이 큰 점 등"도 이유로 들고 있지만 다시 논리가 헝클어진 사족이다. 법인 중과세도 다른 사람의 집 살 기회를 해친다는 관점에서 보고 있다.

〈2022헌바238 등〉

법인을 활용한 부동산 투기 억제 및 실수요자 보호 등을 목적으로 이루어졌던 점 등을 고려해 보면, 법인에 대하여 과세표준 기본공제 및 세부담 상한을 폐지한 입법자의 판단이 불합리하다고 보기 어렵다…입법목적이…법인의 투기적 목적의 주택 보유를 규제하려는 데에만 있는 것이 아니라, 개인 다주택자에 대한 고율의 종부세율 부과 회피를 목적으로 법인을 활용한 주택의 분산 보유를 억제함으로써 결국 무주택자를 비롯한 실수요자에게 주택 매수의 기회를 보장하려는 것에도 있[다]…부동산매매업·임대업과 같은 사업은…때로는 부동산 가격 상승을 부추겨 실수요자의 부동산 취득을 어렵게…하므로…기본권 제한의 정도가 헌법상 허용되는 범위를 벗어났다고 보기는 어렵다.

개인이 직접 또는 법인이라는 형식을 악용해서 주택을 여럿 사들인다면 다른 사람이 집 사기가 어려워지는 점은 일단 수긍할 수 있다. 보유세를 올리면 적어도 단기적으로는 "실수요자의 부동산 취득을 어렵게" 하지만, 장기적으로는 수요 자체를 감소시켜서(수요곡선을 왼쪽으로 이동시켜서) 세포함가격이 떨어질 가능성은 있다. 집이 여러 채라면 사는 집 말고 다른 집은 세주고 있을 것이고, 보유세가 늘어도 이미 세놓고 있는 집을 어이하기 어려우니 보유세 부담은 아마 집주인이 지리라. 결국 보유세

부담의 현재가치만큼 집값이 떨어지리라고 일단 생각할 수 있다.92) 그러나 그것도 꼭 그렇게 간단하지는 않다. 장기적으로 공급곡선이 다시 어떻게 바뀌는가라는 어려운 경제학 이론은93) 접어놓더라도, 사람들이 미래를 어떻게 예측하는가의 문제이고 이는 다시 정치 문제이기 때문. 가령 10억짜리나 10억어치 집을 세놓아서 임대료로 세후소득 연 4천만원을 벌고 있던 사람의 보유세가 올라서 세후소득이 연 2천만원으로 줄어든다고 하자. 5억원 이상만 받는다면 이 집을 팔 것인가? 보유세가 영원하리라 생각한다면 그렇게 할 것이다. 그러나 보유세는 영원하지 않다. 노무현, 문재인 정부가 올린 보유세를 박근혜, 이명박, 윤석열 정부가 내렸다. 다시 이 문제는 양도소득세의 동결효과로 이어진다. 조금만 참으면 정권이 바뀌리라 믿는 사람도 5억원에는 안 팔더라도 9억원에는 팔 마음이 생길 것이다. 그러나 양도소득세를 몇억원 내어야 한다면 당연히 안 팔고 버티게 마련이다. 취득세를 올리면 살 사람이 줄고 값을 깎으려하기 마련이다. 문재인 정부는 보유세와 더불어 양도소득세, 취득세도 다 올렸다. 문재인 정부 초기 재정개혁특위는 보유세를 올리는만큼 거래세를 깎아서 세수중립적 개편을 하겠다고 공언했지만 막판에 정치가 끼어들면서 둘 다 올리고 말았다. 아마 이것이 문재인 정부의 가장 큰 패착이었을 것이다. 부동산대책, 정치적 전략, 어느 쪽에서 보더라도.

나아가 집이 여러 채라면 남이 집 살 기회를 뺏는 것이라는 말도 꼭 맞지는 않다. 20평짜리 집 다섯 채나 100평짜리 집 한 채나 다른 사람의 집 살 기회에 미치는 영향은 같지 않은가? 다주택자라도 합산면적이나 가액이 큰 집 하나 정도라면 다른 사람에게 미치는 영향은 근본적으로 같다. 결국 살아남을 수 있는 논거는 딱 깨놓고, 각자 제 형편에 맞는 집 하나를 소유한 것은 그 집이 얼마짜리든 다른 재산이 얼마나 있든 묻지 말고 세부담을 낮춰야 한다는 생각밖에 안 남는다. 헌법재판소의 표현으로 "주택은 인간으로서의 존엄과 가치를 가진 개인의 주거로서 쾌적한 주거생활을 통하여 행복을 추구할 권리를 실현할 장소로 필수 불가결할 뿐만 아니라…주택을 통한 인간으로서의 존엄성과 행복추구권의 적정한 실현도 가능하게 하면서 동시에 타인의 주거생활 안정을 가능하게 하는 선에서 보다 신중하게 그 과세기준이 결정되어야 할 것"이라는94) 말. 돈 많은 사람이 크고 좋은 집에 사는 것 자체가 헌법이 보장하는 기본권이

92) 제2장 제3절 II.1.

93) Feldstein, The Surprising Incidence of a Tax on Pure Rent, 85 Journal of Political Economy 49(1977), 특히 358쪽은 사중손실은 안 생기지만 세부담은 다른 사람에게 일부 전가된다고 한다. 우리 말 문헌으로 박지현·박상수·주만수·박훈, 부동산세제 쟁점 분석 및 정책제언(2022), 102-104쪽. 재미있는 관찰로 독일에서는 보유세를 부수적 임차료로 임차인에게 전가하는 것이 관행이라고 한다. 마정화·유현정, 부동산 보유세제의 헌법적 의미와 과제(2015), 93쪽.

94) 헌법재판소 2008. 11. 13. 2006헌바112 결정.

고 딱히 꾸짖을 일이 아니라면, 집 여러 채인 사람도 그 정도 범위 안에서는 딱히 중과세할 이유를 찾기 어렵다.

제 5 절 주택이 아닌 건축물(부속토지 제외): 재산세만 과세

주택이 아닌 건축물에는 재산세 및 지방교육세를 비례세로 매긴다. 종합부동산세는 애초 과세대상으로 삼지 않는다. 주택 부속토지를 주택의 일부로 구분하는 것과 달리 주택 아닌 건축물의 부속토지는 토지로 구분하므로 거의 다 별도합산으로 제7절로 넘어간다. 이하의 논의는 건축물 부분에만 적용된다.

> 지방세법 제111조 (세율) ① 재산세는…과세표준에 다음 각 호의 표준세율을 적용하여 계산한 금액을 그 세액으로 한다.
>
> 가. …골프장, 고급오락장용 건축물: 과세표준의 1천분의 40
>
> 나. …특별시…또는 시(읍·면 지역은 제외한다) 지역에서…주거지역…의 공장용 건축물: 과세표준의 1천분의 5
>
> 다. 그 밖의 건축물: 과세표준의 1천분의 2.5

재산세에서 말하는 건축물이란 건축법상의 건축물(=민법상 건물)보다 넓은 개념으로 토지에 붙어있거나 지하 또는 다른 구조물에 설치하는 레저시설, 저장시설, 급수·배수 시설 등에도 재산세를 따로 매긴다.[95] 무허가 건축물에도 매기고, 무허가주택은 주택이 아닌 건축물로 본다.[96] 토지나 건물에서 분리할 수 없는 시설에 따로 재산세를 매기는 경우 시설의 가치란 토지 건물의 가치에 이미 반영되었다는 2중과세 시비가 생기게 마련이다.[97] 골프장, 고급오락장용 건축물은 40/1000으로 중과세하고 토지도 같은 세율로 분리과세로 중과세한다. 아래 제6절.

주택 아닌 건축물의 과세표준은 신축원가(新築原價) 방식으로 행정청이 정한다. 앞 제2절. 단독소유이거나 두어 명이 공유한 건물이라면 기본적으로 소유자가 언제나 새로 지을 수 있으므로 시가가 토지가격과 건축비의 합으로 형성될 것이다. 그러니 토

---

95) 지방세법 제104조 제2호, 제6조 제4호.

96) 주거공간이 50%가 넘으면 주택이지만 무허가라면 주택이 아니다. 지방세법 제106조 제2항 제2호, 제2호의2.

97) 골프장 급수·배수 시설에 대한 재산세와 토지에 대한 재산세가 2중과세가 아니라는 판결로 대법원 2013. 9. 26. 선고 2011두25142 판결.

지는 따로 과세하고 건물은 신축원가 방식으로 계산하는 것이 맞다. 집합건물을 분양한 상가라면 공유자의 수가 많아서 새로 짓는 것이 꼭 쉽지는 않지만 공유자들의 이해관계가 아파트처럼 엇갈리지는 않는다. 상가도 여러 개 가지고 있다면 주택처럼 합산해서 누진과세하는 것이 옳지 않을까? 그렇게 하지 않는다는 것 자체가 현행 보유세제가 부(富)에 대한 세금이라기보다는 부동산 대책이라는 것을 말해준다. 주택은 한 사람이 여러 채를 산다면 남이 살 기회를 뺏는 것이지만 상가는 남들에게도 살 기회를 주어야 한다는 생각 자체가 없다는 말. 한편 별도합산이기는 하지만 상가 부속토지를 누진과세하는 부분은 부를 기준으로 과세하자는 생각이다. 결국 어중간한 타협점이려나.

제 6 절 분리과세 토지

분리과세 토지에는 재산세 및 지방교육세를 비례세로 중과세나 경과세한다. 중과세든 경과세든 재산세율 하나에 반영할 수 있으므로 종합부동산세를 다시 매길 이유가 없다.

Ⅰ. 분리과세로 재산세만

지방세법 제111조 (세율) ① 재산세는…과세표준에 다음 각 호의 표준세율을 적용하여 계산한 금액을 그 세액으로 한다.

1. 토지

다. 분리과세대상…

1) …전 · 답 · 과수원 · 목장용지 및…임야: 과세표준의 1천분의 0.7

2) …골프장용 토지 및 고급오락장용 토지: 과세표준의 1천분의 40

3) 그 밖의 토지: 과세표준의 1천분의 2

분리과세 토지에는 2)의 중과세,[98] 1)의 저율과세,[99] 그리고 별도합산이나 종합합

98) 헌법재판소 2020. 3. 26. 2016헌가17등 결정. 고급오락장이란 도박장, 유흥주점, 요사이도 있는지 모르겠지만 특수목욕장 그 밖에 유사한 것이라고 한다. 지방세법 제13조 제5항 제4호, 같은 법 시행령 제102조 제3항.

99) 대법원 2010. 2. 11. 선고 2009두15760 판결; 2012. 4. 26. 선고 2010두28632 판결; 2015. 4. 16. 선고 2011두5551 판결.

산보다는 세율이 낮은 "그 밖의" 분리과세 토지, 이 세 가지가 있다. 아래 II.

〈헌법재판소 2024. 5. 30. 2022헌바238등 결정〉

분리과세대상 토지는 지역경제의 발전, 공익성의 정도 등을 고려하였을 때 국가의 보호·지원이 필요하거나 오히려 세금의 중과가 필요한 토지로서, 그 취지상 합산과세의 실효성이 종합합산과세대상 토지나 별도합산과세대상 토지에 비해 현저히 떨어지거나 거의 없어 종부세 과세대상으로 삼기에 적절하지 아니하다…조세평등주의에 위반된다고 할 수 없다.

그냥 동어반복일 뿐이다. 솔직히는 전·답·과수원·목장용지의 저율과세는 규범적 정당성이야 어떻든 정치적 현실의 반영. 염전이나 어업용 토지는 분리과세가 아니다.100) 골프장 등은 토지든 건축물이든 같은 세율로 중과세한다. 합헌이라지만 글쎄, 골프랑 승마랑 어느 쪽이 더 고급인지는 모르겠다.101) 경비행기는 골프보다 덜 고급인가? 이산화탄소 문제로 인류 존망의 위기인데 골프장 짓느라 소중한 숲을 해치니 세금이라는 수단으로 억제한다고 설명하면 차라리 납득하기 쉬우리라. 제2장 제3절 I.3.

〈헌법재판소 2020. 3. 26. 2016헌가17등 결정〉

…제청신청인 주식회사 □□은…회원제 골프장…을 설치·운영하는 법인이다. 용인시 ○○구청장은, 위 골프장 부지 중 회원제 골프장용 토지는 분리과세대상으로 분류하여…1천분의 40의 세율을 적용하고, …원형보전임야는 종합합산과세대상으로…1000분의 5의 세율을 적용하여, 2013. 9. 6…2013년도 정기분 재산세 1,579,381,250원…의 부과처분을 하였다. 또한 용인시 ○○구청장은… 위 골프장 내 건축물…에 관하여…1000분의 40의 세율을 적용하여…2014년도 정기분 재산세 97,326,448원…의 부과처분을 하였다…

…회원제 골프장에 대한 재산세 중과세 제도는 조세정책상 세수 확보뿐만 아니라, 이른바 사치성 재산…에 대한 중과세를 통하여 경제생활에 있어서 사치·낭비풍조를 억제하고 국민계층 간의 위화감을 해소하여 건전한 사회기풍을 조성하는 한편, 국가 전체적으로 한정된 자원이 비생산적인 부문보다 생산적인 분야에 효율적으로 투자되도록 유도하고자 하는 데에 그 입법목적이 있다(헌재 1999. 2. 25. 선고 96헌바64 참조)……골프장 이용행위에 사치성이 없다고 단정할 수는 없고, 골프가 많은 국민들이

100) 조세특례제한법을 무시한다면 소득세도 어업은 내지만 작물재배업은 안 낸다. 제11장 제1절 I.2. 농민의 수는 200만이 넘고 어민은 몇 만명 수준.

101) 승마보다 골프를 중과세해도 합헌이라고. 헌법재판소 2024. 8. 29. 2021헌바34 결정(개별소비세).

경제적으로 부담 없이 이용하기에는 여전히 버거운 고급스포츠인 점을 부인할 수 없다…회원제 골프장에 대한 재산세 중과세가 오늘날에 이르러 그 목적의 정당성을 상실하였다고 볼 수 없다…중과세 세액산출은 공시지가에…70%의 공정시장가액비율을 적용하여 과세표준액을 산출하므로 명목세율은 4%이지만 실효세율은 사실상 이보다 훨씬 낮아지게 된다[102)]… 이와 같이…실질적인 세부담을 고려해 보면…짧은 시간에 재산원본을 몰수하는 효과에 이르게 되어 회원제 골프장의 운영이 사실상 봉쇄되거나 사적 유용성과 처분권이 위협된다고 볼 수 없다.

Ⅱ. 분리과세 범위

지방세법 제106조 (과세대상의 구분 등) ① 3. 분리과세대상: 과세기준일 현재 납세의무자가 소유하고 있는 토지 중 국가의 보호·지원 또는 중과가 필요한 토지로서 다음 각 목의 어느 하나에 해당하는 토지

가. 공장용지·전·답·과수원 및 목장용지…

나. …임야…

다. …골프장용 토지와…고급오락장용 토지…

라. …공장의 부속토지로서 개발제한구역 지정이 있기 전…취득…토지…

마. 국가 및 지방자치단체 지원…사업용 토지…

바. 에너지·자원…방송·통신·교통…기반시설용 토지…

사. 국토의 효율적 이용을 위한 개발사업용 토지[103)]…

아. 그 밖에 지역경제의 발전, 공익성의 정도 등을 고려하여 분리과세하여야 할 타당한 이유가 있는 토지로서 대통령령으로 정하는 토지

〈대법원 2023. 9. 14. 선고 2021두40027 판결〉

원고…2013. 4. 22. 집단에너지사업법에 따라 집단에너지사업의 허가를 받고…열병합발전시설을 신설하여…운영하여 왔다…피고는 위 각 열병합발전시설 부지…를 재산세 분리과세대상이 아니라 별도합산과세대상으로 보아…재산세 및 지방교육세를 각 부과하였다…지방세법…은 '전기사업법에 따른 전기사업자가…발전시설 또는 송전·변전시설에 직접 사용하고 있는 토지'를 재산세 분리과세대상으로 규정하고 있다. 한편 집단에너지사업법[은]…'집단에너지사업법에 따른 전기의 공급에 관하여 사업자가 사업의 허가를 받은 경우에는 전기사업법에 따른 발전사업의 허가를 받은 것으로 본다.'라

102) 결정문은 공시지가가 시가보다 낮아서 실효세율은 더 떨어진다고 한다. 한편 지방교육세(재산세의 20%)는 결정문에 빠져있다.

103) 대법원 2013. 7. 15. 선고 2012두16688 판결.

고 규정하였다…이 사건 규정에서 '전기사업법상 전기사업자가 직접 사용하고 있는 일정한 토지'를 재산세 분리과세대상으로 규정하는 한편, 이와 별도로 집단에너지사업에 사용되는 토지 가운데…'한국지역난방공사가 열생산설비에 직접 사용하고 있는 토지'…를 재산세 분리과세대상으로 규정하는 등 분리과세대상 토지의 범위에 관하여 집단에너지사업을 전기사업과 구분하여 규율하고 있[다]…

토지에 대한 재산세 분리과세제도는 정책적 고려에 따라 중과세 또는 경과세의 필요가 있는 토지에 대하여 예외적으로 별도의 기준에 따라 분리과세함으로써 종합합산과세에서 오는 불합리를 보완하고자 하는 것으로서(대법원 2013. 7. 26. 선고 2011두19963 판결 참조), 그 대상을 정한 구 지방세법 시행령 제102조 제6항 각 호는 예시적 규정이 아니라 한정적 규정으로 보아야 한다. 따라서 이 사건 규정의 재산세 분리과세대상 토지는 원칙적으로 전기사업법의 규율을 받는 전기사업에 제공되는 발전시설용 토지 등으로 제한된다고 봄이 이 사건 규정의 취지나 성격에 부합한다…

분리과세를 정한 가)에서 아)는 제한적 열거라고 읽어야 한다는 말. 거기에 해당하지 않는 토지, 가령 염전이나 어업에 쓰이는 토지는 별도합산 아니면 종합합산으로 넘어간다. 아래 제7절, 제8절. 말이 쉽지 법령의 글귀가 잘 안 맞아서 여러 가지 해석 문제가 생긴다. 우선 건물이 없는 토지(공한지, 나대지나 잡종지)는 마), 바), 사), 아)의 국가적 필요성이 없는 한 분리과세가 아니고, 별도합산도 아니므로 종합합산으로 넘어간다. 건설사업자의 사업용 토지가 그 예이다.[104] 가)의 '공장용지'는 저율 분리과세하지만 아래 제7절에서 보듯 같은 뜻일 수밖에 없는 '공장용 건축물의 부속토지'는 별도합산해서 한결 높은 누진세율로 과세한다. 모순을 해결하자면 가)의 공장용지를 다른 목 특히 라)와 견주어 축소해석해서 공장용지라고 해서 무조건 분리과세 대상은 아니라고 읽어야 한다. 포괄위임이고 법률 글귀에서 꼭 당연한 해석도 아니지만 명령은 가)의 공장용지라는 말을 읍·면지역, 법률로 지정한 산업단지, 법률로 지정한 공업지역에 있는 공장용 건물의 부속토지(건물에 견주어 일정 범위 안의 토지)라는 뜻이라고 지역개념으로 축소하고 있다.[105] 목장용지도 사업 규모에 걸맞는 범위를 넘는 부분은 종합과세로 넘어간다.[106] 바)의 에너지 등 기반시설 토지에 뜬금 없이 염전을 넣고 있는 것이 대통령령.[107] 다른 어업용 토지는 분리과세 대상은 아니다.

104) 다만 일정한 주택건설용 토지라면 일정 기간 예외가 있다. 조세특례제한법 제104조의19.
105) 지방세법시행령 제102조 제1항 제1호.
106) 지방세법시행령 제101조 제1항 제3호.
107) 지방세법시행령 제102조 제6항 제1호.

제 7 절 별도합산 토지

Ⅰ. 재산세 = 지자체별 별도합산, 종부세 = 전국 별도합산

비주거용(≒사업용) 건물이라면 건물은 앞 제3절에서 본 그대로 건물별로 따로 과세하고, 부속토지는 별도합산(別途合算) 과세가 원칙이다. 집합건물이더라도 비주거용이라면 건물과 토지를 따로 친다. 別途合算이라는 말의 느낌이 확 안 들어오지만 근본적으로는 옛 지방세법이 업무용 토지(→별도합산토지)를 공한지・비업무용토지(→종합합산토지)보다 가벼이 과세하던 제도의 연장이다.

지방세법 제111조 (세율) ① 재산세는…과세표준에 다음 각 호의 표준세율을 적용하여 계산한 금액을 그 세액으로 한다.

1. 토지

나. 별도합산과세대상…(100분의 2에서 1000분의 4까지 누진세율)

종합부동산세법 제12조 (납세의무자) ① 과세기준일 현재 토지분 재산세의 납세의무자로서 다음 각호의 어느 하나에 해당하는 자는 해당 토지에 대한 종합부동산세를 납부할 의무가 있다…

2. 별도합산과세대상인 경우에는 국내에 소재하는 해당 과세대상토지의 공시가격을 합한 금액이 80억원을 초과하는 자

종합부동산세법 제14조 (세율 및 세액) ④ 별도합산과세대상인 토지에 대한 종합부동산세의 세액은 과세표준에 다음의 세율을 적용하여 계산한 금액(이하 "토지분 별도합산세액"이라 한다)으로 한다…(1천분의5에서 1000분의 7까지 누진세율)

〈헌법재판소 2024. 5. 30. 2022헌바238등 결정〉

별도합산과세대상 토지는 공장용 건축물의 부속토지 등과 같이 업무 또는 경제활동에 활용되는 가치가 있는 토지인 점, 별도합산과세대상 토지의 위와 같은 속성을 고려할 때 별도합산과세대상 토지는 종합합산과세대상 토지에 비하여 상당 규모의 보유가 통상적이라 할 수 있는 점, 무엇보다도 우리나라의 가용 토지 면적이 협소한 점, 비업무용 토지에 대한 투기적 수요 억제를 억제하여야 할 공익적 요청이 중대한 점 등을 종합하여 보면…조세평등주의에 위반된다고 볼 수 없다.

Ⅱ. 별도합산 범위

지방세법 제106조 (과세대상의 구분 등) ① 2. 별도합산과세대상: 과세기준일 현재 납세의무자가 소유하고 있는 토지 중 다음 각 목의 어느 하나에 해당하는 토지

가. 공장용 건축물의 부속토지…등 건축물의 부속토지

나. 차고용 토지…등 공지상태(空地狀態)나 해당 토지의 이용에 필요한 시설 등을 설치하여 업무 또는 경제활동에 활용되는 토지…

다. 철거·멸실된 건축물 또는 주택의 부속토지…

제2호 가)는 공장이나 다른 사업용 건축물의 부속토지를 말하고, 건축공사 중에도 별도합산한다.[108] 나)는 건물 없이 그대로 사업에 쓰는 토지를 별도합산 하지만, 건설사업자의 사업용 나대지나 목장용지로서 기준범위를 넘는 부분은 나)에 안 들어가고 바로 종합합산으로 넘어간다.[109]

가)에는 지역이라는 개념이 없고 글귀로는 '공장용 건축물 부속토지'는 대통령령을 기다릴 것 없이 별도합산 대상이지만, '공장용지'(=공장용 건축물 부속토지)로서 대통령령이 정하는 것은 분리과세한다는 규정과 충돌한다. 제5절 Ⅱ. 공장용지 분리과세는 지역개념을 반영할 수 있다고 보아야 하므로[110] 결국 분리과세 대상인 지역(읍·면, 산업단지, 공업단지)의 공장용지를[111] 제외한 나머지만 별도합산으로 넘어간다는[112] 지역적 한정이 생기고, 다시 시행령은 가)의 별도합산 공장용지를 '시' 이상의 도시지역에 있는 것이라고 정하고 있다.[113] 공장용지인 이상 분리과세나 별도합산 중 하나에는 해당해야 하므로, 도시지역이 아닌 공장의 부속용지는 지역개념이 없는 건축물 일반에 관한 별도합산 규정으로[114] 넘어간다.

건축물 바닥면적과[115] 견주어 일정범위를 벗어나는 부속토지라든가 실상 별 필요도 없는 건물을 억지로 지어둔 토지[116] 따위는 옛 용어로 공한지이고 지금 용어로는 비주거용 건물의 부속토지가 아니므로[117] 종합합산으로 넘어간다. 무허가 건축물이나

108) 지방세법시행령 제103조 제1항 제2호. 대법원 2017. 3. 15. 선고 2016두58406 판결. 아래 VII.2.
109) 지방세법시행령 제101조 제3항.
110) 지방세법 제106조 제1항 제3호 가), 라).
111) 지방세법시행령 제101조 제1항 제1호.
112) 대법원 2023. 9. 14. 선고 2021두40027 판결. 앞 V.2.
113) 지방세법시행령 제101조 제1항 제1호.
114) 같은 영조항 제2호.
115) 지하를 포함해서 가장 넓은 면적. 대법원 2015. 6. 24. 선고 2012두7073 판결.
116) 같은 영조항호 나).
117) 지방세법 제106조 제1항 제1호, 지방세법시행령 제101조 제1항 제1호 제2호.

사용승인을 안 받은 건축물의 부속토지도 종합합산한다.[118]

제 8 절 종합합산 토지

주택 부속토지, 분리과세토지, 별도합산 토지를 제외한 다른 토지(≒공한지, 비업무용토지)는 다 종합합산(綜合合算)해서 별도합산보다 무거운 누진세(累進稅) 부담을 지운다. 어림잡아 예전 용어의 공한지로 나대지나 잡종지가 그에 해당한다. 건설사업자의 사업용 토지도 나대지나 잡종지는 종합합산 대상이다.[119] 건축물 부속토지로서 기준면적을 넘는 바람에 분리과세나 별도합산에서 빠지는 것도 종합합산.

〈헌법재판소 2008. 11. 13. 2006헌바112등 결정[120]〉

종합합산 과세대상인 토지에 대한 종합부동산세는…토지는 원칙적으로 생산이나 대체가 불가능하여 공급이 제한되어 있고, 우리나라의 가용토지 면적은 인구에 비하여 절대적으로 부족한데다가 토지 소유의 편중 현상마저 심각한 반면에, 모든 국민이 생산 및 생활의 기반으로서 토지의 합리적인 이용에 의존하고 있는 등 그 사회적인 기능에 있어서나 국민경제의 측면에서 다른 재산권과 같게 다룰 수 있는 성질의 것이 아니므로 공동체적인 이익이 보다 더 강하게 관철될 것이 요구된다…

종부세법은 종합합산과세대상 토지에 대해 별도합산과세대상 토지에 비하여 과세표준 산정 시 공제되는 금액은 낮게, 세율은 높게 정하고 있기는 하다. 그러나…별도합산과세대상 토지는…업무 또는 경제활동에 활용되는 가치가 있는 토지인 점…무엇보다도 우리나라의 가용 토지 면적이 협소한 점, 비업무용 토지에 대한 투기적 수요 억제를 억제하여야 할 공익적 요청이 중대한 점 등을 종합하여 보면…조세평등주의에 위반된다고 볼 수 없다.

Ⅰ. 재산세 = 지자체별 종합합산, 종부세 = 전국합산

지방세법 제111조 (세율) ① 재산세는 제110조의 과세표준에 다음 각 호의 표준세율을 적용하여 계산한 금액을 그 세액으로 한다.

1. 토지

118) 지방세법시행령 제101조 제1항 단서.

119) 주택신축용 토지의 예외는 조세특례제한법 제104조의19.

120) 2022헌바238등 결정에도 거의 같은 내용이 있다.

가. 종합합산과세대상…(1000분의2에서 1000분의4까지 누진세율)

종합부동산세법 제12조 (납세의무자) ① 과세기준일 현재 토지분 재산세의 납세의무자로서 다음 각호의 어느 하나에 해당하는 자는 해당 토지에 대한 종합부동산세를 납부할 의무가 있다.

1. 종합합산과세대상인 경우에는 국내에 소재하는 해당 과세대상토지의 공시가격을 합한 금액이 5억원을 초과하는 자

종합부동산세법 제14조 (세율 및 세액) ① 종합합산과세대상인 토지에 대한 종합부동산세의 세액은 과세표준에 다음의 세율을 적용하여 계산한 금액(이하 "토지분 종합합산세액"이라 한다)으로 한다. (1천분의 10에서 1천분의 30까지 누진세율)

Ⅱ. 종합합산 범위

지방세법 제106조 (과세대상의 구분 등) ① 1. 종합합산과세대상: 과세기준일 현재 납세의무자가 소유하고 있는 토지 중 별도합산과세대상 또는 분리과세대상이 되는 토지를 제외한 토지

〈대법원 2017. 3. 15. 선고 2016두58406 판결〉

1. 토지에 대한 재산세 과세대상은 종합합산과세대상, 별도합산과세대상과 분리과세대상으로 구분되고…일정한 건축물의 부속토지는 별도합산과세대상으로서 종합합산과세대상보다 낮은 세율이 적용된다…지방세법의 위임에 따라…시행령은 재산세의 별도합산대상이 되는 건축물의 부속토지에 완공된 건축물뿐만 아니라 '건축 중인 건축물'의 부속토지도 포함하되, 과세기준일 현재 정당한 사유 없이 6개월 이상 공사가 중단된 건축물을 제외하고 있다…터파기나 구조물 공사와 같이 건물을 신축하기 위한 공사에 착수한 경우는 물론 그보다 앞서 건물의 신축에 필수적으로 전제되는 작업을 하는 경우에도 건물의 신축공사를 실질적으로 실행한 것으로 볼 수 있다면 그 시점에 이미 공사에 착수한 것으로 보아야 한다(대법원 1995. 9. 26. 선고 95누7857 판결 등 참조)…

원고는…2011. 3. 28. 피고로부터 건축허가를 받았다… 2012. 4. 2. 착공신고필증을 교부받았다…2012. 5. 31.까지 가설방음벽 설치, 단지 내 부지정리, 현장측량을 통한 이 사건 규준틀 작업(흙막이 작업을 위하여 철제 가이드빔을 설치한 것을 의미한다) 등이 이루어졌는데, 그 공사에 약 9,700만 원의 비용이 들었다…철제 가이드빔은 그 재료의 크기와 상태에 비추어 쉽게 이동이나 분리를 할 수 없어 단순한 가설물과는 다르고,

위 작업 이후 약 2개월 내에 정상적으로 흙막이 작업이 이루어졌다… 규준틀 설치 작업시점에 이미 건축물 신축공사를 시작하였다고 할 수 있으므로 그때부터 이 사건 건축물에 관한 굴착이나 축조 등의 공사에 착수한 것으로 보아야 한다.

제 9 절 2중과세 배제

종합부동산세법 제9조 (세율 및 세액) ③ 주택분 과세표준 금액에 대하여 해당 과세대상 주택의 주택분 재산세로 부과된 세액…은 주택분 종합부동산세액에서 이를 공제한다.

종합부동산세법 제14조 (세율 및 세액) ③ 종합합산과세대상인 토지의 과세표준 금액에 대하여 해당 과세대상 토지의 토지분 재산세로 부과된 세액…은 토지분 종합합산세액에서 이를 공제한다. …

⑥ 별도합산과세대상인 토지의 과세표준 금액에 대하여 해당 과세대상 토지의 토지분 재산세로 부과된 세액…은 토지분 별도합산세액에서 이를 공제한다.

농어촌특별세법 제5조 (과세표준과 세율) ① 농어촌특별세는 다음 각호의 과세표준에 다음 각호의 세율을 곱하여 계산한 금액을 그 세액으로 한다.…

8. 종합부동산세법에 따라 납부하여야 할 종합부동산세액: 100분의 20

종부세에서 공제할 재산세액은 종부세의 "주택분 과세표준 금액에 대하여…주택분 재산세(財産稅)로 부과된 세액," 또는 "토지의 과세표준 금액에 대하여 토지분 재산세로 부과된 세액"이다. 앞 제4절 III의 계산례로 돌아가 보자. 한의 종부세 840만원에서 공제할 주택분 재산세액은 얼마인가? 한주택이 낸 주택분 財産稅는 표준세액이 주택별 누진세율로 477만원, 도시지역분 재산세가 189만원, 지방교육세가 88만원이다. 얼마를 공제받는가?

1. 재산세의 일부만 공제: 종부세 공정시장가액비율만큼만

〈대법원 2023. 8. 31. 선고 2019두39796 판결〉

가. 피고는 2016. 11. 17. 원고가 과세기준일인 2016. 6. 1. 현재 보유 중인 주택, 종합합산과세대상 토지와 별도합산과세대상 토지(이하 '주택 등'이라 한다)에 대하여 2016년도 귀속 종합부동산세 2,387,526,780원과 농어촌특별세 477,505,350원을 부과하였다(이하 '이 사건 처분'이라 한다).

나. 이 사건 처분을 하면서 피고는 구 종합부동산세법 시행령…('이 사건 조항'이라 한다)에 규정된 '…{(주택 등의 공시가격을 합산한 금액 - 종합부동산세 과세기준금액) × 종합부동산세 공정시장가액비율 × 재산세 공정시장가액비율 × 재산세 표준세율}…'의 산식(이하 '이 사건 산식'이라 한다)에 따라 종합부동산세액에서 공제할 재산세액을 885,428,052원으로 산정하였다.

2. 관련 법령 등

2) 그런데 2005. 12. 31…개정된 지방세법, 2008. 12. 26…개정된 종합부동산세법은 재산세와 종합부동산세 모두 공시가격을 기초로 과세표준을 산정하되 부동산 시장의 동향과 재정 여건 등을 고려하여 일정한 범위에서 과세표준에 반영할 비율을 정할 수 있도록 재산세와 종합부동산세에 대하여 각각 적용되는 공정시장가액비율 제도를 도입하였다. 이에 따라 구 종합부동산세법…은 주택과 종합합산과세대상인 토지의 공정시장가액비율을 100분의 80으로…별도합산과세대상인 토지의 원칙적인 공정시장가액비율도 100분의 80으로 각각 정하고 있다. 또한 구 지방세법…는 토지의 공정시장가액비율을 시가표준액의 100분의 70으로, 주택의 공정시장가액비율을 시가표준액의 100분의 60으로 각각 정하고 있다.

3) 위와 같이 공정시장가액비율 제도가 도입되면서 2009. 2. 4…개정된 종합부동산세법 시행령…에서는 공제되는 재산세액의 계산을 '…주택 등의 과세표준에 대하여 주택 등의 재산세 표준세율로 계산한 재산세 상당액…의 산식(이하 '종전 산식'이라 한다)에 의하도록 하였으나, 2015. 11. 30…개정된 구 종합부동산세법 시행령의 이 사건 조항에서는 앞서 본 바와 같이 공제되는 재산세액의 계산을 이 사건 산식에 의하도록 규정하고 있다.

3. 판단

…2015. 11. 30…개정된 구 종합부동산세법 시행령에서는 공제되는 재산세액의 계산을 이 사건 산식에 의하도록 규정하였고, 이에 의하면 개정 전과는 달리 종합부동산세의 과세기준금액을 초과하는 영역에 대하여 부과되는 재산세액 중 일부만이 공제되는 결과에 이르게 되나…종합부동산세법…의 위임 범위와 한계를 벗어나 무효라고 볼 수 없다.

재산세 표준세액 477만원, 재산세 도시지역분 189만원, 지방교육세 88만원을 내었는데 얼마를 공제받는다는 말인가? 판결문의 나)에서 (주택 등의 공시가격을 합산한 금액 - 종합부동산세 과세기준금액) × 종합부동산세 공정시장가액 비율이라는 말은 현행법 용례로는 그냥 "종합부동산세의 과세표준"이다.121) 토지에 대해서는 판결문에 나

121) 종합부동산세법 제8조 제1항, 같은 법 시행령 제4조의3 제1항.

오는 용어가 아직 시행령에 그대로 있지만[122] 내용은 마찬가지. 종부세 과세표준 = (30억-12억) × 60% = 10.8억. 제4절 III. 다시 지방세법상(재산세) 공정가액비율 45%를 곱한 금액은 4.86억. "표준세율을 곱한다"는 말은 무슨 뜻인가? 표준세율이 누진세율이니 세율표로 계산한 세액이라 풀이할 여지가 있지만, 시행규칙의 신고서 서식대로 재산세 최고구간세율(현행법에서 주택은 4/1000)을 비례세율처럼 그냥 곱한다면[123] 공제할 재산세는 10.8억 × 45% × 4/1000 = 194.4만원. 표준세액 477만원과 견주면 공제받는 비율은 194.4/477 = 40.75%. 실상 이 비율은 최고구간세율(194.4)과 누진세율(477)을 섞어 계산한 것이라 이하 분석에 별 도움이 안 된다. 공시가격 30억원에 대한 누진율 재산세 477 대신 최고구간 세율로 가상적 재산세액을 계산해 두면 30억 × 45% × 4/1000 = 13.5억 × 4/1000 = 540만원. 종부세에서 공제받는 비율은 194.4/540 = 36% = 10.8/30. 10.8억원이란 제4절 III에서 본 종부세 과세표준. 30평분[124] 재산세 가운데 10.8평분이, 30억원에 대한 재산세 가운데 종부세 과세표준인 10.8억원분이 공제대상이라는 말이다.

복소유가 낸 재산세 표준세액 531만원 도시지역분 252만원 지방교육세 10.2만원 가운데 공제받을 금액이 얼마인가는 산식이 조금 더 복잡하다. 앞의 판결 나)에서 생략한 부분을 마저 채우면 공제받을 재산세 금액은 '(주택 등의 재산세로 부과된 세액의 합계액) × {(주택 등의 공시가격을 합산한 금액 - 종합부동산세 과세기준금액) × 종합부동산세 공정시장가액비율 × 재산세 공정시장가액비율 × 재산세 표준세율} ÷ (주택 등을 합산하여 주택 등의 재산세 표준세율로 계산한 재산세 상당액)'이다. 글귀만 조금 바뀐 현 시행령의 표현으로는 주택분 재산세로 공제받을 금액은 '(지방세법 제112조 제1항 제1호에 따라 주택분 재산세로 부과된 세액의 합계액) × {(주택분 종합부동산세의 과세표준) × (지방세…[125]공정시장가액비율) × (지방세…표준세율)} ÷ (주택을 합산하여 주택분 재산세 표준세율로 계산한 재산세 상당액'이다. 예전 공식의 (주택 등의

122) 같은 영 제5조의3 제1항, 제2항.

123) 표준세율이 누진세율이니 최고세율은 표준세율의 요소일 뿐이다. "표준세율을 곱한다"는 말은 표준세율로 계산한 세액이라 풀이하는 편이 오히려 자연스럽지만 산식 자체가 분모 분자에서 두 가지 개념을 구별하고 있다. 이 절의 논지에서는 사소한 부분이니 이하 계산에서는 그냥 최고세율을 곱한다.

124) 이하에서 평이라는 면적 개념을 쓰는 것은 재산세와 종부세에 공통되는 계산단위가 있는 편이 직관적으로 이해하기 쉽기 때문이다. 그냥 가액 얼마당 세액 얼마로 따져도 되지만, 가액이 공시가격, 재산세 공정시장가액비율을 곱한 금액, 종부세 공정시장가액비율을 곱한 금액으로 세 가지이다 보니 분석에 혼선을 준다. 뒤에 보듯 법령이나 판결의 혼선도 다 그 탓이다. 이하 '1평'이라는 개념은 토지라면 그대로 토지 1평이고 건물이라면 건물 1평과 그에 해당하는 부속토지를 묶은 개념이다. 분석에 필요한 도구적 단위개념을 들여다 쓰는 것뿐이다.

125) 재산세 공정시장가액비율을 정한 시행령 조문번호.

공시가격을 합산한 금액 - 종합부동산세 과세기준금액)이라는 말을 (주택분 종합부동산세 과세표준)으로 바꾸어 적은 것뿐이다. 어느 식이든 { } 부분은 앞 문단과 같다. (주택분 종합부동산세의 과세표준)은 (30억 - 9억) × (종부세 공정시장가액비율 60%) = 12.6억원이고, 다시 재산세 공정시장가액비율 60%를 곱하면 7.56억원. 거기에 재산세 최고세율 4/1000를 그냥 곱하면 { }부분이 3,024,000원. 거기에 (재산세 합계액)/(표준세율로 계산한 재산세 상당액)을 곱한 것이 공제받을 세액. 현행법을 찾아보면 분자(재산세 합계액)에 제112조 제1항 제1호라는 말이 나온다. 같은 법조항 제2호에 따른 재산세 곧 도시지역분이 아니라는 말이다. 복소유의 경우 제1호에 따른 재산세란 표준세액 531만원. 분모의 "주택을 합산하여 주택분 재산세 표준세율로 계산한 재산세 상당액"은?[126] 각 주택의 과세표준이 (10억 × 재산세 공정시장가액비율 60%) = 6억원, 3주택을 합산한 과세표준이 18억원이므로 재산세 상당액은 57만원 + (18억-3억) × 4/1000 = 657만원. 결국 302.4만원에 531/657을 곱한 금액을 공제받는다. 공제받을 세액은 302.4만원 × 531/657 = 2,444,055원. 244/531 = 50%. 한의 공제비율 40.75%보다 복의 공제비율이 50%로 더 높은 것은 재산세 공정시장가액비율이 한:복 = 45%:60%로 더 높기 때문이다.

한주택은 재산세 표준세액만도 477만원, 도시지역분, 지방교육세를 다 합하면 754만원을 넘는 세금을 내었는데 194.4만원만 공제받는다고? 이 의문은 재산세 표준세액만도 531만원을 낸 복에 대해서도 똑같이 생기고 이하 한을 보기로 든 분석은 복에게도 그대로 적용된다. 법률은 종부세 "주택분 과세표준 금액에 대하여…재산세로 부과된 세액"을 공제하라고 정하고 있다.[127] 공제대상이 주택분 "財産稅로 부과된 세액"이니 지방교육세를 공제 못 받는 것은 일단 글귀에 맞는다. 재산세 도시지역분은 재산세로 부과된 세액 아닌가? 글귀로는 재산세 맞다. 그렇더라도 역사를 돌이키면 도시지역분은 도시계획세라는 별도의 세금을 재산세에 억지로 묶은 것이니 종합부동산세법의 해석상으로는 재산세가 아니라는 다소 무리한[128] 풀이도 일응 받아들일 수도 있다. 논점을 좁혀서 표준세액 477만원 가운데에서도 194.4만원만 공제받다는 결과는 법에 맞는가? 종합부동산세의 "과세표준 금액에 대하여 해당 과세대상 주택의 財産稅로 부과된 세액"을 공제한다는 글귀에서 그런 해석이 나오는가? 현시행령은 법률 글귀의 풀

126) 1세대1주택의 경우 합산할 주택이 없으니 영(0)이라고 보면 분모가 영(0)이 되니 분수가 무한대가 되므로, 1세대1주택 세액이 그대로 분모가 된다고 보아야 한다. 가령 한주택의 경우 477/477 = 1로 지워지니 공제할 재산세액은 분자 부분 금액이다.

127) 종합부동산세법 제9조 제3항.

128) 도시지역분 재산세는 표준세액과 구별 없이 그냥 보통세이고 딱히 도시계획에 쓰는 돈이 아니다. 지방세기본법 제7조 제1항.

이로서 가능하거나 법률의 위임범위 안에 있는가? 그렇다는 것이 2023년 대법원 판결이고 이를 전제로 세액의 공제 등에 관하여 필요한 사항은 대통령령으로 정한다는 법률이 합헌이라는 것이 2024년 헌법재판소 결정이다.

〈헌법재판소 2024. 5. 30. 2022헌바238등 결정〉

…이중과세에 해당한다는 사실 그 자체만으로 헌법에 위반된다고 할 수는 없다… 위 시행령 조항들은 종부세가 재산세의 과세 부분과 그 외의 부분 사이에 안분하여 과세되도록 정하고 있고 그 결과 종부세의 과세표준 산정 시 공시가격 합산액에서 공제되는 일정 금액을 초과하는 영역에 대하여 부과되는 재산세액 중 일부만이 공제되게 되나, 이는 위 시행령 조항들이 종부세법…의 위임 범위 내에서 주택 등의 종부세액에서 공제되는 재산세액의 범위를 정하였기 때문이라 할 수 있다(대법원 2023. 8. 31. 선고 2019두39796 판결 참조)…종부세법…이 재산세액 전부를 공제할 것을 규정하지 않았다고 해서 이중과세로서 재산권을 침해한다고 할 수는 없다.

일단 한이 재산세 477만원 전체를 공제받지 못하는 것은 법의 글귀에 맞다. 재산세 과세대상 부동산 전체에 종부세 납세의무가 따르지는 않는다. 공시가격으로 쳐서 일정한 기준금액을 넘는 부분에만 종부세를 낸다. 가령 개인소유 주택이라면 1세대1주택이라면 12억원, 1세대다주택은 9억원을 넘는 부분에만 종부세를 낸다. 12억원짜리 주택 하나를 소유한 개인이라면 재산세를 몇백만원 내면 끝이고 종부세는 낼 것이 없다. 이제 주택값이 찔끔 올라서 종부세 과세표준 몇백만원이 생기고, 종부세로 몇만원을 낼 납세의무가 생긴다고 하자. 종부세 "과세표준 금액에 대하여…부과된 재산세"라는 글귀는 일단 이 몇만원 부분이라고 읽는 것이 자연스럽다. 대안으로 주택이나 합산대상 토지의 가액 전부를 종부세 과세대상으로 삼고 재산세액을 전액 공제하되 상한을 종부세액으로 정하는 방식을 생각할 수 있지만, 법의 글귀와 안 맞으니 입법론으로나 가능한 생각.[129] 해석론으로는 종부세 과세표준 금액에 대하여 부과된 재산세라는 말은 주택이든 별도합산이나 종합합산 토지이든 공시가격이 기준금액을 넘는 금액에 관한 재산세라는 뜻으로 읽는 것이 문리. 가령 공시가격이 12.1억원인 12.1평짜리 집(평당 1억원) 하나를 가진 사람이 낸 재산세가 121만원이고, 0.1평 내지 1천만원 부분(12.1억 - 12억)에 대해 낼 종부세가 5만원이라면 이 사람은 그 부분에 대한 재산세 1만원을 공제받고 종부세를 4만원 내면 된다. "종부세 과세표준 금액"이 0.1억원임은 틀림없고 그에 "대하여 부과된 재산세"가 1만원인 것도 틀림없다. 한의 경우 12억원 부분

129) 실상 법을 이렇게 적는 편이 훨씬 간단명료했을 것이다.

에 대한 재산세는 공제받지 못한다.

문제는 공정시장가액(公正市場價額)비율이다. 한의 종부세 과세표준은 (30억 - 12억) × 60% = 18억 × 60% = 10.8억원이다. 종부세는 18억원이 아니라 10.8억원, 10.8평 부분에만 내는 것 아닐까? 같은 생각을 재산세로 연장하면 공정시장가액비율이 45%이니 재산세도 30 × 45% = 13.5평 부분에만 과세한 것이라고 생각할 수 있다. 16.5평(=30 - 13.5)부분은 아예 재산세 과세도 안 한 것이고 2.7평(=13.5 - 10.8) 부분은 재산세만 과세하는 것이니, 종부세도 매기고 재산세도 매기는 부분은 10.8평, 10.8억원 부분으로 그 부분 재산세만 공제해주면 된다는 생각에 이르게 된다. 10.8억원 부분에 대한 재산세를 4/1000 비례세율로 산출한다면 10.8억 × 45% × (재산세율) = (30억 - 12억) × 60% × 45% × (재산세 최고세율 4/1000) = 194.4만원. 공제할 재산세액은 (공시가격합산액 - 과세기준금액) × (종부세 공정시장가액비율) × (재산세 공정시장가액비율) × (재산세율) = (종부세과세표준) × (재산세 공정시장가액비율) × (재산세율)이라는 산식에 이르게 되고, 이것이 결국 대법원 2119두39796 판결의 결론이다. 계산의 편의를 위해 30억원에 대한 가상적 재산세액을 최고세율 비례세로 계산해 두었던 금액 540만원(=30억 × 45% × 4/1000)과 견주면 194.4/540 = 10.8/30. 30평분, 30억원분 재산세 가운데 10.8평분, 종부세 과세표준 10.8억원 부분에 대한 재산세만이 공제대상이라는 말이다.

실상 2019두39796 판결은 몇 해 전에 나온 대법원 2015. 6. 23. 선고 2012두2986 판결과 2015. 6. 24. 선고 2012두7073 판결을 사실상 뒤집은 것이다.[130] 2015년 판결은 "공제되는 재산세액은 '(공시가격 - 과세기준금액) × 재산세와 종합부동산세의 공정시장가액비율 중 적은 비율 × 재산세율'의 산식에 따라 산정"해야 맞는다고 한다. 그 당시의 시행규칙은 현 시행령의 산식과 실질적으로 같은 내용을 정하고 있었지만 법령의 위임이 없으므로 행정청 내부의 행정명령일 뿐 구속력이 없다고 제친 뒤, 법률을 해석하면 무슨 뜻이 되는가를 따지면 위와 같이 된다는 것. 한주택의 보기에서는 재산세의 공정시장가액 비율이 45%로 종부세 60%보다 낮으니 종부세 과세표준 10.8억원 가운데 재산세와 종부세가 다 나오는 부분은 18억 × 45% = 8.1억원, 8.1평 부분, 종부세만 나오는 부분은 18억 × (60% - 45%) = 2.7억, 2.7평 부분. 8.1억원에 대한 최고세율 재산세 상당액은 (30억 - 12억) × 45% × 4/1000 = 8.1억 × 4/1000 = 324만원. 따라서 종부세 "과세표준금액(10.8억원)에 대하여 해당 과세대상 주택의 재산세로 부과된 세액"은 8.1억원 부분 324만원이니 이 324만원이 공제대상! 앞서 본 대법원 2019두39796 판결 및 현시행령에서 공제받을 금액 194.4만원과 견주면 (324) × (종부세 공정시장가액

130) 시행규칙 별표에 있던 내용이 시행령에 들어갔다는 점은 당면 논점에 아무런 영향이 없다. 당면 논점은 위임의 근거나 위임형식을 따지는 것이 아니고 명령의 내용이 법률해석상 가능한가이다.

비율 60%) = 194.4만원. 두 판결의 차이는 재산세액을 다 공제하는가 종부세 公正市場價額비율만큼만 공제하는가 바로 이 차이. 한편 이 보기의 사실관계와 달리 종부세 공정시장가액 비율이 재산세보다 낮다면, 2012두7073 판결의 논리로는 종부세 과세표준 전체가 2중과세 부분이므로 그 부분에 대한 재산세를 다 공제받을 수 있다. 두 가지 경우를 묶어 일반화하면 2중과세 부분이란 (공시가격 - 과세기준금액)에 두 가지 공정시장가액비율 가운데 낮은 쪽을 곱한 결과라는 것이 2012두7073 판결.

2. 어디가 틀렸나?

두 판결의 논리에서 어디가 다른가? 2015년의 대법원 2012두7073 판결은 재산세와 종부세 둘 다를 공정시장가액비율을 곱하기 전의 개념으로 계산한다. 한주택의 보기에서 종부세와 재산세에 공통되는 계산기반으로 일단 (30 - 12) = 18억원이라는 금액을 맞추어 잡은 뒤 거기에 각 공정시장가액비율을 곱해서 종부세를 매기는 부분과 재산세를 매기는 부분을 구한 뒤 둘의 관계를 따진다. 이 보기에서는 (18 × 45%) = 8.1 〈 (18 × 60%) = 10.8로 재산세 과세표준이 더 좁고 그 부분 재산세액은 18억 × 45% × 4/1000 = 324만원. 평당 재산세로 생각하면 재산세 과세표준 8.1평 × @40만원 = 324만원, 이것이 공제할 금액. 어, 그런데 재산세가 평당 40만원이라는 숫자는 어디에서 나왔지? 30평에 대한 최고세율 재산세 상당액 540만원이 30 × @18 = 540이 아니고, [13.5 × @40 + 16.5 × 영(0)] = 540이라고 본 것. 종부세 과세부분 10.8평을 재산세 과세부분인 13.5평 부분에 먼저 쌓아서 10.8평은 모두 평당 40만원의 재산세를 낸 부분이라고 본 거네. 꼭 그렇게 볼 이유가 있나? 종부세 과세표준을 재산세가 과세 안 된 16.5평부터 먼저 쌓아서 공제할 재산세는 영(0)이라는 논리도 오히려 서는데? 두 가지가 평행을 달리니 그냥 30 × @18 = 540으로 돌아가서, 10.8평 × @18 = 194.4만원, 이게 답이네. 이것이 2중과세 부담을 남길 수 있다는 2023년의 2019두39796 판결이다. 다시 보자.

〈대법원 2023. 8. 31. 선고 2019두39796 판결〉

종합부동산세의 과세기준금액을 초과하는 영역에서 종합부동산세가 재산세의 과세 부분부터 먼저 과세되는지 아니면 재산세의 과세 부분과 그 외의 부분 사이에 안분하여 과세되는지 여부에 의하여 주택 등의 종합부동산세액에서 공제되는 재산세액의 범위가 달라지게 된다…종합부동산세의 과세기준금액을 초과하는 영역에서 종합부동산세가 재산세의 과세 부분부터 먼저 과세되는지 아니면 재산세의 과세 부분과 그 외의 부분 사이에 안분하여 과세되는지 여부는 기본적으로 입법자에게 광범위한 입법형성의 자유가 주어진 영역이라고 할 것인데 구 종합부동산세법은 이를 대통령령으로 정하도록 위임하고 있다. 그 위임에 따라 2009. 2. 4. 대통령령 제21293호로 개정된 종합부동산세법 시행령에서는 공제되는 재산세액의 계산을 종전 산식에 의하도록 규정하여, 종합부동산세의 과세기준금액을 초과하는 영역에서 종합부동산세가 재산세의 과세 부분부터 먼저 과세되도록 하였다. 이에 의하면…종합부동산세의 과세기준금액을 초과하는 영역에[131] 대하여 부과되는 재산세액[132] 전액이 공제되는 결과에 이르게 된다. 반면 그 후 2015. 11. 30. 대통령령 제26670호로 개정된 구 종합부동산세법 시행령에서…이 사건 산식에…의하면…종합부동산세의 과세기준금액을 초과하는 영역에 대하여 부과되는 재산세액 중 일부만이[133] 공제되는 결과에 이르게 되나, 이는…종합부동산세가 재산세의 과세 부분과 그 외의 부분 사이에 안분하여 과세되도록 함으로써 주택 등의 종합부동산세액에서 공제되는 재산세액의 범위를 구체적으로 명확하게 하였기 때문이다. 따라서…재산세액 중 일부만을 공제하도록 하였더라도…종합부동산세법…의 위임 범위와 한계를 벗어나 무효라고 볼 수 없다.

맞나? 틀렸다. 한주택의 보기에서 현 시행령 및 대법원 2019두39796 판결은 재산세를 30평 × @18 = 540만원으로 매겼다고 전제한 뒤 종부세를 매기는 10.8억, 10.8평에 대한 재산세를 10.8 × @18 = 194.4만원이라고 구했다. 어딘가 틀렸는가? 공정시장가액비율이 하는 역할은 같은데, 재산세에서는 이것을 무시하고 종부세에서만 공정시장가액비율을 곱하는 잘못을 저지른 것. 30평 전체에 재산세를 매겼다고 전제하고 평당 재산세를 구한 뒤, 종부세는 18평이 아니라 10.8평에만 매긴다고 전제하는 것은 논리적 모순이다. 2019두39796 판결은 '재산세 = 재산 × 세율'이라는 식에서 재산과 세율을 서로 다른 전제 하에 계산했다. 재산은 공정시장가액비율을 곱해서 줄인 금액으로 계산하고 세율은 같은 비율을 곱하기 전의 재산가치로 계산한 까닭이다. 10.8 × @ 18 = 194.4만원이라는 계산에서 10.8억원이라는 숫자는 (30 - 12) × 60% = 10.8로 이미 30억원에 공정시장가액비율 60%를 곱한 개념이다. 한편 평당 또는 1억원당 18만원이라는 숫자는 30 × @18 = 18 × @18 + 12 × @18 = 540만원이니 공정시장가액비율을 안 곱한 개념이다. 논리를 맞추어 재산세와 종부세 둘 다를 공정시장가액비율 전의 숫자로 각 30평, 18평에 매긴다고 본다면 18평에 대해 매긴 재산세는 18 × @18 = 324만원이 맞다. 2012두7073 판결의 결론과 같다.

다른 한편 재산세와 종부세 둘 다를 공정시장가액비율을 곱한 숫자로 각 13.5평,

131) 한주택의 보기에서는 18평, 종부세과세표준으로는 10.8억원 부분.

132) 18평 × @18 = 18평 × 45% × @40 = 8.1억원 × 4/1000 = 324만원.

133) 324 × 60% = 194.4만원.

13.5억원과 10.8평, 10.8억원에 매긴다고 본다면 안분 문제가 생기고 2019두39796 판결의 논리로 돌아오지 않는가? 아니다. 이 개념에서는 [13.5 × @40 + 16.5 × 영(0)] = 540이니 10.8억원을 어느 쪽에에 안분할까라는 논점은 애초 논점 자체가 소멸한다. 13.5 × @40 = 540, 13.5억이 공시가격으로 30억, 평수로 30평이라는 집 전체를 나타내니 나머지 16.5억원, 16.5평이라는 개념이 애초 존재할 수가 없다. 종부세 과세표준 10.8억원이라는 개념은 30억원, 30평짜리 집을 60%인 18억원이라고 치면서 30억원 가운데 (30 - 12) = 18평, 18억원 부분을 18 × 0.6 = 10.8억원이라고 치는 개념이다. 재산세 과세표준 13.5억원이라는 개념은 30평, 30억원짜리 집을 30 × 45% = 13.5억원이라고 치는 개념이다. 종부세 과세가액에서 18억원이라는 말은 재산세 재산가액에서 13.5억원과 똑같은 30평 공시가격 30억원으로 논리적 동치가 되어야 한다. 한주택의 30억, 30평짜리 재산을 종부세에서는 60%만 잡아서 평당 가액을 18/30=0.6억원이라고 의제하고 있고 재산세에서는 45%만 잡아서 평당가액을 13.5/30=0.45억원이라고 의제하고 있다. 종부세 과세표준 10.8억원 곧 (18평 × 0.6억원)은 재산세 과세표준으로 치면 (13.5/18 × 10.8) = 8.1억원, 곧 (18평 × 0.45억) = 8.1억원. 그러니 공제받을 재산세는 540만원 가운데 8.1/13.5 부분으로 324만원. 다시 말하면 평당 재산세로 540/30 = @18만원을 내었으니 10.8억원분 곧 18평분 재산세는 18 × @18 = 324만원. 구태여 공식으로 나타내면 공제받을 재산세액은 (종부세 과세표준)/(종부세 공정시장가액비율) × (재산세 공정시장가액비율) × (재산세율) = (종부세 과세표준)/(종부세 공정시장가액비율) × 재산세 공정시장가액 비율 × 재산세율. (종부세과세표준)/(종부세 공정시장가액비율) = (공시가격 - 과세기준금액)이니 앞 공식은 결국 2015년의 2012두7073 판결과 같다.

입법사를 보아도 재산세 공제 글귀는 2중과세를 다 없애준다는 뜻이다.134) 일부만 공제한다는 생각은 없다. 결론 짓자면 2019두39796 판결은 그냥 틀렸다. 종부세법 시행령이 정하고 있는 산식은 공제할 재산세 계산에서 재산의 가액은 공정시장가액비율을 곱한 금액으로 계산하고 재산세율은 공정시장가액비율을 곱하기 전의 금액을 기준으로 계산한 세율을 곱하고 있어서 자체 모순이다. 이 산식으로 구한 금액은 종부세법 제9조 제3항, 제14조 제2항, 제14조 제6항에서 말하는 종합부동산세의 "과세표준 금액에 대하여…財産稅로 부과된 세액"이라는 말과 어긋난다. "財産稅로 부과된 세액"에 다시 종합부동산세 公正市場價額비율을 곱한 금액일 뿐이다.

134) "종합부동산세액 중 지방세인 재산세로 이미 부과된 부분은 이를 종합부동산세에서 공제하도록 하여 동일한 과세대상에 대하여 지방세로, 다시 국세로 과세하는 결과를 사전에 방지하고 있다." 헌법재판소 2008. 11. 13. 2006헌바112 결정. 앞 I.3.

제 27 장 취 득 세

제 1 절 취득세의 기본구조

지방세법 제20조 (신고 및 납부) ① 취득세 과세물건을 취득한 자는 그 취득한 날…부터 60일…이내에 그 과세표준에…세율을 적용하여 산출한 세액을…신고하고 납부하여야 한다.

지방세법 제7조 (납세의무자 등) ① 취득세는 부동산, 차량, 기계장비, 항공기, 선박, 입목, 광업권, 어업권, 양식업권, 골프회원권, 승마회원권, 콘도미니엄 회원권, 종합체육시설 이용회원권 또는 요트회원권(이하 이 장에서 "부동산등"이라 한다)을 취득한 자에게 부과한다.

지방세법 제6조 (정의) …1. "취득"이란 매매, 교환, 상속, 증여, 기부, 법인에 대한 현물출자, 건축, 개수(改修), 공유수면의 매립, 간척에 의한 토지의 조성 등과 그 밖에 이와 유사한 취득으로서 원시취득…, 승계취득 또는 유상·무상의 모든 취득을 말한다.

취득세의 주요쟁점은 네 가지이다: 1) 어떤 재산에 취득세를 물릴 것인가. 2) 언제 또는 무엇을 계기로 삼아 취득세를 물릴 것인가. 3) 취득가액은 어떻게 계산하는가. 4) 세율은 얼마인가. 1.1%에서 23.2%에 이르는 세율의 차이는 어떻게 평가해야 하는가. 3)의 문제는 기본적으로는 양도소득세나 법인세와 같고 소액증여에 세부담을 낮춰주는 특칙이 있다. '사실상 취득가액'이라는 말은 아래 제3절의 사실상 취득과는 무관하고 실제취득가액이라는 뜻이다. 제12장 제3절 II, 제21장 제1절. 시가의 개념은 제12장 제4절 4, 제22장 제3절 III.

제2절 과세대상 재산과 세율

취득세는 토지, 건물 등 부동산과 자동차 등 몇몇 동산 및 일정한 권리에 물린다. 실상 조문이 워낙 복잡한 중층구조로 되어 있을뿐더러 그 관계가 불분명해서 여러 가지 곤란한 법해석 문제가 생긴다.

취득세의 과세대상 재산(財産)은 크게 세 가지로 나눌 수 있다: 1) 토지, 건물, 자동차, 건설기계, 선박, 입목, 광업권 등처럼 국가가 등기·등록 제도로 관리하는 물건이나 권리. 2) 등기등록 대상이 아니지만 과세대상인 일정한 차량, 기계, 소형선박, 소형항공기 등. 3) 골프회원권처럼 사기업이 관리하는 일정한 회원권. 등기등록이 필요한 물건은 취득세를 내어야 등기등록을 받아주지만, 등기등록 전이더라도 사실상 취득하면 신고납세해야 한다. 회원권은 부동산소유권이 없는 단순한 지명채권이더라도 취득에 세금을 매긴다. 1), 2), 3)이 아닌 다른 재산은 아무리 비싼 것이더라도 취득세는 안 물리지만, 보석류처럼 개별소비세를 물리는 수가 있다. 승용자동차는 취득세와 개별소비세를 다 물린다. 취득세의 납세지는 부동산이라면 소재지, 차량이라면 원칙적으로 등록지, 기계장비라면 등록지, 이런 식으로 정해져 있다.[1]

세율은 재산마다 다르고 다시 취득원인마다 다르거나 취득자의 주관적 상황에 따라 달라진다. 가령 주택은 가격, 크기, 고급주택이나 별장인지, 유상취득인지 무상취득인지,[2] 취득자가 법인인지 개인인지, 기왕에 집이 몇 채나 있는지, 이런 요소가 다 세율에 영향을 미쳐서 세율을 정하는 법조문이 한없이 복잡하고 세율의 차이도 엄청나다. 그에 덧붙는 지방교육세와 농어촌특별세도 세율 찾기가 만만치 않다. 주택에 대한 세율은 1.1%에서 23.2% 사이이다. 온갖 경우의 수를 다 합하면 세율의 가짓수가 셀 수도 없다.

Ⅰ. 부 동 산

취득세에서 '부동산'이라는 말은 "토지 및 그 정착물"이[3] 아니라 "토지 및 건축물"이다.[4] 건축물이란 건축법상의 개념이지만, 글귀 그 자체에서 건물, 건물에 딸린

---

1) 지방세법 제8조. 대법원 2017. 11. 9. 선고 2016두40139 판결(시설대여용 자동차).
2) 부담부 증여에서 채무인수 부분은 유상. 지방세법 제7조 제11항, 제12항. 직계존속으로부터 부담부 증여받는다면 수증자가 변제자력을 증명해야 채무인수. 대법원 2025. 10. 16. 선고 2024두67238 판결.
3) 민법 제99조 제1항.
4) 지방세법 제6조 제2호.

종물 내지 시설물, 그 밖의 토지정착물을 뜻할 수밖에 없다. 토지의 정착물 내지 건축물을 다시 세분하는 것은 실제는 중요한 의미가 별로 없고, 훨씬 중요한 개념은 "주거용 건축물과 부속토지"를 한 단위로 묶은 주택(住宅)이라는 개념이다.[5] 한편 주택 아닌 다른 건축물의 부속토지는 재산세·종부세와 다르다. 취득세에서는 부속토지를 건축물과 묶어서 한 단위로 다루면서 이리저리 정하고 있는[6] 까닭에 실제로 의미 있는 구별은 부동산을 "건축물 및 부속토지"와 나대지로 일단 나눈 뒤 다시 전자를 주택과 비주택으로[7] 나누는 것. 세율구조는 부동산(不動産)에 대한 표준(default)세율이라는 일반 규정이 있고, 부동산 전체에 대해서 과밀억제권역 중과세 특칙과 대도시 중과세 특칙이 있다. 부동산 가운데 住宅은 따로 추려내어 표준세율과 복잡한 중과세 특칙이 따로 있다.[8] 사업용 건축물과 부속토지는 과밀억제권역 중과세 특칙을 다시 따로 두고 있다.

1. 주 택

달리 특칙이 없는 경우 住宅에 적용할 취득세 표준세율은 취득 당시의 가액에 따라 1%에서 3%에 이르는 누진세율이다.[9] 덧붙는 세금까지 합하면, 1세대 1주택(6억원 이하)의 매수라면 취득세 1%,[10] 지방교육세 0.1%,[11] 합계 1.1%. 1세대1주택이지만 9억원을 넘는 집의 매수라면 취득세 3%,[12] 지방교육세 0.3%,[13] 농어촌특별세 0.2%,[14] 합계 3.5%. 그러나 암호문 해독 같은 온갖 특칙이 있다. 비교적 손쉽게[15] 세율을 찾을 수 있는 보기로 1세대 2주택자로부터 서울시 등 조정대상지역[16] 안에 있는 3억원짜리

5) 지방세법 제11조 제1항 제7호. 제26장 제1절 III. 제2절. 주택과 오피스텔 세율차이는 합헌. 헌법재판소 2020. 3. 26. 2017헌바363등 결정. 재산세나 종부세와 달리 취득세에서 주택 여부는 공부 기준. 취득당시에는 아직 실제 용도를 모른다.

6) 지방세법 제13조 제1항(과밀억제권역 안 취득), 제4항 제1호(별장)와 제3호(고급주택).

7) 주거용 건축물이지만 건축법상 주택이 아닌 것도 있다. 가령 기숙사는 구조에 따라서 주택일 수도 있고 아닐 수도 있다. 주택법 제2조 제1호~제4호, 건축법시행령 제3조의5.

8) 지방세법시행령 제28조의2는 주택이더라도 소형기숙사 등을 주택 중과세대상에서 제외한다.

9) 지방세법 제11조 제1항 제8호.

10) 지방세법 제11조 제1항 제8호(가).

11) 1% × 0.5 × 0.2. 지방세법 제151조 제1항 제1호 본문.

12) 지방세법 제11조 제1항 제8호(다).

13) 3% × 0.5 × 0.2 = 0.3%. 지방세법 제151조 제1항 제1호 본문.

14) 2% × 0.1 = 0.2%.

15) 실제로 법을 찾아보라. '비교적 손쉽게'라는 말의 뜻을 알 수 있으리라.

16) 주택법 제63조의2. 기획재정부가 소득세법 제104조의2에 따라 테두리를 긋는 지정지역과는 다른 개념으로 다른 부동산대책과 묶어서 국토교통부가 테두리를 긋는다. 현재는 지정지역은 다 조정대상지역 안에 들어있고 후자의 양도소득세율이 전자보다 더 높아서 곤란한 해석문제를 낳는다. 논리가 궁하지만 양쪽 다에 해당한다면 세율이 높은 쪽으로 과세한다고 풀이할 수밖에 없다.

주택을 증여받는다면 취득세가 12%.[17] 이 취득세율을 찾자면 요건을 이루는 개념으로 주택, 1세대1주택, 조정대상지역, 시가표준액, 상속 아닌 무상취득, 양도인과 양수인의 특수관계, 중과기준세율, 고급주택, 이 개념을 다 확인해야 한다.[18] 지방교육세와 농어촌특별세도 쉽게 안 나오고 머리를 싸매고 법전을 뒤져야 한다. 찾아본 결과가 지방교육세 0.4%,[19] 농어촌특별세 1%.[20] 세 가지를 합하면 합계 13.4%. 그 밖에 몇 가지를 결론만 적는다면, 1세대 4주택은 매수든 무상취득이든 취득세 12%,[21] 지방교육세 0.4%,[22] 농어촌특별세 1%,[23] 합계 13.4%. 법인이 고급주택을 매수한다면 취득세 20%,[24] 지방교육세 0.4%,[25] 농어촌특별세 1.8%,[26] 계 22.2%. 한편 법인이 취득하는 주택이 고급주택이 아니라면 몇 채를 취득하든 취득세가 12%.[27] 무엇을 주택으로 치는지 주택수의 계산에도 여러 특칙이 있다.[28] 공공주택, 소형기숙사 등에는 주택 중과세를 배제하는 규정이 대통령령에 있다.[29]

2. 비주거용 건축물과 부속토지

건축물과 부속토지로서 주택[30] 아닌 것의 세율은 일단 不動産이라는 상위범주로 돌아가서 법 제11조 제1항의 일반규정에 따라 취득원인이 무엇인가에 따라서 상속 2.8%, 다른 무상취득(증여) 2.8%, 원시취득 2.8%,[31] 매매 등 기타 4%라는 세율을 적

17) 4% + 2% × 4 = 12%. 지방세법 제13조의2 제2항. 실상 이 세율을 찾자면 위 법조에 더해서 지방세법시행령 제18조의6, 법 제4조, 제11조 제1항 제2호, 제1호, 제7호.

18) 구체적으로 지방세법 제13조의2 제2항과 제3항, 제13조 제5항, 제11조 제1항 제1호, 제2호, 제7호, 시행령 제28조의3, 제28조의4, 제28조의6 제1항과 제28조 제4항, 지방세법 제4조 제1항, 제6조 제19호를 다 읽으면서 하나하나 따져보아야 세율을 계산할 수 있다.

19) (4% - 2%) × 0.2 = 0.4%. 지방세법 제151조 제1항 제1호(나).

20) (2% + 2% × 4) × 0.1 = 1%. 농어촌특별세법 제5조 제1항 제5호.

21) 4% + 2% × 4 = 12%. 지방세법 제13조의2 제1항 제3호, 제2항. 헌법재판소 2025. 2. 27. 2023헌바68 결정.

22) (4% - 2%) × 0.2 = 0.4%. 지방세법 제151조 제1항 제1호(나).

23) (2% + 2% × 4) × 0.1 = 1%. 농어촌특별세법 같은 조항호.

24) (4% + 2% × 4) + 2% × 4 = 20%. 지방세법 제13조 제5항, 제13조의2 제3항.

25) (4% - 2%) × 0.2 = 0.4%. 지방세법 제151조 제1항 제1호(가)단서, (나).

26) (2% × 3 + 2% × 6) × 0.1 = 1.8%. 농어촌특별세법 같은 조항호.

27) 4% + 2% × 4 = 12%. 지방세법 제13조의2 제1항 제1호. 헌법재판소 2024. 8. 29. 2021헌바131 결정(합헌). 이하 지방교육세와 농어촌특별세는 따로 안 본다.

28) 지방세법 제13조의3.

29) 지방세법시행령 제28조의2.

30) 단전단수 상태에서 넘겨받아도(도시 및 주거환경 정비법에 따른 매도청구) 주택. 대법원 2025. 11. 20. 선고 2025두33911 판결.

31) 수용재결이나 경락은 승계취득. 지방세법 제6조 제1호. 대법원 1987. 9. 22. 선고 87누476 판결; 2013. 11. 28. 선고 2013도459 판결↔2016. 6. 23. 선고 2016두34783 판결.

용한다. 공유물의 분할에 대한 세율은 2.3%이다. 합유물의 분할이나 총유물의 분할에 대한 세율도 2.3%라고 지방세법에 나오지만 그런 분할은 애초 불가능하다.

사업용 건축물과 부속토지를 과밀억제권역 안에서 취득한다면 중과한다. 가령 매매라면 8%.[32] 과밀억제권역 안에 있는 나대지를 사들여서 사업용 건축물을 신축한다면 나대지에 대한 세율은 아래 3. 과밀억제권역 안 건축물 신축에 대한 세율은 6.8%.[33]

3. 건물이 없는 토지

나대지는 법에 달리 언급이 없으므로 不動産이라는 상위범주로 돌아가서 위 2와 같이 제11조에 따른다. 토지 위에 시설이 있더라도 건물이 아닌 이상 부동산이라는 상위범주로 돌아가고 나대지와 마찬가지. 시설 자체에 대해서는 아래 4. 주택을 신축 또는 증축한 이후 해당 주거용 건축물의 소유자(배우자 및 직계존비속을 포함한다)가 부속토지를 취득하는 경우에는 주택의 취득으로 안 보므로[34] 그냥 부동산의 취득이다. 나대지를 취득하고 그 위에 집을 짓는 것이나 마찬가지라는 뜻이리라. 과밀억제권역 안에서 공장을 신설하거나 증설하기 위하여 취득하는 부동산은 사업용 건축물과 부속토지를 취득하는 것과 같은 세율로, 가령 매매라면 8%로 과세한다.[35] 대도시 부동산을 취득하는 사유가 법인설립, 지점 설치, 본·지점 전입이나 공장 신설·증설이라면 8%.[36] 중과제외 업종이라면 대도시 부동산도 기본세율이지만 1년 안에 해당 업종에 직접 사용해야 하기 시작해서 2년 이상 사용해야 한다.[37]

4. 건물정착물이나 토지정착물

토지정착물로서 건물이 아닌 것은 민사법상으로는 토지의 일부이지만 취득세에서는 별개의 과세대상 부동산으로 다루는 수가 있다. 곧, 토지에 정착하거나 지하 또는 다른 구조물에 정착하는 일정한 시설, 가령 수영장 등 레저시설, 저장시설, 접안시설, 급수·배수시설 따위는 토지와는 별개의 부동산으로서[38] 취득세를 과세한다. 실상 별개의 부동산으로 과세하는 것은 원시취득 정도일 것이고 위 3과 같다. 승계취득한다면 토지나 건물과 따로 거래할 수 있는 것이 아니므로 건물(지하)의 일부이거나 토지의

32) 4% + 2% × 2 = 8%. 지방세법 제13조 제1항.

33) 2.8% + 2% × 2 = 6.8%.

34) 지방세법 제11조 제4항.

35) 지방세법 제13조 제1항.

36) 4% × 3 - 2% × 2 = 8%. 지방세법 제13조 제2항.

37) 지방세법 제13조 제3항.

38) 지방세법 제6조 제4호.

일부일 뿐이다. 비례세율이므로 승계취득하는 시설에 따로 값을 매겨서 취득세를 따로 내든 토지·건물 취득가격의 일부를 시설에 안분하든 아무 차이가 없다. 승계취득하는 정착물은 일단 건물과 부속토지에 포섭해서 위 1의 주택에 관한 규정이나 위 2의 비주거용 건축물 및 부속토지에 대한 규정을 먼저 적용하고 위 3의 부동산에 대한 규정은 보충적으로 적용한다.

Ⅱ. 다른 권리

선박,[39] 차량, 기계장비, 항공기, 입목, 광업권, 과세대상 회원권 각각에 대해서 과세대상의 성질이나 취득원인별로 2%에서 5% 사이의 비례세율로 표준세율이 따로 있다.[40] 과밀억제권역 안에서 공장을 신설하거나 증설하기 위하여 취득하는 것이라면 중과한다.[41]

Ⅲ. 과점주식

지방세법 제7조 (납세의무자 등) ⑤ 법인의 주식 또는 지분을 취득함으로써…과점주주…가 되었을 때에는 그 과점주주가 해당 법인의 부동산등…을 취득(법인설립 시에 발행하는 주식 또는 지분을 취득함으로써 과점주주가 된 경우에는 취득으로 보지 아니한다)한 것으로 본다…

지방세법 제10조의6 (취득으로 보는 경우의 과세표준) ④ 제7조 제5항 전단에 따라 과점주주가 취득한 것으로 보는 해당 법인의 부동산등의 취득당시가액은…그 부동산등의 총가액을 그 법인의 주식 또는 출자의 총수로 나눈 가액에 과점주주가 취득한 주식 또는 출자의 수를 곱한 금액으로 한다…

〈헌법재판소 2016. 6. 30. 2015헌바282 결정〉

이 사건 법률조항은 비상장법인의 과점주주가 된 경우 해당 법인의 자산에 대한 관리·처분권을 취득하게 되므로 실질적으로 해당 법인의 자산을 취득한 것이나 다름없게 되어 공평과세 및 실질과세원칙상 취득세를 과세하는 것으로서, 취득세가 재산의 이전이라는 사실 자체를 포착하여 거기에 담세력을 인정하고 세금을 부과하는 유통세

---

39) 대법원 2014. 6. 26. 선고 2014두3945 판결(floating dock).

40) 지방세법 제12조.

41) 지방세법 제13조 제1항.

라는 점 등에 비추어 입법목적의 정당성 및 방법의 적절성이 인정된다…결국 이 사건 법률조항은 과잉금지원칙에 위배되어 과점주주의 재산권을 침해하지 않는다.

가령 원출자라는 사람이 현금출자로 세운 회사가 부동산 등을 산다면 회사가 취득세를 내고 원이 다시 내지는 않는다. 회사가 이미 부동산을 산 뒤 그 주식을 양수남이 산다면[42] 양은 취득세(속칭 간주취득세)를 낸다. 출자자의 제2차납세의무 같은 명문규정은[43] 없지만 간주취득세에서도 주식에 실질적 지배력이 필요하다는 것이 판례.[44] 과점주주군 내부의 주식변동은 과세대상이 아니다.[45]

Ⅳ. 과세대상재산에 대한 실질적 소유권이 있는 위탁자의 지위

과점주식과 비슷한 느낌으로, 신탁법에 따른 위탁자 지위의 이전이 신탁재산에 대한 실질적 소유권 변동을 뜻한다면 새로운 위탁자가 신탁재산을 취득한 것으로 본다.[46]

소득세법이나 법인세법과 달리 지방세법에는 신탁을 투시해서 수익자에게 취득세를 과세한다는 명문규정이 없다. 민사법으로 돌아가면 신탁법상의 신탁에서는 소유권이 대내외로 수탁자에게 넘어가고[47] 위탁자에게는 신탁계약에 따른 채권만 있을 뿐 신탁재산에 대한 권리가 없다. 따라서 수탁자에게 취득세 납세의무가 일단 생기지만 법은 명문의 규정으로 비과세한다.[48] 소유권이 수탁자에게 넘어간 이상 위탁자의 지위 내지 권리를 이전받는 제3자에게는 취득세 납세의무가 없다는 것이 판례.[49] 그러나 이

42) 민사법 기준. 대법원 2013. 3. 14. 선고 2011두24842 판결. 실제 주주가 아니라고 본 사례로 대법원 2018. 11. 9. 선고 2018두49376 판결과 2019. 3. 28. 선고 2015두3591 판결. 회사가 수탁자에게 신탁한 부동산에는 납세의무가 없다. 대법원 2014. 9. 4. 선고 2014두36266 판결.

43) 국세기본법 제39조 단서, 지방세기본법 제46조 단서. 회사가 못 내는 경우 원의 제2차납세의무는 제5장 제5절 II.2.

44) 대법원 1999. 12. 28. 선고 98두7619 판결과 98두12161 판결; 2016. 3. 10. 선고 2011두26046 판결; 2018. 10. 4. 선고 2018두44753 판결(워크아웃); 2019. 3. 28. 선고 2015두3591 판결; 2021. 5. 7. 선고 2020두49324 판결. 과점주주가 회사자산을 취득한 것으로 보고 취득세를 물려도 합헌이다. 헌법재판소 2012. 3. 29. 2010헌바377 결정; 2016. 6. 30. 2015헌바282 결정. 제5장 제5절 II. 2.

45) 대법원 2007. 8. 23. 선고 2007두19027 판결; 2013. 7. 25. 선고 2012두12495 판결; 2017. 5. 31. 선고 2014두13706 판결; 2018. 10. 4. 선고 2018두44753 판결; 2021. 5. 7. 선고 2020두49324 판결. 지주회사 특례는 지방세특례제한법 제57조의2 제3항 제3호. 대법원 2017. 4. 13. 선고 2016두59713 판결을 뒤집은 것.

46) 지방세법 제7조 제15항.

47) 대법원 2002. 4. 12. 선고 2000다70460 판결; 2025. 9. 25. 선고 2025두33790 판결.

48) 지방세법 제9조 제3항. 신탁등기에 따른 부동산 이전이 아니고 신탁한 현금으로 수탁자가 부동산을 취득하는 것은 과세대상. 대법원 2000. 5. 30. 선고 98두10950 판결; 2003. 6. 10. 선고 2001두2720 판결; 2013. 1. 10. 선고 2011두532 판결.

를 내치면서 현행법은 "실질적 소유권"이 있는 위탁자로부터 그 지위 내지 권리의무를 이전받는 것도 취득이라는 명문규정을 새로 두었다.[50] 이 논리에서는 수탁자는 비과세 규정을 기다릴 것 없이 소유권 취득에도 불구하고 애초 납세의무가 안 생긴다고 보게 된다.

결국 현행법 해석론으로는 위탁자 본인이나 특수관계인을 수익자로 하는 위탁자 지배형 신탁이라면 위탁자를 그런 실질적 소유권자라고 보아야 할 것이다. 담보신탁의 후순위 수익자나 처분신탁·사업신탁의 수익자는 대체로 위탁자의 지위를 겸병하기 마련이고, 그런 위탁자 겸 수익자도 실질적 소유권자라고 보아야 옳으리라.[51] 나아가 담보신탁의 후순위 수익권을 양수한 자가 이를 제3자에게 다시 양도하는 것도, 위탁자가 제 지위를 넘기는 것은 아니지만 취득세 과세대상이라고 풀이할 수밖에 없다. 실질적 소유권자 내지 위탁자의 지위를 물려받았던 자가 그 지위를 넘기는 것이니 제3자는 실질적 소유권을 취득하는 것이다. 양도계약 자체는 수익권 양도계약이더라도 그 계약에는 물려받은 위탁자 지위의 양도가 내재되어 있다고 보아야 한다. 유언대용신탁에서는 위탁자가 살아있는 동안은 수익자의 권리는 무의미하고[52] 위탁자가 죽어서 원물에 관해 수익권이나 급부청구권이 생기는 것은 원물의 상속취득에 해당한다.[53]

제 3 절 취득이란?

취득세는 제2절에서 본 과세대상 재산을 "취득"한 자에게 부과하고, 취득이란 事實上 취득을 포함한다. 취득세는 사실상 취득을 포함해서 취득의 개념에 포섭할 수 있는 요건사실이 있어야 물릴 수 있다.

> 지방세법 제6조 (정의) …1. "취득"이란 매매, 교환, 상속, 증여, 기부, 법인에 대한 현물출자, 건축, 개수(改修), 공유수면의 매립, 간척에 의한 토지의 조성 등과 그 밖에 이와 유사한 취득으로서 원시취득…, 승계취득 또는 유상·무상의 모든 취득을 말한다.

49) 대법원 2018. 2. 8. 선고 2017두67810 판결.

50) 지방세법 제7조 제15항.

51) 제12장 제2절 6. 자본시장법에 따른 투자신탁은 사업신탁이고 자산운용사와 투자신탁회사(신탁재산을 소유한 은행)의 관계를 신탁이라고 보지만, 실질적 소유자는 자산운용사가 아닌 투자자(수익자). 위탁자 지위의 이전(자산운용사의 교체)에 세금을 물릴 이유도 없고 애초 취득세 과세대상인 경우를 생각하기도 힘들다.

52) 신탁법 제59조.

53) 대법원 2025. 9. 25. 선고 2025두33790 판결(처분대금 수익권⊄부동산 취득). 제25장 제2절 I.

지방세법 제7조 (납세의무자 등) ① 취득세는 부동산, 차량…입목, 광업권, 어업권…회원권(이하 이 장에서 "부동산등"이라 한다)을 취득한 자에게 부과한다.

② 부동산등의 취득은 「민법」…등 관계 법령에 따른 등기·등록 등을 하지 아니한 경우라도 사실상 취득하면 각각 취득한 것으로 보고 해당 취득물건의 소유자 또는 양수인을 각각 취득자로 한다. 다만, 차량, 기계장비, 항공기 및 주문을 받아 건조하는 선박은 승계취득인 경우에만 해당한다.

지방세법 제20조 (신고 및 납부) ① 취득세 과세물건을 취득한 자는 그 취득한 날…부터 60일…이내에 그 과세표준에…세율을 적용하여 산출한 세액을…신고하고 납부하여야 한다.

④ 제1항…의 신고·납부기한 이내에 재산권과 그 밖의 권리의 취득·이전에 관한 사항을 공부(公簿)에 등기하거나 등록[등재(登載)를 포함한다. 이하 같다]하려는 경우에는 등기 또는 등록 신청서를 등기·등록관서에 접수하는 날까지 취득세를 신고·납부하여야 한다.

취득이라는 개념의 포섭범위는 어디까지인가? 종래 지방세 '학계'에 취득의 본질과 관련한 형식적 취득설(형식설)과 실질적 취득설(실질설)의 논쟁이 있다고 하고, 꼭 같은 개념인지 아닌지도 잘 모르겠지만 유통세설과 재산세설의 논쟁이 있다고도 한다. 형식설(유통세설)이란 재산을 매수하는 자는 담세력에 있어서 잉여가 있다는 점을 추단할 수 있으므로 특정한 재산을 취득하는 경우에는 그 취득사실 자체에 대하여 과세하는 것이며, 실질설(재산세설, 실질적 소유권 취득설, 실질적 가치취득설)은 취득자가 그 재화의 취득으로 인하여 재화를 사용·수익·처분하는 것을 기준으로 과세하는 것이라고 한다. 형식설이란 '등기로 인한 민법상 물권변동이 있으면 과세대상' 이라는 입장이라고도 하고 실질설이란 '과세대상자산의 실질적인 사용·수익권 취득이 있어야 과세대상'이라는 입장이라고도 한다.

'학계'의 이런 '학설'들은 용어의 정의가 사람마다 달라서 혼선만 주고, 판례를 보면 세 가지 서로 다른 생각이 드러난다. 1) 소유권 취득이라는 형식이 있다면 모두 취득세를 물려야 한다. 2) 소유권 취득이 없더라도 다음 단계의 전득자(선의 또는 악의의 전득자)가 소유권을 유효하게 취득하거나 취득할 가능성이 있다면 취득세를 물려야 한다. 3) 소유권을 유효하게 취득해야 취득세를 물린다. 우선 3)처럼 소유권의 취득이 있다면, 과세시기가 언제인가(권리취득 시기인가, 사실상 취득시기인가)는 별론으로 하고, 취득세 납세의무가 생기는 것은 분명하다.[54] 논란이 이는 부분은 무권리자

54) 대법원 판결은 연부로 취득하면 각 연부금 지급일에 일부씩 취득한다고 시행령대로 풀이하고 있다.

에게도 1)과 2)처럼 취득세를 물릴 수 있는가, 물린다면 그 범위는 2)인가 아니면 더 넓혀서 1)인가, 아니면 다른 답인가, 이 과세범위와 사실상 취득이라는 개념은 어떤 관계에 있는가, 이런 문제이다. 용례 한 가지만 미리 정하고 가자면 이하에서는 앞 1)의 생각을 이전등기설이라고 부르기로 한다. 종래 '학설'의 형식설이라는 것이 이전등기라는 형식에 취득세를 물리자는 주장이라면 같은 말이지만, 형식설이라는 말을 다른 뜻으로 쓰는 사람도 있어서 이전등기설이라는 새로운 말을 쓰기로 한다. 이전등기'설'이라는 새 '학설'을 내는 것은 전혀 아니고 앞 1)의 여덟 낱말로 요약한 일부 판례의 입장을 낱말 하나로 줄여쓰려는 것뿐이다.

Ⅰ. 제1항: 권리 취득 v. 이전등기설

제7조 제1항은 과세대상 재산의 소유권이나 과세대상 회원권의 취득에 취득세를 물린다. 제1항만 놓고 보면 부동산, 차량, 기계장비, 항공기, 선박, 입목을 취득한다는 말의 평이한 뜻은 소유권을 취득한다는 뜻일 수밖에 없고, 광업권, 어업권, 양식업권, 과세대상인 각종 회원권을 취득한다는 말은 그런 권리를 취득한다는 뜻이다. 취득이란 "원시취득, 승계취득 또는 유상·무상의 모든 취득"이다. 어떤 형식이나 원인이든 제7조 제1항에서 정하는 재산의 소유권이나 권리를 취득하면 취득세 납세의무가 생긴다.[55]

권리의 취득은 대부분 승계(承繼)취득이다. 신고납세라고는 하지만 부동산이나 자동차처럼 등기등록해야 소유권이 생기는 재산이라면 취득세를 내어야 등기등록을 받아준다.[56] 소유권 취득에 등기등록이 필요하지 않은 재산은 인도 등 소유권이전 시점에 납세의무가 생긴다. 한정승인을 하더라도 상속에는 납세의무가 생기지만[57] 상속인의 고유재산에도 취득세를 강제집행할 수 있는지는 논란이 있다. 신탁법상의 신탁계약이나 그 종료로 인한 위수탁자간 소유권 이전이나 수탁자 교체도 무상의 소유권 취득이지만 다시 취득세를 비과세하는 명문규정이 있다.[58] 제2절 Ⅳ. 수탁자로부터 수익자

대법원 1998. 10. 11. 선고 86누703 판결. 법률글귀에서 나오는 해석은 아니다. 연부기간이 부과제척기간(현행법에서 7년)을 넘는다면 구조적으로 세수누락이 생긴다. 매도인의 양도소득세는 잔금청산이나 등기가 있어야 신고하므로 상호검증도 안 된다.

55) 남으로부터 넘어오는 것이 아니고 환지처분, 분양처분, 공유물 분할처럼 자신이 원래 가지고 있던 재산이나 권리의 모습이 바뀌는 경우 권리의 동일성이 유지되는가 아니면 새로운 취득이 있는가는 답이 분명치 않은 수가 많다.

56) 지방세법 제20조 제4항.

57) 대법원 2007. 4. 12. 선고 2005두9491 판결.

58) 지방세법 제9조 제3항. 신탁등기에 따른 부동산 이전이 아니고 신탁한 현금으로 수탁자가 부동산을 취득하는 것은 과세대상. 대법원 2000. 5. 30. 선고 98두10950 판결; 2003. 6. 10. 선고 2001두2720 판결; 2013. 1. 10. 선고 2011두532 판결. 지목변경에 따른 납세의무자는 수탁자. 대법원 2012. 6.

에 대한 소유권 이전은 비과세 규정이 없으므로 취득세를 낸다.59) 여럿이 건물을 신축하여 구분소유하기로 약정하고 공사를 완료한 후 공유로 소유권보존등기를 함과 아울러 바로 각자의 구분소유 부분에 관하여 소유권이전등기를 한 것은 취득세 비과세대상인 "공유권의 분할로 인한 취득"에 해당한다고 본 판결도60) 일응 분할로 인한 소유권취득이 과세대상임을 전제한 뒤 비과세규정에 해당한다고 본 뜻이리라.

부동산에 대한 소유권 이전등기는 취득세를 내어야 등기신청을 받아주기 때문에 진정한 소유권자이든 아니든 자기 앞으로 등기를 신청하려면 일단 취득세를 낼 수밖에 없다.61) 판례는 이 사실을 그대로 법으로 받아들여서 가담법 시행 이후 양도담보의 본질이 신탁적양도인지 담보권인지 아예 따지지 않은 채 채권자는 소유권자로 취득세를 내어야 하고62) 채권자로부터 다시 이전등기를 받거나 말소등기를 받는 채무자도 취득세를 내어야 한다고 풀이한다.63) 한편 주식을 양도담보로 잡는 채권자에게 간주취득세를 못 물린다는 판결은64) 양도담보로 주식을 명의개서하는 과정에 취득세 납부를 확인하는 절차가 있을 수 없다는 사실을 그대로 법으로 삼은 것이리라. 다른 한편 매매계약을 약정해제하면서 소유권을 회복하는 방법으로 말소등기를 하거나65) 소유권이전등기를 하는 것은 취득세 과세대상이 아니라는 판결도 있다.66)

원시(原始)취득은, 건물 신축, 공유수면 매립, 간척에 의한 토지조성 등 부동산의 취득이라면 과세대상이다.67) 건물(지하)정착물, 토지정착물, 토지구조물 정착물의 원시취득도 과세대상이고68) 지목변경으로 인한 가치증가도 과세대상.69) 신축건물의 원시취득자가 수급인이라면 수급인이 납세의무를 지고, 도급인 앞으로 등기하는 시점에서 도급인은 승계취득으로 납세의무를 진다.70) 과세대상 동산인 "차량, 기계장비, 항공기나

14. 선고 2010두2395 판결.

59) 다만 계약해제 원상회복이라면 과세 안 한다. 대법원 2020. 1. 30. 선고 2018두32927 판결.

60) 대법원 1994. 1. 25. 선고 93누21019 판결. 공유물 분할은 현행법에서는 과세. 지방세법 제11조 제1항 제5호.

61) 대법원 2020. 10. 15. 선고 2017두47403 판결.

62) 대법원 1980. 1. 29. 선고 79누305 판결; 1981. 7. 28. 선고 81다257 판결; 1982. 4. 13. 선고 81다531 판결; 1996. 4. 9. 선고 95누8638 판결

63) 대법원 1987. 10. 13. 선고 87누581 판결; 1999. 10. 8. 선고 98두11496 판결.

64) 대법원 2017. 5. 31. 선고 2014두13706 판결.

65) 대법원 1993. 9. 14. 선고 93누11319 판결.

66) 대법원 1986. 3. 25. 선고 85누1008 판결. 취득세를 안 내고도 일단 등기가 가능했던 사정은 모르겠다.

67) 지방세법 제11조 제3호. 국가가 원시취득하는 부분은 납세의무가 없다. 제9조 제1항. 과세시기는 쓰기 시작하는 날(사용승인일과 실제 승인일 중 빠른 날). 대법원 2023. 12. 28. 선고 2020두49997 판결.

68) 지방세법 제11조 제3호. 제19장 제3절 I.

69) 지방세법 제7조 제4항, 제10조의6 제1항. 대법원 2012. 6. 14. 선고 2010두2395 판결; 2019. 10. 31. 선고 2016두42487 판결(위탁자가 지목변경해도 납세의무자는 수탁자).

70) 대법원 2002. 2. 8. 선고 2001두2638 판결.

주문받아 건조하는 선박"의 원시취득에는 납세의무가 있는가? 법률 글귀만 따지면 제7조 제2항 단서는 "사실상 취득"에 대한 예외규정이다. 글귀로는 원시취득자가 소유권 취득자로서 제7조 제1항에 따라 납세의무를 지는 결과가 빚어지지만[71] 대통령령은 제2항 단서를 제1항에 대한 단서처럼 다루면서 세금을 안 물린다고 풀이한다.[72] 대통령령과 같은 논리로 건물준공과 동시에 기부채납하는 자는 소유권을 취득하더라도 취득세 납세의무가 없다는 판결도 있다.[73]

한편 제7조 제1항의 취득을 권리의 취득이 아니라 취득한다는 형식 내지 겉모습이라고 풀이한 판결도 있다.

> 제1항의 "부동산취득"이라 함은 부동산의 취득자가 실질적으로 완전한 내용의 소유권을 취득하는가의 여부에는 관계없이, 소유권이전의 형식에 의한 부동산취득의 모든 경우를 포함한다고 풀이함이 상당하다 할 것이다…명의신탁에 의하여 그 판시 부동산에 관하여 소유권이전등기를 경료하였다 할지라도 이는…제1항의 부동산의 취득에 해당[한다].[74]

부동산실명법에서는 소유권이 명의수탁자에게 애초 넘어가지 않고 명의신탁자는 소유자로서 넘긴 명의의 말소를 구할 수 있다.[75] 그렇다면 위 판결은 제1항의 취득이란 "소유권 이전의 형식" 내지 겉모습이라는 다른 전제('이전등기설') 하에서만 가능한 판시이다. 같은 판결을 연장하면 명의신탁의 해지로 등기명의를 돌려받는 자도 취득세를 내어야 한다. 실제 그런 판결이 있다.[76] 이 점은 아래 III.으로 미룬다.

II. 사실상 취득: 권리취득 시기와 과세시기의 시차(時差)

"등기·등록 등을 하지 아니한 경우라도 事實上 취득"하면 취득이라는 제7조 제2항의 글귀는 "등기 또는 등록과 관계 없이…事實上 이전"하면 양도라는 소득세법 글

71) 지방세법 제10조의5 제1항 제3호.

72) 지방세법시행령 제20조 제3항. 대법원 2013. 4. 11. 선고 2012두5763 판결(소비자가 납세의무).

73) 대법원 1984. 8. 21. 선고 84누188 판결; 1984. 12. 11. 선고 84누131 판결. 판례를 따른 입법으로 지방세법 제9조 제2항.

74) 대법원 1988. 4. 25. 선고 88누919 판결. 대법원 2002. 6. 28. 선고 2000두7896 판결도 같다. 부동산실명법 전의 판결로 대법원 1984. 11. 27. 선고 84누52 판결은 수탁자가 대외적 소유권을 취득한다는 이유를 들었다.

75) 대법원 1991. 5. 14. 선고 90누9872 판결 등. 민사판결로 대법원 2019. 6. 20. 선고 2013다218156 판결(명의신탁자의 등기말소청구권: 불법원인급여라는 이유로 대법관 4인은 반대).

76) 대법원 1991. 6. 11. 선고 90누8114 판결; 2002. 5. 28. 선고 2002두2079 판결.

귀와[77] 대구(對句)를 이룬다. 사실상 취득이라는 개념을 자연스럽게 사실상 이전과 맞추어서 읽는다면 사실상 취득이란 소유권 이전을 전제로 하지만 다만 時差가 있다는 개념이다. 당장 등기등록으로 소유권이 넘어오지는 않더라도 그에 맞먹는 사실상 지배력이 생기면 사실상 취득이라는 말이다. 제12장 제2절. 소유권 이전시기야 언제이더라도 아무튼 이전청구권이 있다면 사실상의 지배력이 넘어오는 시기에 취득세를 물린다는 말. 무상취득의 경우에도 소유권이 생기기 전에 사실상의 지배력이 생긴다면 사실상 취득하는 것은 마찬가지. 그런 뜻에서는 사실상 취득이라는 개념은 소유권(所有權) 이전, 적어도 소유권 이전청구권을 전제로 한다.[78] 사실상 취득자가 아직 등기를 이전받지 않은 상태에서 제 권리를 양도하여 양수인이 사실상 지배력을 얻는다면 양수인이 사실상 취득한 것이라고 보아야 한다. 유상이든 무상이든, 등기등록이 아니라 인도 등 사실행위로 소유권이 넘어가는 재산이라면 所有權 이전행위가 지배력의 이전을 수반하기 마련이므로 소유권의 이전과 사실상 취득이라는 개념은 같은 개념이 될 것이다.

무엇을 사실상 취득의 요건으로 삼을 것인가? 매매 등 유상계약에서는 사실상 취득이라는 말은 양도소득세에서 말하는 사실상 이전과 일단 글귀 자체로 거의 앞뒷면 관계에 있다. 가령 소유권 이전 전에 잔금을 미리 청산한다면 사실상 취득으로 취득세 납세의무가 생긴다.[79] 사실상 이전으로 양도소득세 납세의무가 생기는 것과 똑같다. 남은 잔금의 금액이 미미하다면 잔금을 청산한 것으로 본다. 잔금 지급 전에 매수인 지위를 양도한 자는 사실상 취득한 적이 없다.[80] 그러나 잔금청산과 지배력의 이전이 동치(同値)는 아니다. 잔금청산이란 그저 지배력의 이전을 추정하게 하는 사실일 뿐이다.

> "원고 회사가 보유하였던 이 사건 취득세 과세대상 물건을 포함한 일체의 조선관계 시설과 영업권 일체를 1974. 1. 1. 위 현대조선에 포괄양도 하고, 그 자산 일체를 양수도 대금 지급완료 여부와는 관계없이 현실적으로 당일로 그 인도를 완료하여 현대조선은 그때부터 조선관계 영업에 관한 원고 회사의 지위를 그대로 승계하여 그 시설의 사실상 소유자로서 이를 관리 운영하면서 그로 인한 영업상의 수익을 취득하여 온 것

---

77) 소득세법 제88조 제1호.

78) 이전등기를 안 한 상태에서 해제로 결국 소유권이 안 넘어간다면 사실상 취득개념에서 벗어난다. 지방세법시행령 제20조. 합의해제는 새로운 계약이지만 당초 계약에 따른 소유권 이전이 아직 없었다면 법정해제나 해제권유보에 따른 약정해제나 마찬가지.

79) 대법원 1994. 5. 24. 선고 93누23527 판결; 2003. 8. 19. 선고 2001두11090 판결; 2006. 2. 9. 선고 2005두4212 판결; 2008. 2. 28. 선고 2017두64897 판결; 2014. 1. 23. 선고 2013두18018 판결; 2017. 9. 12. 선고 2015두39026 판결; 2018. 2. 8. 선고 2017두67810 판결; 2018. 3. 15. 선고 2017두64798 판결. 재산세 판결로 대법원 2000. 12. 8. 선고 98두11458 판결; 2023. 8. 18. 선고 2023두37315 판결.

80) 대법원 2018. 2. 28. 선고 2017두64897 판결.

이라고 한다면 현대조선이 이 사건 과세대상 물건을 취득한 시기는 위 1974. 1. 1.이였다고 보는 것이…사실상으로 취득한 때를 취득세 대상의 취득으로 본다는 지방세법…의 취지에 비추어 오히려 당연하다…지방세법 시행령 제73조 제1항에서 "유상취득의 경우에는 그 계약상의 잔금지급일에(과세물건을) 취득한 것으로…본다"고 규정하고 있는 것은 사실상의 취득시기가 불분명하거나 사실상의 취득이 계약상의 잔금지급과 견련되었을 때의 그 취득 시기에 관한 의제일 뿐, 이로써 본건과 같은 현저하고 명백한 사실상의 취득시기가 배제되는 것이라고 할 수 없으므로…이 사건 과세물건의 취득시기를 1974. 1. 1.이라고 보고 있음은 정당하[다].[81)]

"사실상의 취득이라 함은 반드시 법률상 유효요건을 미리 갖추어 취득한 때를 의미하는 것이 아니고 장래 양도허가를 얻을 것을 조건으로 하여 현실적으로 양도, 양수가 이루어졌으면 그 후에 양도허가라는 조건이 성취되었어도 현실적인 양도, 양수가 있었을 때에 취득한 것으로 본다."[82)]

법 제7조 제2항에서 "사실상 취득을 취득으로 본다"고 적고 있지만, 所有權 이전도 취득이고 事實上 취득도 취득으로 세금을 두 번 물린다는 뜻은 아니다. 그저 소유권 이전과 사실상 취득 사이에 시차가 있다는 말일 뿐이므로 사실상 취득으로 취득세를 문(또는 부과제척기간이 지나간) 사람이 그 뒤에 소유권을 이전받는 것은 취득이 아니다.

매매계약을 체결하고 소유권이전등기에 앞서 매매대금을 모두 지급한 매수인은 계약상 또는 사실상의 잔금지급일에…'사실상 취득'에 따른 취득세 납세의무가 성립하는 것이고, 그 후 그 사실상의 취득자가 그 부동산에 관하여 매매를 원인으로 한 소유권이전등기를 마치더라도 이는 잔금지급일에 '사실상 취득'을 한 부동산에 관하여 소유권 취득의 형식적 요건을 추가로 갖춘 것에 불과하므로, 잔금지급일에 성립한 취득세 납세의무와 별도로 그 등기일에…제1항에서 규정한 '취득'을 원인으로 한 새로운 취득세 납세의무가 성립하는 것은 아니라고 할 것이다.[83)]

81) 대법원 1980. 2. 12. 선고 79누138 판결. 같은 뜻으로 대법원 1994. 5. 24. 선고 93누23527 판결(취득시기=인도받은 때); 2025. 10. 16. 선고 2025두33508 판결(현물출자로 발기설립, 취득시기=설립등기일).
82) 대법원 1980. 7. 22. 선고 79누136 판결.
83) 대법원 2013. 3. 14. 선고 2010두28151 판결.

Ⅲ. 사실상 취득: 권리자의 시차 v. 무권리자의 취득

한편 사실상 취득이라는 말을 소유권 등 권리의 취득시기와 대비되는 시차(時差) 개념이 아니라 그저 일정한 사실이 있으면 취득세 납세의무가 생긴다는 뜻으로 읽는 판결도 있다. 앞의 "등기·등록을 하지 아니한 경우"라는 말이 "소유권 취득을 하지 아니한 경우라도"라는 뜻이라면 사실상 취득이라는 개념이 소유권 취득을 전제로 한다는 말은 자체모순 아닐까? "등기·등록을 하지 아니한 경우"라는 말 앞에 "소유권 취득에 등기·등록이 필요한 재산에 관한"이라는 수식구를 덧붙여야 할 이유가 무엇인가? "등기·등록을 하지 아니한 경우라도 사실상 취득하면"이라는 말은 그저 "소유권 취득을 하지 아니한 경우라도 사실상 취득하면"으로 읽어야 옳지 않을까? "취득"이라는 동어반복 글귀를 빼고 다시 적자면 소유권이 안 생겨도 일정한 사실이 있으면 취득이라 본다고 풀이해야 옳지 않을까? 이런 입장에서는 소유권이라는 권리가 언젠가는 생길 필요조차 없고 사실상 취득이란 그저 취득세를 과세할 만한 계기를 이루는 어떤 사실이 있다는 말이 된다.

이 생각은 제1항의 취득을 권리취득이라는 뜻으로 읽지 않고 소유권 이전의 형식이라고 풀이하자는 이전등기설과 뒤섞인다. 무엇을 사실상 취득으로 보아 과세계기로 삼는가에 달려있지만, 가령 이전등기를 받았다는 사실도 사실상 취득에 들어간다고 보아 무권리자에게 세금을 물리자는 생각이라면 결과적으로 이전등기설과 같다.[84] 논거가 제1항인가 제2항인가 그 차이가 있을 뿐. 다른 한편 무권리자 앞의 이전등기는 이전등기설로 제1항에 따라 과세하면서 사실상 취득이라는 말의 요건사실을 사실상 지배력의 이전이라든가 아니면 그냥 제 이름으로 대금을 지급했다든가 기타 무언가 과세계기로 삼을 만한 일정한 사실이라고 풀이할 수 있는 가능성도 생긴다. 실제 판결례는 여러 가지 견해가 섞여 나오면서 결론도 엇갈리고 있다.

1. 명의신탁

양자간 명의신탁의 명의수탁자는 소유권이 안 생기지만 이전등기설로 과세함은 이미 보았다. "명의신탁에 의하여 그 판시 부동산에 관하여 소유권이전등기를 경료하였다 할지라도 이는…제1항의 부동산의 취득에 해당[한다]."[85] 한편 3자간 명의신탁에 관해서는 명의신탁자(원고)가 "부동산을 매수한 다음…원고 명의로 소유권이전등기를

84) 소유권도 안 생겼고 잔금청산도 안 했다면 신고납부한 취득세는 부당이득으로 돌려받을 수 있다. 대법원 2009. 2. 12. 선고 2008두11716 판결.

85) 대법원 1988. 4. 25. 선고 88누919 판결. 대법원 2002. 6. 28. 선고 2000두7896 판결도 같다. 부동산실명법 전의 판결로 대법원 1984. 11. 27. 선고 84누52 판결.

마치지는 않았지만, 매도인들에게 매매대금 전부를 지급함으로써 이 사건 부동산을 사실상 취득하였다"고 한다.[86] 명의신탁자는 원소유자로부터 이전등기를 받아올 권리가 있다는 점을 전제했을 수도 있으나 일단 판결문의 글귀는 매매대금을 지급했다는 사실만 들면서 사실상 취득이라고 적고 있다.

2. 양도담보

부동산에 대한 소유권 이전등기는 취득세를 내어야 등기신청을 받아주기 때문에 진정한 소유권자이든 아니든 일단 자기 앞으로 등기(登記)를 신청하는 자는 취득세를 낼 수밖에 없다. 판례는, 가담법 시행 이후 양도담보의 본질이 신탁적양도인지 담보권인지 아예 따지지 않는다. 그냥 채권자는 소유권자로 취득세를 내어야 하고[87] 채권자로부터 다시 이전등기를 받거나 말소등기를 받는 채무자도 취득세를 내어야 한다고 풀이한다.[88] 주식을 양도담보로 잡는 채권자에게는 간주취득세를 물릴 수 없다는 판결도[89] 주식이란 성질상 취득세와 무관하게 양도담보로 잡을 수 있다는 사실을 그대로 법으로 삼은 것이리라.

양도담보권자가 취득세를 내어야 하는 근거가 제1항의 취득인지 제2항의 사실상의 취득인지를 밝힌 판례는 없다. 민사법상 성질을 묻지 않고 납세의무를 지우는 것은 결국 자기 앞으로 소유권이전등기를 신청했다는 사실 그 자체에 납세의무를 인정하는 것이다. 그 근거가 이전등기설로 제1항인지 사실상 취득으로 제2항인지는 실상 용례의 혼선일 뿐이다.

3. 계약의 무효, 취소, 해제

> 이사건 부동산…은 소외 조현규의 소유였는데, 1989. 12. 16. 원고 앞으로…소유권 이전등기가 경료…원고회사는…이 사건 부동산을 매수하여 건물을 철거하고 그 토지상에…주택을 건축하기 위하여 1989. 2. 15. 소유자인 소외 조현규와 사이에 그 대금을 400,000,000원으로 정하여 매매계약을 체결… 건축허가를 받음과 동시에 "대금전액을

---

86) 따라서 이전등기를 받아오는 시점에 취득세를 다시 매기지는 않는다. 대법원 2007. 5. 11. 선고 2005두13360 판결. 부과제척기간은 7년. 지방세기본법 제38조 제1항 제2호 (나).

87) 대법원 1980. 1. 29. 선고 79누305 판결; 1982. 4. 13. 선고 81다531 판결; 1996. 4. 9. 선고 95누8638 판결. 한편 엇갈리는 판결로 가등기담보권에 터잡아 본등기를 받은 채권자도 정산절차 마무리 전에는 취득세를 안 물린다는 판결도 있다. 대법원 2001. 6. 12. 선고 2000두499 판결. ↔ 대법원 2022. 4. 14. 선고 2017다266177 판결.

88) 대법원 1987. 10. 13. 선고 87누581 판결; 1999. 10. 8. 선고 98두11496 판결.

89) 대법원 2017. 5. 31. 선고 2014두13706 판결. 주식 양도담보는 신탁적 양도이고 주주명부에 등록하면 주주권도 얻는다. 대법원 1995. 7. 28. 선고 93다61338 판결; 2018. 10. 12. 선고 2017다221501 판결.

지급하기로 하되…대금지급전에 원고명의로 소유권이전등기를 경료하기로 하고 만일, 건축허가를 받을 수 없을 때에는…원상회복"하기로 약정…건축허가 신청을 하였으나 1990. 1. 5…반려…재판상 화해…조서에 기하여 1990. 1. 25. 위 소유권이전등기를 말소…그런데, 취득세라 함은 부동산의 취득행위를 과세객체로 하여 부과하는 행위세이므로 그에 대한 조세채권은 그 취득행위라는 과세요건 사실이 존재함으로써 당연히 발생하고 일단 그 취득자가 적법하게 취득한 이상 그 이후에 발생한 사유를 가지고 이미 성립한 조세채권의 행사에 영향을 줄 수는 없다 할 것인 바, (대법원 1988. 10. 11. 선고 87누377 판결 참조), 위에서 본 원고와 소외 조현규 사이의 이 사건 매매계약은 위 인정사실에 의하면 원고가 이사건 부동산의 토지상에 건축허가를 얻지 못할 때 해제권을 유보하기로 한 약정해제권 유보부매매이거나 해제조건부 매매계약이라고 해석하여야 할 것이므로 원고명의의 소유권이전등기는 그 등기시에는 아무런 하자가 없는 적법한 소유권이전등기이고 다만 그 등기 이후에 생긴 사정 때문에 원고와 위 소외인 사이의 합의에 의하여 말소되었음이 분명하니 취득세 부과요건 사실인 취득이라는 객관적 사실은 위 등기로써 이마 충족되었음이 명백하고, 위 등기를 원인무효라고 볼 만한 아무런 사정이 없는 이상 원고명의로 소유권이전등기가 경료됨과 동시에 취득세 채권은 성립한 것이고, 그 이후에 위와 같이 유보된 약정해제권을 행사하였거나 해제조건이 성취되어 그 계약의 효력이 소급적으로 소멸하는 사법적효과가 생겼다고 하여 이미 취득이라는 행위가 발생함으로써 성립한 취득세 채권의 행사에 아무런 영향을 줄 수는 없다고 할 것이니, 위 인정과 같은 사유를 주장하여 이 사건 과세처분이 위법하다고 하는 원고의 주장은 이유없다.[90]

부동산 취득세는…취득행위라는 과세요건 사실이 존재함으로써 당연히 발생하고, 일단 적법하게 취득한 이상 그 이후에 매매계약이 합의해제되거나, 해제조건의 성취 또는 해제권의 행사 등에 의하여 소급적으로 실효되었다 하더라도 이로써 이미 성립한 조세채권의 행사에 아무런 영향을 줄 수는 없다…(대법원 1996. 2. 9. 선고 95누12750 판결; 1992. 5. 12. 선고 92누459 판결 등 참조).[91]

증여계약이 성립하면 그 자체로 취득세의 과세대상이 되는 사실상의 취득행위가 존재하게 되어 그에 대한 조세채권이 당연히 성립하고, 증여계약으로 인하여 수증자가 일단 부동산을 적법하게 취득한 다음에는 그 후 합의에 의하여 계약을 해제하고 그 부동산을 반환하는 경우에도 이미 성립한 조세채권의 행사에 영향을 줄 수 없다. 그런데 증여계약이 무효이거나 취소된 경우에는 처음부터 취득세의 과세대상이 되는 사실상의

90) 대법원 1992. 5. 12. 선고 92누459 판결.
91) 대법원 2001. 4. 10. 선고 99두6651 판결.

취득행위가 있다고 할 수 없[다].[92]

> 합의해제로 인하여…소유권은 당연히 원고에게 원상태로 복귀되는 것이라 할 것이므로…원상회복의 방법으로 소유권이전등기의 방식을 취하였다 하더라도…취득에 해당하지 않는다.[93]

취소를 약정해제권의 행사나 법정해제와는 다르고 무효와 같다고 보는[94] 이유는 아예 설시가 없고 반드시 그래야 하는가도 의문이 생긴다. 합의해제로 소유권을 되돌리는 이전등기를 하더라도 매수인이 취득세를 못 돌려받는다는 말은 당초의 매매로 인한 소유권 이전이 일단 유효했다는 말이고, 그렇다면 합의해제로 이전등기를 되돌려 받는 원소유자가 취득세를 안 내어도 된다는 생각과는 앞뒤가 안 맞는다. 권리변동, 사실상의 취득, 등기이전설, 어떤 개념으로도 앞뒤를 맞출 길이 없다. 위 네 판결에서 모순이 없는 최대한은 원시적 무효라면 제7조 제1항의 권리취득에 포섭하여 과세할 수 없다는 것뿐이지만, 이 생각조차도 명의신탁이나 양도담보에 관한 앞 1), 2)의 판결과 어긋난다.

지방세법시행령은 매수인이 이전등기 전에 계약을 해제한다면 이미 사실상 취득했더라도 취득한 것으로 안 본다.[95] 소유권 이전이나 소유권 이전의 형식조차 없었던 경우를 말하는 것이니 이전등기설과는 논점이 다르다.

유동적 무효로 아직 토지거래허가를 못 받았다면 이미 잔금을 지급했더라도 허가일이 취득시기.[96]

4. 금융리스

자산의 소유에 따른 위험과 보상이 대부분 이용자에게 속하는 금융리스 계약의 민사법적 성질에 관해 판례는 리스회사(임대인)가 리스이용자(임차인)에게 물건을 임대하는 형식의 계약으로 체결되었다고 하더라도 실질적으로는 단순히 물건을 대여하는 것이 아니라 물건을 취득하는 데 소요되는 자금에 관한 금융이고 리스회사의 소유

92) 대법원 2013. 6. 28. 선고 2013두2778 판결. 그 밖에 대법원 1998. 12. 8. 선고 98두14228 판결.

93) 대법원 1986. 3. 25. 선고 85누1008 판결. 말소등기를 과세 안 한다는 판결로 대법원 1993. 9. 14. 선고 93누11319 판결; 1993. 9. 14. 선고 93누11319 판결; 2020. 1. 30. 선고 2018두32927 판결.

94) 합의해제하면서 취소로 가장했다고 본 사례로 대법원 2013. 6. 28. 선고 2013두2778 판결.

95) 지방세법시행령 제20조 제2항. 60일이라는 시간제약이 있다. 대법원 2016. 1. 28. 선고 2015두52012 판결.

96) 지방세법 제20조 제1항. 대법원 1997. 11. 11. 선고 97다8427 판결; 2012. 11. 29. 선고 2012두16695 판결↔2012. 12. 27. 선고 2012두19229 판결.

권은 담보권이라고 한다.[97] 그러나 취득세 사건에서는 전혀 달리 본다. 심지어 리스회사가 저당권만 취득한 경우에도 사실상 취득으로 취득세 납세의무를 진다고 한다.

> 취득세는…사실상 취득한 때에는 취득한 것으로 본다…대여시설 이용자가…소유권 취득의 실질적 요건을 갖추지 못하였음에도 불구하고 그 명의로 등록하였다는 사실만으로 대여시설 이용자에게 취득세가 부과되는 것을 방지[한다]…원고는 제조자와 매매계약을 체결하고 그에게 대금을 지급함으로써 중기를 유상으로 승계취득하였다 할 것이고, 그 취득 목적이 시설대여에 제공하기 위한 것이라거나 대여시설 이용자가…제조자로부터 이를 직접 인도받았다는 사실 또는 대여시설 이용자 명의로 소유권등록을 하되 원고 명의로 근저당권을 설정하였다는 사정만으로 달리 볼 것은 아니다. 따라서 원고가 비록 그 명의로 등록을 하지 않았다고 하더라도…'사실상으로 취득한 때'에 해당하여 취득세 납세의무가 있다…[98]

이 판결에서 사실상 취득은 소유권 취득과 견주는 시차 개념이 아니다. 이용자는 소유권을 취득하지만 권리취득자의 납세의무가 안 생기고, 리스회사는 소유권이 안 생기지만 사실상 취득으로 납세의무가 있다는 것이다. 사실상 취득이 있다고 본 요건사실은 무엇인가? 제 이름으로 매매계약을 체결하고 대금을 지급하였다는 것. 아래 IV.4.

리스회사가 아니라 리스이용자에게 세금을 물리는 취지가 후자의 부담을 덜어준다는 생각은 기실 틀렸다. 공급자 수요자 어느 쪽에 세금을 매기든, 그 부담이 누구에게 돌아가는가는 오로지 수요공급의 탄력성에 달려있다.[99]

Ⅳ. 대법원 2018. 3. 22. 선고 2014두43110 판결 이후

아마도 이 혼선을 정리하려 한 듯싶지만 오히려 혼선의 결정판을 보여주고 만 것이 3자간 등기명의신탁에 관한 2018년 판결이다. 직접적 쟁점은 매도인, 명의신탁자(숨어 있는 실제 매수인)와 명의수탁자(명의상의 매수인) 세 사람이 짜고서 매도인에서 명의수탁자 앞으로 이전등기를 했다가 뒤에 명의신탁자 앞으로 다시 등기한 경우 명의신탁자가 취득세를 내어야 하는가이다.[100] 이 쟁점의 전제로 애초 명의수탁자(受

97) 제21장 제3절 II.

98) 대법원 1993. 9. 28. 선고 92누16843 판결.

99) 제2장 제3절 6.

100) 아니라는 대법원 2013. 3. 14. 선고 2010두28151 판결을 그대로 유지한 것이 2014두43110 판결의 다수의견이다. 뒤집자는 것이 반대의견.

託者) 앞으로 등기가 넘어오는 시점에서 명의受託者가 취득세를 내어야 하는가라는 선결 내지 관련 문제가 떠올랐다. 8인 다수의견은 명의수탁자는 무권리자이므로 취득세 납세의무가 없고 명의신탁자(信託者)에게만 소유권 이전등기나 사실상의 취득 중 빠른 시점에 취득세 납세의무를 지우자고[101] 한다. 5인 반대의견은 명의受託者에게는 등기이전설로 납세의무를 지우고 명의信託者에게는 사실상 취득개념을 배제하고 이전등기 시점에 납세의무를 지우자고 한다.

〈대법원 2018. 3. 22. 선고 2014두43110 전원합의체 판결[102]〉

상고이유를 판단한다.

1. 취득세 납세의무의 성립 여부에 관한 상고이유에 대하여

가. …취득세는…민법 기타 관계 법령에 의한 등기·등록 등을 이행하지 아니한 경우라도…잔금지급일…에 취득한 것으로 본다…그 후 그 사실상의 취득자가 그 부동산에 관하여 매매를 원인으로 한 소유권이전등기를 마치더라도…새로운 취득세 납세의무가 성립하는 것은 아니다…이러한 법리는 매매대금을 모두 지급하여 부동산을 사실상 취득한 자가 3자간 등기명의신탁 약정에 따라 명의수탁자 명의로 소유권이전등기를 마쳤다가 그 후 해당 부동산에 관하여 자신의 명의로 소유권이전등기를 마친 경우에도 마찬가지로 적용된다….

(1) …3자간 등기명의신탁의 경우, 명의신탁자가 매매계약의 당사자로서 매도인과 매매계약을 체결하고 매매대금을 지급하며, 매매계약에 따른 법률효과도 명의신탁자에게 귀속된다…명의신탁자의 매수인 지위는 일반 매매계약에서 매수인 지위와 근본적으로 다르지 않다…

(3) 3자간 등기명의신탁의 경우…명의신탁자는 매도인에게 매매계약에 따른 소유권이전등기를 청구할 수 있고, 그 소유권이전등기청구권을 보전하기 위하여 매도인을 대위하여 무효인 명의수탁자 명의 등기의 말소를 구할 수도 있다(대법원 2002. 3. 15. 선고 2001다61654 판결 참조)…명의수탁자 명의로 소유권이전등기를 마쳤다는 이유만으로 명의신탁자의 '사실상 취득'을 부정할 수 없다…

(4) …매도인으로부터 자신의 명의로 소유권이전등기를 마치더라도…'사실상 취득'을 한 부동산에 관하여 소유권 취득의 형식적 요건을 추가로 갖춘 것에 불과하다…

---

101) 제척기간이 지나서 사실상 취득에 세금을 못 물리는 수는 생기지만 하릴없다. 대법원 2013. 3. 14. 선고 2010두28151 판결. 제척기간이 7년으로 2년 더 길기는 하다.

102) 평석으로 도훈태, 3자간 등기명의신탁에서 명의신탁자의 취득세 납세의무 성립시기, 사법(46-1), 사법발전재단, 2018, 364쪽.

4. 대법관 고영한, 대법관 김신, 대법관 이기택, 대법관 김재형, 대법관 조재연의 반대의견

…매수인이 소유권이전등기의 형식을 갖추었다고 하더라도 그것이 당초부터 원인무효인 경우 유효한 취득행위가 있다고 볼 수 없어 취득세 납세의무가 성립하지 않을 수 있으나(대법원 2013. 6. 28. 선고 2013두2778 판결 등 참조), 3자간 등기명의신탁에서 명의수탁자 명의의 등기는 일반적인 원인무효의 등기와는 달리 보아야 한다…명의수탁자에서 제3자 앞으로의 재산권 이전이 유효한 것으로 되는 범위에서는 명의수탁자가 신탁부동산을 유효하게 처분할 수 있는 지위를 취득한 것으로 볼 수 있다. 나아가 취득세가 포착하여 담세력을 인정하는 '재화의 이전'이라는 영역에서는 명의수탁자가 해당 부동산을 유효하게 취득하는 것으로 평가할 수도 있는 것이다…

사. …명의수탁자가 3자간 등기명의신탁 약정에 따라 매도인으로부터 부동산의 등기를 이전받은 경우에도 그 등기의 효력과 관계없이 명의수탁자에게 구 지방세법 제105조 제1항에서 규정한 '취득'을 원인으로 한 취득세 납세의무가 성립한다고 보아야 한다. 그리고 이러한 경우에는 명의신탁자…'사실상 취득'에 따른 취득세 납세의무가 성립한다고 볼 수 없고, 그 후…자기 앞으로 소유권등기를 이전받는다면 그 등기시에 명의신탁자에게 구 지방세법 제105조 제1항에서 규정한 '취득'을 원인으로 한 취득세 납세의무가 성립한다…

아. 이처럼 3자간 등기명의신탁에서는 명의수탁자와 명의신탁자 앞으로 소유권이전등기를 할 때에 각 등기의 명의자에게 취득세 납세의무가 성립하고, 잔금지급일에는 명의신탁자에게 취득세 납세의무가 성립하지 않는다고 보아야 한다…등기 실무대로 각 등기를 마칠 때 해당 등기의 명의자가 이를 신고납부하면 되는 것이다…

5. 다수의견에 대한 대법관 김창석, 대법관 김소영의 보충의견

나. …외견상 취득행위가 있는 것처럼 보이더라도 그 원인행위가 무효인 경우에는 담세력 발현의 전제가 되는 유효한 취득행위가 있다고 볼 수 없다… 유통세로서의 성격만을 내세워 등기를 갖추기만 하면 취득세 납세의무가 성립한다고 보는 것은 이와 같은 취득세의 본질에 정면으로 반한다.

라. 명의수탁자가 제3자에게 신탁부동산을 임의로 처분하는 경우 제3자는 유효하게 그 소유권을 취득하게…되는 것은 부동산실명법이 거래의 안전을 도모하기 위하여…제3자에게 대항하지 못하도록 규정한 결과일 뿐이다…명의수탁자가 신탁부동산의 소유권 내지 이를 처분할 수 있는 지위를 취득하였다고 평가할 수는 없다…명의수탁자 명의로 등기할 때 객관적으로 취득세 납세의무가 없음에도 위법한 행위를 숨기기 위해 취득세를 신고납부하게 되는 문제는 일반원칙으로 돌아가 경정청구 제도 등을 통하여 시정하면 충분하다.

6. 반대의견에 대한 대법관 김신의 보충의견

이 사건과 같은 3자간 등기명의신탁 사안에서는 부동산을 매수한 명의신탁자가 매매대금을 지급하는 국면(제1국면), 명의수탁자 명의로 등기를 하는 국면(제2국면), 이후 명의신탁자 명의로 다시 등기를 하는 국면(제3국면)이 문제된다. 다수의견은 등기를 하지 않는 매매대금 지급 국면(제1국면)에서 명의신탁자에게 취득세 납세의무가 성립하고, 명의수탁자나 명의신탁자 명의로 등기를 하는 국면(제2, 3국면)에서는 취득세 납세의무가 성립하지 않는다는 것이다. 이에 반하여 반대의견은 매매대금을 지급하는 국면(제1국면)에서는 취득세 납세의무가 없고, 등기를 하는 각 국면(제2, 3국면)에서 각 등기의 명의자에게 취득세 납세의무가 성립한다는 것이다…

1. 종래의 명의신탁 관련 판결과 이 판결은 어떤 관계인가?

일단 다수의견은 양자간 명의신탁에 관한 종래 판결의 이전등기설과는[103] 어긋난다. 앞 III. 1. 명의수탁자의 법적 지위는 제3자에 대해서든 명의신탁자에 대해서든, 양자간 명의신탁이든 3자간 등기명의신탁이든 아무 차이가 없다. 선의의 제3자는 유효하게 소유권을 얻는다. 명의신탁자는 명의수탁자로부터 등기명의를 받아올 수 있다. 양자간이라면 직접 받고 3자간이라면 매도인을 거쳐서 받아올 수 있다. 3자간 등기명의신탁에서 명의수탁자를 과세 못한다면 양자간 명의신탁에서 명의수탁자도 과세 못해야 맞다. 종래의 이전등기설을 전면폐기한 것인가, 아니면 적용범위를 축소한 것인가? 금융리스에 관한 판결과도 어긋난다. 앞 III. 4. 소유권은 안 생기지만 제 이름으로 계약을 맺고 대금을 지급한 자라는 점은 리스회사나 명의수탁자나 마찬가지니까. 한편 명의신탁자에 관한 종래의 판결과[104] 다수의견은 일치한다. 명의신탁자는 잔금을 지급함으로써 사실상 취득하였다는 것.[105] 장차 원소유자로부터 부동산 소유권을 이전받을 권리가 있다는 점을 명시적 논거로 들고 있다는 차이 정도.

반대의견도 종래의 이전등기설과 반드시 같지는 않다. 등기가 당초부터 원인무효인 경우 취득세 납세의무가 성립하지 "않을 수도 있다"고 하면서[106] 무언가 중간지대를 찾는다. "3자간 등기명의신탁에서 명의수탁자 명의의 등기는 일반적인 원인무효의 등기와는 달리 보아야 한다"는 것. 왜? "명의수탁자에서 제3자 앞으로의 재산권 이전이 유효한 것으로 되는 범위에서는 명의수탁자가 신탁부동산을 유효하게 처분할 수 있는 지위를 취득한 것으로 볼 수 있다"는 것이다. 이 생각의 연원은 88누819 판결 이

103) 대법원 1988. 4. 25. 선고 88누919 판결; 2002. 6. 28. 선고 2000두7896 판결도 같다.

104) 대법원 2007. 5. 11. 선고 2005두13360 판결.

105) 매도인은 양도소득세 납세의무를 진다. 대법원 2018. 11. 9. 선고 2015두41630 판결. 제12장 제2절 7.

106) 반대의견이 인용하는 2013두2778 판결은 사안이 달라서 적절한 선례가 아니다.

전의 84누52 판결로 돌아간다. 얼핏 보면 88누819 판결은 84누52 판결을 그대로 좇아갔지만 실상 큰 차이가 있다. 부동산실명법 전의 사건으로 84누52 판결은 명의수탁자가 취득세를 내어야 하는 이유를 "대외관계에 있어서는 수탁자가 위 부동산에 대한 완전한 소유권을 취득하고 유효한 처분행위도 할 수 있는 것"에서 찾고 있다. "「부동산의 취득」이란 부동산의 취득자가 실질적으로 완전한 내용의 소유권을 취득하는가의 여부에는 관계없이 소유권이전의 형식에 의한 부동산취득의 모든 경우를 포함한다고 해석함이 상당하다 할 것이므로 부동산이전이 명의신탁에 의한 것이었다 하더라도 이는 신탁법상의 신탁과는 달리 대외관계에 있어서는 수탁자가 위 부동산에 대한 완전한 소유권을 취득하고 유효한 처분행위도 할 수 있는 것이니 명의신탁에 의한 부동산의 취득도 위 법 제105조 제1항 소정의 부동산취득에 해당한다." 88누819 판결은 이 이유를 빼버린 채 결론만 받아와서 그냥 "부동산취득이라 함은 부동산의 취득자가 실질적으로 완전한 내용의 소유권을 취득하는가의 여부에는 관계없이, 소유권이전의 형식에 의한 부동산취득의 모든 경우를 포함"하므로 명의수탁자에게도 납세의무가 있다는 것이다. 2014두43110 판결의 반대의견은 다시금 84누52 판결에 기대고 있는 셈이다.

한편 계약명의신탁(契約名義信託)으로 아예 명의수탁자가 나서서 매도인과 계약을 맺는다면 어떨까? 매도인이 선의라면 명의수탁자가 소유권을 취득하므로[107] 취득세 납세의무를 진다.

〈대법원 2017. 9. 12. 선고 2015두39026 판결〉

명의신탁자와 명의수탁자가 계약명의신탁약정을 맺고 명의수탁자가 당사자가 되어 명의신탁약정이 있다는 사실을 알지 못하는 소유자와 부동산에 관한 매매계약을 체결한 경우 그 계약은 일반적인 매매계약과 다를 바 없이 유효하므로, 그에 따라 매매대금을 모두 지급하면 소유권이전등기를 마치지 아니하였더라도 명의수탁자에게 취득세 납세의무가 성립하고, 이후 그 부동산을 제3자에게 전매하고서도 최초의 매도인이 제3자에게 직접 매도한 것처럼 소유권이전등기를 마친 경우에도 마찬가지이다.

매도인이 선의인 계약명의신탁이라는 사실을 확정하면, 명의수탁자는 소유권취득자로서 취득세를 내고 명의신탁자는 사실상 취득자로서 취득세를 내어야 하는가? 둘 다 취득자인가? 이 판결에는 명의수탁자가 사실상의 취득자로서 납세의무를 진다는 말이 나온다. 매도인이 선의였던 이상 매도인에게 매매대금을 지급한 자도 명의수탁자

107) 대법원 2000. 3. 24. 선고 98도4347 판결. 명의신탁자의 등기이전청구권은 대법원 2019. 6. 20. 선고 2013다218156 판결.

였고 명의신탁자는 그저 뒤에서 돈을 대었을 뿐이라고 본다는 사실확정 문제일 것이다. 그렇게 생각한다면 애초 논점 자체가 사라지고 명의수탁자만 납세의무를 진다.[108] 계약명의신탁이라는 사정을 매도인이 안다면 매매는 절대 무효이고[109] 2014구43110 판결의 다수의견은 물론이고 반대의견을 따르더라도 종래의 이전등기설과 달리 취득세를 못 물리게 된다.[110]

2. 양도담보

2014두43110 판결은 양도담보권자에게 납세의무가 있다는 종래의 판결과는 어떤 관계에 있는가? 3자간 계약명의신탁에서 자기 앞으로 이전등기를 신청하는 명의수탁자는 일단 취득세를 낼 수밖에 없다. 다수의견은 나중에 명의수탁자에게서 원소유자로 등기명의가 넘어가면 명의수탁자는 기왕 내었던 취득세를 후발적 경정청구로 돌려받을 수 있다고 한다. 이런 생각을 양도담보로 연장한다면 양도담보권자에게 취득세를 물릴 수 있는가는 신탁적양도설과 담보권설의 대립으로 돌아가고[111] 그런 학설대립 따위 따질 것 없이 양도담보권자는 취득세를 내어야 한다는 종래의 판결과는 어긋난다.

3. 계약의 무효, 취소, 해제, 감액

2014두43110 판결에서 계약이 무효이고 소유권이 안 생기는 명의수탁자에게도 취득세를 물려야 한다는 반대의견의 논리를 연장하면, 취소는 어디로 튈지 잘 모르겠지만 해제라면 일단 유효했던 계약이니 매수인이 낸 세금은 안 돌려준다는 결론에 이르러야 앞뒤가 맞다. 한편 계약이 무효라면 이전등기를 받는 매수인에게 취득세를 못 물린다는 다수의견의 논리로는 적어도 법정해제라면 결국 소유권이 안 생기니 못 물린다는 논리로 이어갈 여지도 있다. 해제 이후 아직 명의가 남아있는 매수인과 제3전득자와의 관계는 명의수탁자와 제3전득자의 관계나 마찬가지라는[112] 점을 생각하면 특히 그렇다. 무권리자로부터[113] 이전등기를 받았음에도 불구하고 제3전득자가 소유권을 유효하게 취득한다는 점에서 명의수탁자의 지위와 매수인의 지위는 구별하기 어렵다.

---

108) 대법원 2017. 7. 11. 선고 2012두28414 판결.

109) 대법원 2003. 9. 5. 선고 2001다32120 판결.

110) 대법원 2017. 7. 11. 선고 2014두8803 판결; 2017. 12. 13. 선고 2014두40067 판결.

111) 같은 판결 다수의견에서 "대법원이 채권에 대한 양도담보로 부동산의 소유권등기를 이전받는 등의 경우에 취득세 납세의무의 성립을 긍정한 것은 양도담보설정계약과 그에 따른 소유권이전 등기가 유효하기 때문"이라는 글귀는 신탁적양도설을 내비치는 듯. 소유권이전 등기로 담보권이 성립한다는 말은 자체모순이니.

112) 부동산실명법 제3조 제3항, 민법 제548조 제1항 단서.

113) 대법원 1977. 5. 24. 선고 75다1394 판결 등(물권적 효과설).

그러나 그 뒤 판례는 그렇게 안 갔다. 다수의견에 가담했던 대법관들 역시 종래의 판례를 판박이로 그냥 찍어내었다.

> 부동산 취득세는…취득행위라는 과세요건 사실이 존재함으로써 당연히 발생하고, 일단 적법하게 취득한 이상 이후에 매매계약이 합의해제되거나, 해제조건의 성취 또는 해제권의 행사 등에 의하여 소급적으로 실효되었더라도, 이로써 이미 성립한 조세채권의 행사에 아무런 영향을 줄 수 없다. 이러한 취득세의 성격과 본질 등에 비추어 보면, 매매계약에 따른 소유권이전등기를 마친 이후 계약이 잔금 지체로 인한 해제권 행사로 해제되었…더라도, 일단 적법한 취득행위가 존재하였던 이상 위와 같은 사유는 특별한 사정이 없는 한 취득행위 당시의 과세표준을 기준으로 성립한 조세채권의 행사에 아무런 영향을 줄 수 없다. 따라서 위와 같은 사유만을 이유로 구 지방세기본법(2016. 12. 27. 법률 제14474호로 전부 개정되기 전의 것) 제51조 제1항 제1호에 따른 통상의 경정청구나 같은 조 제2항 제1호 및 제3호, 구 지방세기본법 시행령(2017. 3. 27. 대통령령 제27958호로 전부 개정되기 전의 것) 제30조 제2호 등에 따른 후발적 경정청구를 할 수도 없다.114)

4. 금융리스

적어도 다수의견은 저당권만 생기는 임대인에게도 취득세를 물린다는 종래의 금융리스 판례나 현행법의 명문규정과는115) 양립하기 어렵다. 3자간이든 계약명의든 명의수탁자는 "제 이름으로 계약을 하고 대금을 지급한다."

5. 합 병

합병으로 인한 소유권 취득이 권리취득으로 과세대상임은 당연하다. 다만 합병과 매수를 똑같이 과세하는 것이 옳은가에 의문이 생길 수 있고, 우리 대법원 판례는 합병을 무상취득으로 보아 낮은 세율로 과세한다.116) 이를 뒤집고 현행법은 유상취득과 같이 과세한다.117)

---

114) 대법원 2018. 9. 13. 선고 2018두38345 판결; 2018. 9. 13. 선고 2015두57345 판결.

115) 지방세법 제7조 제9항.

116) 대법원 2000. 10. 13. 선고 98두19193 판결.

117) 지방세법 제11조 제5항.

제 4 절 유 통 세?

여태 본 혼선은 어디에서 말미암는가? 가령 원소유라는 사람이 소유하고 있던 서울시내의 고급주택을 ㈜매수라는 법인이 100억원에 사면서 대금을 다 지급하고 이전등기도 마쳤다고 하자. 아니면 잔금청산 전에 이전등기부터 받았다고 해도 상관없다. 이전등기 때 취득세 20%,[118] 지방교육세 0.4%,[119] 농어촌특별세 1.8%,[120] 계 22.2%로 22.2억원을 납부하였다. 그런데 이 주택에 큰 하자가 있어서 ㈜매수가 계약을 무른다고 하자. 잔금청산 전에 이전등기부터 했는데 ㈜매수가 잔금을 못 내서 원소유가 해제했다고 해도 상관없다. 아무튼 법정해제로 이전등기를 말소했다. ㈜매수는 취득세 등 22.2억원을 돌려받을 수 있는가? 2014두43110 판결 뒤에 나온 2019년 판결은 못 받는다고 한다. 자명히 부당해 보이는 이 결론을 판례는 어디에서부터 끌어내는가?

> 취득세는 본래 재화의 이전이라는 사실 자체를 포착하여 거기에 담세력을 인정하고 부과하는 유통세의 일종으로, 취득자가 재화를 사용·수익·처분함으로써 얻을 수 있는 이익을 포착하여 부과하는 것이 아니다(대법원 2017. 6. 8. 선고 2015두49696 판결 등 참조). 이처럼 부동산 취득세는 부동산의 취득행위를 과세객체로 하는 행위세이므로, 그에 대한 조세채권은 그 취득행위라는 과세요건 사실이 존재함으로써 당연히 발생하고, 일단 적법하게 취득한 이상 그 이후에 매매계약이 합의해제되거나, 해제조건의 성취 또는 해제권의 행사 등에 의하여 소급적으로 실효되었다 하더라도, 이로써 이미 성립한 조세채권의 행사에 아무런 영향을 줄 수 없다(대법원 2001. 4. 10. 선고 99두6651 판결 등 참조).[121]

인용부분의 첫 문장은 대법원 종합법률정보로는 앞서 본 대법원 1984. 11. 27. 선고 84누52 판결에[122] 처음 등장한 이후 16건의 대법원 판결과 하고많은 하급심 판결에 거듭거듭 나오는 금과옥조이다. 헌법재판소 결정에도 거듭 나온다. 거기에서 '행위세'라는 말은 취득행위에 대한 세금이라는 뜻으로, 유통세이니 세금을 안 돌려준다는 말을 달리 표현한 것일 뿐이다. 취득세를 안 돌려주는 이유는 유통세·행위세이기 때문이고, 유통세, 행위세란 원래 안 돌려주는 것이다?

---

118) (4% + 2% × 4) + 2% × 4 = 20%. 지방세법 제13조 제5항, 제13조의2 제3항.

119) (4% - 2%) × 0.2 = 0.4%. 지방세법 제151조 제1항 제1호(가)단서, (나).

120) (2% × 3 + 2% × 6) × 0.1 = 1.8%. 농어촌특별세법 같은 조항호.

121) 대법원 2018. 9. 13. 선고 2018두38345 판결. 앞 IV.3.

122) 대법원 1984. 11. 27. 선고 84누52 판결.

Ⅰ. 유통세 → 이전등기설?

유통세(流通稅)라는 말은 일본문헌으로 돌아가고 다시 독일문헌의 Verkehrssteuer라는 말로 돌아간다. 우리 대법원 판결의 직접적 족보는 일본 대법원의 1973년 판결로, 글귀까지 거의 같다. "부동산취득세는 이른바 유통세에 속하고, 부동산의 이전이라는 사실자체에 착목해서 과세하는 것이라 부동산의 취득자가 그 부동산의 사용·수익·처분에 의해 얻을 수 있는 이익에 착목해서 과세하는 것은 아니다"는 것.[123] 아직도 법수입학(法輸入學) 내지 수입(輸入)법학을 못 다 벗어난 우리 법학의 현주소. 다시 일본판결의 족보를 찾아보면, 아마 더 오래된 문헌도 아마 있겠지만 권위 있는 법학 교과서 가운데에서는 田中二郎의 租稅法과[124] 金子宏의 租稅法에[125] 나온다. 조세를 수득세(收得稅), 재산세, 소비세, 유통세의 넷으로 나누면서 이것이 "재정학상의 분류"라고 한다.[126] 유통세는 "재산의 이전이라고 하는 사실에 담세력을 인정해서 과세하는 조세"라고 하고[127] 다시 온갖 조세를 이 네 가지에 억지로 꿰어 맞추면서 부동산취득세를 유통세에 넣고 있다.[128]

그러나 담세력의 잣대를 기준으로 수득세, 소비세, 재산세, 유통세라는 4분법은 없다. 독일 문헌에서는 그나마 이 4분법에 가장 가까운 것이 독일 재무부의 용어해설(Glossar)로, 세금을 소유세(Besitzsteuer, 가진 것에 대한 세금), 소비세, 유통세로 3분하고, 소유세를 다시 소득세등 수득세와[129] 재산세로 나누고 있다. 유통세란 법적·경제적 거래(Verkehr)에 대한 참가를 세액측정의 기초로 삼는 세금이라고 한다. 실상 독일인들이 쓴 영어문헌이나 영어번역에서는 이 말을 다 거래세라고 옮기고 있지만 일본문헌은 예전부터 유통세라고 옮겼다. 아무튼 (수득세 + 재산세), 소비세, 유통세라는 이 3분법 내지 4분법은 소득, 소비, 재산을 담세력의 기초로 삼는[130] 일상적 경제학 개념과는 확 다르다. 가령 오늘날 소비세의 대표격인 부가가치세가 유통세에 들어 있다. 도대체 이 3분법/4분법의 족보는 무엇인가? 독일 행정조직의 업무분장일 뿐.[131]

123) 일본 最高裁判所, 1973(昭和 48). 11. 16. 선고 昭和43(行ツ)90 판결(양도담보).
124) 초판이 1968년에 나왔다.
125) 초판이 1976년에 나왔다.
126) 田中二郎, 租稅法(초판, 1968), 1장 1절 2관.
127) 田中二郎, 같은 책, 같은 부분.
128) 金子宏, 租稅法(보정판, 1981), 1편 1장 1절 2관.
129) 종래 용례대로 Ertragsteuer를 수득세로 옮겼지만 재산의 유입에 관한 세금이라는 뜻. 재산세는 소득의 저량=재산에 대한 세금.
130) 제4장 제2절, 제8장.
131) Tipke/Lang, Steuerecht(24판, 2021), 7.27 문단. 이하 달리 적지 않았으면 Tipke/Lang이란 제24판. 3분/4분법이라는 것이 세무행정에 따른 구분이라는 설명은 Kruse의 교과서에도 나오고 유통세

이 구분에서는 유통세의 대표가 부가가치세와[132] 개별소비세.[133] 법적 성질에 따른 구분과는 전혀 다른 뜻이다.[134] 소비세의 대표격인 부가가치세를 유통세로 구분할 정도로.[135] 한편 유통세라는 말은 독일헌법에도 나온다. 독일헌법은 연방과 지방(광역, 기초) 사이에서 온갖 세목별로 세수를 이리저리 나누는데, 거기에 유통세라는 말이 나온다.[136] 실정법상의 온갖 세목과 강학상 개념들이 막 섞여나오는 규정이다. 독일헌법 해석론은 잘 모르겠지만 아무튼 이 세수분배 규정의 해석상으로는 부가가치세는 제106조 제1항의 유통세이기도 하고 제2항의 소비세이기도 하다니[137] 여기에서 말하는 유통세란 앞의 3분/4분법과는 또 다른 이야기.[138]

유통이라는 개념이 소득, 소비, 재산과[139] 대등한 담세력의 잣대일 수는 없다. "마약처럼 재화의 유통 그 자체를 규제해야 할 이유가 없다면 유통이 담세력일 수야 없다. 그에 대한 과세는 비효율적이고 불공평."[140] 유통세의 이념형은 유통세가 없는 것이니, 유통세이니까 이렇게 해석해야 한다는 식의 목적론적 해석의 전거가[141] 애초 안 생긴다.

물론 현행 실정법에는 유통, 거래, 또는 그러한 행위에 물리는 세금이 있다.[142] 그런 세금을 유통세라고 부르거나 그런 뜻에서 취득세를 유통세라고 부르는 것 자체야 아무 잘못이 없다. 나아가 유통세라는 성질에서 결론을 이끌어낸다는 독일 판결도 있

의 대표격으로 부동산취득세를 들고 있다. Kruse, Lehrbuch des Steuerrechts(I권, 1991), 3장 III (기타 분류방식).3.a).

132) 독일 조세대법원 2015. 7. 14. 선고 XI B 41/15 판결 등은 부가가치세는 유통세이므로 1년이라는 단기 제척기간에 걸린다고 판시하였다.

133) speziellen Verkehrsteuern을 옮긴 것인데 우리 법으로 치면 개별소비세, 에너지환경세, 주세 등을 말한다.

134) 이 행정조직법상 구별이 조세채권법(조세기본법 제169조 제2항, 유통세에 대한 1년 단기 제척기간) 이나 조세기본법 제172조 제1항 따위 절차규정에도 있다.

135) 같은 3장, III.3.b), 4.c). Crezelius, Steuerrecht II(2판, 1994), 1장 6문단. 우리나라의 재무부/재경부/기재부 세제실에서도 가령 양도소득세는 전통적으로 재산제세의 하나로 묶고 있다.

136) 독일헌법 제106조.

137) Tipke/Lang, 2.59문단; Crezelius, Steuerrecht II(2판, 1994), 1장 6문단; Arndt/Yenzen, Grundzüge des Allgemeinen Steuer-und-Abgabenrechts(2판, 2005), 2장 A.IV.3.

138) 독일 세무행정청의 조직까지 깊게 연구할 가치야 없지만 실무자료를 보면 연방(Bund), 광역자치단체(Land), 기초자치단체(Gemeinde)별 세수분배와 3분법의 업무분장이 뒤엉켜 있는 세목별 분류표가 나온다. 가령 부가가치세는 유통세로서 연방정부, 광역자치단체, 기초자치단체가 공유하고 토지취득세는 유통세로서 광역자치단체와 기초자치단체가 공유하며, 주세, 에너지세, 커피세, 담배세 따위는 소비세로서 연방정부에 전속한다고.

139) 소비가 담세력의 잣대일 수 없다는 생각도 있다.

140) Tipke/Lang, 제8장 4문단, 123 문단. Institute for Fiscal Studies, Tax by Design(2011; "2011 Mirrlees Review"), 6.1.2.절, 16.3절.

141) 제3장 제2절 4.

142) 제1장 제3절, 제8장 제3절 III.4.

다. 가령 회사합병으로 인한 토지소유권 이전등기에 소유권 이전인 이상 취득세를 물리는 것이 당연하다면서 법적유통세라는[143] 이유를 대고 있다.[144] 앞서 본 1973년 일본판결도 유통세라는 논리를 들면서 양도담보계약에 따른 양수인에게 취득세를 물린 것이 맞다. 그러나 딱 거기까지일 뿐. 소유권을 취득한 자에게[145] 취득세를 물린 것 뿐이다. 유통세라고 해서 계약 내지 이전등기가 무효인 경우까지 취득세를 물리지는 않는다. 가령 특정한 계약형태는 요식계약으로 하라는 공법을 어겨서 매매가 무효이고 소유권을 취득할 수 없다면 취득세는 못 물린다.[146] 실상 유통세 운운 하는 우리 대법원의 최초판결로 보이는 84누52 판결은 이미 보았듯 부동산실명법 전의 명의신탁에 관한 판결이다. 명의수탁자가 취득세를 내어야 하는 이유는 대외적으로 완전한 소유권을 취득한다는 것이다. 그 결론에 이르는 논리과정에서 유통세 운운은 그냥 사족이다. 이 사족을 대저, 모름지기, 자고로, 원래 그런 것이라는 대원칙으로 섬기기 시작하면서 논리는 내다 버리고 결론만 주워다가 부동산실명법 이후의 명의신탁에 기계적으로 끌어붙였을 뿐이다.

Ⅱ. 이전등기설: 비용회수, 취득세, 등록(면허)세

어, 그런가? 일단 적법하게 이전등기를 한 이상 나중에 무슨 일이 있더라도 등기할 때 낸 취득세는 안 돌려주는 것이 당연하지 않을까? Verkehrssteuer를 글자 그대로 직역하자면 교통에 매기는 교통세 · 통행세 · 통과세(toll tax)라는[147] 뜻이다. 톨게이트를 지나가는 이상 왜 지나가는지 안 묻는다. 유턴해서 되돌아가도 돈을 안 돌려준다.

143) Verkehr라는 말을 유통이라고 옮기다보니 뜻이 잘 안 통하지만 거래나 행위라는 뜻이다. 독일 토지취득세법 제1조 제1항은 일정한 법적행위(Rechtsvorgänge)에 세금을 물리는 바, 이 조항은 소유권이라는 물권의 취득을 말한다. Tipke/Lang, 18장 10문단. 다만 과세시기는 소유권 변동시기가 아니고 계약시기.

144) 독일 조세대법원 2008. 4. 9. 선고 II R 32/06 판결. 틀린 판례라는 것이 독일의 학설. 토지취득세가 정당한가는 소득이나 재산을 쓰는 데 대한 세금이라는 시각에서 따져야 한다는 것. Tipke/Lang, 18.4 문단. 독일 헌법재판소 결정은, 적어도 추상적 원칙 차원에서는 토지취득세도 담세력에 터잡아야 한다는 것이 있다. 독일 헌법재판소 2012. 7. 18. 1 BvL 16/11 결정. 돈이 안 드는 소유권 양수에 취득세를 물릴 수 있는가에 대해서 답을 안 내리겠다고 명시적으로 유보한 결정으로는 독일 헌법재판소 2015. 3. 14. 1 BvR 2880/11 판결. 환지처분과 임의적 환지 사이에 취득세를 차별과세하는 것이 합헌인가 문제를 다룬 결정으로 본문의 논점에 관한 한 어느 쪽이든 차이가 없었기 때문이다.

145) 일본의 양도담보는 그때나 지금이나 신탁적양도설이니 양도담보권자가 소유권을 취득한다.

146) 독일 조세대법원 2011. 11. 23. 선고 II R 64/09 판결. 이창희, 취득세에서 취득의 개념, 서울대학교 법학 65-4(2024), 175쪽, 특히 210쪽.

147) 영어의 toll과 독일어의 Zoll(관세)는 어원이 같다. 길목에서 걷는 돈이다.

취득세도 마찬가지 아닐까? 이 생각을 조금 더 밀어붙이면 등기가 아예 무효이었더라도 이전등기나 "소유권이전이라는 형식"이 있었던 이상 취득세를 물려야 한다는 생각까지도 할 수 있고, 종래 판례의 이전등기설이 바로 그 말이다.

1. 비용회수 → 이전등기설?

실상 이 문제는 통과세는 왜 걷는가, 우리 현행법의 취득세는 통과세인가, 이 문제를 정면으로 따져보아야 풀 수 있다. 정면돌파로 톨게이트를 지나 계속 직진했다고 치자. 고급주택을 사려다 실패한 것이 아니라 제대로 샀다. 20%가 넘는 세금을 물리는 이유는 무엇인가? 통과세는 왜 걷을까? 실제 남산터널 통과요금은 처음에는 공사비 회수를 위해서 걷었다. 통과 때문에 국가가 부담하는 비용을 세금으로 걷는 것. 공사비 회수가 끝나자(사실은 그 뒤에도 한참 더 걷었지만) 얼마 동안 안 걷다가 다시 걷기 시작했다. 무슨 명목으로? 중심가로 진입하는 교통량을 줄인다는 것. 무슨 말인가? 통과, 거래, 유통 뭐라고 이름 붙이든 취득 그 자체에 세금을 매겨 마땅한 정당화 사유는 두 가지: i) 이전등기 때문에 국가가 부담하는 비용을 회수한다, ii) 취득 그 자체를 규제한다.

ii)는 아래 제6절로 넘기고 여기에서는 i)만 보자면 그 이유로 현행법의 취득세를 정당화하기는 어렵다. 현행법의 취득세는 등기나 대장관리에 들어가는 나랏돈을 훨씬 넘는다. 예전에는 등록세(登錄稅)가 취득세와는 별개로 따로 있었고 "登錄稅는 재산권 기타 권리의 취득·이전·변경 또는 소멸에 관한 사항을 공부에 등기 또는 등록하는 경우에 등기 또는 등록이라는 단순한 사실의 존재를 과세대상으로 하여 그 등기 또는 등록을 받는 자에게 부과하는 세금이다. 이러한 등록세는 등기 또는 등록의 유·무효나 실질적인 권리귀속 여부와는 관계가 없는 것이므로, 등기 또는 등록명의자와 실질적인 권리귀속 주체가 다르다거나 일단 공부에 등재되었던 등기 또는 등록이 뒤에 원인무효로 말소되었다고 하더라도 위와 같은 사유는 그 등기 또는 등록에 따른 등록세 납세의무에 아무런 영향이 없다(대법원 2002. 6. 28. 선고 2000두7896 판결 참조)."[148] 등기부나 대장 관리 등에 등록세만큼 나랏돈이 든다고 의제하고, 다시 그 돈을 세금의 형식으로 벌충하는 수수료라는 말이다. 원시적 무효, 소급적 무효, 후발적 무효, 취소, 해제 무엇이든 옛 등록세는 등기라는 사실행위가 있으면 그냥 매기는 것이 맞다는 말이다.[149] 그러다가 2010. 3. 31. 법률 제10221호로 전부 개정되면서 현행법에서는 "취득을 원인으로 이루어지는 등기"에는 등록면허세(登錄免許稅)를 안 물리고[150] 예전의

148) 현행법의 등록면허세에 관해 같은 뜻으로 대법원 2025. 9. 4. 선고 2025두33456 판결.
149) 대법원 2025. 9. 4. 선고 2025두33456 판결.

등록세 2%를 그냥 없어서 취득세 하나만 물린다. 취득가액의 4%, 8%, 12%, 16% 심지어는 20%도 넘는 세금을 등기사무나 대장관리 등에 드는 비용으로 정당화할 길은 없다.

2014두43110 판결 다수의견대로 취득세를 전부 돌려준다면 이미 들어간 나랏돈(=등록면허세 상당액)은 어이할 것인가? 취득세를 아예 돌려주지 말자는 반대의견에는 아마 이 생각이 깔린 듯하다: "이로써 취득세는 등기·등록행위를 과세대상으로 하는 종전의 등록세에 해당하는 부분까지 포함하게 되어 유통세로서의 성격이 더욱 강해졌다고 할 수 있다. 취득세 납세의무의 성립 여부를 판단할 때에는 이러한 지방세법의 개정 경과도 마땅히 참작하여야 한다." 다시 고급주택의 예로 돌아가면 19%만 돌려줄 길이 없으니 아예 돌려주지 말자는 말이다. 지나치게 가혹하다는 느낌은 접어놓고, 법해석 자체가 틀렸다. 현행법에서도 2%를 登錄免許稅로 다시 부과할 수 있기 때문이다. 이전등기는 원래 2% 세율로 등록면허세 부과대상이고[151] 다만 "제2장에 따른 취득을 원인으로 하는 등기"는 빠진다. 취득세를 내지 않는 이전등기에는 등록면허세를 물리므로,[152] 이 사건에서는 취득세 부과처분 취소 뒤에 행정청이 다시 등록세를 부과하면 된다. 세목이 다르면 특례제척기간을 배제하는 판결이 있지만,[153] 취득세와 등록면허세의 역사를 생각하면 두 가지가 독립적 세목이 아니다. 취득세 취소판결이 나오는 경우 등록면허세는 특례제척기간에[154] 포섭해서 매길 수 있다고 풀이해야 맞다.

이와 달리 판례는 "취득을 원인으로 등기가 이루어진 후 등기의 원인이 무효로 밝혀져 취득세 과세대상에 해당하지 않더라도 등록면허세 납세의무가 새롭게 성립하는 것은 아니"라고 한다.[155] "등기의 원인이 무효인 경우라도 그 등기 자체가 등록면허세의 과세대상인 등록에서 제외되는 이른바 '취득을 원인으로 이루어지는 등기'가 아니라고 할 수는 없다"면서도 과세대상이 아니라고 한다. 과세대상이 아니라는 이유는 "등기 등이 사후적으로 등록면허세의 과세대상이 되는 것을 예정하고 있지 않다"는 것. 이 동어반복의 유일한 논거는 "법이 등록면허세의 신고납부기한을 '등록을 하기 전까지'로 규정하고 있다"는 것이다. 그런 규정이 있는 것이야 당연하다. 등록면허세를 내어야 등기를 받아주니까 당연하다. 실상 법이 사후추징을 예정하고 있지 않다

150) 지방세법 제23조 제1호.
151) 지방세법 제23조 제1호, 제24조, 제28조 제1호.
152) 대법원 2018. 4. 26. 선고 2017두74672 판결.
153) 대법원 2020. 11. 12. 선고 2017두36908 판결(원천징수 소득세 v. 원천징수 법인세).
154) 지방세기본법 제38조 제2항 제1호.
155) 대법원 2018. 4. 10. 선고 2017두35684 판결.

는 글귀는 역사적으로 그냥 틀린 말이다. 옛 등록세 시절로 돌아가면, 등기 당시 세액 계산이 틀린 일단 완료된 등기에 사후적으로 등록세를 추징한 사례가 숱하다. 나아가 소유권 이전의 형식이 있으니 과세해야 한다는 생각이 그래도 가장 잘 통하는 세목은 당연 등록세이다. 소유권 이전의 형식이 있었는데도 등록(면허)세를 못 물린다면 취득세를 못 물리는 것이야 너무나 당연하다. 일단 이전등기가 있었던 이상 취득세는 돌려주고 등록면허세를 새로 물리는 것이 정답이다.

2. 간명성 v. 혹독한 결과

이전등기설의 둘째 논거는 간명하다는 것이다. 분명 간명하다는 강점이 있다. 2014두43110 판결에서도 반대의견의 2인 보충의견은 이 생각을 드러낸다. "등기를 하는 사람은 당연히 취득세를 납부할 의무가 있다고 인식하고 이를 전제로 취득세를 신고납부하는 국민들의 납세의식과 납세현실에 정확히 부합하는 해석이다. 이에 따르면 취득세 법률관계가 등기를 기준으로 간명하여 납세의무의 성립 여부를 다투는 분쟁의 발생이나, 과세당국이 취득세를 부과하거나 징수하는 데 소요되는 비용을 최소화할 수 있는 장점이 있다."

그러나 그저 간명하다는 이유로 높게는 취득가액의 20%도 넘는 통과세를 정당화하기는 어렵다. 그러다보니 생긴 대체적 이론(?)은 과세대상 재산을 취득할 만큼 돈이 있구나, 그러니 그 돈 중 일부를 잘라내어(excise) 세금으로 바치라는 것이다. 토지취득세가 정당한가는 소득이나 재산을 쓰는 데 대한 세금(그러니 가령 합병에는 물리면 안 된다)이라는 시각에서 따져야 한다는 것.[156] 이론은 아니고 그냥 현실적 설명이다.[157] 2014두43110 판결의 다수의견에서 "취득세는…유통세로 분류할 수 있지만, 그러한 이전을 통한 재산의 취득을 과세대상으로 하므로, 취득행위로 인하여 취득세 부과를 정당화하는 담세력이 발생하였는지를 살펴보아야 한다"는 말이 이전등기설인지 그냥 현실적 설명인지는 모르겠다. 이 현실적 설명이 이전등기가 무효인 경우까지 취득세를 물리자는 결론으로 꼭 이어지지 않는 것은 분명하다.

이 현실적 설명이 취득세를 정당화하는 이론이 될 수 없는 것도 분명하다. 아예 정면으로 어떤 사람이 부동산을 샀다고 하자. 그런데 이 사람은 실상 돈이 없어서 은행빚으로 샀다. 이 사람에게 취득할 만큼 돈이 있다고 담세력을 인정할 수 있는가? "취득세 부과를 정당화하는 담세력이 발생"하는가? 이 현실적 설명이 현행법상의 과

156) Tipke/Lang, 18.4 문단. 이미 보았듯 독일 헌법재판소 결정으로는 이를 부인한 사례, 추상적 원칙으로는 긍정한 사례, 답을 회피한 사례가 다 있다.

157) 제8장 3절 III.4.

세범위 모두에 통하지도 않는다. 앞서 본 독일의 합병사건으로 돌아가 본다면, 재산을 취득할 만큼 돈이 있다는 사실이 드러나지 않았으니 취득세는 못 물리는 것인가? 장차 독일 헌법재판소가 어떻게 할지야 내다볼 수 없지만, 우리 지방세법 제7조 제1항은 권리취득의 이유가 무엇인가 묻지 않는다. 유상이든 무상이든 권리취득이 있다면 취득세를 물린다.

3. 등기이전 청구권 없으면 과세 못 한다?

流通稅라는 허구를 떨치면 이전등기설은 설 자리가 없는 동어반복이다. 동어반복을 떨쳐내고 법의 글귀로 돌아가면 법 제7조 제1항의 납세의무는 유효하게 소유권을 이전받는 자에게만 생긴다. 소유권 이전청구권이 있는 자는 아직 소유권을 이전받기 전이라도 제7조 제2항에 따라 사실상 취득시에 바로 납세의무를 진다. 이를 전제로 이제 계약해제와 반대쪽 끄트머리의 보기로 매도인이 악의인 계약명의신탁을 생각해보자.

수탁남이라는 사람이 부동산을 원소유로부터 사들인다는 매매계약을 맺었다. 그런데 실상 수는 제 돈으로 사는 것이 아니고 뒤에 숨어있는 신탁남의 돈으로 샀다. 수가 진짜 주인이 아니라는 것은 원도 알고 있었지만 누가 진짜 주인인지는 몰랐고 신에 대해서 들어본 사실조차 없다. 수는 등기를 넘겨받은 뒤 일정기간이 지나서 부동산을 엄청난 차익을 남기면서 전득인에게 팔았고 매각대금을 그대로 신에게 넘겼다. 그 뒤 수는 자신은 무권리자이므로 제7조 제1항의 납세의무가 없고 사실상 지배력을 얻은 적도 없으므로 제7조 제2항의 납세의무도 없다면서 취득세를 돌려달라는 경정청구를 내었다. 경정청구 과정에서 신이 명의신탁자였다는 사실이 드러났다. 수가 낸 취득세는 돌려주어야 하는가? 신에게 취득세를 매길 것인가?

계약명의신탁에서 매도인이 악의라면 매매계약은 무효이고[158] 명의수탁자에게는 소유권 이전청구권이 없고 소유권이 안 생긴다. 명의신탁자는 매도인과 아무 법률관계가 없으므로 역시 소유권 이전청구권이 없는 무권리자이다. 그렇다면 수와 신 어느 쪽도, 제7조 제1항이든 제2항이든 납세의무가 안 생긴다? 이 생각을 그냥 받아들이기는 어렵다. 직관적인 정의감으로는 명의수탁자가 낸 돈을 안 돌려주든가, 돌려준다면 명의신탁자를 새로이 과세하든가 둘 중 하나는 할 수 있어야 한다.

4. 경정청구와 특례제척기간

유통세라는 허구적 개념을 떨치면 更正請求에서 취득세와 다른 세금을 구별하는 것은 불가능하다. 경정청구에 관한 지방세기본법의 글귀가 국세기본법과 같은 마당에

158) 대법원 2003. 9. 5. 선고 2001다32120 판결.

유통세라는 개념법학으로 차별하는 것은 그르다. 실상 대법원은 증권거래세 경정청구를 허용한다.[159] 유통세라는 개념으로 치자면 증권거래세 역시 유통세이고 오히려 취득세보다는 정당화근거가 높다.[160] (수득세 + 재산세), 소비세, 유통세라는 독일식 3분/4분법에서는 부가가치세 역시 유통세이지만, 계약을 법정해제한다면 과세처분이 위법해지고[161] 대금을 감액한다면 경정청구가 가능하다. 신고납세한 취득세는 신고가 당연무효가 아닌 한 지방세기본법에 따라 이미 확정되었으므로 부당이득 반환이 불가능하다는 오래 전 판결도 있지만,[162] 그 자체로도 틀린 판결이고 경정청구 가부와는 무관하다. 행정청으로서는 일단 이전등기라는 형식이 있는 이상—사실상 취득으로 이미 세금을 걷은 경우가 아닌 이상—취득세를 물리면 되고 나중에 법원의 판결 등 경정청구 사유가 생기면[163] 그에 맞추어 취득세의 전부나 일부를 돌려주는 것이 맞다.[164]

제 5 절 실 질 설?

취득세 사건은 대법원 판결만도 이미 엄청난 수가 나왔지만 갈피잡지 못할 혼선을 보이고 있다. 유통세라는 비과학적 개념에 사로잡힌 개념의 형이상학에서 상상의 나래를 사람마다 달리 펼친 까닭이다. 그 대안이 종래의 '실질설'류 아닐까? 문제는 실질설이라는 것 역시 취득세를 정당화하려는 이론의 한 갈래라는 것이다. 효율과 공평이라는 과학적 잣대로 잰다면 취득세의 이념형은 취득세가 없는 것이다. 집을 사는데 제 돈으로 사는 사람이나 은행빚으로 사는 사람이나 그 집의 소유권 내지 사용·수익·처분권을 얻는 것은 똑같다. 그렇다면 두 사람에게 "취득행위로 인하여 취득세 부과를 정당화하는 담세력이 발생"한 것인가? 그렇다고 말하는 순간 "실질설" 역시 동어반복의 함정에 빠진다. 법률행위나 이전등기의 유무효에 관계 없이 이전등기의 형식이 있는 이상 모두 과세해야 마땅하다는 말이나 소유권 이전이 있는 이상 모두 과세해야 마땅하다는 말이나 형식설이나 논리구조에 아무 차이가 없다. 현실에 존재하는 구체적 개념에서 추상화해 올라간 것이 아니고 선험적 개념에서 내려오는 구조인 이

159) 대법원 2018. 6. 15. 선고 2015두36003 판결.
160) Tobin세 역할도 하고 금융시장의 왜곡이 그대로 실물시장의 왜곡으로 이어지지는 않는다. 제8장 제3절 III.4.
161) 대법원 2002. 9. 27. 선고 2001두5989 판결. 제4장 제2절 IV.3.
162) 대법원 1995. 2. 28. 선고 94다31419 판결. 제4장 제3절 IV.
163) 그 밖에 다른 근거가 있을 수도 있겠지만 논외로 한다.
164) 대법원 2015. 12. 23. 선고 2013두19615 판결. 제23장 제5절 II.3.

상 똑같은 개념법학이다. 그저 동어반복 범위를 좁혀서 구체적 타당성을 늘린 것뿐이다. 결국 현행법을 통일적으로 설명할 수 있는 취득의 개념이란 없다.

제 6 절 현행법해석론과 입법론

비과학적 개념법학을 떨치면 가능성은 두 가지이다. 첫째는 간명성을 고려해서 등기의 유무효나 소유권 취득이 있는지 없는지를 묻지 않고 그냥 취득세를 다 물리는 것이지만 현행법과 안 맞는다. 이 생각은 취득세가 등기등록을 관리하는 데 드는 나랏돈을 벌충하는 것이라는 생각을 전제로 한다. 그저 간명하다는 이유만으로 높게는 20%도 넘는 취득세를 그냥 물린다는 결론은 현행법의 해석론으로 취할 바가 못된다. 그렇다면 남는 길은 하나뿐이다. 취득세란 어차피 세제의 이념형으로 정당화할 길이 없는 억지라는 것을 전제하고, 그냥 현행법의 글귀 안에서 최대한 정합적(整合的) 판례체계를 쌓는 것이다.

이 정도의 틀을 가지고 현행법 해석론을 모색해보자. 모순 없는 체계를 구축하자면 일단 특정한 경우에 자명히 옳은 결과가 있다면 그것부터 받아들이고 다른 경우의 결과는 이미 받아들인 것과 모순이 없고 법의 글귀에도 모순되지 않도록 해석해 나가야 한다. 다른 것도 더 있을 수 있지만 일단 지금까지의 논의에서는 아래 두 가지 명제를 자명히 옳다고 받아들일 수 있으리라.[165]

i) 재산을 사려고 했지만 법정해제나 약정해제권 행사로 못 사고 말았다면 이미 낸 취득세를 돌려주어야 한다.

ii) 악의의 계약명의신탁으로 명의수탁자 명의로 취득한 재산을 제3전득자에게 팔아서 소유권을 유효하게 취득하게 했다면 명의신탁자나 명의수탁자 둘 중 하나에게는 취득세를 물려야 한다.

이 두 가지 명제는 실상 팽팽한 긴장관계에 있다. i)은 무권리자이니 취득세를 매기지 말자는 것이고 ii)는 무권리자이더라도 세금을 매기자는 것이다. 어이하랴. 현행법에서 이 모순을 풀 수 있는 가능성은 하나뿐, 사실상 취득이라는 개념을 무권리자에게도 적용하는 길뿐이다. 일단 법의 글귀에 어긋나지 않고 기존 판례에도 무권리자의 사실상 취득을 인정한 것들이 있다. 이 두 명제에서 시작해서 구축해본 아래의 해석론

165) 여기에서 '옳다'는 말은 흔히 쓰는 말로 구체적 타당성이고 남들도 대개 그러리라 나름 생각한 것이지만 엄밀히는 개인적 주관적 가치판단일 뿐이다. 가치체계가 전혀 달라서 그냥 '그르다'고 생각하는 사람도 물론 있으리라. 그런 사람은 자신의 가치판단에 따라서 본문의 과정을 재구성하면 될 것이다. 사람마다 생각이 달라서 판례체계가 계속 흔들린다면 결국은 입법밖에 안 남는다.

은 근본적으로 등기와 다른 진정한 법률관계가 뒤에 드러나면서 경정청구를 하거나 부과처분을 하는 경우에 적용할 실체법에 관한 것이다. 구조적으로 취득세는 일단 등기의 외관에 따라 세금을 낸다. 납세의무자가 나중에 외관과 다른 진실을 드러내면서 경정청구를 하는 상황이나 뒤늦게 진실을 파악한 국가가 추징하는 상황에서 어떻게 과세해야 하는가라는 문제에 관한 실체법 해석론이다.

1) 소유권 취득자는 제1항의 납세의무를 진다. 소유권취득인 이상 유상 무상을 묻지 않고 제1항에 따라 과세한다.

1)-i) 매도인이 선의인 계약명의신탁의 명의수탁자는 1)에 그대로 해당한다.

1)-ii) 매도인이 선의인 계약명의신탁의 명의수탁자로부터 등기를 넘겨받는 명의신탁자는 권리취득자로 1)에 해당한다.

1)-iii) 매도인이 악의인 계약명의신탁은 아래 7)

1)-iv) 양도담보로 등기를 이전받는 채권자나 돌려받는 채무자는 모두 소유권취득자로 과세한다.

2) 소유권이전청구권이 있는 자가 소유권 취득 전에 사실상 취득한다면 제2항의 납세의무를 진다. 나중에 소유권을 취득한다고 해서 제1항으로 다시 과세하지는 않는다. 사실상 취득이란 사실상 지배력의 취득을 말한다. 잔금청산은 사실상 지배력의 취득을 추단케 할 뿐이고, 자기이름으로 잔금을 지급하더라도 사실상 지배력을 얻지 않는다면 사실상 취득이 아니다.

2)-i) 3자간 등기명의신탁의 신탁자는 소유권 이전청구권이 있으므로 2)에 해당한다.

3) 법정해제나 약정해제권 행사로 결국 매수하지 못한 자는 과세하지 않는다.

3)-i) 소급적으로 무권리자가 되었으므로 1)과 2)에서 빠지고 이미 낸 취득세는 환급한다.

4) 합의해제는 두 가지 가능성이 있다. 어느 쪽을 따라도 모순은 안 생긴다.

4)-i) 취득세와 다른 세금을 구별할 이유가 없으니 합의해제는 새로운 계약이라는 일반적인 이론 및 판례에 따라[166] 매수인에게는 취득세를 환급하지 않고 소유권을 되찾아가는 매도인에게는 취득세를 물린다.

4)-ii) 합의해제에도 물권적 효력이 있으므로 3)과 같이 환급한다.

5) 3자간 등기명의신탁의 명의수탁자의 지위는 법정해제나 약정해제권 행사가 있는 경우의 매수인의 지위와 같으므로 3)과 맞추어 과세 안 한다. 애초 등기 당시 무권리자라는 차이는 추상적 개념일 뿐이고 원소유자와의 관계 및 제3자와의 관계에서 본

166) 제4장 제2절 IV.2.

다면 두 지위를 구별할 수 없다.

5)-i) 3자간 등기명의신탁의 명의신탁자는 2)-i).

6) 양자간 명의신탁에서 명의수탁자의 지위는 3자간 등기명의신탁의 명의수탁자의 지위와 구별할 수 없으므로 3)과 맞추어 과세 안 한다.

7) 매도인이 악의인 계약명의신탁에서 명의수탁자의 지위는 5)와 같으므로 3)과 맞추어 과세 안 한다.

8) 위 5), 6), 7)에 불구하고, 명의수탁자로부터 제3자에게 등기가 넘어간 뒤 명의수탁자가 경정청구를 한다면 명의신탁자를 사실상 취득자로 과세한다. 이 경우 실귀속자(명의신탁자)가 뒤늦게 드러나는 경우의 특례제척기간을 적용한다.

9) 권리취득과 무권리자의 사실상 지배력 취득이 경합한다면 2중과세하지 않고 실질과세로 후자에게만 세금을 매긴다.

9)-i) 금융리스는 계약의 성질상 사실상 지배력이 이용자에게 있으므로 9)에 따라서 이용자에게 세금을 매긴다.[167] 리스회사는 제 이름으로 잔금을 지급하지만 사실상 지배력을 얻지 않으므로 사실상 취득자가 아니다.

9)-ii) 양도담보는 채무자가 사실상 지배력을 새로이 취득하는 것이 아니므로 경합문제가 애초 없고 채권자를 소유권취득자로 과세한다. 양도담보 계약의 해지에 따른 소유권 반환은 채무자를 소유권취득자로 과세한다. 위 1)-iv).

10) 이상의 논의는 과세대상 물건에 대한 권리취득과 사실상 취득에 관한 것이므로 과점주식의 취득에도 그대로 적용된다. 신탁계약의 위탁자로서 위탁재산에 대한 실질적 소유자라 할 만한 자의 지위를 법적 권리로서 또는 사실상 지위로서 얻는가의 문제에도 그대로 적용된다. 제2절 IV.

해석론에서 한 걸음 나아가 입법론이나 법정책의 시각에서 본다면 세법의 기본은 소득, 소비, 재산을 담세력의 잣대로 삼아서 중립적으로 세금을 매기자는 것이다. 이 기본이론에서는 부동산 등 특정한 과세대상 물건에만 매기면서 엄청난 세부담을 지우는 취득세를 정당화할 길이 없다. 우선 건물(建物)은 이미 부가가치세 망에 포섭되어 있으므로 다른 재화와 구별할 이유가 없다. 토지(土地)는 한결 어려운 문제를 낳는다. 토지 그 자체는 소비할 수 있는 것이 아니고 토지가 낳는 사용가치의 소비를 과세해야 하지만[168] 현행 부가가치세제는 사업자 아닌 토지소유자가 직접 소비하는 사용가치를 과세하지 못한다. 그 대안으로 사용가치를 과세하는 대신 토지매매 그 자체를 과세하자는 생각을 할 수 있다. 토지의 시장가격이란 본질적으로 사용가치의 현재가치이

167) 판례변경에 따르는 세부담 변경은 계약의 보충적 해석에 따른 부당이득 문제로 해결하면 된다.

168) 제23장 1절 IV. Tipke/Lang, 18.3문단.

기 때문이다. 그러나 이것도 매매가격 전체에 일단 세금을 물린다면 그 뒤 다시 매매가 있는 경우 매도인이 소비한 사용가치를 넘는 부분에 대한 세금을 다시 돌려주는 제도(일종의 매입세액 공제)를 짜기가 매우 어렵다. 이리하여 독일이나 우리나라나 모두 토지의 매매는 부가가치세에서 제외하고 토지의 전전유통에 취득세를 물리지만 부가가치세와는 아주 다른 세제가 된다.[169]

취득세의 이념형이 취득세는 없애고 중립적 부가가치세에 포섭하는 것이라면 현행법은 그냥 위헌 아닐까? 효율이나 공평을 해치는 세제가 반드시 위헌은 아니다. 부동산에 관한 부가가치세제는 아직 모델 자체가 불안정하다. 나아가 현행법의 취득세는 부가가치세의 중립성 이념과 달리 본질적으로 과세대상 부동산의 취득을 억제하자는 것이다. 과밀억제권역 중과는 1973년에 시작한 것으로 글자 그대로 수도권 안에서는 못 사게 하겠다는 생각이지만 합헌결정이 있다.[170] 고급주택 중과는 유신체제 때 시작한 것으로 사치성 재산과[171] 비생산적인 재산의 취득을 억제하자는 것이라고 한다. 1960-70년대로 돌아가면 나름 일리 있는 정책목표였을 수 있지만 이제는 다시 생각해야 하는 문제. 엄청난 돈을 벌거나 가지고 있다는 사실이 문제가 안 된다면 그 돈을 어디에 쓰는가를 어떻게 나무랄 수 있는가. 그 뒤에 여러 차례 나누어 들어온 다른 중과세는 거의 다 부동산투기(不動産投機) 대책이다.[172] 건물이라면 부가가치세를 다 물렸는데도 유통 그 자체에 거듭거듭 취득세를 다시 물린다. 토지는 부가가치세는 면세이지만, 토지든 건물이든 세율도 황당할 정도로 복잡하고 세부담도 엄청나다. 너무나 당연한 일이지만 세금을 매기면 세포함가격은, 집 사는 데 드는 돈은 오른다. 매매가격으로 표시되는 세제외가격이 떨어져서 마치 가격이 떨어진 듯한 착시를 낳을 뿐이고[173] 세포함가격은 당연히 오른다. 세금이 장기적으로 수요함수 자체에 변동을 주어서 가격을 떨어뜨리는지 곧 수요공급 그림에서 수요곡선 자체가 세금 때문에 왼쪽으로 이동하는지는 다시 실증경제학의 영역이다.[174]

취득세란 지방세이니까, 지방자치(地方自治)와 국토의 균형발전(均衡發展)이라는 전혀 다른 틀로 정당화할 수 있지 않은가도 마저 따져야 하지 않나? 맞으면서도 틀린

169) 취득세는 소비만이 아니라 기업이 생산과정에 투입하는 물건에도 세부담을 지운다. 가계에서 가계로 넘어가는 부분은 소비에 물리는 것이기는 하지만 세금을 거듭거듭 물리므로 소비세의 이념형과 아주 다르다. 제23장 제1절 IV.

170) 헌법재판소 1998. 2. 27. 97헌바19 결정.

171) 헌법재판소 1999. 1. 2. 98헌바17 전원합의체 결정은 포괄적 위임으로 위헌결정한 바 있었고, 그 뒤 법률로 범위를 정했다.

172) 실상 옛 등록세도 단일세율이 아니고 온갖 정책목표가 들어있는 복잡한 구조였다.

173) 제2장 제3절 I.6, 제26장 제1절 IV.

174) 제2장 제3절 I.5, II, 제8장 제3절 III.4, 제26장 제1절 IV.

말이다. 제26장 제1절 II, IV. 최고의 추상화 차원으로 올라가 법제도 전체를, 헌법을 설계하는 수준에서는 맞다. 그러나 우리 헌법 아래에서 법을 만들거나 해석하는 수준에서는 틀린 말. 지방자치나 재정연방주의(fiscal federalism)를 본격적으로 따지는 것은 강의 범위를 넘지만, 근본적으로 우리 헌법 한결 더 근본적으로 우리 역사에서 우리나라는 연방국가가 아니다. 입법이나 헌법해석 차원에서도 지방자치단체에 고유한 과세고권(課稅高權, Steuerhoheit)이 없으니 법률의 해석적용 차원에서 과세고권이 없는 것이야 당연하다. 지방세라고 해서 법의 해석적용 방법이 국세와 다를 수야 없다. 제3장 제1절 3, 제26장 제1절 II. 지방세에 특유한 '이론'이나 '학설'이란 따로 없다.

판 례 색 인

[대 법 원]

[서울고등법원]

[대전고등법원]

[부산고등법원]

[서울행정법원]

[서울지방법원]

[수원지방법원]

[헌법재판소]

법 령 색 인

[국세기본법]

[국세기본법시행령]

[국세징수법]

[국제조세조정에관한법률]

[소득세법]

[소득세법시행령]

[법인세법]

[법인세법시행령]

[상속세및증여세법]

[상속세및증여세법시행령]

[부가가치세법]

[부가가치세법시행령]

[지방세기본법]

[지방세법]

[지방세특례제한법]

[개별소비세법]

[주 세 법]

[종합부동산세법]

[조세특례제한법]

[조세범처벌법]

[조세범처벌절차법]

[관 세 법]

[행정심판법]

사 항 색 인

[ㅊ]

저자약력

이창희는 서울대학교 법학전문대학원(서울법대)의 명예교수로 대학을 떠나 고서는 (법무법인)세종의 기업전략과 조세 센터를 이끌고 있다. 일본 동경대 법학부, 미국 Harvard 법대, 미국 NYU 법대 등에서 교수(visiting professor of law)로 국제조세 등을 가르치기도 했다. 서울대학교 법학과와 동국대학교 경제학과를 졸업하였고, 미국 Harvard 법대에서 법학석사와 법학박사 학위를 받았다. 공인회계사·미국변호사로 한미 두 나라에 걸쳐 회계법인과 law firm에서 일한 바 있고, POSCO 이사회 의장을 지냈다. 기획재정부 세제발전 심의위원 등 정부나 공공기관의 자문역도 지냈다.

제24판
세 법 강 의

초판발행 2001년 9월 20일
제24판발행 2026년 2월 25일

지은이 이창희
펴낸이 안종만·안상준

편 집 마찬옥
기획/마케팅 조성호
제 작 고철민·김원표

펴낸곳 (주) 박영사
서울특별시 금천구 가산디지털2로 53, 210호(가산동, 한라시그마밸리)
등록 1959. 3. 11. 제300-1959-1호(倫)
전 화 02)733-6771
f a x 02)736-4818
e-mail pys@pybook.co.kr
homepage www.pybook.co.kr
ISBN 979-11-303-9960-7 93360

정 가 68,000원